【カタカナ語辞典】

目次

装丁　三省堂デザイン室

刊行にあたって

本書は『三省堂ポケット 国語辞典 プレミアム版』(三省堂編修所編 二〇一九年)と『三省堂ポケット カタカナ語辞典 第2版 プレミアム版』(三省堂編修所編 二〇一九年)を字の大きな拡大版とし、合本として新たに刊行するものです。(国語辞典冒頭の「漢字・難読語一覧」は新たに編集したものです。)

見やすい紙面で手軽に二つの辞典が使える便利な一冊として、座右にてご活用いただければ幸いです。

二〇二一年五月

三省堂編修所

＊国語辞典とカタカナ語辞典は、本書の中程の色紙（間紙）を境に、前半が国語辞典、後半がカタカナ語辞典になっています。

＊国語辞典の最初には「漢字・難読語一覧」を付けました。

＊カタカナ語辞典は横書きですので、巻末から始まります。

＊各々の巻（辞典）を合本にしたものですので、それぞれの凡例・解説等にある「巻末」等の用語は各々の巻（辞典）を示しています。

国語辞典

目次

まえがき

文章を書いているとき、知っているつもりだった漢字がなかなか出てこない、また一応書いてはみたものの、今ひとつ書いた漢字や仮名遣い、送り仮名に自信が持てない。こうしたことは日常しばしばおこります。

パソコンやスマートフォンでは仮名漢字変換で求める漢字に仮名から変換することができます。しかし、読めない語であったり、同音語が複数あったりするような場合は、辞典で読みや表記を確かめることが必要になってきます。

本書は、文書を読み書きするのに必要な情報をコンパクトにまとめ、身近に置いて手軽に使っていただくために作られた国語辞典です。

手紙文などによく使われる言葉や、動植物名を中心とした季語、四字熟語などを精選して掲載しました。また今回の改訂版では、本文の前に「漢字・難読語一覧」を新たに設け、読み方の分からない漢字とそれを含む難読語の読みが分かるようにしました。

本書が座右にて日常の読み書きのお役に立つことを願ってやみません。

三省堂編修所

漢字・難読語一覧

本辞典に使用されている漢字のうち難読に類すると思われる漢字とそれを含む語を掲げました。それぞれの語の意味は本文を参照して下さい。本文はこの「漢字・難読語一覧」の後にあります。

1 常用漢字(二一三六字)・人名用漢字(八六二字)のすべてを含む約六三〇〇字を親字として示しました。

2 漢字の配列は、総画数順とし、同画数内では康熙字典の部首順としました。

3 検索の便をはかるため、次のものは単独の漢字も他の漢字の構成要素の場合も原則として以下の画数としました。

艹 →三画	之 →四画	比 →四画	巨 →五画
此 →六画	瓜 →六画	臣 →七画	亜 →八画

4 親字見出しは次のような要領で示しました。

(1) 常用漢字は【 】で囲んで示し、それ以外の漢字は〖 〗で囲んで示します。親字のあとに、（ ）の中に常用漢字・人名用漢字の旧字体を、〔 〕の中に主な異体字を示しました。常用漢字の許容字体は［ ］で囲んで示しました。

(2) 人名用漢字には(人)印を付しました。

(3) 親字見出しの画数と著しく異なる旧字体・異体字については、別に見出しを掲げ、⇩で親字見出しが参照できるようにしました。

(4) 一般に国字とされている漢字については、(国)を付しました。

5 親字の音訓は、音を片仮名、訓を平仮名で示し、常用漢字表に掲げられている音訓は、送り仮名以外を太字で示しました。

(1) 名前の場合の特別な漢字の読み(名乗り)を若干示しました。人名用漢字には(名)のあとに、常用漢字には訓の末尾に示しました。

(2) 一般には訓とは認められていない、字義に属するものでも示したものがあります。

6 熟語は本辞典の中で難読と思われるものを中心に掲げ、読みは、和語・漢語は平仮名、外来語は片仮名で示しました。

熟語の配列は二字目以降の総画数の順としました。

(1) 「常用漢字表」の「付表」に掲げられている熟語は、特に読みを太字で示しました。

(2) 二つ以上の読みがある場合は、主に難読と思われる読みのみを示しました。したがって「入魂」の読みに「じっこん・じゅこん」は示し、「にゅうこん」は示していません。ただし、通常の字音語であっても見慣れない漢字の場合などは読みを示しました。

一画

【一】 **イチ・イッ・ひと・ひとつ**・ひ・かず・はじめ・ひとし
一人(**ひとり**)/一入(ひとしお)/一寸(ちょっと)/一日(**ついたち**)/一昨日(おととい)/一昨年(おととし)/一昨昨日(さきおととい)/一途(いちず)/一期一会(いちごいちえ)/一廉(ひとかど)/一節切(ひとよぎり)/一齣(ひとくさり)

【乙】 **オツ**・イツ・おと・きのと・めり
乙女(**おとめ**)/乙姫(おとひめ)

二画

【丁】 **チョウ・テイ**・トウ・ひのと
丁抹(デンマーク)/丁稚(でっち)/丁幾(チンキ)/丁髷(ちょんまげ)

【七】 **シチ**・シツ・**なな・ななつ・なの**・な・なぬ
七夕(**たなばた**)

〔乃〕(人) ダイ・ナイ・すなわち・なんじ・の ㊔おさむ
乃至(ないし)

【九】 **キュウ・ク・ここの・ここのつ**・この
九十九髪(つくもがみ)/九十九折(つづらおり)

【了】 **リョウ**・おわる・しまう

【二】 **ニ・ジ・ふた・ふたつ**・ふ
二十(**はたち**)/二十歳(**はたち**)/二十日(**はつか**)/二日(**ふつか**)

【人】 **ジン・ニン・ひと**・たり・と・り
人伝(ひとづて)/人身御供(ひとみごくう)/人参(にんじん)/人魂(ひとだま)

【入】 **ニュウ**・ジュ・ジュウ・**いる・いれる・はいる**・しお
入内(じゅだい)/入水(じゅすい)/入母屋(いりもや)/梅雨入り(ついり・つゆいり)/入魂(じっこん・じゅこん)

【八】 **ハチ**・ハツ・**や・やつ・やっつ・よう**・は
八十路(やそじ)/八千草(やちぐさ)/八百万(やおよろず)/八百長(**やおちょう**)/八百屋(**やおや**)/八幡(はちまん)/八衢(やちまた)

【刀】 **トウ・かたな**
刀自(とじ)

【力】 **リョク・リキ・ちから**・つとめる・つとむ

〔匕〕 ヒ・かい・さじ
匕首(あいくち)

【十】 **ジュウ・ジッ・とお・と**・そ
十八番(おはこ)/十六夜(いざよい)/十把一絡げ(じっぱひとからげ)/十重二十重(**とえはたえ**)

〔卜〕(人) ボク・うら・うらなう

【又】 ユウ・**また**
又候(またぞろ)

三画

【丈】 **ジョウ・たけ**・つえ・ひろ
丈夫(じょうふ・じょうぶ・ますらお)

【三】 **サン**・サ・ソウ・**み・みつ・みっつ**・さぶ・ぞう
三十一文字(みそひともじ)/三下(さんした)/三十路(みそじ)/三河(みかわ)/三味線(**しゃみせん**・さみせん)/三途の川(さんずのかわ)/三和土(たたき)/三椏(みつまた)/三番叟(さんばそう)/三行半(みくだりはん)

【上】 **ジョウ・ショウ・うえ・うわ・かみ・あげる・あがる・のぼる・のぼせる・のぼす**・かむ
上戸(じょうご)/上手(**じょうず**・うわて・かみて)/上手い(うまい)/上海(シャンハイ)/上野(こうずけ)/上総(かずさ)

【下】 **カ・ゲ**・ア・**した・しも・もと・さげる・さがる・くだる・くだす・くださる・おろす・おりる**
下戸(げこ)/下手(**へた**・したて・しもて)/下手物(げてもの)/下種(げす)/下知(げじ・げぢ)/下卑る(げびる)/下駄(げた)/下野(しもつけ)/下総(しもうさ)

【万】(萬)(人) **マン・バン**・よろず
万年青(おもと)

【与】(與)(人) **ヨ・あたえる**・あずかる・くみする・と・ともに

【丸】 **ガン・まる・まるい・まるめる**・まろい・まろやか

【及】〔及〕 **キュウ・およぶ・および・およぼす**・しく

【久】 **キュウ・ク・ひさしい**
久遠(くおん)

【乞】 キツ・コツ・**こう**
乞食(こじき)

〔也〕(人) ヤ・か・なり・また ㊔あり・これ

【亡】 **ボウ・モウ・ない**・うしなう・なくす・なくなる・ほろびる・ほろぶ
亡き骸(なきがら)

【凡】 **ボン・ハン**・おおよそ・およそ・すべて

【刃】〔刄〕 **ジン**・ニン・**は**・やいば
刃傷(にんじょう)

〔勺〕(人)〔勺〕 シャク・セキ

【千】 **セン・ち**
千千(ちぢ)/千木(ちぎ)/千尋(ちひろ)/千歳(ちとせ)/千種(ちぐさ)

〔叉〕(人) サ・シャ・あざう・また
叉手網(さであみ)/叉焼(チャーシュー)

【口】 **コウ・ク・くち**
口占(くちうら)/口伝(くでん)/口舌(くぜつ)/口授(くじゅ)/口遊む(くちずさむ)

【土】 **ド・ト・つち**
土下座(どげざ)/土佐(とさ)/土手(どて)/土耳古(トルコ)/土性骨(どしょうぼね)/土師(はじ)/土竜(もぐら)/土産(**みやげ**)/土筆(つくし)/土塊(つちくれ)/土器(かわらけ)/土壇場(どたんば)

【士】 **シ**・ジ・さむらい

【夕】 **セキ**・ジャク・**ゆう**・ゆうべ
夕星(ゆうずつ)/夕餉(ゆうげ)

【大】 **ダイ・タイ・おお・おおきい・おおいに**・ひろ・まさる・ゆたか
大人(**おとな**・うし)/大凡(おおよそ)/大夫(たいふ・たゆう)/大隅(おおすみ)/大和(**やまと**)/大蚊(ががんぼ)/大晦(おおつごもり)/大晦日(おおみそか)/大蛇(おろち)/大童(おおわらわ)/大蒜(にんにく)/大様(おおよう)/大鋸屑(おがくず)/大鮃(おひょう)

【女】 **ジョ・ニョ**・ニョウ・**おんな・め**・おうな・おみな・むすめ
女形(おやま・おんながた)/女犯(にょぼん)/女郎花(おみなえし・おみなめし)/女将(おかみ)/女衒(ぜげん)

【子】**シ・ス・こ**・ね・み

〔孑〕ケツ・ゲツ
孑孑・孑孑(ぼうふら)

【寸】**スン**・き
寸胴(ずんどう)

【小】**ショウ・ちい**さい・**こ・お**・さ・ささ
小兵(こひょう)/小豆(**あずき**)/小夜(さよ)/小波(さざなみ)/小雀(こがら)/小路(こうじ)/小鰭(こはだ)

【山】**サン**・セン・**やま**
山女・山女魚(やまめ)/山羊(やぎ)/山車(**だし**)/山姥(やまうば・やまんば)/山峡(やまかい)/山査子・山樝子(さんざし)/山茶花(さざんか)/山荒(やまあらし)/山並み(やまなみ)/山雀(やまがら)/山椒(さんしょう)/山葵(わさび)/山賤(やまがつ)/山城(やましろ)

【川】**セン・かわ**・か
川蜷(かわにな)/川面(かわも)/川原(**かわら**)/河骨(こうほね)

【工】**コウ・ク**・たくみ・たくむ
工夫(くふう)/工合(ぐあい)/工面(くめん)

【己】**コ・キ・おのれ**・おの・おれ・つちのと

〔已〕(人) イ・すでに・のみ・やむ・やめる ㊔すえ

〔巳〕(人) シ・み

【巾】**キン**・コ・ベキ・きれ・ちきり・はば

【干】**カン・ほす・ひる**
干支(えと)/干物(ひもの)

〔弋〕ヨク・いぐるみ
遊弋(ゆうよく)

【弓】**キュウ・ゆみ**・たらし・ゆ
弓手(ゆんで)/弓形(ゆみなり)/弓弦(ゆづる)/弓懸(ゆがけ)

【才】**サイ**・ザイ・かど・ざえ

四画

【不】**フ・ブ**・ず
不犯(ふぼん)/不立文字(ふりゅうもんじ)/不如帰(ほととぎす)/不束(ふつつか)/不見転(みずてん)/不味い(まずい)/不知火(しらぬい)/不貞寝(ふてね)/不貞腐れる(ふてくされる)/不埒(ふらち)

〔丑〕(人) チュウ・うし

【中】**チュウ・ジュウ・なか**・あたる・あてる・うち
中山道(なかせんどう)/中食(ちゅうじき)/中宮(ちゅうぐう)/中腰(ちゅうごし)/中稲(なかて)

【丹】**タン**・に
丹後(たんご)/丹波(たんば)

〔之〕(人) シ・これ・の・ゆく ㊔ゆき

【予】(豫) **ヨ**・あたえる・あらかじめ・かねて・われ
予予(かねがね)

〔云〕(人) ウン・いう ㊔これ・とも・ひと
云云(うんぬん・しかじか)

【互】**ゴ・たが**い・かたみ

【五】**ゴ・いつ・いつつ**・い
五十路(いそじ)/五月(**さつき**)/五月雨(**さみだれ**・さつきあめ)/五月蠅(さばえ)/五月蠅い(うるさい)/五加(うこぎ)/五倍子(ふし)

【井】**セイ・ショウ・い**
井蛙(せいあ)

【仁】**ジン・ニ**・ニン・ひと・きみ・ひとし・めぐみ

〔仄〕ソク・ほの・ほのか・ほのめく
仄仄(ほのぼの)

〔仇〕キュウ・あだ・かたき

【今】**コン・キン・いま**
今上天皇(きんじょうてんのう)/今日(**きょう**)/今年(**ことし**)/今宵(こよい)/今朝(**けさ**)/今際(いまわ)

【介】**カイ**・すけ
介党鱈(すけとうだら)

【仏】(佛)(人) **ブツ**・フツ・**ほとけ**
仏頂面(ぶっちょうづら)/仏蘭西(フランス)

〔允〕(人) イン・じょう・まこと・ゆるす ㊔ただ・まさ・みつる・よし

【元】**ゲン・ガン・もと**・はじめ
元結(もとゆい)

【内】〔內〕**ナイ・ダイ・うち**・うつ
内法(うちのり)/内裏(だいり)

【公】**コウ・ク・おおやけ**・きみ・まさ
公方(くぼう)/公孫樹(いちょう)/公家(くげ)/公魚(わかさぎ)/公卿(くぎょう)/公達(きんだち)

【六】**ロク**・リク・リュウ・**む・むっ・むっつ・むい**
六十路(むそじ)/六書(りくしょ)

【円】(圓)(人) **エン・まる**い・つぶら・まど・まどか・まろ

【冗】**ジョウ**・むだ

【凶】**キョウ**

【分】**ブン・フン・ブ・わ**ける・**わ**かれる・**わ**かる・**わ**かつ・わく
分葱(わけぎ)

【切】**セツ・サイ・き**る・**き**れる・しきりに
切り羽(きりは)

【刈】〔苅〕ガイ・**か**る

【勾】**コウ**・まがる・にお・まがり
勾引かす(かどわかす)/勾玉(まがたま)

〔勿〕(人) ブツ・モチ・ない・なかれ・まな ㊔な
勿体(もったい)/勿忘草(わすれなぐさ)/勿怪(もっけ)/勿論(もちろん)

【匂】(国) におい・におう・におわす ㊔にお

〔匁〕(人)(国) もんめ

【化】〔化〕**カ・ケ・ばける・ばか**す
化身(けしん)/化粧(けしょう・けそう)

【匹】**ヒツ・ひき**・たぐい

【区】(區) **ク**・まち
区区(まちまち)

【升】**ショウ・ます**

【午】**ゴ**・うま・ひる

〔卆〕⇩卒(8)

【厄】**ヤク**・わざわい

【友】**ユウ・とも**
友達(**ともだち**)

【双】(雙) **ソウ・ふた**・ならぶ・ならべる・ふたつ・もろ
双六(すごろく)

【反】**ハン・ホン・タン・そる・そらす**・かえす・かえる・そむく
反古・反故(ほご)/反吐(へど)/反物(たんもの)

〔壬〕(人) ジン・み・みずのえ ㊔あきら・つぐ・よし

【天】**テン・あめ・あま**　天牛(かみきりむし)／天辺(てっぺん)／天地(あめつち)／天の邪鬼(あまのじゃく)／天皇(すめらみこと)／天秤(てんびん)／天蚕糸(てぐす)／天晴(あっぱれ)／天麩羅(テンプラ)／天鵞絨(ビロード)

【太】**タイ・タ**・ダ・ダイ・**ふと**い・**ふと**る・お・おお・おおい・はなはだ　太刀(**たち**)／太夫(たゆう)

【夫】**フ・フウ**・ブ・**おっと**・おひと・せ・そ・それ・つま・お　夫子(ふうし)／夫婦(みょうと・めおと)

〖夭〗ヨウ・わかじに

【孔】**コウ**・ク・あな　孔雀(くじゃく)

【少】**ショウ・すく**ない・**すこ**し

〖尤〗(人)　ユウ・とがめる・もっとも　㊔もつ・もと

【尺】**シャク**・セキ・さか・さし・ものさし

【屯】**トン**・チュン・たむら・たむろ

〖巴〗(人)　ハ・ともえ　㊔とも　巴旦杏(はたんきょう)／巴里(パリ)

【幻】**ゲン・まぼろし**

〖廿〗(人)　ジュウ・にじゅう・はた・はたち

【弔】**チョウ・とむら**う・とぶらう

【引】**イン・ひ**く・**ひ**ける

【心】**シン・こころ**・うら　心太(ところてん)／心地(**ここち**)／心悲しい(うらがなしい)／心算(つもり)

〖戈〗カ・ほこ

【戸】(戶)　**コ・と**・へ

【手】**シュ**・ス・**て・た**　手水(ちょうず)／手伝う(**てつだう**)／手向ける(たむける)／手斧(ちょうな)／手枕(たまくら)／手弱女(たおやめ)／手遊び(てすさび)／手綱(たづな)／手薬煉(てぐすね)

【支】**シ・ささ**える・えだ・つかえる

【文】**ブン・モン・ふみ**・あや　文月(ふづき・ふみづき)／文旦(ぶんたん・ぼんたん)／文目(あやめ)／文机(ふづくえ)／文殊(もんじゅ)／文箱(ふばこ)

【斗】**ト**・トウ・とます・ばかり・ます

【斤】**キン**・おの

【方】**ホウ・かた**・あたる・くらべる・さま・まさに・のり・まさ　方舟(はこぶね)／方便(たつき)／方違(かたたがえ)

【日】**ニチ・ジツ・ひ・か**・け　日向(ひなた・ひゅうが)／日和(**ひより**)／日歩(ひぶ)／日雀(ひがら)／日照り(ひでり)

〖曰〗エツ・いう・いわく・のたまう・のたまわく

【月】**ゲツ・ガツ**・ガチ・**つき**・つく　月代(さかやき・つきしろ)／月次(つきなみ)

【木】**ボク・モク・き・こ**　木乃伊(ミイラ)／木天蓼(またたび)／木瓜(ぼけ)／木耳(きくらげ)／木枯らし(こがらし)／木通(あけび)／木偶(でく)／木菟(ずく・みみずく)／木犀(もくせい)／木賊(とくさ)／木遣り(きやり)／木綿(**もめん**・ゆう)／木っ端(こっぱ)／木霊(こだま)／木履(ぽっくり)／木槿(むくげ)／木螺子(もくねじ)

【欠】(缺)　**ケツ**・ケチ・**か**ける・**か**く・あくび　欠伸(あくび)

【止】**シ・と**まる・**と**める・さす・とどまる・とどむ・とどめる・やむ・やめる・よす　止め処(とめど)

【比】**ヒ・くら**べる・ころ・たぐう・たぐえる・よそえる　比丘(びく)／比律賓(フィリピン)

【毛】**モウ・け**　毛斯綸(モスリン)

【氏】**シ・うじ**

【水】**スイ・みず**・み・みな　水夫・水手(かこ)／水母(くらげ)／水団(すいとん)／水垢離(みずごり)／水面(みなも)／水飛沫(みずしぶき)／水脈(みお)／水黽(あめんぼ)／水無月(みなづき)／水雲(もずく)／水翻(みずこぼし)／水蠆(やご)／水鶏(くいな)

【火】**カ**・コ・**ひ・ほ**　火口(ほくち)／火屋(ほや)／火点し頃(ひともしごろ)／火傷(やけど)

【爪】ソウ・**つめ**・つま

【父】**フ**・ホ・**ちち**・ち・てて・とう・とと

【片】**ヘン・かた**・きれ・ひら

【牙】**ガ・ゲ・きば**・き・かび

【牛】**ギュウ**・ゴ・**うし**　牛耳る(ぎゅうじる)／牛車(ぎっしゃ)／牛溲馬勃(ぎゅうしゅうばぼつ)／牛蒡(ごぼう)／牛膝(いのこずち)／牛頭馬頭(ごずめず)

【犬】**ケン・いぬ**

【王】**オウ**・おおきみ・みこ

五画

【且】シャ・ショ・**かつ**・しばらく・まさに

【世】**セイ・セ・よ**

【丘】**キュウ・おか**・お

【丙】**ヘイ**・ひのえ

【主】**シュ・ス**・シュウ・**ぬし・おも**・あるじ

【丼】セイ・**どんぶり・どん**

〖乍〗サ・たちまち・ながら　恐れ乍ら(おそれながら)

〖乎〗(人)　オ・コ・か・かな・や

【乏】**ボウ・とぼ**しい・ともしい

〖仔〗(人)　シ・こ

【仕】**シ・ジ・つか**える・つかまつる・つこうまつる　仕種(しぐさ)／仕舞屋(しもたや)

【他】**タ・ほか**・あだ・あだし・ひと　他人事(ひとごと)／他所(よそ)

【付】**フ・つ**ける・**つ**く・あたえる

【仙】**セン**・やまびと・セント　仙人掌(サボテン)

【代】**ダイ・タイ・か**わる・**か**える・**よ・しろ**　代物(しろもの)

【令】**レイ**・リョウ・しむ・のり

【以】**イ**・おもう・もちいる・もって・もて・ゆえに

【兄】**ケイ・キョウ・あに**・え・このかみ・せ

【冊】**サツ・サク**・ふみ　冊子(さっし)

【写】(寫) **シャ**・**う**つす・**う**つる

【冬】〔冬〕 **トウ**・**ふゆ** 冬瓜(とうがん)

【処】(處) **ショ**・おる・ところ

〔凧〕(人)(国) いか・いかのぼり・たこ

【凸】**トツ**・でこ・なかだか

【凹】**オウ**・くぼ・くぼむ・へこむ・ぼこ

【出】**シュツ**・**スイ**・**で**る・**だ**す・いずる・いだす 出会す(でくわす)/出来(しゅったい)/出来す(でかす)/出師(すいし)/出納(すいとう)/出雲(いずも)/出鱈目(でたらめ)/出羽(でわ)

【刊】**カン**

【功】**コウ**・**ク**・いさお・いさおし・つとむ 功徳(くどく)

【加】**カ**・ケ・**くわ**える・**くわ**わる 加之(しかのみならず)/加賀(かが)/加奈陀(カナダ)/加答児(カタル)

【包】〔包〕 **ホウ**・**つつ**む・くるまる・くるむ

【北】**ホク**・**きた** 北京(ペキン)/北叟笑む(ほくそえむ)

〔卉〕 キ・くさ 花卉(かき)

【半】**ハン**・**なか**ば・なか 半平(はんぺん)

【占】**セン**・**し**める・**うら**なう・うら

〔卯〕(人) ボウ・う (名)しげ・しげる 卯月(うづき)

【去】**キョ**・**コ**・**さ**る・いぬ・いぬる 去年(こぞ)

【収】(收)(人) **シュウ**・**おさ**める・**おさ**まる・おさむ

【古】**コ**・**ふる**い・**ふる**す・いにしえ・ふるびる 古兵(ふるつわもの)

【句】**ク**

〔叩〕 コウ・たたく・はたく

〔只〕(人) シ・ただ (名)これ 只管(ひたすら)

【召】**ショウ**・**め**す

【可】**カ**・べし・よい 可成り(かなり)/可哀相(かわいそう)/可惜(あたら)/可愛い(かわいい)

【台】(臺) **ダイ**・**タイ**・うてな 台詞(せりふ)

【叱】〔叱〕 **シツ**・**しか**る・いさかう

【史】**シ**・さかん・ふびと・ちか・ふみ

【右】**ウ**・**ユウ**・**みぎ**・みぎり・たすける・たすけ

〔叶〕(人) キョウ・かなう・かなえる (名)かのう

【号】(號) **ゴウ**・さけぶ・よぶ

【司】**シ**・ス・つかさ・つかさどる

〔叺〕(国) かます

【囚】**シュウ**・とらわれる・とりこ

【四】**シ**・**よ**・**よ**つ・**よっ**つ・**よん** 四十路(よそじ)/四十雀(しじゅうから)/四方山(よもやま)

【圧】(壓) **アツ**・オウ・おさえる・おす

【外】**ガイ**・**ゲ**・**そと**・**ほか**・**はず**す・**はず**れる・と・よそ 外方(そっぽ)/外郎(ういろう)/外連(けれん)/外道(げどう)/外様(とざま)/外題(げだい)

【央】**オウ**・なか・なかば

【失】**シツ**・シチ・**うしな**う・うせる

【奴】**ド**・ヌ・つぶね・め・やつ・やっこ

〔孕〕 ヨウ・はらむ

【尻】コウ・**しり** 尻尾(**しっぽ**)

【尼】**ニ**・ジ・**あま**

【左】**サ**・**ひだり**・たすける・たすけ 左見右見(とみこうみ)

【巧】**コウ**・**たく**み・たくむ

【巨】**キョ**・コ・おおきい 巨細(こさい)

【市】**シ**・**いち**

【布】**フ**・ホ・**ぬの**・きれ・しく・の 布団(ふとん)/布衣(ふい)/布哇(ハワイ)/布袋(ほてい)

【平】**ヘイ**・**ビョウ**・ヒョウ・**たい**ら・**ひら**・たいらげる 平仄(ひょうそく)/平伏す(ひれふす)

【幼】**ヨウ**・**おさな**い・いとけなし 幼気(いたいけ)

【庁】(廳)(人) **チョウ**

【広】(廣)(人) **コウ**・**ひろ**い・**ひろ**まる・**ひろ**める・**ひろ**がる・**ひろ**げる

【弁】(辨)(瓣)(辯) **ベン**・わきまえる・わける 弁柄(ベンガラ)

〔弗〕 フツ・ドル

〔弘〕(人) グ・コウ・ひろい・ひろまる・ひろめる (名)ひろ・ひろし

【必】**ヒツ**・**かなら**ず

〔戊〕(人) ボ・つちのえ (名)さかる・しげ・しげる

【打】**ダ**・チョウ・**う**つ 打擲(ちょうちゃく)

【払】(拂)(人) **フツ**・ホツ・**はら**う 払子(ほっす)

【斥】**セキ**・しりぞける

【旦】**タン**・あした・あきら・ただし 旦那(だんな)

【旧】(舊) **キュウ**・ク・ふるい・もと

【未】**ミ**・ビ・いまだ・ひつじ・まだ 未草(ひつじぐさ)/未曽有(みぞう)

【末】**マツ**・**バツ**・**すえ**・うら・うれ 末生(うらなり)/末枯れ(うらがれ)/末期(まつご)

【本】**ホン**・**もと**

【札】**サツ**・**ふだ**・さね

〔朮〕 ジュツ・うけら・おけら

【正】**セイ**・**ショウ**・**ただ**しい・**ただ**す・**まさ**・かみ・まさし

【母】**ボ**・モ・**はは**・かあ・かか 母さん(**かあさん**)/母屋・母家(**おもや**)/母衣(ほろ)

【民】**ミン**・**たみ**・かき

【氷】〔冰〕 **ヒョウ・こおり・ひ**・こおる・つらら 氷下魚(こまい)/氷室(ひむろ)/氷雨(ひさめ)/氷柱(つらら)/氷魚(ひうお・ひお)/氷頭(ひず)
【永】 **エイ**・ヨウ・**なが**い・とこしえ・ながらえる 永久(とこしえ・とわ)
【氾】 **ハン**・ひろがる
〘汀〙(人) テイ・なぎさ・みぎわ
【汁】 **ジュウ・しる**・つゆ
【犯】 **ハン**・ボン・**おかす**
【玄】 **ゲン**・くろ 玄人(**くろうと**)/玄孫(やしゃご)
【玉】 **ギョク**・ゴク・**たま** 玉珧(たいらぎ)/玉梓・玉章(たまずさ)/玉筋子(いかなご)/玉蜀黍(とうもろこし)/玉響(たまゆら)
【瓦】 **ガ・かわら**・グラム 瓦斯(ガス)
【甘】 **カン・あま**い・**あま**える・**あま**やかす・あまんじる・うまい 甘煮(うまに)
【生】 **セイ・ショウ・い**きる・**い**かす・**い**ける・**う**まれる・**う**む・**お**う・**は**える・**は**やす・**き**・**なま**・うぶ・なる・ふ・お 生欠伸(なまあくび)/生姜(しょうが)/生っ粋(きっすい)/生業(なりわい)/生憎(あいにく)
【用】 **ヨウ・もち**いる
【田】 **デン・た** 田舎(**いなか**)/田圃(たんぼ)/田螺(たにし)/田鶴(たず)/田鼈(たがめ)
【由】 **ユ・ユウ・ユイ・よし**・よる 由緒(ゆいしょ)
【甲】 **コウ・カン**・かぶと・かり・きのえ・よろい 甲子(かっし・きのえね)/甲冑(かっちゅう)/甲高い(かんだかい)/甲斐(かい)
【申】 **シン・もう**す・さる・のびる
〘疋〙(人) ヒツ・あし・ひき・むら (名)ただ
【白】 **ハク・ビャク・しろ・しら・しろ**い・せりふ 白子(しらこ・しらす)/白耳義(ベルギー)/白南風(しらはえ)/白砂(しらす)/白粉(おしろい)/白魚(しらうお)/白湯(さゆ)/白髪(**しらが**)/白膠木(ぬるで)/白癬(しらくも)
【皮】 **ヒ・かわ**
【皿】 ベイ・**さら** 皿鉢料理(さはちりょうり)
【目】 **モク・ボク・め・ま**・さかん 目処(めど)/目交い(まなかい)/目眩(めまい)/目眩く(めくるめく)/目溢し(めこぼし)/目論見(もくろみ)
【矛】 **ム**・ボウ・**ほこ**
【矢】 **シ・や**
【石】 **セキ・シャク・コク・いし**・いそ・いわ 石見(いわみ)/石南花(しゃくなげ)/石塊(いしくれ・いしころ)/石榴(ざくろ)/石蓴(あおさ)/石蕗(つわぶき)
【示】 **ジ・シ・しめ**す
【礼】(禮)(人) **レイ・ライ**・うやまう・のり
〘禾〙(人) カ・いね・のぎ (名)ひいず・ひで
【穴】 **ケツ・あな**
【立】 **リツ・リュウ・た**つ・**た**てる・リットル
〘艾〙 ガイ・おさめる・かる・もぐさ・よもぎ
【辺】(邊)〔邉〕 **ヘン・あたり・べ**・へ・へた・ほとり 辺陬(へんすう)/辺鄙(へんぴ)
【込】(国) **こむ・こめる**

六画

〘丞〙(人) ショウ・ジョウ・すくう・たすける (名)すけ・すすむ
【両】(兩) **リョウ**・ふた・もろ
【争】(爭)(人) **ソウ・あら**そう・あらがう・いかでか
〘亘〙(人)(亙)(人) コウ・わたる (名)とおる・のぶ
【交】 **コウ**・キョウ・**まじ**わる・**まじ**える・**ま**じる・**ま**ざる・**ま**ぜる・**か**う・**か**わす・こもごも 交交(こもごも)/交尾む(つるむ)
〘亥〙(人) カイ・ガイ・い
〘亦〙(人) エキ・ヤク・また
【仮】(假) **カ・ケ・かり** 仮令(たとい・たとえ)/仮名(**かな**)/仮初め(かりそめ)/仮病(けびょう)
【仰】 **ギョウ・コウ・あお**ぐ・**おお**せ・あおむく・あおむける・あおる・おっしゃる・のく
【仲】 **チュウ・なか** 仲人(**なこうど**・ちゅうにん)
【件】 **ケン**・くだり・くだん
【任】 **ニン**・ジン・**まか**せる・**まか**す・たか・とう・よさす・ただ
【企】 **キ・くわだ**てる・たくらむ
〘伊〙(人) イ・これ (名)おさむ・ただ・よし 伊賀(いが)/伊豆(いず)/伊勢(いせ)/伊達(だて)/伊予(いよ)
〘伍〙(人) ゴ・くみ・とも
【伎】 **キ**・ギ・わざ
【伏】 **フク**・ブク・**ふ**せる・**ふ**す・こやす
【伐】 **バツ**・うつ・きる・こる
【休】 **キュウ・やす**む・**やす**まる・**やす**める・やすらう・やめる
【会】(會) **カイ・エ・あ**う・あわす・あわせる・たまたま 会釈(えしゃく)
【伝】(傳)(人) **デン**・テン・**つた**わる・**つた**える・**つた**う・つて 伝馬船(**てんません**)
〘伜〙 ⇩倅(10)
【充】 **ジュウ・あ**てる・みたす・みちる・あつ・まこと・みち・みつる
【兆】 **チョウ・きざ**す・**きざ**し
【先】 **セン・さき**・さきんずる・まず 先達(せんだつ)/先達て(せんだって)/先蹤(せんしょう)
【光】 **コウ・ひか**る・**ひか**り・あきら・みつ
【全】 **ゼン**・セン・**まった**く・**すべ**て・うつ・まったい・まっとう

【共】**キョウ・とも**
【再】**サイ・サ・ふたたび** 再従兄弟(はとこ)
〔冰〕⇩氷(5)
〔冲〕⇩沖(7)
〔凩〕(国) こがらし
〔凪〕(人)(国) なぎ・なぐ
〔刎〕フン・くびはねる・はねる
【刑】**ケイ**・ギョウ・のり
【列】**レツ**・レチ・つら・つらなる・つらねる・ならぶ
【劣】**レツ・おとる**
〔匈〕キョウ 匈奴(きょうど)
【匠】**ショウ**・たくみ
〔匡〕(人) キョウ・ただす ㊔ただ・ただし・まさ・まさし
〔卍〕マン・まんじ
【印】**イン・しるし**・かね 印度(インド)

【危】**キ・あぶない・あやうい・あやぶむ**
〔吃〕キツ・どもる 吃驚(びっくり)
【各】**カク・おのおの**・おの
【合】**ゴウ・ガッ・カッ**・コウ・**あう・あわす・あわせる** 合羽(カッパ)/合点(がってん・がてん)/合歓木(ねむのき)
【吉】〔吉〕**キチ・キツ**・え・よい 吉左右(きっそう)/吉利支丹(キリシタン)/吉備(きび)
〔吊〕チョウ・つる・つるす・とむらう
【同】**ドウ・おなじ** 同胞(はらから)
【名】**メイ・ミョウ・な**・なづける 名残(**なごり**)
【后】**コウ**・ゴ・きさき・きさい・のち
【吏】**リ**・つかさ
【吐】**ト・はく**・たぐる・つく
【向】**コウ**・キョウ・**む**・く・**むける・むかう・むこう**・さきに 向日葵(ひまわり)/向かっ腹(むかっぱら)

【叫】**キョウ・さけぶ**・よぶ
【吸】**キュウ・すう**
【回】**カイ・エ・まわる・まわす**・かえる・めぐらす・めぐる 回心(えしん)/回向(えこう)
【因】**イン・よる**・ちなむ・よし・よすが・よって 因幡(いなば)/因業(いんごう)
【団】〔團〕(人) **ダン・トン**・まるい 団居(まどい)/団扇(うちわ)/団栗(どんぐり)
【在】**ザイ**・サイ・**ある**・います 在り処(ありか)/在り来り(ありきたり)
〔圭〕(人) ケイ・たま・はし・は ㊔きよ・きよし・よし
【地】**チ・ジ**・つち 地均し(じならし)/地黄(じおう)/地震(ない)
【壮】〔壯〕(人) **ソウ**・さかん

〔夙〕シュク・つとに
【多】**タ・おおい**
〔夷〕(人) イ・えびす・ひな ㊔ひら
〔奸〕カン・おかす 奸佞邪知(かんねいじゃち)
【好】**コウ・このむ・す**く・このましい・よい・よみする・よしみ 好事家(こうずか)
【如】**ジョ・ニョ**・ごとし・しく・もし・ゆき 如月(きさらぎ)/如何(いかが・いかん)/如何に(いかに)/如何様(いかさま・いかよう)/如雨露(じょうろ)/如露(じょろ)
【妃】**ヒ**・きさき
【妄】**モウ・ボウ**・みだり
【字】**ジ・あざ**・あざな・な
【存】**ソン・ゾン**・ある・ながらえる
【宅】**タク**・いえ・やけ
【宇】**ウ**・いえ・のき
【守】**シュ・ス・まもる・もり**・かみ・もる 守宮(やもり)

【安】**アン・やす**い・いずくんぞ 安芸(あき)/安房(あわ)
【寺】**ジ・てら**
〔尖〕(人) セン・こすむ・さき・するどい・とがる
【当】〔當〕**トウ・あたる・あ**てる・あたり・あて・まさに 当所(あてど)
【尽】〔盡〕(人) **ジン・つくす・つきる・つか**す・ことごとく・ずく・ずくめ
〔屹〕キツ・そばだつ 屹度(きっと)
【州】**シュウ・す**・くに・しま
【巡】**ジュン・めぐる** お巡りさん(**おまわりさん**)
【帆】**ハン・ほ**
【年】**ネン・とし**・とせ 年増(としま)
〔庄〕(人) ショウ・ソウ・たどころ ㊔まさ
【式】**シキ**・ショク・のり

【弐】〔貳〕**ニ**・ジ・すけ・ふたつ
〔弛〕(人) シ・チ・たるむ・ゆるむ・ゆるめる
〔忖〕ソン・はかる 忖度(そんたく)
【忙】**ボウ・いそがしい**・せわしい
〔戌〕ジュツ・いぬ
〔戎〕ジュウ・えびす 戎克(ジャンク)
【成】**セイ・ジョウ・なる・なす**・しげ
〔托〕(人) タク・たのむ
【扱】ソウ・**あつかう**・こく・しごく
〔扨〕(国) さて
〔收〕⇩収(5)
【旨】**シ・むね**・うまい
【早】**ソウ・サッ・はやい・はやまる・はやめる**・さ・はや 早乙女(**さおとめ**)/早生(わせ)/早苗(**さなえ**)/早苗饗(さなぶり)/早稲(わせ)/早蕨(さわらび)

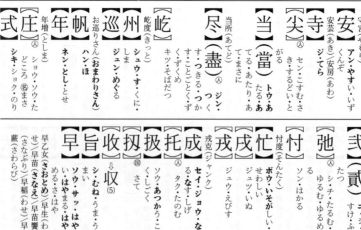

【旬】**ジュン・シュン**
〖旭〗(人) キョク・あさひ ㊔あきら・てる
【曲】**キョク**・ゴク・**まが**る・**まげる**・くせ・くま・わ・わだ 曲尺(かねじゃく)／曲げ物(まげもの)／曲者(くせもの)／曲舞(くせまい)／曲輪(くるわ)
〖曳〗(人) エイ・ひく ㊔とお・のぶ
【有】**ユウ・ウ・ある**・たもつ・また・もつ 有卦(うけ)／有耶無耶(うやむや)／有頂天(うちょうてん)／有職(ゆうそく)
【朱】**シュ**・ス・あか・あけ・そお 朱雀(すざく)／朱欒(ザボン)／朱鷺(とき)
【朴】**ボク**・えのき・ほお・すなお
【机】**キ・つくえ**・つき
【朽】**キュウ・くち**る・くたす 朽木糞牆(きゅうぼくふんしょう)
【次】**ジ・シ・つぐ・つぎ**・ついで・なみ・やどる
〖此〗(人) シ・かく・こ・ここ・この・これ 此方(こちら・こなた)／此処・此所(ここ)／此処彼処(ここかしこ)

【死】**シ・し**ぬ 死出の旅(しでのたび)
【毎】（毎）(人) **マイ**・ごと・つね
【気】（氣）(人) **キ・ケ** 気忙しい(きぜわしい)／気色(けしき)／気怠い(けだるい)／気っ風(きっぷ)／気触れる(かぶれる)／気障(きざ)／気障り(きざわり)／気質(かたぎ)
【汎】**ハン**・あまねし・うかぶ・ひろい・ひろ・ひろし・みな
〖汐〗(人) セキ・うしお・しお
【汗】**カン・あせ** 汗疹(あせも)
【汚】**オ・けが**す・**けが**れる・**けが**らわしい・**よご**す・**よご**れる・**きたな**い・きたならしい
〖汝〗(人) ジョ・な・なれ・なんじ
【江】**コウ**・ゴウ・**え**・うみ
【池】**チ・いけ**

【灯】（燈）(人) **トウ**・チン・**ひ**・ともしび・ともす・ともる
【灰】〔灰〕 **カイ**・ケ・**はい** 灰汁(あく)／灰神楽(はいかぐら)
〖牝〗 ヒン・め・めす・めん 牝馬(ひんば)
〖牟〗(人) ボウ・ム ㊔ます・もと
〖瓜〗(人) カ・ケ・うり 瓜実顔(うりざねがお)
【百】**ヒャク**・ハク・ほ・もも 百日紅(さるすべり)／百合(ゆり)／百舌(もず)／百足(むかで)／百済(くだら)
【竹】**チク・たけ**・たか 竹刀(**しない**)／竹席(たかむしろ)／竹篦(しっぺ・しっぺい)
【米】**ベイ・マイ・こめ**・よな・よね・メートル
【糸】（絲） **シ・いと** 糸瓜(へちま)
【缶】（罐） **カン**・フ・かま・ほとぎ

【羊】**ヨウ・ひつじ** 羊歯(しだ)／羊蹄(ぎしぎし)
【羽】〔羽〕 **ウ・は**・**はね**・わ 羽二重(はぶたえ)／羽子板(はごいた)／羽搏く(はばたく)
【老】**ロウ・お**いる・**ふ**ける・おい 老酒(ラオチュー)／老舗(**しにせ**)
【考】**コウ・かんが**える
〖而〗(人) ジ・しかして・しかも・しかるに・しこうして・なんじ ㊔しか・なお・ゆき
【耳】**ジ**・ニ・**みみ**・のみ 耳朶(みみたぶ)
【肉】**ニク**・ジク・しし 肉刺(まめ)／肉叢(ししむら)
〖肋〗(人) ロク・あばら 肋肉(ばらにく)
【肌】キ・**はだ**・はだえ 肌理(きめ)
【自】**ジ・シ・みずか**ら・おのずから・より 自然薯(じねんじょ)／自惚れる(うぬぼれる)／自棄(やけ)

【至】**シ・いた**る・いたって
【臼】**キュウ・うす**
【舌】**ゼツ**・ゼチ・**した**
【舟】**シュウ・ふね・ふな**
〖艮〗 コン・ゴン・うしとら
【色】**ショク・シキ・いろ**・いろう
【芋】ウ・**いも** 芋茎(ずいき)／芋幹(いもがら)
〖芍〗 シャク 芍薬(しゃくやく)
〖芒〗 ボウ・すすき・のぎ・はしか
【虫】（蟲） **チュウ**・キ・**むし** 虫酸(むしず)
【血】**ケツ**・ケチ・**ち**・のり 血塗れ(ちまみれ)／血塗ろ(ちみどろ)
【行】**コウ・ギョウ・アン・い**く・**ゆ**く・**おこな**う・くだり 行方(**ゆくえ**)／行火(あんか)／行李(こうり)／行幸(みゆき)／行宮(あんぐう)／行脚(あんぎゃ)

【衣】**イ**・エ・**ころも**・きぬ・そ 衣紋(えもん)／衣魚(しみ)／衣鉢(いはつ・えはつ)
【西】**セイ・サイ・にし** 西瓜(すいか)／西班牙(スペイン)／西蔵(チベット)
【迅】**ジン**・はやい
〖辻〗(人)(国) つじ・つむじ

七画

【串】カン・セン・**くし**
【乱】（亂） **ラン**・ロン・**みだ**れる・**みだ**す 乱杭(らんぐい)
【亜】（亞）(人) **ア**・つぐ 亜米利加(アメリカ)／亜細亜(アジア)
〖亨〗(人) キョウ・コウ・たてまつる・とおる ㊔あきら・すすむ・ゆき
【伯】**ハク**・おさ・かみ 伯父(**おじ**)／伯母(**おば**)／伯林(ベルリン)／伯剌西爾(ブラジル)／伯耆(ほうき)／伯楽(はくらく)

〖估〗コ・あきない・あきなう
【伴】**ハン・バン・ともな**う・とも 伴天連（バテレン）
〖伶〗(人) レイ
【伸】**シン・の**びる・**の**ばす・**の**べる・のす・のる・のぶ
【伺】**シ・うかが**う
【似】**ジ・シ・に**る・にせる・のる 似非（えせ）
〖伽〗(人) カ・ガ・キャ・とぎ 伽羅（から）
〖佃〗(人) デン・つくだ・つくりだ
【但】タン・**ただし** 但馬（たじま）
〖佇〗チョ・たたずむ
【位】**イ・くらい**
【低】**テイ・ひく**い・**ひく**める・**ひく**まる
【住】**ジュウ・す**む・**す**まう 住み処（すみか）
【佐】**サ**・すけ・たすける 佐渡（さど）

〖佑〗(人) ユウ・じょう・たすける ㊔すけ・たすく
【体】（體）**タイ・テイ・から**だ
【何】**カ・なに・なん**・いくばく・いずれ・なんぞ 何処（いずこ・どこ）／何奴（どいつ）／何卒（なにとぞ）／何処（どこ）／何故（なぜ・なにゆえ）／何時（いつ）
【余】（餘）**ヨ・あま**る・**あま**す 余所（よそ）／余波（なごり・よは）／余程（よほど）
【作】**サク・サ・つく**る・なす
〖佞〗デイ・ネイ・おもねる・よこしま 佞人（ねいじん）／佞臣（ねいしん）
〖佛〗⇩仏(4)
【克】**コク**・かつ・よく
〖兌〗ダ・かえる 兌換（だかん）
〖兎〗(人)〔兔〕 ト・う・うさぎ ㊔うさ 兎角（とかく）

【児】（兒）(人) **ジ・ニ**・こ
〖免〗⇩免(8)
【兵】**ヘイ・ヒョウ**・いくさ・つわもの 兵児帯（へこおび）
【冶】**ヤ**・いる
【冷】**レイ・つめ**たい・**ひ**える・**ひ**や・**ひ**やす・**ひ**やかす・**さ**める・**さ**ます・ひややか
〖冴〗(人) ゴ・さえる ㊔さえ
【初】**ショ**・ソ・**はじ**め・**はじ**めて・**はつ・うい・そ**める・うぶ
【判】**ハン・バン**・ことわる・わかつ・わかる 判官（はんがん・ほうがん）
【別】**ベツ**・ベチ・**わか**れる・ことに・わかつ・わける 別珍（ベッチン）
【利】**リ・き**く・かが・するどい・とし 利鞘（りざや）
【助】**ジョ・たす**ける・**たす**かる・**すけ**
【努】**ド・つと**める・ゆめ・つとむ
〖劫〗(人) キョウ・コウ・ゴウ・おびやかす

【労】（勞）**ロウ**・いたわしい・いたわる・つかれる・ねぎらう
【励】（勵）**レイ・はげ**む・**はげ**ます
【医】（醫）**イ**・いやす・くすし
【即】（卽）(人) **ソク**・ショク・すなわち・つく
【却】**キャク**・かえって・しりぞける
【卵】**ラン・たまご**
【君】**クン・きみ**
〖吝〗リン・しわい・やぶさか 吝ん坊（しわんぼう）
〖呑〗(人)〔吞〕 トン・ドン・のむ ㊔のみ 呑気（のんき）
【吟】**ギン**・うたう・さまよう
〖吠〗ハイ・ベイ・ほえる
【否】**ヒ**・フ・**いな**・あらず・いなむ・いや 否応（いやおう）
【含】**ガン**・コン・**ふく**む・**ふく**める

【呉】**ゴ**・くれ・くれる
【吹】**スイ・ふ**く・ふかす 吹雪（**ふぶき**）／吹聴（ふいちょう）
〖吻〗(人) フン・くち・くちさき
〖吽〗ウン・ゴウ・ほえる
〖吾〗(人) ゴ・わ・わが・われ ㊔あ 吾亦紅（われもこう）
【告】〔吿〕 **コク**・コウ・**つ**げる・のる 告天子（ひばり）
【呂】**ロ**・リョ・せぼね・おと 呂宋（ルソン）／呂律（ろれつ）
〖呆〗ホウ・ボウ・あきれる・おろか・ぼける・ほける 呆気（あっけ）
【呈】**テイ**・しめす
〖呎〗セキ・フィート
〖囮〗カ・おとり
【困】**コン・こま**る・くるしむ
【図】（圖）**ズ・ト・はか**る・はからう 図会（ずえ）／図体（ずうたい）／図図しい（ずうずうしい）／図星（ずぼし）

【囲】（圍）**イ・かこ**む・**かこ**う
【坂】**ハン・さか** 坂東（ばんどう）
【均】**キン**・ならす・ひとしい 均霑（きんてん）
【坊】**ボウ・ボッ**・ボン・まち 坊主（ぼうず）
〖坏〗ハイ・おか・つき
〖坐〗(人) ザ・います・すわる・まします・ます
【坑】**コウ**・あな
【声】（聲）**セイ・ショウ**・**こえ・こわ** 声色（こわいろ）／声明（しょうみょう）
【売】（賣）(人) **バイ**・マイ・**う**る・**う**れる 売女（ばいた）／売僧（まいす）
【壱】（壹）**イチ**・イツ・ひとつ 壱岐（いき）

〔壯〕⇩壮(6)
【妊】〔姙〕 ニン・はらむ・みごもる
【妖】 ヨウ・あやしい・なまめかしい
【妙】 ミョウ・ビョウ・たえ
【妥】〔妥〕 ダ
【妨】 ボウ・さまたげる
〔妍〕⇩姸(9)
〔孜〕(人) シ・つとめる ㊔あつ・ただす・つとむ
【孝】 コウ・キョウ・たか・たかし
〔宋〕(人) ソウ ㊔おき・くに
【完】 カン・まったい・まっとうする
〔宏〕(人) コウ・ひろい ㊔ひろ・ひろし
【対】(對) タイ・ツイ・こたえる・むかう 対馬(つしま)
【寿】(壽)(人) ジュ・ことぶき・ことほぐ・かず・のぶ・ひさ・ひさし

【尾】 ビ・お 尾張(おわり)/尾籠(おこ・びろう)
【尿】 ニョウ・ゆばり
【局】 キョク・つぼね
〔屁〕 ヒ・へ 屁っ放り腰(へっぴりごし)
【岐】 キ・ギ・えだみち
〔巫〕(人) フ・ブ・かんなぎ・みこ 巫女(みこ)
【希】 キ・ケ・こいねがう・のぞむ・まれ 希有(けう)/希求(ききゅう)/希臘(ギリシャ)
〔庇〕(人) ヒ・おおう・かばう・ひさし
【床】 ショウ・ソウ・とこ・ゆか・ゆかしい
【序】 ジョ・ついず・ついで
【廷】 テイ
【弄】 ロウ・もてあそぶ・いじる・いらう・まさぐる
【弟】 テイ・ダイ・デ・おとうと・おと
【形】 ケイ・ギョウ・かた・かたち・なり 形振り(なりふり)

〔彷〕 ホウ 彷徨う(さまよう)
【役】 ヤク・エキ・え・えだち
【忌】 キ・いむ・いまわしい 忌み明け(いみあけ)
【忍】(忍) ニン・しのぶ・しのばせる・おし 忍冬(すいかずら・にんどう)/忍辱(にんにく)
【志】 シ・こころざす・こころざし・しるす 志摩(しま)
【忘】 ボウ・モウ・わすれる
【応】(應)(人) オウ・ヨウ・こたえる・まさに
【快】 カイ・ケ・こころよい 快楽(けらく)
〔忸〕 ジク・なれる・はじる 忸怩(じくじ)
〔忰〕⇩悴(11)
【我】 ガ・われ・わ・あ・わが 我武者ら(がむしゃら)
【戒】 カイ・いましめる
【戻】(戾) レイ・もどす・もどる・もとる

【扶】 フ・たすける 扶持(ふち)
【批】 ヒ・うつ
〔扼〕 ヤク・おさえる
【技】 ギ・わざ
【抄】 ショウ・かすめとる・すく・すくう
〔抉〕 ケツ・えぐる・こじる
【把】 ハ・たば・つか・とる・わ 把手(とって)
【抑】 ヨク・おさえる・そもそも
〔抓〕 ソウ・つかむ・つねる・つまむ
【投】 トウ・なげる 投網(とあみ)
【抗】 コウ・あらがう
【折】 セツ・シャク・おる・おり・おれる・へぐ 折伏(しゃくぶく)/折敷(おしき)/折ぎ板(へぎいた)
【抜】(拔)(人) バツ・ぬく・ぬける・ぬかす・ぬかる 抜き衣紋(ぬきえもん)

【択】(擇) タク・ジャク・えらぶ
〔抛〕⇩拋(8)
【改】 カイ・あらためる・あらたまる
【攻】 コウ・せめる・おさめる・おさむ
〔旱〕 カン・ひ・ひでり
【更】 コウ・さら・ふける・ふかす・あらためる・かえる・かわる・こもごも 更衣(こうい)/更紗(サラサ)
【杉】 サン・すぎ
〔李〕(人) リ・すもも
〔杏〕(人) アン・キョウ・ギョウ・あんず
【材】 ザイ・サイ
【村】〔邨〕 ソン・むら 村雨(むらさめ)
〔杓〕 シャク・ひしゃく 杓文字(しゃもじ)
〔杖〕(人) ジョウ・チョウ・つえ ㊔き・もち
〔杜〕(人) ズ・ト・もり 杜氏(とうじ・とじ)/杜鵑(ほととぎす)/杜松(ねず)/杜若(かきつばた)/杜漏(ずろう)/杜撰(ずさん)

〔杞〕 キ・コ 杞憂(きゆう)
【束】 ソク・たば・たばねる・つか・つかねる 束子(たわし)/束脩(そくしゅう)
【来】(來)(人) ライ・くる・きたる・きたす
【条】(條)(人) ジョウ・えだ・くだり・すじ
〔杣〕(国) そま
〔杢〕(国) もく
〔步〕⇩歩(8)
〔每〕⇩毎(6)
【求】 キュウ・ク・グ・もとめる 求法(ぐほう)/求肥(ぎゅうひ)
【汰】 タ・タイ・ゆる・よなげる
〔汲〕(人) キュウ・くむ ㊔くみ
【決】 ケツ・ケチ・きめる・きまる
【汽】 キ

【沁】シン・しみる・しむ
【沃】**ヨク**・ヨウ・いる・こえる
【沈】**チン**・シン・ジン・**しずむ**・**しずめる**・しずく
沈丁花（じんちょうげ・ちんちょうげ）／沈香（じんこう）
【沌】(人) トン
【沐】モク・あらう
沐浴（もくよく）／沐猴（もっこう）
【没】〔沒〕**ボツ**・モツ・しずむ・なし
没義道（もぎどう）／没薬（もつやく）
【沖】〔冲〕**チュウ**・**おき**
【沙】**サ**・シャ・いさご・す・すな
沙蚕（ごかい）
【沛】ハイ
沛然（はいぜん）
【沢】〔澤〕**タク**・**さわ**・つや
沢瀉（おもだか）
【灸】(人) キュウ・やいと
【灼】(人) シャク・あらた・か・やく

【災】**サイ**・**わざわい**
【灵】⇩霊(15)
【牡】(人) ボ・ボウ・お・おす
牡丹餅（ぼたもち）／牡蠣（かき・ぼれい）
【状】〔狀〕(人) **ジョウ**・かたち・さま
【狂】**キョウ**・**くるう**・**くるおしい**・くるわす・くるわせる
【狆】チュウ・ちん
【玖】(人) キュウ・ク (名)き・たま・ひさ
【甫】(人) フ・ホ・はじめて (名)すけ・はじめ
【男】**ダン**・**ナン**・**おとこ**・お
【町】**チョウ**・**まち**
【皂】〔皀〕ソウ・くり・くろ
皂莢（さいかち）
【社】〔社〕(人) **シャ**・**やしろ**
社稷（しゃしょく）
【禿】トク・かぶろ・かむろ・ちびる・つぶ・はげる
禿筆（ちびふで）

【秀】**シュウ**・ス・**ひいでる**・ほ・ひで
【私】**シ**・**わたくし**・**わたし**・ひそか
【究】**キュウ**・ク・**きわめる**
究竟（くっきょう）
【系】**ケイ**・かける・すじ
【糺】⇩糾(9)
【肖】**ショウ**・あやかる
【肘】チュウ・**ひじ**
【肝】**カン**・**きも**
肝煎り（きもいり）
【臣】**シン**・**ジン**・おみ・み
【良】**リョウ**・ロウ・**よい**・かず・なが
【芙】(人) フ・はす
【芝】シ・**しば**
芝生（**しばふ**）
【芥】(人) カイ・ケ・あくた・からし・ごみ (名)しな
芥子（からし・けし）
【芬】フン・かおり・こうばしい
芬蘭（フィンランド）
【芭】(人) ハ・バ・はな

【芯】**シン**
【花】〔花〕**カ**・**ケ**・**はな**
花弁（はなびら）／花押（かおう）／花瓶（かびん）／花魁（おいらん）
【芳】**ホウ**・**かんばしい**・かぐわしい・こうばしい・よし
【芹】(人) キン・せり
【芸】〔藝〕(人) **ゲイ**・わざ
【苆】(国) すさ
【苅】⇩刈(4)
【芦】⇩蘆(19)
【見】**ケン**・ゲン・**みる**・**みえる**・**みせる**・あらわれる
見参（げんざん）／見栄え（みばえ）／見栄（みえ）／見窄らしい（みすぼらしい）
【角】**カク**・**かど**・**つの**・すみ
角髪（みずら）
【言】**ゲン**・**ゴン**・**いう**・**こと**
言伝（ことづて）／言質（げんち）／言霊（ことだま）
【谷】**コク**・**たに**・きわまる・や・やつ

【豆】**トウ**・**ズ**・**まめ**
豆汁（ご）
【豕】シ・いのこ・ぶた
【貝】ハイ・バイ・**かい**
貝独楽（ばいごま・べいごま）
【赤】**セキ**・**シャク**・**あか**・**あかい**・**あからむ**・**あからめる**・あかめる
赤口（しゃっこう）／赤魚鯛（あこうだい）／赤棟蛇（やまかがし）／赤熊（しゃぐま）
【走】**ソウ**・**はしる**
【足】**ソク**・シュ・**あし**・**たりる**・**たる**・**たす**
足袋（**たび**）／足掻く（あがく）
【身】**シン**・**み**・むくろ
【車】**シャ**・**くるま**
車前草（おおばこ・おんばこ）
【辛】**シン**・**からい**・かのと・かろうじて・つらい
辛夷（こぶし）
【辰】(人) シン・たつ・とき (名)のぶ
【辿】(人) テン・たどる

【迂】(人) ウ・めぐる (名)とお・ゆき
【迄】(人) キツ・まで
【迎】**ゲイ**・ギョウ・ゴウ・**むかえる**
【近】**キン**・コン・**ちかい**・ちかしい
近江（おうみ）／近衛（このえ）
【返】**ヘン**・**かえす**・**かえる**
【邑】(人) ユウ・おおざと・さと・むら (名)くに
【那】**ナ**・ダ・いずれ・なんぞ・とも・やす
【邦】**ホウ**・くに
【邨】⇩村(7)
【酉】(人) ユウ・とり (名)なが・みのる
【里】**リ**・**さと**
【阪】**ハン**・さか
【防】**ボウ**・ホウ・**ふせぐ**・つつみ
防人（さきもり）
【麦】〔麥〕**バク**・**むぎ**
麦酒（ビール）

【並】(竝) **ヘイ**・**なみ**・**なら**べる・**ならぶ**・**なら**びに・なべて
〖乖〗カイ・そむく・もとる
【乳】**ニュウ**・**ちち**・**ち**　乳母(**うば**・めのと)
【事】**ジ**・**ズ**・**こと**・つかえる
〖些〗(人) サ・シャ・いささか・ちと　些事(さじ)
〖亞〗⇩亜(7)
【享】**キョウ**・うける
【京】**キョウ**・**ケイ**・キン・みさと・みやこ
〖佩〗ハイ・おびる・はく　佩刀(はいとう)
【佳】**カ**・よい
【併】(倂) **ヘイ**・**あわせる**・しかし・ならぶ
〖佶〗キツ　佶屈聱牙(きっくつごうが)
【使】**シ**・**つかう**・しむ・つかわす
〖侃〗(人) カン ㊔あきら・すなお・ただし・つよし

【例】**レイ**・**たとえる**・たとえば・ためし
【侍】**ジ**・シ・**さむらい**・さぶらう・はべる
〖侏〗シュ　侏儒(しゅじゅ)
〖侑〗(人) ユウ・すすめる ㊔すすむ
〖侘〗タ・わび・わびしい・わびる
【供】**キョウ**・**ク**・**そなえる**・**とも**　供花(くげ)/供奉(ぐぶ)/供物(くもつ)
【依】**イ**・**エ**・よる　依怙地(いこじ・えこじ)
【侮】(侮)(人) **ブ**・**あなどる**
【価】(價)(人) **カ**・**あたい**
【舎】〔舍〕 **シャ**・セキ・いえ・や　舎人(とねり)
〖侫〗⇩佞(7)
〖來〗⇩来(7)
〖侠〗⇩俠(9)
【免】(免) **メン**・**まぬかれる**・ゆるす

〖尭〗(人)(堯)(人) ギョウ・たかい ㊔あき・たか・たかし
〖兒〗⇩児(7)
〖兔〗⇩兎(7)
〖兩〗⇩両(6)
〖其〗(人) キ・その・それ ㊔とき・もと　其方(そちら・そなた)/其処(そこ)
【具】**グ**・そなえる・そなわる・つぶさに・よろい・とも
【典】**テン**・さかん・すけ・のり・ふみ
〖冽〗レツ・きよい・さむい　清冽(せいれつ)
〖凭〗ヒョウ・もたれる・よる
〖函〗(人)〔凾〕 カン・はこ ㊔すすむ
〖刮〗カツ・こそぐ・こそげる
【到】**トウ**・いたる
〖刳〗コ・えぐる・くる
【制】**セイ**・おさえる

【刷】**サツ**・**する**・はく・はだく　刷毛(はけ)
【券】**ケン**・てがた
【刹】**サツ**・**セツ**・くに
【刺】**シ**・セキ・**さす**・**さ**さる・いら・とげ　刺刺しい(とげとげしい)/刺草(いらくさ)
【刻】**コク**・**きざむ**・とき
【効】(效) **コウ**・**きく**・かい
【劾】**ガイ**
【卒】**ソツ**・シュツ・おわる・ついに・にわかに　卒塔婆(そとば)
【卓】**タク**・ショク・すぐれる・たかい　卓袱(しっぽく)/卓袱台(ちゃぶだい)
【協】**キョウ**・あわせる・かなう
〖卑〗⇩卑(9)
〖卦〗カ・ケ・ケイ
〖卷〗⇩巻(9)
【参】(參) **サン**・シン・**まいる**　参内(さんだい)

【叔】**シュク**・おじ　叔父(**おじ**)/叔母(**おば**)
【取】**シュ**・**とる**・とれる
【受】**ジュ**・ズ・**うける**・**うかる**
〖呟〗ゲン・つぶやく
【周】〔周〕 **シュウ**・**まわり**・あまねし・めぐり・かね・ちか　周防(すおう)
【呪】〔呪〕 **ジュ**・シュ・ズ・**のろう**・まじなう
【味】**ミ**・ビ・**あじ**・**あじ**わう・うまい
〖呵〗カ・しかる・わらう
〖呷〗コウ・あおる・すう
〖呻〗シン・うめく
【呼】**コ**・**よぶ**・よばう・よばわる
【命】**メイ**・**ミョウ**・**いのち**・おおせ・みこと
〖咄〗トツ・はなし・はなす
〖咆〗ホウ・ほえる　咆哮(ほうこう)

【和】**ワ**・**オ**・カ・**やわら**ぐ・**やわら**げる・**なごむ**・**なご**やか・あえる・なぐ・かず・のどか・やわら　和毛(にこげ)/和尚(おしょう・わじょう)/和泉(いずみ)/和蘭陀(オランダ)
〖咎〗キュウ・とが・とがめる
【固】**コ**・**かためる**・**かた**まる・**かたい**・もとより　固唾(**かたず**)
【国】(國)(人) **コク**・**くに**　国府(こくふ)/国造(くにのみやつこ)/国風(くにぶり)
〖坤〗コン・ひつじさる
〖坦〗(人) タン・たいら ㊔あきら・しずか・ひろし・ゆたか
〖坩〗カン・つぼ　坩堝(るつぼ)
【坪】ヘイ・**つぼ**
【垂】**スイ**・**たれる**・**たら**す・しだれる・たる・なんなんとする　垂氷(たるひ)/垂乳根(たらちね)/垂涎(すいぜん)/垂迹(すいじゃく)

【夜】ヤ・よ・よる　夜叉（やしゃ）／夜半（やはん・よわ）
〖奄〗(人)　エン・おおう　㊔ひさ
【奇】キ・あやしい・くし・くすし・めずらしい　奇特（きとく）
【奈】ナ・ダイ・いかん
【奉】ホウ・ブ・たてまつる・まつる　奉行（ぶぎょう）
【奔】ホン・はしる
【妬】ト・ねたむ・ねたましい
【妹】マイ・いもうと・いも
【妻】サイ・セイ・つま・め・めあわせる
〖妾〗ショウ・おんなめ・めかけ・わらわ
【姉】シ・あね
【始】シ・はじめる・はじまる
〖姐〗シャ・あね　姐さん（ねえさん）／姐御（あねご）
〖姑〗コ・しばらく・しゅうとめ

【姓】セイ・ショウ・かばね
【委】イ・ゆだねる・くわしい・まかせる・くつ・つぐ・とも・もろ
〖孟〗(人)　モウ・はじめ　㊔おさ・たけ・つとむ
【季】キ・すえ・とし
【学】（學）ガク・まなぶ　学び舎（まなびや）
〖宕〗(人)　トウ
【宗】シュウ・ソウ・むね
【官】カン・つかさ
【宙】チュウ・ひろし
【定】テイ・ジョウ・さだめる・さだまる・さだか・さだ　定規（じょうぎ）
【宛】エン・あてる・あたかも・あて・さながら・ずつ
【宜】ギ・うべ・よろしい
【宝】（寶）〔寶〕ホウ・たから
【実】（實）(人)　ジツ・み・みのる・げに・さね・まこと　実生（みしょう）

【尚】〔尙〕ショウ・こいねがう・たかい・とうとぶ・なお・ひさしい
【居】キョ・コ・いる・い・おる・すえ　居丈高（いたけだか）／居士（こじ）／居候（いそうろう）
【届】（屆）カイ・とどける・とどく
【屈】クツ・かがむ・かがめる
【岡】〔崗〕コウ・おか
【岩】ガン・いわ　岩魚（いわな）
【岬】コウ・みさき・さき
【岳】（嶽）ガク・たけ
【岸】ガン・きし
〖帖〗(人)　ジョウ・チョウ　㊔さだ・ただ
〖帙〗チツ
〖帚〗シュウ・ソウ・ほうき　帚木（ははきぎ）

〖幷〗ヘイ・あわせる・ならびに
【幸】コウ・さいわい・さち・しあわせ・さき・さきわう・みゆき・ゆき　幸先（さいさき）
【底】テイ・そこ　底意地（そこいじ）／底翳（そこひ）
【店】テン・みせ・たな　店子（たなこ）
〖庚〗(人)　コウ・かのえ　㊔か・つぐ・やす
【府】フ・つかさ
【延】〔延〕エン・のびる・のべる・のばす・はう・ひいて・のぶ　延縄（はえなわ）
【弥】（彌）(人)　ビ・ミ・や・あまねし・いや・いよ・わたる・ひさ・ひさし　弥生（**やよい**）／弥撒（ミサ）／弥栄（いやさか）
【弦】ゲン・つる
〖弩〗ド・いしゆみ・おおゆみ　超弩級（ちょうどきゅう）

【彼】ヒ・かれ・かの・か　彼方（あちら・あなた・かなた）／彼処（あそこ・かしこ）／彼奴（あいつ）
【往】オウ・いにし・いぬ・ゆく
【征】セイ・うつ・ゆく・まさ　征矢（そや）
【径】（徑）ケイ・みち
〖忝〗テン・かたじけない
【忠】チュウ・ただ・ただし　忠実（まめ）
【念】ネン・おもう　念珠（ねんじゅ）
〖忽〗(人)　コツ・たちまち・ゆるがせ
〖忿〗フン・いかる
〖忩〗⇩怱(9)
〖怏〗オウ・うらむ
【怖】フ・こわい・おじける・おそれる・こわがる　怖気（おじけ・おぞけ）
〖怜〗(人)　レイ・さとい　㊔さとし
【性】セイ・ショウ・さが

【怪】カイ・ケ・あやしい・あやしむ　怪我（けが）／怪訝（かいが・けげん）
〖怯〗キョウ・おびえる・ひるむ
〖或〗(人)　ワク・ある・あるいは　㊔もち
【房】ボウ・ホウ・ふさ
【所】ショ・ところ　所以（ゆえん）／所為（しょい・せい）／所謂（いわゆる）
〖戾〗⇩戻(7)
【承】ショウ・ソウ・うけたまわる・うける
【披】ヒ・ひらく　披露（ひろう）
【抱】〔抱〕ホウ・だく・いだく・かかえる
【抵】テイ・あたる
【抹】マツ・なする
【押】オウ・おす・おさえる
【抽】チュウ・ぬきんでる・ぬく・ひく
【担】（擔）タン・かつぐ・になう　担桶（たご）

〔拇〕ボ・おやゆび
拇印(ぼいん)

〔拈〕ネン・ひねる
拈華微笑(ねんげみしょう)

【拉】**ラ**・ラッ・ひさぐ・ひしぐ
拉致(らち)/拉麺(ラーメン)

〔抛〕ホウ・なげうつ・ほうる

【拍】**ハク・ヒョウ**・ヒャク・うつ
拍子(ひょうし)

【拐】**カイ**・かどわかす

【拒】〔拒〕**キョ・こばむ**・ふせぐ

【拓】**タク**・ひらく・ひろう

〔拗〕オウ・ヨウ・こじれる・すねる・ねじける・ねじる・ねじれる

【拘】**コウ**・ク・かかずらう・かかわる

【拙】**セツ・つたない**

【招】**ショウ・まねく**

【拝】(拜)(人) **ハイ・おがむ**

【拡】(擴) **カク・ひろがる・ひろげる・ひろめる**・ひろし

【拠】(據) **キョ・コ**・よる

〔拂〕⇩払(5)

〔拔〕⇩抜(7)

【放】**ホウ・はなす・はなつ・はなれる・ほうる**・さく・はがす・ひる
放す(ほかす)

〔斧〕(人) フ・おの ㊔はじめ

〔於〕(人) オ・おいて・おける

【旺】**オウ**・さかん・あき・あきら

〔昂〕(人) コウ・ゴウ・あがる・たかぶる ㊔あきら・たか・のぼる

【昆】**コン**
昆布(こぶ・こんぶ)

【昇】**ショウ・のぼる**

〔昊〕(人) コウ ㊔ひろ・ひろし

〔昌〕(人) ショウ・さかん ㊔あき・あきら・すけ・まさ・まさし・よし

【明】**メイ・ミョウ**・ミン・あかり・**あかるい**・あかるむ・**あからむ・あきらか・あける・あく・あくる・あかす**・あきらめる・あきら
明太子(メンタイこ)/明日(**あす**・あした)/明日葉(あしたば)/明後日(あさって)/明星(みょうじょう)

〔昏〕(人) コン・くらい・くれる

【易】**エキ・イ**・ヤク・**やさしい**・かえる・やすい

【昔】**セキ・シャク・むかし**

〔朋〕(人) ホウ・とも

【服】**フク**・ブク・まつらう

〔杭〕(人) コウ・くい・くいぜ

〔柿〕〔杮〕ハイ・こけら

【杯】〔盃〕(人) **ハイ・さかずき**・つき

【東】**トウ・ひがし**・あずま
東屋(あずまや)/東宮(とうぐう)/東風(こち)/東雲(しののめ)

〔杵〕(人) ショ・き・きね

〔杷〕(人) ハ・さらえ

〔杼〕ジョ・チョ・とち・ひ

【松】**ショウ・まつ**
松明(たいまつ)/松毬(まつかさ・まつぼっくり)

【板】**ハン・バン・いた**

〔枇〕(人) ヒ・ビ
枇杷(びわ)

【析】**セキ**・さく

【枕】チン・**まくら**・まく

【林】**リン・はやし**
林檎(りんご)

〔枘〕ゼイ・ほぞ

【枚】**マイ**・バイ・ひら

【果】**カ・はたす・はてる・はて**・はか
果物(**くだもの**)/果敢無い(はかない)

【枝】**シ・えだ**・え
枝折り戸(しおりど)/枝垂れる(しだれる)

【枢】(樞) **スウ**・くるる・とぼそ

〔枡〕(国) ます

【枠】(国) **わく**

〔欣〕(人) キン・ゴン・よろこぶ ㊔やすし・よし
欣求(ごんぐ)

【欧】(歐) **オウ**

【歩】(步)(人) **ホ・ブ・フ・あるく・あゆむ**・かち

【武】**ブ・ム**・たけし・たける
武蔵(むさし)

【殴】(毆) **オウ・なぐる**

【毒】**ドク**・そこなう・わるい

〔毟〕(国) むしる

〔沓〕(人) トウ・くつ ㊔かず

〔沫〕(人) マツ・あわ

【河】**カ**・ガ・**かわ**
河内(かわち・こうち・ハノイ)/河岸(**かし**)/河原(**かわら**)/河骨(こうほね)/河豚(ふぐ)/河童(かっぱ)

【沸】**フツ・わく・わかす**・にえ

【油】**ユ**・ユウ・**あぶら**

【治】**ジ・チ・おさめる・おさまる・なおる・なおす**・おさむ・さだ・はる

【沼】**ショウ・ぬま**・ぬ

〔沽〕コ・うる
沽券(こけん)

【沿】**エン・そう**

【況】**キョウ**・いわんや・まして

〔泄〕エイ・セツ・もれる

【泊】**ハク・とまる・とめる**・はつ

【泌】**ヒツ・ヒ**

【法】**ホウ・ハッ・ホッ**・のり・フラン
法度(はっと)/法被(はっぴ)/法螺(ほら)

【泡】**ホウ・あわ**・あぶく
泡沫(うたかた)

【波】**ハ・なみ**
波止場(**はとば**)/波布(はぶ)/波斯(ペルシャ)/波蘭(ポーランド)

【泣】**キュウ・なく**

【泥】**デイ**・ナイ・**どろ**・なずむ・ひじ 泥濘(ぬかるみ)/泥鰌(どじょう)

【注】**チュウ**・**そそ**ぐ・さす・つぐ 注連縄(しめなわ)

【泳】**エイ**・**およ**ぐ

〔泪〕⇩涙(10)

【炉】(爐) **ロ**・いろり

【炊】**スイ**・**た**く・かしぐ

【炎】**エン**・**ほのお**・ほむら

〔炒〕ショウ・いためる・いる 炒飯(チャーハン)

〔炙〕シャ・あぶる

〔爬〕ハ・かく 爬虫類(はちゅうるい)

〔爭〕⇩争(6)

【版】**ハン**・ヘン・いた・ふだ

【牧】**ボク**・モク・**まき**・うまき

【物】**ブツ**・**モツ**・モチ・**もの** 物怪(もっけ)/物の怪(もののけ)

〔狀〕⇩状(7)

〔狎〕コウ・なれる

〔狒〕ヒ 狒狒(ひひ)

〔狗〕ク・コウ・いぬ 狗尾草(えのころぐさ)

【狙】**ソ**・**ねら**う

〔狛〕ハク・こま 狛犬(こまいぬ)

【玩】**ガン**・もてあそぶ・よし 玩具(おもちゃ)

〔瓩〕(国) キログラム

【画】(畫) **ガ**・**カク**・え・えがく・かく

〔疚〕キュウ・やましい

【的】**テキ**・**まと**

〔盂〕ウ・さら

【盲】**モウ**・めくら・めしい

【直】**チョク**・**ジキ**・**ただ**ちに・**なお**す・**なお**る・あたい・じか・すぐ・ただ・なお・ひた・すなお・ただし・なおき 直会(なおらい)/直向き(ひたむき)/直衣(のうし)/直垂(ひたたれ)

【知】**チ**・**し**る・しらせる・しれる・かず・とも

〔祀〕シ・まつる

〔祁〕(人) キ

【祈】(祈)(人) **キ**・**いの**る

【祉】(祉)(人) **シ**・チ・さいわい

〔社〕⇩社(7)

〔穹〕(人) キュウ・そら (名) たか・たかし 穹窿(きゅうりゅう)

【空】**クウ**・**そら**・**あ**く・**あ**ける・**から**・うつ・すかす・すく・むなしい 空木(うつぎ)/空蟬(うつせみ)

【突】(突)(人) **トツ**・**つ**く 突慳貪(つっけんどん)

〔竏〕(国) キロリットル

〔竺〕(人) ジク

【者】(者)(人) **シャ**・**もの**・は

【股】**コ**・**また**・またがる・もも 股引(ももひき)/股座(またぐら)

【肢】**シ**・えてあし

【肥】**ヒ**・**こ**える・**こえ**・**こ**やす・**こ**やし・ふとる 肥後(ひご)/肥前(ひぜん)

【肩】**ケン**・**かた**

【肪】**ボウ**・あぶら

【肯】**コウ**・あえて・うけがう・がえんずる

【育】**イク**・**そだ**つ・**そだ**てる・**はぐく**む

〔肴〕(人) コウ・さかな・な

〔苑〕(人) エン・オン・その

〔苔〕(人) タイ・こけ・こけら 苔生す(こけむす)

【苗】**ビョウ**・ミョウ・**なえ**・**なわ**

【苛】**カ**・いじめる・いらつく・からい・さいなむ

〔苞〕ホウ・つと

〔苟〕コウ・いやしくも

【若】**ジャク**・**ニャク**・**わか**い・**も**しくは・ごとし・この・しく・なんじ・もし 若人(**わこうど**)/若干(じゃっかん・そこばく)/若布(わかめ)/若気(わかげ)/若狭(わかさ)

【苦】**ク**・コ・**くる**しい・**くる**しむ・**くる**しめる・**にが**い・**にが**る 苦汁(にがり)

〔苧〕チョ・お・からむし 苧麻(ちょま)/苧環(おだまき)

〔苫〕セン・とま

【英】**エイ**・はな・はなぶさ・ひいでる・ひで・ふさ 英吉利(イギリス)

〔苺〕(人)〔莓〕 バイ・いちご

【茂】**モ**・**しげ**る・しげみ・しげ

〔茄〕(人) カ・なす 茄子(なす・なすび)

〔茅〕(人) ボウ・かや・ち・ちがや 茅渟(ちぬ)/茅萱(ちがや)/茅蜩(ひぐらし)

〔茉〕(人) マ・マツ 茉莉花(まつりか)

【茎】(莖) **ケイ**・**くき**・くく

【芽】〔芽〕 **ガ**・ゲ・**め**・めぐむ

【虎】**コ**・**とら**・たけ 虎杖(いたどり)/虎落笛(もがりぶえ)

〔虱〕〔蝨〕 シツ・しらみ

【表】**ヒョウ**・**おもて**・**あらわ**す・**あらわ**れる

〔軋〕アツ・きしむ・きしる

〔迪〕(人) テキ・みち (名) すすむ・ただす

【迫】**ハク**・**せま**る 迫り出す(せりだす)

【迭】**テツ**・たがいに

【述】〔述〕 **ジュツ**・**の**べる・のぶ

〔迚〕(国) とても

【邪】〔邪〕 **ジャ**・ヤ・か・よこしま

【邸】**テイ**・やしき

【采】〔采〕 **サイ**・とる・あや
【金】 **キン・コン・かね・かな**・こがね 金団(きんとん)/金糸雀(カナリア)/金蚕(かなぶん)/金雀枝(エニシダ)
【長】 **チョウ**・ジョウ・**ながい**・おさ・たけ・たける・なが・ながらく 長刀(なぎなた)/長押(なげし)/長門(ながと)/長閑(のどか)
【門】 **モン・かど**・と
【阜】 **フ**・おか・こざと・あつ・たか・とおる
【阻】 **ソ・はばむ**
〔阿〕(人) ア・おもねる・くま ㊔お 阿弗利加(アフリカ)/阿多福(おたふく)/阿波(あわ)/阿漕(あこぎ)/阿諛追従(あゆついしょう)
〔陀〕(人) ダ
【附】 **フ**・ブ・つく・つける 付子(ぶす)
【雨】 **ウ・あめ・あま**・さめ
【青】〔靑〕 **セイ・ショウ・あお・あおい**

【非】 **ヒ**・あらず
【斉】〔齊〕(人) **セイ**・ととのう・ととのえる・ひとしい・なり・むね

九画

【乗】〔乘〕(人) **ジョウ・のる・のせる**
【亭】 **テイ**・チン・あずまや
〔亮〕(人) リョウ・あきらか・すけ・まこと ㊔あきら・たすく
【侯】 **コウ**
【侵】 **シン・おかす**
【侶】 **リョ**・ロ・とも・かぬ・かね・とも
【便】 **ベン・ビン・たより**・すなわち
【係】 **ケイ・かかる・かかり**・かかずらう・かかわる・つなぐ
【促】 **ソク・うながす**
〔俄〕(人) ガ・にわか
【俊】 **シュン**・すぐれる・とし
〔俎〕〔爼〕 ソ・まないた

〔俐〕(人) リ ㊔さと
〔俑〕 ヨウ
【俗】 **ゾク**・ショク
〔俘〕 フ・とりこ 俘虜(ふりょ)
〔俚〕 リ・さとぶ 俚諺(りげん)
【保】 **ホ**・ホウ・**たもつ**・もつ・やすんじる・やす
〔俟〕 シ・まつ
〔俠〕(人)〔侠〕 キョウ・おとこだて・きゃん ㊔さとる・たもつ
【信】 **シン**・のぶ・まこと 信天翁(あほうどり)/信濃(しなの)
〔俤〕(国) おもかげ
〔俣〕(人)(国) また
〔侮〕 ⇩侮(8)
【冠】 **カン・かんむり**・かぶる 冠木門(かぶきもん)
〔凾〕 ⇩函(8)

〔剃〕 テイ・そる 剃刀(かみそり)
【則】 **ソク**・すなわち・のっとる・のり
【削】 **サク・けずる**・そぐ
〔剋〕〔尅〕 コク・かつ
【前】 **ゼン**・セン・**まえ**・さき 前栽(せんざい)/前褌(まえみつ)
〔勁〕(人) ケイ・つよい ㊔つよし
【勃】 **ボツ**・おこる・にわかに・ひら・ひろ 勃牙利(ブルガリア)
【勅】〔敕〕 **チョク**・みことのり
【勇】 **ユウ**・ヨウ・**いさむ**・いさましい・はや 勇魚(いさな)
〔勉〕 ⇩勉(10)
【南】 **ナン・ナ**・ダン・**みなみ** 南瓜(カボチャ)/南風(はえ)
【単】〔單〕(人) **タン**・ゼン・ひとえ 単(ひとえ)

【卑】〔卑〕(人) **ヒ・いやしい・いやしむ・いやしめる**・ひくい
【卸】 シャ・**おろす・おろし**
〔卻〕 ⇩却(7)
〔卽〕 ⇩即(7)
【厘】 **リン**・リ
【厚】 **コウ・あつい**
【叙】〔敍〕(人) **ジョ**・ついず・ついで・のべる
〔叛〕 ハン・ホン・そむく
【咲】 ショウ・**さく**・えむ・わらう
〔咳〕 ガイ・からびる・しわぶく・せき・せく
【咽】 **イン**・エツ・のど・むせぶ・むせる
【哀】 **アイ・あわれ・あわれむ**・かなしい・かなしむ
【品】 **ヒン**・ホン・**しな**
〔哉〕(人) サイ・かな・や ㊔か・ちか・はじめ
〔圀〕 コク・くに

【型】 **ケイ・かた** 型録(カタログ)
〔垢〕 ク・コウ・あか
【垣】 エン・**かき** 垣間見る(かいまみる)
【城】 **ジョウ**・セイ・**しろ**・き
【変】〔變〕 **ヘン・かわる・かえる**
〔奎〕(人) ケイ ㊔ふみ
【奏】 **ソウ・かなでる**・もうす
【契】〔契〕 **ケイ**・カイ・キツ・セツ・**ちぎる**
〔姥〕(人) ボ・うば・おば ㊔おけ・とめ
〔姦〕 カン・かしましい
〔姨〕 イ・おば 姨捨山(おばすてやま)
〔姪〕(人) テツ・めい
〔姸〕〔妍〕 ケン・うつくしい
【姻】〔婣〕 **イン**
【姿】〔姿〕 **シ・すがた**

【威】**イ**・おどす
〖娃〗(人) アイ
〖姙〗⇩妊(7)
【孤】**コ**・ひとり・みなしご 孤児(みなしご)
【客】**キャク・カク**・まろうど
【宣】**セン**・のたまう・のる・のぶ
【室】**シツ・むろ**・へや
〖宥〗(人) ユウ・なだめる・ゆるす ㊔すけ・ひろ
【封】**フウ・ホウ**・フ・ポンド
【専】(專)(人) **セン・もっぱら**
【屋】**オク・や**
〖屍〗シ・かばね・しかばね
〖屏〗⇩屛(11)
〖峙〗ジ・そばだつ
【峡】(峽)(人) **キョウ**・かい・はざま
【峠】(国) **とうげ**

〖巷〗(人) コウ・ちまた ㊔さと
【巻】(卷)(人) **カン**・ケン・**まく・まき** 巻繊(けんちん)
【帝】**テイ**・タイ・みかど
【帥】**スイ**・ソツ・ひきいる
【幽】**ユウ**・かすか・くらい
【度】**ド・ト・タク・たび**・たし・のり・はかる・わたる
【建】**ケン・コン・たてる・たつ**・たけぶ・たける・たけ・たけし 建立(こんりゅう)
〖廻〗(人) エ・カイ・まわす・まわる・みる・めぐらす・めぐる ㊔のり
【弧】**コ**
〖彦〗(彥)(人) ゲン・ひこ ㊔さと
【待】**タイ**・ダイ・**まつ** 待ち惚け(まちぼうけ)
〖徊〗カイ
【律】**リツ・リチ**

【後】**ゴ・コウ・のち・うしろ・あと・おくれる**・おくらす・しり 後方(しりえ)/後退(あとずさり)/後払(あとばらい)
【怒】**ド**・ヌ・**いかる・おこる**
【思】**シ・おもう**・おぼしい
【怠】**タイ・おこたる・なまける**・だるい
【急】〔急〕**キュウ・いそぐ**・せかす・せく 急須(きゅうす)
【怨】**エン・オン**・うらむ・うらめしい
〖怱〗〔忩〕ソウ 怱卒(そうそつ)
〖恃〗ジ・たのむ
【恒】(恆)(人) **コウ**・ゴウ・つね・ひさ・わたる
〖恍〗コウ・とぼける・ほれる 恍惚(こうこつ)
〖恢〗(人) カイ・ひろい ㊔ひろ
【恨】**コン・うらむ・うらめしい**
〖恪〗カク・つつしむ 恪勤(かくご・かくごん)

〖恫〗ドウ・いたむ 恫喝(どうかつ)
〖恰〗(人) コウ・あたかも ㊔あたか 恰好(かっこう)/恰幅(かっぷく)
【悔】(悔)(人) **カイ**・ケ・**くいる・くやむ・くやしい**
〖拜〗⇩拝(8)
〖拏〗⇩拿(10)
【括】**カツ**・くくる・くびれる
【拭】**ショク**・シキ・**ふく・ぬぐう**
〖拮〗キツ・ケツ 拮抗(きっこう)
〖拱〗キョウ・こまねく
〖拵〗ソン・ゾン・こしらえる
【拶】**サツ**
【拷】**ゴウ**・コウ・うつ
【拾】**シュウ・ジュウ・ひろう**
【持】**ジ**・チ・**もつ**
〖挂〗カ・カイ・ケ・ケイ・かける

【指】**シ・ゆび・さす** 挂冠(けいかん)
〖按〗(人) アン・しらべる・なでる 指貫(さしぬき・ゆびぬき)
【挑】**チョウ・いどむ**・かかげる・くじる
【挟】(挾) **キョウ・はさむ・はさまる**・さしはさむ
【故】**コ・ゆえ**・ことさらに・ふるい
【政】**セイ・ショウ・まつりごと**・まさ 故郷(ふるさと)
【施】**シ・セ・ほどこす**・しく 政所(まんどころ)
【星】**セイ・ショウ・ほし**
【映】〔暎〕**エイ・うつる・う**つす・はえる
【春】**シュン・はる**
【昧】マイ・くらい
【昨】**サク**・きのう
【昭】**ショウ**・あきらか・あき・あきら・てる 昨日(**きのう**)/昨夜(ゆうべ)

【是】**ゼ**・こ・ここ・これ・ただしい
〖昴〗(人) ボウ・すばる
〖昵〗ジツ・ちかづく・なじむ 昵懇(じっこん)
【昼】(晝)(人) **チュウ・ひる**・ひ
【枯】**コ・かれる・からす** 昼餉(ひるげ)
〖枳〗キ・からたち
【架】**カ・かける・かかる**・たな・たるき 枳殻(からたち)
〖枷〗カ・かし・かせ・かせぐ
〖枸〗ク 枸櫞酸(くえんさん)/枸杞(くこ)
〖枹〗ホウ・こなら・なら・ばち
【柿】**シ・かき**・かげ・かつ
〖柃〗リョウ・レイ・ひさかき・ひさぎ
【柄】**ヘイ**・ヒョウ・**がら・え**・から・つか
〖柊〗(人) シュウ・ひいらぎ 柄杓(ひしゃく)

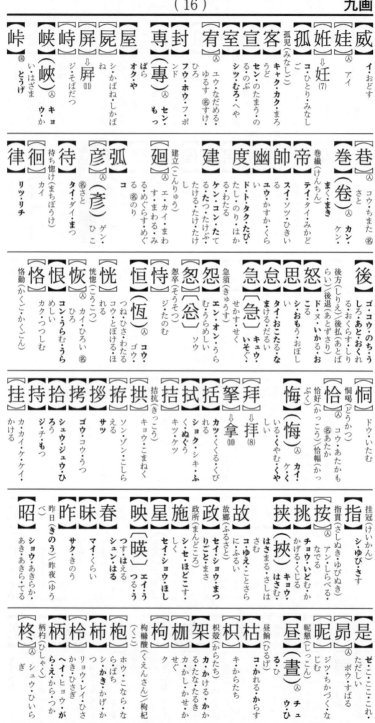

〖柏〗㊇〔栢〕 ハク・ヒャク・かしわ・かや
【某】 **ボウ・それがし**・なにがし
〖柑〗㊇ カン・みかん　柑子(こうじ)
【染】 **セン**・ゼン・**そめ**る・**そ**まる・**し**みる・**しみ**
【柔】 **ジュウ・ニュウ・やわ**らか・**やわ**らかい・やわら
〖柘〗㊇ シャ・つみ　㊔つく　柘植(つげ)/柘榴(ざくろ)
〖柚〗㊇ ユ・ユウ・ゆず　柚(ゆず)
〖柝〗 タク・き　撃柝(げきたく)
〖柞〗 サク・いす・なら・ははそ
【査】 **サ**・しらべる
〖柩〗 キュウ・ひつぎ
【柱】 **チュウ**・ジュウ・**はしら**・じ
【柳】 **リュウ・やなぎ**・やぎ　柳葉魚(シシャモ)
【柵】 **サク**・き・くえ・しがらみ・せ

【栄】〔榮〕㊇ **エイ**・ヨウ・**さか**える・**は**え・**は**える・はやす・さかえ　栄螺(さざえ)
【栃】㊏ **とち**・とちのき
〖栂〗㊏ つが
〖柾〗㊇㊏ まさ・まさき・まさめ
〖歪〗 ワイ・いびつ・ゆがむ・ゆがめる
〖殆〗㊇ タイ・あやうい・ほとんど　㊔ちか
【段】 **ダン**・タン・きだ
〖毘〗㊇〔毗〕 ヒ・ビ　㊔てる・とも・のぶ
【泉】 **セン・いずみ**
【洋】 **ヨウ**・なだ・ひろい
〖洎〗 キ　洎夫藍(サフラン)
〖洒〗 サイ・シャ・あらう・すすぐ・そそぐ　洒脱(しゃだつ)/洒落(しゃらく・しゃれ)/洒落臭い(しゃらくさい)
【洗】 **セン・あら**う

〖洛〗㊇ ラク
【洞】 **ドウ**・トウ・**ほら**・うつろ
〖洟〗 イ・テイ・はな・はなみず
【津】 **シン・つ**
〖洩〗 エイ・セツ・もらす・もる・もれる
【洪】 **コウ**・おお　洪牙利(ハンガリー)
〖洲〗㊇ シュウ・しま・す・ひし・ひじ　㊔くに　洲浜(すはま)
〖洵〗㊇ シュン・ジュン・まこと　㊔のぶ・ひとし
〖洸〗㊇ コウ　㊔たけし・ひろし
【活】 **カツ**・いかす・いきる・いける
【派】 **ハ**
【浄】〔淨〕㊇ **ジョウ**・きよい・きよめる
【浅】〔淺〕 **セン・あさ**い・あさましい　浅茅(あさじ)/浅葱(あさつき)/浅蜊(あさり)
【海】〔海〕㊇ **カイ・うみ**・あま・うな・み　海女・海士(**あま**)/海月(くらげ)/海老(えび)/海参(いりこ)/海松(みる)/海苔(のり)/海星(ひとで)/海神(わたつみ)/海胆(うに)/海原(**うなばら**)/海桐(とべら)/海豹(あざらし)/海豚(いるか)/海象(セイウチ)/海雲(もずく)/海鼠(なまこ)/海鼠腸(このわた)/海鞘(ほや)/海驢(あしか)

〖炬〗 キョ・コ　炬燵(こたつ)
【炭】〔炭〕 **タン・すみ**　炭団(たどん)
〖炯〗〔烱〕 ケイ・あきらか　炯炯(けいけい)
〖炸〗 サク・はじける　炸裂(さくれつ)
【点】〔點〕 **テン**・さす・たてる・ともす・ともる　点前(てまえ)
【為】〔爲〕㊇ **イ**・さる・する・ため・なす・なる　為人(ひととなり)/為ん方(せんかた)/為体(ていたらく)/為替(**かわせ**)
【牲】 **セイ**・いけにえ

〖狡〗 コウ・こすい・ずるい　狡辛い(こすからい)/狡猾(こうかつ)
〖狢〗 カク・むじな
【狩】 **シュ・か**る・**かり**　狩人(かりゅうど)
【独】〔獨〕 **ドク**・トク・**ひと**り　独活(うど)/独逸(ドイツ)/独楽(こま)/独鈷(とっこ)
【狭】〔狹〕㊇ **キョウ・せ**まい・**せば**める・**せば**まる・さ・せ　狭間(はざま)
〖狐〗 コ・きつね
〖玲〗㊇ レイ　㊔あきら・たま
〖玻〗 ハ　玻璃(はり)
〖珀〗㊇ ハク
〖珂〗㊇ カ
〖珈〗㊇ カ　珈琲(コーヒー)
〖珊〗㊇〔珊〕 サン・サンチ　㊔さぶ

【珍】〔珎〕 **チン・めずら**しい・めずらか
〖玳〗〔瑇〕 タイ　玳瑁(たいまい)
〖瓱〗㊏ ミリグラム
【甚】 **ジン・はなはだ・はなはだ**しい・いたい
【界】 **カイ**・さかい
【畏】 **イ・おそ**れる・かしこい・かしこまる・かしこむ
【畑】㊏ **はた・はたけ**
〖疣〗 ユウ・いぼ
〖疥〗 カイ・はたけ
【疫】 **エキ・ヤク**・え　疫利(えきり)
〖癸〗 キ・みずのと
【発】〔發〕 **ハツ・ホ**ツ・あばく・おこる・たつ　発条(ぜんまい・ばね)
【皆】 **カイ・みな**・みんな
【皇】 **コウ・オウ**・すめ・すめら・すめらぎ・すめろぎ

【盆】**ボン**・はち

〔盈〕エイ・みちる

〔盃〕⇩杯(8)

【冒】**ボウ**・**おか**す

【相】**ソウ**・**ショウ**・**あい**・さが・たすける・まさ 相生（あいおい）／相応しい（ふさわしい）／相模（さがみ）／相撲（**すもう**）

【県】（縣）(人) **ケン**・あがた

【盾】**ジュン**・**たて**

【省】**セイ**・**ショウ**・**かえりみる**・**はぶく**

〔眇〕ビョウ・すがめ・すがめる

〔眈〕タン・にらむ 眈眈（たんたん）

【眉】**ビ**・**ミ**・**まゆ**・まみ・まみえ 眉目秀麗（びもくしゅうれい）／眉庇（まびさし）／眉間（みけん）

【看】**カン**・みる 看経（かんきん）

〔矜〕キョウ・キン・あわれむ・つつしむ・ほこる 矜持（きょうじ）

〔矧〕シン・はぐ

【砂】**サ**・**シャ**・**すな**・いさご 砂利（**じゃり**）

〔砌〕セイ・みぎり

【研】（硏）**ケン**・ゲン・**と**ぐ・みがく

【砕】（碎）(人) **サイ**・**くだく**・**くだける**

〔祇〕(人) ギ・かみ・くにつかみ・ただ・まさに ㊔のり・まさ・もと

〔祐〕(人)（祐）(人) ユウ・じょう・たすける ㊔すけ・たすく

【祖】（祖）(人) **ソ**・おや・はじめ

【祝】（祝）(人) **シュク**・**シュウ**・**いわう**・ほかう・ほく・のり 祝詞（**のりと**）

【神】（神）(人) **シン**・**ジン**・**かみ**・**かん**・**こう** 御神酒（**おみき**）／神技（かみわざ）／神神しい（こうごうしい）／神酒（みき）／神無月（かんなづき）／神楽（**かぐら**）／神憑り（かみがかり）／神輿（しんよ・みこし）／神籬（ひもろぎ）

〔祈〕⇩祈(8)

〔祉〕⇩祉(8)

〔祢〕⇩禰(19)

【秋】**シュウ**・**あき**・とき 秋刀魚（さんま）

【科】**カ**・しな・とが

【秒】**ビョウ**

〔穿〕(人) セン・うがつ・はく・ほじる

【窃】（竊）**セツ**・ぬすむ・ひそか

〔突〕⇩突(8)

〔竿〕(人) カン・さお

〔籾〕(人)(国) もみ

〔粁〕(国) キロメートル

【紀】**キ**・おさめる・しるす・のり 紀伊（きい）

【約】**ヤク**・つづまやか・つづまる・つづめる

【紅】**コウ**・**ク**・グ・**べに**・**くれない**・あか・あかい・もみ 紅型（びんがた）／紅葉（**もみじ**）／紅絹（もみ）／紅蓮（ぐれん）

〔紆〕ウ・まがる・めぐる

【糾】〔糺〕**キュウ**・あざなう・ただす

【級】〔級〕**キュウ**・しな

【美】**ビ**・**ミ**・**うつくし**い・うまし・よし 美人局（つつもたせ）／美作（みまさか）／美味い（うまい）／美味しい（おいしい）／美濃（みの）

〔者〕⇩者(8)

【耐】**タイ**・**たえる**

〔耶〕(人) ヤ・か 耶蘇（やそ）

【肺】**ハイ**

【胃】**イ**

【胆】（膽）**タン**・い・きも

【背】**ハイ**・**せ**・**せい**・**そむく**・**そむける**・せな・そ 背負う（せおう）

【胎】**タイ**・はらむ

〔胚〕ハイ・はらむ

【胞】〔胞〕**ホウ**・え 胞衣（えな）

〔胡〕(人) ウ・コ・ゴ・えびす・なんぞ ㊔ひさ 胡瓜（きゅうり）／胡乱（うろん）／胡床・胡坐（あぐら）／胡桃（くるみ）／胡麻（ごま）／胡散臭い（うさんくさい）／胡頽子（ぐみ）／胡獱（とど）

〔胤〕(人) イン・たね ㊔かず・つぐ

〔脉〕⇩脈(10)

〔臥〕(人) ガ・こやす・こゆ・ふす・ふせる ㊔お 臥し所（ふしど）

【臭】（臭）(人) **シュウ**・**くさい**・**におう**・におい

〔舁〕〔舁〕ヨ・かく

〔茗〕ミョウ・メイ 茗荷（みょうが）

〔荔〕レイ 荔枝（れいし）

〔茜〕(人) セン・あかね

【茨】シ・**いばら**

〔茫〕ボウ 茫然（ぼうぜん）

〔茱〕シュ 茱萸（ぐみ）

〔茲〕シ・ジ・ここ・ここに

〔茴〕ウイ 茴香（ういきょう）

〔茵〕イン・しとね

【茶】**チャ**・**サ**

〔茸〕(人) ジョウ・きのこ・くさびら・たけ

〔茹〕ジョ・うだる・ゆだる・ゆでる

〔荊〕〔荆〕ケイ・いばら 荊冠（けいかん）／荊棘（けいきょく）

【草】**ソウ**・**くさ** 草石蚕（ちょろぎ）／草臥れる（くたびれる）／草履（**ぞうり**）／草鞋（わらじ）

〔荏〕ジン・え
荏苒（じんぜん）
【荒】**コウ**・**あら**い・**あれ**る・**あら**す・あばら・あららか・すさぶ・すさむ
荒布（あらめ）／荒屋（あばらや）
【荘】〔莊〕(人) **ソウ**・ショウ・おごそか
【虐】**ギャク**・**しいたげ**る・いじめる
【虹】コウ・**にじ**
〔虻〕〔蝱〕ボウ・モウ・あぶ
〔衍〕エン
衍字（えんじ）
【衷】**チュウ**・うち・まごころ
〔衽〕〔袵〕ジン・えり・おくみ
〔衿〕(人) キン・えり
〔袂〕ベイ・たもと
【要】〔要〕**ヨウ**・**かなめ**・**い**る・ぬま
要黐（かなめもち）
【訂】**テイ**・ただす

【訃】**フ**
【計】**ケイ**・ケ・**はか**る・**はか**らう・かぞえる・ばかり
【貞】**テイ**・ジョウ・さだ・ただしい
【負】**フ**・ブ・**ま**ける・**ま**かす・**お**う・おぶう・おぶさる
【赴】**フ**・**おもむ**く
〔赳〕⇩赳(10)
【軌】**キ**・わだち
【軍】**グン**・いくさ
軍鶏（シャモ）
〔迦〕(人) カ
【迷】**メイ**・**まよ**う・まよわす
迷子（**まいご**）
【追】**ツイ**・**お**う
追っ手（おって）／追而書き（おってがき）／追風（おいて）／追儺（ついな）
【退】**タイ**・**しりぞ**く・**しりぞ**ける・のく・のける・ひく・ひける
【送】**ソウ**・**おく**る
【逃】〔迯〕**トウ**・チョウ・**に**げる・**に**がす・**の**がす・**の**がれる
【逆】**ギャク**・ゲキ・**さか**・**さか**らう
逆上せる（のぼせる）
〔郁〕(人) イク ㊔かおり・かおる
【郊】**コウ**
【郎】〔郞〕(人) **ロウ**・おとこ・お
【重】**ジュウ**・**チョウ**・**え**・**おも**い・**かさ**ねる・**かさ**なる・おも・おもし・おもたい・おもんずる・しげ
重石（おもし）
〔閂〕サン・かんぬき
〔陋〕ロウ・いやしい
陋劣（ろうれつ）／陋見（ろうけん）／陋屋（ろうおく）／陋習（ろうしゅう）
【限】**ゲン**・**かぎ**る・かぎり・きり
【面】**メン**・**おも**・**おもて**・**つら**
面子（メンツ）／面白い（おもしろい）／面目（めんぼく・めんもく）／面皰（にきび）
【革】**カク**・**かわ**・あらたまる・つくりかわ

〔韋〕イ・おしかわ・かわ・なめしがわ
韋駄天（いだてん）
【音】**オン**・**イン**・**おと**・**ね**
〔頁〕(人) ケツ・おおがい・ページ
【風】**フウ**・**フ**・**かぜ**・**か**ざ・ふり
風邪（**かぜ**）
【飛】**ヒ**・**と**ぶ・**と**ばす
飛白（かすり）／飛沫（しぶき）／飛鳥（あすか）／飛蝗（ばった）／飛騨（ひだ）
【食】**ショク**・**ジキ**・シ・**く**う・**く**らう・**た**べる・うける・おす・くらわす・くわす・け・はむ
【首】**シュ**・ス・**くび**・おびと・こうべ・しるし・はじめ
首肯く（うなずく）／首級（しるし）／首座（しゅざ）／首途（かどで）
【香】**コウ**・**キョウ**・**か**・**かお**り・**かお**る・かぐわしい・かんばしい・こうばしい
香具師（やし）／香香（こうこ）／香魚（あゆ）／香港（ホンコン）
〔皃〕⇩皃(13)

十画

〔乘〕⇩乗(9)
【修】**シュウ**・**シュ**・ス・**おさ**める・**おさ**まる・おさむ
修法（しゅほう）／修験道（しゅげんどう）
〔俯〕フ・うつむく・うつむける
〔俱〕(人)〔倶〕ク・グ・ともに ㊔とも・ひろ・もろ
【俳】**ハイ**
倶楽部（クラブ）
【俵】**ヒョウ**・**たわら**
【俸】**ホウ**・ふち
【俺】エン・**おれ**
〔倅〕〔伜〕サイ・ソツ・せがれ
【倉】**ソウ**・**くら**
【個】**コ**・カ・ち・つ
【倍】**バイ**・そむく・ます
【倒】**トウ**・**たお**れる・**たお**す・さかさ

〔倖〕(人) コウ・さいわい ㊔さち
【候】**コウ**・**そうろう**・うかがう・さぶらう
〔倚〕イ・よる
【借】**シャク**・シャ・**か**りる・かす
借家（しゃくや）
【倣】**ホウ**・**なら**う
【値】**チ**・**ね**・**あたい**
〔倦〕(人) ケン・あきる・あぐむ・うむ・うんず
〔倨〕キョ・おごる
倨傲（きょごう）
【倫】**リン**・とも・たぐい・のり・みち・もと
倫敦（ロンドン）
〔倭〕(人) ワ・やまと ㊔かず・しず・まさ
【倹】〔儉〕(人) **ケン**・つましい
〔倂〕⇩併(8)
【党】〔黨〕**トウ**・たむら
【兼】**ケン**・**か**ねる
〔冤〕〔寃〕エン・ぬれぎぬ

【冥】**メイ**・**ミョウ**・くらい 冥加(みょうが)/冥土(めいど)
【凄】**セイ**・すごい・すごむ・すさまじい
【准】**ジュン**・なぞらえる
〔凋〕チョウ・しぼむ
〔凌〕(人) リョウ・しのぐ 凌霄花(のうぜんかずら)
【凍】**トウ**・**こおる**・**こごえる**・いてる・しみる
〔凉〕⇩涼(11)
〔剔〕テキ・えぐる 剔出(てきしゅつ)/剔抉(てっけつ)
【剖】**ボウ**・ホウ・さく・わかれる
【剛】**ゴウ**・コウ・こわい・つよい・たけし
【剥】〔剝〕**ハク**・**は**がす・**は**ぐ・**は**がれる・**は**げる・むく・むける
【剣】(劍)(人)〔劒〕〔劔〕**ケン**・**つるぎ**

【剤】(劑) **ザイ**
【勉】(勉)(人) **ベン**・つとめる・はげむ・つとむ
〔匪〕ヒ 匪賊(ひぞく)
【匿】**トク**・かくまう・しなむ
【原】**ゲン**・**はら**・もと
〔叟〕ソウ・おきな
【員】**イン**・かず
〔哨〕(人) ショウ・みはり 哨戒(しょうかい)
〔哩〕(人) リ・マイル
〔哭〕コク・なく・ね 鬼哭啾啾(きこくしゅうしゅう)
〔哮〕コウ・たける・ほえる
【哲】**テツ**・あきらか・さとい
【哺】**ホ**・ふくむ
【唄】**バイ**・**うた**・うたう
【唆】**サ**・**そそのか**す

【唇】〔脣〕**シン**・**くちびる**
【唐】〔唐〕**トウ**・**から**・もろこし 唐土(もろこし)/唐紅(からくれない)/唐黍(とうきび)
〔啄〕(人)(啄) タク・ついばむ 啄木鳥(きつつき・けら・けらつつき)
〔圃〕(人) ホ・その・はたけ
〔埃〕アイ・ちり・ほこり 埃及(エジプト)
【埋】**マイ**・**う**める・**う**まる・**う**もれる・いける・うずまる・うずめる・うずもれる 埋み火(うずみび)
〔埒〕〔埓〕ラチ・ラツ・かこい
【夏】**カ**・**ゲ**・**なつ** 夏安居(げあんご)/夏越の祓(なごしのはらえ)
〔套〕(人) トウ ㊔なが
〔奘〕〔弉〕ジョウ
〔娑〕サ・シャ 娑婆(しゃば)

【娘】ジョウ・ロウ・**むすめ**
【娯】〔娛〕**ゴ**・たのしむ
【娠】**シン**・はらむ
〔娩〕(人) ベン・うむ
【姫】〔姬〕キ・**ひめ**
【孫】**ソン**・**まご**・ひこ
【宮】**キュウ**・**グウ**・**ク**・**みや**
【宰】**サイ**・つかさどる・みこともち
【害】〔害〕**ガイ**・カイ・そこなう・わざわい
【宴】**エン**・うたげ
【宵】〔宵〕**ショウ**・**よい**・よる
【家】**カ**・**ケ**・**いえ**・**や**・うち 家鴨(あひる)
【容】**ヨウ**・いれる・かたち・ゆるす 容易い(たやすい)
〔宦〕カン 宦官(かんがん)
【射】**シャ**・エキ・セキ・ヤ・**い**る・うつ・さす

【将】(將)(人) **ショウ**・はた・まさに・まさ・もち 将又(はたまた)
〔尅〕⇩剋(9)
〔屑〕(人) セツ・くず ㊔きよ
〔屓〕〔屭〕キ・おう
【展】**テン**・のべる・ひろげる・のぶ
〔峨〕(人) ガ
【峰】〔峯〕(人) **ホウ**・ブ・**みね**・お
【島】〔嶋〕(人)〔嶌〕**トウ**・**しま**
〔峻〕(人) シュン・けわしい ㊔たか・たかし
〔峽〕⇩峡(9)
【差】**サ**・シ・シャ・**さす**・たがう
【師】**シ**・おさ 師走(**しわす**・**しはす**)
【席】**セキ**・むしろ
【帰】(歸) **キ**・**かえ**る・**かえ**す

【帯】(帶)(人) **タイ**・**おびる**・**おび**・はく 帯下(こしけ)
【座】**ザ**・**すわる**・います・くら 座主(ざす)/座頭(ざがしら・ざとう)
【庫】**コ**・**ク**・くら 庫裏(くり)
【庭】**テイ**・**にわ**・ば 庭訓(ていきん)
【弱】〔弱〕**ジャク**・**よわい**・**よわる**・**よわまる**・**よわめる** 弱竹(なよたけ)
【徐】**ジョ**・おもむろ・やおら
【徒】**ト**・ズ・あだ・いたずら・かち・ただ・むだ 徒然(つれづれ)
【従】(從)(人)〔从〕**ジュウ**・**ショウ**・**ジュ**・**したがう**・**したがえる**・ひろい・より 従兄弟・従姉妹(いとこ)/従容(しょうよう)

〔徑〕⇩径(8)

【恋】（戀）**レン・こ**う・**こ**い・**こい**しい

【恐】**キョウ・おそ**れる・**おそ**ろしい・おそらく・こわい

〔恕〕(人) ジョ・ゆるす ㊔ただし・ひろ・しのぶ

〔恙〕ヨウ・つつが・つつむ

【恣】**シ**・ほしいまま

【恥】〔耻〕**チ・はじ**る・**は**じ・**は**じらう・**は**ずかしい

【恩】**オン**・めぐみ

【恭】**キョウ・うやうや**しい・やす・やすし

【息】**ソク・いき**・いこう・むすこ・やすむ・やむ・やめる 息子（**むすこ**）/息吹（**いぶき**）

【恵】（惠）(人) **ケイ・エ・めぐ**む 恵方（えほう）/恵比須（えびす）

〔悄〕ショウ・しおれる 悄気る（しょげる）/悄悄（すごすご）

【悦】〔悅〕**エツ**・よろこばす・よろこぶ

〔悋〕リン・ねたむ・やぶさか 悋気（りんき）

〔悌〕(人) テイ ㊔すなお・やす・やすし

〔悍〕カン・おぞましい

〔悖〕ハイ・もとる

【悟】**ゴ・さと**る

【悩】（惱）**ノウ・なや**む・**なや**ます

〔悔〕⇩悔(9)

【扇】（扇）**セン・おうぎ**・あおぐ

【拳】〔拳〕**ケン**・ゲン・**こぶ**し・つとむ 拳螺（さざえ）

〔拿〕〔拏〕ダ・つかむ 拿捕（だほ）

【挙】（擧）**キョ**・コ・**あげ**る・**あ**がる・こぞる 挙句（あげく）

【挨】**アイ**

【挫】**ザ**・くじく・くじける

【振】**シン・ふ**る・**ふ**るう・**ふ**れる

〔挵〕ロウ・せせる

〔挺〕(人) チョウ・テイ・ぬきんでる ㊔ただ・なお・もち

〔挽〕(人) バン・ひく

【挿】（插）**ソウ・さ**す・すげる・はさむ

【捉】**ソク・とら**える・つかまえる・つかまる

〔捌〕ハツ・さばく・さばける・はかす・はける

〔捏〕デツ・ネツ・こねくる・こねる・つくねる 捏ね薯（つくねいも）/捏造（ねつぞう）

〔捐〕エン・すてる

【捕】**ホ・ブ・と**らえる・**と**らわれる・**と**る・**つか**まえる・**つか**まる

【捗】**チョク**・はか・はかどる

【捜】（搜）(人) **ソウ・さが**す

〔挾〕⇩挟(9)

【敏】（敏）(人) **ビン**・さとい・とし 敏捷い（はしこい）

〔效〕⇩効(8)

【料】**リョウ**・はかる 料簡（りょうけん）

〔旁〕ホウ・ボウ・かたがた・かたわら・つくり

【旅】〔旅〕**リョ・たび** 旅籠（はたご）

【既】（旣）**キ・すで**に

【時】**ジ**・シ・**とき** 時化（しけ）/時雨（**しぐれ**）/時計（**とけい**）/時鳥（ほととぎす）

〔晃〕(人)〔晄〕(人) コウ・あきらか ㊔あき・あきら・てる・ひかる

〔晋〕(人)（晉）シン・すすむ ㊔あき

〔晏〕(人) アン・やすらか ㊔はる・やす

〔晒〕(人) サイ・さらす

〔晟〕(人) セイ ㊔あきら・てる・まさ

【書】**ショ・か**く・ふみ

〔朔〕(人) サク・ついたち ㊔はじめ 朔日（ついたち）

【朕】**チン**・われ

【朗】（朗）(人)〔朖〕**ロウ・ほが**らか・あきら・お

【栓】〔栓〕**セン**

〔栖〕(人) セイ・す・すみか・すむ ㊔すみ

〔栗〕(人) リツ・くり 栗鼠（りす）

〔栞〕(人) カン・しおり

【校】**コウ**・キョウ・あぜ・くらべる 校倉造り（あぜくらづくり）

【株】シュ・**かぶ**・くい・くいぜ

〔栴〕セン 栴檀（せんだん）

【核】**カク**・さね

【根】**コン・ね**

【格】**カク・コウ**・キャク・いたる 格子（こうし）/格天井（ごうてんじょう）

【栽】**サイ**・うえる

【桁】ギョウ・コウ・**けた**

〔桂〕(人) ケイ・かつら ㊔かつ・よし

【桃】**トウ・もも**

〔框〕キョウ・かまち・わく

【案】**アン**・つくえ 案山子（かかし・そおず・そおど）

〔桎〕シツ・かせ 桎梏（しっこく）

〔桐〕(人) トウ・きり

【桑】〔桒〕**ソウ・くわ** 桑港（サンフランシスコ）

〔桔〕(人) キチ・キツ・ケツ・はね 桔梗（ききょう）

〔柴〕(人) サイ・しば・ふし ㊔しげ

【桜】（櫻）(人) **オウ・さくら**

【桟】（棧）**サン**・ザン・かけ

はし
桟敷（さじき）

【梅】（梅）㊇〔楳〕バイ・うめ
梅雨（つゆ）
〔桛〕㊖ かせ
〔栢〕⇩柏(9)
〔桧〕⇩檜(17)
【殉】ジュン・したがう
【殊】シュ・こと
【残】（殘）ザン・のこる・のこす・そこなう
〔殷〕イン・さかん
【殺】（殺）サツ・サイ・セツ・ころす・あやめる・そぐ・そげる
殺陣（たて）
〔氣〕⇩気(6)
【泰】タイ・はなはだ・やすらか・やす・やすし
〔浚〕シュン・さらう・さらえる
浚渫（しゅんせつ）

【浜】（濱）ヒン・はま
浜木綿（はまゆう）
【浦】ホ・フ・うら
〔浩〕㊇（浩）コウ・ひろい ㊔ひろ・ひろし・ゆたか
【浪】ロウ・なみ
浪花・浪速（なにわ）／浪曼・浪漫（ろうまん・ロマン）
〔浬〕㊇ リ・かいり・ノット
【浮】〔浮〕フ・うく・うかれる・うかぶ・うかべる・うかす
浮つく（うわつく）／浮子（うき）／浮気（うわき）／浮腫む（むくむ）／浮塵子（うんか）
【浴】ヨク・あびる・あびせる
浴衣（ゆかた）
【浸】〔浸〕シン・ひたす・ひたる・しみる・つかる・つける
〔涅〕デツ・ネ・ネツ・くり
涅槃（ねはん）
【消】〔消〕ショウ・きえる・けす

〔涎〕エン・セン・ゼン・よだれ
〔涕〕テイ・なく・なみだ
涕泣（ていきゅう）／涕涙（ているい）
【流】リュウ・ル・ながれる・ながす
流石（さすが）／流行る（はやる）／流離う（さすらう）／流鏑馬（やぶさめ）
【涙】（淚）㊇〔泪〕ルイ・なみだ
〔海〕⇩海(9)
〔涉〕⇩渉(11)
〔涜〕⇩瀆(18)
【烈】レツ・はげしい
〔烏〕㊇ ウ・オ・いずくんぞ・からす
烏帽子（えぼし）／烏賊（いか）／烏滸（おこ）
〔烙〕ラク・ロク・やく
烙印（らくいん）
〔烟〕⇩煙(13)
【特】トク・ことに
〔狷〕ケン

狷介（けんかい）
〔狸〕リ・たぬき
〔狼〕㊇ ロウ・おおかみ
狼狽える（うろたえる）／狼煙（のろし）
〔狹〕⇩狭(9)
【珠】シュ・ジュ・ス・たま
【班】ハン・わける
【畔】ハン・あ・あぜ・くろ・ほとり
【留】リュウ・ル・とめる・とまる・とどまる・とどめる・ルーブル
留守（るす）
〔畚〕ホン・ふご・もっこ
【畜】チク・かう
【畝】ホ・うね・せ
〔畠〕㊇㊖ はた・はたけ
【疲】ヒ・つかれる・つからす
〔疳〕カン
〔疼〕トウ・うずく
〔疽〕ソ

【疾】シツ・とう・とし・はやい・やましい
疾風（はやて）／疾病（しっぺい）
【病】ビョウ・ヘイ・やむ・やまい・やめる
病葉（わくらば）
【症】ショウ
【益】〔益〕エキ・ヤク・ます・ますます
益体（やくたい）／益荒男（ますらお）
【真】（眞）㊇ シン・ま・さね・まこと・まさ
真っ赤（まっか）／真っ青（まっさお）／真田紐（さなだひも）／真っ向（まっこう）／真向かい（まむかい）／真っ当（まっとう）／真似（まね）／真砂（まさご）／真面（まとも）／真面目（まじめ）／真魚鰹（まながつお）／真葛（さねかずら・まくず）
【眠】ミン・メン・ねむる・ねむい・ねむたい
〔眩〕ケン・ゲン・くらむ・くるめく・まばゆい・まぶしい
眩暈（げんうん・めまい）
〔矩〕㊇（矩）ク・かね・のり ㊔ただし・つね

〔砥〕㊇ シ・テイ・と
〔砧〕㊇ チン・きぬた ㊔おと・きぬ
【砲】〔砲〕ホウ・つつ
【破】ハ・やぶる・やぶれる・やぶく・やぶける
破子（わりご）／破風（はふ）／破落戸（ごろつき）
〔祓〕フツ・はらい・はらう
〔祟〕スイ・たたる
〔祠〕シ・ほこら
【祥】（祥）㊇ ショウ・さが・さき・よし
祥瑞（しょうずい）
〔祝〕⇩祝(9)
〔神〕⇩神(9)
〔祖〕⇩祖(9)
〔祐〕⇩祐(9)
【秘】（祕）㊇ ヒ・ひめる・かくす・ひそか
秘露（ペルー）／秘鑰（ひやく）
【租】ソ・たぢから

〔秣〕マツ・うまくさ・まぐさ

〔秤〕(人) ショウ・ヒョウ・ビン・はかり　秤量（ひょうりょう）

〔秦〕(人) シン・はた

【秩】**チツ**

【称】〔稱〕**ショウ**・あげる・たたえる・となえる

〔窄〕(人) サク・すぼまる・すぼむ・すぼめる

〔竝〕⇩並(8)

〔笈〕(人) キュウ・おい・ふばこ・ふみばこ

〔笊〕ソウ・いかき・ざる

〔笏〕コツ・サク・シャク

【笑】**ショウ・わら**う・**え**む・え・えまう　笑顔（**えがお**）

〔笋〕⇩筍(12)

〔笄〕⇩筓(12)

〔粃〕ヒ・しいな

【粉】**フン・こ・こな**・デシメートル

【粋】〔粹〕(人) **スイ・いき**

〔粍〕(国) ミリメートル

〔紊〕ビン・ブン・みだれる　紊乱（びんらん・ぶんらん）

【紋】**モン**・あや

【納】〔納〕**ノウ・ナッ・ナ・ナン・トウ**・ドウ・**おさ**める・**おさ**まる・いれる　納戸（なんど）／納豆（なっとう）／納屋（なや）／納得（なっとく）

〔紐〕(人) ジュウ・チュウ・ひも (名)くみ　紐育（ニューヨーク）

【純】**ジュン**・すみ

〔紗〕(人) サ・シャ・うすぎぬ

〔紘〕(人) コウ (名)つな・ひろ・ひろし

【紙】**シ・かみ**　紙衾（かみぶすま）／紙縒り（こより）／紙魚（しみ）／紙鑢（かみやすり）

【紛】**フン・まぎ**れる・**まぎ**らす・**まぎ**らわす・**まぎ**らわしい・まがう・まがえる

【素】**ソ・ス**・しろ・す・もと・もとより　素人（**しろうと**）／素地（きじ）／素面（しらふ）／素っ破抜く（すっぱぬく）／素襖（すおう）／素魚（しろうお）／素晴らしい（すばらしい）／素麺（そうめん）

【紡】**ボウ・つむ**ぐ　紡錘（つむ）

【索】**サク**・シャク・なわ・もとめる

〔缺〕⇩欠(4)

〔罠〕ミン・わな

【翁】〔翁〕**オウ**・おきな

〔翅〕シ・つばさ・はね

【耕】**コウ・たがや**す

【耗】**モウ・コウ**・へる

〔耘〕ウン

〔耽〕(人) タン・ふける

〔胯〕コ・また

【胴】**ドウ**

【胸】**キョウ・むね・むな**　胸倉（むなぐら）／胸繋（むながい）

【能】**ノウ**・あたう・え・よく・よし　能登（のと）

【脂】**シ・あぶら**・やに

【脅】**キョウ・おびや**かす・**おど**す・**おど**かす・おびえる

〔脆〕ゼイ・もろい

【脇】キョウ・**わき**・かたわら

【脈】〔脈〕〔脉〕**ミャク**・すじ

【脊】**セキ**・せ　脊梁（せきりょう）

〔胼〕⇩胼(12)

〔臭〕⇩臭(9)

【致】**チ・いた**す・むね

〔舐〕シ・なめずる・なめる

【航】**コウ**・かわら・わたる

〔舫〕ホウ・もやう

【般】**ハン**　般若（はんにゃ）

〔舩〕⇩船(11)

【荷】**カ・に**・になう・の

〔荻〕(人) テキ・おぎ

〔荼〕ダ・ト　荼毘（だび）

〔莉〕(人) リ・レイ

〔莞〕(人) カン・い・にこやか・ふとい　莞爾（かんじ）

〔莟〕ガン・つぼみ

〔莢〕キョウ・さや

〔莧〕カン・ひゆ

〔莫〕(人) バク・マク・ない・なかれ (名)さだむ・とし・なか　莫斯科（モスクワ）

〔茣〕ゴ　茣蓙（ござ）

【華】**カ・ケ**・ゲ・**はな**・はなやか　華奢（きゃしゃ）

〔莖〕⇩茎(8)

〔莓〕⇩苺(8)

〔莊〕⇩荘(9)

〔莱〕⇩萊(11)

〔虔〕ケン・つつしむ　敬虔（けいけん）

【蚊】〔蚉〕**ブン・か**　蚊帳（**かや**）

〔蚋〕ゼイ・ぶゆ・ぶよ

【蚕】〔蠶〕**サン・かいこ**

〔蚤〕ソウ・のみ

【衰】**スイ**・サイ・**おとろ**える

〔衾〕キン・ふすま

【袖】**シュウ・そで**

【被】**ヒ**・ビ・**こうむ**る・おおう・かぶさる・かぶせる・かぶる・きせる・こうぶる・ふすま・らる

〔訊〕(人) ジン・きく・たずねる・とう

【討】**トウ・う**つ

【訓】**クン**・キン・おしえ・くに・よみ

【託】**タク**・かこつ・かこつける・ことづかる・ことづける

【記】**キ・しる**す

〔豈〕ガイ・あに

〔豹〕(人) ヒョウ ㊔はだら

〔豺〕 サイ・やまいぬ
豺狼（さいろう）

【財】 **ザイ・サイ**・たから

【貢】 **コウ・ク・みつぐ**

【起】 **キ・おきる・おこる・おこす**・たつ

〔赳〕(人)（赳） キュウ ㊔たけ・たけし

【軒】 **ケン**・コン・**のき**

【辱】 **ジョク**・ニク・**はずかしめる**・かたじけない・はじ

〔逅〕 コウ

【透】 **トウ・すく・すかす・すける**・とおす・とおる

【逐】 **チク**・おう

【逓】（遞） **テイ**

【途】 **ト**・ズ・みち

【通】 **ツウ・ツ**・トウ・**とおる・とおす・かよう**・かよわす・みち

【逝】 **セイ・ゆく・いく**

【速】 **ソク・はやい・はやめる・はやまる・すみやか**

【造】 **ゾウ**・ソウ・**つくる**・みやつこ

【連】 **レン・つらなる・つらねる・つれる**・むらじ

【郡】 **グン**・こおり

〔郞〕 ⇩郎(9)

【酌】〔酌〕 **シャク・くむ**

【配】 **ハイ・くばる**

【酎】 **チュウ**

【酒】 **シュ・さけ・さか**・き

〔釘〕(人) テイ・くぎ

【釜】 フ・**かま**・かなえ

【針】 **シン・はり**
針孔（めど）

〔閃〕(人) セン・ひらめかす・ひらめく

【陛】 **ヘイ**・きざはし

【院】 **イン**

【陣】 **ジン**・しきり

【除】 **ジョ・ジ・のぞく**・のける・よける

【降】〔降〕 **コウ**・ゴウ・**おりる・おろす・ふる**・くだす・くだる・ふらす
降魔（ごうま）

【陥】（陷）(人) **カン・おちいる・おとしいれる**・おちる

【隻】 **セキ**・ひとつ

〔隼〕(人) シュン・ジュン・はやぶさ ㊔はや・はやし
隼人（はやと）

【飢】〔飢〕 **キ・うえる**

【馬】 **バ**・メ・**うま・ま**
馬刀貝（まてがい）／馬手（めて）／馬酔木（あしび・あせび）／馬陸（やすで）／馬喰（ばくろう）／馬銜（はみ）／馬頭（めず）

【骨】 **コツ・ほね**

【高】〔髙〕 **コウ・たかい・たか・たかまる・たかめる**・たかぶる・たからか
高天原（たかまがはら）／高砂（たかさご）／高粱（コーリャン）／高麗（こうらい・こま）

【鬼】 **キ・おに**

【竜】（龍）(人) **リュウ**・リョウ・**たつ**
竜胆（りんどう）

十一画

【乾】 **カン**・ケン・**かわく・かわかす**・いぬい・かれ・ほす
乾物（ひもの）／乾拭き（からぶき）／乾飯（かれいい）

〔偃〕 エン・のえふす・ふす

〔偈〕 ゲ

【偏】〔偏〕 **ヘン・かたよる**・ひとえに

〔偕〕 カイ・ともに

〔做〕 サ・なす

【停】 **テイ**・チョウ・とどまる・とどめる・とまる・とめる

【健】 **ケン**・コン・**すこやか**・したたか・たける・たけ・たけし
健気（けなげ）

〔偲〕(人) シ・しのぶ

【側】 **ソク・がわ**・かたわら・そば・そばめる

【偵】 **テイ**・うかがう

【偶】 **グウ**・たま・たまさか・たまたま

〔偸〕 チュウ・トウ・ぬすむ
偸安（とうあん）

【偽】（僞）(人) **ギ・いつわる・にせ**

〔假〕 ⇩仮(6)

〔兜〕(人) ト・トウ・かぶと

〔冨〕 ⇩富(12)

〔凰〕(人) オウ・おおとり

【剰】（剩）(人) **ジョウ**・あまつさえ・あまる

〔剪〕 セン・きる・はさむ

【副】 **フク**・フ・すけ・そう・そえる

【動】 **ドウ・うごく・うごかす**・ややもすれば

【勘】 **カン**・かんがえる

【務】 **ム・つとめる・つとまる**・つとむ・なか・みち

〔匙〕 シ・ジ・ヒ・かい・さじ

〔區〕 ⇩区(4)

〔厠〕〔廁〕 シ・かわや

〔參〕 ⇩参(8)

【唯】 **ユイ・イ**・これ・ただ

【唱】 **ショウ**・ソウ・**となえる**・となう

〔唸〕 テン・うなる

【唾】 **ダ・つば**・つ・つばき

〔啀〕 ガイ・いがむ

【商】 **ショウ・あきなう**・あき

【問】 **モン・とう・とい・とん**

【啓】〔啓〕 **ケイ**・ひらく・もうす

〔啜〕 セツ・すする

【喝】（喝） **カツ**

〔啄〕 ⇩啄(10)

〔國〕 ⇩国(8)

〔圈〕 ⇩圏(12)

【域】**イキ**・さかい
〔埠〕フ　埠頭（ふとう）
〔埴〕(人)　ショク・はに　埴生（はにゅう）／埴猪口（へなちょこ）／埴輪（はにわ）
【執】**シツ・シュウ・**シュ・**とる**・とらえる
【培】**バイ・つちかう**
【基】**キ・もと・もとい・**もとづく・はじめ　基督（キリスト）
【埼】キ・**さい**・さき
【堀】クツ・**ほり**
【堂】**ドウ**・トウ
【堆】**タイ**・ツイ・うずたかい・おか・たか・のぶ
〔埿〕⇩泥(8)
〔埜〕⇩野(11)
〔壷〕⇩壺(12)
〔娶〕シュ・めとる
〔婀〕ア　婀娜（あだ）
【婆】**バ**・ばあ・ばば・ばばあ　婆羅門（バラモン）
〔婉〕エン・うつくしい
【婚】**コン**・くながい・よばい
【婦】〔婦〕**フ**・おんな・つま・め・よめ
【宿】**シュク**・スク・**やど・やどる・やどす**　宿禰（すくね）
【寂】**ジャク・セキ・さび・さびしい・さびれる**・さびる
【寄】**キ・よる・よせる**・よす　寄生木（やどりぎ）／寄席（**よせ**）
〔寅〕(人)　イン・とら　㊔とも・のぶ
【密】**ミツ**・こまかい・ひそか・ひそやか
〔寃〕⇩冤(10)
【尉】**イ**・じょう
〔專〕⇩専(9)
〔將〕⇩将(10)
〔屏〕〔屛〕ビョウ・ヘイ　屏風（びょうぶ）

【崇】**スウ**・ス・ソウ・あがめる・たかい
【崎】キ・**さき**・みさき
【崖】〔崕〕**ガイ・がけ**
〔崚〕(人)　リョウ
【崩】〔崩〕**ホウ・くずれる・くずす**
〔崗〕⇩岡(8)
【帳】**チョウ**・とばり
【帷】イ・とばり　帷子（かたびら）
【常】**ジョウ・つね・とこ**・とこしえ　常陸（ひたち）／常節（とこぶし）／常磐（ときわ）
〔帶〕⇩帯(10)
〔庵〕(人)　アン・いお・いおり
【庶】**ショ**・こいねがう・ちかい・もろもろ
【康】**コウ**・やすい
【庸】**ヨウ**・ちから・つね・やす
〔庿〕⇩廟(15)
【張】**チョウ・はる**

【強】〔强〕**キョウ・ゴウ・つよい・つよまる・つよめる・しいる**・あながち・こわい・したたか・つとむ　強面（こわもて）／強請（ゆすり）／強請る（ねだる・ゆする）
〔彗〕(人)　スイ・ほうき
【彩】〔彩〕**サイ・いろどる**・あや
〔彪〕(人)　ヒョウ　㊔あき・あきら・あや・たけ・たけし・つよし・とら
【彫】〔彫〕**チョウ・ほる**
〔彬〕(人)　ヒン　㊔あき・あきら
【得】**トク・える・うる**
〔徘〕ハイ　徘徊（はいかい）
〔徠〕(人)　ライ　㊔とめ
〔從〕⇩従(10)
〔悉〕(人)　シツ・ことごとく・つくす　悉曇（しったん）
【悠】**ユウ**・はるか

【患】**カン**・ゲン・**わずらう**・うれい・うれえる
【悪】〔惡〕(人)　**アク・オ・わるい**・あし・いずくんぞ・にくい・にくむ　悪阻（おそ・つわり）／悪戯（いたずら）／悪寒（おかん）
〔悴〕〔忰〕スイ・かじかむ・せがれ・やつれる
【悼】**トウ・いたむ**
【情】〔情〕**ジョウ・セイ・なさけ**・こころ
〔惇〕(人)　ジュン・トン・あつい・まこと　㊔あつ・あつし・つとむ
〔惚〕(人)　コツ・とぼける・ほうける・ぼける・ほれる　惚気る（のろける）
【惜】**セキ**・シャク・**おしい・おしむ**
〔惟〕(人)　イ・ユイ・おもう・おもんみる・これ・ただ
【惨】〔慘〕**サン・ザン・みじめ**・むごい
【惧】〔懼〕**グ**・ク・おそれ

【戚】**セキ**・シャク・シュク・いたむ・うれえる・いた・ちか
〔捥〕ワン・もぎる・もぐ
〔捧〕(人)　ホウ・ささげる　㊔かた・たか・もち
【捨】〔捨〕**シャ・すてる**
〔捩〕レイ・ねじる・ねじれる・もじる・よじる・よじれる
【据】キョ・**すえる・すわる**
〔捲〕(人)　ケン・まく・まくる・まくれる・めくる・めくれる
〔捷〕(人)　ショウ・とし・はしこい　㊔かつ・さとし・はや・まさる
〔捺〕(人)　ダツ・ナツ・おす　㊔とし
【捻】**ネン**・ねじる・ねじれる・ひねる
【掃】〔掃〕**ソウ・はく**
【授】〔授〕**ジュ・さずける・さずかる**
〔掉〕チョウ・トウ・ふるう　掉尾（ちょうび・とうび）

〔掏〕 トウ・する 掏摸（すり）
【排】 ハイ・おしひらく
【掘】 クツ・ほる
【掛】 カ・ケ・かける・かかる・かかり
〔掟〕 テイ・おきて
〔掠〕(人) リャク・リョウ・かすめる・かすれる・さらう ㊔くら
【採】〔採〕 サイ・とる・つむ
【探】 タン・さぐる・さがす
【接】 セツ・ショウ・つぐ・はぐ 接骨木（にわとこ）
【控】 コウ・ひかえる
【推】 スイ・おす
〔掩〕 エン・おおう
【措】 ソ・おく
〔掬〕(人) キク・すくう・むすぶ
【描】 ビョウ・えがく・かく
【掲】〔揭〕(人) ケイ・ケチ・ケツ・かかげる

〔掻〕⇩搔(13)
〔掴〕⇩摑(14)
【教】〔敎〕 キョウ・おしえる・おそわる・かず・のり
【救】 キュウ・ク・すくう 救世観音（くせかんのん）／救恤（きゅうじゅつ）
【敗】 ハイ・やぶれる
〔敕〕⇩勅(9)
〔敍〕⇩叙(9)
〔敏〕⇩敏(10)
【斜】 シャ・ななめ・はす 斜交い（はすかい）
【斬】 ザン・きる
【断】〔斷〕 ダン・たつ・ことわる
【旋】 セン・めぐらす・めぐる 旋毛（つむじ）／旋風（つむじかぜ）／旋頭歌（せどうか）
【族】 ゾク・やから

〔既〕⇩既(10)
〔晦〕(人) カイ・くらい・くらます・くらむ・つごもり・みそか 晦日（みそか）
〔晨〕(人) シン・あした ㊔あき・とき
〔晝〕⇩昼(9)
〔晚〕⇩晩(12)
【曹】 ソウ・ゾウ・ともがら 曹達（ソーダ）
〔曼〕 マン 曼荼羅（まんだら）
【曽】〔曾〕(人) ソウ・ゾ・ソ・かつて・ひ・つね・なり・ます 曽孫（ひこ・ひこまご・ひまご）
【望】〔望〕 ボウ・モウ・のぞむ・のぞましい・もち
〔朗〕〔朖〕⇩朗(10)
〔桶〕(人) ツウ・トウ・おけ
〔梁〕(人) リョウ・うつばり・はり・やな ㊔たかし・むね・やね

〔梃〕 チョウ・テイ・てこ 梃（てこ）
〔梓〕(人) シ・あずさ
〔梔〕 シ・くちなし 梔子（くちなし）
【梗】 コウ・キョウ
〔梛〕(人) ダ・ナ・なぎ
〔梟〕 キョウ・ふくろう 梟首（きょうしゅ）／梟雄（きょうゆう）
〔梠〕 リョ・ロ
〔梢〕(人)〔梢〕 ショウ・こずえ
〔梣〕 シン・とねりこ
〔梧〕(人) ゴ・あおぎり
【梨】 リ・なし 梨子地（なしじ）
〔梯〕(人) テイ・かけはし・はし・はしご 梯子（はしご）
【械】 カイ・かせ
〔梱〕 コン・こり

〔梲〕 セツ・うだち・うだつ
〔梳〕 ソ・くし・くしけずる・とかす 梳毛（そもう）
〔梶〕(人) ビ・かじ
【巣】〔巢〕(人) ソウ・す
〔椛〕(人)(国) かば・もみじ
〔條〕⇩条(7)
〔梅〕⇩梅(10)
【欲】 ヨク・ほっする・ほしい
〔欷〕 キ・すすりなく 欷泣（ききゅう）
〔欵〕⇩款(12)
【殻】〔殼〕 カク・コク・から
〔殺〕⇩殺(10)
〔毫〕 ゴウ・ふで
〔毬〕(人) キュウ・いが・かさ ㊔まり 毬打（ぎっちょう）
【涯】 ガイ・きし・はて
【液】 エキ

〔涸〕 カク・コ・からす・かれる
【涼】〔凉〕(人) リョウ・すずしい・すずむ・さがす
〔淀〕(人) デン・よど・よどむ
〔淅〕 セキ・かす・とぐ
〔淆〕 コウ・まじる 玉石混淆（ぎょくせきこんこう）
〔淋〕(人) リン・さびしい 淋巴（リンパ）
【淑】 シュク・しとやか・とし・よし
〔淒〕 セイ・すさまじい
〔淘〕 トウ・ゆる・よなげる 淘汰（とうた）
【淡】 タン・あわい・あわつけし・うすい 淡竹（はちく）／淡路（あわじ）
〔淦〕 カン・あか
【淫】 イン・みだら
【深】 シン・ふかい・ふかまる・ふかめる・ふける・み 深山（みやま）／深雪（みゆ

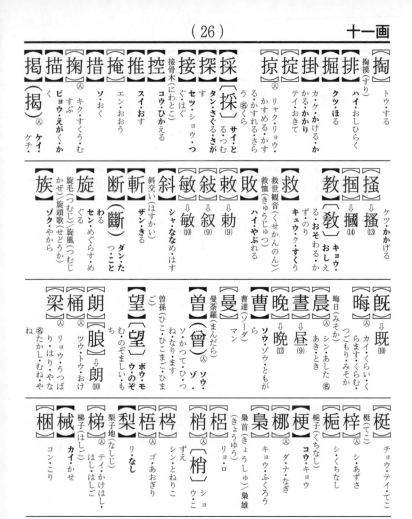

き)／深傷(ふかで)

〔淳〕(人) ジュン・あつい ㊔あき・あつ・あつし・きよし・すなお・まこと

【混】**コン・まじる・まざる・まぜる・こ**む

【清】〔淸〕**セイ・ショウ**・シン・**きよい・きよまる・きよめる**・きよ・きよらか・さや・さやか・すます・すむ

清水(**しみず**)／清白(すずしろ)／清清しい(すがすがしい)

【添】**テン・そえる・そ**う・そわせる

添水(そうず)

【渋】〔澁〕(人) **ジュウ・しぶ・しぶい・しぶる**

【渉】〔涉〕(人) **ショウ**・わたる

【渓】〔溪〕**ケイ**・たに

【済】〔濟〕**サイ**・ザイ・セイ・**すむ・すます**・すくう・なす・わたす・わたる

〔渚〕(人)〔渚〕(人) ショ・なぎさ・みぎわ

【渇】〔渴〕(人) **カツ**・カチ・**かわく**

〔淺〕⇩浅(9)

〔淨〕⇩浄(9)

〔淚〕⇩涙(10)

〔渕〕⇩淵(12)

〔烽〕ホウ・とぶひ・のろし

烽火(のろし)

〔焉〕エン・いずくんぞ

〔烱〕⇩炯(9)

〔焔〕⇩焰(12)

【爽】**ソウ・さわ**やか・あきら・さや

〔牽〕(人) ケン・ひく ㊔とき・とし

〔犁〕⇩犂(12)

〔猖〕ショウ

猖獗(しょうけつ)

【猛】**モウ**・ミョウ・たけし・たける

猛者(**もさ**)

〔猜〕サイ・そねむ

猜疑(さいぎ)

〔猪〕(人)〔猪〕(人) チョ・い・いのしし

猪口(ちょく・ちょこ)／猪口才(ちょこざい)／猪牙舟(ちょきぶね)

【猟】〔獵〕**リョウ**・かる

猟虎(らっこ)

【猫】**ビョウ**・ミョウ・**ねこ**

猫糞(ねこばば)

【率】〔率〕**ソツ・リツ**・スイ・リチ・**ひき**いる・いざ・いる

【現】**ゲン**・ケン・**あらわれる・あらわ**す・あら・うつつ

現人神(あらひとがみ)

【球】**キュウ・たま**

【理】**リ**・おさめる・ことわり・すじ・みち・おさむ・ただ・ただし・とし

理無い(わりない)

〔琉〕(人) リュウ・ル

〔琢〕(人)〔琢〕(人) タク・みがく ㊔あや・たか

【瓶】〔甁〕**ビン**・ビョウ・ヘイ・かめ

瓶子(へいじ)

〔甜〕テン・あまい

甜菜(てんさい)

【産】〔產〕**サン・うむ・うまれる・うぶ**・むす

産土神(うぶすながみ)／産着(うぶぎ)

〔畢〕(人) ヒチ・ヒツ・おえる・おわる

畢竟(ひっきょう)

【略】**リャク**・はかりごと・ほぼ

〔畦〕ケイ・あ・あぜ・うね・くろ

【異】**イ・こと**・あだ・あだし

〔痒〕ヨウ・かゆい

〔痔〕ジ

【痕】**コン・あと**

〔皐〕(人) コウ ㊔すすむ・たか・たかし

皐月(さつき)

【盛】**セイ・ジョウ・もる・さかる・さか**ん

【盗】〔盜〕(人) **トウ**・ドウ・**ぬすむ**

盗人(ぬすっと)

〔眷〕ケン・かえりみる

眷属(けんぞく)

〔眸〕(人) ボウ・ひとみ

【眺】**チョウ・ながめる**

【眼】**ガン・ゲン・まなこ**・まめ

眼鏡(**めがね**)

〔眥〕〔眦〕サイ・シ・まなじり・めじり

〔砦〕(人) サイ・とりで

〔硏〕⇩研(9)

【票】**ヒョウ**

【祭】**サイ・まつる・まつり**

〔祥〕⇩祥(10)

〔祷〕⇩禱(19)

【移】**イ・うつる・うつ**す・うつろう

【窒】**チツ**・ふさがる・ふさぐ

【窓】〔窗〕〔牕〕〔窻〕**ソウ・まど**

【章】**ショウ**・あきらか・あや・しるし・ふみ・あき・あきら

〔笙〕(人) ショウ・セイ・ソウ・ふえ

【笛】**テキ**・チャク・**ふえ**

〔笞〕チ・しもと・むち・むちうつ

〔笠〕(人) リュウ・かさ

【符】**フ**・わりふ

【第】**ダイ**・テイ・ついで

〔笹〕(人)(国) ささ

【粒】**リュウ・つぶ**・つび

〔粔〕キョ

粔籹(おこし)

〔粕〕ハク・かす

【粗】**ソ・あら**い・あら・ほぼ

粗目(ざらめ)／粗砥(あらと)

【粘】**ネン**・デン・**ねばる**・ねばい

粘土(ねんど)

〔紬〕(人) チュウ・つむぎ

【累】**ルイ**・かさねる・わずらい

【細】**サイ**・セイ・**ほそい・ほそる・こまか・こまかい**・くわしい・こまやか・ささやか・さざれ・ほそまる・ほそめる・

ほそやか
細れ石(さざれいし)/細雪(ささめゆき)/細魚(さより)/細螺(きさご)
【紳】**シン**
【紹】**ショウ**・ジョウ・つぐ・あき
【紺】**コン**・カン
紺青(こんじょう)/紺屋(こうや・こんや)
【終】〔終〕**シュウ**・**おわる**・**おえる**・しまう・つい
終日(ひねもす)/終夜(よもすがら)
【絃】(人) ゲン・いと・つる
【組】**ソ**・**くむ**・**くみ**
【絆】(人) ハン・バン・きずな・ほだす
【経】〔經〕**ケイ**・**キョウ**・キン・**へる**・たて・たていと・つね
経緯(いきさつ)
【羚】(人) レイ
羚羊(かもしか・れいよう)
【羞】**シュウ**・はじらう・はじる
【翌】〔翌〕**ヨク**・あくる
翌檜(あすなろ)
【習】〔習〕**シュウ**・ジュウ・**ならう**・ならわす
【聊】リョウ・いささか
【粛】〔肅〕**シュク**・つつしむ
【脚】**キャク**・**キャ**・カク・**あし**
脚絆(きゃはん)/脚立(きゃたつ)/脚気(かっけ)
【脛】ケイ・すね・はぎ
【脩】(人) シュウ・おさめる・ほしにく ㊔おさむ
【脱】〔脫〕**ダツ**・**ぬぐ**・**ぬげる**
【脳】〔腦〕**ノウ**・なずき
【脣】⇩唇(10)
【舂】ショウ・うすづく・つく
【舳】ジク・とも・へ・へさき
舳艫(じくろ)
【舵】(人) ダ・かじ
【舶】**ハク**・ふね
【舷】**ゲン**・ふなばた・ふなべり

【船】〔舩〕**セン**・**ふね**・**ふな**
【菅】(人) カン・すが・すげ
【菊】**キク**
【菌】**キン**・きのこ
【菓】**カ**
【菖】(人) ショウ ㊔あやめ
菖蒲(あやめ・しょうぶ)
【菘】シュウ・スウ・すずな
【菜】〔菜〕**サイ**・**な**
【菠】ハ
菠薐草(ほうれんそう)
【菩】(人) ボ
菩提(ぼだい)
【菫】(人) キン・すみれ
【菱】(人) リョウ・ひし
【萃】スイ・あつまる
【萄】(人) トウ・ドウ
【萊】(人)〔莱〕ライ
【萌】(人)〔萠〕(人) ホウ・きざす・めぐむ・めばえ・もえる ㊔めぐみ・もえ
萌黄・萌葱(もえぎ)
【萍】ビョウ・ヘイ・うきくさ
【萎】**イ**・**なえる**・しおれる・しなびる・しぼむ
【著】〔著〕(人) **チョ**・ジャク・チャク・**あらわす**・**いちじるしい**・きる・つく・つける・はく
著莪(しゃが)
【虚】〔虛〕(人) **キョ**・**コ**・うつ・うつける・うつろ・うろ・から・そら・むなしい
虚仮威し(こけおどし)/虚言(そらごと)/虚無僧(こむそう)
【處】⇩処(5)
【蚯】キュウ
蚯蚓(みみず)
【蚰】ユウ
蚰蜒(げじ・げじげじ)
【蛆】ソ・うじ
【蛇】**ジャ**・**ダ**・イ・**へび**

【蛋】タン
蛋白質(たんぱくしつ)
【蛍】〔螢〕**ケイ**・**ほたる**
【蛎】⇩蠣(20)
【衒】ゲン・てらう
女衒(ぜげん)
【術】〔術〕**ジュツ**・すべ・わざ
【袈】(人) ケ
袈裟(けさ)
【袋】**タイ**・**ふくろ**
【袱】フク
袱紗(ふくさ)
【袴】(人) コ・はかま
【袷】コウ・あわせ
【袿】ケイ・うちき・うちぎ
【裃】(国) かみしも
【裄】(国) ゆき
【袵】⇩衽(9)
【規】**キ**・ただす・のり

【視】〔視〕(人) **シ**・みる
【訛】〔譌〕カ・なまり・なまる
【訝】ガ・ゲン・いぶかしい・いぶかしむ・いぶかる
【訟】**ショウ**・うったえる
【訣】(人) ケツ・わかれる
【訥】トツ・どもる
訥訥(とつとつ)/訥弁(とつべん)
【訪】**ホウ**・**おとずれる**・**たずねる**・とう
【設】**セツ**・**もうける**・しつらえる
【許】**キョ**・コ・**ゆるす**・ばかり・もと・ゆるし
許嫁・許婚(いいなずけ)
【訳】〔譯〕**ヤク**・**わけ**
【谺】カ・こだま
【豚】**トン**・**ぶた**
【貧】**ヒン**・**ビン**・**まずしい**
【貨】〔貨〕**カ**・たから
【販】**ハン**・ひさぐ

【貪】**ドン**・タン・トン・むさぼる
【貫】**カン**・**つらぬ**く・ぬく
【責】**セキ**・シャク・**せめ**る
【赦】**シャ**・ゆるす
〔軛〕ヤク・くびき
【軟】**ナン**・ゼン・**やわら**か・**やわら**かい
【転】〔轉〕(人) **テン**・**ころ**がる・**ころ**げる・**ころ**がす・**ころ**ぶ・うたた・くるめかす・ころばす　転柿（ころがき）/転寝（うたたね・ごろね）
〔逍〕ショウ　逍遥（しょうよう）
〔逗〕(人) ズ・トウ・とどまる
〔這〕(人) シャ・この・はう　㊔これ・ちか
〔逞〕〔逞〕(人) テイ・たくましい　㊔とし・ゆき・よし
〔逢〕(人) ホウ・あう　㊔あい　逢瀬（おうせ）
【逮】**タイ**

【週】〔週〕**シュウ**
【進】**シン**・**すす**む・**すす**める・まいらす
【逸】〔逸〕(人) **イツ**・イチ・そらす・それる・はぐれる・はやる　逸速く（いちはやく）
【部】**ブ**・ホウ・とも・べ　部屋（**へや**）
【郭】**カク**・くるわ　郭公（かっこう）
【郵】**ユウ**
【都】〔都〕(人) **ト**・**ツ**・**みやこ**・かつて・すべて　都都逸（どどいつ）
【郷】〔鄕〕(人) **キョウ**・**ゴウ**・さと
【酔】〔醉〕(人) **スイ**・**よう**
【釈】〔釋〕(人) **シャク**・セキ・とく・ゆるす　釈迦（しゃか）
【野】〔埜〕(人) **ヤ**・**の**　野分き（のわき）/野老（ところ）/野良（**のら**）/野放図（のほうず）/野点（のだて）/野面（のづら）/野蒜（のびる）/野暮（やぼ）

【釣】〔釣〕**チョウ**・**つ**る・つり　釣瓶（つるべ）
〔釦〕コウ・ボタン
〔釧〕(人) セン・くしろ　㊔たまき
【閉】〔閇〕**ヘイ**・ハイ・**と**じる・**と**ざす・**し**める・**し**まる・たてる
【陪】**バイ**・ハイ・ホイ・したがう
〔陬〕スウ・ソウ・すみ
【陰】**イン**・オン・**かげ**・**かげ**る・ひそか
【陳】**チン**・ジン・つらねる・のべる・ひねる　陳生姜（ひねしょうが）/陳者（のぶれば）
【陵】**リョウ**・**みささぎ**・おか
【陶】**トウ**・ドウ・すえ
【陸】**リク**・ロク・おか・くが　陸奥（みちのく・むつ）/陸稲（おかぼ）
【険】〔險〕(人) **ケン**・**けわ**しい

【隆】〔隆〕**リュウ**・たかい
〔陷〕⇩陥(10)
〔雀〕(人) サク・シャク・ジャク・すずめ　㊔さぎ・す　雀斑（そばかす）/雀躍（じゃくやく）
【雪】〔雪〕**セツ**・セチ・**ゆき**・すすぐ・そそぐ　雪花菜（きらず）/雪洞（ぼんぼり）/雪崩（**なだれ**）/雪隠（せっちん）/雪駄・雪踏（せった）
〔雫〕(人)(国) ダ・しずく
【頂】**チョウ**・チン・**いただ**く・**いただき**
【頃】キョウ・ケイ・**ころ**
〔髙〕⇩高(10)
【魚】**ギョ**・**うお**・**さかな**・な　魚籠（びく）
【鳥】**チョウ**・**とり**　鳥屋（とや）/鳥渡（ちょっと）
〔鹵〕ロ　鹵獲（ろかく）
【鹿】ロク・**しか**・**か**　鹿尾菜（ひじき）/鹿威し（ししおどし）

〔麥〕⇩麦(7)
【麻】〔麻〕**マ**・バ・**あさ**　麻疹（はしか）/麻雀（マージャン）/麻幹（おがら）
【黄】〔黃〕(人) **コウ**・**オウ**・**き**・**こ**　黄昏（たそがれ）/黄金（おうごん・こがね）/黄泉（よみ）/黄な粉（きなこ）/黄楊（つげ）/黄櫨（はぜのき）
【黒】〔黑〕(人) **コク**・**くろ**・**くろ**い・くろむ　黒子（くろこ・くろご・ほくろ）
【斎】〔齋〕**サイ**・い・いつく・いむ・いわう・とき・ゆ
【亀】〔龜〕**キ**・**かめ**・あま・すすむ・ひさし　亀甲（きっこう）

十二画

〔傀〕カイ　傀儡（かいらい・くぐつ）
〔傅〕フ・いつく・かしずく・めのと　傅育（ふいく）

【傍】**ボウ**・ホウ・**かたわ**ら・おか・そば・はた　傍目（おかめ・はため）/傍惚れ（おかぼれ）/傍焼き（おかやき）
【傘】**サン**・**かさ**・からかさ
【備】**ビ**・**そな**える・**そな**わる・つぶさに　備前（びぜん）/備中（びっちゅう）/備後（びんご）
【偉】〔偉〕**イ**・**えら**い
〔凱〕(人) ガイ・かちどき・やわらぐ　㊔とき・よし
【割】〔割〕**カツ**・**わ**る・**わ**り・**わ**れる・**さ**く　割符（わりふ）/割賦（かっぷ・わっぷ）
【創】**ソウ**・つくる・きず・はじめる
〔剩〕⇩剰(11)
【勝】〔勝〕**ショウ**・**か**つ・**まさ**る・すぐれる・たえる・すぐる
【募】**ボ**・**つの**る
【勤】〔勤〕(人) **キン**・**ゴン**・**つと**める・**つと**まる・いそしむ・つと

む

勤行(ごんぎょう)

〔勞〕⇩労(7)

【博】〔博〕**ハク・バク**・ひろい

博士(**はかせ**・はくし)/博打(ばくち)/博労(ばくろう)/博奕(ばくえき)

〔卿〕㊅ キョウ・ケイ・かみ・きみ ㊔あき・あきら・のり

〔厨〕㊅〔廚〕ズ・チュウ・くりや

〔厦〕⇩廈(13)

〔啻〕シ・ただに

啻ならぬ(ただならぬ)

〔啼〕テイ・なく

〔喀〕カク・はく

喀血(かっけつ)

【善】**ゼン・よい**・よく

善知鳥(うとう)

〔喇〕ラ・ラツ

喇叭(らっぱ)

【喉】**コウ・のど**

〔喋〕㊅ チョウ・しゃべる

〔喘〕ゼン・あえぐ

〔喙〕カイ・くちばし

【喚】**カン**・よぶ・わめく

【喜】**キ・よろこぶ**・よろこばしい・のぶ・よし

〔喧〕㊅ ケン・かまびすしい・やかましい ㊔はる

【喩】**ユ**・さとす・たとえ・たとえる

【喪】**ソウ・も**・うしなう

【喫】〔喫〕**キツ**・くう・のむ

〔喬〕㊅ キョウ・たかい ㊔たか・たかし

〔喰〕㊅ サン・ソン・くう・くらう

【営】(營) **エイ・いとなむ**

〔單〕⇩単(9)

〔喝〕⇩喝(11)

【圏】(圈)㊅ **ケン**

〔圍〕⇩囲(7)

【堤】**テイ・つつみ**

【堪】**カン**・タン・**たえる**・こたえる・こらえる・たまる

堪能(たんのう)

〔堰〕㊅ エン・い・せき・せく

【報】**ホウ・むく**いる・こたえる・しらせる

【場】〔塲〕**ジョウ・ば**・にわ

〔堺〕㊅ カイ・さかい

【塀】(塀) **ヘイ**

【堅】**ケン・かたい**

【塚】(塚) チョウ・**つか**

【堕】(墮) **ダ**・おちる・おろす

【塁】(壘)㊅ **ルイ**・とりで

【塔】**トウ**・あららぎ

塔頭(たっちゅう)

〔堯〕⇩尭(8)

〔壺〕〔壷〕コ・つぼ

〔壹〕⇩壱(7)

〔奢〕シャ・おごる

【奥】(奧)㊅ **オウ・おく**

【婿】〔壻〕〔聟〕**セイ・むこ**

【媒】**バイ**・なかだち・なこうど

〔媚〕ビ・こび・こびる

【媛】〔媛〕**エン**・ひめ

〔婣〕⇩姻(9)

【富】〔冨〕㊅ **フ・フウ・とみ・とむ**

【寒】〔寒〕**カン・さむい**

〔寓〕㊅ グウ ㊔より・よる

【尊】〔尊〕**ソン・たっと**い・**とうと**い・**たっとぶ**・**とうと**ぶ・たかい・みこと

【尋】〔尋〕**ジン・たずねる**・ついで・ひろ

【就】**シュウ・ジュ・つく・つ**ける

就中(なかんずく)

【属】〔屬〕**ゾク**・ショク・さかん・たぐい・つく

〔屠〕ト・ほふる

〔屢〕⇩屡(14)

〔嵌〕カン・はまる・はめる

【嵐】ラン・**あらし**

〔巽〕㊅〔巽〕ソン・たつみ ㊔ゆく・よし

【帽】**ボウ**・モウ

【幅】**フク・はば**・の

〔幇〕〔幫〕ホウ・たすける

幇助(ほうじょ)

【幾】**キ・いく**・いくつ・いくら・ちかい・ほとんど

幾何(きか)/幾許(いくばく)

〔廂〕ソウ・ひさし

【廃】(廢) **ハイ・すたれる・すたる**

【廊】(廊)㊅ **ロウ**・わたどの

〔廁〕⇩厠(11)

〔弑〕シ・シイ

弑する(しいする)

〔弼〕ヒツ・すけ

【弾】(彈)㊅ **ダン・ひく・はずむ・たま**・はじく・はじける

〔强〕⇩強(11)

【復】**フク**・かえる・また

復習う(さらう)

【循】**ジュン**・めぐる

【御】**ギョ・ゴ・おん**・お・おおん・み

御手洗(みたらし)/御形(ごぎょう)/御虎子(おまる)/御俠(おきゃん)/御強(おこわ)/御髪(おぐし)/御襁褓(おむつ)/御簾(みす)

【悲】**ヒ・かな**しい・**かな**しむ

〔悶〕モン・もだえる

悶々(もんもん)

【惑】**ワク・まどう**・まどわす

〔惣〕㊅ ソウ・すべて ㊔ふさ

〔惹〕㊅ ジャク・ひく

〔惠〕⇩恵(10)

〔惡〕⇩悪(11)

【惰】**ダ**・おこたる・なまける

〖惺〗㊅ セイ・さとる ㊔さとし
〖惻〗ソク・いたむ
【愉】〔愉〕**ユ**・たのしい
〖愕〗ガク・おどろく
【慌】**コウ**・**あわてる**・**あわ**ただしい
〖惱〗⇩悩⑽
〖戟〗㊅ ゲキ・ほこ・また
【扉】〔扉〕**ヒ**・**とびら**
【掌】**ショウ**・たなごころ・つかさどる・てのひら
〖掣〗セイ・ひく 掣肘(せいちゅう)
〖揃〗㊅ セン・そろう・そろえる
〖揉〗ジュウ・もむ・もめる
【提】**テイ**・ダイ・チョウ・**さげる**・ひさぐ 提(ひさげ)/提灯(ちょうちん)
【揚】**ヨウ**・**あげる**・**あが**る
【換】**カン**・**か**える・**か**わる
【握】**アク**・**にぎる**

〖揣〗シ・はかる 揣摩臆測(しまおくそく)
【揮】**キ**・ふるう
【援】〔援〕**エン**・たすける・ひく
〖揶〗ヤ・からかう 揶揄(やゆ)
【揺】〔搖〕㊅ **ヨウ**・**ゆ**れる・**ゆ**る・**ゆ**らぐ・**ゆ**るぐ・**ゆ**する・**ゆ**さぶる・**ゆ**すぶる・ゆらす・ゆるがす 揺蕩う(たゆたう)
【搭】**トウ**
〖插〗⇩挿⑽
〖揭〗⇩掲⑾
〖敧〗キ・そばだてる
【敢】**カン**・あう・あえて
【散】**サン**・**ちる**・**ち**らす・**ち**らかす・**ち**らかる・ちらばる 散切り(ざんぎり)
〖敦〗㊅ タイ・トン・あつい ㊔あつ・あつし・つる・のぶ

【敬】**ケイ**・キョウ・**うや**まう・たか・たかし
〖斐〗㊅ ヒ・あや ㊔あき・あきら・よし
【斑】**ハン**・ふ・ぶち・まだら・むら 斑気(むらき)/斑鳩(いかる)/斑雪(はだれゆき)
〖斯〗㊅ シ・かかる・かく・この・これ ㊔つな・のり 斯様(かよう)
【普】**フ**・あまねし 普請(ふしん)
【景】**ケイ**・キョウ・かげ 景色(**けしき**)
〖晰〗〔晳〕セキ・あきらか
【晴】〔晴〕**セイ**・**は**れる・**は**らす・はるかす・はれやか・はる
【晶】**ショウ**・あきらか・あき・あきら
〖智〗㊅ チ・さとい・さとる ㊔さと・さとし・とし・とも・まさる
【暁】〔曉〕㊅ **ギョウ**・キョウ・**あかつき**・あき・あきら
【晩】〔晚〕㊅ **バン**・おそい・くれ 晩生・晩稲(おくて)

【暑】〔暑〕㊅ **ショ**・**あつ**い
〖暎〗⇩映⑼
〖曾〗⇩曽⑾
【替】**タイ**・テイ・**か**える・**か**わる
【最】**サイ**・**もっと**も 最中(さなか・もなか)/最早(もはや)/最果て(さいはて)/最寄り(**もより**)
【朝】〔朝〕**チョウ**・**あさ**・とも 朝餉(あさげ)
【期】**キ**・**ゴ**
【棋】〔棊〕**キ**・ギ・ゴ
【棒】**ボウ**
〖棕〗〔椶〕シュ 棕櫚(しゅろ)
〖棗〗ソウ・なつめ
〖棘〗キョク・いばら・とげ・おどろ
【棚】〔棚〕ホウ・**たな**

【棟】**トウ**・**むね**・**むな**
〖棠〗トウ・ドウ
【森】**シン**・**もり**
〖棲〗㊅ セイ・すむ ㊔す・すみ
〖棹〗トウ・さお
【棺】**カン**・ひつぎ
〖椀〗㊅ ワン・まり 椀飯振舞(おうばんぶるまい)
【椅】**イ**・いいぎり 椅子(いす)
〖椋〗㊅ リョウ・むく
【植】**ショク**・**うえる**・**う**わる
【椎】**ツイ**・しい・つち
〖椏〗ア・また 三椏(みつまた)
〖椒〗ショウ・はじかみ 胡椒(こしょう)
【極】**キョク**・**ゴク**・**きわ**める・**きわ**まる・**きわ**み・きまる・きめる

【検】〔檢〕㊅ **ケン** 検非違使(けびいし)/検校(けんぎょう)
〖椪〗㊖ ポン 椪柑(ポンかん)
〖棧〗⇩桟⑽
【欺】**ギ**・キ・**あざむ**く
〖欽〗㊅ キン・コン・つつしむ ㊔ただ・よし
【款】〔欵〕**カン**・よしみ
【殖】**ショク**・ジキ・**ふ**える・**ふ**やす
〖殘〗⇩残⑽
〖殼〗⇩殻⑾
〖渙〗カン 渙発(かんぱつ)
【減】**ゲン**・**へる**・**へらす** 減り張り(めりはり)
【渡】**ト**・**わたる**・**わた**す
〖渣〗サ 渣滓(さし)
〖渥〗㊅ アク・あつい・うるおう ㊔あつ・あつし

【渦】カ・うず
【温】〔溫〕㊇ オン・ウン・あたたか・あたたかい・あたたまる・あたためる・ぬくい・ぬるい・ぬるむ・あつ・あつし
【渫】セツ・さらう
【測】ソク・はかる
【港】〔港〕コウ・みなと
【渾】㊇ コン・すべて
渾名（あだな）
【湊】㊇ ソウ・あつまる・みなと
【湖】コ・みずうみ・うみ
【湘】㊇ ショウ
【湛】㊇ タン・たたえる ㊔きよ・やす
【湧】ユウ・ヨウ・わく
【湯】トウ・タン・ゆ
湯中り（ゆあたり）／湯浴み（ゆあみ）／湯桶（ゆとう）／湯槽（ゆぶね）／湯湯婆（ゆたんぽ）／湯麺（タンメン）
【淵】㊇〔渕〕エン・ふち

【湿】〔濕〕㊇ シツ・しめる・しめす ㊔すえ・すけ・のぶ
湿地（しめじ）／湿気る（しける）
【湾】〔灣〕ワン・いりえ
【満】〔滿〕マン・みちる・みたす・みち・みつ・みつる
満天星（どうだん）
【滋】ジ・しげる
【渴】⇩渇(11)
【渚】⇩渚(11)
【溌】⇩潑(15)
【焙】ハイ・ホイ・ホウ・あぶる・ほうじる
焙烙（ほうろく）
【焚】㊇ フン・たく・やく
【焜】コン
焜炉（こんろ）
【無】ム・ブ・ない・なくす
無下に（むげに）／無礼（ぶれい・むらい）／無花果（いちじく）／無垢（むく）／無音（ぶいん）／無患子（むくろじ）

【焦】ショウ・こげる・こがす・こがれる・あせる・じらす・じれる
【焰】㊇〔燄〕〔焔〕エン・ほのお・ほむら
【然】ゼン・ネン・さ・さも・さる・しか・しかし・しかして・しかも・しからば・しかり・しかるに
然様（さよう）
【焼】〔燒〕㊇ ショウ・やく・やける・くべる・たく
焼売（シューマイ）／焼け棒杭（やけぼっくい）
【煮】〔煮〕㊇ シャ・にる・にえる・にやす・たく
煮染め（にしめ）／煮凝り（にこごり）
【爲】⇩為(9)
【牌】ハイ・パイ
【犀】㊇ サイ・セイ ㊔かた
【犂】〔犁〕リ・レイ・からすき・すき

【犇】ホン・ひしめく
【猥】ワイ・みだら・みだり
猥褻（わいせつ）
【猶】ユウ・なお
【猪】⇩猪(11)
【琥】㊇ ク・コ
琥珀（こはく）
【琳】㊇ リン
【琴】キン・ゴン・こと
琴柱（ことじ）／琴瑟（きんしつ）
【琵】㊇ ビ
琵琶（びわ）
【琶】㊇ ハ
【琺】ホウ
琺瑯（ほうろう）
【瑛】㊇ エイ
【琢】⇩琢(11)
【瓠】〔瓠〕コ・ひさご・ふくべ
【甥】㊇ セイ・おい

【番】バン・つがえる
【畳】〔疊〕㊇ ジョウ・たたむ・たたみ
畳紙（たとうがみ）
【畫】⇩画(8)
【疎】〔踈〕ソ・うとい・うとむ・うとんじる・おろそか・まばら
疎抜く（おろぬく）
【疏】㊇ ショ・ソ・とおる・まばら
【痘】トウ・もがさ
痘痕（あばた）
【痙】ケイ・ひきつる
痙攣（けいれん）
【痛】ツウ・いたい・いたむ・いためる・いたましい
【痞】ヒ・つかえ
【痢】リ
【痣】シ・あざ
【痩】〔瘦〕㊇ ソウ・やせる・こける
【登】トウ・ト・のぼる

【發】⇩発(9)
【皓】㊇〔皓〕コウ・しろい ㊔あきら・ひろ・ひろし
【盜】⇩盗(11)
【着】チャク・ジャク・きる・きせる・つく・つける
【短】タン・みじかい
短冊（たんざく）
【硝】〔硝〕ショウ
硝子（ガラス）
【硨】シャ
硨磲（しゃこ）
【硫】リュウ
硫黄（いおう）
【硬】コウ・かたい
【硯】㊇ ケン・すずり
【禄】㊇〔祿〕㊇ ロク・さいわい ㊔さち・よし
【稀】㊇ キ・ケ・まれ
【税】〔稅〕ゼイ・ちから

【程】〔程〕 **テイ・ほど**・のり
〔稍〕 ショウ・やや
〔窘〕 キン・くるしむ・たしなめる
〔窗〕 ⇩窓(11)
〔竣〕(人) シュン・おえる・おわる
【童】 **ドウ**・トウ・**わらべ**・わらわ
〔竦〕 ショウ・すくむ・すくまる・すくめる
【筆】 **ヒツ・ふで**・ふみて
〔筈〕(人) カツ・はず
【等】 **トウ・ひと**しい・など・ら 等閑（なおざり）
【筋】 **キン・すじ** 筋交い（すじかい）
〔筍〕〔笋〕 シュン・ジュン・たけのこ
〔筏〕 バツ・いかだ
〔筑〕(人)〔筑〕 チク 筑前（ちくぜん）／筑後（ちくご）
【筒】 **トウ**・ドウ・**つつ**

〔笄〕〔笄〕 ケイ・こうがい
【答】 **トウ・こた**える・**こた**え
【策】 **サク**・シャク・むち
〔粟〕(人) ゾク・あわ
〔粥〕(人) イク・シュク・かゆ
【粧】 **ショウ**・ソウ・よそおう
〔絎〕 コウ・くける 絎針（くけばり）
【結】 **ケツ**・ケチ・**むす**ぶ・**ゆ**う・**ゆ**わえる・むすぼれる 結納（ゆいのう）
【絶】 **ゼツ**・セツ・**た**える・**た**やす・**た**つ
〔絖〕 コウ・ぬめ
【絞】 **コウ**・キョウ・**しぼ**る・**し**める・**し**まる
【絡】 **ラク・から**む・**から**まる・**から**める・からげる・からます 絡繰り（からくり）
〔絢〕(人) ケン・あや 絢爛（けんらん）
〔絣〕〔絣〕 ホウ・かすり
【給】 **キュウ**・コウ・たまう・たまわる

〔絨〕 ジュウ 絨毯・絨緞（じゅうたん）
【統】 **トウ・す**べる
【紫】 **シ・むらさき** 紫苑（しおん）／紫陽花（あじさい）／紫雲英（げんげ）
【絵】（繪） **カイ・エ** 絵馬（えま）
〔絲〕 ⇩糸(6)
〔翔〕(人)〔翔〕 ショウ・かける・とぶ
〔脹〕(人) チョウ・はれる・ふくよか・ふくらむ・ふくれる
〔胼〕〔胼〕 ヘン・ベン・たこ 胼胝（たこ）
〔腊〕 サク・セキ・きたい 腊葉（さくよう）
〔腋〕 エキ・わき 腋臭（わきが）
〔腓〕 ヒ・こむら
〔腔〕(人)〔腔〕 クウ・コウ
【腕】 **ワン・うで**・かいな

〔萩〕(人) シュウ・はぎ
〔萱〕(人) カン・ケン・かや ㊔ただ・まさ 萱草（かんぞう）
〔萼〕 ガク・うてな
【落】 **ラク・お**ちる・**お**とす 落人（おちゅうど）／落葉松（からまつ）
【葉】 **ヨウ・は**
〔葎〕 リツ・むぐら
【葛】 **カツ・くず**・かずら・かつら・つづら・かず・さち・ふじ 葛籠（つづら）
〔葡〕(人) ブ・ホ 葡萄（えび・ぶどう）／葡萄牙（ポルトガル）／葡萄茶（えびちゃ）
〔董〕(人) トウ・ただす ㊔しげる・のぶ・まこと
〔葫〕 コ・にんにく・ひる
【葬】 **ソウ・ほうむ**る
〔葭〕 カ・あし・よし
〔葯〕 ヤク

〔葱〕 ソウ・き・ねぎ 葱鮪（ねぎま）
〔葵〕(人) キ・あおい ㊔まもる
〔葺〕(人) シュウ・ふき・ふく
〔菰〕 コ・こも
〔萬〕 ⇩万(3)
〔著〕 ⇩著(11)
〔虚〕 ⇩虚(11)
〔虜〕 ⇩虜(13)
〔蛙〕 ア・かえる
〔蛞〕 カツ 蛞蝓（なめくじ）
〔蛟〕 コウ・みずち
〔蛤〕 コウ・はまぐり
〔蛭〕 シツ・テツ・ひる
【蛮】（蠻） **バン**
〔蛯〕(国) えび
【衆】 **シュウ・シュ**・ス・おおい
【街】 **ガイ・カイ・まち**

【裁】 **サイ・た**つ・**さば**く
【裂】 **レツ・さ**く・**さ**ける・きれる
【装】（裝）(人) **ソウ・ショウ・よそお**う
【裕】 **ユウ**・ゆたか・ひろ・ひろし
【補】 **ホ**・フ・**おぎな**う
〔裡〕 ⇩裏(13)
〔覗〕 シ・うかがう・のぞく
【覚】（覺） **カク・お**ぼえる・**さ**ます・**さ**める・おぼしい・さとる 覚束無い（おぼつかない）
〔視〕 ⇩視(11)
【訴】 **ソ・うった**える
〔訶〕 カ・しかる
【診】 **シン・み**る
〔註〕(人) チュウ
【証】（證） **ショウ**・あかし・しるし 証憑（しょうひょう）
〔詈〕 リ・ののしる

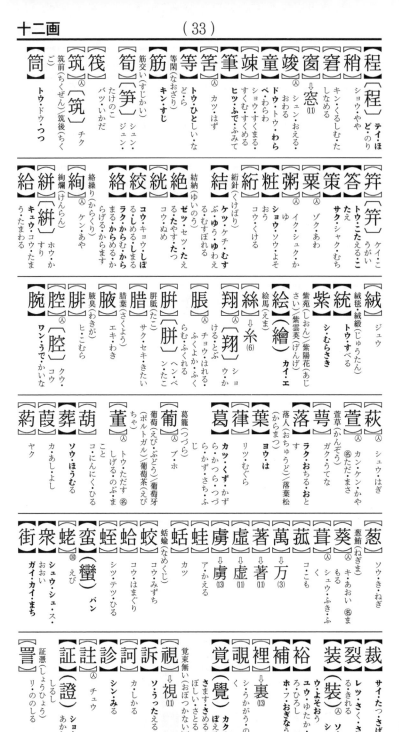

【詐】サ・いつわる
【詔】ショウ・みことのり
【評】〔評〕ヒョウ・はかる
〔詛〕ソ・のろう
【詞】シ・ジ・ことば
【詠】エイ・よむ
【象】ショウ・ゾウ・かたどる
〔貂〕チョウ・てん
【貯】チョ・たくわえる
〔貰〕(人) セイ・もらう
【貴】キ・たっとい・とうとい・たっとぶ・とうとぶ・たかい　貴方(あなた)
〔貶〕ヘン・おとしめる・けなす・さげすむ
【買】バイ・マイ・かう
【貸】タイ・かす
【費】ヒ・ついやす・ついえる・あたい
【貼】チョウ・テン・はる
【貿】ボウ

【賀】ガ・よろこぶ
〔貳〕⇩弐(6)
【超】チョウ・こえる・こす
【越】エツ・オチ・こす・こえる　越中(えっちゅう)／越南(ベトナム)／越後(えちご)／越前(えちぜん)
〔跋〕バツ
〔跌〕テツ・つまずく　蹉跌(さてつ)
【距】〔距〕キョ・けづめ・へだてる
【軸】ジク
【軽】〔輕〕ケイ・キョウ・キン・かるい・かろやか・かろんじる　軽忽(きょうこつ)
〔迸〕〔迸〕ヘイ・ホウ・ほとばしる
【遂】〔遂〕スイ・とげる・ついに
【遅】〔遲〕チ・おくれる・おくらす・おそい

【遇】グウ・グ・あう
【遊】ユウ・ユ・あそぶ・あそばす・すさむ
【運】ウン・はこぶ・めぐる
【遍】〔遍〕ヘン・あまねし
【過】カ・すぎる・すごす・あやまつ・あやまち・よぎる
【道】ドウ・トウ・みち・じ・ち　道祖神(どうそじん)／道産子(どさんこ)／道標(みちしるべ)
【達】タツ・タチ・いたる・とどく　達磨(だるま)
〔遥〕(人)〔遙〕(人) ヨウ・はる・はるか
〔逸〕⇩逸(11)
〔都〕⇩都(11)
【酢】サク・ソ・す　酢漿草(かたばみ)／酢橘(すだち)
〔酣〕カン・たけなわ
〔釉〕(人) ユウ・うわぐすり ㊔つや
【量】リョウ・はかる・かず

【鈍】ドン・にぶい・にぶる・おそい・なまくら・なまる・にび・のろい　鈍間(のろま)
〔鈎〕⇩鉤(13)
【開】カイ・ひらく・ひらける・あく・あける
〔閏〕(人) ジュン・うるう ㊔うる
【閑】カン・しずか・ひま
【間】〔閒〕カン・ケン・あいだ・ま　間夫(まぶ)
【陽】ヨウ・ひ　陽炎(かげろう)
【隅】グウ・すみ
〔隈〕(人) ワイ・くま
【隊】〔隊〕タイ
【階】カイ・きざはし・しな・はし
【随】〔隨〕ズイ・したがう・したがえる　随神の道(かんながらのみち)
〔隆〕⇩隆(11)

〔雁〕(人) ガン・かり・かりがね　雁擬き(がんもどき)
【雄】ユウ・お・おす・おん　雄叫び(おたけび)
【集】シュウ・ジュウ・あつまる・あつめる・つどう・たかる
【雇】〔雇〕コ・やとう
【雰】フン
【雲】ウン・くも　雲丹(うに)／雲母(うんも・きらら)／雲脂(ふけ)／雲雀(ひばり)
〔靫〕サイ・うつぼ・ゆぎ
〔韮〕キュウ・にら
【項】コウ・うなじ・たてくび　項垂れる(うなだれる)
【順】ジュン・ズン・したがう・より
【須】ス・シュ・すべからく・もちいる・もとめる・まつ・もち・もとむ
〔颪〕(国) おろし
【飲】〔飮〕イン・オン・のむ

【飯】〔飯〕ハン・ボン・めし・いい　飯盒炊爨(はんごうすいさん)／飯蛸(いいだこ)
〔黃〕⇩黄(11)
〔黍〕ショ・きび・きみ　黍魚子(きびなご)
〔黑〕⇩黒(11)
【歯】〔齒〕シ・は・よわい

十三画

〔亂〕⇩乱(7)
【催】サイ・もよおす・もよい　催馬楽(さいばら)
〔傭〕(人) ヨウ・やとう
【傲】ゴウ・おごる
【債】サイ
【傷】ショウ・きず・いたむ・いためる・いたましい
【傾】ケイ・かたむく・かたむける　傾城(けいせい)
【僅】キン・わずか・よし

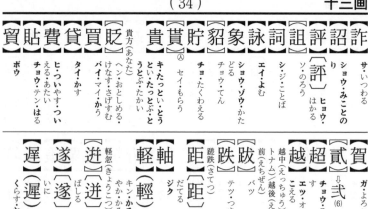

【僧】（僧）(人) **ソウ**
【傑】（傑）**ケツ**・すぐれる
【働】(国) **ドウ**・**はたらく**
〔傳〕⇩伝(6)
〔剽〕ヒョウ・ひょうげる 剽軽（ひょうきん）
【勢】**セイ**・**いきお**い・いきおう 勢子（せこ）
【勧】（勸）**カン**・ケン・**すす**める
〔勤〕⇩勤(12)
〔嗄〕サ・かれる・しわがれる 嗄れる（しゃがれる）
【嗅】**キュウ**・**か**ぐ
〔嗚〕オ・ああ 嗚呼（ああ）
〔嗜〕シ・たしなむ
【嗣】**シ**・つぐ
〔嗤〕シ・わらう
〔嘩〕(人) カ・かまびすしい

【嘆】（嘆）(人) **タン**・**なげ**く・**なげ**かわしい
【園】**エン**・オン・**その**
〔圓〕⇩円(4)
【塊】**カイ**・**かたまり**・つちくれ
【塑】**ソ**
〔塒〕シ・とぐろ・とや・ねぐら
【塗】**ト**・ズ・**ぬ**る・まぶす・まみれる・みどろ 塗師（ぬし）
〔塙〕(人) カク・はなわ
【塞】**サイ**・**ソク**・**ふさ**ぐ・**ふさ**がる・せく・とりで・せき
【塡】〔填〕**テン**・うずめる・はまる・はめる・さだます・みつ・やす
【塩】（鹽）**エン**・**し**お 塩梅（あんばい）
【墓】**ボ**・**はか**
〔塚〕⇩塚(12)
【夢】**ム**・ボウ・**ゆめ**

【奨】（奬）(人) **ショウ**・すすめる
〔奧〕⇩奥(12)
【嫁】**カ**・**よめ**・**とつ**ぐ
〔嫂〕ソウ・あによめ
【嫉】**シツ**・そねむ・にくむ・ねたむ
〔嫋〕ジョウ・たおやか
【嫌】〔嫌〕**ケン**・**ゲン**・**きら**う・**いや**
【寛】（寬）(人) **カン**・くつろぐ・ひろい・ゆたか
【寝】（寢）(人) **シン**・**ね**る・**ね**かす
〔尠〕セン・すくない 寝相（ねぞう）
〔嵩〕(人) シュウ・スウ・かさ・かさむ (名)たか・たかし・たけ
〔嵯〕(人) サ
〔幌〕(人) コウ・とばり・ほろ (名)あきら
【幕】**マク**・**バク**

【幹】**カン**・**みき**・から
〔廈〕〔厦〕カ 大廈高楼（たいかこうろう）
【廉】〔廉〕**レン**・かど・やすい・きよ・きよし
〔廊〕⇩廊(12)
【彙】**イ**・しげ・つね・とも・のり
【微】〔微〕**ビ**・ミ・かすか・ひそかに 微風（そよかぜ）／微笑む（ほほえむ）／微睡む（まどろむ）／微温湯（ぬるまゆ）
【想】**ソウ**・**ソ**・おもう
【愁】**シュウ**・**うれ**える・**うれ**い
〔愈〕ユ・いよいよ
【意】**イ**・おもう・こころ 意気地（**いくじ**・いきじ）
【愚】**グ**・**おろ**か
【愛】**アイ**・いとしい・まな・めぐむ・よし 愛娘（まなむすめ）／愛蘭（アイルランド）
【感】**カン**・かまける

【慈】**ジ**・**いつく**しむ 慈姑（くわい）
【慎】（愼）(人) **シン**・**つつ**しむ・つつましい
〔愾〕ガイ 敵愾心（てきがいしん）
【慄】**リツ**・おそれる・おののく
【慨】（慨）**ガイ**・なげく
【戦】（戰）(人) **セン**・**いくさ**・**たたか**う・おののく・そよぐ 戦慄く（わななく）
【損】**ソン**・**そこ**なう・**そこ**ねる
〔搔〕〔掻〕ソウ・かく 搔巻（かいまき）
〔搗〕トウ・かつ・つく 搗布（かじめ）／搗ち栗（かちぐり）
〔搦〕ジャク・からむ・からめる 搦め手（からめて）
【搬】**ハン**・はこぶ
【携】**ケイ**・**たずさ**える・**たずさ**わる
【搾】**サク**・**しぼ**る・しめる

【摂】（攝）(人) **セツ**・ショウ・とる 摂政（せっしょう）／摂津（せっつ）
〔搜〕⇩捜(10)
〔搖〕⇩揺(12)
【数】（數）**スウ**・**ス**・サク・シュ・**かず**・**かぞ**える・しばしば 数多（あまた）／数奇屋・数寄屋（**すきや**）／数珠（**じゅず**）
〔斟〕シン・くむ 斟酌（しんしゃく）
【新】**シン**・**あたら**しい・**あら**た・**にい**・あら・さら 新発意（しんぼち）／新湯（あらゆ・さらゆ）／新嘗祭（にいなめさい）／新羅（しらぎ）
【暇】**カ**・**ひま**・いとま
〔暈〕ウン・かさ・くま・ぼかす・ぼける
〔暉〕(人) キ (名)あき・あきら・てる
【暖】〔暖〕**ダン**・ノン・**あたた**か・**あたた**かい・**あたた**まる・**あたた**める 暖簾（のれん）

【暗】**アン・くら**い・くらます・くらむ・くれる

〔暑〕⇩暑(12)

〔會〕⇩会(6)

〔椰〕(人) ヤ・やし

〔椹〕ジン・チン・さわら

〔椿〕(人) チュン・チン・つばき

〔楊〕(人) ヨウ・やなぎ ㊔やす
楊枝(ようじ)

〔楓〕(人) フウ・かえで

〔楔〕セツ・くさび

〔楕〕(人)〔橢〕ダ

〔楚〕(人) ソ・しもと・すわえ ㊔うばら・たか

〔楠〕(人) ナン・くす・くすのき

〔楡〕ユ・にれ

〔楢〕(人) ユウ・なら

【業】**ギョウ・ゴウ・わざ**・なり

〔楮〕チョ・かじ・こうぞ

〔楯〕(人) ジュン・たて ㊔たち

【楷】**カイ**・のり

【棄】**キ**・うつ・すてる

【楽】〔樂〕(人) **ガク・ラク**・ギョウ・**たのしい・たのしむ**

【楼】〔樓〕**ロウ**・たかどの

〔楳〕⇩梅(10)

〔椶〕⇩棕(12)

【歳】〔歲〕**サイ・セイ**・とし・とせ

【殿】**デン・テン・との・どの**・しんがり

【毀】**キ**・こぼす・こぼれる・こわす・こわれる

【源】**ゲン・みなもと**

【準】**ジュン**・なぞらう・なぞらえる・のり・みずもり

〔溜〕(人) リュウ・たまる・ためる ㊔たり

【溝】〔溝〕**コウ・みぞ**・どぶ

〔溟〕メイ・うみ・くらい

〔溢〕(人) イツ・あふれる・こぼす・こぼれる ㊔みつ

〔溯〕サク・ソ・さかのぼる

〔溲〕シュ・ゆばり
溲瓶(しびん)

【溶】**ヨウ・とける・とかす・とく**

【溺】〔溺〕**デキ**・ニョウ・**おぼれる**

〔滂〕ホウ・ボウ
滂沱(ぼうだ)

〔滄〕ソウ
滄溟(そうめい)

【滅】**メツ・ほろびる・ほろぼす**・ほろぶ
滅入る(めいる)

〔滉〕(人) コウ ㊔ひろ・ひろし

【滑】**カツ・コツ・すべる・なめらか**・ぬめ・ぬめる
滑稽(こっけい)

〔滓〕サイ・シ・かす

〔滔〕トウ
滔滔(とうとう)

【漢】〔漢〕(人) **カン**・あや・おとこ・から

【滞】〔滯〕(人) **タイ・とどこおる**・なずむ

【漠】**バク**

【滝】〔瀧〕(人) ロウ・**たき**

〔溪〕⇩渓(11)

〔溫〕⇩温(12)

〔煉〕(人) レン・ねる

〔煌〕(人) コウ・きらめく ㊔あき・てる

【煎】〔煎〕**セン・い**る・にる

【煙】〔烟〕**エン・けむる・けむり・けむ**い・けぶい
煙草(タバコ)/煙管(キセル)

〔煤〕(人) バイ・すす・すすける

【照】**ショウ・てる・てら**す・**て**れる

【煩】**ハン・ボン・わずらう・わずら**わす・うるさい

〔煮〕⇩煮(12)

〔煕〕⇩熙(14)

〔爺〕ヤ・じじ
老爺(ろうや)

〔牒〕(人) チョウ・ふだ

【献】〔獻〕**ケン・コン**・たてまつる

〔猾〕カツ・わるがしこい

【猿】**エン・さる**・まし・ましら
猿麻桛(さるおがせ)

〔獅〕(人) シ
獅子(しし)

〔獏〕⇩貘(17)

〔瑁〕マイ

〔瑇〕⇩玳(9)

〔瑕〕カ・きず
瑕疵(かし)/瑕瑾(かきん)

〔瑙〕ノウ

〔瑚〕(人) コ・ゴ

〔瑞〕(人) ズイ・しるし・みず
瑞西(スイス)/瑞典(スウェーデン)

〔瑟〕シツ

〔瑶〕(人)〔瑤〕ヨウ・たま

〔甁〕⇩瓶(11)

〔甞〕⇩嘗(14)

〔畷〕テツ・なわて

〔當〕⇩当(6)

〔痰〕タン

【痴】〔癡〕**チ**・おろか・しれる

〔痺〕ヒ・しびれる

【盟】**メイ**・ちかう

【睡】**スイ**・ねむる

【督】**トク**・かみ・みる

〔睥〕ヘイ
睥睨(へいげい)

【睦】**ボク**・むつ・むつまじい・むつむ・ちか・むつみ
睦月(むつき)

〔睨〕ゲイ・にらむ

〔睫〕ショウ・まつげ
睫毛(まつげ)

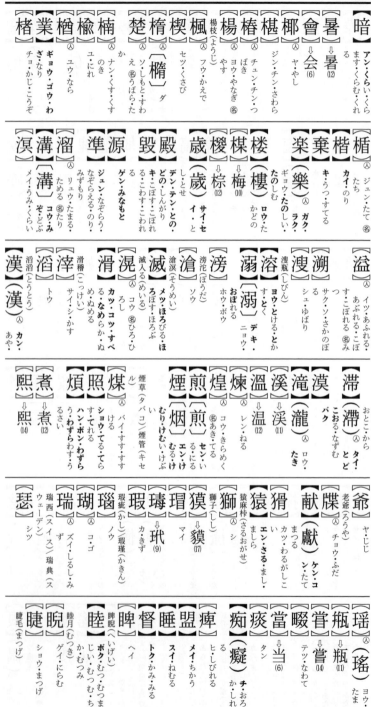

〔矮〕ワイ 矮小（わいしょう）／矮鶏（チャボ）
【碁】**ゴ**・キ 碁笥（ごけ）
〔碌〕ロク 碌でなし（ろくでなし）／碌に（ろくに）／碌碌（ろくろく）
〔碍〕〔礙〕ガイ・ゲ・さまたげる
〔碓〕(人) タイ・うす・からうす
〔碗〕(人) ワン・まり
〔碎〕⇩砕(9)
〔碑〕⇩碑(14)
【禁】**キン**・コン・いさめる・とどめる
【禍】（禍）(人) **カ**・まが・わざわい
〔禎〕（禎）(人) テイ ㊔さだ・さち・ただ・ただし・つぐ・よし
【福】（福）(人) **フク**・さいわい

【禅】（禪）(人) **ゼン**
〔祿〕⇩禄(12)
〔禽〕(人) キン・とり
〔稔〕(人) ジン・ネン・とし・みのる ㊔なる
〔稗〕ハイ・ひえ
【稚】〔稺〕**チ**・いとけない・おさない 稚児（**ちご**）／稚鰤（わらさ）
〔稜〕(人) リョウ・かど・そば ㊔たか
〔稟〕(人)〔禀〕ヒン・リン・うける ㊔うくる
〔稠〕チュウ・おおい 稠密（ちゅうみつ）
【窟】**クツ**・いわや・やぐら
〔筥〕キョ・コ・はこ 筥迫（はこせこ）
〔筧〕ケン・かけひ
〔筬〕セイ・おさ
〔筮〕ゼイ・めどぎ
〔筵〕エン・むしろ

【節】（節）(人) **セツ**・**セチ**・**ふし**・みさお・たか・たかし・とき・ノット
〔粳〕コウ・うる・うるち
〔粮〕⇩糧(18)
【絹】**ケン**・**きぬ**
〔絽〕ロ
【継】（繼）**ケイ**・**つぐ**・まま 継子（ままこ）
【続】（續）**ゾク**・ショク・**つづく**・**つづける**・つぐ 続飯（そくい）
〔綛〕(国) かせ
〔經〕⇩経(11)
〔罨〕アン 罨法（あんぽう）
【罪】**ザイ**・サイ・**つみ**
〔罫〕ケ・ケイ
【置】**チ**・**おく**
【署】（署）(人) **ショ**

【群】**グン**・クン・**むれる**・**むれ**・**むら** 群青（ぐんじょう）
【羨】**セン**・エン・**うらやむ**・**うらやましい**・のぶ・よし
【義】**ギ**・ちか・よし
【聖】〔聖〕**セイ**・ショウ・ひじり
〔聘〕ヘイ・あとう・めす 招聘（しょうへい）
〔肆〕シ・いちくら・ほしいまま・みせ 書肆（しょし）
〔肅〕⇩粛(11)
〔腥〕セイ・なまぐさい
【腫】**シュ**・**はれる**・**はらす**
【腰】〔腰〕**ヨウ**・**こし**
〔腱〕ケン
【腸】**チョウ**・はらわた・わた
【腹】**フク**・**はら**
【腎】**ジン**・むらと
【腺】(国) **セン**

〔腦〕⇩脳(11)
〔舅〕キュウ・しゅうと
〔舜〕(人)〔舜〕シュン ㊔きよ・とし・ひとし
〔艀〕フ・はしけ
【艇】**テイ**・ふね
〔葦〕(人) イ・あし・よし 葦雀（よしきり）
〔蒐〕(人) シュウ・あつめる
〔蒔〕(人) シ・ジ・まく ㊔まき
〔蒙〕(人) モウ・くらい・こうむる
〔蒜〕サン・ひる
〔蒟〕ク・コン 蒟蒻（こんにゃく）
〔蒲〕(人) フ・ブ・ホ・かば・かま・がま 蒲公英（たんぽぽ）／蒲団（ふとん）
【蒸】**ジョウ**・**むす**・**むれる**・**むらす**・ふかす 蒸籠（せいろ・せいろう）
〔蒻〕ジャク・ニャク
〔蒼〕(人) ソウ・あお・あおい ㊔しげる

〔蒿〕コウ・よもぎ 蒿雀（あおじ）
【蓄】**チク**・キク・**たくわえる**
〔蓆〕セキ・むしろ
〔蓉〕(人) ヨウ
【蓋】**ガイ**・カイ・**ふた**・おおう・かさ・きぬがさ・けだし
〔蓑〕(人)〔簑〕サ・みの
〔蓮〕(人) レン・はす
〔蒋〕⇩蔣(14)
【虜】（虜）(人) **リョ**・とりこ
【虞】〔虞〕グ・**おそれ**
〔號〕⇩号(5)
〔蛸〕ショウ・たこ
〔蛹〕ヨウ・さなぎ
〔蛻〕ゼイ・ぬけがら・もぬけ
〔蛾〕ガ・ひいる
〔蜀〕ショク 蜀黍（もろこし）

【蜂】 **ホウ・はち**
〔蜃〕 シン　蜃気楼(しんきろう)
〔蜆〕 ケン・しじみ
〔蜒〕 エン・なめくじ
〔蛽〕 ⇩貝(7)
〔衙〕 ガ
【裏】〔裡〕(人) **リ・うら・う**ち
〔裔〕 エイ・こはな・すえ
〔裘〕 キュウ・かわごろも・けごろも
〔裟〕(人) サ・シャ
〔裝〕 ⇩装(12)
〔裲〕 リョウ　裲襠(うちかけ)
【裸】 **ラ・はだか**　裸足(はだし)
【裾】 キョ・**すそ**
〔褄〕(国) つま
【褐】(褐) **カツ**・カチ

【解】 **カイ・ゲ・とく・と**かす・**とける**・ほつれる・ほどく・わかる　解脱(げだつ)／解熱(げねつ)
【触】(觸) **ショク**・ソク・**ふ**れる・**さわる**
〔詢〕(人) シュン・ジュン・とう・はかる・まこと
【詣】 **ケイ・もう**でる・まいる・ゆき
【試】 **シ・こころ**みる・**た**めす
【詩】 **シ**・うた　詩歌(しいか)
〔詫〕(人) タ・わびる
【詮】〔詮〕 **セン**・かい・あきら・さとし・のり
【詰】 **キツ・つめる・つ**まる・**つ**む・なじる
【話】 **ワ・はな**す・**はなし**
【該】 **ガイ**・かねる
【詳】 **ショウ・くわ**しい・つまびらか
〔誂〕 チョウ・あつらえる・あとらう
〔誄〕 ルイ・しのびごと　誄詞(るいし)
〔誅〕 チュウ・ころす・ほろぼす　誅殺(ちゅうさつ)
【誇】 **コ・ほこ**る・ほこらか
【誠】 **セイ**・ジョウ・**まこと**
【誉】(譽) **ヨ・ほま**れ・ほめる
【豊】(豐) **ホウ**・ブ・**ゆた**か・とよ　豊前(ぶぜん)／豊後(ぶんご)
〔貉〕 カク・ハク・むじな
【賂】 **ロ**・まいない・まいなう
【賃】 **チン**・やとう
【賄】 **ワイ・まかな**う・まいなう
【資】〔資〕 **シ**・すけ・たすける・もと
【賊】 **ゾク**・そこなう
〔賍〕 ⇩贓(22)
【跡】 **セキ**・シャク・**あと**
〔跣〕 セン・はだし

〔跨〕(人) コ・またがる・またぐ
〔跪〕 キ・ひざまずく
【路】 **ロ・じ**・ち・みち
【跳】 **チョウ・は**ねる・**と**ぶ・おどる
【践】(踐) **セン**・ふむ　践祚(せんそ)
〔躱〕 タ・かわす
【較】 **カク**・キョウ・コウ・くらべる
【載】 **サイ・の**せる・**の**る・とし
【辞】(辭) **ジ・や**める・いなむ・こと・ことば
〔辟〕 ビャク・ヘキ　辟易(へきえき)
【農】 **ノウ**
〔逼〕 ヒツ・せまる・せむ　逼迫(ひっぱく)
〔遁〕(人) トン・のがれる
【遠】 **エン・オン・とお**い　遠江(とおとうみ)
【遣】 **ケン・つか**う・**つか**わす・やる・よこす

【違】〔違〕 **イ・ちが**う・**ちが**える・たがう・たがえる
〔鄕〕 ⇩郷(11)
【酪】 **ラク**
【酬】 **シュウ**・むくいる
【鈴】 **レイ・リン・すず**
【鉄】(鐵)〔銕〕 **テツ**・かね・くろがね　鉄刀木(たがやさん)／鉄漿(おはぐろ・かね)
〔鉈〕 シャ・なた
〔鉉〕 ゲン・つる
〔鉋〕 ホウ・かんな
【鉛】 **エン・なまり**
〔鉞〕 エツ・まさかり
【鉢】 **ハチ・ハツ**
〔鉤〕〔鈎〕 コウ・かぎ・ち　鉤素(はりす)
〔鉦〕 ショウ・かね・どら

【鉱】(鑛) **コウ**・あらがね
【隔】〔隔〕 **カク**・キャク・**へだてる・へだた**る
〔隕〕 イン・おちる
〔隘〕 アイ・せまい
【隙】〔隙〕 **ゲキ・す**き・ひま
〔雉〕 チ・きじ　雉(きじ)
【雅】〔雅〕 **ガ**・みやび・みやびやか・まさ
【零】 **レイ**・こぼす・こぼれる　零余子(ぬかご・むかご)／零落れる(おちぶれる)
【雷】 **ライ・かみなり**・いかずち
〔雹〕 ハク・ひょう
【電】 **デン**・テン・いなずま
〔靖〕(人)〔靖〕 セイ・やす・やすい・やすんじる ㊔ おさむ・のぶ・やす・やすし
【靴】(靴) **カ・くつ**

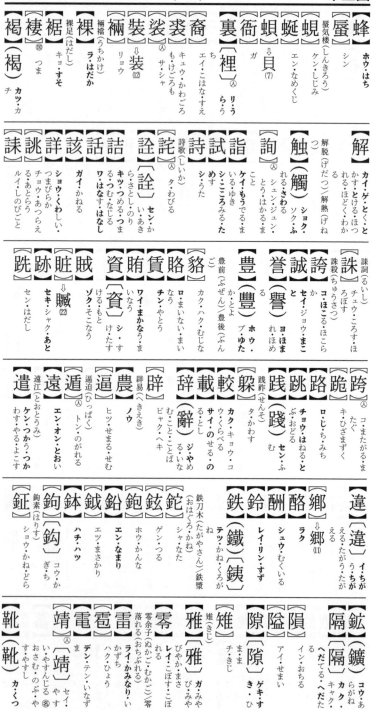

〔韵〕⇩韻(19)
〔頌〕(人) ジュ・ショウ・ヨウ・たたえる・ほめる ㊔つぐ・のぶ
【預】**ヨ・あずける・あずかる**・あらかじめ
【頑】**ガン**・かたくな
【頒】**ハン**・わかつ
【頓】**トン**・つまずく・とみに・ひたぶる・はや
【飼】〔飼〕**シ・かう**
【飽】〔飽〕**ホウ・あきる・あかす**
【飾】〔飾〕〔餝〕**ショク・かざる**
〔馳〕(人) チ・はせる ㊔とし・はやし
〔馴〕(人) ジュン・ならす・なれる ㊔なれ・よし
馴染み(なじみ)／馴鹿(トナカイ)
〔髢〕テイ・かもじ
〔鳧〕〔鳬〕フ・けり
〔鳩〕(人) キュウ・ク・はと
鳩尾(みぞおち)

〔鳰〕(国) にお
〔鼎〕(人) テイ・かなえ ㊔かね
【鼓】**コ・つづみ**
〔鼠〕ソ・ねずみ
鼠蹊部(そけいぶ)

十四画

【像】**ゾウ**・かた・かたち・かたどる・なり
【僕】**ボク**・しもべ・やつがれ
【僚】**リョウ**
〔僥〕ギョウ
僥倖(ぎょうこう)
〔僞〕⇩偽(11)
〔僧〕⇩僧(13)
〔厩〕(人)〔廏〕〔廐〕キュウ・うまや
〔厭〕エン・オン・ヨウ・あきる・いとう・いや
〔嗽〕ソウ・うがい・くちすすぐ
〔嗾〕ソウ・けしかける・そそのかす

〔嘉〕(人) カ・よい・よみする ㊔ひろ・よし・よしみ
〔嘔〕オウ・はく
嘔吐(おうと・へど)
〔嘖〕サク・さいなむ
嘖嘖(さくさく)
〔嘗〕(人) ショウ・ジョウ・かつて・こころみる・なめる ㊔ふる
〔嘆〕⇩嘆(13)
〔噓〕⇩嘘(15)
〔團〕⇩団(6)
〔圖〕⇩図(7)
〔塵〕ジン・ちり
塵芥(ちりあくた)／塵埃(じんあい)
【塾】**ジュク**
【境】**キョウ・ケイ・さかい**・さかう
【墨】〔墨〕(人) **ボク・すみ**
墨西哥(メキシコ)
【増】〔增〕(人) **ゾウ**・ソウ・**ます・ふえる・ふやす**・まさる

〔塲〕⇩場(12)
〔塀〕⇩塀(12)
〔壽〕⇩寿(7)
〔夥〕カ・おびただしい
【奪】**ダツ・うばう**
〔奬〕⇩奨(13)
【嫡】**チャク**・テキ
嫡嫡(ちゃきちゃき)
〔孵〕フ・かえす・かえる
【察】**サツ**・セチ・みる
【寡】**カ**・すくない・やもめ
寡婦(やもめ)
【寧】〔寧〕**ネイ**・ニョウ・なんぞ・むしろ・やすらか・やす・やすし
〔實〕⇩実(8)
〔寬〕⇩寛(13)
〔寢〕⇩寝(13)
〔對〕⇩対(7)

〔屢〕〔屡〕ル
屢屢(しばしば)
【層】〔層〕(人) **ソウ**・かさなる・こし
〔嶋〕〔嶌〕⇩島(10)
〔幔〕〔幔〕バン・マン・まく
幔幕(まんまく)
〔廓〕カク・くるわ
【彰】**ショウ**・あきらか・あき・あきら
【徴】〔徵〕(人) **チョウ**・チ・しるし・はたる・めす
【徳】〔德〕(人) **トク**・あつ・のり
〔慇〕イン・オン・ねんごろ
慇懃(いんぎん)
【態】**タイ**・ざま・なり・わざ・わざと
【慕】**ボ・したう**・しのぶ
【慢】**マン**・あなどる・おこたる・おごる
【慣】**カン・なれる・ならす**・ならう
【憎】〔憎〕(人) **ゾウ・にくむ・にくい・にくらしい・にくしみ**

〔慘〕⇩惨(11)
〔慨〕⇩慨(13)
〔慚〕〔慙〕ザン・はじる
〔截〕セツ・きる・たつ
〔摑〕(人)〔掴〕カク・つかまえる・つかまる・つかむ
【摘】**テキ・つむ**・つまむ
〔摺〕(人) ショウ・する・すれる
〔敲〕コウ・たたく
〔斡〕(人) アツ ㊔はる・まる
【旗】**キ・はた**
〔暢〕(人) チョウ・のびる・のべる ㊔いたる・とおる・なが・のぶ・まさ
暢気(のんき)
【暦】〔曆〕(人) **レキ**・リャク・**こよみ**
【暮】**ボ・くれる・くらす**
暮れ泥む(くれなずむ)
〔榎〕(人) カ・え・えのき

〔榛〕(人) シン・はしばみ・はん ㊔はる

〔榠〕 メイ
榠樝（かりん）

〔榧〕 ヒ・かや

〔榾〕 コツ・ほた・ほだ

〔槙〕(人)（槇）(人) シン・まき

【構】〔構〕 **コウ・かまえる・かまう**

〔槌〕(人) ツイ・つち ㊔つい

〔槍〕(人) ソウ・やり ㊔ほこ

〔槐〕 カイ・えんじゅ

〔槓〕 コウ
槓桿（こうかん）

〔樺〕(人) カ・かば・かんば

【様】（樣）(人) **ヨウ・さま**・ためし・なり

【概】（槪） **ガイ**・おおむね・とかき

【模】 **モ・ボ**・かたぎ・かたどる

〔榊〕(人)(国) さかき

〔榮〕 ⇩栄(9)

【歌】 **カ・うた・うたう**
歌留多（カルタ）

【歴】（歷）(人) **レキ**・リャク・へる

〔滲〕 シン・しみる・にじむ

【滴】 **テキ・しずく・したたる**・たらす

〔滾〕 コン・たぎらす・たぎる

【漁】 **ギョ・リョウ**・あさる・いさる

【漂】 **ヒョウ・ただよう**・ただよわす

【漆】 **シツ・うるし**・ぬる
漆喰（しっくい）

〔漉〕 ロク・こす・すく

【漏】 **ロウ**・ル・ロ・**もる・もれる・もらす**
漏斗（じょうご・ろうと）

〔漑〕 ガイ・そそぐ・まかす

【演】 **エン**・のべる

〔漕〕(人) ソウ・こぐ

〔漣〕(人) レン・さざなみ ㊔なみ

【漫】 **マン**・そぞろ・みだり

【漬】 シ・**つける・つかる**・つく・ひたす

〔漱〕(人) ソウ・くちすすぐ・すすぐ

〔漲〕 チョウ・みなぎる

【漸】 **ゼン**・ようやく・ようよう

〔滿〕 ⇩満(12)

〔漢〕 ⇩漢(13)

〔滯〕 ⇩滞(13)

〔煽〕 セン・あおぐ・あおる・おだてる

【熊】 ユウ・**くま**・かげ
熊襲（くまそ）

〔熙〕(人)〔熈〕 キ ㊔おき・てる・ひろ・ひろし・よし

〔熏〕 ⇩燻(18)

〔爾〕(人) ジ・ニ・しか・しかり・なんじ ㊔ちか・みつる

〔犒〕 コウ・ねぎらう

【獄】 **ゴク**・ひとや

〔獐〕 ショウ・のろ

【瑠】 **ル**

〔瑣〕 サ・ちいさい
瑣末（さまつ）／煩瑣（はんさ）

〔瑪〕 メ
瑪瑙（めのう）

〔瑯〕 ロウ

〔瑰〕 カイ

〔瑳〕(人) サ

〔瑤〕 ⇩瑶(13)

【疑】 **ギ・うたがう**・うたがわしい・うたぐる

【瘍】 **ヨウ**

〔瘧〕 ギャク・えやみ・おこり・わらわやみ

〔皹〕〔皸〕 クン・あかぎれ・ひび

〔盡〕 ⇩尽(6)

〔碧〕(人) ヘキ・あお・みどり ㊔きよし・たま

〔碩〕(人) セキ・おおきい ㊔ひろ・みち・みつる・ゆたか

【磁】 **ジ**

【碑】（碑）(人) **ヒ**・いしぶみ

〔禊〕 ケイ・はらえ・みそぎ

〔禍〕 ⇩禍(13)

〔禎〕 ⇩禎(13)

〔福〕 ⇩福(13)

〔稭〕 カイ・しべ

【種】 **シュ**・ス・**たね**・くさ

【穀】（穀）(人) **コク**・たなつもの

【稲】（稻）(人) **トウ・いね・いな**・しね
稲架（はさ）／稲荷（いなり）／稲熱病（いもちびょう）

〔稱〕 ⇩称(10)

〔窩〕 カ・ワ・あな
眼窩（がんか）

〔窪〕(人) ワ・くぼ・くぼむ

【端】 **タン・はし・は・はた**・はした・へた
端折る（はしょる）／端書き（はしがき）

〔竪〕(人) シュ・ジュ・リツ・リュウ・たて

【箇】 ㊔たつ・なお **カ**・コ・じ・ち・つ

【箋】 **セン**・ふだ

〔箍〕 コ・たが

〔箒〕 ソウ・ほうき

〔箔〕(人) ハク

〔箕〕(人) キ・み ㊔みる

【算】 **サン**・かず・かぞえる
算盤（そろばん）

〔箙〕 フク・えびら

〔箝〕 カン・ケン・すげる・はさむ

【管】 **カン・くだ**・ふえ

〔箆〕 ⇩篦(16)

〔粽〕 ソウ・ちまき

【精】〔精〕 **セイ・ショウ**・くわしい・しらげる
精霊（しょうりょう）

〔粹〕 ⇩粋(10)

〔綜〕(人) ソウ・あぜ・すべる ㊔おさ

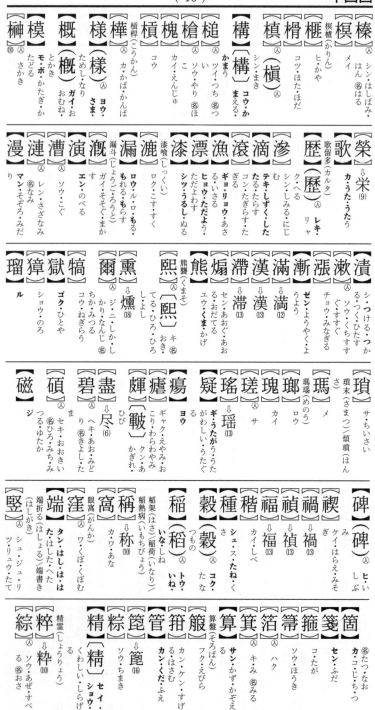

【緑】(綠)(人) リョク・ロク・みどり
緑青(ろくしょう)
【維】イ・ユイ・これ・つな
維納(ウィーン)
〔綯〕トウ・なう・よる
〔綰〕ワン・たがねる・わがねる・わげる
【綱】コウ・つな
【網】モウ・ボウ・あみ・あ
〔綴〕(人) テイ・テツ・つづる・とじる
〔綸〕(人) リン・いと ㊔お
綸子(りんず)
〔綺〕(人) キ・あやぎぬ・いろう ㊔あや
【綻】タン・ほころびる・ほころぶ
〔綾〕(人) リョウ・リン・あや
【綿】〔緜〕メン・わた
〔緋〕(人) ヒ・あか・あけ
【総】(總) ソウ・すべて・すべる・ふさ
総角(あげまき・チョンガー)

【緒】(緖)(人) ショ・チョ・お・いとぐち
【練】(練)(人) レン・ねる
〔絣〕⇩絣(12)
【罰】バツ・バチ
〔署〕⇩署(13)
〔翠〕(人)(翠) スイ・かわせみ・みどり
翠帳紅閨(すいちょうこうけい)/翠黛(すいたい)
〔翡〕ヒ・かわせみ
翡翠(かわせみ)
【聞】ブン・モン・きく・きこえる
〔聡〕(人)(聰) ソウ・さとい ㊔あきら・さと・さとし・さとる・とし・ふさ
〔聟〕⇩婿(12)
〔肇〕(人)(肈) チョウ・はじめる ㊔ただ・とし・はじめ・はつ
【腐】フ・くさる・くされる・くさらす・くさす・くちる

〔腿〕タイ・もも
〔膃〕オツ
膃肭臍(オットセイ)
〔膏〕(人) コウ・あぶら
【膜】マク
〔臺〕⇩台(5)
〔與〕⇩与(3)
〔蓬〕(人) ホウ・ほおける・よもぎ
〔蓴〕ジュン・ぬなわ
〔蓼〕リョウ・たで
〔蔀〕ホウ・しとみ
【蔑】ベツ・さげすむ・ないがしろ・なみする
〔蔓〕(人) マン・かずら・つづら・つる
蔓延る(はびこる)
〔蔕〕タイ・へた・ほぞ
〔蔣〕(人)〔蒋〕ショウ
〔蔦〕(人) チョウ・つた
〔蔭〕(人) イン・オン・かげ

〔蜘〕チ
蜘蛛(くも)
〔蜚〕ヒ
蜚蠊(ごきぶり)
【蜜】ミツ・ミチ
蜜柑(みかん)
〔蜥〕セキ
蜥蜴(とかげ)
〔蜩〕チョウ・かなかな・せみ・ひぐらし
〔蜴〕エキ
〔蜷〕ケン・にな
蜷局(とぐろ)
〔蜻〕セイ
蜻蛉(とんぼ)/蜻蜓(やんま)
〔蝋〕⇩蠟(21)
〔裳〕(人) ショウ・も
裳層(もこし)
【製】セイ・つくる
【複】フク・かさねる
〔褌〕コン・ふんどし・みつ
〔褓〕ホ・ホウ

〔褐〕⇩褐(13)
【誌】シ・しるす
【認】〔認〕ニン・みとめる・したためる
〔誑〕キョウ・たぶらかす・たらす
【誓】セイ・ゼイ・ちかう・うけう
【誘】ユウ・さそう・いざなう
【語】ゴ・ギョ・かたる・かたらう
【誤】〔誤〕ゴ・あやまる
〔誨〕カイ・おしえる
【説】〔說〕セツ・ゼイ・セチ・とく
【読】(讀) ドク・トク・トウ・よむ
読経(どきょう)
【豪】ゴウ・コウ・えらい・たけし・つよし
【貌】ボウ・ミョウ・かお・かたち・かた・とお
〔賑〕(人) シン・にぎやか・にぎわう ㊔とみ・とも
〔賓〕⇩賓(15)

【踊】〔踴〕ヨウ・ユ・おどる・おどり
〔踈〕⇩疎(12)
〔輔〕(人) フ・ホ・すけ・たすける・つらがまち ㊔たすく
輔弼(ほひつ)
〔輕〕⇩軽(12)
【辣】ラツ
辣韮(らっきょう)
【遜】〔遜〕ソン・へりくだる・ゆずる・やす
【遡】〔遡〕ソ・サク・さかのぼる
【適】テキ・かなう・かなえる・たまたま
【遭】ソウ・あう・あわす・あわせる
【遮】シャ・さえぎる
遮二無二(しゃにむに)
〔遞〕⇩逓(10)
〔遙〕⇩遥(12)
〔鄙〕ヒ・いやしい・ひな・ひなびる
【酵】コウ

【酷】〔酷〕 コク・ひどい・むごい
【酸】 サン・すい・すっぱい 酸塊（すぐり）／酸模（すかんぽ）／酸漿（ほおずき）
【銀】 ギン・ゴン・かね・しろがね 銀杏（いちょう・ぎんなん）
【銃】 ジュウ・つつ
【銅】 ドウ・あかがね 銅鑼（どら）
〔銑〕(人) セン・ずく・つく (名)さね
【銘】 メイ
〔銛〕 セン・もり
〔銜〕 カン・ガン・くつわ・くわえる 馬楝（ばれん）／馬銜（はみ）
【銭】〔錢〕 セン・ゼン・ぜに・ぜぜ
〔銕〕 ⇩鉄(13)
【関】〔關〕 カン・せき・かかわる
【閣】 カク
〔閤〕(人) コウ

【閥】 バツ
〔閨〕 ケイ・ねや
【際】 サイ・きわ
【障】 ショウ・さわる・つつむ 障泥（あおり）
【隠】〔隱〕 イン・オン・かくす・かくれる・こもる
〔隙〕 ⇩隙(13) 隠岐（おき）
【雑】〔雜〕(人) ザツ・ゾウ・まざる・まじる・まぜる 雑魚（ざこ）／雑煮（ぞうに）
【雌】 シ・め・めす
【需】 ジュ・もとめる
【静】〔靜〕(人) セイ・ジョウ・しず・しずか・しずまる・しずめる 静脈（じょうみゃく）
〔鞄〕(人) ホウ・かばん
〔鞆〕(国) とも・ほむた

〔頗〕(人) ハ・すこぶる
【領】 リョウ・レイ・うしはく・うなじ・えり・くだり・くび 領巾（ひれ）
〔颯〕(人) サツ
〔飴〕 イ・あめ
〔駁〕 ハク・バク・ぶち・まだら 雑駁（ざっぱく）
【駄】 ダ・タ 駄目（だめ）
【駆】〔驅〕〔駈〕(人) ク・かける・かる
【駅】〔驛〕 エキ・うまや
【髪】〔髮〕(人) ハツ・ホチ・かみ
〔魁〕(人) カイ・かしら・さきがけ (名)いさお・つとむ
【魂】 コン・たましい・たま 魂消る（たまげる）
〔鳳〕(人) ホウ・おおとり (名)たか
【鳴】 メイ・なく・なる・ならす

〔鳶〕(人) エン・とび 鳶尾（いちはつ）
〔麼〕〔麽〕 モ・バ
【鼻】〔鼻〕 ビ・はな
〔齊〕 ⇩斉(8)

十五画

〔僻〕 ヘキ・ひが・ひがむ
【儀】 ギ・のり・よい
〔儂〕 ドウ・ノウ・わし
【億】 オク 億劫（おっくう）
〔儚〕 ボウ・はかない
〔價〕 ⇩価(8)
〔儉〕 ⇩倹(10)
〔冪〕〔羃〕 ベキ
〔凜〕(人)〔凛〕(人) リン 凜凜しい（りりしい）
【劇】 ゲキ・はげしい
〔劈〕 ヘキ・さく・つんざく

〔劉〕(人) リュウ (名)のぶ・みずち
〔劍〕 ⇩剣(10)
【嘱】〔囑〕 ショク・ゾク
【嘲】〔嘲〕 チョウ・トウ・あざける 嘲笑う（あざわらう）
〔嘶〕 セイ・いななく
〔嘸〕 ブ・さぞ
〔噂〕(人) ソン・うわさ
〔噌〕(人) ソウ
〔噎〕 イツ・エツ・むせぶ・むせる
【噴】〔噴〕 フン・ふく
【器】〔器〕(人) キ・うつわ
〔嘘〕〔噓〕 キョ・うそ
〔噛〕 ⇩嚙(18)
【墜】 ツイ・おちる
【墳】〔墳〕 フン・つか・はか
〔墮〕 ⇩堕(12)
〔增〕 ⇩増(14)

〔墨〕 ⇩墨(14)
〔嬉〕(人) キ・うれしい (名)よし
【審】 シン・つまびらか
【寮】 リョウ・つかさ
〔寫〕 ⇩写(5)
【導】 ドウ・みちびく・しるべ
【履】 リ・はく・くつ・ふむ
〔層〕 ⇩層(14)
〔幟〕 シ・のぼり
〔幡〕(人) ハン・バン・マン・はた
【幣】〔幣〕 ヘイ・しで・ぬさ・みてぐら
〔廟〕(人)〔庿〕 ビョウ・たまや (名)いえ
〔廣〕 ⇩広(5)
〔廚〕 ⇩厨(12)
〔廢〕 ⇩廃(12)
【弊】〔弊〕 ヘイ・ついえる・やぶれる

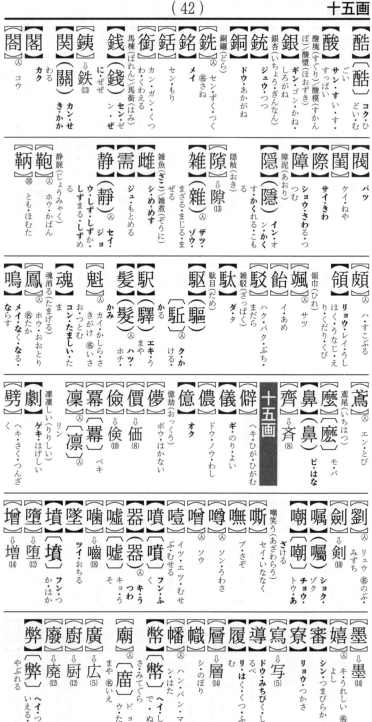

〔彈〕⇩弾(12)
【影】**エイ**・ヨウ・**かげ**
【徹】**テツ**・とおす・とおる
〔徵〕⇩徴(14)
〔德〕⇩徳(14)
〔慙〕⇩慚(14)
〔慧〕(人)〔慧〕エ・ケイ・さとい ㊔さとし・さとる
〔慫〕ショウ
慫慂(しょうよう)
【慮】**リョ**・おもんぱかる
【慰】**イ**・**なぐさめる**・**なぐさむ**
【慶】**ケイ**・キョウ・よし・よろこぶ
【憂】**ユウ**・**うれえる**・**うれい**・**うい**・うれい・うれえ
〔憇〕⇩憩(16)
〔憐〕⇩憐(16)
〔憚〕タン・はばかる
【憤】〔憤〕**フン**・**いきどおる**・むずかる

【憧】**ショウ**・ドウ・**あこがれる**
〔憫〕ビン・ミン・あわれむ・うれえる
【憬】**ケイ**・あこがれる・さとる
〔憎〕⇩憎(14)
〔戮〕リク・ころす
【戯】〔戲〕(人)**ギ**・ゲ・**たわむれる**・おどける・ざれる・たわける
戯作(げさく)/戯言(たわごと)/戯れ言(ざれごと)
【摩】〔摩〕**マ**・さする・すれる
【摯】**シ**
【撃】〔擊〕(人)**ゲキ**・**うつ**
〔撒〕(人)サツ・サン・まく
撒水(さっすい)
〔撓〕トウ・ドウ・いためる・しおる・しなう・しなる・たわむ・たわめる
〔撚〕ネン・ひねる・よる
〔撞〕(人)シュ・トウ・ドウ・つく

【撤】**テツ**
〔撥〕バチ・ハツ・はねる
〔撫〕(人)ブ・なでる ㊔やす・よし
撫子(なでしこ)
〔播〕(人)ハ・ハン・バン・ほどこる・まく ㊔かし・すけ・ひろ
播磨(はりま)
【撮】**サツ**・**とる**・つまむ
〔撰〕(人)セン・えらぶ ㊔えらむ・のぶ
【撲】**ボク**・うつ・なぐる
【敵】**テキ**・**かたき**・あだ・かなう
【敷】〔敷〕**フ**・**しく**
〔數〕⇩数(13)
【暫】**ザン**・しばし・しばらく
【暴】**ボウ**・**バク**・**あばく**・**あばれる**・にわか
〔槻〕(人)キ・つき・つく
【槽】**ソウ**・うけ・ふね
〔槿〕キン・むくげ
木槿(むくげ)

〔樅〕ショウ・もみ
〔樋〕(人)トウ・とい・ひ
〔樏〕ルイ・かんじき・わりご
〔樒〕ミツ・しきみ
【標】**ヒョウ**・しめ・しるし・しるべ
〔樝〕サ・シャ・しどみ
〔樟〕(人)ショウ・くす・くすのき
樟蚕(くすさん)
【横】〔橫〕(人)**オウ**・**よこ**・よこたえる・よこたわる
【権】〔權〕**ケン**・**ゴン**・かり・はかる
権化(ごんげ)
〔樞〕⇩枢(8)
〔樂〕⇩楽(13)
〔樓〕⇩楼(13)
〔槪〕⇩概(14)
〔樣〕⇩様(14)
〔歎〕(人)タン・なげく

【歓】〔歡〕**カン**・よろこぶ
〔歐〕⇩欧(8)
〔毅〕(人)キ・ギ・つよい ㊔たけ・たけし・つよし・とし
〔毆〕⇩殴(8)
〔潑〕〔溌〕ハツ
【潔】〔潔〕**ケツ**・**いさぎよい**・きよ・きよし
【潜】〔潛〕**セン**・**ひそむ**・**もぐる**
【潟】セキ・**かた**
【潤】**ジュン**・**うるおう**・**うるおす**・**うるむ**・うるう
潤目(うるめ)
〔潦〕ロウ・にわたずみ
【潮】〔潮〕**チョウ**・**しお**・うしお
潮騒(しおさい)
【潰】**カイ**・**つぶす**・**つぶれる**・ついえる
【澄】**チョウ**・**すむ**・**すます**
〔澁〕⇩渋(11)

【熟】**ジュク**・**うれる**・うむ・こなす・こなれる・つくづく・つらつら・なれる
〔熨〕ウツ・のし
熨斗(のし)
【熱】**ネツ**・ネチ・**あつい**・ほてる・ほとぼる
【黙】〔默〕(人)**モク**・**だまる**・もだす
【勲】〔勳〕(人)**クン**・いさお
〔牕〕⇩窓(11)
〔獗〕ケツ
〔獦〕カツ
獦子鳥(あとり)
〔瑾〕キン
【璃】**リ**
〔甍〕ボウ・いらか
【畿】**キ**・ちか
〔瘡〕ソウ・かさ・くさ
〔瘤〕リュウ・こぶ

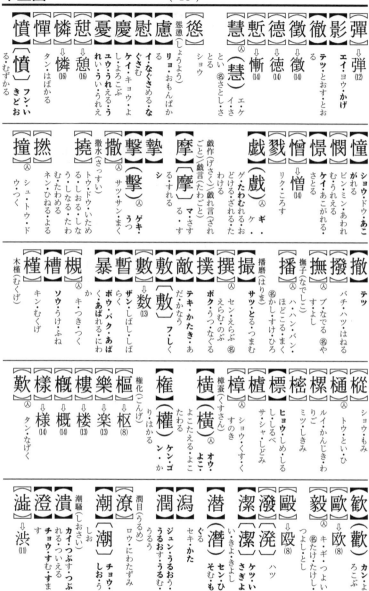

〔痩〕⇩痩(12)

〔皚〕ガイ・しろい

〔皺〕シュウ・さび・しわ・しわむ

【盤】**バン**・ハン・さら

【監】**カン**・ケン・ゲン・みる

〔瞋〕シン・いかる　瞋恚（しんい・しんに）

〔瞑〕メイ・メン・つぶる　瞑想（めいそう）

【確】**カク・たし**か・**たし**かめる・しかと

〔碼〕バ・メ・ヤード

〔碾〕テン・うす・ひく

〔磊〕ライ　磊落（らいらく）

〔磐〕(人) バン・いわ ㊔いわお　磐城（いわき）／磐座（いわくら）

〔磔〕タク・はりつけ

【稼】**カ・かせ**ぐ

【稽】〔稽〕**ケイ**・かんがえる・とどまる・とき・のり・よし

【稿】**コウ**

【穂】（穗）(人) **スイ・ほ**

〔穀〕⇩穀(14)

〔稻〕⇩稲(14)

【窮】**キュウ**・グウ・**きわ**める・**きわ**まる

【窯】**ヨウ・かま**

【箱】ソウ・**はこ**

〔箴〕シン・いましめる・はり　箴言（しんげん）

【箸】〔箸〕チョ・**はし**・あき・あきら

【範】**ハン**・のり

〔篆〕テン　篆書（てんしょ）

〔篇〕(人) ヘン ㊔あむ・かく

〔篊〕コウ・ひび

〔節〕⇩節(13)

〔箪〕⇩簞(18)

〔糅〕ジュウ・かてる　糅てて加えて（かててくわえて）

〔糊〕(人) コ・のり

〔緘〕カン・とじる

【線】**セン**・いとすじ

〔緞〕タン・ダン・ドン　緞子（どんす）

【締】**テイ・し**まる・**し**める

【縁】（緣）(人) **エン・ふち**・えにし・へり・ゆかり・よすが・よる

【編】〔編〕**ヘン・あ**む

【緩】〔緩〕**カン・ゆる**い・**ゆる**やか・**ゆる**む・**ゆる**める

【緊】**キン**・きびしい・しまる

【縄】（繩）**ジョウ・なわ**

〔縅〕(国) おどし・おどす

〔緖〕⇩緒(14)

〔緜〕⇩綿(14)

〔練〕⇩練(14)

【罵】**バ・メ・ののし**る

【罷】**ヒ**・まかる・やめる

〔羯〕カツ・ケツ　羯鼓（かっこ）

〔羮〕⇩羹(19)

【膚】**フ・はだ**・はだえ

【膝】シツ・**ひざ**

〔膠〕キョウ・コウ・にかわ・やに

【舗】〔舖〕**ホ**・しく・みせ

【舞】〔舞〕**ブ・ム・まう・まい**

【蔽】〔蔽〕**ヘイ**・おおう

〔蕁〕ジン　蕁麻疹（じんましん）

〔蕃〕(人) ハン・バン・しげる ㊔ふさ・みつ・もり　蕃茄（トマト）

〔蕉〕(人) ショウ

〔蕊〕〔蘂〕ズイ・しべ

〔蕎〕(人) キョウ　蕎麦（そば）

〔蕨〕(人) ケツ・わらび

〔蕩〕トウ・とろかす・とろける

〔蕪〕(人) ブ・あれる・かぶ・かぶら　蕪（かぶら）

〔蔬〕ソ　蔬菜（そさい）

【蔵】（藏）(人) **ゾウ・くら**・おさめる・かくす

〔蝌〕カ　蝌蚪（かと）

〔蝎〕カツ・さそり

〔蝓〕ユ

〔蝕〕ショク・むしばむ

〔蝗〕コウ・いなご・ばった　蝗虫（ばった）

〔蝙〕ヘン　蝙蝠（こうもり）

〔蝟〕イ・はりねずみ　蝟集（いしゅう）

〔蝠〕フク

〔蝦〕(人) カ・えび　蝦夷（えぞ）／蝦蛄（しゃこ）／蝦蟇（がま）

〔蝨〕⇩虱(8)

〔蝮〕フク・まむし

〔蝲〕ラツ　蝲蛄（ざりがに）

〔蝶〕(人) チョウ・かわひらこ　蝶番（ちょうつがい）

〔蝸〕カ・かたつむり　蝸牛（かたつむり・でんでんむし）

〔蝱〕⇩虻(9)

〔蝉〕⇩蟬(18)

【衝】**ショウ**・つく　衝立（ついたて）

【褒】（襃）**ホウ・ほ**める

〔褞〕ウン・オン　褞袍（どてら）

〔褥〕ジョク・ニク・しとね・とこしき

〔褪〕タイ・あせる・さめる

【誰】スイ・**だれ**　誰某（だれそれ）

【課】**カ**・おおす

〔誹〕ヒ・そしる
誹諧（はいかい）／誹謗（ひぼう）
〔誼〕(人) ギ・よしみ ㊔こと・よし
【調】〔調〕**チョウ**・ジョウ・**しらべる**・**ととのう**・**ととのえる**・つき
〔諂〕テン・へつらう
〔諄〕(人) ジュン・ねんごろ ㊔あつ・いたる・とも・のぶ・まこと
諄諄（じゅんじゅん・くどくど）
【談】**ダン**・かたる
【請】〔請〕**セイ**・**シン**・ショウ・**こう**・**うける**
〔諍〕ジョウ・ソウ・いさかう
〔諏〕(人) シュ
〔諒〕(人) リョウ・まこと ㊔あき・まさ
【論】**ロン**・あげつらう
【諸】（諸）(人) **ショ**・**もろ**・もろもろ
諸味（もろみ）

【諾】**ダク**・うべなう
諾威（ノルウェー）
【謁】（謁）(人) **エツ**・まみえる
【誕】〔誕〕**タン**・いつわる・うまれる
〔豌〕エン
豌豆（えんどう）
【賛】（贊）**サン**・たすける・たたえる
【賜】**シ**・**たまわる**・たまう・たまもの
【賞】**ショウ**・ほめる・めでる
【賠】**バイ**・つぐなう
〔賤〕セン・いやしい・いやしめる・しず
【賦】**フ**・くばる
【質】**シツ**・**シチ**・**チ**・すなお・ただす
【賓】（賓）(人) **ヒン**・まろうど
賓頭盧（びんずる）
〔賣〕⇩売(7)
【趣】**シュ**・**おもむき**・おもむく

【踏】**トウ**・**ふむ**・**ふまえる**
踏鞴（たたら）
〔踝〕カ・くるぶし
〔踠〕エン・もがく
【踪】**ソウ**
〔踐〕⇩践(13)
【輝】**キ**・**かがやく**・てる
〔輦〕レン・こし・てぐるま
鳳輦（ほうれん）
【輩】**ハイ**・ともがら・やから
【輪】**リン**・**わ**
輪廻（りんね）
【遵】〔遵〕**ジュン**・したがう
【遷】〔遷〕**セン**・うつす・うつる
【選】〔選〕**セン**・**えらぶ**・える・よる
【遺】**イ**・**ユイ**・のこす・のこる・わすれる
〔遼〕(人) リョウ・はるか
〔鄭〕(人) ジョウ・テイ

〔醂〕リン・あわす・さわす
味醂（みりん）
〔醇〕(人) ジュン ㊔あつし
醇乎（じゅんこ）
〔醉〕⇩酔(11)
【鋭】〔銳〕**エイ**・**するどい**
〔銷〕ショウ・けす・とかす
銷夏（しょうか）
〔鋏〕キョウ・はさみ・はさむ・やっとこ
〔鋒〕(人) ホウ・ほこ・ほこさき ㊔さき
〔鋤〕ジョ・すき・すく
【鋳】（鑄）(人) **チュウ**・**いる**
〔錵〕(国) にえ
〔鋲〕(国) ビョウ
【閲】〔閱〕**エツ**・けみする
〔霄〕ショウ・そら
凌霄花（のうぜんかずら）
【震】**シン**・**ふるう**・**ふるえる**
震盪（しんとう）
【霊】（靈）〔灵〕**レイ**・**リョウ**・**たま**

〔鞋〕アイ・カイ・くつ
草鞋（わらじ）
〔鞍〕(人) アン・くら
〔鞐〕(国) こはぜ
〔頤〕〔頥〕イ・あご・おとがい
〔頰〕⇩頬(16)
〔餃〕キョウ・コウ
餃子（ギョーザ）
【餅】［餅］（餠）**ヘイ**・**もち**
〔餉〕ショウ・かれいい
夕餉（ゆうげ）／朝餉（あさげ）
【養】**ヨウ**・**やしなう**・かう
【餌】［餌］**ジ**・**え**・**えさ**
【餓】〔餓〕**ガ**・うえる・かつえる
【駐】**チュウ**・とどまる・とどめる
駐箚（ちゅうさつ）
〔駑〕ド
駑馬（どば）

【駒】ク・**こま**
〔駕〕(人) カ・ガ・のる ㊔のり
駕籠（かご）
〔駘〕タイ
駘蕩（たいとう）
〔駝〕ダ
〔駈〕⇩駆(14)
〔髯〕〔髥〕ゼン・ひげ・ほおひげ
〔髱〕ホウ・たぼ・つと
〔髮〕⇩髪(14)
〔魄〕ハク・たま・たましい
魂魄（こんぱく）
【魅】**ミ**・すだま
〔魦〕サ・いさざ
〔魬〕ハン・はまち
〔魯〕(人) ロ
〔魳〕シ・かます
〔魴〕ホウ
魴鮄（ほうぼう）

【鴇】ホウ・とき
【鴉】ア・からす
【鴎】⇩鷗(22)
【麩】フ・ふすま
【麪】⇩麺(16)
【麹】⇩麴(19)
【麾】キ・さしまねく
麾下（きか）
【黎】㊅ リ・レイ・くろい ㊔たみ
【齒】⇩歯(12)

十六画

【儒】**ジュ**
儒艮（じゅごん）
【儘】ジン・ことごとく・まま
【冀】キ・こいねがう
【凝】**ギョウ・こる・こら**す・こごる・しこる
【劒】【劔】⇩剣(10)
【劑】⇩剤(10)
【勵】⇩励(7)

【勳】⇩勲(15)
【叡】㊅ エイ・さとい ㊔あきら・さとし・とおる
【嘯】ショウ・うそぶく
【噤】キン・つぐむ
【噦】エツ・カイ・しゃくる・しゃっくり
【噯】アイ・おくび
【嚆】コウ・さけぶ
嚆矢（こうし）
【嘴】シ・くちばし・はし
【噺】㊖ はなし
【噐】⇩器(15)
【墺】オウ
墺太利（オーストリア）
【墾】**コン**・はる・ひらく
【壁】**ヘキ・かべ**
壁蝨（だに）
【壇】**ダン・タン**
【壊】（壞）㊅ **カイ**・エ・**こわす・こわれる**

【壌】（壤）**ジョウ**・つち
【奮】**フン・ふる**う
【嬢】（孃）㊅ **ジョウ**・むすめ
【學】⇩学(8)
【彊】キョウ・つよい
自彊（じきょう）
【憊】ハイ・つかれる
困憊（こんぱい）
【憑】ヒョウ・たのむ・つかれる・つく・よる
憑依（ひょうい）/憑坐（よりまし）
【憖】ギン・なまじ
【憩】〔憇〕**ケイ・いこい・いこう**
【憲】〔憲〕**ケン**・のり
【憶】**オク**・おぼえる・おもう
【憾】**カン**・うらむ
【懈】カイ・ケ・おこたる・だるい
【懊】オウ・なやむ
【懐】（懷）㊅ **カイ・ふところ・なつ**かしい・**なつ**かしむ・**なつ**く・**なつ**ける・いだく・おもう

【憐】㊅〔憐〕レン・あわれむ
【戰】⇩戦(13)
【撻】タツ・むちうつ
【擁】**ヨウ**・オウ・いだく
【擂】ライ・する
【操】**ソウ・みさお・あやつる**
【擒】キン・とりこ
【擇】⇩択(7)
【據】⇩拠(8)
【擔】⇩担(8)
【整】**セイ・ととの**える・**ととの**う
【暹】セン
暹羅（シャム）
【曇】**ドン**・タン・**くもる**
【曉】⇩暁(12)
【曆】⇩暦(14)

【樵】ショウ・きこり・こる
【樹】**ジュ**・うえる・き・たてる
樹懶（なまけもの）
【樽】㊅ ソン・たる
【橅】ボ・ぶな
【橇】ゼイ・かんじき・そり
【橈】ジョウ・トウ・ドウ・かい・たわむ
【橋】**キョウ・はし**
【橘】㊅ キツ・たちばな
【橙】㊅ トウ・だいだい
【機】**キ・はた**
【橡】ショウ・くぬぎ・つるばみ・とち・とちのき
【樫】㊅㊖ かし
【橫】⇩横(15)
【歷】⇩歴(14)
【殪】エイ・たおす・たおれる
【澪】㊅ レイ・みお
澪標（みおつくし）

【澱】デン・おり・よど・よどむ
【激】**ゲキ・はげ**しい・たぎる
【濁】**ダク**・ジョク・**にごる・にご**す
濁声（だみごえ）/濁酒（どぶろく）
【濃】**ノウ**・ジョウ・**こ**い・こまやか
濃絵（だみえ）
【澤】⇩沢(7)
【熾】シ・おき・おこす・おこる
【燃】**ネン・もえる・もやす・も**す・ともす
【燎】㊅ リョウ・かがりび
【燐】リン
燐寸（マッチ）
【燕】㊅ エン・つばめ ㊔てる・やす
【燗】カン・ラン
【燈】⇩灯(6)
【燄】⇩焔(12)
【燒】⇩焼(12)
【獣】（獸）㊅ **ジュウ・けもの**・けだもの

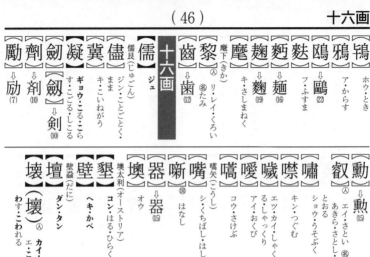

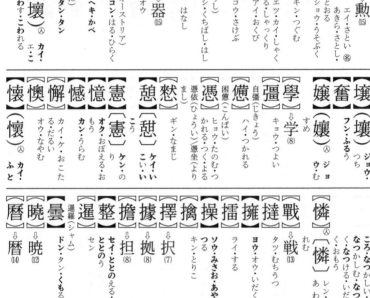

〔獪〕カイ・わるがしこい
【獲】**カク**・**え**る・**と**る
〔獨〕⇩独(9)
〔甌〕オウ・かめ
〔瘭〕ヒョウ　瘭疽(ひょうそ)
〔瘴〕ショウ　瘴癘(しょうれい)
〔盥〕カン・たらい
〔盧〕ル・ロ
〔瞞〕マン・だます
〔瞠〕ドウ・みはる
【磨】〔磨〕**マ**・**みが**く・する・すれる・とぐ
【積】**セキ**・シャク・**つ**む・**つ**もる
【穏】(穩)**オン**・**お**だやか
〔稽〕⇩稽(15)
〔窶〕ク・ル・ロウ・やつす・やつれる
〔窺〕(人) キ・うかがう・のぞく

〔窗〕⇩窓(11)
【築】**チク**・**きず**く・つく　築山(**つきやま**)／築地(ついじ)
〔篝〕コウ・かがり　篝火(かがりび)
〔簒〕〔簒〕サン・うばう　簒奪(さんだつ)
【篤】**トク**・あつい
〔篥〕リキ・リツ
〔篦〕〔箆〕ヘイ・の・へら　篦棒(べらぼう)
〔篩〕〔籭〕シ・ふるい・ふるう
〔簑〕⇩蓑(13)
【糖】(糖)**トウ**
〔糗〕キュウ・はったい
〔縊〕イ・くびる・くびれる　縊死(いし)
〔縋〕ツイ・すがる
〔縒〕シ・よる・よれる

【縛】(縛)**バク**・**しば**る・いましめる
〔縞〕(人) コウ・しま
〔縢〕トウ・かがる・かな
【緻】**チ**・こまかい
【繁】(繁)(人) **ハン**・しげ・しげみ・しげる　繁吹く(しぶく)／繁縷(はこべ・はこべら)
【縦】(縱)(人) **ジュウ**・ショウ・**たて**・たとい・たとえ・ほしいまま・ゆるす・よし
【縫】**ホウ**・**ぬ**う
【緯】〔緯〕**イ**・ぬき・よこ・よこいと
〔縣〕⇩県(9)
〔罹〕リ・かかる
〔翰〕カン・ふで　翰林(かんりん)／宸翰(しんかん)
【膨】**ボウ**・**ふく**らむ・**ふく**れる・ふくよか
【膳】**ゼン**・かしわで・よし

【興】**コウ**・**キョウ**・**おこ**る・**おこ**す・おき
〔蕺〕シュウ・しぶき　蕺草(どくだみ)
〔蕾〕(人) ライ・つぼみ・つぼむ
【薄】〔薄〕**ハク**・**うす**い・**うす**める・**うす**まる・**うす**らぐ・**うす**れる・うすら・すすき　薄荷(はっか)
〔薇〕ビ・ぜんまい
〔薊〕ケイ・あざみ
〔薑〕キョウ・はじかみ
〔薗〕(人) エン・その
〔薙〕(人) チ・テイ・なぐ　薙刀(なぎなた)
〔薤〕カイ・おおみら・らっきょう
【薦】**セン**・**すす**める・こも
〔薨〕コウ・みまかる　薨去(こうきょ)
【薪】**シン**・**たきぎ**・まき　薪雑把(まきざっぽう)
〔臈〕〔臈〕ロウ

〔蕗〕(人) ロ・ふき
【薬】(藥)(人) **ヤク**・**くすり**・くす　薬玉(くすだま)／薬鑵(やかん)／薬研(やげん)
【薫】(薰)(人) **クン**・**かお**る・くゆる・たく　薫物(たきもの)
〔螂〕ロウ
【融】**ユウ**・ユ・とおる・とく・とける　融通(ゆうずう)
〔螢〕⇩蛍(11)
【衛】(衞)(人) **エイ**・エ・まもる
【衡】**コウ**・くびき・はかる
〔襁〕〔繈〕キョウ　襁褓(おしめ・むつき)
【親】**シン**・**おや**・**した**しい・**した**しむ・ちかしい・みずから　親父・親仁(おやじ)
〔諡〕シ・おくりな
〔諤〕ガク
【諦】**テイ**・タイ・**あきら**める・あき・あきら

【諧】**カイ**・かなう・ととのう・かのう・なり・ゆき
〔諫〕カン・いさめる
【諭】〔諭〕**ユ**・**さと**す
【諮】〔諮〕**シ**・**はか**る
〔諱〕⇩諱(17)
〔諳〕アン・そらんずる　諳誦(あんしょう)
〔諺〕(人) ゲン・ことわざ　㊔おう・こと・たけし
【謀】**ボウ**・**ム**・**はか**る・たばかる・はかりごと
〔謂〕(人) イ・いう・いわれ
〔謔〕ギャク・たわむれる
【謡】(謠)(人) **ヨウ**・**うた**い・**うた**う・うた
〔謁〕⇩謁(15)
〔諸〕⇩諸(15)
〔豫〕⇩予(4)
【賭】〔賭〕**ト**・**か**ける・**かけ**

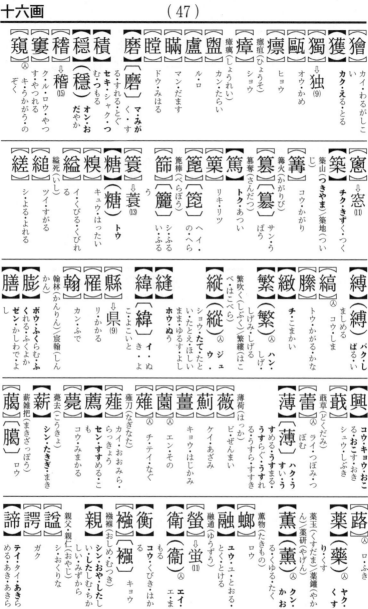

【賢】**ケン・かしこい**・さかしい・さかしら・たか・まさる
【踵】ショウ・かかと・きびす
【蹄】(人) テイ・ひづめ
【踴】⇩踊(14)
【躾】(国) しつけ
【輯】(人) シュウ・あつめる ㊔あつむ・むつ
【輳】ソウ・あつまる
【輸】〔輸〕 **ユ**・シュ
【輻】フク・や　輻輳（ふくそう）
【辨】⇩弁(5)
【避】**ヒ・さける**・さる・よける
【還】**カン**・ゲン・かえす・かえる
【遲】⇩遅(12)
【醍】(人) ダイ
【醐】(人) ゴ
【醒】**セイ**・さます・さめる・さむる・さめ

【醗】⇩醱(19)
【鋸】(人) キョ・のこぎり
【鋼】**コウ・はがね**
【録】〔錄〕(人) **ロク**・しるす
【錆】(人) ショウ・セイ・さび・さびる
【錏】ア・しころ
【錐】(人) スイ・きり
【錘】(人) スイ・つむ・おもり
【錠】**ジョウ**
【錦】**キン**・コン・**にしき**・かね
【錫】(人) シャク・セキ・すず ㊔あたう・ます・やす
【錮】**コ**
【錯】**サク**・ソ・こすり・たがう・まじる
【錨】ビョウ・いかり
【錬】〔鍊〕(人) **レン・ねる**・ねれる
【錢】⇩銭(14)

【閻】エン　閻魔（えんま）
【閾】イキ・ヨク・しきい・しきみ
【隣】〔隣〕 **リン・となる・となり**
【險】⇩険(11)
【隨】⇩随(12)
【隷】〔隸〕 **レイ**
【霍】カク
【霙】エイ・みぞれ
【靜】⇩静(14)
【鞘】(人) ショウ・さや
【頭】**トウ・ズ・ト**・チュウ・**あたま・かしら**・かぶり・かみ・こうべ・つむり
頭陀袋（ずだぶくろ）
【頰】〔頬〕 キョウ・**ほお**・つら・ほ
【頷】ガン・うなずく
【頸】ケイ・くび
【頹】タイ・くずおれる・くずれる

【頼】〔賴〕(人) **ライ・たのむ・たのもしい・たよる**・より
頼母子（たのもし）
【頥】⇩頤(15)
【頻】⇩頻(17)
【餐】サン
【館】〔館〕〔舘〕 **カン・やかた**・たち・たて
【餘】⇩余(7)
【餝】⇩飾(13)
【駱】ラク　駱駝（らくだ）
【骸】**ガイ**・から・むくろ
【髷】キョク・まげ
【髻】キツ・ケイ・たぶさ・みずら・もとどり
【髭】シ・くちひげ・ひげ
【鬨】コウ・とき
【鮃】ヒョウ・ひらめ

【鮎】(人) デン・ネン・あい・あゆ・なまず　鮎魚女（あいなめ）
【鮑】ホウ・あわび
【鮒】フ・ふな
【鮗】(国) このしろ
【鴒】レイ
【鴛】エン　鴛鴦（おしどり）
【鴟】シ・とび　鴟尾（しび）
【鴦】オウ
【鴨】(人) オウ・かも ㊔まさ　鴨嘴（かものはし）
【鴫】(国) しぎ
【麩】フ・ふすま
【麭】〔麭〕 ホウ
【麺】〔麵〕〔麪〕 **メン**・むぎこ　麺麭（パン）
【黛】(人)〔黛〕 タイ・まゆずみ

【默】⇩黙(15)
【龍】⇩竜(10)
【龜】⇩亀(11)

十七画

【償】**ショウ・つぐなう**
【儡】ライ
【優】**ユウ・やさしい・すぐれる**・まさる　優曇華（うどんげ）
【嚇】**カク**・おどかす・おどす
【嚊】ヒ・かかあ
【嚔】⇩嚏(18)
【壕】(人) ゴウ・ほり
【壓】⇩圧(5)
【嬰】エイ　嬰児（みどりご）
【嬲】ジョウ・ドウ・なぶる
【嬶】(国) かか
【嶺】(人) リョウ・レイ・ね・みね
【嶼】ショ・しま

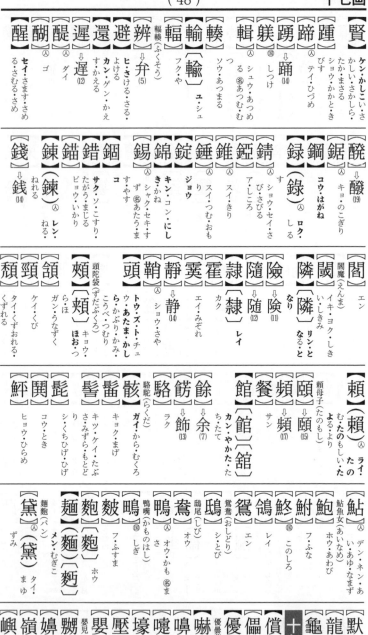

〔嶽〕⇩岳(8)
〔幫〕⇩帮(12)
〔彌〕⇩弥(8)
〔徽〕(人) キ・しるし (名)よし
〔懃〕キン・ゴン・ねんごろ
【懇】**コン**・**ねんごろ**
〔應〕⇩応(7)
〔懦〕ダ・よわい　懦弱（だじゃく）
【戴】**タイ**・いただく
〔戲〕⇩戯(15)
〔擊〕⇩撃(15)
〔擡〕タイ・もたげる
〔擢〕(人) タク・テキ・ぬきんでる
【擦】**サツ**・**する**・**すれる**・かする・こする・さする・なする
【擬】**ギ**・なぞらえる・まがい・もどき　擬宝珠（ぎぼし）
〔擱〕カク・おく

〔斂〕レン・おさめる
【厳】（嚴）(人) **ゲン**・**ゴン**・**おごそか**・**きびしい**・いかめしい・いつ・いつくし
【曖】**アイ**・くらい
〔曙〕(人)（曙）ショ・あけぼの (名)あきら
〔橿〕キョウ・かし
〔檀〕(人) タン・ダン・まゆみ　檀尻（だんじり）
〔檄〕ゲキ
〔檎〕(人) キン・ゴ・ゴン
〔檜〕(人)〔桧〕(人) カイ・ひ・ひのき　檜皮（ひわだ）
〔檣〕ショウ・ほばしら　檣楼（しょうろう）
〔檢〕⇩検(12)
〔氈〕セン・かも　毛氈（もうせん）
〔濘〕ネイ・ぬかる

〔濠〕ゴウ・ほり　濠太剌利（オーストラリア）
〔濡〕(人) ジュ・ぬらす・ぬれる
〔濤〕トウ・なみ
【濯】〔濯〕**タク**・すすぐ・そそぐ・ゆすぐ
〔濱〕⇩浜(10)
〔濟〕⇩済(11)
〔濕〕⇩湿(12)
〔燠〕イク・オウ・おき
【燥】**ソウ**・かわく・はしゃぐ
〔燦〕(人) サン・あきらか　燦然（さんぜん）
〔燭〕(人) ショク・ソク・ともしび
〔燵〕(国) タツ
〔營〕⇩営(12)
【爵】〔爵〕**シャク**・サク
【犠】（犧）**ギ**・いけにえ
〔獰〕ドウ・ネイ　獰悪（どうあく）／獰猛（どうもう）

【環】**カン**・たまき・わ・たま
〔瓢〕(人) ヒョウ・ひさご・ふくべ
〔甑〕ソウ・こしき
【療】**リョウ**・いやす
〔癇〕カン　癇癪（かんしゃく）
〔癌〕ガン
〔瞥〕(人) ベツ
【瞭】**リョウ**・あきらか・あき・あきら
【瞳】**ドウ**・**ひとみ**・あきら
【矯】**キョウ**・**ためる**
〔磯〕(人) キ・いそ
【礁】**ショウ**
〔禪〕⇩禅(13)
〔穉〕⇩稚(13)
〔穗〕⇩穂(15)
〔篳〕〔篳〕ヒチ・ヒツ　篳篥（ひちりき）

〔簇〕ソウ・ゾク・むらがる　簇生（そうせい）
〔簎〕サク・やす
〔篠〕(人) ショウ・ささ・しの　篠竹（しのだけ）
〔簓〕(国) ささら
〔簗〕(国) やな
〔篡〕⇩簒(16)
〔糜〕ビ・ただれる　糜爛（びらん）
〔糝〕サン・シン　糝粉（しんこ）
〔糞〕フン・くそ・ばば
〔糟〕ソウ・かす　糟糠（そうこう）
〔糠〕コウ・ぬか
【縮】**シュク**・**ちぢむ**・**ちぢまる**・**ちぢめる**・**ちぢれる**・**ちぢらす**・ちぢかむ・ちぢこまる
〔縷〕ル・いと　縮緬（ちりめん）

〔縹〕ヒョウ・はなだ
〔縺〕レン・もつれる
【績】**セキ**・うむ
【繊】（纖）(人) **セン**・ほそい
〔總〕⇩総(14)
〔縱〕⇩縦(16)
〔繁〕⇩繁(16)
〔繫〕⇩繋(19)
〔繡〕⇩繍(19)
〔罅〕カ・はぜる・ひび・ひびれる
〔翳〕エイ・かげ・かげる・かざす・かすむ・さしば・は
【翼】〔翼〕**ヨク**・**つばさ**
〔聯〕レン・つらなる・つらねる
〔聳〕ショウ・そばだつ・そびえる・そびやかす
【聴】（聽）(人) **チョウ**・テイ・**きく**・ゆるす
〔聲〕⇩声(7)

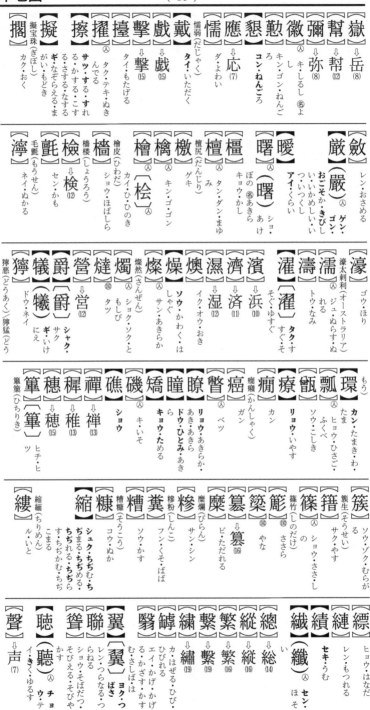

〔聰〕⇩聡(14)
〔膾〕カイ・なます
〔膿〕ノウ・うみ・うむ
〔臀〕デン・しり
【臆】**オク**・むね
〔膽〕⇩胆(9)
〔艱〕カン・ケン　艱難（かんなん）
〔薯〕ショ・ジョ・いも　薯蕷（とろろ）
〔臺〕タイ・ダイ・とう
〔薺〕セイ・なずな
〔藁〕(人)　コウ・わら　藁沓（わらぐつ）
〔藉〕シャ・セキ・かす・かりる・しく
〔薩〕(人)　サチ・サツ　薩摩（さつま）
〔薰〕⇩薫(16)
〔螫〕セキ・さす
〔螺〕(人)　ラ・つぶ・にし　螺子（ねじ）

〔螻〕ロウ・けら　螻蛄（おけら・けら）
〔螽〕シュウ　螽斯（きりぎりす）
〔蟀〕シュツ
〔蟄〕チツ・かくれる
〔蟋〕シツ　蟋蟀（こおろぎ）
〔蟒〕ボウ・モウ・うわばみ　蟒蛇（うわばみ）
〔褻〕セツ・け・けがれる
〔襃〕⇩褒(15)
〔繦〕⇩襁(16)
【覧】（覽）(人)　**ラン**・みる
【謄】〔謄〕**トウ**・うつす
【謎】〔謎〕メイ・**なぞ**
〔謐〕ヒツ・しずか　静謐（せいひつ）
〔謗〕ホウ・ボウ・そしる
【謙】〔謙〕**ケン**・へりくだる

【講】〔講〕**コウ**
【謝】**シャ・あやまる**
【謹】（謹）(人)　**キン・つつしむ**
〔諱〕〔諱〕キ・いみな・いむ
〔謠〕⇩謡(16)
〔谿〕ケイ・たに
〔豁〕カツ・ひらける
〔貘〕〔貘〕バク
〔賺〕タン・すかす
【購】〔購〕**コウ**・あがなう
〔賽〕サイ　賽子（さいころ）
〔趨〕シュ・スウ・おもむく・はしる　趨向（すうこう）／趨勢（すうせい）
〔蹉〕サ・つまずく　蹉跌（さてつ）
〔輿〕(人)　ヨ・こし
〔轂〕コク・こしき

【轄】〔轄〕**カツ**・くさび
〔轅〕エン・ながえ
〔邂〕カイ
〔邊〕⇩辺(5)
【醜】**シュウ・みにくい**・しこ　醜男（ぶおとこ）
〔醬〕⇩醤(18)
【鍋】カ・**なべ**
〔鍍〕ト　鍍金（めっき）
〔鍔〕ガク・つば
【鍛】**タン・きた**える　鍛冶（**かじ**）
〔鍬〕(人)　シュウ・くわ・すき
【鍵】**ケン・かぎ**
〔鍼〕シン・はり
〔鍾〕ショウ・あつめる・さかずき　鍾馗（しょうき）／鍾乳洞（しょうにゅうどう）
〔鍊〕⇩錬(16)

【闇】アン・**やみ**・くらい・くら
〔闊〕〔濶〕カツ・ひろい
〔闌〕ラン・たけなわ・たける
〔隱〕⇩隠(14)
〔隸〕⇩隷(16)
〔雖〕スイ・いえども
〔舊〕⇩旧(5)
【霜】**ソウ・しも**
〔霞〕(人)　カ・かすみ・かすむ
〔鞠〕(人)　キク・まり　鞠躬如（きっきゅうじょ）
〔韓〕⇩韓(18)
〔顆〕カ・つぶ
【頻】〔頻〕**ヒン**・ビン・しきりに・しきる
〔餞〕セン・はなむけ
〔餡〕アン
〔餠〕⇩餅(15)
〔馘〕カク・くびきる

〔駿〕(人)　シュン　㊔たかし・とし
〔鮞〕ジ・はらご
〔鮟〕アン
〔鮠〕ガイ・はえ・はや
〔鮨〕シ・すし
〔鮪〕イ・しび・まぐろ
〔鮫〕コウ・さめ
〔鮬〕コ・せいご
〔鮭〕ケイ・さけ
【鮮】**セン・あざ**やか・あざやぐ・すくない
〔鮴〕(国)　ごり
〔鴲〕シ・しめ・ひめ
〔鴻〕(人)　コウ・おおとり・ひしくい　㊔ひろし
〔鴿〕コウ・どばと・はと
〔鵄〕シ・とび
〔點〕⇩点(9)
〔黛〕⇩黛(16)

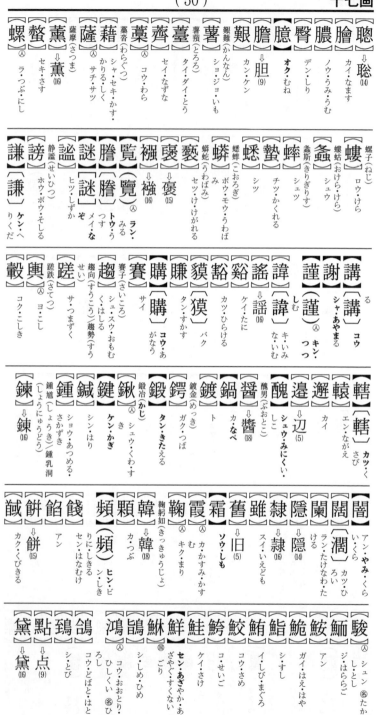

〔鼾〕カン・いびき
〔齋〕⇩斎(11)
【齡】(齢) **レイ**・としよわい

十八画

〔儲〕(人) チョ・もうかる・もうける (名)そえ
〔叢〕(人) ソウ・くさむら・むら・むらがる
〔嚙〕〔噛〕ゴウ・かむ
〔嚔〕〔嚏〕テイ・くさめ・くしゃみ
〔嚞〕⇩哲(10)
〔嚢〕⇩囊(22)
〔壘〕⇩塁(12)
【懲】(懲)(人) **チョウ・こりる・こらす・こらしめる**・こる
〔擧〕⇩挙(10)
〔擲〕チャク・テキ・なぐる・なげうつ
〔擺〕ハイ・ひらく

〔擽〕リャク・くすぐる・こそぐる
〔擾〕ジョウ・みだす・みだれる 擾乱(じょうらん)/騒擾(そうじょう)
〔擴〕⇩拡(8)
〔斃〕ヘイ・たおす・たおれる
〔斷〕⇩断(11)
【曜】〔曜〕**ヨウ**
〔曙〕⇩曙(17)
〔檳〕ビン 檳榔(びろう)/檳榔樹(びんろうじゅ)
〔檸〕ネイ 檸檬(レモン)
〔櫂〕(人) トウ・かい (名)かじ
〔櫃〕キ・ひつ
〔歸〕⇩帰(10)
〔濾〕ロ・こす 濾過(ろか)
〔瀆〕〔涜〕トク・けがす
〔瀉〕シャ・くだる・そそぐ・はく 瀉血(しゃけつ)/一瀉千里(いっしゃせんり)

〔瀑〕バク・たき 瀑布(ばくふ)
【濫】**ラン**・みだり・みだれる 濫觴(らんしょう)
〔燻〕〔熏〕クン・いぶす・くすぶる・くすべる・くゆる・ふすぶる・ふすべる 燻し銀(いぶしぎん)
〔燿〕(人)〔燿〕ヤク・ヨウ・かがやく (名)てる
〔獵〕⇩猟(11)
【璧】**ヘキ**・たま
〔甕〕オウ・かめ・たしらか・みか・もたい
【癒】〔癒〕**ユ・いえる・いやす**
【癖】**ヘキ・くせ**
〔癜〕デン・なまず
〔瞼〕ケン・まなぶた・まぶた
〔瞽〕コ 瞽女(ごぜ)

【瞬】〔瞬〕**シュン・またたく**・しばたたく・まばたく
【礎】**ソ・いしずえ**
〔禮〕⇩礼(5)
〔穢〕アイ・エ・ワイ・きたない・けがす・けがらわしい・けがれる
〔穰〕(人)(穣)(人) ジョウ (名)みのる・ゆずる・ゆたか
【穫】**カク**・かる
〔竄〕ザン・かくれる 改竄(かいざん)
〔簞〕(人)〔箪〕タン 簞笥(たんす)
〔簟〕テン・たかむしろ
【簡】〔簡〕**カン**・ケン・ふだ
〔簧〕コウ・した
〔簪〕〔簪〕サン・シン・かんざし
【糧】〔粮〕**リョウ・ロウ・かて**

【織】**ショク・シキ・おる**
【繕】**ゼン・つくろう**
〔繙〕ハン・ひもとく
〔繞〕ジョウ・ニョウ・めぐる
【繭】**ケン・まゆ**
〔繧〕(国) ウン
〔羃〕⇩冪(15)
【翻】(飜)(人)〔翻〕**ホン**・ハン・**ひるがえる・ひるがえす**
【職】**ショク**・シキ・ソク・つかさ・つかさどる
〔臍〕サイ・セイ・へそ・ほぞ
〔臑〕ジュ・ドウ・すね
【臨】**リン・のぞむ**
〔藜〕レイ・あかざ
【藤】〔藤〕**トウ**・ドウ・**ふじ**
【藩】**ハン**・まがき

〔藪〕ソウ・やぶ
【藍】**ラン・あい**
〔藝〕⇩芸(7)
〔藏〕⇩蔵(15)
〔藥〕⇩薬(16)
〔蟠〕ハン・バン・わだかまる
〔蟬〕(人)〔蝉〕セン・ゼン・せみ 蟬蛻(せんぜい)
〔蟲〕⇩虫(6)
〔襖〕(人) オウ・あお・ふすま
【襟】**キン・えり**
〔襠〕トウ・まち
【覆】〔覆〕**フク**・フ・フウ・**おおう・くつがえす・くつがえる**
【観】(觀) **カン**・みる
〔觴〕ショウ・さかずき
〔謦〕ケイ・しわぶく 謦咳(けいがい)

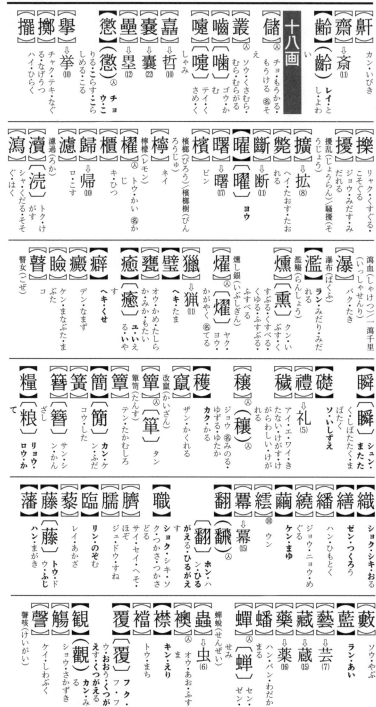

〔謫〕タク・せめる　流謫(るたく)
〔謬〕ビュウ・あやまる
〔謳〕オウ・うたう
〔謹〕⇩謹(17)
〔豐〕⇩豊(13)
〔贄〕シ・にえ
〔贅〕ゼイ・ふすべ　贅沢(ぜいたく)
【贈】〔贈〕㊅ **ゾウ・ソウ・おくる**
〔蹙〕シュク・しかめる　顰蹙(ひんしゅく)
〔蹟〕㊅ セキ・あと ㊔ただ・と・みち
〔蹤〕ショウ　先蹤(せんしょう)
〔軀〕〔躯〕ク・からだ・むくろ　軀幹(くかん)
〔轆〕ロク　轆轤(ろくろ)
〔轉〕⇩転(11)

〔醪〕ロウ・もろみ
【醬】㊅〔醤〕ショウ・ひしお　醬蝦(あみ)
〔醫〕⇩医(7)
〔釐〕リ・リン　銚釐(ちろり)
【鎌】〔鎌〕レン・**かま**
【鎖】〔鎖〕〔鏁〕**サ・くさり**・さす・とざす
〔鎚〕ツイ・つち
〔鎧〕㊅ ガイ・よろい
〔鎬〕コウ・しのぎ
【鎮】〔鎭〕㊅ **チン・しずめる・しずまる**
〔鎹〕(国) かすがい
【闘】〔鬪〕〔鬭〕**トウ・たたかう**
〔雛〕㊅ スウ・ひな・ひよこ
【難】〔難〕㊅ **ナン・かたい・むずかし**い・にくい・むつかしい　難波(なにわ)
〔雙〕⇩双(4)
〔雜〕⇩雑(14)
〔雞〕⇩鶏(19)
〔鞣〕ジュウ・なめす
〔鞦〕シュウ・しりがい　鞦韆(しゅうせん・ぶらんこ)
〔鞭〕㊅ ベン・むち・むちうつ
〔顋〕サイ・あぎと・えら　顋門(ひよめき)
【題】**ダイ**
【額】**ガク・ひたい**・ぬか
【顎】**ガク・あご**
【顔】〔顏〕**ガン・かお**・かんばせ
【類】〔類〕㊅ **ルイ・たぐ**い
【顕】〔顯〕㊅ **ケン**・あきらか・あらわ・あらわす・あらわれる・あき

〔馥〕フク・かおる　馥郁(ふくいく)
【騎】**キ**・のる
〔騏〕キ　騏驎(きりん)
【験】〔驗〕㊅ **ケン・ゲン**・しるし・ためし
【騒】〔騷〕㊅ **ソウ・さわ**ぐ・さわがしい
〔鬆〕ショウ・す
〔鬩〕ゲキ・せめぐ
〔魍〕モウ　魍魎(もうりょう)
〔魎〕リョウ
【韓】〔韓〕**カン**・から
〔鮸〕ベン・にべ　鮸膠無い(にべない)
〔鯉〕㊅ リ・こい
〔鯊〕サ・はぜ
〔鯎〕(国) うぐい
〔鯒〕(国) こち
〔𩸽〕(国) ほっけ
〔鵙〕ゲキ・もず
〔鵜〕㊅ テイ・う
〔鵞〕〔鵝〕ガ
〔鵠〕コウ・コク・くぐい
〔麿〕(国) ㊅〔麿〕まろ
〔鼬〕ユウ・いたち

十九画

〔勸〕⇩勧(13)
〔嚥〕エン・のむ
〔壞〕⇩壊(16)
〔寵〕㊅ チョウ ㊔うつくし・よし
〔寶〕⇩宝(8)
〔懲〕⇩懲(18)
〔懶〕ライ・ラン・なまける・ものぐさ・ものぐさい　懶惰(らんだ)
〔懷〕⇩懐(16)
〔攀〕ハン・よじる
〔曝〕㊅ バク・さらける・さらす・される
〔曠〕コウ・むなしい　曠野(あらの)／曠日弥久(こうじつびきゅう)
〔櫓〕㊅ ロ・やぐら ㊔のぶ
〔櫛〕㊅ シツ・くし ㊔きよ　櫛比(しっぴ)
〔櫞〕エン
〔櫟〕レキ・くぬぎ
〔檻〕カン・おり
〔瀕〕㊅ ヒン・ほとり
〔瀚〕カン・ひろい　浩瀚(こうかん)
〔瀞〕〔瀞〕セイ・とろ・とろむ
【瀬】〔瀨〕㊅ ライ・**せ**
〔瀧〕⇩滝(13)
【爆】**バク**・はぜる
〔牘〕トク・ドク・ふだ　尺牘(せきとく)
〔獸〕⇩獣(16)

〖獺〗タツ・ダツ・うそ・かわうそ

【璽】**ジ**・しるし

〖疆〗キョウ・さかい

〖疇〗チュウ・うね・たぐい　範疇（はんちゅう）

〖癡〗⇩痴(13)

〖礙〗⇩碍(13)

〖禰〗(人)〔祢〕(人)　デイ・ネ　禰宜（ねぎ）

〖禱〗(人)〔祷〕(人)　トウ・いのる

〖穩〗⇩穏(16)

〖簽〗セン　題簽（だいせん）

〖簾〗(人)　レン・す・すだれ　㊔みす

【簿】〔簿〕**ボ**

〖繫〗(人)〔繋〕　ケ・ケイ・かかる・つながる・つなぐ　㊔つぐ・つな

【繰】ソウ・**くる**

〖繹〗エキ・たずねる

〖繡〗(人)〔繍〕　シュウ・ぬいとり　㊔ぬい

〖繪〗⇩絵(12)

〖繩〗⇩縄(15)

【羅】**ラ**・うすぎぬ　羅宇（ラウ・ラオ）／羅紗（ラシャ）／羅馬（ローマ）／羅馬尼亜（ルーマニア）

〖羆〗ヒ・ひぐま

〖羹〗〔羮〕　カン・コウ・あつもの

〖臘〗ロウ　臘月（ろうげつ）／臘梅（ろうばい）

【臓】（臟）(人)　**ゾウ**・はらわた

【艶】（艷）　**エン**・**つや**・あで・あでやか・なまめかしい・なまめく

〖藷〗ショ・いも

〖藹〗アイ　藹藹（あいあい）

〖藺〗リン・い

【藻】**ソウ**・**も**

〖蘆〗〔芦〕(人)　ロ・あし・よし

〖蘇〗(人)　ス・ソ・よみがえる　㊔いき・はる　蘇芳（すおう）

〖蘊〗ウン・つむ　蘊蓄（うんちく）

〖蘭〗(人)（蘭）　ラン・あららぎ　蘭麝（らんじゃ）

〖蘂〗⇩蕊(15)

〖蟷〗トウ　蟷螂（かまきり）

〖蟹〗(人)〔蠏〕　カイ・かに　蟹股（がにまた）／蟹屎（かにばば）

〖蟻〗ギ・あり

〖蟾〗セン・ひき　蟾蜍（ひきがえる）

〖蠅〗〔蝿〕　ヨウ・はえ　蠅帳（はいちょう）

〖蠍〗カツ・さそり

〖襦〗ジュ・はだぎ　襦袢（ジュバン・ジバン）

【覇】（霸）〔覇〕　**ハ**

〖譏〗キ・そしる

【識】**シキ**・シ・ショク・しる・しるす

〖譚〗〔譚〕　タン・ダン・はなし

【譜】**フ**

【警】**ケイ**・キョウ・いましめる

〖譌〗⇩訛(11)

〖證〗⇩証(12)

〖贋〗ガン・にせ

〖贊〗⇩賛(15)

〖贈〗⇩贈(18)

〖蹲〗ソン・うずくまる・つくばう　蹲（つくばい）

【蹴】**シュウ**・シュク・**ける**・け　蹴躓く（けつまずく）

〖轍〗テツ・わだち　轍鮒（てっぷ）

〖辭〗⇩辞(13)

〖邊〗⇩辺(5)

〖醱〗〔醗〕　ハツ・かもす

〖鏃〗ゾク・やじり

〖鏑〗テキ・かぶら　鏑矢（かぶらや）

〖鏝〗〔鏝〕　マン・こて

【鏡】**キョウ**・ケイ・**かがみ**

〖鏤〗ル・ロウ・ちりばめる

〖鏨〗サン・たがね

〖鏁〗⇩鎖(18)

〖關〗⇩関(14)

【離】**リ**・**はなれる**・**はなす**・さかる

〖難〗⇩難(18)

【霧】**ム**・**きり**・きる

〖靡〗ビ・なびく

〖鞴〗ビ・ふいご

【韻】〔韵〕　**イン**・ひびき

【願】**ガン**・**ねがう**

〖顚〗(人)〔顛〕　テン・いただき・たおれる　㊔かみ

〖類〗⇩類(18)

〖饂〗(国)　ウン　饂飩（うどん・ワンタン）

〖騙〗ヘン・かたる・だます

〖騨〗⇩驒(22)

【髄】（髓）　**ズイ**・すね

〖鯔〗シ・いな・とど・なよし・ぼら

〖鯖〗セイ・さば

〖鯛〗(人)〔鯛〕　チョウ・たい

〖鯡〗ヒ・にしん

〖鯣〗エキ・するめ

〖鯥〗リク・むつ

【鯨】**ゲイ**・ケイ・**くじら**・いさ・いさな

〖鯱〗(国)　しゃち・しゃちほこ

〖鯰〗(国)　ネン・なまず

〔鵬〕(人)（鵬）ホウ・おおとり
〔鵯〕ヒ・ひよ・ひよどり
〔鵲〕ジャク・かささぎ
〔鵺〕ヤ・ぬえ
〔鶉〕ジュン・うずら
〔鵡〕ム
【鶏】（鷄）(人)〔雞〕ケイ・にわとり・とり　鶏冠（とさか）
〔鶍〕(国) いすか
〔鹸〕⇩鹼(24)
〔麒〕(人) キ
【麓】ロク・ふもと
【麗】レイ・ライ・リ・うるわしい・うららか
〔麴〕〔麹〕キク・こうじ

二十画

〔嚴〕⇩厳(17)

〔壤〕⇩壌(16)
〔孃〕⇩嬢(16)
〔寶〕⇩宝(8)
〔巌〕(人)（巖）(人) ガン・いわ・いわお ㊔みち・みね
【懸】ケン・ケ・かける・かかる　懸念（けねん）／懸想（けそう）
〔懺〕サン・ザン・セン　懺悔（ざんげ）
〔攘〕ジョウ・はらう　攘夷（じょうい）
〔朧〕ロウ・おぼろ
〔櫨〕ロ・はぜ　黄櫨（はぜのき）
【欄】（欄）(人) ラン・てすり
〔瀾〕ラン・なみ　波瀾万丈（はらんばんじょう）／狂瀾（きょうらん）
〔灌〕カン・そそぐ　灌頂（かんじょう）／灌漑（かんがい）

〔爐〕⇩炉(8)
〔犧〕⇩犠(17)
〔獻〕⇩献(13)
〔瓣〕⇩弁(5)
〔矍〕カク　矍鑠（かくしゃく）
〔礫〕リャク・レキ・こいし・つぶて
〔礬〕バン　明礬（みょうばん）
〔穭〕ロ・ひつじ
【競】キョウ・ケイ・きそう・せる・くらべる
【籍】〔籍〕セキ・ジャク・ふだ・ふみ
〔糯〕ダ・もち・もちごめ
〔繻〕シュ・ジュ　繻子（しゅす）
〔纂〕(人) サン・あつめる ㊔あつ
〔繼〕⇩継(13)
〔罌〕オウ・かめ　罌粟（けし）

〔耀〕(人)〔燿〕ヨウ・かがやく ㊔あき・あきら・てる
〔臙〕エン
〔蘗〕ゲツ・ひこばえ
〔蘞〕レン・えぐい
〔蘭〕⇩蘭(19)
〔蠕〕ジュ・ゼン
〔蠣〕〔蛎〕レイ・かき
〔襤〕ラン・ぼろ　襤褸（ぼろ・らんる）
〔覺〕⇩覚(12)
〔觸〕⇩触(13)
〔譫〕セン　譫妄（せんもう）／譫言（うわごと）
〔譬〕ヒ・たとえ・たとえる
【議】ギ・はかる
【譲】（讓）(人) ジョウ・ゆずる
【護】ゴ・まもる・もり

〔譯〕⇩訳(11)
〔躁〕ソウ・さわぐ　躁鬱（そううつ）
〔躄〕〔躃〕ビャク・ヘキ・いざる
〔躅〕タク・チョク
【醸】（釀）(人) ジョウ・かもす
〔釋〕⇩釈(11)
〔鐔〕タン・つば
【鐘】ショウ・シュ・かね
〔鐙〕トウ・あぶみ
〔鐚〕ア・びた
〔闡〕セン　闡明（せんめい）
〔霰〕サン・あられ
【響】（響）(人) キョウ・コウ・ひびく・とよむ・どよめく
〔饅〕マン・ぬた　饅頭（まんじゅう）

〔饉〕キン・うえる
〔馨〕(人) キョウ・ケイ・かおる・かぐわしい・かんばしい ㊔か・かおり
【騰】〔騰〕トウ・あがる
〔驀〕バク　驀地（まっしぐら）／驀進（ばくしん）
〔騷〕⇩騒(18)
〔鬪〕⇩闘(18)
〔鰆〕シュン・さわら
〔鰈〕チョウ・かれい
〔鰊〕レン・にしん
〔鰌〕シュウ・どじょう
〔鰍〕シュウ・かじか
〔鰐〕ガク・わに
〔鰓〕サイ・あぎと・えら
〔鶚〕ガク・みさご
〔鶫〕(国) つぐみ
〔鹹〕カン・からい・しおけ

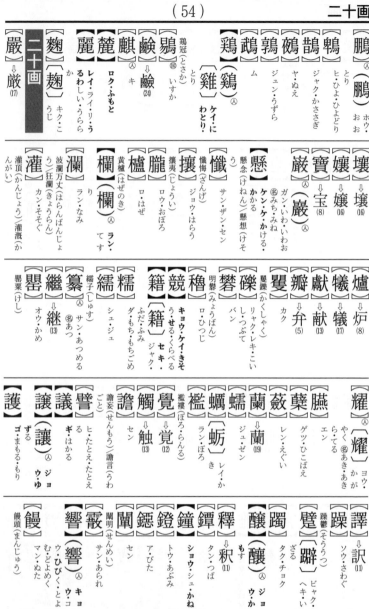

〔麺〕⇩麺(16)
〔黨〕⇩党(10)
〔鼯〕ゴ・むささび 鼯鼠(むささび・ももんが)
〔齟〕ソ
〔齣〕セキ・くさり・こま
〔齡〕⇩齢(17)

二十一画

〔嚼〕シャク・かむ
〔囀〕テン・さえずる
〔囁〕ショウ・ささやく
〔囂〕ゴウ・かしがましい・かしましい・かまびすしい
〔囃〕ソウ・はやす 囃子(はやし)
〔囈〕ゲイ・うわごと 囈語(うわごと)
〔屬〕⇩属(12)
〔懼〕⇩惧(11)
〔攜〕⇩携(13)

〔攝〕⇩摂(13)
〔櫻〕⇩桜(10)
〔權〕⇩権(15)
〔欄〕⇩欄(20)
〔歡〕⇩歓(15)
〔殲〕セン・つきる・つくす・ほろぼす 殲滅(せんめつ)
〔爛〕ラン・ただれる 爛漫(らんまん)
〔癪〕国 シャク
〔竈〕ソウ・かま・かまど・へっつい
〔籐〕トウ・ドウ
〔籃〕ラン・かご 揺籃(ようらん)
〔籤〕⇩籤(23)
〔纏〕人〔纒〕テン・まつわる・まとい・まとう・まとまる・まとめる 名まき・まとむ 纏頭(はな)
〔續〕⇩続(13)

【艦】**カン**・いくさぶね
〔蠟〕人〔蝋〕ロウ
〔蠢〕シュン・うごめく・むくめく
〔譴〕ケン・せめる
〔譽〕⇩誉(13)
〔贔〕ヒ 贔屓(ひいき)
〔躊〕チュウ 躊躇う(ためらう)
【躍】〔躍〕**ヤク・おどる**
〔轟〕人 ゴウ・とどめく・とどろ・とどろく
〔辯〕⇩弁(5)
〔鐸〕タク・チャク・すず
〔鐺〕トウ・こじり・なべ
〔鐵〕⇩鉄(13)
〔闢〕ビャク・ヘキ・ひらく 開闢(かいびゃく)
〔霹〕ヘキ 霹靂(へきれき)

【露】**ロ・ロウ・つゆ**・あらわ・あらわす 露西亜(ロシア)
〔霸〕⇩覇(19)
【顧】〔顧〕**コ・かえりみる**
〔飜〕⇩翻(18)
〔饐〕イ・すえる
〔饑〕キ・うえる・ひだるい
〔驅〕⇩駆(14)
〔髏〕ロ・ロウ
〔鬘〕マン・かずら・かつら
〔魑〕チ 魑魅(すだま・ちみ)
【魔】〔魔〕**マ**
〔鰤〕シ・ぶり
〔鰥〕カン・やもお・やもめ 鰥夫(やもめ)
〔鰧〕トウ・おこぜ
〔鰭〕キ・はた・ひれ
〔鰯〕人 国 いわし

〔鰰〕国 はたはた
〔鶯〕オウ・うぐいす
〔鶲〕オウ・ひたき
【鶴】カク・**つる**・ずたず
〔鶸〕ジャク・ひわ
〔鶺〕セキ 鶺鴒(せきれい)
〔鷄〕⇩鶏(19)
〔麝〕ジャ 麝香(じゃこう)
〔齎〕シ・セイ・もたらす
〔齦〕ギン・はじし 歯齦(しぎん)
〔齧〕ゲツ・かじる・かむ

二十二画

〔囊〕〔嚢〕ノウ・ふくろ 囊中の錐(のうちゅうのきり)/背囊(はいのう)/胚囊(はいのう)
〔欅〕キョ・けやき
〔灘〕人 タン・ダン・なだ

〔疊〕⇩畳(12)
〔穰〕⇩穣(18)
〔竊〕⇩窃(9)
【籠】**ロウ・かご・こ**もる・こめる 籠手(こて)
〔纒〕⇩纏(21)
〔聽〕⇩聴(17)
〔臟〕⇩臓(19)
〔艫〕ロ・とも・へさき
【襲】**シュウ・おそう**・かさね
〔襴〕ラン・すそつき 金襴緞子(きんらんどんす)
〔覿〕テキ・あう・みる 覿面(てきめん)
〔覽〕⇩覧(17)
〔讃〕人〔讚〕サン・ほめる 名ささ 讃岐(さぬき)
〔讀〕⇩読(14)
〔贓〕〔賍〕ゾウ

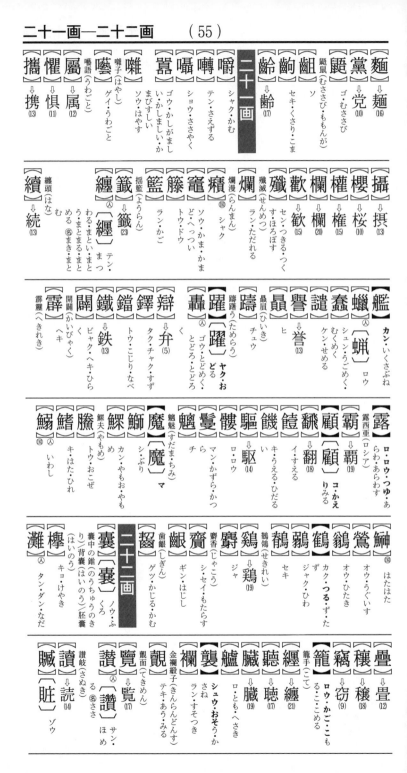

〔贖〕ショク・ゾク・あがなう
〔躑〕テキ
躑躅(つつじ)
〔躓〕チ・つまずく
〔轡〕ヒ・くつばみ・くつわ
〔轢〕レキ・きしる・ひく
〔鑄〕⇩鋳(15)
〔霾〕バイ・つちふる
〔響〕⇩響(20)
〔顫〕セン・ふるえる
震顫(しんせん)
〔饗〕(人) キョウ・あう・あえ・もてなす
〔驍〕(人) ギョウ・たけし (名)いさ・すぐる
〔驎〕リン
〔驒〕〔騨〕タ・ダ・タン
〔驕〕キョウ・おごる
【驚】**キョウ**・ケイ・**おどろ**く・**おどろ**かす
〔鬚〕シュ・ス・あごひげ・ひげ
鬚髯(しゅぜん)

〔鰺〕ソウ・あじ
〔鰻〕マン・うなぎ
〔鱇〕(国) コウ
〔鱈〕(国) たら
〔鷗〕(人)〔鴎〕オウ・かもめ
〔齪〕サク・セク・ソク
〔齬〕ゴ
〔龕〕ガン・もこし
龕灯(がんどう)

二十三画

〔巖〕⇩巌(20)
〔戀〕⇩恋(10)
〔攣〕レン・つる
〔攪〕カク・コウ・ほだてる・みだす
〔攫〕カク・さらう・つかむ
〔欒〕ラン
〔癰〕ヨウ
〔籤〕〔籖〕セン・くじ・ひご

〔纓〕エイ・うなぐ
〔纖〕⇩繊(17)
〔罐〕⇩缶(6)
〔蠱〕コ・まじ
蠱惑(こわく)
〔襷〕(国) たすき
〔讐〕〔讎〕シュウ・あだ
〔變〕⇩変(9)
〔躙〕〔躪〕リン・にじる・ふむ
〔轤〕ロ
【鑑】〔鑒〕**カン**・**かんがみ**る・かがみ
〔鑢〕リョ・やすり
〔鑛〕⇩鉱(13)
〔靨〕ヨウ・えくぼ
〔顯〕⇩顕(18)
〔驛〕⇩駅(14)
〔驗〕⇩験(18)

〔髑〕ドク
髑髏(されこうべ・しゃれこうべ・どくろ)
〔體〕⇩体(7)
〔髓〕⇩髄(19)
〔鱏〕シン・ジン・えい
〔鱒〕(人) ソン・ます
〔鱓〕セン・うつぼ・ごまめ
〔鱗〕(人) リン・うろこ
〔鰹〕ケン・かつお
鰹節(かつおぶし・かつぶし)
〔鱚〕(国) きす
〔鷦〕ショウ
鷦鷯(みそさざい)
〔鷭〕バン
〔鷲〕(人) ジュ・シュウ・わし
〔鷸〕イツ・しぎ
〔黐〕チ・もち
鳥黐(とりもち)
〔黴〕バイ・かび・かびる

二十四画

〔囑〕⇩嘱(15)
〔屬〕⇩属(10)
〔羈〕〔覊〕キ・おもがい・おもづら
羈旅(きりょ)
〔艷〕⇩艶(19)
〔蠶〕⇩蚕(10)
〔觀〕⇩観(18)
〔讒〕ザン・そしる
讒言(ざんげん)/讒謗(ざんぼう)
〔讓〕⇩譲(20)
〔軈〕(国) やがて
〔釀〕⇩醸(20)
〔靂〕レキ
〔靄〕アイ・もや
〔靈〕⇩霊(15)
〔韆〕セン
〔顰〕ヒン・しかめる・ひそみ

〔驟〕シュウ・にわか
驟雨(しゅうう)
〔鬢〕ビン
〔鬪〕⇩闘(18)
〔魘〕エン・うなされる・おそわれる
〔鱧〕レイ・はも
〔鱩〕(国) はたはた
〔鷽〕カク・うそ
〔鷿〕ヘキ
鷿鷉(かいつぶり)
〔鷹〕(人) オウ・ヨウ・たか
〔鷺〕(人) ロ・さぎ
〔鹼〕〔鹸〕ケン・あく
〔麟〕(人)〔麟〕リン
〔齲〕ウ・ク・むしば
〔齷〕アク
齷齪(あくせく)

二十五画

〔廳〕⇩庁(5)

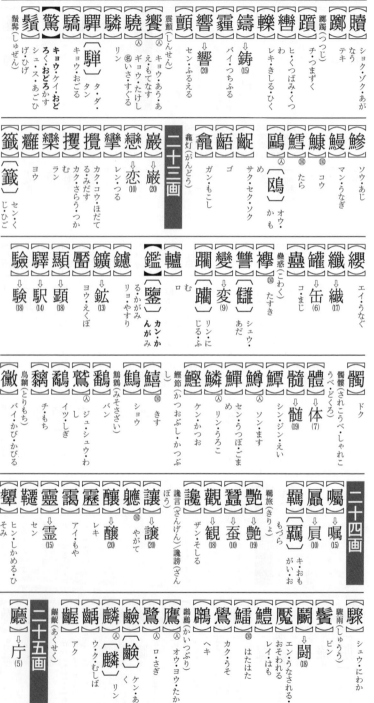

〔灣〕⇩湾(12)
〔籬〕リ・かき・まがき・ませ
〔籭〕⇩篩(16)
〔蠻〕⇩蛮(12)
〔覊〕⇩羈(24)
〔鑰〕ヤク・かぎ
〔鬣〕リョウ・たてがみ
〔鱰〕㊖ しいら
〔鹽〕⇩塩(13)
〔鼈〕ベツ・かめ・すっぽん

二十六画

〔欝〕⇩鬱(29)
〔讚〕⇩讃(22)
〔躪〕⇩躙(23)
〔驢〕ロ・うさぎうま 驢馬(ろば)
〔驥〕キ 驥足(きそく)/驥尾(きび)
〔鱲〕リョウ 鱲子(からすみ)
〔鱵〕シン・さより
〔鱶〕ショウ・ふか

二十七画

〔顳〕ショウ 顳顬(こめかみ)
〔鱸〕ロ・すずき

二十八画

〔纜〕ラン・ともづな 解纜(かいらん)
〔鑿〕サク・うがつ・のみ
〔鸚〕オウ 鸚哥(いんこ)/鸚鵡(おうむ)
〔鸛〕カン・こう・こうのとり

二十九画

〔爨〕サン・かしぐ 炊爨(すいさん)
【鬱】〔欝〕**ウツ**・ふさぐ 鬱金(うこん)

この本の使い方

●見出し語について

見出し語は漢字表記のある和語と漢語とし
いわゆるカタカナ語はごく少数に限った。

●見出し語の配列

見出し語は五十音順に配列した。同音の場合は原則として漢字の画数順としたが、引きやすさを第一の基準とした。

●見出し語の表記

漢字表記は最も行われているものを見出しに掲げた。別表記がある語は(別)という約物とともに解説末尾に示した。

〔例〕**愛玩**《あいがん》　大切にしてかわいがること。(別)愛翫

●見出し語の送り仮名

送り仮名は「送り仮名の付け方」(昭和48年内閣告示)の通則に基づいて掲げた。

●空見出し、対義語

別の語に解説を譲った語は⇩で送り先を示した。また、見出し語が対義語を持っている場合、⇳で対義語を示した。

〔例〕**悪名**《あくみょう》　⇩あくめい(悪名)
悪天《あくてん》　よくない天候。悪天候。⇳好天

●季語

見出し語が季語である場合、解説末尾にその季節を[春][夏][秋][冬][新](=新年)などの約物で示した。

〔例〕**秋寒**《あきさむ》　秋に感じる寒さ。秋冷。[秋]

●見出し語の書き分け

同音語で、書き分けが必要な語には、その上に太いバーを引いて注意を喚起した。

〔例〕**空**《あ》**く**　なくなってからになる。暇になる。
明《あ》**く**　目などがひらく。
開《あ》**く**　閉じていたものがひらく。

(注)太いバーは段の末尾にかかって、いったん切れる場合がある。

あ

嗚呼《ああ》 感動の声。

藍《あい》 タデ科の一年草。青色の染料をとる。

愛《あい》 かけがえのないものと思う気持ち。

藹藹《あいあい》 なごやかなさま。「和気—」

相合《あいあ》**い傘**《がさ》 男女二人でさす傘。

愛育《あいいく》 かわいがって育てること。

合《あ》**い印**《いん》 照し合わせたしるしに押す印。

愛飲《あいいん》 好んでいつも飲むこと。

相打《あいう》**ち** 双方が同時に打ち合うこと。

合縁《あいえん》**奇縁**《きえん》 不思議な縁。

哀歌《あいか》 悲しい気持ちをうたった詩歌。

合《あ》**い鍵**《かぎ》 その錠に合う別の鍵。

相方《あいかた》 一緒に何かをする相手。

合鴨《あいがも》 アヒルとカモを交配したもの。

哀感《あいかん》 物悲しい感じ。

哀歓《あいかん》 悲しみと喜び。

哀願《あいがん》 あわれっぽく頼みこむこと。

愛玩《あいがん》 大切にしてかわいがること。(別)愛翫

愛機《あいき》 愛用している機器や飛行機。

合《あ》**い着**《ぎ》 ⇩合い服

合気道《あいきどう》 当てみ・関節技を使う武術。

愛郷《あいきょう》 故郷を愛すること。「—心」

愛嬌《あいきょう》 愛らしい魅力。(別)愛敬

合《あ》**い口**《くち》 調子が合う間柄。「—が悪い」

匕首《あいくち》 つばのない短刀。ひしゅ。

相子《あいこ》 勝ち負けのつかないこと。

愛顧《あいこ》 ひきたてること。ひいきにすること。

愛護《あいご》 まもりかわいがること。

愛好《あいこう》 趣味として親しむこと。

愛国《あいこく》 自分の国を愛すること。

合《あ》**い言葉**《ことば》 合図の言葉。

愛妻《あいさい》 愛する妻。妻を大切にすること。

挨拶《あいさつ》 礼儀としてとり交わす言葉や動作。

哀史《あいし》 あわれで悲しい歴史。

愛児《あいじ》 大切にかわいがっている子。

哀愁《あいしゅう》 悲しい気持ち。

相性《あいしょう》 気持ちがよく合うこと。「—が悪い」

哀傷《あいしょう》 死をいたむこと。「—歌」

愛称《あいしょう》 親しみをこめて呼ぶ呼び名。

愛唱《あいしょう》 好きでよく歌うこと。「—歌」

愛誦《あいしょう》 詩文などを好んで、よく口ずさむこと。

愛情《あいじょう》 大切に思う心。恋しく思う気持ち。

愛人《あいじん》 愛している異性。情人。

合図《あいず》 決めた方法で相手に知らせること。

相席《あいせき》 知らない人と同じ席に着くこと。

哀惜《あいせき》 人の死などを悲しみ惜しむこと。

愛惜《あいせき》 非常に惜しみ大切にすること。

哀切《あいせつ》 もの悲しくあわれなこと。

哀訴《あいそ》 なげき訴えること。

愛想《あいそ》 好ましい印象を与える表情や態度。

愛憎《あいぞう》 愛と憎しみ。

間《あいだ》 二つのものの中間。関係。

間柄《あいだがら》 人と人との関係。

愛着《あいちゃく》 自分のものにしておきたいと思う心。

哀調《あいちょう》 もの悲しい調べ。

彼奴《あいつ》 第三者をぞんざいにいう語。

相次《あいつ》**ぐ** 連続して起こる。「事故が—」

相槌《あいづち》 調子を合わせた応答。「—を打つ」

相手《あいて》 一緒に何かをする一方の人。

哀悼《あいとう》 人の死をいたみ悲しむこと。

愛読《あいどく》 好んで読むこと。

鮎魚女《あいなめ》 中形の近海魚。アブラメ。

生憎《あいにく》 都合の悪いさま。おりあしく。

合《あ》**いの手**《て》 間に入れる掛け声など。

相乗《あいの》**り** 乗り物に一緒に乗ること。

合挽《あいび》**き** 牛肉と豚肉をまぜた挽き肉。

逢《あ》**い引**《び》**き** 男女が忍んで会う。密会。

愛撫《あいぶ》 愛してなでさすること。

合《あ》**い服**《ふく》 春・秋用の洋服。あいぎ。(別)間服

愛別離苦《あいべつりく》 親子・兄弟・夫婦など愛する者と生別・死別する苦しみ。

相部屋《あいべや》 同じ部屋に泊まること。

愛慕《あいぼ》 愛ししたうこと。

相棒《あいぼう》 仕事などを一緒にする相手。

合間《あいま》 物事の短い切れ目。

曖昧《あいまい》 はっきりしないさま。

曖昧模糊《あいまいもこ》 曖昧であやふや。

相宿《あいやど》 同じ宿屋に泊まること。同宿。

愛用《あいよう》 好んでいつも使うこと。

愛欲《あいよく》 異性に対する性的な欲望。

愛蘭《アイルランド》 グレートブリテン島の西にある島。

隘路《あいろ》 狭い道。障害。支障。

哀話《あいわ》 悲しい話。

合《あ》**う** ものとものとが一つになる。

会《あ》**う** 顔を合わせる。対面する。

逢《あ》**う** 出会う。落ち合う。

遭《あ》**う** 好ましくないことに出会う。

阿吽《あうん》 互いのよい間合い。「—の呼吸」

喘《あえ》ぐ　苦しそうに呼吸をする。
敢《あ》えて　しいて。特に。「—否定はしない」
敢《あ》え無《な》い　あっけない。「—最期」
和《あ》える　材料を味噌・酢などとまぜ合わせる。
亜鉛《あえん》　金属元素の一。記号Zn　ジンク。
青嵐《あおあらし》　青葉の頃のやや強い風。[夏]
葵《あおい》　アオイ科の植物の総称。[夏]
青息吐息《あおいきといき》　困り切った状態。
青海原《あおうなばら》　青い広い海。
青梅《あおうめ》　熟していない梅の実。[夏]
青木《あおき》　ミズキ科の常緑低木。庭木用。
青桐《あおぎり》　アオギリ科の落葉高木。梧桐。[夏]
仰《あお》ぐ　上を向く。尊敬する。請う。
扇《あお》ぐ　うちわなどで風をおこす。
石蓴《あおさ》　アオサ属の海藻の総称。食用。[冬]

青魚《あおざかな》　背中の青い魚。サバ・イワシなど。
青鷺《あおさぎ》　コウノトリ目のサギ。[夏]
蒿雀《あおじ》　スズメ目の鳥。[秋]
青写真《あおじゃしん》　青地に印画された図面など。
青信号《あおしんごう》　進行・安全を示す信号。
青筋《あおすじ》　浮き出た静脈。「—を立てる」
青空《あおぞら》　晴れた空。野外。「—市場」
青田《あおた》　青々と伸びている稲田。[夏]
青大将《あおだいしょう》　無毒のやや大形のヘビ。
青天井《あおてんじょう》　青空。相場の続騰。
青菜《あおな》　緑色の野菜。「—に塩」
青二才《あおにさい》　若くて未熟な男。
青饅《あおぬた》　魚肉と青みの野菜をあえたもの。[春]
仰《あお》のく　あおむく。
青海苔《あおのり》　緑色の海藻。食用。[春]

青葉《あおば》　青々とした木の葉。[夏]
青光《あおびか》り　青っぽく光ること。
青瓢箪《あおびょうたん》　やせて顔の青白い人。
青房《あおぶさ》　土俵の北東すみに垂らす青いふさ。
青味泥《あおみどろ》　淡水産の藻。緑色で毛髪状。
仰向《あおむ》く　上を向く。⇔うつむく
青物《あおもの》　緑色の野菜。あおざかな。
青柳《あおやぎ》　青々とした柳。バカガイのむき身。
障泥《あおり》　泥よけにする馬具。
呷《あお》る　酒や毒を、ぐっと一気に飲む。
煽《あお》る　風が物を動かす。そそのかす。
垢《あか》　皮膚にたまるよごれ。
淦《あか》　船底にたまった水。
閼《あ》伽《か》　仏に供える水。
赤赤《あかあか》　真っ赤なさま。

明明《あかあか》　いかにも明るいようす。
赤貝《あかがい》　海産の二枚貝。食用。
銅《あかがね》　銅《どう》。あか。
赤紙《あかがみ》　軍の召集令状。差し押さえの封印。
皸《あかぎれ》　皮膚にできるひび割れ。[冬]（別）皹
足《あ》掻《が》く　もがく。あせってじたばたする。
藜《あかざ》　アカザ科の一年草。若葉は食用。[夏]
灯《あかし》　ともしび。あかり。「み—」
証《あか》し　証明。証拠。「身の—」
赤字《あかじ》　支出超過。欠損。校正の文字。
赤潮《あかしお》　微生物の増殖による海水の赤変。[夏]
赤信号《あかしんごう》　停止・危険を示す信号。
赤新聞《あかしんぶん》　低俗な新聞。
明《あ》かす　うち明ける。寝ないで一夜を過ごす。
証《あか》す　証明する。「身の潔白を—」

飽《あ》かす　飽きさせる。思う存分に使う。
赤提灯《あかちょうちん》　赤い提灯を下げた居酒屋。
暁《あかつき》　夜明け方。努力が実ったその時。
暁闇《あかつきやみ》　月のない明け方。
赤土《あかつち》　鉄分が多い赤い色の土。
赤詰草《あかつめぐさ》　マメ科の多年草。牧草。
購《あがな》う　買い求める。
贖《あがな》う　罪をつぐなう。「死をもって—」
垢《あか》抜《ぬ》ける　洗練される。
茜《あかね》　アカネ科の草。暗赤色(茜色)。
赤《あか》の飯《まんま》　イヌタデの異名。あかまんま。[秋]
赤恥《あかはじ》　大恥。あかっぱじ。
赤裸《あかはだか》　まるはだか。すっぱだか。
赤腹《あかはら》　イモリの異名。ウグイの異名。
赤房《あかぶさ》　土俵の南東すみに垂らす赤いふさ。

赤松《あかまつ》　マツの一種。幹は赤褐色。
赤身《あかみ》　肉の脂身のない赤い部分。
崇《あが》める　尊いものとして敬う。たっとぶ。
赤《あか》らむ　赤みを帯びる。「顔が—」
明《あか》らむ　明るくなる。「東の空が—」
明《あ》かり　明るい光。光線。ともしび。電灯。
上《あ》がる　上の方へ移動する。高くなる。
挙《あ》がる　示される。犯人がつかまる。
揚《あ》がる　揚げ物ができる。かかげられる。
騰《あ》がる　物価が高くなる。（別）上がる
明《あか》るい　光が十分である。陽気だ。
明《あか》るみ　明るい所。表立った所。
安芸《あき》　旧国名。広島県西部。
秋風《あきかぜ》　秋に吹くすずしい風。[秋]
秋口《あきぐち》　秋のはじめ。[秋]

秋桜《あきざくら》　コスモス。〔秋〕
秋寒《あきさむ》　秋に感じる寒さ。秋冷。〔秋〕
秋雨《あきさめ》　秋に降るつめたい雨。〔秋〕
空《あ》**き巣**《す》　留守をねらって入る泥棒。
空《あ》**き地**《ち》　何もなくあいている土地。
秋津島《あきつしま》　日本国の異称。
腭《あぎと》　あご。魚のえら。
商《あきな》**い**　商売。売り上げ高。
秋茄子《あきなす》　秋に取れるナス。〔秋〕
秋場所《あきばしょ》　大相撲の九月場所。〔秋〕
秋晴《あきば》**れ**　秋の、よく晴れた空。〔秋〕
秋日和《あきびより》　よく晴れた秋の天気。〔秋〕
空《あ》**き間**《ま》　あいている部屋。すきま。
空《あ》**き家**《や》　人の住んでいない家。
明《あき》**らか**　はっきりしているさま。

諦《あきら》**める**　断念する。思い切る。
飽《あ》**きる**　それ以上いらなくなる。(別)厭きる
呆《あき》**れる**　あまりの意外さに驚く。
商人《あきんど》　しょうにん。あきゅうど。
悪《あく》　悪いこと。正しくないこと。
灰《あ》**汁**《く》　灰を水に浸した上澄み。渋み。
空《あ》**く**　なくなってからになる。暇になる。
明《あ》**く**　目などがひらく。
開《あ》**く**　閉じていたものがひらく。
悪意《あくい》　害を与えようとする心。
悪運《あくうん》　不運。報いを受けない悪人の運。
悪縁《あくえん》　悪い縁。男女のくされ縁。
悪逆無道《あくぎゃくむどう》　人道に背く悪事。
悪行《あくぎょう》　仏教倫理観から見た悪いおこない。
悪才《あくさい》　悪いことをする才能。

悪妻《あくさい》　悪い妻。⇔良妻
悪事《あくじ》　社会に対する悪いおこない。
悪食《あくじき》　いかものぐい。
悪事千里《あくじせんり》　悪い行いや評判は、とかく世間に伝わりやすいということ。
悪疾《あくしつ》　たちの悪い病気。
悪質《あくしつ》　品質が悪いこと。たちの悪いこと。
握手《あくしゅ》　手を握り合う礼法。
悪臭《あくしゅう》　いやな悪いにおい。
悪習《あくしゅう》　悪い習慣。
悪趣味《あくしゅみ》　洗練されていない趣味。
悪循環《あくじゅんかん》　互いに影響し合い悪化する。
悪女《あくじょ》　顔の醜い女。性質のよくない女。
悪心《あくしん》　悪事を行おうとする考え。
悪声《あくせい》　不快な声。悪いうわさ。

悪性《あくせい》　たちが悪いこと。⇔良性
悪政《あくせい》　人々を苦しめる政治。⇔善政
齷齪《あくせく》　ゆとりがなく、せわしないさま。
悪銭《あくせん》　不正に得た金。「—身につかず」
悪戦苦闘《あくせんくとう》　死に物狂いの努力。
悪相《あくそう》　恐ろしい人相。
芥《あくた》　ごみ。くず。
悪態《あくたい》　悪口。あくたれ口。「—をつく」
悪玉《あくだま》　悪人。⇔善玉
悪天《あくてん》　よくない天候。悪天候。⇔好天
悪投《あくとう》　野球で、へたな送球。
悪党《あくとう》　悪者の仲間・集団。悪人。
悪童《あくどう》　わんぱくないたずらっ子。
悪徳《あくとく》　道義に反した悪いおこない。
悪人《あくにん》　悪い心をもち、悪い行いをする人。

倦《あぐ》**ねる**　あぐむ。「思い—」
悪罵《あくば》　ひどい悪口を言うこと。
欠伸《あくび》　疲労や退屈時に起こる呼吸。
悪筆《あくひつ》　字がへたなこと。へたな字。
悪評《あくひょう》　よくない評判。⇔好評
悪平等《あくびょうどう》　形の上だけの誤った平等。
悪風《あくふう》　よくない習慣。悪習。
悪文《あくぶん》　わかりにくい文章。へたな文章。
悪弊《あくへい》　よくない風習。悪習。
悪癖《あくへき》　よくない習慣。
悪法《あくほう》　国民を苦しめる悪い法律。
悪魔《あくま》　人を悪にみちびこうとする魔物。
飽《あ》**く迄**《まで》　どこまでも。徹底的に。
悪名《あくみょう》　⇨あくめい(悪名)
悪夢《あくむ》　不吉な夢。恐ろしい夢。

倦《あぐ》**む**　もてあます。「攻め—」
悪名《あくめい》　よくない評判。あくみょう。
悪役《あくやく》　悪人の役。いやな役回り。
悪友《あくゆう》　好ましくない友人。⇔良友
悪用《あくよう》　悪いことのために用いること。
胡坐《あぐら》　足を体の前で組んで座る。
悪辣《あくらつ》　ひどくたちが悪く手荒いさま。
悪霊《あくりょう》　たたりをなす死人の魂。
握力《あくりょく》　物を握る力。「—計」
悪例《あくれい》　悪い例。悪い先例。
悪路《あくろ》　走行・歩行しにくい道。
朱《あけ》　緋色。赤色。しゅいろ。
揚《あ》**げ足**《あし》　ことばじり。「—を取る」
明《あ》**け方**《がた》　太陽が出る頃。夜明け頃。
明《あ》**け烏**《がらす》　夜明けに鳴くカラス。

挙《あ》げ句《く》 最後。終わり。「—の果て」
明《あ》け暮《く》れ 毎日を過ごすこと。いつも。
上《あ》げ潮《しお》 満ち潮。勢いが盛んになること。
明《あ》け透《す》け 率直であるさま。
上《あ》げ底《ぞこ》 底を上げてある容器。
開《あ》け閉《た》て 開けたり閉めたりすること。
論《あげつら》う ことさらに取り上げて論ずる。
挙《あ》げて 「大学を—」のこらず。すべて。
揚《あげ》羽《は》蝶《ちょう》 大形のチョウ。アゲハ。[春]
木通《あけび》 つる性の落葉低木。実は食用。[秋]
曙《あけぼの》 夜明け方。あかつき。黎明《れいめい》期。
揚巻《あげまき》 昔の子供の髪型。(別)総角
揚《あ》げ幕《まく》 花道への出入り口にある幕。
揚《あ》げ物《もの》 油で揚げた食品。
空《あ》ける からにする。あきを作る。

明《あ》ける 明るくなる。新しい年月になる。
開《あ》ける ひらく。⇔しめる
上《あ》げる 上の方へ移動させる。高くする。
挙《あ》げる 示す。犯人をつかまえる。
揚《あ》げる 熱した油で調理する。かかげる。
顎《あご》 口を開け閉めする器官。「—で使う」
赤《あ》魚《こう》鯛《だい》 鮮やかな紅色の海魚。食用。
手風琴《アコーディオン》 楽器の一。
憧《あこが》れる 強く心がひかれる。
阿《あ》漕《こぎ》 貪欲でむさぼるさま。
阿《あ》古《こ》屋《や》貝《がい》 真珠養殖用の貝。
麻《あさ》 繊維をとるクワ科の草。[夏]
字《あざ》 町・村内の一区画。
痣《あざ》 皮膚にできる赤や青い色の斑紋。
朝《あさ》市《いち》 朝、開かれる市。

朝《あさ》起《お》き 早起き。
朝《あさ》帰《がえ》り 外泊の後、翌朝家に帰ること。
朝《あさ》顔《がお》 ヒルガオ科の草。[秋]
朝《あさ》方《がた》 朝。朝のうち。
浅《あさ》葱《ぎ》 青みをおびた薄いあい色。
朝《あさ》餉《げ》 あさめし。朝食。
嘲《あざけ》る 人を見下して悪く言う。
浅《あさ》茅《じ》 丈の低いチガヤ。「—が原」
浅《あさ》瀬《せ》 川や海などで水の浅い所。
朝《あさ》立《だ》ち 朝早く出発すること。
浅《あさ》知《ぢ》恵《え》 あさはかな知恵。
浅《あさ》葱《つき》 ネギに似た野菜。細く短い。[春]
浅《あさ》漬《づ》け 野菜を短時間漬けたもの。[冬]
明《あ》後《さっ》日《て》 あすの次の日。
朝《あさ》露《つゆ》 早朝、草や葉におりている露。[秋]

浅《あさ》手《で》 軽い傷。⇔深手
字《あざな》 本名のほかにつけた名。あだな。
糾《あざな》う 縄をなう。縄をよりあわせる。
朝《あさ》凪《な》ぎ 朝方のなぎ。[夏] ⇔夕凪ぎ
朝《あさ》な夕《ゆう》なに 朝に夕に。常に。
朝《あさ》寝《ね》 朝遅くまで眠っていること。
浅《あさ》はか 考えの浅いさま。
朝《あさ》晩《ばん》 朝と晩。朝夕。いつも。
朝《あさ》日《ひ》 朝のぼる太陽。⇔夕日 (別)旭
朝《あさ》ぼらけ あけぼの。夜明け。
薊《あざみ》 キク科の多年草。花は紅紫色。[春]
浅《あさ》緑《みどり》 薄いみどり色。
欺《あざむ》く だます。そう思いこませる。
朝《あさ》飯《めし》前《まえ》 非常にたやすいこと。
鮮《あざ》やか はっきりしている。みごと。

朝《あさ》焼《や》け 朝、東の空が赤くなること。[夏]
朝《あさ》湯《ゆ》 朝、風呂に入ること。朝風呂。
朝《あさ》夕《ゆう》 朝と晩。朝晩。いつも。
海豹《あざらし》 主に寒帯の海にすむ獣。
浅《あさ》蜊《り》 砂地の海浜にすむ二枚貝。食用。[春]
漁《あさ》る えさなどを探し求める。魚をとる。
嘲《あざ》笑《わら》う あざけり笑う。
葦《あし》 水辺に生えるイネ科の草。[秋] (別)蘆
味《あじ》 飲食物のあじわい。趣。
鯵《あじ》 アジ科の海魚の総称。食用。[夏]
亜《ア》細《ジ》亜《ア》 六大州の一。
足《あし》跡《あと》 歩いたあと。残された業績。
足《あし》音《おと》 歩く時の足の音。
海驢《あしか》 大形の海獣。ひれ状の足をもつ。
足《あし》掛《か》け 端数を一として数えた年月。

足《あし》枷《かせ》 足にはめた刑具。
足《あし》軽《がる》 平時は雑役、戦時は歩卒の下級武士。
足《あし》切《き》り ある点数以下の者を切り捨てる。
足《あし》癖《くせ》 歩き方や足の置き方のくせ。
足《あし》首《くび》 足のくるぶしの上の少し細い部分。
足《あし》蹴《げ》 足で蹴ること。「—にする」
葦《あし》毛《げ》 白に黒や茶がまじった馬の毛色。
味《あじ》気《け》ない 無味乾燥でつまらない。
足《あし》拵《ごしら》え 歩行し易いようにすること。
紫陽花《あじさい》 ユキノシタ科の低木。[夏]
悪《あ》し様《ざま》 ことさらに悪く言うさま。
朝《あした》 あさ。⇔夕べ
明日《あした》 今日の次の日。あす。
足《あし》駄《だ》 高下駄《たかげた》。
足《あし》代《だい》 乗り物にかかる費用。交通費。

明日葉《あしたば》 セリ科の多年草。食用。
味付《あじつ》ける 食品に味をつけること。
足手纏《あしでまと》い じゃまになる人や物事。
足留《あしど》め 外出や往来を禁止すること。
足取《あしど》り 足の運び方。逃げた経路。
足並《あしな》み 並んで歩く時の足の運び方。
足馴《あしな》らし 歩行の前に足をならすこと。
足場《あしば》 足をかける場所。よりどころ。
足早《あしばや》 歩き方の速いこと。
馬酔木《あしび》 アセビの異名。
足踏《あしぶ》み 立ったまま足を上下させること。
足《あし》まめ 気軽によく出歩くこと。
味見《あじみ》 料理の味の具合をみること。
足元《あしもと》 足の辺り。歩く足つき。基礎。
阿闍梨《あじゃり》 弟子を導く高僧。

阿修羅《あしゅら》 仏法の守護神。修羅。
網代《あじろ》 川で魚をとる仕掛け。(冬)
味《あじ》わう 味やおもしろみを感じとる。
明日《あす》 あした。また、近い将来。
与《あずか》る 関係する。受ける。「おほめに—」
預《あず》かる 保管する。まかされる。
小豆《あずき》 マメの一。あん・赤飯に使う。(秋)
梓《あずさ》 落葉高木。弓や版木の材料にした。
翌檜《あすなろ》 ヒノキ科の常緑高木。建築用材。
東《あずま》 京都からみて東方。関東。(別)吾妻
東男《あずまおとこ》 関東の男。「—に京女」
東菊《あずまぎく》 キク科の多年草。(春)
東屋《あずまや》 庭園にある小さな建物。(別)四阿
汗《あせ》 汗腺から分泌される水分。(夏)
畦《あぜ》 土を盛り上げた田の境。(別)畔

阿世《あせい》 世にこびること。「曲学—」
校倉造《あぜくらづく》り 井桁に積み重ねた建築。
馬酔木《あせび》 ツツジ科の常緑低木。
汗水《あせみず》 労働で流れ出る汗。(夏)
畦道《あぜみち》 田と田の間の細い道。
汗疹《あせも》 汗のためにできる湿疹。(夏)
焦《あせ》る 早くしようといらいらする。
褪《あ》せる 色・つやが薄くなる。さめる。
啞然《あぜん》 あきれてものが言えないこと。
彼処《あそこ》 あの場所。あの場合・段階。
仇《あだ》 うらみに思う相手。かたき。
徒《あだ》 むだ。かりそめ。かいのないさま。
婀娜《あだ》 なまめかしいさま。「—な姿」
価《あたい》 ねだん。代金。
値《あたい》 ねうち。計算の数値・答。

能《あた》う できる。「—限りの努力」
仇討《あだう》ち かたきうち。また、仕返し。
与《あた》える 物をやる。こうむらせる。
恰《あたか》も まるで。ちょうどその時。
温《あたた》かい 温度がほどよい高さだ。情がある。
暖《あたた》かい 気温がほどよい高さだ。
婀娜《あだ》っぽい 色っぽい。
徒名《あだな》 男女関係のうわさ。浮き名。
渾名《あだな》 本名以外の別の名。(別)綽名
徒花《あだばな》 咲いても実にならない花。むだばな。
頭打《あたまう》ち 物事の進展が限界に達した状態。
頭数《あたまかず》 人の数。にんずう。
頭金《あたまきん》 手付金。保証金。
頭越《あたまご》し 当事者を無視すること。
頭《あたま》ごなし 一方的に決め付けること。

頭割《あたまわ》り 人数に合わせて割り当てること。
可惜《あたら》 惜しいことに。
新《あたら》しい 今までにない。新鮮である。
辺《あた》り 付近。周囲。
当《あ》たり障《さわ》り 差し支え。支障。
当《あ》たり前《まえ》 当然。普通。並み。
当《あ》たり役《やく》 俳優の、評判を得た役。
中《あた》る 害を受ける。「サバに—」
当《あ》たる ぶつかる。命中する。的中する。
彼方此方《あちこち》 あちらこちら。
彼方《あちら》 あの方角・物。あの人。外国。
厚《あつ》い あつみがある。心がこもっている。
篤《あつ》い 病気が重い。信仰心などが深い。
熱《あつ》い 温度が高い。情熱が感じられる。
暑《あつ》い 気温が高い。⇔寒い

圧延《あつえん》 圧力をかけ金属をのばす。
悪化《あっか》 物事の状態が悪くなること。
悪貨《あっか》 品質の劣った貨幣。⇔良貨
扱《あつか》う 操作・処理する。応対する。
厚紙《あつがみ》 普通より厚手の紙。
熱燗《あつかん》 酒を熱く温めること。(冬)
圧巻《あっかん》 いちばんすぐれた場面・部分。
悪漢《あっかん》 わるもの。
悪鬼《あっき》 たたりをする恐ろしい鬼。
厚着《あつぎ》 何枚も重ね着すること。(冬)⇔薄着
呆気《あっけ》 驚きあきれる。「—にとられる」
厚化粧《あつげしょう》 濃い化粧。⇔薄化粧
呆気《あっけ》ない 簡単ではりあいがない。
悪口《あっこう》 わるくち。
悪口雑言《あっこうぞうごん》 さんざんな悪口。

圧搾《あっさく》 おしつけてしぼること。

圧殺《あっさつ》 おしつけて殺すこと。

圧死《あっし》 おしつぶされて死ぬこと。

厚地《あつじ》 布地が厚いこと。⇔薄地

圧縮《あっしゅく》 おし縮めること。

圧勝《あっしょう》 大差で勝つこと。

圧制《あっせい》 権力でおさえつけること。

圧政《あっせい》 権力で人民をおさえつける政治。

斡旋《あっせん》 両者の間を取り持つこと。

厚手《あつで》 紙などの地の厚めのもの。⇔薄手

圧倒《あっとう》 段違いの力で他をしのぐこと。

圧迫《あっぱく》 おしつける。威力でおさえつける。

天《あっ》**晴**《ぱ》**れ** みごとである。でかした。

集《あつ》**まる** つどう。寄り合う。

羹《あつもの》 熱い汁。「—に懲りて膾を吹く」

敦盛草《あつもりそう》 ラン科の多年草。

誂《あつら》**え** 注文して作らせること。その品。

圧力《あつりょく》 押しつける力。

軋轢《あつれき》 仲たがい。不和。

当《あ》**て** めあて。たより。

宛《あ》**て** 手紙などの送り先。

当《あ》**て馬**《うま》 代わりに立てる人。「—候補」

宛《あ》**てがう** ぴたりと付ける。与える。

当《あ》**て擦**《こす》**る** 遠回しに悪口を言う。

宛《あ》**て先**《さき》 手紙や荷物の送り先。

当《あ》**て字**《じ》 漢字の音・訓を借りた表記。

当《あ》**て推量**《ずいりょう》 根拠のない憶測。

艶姿《あですがた》 あでやかな姿。

当《あ》**て所**《ど》 めあて。行き先。

宛《あ》**て名**《な》 宛て先の名前。

当《あ》**て外**《はず》**れ** 予想がはずれること。

当《あ》**て嵌**《は》**まる** うまく合う。

当《あ》**て身**《み》 急所を突いて気絶させる技。

艶《あで》**やか** 美しく、なまめかしいさま。

当《あ》**てる** ぶつける。命中させる。

充《あ》**てる** 充当する。「建築費に—」

宛《あ》**てる** 宛て先とする。

後《あと》 うしろ。のち。死後。子孫。

痕《あと》 傷などのあと。

跡《あと》 残るしるし。遺跡。痕跡。

後味《あとあじ》 事がすんだあとに残る感じ。

後押《あとお》**し** あとから押すこと。援助。

後書《あとが》**き** 本文の最後に書き添える文。

跡形《あとかた》 何かがあったしるし。「—もなく」

後片付《あとかたづ》**け** 後始末。

後釜《あとがま》 後任。また、後妻。

後腐《あとくさ》**れ** 事後に問題が残ること。

後口《あとくち》 あとあじ。順番の、あとの方。

後先《あとさき》 物事の見通し。順序が逆になること。

後産《あとざん》 出産のあと、胎盤などが出ること。

後始末《あとしまつ》 事がすんだあとのかたづけ。

後退《あとずさ》**り** 前を向いたまま後ろへ下がる。

跡継《あとつ》**ぎ** 相続人。後継者。(別)後継ぎ

跡取《あとと》**り** 家督を継ぐ人。あとつぎ。

後腹《あとばら》 産後の腹痛。後妻の生んだ子。

後払《あとばら》**い** 代金を後日払うこと。

後回《あとまわ》**し** 順序を変えてあとにすること。

跡目《あとめ》 後を継ぐ財産・家名・地位。

後戻《あともど》**り** うしろへ戻ること。逆行。

後厄《あとやく》 厄年の翌年。⇔前厄

獦子鳥《あとり》 スズメ目の小鳥。秋に渡来。

穴《あな》 くぼみ。欠損。番狂わせ。

穴馬《あなうま》 競馬で、番狂わせで勝つ馬。

穴埋《あなう》**め** 損失や不足部分を補うこと。

強《あなが》**ち** 一概に。必ずしも。

穴熊《あなぐま》 タヌキに似た獣。穴にすむ。

穴蔵《あなぐら》 地下の貯蔵所。

穴子《あなご》 [夏] ウナギに似た海魚。

彼方《あなた》 あちら。むこう。「山の—」

貴方《あなた》 相手を呼ぶ語。目上には使わない。

侮《あなど》**る** 相手を軽く見る。見くびる。

穴場《あなば》 人に見すごされているよい場所。

豈《あに》 どうして。「—図らんや」

兄貴《あにき》 兄の敬称。年輩格の男の敬称。

兄弟子《あにでし》 同門の先輩。⇔弟弟子

兄嫁《あによめ》 兄の妻。(別)嫂

姉貴《あねき》 姉の敬称。

姐御《あねご》 女親分。親分・兄貴分の妻など。

彼《あ》**の世**《よ》 死後に行くという世界。来世。

暴《あば》**く** ほりだす。暴露する。

阿婆擦《あばず》**れ** すれっからしの女。

痘痕《あばた》 天然痘のあと。

肋骨《あばらぼね》 ろっこつ(肋骨)。

荒屋《あばらや》 荒れはてた家。

暴《あば》**れる** 粗暴な行動をする。活躍する。

阿鼻叫喚《あびきょうかん》 むごたらしい光景。

家鴨《あひる》 マガモを改良した家禽。

浴《あ》**びる** 液体などをかぶる。こうむる。

虻《あぶ》 ハチに似た昆虫の一。[春]

泡《あぶく》 水のあわ。

あ

泡銭《あぶくぜに》　労せずして得た金。
危《あぶ》ない　危険である。心もとない。
危《あぶ》な絵《え》　扇情的な浮世絵。
鐙《あぶみ》　乗り手の足をささえる馬具。
油《あぶら》　水に溶けにくく燃えやすい液体。
脂《あぶら》　動物の脂肪。
油《あぶら》揚《あ》げ　薄切りの豆腐を油で揚げた食品。
脂汗《あぶらあせ》　苦しい時などに出る汗。
油《あぶら》絵《え》　油絵の具で描いた絵。
油粕《あぶらかす》　大豆などから油を取ったかす。
油紙《あぶらがみ》　油などを塗って防水した和紙。
油《あぶら》気《け》　油分を含んでいること。
脂《あぶら》気《け》　脂肪を含んでいること。
脂性《あぶらしょう》　皮膚に脂気の多い体質。
油蟬《あぶらぜみ》　大形のセミ。はねは茶色。[夏]

脂《あぶら》手《で》　脂ぎっている手。
油《あぶら》照《で》り　じりじりとむし暑い天気。[夏]
油《あぶら》菜《な》　畑で栽培する越年草。菜種油をとる。
脂《あぶら》身《み》　肉の脂肪の多い部分。
油虫《あぶらむし》　微小な植物の害虫。ゴキブリ。[夏]
阿《ア》弗《フ》利《リ》加《カ》　六大州の一。
炙《あぶ》る　火で軽く焼いたり、乾かしたりする。
溢《あふ》れる　いっぱいになってこぼれ出る。
溢《あぶ》れる　仕事などにありつけなくなる。
阿《あ》片《へん》　麻薬の一種。ケシの実からつくる。
阿《あ》呆《ほう》　ばかなこと(人)。
信天翁《あほうどり》　大形の白い海鳥。
尼《あま》　女性の出家。尼僧。修道女。
海《あ》女《ま》　海に潜り貝などをとる女性。[夏]
雨間《あまあい》　雨が一時やんでいるとき。

雨脚《あまあし》　雨の過ぎてゆく速さ。[別]雨足
甘《あま》い　砂糖のような味だ。厳しくない。
甘《あま》海《え》老《び》　日本海産のエビ。
雨落《あまお》ち　雨垂れの落ちる所。
雨蛙《あまがえる》　小形のカエル。樹上にすむ。[夏]
天翔《あまがけ》る　大空をかけめぐる。
雨傘《あまがさ》　雨が降るときにさす傘。
甘皮《あまかわ》　木や果実の外皮の内側にある薄皮。
雨《あま》具《ぐ》　雨を防ぐ衣類や道具。
天下《あまくだ》り　退職した高級官僚の再就職。
甘口《あまくち》　甘みが強いもの。辛くないもの。
雨雲《あまぐも》　雨を降らせる黒い雲。
甘栗《あまぐり》　甘味料を加えて焼いた小粒の栗。
雨乞《あまご》い　雨が降るように祈ること。[夏]
甘酒《あまざけ》　かゆを発酵させて作る飲み物。[夏]

雨曝《あまざら》し　雨にぬれるにまかせること。
甘塩《あまじお》　塩けが薄いこと。うすじお。
余《あま》す　余るようにする。残す。
雨空《あまぞら》　雨の降りそうな空。
数《あ》多《また》　たくさん。多数。
甘鯛《あまだい》　中形の海魚。食用。
雨《あま》垂《だ》れ　軒先などから落ちる雨のしずく。
甘茶《あまちゃ》　灌仏会に釈迦像にかける甘い茶。[春]
剰《あまつさ》え　そればかりか。そのうえに。
尼寺《あまでら》　尼の住む寺。
雨《あま》戸《ど》　窓などの外側に取り付ける戸。
雨樋《あまどい》　雨水を受ける樋。
甘党《あまとう》　酒より甘い物を好む人。⇔辛党
甘納豆《あまなっとう》　砂糖をまぶした甘い煮豆。
遍《あまね》く　広く一般に。「—行き渡る」

天《あま》の川《がわ》　無数の星の帯状のつらなり。[秋]
天《あま》の邪《じゃ》鬼《く》　人にわざと逆らう者。
雨《あま》模《も》様《よう》　雨の降りそうなようす。
雨《あま》漏《も》り　天井などから雨が漏ること。
雨宿《あまやど》り　雨のやむのを待つこと。
余《あま》り　残り。度を越すさま。たいして。
余《あま》る　多すぎて残る。自分の力量を超える。
甘《あま》んじる　それで満足する。
網《あみ》　糸や針金を粗く編んだもの。
醤《あ》蝦《み》　小エビに似た海産の動物。
編《あ》み笠《がさ》　スゲなどで編んだ笠。[夏]
阿《あ》弥《み》陀《だ》　すべての人を救う仏。
編《あ》み出《だ》す　新しいものを考案する。
網棚《あみだな》　電車などにある荷物をのせる棚。
網戸《あみど》　網を張った戸。虫の侵入を防ぐ。[夏]

網元《あみもと》　船や漁網を所有し、漁業を営む者。
編《あ》み物《もの》　毛糸を編んで衣類を作ること。
編《あ》む　編み物をする。編集する。
飴《あめ》　澱粉を糖化させた甘い食品。
雨霰《あめあられ》　激しく降りそそぐさま。
蛙《あ》鳴《めい》蟬《せん》噪《そう》　やかましいこと。
天地《あめつち》　天と地。てんち。
雨露《あめつゆ》　雨と露。「—をしのぐ」
雨《あめ》模《も》様《よう》　⇨あまもよう
亜《ア》米《メ》利《リ》加《カ》　米州。米国。
水黽《あめんぼ》　長い脚で水上を滑走する昆虫。[夏]
文《あや》　微妙な言い回し。仕組み。
綾《あや》　線が交差した模様。綾織りの布。
危《あや》うい　危険である。あぶない。
綾《あや》織《お》り　織り目が斜めに表れる織り方。

消《あやか》る 好ましい人に似る。

怪《あや》しい 不審だ。疑わしい。

妖《あや》しい 不思議な魅力がある。

操《あやつ》る 使いこなす。思うように動かす。

綾《あや》取《と》り ひもでいろいろな形を作る遊び。

綾《あや》なす 美しくいろどる。

過《あやま》ち 失敗。過失。

誤《あやま》る 間違える。道理にはずれる。

謝《あやま》る わびる。謝罪する。

菖蒲《あやめ》 アヤメ科の多年草。[夏]

文《あや》目《め》 模様。色合い。物事の道理。

危《あや》める 危害を加える。殺す。

鮎《あゆ》 清流にすむ淡水魚。食用。香魚。[夏]

阿《あ》諛《ゆ》追従《ついしょう》 こびへつらうこと。

歩《あゆ》み 歩くこと。移り変わり。

歩《あゆ》む あるく。進む。

粗《あら》 魚肉を切り取った残り。欠点。

荒《あら》い 動きが大まかだ。乱暴である。

粗《あら》い 細かでない。雑だ。滑らかでない。

洗《あら》い髪《がみ》 女性の洗いたての髪。[夏]

洗《あら》い浚《ざら》い すっかり。すべて。

洗《あら》い晒《ざら》し 洗濯して色があせた衣類。

荒磯《あらいそ》 波が荒く岩の多い海岸。ありそ。

洗《あら》う 水などで汚れを落とす。調べる。

荒海《あらうみ》 波の荒い海。

抗《あらが》う さからう。抵抗する。

予《あらかじ》め 前もって。かねて。

荒稼《あらかせ》ぎ 乱暴なやり方でかせぐこと。

粗方《あらかた》 ほとんど全部。大体。

粗壁《あらかべ》 下塗りをしただけの壁。

阿《あ》羅《ら》漢《かん》 悟りを得た修行者。

粗木《あらき》 切り出したまま皮をはいでない木。

荒肝《あらぎも》 肝っ玉。度胸。「—をひしぐ」

荒行《あらぎょう》 僧・修験者などの厳しい修行。

荒《あら》くれ 荒々しく乱暴なこと。

粗削《あらけず》り ざっと削って、仕上げが不十分。

荒事《あらごと》 歌舞伎で、荒々しい所作。

粗探《あらさが》し 欠点や過失を探すこと。

嵐《あらし》 暴風雨。

粗塩《あらじお》 精製していない塩。

新所帯《あらじょたい》 新婚の所帯。

荒《あ》らす 荒れさせる。人の領分を侵す。

粗筋《あらすじ》 あらましの筋。梗概。

紫《あ》羅《ら》欄《せい》花《とう》 アブラナ科の草。

争《あらそ》う 勝とうとして競う。戦う。

新《あら》た 新しい。改めるさま。

改《あらた》まる 新しいものに変わる。改善される。

革《あらた》まる 病状が急変する。

改《あらた》めて 別の機会に。ことさらに新しく。

新手《あらて》 新たに加わった人。新しい方法。

粗砥《あらと》 粒子の粗い砥石。

荒波《あらなみ》 激しい大きな波。

荒縄《あらなわ》 太い藁の縄。

粗煮《あらに》 魚の粗を煮つけた料理。

荒野《あらの》 荒れた野原。あれの。(別)曠野

現人神《あらひとがみ》 もと天皇を言った語。

新仏《あらぼとけ》 新盆に祭られる仏。

荒巻《あらま》き 甘塩の鮭。[冬]

荒武者《あらむしゃ》 勇猛な武者。

荒布《あらめ》 海藻の一種。食用。[夏]

荒物《あらもの》 家庭用雑貨の総称。

新湯《あらゆ》 だれも入っていない風呂の湯。

粗利益《あらりえき》 売上額から原価を引いた額。

荒療治《あらりょうじ》 手荒な治療・改革。

霰《あられ》 雪と雹《ひょう》との中間の氷粒。[冬]

露《あらわ》 むき出しなさま。明らかなさま。

荒技《あらわざ》 激しい荒々しい技。大技。

表《あらわ》す 言葉・記号などにして、表現する。

現《あらわ》す 見える形に出現させる。

顕《あらわ》す 広く世に知らせる。

著《あらわ》す 書物を書いて出版する。

蟻《あり》 アリ科の昆虫の総称。[夏]

有明《ありあけ》 月が空に残ったまま夜が明けること。

有《あ》り合《あ》わせ その場にあるもの。

有《あ》り得《う》る その可能性がある。

在《あ》り処《か》 存在する場所。人のいる場所。

在《あ》り方《かた》 物事のあるべき姿。

有《あ》り難《がた》い 感謝したい気持ちだ。尊い。

有《あ》り金《がね》 今もっている金。手元にある金。

在《あ》り来《きた》り ありふれていること。

有《あ》り様《さま》 状態。ようす。実情。

蟻地獄《ありじごく》 ウスバカゲロウの幼虫。[夏]

蟻塚《ありづか》 アリが巣の土を掘り上げた塚。[夏]

有《あ》りっ丈《たけ》 ある限り。全部。

有《あ》り体《てい》 ありのままであること。

蟻巻《ありまき》 アブラムシの別名。

亜《あ》流《りゅう》 独創性のない模倣作品。

有《あ》り様《よう》 ありさま。あるべき姿。

在《あ》る 存在する。生存する。

有《あ》る 存在する。所有している。

或《あ》る　はっきりしない物事をさす語。
或《ある》いは　または。ひょっとしたら。
歩《ある》く　足で移動する。あちこちを回る。
主《あるじ》　主人。持ち主。
荒《あ》れ　天候・皮膚などがあれること。
亜《あ》鈴《れい》　棒の両端におもりを付けた体操用具。
荒《あ》れ性《しょう》　皮膚がかさかさする体質。
荒《あ》れ地《ち》　荒れている土地。
荒《あ》れ野《の》　荒れた野原。あらの。
荒《あ》れ模《も》様《よう》　荒れそうな様子。
荒《あ》れる　ひどくなる。すさぶ。乱れる。
泡《あわ》　空気を含んだ液体の丸い玉。（別）沫
粟《あわ》　イネ科の一年草。五穀の一。〔秋〕
安《あ》房《わ》　旧国名。千葉県南部。房州。
阿《あ》波《わ》　旧国名。徳島県。

間《あわい》　物と物のあいだ。
淡《あわ》い　色・味などが薄い。ほのかだ。
淡《あわ》路《じ》　旧国名。兵庫県淡路島。淡州。
醂《あわ》す　渋柿の渋を抜く。さわす。
袷《あわせ》　裏地をつけた和服。〔夏〕 ⇔単衣《ひとえ》
併《あわ》せる　二つ以上のものを一つにする。
慌《あわ》ただしい　せわしない。
慌《あわ》てる　落ち着きを失う。ひどく急ぐ。
鮑《あわび》　海産の巻貝。食用。〔春〕
泡《あわ》盛《もり》　沖縄特産の、強い焼酎。〔夏〕
泡《あわ》雪《ゆき》　泡のようにとけやすい雪。
淡《あわ》雪《ゆき》　うっすらとつもった春の雪。〔春〕
哀《あわ》れむ　かわいそうに思う。（別）憐れむ
案《あん》　考え。予想。原案。
庵《あん》　いおり。

餡《あん》　小豆などを煮た甘い食品。
暗《あん》暗《あん》裏《り》　ひそかに。
安《あん》易《い》　たやすいさま。いい加減なさま。
安《あん》逸《いつ》　何もしないで、ぶらぶらすること。
暗《あん》鬱《うつ》　気持ちが沈むさま。
暗《あん》雲《うん》　黒い雲。不穏な気配。
暗《あん》雲《うん》低《てい》迷《めい》　不穏な情勢。
暗《あん》影《えい》　暗いかげ。不安なきざし。（別）暗翳
安《あん》価《か》　値段の安いこと。廉価。⇔高価
行《あん》火《か》　炭火で暖をとる暖房器具。〔冬〕
案《あん》外《がい》　思いのほか。意外に。
安《あん》閑《かん》　のんびりと気楽なさま。
安《あん》気《き》　気楽で心配がないさま。
安《あん》危《き》　安全と危険。
暗《あん》記《き》　そっくりそらで覚えること。

行《あん》脚《ぎゃ》　僧が修行のために諸国を巡ること。
暗《あん》渠《きょ》　地下に作られた排水路。
暗《あん》愚《ぐ》　道理がわからず愚かなこと。
行《あん》宮《ぐう》　天皇の外出先に設ける仮の御所。
暗《あん》君《くん》　愚かな君主。⇔明君
案《あん》件《けん》　問題となっている事柄。訴訟事件。
暗《あん》剣《けん》殺《さつ》　九星の一。最も不吉な方位。
鮟《あん》鱇《こう》　大形の深海魚。食用。〔冬〕
暗《あん》号《ごう》　秘密の通信用の記号や合図。
暗《あん》合《ごう》　偶然の一致。
暗《あん》黒《こく》　まっくらなこと。悪のはびこる状態。
安《あん》座《ざ》　ゆったりひざをくずし座ること。
行《あん》在《ざい》所《しょ》　行《あん》宮《ぐう》。
暗《あん》殺《さつ》　要人をひそかに殺すこと。
安《あん》産《ざん》　軽い出産。⇔難産

暗《あん》算《ざん》　頭の中で計算すること。
暗《あん》示《じ》　それとなくほのめかすこと。
暗《あん》室《しつ》　光が入らないようにした部屋。
安《あん》車《しゃ》蒲《ほ》輪《りん》　老人をいたわる。
安《あん》住《じゅう》　安心して住むこと。満足すること。
案《あん》出《しゅつ》　計画などを考え出すこと。
暗《あん》唱《しょう》　そらで言うこと。（別）諳誦
暗《あん》証《しょう》　当人だけが知っている文字や数字。
暗《あん》礁《しょう》　海中に隠れている岩。
暗《あん》色《しょく》　暗い色調の色。⇔明色
案《あん》じる　あれこれと考える。心配する。
安《あん》心《しん》　心配や不安がないこと。
安《あん》心《しん》立《りつ》命《めい》　安心して動じない。
杏《あんず》　バラ科の落葉小高木。実は食用。〔夏〕
安《あん》静《せい》　心身を休めて静かにしていること。

安《あん》全《ぜん》　危険がないこと。たしか。無事。
暗《あん》然《ぜん》　心がふさがるさま。暗いさま。
安《あん》全《ぜん》器《き》　過電流を遮断する装置。
安《あん》全《ぜん》保《ほ》障《しょう》　国家の安全の保障。
安《あん》息《そく》　心身を静かに休めること。
安《あん》打《だ》　野球で、ヒット。
安《あん》泰《たい》　心配のないこと。やすらかなこと。
暗《あん》澹《たん》　将来に見通しがもてないさま。
安《あん》置《ち》　大切にすえ置くこと。
安《あん》着《ちゃく》　無事に到着すること。
暗《あん》中《ちゅう》飛《ひ》躍《やく》　暗躍すること。
暗《あん》中《ちゅう》模《も》索《さく》　手がかりがないまま、いろいろさぐり求めること。
安《あん》直《ちょく》　値が安いこと。手軽。安易。
安《あん》定《てい》　落ち着いた状態にあること。

暗《あん》転《てん》 舞台を暗くして、場面を変えること。

安《あん》堵《ど》 安心すること。

暗《あん》闘《とう》 表だたず、ひそかに争うこと。

行《あん》灯《どん》 昔の照明具の一。「昼—」

案《あん》内《ない》 導くこと。知らせること。通知。

暗《あん》に それとなく。「—指摘する」

安《あん》寧《ねい》 世の中が平和で穏やかなこと。

安《あん》寧《ねい》秩《ちつ》序《じょ》 平穏で秩序がある。

案《あん》の定《じょう》 思っていたとおり。

安《あん》穏《のん》 穏やかなこと。無事。「—に暮らす」

鞍《あん》馬《ば》 馬上の鞍の形の体操用具。

塩《あん》梅《ばい》 物事の具合。体調。味の具合。

按《あん》排《ばい》 ほどよく物事を処理すること。

暗《あん》箱《ばこ》 旧式の写真機の胴体部の箱。

安《あん》否《ぴ》 無事であるかどうかということ。

暗《あん》部《ぶ》 暗い部分。

鞍《あん》部《ぶ》 山の尾根の、くぼんでいる所。

暗《あん》譜《ぷ》 楽譜を暗記すること。

案《あん》分《ぶん》 基準の数量に応じて配分すること。

案《あん》文《ぶん》 下書きの文書。

安《あん》保《ぽ》 安全保障条約の略。

罨《あん》法《ぽう》 患部を温めたり冷やしたりする療法。

按《あん》摩《ま》 こりや痛みをもみほぐすこと(人)。

暗《あん》幕《まく》 部屋を暗くするための黒い幕。

餡《あん》蜜《みつ》 餡を入れた蜜豆。

安《あん》眠《みん》 やすらかにぐっすりと眠ること。

暗《あん》黙《もく》 黙っていること。「—の了解」

暗《あん》夜《や》 やみ夜。(別)闇夜

暗《あん》躍《やく》 ひそかに策動すること。

安《あん》楽《らく》 おだやかで、幸福なこと。

暗《あん》流《りゅう》 水面下の水の流れ、また動き。

い

井《い》 井戸。「—の中の蛙」

亥《い》 十二支の一二番目。いのしし。

藺《い》 畳表とする多年草。いぐさ。(夏)

胃《い》 食道に続く消化器官。

意《い》 気持ち。考え。意味。

居《い》合《あい》 抜刀の瞬間に相手をきる技。

遺《い》愛《あい》 故人が生前愛用していたこと。

帷《い》幄《あく》 作戦を立てる場所。大将の陣営。

威《い》圧《あつ》 威力で相手をおさえつけること。

慰《い》安《あん》 慰労し、ねぎらうこと。

易《い》易《い》 困難がなくたやすいさま。

言《い》い掛《が》かり 難癖をつける。

好《い》い加《か》減《げん》 よい程度。おざなり。

言《い》い種《ぐさ》 言った言葉。

唯《い》唯《い》諾《だく》諾《だく》 無批判に人に従う。

飯《いい》蛸《だこ》 小形のタコ。食用。イシダコ。(春)

言《い》い伝《つた》え 語り伝えられてきたこと。

許《いい》嫁《なずけ》 婚約者。フィアンセ。(別)許婚

言《い》い成《な》り 相手の言うがまま。

言《い》い値《ね》 売り手の言うままの値段。

言《い》い分《ぶん》 訴えたい事柄。主張。

言《い》い回《まわ》し 言い表し方。

言《い》い訳《わけ》 弁明。申し開き。

医《い》院《いん》 個人経営の小規模な診療施設。

委《い》員《いん》 選ばれて特定の仕事に当たる人。

遺《い》詠《えい》 故人の未発表の詩歌。辞世の詩歌。

遺《い》影《えい》 故人の写真や肖像。

家《いえ》柄《がら》 家の格式。

胃《い》液《えき》 胃から分泌される強酸性の消化液。

家《いえ》路《じ》 家に帰る道。「—につく」

家《いえ》筋《すじ》 家系。血筋。

家《いえ》付《つ》き 元からその家に住んでいること。

家《いえ》出《で》 帰らないつもりで家を出ること。

雖《いえど》も といっても。としても。

家《いえ》並《な》み 家が並んでいること。

家《いえ》元《もと》 武道や芸道で、その流派の宗家。

家《いえ》屋《や》敷《しき》 家屋とその敷地。

癒《い》える 病気などがなおる。

以《い》遠《えん》 そこを含めて、そこより先。

胃《い》炎《えん》 胃粘膜の炎症の総称。胃カタル。

硫《い》黄《おう》 元素の一。記号S

以《い》往《おう》 その時よりのち。「明治—」

庵《いおり》 僧侶や世捨て人などが住む粗末な家。

烏《い》賊《か》 海産の軟体動物。脚は一〇本。(夏)

以《い》下《か》 それより下。そこからあと。

毬《いが》 クリなどのとげのある外皮。

伊《い》賀《が》 旧国名。三重県北西部。伊州。

位《い》階《かい》 国に功労のあった者に授与される位。

遺《い》戒《かい》 子孫に残したいましめ。ゆいかい。

以《い》外《がい》 そのほかのもの。

意《い》外《がい》 思いのほか。予想外。

貽《い》貝《がい》 海産の二枚貝。食用。

遺《い》骸《がい》 死んだ人の体。なきがら。遺体。

胃《い》潰《かい》瘍《よう》 胃壁に潰瘍のできる疾患。

如《いか》何《が》 どのように。勧めることば。

如《いか》何《が》わしい 信用できない。

威《い》嚇《かく》 おどすこと。「—射撃」

医《い》学《がく》　病気の治療や予防法を研究する学問。
胃《い》拡《かく》張《ちょう》　胃が広がったままの状態。
毬《いが》栗《ぐり》　いがに包まれた栗の実。[秋]
鋳《い》掛《か》け　金物をはんだで修繕すること。
如《い》何《か》様《さま》　いんちき。「—師」
生《い》かす　命を保たせる。
活《い》かす　活用する。
胃《い》下《か》垂《すい》　胃が異常に下がった状態。
雷《いかずち》　かみなり。[夏]
遺《い》家《か》族《ぞく》　働き手に死なれた家族。
筏《いかだ》　木材を結び合わせた舟の一種。
鋳《い》型《がた》　溶かした金属を流し込む鋳物の型。
威《い》喝《かつ》　大声でおどすこと。
厳《いか》つい　ごつい。こわそうだ。
玉《い》筋《かな》子《ご》　小形の海魚。コウナゴ。[春]

如《い》何《か》に　どのようであるか。どんなに。
啀《いが》み合《あ》う　敵意を抱いて争い合う。
厳《いか》めしい　威厳があって近寄りにくい。
如《い》何《か》物《もの》　変なもの。「—食い」
蘞《い》辛《がら》っぽい　のどが刺激される。
錨《いかり》　船を止めておくためのおもり。(別)碇
斑《い》鳩《かる》　スズメ目の小鳥。澄んだ声で鳴く。
怒《いか》る　おこる。かどばる。
如《い》何《かん》　ことのなりゆき。「理由の—」
尉《い》官《かん》　大尉・中尉・少尉の総称。
異《い》観《かん》　珍しい景色・情景。
偉《い》観《かん》　すばらしい眺め・光景。壮観。
移《い》管《かん》　管理の権限を他に渡すこと。
遺《い》憾《かん》　残念なこと。心残り。
依《い》願《がん》　本人の願いによること。「—退職」

胃《い》癌《がん》　胃に発生する悪性腫瘍。
息《いき》　呼吸運動。お互いの調子やリズム。
粋《いき》　気がきいていて、あかぬけしている。
域《いき》　特定の範囲や程度。「達人の—」
壱《い》岐《き》　旧国名。長崎県北部の島。
意《い》気《き》　何かをしようとする積極的な心持ち。
遺《い》棄《き》　捨てておくこと。「死体—」
威《い》儀《ぎ》　作法にかなったおもおもしい態度。
異《い》義《ぎ》　ことなった意味。「同音—」
異《い》議《ぎ》　反対意見。異なる考え。
意《い》義《ぎ》　言葉の内容。物事の価値。
生《い》き生《い》き　生気にあふれている。
生《い》き写《うつ》し　よく似ていること。
勢《いきお》い　他を圧倒する力。はずみ。
生《い》き甲《が》斐《い》　生きている張り合い。

行《い》き掛《が》け　行く途中。ゆきがけ。
息《いき》切《ぎ》れ　呼吸がみだれる。長続きしない。
意《い》気《き》軒《けん》昂《こう》　意気込みが盛んだ。
意《い》気《き》込《ご》み　張り切る気持ち。
経《いき》緯《さつ》　現状に至るまでの経過。
生《い》き様《ざま》　その人の生きてきた姿。
意《い》気《き》地《じ》　⇩いくじ
生《い》き地《じ》獄《ごく》　悲惨な様子。
生《い》き死《し》に　生きるか死ぬか。せいし。
生《い》き字《じ》引《びき》　何でも知っている人。
意《い》気《き》消《しょう》沈《ちん》　気力がなくなる。
意《い》気《き》衝《しょう》天《てん》　意気の盛んなこと。
行《い》き倒《だお》れ　道に倒れて死ぬこと(人)。
寝《い》穢《ぎたな》い　いつまでも目を覚まさない。
息《いき》遣《づか》い　呼吸のし方・調子。

息《いき》衝《づ》く　息をする。活気がある。
生《い》き作《づく》り　⇩いけづくり
行《い》き詰《づ》まる　ゆきづまる。
息《いき》詰《づ》まる　息苦しいほど緊張する。
意《い》気《き》投《とう》合《ごう》　気持ちが合致する。
憤《いきどお》る　ひどく腹を立てる。憤慨する。
生《い》き長《なが》らえる　長生きする。
息《いき》抜《ぬ》き　ちょっとした休憩。
息《いき》の根《ね》　呼吸のもと。「—を止める」
行《い》き場《ば》　行く場所。ゆきば。「—がない」
生《い》き恥《はじ》　生き残って受ける恥。
生《い》き仏《ぼとけ》　崇拝される高徳の僧。
息《いき》巻《ま》く　息をあらげて激しく怒る。
生《い》き身《み》　生きているからだ。なまみ。
息《いき》む　息をつめて腹に力を入れる。

生《い》き物《もの》　生きているもの。生物。動物。
依《い》拠《きょ》　よりどころとすること。
異《い》郷《きょう》　故郷を遠く離れたよその土地。
異《い》境《きょう》　故国を離れた地。外国。
異《い》形《ぎょう》　普通と違う怪しい姿・かたち。
偉《い》業《ぎょう》　偉大な仕事。大事業。
遺《い》業《ぎょう》　故人が残した事業。
異《い》教《きょう》徒《と》　異なる宗教を信仰する人。
意《い》気《き》揚《よう》揚《よう》　誇らしげなさま。
医《い》局《きょく》　病院などで医務を扱う所。
委《い》曲《きょく》　詳細なこと。
英《イ》吉《ギ》利《リス》　ヨーロッパの一国。
熱《いき》り立《た》つ　激昂する。
生《い》き霊《りょう》　生きている人の恨みを持つ魂。
生《い》き別《わか》れ　生きたまま別れること。

居《い》食《ぐ》い　働かず財産で暮らすこと。
幾重《いくえ》　物がいくつも重なっていること。
育英《いくえい》　青少年を援助し教育すること。
幾重《いくえ》にも　繰り返し。何度も。
戦《いくさ》　戦い。戦争。(別)軍
育児《いくじ》　乳幼児を養い育てること。
意気地《いくじ》　物事をやりとげる気力。
育種《いくしゅ》　動植物の品種を改良すること。
育成《いくせい》　立派に育て上げること。
幾多《いくた》　数の多いさま。多く。たくさん。
幾度《いくたび》　多くの回数。何回。
異《い》口《く》同音《どうおん》　皆が同じ事を言う。
幾年《いくとせ》　何年。いくねん。
幾許《いくばく》　ほとんどない。わずかの。
猪《い》首《くび》　短くて太い首。

幾久《いくひさ》しく　いつまでも。「―よろしく」
育苗《いくびょう》　植物の苗を育てること。
幾分《いくぶん》　一部分。いくらか。少し。
偉勲《いくん》　立派な手柄。
遺訓《いくん》　故人の残した教え。
畏敬《いけい》　おそれ敬うこと。「―の念」
胃痙攣《いけいれん》　上腹部の発作性の痛み。
生《い》け垣《がき》　樹木で作った垣根。
生《い》け簀《す》　魚などを囲って生かしておく所。
井桁《いげた》　「井」の字形に組んだ井戸の枠。
生《い》け作《づく》り　生きた姿に盛った刺身料理。
生《い》け捕《ど》り　生きたまま捕らえること。
生《い》け贄《にえ》　神に供える生きたままの人や獣。
生《い》け花《ばな》　花などを美しく花器に挿す技芸。
生《い》ける　切り花や枝を花器に挿す。

行《い》ける　できる。相当に良い。酒が飲める。
埋《い》ける　灰や土の中に埋める。
異見《いけん》　別の意見。異論。
意見《いけん》　個人の考え。説教。
違憲《いけん》　憲法に違反すること。⇔合憲
遺賢《いけん》　民間にいる有能な人物。
威厳《いげん》　堂々として立派なこと。
医原病《いげんびょう》　医療が原因で起こる病気。
以後《いご》　それからあと。今後。以降。
囲碁《いご》　碁を打つこと。また、碁。
以降《いこう》　その時よりあと。以後。
衣桁《いこう》　着物を掛けておく家具。
威光《いこう》　人を従わせるような力。
移行《いこう》　ちがう状態に移って行くこと。
意向《いこう》　気持ちの向かうところ。

遺構《いこう》　古代の構築物の残存物。
遺稿《いこう》　故人の未発表の原稿。
憩《いこ》う　くつろぐ。休息する。
異国《いこく》　よその国。外国。
居心地《いごこち》　地位や場所にいる際の感じ。
依怙地《いこじ》　意地を張り通すこと。
遺骨《いこつ》　死者の骨。
鋳込《いこ》む　溶かした金属を鋳型に流しこむ。
遺恨《いこん》　忘れることのできない恨み。
遺言《いごん》　「ゆいごん」の法律上の読み方。
委細《いさい》　詳しいこと。詳細。「―面談」
偉才《いさい》　ずばぬけた才能。(別)異才
異彩《いさい》　特に目立つ点。「―を放つ」
偉材《いざい》　人なみすぐれた人物。
勲《いさお》　功績。手柄。(別)功

諍《いさか》い　言い争い。けんか。
居酒屋《いざかや》　大衆的な酒場。
伊佐木《いさき》　暖海にすむ魚。食用。[夏]
潔《いさぎよ》い　思い切りがよく立派である。
遺作《いさく》　故人の未発表の作品。
砂《いさご》　すな。まさご。
魦《いさざ》　ハゼの一種。琵琶湖の特産。[冬]
些《いささ》か　ほんの少し。わずか。(別)聊か
勇魚《いさな》　クジラの古名。
誘《いざな》う　すすめて連れ出す。さそう。
勇《いさ》ましい　恐れずに立ち向かう。
勇《いさ》み足《あし》　調子に乗って、失敗すること。
勇《いさ》み肌《はだ》　男らしく威勢がいい気質。
勇《いさ》む　心がふるい立つ。
諫《いさ》める　目上の人に忠告する。

十六夜《いざよい》　陰暦一六日の夜(の月)。[秋]
漁《いさ》り火《び》　夜、魚を寄せるための火。
躄《いざ》る　膝やしりを地につけたまま進む。
胃散《いさん》　胃の活性をうながす粉末の胃薬。
胃酸《いさん》　胃液に含まれる酸。
遺産《いさん》　故人が残した財産。先人の業績。
医師《いし》　医者。
意志《いし》　こうしようという積極的な考え。
意思《いし》　こうしようという思い。
遺址《いし》　遺跡。
遺志《いし》　故人の生前の意向。
頤使《いし》　人をあごで使うこと。
縊死《いし》　首をくくって死ぬこと。
意地《いじ》　やり通そうとする心。気だて。執着。
維持《いじ》　同じ状態をもちこたえること。

遺児《いじ》　親の死後、あとに残された子。
石頭《いしあたま》　堅い頭。融通がきかないこと(人)。
石垣《いしがき》　石や岩を積み上げて作った垣。
石亀《いしがめ》　淡水産のカメ。幼体はゼニガメ。
意識《いしき》　心の働きや状態。気にかけること。
石工《いしく》　石材を加工・細工する職人。
弄《いじ》くる　いじる。「にきびを―」
石塊《いしくれ》　石ころ。小石。
石塊《いしころ》　小石。
礎《いしずえ》　建物の土台石。礎石。物事の基礎。
石鯛《いしだい》　中形の海魚。食用。
石畳《いしだたみ》　平石を敷いたところ。
石段《いしだん》　石で築いた階段。
異質《いしつ》　性質が違うこと。⇕同質
遺失《いしつ》　落としたり忘れたりすること。

意地《いじ》っ張《ぱ》り　強情っぱり。
遺失物《いしつぶつ》　落とし物。忘れ物。
石灰《いしばい》　せっかい(石灰)。
意志《いし》薄弱《はくじゃく》　意志の力が弱い。
碑《いしぶみ》　石碑。
石部《いしべ》金吉《きんきち》　物堅い人を言う語。
石仏《いしぼとけ》　石の仏像。感情を表さない人。
苛《いじ》める　弱い者をいため苦しめる。
石持《いしもち》　ニベ科の海魚。食用。グチ。
医者《いしゃ》　病気や傷の診察・治療をする人。
胃弱《いじゃく》　胃の消化する力が弱いこと。
慰謝料《いしゃりょう》　精神的苦痛に対する賠償。
異種《いしゅ》　異なる種類。⇕同種
意趣《いしゅ》　恨み。遺恨。「―返し」
異臭《いしゅう》　不快でいやなにおい。「―を放つ」

蝟集《いしゅう》　多くの物が群がり集まること。
移住《いじゅう》　他の土地や外国に移り住むこと。
畏縮《いしゅく》　恐れちぢこまること。
萎縮《いしゅく》　活気がなくなりちぢまること。
移出《いしゅつ》　国内の他の土地へ品物を送ること。
医術《いじゅつ》　病気や傷を治す技術。
石弓《いしゆみ》　石を発射する古代の武器。(別)弩
遺書《いしょ》　死んだ後のために書き残した文書。
衣装《いしょう》　衣服。晴れ着。舞台で着る衣服。
異称《いしょう》　別の呼び名。異名。
意匠《いしょう》　工夫。趣向。デザイン。
以上《いじょう》　それより上。終わり。
囲繞《いじょう》　⇩いにょう(囲繞)
委譲《いじょう》　権限の一部を他にゆずり渡すこと。
異状《いじょう》　普段とは異なるよくない状態。

異常《いじょう》　いつもと異なる正常でない様子。
偉丈夫《いじょうふ》　たくましく立派な男。
衣食《いしょく》　着る物と食べる物。
委嘱《いしょく》　特定の仕事を外部の人に頼むこと。
異色《いしょく》　他にはない特色。
移植《いしょく》　植えかえ。臓器や組織の移しかえ。
衣食住《いしょくじゅう》　衣服と食物と住居。
医食同源《いしょくどうげん》　病気の治療と普段の食事は密接に結びついていること。
弄《いじ》る　手でもてあそぶ。安易に動かす。
石綿《いしわた》　繊維状の鉱物。アスベスト。
意地悪《いじわる》　わざと人に冷たくすること。
威信《いしん》　権威と信望。
維新《いしん》　改革され新しくなること。明治維新。
遺臣《いしん》　亡国の旧臣。

異人《いじん》　外国人、特に西洋人。別人。
偉人《いじん》　すぐれた業績を残した人。
以心伝心《いしんでんしん》　言葉や文字を使わないでも考えが互いに通じ合うこと。
椅子《いす》　腰かけ。地位。
伊豆《いず》　旧国名。伊豆半島と伊豆七島。豆州。
異数《いすう》　他に例がないこと。異例。
鶍《いすか》　スズメ目の小鳥。「―の嘴《はし》」
居竦《いすく》まる　恐怖などで、動けなくなる。
何処《いずこ》　どこ。「―へともなく去る」
居住《いず》まい　座っている姿勢やようす。
泉《いずみ》　地下水が地表にわき出ている所。[夏]
和泉《いずみ》　旧国名。大阪府南部。泉州。
出雲《いずも》　旧国名。島根県東部。雲州。
何《いず》れ　どちら。どちらにしても。そのうち。

居座《いすわ》る　すわりこんで、動かないでいる。
伊勢《いせ》　旧国名。三重県北部。勢州。
威勢《いせい》　活気にあふれて元気なこと。
異性《いせい》　性が異なること。⇕同性
遺制《いせい》　現在も残っている昔の制度。
為政者《いせいしゃ》　政治を行う人。
伊勢《いせ》海老《えび》　海産の大形のエビ。
移籍《いせき》　籍を移すこと。
遺跡《いせき》　過去に事件や建物があった跡。
異説《いせつ》　通説とは異なる説。
緯線《いせん》　緯度をしめす仮想の線。
以前《いぜん》　ある時点より前。かつて。
依然《いぜん》　前と変わらないさま。
磯《いそ》　岩石の多い波打ちぎわ。
位相《いそう》　社会集団の違いによる言葉の違い。

移送《いそう》 他の場所へうつし送ること。

異相《いそう》 普通とは違った人相や姿。

遺贈《いぞう》 遺言により遺産を他人に与えること。

意想外《いそうがい》 思いもよらないこと。

居候《いそうろう》 よその家に世話になっている人。

忙《いそが》**しい** 用が多く休めない。せわしない。

磯巾着《いそぎんちゃく》 浅海にすむ腔腸動物。[春]

急《いそ》**ぐ** 早く終わらせようとする。早く進む。

遺族《いぞく》 死亡した者の家族・親族。

五十路《いそじ》 五〇歳。

勤《いそ》**しむ** 精を出す。励む。

磯千鳥《いそちどり》 磯にいる千鳥。[冬]

磯辺《いそべ》 磯のあたり。

依存《いそん》 他のものにたよって存在すること。

異存《いぞん》 それとちがった意見・考え。

板《いた》 薄く平たく切った木材。

遺体《いたい》 死んだ人のからだ。なきがら。

痛《いた》**い** 肉体的に苦しい。くやまれる。困る。

偉大《いだい》 すぐれていて、立派であるさま。

幼気《いたいけ》 幼くてかわいいさま。「—な少女」

板金《いたがね》 薄く伸ばした金属。ばんきん。

板紙《いたがみ》 厚く堅い紙。ボール紙など。

委託《いたく》 人に頼みゆだねること。

甚《いた》**く** はなはだしく。非常に。

抱《いだ》**く** だく。心の中にもつ。(別)懐く

居丈高《いたけだか》 高圧的なさま。

板子《いたご》 和船の舟底に敷く揚げ板。

板敷《いたじ》**き** 床に板を張ったところ。

悪戯《いたずら》 ふざけて悪さをすること。

徒《いたず》**ら** 無駄・無益なさま。

頂《いただき》 物の一番高いところ。てっぺん。

頂《いただ》**く** 頭にのせる。もらう。食べる。飲む。

鼬《いたち》 イタチ科の小獣。「—の最後っ屁」

労《いたつ》**き** 病気。骨折り。

至《いた》**って** 非常に。きわめて。はなはだ。

痛手《いたで》 重傷。大きな打撃・損失。

韋駄天《いだてん》 仏法を守る神。足が速い。

虎杖《いたどり》 タデ科の多年草。若芽は食用。[春]

板場《いたば》 和食屋の調理場。料理人。

板挟《いたばさ》**み** 対立する二者の間で困ること。

板葺《いたぶ》**き** 板で屋根を葺くこと。

板前《いたまえ》 日本料理の料理人。

悼《いた》**む** 人の死を惜しみ悲しむ。

痛《いた》**む** 痛いと感じる。

傷《いた》**む** 物が傷つく。食べ物が腐る。

板目《いため》 木目が平行でないもの。⇔柾目

炒《いた》**める** 材料を少量の油で調理する。

至《いた》**り** 結果。きわみ。「若気の—」

至《いた》**る** 行き着く。行き届く。

労《いたわ》**る** やさしく接する。苦労をねぎらう。

異端《いたん》 正統とされない学説・信仰。

異端邪説《いたんじゃせつ》 よこしまな学説。

市《いち》 一定の日に物を売買・交換する場所。

壱《いち》 証書などで「一」の代わりに使う字。

位置《いち》 物の存在する場所。社会的な立場。

一案《いちあん》 一つの考え。

一位《いちい》 イチイ科の常緑高木。アララギ。

一意専心《いちいせんしん》 一つに集中する。

一衣帯水《いちいたいすい》 隣り合うこと。

一因《いちいん》 一つの原因。「敗戦の—」

一員《いちいん》 団体を構成する一人。

一円《いちえん》 ある地域一帯。「九州—」

一応《いちおう》 ひととおり。とりあえず。

一概《いちがい》**に** 全てにわたって。ひっくるめて。

一丸《いちがん》 ひとまとまり。「全員—となって」

一義《いちぎ》 一つの意味。根本的な意味。第一義。

一議《いちぎ》 一度の評議。「—に及ばず」

移築《いちく》 建物を他の所に移して建てること。

一隅《いちぐう》 かたすみ。「都会の—」

一芸《いちげい》 一つの芸能・技芸。「—に秀でる」

一撃《いちげき》 一度の打撃。ひとうち。

一見《いちげん》 料理店などで、初めての客。

一言居士《いちげんこじ》 何事にも、意見を言わなければ気のすまない人。

苺《いちご》 バラ科の多年草。食用に栽培。[夏]

一期《いちご》 一生。一生涯。

一期一会《いちごいちえ》 茶の湯での出会いは一生に一度と心得て互いに誠意を尽くせ。

一言半句《いちごんはんく》 ごく短い言葉。

一座《いちざ》 居合わせた人全員。芸人などの一団。

一時《いちじ》 しばらくの間。あの時。その時だけ。

無花果《いちじく》 クワ科の木。実は食用。[秋]

一字千金《いちじせんきん》 立派な文字や文章。

一七日《いちしちにち》 人の死後七日目。初七日。

一日千秋《いちじつせんしゅう》 非常に待ち遠しい。

一日《いちじつ》**の長**《ちょう》 ややすぐれている。

一汁一菜《いちじゅういっさい》 ごく簡素な食事。

一巡《いちじゅん》 ひと回り。「町内を—する」

一助《いちじょ》 多少の助け。足し。

一条《いちじょう》 ひとくだり。ひと筋。「—の光」

一場《いちじょう》　その場。その席。その場限り。
著《いちじる》しい　きわだっている。明白である。
一陣《いちじん》　風がひとしきり吹くこと。
一途《いちず》　一つのことに打ち込むこと。
一生面《いちせいめん》　新しく開拓された方面。
一族《いちぞく》　同じ血統、同じ系統の人々。
一族郎党《いちぞくろうとう》　同族と家来たち。
一存《いちぞん》　自分ひとりだけの考え。
一代《いちだい》　一生。その地位にいる間。その時代。
一大事《いちだいじ》　重大な事件。
一諾千金《いちだくせんきん》　約束は必ず守る。
一段《いちだん》　ひときわ。格別に。
一段落《いちだんらく》　物事に一区切りがつくこと。
一同《いちどう》　そこにいる者全部。関係する人すべて。
一堂《いちどう》　同じ場所。「―に会する」

一道《いちどう》　一つの道。「―をきわめる」
一時《いちどき》に　同時に。一度に。
一読《いちどく》　ひと通りざっと読むこと。
一度《いちど》に　いっぺんに。
一難《いちなん》　ひとつの災難。「―去ってまた―」
一二《いちに》　わずか。若干。「―反対もあった」
一如《いちにょ》　根本は同じであること。
一任《いちにん》　すっかり任せること。
一人前《いちにんまえ》　一人分。大人並み。人並み。
一念《いちねん》　ひとすじに思うこと。
一年草《いちねんそう》　春に芽が出、冬に枯れる草。
一念発起《いちねんほっき》　ある事を始めようと決心すること。仏道にはいること。
市場《いちば》　商人が集まって生産物を売買する所。
一八《いちはつ》　アヤメ科の多年草。〔夏〕〔別〕鳶尾

一罰百戒《いちばつひゃっかい》　一人を罰して、それを多くの人の戒めとすること。
逸速《いちはや》く　人に先んじて、まっさきに。
一番鶏《いちばんどり》　夜明け方、最初に鳴く鶏。
一番《いちばん》乗《の》り　最初に目的地に着く。
一病息災《いちびょうそくさい》　持病の一つぐらいある方が養生に努めるから健康だ。
一部始終《いちぶしじゅう》　詳細のすべて。
一分《いちぶん》　面目。「男の―が立たない」
一文不通《いちぶんふつう》　無学文盲。
一瞥《いちべつ》　ちらっと見ること。
一別以来《いちべついらい》　別れてから。
一望《いちぼう》　広い範囲をひと目で見渡すこと。
一望千里《いちぼうせんり》　見晴しがよいこと。
一枚《いちまい》　一つの役。一段階。「―上手だ」

一枚岩《いちまいいわ》　強く結ばれた組織。
一枚看板《いちまいかんばん》　誇れる唯一のもの。
一抹《いちまつ》　ほんのわずか。「―の不安」
市松模様《いちまつもよう》　白黒の碁盤目模様。
一味《いちみ》　仲間。一党。ある味わい。
一脈《いちみゃく》　ひとつながり。「―相通じる」
一命《いちめい》　命。「―をとりとめる」
一面観《いちめんかん》　偏った見方。
一面識《いちめんしき》　一度会って見知っている。
一面的《いちめんてき》　ある面にだけ偏っている。
一毛作《いちもうさく》　年一回だけの作物作り。
一網打尽《いちもうだじん》　一度に全員逮捕。
一目散《いちもくさん》　わき目もふらず走るさま。
一目瞭然《いちもくりょうぜん》　ひと目でわかる。
一物《いちもつ》　たくらみ。男根。

逸物《いちもつ》　ずばぬけて優れたもの。
一文《いちもん》　わずかなお金。「―無し」
一門《いちもん》　一族。同じ宗派・流派。
一文字《いちもんじ》　まっすぐなこと。「真―」
一文半銭《いちもんはんせん》　ごくわずかのお金。
一躍《いちやく》　急に。一挙に。「―有名になる」
一夜《いちや》漬《づ》け　はやづけ。にわか勉強。
一揖《いちゆう》　軽くおじぎすること。
移駐《いちゅう》　軍隊が駐屯地を他に移すこと。
意中《いちゅう》　心に思うこと。「―の人」
遺著《いちょ》　死んでから出版された書物。
一葉《いちよう》　一枚の葉。紙など、一枚。舟一艘。
一様《いちよう》　皆同じであること。
銀杏《いちょう》　イチョウ科の木。〔別〕公孫樹
胃腸《いちょう》　胃と腸。食物を消化・吸収する。

移調《いちょう》　曲を別の調子に移すこと。
銀杏返《いちょうがえ》し　女性の髪形の一。
一陽来復《いちようらいふく》　冬が去り春がくる。
一翼《いちよく》　一つの役割、任務。「―を担う」
違勅《いちょく》　天子の命令に違背すること。
一覧《いちらん》　ざっと目を通すこと。
一理《いちり》　一応の筋。一通りの理屈。
一利《いちり》一害《いちがい》　よい面と悪い面。
一律《いちりつ》　差をつけないで同じにすること。
一里塚《いちりづか》　江戸時代の街道の里程標。
一流《いちりゅう》　優れていること。一つの流派。
一粒万倍《いちりゅうまんばい》　一万倍の収穫。
一縷《いちる》　わずか。かすか。「―の希望」
一礼《いちれい》　軽く一度おじぎをすること。
一連《いちれん》　ひとつながり。「―の事件」

一蓮托生《いちれんたくしょう》 運命を共にする。
一路《いちろ》 一本のまっすぐな道。ひたすら。
一六銀行《いちろくぎんこう》 質屋のこと。
一路平安《いちろへいあん》 旅の平安無事。
何《い》**時**《つ》 不定の時を表す。
胃《い》**痛**《つう》 胃の痛み。
一下《いっか》 ひとたび下ること。「命令—」
一家《いっか》 一つの家。一つの団体。独自の権威。
一過《いっか》 一度に通り過ぎること。「台風—」
一介《いっかい》 とるにたらない、一人。「—の文士」
一塊《いっかい》 ひとかたまり。「—の土」
一回忌《いっかいき》 ⇩一周忌
一角《いっかく》 一部分。片隅。「氷山の—」
一攫千金《いっかくせんきん》 大もうけする。
一家言《いっかげん》 その人独自の意見や論説。

一家眷族《いっかけんぞく》 家族と親類縁者。
一過性《いっかせい》 短時間で消える性質。
一家団欒《いっかだんらん》 家族が全員集まり、食事や会話など楽しい時を過ごすこと。
一括《いっかつ》 一つにまとめ上げること。
一喝《いっかつ》 一声、大声でしかりつけること。
一貫《いっかん》 一つの態度・方法でやり通すこと。
一環《いっかん》 全体をかたちづくるものの、一部分。
一揆《いっき》 農民などが起こした武装蜂起。
逸機《いっき》 好機を逃すこと。
一喜一憂《いっきいちゆう》 喜び心配すること。
一騎討《いっきう》**ち** 一対一の勝負。
一気呵成《いっきかせい》 一気に仕上げる。
一掬《いっきく》 ひとすくい。わずか。「—の涙」
一騎当千《いっきとうせん》 一人で千人もの敵を相手にできるほど強いこと。

一気《いっき》**に** ひといきに。「—まとめる」
逸球《いっきゅう》 野球で、ボールをとりそこなうこと。
一挙一動《いっきょいちどう》 一つ一つの動作。
一驚《いっきょう》 ひどくびっくりすること。
一挙《いっきょ》**に** 一度に。一気に。
一挙両得《いっきょりょうとく》 一石二鳥。
居《い》**着**《つ》**く** 住みつく。そこに居続ける。
慈《いつく》**しむ** かわいがり、大切にする。
一系《いっけい》 ひとつながりの血統。
一計《いっけい》 一つの計略。「—を案ずる」
一決《いっけつ》 議事・相談などが一つにまとまる。
溢血《いっけつ》 からだの内部に出血すること。
一件《いっけん》 あの件。一つの事件。「—落着」
一見《いっけん》 一度見ること。ちょっと見ること。

一顧《いっこ》 ちょっと目をとめて見ること。
一向《いっこう》 少しも。全く。「—こたえない」
一考《いっこう》 一度考えてみること。
一行《いっこう》 連れ立って旅行をしている人々。
一刻《いっこく》 ごく短い時間。頑固なさま。
一刻千金《いっこくせんきん》 貴重なひととき。
一刻者《いっこくもの》 頑固な人。
一個人《いっこじん》 公の立場を離れた、ひとり。
一献《いっこん》 一杯の酒。酒をふるまうこと。
一切《いっさい》 全部。全然。全く。
一再《いっさい》 一、二度。一、二回。「—ならず」
逸材《いつざい》 すぐれた才能の人。
一切合切《いっさいがっさい》 全部。残らず。
一策《いっさく》 一つのはかりごと。「—を案ずる」
一札《いっさつ》 一枚の証文。「—入れる」

一散《いっさん》**に** 一目散に。
一矢《いっし》 一本の矢。「—を報いる」
一糸《いっし》 一本の糸。「—もまとわず」
一指《いっし》 指一本。「—だに触れない」
逸史《いっし》 正史にもれた史実。
逸事《いつじ》 ひそかに語られている事柄。
何《い》**時**《つ》**しか** いつの間にか。
一式《いっしき》 ひとそろい全部。「文房具—」
一子相伝《いっしそうでん》 武道や技芸の奥義を自分の子一人にだけ代々伝えること。
一視同仁《いっしどうじん》 平等に愛すること。
一瀉千里《いっしゃせんり》 一気に進むこと。
一蹴《いっしゅう》 はねつけること。簡単に負かすこと。
一周忌《いっしゅうき》 死亡した年の翌年の忌日。
一周年《いっしゅうねん》 ある日から、まる一年。

一宿一飯《いっしゅくいっぱん》 ちょっとした情け。
一瞬《いっしゅん》 きわめて短い時間。「—の出来事」
一緒《いっしょ》 ひとまとまり。同じであること。
逸書《いっしょ》 書名だけで実物は伝わっていない本。
一生《いっしょう》 生まれてから死ぬまでの間。
一笑《いっしょう》 にっこり笑うこと。「破顔—」
一生懸命《いっしょうけんめい》 全力を尽くす。
一唱三嘆《いっしょうさんたん》 詩文を称賛する。
一触即発《いっしょくそくはつ》 非常に危険な状態。
一所懸命《いっしょけんめい》 命をかけること。
一心《いっしん》 それのみに心を集中すること。
一身《いっしん》 自分一人。「同情を—に集める」
一新《いっしん》 すべて新しくすること。明治維新。
一審《いっしん》 訴訟の、第一次の裁判。
一進一退《いっしんいったい》 特に変化がない。

一親等《いっしんとう》 父母と子、配偶者の父母。

一心《いっしん》**同体**《どうたい》 心も体も一つ。

一心《いっしん》**不乱**《ふらん》 集中して乱れない。

一睡《いっすい》 少しの間眠ること。ひと眠り。

溢水《いっすい》 水があふれること。

一炊《いっすい》**の夢**《ゆめ》 人の世の栄枯盛衰のはかないことのたとえ。邯鄲《かんたん》の夢。

逸《いっ》**する** 逃がす。外れる。「常軌を—」

一寸《いっすん》 わずかな距離・時間。「—先は闇」

一世《いっせ》 仏教で、三世の一つ。一生。

一世《いっせい》 その時代。初代。

一斉《いっせい》 同時。いちどき。

一世《いっせ》**一代**《いちだい》 一生に一度だけ。

一夕《いっせき》 ひと晩。一夜。ある夜。

一席《いっせき》 宴会・演芸などの一回。首席。

一隻眼《いっせきがん》 物を見抜く独特の眼識。

一石《いっせき》**二**《に》**鳥**《ちょう》 一つのことをして二つの利益を同時に手に入れること。

一説《いっせつ》 一つの説。別の説。

一殺《いっせつ》**多生**《たしょう》 仏教で、一人を殺すことによって多くの人を救うという考え方。

一刹《いっせつ》**那**《な》 きわめて短い時間。

一閃《いっせん》 ぴかっと光ること。「白刃—」

一線《いっせん》 一本の線。けじめ。最前線。

一層《いっそ》 思い切って。

一双《いっそう》 二つで一組のもの。一対。

一掃《いっそう》 残らず取り除くこと。

一層《いっそう》 程度がさらに進むさま。

一体《いったい》 一つのまとまり。ほんとうに。

一帯《いったい》 そのあたり全域。

逸脱《いつだつ》 本筋からそれること。

一旦《いったん》 ひとまず。ひとたび。

一端《いったん》 一方のはし。全体の一部分。

一致《いっち》 ぴったり合うこと。

一致《いっち》**団結**《だんけつ》 皆が心を合わせる。

一知《いっち》**半解**《はんかい》 生かじりの知識。

一昼《いっちゅう》**夜**《や》 まる一日。二四時間。

一朝《いっちょう》 ひとたび。「—にして」

一張《いっちょう》**一弛**《いっし》 厳格と寛大と。

一朝《いっちょう》**一夕**《いっせき》 わずかな時日。

一長《いっちょう》**一短**《いったん》 長所も短所もある。

一丁《いっちょう》**前**《まえ》 一人前。

一張《いっちょう》**羅**《ら》 一枚しかない晴れ着。

井《い》**筒**《づつ》 井戸の、地上の部分の囲い。井戸側。

一対《いっつい》 二個で一組のもの。

一定《いってい》 一つのものに決まっていること。

一擲《いってき》 全部投げ捨てること。「乾坤—」

一徹《いってつ》 がんこなこと。「—者」

一天《いってん》 空一面。空全体。「—かきくもる」

一転《いってん》 一回転。がらりと変わる。「心機—」

一点《いってん》**張**《ば》**り** それだけで押し通す。

一途《いっと》 一筋の道。「衰退の—をたどる」

一統《いっとう》 統一。「天下—」一同。「御—様」

一頭《いっとう》**地**《ち》 頭一つ。「—を抜く」

一刀《いっとう》**両断**《りょうだん》 明快な処置を下す。

一得《いっとく》**一失**《いっしつ》 利も害もある。

一派《いっぱ》 一つの流派。一つの派閥・集団。

一端《いっぱし》 一人前。ひとかど。「—のことを言う」

一半《いっぱん》 なかば。半分。「責任の—」

一般《いっぱん》 全般に成り立つこと。世間の人々。

一斑《いっぱん》 一部分。「所見の—を述べる」

一飯《いっぱん》**の恩**《おん》 わずかな恩。

一臂《いっぴ》 わずかな助力。「—の力を貸す」

一匹《いっぴき》**狼**《おおかみ》 ひとり独自の行動をする人。

一品《いっぴん》 一つの品。とびきりの品。「天下—」

逸品《いっぴん》 すぐれた品物・作品。

一顰《いっぴん》**一笑**《いっしょう》 少しの表情の変化。

一風《いっぷう》 ほかと少し変わったところ。

一服《いっぷく》 茶やタバコを一回のむ。ひと休み。

一幅《いっぷく》 書画などの掛け物一つ。

鋳潰《いつぶ》**す** 金属製品を溶かして地金にする。

逸聞《いつぶん》 あまり知られていない話。逸話。

一片《いっぺん》 ひとひら。わずか。

一変《いっぺん》 すっかり変わること。

一遍《いっぺん》 一回。ただそれだけで。「通り—」

一辺倒《いっぺんとう》 一方だけにかたよること。

一報《いっぽう》 ちょっと知らせること。

一本《いっぽん》**気**《ぎ》 ひとすじに思い込む性質。

一本《いっぽん》**立**《だ》**ち** ひとりだち。

一本《いっぽん》**調子**《ちょうし》 変化に乏しいさま。

一本《いっぽん》**槍**《やり》 一つのやり方で押し通す。

逸民《いつみん》 世間を逃れて気楽に暮らす人。

逸楽《いつらく》 気ままに遊び楽しむこと。

逸話《いつわ》 あまり知られていない、面白い話。

偽《いつわ》**る** 事実でないことを言う。

夷狄《いてき》 野蛮人。

出《い》**で立**《た》**ち** 装い。身じたく。

凍《い》**て付**《つ》**く** こおりつく。「—寒さ」

出《い》**で湯**《ゆ》 温泉。

凍《い》**てる** こおる。こおりつく。图

移《い》転《てん》 住所などを他に移すこと。
遺《い》伝《でん》 親の形質が子や子孫に伝わること。
意《い》図《と》 こうしようと考えていること。
井《い》戸《ど》 地下水を汲み上げる設備。
緯《い》度《ど》 地球上の南北の位置を示す座標。
伊《い》富《と》魚《う》 サケ目の大形の淡水魚。
厭《いと》う きらう。いたわる。
異《い》同《どう》 ちがい。相違。
異《い》動《どう》 地位・職務などが変わること。
移《い》動《どう》 動いて位置を変えること。
糸《いと》切《き》り歯《ば》 犬歯。
遺《い》徳《とく》 死んだ後もしのばれる人徳。
糸《いと》口《ぐち》 手がかり。きっかけ。(別)緒
幼《いとけな》い おさない。あどけない。いたいけ。
従《い》兄《と》弟《こ》 両親のきょうだいの男の子。

従《い》姉《と》妹《こ》 両親のきょうだいの女の子
居《い》所《どころ》 いるところ。居場所。
愛《いと》しい かわいい。恋しい。いとおしい。
愛《いと》し子《ご》 かわいい子ども。
糸《いと》杉《すぎ》 ヒノキ科の常緑高木。庭園に植える。
糸《いと》底《ぞこ》 陶磁器の底の部分。
糸《いと》竹《たけ》 和楽器の総称。「—の道」
営《いとな》む 行う。経営する。こしらえる。
糸《いと》鋸《のこ》 細い薄刃を金具枠に張った鋸。
井《い》戸《ど》端《ばた》 共同井戸の周り。「—会議」
嬢《いと》はん (関西で)お嬢さん。
暇《いとま》 ひま。時間の余裕。休暇。別れ。
暇《いとま》乞《ご》い 別れを告げること。
挑《いど》む 挑戦する。戦いをしかける。
糸《いと》目《め》 器物につけた細い線。凧に張る糸。

糸《いと》柳《やなぎ》 シダレヤナギの別名。[春]
否《いな》 不同意を表す。いや。
鯔《いな》 ボラの若魚。
異《い》な 変な。おかしな。
以《い》内《ない》 それを含んで、その範囲内。
居《い》直《なお》る 急に強い態度に出る。
田《い》舎《なか》 都会から離れた地方。故郷。
居《い》流《なが》れる ずらりと並んで座る。
稲《いな》子《ご》 バッタの一種。稲の害虫。[秋] (別)蝗
稲《いな》作《さく》 稲の栽培。稲のでき具合。
往《い》なす 追及・攻撃などを軽くかわす。
稲《いな》妻《ずま》 稲光。[秋]
鯔《いな》背《せ》 粋で、きっぷが良い。いさみはだ。
嘶《いなな》く 馬が声高く鳴く。
因《いな》幡《ば》 旧国名。鳥取県東部。因州。

稲光《いなびかり》 [秋] 雷の光。いなずま。
稲《いな》穂《ほ》 [秋] 稲の実っている穂。
否《いな》む 嫌と言う。ことわる。否定する。
稲《いな》叢《むら》 刈り取った稲を積み重ねたもの。[秋]
居《い》並《なら》ぶ 何人もがずらりと並んで座る。
稲《いな》荷《り》 五穀の神を祭った神社。
古《いにしえ》 過ぎ去った遠い昔。過去。
移《い》入《にゅう》 国内の他の地方から運び移すこと。
囲《い》繞《にょう》 周囲をとりかこむこと。
委《い》任《にん》 物事の扱いを人にまかせること。
戌《いぬ》 十二支の第一一番目。
戌《いぬ》亥《い》 北西の方角。(別)乾
犬《いぬ》釘《くぎ》 レールを枕木に打ち付ける釘。
犬《いぬ》死《じ》に 無駄に命を落とすこと。
稲《いね》 イネ科の一年草。米をとる。[秋]

稲《いね》扱《こ》き 稲穂から籾をこきとること。[秋]
居《い》眠《ねむ》り うっかり眠ってしまうこと。
異《い》能《のう》 特別な才能・能力。異才。
豕《いのこ》 イノシシ。イノシシの子。ブタ。
牛《いのこ》膝《ずち》 [秋] ヒユ科の多年草。
猪《いのしし》 [秋] ブタの原種。食用。
命《いのち》 生命。寿命。一生。
命《いのち》懸《が》け 死を覚悟して事にあたること。
命《いのち》知《し》らず 死を恐れないこと(人)。
命《いのち》取《と》り 命を奪う原因。破滅の原因。
命《いのち》拾《びろ》い 幸いにも命が助かること。
命《いのち》冥《みょう》加《が》 神仏の加護で命が助かる。
胃《い》の腑《ふ》 胃袋。胃。
猪《いの》豚《ぶた》 イノシシとブタとの交配種。食肉用。
祈《いの》る 神や仏に願う。心から願う。

位《い》牌《はい》 死者の法名を記した木の札。
違《い》背《はい》 命令・決まりなどに背くこと。
意《い》馬《ば》心《しん》猿《えん》 抑え難い心の乱れ。
衣《い》鉢《はつ》 師が弟子に伝える教え。「—を継ぐ」
遺《い》髪《はつ》 故人の形見の頭髪。
茨《いばら》 とげのある低木。とげ。「—の道」
尿《いばり》 小便。
威《い》張《ば》る 強そうに振る舞う。
違《い》反《はん》 法規・協定などにそむくこと。
違《い》犯《はん》 法にそむいて罪を犯すこと。
鼾《いびき》 睡眠中、呼吸と共にのどから出る音。
萎《い》靡《び》沈《ちん》滞《たい》 活気のないさま。
歪《いびつ》 形がゆがんでいるさま。
意《い》表《ひょう》 思いのほかであること。「—をつく」
遺《い》品《ひん》 故人の残した物。

畏《い》怖《ふ》 恐れかしこまること。
異《い》父《ふ》 母は同じで、父が違うこと。
威《い》武《ぶ》 武力が強く、威厳のあること。
慰《い》撫《ぶ》 なぐさめ、いたわること。
威《い》風《ふう》 威厳があるさま。
遺《い》風《ふう》 今に伝わる風習・習慣。先人の教え。
威《い》風《ふう》堂《どう》堂《どう》 おごそかで立派。
訝《いぶか》る あやしいと思う。不審に思う。
息《い》吹《ぶき》 吐く息。呼吸。「青春の—」
衣《い》服《ふく》 身にまとうもの。着る物。
異《い》腹《ふく》 腹ちがい。異母。⇕同腹
胃《い》袋《ぶくろ》 胃のこと。
燻《いぶ》し銀《ぎん》 光沢のない銀。渋い味わい。
異《い》物《ぶつ》 体の組織になじまないもの。
遺《い》物《ぶつ》 過去の人類の残した物。遺品。

燻《いぶ》る よく燃えないで煙ばかり出る。
異《い》聞《ぶん》 珍しい話。秘話。
異《い》分《ぶん》子《し》 集団になじめない人。
胃《い》壁《へき》 胃の内側の組織。
異《い》変《へん》 普通でない出来事。
韋《い》編《へん》三《さん》絶《ぜつ》 繰り返し本を読む。
疣《いぼ》 皮膚に生じた小さな突起。
異《い》母《ぼ》 父は同じで、母が違うこと。
異《い》邦《ほう》 外国。異国。「—人」
彙《い》報《ほう》 種類別にまとめた報告書。
違《い》法《ほう》 法律に反すること。⇕適法
遺《い》墨《ぼく》 故人が書き残した手紙など。
疣《いぼ》痔《じ》 痔核《じかく》の俗称。
異《い》本《ほん》 もとの本と字句に異同のある本。
今《いま》 現在の瞬間。現代。

居《い》間《ま》 家の中で、家族が集まる部屋。
今《いま》更《さら》 今になっては。今改めて。
今《いま》し方《がた》 今よりほんの少し前。
今《いま》時《じ》分《ぶん》 今ごろ。
戒《いまし》める 教えさとす。しかる。禁止する。
縛《いまし》める 体をしばる。
今《いま》しも ちょうど今。まさに今。
未《いま》だ まだ。「所在は—不明」
今《いま》時《どき》 近ごろ。こんな時間に。
今《いま》際《わ》 もう少しで死ぬという時。
忌《い》まわしい 不吉でいやな感じ。
意《い》味《み》 言葉などが表す内容。価値。
忌《い》み明《あ》け 喪の期間が終わること。
忌《い》み詞《ことば》 忌みつつしんで使用しない言葉。
意《い》味《み》深《しん》長《ちょう》 深い意味を含む。

諱《いみな》 死後に贈る称号。おくりな。
異《い》名《みょう》 俗称・通称・あだ名など。
移《い》民《みん》 外国に移り住む人。
忌《い》む きらって避ける。
異《い》名《めい》 ⇩いみょう(異名)
違《い》命《めい》 命令に背くこと。
芋《いも》 サトイモなどの総称。[秋] (別)薯・藷
芋《いも》頭《がしら》 サトイモの親芋。
芋《いも》幹《がら》 サトイモの葉柄。ずいき。[秋]
稲《い》熱《もち》病《びょう》 イネの病害の一。
芋《いも》蔓《づる》式《しき》 次々に関連していること。
鋳《い》物《もの》 溶かした金属を型に入れて作った物。
芋《いも》虫《むし》 [秋] チョウやガの幼虫。
芋《いも》名《めい》月《げつ》 中秋の名月の別名。[秋]
井《い》守《もり》 池や沼、小川などにすむ両生類。[夏]

慰《い》問《もん》 苦しんでいる人などを見舞うこと。
倚《い》門《もん》の望《ぼう》 門によりかかり帰郷する子供の帰りを待ちわびる母親の情。
嫌《いや》 好ましくない。「—という程」
嫌《いや》嫌《いや》 仕方なく。
否《いや》応《おう》 不承知と承知。「—無く」
医《い》薬《やく》 治療に使う薬品。医療と薬剤。
意《い》訳《やく》 原文を意味をくみとって訳すこと。
違《い》約《やく》 約束にたがうこと。
嫌《いや》気《け》 もういやだという気持ち。
弥《いや》栄《さか》 ますます繁栄すること。
卑《いや》しい 身分が低い。下品だ。粗末だ。
苟《いやしく》も かりそめにも。おろそかに。
癒《いや》す 病気や苦痛をなおす。
弥《いや》増《ま》す ますます多くなる。

嫌《いや》み 人をいやな気持ちにする言葉や態度。
畏《い》友《ゆう》 尊敬している友人。
伊《い》予《よ》 旧国名。愛媛県。予州。
愈《いよいよ》 ますます。とうとう。確かに。
異《い》様《よう》 普通ではないさま。「—な身なり」
威《い》容《よう》 威厳のある姿。
偉《い》容《よう》 堂々として立派な外観・様子。
意《い》欲《よく》 そうしたいと思う気持ち。
以《い》来《らい》 その時から、今に至るまで。
依《い》頼《らい》 他人に頼むこと。他人に頼ること。
苛《いら》苛《いら》 いらだつさま。
甍《いらか》 瓦葺きの屋根。
刺《いら》草《くさ》 イラクサ科の草。茎葉にとげがある。
苛《いら》立《だ》つ 思うようにならずいらいらする。
入《いり》会《あい》 山林・原野を共同使用すること。

入相《いりあい》 日の沈むころ。夕ぐれ。「—の鐘」

入《い》り海《うみ》 陸地にはいり込んだ海。

入《い》り江《え》 海や湖が陸地に入り込んだ所。

入《い》り口《ぐち》 はいるところ。最初の段階。

入《い》り組《く》む 複雑になる。込み入る。

海参《いりこ》 ナマコをゆでて干したもの。

煎《い》り粉《こ》 米を煎って粉にしたもの。

熬《い》り子《こ》 煮干し。

入《い》り日《ひ》 西に沈もうとする夕日。

入《い》り船《ふね》 港にはいって来る船。⇔出船

入《い》り婿《むこ》 女の家に婿としてはいること。

入母《いりも》屋《や》 切妻の下が寄棟風の屋根。

慰《い》留《りゅう》 なだめて、引き止めること。

遺《い》留《りゅう》 置き忘れること。死後に残すこと。

入《い》り用《よう》 必要なこと。必要な費用。

衣《い》料《りょう》 着るもの。また、その材料の布地。

医《い》療《りょう》 病気を治療すること。

威《い》力《りょく》 他を服従させる強い力。

居《い》る 人・動物が存在する。

炒《い》る 水分を加えないで加熱する。(別)煎る

要《い》る 必要とする。

射《い》る 弓で矢を飛ばす。目標に当てる。

鋳《い》る 金属を溶かして型に入れ器物を造る。

衣《い》類《るい》 身にまとう物。衣服。

異《い》類《るい》 人間でないもの。動物・化け物など。

海《い》豚《るか》 小形のクジラの総称。

居《い》留《る》守《す》 家にいながら、るすを装う。

威《い》令《れい》 威力ある命令。

異《い》例《れい》 前例のないまれな例。

慰《い》霊《れい》 死んだ人の霊をなぐさめること。

入《い》れ子《こ》 大きさの順に組み入れる器物。

入《い》れ墨《ずみ》 肌に文字や絵柄を彫ること。

入《い》れ知《ぢ》恵《え》 人に知恵を授けること。

入《い》れ歯《ば》 人工の歯。義歯。

入《い》れ物《もの》 中に物を入れるための容器。

色《いろ》合《あ》い 色の具合。色調。

色《いろ》揚《あ》げ もう一度染め直すこと。

色色《いろいろ》 種類の多いさま。さまざま。

慰《い》労《ろう》 苦労をねぎらうこと。「—会」

遺《い》漏《ろう》 手ぬかり。「—なきを期する」

色《いろ》絵《え》 彩色を施した絵。陶磁器の上絵。

色《いろ》男《おとこ》 女性にもてる男。情夫。

色《いろ》女《おんな》 色気のある女。情婦。

色《いろ》香《か》 男の心をそそる女の容色。

色《いろ》紙《がみ》 種々の色に着色した紙。

色《いろ》気《け》 女性の性的魅力。野心。

色《いろ》消《け》し 不粋。野暮。つやけし。

色《いろ》恋《こい》 色情と恋愛。「—沙汰」

色《いろ》事《ごと》 情事。恋愛。

色《いろ》仕《じ》掛《か》け 色気で誘惑すること。

色《いろ》艶《つや》 肌や顔のつや。

彩《いろど》り 色の取り合わせ。興趣。

色《いろ》鳥《どり》 秋に渡ってくる美しい小鳥。[秋]

色《いろ》直《なお》し 結婚式で、新婦が衣服を改める。

伊《い》呂《ろ》波《は》 いろは歌。初歩。

色《いろ》町《まち》 遊郭。色里。

色《いろ》目《め》 色っぽい目つき。秋波。「—を使う」

色《いろ》眼《め》鏡《がね》 色つきの眼鏡。先入観。

色《いろ》物《もの》 白・黒以外の彩色のあるもの。

色《いろ》好《よ》い 期待にそっている。「—返答」

囲《い》炉《ろ》裏《り》 床を切って作った炉。[冬]

色《いろ》分《わ》け 彩色を変えて、区別する。分類。

異《い》論《ろん》 別の意見。異議。

祝《いわ》う めでたいことを喜ぶ。祝福する。

巌《いわお》 高く突き出た大きな岩。

違《い》和《わ》感《かん》 調和に欠ける感じ。

磐《いわ》城《き》 旧国名。福島県東部と宮城県南部。

曰《いわ》く わけ。…が言うことには。

曰《いわ》く付《つ》き よくない事情があること。

磐《いわ》座《くら》 神の御座所。

鰯《いわし》 海産の小形の魚。食用。[秋]

鰯《いわし》雲《ぐも》 うろこ状の雲。巻積雲。[秋]

岩《いわ》代《しろ》 旧国名。福島県中西部。

岩《いわ》田《た》帯《おび》 妊婦が腹にしめる帯。

岩《いわ》燕《つばめ》 崖に巣を作る小鳥。[夏]

岩《いわ》魚《な》 清流にすむサケ科の魚。食用。[夏]

岩《いわ》場《ば》 岩の多い場所。山の険しい岩壁。

石《いわ》見《み》 旧国名。島根県西部。石州。

岩《いわ》室《むろ》 いわや。

岩《いわ》屋《や》 岩間のほら穴。ほら穴の住居。

所《いわ》謂《ゆる》 世間でいわれている。俗にいう。

謂《いわれ》 由緒。理由。わけ。「深い—」

況《いわ》んや まして。「—悪人においてをや」

陰《いん》 消極的・受動的なもの。⇔陽

韻《いん》 詩歌で、一定の位置に置く同一の音。

陰《いん》萎《い》 男子の性交不能症。インポ。

淫《いん》佚《いつ》 男女間のみだらなこと。

隠《いん》逸《いつ》 俗世を逃れて隠れ住むこと。

殷《いん》殷《いん》 音のとどろくさま。

陰《いん》陰《いん》 薄暗く、寂しいさま。

淫雨《いんう》　いつまでも降り続くながあめ。
陰鬱《いんうつ》　心の晴れ晴れしないこと。
印影《いんえい》　紙などにおした印章の形。
陰影《いんえい》　かげの部分。微妙な趣のある変化。
引火《いんか》　他の火・熱によって燃え出すこと。
陰火《いんか》　きつね火。鬼火。
因果《いんが》　原因と結果。前世の悪業の報い。
陰画《いんが》　ネガティブ。ネガ。⇔陽画
員外《いんがい》　定員外。
因果《いんが》応報《おうほう》　過去の行いの善悪に応じて、必ず現在の報いがあるということ。
印画《いんが》紙《し》　写真を焼きつける感光紙。
印鑑《いんかん》　はんこ。実印。
殷鑑《いんかん》　いましめとなる前例。
陰気《いんき》　暗くしずみこんださま。⇔陽気

隠居《いんきょ》　官職を辞して、のんびり暮らすこと。
印形《いんぎょう》　はんこ。印影。
陰極《いんきょく》　電位の低い方の電極。⇔陽極
慇懃《いんぎん》　ねんごろで礼儀正しいこと。
慇懃《いんぎん》無《ぶ》礼《れい》　うわべは丁寧だが、実は相手を軽くみて尊大なこと。
陰茎《いんけい》　動物の雄の交接器。ペニス。
引見《いんけん》　目上の者が人を呼び寄せて会うこと。
陰険《いんけん》　内心に悪意をもっているさま。
隠見《いんけん》　隠れたりあらわれたりすること。
隠元《いんげん》豆《まめ》　マメ科の作物。食用。[秋]
鸚哥《いんこ》　オウム目の鳥。飼い鳥とされる。
隠語《いんご》　仲間だけに通用する語。
咽喉《いんこう》　咽頭と喉頭。のど。
淫行《いんこう》　みだらなおこない。

因業《いんごう》　頑固で人情味のないこと。
印刻《いんこく》　印材に印章を彫ること。
陰刻《いんこく》　文字や絵をへこませて彫ること。
印材《いんざい》　印を作る材料。
印刷《いんさつ》　文字や絵を一時にたくさん刷ること。
陰惨《いんさん》　陰気でむごたらしいこと。
因子《いんし》　原因となる要素。
印紙《いんし》　国が発行する証票。収入印紙など。
印字《いんじ》　紙やテープに文字を打つこと。
印璽《いんじ》　国家の印と天皇の印。
韻事《いんじ》　詩文を作ること。「風流—」
陰湿《いんしつ》　暗くて不明朗であること。
隠者《いんじゃ》　俗世間を避けて暮らす人。
飲酒《いんしゅ》　酒を飲むこと。
因習《いんしゅう》　昔から続いている悪習。

因循《いんじゅん》　旧来の方法・習慣に従うさま。
因循《いんじゅん》姑《こ》息《そく》　因習を改めないで、一時の間に合わせをすること。
引証《いんしょう》　証拠として引用すること。
印章《いんしょう》　印。はんこ。
印象《いんしょう》　そのものに触れた時、心に残る感銘。
飲食《いんしょく》　飲んだり食べたりすること。
音信《いんしん》　おんしん(音信)。
殷賑《いんしん》　盛んで、にぎやかなこと。
員数《いんずう》　人や物の一定の数。「—外」
院政《いんせい》　上皇や法皇が行なった政治。
陰性《いんせい》　陰気な性格。検査の反応がない。
隠棲《いんせい》　世間から離れて静かに暮らすこと。
印税《いんぜい》　出版者が著者に支払う著作権使用料。
引責《いんせき》　責任をとること。「—辞任」

姻戚《いんせき》　婚姻によって生じた親戚。姻族。
隕石《いんせき》　地球上に落下してきた天体の破片。
隠然《いんぜん》　隠れた実力を有するさま。
姻族《いんぞく》　婚姻によってつながる人々。姻戚。
引率《いんそつ》　多くの人をひきいて行くこと。
引退《いんたい》　その地位や役職から退くこと。
隠退《いんたい》　社会的な活動から身を引くこと。
引致《いんち》　被疑者などを強制的に連行すること。
院展《いんてん》　日本美術院主催の展覧会。
印度《インド》　アジア南部の国。天竺。
咽頭《いんとう》　口の中ののどの入り口の部分。
淫蕩《いんとう》　酒色におぼれ乱れること。
引導《いんどう》　葬儀で、僧が死者に経を唱えること。
陰徳《いんとく》　人知れず施す善行。⇔陽徳
隠匿《いんとく》　不法に隠すこと。「犯人—」

隠遁《いんとん》　世俗を逃れ、隠れすむこと。
印肉《いんにく》　押印に使う朱をしみ込ませたもの。
隠忍《いんにん》　つらさや怒りをじっとこらえること。
隠忍《いんにん》自《じ》重《ちょう》　こらえて自制する。
因縁《いんねん》　前世からの宿命。由来。言いがかり。
陰嚢《いんのう》　睾丸を包む袋。ふぐり。
淫売《いんばい》　売春。また、売春婦。
印判《いんばん》　印。はんこ。印章。
淫靡《いんび》　節度がなく性的にみだらなさま。
隠微《いんび》　かすかでわかりにくいこと。
陰部《いんぶ》　外陰部。局部。恥部。
淫風《いんぷう》　性的にみだらな風潮。
陰文《いんぶん》　陰刻。いんもん。
韻文《いんぶん》　韻律を整えた文。⇔散文
隠蔽《いんぺい》　おおい隠すこと。「事実を—する」

陰謀《いんぼう》 ひそかにたくらんだよくない計画。

淫奔《いんぽん》 性的にだらしのないこと。

湮滅《いんめつ》 跡形もなくすっかり消えること。

因由《いんゆ》 起こり。原因。

引喩《いんゆ》 故事・古歌などを引用した修辞法。

隠喩《いんゆ》 たとえの形式をとらない比喩。

引用《いんよう》 他人の言葉を引いて使うこと。

陰陽《いんよう》 万物に働く相反する要素。

飲用《いんよう》 人が飲むのに用いること。

淫欲《いんよく》 性的な欲望。情欲。

淫乱《いんらん》 情欲をほしいままにするさま。

韻律《いんりつ》 言葉のリズム。

飲料《いんりょう》 人が飲むための液体。

引力《いんりょく》 物体が互いに引き合う力。⇕斥力

引例《いんれい》 根拠として引用した例。

陰暦《いんれき》 ⇩太陰暦《たいいんれき》

印籠《いんろう》 昔、薬や印を入れて腰に下げた小箱。

淫猥《いんわい》 下品でみだらなさま。

う

卯《う》 十二支の四番目。うさぎ。

鵜《う》 ウ科の大形の水鳥。鵜飼いに用いる。

憂《う》い つらい。悲しい。

維納《ウィーン》 オーストリアの首都。音楽の都。

初初《ういうい》しい 若くて純な感じだ。

茴香《ういきょう》 セリ科の草。健胃剤・香味料。

初冠《ういこうぶり》 元服して初めて冠をつけること。

初産《ういざん》 初めて子供をうむこと。

初陣《ういじん》 戦いに初めて出ること。

有為《うい》転変《てんぺん》 世間の一切のものは変化し、永遠なものは一切無い。

初孫《ういまご》 はつまご。

外郎《ういろう》 米の粉から作った蒸し菓子。

烏竜茶《ウーロンちゃ》 中国茶の一。

植木《うえき》 庭や鉢などに植えてある木。

植《う》え込《こ》み 草木を集めて植え込んだ所。

飢《う》え死《じ》に 飢えて死ぬこと。餓死。

飢《う》える 空腹に苦しむ。激しく求める。

植《う》える 根を土中に立てて草木を育てる。

有縁《うえん》 仏道に縁のあること。

迂遠《うえん》 まわりくどいさま。

右《う》往《おう》左《さ》往《おう》 あわてて動き回る。

魚《うお》河《が》岸《し》 魚介類の市場。

魚《うお》の目《め》 皮膚の角質化した「たこ」の一種。

羽《う》化《か》 昆虫が羽をもった成虫になること。

鵜《う》飼《か》い 鵜に魚を捕らせること。夏

迂《う》回《かい》 遠まわりすること。

嗽《うがい》 水や薬で口をすすぐこと。

伺《うかが》う 「聞く・尋ねる・訪問する」の謙譲語。

窺《うかが》う のぞいてみる。機会をねらう。

迂《う》闊《かつ》 注意や慎重さが足りないさま。

穿《うが》つ 穴をあける。真相を鋭くとらえる。

羽《う》化《か》登仙《とうせん》 天にも昇る気分。

親族《うから》 しんぞく。血族。

右《う》岸《がん》 上流からみて右側の川岸。⇕左岸

浮《う》子《き》 釣り糸につけて水面に浮かべるもの。

雨《う》季《き》 降水量の多い期間。

浮《う》き足《あし》 逃げ腰。「—立つ」

浮《う》き草《くさ》 水に浮かんで育つ草。夏 別萍

浮《う》き雲《ぐも》 空に浮かぶ雲。

浮《う》き腰《ごし》 不安定な腰つき。

浮《う》き沈《しず》み 浮いたり沈んだりすること。

浮《う》き島《しま》 島のように見える水草などの塊。

浮《う》き巣《す》 水面に作るカイツブリの巣。夏

浮《う》き名《な》 色恋のうわさ。

浮《う》き袋《ぶくろ》 体を水に浮かせる袋。夏

浮《う》き彫《ぼ》り 模様を高く残した彫刻。

憂《う》き身《み》 つらいことの多い身の上。

憂《う》き目《め》 つらい思いや体験。

浮《う》き世《よ》 つらくはかない世の中。世間。

浮世絵《うきよえ》 江戸時代の風俗画。

迂《う》曲《きょく》 曲がりくねること。

鯎《うぐい》 コイ目の淡水魚。食用。ハヤ。

鶯《うぐいす》 鳴き声の美しい小鳥。春告げ鳥。春

有《う》卦《け》 陰陽道で、幸運の年回り。

請《う》け合《あ》う 引き受ける。保証する。

右《う》傾《けい》 保守的・国粋主義的になること。

受《う》け売《う》り 人の説を自説として述べる。

請負《うけおい》 完成を条件に報酬を受け取る契約。

受《う》け答《こた》え 尋ねられて答えること。

受《う》け皿《ざら》 受け入れの態勢。

承《うけたまわ》る 「聞く・引き受ける」などの謙譲語。

受《う》け継《つ》ぐ 人のあとを受けて引き継ぐ。

受付《うけつけ》 来訪者を取り次ぐ所。その係。

受取《うけとり》 受領証。

請人《うけにん》 引き受ける人。保証人。

受《う》け身《み》 まもり防ぐ体勢。受動態。

受《う》け持《も》つ 任務として、引き受ける。

受《う》ける 受けとめる。こうむる。もらう。

請《う》ける うけおう。仕事などを引き受ける。

享《う》ける　身に授かる。
受《う》け渡《わた》し　物品・金銭の授受。
右舷《うげん》　船首に向かって右側のふなばた。
雨後《うご》　雨上がり。「―のたけのこ」
羽後《うご》　旧国名。大体、今の秋田県。
烏合《うごう》の衆《しゅう》　寄せ集めの集団。
五加《うこぎ》　ウコギ科の落葉低木。春
右顧左眄《うこさべん》　迷いためらうこと。
蠢《うごめ》く　もぞもぞ動く。
鬱金《うこん》　ショウガ科の草。根は黄色。「―色」
憂《う》さ　めいった気持ち。「―を払う」
胡散臭《うさんくさ》い　どことなく怪しい。
丑《うし》　十二支の二番目。
大人《うし》　貴人・富者などを敬っていう語。
齲歯《うし》　虫歯。

氏《うじ》　家系を表す名。
蛆《うじ》　ハエやハチなどの幼虫。うじ虫。夏
潮《うしお》　満ち干する海水。海の水。
潮汁《うしおじる》　魚介を入れた塩味の吸い物。
氏神《うじがみ》　氏族の神。土地の守り神。
氏子《うじこ》　共通の氏神をまつる人々。
丑寅《うしとら》　北東の方角。俗に、鬼門という。別艮
丑三《うしみ》つ　午前二時ごろ。真夜中。
蛆虫《うじむし》　うじ。鼻つまみ者。嫌われ者。
鵜匠《うしょう》　鵜飼いで、鵜を操る人。夏
有情《うじょう》　生きているものすべて。衆生。
後《うし》ろ髪《がみ》　頭の後ろの髪。「―を引かれる」
後《うし》ろ楯《だて》　陰で助けてくれること。
後《うし》ろ前《まえ》　前後が反対になること。
後《うし》ろ向《む》き　事態に消極的であること。

後《うし》ろ指《ゆび》　人を後ろから指さすこと。
臼《うす》　餅をつき、穀物を粉にする道具。
渦《うず》　ぐるぐる回る水流。
薄明《うすあ》かり　かすかな明るさ。
薄味《うすあじ》　あっさりした食物の味つけ。
雨水《うすい》　あまみず。二十四節気の一。春
薄《うす》い　厚みがない。濃くない。淡い。
薄薄《うすうす》　ほのかに。かすかに。
薄紙《うすがみ》　薄い紙。「―をはぐよう」
薄着《うすぎ》　あまり重ね着しないこと。
薄汚《うすぎたな》い　何となくよごれている。
疼《うず》く　傷などがずきずき痛む。
薄口《うすくち》　色や味が薄いもの。
蹲《うずくま》る　体を丸くしてしゃがむ。
薄暗《うすぐら》い　あまり明るくない。少し暗い。

薄化粧《うすげしょう》　目立たない化粧。⇔厚化粧
薄地《うすじ》　うすい生地。⇔厚地
渦潮《うずしお》　渦を巻いて流れる海水。
堆《うずたか》い　盛り上がって高い。
薄茶《うすちゃ》　薄くたてた抹茶。お薄。⇔濃い茶
薄手《うすで》　紙などの地の薄いもの。
薄鈍《うすのろ》　動作や反応がにぶいこと(人)。
薄羽蜉蝣《うすばかげろう》　蟻地獄の成虫。秋
薄日《うすび》　弱い日の光。うすら日。
薄縁《うすべり》　布の縁をつけたござやむしろ。
渦巻《うずま》き　渦。渦を巻いた形。
埋《うず》まる　うずもれる。うまる。
埋《うず》み火《び》　灰の中に埋めてある炭火。冬
薄物《うすもの》　薄く織った織物。夏 別羅
薄様《うすよう》　薄くすいた鳥の子紙。別薄葉

鶉《うずら》　キジ科の鳥。肉・卵は食用。秋
薄《うす》らぐ　薄くなる。軽くなる。
鶉豆《うずらまめ》　インゲンマメの一種。食用。
右折《うせつ》　道路などを右へ曲がること。⇔左折
失《う》せ物《もの》　なくした品物。紛失物。
失《う》せる　無くなる。消える。去る。
羽前《うぜん》　旧国名。ほぼ、今の山形県。
嘘《うそ》　事実ではないこと。「―をつく」
獺《うそ》　カワウソ。おそ。
鷽《うそ》　スズメ目の小鳥。春
有象無象《うぞうむぞう》　つまらない人たち。
嘘吐《うそつ》き　嘘を言う人。
嘘八百《うそはっぴゃく》　嘘の多いこと。嘘ばかり。
嘯《うそぶ》く　そらとぼける。ほらを吹く。
謡《うたい》　能の詞章。謡曲。

宇内《うだい》　世界。天下。
歌《うた》う　節を付けて声を出す。詩歌を作る。
謳《うた》う　ほめたたえる。はっきり表明する。
疑《うたが》う　本当ではないと思う。あやしむ。
歌垣《うたがき》　古代の予祝・求愛の行事。かがい。
泡沫《うたかた》　水のあわ。はかなく消えやすいもの。
疑《うたが》わしい　いぶかしい。あやしい。
歌口《うたぐち》　笛・尺八などの息を吹き込むところ。
宴《うたげ》　酒宴。宴会。
歌心《うたごころ》　和歌をよもうとする心。歌の意味。
転《うたた》　ますます。いっそう。
転寝《うたたね》　寝るつもりでなくちょっと眠ること。
梲《うだつ》　梁の上に立てて棟木を支える短い柱。
歌姫《うたひめ》　女性歌手。
歌枕《うたまくら》　古歌によまれた諸国の名所。

歌詠《うたよ》み 和歌をよむ人。歌人。
茹《う》だる ゆだる。暑さでだるくなる。
内《うち》 内部。なか。自分の属するところ。
家《うち》 家屋。いえ。自分の家庭。
討《う》ち入《い》り 攻め入ること。
内祝《うちいわ》い うちわの者だけでする祝い。
内内《うちうち》 うちわ。ないない。「—ですます」
内海《うちうみ》 陸地で挟まれた海。湖。
裲襠《うちかけ》 昔の婦人の礼服。今は婚礼衣装。
内兜《うちかぶと》 かぶとの内側。内情。内幕。
内気《うちき》 ひっこみがちな性格であるさま。
袿《うちぎ》 昔、貴婦人が唐衣の下に着た衣服。
打《う》ち傷《きず》 打撲傷。
打《う》ち切《き》る 途中でおわりにする。
内金《うちきん》 前もって払う代金の一部。

打《う》ち首《くび》 昔、罪人の首を切った刑罰。
打《う》ち消《け》す 否定する。
打《う》ち粉《こ》 麺などをのばす時振りかける粉。
打《う》ち壊《こわ》し 江戸時代、大衆の暴動。
討《う》ち死《じ》に 敵と戦って死ぬこと。
内税《うちぜい》 価格に間接税が含まれていること。
打《う》ち出《だ》し 興行の終わり。
内面《うちづら》 うちわの人に対する態度。
内《うち》弟《で》子《し》 住み込みの弟子。
打《う》ち止《ど》め 興行の終わり。
内法《うちのり》 器物の内側で計った寸法。
内払《うちばら》い 代金の一部の前払い。
内懐《うちぶところ》 着物のふところの肌に近い方。内情。
内弁慶《うちべんけい》 家でだけ威張っている人。
内堀《うちぼり》 二重の堀の、内側の堀。⇔外堀

内幕《うちまく》 内部の事情。
内孫《うちまご》 跡取りの夫婦の子供。⇔外孫
内股《うちまた》 うちもも。足先が内側に向く歩き方。
内股膏薬《うちまたごうやく》 節操のない人。
打《う》ち身《み》 打撲傷。
打《う》ち水《みず》 庭や門前に水をまくこと。〔夏〕
内湯《うちゆ》 旅館などで、建物の中にある浴場。
宇宙《うちゅう》 万物を含みこむ無限の空間。
有頂天《うちょうてん》 得意の絶頂になること。
団扇《うちわ》 あおいで風を起こす道具。〔夏〕
内輪《うちわ》 親しい者どうし。控えめ。
内訳《うちわけ》 総額を小分けしたもの。明細。
内渡《うちわた》し 金品の一部を前もって渡すこと。
内輪《うちわ》揉《も》め 仲間どうしの争い。
鬱《うつ》 心がめいっている状態。

打《う》つ 物と物を強く当てる。たたく。
討《う》つ 攻め滅ぼす。斬り殺す。
撃《う》つ 矢や弾丸を発射する。攻撃する。
鬱鬱《うつうつ》 心がふさいではればれしないさま。
空木《うつぎ》 落葉低木。花は「うのはな」。
卯月《うづき》 陰暦四月の異名。卯の花月。〔夏〕
鬱屈《うっくつ》 気分がふさぎこむこと。
鬱血《うっけつ》 静脈内の血が一部に滞ること。
写《うつ》す 書きうつす。写真にとる。
映《うつ》す 姿・形を物の上に現す。映写する。
移《うつ》す 物を他のところへ動かす。
鬱積《うっせき》 不平・不満などがたまること。
現身《うつせみ》 はかないこの世に生きている人間。
空蟬《うつせみ》 蟬のぬけ殻。〔夏〕
鬱然《うつぜん》 草木の茂るさま。盛んなさま。

鬱蒼《うっそう》 草木の茂るさま。
訴《うった》える 裁判所に申し出る。人に告げる。
現《うつつ》 現実。正気。本心。
討《う》っ手《て》 賊などを追いかけて討つ人。
打《う》って付《つ》け あつらえむき。
鬱陶《うっとう》しい 気が晴れない。
梁《うつばり》 ⇨はり（梁）
鬱病《うつびょう》 憂鬱感や不安感を特徴とする病気。
俯《うつぶ》せ 顔や腹を下に向けること。
鬱憤《うっぷん》 積もり重なった怒りやうらみ。
靫《うつぼ》 矢を入れ身につける筒形の道具。
靫葛《うつぼかずら》 熱帯産の食虫植物。
鬱勃《うつぼつ》 意気盛んなこと。
俯《うつむ》く 下を向く。⇔あおむく
移《うつ》り香《が》 衣服に移って残る香り。

移《うつ》り気《ぎ》 気が変わりやすいこと。うわき。
写《うつ》る 写真にとられる。透けて見える。
映《うつ》る 物の上に姿が現れる。映像が現れる。
移《うつ》る 移動する。感染する。時が経過する。
空《うつ》ろ からっぽ。生気がない。
器《うつわ》 入れもの。才能。器量。
腕《うで》 肩から手首までの手。技量。腕前。
雨滴《うてき》 雨のしずく。あまだれ。
腕木《うでぎ》 横に突き出し、物を支える横木。
腕《うで》利《き》き 腕前のすぐれていること。
腕組《うでぐ》み 両腕を前で組み合わせること。
腕比《うでくら》べ 技量や腕力を競いあうこと。
腕尽《うでず》く 腕力にたよること。
腕相撲《うでずもう》 腕力の強さを競い合う遊び。
腕《うで》っ節《ぷし》 腕力。

台《うてな》 物を載せる台。「蓮の―」
萼《うてな》 植物の、がく。
腕《うで》前《まえ》 物事を処理する能力。
腕《うで》捲《まく》り 袖口をまくって腕を出すこと。
茹《う》でる ゆでる。
腕《うで》輪《わ》 腕にはめる飾りの輪。
雨《う》天《てん》 雨降り。雨降りの天候。
独《う》活《ど》 ウコギ科の多年草。食用。春
疎《うと》い 親しくない。よく知らない。
右《う》党《とう》 保守政党。下戸。
善《う》知《と》鳥《う》 チドリ目の海鳥。
有《う》徳《とく》 徳がある。
烏《う》兎《と》匆《そう》匆《そう》 月日の経過が早い。
疎《うと》む きらう。うとんじる。
饂《う》飩《どん》 小麦粉を使ったためん類の一。

優《う》曇《どん》華《げ》 クサカゲロウの卵。夏
饂《う》飩《どん》粉《こ》 小麦粉。
促《うなが》す 催促する。そうなるよう仕向ける。
鰻《うなぎ》 細長い淡水魚。海で産卵する。夏
鰻《うなぎ》登《のぼ》り あっという間に上がること。
魘《うな》される こわい夢をみてうめく。
項《うなじ》 首の後ろの部分。くびすじ。
頷《うなず》く 首をたてに振る。別首肯く
項《うな》垂《だ》れる 首を前に垂れる。
海《うな》原《ばら》 広々とした海。
唸《うな》る 低い声を発する。感嘆の声を発する。
海《う》胆《に》 クリのいがに似た棘皮動物。春
雲《う》丹《に》 ウニの卵巣を塩漬けにした食品。
自《うぬ》惚《ぼ》れる 自分をすぐれていると思う。
畝《うね》 畑で、細長く土を盛り上げた所。

卯《う》の花《はな》 ウツギの花。おから。きらず。
鵜《う》呑《の》み 丸のみ。理解せずに採り入れる。
右《う》派《は》 保守的な政治団体。⇔左派
姥《うば》 年をとった女性。
乳《う》母《ば》 母親に代わり幼児に乳を与える女性。
奪《うば》う 無理に取り上げる。引きつける。
乳《う》母《ば》車《ぐるま》 乳幼児を乗せる手押し車。
姥《うば》桜《ざくら》 彼岸桜の俗称。色っぽい年増女。
初《うぶ》 世間ずれしていないこと。
産《うぶ》着《ぎ》 生まれたばかりの子に着せる着物。
産《うぶ》毛《げ》 生まれたときから生えている髪の毛。
産《うぶ》声《ごえ》 生まれたときにあげる声。
産《うぶ》土《すな》神《がみ》 生まれた土地の守り神。
産《うぶ》湯《ゆ》 生まれたばかりの赤ん坊を入れる湯。
諾《うべな》う 承知する。

午《うま》 十二支の七番目。
旨《うま》い 味がよい。おいしい。別美味い
上《う》手《ま》い たくみだ。じょうずだ。
馬《うま》追《おい》虫《むし》 昆虫の一。スイッチョ。秋
馬《うま》方《かた》 駄馬をひくのを職とする人。馬子。
馬《うま》肥《ご》やし マメ科の二年草。牧草。春
石《うま》女《ずめ》 子供を生めない女性。
馬《うま》面《づら》 長い顔。フグ目の海魚。食用。
馬《うま》跳《と》び かがんだ者を飛び越える遊び。
旨《うま》煮《に》 甘辛い味で煮つけた料理。別甘煮
馬《うま》の脚《あし》 下級の役者。
馬《うま》の骨《ほね》 素性のわからない者。
馬《うま》乗《の》り 馬に乗るようにまたがる。
旨《うま》み 味のよさ。あじわい。もうけ。
駅《うまや》 旅人の便のため街道筋に設けた設備。

馬《うま》屋《や》 馬小屋。別厩
膿《うみ》 傷などの化膿した部分からでる液。
海《うみ》亀《がめ》 海にいるカメの総称。夏
海《うみ》路《じ》 海上の船の通う航路。かいろ。
海《うみ》千《せん》山《やま》千《せん》 悪賢い人。
海《うみ》燕《つばめ》 ツバメに似た小形の海鳥。
海《うみ》鳴《な》り 波が海岸で砕ける時の低い響き。
海《うみ》猫《ねこ》 鳴き声がネコに似るカモメ科の海鳥。
海《うみ》の幸《さち》 海でとれる魚介類や海藻など。
海《うみ》辺《べ》 海のほとり。海岸。
海《うみ》蛇《へび》 海産のヘビの総称。ほとんどが有毒。
海《うみ》坊《ぼう》主《ず》 海にいる坊主頭の化け物。
海《うみ》酸漿《ほおずき》 海産の巻貝の卵嚢。夏
有《う》無《む》 あることとないこと。承知と不承知。
生《う》む 子どもをつくる。作り出す。

産《う》む 出産する。産卵する。
倦《う》む 長く続いていやになる。飽きる。
熟《う》む 果実などが熟す。うれる。
績《う》む 繊維をより合わせる。
膿《う》む 膿がたまる。化膿する。
梅《うめ》 バラ科の落葉高木。実は食用。春
呻《うめ》く 苦痛のために、低い声を発する。
埋《う》め草《くさ》 欠けた所を埋めるもの。
梅《うめ》酒《しゅ》 梅の実と砂糖を焼酎に漬けた酒。夏
梅《うめ》酢《ず》 梅の実を塩漬けにした時に出る汁。
梅《うめ》干《ぼ》し 梅の実を塩漬けにした食品。夏
羽《う》毛《もう》 鳥類の体表に生えるやわらかい毛。
埋《う》もれ木《ぎ》 長く土中にあり炭化した木。
恭《うやうや》しい 礼儀にかなって丁寧である。
敬《うやま》う 尊んで礼をつくす。

有《う》耶《や》無《む》耶《や》 はっきりしない。
烏《う》有《ゆう》 全く何もないこと。「—に帰す」
紆《う》余《よ》曲《きょく》折《せつ》 事情が込み入っていて、途中でいろいろと変わること。
右《う》翼《よく》 右側のつばさ。保守派。
浦《うら》 海や湖の入り江。海岸。浜辺。
裏《うら》 外に現れない側。内情。内幕。
裏《うら》打《う》ち 物事を補強すること。裏づけ。
裏《うら》表《おもて》 裏と表。裏返し。かげひなた。
裏《うら》書《が》き 証券の裏に署名などをすること。
裏《うら》方《かた》 見えない舞台裏で仕事をする人。
心悲《うらがな》しい 何となく悲しい。
末《うら》枯《が》れ 草木の枝先や葉先が枯れる。〔秋〕
裏《うら》鬼《き》門《もん》 鬼門の反対方向。南西。
裏《うら》切《ぎ》り 味方にそむいて敵側につくこと。

裏《うら》口《ぐち》 裏の出入り口。不正な方法。
裏《うら》芸《げい》 隠し芸。⇕表芸
裏《うら》声《ごえ》 特殊な発声法で出す高い声。
裏《うら》漉《ご》し イモなどをつぶして漉すこと。
裏《うら》作《さく》 主要作物の収穫後に作る作物。
裏《うら》地《じ》 衣服の裏に用いる布。⇕表地
浦《うら》島《しま》草《そう》 サトイモ科の草。有毒。
裏《うら》白《じろ》 ウラジロ科のシダ植物。〔新〕
裏《うら》店《だな》 裏通りに面した粗末な貸家。
裏《うら》付《づ》け 確かな証拠や保証となるもの。
裏《うら》手《て》 建物などの、裏の方。
裏《うら》通《どお》り 裏側の通り。裏道。
裏《うら》年《どし》 果実のできがよくない年。
占《うらな》い 運勢などをうらなうこと(人)。
末《うら》生《な》り 蔓の先になった実。「—瓢簞」

裏《うら》話《ばなし》 表ではされないうちわの話。
裏《うら》腹《はら》 正反対なこと。あべこべ。
盂《う》蘭《ら》盆《ぼん》 祖先を供養する仏事。〔秋〕
恨《うら》む 人に対して不満や怒りをもつ。
憾《うら》む 残念に思う。
裏《うら》目《め》 予想とは反対の結果。
羨《うらや》む 自分もそうなりたいと願う。
麗《うら》らか 太陽が穏やかに照っているさま。〔春〕
瓜《うり》 ウリ科のつる性植物の総称。〔夏〕
売《う》り上《あ》げ 品物を売った代金の総額。
売《う》り掛《か》け 代金後払いの約束で売る。
売《う》り食《ぐ》い 家財を売りながら生活する。
瓜《うり》実《ざね》顔《がお》 色白で面長な美人の顔。
売《う》り捌《さば》く 商品を大量に売る。
売《う》り手《て》 物を売る側の人。⇕買い手

売《う》り値《ね》 物を売る時の値段。⇕買い値
瓜《うり》二《ふた》つ 二人の顔がよく似ていること。
売《う》り物《もの》 看板となる自慢の商品。
瓜《うり》揉《も》み きゅうり揉み。〔夏〕
雨《う》量《りょう》 降った雨の量。
粳《うる》 粘り気の少ない穀物の種類。⇕糯《もち》
閏《うるう》 日数や月数が平年よりも多いこと。
潤《うるお》う 湿って生気を帯びる。ゆとりがでる。
鱁鮧《うるか》 鮎の腸や卵を塩漬けにした食品。
煩《うるさ》い やかましい。しつこい。〔別〕五月蝿い
漆《うるし》 ウルシ科の落葉高木。樹液は塗料。
粳《うるち》 粘り気の少ない普通の米。
潤《うる》む 水気を帯びる。ぼやける。
潤《うる》目《め》 イワシの一種。干物にする。〔冬〕
麗《うるわ》しい 美しい。見事である。

憂《うれ》い 心配。不安。
愁《うれ》い もの悲しい思い。
売《う》れ口《くち》 売れてゆく先。
嬉《うれ》しい はればれと喜ばしい。
売《う》れる 品物が買われる。広く知られる。
熟《う》れる 果実が熟する。
空《うろ》 空洞。〔別〕虚・洞
迂《う》路《ろ》 回り道。
雨《う》露《ろ》 あめつゆ。「—をしのぐ」
烏《う》鷺《ろ》 カラスとサギ。囲碁。「—の争い」
鱗《うろこ》 魚類の体表を覆う薄片。
狼《うろ》狽《た》える まどいあわてる。
彷《うろ》徨《つ》く あてもなく歩き回る。
疎《うろ》抜《ぬ》く 間引く。おろぬく。
胡《う》乱《ろん》 うさんくさいさま。

上《うわ》絵《え》 陶磁器の表面に描く模様や字。
上《うわ》書《が》き 書状などの表面に書く字。
浮《うわ》気《き》 移り気。他の異性に心を移すこと。
上《うわ》着《ぎ》 上半身に着る衣服。外側に着る衣服。
上《うわ》薬《ぐすり》 陶磁器の表面のつやを出す薬。〔別〕釉
譫《うわ》言《ごと》 無意識に口走る言葉。〔別〕囈語
噂《うわさ》 世間の風説。人の陰口。
上《うわ》滑《すべ》り 表面だけを見て判断すること。
上《うわ》澄《ず》み 液体の上部の澄んだ部分。
上《うわ》擦《ず》る 落ち着きをなくす。
上《うわ》背《ぜい》 身長。背丈。
浮《うわ》つく うかれて落ち着きがない。
上《うわ》っ調《ちょう》子《し》 落ち着きがないさま。
上《うわ》っ面《つら》 うわべ。表面。うわつら。
上《うわ》っ張《ぱ》り 衣服の汚れを防ぐ服。

え

上手《うわて》　人より優れていること。高圧的。
後妻《うわなり》　あとからめとった妻。ごさい。
上塗《うわぬ》り　重ねて塗ること。「恥の—」
上《うわ》の空《そら》　精神が集中していないさま。
上乗《うわの》り　積み荷と共に乗って行くこと。
上履《うわば》き　屋内だけで使う履物。
蟒蛇《うわばみ》　大蛇。おろち。大酒飲み。
上辺《うわべ》　外観。表面。
上前《うわまえ》　仲介者が取る、代金・賃金の手数料。
上回《うわまわ》る　ある数量より上になる。
上向《うわむ》く　上を向く。状態がよくなる。
上屋《うわや》　柱と屋根だけの建物。
上役《うわやく》　自分より地位が上の人。上司。
運《うん》　運命。めぐりあわせ。
暈《うん》　日や月の周囲にできる光の輪。

運営《うんえい》　会や組織などを動かしていくこと。
雲煙《うんえん》　雲と煙。躍動する書画の筆勢。
雲煙過眼《うんえんかがん》　深く執着しない。
蘊奥《うんおう》　学術・技芸などの奥深いところ。
浮塵子《うんか》　小形の昆虫。稲の害虫。[秋]
雲霞《うんか》　雲と霞。人が多く集まるたとえ。
運河《うんが》　人工的に陸地を掘ってつくった水路。
雲海《うんかい》　海のように広がって見える雲。[夏]
温気《うんき》　温かい空気。蒸し暑い空気。
運気《うんき》　自然のめぐり合わせ。運勢。
運休《うんきゅう》　運転・運航をとりやめること。
運行《うんこう》　天体や交通機関が一定の道筋を動く。
運航《うんこう》　船・航空機などが航路を進むこと。
運座《うんざ》　優れた句を互いに選び合う会。
運算《うんざん》　演算。計算。

雲散霧消《うんさんむしょう》　消えてなくなる。
雲集《うんしゅう》　雲が群がるように人が集まること。
雲蒸竜変《うんじょうりゅうへん》　英雄・豪傑が機会を得て世に出、活躍するたとえ。
運針《うんしん》　裁縫で、針の使い方。縫い方。
雲水《うんすい》　諸国を遍歴する修行僧。
運勢《うんせい》　運命のめぐりあわせ。
運送《うんそう》　品物を運び移すこと。運搬。
雲台《うんだい》　カメラなどを、三脚に固定する器具。
蘊蓄《うんちく》　学問上の深い知識。「—を傾ける」
運賃《うんちん》　乗り物を使うときにかかる費用。
雲泥《うんでい》　大変に懸け離れている。「—の差」
雲泥万里《うんでいばんり》　隔たりが大きい。
運転《うんてん》　乗り物や機械を操作して動かすこと。
運動《うんどう》　体を動かすこと。活動すること。

云云《うんぬん》　あれこれ言うこと。
運搬《うんぱん》　人や物を運び移すこと。
運筆《うんぴつ》　筆やペンの動かし方。
雲表《うんぴょう》　雲の上。
運否天賦《うんぷてんぷ》　運を天にまかせる。
運命《うんめい》　人間を支配する不可思議な力。
雲母《うんも》　板状の結晶で、薄くはがれる鉱物。
運輸《うんゆ》　人や貨物を運び送ること。
運用《うんよう》　働きを生かして用いること。活用。
雲量《うんりょう》　雲が空をおおう割合。

え

江《え》　入り江。
柄《え》　器物につけた取っ手。
餌《え》　えさ。

絵《え》　絵画。「—にかいた餅」
嬰《えい》　音楽で、半音高くすること。⇔変
纓《えい》　冠の、後ろに垂れる部分。
鱏《えい》　海産の軟骨魚。体は菱形。食用。[夏]
営為《えいい》　いとなみ。行為。
鋭意《えいい》　一生懸命励むさま。「—努力する」
影印《えいいん》　古書などを写真により複製すること。
営営《えいえい》　休まずに努力するさま。
永遠《えいえん》　はてしなく長く続くこと。
映画《えいが》　動きと音声をもった映像。
栄華《えいが》　地位・富を得て、栄えること。
鋭角《えいかく》　直角より小さい角。⇔鈍角
栄冠《えいかん》　勝利のしるしの冠。名誉。
英気《えいき》　すぐれた気性。気力。
鋭気《えいき》　するどい気性。強い意気込み。

永久《えいきゅう》　長くいつまでも続くこと。永遠。
盈虚《えいきょ》　月の満ち欠け。栄枯盛衰。
影響《えいきょう》　ある力が及んで他が反応を起こす。
営業《えいぎょう》　利益を得る目的で、事業を営むこと。
永訣《えいけつ》　永遠の別れ。死別。
英傑《えいけつ》　才知のすぐれた人物。英雄。
栄枯《えいこ》　盛んになることと衰えること。
英語《えいご》　イギリス・アメリカなどの言語。
曳行《えいこう》　引っ張って行くこと。
曳航《えいこう》　船が他の船を引いて航行すること。
栄光《えいこう》　輝かしい誉れ。光栄。
永劫《えいごう》　無限に長い年月。永久。「未来—」
英国《えいこく》　イギリス。
栄枯盛衰《えいこせいすい》　盛んになったり衰えたりすること。「—は世の習い」

英才《えいさい》　すぐれた才能。
英姿《えいし》　勇ましい姿。すぐれて立派な姿。
衛視《えいし》　国会で、院内の警務にあたる職員。
嬰児《えいじ》　生まれたばかりの子。あかんぼう。
永日《えいじつ》　昼の長い春の日。ひなが。
永字《えいじ》**八法**《はっぽう》　書の基本的運筆法。
泳者《えいしゃ》　(競泳などで)泳ぐ人。
映写《えいしゃ》　映画やスライドを映し出すこと。
永住《えいじゅう》　永くその土地に住むこと。
詠唱《えいしょう》　節をつけて詩歌をうたうこと。
栄辱《えいじょく》　栄誉と恥辱。
映《えい》**じる**　他のものの表面にうつる。見える。
詠《えい》**じる**　詩歌を作る。詩歌を吟じる。
栄進《えいしん》　高い地位に進むこと。
詠進《えいしん》　詩歌を神社や宮中に献ずること。

永世《えいせい》　永年。永代。「—名人」
永逝《えいせい》　人が死ぬこと。長逝。
衛生《えいせい》　清潔にして病気を予防すること。
衛星《えいせい》　惑星の周りを回っている小天体。
営繕《えいぜん》　建物などの新築と修繕。
営倉《えいそう》　旧陸軍で、犯行者を留置した施設。
営巣《えいそう》　動物が巣をつくること。
詠草《えいそう》　和歌の下書き。
映像《えいぞう》　映画やテレビの画像。イメージ。
影像《えいぞう》　絵や彫刻に表した人や神仏の肖像。
営造《えいぞう》　大きな建物を造ること。造営。
永続《えいぞく》　ながく続くこと。「—性」
永代《えいたい》　長い年月。永久。「—供養」
栄達《えいたつ》　立身出世をすること。
穎脱《えいだつ》　才能が群を抜いて優れていること。

詠嘆《えいたん》　感動を言葉に表しほめること。
英断《えいだん》　思いきった決断。「—を下す」
営団《えいだん》　公共事業を行う財団。
英知《えいち》　真理をとらえる知恵。(別)叡智
栄典《えいてん》　位階・勲章などの名誉のしるし。
栄転《えいてん》　よい地位・役職に転ずること。
永年《えいねん》　ながい年月。「—勤続表彰」
営農《えいのう》　農業を営むこと。
鋭敏《えいびん》　感覚が鋭いこと。頭脳が明晰なこと。
衛兵《えいへい》　警備を任務とする兵士。
永別《えいべつ》　永遠の別れ。また、死別。
泳法《えいほう》　泳ぎ方。泳ぎの型。
鋭鋒《えいほう》　鋭い矛先。言論による鋭い攻撃。
英邁《えいまい》　才知が優れているさま。英明。
永眠《えいみん》　死ぬこと。

英名《えいめい》　すばらしい評判。名声。
英明《えいめい》　才能があって聡明なこと。
英訳《えいやく》　英語に訳すこと。
英雄《えいゆう》　才知・武勇にひいでた人。
栄誉《えいよ》　たいへんな名誉。
栄養《えいよう》　生命を維持するために必要な物質。
栄耀栄華《えいようえいが》　栄えときめくこと。
営利《えいり》　利益を得ようとはかること。
鋭利《えいり》　よく切れること。才気が鋭いこと。
映倫《えいりん》　映画の内容を検閲規制する機関。
営林《えいりん》　森林の保護・育成をすること。
英霊《えいれい》　死者の霊。特に、戦死者の霊。
英和《えいわ》　英語と日本語。「英和辞典」の略。
会陰《えいん》　陰部と肛門との間。
笑顔《えがお》　うれしそうな笑い顔。にこにこ顔。

絵《え》**描**《か》**き**　職業として絵を描く人。画家。
描《えが》**く**　絵や文章にかき表す。想像する。
得難《えがた》**い**　手に入れにくい。貴重である。
絵柄《えがら》　工芸品・布地などに描かれた絵模様。
役《えき》　大きなたたかい。「西南の—」
易《えき》　中国古来の吉凶を占う方法。
益《えき》　利益。もうけ。役に立つこと。
液《えき》　液体。汁。
駅《えき》　列車・電車などが発着する場所。
駅員《えきいん》　鉄道の駅の係員。
液化《えきか》　気体や固体が液体に変わること。
腋窩《えきか》　わきの下のへこんだところ。
腋芽《えきが》　葉腋にでる芽。側芽。
疫学《えきがく》　感染症などを研究する学問。
役牛《えきぎゅう》　運搬・農耕などの労役に使う牛。

益金《えききん》　もうけた金。利益金。
液剤《えきざい》　液体の薬。乳剤など。
易者《えきしゃ》　易などの占いをする人。
駅舎《えきしゃ》　駅の建物。
液汁《えきじゅう》　草木・果実などのしる。
易姓革命《えきせいかくめい》　王朝がかわること。
液体《えきたい》　体積を保つが、一定の形のないもの。
役畜《えきちく》　農耕・運搬などのために飼う家畜。
益虫《えきちゅう》　人の生活に役立つ虫。
益鳥《えきちょう》　人の生活に役立つ鳥。
駅長《えきちょう》　鉄道の駅の長。
駅伝《えきでん》　道路を走る長距離のリレー式競走。
駅頭《えきとう》　駅のあたり。駅前。
液肥《えきひ》　液状の肥料。水肥。
疫病《えきびょう》　感染症。伝染病。

駅弁《えきべん》 駅や列車内で売っている弁当。
役務《えきむ》 労働による業務。
疫痢《えきり》 小児のかかる感染症の一。
蘞《えぐ》い あくが強く舌に刺激を感じる。
靨《えくぼ》 笑うと、頰にできる小さなくぼみ。
抉《えぐ》る 刃物でくり抜く。心に衝撃を与える。
回向《えこう》 死者の幸福を祈って仏事を営むこと。
絵心《えごころ》 絵をかいたり、鑑賞したりする能力。
依怙地《えこじ》 ⇩いこじ
絵詞《えことば》 絵巻物の詞書。
依怙贔屓《えこひいき》 不公平な特別扱い。
絵暦《えごよみ》 文字を使わないで、絵で示した暦。
餌《えさ》 動物に与える食物。え。
絵師《えし》 絵かき。
壊死《えし》 身体の組織の一部が死ぬこと。

衛士《えじ》 宮中の警護などにあたった兵士。
会式《えしき》 ⇩おえしき(御会式)
餌食《えじき》 餌となる動物。他人の欲望の犠牲。
埃及《エジプト》 アフリカ北東部にある国。
会釈《えしゃく》 軽く頭を下げるあいさつ。思いやり。
会者定離《えしゃじょうり》 会う者は必ず別れる運命にあるということ。世の無常をいう仏教語。
回心《えしん》 心を改めて、仏道に入ること。
絵図《えず》 絵。建物・土地などの平面図。
絵姿《えすがた》 絵に描いた人の姿。
似非《えせ》 似ているがそうではない。「—医者」
壊疽《えそ》 壊死した部分が腐敗した状態。
蝦夷《えぞ》 北海道の古称。
蝦夷菊《えぞぎく》 キク科の一年草。[夏]
絵空事《えそらごと》 あり得ないつくりごと。

得体《えたい》 本当の姿。正体。
枝毛《えだげ》 毛髪の先が枝のようになったもの。
枝肉《えだにく》 骨付きの食肉用の肉。
枝葉《えだは》 枝と葉。物事の根幹でない部分。
枝豆《えだまめ》 枝ごととった未熟な青い大豆。[秋]
枝道《えだみち》 本道から分かれた道。わき道。横道。
柄樽《えだる》 長い柄のついた朱塗りのたる。角樽。
越後《えちご》 旧国名。佐渡島を除く新潟県全域。
越前《えちぜん》 旧国名。福井県中・北部。
悦《えつ》 喜ぶこと。「—に入る」
越境《えっきょう》 境界・国境を越えること。
餌付《えづ》け 野生動物を餌でならすこと。
越権《えっけん》 権限を越えること。
謁見《えっけん》 身分の高い人に会うこと。
越中《えっちゅう》 旧国名。富山県全域。

越冬《えっとう》 冬を越すこと。「—隊」
閲読《えつどく》 内容に気をつけながら読むこと。
越年《えつねん》 年を越すこと。年越し。
閲兵《えっぺい》 軍隊を整列させて検閲すること。
笑壺《えつぼ》 満足して笑う。「—に入《い》る」
悦楽《えつらく》 喜び。満足。
閲覧《えつらん》 書物などを読んで調べること。
閲歴《えつれき》 経歴。履歴。
得手《えて》 得意なこと。⇔不得手
得手勝手《えてかって》 自分勝手。わがまま。
干支《えと》 十干と十二支を組み合わせたもの。
穢土《えど》 凡夫の住むこの世。現世。⇔浄土
江戸《えど》 東京の古い呼び名。
会得《えとく》 十分理解して自分のものにすること。
江戸《えど》っ子《こ》 江戸で生まれ育った人。

江戸褄《えどづま》 褄から裾に模様のある和服。
江戸前《えどまえ》 東京湾でとれた魚。
胞衣《えな》 胎児を包んだ膜や胎盤。
柄長《えなが》 スズメ目の小鳥。尾は長い。
縁《えにし》 えん。関係。
金雀枝《エニシダ》 マメ科の落葉低木。[夏]
榎《えのき》 ニレ科の落葉高木。ケヤキに似る。
榎茸《えのきたけ》 食用きのこの一種。
絵《え》の具《ぐ》 絵を彩色するための材料。
狗尾草《えのころぐさ》 [秋] ネコジャラシ。
絵葉書《えはがき》 写真や絵を印刷した葉書。
衣鉢《えはつ》 ⇩いはつ(衣鉢)
海老《えび》 甲殻類の動物。[別]蝦・蛯
葡萄《えび》 ブドウの古名。赤紫色・葡萄色。
海老蟹《えびがに》 ザリガニ類の俗称。

夷《えびす》 未開の民。また、荒々しい武士。
恵比須《えびす》 七福神の一。商家の神。
葡萄茶《えびちゃ》 黒みがかった赤茶色。
箙《えびら》 矢を入れて右腰につける武具。
絵筆《えふで》 絵を描く筆。がひつ。
恵方《えほう》 [新] 縁起のよい方角。
烏帽子《えぼし》 元服した男子のかぶり物。
絵本《えほん》 さし絵の多い子供向けの本。
絵馬《えま》 社寺に奉納する馬などの絵の額。
絵巻物《えまきもの》 物語を絵に表した巻物。
笑《え》み にっこりすること。「—を浮かべる」
笑《え》む ほほえむ。花が咲く。
絵文字《えもじ》 絵を文字の代用にしたもの。
得物《えもの》 武器。自分の得意な武器。
獲物《えもの》 狩りや漁で得た物。戦利品。

衣紋《えもん》 和服の胸の上で合わさる部分。
衣紋掛《えもんか》け 和服などをつるす用具。
鰓《えら》 水生動物の呼吸器官。
偉《えら》い 立派だ。地位・身分が高い。
選《えら》ぶ よりぬく。選択する。
撰《えら》ぶ 著作を集めて書物を作る。
偉物《えらぶつ》 すぐれた人物。
襟《えり》 衣服の首を囲む部分。えりくび。
襟足《えりあし》 首の後ろ側の髪の生え際。
襟髪《えりがみ》 襟足の部分の髪。
襟首《えりくび》 首の後ろの部分。首筋。
襟章《えりしょう》 制服の襟につける徽章。
選《え》り抜《ぬ》き ⇩よりぬき
襟巻《えりま》き 防寒のために首に巻くもの。図
襟元《えりもと》 衣服の襟のあたり。

得《え》る 手に入れる。自分のものにする。
獲《え》る 狩りや漁をして獲物を捕える。
円《えん》 丸いこと。丸。日本の貨幣の単位。
宴《えん》 宴会。酒盛り。
縁《えん》 つながり。巡り合わせ。縁側。
延引《えんいん》 予定より延びて遅れること。
遠因《えんいん》 間接的な原因。⇔近因
煙雨《えんう》 煙るように降る雨。
遠泳《えんえい》 遠距離を泳ぐこと。夏
演繹《えんえき》 一般原理から特殊な事実を導く推理。
奄奄《えんえん》 息が絶えそうなさま。「気息―」
延延《えんえん》 長く続くさま。
炎炎《えんえん》 火が勢いよく燃えるさま。
蜿蜒長蛇《えんえんちょうだ》 長く続く行列。
鴛鴦《えんおう》 オシドリ。仲のよい夫婦のたとえ。

円価《えんか》 為替相場における円の貨幣価値。
煙霞《えんか》 もやと霞。かすんだ風景。
演歌《えんか》 こぶしをきかせた歌謡曲。
嚥下《えんか》 のみくだすこと。えんげ。
沿海《えんかい》 陸に沿った海。海に沿った陸地。
宴会《えんかい》 酒食を設け楽しむ集まり。
遠海《えんかい》 陸地から遠く離れた海。⇔近海
円蓋《えんがい》 半球形のおおい。
煙害《えんがい》 鉱山・工場からの煙などによる被害。
塩害《えんがい》 潮風や海水の塩分による被害。
沿革《えんかく》 移り変わり。変遷。
遠隔《えんかく》 遠くへだたっていること。
円滑《えんかつ》 物事が滞りなく進むこと。
縁側《えんがわ》 座敷の外側に沿う、板敷きの部分。
煙管《えんかん》 キセル。

鉛管《えんかん》 鉛でつくった管。
沿岸《えんがん》 海や川に沿った陸地。岸に近い水域。
塩乾魚《えんかんぎょ》 塩漬けにして乾燥させた魚。
延期《えんき》 予定の期日をのばすこと。
遠忌《えんき》 ⇩おんき(遠忌)
塩基《えんき》 酸と反応して塩と水を作る物質。
演技《えんぎ》 観客の前で演じて見せる技芸。
演義《えんぎ》 中国、元・明代の通俗的な歴史小説。
縁起《えんぎ》 前兆。社寺などの由来。
婉曲《えんきょく》 表現が遠回しであるさま。
遠距離《えんきょり》 遠い距離。
縁切《えんき》り 夫婦・親子などの縁を切ること。
遠近《えんきん》 遠い所と近い所。
縁組《えんぐ》み 夫婦・養子の関係を結ぶこと。
援軍《えんぐん》 応援の軍勢。加勢。

嚥下《えんげ》 食物を飲み下すこと。えんか。
円形《えんけい》 円の形。丸い形。
遠景《えんけい》 遠くに見える景色。⇔近景
園芸《えんげい》 野菜・草花・果実などの栽培。
演芸《えんげい》 落語・漫才・手品など大衆的な芸能。
演劇《えんげき》 俳優が劇を演じて見せる芸術。
淵源《えんげん》 起源。根源。
円弧《えんこ》 円周の一部分。弧。
縁故《えんこ》 人と人とのつながり。縁。「―採用」
掩護《えんご》 敵の攻撃から味方を守る。㊊援護
援護《えんご》 困っている人を助けること。
縁語《えんご》 縁のある語を使う和歌の表現技法。
猿猴《えんこう》 猿。特に手長猿。
遠交近攻《えんこうきんこう》 遠い国と親しく交際して、近くの国々を攻め取る政策。

遠国《えんごく》 都から遠い国。
怨恨《えんこん》 うらみ。
怨嗟《えんさ》 うらみ嘆くこと。「―の的」
円座《えんざ》 車座。藺などを円く編んだ敷物。夏
冤罪《えんざい》 無実の罪。ぬれぎぬ。
塩酸《えんさん》 塩化水素の水溶液。
演算《えんざん》 計算すること。運算。
遠視《えんし》 近くの物がはっきり見えない状態。
衍字《えんじ》 誤って入った不要な文字。
園児《えんじ》 幼稚園・保育園に通っている子供。
臙脂《えんじ》 黒みがかった紅色。
演者《えんじゃ》 演じる人。出演者。
縁者《えんじゃ》 身うち。縁続きの人。「親類―」
燕雀《えんじゃく》 ツバメとスズメ。小人物。
槐《えんじゅ》 マメ科の落葉高木。花は止血薬。

円周《えんしゅう》　円を形づくる曲線。
演習《えんしゅう》　実戦さながらの訓練。ゼミナール。
遠州《えんしゅう》　遠江《とおとうみ》国の別名。
円熟《えんじゅく》　熟達する。人格が円満になる。
演出《えんしゅつ》　全体を指導して作品にまとめること。
炎暑《えんしょ》　真夏のひどい暑さ。酷暑。
艶書《えんしょ》　恋文。
援助《えんじょ》　困っている人をたすけること。
延焼《えんしょう》　火事が燃え広がること。
炎症《えんしょう》　外傷・やけどなどによるはれ・発熱。
煙硝《えんしょう》　発火時、煙を出す火薬。
炎上《えんじょう》　大きな建造物が燃え上がること。
延伸《えんしん》　のばすこと。延長。
円陣《えんじん》　多くの人が輪形に並ぶこと。
猿人《えんじん》　最古の化石人類。

遠心力《えんしんりょく》　回転の中心から遠ざかる力。
円錐《えんすい》　底がまるく先がとがった立体。
延髄《えんずい》　脳髄の最下部で脊髄に続く部分。
延性《えんせい》　物体の引き延ばすことのできる性質。
遠征《えんせい》　討伐や試合などで遠くまで行く。
厭世観《えんせいかん》　人生を否定する考え方。
宴席《えんせき》　宴会の席。宴会。
遠戚《えんせき》　血縁の薄い親類。
縁戚《えんせき》　親類。親戚。
演説《えんぜつ》　聴衆の前で自分の意見を述べること。
沿線《えんせん》　鉄道の路線に沿った所。
厭戦《えんせん》　戦争をいとうこと。
宛然《えんぜん》　さながら。あたかも。
婉然《えんぜん》　しとやかで美しいさま。
嫣然《えんぜん》　あでやかににっこりと笑うさま。

塩素《えんそ》　元素の一。記号Cl
演奏《えんそう》　楽器を奏すること。「—会」
燕巣《えんそう》　中国料理で、アナツバメの巣。
塩蔵《えんぞう》　食品を塩に漬けて保存すること。
遠足《えんそく》　見学や運動のための小旅行。[春]
延滞《えんたい》　支払いが期限に遅れ滞ること。
遠大《えんだい》　志や計画が大きいこと。
演題《えんだい》　講演・演説などの題。
縁台《えんだい》　長い腰かけ台。涼み台。
円高《えんだか》　外貨に対して円の価値が高いこと。
円卓《えんたく》　まるいテーブル。「—会議」
円建《えんだ》て　円で価格表示された値段。
演壇《えんだん》　講演・演説などをする人が立つ壇。
縁談《えんだん》　結婚や養子縁組などの相談。
延着《えんちゃく》　予定より遅れて着くこと。⇔早着

円柱《えんちゅう》　丸い柱。底面が円の柱体。円筒。
延長《えんちょう》　長く延ばすこと。延べの長さ。
円頂黒衣《えんちょうこくい》　僧体をいう。
鉛直《えんちょく》　重力の方向で、水平面に直角。
縁付《えんづ》く　嫁に行く。とつぐ。
縁続《えんつづ》き　親類であること。
炎帝《えんてい》　夏をつかさどる神。[夏]
堰堤《えんてい》　ダム。
園丁《えんてい》　庭園や公園の手入れをする人。
炎天《えんてん》　真夏の暑い空。[夏]
塩田《えんでん》　海水から塩をとるための砂田。
円転滑脱《えんてんかつだつ》　すらすら事を運ぶ。
円筒《えんとう》　丸い筒。円柱。
円壔《えんとう》　円柱。
遠投《えんとう》　球などを遠くへ投げること。

遠島《えんとう》　江戸時代、遠い島に流す刑。島流し。
沿道《えんどう》　道路沿い。
煙道《えんどう》　煙や排ガスを煙突に導く通路。
豌豆《えんどう》　マメの一種。さやや種子は食用。[夏]
縁遠《えんどお》い　結婚相手にめぐり合わない。
煙毒《えんどく》　排煙に含まれている有毒成分。
鉛毒《えんどく》　鉛のもつ毒性。鉛中毒。
煙突《えんとつ》　煙を排出するための筒型の装置。
縁日《えんにち》　神仏を供養し、祭りを行う日。
炎熱《えんねつ》　夏のもえるような暑さ。
延年舞《えんねんまい》　僧侶・稚児が行った歌舞。
延納《えんのう》　期日に遅れて納めること。
演能《えんのう》　能を演ずること。
縁《えん》の下《した》　縁側の下。床下。「—の力持ち」
燕麦《えんばく》　麦の一種。飼料・食用。

円板《えんばん》　円形の平たい板。
円盤《えんばん》　丸い板状のもの。レコード盤。
艶美《えんび》　あでやかで美しいさま。
猿臂《えんぴ》　猿のように長いひじ。「—を伸ばす」
鉛筆《えんぴつ》　木の軸に黒鉛の芯をはめた筆記具。
燕尾服《えんびふく》　男性の夜会用の正式礼服。
円舞曲《えんぶきょく》　ワルツ。
艶福《えんぷく》　多くの女性にもてる幸せ。
衍文《えんぶん》　文章中に混入した不要な文。
塩分《えんぶん》　物質に含まれている塩の量。
艶文《えんぶん》　恋文。
艶聞《えんぶん》　男女間のつやっぽいうわさ。
掩蔽《えんぺい》　おおいかくすこと。
援兵《えんぺい》　応援の軍勢。援軍。
縁辺《えんぺん》　ふち。まわり。縁続きの人。

遠望《えんぼう》 遠方を見渡すこと。

遠謀《えんぼう》 将来までを考えた計画。「深慮―」

遠方《えんぽう》 遠いほう。

円本《えんぽん》 昭和初期、一冊一円の叢書本。

閻魔《えんま》 死者の生前の行いを裁く地獄の王。

煙幕《えんまく》 敵の目をくらますため拡散させる煙。

円満《えんまん》 調和がとれていて、角立たないこと。

円満《えんまん》具足《ぐそく》 みちたりたさま。

煙霧《えんむ》 煙と霧。スモッグ。

縁結《えんむす》び 男女の縁を結ぶこと。

延命《えんめい》 命をのばすこと。

演目《えんもく》 上演される演劇などの題名。

艶冶《えんや》 女性がなまめかしく美しいさま。

円安《えんやす》 外貨に対して円の価値が低いこと。

縁由《えんゆう》 由来。原因。きっかけ。えんゆ。

園遊会《えんゆうかい》 庭園で客をもてなす会。

援用《えんよう》 自説の裏付けに他から引用すること。

遠洋《えんよう》 陸地を遠く離れた海。「―漁業」

艶容《えんよう》 あでやかで美しい姿。

遠来《えんらい》 遠くから来ること。「―の友人」

遠雷《えんらい》 遠くで鳴る雷。夏

厭離《えんり》穢土《えど》 現世を嫌い離れる。

遠慮《えんりょ》 控え目。辞退。遠いおもんぱかり。

塩類泉《えんるいせん》 塩類を多く含む鉱泉。

艶麗《えんれい》 なまめかしく美しいさま。

遠路《えんろ》 遠いみちのり。

お

尾《お》 しっぽ。後方に長くのびたもの。

緒《お》 糸やひも。楽器の弦。

汚穢《おあい》 ⇩おわい(汚穢)

御愛想《おあいそ》 お世辞。飲食店で、勘定。

御足《おあし》 お金。

御預《おあず》け 犬に対する命令。実行の保留。

笈《おい》 修験者が背負う足のある箱。

甥《おい》 兄弟姉妹のむすこ。⇔姪《めい》

追《お》い討《う》ち 追いかけてうつこと。

御家芸《おいえげい》 その家に伝わる芸。

御家騒動《おいえそうどう》 大名家などの内紛。

追《お》い追《お》い しだいに。順次。

追《お》い風《かぜ》 進む方へ吹く風。順風。おいて。

追河《おいかわ》 小形の淡水魚。ハヤ。ヤマベ。

追《お》い肥《ごえ》 生育中の作物にほどこす肥料。

追《お》い越《こ》し 先行するものの前に出る。

追《お》い込《こ》み 仕事の最後の段階。

生《お》い先《さき》 成長していく先。将来。

老《お》い先《さき》 老人に残されたこれからの人生。

美《お》味《い》しい 味がいい。

笈摺《おいずり》 巡礼などが羽織る袖のない衣。

追《お》い銭《せん》 追加して払う余分のお金。

生《お》い立《た》ち 成人になるまでの経歴。

追風《おいて》 追い風。

追《お》い剝《は》ぎ 旅人から金品を奪う盗賊。

追《お》い羽《ば》根《ね》 羽根つき。新

追《お》い腹《ばら》 主君の死に殉じて切腹すること。

老《お》い耄《ぼ》れ 老いて鈍くなること(人)。

負《お》い目《め》 恩を受けたという思い。

老《お》いらく 老年。「―の恋」

花魁《おいらん》 上位の遊女。

追分《おいわけ》 街道のわかれる所。

王《おう》 君主。最もすぐれているもの。王将。

翁《おう》 男の老人の敬称。おきな。

負《お》う 背負う。身に受ける。

横溢《おういつ》 満ちあふれること。

押印《おういん》 印鑑を押すこと。捺印。

押韻《おういん》 詩歌で、韻を踏むこと。

奥羽《おうう》 東北地方。陸奥《むつ》国と出羽国。

応援《おうえん》 手助け。味方の選手を励ますこと。

怏怏《おうおう》 不平不満のあるさま。

往往《おうおう》 よく。しばしば。「―にして」

欧化《おうか》 ヨーロッパ風になること。

桜花《おうか》 桜の花。「―爛漫」

謳歌《おうか》 そのよさをほめたたえること。

枉駕《おうが》 来訪の意の尊敬語。

横臥《おうが》 横になって寝ること。

横隔膜《おうかくまく》 胸腔と腹腔の境の筋肉の膜。

王冠《おうかん》 君主のかぶる冠。びんの口がね。

往還《おうかん》 行き帰り。往復。街道。往来。

扇《おうぎ》 あおいで風を起こす道具。扇子。夏

奥義《おうぎ》 学問・芸などの最も肝要なところ。

王宮《おうきゅう》 王が住む宮殿。

応急《おうきゅう》 急場のまにあわせ。「―措置」

往古《おうこ》 遠い過去。むかし。大昔。

王侯《おうこう》 王と諸侯。身分の高い人。

横行《おうこう》 勝手に歩き回る。悪事が行われる。

横行《おうこう》闊歩《かっぽ》 いばって歩き回る。

王国《おうこく》 王が治めている国。一大勢力。

黄金《おうごん》 金。こがね。お金。価値のあるもの。

黄金《おうごん》時代《じだい》 最も盛んな時期。

王座《おうざ》 王の地位。第一の地位。

応札《おうさつ》　入札に参加すること。
殴殺《おうさつ》　なぐりころすこと。
鏖殺《おうさつ》　みなごろしにすること。
横死《おうし》　災難で死ぬこと。非業の死。
王子《おうじ》　王の息子。⇔王女
皇子《おうじ》　天皇の息子。みこ。⇔皇女
往事《おうじ》　過去のこと。
往時《おうじ》　過ぎ去った時。昔。
王室《おうしつ》　国王の一族。王家。
往日《おうじつ》　過ぎ去った日。昔日。
応射《おうしゃ》　敵の射撃に対して、うち返すこと。
王者《おうじゃ》　帝王。第一人者。
応需《おうじゅ》　需要・要求に応じること。
応酬《おうしゅう》　やり返すこと。杯のやりとり。
押収《おうしゅう》　裁判所が証拠品などを取り上げる。

欧州《おうしゅう》　ヨーロッパ。
奥州《おうしゅう》　陸奥国の別名。
黄熟《おうじゅく》　穀物の穂が熟して黄色になること。
王女《おうじょ》　王の娘。⇔王子
皇女《おうじょ》　天皇の娘。こうじょ。⇔皇子
王将《おうしょう》　将棋で、一番大切な駒。王。
応召《おうしょう》　召集に応じて指定地に集まること。
王城《おうじょう》　王の住む城。
往生《おうじょう》　死ぬ。極楽に行く。困り切る。
往生際《おうじょうぎわ》　死に際。「—が悪い」
黄蜀葵《おうしょっき》　トロロアオイの漢名。[夏]
応《おう》じる　働きかけにこたえる。釣り合う。
往信《おうしん》　こちらから出す手紙。⇔返信
往診《おうしん》　患者の家へ行って診察すること。
御《お》薄《うす》　薄茶の丁寧な言い方。

王水《おうすい》　濃塩酸三と濃硝酸一の混合液。
逢瀬《おうせ》　恋人同士がひそかに会う機会。
王制《おうせい》　王が統治する政治制度。
王政《おうせい》　王が行う政治。「—復古」
旺盛《おうせい》　活力や意欲が非常に盛んなこと。
往昔《おうせき》　いにしえ。往時。
応接《おうせつ》　来客の応対をすること。「—室」
応戦《おうせん》　敵の攻撃に応じて戦うこと。
応訴《おうそ》　訴訟で被告となって争うこと。
王族《おうぞく》　王の一族。
殴打《おうだ》　なぐること。
応対《おうたい》　相手になって受け答えすること。
横隊《おうたい》　横に並んだ隊形。⇔縦隊
応諾《おうだく》　依頼などを承諾すること。
御《お》歌所《うたどころ》　もと御歌会を運営した役所。

黄疸《おうだん》　胆汁色素により体が黄色になる病気。
横断《おうだん》　横に断ち切ること。横切ること。
横着《おうちゃく》　なまけること。勝手でずるいこと。
王朝《おうちょう》　同じ王家に属する帝王の系列。
王手《おうて》　将棋で、直接に王将を攻める手。
横転《おうてん》　横倒しになること。
嘔吐《おうと》　食べた物を吐き出すこと。
黄土《おうど》　中国北部に見られる黄色の土。
王統《おうとう》　帝王の血統。
応答《おうとう》　受け答え。応対。「質疑—」
桜桃《おうとう》　さくらんぼ。[夏]
王道《おうどう》　王の仁徳で国を治める政道。楽な道。
黄銅《おうどう》　銅と亜鉛との合金。真鍮《しんちゅう》。
横道《おうどう》　正しくないこと。よこしま。非道。
凹凸《おうとつ》　でこぼこ。

媼《おうな》　老女。⇔翁《おきな》
押捺《おうなつ》　印判などを押すこと。
往年《おうねん》　過ぎ去った年。むかし。
懊悩《おうのう》　なやみもだえること。
王覇《おうは》　王道と覇道。
凹版《おうはん》　印刷する部分がくぼんだ印刷版。
椀飯振舞《おうばんぶるまい》　盛大にもてなす。
王妃《おうひ》　国王の妻。
欧風《おうふう》　ヨーロッパ風。洋風。
往復《おうふく》　行って戻ること。やりとり。
応分《おうぶん》　身分・能力にふさわしいこと。
欧文《おうぶん》　欧米の言語で書かれた文。
横柄《おうへい》　尊大なこと。
欧米《おうべい》　ヨーロッパとアメリカ。
応変《おうへん》　不意の出来事を適宜に処置すること。

黄変《おうへん》　変質して黄色くなること。「—米」
応募《おうぼ》　募集に応ずること。
応報《おうほう》　善悪の行いに対する報い。「因果—」
往訪《おうほう》　訪問すること。
横暴《おうぼう》　わがままで乱暴なこと。
近《お》江《うみ》　旧国名。滋賀県。江州《ごうしゅう》。
鸚鵡《おうむ》　オウム目の鳥。人の口まねをする。
応用《おうよう》　知識を実際に活用すること。
鷹揚《おうよう》　おっとりとしているさま。大様《おおよう》。
往来《おうらい》　行き来。道路。
横領《おうりょう》　他人の物を不法に手に入れること。
応力《おうりょく》　外力に対して物体内部に生ずる力。
黄燐《おうりん》　淡黄色で、自然発火する有毒な燐。
往路《おうろ》　行きの道。⇔復路
御《お》会《え》式《しき》　日蓮の忌日に営む法会。[秋]

嗚咽《おえつ》 むせび泣くこと。

御偉方《おえらがた》 身分や地位の高い方々。

大味《おおあじ》 食物の味に微妙な風味がないこと。

大穴《おおあな》 大きな欠損。大きな番狂わせ。

大急《おおいそ》ぎ 非常に急ぐこと。

大入《おおい》り 大勢の客が入ること。「—満員」

覆《おお》う かぶせる。一面にひろがる。かくす。

大内山《おおうちやま》 皇居。禁中。

大写《おおうつ》し クローズアップ。

大岡裁《おおおかさば》き 人情味のある処理。

大奥《おおおく》 江戸城の、将軍の夫人・側室の居所。

大掛《おおが》かり 大規模。

大方《おおかた》 多くの人々。多分。大体。

大形《おおがた》 形が大きいこと。⇔小形

大型《おおがた》 型や規模が大きいこと。⇔小型

狼《おおかみ》 山奥にすむイヌ科の獣。図

大柄《おおがら》 体格が大きいこと。模様が大きいこと。

大君《おおきみ》 天皇の尊称。

大仰《おおぎょう》 おおげさ。「—な物言い」

大切《おおぎり》 芝居や寄席で、最後の演目。大喜利。

大口《おおぐち》 えらそうな言葉。金額の多いこと。

大熊座《おおくまざ》 北天の星座。

大袈裟《おおげさ》 実際より誇張していうこと。

大御所《おおごしょ》 隠居した将軍。その道の大家。

大事《おおごと》 大事件。大変なこと。

大酒《おおざけ》 多量の飲酒。「—飲み」

大雑把《おおざっぱ》 おおまか。おおづかみ。

大騒《おおさわ》ぎ ひどく騒ぐこと。

大路《おおじ》 大通り。⇔小路

雄雄《おお》しい 男らしい。⇔めめしい

大潮《おおしお》 潮差が最も大きいこと。

大仕掛《おおじか》け 仕組みの規模が大きい。

大時代《おおじだい》 古風で時代遅れなこと。

大筋《おおすじ》 物事のあらすじ。大略。

濠太剌利《オーストラリア》 豪州。

墺太利《オーストリア》 ヨーロッパの一国。

大隅《おおすみ》 旧国名。鹿児島県東部と洋上の島々。

大相撲《おおずもう》 日本相撲協会の相撲の興行。

仰《おお》せ 目上の人の命令・言いつけ。

大勢《おおぜい》 多くの人数。

大関《おおぜき》 相撲で、横綱に次ぐ位。

大掃除《おおそうじ》 大規模に掃除すること。

大台《おおだい》 数値の変化の大きな境目。

大立者《おおだてもの》 その社会の実力者。

大店《おおだな》 規模が大きい商店。

大摑《おおづか》み 物事をおおまかにとらえること。

大晦《おおつごもり》 おおみそか。図

大鼓《おおつづみ》 能楽などで使う大形の鼓。

大詰《おおづ》め 芝居の最終の幕。物事の終局。

大手《おおて》 城の表門。規模の大きい会社。

大手《おおで》 手の全体。「—を振って歩く」

大道具《おおどうぐ》 仕掛けが大きい舞台装置。

大通《おおどお》り 幅の広い道。

大所《おおどころ》 資産家。勢力のある人。

大鳥《おおとり》 大きな鳥。別鳳

大鉈《おおなた》 大きななた。「—を振るう」

車前草《おおばこ》 道ばたなどに生える多年草。

大幅《おおはば》 幅の広い布。変動の差が大きいこと。

大判《おおばん》 普通より大きい寸法。大形の金貨。

大引《おおび》け 取引所で、最終回の売買。

大船《おおぶね》 大きな船。「—に乗ったよう」

大振《おおぶ》り 大きく振ること。大きめなこと。

大風呂敷《おおぶろしき》 大ぼら。

大部屋《おおべや》 広い部屋。無名役者の楽屋。

大《おお》まか おおざっぱ。

大股《おおまた》 歩幅が広いこと。

大見得《おおみえ》 おおげさな態度や演技。

大水《おおみず》 川の水があふれること。洪水。

大晦日《おおみそか》 一年の最後の日。図

大昔《おおむかし》 ずっと昔。遠い昔。

大麦《おおむぎ》 イネ科の穀物。

大向《おおむ》こう 劇場で、立ち見席。

概《おおむ》ね おおよそ。大体。

大目《おおめ》 寛大にすること。「—に見る」

大目玉《おおめだま》 ひどくしかられること。

大文字《おおもじ》 欧字のA・B・Cなどの字体。

大本《おおもと》 物事の根本。たいほん。

大物《おおもの》 大きな獲物。大きな勢力のある人。

大盛《おおも》り 食べ物などを多めに盛ること。

大門《おおもん》 正門。表門。

大家《おおや》 貸し家の持ち主。家主。

大矢数《おおやかず》 通し矢の競技。俳諧興行。

公《おおやけ》 国や官庁。公共。公表。⇔私

大八州《おおやしま》 日本の美称。

大山蓮華《おおやまれんげ》 モクレン科の木。

大様《おおよう》 ⇨おうよう(鷹揚)

大凡《おおよそ》 およそ。

大《おお》らか ゆったりとしてこせこせしないさま。

大瑠璃《おおるり》 ヒタキ科の鳥。

大技《おおわざ》 柔道などの豪快な技。

大《おお》童《わらわ》　なりふりかまわず奮闘するさま。
丘《おか》　小高い土地。(別)岡
陸《おか》　陸地。硯《すず》で、墨をする所。
御《お》蚕包《かいこぐる》み　ぜいたくな暮らし。
御《お》返《かえ》し　返礼として贈る物。しかえし。
御《お》抱《かか》え　人を雇っていること。
大《お》鋸《が》屑《くず》　鋸で木をひくときに出る屑。
御《お》陰《かげ》　神仏や人の助け。結果。影響。
御《お》飾《かざ》り　しめかざり。形だけの物や人。
尾《お》頭《かしら》付《っ》き　尾も頭もついた焼き鯛。
犯《おか》す　法律などを破る。女性をけがす。
侵《おか》す　侵略する。侵害する。
冒《おか》す　あえて行う。そこなう。
御《お》数《かず》　副食物。
岡《おか》っ引《ぴ》き　近世、与力や同心の手下。

陸《おか》釣《づ》り　海岸などから釣ること。
御《お》門違《かどちが》い　見当違い。
岡《おか》場《ば》所《しょ》　江戸で、私娼街。
御《お》株《かぶ》　得意とする技や芸。「—を奪う」
陸《おか》稲《ぼ》　畑でとれる稲。りくとう。[秋]
傍《おか》惚《ぼ》れ　横合いから恋すること。
御《お》上《かみ》　天皇。政府。主君。
女《おか》将《み》　料理屋などの女主人。
拝《おが》む　手を合わせて神仏に祈る。頼む。
お亀《かめ》　丸顔でほおがふくれ鼻の低い女の面。
傍《おか》目《め》八目《はちもく》　部外者の方が当事者よりも物事のよしあしがよくわかること。
岡《おか》持《も》ち　出前の料理を運ぶ浅いおけ。
傍《おか》焼《や》き　仲のよい男女をねたむこと。
陸《おか》湯《ゆ》　湯船の湯のほかにあるきれいな湯。

雪《お》花《か》菜《ら》　豆腐のかす。うのはな。
麻《お》幹《がら》　迎え火にたく麻の茎。[秋]
悪《お》寒《かん》　発熱のために起こる寒気。
御《お》冠《かんむり》　不機嫌なこと。立腹であること。御
沖《おき》　海などの、岸から遠く離れた所。
熾《おき》　赤くおこっている炭火。(別)燠
隠《お》岐《き》　旧国名。島根県の隠岐諸島。
荻《おぎ》　湿地に生えるイネ科の多年草。[秋]
沖《おき》合《あい》　沖の方。「—漁業」
沖《おき》醤《あ》蝦《み》　エビに似た海産の節足動物。
掟《おきて》　守らなければならない決まり。
翁《おきな》　男の老人。年老いた男。⇔嫗《おうな》
補《おぎな》う　不足を満たす。
沖《おき》仲《なか》仕《し》　船の荷を積み下ろしする人。
沖《おき》膾《なます》　とった魚を船中で膾としたもの。[夏]

起《お》き抜《ぬ》け　朝起きてすぐ。起きがけ。
置《お》き引《び》き　置いてある荷物を盗むこと。
起《お》き伏《ふ》し　毎日の生活。常々。
置《おき》物《もの》　置いて飾る物。飾り物。
置《おき》屋《や》　芸者などをかかえておく家。
御《お》俠《きゃん》　おてんば。
置《お》く　ものをある場所に設置する。
措《お》く　除外する。ほうっておく。
擱《お》く　終わりにする。「筆を—」
屋《おく》外《がい》　家の外。戸外。⇔屋内
奥《おく》方《がた》　貴人の妻の敬称。
奥《おく》義《ぎ》　⇨おうぎ(奥義)
御《お》髪《ぐし》　髪の毛の丁寧語。
屋《おく》上《じょう》　ビルの最上階の上の平らな所。
臆《おく》する　気おくれする。

憶《おく》説《せつ》　推測や仮定による意見。(別)臆説
憶《おく》測《そく》　確かな根拠のない推測。(別)臆測
奥《おく》底《そこ》　奥深い所。
憶《おく》断《だん》　推測で判断すること。(別)臆断
奥《おく》地《ち》　海岸から遠く離れた地域。
奥《おく》津《つ》城《き》　墓所。
奥《おく》付《づけ》　本の著者や発行日などを記した部分。
晩《おく》生《て》　成熟の遅い野菜などの品種。(別)奥手
晩《おく》稲《て》　成熟の遅い稲の品種。[秋]
奥《おく》手《て》　心身の成熟が遅いこと。(別)晩生
屋《おく》内《ない》　家屋の内。⇔屋外
奥《おく》の手《て》　とっておきの手段。
奥《おく》歯《ば》　口の奥の方にある歯。臼歯《きゅうし》。
噯《おくび》　げっぷ。「—にも出さない」
臆《おく》病《びょう》　ちょっとした事にも恐れること。

奥《おく》まる　奥深い所にある。
衽《おくみ》　和服の前身頃につける半幅の部分。
奥《おく》向《む》き　家計や家庭生活の方面。
臆《おく》面《めん》　気おくれした様子。「—もなく」
御《お》悔《くや》み　人の死を悲しみ弔う言葉。
奥《おく》床《ゆか》しい　上品で慎み深い。
奥《おく》行《ゆ》き　土地や家の表から裏までの距離。
御《お》蔵《くら》　興行や実施が中止されること。
送《おく》り狼《おおかみ》　女性を送る途中で害を加える男。
送《おく》り状《じょう》　荷送り人が荷受人に送る明細書。
贈《おく》り名《な》　死者に贈る称号。諡号《しごう》。(別)諡
送《おく》り火《び》　祖先の霊を送る火。[秋]
贈《おく》り物《もの》　人に贈る品。プレゼント。
送《おく》る　先方へ届くようにする。時を過ごす。
贈《おく》る　贈り物をする。称号などを与える。

後《おく》れ毛《げ》 ほつれて下がった短い髪の毛。
後《おく》れ馳《ば》せ 時機におくれること。
遅《おく》れる 時間に間に合わない。遅くなる。
後《おく》れる 後になる。取り残される。劣る。
桶《おけ》 板を並べ、たがで巻いた筒状の容器。
悪血《おけつ》 病毒に冒された悪い血。くろち。
朮《おけら》 キク科の多年草。漢方薬。うけら。
螻蛄《おけら》 昆虫のケラ。一文無し。
烏滸《おこ》 ばかげていること。（別）尾籠
烏滸《おこ》がましい 生意気である。
粔籹《おこし》 もち米などを水飴で固めた菓子。
熾《おこ》す 炭などの火をよく燃えるようにする。
起《お》こす 立たせる。生じさせる。
興《おこ》す 盛んにする。新たに物事を始める。
鰧《おこぜ》 カサゴ目の海魚。食用。［夏］

厳《おごそ》か 威厳のあるさま。「—な儀式」
怠《おこた》る すべきことをしないでいる。
行《おこな》い すること。日常の生活態度。品行。
御《お》薦《こも》 乞食。
瘧《おこり》 マラリア性の熱病の古い言い方。［夏］
怒《おこ》る 腹を立てる。いかる。しかる。
熾《おこ》る 火が盛んに燃える。おきる。
起《お》こる 物事が新しく生じる。おきる。
興《おこ》る 新しく始まって勢いが盛んになる。
奢《おご》る ぜいたくをする。人にごちそうする。
驕《おご》る 思い上がってわがままなことをする。
御《お》強《こわ》 赤飯。こわめし。
長《おさ》 集団を治める人。かしら。
筬《おさ》 織機で、織り目の密度を決める道具。
押《お》さえる 動かないようにする。

抑《おさ》える 勢いをとめる。力で押し止める。
御《お》里《さと》 嫁や婿の実家。生まれや育ち。
幼《おさな》い 年がごく若い。幼少である。
幼《おさな》子《ご》 幼い子供。幼児。
幼《おさな》心《ごころ》 幼稚な子供の心。
幼《おさな》馴《な》染《じ》み 幼いころの友だち。
御《お》座《ざ》成《な》り いいかげんなこと。
御《お》寒《さむ》い 心細い。
筬虫《おさむし》 オサムシ科の甲虫。
治《おさ》める 統治する。混乱を静める。
修《おさ》める 修得する。行いを正しくする。
収《おさ》める しかるべき所に収納する。
納《おさ》める 金品を渡す。しまう。
御《お》浚《さらい》 復習。稽古事の発表会。温習。
御《お》産《さん》 子を産むこと。出産。

御《お》師《し》 身分の低い神職・社僧。
伯父《おじ》 父母の兄。
叔父《おじ》 父母の弟。
惜《お》しい 失いたくない。残念だ。
押《お》し入《い》れ ふすまなどのついた物入れ。
押《お》し売《う》り 強引に売ること(人)。
御《お》仕《し》置《お》き こらしめること。刑罰。
折敷《おしき》 薄い板を折った角盆。
御《お》辞《じ》儀《ぎ》 頭を下げて礼をすること。
御《お》仕《し》着《き》せ 目上から与えられた物。
含羞草《おじぎそう》 マメ科の草。眠り草。［夏］
怖気《おじけ》 恐怖心。
押《お》し込《こ》み 人家に押し入る強盗。
押《お》し鮨《ずし》 箱に飯と具を詰めたすし。［夏］
唖蟬《おしぜみ》 鳴かない蟬。雌の蟬。［夏］

御《お》下地《したじ》 醤油。
御《お》七夜《しちや》 子供が生まれて七日目の夜。
鴛鴦《おしどり》 カモ目の水鳥。仲のいい夫婦。［冬］
御《お》忍《しの》び 貴人がひそかに外出すること。
押《お》し葉《ば》 紙の間にはさんで乾燥させた葉。
雄蕊《おしべ》 めしべに花粉を与える器官。
御《お》絞《しぼ》り ぬらして絞ったタオルや手拭い。
御《お》仕《し》舞《ま》い 終わり。
吝《おし》む けちけちする。（別）惜しむ
惜《お》しむ 大切にする。残念に思う。
押《お》し麦《むぎ》 押しつぶして干した大麦や燕麦。
襁褓《おしめ》 大小便を受ける布や紙。おむつ。
御《お》湿《しめ》り 適度な降雨。
御《お》釈迦《しゃか》 できそこないの品。
御《お》喋《しゃべ》り 雑談。口が軽いこと(人)。

御《お》洒落《しゃれ》 身なりに気をつかうこと。
和尚《おしょう》 師と仰ぐ僧。寺の住職。
御《お》上《じょう》手《ず》 お世辞。「—を言う」
汚職《おしょく》 職権を利用して、不正を行うこと。
汚辱《おじょく》 けがしはずかしめること。
怖《お》じる こわがる。
白粉《おしろい》 化粧のため顔などにぬる白い粉。
悪心《おしん》 むかついて吐き気のすること。
御《お》新《しん》香《こ》 つけもの。香の物。
雄《おす》 動物で精子をつくるもの。（別）牡
捺《お》す 印影をあらわす。（別）押す
押《お》す 前方へ、また上から下へ力を加える。
推《お》す 推薦する。推測する。
汚水《おすい》 家庭・工場などで使用して汚れた水。
怖《お》ず怖《お》ず おそるおそる。

御《お》裾《すそ》分《わ》け　もらい物を分け与える。
御《お》墨《すみ》付《つ》き　権威者の許可・保証。
御《お》世《せ》辞《じ》　口先だけのほめ言葉。
御《お》節《せち》　正月用の料理。
御《お》節《せっ》介《かい》　余計なお世話。
汚《お》染《せん》　水や大気が有害物質で汚されること。
御《お》膳《ぜん》立《だ》て　準備を整えること。
悪《お》阻《そ》　つわり。
遅《おそ》い　時期が過ぎている。時間がかかる。
襲《おそ》う　不意に攻める。跡を継ぐ。
怖《おぞ》気《け》　こわいと思う気持ち。
遅《おそ》咲《ざ》き　開花時期が遅い品種。
遅《おそ》霜《じも》　暖かくなってからの霜。晩霜。
遅《おそ》出《で》　交代勤務で、遅く出勤すること。
御《お》供《そな》え　神仏に供える物。鏡餅。

遅《おそ》番《ばん》　交代勤務で、あとの番。
遅《おそ》蒔《ま》き　時期におくれて事をなすこと。
悍《おぞ》ましい　不快でぞっとする。
御《お》粗《そ》末《まつ》　品質が雑である。
恐《おそ》らく　多分。おおかた。
恐《おそ》る恐《おそ》る　こわごわ。
恐《おそ》れ　おそれる気持ち。
虞《おそれ》　心配。危惧。
恐《おそ》れ入《い》る　申し訳なく思う。感服する。
恐《おそ》れ多《おお》い　有難く、もったいない。
恐《おそ》れ乍《なが》ら　恐れ多いことですが。
恐《おそ》れる　恐ろしいと思う。心配する。
畏《おそ》れる　もったいないと思う。
魘《おそ》われる　夢にうなされる。
汚《お》損《そん》　汚れ傷つくこと。

御《お》高《たか》い　高慢である。
汚《お》濁《だく》　よごれにごること。
雄《お》叫《たけ》び　勇ましい叫び声。
御《お》達《たっ》し　上司などからの指示・命令。
煽《おだ》てる　人をほめて、いい気にさせる。
御《お》旅《たび》所《しょ》　祭礼の御輿の仮の宮。[夏]
阿《お》多《た》福《ふく》　おかめ。
御《お》陀《だ》仏《ぶつ》　死ぬこと。だめになること。
苧《おだ》環《まき》　紡いだ麻糸を巻いた玉。
御《お》玉《たま》杓《じゃく》子《し》　蛙の幼生。音符。
御《お》霊《たま》屋《や》　貴人の霊をまつる所。
穏《おだ》やか　静かで平穏なさま。もの静か。
落《お》ち　もれていること。落語の結び、下げ。
落《お》ち鮎《あゆ》　産卵のため川を下る鮎。[秋]
陥《おちい》る　計略にかかる。よくない状態になる。

落《お》ち零《こぼ》れ　授業についていけない子供。
落《お》ち度《ど》　あやまち。過失。
落《お》ち葉《ば》　散り落ちた木の葉。[冬]
零《お》落《ちぶ》れる　みじめな状態になる。
落《お》ち穂《ぼ》　収穫後に落ちている稲の穂。[秋]
落《お》ち武《む》者《しゃ》　敗れて逃げて行く武者。
落《お》ち目《め》　運が下り坂になること。
落人《おちゅうど》　いくさに敗れ、逃げてゆく人。
乙《おつ》　十干の第二。きのと。趣のあるさま。
御《お》付《つ》き　そばにいて雑用をする人。
億《おっ》劫《くう》　めんどう臭くて気が進まないこと。
御《お》作《つく》り　化粧。刺身。
御《お》汁《つけ》　味噌汁の丁寧語。
御《お》告《つ》げ　神仏が告げ知らせること。
追《お》っ付《つ》け　まもなく。

追《お》っ手《て》　罪人やかたきなどを追う人。
追《おっ》而《て》書《が》き　追伸。二伸。
夫《おっと》　夫婦のうち、男の方。⇔妻
膃《おっ》肭《と》臍《せい》　アシカ科の大形の海獣。
御《お》手《て》上《あ》げ　行き詰まること。
汚《お》泥《でい》　きたない泥。
御《お》出《で》来《き》　できもの。
御《お》手《て》玉《だま》　布袋の玉を投げ上げる遊び。
御《お》手《て》前《まえ》　茶をたてる作法。(別)御点前
御《お》出《で》座《まし》　「出かける・来る」の尊敬語。
御《お》手《て》盛《も》り　自分勝手に決めること。
汚《お》点《てん》　しみ。よごれ。欠点。
御《お》田《でん》　蒟蒻・豆腐などの煮込み料理。[冬]
御《お》転《てん》婆《ば》　活発に動き回る少女。
音《おと》　耳で感じとる響き。評判。

弟《おとうと》弟《で》子《し》　同門の後輩。⇔兄弟子
御《お》通《とお》し　注文の品の前に出す簡単な料理。
頤《おとがい》　したあご。
脅《おど》かす　おどろかす。こわがらせる。
御《お》伽《とぎ》話《ばなし》　子供に聞かせる昔話や伝説。
戯《おど》ける　わざと滑稽なことをする。
男《おとこ》気《ぎ》　弱いものを助けようとする気性。
男《おとこ》盛《ざか》り　男の、働き盛りの年代。
男《おとこ》好《ず》き　男の心を引きつけること。
男《おとこ》伊《だ》達《て》　男気があること。
男《おとこ》手《で》　男の働き手。男の筆跡。
男《おとこ》振《ぶ》り　男子としての容貌や態度。
男《おとこ》前《まえ》　男ぶり。美男。
男《おとこ》勝《まさ》り　女が、男以上に気丈なこと。
男《おとこ》鰥《やもめ》　妻と死別または離別した男。

音沙汰《おとさた》 たより。音信。
落《お》とし穴《あな》 獣などを落とすための穴。
陥《おとしい》れる だまして、苦しい立場に立たせる。
御年玉《おとしだま》 新年を祝って贈る金品。新
落《お》とし文《ぶみ》 落書《らくしょ》。昆虫の一種。
落《お》とし前《まえ》 争いごとなどの後始末。
貶《おとし》める 他人を劣ったものとして扱う。
落《お》とし物《もの》 気づかずに落とした物。
脅《おど》す おそれさせる。脅迫する。
縅《おど》す 鎧の札《さね》を革・糸でつづり合わせる。
訪《おとず》れる 訪問する。時節がやってくる。
大臣《おとど》 大臣・公家に対する敬称。
一昨日《おととい》 きのうの前の日。
一昨年《おととし》 去年の前の年。
大人《おとな》 成人。一人前であること。

訪《おとな》う おとずれる。「庵を―」
乙姫《おとひめ》 竜宮城に住むという美しい姫。
乙女《おとめ》 年若いむすめ。少女。
御供《おとも》 つき従って行くこと(人)。
囮《おとり》 鳥獣を誘い寄せる同種の鳥獣。秋
踊《おど》り食《ぐ》い 白魚などを生きたまま食う。
踊《おど》り子《こ》 踊りを職業とする女性。
踊子草《おどりこそう》 シソ科の多年草。夏
踊《おど》り字《じ》 同じ字の繰り返しを示す符号。
囮捜査《おとりそうさ》 人を囮に使う捜査方法。
踊《おど》り場《ば》 階段の途中の平らな所。
劣《おと》る 他に比べて価値・力量などが低い。
踊《おど》る 音楽に合わせて体を動かす。
躍《おど》る 勢いよくはね上がる。わくわくする。
棘《おどろ》 髪などが乱れているさま。

衰《おとろ》える 勢いが弱くなる。盛んでなくなる。
驚《おどろ》く 意外なことにあって、びっくりする。
同《おな》い年《どし》 同じ年齢である。
御腹《おなか》 「はら」の丁寧語。
御流《おなが》れ 中止。目上の人の杯に受ける酒。
鬼《おに》 妖怪の一。死者の霊魂。無慈悲な人。
鬼薊《おにあざみ》 アザミの一種。大形。
鬼瓦《おにがわら》 棟の両端に用いる飾りの大瓦。
御握《おにぎ》り にぎりめし。
鬼婆《おにばば》 老女の姿をした鬼。
鬼火《おにび》 夜、墓地や沼地で燃える青白い火。
御荷物《おにもつ》 やっかいな人や物。
鬼百合《おにゆり》 ユリの一種。根は食用。夏
尾根《おね》 山の頂上と頂上をつなぐ峰すじ。
斧《おの》 木を切ったり割ったりする道具。

各《おのおの》 めいめい。各自。
己《おの》が自《じし》 めいめい。それぞれ。
自《おの》ずと ひとりでに。自然に。
戦《おのの》く 恐れのために震える。わななく。
己《おのれ》 自分自身。お前。
伯母《おば》 父母の姉。
叔母《おば》 父母の妹。
御萩《おはぎ》 ぼたもち。萩の餅。
御歯黒《おはぐろ》 黒く染めた歯。別鉄漿
鉄漿蜻蛉《おはぐろとんぼ》 黒い川蜻蛉。夏
御化《おば》け ばけもの。妖怪。幽霊。
十八番《おはこ》 得意な芸。
御弾《おはじ》き 平たい玉を指ではじく遊び。
姨捨山《おばすてやま》 棄老伝説を扱った昔話。
尾花《おばな》 ススキ。ススキの穂。秋

雄花《おばな》 おしべしかない花。⇔雌花
御花畑《おはなばたけ》 高山植物が咲いた草原。夏
御祓《おはらい》 神社などで行う災厄除けの神事。
御払《おはら》い箱《ばこ》 捨てること。解雇。
御針子《おはりこ》 雇われて針仕事をする女。
帯《おび》 和服の上から巻く細長い布。
帯揚《おびあ》げ 女帯が下がらないように結ぶ布。
帯祝《おびいわ》い 岩田帯をつける祝い。
怯《おび》える こわがる。
誘《おび》き出《だ》す だまして誘い出す。
御膝下《おひざもと》 将軍などのいる土地。
帯締《おびじ》め 帯がゆるまないように締める紐。
御浸《おひた》し 青菜などをゆでた料理。
夥《おびただ》しい はなはだしく多い。
御櫃《おひつ》 めしびつ。おはち。

牡羊座《おひつじざ》 一二月下旬に南中する星座。
帯留《おびど》め 装飾金具のついている帯締め。
御人好《おひとよ》し 人を疑ったりしない人。
御捻《おひね》り 小銭を紙に包んでひねったもの。
帯鋸《おびのこ》 鋼鉄の帯を環状にしたのこぎり。
帯封《おびふう》 新聞などに巻いて郵送する紙。帯紙。
御冷《おひ》や 冷たい飲み水。
脅《おびや》かす こわがらせる。あやうくする。
御百度《おひゃくど》 百回往復して祈願すること。
大鮃《おひょう》 カレイ目の大形の海魚。食用。
御開《おひら》き 酒宴などの終わりをいう忌み詞。
帯《お》びる 身につける。含む。役目をもつ。
尾鰭《おひれ》 魚の尾と鰭。「話に―が付く」
御披露目《おひろめ》 結婚や襲名の披露。
御袋《おふくろ》 母を俗にいう語。

御福分《おふくわ》け　おすそわけ。

御札《おふだ》　神社や寺で出すお守りの札。

汚物《おぶつ》　きたないもの。排泄物。

御古《おふる》　他人が使い古したもの。

お触《ふ》れ　役所からの通達。

覚書《おぼえがき》　略式の合意文書。メモ。

覚《おぼ》える　記憶する。習得する。感じる。

覚束無《おぼつかな》い　たよりない。不安だ。

溺《おぼ》れる　泳げずに水に沈む。夢中になる。

朧《おぼろ》　ぼんやりとかすんでいるさま。[春]

朧《おぼろ》げ　はっきりしないさま。「—な記憶」

朧月夜《おぼろづきよ》　かすんで見える月の夜。[春]

御盆《おぼん》　⇩盂蘭盆《うらぼん》

御負《おま》け　商品の値引き。景品付き。

雄松《おまつ》　クロマツの別名。⇔雌松

御守《おまも》り　社寺で発行する守り札。

御虎子《おまる》　持ち運び式便器。

お巡《まわ》りさん　巡査を親しく呼ぶ。

御神酒《おみき》　神に供える酒。

御御籤《おみくじ》　社寺で引く吉凶を占うくじ。

御見逸《おみそ》れ　見忘れる。見そこなう。

女郎花《おみなえし》　秋の七草の一。[秋]

御結《おむす》び　にぎりめし。おにぎり。

御襁褓《おむつ》　おしめ。

汚名《おめい》　不名誉な評判。

喚《おめ》く　さけぶ。わめく。

御召《おめ》し　細かいしぼを出した絹織物。

御目玉《おめだま》　目上の人にしかられること。

御目見得《おめみえ》　貴人に会うこと。

面《おも》　顔。表面。

主《おも》　中心をなすこと。主要なこと。

思《おも》い上《あ》がる　うぬぼれる。

思《おも》い思《おも》い　それぞれが思うように。

思《おも》い切《き》り　決断。存分に。

思《おも》い立《た》つ　そうしようと思う。

思《おも》い違《ちが》い　考え違い。

思《おも》い付《つ》き　ふと思い付いたこと。

思《おも》い出《で》　心に浮かぶ、過去の出来事。

思《おも》い做《な》しか　気のせいか。

思《おも》い残《のこ》す　未練を残す。

思《おも》いの丈《たけ》　思うことのすべて。

思《おも》い遣《や》り　他者への配慮・同情。

思《おも》う様《さま》　思う存分。

思《おも》う存分《ぞんぶん》　気のすむまで。

思《おも》う壺《つぼ》　予期したところ。

重重《おもおも》しい　威厳がある。

面影《おもかげ》　心に浮かぶ顔や姿。(別)俤

面舵《おもかじ》　船首を右へ向ける舵のとり方。

面変《おもが》わり　顔つきが変わること。

重《おも》き　重み。重点。「—をなす」

重苦《おもくる》しい　息がつまりそうだ。

面差《おもざ》し　顔の感じ。顔だち。

重《おも》し　物を押さえつけるもの。(別)重石

面白《おもしろ》い　愉快だ。滑稽だ。おかしい。

面白尽《おもしろず》く　興味本位ですること。

沢瀉《おもだか》　池沼に自生する多年草。[夏]

面立《おもだ》ち　顔だち。おもざし。

主立《おもだ》つ　メンバーの中で中心となる。

玩具《おもちゃ》　子どもの遊び道具。なぐさみもの。

表《おもて》　前面。正面。家の外。おおやけ。

面《おもて》　かお。仮面。

表構《おもてがま》え　家の正面の作り。

表看板《おもてかんばん》　劇場の正面に掲げる看板。

表作《おもてさく》　同じ田畑で作る作物のうち主なもの。

表沙汰《おもてざた》　一般に知れること。

表立《おもてだ》つ　公になる。正式の形をとる。

表向《おもてむ》き　見せかけ。うわべ。公式。

万年青《おもと》　ユリ科の常緑多年草。

面長《おもなが》　顔が長いこと。

重荷《おもに》　重い荷物。重い負担・責任。

主《おも》に　主として。大部分は。

阿《おもね》る　気に入られようとする。

面映《おもはゆ》い　きまりが悪い。照れくさい。

趣《おもむき》　風情。あじわい。ようす。主旨。

赴《おもむ》く　ある方向に向かって行く。

徐《おもむろ》に　ゆっくりと。そろそろと。

面持《おもも》ち　ある気持ちの表れた顔つき。

母屋《おもや》　離れなどに対して、主な建物。(別)母家

面窶《おもやつ》れ　心労で顔にやつれが出ること。

重湯《おもゆ》　粥の上澄みの汁。

錘《おもり》　重さを増すためにつける物。

思惑《おもわく》　考え。意図。世間の評判。

思《おも》わしい　望んだ通りだ。

思《おも》わず　無意識に。うっかり。

重《おも》んじる　大切に扱う。重く見る。

慮《おもんぱか》る　考えをめぐらす。配慮する。

惟《おもんみ》る　よく考える。「つらつら—に」

親芋《おやいも》　まわりに子芋をつける里芋。[秋]

親掛《おやが》かり　子が親に養われていること。

親方《おやかた》　職人などのかしら。相撲の年寄。

親心《おやごころ》 親としての、子に対する愛情。
親父《おやじ》 自分の父親。店などの主人。㊊親仁
親潮《おやしお》 日本の東岸を南へ下る寒流。
親《おや》**知**《し》**らず** 最も遅く生える四本の奥歯。
お安《やす》**い** わけない。簡単である。
親玉《おやだま》 仲間の中心となる人物。頭領。
御《お》**八**《や》**つ** 午後三時頃の間食。お三時。
親《おや》**馬**《ば》**鹿**《か》 子に甘い愚かな親。
親離《おやばな》**れ** 子が精神的に独立すること。
親《おや》**不**《ふ》**孝**《こう》 親を悲しませる行いをする。
親船《おやぶね》 子船を従えた大きな船。母船。
親分《おやぶん》 侠客などの首領。かしらと頼む人。
女形《おやま》 歌舞伎で、女役を演ずる役者。
親元《おやもと》 親の住んでいる所。㊊親許
凡《およ》**そ** あらまし。だいたい。まったく。

及《およ》**び腰**《ごし》 自信がなくて消極的なようす。
及《およ》**ぶ** 達する。匹敵する。
和蘭陀《オランダ》 ヨーロッパの一国。
折《おり》 機会。時機。
澱《おり》 液体の底に沈んでたまったかす。
檻《おり》 猛獣や罪人などを入れる囲い。
折《お》**り合**《あ》**い** 人間どうしの仲。妥協。
折悪《おりあ》**しく** 都合が悪いこと。あいにく。
折《お》**り入**《い》**って** 特別に心をこめて。
折折《おりおり》 その時その時。ときどき。
折《お》**り紙**《がみ》 色紙などを折る遊び。
折《おり》**から**ちょうどその時。
折柄《おりから》 (手紙などで)…の時であるから。
織機《おりき》 ⇩しょっき(織機)
織《お》**り込**《こ》**む** 交ぜて織る。組み込む。

折《お》**り詰**《づ》**め** 食品を折り箱に詰めたもの。
折《お》**り鶴**《づる》 紙で折った鶴。
折《お》**り箱**《ばこ》 薄い板を折り曲げた箱。
折節《おりふし》 その時々。季節。ときどき。
折《お》**り目**《め》 折りたたんだ時の線。けじめ。
織物《おりもの》 糸を機《はた》にかけて織った布。
下《お》**りる** 上から下へ移る。許可される。
降《お》**りる** 乗り物から出る。露や霜が、置く。
折《お》**る** 曲げて重ねる。曲げて切り離す。
織《お》**る** 糸を組み合わせて布を作る。
風琴《オルガン》 鍵盤楽器の一。
自鳴琴《オルゴール》 自動的に楽曲を奏する器具。
俺《おれ》 男の自称。うちとけた場面で用いる。
御《お》**礼**《れい》 感謝の意を表す言葉や贈り物。
疎《おろ》**か** 言うまでもなく。

愚《おろ》**か** 知恵や考えが足りないさま。にぶい。
卸《おろし》 おろしうり。
颪《おろし》 山から吹きおろしてくる風。
下《お》**ろす** 上から下へ移す。下方に垂らす。
降《お》**ろす** 乗り物から出す。退かせる。
卸《おろ》**す** 卸し売りをする。
堕《お》**ろす** 中絶する。
疎《おろそ》**か** いいかげん。なおざり。不注意。
大蛇《おろち》 大きな蛇。だいじゃ。
疎抜《おろぬ》**く** 間引く。うろぬく。
汚穢《おわい》 大小便。
尾張《おわり》 旧国名。愛知県西部。尾州。
音《おん》 おと。漢字の字音。⇔訓
恩《おん》 人から受けたありがたい行為。
恩愛《おんあい》 肉親や夫婦の間の情愛。

音域《おんいき》 音の高低の範囲。
音韻《おんいん》 言語の音声。
温雅《おんが》 やさしくて上品なこと。
音階《おんかい》 音を高さの順に配列したもの。
恩返《おんがえ》**し** 受けた恩に報いること。
音楽《おんがく》 音を組み合わせて表現する芸術。
音感《おんかん》 音に対する感覚。
温顔《おんがん》 おだやかでやさしい顔つき。
遠忌《おんき》 五十年忌などの遠い年忌。
恩義《おんぎ》 報いるべき義理のある恩。㊊恩誼
恩給《おんきゅう》 もと公務員の年金または一時金。
温灸《おんきゅう》 容器を通して間接的にすえる灸。
音響《おんきょう》 音。音の響き。
音曲《おんぎょく》 音楽。特に俗曲。「歌舞—」
音訓《おんくん》 漢字の音と訓。

恩恵《おんけい》 恵み。なさけ。
穏健《おんけん》 おだやかでしっかりしていること。
恩顧《おんこ》 情けをかけ援助すること。ひきたて。
温厚《おんこう》 人柄が穏やかで、温かみのあること。
温厚篤実《おんこうとくじつ》 穏やかで誠実。
遠国《おんごく》 都から遠く離れた国。
温故知新《おんこちしん》 昔のことを研究して、そこから新しい真理を見いだすこと。
音叉《おんさ》 音響測定に用いる器具。
恩師《おんし》 教えを受けた恩のある先生。
恩賜《おんし》 天皇や主君から賜ること。
音質《おんしつ》 音や声の質。
温室《おんしつ》 植物栽培用の保温装置のある建物。
恩赦《おんしゃ》 刑を恩典により軽減させること。
恩讐《おんしゅう》 うらみ、かたきとすること。

温習会《おんしゅうかい》 稽古事の発表会。
温順《おんじゅん》 おとなしく、素直なこと。
恩賞《おんしょう》 功績をほめて、ほうびを与えること。
温床《おんしょう》 温度を高めた苗床。図
恩情《おんじょう》 情け深いいつくしみの心。
温情《おんじょう》 あたたかくやさしい心。
音色《おんしょく》 楽器などのねいろ。
温色《おんしょく》 暖色。穏やかな顔色。
音信《おんしん》 便り。いんしん。
恩人《おんじん》 恩をかけてくれた人。
音信《おんしん》不通《ふつう》 連絡が絶える。
音声《おんせい》 声。画像に対して、おと。
音節《おんせつ》 音声を区切ったときの最小単位。
温泉《おんせん》 地熱で温められた湧き水。
怨憎《おんぞう》会《え》苦《く》 うらみにくんでいる人にも会わなければならないという苦しみ。
御曹司《おんぞうし》 名門や富豪の子息。
音速《おんそく》 音波が伝わる速さ。
温存《おんぞん》 大事にもとのまま残しておくこと。
御大《おんたい》 集団のかしらを親しんで呼ぶ言い方。
温帯《おんたい》 熱帯と寒帯との間の地帯。
恩沢《おんたく》 めぐみ。おかげ。いつくしみ。
温暖《おんだん》 気候が穏やかであたたかいさま。
音痴《おんち》 正しい音程で歌えないこと(人)。
御地《おんち》 相手のいる土地を敬っていう語。
御中《おんちゅう》 団体などのあて名に添える語。
音調《おんちょう》 音の高低の調子。音楽の旋律。
恩寵《おんちょう》 神や君主の愛やめぐみ。
音程《おんてい》 二つの音の間の高さのへだたり。
怨敵《おんてき》 うらみのある敵。「—退散」
恩典《おんてん》 情けのあるとりあつかい。
音吐《おんと》 音声。声。
音頭《おんど》 先に立って調子をとること。
温度《おんど》 暖かさや冷たさの度合。
穏当《おんとう》 おだやかで無理がないこと。
音読《おんどく》 声を出して読むこと。⇔黙読
雄鳥《おんどり》 雄の鳥。雄の鶏。⇔めんどり
音吐《おんと》朗朗《ろうろう》 声が明朗で豊か。
女形《おんながた》 おやま。
女盛《おんなざか》り 女が最も美しい年頃。
女誑《おんなたら》し 女を誘惑してもてあそぶ男。
女《おんな》っ気《け》 女のいる雰囲気。
女手《おんなで》 女の働き。女の筆跡。
女振《おんなぶ》り 女としての容姿。
怨念《おんねん》 うらみのこもった思い。
御《おん》の字《じ》 十分にありがたいこと。
音波《おんぱ》 振動によって伝わる波動。
御柱《おんばしら》 諏訪大社の祭礼に立てる大木の柱。
乳母《おんば》日傘《ひがさ》 過保護に育てる。
音盤《おんばん》 レコード盤。
穏便《おんびん》 おだやかに処理すること。
負《お》んぶ 背負うこと。人に頼ること。
音符《おんぷ》 音の高さと長さを示す記号。
音譜《おんぷ》 楽譜。
温風《おんぷう》 あたたかい風。
御身《おんみ》 相手のからだを敬っていう言い方。
隠密《おんみつ》 江戸時代の探偵。ひそかにするさま。
温容《おんよう》 おだやかな顔つき。
陰陽道《おんようどう》 陰陽五行説による方術。
温浴《おんよく》 湯にはいること。
音読《おんよ》み 漢字を字音で読むこと。
厭離《おんり》穢《え》土《ど》 ⇩えんりえど
怨霊《おんりょう》 うらみをもつ死者の魂。
音量《おんりょう》 音の分量。ボリューム。
温良《おんりょう》 性格が穏やかで素直なさま。
遠流《おんる》 遠い国への配流。
温和《おんわ》 気候がおだやかなさま。穏和。
穏和《おんわ》 おだやかでおとなしいさま。

か

香《か》 におい。かおり。
蚊《か》 小形の昆虫。雌は血を吸う。夏
可《か》 それでよしと認めること。
課《か》 組織上の小区分。教科書の一区切り。
我《が》 自分。わがまま。「—を張る」
賀《が》 いわうこと。ことほぐこと。
蛾《が》 鱗翅目の昆虫。チョウに似る。夏
加《か》圧《あつ》 圧力を加えること。⇔減圧
貝《かい》 かいがらをもった軟体動物。貝殻。
峡《かい》 山と山との間。
櫂《かい》 船をこぎ進めるのに使う道具。
戒《かい》 いましめ。戒律。
怪《かい》 あやしいこと。
階《かい》 高層建築物のひとつの層。
下《か》位《い》 低い地位。あとの順位。⇔上位
下《か》意《い》 大衆の考え。民意。「—上達」
甲《か》斐《い》 努力に見合う良い結果。
甲《か》斐《い》 旧国名。山梨県全域。甲州。
害《がい》 悪い影響。わざわい。⇔益
我《が》意《い》 自分勝手な考え。わがまま。

改悪《かいあく》 改めたことで前より悪くすること。

害悪《がいあく》 害となるような悪いこと。

外圧《がいあつ》 外部からの強制力。

介意《かいい》 心にとどめること。

怪異《かいい》 ばけもの。気味が悪いこと。

魁偉《かいい》 顔かたちがいかついさま。「容貌―」

害意《がいい》 危害を加えようとする心。

海域《かいいき》 ある範囲の海面。

会員《かいいん》 その会を構成している人。

改印《かいいん》 印鑑を別のものに変えること。

海員《かいいん》 船舶の乗組員。

外因《がいいん》 外部にある原因。⇔内因

海芋《かいう》 園芸用の花、カラーの別名。夏

海運《かいうん》 海上の運送。

開運《かいうん》 運がよくなっていくこと。

改易《かいえき》 近世、武士を士籍から除いた罰。

開演《かいえん》 演劇や演奏などを始めること。

外苑《がいえん》 神宮・御所の外側にある庭園。

外縁《がいえん》 外側にそった部分。

海王星《かいおうせい》 太陽系の第八の惑星。

快音《かいおん》 さわやかな気持ちのよい音。

怪火《かいか》 正体不明のあやしい火。

開化《かいか》 知識が開け文化が進歩すること。

開花《かいか》 花が咲くこと。成果が現れること。

階下《かいか》 下の階。階段の下。

絵画《かいが》 美術としてとらえた場合の絵。

外貨《がいか》 外国の貨幣。外国の商品。

凱歌《がいか》 凱旋時の戦勝の歌。かちどき。

開会《かいかい》 会議や議会を始めること。⇔閉会

恢恢《かいかい》 大きくて広いさま。「天網―」

海外《かいがい》 海の向こうにある外国。

外海《がいかい》 陸地に囲まれていない海。

外界《がいかい》 まわりの世界。外の世界。

改革《かいかく》 制度などを新しく変えること。

外郭《がいかく》 外側の囲い。「―団体」

快活《かいかつ》 明るくきびきびしているさま。

開豁《かいかつ》 開けていて眺めがよい。心が広い。

概括《がいかつ》 内容を大まかにまとめること。

買《か》**い被**《かぶ》**る** 実際より高く評価する。

貝殻《かいがら》 貝の外側を覆う殻。

会館《かいかん》 集会などのための建物。

快感《かいかん》 さわやかで、こころよい感じ。

開巻《かいかん》 書物の初めの部分。書き出し。

海岸《かいがん》 海辺。なぎさ。はまべ。

開眼《かいがん》 視力が戻る。物事の真髄をつかむ。

外患《がいかん》 外国から受ける攻撃。「内憂―」

外観《がいかん》 外側から見た様子。みかけ。

概観《がいかん》 大体の有様を大局的につかむこと。

回忌《かいき》 毎年の命日が何回めかをいう語。

回帰《かいき》 ひと回りしてもとにもどること。

会規《かいき》 会に設ける規則。会則。

会期《かいき》 会の開かれている期間。

快気《かいき》 病気がよくなること。「―祝い」

怪奇《かいき》 異様で不思議なこと。

開基《かいき》 寺院を創立すること。また、その僧。

会議《かいぎ》 関係者が集まり、話し合うこと。

懐疑《かいぎ》 疑いを抱くこと。「―論」

外気《がいき》 戸外の空気。

怪気炎《かいきえん》 あやしげな内容の意気込み。

皆既食《かいきしょく》 完全に隠れる日食と月食。

回帰線《かいきせん》 南北二三度二七分の緯線。

諧謔《かいぎゃく》 気のきいた冗談。ユーモア。

階級《かいきゅう》 くらい。同じ階層の人々の集団。

懐旧《かいきゅう》 過去を懐かしむこと。「―の情」

快挙《かいきょ》 胸のすくような行動。

回教《かいきょう》 イスラム教の別名。

海峡《かいきょう》 陸地にはさまれた狭い海。

懐郷《かいきょう》 故郷をなつかしむこと。

改行《かいぎょう》 文章の行を変えること。

開業《かいぎょう》 事業を始めること。営業していること。

概況《がいきょう》 大体の様子。「天気―」

開局《かいきょく》 放送局などを開設すること。

外局《がいきょく》 中央官庁直属の独立性の高い機関。

皆勤《かいきん》 一日も休まず出勤・出席すること。

開襟《かいきん》 開いた形のえり。「―シャツ」

解禁《かいきん》 禁止命令を解くこと。「狩猟―」

外勤《がいきん》 職場の外に出て行う仕事。

化育《かいく》 万物を発生・成長させること。

街区《がいく》 市街地の区画。ブロック。

回訓《かいくん》 本国政府からの回答の訓令。

海軍《かいぐん》 海上の防衛・攻撃を行う軍隊。

会計《かいけい》 勘定。企業などの金の出入りの計算。

塊茎《かいけい》 塊状に肥大した地下茎。

外形《がいけい》 外部から見える形・様子。見かけ。

会稽《かいけい》**の恥**《はじ》 戦いにまけた恥。

解決《かいけつ》 事件や問題を片付けること。

壊血病《かいけつびょう》 出血・貧血を起こす病気。

会見《かいけん》 公式に人と会うこと。「記者―」

改憲《かいけん》 憲法を改めること。

懐剣《かいけん》 ふところに入れて持ち歩く短刀。

戒厳《かいげん》 軍がその地域を統治すること。
改元《かいげん》 元号を改めること。
開眼《かいげん》 新しい仏像に霊を迎える儀式。
外見《がいけん》 外側から見たさま。うわべ。外観。
蚕《かいこ》 蛾の一種。絹糸をとる。[春]
回顧《かいこ》 昔のことを思い返すこと。
解雇《かいこ》 やとっていた人をやめさせること。
懐古《かいこ》 昔を思い懐かしむこと。「―談」
介護《かいご》 病人などを介抱・看護すること。
改悟《かいご》 過ちを悟り、改めること。
悔悟《かいご》 過ちを悟り、後悔すること。
回航《かいこう》 各地を巡る航海。
改稿《かいこう》 原稿を書きかえること。
海港《かいこう》 海岸にある港。
海溝《かいこう》 細長くくぼんだ溝状の海底。

開港《かいこう》 貿易のために港を開放すること。
邂逅《かいこう》 思いがけなく出会うこと。
会合《かいごう》 集まり。よりあい。
外交《がいこう》 外国との交際や交渉。外部との交渉。
外光《がいこう》 戸外の太陽光線の明かり。
外向《がいこう》 社交的・積極的な性格。⇔内向
外港《がいこう》 近くの都市に必要物資を供給する港。
開口一番《かいこういちばん》 話し始めたとたん。
外交辞令《がいこうじれい》 社交上のほめ言葉。
回国《かいこく》 国々をめぐり歩くこと。「―巡礼」
戒告《かいこく》 公務員に対する懲戒処分の一。
海国《かいこく》 海に囲まれた国。「―日本」
開国《かいこく》 外国との交通を始めること。⇔鎖国
外国《がいこく》 よその国。他国。異国。
骸骨《がいこつ》 骨だけになった死体。

悔恨《かいこん》 反省し、後悔すること。
開墾《かいこん》 山野を切り開いて田畑をつくること。
塊根《かいこん》 塊状に肥大した根。サツマイモなど。
快哉《かいさい》 「快なる哉《かな》」の意。「―を叫ぶ」
開催《かいさい》 集まりや催しものなどを開くこと。
介在《かいざい》 あいだにはさまってあること。
外債《がいさい》 外国で募集する債券。
改作《かいさく》 作品を作り直すこと。
開削《かいさく》 新たに道路や運河を通すこと。
改札《かいさつ》 駅で乗車券などを調べること。
海産《かいさん》 海からとれること。「―物」
開山《かいさん》 寺の創始者。開基。宗派の祖。開祖。
解散《かいさん》 人々が別れ去る。全議員の資格消滅。
改竄《かいざん》 字句を都合良く書きかえること。
概算《がいさん》 大よその計算をすること。

怪死《かいし》 原因のわからない死に方。
開始《かいし》 始めること。⇔終了
懐紙《かいし》 畳んでふところに入れておく白い紙。
快事《かいじ》 胸のすくようなできごと。
海事《かいじ》 船の航行に関する事柄。
開示《かいじ》 事柄の内容を公にすること。
外史《がいし》 民間で書いた歴史。野史。
外資《がいし》 外国からの資本。「―導入」
碍子《がいし》 電線を絶縁するための器具。
外字《がいじ》 外国の文字。「―新聞」
外耳《がいじ》 耳の、鼓膜より外がわの部分。
外事《がいじ》 外国・外国人に関する事柄。
概して《がいして》 大体のところ。おしなべて。
会社《かいしゃ》 営利事業を行う法人組織。
膾炙《かいしゃ》 広く知れ渡ること。「人口に―する」

外車《がいしゃ》 外国製の自動車。
介錯《かいしゃく》 切腹をする人の首を斬ること。
解釈《かいしゃく》 意味・内容を解き明かすこと。
外需《がいじゅ》 外国からの需要。⇔内需
回収《かいしゅう》 集めて元に戻すこと。「廃品―」
改宗《かいしゅう》 宗旨をかえること。
改修《かいしゅう》 手を加えて作り直すこと。
怪獣《かいじゅう》 怪しいけもの。空想上の大きな動物。
海獣《かいじゅう》 海にすむ哺乳類の総称。
晦渋《かいじゅう》 表現がむずかしく、難解なさま。
懐柔《かいじゅう》 うまく説き伏せて、手なずけること。
外周《がいしゅう》 外側の一周り。そとまわり。
鎧袖一触《がいしゅういっしょく》 敵を問題にしない。
外柔内剛《がいじゅうないごう》 うわべはものやわらかだが、意志は強固であること。⇔内柔外剛

外出《がいしゅつ》 外へ出かけること。
回春《かいしゅん》 精力が若がえること。
改悛《かいしゅん》 罪を悔いて、心を入れかえること。
会所《かいしょ》 集会をする場所。「碁―」
楷書《かいしょ》 漢字の書体の一。字画をくずさない。
介助《かいじょ》 病人や老人の手助けをすること。
海恕《かいじょ》 広い心で、相手を許すこと。海容。
解除《かいじょ》 制約・禁止などを解き、元に戻す。
甲《か》斐《い》性《しょう》 生活する能力。「―無し」
回章《かいしょう》 回覧状。まわしぶみ。回状。
会商《かいしょう》 外交上の交渉。「日英―」
快勝《かいしょう》 あざやかな勝利。
改称《かいしょう》 名称を改めること。改名。
海象《かいしょう》 海洋におけるさまざまな自然現象。
海嘯《かいしょう》 満潮時に河口部に起こる高波。

解消《かいしょう》　今までの関係・状態をなくすこと。

回状《かいじょう》　回覧の手紙。回章。

会場《かいじょう》　会議や催し物などが開かれる場所。

海上《かいじょう》　海の表面。海面。海路。「―輸送」

開城《かいじょう》　降参して敵に城を明け渡すこと。

開場《かいじょう》　会場を開いて人々を中へ入れること。

階上《かいじょう》　上の階。⇔階下

外商《がいしょう》　店の外での商行為。外国の商社・商人。

外傷《がいしょう》　体の外部に付いた傷。

街娼《がいしょう》　街頭で客を見つけ売春する女。

下《か》意《い》上達《じょうたつ》　下位の者の考えが、上役によく達すること。⇔上意下達

会食《かいしょく》　集まって食事をすること。

快食《かいしょく》　気分よく食事をすること。「―快眠」

海食《かいしょく》　波浪や潮流が陸地を削り取ること。

解職《かいしょく》　職務をやめさせること。免職。

外食《がいしょく》　家庭外で食事をすること。

回心《かいしん》　改めて信仰に目覚めること。

回診《かいしん》　医師が入院患者を診察して回ること。

会心《かいしん》　うまくいって満足すること。

改心《かいしん》　悪い心を改めること。

改新《かいしん》　古い制度を改めて新しくすること。

灰燼《かいじん》　灰と燃え残り。「―に帰す」

怪人《かいじん》　あやしい人物。

海神《かいじん》　海の神。竜王。わたつみ。

外信《がいしん》　外国からの通信。「―部」

害心《がいしん》　危害を加えようとする心。害意。

外人《がいじん》　外国人。

海図《かいず》　海の様子を記した航海用の地図。

海水《かいすい》　海の水。

回数《かいすう》　何回起きたかの数。

概数《がいすう》　おおよその数。大体の数。

介《かい》する　誰かを中に立てる。心にかける。

会《かい》する　あつまる。寄り合う。「一堂に―」

解《かい》する　解釈する。理解する。わかる。

害《がい》する　そこなう。殺す。

回生《かいせい》　生きかえること。「起死―」

快晴《かいせい》　空が気持ちよく晴れわたること。

改正《かいせい》　不備な点をあらためただすこと。

改姓《かいせい》　姓をかえること。

外征《がいせい》　外国へ軍隊を出して戦うこと。

慨世《がいせい》　世を嘆きうれえること。

蓋世《がいせい》　世をおおう盛んな気力。「抜山―」

会席《かいせき》　寄り合いの席。

解析《かいせき》　分析し明らかにすること。

懐石《かいせき》　茶席で、茶の前に出す簡単な食事。

外戚《がいせき》　母方の親戚。

会席《かいせき》料《りょう》理《り》　膳つきの日本料理。

開設《かいせつ》　新たに施設を開き設けること。

解説《かいせつ》　物事の内容をわかりやすく説くこと。

概説《がいせつ》　あらましを説明すること。

回旋《かいせん》　めぐらしまわすこと。「―橋」

回船《かいせん》　昔、物資輸送に従事した荷船。

回線《かいせん》　電話・電信などの伝送のための路線。

会戦《かいせん》　大部隊どうしの陸上戦闘。「奉天―」

改選《かいせん》　議員や役員を新たに選び直すこと。

海戦《かいせん》　海上での戦闘。

疥癬《かいせん》　疥癬虫による皮膚病。

開戦《かいせん》　戦争を始めること。⇔終戦

改善《かいぜん》　物事の悪い所を改めること。

外線《がいせん》　外部と結ぶ電話。⇔内線

凱旋《がいせん》　戦争に勝って国へ帰ってくること。

慨然《がいぜん》　憤り嘆くさま。憂い嘆くさま。

蓋然性《がいぜんせい》　確からしさの度合。

改組《かいそ》　組織を改めること。

開祖《かいそ》　初めて宗派のもとを開いた人。

回送《かいそう》　転送。空車のまま他へ送ること。

回想《かいそう》　過去のことに思いをめぐらすこと。

回漕《かいそう》　船舶による運送。「―業」

会葬《かいそう》　葬儀に参列すること。「―御礼」

快走《かいそう》　気持ちよく走ること。

改葬《かいそう》　遺骨を他の墓地に葬り直すこと。

改装《かいそう》　外観や内装などを新しく変えること。

海草《かいそう》　海中に生える被子植物。

海藻《かいそう》　海中に生育する藻類の総称。

階層《かいそう》　ある基準で分けた人々の社会的な層。

潰走《かいそう》　戦いに負けて逃げること。

改造《かいぞう》　組織・建物などを作り直すこと。

外装《がいそう》　外側のよそおい。⇔内装

介添《かいぞ》え　そばにいて、世話をすること。

会則《かいそく》　会の規則。

快足《かいそく》　走り方が速いこと。

快速《かいそく》　気持ちがよいほど速いこと。

海賊《かいぞく》　他の船を襲って略奪を働く盗賊。

海賊版《かいぞくばん》　無断で複製した出版物など。

外祖父《がいそふ》　母方の祖父。

外祖母《がいそぼ》　母方の祖母。

外孫《がいそん》　そとまご。

快打《かいだ》　胸がすくような安打。

咳唾《がいだ》　せきばらいの声。「―珠《たま》を成す」

か

拐帯《かいたい》　持ち逃げ。「公金—」
解体《かいたい》　ばらばらにする。切り分ける。
懐胎《かいたい》　みごもること。懐妊。
改題《かいだい》　題名を改めること。
海内《かいだい》　日本国内。天下。「—無双」
解題《かいだい》　書物の成立・内容・体裁などの解説。
開拓《かいたく》　山野を切り開いて田畑にすること。
快諾《かいだく》　気持ちよく引き受けること。
外為《がいため》　外国為替《かわせ》のこと。
会談《かいだん》　会って公式に話し合うこと。
戒壇《かいだん》　僧に戒を授けるために設けた式場。
怪談《かいだん》　化け物や幽霊の話。
階段《かいだん》　高い所へ通ずる段になった通路。
慨嘆《がいたん》　なげきいきどおること。
骸炭《がいたん》　石炭を乾留したもの。コークス。

街談巷説《がいだんこうせつ》　世間のうわさ。
快男児《かいだんじ》　気性のさっぱりした男。
外地《がいち》　国外の地。もと、内地以外の領土。
改築《かいちく》　建造物をつくりかえること。
回虫《かいちゅう》　人体に寄生する寄生虫。
改鋳《かいちゅう》　鋳造しなおすこと。「貨幣の—」
懐中《かいちゅう》　ふところや財布の中。
外注《がいちゅう》　外部に仕事を発注すること。
害虫《がいちゅう》　人間の生活に害をもたらす昆虫。
懐中電灯《かいちゅうでんとう》　携帯用の小型電灯。
会長《かいちょう》　会を代表する人。社長の上の役職。
快調《かいちょう》　体や物事の調子がいいこと。
怪鳥《かいちょう》　不気味な姿の、見なれない鳥。
開帳《かいちょう》　厨子を開いて秘仏を見せること。[春]
害鳥《がいちょう》　農産物などに害を与える鳥類。

戒飭《かいちょく》　人をつつしませること。
開陳《かいちん》　自分の考えを人の前で述べること。
開通《かいつう》　道路や鉄道などが通ずること。
貝塚《かいづか》　古代人が捨てた貝殻が堆積したもの。
鸊鷉《かいつぶり》　小形の水鳥。カイツムリ。[冬]
搔《か》い**摘**《つま》**む**　話などの要点をとらえる。
改定《かいてい》　従来の規定を改めること。
改訂《かいてい》　書籍などの内容を改めなおすこと。
海底《かいてい》　海の底。うなぞこ。
開廷《かいてい》　裁判を始めるために法廷を開くこと。
階梯《かいてい》　階段。学問・芸能の手引き。
快適《かいてき》　とても気分のよいさま。
外敵《がいてき》　外部から攻めてくる敵。
外的《がいてき》　外部に関するさま。肉体的。
回天《かいてん》　天下の形勢を一変させること。

回転《かいてん》　ぐるぐる回ること。資金の投入と回収。
開店《かいてん》　新しく店を開く。業務を始める。
皆伝《かいでん》　師から奥義をすべて伝えられること。
外伝《がいでん》　本伝にもれた伝記や逸話。
外電《がいでん》　外国の事情を伝える電信。
回答《かいとう》　質問・要求に正式に答えること。
解答《かいとう》　問題を解くこと。また、その答え。
会頭《かいとう》　会の中心的指導者。会長。
快刀《かいとう》　よく切れる刀。
怪盗《かいとう》　手口が巧みな、正体不明の盗賊。
解凍《かいとう》　冷凍した食品をとかすこと。
会同《かいどう》　会議のため寄り集まること。会合。
会堂《かいどう》　集会のための建物。教会堂。
海棠《かいどう》　バラ科の落葉低木。ハナカイドウ。[春]
海道《かいどう》　海に沿った街道。東海道。

街道《かいどう》　重要な公共の道路。
外灯《がいとう》　家の外に取り付けた電灯。
街灯《がいとう》　道路に付けた電灯。街路灯。
外套《がいとう》　オーバーコート。[冬]
街頭《がいとう》　人の往来の多い場所。
該当《がいとう》　その条件にあてはまること。
快刀乱麻《かいとうらんま》　見事に処理する。
回読《かいどく》　何人かの間で、まわして読むこと。
解読《かいどく》　暗号や判読困難な文章を読み解く。
害毒《がいどく》　害になる悪い影響。
搔取《かいどり》　婦人の礼服の一。打ち掛け。
腕《かいな》　うで。
海難《かいなん》　航行中の船舶に生じた危難。
介入《かいにゅう》　第三者が争いなどに割り込むこと。
解任《かいにん》　任務を解くこと。解職。

懐妊《かいにん》　みごもること。妊娠。
概念《がいねん》　その事物の大まかな意味内容。
会派《かいは》　政党や団体内の派閥や団体。
改廃《かいはい》　改めることとやめること。
外売《がいばい》　⇩外商
外泊《がいはく》　自分の家以外に泊まること。
該博《がいはく》　広く物事に通じているさま。
灰白色《かいはくしょく》　明るい灰色。
貝柱《かいばしら》　二枚貝の貝殻を開閉する筋肉。
開発《かいはつ》　山野を切り開く。実用化する。
海抜《かいばつ》　海面からの山や陸地の高さ。標高。
皆伐《かいばつ》　森林などの樹木を全部切ること。
改版《かいはん》　内容を改め、新しい版で出版する。
開板《かいはん》　(木版本の)出版。
回避《かいひ》　避けること。「責任—」

会費《かいひ》 会の運営のために、会員が払う金。

開披《かいひ》 封書を開くこと。開封。

開闢《かいびゃく》 天地のひらけはじめ。

開票《かいひょう》 投票箱を開いて投票数を調べること。

解氷《かいひょう》 春、海の氷がとけること。[春]

概評《がいひょう》 全体を大づかみにとらえた批評。

海浜《かいひん》 海べ。浜べ。

外侮《がいぶ》 外国から受ける侮り。

外部《がいぶ》 物の外側。ある組織や集団のそと。

海風《かいふう》 海上を吹く風。昼、海から陸へ吹く風。

開封《かいふう》 封を開くこと。中が見える郵便物。

凱風《がいふう》 初夏の快い南風。

回復《かいふく》 元の状態に戻る。取り戻す。

快復《かいふく》 病気がなおること。

開腹《かいふく》 手術のために腹部を切り開くこと。

怪物《かいぶつ》 ばけもの。ずば抜けた実力の持ち主。

開物成務《かいぶつせいむ》 人知を開発し、人のなそうとするところを成し遂げること。

回文《かいぶん》 逆から読んでも同じになる文句。

灰分《かいぶん》 食物中の無機物。ミネラル。

外聞《がいぶん》 世間の評判。世間体。「―が悪い」

怪文書《かいぶんしょ》 出所のわからない文書。

開平《かいへい》 数や代数式の平方根を求めること。

開閉《かいへい》 あけることとしめること。

外壁《がいへき》 外側の壁。

改変《かいへん》 物事を違った内容に改めること。

改編《かいへん》 組織を編成し直すこと。

介抱《かいほう》 病人やけが人の世話をすること。

回報《かいほう》 回覧状。文書による返事。

会報《かいほう》 会の雑誌。

快方《かいほう》 病気や傷がよくなってくること。

開放《かいほう》 あけはなつ。自由な出入りを許す。

解放《かいほう》 束縛を解いて自由にすること。

海防《かいぼう》 海上からの侵入に対する海の守り。

解剖《かいぼう》 生物の体を切り開いて調べること。

外報《がいほう》 外国からの通信・報告。外信。

外貌《がいぼう》 見た目。外見。

外米《がいまい》 外国から輸入する米。

搔巻《かいまき》 綿の入った、広袖付きの夜着。[冬]

開幕《かいまく》 舞台の幕があく。物事が始まる。

垣《かい》間《ま》見《み》る ちらっとのぞき見る。

戒名《かいみょう》 僧侶が死者につける名前。

快眠《かいみん》 気持ちよく眠ること。

会務《かいむ》 会の事務。

皆無《かいむ》 まったくないこと。

外務《がいむ》 外国関係の行政事務。外勤。

改名《かいめい》 名前を変えること。

晦冥《かいめい》 暗闇であること。まっくらやみ。

開明《かいめい》 文明が開けること。かしこいさま。

解明《かいめい》 不明な点をはっきりさせること。

壊滅《かいめつ》 すっかりこわれてなくなること。

海綿《かいめん》 海綿動物の骨格。スポンジ。

界面《かいめん》 二つの物質の境界面。

外面《がいめん》 物の外側の面。外からの見かけ。

皆目《かいもく》 まったく。全然。「―わからない」

開門《かいもん》 門を開くこと。⇔閉門

槐門棘路《かいもんきょくろ》 大官と公卿の総称。

外野《がいや》 野球で、内野の後方。第三者。

改訳《かいやく》 翻訳したものに手を加え直すこと。

解約《かいやく》 一度した契約を取り消すこと。

快癒《かいゆ》 病気がすっかりなおること。

回遊《かいゆう》 ほうぼう旅行してまわること。

回游《かいゆう》 魚群の季節的な移動。[別]回遊

外遊《がいゆう》 留学や見物のために外国に行くこと。

海洋《かいよう》 広く大きな海。

海容《かいよう》 海のように広い心で、人を許すこと。

潰瘍《かいよう》 炎症による傷が内部組織に及ぶこと。

外用《がいよう》 薬を皮膚や粘膜に付けること。

外洋《がいよう》 そとうみ。外海。⇔内洋

概要《がいよう》 大体の内容。あらまし。

貝寄《かいよせ》 陰暦二月二〇日前後に吹く風。[春]

傀儡《かいらい》 操り人形。操られている者。くぐつ。

外来《がいらい》 よそから来ること。外国から来ること。

快楽《かいらく》 感覚上の満足感。ここちよさ。

回覧《かいらん》 書類などを順にまわして見ること。

解纜《かいらん》 纜《ともづな》を解いて船出すること。出帆。

壊乱《かいらん》 秩序などをひどく乱すこと。[別]潰乱

乖離《かいり》 まったくはなれてしまうこと。

海里《かいり》 海上での長さの単位。一八五二メートル。

海狸《かいり》 ビーバーの別名。

怪力《かいりき》 驚くほどの大力。

海陸《かいりく》 海と陸。海軍と陸軍。

戒律《かいりつ》 宗教で、守るべきおきて。

概略《がいりゃく》 あらまし。大体。概要。

海流《かいりゅう》 一定の方向に移動する海水の流れ。

改良《かいりょう》 現状よりよくすること。改善。

怪力乱神《かいりょくらんしん》 人知でははかり知れない、不思議な存在や現象。

回礼《かいれい》 お礼や年賀にまわること。[新]

回路《かいろ》 電気の流れる経路。

海路《かいろ》 船の運航する道。航路。船路。
懐炉《かいろ》 懐中に入れて体を温める器具。[冬]
街路《がいろ》 町なかの道路。「—樹」
回廊《かいろう》 建物の周囲をとりまく長い廊下。
偕老同穴《かいろうどうけつ》 夫婦仲が大変良い。
概論《がいろん》 概要のあらましを述べること。
会話《かいわ》 話をやりとりすること。
界隈《かいわい》 付近。近辺。「銀座—」
貝割《かいわ》り菜《な》 二葉の開いた野菜。[秋]
怪腕《かいわん》 人なみ優れた腕前。
下院《かいん》 二院制の国で、公選議員による議院。
支《か》う ものをあてがってささえる。
買《か》う 購入する。評価する。
飼《か》う 動物に食べ物を与えて養う。
家運《かうん》 一家の運命。「—が傾く」

反《かえ》す 表裏をひっくりかえす。
返《かえ》す もとに戻す。相手の言動に反応する。
帰《かえ》す 戻らせる。帰らせる。
孵《かえ》す 卵を温めてひなにする。
返《かえ》す返《がえ》す 何度考えても。「—残念です」
替《か》え玉《だま》 本物の代わりになるにせもの。
却《かえ》って 反対に。
楓《かえで》 カエデ科の落葉樹。モミジ。[秋]
返《かえ》り討《う》ち 討とうとして逆に討たれる。
返《かえ》り咲《ざ》き 狂い咲き。カムバック。
顧《かえり》みる 振り返る。気遣う。
省《かえり》みる 反省する。「わが身を—」
蛙《かえる》 両生類の一種。かわず。[春]
反《かえ》る 裏と表が入れかわる。
返《かえ》る 物がもとに戻る。もとの状態に戻る。

帰《かえ》る もとの所にもどる。
孵《かえ》る 卵から、ひなになる。
換《か》える 他の物ととりかえる。交換する。
替《か》える 他の物といれかえる。
代《か》える 代用する。代理させる。
変《か》える 状態を変化させる。場所を移す。
火炎《かえん》 (別)火焔 たちのぼるほのお。
火焔菜《かえんさい》 アカザ科の野菜。根を食用。
肯《がえ》んじる 聞き入れる。承諾する。
花押《かおう》 名前の下に書く図案化した署名。
顔貌《かおかたち》 目鼻立ち。容貌。器量。
家屋《かおく》 人が住む建物。いえ。
顔馴染《かおなじ》み 前からの知り合い。
顔触《かおぶ》れ 会合や仕事などに参加する人々。
顔負《かおま》け 相手の力量にたじたじとなる。

顔見世《かおみせ》 一座の役者の総出演。[冬]
顔向《かおむ》け 人に顔を合わせること。
顔役《かおやく》 実力者。ボス。博徒の親分・幹部。
香《かお》る (別)薫る よいにおいが漂う。
呵呵《かか》 大きな声で笑うさま。
加賀《かが》 旧国名。石川県南部。加州。賀州。
画架《がか》 カンバスをのせる三脚台。
画家《がか》 絵かき。
雅歌《がか》 みやびやかな歌。
峨峨《がが》 山などが険しくそびえるさま。
嚊《かかあ》 (別)嬶 妻。おっかあ。
加害《かがい》 損害・傷害を加えること。「—者」
花街《かがい》 いろまち。遊郭。花柳街。
課外《かがい》 定められた課業のほかのもの。
瓦解《がかい》 崩れてこわれてしまうこと。

抱《かか》える 腕で囲み持つ。身近にもつ。
価格《かかく》 物のねだん。
家格《かかく》 家の格式。家柄。
過客《かかく》 ゆききする人。旅人。
化学《かがく》 物質の構造や反応を研究する学問。
科学《かがく》 対象を理論的実証的に研究する学問。
価額《かがく》 その物の評価にあたる金額。
家学《かがく》 その家に代々伝えられてきた学問。
雅楽《ががく》 奈良・平安朝の宮中音楽。
掲《かか》げる 目立つように示す。高く上げる。
案山子《かかし》 鳥獣を脅すための人形。[秋]
欠《か》かす なしですませる。おこたる。休む。
係《かかずら》う 面倒なことにかかわりを持つ。
呵呵大笑《かかたいしょう》 大声で笑うさま。
踵《かかと》 足の裏の後ろ。きびす。

鏡《かがみ》 形・姿を映して見る道具。
鑑《かがみ》 人として見習うべき模範。手本。
鏡開《かがみびら》き 鏡餅を割って食べる行事。[新]
鏡餅《かがみもち》 神仏に供える大小二個の餅。[新]
屈《かが》む 姿勢を低くする。しゃがむ。
輝《かがや》く まぶしく光る。晴れやかに見える。
係《かかり》 ある仕事・役目を受け持つこと(人)。
掛《か》かり 費用。出費。
篝火《かがりび》 夜、照明・用心のために燃やす火。
係《か》かる 関係する。かかわる。
掛《か》かる ぶら下がる。作用が及ぶ。要する。
罹《かか》る 病気になる。「肺炎に—」
架《か》かる かけわたされる。「橋が—」
懸《か》かる 中空にある。金品の提供がある。
斯《か》かる このような。

か

縢《かが》る 糸でしっかりと縫う。
係《かかわ》る 関係する。(別)関わる
拘《かかわ》る こだわる。
果敢《かかん》 思い切って物事を行うこと。
大蚊《ががんぼ》 細くて弱々しい昆虫。カトンボ。[夏]
垣《かき》 かきね。
柿《かき》 果樹。甘柿と渋柿がある。[秋]
牡蠣《かき》 二枚貝。海産。[冬]
下記《かき》 以下に書き記すこと。⇔上記
火気《かき》 火の気。火の勢い。
火器《かき》 銃砲類をまとめて言う称。
花卉《かき》 花の咲く草。観賞用に栽培する植物。
花期《かき》 花の咲く期間。
花器《かき》 はないけ。花入れ。
夏季《かき》 夏の季節。

夏期《かき》 夏の期間。
鉤《かぎ》 物を掛ける、先の曲がった金具。
鍵《かぎ》 錠を開閉する器具。重要な手がかり。
餓鬼《がき》 飢えと渇きに苦しむ亡者。子供。
書き置《お》き 置き手紙。
書き下《お》ろし 新しく書いた作品。
鉤《かぎ》裂《ざ》き 衣類にできた鉤形の裂け目。
書き初《ぞ》め 新年に初めてする習字。[新]
餓《が》鬼《き》大将《だいしょう》 遊び仲間の大将。
鍵《かぎ》っ子《こ》 共働きで、昼間両親がいない子。
杜若《かきつばた》 アヤメ科の多年草。水辺に生える。[夏]
書留《かきとめ》 確実な送達を図る扱いの郵便。
垣根《かきね》 敷地などのまわりに作る囲い。
鉤鼻《かぎばな》 鉤のように曲がった鼻。わしばな。
鉤針《かぎばり》 先端が鉤形に曲がった編み物用の針。

加虐《かぎゃく》 他人に苦しみや屈辱を与えること。
下級《かきゅう》 したの等級や段階。
火急《かきゅう》 さし迫っていること。「—の用」
加給《かきゅう》 給料を増すこと。増給。
蝸牛《かぎゅう》 かたつむり。[夏]
可及的《かきゅうてき》 できるだけ。「—速やかに」
佳境《かきょう》 興味深い所。景色のいい所。
架橋《かきょう》 橋をかけること。
家郷《かきょう》 ふるさと。故郷。
華僑《かきょう》 海外に居住する中国人。特に商人。
家業《かぎょう》 その家の職業。
稼業《かぎょう》 生活を維持するための仕事。
課業《かぎょう》 課せられた学習・業務。
歌曲《かきょく》 声楽のための曲。
限《かぎ》り ぎりぎりの所。限界。「今を—」

限《かぎ》る 限定する。それに決まる。
書《か》き割《わ》り 大道具の一。舞台の背景。
家禽《かきん》 家で飼育される鳥。
過勤《かきん》 「超過勤務」の略。超勤。
瑕瑾《かきん》 きず。欠点。
画《かく》 漢字を構成している線。
格《かく》 社会における地位・身分など。
核《かく》 核兵器。中心。
欠《か》く 一部をこわす。必要なものがない。
書《か》く 文字・記号を記す。
描《か》く 絵にあらわす。えがく。
舁《か》く 肩にかついで運ぶ。「かごを—」
掻《か》く こする。ひっかく。削り取る。
確《かく》 たしかであるさま。「—たる返答」
斯《か》く このように。これほどまで。

家具《かぐ》 家の中に据えられて使う道具。
嗅《か》ぐ 鼻でにおいを感じとる。
学《がく》 学識。学問。
萼《がく》 花びらを支えるひらたい台。
額《がく》 書画を入れて壁に掛けるもの。金額。
格《かく》上《あ》げ 高く格づけすること。
各位《かくい》 みなさまがた。「会員—」
隔意《かくい》 遠慮する気持ち。「—なく話す」
学位《がくい》 学士・修士・博士などの称号。
画一《かくいつ》 すべて同じに扱うこと。「—的」
学院《がくいん》 学校。
楽員《がくいん》 楽団の演奏者。
架空《かくう》 想像上でのもの。
仮寓《かぐう》 かりずまい。
学園《がくえん》 学校。

角帯《かくおび》 幅が狭くかたい男帯。
楽音《がくおん》 一定の振動数をもち、耳に快い音。
角界《かくかい》 相撲の社会。相撲界。
閣外《かくがい》 内閣の外。「—協力」
諤諤《がくがく》 遠慮せず正論を言う。「侃々《かんかん》—」
核家族《かくかぞく》 夫婦と子供から成る家族。
角刈《かくが》り 全体が四角に見える男子の髪形。
格技《かくぎ》 組み合って勝負をする競技。
閣議《かくぎ》 内閣の閣僚会議。
角行《かくぎょう》 将棋の駒の一。角。
学業《がくぎょう》 学校の授業・勉強。
学芸《がくげい》 学問と芸術。
格言《かくげん》 人生の真理や智恵などを述べた言葉。
確言《かくげん》 はっきり言い切ること。
覚悟《かくご》 心を決めること。「—を決める」

格差《かくさ》 等級・資格などの差。「賃金—」

較差《かくさ》 最高と最低、最大と最小との差。

擱座《かくざ》 船舶が座礁すること。

角材《かくざい》 切り口が四角形の、木材や石材。

学才《がくさい》 学問をする才能・適性。

学際《がくさい》 研究対象が複数の分野にわたること。

楽才《がくさい》 音楽の才能。

画策《かくさく》 あれこれ策をめぐらすこと。

格下《かくさ》**げ** 低い地位・等級に落とすこと。

拡散《かくさん》 ひろがりちること。「核兵器の—」

客死《かくし》 旅先や異国で死ぬこと。

各自《かくじ》 めいめい。おのおの。

学士《がくし》 大学卒業者に授与される学位。

学資《がくし》 学校で勉学するのに必要な金。

学事《がくじ》 学問・学校に関することがら。

隠《かく》**し味**《あじ》 味わいを出す少量の調味料。

格式《かくしき》 身分・家柄に応じた礼儀作法。

学識《がくしき》 学問と識見。「—経験者」

隠《かく》**し芸**《げい》 宴会などで余興に演ずる芸。

角質《かくしつ》 毛・角・ツメなどの主な成分。

確執《かくしつ》 感情の行き違いなどから生じる不和。

隔日《かくじつ》 一日おき。「—配達」

確実《かくじつ》 たしかで間違いのないこと。

学者《がくしゃ》 学問の研究者。学識の豊富な人。

学舎《がくしゃ》 学校の建物。まなびや。

矍鑠《かくしゃく》 年を取っても元気なさま。

各種《かくしゅ》 いろいろな種類。さまざま。

馘首《かくしゅ》 解雇。首切り。

鶴首《かくしゅ》 首を長くして待ちわびること。

拡充《かくじゅう》 拡大充実させること。

学習《がくしゅう》 基礎的な勉強をすること。

学術《がくじゅつ》 学問と芸術。

各所《かくしょ》 あちこち。至るところ。

確証《かくしょう》 決め手となるたしかな証拠。

楽章《がくしょう》 楽曲の大きなひとくぎり。

学殖《がくしょく》 深い学識。

革新《かくしん》 現状を根本的に変えること。⇔保守

核心《かくしん》 物事のいちばん本質的な部分。

隔心《かくしん》 相手をうとんじ隔てる心。

確信《かくしん》 かたく信じること。

各人《かくじん》 めいめい。おのおの。

画数《かくすう》 漢字を組み立てている画の数。

画《かく》**する** 区切る。分ける。「時代を—」

覚醒《かくせい》 目がさめる。過ちや迷いに気づく。

隔世《かくせい》 遠く時代をへだてること。「—の感」

廓清《かくせい》 悪いものをすっかり取り除くこと。

学制《がくせい》 学校制度に関する規定。

拡声器《かくせいき》 音声を拡大する装置。

覚醒剤《かくせいざい》 神経を興奮させる薬。

学籍《がくせき》 その学校の学生・生徒としての籍。

隔絶《かくぜつ》 非常にへだたりがあること。

学説《がくせつ》 学問上の有力な説。

画然《かくぜん》 区別がはっきりしているさま。

確然《かくぜん》 たしかではっきりしているさま。

愕然《がくぜん》 非常におどろくさま。

学窓《がくそう》 そこに学び生活する学校。

学僧《がくそう》 学問に深い僧。修学中の僧。

楽想《がくそう》 楽曲の構想。

学則《がくそく》 その学校の規則。

学卒《がくそつ》 大学卒業(者)。

拡大《かくだい》 広げて大きくすること。⇔縮小

楽隊《がくたい》 音楽を演奏する一団。

格段《かくだん》 程度の差が著しいこと。

楽団《がくだん》 音楽の演奏をする団体。「交響—」

各地《かくち》 それぞれの地方。あちらこちら。

角逐《かくちく》 お互いに競争すること。

角柱《かくちゅう》 切り口が四角な柱。かくばしら。

拡張《かくちょう》 規模・はばなどをひろげること。

格調《かくちょう》 文章などから感じられる気品。

学長《がくちょう》 大学の長。

格付《かくづ》**け** 物事の品質・等級を決めること。

画定《かくてい》 区切りをはっきり定めること。

確定《かくてい》 物事がはっきりきまること。

角度《かくど》 角の大きさ。物の見方。

確度《かくど》 確実さの度合。たしからしさ。

学徒《がくと》 学生・生徒。

学都《がくと》 学園の多い都市。

格闘《かくとう》 とっくみあい。真剣に取り組むこと。

確答《かくとう》 はっきりとした返事。

学統《がくとう》 学問の系統。学問の流派。

学童《がくどう》 小学校の生徒。小学生。「—保育」

獲得《かくとく》 手に入れて自分の物とすること。

学徳《がくとく》 学問上の能力と人としての徳義。

確認《かくにん》 はっきり確かめること。

隔年《かくねん》 一年おき。「—結実」

学年《がくねん》 一年間を単位とする学校教育の期間。

格納《かくのう》 物を入れてしまうこと。

学派《がくは》 学問上の傾向を同じくする流派。

学閥《がくばつ》 同じ学校の卒業者で作られる派閥。

攪拌《かくはん》 かきまぜること。

学費《がくひ》 勉学に必要な費用。学資。
擱筆《かくひつ》 書き終えること。⇕起筆
学府《がくふ》 学問をするところ。「最高—」
岳父《がくふ》 妻の父。しゅうと。
楽譜《がくふ》 楽曲を五線譜に書き表したもの。
学部《がくぶ》 学問の分野によって分けた大学の部。
学風《がくふう》 学問研究上の傾向。その大学の気風。
拡幅《かくふく》 道路のはばをひろげること。
額縁《がくぶち》 書画・写真などを入れる枠。
格物致知《かくぶっちち》 事物の道理をきわめ、自己の学問・知識を高めること。
確聞《かくぶん》 間違いない情報を聞くこと。
核兵器《かくへいき》 核を使用した兵器の総称。
隔壁《かくへき》 内と外をへだてるしきり。
格別《かくべつ》 特別に。はなはだ。

確保《かくほ》 確実に自分のものとして持つ。
確報《かくほう》 間違いのないたしかなしらせ。
角帽《かくぼう》 菱形をした大学の学生帽。
学帽《がくぼう》 学校で決めてある制帽。
匿《かくま》う 人を見つからないように保護する。
角巻《かくまき》 防寒用の毛布の大型な肩掛け。[冬]
角膜《かくまく》 眼球の前面をおおう透明な膜。
学務《がくむ》 学校や教育に関する事務。
革命《かくめい》 社会構造が根本から変わること。
学名《がくめい》 生物につけられた世界共通の名称。
額面《がくめん》 債券・証券に記された金額。
額面通《がくめんどお》り 表現されたとおり。
学問《がくもん》 学び習うこと。体系化した知識。
楽屋《がくや》 役者が準備する部屋。内輪。
確約《かくやく》 はっきり約束すること。

格安《かくやす》 価格が格段に安いこと。
学友《がくゆう》 学校の友人。学問上の友人。
各様《かくよう》 それぞれのありさま。「各人—」
学用品《がくようひん》 学校の勉強に必要な文房具。
神楽《かぐら》 神事に奏する歌舞。里神楽。[冬]
霍乱《かくらん》 夏に起こる病気。[夏]「鬼の—」
攪乱《かくらん》 秩序をかきみだすこと。
隔離《かくり》 他のものからへだてて離すこと。
確立《かくりつ》 しっかりと揺るぎないものにする。
確率《かくりつ》 起こり得る確からしさの度合。
閣僚《かくりょう》 内閣の一員となっている各大臣。
学力《がくりょく》 学習によって身についた能力。
学齢《がくれい》 義務教育の年齢。満六歳～満一五歳。
隠《かく》れ家《が》 隠れて住む家。
学歴《がくれき》 どこの学校を卒業したかという経歴。

隠《かく》れ蓑《みの》 真相や本心をうまく隠す手段。
隠《かく》れる 姿が見えなくなる。身をひそめる。
各論《かくろん》 一つ一つの項目に関する議論。
馨《かぐわ》しい よいにおいがするさま。かんばしい。
学割《がくわり》 学生割引。
家訓《かくん》 その家庭に代々伝わる教訓。
賭《か》け かけごと。運にまかせる。
陰《かげ》 光が当たらない所。人目のない所。
影《かげ》 光をさえぎった物の形。うつった形。
崖《がけ》 山・海岸などで険しく切り立った所。
駆《か》け足《あし》 はやく走ること。
火刑《かけい》 火あぶりの刑。
花茎《かけい》 花をつける茎。
佳景《かけい》 いいながめ。いい景色。
家系《かけい》 家の系統。いえすじ。

家計《かけい》 一家の暮らし向き。生計。
家鶏野鶩《かけいやぼく》 見なれたものを遠ざけ、新しいものを尊ぶこと。
影絵《かげえ》 灯火を当てて物の影を映し出す遊び。
駆《か》け落《お》ち 恋人同士がよそへにげる。
掛《か》け替《が》え 代わりとなるもの。
過激《かげき》 考え方や程度が激しすぎるさま。
歌劇《かげき》 歌や音楽で構成される舞台劇。
崖崩《がけくず》れ 崖がくずれおちること。
陰口《かげぐち》 その人のいない所で言う悪口。
掛《か》け声《ごえ》 呼びかけ、はげます声。
賭《か》け事《ごと》 金品をかけてする勝負事。かけ。
掛《か》け算《ざん》 数や式の積を求める計算法。
掛《か》け軸《じく》 床の間などに掛けて眺める書画。
懸巣《かけす》 他の鳥の鳴き声をまねる野鳥。[秋]

陰膳《かげぜん》 長旅の家人の無事を祈り供える膳。
駆《か》け出《だ》し しんまい。「—の社員」
陰地《かげち》 日当たりのよくない土地。
可決《かけつ》 議案をよいと認めて通すこと。
掛《か》け値《ね》 実際より高くつけた値段。誇張。
掛《か》け橋《はし》 かけ渡した橋。なかだち。
筧《かけひ》 水を引くため地上にかけ渡した樋《とい》。
駆《か》け引《ひ》き 交渉などの対処の仕方。
陰日向《かげひなた》 裏表のある態度。
影法師《かげぼうし》 光が地面に映す人の影。
陰干《かげぼ》し 洗濯物などを日陰で干すこと。
影武者《かげむしゃ》 大将の身代わりの武者。
掛《か》け持《も》ち 二つ以上の仕事を受け持つ。
掛《か》け物《もの》 掛け軸。軸物。
欠《か》けら 物の欠けた断片。ごくわずか。

翔《かけ》る 空高く飛ぶ。
駆《か》ける 速く走る。馬に乗って走る。
欠《か》ける 一部がこわれる。不足する。
架《か》ける かけ渡す。
掛《か》ける ぶらさげる。費やす。作用を及ぼす。
懸《か》ける 運命をともにする。金品を提供する。
賭《か》ける かけ事をする。運にまかせる。
陰《かげ》る 日かげになる。薄暗くなる。
陽炎《かげろう》 地面に炎のように立ち上る気。[春]
蜉蝣《かげろう》 トンボに似た昆虫。寿命は短い。[秋]
家憲《かけん》 家のおきて。家訓。
下弦《かげん》 満月から新月に至る中間頃の月。
下限《かげん》 下の方の限界。⇔上限
加減《かげん》 加法と減法。ほどよくする。
我見《がけん》 自分だけのせまい意見。

加減乗除《かげんじょうじょ》 四則演算。
水夫《かこ》 船乗り。
過去《かこ》 すぎさった時。昔。前歴。
籠《かご》 竹などを編んで作った入れ物。
駕籠《かご》 前後から担いで人を運ぶ乗り物。
加護《かご》 神や仏が守り助けること。
過誤《かご》 あやまり。
下降《かこう》 さがっていくこと。⇔上昇
火口《かこう》 火山の噴火口。「―原」
加工《かこう》 原材料に手を加えて別の品を作る。
仮構《かこう》 ないことを仮にあるとすること。
河口《かこう》 川が海に注ぎ込むところ。
河港《かこう》 川口または川岸にある港。
華甲《かこう》 数え年六一歳の称。還暦。
嘉肴《かこう》 うまい料理。

歌稿《かこう》 歌を書いた原稿。詠草。
囲《かこ》う 周りを囲む。妾を別宅に住まわせる。
化合《かごう》 物質が化学結合して別の物質になる。
雅号《がごう》 本名のほかに付ける風流な名前。
花崗岩《かこうがん》 深成岩の一つ。みかげ石。
化合物《かごうぶつ》 化合によってできた物質。
苛酷《かこく》 むごいこと。無慈悲なこと。
過酷《かこく》 きびしすぎること。
過去帳《かこちょう》 寺院にある死者の記録帳。
託《かこ》つ ぐちや不平を言う。「不自由を―」
託《かこ》つける 他のことを口実にする。
囲《かこ》む 周りをとりまく。かこう。
禍根《かこん》 わざわいの原因。
過言《かごん》 いいすぎ。失言。
毬《かさ》 松などの実の殻《から》。

笠《かさ》 頭にかぶるかさ。かぶりがさ。
傘《かさ》 頭上にかざすかさ。さしがさ。
暈《かさ》 太陽・月の周囲に現れる光の輪。
嵩《かさ》 物の大きさ・容積。また、分量。
瘡《かさ》 できもの。はれもの。梅毒。
火災《かさい》 火事による災難。火事。
花菜《かさい》 花の部分を食用にする野菜。
果菜《かさい》 実の部分を食用にする野菜。
家裁《かさい》 家庭裁判所。
花材《かざい》 生け花にする材料。
家財《かざい》 家にある家具や道具類。「―道具」
歌材《かざい》 和歌にする材料。
画材《がざい》 絵になる題材。絵をかく材料や品物。
火砕流《かさいりゅう》 火山の噴出物の高速の流れ。
風上《かざかみ》 風の吹いてくる方向。⇔風下

仮作《かさく》 つくりごと。虚構。
佳作《かさく》 すぐれた作品。
家作《かさく》 家賃収入を得るための家。貸し家。
寡作《かさく》 少ししか作品を作らないこと。
風車《かざぐるま》 風で回して遊ぶ玩具。[春]
鵲《かささぎ》 カラス科の鳥。尾が長い。[秋]
風下《かざしも》 風の吹いて行く方向。⇔風上
翳《かざ》す 手や手にもったものを上にあげる。
挿頭《かざ》す 花などを髪の毛にさす。
重《かさ》ね重《がさ》ね たびたび。いつも。
重《かさ》ねる 物の上に物をのせる。繰り返す。
風花《かざはな》 風に乗って飛んでくる小雪。[冬]
嵩張《かさば》る かさが大きい。
瘡蓋《かさぶた》 きずが治ってできてくるかたい皮。
風見鶏《かざみどり》 鶏の形の風見。

嵩《かさ》む 量や額が大きくなる。かさばる。
風向《かざむ》き 風の吹いてくる方向。形勢。
飾《かざ》り売《う》り 正月の飾りを売る人。[冬]
飾《かざ》る 美しく見えるようにする。
加算《かさん》 加えて計算する。たし算。
家産《かさん》 一家の財産。身代。
火山《かざん》 マグマが噴出してできた山。
画賛《がさん》 絵に書き添える文章・詩句。
河岸《かし》 川の岸。魚市場。魚河岸。
樫《かし》 どんぐりがなるブナ科の高木の総称。
下肢《かし》 人のあし。動物の後ろあし。
下賜《かし》 高貴な人が物をくださること。
可視《かし》 目に見えること。
仮死《かし》 一見死んだように見える状態。
菓子《かし》 常食以外に食べる嗜好品。

瑕疵《かし》 きず。欠点。欠陥。
歌詞《かし》 歌曲・歌謡曲などのことば。
舵《かじ》 船の進む方向を定める道具。
梶《かじ》 荷車などのかじ棒。
梶《かじ》 クワ科の落葉高木。和紙の原料。
鍛冶《かじ》 金属を鍛え、道具を作ること(人)。
火事《かじ》 建物などが焼けること。火災。[冬]
加持《かじ》 仏の助けを祈ること。
家事《かじ》 家庭の中のいろいろな仕事。
餓死《がし》 うえじにすること。
鰍《かじか》 カジカ科の川魚。ハゼに似る。[秋]
河鹿《かじか》 川にすむカエル。カジカガエル。[夏]
囂《かしがま》しい やかましい。声がうるさい。
悴《かじか》む 手足が凍えて動かなくなる。[冬]
下士官《かしかん》 軍隊の準士官と兵の間の官。

梶木《かじき》 マグロに似た魚。カジキマグロ。
炊《かし》ぐ 飯をたく。炊事をする。
傾《かし》ぐ かたむく。
彼処《かしこ》 あそこ。「ここ—」
賢《かしこ》い りこうだ。要領がよい。
畏《かしこ》まる 正座する。つつしんで承知する。
傅《かしず》く えらい人に仕えて世話をする。
過失《かしつ》 不注意のためにおかしたあやまち。
佳日《かじつ》 よい日。めでたい日。
果実《かじつ》 草や木の実。くだもの。
過日《かじつ》 過ぎ去ったある日。先日。
画質《がしつ》 テレビなどの画像の質。
貸《か》し付《つ》け 利子や期日を決め金を貸す。
果実酒《かじつしゅ》 蒸留酒に果実を漬けた酒。
貸《か》し手《て》 金品を貸す人。⇔借り手

樫鳥《かしどり》 カケスの異名。[秋]
舵取《かじと》り 舵を操る人。組織を指揮する役。
梶《かじ》の木《き》 ⇨かじ(梶)
火事場《かじば》 火事の現場。「—泥棒」
姦《かしま》しい 話し声がうるさい。
鹿島立《かしまだ》ち 旅に出ること。
搗布《かじめ》 コンブ目の海藻。ヨードの原料。[春]
貸《か》し元《もと》 金銭を貸す人。博徒の親分。
貨車《かしゃ》 貨物を運ぶための鉄道車両。
仮借《かしゃく》 許すこと。「—なく責め立てる」
呵責《かしゃく》 責め苦しめること。「良心の—」
火酒《かしゅ》 アルコール分の強い蒸留酒。
歌手《かしゅ》 職業として歌をうたう人。
果樹《かじゅ》 果物のなる樹木。「—園」
雅趣《がしゅ》 風雅で上品な趣。

賀寿《がじゅ》 長寿の祝い。寿賀。
歌集《かしゅう》 和歌を集めた本。歌曲を集めた本。
加重《かじゅう》 重さが加わること。刑を重くすること。
荷重《かじゅう》 機械や構造物に加わる力。
果汁《かじゅう》 果物の実をしぼった汁。
過重《かじゅう》 負担などが重すぎる。「—な負担」
我執《がしゅう》 自分だけの考えにとらわれること。
画集《がしゅう》 絵を集めた本。
何首烏芋《かしゅういも》 ヤマノイモの一種。
賀春《がしゅん》 新春を祝うこと。
雅馴《がじゅん》 文章がこなれていて、上品なこと。
箇所《かしょ》 部分。場所。「危険—」[別]個所
加除《かじょ》 加えることと除くこと。
花序《かじょ》 花軸につく花の配列の状態。
火傷《かしょう》 やけど。

仮称《かしょう》 かりの呼び名。
仮象《かしょう》 客観的な実在性をもたない対象。
河床《かしょう》 川底の地盤。かわどこ。
嘉賞《かしょう》 ほめたたえること。[別]佳賞
歌唱《かしょう》 歌をうたうこと。また、歌。
過小《かしょう》 小さすぎるさま。「—評価」⇔過大
過少《かしょう》 少なすぎるさま。「—申告」⇔過多
寡少《かしょう》 いかにも少ないさま。
下情《かじょう》 庶民生活のようす。
過剰《かじょう》 必要以上に多過ぎること。
箇条《かじょう》 一つ一つ書き並べた事柄。[別]個条
画商《がしょう》 絵の売買を職業とする人。
臥床《がしょう》 (病気で)寝ていること。寝床。
賀正《がしょう》 正月を祝うこと。
雅称《がしょう》 そのものの上品で風雅な名称。

牙城《がじょう》 城の中心。本陣。ある勢力の本拠。
画帖《がじょう》 画帳。絵をまとめた本。
賀状《がじょう》 祝いの書状。また、年賀状。[新]
火食《かしょく》 食物を煮たきして食べること。
華燭《かしょく》 華やかなともしび。婚礼。「—の典」
貨殖《かしょく》 資産を運用して増やすこと。利殖。
過食《かしょく》 たべすぎること。
頭《かしら》 あたま。いちばん上。統領。
頭立《かしらだ》つ 指導的な地位に立つ。
頭文字《かしらもじ》 欧文で、大文字。
齧《かじ》る 堅い物をかみとる。部分的に覚える。
柏《かしわ》 ブナ科の落葉高木。
柏手《かしわで》 神前で、手のひらを打ち合わせる。
柏餅《かしわもち》 柏の葉で包んだあん入りの餅。[夏]
花信《かしん》 花だより。

家臣《かしん》 家来。臣下。
過信《かしん》 力量を実際以上に信用すること。
佳人《かじん》 美人。「―薄命」
家人《かじん》 その家で一緒に生活している人。
歌人《かじん》 和歌を作る人。歌よみ。
臥薪嘗胆《がしんしょうたん》 年来の目的を達成するため、長い間大変な苦労を重ねること。
嘉辰令月《かしんれいげつ》 めでたい月日。
滓《かす》 液体の底にたまるもの。くず。
粕《かす》 さけかす。「―漬け」(別)糟
貸《か》す 他人の使用を許す。⇔借りる
瓦斯《ガス》 燃料用の気体。霧。おなら。
下垂《かすい》 たれさがること。「胃―」
仮睡《かすい》 うたたね。仮眠。
花穂《かすい》 花が穂状に群がって咲くこと。

微《かす》か わずかに感じられる程度であるさま。
鎹《かすがい》 材木をつなぎとめるのに使う大釘。
数数《かずかず》 多いこと。多数。多種。「―の名作」
被《かず》く 頭にかぶる。
潜《かず》く 水中に頭からもぐる。
上総《かずさ》 旧国名。千葉県中央部。
粕汁《かすじる》 酒粕を溶いて入れた汁。[冬]
数《かず》の子《こ》 ニシンの卵の塩漬け。[新]
霞《かすみ》 帯状にたなびく雲のようなもの。[春]
霞草《かすみそう》 ナデシコ科の多年草。
霞《かす》む 霞がかかる。はっきり見えなくなる。
掠《かす》める すばやく盗む。すれすれに通る。
葛《かずら》 つる性植物の総称。つるくさ。
鬘《かずら》 ⇨かつら(鬘)
絣《かすり》 かすれたような模様の織物。(別)飛白

掠《かす》る 軽く触れる。上前をはねる。
化《か》する 別のものに変わる。感化する。
科《か》する 刑罰などを定めて服させる。
課《か》する 租税などを負わせる。
嫁《か》する 嫁に行く。転嫁する。
掠《かす》れる 字が途切れる。声がしわがれる。
枷《かせ》 首や手足にはめる刑具。「手―足―」
綛《かせ》 紡いだ糸を巻き取る道具。(別)桛
風邪《かぜ》 熱・せきなどの症状を伴う病気。[冬]
風《かぜ》当《あ》たり 風が当たる。世間の非難。
火星《かせい》 太陽系の第四惑星。
火勢《かせい》 火の燃えるいきおい。
加勢《かせい》 力を貸して助ける。援軍。
仮性《かせい》 似ているが、真性ではない。疑似。
苛性《かせい》 皮膚などをただれさせる性質。

苛政《かせい》 きびしくむごい政治。
家政《かせい》 日々の家庭生活に関すること。
苛税《かぜい》 きびしすぎる租税。
課税《かぜい》 税を割り当て納入させること。
火成岩《かせいがん》 マグマが固まってできた岩。
家政婦《かせいふ》 雇われて家事を手伝う女性。
化石《かせき》 地層中に残る太古の動植物の遺骸。
稼《かせ》ぐ 働いて収入を得る。利益を得る。
風知草《かぜしりぐさ》 イネ科の多年草。かぜぐさ。
仮設《かせつ》 間に合わせに仮に作ること。
仮説《かせつ》 説明の便宜上立てられた仮定。
架設《かせつ》 かけ渡すこと。
風通《かぜとお》し 風の通り具合。かざとおし。
風向《かぜむ》き ⇨かざむき
痂《か》せる ひからびる。かぶれる。

化繊《かせん》 「化学繊維」の略。
火箭《かせん》 矢先に火をつけて放つ矢。火矢。
河川《かせん》 大小の川。川。
架線《かせん》 線路の上に張られた電線。
寡占《かせん》 少数の企業が市場を占めること。
歌仙《かせん》 和歌に優れた人。「六―」
果然《かぜん》 思ったとおり。やはり。案の定。
瓦全《がぜん》 生きているだけの存在。⇔玉砕《ぎょくさい》
俄然《がぜん》 にわかに。急に。
画仙紙《がせんし》 大判で厚い書画用和紙。
河川敷《かせんしき》 川と堤防にはさまれた土地。
過疎《かそ》 人口が極端に少ないこと。⇔過密
下層《かそう》 重なりの下の部分。低い所得層。
火葬《かそう》 死体を焼いて葬ること。荼毘《だび》。
仮装《かそう》 他の人や動物に扮装すること。

仮想《かそう》 仮に想定すること。「―現実」
家相《かそう》 家の向きや間取りなどの吉凶。
加増《かぞう》 領地・禄高などを増やすこと。
家蔵《かぞう》 自分の家にしまってあるもの。
画像《がぞう》 テレビ画面に映し出された映像。
数《かぞ》え年《どし》 正月ごとに一歳ずつ加わる年齢。
数《かぞ》え日《び》 年末の残り少ない日々。[冬]
加速《かそく》 速度をはやめること。⇔減速
家族《かぞく》 同じ家に住む夫婦・親子など。
華族《かぞく》 もと爵位を与えられた特権的身分。
雅俗《がぞく》 風雅なことと卑俗なこと。
加速度《かそくど》 次第に加わっていく速さ。
形《かた》 かたち。抵当。
型《かた》 模範とされる様式。タイプ。
潟《かた》 砂州で海と分離された湖。干潟。

過多《かた》 多すぎること。⇔過少。「胃酸—」
下腿《かたい》 足の膝から足首までの部分。
過怠《かたい》 過失。てぬかり。
固《かた》い 形が簡単に変わらない。確かだ。
堅《かた》い やわらかくない。てがたい。
硬《かた》い やわらかくない。こわばっている。
難《かた》い 困難だ。
仮題《かだい》 かりにつけた題名。
課題《かだい》 解決すべき問題。
過大《かだい》 大きすぎるさま。⇔過小
画題《がだい》 絵の主題。
片意地《かたいじ》 頑固に意地を張り通すこと。
片田舎《かたいなか》 都会から遠く離れた所。
肩《かた》入《い》れ ひいきにして、助けること。
片腕《かたうで》 一方の腕。有能な補佐役。

片《かた》思《おも》い 一方だけが恋い慕うこと。片恋。
片親《かたおや》 両親のうち、どちらか一方の親。
肩《かた》書《が》き 社会的地位や身分。
肩《かた》掛《か》け 肩にかける婦人用の衣料。〔冬〕
片陰《かたかげ》 〔夏〕 夏の夕方の日陰。
片仮《かたか》名《な》 漢字の一部を省いた文字。
型紙《かたがみ》 洋裁や型染めの型に用いる紙。
片側《かたがわ》 一方の側。「—通行」
肩《かた》代《が》わり 他人の負担を引き受ける。
敵《かたき》 恨みをいだいている相手。
気質《かたぎ》 ある身分・職業などに特有の気質。
堅気《かたぎ》 まじめで地道な職業。
敵《かたき》討《う》ち 主君や親のあだを討つこと。
火宅《かたく》 この世を燃え盛る家にたとえた語。
仮託《かたく》 他の物にかこつけること。

家宅《かたく》 人の住むいえ。住居。「—捜索」
頑《かたくな》 すなおでなく妥協しないさま。
片栗《かたくり》 ユリ科の草。根は片栗粉の原料。
片栗粉《かたくりこ》 片栗からとる澱粉。料理用。
堅苦《かたくる》しい しかつめらしい。窮屈だ。
肩車《かたぐるま》 人を肩の上に乗せてかつぐこと。
傾《かた》げる かたむける。かしげる。
担《かた》げる 肩にのせる。かつぐ。
片言《かたこと》 不完全でたどたどしいものの言い方。
肩凝《かたこ》り 肩の筋肉が固くこわばること。
型式《かたしき》 車・機械などの型。タイプ。
忝《かたじけな》い おそれおおい。ありがたい。
形代《かたしろ》 神霊の代わりにするもの。〔夏〕
固唾《かたず》 緊張した時にたまるつば。
肩透《かたす》かし 相手の気勢をそらすこと。

片隅《かたすみ》 一方のすみ。すみっこ。
方違《かたたが》え 中古、忌む方角を避けた風習。
肩叩《かたたた》き 肩をたたくこと。退職の勧奨。
形《かたち》 物の姿。外形。形式。顔だち。
下達《かたつ》 上の者の意思を下の者に通すこと。
片付《かたづ》く 整う。解決する。嫁に行く。
蝸牛《かたつむり》 陸生の貝。デンデンムシ。〔夏〕
片手《かたて》落《お》ち えこひいき。不公平。
片時《かたとき》 ほんの少しの時間。
象《かたど》る 物の形をまねる。
刀《かたな》 武器として用いる細長い刃物。刀剣。
形無《かたな》し 体面が損なわれること。
片肌《かたはだ》 着物の片袖を脱いで現した一方の肩。
酢漿草《かたばみ》 カタバミ科の多年草。〔夏〕
片腹痛《かたはらいた》い 笑止千万だ。

帷子《かたびら》 裏を付けない衣服。ひとえもの。〔夏〕
堅物《かたぶつ》 きまじめで頑固な人。
固太《かたぶと》り 太っているが、筋肉質である。
固《かた》まる かたまりになる。寄り集まる。
形見《かたみ》 死んだ人が残した思い出の品物。
肩身《かたみ》 世間に対する面目。「—が狭い」
片道《かたみち》 往路か帰路かの一方。「—切符」
傾《かたむ》く 斜めになる。片寄る。衰える。
型破《かたやぶ》り 一定の型にはまらないさま。
片寄《かたよ》る 一方に寄る。〔別〕偏る
偏《かたよ》る 不公平になる。
語《かた》らう 親しく話し合う。味方に誘う。
語《かた》り種《ぐさ》 話題。話の種。
語《かた》り手《て》 話を語る人。ナレーター。
加《カ》答《タ》児《ル》 粘膜が炎症を起こすこと。

語《かた》る 話してきかせる。節をつけて話す。
騙《かた》る 金品をだましとる。身分などを偽る。
型録《カタログ》 目録。
傍《かたわ》ら すぐ近く。そば。また一方で。
片割《かたわ》れ 仲間の一人。割れたものの一方。
下端《かたん》 下の方のはし。⇔上端
荷担《かたん》 味方すること。〔別〕加担
花壇《かだん》 草花を植えるための一区画。
果断《かだん》 思い切って事を行うさま。
画壇《がだん》 画家たちの社会。
徒《かち》 歩いて行くこと。〔別〕徒歩
価値《かち》 値打ち。「利用—」
雅致《がち》 風流で上品な風情。雅趣。
搗《か》ち合《あ》う ぶつかり合う。物事が重なる。
勝《か》ち気《き》 負けまいとするはげしい気性。

家《か》畜《ちく》 生活に役立てるために家で飼う動物。

搗《か》ち栗《ぐり》 殻と渋皮を取り除いた干し栗。

勝《か》ち鬨《どき》 勝った時にあげる鬨《とき》の声。

勝《か》ち抜《ぬ》き トーナメント。「—戦」

勝《か》ち目《め》 勝ちそうな見込み。「—がない」

火《か》中《ちゅう》 火の中。「—の栗を拾う」

家《か》中《ちゅう》 家の中。大名の家臣。

華《か》冑《ちゅう》 貴い家柄。名門。

渦《か》中《ちゅう》 混乱している騒ぎの真っただ中。

家《か》長《ちょう》 家や家族を統率する者。戸主。

嘉《か》兆《ちょう》 めでたいしるし。吉兆。

画《が》帳《ちょう》 絵をかくための帳面。

鵞《が》鳥《ちょう》 野生のガンの飼育変種。

課《か》徴《ちょう》金《きん》 国が徴収する租税以外の金。

花《か》鳥《ちょう》風《ふう》詠《えい》 自然とそれにまつわる人事を、無心に客観的に詠むこと。

花《か》鳥《ちょう》風《ふう》月《げつ》 自然の美しい景色。

活《かつ》 生きること。「死中に—を求める」

渇《かつ》 のどのかわき。「—を癒す」

勝《か》つ たたかって相手を負かす。

克《か》つ 欲望などをおさえつける。(別)勝つ

且《か》つ その上。同時に。一方では。

喝《かつ》 禅宗で、励まし悟らせる声。

割《かつ》愛《あい》 惜しいと思いながら、省略すること。

飢《かつ》える うえる。ひどく欲しがる。

鰹《かつお》 サバ科の海魚。食用。[夏]

鰹《かつお》木《ぎ》 神社の棟木の上に並べた装飾の木。

鰹《かつお》節《ぶし》 カツオを煮て干したもの。かつぶし。

閣《かっ》下《か》 高位・高官の人を敬っていう時の語。

学《がっ》科《か》 学習する科目。

学《がっ》課《か》 学問の課程。

学《がっ》会《かい》 同じ分野の研究者の団体。

学《がっ》界《かい》 学者の社会。

赫《かっ》赫《かく》 かがやかしい功名をあげるさま。

活《かっ》火《か》山《ざん》 現在、活動をしている火山。

隔《かっ》靴《か》搔《そう》痒《よう》 もどかしいこと。

活《かつ》眼《がん》 物事の本質を見通す見識。

客《かっ》気《き》 気負い立つ心。血気。

活《かっ》気《き》 いきいきとして元気のある気分。

学《がっ》期《き》 一学年間を区切った一定の期間。

楽《がっ》器《き》 音楽を演奏する器具。

画《かっ》期《き》的《てき》 新しい時代を開くようす。

学《がっ》究《きゅう》 学問に専念する人。

学《がっ》級《きゅう》 学校の組。クラス。

割《かっ》拠《きょ》 ある地域を占拠し勢力を張ること。

活《かつ》魚《ぎょ》 生きている魚。生魚。

活《かっ》況《きょう》 活気があって、景気のいいさま。

楽《がっ》曲《きょく》 音楽の曲のこと。

恪《かっ》勤《きん》 まじめに職務に励むこと。「精励—」

担《かつ》ぐ 物を肩の上にのせる。まつり上げる。

学《がっ》区《く》 小・中学校の通学区域。

滑《かっ》空《くう》 発動機を使わず風に乗って飛ぶこと。

脚《かっ》気《け》 ビタミンB_1欠乏による病気。[夏]

活《かっ》計《けい》 家計。くらし。

学《がっ》兄《けい》 学問上の友人を敬っていう語。

活《かつ》劇《げき》 格闘場面を主とした演劇や映画。

喀《かっ》血《けつ》 肺から出血した血を吐くこと。

各《かっ》個《こ》 おのおの。めいめい。それぞれ。

括《かっ》弧《こ》 文字などを囲って、他と区別する記号。

確《かっ》固《こ》 しっかりしているさま。(別)確乎

羯《かっ》鼓《こ》 雅楽で用いる太鼓の一種。

格《かっ》好《こう》 全体の姿。手ごろなさま。(別)恰好

郭《かっ》公《こう》 ホトトギス科の鳥。閑古鳥。[夏]

滑《かっ》降《こう》 スキーですべりおりること。

渇《かつ》仰《ごう》 深く信仰すること。

学《がっ》校《こう》 人を集めて教育を行う機関。

確《かっ》乎《こ》不《ふ》抜《ばつ》 少しも動揺しない。

葛《かっ》根《こん》湯《とう》 クズ根を主剤とする漢方薬。

喝《かっ》采《さい》 ほめそやす声。「拍手—」

合《がっ》切《さい》袋《ぶくろ》 信玄袋。

合《がっ》作《さく》 共同で作品を作ること。「日米—」

合《がっ》冊《さつ》 合本《がっぽん》。

活《かっ》殺《さつ》自《じ》在《ざい》 生かすも殺すも自分の思うままであること。生殺与奪。

合《がっ》算《さん》 合わせ加えて計算すること。合計。

甲《かっ》子《し》 きのえね。えと。

活《かつ》字《じ》 活版印刷に用いる判子のような字型。

活《かっ》写《しゃ》 いきいきと描写すること。

滑《かっ》車《しゃ》 重いものを持ち上げる装置。

合《がっ》衆《しゅう》国《こく》 アメリカ合衆国。

合《がっ》宿《しゅく》 ある目的のため、起居を共にする。

割《かつ》譲《じょう》 国土の一部を他国に譲ること。

合《がっ》唱《しょう》 声を合わせて歌うこと。

合《がっ》掌《しょう》 てのひらを合わせて拝むこと。

合《がっ》従《しょう》連《れん》衡《こう》 その時々の利害に応じて結合したり、離れたりすること。

褐《かっ》色《しょく》 黒っぽいこげ茶色。

渇《かっ》水《すい》 雨がなく水が欠乏すること。

渇《かっ》する のどがかわく。ひどく欲しがる。

活《かっ》性《せい》 化学的に活発であること。

活性化《かっせいか》 活発にすること。
滑石《かっせき》 ろうに似た鉱物。
合戦《かっせん》 敵味方が戦うこと。戦い。
豁然《かつぜん》 視界がぱっと開けるさま。
滑走《かっそう》 すべるように走ること。「—路」
合奏《がっそう》 二つ以上の楽器で演奏すること。
合体《がったい》 合わさって一つになること。
闊達《かったつ》 心が広く、こだわらないさま。
滑脱《かつだつ》 滞らず変化すること。「円転—」
褐炭《かったん》 火力の弱い、褐色をした石炭。
活断層《かつだんそう》 活動が予想される断層。
合致《がっち》 ちょうどぴったり合うこと。
甲冑《かっちゅう》 よろいとかぶと。
曽《かつ》て 以前。今まで一度も。(別)嘗て
勝手《かって》 台所。事情。生計。わがまま。

合点《がってん》 承知すること。がてん。
葛藤《かっとう》 事情のいりくんだ争い。もつれ。
活動《かつどう》 盛んに動くこと。活発に働くこと。
合羽《カッパ》 雨の時に着るマント状のコート。
河童《かっぱ》 水中にすむという想像上の動物。
喝破《かっぱ》 真実を見抜きはっきり言うこと。
活発《かっぱつ》 元気で勢いのよいさま。
活潑潑地《かっぱつはっち》 勢いが盛んなさま。
活版《かっぱん》 活字の組版。
月日《がっぴ》 日付けとしての月と日。「生年—」
合筆《がっぴつ》 複数の区画を一筆にまとめる。
合評《がっぴょう》 いく人かが集まって批評し合うこと。
割賦《かっぷ》 分割払い。年賦・月賦など。
恰幅《かっぷく》 体のかっこう。体つき。
割腹《かっぷく》 腹を切ること。切腹。

鰹節《かつぶし》 かつおぶし。
活仏《かつぶつ》 生き仏。チベット仏教の高僧。
活物《かつぶつ》 生きているもの。「—寄生」
合併《がっぺい》 合わせて一つにすること。
闊歩《かっぽ》 大またでゆったりと歩くこと。
渇望《かつぼう》 心から強く望むこと。切望。
割烹《かっぽう》 和風の食物の調理。「—店」
合本《がっぽん》 数冊の本を合わせて一冊にすること。
刮目《かつもく》 目をこすって注意深く見ること。
活躍《かつやく》 大いにめざましく活動すること。
括約筋《かつやくきん》 肛門などを開閉する筋肉。
活用《かつよう》 生かして使うこと。
闊葉樹《かつようじゅ》 広葉樹の旧称。
桂《かつら》 山地に生える落葉高木。
鬘《かつら》 毛髪を植えて頭にかぶるもの。

滑落《かつらく》 登山で、すべりおちること。
活力《かつりょく》 活動するための力。活動力。
割礼《かつれい》 陰茎包皮を切り取る風習。
活路《かつろ》 命の助かる道や方法。
糧《かて》 食物。生きていく活力の本源。
仮定《かてい》 試みに定めること。想定。
家庭《かてい》 夫婦・親子などの家族の集まり。
過程《かてい》 事柄が進んでいく道筋。
課程《かてい》 学習や教育などの範囲。
糅《か》て加《くわ》えて その上に。
糅《か》てる まぜあわせる。
家伝《かでん》 家に昔から伝わること(もの)。
荷電《かでん》 物体が電気を帯びること。帯電。
合点《がてん》 納得すること。「—がいかない」
我田引水《がでんいんすい》 自分の利益を図る。

過渡《かと》 物事が変動してゆく途中。「—期」
蝌蚪《かと》 オタマジャクシ。(春)
角《かど》 突き出た部分。物の隅。まがりかど。
門《かど》 家の出入り口。もん。
廉《かど》 理由となる事柄。「不審の—」
過度《かど》 度が過ぎること。「—の疲労」
下等《かとう》 程度が下である。劣っている。
果糖《かとう》 果物に含まれる糖分。フルクトース。
過当《かとう》 適当な度を超えている。「—競争」
可動《かどう》 動かせること。「—橋」
華道《かどう》 花を生ける作法。(別)花道
歌道《かどう》 和歌を作る方法・作法。歌学。
稼働《かどう》 人が働くこと。機械を動かすこと。
家督《かとく》 継ぐべき跡目。嫡子。
門口《かどぐち》 家の出入り口。

角地《かどち》 道の曲がり角にある土地。
門付《かどづけ》 門口で芸を行なって金品をもらう人。
門出《かどで》 旅立ち。「人生の—」(別)首途
過渡的《かとてき》 移り変わる途中であるさま。
角番《かどばん》 負けると負け越しになる一戦。
門火《かどび》 お盆に門前でたく火。(秋)
門松《かどまつ》 正月に門口に立てる松飾り。(新)
勾引《かどわ》かす 誘拐する。
蚊蜻蛉《かとんぼ》 昆虫ガガンボ。ひょろ長い人。
仮名《かな》 平仮名と片仮名。
金網《かなあみ》 針金で作った網。
家内《かない》 家族。自分の妻。
叶《かな》う 願望が実現する。「願いが—」
適《かな》う あてはまる。うまく合う。「理に—」
敵《かな》う 対抗できる。

鼎《かなえ》　食物を煮炊きした三脚の金属器。
金型《かながた》　金属で作った鋳型。
蜩《かなかな》　ヒグラシの別名。[秋]
金布《カナキン》　薄地の平織り綿布。
金具《かなぐ》　金属製の器具。
金釘流《かなくぎりゅう》　へたな字をからかっていう。
悲《かな》しい　泣きたい気持ちだ。つらくせつない。
金敷《かなしき》　金属をきたえる時に使う鉄の台。
金縛《かなしば》り　きつく縛りあげること。
彼方《かなた》　遠くはなれたところ。「山の―」
加奈陀《カナダ》　北アメリカの一国。
金盥《かなだらい》　金属製のたらい。
仮名遣《かなづか》い　仮名による表記の仕方。
金鎚《かなづち》　頭部が鉄製のつち。泳げない人。
金壺眼《かなつぼまなこ》　落ちくぼんで丸い眼。

奏《かな》でる　楽器を演奏する。
鉄床《かなとこ》　鉄敷《かなしき》。「―雲」
金蚉《かなぶん》　コガネムシ科の昆虫。[夏]
金棒《かなぼう》　鉄製の棒。「鬼に―」
要《かなめ》　最も肝要な所。扇の骨を留める釘。
要黐《かなめもち》　バラ科の常緑小高木。
金物《かなもの》　金属で作った器具の総称。
必《かなら》ず　きっと。確かに。
可成《かな》り　普通以上のさま。相当。
金糸雀《カナリア》　鳴き声の美しい鳥。
金輪《かなわ》　金属製の輪。五徳。
火難《かなん》　火による災難。
蟹《かに》　海や水辺にすむ甲殻類。食用。[夏]
果肉《かにく》　果実の食用にする部分。
蟹屎《かにばば》　赤ん坊が初めてする大便。かにくそ。

蟹股《がにまた》　足が膝の所で外側に開いていること。
加入《かにゅう》　団体・保険などに入ること。
金《かね》　金属。金銭。おかね。
矩《かね》　かねじゃく(曲尺)。
鉄漿《かね》　おはぐろ。
鐘《かね》　つりがね。また、その音。「―の音」
鉦《かね》　たたいて鳴らす金属製の器具。
兼《か》ね合《あ》い　つりあい。均衡。バランス。
金貸《かねか》し　金を貸して利子をとる商売。
予予《かねがね》　前々から。かねて。
金繰《かねぐ》り　金のやりくり。資金ぐり。
曲尺《かねじゃく》　直角に曲がった金属製の物差し。
鉦叩《かねたたき》　鉦をたたくこと。昆虫の名。[秋]
加熱《かねつ》　熱を加えること。
過熱《かねつ》　熱くなりすぎる。高まりすぎる。

金遣《かねづか》い　お金の使い方。「―が荒い」
金蔓《かねづる》　金を出してくれる人。
予《かね》て　あらかじめ。前もって。
金離《かねばな》れ　金銭の使い方。「―がよい」
金回《かねまわ》り　ふところ具合。「―がいい」
金目《かねめ》　値段が高いこと。「―の物」
金儲《かねもう》け　お金をもうけること。
兼《か》ねる　二つ以上の役割をもつ。
可燃性《かねんせい》　燃えやすいこと。
化膿《かのう》　傷口などがうむこと。
可能《かのう》　そうすることができること。
庚《かのえ》　十干の第七。
鹿《か》の子《こ》　シカの子。[夏]
鹿《か》の子草《こそう》　オミナエシ科の多年草。
彼女《かのじょ》　あの女性。恋人である女性。

辛《かのと》　十干の第八。
蒲《がば》　植物のガマ。
樺《かば》　シラカバ。
河馬《かば》　アフリカにいる大きな動物。
蒲色《かばいろ》　赤みをおびた茶色。(別)樺色
庇《かば》う　いたわって守る。
下膊《かはく》　ひじから手首までの間の部分。
仮泊《かはく》　船が一時的に停泊すること。
河伯《かはく》　川を守る神。河童《かっぱ》。
画伯《がはく》　絵かきの敬称。
蚊柱《かばしら》　柱のように見える蚊の群れ。[夏]
姓《かばね》　古代豪族が氏の下につけた称号。
屍《かばね》　死体。しかばね。
蒲焼《かばや》き　たれをつけて串焼きにした料理。
河畔《かはん》　川のほとり。川岸。

過半《かはん》　なかばをこえること。半分以上。
過般《かはん》　さきごろ。先般。
鞄《かばん》　物を入れて持ち運ぶために使う用具。
画板《がばん》　絵をかく時、台にする板。
可否《かひ》　よしあし。賛成と反対。賛否。
歌碑《かひ》　和歌を彫った碑。
黴《かび》　飲食物・衣類などに生える菌類。[夏]
華美《かび》　ぜいたくではなやかなこと。
蛾眉《がび》　細く美しいまゆ。美人の形容。
加筆《かひつ》　文章や絵に筆を加えて直すこと。
画筆《がひつ》　えふで。
画鋲《がびょう》　板や壁に紙をとめるための鋲。
黴《かび》る　カビが生える。
佳品《かひん》　できのいい品。すぐれた作品。
花瓶《かびん》　花を挿すための瓶。

過《か》敏《びん》 普通の人以上に敏感なこと。
下《か》付《ふ》 役所から民間にさげわたすこと。
寡《か》婦《ふ》 やもめ。未亡人。
株《かぶ》 木の切り株。株式。株券。評判。
蕪《かぶ》 アブラナ科の野菜。根は球形。[冬]
歌《か》舞《ぶ》 歌と舞。「—音曲」
画《が》布《ふ》 油絵をかくための布。カンバス。
下《か》風《ふう》 他人の下位。「—に立つ」
家《か》風《ふう》 その家の気風・習慣。
歌《か》風《ふう》 和歌の詠みぶりの特色。
画《が》風《ふう》 絵の描き方の特色。絵の作風。
株《かぶ》価《か》 株式の相場の価格。
歌《か》舞《ぶ》伎《き》 日本の代表的演劇。
冠《かぶ》木《き》門《もん》 柱の上に横木を渡した門。
過《か》不《ふ》及《きゅう》 適度でないこと。過不足。

禍《か》福《ふく》 災いと幸福。
画《が》幅《ふく》 掛け軸にしてある絵。
下《か》腹《ふく》部《ぶ》 したはらの部分。
株《かぶ》券《けん》 株式を表す有価証券。
株《かぶ》式《しき》 株式会社の資本の単位。株券。
過《か》不《ふ》足《そく》 過ぎることと足りないこと。
兜《かぶと》 頭にかぶる武具。
兜《かぶと》虫《むし》 コガネムシ科の昆虫。[夏]
株《かぶ》主《ぬし》 株式の所有者。
蕪《かぶら》 カブの別名。[冬]
鏑《かぶら》矢《や》 射ると音を立てて飛ぶようにした矢。
齧《かぶ》り付《つ》き 劇場などの最前列の客席。
被《かぶ》る 頭にのせておおう。かむる。
気《か》触《ぶ》れる 皮膚病になる。感化される。
禿《かぶろ》 おかっぱの髪形。

株《かぶ》分《わ》け 植物の根を分けて移植すること。
花《か》粉《ふん》 雄しべで作られる生殖細胞のこな。
過《か》分《ぶん》 分を超えた処遇を受けること。
寡《か》聞《ぶん》 自分の見聞の狭いこと。
花《か》粉《ふん》症《しょう》 花粉によるアレルギー症状。
壁《かべ》 建物の囲いや内部の仕切り。障害。
貨《か》幣《へい》 硬貨・紙幣などの金銭。
寡《か》兵《へい》 少ない兵。
画《が》餅《べい》 絵に描いた餅。むだ。「—に帰す」
壁《かべ》紙《がみ》 壁にはる模様入りの紙。
可《か》変《へん》 変えることができること。⇔不変
佳《か》篇《へん》 すぐれた作品。佳作。
花《か》弁《べん》 はなびら。
花《か》圃《ほ》 花畑。花園。
加《か》法《ほう》 加え算。足し算。⇔減法

加《か》俸《ほう》 本俸以外に与えられる給与。
果《か》報《ほう》 (因果の)報い。しあわせ。幸運。
家《か》宝《ほう》 その家の宝。
過《か》褒《ほう》 ほめすぎること。
画《が》報《ほう》 絵や写真を主とした刊行物。
花《か》木《ぼく》 花と木。花の咲く木。
過《か》保《ほ》護《ご》 必要以上に大事に育てる。
南瓜《カボチャ》 ウリ科の野菜。実は大形。[秋]
斯《か》程《ほど》 これほど。このくらい。
釜《かま》 飯をたくのに用いる金属製の器具。
窯《かま》 陶磁器や炭を焼く装置。
罐《かま》 蒸気を発生させる装置。ボイラー。
鎌《かま》 稲や草を刈るのに用いる農具。
蒲《がま》 池や沼に生える多年草。かば。[夏]
蝦《が》蟇《ま》 ヒキガエルの別名。[夏]

鎌《かま》鼬《いたち》 旋風で肌に切り傷ができる現象。[冬]
構《かま》う 気をつかう。世話をする。ふざける。
構《かま》える つくる。ある姿勢や態度をとる。
蟷螂《かまきり》 前足が鎌状の昆虫。とうろう。[秋]
蝦《が》蟇《ま》口《ぐち》 口金のついた袋状の銭入れ。
鎌《かま》首《くび》 鎌の形にもたげた蛇の首。
魳《かます》 カマス科の海魚。体は細長い。食用。
叺《かます》 むしろを二つ折りにした袋。
框《かまち》 床や縁側の端にわたす横木。
竈《かまど》 鍋・釜をかけ、煮たきする装置。
窯《かま》場《ば》 陶磁器を焼く窯のある仕事場。
喧《かまびす》しい うるさい。騒がしい。
蒲《かま》鉾《ぼこ》 白身の魚肉をすりつぶし蒸した食品。
釜《かま》飯《めし》 一人分の釜で炊いた炊き込みご飯。
窯《かま》元《もと》 陶磁器を焼いて製造するところ。

釜《かま》茹《ゆ》で 釜でゆでること。ゆでる刑罰。
我《が》慢《まん》 たえしのぶこと。
神《かみ》 信仰の対象となる神聖な存在。
紙《かみ》 字や絵を書いたり印刷に使う薄い物。
髪《かみ》 頭の毛。髪形。
加《か》味《み》 他の要素をつけくわえること。
佳《か》味《み》 よい味。よい味の食べ物。
嚙《か》み合《あ》う かみつき合う。ぴったり合う。
紙《かみ》入《い》れ 札入れ。財布。
神《かみ》憑《がか》り 神霊が乗り移った状態。
神《かみ》隠《かく》し 子供が急に行方不明になること。
神《かみ》風《かぜ》 神の威力で起こるという風。
上《かみ》方《がた》 京都・大阪地方。
髪《かみ》型《がた》 髪の毛のかっこう。(別)髪形
髪《かみ》切《きり》虫《むし》 大形の昆虫。[夏] (別)天牛

紙切《かみき》れ　紙の小さな断片。紙片。

紙屑《かみくず》　いらなくなった紙。

紙子《かみこ》　昔、紙で作った服。冬 別紙衣

上座《かみざ》　上位の人が座る座席。⇕下座

神《かみ》さびる　おごそかな風に見える。

紙芝居《かみしばい》　絵を見せながら語るもの。

裃《かみしも》　江戸時代の武士の礼服。

紙漉《かみす》き　紙を漉くこと。その職人。冬

剃刀《かみそり》　ひげなどをそるための鋭い刃物。

神棚《かみだな》　家の中で、神を祭っておく棚。

神頼《かみだの》み　神に祈って助けを願うこと。

過密《かみつ》　物事が度を超えて多いこと。

紙礫《かみつぶて》　紙を小さく丸めたもの。

上手《かみて》　上の方。客席から見て右の方。

雷《かみなり》　稲光と大音響が発生する気象。夏

紙挟《かみばさ》み　紙片・書類を挟む文房具。

紙一重《かみひとえ》　わずかな違いや差。

紙衾《かみぶすま》　大きな紙の袋に藁を入れた布団。冬

紙吹雪《かみふぶき》　祝ってまき散らす紙片。

紙鑢《かみやすり》　木材・金属などをみがく道具。

髪結《かみゆ》い　髪を結うこと。その職業の人。

神代《かみよ》　神話で伝えられる時代。

神技《かみわざ》　神が行うような素晴らしい技。

仮眠《かみん》　短時間の浅い眠り。

擤《か》む　息を吹き出して鼻汁をぬぐう。

噛《か》む　歯でものを砕く。歯車の歯が合う。

我武者《がむしゃ》ら　むこうみずにふるまう。

瓶《かめ》　底の深い容器。別甕

亀《かめ》　厚い甲羅をもつ爬虫類。

下命《かめい》　命令すること。

加盟《かめい》　同盟や団体などに加わること。

仮名《かめい》　仮の名前。

家名《かめい》　家の名。家の名誉。

仮面《かめん》　顔の形に作り、かぶる面。

画面《がめん》　映画やテレビの画像。

鴨《かも》　中形の水鳥。くみしやすい相手。

鴨居《かもい》　引き戸や障子の上側にある横木。

科目《かもく》　分類した小区分。学科の区分。

課目《かもく》　学課の種類。「選択―」

寡黙《かもく》　ことば数が少ないこと。無口。

髢《かもじ》　婦人の髪に入れる毛。

髢草《かもじぐさ》　イネ科の多年草。春

羚羊《かもしか》　ウシ科の獣。日本特産種。

醸《かも》す　醸造する。生じさせる。

貨物《かもつ》　輸送する品物。「―列車」

鴨嘴《かものはし》　卵生の原始的な哺乳類。

鷗《かもめ》　カモメ科の海鳥。体は白色。

鴨《かも》る　人からまきあげる。鴨にする。

下問《かもん》　偉い人が目下の者に尋ねること。

家門《かもん》　一家一門。「―の誉れ」

家紋《かもん》　家の紋どころ。定紋。

渦紋《かもん》　渦巻きの模様。

茅《かや》　スゲ・ススキなどの総称。秋 別萱

榧《かや》　イチイ科の常緑樹。種子は食用。

蚊帳《かや》　蚊を防ぐため寝床を覆う寝具。夏

火薬《かやく》　点火や衝撃で爆発する薬品。

加薬《かやく》　薬味。五目飯などの具。「―ご飯」

茅潜《かやくぐり》　スズメ目の小鳥。日本特産種。

蚊帳吊草《かやつりぐさ》　カヤツリグサ科の草の総称。イネ科植物と似ているが茎は中実。夏

茅葺《かやぶ》き　茅で屋根をふくこと。

蚊遣《かや》り　蚊を追うためいぶすこと。夏

粥《かゆ》　米を柔らかく煮たもの。

痒《かゆ》い　皮膚がかきたいような感じだ。

粥柱《かゆばしら》　七草粥、小豆粥に入れた餅。新

粥腹《かゆばら》　粥で食事をすました頼りない腹具合。

通《かよ》い帳《ちょう》　掛け買いの金品を記入する帳面。

歌謡《かよう》　節を付けてうたう歌の総称。

通《かよ》う　行き来する。心が通じる。

斯様《かよう》　このよう。「―しかじか」

画用紙《がようし》　絵をかくための厚手の紙。

寡欲《かよく》　欲が少ないさま。

我欲《がよく》　自分の利益だけを求める欲望。

空《から》　中に何も入っていないこと。

唐《から》　中国のこと。

殻《から》　物の外皮。ぬけがら。

柄《がら》　体格。態度。模様。

空揚《からあ》げ　衣をつけずに油で揚げた料理。

辛《から》い　舌をさすような感じだ。厳しい。

鹹《から》い　塩辛い。別辛い

空威張《からいば》り　うわべだけの強がり。

唐梅《からうめ》　ロウバイの別名。冬

揶揄《からか》う　相手を困らせて面白がる。

傘《からかさ》　竹の骨に紙を張ったかさ。

空風《からかぜ》　からっかぜ。冬

唐紙《からかみ》　ふすま。

辛辛《からがら》　やっと。ようやく。「命―」

唐草《からくさ》　つる草がはいまわる模様。

辛口《からくち》　からい味が強い。きびしいこと。

辛《から》くも　やっとのことで。かろうじて。

絡《から》繰《く》り 仕掛け。計略。
唐紅《からくれない》 美しく濃い紅色。深紅。
絡《から》げる 縛る。裾をまくり上げてとめる。
空元気《からげんき》 上べだけ元気に見せること。
唐子《からこ》 中国風の姿をした童子の人形。
芥子《からし》 カラシナの種子を粉にしたもの。
唐獅子《からじし》 獅子。獅子の模様。
芥子菜《からしな》 アブラナ科の野菜。[春]
烏《からす》 黒色の鳥。(別)鴉
硝子《ガラス》 透明で硬質の割れやすい物体。
烏瓜《からすうり》 鶏卵大の赤い実がなるつる草。[秋]
烏貝《からすがい》 淡水産の二枚貝。[春]
唐鋤《からすき》 牛や馬に引かせて田を耕すすき。
烏口《からすぐち》 製図用具の一。細い線を引くもの。
鱲子《からすみ》 ボラなどの卵巣の塩漬け。

烏麦《からすむぎ》 イネ科の雑草。
空焚《からだ》き 風呂などに水を入れずに焚く。
幹竹割《からたけわ》り 縦に勢いよく割る。
枳殻《からたち》 ミカン科の落葉低木。とげがある。
空《から》っ風《かぜ》 乾燥した強い北風。[冬]
空梅雨《からつゆ》 雨の少ない梅雨。[夏]
空手《からて》 てぶら。手足だけで闘う武術。
空手形《からてがた》 融通手形。守られない約束。
辛党《からとう》 酒の好きな人。⇔甘党
空念仏《からねんぶつ》 実行の伴わない主張。
唐櫃《からびつ》 唐風の六本足の櫃。
乾拭《からぶ》き 乾いた布でふくこと。
落葉松《からまつ》 マツ科の落葉高木。(別)唐松
空回《からまわ》り 無駄に行われて進展しないこと。
空身《からみ》 何も持たないこと。

絡《から》む 巻きつく。難癖をつける。関係する。
苧《からむし》 イラクサ科の多年草。繊維植物。[夏]
搦《から》め手《て》 城の裏門。相手が手薄なところ。
唐物《からもの》 外国から渡来した陶器・織物など。
空約束《からやくそく》 守る気のない約束。
唐様《からよう》 中国の様式。唐風。
伽藍《がらん》 寺院の大きな建物。
狩《か》り 鳥獣などを捕らえること。[冬]
雁《かり》 ガンの別名。[秋]
雁《かりがね》 ガンの別名。[秋]
狩衣《かりぎぬ》 平安時代の公家の略服。
仮初《かりそ》め 一時的。なおざり。
刈《か》り田《た》 稲を刈ったあとの田。[秋]
仮《かり》に もしも。一時的に。
仮縫《かりぬ》い 本縫いの前に仮に縫い合わせる。

仮寝《かりね》 うたた寝。旅寝。
仮免《かりめん》 自動車運転の仮の免許。
刈安《かりやす》 黄色の染料にするススキに似た草。
下流《かりゅう》 かわしも。社会的に低い階層。
顆粒《かりゅう》 小さいつぶ。
我流《がりゅう》 自分かっての流儀。自己流。
花柳界《かりゅうかい》 遊郭などの社会。
狩人《かりゅうど》 鳥や獣の狩りを職業とする人。[冬]
花柳病《かりゅうびょう》 性病。
加療《かりょう》 病気やけがの治療をすること。
佳良《かりょう》 よいこと。「品質―」
科料《かりょう》 軽微な犯罪に科す財産刑。
過料《かりょう》 行政上、違反者に科す金銭罰。
臥竜《がりょう》 世間に知られないでいる大人物。
雅量《がりょう》 人を受け入れる、おおらかな心。

画竜点睛《がりょうてんせい》 最後の仕上げ。
迦陵頻伽《かりょうびんが》 美声の想像上の鳥。
火力《かりょく》 火の勢い。火器の威力。
借《か》りる 人のものを自分の用に使う。
藉《か》りる 仮に使う。(別)借りる
榠樝《かりん》 バラ科の落葉高木。実は洋梨形。[秋]
花林糖《かりんとう》 糖蜜をまぶした細長い菓子。
刈《か》る 草を根元から切って取る。
狩《か》る 鳥獣などを追ってつかまえる。
駆《か》る 追い立てる。走らせる。(別)駈る
軽石《かるいし》 溶岩からできた穴の多い軽い石。
軽鴨《かるがも》 最も普通に見られる鴨。
軽軽《かるがる》 軽そうに。やすやす。
軽口《かるくち》 出まかせの話。しゃれた面白い話。
軽衫《カルサン》 野良着とする、もんぺに似たはかま。

歌留多《カルタ》 絵や文字をかいた札。[新]
軽《かる》はずみ 思慮のない行動。軽率。
軽業《かるわざ》 綱渡りなどの芸当。
彼《かれ》 あの男の人。恋人・愛人の男性。
鰈《かれい》 海底にすむ平たい魚。食用。
加齢《かれい》 正月を迎えて一歳年をとること。
嘉例《かれい》 めでたい先例。吉例。
佳麗《かれい》 きれいなさま。美しいさま。
華麗《かれい》 はなやかで美しいさま。
乾飯《かれいい》 炊いた飯を干した携帯食。
枯《か》れ尾花《おばな》 枯れたすすきの穂。[冬]
瓦礫《がれき》 かわらと小石。つまらないもの。
彼此《かれこれ》 あれやこれや。おおよそ。大体。
枯山水《かれさんすい》 石や砂で山水を表現する庭。
彼氏《かれし》 彼。あの男。恋人の男性。⇔彼女

苛烈《かれつ》 きびしくはげしいさま。「―な戦い」

枯《か》れ野《の》 草の枯れた野。[冬]

枯《か》れる 草木が生気を失う。年季が入る。

涸《か》れる 水がなくなる。能力が尽きる。

嗄《か》れる 声がかすれる。

可憐《かれん》 いじらしく、かわいらしいさま。

苛斂誅求《かれんちゅうきゅう》 人民から重い税金や年貢などをきびしく取り立てること。

家老《かろう》 大名の最上位の家臣。

過労《かろう》 働きすぎて、つかれること。

画廊《がろう》 絵などを陳列する所。ギャラリー。

辛《かろ》うじて やっと。ようやく。

夏炉冬扇《かろとうせん》 役に立たないもの。

皮《かわ》 動植物の、外側をおおう膜。

革《かわ》 なめし柔らかくした動物の皮。

佳話《かわ》 よいはなし。美談。

川明《かわあ》かり 川の水面の明るみ。

可愛《かわい》い 小さくて愛らしい魅力を感じる。

可哀相《かわいそう》 気の毒なさま。あわれ。

獺《かわうそ》 イタチ科の水辺にすむ獣。

川風《かわかぜ》 川面を吹きわたる風。

川上《かわかみ》 川の流れてくる方。川の上流。

川岸《かわぎし》 川の両側の岸辺。かし。(別)河岸

皮切《かわき》り 物事の初め。手始め。

乾《かわ》く 水気がなくなる。「洗濯物が―」

渇《かわ》く 水が欲しくなる。強く欲しがる。

川下《かわくだ》り 舟で川を下ること。

川口《かわぐち》 川が海や湖にそそぐ口。(別)河口

革靴《かわぐつ》 動物の革製の靴。(別)皮靴

裘《かわごろも》 毛皮で作った防寒用の衣。[冬]

皮算用《かわざんよう》 不明なことを期待すること。

川下《かわしも》 川の流れて行く方。⇕川上

交《か》わす やりとりする。互いにまじえる。

躱《かわ》す 避ける。よける。そらす。

蛙《かわず》 カエルの別名。[春]

川筋《かわすじ》 川の流れるみち。川の流域。

為替《かわせ》 手形や証書によって送金する方法。

川蟬《かわせみ》 水辺にすむ鳥。[夏] (別)翡翠

彼《か》は誰時《たれどき》 明け方のまだ薄暗い時。

河内《かわち》 旧国名。大阪府南東部。河州。

革砥《かわと》 刃物をとぐ革。

川蜷《かわにな》 淡水産の巻貝。

川海苔《かわのり》 日本特産の淡水藻。食用。

皮剝《かわはぎ》 海魚の一。皮をはいで食用とする。

川端《かわばた》 川岸の付近。かわべ。

川開《かわびら》き 川の夕涼み始めを祝う行事。[夏]

川普請《かわぶしん》 河川の改修工事。[冬]

川辺《かわべ》 川のほとり。川端。

川向《かわむ》こう 川の向こう岸の土地。

川面《かわも》 川の表面。川の水面。

厠《かわや》 便所の古い言い方。

河原《かわら》 川辺の砂や石が多い所。(別)川原

瓦《かわら》 粘土を焼いたもの。屋根をふく材料。

土器《かわらけ》 素焼きの器。素焼きの杯。

瓦版《かわらばん》 江戸時代、一枚刷りの新聞。

河原鶸《かわらひわ》 スズメ目の小鳥。

変《か》わり種《だね》 普通とは違った種類。

変《か》わり身《み》 状況に応じて態度を変える。

変《か》わり者《もの》 普通の人と違う人。変人。

代《か》わる ある者が他の者の役目をする。

替《か》わる 交代する。入れ替わる。「政権が―」

換《か》わる 交換する。

変《か》わる ちがった状態になる。うつる。

缶《カン》 ブリキなどで作った入れ物。

奸《かん》 心がねじけている悪者。「君側の―」

官《かん》 おおやけ。国家。国家機関。

疳《かん》 神経質な子供の興奮しやすい状態。

勘《かん》 直感的にさとる心の能力。第六感。

貫《かん》 尺貫法の重さの基本単位。

寒《かん》 立春の前三〇日間。[冬]「―の入り」

棺《かん》 かんおけ。ひつぎ。

緘《かん》 手紙の封。封じ目に書く文字。

燗《かん》 酒を温めること。

癇《かん》 おこりっぽい性質。「―に障る」

鐶《かん》 金属製の輪。簞笥の引き手など。

雁《がん》 大形の水鳥。かり。かりがね。[冬]

癌《がん》 悪性の腫瘍。

願《がん》 神仏に願うこと。「―をかける」

寒明《かんあ》け 寒が終わり立春となること。[春]

勘案《かんあん》 いろいろと考え合わせること。

官位《かんい》 官職と位階。

簡易《かんい》 簡単でやさしいこと。「―書留」

間一髪《かんいっぱつ》 事態がきわどいさま。

姦淫《かんいん》 不正な肉体関係を結ぶこと。

閑雲野鶴《かんうんやかく》 悠々自適の境地。

観閲《かんえつ》 軍隊などを検閲すること。

肝炎《かんえん》 肝臓の炎症性疾患。

岩塩《がんえん》 天然に産出する塩の結晶。

観桜《かんおう》 桜の花を見物すること。[春]

棺桶《かんおけ》 死者を入れる桶。ひつぎ。

干戈《かんか》 たてとほこ。武器。「—を交える」

看過《かんか》 見のがすこと。

閑暇《かんか》 ひま。いとま。

感化《かんか》 影響を知らず知らず与えること。

管下《かんか》 管轄している範囲、または地域。

官衙《かんが》 官庁。

閑雅《かんが》 奥ゆかしい。静かで趣があるさま。

眼下《がんか》 見おろした下の方の所。

眼科《がんか》 眼に関する医学の部門。

眼窩《がんか》 眼球の収まっているくぼみ。

官界《かんかい》 役人の社会。

感懐《かんかい》 心に感じ思うこと。感想。

緩解《かんかい》 病気の症状が軽減してきた状態。

干害《かんがい》 ひでりによる災害。

寒害《かんがい》 春先の寒さによる農作物の被害。

感慨《かんがい》 身にしみて感じること。「—無量」

灌漑《かんがい》 田畑に水を通して潤すこと。

眼界《がんかい》 目に見える範囲。視界。

間隔《かんかく》 二つのものの隔たり。

感覚《かんかく》 外界の刺激を感じとる働き。感受性。

官学《かんがく》 官立の学校。⇔私学

漢学《かんがく》 漢籍・漢文を学ぶ学問。

願掛《がんか》**け** 神仏に願をかけること。

鰥寡孤独《かんかこどく》 身寄りのない人々。

管轄《かんかつ》 権限によって支配すること。

寛闊《かんかつ》 ゆったりしているさま。

管楽器《かんがっき》 吹き鳴らす楽器。吹奏楽器。

轗軻不遇《かんかふぐう》 志を得ないこと。

鑑《かんが》**みる** 手本に照らしてみる。

寒烏《かんがらす》 寒中の烏。[冬]

閑閑《かんかん》 落ち着いてのどかなさま。「悠々—」

汗顔《かんがん》 恥ずかしいこと。「—の至り」

宦官《かんがん》 中国で、後宮に仕えた去勢された男。

侃侃諤諤《かんかんがくがく》 正しいと思うことを言って、大いに議論をたたかわせること。

乾季《かんき》 雨の少ない季節。

勘気《かんき》 目上の者から受けるとがめ。

喚起《かんき》 呼び起こすこと。「注意を—する」

寒気《かんき》 戸外の寒さ。また、寒さの度合。

換気《かんき》 室内の空気を入れかえること。

歓喜《かんき》 大変に喜ぶこと。

雁木《がんぎ》 雪国で庇の下を通路としたもの。[冬]

寒菊《かんぎく》 冬に咲く菊。[冬]

観菊《かんぎく》 菊の花を観賞すること。菊見。

柑橘類《かんきつるい》 ミカン・レモンなどの総称。

閑却《かんきゃく》 そのままにおくこと。等閑。

観客《かんきゃく》 映画・スポーツなどの見物人。

感泣《かんきゅう》 感激のあまりに泣くこと。

緩急《かんきゅう》 ゆるやかなことと急なこと。危急。

眼球《がんきゅう》 めだま。

汗牛充棟《かんぎゅうじゅうとう》 蔵書が非常に多い。

官許《かんきょ》 政府の許可。

閑居《かんきょ》 静かな住まい。ひまな暮らし。

感興《かんきょう》 興味を感じること。

環境《かんきょう》 生物をとり巻き、影響を及ぼすもの。

艦橋《かんきょう》 軍艦の甲板上に高く構えた指揮所。

官業《かんぎょう》 国有・国営の事業。⇔民業

寒行《かんぎょう》 寒中に行う修行。[冬]

勧業《かんぎょう》 産業をおこすことを奨励すること。

眼鏡《がんきょう》 めがね。

頑強《がんきょう》 あくまで頑固なさま。

管窺蠡測《かんきれいそく》 見識の狭いたとえ。

看経《かんきん》 経文を黙読すること。

桿菌《かんきん》 棒状の形をしている細菌。

換金《かんきん》 売ってお金に換えること。

監禁《かんきん》 一定の場所に閉じ込めること。

元金《がんきん》 もときん。

甘苦《かんく》 楽しみと苦しみ。

管区《かんく》 管轄する区域。

艱苦《かんく》 困難と苦労。辛苦。

玩具《がんぐ》 おもちゃ。

頑愚《がんぐ》 頑固で愚かなさま。

岩窟《がんくつ》 いわや。いわあな。

雁首《がんくび》 キセルの頭の部分。人の首。

勘繰《かんぐ》**る** 想像し疑う。邪推する。

官軍《かんぐん》 朝廷側の軍隊。「勝てば—」

奸計《かんけい》 わるだくみ。

関係《かんけい》 かかわりあい。男女の情交。

簡勁《かんけい》 簡潔で力強いこと。

歓迎《かんげい》 喜んで迎えること。「—会」

寒稽古《かんげいこ》 寒中に行う稽古。[冬]

間隙《かんげき》 すき。すきま。「—を縫う」

感激《かんげき》 強く心をうたれ感情が高まること。

観劇《かんげき》 演劇を見ること。

完結《かんけつ》 すっかり終えること。

間欠《かんけつ》 一定の時間をおいて起こること。

簡潔《かんけつ》 簡単で、要点をおさえているさま。

寒月《かんげつ》 冬に冷たく照る月。[冬]

観月《かんげつ》 月を観賞すること。月見。[秋]

間欠泉《かんけつせん》 周期的にふきだす温泉。

官憲《かんけん》 警察関係の役所。役人。

管見《かんけん》 自分の狭い見識。「—によれば」

甘言《かんげん》 相手の気に入りそうなうまい言葉。

換言《かんげん》 言い換えること。「—すれば」

管弦《かんげん》 管楽器と弦楽器。音楽。「詩歌—」

諫言《かんげん》 目上の人をいさめること。

還元《かんげん》 もとに戻ること。戻すこと。

眼瞼《がんけん》 まぶた。

頑健《がんけん》 体が丈夫で、病気をしないこと。

管弦楽《かんげんがく》 管・弦・打楽器による大合奏。

歓呼《かんこ》 喜びの声をあげること。

鹹湖《かんこ》 塩湖。

看護《かんご》 傷病人の手当てや世話をすること。

閑語《かんご》 むだばなし。

漢語《かんご》 漢字を音読する単語。漢字の熟語。

か

頑固《がんこ》 自分の考えを押し通すさま。

頑固《がんこ》**一徹**《いってつ》 非常に頑固なさま。

刊行《かんこう》 書物などを印刷して発行すること。

完工《かんこう》 工事を完了すること。竣工。

勘考《かんこう》 あれこれと念入りに考えること。

敢行《かんこう》 危険を覚悟で行うこと。

寛厚《かんこう》 寛大で温厚なさま。

感光《かんこう》 光の作用で化学変化を起こすこと。

慣行《かんこう》 通例としておこなわれていること。

緘口《かんこう》 口をつぐんでものを言わないこと。

緩行《かんこう》 列車などがゆっくり進むこと。徐行。

還行《かんこう》 天皇がお帰りになること。

観光《かんこう》 景色や風物などを見て歩くこと。

勘合《かんごう》 つきあわせて調べること。

眼孔《がんこう》 眼球を収めたくぼみ。見識。

眼光《がんこう》 目の光。観察力。

雁行《がんこう》 斜めに並んで行くこと。

眼光炯炯《がんこうけいけい》 眼が鋭く光るさま。

眼高手低《がんこうしゅてい》 批評はすぐれていても、自分で創作する力は劣ること。

官公庁《かんこうちょう》 官庁と地方公共団体の役所。

肝硬変《かんこうへん》 肝臓が硬化する病気。

箝口令《かんこうれい》 人に話すのを禁止する命令。

勧告《かんこく》 説きすすめること。

監獄《かんごく》 刑務所と拘置所を言った語。

換骨奪胎《かんこつだったい》 古人の語句を少し変えて自分のものにすること。焼き直し。

閑古鳥《かんこどり》 鳥カッコウの別名。[夏]

寒垢離《かんごり》 寒中水で心身を清める。[冬]

冠婚葬祭《かんこんそうさい》 元服・婚礼・葬式・祖先の祭り。人生における四つの大事な儀式。

監査《かんさ》 監督し、検査すること。

鑑査《かんさ》 書画などの価値を評定すること。

完済《かんさい》 借金を全部返すこと。

関西《かんさい》 京阪神地方の総称。

艦載《かんさい》 軍艦に載せること。「—機」

漢才《かんさい》 漢学に通じていること。「和魂—」

寒剤《かんざい》 低温にするために用いる薬剤。

管財《かんざい》 財産を管理すること。「—人」

間作《かんさく》 主な作物がとれる間に作る他の作物。

贋作《がんさく》 にせの作品。にせもの。

寒桜《かんざくら》 二月頃咲く桜の一種。[冬]

燗酒《かんざけ》 温めた日本酒。

簪《かんざし》 婦人の髪にさすかざり。

監察《かんさつ》 とりしまってしらべること。

観察《かんさつ》 物事を注意深く見ること。

鑑札《かんさつ》 官庁が発行する許可証。

寒復習《かんざらい》 寒げいこ。[冬]

甘酸《かんさん》 楽しみと苦しみ。苦楽。

換算《かんさん》 異なった単位でかぞえなおすこと。

閑散《かんさん》 ひとけがなく静かなさま。

干支《かんし》 十干と十二支。えと。

看視《かんし》 注意深く気をつけて見守ること。

監視《かんし》 気をつけて見張ること。

環視《かんし》 取り巻いて見ること。「衆人—」

鉗子《かんし》 はさみ状の手術用医療具。

漢詩《かんし》 中国の詩。漢字で作った詩。

諫止《かんし》 いさめてとどまらせること。

諫死《かんし》 死んで主君をいさめること。

幹事《かんじ》 会や団体などの世話をする役。

漢字《かんじ》 中国で作られた表意文字。

監事《かんじ》 法人の業務を監督する役。

莞爾《かんじ》 にっこりと笑うようす。

雁字《がんじ》**搦**《がら》**め** ぐるぐる巻き。

鑑識《かんしき》 よしあし・真偽を見分けること。

樏《かんじき》 雪上を歩く時つける輪形のもの。[冬]

眼識《がんしき》 物のよしあしを見分ける見識。

眼疾《がんしつ》 めやみ。眼病。

元日《がんじつ》 一年の最初の日。一月一日。[新]

閑日月《かんじつげつ》 心に余裕のあること。

官舎《かんしゃ》 公務員の住宅。

感謝《かんしゃ》 ありがたく思う気持ち。

冠者《かんじゃ》 元服して冠をつけた少年。若人。

患者《かんじゃ》 治療を受ける人。病人。

間者《かんじゃ》 スパイ。回し者。

癇癪《かんしゃく》 怒りっぽい性質。「—を起こす」
閑寂《かんじゃく》 物静かなさま。閑静。
看守《かんしゅ》 刑務所で囚人の監督などをする役人。
看取《かんしゅ》 見てそれと知ること。
管主《かんしゅ》 各宗の総本山の管長。
艦首《かんしゅ》 軍艦のへさき。⇕艦尾
甘受《かんじゅ》 甘んじて受け入れること。
貫首《かんじゅ》 天台宗の最高の僧職。座主《ざす》。
癌腫《がんしゅ》 悪性の腫瘍。癌。
慣習《かんしゅう》 習わし。しきたり。
監修《かんしゅう》 編集作業を監督すること。
観衆《かんしゅう》 見物している人。観客。
含羞《がんしゅう》 はじらい。はにかみ。
慣習法《かんしゅうほう》 社会通念として成立する法。
完熟《かんじゅく》 実や種が完全に熟すこと。

慣熟《かんじゅく》 慣れて上手になること。
感受性《かんじゅせい》 物を敏感に感じとる力。
甘蔗《かんしょ》 サトウキビの別名。
甘藷《かんしょ》 ㊙ サツマイモの別名。
官署《かんしょ》 官庁。役所。
寒暑《かんしょ》 寒さと暑さ。
寛恕《かんじょ》 心が広く思いやりのあること。
雁書《がんしょ》 手紙。たより。
願書《がんしょ》 願い出る事柄を書いた書類。
干渉《かんしょう》 権限外のことに無理に立ち入ること。
完勝《かんしょう》 完全に勝つこと。⇕完敗
冠省《かんしょう》 手紙で前書きを略すときに書く語。
勧奨《かんしょう》 勧め奨励すること。
感傷《かんしょう》 さびしがったり悲しんだりすること。
管掌《かんしょう》 権限にもとづき管理すること。

緩衝《かんしょう》 衝撃を和らげること。
環礁《かんしょう》 環状のさんご礁。
癇性《かんしょう》 おこりっぽい性質。㊊疳性
観照《かんしょう》 本質を主観を交えずに見つめること。
観賞《かんしょう》 美しいものを見て楽しむこと。
鑑賞《かんしょう》 芸術作品を深く味わうこと。
干城《かんじょう》 国を守る武士。軍人。
勘定《かんじょう》 計算。代金の支払い。見積もり。
勧請《かんじょう》 神仏の分霊を他の地に移し祭ること。
感状《かんじょう》 武将が手柄をほめて与えた文書。
感情《かんじょう》 喜怒哀楽などの心の働き。
環状《かんじょう》 輪のような形。
灌頂《かんじょう》 頭頂から水を注ぐ仏教の儀式。
岩漿《がんしょう》 マグマ。
岩礁《がんしょう》 海中に隠れている岩。

頑丈《がんじょう》 人や物の作りが丈夫なさま。
官職《かんしょく》 官吏としての職務と地位。
寒色《かんしょく》 寒い感じを与える色。青系統の色。
間食《かんしょく》 食事と食事の間に食べること。
閑職《かんしょく》 ひまな職務。重要でない職。
感触《かんしょく》 ものに触れたときの感じ。
顔色《がんしょく》 かおいろ。顔つき。「—なし」
甘心《かんしん》 納得すること。
奸臣《かんしん》 主君に対して悪事をたくらむ家臣。
寒心《かんしん》 心配のあまりぞっとすること。
感心《かんしん》 心に深く感じる。ほめたくなる。
関心《かんしん》 心をひかれること。
歓心《かんしん》 相手の喜ぶ心。「—を買う」
肝心《かんじん》 非常に大切なこと。㊊肝腎
閑人《かんじん》 ひまじん。風流人。

勧進《かんじん》 寺の建築・修繕の寄付を集めること。
寛仁《かんじん》 心が広くやさしいこと。
肝心要《かんじんかなめ》 いちばん重要なこと。
寛仁大度《かんじんたいど》 寛大で心が広い。
鑵子《かんす》 やかん。茶の湯の茶がま。
完遂《かんすい》 完全にやりとげること。
冠水《かんすい》 大水で水をかぶること。「田畑の—」
鹹水《かんすい》 しお辛い水。海水。
灌水《かんすい》 水を注ぎかけること。
完成《かんせい》 完全にでき上がること。
官製《かんせい》 政府の製造。「—葉書」
陥穽《かんせい》 落とし穴。わな。
喊声《かんせい》 大勢のときの声。
喚声《かんせい》 興奮して出す叫び声。
感性《かんせい》 外界の刺激を感じとる心の働き。

慣性《かんせい》 物体が現在の状態を保ち続ける性質。
管制《かんせい》 管理・制限すること。「灯火—」
歓声《かんせい》 よろこびの声。「—を上げる」
閑静《かんせい》 物静かなようす。「—な住宅街」
関税《かんぜい》 輸入貨物に国が課する租税。
観世音《かんぜおん》 慈悲深い菩薩。かんのん。
漢籍《かんせき》 漢文で書かれた中国の書籍。
岩石《がんせき》 いわ。いわお。
冠雪《かんせつ》 雪が物の上に降り積もること。
間接《かんせつ》 間に他のものを置いて対すること。
関節《かんせつ》 骨と骨との連結部分。
冠絶《かんぜつ》 とびはなれてすぐれていること。
頑是無《がんぜな》い 幼くて聞き分けがない。
寒蟬《かんぜみ》 秋に鳴く蟬。かんせん。
観世縒《かんぜよ》り こより。

汗腺《かんせん》　皮膚にある汗を出す腺。
官選《かんせん》　政府で選ぶこと。
幹線《かんせん》　鉄道・道路などの主要な線。
感染《かんせん》　病気がうつる。他の風習に染まる。
観戦《かんせん》　試合などを見物すること。
艦船《かんせん》　軍艦と船舶。
完全《かんぜん》　欠点や不足のないこと。
間然《かんぜん》　非難すべき欠点。「―する所がない」
敢然《かんぜん》　思いきってするさま。
眼前《がんぜん》　目の前。すぐそば。
勧善懲悪《かんぜんちょうあく》　よい行いをほめすすめ、悪い行いをいさめこらしめること。
完全無欠《かんぜんむけつ》　完全で欠点がない。
簡素《かんそ》　無駄や飾り気がないさま。
元祖《がんそ》　一家の先祖。創始者。

完走《かんそう》　最後まで走りぬくこと。
乾燥《かんそう》　かわくこと。かわかすこと。
間奏《かんそう》　一曲の途中にはさんで奏される部分。
感想《かんそう》　感じたこと。感じ。所感。
歓送《かんそう》　喜び励まして送ること。「―会」
観相《かんそう》　人相を見ること。
観想《かんそう》　物事の本質を深く観察すること。
甘草《かんぞう》　マメ科の多年草。根は薬用。〔夏〕
肝臓《かんぞう》　胆汁を作り、養分を貯蔵する内臓。
萱草《かんぞう》　ユリ科の多年草の総称。キスゲなど。
含嗽《がんそう》　うがい。「―剤」
贋造《がんぞう》　にせものを造ること。偽造。
観測《かんそく》　観察・測定すること。
寒村《かんそん》　さびれた貧しい村。
官尊民卑《かんそんみんぴ》　官を尊び民を蔑視。

寒帯《かんたい》　緯度約六六度から両極までの地帯。
歓待《かんたい》　喜んで手厚くもてなすこと。
艦隊《かんたい》　複数の軍艦で編成した部隊。
寛大《かんだい》　心が広く思いやりがあること。
眼帯《がんたい》　眼病の人が目に当てて保護するもの。
簡体字《かんたいじ》　中国で、簡略な字体の漢字。
甲高《かんだか》**い**　声の調子が高い。
干拓《かんたく》　湖や海を陸地化して耕地にすること。
寒卵《かんたまご》　寒中に産んだ鶏卵。滋養に富む。〔冬〕
冠《かん》**たる**　いちばんすぐれている。
肝胆《かんたん》　心の中。心底。「―相照らす」
邯鄲《かんたん》　スズムシに似た昆虫。〔秋〕
感嘆《かんたん》　感心してほめること。
簡単《かんたん》　こみいっていない。手間がかからない。
寒暖《かんだん》　寒さと暖かさ。「―の差」

間断《かんだん》　絶え間。切れ目。「―なく」
閑談《かんだん》　むだ話。雑談。
歓談《かんだん》　うちとけた愉快な会話。
元旦《がんたん》　元旦の朝。元朝。元日。〔新〕
寒暖計《かんだんけい》　気温の高低を計る温度計。
感嘆符《かんたんふ》　感嘆を表す「！」の符号。
奸智《かんち》　悪がしこい知恵。「―にたける」
完治《かんち》　病気やけがが完全に治ること。
閑地《かんち》　しずかな土地。気楽な地位。
感知《かんち》　直感的にわかること。
関知《かんち》　関係して知っていること。
勘違《かんちが》**い**　考え違い。思い違い。
含蓄《がんちく》　表現内容が豊かで味わい深いこと。
寒中《かんちゅう》　小寒から大寒の間。「―見舞い」
眼中《がんちゅう》　目の中。意識や関心が及ぶ範囲。

干潮《かんちょう》　潮が引いて海面が低くなった状態。
観潮《かんちょう》　潮の流れや渦潮などを見ること。〔春〕
完調《かんちょう》　体などの調子が完全なこと。
官庁《かんちょう》　国家の行政事務を処理する機関。
浣腸《かんちょう》　肛門から薬や栄養分を注入すること。
間諜《かんちょう》　間者。スパイ。
元朝《がんちょう》　元日の朝。元旦。〔新〕
完遂《かんつい》　完全に成し遂げること。かんすい。
姦通《かんつう》　男女間の不正な情交。不倫。
貫通《かんつう》　貫き通ること。貫き通すこと。
寒造《かんづく》**り**　〔冬〕寒に作った酒。
寒椿《かんつばき》　〔冬〕寒中に咲くツバキ。
官邸《かんてい》　大臣・長官の官舎。公邸。
艦艇《かんてい》　大小各種の軍艦の総称。
鑑定《かんてい》　真偽・良否を見分けること。

眼底《がんてい》　眼球底部。「―出血」
貫徹《かんてつ》　貫き通すこと。「要求―」
干天《かんてん》　ひでりの空。〔夏〕「―の慈雨」
寒天《かんてん》　冬の空。テングサを加工した食品。
観点《かんてん》　物事を観察・考察する場合の立場。
乾田《かんでん》　水はけがよくてすぐにかわく田。
感電《かんでん》　体に電流が流れて衝撃を受けること。
歓天《かんてん》**喜**《き》**地**《ち》　非常な喜び。
乾電《かんでん》**池**《ち》　携帯用の電池。
官途《かんと》　官吏の地位。
感度《かんど》　感じとる度合や能力。
完投《かんとう》　一人の投手が一試合を投げぬくこと。
官等《かんとう》　官吏の等級。
巻頭《かんとう》　巻物・書物などの最初。⇔巻末
敢闘《かんとう》　よく戦うこと。「―賞」

関東《かんとう》 東京を中心とする一都六県の地域。
関頭《かんとう》 別れ目。せとぎわ。「生死の―」
勘当《かんどう》 師弟・親子の縁を切ること。
間道《かんどう》 抜け道。わき道。
感動《かんどう》 深く感じ入って心を動かすこと。
龕灯《がんとう》 前方だけを照らすちょうちん。
感得《かんとく》 深い道理を感じ悟ること。
監督《かんとく》 上に立って指図をする人。
勘所《かんどころ》 重要な点。急所。
鉋《かんな》 材木の表面を削って平らにする道具。
管内《かんない》 管轄する区域内。
随神《かんながら》の道《みち》 神道。
巫《かんなぎ》 神に仕える人。みこ。
鉋屑《かんなくず》 鉋で削るときできる薄い木屑。
神無月《かんなづき》 陰暦一〇月の別名。［冬］

艱難《かんなん》 大変つらく苦しいこと。難儀。
艱難辛苦《かんなんしんく》 大変な苦労。
嵌入《かんにゅう》 はめ込むこと。はまり込むこと。
観入《かんにゅう》 奥へ分け入り本質をつかむこと。
堪忍《かんにん》 怒りをおさえて人の過失を許すこと。
閂《かんぬき》 門や戸を固く閉めるための横木。
神主《かんぬし》 神社に仕える人。神官。
奸佞《かんねい》 心がねじけまがっていること。
奸佞邪知《かんねいじゃち》 心が悪くずる賢い。
観念《かんねん》 意識の内容。考え。あきらめること。
元年《がんねん》 その年号になった最初の年。
寒《かん》の入《い》り［冬］ 寒に入ること。
完納《かんのう》 すべて納め終わること。
官能《かんのう》 感覚器官の働き。性的快感。
感応《かんのう》 心が物事に感じ応じること。

観音《かんのん》 観世音《かんぜおん》菩薩。
観音開《かんのんびら》き 左右に開く開き戸。
樺《かんば》 カバノキ科の植物。
汗馬《かんば》 駿馬。「―の労」
悍馬《かんば》 あばれうま。
看破《かんぱ》 見破ること。見抜くこと。
寒波《かんぱ》 寒気団のため気温が下がる現象。
完売《かんばい》 商品を売りつくすこと。
寒梅《かんばい》 寒中に咲く梅。［冬］
観梅《かんばい》 梅の花を観賞すること。梅見。［春］
完敗《かんぱい》 完全に負けること。
乾杯《かんぱい》 互いに祝福して杯の酒を飲みほす。
関白《かんぱく》 天皇を補佐した役。いばっている人。
芳《かんば》しい 匂いがよい。評価に値する。
顔《かんばせ》 かお。「花の―」

間八《かんぱち》 ブリに形が似た中形の海魚。食用。
旱魃《かんばつ》 日照りで田畑の水がかれること。［夏］
間伐《かんばつ》 不適当な木を切り、樹木の発育を促す。
間髪《かんぱつ》 あいだ。ま。「―を入れず」
渙発《かんぱつ》 詔勅を広く発布すること。
煥発《かんぱつ》 輝きが現れること。「才気―」
頑張《がんば》る 困難に負けずあくまで努力する。
看板《かんばん》 店名などを書き掲げる板。閉店時刻。
甲板《かんぱん》 艦船の上部の広く平らな所。デッキ。
乾板《かんぱん》 写真感光板。
岩盤《がんばん》 地下で基盤となっている岩。
甘美《かんび》 うっとりするほどおいしいこと。
完備《かんび》 必要なものが完全に備わること。
艦尾《かんび》 軍艦の後部。⇔艦首
官費《かんぴ》 政府が支出する費用。国費。公費。

岩菲《がんぴ》 ナデシコ科の多年草。［夏］
雁皮《がんぴ》 ジンチョウゲ科の落葉低木。「―紙」
寒旱《かんひでり》 寒中、長い間雨が降らないこと。
看病《かんびょう》 病人の看護をすること。
干瓢《かんぴょう》 ユウガオの実をひも状に削った食品。
眼病《がんびょう》 目の病気。眼疾。
患部《かんぶ》 身体の病気や傷のある部分。
幹部《かんぶ》 組織・団体の中心となる者。首脳。
完膚《かんぷ》 無傷の皮膚。「―無きまで」
乾布《かんぷ》 かわいた布。「―摩擦」
還付《かんぷ》 国などが返すこと。「―金」
完封《かんぷう》 完全に相手をおさえつけること。
寒風《かんぷう》 冬の冷たい風。［冬］
感服《かんぷく》 すっかり感心してしまうこと。
眼福《がんぷく》 よいものを見られた幸運。

奸物《かんぶつ》 心の曲がった者。悪者。
官物《かんぶつ》 政府の所有物。かんもつ。
乾物《かんぶつ》 乾燥させた食品。「―屋」
頑物《がんぶつ》 頑固な人。
贋物《がんぶつ》 にせもの。
灌仏会《かんぶつえ》 釈迦の誕生日の法会。［春］
玩物喪志《がんぶつそうし》 目先の楽しみに熱中して、大切な志を失うこと。
寒鮒《かんぶな》 寒中にとれるフナ。［冬］
漢文《かんぶん》 中国古来の文章。漢字だけの文章。
感奮《かんぷん》 心に深く感じて奮い立つこと。
完璧《かんぺき》 欠点のなく完全なこと。
癇癖《かんぺき》 かんしゃくを起こしやすい性質。
岸壁《がんぺき》 船を横づけさせる港のはとば。
岩壁《がんぺき》 岩の壁のように切り立った部分。

鑑別《かんべつ》　鑑定して見分けること。
勘弁《かんべん》　あやまちを許すこと。堪忍。
簡便《かんべん》　手軽で便利なこと。
官房《かんぼう》　内閣や長官に直属する事務機関。
感冒《かんぼう》　かぜひき。風邪。
監房《かんぼう》　刑務所で囚人を入れる小部屋。
観望《かんぼう》　なりゆきをうかがうこと。「形勢―」
官報《かんぽう》　政府が日刊で発行する広告文書。
漢方《かんぽう》　中国から伝わった医術。
艦砲《かんぽう》　軍艦に備え付けられた大砲。
願望《がんぼう》　ねがいのぞむこと。
漢方薬《かんぽうやく》　漢方で使う薬。草根木皮の類。
灌木《かんぼく》　低木の古い言い方。
翰墨《かんぼく》　筆と墨。詩文や書画。
陥没《かんぼつ》　落ち込んで穴があくこと。

刊本《かんぽん》　刊行された本。⇔写本
完本《かんぽん》　すべてそろっている全集本。
元本《がんぽん》　利益・収入の元となる財産。
巻末《かんまつ》　巻物・書物などの最後。⇔巻頭
干満《かんまん》　潮のみちひ。
緩慢《かんまん》　動きがゆっくりなこと。のろいさま。
甘味《かんみ》　甘い味。あまみ。
鹹味《かんみ》　塩辛い味。塩辛い食べ物。
玩味《がんみ》　物事を深く味わうこと。「熟読―」
官民《かんみん》　政府がわと民間。
冠《かんむり》　頭にかぶるものを広く言う。
感無量《かんむりょう》　感慨で胸がいっぱいになる。
感銘《かんめい》　深く心に感じること。
漢名《かんめい》　中国での名称。
簡明《かんめい》　簡単でわかりやすいこと。

頑迷《がんめい》　がんこで、道理がわからないこと。
頑迷固陋《がんめいころう》　頑迷で見聞が狭い。
頑冥不霊《がんめいふれい》　頑迷でものの道理に暗く、頭のはたらきがにぶいこと。
乾麺《かんめん》　干した麺類。
顔面《がんめん》　顔の表面。かお。「―蒼白」
緘黙《かんもく》　口をとじて何も言わないこと。
眼目《がんもく》　最も大事なところ。主眼。
閑文字《かんもじ》　むだな文章や字句。
雁擬き《がんもどき》　野菜を細かく刻み入れた油揚げ。
喚問《かんもん》　人を呼び出して問いただすこと。
関門《かんもん》　関所。通過するのが困難なところ。
願文《がんもん》　神仏への祈願の趣意を記した文書。
完訳《かんやく》　省略せずに全文を翻訳すること。
簡約《かんやく》　要点だけをとりあげ簡単にすること。

丸薬《がんやく》　小さく球状にした薬。
肝油《かんゆ》　タラなどの肝臓から採った油。
官有《かんゆう》　国の所有であること。「―地」
奸雄《かんゆう》　奸知にたけた英雄。
勧誘《かんゆう》　すすめ誘うこと。「―員」
含有《がんゆう》　成分として含みもつこと。「―量」
関与《かんよ》　あることに関係すること。
肝要《かんよう》　特に大切なさま。
涵養《かんよう》　少しずつ自然に養成すること。
寛容《かんよう》　心が広く、よく人を受け入れること。
慣用《かんよう》　一般によく使われること。
簡要《かんよう》　簡単で要領を得ていること。
元来《がんらい》　もともと。はじめから。本来。
雁来紅《がんらいこう》　ハゲイトウの別名。秋
陥落《かんらく》　城などが攻めおとされること。

乾酪《かんらく》　チーズ。
歓楽《かんらく》　喜び楽しむこと。よろこび。快楽。
甘藍《かんらん》　キャベツ。
観覧《かんらん》　見物すること。「―席」
官吏《かんり》　国家公務員の通称。
管理《かんり》　気を配って、めんどうを見ること。
監理《かんり》　監督・管理する。とりしまる。
元利《がんり》　元金と利子。「―合計」
眼力《がんりき》　物事の理非・善悪を見分ける力。
簡略《かんりゃく》　手みじかなこと。
貫流《かんりゅう》　川などが貫いて流れること。
寒流《かんりゅう》　赤道地方へ流れる低温の海流。
還流《かんりゅう》　流れが元へかえってくること。
完了《かんりょう》　全て終わること、終えること。
官僚《かんりょう》　役人。上級の官吏。

顔料《がんりょう》　塗料などの材料となる着色剤。
翰林《かんりん》　学者の仲間。文人の仲間。
翰林院《かんりんいん》　昔中国の官庁。アカデミー。
感涙《かんるい》　感激のあまり流す涙。
寒冷《かんれい》　冷たく寒いこと。⇔温暖
慣例《かんれい》　しきたり。ならわし。
還暦《かんれき》　数え年で六一歳。華甲。
関連《かんれん》　かかわりや関係があること。
甘露《かんろ》　甘くて非常に美味。「―煮」
寒露《かんろ》　二十四節気の一。秋
玩弄《がんろう》　慰みものとしてもてあそぶこと。
貫禄《かんろく》　堂々とした恰幅《かっぷく》や威厳。
官話《かんわ》　現代中国語の標準語。「北京―」
閑話《かんわ》　のんびりとしたむだばなし。
漢和《かんわ》　中国と日本。中国語と日本語。

緩和《かんわ》 ゆるやかにすること。「規制—」
閑話休題《かんわきゅうだい》 それはさておき。

き

生《き》 混ぜ物を加えていないこと。
黄《き》 色の名。きいろ。
気《き》 空気。雰囲気。性質。気持ち。
忌《き》 死者の命日。
奇《き》 普通とは変わっていること。
期《き》 ある一定の時期。期間。
義《ぎ》 人の行うべき道にあっていること
儀《ぎ》 儀式。典礼。わけ。
気合《きあい》 はりつめた気力。調子。呼吸。
偽悪《ぎあく》 わざと悪く装うこと。「—趣味」
忌明《きあ》け 喪の期間が終わること。

気圧《きあつ》 大気の圧力。
起案《きあん》 草案を作ること。起草。
議案《ぎあん》 会議にかける案。
忌諱《きい》 恐れはばかること。きき。
奇異《きい》 あやしく不思議であるさま。
貴意《きい》 相手の考え・意見の尊敬語。
紀伊《きい》 旧国名。和歌山県全域と三重県南部。
木苺《きいちご》 バラ科の落葉低木。実は食用。夏
帰一《きいつ》 一つのものにまとまること。
生一本《きいっぽん》 純粋で混じり気のないこと。
生糸《きいと》 精練していない絹糸。
気韻《きいん》 品格の高い風雅な趣。
起因《きいん》 それが原因となること。
議員《ぎいん》 議会を構成し議決権をもつ人。
議院《ぎいん》 国会の衆議院と参議院。

気韻生動《きいんせいどう》 書画・詩文に気高い風雅な趣が生き生きと満ちあふれていること。
喜雨《きう》 日照り続きの時に降る雨。夏
気受《きう》け 世間での評判。人々のうけ。
気宇壮大《きうそうだい》 考え方が雄大だ。
気鬱《きうつ》 気分がはればれしないこと。憂鬱。
気移《きうつ》り 注意や関心が次々と移ること。
気運《きうん》 ある方向におもむこうとする傾向。
機運《きうん》 時のめぐり合わせ。おり。
帰依《きえ》 神仏を信仰して、その力に任すこと。
気鋭《きえい》 意気込みのするどいこと。「新進—」
喜悦《きえつ》 心から喜ぶこと。
消《き》える 見えなくなる。光や熱がなくなる。
気炎《きえん》 盛んな意気。「—を吐く」
帰燕《きえん》 秋、南方に帰るツバメ。秋

奇縁《きえん》 不思議な因縁。「合縁—」
機縁《きえん》 物事の起こるきっかけ。縁。
義捐《ぎえん》 慈善のための寄付。(別)義援
気負《きお》い 自分こそはと張り切る気持ち。
既往《きおう》 過ぎ去ったとき。過去。「—症」
記憶《きおく》 物事を忘れずに覚えていること。
気後《きおく》れ 心が臆すること。
気落《きお》ち がっかりして、力を落とすこと。
気重《きおも》 気が引き立たないこと。
気温《きおん》 大気の温度。
擬音《ぎおん》 実際の音に似せて作った音。
祇園《ぎおん》 祇園精舎の略。釈迦が修行した寺。
机下《きか》 書簡文の脇付の一。案下。
気化《きか》 液体・固体が気体に変わること。
奇貨《きか》 利益が出そうな品物・機会。

奇禍《きか》 思いがけない災難。
帰化《きか》 他国の国籍を得てその国民となる。
幾何《きか》 「幾何学」の略。数学の一部門。
貴下《きか》 同輩や目下の者に対する敬称。
麾下《きか》 人の指揮下にあること。
起臥《きが》 起きることと寝ること。日々の生活。
飢餓《きが》 飢えること。うえ。
戯画《ぎが》 ざれ絵。風刺画。カリカチュア。
奇怪《きかい》 怪しく不思議なこと。
機会《きかい》 物事を行うのに最もよいとき。おり。
機械《きかい》 動力をつけて動く装置。
器械《きかい》 動力をもたない道具。
危害《きがい》 生命・身体をそこなうような危険。
気概《きがい》 物事に屈しない強い意気。いくじ。
議会《ぎかい》 公選議員から成る合議制の立法機関。

着替《きが》え 着替えること。また、その衣服。
気掛《きが》かり 心配で気になること。
企画《きかく》 計画を立てること。もくろみ。
規格《きかく》 工業製品などの標準となるきまり。
器楽《きがく》 楽器のみで演奏する音楽。⇔声楽
伎楽《ぎがく》 百済《くだら》から伝来したという舞楽。
飢渇《きかつ》 飢えと渇き。
気兼《きが》ね 他人に気を使うこと。
気化熱《きかねつ》 気化するのに必要な熱量。
気構《きがま》え ものごとに対する心の持ち方。
気軽《きがる》 あっさりして、こだわらないさま。
気管《きかん》 のどから肺に至る空気の通路。
汽缶《きかん》 蒸気を発生させる装置。(別)汽罐
奇観《きかん》 珍しい眺め。すぐれた眺め。
季刊《きかん》 一年に四回刊行すること。

既《き》刊《かん》　もう刊行されていること。
帰《き》還《かん》　元のところに帰ること。
帰《き》館《かん》　やかたに帰ること。帰宅。
基《き》幹《かん》　物事の土台。おおもと。「—産業」
亀《き》鑑《かん》　人のおこないの手本。模範。
期《き》間《かん》　ある時から他の時までのあいだ。
旗《き》艦《かん》　艦隊の司令長官が乗る軍艦。
器《き》官《かん》　生物体で、特定の働きをする部分。
機《き》関《かん》　機械を動す装置。機構・組織。
奇《き》岩《がん》　珍しい形の大きな岩。
祈《き》願《がん》　神仏に祈り願うこと。
帰《き》雁《がん》　春になって北へ帰るガン。[春]
技《ぎ》官《かん》　技術関係の仕事をする国家公務員。
義《ぎ》眼《がん》　人工の眼球。
危《き》機《き》　あぶない時期。ピンチ。

鬼《き》気《き》　ぞっとするような恐ろしい気配。
機《き》器《き》　機械・器械・器具の類。
嬉《き》嬉《き》　うれしそうに物事をするさま。
機《き》宜《ぎ》　時機に適していること。
義《ぎ》義《ぎ》　ナマズ目の淡水魚。とげをもつ。
疑《ぎ》義《ぎ》　はっきりしないこと。「—を生ずる」
危《き》機《き》一髪《いっぱつ》　極めて危ない状態。
利《き》き腕《うで》　力の出る方の腕。ききて。
奇《き》奇《き》怪怪《かいかい》　非常に奇怪なさま。
利《き》き酒《ざけ》　酒の味を鑑定すること。
雉《き》子《ぎす》　キジの古名。[春]
聞《き》き耳《みみ》　注意深く聞こうとすること。
効《き》き目《め》　効果。効能。
棋《き》客《きゃく》　棋士。きかく。
棄《き》却《きゃく》　裁判所が申し立てを排斥すること。

危《き》急《きゅう》　危険な事態が迫っていること。
気《き》球《きゅう》　軽いガスを入れ空へ揚げる球状の袋。
希《き》求《きゅう》　願いもとめること。(別)冀求
帰《き》休《きゅう》　ある期間勤務を離れて家にいること。
欷《き》泣《きゅう》　すすり泣くこと。
危《き》急存亡《きゅうそんぼう》　危機が迫っていて、生き残れるか滅びるかというせとぎわ。
起《き》居《きょ》　日常の生活。おきふし。
義《ぎ》挙《きょ》　正義のために起こす企てや行動。
奇《き》矯《きょう》　言動がひどく変わっているさま。
桔《き》梗《きょう》　キキョウ科の草。秋の七草の一。[秋]
帰《き》京《きょう》　都へ帰ること。東京へ戻ること。
帰《き》郷《きょう》　ふるさとへ帰ること。帰省。
企《き》業《ぎょう》　営利の目的で活動する事業体。
起《き》業《ぎょう》　新しく事業を始めること。

機《き》業《ぎょう》　織物を生産する事業。はた織り。
義《ぎ》侠《きょう》　おとこぎ。「—心」
戯《ぎ》曲《きょく》　劇の脚本の形式で書いた文学作品。
飢《き》饉《きん》　農作物の不作のため食物が不足する。
基《き》金《きん》　事業のための積立資金。
貴《き》金属《きんぞく》　産出量が少ない貴重な金属。
菊《きく》　キク科の多年草。種類が多い。[秋]
危《き》懼《く》　あやぶみおそれること。危惧。
規《き》矩《く》　行動の規準となる手本。
利《き》く　機能が働く。
効《き》く　ききめが現れる。「薬が—」
聞《き》く　音・声を耳で感じて知る。
訊《き》く　たずねる。問う。(別)聞く
聴《き》く　くわしく注意して聞く。傾聴する。
危《き》惧《ぐ》　あやぶみおそれること。

器《き》具《ぐ》　簡単な作りの器械類。
機《き》具《ぐ》　機械・器具の類。
菊戴《きくいただき》　日本最小の鳥の一。[秋]
木食虫《きくいむし》　樹木を食害する甲虫。
奇《き》遇《ぐう》　思いがけず出会うこと。
寄《き》寓《ぐう》　よその家に身を寄せること。
規《き》矩《く》準縄《じゅんじょう》　人の行動の規準。
木《き》屑《くず》　木材を切り削る時にでる屑。
生《き》薬《ぐすり》　しょうやく。
掬《きく》する　水を両手ですくう。事情をおしはかる。
着《き》崩《くず》れ　衣服の着付けが乱れること。
菊萵苣《きくぢしゃ》　キク科の野菜。エンダイブ。
菊月《きくづき》　陰暦九月の異名。[秋]
菊膾《きくなます》　食用菊をゆでて酢で和えた膾。[秋]
菊人形《きくにんぎょう》　菊で衣装を飾った人形。[秋]

気《き》配《くば》り　細かいところまで心を遣うこと。
気《き》組《ぐ》み　心ぐみ。意気込み。
気《き》位《ぐらい》　品位を保とうとする心構え。
木耳《きくらげ》　人の耳形をした食用のキノコ。[夏]
気《き》苦労《ぐろう》　あれこれと気を遣う苦労。
貴《き》君《くん》　同輩の男性に対する尊敬語。
義《ぎ》軍《ぐん》　正義のための戦い・軍勢。
奇《き》形《けい》　生物の形の一部に異常があること。
奇《き》景《けい》　見たことのないめずらしい景色。
奇《き》計《けい》　非常に巧みなはかりごと。奇策。
詭《き》計《けい》　人をだましおとしいれる計略。
奇《き》警《けい》　言動などが変わっていて奇抜なさま。
貴《き》兄《けい》　先輩や同輩の男性に対する尊敬語。
偽《ぎ》計《けい》　相手をだますための計略。
義《ぎ》兄《けい》　義理の兄。

技芸《ぎげい》 美術工芸など、芸術に関する技術。
喜劇《きげき》 明るくこっけいな演劇。コメディー。
既決《きけつ》 すでに決まったこと。⇕未決
帰結《きけつ》 物事の当然そうなる結果。帰着。
議決《ぎけつ》 会議などで決定すること。
危険《きけん》 あぶないこと。
気圏《きけん》 地球を包む大気の範囲。大気圏。
貴顕《きけん》 身分が高く、有名な人。
棄権《きけん》 投票などの権利を行使しないこと。
紀元《きげん》 年数を数えるもとなる年。
起源《きげん》 起こり。根源。始まり。
期限《きげん》 前もって決められた時期。
機嫌《きげん》 人の気持ちの状態。人の安否や近況。
旗鼓《きこ》 軍旗と鼓。軍隊。「—堂々」
騎虎《きこ》 虎の背に乗ること。「—の勢い」

季語《きご》 俳句で、句の季節を表す言葉。
綺語《きご》 巧みに偽り飾った言葉。「狂言—」
気功《きこう》 中国古来の健康法。
奇行《きこう》 普通とは変わった奇妙な行動。
気候《きこう》 ある地域の一年間の天候の状態。
季候《きこう》 季節や気候。時候。
紀行《きこう》 旅行中の風物・感想を書き記した文。
帰航《きこう》 船が帰りの航路につくこと。
帰港《きこう》 船が出発した港に帰ること。
起工《きこう》 新たに工事を始めること。着工。
起稿《きこう》 原稿を書き始めること。
寄港《きこう》 船舶が途中の港に立ち寄ること。
寄稿《きこう》 雑誌や新聞などに原稿を寄せること。
機甲《きこう》 戦車や装甲車で武装すること。
機構《きこう》 機械の内部の構造。会社などの組織。

貴公《きこう》 武士が同輩程度の男性に用いた語。
記号《きごう》 一定の内容を表す符号。しるし。
揮毫《きごう》 書画を書くこと。「—料」
技工《ぎこう》 手で加工する技術。「歯科—士」
技巧《ぎこう》 表現・製作上の手法。すぐれた技術。
貴公子《きこうし》 身分の高い家柄の子弟。
稀覯本《きこうぼん》 めったにない珍しい本。
帰国《きこく》 外国から自分の国に帰ること。帰郷。
疑獄《ぎごく》 政治にからむ大規模な汚職事件。
鬼哭啾啾《きこくしゅうしゅう》 死者の魂がしくしく泣くのが聞こえるさま。鬼気迫るさま。
気心《きごころ》 性質や考え方。「—の知れた仲間」
気骨《きこつ》 簡単に人に屈伏しない強い気性。
旗鼓堂堂《きこどうどう》 軍隊の威容の形容。
擬古文《ぎこぶん》 昔の作品をまねた文体。

樵《きこり》 山の木を切る仕事の人。
気根《きこん》 根気。植物の空気中に出た根。
既婚《きこん》 すでに結婚していること。⇕未婚
気障《きざ》 気取っていて、いやみなさま。
奇才《きさい》 世にまれなすぐれた才能。
鬼才《きさい》 人間とは思えないすぐれた才能。
既済《きさい》 すでにすんでいること。⇕未済
記載《きさい》 文書・本などに書き記すこと。
起債《きさい》 債券を発行・募集すること。
器材《きざい》 器具と材料。また、器具の材料。
機材《きざい》 機械と材料。また、機械の材料。
后《きさき》 天皇や王の配偶者。皇后。(別)妃
段段《ぎざぎざ》 のこぎりの歯のようなきざみ目。
奇策《きさく》 奇抜な策略。奇計。
気さく《きさく》 さっぱりして親しみやすいさま。

偽作《ぎさく》 にせ物を作ること。
生酒《きざけ》 混ぜ物のない純粋の清酒。
細螺《きさご》 小形の巻き貝。おはじきにする。[春]
兆し《きざし》 物事が起ころうとするようす。
階《きざはし》 階段。
貴様《きさま》 同輩か目下の者を呼ぶ語。
刻《きざ》む 刃物で細かく切る。彫る。記憶する。
如月《きさらぎ》 陰暦二月の異称。[春]
気障《きざわ》り 相手のことが気にさわるさま。
帰参《きさん》 かつての主人に再び仕えること。
起算《きさん》 ある時点から数え始めること。
気散《きさん》じ 気晴らし。気楽。のんき。「—者」
岸《きし》 水と接するところ。みずぎわ。
棋士《きし》 碁・将棋をうつのを職業にする人。
旗幟《きし》 旗とのぼり。立場。態度。

騎士《きし》 馬に乗った武士。ナイト。
雉《きじ》 キジ科の鳥。日本の国鳥。[春]
木地《きじ》 木目。白木のままの木。
生地《きじ》 もともとの性質。布地。(別)素地
素地《きじ》 まだ上薬を塗らない陶磁器。(別)生地
記事《きじ》 事柄を伝える文章。「三面—」
技師《ぎし》 技術関係のことを受け持つ人。
義士《ぎし》 正義を行う人。「赤穂—」
義姉《ぎし》 義理の姉。⇕義妹
義肢《ぎし》 義足・義手の総称。
義歯《ぎし》 入れ歯。
疑似《ぎじ》 本物とよく似ていること。「—体験」
擬餌《ぎじ》 生き餌に似せて作った釣り用の餌。
議事《ぎじ》 会合して協議すること。また、事柄。
起死回生《きしかいせい》 絶望的な状態から

立ち直らせ、もとの状態に戻すこと。

儀式《ぎしき》　一定の作法・礼式で行う行事。式典。

羊蹄《ぎしぎし》　タデ科の多年草。

基軸《きじく》　物事の中心となるもの。

機軸《きじく》　物事のやり方。「新—」

旗幟鮮明《きしせんめい》　旗じるしがあざやかなこと。主義・主張のはっきりしていること。

気質《きしつ》　その人に備わった性質。かたぎ。

期日《きじつ》　前もって決めた日限。期限。

岸辺《きしべ》　岸のほとり。岸のそば。

軋《きし》む　こすれ合って、きしきし音を立てる。

雉蓆《きじむしろ》　バラ科の多年草。花は黄色。(春)

棊子麺《きしめん》　平たく打ったうどん。

鬼子母神《きしもじん》　安産や育児の女神。

汽車《きしゃ》　蒸気機関車に引かれて走る列車。

記者《きしゃ》　記事を取材・執筆・編集する人。

喜捨《きしゃ》　寺社や貧者に金品を進んで差し出す。

希釈《きしゃく》　溶液を水・溶媒で薄めること。

着尺《きじゃく》　和服一枚に必要な反物の幅と長さ。

奇手《きしゅ》　意表をついたやり方。奇抜な手。

期首《きしゅ》　ある期間の初め。⇔期末

旗手《きしゅ》　旗を持って先頭を行く人。

機首《きしゅ》　飛行機の最前部。

機種《きしゅ》　飛行機や機械の種類。

騎手《きしゅ》　馬に乗る人。競馬の馬の乗り手。

喜寿《きじゅ》　数え年七七歳の祝い。

義手《ぎしゅ》　失われた手を補うための人工の手。

奇習《きしゅう》　珍しい風習。

奇襲《きしゅう》　不意をついて敵を攻めること。

既習《きしゅう》　すでに学習していること。

機銃《きじゅう》　機関銃の略。

蟻集《ぎしゅう》　蟻のように群がり集まること。

起重機《きじゅうき》　建設機械の一。クレーン。

耆宿《きしゅく》　経験豊かな老大家。

寄宿《きしゅく》　他人の家に身を寄せて生活すること。

奇術《きじゅつ》　不思議な技を見せる芸能。手品。

既述《きじゅつ》　文章中ですでに前に述べたこと。

記述《きじゅつ》　文章に書きしるすこと。

技術《ぎじゅつ》　わざ。理論を実際に応用する手段。

帰順《きじゅん》　敵対をやめて服従すること。

基準《きじゅん》　物事を比べる際のもととなる標準。

規準《きじゅん》　よりどころとなる規範。

奇書《きしょ》　珍しい書物。珍本。

希書《きしょ》　稀覯本《きこうぼん》。

鬼女《きじょ》　女の姿をした鬼。残酷な女。

貴女《きじょ》　身分の高い女性。女性に対する敬称。

偽書《ぎしょ》　にせの書物や書状。

気性《きしょう》　生まれつきもっている性格。

気象《きしょう》　天候・気温の変化など、大気の現象。

希少《きしょう》　きわめてまれで少ないさま。

奇勝《きしょう》　思いがけない勝利。素晴らしい景色。

記章《きしょう》　記念として配るしるし。

起床《きしょう》　寝床から起き出ること。

毀傷《きしょう》　いため傷つけること。

徽章《きしょう》　身分・所属などを表すバッジ。

机上《きじょう》　机の上。「—の空論」

気丈《きじょう》　気の持ち方がしっかりしているさま。

軌条《きじょう》　レール。線路。軌道。

機上《きじょう》　飛行機の中。「—の人となる」

騎乗《きじょう》　馬に乗ること。

偽証《ぎしょう》　いつわりの証言。

儀仗《ぎじょう》　儀式に用いる装飾的な武器。

議定《ぎじょう》　合議で決めること。ぎてい。

議場《ぎじょう》　会議をする場所。

起承転結《きしょうてんけつ》　漢詩の句の並べ方。起句・承句・転句・結句。物事の順序。

気丈夫《きじょうぶ》　心強いこと。気丈。

起請文《きしょうもん》　神仏に誓いをたてた文書。

気色《きしょく》　物事や人などに対して抱く、気分。

寄食《きしょく》　人の家に身を寄せて生活すること。

喜色満面《きしょくまんめん》　喜びいっぱいの顔。

帰心《きしん》　帰りたいと思う心。「—矢の如し」

寄進《きしん》　寺社に金品を寄付すること。

奇人《きじん》　風変わりな人。変人。

鬼神《きじん》　荒々しくて恐ろしい神。

貴人《きじん》　身分の尊い人。

義心《ぎしん》　正義をつらぬこうとする心。

疑心《ぎしん》　疑いの心。疑い。

義人《ぎじん》　正義感の強い人。

擬人《ぎじん》　人間でないものを人間に見立てる。

疑心暗鬼《ぎしんあんき》　疑う心が強いと、何でもないことまで恐ろしく感じられること。

鱚《きす》　小形の近海魚。食用。(夏)

傷《きず》　けがの跡。物のいたんだ所。欠点。

生酢《きず》　混ぜ物を加えていない酢。

傷痕《きずあと》　傷のついたあと。

汽水《きすい》　海水と淡水が混じり合っている水。

既遂《きすい》　既にしてしまったこと。⇔未遂

奇瑞《きずい》　めでたいことの起こる不思議な前兆。

気随気儘《きずいきまま》　好き勝手なさま。

黄《き》水仙《ずいせん》 ヒガンバナ科の多年草。[春]

奇《き》数《すう》 二で割り切れない整数。⇕偶数

基《き》数《すう》 基準となる数。

帰《き》趨《すう》 おもむくところ。帰結。

築《きず》く 基礎を固めて作り上げる。

傷《きず》口《ぐち》 傷を受けた部位。過去の失敗。

黄《き》菅《すげ》 ユリ科の多年草。夕菅。

絆《きずな》 人と人のつながり。

傷《きず》物《もの》 傷のついた商品。

帰《き》する ある所に落ち着く。負わせる。

記《き》する 書きつける。しるす。

期《き》する 時期・期限を定める。期待する。

擬《ぎ》する なぞらえる。体に突きつける。

議《ぎ》する 会議で相談する。

気《き》勢《せい》 意気込んだ熱っぽい雰囲気。

希《き》世《せい》 世間にめったにないこと。希代。

奇《き》声《せい》 奇妙な変わった声。

既《き》成《せい》 既にできていること。「—事実」

既《き》製《せい》 前もって作ってあること。

帰《き》省《せい》 故郷に帰ること。帰郷。[夏]

寄《き》生《せい》 他の生物の養分を採り生活すること。

規《き》正《せい》 正しいものへ改めること。

規《き》制《せい》 物事を規則で制限すること。

期《き》成《せい》 ある事柄の成立を期待すること。

擬《ぎ》制《せい》 異なるものを同一のものとみなす。

擬《ぎ》勢《せい》 うわべだけの勢い。強がり。

擬《ぎ》製《せい》 まねて作ること。

犠《ぎ》牲《せい》 目的のために捧げる大切なもの。

奇《き》跡《せき》 考えられないような不思議な出来事。

軌《き》跡《せき》 車輪の通ったあと。たどってきたあと。

鬼《き》籍《せき》 過去帳。点鬼簿。「—に入る」

議《ぎ》席《せき》 議場の議員の席。議員としての地位。

気《き》節《せつ》 気概。気骨。

季《き》節《せつ》 四季のおりおり。シーズン。

既《き》設《せつ》 すでに設置されていること。

気《き》絶《ぜつ》 一時的に意識を失うこと。失神。

義《ぎ》絶《ぜつ》 親子兄弟の縁を絶つこと。

煙管《キセル》 刻みタバコを吸う道具。

気《き》忙《ぜわ》しい 気持ちが落ち着かない。

汽《き》船《せん》 蒸気機関を原動力とする船舶。

貴《き》賤《せん》 貴いことと卑しいこと。

機《き》先《せん》 物事が起ころうとするやさき。

毅《き》然《ぜん》 意志・信念を断固貫こうとするさま。

偽《ぎ》善《ぜん》 うわべだけの善行。⇕偽悪

巍《ぎ》然《ぜん》 高くそびえ立つさま。

起《き》訴《そ》 検察官が公訴を提起すること。

基《き》礎《そ》 土台。物事のもととなるもの。

起《き》草《そう》 草案を書くこと。

帰《き》巣《そう》 動物が巣に戻ること。「—性」

競《きそ》う 互いに勝とうとして張り合う。

寄《き》贈《ぞう》 品物を贈ること。贈呈。

擬《ぎ》装《そう》 敵の目をごまかすために装うこと。

艤《ぎ》装《そう》 航海に必要な装備を船に施すこと。

偽《ぎ》造《ぞう》 にせ物をつくること。贋造《がんぞう》。

奇《き》想天外《そうてんがい》 奇抜で突飛なさま。

規《き》則《そく》 規準として定めたきまり。

羈《き》束《そく》 自由を束縛すること。

驥《き》足《そく》 才能のすぐれた人物。

帰《き》属《ぞく》 特定の人や団体に所属すること。

貴《き》族《ぞく》 家柄・身分の高い人。

義《ぎ》足《そく》 失った足を補うための人工の足。

義《ぎ》賊《ぞく》 盗んだ金品を貧しい者に与える賊。

気《き》息奄奄《そくえんえん》 息も絶え絶え。

既《き》卒《そつ》 すでに学校を卒業していること。

生《き》蕎麦《そば》 そば粉だけで作ったそば。

既《き》存《そん》 すでに存在すること。

毀《き》損《そん》 こわしたり、きずつけたりすること。

犠《ぎ》打《だ》 野球で走者を進塁させる打撃。

危《き》殆《たい》 あやういこと。危険。「—に瀕する」

気《き》体《たい》 一定の形がなく自由に動く物質。

希《き》代《たい》 世にもまれなこと。きだい。

期《き》待《たい》 ある結果の実現を心待ちにすること。

機《き》体《たい》 飛行機の胴体。

季《き》題《だい》 季語。

擬《ぎ》態《たい》 動物が体を他の物に似せること。

議《ぎ》題《だい》 会議で討議する事柄。

帰《き》宅《たく》 自分の家に帰ること。

寄《き》託《たく》 物を人に預けその保管を頼むこと。

着《き》丈《たけ》 その人に合う着物の長さ。

来《きた》す ある事態がおこるようにする。

既《き》達《たつ》 公文書などで既に知らせてあること。

気《き》立《だ》て 心ばえ。気質。「—のよい子」

汚《きたな》い よごれている。下品である。卑劣だ。

北《きた》半球《はんきゅう》 地球の赤道より北の半分。

北《きた》枕《まくら》 死者の頭を北に向けて寝かすこと。

来《きた》る くる。やってくる。「春—」

来《きた》る この次の。「—一〇日」⇕去る

忌《き》憚《たん》 遠慮すること。「—なく話す」

奇《き》譚《たん》 不思議な話。奇談。

気《き》団《だん》 気温・湿度がほぼ均質の大気の塊。

奇談《きだん》 不思議な話。「珍談—」
疑団《ぎだん》 胸につかえている疑いやしこり。
吉《きち》 運や縁起のよいこと。⇕凶
危地《きち》 危険な場所。「—を脱する」
既知《きち》 すでに知られていること。⇕未知
基地《きち》 軍隊や探検隊の根拠地となる所。
機知《きち》 その時に応じて巧みに働く才知。
鬼畜《きちく》 鬼や畜生のように残酷な者。
吉事《きちじ》 めでたいこと。慶事。⇕凶事
吉日《きちじつ》 縁起のよい日柄。きちにち。
吉祥《きちじょう》 めでたいきざし。きっしょう。
吉祥天《きちじょうてん》 仏教の美しい女神。
吉瑞《きちずい》 よいことの前兆。
帰着《きちゃく》 帰りつくこと。ある状態に行きつく。
忌中《きちゅう》 家族が死んで、喪に服する期間。

几帳《きちょう》 昔、部屋の仕切りに用いた道具。
帰朝《きちょう》 外国から日本に帰ってくること。
記帳《きちょう》 帳簿・帳面に書き入れること。
基調《きちょう》 作品や思想の根底をなす考え方。
機長《きちょう》 航空機の全乗務員の最高責任者。
貴重《きちょう》 非常に大切なさま。
議長《ぎちょう》 会議を進め、まとめる役の人。
几帳面《きちょうめん》 物事をないがしろにしない。
吉例《きちれい》 めでたいしきたり。きつれい。
木賃宿《きちんやど》 料金の安い粗末な宿。安宿。
喫煙《きつえん》 タバコを吸うこと。
吃音《きつおん》 話す時、音が詰まったりする状態。
奇《き》っ怪《かい》 あやしいさま。きかい。
気《き》遣《づか》い 気をつかうこと。心配。懸念。
切《き》っ掛《か》け 何かをするいきおい。

気《き》疲《づか》れ 精神的に疲れること。心労。
鞠躬如《きっきゅうじょ》 身をかがめかしこまるさま。
拮据《きっきょ》 忙しく働くこと。骨折ること。
吉凶《きっきょう》 めでたいことと不吉なこと。
喫驚《きっきょう》 驚くこと。
喫緊《きっきん》 さしせまって大切なこと。
詰屈《きっくつ》 文章が難解であること。(別)佶屈
佶屈聱牙《きっくつごうが》 難解で読みにくい。
着《き》付《つ》け 和服をきちんと着ること。
気《き》付《つ》け 気絶した人を正気に戻す薬。
気《き》付《づけ》 郵便物のあて先の下に書く言葉。
拮抗《きっこう》 同等で優劣がなく張り合うこと。
亀甲《きっこう》 亀の甲羅。六角形の連続した模様。
喫茶《きっさ》 茶を飲むこと。きっちゃ。「—店」
切《き》っ先《さき》 刀の先端。

牛車《ぎっしゃ》 昔、牛にひかせた貴人用の車。
吉春《きっしゅん》 よい新春。年賀状などに書く言葉。
吉書《きっしょ》 書き初め。［新］
吉祥《きっしょう》 ⇩きちじょう
生《き》っ粋《すい》 まじりけのないこと。
喫水《きっすい》 水面から船底までの距離。
喫《きっ》する 飲食する。受ける。こうむる。
屹然《きつぜん》 高くそびえ立つさま。
吉相《きっそう》 よい人相。よいことの前兆。
吉左右《きっそう》 うれしい便り。吉報。
吉兆《きっちょう》 よいことが起こるきざし。吉祥。
毬打《ぎっちょう》 木のまりを打つ柄の長い槌《つち》。
啄木鳥《きつつき》 キツツキ目の中形の鳥。［秋］
切手《きって》 「郵便切手」の略。
屹度《きっと》 かならず。きびしいさま。

狐《きつね》 イヌ科の獣。「—につままれる」［冬］
狐火《きつねび》 暗い夜見える青白い火。鬼火。［冬］
気《き》っ風《ぷ》 気まえ。心意気。
切符《きっぷ》 乗車券や入場券。資格や権利。
吉報《きっぽう》 うれしい知らせ。⇕凶報
気《き》詰《づ》まり 気分的に窮屈に感じるさま。
詰問《きつもん》 厳しく問いただすこと。
屹立《きつりつ》 高くそびえ立つこと。
既定《きてい》 すでにきまっていること。⇕未定
基底《きてい》 基礎となる土台。ものごとの基礎。
規定《きてい》 規則として定めること。
規程《きてい》 官公庁の執務上の規則。
旗亭《きてい》 酒楼。小料理屋。
義弟《ぎてい》 義理の弟。弟分。
汽笛《きてき》 蒸気の噴出によって音を出す笛。

奇天烈《きてれつ》 非常に不思議なさま。
起点《きてん》 始まる所。出発点。⇕終点
基点《きてん》 基準となる点。基準点。
機転《きてん》 機敏な心の働き。「—が利く」
貴殿《きでん》 目上の男性や同輩に用いる尊敬語。
儀典《ぎてん》 儀式の規定。典例。典範。
企図《きと》 くわだてること。計画。もくろみ。
帰途《きと》 帰りみち。帰路。「—につく」
木戸《きど》 簡単な開き戸。興行場の入り口。
喜怒哀楽《きどあいらく》 喜びと怒りと悲しみと楽しみなど、人間のさまざまな感情。
気筒《きとう》 ピストンが往復する円筒。
祈禱《きとう》 神仏に祈ること。また、その祈り。
亀頭《きとう》 陰茎の先端部。
気道《きどう》 呼吸するときの空気の通路。

軌道《きどう》 線路。天体の運行する道。

起動《きどう》 動き始める。機関が運転を開始する。

機動《きどう》 状況に応じたすばやい活動。「―隊」

気動車《きどうしゃ》 内燃機関を持つ鉄道車両。

危篤《きとく》 病気が重く、今にも死にそうなこと。

奇特《きとく》 おこないが感心なさま。

既得権《きとくけん》 すでに獲得している権利。

気取《きど》る 上品ぶる。ようすをまねる。

気長《きなが》 気が長いこと。⇔気短

着流《きなが》し 袴をつけない着物だけの服装。

きな臭《くさ》い こげくさい。情勢が不穏だ。

黄《き》な粉《こ》 大豆をいってひいた粉。

危難《きなん》 命にかかわる災難。

忌日《きにち》 命日。

記入《きにゅう》 必要事項を書き入れること。

帰任《きにん》 もとの任務や任地に戻ること。

衣《きぬ》 着る物。衣服。

絹《きぬ》 蚕の繭からとった繊維。絹織物。

絹糸《きぬいと》 蚕の繭からとった糸。けんし。

衣被《きぬかつぎ》 里芋を皮のままゆでたもの。[秋]

気抜《きぬ》け 気持ちのはりがなくなること。

絹漉《きぬご》し きめの細かい豆腐。

衣擦《きぬず》れ 着ている着物が擦れ合うこと。

砧《きぬた》 布を打って柔らげる木や石の台。[秋]

杵《きね》 臼に穀物を入れてつく木製の道具。

木鼠《きねずみ》 リスの別名。

杵柄《きねづか》 杵の柄《え》。「昔取った―」

祈念《きねん》 心をこめて祈ること。祈願。

記念《きねん》 思い出に残しておくもの。

疑念《ぎねん》 疑う心。疑心。「―をもつ」

昨日《きのう》 今日の一日前の日。さくじつ。

帰納《きのう》 個々の事実から一般的法則を導く。

帰農《きのう》 故郷に帰って農業に従事すること。

機能《きのう》 ある物事に備わっている働き。

技能《ぎのう》 物事を行う腕前。技巧と能力。

甲《きのえ》 十干の第一。こう。

甲子《きのえね》 干支《えと》の第一番目。かっし。

茸《きのこ》 ある種の菌類が作る子実体。[秋]

乙《きのと》 十干の第二。

気《き》の毒《どく》 同情する。すまなく思う。

木《き》の芽《め》 木の若芽。山椒の若芽。[春]

気乗《きの》り 積極的にやる気になること。

牙《きば》 猛獣などの鋭くとがった犬歯。

木場《きば》 材木を蓄えておく所。

騎馬《きば》 馬に乗ること。

気迫《きはく》 はげしい気力。「―に押される」

希薄《きはく》 濃度や密度がうすいこと。

起爆《きばく》 火薬や爆弾が爆発を起こすこと。

木蘗《きはだ》 ミカン科の落葉高木。

気働《きばたら》き 気が利くこと。機転。

揮発《きはつ》 常温で液体が気体になること。

奇抜《きばつ》 非常に風変わりなさま。

気晴《きば》らし ふさいだ気分を晴らすこと。

帰帆《きはん》 船が港に帰ること。

規範《きはん》 行動や判断の従うべき基準。

羈絆《きはん》 妨げになるものや事柄。きずな。

基板《きばん》 電気回路が組み込まれている板。

基盤《きばん》 土台。基礎。

忌避《きひ》 きらってさけること。

黍《きび》 イネ科の穀物。実は食用。[秋]

気味《きび》 気持ち。きみ。「―が悪い」

機微《きび》 微妙な心の動きや物事の趣。

驥尾《きび》 駿馬の尾。「―に付す」

吉備《きび》 上代、山陽道にあった国名。

黍稈《きびがら》 キビやトウモロコシの髄。「―細工」

忌引《きびき》 喪に服すため欠勤・欠席すること。

厳《きび》しい 厳格だ。激しい。

踵《きびす》 かかと。「―を返す」

黄鶲《きびたき》 ヒタキ科の小鳥。

起筆《きひつ》 書き始めること。⇔擱筆《かくひつ》

偽筆《ぎひつ》 他人の筆跡に似せて書いたもの。

黍魚子《きびなご》 ニシン目の海魚。食用。

起票《きひょう》 新しく伝票を書くこと。

奇病《きびょう》 めずらしい病気。

気品《きひん》 上品な感じ。気高い品位。

気稟《きひん》 生まれついてのすぐれた気質。

貴賓《きひん》 身分の高い客。「―席」

機敏《きびん》 その場に応じてすばやく動くさま。

寄付《きふ》 公共のことなどに金品を贈ること。

棋譜《きふ》 囲碁・将棋の対局の手順の記録。

基部《きぶ》 機械・建物などの土台となる部分。

義父《ぎふ》 義理の父。

気風《きふう》 ある土地や集団に共通する気質。

帰服《きふく》 抵抗をやめてつき従うこと。帰順。

起伏《きふく》 土地の高低。盛衰。

貴婦人《きふじん》 身分の高い婦人。

器物《きぶつ》 道具類や器具類。

偽物《ぎぶつ》 にせもの。偽造品。

着太《きぶと》り 衣服を着ると太って見えること。

気分《きぶん》 その時の心身の状態。

奇聞《きぶん》 珍しい話。奇談。
義憤《ぎふん》 正義感からの発憤。いきどおり。
戯文《ぎぶん》 たわむれに書いたこっけいな文章。
騎兵《きへい》 騎馬の兵士。
義兵《ぎへい》 正義のために起こす兵。義軍。
奇癖《きへき》 普通とは変わったくせ。
詭弁《きべん》 こじつけの議論。「―を弄《ろう》する」
規模《きぼ》 事業・仕組みの大きさ。スケール。
義母《ぎぼ》 義理の母。
気泡《きほう》 空気を含んだあわ。
奇峰《きほう》 形の珍しいみね。
既報《きほう》 すでに知らせてあること。
希望《きぼう》 のぞみ。将来に対する願い。
技法《ぎほう》 技術と方法。テクニック。
亀卜《きぼく》 亀の甲を焼いて行う占い。

擬宝珠《ぎぼし》 欄干の柱の頂部の飾り。
気骨《きぼね》 気苦労。「―が折れる」
木彫《きぼ》**り** 木を材料とした彫刻。
基本《きほん》 物事の一番のもととなる大事なもの。
義妹《ぎまい》 義理の妹。
気前《きまえ》 物惜しみしないでふるまうこと。
気紛《きまぐ》**れ** 気の変わりやすいこと。
生真面目《きまじめ》 まじめすぎること。
気不味《きまず》**い** 気詰まりである。
期末《きまつ》 一定の期間の終わり。⇔期首
気儘《きまま》 自分の思うとおりに行動するさま。
木守《きまも》**り** 木にとり残しておく果実。
決《き》**まり** 結論が出ること。決着。規則。面目。
決《き》**まる** 確定する。勝負がつく。
欺瞞《ぎまん》 だますこと。あざむくこと。

君《きみ》 主君。同輩以下の相手を呼ぶ語。
黄身《きみ》 卵の中の丸く黄色い部分。卵黄。
気味《きみ》 感じ。気持ち。ある傾向。
君《きみ》**が代**《よ》 日本の国歌。
気短《きみじか》 気がみじかいこと。⇔気長
気密《きみつ》 密閉されていること。「―室」
機密《きみつ》 重要な秘密。
気脈《きみゃく》 血液の通る道。「―を通じる」
奇妙《きみょう》 風変わりなさま。不思議なさま。
棄民《きみん》 国家が見捨てて救済しない人々。
義民《ぎみん》 命を投げ出して世のために尽くす人。
義務《ぎむ》 法律上・道義上当然なすべきこと。
生娘《きむすめ》 処女。うぶな娘。
沈菜《キムチ》 朝鮮の漬物の総称。
決《き》**め** きまり。規定や約束。

木目《きめ》 もくめ。木理。
肌理《きめ》 皮膚の表面の細かいあや。
記名《きめい》 名前を記すこと。
偽名《ぎめい》 にせの名前。
決《き》**め手**《て》 解決するためのよりどころ。
鬼面《きめん》 鬼の仮面。「―人を驚かす」
肝《きも》 肝臓。胆力。度胸。「―が太い」
肝煎《きもい》**り** 間に立って世話をする人。
亀毛兎角《きもうとかく》 実在しない物事。
肝試《きもだめ》**し** 勇気を試すこと。度胸試し。
気持《きも》**ち** 心情や思い。気分。
肝《きも》**っ玉**《たま》 度胸。胆力。「―が太い」
着物《きもの》 着る物。衣服。特に和服。
奇問《きもん》 人の意表を突く、奇抜な質問。
鬼門《きもん》 避けるべきだとされる方角。

疑問《ぎもん》 疑いや問いかけ。うたがわしいこと。
疑問符《ぎもんふ》 疑問を表すしるし。「？」
規約《きやく》 人々の約束によって定めた規則。
偽薬《ぎやく》 気休めに投与する薬効のない薬。
逆《ぎゃく》 反対。さかさま。
客足《きゃくあし》 商店や興行などへの客の入り具合。
客員《きゃくいん》 客分として待遇される人。
逆運《ぎゃくうん》 順調でない運命。不運。
客演《きゃくえん》 他の劇団に招かれて出演すること。
逆縁《ぎゃくえん》 親が子の供養をすること。
逆効果《ぎゃくこうか》 期待とは反対の悪い効果。
逆光線《ぎゃくこうせん》 被写体の背後からさす光線。
虐殺《ぎゃくさつ》 むごたらしい方法で殺すこと。
逆算《ぎゃくさん》 さかのぼって計算すること。
客死《きゃくし》 ⇨かくし(客死)

客車《きゃくしゃ》 旅客を乗せて運ぶ車両。
逆襲《ぎゃくしゅう》 守勢にあった者が攻勢に転ずること。
逆上《ぎゃくじょう》 すっかり興奮して取り乱すこと。
脚色《きゃくしょく》 小説や事件などを脚本にすること。
客人《きゃくじん》 客である人。客。
逆心《ぎゃくしん》 謀反をおこそうという心。逆意。
逆臣《ぎゃくしん》 主君にそむく家来。
逆数《ぎゃくすう》 その数に掛け合わせると1になる数。
客筋《きゃくすじ》 客の種類。客層。
客席《きゃくせき》 劇場などの客の席。
逆説《ぎゃくせつ》 逆の面から真理を言い得ている言説。
客船《きゃくせん》 旅客を運ぶ船。
脚線美《きゃくせんび》 女性の足の、曲線の美しさ。
逆走《ぎゃくそう》 本来とは逆の方向に走ること。
逆送《ぎゃくそう》 もとへ送り返すこと。

逆賊《ぎゃくぞく》 謀反を起こした悪人。
客体《きゃくたい》 働きかけの対象となるもの。⇔主体
虐待《ぎゃくたい》 残酷な扱いをすること。
客種《きゃくだね》 客の層。客筋。
脚注《きゃくちゅう》 本文の下方につけた注釈。⇔頭注
逆手《ぎゃくて》 相手の攻撃を逆用すること。
逆転《ぎゃくてん》 両者の関係が逆になること。
客土《きゃくど》 肥えた土を他から運び入れること。
逆徒《ぎゃくと》 謀反を起こした者ども。げきと。
逆風《ぎゃくふう》 向かい風。⇔順風
客分《きゃくぶん》 客としてもてなされる人。
脚本《きゃくほん》 演劇・映画の台詞などを記したもの。
客間《きゃくま》 客用の部屋。客室。
逆輸入《ぎゃくゆにゅう》 一度輸出した物を輸入する。
逆用《ぎゃくよう》 反対の目的に用いること。

客寄《きゃくよ》せ 客を数多く集めること(手段)。
逆流《ぎゃくりゅう》 逆の方向に流れること。
脚力《きゃくりょく》 歩いたり走ったりする、足の力。
華奢《きゃしゃ》 ほっそりとして、弱々しいさま。
気安《きやす》い 気がおけない。心安い。
気休《きやす》め その時だけのなぐさめ。
着《き》痩《や》せ 衣服を着ると、やせて見える。
脚立《きゃたつ》 二つの梯子を組み合わせた踏み台。
却下《きゃっか》 請願や申し立てを退けること。
客観《きゃっかん》 認識の対象となるもの。⇔主観
逆境《ぎゃっきょう》 何事もうまくゆかない境遇。⇔順境
脚光《きゃっこう》 舞台の俳優を足もとから照らす照明。
逆光《ぎゃっこう》 逆光線《ぎゃっこうせん》。⇔順光
逆行《ぎゃっこう》 反対の方向へ進むこと。
脚絆《きゃはん》 歩きやすいようにすねにまく布。

伽羅《きゃら》 沈香《じんこう》樹脂から製する香料。
木《き》遣《や》り 大木を運び出す時、うたう唄。
杞憂《きゆう》 取り越し苦労。
喜憂《きゆう》 喜んだり歎いたりすること。
灸《きゅう》 体のつぼにもぐさを燃やす治療法。
急《きゅう》 いそぐこと。勢いのはげしいこと。
義勇《ぎゆう》 正義感から発する勇気。「—軍」
求愛《きゅうあい》 異性に愛情を求めること。
旧悪《きゅうあく》 昔の悪事。「—暴露」
球威《きゅうい》 野球で、投手のボールの威力。
吸引《きゅういん》 物を吸い込むこと。
吸飲《きゅういん》 麻薬などを吸うこと。
牛飲《ぎゅういん》馬食《ばしょく》 大いに飲み食らう。
旧縁《きゅうえん》 昔からの知り合い。古い縁故。
休演《きゅうえん》 上演や興行をやすむこと。

救援《きゅうえん》 被災者などを救い助けること。
旧恩《きゅうおん》 昔うけた恩。
吸音《きゅうおん》 音を吸収して反響を防ぐこと。
九夏《きゅうか》 〔夏〕夏の九〇日間。夏。
旧家《きゅうか》 古くから続く由緒ある家。
休暇《きゅうか》 日曜日や休日以外の休み。
旧懐《きゅうかい》 昔をなつかしく思う心。懐旧。
休会《きゅうかい》 会・議会を一時休むこと。
嗅覚《きゅうかく》 においを感じる知覚。臭覚。
休学《きゅうがく》 学生・生徒が長期間学校を休むこと。
休火山《きゅうかざん》 現在活動をしていない火山。
久闊《きゅうかつ》 長い間便りをしないこと。
休刊《きゅうかん》 刊行を休むこと。
急患《きゅうかん》 急病の患者。
休閑地《きゅうかんち》 利用されないでいる土地。

九官鳥《きゅうかんちょう》 カラスに似た鳥。
吸気《きゅうき》 吸い込む息。吸い込む気体。
球技《きゅうぎ》 ボールを用いて行う競技。
球戯《きゅうぎ》 ボールを用いる遊戯。
汲汲《きゅうきゅう》 あくせくするさま。
救急《きゅうきゅう》 急な病気・けがの手当てをすること。
旧居《きゅうきょ》 もとの住居・住所。⇔新居
急遽《きゅうきょ》 にわかに。急に。「—帰国する」
旧教《きゅうきょう》 カトリック。
究竟《きゅうきょう》 つまるところ。物事のきわみ。
窮境《きゅうきょう》 苦しい立場。苦境。
休業《きゅうぎょう》 営業などを休むこと。
究極《きゅうきょく》 物事の最後に到達するところ。
球菌《きゅうきん》 球形の細菌。葡萄球菌など。
給金《きゅうきん》 給料として渡されるお金。

窮屈《きゅうくつ》 身動きが不自由。気詰まりなこと。
休憩《きゅうけい》 ひと休みすること。休息。
求刑《きゅうけい》 検察官が被告人に科す刑を述べる。
球形《きゅうけい》 ボールのように丸い形。球状。
急激《きゅうげき》 変化・変動が激しいさま。
宮闕《きゅうけつ》 皇居。宮殿。
吸血鬼《きゅうけつき》 人の生き血を吸う妖怪。
急減《きゅうげん》 めっきり減ること。⇔急増
救護《きゅうご》 けが人や病人の看護にあたること。
旧交《きゅうこう》 昔からのつきあい。「—を温める」
休航《きゅうこう》 船や飛行機が運行を休むこと。
休校《きゅうこう》 学校が授業を休むこと。
休耕《きゅうこう》 一時、耕作をやめること。「—田」
休講《きゅうこう》 教師が講義を休むこと。
急行《きゅうこう》 急いで行くこと。「急行列車」の略。

躬行《きゅうこう》 みずから実際に行うこと。「―実践」
糾合《きゅうごう》 人を寄せ集めること。(別)鳩合
急降《きゅうこう》下《か》 飛行機が急角度で降下する。
急告《きゅうこく》 急いで知らせること。急ぎの知らせ。
救国《きゅうこく》 国を危難から救うこと。「―内閣」
急拵《きゅうごしら》え にわかづくり。
求婚《きゅうこん》 結婚を申し込むこと。プロポーズ。
球根《きゅうこん》 養分を蓄え肥大した地下の根や茎。
休載《きゅうさい》 連載記事を一時休むこと。
救済《きゅうさい》 困っている人を助けること。
旧作《きゅうさく》 以前に作った作品。
窮策《きゅうさく》 苦しまぎれに考えた方法。窮余の策。
急霰《きゅうさん》 急に降るあられ。「―の如き拍手」
九死《きゅうし》 絶体絶命の危機。「―に一生を得る」
旧址《きゅうし》 歴史上の建物などがあった跡。

旧師《きゅうし》 かつて教えを受けた教師。
休止《きゅうし》 一時休むこと。「運転―」
臼歯《きゅうし》 上下の歯列の奥にあるうす形の歯。
急死《きゅうし》 突然死ぬこと。
急使《きゅうし》 急ぎの使い。
給仕《きゅうじ》 食事の世話をすること。
給餌《きゅうじ》 餌を与えること。
牛脂《ぎゅうし》 牛の脂肪を精製したもの。ヘット。
旧式《きゅうしき》 古い様式や考え方。⇔新式
旧識《きゅうしき》 昔からの知人。旧知。
吸湿《きゅうしつ》 湿気を吸い取ること。「―剤」
休日《きゅうじつ》 業務・授業などが休みの日。
柩車《きゅうしゃ》 ひつぎを乗せる車。霊柩車。
厩舎《きゅうしゃ》 うまごや。競走馬を世話する所。
鳩舎《きゅうしゃ》 鳩を飼う小屋。

牛車《ぎゅうしゃ》 ⇩ぎっしゃ(牛車)
鳩首《きゅうしゅ》 人々が額を寄せて相談すること。
旧習《きゅうしゅう》 古くから続いている習慣。
吸収《きゅうしゅう》 外のものを中に吸い込むこと。
急襲《きゅうしゅう》 急に敵におそいかかること。
九州《きゅうしゅう》 日本列島の最南西にある地方。
牛溲《ぎゅうしゅう》馬勃《ばぼつ》 役に立たないもの。
救出《きゅうしゅつ》 すくいだすこと。「―作業」
弓術《きゅうじゅつ》 弓道。
救恤《きゅうじゅつ》 困っている人々を救い恵むこと。
急峻《きゅうしゅん》 傾斜がきわめて急で険しいさま。
急所《きゅうしょ》 命にかかわるような体の部所。
救助《きゅうじょ》 災難や危険から救い助けること。
休場《きゅうじょう》 休んで出場しないこと。
宮城《きゅうじょう》 皇居の旧称。

球場《きゅうじょう》 野球場。
窮状《きゅうじょう》 生活などがひどく困っている状態。
休職《きゅうしょく》 一定期間勤めを休むこと。
求職《きゅうしょく》 職を探し求めること。「―者」
給食《きゅうしょく》 学校や工場などで支給する食事。
牛耳《ぎゅうじ》る 自分の意のままに動かす。
丘疹《きゅうしん》 盛り上がった発疹。
休心《きゅうしん》 (手紙文で)安心すること。(別)休神
休診《きゅうしん》 医療施設が診療を休むこと。
求心《きゅうしん》 中心に向かおうとすること。
急伸《きゅうしん》 売上などが急に上昇すること。
急進《きゅうしん》 目的の実現を急ぐこと。「―主義」
球審《きゅうしん》 野球で、主審。
九仞《きゅうじん》 非常に高いこと。
旧人《きゅうじん》 原人に次いで現れた人類。

求人《きゅうじん》 働く人を探し求めること。
急須《きゅうす》 湯を注いでお茶をいれる器具。
休《きゅう》す おわる。休する。「万事―」
給水《きゅうすい》 飲料水を供給すること。
級数《きゅうすう》 数列の項を順次たし加えたもの。
窮《きゅう》する 生活に苦しむ。困りきる。
旧制《きゅうせい》 以前の制度。古い制度。⇔新制
旧姓《きゅうせい》 結婚する前の姓。
急性《きゅうせい》 急に発病すること。
急逝《きゅうせい》 急に死ぬこと。急死。
救世《きゅうせい》主《しゅ》 イエス-キリスト。救い主。
旧跡《きゅうせき》 歴史上の事件や建物があった所。
弓箭《きゅうせん》 弓と矢。弓矢を取る身。武士。
休戦《きゅうせん》 戦いを中止すること。
急先《きゅうせん》鋒《ぽう》 勢いよく先頭に立つこと。

泣訴《きゅうそ》 窮状を泣いて訴えること。
窮鼠《きゅうそ》 追い詰められて逃げ場を失った鼠。
急造《きゅうぞう》 急いで造ること。急ごしらえ。
急増《きゅうぞう》 急に増えること。
休息《きゅうそく》 休んでゆっくりくつろぐこと。
急速《きゅうそく》 物事の進み方などがはやいこと。
球速《きゅうそく》 野球で、投手のボールの速さ。
窮措《きゅうそ》大《だい》 貧乏な学者や学生。
旧態《きゅうたい》 昔からのありさま。
及第《きゅうだい》 学校の試験に合格すること。⇔落第
旧態《きゅうたい》依然《いぜん》 変化・進歩がない。
急湍《きゅうたん》 流れの急な浅瀬。早瀬。
糾弾《きゅうだん》 罪状や責任を厳しく問いただすこと。
球団《きゅうだん》 プロ野球のチーム。
旧知《きゅうち》 昔からの知り合い。「―の間がら」

窮地《きゅうち》 苦しい立場。「—におちいる」
吸着《きゅうちゃく》 吸いつくこと。「—剤」
宮中《きゅうちゅう》 皇居の中。禁中。
級長《きゅうちょう》 学級委員の旧称。
窮鳥《きゅうちょう》 追い詰められた鳥。「—懐に入る」
急追《きゅうつい》 激しく追い上げること。
休廷《きゅうてい》 裁判を一時休むこと。
宮廷《きゅうてい》 天皇・国王の御所。
九鼎大呂《きゅうていたいりょ》 重い地位や名望。
仇敵《きゅうてき》 憎んでいる相手。かたき。
九天《きゅうてん》 天の高い所。宮中。九重。
灸点《きゅうてん》 灸をすえる部分。灸をすえること。
急転《きゅうてん》 急に変化すること。急変。
宮殿《きゅうでん》 天皇・国王の住む御殿。
急転直下《きゅうてんちょっか》 急に形勢が変わる。

旧都《きゅうと》 昔の都。古都。⇔新都
旧冬《きゅうとう》 昨年の冬。昨冬。
旧套《きゅうとう》 古いやりかた。
急騰《きゅうとう》 物価や相場が急に上がること。
給湯《きゅうとう》 湯を供給すること。「—設備」
弓道《きゅうどう》 弓で矢を射る武道。弓術。
求道《きゅうどう》 真理を求めて修行すること。「—者」
牛刀《ぎゅうとう》 牛を切り裂く包丁。
牛痘《ぎゅうとう》 牛の痘瘡《とうそう》。
牛鍋《ぎゅうなべ》 すきやき。
救難《きゅうなん》 災難から人を救うこと。「—活動」
吸入《きゅうにゅう》 吸い込むこと。「—器」
牛乳《ぎゅうにゅう》 牛の乳汁。ミルク。
旧年《きゅうねん》 (新年からみて)昨年。去年。新
旧派《きゅうは》 古くからの流儀・流派。

急派《きゅうは》 急いで派遣すること。
急場《きゅうば》 さしせまった場合。「—しのぎ」
弓馬《きゅうば》 弓術と馬術。また、武芸一般。
玖馬《キューバ》 中央アメリカの一国。
牛馬《ぎゅうば》 牛と馬。「—のように使われる」
九拝《きゅうはい》 何度もおじぎをすること。「三拝—」
急迫《きゅうはく》 事態がせっぱつまること。
窮迫《きゅうはく》 行きづまった状態になること。
旧幕《きゅうばく》 明治維新後、徳川幕府を言った語。
急坂《きゅうはん》 急な坂。
吸盤《きゅうばん》 タコ・イカなどの吸着器官。
給費《きゅうひ》 学費などを支給すること。「—生」
厩肥《きゅうひ》 家畜の糞尿や敷きわらで作った肥料。
鳩尾《きゅうび》 みぞおち。
求肥《ぎゅうひ》 餅に似た和菓子の材料。

急病《きゅうびょう》 急に起こる病気。
急便《きゅうびん》 急ぎの便。急ぎの使い。
給付《きゅうふ》 物品・便宜などを付与すること。
旧聞《きゅうぶん》 以前に聞いた話。
旧弊《きゅうへい》 古い悪弊。古い考え方を守るさま。
急変《きゅうへん》 急に変わること。急に起きた変事。
牛歩《ぎゅうほ》 牛のように遅い歩み。「—戦術」
旧法《きゅうほう》 廃止された法令。古いやり方。
急報《きゅうほう》 急ぎの知らせ。
窮乏《きゅうぼう》 貧乏で生活が苦しいこと。
朽木糞牆《きゅうぼくふんしょう》 教育しがたいこと。
旧盆《きゅうぼん》 陰暦で行う盂蘭盆《うらぼん》。
休眠《きゅうみん》 生物が一定期間活動を停止すること。
救民《きゅうみん》 苦しんでいる人々を助けること。
窮民《きゅうみん》 生活に苦しんでいる人々。貧民。

急務《きゅうむ》 急いで処理すべき仕事や任務。
究明《きゅうめい》 真理を明らかにすること。
糾明《きゅうめい》 罪や不正を追及して明らかにする。
球面《きゅうめん》 球の表面。
糾問《きゅうもん》 罪を問いただすこと。
旧約《きゅうやく》 「旧約聖書」の略。
給油《きゅうゆ》 燃料を補給すること。
旧友《きゅうゆう》 古くからの友達。
級友《きゅうゆう》 同じ学級の友達。クラスメート。
給与《きゅうよ》 給料。金品を与えること。
窮余《きゅうよ》 どうにも困ったあげく。「—の一策」
休養《きゅうよう》 休んで体力・気力を養うこと。
急用《きゅうよう》 急ぎの用件。
旧来《きゅうらい》 以前から。昔から。
及落《きゅうらく》 及第か落第か。

急落《きゅうらく》 急にさがること。
胡瓜《きゅうり》 ウリ科のつる性一年草の野菜。夏
穹窿《きゅうりゅう》 大空。まる天井。ドーム。
急流《きゅうりゅう》 水の勢いが激しい流れ。
丘陵《きゅうりょう》 なだらかな低い山地。
給料《きゅうりょう》 雇い主が使用人に支払う報酬。給与。
旧暦《きゅうれき》 太陰暦。陰暦。⇔新暦
旧臘《きゅうろう》 昨年の一二月。
寄与《きよ》 役立つこと。貢献。
毀誉《きよ》 けなすこととほめること。
居《きょ》 すまい。住みか。「—を定める」
挙《きょ》 おこない。「反撃の—に出る」
虚《きょ》 油断。すき。「—をつく」
巨悪《きょあく》 巨大な悪。大悪人。
清い《きよい》 きれいである。けがれがない。

御衣《ぎょい》 天皇や貴人の衣服。
御意《ぎょい》 お考え。お考えのとおり。
紀要《きよう》 大学などで定期的に出す研究報告。
起用《きよう》 とりたてて仕事をやらせること。
器用《きよう》 手先がよく動く。要領よく立ち回る。
今日《きょう》 この日。本日。
凶《きょう》 不運。不吉。⇔吉
京《きょう》 みやこ。京都。
経《きょう》 仏の教えを記した書物。
興《きょう》 おもしろみ。「―に乗る」
行《ぎょう》 文字のひとつづき。仏教の行法。
御宇《ぎょう》 天子の治世の期間。御世《みよ》。
狭隘《きょうあい》 面積がせまいさま。心がせまいさま。
凶悪《きょうあく》 性質が残酷で、凶暴なさま。
梟悪《きょうあく》 極悪なおこないをなすこと。

強圧《きょうあつ》 強い圧力を加えること。高圧。
胸囲《きょうい》 乳の位置で測った胸回り。
脅威《きょうい》 おびやかされるおそれ。
驚異《きょうい》 おどろくほどすばらしいこと。
境域《きょういき》 土地の境界。分野。領域。
教育《きょういく》 人に物事を教え育てること。
教員《きょういん》 勉強を教える人。教師。先生。
強運《きょううん》 運勢が強いこと。強い運勢。
暁雲《ぎょううん》 夜明け頃の雲。
共栄《きょうえい》 ともに栄えること。「共存―」
競泳《きょうえい》 速く泳ぐことを競う競技。夏
共益《きょうえき》 共通の利益。
恐悦《きょうえつ》 かしこまり喜ぶこと。「―至極」
共演《きょうえん》 主役級の俳優が一緒に出演すること。
競演《きょうえん》 演技の優劣を競いつつ演ずること。

饗宴《きょうえん》 客をもてなすための酒宴。
胸奥《きょうおう》 心の奥底。
供応《きょうおう》 酒食でもてなすこと。別饗応
跫音《きょうおん》 あしおと。
京女《きょうおんな》 京都で生まれ育った女。「東男に―」
狂歌《きょうか》 滑稽で卑俗な和歌。
強化《きょうか》 組織や体質をさらに強くすること。
教化《きょうか》 良い方向に教え導くこと。
教科《きょうか》 学校で教える科目。
恭賀《きょうが》 つつしんで祝うこと。「―新年」
仰臥《ぎょうが》 あおむけに寝ること。⇔伏臥
協会《きょうかい》 会員が協力して運営する団体。
胸懐《きょうかい》 胸の中の思い。胸襟《きょうきん》。
教会《きょうかい》 教徒が礼拝などに用いる建物。
教戒《きょうかい》 おしえいましめること。

教誨《きょうかい》 教えさとすこと。
境界《きょうかい》 土地のさかい目。さかい。
境涯《きょうがい》 境遇。身の上。
業界《ぎょうかい》 同業仲間の社会。
凝灰岩《ぎょうかいがん》 火山岩が固まった岩石。
侠客《きょうかく》 渡世人など任侠を売り物にした人々。
胸郭《きょうかく》 胸部を形成する骨組み。
共学《きょうがく》 男女が同じ学校・教室で学ぶこと。
教学《きょうがく》 教育と学問。
驚愕《きょうがく》 ひどく驚くこと。
仰角《ぎょうかく》 上を見る視線と水平面とがなす角。
経帷子《きょうかたびら》 死者に着せる白い着物。
恐喝《きょうかつ》 おどしつけて金品を出させること。
京鹿《きょうが》の子《こ》 バラ科の多年草。
凶漢《きょうかん》 凶悪な悪者。悪漢。

共感《きょうかん》 他人の考えに同感すること。
叫喚《きょうかん》 わめきさけぶこと。「阿鼻《あび》―」
教官《きょうかん》 教育に従事する者。
郷関《きょうかん》 他国とのさかい目。ふるさと。故郷。
行間《ぎょうかん》 文章の行と行の間。「―を読む」
凶器《きょうき》 人を殺傷する道具。
狂気《きょうき》 気が狂っていること。
狂喜《きょうき》 大いに喜ぶこと。「―乱舞」
驚喜《きょうき》 思いがけないことに驚き喜ぶこと。
侠気《きょうき》 おとこぎ。義侠心。
狭軌《きょうき》 間隔が標準より狭いレール。
強記《きょうき》 記憶力が優れていること。「博覧―」
経木《きょうぎ》 板を薄く削って包装用としたもの。
協議《きょうぎ》 相談し合うこと。
狭義《きょうぎ》 狭い意味。特殊な意味。⇔広義

教義《きょうぎ》 その宗教の教え。教理。
競技《きょうぎ》 うでを競い優劣を争うこと。
澆季《ぎょうき》 道義の乱れた末の世。末世。
行儀《ぎょうぎ》 礼儀にかなった起居動作の作法。
橋脚《きょうきゃく》 橋を支える柱。
供給《きょうきゅう》 必要や要求に応じて物を与えること。
恟恟《きょうきょう》 恐れおののくさま。
兢兢《きょうきょう》 恐れてびくびくするさま。「戦々―」
恐恐《きょうきょう》 おそれかしこまるさま。「―謹言」
協業《きょうぎょう》 計画的に協同作業を行う労働形態。
行行子《ぎょうぎょうし》 ヨシキリの異名。夏
仰仰《ぎょうぎょう》しい ひどく大げさである。
胸襟《きょうきん》 心の中。胸の中。「―を開く」
狂句《きょうく》 こっけいで卑俗な俳句。川柳。
恐懼《きょうく》 恐れ入ること。「―謹言」

境遇《きょうぐう》 身の上。境涯。
教訓《きょうくん》 教えさとすこと。また、その教え。
薑桂《きょうけい》の性《せい》 年老いて剛直なたとえ。
京劇《きょうげき》 中国北京の代表的な古典演劇。
挟撃《きょうげき》 はさみうちにすること。
矯激《きょうげき》 言動が過激で偏していること。
供血《きょうけつ》 輸血に使う血液を与えること。
凝血《ぎょうけつ》 体の外に出た血が固まること。
凝結《ぎょうけつ》 こおってかたまる。
狂犬《きょうけん》 狂犬病にかかった犬。
恭謙《きょうけん》 つつしんでへりくだるさま。
強肩《きょうけん》 野球で、速く正確な投球ができる肩。
強健《きょうけん》 体が丈夫なさま。
強堅《きょうけん》 強くてしっかりしているさま。
強権《きょうけん》 国家がもつ強力な権力。「—発動」

狂言《きょうげん》 日本固有の演劇。人をあざむく芝居。
狂言《きょうげん》綺語《きご》 道理にあわないことばと表面だけを飾ったことば。
強固《きょうこ》 強くてしっかりしているさま。
教護《きょうご》 非行少年を保護し指導すること。
凝固《ぎょうこ》 こりかたまる。液体が固まる。
凶行《きょうこう》 凶悪な犯行。
凶荒《きょうこう》 ひどい不作。凶作。飢饉。
向後《きょうこう》 これからのこと。今後。
恐惶《きょうこう》 おそれかしこまること。「—至極」
恐慌《きょうこう》 おそれあわてること。経済恐慌。
強行《きょうこう》 むりやりに押し切って行うこと。
強攻《きょうこう》 強引に攻めること。「—策」
教皇《きょうこう》 ローマカトリック教会の長。法王。
強硬《きょうこう》 強引で譲らないこと。

校合《きょうごう》 異本と照合して異同を検討すること。
強豪《きょうごう》 実績があり、非常に強いこと。
競合《きょうごう》 互いにせりあうこと。
驕傲《きょうごう》 おごりたかぶるさま。
行幸《ぎょうこう》 天皇が出かけること。みゆき。
暁光《ぎょうこう》 明け方の光。
僥倖《ぎょうこう》 思いがけない幸運。偶然の幸運。
強行軍《きょうこうぐん》 無理を承知で仕事を進める。
峡谷《きょうこく》 幅が狭くがけが険しい谷。「黒部—」
強国《きょうこく》 軍事力・経済力が強い国。
侠骨《きょうこつ》 おとこ気に富んだ気性。おとこぎ。
軽忽《きょうこつ》 軽々しいさま。軽率。
教唆《きょうさ》 人をそそのかすこと。「—扇動」
共催《きょうさい》 共同で主催すること。
恐妻《きょうさい》 夫が妻に頭の上がらないこと。

教材《きょうざい》 学校の学習に供する材料。
凶作《きょうさく》 ひどい不作。⇔豊作
狭窄《きょうさく》 すぼまって狭いこと。「視野—」
競作《きょうさく》 作品の出来を競い合うこと。
夾雑《きょうざつ》 余計なものがまざっていること。
興《きょう》醒《ざ》め 面白みがなくなること。
共産《きょうさん》 生産手段や財産を共有すること。
協賛《きょうさん》 趣旨に賛成し、活動に協力すること。
仰山《ぎょうさん》 おおげさなさま。たくさん。
狂死《きょうし》 気が狂って死ぬこと。狂い死に。
教師《きょうし》 学問・技芸を教える人。先生。教員。
凶事《きょうじ》 不幸な出来事。⇔吉事
矜持《きょうじ》 誇り。プライド。
脇侍《きょうじ》 本尊の両脇に侍している仏像。
教示《きょうじ》 おしえしめすこと。

驕児《きょうじ》 だだっ子。我意を通す高慢な人。
仰視《ぎょうし》 あおぎ見ること。
凝視《ぎょうし》 目をこらしてじっと見つめること。
行司《ぎょうじ》 相撲で、土俵上で勝敗をさばく役。
行事《ぎょうじ》 定例で行う儀式や催し。「学校—」
教室《きょうしつ》 学校などで授業・講義を行う部屋。
香車《きょうしゃ》 将棋の駒の一。きょうす。やり。
強者《きょうしゃ》 強い者。⇔弱者
驕奢《きょうしゃ》 おごりたかぶること。
業者《ぎょうしゃ》 商工業を営んでいる者。同業者。
行者《ぎょうじゃ》 修行者。修験者。
強弱《きょうじゃく》 強いことと弱いこと。
凶手《きょうしゅ》 暗殺をするための手段。
拱手《きょうしゅ》 何もせず手をこまぬいていること。
教主《きょうしゅ》 一つの宗教を開いた人。教祖。

梟首《きょうしゅ》 さらし首。獄門。
興趣《きょうしゅ》 おもしろみ。「—がつきない」
享受《きょうじゅ》 受け入れ、満足し楽しむこと。
教授《きょうじゅ》 教えること。大学などの教師。
業種《ぎょうしゅ》 商工業の種類。
強襲《きょうしゅう》 激しい勢いで攻撃すること。
教習《きょうしゅう》 技能・技術を教え習わせること。
郷愁《きょうしゅう》 故郷をなつかしく思う気持ち。
凝集《ぎょうしゅう》 一か所に集まり固まること。
行住《ぎょうじゅう》坐臥《ざが》 日常の振る舞い。
恐縮《きょうしゅく》 身も縮むほど恐れ入ること。
凝縮《ぎょうしゅく》 一つにこり固まって縮まること。
供出《きょうしゅつ》 政府の要請に応じてさし出すこと。
供述《きょうじゅつ》 尋問に対して事実を述べること。
拱手《きょうしゅ》傍観《ぼうかん》 手をこまぬいて何

もせず、そばでなりゆきを見ていること。
恭順《きょうじゅん》 つつしみさからわないこと。
教書《きょうしょ》 米国大統領が連邦議会に出す意見書。
共助《きょうじょ》 力を合わせて助け合うこと。互助。
行書《ぎょうしょ》 楷書を少し崩した漢字の書体。
協商《きょうしょう》 国家間の協定。「三国—」
狭小《きょうしょう》 土地が狭いさま。度量が小さいこと。
嬌笑《きょうしょう》 女性のなまめかしい笑い。
凶状《きょうじょう》 犯罪。罪状。「—持ち」
教条《きょうじょう》 教会が公認した教義。ドグマ。
行商《ぎょうしょう》 店を持たず商品を売り歩くこと。
暁鐘《ぎょうしょう》 夜明けを知らせる鐘。
行状《ぎょうじょう》 日ごろのおこない。品行。
教職《きょうしょく》 教育者としての職務。
狂信《きょうしん》 異常なまでの強烈な信仰。

強震《きょうしん》 強い地震。
凶刃《きょうじん》 暗殺者の刃物。「—にたおれる」
狂人《きょうじん》 発狂した人。
強靱《きょうじん》 強くねばりづよいさま。
狭心症《きょうしんしょう》 心臓部に起こる疼痛発作。
行水《ぎょうずい》 たらいの湯・水で汗を流すこと。[夏]
恐水病《きょうすいびょう》 狂犬病。
供《きょう》する 差し上げる。役に立つようにする。
饗《きょう》する もてなす。御馳走する。
興《きょう》ずる 楽しむ。興じる。
共生《きょうせい》 異種の生物が一緒にすむこと。
強制《きょうせい》 むりやりさせること。
強請《きょうせい》 むりにせがんでたのむこと。
教生《きょうせい》 教育実習生。
嬌声《きょうせい》 女性のなまめかしい声。

匡正《きょうせい》 誤りや不正を正すこと。
矯正《きょうせい》 欠点などを直し正常にすること。
行政《ぎょうせい》 法律により国を治めてゆくこと。
暁星《ぎょうせい》 夜明けの空に残る星。
行跡《ぎょうせき》 日頃のおこない。行状。
業績《ぎょうせき》 事業などの成績。
教宣《きょうせん》 組合や政党などの、教育・宣伝。
凝然《ぎょうぜん》 じっと動かないさま。
教祖《きょうそ》 ある宗教・宗派を開いた人。
狂騒《きょうそう》 狂ったようにさわぐこと。(別)狂躁
強壮《きょうそう》 強くて丈夫なさま。壮健。
競争《きょうそう》 競いあうこと。せりあい。
競走《きょうそう》 走る速さを争うこと。
競漕《きょうそう》 ボートレース。[春]
胸像《きょうぞう》 人の胸から上の彫像。

経蔵《きょうぞう》 経典を納める建物。経堂。
形相《ぎょうそう》 顔つき。表情。「いかりの—」
狂想曲《きょうそうきょく》 形式が自由な小品。
協奏曲《きょうそうきょく》 独奏楽器と管弦楽の器楽曲。
脇息《きょうそく》 座ったときに使うひじかけ。
教則《きょうそく》 教える上での手順や規則。
共存《きょうそん》 一緒に存在すること。きょうぞん。
怯懦《きょうだ》 気が弱くおくびょうなさま。
強打《きょうだ》 強く打つこと。野球で強い打撃力。
狂態《きょうたい》 正気とは思えない振る舞い。
嬌態《きょうたい》 なまめかしい態度。
兄弟《きょうだい》 親を同じくする間柄の人。
強大《きょうだい》 強くて大きいさま。⇔弱小
鏡台《きょうだい》 化粧用の鏡が付いている家具。
業態《ぎょうたい》 事業・営業の状態や形態。

供託《きょうたく》 供託所などに金銭などを寄託する。
驚嘆《きょうたん》 おどろき感心すること。
凶弾《きょうだん》 暗殺者などが撃った銃弾。
教団《きょうだん》 同じ教義を信じる人々の団体。
教壇《きょうだん》 教師が教えるときに立つ壇。
境地《きょうち》 心の状態。現在の立場。
夾竹桃《きょうちくとう》 庭木とする常緑低木。[夏]
胸中《きょうちゅう》 心の中。気持ち。「—お察しします」
蟯虫《ぎょうちゅう》 寄生虫の一種。肛門周辺に産卵する。
共著《きょうちょ》 二人以上の人によって書かれた本。
協調《きょうちょう》 力を合わせて一つの事にあたること。
強調《きょうちょう》 強く主張する。目立つようにする。
強直《きょうちょく》 かたくこわばること。硬直。
共通《きょうつう》 二つ以上のものにあてはまること。
経塚《きょうづか》 経典などを埋めた塚。

経机《きょうづくえ》 経典を載せる小さな机。
協定《きょうてい》 協議してきめること。きめた内容。
胸底《きょうてい》 心の奥深いところ。心底。
教程《きょうてい》 教育の手順や方法。課程。
筐底《きょうてい》 箱の底。「—に秘める」
競艇《きょうてい》 モーターボートのレース。
強敵《きょうてき》 手強くてゆだんのできない敵。
経典《きょうてん》 仏教関係の典籍。内典。
教典《きょうてん》 宗教の教義を記した書物。
仰天《ぎょうてん》 非常に驚くこと。「びっくり—」
暁天《ぎょうてん》 夜明けの空。また、明け方。
驚天動地《きょうてんどうち》 大いに驚かすこと。
凶徒《きょうと》 凶悪な犯罪者。
教徒《きょうと》 その宗教の信者。信徒。
強度《きょうど》 強さの程度。程度の強いこと。

郷土《きょうど》 郷里。故郷。ふるさと。「―愛」

匈奴《きょうど》 中国北方にいた遊牧騎馬民族。

共闘《きょうとう》 複数の団体が共同して闘争すること。

狂濤《きょうとう》 荒れくるう大波。怒濤。

教頭《きょうとう》 校長の次位の先生。

郷党《きょうとう》 同じふるさとの人々。

驚倒《きょうとう》 非常に驚くこと。非常に驚かすこと。

共同《きょうどう》 同じ立場で一緒に行うこと。

協同《きょうどう》 協力して事にあたること。

教導《きょうどう》 教えみちびくこと。教化。

経堂《きょうどう》 経典がしまってある建物。経蔵。

嚮導《きょうどう》 先導し、基準となること。

橋頭堡《きょうとうほ》 敵地内に作る攻撃の拠点。

京菜《きょうな》 ミズナの別名。[春]

杏仁《きょうにん》 アンズ類の種子。漢方薬。あんにん。

強熱《きょうねつ》 強く熱すること。

凶年《きょうねん》 不作の年。凶事のあった年。

享年《きょうねん》 死亡した時の年齢。行年。

行年《ぎょうねん》 享年。

教派《きょうは》 宗教の分派。宗派。

競売《きょうばい》 せりうり。オークション。

脅迫《きょうはく》 おどして何かの実行を迫ること。

強迫《きょうはく》 むりやりそうさせようとすること。

共犯《きょうはん》 共同して犯罪を行うこと。

橋畔《きょうはん》 橋のたもと。

器用貧乏《きようびんぼう》 なまじ器用なために、一事に徹することができず大成できない。

恐怖《きょうふ》 恐れること。「―心」

教父《きょうふ》 男の代親。洗礼の時の保証人。

胸部《きょうぶ》 胸の部分。呼吸器。「―疾患」

強風《きょうふう》 強い風。

矯風《きょうふう》 悪い風俗・習慣を正すこと。

強兵《きょうへい》 強い軍隊。軍事力を強化すること。

胸壁《きょうへき》 陣地の前に築く土盛りの遮蔽物。

共編《きょうへん》 いっしょに編集すること。

強弁《きょうべん》 無理に理屈をつけて言い張ること。

教鞭《きょうべん》 講義などの際に教師が持つむち。

競歩《きょうほ》 陸上競技の一。歩く速さを競う。

凶報《きょうほう》 悪い知らせ。死去の知らせ。⇔吉報

凶暴《きょうぼう》 凶悪で乱暴なこと。

狂暴《きょうぼう》 非常に乱暴なこと。

共謀《きょうぼう》 いっしょに悪事をたくらむこと。

仰望《ぎょうぼう》 あおぎのぞむこと。尊び慕うこと。

喬木《きょうぼく》 高木の旧称。⇔灌木

狂奔《きょうほん》 熱心に奔走すること。

教本《きょうほん》 教科書。教則本。テキスト。

京間《きょうま》 柱間の寸法の一。江戸間より広い。

驕慢《きょうまん》 おごりたかぶって人を見下すこと。

興味《きょうみ》 おもしろみ。おもむき。

興味索然《きょうみさくぜん》 興味が失せるさま。

教務《きょうむ》 学校で教育上の事務。宗教上の事務。

業務《ぎょうむ》 商売上の仕事。

共鳴《きょうめい》 他者の言葉や行動に同感すること。

嬌名《きょうめい》 なまめかしいうわさ。

驍名《ぎょうめい》 強いという評判。勇名。

鏡面《きょうめん》 鏡・レンズの表面。

経文《きょうもん》 経典の文章。

共訳《きょうやく》 共同で翻訳すること。

協約《きょうやく》 協議して決めた約束。

教諭《きょうゆ》 教員免許をもち教育に従事する者。

共有《きょうゆう》 共同で所有すること。⇔専有

享有《きょうゆう》 生まれながらもっていること。

梟雄《きょうゆう》 残忍で強い人。

郷邑《きょうゆう》 むら。村里。

供与《きょうよ》 物や利益を相手に与えること。

共用《きょうよう》 共同で使うこと。

供用《きょうよう》 他人に使用させること。

強要《きょうよう》 無理やり要求すること。

教養《きょうよう》 広い知識と豊かな知恵。たしなみ。

京洛《きょうらく》 みやこ。京都。けいらく。

享楽《きょうらく》 快楽をむさぼること。「―的」

競落《きょうらく》 競売で、せり落とすこと。けいらく。

狂乱《きょうらん》 異常なふるまいをすること。

狂瀾《きょうらん》 荒れ狂う海の大波。

供覧《きょうらん》 多くの人に見せること。

狂瀾怒濤《きょうらんどとう》 荒れ狂う大波。

胸裏《きょうり》 心の中。胸中。(別)胸裡

教理《きょうり》 真理とする教えの体系。

郷里《きょうり》 生まれ故郷。ふるさと。

強力粉《きょうりきこ》 粘りけの強い小麦粉。

凝立《ぎょうりつ》 動かずにじっと立っていること。

恐竜《きょうりゅう》 中生代に栄えた巨大な爬虫類。

狭量《きょうりょう》 心のせまいさま。⇔広量

橋梁《きょうりょう》 (大きな)橋。

協力《きょうりょく》 他と力を合わせて行うこと。

強力《きょうりょく》 力が強いこと。

杏林《きょうりん》 医者の異名。

強烈《きょうれつ》 強くはげしいさま。

行列《ぎょうれつ》 並んで列を作ること。その列。

教練《きょうれん》 軍事訓練。

拱廊《きょうろう》　アーケード。

協和《きょうわ》　心を合わせ、なかよくすること。

共和国《きょうわこく》　主権が国民にある国家。

峡湾《きょうわん》　陸地深く入り込んだ入り江。

虚栄《きょえい》　みせかけの姿。みえ。「―心」

魚影《ぎょえい》　釣りで、魚の姿。「―が濃い」

御苑《ぎょえん》　皇室の所有する庭園。

巨億《きょおく》　数量のきわめて多いこと。

餃子《ギョーザ》　中国料理の一。

炬火《きょか》　たいまつ。かがり火。

許可《きょか》　願いを許すこと。

漁火《ぎょか》　いさりび。

巨魁《きょかい》　悪い仲間のかしら。

魚介《ぎょかい》　魚・貝など海産動物の総称。

巨額《きょがく》　非常に多い金額。

漁獲《ぎょかく》　水産物をとること。「―高」

巨漢《きょかん》　非常にからだの大きい男。大男。

巨艦《きょかん》　非常に大きな軍艦。

御感《ぎょかん》　天皇が感心すること。

歔欷《きょき》　すすり泣くこと。

虚偽《きょぎ》　うそ。いつわり。「―の申告」

漁期《ぎょき》　漁業に最も適する時期。りょうき。

虚業《きょぎょう》　堅実でない事業。

漁業《ぎょぎょう》　水産物の捕獲や養殖を行う産業。

虚虚実実《きょきょじつじつ》　互いにたくみな計略を立てたり、秘術を尽くしたりして戦うこと。

醵金《きょきん》　必要な金を出しあうこと。(別)拠金

曲《きょく》　メロディー。音楽作品。

極《きょく》　きわみ。果て。電極。磁極。

巨躯《きょく》　非常に大きなからだ。巨体。

漁区《ぎょく》　漁業を許された区域。りょうく。

漁具《ぎょぐ》　魚をとる用具類。

玉案下《ぎょくあんか》　手紙の脇付の一。机下。

極右《きょくう》　極端で過激な右翼思想。⇔極左

曲打《きょくう》**ち**　変化をつけた太鼓などの打ち方。

玉音《ぎょくおん》　天皇の声。ぎょくいん。「―放送」

局外《きょくがい》　直接関係のないこと。「―者」

曲学阿世《きょくがくあせい》　真理に反した説を唱え、世間の人々におもねること。

玉顔《ぎょくがん》　玉のように美しい顔。天皇の顔。

曲技《きょくぎ》　軽業をする技術。曲芸。「―団」

曲芸《きょくげい》　普通とは変わった芸当。離れ業。

極言《きょくげん》　極端な表現をすること。

局限《きょくげん》　範囲をある一部に限ること。

極限《きょくげん》　物事の一番の果て。限界。

極左《きょくさ》　極端で過激な左翼思想。⇔極右

玉座《ぎょくざ》　天皇・王などの席。

玉砕《ぎょくさい》　力を尽くして潔く死ぬこと。⇔瓦全

玉璽《ぎょくじ》　天皇の印。みしるし。

旭日《きょくじつ》　朝日。「―昇天」

局所《きょくしょ》　限られた一部分。局部。陰部。

極小《きょくしょう》　極度に小さいこと。最小。⇔極大

曲水《きょくすい》　曲りくねって流れる水。[春]

玉石混淆《ぎょくせきこんこう》　すぐれたものと劣ったものとがまじりあっていること。

曲折《きょくせつ》　曲がりくねること。入りくんだ事情。

曲節《きょくせつ》　音楽の節。ふしまわし。

曲線《きょくせん》　まがった線。⇔直線

曲想《きょくそう》　音楽の構想。

極大《きょくだい》　非常に大きいこと。最大。⇔極小

玉体《ぎょくたい》　天子のからだ。

玉代《ぎょくだい》　芸者を呼んで遊ぶ料金。花代。

極端《きょくたん》　非常にかたよっていること。

局地《きょくち》　限られた一部分の土地。「―戦闘」

極地《きょくち》　さいはての地。北極や南極。

極致《きょくち》　最高の境地やおもむき。「快楽の―」

曲調《きょくちょう》　音楽のふしまわし。

曲直《きょくちょく》　よこしまなことと正しいこと。

極点《きょくてん》　行きつく最後の所。南極点と北極点。

跼天蹐地《きょくてんせきち》　身を縮めて生きる。

極度《きょくど》　それ以上はないという程度。

玉兎《ぎょくと》　月の異名。

極東《きょくとう》　日本・朝鮮などの地域。東アジア。

局留《きょくどめ》　郵便物を郵便局に留めておく扱い。

曲乗《きょくの》**り**　自転車や馬に乗ってする曲芸。

玉杯《ぎょくはい》　杯の美称。

曲馬団《きょくばだん》　サーカス。

曲筆《きょくひつ》　事実を曲げて書くこと。その文章。

局部《きょくぶ》　局所。「―麻酔」

極北《きょくほく》　北の果て。また、北極に近い地方。

局面《きょくめん》　勝負の形勢。なりゆき。

曲目《きょくもく》　その曲の名前。

極力《きょくりょく》　できる限り。精一杯。

玉露《ぎょくろ》　最も上質の煎茶。

極論《きょくろん》　極端な議論。極言。

魚群《ぎょぐん》　魚のむれ。「―探知機」

御慶《ぎょけい》　お喜び。特に、新年の賀詞。[新]

虚言《きょげん》　うそ。いつわり。そらごと。

挙行《きょこう》　式や行事などをとり行うこと。

虚構《きょこう》　作りごと。フィクション。

倨傲《きょごう》 おごりたかぶるさま。傲慢。
漁港《ぎょこう》 漁業の中心となる港。
挙国一致《きょこくいっち》 一つの目的に向かって国民全体が一つの気持ちになること。
許婚《きょこん》 いいなずけ。婚約者。
巨細《きょさい》 ⇩こさい(巨細)
巨財《きょざい》 莫大な財産。
巨刹《きょさつ》 大きな寺。大寺院。
巨資《きょし》 多くの資本。「―を投じる」
挙止《きょし》 立ち居振る舞い。動作。挙動。
鋸歯《きょし》 のこぎりの歯。
御璽《ぎょじ》 天皇の印。御印。
挙式《きょしき》 結婚式などをとり行うこと。
居室《きょしつ》 日常いる部屋。居間。
虚実《きょじつ》 うそとまこと。「虚虚実実」の略。

巨視的《きょしてき》 全体的にとらえるさま。
御者《ぎょしゃ》 馬車に乗って馬を操る人。
虚弱《きょじゃく》 体が弱くひよわなこと。
挙手《きょしゅ》 片手をあげること。
去就《きょしゅう》 去ることととどまること。進退。
居住《きょじゅう》 ある場所に住むこと。「―地」
醵出《きょしゅつ》 金品を出しあうこと。(別)拠出
居所《きょしょ》 住んでいる所。いどころ。
巨匠《きょしょう》 芸術などのすぐれた大家。名匠。
居城《きょじょう》 日常住んでいる城。
魚醬《ぎょしょう》 塩漬けにした魚から作った調味料。
魚礁《ぎょしょう》 魚類が群集する海底の岩場。
漁場《ぎょじょう》 漁業に適した海域。ぎょば。
虚飾《きょしょく》 内容が伴わない外面だけの飾り。
漁色《ぎょしょく》 女色に淫すること。「―家」

拒食症《きょしょくしょう》 食物をとることを拒む症状。
虚心《きょしん》 心にわだかまりのないこと。
巨人《きょじん》 体の大きな人。非常に偉大な人。
魚信《ぎょしん》 釣りで、当たり。
虚心坦懐《きょしんたんかい》 素直で平静な心境。
虚数《きょすう》 負の数の平方根。
御《ぎょ》**する** 馬を操る。意のままに動かす。
季《き》**寄**《よ》**せ** 季語を分類整理した本。
去勢《きょせい》 動物の生殖機能をなくすこと。
巨星《きょせい》 大きい恒星。偉大な人物。
虚勢《きょせい》 うわべだけの威勢。からいばり。
御製《ぎょせい》 天皇の作った詩歌。
虚説《きょせつ》 根拠のないうわさ。そらごと。
拒絶《きょぜつ》 こばむこと。ことわること。
漁船《ぎょせん》 漁業をするための船。

挙措《きょそ》 立ち居振る舞い。挙動。
虚像《きょぞう》 実際とは異なる、見かけだけの姿。
漁村《ぎょそん》 主に漁業に従事する人の多い村。
巨体《きょたい》 非常に大きなからだ。
巨大《きょだい》 非常に大きいさま。
居宅《きょたく》 ふだん住んでいる家。すまい。
許諾《きょだく》 相手の要望を承諾すること。
魚拓《ぎょたく》 魚の拓本。
虚脱《きょだつ》 気が抜けて、何もできなくなること。
虚誕《きょたん》 おおげさなうそ。でたらめ。
魚探《ぎょたん》 「魚群探知機」の略。
曲解《きょっかい》 わざと曲げて受け取ること。
極刑《きょっけい》 最も重い刑罰。死刑。
旭光《きょっこう》 朝日の光。
極光《きょっこう》 オーロラ。

魚梯《ぎょてい》 ダムに設けた階段状の魚道。
拠点《きょてん》 活動の足場となる地点。
巨頭《きょとう》 国や大組織の長。「―会談」
挙党《きょとう》 一つの党全体。党をあげて。
挙動《きょどう》 行動。動作。「―不審」
魚灯《ぎょとう》 漁業に用いる灯火。いさりび。
魚道《ぎょどう》 ダムや滝に設けた魚の通路。
去年《きょねん》 今年の前の年。昨年。
巨費《きょひ》 巨額の費用。
拒否《きょひ》 こばむこと。ことわること。拒絶。
巨富《きょふ》 非常に多くの財産。
漁夫《ぎょふ》 漁師。
御物《ぎょぶつ》 皇室が所有する物。ぎょもつ。ごもつ。
漁夫《ぎょふ》**の利**《り》 第三者が利益を得る。
虚聞《きょぶん》 事実でないうわさ。実のない名声。

魚粉《ぎょふん》 魚を乾かして粉にしたもの。
挙兵《きょへい》 兵を集めて戦いを起こすこと。
巨編《きょへん》 文学・映画などの大作。超大作。
巨峰《きょほう》 大きくて高い山。
虚報《きょほう》 いつわりの知らせ。あやまった情報。
漁法《ぎょほう》 魚をとる方法。
毀《き》**誉**《よ》**褒貶**《ほうへん》 非難と称賛。
巨万《きょまん》 非常に多い数量。「―の富」
漁民《ぎょみん》 漁業で生活する人々。
虚無《きょむ》 何もなく空虚でむなしいこと。
虚名《きょめい》 実力以上の名声。虚聞。
御名《ぎょめい》 天皇の名前。「―御璽」
清《きよ》**め塩**《じお》 盛り塩。
虚妄《きょもう》 事実でないこと。うそ。いつわり。
漁網《ぎょもう》 漁業用の網。

き

清元《きよもと》　江戸浄瑠璃の一種。

魚油《ぎょゆ》　イワシ・ニシンなどからとった油。

許容《きょよう》　大目に見て許すこと。

去来《きょらい》　思いが浮かんだり消えたりすること。

魚雷《ぎょらい》　魚の形をした艦船攻撃用の兵器。

清《きよ》らか　きよく美しいさま。

魚籃《ぎょらん》　魚を入れるかご。びく。

巨利《きょり》　非常に大きな利益。

距離《きょり》　二つの物・場所などのへだたり。

居留《きょりゅう》　一時的にその土地に住むこと。

漁猟《ぎょりょう》　漁業と狩猟。漁業。

魚鱗《ぎょりん》　うろこ。中央が突き出た軍隊の陣形。

魚類《ぎょるい》　魚の総称。魚族。

虚礼《きょれい》　うわべだけの儀礼。

漁労《ぎょろう》　海産物をとる仕事。

気弱《きよわ》　気の弱いこと。

綺羅《きら》　ぜいたくな美しい衣服。

帰来《きらい》　帰ってくること。

機雷《きらい》　水中にしかけ艦船を爆破する兵器。

嫌《きら》う　いやがる。よりごのみする。

気楽《きらく》　のんきなさま。苦労のないさま。

雪花菜《きらず》　おから。うのはな。

綺羅星《きらぼし》　多くの輝く星。

煌《きら》めく　きらきら光り輝く。

雲母《きらら》　雲母《うんも》。きら。

雲母虫《きららむし》　紙魚《しみ》のこと。夏

桐《きり》　落葉高木。箪笥・下駄などの材料。

錐《きり》　板などに小穴をあけるための工具。

霧《きり》　煙のような微小な水滴。秋

義理《ぎり》　守るべき付き合いや礼儀。

限《ぎ》り限《ぎ》り　限度いっぱい。

螽斯《きりぎりす》　バッタに似た昆虫。秋

切《き》り子《こ》　立方体の角を切り落とした形。

切《き》り炬燵《ごたつ》　掘り炬燵。冬

霧雨《きりさめ》　霧のような細かな雨。秋

吉利支丹《キリシタン》　キリスト教信者。

希臘《ギリシャ》　ヨーロッパ南東部の一国。

基督《キリスト》　キリスト教の開祖。

起立《きりつ》　立ち上がること。

規律《きりつ》　生活していくうえで守るべききまり。

切妻《きりづま》　棟を頂点とした山形の屋根。

切《き》り通《どお》し　山などを切り開いた道。

切《き》り羽《は》　坑内の先端の現場。採掘場。

切破風《きりはふ》　切妻造りの破風。

切《き》り火《び》　火打ち石で起こした火。

桐一葉《きりひとは》　衰亡のきざしのたとえ。

霧吹《きりふ》き　液体を霧状に吹きかける器具。

切《き》り札《ふだ》　トランプの最強の札。奥の手。

切《き》り干《ぼ》し　野菜を切って干したもの。

切《き》り身《み》　魚を適当な大きさに切ったもの。

錐揉《きりも》み　飛行機が回転しながら降下する。

切《き》り盛《も》り　うまく処理すること。

機略《きりゃく》　臨機応変の巧みなはかりごと。

機略縦横《きりゃくじゅうおう》　時に応じて自由自在にはかりごとをめぐらすこと。

気流《きりゅう》　大気中の空気の流れ。

寄留《きりゅう》　一時他の家や土地に滞在すること。

羈旅《きりょ》　旅。和歌・俳句の旅に関する部立て。

器量《きりょう》　才能。力量。女性の顔立ち。

技量《ぎりょう》　腕前。手腕。

議了《ぎりょう》　議事や審議を終えること。

気力《きりょく》　困難に耐える強い精神力。

騏驎《きりん》　一日に千里を走るという馬。駿馬。

麒麟《きりん》　アフリカにすむ首の長い哺乳類。

麒麟児《きりんじ》　すぐれた才能をもつ少年。

切《き》る　刃物で物を断ち分ける。

伐《き》る　木をきりたおす。別切る

斬《き》る　刀で切る。鋭く批判する。

截《き》る　刃物などで、布地を裁つ。別切る

馘《き》る　解雇する。馘首する。別切る

着《き》る　衣服を体につける。身に引き受ける。

鑽《き》る　石と金を打ち合わせて火をとる。

布《きれ》　布地。生地。

切《き》れ味《あじ》　刃物で切ったときの切れ具合。

綺麗《きれい》　美しくよごれのないさま。すっかり。

儀礼《ぎれい》　礼儀。礼式。儀式。

綺麗所《きれいどころ》　きれいな芸者をいう語。

切《き》れ字《じ》　俳句の「や・かな」などの語。

切《き》れ痔《じ》　肛門のあたりが切れる病気。

亀裂《きれつ》　割れ目。裂け目。ひび割れ。

切《き》れ間《ま》　切れてできたすきま。「雲の—」

切《き》れ者《もの》　頭のさえている者。敏腕家。

岐路《きろ》　わかれ道。

帰路《きろ》　帰り道。戻り道。

妓楼《ぎろう》　遊女を置いて、客を遊ばせる店。

記録《きろく》　書き記すこと。競技の成績や結果。

瓩《キログラム》　重さの単位。一〇〇〇グラム。

粁《キロメートル》　長さの単位。一〇〇〇メートル。

竏《キロリットル》　体積の単位。一〇〇〇リットル。

議論《ぎろん》　互いに考えを述べあうこと。

議論百出《ぎろんひゃくしゅつ》 意見が数多くでる。

際《きわ》 物のふち。そば。ちょうどそのとき。

疑惑《ぎわく》 うたがい。「—の念」

際立《きわだ》つ ひときわ目立つ。

際疾《きわど》い 切迫していて、あやうい。

極《きわ》まる 極限に達する。限度に行きつく。

窮《きわ》まる 行きづまって進めなくなる。

極《きわ》み 限り。きわまり。「喜びの—」

極《きわ》め付《つ》き 折り紙つき。「—の作品」

極《きわ》めて この上なく。非常に。

極《きわ》める 極限にまで行きつく。

究《きわ》める 研究して、物事の深奥まで達する。

際物《きわもの》 一時的な興味をあて込んだ品物。

斤《きん》 尺貫法の重さの単位。六〇〇グラム。

金《きん》 金属元素の一。記号Au こがね。

菌《きん》 菌類。病原菌など有害細菌。

銀《ぎん》 金属元素の一。記号Ag しろがね。

禁圧《きんあつ》 無理に圧迫し、やめさせること。

均一《きんいつ》 どれもすべて同じであること。

近因《きんいん》 直接の原因。⇔遠因

金員《きんいん》 金額。また、金銭。

金運《きんうん》 金銭に関する運勢。

近影《きんえい》 最近写した肖像の写真。

吟詠《ぎんえい》 詩歌を朗ずること。詩歌を作ること。

欣悦《きんえつ》 うれしがること。喜悦。

近縁《きんえん》 近い血縁関係にある親類。

禁煙《きんえん》 喫煙を禁じること。また、やめること。

金甌無欠《きんおうむけつ》 完全で傷一つない。

近火《きんか》 近所で起こった火事。

金貨《きんか》 金を主に使った貨幣。

槿花《きんか》 ムクゲの花。「—一日の栄」

銀河《ぎんが》 天の川。銀漢。〔秋〕

近海《きんかい》 陸地の近くにある海域。

欣快《きんかい》 非常によろこばしく快いさま。

金塊《きんかい》 金のかたまり。

金科玉条《きんかぎょくじょう》 尊ぶべききまり。

金額《きんがく》 金銭の額。かねだか。

金隠《きんかく》し 大便用便器の前方のおおい。

近刊《きんかん》 間もなく刊行されること(本)。

金冠《きんかん》 金の冠。歯にかぶせる金の覆い。

金柑《きんかん》 ミカン科の常緑低木。実は食用。〔秋〕

近眼《きんがん》 近視。

銀漢《ぎんかん》 銀河。天の川。〔秋〕

金管楽器《きんかんがっき》 金属製の管楽器。

金看板《きんかんばん》 世間に誇示する主義・主張。

近畿《きんき》 京都に近い地方。二府と五県。

禁忌《きんき》 忌みはばかって禁じること。タブー。

錦旗《きんき》 にしきのみはた。

欣喜雀躍《きんきじゃくやく》 小おどりして喜ぶ。

緊急《きんきゅう》 重大で急を要するさま。「—事態」

緊急避難《きんきゅうひなん》 自分をおそう危険を避けるため、やむをえずとった行為。

金魚《きんぎょ》 家で飼う小形の観賞用淡水魚。〔夏〕

近況《きんきょう》 近ごろのようす。

金玉《きんぎょく》 珍重すべきもの。

金魚玉《きんぎょだま》 球形のガラス製金魚鉢。〔夏〕

近近《きんきん》 近いうち。ちかぢか。

僅僅《きんきん》 ごくわずか。たかだか。

禁句《きんく》 使用してはならない語句。タブー。

近景《きんけい》 近くの景色。手前に配置した景物。

謹啓《きんけい》 手紙の最初のあいさつの言葉。

銀鶏《ぎんけい》 キジ目の鳥。尾が長い。飼い鳥。

金欠《きんけつ》 金を持っていないこと。

禁闕《きんけつ》 皇居の門。また、皇居。

金券《きんけん》 金銭の代わりに通用する券。

金権《きんけん》 金の力によって生ずる権力。

勤倹《きんけん》 勤勉で倹約すること。

金言《きんげん》 格言。金句。

謹言《きんげん》 手紙の終わりに用いて敬意を表す語。

謹厳《きんげん》 いかめしくてまじめなこと。

謹厳実直《きんげんじっちょく》 まじめで誠実。

近古《きんこ》 中古と中世の間の時代。

金庫《きんこ》 金品を保管する箱や室。

禁固《きんこ》 監獄に拘置する刑。労働は科さない。

均衡《きんこう》 釣り合いがとれていること。

近郊《きんこう》 都市に近い地域。郊外。

金工《きんこう》 金属に細工をする工芸(職人)。

金鉱《きんこう》 金の鉱石。金の鉱石を含む鉱山。

近郷《きんごう》 都市の近くのいなか。「—近在」

吟行《ぎんこう》 和歌・俳句を作るために出かける。

銀行《ぎんこう》 金銭の預入れ・貸付を行う金融機関。

金口木舌《きんこうぼくぜつ》 人々を教え導く人。

謹告《きんこく》 つつしんで知らせること。

禁獄《きんごく》 牢獄に監禁すること。

筋骨《きんこつ》 体の骨組みと肉づき。「—隆々」

緊褌《きんこん》 ふんどしをしっかり締めること。

緊褌一番《きんこんいちばん》 気持ちを引き締めて決意を新たに物事にとりかかること。

金婚式《きんこんしき》 結婚五〇周年を祝う式。

銀婚式《ぎんこんしき》 結婚二五周年を祝う式。

僅差《きんさ》 わずかの差。「—で負ける」

銀座《ぎんざ》 江戸の銀貨鋳造所。繁華街の代名詞。

近在《きんざい》 都市に近い村。

近作《きんさく》 近ごろの作品。

金策《きんさく》 金を工面すること。「—にかけ回る」

金山《きんざん》 金を産出する鉱山。金坑。

近視《きんし》 遠くのものが見ずらい状態。⇔遠視

禁止《きんし》 してはいけないと止めること。

金鵄《きんし》 建国神話に出る金色のトビ。

近似《きんじ》 それに近いか、また似ていること。

近侍《きんじ》 主君のそば近くに仕えること(人)。

近時《きんじ》 最近。このごろ。

矜持《きんじ》 ⇨きょうじ(矜持)

金鵄勲章《きんしくんしょう》 軍人に与えた勲章。

均質《きんしつ》 どの部分も同じ性質であること。

琴瑟《きんしつ》 琴と瑟。仲のよい夫婦。「—相和す」

近日《きんじつ》 ごく近い将来。近々。そのうち。

禁《きん》**じ手**《て》 使うことを禁じられている手段。

金字塔《きんじとう》 ピラミッド。偉大な業績。

金糸梅《きんしばい》 観賞用の小低木。

錦紗《きんしゃ》 金糸で模様を織り込んだ紗の織物。

金主《きんしゅ》 資金・費用を出してくれる人。

金種《きんしゅ》 額面金額による貨幣の種類。

筋腫《きんしゅ》 筋肉にできる良性の腫瘍。

禁酒《きんしゅ》 酒をやめること。また禁じること。

錦秋《きんしゅう》 錦のように紅葉して美しい秋。

錦繡《きんしゅう》 錦と刺繡した織物。立派な詩文。

禽獣《きんじゅう》 鳥とけだもの。鳥獣。

緊縮《きんしゅく》 引き締めること。「—財政」

禁書《きんしょ》 出版・販売を禁ずること。その書物。

近所《きんじょ》 近いところ。近くの家。

金将《きんしょう》 将棋の駒の一。金。

僅少《きんしょう》 わずか。ほんの少し。「—の差」

近状《きんじょう》 近ごろのようす。近況。

錦上《きんじょう》 にしきの上。「—花を添える」

吟唱《ぎんしょう》 詩歌をうたうように詠むこと。

銀将《ぎんしょう》 将棋の駒の一。銀。

吟醸《ぎんじょう》 吟味した原料を使って醸造すること。

金城鉄壁《きんじょうてっぺき》 非常に固い守り。

今上天皇《きんじょうてんのう》 現在の天皇。

金城湯池《きんじょうとうち》 守りの固い城。

近所合壁《きんじょがっぺき》 隣近所。

禁《きん》**じる** してはならないと止める。

吟《ぎん》**じる** 詩歌を節をつけて歌う。

近臣《きんしん》 主君のそば近くに仕える臣下。

近親《きんしん》 血のつながりが近い親族。

謹慎《きんしん》 行いをつつしむ。外出を禁ずる罰。

錦心繡口《きんしんしゅうこう》 優れた詩文の才能。

金子《きんす》 金銭。お金。

均整《きんせい》 きちんと整っていること。(別)均斉

近世《きんせい》 時代区分の一。江戸時代をいう。

金星《きんせい》 太陽系の第二惑星。

禁制《きんせい》 法律でさしとめること。「—品」

謹製《きんせい》 つつしんで製造すること。

金声玉振《きんせいぎょくしん》 知と徳を調和させ、集大成することのたとえ。孔子をたたえたことば。

銀世界《ぎんせかい》 雪で真っ白になった景色。

金石文《きんせきぶん》 金属・石碑に刻まれた文章。

近接《きんせつ》 近づくこと。近くにあること。

緊切《きんせつ》 緊急で切実なこと。

金銭《きんせん》 おかね。貨幣。ぜに。

琴線《きんせん》 琴の糸。感じ易い心。「—に触れる」

欣然《きんぜん》 よろこんでするさま。

金盞花《きんせんか》 キク科の越年草。[春]

禁足《きんそく》 外出をとめること。「—令」

禁則《きんそく》 禁止する事柄を決めた規則。

金属《きんぞく》 鉄や銅などの金属元素の総称。

勤続《きんぞく》 同じ勤め先に継続してつとめること。

勤怠《きんたい》 勤勉と怠惰。勤惰。

近代《きんだい》 現代に近い時代。新しい時代。

金高《きんだか》 金額。かねだか。

公達《きんだち》 上流貴族の子弟。

銀鱈《ぎんだら》 スケソウダラに似た海魚。食用。

禁断《きんだん》 固く禁じること。「—の木の実」

錦地《きんち》 相手の住む土地を敬っていう。

禁治産《きんちさん》 心神喪失者保護のため、後見人をつけてその財産を管理させる制度。

巾着《きんちゃく》 布や革で作った口ひものついた袋。

近着《きんちゃく》 近々に到着したこと。

禁中《きんちゅう》 皇居。宮中。

近著《きんちょ》 最近の著作。近作。

禁鳥《きんちょう》 法律で捕獲を禁じている鳥。

緊張《きんちょう》 身心が張りつめる。争いが起こる気配。

謹聴《きんちょう》 つつしんで静かに聞くこと。

謹直《きんちょく》 つつしみ深く正直なこと。

金鍔《きんつば》 餡を小麦粉の衣で包み焼いた菓子。

欽定《きんてい》 君主が定めること。「—憲法」

謹呈《きんてい》 つつしんで物を贈ること。

金泥《きんでい》 ⇨こんでい(金泥)

金的《きんてき》 あこがれのまと。「—を射とめる」

均霑《きんてん》 等しく利益を受けること。
金殿玉楼《きんでんぎょくろう》 非常に美しい御殿。
襟度《きんど》 人を受けいれる心の広さ。雅量。
均等《きんとう》 差がないようす。平等。「機会—」
近東《きんとう》 ヨーロッパに近い東洋諸国。
金団《きんとん》 さつま芋や豆の餡に栗をまぜた料理。
銀杏《ぎんなん》 イチョウの種子。食用。[秋]
筋肉《きんにく》 収縮・弛緩する動物の運動器官。
銀鼠《ぎんねず》 銀色がかったねずみ色。
近年《きんねん》 比較的最近の数年。近頃。
金納《きんのう》 税などを金銭で納めること。⇔物納
勤皇《きんのう》 天皇のために尽くすこと。尊王。
金歯《きんば》 金冠をかぶせた歯。
金杯《きんぱい》 金の杯やカップ。
金牌《きんぱい》 金の楯やメダル。
緊縛《きんばく》 しっかりとしばること。
金箔《きんぱく》 金を薄く延ばしたもの。
緊迫《きんぱく》 状況が切迫した状態になること。
金髪《きんぱつ》 金色の髪の毛。ブロンド。
銀髪《ぎんぱつ》 銀白色の髪。白髪。
銀盤《ぎんばん》 銀の皿や盆。スケートリンク。
金肥《きんぴ》 金銭で購入する肥料。化学肥料など。
金屏風《きんびょうぶ》 金箔をはった屏風。[冬]
金品《きんぴん》 金銭と品物。
均分《きんぶん》 ひとしく平等に分けること。等分。
勤勉《きんべん》 一心に仕事をするさま。
近辺《きんぺん》 あたり。付近。
欽慕《きんぼ》 うやまいしたうこと。敬慕。
近傍《きんぼう》 近所。付近。
金鳳花《きんぽうげ》 キンポウゲ科の草。[春]
金星《きんぼし》 平幕力士が横綱に勝つこと。大手柄。
銀幕《ぎんまく》 映画を写す幕。映画。映画界。
金満家《きんまんか》 財産家。富豪。
吟味《ぎんみ》 品質などを念入りに調べること。
緊密《きんみつ》 しっかり結びついているさま。
金脈《きんみゃく》 金の鉱脈。資金の出どころ。
近未来《きんみらい》 ごく近い未来。「—小説」
勤務《きんむ》 職務を持って勤めること。
金目鯛《きんめだい》 鮮紅色の深海魚。食用。
金木犀《きんもくせい》 モクセイ科の小高木。[秋]
禁物《きんもつ》 してはならない事柄。
禁門《きんもん》 皇居の門。また、皇居。
禁輸《きんゆ》 輸出入を禁止すること。「—品」
金融《きんゆう》 資金の需要と供給との関係。
緊要《きんよう》 非常に大切なさま。
禁欲《きんよく》 性欲などを禁じ抑えること。
銀翼《ぎんよく》 銀色に輝く飛行機の翼。
近来《きんらい》 ちかごろ。このところ。最近。
金蘭《きんらん》 ラン科の多年草。
金襴《きんらん》 錦の地に金糸を織り込んだもの。
金襴緞子《きんらんどんす》 豪華な織物。
金利《きんり》 利子。利率。
禁裏《きんり》 宮中。皇居。御所。
斤量《きんりょう》 はかりで計った目方。斤目。
禁猟《きんりょう》 狩猟を禁止すること。
禁漁《きんりょう》 魚介類の漁を禁止すること。
金力《きんりょく》 金銭の持つ威力。財力。
筋力《きんりょく》 筋肉の力。
近隣《きんりん》 となり近所。近辺。「—諸国」
銀輪《ぎんりん》 自転車の銀色の車輪。また、自転車。
銀鱗《ぎんりん》 銀色に光るうろこ。また、魚。
菌類《きんるい》 カビ・キノコ・細菌などの総称。
禁令《きんれい》 ある行為を禁じる命令・法令。
銀嶺《ぎんれい》 雪が積もって銀色に見える山。
勤労《きんろう》 仕事に精励すること。

く

区《く》 都や政令指定都市の行政上の単位。
句《く》 詩歌などのひと区切り。俳句。
苦《く》 苦しみ。心配。「—にする」
具合《ぐあい》 物事の調子・状態。都合。ていさい。
愚案《ぐあん》 自分の考えを謙遜していう語。
杭《くい》 地中に打ち込む棒。
区域《くいき》 区切られた範囲・地域。
株《くいぜ》 木の切り株。
水鶏《くいな》 クイナ科の小形の水鳥。[夏]
食《く》い扶持《ぶち》 食料を買う金。食費。
食《く》い物《もの》 食べ物。食料。利用するもの。
悔《く》いる 後悔する。「前非を—」
空《くう》 空中。何もないこと。むだなこと。
食《く》う 食べる。生活する。虫などがかむ。
空位《くうい》 あいている地位。
寓意《ぐうい》 他事にかこつけてほのめかすこと。
空域《くういき》 ある地域の上空をしめる空間。
空運《くううん》 航空機で運ぶこと。航空運送。
偶詠《ぐうえい》 ふと浮かんだ感興を詩歌に詠むこと。
空間《くうかん》 何もない所。無限の広がり。
偶感《ぐうかん》 ふと心に浮かんだ感想。
空閑地《くうかんち》 利用されていない土地。
空気《くうき》 地球をつつむ気体。雰囲気。

空虚《くうきょ》 何もないこと。内容がないこと。

寓居《ぐうきょ》 仮住まい。

空空寂寂《くうくうじゃくじゃく》 無心で無関心。

空空漠漠《くうくうばくばく》 広々しているさま。

空軍《くうぐん》 空中の戦闘を任務とする軍隊。

空閨《くうけい》 ひとり寂しく寝る寝室。孤閨。

空隙《くうげき》 すき間。

空拳《くうけん》 武器などを持たないこと。「徒手—」

空言《くうげん》 根拠のないうわさ。そらごと。

寓言《ぐうげん》 たとえばなし。寓話。

空港《くうこう》 航空機が発着する施設。飛行場。

空撮《くうさつ》 航空機からの撮影。空中撮影。

宮司《ぐうじ》 神社の長である神職。

宮寺《ぐうじ》 神社に付属する寺。

空車《くうしゃ》 客をのせていないタクシーなど。

空襲《くうしゅう》 航空機による地上攻撃。

偶数《ぐうすう》 二で割り切れる整数。⇔奇数

寓《ぐう》する 仮ずまいをする。かこつける。

遇《ぐう》する 待遇する。扱う。

偶成《ぐうせい》 詩歌などがふとでき上がること。

空席《くうせき》 あいている座席。欠員のある地位。

空説《くうせつ》 根拠のない説。

空前《くうぜん》 今までに例がないこと。

偶然《ぐうぜん》 思いがけないこと。たまたま。

空前絶後《くうぜんぜつご》 過去に例もなく、これからもあり得ないような珍しいこと。

空疎《くうそ》 形だけで内容の伴わないこと。

空想《くうそう》 現実から遊離した事を想像すること。

偶像《ぐうぞう》 信仰の対象の像。あこがれの対象。

空中楼閣《くうちゅうろうかく》 絵空事。蜃気楼。

空腸《くうちょう》 小腸の、十二指腸に続く部分。

空調《くうちょう》 「空気調節」の略。エアコン。

空挺《くうてい》 空から敵地内に侵入すること。

空転《くうてん》 からまわり。

空電《くうでん》 大気中の放電によって生じる電磁波。

空洞《くうどう》 洞窟。中がからっぽなこと。

空白《くうはく》 何も書いてない部分。何もないこと。

空爆《くうばく》 航空機による爆撃。

空漠《くうばく》 とりとめもなく広がるさま。

偶発《ぐうはつ》 偶然に起こること。

空費《くうひ》 むだづかい。浪費。

空腹《くうふく》 腹がすくこと。

空文《くうぶん》 実際の役に立たない文章。

空母《くうぼ》 航空母艦。

空包《くうほう》 発射音だけが出るしかけの銃弾。

空砲《くうほう》 実弾をこめていない銃砲。

空輸《くうゆ》 航空機で輸送すること。

偶有《ぐうゆう》 ある性質をたまたま持つこと。

空欄《くうらん》 何も書き込まれていない欄。

空理《くうり》 実際の役に立たない理論。「—空論」

偶力《ぐうりょく》 平行で逆向きの二つの等しい力。

空冷《くうれい》 空気で冷やすこと。

空路《くうろ》 飛行コース。航空機を利用すること。

空論《くうろん》 実際の役に立たない議論や理論。

寓話《ぐうわ》 教訓の意味を含めたたとえ話。

苦役《くえき》 苦しい労働。懲役。

枸櫞酸《くえんさん》 ミカン類に含まれる有機酸。

久遠《くおん》 永遠。

陸《くが》 りく。陸地。

苦界《くがい》 苦しみの絶えない人間世界。

区画《くかく》 土地などに区切りをつけること。

苦学《くがく》 学資を稼ぎながら学問をすること。

区間《くかん》 ある地点から他の地点までの間。

躯幹《くかん》 からだ。特に、胴体。

具眼《ぐがん》 見識をそなえていること。「—の士」

茎《くき》 植物体を支える、植物の器官。

釘《くぎ》 物に打ちこむ一端がとがったもの。

茎漬《くきづけ》 大根などの茎葉を漬けたもの。[冬]

釘付《くぎづ》け 釘で固定する。動けなくなる。

釘抜《くぎぬ》き 打ち込んだ釘を抜く道具。

愚挙《ぐきょ》 ばかげた企て。

句境《くきょう》 俳句に示された作者の境地。

苦境《くきょう》 追いつめられた苦しい立場。

公卿《くぎょう》 公家。殿上人。

苦行《くぎょう》 悟りを得るための苦しい修行。

区切《くぎ》り 切れ目。段落。

苦吟《くぎん》 苦労して詩歌を作ること。

区区《くく》 とるに足りないこと。

茎立《くくた》ち 菜類の茎が伸び出ること。[春]

屈《くぐ》まる 体をまるめて小さくなる。

銜《くく》む 口にふくむ。

潜《くぐ》り戸《ど》 かがまって入る小さな戸口。

括《くく》る 締める。まとめる。まとめて縛る。

潜《くぐ》る 身をかがめて通る。水中にもぐる。

公家《くげ》 朝廷に仕えた上級貴族。

供花《くげ》 仏前に供える花。

矩形《くけい》 長方形。

愚兄《ぐけい》 自分の兄をへりくだっていう語。

絎針《くけばり》 絎縫い用の長い針。

絎《く》ける 縫い目が表に出ないように縫う。

苦言《くげん》 あえて言う快くない忠告。
愚見《ぐけん》 自分の意見をへりくだっていう語。
具現《ぐげん》 はっきりと形に現すこと。
枸杞《くこ》 ナス科の落葉低木。薬用植物。春
愚考《ぐこう》 自分の考えをへりくだっていう語。
愚行《ぐこう》 おろかなおこない。
瘡《くさ》 できもの。湿疹。胎毒。
臭《くさ》い いやなにおいがする。あやしい。
愚妻《ぐさい》 自分の妻をへりくだっていう語。
草蜻蛉《くさかげろう》 秋 弱々しい昆虫。
臭木《くさぎ》 クマツヅラ科の落葉小高木。
句作《くさく》 俳句を作ること。
愚作《ぐさく》 自分の作品をへりくだっていう語。
愚策《ぐさく》 ばかげた方策。
草競馬《くさけいば》 農村で行う小規模の競馬。

腐《くさ》す けなす。
草相撲《くさずもう》 素人相撲。秋
草摺《くさずり》 鎧の胴から垂れた、腰をおおう部分。
草薙《くさなぎ》の剣《つるぎ》 三種の神器の一。
草《くさ》の根《ね》 一般庶民。民衆。
草葉《くさば》の陰《かげ》 あの世。
楔《くさび》 木や金属でV字形につくった道具。
草雲雀《くさひばり》 コオロギの一種。朝鈴。秋
草笛《くさぶえ》 夏 草の葉で作った笛。
草深《くさぶか》い 草が茂っている。いなかじみる。
草木瓜《くさぼけ》 バラ科の小低木。春
草枕《くさまくら》 旅先で寝ること。旅寝。
草叢《くさむら》 草が生い茂っている所。別叢
嚔《くさめ》 くしゃみ。冬
草萌《くさも》え 草の芽が萌え出ること。春

草餅《くさもち》 ヨモギの葉を入れて作った餅。春
草紅葉《くさもみじ》 秋に草が色づくこと。秋
草野球《くさやきゅう》 素人がする野球。
鎖《くさり》 金属の輪をつないだひも状の物。
鎖鎌《くさりがま》 鎌に分銅付きの鎖をつけた武器。
腐《くさ》る 腐敗する。やる気をなくす。
腐《くさ》れ縁《えん》 切るに切れないでいる悪い関係。
草分《くさわ》け その事を始めた人。開拓者。
串《くし》 食物を刺し通す細い棒。
櫛《くし》 髪をとかすための道具。
駆使《くし》 自在に使いこなすこと。
籤《くじ》 吉凶・勝敗・順番などを決めるもの。
串柿《くしがき》 渋柿を串に刺して干したもの。秋
挫《くじ》く ねんざする。相手の勢いをそぐ。
奇《く》しくも 不思議にも。あやしくも。

梳《くしけず》る 櫛で髪をとかす。
籤引《くじび》き くじを引くこと。抽籤《ちゅうせん》。
愚者《ぐしゃ》 おろかな人。ばか者。
孔雀《くじゃく》 キジ科の大形の鳥。
嚔《くしゃみ》 鼻が刺激され、急に息を出す。冬
口授《くじゅ》 師が弟子に言葉で教えること。
句集《くしゅう》 俳句を集めた本。
苦汁《くじゅう》 苦い汁。つらい思い。「—をなめる」
苦渋《くじゅう》 苦しみ悩むこと。「—の選択」
駆除《くじょ》 害虫などを殺したりして除くこと。
苦笑《くしょう》 にが笑い。
苦情《くじょう》 不平・不満の気持ち。
具象《ぐしょう》 目に見える形のあること。⇔抽象
鯨《くじら》 水生哺乳類。動物中最大。冬
鯨尺《くじらじゃく》 布を計るのに使うものさし。

鯨幕《くじらまく》 白と黒の凶事用の幕。
抉《くじ》る えぐる。えぐって中の物を取りだす。
苦心《くしん》 あれこれと苦労し、考えること。
具申《ぐしん》 上役に意見などを述べること。
苦心惨憺《くしんさんたん》 ひどく苦労する。
樟《くす》 クスノキ。
屑《くず》 役に立たないもの。不用のもの。
葛《くず》 マメ科の多年草。秋の七草の一。秋
愚図《ぐず》 行動や決断がのろいこと。
頽《くずお》れる くずれるようにすわりこむ。
屑籠《くずかご》 紙くずなどを捨てる籠。屑入れ。
葛切《くずき》り 葛餅を細く切ったもの。夏
擽《くすぐ》る 軽くこすって人を無理に笑わせる。
葛粉《くずこ》 クズの根からとる白色で良質の澱粉。
樟蚕《くすさん》 ヤママユガ科のガ。繭は紡績原料。

崩《くず》す 形をこわす。お金を細かくする。
薬玉《くすだま》 端午の節句に飾る香料入りの玉。夏
屑鉄《くずてつ》 廃品となった鉄製品。スクラップ。
葛練《くずねり》 葛粉を水でとき、固めに煮た菓子。
樟《くすのき》 クスノキ科の常緑高木。樟脳を採る。
燻《くすぶ》る 炎が上がらないで、煙ばかり出る。
葛餅《くずもち》 葛粉を水で溶き煮て固めたもの。夏
葛湯《くずゆ》 葛粉に熱湯を注ぎ練った飲み物。冬
薬《くすり》 病気や傷などを治すためのもの。
薬湯《くすりゆ》 薬剤や薬草を入れた風呂。
九寸五分《くすんごぶ》 あいくち。
癖《くせ》 その人独特の動作や好み。
愚生《ぐせい》 男性が自分をへりくだっていう語。
救世《くせ》観音《かんのん》 観世音菩薩。観音。
癖毛《くせげ》 ちぢれたり、波うったりする毛髪。

曲事《くせごと》 道にはずれたこと。ひがごと。

苦節《くせつ》 苦しみに負けず信念を貫くこと。

口舌《くぜつ》 言い争い。また、弁舌。

曲舞《くせまい》 中世に流行した白拍子系芸能。

曲者《くせもの》 あやしい者。油断のならない者。

苦戦《くせん》 不利な戦い。苦しい戦い。

糞《くそ》 大便。ふん。ののしる言葉。

具足《ぐそく》 十分備わっていること。甲冑《かっちゅう》。

愚息《ぐそく》 自分の息子をへりくだっていう語。

糞力《くそぢから》 すごい力。ばかぢから。

糞味噌《くそみそ》 区別しないさま。ぼろくそ。

管《くだ》 中空の細長くて、丸い棒。

具体《ぐたい》 形や内容を備えていること。⇔抽象

砕く《くだ》 強い力を加えてこわし、細かくする。

腐す《くた》 くさらせる。

下す《くだ》 低い所へ移す。言い渡す。

降す《くだ》 せめおとす。降参させる。

管玉《くだたま》 古代の装身具の一。竹管状の玉。

草臥れる《くたび》 疲れる。疲労する。

果物《くだもの》 食用になる木や草につく果実。

百済《くだら》 古代朝鮮の三国の一。ひゃくさい。

件《くだり》 文章や話の中の一部分。(別)条

下り簗《くだりやな》 落ち鮎を捕らえる簗。[秋]

下る《くだ》 低い所へ移る。言い渡される。

降る《くだ》 下流へと動く。降参する。

件《くだん》 前に述べたこと。例のこと。

愚痴《ぐち》 かいのないことを言って嘆くこと。

口当たり《くちあ》 口に含んだときの感じ。

口入れ《くちい》 奉公先などの周旋をすること。

口占《くちうら》 人の言葉を聞いて吉凶を占うこと。

口裏《くちうら》 ことばの裏にこめられたもの。

口絵《くちえ》 本の初めの部分にのせる絵や写真。

口惜しい《くちお》 残念である。くやしい。

口重《くちおも》 軽々しくものを言わないこと。

口数《くちかず》 物を言う回数。人数。件数。

口金《くちがね》 器物の口につける金具。

口軽《くちがる》 軽々しくしゃべること。

口利き《くちき》 仲介の労をとること。

口切り《くちき》 容器の封を切ること。手初め。

駆逐《くちく》 よくないものを追い払うこと。

口癖《くちぐせ》 その人のよく使う言葉。

口車《くちぐるま》 口先だけの巧みな言い回し。

口喧嘩《くちげんか》 言い争い。口論。

口答え《くちごた》 目上の人に逆らい言い返すこと。

口先《くちさき》 心のこもらないうわべだけの言葉。

口遊む《くちずさ》 詩歌を軽く声に出して言う。

嗽ぐ《くちすす》 口の中を洗い清める。(別)漱ぐ

口添え《くちぞ》 言葉を添えて助けること。

口付き《くちつ》 口の形やようす。話しぶり。

口付け《くちづ》 接吻《せっぷん》。キス。

口止め《くちど》 他人に話すのを禁ずること。

口取り《くちと》 日本料理で、最初に出す肴。

口直し《くちなお》 別の物を食べて前の味を消す。

梔子《くちなし》 アカネ科の常緑低木。[秋]

蛇《くちなわ》 ヘビの異名。[夏]

嘴《くちばし》 鳥類の長く突き出た堅い口。

口走る《くちばし》 うっかりして余計なことを言う。

口八丁《くちはっちょう》 弁舌が巧みであること。

口火《くちび》 ガス器具に点火する火。きっかけ。

唇《くちびる》 口のふちの、柔らかい肉質の部分。

口笛《くちぶえ》 口をすぼめ笛のような音を出すこと。

口塞ぎ《くちふさ》 くちどめ。口汚し。

口振り《くちぶ》 話し方のようす。言葉つき。

口紅《くちべに》 唇に塗る紅。

口約束《くちやくそく》 言葉だけの約束。口約。

苦衷《くちゅう》 苦しい心のうち。「—を察する」

駆虫《くちゅう》 害虫や寄生虫を駆除すること。

口調《くちょう》 言葉の調子。話し方の調子。

愚直《ぐちょく》 融通のきかないこと。ばか正直。

口汚し《くちよご》 客に出す料理を謙遜していう語。

口寄せ《くちよ》 霊魂を招き、その言葉を伝える。

朽ちる《く》 腐ってくずれる。むなしく終わる。

具陳《ぐちん》 詳しく述べること。

沓《くつ》 木・わら・麻などで作ったくつ。

靴《くつ》 足首から先にはく履物。

苦痛《くつう》 体や心の苦しみや痛み。

覆す《くつがえ》 ひっくり返す。倒す。改める。

究竟《くっきょう》 きわめて好都合なこと。結局。

屈強《くっきょう》 きわめてたくましく強いこと。

屈曲《くっきょく》 折れまがること。

掘削《くっさく》 土地や岩石を掘りけずること。

屈指《くっし》 きわだって優れていること。指折り。

靴下《くつした》 靴をはくとき、足にはく衣料品。

屈辱《くつじょく》 屈従させられる恥。

屈伸《くっしん》 体をかがめたり、のばしたりする。

屈する《くっ》 折り曲げる。負けて服従する。

靴擦れ《くつず》 靴ですれて足にできた傷。

屈折《くっせつ》 折れまがること。ゆがんでいること。

屈葬《くっそう》 手足を曲げた姿勢で葬る埋葬法。

屈託《くったく》 こだわりがあって心が晴れないこと。

屈伏《くっぷく》 相手に負けて服従すること。(別)屈服

靴篦《くつべら》 靴を履きやすいようにするへら。

苦爪楽髪《くづめらくがみ》 苦労すると爪が早くのび、楽をすると髪が早くのびるということ。

寛《くつろ》ぐ 身心をゆったりと休める。

轡《くつわ》 馬の口に含ませる手綱をつける金具。

轡虫《くつわむし》 昆虫の一種。がちゃがちゃ。[秋]

愚弟《ぐてい》 自分の弟をへりくだっていう語。

句点《くてん》 文の終わりにつける「。」の記号。

口伝《くでん》 秘伝などを口伝えに伝授すること。

諄《くど》い 言う事がしつこい。味・色がしつこい。

苦闘《くとう》 不利な苦しいたたかい。「悪戦―」

駆動《くどう》 動力を与えて動かすこと。「四輪―」

句読点《くとうてん》 句点「。」と読点「、」。

功徳《くどく》 善行。善行の結果としてのよい報い。

口説《くど》く ぐちを言う。説得する。

諄諄《くどくど》 しつこく繰り返して言うさま。

愚鈍《ぐどん》 頭がきわめてにぶいさま。

苦難《くなん》 苦しみや難儀。「―の人生」

国《くに》 国家。地域。故郷。

国入《くにい》り 大名が自分の領地に行くこと。

国柄《くにがら》 その国・地方の持ち味・特色。

苦肉《くにく》の策《さく》 苦しまぎれの手段。

国《くに》つ神《かみ》 天つ神に対し、土着の神。

国訛《くになま》り その地方独特の発音や抑揚。

国造《くにのみやつこ》 古代、一国を統治した地方長官。

国風《くにぶり》 その地方の風俗・習慣。(別)国振り

国元《くにもと》 故郷。その大名の領地。

櫟《くぬぎ》 ブナ科の落葉高木。実はどんぐり。

九年母《くねんぼ》 ミカン科の常緑低木。[秋]

くノ一《いち》 女の忍者。

苦悩《くのう》 苦しみ、悩むこと。

薫衣香《くのえこう》 衣服にたきしめるための香。

苦杯《くはい》 つらい経験。「―をなめる」

配《くば》る 分配する。行き渡らせる。

句碑《くひ》 俳句を彫りつけた石碑。

具備《ぐび》 必要なものを備えていること。

首飾《くびかざ》り 首にかける装飾品。ネックレス。

首枷《くびかせ》 首にはめる刑具。行動のさまたげ。

軛《くびき》 牛馬に引かせるための車の横木。

首切《くびき》り 首を斬ること。解雇。

首縊《くびくく》り 首吊り。

虞美人草《ぐびじんそう》 ヒナゲシ。[夏]

踵《くびす》 きびす。「―を返す」

首筋《くびすじ》 首の後ろの部分。

首《くび》っ丈《たけ》 好きで、夢中になること。

首《くび》っ引《ぴ》き 絶えず参照すること。

首吊《くびつ》り 首をくくって死ぬこと。

括《くび》れる 中ほどが細くなっている。

縊《くび》れる 首をくくって自殺する。

首輪《くびわ》 犬や猫の首につける輪。首飾り。

供奉《ぐぶ》 高貴な人の供をすること(人)。

工夫《くふう》 よい方法をあれこれと考えること。

颶風《ぐふう》 強く激しい風。

九分九厘《くぶくりん》 ほぼまちがいない。

区分《くぶん》 全体をいくつかに分けること。

区別《くべつ》 違いによって分けること。

焼《く》べる 薪などを火の中に入れ足す。

公方《くぼう》 朝廷。おおやけ。将軍。「―様」

弘法《ぐほう》 世の中に仏法を広めること。

求法《ぐほう》 仏の正しい教えを求めること。

凹地《くぼち》 くぼんでいる土地。(別)窪地

凹《くぼ》む へこむ。低く落ち込む。(別)窪む

隈《くま》 奥まった所。目の周囲の黒ずんだ所。

熊《くま》 クマ科の大形の獣。[冬]

供米《くまい》 神仏に供える米。

愚昧《ぐまい》 愚かで物の道理にくらいこと。

熊谷草《くまがいそう》 ラン科の多年草。[春]

隈笹《くまざさ》 ササの一種。葉が大きい。

熊襲《くまそ》 古代、南九州に住んでいた種族。

熊葛《くまつづら》 クマツヅラ科の多年草。(別)馬鞭草

熊手《くまで》 落ち葉などをかき集める道具。

隈取《くまど》り 歌舞伎特有の化粧方法。

隈無《くまな》く すみずみまで。のこらず。

熊蜂《くまばち》 大形のハチ。クマンバチ。[春]

熊祭《くままつり》 子熊を贄とするアイヌの祭。[冬]

熊《くま》ん蜂《ばち》 スズメバチの別名。クマバチ。

茱萸《ぐみ》 グミ科の小高木。[秋] (別)胡頽子

組合《くみあい》 共同の目的のための人々の組織。

組員《くみいん》 組の構成員。暴力団の一員。

組《く》み討《う》ち とっくみあい。

組曲《くみきょく》 いくつかの曲を組み合わせた器楽曲。

与《くみ》する 仲間になる。味方する。

組長《くみちょう》 組と呼ばれる集団の長。

組《く》み版《はん》 印刷で、活字を組んで作る凸版。

組紐《くみひも》 数本の糸を組んだ紐。

汲《く》む 水などをすくい取る。推し量る。

酌《く》む 酒をついで飲む。「酒を―」

組《く》む 構成・構築する。編成する。

工面《くめん》 金品を調えるための算段。

蜘蛛《くも》 節足動物。腹から糸を出す。〔夏〕
雲脚《くもあし》 雲の動き。雲行き。(別)雲足
雲居《くもい》 雲のある所。大空。宮中。
雲隠《くもがく》れ 人が行方をくらますこと。
雲助《くもすけ》 江戸時代、かごかきなどの人夫。
供物《くもつ》 神仏にそなえるもの。そなえもの。
雲《くも》の峰《みね》 夏、峰のようにわきたつ雲。〔夏〕
雲行《くもゆ》き 雲の動き。物事の成り行き。
曇《くも》り 空が雲でおおわれていること。
苦悶《くもん》 苦しみもだえること。
愚問《ぐもん》 つまらない質問。「—愚答」
苦厄《くやく》 苦労と災難。
悔《くや》しい 失敗や恥辱を経験し腹立たしい。
悔《く》やむ 後悔する。人の死を惜しむ。
具有《ぐゆう》 そなえもっていること。

く

燻《くゆ》らす 煙をゆるやかに立てる。
供養《くよう》 死者の冥福を祈ること。
倉《くら》 品物を保管する建物。(別)蔵
鞍《くら》 人や荷物を乗せる馬具。
位《くらい》 等級。階級。数のけた。
暗《くら》い 光が少ない。明朗でない。
位取《くらいど》り 数の位を定めること。
位負《くらいま》け 実力が地位に伴わない。
食《く》らう 飲み食いする。身に受ける。
鞍替《くらが》え 商売やつとめ先を変えること。
暗《くら》がり 暗くて人目につかない所。
苦楽《くらく》 苦しみと楽しみ。「—を共にする」
水母《くらげ》 海を浮遊する腔腸動物。〔夏〕 (別)海月
蔵浚《くらざら》え 蔵払い。
倉敷料《くらしきりょう》 倉庫の保管料。敷料。

暮《く》らす 生活する。月日を過ごす。
蔵出《くらだ》し 倉庫から保管物・製品を出す。
蔵払《くらばら》い 在庫商品の安売り処分。
蔵開《くらびら》き 新年の吉日に蔵を開くこと。
倶楽部《クラブ》 同好会。
比《くら》べる 二つ以上のものの違いを見る。
競《くら》べる 互いに競争する。(別)比べる
晦《くら》ます 姿をかくす。
眩《くら》む 目の前が見えなくなる。
瓦《グラム》 質量の単位。記号g
蔵元《くらもと》 酒・醬油などの醸造元。
蔵屋敷《くらやしき》 倉庫と取引所を兼ねた屋敷。
暗闇《くらやみ》 暗いこと。人目につかない所。
栗《くり》 ブナ科の落葉高木。果実は食用。〔秋〕
庫裏《くり》 寺院の台所。住職の住む所。

倶利迦羅《くりから》 不動明王の変化。
栗毛《くりげ》 馬の毛色の名。地色が栗色。
繰《く》り越《こ》す 物事を次に組み入れる。
繰《く》り言《ごと》 愚痴などを繰り返し言うこと。
繰《く》り出《だ》す 次々と出す。皆で出かける。
繰《く》り戸《ど》 戸袋から順に出し入れする戸。
刳《く》り貫《ぬ》く えぐって穴をあける。
栗名月《くりめいげつ》 陰暦九月一三夜の月。〔秋〕
厨《くりや》 台所。
苦慮《くりょ》 苦心して考えること。
九輪《くりん》 寺の塔の頂上の柱にある九つの輪。
刳《く》る 刃物でえぐって穴をあける。
繰《く》る 巻き取る。めくる。順に送る。
狂《くる》う 正常でなくなる。過度に熱中する。
苦《くる》しい 堪えられない。むずかしい。

苦《くる》し紛《まぎ》れ 苦しさのあまりすること。
佝僂病《くるびょう》 脊椎などが曲がる病気。
踝《くるぶし》 足首の両側の骨が盛り上がった部分。
車椅子《くるまいす》 移動できる車のついた椅子。
車海老《くるまえび》 海産のエビ。食用。
車座《くるまざ》 輪になって座ること。
車代《くるまだい》 自動車の代金。謝礼金。
車寄《くるまよ》せ 玄関前に設けた、車に乗降する所。
胡桃《くるみ》 クルミ科の落葉高木。実は食用。〔秋〕
包《くる》む 布などで巻くようにつつむ。
眩《くるめ》く 目が回る。
枢《くるる》 開き戸の端の上下にある開閉装置。
郭《くるわ》 城やとりでの囲い。遊郭。(別)曲輪
暮《く》れ 夕方。年・季節の終わり頃。
呉呉《くれぐれ》も 念を入れて頼む。なにとぞ。

愚劣《ぐれつ》 おろかしいさま。
紅《くれない》 鮮やかな赤色。べに。
暮《く》れ泥《なず》む 日が暮れそうで暮れない。
紅蓮《ぐれん》 火の色のたとえ。まっか。「—の炎」
愚連隊《ぐれんたい》 不良少年の集団。
畔《くろ》 あぜ。
苦労《くろう》 辛苦。骨折り。
愚弄《ぐろう》 ばかにしてからかうこと。
玄人《くろうと》 専門家。水商売の女。⇕素人《しろうと》
玄人跣《くろうとはだし》 専門家顔負けの能力。
鉄《くろがね》 鉄のこと。
黒髪《くろかみ》 黒くて光沢のある髪の毛。
黒子《くろこ》 歌舞伎などの後見役。くろご。
黒字《くろじ》 黒い字。収入が支出を上回ること。
黒潮《くろしお》 日本の太平洋岸を北東に進む暖流。

黒白《くろしろ》 黒と白。正しいか間違っているか。
黒土《くろつち》 耕作に適した黒色の土壌。
畔《くろ》塗《ぬ》り 田の畔を土で塗ること。
黒南風《くろはえ》 梅雨どきに吹く南風。夏
黒房《くろぶさ》 土俵上の北西隅に垂らす黒色の大房。
黒船《くろふね》 江戸末期、欧米から来た艦船。
黒星《くろぼし》 相撲で負けの意の黒丸。失敗。負け。
黒幕《くろまく》 黒色の幕。陰で指示を出す人。
黒豆《くろまめ》 大豆の一種。煮豆などにする。
黒文字《くろもじ》 クスノキ科の低木。爪楊枝。
黒山《くろやま》 人が多く集まっているさま。
黒百合《くろゆり》 ユリ科の多年草。夏
黒枠《くろわく》 黒色の枠。死亡通知の黒い枠。
愚論《ぐろん》 ばかげた意見。自分の意見の謙譲語。
桑《くわ》 クワ科の落葉樹。葉は蚕の飼料。春

鍬《くわ》 田を耕すのに用いる農具。
慈姑《くわい》 オモダカの変種。塊茎は食用。春
加《くわ》える 加算する。仲間に入れる。
銜《くわ》える 歯や唇で軽くかんで支える。
鍬形《くわがた》 兜の角《つの》状の飾り。大形の昆虫。
詳《くわ》しい 詳細だ。精通している。
食《く》わせ物《もの》(者) 中身が悪い物。
企《くわだ》てる 計画する。企画する。こころみる。
桑原《くわばら》 落雷を避けるまじないの言葉。
訓《くん》 漢字に日本語を当てた読み方。
君《くん》 人の名に付けて、敬意を表す語。
軍《ぐん》 軍隊。
郡《ぐん》 都道府県の地理的区画。
群《ぐん》 多くの同類のものの集まり。むれ。
軍医《ぐんい》 軍隊で、医療を担当した将校。

訓育《くんいく》 若い人を教え育てること。
薫育《くんいく》 徳をもって導き、育てること。
軍役《ぐんえき》 軍人として軍隊に勤務すること。
軍歌《ぐんか》 兵士の士気を鼓舞する歌。
訓戒《くんかい》 善悪を教えさとし、いましめること。
軍拡《ぐんかく》 軍備を拡張すること。⇔軍縮
軍学《ぐんがく》 陣の構え方に関する学問。兵学。
軍艦《ぐんかん》 戦闘力を持っている船。
軍紀《ぐんき》 軍隊の規律・風紀。
軍旗《ぐんき》 連隊単位でもっている旗。
軍機《ぐんき》 軍事上の機密事項。
軍記《ぐんき》 戦争の話を書いた物語。
群居《ぐんきょ》 同じ種類のものが群がってすむこと。
訓詁《くんこ》 古語の字句の解釈。
勲功《くんこう》 国家・主君に尽くした手柄。

薫香《くんこう》 香料のよい香り。よいにおい。
軍功《ぐんこう》 戦争で立てた手柄。
軍港《ぐんこう》 海軍の基地としての港。
訓告《くんこく》 いましめ教えること。
軍国《ぐんこく》 軍事・軍隊が中心となっている国。
君子《くんし》 行いが正しく徳の高い人。「聖人—」
訓示《くんじ》 上に立つ者が教え示すこと。
訓辞《くんじ》 教えいましめる言葉。
軍使《ぐんし》 戦闘中に敵陣に派遣される使者。
軍師《ぐんし》 大将のもとで作戦を考える人。参謀。
軍事《ぐんじ》 軍隊や戦争に関する事柄。
軍資金《ぐんしきん》 軍事に必要な資金。元手。
君子豹変《くんしひょうへん》 君子はあやまちを直ちに改める。変わり身が早い。
君主《くんしゅ》 世襲による国家の元首。

葷酒《くんしゅ》 臭気のあるニラなどの野菜と酒。
軍需《ぐんじゅ》 軍事上必要とする品物。⇔民需
群衆《ぐんしゅう》 むらがり集まった多くの人々。
群集《ぐんしゅう》 人や動物がむらがり集まること。
軍縮《ぐんしゅく》 軍備を縮小すること。⇔軍拡
勲章《くんしょう》 功労者に国がさずける記章。
燻蒸《くんじょう》 害虫や細菌などを薬剤でいぶすこと。
群小《ぐんしょう》 多くのつまらないもの。
群青《ぐんじょう》 鮮やかな青。その色の顔料。
君子蘭《くんしらん》 ヒガンバナ科の多年草。春
君臣《くんしん》 主君と臣下。君主と臣民。
軍神《ぐんしん》 武運を守る神。戦死した勇将。
軍人《ぐんじん》 軍籍にある人。
薫製《くんせい》 魚肉・獣肉の塩漬けをいぶした食品。
軍制《ぐんせい》 軍隊に関する諸制度。

軍政《ぐんせい》 軍隊が行う政治。⇔民政
群生《ぐんせい》 同種の植物が群がって生えること。
群棲《ぐんせい》 同種の動物が群れをなしてすむこと。
軍勢《ぐんぜい》 軍の勢力。また、軍隊の人数。
軍籍《ぐんせき》 軍人の地位・身分。
軍扇《ぐんせん》 昔、武将が指揮に使った扇。
軍曹《ぐんそう》 旧陸軍の階級。曹長の下、伍長の上。
群像《ぐんぞう》 絵画・彫刻などに描かれた人物群。
君側《くんそく》 主君のそば。「—の奸《かん》を除く」
軍属《ぐんぞく》 軍人以外で軍務につく者。
軍隊《ぐんたい》 戦争に備えて編制された軍人の集団。
軍団《ぐんだん》 軍と師団の中間の規模の編制部隊。
軍手《ぐんて》 太い白木綿糸で編んだ作業用手袋。
訓点《くんてん》 漢文を訓読するための符号。
勲等《くんとう》 勲章の等級。

薫陶《くんとう》　その人の人徳で他を感化すること。
訓導《くんどう》　おしえみちびくこと。
軍刀《ぐんとう》　軍人の戦闘用の刀。
群島《ぐんとう》　ある海域内にある多くの島々。
群盗《ぐんとう》　集団で行動する盗賊。
訓読《くんどく》　訓読み。漢文を読み下すこと。
軍馬《ぐんば》　軍用に使う馬。
軍配《ぐんばい》　相撲の行司が使ううちわ。軍配団扇。
軍閥《ぐんばつ》　軍部を中心とした政治勢力。
群発《ぐんぱつ》　一定地域で次々起こる。「—地震」
軍備《ぐんび》　国家を防衛するための軍事的そなえ。
軍部《ぐんぶ》　軍当局。
群舞《ぐんぶ》　集団で踊ること。
薫風《くんぷう》　初夏のさわやかな南風。[夏]
軍服《ぐんぷく》　軍人の制服。

軍法《ぐんぽう》　軍律。「—会議」
軍務《ぐんむ》　軍事に関する事務。
君命《くんめい》　主君の命令。
軍門《ぐんもん》　陣営の門。「—にくだる」
群雄《ぐんゆう》　多くの英雄たち。
群雄割拠《ぐんゆうかっきょ》　英雄達が覇を競う。
軍用《ぐんよう》　軍事目的に使用すること。
訓《くん》読《よ》み　漢字を訓で読むこと。⇔音読み
群落《ぐんらく》　植物がむらがり生えている所。
軍律《ぐんりつ》　軍隊で守るべき規律。
軍略《ぐんりゃく》　軍事上の計略。戦略。
君臨《くんりん》　君主として統治すること。
訓令《くんれい》　上級官庁が下級官庁に発する命令。
訓練《くんれん》　身につくよう教えて練習させる。
訓話《くんわ》　教えさとす話。

け

卦《け》　易の算木に現れる形。吉凶を占う。
笥《け》　食べ物を盛る容器。
褻《け》　ふだん。日常。⇔晴れ
偈《げ》　経文中の仏徳をたたえる詩。
夏《げ》安居《あんご》　あんご(安居)。[夏]
刑《けい》　法にそむいた者に科せられる罰。
京《けい》　数の単位。兆の一万倍。きょう。
径《けい》　道。小道。さしわたし。直径。
計《けい》　計画。はかりごと。合計。
罫《けい》　紙などに縦・横に引いた線。
芸《げい》　身につけたわざ。演技。
敬愛《けいあい》　敬い慕うこと。
経緯《けいい》　経線と緯線。いきさつ。

敬意《けいい》　尊敬する気持ち。「—を表す」
軽易《けいい》　簡単でたやすいさま。
芸域《げいいき》　その人の持つ芸の広さや深さ。
契印《けいいん》　二枚の紙面にまたがらせて押す印。
鯨飲馬食《げいいんばしょく》　大いに飲食する。
経営《けいえい》　事業を営むこと。
警衛《けいえい》　警戒し守ること。警護。
敬遠《けいえん》　敬うふりにみせて近付かないこと。
閨怨《けいえん》　ひとり寝の夫人の嘆き。
経過《けいか》　時が過ぎ移ってゆくこと。
慶賀《けいが》　喜び祝うこと。祝賀。慶祝。
軽快《けいかい》　身軽で素早いこと。快い速さ。
警戒《けいかい》　用心すること。
形骸《けいがい》　ぬけがら。形だけで実質のないもの。
謦咳《けいがい》　せきばらい。「—に接する」

圭角《けいかく》　かど。角立って親しめない性格。
計画《けいかく》　前もって方法・手順を考えること。
掲額《けいがく》　額に掲げて功績をたたえること。
挂冠《けいかん》　官を辞すること。
荊冠《けいかん》　いばらの冠。受難のたとえ。
桂冠《けいかん》　月桂冠。「—詩人」
景観《けいかん》　景色。ながめ。
警官《けいかん》　警察官。
炯眼《けいがん》　鋭く光る目。鋭い眼力。
慧眼《けいがん》　真実を見抜く鋭い眼力。
刑期《けいき》　刑に服する期間。
京畿《けいき》　畿内。
契機《けいき》　動機。きっかけ。
計器《けいき》　各種の量をはかる器具。
景気《けいき》　社会の経済の状態。好況。活気。

継起《けいき》　続けて起こること。
芸妓《げいぎ》　芸者。
軽挙《けいきょ》　軽はずみなふるまい。
景況《けいきょう》　経済活動の好不調の状況。
荊棘《けいきょく》　いばら。また、荒れた土地。
軽挙妄動《けいきょもうどう》　軽はずみな行動。
警句《けいく》　真理をついた簡潔な語句。
敬具《けいぐ》　手紙の終わりに用いる語。
鶏群《けいぐん》　鶏の群れ。「—の一鶴」
炯炯《けいけい》　目が鋭く光るさま。
軽軽《けいけい》に　かるがるしく。
迎撃《げいげき》　むかえうつこと。
経穴《けいけつ》　鍼《はり》や灸《きゅう》をすえる体のつぼ。
経験《けいけん》　実際にこころみること。
敬虔《けいけん》　神仏を敬いつつしむ心の深いさま。

軽減《けいげん》 減らして軽くすること。
稽古《けいこ》 学問・芸事を習うこと。その練習。
敬語《けいご》 相手を敬う気持ちを表す言葉。
警固《けいご》 警戒して守ること。
警護《けいご》 人の身辺を警戒して守ること。
芸子《げいこ》 芸者。芸妓。
径行《けいこう》 思ったままに行うこと。「直情—」
経口《けいこう》 口から体内に入ること。「—感染」
蛍光《けいこう》 ほたるの光。
傾向《けいこう》 ある方向にかたむくこと。
携行《けいこう》 携えて行くこと。「—食糧」
迎合《げいごう》 人の気に入るようにふるまう。
鶏口牛後《けいこうぎゅうご》 大きな団体の低い地位より、小さな団体の長になるほうがいい。
渓谷《けいこく》 深くて急な谷。

経国《けいこく》 国を治めること。「—済民」
傾国《けいこく》 国をあやうくするほどの美人。遊女。
警告《けいこく》 前もって注意を促すこと。
頸骨《けいこつ》 くびの骨。
芸事《げいごと》 芸能に関する事柄。
掲載《けいさい》 新聞・雑誌などに載せること。
経済《けいざい》 生産・消費などの活動。節約。
警策《けいさく》 座禅中の人の雑念を払う棒。
警察《けいさつ》 国民の生命・財産を守る行政作用。
計算《けいさん》 数の加減乗除。予測すること。
経産婦《けいさんぷ》 出産を経験した婦人。
刑死《けいし》 刑を受けて死ぬこと。
京師《けいし》 みやこ。
軽視《けいし》 物事を軽くみなすこと。
継子《けいし》 ままこ。

継嗣《けいし》 跡継ぎ。跡取り。
罫紙《けいし》 罫を引いた用紙。
警視《けいし》 警視正の下で警部の上の警察官。
兄事《けいじ》 兄のように尊敬して接すること。
刑事《けいじ》 刑法上の事柄。私服の巡査。
計時《けいじ》 かかった時間をはかること。
啓示《けいじ》 神が真理を教え示すこと。
掲示《けいじ》 板などに文書を掲げ示すこと。
慶事《けいじ》 結婚・出産などの祝い事。
形而下《けいじか》 形のあるもの。有形。
形式《けいしき》 うわべの形。外形。一定のきまり。
型式《けいしき》 かたしき。
形而上《けいじじょう》 形を超えたもの。無形。
形質《けいしつ》 形と実質。生物の形態上の特徴。
傾斜《けいしゃ》 傾くこと。勾配。傾きの程度。

鶏舎《けいしゃ》 にわとり小屋。
芸者《げいしゃ》 宴席に興を添える職業の女性。
警手《けいしゅ》 踏切の見張りにあたる鉄道職員。
閨秀《けいしゅう》 学芸にすぐれた女性。「—作家」
慶祝《けいしゅく》 よろこび祝うこと。祝賀。
掲出《けいしゅつ》 掲示して見せること。
芸術《げいじゅつ》 美を追求し表現する活動の総称。
慶春《けいしゅん》 新春をよろこぶこと。
迎春《げいしゅん》 新 新年を迎えること。
迎春花《げいしゅんか》 春 黄梅の異名。
経書《けいしょ》 中国の儒学の古典。
形象《けいしょう》 かたち。すがた。
形勝《けいしょう》 自然の要害の地。景勝。
景勝《けいしょう》 景色が美しい地。
敬称《けいしょう》 敬意を表す言い方。

軽少《けいしょう》 少し。わずか。
軽症《けいしょう》 軽い病気。⇔重症
軽傷《けいしょう》 軽いけがや傷。⇔重傷
軽捷《けいしょう》 身軽ですばやいこと。敏捷。
継承《けいしょう》 あとを受け継ぐこと。
警鐘《けいしょう》 危険を知らせるために鳴らす鐘。
刑場《けいじょう》 死刑を執行する場所。
形状《けいじょう》 かたち。ありさま。
計上《けいじょう》 全体の中に組み入れて計算すること。
啓上《けいじょう》 申し上げること。「一筆—」
経常《けいじょう》 常に変わらないこと。「—損益」
警乗《けいじょう》 列車などに乗り込み警戒すること。
軽食《けいしょく》 手軽で簡単な食事。
系図《けいず》 祖先からの系統を記した表。
軽水《けいすい》 重水に対し、普通の水。

係数《けいすう》 変数にかけられている数・文字。
計数《けいすう》 かぞえること。計算。
形成《けいせい》 かたちづくること。形を整えること。
形勢《けいせい》 局面のなりゆき。様子。情勢。
傾城《けいせい》 遊女。美女。傾国。
警世《けいせい》 世間の人々に警告すること。
経世済民《けいせいさいみん》 世を治め民を救う。
形跡《けいせき》 物事の行われた跡。
蛍雪《けいせつ》 苦労して学問に励むこと。「—の功」
係船《けいせん》 船舶をつなぎ留めること。
経線《けいせん》 経度を表す線。
罫線《けいせん》 相場の動きのグラフ。罫。
珪素《けいそ》 炭素族元素の一。記号Si
形相《けいそう》 かたち。本質。
係争《けいそう》 (裁判で)争うこと。

軽装《けいそう》　活動しやすい服装。
軽躁《けいそう》　軽はずみにさわぐこと。
継走《けいそう》　リレーレース。
恵贈《けいぞう》　贈り主を敬って礼にいう言葉。
計測《けいそく》　器械を使ってはかること。
係属《けいぞく》　訴訟が続いていること。
継続《けいぞく》　続いていること。続けること。
軽率《けいそつ》　軽はずみなさま。
恵存《けいそん》　本を贈るときに添える語。
形態《けいたい》　物のかたち。ありさま。
敬体《けいたい》　文末に「です」「ます」を使う文体。
携帯《けいたい》　身につけて持つこと。携帯電話。
境内《けいだい》　寺社の敷地の中。
恵沢《けいたく》　恵み。なさけ。「―に浴する」
芸談《げいだん》　芸道についての話。

啓蟄《けいちつ》　二十四節気の一。三月六日ごろ。〔春〕
傾注《けいちゅう》　一つのことに集中すること。
軽重《けいちょう》　軽いことと重いこと。けいじゅう。
傾聴《けいちょう》　熱心に聞くこと。「―に値する」
慶弔《けいちょう》　祝い事と弔い事。
軽佻《けいちょう》浮薄《ふはく》　言動が軽率である。
頸椎《けいつい》　脊椎の最も上部にある骨。首の骨。
兄弟《けいてい》　兄と弟。きょうだい。
逕庭《けいてい》　隔たり。差。「―が無い」(別)径庭
警笛《けいてき》　危険を知らせるために鳴らす笛。
経典《けいてん》　聖人・賢人の教えを書いた本。
敬天《けいてん》愛人《あいじん》　天を敬い人を愛す。
毛糸《けいと》　羊などの毛で作った糸。
競渡《けいと》　舟漕ぎ競争ペーロンのこと。〔夏〕
経度《けいど》　地球上の位置を表す座標の一。

軽度《けいど》　程度の軽いこと。⇕重度
系統《けいとう》　統一のあるすじみち。一族の血統。
傾倒《けいとう》　深く熱中し心を寄せること。
継投《けいとう》　前の投手から引き継いで投げること。
鶏頭《けいとう》　ヒユ科の一年草。花穂は鶏冠状。〔秋〕
芸当《げいとう》　特別の技。曲芸。離れわざ。
芸道《げいどう》　芸術や技芸の道。
頸動《けいどう》脈《みゃく》　頭部に血液を送る動脈。
芸人《げいにん》　芸のたくみな人。多芸な人。
経年《けいねん》　年月を経ること。
芸能《げいのう》　大衆芸術の総称。
競馬《けいば》　馬の競争。
鯨波《げいは》　大波。ときの声。
軽輩《けいはい》　地位や身分の低い者。
競売《けいばい》　法律で「競売《きょうばい》」のこと。

敬白《けいはく》　手紙・願文の結語に用いる語。
軽薄《けいはく》　言動がうわつき誠実でないこと。
啓発《けいはつ》　気づかせ、教え導くこと。
刑罰《けいばつ》　国が犯罪者に科する制裁。
閨閥《けいばつ》　妻の血縁関係でつながっている勢力。
警抜《けいばつ》　人の意表をついて優れていること。
軽犯《けいはん》罪《ざい》　公衆道徳にそむく軽い犯罪。
経費《けいひ》　あることをするのに必要な費用。
軽費《けいひ》　比較的少額の費用。「―老人ホーム」
軽微《けいび》　程度が軽いようす。
警備《けいび》　有事に備えて警戒すること。
京浜《けいひん》　東京と横浜。
景品《けいひん》　おまけ。福引きやパチンコの賞品。
迎賓《げいひん》館《かん》　賓客を接待する建物。
系譜《けいふ》　血縁関係などを記した記録。

継父《けいふ》　血のつながらない父。ままちち。
軽侮《けいぶ》　人を軽く見てあなどること。
頸部《けいぶ》　首の部分。
警部《けいぶ》　警視の下、警部補の上の階級。
芸風《げいふう》　その人や流派の芸のもちあじ。
敬服《けいふく》　感心して服従すること。
景物《けいぶつ》　四季折々の風物。景品。
鶏糞《けいふん》　にわとりの糞。肥料とする。
軽蔑《けいべつ》　軽くみて、ばかにすること。
軽便《けいべん》　手軽で便利なこと。「―鉄道」
敬慕《けいぼ》　敬い慕うこと。
継母《けいぼ》　血のつながりのない母。ままはは。
刑法《けいほう》　犯罪と刑罰について規定する法律。
警報《けいほう》　災害や危険を告げる知らせ。
閨房《けいぼう》　寝室。また、婦人の居間。

警防《けいぼう》　警戒し防ぐこと。
警棒《けいぼう》　警察官が、腰に下げる短い棒。
桂馬《けいま》　将棋の駒の一。馬。桂。
軽妙《けいみょう》　軽い感じで、気がきいている。
刑務《けいむ》所《しょ》　受刑者を収容する所。
鶏鳴《けいめい》　にわとりが鳴くこと。夜明け。
芸名《げいめい》　芸能人としての職業上の名前。
鶏鳴《けいめい》狗盗《くとう》　小策を弄する者。
啓蒙《けいもう》　新しい知識を与え教え導くこと。
契約《けいやく》　法律上の効果を持つ約束。
経由《けいゆ》　ある地点を通って行くこと。
軽油《けいゆ》　原油を蒸留して得る油。
鯨油《げいゆ》　クジラからとった油。
刑余《けいよ》　刑罰を受けたことのある人。
恵与《けいよ》　恵み与えること。恵贈。

京葉《けいよう》 東京と千葉。
形容《けいよう》 形・ありさまを言い表すこと。
掲揚《けいよう》 高く掲げること。「国旗—」
警邏《けいら》 見回って警戒すること。
京洛《けいらく》 みやこ。京都。
鶏卵《けいらん》 ニワトリのたまご。
経理《けいり》 会計に関する事務。
計略《けいりゃく》 はかりごと。策略。
経略《けいりゃく》 国家を経営すること。
係留《けいりゅう》 つなぎ留めること。
渓流《けいりゅう》 谷川の流れ。
計量《けいりょう》 分量や目方をはかること。
軽量《けいりょう》 重量の軽いこと。
経綸《けいりん》 国を整え治めること。
競輪《けいりん》 自転車の競走。

係累《けいるい》 世話をしなければならない家族。
敬礼《けいれい》 敬意を表する礼。
経歴《けいれき》 その人がしてきた事柄。履歴。
系列《けいれつ》 ある系統に連なる一連のもの。
痙攣《けいれん》 筋肉が急に収縮すること。「胃—」
毛色《けいろ》 毛の色。様子。性質。
経路《けいろ》 その場所に通じるみちすじ。
敬老《けいろう》 老人をうやまい大事にすること。
希有《けう》 めったにないめずらしいこと。
気疎《けうと》い 不愉快だ。うとましい。
気圧《けお》される 気迫に圧倒される。
蹴落《けお》とす 蹴って落とす。
毛織物《けおりもの》 獣毛の糸で織った布。
怪我《けが》 きず。負傷。「—の功名」
外科《げか》 手術によって治療する医学の部門。

下界《げかい》 天上から見た、人間の住む世界。
夏書《げが》き 夏安居中に経文を写すこと。[夏]
汚《けが》す よごす。不相応な地位につく。
毛皮《けがわ》 毛のついた動物の皮。[図]
劇《げき》 演劇。芝居。
檄《げき》 人々に決起を促す文。
激越《げきえつ》 言葉や行動が激しいさま。
劇化《げきか》 小説などを脚色すること。
激化《げきか》 はげしくなること。げっか。
劇画《げきが》 物語性を特徴とする漫画。
激減《げきげん》 急にひどく減ること。⇔激増
激昂《げきこう》 激しくいきり立つこと。げっこう。
劇作《げきさく》 演劇の脚本を書くこと。
劇詩《げきし》 戯曲の形をした詩。
激臭《げきしゅう》 激しい臭気。(別)劇臭

激暑《げきしょ》 激しい暑さ。酷暑。(別)劇暑
劇症《げきしょう》 症状がひどいこと。「—肝炎」
激賞《げきしょう》 口をきわめてほめること。
劇場《げきじょう》 演劇・映画を見せるための建築物。
激情《げきじょう》 激しく高ぶった感情。
劇職《げきしょく》 休む暇のない忙しい職務。(別)激職
激震《げきしん》 最も激しい地震。
激甚《げきじん》 程度が非常に激しいこと。「—災害」
激《げき》する 激しくなる。興奮する。
檄《げき》する 檄をとばす。
激戦《げきせん》 激しい戦い。
激増《げきぞう》 急にひどくふえること。⇔激減
撃退《げきたい》 敵を攻撃して追い払うこと。
撃柝《げきたく》 拍子木を打つこと。
劇団《げきだん》 演劇を上演する団体。

劇談《げきだん》 演劇に関する談話。
撃沈《げきちん》 艦船を撃ち沈めること。
撃墜《げきつい》 航空機を撃ち落とすこと。
激痛《げきつう》 激しい痛み。(別)劇痛
劇的《げきてき》 劇のように強い感動を与えるさま。
撃鉄《げきてつ》 発射時に銃弾の雷管を強打する部品。
激怒《げきど》 激しく怒ること。
激闘《げきとう》 激しく戦うこと。激戦。
激動《げきどう》 激しく変動すること。
劇毒《げきどく》 急激に作用する毒。猛毒。
激突《げきとつ》 激しく突き当たること。
撃破《げきは》 敵を撃ち破ること。「各個—」
激発《げきはつ》 次々と事件が起こること。
劇評《げきひょう》 演劇についての批評。
檄文《げきぶん》 檄。檄書。

激変《げきへん》 急に激しく変わること。(別)劇変
劇務《げきむ》 ひどく忙しい勤務。(別)激務
撃滅《げきめつ》 敵を攻めて撃ち滅ぼすこと。
劇薬《げきやく》 激しい薬理作用をもつ薬物。
夏行《げぎょう》 夏安居《げあんご》。[夏]
毛嫌《けぎら》い 理由なしに嫌うこと。
激流《げきりゅう》 勢いの激しい流れ。
逆旅《げきりょ》 旅館。宿屋。
逆鱗《げきりん》 天子の怒り。「—に触れる」
激励《げきれい》 励まし元気づけること。
激烈《げきれつ》 非常に激しいさま。
逆浪《げきろう》 さかまく荒波。
激論《げきろん》 激しい議論や言い合い。
外宮《げくう》 伊勢神宮の、豊受大神宮の称。
下下《げげ》 ひどく劣っていること。

下血《げけつ》 内臓の血が肛門から出ること。
怪訝《けげん》 納得がゆかず、いぶかるさま。
下戸《げこ》 酒の飲めない人。⇔上戸《じょうご》
下向《げこう》 都から地方へ行くこと。
下校《げこう》 学校から家に帰ること。⇔登校
下獄《げごく》 刑務所にはいること。
下剋上《げこくじょう》 下位が上位に取って代わる。
蹴込《けこ》み 階段の踏板の間の垂直の部分。
夏籠《げごも》り 夏安居《げあんご》。[夏]
今朝《けさ》 きょうの朝。こんちょう。
袈裟《けさ》 僧が衣の上に左肩から掛ける布。
下座《げざ》 しもざ。舞台下手の囃子方のいる所。
下剤《げざい》 便痛のための薬。
下策《げさく》 下手なはかりごと。⇔上策
戯作《げさく》 江戸時代の通俗小説。

下山《げざん》 山を下りること。
芥子《けし》 ケシ科の二年草。(別)罌粟
夏至《げし》 二十四節気の一。六月二二日頃。[夏]
下知《げじ》 命令すること。
消印《けしいん》 郵便切手などに押す日付印。
嗾《けしか》ける そそのかして立ち向かわせる。
気色《けしき》 ようす。表情。
景色《けしき》 自然のながめ。風景。
蚰蜒《げじげじ》 ムカデに似た節足動物。ゲジ。[夏]
消《け》し炭《ずみ》 まきの火を消してできた炭。[冬]
芥子坊主《けしぼうず》 芥子の果実。[夏]
下車《げしゃ》 乗り物から降りること。
下宿《げしゅく》 他人の家の部屋を借りて住むこと。
下手人《げしゅにん》 直接人を殺した犯人。
下旬《げじゅん》 月末の一〇日間。

下女《げじょ》 下働きに雇われた女性。
化粧《けしょう》 化粧品で顔を装う。外観を飾る。
下乗《げじょう》 車馬から降りること。下馬。
化粧塩《けしょうじお》 美しく焼くため魚に使う塩。
化身《けしん》 神仏が姿を変えて現れること。
外陣《げじん》 社寺の内陣の外側の参拝する場所。
消《け》す 火をとめる。形を見えなくする。
下種《げす》 根性の卑しい者。
下水《げすい》 工場や家庭から流す汚れた水。
毛筋《けすじ》 髪をくしけずった筋目。ごくわずか。
毛脛《けずね》 毛の多くはえたすね。
削《けず》り節《ぶし》 かつお節を薄く削ったもの。
削《けず》る 刃物で薄く取り去る。減らす。
梳《けず》る くしけずる。
解《げ》せる 理解できる。わかる。

下世話《げせわ》 世間で俗に言われている話。
下船《げせん》 船をおりること。⇔乗船
下賤《げせん》 身分の卑しいさま。
懸想《けそう》 異性を恋い慕うこと。「—文」
下足《げそく》 客が脱いだはきもの。「—番」
桁《けた》 柱の上に渡す材。位どり。
下駄《げた》 木の台に鼻緒をすげた履物。
懈怠《けたい》 なまけること。けだい。怠ること。
外題《げだい》 表紙に記す書名。芝居の題名。名題。
気高《けだか》い 気品がある。高貴だ。
蓋《けだ》し 考えてみると。確かに。「—名言だ」
夏断《げだ》ち 夏安居中、飲酒肉食を断つ。[夏]
桁違《けたちが》い 段ちがい。「—の強さ」
解脱《げだつ》 煩悩を去って悟りの境地に達する。
桁外《けたはず》れ 標準とかけ離れた差があること。

獣《けだもの》 野生の動物。けもの。人でなし。
気怠《けだる》い なんとなくだるい。
吝嗇《けち》 物を惜しんで出さないこと。
下知《げち》 ⇩げじ(下知)
結縁《けちえん》 仏道に入り往生する機縁を作ること。
結願《けちがん》 修法や法会の期日が終わること。
蹴散《けち》らす 乱暴に追いはらう。
穴《けつ》 尻。最後。びり。
決《けつ》 決定。「—をとる」
血圧《けつあつ》 血液が血管の壁に及ぼす圧力。
決意《けつい》 考えを決めること。決心。
欠員《けついん》 定員が欠けていること。
血液《けつえき》 体内を循環し酸素や養分を運ぶ体液。
血縁《けつえん》 血のつながっている関係。血族。
決河《けっか》 川の水が堤防を破ること。

結果《けっか》 あることをもとに生じた状態。結実。
激化《げっか》 ⇩げきか(激化)
血塊《けっかい》 血液のかたまり。
決壊《けっかい》 川の堤が切れてずれること。
欠格《けっかく》 資格を欠くこと。⇔適格
結核《けっかく》 結核菌の感染によって起こる疾患。
月下美人《げっかびじん》 サボテンの一。[夏]
月下氷人《げっかひょうじん》 なこうど。媒酌人。
結跏趺坐《けっかふざ》 仏像の座り方。
欠陥《けっかん》 不完全・不備な点。「—商品」
血管《けっかん》 血液の循環する管。
頁岩《けつがん》 粘土質の堆積岩。泥板岩。
月刊《げっかん》 毎月の刊行。
血気《けっき》 盛んな意気。「—にはやる」
決起《けっき》 決心して行動を起こすこと。

決議《けつぎ》　会議などで決定すること。
結球《けっきゅう》　葉が重なり合って球状になること。
月給《げっきゅう》　月極めの給料。「—取り」
穴居《けっきょ》　ほら穴の中に住むこと。「—生活」
結局《けっきょく》　最後。とうとう。ついに。
欠勤《けっきん》　勤めを休むこと。
結句《けっく》　詩歌の最後の句。あげく。結局。
月経《げっけい》　子宮から周期的に出血する生理現象。
月桂冠《げっけいかん》　月桂樹で作った冠。
月桂樹《げっけいじゅ》　クスノキ科の常緑小高木。
撃剣《げっけん》　刀・木刀・竹刀を用いる武術。剣術。
結語《けつご》　結びの言葉。
欠航《けっこう》　船や飛行機の運航を中止すること。
血行《けっこう》　血液の循環。血のめぐり。
決行《けっこう》　思い切って実行すること。「雨天—」

結構《けっこう》　かまえ。みごとなさま。満足なさま。
結合《けつごう》　いくつかのものが結びつくこと。
月光《げっこう》　月のひかり。
激昂《げっこう》　⇩げきこう(激昂)
血痕《けっこん》　血のついた跡。
結婚《けっこん》　正式の夫婦になること。婚姻。
決済《けっさい》　代金の受け渡しを済ませること。
決裁《けっさい》　権限のある者が採否を決めること。
潔斎《けっさい》　神事・仏事に際し心身を清めること。
傑作《けっさく》　すぐれた作品。とっぴで珍妙な事柄。
結紮《けっさつ》　血管などをしばること。「卵管—」
決算《けっさん》　一定期間の収入と支出の総計算。
決死《けっし》　死を覚悟して事にあたること。
訣辞《けつじ》　別れの言葉。
血色《けっしき》素《そ》　赤血球中の赤い色の蛋白質。

結実《けつじつ》　植物が実を結ぶ。成果が現れる。
決《けっ》して　断じて。絶対に。
結社《けっしゃ》　共通の目的のために組織する団体。
月謝《げっしゃ》　毎月払う謝礼や授業料。
結集《けっしゅう》　一つに集まること。集めること。
月収《げっしゅう》　一か月の収入。
傑出《けっしゅつ》　とびぬけて優れていること。
血書《けっしょ》　決意を示すため血で書いた文書。
欠如《けつじょ》　欠けていること。「能力の—」
血漿《けっしょう》　血液の液状成分。
決勝《けっしょう》　最終的に勝敗を決めること。
結晶《けっしょう》　原子配列が規則正しい固体。
欠場《けつじょう》　出る予定の者が出ないこと。
血小板《けっしょうばん》　血液を固まらせる血液成分。
欠食《けっしょく》　満足に食事をしていないこと。

血色《けっしょく》　顔の色つや。
月食《げっしょく》　地球の影が月を隠す現象。
決心《けっしん》　やろうと心に決めること。
結審《けっしん》　裁判で、審理を終えること。
決《けっ》する　決まる。決める。堤防が切れる。
血清《けっせい》　凝固した血液から分離する液体。
結成《けっせい》　団体・会などを作ること。
血税《けつぜい》　血のでるような苦労をして納める税。
欠席《けっせき》　会合・授業に出ないこと。⇔出席
結石《けっせき》　器官の中にできる石状の固まり。
結節《けっせつ》　結び目。皮膚上の豆粒大のはれ物。
血栓《けっせん》　血管内で血液が固まったもの。
血戦《けっせん》　激しい戦い。
決戦《けっせん》　最後の勝敗を決める戦い。
決然《けつぜん》　決意の固いさま。

血相《けっそう》　顔色。顔つき。「—を変える」
結束《けっそく》　団結すること。「—を固める」
血族《けつぞく》　血統のつながりのある親族。血縁。
欠損《けっそん》　欠けて一部がなくなること。赤字。
結託《けったく》　悪事をたくらんで結びつくこと。
血痰《けったん》　血のまじった痰。
決断《けつだん》　きっぱりと心を決めること。
結団《けつだん》　団体を結成すること。「—式」
月旦《げったん》　月の初め。人物批評。月旦評。
決着《けっちゃく》　きまりがつくこと。
結腸《けっちょう》　盲腸と直腸を除く大腸の部分。
血沈《けっちん》　赤血球沈降速度。赤沈。
決定《けってい》　はっきり決めること。
欠点《けってん》　不十分な所。悪い点。短所。
血統《けっとう》　血のつながり。血すじ。

血糖《けっとう》　血液に含まれる葡萄糖。「—値」
決闘《けっとう》　命を賭けて決着をつけること。
結党《けっとう》　政党を組織すること。
血肉《けつにく》　血のつながった一族。骨肉。
血尿《けつにょう》　血液が混じった尿。
欠配《けっぱい》　配給や給与が支払われないこと。
潔白《けっぱく》　やましいところがないこと。
結髪《けっぱつ》　髪を結うこと。結った髪。
欠番《けつばん》　ある番号が欠けていること。
血判《けっぱん》　指を切った血で押す印。
結氷《けっぴょう》　氷が張ること。
月評《げっぴょう》　雑誌などで、毎月載せる批評。
月賦《げっぷ》　代金を月割りにして支払うこと。
傑物《けつぶつ》　傑出した人物。
月餅《げっぺい》　中国のあん入りの焼き菓子の一。

潔癖《けっぺき》　不潔を嫌う性質。不正を憎む性格。
決別《けつべつ》　きっぱり別れること。
血便《けつべん》　血のまじった大便。
欠乏《けつぼう》　足りないこと。「食糧が—する」
月報《げっぽう》　毎月出す通知や報告。
欠本《けっぽん》　全巻が揃っていない全集など。
結膜《けつまく》　まぶたの裏と眼球を覆っている粘膜。
蹴《け》躓《つまず》く　「つまずく」を強調した言い方。
結末《けつまつ》　物事の終わり。「—をつける」
月末《げつまつ》　その月の終わり。つきずえ。
血脈《けつみゃく》　ちすじ。仏法の伝統。けちみゃく。
蹴《け》爪《づめ》　鶏などの雄の足の後ろにある突起。
血盟《けつめい》　血判を押して固くちかうこと。
結盟《けつめい》　同盟を結ぶこと。
月明《げつめい》　明るい月光。[秋]

血友病《けつゆうびょう》　血液凝固因子欠損の病気。
月余《げつよ》　一か月あまり。
欠落《けつらく》　あるべきものが欠けていること。
血流《けつりゅう》　血管内の血の流れ。
血涙《けつるい》　激しい怒りや悲しみのために流す涙。
欠礼《けつれい》　礼儀を欠くこと。
月例《げつれい》　毎月決まって行われること。
月齢《げつれい》　月の満ち欠けを示す数。
決裂《けつれつ》　会談や交渉が物別れになること。
血路《けつろ》　敵の包囲を切り抜ける道。
結露《けつろ》　水蒸気が物の表面で水滴になる現象。
結論《けつろん》　考えたり議論してまとめた考え。
下手物《げてもの》　風変わりなもの。いかもの。
毛唐《けとう》　欧米人を卑しめていう語。
外道《げどう》　仏教以外の教え。釣りで対象外の魚。

解毒《げどく》　毒を消すこと。「—剤」
気《け》取《ど》る　察知する。感づく。
健気《けなげ》　幼い者がかいがいしくふるまうさま。
貶《けな》す　ことさら悪く言う。くさす。
毛《け》並《な》み　毛の生え具合。育ち。血統。
下男《げなん》　下働きの男。⇔下女
実《げ》に　じつに。いかにも。全く。
下人《げにん》　身分の低い者。下男。下僕。
毛《け》抜《ぬ》き　毛・とげなどを抜き取る道具。
解熱《げねつ》　高い体温を下げること。
懸念《けねん》　不安に思うこと。気がかり。
毛羽《けば》　布・紙の表面がこすれて出る細い毛。
下馬《げば》　馬から下りること。
気配《けはい》　何となく感じられるようす。
下馬評《げばひょう》　世間でのとりざた。

毛鉤《けばり》　虫の形に見せかけた釣り針。
下阪《げはん》　東京から大阪に行くこと。
検非違使《けびいし》　平安京の治安機関。
仮病《けびょう》　病気のふりをすること。
下《げ》卑《び》る　品格が劣ってみえる。
下品《げひん》　品性がなく卑しいこと。⇔上品
下僕《げぼく》　召し使いの男。下男。
毛《け》彫《ぼ》り　細い線で彫る彫金の技法。
蹴鞠《けまり》　まりを蹴り合う貴族の遊び。
華鬘《けまん》　仏堂の欄間に掛ける荘厳具。
華鬘草《けまんそう》　ケシ科の多年草。[春]
閲《けみ》する　読んで調べる。年月を経過する。
煙《けむ》　けむり。「—に巻く」
毛虫《けむし》　チョウ・ガなどの幼虫。[夏]
煙《けむ》たい　けむい。遠慮があって気づまりだ。

煙《けむり》　物が燃える時に出る気体。
煙《けむ》る　煙が立つ。かすんで見える。
獣《けもの》　けだもの。
獣道《けものみち》　獣が通って自然にできた小道。
下野《げや》　官職を辞して民間に下ること。
欅《けやき》　ニレ科の落葉高木。大木になる。
螻蛄《けら》　ケラ科の昆虫。地中にすむ。[夏]
家来《けらい》　主君に仕える者。武家の家臣。
快楽《けらく》　「かいらく(快楽)」の仏教語。
下落《げらく》　物価や相場が下がること。
鳧《けり》　チドリ目の大形の鳥。
下痢《げり》　液状の大便が出ること。腹下し。
下略《げりゃく》　あとの語句や文章を略すこと。
蹴《け》る　足の先ではねとばす。拒絶する。
下劣《げれつ》　品性が卑しいこと。

外連《けれん》　受けをねらった、はでなやり方。
下郎《げろう》　人に使われている身分の低い男。
険《けわ》しい　傾斜が急だ。とげとげしい。
件《けん》　問題にされている事柄。「例の—」
券《けん》　金額などを示した紙片。乗車券など。
妍《けん》　美しいこと。「—を競う」
県《けん》　地方公共団体の一。市町村を包括する。
剣《けん》　つるぎ。両刃の刀。
拳《けん》　にぎりこぶし。
険《けん》　険しい場所。とげとげしいこと。
間《けん》　長さの単位。柱と柱との間。
腱《けん》　骨格筋と骨を結び付ける結合組織。
鍵《けん》　ピアノなどの、指で押す部分。キー。
言《げん》　言うこと。「—を左右にする」
弦《げん》　弓のつる。弦楽器の糸。

舷《げん》 船ばた。船べり。
験《げん》 効きめ。縁起。「—をかつぐ」
厳《げん》 きびしいさま。おごそかなさま。
険悪《けんあく》 とげとげしいさま。油断できないさま。
減圧《げんあつ》 圧力を下げること。⇔加圧
検案《けんあん》 死体を調べること。検死。
懸案《けんあん》 解決されないでいる事柄。
原案《げんあん》 討議にかけるための最初の案。
権威《けんい》 人を服従させる威力。第一人者。
牽衣頓足《けんいとんそく》 別れを惜しむさま。
牽引《けんいん》 引っぱること。
検印《けんいん》 検査したしるしに押す印。
原因《げんいん》 物事の起こるもと。⇔結果
減員《げんいん》 人を減らすこと。⇔増員
巻雲《けんうん》 上空にできる羽毛状の雲。絹雲。

眩暈《げんうん》 めまい。
献詠《けんえい》 寺社に詩歌を献上すること。
幻影《げんえい》 まぼろし。
検疫《けんえき》 空港・港で行う伝染病予防の検査。
権益《けんえき》 権利とそれによって生ずる利益。
原液《げんえき》 加工していない、もとの液。
現役《げんえき》 現在学校・会社などに籍があること。
減益《げんえき》 利益が減ること。⇔増益
検閲《けんえつ》 出版物などの内容を国が調べること。
犬猿《けんえん》 犬と猿。不仲のたとえ。「—の仲」
減塩《げんえん》 食塩の摂取量を減らすこと。
嫌煙権《けんえんけん》 タバコの害を受けない権利。
嫌悪《けんお》 ひどくきらうこと。
玄奥《げんおう》 奥深くはかり知れないこと。
検温《けんおん》 体温を計ること。

原音《げんおん》 録音される素材となった音。
喧嘩《けんか》 言い争いや殴り合い。「—を売る」
献花《けんか》 神前や霊前に花を供えること。
懸河《けんが》 流れの早い川。
言下《げんか》 相手が言い終わってすぐの時。
原価《げんか》 仕入れ値段。製品の生産費。
現下《げんか》 ただ今。目下。「—の情勢」
弦歌《げんか》 三味線などに合わせて歌うこと。
原画《げんが》 複製でない、もとの絵。
見解《けんかい》 物の見方や考え方。「—の相違」
狷介《けんかい》 がんこで妥協しないさま。
圏外《けんがい》 ある範囲の枠外。⇔圏内
懸崖《けんがい》 がけ。絶壁。
限界《げんかい》 それ以上はないという境目。
厳戒《げんかい》 厳重に警戒すること。

言外《げんがい》 言葉には直接表されていない部分。
狷介孤高《けんかいここう》 人と協調することを知らず、俗世に超然としていること。
剣客《けんかく》 ⇩けんきゃく(剣客)
懸隔《けんかく》 かけ離れていること。
見学《けんがく》 実地に見て知識を広めること。
建学《けんがく》 学校を創立すること。「—の精神」
幻覚《げんかく》 実在しない物をあるように感じる。
厳格《げんかく》 きびしくて、いいかげんでないさま。
弦楽《げんがく》 弦楽器で演奏する音楽。
衒学《げんがく》 知識をひけらかすこと。「—的」
弦楽器《げんがっき》 弦によって音を出す楽器。
剣《けん》ヶ峰《みね》 噴火口の周縁。瀬戸際の状態。
顕官《けんかん》 地位の高い官職。
検眼《けんがん》 視力を検査すること。

玄関《げんかん》 建物の正面の入り口。
厳寒《げんかん》 非常にきびしい寒さ。[冬]
建議《けんぎ》 役所などに意見を申し立てること。
嫌疑《けんぎ》 悪いことをした疑い。「—がかかる」
元気《げんき》 活力にあふれていること。健康。
原器《げんき》 基本単位の標準となる器物。
原義《げんぎ》 言葉のもとの意味。
剣客《けんきゃく》 剣術にすぐれた人。けんかく。
健脚《けんきゃく》 足が丈夫でよく歩けること。
研究《けんきゅう》 詳しく調べ深く考えること。
牽牛《けんぎゅう》 わし座にあるアルタイルの漢名。[秋]
言及《げんきゅう》 話がそのことにふれること。
減給《げんきゅう》 給料を減らすこと。
検挙《けんきょ》 警察が容疑者をつかまえること。
謙虚《けんきょ》 控え目ですなおなこと。

兼業《けんぎょう》 本業のほかに別の仕事を兼ねること。
検校《けんぎょう》 昔、盲人に与えられた最上の官名。
顕教《けんぎょう》 密教から他宗をいう語。⇔密教
元凶《げんきょう》 悪事の中心人物。悪事の根本原因。
現況《げんきょう》 現在の状況。
現業《げんぎょう》 作業場や工場などの現場の仕事。
牽強付会《けんきょうふかい》 強引なこじつけ。
限局《げんきょく》 内容や意味の範囲を狭く限定する。
原曲《げんきょく》 もとの曲。
献金《けんきん》 お金を献上すること。
現金《げんきん》 通用している貨幣。利益になびくさま。
厳禁《げんきん》 きびしく禁ずること。
賢愚《けんぐ》 賢いことと愚かなこと。利口とばか。
元勲《げんくん》 国家に尽くした大功ある老臣。
厳君《げんくん》 他人の父の敬称。

紫雲英《げんげ》 マメ科の越年草。春
県警《けんけい》 県の警察・警察本部。
賢兄《けんけい》 他人の兄や同輩の男性の敬称。
原形《げんけい》 物のもとの形。
原型《げんけい》 鋳物・彫刻などのもとになる型。
減刑《げんけい》 恩赦の一。刑を軽減すること。
厳刑《げんけい》 きびしい刑罰。
剣戟《けんげき》 刀剣を用いた戦い。
剣劇《けんげき》 ちゃんばら劇。
献血《けんけつ》 輸血用の血液を提供すること。
弦月《げんげつ》 上弦・下弦の月。
蹇蹇《けんけん》 悩み苦しむさま。忠義を尽くすさま。
建言《けんげん》 官庁や上司に意見を述べること。
権限《けんげん》 職権を行使できる範囲。
喧喧囂囂《けんけんごうごう》 やかましく騒ぐ。

蹇蹇匪躬《けんけんひきゅう》 我が身をかえりみず、臣下が主君に忠義を尽くすこと。
拳拳服膺《けんけんふくよう》 肝に銘じ、忘れない。
眷顧《けんこ》 ひいきにすること。
堅固《けんご》 意志が強いさま。容易に壊れない。
拳固《げんこ》 にぎりこぶし。げんこつ。
言語《げんご》 表現・伝達手段としての音声と文字。
原語《げんご》 翻訳などをする前のもとの言葉。
兼行《けんこう》 物事を急いですること。「昼夜―」
健康《けんこう》 身心の具合。元気ですこやか。
権衡《けんこう》 つりあい。均衡。
軒昂《けんこう》 意気の揚がるさま。「意気―」
剣豪《けんごう》 剣術の達人。
元寇《げんこう》 鎌倉時代、元軍が来襲したこと。
言行《げんこう》 言うこととすること。「―一致」

原鉱《げんこう》 採掘したままの鉱石。
原稿《げんこう》 発表する文章を紙に書いたもの。
現行《げんこう》 現在おこなわれていること。
元号《げんごう》 年につける称号。年号。
肩甲骨《けんこうこつ》 両肩の後ろにある平たい骨。
現行犯《げんこうはん》 犯行の最中に見つけた犯罪。
堅甲利兵《けんこうりへい》 強い軍隊、軍事力。
建国《けんこく》 新しく国を建てること。
圏谷《けんこく》 氷河の浸食で山腹にできたくぼ地。
原告《げんこく》 訴訟を起こした当事者。⇔被告
拳骨《げんこつ》 にぎりこぶし。げんこ。
源五郎《げんごろう》 池や沼にすむ昆虫。夏
乾坤《けんこん》 天地。乾《いぬい》と坤《ひつじさる》の方角。
現今《げんこん》 いま。現在。
乾坤一擲《けんこんいってき》 命をかけた大勝負。

検査《けんさ》 基準に照らして調べること。
建材《けんざい》 建築用の材料。建築資材。
健在《けんざい》 健康で暮らしていること。
顕在《けんざい》 目に見える形で存在すること。
減殺《げんさい》 少なくすること。そぐこと。
原罪《げんざい》 キリスト教で、人間生来の罪。
現在《げんざい》 今のこの時。基準としての、その時。
建策《けんさく》 対策や方策をたてること。
研削《けんさく》 物をけずってなめらかにすること。
検索《けんさく》 調べて探し出すこと。
献策《けんさく》 計画・方策などを申し上げること。
原作《げんさく》 翻訳や脚色のもとになった作品。
検札《けんさつ》 乗客の切符を調べること。
検察《けんさつ》 犯罪を捜査し公訴を提起すること。
賢察《けんさつ》 相手の推察を敬っていう語。

減殺《げんさつ》 ⇩げんさい（減殺）
研鑽《けんさん》 学問などを深くきわめること。
剣山《けんざん》 生け花で、針を上向きに植えた台。
検算《けんざん》 計算結果の正誤を確かめること。
原産《げんさん》 最初に産出されること。
減産《げんさん》 生産量が減ること。⇔増産
見参《げんざん》 目上の人に面会すること。
減算《げんざん》 引き算。⇔加算
犬歯《けんし》 門歯と臼歯の間にある歯。糸切り歯。
剣士《けんし》 剣客。
検死《けんし》 死体を調べること。別検屍
検視《けんし》 変死者の死因を調べること。検死。
絹糸《けんし》 きぬいと。
健児《けんじ》 元気な若者。
堅持《けんじ》 態度・思想を堅く持ち続けること。

検字《けんじ》 漢字字典の総画索引。
検事《けんじ》 検事長の下、副検事の上の検察官。
献辞《けんじ》 著者が人に贈る本に書く語。
顕示《けんじ》 はっきりと示すこと。明示。
幻視《げんし》 実際にはないものが見えること。
原子《げんし》 物質を構成する最小の粒子。
元始《げんし》 物事のはじめ。おおもと。
原始《げんし》 そもそものはじめ。自然のままの状態。
原紙《げんし》 謄写版印刷用の蠟《ろう》引きの紙。
原資《げんし》 もとになる資金。もとで。
減資《げんし》 資本金を減らすこと。⇔増資
言辞《げんじ》 ことば。ことばづかい。
現時《げんじ》 現在。現今。
源氏《げんじ》 みなもと姓の氏族。「源氏物語」の略。
見識《けんしき》 すぐれた考えや判断力。

堅実《けんじつ》 手堅くあぶなげのないこと。
玄室《げんしつ》 古墳の中の、棺をおさめる場所。
言質《げんしつ》 ⇨げんち(言質)
現実《げんじつ》 実際に存在する事柄や状態。
源氏《げんじ》名《な》 芸妓などが付ける呼び名。
賢者《けんじゃ》 知恵のあるすぐれた人。
現尺《げんしゃく》 原物通りの寸法。原寸。
堅守《けんしゅ》 かたく守ること。
元首《げんしゅ》 外国に対して国家を代表する者。
原酒《げんしゅ》 醸造したままの加工していない酒。
原種《げんしゅ》 品種改良のもとになった野生種。
厳守《げんしゅ》 厳しく守ること。「時間―」
研修《けんしゅう》 学問や技芸を修めること。
献酬《けんしゅう》 酒宴で杯のやりとりをすること。
拳銃《けんじゅう》 ピストル。

減収《げんしゅう》 収入・収穫が減ること。⇔増収
現住《げんじゅう》 現在住んでいること。現在の住職。
厳重《げんじゅう》 非常にきびしいこと。
原住民《げんじゅうみん》 ⇨先住民
厳粛《げんしゅく》 おごそかで心がひきしまるさま。
検出《けんしゅつ》 調べて成分などを取り出すこと。
剣術《けんじゅつ》 刀剣でたたかう武術。剣法。
現出《げんしゅつ》 実際にあらわれ出ること。
幻術《げんじゅつ》 不思議な術。妖術。
険峻《けんしゅん》 山が高く険しいこと。
原初《げんしょ》 一番初め。物事の最初。
原書《げんしょ》 翻訳書に対して、もとの本。洋書。
厳暑《げんしょ》 きびしい暑さ。
肩章《けんしょう》 肩につける階級を示す記章。
検証《けんしょう》 調べて証明すること。

憲章《けんしょう》 国家などが理想として定めた原則。
謙称《けんしょう》 謙遜した言い方。小生・豚児など。
顕彰《けんしょう》 功績などを明らかにしてたたえる。
懸賞《けんしょう》 賞品や賞金をかけること。
健勝《けんしょう》 健康なこと。丈夫。
堅城《けんじょう》 守りのかたい堅固な城。
献上《けんじょう》 差し上げること。
謙譲《けんじょう》 へりくだること。「―の美徳」
現象《げんしょう》 自然界・人間界の一切の出来事。
減少《げんしょう》 減って少なくなること。⇔増加
原状《げんじょう》 変化するもとの状態。「―回復」
現状《げんじょう》 現在の状態。「―維持」
現場《げんじょう》 物事が実際に行われた場所。げんば。
腱鞘《けんしょう》炎《えん》 腱を包む組織の炎症。
健常《けんじょう》者《しゃ》 心身に障害のない人。

兼職《けんしょく》 職務を兼ねること。
顕職《けんしょく》 高い地位の官職。
原色《げんしょく》 三原色。刺激的な派手な色。
現職《げんしょく》 現在の職業・職務。
減食《げんしょく》 食事の量をへらすこと。
原《げん》子《し》力《りょく》 原子核の崩壊や核分裂・核融合の際に放出されるエネルギー。「―発電」
検針《けんしん》 メーターの目盛りを調べること。
健診《けんしん》 「健康診断」の略。
検診《けんしん》 病気の有無を調べるための診察。
献身《けんしん》 身を犠牲にして奉仕すること。
賢人《けんじん》 賢い人。にごり酒。
原人《げんじん》 猿人に次ぐ化石人類。北京原人など。
原《げん》図《ず》 複製でないもとの図。
建水《けんすい》 茶道具の一。水こぼし。

懸垂《けんすい》 たれ下がること。鉄棒を用いた体操。
元帥《げんすい》 軍人の最高位の称号。
原水《げんすい》 水道水のもとになる水。
減衰《げんすい》 次第に衰えること。
原水《げんすい》爆《ばく》 原子爆弾と水素爆弾。
原寸《げんすん》 実物と同じ寸法。「―大」
現《げん》世《せ》 三世の一。現在の世。この世。
牽制《けんせい》 相手の動きを封じ、自由にさせない。
権勢《けんせい》 権力と勢力。
憲政《けんせい》 憲法によっておこなう政治。
賢聖《けんせい》 賢人と聖人。聖賢。
原生《げんせい》 人手を加えない自然のまま。「―林」
現勢《げんせい》 現在の情勢。
厳正《げんせい》 きびしく公正なこと。「―中立」
減税《げんぜい》 税金を減らすこと。⇔増税

譴責《けんせき》 不正などをとがめ責めること。
言責《げんせき》 自分の発言に対する責任。
原石《げんせき》 研磨していない宝石の原材。
原籍《げんせき》 籍を変更する前の本籍。
巻積《けんせき》雲《うん》 上層雲。いわし雲。さば雲。
建設《けんせつ》 建物を新しく造ること。
懸絶《けんぜつ》 かけ離れること。差が大きいこと。
言説《げんせつ》 言葉で説くこと。その言葉。
献饌《けんせん》 神前に物を供えること。
健全《けんぜん》 健康なさま。堅実なさま。
原潜《げんせん》 「原子力潜水艦」の略。
源泉《げんせん》 水のわき出るみなもと。おおもと。
厳選《げんせん》 厳しく選ぶこと。
現前《げんぜん》 目の前にあること。
厳然《げんぜん》 いかめしいさま。動かしがたいさま。

険《けん》阻《そ》　山などのけわしいこと。
元《げん》素《そ》　それ以上分解できない物質。
険《けん》相《そう》　険悪な人相。
喧《けん》噪《そう》　さわがしいこと。(別)喧騒
建《けん》造《ぞう》　建物・船舶など大きな物を造ること。
幻《げん》想《そう》　とりとめのない空想。
現《げん》送《そう》　現金・現物を輸送すること。
舷《げん》窓《そう》　舷側にある小窓。
幻《げん》像《ぞう》　まぼろし。
現《げん》像《ぞう》　フィルムや印画紙に映像を現す処理。
巻《けん》層《そう》雲《うん》　上層雲の一種。氷晶からなる。
眷《けん》属《ぞく》　血筋のつながる一族。「一家—」
原《げん》則《そく》　根本となる規則・法則。
舷《げん》側《そく》　船の側面。ふなべり。
減《げん》速《そく》　速度を緩めること。⇔加速

還《げん》俗《ぞく》　僧や尼が俗人に戻ること。
謙《けん》遜《そん》　へりくだること。
玄《げん》孫《そん》　孫の孫。やしゃご。
現《げん》存《そん》　現実にあること。げんぞん。
厳《げん》存《そん》　確かに存在すること。
倦《けん》怠《たい》　飽きていやになること。だるいこと。
兼《けん》帯《たい》　二つ以上の用途を兼ねること。
検《けん》体《たい》　検査の対象となる物体。
献《けん》体《たい》　解剖実習用に自分の遺体を提供する。
見《けん》台《だい》　読書の際、書物を載せる台。書見台。
兼《けん》題《だい》　歌会・句会で前もって出される題。
減《げん》退《たい》　弱まり衰えること。「食欲—」
原《げん》題《だい》　翻訳などをする前の、もとの題。
現《げん》代《だい》　今の時代。日本史では第二次大戦後。
原《げん》体《たい》験《けん》　幼少期の忘れられない体験。

権《けん》高《だか》　気位が高いさま。
剣《けん》玉《だま》　木製の玩具の一。(別)拳玉
健《けん》啖《たん》　食欲旺盛なこと。「—家」
検《けん》痰《たん》　痰中の病原菌の有無を検査すること。
減《げん》反《たん》　作物の作付け面積を減らすこと。
見《けん》地《ち》　観察や判断をするときの立場。
検《けん》地《ち》　田畑の等級・面積を調べること。
言《げん》質《ち》　あとの証拠となる言葉。ことばじち。
現《げん》地《ち》　実際に事のおこなわれている土地。
建《けん》築《ちく》　建物などを建てること。
原《げん》虫《ちゅう》　原生動物。
原《げん》注《ちゅう》　原著者のつけた注。
顕《けん》著《ちょ》　いちじるしいさま。「—な進歩」
原《げん》著《ちょ》　翻訳などのもとになった著作。
県《けん》庁《ちょう》　県の行政事務を扱う役所。

堅《けん》調《ちょう》　相場が上昇傾向にあること。
玄《げん》鳥《ちょう》　ツバメの異名。
幻《げん》聴《ちょう》　実際にはない音が聞こえること。
巻《けん》繊《ちん》　野菜と豆腐を油でいためた料理。
検《けん》定《てい》　検査をして合否を決めること。
献《けん》呈《てい》　差し上げること。進呈。
限《げん》定《てい》　範囲・数量を限ること。「—版」
舷《げん》梯《てい》　舷側にとりつけるはしご。
涓《けん》滴《てき》　しずく。「—岩をうがつ」
硯《けん》滴《てき》　硯に水を注ぐ水さし。
圏《けん》点《てん》　文章中の字句のわきにつける点。
喧《けん》伝《でん》　盛んに言いはやすこと。
原《げん》典《てん》　翻訳などのもとになった書物。
原《げん》点《てん》　基準となる点。座標軸の交点。
減《げん》点《てん》　点数をへらすこと。

限《げん》度《ど》　それをこえることのできない範囲。
見《けん》当《とう》　大体の方向。大体の見込み。
拳《けん》闘《とう》　ボクシング。
軒《けん》灯《とう》　軒先につけるあかり。
健《けん》闘《とう》　精一杯よく戦うこと。
検《けん》討《とう》　よく調べ考えること。
献《けん》灯《とう》　社寺に奉納する灯明。
剣《けん》道《どう》　防具を着け竹刀を使って争う競技。
権《けん》道《どう》　目的を果たすための便宜的な手段。
幻《げん》灯《とう》　写真フィルムを拡大して映す装置。
玄《げん》冬《とう》　冬の異名。
舷《げん》灯《とう》　夜間、左右の舷側につける灯火。
厳《げん》冬《とう》　图 寒さのきびしい冬。
言《げん》動《どう》　言うことと行うこと。言行。
原《げん》動《どう》力《りょく》　活動を起こすもとになる力。

捲《けん》土《ど》重来《じゅうらい》　敗れた者が勢いを盛り返して、再びやってくること。
慳《けん》貪《どん》　つっけんどん。物惜しみすること。
圏《けん》内《ない》　範囲の枠内。⇔圏外
験《げん》直《なお》し　縁起なおし。
現《げん》生《なま》　現金をいう俗語。
剣《けん》難《なん》　刀などで殺傷される災難。「—の相」
現《げん》に　実際に。現実に。
厳《げん》に　きびしく。厳重に。「—つつしむ」
検《けん》尿《にょう》　尿を検査すること。
兼《けん》任《にん》　二つ以上の職務をかねること。
堅《けん》忍《にん》　がまん強く耐えること。「—持久」
検《けん》認《にん》　検査して確認すること。
現《げん》認《にん》　現実の事実として確認すること。
堅《けん》忍《にん》不《ふ》抜《ばつ》　耐えて動じない。

献納《けんのう》 社寺や国に金品をさし出すこと。
権能《けんのう》 能力を行使できる法律上の権利。
玄翁《げんのう》 鉄製の大きな金づち。
現《げん》**の証拠**《しょうこ》 健胃薬とする野草。〔夏〕
剣呑《けんのん》 あぶないさま。
現場《げんば》 事件が起こった所。作業をしている所。
献杯《けんぱい》 相手に酒杯をさすことの謙譲語。
減配《げんぱい》 配給や配当を減らすこと。
建白《けんぱく》 政府などに意見を述べること。
原爆《げんばく》 「原子爆弾」の略。
堅白同異《けんぱくどうい》 詭弁を弄する論。
厳罰《げんばつ》 きびしく罰すること。「—に処す」
原発《げんぱつ》 「原子力発電」の略。
犬馬《けんば》**の労**《ろう》 人のために力を尽くす。
検番《けんばん》 三業組合の事務所。〔別〕見番

鍵盤《けんばん》 ピアノなどの指でたたく部分。
原盤《げんばん》 複製に使用したもとのレコード。
原板《げんばん》 焼き付けのもとになる写真フィルム。
原版《げんぱん》 紙型・鉛版のもとになる活字組版。
兼備《けんび》 兼ね備えていること。「才色—」
厳秘《げんぴ》 厳重に守るべき秘密。極秘。
顕微《けんび》**鏡**《きょう》 物を拡大して見る装置。
健筆《けんぴつ》 たくみに詩文を作ること。達筆。
検品《けんぴん》 製品を検査すること。
原品《げんぴん》 複製のもとになった物。
現品《げんぴん》 現にある品物。現物。「—限り」
剣舞《けんぶ》 剣を振り、詩吟に合わせて舞う舞。
玄武《げんぶ》 天の四神の一。北に配する。水の神。
絹布《けんぷ》 絹で織った布。絹織物。
厳父《げんぷ》 きびしい父。他人の父の敬称。

厳封《げんぷう》 厳重に封をすること。
原風景《げんふうけい》 幼児期に焼きついた風景。
玄武岩《げんぶがん》 火山岩の一。緻密で黒色。
元服《げんぷく》 公家・武家の男子の成人の儀式。
見物《けんぶつ》 名所や催し物を見て楽しむこと。
現物《げんぶつ》 現在ある物品。金銭に対して、実物。
見聞《けんぶん》 見たり聞いたりすること。
検分《けんぶん》 立ち会って検査すること。
原文《げんぶん》 翻訳などのもとになった文章。
権柄《けんぺい》 権力でおさえつけること。「—ずく」
憲兵《けんぺい》 旧陸軍で、軍事警察を担当した兵。
源平《げんぺい》 源氏と平氏。紅白に分かれること。
建蔽率《けんぺいりつ》 建て坪と敷地面積との割合。
検便《けんべん》 大便を検査すること。
賢母《けんぼ》 かしこい母。

健保《けんぽ》 「健康保険」の略。
原簿《げんぼ》 写しに対して、もとの帳簿。
権謀《けんぼう》 臨機応変の謀略。
剣法《けんぽう》 剣術。
拳法《けんぽう》 こぶしや足を使う中国伝来の格闘技。
憲法《けんぽう》 国の政治体制を定めた最高の法律。
減法《げんぽう》 引き算。⇔加法
減俸《げんぽう》 給料の額を減らすこと。減給。
権謀術数《けんぼうじゅっすう》 人を欺く計略。
健忘症《けんぼうしょう》 記憶を再生できない症状。
硯北《けんぽく》 手紙の脇付の一。机下。
原木《げんぼく》 製材されていない木。
玄圃《けんぽ》**梨**《なし》 クロウメモドキ科の高木。
献本《けんぽん》 書物を進呈すること。
絹本《けんぽん》 書画用の絹地。それに書いたもの。

原本《げんぽん》 抄録・翻訳などに対して、もとの本。
研磨《けんま》 とぎみがくこと。
減摩《げんま》 摩擦を少なくすること。
玄米《げんまい》 精白していない米。
剣幕《けんまく》 激しく怒った顔つき・態度。
肩摩《けんま》**轂撃**《こくげき》 都会の雑踏のさま。
拳万《げんまん》 約束の印に互いの小指をからませる。
厳密《げんみつ》 細かなことまで手落ちがないさま。
玄妙《げんみょう》 奥深くて微妙なこと。
兼務《けんむ》 本務の他に別の職務を兼ねること。
幻夢《げんむ》 ゆめまぼろし。夢幻。
賢明《けんめい》 賢くて道理に明るいこと。
懸命《けんめい》 精一杯努力するさま。「—に働く」
言明《げんめい》 はっきり言いきること。断言。
厳命《げんめい》 きびしく命じること。きびしい命令。

幻滅《げんめつ》 想像を裏切られて、がっかりすること。
券面《けんめん》 金額を記した証券の表面。
原綿《げんめん》 精製していない綿。
減免《げんめん》 刑罰や税金を軽減・免除すること。
原毛《げんもう》 織物の原料とする羊毛などの獣毛。
検問《けんもん》 問いただし調べること。
権門《けんもん》 官位が高く権勢のある家。
原野《げんや》 自然のままの広い野原。
倹約《けんやく》 金品を無駄に使わないこと。
原油《げんゆ》 精製していない石油。
現有《げんゆう》 現在持っていること。「—勢力」
兼用《けんよう》 一つの物を複数の用途に使うこと。
絢爛《けんらん》 美しくきらびやかなこと。「—豪華」
権利《けんり》 してよいと認められている資格。
原理《げんり》 物事の根本になっている前提や法則。

源流《げんりゅう》 流れの源。物事の起こり。
見料《けんりょう》 見物の料金。占いを見てもらう料金。
賢良《けんりょう》 かしこくて善良なこと。
原料《げんりょう》 製造品や加工品のもとになるもの。
減量《げんりょう》 量が減ること。体重を減らすこと。
権力《けんりょく》 他人を強制し服従させる力。
堅塁《けんるい》 堅い守りのとりで。
眷恋《けんれん》 恋いこがれること。
険路《けんろ》 けわしい道。
堅牢《けんろう》 堅くじょうぶなこと。
元老《げんろう》 功労のあった大政治家・老大家。
言論《げんろん》 言葉によって考えを発表すること。
幻惑《げんわく》 人の目をくらまし、まどわすこと。
眩惑《げんわく》 何かに目がくらんで判断が狂うこと。

こ

弧《こ》 弓のように曲がった形。「—を描く」
個《こ》 一人の人。自分自身。
碁《ご》 黒石と白石で地を取り合う遊戯。
語《ご》 ことば。単語。
豆汁《ご》 大豆をすりつぶした汁。豆腐の原料。
小《こ》味《あじ》 こまやかなあじわい。
小《こ》当《あ》たり ちょっと探ってみること。
恋《こい》 異性を慕う気持ち。恋愛。
鯉《こい》 コイ科の淡水魚。食用・観賞用。
故《こ》意《い》 知っていてわざとすること。
濃《こ》い 色・味の程度が強い。密度が大きい。
語《ご》彙《い》 ある範囲で用いられる単語の総体。
語《ご》意《い》 言葉のもつ意味。語義。

恋敵《こいがたき》 恋愛の競争相手。
小粋《こいき》 どことなくいきであること。
濃《こ》い口《くち》 醤油などの味や色が濃いこと。
鯉口《こいぐち》 刀のさやの口。「—を切る」
鯉濃《こいこく》 鯉の筒切りを煮込んだ味噌汁。
恋心《こいごころ》 恋いしたう心。
五位《ごい》鷺《さぎ》 サギ科の鳥。水辺にすむ。
恋路《こいじ》 恋愛。恋のみち。
碁石《ごいし》 碁で使う黒と白の小さな石。
濃《こ》い茶《ちゃ》 濃くたてた抹茶。
御一新《ごいっしん》 明治維新。
恋仲《こいなか》 恋し合う間柄。
恋女房《こいにょうぼう》 恋し合って一緒になった妻。
希《こいねが》う 強く願い望む。切望する。(別)冀う
希《こいねがわ》くは なにとぞ。

恋猫《こいねこ》 さかりのついた猫。[春]
鯉幟《こいのぼり》 鯉の形につくった幟。[夏]
恋人《こいびと》 恋し合っている相手。
恋文《こいぶみ》 恋い慕う気持ちを書いた手紙。
子《こ》芋《いも》 里芋の親芋についた小さい芋。[秋]
恋煩《こいわずら》い 恋心がつのって病むこと。
雇《こ》員《いん》 (官庁などで)臨時雇いの職員。
功《こう》 手柄。功績。年功。効用。
効《こう》 きき目。「薬石—なく」
甲《こう》 十干の第一。きのえ。こうら。
香《こう》 たきもの。
候《こう》 時候。「秋冷の—」
庚《こう》 十干の第七。かのえ。
稿《こう》 詩文の下書き。「—を改める」
鋼《こう》 鋼鉄。スチール。

講《こう》 金融のための組合。信者の団体。
恋《こ》う 異性を慕う。思い慕う。
請《こ》う のぞむ。ねがう。(別)乞う
斯《こ》う このように。このとおり。「—思う」
号《ごう》 雅号。活字の大きさの単位。
合《ごう》 尺貫法の体積の単位。
業《ごう》 善悪の行為。「—が深い」
剛《ごう》 強いこと。「柔よく—を制す」
郷《ごう》 いなか。その土地。
壕《ごう》 掘って作ったみぞ。また、堀。
濠《ごう》 水をたたえた堀。
高圧《こうあつ》 高い圧力。高い電圧。「—的態度」
公安《こうあん》 国家や社会の秩序。
公案《こうあん》 参禅する人に課題として与える問題。
考案《こうあん》 工夫して考え出すこと。

行為《こうい》 おこない。行動。
更衣《こうい》 衣服を着がえること。「—室」
好意《こうい》 親しみの気持ち。
厚意《こうい》 思いやりのある気持ち。厚情。
皇位《こうい》 天皇の地位。
校医《こうい》 学校医。
校異《こうい》 文章の異同を比べ合わせること。
高位《こうい》 高い地位。「—高官」
合意《ごうい》 意思が一致すること。
広域《こういき》 広い区域。
後遺《こうい》症《しょう》 治癒後に残る障害。
後逸《こういつ》 野球で、ボールを後ろへそらすこと。
合一《ごういつ》 一つになること。「知行—」
好一《こういっ》対《つい》 よく似合う組み合わせ。
紅一《こういっ》点《てん》 大勢の中のただ一人の女性。

工員《こういん》 工場で働く労働者。
勾引《こういん》 被告や証人を強制的に引致すること。
光陰《こういん》 月日。歳月。「―矢の如し」
行員《こういん》 銀行員。
後胤《こういん》 子孫。後裔《こうえい》。
荒淫《こういん》 過度に淫欲にふけること。
強引《ごういん》 無理に物事をおこなうさま。
降雨《こうう》 雨が降ること。「―量」
豪雨《ごうう》 激しく降る雨。「集中―」
幸運《こううん》 運がよいこと。㊀好運
耕耘《こううん》 田畑を耕すこと。「―機」
行雲流水《こううんりゅうすい》 成り行きに任せる。
公営《こうえい》 国や地方公共団体の経営。
光栄《こうえい》 名誉なこと。「身に余る―」
後裔《こうえい》 子孫。後胤《こういん》。

後衛《こうえい》 後方を守ること。その人・部隊。
公益《こうえき》 公共の利益。「―事業」⇕私益
交易《こうえき》 物品の交換や売買。
高閲《こうえつ》 文章に目を通すことの尊敬語。
校閲《こうえつ》 印刷物や原稿の不備や誤りを直す。
口演《こうえん》 (講談などを)大勢の前で語ること。
公演《こうえん》 演芸などを人々の前で演ずること。
講演《こうえん》 聴衆の前で講義すること。
公園《こうえん》 公衆のためのいこいの庭園。
後援《こうえん》 後ろから援助すること。援軍。
高遠《こうえん》 高尚で遠大なこと。「―な理想」
講筵《こうえん》 講義をする席。「―に列する」
好悪《こうお》 すききらい。「―の激しい人」
甲乙《こうおつ》 優劣。「―つけがたい」
厚恩《こうおん》 あつい恩恵。深い恩。

高恩《こうおん》 高大な恩。大恩。㊀鴻恩
恒温《こうおん》 一定した温度。定温。「―動物」
高音《こうおん》 高い音。⇕低音
高温《こうおん》 温度が高いこと。⇕低温
号音《ごうおん》 合図の音。
轟音《ごうおん》 とどろきわたる音。
工科《こうか》 工学を研究する学科。工学部。
公課《こうか》 租税以外の公的金銭負担。
功過《こうか》 功績と過失。てがらとあやまち。
考課《こうか》 勤務成績を調査して評価すること。
効果《こうか》 よい結果。舞台効果。
校歌《こうか》 その学校で制定した歌。
降下《こうか》 高い所からおりること。下がること。
降嫁《こうか》 皇女が結婚して皇族の籍を抜ける。
高価《こうか》 値段が高いこと。⇕安価

高架《こうか》 高くかけ渡すこと。
高歌《こうか》 声高く歌うこと。「―放吟」
黄禍《こうか》 黄色人種の進出を禍とする白人の説。
硬化《こうか》 物が硬くなる。態度が強硬になる。
硬貨《こうか》 金属で鋳造した通貨。コイン。
高雅《こうが》 気高く優雅なさま。
劫火《ごうか》 この世を焼き尽くすという大火。
業火《ごうか》 罪人を焼くという地獄の猛火。
豪華《ごうか》 ぜいたくで、はなやかなこと。
公海《こうかい》 各国が自由に航行できる海。⇕領海
公開《こうかい》 公衆に開放すること。
更改《こうかい》 契約などを改めること。
後悔《こうかい》 あとで悔やむこと。「―先に立たず」
航海《こうかい》 船で海を渡ること。
降灰《こうかい》 火山灰が降ること。こうはい。

狡獪《こうかい》 ずるがしこいこと。狡猾。
笄《こうがい》 日本髪に挿すはし状の髪飾り。
口外《こうがい》 他人に話を漏らすこと。
口蓋《こうがい》 口の内部の上側の部分。
公害《こうがい》 自然環境や生活環境の破壊による害。
郊外《こうがい》 都市の周辺の地域。
梗概《こうがい》 物語などのあらすじ。
鉱害《こうがい》 鉱業によって生じる被害。
慷慨《こうがい》 激しく憤りなげくこと。「悲憤―」
豪快《ごうかい》 堂々として力強く、心地よいさま。
号外《ごうがい》 臨時に発行する新聞。
口蓋垂《こうがいすい》 のどちんこ。
公会堂《こうかいどう》 公衆の集会のための建物。
口角《こうかく》 唇の両脇の部分。「―泡を飛ばす」
広角《こうかく》 広い角度。「―レンズ」

降格《こうかく》 階級や地位が下がること。
工学《こうがく》 科学を工業に応用する学問。
光学《こうがく》 光に関する現象を研究する物理学。
向学《こうがく》 学問に励もうとすること。「―心」
好学《こうがく》 学問を好むこと。「―の士」
後学《こうがく》 後日役立つ知識。後進の学者。
高額《こうがく》 金額が大きいこと。
合格《ごうかく》 試験や検査に受かること。
豪華《ごうか》絢爛《けんらん》 はなやかで美しい。
広闊《こうかつ》 広々としてひらけていること。
狡猾《こうかつ》 わるがしこいこと。
効果《こうか》覿面《てきめん》 すぐ効果が現れる。
公刊《こうかん》 出版物にして世に出すこと。
公館《こうかん》 官庁の建物。大使館・公使館など。
交換《こうかん》 互いに物をとりかえること。

こ

交感《こうかん》 互いに感じ合うこと。
交歓《こうかん》 親しく交わり楽しむこと。
向寒《こうかん》 寒さに向かうこと。「—の候」
好感《こうかん》 好ましいと思う感情。
好漢《こうかん》 りっぱで好ましい男。
巷間《こうかん》 ちまた。世間。「—に流布する」
皇漢《こうかん》 皇国と漢土。日本と中国。
後患《こうかん》 のちのうれい。
校勘《こうかん》 刊本・写本などの校異を調べる。
浩瀚《こうかん》 書籍の巻数やページ数の多いこと。
高官《こうかん》 高い地位の官職。その官吏。
槓桿《こうかん》 てこ。
鋼管《こうかん》 鋼鉄製の管。
厚顔《こうがん》 厚かましいさま。「—無恥」
紅顔《こうがん》 血色のいい若者の顔。「—の美少年」

睾丸《こうがん》 雄の生殖腺。精巣。きんたま。
強姦《ごうかん》 女性を暴力で犯すこと。
傲岸《ごうがん》 おごりたかぶっているさま。
傲岸不遜《ごうがんふそん》 高慢で謙虚でない。
厚顔無恥《こうがんむち》 恥知らずなさま。
工期《こうき》 工事の期間。
公器《こうき》 公共のためのもの。
広軌《こうき》 鉄道レールの幅が標準より広いもの。
光輝《こうき》 光り輝くこと。ほまれ。名誉。
好奇《こうき》 珍しい物に対する興味。「—心」
好期《こうき》 ちょうどよい時期。
好機《こうき》 ちょうどよい機会。「—至れり」
後記《こうき》 後述すること。あとがき。「編集—」
後期《こうき》 あとの期間。
香気《こうき》 よいかおり。芳香。

校紀《こうき》 学校内の風紀。
高貴《こうき》 身分が高く尊い。高価で貴重。
綱紀《こうき》 国や組織の秩序・規律。「—粛正」
公儀《こうぎ》 朝廷。幕府。
広義《こうぎ》 広い意味。⇕狭義
交誼《こうぎ》 親しく交際すること。「—を結ぶ」
好誼《こうぎ》 (自分に向けられる)親しみ。
厚誼《こうぎ》 深い親しみ。親しい交わり。
高誼《こうぎ》 相手の好意を敬っていう語。
抗議《こうぎ》 不当だとして反対意見を主張する。
講義《こうぎ》 理論や知識を教える。大学の授業。
剛毅《ごうき》 意志が強く、くじけないこと。
豪気《ごうき》 豪放な気性であるさま。(別)剛気
合議《ごうぎ》 集まって相談すること。「—制」
豪儀《ごうぎ》 やることが大きく立派だ。(別)強気

高気圧《こうきあつ》 周りよりも気圧の高い所。
剛毅果断《ごうきかだん》 強い意志と気力をもって、思いきって物事を行うさま。
綱紀粛正《こうきしゅくせい》 規律や不正を正す。
剛毅木訥《ごうきぼくとつ》 意志が強く、無骨で飾り気がないこと。「—仁に近し」
公休《こうきゅう》 公式に認められた休日。定休日。
好球《こうきゅう》 打つのにいい球。「—必打」
考究《こうきゅう》 考えきわめること。
後宮《こうきゅう》 后妃や女官が住んだ奥御殿。
恒久《こうきゅう》 いつまでも変わらないこと。
高級《こうきゅう》 品質・等級などがすぐれていること。
高給《こうきゅう》 給料が高いこと。「—取り」
硬球《こうきゅう》 テニス・野球などで使うかたい球。
購求《こうきゅう》 買い求めること。

号泣《ごうきゅう》 大声で泣くこと。
剛球《ごうきゅう》 威力のある投手の投球。(別)豪球
強弓《ごうきゅう》 張りの強い弓。つよ弓。
皇居《こうきょ》 天皇が住む所。宮城。
公許《こうきょ》 政府などの許可。官許。
溝渠《こうきょ》 給排水のためのみぞ。
薨去《こうきょ》 親王・三位以上の人が死ぬこと。
香魚《こうぎょ》 アユの異名。
口供《こうきょう》 口頭で述べること。供述。
公共《こうきょう》 社会一般。おおやけ。
広狭《こうきょう》 広いことと狭いこと。
好況《こうきょう》 景気がよいこと。⇕不況
高教《こうきょう》 相手が教えてくれることの敬称。
工業《こうぎょう》 原料を加工し製品を作る産業。
功業《こうぎょう》 功績の著しい事業。手柄。功績。

鉱業《こうぎょう》 鉱物の採掘・製錬などをする産業。
興行《こうぎょう》 入場料を取って見物させる催し物。
興業《こうぎょう》 産業を盛んにすること。「殖産—」
交響曲《こうきょうきょく》 大規模な管弦楽曲。
紅玉《こうぎょく》 ルビー。
硬玉《こうぎょく》 翡翠。
鋼玉《こうぎょく》 サファイヤやルビーなどの鉱物。
公金《こうきん》 国や公共団体の所有する金銭。
拘禁《こうきん》 拘置所などに身柄を拘束すること。
抗菌《こうきん》 有毒な細菌の増殖を阻止すること。
高吟《こうぎん》 声高く詩歌を吟ずること。「放歌—」
合金《ごうきん》 二種以上の金属を融合した金属。
工区《こうく》 いくつかに分けた工事の区域。
鉱区《こうく》 鉱物の試掘・採掘を許可された区域。
工具《こうぐ》 工作に用いる器具。

業苦《ごうく》　前世の悪業により受ける苦しみ。
航空《こうくう》　飛行機で空中を航行すること。
高空《こうくう》　空の高い所。⇔低空
厚遇《こうぐう》　手厚く待遇すること。⇔冷遇
皇宮《こうぐう》　皇居。宮城。「—警察」
航空《こうくう》機《き》　飛行機・飛行船などの総称。
後屈《こうくつ》　後ろに曲がっていること。「子宮—」
校訓《こうくん》　その学校の教育方針。
行軍《こうぐん》　軍隊が行進すること。
香華《こうげ》　仏前に供える香と花。
高下《こうげ》　地位などの高低。上がり下がり。
口径《こうけい》　銃など、筒状のものの内径。
光景《こうけい》　景色や物事のありさま。
肯綮《こうけい》　物事の急所。「—にあたる」
後景《こうけい》　背後に配置する光景。背景。

後継《こうけい》　後を継ぐこと。あとつぎ。「—者」
工芸《こうげい》　美術的な実用品を作ること。
合計《ごうけい》　全部の数量を加え合わせること。
好景《こうけい》気《き》　景気がよいこと。⇔不景気
攻撃《こうげき》　敵を攻めること。非難すること。
纐纈《こうけち》　古代の絞り染めの名。
高潔《こうけつ》　けだかくてけがれがないこと。
膏血《こうけつ》　あぶらと血。苦労して得た収入。
豪傑《ごうけつ》　武勇にすぐれた人。
高血《こうけつ》圧《あつ》　正常の血圧より高い状態。
効験《こうけん》　ききめ。しるし。「—あらたか」
後見《こうけん》　うしろだてとなって補佐すること。
貢献《こうけん》　力を尽くして、役に立つこと。
高見《こうけん》　相手の意見の敬称。「ご—」
巧言《こうげん》　口先だけのうまい言葉。

公言《こうげん》　人前で堂々と言うこと。
広言《こうげん》　口にまかせて大きなことを言うこと。
高言《こうげん》　えらそうに言うこと。
光源《こうげん》　光を発するもと。
抗原《こうげん》　生体内に抗体を生じさせる物質。
荒原《こうげん》　あれはてた野原。荒野。
高原《こうげん》　山地にある平原。
合憲《ごうけん》　憲法の規定にかなっていること。
剛健《ごうけん》　強くたくましいこと。
考現《こうげん》学《がく》　現代社会を研究する学問。
巧言《こうげん》令色《れいしょく》　こびへつらうこと。
公庫《こうこ》　政府の金融機関。住宅金融公庫など。
好個《こうこ》　ちょうどよいこと。「—の資料」
江湖《こうこ》　世の中。世間。「—の好評を得る」
後顧《こうこ》　あとに残る思い。「—の憂い」

香香《こうこ》　漬物。香の物。こうこう。
口語《こうご》　話し言葉。現代の日常語。
交互《こうご》　たがいちがい。かわるがわる。
向後《こうご》　これからのち。今後。
豪語《ごうご》　自信ありげに大きなことを言うこと。
口腔《こうこう》　口の中の空間。こうくう。
孝行《こうこう》　親によくつかえること。親孝行。
後攻《こうこう》　スポーツなどで、あとぜめ。⇔先攻
航行《こうこう》　船舶や航空機が航路を進むこと。
膏肓《こうこう》　体の奥深くの、治療しにくい所。
浩浩《こうこう》　水がみなぎるさま。広々としたさま。
耿耿《こうこう》　明るいさま。
皓皓《こうこう》　白いさま。明らかなさま。
煌煌《こうこう》　きらきらと光り輝くさま。
交合《こうごう》　性交。交接。

皇后《こうごう》　天皇の配偶者。きさき。
香合《こうごう》　香を入れる容器。〔別〕香盒
囂囂《ごうごう》　やかましいさま。「—たる非難」
轟轟《ごうごう》　物音がとどろきわたるさま。
神神《こうごう》しい　神秘的でおごそかな感じだ。
好好《こうこう》爺《や》　人のいい老人。
考古《こうこ》学《がく》　古代の生活を探究する学問。
公告《こうこく》　官報などで広く公衆に告知すること。
広告《こうこく》　世間に商品などを広く宣伝すること。
公国《こうこく》　公の称号をもつ君主の治める国。
抗告《こうこく》　裁判所の決定に対する異議申し立て。
皇国《こうこく》　天皇がおさめる国。
興国《こうこく》　国の勢いをさかんにすること。
鴻鵠《こうこく》　大きな鳥。大人物。「—の志」
硬骨《こうこつ》　硬い骨。意志が強く信念を曲げない。

恍惚《こうこつ》　うっとりするさま。痴呆。
硬骨《こうこつ》漢《かん》　意志が強い男。
黄昏《こうこん》　たそがれ。夕暮れ。
公差《こうさ》　機械加工で、許容される誤差の範囲。
交差《こうさ》　線状のものが一点で交わること。
考査《こうさ》　考え調べること。学校の学力試験。
黄砂《こうさ》　中国大陸の黄土が空を覆う現象。〔春〕
口座《こうざ》　簿記で、項目ごとに記入する区分。
高座《こうざ》　寄席で演芸のための一段高い席。
講座《こうざ》　大学の学部構成上の単位。講義。
公債《こうさい》　国・公共団体が発行する債券。
交際《こうさい》　つきあうこと。「—費」
光彩《こうさい》　美しいかがやき。
虹彩《こうさい》　眼球内に入る光の量を調節する膜。
高裁《こうさい》　「高等裁判所」の略。

鉱滓《こうさい》 鉱石を精錬するときに出るかす。
功罪《こうざい》 てがらとあやまち。「―相半ばする」
鋼材《こうざい》 建設・機械などの材料となる鋼鉄。
高材疾足《こうざいしっそく》 知勇兼備の人。
光彩陸離《こうさいりくり》 まばゆく輝くさま。
工作《こうさく》 器物を作ること。事前の働きかけ。
交錯《こうさく》 入りまじること。
耕作《こうさく》 田畑を耕し、作物を作ること。
鋼索《こうさく》 鋼線をより合わせた太い綱。
考察《こうさつ》 よく考え調べること。
高札《こうさつ》 相手の手紙の敬称。昔、役所の告知板。
高察《こうさつ》 相手の「推察」の尊敬語。
絞殺《こうさつ》 首をしめて殺すこと。
交雑《こうざつ》 遺伝子の型が異なる二個体間の交配。
交差点《こうさてん》 道が交差している所。

業晒し《ごうさらし》 恥さらし。
公算《こうさん》 見込み。たしからしさ。
恒産《こうさん》 一定の財産や職業。
降参《こうさん》 負けて服従する。困り切る。
鉱山《こうざん》 鉱石を採掘する山。
高山流水《こうざんりゅうすい》 演奏の巧みなさま。
公子《こうし》 貴族の子。貴公子。「小―」
公司《こうし》 中国で、会社。コンス。
公私《こうし》 公事と私事。「―混同」
公使《こうし》 席次が大使に次ぐ外交使節。
甲子《こうし》 干支の一。きのえね。かっし。
光子《こうし》 素粒子としての光。質量は0とされる。
行使《こうし》 権力や権利を使うこと。「実力―」
孝子《こうし》 親孝行な子供。
厚志《こうし》 親切な気持ち。厚意。厚情。

後嗣《こうし》 あとつぎ。よつぎ。
皇嗣《こうし》 皇位の継承者。
格子《こうし》 細い木を縦横に組んだもの。「―窓」
高士《こうし》 人格が高潔な人。
皓歯《こうし》 白く美しい歯。「明《めい》眸《ぼう》―」
嚆矢《こうし》 かぶら矢。物事のはじめ。
講師《こうし》 講演する人。大学教員の職名の一。
麹《こうじ》 蒸した穀類に麹菌を繁殖させたもの。
小路《こうじ》 こみち。「袋―」⇕大路《おおじ》
工事《こうじ》 土木・建築などの作業。
公示《こうじ》 公の機関が広く一般に知らせること。
好事《こうじ》 よいこと。「―魔多し」
好餌《こうじ》 人を誘惑する手段。えじき。
後事《こうじ》 あとのこと。死後のこと。
柑子《こうじ》 ミカンの一。小さく酸味が強い。[秋]

高次《こうじ》 高い次元。高い程度。
合祀《ごうし》 二柱以上の神や霊を一社に祭ること。
郷士《ごうし》 江戸時代、農村に居住した武士。
公式《こうしき》 公の方式。一般法則を表す関係式。
高姿勢《こうしせい》 相手を威圧する強い態度。
行尸走肉《こうしそうにく》 存在価値のない人。
皇室《こうしつ》 天皇とその一族。天皇家。
高湿《こうしつ》 湿度の高いこと。「高温―」
硬質《こうしつ》 硬い性質。「―ガラス」⇕軟質。
口実《こうじつ》 言い訳。言いのがれ。
好日《こうじつ》 よい日。佳日。「日々これ―」
曠日弥久《こうじつびきゅう》 むだに時を費す。
公社《こうしゃ》 国や公共団体が出資した法人。
公舎《こうしゃ》 公務員用の住宅。
巧者《こうしゃ》 たくみにできること(人)。「試合―」

後者《こうしゃ》 二つのうち後の方のもの。⇕前者
校舎《こうしゃ》 学校の建物。
降車《こうしゃ》 電車などから降りること。⇕乗車
豪奢《ごうしゃ》 豪華でぜいたくなこと。「―な建物」
公爵《こうしゃく》 もと五等爵の第一位。
侯爵《こうしゃく》 もと五等爵の第二位。
講釈《こうしゃく》 意味などを説明すること。講談。
黄雀風《こうじゃくふう》 陰暦五月に吹く東南の風。
公社債《こうしゃさい》 公債と社債。
高射砲《こうしゃほう》 航空機を射撃するための砲。
公主《こうしゅ》 中国で、天子の娘。
巧手《こうしゅ》 技芸がたくみなこと(人)。巧者。
好手《こうしゅ》 (囲碁や将棋で)いい手。
好守《こうしゅ》 上手な守り。好守備。
攻守《こうしゅ》 攻撃と守備。「―所を変える」

絞首《こうしゅ》 首をしめて殺すこと。「―刑」
口授《こうじゅ》 口で教えること。くじゅ。
口臭《こうしゅう》 口から出るいやなにおい。
公衆《こうしゅう》 社会の一般の人々。
甲州《こうしゅう》 甲斐国の別名。
講習《こうしゅう》 学問・技芸などを学習すること。
江州《ごうしゅう》 近江国の別称。
豪州《ごうしゅう》 オーストラリア。
剛柔《ごうじゅう》 強いこととやさしいこと。
高周波《こうしゅうは》 周波数の高い電流や電波。
黄熟《こうじゅく》 果実が黄色く熟すこと。
香薷散《こうじゅさん》 暑気払いの漢方薬。[夏]
口述《こうじゅつ》 口で述べること。「―筆記」
公述《こうじゅつ》 公聴会で意見を述べること。「―人」
後述《こうじゅつ》 あとで述べること。⇕前述

こ

高峻《こうしゅん》 山が高くけわしいこと。
交詢《こうじゅん》 親密に交わること。
向暑《こうしょ》 暑さに向かうこと。「—の候」
高所《こうしょ》 高い場所。高い見地。「大所—」
公序《こうじょ》 公の秩序。「—良俗」
皇女《こうじょ》 天皇の娘。内親王。⇔皇子
控除《こうじょ》 ある金額を差し引いて除外すること。
口承《こうしょう》 口から口へ語り伝える。「—文学」
口誦《こうしょう》 書物などを声に出して読むこと。
工匠《こうしょう》 大工などの職人。たくみ。
工廠《こうしょう》 旧陸海軍に直属した工場。
公称《こうしょう》 表向きに発表されていること。
公証《こうしょう》 公務員が職権によって行う証明。
公傷《こうしょう》 公務中に負ったけが。
交渉《こうしょう》 かけあうこと。かかわりあうこと。

好尚《こうしょう》 このみ。嗜好《しこう》。「時代の—」
行賞《こうしょう》 ほうびを与えること。「論功—」
考証《こうしょう》 昔の事を文献を頼りに解釈すること。
哄笑《こうしょう》 大声でどっと笑うこと。
高尚《こうしょう》 けだかく上品なさま。
高唱《こうしょう》 大声で歌うこと。
鉱床《こうしょう》 有用な鉱物が沢山集まっている所。
口上《こうじょう》 口で言うこと。役者の挨拶。
工場《こうじょう》 機械を使って品物を生産する所。
向上《こうじょう》 よい方へ向かうこと。「—心」
交情《こうじょう》 相手に対する親しみの気持ち。
厚情《こうじょう》 心からの思いやり。
恒常《こうじょう》 いつも一定であること。「—的」
豪商《ごうしょう》 金持ちの大商人。
強情《ごうじょう》 自分の考えを変えないさま。

公職《こうしょく》 公務員や議員としての職。
好色《こうしょく》 いろごのみであること。
公序良俗《こうじょりょうぞく》 公の秩序。よい風習。
亢進《こうしん》 高ぶること。「心悸—」 ㊎昂進
功臣《こうしん》 手柄のあった臣下。
交信《こうしん》 通信をかわすこと。
行進《こうしん》 隊列を組んで進むこと。
更新《こうしん》 新しくすること。「記録を—する」
庚申《こうしん》 干支《えと》の一。かのえさる。
後身《こうしん》 以前の形から変化した後の姿。
後進《こうしん》 後ろへ進むこと。同じ分野の後輩。
恒心《こうしん》 常に変わらない正しい心。
紅唇《こうしん》 (美人の)赤いくちびる。
公人《こうじん》 公職にある人。⇔私人
行人《こうじん》 道を歩いて行く人。また、旅人。

幸甚《こうじん》 ありがたく思うこと。「—の至り」
巷塵《こうじん》 世間のわずらわしさ。俗塵。
後人《こうじん》 のちの世の人。
後塵《こうじん》 車などが通ったあとに立つ土ぼこり。
荒神《こうじん》 かまどの神。「—様」
黄塵《こうじん》 [春] 黄色の土けむり。
行進曲《こうしんきょく》 行進に用いられる曲。
興信所《こうしんじょ》 秘密に調べて報告する機関。
庚申塚《こうしんづか》 三猿を彫った石塔のある塚。
黄塵万丈《こうじんばんじょう》 強風に吹かれ、黄色い土けむりが空高く舞い上がるさま。
好人物《こうじんぶつ》 人柄の円満な人。
香辛料《こうしんりょう》 芳香や辛みを添える調味料。
構図《こうず》 絵や写真の画面の構成。
香水《こうすい》 香料をアルコールに溶かした物。[夏]

降水《こうすい》 雨や雪が地上に降ること。「—量」
硬水《こうすい》 カルシウムなどを多く含む水。
洪水《こうずい》 川の水があふれ出すこと。
好《こう》事《ず》家《か》 物好き。また、風流人。
上野《こうずけ》 旧国名。群馬県全域。上州。
抗《こう》する 抵抗する。さからう。
薨《こう》ずる 薨去する。
号《ごう》する 言いふらす。号をつける。
公正《こうせい》 公平で正しいさま。
攻勢《こうせい》 積極的にせめかかる勢い。
更正《こうせい》 誤りを正すこと。「—登記」
更生《こうせい》 生活態度を改め、立ち直ること。
厚生《こうせい》 生活を健康で豊かなものにすること。
後世《こうせい》 のちの時代。「—に伝える」
後生《こうせい》 後から生まれてくる人。後輩。

恒星《こうせい》 自ら光を出し位置を変えない星。
校正《こうせい》 原稿を見て印刷物の誤りを正すこと。
高声《こうせい》 高く大きな声。大声。
構成《こうせい》 一つに組み立てること。
合成《ごうせい》 二つ以上を合わせて一つの物を作る。
豪勢《ごうせい》 非常にぜいたくなこと。
抗生物質《こうせいぶっしつ》 菌繁殖の阻害物質。
口跡《こうせき》 役者の台詞の言い回し。
功績《こうせき》 立派な手柄。いさお。
光跡《こうせき》 光って動いているものの光の筋。
皇籍《こうせき》 皇族である身分の籍。「—離脱」
航跡《こうせき》 船が通ったあとに残る波の筋。
鉱石《こうせき》 有用鉱物を含んでいる岩石。
高積雲《こうせきうん》 ひつじ雲。
洪積世《こうせきせい》 氷河時代。更新世。

公設《こうせつ》 国や公共団体による設立。
巧拙《こうせつ》 じょうずとへた。「技の―」
交接《こうせつ》 交際。つきあい。性交。
巷説《こうせつ》 世間のうわさ。巷間の説。
降雪《こうせつ》 雪が降ること。その雪。
高説《こうせつ》 相手の説・意見の尊敬語。
口舌《こうぜつ》 口先。言葉だけ。「―の徒」
豪雪《ごうせつ》 大雪。「―地帯」
口銭《こうせん》 取引の仲介手数料。
公選《こうせん》 一般国民の投票で選ばれること。
交戦《こうせん》 互いに武力をもってたたかうこと。
光線《こうせん》 光。「太陽―」
好戦《こうせん》 戦いを好むこと。「―的」
抗戦《こうせん》 抵抗して戦うこと。「徹底―」
黄泉《こうせん》 死んだ人が行く所。あの世。よみ。

鉱泉《こうせん》 鉱物成分を多く含む湧き水。
公然《こうぜん》 表立っているさま。「―の秘密」
昂然《こうぜん》 自信にあふれ、意気盛んなさま。
浩然《こうぜん》 広々として大きいさま。
傲然《ごうぜん》 いばって人を見下すさま。
轟然《ごうぜん》 大きな音を立てるさま。
公租《こうそ》 国税・地方税の総称。
公訴《こうそ》 検察官が裁判所に裁判を請求する。
控訴《こうそ》 上級裁判所に再審を求めること。
酵素《こうそ》 生体内の化学反応の触媒となる物質。
楮《こうぞ》 クワ科の落葉低木。和紙の原料。
強訴《ごうそ》 徒党を組んで訴えること。
好走《こうそう》 野球で、うまい走塁を行うこと。
抗争《こうそう》 対立して争うこと。「派閥―」
後送《こうそう》 後方へ送ること。あとから送ること。

香草《こうそう》 よいかおりのする草。ハーブ。
降霜《こうそう》 霜がおりること。
高僧《こうそう》 学識や徳のすぐれた僧。
高層《こうそう》 大気の上方の層。層の高い重なり。
構想《こうそう》 全体の構成や内容を考えること。
広壮《こうそう》 広く立派なさま。(別)宏壮
高燥《こうそう》 土地が高くて、乾燥していること。
構造《こうぞう》 機械や組織などの内部の組み立て。
豪壮《ごうそう》 建物などが大きくて立派なさま。
拘束《こうそく》 自由な行動を制限すること。
校則《こうそく》 生徒が守るべき学校の規則。
高速《こうそく》 はやい速度。高速度。「―道路」
梗塞《こうそく》 動脈がふさがること。「心筋―」
後続《こうぞく》 あとから続くこと。
皇族《こうぞく》 天皇を除く天皇家の一族。

豪族《ごうぞく》 富や勢力を持つ一族。「地方―」
高速度《こうそくど》 速度が速いこと。「―写真」
皇孫《こうそん》 天皇の孫。また、天皇の子孫。
公孫樹《こうそんじゅ》 イチョウの漢名。
小唄《こうた》 三味線の爪弾きで伴奏する俗曲。
好打《こうだ》 野球で、うまくボールを打つこと。
交替《こうたい》 入れ代わること。(別)交代
抗体《こうたい》 病原体の侵入に対し生体が作る物質。
後退《こうたい》 後ろへしりぞくこと。⇔前進
広大《こうだい》 ひろく大きいさま。(別)宏大
後代《こうだい》 のちの時代。後世。
皇太后《こうたいごう》 先代の天皇の皇后。
皇太子《こうたいし》 次代の天皇となるべき皇子。
広大無辺《こうだいむへん》 広く果てしがない。
光沢《こうたく》 物の表面のつや。

黄濁《こうだく》 黄色く濁ること。おうだく。
強奪《ごうだつ》 力づくで金品を奪うこと。
後端《こうたん》 後ろのはし。
荒誕《こうたん》 でたらめなこと。うそ。荒唐無稽。
降誕《こうたん》 神仏・聖人などが生まれること。
公団《こうだん》 国や公共団体が出資する特殊法人。
巷談《こうだん》 世間のうわさ。巷説。「―俗説」
後段《こうだん》 文章などの後の段落。
降壇《こうだん》 壇上から降りること。
高談《こうだん》 大声で話すこと。他人の話の尊敬語。
講談《こうだん》 軍記・政談などを語る話芸。
講壇《こうだん》 講義・講演をする壇。
豪胆《ごうたん》 胆力があって物に動じない。(別)剛胆
強談《ごうだん》 強引に談判すること。こわ談判。
好男子《こうだんし》 美男子。男らしい男。

巧遅《こうち》 上手だが完成が遅いこと。⇔拙速
巧緻《こうち》 細かな所まで巧みにできているさま。
拘置《こうち》 拘置所などに拘禁すること。
狡知《こうち》 ずるがしこい知恵。奸知。(別)狡智
耕地《こうち》 耕作する土地。
高地《こうち》 周囲より高い土地。海抜の高い土地。
構築《こうちく》 造り築くこと。「理論の―」
紅茶《こうちゃ》 チャの葉を発酵させて作る茶。
膠着《こうちゃく》 事態が少しも変化しないこと。
甲虫《こうちゅう》 かたい羽根で覆われている昆虫。
校注《こうちゅう》 校訂して付けた注釈。
高著《こうちょ》 他人の著書の尊敬語。
好調《こうちょう》 物事の調子がよいこと。
紅潮《こうちょう》 顔に赤みがさすこと。
候鳥《こうちょう》 渡り鳥。

校長《こうちょう》 学校の最高責任者。
高潮《こうちょう》 勢いが高まること。「最―」
高調《こうちょう》 気分や調子が高まること。
硬調《こうちょう》 相場が上がり気味であること。
公聴《こうちょう》**会**《かい》 公の機関が意見を聞く会。
硬直《こうちょく》 体がこわばる。変化に対応できない。
剛直《ごうちょく》 意志が強く信念を曲げないさま。
工賃《こうちん》 生産・加工の手間賃。工銭。
交通《こうつう》 人や乗り物が行き来すること。
業《ごう》**突**《つ》**く張**《ば》**り** 欲張りで頑固。
好《こう》**都**《つ》**合**《ごう》 都合がよいこと。⇔不都合
工程《こうてい》 生産・工事の作業の手順。
公定《こうてい》 公の機関が定めること。「―価格」
公邸《こうてい》 高官が在職中に与えられる住宅。
行程《こうてい》 みちのり。道程。旅行の日程。

肯定《こうてい》 そうだと認めること。⇔否定
皇帝《こうてい》 帝国の君主の称号。
校訂《こうてい》 古典の本文を異本と比べて訂正する。
校庭《こうてい》 学校の庭。
高低《こうてい》 高いことと低いこと。
高弟《こうてい》 優れた弟子。高足。
拘泥《こうでい》 こだわること。
豪邸《ごうてい》 大きくて立派な家。
好適《こうてき》 非常にふさわしいさま。
公的《こうてき》 おおやけであるさま。⇔私的
好敵《こうてき》**手**《しゅ》 よい競争相手。ライバル。
更迭《こうてつ》 ある地位にある者を他の者にかえる。
鋼鉄《こうてつ》 鋼《こう》。はがね。
公転《こうてん》 惑星や衛星が星の周囲を回ること。
交点《こうてん》 互いに交わる点。

好天《こうてん》 よい天気。晴天。
好転《こうてん》 物事がよい状態に向かうこと。
荒天《こうてん》 風雨の激しい悪天候。
香典《こうでん》 霊前に供えるお金。㊊香奠
告天《こうてん》**子**《し》 ヒバリの異名。
格天《ごうてん》**井**《じょう》 格子形に組んだ天井。
後天《こうてん》**的**《てき》 生まれてから身につくさま。
後図《こうと》 将来の計画。
光度《こうど》 光源の光の強さの度合。
耕土《こうど》 耕作する土の表層部。作土。
高度《こうど》 高さ。程度が高いさま。
黄土《こうど》 ⇩おうど(黄土)
硬度《こうど》 鉱物の硬さの程度。
口頭《こうとう》 言葉で述べること。
公党《こうとう》 活動を公に認められている政党。

好投《こうとう》 野球で、投手がいい投球をすること。
叩頭《こうとう》 頭を地につけておじぎをすること。
光頭《こうとう》 はげ頭。
皇統《こうとう》 天皇の血統。
紅灯《こうとう》 赤いはなやかなともしび。「―の巷」
高等《こうとう》 等級・品位などが高いこと。⇔下等
高踏《こうとう》 俗世間を超越した高い理想の境地。
高騰《こうとう》 値段が高くなること。㊊昂騰
喉頭《こうとう》 咽頭と気管の間の部分。
公道《こうどう》 国道・県道などの道。正しい道理。
行動《こうどう》 あることを行うこと。活動すること。
坑道《こうどう》 鉱山の地下に掘った通路。
香道《こうどう》 香のかおりを楽しむ芸道。香。
黄道《こうどう》 地球から見た太陽の運行する軌道。
講堂《こうどう》 式・講演などをする大きな建物。

強盗《ごうとう》 暴行や脅迫で金品を奪う者。
合同《ごうどう》 二つ以上の物が一つになること。
黄道《こうどう》**吉日**《きちにち》 何事にも吉の日。
荒唐《こうとう》**無**《む》**稽**《けい》 でたらめである。
紅灯《こうとう》**緑酒**《りょくしゅ》 歓楽街の形容。
公徳《こうとく》 公衆道徳。「―心」
高徳《こうとく》 優れた高い徳。「―の僧」
鉱毒《こうどく》 鉱物の採掘・製錬の際に出る毒物。
講読《こうどく》 書物を読み内容を講義すること。
購読《こうどく》 出版物を買って読むこと。
坑内《こうない》 鉱山の坑道の内部。
校内《こうない》 学校の中。
港内《こうない》 港の中。
構内《こうない》 建物・敷地の中。
小《こう》**女**《な》**子**《ご》 イカナゴの別名。

後難《こうなん》 後日の災難。「―を恐れる」
硬軟《こうなん》 硬いことと軟らかいこと。
購入《こうにゅう》 買い入れること。
公認《こうにん》 公に認めること。正式に認めること。
後任《こうにん》 前の人にかわって、任務につくこと。
降任《こうにん》 下位の役職・地位につけること。
光熱《こうねつ》 光と熱。あかりと燃料。「―費」
高熱《こうねつ》 高い熱。高い体温。
光年《こうねん》 光が一年間に進む距離。
行年《こうねん》 その人が今まで生きてきた年月。
後年《こうねん》 のちの年。将来。
高年《こうねん》 高い年齢。高齢。
更年《こうねん》**期**《き》 女性の月経が止まる時期。
効能《こうのう》 ききめ。効用。㊊功能
豪農《ごうのう》 財力や勢力のある農家。

鸛《こうのとり》 ツルに似た大形の鳥。
光波《こうは》 波動としての光。
硬派《こうは》 強硬な一派。女性を退ける粗野な男。
工場《こうば》 こうじょう(工場)。「町—」
交配《こうはい》 二個体間で受粉・受精を行うこと。
光背《こうはい》 仏像の背後にある光明を表す装飾。
向背《こうはい》 従うことと背《そむ》くこと。
後輩《こうはい》 年齢や職歴が自分より下の人。
荒廃《こうはい》 荒れはてること。すさむこと。
降灰《こうはい》 ⇨こうかい(降灰)
高配《こうはい》 相手の配慮の尊敬語。
興廃《こうはい》 おこることとすたれること。
公売《こうばい》 公告して競売にかけること。
勾配《こうばい》 傾斜の程度。また、斜面。
紅梅《こうばい》 [春]紅色の花の咲く梅。

購買《こうばい》 買い入れること。購入。
後背地《こうはいち》 都市や港の周辺地域。
紅白《こうはく》 赤い色と白い色。
広漠《こうばく》 果てしなく広いさま。
荒漠《こうばく》 荒れはてて果てしないさま。
香箱《こうばこ》 香を入れる箱。香合《こうごう》。
香《こう》ばしい こんがり焼けて香りがよい。
好発《こうはつ》 病気がよく発生すること。「—部位」
後発《こうはつ》 後から出発、または始めること。
香花《こうばな》 こうげ(香華)。
業腹《ごうはら》 非常に腹の立つこと。しゃく。
公判《こうはん》 公開の法廷で行う刑事事件の審理。
甲板《こうはん》 かんぱん(甲板)。
後半《こうはん》 あとの半分の部分。⇔前半
紅斑《こうはん》 皮膚にできる赤い斑点。

広汎《こうはん》 広い範囲にわたるさま。(別)広範
交番《こうばん》 警官の派出所。
降板《こうばん》 投手が打たれてマウンドを去ること。
合板《ごうはん》 薄い板を数枚貼り合わせた板。
後半生《こうはんせい》 人生のあとの半分。
口碑《こうひ》 言い伝え。伝説。
工費《こうひ》 工事の費用。
公費《こうひ》 国や公共団体の費用。
后妃《こうひ》 王侯の妻。きさき。
皇妃《こうひ》 天皇・皇帝の妻。皇后。
高庇《こうひ》 相手の庇護を敬っていう語。
高批《こうひ》 相手の批評を敬っていう語。
交尾《こうび》 動物の雌雄が交わること。
後尾《こうび》 列など、長いものの後ろの方。
合否《ごうひ》 合格と不合格。

硬筆《こうひつ》 ペン・鉛筆など先の硬い筆記用具。
公表《こうひょう》 広く世間に発表すること。
好評《こうひょう》 よい評判。「—を博する」
高評《こうひょう》 評判が高いこと。高批。
講評《こうひょう》 指導者が説明しながら批評すること。
業病《ごうびょう》 悪業が原因と考えられた難病。
公賓《こうひん》 国賓に次ぐ待遇を受ける国の賓客。
幸便《こうびん》 よいついで。「—に託す」
後便《こうびん》 次のたより。あとのたより。
工夫《こうふ》 土木工事などで働く労働者。
公布《こうふ》 成立した法令などを国民に知らせる。
交付《こうふ》 公の機関が書類や金品を渡すこと。
坑夫《こうふ》 炭鉱・鉱山で働く労働者。
鉱夫《こうふ》 鉱物を採掘する労働者。
公武《こうぶ》 公家《くげ》と武家。また、朝廷と幕府。

後部《こうぶ》 後ろの部分。⇔前部
荒蕪《こうぶ》 土地が荒れて雑草が茂っていること。
光風《こうふう》 雨後の晴天に草木の上を渡る風。
校風《こうふう》 その学校の気風。
高風《こうふう》 気高い人格・姿。
光風霽月《こうふうせいげつ》 さわやかな心境。
幸福《こうふく》 しあわせ。
降伏《こうふく》 戦いに負けて敵に服従すること。
剛愎《ごうふく》 強情で人に従わないさま。
剛腹《ごうふく》 剛胆で度量の大きいさま。太っ腹。
降伏《ごうぶく》 神仏により悪魔を抑え鎮めること。
好物《こうぶつ》 好きな飲食物。「大—」
鉱物《こうぶつ》 天然に産する、地中の無機物。
口吻《こうふん》 くちさき。話しぶり。くちぶり。
公憤《こうふん》 社会の悪に対するいきどおり。

興奮《こうふん》 感情が高ぶること。
構文《こうぶん》 文の構造。文の組みたて。
公文書《こうぶんしょ》 官庁などが出す正式の文書。
頭《こうべ》 あたま。かしら。(別)首
工兵《こうへい》 橋・道路の建設に当たる陸軍の兵科。
公平《こうへい》 公正でどちらにも片寄らないこと。
衡平《こうへい》 つりあうこと。平衡。
公平無私《こうへいむし》 公平で私心がない。
口辺《こうへん》 口のあたり。口もと。
抗弁《こうべん》 相手の主張に反論を述べること。
合弁《ごうべん》 二国以上の資本提携による共同経営。
候補《こうほ》 ある地位・身分を得る資格がある人。
公募《こうぼ》 広く一般から募集すること。
酵母《こうぼ》 醸造・製パンなどに利用する菌類。
工法《こうほう》 工事の方法。

公法《こうほう》 憲法・行政法・刑法などの法の総称。

公報《こうほう》 官庁が国民に正式に発表する知らせ。

広報《こうほう》 一般の人に広く知らせること。

後方《こうほう》 うしろのほう。⇔前方

航法《こうほう》 船や航空機を正しく航行させる技術。

高峰《こうほう》 高いみね。たかね。

工房《こうぼう》 美術家・工芸家の仕事場。アトリエ。

光芒《こうぼう》 尾をひく光の筋。「—を放つ」

攻防《こうぼう》 攻撃と防御。「—戦」

興亡《こうぼう》 国・民族などの興廃。盛衰。

号砲《ごうほう》 合図として撃つ鉄砲。

合法《ごうほう》 法律に反しないこと。⇔不法

豪放《ごうほう》 肝が太く、小事にこだわらないさま。

豪放磊落《ごうほうらいらく》 大らかで心が広い。

公僕《こうぼく》 公衆に奉仕する者としての公務員。

香木《こうぼく》 よいかおりのする木。白檀など。

高木《こうぼく》 中心の幹が高く生長する木。喬木。

河骨《こうほね》 スイレン科の草。池沼に生える。[夏]

降魔《ごうま》 悪魔を降伏《ごうぶく》すること。

高邁《こうまい》 理想の高いこと。「—な志」

豪邁《ごうまい》 性格が豪放で、優れていること。

毫末《ごうまつ》 ほんのわずかなこと。「—もない」

高慢《こうまん》 思い上がった言動をすること。

傲慢《ごうまん》 えらそうにして人を見下すこと。

香味《こうみ》 飲食物のかおりと風味。「—料」

鉱脈《こうみゃく》 岩石の割れ目を満たす板状の鉱床。

功名《こうみょう》 手柄を立てて有名になること。

巧妙《こうみょう》 やり方がたくみなこと。「—な手口」

光明《こうみょう》 明るい光。明るい見通し。

公民《こうみん》 国政に関与する権利を有する国民。

公民館《こうみんかん》 地域の住民の集会施設。

公民権《こうみんけん》 選挙権と被選挙権。市民権。

工務《こうむ》 土木・建築などの仕事。

公務《こうむ》 国家や公共団体の仕事。

被《こうむ》**る** 他者から受ける。上の者から受ける。

小梅《こうめ》 ウメの一種。実は小さい。食用。[夏]

公明《こうめい》 不正や隠し立てのないさま。

高名《こうめい》 名高いこと。相手の名の尊敬語。

公明正大《こうめいせいだい》 公明で正しい。

毫《ごう》**も** 少しも。全く。「—動じない」

紅毛《こうもう》 あかい髪の毛。近世、西洋人の称。

孔孟《こうもう》 孔子と孟子。「—の教え(＝儒教)」

鴻毛《こうもう》 きわめて軽いもののたとえ。

剛毛《ごうもう》 かたい毛。こわい毛。

紅毛碧眼《こうもうへきがん》 西洋人のこと。

項目《こうもく》 個々の箇条や細目。辞書の見出し。

蝙蝠《こうもり》 鳥のように自由に飛べる哺乳類。[夏]

肛門《こうもん》 大便を排泄する穴。

校門《こうもん》 学校の門。

黄門《こうもん》 中納言の唐名。水戸黄門。

閘門《こうもん》 水量を調節する装置のある水門。

拷問《ごうもん》 自白させるために、苦痛を与えること。

紺屋《こうや》 染め物屋。こんや。

広野《こうや》 広い野原。(別)曠野

荒野《こうや》 あれた野原。あれの。

口約《こうやく》 口で約束すること。

公約《こうやく》 有権者に対し公に約束すること。

膏薬《こうやく》 あぶらで練り固めた薬。外用薬。

公約数《こうやくすう》 複数の整数に共通した約数。

高野豆腐《こうやどうふ》 凍《し》み豆腐。[冬]

高野槇《こうやまき》 スギ科の常緑針葉樹。本槇。

香油《こうゆ》 香料を加えた化粧用の油。

公有《こうゆう》 国や公共団体の所有。「—地」

交友《こうゆう》 友人として交際すること。「—関係」

交遊《こうゆう》 交際。つきあい。

校友《こうゆう》 同じ学校の卒業生。

豪勇《ごうゆう》 勇気があり強いこと。(別)剛勇

豪遊《ごうゆう》 豪勢に遊ぶこと。

公用《こうよう》 公務。公共のことに用いること。

孝養《こうよう》 親を大切にしてよく面倒を見ること。

効用《こうよう》 ききめ。効能。用途。

紅葉《こうよう》 秋、木の葉が赤くなること。

黄葉《こうよう》 秋、木の葉が黄色に変わること。

高揚《こうよう》 精神や気分が高まること。

綱要《こうよう》 主要な点。大切な部分。

広葉樹《こうようじゅ》 広い葉をつける木。闊葉樹。

強欲《ごうよく》 非常に欲が深いさま。

甲羅《こうら》 カメ・カニなどの体を覆う、堅い殻。

光来《こうらい》 相手の来訪を敬っていう語。

高麗《こうらい》 かつて日本で、朝鮮の別名。こま。

行楽《こうらく》 山野や観光地に出かけて楽しむこと。

黄落《こうらく》 葉や果実が色づいて落ちること。[秋]

勾欄《こうらん》 欄干《らんかん》。(別)高欄

高覧《こうらん》 他人が見ることを敬っていう語。

小売《こう》**り** 仕入れた品物をお客に売ること。

公理《こうり》 おおやけの真理・道理。

行李《こうり》 竹や柳で編んだ入れ物。

高利《こうり》 高い利息。⇔低利

合理《ごうり》 道理にかなっていること。「—的」

合理化《ごうりか》 無駄を省き能率化すること。

合力《ごうりき》　力を添え助ける。金品を恵むこと。

強力《ごうりき》　強い力。荷を負い道案内する人。

公立《こうりつ》　公共団体が設立し運営すること。

効率《こうりつ》　仕事量と労力の比率。

高率《こうりつ》　率の高いこと。⇔低率

攻略《こうりゃく》　敵陣を攻めて奪いとること。

後略《こうりゃく》　あとの部分を省略すること。

交流《こうりゅう》　互いに行き来して交わること。

勾留《こうりゅう》　被疑者・被告人を拘禁すること。

拘留《こうりゅう》　犯罪人を三〇日未満拘置する刑。

興隆《こうりゅう》　勢いが盛んになって栄えること。

合流《ごうりゅう》　複数の流れや団体が一つに合わさる。

考慮《こうりょ》　よく考えること。

行旅《こうりょ》　旅行すること(人)。

広量《こうりょう》　度量の広いこと。⇔狭量　別宏量

香料《こうりょう》　よいにおいを出す物質。香典。

校了《こうりょう》　校正が完了すること。

黄粱《こうりょう》　オオアワの漢名。「—一炊の夢」

綱領《こうりょう》　政党・組合などの根本方針。

稿料《こうりょう》　原稿料。

荒涼《こうりょう》　荒れ果てて寂しいさま。別荒寥

効力《こうりょく》　効果。ききめ。「—を発する」

光臨《こうりん》　他人の来訪を敬っていう語。

降臨《こうりん》　神仏が地上に降りること。「天孫—」

紅涙《こうるい》　(美しい)女性の涙。「—をしぼる」

好例《こうれい》　ちょうど良い例。適例。

恒例《こうれい》　決まって行われる行事。

高齢《こうれい》　年齢が高いこと。「—化社会」

号令《ごうれい》　大声で指図する。命令する。

行路《こうろ》　道を行くこと。生きて行く道筋。

香炉《こうろ》　香をたく器。香盤。

航路《こうろ》　船舶・航空機が運行する道筋。

高炉《こうろ》　鉄鉱石から銑鉄を作る大きな溶鉱炉。

功労《こうろう》　組織や社会に尽くした功績。手柄。

高楼《こうろう》　高い楼閣。たかどの。

高禄《こうろく》　多額の俸禄。高給。

口論《こうろん》　言い争い。口げんか。

公論《こうろん》　世間一般の人の意見。

高論《こうろん》　優れた議論。相手の意見の尊敬語。

甲論乙駁《こうろんおつばく》　結論に至らない。

高論卓説《こうろんたくせつ》　立派な意見・理論。

高話《こうわ》　他人の話を敬っていう語。高説。

講和《こうわ》　戦争をやめ平和を回復すること。

講話《こうわ》　わかりやすく説き聞かすこと。

幸若舞《こうわかまい》　曲舞《くせまい》の一種。中世に流行。

港湾《こうわん》　みなと。

声《こえ》　口から出る音。人々の意見。

肥《こえ》　肥料にする糞尿。こやし。肥料。

孤影《こえい》　ひとりぼっちの寂しげな姿。

護衛《ごえい》　付き添ってまもること(人)。

御詠歌《ごえいか》　巡礼が歌う仏を讃える歌。

孤影悄然《こえいしょうぜん》　寂しそうなさま。

呉越同舟《ごえつどうしゅう》　仲の悪い者同士が同じ場所に居合わせたり、行動を共にすること。

肥《こ》える　太る。肥沃になる。

越《こ》える　上を通り過ぎる。ある数値をすぎる。

超《こ》える　程度を上まわる。抜け出る。まさる。

呼応《こおう》　互いに気脈を通ずること。

古往今来《こおうこんらい》　昔から今まで。

小躍《こおど》り　喜びのあまり躍り上がること。

珈琲《コーヒー》　飲み物の一。

氷砂糖《こおりざとう》　塊状に結晶させた砂糖。

氷枕《こおりまくら》　氷を入れて頭を冷やすゴム製の袋。

氷水《こおりみず》　削り氷に砂糖水をかけたもの。夏

高粱《コーリャン》　中国原産のモロコシ。高粱酒の原料。

凍《こお》る　水が冷えて固体になる。冬　別氷る

蟋蟀《こおろぎ》　秋に鳴く昆虫。全体は黒茶色。秋

個我《こが》　他者と区別された自我。

子飼《こが》い　未熟な時から育てること。

戸外《こがい》　家の外。屋外。

蚕飼《こが》い　蚕を飼うこと。春

沙蚕《ごかい》　海べの泥の中にいる環形動物。

五戒《ごかい》　仏徒が守るべき五つのいましめ。

誤解《ごかい》　相手の言葉などを誤ってうけとる。

互角《ごかく》　両者の力量が五分五分であること。

語学《ごがく》　外国語の学習。

木陰《こかげ》　樹木の下の陰。

焦《こ》がす　焼いて黒くする。心を悩ます。

小形《こがた》　形が小さいこと。⇔大形

小型《こがた》　同類の物のうち小さい方。⇔大型

碁敵《ごがたき》　いつも打っている碁の好敵手。

小刀《こがたな》　細工などに用いる小さな刃物。

枯渇《こかつ》　水がかれること。尽きること。

小金《こがね》　少しばかりまとまった金銭。

黄金《こがね》　おうごん。きん。金貨。

黄金虫《こがねむし》　コガネムシ科の昆虫。夏

小柄《こがら》　体が小さいこと。模様が細かいこと。

小雀《こがら》　シジュウカラ科の小鳥。秋

木枯《こが》らし　初冬の冷たい風。冬　別凩

股間《こかん》　またの間。またぐら。

こ

湖岸《こがん》 湖の岸。湖畔。
五官《ごかん》 目・耳・舌・鼻・皮膚。
五感《ごかん》 視覚・聴覚・味覚・嗅覚・触覚。
互換《ごかん》 互いに交換し合えること。「―性」
語幹《ごかん》 用言の活用しない部分。⇔語尾
語感《ごかん》 言葉のもつ感じ。言葉に対する感覚。
護岸《ごがん》 川岸・海岸を補強し水害を防ぐこと。
股関節《こかんせつ》 またの付け根の関節。
古希《こき》 七〇歳。「―の祝い」(別)古稀
呼気《こき》 口からはき出す息。⇔吸気
語気《ごき》 言葉の調子や勢い。「―を荒らげる」
誤記《ごき》 書きあやまり。
語義《ごぎ》 語の意味。語意。
扱《こ》**き下**《お》**ろす** ひどくけなす。
御機嫌《ごきげん》 機嫌の尊敬語。上機嫌。

狐疑逡巡《こぎしゅんじゅん》 実行をためらう。
扱《こ》**き使**《つか》**う** 人を酷使する。
小切手《こぎって》 支払いに当てる有価証券。
蜚蠊《ごきぶり》 ゴキブリ目の昆虫の総称。[夏]
小気味《こきみ》 「気味」の強め。「―がいい」
顧客《こきゃく》 お得意客。こかく。
呼吸《こきゅう》 息の出入り。物事の要領。こつ。
故旧《こきゅう》 昔からの知り合い。「―忘れうべき」
胡弓《こきゅう》 弓で弾く、三味線に似た弦楽器。
小器用《こきよう》 ちょっと器用なさま。
故郷《こきょう》 生まれ育った土地。ふるさと。
五経《ごきょう》 易経・書経・詩経・春秋・礼記。
五行《ごぎょう》 木・火・土・金・水の五つの元素。
御形《ごぎょう》 ハハコグサ。春の七草の一。
小奇麗《こぎれい》 清潔で好感の持てるさま。

石《こく》 尺貫法における容積の単位。
刻《こく》 昔の時間の単位。
扱《こ》**く** かき落とす。しごく。「稲を―」
放《こ》**く** (屁を)ひる。ぬかす。「うそを―」
酷《こく》 容赦のないさま。「―に過ぎる」
扱《こ》**ぐ** 根元から引き抜く。
漕《こ》**ぐ** 艪《ろ》や櫂《かい》を操って舟を進める。
極《ごく》 きわめて。「―普通の人」
獄《ごく》 牢獄。牢屋。「―にくだる」
語句《ごく》 語または一連の語。
極悪《ごくあく》 極めて悪いこと。「―非道」
黒暗暗《こくあんあん》 まっくらなこと。
国威《こくい》 国家の対外的な威信。「―発揚」
極意《ごくい》 武道や芸道の秘訣。奥義。
刻一刻《こくいっこく》 次第次第に。

刻印《こくいん》 印を彫ること。極印。
極印《ごくいん》 品質証明の印形。永久に残るしるし。
虚空《こくう》 何もない空間。空。大空。
穀雨《こくう》 二十四節気の一。四月二〇日頃。[春]
御供《ごくう》 神仏に供えるもの。「人身《ひとみ》―」
国運《こくうん》 国家の運命。国の勢い。
国営《こくえい》 国家が経営すること。官営。
国益《こくえき》 国家の利益。
黒鉛《こくえん》 炭素からなる鉱物の一。石墨。
国王《こくおう》 国の君主。王国の統治者。
国外《こくがい》 国の領土のそと。⇔国内
国学《こくがく》 日本固有の精神を究明する学問。
国技《こくぎ》 その国の伝統的な武術・技芸。相撲。
国軍《こくぐん》 その国の軍隊。
国劇《こくげき》 その国の代表的な演劇。

極月《ごくげつ》 一二月の異名。しわす。[冬]
刻限《こくげん》 定めた最終時刻。時刻。
国語《こくご》 自国語。日本語。
国号《こくごう》 国の名前。
国債《こくさい》 国が財源確保のために発行する債券。
国際《こくさい》 いくつかの国にかかわっていること。
極彩色《ごくさいしき》 非常に濃厚・細密な色彩。
国策《こくさく》 国の基本的政策。
国産《こくさん》 わが国の産物・生産物。「―品」
国士《こくし》 国事に奔走する人。その国第一の人物。
国司《こくし》 律令制下の国の長官。
国史《こくし》 日本の歴史。日本史。
酷使《こくし》 ひどく使うこと。
告示《こくじ》 役所などが広く一般に知らせること。
国字《こくじ》 国語を表記する文字。日本製の漢字。

国事《こくじ》 国の政治に関する事柄。
酷似《こくじ》 ひどく似ていること。そっくり。
獄死《ごくし》 獄中で死ぬこと。牢死。
黒死病《こくしびょう》 ペストの別名。
国士無双《こくしむそう》 国家第一等の人物。
獄舎《ごくしゃ》 牢獄《ろうごく》。
国主《こくしゅ》 一国以上を領有していた大名。
国書《こくしょ》 国が発する文書。日本の典籍。
酷暑《こくしょ》 真夏の耐えがたい暑さ。[夏]
極暑《ごくしょ》 きわめてひどい暑さ。[夏]
国情《こくじょう》 その国の政治・文化などの情勢。
極上《ごくじょう》 きわめて上等なこと(もの)。
国辱《こくじょく》 国の体面を傷つけるような恥。
黒色人種《こくしょくじんしゅ》 皮膚が黒い人種。
黒人《こくじん》 黒色人種に属する人。

国粋《こくすい》　その国の伝統的な長所・美点。
刻《こく》する　きざむ。彫刻する。
哭《こく》する　大声をあげて泣き叫ぶ。
国是《こくぜ》　その国の政治上の大方針。
国政《こくせい》　国の政治。
国勢《こくせい》　人口・産業などから見た国の状態。
国税《こくぜい》　国が国民から徴収する租税。
酷税《こくぜい》　手きびしく取り立てる高額の税。
国籍《こくせき》　一国の国民としての資格。
国選《こくせん》　国が選任すること。「―弁護人」
告訴《こくそ》　被害者が捜査機関に訴え出ること。
国葬《こくそう》　国の儀式として行う葬儀。
穀倉《こくそう》　穀物をたくわえる倉庫。こくぐら。
獄窓《ごくそう》　牢獄の窓。牢獄のなか。獄中。
穀象虫《こくぞうむし》　小形の甲虫。米の害虫。夏

国賊《こくぞく》　国家に害を与える悪人。
獄卒《ごくそつ》　もと、囚人を取り扱った役人。
国体《こくたい》　国の政治形態。
石高《こくだか》　武士の俸禄の高。
黒檀《こくたん》　熱帯原産の常緑大高木。家具用材。
告知《こくち》　つげしらせること。通知すること。
小口《こぐち》　切り口。少量。少額。
木口《こぐち》　木材を横に切った切り口。
獄中《ごくちゅう》　牢獄のなか。獄内。
国鳥《こくちょう》　国の象徴となる鳥。日本ではキジ。
黒鳥《こくちょう》　ハクチョウの一種。全体が黒色。
穀潰《ごくつぶ》し　食べるだけで働かない人。
国定《こくてい》　国家が制定すること(もの)。
国鉄《こくてつ》　「日本国有鉄道」の略。JRの前身。
黒点《こくてん》　黒色の点。太陽面に見える黒い点。

国都《こくと》　その国の首都。
国土《こくど》　一国が領有する土地。
国道《こくどう》　国が管理する道路。
極道《ごくどう》　悪事にふけること。放蕩者。別獄道
国内《こくない》　国の領土内。⇔国外
獄内《ごくない》　監獄の中。獄中。
国難《こくなん》　国家の存立にかかわる危難。
酷熱《こくねつ》　ひどい暑さ。酷暑。
告白《こくはく》　心の内を打ち明けること。
酷薄《こくはく》　思いやりがなく、むごいこと。
告発《こくはつ》　第三者が犯罪事実を申告すること。
黒板《こくばん》　白墨で文字などを書く黒色の板。
国費《こくひ》　国から出す費用。「―留学」
小首《こくび》　首。「―をかしげる」
極秘《ごくひ》　絶対に秘密であること。

極微《ごくび》　非常に小さいこと。その道の奥義。
黒白《こくびゃく》　黒と白。正邪。善悪。
酷評《こくひょう》　手きびしく批評すること。
国賓《こくひん》　国家の客として応接する賓客。
極貧《ごくひん》　きわめて貧乏なこと。赤貧。
国父《こくふ》　国民が父のように尊敬する指導者。
国府《こくふ》　律令制下、国司のいた役所。
国富《こくふ》　その国の総合的な経済力。
国風《こくふう》　おくにぶり。漢詩に対し、和歌。
克服《こくふく》　困難に打ち勝つこと。
国文《こくぶん》　国語で書いた文章。「国文学」の略。
告別《こくべつ》　(死者に)別れをつげること。
国宝《こくほう》　国が法律で保護・管理する文化財。
国法《こくほう》　その国の法律。憲法。
国防《こくぼう》　敵国の侵略から国を守ること。

極細《ごくぼそ》　きわめて細いこと。「―毛糸」
国民《こくみん》　国家を構成する人々。
国務《こくむ》　国家の政務。
克明《こくめい》　こまかく丹念なさま。「―な記述」
穀物《こくもつ》　米・麦など、種子を食用とする作物。
獄門《ごくもん》　斬首した後に首をさらす刑罰。
告諭《こくゆ》　説き聞かせること。
国有《こくゆう》　国家の所有。「―林」⇔民有
黒曜石《こくようせき》　ガラス質の火山岩。
極楽《ごくらく》　「極楽浄土」の略。安楽な場所や境遇。
極楽蜻蛉《ごくらくとんぼ》　気楽でのんきな人。
酷吏《こくり》　民衆に対し苛酷な官吏。
獄吏《ごくり》　監獄の役人。
国立《こくりつ》　国が設立・経営していること。
国力《こくりょく》　その国の総合的な力。

穀類《こくるい》　食糧としての穀物の類。
酷烈《こくれつ》　きびしく容赦のないさま。
国連《こくれん》　「国際連合」の略。
国論《こくろん》　総体としての国民の意見。世論。
孤軍奮闘《こぐんふんとう》　一人懸命に尽くす。
苔《こけ》　湿地や岩などに生える植物。こけら。
虚仮《こけ》　愚かなこと。実質のないこと。
後家《ごけ》　未亡人。寡婦。やもめ。
碁笥《ごけ》　碁石を入れる丸い容器。
固形《こけい》　一定の形に固めたもの。「―燃料」
孤閨《こけい》　妻がひとり寂しく寝る部屋。
互恵《ごけい》　双方が利益や恩恵を与え合うこと。
虚仮《こけ》威《おど》し　見せかけだけのもの。
小《こ》芥《け》子《し》　木製の人形。東北地方特産。
苔《こけ》清《し》水《みず》　苔の間を流れる清水。夏

焦《こ》げ茶《ちゃ》 濃い茶色。焦げ茶色。

虎穴《こけつ》 虎のすむ岩穴。非常に危険な場所。

御家人《ごけにん》 将軍直属の家臣。

苔生《こけむ》す こけがはえる。

苔桃《こけもも》 高山に生えるツツジ科の小低木。

柿《こけら》 材木のけずりくず。

鱗《こけら》 魚のうろこ。こけ。

小啄木《こげら》 キツツキ類で最も小さい鳥。

柿《こけら》落《お》とし 新築の劇場の初の興行。

転《こ》ける 倒れる。ころぶ。

痩《こ》ける 肉がおちる。「ほおが—」

焦《こ》げる 火で焼けて、黒くなる。

古賢《こけん》 古代の賢人。

沽券《こけん》 体面。品格。「—にかかわる」

古諺《こげん》 古くから伝わることわざ。

護憲《ごけん》 憲法を擁護すること。

語源《ごげん》 ある単語の、もともとの形や意味。

呱呱《ここ》 赤ん坊の泣く声。「—の声をあげる」

個個《ここ》 おのおの。それぞれ。

此処《ここ》 この場所。この箇所。(別)此所

古語《こご》 昔使われ現在は使われていない言葉。

午後《ごご》 正午から午前零時まで。

股肱《ここう》 自分の手足となって働く家来。

虎口《ここう》 極めて危険な状況。「—をのがれる」

孤高《ここう》 ひとり超然としていること。

糊口《ここう》 ほそぼそとした暮らし。「—を凌ぐ」

古豪《こごう》 ふるつわもの。ベテラン。

五更《ごこう》 昔、夜を五分した総称。

後光《ごこう》 仏や菩薩の体からさすという光。

御幸《ごこう》 上皇・法皇・女院の外出。「大原—」

小声《こごえ》 小さく低い声。

凍《こご》える 寒さのために感覚を失う。

此処《ここ》彼処《かしこ》 あちらこちら。

故国《ここく》 祖国。母国。

五穀《ごこく》 五種の穀類。米・麦・粟・黍・豆。

後刻《ごこく》 のちほど。

護国《ごこく》 国を守ること。

小腰《こごし》 腰。「—をかがめる」

個個《ここ》人《じん》 ひとりひとりの人。

心地《ここち》 気分。気持ち。「乗り—」

枯骨《ここつ》 朽ち果てた骨。

小言《こごと》 口うるさくとがめる言葉。

茲《ここ》に この所。この時。(別)是に・爰に

九重《ここのえ》 皇居。宮中。

屈《こご》む かがむ。「その場に—」

小米《こごめ》 精白した時に砕けた米。

小《こ》米花《ごめばな》 ユキヤナギの異名。[春]

凝《こご》る 液状のものが冷えて固まる。

心当《こころあ》たり これと思いあたること(所)。

心《こころ》意《い》気《き》 気概。意気地。きっぷ。

心得《こころえ》 知識。たしなみ。

心覚《こころおぼ》え 思い当たること。忘備録。メモ。

心掛《こころが》け 平素からのたしなみ。

心構《こころがま》え 事に備えての心の用意。

心配《こころくば》り 心づかい。配慮。

志《こころざし》 人生の目標・理想。厚意。贈り物。

心丈夫《こころじょうぶ》 頼りになって心強い。

心遣《こころづか》い 気をつかうこと。配慮。

心付《こころづ》け 祝儀。チップ。

心積《こころづ》もり 事前の考え・予定。

心做《こころな》し 気のせいでそう思えるさま。

心憎《こころにく》い 憎らしいほど立派だ。

心根《こころね》 心のほど。気立て。

心残《こころのこ》り 残念に思う気持ち。未練。

心許《こころばか》り 自分の気持ちを表すだけのもの。

心待《こころま》ち 期待して待ち構えること。

試《こころ》み ためすこと。ためし。

心持《こころも》ち 気持ち。少しばかり。

心安《こころやす》い 気がおけない。親しい。

心遣《こころや》り 気晴らし。思いやり。

快《こころよ》い 気持ちがいい。感じがいい。

古《こ》今《こん》 昔と今。昔から今まで。

古《こ》今《こん》東《とう》西《ざい》 時代・国を問わず。

古《こ》今《こん》独《どっ》歩《ぽ》 昔から今にいたるまで、並ぶものがないほど優れていること。

胡坐《こざ》 あぐら。

誤差《ごさ》 真の値と測定値などとの差。

茣蓙《ござ》 イグサを編んで作った敷物。

小才《こさい》 ちょっとした才知。「—が利く」

巨細《こさい》 大と小。委細。一部始終。

後妻《ごさい》 のちぞいの妻。

小細工《こざいく》 見えすいた策略。

小作《こさく》 地主から土地を借りて耕作すること。

御座所《ござしょ》 天皇や貴人の居室。

古刹《こさつ》 古い由緒ある寺。

小雨《こさめ》 少し降る雨。小降りの雨。

古参《こさん》 古くからその職にいる人。⇔新参

故山《こざん》 故郷の山。故郷。

午餐《ごさん》 昼食。「—会」

誤算《ごさん》 計算違い。見込み違い。

御三家《ごさんけ》　尾張・紀伊・水戸の三家。
輿《こし》　人を運ぶ屋形のある乗り物。
故紙《こし》　使い古して不用になった紙。
枯死《こし》　草木が枯れて死ぬこと。
固持《こじ》　自分の意見・説を曲げないこと。
固辞《こじ》　固く辞退すること。
居士《こじ》　男子の戒名につける称号。
孤児《こじ》　みなしご。
故事《こじ》　昔からの言い伝えやいわれ。
誇示《こじ》　自慢そうに他に示すこと。
五指《ごし》　五本の指。その分野での代表者五人。
語誌《ごし》　その言葉の起源や意味・用法の変遷。
誤字《ごじ》　まちがっている文字。
護持《ごじ》　大事にして守ること。
輿入《こしい》れ　嫁入り。

こ

小潮《こしお》　潮の干満の差が最小となること。
腰帯《こしおび》　帯。婦人が和服を着る時の腰紐。
腰折《こしお》れ　へたな和歌。自分の和歌の謙称。
腰掛《こしか》け　腰をおろす台。一時的な勤め。
来《こ》し方《かた》　過ぎてきた所・方向。過去。
甑《こしき》　米・豆などを蒸すのに用いた道具。
轂《こしき》　車輪の中心にある、輻《や》の集まる部分。
古式《こしき》　昔からのしきたり。「―にのっとる」
乞食《こじき》　恵んでもらって生きていくこと(人)。
五色《ごしき》　赤・青・黄・白・黒の五種類の色。
腰巾着《こしぎんちゃく》　いつも付き従っている人。
腰砕《こしくだ》け　物事の勢いが途中でだめになる。
腰気《こしけ》　女性性器からの分泌物。(別)帯下
木下闇《こしたやみ》　茂った樹下が暗いさま。【夏】
虎視眈眈《こしたんたん》　鋭い目で機会をねらって形勢を油断なくうかがっているさま。
五七日《ごしちにち》　人の死後三五日目。
固執《こしつ》　自分の意見を主張して譲らないこと。
個室《こしつ》　ひとり用の部屋。
痼疾《こしつ》　長く治らない病気。持病。
故実《こじつ》　昔の儀式・法令・慣例など。
後日《ごじつ》　のちの日。決着したその後。
腰抜《こしぬ》け　臆病者。いくじなし。
腰弁《こしべん》　〔「腰弁当」の略〕安月給取り。
腰巻《こしまき》　女性の和装用下着。湯文字。
腰元《こしもと》　昔、貴人のそばに仕えた女性。
誤写《ごしゃ》　まちがって書き写すこと。
小癪《こしゃく》　生意気で癪にさわること。
語釈《ごしゃく》　語の意味の解釈・説明。
腰湯《こしゆ》　腰から下だけ湯につかること。座浴。

戸主《こしゅ》　民法旧規定で、一家の統率者。
古酒《こしゅ》　長期間寝かして熟成させた酒。【秋】
固守《こしゅ》　固く守ること。
固執《こしゅう》　こしつ(固執)。「自説に―する」
孤愁《こしゅう》　たったひとりでいる、わびしさ。
五十雀《ごじゅうから》　ゴジュウカラ科の小鳥。
小舅《こじゅうと》　配偶者の兄弟。
小姑《こじゅうと》　配偶者の姉妹。こじゅうとめ。
小綬鶏《こじゅけい》　キジ科の鳥。高く鳴く。【春】
古書《こしょ》　古い時代の書物。古本《ふるほん》。
御所《ごしょ》　天皇や皇族の御座所。
互助《ごじょ》　たがいに助け合うこと。
小姓《こしょう》　昔、貴人のそば近くに仕えた少年。
呼称《こしょう》　名づけること。呼び名。
故障《こしょう》　機械や体に不調が生じること。

胡椒《こしょう》　つる性常緑低木。果実は香辛料。
扈従《こしょう》　貴人につき従うこと。こじゅう。
湖沼《こしょう》　みずうみ・ぬま・いけの類。
古城《こじょう》　古い城。
孤城《こじょう》　一つだけある城。援軍のない城。
湖上《こじょう》　湖の上。「―の月」
後生《ごしょう》　来世。来世の幸福。「―を願う」
互譲《ごじょう》　互いに譲りあうこと。
小正月《こしょうがつ》　一月一五日前後の称。【新】
後生大事《ごしょうだいじ》　とても大切にする。
後生楽《ごしょうらく》　何の心配せずのんきなこと。
孤城落日《こじょうらくじつ》　寂しく心細いさま。
古色《こしょく》　年を経た色。古びたようす。
誤植《ごしょく》　活字の組み違い。ミスプリント。
古色蒼然《こしょくそうぜん》　ひどく古びたさま。

故事来歴《こじらいれき》　事物の伝来の事情。
拵《こしら》える　作る。化粧する。金を集める。
鐺《こじり》　刀剣のさやの末端(の金物)。
抉《こじ》る　すきまに物をさし込み強くねじる。
呉汁《ごじる》　大豆をすりつぶしていれた味噌汁。
拗《こじ》れる　もつれる。さらに悪くなる。
小皺《こじわ》　細かいしわ。
古人《こじん》　昔の人。
故人《こじん》　死んだ人。
個人《こじん》　個々の人。ひとりの人間。
誤診《ごしん》　誤った診断をすること。
誤審《ごしん》　誤った審判・判定を下すこと。
護身《ごしん》　危害から身を守ること。「―術」
御仁《ごじん》　他人を敬って言う語。おかた。
吾人《ごじん》　われわれ。われら。

越《こ》す 越えて行く。経過する。引っ越す。
超《こ》す ある基準を上まわる。
鼓《こ》す 鼓する。
漉《こ》す 細かいすき間を通してかすを除く。
呉須《ごす》 磁器の染め付けに用いる藍色の顔料。
湖水《こすい》 みずうみ(の水)。
鼓吹《こすい》 奮い立たせること。吹きこむ。
狡《こす》い ずるい。「—奴」
午睡《ごすい》 昼寝。[夏]
戸数《こすう》 家の数。
梢《こずえ》 木の、幹や枝の先。
狡辛《こすから》い ぬけめがなくてずるい。
牛頭馬頭《ごずめず》 地獄の獄卒。
擦《こす》る 押し当てて強く摩擦する。
鼓《こ》する 打ち鳴らす。元気をふるいおこす。

伍《ご》する 同等に位置する。
後世《ごせ》 のちの世。来世。後生《ごしょう》。
瞽女《ごぜ》 弾き語りで門付けをする盲目の女性。
個性《こせい》 その人ならではの特性。
小勢《こぜい》 少ない人数。小人数。
互生《ごせい》 葉が節に互い違いに生ずること。
悟性《ごせい》 合理的に思考・判断する能力・知力。
語勢《ごせい》 語気。語調。アクセント。
戸籍《こせき》 夫婦と子供を単位に記載した公文書。
古跡《こせき》 歴史上の遺跡。旧跡。[別]古蹟
古拙《こせつ》 古風で素朴な味わいのあるさま。
孤絶《こぜつ》 他から離れて孤立していること。
小銭《こぜに》 小額の金。こまかい金。
小競《こぜ》り合《あ》い 小規模の戦闘。
古銭《こせん》 今は通用しない昔の貨幣。[別]古泉

五線《ごせん》 音符を書く五本の平行線。「—譜」
互選《ごせん》 仲間うちから話し合いなどで選ぶ。
午前《ごぜん》 夜半一二時から正午まで。
御前《ごぜん》 天皇や貴人の前。貴人・主君の敬称。
跨線橋《こせんきょう》 線路の上に架け渡した橋。
去年《こぞ》 昨年。きょねん。[新]
小僧《こぞう》 年少の商店員。修行中の若い僧。
護送《ごそう》 保護しながらおくること。
五臓六腑《ごぞうろっぷ》 はらわた。内臓。
姑息《こそく》 その場しのぎであるさま。
刮《こそ》ぐ 削り落とす。こそげる。
古俗《こぞく》 古来の風俗。
去年今年《こぞことし》 行く年来る年。[新]
子育《こそだ》て 子供を育てること。育児。
挙《こぞ》って 全員そろって。みんなで。

小袖《こそで》 袖口が狭い和服。絹の綿入れ。
固体《こたい》 定まった形・体積をもつ物体。
個体《こたい》 他とは区別される独自の存在。
古代《こだい》 遠い昔。中世・近代に先行する時代。
誇大《こだい》 実際よりおおげさに言うさま。
五体《ごたい》 頭・両手・両足。全身。
誇大妄想《こだいもうそう》 自分の能力などを他人よりはるかにすぐれていると信じこむこと。
堪《こた》える 耐える。こらえる。保つ。
答《こた》える 返事をする。解答する。
応《こた》える 応じる。報いる。強く感じる。
子宝《こだから》 大切な宝である子供。
御託《ごたく》 くどくどと言う言葉。
小出《こだ》し 少しずつ出すこと。「—に使う」
木立《こだち》 群がり立っている木。

炬燵《こたつ》 和室用の暖房具の一。[冬]
誤脱《ごだつ》 誤字と脱字。
子種《こだね》 家を継ぐ子孫。精子。
御多分《ごたぶん》 世間一般の例。「—に洩れず」
木霊《こだま》 木の精。やまびこ。[別]谺
枯淡《こたん》 淡々とした中にも深みがあるさま。
東風《こち》 東から吹く風。[春]
鯒《こち》 カサゴ目の海魚。食用。[夏]
故地《こち》 ふるさとの地。ゆかりの地。
故知《こち》 昔の人の知恵。
御馳走《ごちそう》 豪勢な料理。
古茶《こちゃ》 前年に製した茶。[夏]⇔新茶
固着《こちゃく》 しっかりとくっつくこと。
壺中《こちゅう》の天《てん》 別天地。仙境。
胡蝶《こちょう》 蝶のこと。[春]「—の夢」

誇張《こちょう》 おおげさに言うこと。
伍長《ごちょう》 旧陸軍の階級で、最下級の下士官。
語調《ごちょう》 話をする時の調子。口調。
此方《こちら》 この場所・物。当方。この人。
骨《こつ》 死者のほね。おこつ。やり方の要領。
忽焉《こつえん》 にわかなさま。突然。忽然。
国花《こっか》 その国を代表する花。日本は桜。
国家《こっか》 一定領域に住む人々の統治組織体。
国歌《こっか》 国の象徴とされる歌。
小柄《こづか》 刀の鞘《さや》にさしそえる小刀。
国会《こっかい》 憲法の定める国の議会。
小使《こづか》い 用務員の古い呼び名。
小遣《こづか》い 雑費にあてる小額の金銭。
骨格《こっかく》 体の骨の組み立て。物事の骨組み。
骨柄《こつがら》 骨組み。体つき。人柄。「人品—」

骨幹《こっかん》　からだの骨組み。骨格。

酷寒《こっかん》　きびしい寒さ。冬

極寒《ごっかん》　非常に寒いこと。冬

克己《こっき》　自分に打ち勝つこと。「—心」

国旗《こっき》　その国を代表するしるしとしての旗。

克己復礼《こっきふくれい》　私欲をおさえ、礼儀にかなった行動をすること。

国教《こっきょう》　国家が認め、国民に信仰させる宗教。

国境《こっきょう》　国と国とのさかい。

国禁《こっきん》　国法で禁じていること。

刻苦《こっく》　非常に努力すること。

小突《こづ》く　手などで軽く突く。「肩を—」

刻苦勉励《こっくべんれい》　苦労してはげむ。

滑稽《こっけい》　おかしいさま。ばかばかしいさま。

国権《こっけん》　国家の統治権。国家権力。

国憲《こっけん》　国のおおもとの法規。憲法。

国庫《こっこ》　国が所有する金を保管出納する機関。

国交《こっこう》　国と国との外交。「—回復」

刻刻《こっこく》　刻一刻。「時々—」

骨材《こつざい》　コンクリートに使う砂や砂利。

骨子《こっし》　物事の要点。眼目。「法案の—」

骨髄《こつずい》　骨の空所を満たす軟らかな組織。

骨折《こっせつ》　骨が折れること。

忽然《こつぜん》　急に現れたり消えたりするさま。

骨相《こっそう》　人間の骨格に表れた相。

骨粗《こつそ》鬆症《しょうしょう》　骨がもろくなる病。

骨頂《こっちょう》　最上。随一。「愚の—」「真—」

小鼓《こつづみ》　能楽などで使う打楽器。

小包《こづつみ》　包装した品物を送る郵便。

骨董《こっとう》　美術的価値のある古道具。

骨肉《こつにく》　親子や兄弟。肉親。「—相食《あいは》む」

骨肉腫《こつにくしゅ》　骨にできる悪性腫瘍。

木《こ》っ端《ぱ》　木の切れ端。価値のないもの。

骨盤《こつばん》　腰の骨。腹の臓器を支える。

小粒《こつぶ》　粒が小さい。小柄。人物が小さい。

小褄《こづま》　和服のつま。「—をとる」

骨膜《こつまく》　骨の表面を覆う膜。

小爪《こづめ》　爪の生え際の白い半月形の部分。

鏝《こて》　セメントなどを塗る道具。火のし。

小手《こて》　手の先。ひじから手首の間。

籠手《こて》　剣道で、小手を覆う防具。

後手《ごて》　先を越されて受け身になること。

固定《こてい》　一つの場所から動かないようにする。

鼓笛《こてき》　太鼓と笛。「—隊」

小手先《こてさき》　手の先。ちょっとした技能。

小手調《こてしら》べ　試しにやってみること。

小手毬《こでまり》　バラ科の落葉低木。春

古典《こてん》　古くから人々に親しまれた芸術作品。

個展《こてん》　個人の作品の展覧会。

御殿《ごてん》　身分の高い人の住む立派な屋敷。

誤伝《ごでん》　誤って伝えること。その伝え。

琴《こと》　日本の弦楽器の一。弦はふつう一三弦。

古都《こと》　古いみやこ。

糊塗《こと》　一時しのぎにごまかすこと。

言挙《ことあ》げ　取りたてて言うこと。

事新《ことあたら》しい　ことさらめいている。

孤島《ことう》　離れ島。「絶海の—」

鼓動《こどう》　心臓の律動的な動き。

梧桐《ごとう》　アオギリの異名。

誤答《ごとう》　誤って答えること。その答え。

悟道《ごどう》　仏教の真理を悟ること。

小道具《こどうぐ》　舞台で使う小さい道具。

五等爵《ごとうしゃく》　公・侯・伯・子・男の爵位。

御当地《ごとうち》　その土地に対する敬称。

事欠《ことか》く　不足する。不自由する。

事柄《ことがら》　ことのありさま。ものごと。

事切《ことき》れる　息が絶える。死ぬ。

孤独《こどく》　ひとりぼっちでさびしいこと。

五徳《ごとく》　火鉢に据える三本脚で輪形の鉄の台。

悟得《ごとく》　悟りを開くこと。

誤読《ごどく》　まちがって読むこと。

悉《ことごと》く　すべて。残らず。別尽く

殊更《ことさら》　わざと。故意に。とりわけ。

今年《ことし》　現在の年。こんねん。新

琴柱《ことじ》　琴の弦を支えて調律するための具。

今年竹《ことしだけ》　今年生え出た竹。夏

言霊《ことだま》　言葉に宿ると信じられた霊力。

言付《ことづ》け　伝言。ことづて。別託け

言伝《ことづて》　伝言。ことづけ。

琴爪《ことづめ》　琴をひく際指にはめるつめ形のもの。

異《こと》なる　同じでない。違う。「意見が—」

殊《こと》に　とりわけ。特別。

殊《こと》の外《ほか》　意外に。格別。

言葉《ことば》　言語。ことばづかい。

詞書《ことばがき》　和歌の前書き。

言葉《ことば》尻《じり》　失言。言いそこない。

寿《ことぶき》　めでたいことのお祝い。

寿《ことほ》ぐ　お祝いを言う。よろこびを述べる。

子供《こども》　息子や娘。小児。児童。幼稚なこと。

小鳥《ことり》　小さい鳥。秋

諺《ことわざ》　昔から伝わる風刺や教訓を含む語句。
理《ことわり》　道理。すじみち。理由。
断《ことわ》る　拒絶する。前もって許しを得る。
粉《こな》　砕けて細かい粒になったもの。
粉粉《こなごな》　細かく砕けるさま。「—にくだく」
熟《こな》す　消化する。上手に処理する。
此方《こなた》　こちら。こっち。
粉微塵《こなみじん》　こなごなになること。
粉雪《こなゆき》　さらさらとした細かい雪。[冬]
御難《ごなん》　難儀・災難の丁寧語。「—続き」
悟入《ごにゅう》　悟りを開くこと。
誤認《ごにん》　まちがえてそれと認めること。
小糠雨《こぬかあめ》　静かに細かく降る雨。
捏《こ》ね取《ど》り　餅つきで、餅をこね返す。
捏《こ》ねる　粉や土に水を加えて練る。

近衛《このえ》　天皇の近くに仕え、警護にあたること。
鮗《このしろ》　ニシン目の海魚。食用。
木《こ》の葉《は》　樹木の葉。きのは。
木《こ》の葉髪《はがみ》　落葉の頃抜ける髪。[冬]
好《この》み　好むこと。好むもの。希望。
木《こ》の実《み》　木になる実。きのみ。[秋]
木《こ》の芽《め》　きのめ。[春]「—どき」
海鼠腸《このわた》　ナマコの腸の塩辛。[冬]
後場《ごば》　取引所の午後の立ち会い。
故買《こばい》　盗品と知りつつ買うこと。
誤配《ごはい》　まちがえて配達する。
琥珀《こはく》　大昔の植物の樹脂が石化したもの。
誤爆《ごばく》　まちがえて爆撃すること。
御破算《ごはさん》　白紙の状態に戻すこと。
小走《こばし》り　小またで急いで歩くこと。

鞐《こはぜ》　足袋などの合わせ目を留めるもの。
小鰭《こはだ》　コノシロの幼魚の名。鮨種にする。
御法度《ごはっと》　禁じられているものごと。
小鼻《こばな》　鼻先の左右のふくらみ。
小話《こばなし》　短い笑い話。一口話。(別)小咄
拒《こば》む　断る。拒否する。はばむ。
小春《こはる》　陰暦一〇月の異名。[冬]「—日和」
湖畔《こはん》　湖のほとり。
小判《こばん》　江戸時代の金貨。一枚一両で通用。
御飯《ごはん》　めし・食事の丁寧な言い方。
誤判《ごはん》　誤った判断や審判。
碁盤《ごばん》　碁を打つのに使う盤。
小判草《こばんそう》　イネ科の一年草。[夏]
語尾《ごび》　言葉の最後の部分。用言の変化部分。
木挽《こび》き　木材をのこぎりでひくこと(人)。

古筆《こひつ》　中古の名筆の筆跡。
小人《こびと》　童話に登場する体の小さい人。
誤謬《ごびゅう》　まちがい。「—を犯す」
小兵《こひょう》　体の小さいこと(人)。「—力士」
媚《こ》びる　へつらう。なまめかしくふるまう。
瘤《こぶ》　皮膚の一部がもり上がったもの。
昆布《こぶ》　こんぶ(昆布)。
鼓舞《こぶ》　励まして奮い立たすこと。
護符《ごふ》　神仏のお守り札。おふだ。
古風《こふう》　古めかしいさま。
呉服《ごふく》　和服用の織物。反物。
鼓腹撃壌《こふくげきじょう》　太平を謳歌する。
子福者《こぶくしゃ》　多くの子供に恵まれた人。
五分五分《ごぶごぶ》　互いに優劣がない。
御無沙汰《ごぶさた》　「無沙汰」の丁寧語。

拳《こぶし》　握りこぶし。げんこつ。
小節《こぶし》　民謡などで、微妙な節回し。
辛夷《こぶし》　モクレン科の落葉高木。[春]
御不浄《ごふじょう》　便所の婉曲表現。
瘤付《こぶつ》き　子供を連れていること。
小太《こぶと》り　少し太っていること。
小振《こぶ》り　普通より少し小形であること。
小降《こぶ》り　雨や雪が少し降ること。
古墳《こふん》　土を盛り上げて造った古代の墳墓。
子分《こぶん》　手下。配下。⇔親分
古文《こぶん》　江戸時代までの文語体の文章。
胡粉《ごふん》　貝殻を砕いて粉末にした白色の顔料。
誤聞《ごぶん》　あやまって聞くこと。聞き違い。
御幣《ごへい》　幣束の尊敬語。「—かつぎ」
語弊《ごへい》　不適切な表現のために生じる弊害。

戸別《こべつ》　一軒一軒。家ごと。各戸。
個別《こべつ》　一つ一つ。別々。
語法《ごほう》　言葉の使い方や文法。
誤報《ごほう》　間違った情報。
護法《ごほう》　仏法を守護すること。
牛蒡《ごぼう》　根を食用にするキク科の野菜。[秋]
枯木寒巌《こぼくかんがん》　枯淡の境地の形容。
零《こぼ》し　(茶道で)建水。
毀《こぼ》つ　こわす。破壊する。
毀《こぼ》れる　刃物の刃が少し欠ける。
零《こぼ》れる　外にあふれ出る。ちらりと見える。
子煩悩《こぼんのう》　子を非常にかわいがること。
独楽《こま》　回転させて遊ぶ玩具。[新]
駒《こま》　小馬。また、馬。将棋で使う木片。
齣《こま》　映画のフィルムの一画面。

胡麻《ごま》 ゴマ科の一年草。種子は食用。[秋]
護摩《ごま》 火を焚いて祈願する密教の儀式。
木舞《こまい》 垂木《たるき》の上に渡した細長い材。
古米《こまい》 とれて一年以上たった米。⇔新米
氷下魚《こまい》 タラ目の海魚。[冬]
狛犬《こまいぬ》 社寺にある一対の獅子に似た像。
細《こま》**かい** 非常に小さい。くわしい。勘定高い。
細切《こまぎ》**れ** 小さい切れはし。断片的なこと。
鼓膜《こまく》 耳の奥にあり振動して音を伝える膜。
駒草《こまくさ》 ケシ科の高山植物。[夏]
駒下駄《こまげた》 材をくりぬいて造った下駄。
細細《こまごま》 細かいさま。くわしいさま。
胡麻塩《ごましお》 黒胡麻に塩をまぜたもの。
胡麻擂《ごます》**り** 人にへつらうこと。
小股《こまた》 狭い歩幅。股。「―が切れ上がる」

小間使《こまづか》**い** 主人の雑用をする女性。
小松菜《こまつな》 アブラナ科の野菜。
駒繋《こまつなぎ》 マメ科の草状の低木。[夏]
駒鳥《こまどり》 ツグミ科の夏鳥。声が美しい。[夏]
拱《こまぬ》**く** 腕組みをする。こまねく。
独楽鼠《こまねずみ》 小形で白いハツカネズミ。
護摩《ごま》**の灰**《はい》 旅人から金品を盗む者。
鱓《ごまめ》 カタクチイワシを干したもの。[新]
小間物《こまもの》 日用のこまごました品物。
細《こま》**やか** 心のこもっているさま。
困《こま》**る** 悩む。迷惑する。苦しむ。
小回《こまわ》**り** 小さくまわること。「―がきく」
芥《ごみ》 不要になったもの。(別)塵
芥溜《ごみた》**め** ごみ捨て場。
小耳《こみみ》 ちょっと耳にする。「―にはさむ」

込《こ》**む** 混雑する。入り組む。複雑になる。(別)混む
小麦《こむぎ》 ムギの一種。パンや味噌などの原料。
小結《こむすび》 力士の位の一。関脇の下。
虚無僧《こむそう》 尺八を吹いて行脚する僧。
腓《こむら》 ふくらはぎ。こぶら。「―返り」
木叢《こむら》 木の茂み。
濃紫《こむらさき》 濃い紫色。暗い紫色。
米《こめ》 稲の種子からもみがらを除いたもの。
顳顬《こめかみ》 目尻の脇の物をかむと動く部分。
米搗虫《こめつきむし》 コメツキムシ科の甲虫。
米櫃《こめびつ》 米を入れておく箱。
込《こ》**める** 詰める。気を集中させる。
湖面《こめん》 湖の水面。
御免《ごめん》 許されること。職を解かれること。
薦《こも》 マコモやわらで織ったむしろ。(別)菰

薦被《こもかぶ》**り** こもで包んだ酒樽。乞食。
五目鮨《ごもくずし》 種々の具入りのすし飯。[夏]
交交《こもごも》 代わる代わる。「悲喜―」
御物《ごもつ》 ⇩ぎょぶつ(御物)
小物《こもの》 小さな道具類。小人物。
菰巻《こもまき》 藪巻《やぶまき》。
子守《こも》**り** 子供の守りをすること(人)。
籠《こも》**る** 入ったままである。中に満ちる。
木漏《こも》**れ日**《び》 木の葉の間からさす日。
小紋《こもん》 布地一面に染め出した細かい模様。
顧問《こもん》 団体や会社で、相談にあずかる役。
古文書《こもんじょ》 史料となる古い文書・記録。
小屋《こや》 小さい粗末な建物。興行用の建物。
誤訳《ごやく》 誤って翻訳すること。
肥《こ》**やす** 肥えるようにする。識別力を高める。

固有《こゆう》 もとからあること。その物だけにある。
小雪《こゆき》 少し降る雪。[冬]
今宵《こよい》 今日の宵。今晩。
雇用《こよう》 人をやとうこと。(別)雇傭
御用《ごよう》 用事の尊敬語。官庁などの用事。
誤用《ごよう》 用法をまちがえること。
御用達《ごようたし》 官庁に物品を納入すること。
五葉松《ごようまつ》 葉が五本ずつつくマツ。
暦《こよみ》 一年を日・週・月に区分した表。
紙縒《こよ》**り** 細長い和紙を糸状によったもの。
古来《こらい》 古くから。昔から。
御来光《ごらいこう》 山頂で迎える日の出。[夏]
堪《こら》**える** 感情をおさえる。がまんする。
娯楽《ごらく》 余暇に楽しむために行う遊びなど。
凝《こ》**らす** 意識を集中させる。

懲《こ》**らす** こらしめる。「悪を―」
梱《こり》 梱包した荷物。行李《こうり》。
狐狸《こり》 キツネとタヌキ。「―妖怪」
鮴《ごり》 淡水魚カジカの異名。食用。[夏]
小利口《こりこう》 こざかしいさま。
懲《こ》**り懲**《ご》**り** ひどくこりるさま。
凝《こ》**り性**《しょう》 一つの事に夢中になる性質。
鮴汁《ごりじる》 鮴の味噌汁。[夏]
孤立《こりつ》 ただ一つだけ存在すること。
孤立無援《こりつむえん》 全く助けがない。
五里霧中《ごりむちゅう》 霧の中で方角を見失ったように迷って考えの定まらないたとえ。
御利益《ごりやく》 神仏などのめぐみ。
顧慮《こりょ》 気にかけること。心配。
御陵《ごりょう》 天皇・皇后の墓。みささぎ。

御寮人《ごりょうにん》 町家の娘や若妻の敬称。
小料理《こりょうり》 手軽な料理。「—屋」
懲《こ》**りる** 痛手を受け、もうやるまいと思う。
五輪《ごりん》 オリンピック(大会)。
凝《こ》**る** 熱中する。筋肉がしこる。
孤塁《こるい》 一つだけ孤立したとりで。
小瑠璃《こるり》 ツグミ科の小鳥。夏鳥。
此《こ》**れ** この物。いま。ここ。(別)之
御霊前《ごれいぜん》 香典・供物に書き記す語。
転《ころ》 重い物を動かす時、下に入れる丸棒。
頃《ころ》 その時分。時節。だいたいの時刻。
語呂《ごろ》 言葉の響き具合。「—が悪い」
頃合《ころあ》**い** 行うのにちょうどよい時機。
故老《ころう》 昔の事を知っている老人。(別)古老
固陋《ころう》 がんこで見識が狭いこと。「頑迷—」

虎狼《ころう》 貪欲で残忍な者のたとえ。
転柿《ころがき》 干し柿。(別)枯露柿
転《ころ》**がる** 回りながら移動する。横に倒れる。
語録《ごろく》 偉人などの言行を記録したもの。
殺《ころ》**し文句**《もんく》 相手の心を引く言葉。
殺《ころ》**す** 命を奪う。役に立たなくする。
破落戸《ごろつき》 ならずもの。
転寝《ごろね》 ごろりと横になって寝ること。
転《ころ》**ぶ** 倒れる。事態が変わる。改宗する。
衣《ころも》 衣服。きぬ。僧衣。揚げ物を包む皮。
衣替《ころもが》**え** 季節に合った衣服にかえる。[夏]
怖《こわ》**い** 恐怖を感じる。おそろしい。(別)恐い
強《こわ》**い** かたい。強情だ。「情が—人」
声色《こわいろ》 声の調子。人の口調のまね。
小脇《こわき》 わき。「—に抱える」

蠱惑《こわく》 人の心をまどわすこと。「—的」
怖怖《こわごわ》 おそるおそる。
壊《こわ》**す** 破壊する。だめにする。(別)毀す
声高《こわだか》 声を高くはりあげるさま。
強談判《こわだんぱん》 強硬な態度でする談判。
小童《こわっぱ》 子供や若者をばかにしていう語。
強張《こわば》**る** 固くつっぱったようになる。
強持《こわも》**て** 恐れられて丁重に扱われること。
強面《こわもて》 強硬な態度に出ること。
根《こん》 気力。根気。数学で、方程式の解。
紺《こん》 紫色がかった濃い青。
懇意《こんい》 親しく仲がよいこと。
婚姻《こんいん》 結婚すること。夫婦となること。
婚家《こんか》 嫁入りまたは婿入りした先の家。
根限《こんかぎ》**り** 根気の続くかぎり。

根幹《こんかん》 物事の最も重要なところ。
懇願《こんがん》 ひたすら頼むこと。
根気《こんき》 一つのことを長く続けていく力。
婚期《こんき》 結婚に適しているとされる年頃。
婚儀《こんぎ》 結婚式。婚礼。
困却《こんきゃく》 困り果てること。
困窮《こんきゅう》 貧乏で生活にこまること。
根拠《こんきょ》 判断のよりどころ。本拠。
今暁《こんぎょう》 きょうの明け方。けさ。
勤行《ごんぎょう》 仏前で読経などをすること。
困苦《こんく》 困り苦しむこと。
欣求《ごんぐ》 よろこんで求め願うこと。
欣求浄土《ごんぐじょうど》 極楽往生を願う。
根比《こんくら》**べ** どちらが根気が続くか競うこと。
権化《ごんげ》 仏・菩薩が仮の姿で現れること。

根茎《こんけい》 根のように見える地下茎。ハスなど。
混血《こんけつ》 異人種の父母の間に生まれること。
根源《こんげん》 おおもと。根本。「—に立ち戻る」
権現《ごんげん》 仏が日本の神の姿で現れること。
今後《こんご》 今からのち。以後。
混淆《こんこう》 入りまじること。「玉石—」(別)混交
金剛《こんごう》 堅固でこわれないもの。
混合《こんごう》 まじりあうこと。
金剛杵《こんごうしょ》 密教で用いる法具。
金剛石《こんごうせき》 ダイヤモンド。
金剛杖《こんごうづえ》 修験者や巡礼者がもつ杖。
金剛不壊《こんごうふえ》 堅固でこわれない。
言語道断《ごんごどうだん》 もっての外。論外。
昏昏《こんこん》 よく眠っているさま。
滾滾《こんこん》 水などが尽きることなくわき出る。

懇懇《こんこん》 親切にくりかえし説くさま。
混在《こんざい》 異種の物がいりまじっていること。
根菜類《こんさいるい》 根や地下茎を食する野菜。
混雑《こんざつ》 人や車などでこみ合うこと。
今次《こんじ》 今回。このたび。「—の大戦」
恨事《こんじ》 残念なこと。「千載の—」
根治《こんじ》 病気が根本から治ること。こんち。
金色《こんじき》 きんいろ。黄金の色。
今昔《こんじゃく》 いまとむかし。
今生《こんじょう》 この世。「—の思い出」
根性《こんじょう》 物事をやり遂げようとする気力。
紺青《こんじょう》 鮮やかな藍色。
言上《ごんじょう》 (目上の人に)申し上げること。
混信《こんしん》 異なる信号がまざって受信される。
渾身《こんしん》 体全体。全身。満身。「—の力」

懇親《こんしん》 打ち解けて親しみあうこと。
昏睡《こんすい》 意識を失って覚めない状態。
混成《こんせい》 混ぜあわせて全体をつくること。
懇請《こんせい》 真心をこめてひたすら頼むこと。
痕跡《こんせき》 あとかた。形跡。
懇切《こんせつ》 非常に親切なこと。「—丁寧」
根絶《こんぜつ》 根本からたやすこと。根だやし。
混戦《こんせん》 勝敗の予想のつかない互角の戦い。
混線《こんせん》 入りまじって話が混乱する。混信。
婚前《こんぜん》 結婚する前。「—交渉」
渾然《こんぜん》 とけ合って区別できないさま。
渾然一体《こんぜんいったい》 いくつかのものがとけ合って、調和のとれた一つのものになること。
混濁《こんだく》 濁ること。意識がはっきりしない。
献立《こんだて》 料理の品目や種類の取り合わせ。

魂胆《こんたん》 (よくない)たくらみ。企て。
懇談《こんだん》 打ち解けて話し合うこと。
昆虫《こんちゅう》 節足動物の一。頭胸腹に分かれる。
根底《こんてい》 物事の土台となっている事柄。
金泥《こんでい》 金粉をにかわで溶いたもの。
昏倒《こんとう》 目がくらんで倒れること。
金堂《こんどう》 寺院で、本尊を安置する仏殿。
混同《こんどう》 まぜこぜにすること。「公私—」
懇篤《こんとく》 ていねいで心がこもっているさま。
混沌《こんとん》 物事の区別ができないさま。(別)渾沌
困難《こんなん》 実現・実行がむずかしいこと。
今日《こんにち》 きょう。本日。現在。「—の科学」
蒟蒻《こんにゃく》 こんにゃく玉をとるサトイモ科の草。
混入《こんにゅう》 他の物が混ざって入ること。
困憊《こんぱい》 くたびれ果てること。「疲労—」

魂魄《こんぱく》 たましい。霊魂。
今般《こんぱん》 このたび。今回。
金毘羅《こんぴら》 仏法・航海の守護神。
昆布《こんぶ》 褐藻類の海藻。食用。こぶ。〔夏〕
紺碧《こんぺき》 深みのある濃い青色。「—の空」
混紡《こんぼう》 種類の違う繊維をまぜて糸につむぐ。
棍棒《こんぼう》 丸くて長い木の棒。木製の体操用具。
梱包《こんぽう》 荷造りすること。
根本《こんぽん》 物事の一番大切な事柄。
根負《こんま》**け** 相手より根気が続かないこと。
混迷《こんめい》 混乱してわけがわからなくなること。
昏迷《こんめい》 軽度の意識障害。
懇望《こんもう》 心から願うこと。こんぼう。
紺屋《こんや》 ⇩こうや(紺屋)
婚約《こんやく》 結婚の約束をすること。「—者」

混用《こんよう》 まぜて用いること。
混浴《こんよく》 男女が一緒に入浴すること。
混乱《こんらん》 入り乱れて秩序がなくなること。
建立《こんりゅう》 寺院などを建てること。
根粒《こんりゅう》 マメ科植物の根に見られるこぶ。
金輪際《こんりんざい》 絶対に。決して。
金輪奈落《こんりんならく》 世界の果て。
婚礼《こんれい》 結婚の儀式。婚儀。
焜炉《こんろ》 炊事用の小型の炉。
懇話《こんわ》 親しく話し合うこと。「—会」
困惑《こんわく》 どうしてよいかわからず困ること。

さ

差《さ》 へだたり。違い。さしひき。
座《ざ》 すわる場所。席。集まり。地位。

才《さい》 能力。頭の働き。
犀《さい》 大形の草食哺乳類。鼻の上に角がある。
際《さい》 そのおり。場合。「この—」
賽《さい》 さいころ。(別)采
歳《さい》 年齢を数える語。
差異《さい》 ちがい。へだたり。(別)差違
在《ざい》 いなか。在所。いること。
財《ざい》 財産。富。「生産—」
最愛《さいあい》 一番愛していること。
最悪《さいあく》 一番悪いこと。
罪悪《ざいあく》 法や道徳にそむく悪いおこない。
在位《ざいい》 天子などの位に就いていること。
西域《さいいき》 ⇩せいいき(西域)
細雨《さいう》 こまかい雨。きりさめ。
最右翼《さいうよく》 最もすぐれているもの。

彩雲《さいうん》 美しく照り映える雲。
才媛《さいえん》 すぐれた才能のある女性。
再演《さいえん》 劇などをもう一度上演すること。
菜園《さいえん》 野菜をつくる畑。
再往《さいおう》 ふたたび。再度。
最奥《さいおう》 一番奥。
塞翁《さいおう》**が馬**《うま》 人間の幸不幸は予測しがたいことのたとえ。人間万事塞翁が馬。
西下《さいか》 東京から関西方面へ行くこと。
裁可《さいか》 国王・君主が決裁すること。
災禍《さいか》 わざわい。災難。
財貨《ざいか》 財産として価値のある物。財物。
罪科《ざいか》 罪。罪に対する罰。
罪過《ざいか》 犯罪と過失。
再開《さいかい》 休んでいた物事を再び始めること。

再会《さいかい》 別れていた人と再び会うこと。
際会《さいかい》 重要な事件・事態に出あうこと。
災害《さいがい》 地震・台風などによる災い。
際涯《さいがい》 (大地の)はて。限り。
財界《ざいかい》 実業家や経営者の社会。経済界。
在外《ざいがい》 外国にいること。また、あること。
西海道《さいかいどう》 七道の一。九州地方に相当。
斎戒沐浴《さいかいもくよく》 祭祀などを行う者が飲食や行動を慎み、心身を清めること。
才覚《さいかく》 すばやい頭の働き。金品を工面する。
在学《ざいがく》 学校に籍をおいていること。
皁莢《さいかち》 マメ科の落葉高木。豆果は扁平。[秋]
才幹《さいかん》 事をなす能力。才能。
再刊《さいかん》 定期刊行物を再び刊行すること。
菜館《さいかん》 中国で、料理店。

才気《さいき》 するどい頭のはたらき。
再起《さいき》 悪い状態から立ち直ること。
祭器《さいき》 祭祀に用いる器具。祭具。
再議《さいぎ》 もう一度評議しなおすこと。
猜疑《さいぎ》 ねたみ疑うこと。「―心」
祭儀《さいぎ》 祭りの儀式。
才気《さいき》煥発《かんぱつ》 才気がひらめく。
再挙《さいきょ》 失敗した事を再び試みること。
裁許《さいきょ》 役所などが審査し許可すること。
最強《さいきょう》 いちばん強いこと。
在京《ざいきょう》 東京にいること。
細菌《さいきん》 単細胞の微生物。バクテリア。
細瑾《さいきん》 わずかな欠点。
最近《さいきん》 現在に近いとき。ちかごろ。
在勤《ざいきん》 勤務についていること。

細工《さいく》 細かい物を作ること。工夫。計略。
斎宮《さいぐう》 伊勢神宮に遣わされた未婚の皇女。
採掘《さいくつ》 地中から鉱物などを掘り出すこと。
細君《さいくん》 他人の妻。自分の妻の謙称。
在家《ざいけ》 僧籍に入っていない、普通の人。
最恵国《さいけいこく》 最も有利な扱いを受ける国。
最敬礼《さいけいれい》 最も丁寧なおじぎ。
採血《さいけつ》 体内から血液をとること。
採決《さいけつ》 議案の可否を議員の賛否で決める。
裁決《さいけつ》 事柄のよしあしを上の人が決定する。
歳月《さいげつ》 年月。としつき。
再見《さいけん》 もう一度見ること。
再建《さいけん》 建物を建て直すこと。たてなおし。
債券《さいけん》 公債・社債などの証券。
債権《さいけん》 貸した金や物を返してもらう権利。

再現《さいげん》 再び目の前に現れること。
際限《さいげん》 限界。かぎり。きり。「―なく」
財源《ざいげん》 財貨を生むもと。その金の出所。
最古《さいこ》 もっとも古いこと。
最後《さいご》 いちばんあと。終わり。⇔最初
最期《さいご》 命の終わり。臨終。
在庫《ざいこ》 品物が倉庫にあること。
再考《さいこう》 考えなおすこと。
再興《さいこう》 もう一度盛んにすること。
採光《さいこう》 外の光を内にとりいれること。
採鉱《さいこう》 鉱石を掘り出すこと。
最高《さいこう》 程度が最も高いこと。⇔最低
在校《ざいこう》 学校に在籍していること。
在郷《ざいごう》 いなか。在。「―軍人」
罪業《ざいごう》 罪となる悪い行い。罪の報い。

最高潮《さいこうちょう》 気分が最も高くなった状態。
最高峰《さいこうほう》 最も高い山。最も優れた人。
催告《さいこく》 相手に一定行為の履行を求めること。
西国《さいごく》 西の諸国。特に、九州地方。
最後《さいご》通牒《つうちょう》 実力行使前の要求。
賽子《さいころ》 双六や博打の用具。さい。(別)骰子
再建《さいこん》 神社・寺などを建てなおすこと。
再婚《さいこん》 二度目の結婚をすること。
再再《さいさい》 たびたび。再三。「―の警告」
幸先《さいさき》 前ぶれ。前兆。「―が良い」
採算《さいさん》 収支のつりあい。
再三《さいさん》 二度も三度も。たびたび。
財産《ざいさん》 所有する土地・建物・金銭など。
才子《さいし》 才知の優れた男性。
妻子《さいし》 妻と子。

祭司《さいし》 宗教上の儀式をつかさどる者。
祭祀《さいし》 神や祖先をまつること。
才子《さいし》佳人《かじん》 好一対の男女。
彩色《さいしき》 色をつけること。いろどり。
歳時《さいじ》記《き》 季語を集め例句を示した書。
才子《さいし》多病《たびょう》 才知のすぐれた人は、とかく体が弱く病気がちである。
祭日《さいじつ》 「国民の祝日」の通称。
材質《ざいしつ》 材木の性質。材料の性質。
歳首《さいしゅ》 年のはじめ。年頭。
採取《さいしゅ》 必要なものを選び取ること。
採種《さいしゅ》 植物の種をとること。
採集《さいしゅう》 研究などのために広く集めること。
最終《さいしゅう》 最後。最後のもの。「―電車」
在住《ざいじゅう》 そこに住んでいること。

歳出《さいしゅつ》 国または公共団体の一年間の総支出。

再出発《さいしゅっぱつ》 新たな気持ちで出直すこと。

最初《さいしょ》 いちばんはじめ。⇕最後

才女《さいじょ》 才能のすぐれた女性。才媛。

妻女《さいじょ》 つま。つまと娘。

在所《ざいしょ》 いなか。在。郷里。ふるさと。

妻妾《さいしょう》 つまとめかけ。

宰相《さいしょう》 首相。総理大臣。

最小《さいしょう》 最も小さいこと。⇕最大

最少《さいしょう》 最も少ないこと。⇕最多

斎場《さいじょう》 葬儀を行う場所。

最上《さいじょう》 最も上にあること。最も願わしいこと。

罪障《ざいしょう》 往生の妨げとなる悪い行い。

罪状《ざいじょう》 犯罪時の状況・状態。「―認否」

才色《さいしょく》 女性の才知と容色。

菜食《さいしょく》 植物性食品を食べること。⇕肉食

在職《ざいしょく》 職務に就いていること。

才色兼備《さいしょくけんび》 才能と容色を兼備。

再診《さいしん》 二度目以降の診察。⇕初診

再審《さいしん》 二度目の審査・審理。

砕身《さいしん》 身を砕くほど努めること。「粉骨―」

細心《さいしん》 細かく気を配ること。「―の注意」

最新《さいしん》 最も新しいこと。

才人《さいじん》 才知のすぐれた人。

祭神《さいじん》 神社に祭られている神。

座《ざ》**椅**《い》**子**《す》 和室で用いる脚のない椅子。

採寸《さいすん》 洋裁で、体の部分の寸法を測ること。

再生《さいせい》 生き返る。生き返らす。廃品を

再製《さいせい》 廃物を新たに製品に作り直すこと。

祭政《さいせい》 宗教的祭りと政治。「―一致」

財政《ざいせい》 国や公共団体の経済的行為。

再生産《さいせいさん》 次々と生産を繰り返す。

砕石《さいせき》 石を砕くこと。

採石《さいせき》 石材を切り出すこと。

在籍《ざいせき》 学校や団体に籍を置いていること。

再選《さいせん》 再び選ばれること。

賽銭《さいせん》 寺社に参詣して奉納する金銭。

最前《さいぜん》 一番前。今しがた。先刻。

最善《さいぜん》 一番よいこと。できる限りのこと。

截然《さいぜん》 ⇩せつぜん(截然)

最前線《さいぜんせん》 戦場で、敵に最も近い所。

細則《さいそく》 法令などの運用上のこまかい規則。

催促《さいそく》 急がせること。

在俗《ざいぞく》 在家《ざいけ》。

最多《さいた》 いちばん多いこと。⇕最少

妻帯《さいたい》 妻がいること。「―者」

臍帯《さいたい》 へそのお。せいたい。

細大《さいだい》 細かいことと大きいこと。

最大《さいだい》 いちばん大きいこと。⇕最小

最大限《さいだいげん》 それ以上にはならない限界。

採択《さいたく》 いくつかの中から選びとること。

在宅《ざいたく》 自宅にいること。「―勤務」

最短《さいたん》 最も短いこと。「―距離」⇕最長

歳旦《さいたん》 一月一日の朝。元旦。新

祭壇《さいだん》 祭事を行う壇。

裁断《さいだん》 布をたちきること。判断し決めること。

財団《ざいだん》 ある目的のために提供された財産。

才知《さいち》 頭のはたらき。「―にたける」

細緻《さいち》 こまかく行き届くさま。

最中《さいちゅう》 物事の盛んに行われている時。

在中《ざいちゅう》 中にその物が入っていること。

最長《さいちょう》 いちばん長いこと。⇕最短

採長補短《さいちょうほたん》 人の長所をとり入れ、それにより自分の短所を補うこと。

才槌《さいづち》 小形の木の槌。

最低《さいてい》 程度がいちばん低いこと。⇕最高

裁定《さいてい》 事のよしあしを考えて決めること。

最低限《さいていげん》 それ以上低くできない限界。

最適《さいてき》 いちばん適していること。

採点《さいてん》 評価の点数をつけること。

祭典《さいてん》 祭りの儀式。祭り。

再度《さいど》 もう一度。ふたたび。

彩度《さいど》 色のあざやかさの度合。

済度《さいど》 仏が人々を悟りの境地に導くこと。

再読《さいどく》 もう一度読むこと。

苛《さいな》**む** 心身をひどく苦しめる。

災難《さいなん》 不幸な出来事。わざわい。

在日《ざいにち》 外国人が日本に居住していること。

歳入《さいにゅう》 国や公共団体の一年間の総収入。

再任《さいにん》 再び前の役職に任命されること。

在任《ざいにん》 任務についていること。

罪人《ざいにん》 罪を犯した者。つみびと。

再燃《さいねん》 再び問題になること。

才能《さいのう》 学問や芸能についての素質や能力。

賽《さい》**の目**《め》 さいころの目。小さい立方体。

再拝《さいはい》 手紙の最後に添える語。「頓首―」

采配《さいはい》 戦闘の指揮用の武具。「―をふるう」

栽培《さいばい》 植物を植え育てること。

菜箸《さいばし》 料理などに使う長い箸。

才走《さいばし》**る** 才気がとりわけ目立つ。

再発《さいはつ》 同じ病気や事件が再び起こること。

財閥《ざいばつ》 大資本家の一族。

最果《さいは》**て** いちばん端の地。

催馬楽《さいばら》 雅楽の曲調の古代歌謡の一。

再犯《さいはん》 再び罪を犯すこと。

再版《さいはん》 同一の書籍を再び出版すること。

裁判《さいばん》 訴訟を審理し、判断を下すこと。

歳晩《さいばん》 年の暮。歳末。[冬]

採否《さいひ》 採用するかしないかということ。

歳費《さいひ》 国会議員の一年間の手当。

才筆《さいひつ》 巧みな文章。それを書く才能。

財布《さいふ》 金を入れて携帯する入れ物。

採譜《さいふ》 聴いた曲を楽譜に書きとること。

細部《さいぶ》 こまかい部分。「—にこだわる」

才物《さいぶつ》 才能ある人物。才人。

財物《ざいぶつ》 金銭と品物。財貨。

細分《さいぶん》 こまかく分けること。

細別《さいべつ》 こまかく区分すること。

再編《さいへん》 編成し直すこと。再編成。

歳暮《さいぼ》 年のくれ。年末。せいぼ。

再訪《さいほう》 再び訪れること。

採訪《さいほう》 資料を集めるために、訪れること。

裁縫《さいほう》 布を裁ち衣服などに縫い上げる。

細胞《さいぼう》 生物体をつくっている基本単位。

財宝《ざいほう》 財産や宝物。

歳末《さいまつ》 年の暮れ。年末。[冬]

細密《さいみつ》 こまかくくわしいこと。

細民《さいみん》 下層階級の人々。貧民。

催眠《さいみん》 ねむくさせること。

債務《さいむ》 借金を返さなければならない義務。

財務《ざいむ》 財政に関する事務。

細目《さいもく》 細かく定めた箇条。

材木《ざいもく》 建築物や家具の材料となる板や角材。

祭文《さいもん》 祭りのとき、神仏に告げる言葉。

在野《ざいや》 官職に就かず、民間にいること。

災厄《さいやく》 わざわい。災難。

採油《さいゆ》 原油を掘り採る。油を搾り取る。

採用《さいよう》 適当なものを選んで用いること。

細腰《さいよう》 女性の細くしなやかな腰。

再来《さいらい》 再び来ること。生まれ変わり。

在来《ざいらい》 これまであったこと。

犀利《さいり》 文章や才知が鋭いさま。

才略《さいりゃく》 才知と計略。

細流《さいりゅう》 ほそい川。小川。

在留《ざいりゅう》 外国に居住・滞在すること。

宰領《さいりょう》 指揮・監督・世話をすること(人)。

最良《さいりょう》 いちばんよいこと。

裁量《さいりょう》 自分の考えで判断・処理すること。

材料《ざいりょう》 何かをするときの、もとになるもの。

財力《ざいりょく》 金や財産の力。経済力。

催涙弾《さいるいだん》 涙を出させる弾丸。

祭礼《さいれい》 祭りの儀式。祭り。

豺狼《さいろう》 山犬と狼。残酷で貪欲な人のたとえ。

採録《さいろく》 とりあげて記録すること。

載録《さいろく》 書物などに書いてのせること。

再話《さいわ》 伝説などを子供向きに書き直すこと。

幸《さいわ》**い** しあわせ。幸福。運がよいさま。

才腕《さいわん》 すぐれた腕前。

座員《ざいん》 劇団などの一座のメンバー。

差益《さえき》 差し引きして出る利益。⇔差損

遮《さえぎ》**る** 進路や行動を妨げる。

囀《さえず》**り** (繁殖期に)鳥がさえずること。[春]

囀《さえず》**る** 小鳥が鳴く。

査閲《さえつ》 実地に調査・検閲すること。

塞《さえ》**の神**《かみ》 道祖神。

冴《さ》**える** 澄む。はっきりする。鮮やかである。

竿《さお》 竹や木の細長い棒。釣り竿。

棹《さお》 舟を進める長い棒。

棹《さお》**さす** 棹で舟を進める。時流に乗じる。

早乙女《さおとめ》 田植えをする若い女性。[夏]

竿秤《さおばかり》 竿と分銅で重さを量る秤。

佐保姫《さおひめ》 春をつかさどる女神。[春]

坂《さか》 傾斜している道。さかみち。

茶菓《さか》 茶と菓子。ちゃか。

性《さが》 生まれつきの性質。ならわし。習慣。

座臥《ざが》 すわることと寝ること。日常生活。

境《さかい》 土地の区切り。境界。分かれ目。

逆恨《さかうら》**み** 逆に恨まれる。誤解して恨む。

栄《さか》**える** 繁栄する。

榊《さかき》 ツバキ科の常緑小高木。

差額《さがく》 差し引きした残りの金額。

酒蔵《さかぐら》 酒をたくわえる蔵。

逆毛《さかげ》 髪の毛を逆立ててふくらませること。

逆子《さかご》 赤ん坊が足のほうから生まれること。

逆様《さかさま》 位置や順序が反対であるさま。

賢《さか》**しい** かしこい。利口だ。こざかしい。

賢《さか》**しら** 利口そうに振る舞うこと。

座《ざ》**頭**《がしら》 一座のかしら。

探《さが》**す** 手に入れたいものを見つけ出す。

捜《さが》**す** 失ったものなどを見つけ出す。

さ

杯《さかずき》　酒を飲むのに使う小さな器。(別)盃
逆立《さかだ》ち　両手を下につき、さかさまに立つ。
酒断《さかだ》ち　祈願のため酒を断つこと。
逆立《さかだ》つ　さかさまに立つ。
酒樽《さかだる》　酒を入れておく樽。
逆手《さかて》　刀などを普通とは逆に握ること。
酒手《さかて》　酒の代金。心づけの金銭。
肴《さかな》　酒を飲むときに添える食べ物。
魚《さかな》　うお。魚類。
逆撫《さかな》で　いやがることをわざとすること。
逆浪《さかなみ》　流れと逆方向に立つ波。
逆捩《さかね》じ　非難・抗議に逆にやり返すこと。
溯《さかのぼ》る　川の上流へ進む。根本に戻る。
酒場《さかば》　酒を飲ませる店。
逆巻《さかま》く　流れに逆らって波立つ。

相模《さがみ》　旧国名。神奈川県の大部分。相州。
逆剝《さかむ》け　爪ぎわの皮膚が細くむけること。
逆茂木《さかもぎ》　棘のある木を並べた防御柵。
酒盛《さかも》り　大勢で酒を飲んで楽しむこと。
酒屋《さかや》　酒を売る店。造り酒屋。
月代《さかやき》　男子が頭頂部の髪をそったこと。
逆夢《さかゆめ》　現実には逆のことが起こる夢。
逆《さか》らう　流れと逆の方に進む。反抗する。
盛《さか》り　最も盛んな時期。動物の発情。
盛《さか》り場《ば》　人が多く集まるにぎやかな場所。
左官《さかん》　壁塗りの職人。
佐官《さかん》　軍隊の大佐・中佐・少佐の総称。
盛《さか》ん　勢いがよいさま。
先《さき》　物の先端。順序が前。将来。
崎《さき》　海や湖に突き出た陸地。みさき。

左記《さき》　縦書きの文書で、後に記した部分。
鷺《さぎ》　サギ科の水鳥。ツルに似るが小形。
詐欺《さぎ》　人をだまして利益をはかること。
一昨昨日《さきおととい》　おとといの前日。
先駆《さきが》け　まっさきに敵陣に攻め入ること。
魁《さきがけ》　他に先んずること。(別)先駆け
先頃《さきごろ》　この間。最近。
先先《さきざき》　将来。出かけて行く先の各所。
鷺草《さぎそう》　ラン科の多年草。湿地に生える。(夏)
先立《さきだ》つ　先頭に立つ。先に死ぬ。
左義長《さぎちょう》　小正月の火祭りの行事。(新)
先走《さきばし》る　早まった行動をする。
先触《さきぶ》れ　前ぶれ。きざし。
先棒《さきぼう》　人の手先となって働くこと。
先細《さきぼそ》り　後になるほど衰えること。

先程《さきほど》　少し前。今しがた。さっき。
先回《さきまわ》り　相手より先に目的地に着くこと。
先物《さきもの》　将来受け渡すことを約束した商品。
防人《さきもり》　九州北部の備えに派遣された兵士。
砂丘《さきゅう》　風で運ばれた砂が堆積した丘。
先行《さきゆ》き　ゆく末。前途。将来。「—不安」
作業《さぎょう》　仕事をすること。「—員」
座興《ざきょう》　宴席などに興を添えるための芸。
狭霧《さぎり》　霧。(秋)
砂金《さきん》　砂の中からとれる金の粒。しゃきん。
差金《さきん》　差し引きした残りの金額。
先《さき》んじる　人より先にする。
柵《さく》　木や竹を立て並べた囲い。
策《さく》　計画。はかりごと。「—を練る」
咲《さ》く　花のつぼみが開く。

裂《さ》く　破って二つに分ける。引き離す。
割《さ》く　切り分ける。一部を他に回す。
作為《さくい》　つくりごと。法律で、積極的な行為。
作意《さくい》　作品の制作意図。
索引《さくいん》　書物中の事項・人名などの一覧表。
作柄《さくがら》　農作物のできぐあい。作況。
削岩機《さくがんき》　岩盤に穴をあける機械。
朔月《さくげつ》　朔のときの月。新月。
削減《さくげん》　へらすこと。「予算の—」
錯誤《さくご》　まちがい。あやまり。「試行—」
嘖嘖《さくさく》　口々にいいはやすさま。「好評—」
錯雑《さくざつ》　複雑に入りまじること。錯綜。
酢酸《さくさん》　酸味のある無色の液体。酢の主成分。
作詞《さくし》　歌詞を作ること。「—家」
作詩《さくし》　詩を作ること。

策士《さくし》　策略や駆け引きの巧みな人。
作事《さくじ》　工事。普請。建築。
昨日《さくじつ》　きのう。
朔日《さくじつ》　月の第一日。ついたち。
作者《さくしゃ》　作品を作った人。
搾取《さくしゅ》　利益をしぼりとること。
削除《さくじょ》　文章などの一部分を除くこと。
作図《さくず》　図面をつくること。
策《さく》する　計略をめぐらす。
作成《さくせい》　書類や計画などを作ること。
作製《さくせい》　品物を作ること。製作。
作戦《さくせん》　いかに戦うかについての計画。
索然《さくぜん》　興味のなくなるさま。
錯綜《さくそう》　物事が複雑に入りまじること。
作付《さくづ》け　作物を植えつけること。

策定《さくてい》 政策や計画などをきめること。
索敵《さくてき》 敵を探し求めること。
作土《さくど》 耕地の表層の土。耕土。⇕心土
索道《さくどう》 ケーブル。ロープウエー。
策動《さくどう》 ひそかに策略を立て行動すること。
搾乳《さくにゅう》 牛や山羊の乳をしぼること。
昨年《さくねん》 今年の前の年。去年。
索漠《さくばく》 心が満たされないで、さみしいさま。
昨晩《さくばん》 きのうの夜。ゆうべ。
作品《さくひん》 作ったもの。特に芸術的な制作物。
作風《さくふう》 作品に現れるその作者の特徴・傾向。
朔風《さくふう》 北風。[冬]
作文《さくぶん》 文章を作ること。実質のない文章。
策謀《さくぼう》 はかりごと。計略。
作物《さくもつ》 田畑で栽培する植物。農作物。

昨夜《さくや》 きのうの夜。昨晩。
炸薬《さくやく》 弾丸や爆弾を爆発させる火薬。
搾油《さくゆ》 植物の種子や実から油をしぼること。
腊葉《さくよう》 押し葉。
桜《さくら》 バラ科の落葉高木。日本の国花。[春]
桜鯎《さくらうぐい》 桜の咲く頃産卵期を迎えた鯎。[春]
桜貝《さくらがい》 桜に似る海産の二枚貝。[春]
桜草《さくらそう》 サクラソウ科の多年草。[春]
桜鍋《さくらなべ》 馬肉の寄せ鍋。[冬]
桜肉《さくらにく》 馬の肉。さくら。
桜餅《さくらもち》 塩漬けの桜の葉で包んだ和菓子。[春]
桜湯《さくらゆ》 塩漬けの桜の花を入れて飲む湯。[春]
錯乱《さくらん》 乱れること。意識が混乱すること。
桜《さくら》**ん坊**《ぼう》 桜《おう》桃《とう》の実。さくらんぼ。[夏]
策略《さくりゃく》 計略。はかりごと。

探《さぐ》**る** さがす。そっと調べる。
作例《さくれい》 作り方の実例。作った用例。
炸裂《さくれつ》 爆弾や砲弾が破裂すること。
石榴《ざくろ》 ザクロ科の落葉高木。実は食用。[秋]
酒《さけ》 日本酒。アルコール分を含む飲料。
鮭《さけ》 サケ科の海魚。シャケ。[秋]
左傾《さけい》 左にかたむくこと。急進的になること。
酒粕《さけかす》 もろみから酒を搾り取ったかす。[冬]
酒癖《さけくせ》 酒を飲むと出るよくない癖。
下《さ》**げ潮**《しお》 引き潮。⇕上げ潮
蔑《さげす》**む** 軽べつする。見下す。(別)貶む
叫《さけ》**ぶ** 大きな声を出す。強く主張する。
裂《さ》**け目**《め》 やぶれた所。
裂《さ》**ける** 物が切れて離れる。
避《さ》**ける** 近づかない。控える。

下《さ》**げる** 下方へ移す。低くする。後ろへ移す。
提《さ》**げる** ぶらさげる。
左舷《さげん》 船首に向かって左側のふなばた。
雑魚《ざこ》 いろいろな小魚。下っ端。小物。
座高《ざこう》 腰かけた時の尻から頭頂までの高さ。
左顧右眄《さこうべん》 ⇩右顧左眄《うこさべん》
鎖国《さこく》 外国との通商・交流をやめること。
鎖骨《さこつ》 胸骨と肩甲骨をつなぐS字状の骨。
雑魚寝《ざこね》 大勢が同じ部屋で寝ること。
酒《ささ》 酒のこと。
笹《ささ》 タケのうち小形のものの総称。
些些《ささ》 わずかなさま。
些細《ささい》 とるにたりないさま。
栄螺《さざえ》 海産の巻き貝。食用。[春]
支《ささ》**える** 倒れないように食いとめる。

笹掻《ささが》**き** ごぼうなどを細く薄く削ること。
細蟹《ささがに》 クモのこと。
豇豆《ささげ》 マメの一種。食用。[秋]
捧《ささ》**げる** さしあげる。ひたすら尽くす。
笹竹《ささたけ》 小さいタケ類の総称。
査察《ささつ》 現地に行き調査・視察すること。
笹鳴《ささな》**き** 鶯が冬チチと鳴くこと。[冬]
小波《さざなみ》 水面に立つこまかい波。(別)漣
笹舟《ささぶね》 笹の葉を折って作った舟。
笹身《ささみ》 鶏の胸部の柔らかい肉。
細雪《ささめゆき》 こまかに降る雪。[冬]
細《ささ》**やか** わずかなさま。「—な幸せ」
囁《ささや》**く** 声をひそめて言う。うわさをする。
簓《ささら》 細く裂いた竹を束ねた楽器。
細《さざ》**れ石**《いし》 小さい石。

山茶花《さざんか》 ツバキ科の常緑小高木。[冬]
差《さ》**し** さしむかい。「—で話す」
砂嘴《さし》 岸から細長く突き出た砂の堆積。
渣滓《さし》 液体の底にたまったかす。
匙《さじ》 液体や粉末をすくう器具。スプーン。
瑣事《さじ》 取るに足らないこと。(別)些事
座視《ざし》 そばで黙って見ていること。
刺《さ》**し網**《あみ》 海中に帯状に張って魚をとる網。
差《さ》**し入**《い》**れ** 外部から届ける慰問の品。
挿絵《さしえ》 文中に入れる絵。
差《さ》**し押**《お》**さえ** 財産処分を禁じる。
指《さ》**し掛**《か》**け** 将棋で勝負の一時中断。
匙加減《さじかげん》 薬を調合する加減。手加減。
差《さ》**し金**《がね》 曲尺《かねじゃく》。陰で人を操ること。
挿《さ》**し木**《き》 枝を土に挿して根づかせる。[春]

桟《さ》敷《じき》 一段高くした見物席。

座《ざ》敷《しき》 畳敷きの居間や客間。

刺《さ》し子《こ》 綿布を重ね刺し縫いにしたもの。

差《さ》し障《さわ》り 支障。さしつかえ。

指《さし》図《ず》 言いつけてやらせること。

差《さ》し詰《ず》め 結局。当面。さしあたり。

然《さ》して たいして。それほど。

指《さし》貫《ぬき》 幅の広い裾をひもでしばる形の袴。

指《さ》し値《ね》 客が指定する売買の値段。

差《さ》し歯《ば》 欠けた歯につぎ足す人工の歯。

挟《さしはさ》む 間に入れる。「口を—」

挿《さ》し穂《ほ》 挿し木にする草木の茎や葉。[春]

刺《さ》し身《み》 魚介類を、生で食べる料理。

指《さし》物《もの》 板を組み合わせて作った家具。

詐《さ》取《しゅ》 金品をだまし取ること。

査《さ》収《しゅう》 調べて受け取ること。

詐《さ》術《じゅつ》 人をあざむく手段。

些《さ》少《しょう》 わずかなさま。少し。「—ですが」

査《さ》証《しょう》 旅券の裏書き。ビザ。

詐《さ》称《しょう》 氏名や職業などをいつわること。

座《ざ》礁《しょう》 船が暗礁に乗り上げること。

挫《ざ》傷《しょう》 うちみ。打撲傷。

座《ざ》食《しょく》 働かないで暮らすこと。徒食。

差《さ》し渡《わた》し 直径。

砂《さ》塵《じん》 すなぼこり。

砂《さ》州《す》 湾の対岸まで達した堆積による砂堤。

差《さ》す 表面に現れる。生じる。かざす。

射《さ》す 光があたる。(別)差す

指《さ》す ゆびさす。指名する。目指す。

注《さ》す つぐ。そそぐ。色をつける。(別)点す

挿《さ》す はさみ込む。

刺《さ》す 突き入れる。刃物で突く。

螫《さ》す 虫が針で突く。(別)刺す

座《ざ》主《す》 延暦寺の長。天台座主。

流《さ》石《すが》 いかにも。やはり。そうはいっても。

授《さず》かる 天・神仏や目上の人から与えられる。

流《さ》離《すら》う あてもなくさまよい歩く。

摩《さす》る 手のひらで軽くこする。(別)擦る

座《ざ》する すわる。連座する。

嗄《さ》声《せい》 かれ声。しわがれ声。

座《ざ》席《せき》 すわる場所。席。

左《さ》折《せつ》 左へ曲がること。⇔右折

挫《ざ》折《せつ》 途中でくじけてだめになること。

左《さ》遷《せん》 低い地位に格下げすること。

座《ざ》禅《ぜん》 静座して真理を悟ろうとする修行。

嘸《さぞ》 どんなにか。さだめし。きっと。

誘《さそ》う すすめる。誘惑する。

座《ざ》像《ぞう》 すわった姿の像。

蠍《さそり》 熱帯にすむ毒虫。

蠍《さそり》座《ざ》 南天の星座。α星はアンタレス。

差《さ》損《そん》 差し引きして出る損失。⇔差益

沙《さ》汰《た》 便り。消息。指図。しわざ。

定《さだ》か 明らかなさま。確かなさま。

座《ざ》卓《たく》 畳にすわって使う机。

定《さだ》め きまり。規則。おきて。宿命。

左《さ》袒《たん》 一方に味方すること。

嗟《さ》嘆《たん》 ひどくなげく。感心してほめる。

座《ざ》談《だん》 座って気楽に話し合うこと。「—会」

幸《さち》 しあわせ。産物。獲物。「海の—」

座《ざ》長《ちょう》 座談会などの議長。一座のかしら。

札《さつ》 紙幣。おさつ。

雑《ざつ》 粗いさま。「—な仕事」

殺《さっ》意《い》 人を殺そうとする意思。「—を抱く」

撮《さつ》影《えい》 写真や映画をとること。

雑《ざつ》役《えき》 雑多な仕事。雑用。

猟《さつ》夫《お》 [冬] 猟をする人。猟師。

雑《ざつ》音《おん》 騒音。不要な音や信号。余計な批判。

作《さっ》家《か》 芸術作品をつくる人。特に、小説家。

雑《ざっ》貨《か》 こまごまとした日用品。

殺《さつ》害《がい》 人を殺すこと。

錯《さっ》覚《かく》 思い違い。まちがって知覚すること。

雑《ざつ》学《がく》 雑多な事柄についての知識。

擦《さっ》過《か》傷《しょう》 すりきず。

雑《ざっ》感《かん》 まとまりのない感想。

五《さ》月《つき》 陰暦五月。[夏] (別)皐月

殺《さっ》気《き》 人を殺そうとする不気味な気配。

雑《ざっ》記《き》 種々雑多な事を書きつけること。

五《さ》月《つき》躑《つつ》躅《じ》 ツツジの一種。[夏]

五《さ》月《つき》晴《ば》れ 梅雨の晴れ間。[夏]

五《さ》月《つき》闇《やみ》 梅雨の頃の暗さ。[夏]

早《さっ》急《きゅう》 非常に急ぐこと。そうきゅう。

雑《ざっ》居《きょ》 入り交じって住むこと。

作《さっ》況《きょう》 その年の農作物のでき具合。作柄。

作《さっ》曲《きょく》 音楽作品を作ること。

殺《さっ》菌《きん》 病原菌を殺すこと。

雑《ざっ》菌《きん》 種々雑多な細菌。

作《さっ》句《く》 俳句を作ること。

雑《ざつ》劇《げき》 中国の古典劇の一。

雑《ざっ》件《けん》 雑多な事件や用件。

雑《ざっ》穀《こく》 米・麦以外のアワ・ヒエなどの穀類。

昨今《さっこん》 きのうきょう。このごろ。
颯颯《さっさつ》 風が吹くさま。また、その音。
察し《さっし》 察すること。「—がいい」
冊子《さっし》 とじた本。書物。
雑誌《ざっし》 いろいろな記事を載せる定期出版物。
雑事《ざつじ》 雑多な用事。
雑種《ざっしゅ》 種類のちがう雌雄から生まれた個体。
殺傷《さっしょう》 殺したり傷つけたりすること。
雑食《ざっしょく》 動物でも植物でも食べること。
刷新《さっしん》 悪い点を一掃し全く新しくすること。
殺人《さつじん》 人を殺すこと。
殺陣《さつじん》 映画・演劇で斬り合いの場面。たて。
撒水《さっすい》 水をまくこと。
察する《さっする》 おしはかる。おもいやる。
雑然《ざつぜん》 ごたごたと、まとまりのないさま。

颯爽《さっそう》 さわやかで勇ましいさま。
雑草《ざっそう》 自然に生い茂る草。
早速《さっそく》 すみやかに。すぐさま。
雑則《ざっそく》 法令の雑多な技術的・手続き的規則。
殺鼠剤《さっそざい》 鼠の駆除に用いる薬。
雑損《ざっそん》 こまごました、種種の損失。
雑多《ざった》 いろいろ入りまじっているさま。
札束《さつたば》 紙幣の束。
雑談《ざつだん》 とりとめのない会話。世間話。
察知《さっち》 おしはかって知ること。
颯と《さっと》 風雨が急に来るさま。にわかなさま。
殺到《さっとう》 一度に大量に押し寄せること。
雑踏《ざっとう》 大勢の人でこみあうこと。㊀雑沓
雑念《ざつねん》 心を乱すさまざまの思い。
雑俳《ざっぱい》 前句付け・川柳などの総称。

雑駁《ざっぱく》 雑然として、とりとめのないさま。
殺伐《さつばつ》 すさんで、温かみが感じられない。
雑費《ざっぴ》 こまごましたことにかかる費用。
札片《さつびら》 紙幣。「—を切る」
殺風景《さっぷうけい》 おもしろみや趣がないさま。
雑文《ざつぶん》 気軽に書いた内容の薄い文章。
雑報《ざっぽう》 こまごまとした出来事の報道。
薩摩《さつま》 旧国名。鹿児島県西部。薩州。
薩摩芋《さつまいも》 ヒルガオ科の根菜類。秋
雑務《ざつむ》 こまごまとした仕事。
雑用《ざつよう》 こまごまとした用事。
殺戮《さつりく》 多くの人をむごたらしく殺すこと。
雑録《ざつろく》 まとまりなく記録したもの。
扨《さて》 ところで。さあ。
叉手網《さであみ》 枠が三角形の掬《すく》い網。

査定《さてい》 調べて等級・金額などを決めること。
砂鉄《さてつ》 砂状になった鉄。
蹉跌《さてつ》 つまずき。失敗。挫折。
里《さと》 小さな集落。故郷。実家。
佐渡《さど》 旧国名。新潟県の佐渡島。
聡い《さとい》 かしこい。敏感だ。㊀敏い
里芋《さといも》 サトイモ科の野菜。球茎は食用。秋
左党《さとう》 酒の好きな人。左翼の党派。
砂糖《さとう》 サトウキビなどからとる甘味調味料。
作動《さどう》 機械・装置が働きはじめること。
茶道《さどう》 ⇩ちゃどう(茶道)
座頭《ざとう》 昔、頭をそった盲人。
砂糖黍《さとうきび》 砂糖の原料とする作物。秋
里親《さとおや》 他人の子どもを預かって育てる人。
里帰り《さとがえり》 女性が実家へ帰ること。帰省。

里方《さとかた》 嫁や養子の実家。またその親類筋。
里子《さとご》 他人に預けて養育してもらう子。
里心《さとごころ》 実家や郷里へ帰りたいと思う心。
諭す《さとす》 わかるように言って聞かせる。
里山《さとやま》 人里近い山。
里雪《さとゆき》 里に降る雪。平野部に降る雪。
悟る《さとる》 事情を理解する。真理を会得する。
早苗《さなえ》 田植えのころの稲の苗。夏
最中《さなか》 さいちゅう。「夏の—」
宛ら《さながら》 ちょうど。あたかも。まるで。
蛹《さなぎ》 昆虫が幼虫から成虫になる間の状態。
真田紐《さなだひも》 木綿糸で編んだ平たい紐。
真田虫《さなだむし》 ジョウチュウの別名。
早苗饗《さなぶり》 田植えを終えた祝い。夏
讃岐《さぬき》 旧国名。香川県。讃州《さんしゅう》。

札《さね》 綴って甲冑《かっちゅう》とする鉄・革の小板。
実《さね》 果実のたねの芯の部分。㊀核
真葛《さねかずら》 マツブサ科の蔓性低木。美男葛。秋
左脳《さのう》 大脳の左半分。言語中枢がある。
砂嚢《さのう》 砂入りの袋。鳥の胃の一部。砂ぎも。
左派《さは》 革新的な政治団体。急進派。⇔右派
鯖《さば》 サバ科の海魚。食用。夏
差配《さはい》 指図すること。管理すること(人)。
五月《さ》蠅《ばえ》 夏の初めに群がる蠅。
佐幕《さばく》 幕末、幕府の存続を支持したこと。
砂漠《さばく》 降雨が非常に少ない地帯の荒原。
捌く《さばく》 うまく扱う。処理する。全部売る。
裁く《さばく》 よい悪いを決める。裁判する。
皿鉢料理《さはちりょうり》 高知県の郷土料理。
茶飯事《さはんじ》 日常のごくありふれた事柄。

寂《さび》　閑寂な趣。枯れた味わい。
錆《さび》　金属の表面が酸化して変色したもの。
錆鮎《さびあゆ》　産卵期の鮎。体に赤みを帯びる。[秋]
寂《さび》しい　孤独で心細い。人けがない。
座標《ざひょう》　点の位置を表すのに使う数の組。
錆《さ》びる　さびが出る。
寂《さび》れる　賑わいがすっかりなくなる。
座布団《ざぶとん》　座るときに敷く布団。
泊夫藍《サフラン》　アヤメ科の多年草。
差別《さべつ》　扱いに差をつけること。
作法《さほう》　社会における動作や言葉のきまり。
砂防《さぼう》　土砂の流出や崩壊を防止すること。
仙人掌《サボテン》　サボテン科の多肉植物。[夏]
然程《さほど》　それほど。「—うまくない」
朱欒《ザボン》　ミカン科の小高木。食用。[秋]

様《さま》　様子。ありさま。
様《ざま》　見苦しい様子・状態。「なんて—だ」
様変《さまが》わり　様子が変わること。
様様《さまざま》　いろいろ。
妨《さまた》げる　じゃまをする。
瑣末《さまつ》　重要でないさま。
彷徨《さまよ》う　当てもなく歩き回る。
寂《さみ》しい　さびしい。
三味線《さみせん》　⇩しゃみせん（三味線）
五月雨《さみだれ》　陰暦五月頃の雨。つゆ。[夏]
さ緑《みどり》　若草や若葉のみどりいろ。
寒《さむ》い　気温が低く感じられる。⇕暑い
作務衣《さむえ》　僧が着る作業着。
寒気《さむけ》　不快に感じる寒さ。悪寒。
寒空《さむぞら》　冬の寒い天候。[冬]

侍《さむらい》　武士。気骨のある人。
鮫《さめ》　海産の軟骨魚。かまぼこの材料。
鮫肌《さめはだ》　ざらざらした皮膚。
冷《さ》める　冷たくなる。感情が静まる。
覚《さ》める　意識がはっきりはたらく。
醒《さ》める　酔いがなくなる。(別)覚める
褪《さ》める　色があせる。
然《さ》も　そのように。いかにも。実に。
遮莫《さもあらばあれ》　どうともなれ。ままよ。
座持《ざも》ち　座の取り持ちをすること。
査問《さもん》　問いただして調べること。
莢《さや》　マメの、種子のはいっている殻。
鞘《さや》　刀身を入れる筒。売値と買値の差。
鞘当《さやあ》て　一人の女性をめぐる争い。
清《さや》か　明るく澄んでいるさま。

座薬《ざやく》　肛門などに挿入して使う薬。座剤。
白湯《さゆ》　沸かしただけの湯。
左右《さゆう》　右と左。支配すること。
座右《ざゆう》　身近な所。ざう。「—の銘」
小百合《さゆり》　ユリの美称。[夏]
小夜《さよ》　よる。「—千鳥」
作用《さよう》　他に働きかけて影響を及ぼすこと。
然様《さよう》　そのとおり。そうだ。そういえば。
小夜曲《さよきょく》　恋の夜曲。セレナーデ。
左翼《さよく》　左側のつばさ。革進的な思想。
座浴《ざよく》　⇩腰湯《こしゆ》
細魚《さより》　ダツ目の細長い海魚。[春] (別)鱵
皿《さら》　食物を盛る平たい器。
新《さら》　まだ使っていないこと。「—の食器」
再来月《さらいげつ》　来月の次の月。

浚《さら》う　水底の土やごみを取り除く。(別)渫う
攫《さら》う　横合いから奪う。自分のものにする。
復習《さら》う　教わったことを繰り返す。
更紙《ざらがみ》　質のよくないざらざらした洋紙。
曝《さら》け出《だ》す　すっかり出して見せる。
更紗《サラサ》　人物・花鳥の模様を捺染した綿布。
更更《さらさら》　少しも。決して。「悪意は—ない」
晒《さら》し　さらして白くした麻・木綿の布。[夏]
晒井《さらしい》　井戸さらい。井戸替。[夏]
晒《さら》し粉《こ》　白色の粉末。漂白・消毒剤。
晒《さら》す　日光などに当てる。漂白する。見せる。
沙羅双樹《さらそうじゅ》　釈迦の入滅のときに、四方に生えていたという沙羅の木。
更地《さらち》　建築物がなく、すぐ使える土地。
更《さら》に　その上に。ますます。少しも。全然。

然《さ》らば　それならば。しかしらば。さようなら。
皿秤《さらばかり》　はかる物をのせる皿のあるはかり。
粗目《ざらめ》　結晶のあらい砂糖。
新湯《さらゆ》　沸かしてだれも入っていない風呂。
蝲蛄《ざりがに》　淡水産のエビ。鋏《はさみ》が大きい。
去《さ》り状《じょう》　離縁状。三行半《みくだりはん》。
茶寮《さりょう》　茶室。喫茶店。料理屋。
申《さる》　十二支の第九。
猿《さる》　ヒトに似る霊長目の動物。
去《さ》る　その場を離れる。過ぎて終わる。
去《さ》る　先日の。⇕来《きた》る
然《さ》る　ある。とある。「—人」
笊《ざる》　竹を編んで作った入れ物。
猿麻桛《さるおがせ》　糸状の地衣類。針葉樹に着生。
猿楽《さるがく》　鎌倉時代の芸能。能楽のもととなる。

猿轡《さるぐつわ》 口にかませて声を出なくさせる物。
笊碁《ざるご》 へたな碁。
猿酒《さるざけ》 猿が貯えた果実が発酵したもの。[秋]
猿芝居《さるしばい》 あさはかなたくらみ。
百日紅《さるすべり》 ミソハギ科の落葉高木。[夏]
笊蕎麦《ざるそば》 笊に盛り海苔をかけたそば。
猿知恵《さるぢえ》 間の抜けた知恵。
猿股《さるまた》 男子用の下着。
猿真似《さるまね》 うわべだけのまね。
猿回《さるまわ》**し** 猿を使った大道芸。
砂礫《されき》 砂と小石。
髑髏《されこうべ》 風雨にさらされた頭蓋骨。どくろ。
戯《ざ》**れ言**《ごと》 ふざけて言う言葉。冗談。
戯《ざ》**れ事**《ごと》 たわむれてすること。
然《さ》**れど** しかし。されども。

沢《さわ》 山あいの谷川。草の生えている湿地。
茶話会《さわかい》 茶を飲みながら話をする会。
沢蟹《さわがに》 谷川の清流にすむカニの一種。[夏]
騒《さわ》**ぐ** うるさくする。もめ事を起こす。
醂《さわ》**す** 渋柿の渋を抜く。
沢煮《さわに》 汁の多いうす味の煮物。
爽《さわ》**やか** さっぱりしていて気持ちがよい。[秋]
椹《さわら》 ヒノキ科の常緑高木。建築・器具材。
鰆《さわら》 サバ科の中形の海魚。食用。[春]
早蕨《さわらび》 芽を出したばかりのわらび。[春]
触《さわ》**る** ふれる。かかわり合う。
障《さわ》**る** 害になる。「体に—」
桟《さん》 戸や障子の骨。
酸《さん》 すっぱい味。酸性の物質。
賛《さん》 絵に添える詩文。画賛。

讒《ざん》 讒言。
賛意《さんい》 賛成する意思。「—を表す」
散逸《さんいつ》 書物などが散らばり、なくなること。
山陰《さんいん》 山の北側。山陰地方。
山陰道《さんいんどう》 七道の一。山陰地方に相当。
産院《さんいん》 妊産婦・新生児のための病医院。
残映《ざんえい》 夕焼け。夕映え。名残。
残鶯《ざんおう》 夏に鳴くウグイス。夏鶯。[夏]
参加《さんか》 仲間に加わって行動すること。
惨禍《さんか》 いたましい災難。
産科《さんか》 妊娠・出産を扱う医学の一分科。
傘下《さんか》 人や組織の支配下。
酸化《さんか》 物質が酸素と化合すること。⇔還元
賛歌《さんか》 ほめたたえる歌。「雪山—」
山河《さんが》 山と川。また、自然。さんか。

参賀《さんが》 皇居へ行って祝意を表す。[新]
残花《ざんか》 散り残った桜の花。[春]
山塊《さんかい》 山脈から離れた一群の山。
散会《さんかい》 会合が終わりになること。
散開《さんかい》 散らばり広がること。
三界《さんがい》 欲界・色界・無色界。全世界。
惨害《さんがい》 むごたらしい被害。
残骸《ざんがい》 破壊されて残っているもの。
三回忌《さんかいき》 死の翌々年の忌日。
参画《さんかく》 計画に加わること。
山岳《さんがく》 やま。高い山。
産額《さんがく》 生産される物資の数量や金額。
残額《ざんがく》 残りの金額・数量。
三角関係《さんかくかんけい》 三人の男女の関係。
三角州《さんかくす》 河口付近の三角形の地形。

参観《さんかん》 その場へ行って、見ること。
三寒四温《さんかんしおん》 冬の天候の型。[冬]
算木《さんぎ》 易で使う角棒。和算で使う計算用具。
慚愧《ざんき》 深く心に恥じること。
参議院《さんぎいん》 国会を構成する一院。参院。
残菊《ざんぎく》 晩秋まで咲き残った菊。[秋]
三脚《さんきゃく》 カメラなどをのせる三本足の台。
残虐《ざんぎゃく》 むごたらしく扱うこと。
産休《さんきゅう》 出産のための休暇。出産休暇。
山峡《さんきょう》 山中の狭い谷。やまかい。
三業《さんぎょう》 料理屋・芸者屋・待合の営業。
産業《さんぎょう》 生活に必要な物を作り出す事業。
鑽仰《さんぎょう》 聖人の学徳を敬うこと。さんごう。
残響《ざんきょう》 発音体が鳴りやんだ後に残る響き。
残業《ざんぎょう》 規定の時間以上に仕事をすること。

散切《ざんぎ》**り** 明治初期の男の髪型。
残金《ざんきん》 支払いの金。
惨苦《さんく》 ひどい苦しみ。
参宮《さんぐう》 神社、特に伊勢神宮に参拝すること。
三軍《さんぐん》 陸軍・海軍・空軍の総称。
散華《さんげ》 供養のため花をまき散らす。戦死。
懺悔《ざんげ》 神仏に罪を告白し悔い改めること。
参詣《さんけい》 神社や寺に参ること。
惨劇《さんげき》 むごたらしい事件・出来事。
酸欠《さんけつ》 空気中の酸素が欠乏すること。
残月《ざんげつ》 ありあけの月。
散見《さんけん》 あちらこちらに見えること。
三弦《さんげん》 三味線の別名。
讒言《ざんげん》 人を陥れようと、事実を曲げて言う。
三権分立《さんけんぶんりつ》 立法・行政・司法

の三権をそれぞれ別の機関が担当すること。
珊瑚《さんご》　暖海にすむ腔腸動物。骨格は装飾用。
産後《さんご》　出産のあと。⇔産前
三后《さんこう》　太皇太后・皇太后・皇后の総称。
山行《さんこう》　山登りに行くこと。登山。
参考《さんこう》　考えをまとめる手助けとすること。
参向《さんこう》　身分の高い人の所へ出向くこと。
鑽孔《さんこう》　穴をあけること。「—機」
山号《さんごう》　寺院の名の上につける称号。
残光《ざんこう》　日没後の空に残っている弱い光。
塹壕《ざんごう》　戦場で、防御設備として掘ったみぞ。
山高水長《さんこうすいちょう》　人格高潔のたとえ。
残酷《ざんこく》　むごいやり方で苦しめるさま。
三国一《さんごくいち》　世界一。「—の花むこ」
珊瑚礁《さんごしょう》　サンゴの遺骸から成る岩礁。

散骨《さんこつ》　海や山に遺骨をまく葬礼。
三顧《さんこ》の礼《れい》　礼を尽くして頼む。
三叉《さんさ》　三つに分かれている。みつまた。
残渣《ざんさ》　濾過《かろ》したあとのかす。
山菜《さんさい》　山に自生する、食用植物。
散在《さんざい》　あちこちに散らばってあること。
散剤《さんざい》　粉末の内服薬。こなぐすり。
散財《さんざい》　金銭をたくさん使うこと。
斬罪《ざんざい》　首を切り落とす刑罰。打ち首。
散策《さんさく》　ぶらぶら歩くこと。散歩。
山査《さんざ》子《し》　バラ科の落葉低木。実は薬。
惨殺《ざんさつ》　むごたらしく殺すこと。
斬殺《ざんさつ》　刀剣で切り殺すこと。
燦燦《さんさん》　明るくきらめくさま。
散散《さんざん》　ひどい目にあうさま。ひどく。

蚕糸《さんし》　カイコの繭からとった糸。生糸。
参事《さんじ》　ある事務に参与すること(職)。
惨事《さんじ》　いたましい出来事。
産児《さんじ》　生まれる子。
賛辞《さんじ》　ほめたたえる言葉。「—を呈する」
残滓《ざんし》　残りかす。
惨死《ざんし》　むごたらしい死に方をすること。
暫時《ざんじ》　しばらくの間。「—待て」
三色菫《さんしきすみれ》　スミレ科の越年草。[春]
三次元《さんじげん》　三つの方向のある広がり。
山紫水明《さんしすいめい》　自然の美しいこと。
三下《さんした》　ばくち打ちの仲間で、最も下位の者。
三七日《さんしちにち》　死後二一日目。みなぬか。
産室《さんしつ》　お産をする部屋。
参酌《さんしゃく》　くらべ合わせて、よい方をとること。

傘寿《さんじゅ》　八〇歳。また、その祝い。
斬首《ざんしゅ》　首をきること。
参集《さんしゅう》　寄り集まること。
産出《さんしゅつ》　産物がとれること。
算出《さんしゅつ》　計算して数値を出すこと。
算術《さんじゅつ》　計算のし方。「算数」の旧称。
山茱《さんしゅ》萸《ゆ》　ミズキ科の落葉小高木。
賛助《さんじょ》　賛成して援助すること。「—企業」
残暑《ざんしょ》　立秋後まで残る暑さ。[秋]
山椒《さんしょう》　ミカン科の落葉低木。若葉は香味料。
参照《さんしょう》　他のものと比べ合わせること。
参上《さんじょう》　目上の人のもとへ伺うこと。
惨状《さんじょう》　むごたらしいありさま。
残照《ざんしょう》　日没後も空に残っている光。
山椒魚《さんしょううお》　イモリに似た両生類。

蚕食《さんしょく》　他の領地を次第に侵略すること。
産褥《さんじょく》　出産の時の産婦の寝床。
三線《さんしん》　胴に蛇の皮を張った三弦の楽器。
斬新《ざんしん》　発想や趣向が新しいさま。
山水《さんすい》　山と川。自然の景色。
散水《さんすい》　水をまくこと。
算数《さんすう》　計算。小学校の教科名。
三竦《さんすく》み　三者が互いに牽制しあうこと。
三助《さんすけ》　銭湯の下働きの男。
三途《さんず》の川《かわ》　冥土の途中にある川。
三世《さんぜ》　前世・現世・来世。親・子・孫の三代。
三省《さんせい》　日に何度も反省すること。
酸性《さんせい》　青色リトマス紙を赤色に変える性質。
賛成《さんせい》　他人の提案や意見に同意すること。
参政権《さんせいけん》　国民が政治に参加する権利。

山積《さんせき》　処理しきれずに沢山たまること。
残雪《ざんせつ》　消え残った雪。[春]
参戦《さんせん》　戦争に参加すること。
参禅《さんぜん》　座禅を組むこと。禅を学ぶこと。
産前《さんぜん》　出産の前。臨月の頃。⇔産後
燦然《さんぜん》　美しく輝くさま。
酸素《さんそ》　元素の一。空気の主成分。記号O
讒訴《ざんそ》　人を陥れる、事実を曲げた告げ口。
山荘《さんそう》　山の中の別荘。
残像《ざんぞう》　見た後にしばらく目に残る物の形。
山賊《さんぞく》　山中を根城とする賊。
山村《さんそん》　山間にある村。山中の村。
三尊《さんぞん》　本尊と脇侍《きょうじ》の総称。
残存《ざんそん》　なくならずに残っていること。
参内《さんだい》　皇居に参上すること。

残高《ざんだか》 差し引き勘定をして残った金額。
簒奪《さんだつ》 臣下が帝王の位を奪い取ること。
桟俵《さんだわら》 米俵の上下の、わら製の円いふた。
三嘆《さんたん》 何度も感心すること。
賛嘆《さんたん》 感心してほめること。
惨憺《さんたん》 いたましいさま。苦心するさま。
散弾《さんだん》 多数の小さなたまに分かれる弾丸。
算段《さんだん》 工夫すること。金を工面すること。
山地《さんち》 山の多い土地。山の中の土地。
産地《さんち》 物が産出される土地。
山頂《さんちょう》 山の頂上。
算定《さんてい》 計算して数値を確定すること。
暫定《ざんてい》 かりに、そう決めておくこと。
残敵《ざんてき》 討ちもらした敵兵。
山巓《さんてん》 山頂。

三都《さんと》 三つの大きな都市。京都・大坂・江戸。
残土《ざんど》 土木工事で出るいらない土砂。
参堂《さんどう》 お堂に参詣すること。
参道《さんどう》 神社や寺院に参拝するための道。
桟道《さんどう》 崖に沿って設けた板の道。かけはし。
賛同《さんどう》 他人の意見に同意すること。
残党《ざんとう》 戦いに敗れて、生き残った者。
参入《さんにゅう》 新しく加わること。
算入《さんにゅう》 計算に組み入れること。
残尿《ざんにょう》 排尿の後、膀胱内に残っている尿。
残忍《ざんにん》 むごいことを平然とするさま。
残念《ざんねん》 不満や後悔の気持ちが残るさま。
産婆《さんば》 助産婦の旧称。
三拝《さんぱい》 三回拝礼すること。
参拝《さんぱい》 神社や寺にお参りして拝むこと。

酸敗《さんぱい》 油脂や飲食物が腐ってすっぱくなる。
惨敗《ざんぱい》 さんざんに負ける。
三拝九拝《さんぱいきゅうはい》 何度も拝礼する。
三杯酢《さんばいず》 酢・醤油・味醂を混ぜた酢。
三羽烏《さんばがらす》 その分野で特に優れた三人。
三白眼《さんぱくがん》 左右と下の三方が白目の目。
桟橋《さんばし》 港で、岸から突き出した乗降施設。
三番叟《さんばそう》 能の「翁」の祝言舞。
散発《さんぱつ》 間をおいて時々起こること。
散髪《さんぱつ》 髪を刈り、整えること。
斬髪《ざんぱつ》 まげを結わず、短く切った髪型。
残飯《ざんぱん》 食べ残しの飯や料理。
酸鼻《さんび》 非常にむごたらしいこと。
賛美《さんび》 ほめたたえること。
賛否《さんぴ》 賛成と不賛成。「—を問う」

賛美歌《さんびか》 キリスト教で神を讃える歌。
三拍子《さんびょうし》 三つの主要な条件。
三一《さんぴん》 身分の低い侍。三一侍。
産品《さんぴん》 産出する品物。「一次—」
残品《ざんぴん》 売れ残りの商品。
参府《さんぷ》 江戸時代、大名が参勤したこと。
産婦《さんぷ》 出産前後の女性。
散布《さんぷ》 薬品などをまきちらすこと。
三伏《さんぷく》 夏の最も暑い時期。[夏]
山腹《さんぷく》 山頂と麓との間の部分。
三幅対《さんぷくつい》 三幅で一組の掛け物。
産物《さんぶつ》 その土地で産出する品物。
桑港《サンフランシスコ》 米国、西海岸の港湾都市。
散文《さんぶん》 韻律・字数などの制限のない文章。
三平汁《さんぺいじる》 北海道の郷土料理。[冬]

残片《ざんぺん》 残ったかけら。
散歩《さんぽ》 気晴らしや健康のために歩くこと。
三方《さんぼう》 四角形の白木の台。供え物用・儀式用。
三宝《さんぼう》 仏教で、仏と法と僧。
参謀《さんぼう》 作戦・用兵などを受け持つ将校。
算法《さんぽう》 計算の方法。
讒謗《ざんぼう》 人を悪く言うこと。「罵詈《ばり》—」
秋刀魚《さんま》 サンマ科の海魚。[秋]
三昧《さんまい》 精神を統一して乱さないこと。
産米《さんまい》 とれた米。
三枚目《さんまいめ》 滑稽な役をする俳優。
散漫《さんまん》 集中せずまとまりのないさま。
酸味《さんみ》 すっぱい味。
三位一体《さんみいったい》 キリスト教の根本教義の一。三者が心を合わせること。

山脈《さんみゃく》 長く連なった山々。
残務《ざんむ》 残っている事務。「—整理」
残夢《ざんむ》 目覚めてなお心に残る夢。
三面記事《さんめんきじ》 社会面の記事。
三面六臂《さんめんろっぴ》 何人分もの活躍。
山門《さんもん》 寺院の門。また、寺院。
三文判《さんもんばん》 出来合いの安いはんこ。
山野《さんや》 山と野原。のやま。
三役《さんやく》 大関・関脇・小結。重要な三つの役職。
散薬《さんやく》 粉末の薬。こなぐすり。散剤。
参与《さんよ》 物事にかかわること。
残余《ざんよ》 残り。余り。
山容《さんよう》 山のかたち。山の姿。
山陽《さんよう》 山の南側。山陽地方。
算用《さんよう》 計算すること。見積ること。「胸—」

三葉虫《さんようちゅう》　古生代の化石節足動物。
山陽道《さんようどう》　七道の一。山陽地方に相当。
産卵《さんらん》　卵をうむこと。
蚕卵《さんらん》　カイコの卵。
散乱《さんらん》　ばらばらに散らばること。
燦爛《さんらん》　美しく光り輝くさま。
三里《さんり》　灸点の一。膝頭の外側のくぼんだ所。
三陸《さんりく》　陸奥《むつ》・陸中・陸前の三か国の称。
三流《さんりゅう》　二流の下。等級が劣ること。
残留《ざんりゅう》　あとに残ること。
山陵《さんりょう》　天皇や皇后の墓。みささぎ。
山稜《さんりょう》　山の尾根。
山林《さんりん》　山と林。山中にある林。
三隣亡《さんりんぼう》　建築を忌む凶日。
残塁《ざんるい》　攻守交替で、走者が塁上にいる状態。

山嶺《さんれい》　山のみね。
参列《さんれつ》　式に出席すること。
惨烈《さんれつ》　きわめてむごたらしいこと。
参籠《さんろう》　祈願のため社寺にこもること。
山麓《さんろく》　山のふもと。山すそ。

し

士《し》　さむらい。武士。男子。「練達の―」
子《し》　子供。孔子のこと。「―いわく」
氏《し》　うじ。みょうじ。彼。
市《し》　地方公共団体の一。
死《し》　死ぬこと。⇕生
私《し》　個人の。私的な。わたくし。⇕公
刺《し》　名札。「―を通じる」
師《し》　先生。教師。宗教上の指導者。

詞《し》　言葉。詩文。また、歌詞。
詩《し》　リズムをもつ形式で表現したもの。
資《し》　資金。資質。
地《じ》　地面。土地。本性。説明の文。
字《じ》　文字。筆跡。
痔《じ》　肛門部にできる腫れ・ただれ。痔疾。
試《し》**合**《あい》　競技・武芸などで勝負を争うこと。
自《じ》**愛**《あい》　自分の体を大切にすること。
慈《じ》**愛**《あい》　いつくしみ愛すること。
仕《し》**上**《あ》**げ**　仕上がり。仕事の最後の工程。
指《し》**圧**《あつ》　指先・手のひらで、体を押す療法。
地《じ》**雨**《あめ》　同じ強さで長く降り続く雨。
幸《しあわ》**せ**　幸福。幸運。
私《し》**案**《あん》　自分の個人的な案や考え。
思《し》**案**《あん》　あれこれ思いめぐらすこと。心配。

試《し》**案**《あん》　検討材料として試みに作った案。
椎《しい》　ブナ科の常緑高木。シイノキ。
四《し》**囲**《い》　まわり。周囲。
私《し》**意**《い》　自分の考え。私情をまじえた心。
思《し》**惟**《い》　考えること。思うこと。思考。
恣《し》**意**《い》　勝手な考え。「―的」
示《じ》**威**《い》　気勢や威力を示すこと。「―行動」
字《じ》**彙**《い》　字引。字書。字典。
自《じ》**慰**《い》　手淫《しゅいん》。オナニー。
辞《じ》**彙**《い》　辞書。辞典。
辞《じ》**意**《い》　辞職・辞退の意思。「―をもらす」
詩《し》**歌**《いか》　和歌・俳句・詩の総称。
弑《しい》**逆**《ぎゃく》　主君・父を殺すこと。
飼《し》**育**《いく》　家畜などを飼い育てること。
四《しい》**時**《じ》　⇩しじ（四時）

自《じ》**意**《い》**識**《しき》　自分自身についての意識。
弑《しい》**する**　主君や父を殺す。
尸《し》**位**《い》**素**《そ》**餐**《さん》　才能・人徳がないのに高位につき、禄を食んでいること(人)。
椎《しい》**茸**《たけ》　ハラタケ目のきのこ。食用。㊙
虐《した》**げる**　むごく扱う。虐待する。
粃《しいな》　実のない籾。十分実らない果実。
鱪《しいら》　スズキ目の海魚。食用。
仕《し》**入**《い》**れる**　原料や商品を買い入れる。
子《し》**音**《いん》　閉鎖・摩擦など呼気の妨げがある音。
死《し》**因**《いん》　死んだ原因。
試《し》**飲**《いん》　ためしに飲むこと。
寺《じ》**院**《いん》　寺。
慈《じ》**雨**《う》　めぐみの雨。「旱天の―」
仕《し》**打**《う》**ち**　人に対するあつかい。

紫《し》**雲**《うん》　紫色の雲。めでたい雲。
時《じ》**運**《うん》　その時のめぐりあわせ。時の運。
試《し》**運**《うん》**転**《てん》　乗り物や機械のためし運転。
市《し》**営**《えい》　市が経営すること。
自《じ》**営**《えい》　自分で経営すること。
自《じ》**衛**《えい》　自分で自分を守ること。
私《し》**益**《えき》　個人の利益。⇕公益
使《し》**役**《えき》　人を使って労働などをさせること。
支《し》**援**《えん》　力を貸して助けること。援助。
私《し》**怨**《えん》　個人的な恨み。
紫《し》**煙**《えん》　たばこの煙。
自《じ》**演**《えん》　自分の作品を自分で演じること。
塩《しお》　海水・岩塩の成分で塩辛い味の物質。
潮《しお》　海水。その干満。しおどき。㊙汐
地《じ》**黄**《おう》　ゴマノハグサ科の多年草。漢方薬。

塩加減《しおかげん》 塩味のつけ方のぐあい。

潮風《しおかぜ》 潮気を含んだ海からふいてくる風。

塩竈《しおがま》 みじん粉に砂糖を加えた干菓子。

塩辛《しおから》 魚の肉・卵・腸の塩漬け。

仕置《しお》き こらしめのためにとる手段。

仕送《しおく》り 生活費を送ること。

塩気《しおけ》 塩の味。塩分。

潮騒《しおさい》 潮がさすとき、波が立てる音。

塩鮭《しおざけ》 塩漬けのサケ。塩じゃけ。[冬]

仕納《しおさ》め それが最後であること。

悄悄《しおしお》 元気なくしょんぼりしているさま。

塩瀬《しおぜ》 羽二重に似た、厚地の絹織物。

塩断《しおだ》ち 祈願のため一定期間塩を断つ。

潮溜《しおだ》まり 海水が溜り残る磯の岩場。

潮垂《しおた》れる 元気をなくす。

塩漬《しおづ》け 野菜や魚肉を塩に漬けること。

潮時《しおどき》 潮が満ち引きする時。よい折・機会。

潮干《しおひ》 海水が引くこと。

潮干狩《しおひが》り 浜で貝を取ること。[春]

塩引《しおび》き 塩漬けにした魚。[冬]

潮吹《しおふ》き 海産の二枚貝。佃煮にする。

潮招《しおまねき》 海産のカニ。干潟にすむ。[春]

潮目《しおめ》 異なる二つの潮流の接する所。

塩焼《しおや》き 魚に塩をふって焼くこと。

潮焼《しおや》け 潮風のため肌が赤黒くなること。

栞《しおり》 はさんで印とする物。案内書。

枝折《しお》り戸《ど》 竹などの簡単な庭戸。

萎《しお》れる 植物が生気を失う。しょんぼりする。

私恩《しおん》 地位を利用して、特定の人に施す恩。

紫苑《しおん》 キク科の多年草。[秋]

字音《じおん》 中国から入った漢字の音。

鹿《しか》 シカ科の哺乳類。雄に角がある。[秋]

史家《しか》 歴史家。

市価《しか》 市場で売買される値段。

私家《しか》 自分の家。個人。「―版」

疵瑕《しか》 欠点。瑕疵。過失。

歯牙《しが》 歯と牙《きば》。歯。「―にもかけない」

直《じか》 直接。「―談判」

自火《じか》 自分の家から出した火事。

自家《じか》 自分の家。自分自身。

時価《じか》 その時々の市場価格。

磁化《じか》 物体が磁気を帯びること。

時下《じか》 (手紙文で)このごろ。目下。

自我《じが》 人の意識の主体となる自己。

司会《しかい》 会の進行を受け持つ人。

四海《しかい》 四方の海。天下。世界。

視界《しかい》 目で見られる範囲。視野。

斯界《しかい》 この社会。この分野。

市外《しがい》 市の区域外。⇕市内

市街《しがい》 人家や商店が集まっている所。

死骸《しがい》 死体。しかばね。

自戒《じかい》 自らをいましめること。

自壊《じかい》 自然にこわれること。

持戒《じかい》 堅く戒律を守ること。

磁界《じかい》 磁場《じば》。

自害《じがい》 刀などで自殺すること。

四海兄弟《しかいけいてい》 世界の人はみな兄弟のようなものであるから、仲良くすべきである。

紫外線《しがいせん》 殺菌などの作用をもつ光線。

仕返《しかえ》し やり返すこと。報復。

地顔《じがお》 化粧してない顔。素顔。

死角《しかく》 射程内だが、射撃できない範囲。

刺客《しかく》 暗殺者。せっかく。しきゃく。

視角《しかく》 目と物体を結んだ二直線の成す角度。

視覚《しかく》 五感の一。見る感覚作用。

資格《しかく》 ある組織内の身分や立場。必要条件。

史学《しがく》 歴史学。

志学《しがく》 学問に志すこと。一五歳の異称。

私学《しがく》 私立の学校。⇕官学

詩学《しがく》 詩の原理や本質を研究する学問。

字画《じかく》 漢字を構成する点や画(の数)。

耳殻《じかく》 外耳の最外部。いわゆる耳。耳介。

自覚《じかく》 自分の立場や状態を把握すること。

痔核《じかく》 肛門付近が瘤《こぶ》状にふくれた痔。

自学《じがく》 自発的に学ぶこと。

四角四面《しかくしめん》 堅苦しいこと。

仕掛《しか》け やりかけ。からくり。装置。

死火山《しかざん》 活動した記録がない火山。

然《しか》し けれども。

然然《しかじか》 長い言葉を略すことを示す語。

自画自賛《じがじさん》 自ら自分をほめる。

如《し》かず 及ばない。一番よい。「逃げるに―」

自家製《じかせい》 自分の家で作ること(もの)。

耳下腺《じかせん》 耳の前下方にある唾液腺。

自画像《じがぞう》 自分で描いた自分の肖像。

仕方《しかた》 やり方。方法。

地固《じがた》め 地盤を固めること。下準備。

直談判《じかだんぱん》 本人が直接に交渉すること。

死活《しかつ》 死ぬか生きるか。「―問題」

自活《じかつ》 自分の力で生計を立てること。

四《し》月《がつ》馬《ば》鹿《か》 エープリルフール。

確《しか》と 確かに。間違いなく。はっきりと。

自《じ》家《か》撞《どう》着《ちゃく》 言動が矛盾する。

直《じか》に 直接に。

地《じ》金《がね》 めっきの下地。本来の性質。

加之《しかのみならず》 そればかりではなく。その上。

屍《しかばね》 死体。かばね。

直《じか》火《び》 料理で材料に直接火を当てること。

直《じか》播《ま》き 直接に、田畑に種をまくこと。

顰《しか》める まゆの間などにしわを寄せる。

然《しか》も その上に。にもかかわらず。(別)而も

柵《しがらみ》 流れをさえぎる物。まとわりつくもの。

然《しか》り そうである。その通りだ。

叱《しか》る よくないと強く注意する。

士《し》官《かん》 軍隊で、佐官・尉官の総称。

仕《し》官《かん》 官吏になる。武士が主君に仕える。

史《し》観《かん》 歴史の見方。

弛《し》緩《かん》 たるむこと。ゆるむこと。

此《し》岸《がん》 仏教で、現実のこの世。⇕彼岸

志《し》願《がん》 みずから願い出ること。「―兵」

次《じ》官《かん》 各省大臣の補佐官。

時《じ》間《かん》 時の流れ。時刻。

只《し》管《かん》打《た》坐《ざ》 ひたすら座禅する。

式《しき》 儀式。式典。一定のやり方や方法。

士《し》気《き》 兵士の意気込み。人のやる気。

子《し》規《き》 鳥のホトトギスの別名。

四《し》季《き》 春・夏・秋・冬の四つの季節。

死《し》期《き》 死ぬとき。死ぬべき時。

志《し》気《き》 やる気。意気込み。士気。

始《し》期《き》 物事のはじまる時期。

指《し》揮《き》 指図すること。演奏を統率すること。

紙《し》器《き》 紙製の容器や外箱の総称。

鴫《しぎ》 シギ科の水鳥の総称。[秋] (別)鷸

仕《し》儀《ぎ》 なりゆき。事情。

直《じき》 直接。じか。すぐ。「―終わります」

次《じ》期《き》 次の時期。次のおり。「―首相」

自《じ》記《き》 自筆。自動的に記録すること。

自《じ》棄《き》 すてばち。やけ。「自暴―」

時《じ》季《き》 季節。時節。「行楽の―」

時《じ》期《き》 とき。おり。「―尚早」

時《じ》機《き》 よい機会。チャンス。「―を失する」

磁《じ》気《き》 鉄を引きつける作用。

磁《じ》器《き》 硬く吸水性のない上質の焼き物。

字《じ》義《ぎ》 その文字の意味。

児《じ》戯《ぎ》 子供の遊び。「―に類する」

時《じ》宜《ぎ》 ちょうどよい時期。「―を得た発言」

辞《じ》儀《ぎ》 おじぎ。

敷《しき》居《い》 戸や障子を開けたてする下部の横木。

識《しき》閾《いき》 感覚が出現・消失する境目。

敷《しき》石《いし》 道路・庭などに敷いた石。(別)鋪石

色《しき》感《かん》 色から受ける感じ。色彩に関する感覚。

敷《しき》金《きん》 借りる人が家主に預ける保証金。

識《しき》見《けん》 物事を正しく判断する力。しっけん。

識《しき》語《ご》 写本で本の来歴を記した部分。しご。

色《しき》彩《さい》 色。色あい。物事の傾向・性質。

直《じき》参《さん》 将軍に直属した旗本・御家人。

式《しき》三《さん》番《ば》 能の「翁」の歌舞伎所作事。

色《しき》紙《し》 和歌などをかく四角い厚紙。

式《しき》次《じ》 式次第。

式《しき》辞《じ》 儀式で述べるあいさつの言葉。

識《しき》字《じ》 文字が読めること。「―人口」

直《じき》直《じき》 人を介さず直接に。じか。

式《しき》次《し》第《だい》 式で行われる事柄の順序。

式《しき》日《じつ》 儀式の行われる日。祝日。祭日。

敷《しき》島《しま》 日本国の別名。

識《しき》者《しゃ》 すぐれた見識のある人。有識者。

式《しき》場《じょう》 儀式の行われる場所。

色《しき》情《じょう》 性的な感情。色欲。

仕《し》着《き》せ ⇩おしきせ

色《しき》素《そ》 物体に色を与えている物質。

直《じき》訴《そ》 直接君主や上司に訴えること。

色《しき》相《そう》 色の種類。色合い。

色《しき》即《そく》是《ぜ》空《くう》 仏教で、万物は形こそさまざまであるが、その本性は空である。

式《しき》台《だい》 玄関の上がり口の板敷き。

仕《し》来《きた》り 古くからのならわし。慣例。

敷《しき》地《ち》 建物・道路などに使う土地。

色《しき》調《ちょう》 色の濃淡・強弱の調子。

直《じき》弟《で》子《し》 直接教えを受ける弟子。

式《しき》典《てん》 儀式。式。

直《じき》伝《でん》 師から直接伝授されること。

直《じき》答《とう》 直接相手に答えること。

直《じき》に すぐに。ほどなく。じき。「―帰る」

直《じき》披《ひ》 脇付の一。自ら披《ひら》かれたいの意。

直《じき》筆《ひつ》 自分で書くこと。その文書。

敷《しき》布《ふ》 敷き布団に敷く布。シーツ。

式《しき》服《ふく》 儀式のときに着る衣服。礼服。

識《しき》別《べつ》 はっきり見分けること。

色《しき》魔《ま》 多くの女をだましてもてあそぶ男。

樒《しきみ》 モクレン科の常緑小高木。

色盲《しきもう》 色を見分けることができないこと。

敷物《しきもの》 すわる時、下に敷くもの。

鴫焼《しぎや》き 焼きナスの料理の一。〔夏〕

刺客《しきゃく》 ⇩しかく（刺客）

嗜虐《しぎゃく》 残虐なことを好むこと。

自虐《じぎゃく》 自らを痛めつけること。「—的」

子宮《しきゅう》 女性の生殖器。胎児を宿す所。

支給《しきゅう》 給与や品物を与えること。

四球《しきゅう》 フォアボール。

死球《しきゅう》 デッドボール。

至急《しきゅう》 非常に急ぐこと。

持久《じきゅう》 長く持ちこたえること。「—戦」

時給《じきゅう》 時間単位で支払われる給料。

始球式《しきゅうしき》 野球で来賓が投球する儀式。

自給自足《じきゅうじそく》 自分が必要とする物をみずからの生産でまかなうこと。

死去《しきょ》 人が死ぬこと。

辞去《じきょ》 あいさつして立ち去ること。

司教《しきょう》 カトリック教会で、司祭の上の聖職位。

市況《しきょう》 市場での取引の様子。

仕業《しぎょう》 機械操作や車両運行をすること。

始業《しぎょう》 授業・仕事を始めること。

自供《じきょう》 みずから犯罪の事実を供述すること。

自彊《じきょう》 みずから進んで励むこと。

地形《じぎょう》 建築で、地固め。地突き。

事業《じぎょう》 社会や営利のために行う仕事や活動。

試供品《しきょうひん》 試しに使うよう提供する品。

色欲《しきよく》 情欲。性欲。

支局《しきょく》 本局から分かれた出先機関。

時局《じきょく》 現在の国家・社会の情勢。

磁極《じきょく》 鉄を最も強く引きつける磁石の両端。

頻《しき》りに たびたび。むやみに。やたらに。

至近《しきん》 非常に近いこと。「—弾」

資金《しきん》 ある目的のために使われるお金。

歯齦《しぎん》 歯ぐき。歯肉。

詩吟《しぎん》 漢詩に節をつけてうたうこと。

試金石《しきんせき》 価値や力量を試す物事。

如《し》く 匹敵する。「帰るに—はない」

四苦《しく》 生・老・病・死の四つの苦痛。

詩句《しく》 詩の一節。詩の文句。

布《し》く 発布する。

敷《し》く 下に当てる。延べ広げる。

軸《じく》 回転活動の中心。掛け軸。物の柄。

字句《じく》 文章中の文字や語句。

軸足《じくあし》 運動をするとき、体を支える足。

時空《じくう》 時間と空間。

軸受《じくう》け 回転軸を受け支える装置。

軸木《じくぎ》 マッチの軸の木。掛物の軸に使う木。

仕種《しぐさ》 何かをするときの動作・表情。

忸怩《じくじ》 自ら恥じ入るさま。「—たる思い」

地口《じぐち》 成語などをもじったしゃれ。

試掘《しくつ》 油田などを試験的に掘ること。

四衢八街《しくはちがい》 道が四方八方に通ずる大きな都市。四通八達の地。

四苦八苦《しくはっく》 非常に苦しむこと。

字配《じくば》り 文字を書く際の文字の配置。

仕組《しく》み 組み立て。構造。しかけ。

軸物《じくもの》 かけもの。

時雨《しぐれ》 初冬ごろのにわか雨。〔冬〕

舳艫《じくろ》 船首と船尾。へさきと、とも。

字訓《じくん》 漢字の訓。和訓。

士君子《しくんし》 学問・徳行のすぐれた人。

時化《しけ》 暴風雨が続き海が荒れること。不漁。

地毛《じげ》 自分自身の髪の毛。

死刑《しけい》 犯罪者の生命を絶つ刑罰。「—囚」

私刑《しけい》 法に基づかない私的な制裁。リンチ。

至芸《しげい》 最高の芸。芸の極致。

自警《じけい》 自分たちで警備・警戒すること。

史劇《しげき》 歴史上の事件を題材とした劇。

刺激《しげき》 生体に作用し反応を起こさせるもの。

詩劇《しげき》 詩の形式で書かれた劇。

繁繁《しげしげ》 しきりに。つくづく。

止血《しけつ》 出血を止めること。

自決《じけつ》 自殺。自分で決めること。「民族—」

時化《しけ》る 海が荒れる。不景気になる。

湿気《しけ》る しめりけを帯びる。

茂《しげ》る 草木の枝葉が重なり生える。(別)繁る

私見《しけん》 一個人の見解。

試験《しけん》 性能・能力などを調べること。

至言《しげん》 いかにも道理にかなった言葉。

始原《しげん》 物事のはじめ。起こり。原始。

資源《しげん》 生産活動のもとになる自然物。

事件《じけん》 出来事。

示現《じげん》 神仏が霊験を現すこと。

次元《じげん》 物体および空間の広がりを示す概念。

時限《じげん》 前もって限定された時間。「—装置」

試験管《しけんかん》 化学実験に使うガラス管。

四股《しこ》 力士が足で交互に力強く地を踏む。

四顧《しこ》 四方を見回すこと。

指呼《しこ》 指さして呼ぶこと。「—の間」

死後《しご》 死んだのち。

死語《しご》 使われなくなった言語や単語。

私語《しご》 ひそひそ話をすること。

自己《じこ》 おのれ。自分自身。

事故《じこ》 思いがけず起こった災難。「交通—」

事後《じご》 物事の終わったあと。「—承諾」

爾後《じご》 その後。以後。この後。

至高《しこう》 この上なくすぐれていること。最高。

志向《しこう》 意識をある目的に向けること。

指向《しこう》 ある定まった方向に向かうこと。

思考《しこう》 理論的に物事を考えること。

施工《しこう》 工事を行うこと。せこう。

施行《しこう》 実地に行う。法令の実施。せこう。

伺候《しこう》 貴人のそば近く仕えること。

歯垢《しこう》 歯に付着するよごれ。はくそ。

嗜好《しこう》 たしなみ好むこと。飲食物の好み。

試行《しこう》 ためしにやってみること。

諡号《しごう》 おくりな。

時好《じこう》 時代の好み。

事項《じこう》 一つ一つの事柄。「注意—」

時効《じこう》 一定期間後権利の得失が生じる制度。

時候《じこう》 気候。天候。「—のあいさつ」

試行錯誤《しこうさくご》 試みては失敗することを重ねて、次第に正しい解決に近づくこと。

自業自得《じごうじとく》 自らの過去の悪事によって自らが悪い報いを受けること。

地声《じごえ》 生まれつきの声。

四国《しこく》 日本四大島の一つ。

至極《しごく》 きわめて。「—面白い」「迷惑—」

扱く《しごく》 細長い物を手に握って引き抜く。

時刻《じこく》 時間の流れのある一瞬。「発車—」

地獄《じごく》 罪深い人が死後に苦痛を受ける所。

子午線《しごせん》 天球の両極を結ぶ線。経線。

仕事《しごと》 職業。しなければならないつとめ。

醜名《しこな》 力士としての呼び名。(別)四股名

醜女《しこめ》 容貌の醜い女。

凝り《しこり》 筋肉が固くなる。わだかまり。

錏《しころ》 兜などの首筋をおおうもの。

士魂《しこん》 武士のたましい。「—商才」

紫紺《しこん》 紫色を帯びた紺色。

自今《じこん》 今から後。今後。(別)爾今

示唆《しさ》 それとなく教える。ほのめかす。

視座《しざ》 ものを見るときの立場。視点。

時差《じさ》 二地点の標準時の差。「—ボケ」

子細《しさい》 こまかなこと。詳しいこと。

司祭《しさい》 カトリック教の聖職位の名。

死罪《しざい》 死刑。死に値する罪。

私財《しざい》 個人の財産。私有する財産。

資材《しざい》 物を作るもとになる材料。

自裁《じさい》 自殺。自決。

自在《じざい》 思いのままになる。

思索《しさく》 筋道をたどって考えること。

施策《しさく》 ほどこすべき対策。実行すべき計画。

詩作《しさく》 詩を作ること。その作品。

試作《しさく》 ためしに作ってみること。

自作《じさく》 自分で作ること。自作農。

自作農《じさくのう》 自分の土地を耕作する農民。

地酒《じざけ》 その土地で造った酒。

刺殺《しさつ》 刺し殺すこと。

視察《しさつ》 現地に行き実情を見ること。

自殺《じさつ》 自分で自分の命を絶つこと。

退る《しざる》 さがる。後退する。しさる。

四散《しさん》 ちりぢりになること。

試算《しさん》 ためしに計算すること。検算。

資産《しさん》 財産。企業の資本となる財産。

死産《しざん》 胎児が死んで生まれること。

自賛《じさん》 自画自賛。

持参《じさん》 持って行くこと。

屍山血河《しざんけつが》 激しい戦闘のあと。

肉《しし》 にく。人体の肉。(別)宍

獣《しし》 猪や鹿など、食用とする獣。

四肢《しし》 両手と両足。手足。

死屍《しし》 死体。しかばね。「—累々」

志士《しし》 国家・社会のために奔走する人。

嗣子《しし》 家督を継ぐ子。跡取り。

獅子《しし》 ライオン。唐獅子《からじし》

孜孜《しし》 熱心に励むさま。「—として励む」

支持《しじ》 支えること。賛成して援助すること。

四時《しじ》 春夏秋冬。四季。しいじ。

私事《しじ》 個人的な事柄。わたくしごと。

指示《しじ》 指し示すこと。指図すること。

師事《しじ》 師として教えを受けること。

侍史《じし》 手紙の脇付の言葉。侍曹。

祖父《じじ》 両親の父親。そふ。⇔祖母《ばば》

自恃《じじ》 自分自身をたのみとすること。

時事《じじ》 その時々の社会の出来事。

鹿威し《ししおどし》 庭園に置く水で音を出すしかけ。

獅子吼《ししく》 雄弁や熱弁をふるうこと。

紙質《ししつ》 紙の品質。かみしつ。

脂質《ししつ》 脂肪や脂肪に似た性質の物質。

資質《ししつ》 生まれつきの性質や才能。
史実《しじつ》 歴史上の事実。
耳疾《じしつ》 耳の疾病。
自失《じしつ》 我を忘れてぼんやりすること。
自室《じしつ》 自分の部屋。
痔疾《じしつ》 肛門部の病気の総称。
事実《じじつ》 実際に起こった事柄。実際に。
時日《じじつ》 予定の日刻。時間。「—を費やす」
猪鍋《ししなべ》 イノシシの肉の鍋料理。[冬]
獅子鼻《ししばな》 低く広がった鼻。
獅子奮迅《ししふんじん》 すさまじい勢い。
獅子舞《ししまい》 獅子頭をかぶった舞。[新]
蜆《しじみ》 淡水産の二枚貝。食用。[春]
肉叢《ししむら》 肉のかたまり。また、肉体。
支社《ししゃ》 本社から分かれた出先の事業所。

死者《ししゃ》 死んだ人。死人。
使者《ししゃ》 命令を受けて使いに行く人。
試写《ししゃ》 映画を公開する前に見せること。
試射《ししゃ》 ためしに撃ってみること。
寺社《じしゃ》 寺と神社。社寺。
子爵《ししゃく》 もと五等爵の第四位。
磁石《じしゃく》 磁気を持つ物体。方位を測る器械。
自若《じじゃく》 落ち着いているさま。「泰然—」
柳葉魚《シシャモ》 サケ目の海魚。食用。
死守《ししゅ》 命がけで守ること。
詩趣《ししゅ》 詩的な味わい。「—に富む」
自主《じしゅ》 自分の判断で行動すること。「—的」
自首《じしゅ》 犯人が自ら名乗り出ること。
死臭《ししゅう》 死体から発する悪臭。
刺繍《ししゅう》 糸で布地に模様や絵を縫い表すこと。

詩集《ししゅう》 詩を集めた本。
始終《しじゅう》 始めから終わりまで。たえず。
自修《じしゅう》 独力で学問を修めること。
自習《じしゅう》 自分で学習すること。
自重《じじゅう》 車両や機械などの、それ自体の重量。
侍従《じじゅう》 天皇のそば近く仕える人。
四十雀《しじゅうから》 小形の野鳥。[秋]
四十九日《しじゅうくにち》 人の死後四九日目。
四重奏《しじゅうそう》 四つの楽器による合奏。
止宿《ししゅく》 泊まること。宿泊。
私淑《ししゅく》 ひそかに師として尊敬し学ぶこと。
自粛《じしゅく》 おこないや言動を控えること。
支出《ししゅつ》 金品を支払うこと。⇔収入
至純《しじゅん》 この上なく純粋なさま。
諮詢《しじゅん》 参考として意見を求めること。

耳順《じじゅん》 六〇歳の別名。
思春期《ししゅんき》 少年から青年への移行期。
支所《ししょ》 会社・役所などの出先の事務所。
司書《ししょ》 図書館で、図書の事務を扱う専門職。
史書《ししょ》 歴史を記述した書物。
四書《ししょ》 大学・中庸・論語・孟子の総称。
死所《ししょ》 死ぬべき場所。しに場所。
子女《しじょ》 息子と娘。女の子。「良家の—」
地所《じしょ》 敷き地や財産としての土地。
字書《じしょ》 漢字を集めて解説した書物。字典。
辞書《じしょ》 言葉を集めて解説した書物。辞典。
自署《じしょ》 自分で署名すること。
自助《じじょ》 自分の力だけで事をなすこと。
侍女《じじょ》 貴人のそばに仕える女。
支障《ししょう》 妨げとなる事柄。さしつかえ。

死傷《ししょう》 死ぬことと負傷すること。「—者」
私傷《ししょう》 公務についていない時に受けたきず。
刺傷《ししょう》 刀などで刺して傷つけること。
師匠《ししょう》 学問・技芸などを教える人。
史上《しじょう》 歴史に見られる事柄。
市場《しじょう》 商品の売買や取引が行われる所。
至上《しじょう》 この上ないこと。「—の幸福」
至情《しじょう》 まごころ。ごく自然の人情。
私情《しじょう》 個人的な感情。「—をさしはさむ」
紙上《しじょう》 新聞の紙面。
誌上《しじょう》 雑誌の誌面。
詩情《しじょう》 詩的な味わい。詩を作りたい気持ち。
試乗《しじょう》 乗り物に試しに乗ること。
自称《じしょう》 自分でこうだと名乗ること。一人称。
自照《じしょう》 自分を深く客観的に見つめること。

事象《じしょう》 実際におこる事実や現象。
自乗《じじょう》 同じ数を二度掛け合わせること。
自浄《じじょう》 川や海が自らの力で清らかになる。
事情《じじょう》 ある状態に至った原因・理由。
自縄自縛《じじょうじばく》 自分の言動が自分自身を束縛して、動きがとれなくなること。
試食《ししょく》 味をみるため、試しに食べること。
辞色《じしょく》 言葉づかいと表情。「—を改める」
辞職《じしょく》 自分から職をやめること。
自叙伝《じじょでん》 自分で書いた自分の伝記。
私書箱《ししょばこ》 郵便局内の個人用郵便箱。
私心《ししん》 自分の利益をはかる心。
私信《ししん》 私用の手紙。
使臣《ししん》 国家の命で外国に派遣される者。
指針《ししん》 メーターの針。物事の方針。

士人《しじん》 さむらい。地位や教養のある人。
私人《しじん》 公的な立場を離れた一個人。⇔公人
詩人《しじん》 詩作に巧みな人。詩を作る人。
地震《じしん》 地殻の急激な変動による地表の揺れ。
自身《じしん》 自分。自ら。そのもの自体。
自信《じしん》 自分の能力や価値を信ずること。
時針《じしん》 時計の短針。
磁針《じしん》 磁石の針。
自刃《じじん》 刃物で自殺すること。
自尽《じじん》 自ら死んで果てること。自害。
自陣《じじん》 自分の陣地・陣営。
紫宸殿《ししんでん》 内裏の正殿。
賤《しず》 身分が低いこと。「―のおのこ」
雌蕊《しずい》 めしべ。
自炊《じすい》 自分で炊事をすること。

指数《しすう》 基準値一〇〇と比較した数値。
紙数《しすう》 原稿などの定められた枚数。
静《しず》**か** ひっそりしている。穏やかなさま。
滴《しずく》 したたり落ちる水や液体のつぶ。
地滑《じすべ》**り** 土地の一部が崩れ落ちること。
静《しず》**まる** 静かになる。勢いがなくなる。
鎮《しず》**まる** 騒ぎがおさまる。神が鎮座する。
沈《しず》**む** 没して消える。暗い気持ちになる。
資《し》**する** 役に立つ。
侍《じ》**する** そば近くに仕える。
持《じ》**する** たもつ。固く守る。
辞《じ》**する** いとまごいをする。辞退する。
市井《しせい》 人家の集まっている所。ちまた。
市政《しせい》 市の行政。
死生《しせい》 死と生。生死。「―観」

至誠《しせい》 きわめて誠実な心。「―天に通じる」
私製《しせい》 私的に作ること(もの)。⇔官製
姿勢《しせい》 からだの構え方。心がまえ。
施政《しせい》 政治をおこなうこと。「―権」
詩聖《しせい》 非常にすぐれた詩人。杜甫の敬称。
資性《しせい》 生まれつきの才能や性質。
自生《じせい》 植物が自然に生えること。
自制《じせい》 自分の欲望をおさえること。「―心」
自省《じせい》 自分の行動や態度を反省すること。
時世《じせい》 その時々の世の中。
時勢《じせい》 時の勢い。時代のなりゆき。
辞世《じせい》 死にぎわに残す詩歌・言葉。
磁性《じせい》 磁気を帯びた物体の示す性質。
私生子《しせいし》 嫡出でない子。私生児。
史跡《しせき》 歴史上の遺跡。(別)史蹟

咫尺《しせき》 近い距離。貴人に接近すること。
歯石《しせき》 歯垢《しこう》が石灰化したもの。
次席《じせき》 二番目の席次。首席の次。
自責《じせき》 自分で自分を責めること。「―の念」
事跡《じせき》 物事のおこなわれたあと。(別)事蹟
事績《じせき》 その人のした事業と功績。
私設《しせつ》 私人の設立。「―秘書」⇔公設
使節《しせつ》 国の代表として外国に派遣される人。
施設《しせつ》 特定の目的で設けた設備。「福祉―」
自説《じせつ》 自分の説や意見。
持説《じせつ》 常に唱えている意見。持論。
時節《じせつ》 時候。季節。時世。好機。「―到来」
支線《しせん》 本線から分かれた線路。
死線《しせん》 生死の境目。「―をさまよう」
私撰《しせん》 個人が編纂すること。⇔勅撰・官撰

私選《しせん》 個人が選ぶこと。「―弁護人」
視線《しせん》 物を見つめている方向。
詩仙《しせん》 非常にすぐれた詩人。李白の敬称。
自然《しぜん》 天然のままの森羅万象。無理がない。
自選《じせん》 自分の作品を自分で選ぶこと。
自薦《じせん》 自分で自分を推薦すること。⇔他薦
次善《じぜん》 最善に次いでよいこと。「―の方途」
事前《じぜん》 物事の起こる前。⇔事後
慈善《じぜん》 困窮者を援助すること。「―事業」
自然選択《しぜんせんたく》 適応するものは生存し、適応しないものは死滅する。自然淘汰。
始祖《しそ》 元祖。創始者。
紫蘇《しそ》 シソ科の一年草。葉と実は食用。[夏]
死相《しそう》 死期の迫っている顔つき。
志操《しそう》 固く守る志・意志。「―堅固」

思想《しそう》 人が生き方や社会についてもつ見解。
使嗾《しそう》 そそのかすこと。けしかけること。
死蔵《しぞう》 活用しないで、しまっておくこと。
私蔵《しぞう》 個人が所有すること。
自走《じそう》 自前の動力で走ること。
志操堅固《しそうけんご》 意志が固いこと。
歯槽膿漏《しそうのうろう》 歯の根がうむ病気。
地蔵《じぞう》**菩薩**《ぼさつ》 衆生を救う菩薩。
子息《しそく》 他人の息子をいう語。
四則《しそく》 数学で、加・減・乗・除の称。
紙燭《しそく》 よった紙や布に油を塗った照明具。
士族《しぞく》 明治以後、旧武士の家系の者の族称。
氏族《しぞく》 祖先を同じくする血族集団。
自足《じそく》 自分で必要を満たす。自ら満足する。
時速《じそく》 一時間に進む距離で表した速度。

持続《じぞく》 同じ状態が長く続くこと。
始祖鳥《しそちょう》 化石動物の一。鳥類の先祖。
士卒《しそつ》 士官と兵卒。また、兵士。
子孫《しそん》 祖先の血を引く代々の人々。
自存《じそん》 自力で生存すること。
自尊《じそん》 自分を尊び、誇りや品位を保つこと。
自損《じそん》 自分の不注意による損害や損傷。
児孫《じそん》 子供と孫。子孫。
仕損《しそん》ずる 失敗する。
舌《した》 口内器官の一つ。べろ。
簧《した》 吹奏楽器の振動音を出す薄片。
羊歯《しだ》 シダ植物の一。ウラジロの別名。[新]
自他《じた》 自分と他人。「—共に認める」
耳朶《じだ》 耳たぶ。耳。
死体《したい》 死んだ人間のからだ。死骸。

肢体《したい》 手足とからだ。
姿態《したい》 すがた。容姿。
次第《しだい》 順序。いきさつ。「式—」
字体《じたい》 文字の形。書体。
事態《じたい》 事のありさま。なりゆき。
辞退《じたい》 断ること。遠慮すること。「出場—」
地代《じだい》 地主に払う借地料。ちだい。
次代《じだい》 次の時代。次の世代。
事大《じだい》 強大な者に従うこと。「—思想」
時代《じだい》 年代。その時期の世の中。
時代錯誤《じだいさくご》 時代後れ。
慕《した》う 恋しく思う。尊敬して、ならう。
下請《したう》け 親会社の仕事を請け負うこと。
舌打《したう》ち 不愉快な時などに舌を鳴らす。
下絵《したえ》 下書きの絵。下地に書く絵。下図。

下帯《したおび》 ふんどしや腰巻き。
従《したが》う あとについて行く。言う通りにする。
下書《したが》き 清書する前に書くこと。草稿。
従《したが》って それゆえ。だから。
下着《したぎ》 肌に直接着る衣類。肌着。⇔上着
支度《したく》 準備。用意。身支度。
私宅《したく》 個人の家。また、自宅。
自宅《じたく》 自分の家。
下心《したごころ》 ひそかにもくろんでいること。
下拵《したごしら》え 前もって準備しておくこと。
舌先三寸《したさきさんずん》 口先だけの弁舌。
下地《したじ》 物事の基礎。素質。素養。醬油。
仕出《しだ》し 注文の料理を配達すること。
親《した》しい 仲がよい。なじみ深い。
下敷《したじ》き 下に敷く文房具。手本。

強《したた》か 手ごわいさま。ひどく。「—飲む」
認《したた》める 書き記す。食事をする。
滴《したた》る しずくが垂れ落ちる。
示達《じたつ》 上位者から下位者に通達すること。
舌鼓《したつづみ》 おいしい物を食べて舌を鳴らすこと。
下《した》っ端《ぱ》 地位の低い者。
下積《したづ》み 下に積まれる。人に使われる。
仕立《した》て 衣服を作ること。用意すること。
下手《したて》 下の方。へりくだった態度。力が下。
仕立物《したてもの》 縫い物。裁縫。
舌舐《したな》めずり 待ち構えるさま。
下履《したば》き 屋外ではく履物。
下火《したび》 火勢が弱まること。勢いが衰えること。
舌鮃《したびらめ》 平べったい海魚。食用。
地卵《じたまご》 その土地でとれる鶏卵。

下町《したまち》 都市の低地にある町。
下見《したみ》 あらかじめ見ておくこと。
下萌《したも》え 春、草の芽が生い出ること。[春]
下役《したやく》 地位の下の者。下級の役人。
下読《したよ》み あらかじめ読んでおくこと。
自堕落《じだらく》 だらしないさま。ふしだら。
枝垂《しだ》れ桜《ざくら》 桜の一種。[春]
枝垂《しだ》れる 木の枝などが垂れ下がる。
紫檀《したん》 マメ科の常緑小高木。熱帯産。
指弾《しだん》 非難すること。
師団《しだん》 軍隊で、旅団の上の戦略単位。
詩壇《しだん》 詩人の社会。
時短《じたん》 「時間短縮」の略。労働時間の短縮。
示談《じだん》 話し合いで紛争を解決すること。
地団駄《じだんだ》 足を踏み鳴らすこと。

質《しち》 借金の担保として預ける品物。
死地《しち》 危険な場所。死に場所。
自治《じち》 自分のことを自分で処理すること。
質草《しちぐさ》 質に入れる品物。
七五三《しちごさん》 子供の成長を祝う行事。[冬]
七七日《しちしちにち》 死後四九日目の日。
七転八起《しちてんはっき》 ななころびやおき。
七転八倒《しちてんばっとう》 苦しみ悶えるさま。
質流《しちなが》れ 質草が質屋の物になること。
七難《しちなん》 七種の災難。多くの欠点。
七福神《しちふくじん》 福徳をもたらす七人の神。
質札《しちふだ》 質屋が出す質入れ品の預かり証。
七変化《しちへんげ》 アジサイの別名。[夏]
七面鳥《しちめんちょう》 キジ科の鳥。食用。
質屋《しちや》 品物を預かって金を貸す職業の店。

試着《しちゃく》　服を買う前に試しに着てみること。
支柱《しちゅう》　支えの柱。支えとなる重要なもの。
死中《しちゅう》　絶望的な状況。「―に活を求む」
七曜《しちよう》　一週七日の各曜日。
支庁《しちょう》　都道府県庁の出先機関。
市長《しちょう》　市の長。任期は四年。
思潮《しちょう》　その時代の一般的な思想傾向。
視聴《しちょう》　見ることと聞くこと。注意。注目。
輜重《しちょう》　旧陸軍で、軍需品の総称。「―隊」
自重《じちょう》　言動を慎むこと。自愛。
自嘲《じちょう》　自らをあざ笑うこと。
司直《しちょく》　裁判官。「―の手にゆだねる」
七厘《しちりん》　土製のこんろ。(別)七輪
地鎮祭《じちんさい》　建築工事の無事を祈る祭儀。
室《しつ》　部屋。貴人の妻。内室。

質《しつ》　製品の材料の品質。素質。「帝王の―」
実《じつ》　内容。実質。誠。本当。「―の兄」
失意《しつい》　思うようにならずがっかりすること。
実意《じつい》　本当の気持ち。誠実な心。
実印《じついん》　役所に登録してある印。
歯痛《しつう》　歯の痛み。はいた。
四通八達《しつうはったつ》　交通網が発達。
実益《じつえき》　実際の利益。
実演《じつえん》　実際にやって見せること。
失火《しっか》　過失で火事を起こすこと。
膝下《しっか》　ひざもと。親もと。「父母の―」
実科《じっか》　実用を目的とする学科。
実家《じっか》　自分の生まれた家。生家。
悉皆《しっかい》　残らず。すっかり。「―調査」
十戒《じっかい》　仏教の修行上守るべき一〇の戒律。

十誡《じっかい》　神がモーセに与えた一〇の戒律。
実害《じつがい》　実際の損害。
失格《しっかく》　資格を失うこと。その資格がない。
実学《じつがく》　実際の生活に役に立つ学問。
確《しっか》り　堅固なさま。確かなさま。十分に。
質感《しつかん》　材質から受ける感じ。
疾患《しっかん》　やまい。病気。
十干《じっかん》　五行に兄《え》と弟《と》を配したもの。
実感《じっかん》　物事に接して実際に感じること。
湿気《しっき》　しめりけ。しっけ。
漆器《しっき》　漆塗りの器物。塗り物。
質疑《しつぎ》　疑問の点などを聞きただすこと。
実技《じつぎ》　実際の技術・演技。
失脚《しっきゃく》　失敗して地位を失うこと。
失業《しつぎょう》　職を失うこと。失職。

実況《じっきょう》　実際の状況。「―中継」
実業《じつぎょう》　実際の生産・販売に関わる事業。
失禁《しっきん》　大小便をもらすこと。
疾駆《しっく》　車や馬を速く走らせること。
漆喰《しっくい》　消石灰が主原料の壁の上塗り材料。
躾《しつけ》　礼儀・作法を身につけさせること。
仕付《しつ》け　本縫い前に仮に縫っておくこと。
湿気《しっけ》　しめりけ。しっき。
失敬《しっけい》　失礼。さよなら。ごめん。
漆芸《しつげい》　漆を用いた工芸。
実兄《じっけい》　実の兄。
実刑《じっけい》　執行猶予がつかず、実際に受ける刑。
失血《しっけつ》　出血によって多量の血液を失うこと。
日月《じつげつ》　太陽と月。年月。つきひ。
失権《しっけん》　権力・権利を失うこと。

執権《しっけん》　鎌倉幕府の将軍の補佐役。
失言《しつげん》　まずいことを言ってしまうこと。
湿原《しつげん》　高山などの湿地にできる草原。
実検《じっけん》　本物かどうかを実際に検査すること。
実権《じっけん》　実際の権力。「―を握る」
実験《じっけん》　理論・仮説を実際に確かめること。
実現《じつげん》　計画などが現実のものとなること。
失効《しっこう》　効力を失うこと。
執行《しっこう》　実際にとりおこなうこと。
膝行《しっこう》　床にひざをついて進退すること。
実行《じっこう》　実際に行うこと。
実効《じっこう》　実際の効力。
桎梏《しっこく》　自由な行動を妨げるもの。
漆黒《しっこく》　漆のように黒くつやのあること。
昵懇《じっこん》　たいへん親しいさま。(別)入魂

実際《じっさい》　ほんとうの状態。実地。全く。
実在《じつざい》　実際に存在すること。
失策《しっさく》　しそこなうこと。失敗。エラー。
実作《じっさく》　作品を実際に作ること。
執事《しつじ》　貴人の家で家政を扱う人。
十死《じっし》　生きのびる見込みがないこと。
十指《じっし》　一〇本の指。「―に余る」
実子《じっし》　自分の血を分けた子。
実施《じっし》　実際に行うこと。
質実《しつじつ》　飾りけがなく、まじめなこと。
実質《じっしつ》　実際の内容。実際の中身。
質実剛健《しつじつごうけん》　真面目ですこやか。
実写《じっしゃ》　実景・実況を写し取ること。
実車《じっしゃ》　タクシーが客を乗せていること。
実需《じつじゅ》　実際の需要。

実収《じっしゅう》 実際の収入。実際の収穫高。
実習《じっしゅう》 技術などを実地に習うこと。
湿潤《しつじゅん》 湿り気が多いこと。
失笑《しっしょう》 思わず笑うこと。「―を買う」
実証《じっしょう》 事実によって証明すること。
実状《じつじょう》 実際の状況・状態。
実情《じつじょう》 実際の事情。実状。
失職《しっしょく》 職を失うこと。失業。
失神《しっしん》 気を失うこと。
湿疹《しっしん》 皮膚の表面にできる炎症。
実数《じっすう》 実際の数。有理数と無理数の総称。
失《しっ》する うしなう。…すぎる。「寛大に―」
叱正《しっせい》 しかりただすこと。「御―をいただく」
失政《しっせい》 間違った政治。
執政《しっせい》 政務を執ること（人）。

実勢《じっせい》 実際の勢力、勢い。
叱責《しっせき》 叱りとがめること。
失跡《しっせき》 行方が知れなくなること。失踪。
実績《じっせき》 実際の功績や業績。「―を上げる」
湿舌《しつぜつ》 舌状に張り出す湿った空気の一団。
実説《じっせつ》 実際の話。実話。
実戦《じっせん》 実際の戦闘・試合。
実践《じっせん》 実際に行うこと。実行。
実践躬行《じっせんきゅうこう》 実際に自ら行う。
質素《しっそ》 ぜいたくでなく、つつましいこと。
失踪《しっそう》 行方をくらますこと。失跡。
疾走《しっそう》 速く走ること。
実相《じっそう》 実際のありさま。
実像《じつぞう》 光が交わって結ぶ像。本来の姿。
失速《しっそく》 飛行機が揚力と速度を失うこと。

実測《じっそく》 実際に測ること。
実存《じつぞん》 現実に存在すること。
叱咤《しった》 大声で叱ること。大声で励ますこと。
失態《しったい》 面目を失うような失敗。(別)失体
実体《じったい》 実質。常に変わらない本質的存在。
実態《じったい》 実際の状態。実情。
叱咤《しった》激励《げきれい》 激しく励ますこと。
悉曇《しったん》 梵字の字母。梵語。
実弾《じつだん》 本物の弾丸。現金。
失地《しっち》 失った土地や地位。「―回復」
湿地《しっち》 しめりけの多い土地。
実地《じっち》 実際の場所。実際の場面。「―試験」
十中八九《じっちゅうはっく》 十のうち八か九。
失調《しっちょう》 調和を失うこと。「栄養―」
実直《じっちょく》 誠実で正直なこと。「―な男」

七珍万宝《しっちんまんぽう》 さまざまな宝物。
失墜《しっつい》 権威・名誉・信用などを失うこと。
十手《じって》 江戸時代、捕吏が使った鉄製の用具。
実体《じってい》 まじめで正直なさま。実直。
実弟《じってい》 実の弟。
質的《しってき》 質に関係のあるさま。⇔量的
失点《しってん》 競技や勝負で失った点。失敗。
湿田《しつでん》 排水が悪く、どろ深い田。
嫉妬《しっと》 ねたむこと。やきもち。「―心」
湿度《しつど》 大空の乾湿の度合。
失当《しっとう》 当をえていないこと。不当。
失投《しっとう》 投手が打者の打ちやすい球を投げる。
執刀《しっとう》 メスを執って手術をすること。
実働《じつどう》 実際に働いていること。「―時間」
十徳《じっとく》 学者や医者が着た羽織に似た衣服。

実《じつ》に 本当に。まったく。
失念《しつねん》 うっかり忘れること。
実年《じつねん》 五、六〇歳代をいう語。
実《じつ》は 実をいうと。
失敗《しっぱい》 やりそこなうこと。しくじること。
十把《じっぱ》一絡《ひとから》げ 雑多なものを区別しないでひとまとめにして取り扱うこと。
失費《しっぴ》 要した費用。ものいり。
櫛比《しっぴ》 すき間なく並んでいること。
実否《じっぴ》 事実かどうか。本当か嘘か。
実費《じっぴ》 実際にかかった費用。
執筆《しっぴつ》 文章を書くこと。
湿布《しっぷ》 薬を塗った布を患部に当てること。
実父《じっぷ》 実の父。
疾風《しっぷう》 激しく吹く風。はやて。

疾風迅雷《しっぷうじんらい》 すばやく激しい。
櫛風沐雨《しっぷうもくう》 風雨にさらされ、多くの苦難に耐えながら活動するたとえ。
実物《じつぶつ》 実際の品物。現物。
竹篦《しっぺい》 参禅者を戒める竹製の平たい棒。
疾病《しっぺい》 病気。疾患。
竹篦返《しっぺがえ》し すぐさま仕返しをする。
尻尾《しっぽ》 動物の尾。細長い物の後ろの方。
実母《じつぼ》 実の母。
失望《しつぼう》 期待がはずれてがっかりすること。
七宝《しっぽう》 七種の宝物。工芸の一。七宝焼き。
質朴《しつぼく》 素直で飾りけがないさま。(別)質樸
卓袱《しっぽく》 中国風の食卓。うどん・そばの料理。
実妹《じつまい》 実の妹。
執務《しつむ》 事務を執ること。

実務《じつむ》 実際に従事する業務。
失名《しつめい》 名前のわからないこと。「―氏」
失明《しつめい》 視力を失うこと。
実名《じつめい》 本当の名前。本名。
質問《しつもん》 疑問や不明な点を問いただすこと。
執拗《しつよう》 しつこいさま。「―につきまとう」
実用《じつよう》 実際に使うこと。実際に役立つこと。
字面《じづら》 文章の表面的な意味。
設《しつら》**える** 設ける。整える。飾り付ける。
実利《じつり》 現実の利益。実際の効用。
質量《しつりょう》 物体が持っている物質の量。
実力《じつりょく》 本当の力量。武力・腕力。
失礼《しつれい》 無作法。さようなら。ごめんなさい。
実例《じつれい》 実際にあった例。
失恋《しつれん》 恋が実らないこと。

実録《じつろく》 事実に基づいて書いた記録。
実話《じつわ》 実際にあった話。
四手《しで》 玉串やしめなわにたらす紙・布。
子弟《してい》 年少者。若者。
私邸《してい》 個人のやしき。私宅。
指定《してい》 それと示して定めること。「期日―」
師弟《してい》 師匠と弟子。
指摘《してき》 問題点などを指し示すこと。
私的《してき》 個人に関するさま。⇔公的
詩的《してき》 詩のような味わいのあるさま。
自適《じてき》 思いのままに暮らすこと。「悠々―」
幣辛夷《しでこぶし》 モクレン科の落葉高木。
私鉄《してつ》 民間会社の経営する鉄道。民営鉄道。
死出《しで》**の旅**《たび》 死ぬこと。
支店《してん》 本店から分かれた店。⇔本店

支点《してん》 てこを支える固定した点。
始点《してん》 出発点。起点。⇔終点
視点《してん》 物を見る立場。
史伝《しでん》 歴史上の記録に基づいた伝記。
市電《しでん》 市営の電車。
字典《じてん》 漢字の読みや意味を記した書物。
事典《じてん》 事物や事柄を解説した書物。
辞典《じてん》 言葉の意味や用法を記した書物。
次点《じてん》 当選・入選点の次の点数・順位。
自転《じてん》 天体が軸を中心に自ら回転すること。
時点《じてん》 時間の流れの上のある一点。
自伝《じでん》 自叙伝。
自転車《じてんしゃ》 乗った人が足でこぐ二輪車。
四天王《してんのう》 ある分野で特に優れた四人。
使徒《しと》 キリストが選んだ一二人の弟子。

使途《しと》 金品の使い道。
死闘《しとう》 死にものぐるいでたたかうこと。
至当《しとう》 しごく当然であるさま。
私党《しとう》 個人的利害関係で集まった党派。
私闘《しとう》 個人的な利害・感情による争い。
私道《しどう》 一般に供する私有地内の道路。
始動《しどう》 機械などが動き始めること。
指導《しどう》 教え導くこと。
祠堂《しどう》 祖先の霊をまつる部屋や堂。
斯道《しどう》 専門の道。この方面。この分野。
地頭《じとう》 荘園をおさめ租税を徴収した職。
自動《じどう》 機械などが自身の力で動くこと。
児童《じどう》 満一八歳未満の者。小学生。
至徳《しとく》 最上の徳。また、それを備えた人。
自得《じとく》 会得。身に報いを得る。「自業―」

自瀆《じとく》 自慰。マスターベーション。
為所《しどころ》 するべき場合。「思案の―」
茵《しとね》 敷物。布団。(別)褥
蔀《しとみ》 格子組みの裏に板を張った戸。
樝《しどみ》 クサボケの別名。
仕《し》**留**《と》**める** 討ち取る。やっつける。
淑《しと》**やか** 上品で落ち着いているさま。
品《しな》 品質。品物。商品。
科《しな》 気取ったしぐさ。「―を作る」
支那《しな》 中国に対する古い呼称。
竹刀《しない》 剣道の練習用の割り竹製の刀。
市内《しない》 市の区域内。⇔市外
撓《しな》**う** 弾力があって、しなやかに曲がる。
品薄《しなうす》 商品が不足ぎみなこと。品不足。
品定《しなさだ》**め** 人や物のよしあしの論評。

撓垂《しなだ》**れる** 人にこびて寄り掛かる。
支那竹《しなちく》 筍の加工食品。メンマ。
信濃《しなの》 旧国名。長野県全域。信州。
科《しな》**の木**《き》 シナノキ科の落葉高木。
萎《しな》**びる** 水気が失われて、しわがよる。
品物《しなもの》 品。特に商品。
地均《じなら》**し** 地面を平らにする。事前工作。
地鳴《じな》**り** 地盤が振動して鳴り響くこと。
撓《しな》**る** しなう。「枝が―」
至難《しなん》 非常に難しいさま。「―のわざ」
指南《しなん》 (武芸などを)教え導くこと(人)。
次男《じなん》 二番目の息子。(別)二男
死《し》**に神**《がみ》 人にとりついて死に誘う神。
死肉《しにく》 死体の肉。(別)屍肉
老舗《しにせ》 古くからの伝統のある店。

し

屎尿《しにょう》　大小便。「—処理」

死人《しにん》　死んだ人。死者。しびと。

自任《じにん》　自分はそれにふさわしいと考える。

自認《じにん》　自分自身で認めること。

辞任《じにん》　職務をやめること。

死《し》ぬ　息が絶える。活用されない。

地主《じぬし》　土地の所有者。

地熱《じねつ》　⇩ちねつ(地熱)

思念《しねん》　心に思うこと。

自然薯《じねんじょ》　ヤマノイモの別名。[秋]

篠《しの》　篠竹。篠笛。

鎬《しのぎ》　刀身の小高くなっている部分。

凌《しの》ぐ　切り抜ける。まさる。

篠竹《しのだけ》　幹が細く群生するタケ。しの。

東雲《しののめ》　夜明け方。あけぼの。あかつき。

死《し》の灰《はい》　核爆発時に出る放射能を含む灰。

忍《しのぶ》　シダ植物。夏、軒につるす。

忍《しの》ぶ　こらえる。こっそり行動する。

偲《しの》ぶ　懐かしく思い出す。

芝《しば》　イネ科の多年草。芝生をつくる。

柴《しば》　山野にはえる小さい雑木。そだ。

地場《じば》　その地方や地域。地元。「—産業」

磁場《じば》　磁力の作用している場所。じじょう。

支配《しはい》　おさえ治めること。左右すること。

紙背《しはい》　紙の裏側。「眼光—に徹す」

賜杯《しはい》　天皇や皇族が勝者に賜る優勝杯。

芝居《しばい》　演劇。人を欺くたくらみ。

柴犬《しばいぬ》　小形の日本犬。天然記念物。

柴垣《しばがき》　柴を編んだ垣。

芝刈《しばか》り　芝を刈り込むこと。[夏]

柴刈《しばか》り　柴を刈り取ること(人)。

自白《じはく》　自分から白状すること。

自縛《じばく》　自分で自分を縛ること。「自縄—」

自爆《じばく》　乗っている乗り物を自ら爆破する。

芝桜《しばざくら》　ハナシノブ科の多年草。[春]

暫《しば》し　少しの間。しばらく。「—の別れ」

屢屢《しばしば》　何度も。たびたび。

地肌《じはだ》　化粧をしていない生地の肌。

瞬《しばた》く　しきりにまたたきをする。

始発《しはつ》　その日最初に運行される電車やバス。

自発《じはつ》　自分から進んですること。「—的」

芝生《しばふ》　芝を一面に植えた場所。

自腹《じばら》　自分の腹。自分の金。「—を切る」

支払《しはら》う　代金や料金を払う。

暫《しばら》く　少しの間。少し長い間。

縛《しば》る　紐や縄を巻き付けて結ぶ。束縛する。

地腫《じば》れ　傷口などの周囲がはれること。

市販《しはん》　市中で販売していること。

死斑《しはん》　死後、皮膚にできる紫赤色の斑点。

師範《しはん》　学問・技芸の先生。

事犯《じはん》　法律で、刑罰に処すべき違反行為。

地盤《じばん》　建造物を支える土地。勢力範囲。

襦袢《ジバン》　和服用の下着。ジュバン。

私費《しひ》　個人の費用。

詩碑《しひ》　詩を刻んだ碑。

鮪《しび》　クロマグロの大形のものの別名。

鴟尾《しび》　寺院や城の屋根の両端につけた飾り。

自費《じひ》　自分で負担する費用。「—出版」

慈悲《じひ》　いつくしみ、あわれむ心。

字引《じびき》　辞書。字書。

地引《じび》き　網を浜に引き寄せる漁獲法。

試筆《しひつ》　書き初め。「元旦—」(別)始筆

自筆《じひつ》　自分自身で書くこと。

地響《じひび》き　地面を伝わり響く大きな音。

死票《しひょう》　選挙で、落選者に投じた票。死に票。

指標《しひょう》　判断の基準とするめじるし。

師表《しひょう》　人々の手本となること(人)。

死病《しびょう》　かかると死に至る病。

時評《じひょう》　その時々の出来事についての評論。

辞表《じひょう》　辞職を申し出る文書。

持病《じびょう》　なかなか治らず悩まされている病気。

痺《しび》れる　手や足の感覚がなくなる。陶酔する。

溲瓶《しびん》　病人などが排尿するために使う瓶。

師父《しふ》　師と父親。父のように敬愛する師。

詩賦《しふ》　詩と賦。中国の韻文。

渋《しぶ》　渋い味。渋みの成分。タンニン。

支部《しぶ》　本部から分かれて事務を扱う所。

自負《じふ》　自分の才能にもつ誇り。

渋《しぶ》い　渋みがある。地味で深みがある。

詩風《しふう》　詩の風格。詩の作風。

渋皮《しぶかわ》　甘皮。「—がむける」

飛沫《しぶき》　細かな粒となって飛び散る水。

至福《しふく》　この上ない幸福。

私服《しふく》　個人として着る服。「私服刑事」の略。

私腹《しふく》　個人的な利益。「—を肥やす」

紙幅《しふく》　定められた原稿枚数。「—が尽きる」

雌伏《しふく》　活躍の機会をじっと待つ。⇔雄飛

繁吹《しぶ》く　しぶきが飛びちる。

地袋《じぶくろ》　違い棚の下などに設けた小さい袋棚。

渋渋《しぶしぶ》　いやいやながら。

し

渋茶《しぶちゃ》 出しすぎて渋い茶。下等な茶。
死物《しぶつ》 生命のないもの。役に立たないもの。
私物《しぶつ》 個人の所有する物。
事物《じぶつ》 ものごと。事と物。
持仏《じぶつ》 常に身近に置き、信仰する仏像。
地吹雪《じふぶき》 地上の雪を吹き上げる強風。
渋る《しぶる》 すらすら進まない。ためらう。
私憤《しふん》 個人的な憤り。⇔公憤
脂粉《しふん》 紅とおしろい。化粧。
士分《しぶん》 武士の身分。
死文《しぶん》 効力を失った法令や規則。
詩文《しぶん》 詩と散文。文学作品。
自刎《じふん》 自ら自分の首をはねること。
自噴《じふん》 温泉などが自然に噴き出すこと。
自分《じぶん》 その人自身。わたくし。

時分《じぶん》 時期。ころ。「子供の—」
四分五裂《しぶんごれつ》 ばらばらに分裂。
私文書《しぶんしょ》 個人の文書。⇔公文書
蕊《しべ》 花の生殖器官。ずい。
私兵《しへい》 私人が養成し維持している兵士。
紙幣《しへい》 紙製の貨幣。さつ。
自閉《じへい》 自己の世界に閉じこもること。
死別《しべつ》 死に別れること。⇔生別
四辺《しへん》 あたり。きんじょ。周囲。四方。
紙片《しへん》 紙きれ。
詩編《しへん》 詩を集めた書。詩集。
支弁《しべん》 費用をまかなうこと。
至便《しべん》 この上なく便利なこと。「交通—」
思弁《しべん》 思惟のみで真理に至ろうとすること。
事変《じへん》 異常な出来事。宣戦布告のない戦争。

自弁《じべん》 費用を自分で負担すること。
皺《しぼ》 皮革・織物などの表面に現れる凹凸。
思慕《しぼ》 思い慕うこと。
字母《じぼ》 表音文字の一つ一つの文字。
慈母《じぼ》 いつくしみ深い母親。
司法《しほう》 国が法を適用して裁判をする行為。
四方《しほう》 東西南北の四つの方角。まわり。
至宝《しほう》 きわめて大切な宝。
私法《しほう》 個人の権利義務に関する法律。
子房《しぼう》 めしべの下部の膨らんだ部分。
死亡《しぼう》 死ぬこと。死去。
志望《しぼう》 こうしたいと望むこと。
脂肪《しぼう》 動植物中に含まれるあぶら。
時報《じほう》 時刻の知らせ。その時々の報道。
自暴自棄《じぼうじき》 やけくそになる。

仕放題《しほうだい》 やりたい放題。
死没《しぼつ》 死ぬこと。
萎む《しぼむ》 しおれてちぢまる。別凋む
絞る《しぼる》 ねじって水分を出す。無理に出す。
搾る《しぼる》 押して液を出す。無理に取り立てる。
資本《しほん》 事業に必要な資金。もとで。
縞《しま》 筋によって構成した模様。
終い《しまい》 やめること。最後。別仕舞い
仕舞《しまい》 能で、地謡だけで舞うこと。
姉妹《しまい》 姉と妹。同じ系統のもの。「—船」
縞馬《しまうま》 アフリカにすむウマ科の動物。
自前《じまえ》 費用を自分で負担すること。
揣摩臆測《しまおくそく》 当て推量。
字幕《じまく》 映画やテレビの画面の説明や翻訳文。
島国《しまぐに》 四方を海に囲まれた小国。

島田《しまだ》 未婚女性が結う日本髪。島田髷《まげ》。
島台《しまだい》 祝儀用の飾り物。蓬萊山を模した形。
始末《しまつ》 成り行き。片付けること。倹約。
島流し《しまながし》 昔、罪人を遠い島に送った刑罰。
縞蛇《しまへび》 ヘビの一種。四本の縦縞がある。
自儘《じまま》 わがまま。「—気まま」
自慢《じまん》 自分のことを他人に誇ること。
衣魚《しみ》 本や衣料を食べる昆虫。夏 別紙魚
染み《しみ》 しみてできた汚れ。皮膚に出る色素斑。
地味《じみ》 華やかでなく、目立たないこと。
滋味《じみ》 うまい味。豊かで深い味わい。
清水《しみず》 地中からわき出る澄んだ水。夏
地道《じみち》 手堅く堅実なさま。「—に働く」
凍み豆腐《しみどうふ》 高野豆腐。冬
支脈《しみゃく》 主脈から分かれたもの。

至妙《しみょう》 この上なく巧みなこと。絶妙。
染みる《しみる》 液体がにじむ。刺激で痛む。感じる。
凍みる《しみる》 物が凍る。冷え込む。
四民《しみん》 江戸時代の士・農・工・商の四階級。
市民《しみん》 市の住民。公民。
事務《じむ》 主として机の上で取り扱う仕事。
地虫《じむし》 コガネムシ科の昆虫の幼虫。春
鴲《しめ》 スズメ目の小鳥。くちばしが太い。
締め《しめ》 しめること。金銭の合計。
氏名《しめい》 苗字と名前。姓名。
死命《しめい》 死ぬか生きるか。「—を制する」
使命《しめい》 与えられた重大な任務。「—感」
指名《しめい》 名をあげて人を指定すること。
自明《じめい》 はじめからはっきりしていること。
締め切り《しめきり》 受付を打ち切ること。

締《し》め括《くく》る まとまりをつける。
湿《しめ》地《じ》 キノコの一種。食用。[秋]
示《しめ》す 指さして教える。表す。
湿《しめ》す 少し濡らす。湿らす。
死《し》滅《めつ》 死に絶えること。絶滅。
自《じ》滅《めつ》 自分のしたことが原因で滅びること。
締《し》めて 合計して。総計で。
注連《しめ》縄《なわ》 神聖な場所に張る縄。
湿《しめ》る 水気を帯びる。沈んだ雰囲気になる。
占《し》める 自分の所有とする。ある地位にいる。
絞《し》める 首の回りを強く圧迫する。殺す。
締《し》める 緩みをなくす。節約する。合計する。
閉《し》める 戸や窓などをとじる。
紙《し》面《めん》 新聞の、記事が載っている面。
地《じ》面《めん》 土地の表面。土地。地所。

四《し》面《めん》楚《そ》歌《か》 孤立無援なこと。
霜《しも》 冷やされた水蒸気の氷のつぶ。[冬]
下総《しもうさ》 旧国名。千葉県北部と茨城県南西部。
霜《しも》枯《が》れ 霜により草木が枯れること。[冬]
耳《じ》目《もく》 人々の注意・関心。「―を驚かす」
霜《しも》げる 野菜などが寒さのためにいたむ。
下《しも》肥《ごえ》 人の糞尿を肥料としたもの。
下《しも》座《ざ》 下位の人が座る席。⇔上座
下《しも》下《じも》 身分の低い人々。一般庶民。
仕舞屋《しもたや》 商店街にある民家。
霜《しも》月《つき》 陰暦一一月の異名。[冬]
下野《しもつけ》 旧国名。栃木県全域。野州。
繍線菊《しもつけ》 バラ科の落葉低木。[夏]
下《しも》手《て》 下の方。客席から見て舞台の左手。
地《じ》元《もと》 直接関係ある土地。住んでいる土地。

霜《しも》柱《ばしら》 地中水分が凍結したもの。[冬]
下《しも》膨《ぶく》れ 頬から下がふっくらしている顔。
霜《しも》降《ふ》り 脂肪が網の目状に入る牛肉。
僕《しもべ》 下男。召し使い。
霜《しも》焼《や》け 指などの軽い凍傷。[冬]
霜《しも》夜《よ》 霜の降りる寒い夜。[冬]
霜《しも》除《よ》け 霜の害を防ぐための覆い。[冬]
指《し》紋《もん》 指先のはらの紋様。
試《し》問《もん》 学力や人物を知るため質問すること。
諮《し》問《もん》 学識経験者に意見を尋ね求めること。
地《じ》紋《もん》 布地に織り出した文様。
自《じ》問《もん》 自分に問いかけること。「―自答」
視《し》野《や》 視界。思慮や判断の及ぶ範囲。
紗《しゃ》 搦《から》み織りの絹織物。
斜《しゃ》 ななめ。はす。「―に構える」

邪《じゃ》 正しくないこと。よこしま。⇔正
蛇《じゃ》 へび。おろち。
邪《じゃ》悪《あく》 ねじけていて悪いこと。
謝《しゃ》意《い》 感謝の気持ち。わびる気持ち。
社《しゃ》員《いん》 会社員。社団法人の構成員。
邪《じゃ》淫《いん》 よこしまで、みだらなこと。
社《しゃ》運《うん》 会社の運命。
射《しゃ》影《えい》 物の影をうつすこと。投影。
社《しゃ》屋《おく》 会社の建物。
遮《しゃ》音《おん》 音をさえぎり防ぐこと。
謝《しゃ》恩《おん》 恩に感謝すること。「―会」
釈《しゃ》迦《か》 仏教の開祖。釈迦牟尼。
著《しゃ》莪《が》 アヤメ科の多年草。胡蝶花。[夏]
社《しゃ》会《かい》 共同生活している集団。世の中。
蛇《じゃ》籠《かご》 護岸工事用の石を詰めた円筒形の籠。

嗄《しゃが》れる 声がかすれる。
車《しゃ》間《かん》 走行中の車と車の間。「―距離」
舎《しゃ》監《かん》 寄宿舎を監督する人。
赭《しゃ》顔《がん》 赤ら顔。
邪《じゃ》気《き》 悪意。病気などを起こす悪い気。
写《しゃ》経《きょう》 経文を書写すること。
邪《じゃ》教《きょう》 人心をまどわし、世の害となる宗教。
邪《じゃ》曲《きょく》 心がまがっているさま。よこしま。
試《し》薬《やく》 ある物質の検出・分析に使う薬品。
勺《しゃく》 容積・面積の単位。
尺《しゃく》 長さの単位。ものさし。長さ。たけ。
笏《しゃく》 束帯のとき右手に持つ細長い板。
酌《しゃく》 酒を杯につぐこと。「―をする」
癪《しゃく》 腹などに起こる激痛。腹が立つこと。
持《じ》薬《やく》 いつも服用している薬。

爵《しゃく》位《い》 公爵・伯爵など、爵という称号。
杓《しゃく》う すくい取る。しゃくる。
借《しゃく》財《ざい》 金を借りること。借金。
杓《しゃく》子《し》 汁や飯などをすくう道具。しゃもじ。
弱《じゃく》視《し》 眼鏡でも正常な視力が得にくい状態。
杓《しゃく》子《し》定《じょう》規《ぎ》 融通性のないさま。
弱《じゃく》者《しゃ》 弱い者。⇔強者
綽《しゃく》綽《しゃく》 ゆとりのあるさま。「余裕―」
寂《じゃく》寂《じゃく》 静かでさみしいさま。
錫《しゃく》杖《じょう》 僧などの持つ頭部に環のついた杖。
弱《じゃく》小《しょう》 弱くて小さいこと。若いこと。弱年。
釈《しゃく》然《ぜん》 こだわりがなくなる。「―としない」
弱《じゃく》卒《そつ》 よわい兵士。
釈《しゃく》尊《そん》 釈迦の尊称。
弱《じゃく》体《たい》 組織・体制などが弱いこと。

借地《しゃくち》　借りた土地。
蛇口《じゃぐち》　水道管などの先に取りつけた口金。
釈尊《しゃくてん》　⇩せきてん(釈尊)
弱点《じゃくてん》　弱み。欠点。
弱電《じゃくでん》　比較的小さい電力を用いる機器類。
尺度《しゃくど》　ものさし。評価・判断の規準。
赤銅《しゃくどう》　わずかの金・銀を含む銅合金。
尺取虫《しゃくとりむし》　ガの一種の幼虫。[夏]
石南花《しゃくなげ》　ツツジ科の常緑低木。[夏]
弱肉強食《じゃくにくきょうしょく》　弱い者が強い者の犠牲となることをいう。優勝劣敗。
灼熱《しゃくねつ》　焼けて熱くなること。
若年《じゃくねん》　年が若いこと(人)。(別)弱年
寂然《じゃくねん》　ひっそりとしてさびしいさま。
若輩《じゃくはい》　年が若く、未熟な者。(別)弱輩

尺八《しゃくはち》　竹で作った縦笛。
酌婦《しゃくふ》　料理屋などで、酒の酌をする女。
折伏《しゃくぶく》　悪い教えをくじき、仏教に従わせる。
釈放《しゃくほう》　解き放し自由にすること。
赤熊《しゃぐま》　ヤクの尾の毛を赤く染めたもの。
寂寞《じゃくまく》　ひっそりしているさま。せきばく。
釈明《しゃくめい》　事情を説明して理解を求めること。
寂滅《じゃくめつ》　究極的な悟りの境地。死ぬこと。
寂滅《じゃくめつ》**為楽**《いらく》　涅槃は真の安楽。
借家《しゃくや》　借りて住む家。しゃっか。
芍薬《しゃくやく》　キンポウゲ科の多年草。観賞用。[夏]
雀躍《じゃくやく》　こおどりして喜ぶこと。「欣喜―」
借用《しゃくよう》　借りて使うこと。
酌量《しゃくりょう》　事情をくみとること。「情状―」
杓る《しゃく》　中がくぼむように削る。しゃくう。

噦る《しゃく》　激しく息を吸い込むように泣く。
若齢《じゃくれい》　年が若いこと。弱年。
鮭《しゃけ》　⇩さけ(鮭)
斜頸《しゃけい》　頭と頸《くび》が側方に傾いている状態。
射撃《しゃげき》　銃砲を発射すること。
瀉血《しゃけつ》　治療のため静脈血の一部を除くこと。
車券《しゃけん》　競輪で、勝者投票券。
車検《しゃけん》　自動車の定期的車両点検。
邪険《じゃけん》　冷たく意地悪く扱うさま。(別)邪慳
車庫《しゃこ》　電車や自動車などを入れる建物。
硨磲《しゃこ》　熱帯産の大形の二枚貝。七宝の一。
蝦蛄《しゃこ》　海産の節足動物。食用。[夏]
社交《しゃこう》　社会での人と人とのつきあい。
遮光《しゃこう》　光をさえぎること。
麝香《じゃこう》　ジャコウジカの雄からとる香料。

射幸心《しゃこうしん》　偶然の利益や幸運を望む心。
社告《しゃこく》　会社が一般に向けて出す知らせ。
社債《しゃさい》　株式会社が発行する債務証券。
謝罪《しゃざい》　罪やあやまちをわびること。
射殺《しゃさつ》　銃やピストルでうち殺すこと。
斜視《しゃし》　左右の視線の方向が一致しない状態。
奢侈《しゃし》　度をこえたぜいたく。
社寺《しゃじ》　神社と寺院。
謝辞《しゃじ》　感謝の言葉。謝罪の言葉。
車軸《しゃじく》　車の心棒。「雨―の如し」
写実《しゃじつ》　ありのままに表現すること。
洒洒落落《しゃしゃらくらく》　洒落《しゃらく》の強調。
車種《しゃしゅ》　自動車などの種類。
射手《しゃしゅ》　銃を撃つ人。弓を射る人。
邪宗《じゃしゅう》　邪教。江戸時代、キリスト教のこと。

射出《しゃしゅつ》　弾丸などを発射すること。
車掌《しゃしょう》　電車やバスの車内の業務をする者。
捨象《しゃしょう》　抽象する際、不要な要素を捨て去る。
写植《しゃしょく》　「写真植字」の略。
社稷《しゃしょく》　土地の神と五穀の神。国家。
写真《しゃしん》　カメラで写しとった物体の映像。
邪心《じゃしん》　よこしまな心。
邪推《じゃすい》　人の言動をゆがめて推測すること。
謝《しゃ》**する**　お礼を言う。わびる。断る。
社是《しゃぜ》　会社の経営上の方針や主張。
写生《しゃせい》　事物をありのままに写しとること。
射精《しゃせい》　精液を射出すること。
社説《しゃせつ》　その新聞社の主張として載せる論説。
謝絶《しゃぜつ》　申し出を辞退すること。「面会―」
邪説《じゃせつ》　よこしまな説。

車線《しゃせん》　道路上の自動車が走行する部分。
斜線《しゃせん》　ななめの線。
車窓《しゃそう》　列車・自動車などの窓。
車体《しゃたい》　車両の、人や荷物をのせる部分。
車台《しゃだい》　車体を支えている台。シャーシー。
社宅《しゃたく》　社員が住む社有の住宅。
洒脱《しゃだつ》　あかぬけしているさま。「軽妙―」
遮断《しゃだん》　さえぎり止めること。「―機」
鯱《しゃち》　マイルカ科の大形海獣。性質が荒い。
邪知《じゃち》　わる知恵。
鯱《しゃちほこ》　想像上の海獣。城の棟に取り付ける。
鯱立《しゃちほこだ》**ち**　さかだち。しゃっちょこだち。
社中《しゃちゅう》　社内。同門の仲間。結社の仲間。
社長《しゃちょう》　会社の最高責任者。
弱化《じゃっか》　だんだん弱くなること。弱体化。

借款《しゃっかん》 国と国との間の長期の貸借。

若干《じゃっかん》 いくらか。多少。

弱冠《じゃっかん》 男子二〇歳のこと。年が若いこと。

尺貫法《しゃっかんほう》 日本古来の度量衡法。

惹起《じゃっき》 事件や問題をひきおこすこと。

借金《しゃっきん》 金を借りること。また、その金。

惹句《じゃっく》 うたい文句。キャッチフレーズ。

噦《しゃっくり》 横隔膜が痙攣して出る特殊な音声。

借景《しゃっけい》 庭園外の景物を庭園に取り入れる。

赤口《しゃっこう》 六曜の一。凶日。

舎弟《しゃてい》 実の弟。(やくざなどの)弟分。

射程《しゃてい》 銃砲の弾丸の届く距離。「—距離」

射的《しゃてき》 まとを銃で撃つ遊び。

社殿《しゃでん》 神体をまつる建物。

車道《しゃどう》 車が通行するための道。

邪道《じゃどう》 まちがったやり方。不正な方法。

謝肉祭《しゃにくさい》 カトリック教国の祝祭。

社日《しゃにち》 春分・秋分に最も近い戊《つちのえ》の日。

遮《しゃ》**二**《に》**無**《む》**二**《に》 がむしゃらに。

邪念《じゃねん》 よこしまな悪い考え。邪心。

蛇《じゃ》**の目**《め》 大小二つのヘビの目に似た文様。

車馬《しゃば》 車と馬。乗り物。

娑婆《しゃば》 仏教で、人間の世界。この世。

蛇腹《じゃばら》 アコーディオンなどの伸縮する部分。

這般《しゃはん》 このたび。今般。「—の事情」

邪飛《じゃひ》 野球で、ファウルフライ。

蛇皮《じゃび》**線**《せん》 ⇩三線《さんしん》

車夫《しゃふ》 人力車を引く者。車引き。

煮沸《しゃふつ》 ぐらぐら煮たてること。「—消毒」

遮蔽《しゃへい》 見えないように覆いさえぎること。

喋《しゃべ》**る** 話す。ものを言う。口数多く話す。

斜辺《しゃへん》 直角三角形の直角に対する辺。

写本《しゃほん》 書き写した本。

石鹸《シャボン》**玉**《だま》 石鹸水の泡の玉。〔春〕

邪魔《じゃま》 さまたげること。その物や人。

沙弥《しゃみ》 仏門に入って間もない若い男の僧。

三味《しゃみ》**線**《せん》 日本の三弦の撥弦楽器。

社務《しゃむ》 神社の事務。「—所」

暹羅《シャム》 タイの旧称。

斜面《しゃめん》 傾いた平面。傾斜面。

赦免《しゃめん》 (公が)罪を許すこと。

軍鶏《シャモ》 闘鶏用の大形のニワトリ。

杓《しゃ》**文**《も》**字**《じ》 ご飯をすくう道具。へら。

借問《しゃもん》 試みに質問すること。しゃくもん。

蛇紋《じゃもん》 蛇の皮の斑紋に似た模様。

社用《しゃよう》 会社の用務。

斜陽《しゃよう》 夕日。次第に衰えること。「—産業」

洒落《しゃらく》 さっぱりしていて、こだわらない。

洒落臭《しゃらくさ》**い** 生意気だ。

舎利《しゃり》 釈迦の遺骨。仏舎利。米飯。「銀—」

砂利《じゃり》 小石。子供。

車両《しゃりょう》 列車・自動車など、車輪で動くもの。

車輪《しゃりん》 車のわ。くるま。

洒落《しゃれ》 言葉の遊び。地口。おしゃれ。

謝礼《しゃれい》 感謝の気持ちを表す金品。お礼。

社歴《しゃれき》 社員となってからの経歴。

髑髏《しゃれこうべ》 ⇩されこうべ(髑髏)

洒落《しゃれ》**る** 美しく装う。気がきいている。

戯《じゃ》**れる** 子供や犬・猫などがたわむれる。

戎克《ジャンク》 中国の木造帆船。

主《しゅ》 あるじ。中心。神またはキリスト。

朱《しゅ》 赤。赤色の顔料。添削の朱字。

種《しゅ》 種類。生物分類上の基本単位。

寿《じゅ》 長寿。

主意《しゅい》 主な意味や考え。主旨。

首位《しゅい》 第一の地位。首席。

趣意《しゅい》 物事を行うときの考え・目的。主旨。

手淫《しゅいん》 オナニー。

主因《しゅいん》 主要な原因。

朱印《しゅいん》 武将・将軍などが用いた朱色の印。

私有《しゆう》 私人の所有。

師友《しゆう》 先生と友人。先生として敬う友人。

雌雄《しゆう》 めすとおす。勝敗。「—を決する」

州《しゅう》 連邦国家の行政区画。大陸。

週《しゅう》 七日を一区切りとした単位。

衆《しゅう》 多くの人。人々。「若い—」

自由《じゆう》 支配や制限を受けないこと。

事由《じゆう》 そうなった理由。わけ。

柔《じゅう》 やわらかいこと。おだやかなこと。

従《じゅう》 主たるものに、付属するもの。⇔主

銃《じゅう》 口径の小さい火器。銃器。

醜悪《しゅうあく》 ひどくみにくいこと。

重圧《じゅうあつ》 強い力で圧迫されること。

周囲《しゅうい》 物のまわり。まわりの事物や人々。

拾遺《しゅうい》 もれたものを拾い集め補うこと。

秋意《しゅうい》 秋のけはい。〔秋〕

重囲《じゅうい》 いくえにも囲むこと。

獣医《じゅうい》 家畜やペットの病気を治療する医師。

十一《じゅういち》 ホトトギス目の夏鳥。慈悲心鳥。

秀逸《しゅういつ》 きわだってすぐれていること。

充溢《じゅういつ》 満ちあふれていること。
秋雨《しゅうう》 秋の雨。あきさめ。
驟雨《しゅうう》 にわか雨。夕立。
舟運《しゅううん》 舟による運送・交通。
収益《しゅうえき》 事業などから生まれた利益。
就役《しゅうえき》 仕事につくこと。任務につくこと。
周縁《しゅうえん》 まわり。ふち。周辺。「―部」
終焉《しゅうえん》 人の命が終わること。「―の地」
終演《しゅうえん》 演劇・演奏会などが終わること。
縦横《じゅうおう》 たてとよこ。思うまま。
縦横無礙《じゅうおうむげ》 妨げがなく自在。
縦横無尽《じゅうおうむじん》 自由自在に行う。
衆寡《しゅうか》 多人数と少人数。「―敵せず」
集荷《しゅうか》 各地の産物を市場に集めること。
集貨《しゅうか》 貨物や商品が集まること。

銃火《じゅうか》 銃器による射撃。
周回《しゅうかい》 ひとまわりすること。
集会《しゅうかい》 多くの人の集まり。
醜怪《しゅうかい》 みにくく異様なこと。
秋海棠《しゅうかいどう》 ベゴニアの一種。〔秋〕
収穫《しゅうかく》 農作物のとりいれ。得た成果。
修学《しゅうがく》 学問を学び身につけること。
就学《しゅうがく》 学校に入学すること。
収監《しゅうかん》 監獄に収容すること。
習慣《しゅうかん》 ならわし。しきたり。慣習。
週刊《しゅうかん》 雑誌などを週に一度発行すること。
週間《しゅうかん》 一週間。特別な行事の行われる週。
重患《じゅうかん》 重い病気。その病人。
縦貫《じゅうかん》 たて、または南北に貫くこと。
周期《しゅうき》 一定の間隔で繰り返されること。

秋気《しゅうき》 秋のけはい。秋の大気。
秋季《しゅうき》 秋の季節。秋。「―運動会」
秋期《しゅうき》 秋の期間。
臭気《しゅうき》 くさいにおい。悪臭。
終期《しゅうき》 物事の終わりの時期。
周忌《しゅうき》 回忌。
祝儀《しゅうぎ》 祝いの儀式。婚礼。心付け。
衆議《しゅうぎ》 多人数で行う相談・論議。
什器《じゅうき》 ふだん使用する家具・道具類。
銃器《じゅうき》 小銃・拳銃などの総称。
衆議一決《しゅうぎいっけつ》 全員の意見が一致。
衆議院《しゅうぎいん》 国会を構成する一院。衆院。
週休《しゅうきゅう》 一週間ごとに決められた休日。
週給《しゅうきゅう》 一週間ごとに支給される給料。
蹴球《しゅうきゅう》 フットボール。普通サッカーをさす。

住居《じゅうきょ》 人が住んでいる家。すまい。
宗教《しゅうきょう》 神仏を信じ、心の安らぎを得ること。
修業《しゅうぎょう》 学問や技芸などを身につけること。
終業《しゅうぎょう》 仕事や各学期の授業を終えること。
就業《しゅうぎょう》 仕事につくこと。
従業《じゅうぎょう》 業務に従事すること。「―員」
終局《しゅうきょく》 碁の打ち終わり。物事の結末。終末。
終極《しゅうきょく》 物事の終わり。究極。
褶曲《しゅうきょく》 地層が波状に曲がる現象。「―山脈」
集金《しゅうきん》 代金・会費などを集めること。
秀句《しゅうく》 秀れた俳句。地口や語呂合わせなど。
衆愚《しゅうぐ》 多くのおろかな人々。「―政治」
従軍《じゅうぐん》 軍隊に加わって戦地へ行くこと。
集計《しゅうけい》 数を集めて合計を出すこと。
自由刑《じゆうけい》 受刑者の自由を奪う刑。

従兄《じゅうけい》 年上の、男のいとこ。⇔従弟
襲撃《しゅうげき》 不意を襲って攻撃すること。
銃撃《じゅうげき》 銃器で射撃すること。
終決《しゅうけつ》 物事が最終的に決着すること。
終結《しゅうけつ》 物事が終わること。
集結《しゅうけつ》 一か所に集めること。
充血《じゅうけつ》 一部分に動脈血が異常に集まること。
集権《しゅうけん》 権力を一か所に集めること。⇔分権
祝言《しゅうげん》 婚礼。
銃剣《じゅうけん》 銃と剣。小銃の先につける短剣。
住戸《じゅうこ》 マンションの一戸一戸。
銃後《じゅうご》 戦場に出ていない国民。「―の守り」
周航《しゅうこう》 船で各地をめぐること。
秋耕《しゅうこう》 収穫の終わった田畑を耕すこと。〔秋〕
修好《しゅうこう》 国と国とが交流すること。〔別〕修交

就航《しゅうこう》 船舶や航空機が運航につくこと。
衆口《しゅうこう》 多くの人のうわさ。
醜行《しゅうこう》 恥ずべき行為。
習合《しゅうごう》 異なる教義を折衷する。「神仏―」
集合《しゅうごう》 一か所に集めること。
重厚《じゅうこう》 重みがあって落ち着いているさま。
銃口《じゅうこう》 銃の筒口。
重工業《じゅうこうぎょう》 鉄鋼・造船業などの工業。
十五夜《じゅうごや》 陰暦八月一五日の夜。〔秋〕
重婚《じゅうこん》 既婚者が別の者と結婚すること。
収差《しゅうさ》 レンズが作る像のゆがみなどの現象。
秀才《しゅうさい》 才能があって学問のある人。
重罪《じゅうざい》 重い罪。
秀作《しゅうさく》 すぐれた作品。
習作《しゅうさく》 練習のために作った作品。

集札《しゅうさつ》 改札口などで乗車券を回収すること。

銃殺《じゅうさつ》 銃で撃ち殺すこと。

集散《しゅうさん》 集まることと散ること。「離合—」

十三夜《じゅうさんや》 陰暦九月一三日の夜。[秋]

収支《しゅうし》 収入と支出。

宗旨《しゅうし》 宗派の教義。信条。

秋思《しゅうし》 秋の、ものさびしさ。[秋]

修士《しゅうし》 大学院修士課程の修了者の学位。

終止《しゅうし》 終わること。終わり。

終始《しゅうし》 始めから終わりまで。ずっと。常に。

修辞《しゅうじ》 言葉を効果的に使う表現方法。

習字《しゅうじ》 文字の書き方を習うこと。書き方。

重視《じゅうし》 重要だと思うこと。⇕軽視

従姉《じゅうし》 年上の女のいとこ。⇕従妹

住持《じゅうじ》 住職。

従事《じゅうじ》 その仕事にたずさわること。

終始一貫《しゅうしいっかん》 態度や行動などが、始めから終わりまで変わらないこと。

十字架《じゅうじか》 キリスト教の象徴の十字形。

自由自在《じゆうじざい》 自分の心のまま。

終日《しゅうじつ》 朝から晩まで。一日中。

週日《しゅうじつ》 日曜日を除いた日。平日。

充実《じゅうじつ》 力や内容が豊かに満ちていること。

終止符《しゅうしふ》 欧文で、ピリオド。

十姉妹《じゅうしまつ》 飼い鳥にする小鳥。

終車《しゅうしゃ》 その日運行される最終の電車・バス。

従者《じゅうしゃ》 おとも。供の者。

収受《しゅうじゅ》 金品を受け取っておさめること。

収拾《しゅうしゅう》 混乱した状態をおさめること。

収集《しゅうしゅう》 寄せ集めること。「情報の—」

蒐集《しゅうしゅう》 趣味や研究に物を集めること。

啾啾《しゅうしゅう》 すすり泣くさま。「鬼哭《きこく》—」

重重《じゅうじゅう》 重ね重ね。十分に。よくよく。

収縮《しゅうしゅく》 ちぢまること。⇕膨張

習熟《しゅうじゅく》 習い覚えて、よくできること。

重出《じゅうしゅつ》 同じものが重複して出ること。

柔術《じゅうじゅつ》 柔道の前身。やわら。

柔順《じゅうじゅん》 素直でものやわらかなこと。

従順《じゅうじゅん》 おとなしく人に逆らわないこと。

住所《じゅうしょ》 住んでいる場所。そこの番地。

周章《しゅうしょう》 あわてふためくこと。

愁傷《しゅうしょう》 (人の死を)嘆き悲しむこと。

重症《じゅうしょう》 重い病気。⇕軽症

重傷《じゅうしょう》 ひどいけが。⇕軽傷

重唱《じゅうしょう》 一人ずつ別の声部を受け持つ合唱。

銃床《じゅうしょう》 小銃で銃身を取り付けた木の部分。

周章狼狽《しゅうしょうろうばい》 うろたえあわてる。

秋色《しゅうしょく》 秋のけはい。

修飾《しゅうしょく》 美しく飾ること。

就職《しゅうしょく》 職業に就くこと。

愁色《しゅうしょく》 心配そうな顔付き。

住職《じゅうしょく》 寺の長である僧。住持。

重職《じゅうしょく》 重要な役職。要職。

十字路《じゅうじろ》 四つ角。四つ辻。

修身《しゅうしん》 行いをただし身をおさめること。

執心《しゅうしん》 強く心をひかれること。

終身《しゅうしん》 一生。終生。「—刑」

就寝《しゅうしん》 寝床にはいって眠りにつくこと。

囚人《しゅうじん》 刑務所に入っている人。

衆人《しゅうじん》 大勢の人々。

重心《じゅうしん》 物体の各部分に働く重力の中心点。

重臣《じゅうしん》 身分の重い臣下。

銃身《じゅうしん》 銃器の弾丸が通る円筒状の部分。

獣心《じゅうしん》 けもののような残忍な心。

衆人環視《しゅうじんかんし》 大勢の人の目の前。

修身斉家《しゅうしんせいか》 まずわが身を修め家庭を整える。その上で天下国家を平らかにする。

秋水《しゅうすい》 秋の澄みきった水。とぎすました刀。

修《しゅう》**する** 学問などをおさめる。とり行う。

修正《しゅうせい》 よくない点を正しく直すこと。

修整《しゅうせい》 写真の原板を修正すること。

終生《しゅうせい》 生きている間。一生。(別)終世

習性《しゅうせい》 動物に特有な性質。習慣となった性質。

集成《しゅうせい》 集めてまとめること。

銃声《じゅうせい》 銃を撃つ音。

獣性《じゅうせい》 人間のもつけだもののような性質。

重税《じゅうぜい》 重い税金。「—にあえぐ」

集積《しゅうせき》 集めてつみ重ねること。

重責《じゅうせき》 重い責任。

周旋《しゅうせん》 間に立って世話をすること。仲立ち。

終戦《しゅうせん》 戦争が終わること。⇕開戦

鞦韆《しゅうせん》 ぶらんこ。[春]

修繕《しゅうぜん》 こわれた所を直すこと。

十全《じゅうぜん》 少しの欠点もなく、完全なさま。

十善《じゅうぜん》 仏教で十悪を犯さないこと。天子。

従前《じゅうぜん》 これまで。従来。

宗祖《しゅうそ》 開祖。祖師。

臭素《しゅうそ》 ハロゲン元素の一。有毒。記号 Br

愁訴《しゅうそ》 苦しみなどを訴えること。「不定—」

秋霜《しゅうそう》 秋の霜。刑罰などがきびしいたとえ。

収蔵《しゅうぞう》 物をしまっておくこと。
重奏《じゅうそう》 一人が一声部ずつ受け持つ合奏形態。
重曹《じゅうそう》 重炭酸ソーダの略。ふくらし粉とする。
銃創《じゅうそう》 銃弾による傷。
縦走《じゅうそう》 尾根伝いに山々を歩くこと。
秋霜烈日《しゅうそうれつじつ》 刑罰などが厳しい。
収束《しゅうそく》 おさまりがつくこと。収拾。
終息《しゅうそく》 やむこと。終わること。
習俗《しゅうぞく》 風俗。風習。
充足《じゅうそく》 十分に満ち足りること。
従属《じゅうぞく》 他のものにつき従うこと。
従卒《じゅうそつ》 将校について世話をする兵卒。従兵。
醜態《しゅうたい》 見苦しい様子。「—を演ずる」
重態《じゅうたい》 生命が危険な病状。㊀重体
渋滞《じゅうたい》 とどこおること。

縦隊《じゅうたい》 縦に並んだ隊形。⇕横隊
重大《じゅうだい》 ただごとではないさま。重要なさま。
重代《じゅうだい》 先祖から代々伝わること。累代。
集大成《しゅうたいせい》 多くを一つにまとめること。
住宅《じゅうたく》 人の住む家。
収奪《しゅうだつ》 強制的に取り上げること。
愁嘆《しゅうたん》 なげき悲しむこと。
集団《しゅうだん》 多くの人や動物の集まり。
絨毯《じゅうたん》 床の敷物に使う厚い毛織物。㊀絨緞
銃弾《じゅうだん》 小銃やピストルのたま。
縦断《じゅうだん》 縦に切ること。南北によぎること。
周知《しゅうち》 広く知れ渡っていること。
衆知《しゅうち》 多くの人の知恵。「—を集める」
羞恥《しゅうち》 恥ずかしく思うこと。「—心」
修築《しゅうちく》 建物を修理すること。

祝着《しゅうちゃく》 喜び祝うこと。
執着《しゅうちゃく》 心が強くひかれ、離れられないこと。
終着《しゅうちゃく》 終点に着くこと。「—駅」
集中《しゅうちゅう》 一か所に集めること。集まること。
酋長《しゅうちょう》 部族のかしら。
重鎮《じゅうちん》 その集団の中心人物。
袖珍本《しゅうちんぼん》 ポケットに入る小形の本。
重《じゅう》詰《づ》め 重箱に料理を詰めること。
舟艇《しゅうてい》 小型の船。
修訂《しゅうてい》 書物の誤りを訂正すること。「—版」
従弟《じゅうてい》 年下の、男のいとこ。⇕従兄
終点《しゅうてん》 乗り物が最後に到着する所。
充塡《じゅうてん》 空所にすきまなく物を詰めること。
重点《じゅうてん》 重要な点。大切な所。
充電《じゅうでん》 蓄電池に電気を蓄えること。

重電機《じゅうでんき》 発電機など大型の電気機械。
姑《しゅうと》 夫あるいは妻の母。しゅうとめ。
舅《しゅうと》 夫あるいは妻の父。
宗徒《しゅうと》 その宗の信徒。
重度《じゅうど》 症状などの程度が重いこと。⇕軽度
周到《しゅうとう》 行き届いていて、手抜かりがない。
充当《じゅうとう》 ある使途や目的にあてること。
重盗《じゅうとう》 野球で、ダブルスチール。
柔道《じゅうどう》 柔術を改良した格闘技。
修道院《しゅうどういん》 修道僧が共同生活する僧院。
収得《しゅうとく》 自分の物とすること。
拾得《しゅうとく》 落とし物をひろうこと。
修得《しゅうとく》 学問や技芸を身につけること。
習得《しゅうとく》 習い覚えること。
重篤《じゅうとく》 病状が、きわめて悪いこと。

姑《しゅうとめ》 ⇩しゅうと(姑)
柔軟《じゅうなん》 しなやかなさま。融通がきくさま。
十《じゅう》二《に》支《し》 時刻・年を表す十二の動物。
十《じゅう》二《に》単《ひとえ》 平安時代の女房装束の俗称。
収入《しゅうにゅう》 自分のものとして得る金。⇕支出
就任《しゅうにん》 新しく任務や役職につくこと。
住人《じゅうにん》 その土地・家屋に住んでいる人。
重任《じゅうにん》 重要な任務。再任。
十人《じゅうにん》十《と》色《いろ》 考え方・好み・性格などが人それぞれによって違うこと。
周年《しゅうねん》 一年中。…回目の年。
執念《しゅうねん》 固く思い込んで、忘れない心。
収納《しゅうのう》 お金を受けおさめる。しまう。
十能《じゅうのう》 炭火を載せて運ぶ柄の付いた容器。
宗派《しゅうは》 同じ宗旨の流派。

秋波《しゅうは》 女性のこびを含んだ目つき。流し目。
集配《しゅうはい》 郵便物や貨物などを集め、配ること。
重箱《じゅうばこ》 料理を入れて重ねる四角い木製の箱。
重箱《じゅうばこ》読《よ》み 上が音で下が訓の読み。
周波数《しゅうはすう》 電磁波などの振動数。
十八番《じゅうはちばん》 最も得意とする芸。おはこ。
終発《しゅうはつ》 電車・バスなどで、その日最後の発車。
秀抜《しゅうばつ》 とびぬけてすぐれていること。
終盤《しゅうばん》 長期にわたる物事の最終局面。
重犯《じゅうはん》 重ねて犯罪を犯すこと。重い犯罪。
重版《じゅうはん》 出版の版数をかさねること。再版。
従犯《じゅうはん》 正犯を手助けする罪。
愁眉《しゅうび》 心配事のある顔つき。「—を開く」
獣皮《じゅうひ》 けものの皮。
重病《じゅうびょう》 重い病気。大病。

秋風《しゅうふう》 あきかぜ。

秋風索寞《しゅうふうさくばく》 盛んだった物事の勢いが衰えてものさびしいさま。

修復《しゅうふく》 こわれた所をつくり直すこと。

重複《じゅうふく》 ⇩ちょうふく(重複)

秋分《しゅうぶん》 二十四節気の一。九月二三日頃。[秋]

醜聞《しゅうぶん》 よくない評判。スキャンダル。

十分《じゅうぶん》 満ち足りていて不足のないさま。

習癖《しゅうへき》 習慣になっている、くせ。

周辺《しゅうへん》 まわり。周囲。「工場―」

秀峰《しゅうほう》 形の美しい山。

週報《しゅうほう》 一週間ごとの報告書。週刊の出版物。

衆望《しゅうぼう》 多くの人の期待・信望。

什宝《じゅうほう》 家宝の道具類。

重砲《じゅうほう》 口径が大きい大砲。

銃砲《じゅうほう》 小銃や大砲。

従僕《じゅうぼく》 召し使いの男。下男。下僕。

焼売《シューマイ》 中国料理の点心の一。

従妹《じゅうまい》 年下の、女のいとこ。⇔従姉

終幕《しゅうまく》 芝居の最後の一幕。事件の終わり。

終末《しゅうまつ》 おわり。おしまい。

週末《しゅうまつ》 一週間の末。土曜日。

充満《じゅうまん》 いっぱいになること。「煙が―する」

臭味《しゅうみ》 くさみ。よくない気風。

周密《しゅうみつ》 注意が行き届いているさま。

就眠《しゅうみん》 眠ること。

住民《じゅうみん》 その土地に住んでいる人。

襲名《しゅうめい》 芸名を受け継ぐこと。

渋面《じゅうめん》 にがにがしい顔。しかめっつら。

絨毛《じゅうもう》 小腸の内壁に密生する毛状突起。

衆目《しゅうもく》 多くの人の見るところ。十目。

十目《じゅうもく》 十人の目。衆目。

什物《じゅうもつ》 日常使う道具。秘蔵する道具類。

宗門《しゅうもん》 宗派。宗旨。

十文字《じゅうもんじ》 「十」の字の形。

終夜《しゅうや》 よどおし。一晩中。「―営業」

十夜《じゅうや》 一〇昼夜、念仏を唱える法会。[冬]

集約《しゅうやく》 一つによせ集めること。

重役《じゅうやく》 会社の取締役・監査役などの通称。

十薬《じゅうやく》 ドクダミの別名。[夏]

重訳《じゅうやく》 翻訳を別の外国語に翻訳すること。

重油《じゅうゆ》 原油を蒸留して軽油を除いた残油。

周遊《しゅうゆう》 あちこちをめぐり歩くこと。

収用《しゅうよう》 国などが強制的に所有権を買い取る。

収容《しゅうよう》 人や品物を一定の場所に入れること。

修養《しゅうよう》 学問を修め、人格を高めること。

重要《じゅうよう》 非常に大切なさま。肝要。

獣欲《じゅうよく》 けだもののような肉欲。

襲来《しゅうらい》 おそってくること。

従来《じゅうらい》 前から今まで。これまで。

集落《しゅうらく》 人家が集まっている所。(別)聚落

収攬《しゅうらん》 人の心をつかむこと。

縦覧《じゅうらん》 自由に閲覧すること。

修理《しゅうり》 破損したところをつくろい直すこと。

収量《しゅうりょう》 収穫した分量。

秋涼《しゅうりょう》 秋のすずしい風。[秋]

修了《しゅうりょう》 所定の学業・課程を修め終えること。

終了《しゅうりょう》 終わること。終えること。⇔開始

十両《じゅうりょう》 相撲で、幕内力士の下の位。

重量《じゅうりょう》 おもさ。目方。

重力《じゅうりょく》 地球上の物体に働く地球の引力。

秋霖《しゅうりん》 秋の長雨。[秋]

蹂躙《じゅうりん》 ふみにじること。「人権―」

秀麗《しゅうれい》 すぐれて美しいこと。「眉目―」

秋冷《しゅうれい》 秋の冷ややかな気候。[秋]

縦列《じゅうれつ》 たてに並んだ列。

収斂《しゅうれん》 ちぢむこと。一点に集まること。

修練《しゅうれん》 心身をみがき鍛えること。

習練《しゅうれん》 繰り返し習うこと。

就労《しゅうろう》 仕事につくこと。就業。

収録《しゅうろく》 書物などに載せる。録音・録画する。

集録《しゅうろく》 集めて記録する。

衆論《しゅうろん》 多くの人の意見。

収賄《しゅうわい》 わいろをもらうこと。⇔贈賄

守衛《しゅえい》 人の出入りや建物の警備をする人。

受益《じゅえき》 利益を受けること。「―者負担」

樹液《じゅえき》 樹木の分泌物。

主演《しゅえん》 映画・演劇で主役を演ずること。

酒宴《しゅえん》 さかもり。宴会。

主音《しゅおん》 西洋音楽で、音階の第一音。

主家《しゅか》 主人・主君の家。しゅけ。

珠芽《しゅが》 むかご。

儒家《じゅか》 儒学者。また、その家。

首魁《しゅかい》 悪事を働く集団の頭。頭目。

酒害《しゅがい》 飲酒の害。

受戒《じゅかい》 仏教で、戒律を受けること。

授戒《じゅかい》 仏教で、戒律を授けること。

樹海《じゅかい》 海のように見える樹森の広がり。

主客《しゅかく》 主人と客。主なものと付随するもの。

主格《しゅかく》 文や句の中で、主語を表す格。

し

酒客《しゅかく》 酒を好む人。
儒学《じゅがく》 儒教を研究する学問。
主客転倒《しゅかくてんとう》 主と従が逆転する。
樹下石上《じゅかせきじょう》 出家した人の境遇。
手簡《しゅかん》 手紙。(別)手翰
主幹《しゅかん》 その仕事の中心となる人。(別)主監
主管《しゅかん》 主となって管理・管轄すること。
主観《しゅかん》 外界を認識する働き。個人的考え。
首巻《しゅかん》 全集などの最初の巻。第一巻。
主眼《しゅがん》 最も大切な点。かなめ。
主観的《しゅかんてき》 個人的考えによるさま。
手記《しゅき》 体験・心境などを自分で書いたもの。
酒気《しゅき》 酒くさい息。
主義《しゅぎ》 行動の基本となる考え・立場。
主客《しゅきゃく》 ⇩しゅかく(主客)

守旧《しゅきゅう》 古い習慣を守ること。保守。「—派」
首級《しゅきゅう》 討ち取った敵の首。しるし。
受給《じゅきゅう》 配給や支給を受けること。
需給《じゅきゅう》 需要と供給。「—調整」
酒興《しゅきょう》 酒に酔って楽しむこと。
修行《しゅぎょう》 武芸・学問を磨く。仏道に励む。
修業《しゅぎょう》 学問・技芸を習い修めること。
儒教《じゅきょう》 孔子を祖とする政治・道徳の教え。
授業《じゅぎょう》 学校などで、学問を教えること。
珠玉《しゅぎょく》 真珠と宝石。美しく貴重なもの。
宿《しゅく》 宿場。宿駅。
塾《じゅく》 学問・技術を教える私設の学校。
宿痾《しゅくあ》 長くわずらっている病気。持病。
祝意《しゅくい》 喜び祝う気持ち。
殊遇《しゅぐう》 格別の手厚いもてなし・待遇。

宿駅《しゅくえき》 宿場。
祝宴《しゅくえん》 祝いの宴会。
宿縁《しゅくえん》 仏教で、前世の因縁。すくえん。
祝賀《しゅくが》 慶事を祝うこと。
宿願《しゅくがん》 以前からの願い事。宿望。
淑気《しゅくき》 (新) 新春のめでたい気。
熟議《じゅくぎ》 十分に議論すること。
粛啓《しゅくけい》 手紙の書き出しに用いる語。謹啓。
熟語《じゅくご》 二つ以上の単語が合成してできた語。
祝祭日《しゅくさいじつ》 祝日と祭日。
縮刷《しゅくさつ》 もとの版面を縮小して印刷すること。
宿志《しゅくし》 かねてからのこころざし。
祝辞《しゅくじ》 祝いの言葉。祝詞。
熟思《じゅくし》 よく考えること。熟慮。
熟柿《じゅくし》 よく熟した柿。(秋)

熟視《じゅくし》 じっとみつめること。凝視。
祝日《しゅくじつ》 祝い事のある日。特に国民の祝日。
宿舎《しゅくしゃ》 泊まる所。やど。寄宿舎。
縮写《しゅくしゃ》 元の形をちぢめてうつすこと。
縮尺《しゅくしゃく》 地図などを実物より縮めてかくこと。
宿主《しゅくしゅ》 寄生生物に寄生される生物。やど主。
粛粛《しゅくしゅく》 おごそかなさま。
宿所《しゅくしょ》 泊まる所。やど。
淑女《しゅくじょ》 品格が高くたしなみ深い女性。
祝勝《しゅくしょう》 勝利を祝うこと。(別)祝捷
縮小《しゅくしょう》 ちぢめて小さくすること。⇔拡大
縮図《しゅくず》 原形を縮小した図面。「人生の—」
宿酔《しゅくすい》 二日酔い。
熟睡《じゅくすい》 ぐっすり眠ること。熟眠。
熟《じゅく》**する** うれる。頃合いとなる。こなれる。

宿世《しゅくせ》 ⇩すくせ(宿世)
粛正《しゅくせい》 厳重に取り締まり不正を正すこと。
粛清《しゅくせい》 厳重に取り締まり反対派を除くこと。
熟成《じゅくせい》 発酵したものにうまみが出ること。
粛然《しゅくぜん》 静かにかしこまるさま。
宿題《しゅくだい》 教師が与える課題。残る課題。
熟達《じゅくたつ》 熟練して上達すること。
熟知《じゅくち》 よく知っていること。
宿直《しゅくちょく》 交替で泊まって夜番をすること。
宿敵《しゅくてき》 年来の敵。昔からの敵。
祝典《しゅくてん》 祝いの式典。
祝電《しゅくでん》 祝いの電報。
淑徳《しゅくとく》 上品でしとやかな女性の徳。
熟読《じゅくどく》 十分に読み味わうこと。
熟読玩味《じゅくどくがんみ》 よく読んで味わう。

熟年《じゅくねん》 円熟した年頃。
宿場《しゅくば》 昔、街道で旅泊設備などがあった所。
祝杯《しゅくはい》 祝いの酒を飲むさかずき。(別)祝盃
宿泊《しゅくはく》 旅先で旅館などに泊まること。
祝福《しゅくふく》 人の幸福を喜び祝うこと。
宿弊《しゅくへい》 古くからの弊害。
宿便《しゅくべん》 長い間、腸の中にたまっていた大便。
祝砲《しゅくほう》 祝意を表して撃つ空砲。礼砲。
宿坊《しゅくぼう》 参詣者が泊まる寺院の僧坊。
宿望《しゅくぼう》 年来の望み。しゅくもう。
熟眠《じゅくみん》 熟睡。
宿命《しゅくめい》 前世から定まっている運命。
夙夜《しゅくや》 朝早くから夜遅くまで。
縮約《しゅくやく》 ちぢめて簡潔にすること。
熟覧《じゅくらん》 ていねいによく目を通すこと。

縮率《しゅくりつ》 縮小する時の割合。

熟慮《じゅくりょ》 十分に考えること。

熟慮断行《じゅくりょだんこう》 熟慮の上実行する。

熟練《じゅくれん》 慣れていて巧みなこと。「—工」

宿老《しゅくろう》 経験豊かで思慮のある老人。

主君《しゅくん》 自分が仕える君主・主人。

殊勲《しゅくん》 すぐれた勲功・手柄。

受勲《じゅくん》 勲章を受けること。

主計《しゅけい》 会計をつかさどること。

手芸《しゅげい》 編み物・刺繍などの技芸。

受刑《じゅけい》 刑罰を受けること。

主権《しゅけん》 国を統治する最高権力。

受検《じゅけん》 検査を受けること。

受験《じゅけん》 入学・入社の試験を受けること。春

授権《じゅけん》 一定の権利を特定の者に与えること。

修験道《しゅげんどう》 密教的儀礼を行う宗教。

主語《しゅご》 文の成分で述語の主体となるもの。

守護《しゅご》 守ること。中世の職名。

手交《しゅこう》 公式の文書などを手渡すこと。

首肯《しゅこう》 うなずくこと。承知すること。

酒肴《しゅこう》 酒と酒の肴《さかな》。

趣向《しゅこう》 おもしろ味を出すための工夫。

酒豪《しゅごう》 非常に酒の強い人。大酒飲み。

受講《じゅこう》 講義や講習を受けること。

手工業《しゅこうぎょう》 規模の小さな工業。

守護神《しゅごしん》 守り神。

入魂《じゅこん》 懇意・親密であること。

儒艮《じゅごん》 海にすむ哺乳類。人魚に擬せられる。

主査《しゅさ》 主となって審査にあたること(人)。

首座《しゅざ》 一番上位の席。首席。

主宰《しゅさい》 主となって物事を行うこと(人)。

主催《しゅさい》 中心となって会などを催すこと。

取材《しゅざい》 記事などの材料を集めること。

珠算《しゅざん》 そろばんでする計算。たまざん。

授産《じゅさん》 失業者や貧困者に仕事を与えること。

主旨《しゅし》 話や文章の中心となる事柄。

趣旨《しゅし》 事をする際のねらいや理由。

種子《しゅし》 植物のたね。

主事《しゅじ》 その業務を主管する人。

樹脂《じゅし》 樹木から分泌する粘度の高い液体。

主治医《しゅじい》 かかりつけの医者。

主軸《しゅじく》 中心の軸。中心となる人や事柄。

手写《しゅしゃ》 手で書き写すこと。書写。「—本」

取捨《しゅしゃ》 良いものを取り、悪いものを捨てる。

儒者《じゅしゃ》 儒学を修める人。

守株《しゅじゅ》 旧習を守り進歩のないこと。

侏儒《しゅじゅ》 こびと。見識のない者。

種種《しゅじゅ》 いろいろ。さまざま。「—雑多」

授受《じゅじゅ》 授けることと受けること。「金の—」

主従《しゅじゅう》 主君と家来。しゅうじゅう。

手術《しゅじゅつ》 治療のため患部を切開すること。

呪術《じゅじゅつ》 まじない。

朱書《しゅしょ》 朱で書くこと。

主将《しゅしょう》 競技で、チームのキャプテン。

主唱《しゅしょう》 中心になって主張すること。

首唱《しゅしょう》 先に立って主張すること。

首相《しゅしょう》 内閣総理大臣。

殊勝《しゅしょう》 けなげで感心なこと。「—な心がけ」

主上《しゅじょう》 昔、天皇の尊称。

衆生《しゅじょう》 仏教で、すべての生き物。

受章《じゅしょう》 勲章を受けること。

受賞《じゅしょう》 賞を受けること。

授章《じゅしょう》 勲章などをさずけること。

授賞《じゅしょう》 賞をさずけること。

主食《しゅしょく》 日常の食事で主となる食物。

酒色《しゅしょく》 飲酒と色事。「—にふける」

酒食《しゅしょく》 酒と食事。

主審《しゅしん》 主となる審判員。

主人《しゅじん》 一家のあるじ。自分の仕える人。

受信《じゅしん》 他から通信や放送を受けること。

受診《じゅしん》 診察・診療を受けること。

主人公《しゅじんこう》 事件・小説などの中心人物。

朱唇皓歯《しゅしんこうし》 美しい女性の形容。

繻子《しゅす》 なめらかで光沢のある織物。

数珠《じゅず》 仏を拝む時、手に掛ける仏具。

取水《しゅすい》 川や湖から水を取り入れること。

入水《じゅすい》 水中に身投げして自殺すること。

数珠玉《じゅずだま》 イネ科の多年草。秋

守成《しゅせい》 創業のあとを受けて事業を守ること。

守勢《しゅせい》 敵の攻撃を防ぐ態勢。⇔攻勢

酒精《しゅせい》 アルコール。

酒税《しゅぜい》 酒類に課せられる間接税。

受精《じゅせい》 雄の精子と雌の卵子が結合すること。

授精《じゅせい》 精子と卵子を人工的に結合すること。

樹勢《じゅせい》 樹木の生長するいきおい。

手跡《しゅせき》 書いた文字。筆跡。別 手蹟

主席《しゅせき》 政府・団体などの最高位。「国家—」

首席《しゅせき》 第一位の席次。

酒席《しゅせき》 酒を飲む席。酒もりの場。

主戦《しゅせん》 開戦を主張する。主力となって戦う。

酒仙《しゅせん》　心から酒を楽しむ人。酒豪。
鬚髯《しゅぜん》　あごひげとほおひげ。ひげ。
守銭奴《しゅせんど》　けちで金銭欲の強い人。
主訴《しゅそ》　患者の訴えの中で最も主な症状。
呪詛《じゅそ》　のろうこと。のろい。
酒造《しゅぞう》　酒をつくること。
寿像《じゅぞう》　存命中に造っておく像。
受像《じゅぞう》　電波を受けて受信機に像を映すこと。
受贈《じゅぞう》　贈り物を受けること。「―図書」
種族《しゅぞく》　言語・文化を共有する人間の集団。
首鼠両端《しゅそりょうたん》　どっちつかず。
主体《しゅたい》　意志・行為を他に及ぼす存在。
主題《しゅだい》　作品の中心的思想内容。主旋律。
受胎《じゅたい》　みごもること。妊娠すること。
入内《じゅだい》　皇后・中宮となる女性が内裏に入る。

手沢《しゅたく》　愛用している物に出て来たつや。
受託《じゅたく》　委託を受けること。金品を預かること。
受諾《じゅだく》　頼みなどを受け入れること。
手段《しゅだん》　目的をとげるのに用いる方法。
趣致《しゅち》　おもむき。風情。
種畜《しゅちく》　品種改良用・繁殖用の家畜。
酒池肉林《しゅちにくりん》　豪勢を極めた酒宴。
手中《しゅちゅう》　手の中。「―に収める」
主柱《しゅちゅう》　中心となる柱。集団の中心的人物。
受注《じゅちゅう》　注文を受けること。(別)受註
主著《しゅちょ》　その人の代表的な著書。
主張《しゅちょう》　自分の意見を強く言い張ること。
主潮《しゅちょう》　その時代の主となる思想傾向。
主調《しゅちょう》　楽曲の中心となる調子。
首長《しゅちょう》　集団や団体の長。地方公共団体の長。

腫脹《しゅちょう》　炎症や腫瘍ではれること。はれ。
朱珍《しゅちん》　繻子地に模様を織り出した織物。
術《じゅつ》　わざ。技芸。方法。すべ。妖術。
出演《しゅつえん》　映画・演劇などに出ること。
出火《しゅっか》　火事を出すこと。
出荷《しゅっか》　商品を市場に出すこと。
述懐《じゅっかい》　心境を述べること。
出格《しゅっかく》　並はずれたこと。破格。
出棺《しゅっかん》　葬式で棺を送り出すこと。
出願《しゅつがん》　官公庁に願い出ること。「特許の―」
出御《しゅつぎょ》　天皇・三后のおでまし。
出京《しゅっきょう》　上京。都から田舎へ行くこと。
出郷《しゅっきょう》　故郷を出て他の地へ行くこと。
出金《しゅっきん》　金銭を出すこと。⇔入金
出勤《しゅっきん》　勤めに出ること。⇔退勤

出家《しゅっけ》　俗世間を捨て仏門にはいること。
術計《じゅっけい》　はかりごと。たくらみ。
出撃《しゅつげき》　攻撃のため、陣地を出ること。
出欠《しゅっけつ》　出席と欠席。出勤と欠勤。
出血《しゅっけつ》　血が流れ出ること。犠牲。損害。
出現《しゅつげん》　現れ出ること。
出庫《しゅっこ》　倉庫から品物を出す。車庫から出る。
述語《じゅつご》　文の成分の一。主語を陳述する語。
術後《じゅつご》　手術の終わったあと。
術語《じゅつご》　学術上の専門用語。学術用語。
出向《しゅっこう》　在籍のまま他の会社や官庁に勤める。
出航《しゅっこう》　船や飛行機が出発すること。
出港《しゅっこう》　船が港を出ること。⇔入港
熟考《じゅっこう》　十分に考えること。熟慮。
出国《しゅっこく》　国を出て外国へ行くこと。⇔入国

出獄《しゅつごく》　釈放されて刑務所を出ること。
述作《じゅっさく》　本を書き表すこと。著述。著作。
術策《じゅっさく》　はかりごと。たくらみ。策略。
出札《しゅっさつ》　客に切符を売ること。
出産《しゅっさん》　子供を産むこと。分娩《ぶんべん》。
出仕《しゅっし》　民間から出て官に仕えること。
出資《しゅっし》　資金・資本を出すこと。
出自《しゅつじ》　人の生まれや出身。
出所《しゅっしょ》　物事の出どころ。刑務所を出ること。
出処《しゅっしょ》　官職につくことと民間に退くこと。
出生《しゅっしょう》　子供が生まれること。
出場《しゅつじょう》　競技・演技の場所に出ること。
出色《しゅっしょく》　他より目立ってすぐれていること。
出処進退《しゅっしょしんたい》　身の処し方。
出身《しゅっしん》　その土地やその学校の出であること。

出陣《しゅつじん》　戦陣に出ること。
出水《しゅっすい》　大水がでること。洪水。でみず。
術数《じゅっすう》　はかりごと。計略。「権謀―」
出世《しゅっせ》　社会的に高い地位になること。
出征《しゅっせい》　軍人として戦地へ行くこと。
出席《しゅっせき》　授業や会合に出ること。⇔欠席
出走《しゅっそう》　競馬などで、レースに出場すること。
出来《しゅったい》　事件などが起こること。
出題《しゅつだい》　問題を出すこと。
出立《しゅったつ》　旅に出ること。旅立ち。
術中《じゅっちゅう》　相手が仕掛けたわな。「―にはまる」
出張《しゅっちょう》　仕事で勤務地外へ行くこと。
出超《しゅっちょう》　輸出超過。⇔入超
出廷《しゅってい》　法廷に出ること。
出典《しゅってん》　故事・引用語などの出所である書物。

出店《しゅってん》　店を出すこと。
出展《しゅってん》　展示会や展覧会に出品すること。
出土《しゅつど》　遺物・化石などが発掘されること。
出頭《しゅっとう》　役所などへ本人が出向くこと。
出動《しゅつどう》　出かけて活動する。「軍隊の―」
出入《しゅつにゅう》　出ることと入ること。でいり。
出馬《しゅつば》　自らその場に出る。立候補する。
出発《しゅっぱつ》　目的地へ向かって出かけること。
出帆《しゅっぱん》　船舶の出港。
出版《しゅっぱん》　書物などを刊行すること。
出費《しゅっぴ》　費用を支出すること。
出品《しゅっぴん》　展覧会や展示会に作品を出すこと。
出兵《しゅっぺい》　軍隊を派遣すること。⇔撤兵
出没《しゅつぼつ》　現れたり隠れたりすること。
出奔《しゅっぽん》　ゆくえをくらますこと。

出藍《しゅつらん》　弟子が師より優れていること。
出猟《しゅつりょう》　狩りに出かけること。
出漁《しゅつりょう》　漁に出かけること。
出力《しゅつりょく》　機械や装置が出すエネルギーの量。
出塁《しゅつるい》　野球で、打者が塁へ出ること。
首途《しゅと》　かどで。旅立ち。
主都《しゅと》　主要な都市。
首都《しゅと》　その国の中央政府の所在地。首府。
酒盗《しゅとう》　カツオのはらわたの塩辛。
種痘《しゅとう》　天然痘の予防接種。
手動《しゅどう》　機械などを手で動かすこと。⇔自動
主導《しゅどう》　中心になって導くこと。「―権」
受動《じゅどう》　他からの働きかけを受けること。
取得《しゅとく》　資格や権利を自分のものにすること。
受難《じゅなん》　苦難・災難を受けること。

朱肉《しゅにく》　朱色の印肉。
授乳《じゅにゅう》　乳児に乳を飲ませること。
主任《しゅにん》　中心になって任務にあたる者。
受忍《じゅにん》　耐え忍んでこらえること。「―限度」
首脳《しゅのう》　政府・団体などの中心人物。
受納《じゅのう》　金品などを受け納めること。
酒杯《しゅはい》　さかずき。(別)酒盃
呪縛《じゅばく》　まじないで動けないようにすること。
主犯《しゅはん》　中心となって犯罪を行なった者。
首班《しゅはん》　第一位の席次。特に内閣の総理大臣。
襦袢《ジュバン》　⇒ジバン（襦袢）
守秘《しゅひ》　秘密を守ること。「―義務」
種皮《しゅひ》　植物の種子をおおう皮。
守備《しゅび》　守り。そなえ。⇔攻撃
首尾《しゅび》　始めと終わり。事のなりゆき。

樹皮《じゅひ》　樹木の表皮。
首尾《しゅび》**一貫**《いっかん》　筋が通っている。
主筆《しゅひつ》　新聞・雑誌記者の首席。
朱筆《しゅひつ》　朱墨用の筆。朱の書き入れ。
種苗《しゅびょう》　草木の、たねとなえ。
樹氷《じゅひょう》　霧が木に凍りついたもの。[図]
主賓《しゅひん》　客の中で、最も重要な人。
主婦《しゅふ》　妻として家事をきりもりする女性。
首府《しゅふ》　首都。
呪物《じゅぶつ》　まじないに使われる神聖視される物。
主文《しゅぶん》　判決文中、結論を示す部分。
受粉《じゅふん》　おしべの花粉がめしべにつくこと。
酒癖《しゅへき》　酒に酔うと出る癖。さけぐせ。
種別《しゅべつ》　種類によって区別すること。
酒保《しゅほ》　兵営内にある売店。

手法《しゅほう》　芸術作品の表現方法。物事のやり方。
主峰《しゅほう》　その山脈中、最も高い山。
主砲《しゅほう》　軍艦の大砲の中で、最大の口径のもの。
修法《しゅほう》　密教で、加持祈禱の法式。
首謀《しゅぼう》　悪事・陰謀の中心人物。(別)主謀
趣味《しゅみ》　楽しみですること。物事の味わい。
須弥山《しゅみせん》　仏教で世界の中心にある山。
須弥壇《しゅみだん》　寺院の仏像を安置する壇。
主脈《しゅみゃく》　山脈・葉脈などの中心となるすじ。
寿命《じゅみょう》　生命の長さ。物の使用できる期間。
主務《しゅむ》　その任務を主管すること。「―官庁」
主命《しゅめい》　主君・主人の命令。
種目《しゅもく》　種類の名。「競技―」
撞木《しゅもく》　鐘を鳴らす丁字形の棒。
樹木《じゅもく》　木。立ち木。

呪文《じゅもん》　まじないやのろいの文句。
主役《しゅやく》　劇の主人公の役。
須臾《しゅゆ》　しばらく。わずかの間。
授与《じゅよ》　授け与えること。
主要《しゅよう》　大事なさま。重要なさま。
腫瘍《しゅよう》　増殖する病的な細胞の塊。
受容《じゅよう》　うけいれること。
需要《じゅよう》　商品を買おうという欲求。⇔供給
主翼《しゅよく》　飛行機に浮力を与える翼。
修羅《しゅら》　「阿修羅」の略。
入洛《じゅらく》　京に入ること。都入り。
酒乱《しゅらん》　酒に酔うとあばれること（人）。
受理《じゅり》　願書などの書類を受け取ること。
手裏《しゅり》**剣**《けん》　手で敵に投げる小形の剣。
樹立《じゅりつ》　しっかりうち立てること。「国交―」

し

主流《しゅりゅう》 川の本流。中心となる傾向や勢力。
手榴弾《しゅりゅうだん》 ⇩てりゅうだん(手榴弾)
狩猟《しゅりょう》 鉄砲などで鳥獣をとらえること。
首領《しゅりょう》 集団の長。頭目。「一味の—」
酒量《しゅりょう》 飲める酒の量。飲んだ酒の量。
受領《じゅりょう》 金品をうけとること。
主力《しゅりょく》 力の大部分。中心となる勢力。
呪力《じゅりょく》 まじないやのろいの力。
樹林《じゅりん》 樹木が多く生えている所。
酒類《しゅるい》 アルコールを含む飲料の総称。
種類《しゅるい》 共通点をもつものの、ひとまとまり。
樹齢《じゅれい》 樹木の年齢。
手練《しゅれん》 上手なてぎわ。
棕櫚《しゅろ》 ヤシ科の常緑高木。
寿老人《じゅろうじん》 七福神の一。長寿を授ける。

手話《しゅわ》 おもに聴覚障害者の手による会話法。
受話器《じゅわき》 電話で相手の声を聞く装置。
手腕《しゅわん》 物事をうまくやりとげる力。
旬《しゅん》 食物の出盛りの味の良い時期。
順《じゅん》 順番。順序。
純《じゅん》 純粋なさま。
純愛《じゅんあい》 純粋でひたむきな愛。
春意《しゅんい》 春ののどかな気持ち。
順位《じゅんい》 ある基準によって並べたときの位置。
純一《じゅんいつ》 まじりけがないこと。
俊英《しゅんえい》 人よりすぐれていること(人)。
純益《じゅんえき》 総収入から経費を引いた残りの利益。
巡演《じゅんえん》 各地をへめぐって上演すること。
順延《じゅんえん》 順々に日延べすること。「雨天—」
純化《じゅんか》 まじりけのないものにすること。

馴化《じゅんか》 なれて適応すること。(別)順化
醇化《じゅんか》 まじりけをなくすこと。
巡回《じゅんかい》 各地をまわること。見回ること。
潤滑油《じゅんかつゆ》 機械の摩擦を少なくする油。
春寒《しゅんかん》 立春後に残る寒さ。余寒。[春]
瞬間《しゅんかん》 きわめて短い時間。またたく間。
旬刊《じゅんかん》 一〇日ごとに発行すること。
旬間《じゅんかん》 特別のことが行われる一〇日間。
循環《じゅんかん》 繰り返し同じ所を巡ること。
春季《しゅんき》 春の季節。
春期《しゅんき》 春の期間。
春菊《しゅんぎく》 キク科の野菜。[春]
順逆《じゅんぎゃく》 道理にしたがうこととそむくこと。
準急《じゅんきゅう》 急行列車より停車駅の多いもの。
峻拒《しゅんきょ》 きっぱりと拒絶すること。

準拠《じゅんきょ》 よりどころとしてしたがうこと。
春暁《しゅんぎょう》 春の夜明け方。[春]
殉教《じゅんきょう》 信仰のために命を捨てること。
順境《じゅんきょう》 物事が順調に運ぶ境遇。⇔逆境
巡業《じゅんぎょう》 各地を興行して回ること。
純金《じゅんきん》 まじり物のない金。金《きん》無垢《むく》。
順繰《じゅんぐ》り 順序を追っておこなうこと。
俊傑《しゅんけつ》 非常にすぐれた人物。
純血《じゅんけつ》 純粋な血統。
純潔《じゅんけつ》 心や体にけがれがなく清らかなこと。
峻険《しゅんけん》 山が高く険しいこと。
峻厳《しゅんげん》 非常に厳しいさま。「—な態度」
醇乎《じゅんこ》 気持ちなどが純粋なさま。(別)純乎
春光《しゅんこう》 春の日ざし。春めいた景色。[春]
春耕《しゅんこう》 早春に田畑を耕すこと。

竣功《しゅんこう》 工事が完成すること。(別)竣工
巡行《じゅんこう》 各地を回って歩くこと。
巡幸《じゅんこう》 天皇が各地を回って歩くこと。
巡航《じゅんこう》 各地を航海・飛行して回ること。
順光《じゅんこう》 カメラの後ろから射す光線。⇔逆光
殉国《じゅんこく》 国のために命を捨てること。
巡査《じゅんさ》 警察官の最下位の階級。警察官。
俊才《しゅんさい》 すぐれた才能(の人)。(別)駿才
蓴菜《じゅんさい》 スイレン科の水草。芽・葉は食用。[夏]
瞬時《しゅんじ》 またたく間。瞬間。
巡視《じゅんし》 警戒・監督のために見回ること。
殉死《じゅんし》 主君のあとを追って自殺すること。
順次《じゅんじ》 順序を追って。順々に。
春日《しゅんじつ》 のどかな春の日。[春]
旬日《じゅんじつ》 一〇日。一〇日間。

遵守《じゅんしゅ》 法律などをまもること。(別)順守
俊秀《しゅんしゅう》 才能のすぐれていること(人)。
春愁《しゅんしゅう》 春の日のものうい思い。[春]
春秋《しゅんじゅう》 春と秋。一か年。年月。「—に富む」
逡巡《しゅんじゅん》 ぐずぐずとためらうこと。
諄諄《じゅんじゅん》 よくわかるように教えるさま。
順序《じゅんじょ》 何が先で何が後か、の関係。
春宵《しゅんしょう》 春のよい。春の夕べ。[春]
春情《しゅんじょう》 春の景色。色情。「—を催す」
純情《じゅんじょう》 純真ですなおなさま。
春色《しゅんしょく》 春の景色。春光。[春]
殉職《じゅんしょく》 職務のために命を落とすこと。
潤色《じゅんしょく》 事実を誇張しておもしろくすること。
殉《じゅん》じる 殉死する。命を捧げる。
準《じゅん》じる ある基準に従う。他と同等に扱う。

純真《じゅんしん》 けがれがなく、まじめなさま。
純水《じゅんすい》 不純物をとりのぞいた水。
純粋《じゅんすい》 まじりけのないさま。
純正《じゅんせい》 純粋で正しいこと。
春雪《しゅんせつ》 春の雪。[春]
浚渫《しゅんせつ》 水底の土砂をさらうこと。
純然《じゅんぜん》 全くそれにちがいないさま。
俊足《しゅんそく》 優れた才能の人。足の速いこと。
駿足《しゅんそく》 足の速いこと。駿馬。俊足。
準則《じゅんそく》 規則に従うこと。従うべき規則。
潤沢《じゅんたく》 物が豊富にあること。「—な資金」
春暖《しゅんだん》 春のあたたかさ。「—の候」
馴致《じゅんち》 なじませること。
春昼《しゅんちゅう》 のどかな春のひるま。[春]
順調《じゅんちょう》 物事がとどこおりなく進行すること。

春泥《しゅんでい》 雪どけなどによる春のぬかるみ。[春]
純度《じゅんど》 成分の純粋さの度合。
春灯《しゅんとう》 春の夜の灯火。[春]
春闘《しゅんとう》 労働組合の春の闘争。[春]
蠢動《しゅんどう》 虫がうごめく。こそこそと策動する。
順当《じゅんとう》 そうなるのが当然と思われるさま。
殉難《じゅんなん》 災難や国難のために死ぬこと。
順応《じゅんのう》 環境などの変化になれること。
巡拝《じゅんぱい》 各地の社寺を参拝して巡ること。
純白《じゅんぱく》 まじりけのない白。まっしろ。
瞬発力《しゅんぱつりょく》 瞬間的に出せる筋肉の力。
順番《じゅんばん》 きめられた順序。
準備《じゅんび》 あることに備えて、整えておくこと。
潤筆《じゅんぴつ》 書画をかくこと。「—料」
俊敏《しゅんびん》 頭がよく、行動がすばやいさま。

春風《しゅんぷう》 春の風。はるかぜ。
順風《じゅんぷう》 船の進む方向に吹く風。追い風。
春風駘蕩《しゅんぷうたいとう》 春風がのどかに吹くさま。人柄がのんびりとしておおらかなさま。
醇風美俗《じゅんぷうびぞく》 あつくて素直な人情と、美しく好ましい風俗・習慣。
順風満帆《じゅんぷうまんぱん》 順調に進行する。
春分《しゅんぶん》 二十四節気の一。三月二一日頃。[春]
峻別《しゅんべつ》 厳しく区別すること。
旬報《じゅんぽう》 一〇日ごとに出す報告や新聞。
遵奉《じゅんぽう》 命令や教義に従い、それを守ること。
遵法《じゅんぽう》 法律に従うこと。「—闘争」(別)順法
純朴《じゅんぼく》 素直で飾り気のないさま。(別)淳朴
春本《しゅんぽん》 男女の情交を描いた本。
春眠《しゅんみん》 春の夜の快い眠り。[春]

駿馬《しゅんめ》 足の速い、すぐれた馬。
純綿《じゅんめん》 木綿だけを原料とした糸・織物。
純毛《じゅんもう》 動物の毛だけを原料とした糸・織物。
準用《じゅんよう》 本来の場合に準じて適用すること。
巡洋艦《じゅんようかん》 軍艦の一。戦艦に次ぐ規模。
巡邏《じゅんら》 警備のため見回ること(人)。
春雷《しゅんらい》 春に鳴る雷。[春]
春蘭《しゅんらん》 ランの一種。林に生える。[春]
純利《じゅんり》 純益。
純理《じゅんり》 純粋な理論。
純良《じゅんりょう》 純粋で良質なこと。
順良《じゅんりょう》 素直で善良なこと。
春霖《しゅんりん》 降り続く春の長雨。[春]
峻嶺《しゅんれい》 険しく高い山。峻峰。
巡礼《じゅんれい》 各地の霊場・聖地を巡拝する人。

巡歴《じゅんれき》 各地を巡り歩くこと。
峻烈《しゅんれつ》 態度がきびしくはげしいさま。
順路《じゅんろ》 順序を定めた道筋。
書《しょ》 書道。本。書物。手紙。
緒《しょ》 物事の初め。ちょ。
自余《じよ》 そのほか。このほか。(別)爾余
序《じょ》 順序。書物のはしがき。物事の糸口。
諸悪《しょあく》 さまざまな悪いこと。「—の根源」
所為《しょい》 しわざ。行い。せい。
叙位《じょい》 位階を授けられること。
背負《しょ》い子《こ》 荷物を背負うための枠。
初一念《しょいちねん》 最初の念。「—を貫く」
書院《しょいん》 書院造りの客間。
仕様《しよう》 しかた。機具などの型・寸法など。
子葉《しよう》 植物が発芽して最初に出る葉。

止揚《しよう》 矛盾する諸概念を発展的に統一する。
私用《しよう》 私的な用事。⇔公用
使用《しよう》 使うこと。用いること。
枝葉《しよう》 枝と葉。重要でない部分。
試用《しよう》 ためしに使ってみること。
飼養《しよう》 動物などを、飼い育てること。
小《しょう》 小さいこと(もの)。⇔大
升《しょう》 尺貫法の体積の単位。
抄《しょう》 抜き書き。
性《しょう》 生まれつきの性質。
省《しょう》 国の中央行政機関。中国の行政区画。
将《しょう》 軍隊を統率する長。将官。
章《しょう》 文章中の大きなひとまとまり。
笙《しょう》 雅楽に使う管楽器。笙の笛。
鉦《しょう》 金属製の打楽器。たたきがね。

賞《しょう》　ほめて与える栄誉や金品。

滋《じ》養《よう》　栄養になること。栄養になるもの。

丈《じょう》　尺貫法の長さの単位。

情《じょう》　気持ち。なさけ。異性を愛する心。

尉《じょう》　能で、老翁。

嬢《じょう》　娘。女の子。

錠《じょう》　戸などが開かないようにする金具。

情《じょう》愛《あい》　相手を深く愛する心。愛情。

掌《しょう》握《あく》　支配権をにぎること。

小《しょう》異《い》　少しの違い。「大同—」

少《しょう》尉《い》　軍隊の階級で、尉官の最下位。

傷《しょう》夷《い》　きず。けが。「—軍人」

情《じょう》意《い》　感情と意志。

攘《じょう》夷《い》　外国人を追い払うこと。「尊王—」

譲《じょう》位《い》　君主がその位を譲ること。

上《じょう》意《い》下《か》達《たつ》　上の者の考え・命令を下の者に知らせ徹底させること。

焼《しょう》夷《い》弾《だん》　高熱を発し周囲を焼く爆弾。

承《しょう》引《いん》　聞き入れて引き受けること。

勝《しょう》因《いん》　勝った原因。⇔敗因

上《じょう》院《いん》　二院制の議会の一方の院。⇔下院

冗《じょう》員《いん》　むだな、あまっている人員。(別)剰員

乗《じょう》員《いん》　乗務員。

祥《しょう》雲《うん》　めでたい兆しの雲。

勝《しょう》運《うん》　勝負に勝つべき運。

上《じょう》映《えい》　映画を映して人々に見せること。

小《しょう》宴《えん》　小人数の宴会。

招《しょう》宴《えん》　人を招いて開く宴会。

荘《しょう》園《えん》　貴族・社寺が持っていた私有地。

硝《しょう》煙《えん》　火薬の煙。

上《じょう》演《えん》　演劇を舞台で演じて客に見せること。

情《じょう》炎《えん》　燃えるような激しい情欲。

照《しょう》応《おう》　二者が対応・関連しあうこと。

消《しょう》音《おん》　音を聞こえないようにすること。

常《じょう》温《おん》　自然の状態の温度。常に一定した温度。

小《しょう》過《か》　小さなあやまち。

昇《しょう》華《か》　固体が直接気体に変化する現象。

消《しょう》化《か》　食物をこなすこと。理解すること。

消《しょう》火《か》　火を消すこと。

消《しょう》夏《か》　夏の暑さをしのぐこと。[夏] (別)銷夏

商《しょう》家《か》　商人の家。商売をしている家。

唱《しょう》歌《か》　旧制小学校の教科。その教材の歌曲。

娼《しょう》家《か》　遊女屋。女郎屋。

頌《しょう》歌《か》　神の栄光や人の功績をたたえる歌。

生《しょう》姜《が》　根茎を食用・香辛料とする野菜。[秋]

城《じょう》下《か》　城壁の下。城のそば。「—の盟《ちかい》」

浄《じょう》化《か》　汚れを除いてきれいにすること。

浄《じょう》火《か》　神仏に捧げる神聖な火。

情《じょう》火《か》　火のように激しい情欲。

哨《しょう》戒《かい》　敵襲を警戒して見張ること。「—機」

商《しょう》会《かい》　商社。商店・商社につける称号。

紹《しょう》介《かい》　人と人とを引き合わせること。

照《しょう》会《かい》　問い合わせること。

詳《しょう》解《かい》　詳しく解釈・解説すること。

生《しょう》涯《がい》　生まれてから死ぬまで。一生の間。

渉《しょう》外《がい》　外部や外国と交渉・連絡すること。

傷《しょう》害《がい》　傷を負わせること。

障《しょう》害《がい》　物事の成就や進行をさまたげるもの。

常《じょう》会《かい》　定例の会。特に、通常国会。

場《じょう》外《がい》　会場の外。⇔場内

昇《しょう》格《かく》　階級や位が上がること。⇔降格

小《しょう》額《がく》　小さい単位の金額。⇔高額

少《しょう》額《がく》　少しの金額。わずかな金額。⇔多額

奨《しょう》学《がく》　学問を奨励すること。「—金」

城《じょう》郭《かく》　城。また、城の囲い。(別)城廓

正《しょう》覚《がく》坊《ぼう》　アオウミガメの別名。

正《しょう》月《がつ》　一月。三が日あるいは松の内。[新]

小《しょう》寒《かん》　二十四節気の一。一月六日頃。[冬]

小《しょう》感《かん》　ちょっとした感想。寸感。

小《しょう》閑《かん》　わずかの暇。寸暇。「—を得る」

召《しょう》喚《かん》　裁判所などの出頭命令。

召《しょう》還《かん》　外国へ派遣した者を呼び戻すこと。

将《しょう》官《かん》　大将・中将・少将の総称。

消《しょう》閑《かん》　ひまをつぶすこと。

商《しょう》館《かん》　外国商人の営業所。

償《しょう》還《かん》　借金など債務を返すこと。

賞《しょう》翫《がん》　物の美しさ・良さをめでること。

上《じょう》官《かん》　上級の官。上役。

情《じょう》感《かん》　感動。感情。

正《しょう》気《き》　正常な精神状態。

匠《しょう》気《き》　芸術家などの技巧をひけらかす心。

沼《しょう》気《き》　沼などから発生する天然ガス。

将《しょう》器《き》　大将となるべき、すぐれた器量。

商《しょう》機《き》　商売・取引のよい機会。

勝《しょう》機《き》　勝てる機会。

瘴《しょう》気《き》　熱病を起こすという山川の毒気。

鍾《しょう》馗《き》　邪気・疫病を除く神。

床《しょう》几《ぎ》　昔の折りたたみ式の腰掛け。

将《しょう》棋《ぎ》　互いに盤上の王将を詰めるゲーム。

娼《しょう》妓《ぎ》　もと公認の売春婦。公娼。

上気《じょうき》 のぼせること。

上記《じょうき》 上または前に記してあること。

条規《じょうき》 条文・法令に示された規定。

浄机《じょうき》 きれいな机。「明窓《めいそう》—」

常軌《じょうき》 普通の方法や考え方。「—を逸する」

蒸気《じょうき》 液体が蒸発して気体になったもの。

定規《じょうぎ》 線や図形を書く時に使う用具。

情義《じょうぎ》 人情と義理。

情宜《じょうぎ》 親しい間柄に見られる情愛。(別)情誼

上機嫌《じょうきげん》 非常に機嫌がよいこと。

正客《しょうきゃく》 主となる客。主賓。

消却《しょうきゃく》 消してなくすこと。返すこと。返却。

償却《しょうきゃく》 債務や借金を返すこと。

焼却《しょうきゃく》 焼きすてること。

上客《じょうきゃく》 上座に座る客。大切な客。お得意。

乗客《じょうきゃく》 乗り物を利用する客。

昇級《しょうきゅう》 位や等級があがること。

昇給《しょうきゅう》 給料が上がること。

上級《じょうきゅう》 学年や等級が上であること。

消去《しょうきょ》 消してなくすこと。

商況《しょうきょう》 商売の状況。景気。

商業《しょうぎょう》 商品を売買して利益を得る事業。

上京《じょうきょう》 地方から東京へ行くこと。

状況《じょうきょう》 物事のその時の様子。(別)情況

消極《しょうきょく》 進んで物事を行わないこと。⇔積極

賞金《しょうきん》 賞として与える金。

常勤《じょうきん》 毎日決まった時間に勤務すること。

章句《しょうく》 文章の章と句。

冗句《じょうく》 不必要な言葉や句。むだな句。

将軍《しょうぐん》 一軍を指揮する長。「征夷大将軍」の略。

小径《しょうけい》 小道。細い道。

小計《しょうけい》 一部分の合計。

小景《しょうけい》 ちょっとした眺め。小規模な風景画。

小憩《しょうけい》 ちょっと休むこと。小休止。

承継《しょうけい》 受け継ぐこと。跡を継ぐこと。継承。

捷径《しょうけい》 近道。早道。

象形《しょうけい》 物の形をかたどること。

憧憬《しょうけい》 あこがれ。どうけい。

情景《じょうけい》 人の心を動かす光景や場面。

場景《じょうけい》 その場のありさま。

笑劇《しょうげき》 こっけいを主とする短い喜劇。

衝撃《しょうげき》 急激に物体に加えられる激しい力。

猖獗《しょうけつ》 悪いものが盛んにはびこること。

正絹《しょうけん》 まじりけのない絹。

商権《しょうけん》 商業上の権利。

証券《しょうけん》 債権のしるしとして発行する証書。

証言《しょうげん》 事実を言葉で証明すること。

条件《じょうけん》 物事の成立に必要な事柄。

上弦《じょうげん》 新月から満月に至る間の月。⇔下弦

上限《じょうげん》 数量や時代の上の限界。⇔下限

尚古《しょうこ》 昔の文物・制度などを尊ぶこと。

証拠《しょうこ》 事実を証明するよりどころ。あかし。

鉦鼓《しょうこ》 雅楽などで用いる金属製の打楽器。

正午《しょうご》 昼の一二時。まひる。

上古《じょうこ》 大昔。日本史では大化の改新まで。

上戸《じょうご》 酒飲み。酒好き。⇔下戸

冗語《じょうご》 むだな言葉。不必要な言葉。

畳語《じょうご》 同じ単語を重ねて一語とした語。

漏斗《じょうご》 口の小さい容器に液体を入れる用具。

小康《しょうこう》 病気・戦乱などが、ややおさまること。

昇汞《しょうこう》 塩素と水銀の化合物。猛毒。

昇降《しょうこう》 のぼることと降りること。「—口」

将校《しょうこう》 少尉以上の武官。士官。

消光《しょうこう》 月日を送ること。

症候《しょうこう》 心身に現れる異常な状態。症状。

商港《しょうこう》 商船が出入りする港。

焼香《しょうこう》 仏事に香をたいて仏にたむけること。

称号《しょうごう》 身分や資格を示す呼び名。

商号《しょうごう》 商人が営業上用いる名称。

照合《しょうごう》 照らし合わせて調べること。

上皇《じょうこう》 天皇の譲位後の尊称。

条項《じょうこう》 箇条書きにした一つ一つの項目。

乗降《じょうこう》 乗ることと降りること。

情交《じょうこう》 男女間の性的な交わり。

猩紅熱《しょうこうねつ》 小児に多い法定伝染病の一つ。

生国《しょうごく》 生まれた国。出生地。

上告《じょうこく》 上級の裁判所への不服の申し立て。

少国民《しょうこくみん》 第二次大戦中、小学生の称。

城狐社鼠《じょうこしゃそ》 君側の奸臣。

性懲《しょうこ》**り** 心底こりること。「—もなく」

性根《しょうこん》 一つのことをやり続ける根気。

招魂《しょうこん》 死者の霊を招いて祭ること。

商魂《しょうこん》 商売に対する熱意・気構え。

傷痕《しょうこん》 きずあと。「戦争の—」

条痕《じょうこん》 銃弾にすじになって残ったあと。

小差《しょうさ》 わずかな差。⇔大差《たいさ》

少佐《しょうさ》 軍隊の階級で、佐官の最下位。

証左《しょうさ》 証拠。あかし。

上座《じょうざ》 上位の座席。上席。かみざ。

商才《しょうさい》 商売上の才能・才覚。

詳細《しょうさい》 くわしく細かいこと。
城塞《じょうさい》 城とりで。城。別城砦
浄財《じょうざい》 寺社や慈善などに寄付するお金。
錠剤《じょうざい》 小さく固めた薬剤。
上策《じょうさく》 すぐれた計略・手段。⇔下策
城柵《じょうさく》 城にめぐらした柵。また、とりで。
状《じょう》差《さ》し 手紙・葉書などを入れるもの。
笑殺《しょうさつ》 とり合わないこと。
小冊子《しょうさっし》 小さい薄い本。パンフレット。
消散《しょうさん》 消えてなくなること。
称賛《しょうさん》 ほめたたえること。別賞讃
勝算《しょうさん》 勝てる見込み。かちめ。
硝酸《しょうさん》 無色で刺激臭のある液体。
蒸散《じょうさん》 植物体内の水分が蒸発すること。
小史《しょうし》 簡略な歴史。

笑止《しょうし》 ばかげていて、おかしいこと。
焼死《しょうし》 焼け死ぬこと。
証紙《しょうし》 証明や保証のために貼る紙。
頌詩《しょうし》 ほめたたえる詩。
小事《しょうじ》 重要でない事。ささいな事。⇔大事
少時《しょうじ》 幼少の頃。幼時。しばらくの間。
生死《しょうじ》 生と死。生と死を繰り返すこと。
商事《しょうじ》 商売・商業に関する事柄。
障子《しょうじ》 木の枠に和紙を貼った建具。冬
上巳《じょうし》 陰暦三月三日の桃の節句。春
上司《じょうし》 役職が上の人。上役。
上肢《じょうし》 人の腕。また、動物のまえあし。
上梓《じょうし》 本を出版すること。
城市《じょうし》 城壁に囲まれた町。また、城下町。
城址《じょうし》 しろあと。

情死《じょうし》 愛し合う男女が一緒に死ぬこと。
常時《じょうじ》 普段。いつも。
情事《じょうじ》 男女の間の情愛に関すること。
畳字《じょうじ》 繰り返し符号。「々」「ゝ」など。
正直《しょうじき》 うそやいつわりがないこと。
常識《じょうしき》 普通の人が持っている知識や判断力。
娘子《じょうし》軍《ぐん》 女性だけの軍隊。
消失《しょうしつ》 消えてなくなること。「権利の―」
焼失《しょうしつ》 焼けてなくなること。
上質《じょうしつ》 質がすぐれていること。
情実《じょうじつ》 個人的な利害関係や感情。
小市《しょうし》民《みん》 中産階級。プチブル。
商社《しょうしゃ》 貿易によって商品の取引をする会社。
勝者《しょうしゃ》 勝った者。勝利者。⇔敗者
照射《しょうしゃ》 光線・放射線などをあてること。

瀟洒《しょうしゃ》 しゃれているさま。「―な建物」
精舎《しょうじゃ》 寺。寺院。「祇園―」
乗車《じょうしゃ》 鉄道・バスなどに乗ること。⇔降車
盛者必衰《じょうしゃひっすい》 勢いの盛んな者もついには必ず衰えほろびるということ。
生者必滅《しょうじゃひつめつ》 生きているものは必ず死ぬということ。この世の無常をいう。
城主《じょうしゅ》 城の主。近世、城をもつ大名の格式。
情趣《じょうしゅ》 しみじみとした味わい。おもむき。
成就《じょうじゅ》 物事が願いどおりになること。
召集《しょうしゅう》 呼び集めること。「国会を―する」
招集《しょうしゅう》 関係者を招き集めること。
小銃《しょうじゅう》 ライフル銃など携帯できる銃。
常習《じょうしゅう》 よくないことを繰り返しすること。
上州《じょうしゅう》 上野《こうずけ》国の別名。

常住《じょうじゅう》 定住。永遠に存在すること。ふだん。
常住《じょうじゅう》坐臥《ざが》 ふだん。いつも。
常住《じょうじゅう》不断《ふだん》 絶え間のないこと。
抄出《しょうしゅつ》 必要箇所を抜き書きすること。
詳述《しょうじゅつ》 くわしく述べること。
上述《じょうじゅつ》 すでに述べたこと。前述。
上首《じょうしゅ》尾《び》 物事が思い通りにいくこと。
頌春《しょうしゅん》 新年をたたえること。賀春。
照準《しょうじゅん》 銃砲のねらいを定めること。
上旬《じょうじゅん》 月の最初の一〇日間。
小暑《しょうしょ》 二十四節気の一。七月七日頃。夏
証書《しょうしょ》 証明する文書。「保険―」
詔書《しょうしょ》 国事に関し天皇が発する公文書。
上書《じょうしょ》 上官や主君に意見書を出すこと。
浄書《じょうしょ》 下書きをきれいに書き直すこと。

情緒《じょうしょ》 その物独特の味わい。じょうちょ。
乗除《じょうじょ》 掛け算と割り算。「加減―」
少少《しょうしょう》 わずかな数量・程度。
少将《しょうしょう》 軍隊の階級で将官の最下位。
悄悄《しょうしょう》 元気のなく、しおれているさま。
蕭蕭《しょうしょう》 ものさびしいさま。
小乗《しょうじょう》 自己の悟りを重視する仏教。⇔大乗
症状《しょうじょう》 病気やけがの状態。「自覚―」
清浄《しょうじょう》 清らかなこと。「六根―」
猩猩《しょうじょう》 オランウータン。想像上の動物。
賞状《しょうじょう》 ほめる言葉を書いた書状。
霄壌《しょうじょう》 天と地。「―の差」
蕭条《しょうじょう》 風景が寒々としてものさびしいさま。
上昇《じょうしょう》 上がること。⇔下降
丞相《じょうしょう》 中国で、天子を補佐した最高の官。

常勝《じょうしょう》 戦えば必ず勝つこと。
上上《じょうじょう》 この上なくよいこと。最上。上乗。
上乗《じょうじょう》 上上。仏教で、大乗のこと。
上場《じょうじょう》 取引の対象として登録されること。
情状《じょうじょう》 事情。実情。
嫋嫋《じょうじょう》 しなやかなさま。音が細く長く続く。
生生《しょうじょう》世《せ》世《ぜ》 仏教で、何度も生まれかわり死にかわりして経る長い時間。
少食《しょうしょく》 食べる量が少ないこと。(別)小食
常食《じょうしょく》 主食として日常食べていること。
情緒纏綿《じょうしょてんめん》 感情がまつわりつくさま。愛情が深く離れがたいさま。
小心《しょうしん》 気の小さいこと。臆病なこと。
小身《しょうしん》 身分の低いこと。⇔大身《たいしん》
昇進《しょうしん》 地位・官職があがること。

焦心《しょうしん》 いらだつこと。気をもむこと。
焼身《しょうしん》 自分の体を火で焼くこと。「―自殺」
傷心《しょうしん》 心を傷めること。傷ついた心。
小人《しょうじん》 こども。器量の小さい者。
焼尽《しょうじん》 すっかり焼けてしまうこと。
精進《しょうじん》 仏道修行に励む。一心に打ち込む。
上申《じょうしん》 上の者へ意見や事情を述べること。
常人《じょうじん》 ごく普通の人。平凡な人。
情人《じょうじん》 愛人。じょうにん。
正真《しょうしん》正銘《しょうめい》 間違いなく本物。
小心翼翼《しょうしんよくよく》 臆病で恐れるさま。
上《じょう》手《ず》 技術が巧みなこと。お世辞。
小水《しょうすい》 小便。尿。
憔悴《しょうすい》 病気や心労のため、やつれること。
祥瑞《しょうずい》 めでたいことの前兆。瑞祥。

上水《じょうすい》 飲料として供給される水。⇔下水
浄水《じょうすい》 水を飲めるように浄化すること。
小数《しょうすう》 一より小さいはしたの数。
少数《しょうすう》 数が少ないこと。⇔多数
称《しょう》する 名付ける。口実とする。ほめる。
賞《しょう》する ほめる。美しいものをめでる。
証《しょう》する 証明する。保証する。
誦《しょう》する 詩や経文をとなえる。
小成《しょうせい》 わずかな成功。「―に安んじる」
招請《しょうせい》 頼んで来てもらうこと。
小生《しょうせい》 手紙文などで男子の、自分の謙称。
上製《じょうせい》 普通より上等につくられていること。
情勢《じょうせい》 なりゆき。形勢。(別)状勢
醸成《じょうせい》 醸造。雰囲気などをかもし出すこと。
上席《じょうせき》 上座。かみざ。上位の等級・席次。

定石《じょうせき》 囲碁で、最善とされる一定の打ち方。
定跡《じょうせき》 将棋で、最善とされる一定の指し方。
定席《じょうせき》 いつもすわる席。常設の寄席。
小雪《しょうせつ》 二十四節気の一。一一月二三日。〔冬〕
小節《しょうせつ》 楽譜で、縦線で仕切られた一区切り。
小説《しょうせつ》 散文体の文学作品。
詳説《しょうせつ》 詳しく述べること。詳述。
常設《じょうせつ》 いつも設けてあること。「―市場」
饒舌《じょうぜつ》 口数が多いこと。おしゃべり。
商船《しょうせん》 貨物や旅客を運ぶ船舶。
商戦《しょうせん》 商売上の競争。「歳末―」
承前《しょうぜん》 (雑誌の続き物などで)前回の続き。
悄然《しょうぜん》 元気がないさま。「―と去る」
蕭然《しょうぜん》 風景などがものさびしいさま。
乗船《じょうせん》 船に乗ること。⇔下船

勝訴《しょうそ》 訴訟に勝つこと。⇔敗訴
上訴《じょうそ》 不服を上級裁判所に申し立てること。
少壮《しょうそう》 若くて意気盛んなこと。「―官僚」
尚早《しょうそう》 まだ早すぎること。「時期―」
焦燥《しょうそう》 気があせること。(別)焦躁
肖像《しょうぞう》 人の顔をうつした絵・写真や彫刻。
上奏《じょうそう》 天皇に申し上げること。奏上。
上層《じょうそう》 重なっている物の上の方。上の階級。
情操《じょうそう》 芸術・道徳などにかかわる感情。
醸造《じょうぞう》 発酵させて酒・味噌などを造ること。
消息《しょうそく》 手紙。便り。動静。様子。
装束《しょうぞく》 一そろいの服装。「白―」
上蔟《じょうぞく》 繭を作る蔟《まぶし》に蚕を移すこと。〔夏〕
正体《しょうたい》 本当の姿。正常な意識。正気。
招待《しょうたい》 客としてまねいてもてなすこと。

上体《じょうたい》 上半身。
状態《じょうたい》 物事の、その時の様子。
常体《じょうたい》 文末が「だ」「である」で終わる文体。
常態《じょうたい》 普通の状態。
上代《じょうだい》 大昔。文学史では奈良時代。
城代《じょうだい》 城主の留守中、城を守った家老。
沼沢《しょうたく》 沼と沢。「―地」
妾宅《しょうたく》 めかけを住まわせておく家。
承諾《しょうだく》 願いなどを聞き入れること。
上達《じょうたつ》 技芸などが上手になること。
上玉《じょうだま》 上等の物。美人。
小胆《しょうたん》 度胸がないこと。⇔大胆
賞嘆《しょうたん》 感心してほめたたえること。
昇段《しょうだん》 段位があがること。
商談《しょうだん》 取引に関する交渉や相談。

冗談《じょうだん》 ふざけて言う話や、する行為。
承知《しょうち》 わかっていること。認めること。
招致《しょうち》 招いて来るように働きかけること。
常置《じょうち》 常に設けておくこと。
情痴《じょうち》 愛欲のために理性をなくすこと。
松竹梅《しょうちくばい》 松と竹と梅。めでたいもの。
掌中《しょうちゅう》 てのひらの中。支配できる範囲。
焼酎《しょうちゅう》 日本特産の度の強い蒸留酒。[夏]
常駐《じょうちゅう》 いつも駐在していること。
条虫《じょうちゅう》 大形の寄生虫。真田虫。
情緒《じょうちょ》 「じょうしょ（情緒）」の慣用読み。
小腸《しょうちょう》 胃と大腸との間の細長い消化管。
省庁《しょうちょう》 省や庁のつく役所。中央官庁。
消長《しょうちょう》 衰えたり盛んになったりすること。
象徴《しょうちょう》 抽象的な物事を表す具体的な事物。

上長《じょうちょう》 自分より目上の人。長上。
冗長《じょうちょう》 話や文章にむだが多く長いさま。
情調《じょうちょう》 おもむき。気分。「異国—」
詔勅《しょうちょく》 旧制で、天皇の発する文書の総称。
消沈《しょうちん》 気力がなくなること。「意気—」
祥月《しょうつき》 故人が死んだ月と同じ月。「—命日」
上帝《じょうてい》 天上の神。天帝。造物主。
上程《じょうてい》 議案を会議にかけること。
上出来《じょうでき》 出来の良いこと。
小篆《しょうてん》 漢字の古書体。印章などに用いる。
昇天《しょうてん》 天高くのぼること。死去すること。
商店《しょうてん》 商品を売る所。みせ。
焦点《しょうてん》 レンズを通過した光線が集まる点。
衝天《しょうてん》 天をつくほどの勢い。「意気—」
昇殿《しょうでん》 社殿に上がること。殿上人になること。

焦土《しょうど》 焼け野原になった土地。
照度《しょうど》 光に照らされた面の明るさの度合。
譲渡《じょうと》 権利や財産を他人に譲り渡すこと。
浄土《じょうど》 仏が住む清らかな世界。極楽浄土。
松濤《しょうとう》 風に鳴る松の音を波にたとえた語。
消灯《しょうとう》 あかりを消すこと。⇔点灯
唱道《しょうどう》 人に先だって主張すること。
唱導《しょうどう》 考えなどを説いて、人を導くこと。
衝動《しょうどう》 発作的に行動をおこす心の動き。
聳動《しょうどう》 驚かせ、動揺させること。
上棟《じょうとう》 棟上げ。「—式」
上等《じょうとう》 等級が上であること。⇔下等
常套《じょうとう》 決まりきったやり方。「—句」
常道《じょうどう》 原則にかなった方法。「憲政の—」
情動《じょうどう》 急に起こる激しい感情の動き。

生得《しょうとく》 生まれつき。天性。せいとく。
頌徳《しょうとく》 徳をほめたたえること。「—碑」
消毒《しょうどく》 薬物・煮沸などで病原菌を殺すこと。
衝突《しょうとつ》 突き当たること。互いに争うこと。
少納言《しょうなごん》 太政官の職員。
湘南《しょうなん》 神奈川県相模湾沿岸地域。
小児《しょうに》 幼い子供。
鍾乳洞《しょうにゅうどう》 石灰岩地の地下の洞窟。
上人《しょうにん》 高僧。僧侶の敬称。
聖人《しょうにん》 高僧の尊称。ひじり。
承認《しょうにん》 認めること。聞き入れること。
昇任《しょうにん》 上級の地位・役職にのぼること。
商人《しょうにん》 商業を営む人。あきんど。
証人《しょうにん》 裁判で事実を述べる人。
常任《じょうにん》 常にその任務についていること。

性根《しょうね》 根本的な心がまえ。「—を据える」
焦熱《しょうねつ》 全てを焼き尽くす熱さ。「—地獄」
情熱《じょうねつ》 激しく燃えるような感情。熱情。
情念《じょうねん》 愛や憎しみなどの強い感情。
正念場《しょうねんば》 その人にとって大事な局面。
小脳《しょうのう》 脳の一部。運動と平衡をつかさどる。
笑納《しょうのう》 笑ってお納めください、の意。
樟脳《しょうのう》 クスノキから得る結晶。防臭用。
上納《じょうのう》 政府や上部団体に金品を納めること。
乗馬《じょうば》 馬に乗ること。人が乗る馬。
勝敗《しょうはい》 勝つことと負けること。かちまけ。
賞杯《しょうはい》 賞として与える杯やカップ。(別)賞盃
賞牌《しょうはい》 賞として与えるメダルや盾。
商売《しょうばい》 商品を仕入れて、売ること。職業。
松柏《しょうはく》 マツやヒノキの類。常緑樹。

上膊《じょうはく》 上腕。肩とひじとの間の部分。
状箱《じょうばこ》 手紙を入れておく箱。
賞罰《しょうばつ》 ほめることと罰すること。賞と罰。
蒸発《じょうはつ》 液体が気体になる。行方をくらます。
相伴《しょうばん》 客の相手をして自分も接待を受ける。
常磐《じょうばん》 常陸《ひたち》国と磐城《いわき》国。
上半身《じょうはんしん》 体の腰から上の部分。
消費《しょうひ》 財産・時間・電力などを使うこと。
賞美《しょうび》 ほめたたえること。(別)称美
焦眉《しょうび》 危険が迫っていること。「—の急」
薔薇《しょうび》 バラ。
冗費《じょうひ》 むだな費用。
常備《じょうび》 いつも備えておくこと。「—薬」
尉鶲《じょうびたき》 ツグミ科の小鳥。冬鳥。
商標《しょうひょう》 自社の商品に付ける記号や標章。

証憑《しょうひょう》 事実を証明するもの。
傷病《しょうびょう》 けがや病気。「—者」
小品《しょうひん》 短い作品。小さい作品。
商品《しょうひん》 商取引の対象となる品物。
賞品《しょうひん》 賞として与えられる物。
上品《じょうひん》 品がよいさま。⇔下品
正麩《しょうふ》 小麦の澱粉。糊などにする。
娼婦《しょうふ》 売春婦。
尚武《しょうぶ》 武道・軍事などを尊ぶこと。
勝負《しょうぶ》 勝ち負けを決めること。勝ち負け。
菖蒲《しょうぶ》 サトイモ科の常緑多年草。夏
上布《じょうふ》 軽く薄い上質の麻織物。夏
丈夫《じょうふ》 一人前の男子。立派な男子。
情夫《じょうふ》 愛人である男。
情婦《じょうふ》 愛人である女。

丈夫《じょうぶ》 元気なさま。こわれにくいさま。
妾腹《しょうふく》 めかけから生まれたこと(人)。
承服《しょうふく》 承知して従うこと。
状袋《じょうぶくろ》 封筒。
正札《しょうふだ》 商品の売り値を示す札。
成仏《じょうぶつ》 悟りを得て仏となること。死ぬこと。
性分《しょうぶん》 うまれつきの性質。たち。
上聞《じょうぶん》 天皇・君主の耳に入ること。
条文《じょうぶん》 法律などの、箇条書きの文。
招聘《しょうへい》 礼儀を尽くして人を招くこと。
将兵《しょうへい》 将校と兵士。
障壁《しょうへき》 仕切りの壁。障害となるもの。
牆壁《しょうへき》 垣根とかべ。へだて。
城壁《じょうへき》 城を囲む壁。
障壁画《しょうへきが》 壁や屏風に描いた絵画。

小編《しょうへん》 短い文学作品。短編。
掌編《しょうへん》 小編より短い文芸作品。
譲歩《じょうほ》 相手の意見を受け入れて折り合う。
商法《しょうほう》 商売のやり方。商事に関する法律。
勝報《しょうほう》 勝利の知らせ。(別)捷報
詳報《しょうほう》 くわしい知らせ。詳細な報告。
消防《しょうぼう》 火事を消し、火災を予防すること。
焼亡《しょうぼう》 焼けてなくなること。焼失。
定法《じょうほう》 いつも通りの決まったやり方。
情報《じょうほう》 判断のための資料や知識。
正本《しょうほん》 芝居の脚本。省略のない本。完本。
抄本《しょうほん》 原本の一部を書き抜いたもの。
消磨《しょうま》 すり減ること。すり減らすこと。
錠前《じょうまえ》 ⇩錠
枝葉末節《しようまっせつ》 とるにたりない事。

小満《しょうまん》 二十四節気の一。五月二一日頃。夏
冗漫《じょうまん》 むだが多くしまりのないこと。
正味《しょうみ》 中身の重さ。実際の数量。実質。
賞味《しょうみ》 味わいながら食べること。
情味《じょうみ》 思いやり。人情味。
詳密《しょうみつ》 くわしくて細かいこと。
静脈《じょうみゃく》 血液を心臓に運ぶ血管。
声明《しょうみょう》 法会に僧が唱える声楽。
称名《しょうみょう》 仏の名を唱えること。
乗務《じょうむ》 交通機関に乗って業務をすること。
常務《じょうむ》 日常の業務。常務取締役。
正銘《しょうめい》 ほんもの。「正真—」
証明《しょうめい》 真実であることを明らかにすること。
照明《しょうめい》 照らして明るくすること。
生滅《しょうめつ》 生ずることと滅びること。

消滅《しょうめつ》 消えてなくなること。「自然—」
正面《しょうめん》 物の表側の面。まっすぐ前。
消耗《しょうもう》 使いへらす。体力を使い果たす。
上物《じょうもの》 上等の品物。
証文《しょうもん》 後日の証拠となる文書。
定紋《じょうもん》 その家の印とする紋章。家紋。
縄文《じょうもん》 古代の土器につけられた縄目の模様。
庄屋《しょうや》 名主のこと。主に関西での名称。
生薬《しょうやく》 動植物や鉱物を薬とするもの。
抄訳《しょうやく》 原文の一部を翻訳すること。
条約《じょうやく》 国と国との文書による法的な合意。
定宿《じょうやど》 いつも利用する宿屋。(別)常宿
常夜灯《じょうやとう》 夜の間つけておく明かり。
醤油《しょうゆ》 大豆や小麦から造る液体の調味料。
賞与《しょうよ》 給与とは別に支給する一時金。

剰余《じょうよ》 余り。残り。
譲与《じょうよ》 金品などを無償で譲り与えること。
称揚《しょうよう》 ほめたたえること。(別)賞揚
商用《しょうよう》 商売上の用事。
逍遥《しょうよう》 目的もなく気ままに歩くこと。
慫慂《しょうよう》 誘い勧めること。
従容《しょうよう》 ふだんと同じように落ち着いている。
常用《じょうよう》 日常使うこと。続けて使うこと。
情欲《じょうよく》 肉体的欲望。色欲。
生来《しょうらい》 ⇩せいらい
招来《しょうらい》 招き寄せること。もたらすこと。
松籟《しょうらい》 松に吹く風の音。松風。松韻。
将来《しょうらい》 これから先。持って来ること。
請来《しょうらい》 経文などを請いうけ持って来ること。
上洛《じょうらく》 京都へ行くこと。

笑覧《しょうらん》 作品などを見てもらうことの謙譲語。
照覧《しょうらん》 神仏がご覧になること。「—あれ」
上覧《じょうらん》 天皇や貴人がご覧になること。
擾乱《じょうらん》 乱れさわぐこと。騒乱。
勝利《しょうり》 勝つこと。⇔敗北
条理《じょうり》 物事の道理。すじみち。
情理《じょうり》 人情と道理。「—を尽くして説く」
上陸《じょうりく》 陸に上がること。
勝率《しょうりつ》 試合数に対する勝ち試合の割合。
省略《しょうりゃく》 一部分をはぶくこと。
昇竜《しょうりゅう》 空にのぼる竜。のぼり竜。
上流《じょうりゅう》 川の水源に近い方。社会の豊かな階層。
蒸留《じょうりゅう》 蒸気を冷却して、再び液体とする。
焦慮《しょうりょ》 あせって、いら立つこと。
小量《しょうりょう》 度量の狭いこと。狭量。

少量《しょうりょう》 わずかな数量。⇔多量・大量
秤量《しょうりょう》 はかりにかけて、重さをはかること。
商量《しょうりょう》 あれこれ考えはかること。
渉猟《しょうりょう》 広くあさること。あさり読むこと。
精霊《しょうりょう》 死者の霊魂。
省力《しょうりょく》**化**《か》 機械化によって手間を省く。
常緑樹《じょうりょくじゅ》 一年中緑の葉をもつ樹木。
生類《しょうるい》 いきもの。動物。
浄《じょう》**瑠**《る》**璃**《り》 義太夫節のこと。
省令《しょうれい》 各省の大臣が発する命令。
奨励《しょうれい》 さかんにすすめること。
瘴癘《しょうれい》 湿熱の気候によって起こる風土病。
条例《じょうれい》 地方公共団体が制定する法規。
常例《じょうれい》 いつもの例。慣例。
常連《じょうれん》 いつもやって来る客。常客。

松露《しょうろ》 海浜の松林でとれる食用きのこ。[春]
捷路《しょうろ》 ちかみち。捷径。
如《じょ》**雨**《う》**露**《ろ》 草木に水をかける道具。
鐘楼《しょうろう》 寺院のかねつき堂。
檣楼《しょうろう》 船の帆柱の中間にある物見台。
上臈《じょうろう》 修行を積んだ高僧。位の高い女官。
抄録《しょうろく》 一部分を書き抜くこと。抜粋。
詳録《しょうろく》 くわしく記録すること。
丈六《じょうろく》 一丈六尺(約四・八メートル)の仏像。
詳論《しょうろん》 くわしく論ずること。
笑話《しょうわ》 こっけいな話。わらいばなし。
唱和《しょうわ》 一人に合わせて大勢が唱えること。
情話《じょうわ》 人情や恋愛を題材とする話。
性悪《しょうわる》 性根のわるいこと(人)。
上腕《じょうわん》 肩とひじとの間の部分。

初演《しょえん》 初めての上演・演奏。
助演《じょえん》 脇役として出演すること。⇔主演
女王《じょおう》 女性の君主。王妃。女性の第一人者。
初夏《しょか》 夏の初め。また、陰暦四月。[夏]
書架《しょか》 書棚。本棚。
書家《しょか》 書道の専門家。
書画《しょが》 書道の作品と絵画。
所懐《しょかい》 心に思うこと。所感。
除外《じょがい》 範囲に含めないこと。のぞくこと。
初学《しょがく》 学びはじめたばかりであること。
所轄《しょかつ》 ある事・地域を管理すること。
諸葛菜《しょかっさい》 アブラナ科の一年草。[春]
所感《しょかん》 心に感じたこと。
所管《しょかん》 管理すること。その範囲。
書簡《しょかん》 手紙。書状。(別)書翰

女官《じょかん》 宮中に仕える女性。にょかん。
初期《しょき》 初めの時期。「平安時代—」
所期《しょき》 期待していること。
書記《しょき》 文書の記録・作成を行う係。
庶幾《しょき》 こいねがうこと。
暑気《しょき》**中**《あた》**り** 暑さに体が弱る。[夏]
女給《じょきゅう》 ホステスの古い言い方。
除去《じょきょ》 とりのぞくこと。
所業《しょぎょう》 (よくない)行為。しわざ。(別)所行
諸行《しょぎょう》**無**《む》**常**《じょう》 すべてのものは変化・生滅して、同じ状態のものはないこと。
序曲《じょきょく》 歌劇の開幕前の音楽。物事の最初。
私欲《しよく》 自分だけが利益を得ようとする心。
食《しょく》 食べること。食べる物。
職《しょく》 担当する役目。職務。職業。

職安《しょくあん》 「公共職業安定所」の略。
職員《しょくいん》 官庁・会社などに勤務する人。
処遇《しょぐう》 人を評価して決めた待遇。
食塩《しょくえん》 食用にする精製した塩。
食害《しょくがい》 害虫が植物を食い荒らすこと。
職業《しょくぎょう》 暮らしを立てるためにする仕事。
食言《しょくげん》 約束を破ったり嘘を言うこと。
贖罪《しょくざい》 罪をつぐなうこと。
殖産《しょくさん》 産業を盛んにし生産を増やすこと。
食指《しょくし》 ひとさしゆび。「—が動く」
食事《しょくじ》 生きるために食べる物。
食餌《しょくじ》 食べ物。「—療法」
植字《しょくじ》 活字を組み合わせて版をつくること。
触手《しょくしゅ》 下等動物の触覚や捕食の器官。
植樹《しょくじゅ》 木を植えること。

織女《しょくじょ》 琴座のα星ベガ。織姫《おりひめ》。[秋]
食傷《しょくしょう》 同じ事が続いて嫌になること。
職掌《しょくしょう》 担当する役目・仕事。
触診《しょくしん》 患者の体に触れて診断する方法。
濁世《じょくせ》 にごりけがれた世。末世。
食性《しょくせい》 動物の食物に関する習性。
植生《しょくせい》 その場所に生育している植物の集団。
職制《しょくせい》 職務分担に関する制度。管理職。
職責《しょくせき》 職務上の責任。
食膳《しょくぜん》 食事のとき食べ物を載せる台。
燭台《しょくだい》 蠟燭立て。
食卓《しょくたく》 食事に用いるテーブル。
嘱託《しょくたく》 頼んで任せること。臨時業務をする人。
辱知《じょくち》 知り合いである意の謙譲語。
食中毒《しょくちゅうどく》 飲食物が原因の中毒。

食通《しょくつう》 食べ物の味に通じていること(人)。
食堂《しょくどう》 食事をする部屋。食事をさせる店。
食道《しょくどう》 のどから胃に通じている消化器官。
職人《しょくにん》 熟練した技術で物を作る職業の人。
職能《しょくのう》 職務を果たす能力。機能。
職場《しょくば》 勤め先の仕事をする場所。
触媒《しょくばい》 他の物質の反応に影響を与える物質。
触発《しょくはつ》 あることがきっかけで事を始める。
食費《しょくひ》 食事にかかる費用。
食品《しょくひん》 食べ物となる製品。食料品。
植物《しょくぶつ》 生物の二大区分の一。草や木など。
職分《しょくぶん》 職務上のつとめ。
食紅《しょくべに》 食品に紅色をつける色素。
嘱望《しょくぼう》 人の将来に望みをかけること。
食味《しょくみ》 食べたときの味。

植民《しょくみん》 外国に移住させて、開発すること。
職務《しょくむ》 受け持っている任務。「—質問」
植毛《しょくもう》 毛を植えつけること。
嘱目《しょくもく》 期待して見守ること。俳句の嘱目吟。
食物《しょくもつ》 たべもの。食料。
食用《しょくよう》 食べられること。
食欲《しょくよく》 食べたいという欲望。
食料《しょくりょう》 食べ物。食べ物になる材料。
食糧《しょくりょう》 食べ物。特に、米や麦。
植林《しょくりん》 木を植えて山林をつくること。
職歴《しょくれき》 職業についての経歴。
諸君《しょくん》 呼びかけの語。皆さん。
叙勲《じょくん》 勲等と勲章を授けること。
処刑《しょけい》 死刑を執行すること。
書痙《しょけい》 字を書くとき手がふるえる状態。

女系《じょけい》 女子の系統。母方の血統。
叙景《じょけい》 景色を詩や文章に述べ表すこと。
女傑《じょけつ》 才知・勇気のすぐれた女性。
悄気《しょげ》**る** 元気がなくなる。
初見《しょけん》 初めて見ること。
所見《しょけん》 見たところ。考え。意見。
書見《しょけん》 書物を読むこと。読書。「—台」
緒言《しょげん》 前書き。序文。ちょげん。
女権《じょけん》 女性の社会・政治・法律上の権利。
助言《じょげん》 そばから言葉を添えて助けること。
序言《じょげん》 前書き。序文。緒言。
書庫《しょこ》 書物を入れる部屋・建物。
諸侯《しょこう》 諸大名。封建時代の領主。
曙光《しょこう》 夜明けの光。わずかに見える希望。
徐行《じょこう》 車などが速度をゆるめて走ること。

諸国《しょこく》 多くの国々。方々の国々。
初婚《しょこん》 最初の結婚。
所作《しょさ》 身のこなし。ふるまい。
所載《しょさい》 新聞や本にのっていること。
書斎《しょさい》 読書や書き物などをする部屋。
所在《しょざい》 存在する場所。ありか。「—地」
如才《じょさい》 手ぬかり。手おち。「万事に—ない」
所在無《しょざいな》**い** することがなく退屈だ。
所産《しょさん》 作り出されたもの。産み出されたもの。
助産婦《じょさんぷ》 出産を助ける職業の婦人。
初志《しょし》 最初の決意・志。
書肆《しょし》 本屋。書店。
書誌《しょし》 書物の成立や内容についての記述。
庶子《しょし》 正妻でない女性の生んだ子。
所持《しょじ》 身につけて持っていること。「—品」

諸事《しょじ》 いろいろの事。多くの事。
女子《じょし》 おんな。女性。⇔男子
女史《じょし》 社会的に活動している女性の敬称。
女児《じょじ》 女の子供。⇔男児
叙事《じょじ》 事件や事実を客観的に述べ記すこと。
初志《しょし》**貫徹**《かんてつ》 初志を貫きとおす。
書式《しょしき》 公式の文書の決まった書き方。
諸式《しょしき》 いろいろの品物。物の値段。
除湿《じょしつ》 室内の湿気を取り除くこと。
書写《しょしゃ》 書き写すこと。習字。科目の一。
助手《じょしゅ》 手助けする人。専任講師の下の職名。
初秋《しょしゅう》 秋のはじめ。[秋]
所収《しょしゅう》 作品が本などに収められていること。
女囚《じょしゅう》 女性の囚人。
初出《しょしゅつ》 はじめて出ること。

叙述《じょじゅつ》 順序だてて述べること。
初春《しょしゅん》 春のはじめ。[新]
初旬《しょじゅん》 月のはじめの一〇日間。上旬。
処暑《しょしょ》 二十四節気の一。八月二三日頃。[秋]
処女《しょじょ》 性的経験のない女性。最初の。
徐徐《じょじょ》 ゆっくり進行・変化するさま。
書状《しょじょう》 手紙。書簡。
女将《じょしょう》 料理屋や旅館の女主人。おかみ。
序章《じょしょう》 論文・小説などの最初の章。
叙情《じょじょう》 感情を述べること。(別)抒情
女丈《じょじょう》夫《ふ》 男勝りの女性。女傑。
女色《じょしょく》 女性の魅力。女性との情事。
初心《しょしん》 思い立ったときの心。習いはじめ。
初診《しょしん》 最初の診察。⇔再診
所信《しょしん》 考えていること。信念。「―表明」

書信《しょしん》 手紙。たより。
序数《じょすう》 順序を表す数。
処《しょ》する 対処する。刑罰を定める。
叙《じょ》する 文章で表す。位階などを授ける。
恕《じょ》する 広い心でゆるす。
処世《しょせい》 世の中で生きてゆくこと。世渡り。
所生《しょせい》 あるものが生み出したこと。
書生《しょせい》 他家に世話になって勉強した学生。
書聖《しょせい》 書道の名人。
女婿《じょせい》 娘の夫。娘むこ。
助成《じょせい》 事業や研究を援助すること。
助勢《じょせい》 手助けすること。加勢。
書籍《しょせき》 本。書物。
除籍《じょせき》 学籍や戸籍から名を消すこと。
諸説《しょせつ》 いろいろな学説・意見。

序説《じょせつ》 本論への導入としての論説。
除雪《じょせつ》 積もった雪を取り除くこと。
諸説《しょせつ》紛紛《ふんぷん》 真実が定まらない。
初戦《しょせん》 最初の戦い・試合。第一戦。
緒戦《しょせん》 戦いのはじめ。ちょせん。
所詮《しょせん》 結局。つまり。
諸相《しょそう》 そのもののいろいろな姿・ありさま。
所蔵《しょぞう》 自分の所有物として持っていること。
女装《じょそう》 男が女のよそおいをすること。
助走《じょそう》 競技で、勢いをつけるために走る。
除草《じょそう》 雑草を抜き取ること。
除霜《じょそう》 植物の霜よけ。冷蔵庫の霜取り。
所属《しょぞく》 団体・機関などに属していること。
所存《しょぞん》 心に思っていること。考え。
所帯《しょたい》 一家を構えて営む生活。その一家。

書体《しょたい》 字形の様式。字の書きぶり。
初代《しょだい》 その系統や地位の最初の人。
除隊《じょたい》 兵役を解かれること。
書棚《しょだな》 本を並べておく棚。本棚。
処断《しょだん》 きっぱりと処置をくだすこと。
処置《しょち》 扱いを決めること。手当てをすること。
書痴《しょち》 書物収集狂。ビブリオマニア。
書中《しょちゅう》 文書の中。手紙の中。
暑中《しょちゅう》 夏の暑い間。夏の土用の一八日間。
女中《じょちゅう》 「お手伝いさん」の旧称。
除虫《じょちゅう》菊《ぎく》 キク科の多年草。[夏]
初潮《しょちょう》 はじめての月経。初経。
署長《しょちょう》 警察署・税務署などの長。
助長《じょちょう》 発展を助けること。傾向を強めること。
食客《しょっかく》 客分として他家の世話になる人。

触角《しょっかく》 節足動物の頭にある感覚器官。
触覚《しょっかく》 物に触れた時に皮膚に生じる感覚。
触感《しょっかん》 物に触れた時の感じ。
食器《しょっき》 食事に用いる器具。茶碗・皿など。
織機《しょっき》 布を織る機械。
初《しょ》っ切《き》り 余興として行う滑稽な相撲。
食券《しょっけん》 食堂などの、飲食物との引換券。
職権《しょっけん》 職務上の権限。
燭光《しょっこう》 ともしびの光。もと光度の単位。
職工《しょっこう》 工場の労働者をいった語。工員。
初《しょ》っ端《ぱな》 はじめ。最初。
初《しょ》手《て》 (囲碁・将棋で)最初の手。最初。
所定《しょてい》 定められていること。「―の場所」
女帝《じょてい》 女性の帝王。女王。
書店《しょてん》 本を売る店。本屋。

所伝《しょでん》 代々伝えられてきたこと。
初冬《しょとう》 冬のはじめ。[冬]
初等《しょとう》 最初の等級。初級。
初頭《しょとう》 ある期間のはじめ。
蔗糖《しょとう》 サトウキビから精製した砂糖。
諸島《しょとう》 一定の範囲内に散在する多くの島。
初動《しょどう》 最初にとる行動。「―捜査」
書道《しょどう》 毛筆を使って文字を書く芸術。
所得《しょとく》 一定期間に得た収入や利益。
書牘《しょとく》 手紙。書簡。
初七《しょなの》日《か》 人の死後七日目。
女難《じょなん》 女性関係で男が受ける災難。
初任《しょにん》 はじめて官職に任じられること。
暑熱《しょねつ》 夏の暑さ。
序《じょ》の口《くち》 物事の初め。相撲で一番下の位。

序破急《じょはきゅう》 導入・展開・終結の三構成。
処罰《しょばつ》 罰すること。
初犯《しょはん》 はじめて罪を犯すこと。
初版《しょはん》 出版された書籍の最初の版。
諸般《しょはん》 いろいろなこと。種々。「―の事情」
序盤《じょばん》 囲碁・将棋や、物事の初めの段階。
書評《しょひょう》 書物を紹介・批評した文章。
書風《しょふう》 書かれた書の特徴。文字の書きぶり。
書幅《しょふく》 文字の書いてある掛物。書軸。
処分《しょぶん》 始末すること。処罰すること。
序文《じょぶん》 書物の前書き。序。はしがき。
初歩《しょほ》 学問・技芸などの習いはじめ。
処方《しょほう》 症状に合わせた医薬品の調合。
書法《しょほう》 文字の書き方。筆法。
諸方《しょほう》 いろいろの方面。あちこち。

序幕《じょまく》 芝居の第一幕。物事の始まり。
除幕《じょまく》 幕を取り除くこと。「―式」
庶民《しょみん》 ごくふつうの世間一般の人々。
庶務《しょむ》 会社などで、さまざまな事務。
署名《しょめい》 自分の氏名を書くこと。
助命《じょめい》 命をたすけること。
除名《じょめい》 団体のメンバーの資格を奪うこと。
書面《しょめん》 文書。手紙。また、文面。
所望《しょもう》 欲しいと望むこと。
書目《しょもく》 書物の名前。書物の目録。
書物《しょもつ》 本。書籍。
初夜《しょや》 新婚の夫婦が迎える最初の夜。
除夜《じょや》 おおみそかの夜。冬「―の鐘」
助役《じょやく》 市区町村長や駅長を補佐する人。
所有《しょゆう》 自分のものとして持つこと。

女優《じょゆう》 女性の俳優。⇔男優
初許し《しょゆるし》 芸事の最初の段階の許し。
所与《しょよ》 前提として与えられているもの。
所用《しょよう》 用事。用件。
所要《しょよう》 必要とすること。「―金額」
処理《しょり》 物事の始末をつけること。
女流《じょりゅう》 女性。
所領《しょりょう》 領有する土地。領地。
助力《じょりょく》 手助けすること。
書類《しょるい》 文書。特に、事務に関する文書。
序列《じょれつ》 一定の基準によって並べた順序。
如露《じょろ》 ⇩じょうろ(如雨露)
初老《しょろう》 老年に入りかけた年ごろ。
所労《しょろう》 病気。また、疲れ。
女郎《じょろう》 遊郭で客の相手をした女。遊女。

緒論《しょろん》 序論。ちょろん。
序論《じょろん》 本論の前に述べる概論。緒論。
白和え《しらあえ》 豆腐と白ごまを使ったあえ物。
地雷《じらい》 地中に埋め、踏むと爆発する兵器。
爾来《じらい》 それ以来。
白魚《しらうお》 春、河口でとれるサケ目の魚。春
白髪《しらが》 白くなった髪。はくはつ。
白樺《しらかば》 カバノキ科の落葉高木。樹皮は白い。
白壁《しらかべ》 白いしっくいで塗った壁。
白河夜船《しらかわよふね》 熟睡していること。
白木《しらき》 皮を削ったままの木材。
白癬《しらくも》 幼小児の頭にできる伝染性の皮膚病。
白《しら》**ける** 興がさめる。色が白っぽくなる。
白粥《しらかゆ》 白米だけで炊いた粥。
新羅《しらぎ》 朝鮮最初の統一王朝。しんら。

精《しら》**げる** 玄米をついて白米にする。
白子《しらこ》 魚の精巣。皮膚色素が欠乏した状態。
白鷺《しらさぎ》 サギ科のうち全身が白色の鳥。
白州《しらす》 白砂を敷いた所。奉行所の裁きの庭。
白砂《しらす》 火山灰などが積もった土。「―台地」
白子《しらす》 イワシなどの稚魚。干して食用。
焦《じ》**らす** 相手をわざといらいらさせる。
白滝《しらたき》 糸こんにゃくより細く作ったもの。
白玉《しらたま》 餅米の粉で作った小さな団子。夏
不知火《しらぬい》 沖にゆらめく無数の光。秋
白刃《しらは》 さやから抜いた刀。ぬきみ。
白南風《しらはえ》 梅雨明けの頃吹く南風。夏
白旗《しらはた》 降伏の意志を表す旗。源氏の旗。
白拍子《しらびょうし》 遊女の歌舞。また舞う遊女。
素面《しらふ》 酒を飲んでいないこと。

調《しら》**べる** たしかめる。問いただす。
虱《しらみ》 動物に寄生して血を吸う小昆虫。
虱潰し《しらみつぶし》 片端からもれなく調べること。
白《しら》**む** 夜が明けて明るくなる。
芝蘭《しらん》 霊芝とふじばかま。すぐれた人や物。
紫蘭《しらん》 ラン科の多年草。夏
尻《しり》 腰の下の肉厚の部分。うしろ。びり。
私利《しり》 自分だけの利益。「―私欲」
事理《じり》 物事の道理。すじみち。
海霧《じり》 (北海道地方で)濃い海霧。夏
後方《しりえ》 うしろの方。後方。
鞦《しりがい》 馬の尾から鞍にかける紐。
尻軽《しりがる》 軽はずみ。女が浮気であること。
地力《じりき》 本来の力。底力。
自力《じりき》 自分ひとりの力。自分の力で悟る。

尻込《しりご》み　気おくれすること。(別)後込み
尻窄《しりすぼ》み　勢いが次第に衰えるさま。
退《しりぞ》く　うしろへさがる。職をやめる。
市立《しりつ》　市が設立・経営していること。
私立《しりつ》　個人が設立・経営していること。
而立《じりつ》　三〇歳の異称。
自立《じりつ》　自分だけの力でやってゆくこと。
自律《じりつ》　自分で自分を抑えて行動すること。
尻拭《しりぬぐ》い　他人の不始末を処理すること。
尻目《しりめ》　横目。無視した態度。
支離滅裂《しりめつれつ》　筋道が立たない。
尻餅《しりもち》　倒れて尻をつくこと。「—をつく」
支流《しりゅう》　本流に流れ込む川。分家。
時流《じりゅう》　時代の風潮・傾向。「—に乗る」
思慮《しりょ》　注意深く考えること。

史料《しりょう》　歴史を記述するのに必要な材料。
試料《しりょう》　検査・分析する材料。サンプル。
資料《しりょう》　判断・研究のもととなる材料。
死霊《しりょう》　死者の霊魂。⇔生き霊
思量《しりょう》　あれこれ考えること。(別)思料
飼料《しりょう》　家畜のえさ。
死力《しりょく》　必死の力。「—を尽くす」
視力《しりょく》　物を見る目の能力。
資力《しりょく》　資金を出しうる能力。財力。
磁力《じりょく》　磁気の作用する力。
思慮分別《しりょふんべつ》　考え判断する能力。
四隣《しりん》　となり近所。まわりの国々。
汁《しる》　物に含まれる液。吸い物や味噌汁。
知《し》る　わかる。気が付く。体得する。
汁粉《しるこ》　あんの汁に餅や白玉を入れた食品。

印《しるし》　目印。気持ちを表すもの。合図。
徴《しるし》　前ぶれ。兆候。
験《しるし》　ききめ。効能。
首《しるし》　敵の首。(別)首級
記《しる》す　書きつける。
印《しる》す　しるしや跡をつける。「足跡を—」
導《しるべ》　案内。手引き。「道—」(別)標
知《し》る辺《べ》　知り合い。知人。
司令《しれい》　軍隊などを指揮・監督すること。
指令《しれい》　上の者が指図する。命令。
事例《じれい》　事実・事件の前例。
辞令《じれい》　任免の内容を記して本人に渡す書類。
痴《し》れ言《ごと》　ばかげた言葉。たわごと。
歯列《しれつ》　歯並び。「—矯正」
熾烈《しれつ》　勢いが盛んなさま。「—をきわめる」

痴《し》れ者《もの》　ばかもの。おろか者。
焦《じ》れる　思うようにいかなくていらだつ。
試練《しれん》　精神力を試すような苦難。
城《しろ》　敵を防ぐために築いた建築物。
白蟻《しろあり》　木材を食害するアリに似た昆虫。
屍蠟《しろう》　体内の脂肪が蠟状に変化した死体。
耳漏《じろう》　みみだれ。
痔瘻《じろう》　肛門の付近に穴ができる痔疾。
白魚《しろうお》　小形のハゼ。食用。イサザ。(別)素魚
治聾酒《じろうしゅ》　春の社日に飲む酒。[春]
素人《しろうと》　本職・専門でない人。⇔玄人《くろうと》
白瓜《しろうり》　つる性一年草。食用。[夏]
代掻《しろか》き　田に水を張り掻きならす。[夏]
白絣《しろがすり》　白地に紺や黒のかすりのある布。[夏]
銀《しろがね》　銀《ぎん》。

四六時中《しろくじちゅう》　一日中。いつも。
白熊《しろくま》　ホッキョクグマの別名。
白子《しろこ》　⇨しらこ(白子)
白酒《しろざけ》　餅米などで作る白く濃厚な甘酒。[春]
白装束《しろしょうぞく》　白ずくめの服装。
白底翳《しろそこひ》　⇨白内障《はくないしょう》
代田《しろた》　田植えの用意の整った田。[夏]
白妙《しろたえ》　白い布。また、白い色。(別)白栲
白詰草《しろつめくさ》　クローバー。緑肥・牧草。
白癜《しろなまず》　皮膚に白い斑紋のできる病気。
白房《しろぶさ》　土俵上の南西隅に垂らす白色の房。
白星《しろぼし》　勝ちを表す白い丸じるし。⇔黒星
白身《しろみ》　魚肉などの白い部分。卵白。
白無垢《しろむく》　すべて白の衣装。
代物《しろもの》　(批評の対象としての)物。人。

持論《じろん》　その人独自の考え・意見。
時論《じろん》　時事に関する議論。当時の世論。
皺《しわ》　皮膚・紙などにできる細い筋目。
史話《しわ》　歴史上の出来事に関する話。
吝《しわ》い　けちだ。
嗄《しわが》れる　声がかすれる。しゃがれる。
仕分《しわ》け　区分すること。分類。
仕訳《しわけ》　簿記で、項目を分けて記入すること。
仕業《しわざ》　したこと。多く、非難していう。
師走《しわす》　陰暦一二月。しはす。[冬]
咳《しわぶ》く　せきをする。[冬]
皺寄《しわよ》せ　無理や矛盾の影響を他に及ぼす。
撓《しわ》る　しなう。たわむ。
吝《しわ》ん坊《ぼう》　けちんぼう。
臣《しん》　家来。臣下。⇔君

芯《しん》　物のまんなかにあるもの。
信《しん》　誠実。信用。たより。
真《しん》　ほんとう。まこと。真実。真理。
仁《じん》　いたわり、思いやる心。
陣《じん》　軍勢の陣営。戦い。
親愛《しんあい》　親しみを感じていること。
仁愛《じんあい》　思いやり、いつくしむこと。慈愛。
塵埃《じんあい》　ちり。ほこり。
新案《しんあん》　新しい考案。
心意《しんい》　こころ。精神。
真意《しんい》　本当の心。本当の意味。
深意《しんい》　深い意味。
瞋恚《しんい》　怒り。憎しみ。怨み。しんに。
人為《じんい》　人が手を加えること。
神域《しんいき》　神社の境内。

震域《しんいき》　地震で、震動を感じる地域。
心因《しんいん》　精神的な原因。内因。「—性」
神韻《しんいん》　芸術作品などの、崇高な趣。
真因《しんいん》　本当の原因。
人員《じんいん》　人の数。「募集—」
神韻縹渺《しんいんひょうびょう》　芸術作品が人間技をこえていて、きわめて優れているさま。
腎盂《じんう》　腎臓の、尿を集め尿管へ送る空所。
真打《しんうち》　寄席で、最後に出演する最上格の人。
真影《しんえい》　本当の肖像・写真。「御—」
新鋭《しんえい》　新しくて、勢いがするどいこと。
親衛《しんえい》　権力者の護衛。
陣営《じんえい》　陣地。対立する勢力の一方。
深淵《しんえん》　深いふち。
深遠《しんえん》　奥深くて容易にはかり知れないこと。

人煙《じんえん》　人家から立ちのぼる炊事の煙。人家。
腎炎《じんえん》　腎臓の炎症。腎臓炎。
心奥《しんおう》　心の奥。心底。
深奥《しんおう》　奥深いこと。おくそこ。
震央《しんおう》　震源の真上にあたる地上の部分。
心音《しんおん》　心臓の鼓動の音。
臣下《しんか》　家来。家臣。
神火《しんか》　清浄な火。不思議な火。「御—」
真価《しんか》　本当の値打ち。
深化《しんか》　深まること。深めること。
進化《しんか》　変化して、次第に発達していくこと。
人家《じんか》　人の住む家。
深海《しんかい》　深い海。水深が二〇〇㍍以上の海。
新開《しんかい》　新しく開けること。「—地」
心外《しんがい》　予期に反していて残念なさま。

侵害《しんがい》　他人の権利などをおかすこと。
震駭《しんがい》　驚きおそれて、ふるえること。
塵芥《じんかい》　ちり。ごみ。
新顔《しんがお》　新入り。新人。⇔古顔
神格《しんかく》　神の資格・格式。
心学《しんがく》　道徳の実践を説く江戸時代の思想。
神学《しんがく》　キリスト教の教義を研究する学問。
進学《しんがく》　上級の学校へ進むこと。
人格《じんかく》　精神的な高さや深み。人柄。品性。
陣笠《じんがさ》　昔、下級武士がかぶった笠。
新型《しんがた》　新しい型や型式。
新株《しんかぶ》　増資の時に発行する株。子株。
殿《しんがり》　最後尾の後備えの軍隊。列の最後。
心肝《しんかん》　心。心の底。「—を寒からしめる」
信管《しんかん》　弾丸や爆薬の起爆装置。

神官《しんかん》　神主《かんぬし》。神職。
宸翰《しんかん》　天皇の直筆の文書。
新刊《しんかん》　新しく刊行された書物。
新患《しんかん》　その病院の新しい患者。
震撼《しんかん》　非常に驚ろかすこと。
森閑《しんかん》　静まりかえっているさま。(別)深閑
心眼《しんがん》　真実を鋭く見抜く心の働き。
心願《しんがん》　神仏に心の中で願を立てること。
真贋《しんがん》　ほんものとにせもの。
人間《じんかん》　人の住むところ。世間。
新幹線《しんかんせん》　主な都市を結ぶ高速鉄道。
心気《しんき》　気持ち。気分。
心機《しんき》　心の働き。
心悸《しんき》　心臓の鼓動。「—亢進」
辛気《しんき》　心がはれないこと。

振起《しんき》　ふるいおこすこと。盛んにすること。
新奇《しんき》　新しくて変わっていること。
新規《しんき》　新しくすること。「—採用」
心技《しんぎ》　精神面と技術面。
信義《しんぎ》　約束を守り義務を果たすこと。
真偽《しんぎ》　真実と虚偽。
審議《しんぎ》　会議にかけて詳しく検討すること。
仁義《じんぎ》　仁と義。人の守るべき道徳。
神祇《じんぎ》　天の神と地の神。天神と地祇。
神器《じんぎ》　皇位の印の宝物。三種の神器。
心機一転《しんきいってん》　心を切り換える。
辛気臭《しんきくさ》い　気がめいってしまう。
新機軸《しんきじく》　新しい工夫・企画。
神機妙算《しんきみょうさん》　絶妙のはかりごと。
進級《しんきゅう》　学年や等級が上に進むこと。

新旧《しんきゅう》 新しいものと古いもの。
鍼灸《しんきゅう》 鍼《はり》と灸。
新居《しんきょ》 新しい住居。新宅。⇔旧居
腎虚《じんきょ》 男子の房事過多による衰弱。
心境《しんきょう》 心の状態。心持ち。「—の変化」
信教《しんきょう》 宗教を信じること。
進境《しんきょう》 進歩の程度・状態。「—著しい」
蜃気楼《しんきろう》 光の異常屈折現象の一。[春]
心筋《しんきん》 心臓の壁を構成する筋肉。
宸襟《しんきん》 天子の心。「—を悩ます」
呻吟《しんぎん》 苦しんでうなること。
親近感《しんきんかん》 親しみのもてる感じ。
辛苦《しんく》 苦労すること。「艱難《かんなん》—」
真紅《しんく》 濃い紅色。(別)深紅
寝具《しんぐ》 ふとん・枕など、寝る時に使うもの。

甚句《じんく》 民謡の一つ。「相撲—」
真空《しんくう》 何も存在しない空間。空白の状態。
神宮《じんぐう》 格式の高い神社。伊勢神宮。
真空管《しんくうかん》 電極入りの真空のガラス管。
進軍《しんぐん》 軍隊が進むこと。
神経《しんけい》 刺激や興奮を伝える経路となる器官。
進撃《しんげき》 進軍して攻撃すること。
新劇《しんげき》 西欧の影響を受けた新しい演劇。
心血《しんけつ》 精神と肉体のすべて。「—を注ぐ」
新月《しんげつ》 陰暦で月の第一日の月。三日月。[秋]
神権《しんけん》 神から与えられた権力。「—政治」
真剣《しんけん》 本物の刀。一生懸命なさま。
親権《しんけん》 親が子を監督・保護する権利・義務。
進言《しんげん》 (目上の人に)意見を申し上げること。
箴言《しんげん》 教訓を含んだ短い言葉。

震源《しんげん》 地震波が発生した場所。「—地」
森厳《しんげん》 きわめて厳粛なさま。
人絹《じんけん》 人造絹糸。レーヨン。
人権《じんけん》 人が生まれながら持っている権利。
人件費《じんけんひ》 人の労働に対して払う経費。
信玄袋《しんげんぶくろ》 口を紐で締め底のある布袋。
糝粉《しんこ》 うるち米をひいた粉。
新香《しんこ》 漬物。おしんこ。
新語《しんご》 新しく使われるようになった語。
人後《じんご》 人のうしろ。「—に落ちない」
人語《じんご》 人間の言葉。人の話し声。
侵攻《しんこう》 他の領土に攻め入ること。
進攻《しんこう》 前進して攻めること。攻め入ること。
侵寇《しんこう》 他国の領土をおかすこと。
信仰《しんこう》 神仏などを信じ尊ぶこと。

振興《しんこう》 盛んにすること。
深更《しんこう》 真夜中。深夜。
深耕《しんこう》 田畑を深く耕すこと。
進行《しんこう》 前へ進むこと。はかどること。
進講《しんこう》 天皇や貴人に講義をすること。
新興《しんこう》 新しく興ること。「—勢力」
親交《しんこう》 親しい交際。「—がある」
信号《しんごう》 音や電波などによる合図。交通信号。
人口《じんこう》 一定地域の人の数。世間のうわさ。
人工《じんこう》 人の手を加えること。
沈香《じんこう》 ジンチョウゲ科の香木。
深呼吸《しんこきゅう》 深く大きく呼吸すること。
申告《しんこく》 官公庁に届け出ること。
深刻《しんこく》 事態が重大なさま。切実なさま。
新穀《しんこく》 その年にとれた穀物。特に、新米。

親告《しんこく》 被害者自身が告訴すること。
人国記《じんこくき》 著名人を論評した書物。
真骨頂《しんこっちょう》 本来の姿。真面目《しんめんもく》。
心魂《しんこん》 たましい。精神。「—を傾ける」
新婚《しんこん》 結婚したばかりであること。
真言《しんごん》 密教で、真理を秘めた言葉。
審査《しんさ》 調べて合否・優劣などを決めること。
震災《しんさい》 地震による災害。
親裁《しんさい》 身分の高い人が裁決すること。
人災《じんさい》 人間の不注意が原因で起こる災害。
人材《じんざい》 才能があり役に立つ人。
真作《しんさく》 ある人が本当に作った作品。
診察《しんさつ》 医者が患者の病状を調べること。
心算《しんさん》 考えている計画。心づもり。
辛酸《しんさん》 つらく苦しいこと。「—をなめる」

神算《しんさん》 巧みなはかりごと。「—鬼謀」
深山《しんざん》 奥深い山。
新参《しんざん》 新しく加わること(人)。⇔古参
深山幽谷《しんざんゆうこく》 奥深い山や谷。
伸子《しんし》 洗い張り用の竹製の細い串。
振子《しんし》 ふりこ。
真摯《しんし》 まじめで熱心なさま。「—な態度」
紳士《しんし》 教養のある礼儀正しい男。⇔淑女
心耳《しんじ》 是非を聞き分ける心の働き。
心事《しんじ》 心の中で思う事柄。
信士《しんじ》 在俗の男子仏教徒。
神事《しんじ》 神をまつる儀式。まつり。
人士《じんし》 教養や地位のある人。
人事《じんじ》 人間の出来る事。地位・身分など。
仁慈《じんじ》 いつくしみ。めぐみ。

し

神式《しんしき》 神道によるやり方・儀式。

新式《しんしき》 新しい方式。⇔旧式

心室《しんしつ》 心臓の下半分。血液を送り出す。

寝室《しんしつ》 寝るための部屋。寝間。

信実《しんじつ》 まじめでいつわりのない心。

真実《しんじつ》 うそいつわりのない本当のこと。

人日《じんじつ》 陰暦正月七日の称。[新]

尽日《じんじつ》 一日中。みそか。大みそか。

唇歯輔車《しんしほしゃ》 互いに助け合う。

深謝《しんしゃ》 深く感謝すること。心からわびること。

親炙《しんしゃ》 親しく接してその感化を受けること。

信者《しんじゃ》 ある宗教を信仰している人。信徒。

神社《じんじゃ》 神をまつってある所。

斟酌《しんしゃく》 相手の事情を察すること。遠慮。

進取《しんしゅ》 進んで新しいことに取り組むこと。

神酒《しんしゅ》 神に供える酒。おみき。

新酒《しんしゅ》 その年の新米で造った酒。[秋]

新種《しんしゅ》 新しい種類。

真珠《しんじゅ》 アコヤガイなどにできる美しい玉。

新樹《しんじゅ》 新緑の樹木。[夏]

親授《しんじゅ》 天皇などが直接授けること。

人種《じんしゅ》 形質的な特徴で分類した人類の種類。

神州《しんしゅう》 かつて日本で用いた自国の美称。

新秋《しんしゅう》 秋のはじめ。[秋]

信州《しんしゅう》 信濃《しな》の国の別名。

心中《しんじゅう》 恋人同士や親子が一緒に自殺する。

臣従《しんじゅう》 臣下として従うこと。

伸縮《しんしゅく》 のびちぢみすること。「—自在」

浸出《しんしゅつ》 液体に浸して成分を溶かし出すこと。

滲出《しんしゅつ》 液体などがにじみ出ること。

進出《しんしゅつ》 新しい分野に乗り出すこと。

鍼術《しんじゅつ》 針を使って治療する方法。(別)針術

仁術《じんじゅつ》 仁徳を施す方法。

神出鬼没《しんしゅつきぼつ》 変幻自在なさま。

新春《しんしゅん》 新年。はつはる。

浸潤《しんじゅん》 液体がしみとおること。

信書《しんしょ》 個人間の手紙。

親書《しんしょ》 自筆の手紙。天皇や元首の手紙。

新書《しんしょ》 新刊書。本の判型の一。新書判。

神助《しんじょ》 神の助け。「天祐—」

寝所《しんじょ》 寝る所。寝室。

心証《しんしょう》 その人の言動から受ける印象。

心象《しんしょう》 意識の中に現れる像や姿。「—風景」

身上《しんしょう》 財産。身代《しんだい》。

辛勝《しんしょう》 やっと勝つこと。⇔楽勝

心情《しんじょう》 心中の思い。気持ち。

真情《しんじょう》 本当の気持ち。まごころ。

身上《しんじょう》 身の上。とりえ。ねうち。

信条《しんじょう》 堅く信じている事柄。

進上《しんじょう》 差し上げること。

尋常《じんじょう》 あたりまえ。普通。すなおなさま。

尋常一様《じんじょういちよう》 普通であること。

信賞必罰《しんしょうひつばつ》 賞罰を厳正に行う。

針小棒大《しんしょうぼうだい》 大げさに言うこと。

侵食《しんしょく》 他の領域に次第にくいこむこと。

浸食《しんしょく》 風や水により陸地が次第に削られる。

神職《しんしょく》 神官。神主。

寝食《しんしょく》 寝ることと食べること。

心身《しんしん》 精神と身体。「—症」

心神《しんしん》 心。精神。「—喪失」

新進《しんしん》 新しく現れ出ること。「—作家」

津津《しんしん》 わき出て尽きないさま。「興味—」

深深《しんしん》 夜が静かにふけていくさま。

信心《しんじん》 信じる気持ち。信仰の心。

深甚《しんじん》 非常に深いさま。「—なる謝意」

新人《しんじん》 新しく加わった人。化石人類。

人心《じんしん》 人々の心。民衆の心。

人臣《じんしん》 家来。臣下。

人身《じんしん》 人間のからだ。個人の身分。

新進気鋭《しんしんきえい》 意気盛んな新鋭。

人心収攬《じんしんしゅうらん》 民の心をまとめる。

心酔《しんすい》 夢中になること。深く慕うこと。

浸水《しんすい》 水につかること。

進水《しんすい》 新造船を初めて水に浮かべること。

薪水《しんすい》 たきぎと水。炊事。「—の労」

親水《しんすい》 水に親しむこと。「—公園」

心髄《しんずい》 中心となる大切な部分。

神髄《しんずい》 物事の本質。その道の奥義。(別)真髄

神通力《じんずうりき》 何事もなしうる不思議な力。

心性《しんせい》 こころの傾向。心。

申請《しんせい》 許可や認可を願い出ること。

神聖《しんせい》 尊くおかしがたいさま。

真正《しんせい》 真実で正しいこと。正真正銘。

真性《しんせい》 その病気に間違いないこと。⇔仮性

新生《しんせい》 新しく生まれる。生まれ変わる。

新制《しんせい》 新しい制度・体制。⇔旧制

新星《しんせい》 突然光度を増し、減光する恒星。

親政《しんせい》 君主がみずから政治を行うこと。

人生《じんせい》 人が生きてゆくこと。人の一生。

臣籍《しんせき》 皇族でない、臣下の身分。

真跡《しんせき》　その人の本当の筆跡。(別)真蹟
親戚《しんせき》　親類。
人跡《じんせき》未踏《みとう》　誰も行っていない。
新設《しんせつ》　新しく設けること。
新雪《しんせつ》　新しく降り積もった雪。
新説《しんせつ》　新しい学説・意見。
親切《しんせつ》　思いやりがあること。
神仙《しんせん》　神通力を得た人。仙人など。
神饌《しんせん》　神に供える酒食。
浸染《しんせん》　染料の溶液に浸して染める現象。
震顫《しんせん》　身体の一部がふるえる現象。
新鮮《しんせん》　新しく生きがよい。目新しいさま。
神前《しんぜん》　神の前。「―結婚」
親善《しんぜん》　親しみ仲よくすること。「―使節」
人選《じんせん》　適任者を選ぶこと。

荏苒《じんぜん》　いたずらに月日がたつさま。
親疎《しんそ》　親しいことと疎《うと》いこと。
神葬《しんそう》　神式で行う葬儀。
真相《しんそう》　事件などの本当のすがた・事情。
深窓《しんそう》　広い家の奥深い部屋。
深層《しんそう》　奥深く隠れている部分。「―心理」
新装《しんそう》　新しいよそおい。「―開店」
心像《しんぞう》　心象《しんしょう》。イメージ。
心臓《しんぞう》　循環器系の中枢器官。物事の中枢。
新造《しんぞう》　新しくつくること。ごしんぞう。
人造《じんぞう》　人工でつくること。
腎臓《じんぞう》　尿を排泄する器官。
神速《しんそく》　人間わざとは思えないほど速いこと。
親族《しんぞく》　親類縁者。親戚。
迅速《じんそく》　非常にはやいこと。

迅速果断《じんそくかだん》　素早い決断と実行。
心底《しんそこ》　心の奥底。心から。本当に。(別)真底
真率《しんそつ》　正直で飾らないこと。
新卒《しんそつ》　その年に学校を卒業したこと(人)。
身体《しんたい》　人のからだ。
神体《しんたい》　神霊が宿る神聖な物体。
進退《しんたい》　進むことと退くこと。身の処し方。
身代《しんだい》　財産。身上《しんしょう》。「―を築く」
寝台《しんだい》　寝るための台。ベッド。
人体《じんたい》　人間のからだ。
靱帯《じんたい》　関節の周囲にある繊維性の組織。
人台《じんだい》　洋裁で用いる人体の模型。
神代《じんだい》　神武天皇即位以前の時代。かみよ。
甚大《じんだい》　はなはだしいさま。「―な影響」
陣太鼓《じんだいこ》　戦場で合図に打つ太鼓。

身体髪膚《しんたいはっぷ》　からだのすべて。
進退両難《しんたいりょうなん》　進退きわまる。
信託《しんたく》　信頼して任せること。「―統治」
神託《しんたく》　神のお告げ。
陣立《じんだ》て　軍勢の配置・編制。陣ぞなえ。
心胆《しんたん》　心。きも。「―を寒からしめる」
薪炭《しんたん》　まきとすみ。燃料。
診断《しんだん》　診察して病状を判断すること。
新地《しんち》　新しく開墾した土地。新開地。
人知《じんち》　人間の知識。人間の知恵。
陣地《じんち》　戦闘のため軍隊を配置してある場所。
新築《しんちく》　新しく建物を建てること。
人畜《じんちく》　人間と家畜。「―無害」
新松子《しんちぢり》　青まつかさ。〔秋〕
新茶《しんちゃ》　新芽を摘んで製した茶。〔夏〕

新着《しんちゃく》　着いたばかりであること(もの)。
心中《しんちゅう》　心の中。内心。胸中。
真鍮《しんちゅう》　⇩黄銅《おうどう》
進駐《しんちゅう》　軍隊が他国に入り、とどまること。
陣中《じんちゅう》　陣地の中。戦場。「―見舞い」
伸長《しんちょう》　力や長さがのびること。(別)伸暢
伸張《しんちょう》　勢力や規模がのび広がること。
身長《しんちょう》　背の高さ。背たけ。身のたけ。
深長《しんちょう》　意味が深く、含みの多いこと。
慎重《しんちょう》　注意深く行動するさま。
新調《しんちょう》　衣服などを新しく作ること。
沈丁花《じんちょうげ》　ジンチョウゲ科の低木。〔春〕
進捗《しんちょく》　物事が進みはかどること。
深沈《しんちん》　沈着なさま。夜がふけてゆくさま。
新陳代謝《しんちんたいしゃ》　新しいものと古いものが入れ替わること。物質交代。

心痛《しんつう》　ひどく心配して心を痛めること。
陣痛《じんつう》　出産時に起こる周期的な痛み。
神通力《じんつうりき》　⇩じんずうりき(神通力)
新手《しんて》　新しい手段・方法。あらて。
心底《しんてい》　心の奥底。しんそこ。
進呈《しんてい》　人に物を差し上げること。
新訂《しんてい》　新しく訂正すること。「―版」
心的《しんてき》　心・精神にかかわるさま。
人的《じんてき》　人にかかわるさま。「―損害」
伸展《しんてん》　勢力や範囲が伸び広がること。
進展《しんてん》　物事がすすみはかどること。
親展《しんてん》　脇付の一。本人に開封を求める意。
神殿《しんでん》　神をまつる御殿。
寝殿《しんでん》　寝殿造りで、中央に位置する正殿。

新田《しんでん》 新しく開いた田地。
心電図《しんでんず》 心臓の活動電流を記した図。
新天地《しんてんち》 新たに活躍する場。新世界。
震天動地《しんてんどうち》 驚天動地。
信徒《しんと》 ある宗教を信じる人。信者。
心土《しんど》 表土の下にある土。⇔作土
深度《しんど》 深さの度合。
進度《しんど》 物事の進み具合。
震度《しんど》 地震の揺れの強さの度合。
心頭《しんとう》 こころ。「怒り―に発する」
神灯《しんとう》 神に供える灯火。
神道《しんとう》 日本古来の伝統的な信仰。
浸透《しんとう》 液体がしみとおる。次第にゆきわたる。
震盪《しんとう》 激しくゆれ動くこと。「脳―」
親等《しんとう》 親族関係の親疎を示す等級。

神童《しんどう》 才知のきわめてすぐれた子供。
振動《しんどう》 振れ動くこと。「振り子の―」
震動《しんどう》 (地震などで)揺れ動くこと。
人頭《じんとう》 人の頭。人の数。「―税」
陣頭《じんとう》 軍陣の先頭。第一線。「―指揮」
人道《じんどう》 人間として守り行うべき道。歩道。
人徳《じんとく》 その人に備わっている徳。
仁徳《じんとく》 人を慈しみ愛する徳。
親日《しんにち》 日本に友好的であること。⇔反日
侵入《しんにゅう》 不法に入り込むこと。
浸入《しんにゅう》 水などが内部に入り込むこと。
進入《しんにゅう》 進んで来て入ること。「―禁止」
新入《しんにゅう》 新しく入ること(人)。しんいり。
信女《しんにょ》 在俗の女性仏教徒。
真如《しんにょ》 仏教で、絶対不変の真理。

信任《しんにん》 信用してまかせること。
新任《しんにん》 新しくある任務に就くこと(人)。
信念《しんねん》 固く信じて動かない心。
新年《しんねん》 新しい年。新春。[新]
親王《しんのう》 天皇の男の子および孫の称号。
新派《しんぱ》 新しい流派。明治期に興った新演劇。
心配《しんぱい》 不安に思うこと。気を配ること。
陣羽織《じんばおり》 陣中で着た袖のない羽織。
心拍《しんぱく》 心臓の鼓動。
神罰《しんばつ》 神から受ける罰。天罰。
侵犯《しんぱん》 他国の領土・権利などをおかすこと。
新版《しんぱん》 新刊。版を改めた本。
審判《しんぱん》 審理して判定すること。
親藩《しんぱん》 江戸時代、徳川氏の近親諸侯の藩。
審美《しんび》 美醜を見分けること。

神秘《しんぴ》 人知では推しはかれない不思議。
真否《しんぴ》 真実かうそか。真偽。
真筆《しんぴつ》 その人自身の筆跡。真跡。
信憑性《しんぴょうせい》 信用できる度合。
新品《しんぴん》 新しい品物。
人品《じんぴん》 その人から感じられる品位。
深部《しんぶ》 深い部分。深い所。
神父《しんぷ》 カトリック教会・東方正教会の司祭。
新婦《しんぷ》 結婚式・披露宴で、花嫁をいう。
新譜《しんぷ》 新しい曲譜のレコード。
新風《しんぷう》 新しい風潮。新鮮な方法。
心服《しんぷく》 尊敬して、心から従うこと。
振幅《しんぷく》 振動している物の、振動の幅。
震幅《しんぷく》 地震計に記録された揺れの幅。
神仏《しんぶつ》 神と仏。神道と仏教。

人物《じんぶつ》 人間。人としての品位。人柄。
新聞《しんぶん》 社会の出来事を伝える定期刊行物。
人文《じんぶん》 人類の文化。じんもん。
新兵《しんぺい》 新しく入隊した兵士。
甚兵衛《じんべえ》 筒袖で膝上丈の夏着。[夏]
身辺《しんぺん》 身のまわり。
進歩《しんぽ》 物事が次第によい方向に進むこと。
心房《しんぼう》 心臓の上半部。血液を心室に送る。
心棒《しんぼう》 回転の軸となる棒。活動の中心。
辛抱《しんぼう》 がまんすること。堪え忍ぶこと。
信望《しんぼう》 信用と人望。
深謀《しんぼう》 深く考えめぐらしたはかりごと。
信奉《しんぽう》 信じて尊ぶこと。
人望《じんぼう》 人々から寄せられる尊敬や信頼。
深謀遠慮《しんぼうえんりょ》 先々を考えた計略。

神木《しんぼく》 神社の、神霊が宿るとされる樹木。
親睦《しんぼく》 親しんで仲よくすること。
新発意《しんぼち》 出家して間もない者。
新米《しんまい》 その年に収穫した米。まだ未熟な人。
蕁麻疹《じんましん》 発疹が現れる急性皮膚病。
親身《しんみ》 身内のような心配り。「―になる」
新味《しんみ》 新しい感じや趣。
親密《しんみつ》 親しく仲のよいこと。⇔疎遠
人脈《じんみゃく》 つながりをもつ一群の人々。
神妙《しんみょう》 すなおで感心なさま。
臣民《しんみん》 君主国の人民。
人民《じんみん》 社会を構成する人々。国民。
新芽《しんめ》 新たに出た芽。
神馬《しんめ》 神社に奉納された馬。じんめ。
身命《しんめい》 からだと命。一身。

神明《しんめい》 神。「—に誓って」
人命《じんめい》 人の命。「—救助」
人面獣心《じんめんじゅうしん》 恩義を知らない人。
真面目《しんめんもく》 本来のすがた。真価。
進物《しんもつ》 贈り物。
審問《しんもん》 くわしく問いただすこと。
人文《じんもん》 ⇨じんぶん(人文)
尋問《じんもん》 裁判官などが問いただす。(別)訊問
深夜《しんや》 よふけ。まよなか。
陣屋《じんや》 軍営。小藩の大名や代官の居所。
新薬《しんやく》 新たに製造・発売された薬。
新約聖書《しんやくせいしょ》 キリスト教の教典。
心友《しんゆう》 心から信じ合っている友人。
親友《しんゆう》 きわめて親しい友人。
神輿《しんよ》 みこし。

信用《しんよう》 確かだと信じる。確かだという評価。
陣容《じんよう》 陣の構え。構成メンバー。顔ぶれ。
針葉樹《しんようじゅ》 針状の葉をつける樹木。
信頼《しんらい》 信じて頼ること。
新来《しんらい》 新しく来ること(人)。
迅雷《じんらい》 突然の激しい雷鳴。
辛辣《しんらつ》 非常に手厳しいさま。「—な批評」
森羅万象《しんらばんしょう》 すべての物や現象。
心裏《しんり》 心の中。心中。
心理《しんり》 心の動き方。精神の状態。
真理《しんり》 普遍妥当性をもった法則や事実。
審理《しんり》 裁判で、事実関係を明確にすること。
人力車《じんりきしゃ》 人を乗せ車夫が引く二輪車。
侵略《しんりゃく》 武力で他国の領土を奪い取ること。
深慮《しんりょ》 深い考え。「—遠謀」

診療《しんりょう》 診察し治療すること。
新涼《しんりょう》 初秋の涼しさ。[秋]
深緑《しんりょく》 濃いみどり色。ふかみどり。
新緑《しんりょく》 初夏のころの若葉のみどり。[夏]
人力《じんりょく》 人間の力・能力。
尽力《じんりょく》 (人のために)力を尽くすこと。
森林《しんりん》 樹木が密生している所。もり。
人倫《じんりん》 人として守るべき道。「—にもとる」
進塁《しんるい》 野球で、走者が次の塁に進むこと。
親類《しんるい》 家族を除いた血族と姻族。
人類《じんるい》 人間を他の動物と区別していう語。
心霊《しんれい》 たましい。霊魂。
神霊《しんれい》 神のみたま。神。
振鈴《しんれい》 鈴を振り鳴らすこと。
新暦《しんれき》 太陽暦。陽暦。⇔旧暦

針路《しんろ》 船や飛行機の進むべき方向。
進路《しんろ》 進んで行く方向。将来進むべき方向。
心労《しんろう》 精神的な疲労。気苦労。
辛労《しんろう》 苦労。骨折り。
新郎《しんろう》 花婿。
甚六《じんろく》 世間知らずの長男。「総領の—」
神話《しんわ》 民族の神を中心とする説話。
親和《しんわ》 親しみなかよくすること。
新藁《しんわら》 その年に刈りとった稲のわら。[秋]

す

州《す》 土砂が堆積して水面に現れた場所。
巣《す》 鳥やけもののすみか。
酢《す》 すっぱい味の液体調味料。食酢。
鬆《す》 大根などの芯にできるすきま。

図《ず》 物の形や様子を絵に描いたもの。
頭《ず》 あたま。かしら。「—が高い」
素足《すあし》 足袋・靴下などをはかない足。[夏]
素甘《すあま》 蒸した米に砂糖を入れた餅菓子。
図案《ずあん》 工芸品の下絵。デザイン。
粋《すい》 いきである。すぐれているもの。
酸《す》い 酸味がある。すっぱい。
蕊《ずい》 花の雄蕊と雌蕊。しべ。
髄《ずい》 骨の中にある組織。茎の中にある組織。
水圧《すいあつ》 水の圧力。
水位《すいい》 基準面からの水面の高さ。
推移《すいい》 事態が移り変わる。時間が経過する。
随意《ずいい》 心のまま。思うまま。
水域《すいいき》 水上の一定区域。
随一《ずいいち》 同類中、第一等であること。

随員《ずいいん》 大臣・高官などに随行する人。
水運《すいうん》 水路による交通・運送。
衰運《すいうん》 衰退に向かう運命。⇔盛運
瑞雲《ずいうん》 めでたいことが起こる前兆の雲。
水泳《すいえい》 泳ぐこと。また、その競技。[夏]
水煙《すいえん》 みずけむり。
炊煙《すいえん》 炊事の煙。かまどの煙。
水温《すいおん》 水の温度。
水火《すいか》 水と火。洪水と火災。「—も辞せず」
水禍《すいか》 水による災害。溺死。
西瓜《すいか》 大きな実を結ぶウリ科の果物。[秋]
誰何《すいか》 「だれか」と呼びとがめること。
水害《すいがい》 洪水などによって受ける害。
透垣《すいがい》 竹や板で間を透かして作った垣根。
忍冬《すいかずら》 スイカズラ科のつる性木本。

吸《す》い殻《がら》 吸ったあとのタバコの残り。
水干《すいかん》 狩衣の一。菊綴じを付け襟紐がある。
酔漢《すいかん》 酒に酔った男。よっぱらい。
酔眼《すいがん》 酒に酔った目つき。
随感《ずいかん》 おりに触れての感想。随想。
酔眼朦朧《すいがんもうろう》 ひどく酔ったさま。
芋茎《ずいき》 サトイモの茎。食用。秋
随喜《ずいき》 心からうれしく思うこと。「—の涙」
瑞気《ずいき》 めでたい雲気。めでたい気配。
酔客《すいきゃく》 酒に酔った人。すいかく。
水球《すいきゅう》 水泳競技の一。ウオーターポロ。
水牛《すいぎゅう》 牛の一種。草食性で、水辺にすむ。
推挙《すいきょ》 人を官職・地位に推薦すること。
水郷《すいきょう》 すいごう。
酔狂《すいきょう》 物好きであること。別粋狂

翠玉《すいぎょく》 エメラルド。
水魚《すいぎょ》 水と魚。「—の交わり」
水銀《すいぎん》 液状の唯一の金属元素。記号Hg
垂訓《すいくん》 教えを示すこと。「山上の—」
水軍《すいぐん》 主に海上で戦った昔の地方豪族。
水系《すいけい》 本流に付属する流水の系統。
推計《すいけい》 計算しておおよそを推定すること。
水源《すいげん》 川の流れ出るもと。みなもと。
水耕《すいこう》 養分を溶かした水で植物を栽培する。
推考《すいこう》 推測して考えること。
推敲《すいこう》 文章の字句を何度も練り直すこと。
遂行《すいこう》 最後までやりとげること。
水郷《すいごう》 川や湖のほとりの、景色のよい土地。
随行《ずいこう》 供としてつき従って行くこと。
瑞光《ずいこう》 めでたい光。

水彩《すいさい》画《が》 水で溶く絵の具で描いた絵。
推察《すいさつ》 おしはかり、思いやること。
水産《すいさん》 海・川・湖などに産すること。
炊爨《すいさん》 飯を炊くこと。炊飯。「飯盒《はんごう》—」
推参《すいさん》 訪問することの謙譲語。ぶしつけ。
推算《すいさん》 推定して計算すること。
衰残《すいざん》 衰え弱ること。「—の身」
水死《すいし》 水におぼれて死ぬこと。溺死《できし》。
出師《すいし》 出兵すること。「—の表」
炊事《すいじ》 煮たきして、食事を作ること。
随時《ずいじ》 いつでも。必要に応じて。
水質《すいしつ》 川や水道水などの水の性質や成分。
水車《すいしゃ》 水力で車を回して動力を得る装置。
垂迹《すいじゃく》 仏・菩薩が仮の姿で現れること。
衰弱《すいじゃく》 (体などが)衰え弱ること。

水腫《すいしゅ》 体のすき間などに水分がたまること。
水準《すいじゅん》 物事の一定の基準。
随所《ずいしょ》 至る所。どこにでも。
水晶《すいしょう》 石英の結晶。六角柱状で無色透明。
推奨《すいしょう》 ほめて人にすすめること。
推賞《すいしょう》 物や人がすぐれているとほめること。
瑞祥《ずいしょう》 瑞兆。
水蒸《すいじょう》気《き》 水が蒸発した気体。
水食《すいしょく》 水が地表を浸食・破壊する作用。
水深《すいしん》 水面からの深さ。
推進《すいしん》 物事を推し進めること。
水神《すいじん》 水をつかさどる神。水伯。
粋人《すいじん》 風流を好む人。いきな人。通人。
随身《ずいじん》 身分の高い人の供をし警護する人。
瑞西《スイス》 ヨーロッパの一国。永世中立国。

水生《すいせい》 水中に生えること。水中にすむこと。
水性《すいせい》 水に溶けやすい性質。「—絵の具」
水星《すいせい》 太陽系の第一惑星。
水勢《すいせい》 水の流れる勢い。
衰勢《すいせい》 勢いが衰えていく状態。
彗星《すいせい》 尾を引いて運行する太陽系内の天体。
酔生《すいせい》夢《む》死《し》 無意味な一生。
水仙《すいせん》 ヒガンバナ科の多年草。冬
水洗《すいせん》 水で洗い流すこと。「—便所」
垂線《すいせん》 直線や平面と直角に交わる直線。
推薦《すいせん》 人や物を他人にすすめること。
垂涎《すいぜん》 非常にほしがること。「—の的」
水素《すいそ》 最も軽い元素。記号H
水葬《すいそう》 遺体を海に投じて葬ること。
水槽《すいそう》 水を蓄えておく容器。

吹奏《すいそう》 管楽器を吹いて演奏すること。
膵臓《すいぞう》 胃の後方にある膵液を分泌する臓器。
随想《ずいそう》 思いつくままの感想。「—録」
瑞相《ずいそう》 めでたいことが起こるしるし。吉兆。
推測《すいそく》 おしはかって考えること。
水族館《すいぞくかん》 水生動物を人に見せる施設。
衰退《すいたい》 衰えて勢いのなくなること。別衰頽
推戴《すいたい》 推薦して組織などの長につけること。
酔態《すいたい》 酒に酔った時の、乱れた様子。
翠黛《すいたい》 遠くにかすむ緑の山。
推断《すいだん》 推測して判断すること。
水中《すいちゅう》花《か》 水に入れると開く造花。夏
瑞兆《ずいちょう》 めでたい前兆。吉兆。
翠帳紅閨《すいちょうこうけい》 貴婦人の寝室。
垂直《すいちょく》 重力の方向。鉛直。

水底《すいてい》 水の底。みなそこ。
推定《すいてい》 おしはかって決めること。
水滴《すいてき》 水のしずく。硯《すずり》用の水差し。
水田《すいでん》 たんぼ。みずた。
水天彷彿《すいてんほうふつ》 遠い沖合の、水面と空が一続きになって見分けがつかないさま。
水痘《すいとう》 子どもの急性伝染病。みずぼうそう。
水筒《すいとう》 携帯用の飲料水容器。
水稲《すいとう》 水田に栽培する稲。⇔陸稲
出納《すいとう》 金品の出し入れ。
水道《すいどう》 水を供給する設備。狭い海峡。
隧道《ずいどう》 トンネル。すいどう。
水団《すいとん》 汁に小麦粉の団子を入れた食べ物。
水難《すいなん》 水による災難。
酸葉《すいば》 タデ科の多年草。すかんぽ。春

水爆《すいばく》 「水素爆弾」の略。
水飯《すいはん》 冷水で洗った飯。夏に食べる。夏
垂範《すいはん》 模範を示すこと。「率先―」
炊飯《すいはん》 飯をたくこと。「―器」
水盤《すいばん》 生け花で使う底の浅い器。
推輓《すいばん》 推薦すること。推挙。別推挽
随伴《ずいはん》 供としてつき従う。事に伴って起きる。
衰微《すいび》 衰え弱ること。衰退。
随筆《ずいひつ》 感想や体験を自由に綴った文章。
水夫《すいふ》 ふなのり。
随分《ずいぶん》 非常に。たいそうひどいさま。
水平《すいへい》 静かな水面のように平らなこと。
水兵《すいへい》 海軍の兵士。
水平線《すいへいせん》 海と空との境界線。
酔歩《すいほ》 酔って歩く足どり。「―蹣跚《まんさん》」

水泡《すいほう》 水のあわ。「―に帰する」
水疱《すいほう》 皮下に分泌液をもつ発疹。
水防《すいぼう》 水害に備えること。「―工事」
衰亡《すいぼう》 衰え、やがて滅びること。
水墨画《すいぼくが》 墨でかいた絵。山水画が多い。
水没《すいぼつ》 地上の物が水中に没すること。
睡魔《すいま》 眠けを魔力にたとえた語。
髄膜炎《ずいまくえん》 髄膜の炎症。旧称、脳膜炎。
水密《すいみつ》 水圧に耐えて水が漏れ出ない状態。
水蜜桃《すいみつとう》 モモの品種。水蜜。夏
水脈《すいみゃく》 地下水の流れる道。船が通る道。みお。
睡眠《すいみん》 ねむること。
水明《すいめい》 川の流れが清らかなこと。「山紫―」
衰滅《すいめつ》 衰え滅びること。衰亡。
吸《す》い物《もの》 日本料理の汁物。すまし汁。

水門《すいもん》 水の出入を調節する門。
酔余《すいよ》 酔ったあげくのこと。
水浴《すいよく》 水を浴びること。
水雷《すいらい》 魚雷・機雷などの兵器。
翠嵐《すいらん》 山にたちこめるみどりの気。
翠巒《すいらん》 みどり色の山。
水利《すいり》 運送や灌漑・飲用などの水の利用。
推理《すいり》 事実をもとに未知のことを推し量る。
水陸《すいりく》 水面と陸地。「―両用」
推量《すいりょう》 おしはかること。推測。
水力《すいりょく》 水の流れや落下によるエネルギー。
推力《すいりょく》 物体を押し進める力。
水冷《すいれい》 エンジンなどを水で冷やすこと。
水練《すいれん》 水泳の練習。夏
睡蓮《すいれん》 スイレン科の多年生水草。夏

水路《すいろ》 水を送る通路。航路。
推論《すいろん》 推理にもとづいて論を組み立てる。
数《すう》 物や人のかず。
吸《す》う 気体や液体を引き入れる。
瑞典《スウェーデン》 北ヨーロッパの一国。
数学《すうがく》 数量や空間を研究する学問。
枢機《すうき》 重要な事柄。重要な政務。
数奇《すうき》 運命が変化に満ちているさま。
枢機卿《すうききょう》 ローマ教皇の最高顧問。
崇敬《すうけい》 あがめうやまうこと。「―の念」
崇高《すうこう》 尊く気高いこと。「―な精神」
趨向《すうこう》 ある方向に向かう傾向。
数字《すうじ》 数を表す文字。
数次《すうじ》 数回。数度。
数式《すうしき》 数字や文字と記号を含む式。

枢軸《すうじく》 重要な箇所。政治・権力の中心。
図図《ずうずう》しい あつかましい。
趨勢《すうせい》 物事の変化してゆく方向。
図体《ずうたい》 動きのにぶい大きなからだ。なり。
数段《すうだん》 はるかに。数等。
数値《すうち》 計算して得た数。
数等《すうとう》 はるかに。ずっと。数段。
崇拝《すうはい》 あがめうやまうこと。
枢要《すうよう》 物事の最も重要なところ。
数理《すうり》 数学理論。計算。
数量《すうりょう》 数と量。物の分量。
末《すえ》 はし。終わり。将来。結果。
図会《ずえ》 図や絵を集めた書。「名所―」
据《す》え置《お》く そのままに置いておく。
須恵器《すえき》 古墳時代の青灰色の土器。

据《す》え膳《ぜん》 食膳を人の前に据えること。
末《すえ》っ子《こ》 兄弟姉妹の、一番年下の子。
末摘花《すえつむはな》 ベニバナの別名。[夏]
末広《すえひろ》がり 次第に栄えること。扇子。
据《す》える その場に置く。地位につける。
饐《す》える 食物が腐ってすっぱくなる。
素《す》襖《おう》 武士の礼服。
蘇《す》芳《おう》 マメ科の小高木。黒みを帯びた紅色。
周《す》防《おう》 旧国名。山口県南部・東部。防州。
図《ず》画《が》 図と画。また、絵。
図《ず》解《かい》 図を用いて説明すること。
頭《ず》蓋《がい》 頭部の骨の全体。頭蓋骨。とうがい。
素《す》顔《がお》 化粧をしないありのままの顔。
賺《すか》す なだめる。まるめこむ。だます。
清清《すがすが》しい さわやかで気持ちがよい。

姿《すがた》 からだ。からだつき。物のかたち。
姿《すがた》見《み》 全身を映す大形の鏡。
眇《すが》める 片目を細くする。
図《ず》柄《がら》 図。模様。
縋《すが》る つかまって寄りかかる。たよる。
図《ず》鑑《かん》 図や写真で事物を解説した書物。
頭《ず》寒足熱《かんそくねつ》 頭を涼しくし、足を温めること。健康によいとされる。
素《す》寒貧《かんぴん》 非常に貧乏なこと。
酸模《すかんぽ》 タデ科の多年草。酸味がある。[春]
犂《すき》 牛馬に引かせて土をすき返す農具。
鋤《すき》 田畑をほりおこす農具。
数《す》寄《き》 風流を好むこと。
隙《すき》 あいだ。すきま。気持ちのゆるみ。
杉《すぎ》 スギ科の常緑高木。日本特産。

杉《すぎ》菜《な》 シダ植物。つくしはその胞子茎。[春]
隙《すき》間《ま》 物と物との間。あき時間。
数《す》寄《き》屋《や》 茶の湯の建物。(別)数奇屋
鋤《すき》焼《や》き 牛肉の鍋料理。
過《す》ぎる 通過する。時がたつ。度を超える。
頭《ず》巾《きん》 頭をおおう袋状の布。[冬]
好《す》く このむ。好きだと思う。
空《す》く あきができる。腹がへる。
透《す》く すき間ができる。すけて見える。
梳《す》く 髪を櫛《くし》でとかす。
漉《す》く 簀《す》を使い紙や海苔をうすく作る。
鋤《す》く 鋤や鍬《くわ》で田畑の土を掘り返す。
剝《す》く 薄く切る。そぐ。
直《す》ぐ ただちに。ごく近く。まっすぐ。
木《ず》菟《く》 ミミズクの別名。[冬]

銑《ずく》 銑鉄《せんてつ》のこと。
掬《すく》う 手などでくみ取る。横に払う。
救《すく》う 助ける。のがれさせる。
巣《す》くう 巣を作りすむ。たむろする。宿る。
酸《す》茎《ぐき》 スグキナをすっぱく漬けた物。[冬]
直《すぐ》様《さま》 すぐに。ただちに。
宿《すく》世《せ》 仏教で、前世。前世からの因縁。
少《すく》ない 数や量が少しだ。⇔多い (別)尠い
木《ず》菟《く》入《にゅう》 太った坊主頭の人。
宿《すく》禰《ね》 八色《やくさ》の姓《かばね》の一。
竦《すく》む 恐怖や驚きで体が動かなくなる。
酸《す》塊《ぐり》 ユキノシタ科の低木。果実は食用。
選《すぐ》る よいものを選び出す。
優《すぐ》れる 他よりもまさっている。(別)勝れる
菅《すげ》 カヤツリグサ科の多年草。

図《ず》形《けい》 かいた図。点・線・面などの集まり。
菅《すげ》笠《がさ》 スゲの葉で編んだ笠。
助宗《すけそう》鱈《だら》 スケトウダラの別名。
助《すけ》太刀《だち》 加勢すること(人)。手伝い。
助《すけ》っ人《と》 加勢する人。
介党《すけとう》鱈《だら》 タラの一種。メンタイ。
助《すけ》兵衛《べえ》 好色なこと(人)。すけべ。
助《す》ける 手助けをする。「仕事を—」
箝《す》げる はめこむ。さしこむ。(別)挿げる
凄《すご》い おそろしい。はなはだしい。
図《ず》工《こう》 図画と工作。
凄《すご》腕《うで》 すぐれた腕前の人。
少《すこ》し わずかであるさま。ちょっと。
過《す》ごす 時間をおくる。暮らす。限度を超す。
悄悄《すごすご》 元気がなくなるさま。「—と帰る」

蘇格蘭《スコットランド》 イギリスの地方名。
頗《すこぶ》る 非常に。たいそう。「—元気だ」
凄《すご》む 相手をおどすような態度をとる。
巣《す》籠《ごも》り 雛鳥が巣にこもっている。[春]
健《すこ》やか からだや精神が健康であること。
双《すご》六《ろく》 さいころを使った遊戯の一。[新]
莇《すさ》 壁土にまぜる藁や糸屑。
朱《す》雀《ざく》 四神の一。鳥の姿で、南に配する。
遊《すさ》び 慰みごと。「老いの—」
荒《すさ》ぶ ⇩すさむ
凄《すさ》まじい 恐ろしい。はなはだしい。
荒《すさ》む うるおいがなくなり、あれる。
退《すさ》る うしろへさがる。しりぞく。
杜《ず》撰《さん》 不正確で、いいかげんなさま。
鮨《すし》 酢飯に刺身などを添えた食べ物。[夏]

筋《すじ》　線。素質。話の運び。物事の道理。
図示《ずし》　図で示すこと。
厨子《ずし》　仏像を入れる堂の形をした仏具。
筋合《すじあ》い　道理。理由。
筋交《すじか》い　斜めに交差していること。
筋書《すじが》き　演劇などのあらすじ。もくろみ。
筋金《すじがね》入《い》り　鍛えぬかれていること。
図式《ずしき》　相互の関係などを表した図。
筋子《すじこ》　サケの卵を塩漬けにした食品。
筋立《すじだ》て　話の筋の組み立て。
鮨種《すしだね》　鮨に使う、魚・貝などの材料。たね。
筋違《すじちが》い　道理に合わないこと。すじかい。
鮨詰《すしづ》め　ぎっしり入っていること。
筋道《すじみち》　物事の道理。事を行うための順序。
筋向《すじむ》かい　斜め向かいにあること。

筋目《すじめ》　家柄。血統。物事の筋道。
素《す》姓《じょう》　生まれや育ち。血筋や家柄。[別]素性
煤《すす》　煙の中にまじった黒いもの。
鈴《すず》　振って鳴らす金属製の鳴り物。
錫《すず》　金属元素の一。銀白色。記号 Sn
鈴懸《すずかけ》の木《き》　落葉高木。プラタナス。
薄《すすき》　秋の七草の一。イネ科。[秋] [別]芒
鱸《すずき》　スズキ目の海魚。食用。[秋]
雪《すす》ぐ　そそぐ。「汚名を—」
漱《すす》ぐ　口の中を洗う。うがいをする。
濯《すす》ぐ　よごれを洗い落とす。ゆすぐ。
煤《すす》ける　すすで黒ずむ。古ぼけて汚れる。
生絹《すずし》　生糸で織った絹織物。きぎぬ。
涼《すず》しい　熱くなくて気持ちがよい。[夏]
清白《すずしろ》　ダイコンの別名。春の七草の一。

菘《すずな》　カブの別名。春の七草の一。
鈴《すず》生《な》り　果実がたくさんなっていること。
篠《すず》の子《こ》　篠竹のたけのこ。[夏]
煤払《すすはら》い　年末に煤を掃除すること。[冬]
進《すす》む　前の方に動く。はかどる。
涼《すず》む　日陰や涼しい風で暑さを避ける。[夏]
鈴虫《すずむし》　秋に鳴くコオロギに似た昆虫。[秋]
雀《すずめ》　人家の近くにいる小鳥。
雀蜂《すずめばち》　日本で一番大きなハチ。クマンバチ。
進《すす》める　前の方に動かす。はかどらせる。
勧《すす》める　そうするようにはたらきかける。
薦《すす》める　推薦する。
鈴蘭《すずらん》　高原に生えるユリ科の多年草。[夏]
硯《すずり》　水を入れて墨をする道具。
啜《すす》る　吸い込んで飲む。鼻水を吸い込む。

図説《ずせつ》　図を使用して説明する。
裾《すそ》　衣服の下のへり。山のふもと。
裾野《すその》　山のふもとに広がった傾斜面。
集《すだ》く　虫などが集まり鳴く。
酢《す》橘《だち》　ユズに近縁の常緑小高木。[秋]
巣《す》立《だ》つ　鳥の子が巣を去る。社会へ出る。
頭《ず》陀《だ》袋《ぶくろ》　僧が首に掛ける袋。
魑《す》魅《だま》　山林・木石の精霊。ちみ。
廃《すた》る　面目が失われる。すたれる。
簾《すだれ》　葦《あし》や竹を編んだ日よけ。[夏]
廃《すた》れる　はやらなくなる。衰える。
頭《ず》痛《つう》　頭の痛み。悩み。心配。
酸《す》っぱい　酸味がある。
素《す》っ裸《ぱだか》　何も着ていない。無一物の状態。
素《す》っ破《ぱ》抜《ぬ》く　秘密をあばく。

鼈《すっぽん》　淡水産のカメ。食用。泥亀。
素《す》手《で》　手に何も持たないこと。
捨《す》て石《いし》　碁で作戦上打つむだ石。
素《す》敵《てき》　すばらしいと感じられるさま。
捨《す》て台詞《ぜりふ》　去り際に放つ悪口。
既《すで》に　以前に。もはや。もう。[別]已に
捨《す》て鉢《ばち》　やけくそ。「—になる」
捨《す》て身《み》　命をかけて事を行うこと。
捨《す》てる　ほうる。放っておく。見限る。
素《す》通《どお》し　遮るものがなく、見通せること。
素《す》通《どお》り　立ち寄らないで通り過ぎること。
素《す》泊《ど》まり　食事をとらない宿泊。
砂《すな》　岩石や鉱物の細かい粒。まさご。
砂嵐《すなあらし》　砂漠などの、砂を吹き飛ばす嵐。
素《す》直《なお》　性格がおだやかで、さからわないさま。

砂《すな》子《ご》　すな。金銀の箔を粉末にしたもの。
漁《すなど》る　魚をとる。漁をする。
砂埃《すなぼこり》　細かい砂のほこり。
即《すなわ》ち　言い換えれば。つまり。
則《すなわ》ち　そのときは必ず。「戦えば—勝つ」
乃《すなわ》ち　そこで。
図《ず》抜《ぬ》ける　ずばぬける。
臑《すね》　膝から足首までの前面の部分。[別]脛
臑齧《すねかじ》り　親がかりで暮らしていること。
拗《す》ねる　わざと逆らい意地を張る。
頭《ず》脳《のう》　頭の働き。知能のすぐれた人。
簀《す》の子《こ》　細い板を並べて打ちつけた台。
巣《す》箱《ばこ》　野鳥の巣となるよう作った木箱。
素《す》肌《はだ》　なにも化粧をしていない肌。
巣《す》離《ばな》れ　雛《ひな》が大きくなって巣立つこと。

素早《すばや》い 動作や頭の回転がはやい。
素晴《すば》らしい すぐれている。
昴《すばる》 牡牛座のプレアデス星団の和名。
図版《ずはん》 書物に印刷された図や写真。
図表《ずひょう》 図と表。
図譜《ずふ》 絵図にかいたものをまとめた本。
図太《ずぶと》い ずうずうしい態度である。
術《すべ》 手段。方法。しかた。「—がない」
西班牙《スペイン》 ヨーロッパの一国。
須《すべから》く 当然のこととして。ぜひとも。
全《すべ》て 全部。みんな。別凡て・総て
滑莧《すべりひゆ》 スベリヒユ科の一年草。夏
滑《すべ》る 滑らかに動く。足をとられて転ぶ。
統《す》べる 一つにまとめる。
図星《ずぼし》 的の中心の黒い点。ねらった所。

窄《すぼ》む 先が細くなる。つぼむ。しぼむ。
簀巻《すま》き 簀で巻くこと。江戸時代の私刑。
炭《すみ》 木材を蒸し焼きにしたもの。图
隅《すみ》 はし。かど。中心から離れた所。
墨《すみ》 書画を書く黒い液。
墨絵《すみえ》 水墨画《すいぼくが》。
住《す》み処《か》 住む所。住んでいる所。別栖
炭竈《すみがま》 炭を焼くかまど。图
墨染《すみぞ》め 黒く染めること。僧服。喪服。
炭俵《すみだわら》 炭を入れる萱や藁で作った俵。图
墨壺《すみつぼ》 直線を引く大工道具。
墨縄《すみなわ》 墨壺の糸巻車に巻いてある麻糸。
炭火《すみび》 木炭でおこした火。图
速《すみ》やか 早いさま。すぐ。
菫《すみれ》 スミレ科の多年草。花は五弁花。春

住《す》む 人がそこで生活する。
棲《す》む 鳥や動物が巣を作る。
済《す》む 終わる。かたがつく。間に合う。
澄《す》む すきとおる。色や音がさえる。
天皇《すめらみこと》 天皇。
図面《ずめん》 土木・建築分野での設計図。
相撲《すもう》 土俵上で勝負をする競技。秋
李《すもも》 バラ科の落葉高木。食用。夏
素焼《すや》き 釉をかけず、低温焼成の陶器。
掏摸《すり》 他人の金品をすばやく盗み取る。
擦《す》り傷《きず》 擦れてできた傷。擦過傷。
擂《す》り鉢《ばち》 物をすりつぶすのに使う鉢。
擂《す》り身《み》 魚肉をすりつぶしたもの。
剃《す》る そる(剃る)。
掏《す》る 懐中物などをこっそり盗み取る。

磨《す》る こすり合わせて何度も動かす。
刷《す》る 印刷する。
擂《す》る はちやうすで細かく砕く。
擦《す》る こする。使い果たす。別摩る
狡《ずる》い 自分だけの利益を考えたやり方だ。
鋭《するど》い よく切れる。すぐれている。
鯣《するめ》 イカを干した食品。
杜漏《ずろう》 やりっ放しでだらしないこと。
素浪人《すろうにん》 貧乏な浪人。
図録《ずろく》 図を主に扱った出版物。
座《すわ》る 腰をおろす。ある地位につく。
据《す》わる 動かなくなる。物に動じない。
寸《すん》 尺貫法の長さの単位。
寸陰《すんいん》 わずかな時間。
寸暇《すんか》 非常にわずかな暇。「—をおしむ」

寸感《すんかん》 ちょっとした感想。
寸劇《すんげき》 短い喜劇。コント。
寸隙《すんげき》 わずかなすきま。少しのひま。
寸言《すんげん》 短い言葉。
寸毫《すんごう》 きわめてわずかなこと。
寸刻《すんこく》 ほんのわずかの時間。寸時。
寸志《すんし》 心ばかりの贈り物。
寸時《すんじ》 わずかの時間。寸刻。
寸借《すんしゃく》 少しばかりの金を借りること。
寸進尺退《すんしんしゃくたい》 少し進み多く退く。
寸前《すんぜん》 わずか手前。直前。
寸善尺魔《すんぜんしゃくま》 世の中には善いことが少なく、悪いことが多いことのたとえ。
寸断《すんだん》 ずたずたに断ち切ること。
寸鉄《すんてつ》 小さい刃物。警句。「—人を刺す」

寸土《すんど》 わずかの土地。
寸胴《ずんどう》 上から下まで同じ太さである。
寸描《すんびょう》 簡単な描写。スケッチ。
寸評《すんぴょう》 みじかい批評。短評。
寸分《すんぶん》 ごくわずかの程度。「—たがわず」
寸法《すんぽう》 物の長さ。段取り。手順。
寸話《すんわ》 短い話。

せ

畝《せ》 土地の面積の単位。
背《せ》 せなか。背面。身長。せい。
瀬《せ》 川の流れの浅い所。また早瀬。立場。
是《ぜ》 道理にかなっていること。⇔非
背《せい》 身のたけ。身長。せ。
正《せい》 正しいこと。主となるもの。プラス。

生《せい》 生きていること。いのち。生命。
姓《せい》 みょうじ。
性《せい》 性質。男女の区別。セックス。
精《せい》 精霊。精力。「―を出す」
所《せ》為《い》 ゆえ。ため。「人の―にする」
税《ぜい》 税金。租税。「消費―」
贅《ぜい》 ぜいたく。「―を尽くす」
井《せい》蛙《あ》 井の中の蛙。見識の狭い人。
性《せい》愛《あい》 性本能から発する愛情。
制《せい》圧《あつ》 力で押さえること。
成《せい》案《あん》 できあがった考えや文案。
勢《せい》威《い》 おさえつけようとする権勢と威力。
誠《せい》意《い》 まごころ。「―を尽くす」
西《せい》域《いき》 中国の西方地域。
声《せい》域《いき》 出すことのできる声の高低の範囲。

聖《せい》域《いき》 侵すことのできない神聖な場所。
生《せい》育《いく》 植物が生長すること。
成《せい》育《いく》 人や動物が成長すること。
斉《せい》一《いつ》 一様に整いそろっていること。
精《せい》一《いっ》杯《ぱい》 力のかぎり。根かぎり。
正《せい》員《いん》 正式な資格のある人員。
成《せい》因《いん》 物事の成立する原因。
成《せい》員《いん》 ある団体・組織の構成員。
晴《せい》雨《う》 晴れと雨。「―計」
海象《セイウチ》 北極海にすむ大きな海獣。
青《せい》雲《うん》 晴天。高位・高官。「―の志」
星《せい》雲《うん》 雲状に見える星の集まり。
盛《せい》運《うん》 これから栄えていく運命。
清《せい》栄《えい》 手紙文で、相手の健康を祝う言葉。
精《せい》鋭《えい》 強くすぐれた人や兵士。

精《せい》液《えき》 雄性生殖器から分泌される液。
声《せい》援《えん》 声をかけて応援すること。
凄《せい》艶《えん》 すごいほどあでやかなこと。
盛《せい》宴《えん》 盛大な宴会。
製《せい》塩《えん》 食塩をつくること。
西《せい》欧《おう》 ヨーロッパ西部。西洋。
清《せい》音《おん》 濁点や半濁点をつけない音節。
静《せい》穏《おん》 しずかでおだやかなこと。
正《せい》価《か》 掛け値なしの値段。
正《せい》貨《か》 額面と同じ価値をもつ貨幣。
正《せい》課《か》 学校などで必修とされる課目。
生《せい》花《か》 いけばな。(造花に対し)自然の花。
生《せい》家《か》 その人の生まれた家。実家。さと。
成《せい》果《か》 なしとげた結果。
声《せい》価《か》 評判。

青《せい》果《か》 野菜と果物の総称。
盛《せい》夏《か》 夏の暑い盛りの時期。まなつ。夏
勢《せい》家《か》 権勢のある家。「権門―」
聖《せい》火《か》 神聖な火。オリンピック大会の火。
聖《せい》歌《か》 宗教歌。賛美歌。「―隊」
精《せい》華《か》 そのもののきわだってよいところ。
製《せい》菓《か》 菓子を製造すること。
製《せい》靴《か》 靴を製造すること。
清《せい》雅《が》 清らかで上品なさま。
静《せい》臥《が》 静かに横になること。
正《せい》解《かい》 正しい解答・解釈。
政《せい》界《かい》 政治の世界。
盛《せい》会《かい》 盛大な会合。
制《せい》海《かい》権《けん》 ある海域を支配する権力。
性《せい》格《かく》 その人・物に特有の傾向や性質。

正《せい》確《かく》 正しくたしかなさま。
精《せい》確《かく》 くわしくてたしかなさま。
声《せい》楽《がく》 人の声による音楽の総称。
臍《せい》下《か》丹《たん》田《でん》 へその下のあたり。東洋医学で気力の集まるところという。
生《せい》活《かつ》 生きて活動すること。暮らし。
生《せい》還《かん》 危険なところから生きて戻ること。
性《せい》感《かん》 性的な快感。
清《せい》閑《かん》 俗事を離れてしずかなこと。
盛《せい》観《かん》 すばらしい見もの。
精《せい》悍《かん》 表情が鋭く、気力に満ちているさま。
静《せい》観《かん》 なりゆきを静かに見守ること。
正《せい》眼《がん》 刀の切っ先を相手の目に向ける構え。
青《せい》眼《がん》 人を歓迎するときの目つき。⇕白眼
誓《せい》願《がん》 神仏に誓いをたて、祈ること。

請《せい》願《がん》 役所に文書で希望を伝えること。
税《ぜい》関《かん》 輸出入品の取り締まりをする役所。
世《せい》紀《き》 一〇〇年を一期とする年代。時代。
正《せい》規《き》 規則にかなって正しいこと。
正《せい》気《き》 至高・至大な天地の気。
生《せい》気《き》 いきいきとした気力。活気。
精《せい》気《き》 万物を生み出す気。精力。
生《せい》起《き》 事件などが起こること。
西《せい》紀《き》 西洋の紀元。西暦。
性《せい》器《き》 生殖器官。生殖器。
正《せい》義《ぎ》 人間としての正しい道理。道義。
盛《せい》儀《ぎ》 盛大な儀式。盛典。
世《せい》紀《き》末《まつ》 退廃的・懐疑的な風潮。
性《せい》急《きゅう》 せっかちで慎重さに欠けること。
請《せい》求《きゅう》 当然の権利として求めること。

逝去《せいきょ》 人の死を敬っていう語。死去。
生魚《せいぎょ》 生きている魚。新鮮な魚。
成魚《せいぎょ》 十分に成長した魚。
制御《せいぎょ》 支配し調整すること。(別)制禦
生協《せいきょう》 「生活協同組合」の略。
政教《せいきょう》 政治と宗教。「―分離」
盛況《せいきょう》 にぎやかで盛んであるようす。
精強《せいきょう》 すぐれていて強いこと。
正業《せいぎょう》 まともな職業。かたぎの職業。
生業《せいぎょう》 生計のための職業。なりわい。
成業《せいぎょう》 学業や事業をなしとげること。
盛業《せいぎょう》 事業や商売が盛んであること。
政局《せいきょく》 政治や政界の動向。政情。
精勤《せいきん》 休まずに仕事にはげむこと。
税金《ぜいきん》 租税として納める金。税。

成句《せいく》 昔から使われる名句やことわざ。
制空権《せいくうけん》 ある空域を支配する権力。
請訓《せいくん》 本国政府の指示を求めること。
生計《せいけい》 生活の手段・方法。「―を立てる」
成形《せいけい》 形を作ること。
成型《せいけい》 型にはめて一定の形の物を作ること。
西経《せいけい》 子午線から西へ一八〇度までの経度。
政経《せいけい》 政治と経済。
整形《せいけい》 正しい形に整えること。
清潔《せいけつ》 汚れがなく清らかなこと。⇔不潔
生検《せいけん》 組織の一部を切り取り検査すること。
政見《せいけん》 政治についての意見・考え方。
政権《せいけん》 政府を構成し、政治を行う権力。
聖賢《せいけん》 聖人と賢人。
制限《せいげん》 限界を定めること。

税源《ぜいげん》 税を徴収する財源。
贅言《ぜいげん》 むだな言葉。「―を要しない」
鮬《せいご》 スズキの若魚の呼び名。
正誤《せいご》 正しいことと誤り。誤りを正すこと。
生後《せいご》 生まれてのち。「―一か月」
成語《せいご》 成句。熟語。
生硬《せいこう》 表現が未熟でぎこちないこと。
成功《せいこう》 目的を達すること。出世すること。
性交《せいこう》 男女の肉体的な交わり。
性向《せいこう》 性質の傾向。気だて。気質。
性行《せいこう》 性質とふだんの行動。
政綱《せいこう》 その政党の政策の要綱。
盛行《せいこう》 盛んに行われること。
精巧《せいこう》 細かい所まで正確にできていること。
製鋼《せいこう》 鋼鉄を作ること。

整合《せいごう》 理論に矛盾がないこと。「―性」
晴好雨奇《せいこううき》 晴天にも雨天にも、山水の景色が趣を異にしてすばらしいこと。
晴耕雨読《せいこううどく》 文人の理想の生活。
正攻法《せいこうほう》 正々堂々と行う攻撃方法。
正鵠《せいこく》 的の中央の黒点。急所。「―を射る」
整骨《せいこつ》 骨折や脱臼を治すこと。ほねつぎ。
成婚《せいこん》 婚姻が成立すること。
精根《せいこん》 気力と体力。「―尽き果てる」
精魂《せいこん》 たましい。「―を込める」
性差《せいさ》 男女の性別に基づく差。
精査《せいさ》 精密に調べること。
正座《せいざ》 行儀よくすわること。端座。
星座《せいざ》 動物や人物に見立てた恒星の群れ。
静座《せいざ》 心静かにすわること。

正妻《せいさい》 法律上の正式な妻。本妻。
制裁《せいさい》 こらしめに罰を加えること。
精彩《せいさい》 生き生きとしていること。(別)生彩
精細《せいさい》 くわしく細かいこと。
製材《せいざい》 原木から角材などを作ること。
製剤《せいざい》 薬剤を製造すること。
政策《せいさく》 基本的な政治の方針。
制作《せいさく》 芸術作品などをつくること。
製作《せいさく》 物品を作ること。
制札《せいさつ》 お触れなどを書いて辻に立てた札。
省察《せいさつ》 反省してよく考えること。
精察《せいさつ》 くわしく観察すること。
生殺与奪《せいさつよだつ》 生かすも殺すも思うままであること。相手を自在に支配できること。
正餐《せいさん》 洋食で、正式の献立による食事。

生産《せいさん》 生活に役立つ品物を作り出すこと。
成算《せいさん》 成功の見込み。
凄惨《せいさん》 ひどくむごたらしいこと。
清算《せいさん》 貸借を計算して決まりをつけること。
精算《せいさん》 くわしく計算し過不足を直すこと。
聖餐《せいさん》 イエスの最後の晩餐を記念する儀式。
青山《せいざん》 木が青々と茂る山。骨を埋める地。
世子《せいし》 貴人のあとつぎ。(別)世嗣
正史《せいし》 国家が編纂した歴史書。
正視《せいし》 まともに正面から見ること。直視。
生死《せいし》 生きることと死ぬこと。
制止《せいし》 相手の言動をおしとどめること。
姓氏《せいし》 みょうじ。
青史《せいし》 歴史書。
精子《せいし》 雄性の生殖細胞。精虫。⇔卵子

製糸《せいし》 糸をつくること。生糸をつくること。

製紙《せいし》 紙をつくること。

誓紙《せいし》 誓いの言葉を書いた紙。

誓詞《せいし》 誓いの言葉。誓言。

静止《せいし》 とまって動かないこと。

静思《せいし》 心を落ちつけて静かに考えること。

正字《せいじ》 点画の正しい漢字。

青磁《せいじ》 青緑色の磁器。(別)青瓷

政事《せいじ》 政治上のいろいろなこと。

政治《せいじ》 国家を治め運営する活動。

盛事《せいじ》 盛大な事業・行事。

盛時《せいじ》 国運などの盛んなとき。

正式《せいしき》 本来の正しいやり方。

清拭《せいしき》 病人の体をふききよめること。

正室《せいしつ》 正妻。本妻。

性質《せいしつ》 人や物が元来持っている特徴。

誠実《せいじつ》 真心のあること。

勢至《せいし》**菩薩**《ぼさつ》 智慧を表す菩薩。

正邪《せいじゃ》 正しいこととよこしまなこと。

聖者《せいじゃ》 偉大な信徒や殉教者。

静寂《せいじゃく》 静かでしんとしていること。

脆弱《ぜいじゃく》 もろくてよわいこと。

清酒《せいしゅ》 米からつくる澄んだ酒。日本酒。

聖樹《せいじゅ》 クリスマスツリー。[冬]

税収《ぜいしゅう》 税金の収入。

星宿《せいしゅく》 昔、中国で定めた二八の星座。

静粛《せいしゅく》 声を出さず静かにしていること。

成熟《せいじゅく》 十分に成長し発達すること。

青春《せいしゅん》 若く元気な時期。

正閏《せいじゅん》 正統とそうでない系統。

清純《せいじゅん》 心が純粋できよらかなこと。

清書《せいしょ》 下書きなどをきれいに書き直すこと。

聖書《せいしょ》 キリスト教の聖典。

聖女《せいじょ》 清らかな女性。列聖された女性。

整序《せいじょ》 順序をととのえること。

正称《せいしょう》 正式の名前。

正賞《せいしょう》 (副賞に対し)正式の賞。

斉唱《せいしょう》 同じ旋律をおおぜいで歌うこと。

政商《せいしょう》 政治家と結びついている商人。

清祥《せいしょう》 手紙で、相手の健康や幸福を祝う語。

清勝《せいしょう》 手紙で、相手の健康を祝う語。健勝。

正常《せいじょう》 普通の状態であること。⇔異常

性状《せいじょう》 人の性質と行状。物の性質と状態。

性情《せいじょう》 生まれつきの性質と心情。

政情《せいじょう》 政局の状況。

清浄《せいじょう》 きよくけがれのないこと。

星条旗《せいじょうき》 アメリカ合衆国の国旗。

青少年《せいしょうねん》 青年と少年。若い人たち。

生色《せいしょく》 生き生きとした様子。

生食《せいしょく》 なまのままで食べること。

生殖《せいしょく》 生物が同種の個体を新たに作ること。

聖職《せいしょく》 神聖な職業。

星辰《せいしん》 ほし。星座。

生新《せいしん》 生き生きとして新しいこと。

清新《せいしん》 清らかですがすがしいこと。

誠心《せいしん》 まごころ。「—誠意」

精神《せいしん》 心のはたらき。根本の意義や理念。

成人《せいじん》 成年に達すること。大人。

聖人《せいじん》 知識と徳のすぐれた理想的な人。

星図《せいず》 恒星の位置を記した図。

製図《せいず》 器具を使って設計図などをかくこと。

盛衰《せいすい》 盛んなことと衰えること。「栄枯—」

精粋《せいすい》 混じりけのない最もよい部分。

精髄《せいずい》 物事の一番優れているところ。

正数《せいすう》 ゼロより大きい数。⇔負数

整数《せいすう》 自然数とその負数およびゼロ。

制《せい》**する** 抑える。支配する。きめる。

征《せい》**する** 征伐する。

製《せい》**する** つくる。製造する。こしらえる。

生成《せいせい》 生まれること。生じさせること。

精製《せいせい》 混じりけのない良質なものにする。

済済《せいせい》 人が多くて盛んなさま。「多士—」

清清《せいせい》 すっきりしてはればれしている。

精精《せいぜい》 できるだけ。多くとも。たかだか。

税制《ぜいせい》 税に関する制度。

正正堂堂《せいせいどうどう》 正しく立派なさま。

生生《せいせい》**流転**《るてん》 万物はたえず生まれ変わってゆくということ。しょうじょうるてん。

成績《せいせき》 仕事や勉強のできばえ。

聖跡《せいせき》 神聖な遺跡や史跡。(別)聖蹟

凄絶《せいぜつ》 非常にすさまじいこと。

生鮮《せいせん》 魚・野菜などが新鮮である。

聖戦《せいせん》 神聖な目的のための戦い。

精選《せいせん》 よいものだけをえりすぐること。

生前《せいぜん》 生きていた時。存命中。

西漸《せいぜん》 次第に西方に移りゆくこと。

凄然《せいぜん》 冷たく寒いさま。もの寂しいさま。

整然《せいぜん》 秩序正しく整っているさま。

清楚《せいそ》 飾り気がなくさっぱりしているさま。

精粗《せいそ》 細かいことと粗いこと。

正装《せいそう》 正式の装い。⇔略装

盛装《せいそう》 美しく立派に着飾ること。

政争《せいそう》 政界の争い。

星霜《せいそう》 としつき。年月。「幾—」

凄愴《せいそう》 すさまじく痛ましいこと。

清掃《せいそう》 きれいにそうじすること。

清爽《せいそう》 さわやかですがすがしいこと。

精巣《せいそう》 動物の雄の生殖腺。⇔卵巣

製造《せいぞう》 原材料を加工して製品にすること。

正則《せいそく》 正しい規則。

生息《せいそく》 動物がすんでいること。(別)棲息

勢揃い《せいぞろい》 多くの人が一か所に集まること。

生存《せいぞん》 生き続けること。「—者」

正対《せいたい》 真正面から向かい合うこと。

生体《せいたい》 生きているからだ。

生態《せいたい》 生物の自然界での生活のありさま。

成体《せいたい》 成熟して生殖できる状態の生物体。

声帯《せいたい》 のどにある発声器官。

政体《せいたい》 国家の政治の形態。

静態《せいたい》 静止している状態。⇔動態

整体《せいたい》 背骨のゆがみを矯正する身体療法。

臍帯《せいたい》 ⇩さいたい(臍帯)

正大《せいだい》 正しくて堂々としていること。

盛大《せいだい》 規模が大きくさかんなこと。

請託《せいたく》 特別に頼み込むこと。

清濁《せいだく》 清いことと濁っていること。善と悪。

贅沢《ぜいたく》 おごった生活をすること。

生誕《せいたん》 生まれること。誕生。

政談《せいだん》 政治に関する談話。

星団《せいだん》 恒星の大集団。

清談《せいだん》 俗世間を離れた、風流・高尚な話。

聖断《せいだん》 天皇が決めること。

聖誕祭《せいたんさい》 [冬] クリスマス。

生地《せいち》 生まれた土地。出生地。

聖地《せいち》 神聖な土地。

精緻《せいち》 綿密できめ細かいこと。

整地《せいち》 建築などの前に地ならしをすること。

筮竹《ぜいちく》 易の占いで使う竹製の細い棒。

製茶《せいちゃ》 [春] 茶葉をつくること。

正嫡《せいちゃく》 正妻が生んだ子。嫡子。

成虫《せいちゅう》 生殖が可能となった虫。

掣肘《せいちゅう》 干渉して自由な行動をさせないこと。

精虫《せいちゅう》 ⇩精子

正調《せいちょう》 正しく受け継がれた唄い方。

生長《せいちょう》 (植物が)のび育つこと。

成長《せいちょう》 育って一人前になる。発展する。

声調《せいちょう》 声の調子。ふしまわし。

性徴《せいちょう》 男女・雌雄を区別しうる形態的特徴。

政庁《せいちょう》 政治を扱う官庁。

清澄《せいちょう》 澄みきっていること。

清聴《せいちょう》 相手が聞いてくれることの尊敬語。

静聴《せいちょう》 静かにきくこと。

整調《せいちょう》 体の調子をととのえること。

精通《せいつう》 詳しく知り抜いていること。

制定《せいてい》 法律・規則などをつくり定めること。

政敵《せいてき》 政治的に対立している相手。

清適《せいてき》 手紙で、相手の健康・無事を喜ぶ語。

性的《せいてき》 性に関係するさま。「—いやがらせ」

静的《せいてき》 静止して動かないさま。⇔動的

聖哲《せいてつ》 豊かな知識と高い徳をそなえた人。

製鉄《せいてつ》 鉄鉱から鉄をつくること。

青天《せいてん》 澄みきった青空。「—の霹靂《へきれき》」

晴天《せいてん》 空が晴れていること。晴れた空。

盛典《せいてん》 盛大な儀式。盛儀。

聖典《せいてん》 教えを説いた神聖な書物。

正殿《せいでん》 神社の本殿。宮殿の表御殿。

静電気《せいでんき》 帯電体に静止している電気。

青天白日《せいてんはくじつ》 晴れた空。無罪。

征途《せいと》 出征の道。

制度《せいど》 社会的に決められたしくみやきまり。

精度《せいど》 精確さの程度。

正当《せいとう》 道理にかなっていること。⇔不当

正答《せいとう》 正しい答え。正解。

正統《せいとう》 正しい系統・血統。

征討《せいとう》 攻めてうつこと。討伐。

政党《せいとう》 政見を同じくする人々の組織。

精到《せいとう》 細かく行き届いていること。

製糖《せいとう》 砂糖をつくること。

正道《せいどう》 道理にかなった正しいやり方。

生動《せいどう》 生き生きと動くこと。

制動《せいどう》 運動をおさえ止めること。

青銅《せいどう》 銅とスズとの合金。ブロンズ。

政道《せいどう》 政治のやり方。

聖堂《せいどう》 聖人をまつった堂。

精銅《せいどう》 精錬してとれる、純粋の銅。

生得《せいとく》 生まれつき。しょうとく。

精読《せいどく》 細かいところまで注意して読むこと。

整頓《せいとん》 きちんとととのえること。「整理—」

精肉《せいにく》 上等の品質の肉。

贅肉《ぜいにく》 太り過ぎてついた余分な脂肪。

生乳《せいにゅう》 搾ったままで手を加えていない牛乳。
生年《せいねん》 生まれた年。生まれてからの年数。
成年《せいねん》 成人に達した年齢。満二〇歳。
青年《せいねん》 青春期にある若い男女。若者。
盛年《せいねん》 働き盛りの年頃。
性能《せいのう》 機械などの性質と能力。
制覇《せいは》 権力をにぎること。優勝すること。
成敗《せいはい》 成功か失敗か。成否。
成敗《せいばい》 処罰すること。さばくこと。
精白《せいはく》 穀物をついて白くすること。
整髪《せいはつ》 髪の毛を整えること。
征伐《せいばつ》 反逆者などを攻め討つこと。
正犯《せいはん》 犯罪行為を直接実行した人。
製版《せいはん》 印刷用の版をつくること。
正反対《せいはんたい》 全くの反対。全く逆なこと。

正否《せいひ》 正しいか正しくないか。
成否《せいひ》 成功か失敗か。
整備《せいび》 使用に備えて整えること。
静謐《せいひつ》 静かでおだやかなさま。
青票《せいひょう》 議会の投票で反対を表す票。
製氷《せいひょう》 氷をつくること。
性病《せいびょう》 性行為によって感染する病気。
聖廟《せいびょう》 孔子をまつった廟。
正賓《せいひん》 中心となる客。主賓。正客。
清貧《せいひん》 貧乏でもおこないが正しいこと。
製品《せいひん》 原料に手を加えて作った品物。
政府《せいふ》 国の統治機関。
声部《せいぶ》 多声音楽を構成する各部分。
清風《せいふう》 清らかな風。新鮮な空気。
制服《せいふく》 着るように決められている服装。

征服《せいふく》 服従させる。難事に打ちかつ。
整復《せいふく》 骨折・脱臼などを治療すること。
生物《せいぶつ》 動物と植物。いきもの。
静物《せいぶつ》 絵画の題材で、動かないもの。
製粉《せいふん》 穀物をひいて粉にすること。
成分《せいぶん》 ある物を構成している要素。
成文法《せいぶんほう》 文書で書き表された法。
精兵《せいへい》 よりぬきの強い兵士。
性癖《せいへき》 (良くない)くせ。
生別《せいべつ》 いきわかれ。⇔死別
性別《せいべつ》 男女・雌雄の区別。
正編《せいへん》 続編に対して、最初に編集された方。
政変《せいへん》 政権の交替など政治上の大きな変動。
生母《せいぼ》 生みのはは。実母。
歳暮《せいぼ》 年のくれ。歳末。歳末の贈り物。冬

聖母《せいぼ》 キリストの母マリアの尊称。
製法《せいほう》 物を製造する方法。
声望《せいぼう》 高い評判と人望。
制帽《せいぼう》 かぶるように定められた帽子。
税法《ぜいほう》 租税に関する法規。
正本《せいほん》 原本と同じ効力をもつ文書。原本。
製本《せいほん》 印刷物などを本の形にすること。
精米《せいまい》 玄米をついて白くすること。
精密《せいみつ》 くわしく正確であるさま。
精妙《せいみょう》 細部まで巧みにできているさま。
政務《せいむ》 政治上の事務。
税務《ぜいむ》 税金に関する行政事務。
生命《せいめい》 いのち。最も大切なもの。
声明《せいめい》 おおやけに発表すること。
姓名《せいめい》 名字と名前。氏名。

清明《せいめい》 二十四節気の一。四月五日頃。春
声名《せいめい》 よい評判。名声。
盛名《せいめい》 さかんな評判。「—をはせる」
正門《せいもん》 正面の門。おもてもん。
声門《せいもん》 声帯の間にある、息が通るすきま。
声紋《せいもん》 周波数分析で表した音声の紋様。
誓文《せいもん》 誓いの文書。
星夜《せいや》 星の美しい夜空。星月夜。
聖夜《せいや》 クリスマスイブ。冬
成約《せいやく》 契約が成立すること。
制約《せいやく》 条件をつけて制限すること。
製薬《せいやく》 薬を製造すること。
誓約《せいやく》 固く約束すること。「—書」
精油《せいゆ》 植物からとる香料。石油の精製。
製油《せいゆ》 石油などを製造すること。

声優《せいゆう》 吹き替えに声だけで出演する俳優。
清遊《せいゆう》 風雅な遊び。相手の旅行の尊敬語。
西洋《せいよう》 欧米諸国の総称。⇔東洋
静養《せいよう》 心身を休め健康の回復をはかること。
性欲《せいよく》 性的な欲望。肉欲。
生来《せいらい》 生まれつき。生まれて以来。
青嵐《せいらん》 青葉の頃に吹く風。
晴嵐《せいらん》 晴れた日に立つ霞。「粟津の—」
生理《せいり》 生体に生じる諸現象。月経。
整理《せいり》 かたづけ整える。合理化する。
税吏《ぜいり》 税務を取り扱う役人。
成立《せいりつ》 物事がなりたつこと。
税率《ぜいりつ》 税額の価格に対する割合。課税率。
政略《せいりゃく》 政治上の策略。駆け引き。「—結婚」
清流《せいりゅう》 清らかな水の流れ。

整流《せいりゅう》 交流電気を直流に変えること。

青竜刀《せいりゅうとう》 昔の中国の刀。刃は薙刀形。

声量《せいりょう》 声の大きさや強さ。

清涼《せいりょう》 さわやかですずしいこと。

勢力《せいりょく》 いきおい。威勢。威力。

精力《せいりょく》 心身の活動の源となる力。スタミナ。

勢力伯仲《せいりょくはくちゅう》 力に優劣がない。

声涙《せいるい》 こえとなみだ。「―ともに下る」

政令《せいれい》 政府が出す命令。

聖霊《せいれい》 キリスト教で、信徒を導く霊。

精霊《せいれい》 万物に宿る魂。死者の霊魂。

精励《せいれい》 熱心にはげむこと。「刻苦―」

精励恪勤《せいれいかっきん》 精力を傾注し励む。

西暦《せいれき》 キリストの生誕を紀元とする暦。

清冽《せいれつ》 水が清らかで冷たいこと。

整列《せいれつ》 整然と列を作って並ぶこと。

清廉《せいれん》 心が清らかで、私欲がないこと。

精練《せいれん》 繊維からごみなどを除去すること。

製錬《せいれん》 鉱石から金属を取り出すこと。

清廉潔白《せいれんけっぱく》 心や行いが清く正しく、やましいところが一つもない。

蒸籠《せいろう》 赤飯や饅頭などを蒸す用具。せいろ。

晴朗《せいろう》 よく空が晴れわたっているさま。

正論《せいろん》 道理にかなった議論。

政論《せいろん》 政治に関する議論。

錫蘭《セイロン》 スリランカの旧称。

背負《せお》う 背にのせる。引き受ける。

世界《せかい》 地球全体。特定の領域。

施餓鬼《せがき》 無縁の死者を弔う法会。[秋]

急《せ》かす いそがせる。

背恰好《せかっこう》 身長や体つき。せいかっこう。

伜《せがれ》 自分の息子の謙称。(別)倅

咳《せき》 息がはげしく吐き出される現象。[冬]

堰《せき》 川の流れを調節するための構造物。

関《せき》 関所。「白河の―」

席《せき》 座る場所。集まりの場。寄席《よせ》。

積《せき》 数をかけて得た数値。⇔商

籍《せき》 戸籍。ある組織の一員。

積悪《せきあく》 積み重ねてきた悪事。⇔積善

積雲《せきうん》 大きくわき立つような雲。綿雲。

石英《せきえい》 鉱物。装飾品や陶器の原料。

積怨《せきえん》 つもる恨み。

赤外線《せきがいせん》 赤色より波長の長い光線。

碩学《せきがく》 学問が広く深い人。

関ヶ原《せきがはら》 勝負や運命の重要なわかれ目。

隻眼《せきがん》 片目。すぐれた見識。

隻語《せきご》 わずかの言葉。「片言―」

積載《せきさい》 車・船などに荷物を積むこと。

石材《せきざい》 建築・土木などの材料とする石。

積算《せきさん》 累計。費用の見積もり。

赤子《せきし》 赤ん坊。ちのみご。人民。

席次《せきじ》 座席の順序。席順。成績の順位。

石室《せきしつ》 古墳の石で囲まれた室。

昔日《せきじつ》 むかし。往時。

赤手《せきしゅ》 手に何も持たないこと。すで。

析出《せきしゅつ》 溶液から固体が分離し出ること。

惜春《せきしゅん》 過ぎゆく春を惜しむこと。[春]

石筍《せきじゅん》 鍾乳洞のたけのこ状の堆積物。

席順《せきじゅん》 座席の順序。

関所《せきしょ》 交通の要所に置いて旅人を調べた所。

石菖《せきしょう》 サトイモ科の常緑多年草。[夏]

席上《せきじょう》 会合などのその場。

赤心《せきしん》 主君に対するまごころ。

脊髄《せきずい》 背骨の中にある中枢神経。

赤誠《せきせい》 まごころ。

積雪《せきせつ》 降り積もった雪。「―量」

積善《せきぜん》 長年積み重ねてきた善行。⇔積悪

寂然《せきぜん》 ひっそりとして物寂しいさま。

石像《せきぞう》 石でつくった像。

石鏃《せきぞく》 石でつくった矢じり。

席題《せきだい》 歌会・句会などで、その場で出す題。

石炭《せきたん》 植物が地中で炭化したもの。

石竹《せきちく》 ナデシコ科の多年草。[夏]

脊柱《せきちゅう》 背骨。

赤沈《せきちん》 血沈。

脊椎《せきつい》 背骨を形作っている骨。

石庭《せきてい》 石と砂とで作られた庭。

席亭《せきてい》 寄席。寄席の経営者。

釈奠《せきてん》 孔子と孔門十哲をまつる儀式。[春]

石塔《せきとう》 石造りの五輪の塔。墓石。

赤道《せきどう》 緯度の基準となる仮想の線。

尺牘《せきとく》 手紙。書簡。書状。

関取《せきとり》 十両以上の力士の敬称。

責任《せきにん》 なすべき務め。負うべき義務や償い。

昔年《せきねん》 むかし。いにしえ。

積年《せきねん》 経過した長い年月。

関《せき》の山《やま》 これ以上は無理だという限度。

惜敗《せきはい》 惜しくも負けること。

寂寞《せきばく》 ひっそりとしてさびしいさま。

咳払《せきばら》い わざと咳をすること。

赤飯《せきはん》　もち米と小豆をまぜて蒸した飯。
石碑《せきひ》　石に文字をほりつけた記念碑。
赤貧《せきひん》　ひどく貧しいこと。
石斧《せきふ》　おのの形をした石器。
石仏《せきぶつ》　石を材料とした仏像。
積分《せきぶん》　関数の和に関する計算法。
積弊《せきへい》　長年の弊害。
惜別《せきべつ》　別れを惜しむこと。
石墨《せきぼく》　黒色の炭素鉱物。
責務《せきむ》　責任と義務。
石綿《せきめん》　アスベスト。いしわた。
赤面《せきめん》　恥ずかしくて顔が赤くなること。
石油《せきゆ》　地中からわき出る油状の物質。
施行《せぎょう》　僧や貧しい人に施しをすること。
赤裸裸《せきらら》　隠さないこと。

積乱雲《せきらんうん》　山のような雲。入道雲。雷雲。
赤痢《せきり》　感染症の一。経口伝染する。〔夏〕
席料《せきりょう》　座敷・会場を借りる料金。席代。
脊梁《せきりょう》　背骨。脊柱。「―山脈」
寂寥《せきりょう》　ひっそりとして物寂しいさま。
斥力《せきりょく》　二つの物体が互いにしりぞけあう力。
鶺鴒《せきれい》　セキレイ科の小鳥。水辺にすむ。〔秋〕
石蠟《せきろう》　石油からとる蠟状固体。パラフィン。
関脇《せきわけ》　三役の力士。大関の下、小結の上。
咳《せ》く　せきをする。せきこむ。
急《せ》く　あせる。激しくなる。
塞《せ》く　流れをさえぎる。(別)堰く
世間《せけん》　世の中。自分の活動範囲。
女衒《ぜげん》　女を遊女屋へ売るのを業とした人。
勢子《せこ》　狩猟のとき、鳥獣を追い立てる人。

世故《せこ》　世の中の事情。「―にたける」
施工《せこう》　工事を実施すること。しこう。
施行《せこう》　⇨しこう(施行)
世才《せさい》　世渡りする才能。世知。俗才。
世事《せじ》　世間のこまごまとした事柄。
世辞《せじ》　相手の耳に快いだけの言葉。
施主《せしゅ》　法事や葬式の主人役。施工主。
世襲《せしゅう》　地位・財産などを代々受け継ぐこと。
世上《せじょう》　世の中。世間。「―のうわさ」
世情《せじょう》　世間の事情。世の中のありさま。
施錠《せじょう》　鍵をかけること。
世人《せじん》　世の中の人。
世塵《せじん》　世間のわずらわしい事柄。俗事。
背筋《せすじ》　背骨に沿ったあたり。
是正《ぜせい》　まちがいをただすこと。

是是非非《ぜぜひひ》　公平無私な立場で、よいことはよい、悪いことは悪いとすること。
挵《せせ》る　つつきほじる。
世相《せそう》　世間のありさま。世態。
世俗《せぞく》　世の風俗。世間の一般の人。
世帯《せたい》　所帯。
世代《せだい》　それぞれの代。ある同年代の層。
背丈《せたけ》　背の高さ。身長。
世知《せち》　世俗の知恵。世渡りの才。(別)世智
世知辛《せちがら》い　暮らしにくい。打算的。
節《せつ》　おり。ころ。節度。一区切り。
説《せつ》　意見。学説。うわさ。風説。
切《せつ》　ひたすら願うさま。「―なる願い」
拙悪《せつあく》　拙劣でできが悪いこと。
設営《せつえい》　施設・会場などを準備すること。

節煙《せつえん》　タバコを吸う量を減らすこと。
絶縁《ぜつえん》　縁を切ること。電流を絶つこと。
絶縁体《ぜつえんたい》　電流を通さない物体。
赤化《せっか》　共産主義化。
雪加《せっか》　スズメ目の小鳥。〔夏〕
舌禍《ぜっか》　自分の言説によって受ける災難。
絶佳《ぜっか》　眺めが大変すばらしいこと。
切開《せっかい》　切り開くこと。「―手術」
石灰《せっかい》　生石灰・消石灰の併称。
節介《せっかい》　⇨おせっかい(御節介)
雪害《せつがい》　雪による被害。
絶海《ぜっかい》　陸地から遠く離れた海。「―の孤島」
石灰岩《せっかいがん》　堆積岩の一。セメント原料。
石槨《せっかく》　古墳で棺を納める石室。
折角《せっかく》　わざわざ。残念に思うさま。

石棺《せっかん》　石でつくったひつぎ。
折檻《せっかん》　痛い目に合わせてこらしめること。
摂関《せっかん》　摂政と関白。「―政治」
切願《せつがん》　そのことの実現をひたすら願うこと。
接岸《せつがん》　船が岸に横づけになること。
石器《せっき》　先史時代に作られた石製の器具。
節気《せっき》　季節の変わり目。二十四節気。
節季《せっき》　盆と暮れ。特に年末。〔冬〕
節義《せつぎ》　人として守るべき道。
接客《せっきゃく》　客に応対すること。「―業」
説教《せっきょう》　教えを説くこと。注意や忠告。
説経《せっきょう》　経典の意味を説いて聞かせること。
絶叫《ぜっきょう》　声を限りに叫ぶこと。
積極《せっきょく》　進んで事にあたること。⇔消極
接近《せっきん》　ちかづくこと。

節句《せっく》 季節の折り目に祝いをする日。
絶句《ぜっく》 言葉につまること。漢詩の一体。
責《せ》付《っ》く しきりに催促する。
接遇《せつぐう》 もてなすこと。
石窟《せっくつ》 岩石をくり抜いたほらあな。いわや。
設計《せっけい》 機械や建物の構造を図面で表すこと。
雪渓《せっけい》 夏まで残雪のある高山の谷間。［夏］
絶景《ぜっけい》 非常にすばらしい景色。
雪月花《せつげっか》 雪と月と花。四季の自然美。
赤血球《せっけっきゅう》 血液の成分。酸素を運ぶ。
石鹸《せっけん》 肌や衣類のよごれを落とす洗剤。
席巻《せっけん》 片端から攻め取ること。(別)席捲
接見《せっけん》 身分の高い人が公に人と会うこと。
節倹《せっけん》 無駄をなくすこと。節約。
切言《せつげん》 心を込めて忠告すること。

雪原《せつげん》 雪で覆われた平原。
節減《せつげん》 金や物の使用を減らすこと。
絶後《ぜつご》 再度起こらないであろうこと。
斥候《せっこう》 敵の状況を探りに行くこと。
石工《せっこう》 石材を加工する職人。いしく。
石膏《せっこう》 硫酸カルシウムからなる鉱物。
拙稿《せっこう》 自分の原稿の謙称。
接合《せつごう》 物と物とをつぎ合わせること。
絶交《ぜっこう》 今後の交際をやめること。
絶好《ぜっこう》 この上もないほど良いこと。
接骨《せっこつ》 骨折や脱臼を治すこと。ほねつぎ。
切削《せっさく》 金属などを切り削ること。
拙作《せっさく》 自分の作品の謙称。
拙策《せっさく》 まずい策略。自分の策略の謙称。
切磋《せっさ》琢磨《たくま》 互いに励まし合って、ともに向上をはかること。知識を磨くこと。

絶賛《ぜっさん》 この上なくほめること。(別)絶讃
切実《せつじつ》 深く感じる。身に迫っているさま。
接写《せっしゃ》 カメラを近づけて撮影すること。
拙者《せっしゃ》 武士が自分をへりくだっていった語。
切歯《せっし》扼腕《やくわん》 非常にくやしがる。
窃取《せっしゅ》 そっと盗み取ること。
接種《せっしゅ》 予防のため病原菌を体内に移植する。
摂取《せっしゅ》 取り入れて自分のものにすること。
節酒《せっしゅ》 酒の量を減らすこと。
接受《せつじゅ》 受けとること。受け入れること。
接収《せっしゅう》 国家が強制的に取り上げること。
切除《せつじょ》 切り取ること。
折衝《せっしょう》 対立する相手との談判・交渉。
殺生《せっしょう》 生き物を殺すこと。むごいさま。

摂政《せっしょう》 天皇に代わり政治を行う者。
絶唱《ぜっしょう》 非常にすぐれた詩歌。熱唱。
絶勝《ぜっしょう》 景色がすばらしい土地。
接触《せっしょく》 近づいて触れる。交渉をもつ。
摂食《せっしょく》 動物が食物をとること。
節食《せっしょく》 食事量を適度に減らすこと。
雪辱《せつじょく》 相手に勝って恥をそそぐこと。
絶食《ぜっしょく》 食べ物を全く食べないこと。
節水《せっすい》 水を節約して使うこと。
絶《ぜっ》する はるかに越える。「言語に―」
摂生《せっせい》 何事もほどほどにし健康に留意する。
節制《せっせい》 度を越えないように控える。
節税《せつぜい》 払う税金を少なくする工夫をする。
絶世《ぜっせい》 世に並びないほど優れていること。
切切《せつせつ》 強く訴えて胸に迫るさま。

接戦《せっせん》 力が互角の戦い。接近戦。
接線《せっせん》 曲線や曲面上の一点で接する直線。
截然《せつぜん》 区別が明らかなさま。
舌戦《ぜっせん》 口で言い争うこと。論戦。
節操《せっそう》 信念をかたく守り通すこと。
拙速《せっそく》 へただが仕上がりは早いこと。
接続《せつぞく》 二つのものをつなげること。
雪駄《せった》 竹皮草履の裏に革を張った履物。
接待《せったい》 客をもてなすこと。
舌苔《ぜったい》 舌にできる苔状のもの。
絶対《ぜったい》 他に比べる物がないこと。決して。
舌代《ぜつだい》 口上の代わりに簡単に書いたもの。
絶大《ぜつだい》 極めて大きいこと。
絶体《ぜったい》絶命《ぜつめい》 進退極まった状態。
拙宅《せったく》 自分の家をへりくだっていう語。

切断《せつだん》 物をたち切ること。(別)截断
舌端《ぜったん》 舌の先。「―火を吐く」
接地《せっち》 地面につくこと。アース。
設置《せっち》 装置・機関などをそこに作ること。
接着《せっちゃく》 物と物とがくっつくこと。「―剤」
折衷《せっちゅう》 両方のよい所を取って合わせること。
絶頂《ぜっちょう》 山のいただき。最高の状態。
雪隠《せっちん》 便所。かわや。
設定《せってい》 新たにもうけ定めること。
接点《せってん》 二つの物が触れる点。
節電《せつでん》 電気の無駄な使用を減らすこと。
節度《せつど》 やりたい事をほどよく抑えること。
窃盗《せっとう》 他人の物をひそかに盗むこと。
雪洞《せつどう》 露営用に雪中に掘る穴。
舌頭《ぜっとう》 舌の先端。弁舌。

絶倒《ぜっとう》　笑いころげること。「抱腹―」
説得《せっとく》　よく話して相手に納得させること。
刹那《せつな》　非常に短い時間。瞬間。
切《せつ》ない　胸がしめつけられるようにつらい。
切《せつ》に　心から。ひたすら。
切迫《せっぱく》　さしせまる。重大な状態になる。
切羽《せっぱ》詰《つ》まる　全く窮する。
折半《せっぱん》　半分に分けること。
絶版《ぜっぱん》　出版した書籍の発行をやめること。
設備《せつび》　備え付けること。備え付けたもの。
雪庇《せっぴ》　稜線から張り出したひさし状の積雪。
絶筆《ぜっぴつ》　故人が最後に書いた筆跡や作品。
絶品《ぜっぴん》　非常にすぐれた品物・作品など。
切腹《せっぷく》　腹を切って死ぬこと。
説伏《せっぷく》　ときふせること。説得。

節分《せつぶん》　立春の前日。豆まきをする。[冬]
接吻《せっぷん》　口づけ。キス。
絶壁《ぜっぺき》　かべのように切り立った険しいがけ。
切片《せっぺん》　きれはし。
切望《せつぼう》　心から望むこと。
説法《せっぽう》　仏法の教理を説き聞かせること。
絶望《ぜつぼう》　希望が全くなくなること。
舌鋒《ぜっぽう》　鋭い弁舌。
絶妙《ぜつみょう》　非常にすぐれていること。
絶無《ぜつむ》　全く無いこと。皆無。
説明《せつめい》　相手にわかるように述べること。
絶命《ぜつめい》　命が絶えること。死ぬこと。
絶滅《ぜつめつ》　滅び絶えること。
雪盲《せつもう》　積雪の反射光線による目の炎症。
設問《せつもん》　問題を作ること。作った問題。

節約《せつやく》　むだを省いて使用量を減らすこと。
説諭《せつゆ》　よく言い聞かせること。
切要《せつよう》　きわめて重要なこと。
摂理《せつり》　はかりしれない神の意志。
節理《せつり》　規則正しい岩石の割れ方。
設立《せつりつ》　機関や組織を新しく作ること。
絶倫《ぜつりん》　群を抜いて優れていること。
雪嶺《せつれい》　雪をいただいた尾根。
拙劣《せつれつ》　劣ること。へたであること。
説話《せつわ》　民間に伝わる話。
瀬戸《せと》　狭い海峡。「瀬戸物」の略。
背戸《せど》　家の裏口。家の裏手。
旋頭歌《せどうか》　和歌の一体。六句から成る。
瀬戸際《せとぎわ》　勝敗・安危などの分かれ目。
瀬戸物《せともの》　陶磁器。

背中《せなか》　体の後ろのほう。
銭《ぜに》　金銭。かね。
是認《ぜにん》　よいと認めること。
背伸《せの》び　つま先で立って背丈を高くする。
施肥《せひ》　作物に肥料を与えること。
是非《ぜひ》　物事のよし悪し。どうか。きっと。
世評《せひょう》　世の中の評判。人のうわさ。
背鰭《せびれ》　魚類の背の中央にあるひれ。
背広《せびろ》　男子の上下一組の洋服。
瀬踏《せぶ》み　前もってためしてみること。
背骨《せぼね》　動物の胴体を支えている骨組み。
狭《せま》い　面積や幅が小さい。ゆとりがない。
迫《せま》る　すぐそばまで来る。強く求める。
蟬《せみ》　セミ科の大形の昆虫。[夏]
蟬時雨《せみしぐれ》　多くの蟬が一斉に鳴く。[夏]

傴僂《せむし》　くる病。くる病の人。
攻《せ》め倦《あぐ》む　攻めきれずもてあます。
鬩《せめ》ぎ合《あ》う　互いに張り合って争う。
責《せ》め苦《く》　責めさいなまれる苦しみ。
鬩《せめ》ぐ　互いに争う。
責《せ》め苛《さいな》む　ひどく責めて苦しめる。
攻《せ》める　攻撃を加える。
責《せ》める　相手を非難する。苦痛を与える。
背凭《せもた》れ　背中をもたせかける椅子の部分。
施薬《せやく》　患者に薬を与えること。
芹《せり》　セリ科の多年草。春の七草の一。[春]
競《せ》り　せり売り。競売。
競《せ》り売《う》り　競売《きょうばい》。せり。
競《せ》り勝《か》つ　相手とせり合って勝つ。
迫《せ》り出《だ》す　前方へ出っぱる。

台詞《せりふ》　俳優が劇中で言う言葉。言いぐさ。
施療《せりょう》　貧しい人を無料で治療すること。
迫《せ》る　少しずつ上方・前方へ移動する。
競《せ》る　互いにきそう。競売する。
世論《せろん》　世間一般の意見や議論。よろん。
世話《せわ》　面倒をみる。手がかかる。仲介。
忙《せわ》しい　いそがしい。落ち着かない。
世話物《せわもの》　町人社会に取材した芝居。
千《せん》　一〇〇の一〇倍。数の多いこと。
栓《せん》　びんの口をふさぐ物。
銭《せん》　お金。お金の単位。
線《せん》　細く長いすじ。電線。道すじ。
選《せん》　えらぶこと。「―にもれる」
善《ぜん》　よいこと。正しいこと。「―は急げ」
禅《ぜん》　仏教の修行方法の一。座禅。

せ

せ

膳《ぜん》 食器や料理を載せる台。
善悪《ぜんあく》 よいことと悪いこと。
戦意《せんい》 戦おうとする意志。「―喪失」
遷移《せんい》 うつりかわること。
繊維《せんい》 生物を構成する糸状の物質。
善意《ぜんい》 善良な心。好意に満ちた心。
全域《ぜんいき》 ある地域・分野の全体。
専一《せんいつ》 そのことだけに力を入れること。
船員《せんいん》 船の乗組員。船乗り。
全員《ぜんいん》 すべての人。総員。
戦雲《せんうん》 戦争が始まりそうな気配。
先鋭《せんえい》 とがって鋭いこと。過激なこと。
船影《せんえい》 船の姿。
前衛《ぜんえい》 最前線の部隊。革新的・先進的な人。
戦役《せんえき》 戦い。戦争。「日露―」

僭越《せんえつ》 身分や地位を越えること。
遷延《せんえん》 のびのびになること。長引くこと。
専横《せんおう》 態度がわがままで、勝手なこと。
全音《ぜんおん》 半音二つ分の音程。
専科《せんか》 ある分野を専門に学ぶ課程。
泉下《せんか》 あの世。冥土。
戦火《せんか》 戦争による火災。戦争。
戦果《せんか》 戦闘の成果。
戦禍《せんか》 戦争の被害。
選科《せんか》 一部の学科だけを選んで学ぶ課程。
線画《せんが》 線だけで描いた絵。線描画。
前科《ぜんか》 以前に刑罰を受けたことがある。
浅海《せんかい》 浅い海。
旋回《せんかい》 ぐるぐる回ること。
選外《せんがい》 選に入らないこと。「―佳作」

全会《ぜんかい》 その会に出ている人全部。「―一致」
全快《ぜんかい》 病気がすっかり治ること。
全開《ぜんかい》 すっかり開くこと。
全壊《ぜんかい》 すっかりこわれること。(別)全潰
先覚《せんかく》 先学。人より先に道を悟った人。
先学《せんがく》 学問上の先輩。先覚。⇔後学
浅学《せんがく》 学問の浅いこと。
全額《ぜんがく》 全部の金額。総額。
前額《ぜんがく》 ひたい。おでこ。
浅学非才《せんがくひさい》 浅薄な学識と才能。
仙花紙《せんかし》 厚く強い和紙。粗悪な洋紙。
詮方《せんかた》 なすべき方法。しかた。(別)為ん方
戦艦《せんかん》 攻撃力の強い大きな軍艦。
潜函《せんかん》 水底や地下での土木工事用の箱。
洗眼《せんがん》 水や薬液で目を洗うこと。

洗顔《せんがん》 顔を洗うこと。
善感《ぜんかん》 種痘などがついて有効であること。
疝気《せんき》 漢方で腹部の痛む病気。
戦記《せんき》 戦争の記録。軍記。
戦機《せんき》 戦うべき好機。
先議《せんぎ》 先に審議すること。
詮議《せんぎ》 評議する。罪人の取り調べ。
前記《ぜんき》 前に書いてあること。上記。
前期《ぜんき》 一つ前の期。初めの期間。
先客《せんきゃく》 先に来ている客。
千客万来《せんきゃくばんらい》 次々と客が来る。
選球《せんきゅう》 打者が投球を見分けること。「―眼」
占拠《せんきょ》 ある場所を占有して立てこもること。
船渠《せんきょ》 船の建造・修理をする施設。ドック。
選挙《せんきょ》 投票などで適任者を選ぶこと。

鮮魚《せんぎょ》 いきのいい魚。
仙境《せんきょう》 仙界。(別)仙郷
宣教《せんきょう》 宗教の教えを説き広めること。
船橋《せんきょう》 船長が指揮をとる場所。ブリッジ。
戦況《せんきょう》 戦闘の状況。
専業《せんぎょう》 その仕事だけに従事すること。
戦局《せんきょく》 戦争や試合のなりゆき。
選曲《せんきょく》 曲を選ぶこと。
千切り《せんぎり》 野菜を細く切ること。(別)繊切り
千金《せんきん》 多額の金銭。「一攫―」
千鈞《せんきん》 非常に重いこと。「―の重み」
先駆《せんく》 人より先に物事をすること。
選句《せんく》 よい俳句を選ぶこと。選ばれた句。
前駆《ぜんく》 馬で行列を先導すること。
遷宮《せんぐう》 神体を新神殿に移すこと。

先口《せんくち》 申し込みなどが先の順番であること。
千軍万馬《せんぐんばんば》 経験が豊富なこと。
宣下《せんげ》 宣旨を下すこと。
遷化《せんげ》 高僧が死ぬこと。
扇形《せんけい》 扇を開いた形。おうぎがた。
全景《ぜんけい》 全体の景色。
前掲《ぜんけい》 前に示してあること。
前傾《ぜんけい》 体が前方に傾いていること。
先決《せんけつ》 先に決めるべきこと。「―問題」
専決《せんけつ》 一人だけの考えで決めること。
潜血《せんけつ》 化学的方法ではじめてわかる出血。
鮮血《せんけつ》 色あざやかな真っ赤な血。
先見《せんけん》 前もって見抜くこと。「―の明」
先遣《せんけん》 先に派遣すること。「―隊」
先賢《せんけん》 昔の賢人。

専権《せんけん》 権力をほしいままにすること。
浅見《せんけん》 あさはかな考えや見識。
宣言《せんげん》 意見や方針を広く発表すること。
全権《ぜんけん》 一切の権限。
前言《ぜんげん》 前に述べた言葉。先人の言葉。
漸減《ぜんげん》 だんだん減ること。⇔漸増
千言万語《せんげんばんご》 非常に多くの言葉。
千古《せんこ》 大昔。永遠。永久。
先後《せんご》 あとさき。前後。
戦後《せんご》 戦争の後。第二次大戦の後。
前後《ぜんご》 まえとうしろ。順序が逆になること。
善後《ぜんご》 あとの始末をうまくすること。
先考《せんこう》 死んだ父。亡父。
先行《せんこう》 先に行くこと。先に行われること。
先攻《せんこう》 スポーツで、先に攻撃すること。

専行《せんこう》 自分だけの判断で決めること。
専攻《せんこう》 ある学問分野を専門に研究すること。
穿孔《せんこう》 穴をあけること。穴があくこと。
閃光《せんこう》 瞬間的に強くきらめく光。
戦功《せんこう》 戦争であげた手柄。軍功。
潜行《せんこう》 水中を行く。ひそかに行動する。
潜航《せんこう》 水中にもぐって航行すること。
線香《せんこう》 細長く練り固めた香料。
選考《せんこう》 検討して選ぶこと。(別)銓衡
選鉱《せんこう》 鉱石をより分けること。
遷幸《せんこう》 天皇が都から他の土地に移ること。
鮮紅《せんこう》 あざやかなくれない色。
善行《ぜんこう》 よいおこない。
先刻《せんこく》 さきほど。すでに。とっくに。
宣告《せんこく》 はっきりと告げること。

全国《ぜんこく》 国全体。国じゅう。
善後策《ぜんごさく》 あと始末をうまくする方策。
仙骨《せんこつ》 世俗を超越した骨相や風采。
薦骨《せんこつ》 背骨の下部の三角形の骨。(別)仙骨
戦後派《せんごは》 第二次大戦後に育った人々。
千古不易《せんこふえき》 永遠に変わらない。
前後不覚《ぜんごふかく》 正体を失うこと。
善根《ぜんこん》 よい果報を受ける善行。
遷座《せんざ》 神仏や天皇の座を他へ移すこと。
前座《ぜんざ》 真打の前に出演する修業中の人。
先妻《せんさい》 もとの妻。前妻。
浅才《せんさい》 浅はかな才能。浅知恵。
戦災《せんさい》 戦争による災害。
繊細《せんさい》 感情が細やかなこと。
千歳《せんざい》 千年。長い年月。千載。

前栽《せんざい》 庭に植えた草木。庭の植え込み。
洗剤《せんざい》 衣類・食器などを洗うための薬剤。
潜在《せんざい》 内に隠れていて表面に現れないこと。
前菜《ぜんさい》 洋食の最初に出す軽い料理。
善哉《ぜんざい》 汁粉の一種。人をほめる語。
千載一遇《せんざいいちぐう》 めったにない好機。
穿鑿《せんさく》 細かい点まで知ろうとすること。
詮索《せんさく》 細かい点までたずね調べること。
千差万別《せんさばんべつ》 種々様々である。
戦士《せんし》 戦争で戦う兵士。
戦史《せんし》 戦争の歴史。
戦死《せんし》 戦闘によって死ぬこと。
穿刺《せんし》 体液や組織を採るため体に針を刺す。
宣旨《せんじ》 天皇の言葉を述べ伝えること。
戦時《せんじ》 戦争中。⇔平時

前肢《ぜんし》 動物の前の二本のあし。
漸次《ぜんじ》 だんだん。次第に。徐々に。
禅師《ぜんじ》 高僧の敬称。禅定を修めた高僧。
煎《せん》じ薬《ぐすり》 煎じて飲む薬。
船室《せんしつ》 船の中の乗客用の部屋。客室。
千思万考《せんしばんこう》 あれこれ考える。
千紫万紅《せんしばんこう》 色とりどりの花が咲き乱れているようす。彩り豊かなさま。
千姿万態《せんしばんたい》 種々様々な姿や形。
洗車《せんしゃ》 自動車の汚れを水で洗うこと。
戦車《せんしゃ》 キャタピラで走行する戦闘用車両。
選者《せんじゃ》 作品などの選に当たる人。
撰者《せんじゃ》 作品を選んで歌集・文集を作る人。
前者《ぜんしゃ》 二つのうち前の方のもの。⇔後者
繊弱《せんじゃく》 弱々しいこと。かよわいこと。

前借《ぜんしゃく》 前借りすること。
浅酌低唱《せんしゃくていしょう》 軽く酒を飲みほどよく酔って、小声で詩歌を口ずさむこと。
先取《せんしゅ》 相手より先に取ること。「―点」
船主《せんしゅ》 船舶の持ち主。ふなぬし。
船首《せんしゅ》 船の前端。へさき。⇔船尾
僭主《せんしゅ》 非合法な手段で君主の位を奪った者。
選手《せんしゅ》 選ばれて競技に出場する人。
繊手《せんしゅ》 女性の細くてしなやかな手。
千秋《せんしゅう》 千年。長い年月。「一日―の思い」
専修《せんしゅう》 そのことだけを専門に学ぶこと。
選集《せんしゅう》 代表的な作品を選び集めた書。
撰集《せんしゅう》 詩歌・文を選び編集すること(書)。
泉州《せんしゅう》 和泉《いずみ》国の別名。
専従《せんじゅう》 その仕事だけに従事すること。

全集《ぜんしゅう》　個人や同種の作品を網羅した書物。
禅宗《ぜんしゅう》　座禅によって悟りを開く宗派。
千秋万歳《せんしゅうばんぜい》　長寿を祝う言葉。
先住民《せんじゅうみん》　そこに先に住んでいた民族。
千秋楽《せんしゅうらく》　興行の最終日。らく。
選手権《せんしゅけん》　大会の優勝者に与える資格。
選出《せんしゅつ》　代表者などを選び出すこと。
戦術《せんじゅつ》　戦いに勝つための計略や手段。
前述《ぜんじゅつ》　前に述べたこと。⇕後述
浅春《せんしゅん》　春になったばかりのころ。早春。
選書《せんしょ》　ある目的に従って選ばれた書物。
全書《ぜんしょ》　ある方面の事柄を全部集めた書物。
善処《ぜんしょ》　最善の処置をとること。
先勝《せんしょう》　先に勝つこと。六曜の一。午前は吉。
先蹤《せんしょう》　先人の事跡。先例。
戦勝《せんしょう》　戦いに勝つこと。
僭称《せんしょう》　身分以上の称号を勝手に名乗る。
選奨《せんしょう》　優れたものだとしてすすめること。
洗浄《せんじょう》　水や薬で洗いきよめること。
扇情《せんじょう》　情欲をあおること。
戦場《せんじょう》　戦争が行われる場所。
僭上《せんじょう》　身分以上の振る舞いをすること。
全勝《ぜんしょう》　全部の試合・勝負に勝つこと。
全焼《ぜんしょう》　建物が火事で全部焼けてしまうこと。
禅譲《ぜんじょう》　天子が帝位を徳のある人に譲ること。
前哨戦《ぜんしょうせん》　本格的な活動の前の活動。
染色《せんしょく》　布などを染めること。
染織《せんしょく》　布を染めることと織ること。
煎《せん》じる　薬草などを煮て成分を出す。
先進《せんしん》　他より進歩・発達していること。
専心《せんしん》　心をそのことに集中すること。
線審《せんしん》　球が線を出たかを判定する審判員。
千尋《せんじん》　非常に高いこと。非常に深いこと。
先人《せんじん》　昔の人。前人。
先陣《せんじん》　一番乗り。本陣の前にいる部隊。
戦陣《せんじん》　戦いのための陣営。戦場。
戦塵《せんじん》　戦場に立つ、ちりやほこり。
全身《ぜんしん》　頭から足先まで。総身。
前身《ぜんしん》　団体・組織の以前の形。
前進《ぜんしん》　前へ進むこと。⇕後退
漸進《ぜんしん》　だんだんに進むこと。
全人《ぜんじん》　知・情・意が兼ね備わった人。
全身全霊《ぜんしんぜんれい》　体も心もすべて。
千辛万苦《せんしんばんく》　さまざまな苦労。
前人《ぜんじん》未到《みとう》　過去にだれも到達していないこと。だれも行なったことのないこと。
扇子《せんす》　おうぎ。夏
泉水《せんすい》　庭に作ってある池。
潜水《せんすい》　水中にもぐること。「―艦」
前世《ぜんせ》　この世に生まれる前の人生。
先生《せんせい》　教師。地位や学問のある人の敬称。
先制《せんせい》　相手より先に攻撃すること。
宣誓《せんせい》　誓いの言葉を皆の前で述べること。
専制《せんせい》　君主などが独断で事を処理すること。
蟬蛻《せんぜい》　セミのぬけがら。脱俗の風である。
全盛《ぜんせい》　最も盛んな状態にあること。
善政《ぜんせい》　よい政治。⇕悪政
占星術《せんせいじゅつ》　天体の運行で吉凶を占う術。
戦跡《せんせき》　戦争の行われたあと。
戦績《せんせき》　戦争や試合の成績。
宣戦《せんせん》　戦争開始の意思を宣言すること。
戦線《せんせん》　戦いの最前線。
戦前《せんぜん》　戦争の前。第二次大戦の前。
全線《ぜんせん》　乗り物の路線のすべて。「―不通」
前線《ぜんせん》　戦場の第一線。異なる気団の境目。
善戦《ぜんせん》　実力を発揮して戦うこと。
全然《ぜんぜん》　全く。少しも。
戦戦《せんせん》兢兢《きょうきょう》　恐れおののくさま。
戦前《せんぜん》派《は》　第二次大戦前に育った人々。
践祚《せんそ》　後継者が天皇の位につくこと。
先祖《せんぞ》　家系の初代。家系の前の代の人。
船倉《せんそう》　船舶の貨物を積んでおく所。(別)船艙
戦争《せんそう》　国と国との争い。激しい競争。
漸増《ぜんぞう》　だんだん増加すること。⇕漸減
前奏曲《ぜんそうきょく》　初めに演奏される器楽曲。
栓塞《せんそく》　血栓により血管がふさがること。
専属《せんぞく》　一つの会社・団体に所属すること。
喘息《ぜんそく》　激しいせきで呼吸困難になる病気。
全速力《ぜんそくりょく》　最大限の速力。
船体《せんたい》　船舶の本体部分。
船隊《せんたい》　数隻の船舶で構成される一隊。
蘚苔《せんたい》　こけ。
先代《せんだい》　一代前の主人。前の時代。
全体《ぜんたい》　全部。もともと。いったい。
前代《ぜんだい》未聞《みもん》　これまで聞いたことも見たこともないほど、まれなこと。空前絶後。
洗濯《せんたく》　衣服などの汚れを洗い落とすこと。
選択《せんたく》　適したものを選ぶこと。
先達《せんだつ》　修行・学問などの先輩。先導者。
蟬脱《せんだつ》　⇩せんぜい(蟬蛻)

先達《せんだっ》て　さきごろ。この間。先日。
善玉《ぜんだま》　善人。⇔悪玉
先端《せんたん》　物の先。時代や流行の先頭。(別)尖端
戦端《せんたん》　戦闘の始まるきっかけ。「—を開く」
専断《せんだん》　自分だけの考えで物事を処理する。
梅檀《せんだん》　センダン科の高木。ビャクダンの別名。
船団《せんだん》　一緒に行動する船の集団。
戦地《せんち》　戦争の行われている土地。戦場。
全治《ぜんち》　けががすっかり治ること。
善知識《ぜんちしき》　仏道に導く高徳の僧。
全知全能《ぜんちぜんのう》　完全無欠の能力。
煎茶《せんちゃ》　熱湯で煎じ出して飲む茶。
先着《せんちゃく》　先に到着すること。
船長《せんちょう》　船舶の乗組員を指揮する人。
前兆《ぜんちょう》　事が起こるきざし。予兆。

疝痛《せんつう》　激しい発作性の腹痛。
先手《せんて》　先にする人。機先を制すること。
剪定《せんてい》　樹木の枝を刈り込むこと。[春]
船底《せんてい》　船舶の底。ふなぞこ。
選定《せんてい》　多くの中から選んで決めること。
前提《ぜんてい》　物事の成立のもととなる条件。
先哲《せんてつ》　昔の賢人や学者。
銑鉄《せんてつ》　鉄鉱石を溶かしただけの不純な鉄。
前轍《ぜんてつ》　前の車のわだち。「—を踏む」
禅寺《ぜんでら》　禅宗の寺院。禅院。
宣伝《せんでん》　広く大勢の人々に知らせること。
先天的《せんてんてき》　生まれつきであるさま。
仙《セント》　一ドルの一〇〇分の一。
遷都《せんと》　都を他の地へ移すこと。
先途《せんど》　運命の決まる大事な場面。

鮮度《せんど》　新鮮さの度合。
前途《ぜんと》　目的地までの距離。将来。
先頭《せんとう》　一番さき。まっさき。
尖塔《せんとう》　細長くて、先のとがった塔。
戦闘《せんとう》　武器を用いてたたかうこと。
銭湯《せんとう》　料金を取って入浴させる浴場。
先導《せんどう》　先に立って導くこと。「—車」
扇動《せんどう》　人をあおり立てること。
船頭《せんどう》　船をこぐ人。和船のかしら。
善導《ぜんどう》　正しい方へ教え導くこと。
蠕動《ぜんどう》　こきざみにふるえ動き進むこと。
前途多難《ぜんとたなん》　先々に困難が多い。
前途遼遠《ぜんとりょうえん》　道ははるかに遠い。
詮無《せんな》い　しかたがない。かいがない。
千生《せんな》り　実が多数群がってなること。

善男善女《ぜんなんぜんにょ》　仏教に帰依した人。
禅尼《ぜんに》　仏門に入り髪を下ろした女性。
千日紅《せんにちこう》　ヒユ科の一年草。[夏]
全日制《ぜんにちせい》　昼間に授業を行う教育課程。
仙入《せんにゅう》　スズメ目ウグイス科の小鳥。
潜入《せんにゅう》　こっそりと入りこむこと。
先入観《せんにゅうかん》　当初から抱く思い込み。
仙人《せんにん》　山中に住み神通力を持つという人。
先任《せんにん》　先にその任務についていること(人)。
専任《せんにん》　その仕事だけに従事すること。
選任《せんにん》　適当な人を選んで任命すること。
前任《ぜんにん》　前にその任務に就いていたこと(人)。
善人《ぜんにん》　善良な人。
栓抜《せんぬ》き　瓶の栓を抜く道具。
潜熱《せんねつ》　内にひそんで、表面に出ない熱。

専念《せんねん》　熱心にそのことに集中すること。
仙翁《せんのう》　ナデシコ科の多年草。観賞用。
洗脳《せんのう》　人の思想を変えさせること。
全能《ぜんのう》　何でもなし得る能力。「全知—」
前場《ぜんば》　取引所の午前中の立ち会い。
専売《せんばい》　独占的に販売すること。
先輩《せんぱい》　学校や職場に先に入った人。
全敗《ぜんぱい》　全部の試合・勝負に負けること。
全廃《ぜんぱい》　すべてを廃止すること。
浅薄《せんぱく》　知識などが表面的で浅いこと。
船舶《せんぱく》　大型の船。
選抜《せんばつ》　優れたものを選び出すこと。
先発《せんぱつ》　先に出発する。最初から出場する。
染髪《せんぱつ》　髪の毛を染めること。
洗髪《せんぱつ》　髪の毛を洗うこと。

千羽鶴《せんばづる》　糸でつないだ沢山の折り鶴。
千波万波《せんぱばんぱ》　次々押し寄せる波。
千万《せんばん》　程度がはなはだしいこと。「迷惑—」
旋盤《せんばん》　物を回転させて切り削る工作機械。
先般《せんぱん》　このあいだ。過日。
戦犯《せんぱん》　戦争犯罪人。
前半《ぜんはん》　前の半分。⇔後半
全般《ぜんぱん》　全体。総体。
船尾《せんび》　船体の後ろの部分。とも。⇔船首
戦備《せんび》　戦争の準備。
戦費《せんぴ》　戦争をするのに要する費用。
善美《ぜんび》　美しくて立派なこと。「—を尽くす」
前非《ぜんぴ》　過去の過ち。「—を悔いる」
染筆《せんぴつ》　筆で書画をかくこと。「—料」
線描《せんびょう》　線だけで描くこと。せんがき。

選評《せんぴょう》 作品を選んで批評すること。

全豹《ぜんぴょう》 全体のありさま。

腺病質《せんびょうしつ》 体が弱く神経質な体質。

先負《せんぶ》 六曜の一。午前中は凶。

宣撫《せんぶ》 占領地の人々を安定させること。

宣布《せんぷ》 一般に広く知らせること。

膳部《ぜんぶ》 膳にのせて出す料理。

全部《ぜんぶ》 すべて。皆。

旋風《せんぷう》 つむじかぜ。

扇風機《せんぷうき》 風を起こす機械。夏

船腹《せんぷく》 船の胴体。船の貨物を積む場所。

潜伏《せんぷく》 隠れひそむ。症状の現れない状態。

全幅《ぜんぷく》 あるだけすべて。「―の信頼」

千振《せんぶり》 リンドウ科の越年草。薬草。

千分率《せんぶんりつ》 全体を千としたときの割合。

煎餅《せんべい》 米の粉や小麦粉を焼いた菓子。

先兵《せんぺい》 警戒にあたる小部隊。(別)尖兵

選別《せんべつ》 より分けること。

餞別《せんべつ》 別れてゆく人に贈る金品。

先鞭《せんべん》 他に先んじて着手すること。

全編《ぜんぺん》 一つの書物の全体。

千篇一律《せんぺんいちりつ》 みな同じ調子で、変化に乏しく面白みのないこと。

千変万化《せんぺんばんか》 様々に変化する。

羨望《せんぼう》 うらやむこと。「―の的」

先方《せんぽう》 相手の人。相手方。⇔当方

先鋒《せんぽう》 先に立って行動するもの。「急―」

戦法《せんぽう》 戦い・試合などのやり方。

全貌《ぜんぼう》 全体の姿や様子。「事件の―」

潜望鏡《せんぼうきょう》 潜水艦から外を見る望遠鏡。

占卜《せんぼく》 うらなうこと。うらない。

戦没《せんぼつ》 戦場で死ぬこと。戦死。(別)戦歿

発条《ぜんまい》 薄い鋼を渦巻状に巻いたもの。

薇《ぜんまい》 山野に自生するシダ植物。食用。春

千枚通し《せんまいどおし》 紙などに穴をあける錐。

千万無量《せんまんむりょう》 計り知れないこと。

禅味《ぜんみ》 禅の趣。俗気を離れた奥深い趣。

宣命《せんみょう》 独特の和文体（宣命体）の詔勅。

専務《せんむ》 その任務だけをする。専務取締役。

鮮明《せんめい》 あざやかで、はっきりしていること。

闡明《せんめい》 道理などを明らかにすること。

喘鳴《ぜんめい》 呼吸時に出る、ぜいぜいという音。

殲滅《せんめつ》 皆殺しにすること。

全滅《ぜんめつ》 残らず滅びること。

洗面《せんめん》 顔を洗うこと。洗顔。「―器」

全面《ぜんめん》 すべての方面・部門。「―的」

旋毛《せんもう》 渦を巻いた毛。つむじ。

繊毛《せんもう》 細く短い毛。

専門《せんもん》 一つの方面を取り扱うこと。

禅問答《ぜんもんどう》 ちぐはぐでわからない問答。

仙薬《せんやく》 不老不死の薬。

先約《せんやく》 別の人と先にした約束。

煎薬《せんやく》 煮出して飲む薬。煎じ薬。

全訳《ぜんやく》 原文をすべて翻訳すること。完訳。

全癒《ぜんゆ》 病気がすっかり治ること。全快。

占有《せんゆう》 自分の所有とすること。

専有《せんゆう》 自分ひとりで所有すること。⇔共有

戦友《せんゆう》 ともに戦った軍隊仲間。

先憂後楽《せんゆうこうらく》 為政者は国民に先立って心配し、国民より後れて楽しむ。

宣揚《せんよう》 広く高らかに表すこと。「国威―」

専用《せんよう》 ある人だけが使う。その事だけに使う。

全容《ぜんよう》 全体の姿や内容。全貌。

善用《ぜんよう》 いいことにうまく使うこと。

全裸《ぜんら》 まるはだか。すっぱだか。

戦乱《せんらん》 戦争による国の乱れ。

千里眼《せんりがん》 未来や人の心を見通す能力。

旋律《せんりつ》 メロディー。

戦慄《せんりつ》 恐ろしくて震えること。

千里同風《せんりどうふう》 天下がよく治まる。

戦利品《せんりひん》 戦争で敵から奪った物。

戦略《せんりゃく》 戦争に勝つための全体的な方策。

前略《ぜんりゃく》 手紙で前文を省略する意の語。

川柳《せんりゅう》 風刺・滑稽味を特色とする短詩。

千慮《せんりょ》 十分なおもんぱかり。「―の一失」

浅慮《せんりょ》 考えの浅いこと。

千両《せんりょう》 価値の高いこと。実のなる低木。冬

占領《せんりょう》 他国の領土を武力で支配すること。

染料《せんりょう》 繊維などを染める材料。

線量《せんりょう》 放射線の量。照射や吸収線量など。

選良《せんりょう》 選ばれた人。代議士。

善良《ぜんりょう》 素直で性質のよいこと。

戦力《せんりょく》 戦争を行うための力。

全力《ぜんりょく》 ありったけの力。

前輪《ぜんりん》 自動車などの前の車輪。「―駆動」

善隣《ぜんりん》 隣の国と親しくすること。

先例《せんれい》 以前にあった例。

洗礼《せんれい》 キリスト教で、信者になる儀式。

鮮麗《せんれい》 色彩があざやかできれいなこと。

全霊《ぜんれい》 精神・魂のすべて。「全身―」

前例《ぜんれい》　以前の例。前にあげた例。

戦歴《せんれき》　戦争をした経歴。

前歴《ぜんれき》　これまでの経歴。

戦列《せんれつ》　戦闘中の隊列。

鮮烈《せんれつ》　あざやかではっきりしているさま。

洗練《せんれん》　上品ですぐれたものにすること。

線路《せんろ》　鉄道車両が走るレールを敷いた軌道。

千六本《せんろっぽん》　細長く刻んだ大根。

禅話《ぜんわ》　禅の講話。

前腕《ぜんわん》　腕のひじから手首までの部分。

そ

祖《そ》　先祖。元祖。開祖。

粗悪《そあく》　物の質が粗末であること。

素案《そあん》　元になる大体の案。

粗衣粗食《そいそしょく》　簡素な暮らし。

素因《そいん》　原因。その病気になりやすい素質。

訴因《そいん》　起訴の理由となる事柄。

相《そう》　かたち。運勢の様子。「水難の—」

僧《そう》　仏門に入って修行する人。

想《そう》　考え。構想。「—を練る」

層《そう》　重なり。地層。階層。「保守—」

箏《そう》　一三弦の琴。

沿《そ》う　そのものから離れずに進む。

添《そ》う　つき従う。夫婦になる。

副《そ》う　かなう。「期待に—」(別)添う

象《ぞう》　陸上で最大の哺乳動物。

像《ぞう》　形。姿。物の形をかたどったもの。

相愛《そうあい》　互いに愛し合うこと。

増悪《ぞうあく》　病状が悪くなること。

草案《そうあん》　草稿。原案。

草庵《そうあん》　草ぶきの粗末な家。草のいおり。

創案《そうあん》　はじめて考え出すこと。その考え。

相違《そうい》　比べてみて同じでないこと。違い。

創痍《そうい》　傷。痛手。「満身—」

創意《そうい》　全く新しい独創的な考え。「—工夫」

総意《そうい》　全員の意思。

僧院《そういん》　寺。修道院。

総員《そういん》　その団体・集団のすべての人員。

増員《ぞういん》　人員をふやすこと。⇔減員

躁鬱《そううつ》　躁状態と鬱状態。「—病」

層雲《そううん》　低空に現れる層状の雲。

造営《ぞうえい》　社寺・宮殿などを建てること。

増益《ぞうえき》　利益がふえること。⇔減益

造園《ぞうえん》　庭園・公園などを造ること。

増援《ぞうえん》　人数を増して援助すること。

憎悪《ぞうお》　激しく憎むこと。

相応《そうおう》　ふさわしいこと。つり合うこと。

騒音《そうおん》　うるさい音。

爪牙《そうが》　つめときば。「—にかかる」

挿画《そうが》　さし絵。

造化《ぞうか》　造物主。宇宙。自然。

造花《ぞうか》　紙・布などで作った造りものの花。

増加《ぞうか》　数量がふえること。⇔減少

壮快《そうかい》　元気があって、気分がよいさま。

爽快《そうかい》　気分がさわやかなこと。

掃海《そうかい》　海中の機雷や不発弾などを除くこと。

蒼海《そうかい》　あおうなばら。

総会《そうかい》　関係者全部が集まって開く会合。

霜害《そうがい》　霜による農作物の被害。〔春〕

総画《そうかく》　一つの漢字の画の合計。

騒客《そうかく》　風流人。詩人。文人。

奏楽《そうがく》　音楽を演奏すること。その音楽。

総額《そうがく》　全体の金額。全額。

増額《ぞうがく》　金額をふやすこと。⇔減額

総括《そうかつ》　全体を一つにくくりまとめること。

総轄《そうかつ》　全体を取り締まること。

壮観《そうかん》　規模が大きい眺め。

相姦《そうかん》　社会通念に反した性交渉。「近親—」

相関《そうかん》　互いに影響し合って関係すること。

送還《そうかん》　送り返すこと。

創刊《そうかん》　新聞や雑誌を新たに刊行すること。

総監《そうかん》　組織全体を監督する官職。

増刊《ぞうかん》　定期物以外に臨時に刊行すること。

象眼《ぞうがん》　金銀などを他の材にはめこむ技法。

双眼鏡《そうがんきょう》　両眼で見る望遠鏡。

早期《そうき》　早い時期。「—解決」

想起《そうき》　思いおこすこと。

総記《そうき》　全体についてまとめた記述。

争議《そうぎ》　議論し合うこと。労働争議。

葬儀《そうぎ》　葬式。「—社」

雑木《ぞうき》　雑多な木。いろいろな木。

臓器《ぞうき》　内臓などの諸器官。

早急《そうきゅう》　⇩さっきゅう（早急）

送球《そうきゅう》　球を投げること。ハンドボール。

蒼穹《そうきゅう》　青空。大空。

壮挙《そうきょ》　大規模で勇ましい仕事・冒険など。

草魚《そうぎょ》　コイ目の大形の淡水魚。

躁狂《そうきょう》　うかれさわぐこと。

早暁《そうぎょう》　夜明け。明け方。

創業《そうぎょう》　事業を始めること。
僧形《そうぎょう》　僧の身なりをした姿。
操業《そうぎょう》　(工場が)仕事をすること。
増強《ぞうきょう》　ふやして強力にすること。
箏曲《そうきょく》　箏のための曲。
総桐《そうぎり》　全体が桐の材木で作ってあること。
送金《そうきん》　金銭を送ること。
雑巾《ぞうきん》　床などのよごれをふきとる布。
走禽類《そうきんるい》　速く走るが飛べない鳥類。
走狗《そうく》　他人の手先となって動く人。
痩軀《そうく》　やせた体。「長身―」
装具《そうぐ》　身につける武具や道具。
遭遇《そうぐう》　思いがけない人や出来事にであう。
巣窟《そうくつ》　悪人などのすみか。
宗家《そうけ》　一門の本家。家元。
象牙《ぞうげ》　象のきば。アイボリー。
早計《そうけい》　早まった考え。
総計《そうけい》　全部の合計。
送迎《そうげい》　送り迎え。「―バス」
造形《ぞうけい》　芸術作品として、形にして表すこと。
造詣《ぞうけい》　学問・芸術などが深くすぐれている。
総毛《そうけ》立《だ》つ　身の毛がよだつ。
造血《ぞうけつ》　体内で血液をつくりだすこと。
増血《ぞうけつ》　赤血球を増加させること。
増結《ぞうけつ》　列車の車両をふやすこと。
総決算《そうけっさん》　一定期間の全収支の決算。
双肩《そうけん》　左右両方の肩。「―にかかる」
壮健《そうけん》　健康で丈夫なこと。
送検《そうけん》　容疑者や書類を検察庁へ送ること。
創見《そうけん》　今までにない新しい見方や考え。
創建《そうけん》　初めて建てること。
総見《そうけん》　団体などの全員が興行を見ること。
草原《そうげん》　広いくさはら。
増減《ぞうげん》　ふえることとへること。
倉庫《そうこ》　物をしまっておくための建物。
操觚《そうこ》　詩文を作ること。「―界」
壮語《そうご》　威勢の良い偉そうな言葉。
相互《そうご》　両方の側。おたがい。
造語《ぞうご》　新しい言葉を作り出すこと。
壮行《そうこう》　出発する人を元気づけること。
走行《そうこう》　自動車などが走ること。
奏功《そうこう》　なしとげること。
奏効《そうこう》　効果があらわれること。
草稿《そうこう》　下書きの原稿。
装甲《そうこう》　船体・車体に鉄板を張ること。
操行《そうこう》　ふだんのおこない。品行。
糟糠《そうこう》　粗末な食事。
霜降《そうこう》　二十四節気の一。十月二三日頃。[秋]
倉皇《そうこう》　あわてるさま。(別)蒼惶
相好《そうごう》　顔つき。表情。「―を崩す」
総合《そうごう》　一つの体系にまとめること。⇔分析
糟糠《そうこう》の妻《つま》　苦労を共にしてきた妻。
相克《そうこく》　対立するものが互いに争うこと。
早婚《そうこん》　若いうちに結婚すること。⇔晩婚
創痕《そうこん》　きずあと。
荘厳《そうごん》　おごそかで立派なこと。
雑言《ぞうごん》　いろいろな悪口。「悪口―」
草根《そうこん》木皮《もくひ》　漢方薬。
捜査《そうさ》　警察が犯人を探すこと。
操作《そうさ》　機械や器具を使う。うまくあやつる。
造作《ぞうさ》　手間。めんどう。「―もない」
相殺《そうさい》　貸し借りを差し引きしてなしにする。
葬祭《そうさい》　葬式と祖先の祭り。「冠婚―」
総裁《そうさい》　大きな団体の長。
総菜《そうざい》　日常の食事のおかず。(別)惣菜
捜索《そうさく》　さがし求めること。
創作《そうさく》　作品をつくりだすこと。
造作《ぞうさく》　家を造ること。内部の仕上げ。容貌。
走査《そうさ》線《せん》　テレビで画像を構成する線。
増刷《ぞうさつ》　追加して印刷すること。ましずり。
総浚《そうざら》い　公演前に全員で稽古すること。
早産《そうざん》　普通より早く出産すること。
増産《ぞうさん》　生産量をふやすこと。⇔減産
壮士《そうし》　血気盛んな男。
草紙《そうし》　綴じてある本。絵入りの読み物。
創始《そうし》　新しく始めること。
相似《そうじ》　形・性質などがよく似ていること。
送辞《そうじ》　卒業式で、はなむけの言葉。
掃除《そうじ》　汚れを取り除いてきれいにすること。
増資《ぞうし》　資本金を増加すること。⇔減資
造次《ぞうじ》　ちょっとの間。短時間。
葬式《そうしき》　死者をほうむる儀式。葬儀。
喪失《そうしつ》　失うこと。「自信を―する」
総《そう》じて　おおよそ。全体として。一般に。
造次《ぞうじ》顛沛《てんぱい》　わずかの間。
壮者《そうしゃ》　働き盛りの人。
走者《そうしゃ》　競技で走る人。ランナー。
奏者《そうしゃ》　演奏者。
掃射《そうしゃ》　機関銃などを続けざまにうつこと。
操車《そうしゃ》　車両の編成をすること。

宗主《そうしゅ》 諸侯を支配する盟主。
送受《そうじゅ》 送信と受信。
爽秋《そうしゅう》 さわやかな秋。
相州《そうしゅう》 相模国の別名。
操縦《そうじゅう》 飛行機を動かす。思い通りに動かす。
増収《ぞうしゅう》 収入や収穫がふえること。⇕減収
贈収賄《ぞうしゅうわい》 贈賄と収賄。
早熟《そうじゅく》 早く熟すこと。ませていること。
宗主国《そうしゅこく》 従属国を支配する国。
創出《そうしゅつ》 新たにつくりだすこと。
槍術《そうじゅつ》 槍を使う武術。
早春《そうしゅん》 春の初め。[春]
草書《そうしょ》 書体の一。くずして続けた書体。
叢書《そうしょ》 同じ体裁で出版される書物。
蔵書《ぞうしょ》 所蔵している書物。

宗匠《そうしょう》 和歌・俳諧・茶道などの先生。
相承《そうしょう》 学問・芸能などを受け継ぐ。
相称《そうしょう》 左右・上下がつり合っていること。
創唱《そうしょう》 人より先に唱えること。
創傷《そうしょう》 体に受けたきず。
総称《そうしょう》 同類の物をまとめた呼び名。
奏上《そうじょう》 天皇に申し上げること。
相乗《そうじょう》 二つ以上の数を掛け合わせること。
葬場《そうじょう》 葬式をする場所。
僧正《そうじょう》 大僧正に次ぐ地位の僧。
騒擾《そうじょう》 騒ぎを起こして社会秩序を乱すこと。
宋襄《そうじょう》の仁《じん》 無益の情けをかける。
増上慢《ぞうじょうまん》 力がないのに慢心すること。
草食《そうしょく》 草を食物とすること。
装飾《そうしょく》 飾ること。その飾り。

増殖《ぞうしょく》 ふえて多くなること。
送信《そうしん》 信号を送ること。
喪心《そうしん》 正気を失うこと。気絶。(別)喪神
総身《そうしん》 全身。そうみ。
痩身《そうしん》 やせた身体。
増進《ぞうしん》 力や勢いをますこと。
装身具《そうしんぐ》 体につける飾り。
添水《そうず》 ししおどし。[秋]
僧都《そうず》 僧正に次ぐ位の僧。
送水《そうすい》 水道・ポンプなどで水を送ること。
総帥《そうすい》 全体をまとめて指揮をとる人。
増水《ぞうすい》 水かさが増すこと。
雑炊《ぞうすい》 野菜などを入れたおかゆ。[冬]
奏《そう》する 演奏する。奏上する。成果を得る。
草《そう》する 下書きを作る。

蔵《ぞう》する 所蔵する。内部に含みもつ。
早世《そうせい》 若くて死ぬこと。わかじに。
奏請《そうせい》 天皇の許可を求めること。
創世《そうせい》 世界のできはじめ。
創製《そうせい》 ものを初めて作り出すこと。
叢生《そうせい》 草木が群がり生えること。(別)簇生
総勢《そうぜい》 全体の人数。総員。
造成《ぞうせい》 人手を加えて作り上げること。
増税《ぞうぜい》 課税の額をますこと。⇕減税
双生児《そうせいじ》 ふたご。
漱石枕流《そうせきちんりゅう》 負けず嫌い。
創設《そうせつ》 初めてつくること。
総説《そうせつ》 全体にわたって論ずること。総論。
壮絶《そうぜつ》 きわめて勇壮なこと。
増設《ぞうせつ》 設備を追加して作ること。

蒼然《そうぜん》 薄暗いさま。古びたさま。
騒然《そうぜん》 騒がしいさま。不穏なさま。
造船《ぞうせん》 船を設計し造ること。
総選挙《そうせんきょ》 衆議院議員全員を選ぶ選挙。
早早《そうそう》 急ぐさま。急いで。
草草《そうそう》 簡略なこと。手紙の末尾に書く語。
草創《そうそう》 物事の始め。
葬送《そうそう》 死者を見送ること。「―曲」
錚錚《そうそう》 すぐれているさま。
送像《そうぞう》 電波でテレビの画像を送ること。
創造《そうぞう》 初めてつくり出すこと。
想像《そうぞう》 頭の中に思い描くこと。
騒騒《そうぞう》しい うるさい。さわがしい。
滄桑《そうそう》の変《へん》 世の変化が激しいこと。
総則《そうそく》 全体について決めた原則。

宗族《そうぞく》 一族。一門。
相続《そうぞく》 受け継ぐこと。遺産を受け継ぐこと。
僧俗《そうぞく》 僧侶と俗人。
相即不離《そうそくふり》 深い関係にある。
倉卒《そうそつ》 あわただしいこと。「―の間」(別)怱卒
曽祖父《そうそふ》 祖父母の父。
曽祖母《そうそぼ》 祖父母の母。
曽孫《そうそん》 孫の子。ひまご。
操舵《そうだ》 船のかじをあやつること。
早退《そうたい》 学校や会社を定刻前に退出すること。
相対《そうたい》 他との関係があって存在すること。
草体《そうたい》 草書の字体。草書体。
掃苔《そうたい》 盂蘭盆《うらぼん》の墓参り。[秋]
総体《そうたい》 全体。一般に。総じて。
壮大《そうだい》 大きくて立派なこと。

総代《そうだい》 関係者全員を代表する人。
増大《ぞうだい》 ふえて大きくなること。
送達《そうたつ》 送り届けること。
争奪《そうだつ》 争って奪うこと。
操短《そうたん》 「操業短縮」の略。
相談《そうだん》 人の意見を聞いて考え合うこと。
装弾《そうだん》 銃砲に弾丸をこめること。
増反《ぞうたん》 作付け面積をふやすこと。⇔減反
送致《そうち》 書類や被告人を送り届けること。
装置《そうち》 機械などを備え付けること。
増築《ぞうちく》 建て増し。
早着《そうちゃく》 定刻より早く到着すること。⇔延着
装着《そうちゃく》 身につけること。本体に付けること。
荘重《そうちょう》 おごそかで重々しいこと。
曹長《そうちょう》 旧陸軍で、下士官の階級の最上位。

総長《そうちょう》 全体を管理する長。大学の学長のこと。
増長《ぞうちょう》 次第につけあがること。
総出《そうで》 全員が出ること。「一家―」
壮丁《そうてい》 成年に達した一人前の男。
送呈《そうてい》 人に物を送って、さしあげること。
装丁《そうてい》 書物の意匠や体裁。
想定《そうてい》 仮にこうであると決めること。
贈呈《ぞうてい》 人に物を贈ること。
争点《そうてん》 議論や争いの重要な点。
装塡《そうてん》 銃砲に弾丸をこめること。
蒼天《そうてん》 青空。大空。
相伝《そうでん》 代々受け伝えること。
送電《そうでん》 電力を電線で送ること。
壮図《そうと》 壮大な計画。
壮途《そうと》 勇ましい門出。「―につく」

双頭《そうとう》 頭が二つあること。「―の鷲」
相当《そうとう》 釣り合うこと。見合うこと。かなり。
掃討《そうとう》 敵や賊をすっかり討つこと。(別)掃蕩
想到《そうとう》 そのことに考えが思い至ること。
総統《そうとう》 全体を統轄する地位。
草堂《そうどう》 草ぶきの家。
騒動《そうどう》 人々がさわぎたてること。大騒ぎ。
贈答《ぞうとう》 品物・詩歌などのやりとり。
総督《そうとく》 植民地を監督する長官。
総嘗《そうな》め 全体に及ぶこと。全部負かすこと。
遭難《そうなん》 海や山で事故にあうこと。
僧尼《そうに》 僧と尼。
雑煮《ぞうに》 [新] 餅を入れた汁物。
挿入《そうにゅう》 中や間にはさみ入れること。
壮年《そうねん》 体も精神も盛んな年頃。

想念《そうねん》 心に浮かぶ思い。
争覇《そうは》 一番の地位を争うこと。
走破《そうは》 長い距離を走り通すこと。
搔爬《そうは》 身体組織をかきとる。人工流産。
相場《そうば》 商品の時価。投機的取引。
増派《ぞうは》 人数を増して派遣すること。
増配《ぞうはい》 配当をふやすこと。⇔減配
蒼白《そうはく》 顔色が青白いこと。「顔面―」
糟粕《そうはく》 酒のかす。「―をなめる」
総髪《そうはつ》 髪全体をのばして後ろで束ねる髪形。
増発《ぞうはつ》 乗り物の運行回数をふやすこと。
双発機《そうはつき》 発動機二つの飛行機。
総花《そうばな》 客が全員に配る心付け。
早晩《そうばん》 遅かれ早かれ。
造反《ぞうはん》 反乱を起こすこと。

壮美《そうび》 壮大で美しいこと。
装備《そうび》 ある目的に必要な物品を整えること。
薔薇《そうび》 [夏] バラ。しょうび。
総評《そうひょう》 全体についての批評。
宗廟《そうびょう》 祖先の霊をまつった建物。
雑兵《ぞうひょう》 身分の低い兵卒。
贓品《ぞうひん》 ⇨贓物《ぞうぶつ》
増便《ぞうびん》 定期便の回数をふやすこと。
送付《そうふ》 品物・書類などを送り届けること。
臓腑《ぞうふ》 内臓全体。五臓六腑。
送風《そうふう》 風や空気を送ること。
増幅《ぞうふく》 電流の振幅を大きくすること。
贓物《ぞうぶつ》 違法な方法で手に入れた財物。
造物主《ぞうぶつしゅ》 万物を創造した者。神。
僧兵《そうへい》 中世、武装した僧の集団。

造幣《ぞうへい》 貨幣をつくること。「―局」
双璧《そうへき》 好一対のすぐれた二つのもの。
送別《そうべつ》 別れて行く人を送ること。
増補《ぞうほ》 書物の不十分な所を補いふやすこと。
双方《そうほう》 関係している二者のそれぞれ。
走法《そうほう》 走り方。「ストライド―」
奏法《そうほう》 演奏のしかた。
双眸《そうぼう》 両方のひとみ。
怱忙《そうぼう》 忙しくて落ち着かないこと。
相貌《そうぼう》 顔つき。顔かたち。ありさま。
僧坊《そうぼう》 寺院に付属した僧の部屋。(別)僧房
蒼氓《そうぼう》 人民。国民。
蒼茫《そうぼう》 青々と広いさま。
草本《そうほん》 茎が木質でない植物。⇔木本《もくほん》
造本《ぞうほん》 印刷・製本・装丁などの作業。

蔵本《ぞうほん》 所蔵する本。蔵書。
総本山《そうほんざん》 宗派の最高格の寺。
総捲《そうまく》り 片っ端から残らず言及すること。
走馬灯《そうまとう》 回転する影絵が見える灯籠。
総身《そうみ》 からだ全体。全身。
総務《そうむ》 組織の全般に関する事務。
象虫《ぞうむし》 ゾウムシ科の甲虫の総称。
聡明《そうめい》 頭がよいこと。
滄溟《そうめい》 青々とした広い海。
奏鳴曲《そうめいきょく》 器楽曲の形式の一。ソナタ。
掃滅《そうめつ》 残らずほろぼすこと。くさき。
素麺《そうめん》 小麦粉から作る非常に細い麺。
草莽《そうもう》 民間。在野。「—の臣」
草木《そうもく》 草と木。植物の総称。くさき。
臓物《ぞうもつ》 はらわた。内臓。

僧門《そうもん》 僧の身分。「—に入る」
桑門《そうもん》 僧。出家。沙門。
総門《そうもん》 屋敷の大きな門。正門。
相聞《そうもん》 万葉集の部立ての一。恋の歌。
曽遊《そうゆう》 以前に訪れたことがある。「—の地」
贈与《ぞうよ》 他人に金品をただで贈ること。
掻痒《そうよう》 かゆいこと。
爽籟《そうらい》 さわやかな秋風の響き。[秋]
争乱《そうらん》 争いが起こり乱れること。
騒乱《そうらん》 社会を混乱させる事件。
総覧《そうらん》 全体に目を通すこと。(別)綜覧
総攬《そうらん》 権力を掌握しておさめること。
総理《そうり》 内閣総理大臣。全体を管理する。
草履《ぞうり》 鼻緒のついた、わらで作った履物。
創立《そうりつ》 新たに作ること。

僧侶《そうりょ》 僧。出家。
送料《そうりょう》 送り賃。
爽涼《そうりょう》 さわやかで涼しいこと。
総量《そうりょう》 全体の分量・重量。
総領《そうりょう》 長男・長女。あととり。「—の甚六」
増量《ぞうりょう》 分量をふやすこと。⇔減量
走力《そうりょく》 走る能力。
総力《そうりょく》 持っているすべての力。
相輪《そうりん》 仏塔の最上部の柱状の装飾部分。
造林《ぞうりん》 苗木を植えて森林をつくること。
走塁《そうるい》 野球で、走者が次の塁へ走ること。
藻類《そうるい》 海藻などの植物の総称。
壮齢《そうれい》 働き盛りの年頃。壮年。
壮麗《そうれい》 規模が大きく美しいさま。
葬礼《そうれい》 葬式。葬儀。

壮烈《そうれつ》 非常に勇ましいさま。「—な最期」
葬列《そうれつ》 葬式の行列。
走路《そうろ》 競走で、選手の走る道。コース。
早老《そうろう》 実際の年齢よりもふけていること。
早漏《そうろう》 性交のとき、射精が早すぎること。
蹌踉《そうろう》 よろめくさま。
候文《そうろうぶん》 「候」を文の終わりに用いる文章。
総論《そうろん》 全体にわたり述べた論。⇔各論
挿話《そうわ》 文章や談話の間にはさむ短い話。
総和《そうわ》 全部を加えた数。総計。
贈賄《ぞうわい》 わいろを贈ること。⇔収賄
添《そ》える 付け加える。付け足す。
疎遠《そえん》 親しくないこと。⇔親密
曹達《ソーダ》 炭酸ガスを含む飲料。ソーダ水。
租界《そかい》 もと中国で治外法権の外国人居留地。

素懐《そかい》 かねて持っていた願い。
疎開《そかい》 戦禍を逃れ地方に移り住むこと。
阻害《そがい》 じゃますること。
疎外《そがい》 きらって近づけないこと。
組閣《そかく》 内閣を組織すること。
疎隔《そかく》 へだたりができること。
訴求《そきゅう》 宣伝や広告で買い手に働きかける。
遡及《そきゅう》 過去にさかのぼり効力を及ぼすこと。
即《そく》 すなわち。ただちに。
殺《そ》ぐ けずりとる。へらす。(別)削ぐ
俗《ぞく》 ありふれていること。いやしいこと。
続《ぞく》 つづき。続編。
賊《ぞく》 盗人。反逆者。謀反人。
俗悪《ぞくあく》 下品で見苦しいこと。「—な小説」
続飯《そくい》 飯粒を練った糊《のり》。

即位《そくい》 君主が位につくこと。
惻隠《そくいん》 同情すること。「—の情」
俗受《ぞくう》け 大衆に受け入れられること。
続演《ぞくえん》 演劇の上演期間を延長すること。
即応《そくおう》 変化にすぐ応じること。
促音《そくおん》 つまる音。「っ」「ッ」で表記する。
続柄《ぞくがら》 ⇨つづきがら
即吟《そくぎん》 その場で詩歌を詠むこと。
賊軍《ぞくぐん》 朝廷や政府に反逆する軍。
俗気《ぞくけ》 俗っぽい気持ち。
塞源《そくげん》 おおもとから弊害を断つこと。
俗言《ぞくげん》 俗語。世間のうわさ。
俗諺《ぞくげん》 世間一般に言うことわざ。
俗語《ぞくご》 くだけた言葉。また、下品な言葉。
即座《そくざ》 その場。即席。「—に答える」

息災《そくさい》　無事なこと。達者なこと。「無病―」
即死《そくし》　その場ですぐ死ぬこと。
即時《そくじ》　間をおかずにすること。その場で。
俗字《ぞくじ》　正しくはないが通用している字体。
俗耳《ぞくじ》　世間の人の耳。「―に入りやすい」
俗事《ぞくじ》　日常生活の雑事。
側室《そくしつ》　貴人のめかけ。
即日《そくじつ》　すぐその日のうち。「―開票」
速射《そくしゃ》　すばやく続けて発射すること。
束脩《そくしゅう》　入門時にさし出す謝礼。
俗臭《ぞくしゅう》　いかにも俗っぽい感じがすること。
続出《ぞくしゅつ》　次々に出ること。「被害が―する」
息女《そくじょ》　他人の娘の敬称。
俗称《ぞくしょう》　通称。俗名《ぞくみょう》。
促進《そくしん》　望ましい方向に仕向けること。

俗信《ぞくしん》　世間で広く行われる迷信的な事柄。
賊臣《ぞくしん》　主君にそむく臣下。
俗人《ぞくじん》　俗物。僧でない人。
俗塵《ぞくじん》　世間のわずらわしい事柄。
即《そく》する　ぴったりあてはまる。
則《そく》する　のっとる。
属《ぞく》する　その範囲に入っている。
俗世《ぞくせ》　俗世間。
即製《そくせい》　その場で即座に作ること。
促成《そくせい》　人工的に早く生長させる。「―栽培」
速成《そくせい》　短期間にしあげること。
俗姓《ぞくせい》　出家する前の姓。ぞくしょう。
属性《ぞくせい》　そのものに固有の性質。
簇生《ぞくせい》　⇩そうせい(叢生)
即席《そくせき》　その場ですぐすること。即座。

足跡《そくせき》　あしあと。業績。
俗世間《ぞくせけん》　人の住むこの世間。俗世。
俗説《ぞくせつ》　世間で行われている根拠のない話。
側線《そくせん》　魚類などの体側にある感覚器官。
速戦即決《そくせんそっけつ》　速やかに解決する。
続続《ぞくぞく》　どんどんつづく。途切れなく。
束帯《そくたい》　天皇以下諸官が着用した正式の服。
速達《そくたつ》　特別に早く配達する扱いの郵便。
即断《そくだん》　その場ですぐ決めること。
速断《そくだん》　すばやい判断。判断をはやまる。
測地《そくち》　土地を測量すること。
測定《そくてい》　さまざまな量をはかること。
速度《そくど》　進む速さ。スピード。
賊徒《ぞくと》　盗賊の仲間。反逆者の仲間。
即答《そくとう》　その場で答えること。

速答《そくとう》　すばやく答えること。
属島《ぞくとう》　その国または本島に付属する島。
続投《ぞくとう》　投手が交替せず引き続いて投げる。
続騰《ぞくとう》　相場や物価が引き続いて上がること。
速読《そくどく》　普通より速く読むこと。
俗念《ぞくねん》　世俗的なものにひかれる心。
即売《そくばい》　現物をその場で売ること。
俗輩《ぞくはい》　良識のないつまらない人々。
束縛《そくばく》　制限すること。自由を奪うこと。
束髪《そくはつ》　明治期に流行した女性の洋風の髪形。
続発《ぞくはつ》　続けざまに起こること。
素首《そくび》　くび。ののしっていう語。そっくび。
速筆《そくひつ》　書くのが速いこと。⇔遅筆
俗物《ぞくぶつ》　名誉や利益にとらわれている人。
即物的《そくぶってき》　目先の現実に囚われるさま。

仄聞《そくぶん》　うわさに聞くこと。(別)側聞
速歩《そくほ》　速く歩くこと。はやあし。
速報《そくほう》　素早く知らせること。その知らせ。
続報《ぞくほう》　前の報告の続きの報告。
即妙《そくみょう》　⇩当意即妙
俗名《ぞくみょう》　僧の出家前の名。生前の名。
側面《そくめん》　横の面。わきの方面。一面。
俗用《ぞくよう》　雑事。俗事。
俗謡《ぞくよう》　通俗的な歌。小唄・民謡など。
続落《ぞくらく》　相場や物価が引き続いて下がること。
俗吏《ぞくり》　つまらない俗物の役人。
測量《そくりょう》　土地の位置・面積などを測ること。
属領《ぞくりょう》　本国の支配下にある領土。
速力《そくりょく》　物の進む速さ。スピード。
俗論《ぞくろん》　通俗的な議論。

素馨《そけい》　ジャスミンの一種の常緑低木。夏
鼠蹊部《そけいぶ》　ももの付け根の内側の部分。
狙撃《そげき》　人をねらい撃つこと。「―犯」
訴権《そけん》　裁判所に訴えを起こす権利。
遡源《そげん》　もとにさかのぼること。(別)溯源
底《そこ》　一番下の部分。奥深いところ。
其処《そこ》　その場所。近い所。その点。
祖語《そご》　共通の祖先にあたる言語。
齟齬《そご》　くいちがうこと。
底意《そこい》　心の奥に隠している気持ち。
底意地《そこいじ》　その人の奥にある気性。
底入《そこい》れ　相場が下がりきった状態。
素行《そこう》　ふだんのおこない。
粗鋼《そこう》　作られたままの未加工の鋼。
遡行《そこう》　流れをさかのぼること。(別)溯行

底魚《そこうお》 海底にすむ魚。カレイ・ヒラメなど。
其処《そこ》彼処《かしこ》 あちこち。ほうぼう。
祖国《そこく》 生まれた国。母国。
底力《そこぢから》 体の奥底にある強い力。
粗忽《そこつ》 そそっかしいこと。
損《そこ》なう こわす。害する。失敗する。
底雪崩《そこなだれ》 積雪全体が崩れ落ちる雪崩。
底抜《そこぬ》け とめどがないこと。
底値《そこね》 取引で、一番低い値段。
若干《そこばく》 いくつか。いくらか。
底翳《そこひ》 視力が落ちる眼の病気。
底冷《そこび》え 体のしんまで冷える寒さ。[冬]
蔬菜《そさい》 野菜。青もの。
素材《そざい》 もとになる材料。
粗雑《そざつ》 いい加減なさま。

粗餐《そさん》 粗末な食事。人に出す食事の謙譲語。
阻止《そし》 力でくいとめること。
祖師《そし》 宗派の開祖。
素子《そし》 電気回路の中で独立機能をもつ部品。
素志《そし》 平素から抱いている望み。
素地《そじ》 土台。基礎。下地。
措辞《そじ》 詩歌・文章などの言葉の使い方。
組織《そしき》 秩序ある集団。細胞の集まり。
素質《そしつ》 本来の能力や特質。
粗品《そしな》 粗末な物。人に贈る物の謙譲語。
咀嚼《そしゃく》 食物を細かくかみ砕くこと。
租借《そしゃく》 他国の領土を借りておさめること。
楚囚《そしゅう》 囚人。とりこ。
祖述《そじゅつ》 先人の説を継ぎ研究を発展させる。
訴訟《そしょう》 裁判所に裁判を請求すること。

俎上《そじょう》 まないたの上。「―にのせる」
訴状《そじょう》 訴訟を起こす際の書類。
遡上《そじょう》 流れをさかのぼること。(別)溯上
粗食《そしょく》 粗末な食事。「粗衣―」⇔美食
誹《そし》る 他人を悪く言う。非難する。(別)譏る
祖神《そしん》 神としてまつられている祖先の霊。
疏水《そすい》 灌漑・発電用に作った水路。(別)疎水
素数《そすう》 一とその数でしか割れない正の整数。
粗製《そせい》 粗雑なつくり方。「―濫造」
組成《そせい》 組み立てられている物の要素・成分。
蘇生《そせい》 生き返ること。よみがえること。
租税《そぜい》 国民や住民から徴収する金。
礎石《そせき》 建物の土台石。物事の基礎。
祖先《そせん》 その家系の初代。先代までの人。
楚楚《そそ》 清らかで美しいさま。

阻喪《そそう》 気力がくじけること。(別)沮喪
粗相《そそう》 ちょっとした失敗。大小便をもらす。
塑像《そぞう》 粘土や石膏などで造った像。
注《そそ》ぐ 流れ込む。上からかける。集中する。
雪《そそ》ぐ 清める。名誉を回復する。「恥を―」
唆《そそのか》す うまい言葉でよくないことをさせる。
聳《そそ》り立《た》つ 高くそびえるように立つ。
漫《そぞ》ろ 上の空であるさま。自然に。何となく。
漫《そぞ》ろ歩《ある》き 当てもなく歩くこと。
粗朶《そだ》 薪などにする木の枝。
粗大《そだい》 あらくて大まかなこと。
育《そだ》つ 成長する。順調に発展する。
措置《そち》 うまくいくように処理すること。
粗茶《そちゃ》 粗末な茶。人に勧める茶の謙譲語。
其方《そちら》 その方角・物。あなたの方。

帥《そつ》 律令制で、大宰府の長官。
訴追《そつい》 検察官が公訴を提起すること。
疎通《そつう》 意思がよく通じること。(別)疏通
足下《そっか》 足もと。手紙の脇付の一。
俗化《ぞっか》 俗な感じになること。
俗界《ぞっかい》 俗なこの世間。
俗解《ぞっかい》 通俗的な解釈。
速記《そっき》 符号を用いてすばやく書き取る技術。
速球《そっきゅう》 非常に速い投球。
即興《そっきょう》 その場で詩歌などを作ること。
卒業《そつぎょう》 規定の課程を修了すること。[春]
俗曲《ぞっきょく》 三味線伴奏の大衆的な小歌曲。
即金《そっきん》 その場で現金を支払うこと。
側近《そっきん》 貴人のそば近くに仕える人。
素《そ》っ気《け》 愛想や面白味。「―ない返事」

俗気《ぞっけ》 ⇒ぞくけ(俗気)
即決《そっけつ》 その場できめること。
即決即断《そっけつそくだん》 即座に決定を下す。
即効《そっこう》 すぐに効き目があること。
速効《そっこう》 はやく効き目が現れること。
速攻《そっこう》 すばやく攻撃すること。
側溝《そっこう》 道路の脇に作る排水溝。
続行《ぞっこう》 続けて行うこと。
測候所《そっこうじょ》 気象庁の地方観測所。
即刻《そっこく》 間をおかないこと。即時。即座。
属国《ぞっこく》 他国に支配されている国。
卒爾《そつじ》 突然であること。(別)率爾
卒寿《そつじゅ》 九〇歳。また、その祝い。
率先《そっせん》 先頭に立って物事を行うこと。
卒然《そつぜん》 だしぬけ。突然。(別)率然

率先躬行《そっせんきゅうこう》 先立って実践する。
率先垂範《そっせんすいはん》 進んで模範を示す。
卒中《そっちゅう》 ⇨脳卒中
率直《そっちょく》 隠したり遠慮したりしないこと。
卒倒《そっとう》 急に意識を失って倒れること。
卒読《そつどく》 急いでざっと読む。読み終える。
外方《そっぽ》 よその方。わきの方。
袖《そで》 衣服の左右の腕をおおう部分。
袖垣《そでがき》 門のわきに造った小さい垣根。
蘇鉄《そてつ》 暖地に生える常緑低木。
袖《そで》の下《した》 賄賂。
粗糖《そとう》 精製していない砂糖。
外海《そとうみ》 大陸の外に広がる大海。
素読《そどく》 解釈せずに文字だけを読むこと。
外税《そとぜい》 価格に消費税が含まれていないこと。

外面《そとづら》 他人に接する時にする顔つき。
卒塔婆《そとば》 供養のために立てる板。
外堀《そとぼり》 城の外回りの堀。⇔内堀 別外濠
外孫《そとまご》 他家に嫁いだ娘の子。⇔内孫
外股《そとまた》 足の先が外側に開く歩き方。
供《そな》える 神仏に物をささげる。
備《そな》える 用意をする。形を整える。設備する。
具《そな》える 生まれつき身につけている。
其方《そなた》 あなた。お前。そこもと。
嫉《そね》む ねたむ。うらやむ。
園《その》 庭園。「学びの―」
園生《そのう》 草木を植える庭。庭園。
其《そ》の筋《すじ》 その方面。警察。「―のお達し」
側《そば》 かたわら。近い所。するとすぐ。
蕎麦《そば》 タデ科の一年生の作物。めん食品。

蕎麦掻《そばがき》 熱湯で練った蕎麦粉。冬
雀斑《そばかす》 顔にできる褐色の斑点。
聳《そばだ》つ ひときわ高くそびえ立つ。別峙つ
攲《そばだ》てる 注意を集中する。一端を高くする。
側杖《そばづえ》 とばっちり。「―を食う」
側女《そばめ》 めかけ。側室。
側目《そばめ》 近くの第三者の目。はため。
側《そば》める 細める。視線をそらす。「目を―」
聳《そび》える ひときわ高く立つ。
祖廟《そびょう》 祖先をまつるみたまや。
素描《そびょう》 単色の線で形をかくこと。デッサン。
粗描《そびょう》 あら筋を大まかに描写すること。
粗品《そひん》 ⇨そしな(粗品)
祖父《そふ》 父母の父親。おじいさん。⇔祖母
祖父母《そふぼ》 祖父と祖母。

素振《そぶ》り 表情や身振りに現れる様子。
祖母《そぼ》 父母の母親。おばあさん。⇔祖父
粗放《そほう》 大ざっぱなさま。「―農業」
粗暴《そぼう》 態度が乱暴なこと。
素封家《そほうか》 名家とされる財産家。
素朴《そぼく》 飾り気がないこと。単純なこと。
粗笨《そほん》 荒けずりなさま。粗雑。「―な計画」
杣《そま》 杣山。杣山から切り出した木。杣木。
粗末《そまつ》 作りや品質が劣る。ぞんざいに扱う。
杣人《そまびと》 きこり。
杣山《そまやま》 材木にする木を植える山。
粗密《そみつ》 あらいことと細かいこと。別疎密
蘇民将来《そみんしょうらい》 疫病よけの神の名。
背《そむ》く 逆らう。後ろを向く。別叛く
染井吉野《そめいよしの》 サクラの品種。

染《そ》める 色をつける。顔を赤くする。
梳毛《そもう》 羊毛などの繊維を平行に揃えること。
作麼生《そもさん》 (禅問答で)いかに。
抑《そもそも》 最初。起こり。いったい。さて。
征矢《そや》 戦闘に用いる矢。
粗野《そや》 荒々しく下品なこと。
素養《そよう》 身につけた知識・教養。たしなみ。
微風《そよかぜ》 そよそよと吹く風。
戦《そよ》ぐ 草木などが静かにゆれ動く。
空言《そらごと》 うそ。偽り。別虚言
反《そ》らす 弓なりに曲げる。「体を―」
逸《そ》らす ねらいを外す。違う方に向かわせる。
空空《そらぞら》しい 見えすいている。
空頼《そらだの》み 当てにならない頼み。
空似《そらに》 他人なのに似ていること。

空音《そらね》 聞こえるような気がする音。
空寝《そらね》 寝たふりをすること。
空豆《そらまめ》 マメ科の越年草。種子は食用。夏
空耳《そらみみ》 声や物音がしたように思うこと。
諳《そら》んじる そらで言う。
橇《そり》 雪や氷の上を走らせる乗り物。冬
反《そ》り身《み》 うしろに反った姿勢。
粗略《そりゃく》 おろそか。いいかげん。別疎略
素粒子《そりゅうし》 物質を構成する細かい粒子。
疎林《そりん》 樹木のまばらに生えている林。
反《そ》る 弓なりに曲がる。体が後ろに曲がる。
剃《そ》る ひげや髪を根元からけずりとる。
某《それがし》 武士が自分をさして言った言葉。
疎漏《そろう》 いい加減で、抜けがあること。
揃《そろ》う 形などが同じになる。全部集まる。

算盤《そろばん》 計算用具の一。損得勘定。
損《そん》 利益を失うこと。⇔得
尊影《そんえい》 他人の写真の敬称。
損益《そんえき》 損害と利益。費用と収益。
損壊《そんかい》 こわすこと。こわれること。
損害《そんがい》 事故や災害で失われた利益。
存外《ぞんがい》 思いのほか。案外。
尊顔《そんがん》 相手の顔を敬っていう語。
尊貴《そんき》 ねうちがあって、とうといこと。
蹲踞《そんきょ》 うずくまること。深く腰をおろす。
損金《そんきん》 損をした金。税法で支出。
尊敬《そんけい》 優れていると認め敬うこと。
尊厳《そんげん》 尊くて厳かなこと。
尊公《そんこう》 貴公。
存在《そんざい》 そこにあること、いること。

損失《そんしつ》 財産や利益を失うこと。⇔利益
尊称《そんしょう》 尊敬した呼び方。
損傷《そんしょう》 こわれ傷つくこと。
遜譲《そんじょう》 へりくだって、人にゆずること。
遜色《そんしょく》 劣っていること。見劣り。
損《そん》**じる** こわし、いためる。しそこなう。
尊崇《そんすう》 尊敬してあがめること。
存《そん》**する** ある。存在する。残す。とどめる。
存《ぞん》**ずる** 「思う・知る」の謙譲語。
存続《そんぞく》 引き続いてあること。
尊属《そんぞく》 目上の血族。父母・祖父母など。
樽俎《そんそ》**折衝**《せっしょう》 外交交渉。かけひき。
尊大《そんだい》 えらぶった態度をとること。
忖度《そんたく》 他人の心中をおしはかること。
存置《そんち》 残しておくこと。

存知《ぞんち》 すでに知っていること。
尊重《そんちょう》 尊いものとして大事にすること。
尊堂《そんどう》 相手や相手の家を敬っていう語。
損得《そんとく》 損失と利益。損益。
存念《ぞんねん》 平素心中に思っている考え。
尊皇《そんのう》 天皇を尊ぶこと。㊊尊王
存廃《そんぱい》 存続と廃止。
存否《そんぴ》 あるかないか。有無。安否。
尊卑《そんぴ》 身分の高い者と低い者。
尊父《そんぷ》 相手の父の尊敬語。「御—」
村夫《そんぷう》**子**《し》 田舎の学者。
存分《ぞんぶん》 思うままにすること。
存亡《そんぼう》 残ることと滅びること。
尊名《そんめい》 相手の名前を敬っていう語。
存命《ぞんめい》 生きながらえていること。

損耗《そんもう》 つかいへること。そんこう。
尊容《そんよう》 相手の姿を敬っていう語。
村落《そんらく》 村。村里。
存立《そんりつ》 成り立ってゆくこと。「—の基盤」
損料《そんりょう》 衣服・道具などの使用料。

た

打《ダース》 一二個を一組とする数量の単位。
鯛《たい》 スズキ目タイ科の海魚の総称。
体《たい》 身体。物事の本体。
隊《たい》 組織された集団。軍隊。
他意《たい》 ほかの考え。「—はない」
泰《タイ》 東南アジアの一国。タイ王国。
代《だい》 その地位にいる期間。代金。
台《だい》 物をのせるためのもの。

題《だい》 作品の内容をみじかく示す語。
耐圧《たいあつ》 圧力の大きさに耐えること。
大安《たいあん》 六曜の一。すべてに吉。
対案《たいあん》 ある案に対して別に出す案。
代案《だいあん》 代わりの案。
大尉《たいい》 将校の階級で、尉官の最上級。
大意《たいい》 大体の意味内容。
体位《たいい》 体格・体力・健康の度合。体の姿勢。
退位《たいい》 皇帝などが位を退くこと。
体育《たいいく》 健康な体の発達のための教育。
退院《たいいん》 入院していた人が病院を出ること。
隊員《たいいん》 隊に属している者。
太陰暦《たいいんれき》 月の運行による暦法。陰暦。
退嬰《たいえい》 新しい物事に消極的なこと。
題詠《だいえい》 与えられた題によって詩歌をよむ。

体液《たいえき》 血漿・リンパ液など体内にある液体。
退役《たいえき》 兵役を退くこと。
対応《たいおう》 向き合う。つりあう。応じる。
大黄《だいおう》 タデ科の大形の多年草。根茎は薬用。
大往生《だいおうじょう》 天寿を全うした安らかな死。
体温《たいおん》 からだの温度。
大音声《だいおんじょう》 大きな声。
大火《たいか》 大きな火事。
大家《たいか》 その道で特に優れた人。大きな家。
大過《たいか》 大きなひどいあやまち。
対価《たいか》 与えた利益に対して受ける報酬。
耐火《たいか》 燃えにくいこと。「—れんが」
退化《たいか》 あと戻り。器官や組織の衰退・縮小。
滞貨《たいか》 貨物がさばけずにたまること。
大河《たいが》 大きな川。

代価《だいか》 品物の値段。代金。
台下《だいか》 手紙の脇付に用いる語。
大会《たいかい》 大ぜいで行う大規模な会合。
大海《たいかい》 広々とした大きな海。
退会《たいかい》 会を脱退すること。⇔入会
大概《たいがい》 たいてい。ほとんど全部。ほどほど。
対外《たいがい》 外部や外国に対すること。
台閣《たいかく》 高殿。内閣。
体格《たいかく》 外からみた身体の状態。
退学《たいがく》 学校を途中でやめること。
大学《だいがく》 高等学校の上の学校。
対角線《たいかくせん》 隣り合わない角を結ぶ直線。
大廈高楼《たいかこうろう》 豪壮で高い建物。
大喝《だいかつ》 大声でどなること。
大喝一声《だいかついっせい》 大声で叱責する。

代替《だいが》わり 主人などの代が替わること。
大患《たいかん》 大病。重病。大きな心配。
大観《たいかん》 広く全体を見通すこと。広大な眺め。
体感《たいかん》 体に受ける感じ。「—温度」
耐寒《たいかん》 寒さに耐えること。
退官《たいかん》 官職をやめること。
戴冠《たいかん》 帝王が即位して王冠を載く。「—式」
大願《たいがん》 大きな願いごと。「—成就」
対岸《たいがん》 向こう側の岸。「—の火事」
大寒《だいかん》 二十四節気の一。一月二〇日頃。[冬]
代官《だいかん》 昔、領地を統治した地方官。
代願《だいがん》 本人に代わって祈願すること。
大気《たいき》 地球を包む空気の層。
大器《たいき》 すぐれた器量や才能をもつ人。
待機《たいき》 準備を整えて待つこと。

大義《たいぎ》 大切な道理。国家・君主への忠誠。
大儀《たいぎ》 大規模な儀式。おっくうなさま。
大吉《だいきち》 この上なく運勢がよいこと。⇔大凶
大器晩成《たいきばんせい》 本当の大人物は普通よりおくれて大成するということ。
大義名分《たいぎめいぶん》 至極当然な理由。
退却《たいきゃく》 争いに負けてあとへ引くこと。
耐久《たいきゅう》 長くもちこたえること。「—力」
代休《だいきゅう》 休日に出勤した代わりにとる休暇。
大挙《たいきょ》 大勢で向かうこと。
退去《たいきょ》 立ちのくこと。
胎教《たいきょう》 妊婦を通して行う胎児に対する感化。
怠業《たいぎょう》 故意に仕事を怠ける。サボタージュ。
大凶《だいきょう》 非常に運勢が悪いこと。⇔大吉
大経師《だいきょうじ》 経師屋。表具師。

大局《たいきょく》 全体の局面。
対局《たいきょく》 囲碁・将棋などの勝負をすること。
対極《たいきょく》 反対の極。「—的」
太極拳《たいきょくけん》 中国古来の拳法。健康法。
代金《だいきん》 買い手が売り手に支払う金。
体軀《たいく》 からだ。からだつき。体格。
大工《だいく》 家を建てる職人。
対空《たいくう》 空からの攻撃に対すること。
滞空《たいくう》 飛行機などが空中を飛び続けること。
待遇《たいぐう》 もてなし。給与や地位などの処遇。
退屈《たいくつ》 暇をもてあます。単調でいやになる。
大軍《たいぐん》 たくさんの軍隊。
大群《たいぐん》 動物・虫などの大きなむれ。
大系《たいけい》 著作を系統立てて集めた書物。
体系《たいけい》 個々の部分を統一した組織の全体。

大計《たいけい》 遠大な計画。
大慶《たいけい》 非常にめでたいこと。「—至極」
体刑《たいけい》 身体に苦痛を与える刑罰。自由刑。
体形《たいけい》 からだのかたち。
体型《たいけい》 体格の外観。肥満型・やせ型など。
隊形《たいけい》 戦う時の部隊の形。
大兄《たいけい》 同輩以上の男性を敬っていう語。
台形《だいけい》 二辺だけが平行な四辺形。
対決《たいけつ》 相対して勝負などを決すること。
大圏《たいけん》 地球の中心を通る面と地表との交線。
体験《たいけん》 実際に自分で経験すること。
帯剣《たいけん》 剣を腰に下げること。
大言《たいげん》 えらそうなことをいうこと。
体言《たいげん》 活用しない自立語。名詞・代名詞。
体現《たいげん》 具体的な形に現すこと。

代言《だいげん》 本人に代わって弁論すること。
大言壮語《たいげんそうご》 大げさに言うこと。
太古《たいこ》 大昔。
太鼓《たいこ》 筒状の胴に皮を張った打楽器。
大悟《たいご》 おおいに悟りを得ること。
隊伍《たいご》 隊を組んだ列。
大綱《たいこう》 おおもと。大要。
太閤《たいこう》 前関白の尊称。豊臣秀吉のこと。
対向《たいこう》 向き合っていること。「—車」
対抗《たいこう》 互いに勝とうとして競争すること。
対校《たいこう》 学校どうしの対抗。校合《きょうごう》。
退行《たいこう》 後ろにさがること。あと戻り。
退校《たいこう》 退学。下校。
代行《だいこう》 本人に代わってすること。
乃公《だいこう》 我が輩。おれさま。「—出でずんば」

退紅色《たいこうしょく》　薄い紅色。
太公望《たいこうぼう》　釣り好きな人。
大獄《たいごく》　多くの人が連座する重大な犯罪事件。
大黒《だいこく》　大黒天。僧の妻。
大黒天《だいこくてん》　七福神の一。福徳の神。
大黒柱《だいこくばしら》　最も太い柱。中心となる人。
大悟徹底《たいごてってい》　悟りきった心境。
太鼓判《たいこばん》　絶対に大丈夫だという保証。
醍醐味《だいごみ》　物事の非常に深い味わい。
大根《だいこん》　根を食用とする野菜。へたな役者。
大佐《たいさ》　軍隊の階級で、佐官の最上級。
大差《たいさ》　大きな差。大きなちがい。⇔小差
対座《たいざ》　向かい合ってすわること。
退座《たいざ》　座席から去ること。退席。
台座《だいざ》　物を据える台。

滞在《たいざい》　よそに行って長くとどまること。
大罪《だいざい》　重く大きな罪。たいざい。
題材《だいざい》　作品の主題となる素材。
大作《たいさく》　すぐれた作品。大規模な作品。
対策《たいさく》　相手に対してとる手段や方策。
代作《だいさく》　本人に代わって作ること。
退散《たいさん》　逃げ去ること。
泰山《たいざん》　中国山東省の名山。高い山。大山。
代参《だいさん》　本人に代わって参拝すること。
泰山木《たいさんぼく》　モクレン科の常緑高木。
泰山北斗《たいざんほくと》　第一人者。泰斗。
大志《たいし》　大きなこころざし。
大使《たいし》　最上位の外交使節。特命全権大使。
太子《たいし》　皇太子。聖徳太子。
対峙《たいじ》　にらみ合って対立すること。

胎児《たいじ》　母親の腹の中にある子ども。
退治《たいじ》　うちほろぼすこと。
大姉《だいし》　女性の戒名に添える語。
大師《だいし》　仏・菩薩の称。高僧の号。弘法大師。
台紙《だいし》　写真・絵などを貼りつける紙。
台詞《だいし》　せりふ。台辞。
大事《だいじ》　重大なこと。大切なこと。
題字《だいじ》　書物のとびらに書く文字。
題辞《だいじ》　書物などの表題の言葉。
大試験《だいしけん》　入学や卒業試験の特称。〔春〕
体質《たいしつ》　生まれつきの体の性質。「—改善」
大赦《たいしゃ》　恩赦の一種。慶事に刑罰を減免する。
代赭《たいしゃ》　赤鉄鉱を粉末にした赤色の顔料。
代謝《たいしゃ》　新旧が入れ替わること。物質交代。
退社《たいしゃ》　会社をやめること。会社から帰ること。

台車《だいしゃ》　車両の車体を支える部分。手押し車。
大蛇《だいじゃ》　大きなヘビ。おろち。うわばみ。
貸借《たいしゃく》　貸しと借り。
帝釈天《たいしゃくてん》　仏教の守護神。
大車輪《だいしゃりん》　器械体操の一。懸命に働く。
大衆《たいしゅう》　多くの人々。一般庶民。民衆。
体臭《たいしゅう》　その人の体から発散されるにおい。
体重《たいじゅう》　体の重さ。
退出《たいしゅつ》　その場から引き下がること。
帯出《たいしゅつ》　備品や図書などを外へ持ち出すこと。
待春《たいしゅん》　春の訪れを待ちわびる心持ち。〔冬〕
大所《たいしょ》　大きな立場。広い観点。「—高所」
大暑《たいしょ》　二十四節気の一。七月二三日頃。〔夏〕
太初《たいしょ》　天地のはじめ。
対処《たいしょ》　適切な処置をとること。

対蹠《たいしょ》　反対の関係にあること。
代書《だいしょ》　本人に代わって書くこと。その職業。
大将《たいしょう》　軍隊で、将官の最高位。
対称《たいしょう》　互いに対応してつり合うこと。
対象《たいしょう》　注意が向けられる目標となるもの。
対照《たいしょう》　比べ合わせること。違いが際立つこと。
隊商《たいしょう》　砂漠を往来する商人の一隊。
退場《たいじょう》　会場などから去ること。
代償《だいしょう》　与えた損害の償い。
大乗《だいじょう》　広く人間の救済を説く仏教の教え。
大丈夫《だいじょうふ》　立派な男子。
大丈夫《だいじょうぶ》　危なげのないこと。きっと。
大食《たいしょく》　ごはんなどをたくさん食べること。
耐食《たいしょく》　金属などが腐食しにくいこと。
退色《たいしょく》　色があせること。㊔褪色

退職《たいしょく》　今まで勤めていた職をやめること。
大身《たいしん》　身分・地位の高い人。⇔小身
耐震《たいしん》　地震に強いこと。「—構造」
大人《たいじん》　徳の高い人。学者の尊称。
対人《たいじん》　他人に対すること。「—恐怖」
対陣《たいじん》　敵と向かい合って陣を取ること。
退陣《たいじん》　陣営を後方に移す。身を引くこと。
代診《だいしん》　担当の医師に代わって診察すること。
大尽《だいじん》　金持ち。富豪。豪遊する客。
大臣《だいじん》　国務大臣のこと。
大豆《だいず》　マメ科の一年生の作物。〔秋〕
代数《だいすう》　数学の一部門。代数学。
体《たい》する　心にとめて守り行う。「意を—」
対《たい》する　向かい合う。対抗する。
帯《たい》する　身につける。腰につける。

題《だい》する 題名をつける。
大成《たいせい》 立派に仕上げる。一流の人物になる。
大政《たいせい》 天下の政治。「—奉還」
大勢《たいせい》 おおよそのなりゆき。全体の形勢。
体制《たいせい》 組織の様式。支配者の側。
体勢《たいせい》 体全体の構え。姿勢。
態勢《たいせい》 いつでも対処できる態度・身構え。
耐性《たいせい》 病原体が薬に対して得た抵抗力。
胎生《たいせい》 子が母胎内で発育してから生まれる。
退勢《たいせい》 勢いが衰えた状態。(別)頽勢
泰西《たいせい》 西洋。欧米。
体積《たいせき》 立体の大きさ。
対蹠《たいせき》 ⇩たいしょ(対蹠)
退席《たいせき》 席を立ってその場からしりぞくこと。
堆積《たいせき》 うずたかく積もること。

大雪《たいせつ》 二十四節気の一。一二月八日頃。[冬]
大切《たいせつ》 重要であるさま。丁寧に扱うさま。
大戦《たいせん》 大きい戦争。
対戦《たいせん》 相手として戦うこと。
大全《たいぜん》 関連する事柄を全部記した書物。
題簽《だいせん》 和漢書の題名を書き表紙にはる紙片。
泰然《たいぜん》 落ち着いているさま。
泰然《たいぜん》自《じ》若《じゃく》 一向に動じない。
大葬《たいそう》 天皇・皇后などの葬儀。
体操《たいそう》 身体を動かす運動。体操競技。
大層《たいそう》 非常に。大げさなさま。
退蔵《たいぞう》 物資を使わず、しまっておくこと。
代走《だいそう》 塁上の走者に代わって走ること。
怠惰《たいだ》 無気力でだらしないこと。
代打《だいだ》 ある打者に代わって打つこと。

大腿《だいたい》 太もも。「—骨」
代替《だいたい》 他の物で代用すること。かわり。
大体《だいたい》 おおよそ。ほとんど。そもそも。
橙《だいだい》 ミカン科の小高木。果実は食用。[秋]
代代《だいだい》 昔から何代も続いていること。
大内裏《だいだいり》 内裏と諸官司のある区域。
対談《たいだん》 二人があるテーマについて話すこと。
退団《たいだん》 所属している団体をしりぞくこと。
大胆《だいたん》 肝がすわっていること。⇔小胆
大団円《だいだんえん》 芝居などの最後の場面。
大胆《だいたん》不敵《ふてき》 大胆で恐れない。
対置《たいち》 向かい合うように置くこと。
大地《だいち》 (人々が生活する)広々とした土地。
代置《だいち》 代わりとして置くこと。
台地《だいち》 周囲より高くて平らな土地。

体調《たいちょう》 からだの調子。
退庁《たいちょう》 役所から退出すること。⇔登庁
退潮《たいちょう》 ひきしお。勢いが衰えること。
隊長《たいちょう》 軍隊など隊を組んだ集団の長。
大腸《だいちょう》 小腸と肛門の間の消化管。
台帳《だいちょう》 土台となる帳簿。原簿。
大通《だいつう》 遊興の道に長じていること(人)。
大抵《たいてい》 だいたい。おおかた。ほどほど。
大帝《たいてい》 偉大な帝王。
退廷《たいてい》 法廷から退出すること。⇔入廷
大敵《たいてき》 強い敵。強敵。「油断—」
大典《たいてん》 重大な儀式。重大な法典・法律。
帯電《たいでん》 物体が電気を帯びること。荷電。
泰斗《たいと》 第一人者。泰山北斗。
大度《たいど》 度量の大きいこと。

態度《たいど》 内面を表す表情や言動。心構え。
台頭《たいとう》 目立って勢力を増すこと。(別)擡頭
対等《たいとう》 互いに上下優劣のないこと。
帯刀《たいとう》 刀を腰に帯びること。
頽唐《たいとう》 健全な気風がすたれること。頽廃。
駘蕩《たいとう》 景色ののどかなさま。「春風—」
胎動《たいどう》 胎児が母胎内で動く。新しい動き。
帯同《たいどう》 一緒に連れて行くこと。
大同《だいどう》 大体同じであること。
大道《だいどう》 幅の広い道路。路上。人の道。
大同小異《だいどうしょうい》 似たりよったり。
大同団結《だいどうだんけつ》 小異を捨てて団結。
大統領《だいとうりょう》 共和国の元首。
体得《たいとく》 体験によって身につけること。
胎毒《たいどく》 子どもにできる皮膚病の通称。

代読《だいどく》 本人に代わって読むこと。
台所《だいどころ》 食物を調理する所。金銭のやりくり。
体内《たいない》 体の内部。⇔体外
胎内《たいない》 身ごもった母親の腹の中。
台無《だいな》し 全くだめになること。
対日《たいにち》 外国が日本に対すること。「—赤字」
滞日《たいにち》 外国人が日本に滞在すること。
大日如来《だいにちにょらい》 真言宗の本尊。
大任《たいにん》 大切な任務。大役。
退任《たいにん》 任務から退くこと。
代人《だいにん》 代理人。
耐熱《たいねつ》 熱に耐えること。「—ガラス」
滞納《たいのう》 期限が過ぎても金品を納めないこと。
大脳《だいのう》 脳の一部。精神作用をいとなむ。
代納《だいのう》 本人に代わって金品を納めること。

大破《たいは》　ひどくこわれること。
台場《だいば》　海岸沿いに造った砲台。
大敗《たいはい》　大差で負けること。
退廃《たいはい》　健全な気風がくずれること。(別)頽廃
台秤《だいばかり》　台に載せて重さをはかるはかり。
太白《たいはく》　金星。太白星。
大八車《だいはちぐるま》　木製の二輪の荷車。
体罰《たいばつ》　身体に直接苦痛を与える罰。
大半《たいはん》　全体の半分以上。ほとんど。大部分。
胎盤《たいばん》　胎児と母体を結ぶ器官。
大盤石《だいばんじゃく》　堅固でゆるぎないこと。
対比《たいひ》　つき合わせて比べること。
待避《たいひ》　他の車両が通り過ぎるのを待つこと。
退避《たいひ》　退いて危険・危難を避けること。
堆肥《たいひ》　草・塵芥などを腐らせた有機肥料。

代筆《だいひつ》　本人に代わって書くこと。
体表《たいひょう》　からだの表面。
大廟《たいびょう》　宗廟。伊勢神宮。
大兵《だいひょう》　体が大きいこと。「―肥満」
代表《だいひょう》　多数に代わって全体の意思を表す。
大夫《たいふ》　五位の通称。大名の家老の異名。
大部《たいぶ》　書物の分量が多いこと。大部分。
大分《だいぶ》　かなり。相当に。
台風《たいふう》　暴風雨を伴う熱帯低気圧。〔秋〕
大福《だいふく》　和菓子の一。大福餅。大きな福運。
大福帳《だいふくちょう》　商家で売買を記録した元帳。
大仏《だいぶつ》　巨大な仏像。
大部分《だいぶぶん》　ほとんど全部。
太平《たいへい》　世の中が静かなこと。(別)泰平
太平楽《たいへいらく》　のんきに勝手なことを言う。

大別《たいべつ》　大きく分けること。
大変《たいへん》　一大事。容易でないこと。非常に。
胎便《たいべん》　新生児が初めてする糞便。かにばば。
代返《だいへん》　欠席者に代わって返事をすること。
大便《だいべん》　くそ。糞。便。
代弁《だいべん》　本人に代わって述べること。
退歩《たいほ》　前より悪くなること。⇔進歩
逮捕《たいほ》　警察が被疑者を捕まえること。
大砲《たいほう》　砲弾を発射する兵器。砲。
待望《たいぼう》　待ち望むこと。
耐乏《たいぼう》　物が乏しく不自由をがまんすること。
台本《だいほん》　演劇・映画などの脚本。シナリオ。
大麻《たいま》　植物のアサ。麻薬の一。神社のお札。
大枚《たいまい》　多額の金。「―をはたく」
玳瑁《たいまい》　海産のカメ。べっこう細工で激減。

松明《たいまつ》　松や竹を束ねた照明具。
怠慢《たいまん》　なまけること。
大名《だいみょう》　江戸時代、知行一万石以上の武士。
大命《たいめい》　天皇の命令。
待命《たいめい》　命令が出るまで待機すること。
題名《だいめい》　小説などの表題の名前。
代名詞《だいめいし》　それと指示する語。
体面《たいめん》　面目。体裁。
対面《たいめん》　人に会うこと。向かい合うこと。
大望《たいもう》　大きな望み。
題目《だいもく》　書籍などの表題。お題目。
大文字《だいもんじ》　「大」の字形の送り火。〔秋〕
大厄《たいやく》　重大な災難。最大の厄年。
大役《たいやく》　重い任務・役目。大任。
対訳《たいやく》　原文と一緒に訳文を示すこと。

代役《だいやく》　代わりにその役を演じる人。
大勇《たいゆう》　真の勇気。⇔小勇
貸与《たいよ》　お金や品物を貸すこと。
大洋《たいよう》　広く大きな海。
大要《たいよう》　大体の要点。あらまし。
太陽《たいよう》　太陽系の中心にある天体。
態様《たいよう》　ありさま。状態。(別)体様
代用《だいよう》　そのものの代わりとして使うこと。
太陽暦《たいようれき》　地球の一公転が一年の暦。
大欲《たいよく》　大きな欲望。また、欲が深いこと。
平《たい》ら　でこぼこのないさま。
玉珧《たいらぎ》　海産の大形の二枚貝。貝柱は食用。
平《たい》らげる　敵を全部討つ。残らず食べる。
大乱《たいらん》　大きな内乱。
内裏《だいり》　天皇の住居。皇居。

代理《だいり》　本人に代わって事にあたること。
大力《だいりき》　非常に力が強いこと。
大陸《たいりく》　広大な陸地。特に中国を言う。
大理石《だいりせき》　白地に美しい斑紋がある石。
対立《たいりつ》　反対の立場に立ってはり合うこと。
内裏雛《だいりびな》　天皇・皇后の雛人形。〔春〕
大略《たいりゃく》　おおよそ。あらまし。大体。
対流《たいりゅう》　熱により流体が循環運動をすること。
滞留《たいりゅう》　物事がとどこおる。旅先でとどまる。
大量《たいりょう》　量が多いこと。多量。⇔少量
大漁《たいりょう》　魚がたくさんとれること。豊漁。
体力《たいりょく》　身体的能力や病気に対する抵抗力。
大輪《たいりん》　普通より花弁の大きな花。「―の菊」
大礼《たいれい》　皇室の重大な儀式。即位の儀式など。
隊列《たいれつ》　隊のならび。

退路《たいろ》 退却するみち。にげみち。
大老《たいろう》 江戸幕府の最高の官職名。
対話《たいわ》 直接向かい合って話をすること。
多雨《たう》 雨の多いこと。「高温―」
田植《たう》え 稲の苗を水田に植えること。[夏]
唾液《だえき》 つば。つばき。
絶《た》えず いつも。常に。「―見守る」
妙《たえ》なる たとえようもないほどすばらしい。
耐《た》える 我慢する。持ちこたえる。
堪《た》える …の値打ちがある。(別)耐える
絶《た》える 物事がとだえる。ほろびる。死ぬ。
楕円《だえん》 細長い円。小判形。長円。
倒《たお》す 横にする。相手を負かす。ほろぼす。
斃《たお》す 殺す。(別)殪す
嫋《たお》やか しなやかで美しいさま。

手弱女《たおやめ》 たおやかな女。
手折《たお》る 花や枝などを手で折る。
鷹《たか》 中形の代表的な猛禽。[冬]
多寡《たか》 多いことと少ないこと。多少。
箍《たが》 桶の周囲を締める竹や金属の輪。
他界《たかい》 この世でない世界。死ぬこと。
互《たが》い かかわりのある双方。おたがい。
打開《だかい》 いきづまった状態をうちやぶること。
互《たが》い違《ちが》い かわるがわる。交互。
違《たが》う ちがう。はずれる。そむく。
鷹狩《たかが》り 鷹で鳥獣を捕らえる狩り。[冬]
多角形《たかくけい》 角が三つ以上の平面図形。
高下駄《たかげた》 歯の高い下駄。たかあしだ。
高砂《たかさご》 謡曲の曲名。めでたい席で謡われる。
駄菓子《だがし》 安価な雑菓子。「―屋」

高潮《たかしお》 台風などによる潮位の異常な高まり。
高島田《たかしまだ》 婚礼の花嫁が結う髪型の一。
鷹匠《たかじょう》 鷹を飼育訓練し鷹狩りをする人。[冬]
高瀬舟《たかせぶね》 底の平たい川舟。
高台《たかだい》 高い所にある台状の土地。
蛇蝎《だかつ》 ヘビとサソリ。忌みきらわれるもの。
高坏《たかつき》 食べ物などを盛る脚のついた台。
打楽器《だがっき》 打って音を出す楽器。
高殿《たかどの》 高く造った御殿。
高跳《たかと》び 走り高跳び・棒高跳びのこと。
高飛《たかと》び 犯人が遠方へ逃げること。
高鳴《たかな》る 期待などで胸がどきどきする。
高値《たかね》 値段が高いこと。⇕安値
高嶺《たかね》 高い峰。「―の花」
鏨《たがね》 金工・石工に用いる鋼鉄製の、のみ。

綰《たが》ねる 集めてひとまとめにする。
高望《たかのぞ》み 身分不相応な望み。
鷹派《たかは》 武力解決を主張する強硬派。⇕鳩派
高擌《たかはご》 小鳥をとらえる仕掛け。[秋]
高飛車《たかびしゃ》 威圧的な態度。「―に出る」
高《たか》ぶる 興奮する。高慢な態度をとる。
高天原《たかまがはら》 神々のいたという天上の国。
高枕《たかまくら》 高い枕。安心して眠ること。
高御座《たかみくら》 儀式の際の天皇の座。
竹席《たかむしろ》 割り竹を編んだむしろ。[夏] (別)簟
田鼈《たがめ》 大形の水生昆虫。池沼にすむ。[夏]
鉄刀木《たがやさん》 マメ科の常緑高木。唐木。
耕《たがや》す 田畑を掘り返す。
高楊枝《たかようじ》 満腹したようす。
宝《たから》 財宝。かけがえのない人や物。

宝籤《たからくじ》 自治体が売り出すくじ。
宝船《たからぶね》 宝と七福神を乗せた帆掛け船。[新]
集《たか》る 群がる。金品をおどし取る。
多感《たかん》 感じやすく、傷つきやすいさま。
兌換《だかん》 紙幣を正貨と引き換えること。
荀《たかんな》 たけのこの異名。[夏]
滝《たき》 高いがけから流れ落ちる水。[夏]
多岐《たき》 多方面に分かれていること。
多義《たぎ》 多くの意味を持つこと。
唾棄《だき》 さげすみ、いみ嫌うこと。
惰気《だき》 なまけ心。
薪《たきぎ》 燃やすための木。まき。
薪能《たきぎのう》 夜、薪をたいて行う野外能。[夏]
炊《た》き出《だ》し 飯を炊いて被災者に配る。
滝壺《たきつぼ》 滝の水が落ちる淵。

滝殿《たきどの》 滝のほとりに建てた簡単な建物。[夏]
焚《た》き火《び》 落ち葉などを燃やすこと。[冬]
多岐亡羊《たきぼうよう》 学問の道が多方面に細分化していて、真理をつきとめにくいこと。
薫物《たきもの》 種々の香を練り合わせた練り香。
打球《だきゅう》 野球・ゴルフなどで、打った球。
他郷《たきょう》 故郷以外の土地。
妥協《だきょう》 双方が折れ合って話をつけること。
滾《たぎ》る 水が激しく流れる。煮え立つ。
宅《たく》 自分の家。妻が自分の夫をいう語。
炊《た》く 米などを煮て食べられるようにする。
焚《た》く 燃やす。「落ち葉を―」
薫《た》く 火をつけて香《こう》をくゆらす。
抱《だ》く 腕にかかえる。男が女と寝る。
沢庵《たくあん》 大根を干してぬかで漬けた食品。

類《たぐ》い 同類。同程度のもの。「—まれだ」
択一《たくいつ》 二つ以上の中から一つを選ぶこと。
卓越《たくえつ》 他よりも一段と優れていること。
濁音《だくおん》 ガ行・ザ行・ダ行・バ行の音。
沢山《たくさん》 数量の多いこと。十分なこと。
卓識《たくしき》 すぐれた見識。卓見。
託児所《たくじしょ》 乳幼児を預かる施設。
卓上《たくじょう》 机・食卓の上。
拓植《たくしょく》 未開の地を開墾し植民すること。
宅診《たくしん》 医者が自宅で診察すること。
託《たく》す 頼む。ゆだねる。かこつける。
卓説《たくせつ》 すぐれた説。
卓絶《たくぜつ》 非常にすぐれていること。
託宣《たくせん》 神のお告げ。
託送《たくそう》 運送屋などに頼んで送ること。

諾諾《だくだく》 人の言うなりであるさま。「唯唯—」
宅地《たくち》 住宅を建てるための土地。
濁点《だくてん》 濁音を表す符号。
宅配《たくはい》 荷物などを家まで配達すること。
托鉢《たくはつ》 修行僧が人家を回り施しを受ける。
卓抜《たくばつ》 他にぬきんでてすぐれていること。
諾否《だくひ》 承諾か不承諾か。「—を問う」
啄木《たくぼく》 キツツキの異名。
拓本《たくほん》 碑の文字などを紙に写しとったもの。
琢磨《たくま》 学問などにはげむ。「切磋—」
逞《たくま》しい がっしりしている。勢いが盛んだ。
匠《たくみ》 手で物を作る職人。大工。(別)工
巧《たく》み 上手である。意匠。趣向。
巧《たく》む 工夫する。たくらむ。
企《たくら》む (悪事を)くわだてる。計画する。

卓立《たくりつ》 きわだってぬけ出ていること。
濁流《だくりゅう》 濁った川の流れ。
手繰《たぐ》る 少しずつ手元へ繰り寄せる。
卓論《たくろん》 すぐれた議論。
蓄《たくわ》える ためる。ひげをはやす。
丈《たけ》 高さ。身長。長さ。全部。「思いの—」
竹《たけ》 幹が空洞でふしのある植物。
岳《たけ》 高く大きい山。高山。
茸《たけ》 きのこ。
他家《たけ》 よその家。他人の家。
多芸《たげい》 多くの芸能に通じていること。
竹馬《たけうま》 二本の竹を乗り歩く遊具。[図]
打撃《だげき》 強くたたくこと。痛手。損害。
猛猛《たけだけ》しい 勇ましく強い。ずうずうしい。
妥結《だけつ》 折れ合って話がまとまること。

竹蜻蛉《たけとんぼ》 ひねって飛ばす竹製の玩具。
酣《たけなわ》 最も盛んな時期。「春—」(別)闌
竹《たけ》の子《こ》 竹の若芽。食用。[夏] (別)筍
竹光《たけみつ》 竹を削って刀身の代わりとした刀。
竹藪《たけやぶ》 竹が多く生えている所。
竹矢来《たけやらい》 竹を粗く編んで造った囲い。
竹槍《たけやり》 槍とした先を斜めに切った竹。
田鳧《たげり》 チドリ目の鳥。冬鳥。
哮《たけ》る すごい声でほえる。
猛《たけ》る 荒々しく行動する。荒れ狂う。
闌《た》ける たけなわになる。盛りが過ぎる。
長《た》ける あることにすぐれている。
他見《たけん》 他人が見ること。他人に見せること。
多元《たげん》 もとが多いこと。「—放送」⇔一元
多言《たげん》 言葉が多いこと。たごん。

凧《たこ》 糸をつけて空高く揚げるもの。[春]
胼胝《たこ》 皮膚が角質化して厚くなったもの。
蛸《たこ》 海産の八本足の軟体動物。食用。
担桶《たご》 水・肥料などを入れてになう桶。
蛸足《たこあし》 一か所から多く分かれ出ていること。
蛇行《だこう》 蛇のように曲がりくねって行くこと。
他国《たこく》 よその国。他郷。
田吾作《たごさく》 田舎者をあざけっていう語。
蛸壺《たこつぼ》 タコを捕らえるのに使う素焼きの壺。
多恨《たこん》 恨み・悩みの気持ちが多いこと。
他言《たごん》 秘密などを他人に話すこと。たげん。
多才《たさい》 さまざまな才能をもっていること。
多彩《たさい》 色彩が豊かなさま。種類が多く華やか。
多罪《たざい》 無礼をわびる言葉。多謝。
駄作《ださく》 つまらない作品。

他殺《たさつ》 他人に殺されること。
多産《たさん》 子を沢山産むこと。
打算《ださん》 損得・利害を見積もること。
他山《たざん》の石《いし》 自分を高めるもの。
他事《たじ》 関係のないこと。よそごと。
多事《たじ》 用件が多いこと。事件が多いこと。
山車《だし》 神社の祭礼に引き出す飾り屋台。[夏]
出《だ》し 出し汁。自分のために利用するもの。
確《たし》か 間違いのないさま。信用できるさま。
多士済済《たしせいせい》 優れた人が多い。
多事多端《たじたたん》 仕事が多く忙しい。
多事多難《たじたなん》 苦労が絶えない。
多湿《たしつ》 湿度が高いこと。「高温—」
他日《たじつ》 別の日。後日。
嗜《たしな》む 好んで親しむ。身を慎む。

窘《たしな》める 穏やかに注意を与えつつしませる。
出《だ》し抜《ぬ》く すきに乗じ先に物事をする。
出し抜け 不意であるさま。突然。
但馬《たじま》 旧国名。兵庫県北部。但州。
出《だ》し物《もの》 芝居で上演される作品。(別)演物
打者《だしゃ》 野球で、バッター。
惰弱《だじゃく》 意気地のないこと。(別)懦弱
駄洒落《だじゃれ》 つまらない洒落。
多種多様《たしゅたよう》 いろいろさまざま。
打順《だじゅん》 野球で、打席に立つ順番。
他所《たしょ》 ほかの場所。よその所。
他生《たしょう》 仏教で、前世と来世。
多少《たしょう》 多いことと少ないこと。ちょっと。
多生《たしょう》 仏教で、何度も生まれ変わること。
多情《たじょう》 移り気。感じやすいこと。「—多感」

多情多恨《たじょうたこん》 物事に感じやすく、悩みが多いこと。情も強いが恨む心も強い。
多情仏心《たじょうぶっしん》 物事に感じやすく移り気ではあるが、薄情なことはできない性質。
打診《だしん》 指でたたく診察法。探りを入れること。
田鶴《たず》 ツルの雅称。
多数《たすう》 数の多いこと。⇔少数
多数決《たすうけつ》 賛成者の多いほうに決める。
襷《たすき》 和服の袖をからげるためのひも。
助《たす》け船《ぶね》 遭難救助の船。加勢すること。
助《たす》ける 危難から救う。救助する。
扶《たす》ける 力を貸す。助力する。(別)助ける
輔《たす》ける 補佐する。(別)助ける
携《たずさ》える 手にさげて持つ。ともなって行く。
尋《たず》ね人《びと》 他人が行方を捜している人。

訪《たず》ねる 訪問する。おとずれる。
尋《たず》ねる 捜し求める。質問する。(別)訊ねる
堕《だ》する よくない状態に陥る。おちこむ。
多勢《たぜい》 多くの人。「—に無勢」
惰性《だせい》 これまでの習慣。
打席《だせき》 バッターボックス。
他薦《たせん》 他人を推薦すること。⇔自薦
打線《だせん》 野球で、バッターの陣容。
黄昏《たそがれ》 夕方の薄暗いとき。夕暮れ。
蛇足《だそく》 よけいなもの。
多多《たた》 数が多いこと。「—益益弁ず」
只《ただ》 無料。普通。平凡。
唯《ただ》 それだけをするさま。
駄駄《だだ》 子供が甘えてわがままをいうこと。
多大《ただい》 程度や数量がきわめて大きいこと。

堕胎《だたい》 人為的に子どもを流産させること。
只今《ただいま》 今すぐ。帰宅の挨拶の言葉。
称《たた》える 大いにほめる。「栄誉を—」
湛《たた》える いっぱいにする。「笑みを—」
戦《たたか》う 戦争する。勝ち負けを争う。
闘《たたか》う 困難などを克服しようとする。
叩《たた》き 魚・鳥の生肉を包丁でたたいた料理。
三和土《たたき》 土・セメントで固めた土間。
叩《たた》き台《だい》 検討するための原案。
叩《たた》く つづけて打つ。非難する。(別)敲く
只事《ただごと》 ごく普通のこと。「—ではない」
但《ただ》し 条件や例外を付け加える語。
但《ただ》し書《が》き 本文に例外などを加える文。
正《ただ》す 正しくする。
糺《ただ》す 真偽や事実をきびしく問い調べる。

質《ただ》す 問う。「真意を—」
佇《たたず》まい そのものから感じられる雰囲気。
佇《たたず》む 立ち止まってじっと立っている。
直《ただ》ちに すぐに。そのまま。
直中《ただなか》 まんなか。真っ最中。
徒《ただ》ならぬ 普通ではない。
啻《ただ》ならぬ …どころではない。
畳《たたみ》 わらとい草でできた和室の床の敷物。
畳水練《たたみすいれん》 実地に役立たない練習。
畳《たた》む 折り返して重ねる。商売をやめる。
漂《ただよ》う 浮かんで揺れ動く。辺りに感じられる。
踏鞴《たたら》 足で踏む、大きなふいご。
祟《たた》る 神仏・怨霊から災いを受ける。
爛《ただ》れる 皮膚が破れくずれる。
多端《たたん》 仕事が多くて忙しいこと。「多事—」

太刀《たち》 長く大きな刀。
質《たち》 生まれつきの性質。
館《たち》 貴人のやかた。小規模な城。
立葵《たちあおい》 アオイ科の越年草。観賞用。〔夏〕
立《た》ち居《い》 日常の動作。「—振る舞い」
太刀魚《たちうお》 刀に似た形の海魚。〔秋〕
立《た》ち往生《おうじょう》 動きがとれなくなる。
立場《たちば》 置かれている境遇や状況。
橘《たちばな》 ミカン科の常緑小高木。〔秋〕
忽《たちま》ち あっという間に。すぐに。
立待《たちま》ち月《づき》 陰暦八月一七日の月。
立《た》ち回《まわ》り 芝居で演ずる乱闘。けんか。
立役《たちやく》 歌舞伎で、主演級の男役。
駝鳥《だちょう》 大形の鳥。飛べないが高速で走る。
駄賃《だちん》 手伝いなどの褒美に与える金品。

辰《たつ》 十二支の第五番目。
竜《たつ》 想像上の動物。りゅう(竜)。
立《た》つ 縦の状態になる。起き上がる。
建《た》つ 建造物ができる。
発《た》つ 出発する。(別)立つ
経《た》つ 時間が過ぎて行く。
絶《た》つ 関係をなくす。終わらす。「命を—」
断《た》つ 切り離す。さえぎる。やめる。
裁《た》つ 布・紙などをはさみで切る。
達《たつ》意《い》 意味が十分に表現されていること。
脱《だつ》衣《い》 衣服を脱ぐこと。⇔着衣
脱《だっ》会《かい》 会から抜けること。
奪《だっ》回《かい》 奪い返すこと。奪還。
達《たっ》観《かん》 小事にとらわれず本質を見通すこと。
奪《だっ》還《かん》 奪い返すこと。

方便《たつき》 生活の手段。
脱《だっ》却《きゃく》 よくない状態から抜け出ること。
卓《たっ》球《きゅう》 台の上でボールを打ち合う競技。
脱《だっ》臼《きゅう》 骨の関節がはずれること。
田《た》作《づく》り (新) ごまめの別名。
磔《たっ》刑《けい》 はりつけの刑。たくけい。
卓《たっ》見《けん》 すぐれた意見・見識。
達《たっ》見《けん》 広い見通しをもった見解。
脱《だっ》肛《こう》 直腸の粘膜が肛門の外に出る症状。
脱《だっ》稿《こう》 原稿を書き終えること。
脱《だっ》穀《こく》 穀物の粒を穂から取り去ること。
脱《だつ》獄《ごく》 囚人が刑務所から逃げ出すこと。
達《たっ》し 官庁が出す通知・命令。
脱《だつ》字《じ》 書き落とした文字。
達《たっ》識《しき》 全体を広く見通した見識。

脱《だっ》脂《し》綿《めん》 脱脂・消毒した綿。医療用。
達《たっ》者《しゃ》 丈夫で健康なさま。上手であるさま。
奪《だっ》取《しゅ》 奪い取ること。
脱《だっ》臭《しゅう》 悪臭を取り去ること。
脱《だっ》出《しゅつ》 抜け出ること。
脱《だっ》色《しょく》 色を抜きとること。
達《たつ》人《じん》 その学問・技芸にすぐれている人。
脱《だっ》水《すい》 水分を取り除くこと。
達《たっ》する ある場所・状態に至る。成し遂げる。
脱《だっ》する 抜け出る。のがれでる。
立《た》つ瀬《せ》 立場・面目。「—がない」
達《たっ》成《せい》 成し遂げること。
脱《だつ》税《ぜい》 不正な方法で税金を納めないこと。
脱《だっ》線《せん》 車輪が線路から外れること。
脱《だっ》走《そう》 抜け出して逃げること。

脱《だつ》俗《ぞく》 世俗を超越すること。
脱《だっ》退《たい》 団体・会などからぬけること。
竜《たつ》田《た》姫《ひめ》 秋をつかさどる女神。
塔《たっ》頭《ちゅう》 大きな寺の中にある別の小寺院。
脱《だっ》腸《ちょう》 腹壁から腸などがはみ出ること。
脱《だっ》兎《と》 非常に速いことのたとえ。
尊《たっと》い とうとい。(別)貴い
脱《だっ》党《とう》 所属している党から脱けること。
手《た》綱《づな》 馬のくつわに付けた綱。
脱《だっ》藩《ぱん》 武士が藩籍を脱して浪人になること。
脱《だっ》皮《ぴ》 昆虫などが古い皮を脱ぎ捨てること。
達《たっ》筆《ぴつ》 文字を上手に書くこと。
達《たつ》文《ぶん》 達意の文。
達《たつ》弁《べん》 弁舌さわやかなこと。雄弁。
脱《だつ》帽《ぼう》 すぐれたものとして認めること。

竜《たつ》巻《まき》 局地的に起こる空気の大きな渦巻き。
巽《たつみ》 南東の方角。(別)辰巳
脱《だつ》毛《もう》 むだ毛を抜くこと。
脱《だつ》落《らく》 抜け落ちる。ついていけなくなる。
奪《だつ》略《りゃく》 無理やり奪い取る。(別)奪掠
脱《だつ》力《りょく》 体の力がぬけること。「—感」
脱《だつ》輪《りん》 車輪が外れる。車輪が道路外に出る。
脱《だつ》漏《ろう》 もれ落ちること。
盾《たて》 敵の刀・矢などを防ぐ武具。(別)楯
縦《たて》 上下・垂直の方向。前後の方向や長さ。
館《たて》 たち(館)。「衣川の—」
殺《た》陣《て》 演劇・映画の、乱闘場面の演技。
蓼《たで》 タデ類の総称。香辛料。(夏)
伊《だ》達《て》 おとこぎを見せる。見栄を張る。
竪《たて》穴《あな》 縦に掘った穴。⇔横穴

鬣《たてがみ》 馬やライオンの首の後ろの長い毛。
立《た》て行司《ぎょうじ》 相撲で最高位の行司。
建《たて》具《ぐ》 戸・窓・障子・襖などの総称。
縦《たて》坑《こう》 垂直に掘り下げた坑道。
竪《たて》琴《ごと》 弦を縦に張った琴。ハープ。
楯《たて》突《つ》く 目上の者に反抗する。
建《た》て付《つ》け 建て具のあけたての具合。
建《たて》坪《つぼ》 建物の占める土地の坪数。
立《た》て膝《ひざ》 一方の膝を立てて座ること。
建《たて》前《まえ》 棟《むね》上げ式。上棟《じょうとう》式。
建《たて》前《まえ》 表向きの原則や方針。(別)立前
伊《だ》達《て》巻《ま》き 幅の狭い帯。卵焼きの一。
奉《たてまつ》る 差し上げる。まつり上げる。
建《たて》物《もの》 建築物。
立《たて》役《やく》者《しゃ》 一座の中心になる俳優。

立《た》てる 縦にする。生じさせる。起こす。

点《た》てる 抹茶をいれる。

閉《た》てる 戸や障子をしめる。(別)立てる

建《た》てる 建物などをつくる。

打点《だてん》 野球で、打者がもたらした得点。

打電《だでん》 電報・無電を打つこと。

仮令《たとい》 仮に。たとえ。

他動《たどう》 他に働きかけること。

打倒《だとう》 打ち倒すこと。

妥当《だとう》 よくあてはまっていること。

畳紙《たとうがみ》 和服などを包む丈夫な和紙。懐紙。

譬《たと》え 例えること。例えたもの。(別)喩え

仮令《たとえ》 かりに。よしんば。

例《たと》えば 例をあげると。かりに。もしも。

譬《たと》える あるものになぞらえていう。

多読《たどく》 本をたくさん読むこと。

辿《たど》る 道に沿って進む。道筋を探し求める。

炭団《たどん》 炭の粉を丸く固めた燃料。[冬]

店《たな》 みせ。商家。借家。「—子」

棚《たな》 板を水平に渡した物をのせる台。

棚上《たなあ》げ 問題を一時保留すること。

棚卸《たなおろ》し 決算のため在庫品を調べること。

棚経《たなぎょう》 精霊棚の前で、読経すること。[秋]

店子《たなこ》 家を借りている人。

鱮《たなご》 小形のコイ科の淡水魚。

掌《たなごころ》 てのひら。

棚浚《たなざら》え 在庫品を全部、安く売ること。

店晒《たなざら》し 商品が売れずに店先にあること。

店賃《たなちん》 家の借り賃。家賃。

七夕《たなばた》 七月七日の夜、星を祭る行事。[秋]

棚引《たなび》く 雲や霞が横に長く引く。

多難《たなん》 困難や災難が多いこと。「前途—」

谷《たに》 山と山の間の細長い低地。(別)渓・谿

壁蝨《だに》 小さな虫。人畜に寄生して血を吸う。

田螺《たにし》 淡水産の巻き貝。食用。[春]

谷間《たにま》 谷の中。たにあい。

他人《たにん》 自分以外の人。親類でない人。

狸《たぬき》 イヌ科の獣。[冬]

狸寝入《たぬきねい》り 寝たふりをすること。

種《たね》 植物の種子。仕掛け。材料。

胤《たね》 血筋の子。(別)種

種芋《たねいも》 種にするための芋。[春]

種馬《たねうま》 種付け用の雄馬。

種切《たねぎ》れ 材料などが尽きること。

種本《たねぼん》 著述のもととなった本。

種蒔《たねま》き [春] 種をまくこと。

多年《たねん》 長い年月。長年。

多能《たのう》 多くの才能・技芸。多くの機能。

楽《たの》しい うれしく愉快な気分である。

頼《たの》む 依頼する。まかせる。

恃《たの》む あてにする。(別)頼む

頼母子《たのもし》 金銭の相互扶助組織。無尽。

頼《たの》もしい 頼りになりそうで心強い。

束《たば》 ひとまとめにしてくくったもの。

打破《だは》 打ち破ること。

駄馬《だば》 荷を運ぶための馬。下等な馬。

謀《たばか》る 計略を用いてだます。

煙草《タバコ》 ナス科の草。葉を喫煙に用いる。

手挟《たばさ》む 手や指、脇に挟んで持つ。

田畑《たはた》 田と畑。でんぱた。

多発《たはつ》 あちこちでたくさん発生すること。

束《たば》ねる 束にする。統率する。

足袋《たび》 足につける布製の履物。[冬]

度《たび》 時。折。その時はいつも。

旅《たび》 その土地へ出かけること。旅行。

荼毘《だび》 火葬。「—に付す」

旅烏《たびがらす》 旅をしながら暮らしている人。

旅先《たびさき》 旅をしている先。旅行中の滞在場所。

旅路《たびじ》 旅行の道筋。旅先。

旅鳥《たびどり》 渡りの途中、日本に立ち寄る渡り鳥。

旅人《たびびと》 旅行をしている人。

旅枕《たびまくら》 旅先で泊まること。旅寝。

多病《たびょう》 よく病気すること。「才子—」

髻《たぶさ》 もとどり。

誑《たぶら》かす 人をだます。

他聞《たぶん》 他人が聞くこと。「—をはばかる」

多分《たぶん》 たくさん。おそらく。

駄文《だぶん》 つまらない文。自分の文の謙称。

多弁《たべん》 口数が多いこと。

駄弁《だべん》 くだらないおしゃべり。むだ口。

髱《たぼ》 日本髪で、後ろに張り出した部分。

拿捕《だほ》 敵の船舶を捕らえること。

他方《たほう》 ほかの方向。もう一方では。一方。

多忙《たぼう》 非常に忙しいこと。

多宝塔《たほうとう》 釈迦と多宝を祀る二層の塔。

打撲《だぼく》 打つこと。たたくこと。

駄法螺《だぼら》 大げさででたらめな話。

玉《たま》 まるいもの。宝石や真珠。

球《たま》 野球・ゴルフなどのボール。

弾《たま》 銃砲の弾丸。

魂《たま》 たましい。霊魂。(別)霊

偶《たま》 めったにないこと。まれ。

玉霰《たまあられ》 あられの美称。[冬]

賜《たま》う 「与える」の尊敬語。(別)給う

霊送《たまおく》り 送り火を焚き祖霊を帰す。[秋]

玉垣《たまがき》 神社のまわりにめぐらした垣。

玉葛《たまかずら》 つる性草本の美称。

環《たまき》 玉や鈴にひもを通した腕飾り。

玉串《たまぐし》 神前にささげる榊の枝。

手《た》枕《まくら》 腕を枕にすること。てまくら。

魂《たま》消《げ》る 非常におどろく。

卵《たまご》 鳥・魚などの雌が生むもの。鶏卵。

卵《たまご》酒《ざけ》 卵と少量の砂糖を入れた熱い酒。[冬]

卵《たまご》綴《と》じ 溶いた卵で具を包みとじた料理。

偶《たま》さか 偶然。たまたま。たまに。

魂《たましい》 体に宿る生命のもと。(別)霊

玉《たま》砂《じゃ》利《り》 丸い大きな砂利。

騙《だま》す うそを言ってあざむく。なだめる。

玉章《たまずさ》 手紙・書簡の美称。(別)玉梓

偶《たまたま》 思いがけず。偶然。

玉突《たまつ》き ビリヤード。撞球。

玉《たま》手《て》箱《ばこ》 乙姫が浦島太郎に贈った箱。

玉《たま》菜《な》 キャベツの異名。

偶《たま》に まれに。時折。「―やってくる」

玉《たま》葱《ねぎ》 ユリ科の野菜。食用。オニオン。[夏]

魂祭《たままつ》り 死者の霊を祀る行事。[秋]

霊迎《たまむか》え お盆に祖霊を迎える儀式。[秋]

玉虫《たまむし》 美しいはねをもつ甲虫。[夏]

玉虫色《たまむしいろ》 どうにでも解釈できること。

賜物《たまもの》 たまわったもの。成果。

霊屋《たまや》 死者の霊を祀る建物。みたまや。

玉響《たまゆら》 ほんのしばらくの間。

堪《たま》る たえられる。がまんできる。

溜《た》まる 集まり積もる。量が増える。

黙《だま》る ものを言うのをやめる。

賜《たまわ》る いただく。くださる。(別)給わる

民《たみ》 国民。人民。

濃《だみ》絵《え》 金銀箔地に極彩色で花鳥を描いた絵。

濁《だみ》声《ごえ》 濁った声。なまりのある声。

惰《だ》眠《みん》 何もしないで無為に過ごす。

手《た》向《む》ける 神仏にささげる。

田《た》虫《むし》 皮膚病の一。白癬《はくせん》。

屯《たむろ》 人が群れ集まる。

為《ため》 有益。得。理由・原因・目的を表す。

駄《だ》目《め》 無益。無駄。してはいけない。

溜《た》め息《いき》 思わず出る大きな息。

溜《た》め池《いけ》 灌漑用水をためておく池。

駄《だ》目《め》押《お》し さらに念を入れる。

例《ためし》 先例。前例。

試《ため》す 実際にやってみる。

矯《た》めつ眇《すが》めつ よくよく見る。

躊《ため》躇《ら》う 決心がつかなくて迷う。

貯《た》める お金をたくわえる。

溜《た》める 集めたくわえる。とどこおらせる。

矯《た》める 曲げて形を整える。矯正する。

他《た》面《めん》 ほかの面。

多《た》面《めん》 多くの平面。多くの方面。「―的」

攩《たも》網《あみ》 魚をすくう小形の網。

多《た》毛《もう》作《さく》 年三回以上の作付け。

保《たも》つ その状態を長く続ける。

袂《たもと》 和服の袖の袋状の部分。かたわら。

容易《たやす》い むずかしくない。容易だ。

大《た》夫《ゆう》 上級の役者。最高位の遊女。(別)太夫

揺《たゆ》蕩《た》う ゆらゆら動く。ためらう。

弛《たゆ》む 心がゆるむ。油断する。

他《た》用《よう》 ほかの用事。ほかのことに使うこと。

多《た》用《よう》 用事が多いこと。沢山使うこと。

多《た》様《よう》 種類が多いこと。さまざま。

便《たよ》り 手紙。音信。

頼《たよ》る たのみにする。つてとする。

鱈《たら》 タラ科の海魚の総称。食用。[冬]

盥《たらい》 物を洗うための丸くて平たい容器。

盥回《たらいまわ》し 順々に他へ送ること。

堕《だ》落《らく》 身をもちくずすこと。

鱈《たら》子《こ》 スケトウダラの卵巣の塩づけ。

誑《たら》す 甘い言葉でうまくだます。

垂《たら》乳《ち》根《ね》 母親。親。

陀《だ》羅《ら》尼《に》 梵語で唱える長い呪文。

楤《たら》の木《き》 ウコギ科の低木。若芽は食用。

鱈《たら》場《ば》蟹《がに》 海産のヤドカリの一種。[冬]

鱈《たら》腹《ふく》 腹いっぱい。

他《た》力《りき》 他人の助力。他力本願。

他《た》力《りき》本《ほん》願《がん》 衆生を極楽へ救済しようという阿弥陀の本願によって成仏すること。

他《た》律《りつ》 他人の強制・命令で行動すること。

多《た》量《りょう》 量が多いこと。⇔少量

打《だ》力《りょく》 野球で、打撃の力。

足《た》りる 十分である。間に合う。

樽《たる》 酒や醤油を入れる円筒状の容器。

怠《だる》い つかれていて動くのがおっくうだ。

垂木《たるき》 棟木から軒に渡し屋根板を支える木。
樽酒《たるざけ》 樽に入った酒。
垂氷《たるひ》 つらら。〔冬〕
達磨《だるま》 達磨大師に模した赤い人形。
弛む《たるむ》 ゆるんで垂れる。緊張感を失う。
誰《だれ》 どの人と決まっていない人をさす。
垂《た》**れ込**《こ》**み** 密告。
誰某《だれそれ》 だれと示さずに人をさす語。
垂《た》**れ流**《なが》**し** 始末せず出るにまかせる。
垂《た》**れる** 上から下へ下がる。したたり落ちる。
太郎《たろう》 長男。第一のもの。「坂東―」
太郎冠者《たろうかじゃ》 狂言の役柄の一。
他愛《たわい》**ない** つまらない。たやすい。
戯《たわ》**け** 愚か者。(別)白痴
戯言《たわごと》 ばかげた言葉。ふざけた言葉。

束子《たわし》 食器などの汚れを落とす用具。
撓《たわ》**む** 枝などに力が加わって曲がる。
戯《たわむ》**れる** 遊び興じる。ふざけて面白がる。
俵《たわら》 わらで作った袋。米や炭を入れる。
撓《たわ》**わ** 木の枝がたわむさま。「―に実る」
反《たん》 地積の単位。織物の長さの単位。
痰《たん》 のどから出るねばった排出物。
端《たん》 糸口。きっかけ。
段《だん》 階段。技量などによる等級。
暖《だん》 暖かいこと。暖まること。
壇《だん》 一段高く作った所や設備。
弾圧《だんあつ》 権力によって圧迫すること。
単位《たんい》 数量をはかる基準。学習量の基準。
単一《たんいつ》 ただ一つであること。
暖衣飽食《だんいほうしょく》 ぜいたくな暮らし。

団員《だんいん》 団体に所属している人。
担架《たんか》 傷病者などを寝かせて運ぶ用具。
単価《たんか》 一定の単位あたりの値段。
炭化《たんか》 炭素と化合すること。
啖呵《たんか》 歯切れのよい、鋭い言葉。
短歌《たんか》 和歌の形式の一。三一音からなる。
檀家《だんか》 その寺の信徒で布施をする家。
坦懐《たんかい》 心にわだかまりがない。「虚心―」
団塊《だんかい》 かたまり。「―の世代」
段階《だんかい》 等級。物事の順序の一区切り。
暖海《だんかい》 水温が高い海。
断崖《だんがい》 きり立ったがけ。
弾劾《だんがい》 罪や不正を調べ責め立てること。
嘆願《たんがん》 熱心に願うこと。(別)歎願
断簡《だんかん》 書物の切れはし。

弾丸《だんがん》 鉄砲や大砲のたま。
弾丸黒子《だんがんこくし》 狭い土地のたとえ。
断簡零墨《だんかんれいぼく》 文章や筆跡の断片。
単記《たんき》 選挙で一人の名前だけ書くこと。
単騎《たんき》 一人で馬に乗って行くこと。
短気《たんき》 気が短いこと。
短期《たんき》 短い期間。⇔長期
暖気《だんき》 暖かい空気・気候。
談義《だんぎ》 説教。教訓。
探求《たんきゅう》 探し求めること。
探究《たんきゅう》 本質をさぐり明らかにすること。
段丘《だんきゅう》 河岸・海岸に見られる階段状の土地。
鍛金《たんきん》 金属を延ばし立体的に形づくる技。
短軀《たんく》 背の低い体。⇔長軀
短靴《たんぐつ》 くるぶしまでの浅いくつ。たんか。

端渓《たんけい》 中国広東省端渓産のすずり石。
端倪《たんげい》 おしはかること。
団結《だんけつ》 多くの人が一つにまとまる。
探検《たんけん》 未知の地域を踏査すること。(別)探険
短見《たんけん》 浅はかな考え。
短剣《たんけん》 短い剣。
単元《たんげん》 学習の単位となるひとまとまり。
断言《だんげん》 きっぱりと言い切ること。
単語《たんご》 意味・職能を持つ文構成の最小単位。
端午《たんご》 五月五日の節句。〔夏〕
丹後《たんご》 旧国名。京都府の北部。
断固《だんこ》 固い決意をもってするさま。(別)断乎
団子《だんご》 穀物の粉をこねて丸めた食品。
炭坑《たんこう》 石炭を掘り出すためのあな。
炭鉱《たんこう》 石炭を掘り出すための鉱山。

淡交《たんこう》 あっさりした君子どうしの交わり。
団交《だんこう》 「団体交渉」の略。
断交《だんこう》 絶交すること。また、国交の断絶。
断行《だんこう》 反対を押し切っておこなうこと。
談合《だんごう》 入札前に価格を話し合って決める。
単行本《たんこうぼん》 単独に刊行される本。
男根《だんこん》 男性の生殖器。陰茎。ペニス。
弾痕《だんこん》 銃砲の弾丸の当ったあと。
探査《たんさ》 さぐり調べること。
段差《だんさ》 道路面などの高低の差。
淡彩《たんさい》 薄くあっさりした色彩。
断裁《だんさい》 紙や布などを裁ち切ること。
断罪《だんざい》 罪をさばくこと。打ち首の刑。
単細胞《たんさいぼう》 ただ一つの細胞。単純な人。
単作《たんさく》 一種類の作物だけを作ること。

探索《たんさく》 さがし求めること。

短冊《たんざく》 和歌・俳句を書く細長い料紙。

炭酸《たんさん》 二酸化炭素が水に溶けてできる弱酸。

弾指《だんし》 つまはじき。指弾。ごく短い時間。

男児《だんじ》 男の子。男性。

断食《だんじき》 ある期間食物をとらないこと。

短時日《たんじじつ》 わずかの日数。短い期間。

短日《たんじつ》 冬の日のみじかいこと。暮早し。[冬]

短日月《たんじつげつ》 わずかの月日。短い期間。

断《だん》じて 決して。断固として。必ず。

単車《たんしゃ》 エンジン付きの二輪車。

男爵《だんしゃく》 昔の爵位の第五位。

断首《だんしゅ》 首をきること。斬首。

断酒《だんしゅ》 酒を飲むのをやめること。

断種《だんしゅ》 生殖能力を失わせること。

胆汁《たんじゅう》 肝臓から出る、褐色の消化液。

短銃《たんじゅう》 ピストル。拳銃。

短縮《たんしゅく》 時間・距離などを短く縮めること。

単純《たんじゅん》 簡単なこと。混じりけのないこと。

短所《たんしょ》 劣っている所。欠点。⇔長所

端緒《たんしょ》 きっかけ。いとぐち。たんちょ。

探勝《たんしょう》 景色のよい所をたずね歩くこと。

短小《たんしょう》 みじかく小さいこと。⇔長大

嘆賞《たんしょう》 感心してほめること。(別)嘆称

誕生《たんじょう》 生まれること。新しくできること。

男娼《だんしょう》 男色を売る者。

談笑《だんしょう》 うちとけて話し合うこと。

壇上《だんじょう》 演壇・教壇などの上。

断章取義《だんしょうしゅぎ》 詩文の一部だけを切り離して、自分に都合よく解釈して使うこと。

探照灯《たんしょうとう》 遠くまで照射できる電灯。

単色《たんしょく》 単一の色。光の七原色の個々の色。

男色《だんしょく》 男性の同性愛。なんしょく。

暖色《だんしょく》 暖かな感じを与える色。⇔寒色

檀尻《だんじり》 山車《だし》。やま。[夏] (別)楽車

丹心《たんしん》 まごころ。赤心。

単身《たんしん》 ただ一人。単独。「―赴任」

短針《たんしん》 時計の短い方の針。時針。⇔長針

誕辰《たんしん》 誕生日。

炭塵《たんじん》 微細な石炭の粉末。「―爆発」

箪笥《たんす》 衣類などを入れる箱形の家具。

淡水《たんすい》 塩分を含まない水。

断水《だんすい》 水道が止まること。

単数《たんすう》 数が一つであること。

丹誠《たんせい》 真心。赤心。

丹精《たんせい》 真心をこめてすること。

嘆声《たんせい》 嘆く声。感心してほめる声。(別)歎声

端正《たんせい》 整っていて美しいさま。(別)端整

男声《だんせい》 男性による声部。⇔女声

弾性《だんせい》 変形した物体が元に戻る性質。

旦夕《たんせき》 朝と晩。目前。「―に迫る」

胆石《たんせき》 胆嚢でできる結石。

断絶《だんぜつ》 つながりがとだえること。

単線《たんせん》 同一軌道を上下列車が共有する鉄道。

丹前《たんぜん》 広袖で綿入れの和服。どてら。

端然《たんぜん》 姿勢などがきちんと整っているさま。

断線《だんせん》 電線が切れること。

断然《だんぜん》 おしきってするさま。きっぱり。

炭素《たんそ》 元素の一。記号C

鍛造《たんぞう》 熱した金属を打って強くし成形する。

男装《だんそう》 男性の身なり。

断想《だんそう》 断片的な短い感想。

断層《だんそう》 地層の割れ目にずれを生ずる現象。

弾奏《だんそう》 弦楽器を演奏すること。

弾倉《だんそう》 連発銃で弾丸をつめる部分。

探測《たんそく》 天気などを観測すること。

嘆息《たんそく》 嘆いてため息をつくこと。(別)歎息

断続《だんぞく》 とぎれたり続いたりすること。

団体《だんたい》 目的をもって組織した集団。仲間。

胆大心小《たんだいしんしょう》 大胆でしかも細心。

坦坦《たんたん》 広く平らなさま。平穏無事なさま。

眈眈《たんたん》 鋭い目つきで獲物をねらうさま。

淡淡《たんたん》 さっぱりしているさま。「―と語る」

段段《だんだん》 しだいに。階段。

断断乎《だんだんこ》 「断乎」を強めた語。

探知《たんち》 探って知ること。

団地《だんち》 住宅や工場をまとめて建設した地区。

段違《だんちが》い 大きくかけ離れていること。

端緒《たんちょ》 ⇒たんしょ(端緒)

丹頂《たんちょう》 ツルの一種。国産の鳥では最大。[冬]

単調《たんちょう》 同じような状態で変化に乏しいこと。

短調《たんちょう》 短音階による調子。⇔長調

断腸《だんちょう》 非常な悲しみや苦しみ。「―の思い」

段通《だんつう》 厚い敷物用の手織りのパイル織物。

探偵《たんてい》 人の動静や事情をひそかに探ること。

端艇《たんてい》 小舟。ボート。(別)短艇

断定《だんてい》 はっきりと判断をすること。

端的《たんてき》 率直なさま。明白なさま。

耽溺《たんでき》 よくないことにふけること。

鍛鉄《たんてつ》 鉄を鍛えること。錬鉄。

丹田《たんでん》 漢方でへその下。「臍《せい》下《か》—」

炭田《たんでん》 石炭が採掘される地域。

檀徒《だんと》 檀家の人々。

担当《たんとう》 うけ持つこと(人)。

短刀《たんとう》 みじかい刀。

弾頭《だんとう》 爆薬が詰めてある砲弾などの先端。

暖冬《だんとう》 あたたかい冬。

弾道《だんどう》 発射された弾丸が空中で描く曲線。

断頭台《だんとうだい》 首斬り台。ギロチン。

単刀直入《たんとうちょくにゅう》 直接、本題に入る。

丹毒《たんどく》 連鎖球菌による皮膚の急性炎症。

単独《たんどく》 ただ一つ。自分一人。「—登頂」

耽読《たんどく》 夢中になって読みふけること。

段取《だんど》**り** 事を運ぶための手順や順序。

檀那《だんな》 檀家。

旦那《だんな》 商店などの主人。おっと。パトロン。

担任《たんにん》 教師がクラスを受け持つこと。

断熱《だんねつ》 熱を伝えないようにすること。

丹念《たんねん》 心を込めて念入りにするさま。

断念《だんねん》 あきらめること。

胆嚢《たんのう》 胆汁を一時蓄え濃縮する器官。

堪能《たんのう》 十分満足すること。熟達していること。

丹波《たんば》 旧国名。京都府中部と兵庫県中東部。

短波《たんぱ》 波長一〇〜一〇〇メートルの電波。

探梅《たんばい》 梅の花を観賞しに行くこと。[冬]

淡泊《たんぱく》 あっさりしている。

蛋白《たんぱく》 卵の白身。卵白。蛋白質。

蛋白質《たんぱくしつ》 生物体の主成分。

単発《たんぱつ》 一発ずつ発射すること。

短髪《たんぱつ》 短い髪型。

断髪《だんぱつ》 髪を短く切ること。女性の髪形。

談判《だんぱん》 相手とかけあうこと。はなしあい。

耽美《たんび》 美におぼれること。

嘆美《たんび》 感心してほめること。

短評《たんぴょう》 短い批評。寸評。

段平《だんびら》 刃幅の広い刀。

単品《たんぴん》 一個、または一種類の品物。

段袋《だんぶくろ》 布製の大きな袋。幅の広いズボン。

短兵急《たんぺいきゅう》 だしぬけに物事をするさま。

短編《たんぺん》 小説・映画などの短いもの。

断片《だんぺん》 まとまったものの一部分。きれはし。

田圃《たんぼ》 田。田地。水田。

旦暮《たんぼ》 朝と晩。旦夕。わずかの時間。

担保《たんぽ》 債務の保証として提供する物。

湯婆《たんぽ》 ゆたんぽ。[冬]

探訪《たんぼう》 その場所に行って調べること。

暖房《だんぼう》 室内を暖めること。その装置。[冬]

蒲公英《たんぽぽ》 キク科の多年草。[春]

端末《たんまつ》 コンピューターの入出力装置。

断末魔《だんまつま》 臨終の苦しみ。

黙《だんま》**り** 歌舞伎で無言で演じる立ち回りなど。

短命《たんめい》 寿命が短いこと。⇔長命

湯麺《タンメン》 野菜入りの塩味の中華そば。

断面《だんめん》 切断面。ある一面から見た様子。

反物《たんもの》 一反になっている布地。呉服。

鍛冶《たんや》 金属を熱してきたえること。かじ。

弾薬《だんやく》 弾丸と火薬。

男優《だんゆう》 男性の俳優。⇔女優

短絡《たんらく》 二つの事柄を性急に関連づけること。

段落《だんらく》 文章中の大きな区切り。その切れ目。

団欒《だんらん》 集まってなごやかに過ごすこと。

単利《たんり》 元金だけに対して計算される利息。

胆略《たんりゃく》 大胆で知略のあること。

暖流《だんりゅう》 赤道付近に発し高緯度に向かう海流。

短慮《たんりょ》 思慮・考えの浅はかなこと。短気。

胆力《たんりょく》 物に動じない精神力。度胸。

弾力《だんりょく》 物体の元に戻る力。柔軟性に富むこと。

檀林《だんりん》 寺の学問・修行所。寺院。「十八—」

端麗《たんれい》 容姿が整っていて美しいこと。

断裂《だんれつ》 裂けてきれること。

鍛錬《たんれん》 金属を鍛える。心身を鍛える。

暖炉《だんろ》 室内暖房用の炉。[冬]

談論《だんろん》 談話し議論すること。

談論風発《だんろんふうはつ》 議論を盛んに行う。

談話《だんわ》 人と話をすること。非公式な意見。

ち

血《ち》 血液。血縁。血統。「—を引く」

地《ち》 陸。大地。場所。荷物などの下方。

知《ち》 知性。知恵。(別)智

血合《ちあ》**い** 魚の肉で、赤黒い部分。

治安《ちあん》 国や社会の秩序が治まっていること。

地位《ちい》 身分。くらい。仕事の上での立場。

地異《ちい》 地震・洪水など、地上に起こる異変。

地域《ちいき》 あるひろがりをもった区域。

知育《ちいく》 知能を伸ばす教育。

地衣類《ちいるい》 藻類と菌類の共生体。

知音《ちいん》 友。親友。知人。

知恵《ちえ》 物事を判断する頭の働き。(別)智慧

地縁《ちえん》 同じ地域に住むことから生じる縁。

ち

遅延《ちえん》 予定より遅くなること。
地下《ちか》 地面の下。秘密の活動の場。
地価《ちか》 土地のねだん。
治下《ちか》 支配下。統治下。
地階《ちかい》 地下に作られた階。
稚貝《ちがい》 生長途中の小さな貝。
誓《ちか》う 固く約束する。ちぎる。
違《ちが》う 同じでない。正しくない。はずれる。
地核《ちかく》 地球の中心部。
地殻《ちかく》 地球の外側の堅い部分。
知覚《ちかく》 感覚により事物をとらえる働き。
地下茎《ちかけい》 植物の地中にある茎。
近頃《ちかごろ》 このごろ。最近。
血刀《ちがたな》 血のついた刀。
近場《ちかば》 近い場所。

近道《ちかみち》 早く行き着く道。てっとり早い方法。
茅萱《ちがや》 イネ科の多年草。(別)茅
力《ちから》 体力。腕力。気力。能力。尽力。
力瘤《ちからこぶ》 二の腕にできる筋肉の隆起。
弛緩《ちかん》 ⇩しかん(弛緩)
痴漢《ちかん》 女性に性的犯罪をしかける男。
置換《ちかん》 置き換えること。
知己《ちき》 知人。知り合い。
稚気《ちき》 子供らしい気持ち。無邪気さ。
千木《ちぎ》 神社の棟の両端のX形の装飾材。
地祇《ちぎ》 地の神。「天神―」⇔天神
遅疑《ちぎ》 疑ってためらうこと。「―逡巡」
地球《ちきゅう》 人類がすむ天体。太陽系の第三惑星。
稚魚《ちぎょ》 卵からかえってまもない魚。
地峡《ちきょう》 二つの陸地をつなぐ細長い陸地。

ち

知行《ちぎょう》 昔、武士に支給された領地。
乳兄弟《ちきょうだい》 同じ乳で育った間柄。
契《ちぎ》る 固く約束する。夫婦の約束をする。
千切《ちぎ》る 手で細かく裂く。無理に切断する。
地銀《ちぎん》 「地方銀行」の略。
地区《ちく》 一定の区域。「住宅―」
馳駆《ちく》 馬を走らせること。奔走すること。
逐一《ちくいち》 一つ一つ順を追って。のこさず。
知遇《ちぐう》 認められて厚遇されること。
蓄音機《ちくおんき》 旧式のレコードプレーヤー。
竹簡《ちくかん》 古代中国で、文字を書いた竹の札。
筑後《ちくご》 旧国名。福岡県南部。
千草《ちぐさ》 いろいろな草。「庭の―」[秋]
千種《ちぐさ》 種類の多いこと。
蓄財《ちくざい》 財産をたくわえること。「不正―」

畜殺《ちくさつ》 家畜を殺すこと。
畜産《ちくさん》 家畜を飼い肉・毛皮などを得る産業。
逐次《ちくじ》 順を追って。順次。「―投入」
畜舎《ちくしゃ》 家畜小屋。
畜生《ちくしょう》 けもの。人をののしる語。
逐条《ちくじょう》 一箇条ずつ順をおうこと。
築城《ちくじょう》 城をきずくこと。
蓄積《ちくせき》 たくわえること。たくわえ。
筑前《ちくぜん》 旧国名。福岡県の北部・西部。
築造《ちくぞう》 ダム・堤防などをつくること。
逐電《ちくでん》 逃げて行方をくらますこと。
蓄電池《ちくでんち》 充電して何度も使える電池。
竹帛《ちくはく》 書物。歴史書。「名を―に垂る」
竹馬《ちくば》の友《とも》 幼なじみ。
乳首《ちくび》 乳房の中央の突起。乳頭。

竹夫人《ちくふじん》 夏、抱いて寝る竹の籠。[夏]
逐鹿《ちくろく》 政権・地位などを得ようと争うこと。
竹輪《ちくわ》 筒形の魚肉の練り製品。
竹輪麩《ちくわぶ》 竹輪の形にして蒸した麩。
地形《ちけい》 土地の高低・起伏などの状態。
血煙《ちけむり》 飛び散る血しぶきを煙にたとえた語。
知見《ちけん》 調査・研究で得た知識。見識。
稚児《ちご》 幼児。着飾って祭礼の行列に出る子。
地溝《ちこう》 断層に挟まれた細長いくぼ地。
遅効《ちこう》 ゆっくり効き目が表れること。
知行合一《ちこうごういつ》 知識は実行を伴わねばならないということ。陽明学の説。
治国《ちこく》 国を治めること。
遅刻《ちこく》 決めた時間に遅れること。
恥骨《ちこつ》 生殖器のすぐ上にある骨盤の骨。

地先《ちさき》 その場所の少し先。じさき。
治山《ちさん》 植林などにより山の災害を防ぐこと。
遅参《ちさん》 遅れてやって来ること。
地誌《ちし》 土地の地理、習俗や伝説を書いた本。
知歯《ちし》 親知らず。ちえば。
致仕《ちし》 官職を退くこと。七〇歳。
致死《ちし》 結果として死なせること。「過失―」
知事《ちじ》 都道府県の長。
血潮《ちしお》 流れ出る血。熱情。「若い―」
知識《ちしき》 知っていること。その内容。
地磁気《ちじき》 地球自身がもつ磁気。
地軸《ちじく》 地球の自転軸。
地質《ちしつ》 土地や地層の状態・性質。
知悉《ちしつ》 知りつくすこと。
遅日《ちじつ》 なかなか暮れない春の日。[春]

萵苣《ちしゃ》 キク科の野菜。サラダ菜など。[春]

知者《ちしゃ》 知識のある人。賢い人。(別)智者

地象《ちしょう》 地震・噴火など地上に起こる現象。

知将《ちしょう》 はかりごとの上手な大将。(別)智将

地上《ちじょう》 地面のうえ。この世。

痴情《ちじょう》 異性への色情に迷う心。

知情意《ちじょうい》 知性と感情と意志。

恥辱《ちじょく》 はじ。はずかしめ。

知人《ちじん》 知り合い。知己。

痴人《ちじん》 おろか者。ばか者。

地図《ちず》 土地の状況を縮尺して書いた平面図。

治水《ちすい》 水の流れを制御し、水利をはかること。

血筋《ちすじ》 血統。血のつながり。

地勢《ちせい》 その土地のありさま。地形の状態。

治世《ちせい》 よく治まった世。国を治めること。

知性《ちせい》 物事を理解・判断する能力。

地積《ちせき》 土地の面積。

地籍《ちせき》 土地の戸籍。

治績《ちせき》 国を治める上での実績。

稚拙《ちせつ》 幼稚で未熟なこと。「―な文章」

地層《ちそう》 土砂などが堆積してできた層。

馳走《ちそう》 ⇨ごちそう

遅速《ちそく》 遅いことと速いこと。

地帯《ちたい》 ある特徴をもつ特定の地域。

遅滞《ちたい》 遅れとどこおること。

痴態《ちたい》 理性を失った、ばかげた振る舞い。

血達磨《ちだるま》 全身に血を浴びること。

遅遅《ちち》 進行が遅いさま。日のながいさま。

千千《ちぢ》 数の多いこと。さまざま。

父方《ちちかた》 父の血筋であること。⇔母方

乳《ちち》繰《く》る 男女がたわむれ合う。

縮《ちぢ》む 小さくなる。体が萎縮する。

帙《ちつ》 和本をおおい包むためのもの。

膣《ちつ》 女性の生殖器の一部。

蟄居《ちっきょ》 家に閉じ籠ること。江戸時代の刑罰。

秩序《ちつじょ》 物事の正しいきまり・順序。

窒素《ちっそ》 元素の一。記号N

窒息《ちっそく》 呼吸ができなくなること。

些《ちっ》とも 少しも。まったく。

知的《ちてき》 知識にかかわる。知性に富んでいる。

地点《ちてん》 小さく特定した場所。

知得《ちとく》 理解すること。

知徳《ちとく》 知識と道徳。学識と人格。

千歳《ちとせ》 千年。非常に長い年月。

千歳飴《ちとせあめ》 縁起物の紅白の棒飴。[冬]

血止《ちど》め草《ぐさ》 セリ科の多年草。[秋]

千鳥《ちどり》 チドリ科の鳥の総称。[冬]

千鳥足《ちどりあし》 酔った人のよろめく歩き方。

遅鈍《ちどん》 動作がのろくてにぶいこと。

血腥《ちなまぐさ》い 血のにおいがするようだ。

因《ちなみ》に ついでに。参考までにいえば。

因《ちな》む 関係がある。関連する。

知日《ちにち》 外国人が日本の事情に詳しいこと。

茅渟《ちぬ》 クロダイの異名。チヌダイ。[夏]

地熱《ちねつ》 地球の中の熱。

知能《ちのう》 頭の働き。判断する精神の能力。

乳《ち》飲《の》み児《ご》 乳児。赤ん坊。

血糊《ちのり》 少し乾いてねばついた血。

地《ち》の利《り》 地理的に有利な条件。

茅《ち》の輪《わ》 夏越しの祓の茅の大きな輪。[夏]

遅配《ちはい》 支給・配達などが遅れること。

血走《ちばし》る 目が充血して赤くなる。

遅発《ちはつ》 定刻より遅れて出発すること。

乳離《ちばな》れ 離乳。子供が自立すること。

遅払《ちはら》い 給与の支払いが遅れること。

池畔《ちはん》 池のほとり。

地番《ちばん》 土地の一筆ごとにつけられる番号。

遅筆《ちひつ》 文章を書くのが遅いこと。⇔速筆

禿筆《ちびふで》 毛の先がすりきれた筆。とくひつ。

地表《ちひょう》 地球の表面。

禿《ち》びる 長く使って先がすりへる。

千尋《ちひろ》 非常に深く長いこと。

恥部《ちぶ》 陰部。人に見られたくない部分。

乳房《ちぶさ》 女性の乳汁を分泌する器官。

地平線《ちへいせん》 地面と空との境界線。

西蔵《チベット》 中国南西部にある自治区。

血反吐《ちへど》 胃からはきだす血。

地歩《ちほ》 自分のいる地位・立場。

地方《ちほう》 ある範囲の地域。首都以外の地域。

痴呆《ちほう》 知能が低下した状態の人。

知謀《ちぼう》 はかりごと。(別)智謀

粽《ちまき》 笹の葉で包み蒸した餅。[夏]

巷《ちまた》 まちなか。世間。

血祭《ちまつ》り 敵方の者を殺して気勢をあげる。

血眼《ちまなこ》 血走った目。夢中でするさま。

血塗《ちまみ》れ 血だらけになる。血みどろ。

血豆《ちまめ》 内出血で皮膚にできる豆状のもの。

血迷《ちまよ》う 興奮して理性を失う。

地味《ちみ》 作物を栽培するための、地質の良否。

血道《ちみち》 血の通う道。女などに夢中になる。

緻密《ちみつ》　きめの細かいこと。細かく詳しいさま。
血塗《ちみど》ろ　血まみれ。
魑魅魍魎《ちみもうりょう》　さまざまな化け物。
知名《ちめい》　名前が知られていること。
知命《ちめい》　五〇歳のこと。
致命傷《ちめいしょう》　死の原因となるような傷。
地目《ちもく》　土地の用途別による区分。
叉焼《チャーシュー》　焼き豚。
炒飯《チャーハン》　焼き飯。
茶請《ちゃう》け　茶を飲むときに食べるもの。
茶菓《ちゃか》　⇩さか(茶菓)
茶会《ちゃかい》　茶の湯の会。
茶化《ちゃか》す　ひやかす。冗談にしてしまう。
茶釜《ちゃがま》　茶道で、湯をわかす釜。
茶殻《ちゃがら》　茶をいれたあとの葉。

茶器《ちゃき》　茶をいれるための道具。
嫡嫡《ちゃきちゃき》　生粋。「―の江戸っ子」
茶巾《ちゃきん》　茶の湯で、茶碗をふく布。
着衣《ちゃくい》　衣服を着ること。着ている衣服。
着岸《ちゃくがん》　船が岸壁に着くこと。
着眼《ちゃくがん》　目をつけること。目のつけどころ。
着座《ちゃくざ》　座席につくこと。
嫡子《ちゃくし》　正妻が生んだ子。嫡出子。
着実《ちゃくじつ》　確実であぶなげがないこと。
着手《ちゃくしゅ》　とりかかること。手をつけること。
嫡出《ちゃくしゅつ》　正式の夫婦の間に生まれたこと。
着順《ちゃくじゅん》　到着した順位。
着色《ちゃくしょく》　色をつけること。彩色。
着信《ちゃくしん》　通信が届くこと。届いた通信。
着水《ちゃくすい》　空中から水面に降りること。

着席《ちゃくせき》　座席につくこと。
着想《ちゃくそう》　思いつき。考え。
着脱《ちゃくだつ》　取り付けたりはずしたりすること。
着弾《ちゃくだん》　弾丸が目標地点に届くこと。
着着《ちゃくちゃく》　着実にはかどるさま。
嫡男《ちゃくなん》　嫡出の長男。嫡子。
着任《ちゃくにん》　新しい任地につくこと。⇔離任
着服《ちゃくふく》　金品をこっそり自分の物にすること。
着帽《ちゃくぼう》　帽子をかぶること。
着目《ちゃくもく》　注意を払って見ること。着眼。
着用《ちゃくよう》　衣服などを身につけること。
着陸《ちゃくりく》　飛行機などが陸地に降りること。
茶漉《ちゃこ》し　お茶をこす器具。
茶匙《ちゃさじ》　小さいさじ。茶杓《ちゃしゃく》。
茶室《ちゃしつ》　茶会のための室。

茶渋《ちゃしぶ》　茶碗などについた、茶のあか。
茶杓《ちゃしゃく》　抹茶をすくうさじ。湯をくむひしゃく。
茶人《ちゃじん》　茶の湯を好む人。
茶席《ちゃせき》　茶の湯の席。茶室。
茶筅《ちゃせん》　抹茶をかきまぜる竹製の道具。
茶代《ちゃだい》　茶の代金。心づけ。チップ。
茶托《ちゃたく》　茶碗を載せる小さな皿状の台。
茶簞《ちゃだん》笥《す》　茶器や食器を入れる家具。
茶茶《ちゃちゃ》　ひやかしの言葉。「―を入れる」
着火《ちゃっか》　火がつくこと。
着荷《ちゃっか》　荷物が到着すること。
茶漬《ちゃづ》け　飯に熱い茶をかけたもの。
着工《ちゃっこう》　工事にとりかかること。
茶筒《ちゃづつ》　茶の葉を保存する、円筒形の容器。
茶壺《ちゃつぼ》　茶の葉を入れておく壺。

茶摘《ちゃつ》み　茶の若葉を摘みとること。〔春〕
茶道《ちゃどう》　茶の湯の道。茶の湯。さどう。
茶《ちゃ》の間《ま》　家族がくつろぐ部屋。居間。
茶《ちゃ》の湯《ゆ》　茶をたてて楽しむ会。茶道。
茶羽《ちゃば》織《おり》　腰までの短い羽織。
茶箱《ちゃばこ》　茶を保存するための木製の箱。
茶柱《ちゃばしら》　茶をいれた時、湯の中に立つ茶の茎。
茶畑《ちゃばたけ》　茶の木を植えた畑。茶園。
茶番《ちゃばん》　滑稽な寸劇。愚かしい振る舞い。
茶瓶《ちゃびん》　茶を煎じるための土瓶。
卓袱《ちゃぶ》台《だい》　脚のついた低い食卓。
矮鶏《チャボ》　ニワトリの一品種。小型で足が短い。
茶坊《ちゃぼう》主《ず》　権力のある者にへつらう人。
茶店《ちゃみせ》　茶や菓子を出して休憩させる店。
茶目《ちゃめ》　無邪気でいたずら好きなこと。

茶屋《ちゃや》　茶店。客に遊興させる店。
茶話《ちゃわ》会《かい》　⇩さわかい(茶話会)
茶碗《ちゃわん》　茶をついだり飯を盛ったりする器。
治癒《ちゆ》　病気・きずなどが治ること。
知友《ちゆう》　気心の知れた友人。
知勇《ちゆう》　知恵と勇気。(別)智勇
宙《ちゅう》　空中。そら。
注《ちゅう》　本文中の語句などの解説。(別)註
中尉《ちゅうい》　軍隊の階級で、尉官の第二位。
注意《ちゅうい》　気を配ること。忠告すること。
中央《ちゅうおう》　真ん中。中心。首都。
中華《ちゅうか》　中国。中国人が自国を呼んだ語。
仲夏《ちゅうか》　陰暦五月の異名。
仲介《ちゅうかい》　両方の間に立って話をまとめること。
注解《ちゅうかい》　注を加えて解釈すること。(別)註解

中外《ちゅうがい》 うちとそと。国内と国外。

虫害《ちゅうがい》 害虫による農作物の被害。

宙返《ちゅうがえ》**り** 空中で体を一回転させること。

中核《ちゅうかく》 中心。核心。

中間《ちゅうかん》 二つのものの間。ある期間の途中。

昼間《ちゅうかん》 昼のあいだ。ひるま。⇔夜間

忠肝義胆《ちゅうかんぎたん》 忠義一途の心。

中気《ちゅうき》 脳卒中の通称。中風《ちゅうふう》。

注記《ちゅうき》 注をつけること。(別)註記

忠義《ちゅうぎ》 主君に対してまごころを尽くす。

中京《ちゅうきょう》 名古屋のこと。

忠勤《ちゅうきん》 忠実につとめること。「―を励む」

鋳金《ちゅうきん》 金属を鋳型に溶かし込み器物を作る。

中近東《ちゅうきんとう》 中東の別名。

中空《ちゅうくう》 空のなかほど。中がからなこと。

中宮《ちゅうぐう》 皇后。

中継《ちゅうけい》 途中で受け継ぐこと。中継放送。

中堅《ちゅうけん》 組織の中核の人。野球で、センター。

中元《ちゅうげん》 七月一五日。その頃の贈り物。(秋)

中原《ちゅうげん》 中国古代文明が興った黄河中流域。

中間《ちゅうげん》 武士の家の召し使い。

忠言《ちゅうげん》 忠告の言葉。

中古《ちゅうこ》 ちゅうぶる。日本歴史で、平安時代。

中興《ちゅうこう》 衰えていたものを再び盛んにする。

忠孝《ちゅうこう》 主君への忠義と親への孝行。

中高年《ちゅうこうねん》 中年と高年。

忠告《ちゅうこく》 相手のためを思っていさめること。

中国《ちゅうごく》 中国地方。中華人民共和国の略称。

中腰《ちゅうごし》 腰を半ば浮かせた姿勢。

忠魂《ちゅうこん》 忠義の心。戦死した人の霊魂。

中佐《ちゅうさ》 軍隊の階級で、佐官の第二位。

中座《ちゅうざ》 途中で座をはずすこと。

仲裁《ちゅうさい》 両者の仲立ちをして和解させる。

駐在《ちゅうざい》 派遣されて滞在する。駐在所の巡査。

誅殺《ちゅうさつ》 罪ある者を殺すこと。

駐箚《ちゅうさつ》 大使などがその地に滞在すること。

中止《ちゅうし》 途中で止めること。

注視《ちゅうし》 注意してよく見ること。注目。

中耳《ちゅうじ》 耳で、鼓膜と内耳の間。

中食《ちゅうじき》 昼食。

中軸《ちゅうじく》 物の中央を貫く軸。中心となる人。

忠実《ちゅうじつ》 まじめに尽くすさま。ありのまま。

注射《ちゅうしゃ》 針で薬液を体内に入れること。

駐車《ちゅうしゃ》 自動車を継続的にとめておくこと。

注釈《ちゅうしゃく》 注を入れて意味を解説すること。

中秋《ちゅうしゅう》 陰暦八月一五日の称。「―の名月」

仲秋《ちゅうしゅう》 陰暦八月の異名。(秋)

抽出《ちゅうしゅつ》 抜き出すこと。

仲春《ちゅうしゅん》 陰暦二月の異名。

中旬《ちゅうじゅん》 月の一一日から二〇日まで。

中傷《ちゅうしょう》 根拠のない悪口で人を傷つけること。

抽象《ちゅうしょう》 個々から共通性を抽出し一般化する。

中将《ちゅうじょう》 軍隊の階級で、将官の第二位。

衷情《ちゅうじょう》 本心。まごころ。誠意。

中心《ちゅうしん》 まんなか。物事の重要な所。重心。

忠臣《ちゅうしん》 忠義の臣。

注進《ちゅうしん》 事件を急いで目上の人に報告する。

衷心《ちゅうしん》 心の奥底。心底。

虫垂《ちゅうすい》 盲腸の下部に連なる指状部。

注水《ちゅうすい》 水を注ぐこと。

中枢《ちゅうすう》 中心となる主要な所。

沖《ちゅう》**する** 高く昇る。「天に―煙」(別)冲する

誅《ちゅう》**する** 悪人や罪人を殺す。

中世《ちゅうせい》 日本史で、鎌倉・室町時代。

中正《ちゅうせい》 立場が一方的でなく公正であること。

中性《ちゅうせい》 中間の性質。

忠誠《ちゅうせい》 誠を尽くす心。

中背《ちゅうぜい》 身長が普通であること。

沖積《ちゅうせき》 河川のために土砂が堆積すること。

柱石《ちゅうせき》 頼みとなる重要な人。「国家の―」

忠節《ちゅうせつ》 主君へ忠義を尽くすこと。

中絶《ちゅうぜつ》 途中でやめること。人工妊娠中絶。

抽籤《ちゅうせん》 くじを引くこと。くじびき。

鋳造《ちゅうぞう》 金属を溶かし鋳型で器物をつくる。

中退《ちゅうたい》 「中途退学」の略。

紐帯《ちゅうたい》 二つのものを結びつける役割のもの。

中断《ちゅうだん》 続いてきたものが一時とだえること。

躊躇《ちゅうちょ》 ためらうこと。

宙吊《ちゅうづ》**り** 空中にぶら下がること。

中天《ちゅうてん》 空のなかほど。なかぞら。

沖天《ちゅうてん》 天に上ること。「意気―」

中途《ちゅうと》 道のなかほど。途中。

中等《ちゅうとう》 中ぐらいの程度。

仲冬《ちゅうとう》 陰暦一一月の異名。

偸盗《ちゅうとう》 盗み。盗人。

中東《ちゅうとう》 アジア南西部とアフリカ北東部地域。

中道《ちゅうどう》 極端に走らない穏当な立場。

中毒《ちゅうどく》 毒素による生体の機能障害。

駐屯《ちゅうとん》 軍隊がある地にとどまること。

中南米《ちゅうなんべい》 中部アメリカと南アメリカ。

中肉《ちゅうにく》 ほどよい肉付き。「―中背」
中日《ちゅうにち》 彼岸のなかび。春分と秋分の日。
注入《ちゅうにゅう》 そそぎ入れること。つぎこむこと。
仲人《ちゅうにん》 仲裁する人。なこうど。
中年《ちゅうねん》 青年と老年の中間の年頃。
中破《ちゅうは》 中程度の破損。
虫媒花《ちゅうばいか》 昆虫の媒介で受粉する花。
誅伐《ちゅうばつ》 罪のある者を討つこと。
中盤《ちゅうばん》 物事の中ほどまで進んだ時期。
中部《ちゅうぶ》 中央の部分。本州の中央、中部地方。
中風《ちゅうふう》 脳出血など脳卒中の通称。
中腹《ちゅうふく》 山頂とふもととの中間。
中古《ちゅうぶる》 少し古い物。ちゅうこ。
中米《ちゅうべい》 中央アメリカ。
厨房《ちゅうぼう》 台所。調理場。

忠僕《ちゅうぼく》 忠実なしもべ。
稠密《ちゅうみつ》 一地域に多く集まっていること。
注目《ちゅうもく》 興味や関心を寄せること。
注文《ちゅうもん》 依頼すること。条件や要望をつけること。
昼夜《ちゅうや》 昼と夜。昼も夜も。
注油《ちゅうゆ》 機械類に油をそそぐこと。
忠勇《ちゅうゆう》 忠義と勇気。
中庸《ちゅうよう》 かたよらず穏当であること。
中葉《ちゅうよう》 中頃。中頃の時代。
虫様突起《ちゅうようとっき》 虫垂。
誅戮《ちゅうりく》 罪をただして殺すこと。
中立《ちゅうりつ》 争う二者のどちらにもつかないこと。
中略《ちゅうりゃく》 中間の文句を省略すること。
中流《ちゅうりゅう》 川の流れの中ほど。中程度の社会層。
駐留《ちゅうりゅう》 軍隊が長期間滞在すること。

ち

忠霊《ちゅうれい》 忠義のために死んだ人の霊。「―塔」
柱廊《ちゅうろう》 柱と屋根だけの、吹き放ちの廊下。
中和《ちゅうわ》 異質の物がとけ合い特性を失う。
千代《ちよ》 千年。非常に長い年月。
著《ちょ》 書物を著すこと。著書。
兆《ちょう》 数の単位。一億の一万倍。
町《ちょう》 距離・面積の単位。地方公共団体の一。
長《ちょう》 かしら立つ人。すぐれていること。
腸《ちょう》 消化器官の一。胃に続く。
蝶《ちょう》 はねが美しい昆虫。蝶々。[春]
帳合《ちょうあ》**い** 現金や商品と帳簿を照合する。
寵愛《ちょうあい》 特別にいつくしむこと。
懲悪《ちょうあく》 悪をこらすこと。
弔意《ちょうい》 人の死をいたみ哀悼する気持ち。
弔慰《ちょうい》 死者をとむらい、遺族を慰めること。

潮位《ちょうい》 基準面から測った海面の高さ。
調印《ちょういん》 条約や協定に署名・捺印すること。
懲役《ちょうえき》 刑務所内に拘置して労役を科す刑。
超越《ちょうえつ》 普通の程度をこえていること。
長円《ちょうえん》 楕円。
長音《ちょうおん》 長くのばす音。⇔短音
超音速《ちょうおんそく》 音速よりも速い速度。
超音波《ちょうおんぱ》 耳に聞こえない高周波音波。
長歌《ちょうか》 和歌の一体。五七調を反復する。
釣果《ちょうか》 その日の魚釣りの成果。
超過《ちょうか》 一定の限度を超えること。
町会《ちょうかい》 町内会。
朝会《ちょうかい》 朝礼。また、朝の集会。
懲戒《ちょうかい》 不正な行為をこらしいましめること。
聴覚《ちょうかく》 音を感じとる感覚。

長官《ちょうかん》 官庁を統率する最高の職員。
鳥瞰《ちょうかん》 高い所から見下ろすこと。
朝刊《ちょうかん》 朝、発行される日刊新聞。⇔夕刊
鳥瞰図《ちょうかんず》 上から見下ろした状態の図。
弔旗《ちょうき》 弔意をあらわして掲げる旗。
長期《ちょうき》 ながい期間。⇔短期
寵姫《ちょうき》 寵愛されている侍女。
長久《ちょうきゅう》 ながくひさしく続くこと。「武運―」
聴許《ちょうきょ》 聞き入れて許すこと。
調教《ちょうきょう》 馬・犬・猛獣などを訓練すること。
彫金《ちょうきん》 金属を彫刻する技法。
長駆《ちょうく》 長い距離を走ること。
帳消《ちょうけ》**し** 貸し借りや損得を相殺すること。
長欠《ちょうけつ》 長期の欠席・欠勤。
長江《ちょうこう》 長い川。中国第一の大河。揚子江。

長考《ちょうこう》 長い時間考えること。
朝貢《ちょうこう》 外国に貢ぎ物を奉ること。
徴候《ちょうこう》 何かの起こるきざし。(別)兆候
聴講《ちょうこう》 講義を聴くこと。「―生」
調合《ちょうごう》 数種類の薬などをまぜ合わせる。
長広舌《ちょうこうぜつ》 長々と話し続けること。
超高層《ちょうこうそう》 きわめて高いこと。
彫刻《ちょうこく》 木や石を彫り刻んで模様や像を作る。
超克《ちょうこく》 困難に打ち克つこと。
調査《ちょうさ》 調べて明らかにすること。
長座《ちょうざ》 訪ねた先に長くいること。
調剤《ちょうざい》 薬剤を調合すること。
蝶鮫《ちょうざめ》 海産・淡水産の魚。卵はキャビア。
朝三暮四《ちょうさんぼし》 目先にこだわる。
張三李四《ちょうさんりし》 ごく平凡な人。

長子《ちょうし》　一番目の子。長男。
銚子《ちょうし》　徳利。酒を杯につぐ長い柄の器。
調子《ちょうし》　音の高低。口調。物のぐあい。
丁子《ちょうじ》　常緑高木。蕾《つぼみ》を香料とする。[春]
弔事《ちょうじ》　とむらいごと。不幸。
弔辞《ちょうじ》　弔意を霊前で述べる言葉や文。
寵児《ちょうじ》　世間にもてはやされている人。
庁舎《ちょうしゃ》　役所の建物。
長者《ちょうじゃ》　金持ち。富豪。目上の人。年長者。
諜者《ちょうじゃ》　間者。間諜。スパイ。
聴取《ちょうしゅ》　聞き取ること。
長寿《ちょうじゅ》　長生き。長命。
徴収《ちょうしゅう》　税金などをとりたてること。
徴集《ちょうしゅう》　国などが人や物資を強制的に集める。
聴衆《ちょうしゅう》　講演や演奏を聞く人々。

長州《ちょうしゅう》　長門《ながと》国の別名。
鳥獣《ちょうじゅう》　とりとけだもの。禽獣。
長所《ちょうしょ》　すぐれている点。⇔短所
調書《ちょうしょ》　調査した事柄を記した文書。
長女《ちょうじょ》　最初に生まれた女の子。
嘲笑《ちょうしょう》　あざわらうこと。
長上《ちょうじょう》　年上の人。目上の人。
頂上《ちょうじょう》　山のいただき。最高の状態。絶頂。
重畳《ちょうじょう》　幾重にも重なる。大いに満足なこと。
帳尻《ちょうじり》　収支決算の結果。話のつじつま。
長身《ちょうしん》　背が高いこと。
長針《ちょうしん》　時計の長い方の針。分針。⇔短針
調進《ちょうしん》　注文品をととのえ届けること。
聴診《ちょうしん》　体内の音を聴いて診断すること。
寵臣《ちょうしん》　気に入りの家来。

超人《ちょうじん》　人並外れて優れた能力の持ち主。
長身痩軀《ちょうしんそうく》　背が高くやせた体。
彫心鏤骨《ちょうしんるこつ》　心を砕いて作る。
手水《ちょうず》　手や顔を洗うための水。また、用便。
徴《ちょう》**する**　証拠を求める。とりたてる。
長逝《ちょうせい》　死ぬこと。永眠。
調製《ちょうせい》　注文に応じてこしらえること。
調整《ちょうせい》　物事を整えてよい状態を保つ。
徴税《ちょうぜい》　税金を取り立てること。
長石《ちょうせき》　火成岩の一種。ガラス光沢がある。
朝夕《ちょうせき》　朝と夕方。いつも。
潮汐《ちょうせき》　しおの周期的な干満。
調節《ちょうせつ》　ほどよくととのえること。
超絶《ちょうぜつ》　とびぬけてすぐれていること。
挑戦《ちょうせん》　戦いをいどむこと。困難にいどむこと。

超然《ちょうぜん》　俗事にこだわらないさま。
重祚《ちょうそ》　退位した天皇が再び即位すること。
彫塑《ちょうそ》　彫刻と塑像。塑像を作ること。
鳥葬《ちょうそう》　遺体を鳥についばませる葬法。
彫像《ちょうぞう》　彫刻した像。
長足《ちょうそく》　物事の進行がはやいこと。
超俗《ちょうぞく》　俗事から超然としていること。
長打《ちょうだ》　野球で二塁打・三塁打・本塁打。
長蛇《ちょうだ》　長大なもののたとえ。「—の列」
長大《ちょうだい》　長くて大きいこと。⇔短小
頂戴《ちょうだい》　「もらう」の丁寧語。人に頼むときの語。
長大息《ちょうたいそく》　長くて大きなため息。
彫琢《ちょうたく》　宝石などを磨く。詩文を練り上げる。
暢達《ちょうたつ》　文章などがのびのびしていること。
調達《ちょうたつ》　必要なものをとりそろえること。

超脱《ちょうだつ》　世俗にかかわらない境地にあること。
長短《ちょうたん》　長いことと短いこと。長所と短所。
長嘆《ちょうたん》　長いため息をついて嘆くこと。
超短波《ちょうたんぱ》　波長一〇メートル以下の電波。
打擲《ちょうちゃく》　うちたたくこと。なぐること。
長調《ちょうちょう》　長音階による調子。⇔短調
蝶蝶《ちょうちょう》　蝶《ちょう》。
喋喋喃喃《ちょうちょうなんなん》　男女がむつみ合う。
打打発止《ちょうちょうはっし》　激しく戦うさま。
提灯《ちょうちん》　竹の骨に紙や布を貼った照明具。
蝶番《ちょうつがい》　開き戸やふたに取り付ける開閉具。
腸詰《ちょうづ》**め**　ソーセージ。
帳面《ちょうづら》　表向きの計算や決算。帳面づら。
朝廷《ちょうてい》　天子や君主が政務をとる所。
調停《ちょうてい》　対立する二者の間に入り和解させる。

長汀曲浦《ちょうていきょくほ》　長く続くなぎさ。
朝敵《ちょうてき》　朝廷に反逆する者。
頂点《ちょうてん》　最高のところ。多角形の辺の交点。
弔電《ちょうでん》　おくやみの電報。
長途《ちょうと》　長いみちのり。
調度《ちょうど》　身の回りの道具。
丁度《ちょうど》　ぴったり。あたかも。
超弩級《ちょうどきゅう》　超大型。
超特急《ちょうとっきゅう》　非常に速い列車、処理。
手斧《ちょうな》　荒けずりに用いる柄の曲がったおの。
町内《ちょうない》　その町の中。「—会長」
長男《ちょうなん》　最初に生まれた男の子。長子。
町人《ちょうにん》　近世、都市に住む商人や職人たち。
腸捻転《ちょうねんてん》　腸のねじれによる閉塞。
超能力《ちょうのうりょく》　テレパシーなど特殊な能力。

長波《ちょうは》　波長が一～一〇キロメートルの電波。
帳場《ちょうば》　商店・旅館などで、勘定をする所。
跳馬《ちょうば》　馬体に似た用具を使う体操競技。
嘲罵《ちょうば》　あざけりののしること。
長髪《ちょうはつ》　長くのばした髪の毛。
挑発《ちょうはつ》　事件を起こすようにしむけること。
徴発《ちょうはつ》　軍が物資や人員を民間から集める。
調髪《ちょうはつ》　髪を刈って形を調えること。
懲罰《ちょうばつ》　不正を犯した者を罰すること。
丁半《ちょうはん》　さいの目の丁(偶数)と半(奇数)。
掉尾《ちょうび》　⇨とうび(掉尾)
貼付《ちょうふ》　はりつけること。
重複《ちょうふく》　同じ物事が重なること。
調伏《ちょうぶく》　仏法の力で怨敵や悪魔をおさえる。
長物《ちょうぶつ》　用をなさない物。「無用の―」

弔文《ちょうぶん》　とむらう心を述べた文。弔辞。
徴兵《ちょうへい》　国家が国民を兵役に徴用すること。
腸閉塞《ちょうへいそく》　腸管の閉塞による病気。
長編《ちょうへん》　小説・映画などの長いもの。⇔短編
帳簿《ちょうぼ》　事務上の必要事項を記入する帳面。
徴募《ちょうぼ》　(兵士などを)呼び集めること。
重宝《ちょうほう》　使って便利なこと。大切な宝物。
諜報《ちょうほう》　秘密に敵の動きを探ること。
眺望《ちょうぼう》　遠く見渡すこと。その眺め。
長方形《ちょうほうけい》　四つの角が直角の四辺形。
超凡《ちょうぼん》　ぬきんでていること。非凡。
張本人《ちょうほんにん》　事件などの首謀者。
調味《ちょうみ》　食物の味をととのえること。
長命《ちょうめい》　長生きすること。長寿。⇔短命
澄明《ちょうめい》　すみきってあかるいさま。

ち

帳面《ちょうめん》　ノート。帳簿。
鳥目《ちょうもく》　(穴があいている)銭《ぜに》。金。
弔問《ちょうもん》　遺族を訪問して悔みを述べること。
聴聞《ちょうもん》　関係者などの意見をききとること。
朝野《ちょうや》　朝廷と在野。政府と民間。
跳躍《ちょうやく》　とびあがること。ジャンプ。
長幼《ちょうよう》　年上と年下。「―序あり」
重陽《ちょうよう》　陰暦九月九日の節句。菊の節句。〔秋〕
徴用《ちょうよう》　国家が国民に強制して仕事をさせる。
凋落《ちょうらく》　勢いがおとろえること。
調理《ちょうり》　料理すること。「―師」
調律《ちょうりつ》　楽器の音程を調整すること。
潮流《ちょうりゅう》　干満に伴う海水の流れ。時代の趨勢。
跳梁《ちょうりょう》　勝手放題にふるまうこと。
跳梁跋扈《ちょうりょうばっこ》　悪人などが好ましくない者がわが物顔にのさばりはびこること。

張力《ちょうりょく》　引っ張り合う力。「表面―」
潮力《ちょうりょく》　海流の水位の差で生じるエネルギー。
聴力《ちょうりょく》　音をききとる能力。
朝礼《ちょうれい》　朝の始業前の集会。
朝令暮改《ちょうれいぼかい》　命令や法律などがすぐに変わってあてにならないこと。
長老《ちょうろう》　経験を積んで尊敬される年長者。
嘲弄《ちょうろう》　あざけりなぶること。
調和《ちょうわ》　釣り合いがうまくとれていること。
千代紙《ちよがみ》　模様を色刷りにした和紙。
猪牙舟《ちょきぶね》　江戸で作られた細長い川舟。
貯金《ちょきん》　金をためること。ためた金。
直《ちょく》　まっすぐなこと。じかであること。
猪口《ちょく》　ちょこ。

直営《ちょくえい》　直接に経営すること。
直音《ちょくおん》　拗音・促音・撥音以外の音。
勅願《ちょくがん》　勅命による祈願。「―寺」
直撃《ちょくげき》　直接打撃を与えること。
直言《ちょくげん》　遠慮なく信じている通りに言うこと。
直後《ちょくご》　すぐあと。すぐ後ろ。⇔直前
勅語《ちょくご》　天皇のお言葉。
直視《ちょくし》　目をそらさず、じっと見ること。
勅使《ちょくし》　天皇の使い。
直射《ちょくしゃ》　光がじかに照らすこと。
直情《ちょくじょう》　ありのままの感情。
直情径行《ちょくじょうけいこう》　思い通り行動する。
直進《ちょくしん》　まっすぐにすすむこと。
直接《ちょくせつ》　間に何もはさまないで接すること。
直截《ちょくせつ》　まわりくどくないさま。

直線《ちょくせん》　まっすぐな線。⇔曲線
勅撰《ちょくせん》　勅命により歌集などを撰すること。
直前《ちょくぜん》　そのすぐまえ。「出発―」⇔直後
直送《ちょくそう》　直接相手に送ること。
直属《ちょくぞく》　直接その下に属すること。「―の上司」
直腸《ちょくちょう》　大腸の最終部分。下端は肛門。
直通《ちょくつう》　乗り換えなしで直接通じる。
直答《ちょくとう》　即座に答えること。直接に答えること。
直配《ちょくはい》　直接配給・配達すること。
直売《ちょくばい》　問屋を介さないで売ること。
直販《ちょくはん》　直売。「―店」
直披《ちょくひ》　手紙の脇付の一。親展。じきひ。
直方体《ちょくほうたい》　相隣る面が直交する六面体。
勅命《ちょくめい》　天皇の命令。
直面《ちょくめん》　じかに向き合うこと。

直訳《ちょくやく》 字句の通り翻訳すること。
直喩《ちょくゆ》 直接他のものにたとえる言い方。
勅諭《ちょくゆ》 天皇が親しくさとす言葉。「軍人―」
直立《ちょくりつ》 まっすぐに立つこと。「―不動」
直流《ちょくりゅう》 方向の一定した電流。
勅令《ちょくれい》 旧憲法下、天皇が直接発した命令。
直列《ちょくれつ》 正負の順に並ぶように電池をつなぐ。
緒言《ちょげん》 ⇩しょげん(緒言)
猪口《ちょこ》 小さなさかずき。ちょく。
猪口才《ちょこざい》 生意気なこと。
著作《ちょさく》 書物をあらわすこと。書いた本。
著者《ちょしゃ》 著作者。著述者。
著述《ちょじゅつ》 書物を書きあらわすこと。
著書《ちょしょ》 その人の書きあらわした書物。
貯水《ちょすい》 水をたくわえること。

貯蔵《ちょぞう》 物をたくわえておくこと。
貯蓄《ちょちく》 財貨をたくわえること。
直下《ちょっか》 すぐ下。まっすぐ下ること。
直角《ちょっかく》 九〇度の角。
直覚《ちょっかく》 直接に感じ知ること。
直轄《ちょっかつ》 直接に管轄すること。
直感《ちょっかん》 感覚でただちにつかみとること。
直観《ちょっかん》 推論によらないで本質を捉えること。
直諫《ちょっかん》 目上の人を率直にいさめること。
直球《ちょっきゅう》 変化せずまっすぐ進む投球。
勅許《ちょっきょ》 天皇の許し。
直系《ちょっけい》 直接に受け継がれる系統。
直径《ちょっけい》 円の中心を通る弦。
直結《ちょっけつ》 間を隔てず直接結びつくこと。
直交《ちょっこう》 垂直に交わること。

直行《ちょっこう》 寄り道せずに目的地へ行く。
一寸《ちょっと》 わずか。少し。かなり。(別)鳥渡
猪突猛進《ちょとつもうしん》 向こう見ずな行動。
苧麻《ちょま》 カラムシ。
著名《ちょめい》 名がよく知られていること。
佇立《ちょりつ》 たたずむこと。
草石蚕《ちょろぎ》 シソ科の多年草。
総角《チョンガー》 独身の男子。独り者。
丁髷《ちょんまげ》 昔の男子の髪形の一。
治乱《ちらん》 世の中が治まることと乱れること。
塵《ちり》 小さなごみ。あくた。
地理《ちり》 地表の状態。土地の様子。
塵芥《ちりあくた》 ちりやごみ。つまらないもの。
塵紙《ちりがみ》 鼻紙・落とし紙など。ちりし。
鏤《ちりば》める 彫って宝石などをはめ込む。

縮緬《ちりめん》 細かなしぼを出した絹織物。
知略《ちりゃく》 才知にすぐれたはかりごと。(別)智略
治療《ちりょう》 病気やけがをなおすこと。
地力《ちりょく》 土地がもつ、作物を育てる能力。
知力《ちりょく》 知恵の働き。(別)智力
散《ち》る 花や葉が落ちる。ばらばらになる。
銚釐《ちろり》 酒の燗《かん》をする筒形の容器。
痴話《ちわ》 男女がたわむれてする話。「―喧嘩」
狆《ちん》 小形の犬。顔が平たく目が大きい。
亭《ちん》 庭に設けたあずまや。
朕《ちん》 天皇が自分をさして言う語。
鎮圧《ちんあつ》 暴動などを力でおさえつけること。
沈鬱《ちんうつ》 気分が沈んでいるさま。
沈下《ちんか》 しずみさがること。「地盤―」
鎮火《ちんか》 火事が消えること。

鎮咳剤《ちんがいざい》 咳止め薬。
珍奇《ちんき》 珍しく奇妙なさま。
丁幾《チンキ》 薬品をアルコールに溶かした液体。
珍客《ちんきゃく》 珍しい客。
沈魚落雁《ちんぎょらくがん》 美しい女性の形容。
沈吟《ちんぎん》 考えこむこと。静かに吟ずること。
賃金《ちんぎん》 労働の対価として支払われる金銭。
鎮護《ちんご》 国をしずめまもること。
沈降《ちんこう》 しずみさがること。⇔隆起
鎮魂《ちんこん》 死者の魂をなぐさめしずめること。
鎮座《ちんざ》 神霊がその地に鎮まりいること。
沈思《ちんし》 思いに沈むこと。
珍事《ちんじ》 思いがけない出来事。
椿事《ちんじ》 珍しく思いがけない事件。
沈思黙考《ちんしもっこう》 思索にふけること。

陳謝《ちんしゃ》 わけを説明してあやまること。
賃借《ちんしゃく》 金を払って借りること。
鎮守《ちんじゅ》 その土地を守る神。また、その神社。
陳述《ちんじゅつ》 意見・考えを述べること。
陳情《ちんじょう》 役所などに善処を要請すること。
沈静《ちんせい》 落ち着いてしずかになること。
鎮静《ちんせい》 騒動や興奮などがしずまること。
鎮西《ちんぜい》 九州の称。
珍説《ちんせつ》 めずらしい話。とっぴな意見。
沈潜《ちんせん》 水底に沈むこと。深く没頭すること。
賃銭《ちんせん》 仕事に対する報酬としての金銭。
沈滞《ちんたい》 活気がなく、意気が上がらないこと。
賃貸《ちんたい》 料金をとって貸すこと。
賃貸借《ちんたいしゃく》 貸し借りの契約。
珍談《ちんだん》 珍しい話。

沈着《ちんちゃく》 落ち着いていて物に動じないさま。
珍重《ちんちょう》 めずらしいとして大切にすること。
沈沈《ちんちん》 夜がふけて静かなさま。
沈痛《ちんつう》 深く憂えて沈んでいるさま。
鎮痛《ちんつう》 痛みを抑えること。「—剤」
鎮定《ちんてい》 乱をしずめ、平和にすること。
沈殿《ちんでん》 液体中の混じり物が底に溜まること。
枕頭《ちんとう》 まくらもと。
珍答《ちんとう》 見当はずれで滑稽な答え。
闖入《ちんにゅう》 ことわりなく突然はいり込むこと。
陳皮《ちんぴ》 ミカンの皮を乾燥させたもの。薬用。
珍品《ちんぴん》 めったにない珍しい品。
鎮撫《ちんぶ》 反乱をしずめ人心を安定させること。
陳腐《ちんぷ》 ありふれていて、平凡なさま。
沈没《ちんぼつ》 船が水中に沈む。
珍味《ちんみ》 めったにない、おいしい食物。
珍味佳肴《ちんみかこう》 たいそうな御馳走。
珍妙《ちんみょう》 風変わりでおかしいさま。
珍無類《ちんむるい》 非常に奇妙なこと。
沈黙《ちんもく》 黙って、口をきかないこと。
珍問《ちんもん》 とっぴな質問。見当はずれの質問。
沈淪《ちんりん》 おちぶれはてること。
陳列《ちんれつ》 見せるために物を並べおくこと。

つ

終《つい》 最後。人生の終わり。「—のすみか」
対《つい》 二つで一組をなすもの。そろい。
費《つい》**える** とぼしくなる。むだに過ぎる。
潰《つい》**える** だめになる。やぶれる。
追憶《ついおく》 過ぎ去ったことを思い出すこと。
追加《ついか》 あとからさらに加えること。
追懐《ついかい》 昔を思い出してなつかしむこと。
椎間板《ついかんばん》 椎骨と椎骨の間にある軟骨。
追記《ついき》 あとから書き加えること。その文。
追及《ついきゅう》 問い詰める。後から追いかける。
追求《ついきゅう》 どこまでも追い求めること。
追究《ついきゅう》 たずねきわめること。「美の—」
対句《ついく》 句形や意味が、対になっている句。
追撃《ついげき》 逃げる敵を追いかけて撃つこと。
墜死《ついし》 高い所から墜落して死ぬこと。
築地《ついじ》 瓦でふいた屋根のある土塀。
追従《ついじゅう》 人の意見にそのまま従うこと。
追従《ついしょう》 こびへつらうこと。「—笑い」
追伸《ついしん》 手紙で追記の文の初めに書く語。
追随《ついずい》 人の言動につきしたがうこと。
追跡《ついせき》 あとを追うこと。あとをたどること。
追善《ついぜん》 死者の冥福を祈って法会を行うこと。
終《つい》**ぞ** いまだかつて。一度も。
追走《ついそう》 あとを追いかけて走ること。
追想《ついそう》 昔のことを思い返すこと。
追贈《ついぞう》 死後に官位などを贈ること。
一日《ついたち》 月の第一日。(別)朔日
衝立《ついたて》 室内に立てて間仕切りにする家具。
追徴《ついちょう》 不足額をあとから取り立てること。
序《つい》**で** あることを併せ行うよい機会。
追討《ついとう》 賊を追いかけて討つこと。
追悼《ついとう》 死者をしのんでいたみ悲しむこと。
追突《ついとつ》 車などが後ろから衝突すること。
追儺《ついな》 節分の豆まき。鬼やらい。图
終《つい》**に** とうとう。最後まで。結局。(別)遂に
追認《ついにん》 過去にさかのぼって認めること。
啄《つい》**ばむ** 鳥がくちばしで物をつついて食う。
追肥《ついひ》 ⇩おいごえ(追い肥)
追尾《ついび》 あとをつけていくこと。追跡。
追慕《ついぼ》 死者や別れた人を思い慕うこと。
追放《ついほう》 追い払うこと。
費《つい》**やす** 財物を使ってなくす。浪費する。
墜落《ついらく》 高い所から落ちること。
梅雨《つ》**入**《い》**り** 入梅。つゆいり。[夏]
追録《ついろく》 あとから書き加えること(もの)。
通《つう》 その道に詳しい。ものわかりがいい。
通院《つういん》 病院へ通うこと。
痛飲《つういん》 大いに酒を飲むこと。
通運《つううん》 貨物運送。「—業」
通貨《つうか》 通用する力のある貨幣。
通過《つうか》 通り過ぎること。無事通ること。
痛快《つうかい》 非常に愉快に感じること。
通過儀礼《つうかぎれい》 人の一生の節目に行われる儀礼。成人式・結婚式・葬儀など。
痛覚《つうかく》 痛みを感じる感覚。
通学《つうがく》 学校に通うこと。
通関《つうかん》 税関を通過すること。
通観《つうかん》 全体にわたって一通り目を通すこと。
痛感《つうかん》 心につよく感じいること。
通気《つうき》 空気の流通をよくすること。
通暁《つうぎょう》 非常によく知っていること。
通勤《つうきん》 勤め先へ通うこと。
痛苦《つうく》 痛みくるしむこと。はなはだしい痛み。
通計《つうけい》 全部合わせて計算すること。総計。
痛撃《つうげき》 手きびしく攻撃すること。

痛言《つうげん》 手きびしい言葉。
通交《つうこう》 国家間で親しく交際する。(別)通好
通行《つうこう》 道を通ること。一般に行われること。
通航《つうこう》 船舶が通行すること。
通告《つうこく》 決定事項を告げ知らせること。
痛哭《つうこく》 ひどく泣き叫ぶこと。
痛恨《つうこん》 たいへん残念がること。「―事」
通算《つうさん》 全体を通して計算すること。
通史《つうし》 歴史の流れに沿って書かれた記述。
通称《つうしょう》 世間に通用している名前。
通商《つうしょう》 外国と商業取引を行うこと。貿易。
通常《つうじょう》 いつもどおりであること。普通。
通《つう》じる 結びつく。理解される。共通する。
通信《つうしん》 たより。郵便や電話で知らせること。
痛心《つうしん》 心を痛めること。

通人《つうじん》 世間の事情・人情に通じている人。
通性《つうせい》 同類のものに共通にある性質。
痛惜《つうせき》 非常に残念に思うこと。
通説《つうせつ》 世間に広く行われている説。
痛切《つうせつ》 身にしみて強く感ずるさま。
通則《つうそく》 すべてに通じる規則。
通俗《つうぞく》 世間一般に受け入れられやすいこと。
痛打《つうだ》 野球で、痛烈な打球。
通達《つうたつ》 告げ知らせること。指示の通知。
痛嘆《つうたん》 非常になげき悲しむこと。(別)痛歎
通知《つうち》 知らせること。知らせ。
通帳《つうちょう》 金銭の出し入れなどを記録する帳面。
通牒《つうちょう》 通知・通告の書面。「最後―」
通底《つうてい》 基底で互いに通ずる所があること。
通読《つうどく》 始めから終わりまで通して読むこと。

通年《つうねん》 一年を通して行うこと。
通念《つうねん》 社会一般に共通した考え。「社会―」
痛罵《つうば》 ひどくののしること。
通販《つうはん》 「通信販売」の略。
通風《つうふう》 新鮮な風を通すこと。
痛風《つうふう》 尿酸が蓄積し関節炎を起こす疾患。
痛憤《つうふん》 ひどく憤慨すること。
通弊《つうへい》 一般にみられる弊害。
通弁《つうべん》 通訳。通詞。
通報《つうほう》 告げ知らせること。「気象―」
通謀《つうぼう》 しめし合わせて事をなすこと。
痛棒《つうぼう》 座禅で、心の定まらない者を打つ棒。
通訳《つうやく》 言語を訳して双方の仲立ちをする。
通有《つうゆう》 共通にもっていること。「―性」
通用《つうよう》 広く認められる。使うことができる。

痛痒《つうよう》 自分に関係する利害や影響。
通覧《つうらん》 一通り全体にわたって目を通すこと。
通力《つうりき》 神通力。
通例《つうれい》 一般のならわし。普通。一般に。
痛烈《つうれつ》 非常にはげしい。手厳しい。
通路《つうろ》 通り道。
通論《つうろん》 全般にわたる論。
痛論《つうろん》 手厳しく論ずること。
通話《つうわ》 電話で話をすること。
杖《つえ》 手に持って歩行の助けとする棒。
束《つか》 書物の厚み。束柱《つかばしら》のこと。
柄《つか》 刀剣などの、手で握る部分。筆の軸。
塚《つか》 土を小高く盛った墓。
栂《つが》 マツ科の常緑高木。材は建材。
番《つがい》 二つで一組のもの。雌雄の一対。

使《つか》う 物を役立てる。人に用事をさせる。
遣《つか》う あやつる。(別)使う
番《つが》う 対になる。交尾する。
支《つか》える 進めなくなる。とどこおる。
痞《つか》える 胸がふさがったような感じになる。
仕《つか》える 目上の人のそばで働く。仕官する。
番《つが》える 弓の弦に矢をあてる。
司《つかさど》る 職務を担当する。管理する。
尽《つ》かす すっかりなくす。「あいそを―」
束《つか》ねる 一つにくくる。たばねる。統率する。
束《つか》の間《ま》 ほんのちょっとの時間。
仕《つかまつ》る 「する」の謙譲語。
捕《つか》まる とらえられる。
摑《つか》まる 手でにぎる。ひきとめられる。
摑《つか》む 手にしっかり持つ。自分のものとする。

浸《つ》かる ひたる。ある状態に入りきる。
漬《つ》かる 漬物がいい味になる。
疲《つか》れる くたびれる。そこなわれて弱る。
憑《つ》かれる 霊などに乗り移られる。
遣《つか》わす 使者として派遣する。
月《つき》 地球の衛星。一年の一二分の一。
付《つ》き 運。火のつきぐあい。
尽《つ》き おわり。はて。「運の―」
坏《つき》 飲食物を盛る古代の土器。
次《つぎ》 すぐあとに続くもの。
継《つ》ぎ 衣服などを繕うこと。その布。
付《つ》き合《あ》う したしく交際する。
月影《つきかげ》 月の光。月の光で映る物の影。
接《つ》ぎ木《き》 枝や芽を他の木に接ぐ。(春)
月極《つきぎ》め 一か月を単位とする契約。

月《つき》毛《げ》　葦毛でやや赤味をおびた馬の毛色。
月白《つきしろ》　月の出の頃、空が白む。秋 別月代
付《つ》き添《そ》い　そばで世話をする人。
突《つ》き出《だ》し　本料理の前に出す軽い料理。
次次《つぎつぎ》　後から後から続くさま。
継《つ》ぎ手《て》　材と材との接合部。継ぎ目。
月並《つきなみ》　毎月行うこと。平凡。別月次
月輪熊《つきのわぐま》　クマの一種。くろくま。
月日《つきひ》　時間の経過。時日。歳月。
付《つ》き人《びと》　つけびと。
接《つ》ぎ穂《ほ》　台木に接ぐ若芽や枝。春
付《つ》き纏《まと》う　そばについて離れない。
月見《つきみ》　月を眺め観賞すること。秋
月見草《つきみそう》　アカバナ科の越年草。夏
憑《つ》き物《もの》　人に乗り移った物の霊。

築山《つきやま》　日本庭園などに築いた小山。
尽《つ》きる　終わる。極限に至る。
吐《つ》く　口から出す。言い放つ。
点《つ》く　火が燃え出す。あかりがともる。
憑《つ》く　霊がのりうつる。
付《つ》く　離れなくなる。あとが残る。組する。
就《つ》く　従事する。ある職に身を置く。
即《つ》く　即位する。
着《つ》く　到着する。達する。すわる。
突《つ》く　物の先端で強く押す。相手を攻める。
撞《つ》く　鐘などを打つ。別突く
搗《つ》く　穀物をきねで打つ。別舂く
漬《つ》く　漬物がつかる。
接《つ》ぐ　つなぎ合わせる。
継《つ》ぐ　衣類の破れをつくろう。継承する。

次《つ》ぐ　あとに続く。次に位する。
注《つ》ぐ　液体をそそぎ入れる。
机《つくえ》　読んだり書いたりするための台。
土筆《つくし》　スギナの胞子茎。食用。春
尽《つ》くす　使い切る。他のために力を出す。
佃煮《つくだに》　魚介類や海藻を味濃く煮しめたもの。
熟《つくづく》　ほとほと。じっと。じっくり。
償《つぐな》う　罪や与えた損害の埋め合わせをする。
捏《つく》ね薯《いも》　ナガイモの一品種。秋
捏《つく》ねる　手でこねて丸くする。
蹲《つくばい》　茶室の庭などにある石の手水鉢。
蹲《つくば》う　しゃがむ。うずくまる。
衝羽根《つくばね》　羽子板遊びのはね。新
鶫《つぐみ》　冬鳥として渡来する小鳥。秋
噤《つぐ》む　口を閉じる。

九十九髪《つくもがみ》　老女の白髪。
作《つく》り　作ること。化粧。刺し身。
旁《つくり》　漢字の右側の構成部分。⇔偏《へん》
作《つく》る　こしらえる。栽培・耕作する。
造《つく》る　大きなものをこしらえる。醸造する。
繕《つくろ》う　直す。外見・うわべを整える。
黄楊《つげ》　ツゲ科の常緑小高木。別柘植
告《つ》げ口《ぐち》　人の秘密などを他人に告げる。
付《つ》け届《とど》け　謝礼や義理で贈る贈り物。
付《つ》け人《びと》　付き添って世話をする人。
付《つ》け文《ぶみ》　恋文を送ること。その恋文。
付《つ》け目《め》　つけこむべき相手の弱み。
漬物《つけもの》　塩や糠味噌に漬けた野菜。
浸《つ》ける　液体にひたす。
漬《つ》ける　漬物にする。

告《つ》げる　知らせる。伝える。
都合《つごう》　事情。便宜。やりくり。合計で。
晦《つごもり》　月の最後の日。みそか。「大―」
辻《つじ》　十字路。街頭。ちまた。
辻占《つじうら》　吉凶を占う文句を書いた紙片。
辻斬《つじぎ》り　行きずりの人を斬ったこと。
辻説法《つじせっぽう》　大道で仏法を説くこと。
辻褄《つじつま》　物事の筋道。
対馬《つしま》　旧国名。対馬全島。対州。
蔦《つた》　ブドウ科のつる性落葉植物。秋
伝《つた》う　あるものに沿っていく。
伝《つた》える　言葉を取り次ぐ。後世に受け渡す。
蔦葛《つたかずら》　つるくさの総称。秋
拙《つたな》い　へたである。運が悪い。
槌《つち》　物を打ちたたく道具。別鎚

土弄《つちいじ》り　慰みにする園芸。
培《つちか》う　養い育てる。草木を育てる。
土塊《つちくれ》　土のかたまり。
戊《つちのえ》　十干の第五。
己《つちのと》　十干の第六。
土踏《つちふ》まず　足の裏のくぼんだ所。
霾《つちふ》る　黄砂が降る。春 別土降る
土埃《つちぼこり》　風に飛び散る細かい土。
筒《つつ》　円柱形で中空のもの。銃身。
津《つ》津《つ》浦浦《うらうら》　全国いたるところ。
恙無《つつがな》い　異状がない。無事である。
続《つづ》き　続くこと。続いていること。
続《つづ》き柄《がら》　親族・血族の関係。ぞくがら。
筒《つつ》切《ぎ》り　輪切り。
突《つつ》く　軽く突く。とがめる。食べる。

つ

続《つづ》く 連なる。あとに従う。次々起きる。
突慳貪《つっけんどん》 冷たくとげとげしい。
躑躅《つつじ》 ツツジ科の低木の総称。[春]
慎《つつし》む 言動に気をつける。ひかえめにする。
謹《つつし》む かしこまる。
筒袖《つつそで》 たもとのない筒形の袖。その着物。
筒鳥《つつどり》 カッコウ目の鳥。ポンポン鳥。[夏]
筒抜《つつぬ》け すぐ他に漏れ伝わること。
包《つつ》み 包むこと。包んだもの。
堤《つつみ》 土手。堤防。
鼓《つづみ》 木製の胴の両端に革を張った打楽器。
包《つつ》む 外からおおってこめ入れる。
約《つづ》める 短くする。要約する。
美人局《つつもたせ》 情婦に男を誘惑させゆする。
葛籠《つづら》 植物のつるで編んだ衣類入れのかご。

葛折《つづらお》り 折れ曲がった山道。(別)九十九折
綴《つづ》る つなぎあわせる。詩文をつくる。
伝《つて》 ことづて。てづる。縁故。
苞《つと》 わらづと。みやげ。「家—」
都《つ》度《ど》 そのたびごとに。
集《つど》う 人々が寄り集まる。
夙《つと》に 朝早く。早くから。幼時に。
務《つと》め つとめるべき役目。任務。義務。
勤《つと》め 勤務。仕事。毎日の読経《どきよう》。
努《つと》める 努力する。「実現に—」
務《つと》める 役目にあたる。「議長を—」
勤《つと》める 雇われて働く。勤務する。
綱《つな》 太く丈夫なひも。頼りとするもの。
繋《つな》ぐ 一つに結ぶ。離れないようにする。
津《つ》波《なみ》 急に陸地に押しよせる高波。

常《つね》 変わらないこと。いつも同じ。
抓《つね》る 指先で肌をつまんでひねる。
角《つの》 動物の頭部にある硬い突起物。
角隠《つのかく》し 和装の花嫁が頭にかぶる白い物。
角笛《つのぶえ》 けものの角で作った笛。ホルン。
募《つの》る ますます激しくなる。募集する。
唾《つば》 唾液《だえき》。つばき。
鍔《つば》 刀身の柄にある平たい鉄板。(別)鐔
唾《つばき》 唾液《だえき》腺から分泌される消化液。
椿《つばき》 ツバキ科の常緑樹。[春]
燕《つばくろ》 ツバメ。つばくらめ。[春]
翼《つばさ》 鳥類のはね。飛行機のはね。
鍔迫《つばぜ》り合《あ》い 互角の激しい争い。
茅《つ》花《ばな》 チガヤの花穂。[春]
燕《つばめ》 春に渡来する渡り鳥。[春]

粒《つぶ》 まるくて小さいもの。「—が揃う」
螺《つぶ》 丸く膨らんだ巻貝の称。食用。
具《つぶさ》に 詳細に。もれなく。完全に。
潰《つぶ》す 形をくずす。こわす。だめにする。
粒揃《つぶぞろ》い みんな優れていること。
礫《つぶて》 投げつける小石。(別)飛礫
呟《つぶや》く 小声でひとりごとを言う。
粒選《つぶよ》り 選び出された優れたもの。
円《つぶ》ら まるいさま。「—なひとみ」
瞑《つぶ》る 目をとじる。つむる。
坪《つぼ》 土地面積の単位。
壺《つぼ》 口がすぼまり胴が膨らんだ容器。
坪庭《つぼにわ》 建物に囲まれた内庭。
局《つぼね》 宮中の女官の部屋。女官。
蕾《つぼみ》 花がまだ開く前のもの。(別)莟

窄《つぼ》む 狭く小さくなる。花が閉じる。
蕾《つぼ》む つぼみができる。
壺焼《つぼや》き サザエを殻ごと焼いた料理。[春]
妻《つま》 配偶者の一方としての女性。
具《つま》 刺し身などに添える海藻や野菜。
褄《つま》 着物の裾の左右のすみの部分。
爪繰《つまぐ》る 指先で繰る。
妻恋《つまごい》 つまを恋いしたうこと。
爪先《つまさき》 足の指の先。足先。
倹《つま》しい ぜいたくをしない。質素である。
躓《つまず》く けつまずく。途中で失敗する。
爪弾《つまはじ》き 人を嫌ってのけ者にすること。
爪弾《つまび》く 楽器の弦を指先ではじき鳴らす。
詳《つまび》らか 事こまかなさま。(別)審らか
摘《つま》む 指先で挟みもつ。(別)撮む

爪楊枝《つまようじ》 小さい楊枝。こようじ。
詰《つ》まり 結局。要するに。
罪《つみ》 犯罪。刑罰。思いやりがない。
罪科《つみとが》 つみとが。罪過。
罪滅《つみほろ》ぼし 犯した罪をつぐなうこと。
錘《つむ》 糸をつむぎ巻き取る道具。(別)紡錘
詰《つ》む すき間がなくなる。王将がとられる。
摘《つ》む つまんでとる。先を刈り取る。
積《つ》む 上へ重ねて置く。反復する。
紬《つむぎ》 紬糸で織った絹織物。
紡《つむ》ぐ 繊維を引き出し、よって糸にする。
旋毛《つむじ》 髪の毛が渦のように巻いている所。
旋風《つむじかぜ》 渦を巻いて吹く強い風。せんぷう。
旋毛曲《つむじま》がり へそまがり。
頭《つむり》 あたま。かしら。おつむ。

つ

瞑《つむ》る 目を閉じる。つぶる。
爪《つめ》痕《あと》 爪でかいた傷あと。被害のあと。
詰《つめ》襟《えり》 軍服や学生服の立ち襟。
冷《つめ》たい 温度が低く感じる。冷淡だ。
詰《っ》め腹《ばら》 強制されてする切腹や辞任。
詰《っ》める いっぱいに入れる。待機する。縮める。
積《っ》もり 意図。そうしたい気持ち。[別]心算
積《っ》もる 上へ上へと積み重なる。
艶《つや》 光沢。面白み。色めいたこと。
通《っ》夜《や》 遺体とともに終夜過ごすこと。
艶《つや》消《け》し 光沢を消すこと。色気がないこと。
艶《つや》事《ごと》 濡れ事。
汁《つゆ》 水け。吸い物。つけ汁。
梅《っ》雨《ゆ》 真夏の前の長雨。ばいう。[夏]
露《つゆ》 水蒸気が冷えてできた水滴。[秋]

露《つゆ》草《くさ》 ツユクサ科の一年草。蛍草。[秋]
梅《っ》雨《ゆ》寒《ざむ》 梅雨期に訪れる寒さ。[夏]
露《つゆ》払《はら》い 行列や貴人の先導をすること。
強《つよ》い 力が優れている。丈夫だ。
強《つよ》気《き》 気が強いこと。積極的なこと。
面《つら》 顔。顔つき。表面。
面《つら》当《あ》て あてつけ。あてこすり。
辛《つら》い 非常に苦痛だ。薄情だ。
面《つら》構《がま》え 顔つき。「不敵な―」
面《つら》魂《だましい》 性格や精神が現れている顔つき。
熟《つら》熟《つら》 つくづく。よくよく。「―考えるに」
連《つら》なる ならび続く。列席する。加わる。
面《つら》憎《にく》い 顔を見るだけでも憎らしい。
貫《つらぬ》く 突きとおす。終わりまでやり通す。
面《つら》汚《よご》し 仲間や身内の名誉を傷つける。

氷《つら》柱《ら》 棒状に垂れ下がった凍った水滴。[冬]
釣《っ》り 魚を釣ること。「釣り銭」の略。
釣《っ》り鐘《がね》 寺院の大きな鐘。つきがね。
吊《っ》り革《かわ》 乗客がつかまる吊り下げた輪。
釣《つり》忍《しのぶ》 涼を呼ぶため軒に吊すシノブ。[夏]
吊《っ》り橋《ばし》 架け渡した綱で吊った橋。
釣《つり》堀《ぼり》 料金を取って釣りをさせる池。
弦《つる》 弓に張る糸。弦楽器に張る糸。
鉉《つる》 なべなどの取っ手。
蔓《つる》 つる性植物の長くからむ茎。
鶴《つる》 ツル目の大形の鳥の総称。[冬]
吊《っ》る 物にかけて下げる。高くかけ渡す。
攣《っ》る 筋肉がひきつって痛む。
釣《っ》る 釣り針で魚をとる。巧みに人を誘う。
鶴《つる》亀《かめ》 鶴と亀。長寿でめでたいもの。

剣《つるぎ》 諸刃《もろは》の刀。刀剣の総称。
蔓《つる》草《くさ》 茎が長くからみ伸びる草。
吊《つる》し柿《がき》 皮をむいて干した渋柿。[秋]
鶴《つる》嘴《はし》 土を掘り起こす鉄製の道具。
橡《つるばみ》 どんぐり。濃いねずみ色。
釣《つる》瓶《べ》 井戸水をくみ上げるのに使う桶。
交《っ》尾《る》む （けものが）交尾する。
連《っ》れ 同伴者。なかま。
連《っ》れ合《あ》い 配偶者。連れ添う相手。
徒《つれ》然《づれ》 することがなくて、たいくつなこと。
連《っ》れる したがえる。相手に合わせてうごく。
石《つわ》蕗《ぶき》 キク科の多年草。葉柄は食用。
兵《つわもの》 武士。もののふ。勇士。猛者《もさ》。
悪《つわ》阻《り》 妊娠初期にある吐き気などの症状。
劈《つんざ》く 激しくつき破る。「耳を―砲声」

て

出《で》会《あ》い 出あうこと。めぐりあい。
手《て》垢《あか》 手がふれてついたよごれ。
出《で》足《あし》 物事の始まりの状態。人出の程度。
手《て》厚《あつ》い 扱いに心がこもっている。
手《て》当《あ》て 用意。準備。けがや病気の処置。
手《て》当《あて》 基本給以外に支給する賃金。
手《て》荒《あら》 扱い方が乱暴である。
手《て》洗《あら》い 手を洗うこと。便所。トイレ。
丁《てい》 十干の第四。ひのと。
体《てい》 様子。ありさま。ていさい。
提《てい》案《あん》 議案・考えを提出すること。
帝《てい》位《い》 帝王のくらい。
定《てい》員《いん》 前もって定められている人数。

庭《てい》園《えん》 樹木などが立派に整えられた庭。
帝《てい》王《おう》 君主国の元首。皇帝。支配者。
低《てい》音《おん》 低い声・音程。⇔高音
低《てい》温《おん》 温度が低いこと。⇔高温
定《てい》温《おん》 一定の温度。「―動物」
低《てい》下《か》 低くなること。程度が悪くなること。
定《てい》価《か》 商品につけられた決まった値段。
低《てい》回《かい》 考えながら行き来すること。
低《てい》額《がく》 少ない金額。⇔高額
定《てい》額《がく》 一定の金額。決まった金額。
停《てい》学《がく》 学生・生徒の登校をさしとめること。
定《てい》款《かん》 会社などの組織の基本的な規則。
諦《てい》観《かん》 事の本質を見極める。あきらめる。
定《てい》期《き》 決まっている期間・期限。
提《てい》起《き》 問題としてさし出すこと。

定義《ていぎ》 物事の意味・内容を明確に言い表す。
提議《ていぎ》 議案を出すこと。
低気《ていき》**圧**《あつ》 周囲より気圧の低いところ。
低級《ていきゅう》 程度・等級が低いこと。⇔高級
定休《ていきゅう》 決まっている休みの日。「—日」
庭球《ていきゅう》 テニス。
涕泣《ていきゅう》 涙を流して泣くこと。
提供《ていきょう》 他の利用に自分のものを差し出す。
庭訓《ていきん》 家庭教育。にわのおしえ。
提琴《ていきん》 バイオリン。
低吟《ていぎん》 低く吟ずること。
低空《ていくう》 地面に近い空。⇔高空
定形《ていけい》 決った形。「—郵便物」
定型《ていけい》 決まったかた。「—詩」
梯形《ていけい》 台形の旧称。

提携《ていけい》 協力して事業などをすること。
貞潔《ていけつ》 みさおが堅いこと。
締結《ていけつ》 条約・協定などを結ぶこと。
低血《ていけつ》**圧**《あつ》 血圧が正常値より低い状態。
定見《ていけん》 しっかりした一定の意見。
低減《ていげん》 減ること。値段が安くなること。
逓減《ていげん》 しだいに数量が減ること。⇔逓増
提言《ていげん》 考えや意見を出すこと。
艇庫《ていこ》 ボートをしまっておく倉庫。
梯梧《でいご》 マメ科の落葉高木。沖縄の県花。
抵抗《ていこう》 逆らい手向かう。反発心。電気抵抗。
定刻《ていこく》 定められた時刻。
帝国《ていこく》 皇帝が統治する国。
体裁《ていさい》 外観。形・様子。飾った言葉。
偵察《ていさつ》 敵の動静をひそかに探ること。

停止《ていし》 動いていたものがとまること。
定時《ていじ》 一定の時刻。定刻。
呈示《ていじ》 さし出して見せること。
提示《ていじ》 特にとりあげて示すこと。
綴字《ていじ》 つづり字。てつじ。
定式《ていしき》 きまったやり方や方式。
低姿《ていし》**勢**《せい》 控え目な態度。⇔高姿勢
定時《ていじ》**制**《せい》 夜間などに授業をする課程。
低湿《ていしつ》 土地が低く、湿気の多いさま。
停車《ていしゃ》 車をとめること。
亭主《ていしゅ》 家や店の主人。夫。茶事の主人。
定収《ていしゅう》 きまった収入。
定住《ていじゅう》 一定の場所に住居を定めて住むこと。
貞淑《ていしゅく》 女性が従順でしとやかなさま。
提出《ていしゅつ》 書類などを差し出すこと。(別)呈出

貞女《ていじょ》 みさおの堅い女性。
低唱《ていしょう》 低い声で歌うこと。
提唱《ていしょう》 意見を説いて人々に呼びかけること。
呈上《ていじょう》 目上の人に物を差し上げること。
定食《ていしょく》 飲食店で、きまった献立の食事。
定植《ていしょく》 苗を畑などに本式に移し植えること。
定職《ていしょく》 臨時ではない、きまった職業。
抵触《ていしょく》 規則や法律に触れること。(別)牴触
停職《ていしょく》 ある期間職につかせない処分。
廷臣《ていしん》 朝廷に仕えている臣下。
挺身《ていしん》 進んで困難なことにあたること。
逓信《ていしん》 電信などを順次送り伝えること。
艇身《ていしん》 ボート一そう分の全長。
泥酔《でいすい》 正体を失うほど酔うこと。
定数《ていすう》 定められた数。一定の値をとる数。

呈《てい》**する** 差し出す。差し上げる。表す。
挺《てい》**する** 進んでさし出す。「身を—」
帝政《ていせい》 皇帝が行う政治。
訂正《ていせい》 まちがっているところを正すこと。
定説《ていせつ》 一般に正しいと認められている説。
貞節《ていせつ》 女性のみさおがかたいこと。
汀線《ていせん》 海岸線。
停船《ていせん》 船をとめること。
停戦《ていせん》 戦闘を一時中止すること。
定礎《ていそ》 着工に先立って基礎の石を置くこと。
提訴《ていそ》 訴訟を起こすこと。
貞操《ていそう》 性に関して純潔を守ること。
逓送《ていそう》 荷物などを順に送ること。
逓増《ていぞう》 しだいに増すこと。⇔逓減
低速《ていそく》 遅い速度。⇔高速

低俗《ていぞく》 低級で下品なこと。
定足数《ていそくすう》 議決に必要な最小限の人数。
停滞《ていたい》 とどまって先に進まないこと。
手痛《ていた》**い** 受けた打撃の程度がひどい。
帝大《ていだい》 「帝国大学」の略。
邸宅《ていたく》 立派な作りの家。
体《てい》**たらく** 情けないありさま。(別)為体
鼎談《ていだん》 三人で行う座談。
泥炭《でいたん》 どろ状の石炭。
低地《ていち》 周囲より低い土地。⇔高地
定置《ていち》 一定の場所に置くこと。「—網」
定着《ていちゃく》 しっかりと定まって動かないこと。
丁重《ていちょう》 丁寧で礼儀正しいこと。(別)鄭重
低調《ていちょう》 水準が低いこと。調子が出ないこと。
蹄鉄《ていてつ》 馬のひづめに付ける鉄具。

定点《ていてん》　定まった位置の点。「—観測」
停電《ていでん》　電気が一時つかなくなること。
帝都《ていと》　帝国の首都。
程度《ていど》　物事の度合。適当な度合。限度。
泥土《でいど》　水にとけた軟らかい土。どろ。
低頭《ていとう》　頭を下げること。「平身—」
抵当《ていとう》　担保。
提督《ていとく》　艦隊の司令官となる軍人。
停頓《ていとん》　物事が行き詰まって進まないこと。
丁寧《ていねい》　注意が行き届く。礼儀正しい。
泥濘《でいねい》　ぬかるみ。
定年《ていねん》　退官・退職する一定の年齢。(別)停年
諦念《ていねん》　あきらめの気持ち。
低能《ていのう》　知能が普通より劣っていること。
停泊《ていはく》　船がいかりをおろしてとまること。

剃髪《ていはつ》　頭髪をそり落とし仏門に入ること。
定番《ていばん》　流行に関係なく一定して売れる商品。
定評《ていひょう》　多くの人が認めている評判・評価。
底辺《ていへん》　三角形の頂点に対する辺。
堤防《ていぼう》　川岸や海岸に築いた堤。土手。
低木《ていぼく》　たけの低い樹木。灌木《かんぼく》。⇔高木
定本《ていほん》　校訂がなされて標準となる本。
底本《ていほん》　校訂や翻訳の元にした本。そこぼん。
低迷《ていめい》　雲がたれこめる。低水準が続く。
底面《ていめん》　立体の底の面。
締約《ていやく》　契約・条約などを結ぶこと。
提要《ていよう》　要点をあげて示すこと。その書物。
体良く《ていよく》　表面をうまくとりつくろうさま。
低落《ていらく》　低くなること。値段が下がること。
低利《ていり》　安い金利。⇔高利

て

廷吏《ていり》　法廷で裁判事務を取り扱う職員。
定理《ていり》　公理に基づき証明された命題。
鼎立《ていりつ》　三者が並び立つこと。
底流《ていりゅう》　底近くの流れ。表面に現れない動き。
停留《ていりゅう》　とまること。とどまること。「—所」
定量《ていりょう》　一定の分量。「—分析」
涕涙《ているい》　なみだを流すこと。
定例《ていれい》　定期的に行われること。
低劣《ていれつ》　質や品が劣っていること。
低廉《ていれん》　値段の安いさま。
手薄《てうす》　人手・金・物が少ないこと。
手《て》**打**《う》**ち**　そば・うどんを手でつくること。
手《て》**討**《う》**ち**　武士が家来などを斬ること。
手《て》**負**《お》**い**　傷を受けること。
手《て》**遅**《おく》**れ**　手当てや処置が遅れること。

手《て》**落**《お》**ち**　手続きなどに欠陥があること。
手鏡《てかがみ》　手に持って用いる柄のついた鏡。
手鑑《てかがみ》　手本。模範。
手《て》**掛**《が》**かり**　いとぐち。きっかけ。
手鉤《てかぎ》　柄のついた鉤。小形のとび口。
手加減《てかげん》　相手に合わせた取り扱い。
手数《てかず》　手間。てすう。
出《で》**来**《か》**す**　しでかす。うまくやる。
手枷《てかせ》　手にはめて自由を奪う刑具。
出《で》**稼**《かせ》**ぎ**　一時他の土地で働くこと。
手形《てがた》　一定金額を支払う約束の有価証券。
出方《でかた》　とる方法や態度。
手《て》**堅**《がた》**い**　堅実であぶなげがない。
手刀《てがたな》　手の指を揃えて刀のように使うこと。
手紙《てがみ》　用件を記して送る文書。書簡。

手柄《てがら》　立派な働き。
手絡《てがら》　日本髪のまげの根元に巻く飾りの布。
出《で》**涸**《が》**らし**　味や香りが薄くなった茶。
手軽《てがる》　手数のかからないさま。
敵《てき》　争う相手。かたき。あだ。
出《で》**来**《き》**合**《あ》**い**　既製のもの。
溺愛《できあい》　むやみにかわいがること。
出《で》**来**《き》**秋**《あき》　(秋)稲の実る秋。
敵意《てきい》　相手を敵と感じる気持ち。
適応《てきおう》　状況に合うように変わること。
適温《てきおん》　ほどよい温度。
敵愾心《てきがいしん》　敵を倒そうとする闘争心。
適格《てきかく》　資格にあてはまること。てっかく。
的確《てきかく》　確実に要点をとらえているさま。
適宜《てきぎ》　ちょうどほどよいさま。随意に。

適合《てきごう》　条件にあてはまること。
出来心《できごころ》　ふと起こった悪い考え。
出来事《できごと》　ふと起こった事件や事柄。
適材適所《てきざいてきしょ》　その者の能力・性質に適した地位や役職につけること。
敵視《てきし》　相手を敵とみなすこと。
適時《てきじ》　適当な時。適切な時。
溺死《できし》　水におぼれて死ぬこと。水死。
適者生存《てきしゃせいぞん》　その環境に最も適した生物だけが生き残り他は滅びるという考え。
敵襲《てきしゅう》　敵の襲撃。
剔出《てきしゅつ》　えぐり出すこと。あばき出すこと。
摘出《てきしゅつ》　手術で病巣を取り除く。取り出す。
適所《てきしょ》　その人に適した地位や仕事。
敵情《てきじょう》　敵のようす。

敵《てき》陣《じん》 敵の陣営・陣地。
手《て》傷《きず》 戦いで受けた傷。
適《てき》正《せい》 適当で正しいこと。
適《てき》性《せい》 ある仕事に適している素質。
敵《てき》勢《ぜい》 敵の軍勢。
適《てき》切《せつ》 ふさわしいこと。「—な処置」
敵《てき》前《ぜん》 敵陣のすぐ前。「—上陸」
敵《てき》対《たい》 敵としてはむかうこと。「—行為」
出《で》来《き》高《だか》 できた量。収穫量。
適《てき》地《ち》 ある用途に適した土地。
敵《てき》地《ち》 敵国の土地。敵の占領地。
的《てき》中《ちゅう》 まとに当たること。予想が当たること。
適《てき》度《ど》 適当な程度。ほどよいこと。
適《てき》当《とう》 ふさわしいこと。いいかげん。
適《てき》任《にん》 その任務にふさわしいこと。

出《で》来《き》栄《ば》え でき上がりのようす。
摘《てき》発《はつ》 悪事を見つけてあばくこと。
適《てき》否《ひ》 適するか適さないか。適不適。
手《て》厳《きび》しい 非常に厳しい。
適《てき》法《ほう》 法にかなうこと。⇔違法
覿《てき》面《めん》 効果や報いがすぐに現れること。
出《で》来《き》物《もの》 はれもの。吹き出物。
的《てき》屋《や》 縁日などに屋台を出して物を売る者。
適《てき》役《やく》 その人に適した役。
摘《てき》要《よう》 要点をかいつまんで書いたもの。
適《てき》用《よう》 あてはめて用いること。
適《てき》量《りょう》 適当な量。
手《て》切《ぎ》れ 関係を絶つこと。「—金」
適《てき》例《れい》 うまくあてはまる例。適切な例。
適《てき》齢《れい》 そのことにふさわしい年齢。

摘《てき》録《ろく》 要点をぬき出して記すこと。
手《て》際《ぎわ》 物事の処理のし方。
手《て》金《きん》 手付金。
木《で》偶《く》 木彫りの人形。操り人形。
天《て》蚕《ぐ》糸《す》 蚕から作る白色透明の糸。
手《て》薬《ぐす》煉《ね》 準備。「—ひく」
手《て》癖《くせ》 無意識な手の動き。「—が悪い」
手《て》管《くだ》 人をだます手ぎわ。「手練—」
手《て》口《ぐち》 犯罪のやり方。
手《て》配《くば》り 手分けして準備すること。
手《て》暗《くら》がり 手もとが暗くなること。
手《て》車《ぐるま》 手で押して動かす小さな車。
出《で》会《くわ》す ばったり出会う。(別)出交す。
梃《てこ》 小さい力で重い物を動かす棒。
梃《てこ》入《い》れ 外部から支援して補強すること。

手《て》心《ごころ》 手加減。「—を加える」
手《て》古《こ》摺《ず》る もてあます。
手《て》応《ごた》え 手に受ける感じ。反応。
手《て》駒《ごま》 将棋で、持ち駒。指揮に従う部下。
手《て》古《こ》舞《まい》 祭礼の時の男装の女性の舞。
手《て》込《ご》め 女性を暴力で犯すこと。
手《て》頃《ごろ》 自分の力にふさわしいこと。
手《て》強《ごわ》い 強くて油断ができない。
出《で》盛《さか》る 人が多く出る。
出《で》先《さき》 外出している先。
手《て》探《さぐ》り 手先の感じで探ること。
手《て》提《さ》げ 手にさげて持つ袋・かばんなど。
手《て》捌《さば》き 物を扱う際の手のさばき方。
手《て》触《ざわ》り 手に触れた感じ。
弟《で》子《し》 師について教えを受ける人。

手《て》塩《しお》 食膳に小皿に盛って出した塩。
手《て》下《した》 人の手先となって働く人。部下。
手《て》品《じな》 奇術。マジック。
手《て》仕《じ》舞《ま》い 清算・信用取引の決済。
手《て》締《じ》め 祝って一同がそろって手を打つ。
手《て》酌《じゃく》 自分で酒の酌をして飲むこと。
手《て》順《じゅん》 物事をする順序。段取り。手つづき。
手《て》錠《じょう》 手首にはめて自由を奪う錠。
手《て》燭《しょく》 柄をつけた手で持ち運べる燭台。
手《て》職《しょく》 手先を働かせる職業。てじょく。
手《て》数《すう》 手間。てかず。
手《て》透《す》き 手があいていること。ひま。
手《て》漉《す》き 紙を手ですくこと。
出《で》好《ず》き 外出が好きなこと。
手《て》遊《すさ》び あそび半分にすること。

手《て》筋《すじ》 技芸などの素質。有効な着手。
手《て》摺《す》り 橋・階段などに渡した横棒。
手《て》製《せい》 自分で作ること。手づくり。
手《て》勢《ぜい》 手下の兵士。
手《て》狭《ぜま》 場所が狭いさま。
手《て》相《そう》 人の運勢を表すてのひらの筋の様子。
出《で》初《ぞ》め式《しき》 消防の仕事初めの儀式。
出《で》揃《そろ》う すべて出てくる。
手《て》代《だい》 商店の番頭と丁稚との間の身分。
手《て》出《だ》し 手を出すこと。世話をやく。
手《て》助《だす》け 手伝うこと。
手《て》立《だ》て しかた。方法。
手《て》玉《だま》 お手玉。「—に取る」
出《で》鱈《たら》目《め》 いいかげんなこと。
手《て》練《だ》れ 技術がすぐれていること。

手《て》近《ぢか》 近くにあること。身ぢかなこと。
手《て》違《ちが》い 手順の間違い。
手《て》帳《ちょう》 心覚えを書く小形の帳面。(別)手帖
鉄《てつ》 代表的金属元素の一。記号 Fe
轍《てつ》 車輪の跡。「前車の—を踏む」
鉄《てっ》火《か》 焼いた鉄。生のマグロ。勇み肌。
撤《てっ》回《かい》 出した意見などを取り下げること。
哲《てつ》学《がく》 根本的真理を探求する学問。
鉄《てっ》火《か》場《ば》 ばくち場。賭場《とば》。
手《て》付《つ》き 手の動かし方。手さばき。
鉄《てっ》器《き》 鉄製の器具・道具。
摘《てっ》記《き》 重要な点を抜き書きすること。
撤《てっ》去《きょ》 建物などを取り去ること。
鉄《てっ》橋《きょう》 鉄を使った橋。
鉄《てっ》琴《きん》 並べた金属の板をばちで打つ楽器。

鉄《てっ》筋《きん》 コンクリートを補強する鋼の心材。
手《て》作《づく》り 自分の手で作ること。手製。
手《て》付《つ》け 契約の保証として渡す金。
剔《てっ》抉《けつ》 あばき出すこと。
鉄《てっ》血《けつ》 武器と兵士。「—宰相」
鉄《てっ》拳《けん》 にぎりこぶし。げんこつ。「—制裁」
手《てっ》甲《こう》 手の甲を覆う布や革。「—脚絆」
鉄《てっ》鉱《こう》 鉄分を含む鉱石。
鉄《てっ》鋼《こう》 銑鉄・鋼鉄などの鉄材のこと。
敵《てっ》国《こく》 戦争の相手国。てきこく。
鉄《てっ》骨《こつ》 構築物の骨組みに使う鉄材。
鉄《てつ》材《ざい》 建築材料などとする鉄。
鉄《てっ》索《さく》 針金をより合わせた綱。鋼索。
撤《てっ》収《しゅう》 取り去ってしまい込むこと。撤退。
徹《てっ》宵《しょう》 夜どおし。徹夜。

鉄《てつ》条《じょう》網《もう》 有刺鉄線を張り巡らした柵。
哲《てつ》人《じん》 識見に富み優れた思想をもつ人。
鉄《てつ》人《じん》 丈夫な肉体をもった人。
徹《てっ》する しみ通る。徹底する。貫ぬく。
撤《てっ》する 取り払う。
鉄《てっ》石《せき》 堅固でしっかりしたもののたとえ。
鉄《てっ》扇《せん》 鉄の骨の扇子。
鉄《てっ》線《せん》 キンポウゲ科のつる性多年草。
鉄《てっ》則《そく》 動かしがたい規則。
撤《てっ》退《たい》 陣地などを取り払って退去すること。
手《て》伝《つだ》う 人を助けて一緒に仕事をする。
丁《でっ》稚《ち》 商家などで下働きする少年。
捏《でっ》ち上《あ》げる うそを作り上げる。
鉄《てっ》槌《つい》 大きなかなづち。「—をくだす」
手《て》続《つづ》き ある事に必要な一連の手順。

徹《てっ》底《てい》 十分行きわたる。あくまで押し通す。
鉄《てっ》塔《とう》 鉄で作った塔。
鉄《てつ》道《どう》 レール上に列車を走らせる交通機関。
徹《てっ》頭《とう》徹《てつ》尾《び》 あくまで貫く。
撤《てっ》廃《ぱい》 制度などをとりやめること。
鉄《てつ》瓶《びん》 鉄製の湯わかし。
轍《てっ》鮒《ぷ》 危険の差し迫ったたとえ。「—の急」
鉄《てつ》分《ぶん》 鉄の成分。かなけ。
撤《てっ》兵《ぺい》 軍隊を引き揚げること。⇔出兵
鉄《てっ》壁《ぺき》 非常に堅固な防備。
天《てっ》辺《ぺん》 最も高いところ。頂上。
鉄《てつ》棒《ぼう》 鉄製の棒。体操用具の一。
鉄《てっ》砲《ぽう》 小型の銃。小銃。
鉄《てっ》砲《ぽう》水《みず》 突然押し寄せる濁流。
手《て》妻《づま》 手先の仕事。手品。

手《て》詰《づ》まり 金銭的に行き詰まる。
鉄《てつ》面《めん》皮《ぴ》 厚かましいこと。
徹《てつ》夜《や》 寝ないで一夜を過ごすこと。
哲《てつ》理《り》 哲学上の道理。
手《て》蔓《づる》 縁故。つて。てがかり。
鉄《てつ》路《ろ》 鉄道線路。鉄道。
鉄《てつ》腕《わん》 鉄のように強い腕。
手《て》取《ど》り 実際の受取金。
手《て》慰《なぐさ》み 退屈しのぎにすること。ばくち。
手《て》懐《なず》ける なつかせて味方にする。
手《て》鍋《なべ》 つるの付いた鍋。「—さげても」
手《て》並《な》み うでまえ。技量。「お—拝見」
手《て》習《なら》い 特に、習字。けいこごと。
手《て》荷《に》物《もつ》 手で持ち運ぶ荷物。
手《て》抜《ぬ》かり 不注意によるミス。

手《て》抜《ぬ》き 必要な手数を省くこと。
手《て》拭《ぬぐ》い 手や体をふく小さな木綿布。
手《て》緩《ぬる》い やり方に厳しさがない。
手《て》の内《うち》 力の及ぶ範囲。心中の考え。
掌《てのひら》 手首の内側の部分。たなごころ。
手《て》羽《ば》 鶏の、羽のつけ根の部分の肉。
出《で》刃《ば》 刃が厚く広い包丁。出刃包丁。
手《て》配《はい》 手配り。犯人逮捕のための指令。
出《で》歯《ば》亀《かめ》 のぞき見の常習者。
手《て》箱《ばこ》 身の回りの品を入れる小箱。
手《て》筈《はず》 事前の段取り。手順。
手《て》旗《ばた》 手に持つ小旗。通信用の赤白の小旗。
手《て》鼻《ばな》 指で押さえてはなをかむこと。
出《で》端《はな》 出たとたん。し始め。「—をくじく」
出《で》花《ばな》 いれ立ての香りのいい茶。

出《で》鼻《ばな》 山などの突き出た所。
手《て》放《ばな》し 遠慮しないこと。「—で喜ぶ」
出《で》番《ばん》 勤務につく番。舞台へ出る番。
手《て》控《びか》え 備忘録。
手《て》引《び》き 導くこと。入門書。てほどき。
手《て》酷《ひど》い 手あらい。ひどい。
手《て》拍《びょう》子《し》 手を打ってとる拍子。
手《て》広《びろ》い 範囲が広い。
手《て》風《ふう》琴《きん》 アコーディオン。
手《て》袋《ぶくろ》 防寒用などに手にはめるもの。〔冬〕
出《で》不《ぶ》精《しょう》 外出をめんどうがること。
手《て》札《ふだ》 トランプなどで、持ち札。
出《で》船《ふね》 船が港を出て行くこと。⇔入り船
手《て》ぶら 手に何も持たないこと。
手《て》振《ぶ》り 手のしぐさ。「身ぶり—」

手《て》文《ぶん》庫《こ》 文具などを入れる小箱。
手《て》弁《べん》当《とう》 自前の弁当。無報酬で働く。
手《て》解《ほど》き 学問の初歩を教えること。
手《て》本《ほん》 模範とする本。見習うべき物事。
手《て》間《ま》 何かをするのにかかる時間や労力。
手《て》前《まえ》 自分の前。体裁。腕前。わたし。
点《て》前《まえ》 茶の湯の作法。
出《で》前《まえ》 注文に応じて料理を配達すること。
出《で》任《まか》せ いい加減なことを言うこと。
手《て》枕《まくら》 ひじを曲げて枕にすること。
手《て》間《ま》賃《ちん》 手間に応じて払う金。
手《て》間《ま》取《ど》る 手間がかかる。
手《て》真《ま》似《ね》 手の動きでまねること。
手《て》間《ま》隙《ひま》 労力と時間。「—かかる」
手《て》忠《ま》実《め》 こまめによく働くこと。

手《て》毬《まり》 手でついて遊ぶまり。〔新〕
手《て》毬《まり》花《ばな》 スイカズラ科の低木。〔夏〕
手《て》回《まわ》し 用意。準備。「—よく」
手《て》回《まわ》り 身のまわりの品。
手《て》短《みじか》 話などが短くて簡単なこと。
出《で》店《みせ》 支店。露店。
手《て》土産《みやげ》 持参するちょっとした土産。
手《て》向《む》かう 逆らう。腕力で反抗する。
手《て》持《も》ち 手元にあること。「—の金」
手《て》元《もと》 自分のそば。手元金。〔別〕手許
出《で》物《もの》 格安の売り物。
出《で》様《よう》 出方。相手の態度。
寺《てら》 仏教の修行を行う施設。
衒《てら》う 才能・知識などをひけらかす。
寺《てら》子《こ》屋《や》 近世、読み書きを教えた所。

寺《てら》銭《せん》 ばくちの場所代。てら。
手《て》榴《りゅう》弾《だん》 手投げ弾。しゅりゅうだん。
手《て》料《りょう》理《り》 自分の家でつくった料理。
照《て》る 太陽や月が光を出して明るくなる。
照《て》れる きまり悪そうにする。はにかむ。
手《て》練《れん》 人をだます手段。「—手管《てくだ》」
出《で》羽《わ》 旧国名。のち羽前・羽後に分割。
手《て》分《わ》け 分担すること。「—して探す」
手《て》渡《わた》し 直に相手に渡すこと。
天《てん》 空の上の方。造物主。
典《てん》 儀式。「華燭の—」
点《てん》 ごく小さなしるし。読点。評価や得点。
貂《てん》 イタチ科の獣。
伝《でん》 言い伝え。やり方。方法。
電《でん》圧《あつ》 電位の差。単位はボルト。

天《てん》意《い》 天の意志。自然の道理。
転《てん》移《い》 ほかの場所に移ること。
電《でん》位《い》 電荷を運ぶのに必要なエネルギー。
天《てん》衣《い》無《む》縫《ほう》 詩歌などに作意の跡がなく、自然ですばらしいこと。天真爛漫。
天《てん》運《うん》 天から与えられた運命。
田《でん》園《えん》 田と畑。また、郊外。
天《てん》下《か》 全世界。一国全体。世間。世の中。
点《てん》火《か》 火をつけること。
添《てん》加《か》 ある物に何かをつけ加えること。
転《てん》化《か》 変化して他の状態になること。
転《てん》嫁《か》 責任などを他に負わせること。
典《てん》雅《が》 きちんと整って上品なさま。
伝《でん》家《か》 代々その家に伝わること。家伝。
殿《でん》下《か》 天皇・三后以外の皇族の敬称。

電《でん》化《か》 電気を使うようになること。
電《でん》荷《か》 物体が帯びている電気量。
展《てん》開《かい》 広がること。繰り広げること。
転《てん》回《かい》 大きく方向をぐるりと変えること。
天《てん》涯《がい》 空のはて。遠く離れた地。
天《てん》蓋《がい》 仏像・棺などの上にかざす笠。
電《でん》解《かい》 「電気分解」の略。「—質」
天《てん》涯《がい》孤《こ》独《どく》 独りぼっちの身。
天《てん》下《か》一《いっ》品《ぴん》 天下一の人や物。
転《てん》学《がく》 学生が他の学校にうつること。転校。
田《でん》楽《がく》 中世に流行した民間の遊芸。
天《てん》下《か》泰《たい》平《へい》 世の中が平穏だ。
天《てん》下《か》人《びと》 天下を取った人。
天《てん》花《か》粉《ふん》 あせも予防用の粉。〔夏〕
天《てん》から あたまから。「—信じる」

天漢《てんかん》 あまのがわ。銀河。
転換《てんかん》 別の方向に変えること。
癲癇《てんかん》 痙攣発作を起こす脳の疾患。
点眼《てんがん》 目薬をさすこと。「—薬」
天眼鏡《てんがんきょう》 易者が使う大形の拡大鏡。
天気《てんき》 空模様。晴天。人の機嫌。
転記《てんき》 内容を他に書き写すこと。
転機《てんき》 転換のきっかけ。変わるとき。
転義《てんぎ》 元の意味から変化した意味。
伝奇《でんき》 不思議で空想的な物語。
伝記《でんき》 個人の一生を書いた記録。
電気《でんき》 電荷。電流。電灯。電力。
電機《でんき》 電気を使って動かす機械。
点鬼簿《てんきぼ》 過去帳。
天球《てんきゅう》 天体が位置するとみなす仮想の球面。

電球《でんきゅう》 発光体を封入した照明用のガラス球。
典拠《てんきょ》 (文章などの)正しいよりどころ。
転居《てんきょ》 住居を変えること。引っ越し。
転業《てんぎょう》 職業・商売を変えること。
電極《でんきょく》 電流の出入りする所。陽極と陰極。
転勤《てんきん》 同じ会社で勤務地が変わること。
天狗《てんぐ》 想像上の怪物。自慢する人。
天空《てんくう》 空。大空。
天空海闊《てんくうかいかつ》 人の度量が大きい。
天草《てんぐさ》 暗赤色の海藻。心太《ところてん》の原料。
殿軍《でんぐん》 行軍のしんがりの部隊。
天恵《てんけい》 天の恵み。
天啓《てんけい》 天の導き。
典型《てんけい》 同類の特徴を最もよく表すもの。
点景《てんけい》 風景画に添えた動物や人物。(別)添景

電撃《でんげき》 感電したときの衝撃。
天険《てんけん》 険しい自然の要害。
点検《てんけん》 一つ一つ詳しく調べること。
天元《てんげん》 碁盤の中央にある星。
電源《でんげん》 電力を供給するもと。
典故《てんこ》 典拠となる故事。
点呼《てんこ》 名を呼んで人員を確認すること。
天候《てんこう》 天気の状態。
転向《てんこう》 方向や立場、主義や思想を変える。
転校《てんこう》 生徒が他の学校にうつること。
電光《でんこう》 いなびかり。電気による光。
電光石火《でんこうせっか》 非常に素早いこと。
篆刻《てんこく》 篆書体により文字を彫ること。
天国《てんごく》 天上にあるという理想的な世界。
伝言《でんごん》 ことづて。ことづけ。

天才《てんさい》 生まれつきずばぬけた才能をもつ人。
天災《てんさい》 自然現象によっておこる災害。
甜菜《てんさい》 サトウダイコンの別名。
転載《てんさい》 掲載の記事などを他にのせること。
点在《てんざい》 散らばって存在すること。
添削《てんさく》 詩文や答案に手を入れて直すこと。
転作《てんさく》 耕作する作物を別の作物に変える。
電算《でんさん》 「電子計算機」の略。コンピューター。
天子《てんし》 天に代わって国を治める者。帝王。
天使《てんし》 キリスト教などで、神の使者。
天資《てんし》 生まれつきの資質。天性。
点字《てんじ》 視覚障害者用の文字。
展示《てんじ》 並べて公開すること。
電子《でんし》 原子を構成する素粒子の一。
天竺《てんじく》 インドの古称。

天日《てんじつ》 太陽。
電磁波《でんじは》 磁場の変化で起こる波動。
転写《てんしゃ》 文章・絵などをそのまま写すこと。
点者《てんじゃ》 和歌・俳諧などで評点をつける人。
殿舎《でんしゃ》 御殿。やかた。
電車《でんしゃ》 電力でレール上を走る鉄道車両。
転借《てんしゃく》 人が他から借りたものを借りること。
天主《てんしゅ》 カトリック教会で、神。
天守《てんしゅ》 城の最も高い物見やぐら。天守閣。
天寿《てんじゅ》 その人に与えられた寿命。
伝授《でんじゅ》 師から弟子に伝え授けること。
転出《てんしゅつ》 他へ移転すること。⇔転入
添書《てんしょ》 使者や贈り物に添える書状。添え状。
篆書《てんしょ》 隷書・楷書のもとになった書体。
天助《てんじょ》 天の助け。天佑。「神佑—」

天象《てんしょう》 天体の現象。⇔地象
天上《てんじょう》 天。空の上。天上界。昇天。
天井《てんじょう》 部屋の上部をおおう板。
添乗《てんじょう》 旅行客の世話をするため付き添う。
伝承《でんしょう》 風習・伝説などを受けついで伝える。
天壌無窮《てんじょうむきゅう》 永遠に続くこと。
天職《てんしょく》 その人の天性に適した仕事。
転職《てんしょく》 職業をかえること。
電飾《でんしょく》 イルミネーション。
伝書鳩《でんしょばと》 遠隔地に通信文を運ぶ鳩。
点《てん》じる ともす。たらす。茶をたてる。
転《てん》じる かえる。めぐらす。
天心《てんしん》 空のまんなか。
点心《てんしん》 中国料理で簡単な食べ物。
転身《てんしん》 身分・職業などを変えること。

転進《てんしん》 目的地を変えて進むこと。
天神《てんじん》 天の神。天満宮。「—様」
電信《でんしん》 電流・電波を利用する通信。
天神地祇《てんじんちぎ》 すべての神々。
天真爛漫《てんしんらんまん》 純真で無邪気。
天水《てんすい》 雨水。「—桶」
点数《てんすう》 得点・評点の数。品物の数。
伝助《でんすけ》 携帯用録音機。
天成《てんせい》 自然にそうできている。
天性《てんせい》 生まれつきの性質。
展性《てんせい》 薄く広げることができる金属の性質。
転生《てんせい》 生まれ変わること。
転成《てんせい》 ほかの別のものに変わること。
典籍《てんせき》 書物。書籍。本。
転籍《てんせき》 本籍を他へ移すこと。

伝説《でんせつ》 古くから語り伝えられてきた話。
点線《てんせん》 点が並んでできている線。
転戦《てんせん》 あちこち場所を変えて戦うこと。
恬然《てんぜん》 少しもこだわらないさま。
伝染《でんせん》 病気がほかにうつること。
電線《でんせん》 電流を流すための金属の導線。
転送《てんそう》 受け取った物を更に他へ送ること。
電送《でんそう》 電波・電流で写真や原稿を送ること。
天測《てんそく》 天体を観測して経緯度を知ること。
纏足《てんそく》 中国で昔女の足の成長をとめた風習。
転属《てんぞく》 所属をかえること。
天孫《てんそん》 天の神の子孫。瓊瓊杵尊《ににぎのみこと》。
天体《てんたい》 太陽・星など宇宙に存在するもの。
転貸借《てんたいしゃく》 借りている物の又貸し。
転宅《てんたく》 転居。引っ越し。

電卓《でんたく》 電子式卓上計算機。
伝達《でんたつ》 命令・連絡事項などを伝えること。
恬淡《てんたん》 あっさりしていてこだわらないこと。
天地《てんち》 天と地。世界。荷物などの上と下。
転地《てんち》 他の土地に移り住むこと。
田地《でんち》 田として使う土地。でんじ。
電池《でんち》 化学変化などで電流を生じる装置。
天地開闢《てんちかいびゃく》 天地の開き初め。
天地神明《てんちしんめい》 天地の神神。
点茶《てんちゃ》 抹茶をたてること。
天誅《てんちゅう》 天罰。また、天罰として殺すこと。
殿中《でんちゅう》 御殿の中。将軍の居所。
電柱《でんちゅう》 電線を支えるための柱。電信柱。
天頂《てんちょう》 観測者の真上にあたる天球上の頂。
天朝《てんちょう》 朝廷・天子を敬っていう語。

転調《てんちょう》 曲の途中で他の調に変えること。
天長節《てんちょうせつ》 天皇誕生日の旧称。
天帝《てんてい》 天にあって万物をつかさどる神。
点綴《てんてい》 散らばってあること。点在。
天敵《てんてき》 ある動物にとって強敵となる動物。
点滴《てんてき》 薬液を滴下させ静脈内に注入する法。
電鉄《でんてつ》 「電気鉄道」の略。
転轍機《てんてつき》 線路の切り換え装置。
手《て》ん手《で》に それぞれ。めいめい。
展転《てんてん》 寝返りを打つこと。(別)輾転
転転《てんてん》 次々と移るさま。ころがるさま。
輾転反側《てんてんはんそく》 眠れずに何度も寝返りを打つこと。思い悩んで眠れないさま。
蝸牛《でんでんむし》 [夏] カタツムリの別名。
奠都《てんと》 新たに都を定めること。

天道《てんとう》 太陽。お天道様。
店頭《てんとう》 店先。「—販売」
点灯《てんとう》 あかりをつけること。⇔消灯
転倒《てんとう》 倒れること。うろたえる。(別)顛倒
天道《てんどう》 天地・自然の法則。
伝統《でんとう》 代々受けついできた制度や慣習。
電灯《でんとう》 電気によって光を出す灯火。
伝道《でんどう》 宗教の教義を伝え広めること。
伝導《でんどう》 熱や電気が物体をつたわること。
殿堂《でんどう》 立派で大きな建物。
電動《でんどう》 電気を動力として用いること。
電動機《でんどうき》 モーター。
天道虫《てんとうむし》 赤斑のある小形の甲虫。[夏]
恬《てん》として 気にかけない。「—恥じない」
天丼《てんどん》 天ぷらの丼飯。

転入《てんにゅう》 よそから移って来ること。
天女《てんにょ》 天人。
天人《てんにん》 天上に住むという美しい女。
転任《てんにん》 任地が変わること。
電熱《でんねつ》 電気によって生じる熱。
天然《てんねん》 自然のままであること。
天然痘《てんねんとう》 痘瘡《とうそう》。
天皇《てんのう》 日本国および日本国民統合の象徴。
天王山《てんのうざん》 勝敗の分かれ目となる所。
天王星《てんのうせい》 太陽系の第七惑星。
電場《でんば》 電気が作用する場。
伝播《でんぱ》 伝わり広まること。
電波《でんぱ》 波長が〇・一ミリメートル以上の電磁波。
転売《てんばい》 買った物をまた他の人に売ること。
田畑《でんぱた》 田と畑。たはた。

天罰《てんばつ》　天の与える罰。
天罰覿面《てんばつてきめん》　天罰がすぐに下る。
典範《てんぱん》　模範。また、基準となる法律。
天日《てんぴ》　太陽の光。また、その熱。
天火《てんぴ》　蒸し焼きにする調理器具。オーブン。
天引《てんび》き　あらかじめ一定額を引くこと。
点描《てんびょう》　点で表す画法。簡潔な描写。
伝票《でんぴょう》　金銭や品物の出入りを記す用紙。
天秤《てんびん》　重さを測るはかり。
天稟《てんぴん》　生まれつきの才能や性質。天分。
天賦《てんぷ》　生まれつきの才能。素質。
添付《てんぷ》　書類などに他の物を付け添えること。
貼付《てんぷ》　⇩ちょうふ
田麩《でんぶ》　蒸した魚をほぐして煎《い》った食品。
臀部《でんぶ》　しりの部分。しり。

転覆《てんぷく》　船や列車がひっくり返る。滅びる。
天袋《てんぶくろ》　押し入れの上部に作る戸棚。
田夫野人《でんぷやじん》　粗野で無教養の人。
天麩羅《テンプラ》　衣をつけ、油で揚げた料理。
天分《てんぶん》　生まれつきの才能。
伝聞《でんぶん》　ほかの人から聞くこと。
電文《でんぶん》　電報の文章。
澱粉《でんぷん》　穀物やイモ類に含まれる炭水化物。
転変《てんぺん》　つぎつぎと移り変わること。
天変地異《てんぺんちい》　自然の様様な異変。
展墓《てんぼ》　［秋］はかまいり。墓参。
店舗《てんぽ》　店。商店。
塡補《てんぽ》　不足を補うこと。補塡。
展望《てんぼう》　広く遠くの方まで見渡すこと。
伝法《でんぽう》　女が勇み肌であること。

電報《でんぽう》　電信で送受する通信。その通信文。
天魔《てんま》　仏教で、仏法を妨げる魔物。
丁抹《デンマーク》　北ヨーロッパの一国。
天幕《てんまく》　テント。
伝馬船《てんません》　はしけとする小型の和船。
顚末《てんまつ》　事の始めから終わりまでの事情。
天窓《てんまど》　採光や換気のために屋根にあけた窓。
天命《てんめい》　天から与えられた寿命。運命。宿命。
点滅《てんめつ》　明かりがついたり消えたりすること。
纏綿《てんめん》　まといつくこと。情が細やかなさま。
天目《てんもく》　すりばち形の抹茶茶碗。天目茶碗。
天文《てんもん》　天体や宇宙に起こる諸現象。
天文台《てんもんだい》　天文の観測・研究をする所。
点訳《てんやく》　文章を点字に直すこと。
点薬《てんやく》　目に薬をさすこと。また、目薬。

店屋物《てんやもの》　飲食店から取り寄せた料理。
天佑《てんゆう》　天の助け。天の加護。(別)天祐
天佑神助《てんゆうしんじょ》　天と神のたすけ。
天与《てんよ》　天から与えられたもの。
転用《てんよう》　本来とはちがう目的に使うこと。
天来《てんらい》　天から来ること。「—の妙音」
天籟《てんらい》　風の音。優れた詩歌。
伝来《でんらい》　外国から伝わる。代々伝わる。
転落《てんらく》　ころげ落ちること。
天覧《てんらん》　天皇が見ること。
展覧《てんらん》　広い場所に並べて人に見せること。
電纜《でんらん》　電線。ケーブル。
天理《てんり》　天の道理。自然の道理。
電流《でんりゅう》　電気の流れ。単位はアンペア。
電力《でんりょく》　電流の仕事量。単位はワット。

典礼《てんれい》　定められた儀式。
典麗《てんれい》　整っていて美しいさま。
伝令《でんれい》　命令を伝えること(人)。
電鈴《でんれい》　電気によって鳴るベル。
転炉《てんろ》　鉄や銅の精錬用の回転式炉。
電話《でんわ》　音声を電波に変えて伝える装置。

と

戸《と》　出入り用の、開閉のできる建具。
斗《と》　容積の単位。一斗は一〇升。
徒《と》　同類。仲間。やから。「忘恩の—」
都《と》　みやこ。東京都。
度《ど》　程度。度合。回数。
度合《どあい》　程度。ほどあい。
投網《とあみ》　水面に投げて魚を捕らえる網。

樋《とい》　屋根の雨水を地上に流す仕かけ。ひ。
吐息《といき》　ためいき。
砥石《といし》　刃物をとぐための石。
戸板《といた》　物を運ぶのに使う雨戸の板。
何奴《どいつ》　どんなやつ。どのやつ。
独逸《ドイツ》　ヨーロッパ中央部の国。
党《とう》　政党。仲間。
塔《とう》　多層の建造物。細長く高い建物。
糖《とう》　甘味を有する炭水化物。糖分。
薹《とう》　フキなどの花茎。
籐《とう》　つる性常緑樹。茎で籐細工を作る。
唐《とう》　中国の王朝名。都は長安。
問《と》う　たずねる。罪や責任を責める。
訪《と》う　おとずれる。おとなう。
胴《どう》　体の中心をなす部分。

堂《どう》 神仏をまつる建物。人の集まる会堂。
銅《どう》 金属元素の一。記号Cu あかがね。
東《とう》亜《あ》 アジアの東部地方。
獰《どう》悪《あく》 凶悪で荒々しいこと。
胴《どう》上《あ》げ 祝福する人を空中に投げ上げる。
等《とう》圧《あつ》線《せん》 気圧の等しい所を結んだ線。
答《とう》案《あん》 答えを記入した用紙。
偸《とう》安《あん》 目先の安楽をむさぼること。
当《とう》為《い》 哲学で、なすべきこと。
糖《とう》衣《い》 錠剤を包む甘い被膜。「―錠」
同《どう》意《い》 賛成すること。同じ意味。
籐《とう》椅《い》子《す》 籐を編んで作った椅子。[夏]
当《とう》意《い》即《そく》妙《みょう》 当座の機転。
統《とう》一《いつ》 一つにまとめあわせること。
同《どう》一《いつ》 同じであること。平等。

同《どう》一《いつ》視《し》 同じものとみなすこと。
党《とう》員《いん》 その党の仲間。
登《とう》院《いん》 国会議員が議院・議会に出ること。
動《どう》因《いん》 直接の原因。動機。
動《どう》員《いん》 人や物資を駆り集めること。
堂《どう》宇《う》 堂の建物。
投《とう》影《えい》 影を映すこと。反映させること。
倒《とう》影《えい》 逆さに映った影。
東《とう》欧《おう》 ヨーロッパ東部の地域。
堂《どう》奥《おう》 学問・技芸の奥深い所。奥義。
塔《とう》屋《おく》 ⇩とうや(塔屋)
同《どう》音《おん》 同一の音声・発音。一様に言うこと。
等《とう》温《おん》線《せん》 気温が等しい所を結んだ線。
灯《とう》下《か》 ともしびの近く。
灯《とう》火《か》 ともしび。あかり。

投《とう》下《か》 なげ落とすこと。資本を投入する。
透《とう》過《か》 光などが物の中を通りぬけること。
等《とう》価《か》 価値・価格の等しいこと。
同《どう》化《か》 周囲のものと一体となること。
動《どう》画《が》 アニメーション。
童《どう》画《が》 子供向けにかかれた絵画。
東《とう》海《かい》 東方の海。また、東海道の略。
倒《とう》壊《かい》 倒れてつぶれること。「―家屋」
韜《とう》晦《かい》 才能や本心をつつみかくすこと。
当《とう》該《がい》 それに該当すること。「―官庁」
凍《とう》害《がい》 農作物がこおって受ける害。
等《とう》外《がい》 等級・順位の中にはいらないこと。
東《とう》海《かい》道《どう》 江戸から京都に至る街道。
当《とう》確《かく》 当選確実。
倒《とう》閣《かく》 内閣を倒すこと。「―運動」

頭《とう》角《かく》 すぐれた才能。「―を現す」
同《どう》格《かく》 資格や格式などが同じであること。
同《どう》学《がく》 学校や師が同じであること。
道《どう》学《がく》 朱子学。道教。心学。
導《どう》火《か》線《せん》 口火をつける線。きっかけ。
統《とう》括《かつ》 一つにまとめること。
統《とう》轄《かつ》 まとめて取りしきること。
恫《どう》喝《かつ》 おどしつけること。
疾《と》うから 早くから。ずっと前から。
唐《とう》辛《がら》子《し》 香辛料とする一年草。[秋]
投《とう》函《かん》 郵便物をポストに入れること。
等《とう》閑《かん》 なおざりにすること。「―に付する」
統《とう》監《かん》 全体をまとめて監督すること。
冬《とう》瓜《がん》 つる性の野菜。果実は大きい。[秋]
同《どう》感《かん》 同じ考えを持ち賛成であること。

動《どう》感《かん》 生き生きと動いている感じ。
導《どう》管《かん》 水・ガスなどを導く管。パイプ。
童《どう》顔《がん》 子供っぽい顔つき。
冬《とう》季《き》 冬の季節。冬。
冬《とう》期《き》 冬の期間。冬の間。
投《とう》棄《き》 投げすてること。「不法―」
投《とう》機《き》 偶然の幸運や金もうけをねらう行為。
陶《とう》器《き》 釉《うわぐすり》を施した焼き物。せともの。
登《とう》記《き》 権利事項を役所の帳簿に記載する。
騰《とう》貴《き》 物の値段が上がること。
討《とう》議《ぎ》 ある事について意見を交わすこと。
同《どう》気《き》 同じような仲間。「―相求める」
同《どう》期《き》 入学などの年度が同じであること。
動《どう》悸《き》 心臓がどきどきすること。
動《どう》機《き》 その行動を起こさせる直接の原因。

胴《どう》着《ぎ》 肌着の上に着る防寒用の下着。[冬]
同《どう》義《ぎ》 同じ意味。同意。
動《どう》議《ぎ》 予定外の議題を持ち出すこと。
道《どう》義《ぎ》 人としてあるべき道。
唐《とう》黍《きび》 トウモロコシ。モロコシ。[秋]
投《とう》球《きゅう》 野球で、投手が球を投げること。
討《とう》究《きゅう》 議論して深く追究すること。
等《とう》級《きゅう》 上下・優劣の区分。
闘《とう》牛《ぎゅう》 牛同士、牛と人を闘わせる競技。[春]
同《どう》級《きゅう》 同じ学級。同じ等級。
撞《どう》球《きゅう》 ビリヤード。玉つき。
統《とう》御《ぎょ》 全体をまとめおさめること。
闘《とう》魚《ぎょ》 熱帯産の淡水魚。闘争心が強い。
同《どう》居《きょ》 同じ家に一緒に住むこと。
同《どう》郷《きょう》 同じ郷里の出身であること。

道教《どうきょう》　不老長寿を求める、中国古来の宗教。
同行《どうぎょう》　参詣の道連れ。同じ宗派の修行者。
同業《どうぎょう》　同じ職業・業種。
当局《とうきょく》　その事を取り扱う責任を持つ所。
同衾《どうきん》　男女が寝床を共にすること。
投句《とうく》　俳句を投稿すること。その句。
道具《どうぐ》　仕事や家事などに用いる器具。
東宮《とうぐう》　皇太子。
盗掘《とうくつ》　埋蔵物をひそかに掘り出すこと。
洞窟《どうくつ》　ほら穴。洞穴。
峠《とうげ》　山坂を登りつめた所。物事の最盛期。
道化《どうけ》　滑稽なしぐさ。おどけ。
東経《とうけい》　子午線から東へはかった経度。
統計《とうけい》　ある現象などを数量的に表すこと。
闘鶏《とうけい》　鶏を闘わせる遊び。その鶏。春

陶芸《とうげい》　陶磁器を作る工芸。「—家」
同慶《どうけい》　相手も自分も喜ばしいこと。
憧憬《どうけい》　あこがれること。しょうけい。
凍結《とうけつ》　こおりつくこと。現状のままにする。
洞穴《どうけつ》　ほら穴。洞窟。
刀剣《とうけん》　かたなとつるぎ。
闘犬《とうけん》　犬を闘わせる遊び。その犬。
同権《どうけん》　権利が同じであること。
洞見《どうけん》　先の先まで見通すこと。洞察。
桃源境《とうげんきょう》　俗界を離れた理想的な世界。
刀工《とうこう》　刀かじ。刀匠。
投光《とうこう》　強い光で照射すること。「—器」
投降《とうこう》　敵に降参すること。
投稿《とうこう》　新聞や雑誌に原稿を送ること。
陶工《とうこう》　陶磁器を製作する人。

と

登校《とうこう》　学校に行くこと。⇔下校
登高《とうこう》　高い山へ登ること。
投合《とうごう》　互いの気持ちがぴったりと合うこと。
等号《とうごう》　等しいことを表す記号。イコール。
統合《とうごう》　一つにまとめあわせること。
同好《どうこう》　好みが同じであること。「—会」
同行《どうこう》　いっしょに行くこと。みちづれ。
動向《どうこう》　物事が動こうとする方向・なりゆき。
瞳孔《どうこう》　虹彩の中央にある円形の穴。ひとみ。
同工《どうこう》異曲《いきょく》　こしらえは違うようでも、似たり寄ったりであること。
等高線《とうこうせん》　等しい高さの所を連ねた線。
投獄《とうごく》　監獄に入れること。
東国《とうごく》　東方の国。関東。
慟哭《どうこく》　悲しみに大声をあげて泣くこと。

刀痕《とうこん》　刀で切られた傷のあと。
当今《とうこん》　このごろ。ちかごろ。
闘魂《とうこん》　闘いにかける強いいきごみ。
同根《どうこん》　根本が同じであること。
踏査《とうさ》　現地に行って調査すること。
当座《とうざ》　当面。さしあたり。しばらくの間。
動作《どうさ》　体の動き。立ち居振る舞い。挙動。
当歳《とうさい》　その年の生まれ。「—馬」
搭載《とうさい》　装置や荷物を積むこと。
登載《とうさい》　新聞や帳簿に載せること。掲載。
東西《とうざい》　東と西。方角。世間の事柄。
同罪《どうざい》　同じ罪。
倒錯《とうさく》　異常な状態であること。
盗作《とうさく》　他人の作品をひそかに用いること。
洞察《どうさつ》　本来の姿を見抜くこと。「—力」

倒産《とうさん》　経営が行きづまって企業がつぶれる。
唐桟《とうざん》　江戸時代に輸入された木綿の縞織物。
動産《どうさん》　現金・商品・家財などの財産。
道産《どうさん》　北海道産。北海道生まれ。どさん。
銅山《どうざん》　銅鉱を産出する山。
投資《とうし》　利益を見込んで資金を出すこと。
凍死《とうし》　こごえて死ぬこと。冬
透視《とうし》　物を透かして見ること。
闘士《とうし》　自己の思想のために戦う人。戦士。
闘志《とうし》　たたかおうとする意志。闘争心。
冬至《とうじ》　二十四節気の一。一二月下旬。冬
当時《とうじ》　そのころ。そのとき。
杜氏《とうじ》　酒を造る職人。とじ。
悼辞《とうじ》　人の死をいたみ弔う言葉。弔辞。
湯治《とうじ》　温泉に入り病気を治すこと。「—場」

答辞《とうじ》　祝辞・送辞などに答える言葉。
蕩児《とうじ》　放蕩息子。
同士《どうし》　同類の関係にある人。「似た者—」
同志《どうし》　同じ志の人。
動詞《どうし》　品詞の一。動作・存在などを表す語。
道士《どうし》　道教の修行をした人。
導師《どうし》　法会・葬儀を主となりとり行う僧。
同時《どうじ》　時を同じくして行われること。
童子《どうじ》　幼い子供。わらべ。
同士《どうし》討《う》ち　仲間同士が戦うこと。
等式《とうしき》　式や数が等号で結ばれているもの。
陶磁器《とうじき》　陶器と磁器。やきもの。
当事者《とうじしゃ》　その事に直接関係のある人。
等質《とうしつ》　等しい性質であること。
糖質《とうしつ》　炭水化物。

当日《とうじつ》 その日。
同日《どうじつ》 その日と同じ日。「同月—」
投写《とうしゃ》 (スライドを)写すこと。
投射《とうしゃ》 光をあてること。照射。入射。
堂舎《どうしゃ》 社寺の建物。堂宇。
瞠若《どうじゃく》 驚いて目をみはるさま。
謄写《とうしゃ》**版**《ばん》 孔版印刷の一。ガリ版。
当主《とうしゅ》 その家の現在の主人。
党首《とうしゅ》 党の最高責任者。
同種《どうしゅ》 種類が同じであること。⇔異種
踏襲《とうしゅう》 以前のやり方を受け継ぐこと。
銅臭《どうしゅう》 金銭に執着する人を罵っていう語。
投宿《とうしゅく》 旅館に泊まること。
同宿《どうしゅく》 同じ宿などに泊まり合わせること。
当初《とうしょ》 物事が始まって間もない頃。

投書《とうしょ》 意見や要望を報道機関などに送る。
島嶼《とうしょ》 大小の島々。
頭書《とうしょ》 書類の最初に書いてあること。
童女《どうじょ》 あどけない女の子。
凍傷《とうしょう》 極度の寒さによる身体の傷害。[冬]
闘将《とうしょう》 勇猛な大将。
東上《とうじょう》 関西方面から東京へ行くこと。
搭乗《とうじょう》 飛行機・船舶などに乗り込むこと。
登場《とうじょう》 舞台に役者が現れる。世の中に出る。
同上《どうじょう》 上記の事柄と同じであること。
同乗《どうじょう》 同じ乗り物に乗ること。
同情《どうじょう》 相手の苦しみや悲しみを思いやる。
道場《どうじょう》 武芸の練習所。仏道の修行場。
同床《どうしょう》**異夢**《いむ》 同じ立場・組織にありながら考えを異にしていること。

投《とう》**じる** 投げる。提供する。つけいる。
同《どう》**じる** 同意する。
動《どう》**じる** 動揺する。「物に—・じない男」
藤《とう》**四**《し》**郎**《ろ》 しろうと。とうしろう。
刀身《とうしん》 刀のやいばの部分。
灯心《とうしん》 ランプなどの芯。
投身《とうしん》 身投げ。
答申《とうしん》 上の人の問いに意見を述べること。
等身《とうしん》 人の身長と同じ高さ。「—大」
等親《とうしん》 その親《しん》等《とう》にあたる人。
党人《とうじん》 その政党はえぬきの人。
唐人《とうじん》 中国人や外国人のこと。「—の寝言」
蕩尽《とうじん》 財産をすっかり使い果たすこと。
同心《どうしん》 考えを同じくすること。
童心《どうしん》 子供のような無邪気な心。

道心《どうしん》 仏教を信じる心。
同人《どうじん》 同好の士。どうにん。「—雑誌」
道人《どうじん》 俗世間を捨てた人。
陶酔《とうすい》 うっとりとした気持ちになること。
統帥《とうすい》 全軍隊をまとめ率いること。
導水《どうすい》 水をみちびき流すこと。「—管」
党是《とうぜ》 党の根本方針。
当世《とうせい》 今の世。現代。「—風」
東征《とうせい》 東の地方の征伐に向かうこと。
党勢《とうせい》 党の勢力。
統制《とうせい》 制約を与えおさえまとめること。
踏青《とうせい》 萌え出た草を踏み野に遊ぶこと。[春]
騰勢《とうせい》 物価や相場が上昇傾向にあること。
同姓《どうせい》 同じ苗字。「—同名」
同性《どうせい》 男女の性が同じであること。⇔異性

同棲《どうせい》 夫婦でない男女が一緒に住むこと。
動静《どうせい》 物事の動きやようす。
同勢《どうぜい》 一緒の人々。「—一〇人」
同性《どうせい》**愛**《あい》 同性の者に対する恋愛。
投石《とうせき》 石を投げつけること。
党籍《とうせき》 党員としての籍。
透析《とうせき》 血液中の老廃物を取り除くこと。
同席《どうせき》 同じ会に出席すること。
当節《とうせつ》 この頃。今時。当今。
当選《とうせん》 選挙で選び出されること。⇔落選
当籤《とうせん》 くじに当たること。
登仙《とうせん》 仙人になること。貴人の死。
当然《とうぜん》 もっともなこと。あたりまえなさま。
東漸《とうぜん》 次第に東方に進んでゆくこと。
陶然《とうぜん》 うっとりとするさま。

導線《どうせん》 電流を流すための針金。電線。
同前《どうぜん》 前に述べたことと同じであること。
同然《どうぜん》 大体同じであること。「紙くず—」
刀創《とうそう》 刀で切られたきず。
逃走《とうそう》 逃げだすこと。
党争《とうそう》 党派どうしの争い。
凍瘡《とうそう》 しもやけ。凍傷。
痘瘡《とうそう》 天然痘。疱瘡。
闘争《とうそう》 敵と争いたたかうこと。
同窓《どうそう》 同じ学校で学んだこと。「—生」
銅像《どうぞう》 銅でつくった像。
盗賊《とうぞく》 ぬすびと。
同族《どうぞく》 血筋が同じであるもの。一族。一門。
道俗《どうぞく》 僧侶と俗人。
道《どう》**祖**《そ》**神**《じん》 村境・峠にまつられる石像。

統率《とうそつ》　多くの人をまとめ率いること。
淘汰《とうた》　不適当なものを取り除くこと。
灯台《とうだい》　船の航行の安全を守る光を放つ塔。
当代《とうだい》　その時代。当主。
同体《どうたい》　同一の体。一体となること。
胴体《どうたい》　からだの胴の部分。「—着陸」
動体《どうたい》　運動しているもの。「—視力」
動態《どうたい》　変動するものの状態。⇔静態
導体《どうたい》　熱や電気をよく伝える物体。
灯台草《とうだいぐさ》　トウダイグサ科の二年草。
銅鐸《どうたく》　釣り鐘形の弥生時代の青銅器。
到達《とうたつ》　ある点にまで行きつくこと。到着。
登壇《とうだん》　演壇にあがること。
同断《どうだん》　同じであること。
満天星《どうだん》　ツツジ科の落葉低木。

当地《とうち》　この土地。「御—ソング」
倒置《とうち》　強調のため語順を通常と変えること。
統治《とうち》　国土・人民を支配し、治めること。
到着《とうちゃく》　目的地に着くこと。
同着《どうちゃく》　決勝点などに同時に着くこと。
撞着《どうちゃく》　一致しなくなること。「自家—」
頭注《とうちゅう》　本文の上の方に記した注釈。⇔脚注
道中《どうちゅう》　旅の途中。
冬虫《とうちゅう》夏《か》草《そう》　昆虫類に寄生した菌糸から生じるキノコ。薬用とされる。
盗聴《とうちょう》　こっそりとぬすみ聞きすること。
登庁《とうちょう》　官庁に出勤すること。⇔退庁
登頂《とうちょう》　山の頂上に登ること。とちょう。
同調《どうちょう》　人の意見に賛同すること。
道聴《どうちょう》塗《と》説《せつ》　受け売りの話。

当直《とうちょく》　宿直や日直にあたること(人)。
陶枕《とうちん》　陶器製の枕。夏用。
疼痛《とうつう》　ずきずきとうずく痛み。
到底《とうてい》　とても。どうしても。
同定《どうてい》　同じものであると認めること。
童貞《どうてい》　まだ性的経験のない若い男。
道程《どうてい》　みちのり。行程。
投擲《とうてき》　砲丸などを投げること。「—競技」
動的《どうてき》　生き生きとしているさま。⇔静的
透徹《とうてつ》　澄みきっている。筋道が通っている。
読点《とうてん》　文の切れ目に打つ点。「、」
同点《どうてん》　点数や得点が同じであること。
動転《どうてん》　非常に驚きあわてること。㊀動顛
東天紅《とうてんこう》　ニワトリの一品種。
東都《とうと》　東方の都。東京をいう。

凍土《とうど》　凍りついた土。
陶土《とうど》　陶磁器の原料となる粘土。白土。
尊《とうと》い　あがめるべきである。
貴《とうと》い　身分が高い。貴重だ。㊀尊い
滔滔《とうとう》　水が盛んに流れる。よどみなく話す。
蕩蕩《とうとう》　広くさえぎるものがないさま。
到頭《とうとう》　ついに。結局。
同等《どうとう》　等級や程度が同じであること。
同道《どうどう》　いっしょに行くこと。
堂堂《どうどう》　威厳があって立派。恐れたりしない。
道徳《どうとく》　社会生活上、人が守るべき規範。
唐突《とうとつ》　だしぬけ。突然。不意。
頭取《とうどり》　銀行などの代表者。
唐菜《とうな》　白菜に似た野菜。漬物用。ふゆな。
唐茄子《とうなす》　カボチャの別名。㊎秋

東南《とうなん》　東と南との中間の方角。南東。
盗難《とうなん》　金品を盗まれる災難。
疾《と》うに　とっくに。ずいぶん前に。
投入《とうにゅう》　投げ入れる。人や金をつぎ込む。
豆乳《とうにゅう》　砕いた大豆を煮て、こした白い汁。
導入《どうにゅう》　みちびきいれること。
当人《とうにん》　その人。本人。
当年《とうねん》　ことし。本年。
党派《とうは》　主義・主張が同じ人々の集まり。
踏破《とうは》　長く険しい道のりを歩き抜くこと。
塔婆《とうば》　卒塔婆《そとば》。
道破《どうは》　はっきりと言い切ること。
同輩《どうはい》　会社や学校に同じ時期に入った者。
統廃合《とうはいごう》　統合と廃止。
倒幕《とうばく》　幕府を倒すこと。

討幕《とうばく》　幕府を攻め討つこと。
頭髪《とうはつ》　頭の髪。髪の毛。
討伐《とうばつ》　敵を攻め討つこと。
盗伐《とうばつ》　他人の樹木をこっそり切り出すこと。
登攀《とうはん》　険しい山によじ登ること。とはん。
登坂《とうはん》　⇨とはん(登坂)
当番《とうばん》　仕事の番に当たること(人)。
登板《とうばん》　投手として試合に出ること。⇔降板
同伴《どうはん》　いっしょに連れ立って行くこと。
当否《とうひ》　当を得ているかいないか。
逃避《とうひ》　にげのがれること。
掉尾《とうび》　事の最後。「—を飾る」
投票《とうひょう》　候補者名や賛否を記入して提出する。
投錨《とうびょう》　船が錨《いかり》を下ろし停泊すること。
闘病《とうびょう》　治ろうとして療養に励むこと。

道標《どうひょう》 道しるべ。

同病《どうびょう》 同じ病気の人。「—相憐れむ」

盗品《とうひん》 盗んだ品物。

豆腐《とうふ》 大豆の蛋白質を固めた柔らかい食品。

同封《どうふう》 手紙の中に一緒に入れること。

同腹《どうふく》 同母の兄弟姉妹。⇔異腹

動物《どうぶつ》 生物の二大区分の一。⇔植物

胴震《どうぶる》い 寒さや恐怖で体が震えること。

当分《とうぶん》 ここしばらくの間。

等分《とうぶん》 同じ分量に分けること。

同文《どうぶん》 同じ文章。同じ文字。「—同種」

盗癖《とうへき》 ぬすみをするくせ。

答弁《とうべん》 質問に対して答えること。

唐変木《とうへんぼく》 気がきかない人。まぬけ。

当方《とうほう》 こちら。自分の方。⇔先方

逃亡《とうぼう》 逃げて身を隠すこと。

同胞《どうほう》 自国民同士。きょうだい。はらから。

東北《とうほく》 東と北との中間の方角。東北地方。

倒木《とうぼく》 倒れている樹木。

謄本《とうほん》 原本どおり写しとった文書。

東奔西走《とうほんせいそう》 忙しく駆け回る。

胴巻《どうま》き 金銭などを入れ腹に巻く袋。

胴間声《どうまごえ》 調子はずれの太い声。

稲麻竹葦《とうまちくい》 イネとアサとタケとアシ。人や物が多く入り乱れているたとえ。

唐丸籠《とうまるかご》 近世、罪人護送用のかご。

唐箕《とうみ》 穀物から籾殻などを取り除く農具。

動脈《どうみゃく》 心臓から血液を送り出す血管。

灯明《とうみょう》 神仏に供える明かり。みあかし。

冬眠《とうみん》 冬の間動物が活動しない状態。图

透明《とうめい》 すきとおっていること。

同盟《どうめい》 同じ行動をとる約束。

当面《とうめん》 面と向かうこと。さしあたり。

童蒙《どうもう》 道理のわからない幼い者。子ども。

獰猛《どうもう》 たけだけしいさま。「—なけもの」

頭目《とうもく》 かしら。親分。

瞠目《どうもく》 おどろいて目を見はること。

胴元《どうもと》 ばくちの貸元。胴親。別筒元

玉蜀黍《とうもろこし》 イネ科の一年草穀物。秋

同門《どうもん》 同じ門下。あいでし。

洞門《どうもん》 ほらあな。その入り口。

陶冶《とうや》 人間を鍛えて練り上げること。

塔屋《とうや》 ビルの屋上の機械室などの構造物。

投薬《とうやく》 患者に薬を与えること。

灯油《とうゆ》 灯火用の油。ストーブの燃料の石油。

同憂《どうゆう》 同じように心配していること。

投融資《とうゆうし》 投資と融資。「財政—」

投与《とうよ》 患者に薬を与えること。

当用《とうよう》 さしあたり用いること。「—日記」

東洋《とうよう》 アジアの東部および南部。⇔西洋

盗用《とうよう》 所有者に断らず無断で用いること。

登用《とうよう》 人材を引き上げ使うこと。別登庸

陶窯《とうよう》 陶磁器を焼くかま。

同様《どうよう》 同じようであること。同然。

動揺《どうよう》 ゆれること。心の平静を失うこと。

童謡《どうよう》 子供がうたうために作った歌。

胴欲《どうよく》 非常に欲が深いこと。別胴慾

到来《とうらい》 よい時機がくる。贈り物が届く。

当落《とうらく》 当選と落選。

道楽《どうらく》 趣味。おこないの悪いこと。「—者」

胴乱《どうらん》 採集した植物を入れる円筒型容器。

動乱《どうらん》 暴動や内乱で世の中が乱れること。

党利《とうり》 その政党の利益。「—党略」

道理《どうり》 正しいおこないのすじみち。

倒立《とうりつ》 逆さまに立つこと。逆立ちのこと。

党略《とうりゃく》 党派・政党のかけひき。

逗留《とうりゅう》 出かけた先にしばらく滞在すること。

登竜門《とうりゅうもん》 立身出世のための関門。

投了《とうりょう》 碁・将棋で一方が負けを認めること。

棟梁《とうりょう》 大工のかしら。統率者。「武家の—」

統領《とうりょう》 人々を統べ治めること(人)。

頭領《とうりょう》 かしら。おさ。

同僚《どうりょう》 同じ場所で働いている仲間。

動力《どうりょく》 機械を動かす力。

動輪《どうりん》 動力を受けて車両を走らせる車輪。

盗塁《とうるい》 走者が隙をねらって次の塁へ進む。

同類《どうるい》 そのものと同じ種類。同じ仲間。

答礼《とうれい》 相手の敬礼にこたえる礼。

同列《どうれつ》 同じ列。同じ程度・地位である。

当路《とうろ》 重要な地位についていること。

道路《どうろ》 人や車が交通する整備された道。

灯籠《とうろう》 灯火をともす器具。秋

登楼《とうろう》 遊郭に上がって遊ぶこと。

蟷螂《とうろう》 カマキリ。秋

蟷螂《とうろう》の斧《おの》 はかない抵抗。

登録《とうろく》 公式の帳簿に載せること。

討論《とうろん》 意見をたたかわすこと。

童話《どうわ》 幼い子供のために作られた話。

道話《どうわ》 道理や人の生き方を説いた訓話。

当惑《とうわく》 どう対処するか分からなくて戸惑う。

十重二十重《とえはたえ》 幾重にも重なり取り巻いていること。
遠浅《とおあさ》 海岸から遠くの方まで浅いこと。
十日《とおか》**戎**《えびす》 正月一〇日の初恵比寿。[新]
遠出《とおで》 遠方まで出かけること。
遠江《とおとうみ》 旧国名。静岡県の西部。遠州。
遠乗《とおの》**り** 馬や車などで遠くまで行くこと。
遠火《とおび》 遠くで燃える火。火から離す。
遠吠《とおぼ》**え** 犬や狼が長く尾を引いて鳴く声。
遠巻《とおま》**き** 遠くから取り巻くこと。
遠回《とおまわ》**し** それとなくほのめかすこと。
遠目《とおめ》 遠くから見ること。遠くまで見える目。
遠眼鏡《とおめがね》 望遠鏡。
通《とお》**り** 道。通路。物が通る程度。評判。
通《とお》**り魔**《ま》 通行人に危害を与える者。

通《とお》**る** 通行する。つきぬける。理解できる。
都下《とか》 東京都の二三区以外の区域。
渡河《とか》 川を渡ること。
咎《とが》 あやまち。つみ。犯罪。(別)科
都雅《とが》 上品でみやびやかなさま。
都会《とかい》 人口の多いにぎやかな土地。都市。
渡海《とかい》 海を渡ること。渡航。航海。
土塊《どかい》 土のかたまり。
度外視《どがいし》 問題にしないこと。
斗掻《とか》**き** 枡に盛った穀類を平らにする棒。
ト書《が》**き** 脚本で俳優の動きを指示した文。
兎角《とかく》 あれこれ。ともするると。
蜥蜴《とかげ》 小型の爬虫類。[夏]
解《と》**かす** 氷や雪を水にする。(別)融かす
融《と》**かす** 固体に熱を加え液状にする。

溶《と》**かす** 液体の中に他の物をまぜる。
梳《と》**かす** 毛を櫛で整える。(別)解かす
退《ど》**かす** 邪魔なものを他の場所に移す。
土方《どかた》 土木工事に働く労働者。
咎人《とがにん》 罪人。(別)科人
咎《とが》**める** 非難する。後ろめたく思う。
尖《とが》**る** 先が鋭くなる。過敏になる。
土管《どかん》 素焼きの太い管。下水管用。
時《とき》 時間。時刻。時代。時勢。
斎《とき》 寺院の食事。精進料理。
朱《と》**鷺**《き》 サギに似た大形の鳥。(別)鴇
鬨《とき》 戦場などで一斉に発する叫び声。
伽《とぎ》 退屈を慰める話し相手。
土器《どき》 素焼きのうつわ。かわらけ。
怒気《どき》 怒った表情・様子。「—を含む」

時折《ときおり》 ときどき。ときたま。たまに。
時偶《ときたま》 たまに。ときおり。
時時《ときどき》 その時その時。ときおり。
時《とき》**めく** 時勢に乗ってもてはやされる。
度胆《どぎも》 きもったま。「—を抜かれる」
時世《ときよ》 時代。時世。「—時節《じせつ》」
渡御《とぎょ》 神輿《みこし》のお出まし。[夏]
度胸《どきょう》 物事に動じない心。
読経《どきょう》 声を出して経を読むこと。
徒競走《ときょうそう》 かけっこ。かけくらべ。
常磐《ときわ》 永遠に変わらないこと。とこしえ。
常磐木《ときわぎ》 常緑樹。
常磐津《ときわず》 浄瑠璃の一流派。常磐津節。
鍍金《ときん》 めっき。
得《とく》 もうけ。利益。有利。

徳《とく》 行いが立派である。神仏の慈悲。
解《と》**く** ほどく。解任する。解決する。
溶《と》**く** 物を液体に入れてまぜる。とかす。
梳《と》**く** 髪の毛をくしでとかす。すく。
説《と》**く** 道理を明らかにして話す。
研《と》**ぐ** 刃物をこすって鋭くする。洗う。
毒《どく》 有害な物質。害をもたらすもの。
退《ど》**く** 別の所へ移って場所を空ける。
特異《とくい》 他のものと著しく変わっているさま。
得意《とくい》 満足していること。自慢げなこと。
徳育《とくいく》 道徳を養う教育。
得意満面《とくいまんめん》 誇らしげな顔つき。
土偶《どぐう》 遺跡から出る土製の人形。
独演《どくえん》 一人だけで演ずること。
独往《どくおう》 独自の道を行くこと。「自主—」

毒牙《どくが》 毒を出すきば。悪だくみの手段。
篤学《とくがく》 学問に熱心なこと。「—の士」
独学《どくがく》 自分一人の力で勉強すること。
独眼竜《どくがんりゅう》 片目の英雄。特に伊達政宗。
特技《とくぎ》 他人にはできない特別の技能。
徳義《とくぎ》 道徳上、守るべき義務。
独吟《どくぎん》 一人で詩歌をうたうこと。
毒気《どくけ》 毒となる成分。悪気。どっけ。
毒消《どくけ》**し** 毒の作用を消すこと。
独語《どくご》 ひとりごと。独言。ドイツ語。
読後《どくご》 本などを読んだあと。「—感」
木賊《とくさ》 トクサ科の常緑性シダ植物。
独裁《どくさい》 特定の個人・集団が全体を支配する。
得策《とくさく》 有利な手段・方策。
毒殺《どくさつ》 毒薬で殺すこと。

と

特産《とくさん》 その地方で特に生産されること。
特使《とくし》 特別の任務で派遣される使者。
篤志《とくし》 社会事業などに熱心なこと。「—家」
独自《どくじ》 そのものだけに特有なこと。
特質《とくしつ》 そのものだけが持つ独特の性質。
得失《とくしつ》 利益と損失。損得。利害。
篤実《とくじつ》 誠実で情にあついこと。「温厚—」
特赦《とくしゃ》 恩赦の一種。特定の者の刑の免除。
読者《どくしゃ》 本などの読み手。
毒蛇《どくじゃ》 どくへび(毒蛇)。
独酌《どくしゃく》 ひとりで酒を飲むこと。
特殊《とくしゅ》 普通と異なっていること。特別。
特種《とくしゅ》 特別な種類。
特需《とくじゅ》 特別な需要。「—景気」
毒手《どくしゅ》 悪辣な手段。毒牙。

特集《とくしゅう》 特定の問題を中心に編集すること。
独習《どくしゅう》 自分一人で学習すること。
特出《とくしゅつ》 特にすぐれていること。傑出。
読書《どくしょ》 本を読むこと。
特賞《とくしょう》 特別の賞。
特上《とくじょう》 最上よりさらに上のもの。
独唱《どくしょう》 一人による歌唱の形態。ソロ。
特色《とくしょく》 他のものにない目立つ点。
瀆職《とくしょく》 汚職。
読書三到《どくしょさんとう》 読書の三つの心構え。心を集中し、目を見開き、声に出して読む。
読書尚友《どくしょしょうゆう》 昔の賢人の書物を読むことによって、古人を友とする。
読書百遍《どくしょひゃっぺん》 乱読より熟読せよ。
特進《とくしん》 特別に進級・昇進すること。

得心《とくしん》 十分に納得すること。「—がゆく」
篤信《とくしん》 信仰心があついこと。
瀆神《とくしん》 神を冒瀆すること。
独身《どくしん》 配偶者がいないひとりもの。
毒刃《どくじん》 凶悪人の用いるやいば。凶刃。
読唇術《どくしんじゅつ》 唇の動きで話を理解する術。
独参湯《どくじんとう》 いつ演じても当たる狂言。
毒《どく》する そこなう。
特性《とくせい》 特有の性質・能力。特質。
特製《とくせい》 特別の製造品。特別製。
徳性《とくせい》 道徳心。
徳政《とくせい》 善政。仁政。貸借関係の破棄。
毒性《どくせい》 毒の持つ性質。
特設《とくせつ》 特別にもうけること。
毒舌《どくぜつ》 てきびしい皮肉・批判。「—家」

特選《とくせん》 特別に認められること。
督戦《とくせん》 部下を励まし戦わせること。
独占《どくせん》 ひとりで占有すること。
独善《どくぜん》 ひとりよがりにふるまうこと。
独擅場《どくせんじょう》 ⇩どくだんじょう(独壇場)
毒素《どくそ》 毒性の強い物質。
特捜《とくそう》 「特別捜査」の略。「—本部」
独走《どくそう》 一人トップを走る。勝手な行動をする。
独奏《どくそう》 一人で演奏すること。ソロ。
独創《どくそう》 独自の考えでつくり出すこと。
督促《とくそく》 実行をうながすこと。催促すること。
毒茸《どくたけ》 有害なきのこ。秋
特種《とくだね》 その社だけが入手した報道材料。
蕺草《どくだみ》 ドクダミ科の草。薬用。十薬。夏
徳俵《とくだわら》 土俵の四方に外側にずらして置く俵。

特段《とくだん》 特別。格段。
独断《どくだん》 自分だけの考えで物事を決めること。
独壇場《どくだんじょう》 その人だけが活躍する場所。
独断専行《どくだんせんこう》 勝手に決めて行う。
特注《とくちゅう》 「特別注文」の略。
特長《とくちょう》 そのものに見られる長所。
特徴《とくちょう》 そのものに特に目立つ点。
毒突《どくづ》く ひどく悪口を言う。
特定《とくてい》 特にそれと指定すること。
特典《とくてん》 特別の恩典。
得点《とくてん》 点を得ること。その点数。
篤《とく》と 念を入れてじっくりと。よくよく。
得度《とくど》 出家して僧としての生活に入ること。
禿頭《とくとう》 はげあたま。光頭。
特等《とくとう》 一等よりもさらに上の特別の等級。

得道《とくどう》 悟りを開くこと。悟道。
得得《とくとく》 得意なようす。「—として語る」
独特《どくとく》 そのものだけにある様子。(別)独得
毒毒《どくどく》しい 色がどぎつい。にくたらしい。
特《とく》に 特別に。とりわけ。
篤農家《とくのうか》 研究熱心な農業者。篤農。
特派《とくは》 特別に派遣すること。「—員」
読破《どくは》 本を読みとおすこと。読了。
特売《とくばい》 商品を特別に安く売ること。
独白《どくはく》 独り言。相手なしに言うせりふ。
特発《とくはつ》 原因不明の発病。
特筆《とくひつ》 特に取り上げて書きたてること。
禿筆《とくひつ》 ちびた筆。「—を呵す」
得票《とくひょう》 選挙の結果得た票。
毒婦《どくふ》 残酷な性悪女。奸婦。

毒物《どくぶつ》 毒性をもつ物質。
特別《とくべつ》 普通と異なっているさま。とりわけ。
毒蛇《どくへび》 毒をもつヘビの総称。
特報《とくほう》 特別の報道。
徳望《とくぼう》 徳が高く人望があること。
独房《どくぼう》 一人だけ収容する監房。独居房。
読本《とくほん》 もと小学校の国語教科書。入門書。
毒味《どくみ》 毒の有無を試すこと。味見。(別)毒見
特務《とくむ》 特別の任務。
匿名《とくめい》 実名をかくすこと。
特命《とくめい》 特別の任命・命令。
徳目《とくもく》 徳を一つ一つ列挙したもの。
特約《とくやく》 特別な条件や便宜を伴う契約。
毒薬《どくやく》 毒を含む医薬品。
特有《とくゆう》 それだけに備わっていること。

徳用《とくよう》 使うと割安なこと。
徳利《とくり》 細長くて口の狭い酒の容器。
独立《どくりつ》 他の束縛を受けないこと。独り立ち。
独立独歩《どくりつどっぽ》 他人にたよらず、自己の信念に基づき行動すること。
独立不羈《どくりつふき》 束縛を受けず行う。
読了《どくりょう》 全部読みおえること。
独力《どくりょく》 自分ひとりの力。
特例《とくれい》 例外として特に認めたもの。
督励《とくれい》 とりしまり励ますこと。
塒《とぐろ》 蛇が体を渦巻状に巻くこと。(別)蜷局
髑髏《どくろ》 ⇩されこうべ
独話《どくわ》 ひとりごと。独語。
刺《とげ》 植物や動物の針状の突起。(別)棘
徒刑《とけい》 昔、重罪人を労役に服させた刑。

と

時計《とけい》 時間を計る機械。
土下座《どげざ》 地面にひざまずいてする礼。
吐血《とけつ》 消化器から出血した血液を吐くこと。
刺刺《とげとげ》しい 人の感情を突き刺す感じだ。
解《と》ける ほどける。答えが得られる。
融《と》ける 固体が液状になる。
溶《と》ける 物が液体にまじりあう。
遂《と》げる やり終える。そのような結果になる。
退《ど》ける わきへ移して場所をあける。
土建《どけん》 「土木建築」の略。「―業者」
床《とこ》 ねどこ。床の間。畳の下地。
何処《どこ》 どの場所。どのような点。
床《とこ》上《あ》げ 病気が回復して寝床を上げる。
床《とこ》入《い》り 婚礼の夜、夫婦の初めての共寝。
渡航《とこう》 航空機や船で海外へ行くこと。

土工《どこう》 土木工事。その作業員。
土豪《どごう》 その土地の豪族。
怒号《どごう》 怒ってさけぶこと。その声。
床框《とこがまち》 床の間の前にわたした化粧横木。
永久《とこしえ》 いつまでも変わらずに続くさま。
床擦《とこず》れ 病床に長くいて体がすれ爛れる。
常夏《とこなつ》 いつも夏のような気候であること。
床《とこ》の間《ま》 座敷の上座に一段高く構えた所。
床柱《とこばしら》 床の間にある化粧柱。
常春《とこはる》 一年中春のような気候であること。
常節《とこぶし》 アワビに似た巻き貝。[春]
床屋《とこや》 理髪店。また、理髪師。
床山《とこやま》 役者・力士の髪を結う人。
常闇《とこやみ》 永久の闇。常夜《とこよ》。
野老《ところ》 ヤマノイモ科のつる性多年草。[新]

心太《ところてん》 テングサを煮て固めた食品。[夏]
土佐《とさ》 旧国名。高知県。土州。
吐剤《とざい》 食べた物を吐き出させる薬剤。
土佐犬《とさいぬ》 イヌの一品種。天然記念物。
土左衛門《どざえもん》 水死体。
鶏冠《とさか》 ニワトリなどの頭にある肉質突起。
閉《と》ざす 戸をしめる。とじる。(別)鎖す
屠殺《とさつ》 肉用の家畜を殺すこと。
塗擦《とさつ》 薬を塗ってすり込むこと。
外様《とざま》 譜代でない大名。主流でない立場。
登山《とざん》 山に登ること。山登り。[夏]
土産《どさん》 土地の産物。みやげ物。
道産子《どさんこ》 北海道で生まれた人(馬)。
年《とし》 一年。年齢。(別)歳
徒死《とし》 むだに死ぬこと。

都市《とし》 人口が多くその地方の中心となる地。
刀自《とじ》 年寄りの婦人の尊称。とうじ。
途次《とじ》 道の途中。道すがら。
年男《としおとこ》 その年の干支生まれの男。[冬]
年甲斐《としがい》 年齢に相応した分別。
年嵩《としかさ》 年長であること。高齢。
度《ど》し難《がた》い 救いようがない。
年神《としがみ》 その年の豊作を守る神。[新] (別)歳神
年子《としご》 一つ違いで生まれた兄弟姉妹。
年越《としこ》し 大晦日の夜。[冬]
年籠《としごも》り 社寺に籠り新年を迎える。[冬]
年頃《としごろ》 大体の年齢。結婚に適した年齢。
綴《と》じ代《しろ》 綴じるために残しておく部分。
年玉《としだま》 新年を祝う贈り物。おとしだま。[新]
年波《としなみ》 年が重なること。「寄る―」

年《とし》の市《いち》 年末、正月用品を売る市。图

年《とし》の暮《く》れ その年の終わり。年末。图

年《とし》の瀬《せ》 年末。

年端《としは》 年齢の程度。「―もゆかぬ子」

年増《としま》 娘盛りを過ぎた女性。

戸締《とじ》まり 戸を締めかぎをかける。

年回《としまわ》り 年齢による運勢のよしあし。

吐瀉《としゃ》 嘔吐と下痢。

土砂《どしゃ》 土と砂。「―くずれ」

土砂降《どしゃぶ》り 雨が激しく降ること。

斗酒《としゅ》 多量の酒。「―なお辞せず」

徒手《としゅ》 手に何も持たないこと。

徒手空拳《としゅくうけん》 から手。素手。

図書《としょ》 書物。本。

屠所《としょ》 屠殺場。「―の羊」

徒渉《としょう》 川を歩いて渡ること。

途上《とじょう》 ある地点へ達する途中。

登城《とじょう》 城に参上・出仕すること。⇔下城

泥鰌《どじょう》 細長い形の淡水魚。食用。㊖鰌

土壌《どじょう》 つち。特に、作物の育つ土。

土性骨《どしょうぼね》 生まれつきの精神力。

徒食《としょく》 仕事を何もしないで暮らすこと。

年寄《としよ》り 年をとった人。老人。

年寄《としより》 住民の長。相撲部屋の親方。

閉《と》じる しめる。しまる。やめる。

綴《と》じる つづり合わせて一つにまとめる。

年忘《としわす》れ 一年の苦労を慰労する会。图

都心《としん》 大都市の中心地帯。

土人《どじん》 土着の住民。先住民の蔑称。

都人士《とじんし》 都会に住む人。

賭《と》する かける。「身命を―」

渡世《とせい》 世渡り。職業。生業。

土星《どせい》 太陽系の第六惑星。多くの衛星をもつ。

怒声《どせい》 おこった声。

土石流《どせきりゅう》 土砂が一気に流れ下る現象。

途絶《とぜつ》 続いてきたものが絶えること。

渡船《とせん》 わたしぶね。

渡線橋《とせんきょう》 跨線橋《こせんきょう》。

屠蘇《とそ》 元旦に飲む薬酒。屠蘇酒。新

塗装《とそう》 塗料を塗ること。

土葬《どそう》 死体を焼かずに地中にうずめること。

土蔵《どぞう》 壁を土やしっくいで塗った蔵。

土足《どそく》 履物を履いたままの足。どろあし。

土俗《どぞく》 その土地に伝わる風俗・習慣。

土台《どだい》 建造物の基礎。もともと。

戸棚《とだな》 戸をつけた棚。

途端《とたん》 ちょうどそのとき。

塗炭《とたん》 非常に苦しい境遇。「―の苦しみ」

土壇場《どたんば》 物事が決まる最後の瞬間。

栃《とち》 ⇩とちのき(栃)

土地《とち》 大地。耕地や宅地。その地方。

栃《とちのき》 トチノキ科の落葉高木。㊖橡

土着《どちゃく》 その土地に住みつくこと。

途中《とちゅう》 物事が続いている間。

徒長《とちょう》 植物の枝がいたずらに伸びること。

登頂《とちょう》 ⇩とうちょう(登頂)

怒張《どちょう》 血管などがもりあがること。

特価《とっか》 特別の安い値段。

徳化《とっか》 徳による教化。

読解《どっかい》 文章を読んで文意を理解すること。

吶喊《とっかん》 ときの声をあげて突撃すること。

突貫《とっかん》 一気に完成させること。「―工事」

突起《とっき》 一部分が高く突き出ること。

特記《とっき》 特別に取り上げて書き記すこと。

特急《とっきゅう》 特別速く走る列車。特に急ぐこと。

特許《とっきょ》 特定の権利を与えること。特許権。

独居《どっきょ》 ひとりずまい。ひとり暮らし。

疾《と》っく ずっと前に。ずっと以前。

嫁《とつ》ぐ 嫁に行く。

外《と》つ国《くに》 異国。外国。

特訓《とっくん》 短期間に集中して行う激しい訓練。

毒気《どっけ》 ⇩どくけ(毒気)

突撃《とつげき》 突進して攻撃すること。

特権《とっけん》 特定の人に特別に与えられる権利。

独鈷《とっこ》 両端がとがった仏具。

特高《とっこう》 特別高等警察。戦前の弾圧警察。

徳行《とっこう》 道徳にかなった行為。

篤行《とっこう》 誠実で人情にあつい行為。

篤厚《とっこう》 情にあつく誠実なこと。

独行《どっこう》 自分一人の力だけでやること。

特効薬《とっこうやく》 ある病気によくきく薬。

突兀《とっこつ》 物が高く出ているさま。

咄嗟《とっさ》 ごく短い時間。「―の判断」

突出《とっしゅつ》 突き出ること。抜きん出ること。

突如《とつじょ》 急に。だしぬけ。

突進《とっしん》 一気に勢いよく進むこと。

突然《とつぜん》 急に物事が起こるさま。

突端《とったん》 突き出た端。とっぱな。

取《と》っ付《つ》き 初対面の印象。一番手前。

取《と》っ手《て》 器物・器具の柄。㊖把手

突堤《とってい》　海の中に長く突き出した堤防。
訥訥《とつとつ》　つかえるように話すさま。(別)吶吶
突入《とつにゅう》　つき進んで勢いよく入ること。
突破《とっぱ》　突き破ること。越えること。
突外《とっぱず》れ　一番のはずれ。
突発《とっぱつ》　突然に起こること。「—事故」
凸版《とっぱん》　印刷する面が高くなった印刷版。
突飛《とっぴ》　全く思いがけない。意外である。
突拍子《とっぴょうし》　意外な。「—もない」
突風《とっぷう》　突然吹きつける強い風。
訥弁《とつべん》　つかえたりする下手な話し方。
独歩《どっぽ》　ひとりで歩くこと。卓越している。
土手《どて》　土を積み上げた堤。堤防。
徒弟《とてい》　住み込みの弟子。門人。
途轍《とてつ》もない　途方もない。

迚《とて》も　なんとしても。非常に。たいへん。
褞袍《どてら》　防寒用の綿入れの着物。[冬]
鯔《とど》　ボラの成長したもの。「—のつまり」
胡獱《とど》　アシカに似た大形の海獣。
都都逸《どどいつ》　七・七・七・五句の俗曲の一。
徒党《ととう》　悪いたくらみを持つ仲間。
怒濤《どとう》　荒れ狂う大波。「疾風—」
届《とど》く　着く。行き渡る。気持ちが通じる。
滞《とどこお》る　つかえて順調に進まない。
整《ととの》う　きれいにそろう。調和がとれる。
調《ととの》う　必要なものがそろう。まとまる。
椴松《とどまつ》　マツ科の常緑高木。
止《とど》まる　ひと所に動かずいる。(別)留まる
止《とど》め　生き返らせないための最後の一撃。
轟《とどろ》く　大きな音が響く。広く知られる。

と

称《とな》える　名づけて呼ぶ。称する。
唱《とな》える　節をつけて読む。はっきり主張する。
馴鹿《トナカイ》　シカ科の獣。大きな角を持つ。
土鍋《どなべ》　素焼きの鍋。
隣《となり》　ならびつづいているもの。
怒鳴《どな》る　大声で叱る。
兎《と》に角《かく》　それはそれとして。ともかく。
吐乳《とにゅう》　赤ん坊が飲んだ乳をはき出すこと。
舎人《とねり》　天皇・貴族に仕えて雑務をした役人。
梣《とねりこ》　モクセイ科の落葉高木。
殿《との》　身分のある男を敬っていう語。
土嚢《どのう》　土を詰めた袋。
殿方《とのがた》　女性が男性をさしていう敬称。
砥粉《とのこ》　砥石の粉。刀の研磨などに用いる。
殿様蛙《とのさまがえる》　カエルの一種。金線蛙。

賭場《とば》　ばくちをする所。
駑馬《どば》　歩みののろい馬。
賭博《とばく》　ばくち。かけごと。
迸《とば》しる　勢いよく飛び散る。ほとばしる。
度外《どはず》れ　限度を超えること。
怒髪《どはつ》　怒って逆立った頭髪。「—天を衝く」
迸《とばっち》り　まきぞえ。「—を食う」
土鳩《どばと》　公園などにいる普通のハト。(別)鴿
帳《とばり》　たれ下げて目かくしとする布。(別)帷
登坂《とはん》　自動車が坂道をのぼること。
都鄙《とひ》　都会といなか。
鳶《とび》　タカ科の鳥。鳶職。(別)鵄
飛魚《とびうお》　小形の海魚。海面上を飛ぶ。[夏]
飛《と》び級《きゅう》　学年を飛ばして進級する制度。
鳶口《とびぐち》　棒の先に鉄の鋭い鉤をつけた道具。

鳶職《とびしょく》　土木・建築工事に従事する職人。
飛《と》び地《ち》　他の行政区域に離れてある土地。
飛《と》び道具《どうぐ》　弓矢や鉄砲。
跳《と》び箱《ばこ》　体操用具の一。木枠を重ねた台。
土俵《どひょう》　土を詰めた俵。相撲をとる所。
土瓶《どびん》　湯茶をいれるせともの製の器。
塗布《とふ》　薬や塗料を一面に塗りつけること。
飛《と》ぶ　空中を進む。大急ぎで行く。
跳《と》ぶ　高くはねる。はねて越える。
溝《どぶ》　下水のみぞ。
戸袋《とぶくろ》　雨戸を引き入れておくところ。
溝鼠《どぶねずみ》　ネズミの一種。どぶのそばにすむ。
濁酒《どぶろく》　かすをこしていない白く濁った酒。
土塀《どべい》　土で塗りかためた塀。
海桐《とべら》　トベラ科の常緑低木。海岸に自生。

徒歩《とほ》　足で歩くこと。
途方《とほう》　方法。てだて。筋道。「—に暮れる」
土崩瓦解《どほうがかい》　物事が根底からくずれやぶれて、手のつけようがない。
土木《どぼく》　道路・橋などを造る工事。
惚《とぼ》ける　知らないふりをする。
乏《とぼ》しい　足りない。不足している。貧しい。
枢《とぼそ》　開き戸の回転軸を入れる穴。
苫《とま》　スゲ・カヤで編んだ雨露を防ぐもの。
土間《どま》　家の中で床を張らず地面のままの所。
塗抹《とまつ》　塗りつけること。塗り消すこと。
蕃茄《トマト》　ナス科の野菜。あかなす。[夏]
戸惑《とまど》う　勝手がわからずにまごつく。
苫屋《とまや》　苫ぶきの粗末な家。
土饅頭《どまんじゅう》　土を丸く盛り上げた墓。

富《とみ》　価値のある資源や物質。

富籤《とみくじ》　江戸時代にはやった宝くじ。

左《と》見《み》右《こう》見《み》　あちこちを見る。

頓《とみ》に　急に。にわかに。

土《ど》民《みん》　土着の住民。

富《と》む　財産を多くためて持つ。豊富だ。

弔《とむら》う　人の死を悲しみ悼む。法要を営む。

留《と》め金《がね》　合わせ目をつなぎ留める金具。

留袖《とめそで》　既婚女性の礼装用和服。

止《と》め処《ど》　終わりになる所。「—がない」

留山《とめやま》　江戸時代、狩猟や伐木を禁じた山。

止《と》める　動きを停止させる。やめさせる。

留《と》める　固定する。意識を向ける。

泊《と》める　人を家に入れて夜を過ごさせる。

友《とも》　親しくしている人。親しんでいる物。

共《とも》　一緒。共通であること。

供《とも》　主人につき従って行くこと(人)。

鞆《とも》　弓を射るとき左手につける革製の具。

艫《とも》　船の後部。船尾。⇔みよし・へさき

巴《ともえ》　水の渦巻くような形・模様。

兎《と》も角《かく》　とにかく。…は別として。

輩《ともがら》　仲間。やから。

共《とも》食《ぐ》い　同類の動物が食い合う。共倒れ。

灯《ともし》火《び》　ともした火。明かり。

共《とも》白《しら》髪《が》　夫婦そろって長生きする。

点《とも》す　明かりをつける。㊍灯す

共《とも》倒《だお》れ　両方ともだめになること。

友《とも》達《だち》　親しく交遊する人。友人。

纜《ともづな》　船をつなぎとめる綱。㊍艫綱

伴《ともな》う　連れて行く。一緒に起こる。

共《とも》働《ばたら》き　夫婦がどちらも働きに出ること。

友《とも》引《びき》　六曜の一。葬式を出すことを忌む日。

点《とも》る　明かりがつく。㊍灯る

吃《ども》る　話をするとき、言葉がつかえる。

鳥《と》屋《や》　鳥小屋。「—に就く」㊍塒

兎《と》や角《かく》　なんのかの。あれこれ。

都《と》邑《ゆう》　まちとむら。また、都会。

豊《とよ》葦《あし》原《はら》　日本国の美称。「—瑞穂国」

土《ど》用《よう》　雑節の一。特に夏の土用。㊢

土《ど》用《よう》波《なみ》　夏の土用の頃の大波。㊢

響《どよ》めく　音が鳴り響く。人々がざわめく。

虎《とら》　トラ科の猛獣。酔っ払い。

寅《とら》　十二支の第三番目。

銅《ど》鑼《ら》　青銅製の円盤状の打楽器。

渡《と》来《らい》　外国から渡って来ること。舶来。

捕《と》らえる　つかまえる。把握する。

虎《とら》刈《が》り　段になった下手な頭髪の刈り方。

虎《とら》鶫《つぐみ》　ツグミ類で最も大きい鳥。ヌエ。

虎《とら》の子《こ》　大切にして手放さないもの。

虎《とら》の巻《まき》　兵法の秘伝書。あんちょこ。

酉《とり》　十二支の第一〇番目。

鳥《とり》　鳥類の総称。

鶏《とり》　にわとり。

取《と》り敢《あ》えず　さしあたって。

鳥《とり》居《い》　神社の入り口に建てる門。

取《と》り急《いそ》ぎ　急いで。「—ご報告まで」

鳥《とり》打《う》ち帽《ぼう》　庇のある平たい帽子。

取《と》り柄《え》　すぐれた点。長所。㊍取り得

鳥《とり》威《おど》し　かかし・鳴子などの称。㊙

鳥《とり》貝《がい》　海産の二枚貝。食用。

鳥《とり》籠《かご》　鳥を飼うかご。

取《と》り舵《かじ》　船首を左へ向ける舵の取り方。

鳥《とり》兜《かぶと》　キンポウゲ科の多年草。根は猛毒。

取《と》り粉《こ》　つきたての餅につける粉。

虜《とりこ》　いけどられた人。捕虜。㊍擒

取《と》り沙《ざ》汰《た》　世間のうわさ。風評。

取《と》り皿《ざら》　料理を取り分ける小皿。

取《とり》締《しまり》役《やく》　株式会社の重役。

捕《と》り手《て》　罪人を捕らえる役目の人。

砦《とりで》　本城から離れて築いた小さい建物。

取《とり》的《てき》　一番下の階級の力士。

執《と》り成《な》す　よくなるように計らう。

酉《とり》の市《いち》　一一月の酉の日の祭礼。㊄

鳥《とり》の子《こ》紙《がみ》　淡黄白色の上質の和紙。

取《と》り箸《ばし》　総菜を取り分けるときに使う箸。

鳥《とり》肌《はだ》　毛孔のぶつぶつになった肌。

取《とり》引《ひき》　商品の売買。かけひき。

取《と》り巻《ま》き　有力者につき従う人。

鳥《とり》目《め》　夜盲症の俗称。

鳥《とり》黐《もち》　鳥などをつかまえる粘りのあるもの。

塗《と》料《りょう》　物の表面に塗る液体。

度《ど》量《りょう》　相手の意見を受け入れる心の広さ。

度《ど》量《りょう》衡《こう》　長さと容積と目方。

努《ど》力《りょく》　一生懸命努め励むこと。

取《と》る　手に持つ。手に入れる。

盗《と》る　他人の物をうばう。ぬすむ。

捕《と》る　つかまえる。

採《と》る　集める。採集する。えらぶ。

執《と》る　手に持って使う。行う。「政務を—」

撮《と》る　写真や映画を撮影する。

弗《ドル》 アメリカなどの通貨。「—安」

土塁《どるい》 土を盛り上げただけの簡単なとりで。

土耳古《トルコ》 アジア西端部の国。

土鈴《どれい》 粘土で作った鈴。

奴隷《どれい》 私有物として売買され使役された人。

取《と》れ高《だか》 農作物の収穫量。

取《と》れ立《た》て 取れたばかりで新鮮である。

瀞《とろ》 川の流れがゆるやかで深い所。

吐露《とろ》 自分の意見を心底から述べること。

泥《どろ》 水が混じってやわらかくなった土。

徒労《とろう》 むだな骨折り。

蕩《とろ》ける 溶けて液状になる。

泥仕合《どろじあい》 欠点をあばき合う醜い争い。

泥縄《どろなわ》 事が起こってあわてて対処すること。

泥沼《どろぬま》 泥深い沼。抜け出せない悪い状態。

泥棒《どろぼう》 他人の物を盗む者。

泥塗《どろまみ》れ 泥にまみれること。

泥柳《どろやなぎ》 ヤナギ科の落葉高木。

薯蕷《とろろ》 ヤマノイモなどをすりおろした料理。

永久《とわ》 えいきゅう。いつまでも続くこと。

度忘《どわす》れ 知っていることを思い出せない。

屯《トン》 質量・体積の単位。(別)噸・瓲

鈍《どん》 頭の回転がにぶいこと。

屯営《とんえい》 兵士がいる所。兵営。

鈍化《どんか》 にぶること。

鈍角《どんかく》 九〇度以上、一八〇度以下の角。

鈍感《どんかん》 感覚の鈍いこと。⇔敏感

鈍器《どんき》 凶器としてのこん棒・金づちなど。

頓狂《とんきょう》 だしぬけで調子はずれなさま。

団栗《どんぐり》 カシ・シイ・クヌギなどの果実。[秋]

鈍行《どんこう》 各駅停車の列車。

鈍根《どんこん》 才知が鈍いこと。⇔利根

頓挫《とんざ》 勢いが途中でくじけ弱ること。

頓才《とんさい》 とっさの場合に機転をきかす才。

鈍才《どんさい》 頭の回転の遅いこと(人)。

頓死《とんし》 突然死ぬこと。急死。

豚児《とんじ》 愚かな子供。自分の子供の謙譲語。

遁辞《とんじ》 言いのがれの言葉。逃げ口上。

頓着《とんじゃく》 ⇩とんちゃく(頓着)

頓首《とんしゅ》 書簡の最後に書く敬意を表す語。

鈍重《どんじゅう》 動作や性質がにぶくのろいこと。

屯所《とんしょ》 (兵士などの)詰めている所。

貪食《どんしょく》 むさぼり食うこと。

豚汁《とんじる》 豚肉を入れた味噌味の汁。ぶたじる。

緞子《どんす》 厚く光沢のある繻子《しゅす》地の絹織物。

鈍《どん》する にぶくなる。「貧すれば—」

遁世《とんせい》 俗世間を逃れる。仏門に入ること。

遁走《とんそう》 逃げて走ること。逃走。

鈍足《どんそく》 走るのが遅いこと。

頓智《とんち》 とっさに働く知恵。

頓痴気《とんちき》 とんま。まぬけ。

頓着《とんちゃく》 気にかけること。とんじゃく。

緞帳《どんちょう》 劇場で、上から垂らす幕。

頓珍漢《とんちんかん》 わけのわからないこと。

鈍痛《どんつう》 にぶい痛み。

曇天《どんてん》 曇った空。曇り空。

鳶《とんび》 トビ(鳶)。

頓服《とんぷく》 薬の一包みを一回にのむこと。

丼《どんぶり》 深く大きい、厚みのある大形の器。

丼勘定《どんぶりかんじょう》 大ざっぱな金の使い方。

蜻蛉《とんぼ》 細長い胴に二対の羽をもつ昆虫。[秋]

頓馬《とんま》 間が抜けていること(人)。まぬけ。

鈍麻《どんま》 感覚がにぶくなること。

問屋《とんや》 卸売を扱う商店。

貪欲《どんよく》 非常に欲が深いこと。

貪婪《どんらん》 非常に欲張りであること。

な

名《な》 物の呼び名。姓名。評判。

名宛《なあ》て 指定した受取人。あてな。

無《な》い 存在しない。所有していない。

亡《な》い 死んでいる。

地震《ない》 じしん。「—振る」

内圧《ないあつ》 組織内部からの圧力。⇔外圧

内意《ないい》 内々の意向。心の内の考え。

内因《ないいん》 内部にある原因。⇔外因

内謁《ないえつ》 内々で、貴人や目上の人に会うこと。

内苑《ないえん》 皇居や神社の中庭。

内縁《ないえん》 婚姻の届けをしていない夫婦の関係。

内応《ないおう》 ひそかに敵に通ずること。内通。

内奥《ないおう》 精神などの奥深いところ。

内科《ないか》 内臓疾患を手術せずに治療する医学。

内海《ないかい》 陸地に挟まれた海。うちうみ。

内界《ないかい》 心の中の世界。⇔外界

内外《ないがい》 うちとそと。国内と国外。だいたい。

内角《ないかく》 多角形の内側の角。

内閣《ないかく》 国の行政を担当する最高機関。

蔑《ないがし》ろ いいかげんに扱うさま。

内患《ないかん》 国や組織内部にある心配事。内憂。

内観《ないかん》 自己の内面を観察すること。内省。

内規《ないき》　その部内だけのきまり。
内儀《ないぎ》　他人の、特に町人の妻の敬称。
内局《ないきょく》　中央省庁の大臣が直接監督する局。
内勤《ないきん》　勤務先の建物の内部での勤務。
内宮《ないくう》　伊勢皇大神宮のこと。⇔外宮《げくう》
内径《ないけい》　厚みのある筒形の物の内側の直径。
内向《ないこう》　内気なこと。「—的」⇔外向
内攻《ないこう》　病気が身体の内部に広がること。
内訌《ないこう》　内部の乱れ。うちわもめ。内紛。
内剛《ないごう》**外柔**《がいじゅう》　⇔外柔内剛
内妻《ないさい》　内縁の妻。
内済《ないさい》　表ざたにしないで済ますこと。
内債《ないさい》　国内で募集される公社債。内国債。
内在《ないざい》　そのものの内部に存在すること。
乃至《ないし》　…から…まで。あるいは。

内示《ないじ》　公表・公開でなく内々に示すこと。
内耳《ないじ》　蝸牛管と三半規管のある耳の最深部。
内視《ないし》**鏡**《きょう》　内臓の内部を観察する器具。
内室《ないしつ》　貴人の妻の敬称。おくがた。
内実《ないじつ》　内部の実情。実際のところ。
内需《ないじゅ》　国内の需要。⇔外需
内柔《ないじゅう》**外剛**《がいごう》　本当は気が弱いのに、外見は強そうであること。⇔外柔内剛
内出《ないしゅっ》**血**《けつ》　体の内部での出血。
内緒《ないしょ》　内々にすること。暮らし向き。
内助《ないじょ》　妻の夫に対する援助。「—の功」
内情《ないじょう》　内部の事情。
内職《ないしょく》　本職以外にする仕事。
内心《ないしん》　心のうち。胸中。
内申《ないしん》　内々に申し述べること。

内診《ないしん》　婦人の生殖器内の診察。
内陣《ないじん》　神体や本尊を安置する奥の部分。
内親《ないしん》**王**《のう》　天皇の娘および女の孫。
内政《ないせい》　国内の政治。「—干渉」
内省《ないせい》　自分の心のうちを省りみること。
内戦《ないせん》　同じ国民どうしの国内での戦争。
内線《ないせん》　会社などで内部連絡用の電話線。
内装《ないそう》　建物の内部の装飾や設備。
内蔵《ないぞう》　そのもの自体に持っていること。
内臓《ないぞう》　胸腔や腹腔の中にある諸器官。
内孫《ないそん》　うちまご。⇔外孫
内諾《ないだく》　内々に承諾すること。「—を得る」
内談《ないだん》　内々の相談。密談。
内地《ないち》　その国の中。国内。本土。
内通《ないつう》　ひそかに敵に通ずること。裏切り。

内定《ないてい》　内々で決まること。
内偵《ないてい》　ひそかに探ること。
内的《ないてき》　内部に関するさま。心に関するさま。
内内《ないない》　ひそかにするさま。うちわ。
内発《ないはっ》**的**《てき》　内部の要因で起こるさま。
内部《ないぶ》　物の内の部分。組織や集団の中。
内服《ないふく》　薬を飲むこと。内用。⇔外用
内福《ないふく》　外見よりも内実が裕福なこと。
内紛《ないふん》　うちわもめ。内部のもつれ。
内分《ないぶん》　表ざたにしないこと。内聞。
内聞《ないぶん》　内々に聞くこと。内密。内分。
内包《ないほう》　内部にもつこと。一概念の共通属性。
綯《な》**い交**《ま》**ぜ**　種々のものを一つにまぜる。
内密《ないみつ》　秘密にしておくこと。「—の話」
内命《ないめい》　秘密の命令。

内面《ないめん》　うちがわ。心に関する方面。
内野《ないや》　野球場で、各塁を結ぶ線の内側。
内約《ないやく》　内密の約束。
内憂《ないゆう》　内部・国内の心配事。内患。
内憂《ないゆう》**外患**《がいかん》　内外の心配事。
内用《ないよう》　うちわの用事。内服。「—薬」
内容《ないよう》　中身。物事が含み持つ実質。
内乱《ないらん》　自国の政府に起こす戦争。
内覧《ないらん》　非公式に見ること。
内陸《ないりく》　海岸から遠く離れた陸地。
綯《な》**う**　より合わせてひもや縄を作る。
苗《なえ》　移植用の幼い草木。特にイネの苗。
苗《なえ》**木**《ぎ》　移植する前の幼い木。
苗《なえ》**床**《どこ》　種をまいて苗を育てる場所。[春]
萎《な》**える**　力がなくなる。植物がしおれる。

尚《なお》　さらに。よりいっそう。まだ。(別)猶
尚《なお》**且**《か》**つ**　さらにその上に。それでもやはり。
尚更《なおさら》　さらにいっそう。前にもまして。
等閑《なおざり》　深く気にかけない。おろそか。
直《なお》**す**　正しくする。改める。元通りにする。
治《なお》**す**　もとの健康な状態に戻す。
尚尚《なおなお》**書**《がき》　追伸。二伸。
直会《なおらい》　神事の後、供え物を飲食する行事。
直《なお》**る**　正しくなる。修復される。
治《なお》**る**　もとの健康な状態に戻る。
名《な》**折**《お》**れ**　名を汚すこと。不名誉。
中《なか》　内部。内側。あいだ。
仲《なか》　間柄。関係。「—のよい兄弟」
長雨《ながあめ》　何日も降り続く雨。霖雨《りんう》。
仲《なか》**居**《い》　料亭などで、客に応対する女性。

長《なが》居《い》 訪問先に長時間いること。
長《なが》い 距離・時間の隔たりが大きい。
永《なが》い 時間的にいつまでも続くさま。
長《なが》椅《い》子《す》 数人が座れる横に長い椅子。
長《なが》芋《いも》 畑で栽培するとろろいも。[秋]
中《なか》入《い》り 相撲や芝居の中休み。
長《なが》唄《うた》 三味線に合わせて歌う長い謡物。
轅《ながえ》 牛車などの前方に突き出た二本の棒。
長《なが》柄《え》 柄が長いこと(もの)。
中《なか》落《お》ち 三枚におろした魚の中骨の部分。
仲《なか》買《がい》 売買の仲介をする人。
長《なが》着《ぎ》 身長とほぼ同じ長さに仕立てた和服。
長《なが》靴《ぐつ》 ひざのあたりまである靴。
中《なか》子《ご》 入れ子の中のもの。刀の柄に入る部分。
仲《なか》仕《し》 船の貨物の積み降ろしをする人。

流《なが》し 台所や風呂場の洗う場所。
流《なが》し雛《びな》 川に流す雛祭りの人形。[春]
流《なが》し目《め》 横目で見ること。色目を使うこと。
中《なか》州《す》 土砂が積もって水中に現れ出た所。
中《なか》山《せん》道《どう》 京都・木曾・江戸を結ぶ道。
長《なが》袖《そで》 手首まである袖。たもとの長いもの。
仲《なか》違《たが》い 仲が悪くなること。
仲《なか》立《だ》ち 間に立ってとりもつこと。(別)媒
中《なか》弛《だる》み 中ほどでだれること。
長《なが》丁《ちょう》場《ば》 長い距離。長く続く場面。
中《なか》継《つ》ぎ 中間を継ぐこと。取次ぎ。(別)中次
長《なが》月《つき》 陰暦九月の異称。ながづき。[秋]
長《なが》っ尻《ちり》 話しこんで長居すること。
長《なが》続《つづ》き 長く続くこと。
中《なか》吊《づ》り 電車などの中に吊り下げる広告。

中《なか》手《て》 早稲の次に実る稲。[秋] (別)中稲
長《なが》門《と》 旧国名。山口県の西北部。長州。
仲《なか》直《なお》り けんかをやめて仲よくなること。
中《なか》庭《にわ》 建物の間にある庭。
長《なが》葱《ねぎ》 普通の棒状のネギ。ねぶか。
中《なか》日《び》 興行期間の、真ん中にあたる日。
長《なが》櫃《びつ》 衣服や調度を入れる長くて大きな箱。
長《なが》火《ひ》鉢《ばち》 長方形の箱火鉢。
仲《なか》間《ま》 一緒に何かをする人。同類。
中《なか》身《み》 中にあるもの。内容。(別)中味
仲《なか》見《み》世《せ》 社寺の境内の商店街。
眺《なが》める 遠く望む。見渡す。「夜景を―」
長《なが》持《もち》 衣服や調度品を入れる長方形の箱。
長《なが》持《も》ち 物が長くもつこと。
長《なが》屋《や》 一棟の中を数軒に割った家。

長《なが》湯《ゆ》 長い時間風呂に入っていること。
仲《なか》良《よ》し 仲がよいこと(人)。(別)仲好し
長《なが》らえる 長く生きる。(別)永らえる
勿《なか》れ …するな。「驚く―」(別)莫れ
流《なが》れ弾《だま》 目標をそれた弾丸。
流《なが》れ星《ぼし》 流星《りゅうせい》。[秋]
流《なが》れ者《もの》 定住せず渡り歩く者。
流《なが》れる 液体が移動する。伝わる。経過する。
長《なが》患《わずら》い 長い年月にわたる病気。
就中《なかんずく》 中でも。とりわけ。特に。
凪《なぎ》 風が止んで波が静かになった状態。
梛《なぎ》 マキ科の常緑高木。暖地に生える。
亡《な》き骸《がら》 死骸。しかばね。
泣《な》き言《ごと》 泣き口説いて人に言う言葉。
渚《なぎさ》 波うちぎわ。(別)汀

泣《な》き噦《じゃく》る しゃくりあげながら泣く。
薙《な》ぎ倒《たお》す 横に払って倒す。
泣《な》き所《どころ》 弱点。向こうずねの異称。
長《なぎ》刀《なた》 刀身に柄をつけた武器。(別)薙刀
泣《な》く 涙を流す。つらく感じる。
鳴《な》く 鳥・獣・虫などが声を出す。(別)啼く
凪《な》ぐ 風波がしずまる。
薙《な》ぐ 横にはらって切る。「草を―」
慰《なぐさ》める 心をなごやかにする。いたわる。
亡《な》くなる 死ぬ。
無《な》くなる 失われる。「鍵が―」
殴《なぐ》る こぶしや棒で強く打つ。
抛《なげう》つ 惜しげもなく差し出す。(別)擲つ
嘆《なげ》く 嘆息する。憂え悲しむ。(別)歎く
投《な》げ首《くび》 首を傾けて考え込む。「思案―」

長《なげ》押《し》 日本間の柱と柱の間をつなぐ横材。
投《な》げ遣《や》り そのままに投げ捨てておく。
投《な》げる 物をほうる。あきらめる。
仲《なこ》人《うど》 結婚の仲立ちをする人。
夏《な》越《ごし》の祓《はらえ》 六月晦日の神事。[夏]
和《なご》む 穏やかになる。やわらぐ。「心が―」
和《なご》やか 気分が穏やか。のどやか。
名《な》残《ごり》 なお残る気分。別れの際の心残り。
余《なご》波《り》 風がないだあとも、なお静まらない波。
情《なさ》け 思いやり。人情。恋愛の情。
名《な》指《ざ》し 名前を言ってさし示すこと。
梨《なし》 バラ科の果物。有《あり》の実。[秋]
済《な》し崩《くず》し 少しずつ片付けていくこと。
梨《な》子《し》地《じ》 梨の実の皮に似た蒔絵。
梨《なし》の礫《つぶて》 便りをだしても何の返事もない。

馴染《なじ》み　親しい関係。「昔―」
詰《なじ》る　詰問する。責めて問う。
茄子《なす》　ナス科の野菜。なすび。夏　別茄
生《な》す　子を産む。
成《な》す　つくる。構成する。やりとげる。
為《な》す　する。行う。「―がまま」
済《な》す　借金を返す。済ませる。
薺《なずな》　春の七草の一。ペンペングサ。新
茄子《なすび》　なす(茄子)の異称。夏
泥《なず》む　こだわる。とどこおる。「暮れ―」
擦《なす》る　こすりつける。他人に負わせる。
何故《なぜ》　どういうわけで。なにゆえ。
撫《な》ぜる　なでる。
謎《なぞ》　なぞなぞ。正体不明のもの。
謎謎《なぞなぞ》　言葉の裏の意味を当てさせる遊び。

準《なぞら》える　見たてる。似せる。
鉈《なた》　厚く短く、幅広の刃物。
灘《なだ》　潮流の強い航行の難所の海洋。
名代《なだい》　有名なこと。
名題《なだい》　外題《げだい》。一座の上位の役者。
名高《なだか》い　有名である。
菜種《なたね》　アブラナの種子。夏
菜種梅雨《なたねづゆ》　春の長雨。春
鉈豆《なたまめ》　マメ科の一年草。食用。秋
宥《なだ》める　怒りの感情をやわらげしずめる。
雪崩《なだれ》　積雪が斜面を崩れ落ちる現象。春
夏茜《なつあかね》　各地で見られるアカトンボの一種。
捺印《なついん》　判を押すこと。押印。
夏掛《なつが》け　夏に用いる、薄い掛け布団。夏
懐《なつ》かしい　昔が思い出され心ひかれる。

夏風邪《なつかぜ》　夏にひく風邪。夏
夏枯《なつが》れ　夏季に売り上げが落ちること。
懐《なつ》く　慣れ親しむ。なじむ。
夏草《なつくさ》　夏に茂る草。夏
菜漬《なづ》け　水菜や白菜の塩漬け。冬
夏木立《なつこだち》　夏の、生い茂った木立。夏
納所《なっしょ》　寺院で出納事務を行う所。下級の僧。
捺染《なっせん》　型紙を用いて模様を染める染め方。
納豆《なっとう》　蒸した大豆を発酵させた食品。
納得《なっとく》　理解し認めること。
夏隣《なつどなり》　夏に間近い季節。春
夏鳥《なつどり》　夏の間、日本で過ごす渡り鳥。
菜《な》っ葉《ぱ》　葉の部分を食べる野菜。
夏場所《なつばしょ》　五月に行う大相撲。夏
夏日《なつび》　一日の最高気温が二五度以上の日。

夏負《なつま》け　夏の暑さに体が弱ること。夏
夏祭《なつまつ》り　夏に行われる神社の祭り。夏
夏蜜柑《なつみかん》　ミカン科の大形な果物。夏
棗《なつめ》　落葉小高木。実は食用。秋
夏休《なつやす》み　夏の暑い間の長い休暇。夏
夏痩《なつや》せ　夏の暑さでやせること。夏
撫《な》で斬《ぎ》り　片端から斬りすてること。
撫子《なでしこ》　ナデシコ科の草。秋の七草の一。秋
撫《な》でる　手を軽く触れたまま動かす。
名所《などころ》　器物の各部分の名称。名所《めいしょ》。
名取《なと》り　師匠から芸名を許された人。
七重《ななえ》　七つ重なること。
七竈《ななかまど》　バラ科の落葉小高木。秋
七草《ななくさ》　七種類。春の七草。秋の七草。
七草粥《ななくさがゆ》　正月七日に食べるかゆ。新

七光《ななひかり》　親の威光のおかげを受けること。
斜《なな》め　傾いていること。機嫌が悪いこと。
某《なにがし》　名前や数量をぼかしていう語。
何卒《なにとぞ》　どうぞ。どうか。「―よろしく」
何故《なにゆえ》　なぜ。どうして。
難波《なにわ》　大阪市とその付近の古名。別浪速
浪花節《なにわぶし》　三味線つきの語り物。浪曲。
名主《なぬし》　江戸時代、町や村の長。
菜《な》の花《はな》　アブラナの花。春
名乗《なの》る　自分の名を告げる。
靡《なび》く　風でゆらめく。服従する。
名札《なふだ》　名前を記した札。
嬲《なぶ》る　からかう。もてあそぶ。
鍋《なべ》　食物を煮るための器。
鍋底《なべぞこ》　なべの底。長い悪い状態。「―景気」

並《な》べて　すべて。おしなべて。
鍋料理《なべりょうり》　鍋で煮ながら食べる料理。
那辺《なへん》　どのへん。どこら。別奈辺
生欠伸《なまあくび》　中途半端なあくび。
生意気《なまいき》　えらそうにすること。
名前《なまえ》　人や事物の呼び方。名。
生演奏《なまえんそう》　実際の演奏。
生齧《なまかじ》り　物事を十分に理解しないこと。
生傷《なまきず》　新しい傷。
生臭《なまぐさ》い　生の魚肉の臭いがする。別腥い
生首《なまくび》　斬って間もない首。
鈍《なまく》ら　切れ味の鈍い刃物。性根《しょうね》のない人。
怠《なま》け者《もの》　怠けてばかりいる人。
樹懶《なまけもの》　中南米にすむサルに似た動物。
怠《なま》ける　おこたる。すべきことをしない。

海鼠《なまこ》 海底にすむ棘皮動物。食用。[冬]

生殺《なまごろ》し 中途半端な状態にしておくこと。

憖《なまじ》 よせばよいのに、あえてするさま。

膾《なます》 生の食材を酢で和えた料理。

癜《なまず》 白や褐色のまだらができる皮膚病。

鯰《なまず》 ナマズ目の淡水魚。[夏]

鯰髭《なまずひげ》 細長い口ひげ。

生唾《なまつば》 自然と口中に出るつば。

生爪《なまづめ》 指に生えている爪。

生半《なまなか》 中途半端。どっちつかず。

生煮《なまに》え 十分に煮えていないこと。

生温《なまぬる》い 十分熱くない。てぬるい。

生半可《なまはんか》 中途半端。

生兵法《なまびょうほう》 生半可な武術の心得。

生返事《なまへんじ》 いいかげんな返事。

生身《なまみ》 生きているからだ。「—の人間」

艶《なまめ》かしい あでやかで色っぽい。

生易《なまやさ》しい たやすい。簡単である。

訛《なま》り その地方独自の言い方や発音。

鉛《なまり》 金属元素の一。記号 Pb 有毒。

生《なま》り 蒸したカツオを生干しした食品。[夏]

訛《なま》る 発音がくずれる。

鈍《なま》る 刃物の切れ味が悪くなる。にぶる。

並《な》み ふつう。あたりまえ。

波《なみ》 水面に生じる高低運動。波動。(別)浪

波風《なみかぜ》 波と風。もめごと。あらそい。

並木《なみき》 道の両側に植えた木。街路樹。

蔑《なみ》する ないがしろにする。あなどる。

涙《なみだ》 涙腺から分泌される液体。(別)泪

並大抵《なみたいてい》 おおかた。ひととおり。

涙金《なみだきん》 関係を断つ時与えるわずかな金。

涙脆《なみだもろ》い 感じやすくすぐ涙ぐむ性質だ。

並並《なみなみ》 ひととおり。普通。

波《なみ》の花《はな》 食塩。白く泡立つ波しぶき。[冬]

波《なみ》乗《の》り 板を使って波に乗る遊び。

並外《なみはず》れる 普通とはかけはなれる。

並幅《なみはば》 反物の普通の幅。三六センチメートルぐらい。

波枕《なみまくら》 船旅。波音を聞きながらの旅寝。

南無三《なむさん》 失敗した時の語。しまった。

蛞蝓《なめくじ》 貝殻がない陸生巻貝。[夏]

滑子《なめこ》 きのこの一種。食用。

菜飯《なめし》 刻んだ青菜をまぜた飯。[春]

鞣革《なめしがわ》 なめしてやわらかくした革。レザー。

鞣《なめ》す 動物の皮を薬品で柔らかくする。

舐《な》めずる 舌でくちびるをなめまわす。

滑《なめ》らか すべすべしている。よどみがない。

嘗《な》める 舌で触れる。体験をする。甘く見る。

納屋《なや》 物置小屋。

悩《なや》む 思い苦しむ。苦痛で苦しむ。

弱竹《なよたけ》 細くしなやかな竹。めだけ。

楢《なら》 ブナ科の落葉高木。コナラ。

習《なら》い 習わし。世の常。

倣《なら》う 手本としてまねる。

習《なら》う 人から教わる。

奈落《ならく》 地獄。行きつく果て。舞台の床下。

均《なら》す 平らにする。平均する。

慣《な》らす 慣れるようにする。

馴《な》らす 動物をしつける。

鳴《な》らす 音を出す。とりたてて言う。

破落戸《ならずもの》 悪事をする者。ごろつき。

並《なら》ぶ 横または縦に列を作る。匹敵する。

習《なら》わし しきたり。風習。

形《なり》 体の格好。身なり。

成木責《なりきぜ》め 小正月の予祝行事。[新]

成《な》り金《きん》 急に金持ちになった人。

成《な》り立《た》ち できあがるまでの過程。

生《な》り年《どし》 果実がたくさんなる年。⇔裏年

形《なり》振《ふ》り 服装や態度。格好。

生《な》り物《もの》 田畑にできるもの。くだもの。

鳴《な》り物《もの》 楽器。囃子《はやし》。音曲。

鳴《な》り物《もの》入《い》り 派手な宣伝。

成《な》り行《ゆ》き 物事が移り変わる様子。

生業《なりわい》 食べていくための仕事。家業。

成《な》る できあがる。構成される。

為《な》る 別のものに変わる。別の状態に達する。

生《な》る 実ができる。みのる。

鳴《な》る 音が出る。名声が世に広まる。

鳴神《なるかみ》 かみなり。

鳴子《なるこ》 竹と板の鳴る音で鳥をおどす具。[秋]

鳴門《なると》 潮流が渦巻いて鳴りとどろく瀬戸。

成《な》る可《べ》く できるかぎり。

成《な》る程《ほど》 たしかに。いかにも。

汝《なれ》 おまえ。なんじ。

熟《な》れ鮨《ずし》 魚と飯を圧し自然発酵させた鮨。

馴《な》れ初《そ》め 男女が親しくなるきっかけ。

成《な》れの果《は》て 落ちぶれた結果。

慣《な》れる 何とも思わなくなる。習熟する。

馴《な》れる 動物が人になつく。

狎《な》れる 親しみすぎて礼を欠く。

熟《な》れる 熟成して味がよくなる。

縄《なわ》 わらなどをより合わせたもの。ひも。

苗代《なわしろ》 稲の種をまいて苗を育てる田。[春]

縄《なわ》**付**《つ》**き** 罪人としてとらわれること(人)。

畷《なわて》 あぜ道。たんぼ道。

縄《なわ》**跳**《と》**び** 回した縄を跳ぶ遊戯。[冬]

縄暖簾《なわのれん》 縄を下げたのれん。居酒屋。

縄《なわ》**張**《ば》**り** 暴力団などの勢力範囲。

縄《なわ》**目**《め》 縄の結び目。縄で縛られること。

難《なん》 災難。欠点。弱点。困難な状況。

南《なん》**緯**《い》 赤道より南の緯度。⇔北緯

難《なん》**易**《い》 むずかしいこととやさしいこと。

南《なん》**下**《か》 南の方へ進むこと。⇔北上

軟《なん》**化**《か》 軟らかくなる。態度が穏やかになる。

難《なん》**化**《か》 (入試などが)難しくなること。

南《なん》**画**《が》 文人画家が主観的に描いた山水画。

難解《なんかい》 理解しにくいさま。「—な本」

難関《なんかん》 通りにくい場所や状況。

難《なん》**儀**《ぎ》 苦しむこと。苦労。めんどうなさま。

難詰《なんきつ》 欠点をあげてなじること。

軟球《なんきゅう》 テニスや野球用の柔らかいボール。

難行苦行《なんぎょうくぎょう》 非常につらい修行。

南極《なんきょく》 地球の自転軸の南端にあたる地点。

難局《なんきょく》 むずかしい局面。

軟禁《なんきん》 外部との接触を許さない程度の監禁。

難癖《なんくせ》 非難すべき点。「—をつける」

喃語《なんご》 乳児のまだ言葉とは言えない声。

難語《なんご》 意味のわかりにくい言葉。

軟膏《なんこう》 脂肪類に薬品を加えた半固形の膏薬。

難航《なんこう》 航行が困難なこと。はかどらないこと。

難攻不落《なんこうふらく》 容易に落城しない。

軟骨《なんこつ》 やわらかくて弾力に富む骨。

難産《なんざん》 容易でないお産。成立が容易でない。

難《なん》**治**《じ》 病気がなおりにくいこと。なんち。

難《なん》**事**《じ》 処理のむずかしい事柄。

汝《なんじ》 「おまえ」の文語的表現。[別]爾

軟弱《なんじゃく》 柔らかで弱いさま。気骨がないさま。

難渋《なんじゅう》 事が困難で思うように進まないこと。

難所《なんしょ》 険しく往来が困難な所。

難色《なんしょく》 不賛成な様子。「—を示す」

軟水《なんすい》 カルシウムなどをあまり含まない水。

難船《なんせん》 船が暴風雨などで破損すること。

南船北馬《なんせんほくば》 絶えず旅している。

難題《なんだい》 難問。無理な注文。「無理—」

南中《なんちゅう》 天体が子午線を通過すること。

軟調《なんちょう》 相場が下がり気味のこと。

に

難聴《なんちょう》 聴力が弱くよく聞こえないこと。

難敵《なんてき》 手ごわくてたたかいにくい敵。

南天《なんてん》 南の空。メギ科の常緑低木。

難点《なんてん》 欠点。解決しにくい点。

南《なん》**都**《と》 奈良。⇔北都

納《なん》**戸**《ど》 衣服・道具をしまっておく部屋。

難《なん》**度**《ど》 むずかしさの度合。

軟投《なんとう》 投手が緩い球や変化球を投げること。

難読《なんどく》 読みがむずかしいこと。「—漢字」

難《なん》**無**《な》**く** たやすく。簡単に。

喃喃《なんなん》 ぺちゃくちゃ言うさま。「喋々—」

垂《なんな》**んとする** 正になろうとする。

男女《なんにょ》 男と女。「老若《ろうにゃく》—」

軟派《なんぱ》 強硬な意見をもたない一派。

難破《なんぱ》 船が強風や激浪で破損すること。

南蛮《なんばん》 昔、東南アジアの称。

南蛮鴃舌《なんばんげきぜつ》 やかましいだけで、意味の通じない言葉。外国語をいう。

何人《なんぴと》 どういう人。いかなる人。

難病《なんびょう》 治りにくい病気。

南氷洋《なんぴょうよう》 南極海。

軟風《なんぷう》 そよ風。微風。

難物《なんぶつ》 扱い方に困るもの(人)。

南米《なんべい》 南アメリカのこと。

軟便《なんべん》 下痢ではないやわらかい大便。

難民《なんみん》 天災や戦禍のため故国を離れた人々。

南面《なんめん》 南に面すること。帝位につくこと。

難問《なんもん》 解答・解決がむずかしい問題。

難役《なんやく》 むずかしい役割・役目。

南洋《なんよう》 太平洋南西部の海域。

何等《なんら》 少しも。なにも。なにら。

難路《なんろ》 険しい困難な道。

に

荷《に》 荷物。負担。「—が重い」

似《に》**合**《あ》**う** つりあう。ふさわしい。

荷《に》**揚**《あ》**げ** 船の荷を陸にあげること。

新妻《にいづま》 結婚して間もない妻。

新嘗祭《にいなめさい》 新穀を神に供える宮中行事。

新盆《にいぼん》 その人の死後初めて迎えるお盆。[秋]

新枕《にいまくら》 男女が初めて共寝すること。

荷《に》**受**《う》**け** 送られた荷物を受け取ること。

荷《に》**動**《うご》**き** 取引の現れとしての荷物の動き。

錵《にえ》 日本刀の地肌と刃の境目の模様。

贄《にえ》 神へ捧げる供物。いけにえ。[別]牲

煮《に》え滾《たぎ》る 煮えて盛んに沸きたつ。
煮《に》え湯《ゆ》 熱湯。「—を飲まされる」
堆《にお》 刈り稲を円錐形に積みあげたもの。[冬]
鳰《にお》 カイツブリの古名。[冬]
仁《に》王《おう》 寺門の左右に置かれる金剛力士像。
匂《にお》う よい香がする。色が美しく見える。
臭《にお》う 鼻にくさく感じる。
苦《にが》い 濃い茶の味がする。不快だ。つらい。
似《に》顔《がお》絵《え》 その人の顔の写生画。
苦《にが》手《て》 扱いにくい嫌な相手。不得意。
似《に》通《かよ》う 互いによく似る。
苦《に》汁《がり》 海水から食塩を取った残りの溶液。
膠《にかわ》 動物の骨や皮の煮汁を固めた接着剤。
苦《にが》笑《わら》い 苦笑。
面《に》皰《きび》 若い男女の顔にできる吹き出物。

和《にぎ》御《み》魂《たま》 平和や静穏をもたらす霊魂。
賑《にぎ》やか 人がこみあい活気があるさま。
握《にぎ》る 手の指を折り曲げてつかむ。
肉《にく》 動物の皮膚の下にある柔らかい部分。
憎《にく》い 許せない相手と思う。心憎い。
肉《にく》眼《がん》 望遠鏡などを用いない目。
肉《にく》感《かん》的《てき》 性欲を起こさせるさま。
肉《にく》腫《しゅ》 非上皮性の悪性腫瘍。
肉《にく》汁《じゅう》 食用肉を煮出した汁。スープ。
肉《にく》食《しょく》 肉を食べること。⇕菜食
肉《にく》親《しん》 親子兄弟など血縁の近い人。
荷《に》崩《くず》れ 積み荷が崩れること。
肉《にく》声《せい》 直接、人の口から出る声。
肉《にく》体《たい》 生身の体。
肉《にく》弾《だん》 肉体を弾丸として敵陣に突入する。

肉《にく》池《ち》 朱肉を入れる器。肉入れ。
肉《にく》付《づ》け 細部に手を加えて充実させる。
肉《にく》薄《はく》 身をもって迫る。間近に追い迫る。
肉《にく》離《ばな》れ 急激な運動で筋肉が切れること。
肉《にく》筆《ひつ》 印刷ではなく人の手で書いたもの。
肉《にく》太《ぶと》 文字を太く書いてあること。
肉《にく》細《ぼそ》 文字を細く書いてあること。
憎《にく》む 憎く思う。ねたむ。「悪を—」
肉《にく》欲《よく》 性欲。色欲。
荷《に》車《ぐるま》 人や牛馬が引く、荷物を運ぶ車。
逃《に》げ隠《かく》れ 逃げて隠れること。
逃《に》げ腰《ごし》 責任をのがれようとする態度。
逃《に》げ水《みず》 近づくと遠ざかる蜃気楼の水。
逃《に》げる 逃れ去る。回避する。抜け出る。
和《にこ》毛《げ》 やわらかな毛。うぶ毛。

煮《に》凝《こご》り 固まった魚などの煮汁。[冬]
荷《に》拵《ごしら》え 荷づくりをすること。
煮《に》込《こ》み 十分に煮た料理。「—うどん」
濁《にご》り酒《ざけ》 どぶろく。[秋]
濁《にご》る 汚れて不透明になる。濁音で読む。
煮《に》魚《ざかな》 味をつけて煮た魚。
螺《にし》 アカニシ・タニシなどの巻貝の総称。
虹《にじ》 空に弧状にかかる七色の帯。[夏]
錦《にしき》 華麗な模様を織り出した絹織物。
錦《にしき》絵《え》 多色刷りの浮世絵版画。
錦《にしき》木《ぎ》 ニシキギ科の落葉低木。[秋]
錦《にしき》の御《み》旗《はた》 大義名分。
二《に》次《じ》元《げん》 平面の広がり。
西《にし》日《び》 西に傾いた太陽、またその光。[夏]
虹《にじ》鱒《ます》 サケ科の淡水魚。養殖する。[夏]

滲《にじ》む しみて広がる。うっすらとしみ出る。
煮《に》染《し》め 野菜・昆布などを煮しめた料理。
二《に》者《しゃ》択《たく》一《いつ》 二つから一つ選ぶ。
躙《にじ》り口《ぐち》 茶室の小さな出入り口。
煮《に》汁《じる》 物を煮た汁。
躙《にじ》る 膝で床をするようにして動く。
鰊《にしん》 北の海にすむ魚。春告魚。[春] (別)鯡
二《に》心《しん》 ふたごころ。「—を抱く」
二《に》伸《しん》 追伸。
贋《にせ》 本物に似せて作った物。(別)偽
二《に》世《せ》 現世と来世。「—を契る」
二《に》世《せい》 二代目の人。息子や日系二世など。
贋《にせ》札《さつ》 偽造された紙幣。
贋《にせ》物《もの》 にせの物。まがいもの。(別)偽物
尼《に》僧《そう》 女の僧。あま。比丘尼。

二《に》束《そく》三《さん》文《もん》 非常に安い値段。
荷《に》駄《だ》 馬で運ぶ荷物。
荷《に》台《だい》 トラックなどの荷物を積む台。
煮《に》炊《た》き 食物を煮たり炊いたりすること。
日《にち》銀《ぎん》 「日本銀行」の略。
日《にち》限《げん》 日数を定めた期限。ひぎり。期日。
日《にち》時《じ》 日と時。日付と時刻。「開催の—」
日《にち》常《じょう》 ふだん。へいぜい。「—の生活」
日《にち》常《じょう》坐《ざ》臥《が》 ふだん常。
日《にち》常《じょう》茶《さ》飯《はん》 ありふれたこと。
日《にち》没《ぼつ》 太陽が地平線に沈むこと。日の入り。
日《にち》夜《や》 昼と夜。いつも。絶えず。
日《にち》用《よう》 毎日用いること。「—品」
日《にち》輪《りん》 太陽。日。
日《にっ》課《か》 毎日きめてする物事。「—表」

日刊《にっかん》 毎日刊行すること。「―新聞」

日記《にっき》 日々の出来事や感想などの記録。

日給《にっきゅう》 一日を単位に決めた給料。日当。

日勤《にっきん》 毎日の出勤。昼間の勤務。

荷《に》造《づく》り 運搬しやすい形に荷物を作る。

煮《に》付《つ》け 魚・野菜などを煮つけた料理。

日系《にっけい》 日本人の血筋を引くこと(人)。

肉桂《にっけい》 クスノキ科の高木。根皮は香料や薬用。

日光《にっこう》 日の光。太陽の光線。「―浴」

日参《にっさん》 毎日の参拝。毎日一定の場所へ行く。

日産《にっさん》 毎日の生産・産出量。

日誌《にっし》 毎日の出来事の記録。「航海―」

日射《にっしゃ》 地上に届く太陽光線。ひざし。

日射病《にっしゃびょう》 直射日光による熱射病。[夏]

日照《にっしょう》 日があたること。「―時間」

日章旗《にっしょうき》 日の丸の旗。

日食《にっしょく》 太陽が月に隠される現象。[別]日蝕

日進月歩《にっしんげっぽ》 絶えず進歩する。

日直《にっちょく》 昼の当直。

日程《にってい》 毎日の物事を行う予定。

日当《にっとう》 一日単位の給料。日給。

日報《にっぽう》 日日の報告・報道。新聞。

二刀流《にとうりゅう》 両手に刀を持つ剣術の流儀。

蜷《にな》 淡水産の巻貝。カワニナ。[春]

担《にな》う 肩にかつぐ。身に引き受ける。

荷主《にぬし》 荷物の持ち主、また発送人。

丹塗《にぬ》り 赤や朱で塗ってあること。

二年草《にねんそう》 冬を越し翌年枯れる草。

二《に》の舞《まい》 他人と同じ失敗を繰り返すこと。

二杯酢《にはいず》 同量の醤油と合わせた酢。

二番煎《にばんせん》じ 新味のないもの。

鈍色《にびいろ》 濃いねずみ色。にぶいろ。

鈍《にぶ》い 鋭利でない。反応がのろい。

荷札《にふだ》 荷受人・荷主を書き荷物につける札。

鈍《にぶ》る 鋭くなくなる。能力や勢いが衰える。

鮸《にべ》 ニベ科の中形の海魚。食用。

鮸膠《にべ》無《な》い 素っ気ない。

煮干《にぼ》し イワシなどを煮て干したもの。

日本《にほん》 我が国の国号。にっぽん。

日本髪《にほんがみ》 日本の伝統的な髪形。

二本差《にほんざ》し 武士。

日本酒《にほんしゅ》 日本特有の醸造酒。清酒。

日本脳炎《にほんのうえん》 法定伝染病の一。

日本晴《にほんば》れ 雲ひとつない晴れ。

二枚腰《にまいごし》 ねばり強い腰。勝負強さ。

二枚舌《にまいじた》 うそを平気で言うこと。

二枚目《にまいめ》 美男役の俳優。美男子。

二毛作《にもうさく》 裏作に異種の作物を栽培。

荷物《にもつ》 運ぶ品物。荷。負担となること。

煮物《にもの》 煮ること。煮た料理。

荷役《にやく》 船荷の上げ下ろしをすること(人)。

入院《にゅういん》 治療のために病院にはいること。

乳液《にゅうえき》 化粧品の一。乳状のクリーム。

入荷《にゅうか》 商店などに商品が入ること。

乳化《にゅうか》 溶けあわない液体を乳濁液にする。

入会《にゅうかい》 会に入ってなかまとなること。

入閣《にゅうかく》 大臣として内閣に加わること。

入学《にゅうがく》 新入生として学校に入ること。[春]

乳癌《にゅうがん》 乳腺にできる癌。

乳牛《にゅうぎゅう》 乳《ちち》をとるための牛。

入居《にゅうきょ》 住宅に入って住むこと。「―者」

入漁《にゅうぎょ》 他人の漁場で漁をすること。「―料」

乳業《にゅうぎょう》 牛乳や乳製品を製造する事業。

入金《にゅうきん》 金銭が入ること。⇔出金

入港《にゅうこう》 船が港にはいること。⇔出港

入国《にゅうこく》 その国にはいること。⇔出国

入獄《にゅうごく》 監獄に入れられること。⇔出獄

入魂《にゅうこん》 全精神を傾注すること。

乳剤《にゅうざい》 薬剤を分散させた乳濁液。

入札《にゅうさつ》 請負競争者に見積額を出させること。

乳酸《にゅうさん》 糖類などの発酵で生じる有機酸。

入試《にゅうし》 入学試験。

乳歯《にゅうし》 一〇歳前後に抜けかわる幼年期の歯。

乳児《にゅうじ》 生後一年ぐらいまでの子供。

乳脂肪《にゅうしぼう》 牛乳に含まれる脂肪。乳脂。

入社《にゅうしゃ》 会社に入り社員となること。⇔退社

柔弱《にゅうじゃく》 心身が弱々しいこと。

入手《にゅうしゅ》 手に入れること。

乳汁《にゅうじゅう》 乳《ちち》。

入賞《にゅうしょう》 成績がよく、賞に入ること。

入城《にゅうじょう》 戦いに勝って敵の城に入ること。

入場《にゅうじょう》 会場・競技場などに入ること。

入植《にゅうしょく》 開拓地や植民地に移り住むこと。

入信《にゅうしん》 信仰の道に入ること。

入神《にゅうしん》 技能が神わざに近いこと。

入籍《にゅうせき》 ある戸籍に入ること。

入線《にゅうせん》 始発駅で、列車がホームに入ること。

入選《にゅうせん》 審査に合格すること。⇔落選

乳腺《にゅうせん》 乳汁を分泌する腺。

入隊《にゅうたい》 軍隊などに入ること。⇔除隊

入団《にゅうだん》 少年団・球団などの一員になること。
入超《にゅうちょう》 輸入超過。⇔出超
入廷《にゅうてい》 裁判の関係者が法廷に入ること。
入電《にゅうでん》 電信・電報などが来ること。
入湯《にゅうとう》 温泉などに入ること。「—税」
乳糖《にゅうとう》 乳《ちち》に含まれる糖類。
乳頭《にゅうとう》 ちくび。
入道《にゅうどう》 仏門に入ること。坊主頭の人。
入道雲《にゅうどうぐも》 積乱雲の俗称。[夏]
入念《にゅうねん》 念入り。「—に調べる」
入梅《にゅうばい》 梅雨の季節に入ること。[夏]
乳鉢《にゅうばち》 薬品などを細かくすりつぶす鉢。
入費《にゅうひ》 かかり。費用。
入幕《にゅうまく》 十両力士が昇進して幕内に入ること。
入滅《にゅうめつ》 釈迦・高僧などが死ぬこと。

入門《にゅうもん》 弟子になること。手引き書。「—書」
入用《にゅうよう》 必要なこと。いりよう。
乳幼児《にゅうようじ》 乳児と幼児。
紐育《ニューヨーク》 アメリカ合衆国最大の都市。
入浴《にゅうよく》 風呂に入ること。
入来《にゅうらい》 その家へ入ってくること。「御—」
入洛《にゅうらく》 京都に入ること。じゅらく。
乳酪《にゅうらく》 バターなど牛乳から作った食品。
入力《にゅうりょく》 電算機に情報を送り込むこと。
柔和《にゅうわ》 性質がやさしいこと。温和。
如意《にょい》 思いのままになる。僧の持つ仏具。
尿意《にょうい》 小便をしたい気持ち。
女御《にょうご》 天皇の寝所に侍した高位の女官。
尿酸《にょうさん》 尿に含まれる有機酸の一。
尿素《にょうそ》 尿中に含まれる窒素化合物。

に

尿道《にょうどう》 尿を膀胱から体外に出す管。
女房《にょうぼう》 妻。家内。昔、宮中に仕えた女官。
女官《にょかん》 昔、宮中に仕えた女性。官女。
如実《にょじつ》 現実のままである。
女性《にょしょう》 じょせい(女性)。
女体《にょたい》 女性のからだ。
女人《にょにん》 女の人。女性。「—禁制」
女犯《にょぼん》 僧が戒をおかして女性と交わること。
如来《にょらい》 仏の敬称。「釈迦—」
韮《にら》 ユリ科の野菜。匂いが強い。[春]
睨《にら》**む** 鋭い目つきで見る。見当をつける。
二律背反《にりつはいはん》 矛盾する二つの命題が、同じ権利をもって主張されること。
二流《にりゅう》 最上のものより一段下のもの。
似《に》**る** 互いに同じように見える。

煮《に》**る** 食物を水や汁に入れて熱をとおす。
楡《にれ》 ニレ科の落葉高木の総称。エルム。
二六時中《にろくじちゅう》 一日中。しじゅう。
庭《にわ》 敷地内の地。庭園。物事を行う場所。
俄《にわか》 急なさま。突然。
俄雨《にわかあめ》 急に降り出し、じきにやむ雨。
庭師《にわし》 庭作りをする職人。
潦《にわたずみ》 地上にたまって流れる雨水。
接骨木《にわとこ》 スイカズラ科の落葉低木。
鶏《にわとり》 キジ科の家禽。肉や卵を食用とする。
任意《にんい》 その人の考えに任せること。
認可《にんか》 公の機関が許可すること。
任官《にんかん》 官職に任じられること。
人気《にんき》 世間のよい評判・受け。
任期《にんき》 ある職務にいる期間。

人魚《にんぎょ》 上半身は女で下半身は魚の尾の動物。
任侠《にんきょう》 おとこぎ。おとこだて。[別]仁侠
人形《にんぎょう》 人や動物の形に作ったおもちゃ。
忍苦《にんく》 苦しみをたえ忍ぶこと。
人間《にんげん》 ひと。人類。人柄。人物。
妊産婦《にんさんぷ》 妊婦と産婦。
認識《にんしき》 本質を理解し正しく判断すること。
忍者《にんじゃ》 忍術を使って敵情を探った者。
忍従《にんじゅう》 我慢して従うこと。
忍術《にんじゅつ》 人目をあざむいて隠密に行動する術。
認証《にんしょう》 公の機関が証明すること。
人情《にんじょう》 自然に備わっている人間らしい心。
刃傷《にんじょう》 刃物で人を傷つけること。「—沙汰」
妊娠《にんしん》 みごもること。受胎。懐妊。
人参《にんじん》 セリ科の野菜。根を食用。[冬]

人数《にんずう》 人の数。多くの人。
人相《にんそう》 顔つき。顔に表れたその人の運勢。
人足《にんそく》 力仕事をする労働者の古い言い方。
忍耐《にんたい》 苦しいことをたえしのぶこと。
任地《にんち》 任務につく土地。「—に赴く」
認知《にんち》 たしかにそうだと認めること。
人体《にんてい》 その人の姿や人柄の印象。
認定《にんてい》 事実や資格などを認め、決めること。
忍冬《にんどう》 スイカズラ。
忍辱《にんにく》 仏教で、恥辱や苦悩を耐え忍ぶこと。
大蒜《にんにく》 ユリ科の作物。香辛料。[春] [別]葫
認否《にんぴ》 認めるか認めないか。「罪状—」
人非人《にんぴにん》 ひとでなし。
人夫《にんぷ》 力仕事をする労働者の古い言い方。
妊婦《にんぷ》 妊娠している婦人。

任務《にんむ》 仕事。つとめ。「―を帯びる」
任命《にんめい》 職務につくことを命じること。
任免《にんめん》 任命と免職。「―権」
任用《にんよう》 人を職務につけて用いること。

ぬ

縫《ぬ》**い包**《ぐる》**み** 綿を布で縫い包んだ玩具。
縫《ぬ》**い物**《もの》 衣服などを縫うこと。裁縫。
縫《ぬ》**う** 糸を通した針で布をつぎ合わせる。
鵺《ぬえ》 トラツグミ。得体の知れない怪物。
糠《ぬか》 玄米を精白する際に出る表皮の粉。
糠《ぬか》**蚊**《か》 蚊に似るがより小形の昆虫。夏
零余子《ぬかご》 ⇩むかご(零余子)
抜《ぬ》**かす** もらす。力を失う。「腰を―」
吐《ぬ》**かす** 言う。言いやがる。「何を―」
額《ぬか》**ずく** ひたいを地につけて礼をする。
糠《ぬか》**漬**《づ》**け** 糠味噌に漬けた漬物。
糠《ぬか》**味**《み》**噌**《そ》 糠に塩をまぜて作ったもの。
糠《ぬか》**喜**《よろこ》**び** 当て外れのかいのない喜び。
抜《ぬ》**かり** 手落ち。油断。「―がない」
抜《ぬ》**かる** 失敗する。「―なよ」
泥濘《ぬか》**る** 地面がどろどろになる。
泥濘《ぬかるみ》 ぬかっている所。「―にはまる」
貫《ぬき》 建物の柱と柱をつなぐ横木。ぬきぎ。
緯《ぬき》 織物のよこ糸。ぬきいと。
抜《ぬ》**き足**《あし》 足を上げてそっと歩くこと。
抜《ぬ》**き打**《う》**ち** 予告なしに不意に行うこと。
抜《ぬ》**き衣紋**《えもん》 襟足を広く現す着方。
抜《ぬ》**き書**《が》**き** 要点だけを書き抜くこと。
抜《ぬ》**き差**《さ》**し** 抜くことと差すこと。進退。
抜《ぬ》**き身**《み》 さやからぬいた刀。白刃。
抽《ぬき》**んでる** きわだって優れている。
抜《ぬ》**く** 外へ出す。取り除く。追い越す。
貫《ぬ》**く** 貫き通す。「ハート型に―」
脱《ぬ》**ぐ** 身に着けているものを取り去る。
温《ぬく》**い** あたたかい。春
拭《ぬぐ》**う** ふきとる。消し去る。
温《ぬく》**もり** あたたかみ。
抜《ぬ》**け駆**《が》**け** 他の人を出し抜くこと。
脱《ぬ》**け殻**《がら》 脱皮した殻。うつろな状態の人。
抜《ぬ》**け道**《みち》 うら道。法に問われない方法。
幣《ぬさ》 神に供え、祓いに使うもの。幣帛。
主《ぬし》 主人。そこを支配している動物。
塗《ぬ》**師**《し》 漆を塗る人。漆器を作る人。
盗《ぬす》**人**《っと》 どろぼう。ぬすびと。
盗《ぬす》**む** 密かにとる。ごまかす。
饅《ぬた》 魚介や野菜を酢味噌であえた料理。
蓴《ぬなわ》 ジュンサイの別名。夏
布《ぬの》 織物。きれ。
布《ぬの》**子**《こ》 木綿の綿入れ。冬
奴《ぬ》**婢**《ひ》 召し使いの下男・下女。
沼《ぬま》 一般に、水深五メートル以内の水域。
絖《ぬめ》 地が薄く滑らかで、つやがある絹布。
滑《ぬめ》**り** ぬるぬるしたもの。「魚の―」
滑《ぬめ》**る** ぬるぬるする。すべる。
塗《ぬ》**り絵**《え》 輪郭だけの絵に色を塗る遊び。
塗《ぬ》**り物**《もの》 漆塗りの器物の総称。漆器《しっき》。
塗《ぬ》**る** 表面になすりつける。
温《ぬる》**い** 十分なあたたかさではない。
緩《ぬる》**い** 厳しさが足りない。手ぬるい。
白膠木《ぬるで》 ウルシ科の落葉小高木。
微温湯《ぬるまゆ》 ぬるい湯。安楽な生活環境。
濡《ぬ》**れ縁**《えん》 雨戸の外側にある縁。
濡《ぬ》**れ衣**《ぎぬ》 無実の罪。「―を着せられる」
濡《ぬ》**れ事**《ごと》 歌舞伎で、情事の演技。色事。
濡《ぬ》**れ鼠**《ねずみ》 全身びしょ濡れの状態。
濡《ぬ》**れ場**《ば》 演劇で、恋愛や情事の場面。
濡《ぬ》**れ羽**《ば》**色**《いろ》 しっとりとした黒色。
濡《ぬ》**れる** 水がしみ込む。情事をする。

ね

子《ね》 十二支の第一番。ねずみ。
音《ね》 おと。声。「鐘の―」「琴の―」
値《ね》 あたい。値段。「―をつける」
根《ね》 植物の、水や養分を吸収する器官。
嶺《ね》 山の頂。みね。「富士の―」別峰
値《ね》**上**《あ》**げ** 値段を上げること。⇔値下げ
寝《ね》**汗**《あせ》 睡眠中にかく汗。
寝《ね》**息**《いき》 ねむっているときの呼吸。
寧日《ねいじつ》 心やすらかで平穏な日。「―なし」
佞臣《ねいしん》 うわべは柔順でよこしまな心の臣下。
佞人《ねいじん》 うわべは柔順でよこしまな心の人。
寝《ね》**椅**《い》**子**《す》 長椅子。カウチ。
寝《ね》**入**《い》**り端**《ばな》 寝入ったばかりの時。
音色《ねいろ》 その音特有の音の感じ。
値《ね》**打**《う》**ち** 物の良さ・有用性などの度合。
寝《ね》**起**《お》**き** 日常の生活。目覚めること。
寝《ね》**押**《お》**し** 衣類を蒲団の下に敷いて寝る。
願《ねが》**う** 祈願する。頼む。望む。
寝返《ねがえ》**り** 寝ていて向きを変える。裏切り。

寝顔《ねがお》　寝ているときの顔。

値嵩《ねがさ》　値段が高いこと。「―株」

根株《ねかぶ》　木の切り株。

寝棺《ねかん》　死者を寝かせた状態で入れる棺。

葱《ねぎ》　ユリ科の野菜。ネブカ。[冬]

禰宜《ねぎ》　神職の総称。宮司の下の職階。

葱坊主《ねぎぼうず》　ネギの、球状の花房。[春]

葱鮪《ねぎま》　ネギとマグロの鍋料理。

労《ねぎら》う　骨折りを慰め、感謝する。(別)犒う

根切虫《ねきりむし》　作物の根を食う昆虫類。[夏]

値切《ねぎ》る　値段をまけさせる。

寝癖《ねぐせ》　寝ている間につく髪の毛の変な形。

寝首《ねくび》　寝ている人の首。「―を掻く」

塒《ねぐら》　鳥の寝る所。自分の家。

猫足《ねこあし》　下部が内側に巻く形の机・膳の脚。

猫《ねこ》いらず　殺鼠《さっそ》剤。

猫被《ねこかぶ》り　人前ではおとなしそうにする。

猫可愛《ねこかわい》がり　やたらに可愛がる。

猫車《ねこぐるま》　土砂などを運ぶ一輪の手押し車。

寝心地《ねごこち》　寝たときの感じ。

寝莫蓙《ねござ》　夏に敷いて寝るござ。[夏]

猫舌《ねこじた》　熱いものを飲食できないこと。

猫背《ねこぜ》　背中が丸く曲がっている体つき。

根刮《ねこそ》ぎ　残らず。全部。

寝言《ねごと》　眠りながら言う言葉。たわごと。

猫撫《ねこな》で声《ごえ》　気嫌をとるような声。

猫《ねこ》の額《ひたい》　非常に狭い場所のたとえ。

猫《ねこ》の目《め》　めまぐるしく変わるたとえ。

猫糞《ねこばば》　こっそり自分の物にすること。

猫跨《ねこまた》ぎ　猫でさえ食べないまずい魚。

寝込《ねこ》み　寝ている最中。「―を襲われる」

寝込《ねこ》む　ぐっすり眠る。長く病床につく。

猫柳《ねこやなぎ》　ヤナギ科の落葉低木。川柳。[春]

値頃《ねごろ》　品とつりあう値段。買いやすい値段。

寝転《ねころ》ぶ　ごろりと横になり寝る。

値下《ねさ》げ　値段を下げること。⇔値上げ

寝酒《ねざけ》　寝る前に飲む酒。

根差《ねざ》す　根を張る。もとづく。由来する。

寝覚《ねざ》め　眠りからさめること。

値鞘《ねざや》　二つの相場・値段の差。

螺子《ねじ》　物をしめつけて固定する部品。

拗《ねじ》ける　曲がりくねる。心が素直でない。

捩花《ねじばな》　ラン科の多年草。モジズリ。[夏]

螺子回《ねじまわ》し　ねじを回す工具。

根締《ねじ》め　移植した木の根を固めること。

寝釈迦《ねしゃか》　入滅のときの釈迦の像。[春]

寝正月《ねしょうがつ》　家で寝て過ごす正月。[新]

寝小便《ねしょうべん》　睡眠中に漏らす小便。

捩《ねじ》る　両端をつかんで互いに逆に回す。

根城《ねじろ》　大将のいる主城。活動の拠点。

杜松《ねず》　ヒノキ科の常緑小高木。葉は針状。

鼠《ねずみ》　家財や食料を食い荒らす小獣。

鼠色《ねずみいろ》　灰色。グレー。

鼠算《ねずみざん》　急激に数が増えるたとえ。「―式」

寝相《ねぞう》　寝ているときの姿。「―が悪い」

根太《ねだ》　床板を支える横木。

妬《ねた》む　他人の幸福などをうらやみ憎む。

根絶《ねだ》やし　すっかり絶やすこと。

強請《ねだ》る　甘えて頼み求める。

値段《ねだん》　売買する物についている金額。価格。

寝違《ねちが》える　寝て首や肩の筋を痛める。

熱《ねつ》　高い温度。高い体温。夢中になる。

熱愛《ねつあい》　熱烈に愛すること。

熱意《ねつい》　熱心さ。意気込み。

熱演《ねつえん》　熱心に演ずること。

熱願《ねつがん》　熱心に願うこと。

熱気《ねっき》　高温の空気。興奮した意気。

熱狂《ねっきょう》　物事に熱中すること。「―的」

寝付《ねつ》く　眠りにはいる。病気で床につく。

根付《ねづ》く　草木が根を張る。定着する。

根付《ねつけ》　袋物の紐の端に付ける細工物。

熱血《ねっけつ》　熱い血潮。熱烈な精神。⇔冷血

熱源《ねつげん》　熱を供給するもと。

根《ね》っ子《こ》　根。「松の―」

熱砂《ねっさ》　太陽に焼かれた熱い砂。

熱冷《ねつさ》まし　解熱剤。

熱射病《ねっしゃびょう》　高温多湿から起こる病気。

熱唱《ねっしょう》　情熱を込めて歌うこと。

熱情《ねつじょう》　熱烈な情愛。

熱心《ねっしん》　物事に深く心を傾けること。

熱水《ねっすい》　地殻中に存在する高温の水。

熱《ねっ》する　加熱する。熱心になる。

熱戦《ねっせん》　激しい勝負・競技。

熱線《ねっせん》　赤外線の異称。

捏造《ねつぞう》　事実であるかのようにつくり上げる。

熱帯《ねったい》　赤道から南北回帰線にいたる地帯。

熱帯魚《ねったいぎょ》　熱帯地方原産の観賞魚。

熱帯夜《ねったいや》　最低気温が二五度以上の夜。

熱中《ねっちゅう》　一つのことに夢中になること。

熱湯《ねっとう》　煮えたぎっている熱い湯。

熱闘《ねっとう》　熱のこもったたたかい。
熱波《ねっぱ》　夏、高温の気塊がおしよせる現象。
熱病《ねつびょう》　高熱を伴う病気。
熱風《ねっぷう》　高温の風。夏
熱弁《ねつべん》　熱の入った話しぶり。「—をふるう」
熱望《ねつぼう》　熱心に望むこと。切望。
根強《ねづよ》い　基礎が固く崩れない。
熱量《ねつりょう》　熱をエネルギー量として表したもの。
熱烈《ねつれつ》　熱心で激しい態度をとるさま。
寝床《ねどこ》　寝るために敷いた布団。
根《ね》無《な》し草《ぐさ》　浮き草。寄る辺なき身。
値幅《ねはば》　高値と安値との差。
粘《ねば》る　物によくくっつく。根気よく続ける。
涅槃《ねはん》　悟りの境地。釈迦の死。
涅槃会《ねはんえ》　釈迦の忌日に行う法会。春

寝《ね》冷《び》え　寝ていて冷え、体調を崩す。夏
値《ね》引《び》き　値段を安くすること。
根深《ねぶか》　ネギの異名。「—汁」冬
根深《ねぶか》い　原因が奥深いところにある。
寝袋《ねぶくろ》　登山などに用いる携帯用の寝具。
寝不足《ねぶそく》　睡眠が足りないこと。
値札《ねふだ》　値段を書いたふだ。
根太《ねぶと》　尻や太ももにできるはれもの。
値《ね》踏《ぶ》み　値段の見当をつけること。
舐《ねぶ》る　なめる。しゃぶる。
寝坊《ねぼう》　朝遅くまで寝ていること(人)。
寝《ね》惚《ぼ》ける　夢うつつで行動をする。
寝《ね》坊《ぼ》助《すけ》　寝坊な人。
寝仏《ねぼとけ》　寝た姿の仏像。涅槃像。
寝巻《ねまき》　寝るときに着る衣服。別寝間着

根回《ねまわ》し　移植する前の根の処理。下工作。
寝耳《ねみみ》　寝ている時の耳。「—に水」
合歓木《ねむのき》　マメ科の落葉高木。ネム。
眠《ねむ》り草《ぐさ》　オジギソウの異名。夏
眠《ねむ》る　目を閉じて無意識になる。死ぬ。
睨《ね》める　にらむ。
根元《ねもと》　根のあたり。つけ根の部分。別根本
寝物語《ねものがたり》　(男女が)寝ながらする話。
閨《ねや》　寝るための部屋。夫婦の寝室。
根雪《ねゆき》　積もったまま春まで溶けない雪。冬
狙《ねら》う　命中させようとする。うかがう。
練《ね》り糸《いと》　生糸を精練したしなやかな糸。
練《ね》り餌《え》　練った釣り餌。また小鳥のえさ。
練《ね》り絹《ぎぬ》　精練した柔らかい絹布。
練《ね》り製品《せいひん》　魚肉を練り固めた食品。

練《ね》り物《もの》　練り製品。祭礼の山車や行列。
練《ね》る　十分考える。こねまぜてねばらせる。
寝《ね》る　眠る。寝床に入る。横たわる。
根分《ねわ》け　植物の根を分けて移植する。
寝技《ねわざ》　柔道で寝た姿勢で行うわざ。
念《ねん》　思い。考え。注意。「—を入れる」
念《ねん》入《い》り　注意が行き届くこと。
粘液《ねんえき》　ねばりけのある液。
年賀《ねんが》　新年の祝い。「—状」新
年間《ねんかん》　一年間。ある年代の間。「元禄—」
年鑑《ねんかん》　一年間の統計などを収録した刊行物。
念願《ねんがん》　かねてからの願い。「—がかなう」
年忌《ねんき》　回忌。
年季《ねんき》　奉公人などを使う年限。「—奉公」
年期《ねんき》　一年を単位として定めた期間。

年休《ねんきゅう》　年間に何日と定められた有給の休暇。
年金《ねんきん》　毎年一定額を定期的に給付する制度。
年貢《ねんぐ》　毎年課せられた租税。小作料。
年月《ねんげつ》　歳月。としつき。
拈華《ねんげ》微笑《みしょう》　心から心へ伝わる。
年限《ねんげん》　年を単位に定めた期限。
年功《ねんこう》　長年の功績・功労。長年の熟練。
年号《ねんごう》　年につける称号。元号。
年功序列《ねんこうじょれつ》　勤続年数や年齢によって、地位や賃金が決まる制度。
懇《ねんご》ろ　心がこもっている。むつまじいさま。
捻挫《ねんざ》　関節をくじくこと。
年産《ねんさん》　一年当たりの生産高。
年始《ねんし》　年の始め。年賀。新
年歯《ねんし》　年齢。よわい。

年次《ねんじ》　毎年。年の順序。「—予算」
年式《ねんしき》　自動車などの、製造年の型。
年酒《ねんしゅ》　新年を祝う酒。新
念珠《ねんじゅ》　数珠《じゅず》。ねんず。
年収《ねんしゅう》　一年間の収入。
年中《ねんじゅう》　一年の間。いつも。絶えず。
捻出《ねんしゅつ》　ひねり出すこと。工面。別拈出
年初《ねんしょ》　年のはじめ。年頭。
念書《ねんしょ》　後日の証拠のために作成する文書。
年少《ねんしょう》　年の若いこと。⇔年長
年商《ねんしょう》　一年間の総売上高。
燃焼《ねんしょう》　もえること。力を出し切ること。
年数《ねんすう》　年の数。「勤続—」
年代《ねんだい》　時の流れを区切った一時期。世代。
年代物《ねんだいもの》　年月を経て価値のある物。

粘着《ねんちゃく》　ねばりつくこと。「―力」
年中《ねんちゅう》　ねんじゅう。「―行事」
粘稠《ねんちゅう》　ねばりけがあって密度が高いこと。
年長《ねんちょう》　年齢が上であること。⇔年少
年度《ねんど》　便宜上設けた一年の期間。「会計―」
粘土《ねんど》　水分を含むと粘り気が増す細かい土。
年頭《ねんとう》　年の初め。年始。「―の辞」(新)
念頭《ねんとう》　こころ。思い。「―に置く」
年内《ねんない》　その年の内。(冬)
年年《ねんねん》　年ごとに。一年一年。
年年歳歳《ねんねんさいさい》　毎年毎年。
年輩《ねんぱい》　年のほど。相当の年齢。(別)年配
燃費《ねんぴ》　(自動車などの)燃料消費率。
年表《ねんぴょう》　歴史上の出来事を年代順に記した表。
年賦《ねんぷ》　金額を年にいくらと割り当て払う法。

年譜《ねんぷ》　経歴などを年月順に記したもの。
念仏《ねんぶつ》　阿弥陀仏の名を唱えること。
年俸《ねんぽう》　一年を単位として決めた給与。
年報《ねんぽう》　一年間の報告書。
粘膜《ねんまく》　器官の内面を覆うねばねばした膜。
年末《ねんまつ》　年の終わり。歳末。
年余《ねんよ》　一年余り。一年有余。
年来《ねんらい》　何年も前から。長年。「―の望み」
年利《ねんり》　一年間を単位として定めた利率。
念力《ねんりき》　意志の力。「思う―岩をも通す」
年率《ねんりつ》　一年間を単位とした比率、利率。
念慮《ねんりょ》　思慮。思い。
燃料《ねんりょう》　燃やして熱・光などを得る材料。
年輪《ねんりん》　幹の横断面に見られる同心円状の輪。
年齢《ねんれい》　生まれてからの年数。とし。よわい。

の

野《の》　野原。田畑。のら。
幅《の》　布の幅を数える単位。
野遊び《のあそび》　春の一日を野外で遊ぶこと。(春)
野苺《のいちご》　野生のイチゴ。
野薔薇《のいばら》　バラ科の落葉低木。ノバラ。
能《のう》　能力。取り柄。能楽。
脳《のう》　頭蓋骨中の神経中枢部。頭の働き。
脳溢血《のういっけつ》　⇩脳出血
脳炎《のうえん》　脳髄の炎症性疾患。
農園《のうえん》　野菜や園芸作物を栽培する農場。
濃艶《のうえん》　あでやかで美しいこと。
農家《のうか》　農業で生計をたてている世帯。
納会《のうかい》　年の最後に行う会合。

能書き《のうがき》　効能書き。自己宣伝の文句。
能楽《のうがく》　室町時代に大成された歌舞劇。能。
農学《のうがく》　農業の原理や技術を研究する学問。
納棺《のうかん》　遺体を棺に入れること。
農閑期《のうかんき》　農作業のひまな時期。
納期《のうき》　金銭・注文品などを納める期日。
農協《のうきょう》　「農業協同組合」の略。
納経《のうきょう》　書写した経文を寺社に奉納すること。
農業《のうぎょう》　農作物を作り、家畜を飼育する産業。
農具《のうぐ》　農作業用の機械・器具。
農芸《のうげい》　農業技術。農業と園芸。
脳血栓《のうけっせん》　脳の血管が詰まる病気。
農耕《のうこう》　田畑を耕すこと。
濃厚《のうこう》　色・味が濃い。その気配が強い。
脳梗塞《のうこうそく》　脳血栓と脳塞栓の総称。

納骨《のうこつ》　遺骨を墓に納めること。
濃紺《のうこん》　濃い紺色。
納采《のうさい》　皇族が結納をとりかわすこと。
農作業《のうさぎょう》　農耕の仕事。のら仕事。
農作物《のうさくぶつ》　田畑に栽培されるもの。
悩殺《のうさつ》　性的魅力で男をなやますこと。
農産物《のうさんぶつ》　田畑から得る生産物。
直衣《のうし》　昔の貴族のふだん着。
脳死《のうし》　脳の機能が完全に失われた状態。
能事《のうじ》　なすべきこと。「―終われり」
農事《のうじ》　農業に関する事柄。
納受《のうじゅ》　神仏が願いを聞き入れること。
膿汁《のうじゅう》　うみ。うみしる。
濃縮《のうしゅく》　溶液の濃度を高めること。
脳出血《のうしゅっけつ》　脳の血管が破れる病気。

脳腫瘍《のうしゅよう》　頭蓋内にできる腫瘍の総称。
能書《のうしょ》　文字を上手に書くこと。「―家」
脳漿《のうしょう》　脳の中を満たす液体。頭脳。
農場《のうじょう》　農業経営に必要な設備のある場所。
脳震盪《のうしんとう》　頭部の打撲による意識障害。
脳髄《のうずい》　脳。
農政《のうせい》　農業に関する行政。
納税《のうぜい》　税金を納めること。
凌霄花《のうぜんかずら》　つる性落葉木本。(夏)
脳塞栓《のうそくせん》　脳血管に血栓などが詰まる。
脳卒中《のうそっちゅう》　脳の血管障害で起こる疾患。
農村《のうそん》　住民の多くが農業を主とする村。
濃淡《のうたん》　濃いことと薄いこと。「―をつける」
農地《のうち》　田畑などの農業に使う地。「―改革」
嚢中《のうちゅう》の錐《きり》　才能は自然に現れる。

脳天《のうてん》 頭のてっぺん。
脳天気《のうてんき》 のんきで軽薄なこと(人)。
農奴《のうど》 ヨーロッパ封建社会における農民。
濃度《のうど》 溶液などの濃さ。
農道《のうどう》 農作業のための、農地の間の道。
能動《のうどう》 他へ働きかける。進んで事をする。
能無《のうな》し 何の能力もなく役に立たない。
脳軟化症《のうなんかしょう》 脳梗塞の別名。
納入《のうにゅう》 品物や金銭を納めること。
脳波《のうは》 脳の活動による微弱な電流の変動。
農繁期《のうはんき》 農作業の忙しい時期。
能筆《のうひつ》 文字を上手に書くこと(人)。能書。
納品《のうひん》 品物を納入すること。「―書」
脳貧血《のうひんけつ》 脳の一時的な血液量の減少。
納付《のうふ》 税金などを官庁に納めること。

農夫《のうふ》 農業に従事する男性。
能弁《のうべん》 弁舌のたくみなこと。
農法《のうほう》 農業に関する技術や方法。
脳膜《のうまく》 脳をおおっている膜。
脳膜炎《のうまくえん》 髄膜炎の旧称。
脳味噌《のうみそ》 脳の俗な言い方。
濃密《のうみつ》 こまやか。濃厚。
農民《のうみん》 農業に従事する人。
濃霧《のうむ》 濃い霧。深い霧。「―注意報」[秋]
能面《のうめん》 能楽で用いる仮面。おもて。
農薬《のうやく》 農産物の害虫駆除や除草に使う薬剤。
能吏《のうり》 有能な官吏。
脳裏《のうり》 脳の内。心中。(別)脳裡
能率《のうりつ》 一定の時間内でできる仕事の割合。
納涼《のうりょう》 暑さをさけて涼しさを味わうこと。

能力《のうりょく》 物事を成し遂げる力。はたらき。
農林《のうりん》 農業と林業。
逃《のが》れる にげる。まぬがれる。
軒《のき》 屋根の端の外に張り出た部分。
芒《のぎ》 稲・麦などの実の外側にある堅い毛。
野菊《のぎく》 秋、野山に咲く菊類の総称。[秋]
軒先《のきさき》 軒の先。家の前。
軒忍《のきしのぶ》 ウラボシ科の常緑シダ植物。
軒並《のきな》み 家並み。どれもこれも。
退《の》く しりぞく。どく。「わきへ―」
仰《の》け反《ぞ》る あお向けに反り返る。
除《の》け者《もの》 仲間はずれ。「―にする」
退《の》ける どける。なしとげる。「やって―」
除《の》ける 取りのぞく。
鋸《のこぎり》 木材・金属などを切る工具。

残《のこ》らず 全部。すっかり。ありったけ。
残《のこ》り香《が》 人が去った後に残っている香。
残《のこ》る 存在し続ける。あまる。とどまる。
遺《のこ》る 後世に伝わる。
野晒《のざら》し 風雨にさらされる。されこうべ。
伸《の》し 伸ばすこと。日本泳法の横泳ぎ。
熨斗《のし》 進物に付ける、細長い六角形の色紙。
熨斗鮑《のしあわび》 アワビを伸ばして干した物。
熨斗紙《のしがみ》 熨斗や水引を印刷した紙。
野鵐《のじこ》 ホオジロ科の小鳥。鳴き声がよい。
熨斗袋《のしぶくろ》 熨斗と水引がついた袋。
伸《の》し餅《もち》 薄く長方形にのばした餅。
野宿《のじゅく》 屋外で寝ること。
伸《の》す 発展する。のばし広げる。
熨《の》す のばして平らにする。

野末《のずえ》 野のはて。野原の端。
乗《の》せる 乗るようにさせる。あざむく。
載《の》せる 上に置く。積む。紙面に出す。
除《のぞ》く 取りのける。除外する。
覗《のぞ》く すき間などから見る。ちょっと見る。
望《のぞ》み 願い。希望。期待。見込み。
望《のぞ》む 遠くを眺める。希望する。慕う。
臨《のぞ》む 面する。出席する。直面する。
野点《のだて》 野外でたてる茶の湯。
宣《のたま》う 「言う」の尊敬語。おっしゃる。
野《の》垂《た》れ死《じ》に 行き倒れ。
後《のち》 ある時のあと。未来。将来。
後産《のちざん》 ⇩あとざん(後産)
後添《のちぞ》い 二度目の妻。後妻。
後後《のちのち》 これから先。将来。あとあと。

後程《のちほど》 あとで。後刻。
乗《の》っ込《こ》み 魚が産卵期に浅場に集まる。
乗《の》っ取《と》る 奪い取って自分の物にする。
則《のっと》る 手本とする。「古式に―」(別)法る
野《の》積《づ》み 荷物を野外に積んでおくこと。
野面《のづら》 野原。「―を吹く風」
野天《のてん》 屋外。露天。「―風呂」
能登《のと》 旧国名。石川県能登半島。能州。
喉《のど》 口の奥。首の前部。歌う声。(別)咽
長閑《のどか》 天気がよく、穏やかなさま。[春]
喉頸《のどくび》 のどのあたり。急所。
喉自慢《のどじまん》 しろうとの歌のコンクール。
喉彦《のどひこ》 口蓋垂《こうがいすい》の俗称。のどちんこ。
喉笛《のどぶえ》 のどの気管の通ずるところ。
喉仏《のどぼとけ》 のどに突き出した甲状軟骨。

喉元《のどもと》　のど。のどのあたり。
喉輪《のどわ》　相撲で相手の喉に手を当てる技。
野中《のなか》　野原の中。「—の一軒家」
野鼠《のねずみ》　山野・畑などにいるネズミの総称。
罵《ののし》る　大声で、口汚く悪口を言う。
野放《のばな》し　放し飼い。放任すること。
野原《のはら》　草の生えた広い平地。野。
野薔薇《のばら》　⇩のいばら(野薔薇)
野火《のび》　春先に野山の枯れ草を焼く火。〔春〕
伸《の》び伸《の》び　おおらかで自由なさま。
延《の》び延《の》び　何度も延期されること。
野蒜《のびる》　ユリ科の多年草。鱗茎は食用。〔春〕
伸《の》びる　長くなる。まっすぐになる。
延《の》びる　時間が長くなる。日時が先になる。
野武士《のぶし》　中世、農民の武装集団。

野太《のぶと》い　大胆でずぶとい。声がふとい。
陳者《のぶれば》　候文の文頭の語。申し上げますが。
延《の》べ　総数を一つの単位で数え表したもの。
野辺《のべ》　野原。「—の草花」
延《の》べ板《いた》　板状に延ばした金属。「金の—」
野辺送《のべおく》り　遺骸を墓地まで見送る。
延《の》べ払《ばら》い　代金をある期日後に払う。
延《の》べ棒《ぼう》　金属を棒状に延ばしたもの。
述《の》べる　順序を追って言う。(別)陳べる
野放図《のほうず》　勝手気まま。際限がない。
上《のぼ》せる　のぼらせる。とりあげる。記載する。
逆上《のぼ》せる　上気する。思い上がる。
野牡丹《のぼたん》　ノボタン科の落葉低木。〔夏〕
野仏《のぼとけ》　野の道に立つ仏像。
幟《のぼり》　細長い布を竿に通して立てるもの。

上《のぼ》り鮎《あゆ》　春、川をさかのぼる若鮎。〔春〕
登《のぼ》り窯《がま》　傾斜面に設けた陶器を焼く窯。
上《のぼ》り坂《ざか》　登りの坂道。上向きになる状態。
上《のぼ》り簗《やな》　上り鮎を捕らえる簗。〔春〕
上《のぼ》る　上方へ行く。上京する。
登《のぼ》る　高い所へ移動する。「木に—」
昇《のぼ》る　太陽・月などが空に高く上がる。
蚤《のみ》　人畜の血を吸う小さな昆虫。〔夏〕
鑿《のみ》　木材・石材の加工に使う工具。
呑《の》み行為《こうい》　市場外で売買する行為。
飲《の》み込《こ》み　物事を理解すること。
飲《の》み代《しろ》　酒代。
飲《の》み助《すけ》　酒好きで、よく飲む人。
蚤取《のみと》り眼《まなこ》　注意して見回す目つき。
蚤《のみ》の市《いち》　古物市。

飲《の》み物《もの》　飲むためのもの。茶・酒など。
飲《の》み屋《や》　居酒屋。
飲《の》む　かまずに体内へ入れる。酒を食らう。
喫《の》む　タバコを吸う。(別)飲む
呑《の》む　受け入れる。中へ引き込む。
野焼《のや》き　春、野の枯れ草を焼くこと。〔春〕
野山《のやま》　野と山。野や山。
野良《のら》　野原。野。田畑。「—仕事」
野良犬《のらいぬ》　飼い主のいない犬。
法《のり》　法律。法令。道理。道徳。(別)則・矩
海苔《のり》　苔状の海藻。それを干した食品。〔春〕
糊《のり》　貼りつけに用いる粘着剤。
乗《の》り気《き》　やってみようという気持ち。
乗《の》り切《き》る　困難な状況を切り抜ける。
乗組員《のりくみいん》　船や航空機などの乗員。

糊代《のりしろ》　貼り合わせる時、糊をつける部分。
祝詞《のりと》　神官が神に奏上することば。
海苔巻《のりま》き　海苔で巻いたすし。
乗《の》り物《もの》　人を乗せて運ぶもの。
乗《の》る　物の上や中に身を置く。応じる。
載《の》る　上に置かれる。掲載される。
諾威《ノルウェー》　北ヨーロッパの一国。
伸《の》るか反《そ》るか　いちかばちか。
暖簾《のれん》　店先にたらす布。店の信用。
獐《のろ》　ユーラシア大陸にすむシカ科の動物。
鈍《のろ》い　動きがにぶい。速度がおそい。
呪《のろ》う　相手に災いがあるよう祈る。(別)詛う
惚気《のろけ》る　恋人などのことを嬉しげに話す。
狼煙《のろし》　変事の急報に上げた煙。(別)烽火
鈍間《のろま》　動作や頭の働きがにぶいこと(人)。

野分《のわ》き　台風。のわけ。〔秋〕
呑気《のんき》　気楽なさま。苦労がない。(別)暢気
飲《の》ん兵衛《べえ》　大酒飲み。のみすけ。

は

刃《は》　刃物の、物を切る薄く鋭い部分。
羽《は》　羽毛。はね。
葉《は》　呼吸や光合成をする植物器官。
歯《は》　口の中にある硬い食物をかむ器官。
派《は》　考えや傾向などを同じくする集団。
覇《は》　武力で天下を治める。「—を唱える」
場《ば》　物を置く場所。物事が行われる所。
場合《ばあい》　そのときの事情。そのおり。
把握《はあく》　物事の内容を正確に理解すること。
場当《ばあ》たり　その場での思いつき。

羽蟻《はあり》 繁殖期に羽の生えたアリ。夏
灰《はい》 物が燃えたあとに残る粉状のもの。
胚《はい》 種子の中の発芽前の植物体。胚芽。
肺《はい》 胸の左右にある呼吸器官。肺臓。
貝《ばい》 海産の巻貝。食用。
倍《ばい》 同じ数量を二度加えた数量。二倍。
霾《ばい》 黄砂《こうさ》。春
牌《パイ》 麻雀の駒。
廃案《はいあん》 議決されず廃止となった議案。
廃位《はいい》 君主を退位させること。
灰色《はいいろ》 薄いねずみ色。希望がもてないさま。
敗因《はいいん》 負けた原因。⇔勝因
梅雨《ばいう》 盛夏の前の長雨。つゆ。夏
背泳《はいえい》 あお向けの姿勢で泳ぐ泳ぎ方。
廃液《はいえき》 工場から出される有害物質を含む液。

拝謁《はいえつ》 貴人にお目にかかる。
肺炎《はいえん》 細菌やウイルスによる肺の炎症。
梅園《ばいえん》 梅の木をたくさん植えた庭園。春
煤煙《ばいえん》 すすと煙。石炭のけむり。
廃屋《はいおく》 住む人のいない、荒れはてた家。
配下《はいか》 支配のもとにあること(人)。部下。
胚芽《はいが》 種子の中のやがて芽になる部分。胚。
俳画《はいが》 俳諧味のある簡略な日本画。
拝賀《はいが》 目上の人にお祝いを述べること。
売価《ばいか》 売る価格。売り値。
倍加《ばいか》 二倍にふえる。大いにふえる。
俳諧《はいかい》 俳句・連句などの総称。別誹諧
徘徊《はいかい》 あてもなく歩きまわること。
拝外《はいがい》 外国の文物や思想を崇拝すること。
排外《はいがい》 外国の人や思想を排斥すること。

媒介《ばいかい》 両者の間を仲立ちすること。
灰神楽《はいかぐら》 水を零した火鉢から立つ灰。
肺活量《はいかつりょう》 吐き出せる空気の最大量。
胚芽米《はいがまい》 胚芽を残して精白した米。
白乾児《パイカル》 高粱を原料とした蒸留酒。
拝観《はいかん》 謹んで見ること。「—料」
肺肝《はいかん》 肺臓と肝臓。心の奥底。「—を砕く」
肺患《はいかん》 肺の疾患。肺病。
配管《はいかん》 ガス管や水道管をとりつけること。
廃刊《はいかん》 定期刊行物の発行をやめること。
拝顔《はいがん》 人に面会することの謙譲語。
肺癌《はいがん》 肺にできる癌。
排気《はいき》 内部の気体を外へ出すこと。
拝跪《はいき》 ひざまずいて拝むこと。
廃棄《はいき》 不用なものとして捨てること。

肺気腫《はいきしゅ》 肺が過度に拡大した病気。
売却《ばいきゃく》 売り払うこと。
配球《はいきゅう》 投球の球種やコースの組み合わせ。
配給《はいきゅう》 物資を割り当てて配ること。
排球《はいきゅう》 バレーボール。
倍旧《ばいきゅう》 前よりもいっそう程度を増すこと。
廃墟《はいきょ》 荒れ果てた建物や市街などのあと。
肺魚《はいぎょ》 浮袋が発達し空気呼吸する淡水魚。
廃業《はいぎょう》 それまでの職業・営業をやめること。
拝金《はいきん》 金銭を最上のものとあがめること。
背筋《はいきん》 背中にある筋肉。「—力」
黴菌《ばいきん》 有害な細菌の通称。
俳句《はいく》 季語を読み込む一七音の短詩。
拝具《はいぐ》 手紙の末尾に書く語。敬具。
配偶者《はいぐうしゃ》 夫婦の一方から見た相手。

敗軍《はいぐん》 戦いに負けること。その軍隊。
拝啓《はいけい》 手紙の冒頭に書く語。謹啓。
背景《はいけい》 背後の光景。ひそんでいる事情。
排撃《はいげき》 排斥して攻撃すること。
肺結核《はいけっかく》 結核菌による肺の病気。
敗血症《はいけつしょう》 化膿菌が血管に入る病気。
拝見《はいけん》 見ることの謙譲語。
背後《はいご》 うしろ。背中の方。物事の裏面。
廃語《はいご》 現在では使われない言葉。死語。
廃坑《はいこう》 鉱山や炭坑を廃棄すること。
廃校《はいこう》 学校を廃止すること。
俳号《はいごう》 俳人の雅号。
配合《はいごう》 ほどよく取り合わせること。
廃合《はいごう》 廃止することと合併すること。
売国《ばいこく》 私利のため自国に不利なことをする。

貝独楽《ばいごま》 貝《ばい》の形の鉄のこま。秋
配剤《はいざい》 ほどよく配合すること。薬剤の調合。
廃材《はいざい》 いらなくなった材木。
拝察《はいさつ》 推察することの謙譲語。
灰皿《はいざら》 タバコの吸い殻や灰を入れる容器。
敗残《はいざん》 戦いに負けて生き残ること。「—兵」
廃止《はいし》 今までの制度などをやめること。
稗史《はいし》 小説風に書いた民間の歴史書。
拝辞《はいじ》 辞退や、いとまごいの謙譲語。
肺疾《はいしつ》 肺の病気。肺結核。
廃疾《はいしつ》 回復不能の病気。
媒質《ばいしつ》 力や波動を伝える媒介となる物質。
配車《はいしゃ》 車両をわりふりすること。
敗者《はいしゃ》 戦いに負けた人。⇔勝者
廃車《はいしゃ》 自動車の登録を抹消すること。

拝借《はいしゃく》 借りることの謙譲語。

媒酌《ばいしゃく》 結婚の仲立ちをすること。(別)媒妁

胚珠《はいしゅ》 種子植物の種子になる部分。

拝受《はいじゅ》 受け取ることの謙譲語。

買収《ばいしゅう》 買い取ること。金品で人を動かす。

排出《はいしゅつ》 中の不要物を外へ出すこと。排泄。

輩出《はいしゅつ》 すぐれた人物が次次と世に出ること。

売春《ばいしゅん》 女が金をもらって男と性交すること。

買春《ばいしゅん》 売春を、金を払う側から言う言葉。

配所《はいしょ》 罪をおかして流された土地。

排除《はいじょ》 おしのけて取り除くこと。

敗将《はいしょう》 戦いに敗れた大将。敗軍の将。

賠償《ばいしょう》 他に与えた損害をつぐなうこと。

陪乗《ばいじょう》 貴人と同じ車に乗ること。

売笑婦《ばいしょうふ》 売春婦。

配色《はいしょく》 色の取り合わせ。

敗色《はいしょく》 負けそうなけはい。敗勢。「—が濃い」

陪食《ばいしょく》 貴人と食事をともにすること。

背信《はいしん》 信義にそむくこと。裏切り。

俳人《はいじん》 俳句を作る人。

廃人《はいじん》 病気などで通常の生活ができない人。

陪臣《ばいしん》 家来の家来。諸大名の家臣。

陪審《ばいしん》 一般人が裁判の審理に加わる制度。

煤塵《ばいじん》 工場の煙などに含まれる微粒子。

配水《はいすい》 水を配給すること。「—管」

排水《はいすい》 不用な水を外へ出すこと。「—管」

廃水《はいすい》 使用済みの汚れた水。「工場—」

背水《はいすい》**の陣**《じん》 決死の覚悟で戦う。

排水量《はいすいりょう》 船が押しのける水の量。

拝趨《はいすう》 出向くことの謙譲語。

倍数《ばいすう》 ある数の整数倍の数。

拝《はい》**する** おがむ。お受けする。拝見する。

配《はい》**する** 配置する。組み合わせる。

排《はい》**する** 押しのける。除く。ならべる。

廃《はい》**する** 廃止する。地位を退かせる。

倍《ばい》**する** 倍になる。倍にふやす。

俳聖《はいせい》 特にすぐれた俳人。「—松尾芭蕉」

敗勢《はいせい》 負けそうな形勢。敗色。

排斥《はいせき》 しりぞけること。押しのけること。

陪席《ばいせき》 目上の人と同席すること。

排泄《はいせつ》 動物が不用物を体外へ出すこと。

廃絶《はいぜつ》 すたれ後が絶える。廃止してなくす。

杯洗《はいせん》 酒席でさかずきをすすぐ容器。

肺尖《はいせん》 肺の上部のとがった部分。

配線《はいせん》 電線や電話線を敷設すること。

敗戦《はいせん》 戦いに敗れること。

配膳《はいぜん》 食事の膳を客の前に配ること。

沛然《はいぜん》 雨が激しく降るさま。

媒染《ばいせん》 薬剤で染料が繊維に染まり易くする。

焙煎《ばいせん》 コーヒー豆などを煎ること。

敗訴《はいそ》 訴訟に負けること。⇔勝訴

配送《はいそう》 品物の配達と発送。

敗走《はいそう》 戦いに敗れて逃げること。

肺臓《はいぞう》 胸部にある臓器。肺。

倍増《ばいぞう》 二倍に増えること。

配属《はいぞく》 各部署に割り当てて所属させること。

売女《ばいた》 売春婦。不貞な女をののしる語。

胚胎《はいたい》 物事の基をはらみもつこと。ねざす。

敗退《はいたい》 戦いに負けてしりぞくこと。

廃退《はいたい》 道徳などがすたれること。(別)廃頽

媒体《ばいたい》 媒介するもの。情報伝達の手段。

配達《はいたつ》 配り届けること。

排他《はいた》**的**《てき》 仲間以外のものを排斥する。

俳壇《はいだん》 俳人たちの社会。

背馳《はいち》 くいちがうこと。反対になること。

配置《はいち》 それぞれの位置に割りあてること。

培地《ばいち》 細菌などを培養するための物質。

廃嫡《はいちゃく》 旧民法で嫡子の地位を失わせること。

蝿帳《はいちょう》 食物にかぶせて蝿を防ぐ道具。夏

拝聴《はいちょう》 聞くことの謙譲語。

這《は》**い蹲**《つくば》**る** 平伏する。はいつくばう。

拝呈《はいてい》 贈ることの謙譲語。

配転《はいてん》 「配置転換」の略。

拝殿《はいでん》 神社で、拝礼を行うための殿舎。

配電《はいでん》 電力を各家に供給すること。

売店《ばいてん》 施設内に設けられた小さな店。

佩刀《はいとう》 刀を腰につけること。帯刀。

配当《はいとう》 配分する。株主に分配する利益金。

背徳《はいとく》 道徳にそむくこと。「—行為」

拝読《はいどく》 読むことの謙譲語。「お手紙—」

梅毒《ばいどく》 伝染性の性病。瘡毒。

排日《はいにち》 日本を排斥すること。

胚乳《はいにゅう》 種子の中にある発芽のための養分。

排尿《はいにょう》 小便をすること。

背任《はいにん》 任務にそむいて不正を働くこと。

売人《ばいにん》 密売品などの売り手。

廃熱《はいねつ》 熱機関などから出される熱気。

背嚢《はいのう》 兵隊などが背に負う四角いかばん。

胚嚢《はいのう》 種子植物の胚珠にある雌性配偶体。

売買《ばいばい》 売ることと買うこと。うりかい。

背反《はいはん》 相反すること。そむくこと。別悖反
背叛《はいはん》 そむきさからうこと。反逆。
廃盤《はいばん》 製造を中止したレコードやCD。
杯盤狼藉《はいばんろうぜき》 乱雑な酒宴のあと。
拝眉《はいび》 相手に会うことの謙譲語。拝顔。
配備《はいび》 前もって配置しておくこと。
肺病《はいびょう》 肺の病気。特に、肺結核。
廃品《はいひん》 役にたたなくなった物品。
売品《ばいひん》 売る品物。売りもの。
肺腑《はいふ》 肺。心の奥底。「—を抉《えぐ》る」
配付《はいふ》 めいめいに配りわたすこと。
配布《はいふ》 多くの人に広く配ること。
拝復《はいふく》 返信の書き出しに書く語。
廃物《はいぶつ》 廃品。「—利用」
俳文《はいぶん》 俳味をもった機知のある短文。

配分《はいぶん》 割り当てて配ること。分配。
売文《ばいぶん》 文章を書きその稿料で生計を立てる。
排便《はいべん》 大便をすること。
買弁《ばいべん》 外国資本に奉仕して私利をはかる者。
肺胞《はいほう》 気管支の末端にある半球状の袋。
敗亡《はいぼう》 戦いに負けて滅亡すること。
敗北《はいぼく》 戦いに負けること。⇔勝利
配本《はいほん》 刊行物を小売店や読者に配ること。
這松《はいまつ》 高山に生えるマツ科の低木。
俳味《はいみ》 俳諧のもつ洒脱な味わい。
拝命《はいめい》 任命をつつしんで受けること。
売名《ばいめい》 自分の名前を世間に広めようとする。
敗滅《はいめつ》 戦いに敗れ滅びること。
背面《はいめん》 後ろの方。せなかの側。
配役《はいやく》 俳優に役を割り当てること。

売約《ばいやく》 売る約束。「—済み」
売薬《ばいやく》 薬屋や行商などで市販される薬。
廃油《はいゆ》 使用済みの、不用の油。
俳優《はいゆう》 劇中人物を演ずる職業の人。役者。
肺葉《はいよう》 肺を区分するときの各部分の称。
佩用《はいよう》 身につけて用いること。
培養《ばいよう》 微生物などを増殖させること。
排卵《はいらん》 卵子が卵巣から排出されること。
背理《はいり》 道理にそむくこと。
背離《はいり》 そむき離れること。
廃立《はいりつ》 君主を廃して別の君主を立てること。
倍率《ばいりつ》 実物と像との大きさの比。競争率。
配慮《はいりょ》 気をつかうこと。心づかい。
拝領《はいりょう》 貴人から物をいただくこと。
梅林《ばいりん》 梅の木の林。春

配流《はいる》 流刑にすること。島流し。
拝礼《はいれい》 頭を下げて拝むこと。
配列《はいれつ》 順序に従って並べること。別排列
這《は》う 腹ばって進む。植物が伝い延びる。
端唄《はうた》 三味線を伴奏にする短い俗謡。
羽団扇《はうちわ》 鳥の羽根で作ったうちわ。
南風《はえ》 (主に西日本で)みなみかぜ。夏
栄《は》え 名誉。「—ある栄冠」
蠅《はえ》 小形の昆虫。幼虫は、うじ。夏
生《は》え際《ぎわ》 髪の生えそろうそのきわ。
延縄《はえなわ》 一本の縄に多数の釣糸をつけた漁具。
生《は》え抜《ぬ》き 初めから勤務している。
生《は》える 内部から生じる。
映《は》える 照らされて輝く。一段と引き立つ。
栄《は》える 立派に見える。見栄えがする。

覇王《はおう》 武力で統御し天下を治める人。
覇王樹《はおうじゅ》 サボテンの異名。
包子《パオズ》 中国風の肉まんじゅう。
羽音《はおと》 鳥や虫のはばたく音。
羽織《はおり》 長着の上に着る丈の短い衣服。
羽織《はお》る 上から掛けるようにして着る。
墓《はか》 遺骸や遺骨を葬ってある所。墳墓。
破瓜《はか》 女の一六歳。処女膜が破れること。
馬鹿《ばか》 愚かなこと(人)。つまらない。
破戒《はかい》 僧が戒律を破ること。⇔持戒
破壊《はかい》 こわすこと。こわれること。
破戒無慙《はかいむざん》 戒を破り恥じない。
馬鹿貝《ばかがい》 海産の二枚貝。食用。春
葉書《はがき》 「郵便葉書」の略。通信用の用紙。
破格《はかく》 先例やきまりにはずれること。

馬鹿正直《ばかしょうじき》 正直すぎて愚直だ。
剝《は》がす めくりとる。はぎとる。
化《ば》かす だます。たぶらかす。
場数《ばかず》 多くの経験。「—を踏む」
博士《はかせ》 その分野に詳しい人。⇨はくし
歯形《はがた》 歯でかんだあと。
捗《はかど》る 仕事が順調に進む。
儚《はかな》い むなしい。無常だ。別果敢無い
鋼《はがね》 炭素を含む強靭性のある鉄。鋼鉄。
墓場《はかば》 墓のある所。墓地。
捗捗《はかばか》しい 順調に進んでいる。
馬鹿囃子《ばかばやし》 祭礼の祭り囃子。
端株《はかぶ》 売買取引の単位に満たない株。
袴《はかま》 和服で、下半身につける筒状の衣服。
墓参《はかまい》り 墓に参って拝むこと。秋

は

袴能《はかまのう》 面や装束をつけず袴姿で行う能。[夏]
歯噛《はが》**み** 悔しさに歯ぎしりする。
歯痒《はがゆ》**い** いらだたしい。じれったい。
計《はか》**らう** 考えて処置する。相談する。
図《はか》**らずも** 思いがけず。
秤《はかり》 物の重さをはかる器械。
謀《はかりごと》 前もって考えた計略。たくらみ。
図《はか》**る** 計画する。計画を実現しようとする。
計《はか》**る** 時間や程度を調べる。だます。
測《はか》**る** 長さ・深さなどを調べる。推測する。
量《はか》**る** 重さや容積を調べる。
謀《はか》**る** 計略をめぐらす。
諮《はか》**る** 他人の意見を問う。
破顔一笑《はがんいっしょう》 にっこり笑うこと。
破棄《はき》 破り捨てる。取り消す。(別)破毀

覇気《はき》 他に勝とうとする意気込み。野心。
脛《はぎ》 膝からくるぶしの間の部分。すね。
萩《はぎ》 マメ科の小低木。秋の七草の一。[秋]
吐《は》**き気**《け》 吐きたくなる感じ。むかつき。
歯《は》**軋**《ぎし》**り** 歯をかみしめて音をたてること。
掃《は》**き溜**《だ》**め** ごみすて場。「—に鶴」
履《は》**き違**《ちが》**える** 思いちがいをする。
履物《はきもの》 地面を歩くときに足に履く物の総称。
馬脚《ばきゃく》 馬の脚。「—を現す」
波及《はきゅう》 影響が次第に及ぶこと。「—効果」
破鏡《はきょう》 こわれた鏡。離婚。「—の嘆」
覇業《はぎょう》 武力で征服して支配権を握ること。
破局《はきょく》 物事の破綻した局面。悲惨な結果。
歯切《はぎ》**れ** 言い方の調子や発音。
端切《はぎ》**れ** はんぱな布地。

拍《はく》 音楽で、拍子の単位。
箔《はく》 金・銀などを薄くのばしたもの。
吐《は》**く** 口から外に出す。言う。
穿《は》**く** 下半身や足に衣類を身につける。
履《は》**く** 履物を足につける。
佩《は》**く** (刀剣などを)腰につける。帯びる。
掃《は》**く** ほうきで掃除をする。
刷《は》**く** さっとなでて色をつける。
矧《は》**ぐ** 竹に羽を付けて矢をつくる。
剝《は》**ぐ** はがして取り去る。ぬがし取る。
接《は》**ぐ** つぎあわせる。
縛《ばく》 なわ。縛ること。「—に就く」
貘《ばく》 サイに似た獣。想像上の動物の名。
漠《ばく》 広々としている。とりとめもない。
馬具《ばぐ》 馬につける用具。

白亜《はくあ》 石灰岩。白壁。「—の殿堂」
博愛《はくあい》 すべての人を平等に愛すること。
白衣《はくい》 医師などの着る白い上着。
博引旁証《はくいんぼうしょう》 多くの資料を引いたり、証拠を示したりして説明すること。
白雨《はくう》 夕立。にわか雨。
幕営《ばくえい》 幕を張りめぐらした陣営。
博奕《ばくえき》 ばくち。
箔押《はくお》**し** 蒔絵で、金銀の箔をはること。
爆音《ばくおん》 爆発の音。エンジンの音。
博雅《はくが》 博識でおこないが正しいこと(人)。
麦芽《ばくが》 大麦を発芽させたもの。
迫害《はくがい》 害を加えて苦しめること。
博学《はくがく》 広く学んで多くを知っていること。
博学多才《はくがくたさい》 学識や才能が豊か。

麦芽糖《ばくがとう》 澱粉を麦芽で分解した糖。
白眼《はくがん》 しろめ。冷遇する目つき。「—視」
歯茎《はぐき》 歯の根をおおう肉。歯齦《しぎん》。
莫逆《ばくぎゃく》 きわめて親しい間柄。「—の友」
白玉楼《はくぎょくろう》 文人が死後に行くという楼。
白銀《はくぎん》 銀。降り積もった雪。
薄遇《はくぐう》 冷淡で不親切なもてなし。冷遇。
育《はぐく》**む** 大切に養い育てる。保護する。
爆撃《ばくげき》 航空機から爆弾などを投下すること。
迫撃砲《はくげきほう》 接近戦に用いる軽量の火砲。
白菜《はくさい》 アブラナ科の野菜。漬物や鍋物用。[冬]
舶載《はくさい》 船にのせて運ぶこと。
白紙《はくし》 何も書いてない紙。もとの状態。
博士《はくし》 最高位の学位。はかせ。ドクター。
薄志《はくし》 わずかな謝礼。薄弱な意志。

白磁《はくじ》 純白の磁器。
爆死《ばくし》 爆撃・爆発で死ぬこと。
博識《はくしき》 広く物事を知っていること。博学。
薄志弱行《はくしじゃっこう》 意志が弱く、行動力が乏しいこと。物事を断行する力に欠けること。
白日《はくじつ》 くもりのない太陽。白昼。
白日夢《はくじつむ》 ⇨白昼夢《はくちゅうむ》
白砂《はくしゃ》 白い砂。はくさ。
拍車《はくしゃ》 乗馬靴のかかとに取り付ける金具。
薄謝《はくしゃ》 わずかの謝礼。また、謝礼の謙称。
伯爵《はくしゃく》 もと五等爵の第三位。
薄弱《はくじゃく》 確かでないこと。体力や意志が弱い。
白砂青松《はくしゃせいしょう》 海岸の美しい風景。
拍手《はくしゅ》 両手を打ち合わせること。
白寿《はくじゅ》 九十九歳。また、その祝い。

麦秋《ばくしゅう》 麦の熟す初夏の頃。むぎあき。[夏]
拍手喝采《はくしゅかっさい》 ほめたたえること。
白書《はくしょ》 政府が発表する実情報告書。
薄暑《はくしょ》 初夏、五月ごろの暑さ。[夏]
曝書《ばくしょ》 書物を虫干しすること。[夏]
白状《はくじょう》 犯した罪や秘密を打ち明けること。
薄情《はくじょう》 義理・人情に薄い。思いやりがない。
爆笑《ばくしょう》 一度にどっと笑うこと。
迫真《はくしん》 真に迫ること。「―の演技」
白人《はくじん》 白色人種に属する人間。
白刃《はくじん》 抜き身の刀。
幕臣《ばくしん》 将軍直属の臣下。旗本・御家人など。
爆心《ばくしん》 爆発の中心地点。「―地」
驀進《ばくしん》 まっしぐらに進むこと。
博《はく》する 広く知られる。得る。「喝采を―」

剝製《はくせい》 動物の生態標本。
白皙《はくせき》 肌の色の白いこと。「―の美青年」
白癬《はくせん》 しらくも・水虫などの皮膚病。
白髯《はくぜん》 白いほおひげ。
漠然《ばくぜん》 ぼんやりとしてはっきりしないさま。
歯屎《はくそ》 歯垢《しこう》。
博大《はくだい》 知識・学問が広く大きいさま。
莫大《ばくだい》 数量・程度がきわめて大きいさま。
白濁《はくだく》 白くにごること。
剝奪《はくだつ》 うばいとること。はがしとること。
爆弾《ばくだん》 爆薬を充塡した爆発兵器。
白痴《はくち》 最も重度な知的障害を言った語。
博打《ばくち》 金品をかけて、勝負を争うこと。
爆竹《ばくちく》 火薬を詰めた小さい筒を連ねたもの。
白地図《はくちず》 輪郭だけの地図。

白昼《はくちゅう》 ひるひなか。まひる。日中。
伯仲《はくちゅう》 よく似ていて優劣のつけにくいこと。
白昼夢《はくちゅうむ》 非現実的な空想。白日夢。
白鳥《はくちょう》 カモ目の大形の水鳥。全身白色。[冬]
白鳥座《はくちょうざ》 巨大な十字形を描く星座。
爆沈《ばくちん》 船を爆弾で沈めること。
白帝《はくてい》 五行説で、西方・秋を支配する神。
幕天席地《ばくてんせきち》 気宇が壮大な形容。
博徒《ばくと》 ばくちうち。
白桃《はくとう》 水蜜桃の一品種。果肉が白い。
白銅《はくどう》 銅とニッケルの合金。「―貨」
拍動《はくどう》 脈打つこと。(別)搏動
白灯油《はくとうゆ》 家庭燃料用に精製した灯油。
白内障《はくないしょう》 眼の水晶体が濁る病気。
白熱《はくねつ》 高温物体の放つ白い光。激しい熱気。

白馬《はくば》 毛色の白い馬。
爆破《ばくは》 爆薬で破壊すること。
白梅《はくばい》 白い梅の花。しらうめ。[春]
漠漠《ばくばく》 遠くはるかなさま。ぼんやりしたさま。
白髪《はくはつ》 白くなった髪の毛。しらが。
爆発《ばくはつ》 急激な破裂。感情が一気に表れる。
白眉《はくび》 同類の中で最も優れたもの。
白票《はくひょう》 国会で、賛成投票に使う白色の票。
薄氷《はくひょう》 うすい氷。「―を踏む思い」
白描《はくびょう》 東洋画で墨一色で描くこと。
幕府《ばくふ》 武家の政権。
瀑布《ばくふ》 (大きな)滝。[夏]
爆風《ばくふう》 爆発によって起こる強い風。
博物館《はくぶつかん》 文物を展示・研究する機関。
白文《はくぶん》 返り点や送り仮名をつけない漢文。

博聞《はくぶん》 広く物事を聞き知ること。
白兵戦《はくへいせん》 刀剣で戦うような接近戦。
剝片《はくへん》 原石から剝がされた小片。「―石器」
薄暮《はくぼ》 夕暮れ。くれがた。
白墨《はくぼく》 棒状に固めた焼石膏の粉。チョーク。
白米《はくまい》 玄米をつき糠や胚芽を取り除いた米。
幕末《ばくまつ》 江戸幕府の末期。
薄命《はくめい》 不幸な運命。短命。「佳人―」
薄明《はくめい》 明け方や夕方のうすあかり。
白面《はくめん》 色の白い顔。年が若く未熟なこと。
白夜《はくや》 極地で夏、夜でも薄明るい現象。[夏]
爆薬《ばくやく》 爆発を起こす火薬類。
舶来《はくらい》 外国から船にのせてくること。
爆雷《ばくらい》 潜水艦攻撃用の水中爆発兵器。
伯楽《はくらく》 人の能力をよく見抜き指導する者。

剝落《はくらく》 はがれ落ちること。
博覧《はくらん》 広く書物を読みよく知っていること。
博覧会《はくらんかい》 文物を観覧させる催し。
博覧強記《はくらんきょうき》 知識が豊かなこと。
剝離《はくり》 はがれてとれること。「網膜―」
薄利《はくり》 わずかな利益。「―多売」
幕吏《ばくり》 幕府の役人。
薄力粉《はくりきこ》 粘り気の弱い小麦粉。
麦粒腫《ばくりゅうしゅ》 ものもらい。
幕僚《ばくりょう》 司令部に直属する参謀将校。
迫力《はくりょく》 人の心に強く迫る力。
歯車《はぐるま》 周囲に歯を刻んだ車状の機械部品。
爆裂《ばくれつ》 爆発し、破裂すること。
逸《はぐ》れる 連れの人を見失う。…しそこなう。
莫連《ばくれん》 すれっからしの女。あばずれ。

白露《はくろ》 二十四節気の一。九月七日頃。秋
暴露《ばくろ》 秘密や悪事をあばき出すこと。
博労《ばくろう》 牛馬の売買や周旋をする人。別馬喰
駁論《ばくろん》 他人の意見に反駁する議論。
白話《はくわ》 中国で日常に使用する話し言葉。
刷毛《はけ》 塗料などを塗ったりする道具。
禿《はげ》 毛髪が抜けた状態、その状態のもの。
葉鶏頭《はげいとう》 ヒユ科の草。雁来紅。秋
激《はげ》しい 勢いが強い。甚だしい。別烈しい
禿鷹《はげたか》 ハゲワシの別名。
化《ば》けの皮《かわ》 本性を包み隠している外見。
励《はげ》む 気力を奮いたたせる。精をだす。
化《ば》け物《もの》 化けて怪しい姿をしているもの。
禿《は》げ山《やま》 草木の生えていない山。
捌《は》ける とどこおらず流れる。売れる。

剝《は》げる 取れて落ちる。色があせる。
禿《は》げる 髪の毛が抜け落ちてなくなる。
化《ば》ける 本来の姿をかえて他の姿になる。
禿鷲《はげわし》 頸部が裸出している大形の猛禽。
派遣《はけん》 命じて行かせること。
覇権《はけん》 覇者としての権力。優勝の栄誉。
馬券《ばけん》 競馬の勝ち馬投票券。
罵言《ばげん》 ののしることば。悪口。
箱《はこ》 物を入れる四角な形の器。別函
羽子板《はごいた》 羽根をつくのに使う板。新
箱入《はこい》り娘《むすめ》 大切に育てた娘。
跛行《はこう》 片足を引いて歩く。釣合いがとれない。
破獄《はごく》 牢屋を破って抜け出ること。脱獄。
箱師《はこし》 乗り物の中ですりを常習とする者。
筥迫《はこせこ》 和服の礼装の際の、箱形の紙入れ。

歯応《はごた》え かんだ時の堅さの感じ。手答え。
箱庭《はこにわ》 箱の中に作った山水や庭の模型。夏
運《はこ》ぶ 物を運搬する。物事を進める。
箱船《はこぶね》 ノアの箱船。別方舟
繁縷《はこべ》 春の七草の一。ハコベラ。春
刃毀《はこぼ》れ 刃物の刃がかけること。
箱枕《はこまくら》 箱形の台にのせた枕。
羽衣《はごろも》 天人が着て空を飛ぶという薄い衣。
稲架《はさ》 いねかけ。はざ。秋
破砕《はさい》 こなごなにくだくこと。
端境期《はざかいき》 古米と新米が入れかわる頃。
刃先《はさき》 刀などの刃の先。きっさき。
葉桜《はざくら》 花が散り若葉になった頃の桜。夏
馬刺《ばさ》し ウマの肉の刺し身。
狭間《はざま》 物と物との狭い間。谷あい。

鋏《はさみ》 二枚の刃で物をはさんで切る道具。
螯《はさみ》 カニなどの大きな前足。
挟《はさ》み撃《う》ち 両側からはさんで攻撃する。
挟《はさ》む 両側から押さえてもつ。間に入れる。
鋏《はさ》む はさみで切る。
破産《はさん》 財産をすべて失うこと。
端《はし》 物の末の部分。物事の一部分。
嘴《はし》 くちばし。
箸《はし》 物を挟みとるための一対の細い棒。
橋《はし》 通行のため川などにかけわたした物。
恥《はじ》 恥じること。恥ずべき行為・事柄。
土師《はじ》 古代、埴輪の製作などに従事した者。
把持《はじ》 しっかりとつかむこと。
端居《はしい》 縁先などに座っていること。夏
麻疹《はしか》 急性伝染病の一。全身に発疹が出る。

端書《はしが》き 書物の序文。
薑《はじかみ》 ショウガの別名。秋
弾《はじ》く 勢いよくはね飛ばす。はねのける。
端《はし》くれ 切れ端。つまらないもの。
艀《はしけ》 本船と陸の間を貨客を運ぶ小舟。
橋桁《はしげた》 橋脚の上に渡し、橋板を支える材。
梯子《はしご》 高い所へ上るための道具。
捷《はしこ》い 動作がすばやい。はしっこい。
梯子酒《はしござけ》 次々店を変えて酒を飲む。
恥曝《はじさら》し 恥を世間にさらすこと。
恥知《はじし》らず 恥ずべきことを平然とする。
端《はし》た金《がね》 わずかの金銭。
端《はし》た女《め》 下働きの女。下女。
馬耳東風《ばじとうふう》 全く意に介さない。
端無《はしな》くも 思いがけなく。はからずも。

端端《はしばし》 あちらこちらのはし。「言葉の―」
榛《はしばみ》 カバノキ科の落葉低木。実は食用。
始《はじ》め はじめること。起源。起こり。
初《はじ》め 順序が最初。し始めた時点。
初《はじ》めて 新しく。その時になってやっと。
始《はじ》める 新たに物事を行う。新しく起こす。
覇者《はしゃ》 力で天下をとった人。競技の優勝者。
破邪《はじゃ》 邪悪を打ち破ること。「―の剣」
馬車《ばしゃ》 馬にひかせて人や荷物を運ぶ車。
燥《はしゃ》ぐ 乾く。陽気になってさわぐ。
羽尺《はじゃく》 羽織として仕立てるための反物。
破邪顕正《はじゃけんしょう》 邪道・不正を打ち破って、正義をあきらかにすること。破顕。
箸休《はしやす》め 食事の気分を変える軽いおかず。
把手《はしゅ》 取っ手。

播種《はしゅ》 種子をまくこと。
馬主《ばしゅ》 競馬の馬の持ち主。
馬首《ばしゅ》 馬の首。「―をめぐらす」
派出《はしゅつ》 職務のため人を出向かせること。
馬術《ばじゅつ》 馬を乗りこなす術。
派出所《はしゅつじょ》 本部の出先の事務所。交番。
場所《ばしょ》 ところ。位置。座る所。
波状《はじょう》 波のような形。何度か繰り返すさま。
芭蕉《ばしょう》 バショウ科の大形多年草。〔秋〕
破傷風《はしょうふう》 破傷風菌による感染症。
場所柄《ばしょがら》 その場所の性質や特色。
波食《はしょく》 波が陸地を浸食する作用。(別)波蝕
端折《はしょ》る 裾をからげて帯にはさむ。省略。
柱《はしら》 建物を支える材。頼りになる人や物。
柱時計《はしらどけい》 柱や壁にかける時計。

走《はし》り 季節のはじめにでる魚や野菜など。
走《はし》り書《が》き 急いで字を書くこと。
恥《は》じる はずかしいと思う。
橋渡《はしわた》し 間に立って仲をとりもつこと。
斜《はす》 ななめ。はすかい。「―にすわる」
蓮《はす》 スイレン科の多年生水草。〔夏〕
筈《はず》 当然・予定・確信などの意を表す。
破水《はすい》 分娩時、羊水が出ること。
端数《はすう》 はしたの数。はんぱの数。
葉末《はずえ》 葉の先。子孫。
場末《ばすえ》 繁華街や都市の中心から離れた地域。
斜交《はすか》い ななめ。はす。
恥《は》ずかしい 面目ない。照れ臭い。
辱《はずかし》める 恥をかかせる。名誉をけがす。
蓮《はす》っ葉《ぱ》 軽はずみで下品な女。

弾《はず》み 物事の勢い・調子。物事のなりゆき。
弾《はず》む はねかえる。調子づく。
斜向《はすむ》かい 斜め前。はすむこう。
鯊《はぜ》 河口近くにすむ小形の魚。食用。〔秋〕
派生《はせい》 本体から分かれて生じること。
罵声《ばせい》 口汚くののしる声。
黄櫨《はぜのき》 ウルシ科の落葉高木。紅葉が美しい。
馳《は》せる 走らせる。遠くへ至らせる。
爆《は》ぜる 裂けてとびちる。はじける。
破船《はせん》 難破船。
把捉《はそく》 意味や意向をしっかり理解すること。
馬賊《ばぞく》 馬に乗った集団的な盗賊。
破損《はそん》 物が破れこわれること。
畑《はた》 はたけ。「田―」(別)畠
傍《はた》 わき。そば。かたわら。(別)側

端《はた》 物のへり。はし。「池の―」
旗《はた》 布などで作り竿に掲げ標識とする。
機《はた》 布を織る機械。
将《はた》 それとも。あるいは。
肌《はだ》 皮膚。物の表面。気質。(別)膚
肌合《はだあ》い 手ざわり。人から受ける感じ。
旗揚《はたあ》げ 兵をあげる。新たにおこす。
肌荒《はだあ》れ 皮膚がかさかさになること。
場代《ばだい》 場所の使用料。席料。
旗色《はたいろ》 勝ち負けの形勢。「―が悪い」
畑打《はたう》ち 畑を耕すこと。〔春〕
肌《はだえ》 「皮膚・はだ」の雅語。「雪の―」
機織《はたお》り 機で布を織ること(人)。
裸《はだか》 衣類をつけていない。むきだし。〔夏〕
裸一貫《はだかいっかん》 体以外資本が全くないこと。

旗頭《はたがしら》 一方のかしら。首領。
叩《はた》き 室内のほこりを払う道具。
肌着《はだぎ》 直接肌につける衣類。下着。
叩《はた》く たたく。払い除く。金を使い果たす。
旗雲《はたぐも》 旗のようにたなびく雲。
畑《はたけ》 水田でない耕地。専門の領域。(別)畠
疥《はたけ》 顔や首に白い斑紋ができる皮膚病。
畑違《はたけちが》い 専門とする分野が異なること。
開《はだ》ける 衣服の襟元・裾を広げる。
旅籠《はたご》 宿屋。
畑作《はたさく》 畑に作物を作ること。その作物。
旗指物《はたさしもの》 昔、鎧の背中にさした旗印。
肌寒《はださむ》い 秋深く、肌に冷やかに感じる。
肌触《はだざわ》り 物が肌に触れたときの感じ。
跣《はだし》 履物をはかない素足。〔夏〕(別)裸足

果《は》たし合《あ》い 決闘。
果《は》たして 思ったとおり。ほんとうに。
旗印《はたじるし》 目印として旗につけた紋所。標語。
果《は》たす 目的をなしとげる。役割をする。
二十《はたち》 二〇歳。(別)二十歳
礑《はた》と 突然。にらむさま。
肌脱《はだぬ》ぎ 脱いで上半身の肌を現す。〔夏〕
螇蚸《はたはた》 バッタの異名。〔秋〕
鰰《はたはた》 小形の海魚。食用。〔冬〕(別)鱩
旗日《はたび》 国旗をあげて祝う祭日。祝祭日。
将又《はたまた》 それともまた。あるいは。
肌身《はだみ》 はだ。からだ。「―離さず持つ」
傍目《はため》 他人が見た感じ。第三者の目。
傍迷惑《はためいわく》 まわりの迷惑となること。
旗本《はたもと》 直参のうち、御目見《おめみえ》以上の者。

働《はたら》き 仕事。成果・功績。機能。

働《はたら》き手《て》 一家の生計を担う人。働き者。

働《はたら》き蜂《ばち》 労働を分担する雌のハチ。

働《はたら》く 仕事をする。機能する。

斑雪《はだれゆき》 うっすらとまだらに積もった雪。[春]

破綻《はたん》 従来の関係がだめになること。

破談《はだん》 約束や縁談を取りやめること。

巴旦杏《はたんきょう》 スモモの一品種。[夏]

蜂《はち》 小形の昆虫。雌は毒針を持つ。[春]

鉢《はち》 皿より深い容器。植木鉢。

罰《ばち》 神仏が下すこらしめ。「―があたる」

撥《ばち》 三味線などの弦をはじき鳴らす道具。

枹《ばち》 太鼓などを打ち鳴らす棒。

罰当《ばちあ》たり 当然罰が当たるようなこと。

鉢合《はちあ》わせ 頭と頭がぶつかること。

鉢植《はちう》え 植木鉢に植えた草木。

場違《ばちが》い その場にそぐわないこと。

淡竹《はちく》 大形のタケ。くれたけ。

破竹《はちく》の勢《いきお》い 勢いの盛んなさま。

八十八夜《はちじゅうはちや》 立春から八八日目。

蓮《はちす》 ハスの別名。[夏]

八分目《はちぶんめ》 控え目にすること。「腹―」

鉢巻《はちま》き 頭に巻く細長い布。

八幡《はちまん》 八幡宮の祭神。源氏の氏神。

蜂蜜《はちみつ》 ミツバチが集めた花の蜜。ハニー。

八面玲瓏《はちめんれいろう》 どの面も美しく澄んでいること。心にわだかまりのないこと。

八面六臂《はちめんろっぴ》 多方面で活躍する。

鉢物《はちもの》 草木の鉢植え。鉢に盛った料理。

葉茶《はぢゃ》 葉をつんで製した普通の茶。はちゃ。

爬虫類《はちゅうるい》 ワニ・ヘビなどの動物。

波長《はちょう》 波動の山と山(谷と谷)の距離。

破調《はちょう》 調子が外れること。定型を外れること。

跋《ばつ》 書物のあとがき。⇔序

罰《ばつ》 こらしめ。制裁。刑罰。

閥《ばつ》 出身などを同じくする者の集まり。

初明《はつあ》かり 元日の明け方の光。[新]

初秋《はつあき》 秋のはじめ。しょしゅう。[秋]

初嵐《はつあらし》 立秋後初めて吹く強い風。[秋]

発案《はつあん》 考え出す。議案を出す。

発意《はつい》 考えを思いつき言い出す。ほつい。

発育《はついく》 育って大きくなること。

初午《はつうま》 二月最初の午の日。[春]

発煙筒《はつえんとう》 信号用の煙を出す筒。

発音《はつおん》 音声を出すこと。その音声。

撥音《はつおん》 「ん・ン」で表記される音。はねる音。

発火《はっか》 火がつくこと。燃え出すこと。

薄荷《はっか》 独特の芳香があるシソ科の多年草。

発芽《はつが》 種子や胞子から芽が出ること。

発会《はっかい》 会として発足すること。

発覚《はっかく》 隠していたことが知れ渡ること。

初鰹《はつがつお》 初夏の走りのカツオ。[夏]

二十日《はつか》鼠《ねずみ》 実験用のネズミ。

初釜《はつがま》 新年初の茶会。[新]

初雁《はつかり》 その秋に最初に渡って来る雁。[秋]

発刊《はっかん》 新聞や雑誌などを発行すること。

発汗《はっかん》 汗をかくこと。「―剤」

発艦《はっかん》 母艦から航空機が発進すること。

発揮《はっき》 能力を十分に現し示すこと。

発議《はつぎ》 会議で意見や議案を出す。ほつぎ。

葉月《はづき》 陰暦八月の異名。[秋]

曝気《ばっき》 廃水中に空気を送り浄化すること。

発給《はっきゅう》 書類を発行して与えること。

薄給《はっきゅう》 安月給。

発狂《はっきょう》 気が狂うこと。

白金《はっきん》 金属元素の一。記号Pt プラチナ。

発禁《はっきん》 出版物の発行・発売を当局が禁ずる。

罰金《ばっきん》 罰として取り立てる金。

発掘《はっくつ》 埋もれた物を掘り出す、見つけ出す。

抜苦与楽《ばっくよらく》 仏・菩薩や善行の力により苦が除かれ楽を与えられること。

羽繕《はづくろ》い 鳥が羽を整えること。

抜群《ばつぐん》 ずばぬけて優れていること。

八卦《はっけ》 易の卦を示す八種の形。占い。

白血球《はっけっきゅう》 血液の成分。細菌を殺す。

白血病《はっけつびょう》 白血球が異常にふえる病気。

白鍵《はっけん》 ピアノやオルガンの白色の鍵盤。

発見《はっけん》 未知のものを見つけ出すこと。

発言《はつげん》 意見をいうこと。その意見。

発現《はつげん》 効果などが現れ出ること。

跋扈《ばっこ》 思うままにふるまうこと。

初恋《はつこい》 その人にとって初めての恋。

発光《はっこう》 光を出すこと。「―体」

発向《はっこう》 目的地へ向かって出発すること。

発行《はっこう》 印刷して世に出す。証明書類を出す。

発効《はっこう》 条約や法律が効力を発生すること。

発酵《はっこう》 酵母などで有機物が分解すること。

薄幸《はっこう》 ふしあわせ。[別]薄倖

八紘一宇《はっこういちう》 世界を一つの家のようにする。第二次大戦時の日本のスローガン。

初氷《はつごおり》　その冬に初めて張った氷。[冬]

白骨《はっこつ》　風雨にさらされて白くなった骨。

伐採《ばっさい》　木材をきり出すこと。

八朔《はっさく》　陰暦八月朔日の称。[秋]

発散《はっさん》　内部にたまったものを外へはき出す。

抜山蓋世《ばつざんがいせい》　壮大で意気盛ん。

末子《ばっし》　末っ子。まっし。

抜糸《ばっし》　手術で縫い合わせた糸を抜き取る。

抜歯《ばっし》　歯を抜くこと。

初潮《はつしお》　陰暦八月一五日の大潮。葉月潮。[秋]

初霜《はつしも》　その冬に初めて降りる霜。[冬]

発車《はっしゃ》　電車やバスなどが出発すること。

発射《はっしゃ》　弾丸やロケットをうち出すこと。

発症《はっしょう》　症状があらわれること。

発祥《はっしょう》　物事が起こり現れること。「—の地」

発条《はつじょう》　ばね。ぜんまい。

発情《はつじょう》　さかりがつくこと。「—期」

跋渉《ばっしょう》　山野を歩き回ること。

発色《はっしょく》　色が現れること。色の仕上がり。

発信《はっしん》　郵便・電信を出すこと。⇕受信

発振《はっしん》　自発的に電気振動を発生すること。

発疹《はっしん》　斑・水疱など皮膚に現れる病変。

発進《はっしん》　飛行機などが基地から出発すること。

撥水《はっすい》　布地や紙が水をはじくこと。「—性」

抜粋《ばっすい》　全体の中から必要部分を抜き出す。

発《はっ》する　起こる。現れる。出発する。放つ。

罰《ばっ》する　罰を与える。こらしめる。

発生《はっせい》　起こること。生物体が生まれること。

発声《はっせい》　声を出すこと。音頭をとること。

発赤《はっせき》　皮膚が炎症などで赤くなること。

発走《はっそう》　競輪・競馬で、一斉に走り出すこと。

発送《はっそう》　荷物などを送り出すこと。

発想《はっそう》　思いつき。アイディア。

発足《はっそく》　ほっそく。

罰則《ばっそく》　違反者を罰するための規則。

蝗虫《ばった》　よく跳躍する昆虫。[秋]　㊞飛蝗

糗《はったい》　麦の新穀をいってひいた粉。[夏]

初茸《はつたけ》　きのこの一種。食用。[秋]

八達《はったつ》　道が八方に通じている。「四通—」

発達《はったつ》　成長すること。進歩すること。

発着《はっちゃく》　列車や船などの出発と到着。

発注《はっちゅう》　注文を出すこと。⇕受注

抜擢《ばってき》　特別に引き上げて用いること。

発展《はってん》　伸び広がる。栄えること。

発電《はつでん》　電気を起こすこと。

罰点《ばってん》　誤りや不可を示す「×」のしるし。

法度《はっと》　禁令。武家時代の法令。

発動《はつどう》　権限を行使する。動力を起こす。

抜刀《ばっとう》　刀を抜くこと。

発動機《はつどうき》　エンジン。

初荷《はつに》　正月の初商いの日に送り出す荷。[新]

初音《はつね》　鶯などその年に初めて鳴く声。[春]

発熱《はつねつ》　熱が出ること。

発破《はっぱ》　火薬で岩石を爆破すること。

発売《はつばい》　売り出すこと。

罰杯《ばっぱい》　宴席で、罰として飲ませる酒。

初場所《はつばしょ》　大相撲の一月場所。[新]

初花《はつはな》　その季節に最初に咲く花。初桜。[春]

初春《はつはる》　新年。新春。[新]

初日《はつひ》　元旦の太陽。初日の出。[新]

法被《はっぴ》　家号・定紋を染めた羽織に似た上着。

初日《はつひ》の出《で》　元旦の日の出。[新]

発病《はつびょう》　病気になること。

発表《はっぴょう》　一般に知らせること。

抜錨《ばつびょう》　錨をあげて出帆すること。

発布《はっぷ》　法律などを国民に広く知らせること。

髪膚《はっぷ》　頭髪と皮膚。「身体—」

発憤《はっぷん》　心をふるい起こすこと。㊞発奮

跋文《ばつぶん》　書物・文書などの、あとがき。跋。

初穂《はつほ》　その年初めて実った稲穂。

八方《はっぽう》　あらゆる方角・方面。「四方—」

発泡《はっぽう》　あわを発生させること。「—酒」

発砲《はっぽう》　銃砲をうつこと。

八方美人《はっぽうびじん》　だれにも悪く思われないよう要領よくふるまう人。

八方破《はっぽうやぶ》れ　すきだらけなこと。

抜本塞源《ばっぽんそくげん》　災いを防ぐため根源にさかのぼって原因を取り除くこと。

抜本的《ばっぽんてき》　物事の根本に手を加える。

初耳《はつみみ》　初めて聞くこと。

発明《はつめい》　新しく考案すること。利口。

発喪《はつも》　人の死を公表し、喪に服すること。

初詣《はつもう》で　新年初めて社寺に詣でる。[新]

初物《はつもの》　その季節に初めてとれた作物。

発問《はつもん》　質問をすること。

初雪《はつゆき》　その冬初めて降る雪。[冬]

初夢《はつゆめ》　正月元日か二日の夜に見る夢。[新]

発揚《はつよう》　勢いをもりたてること。

潑剌《はつらつ》　元気が溢れきびきびとしているさま。

撥乱反正《はつらんはんせい》　世の乱れを治め、

もとの正しい平和な状態にもどすこと。

削《はつ》る 表面を薄く削りとる。「木を—」

発令《はつれい》 辞令・命令・警報などを出すこと。

発露《はつろ》 心の思いが表にあらわれること。

発話《はつわ》 音声言語を表出する行為。

果《は》て 物事の終わり。最後に行き着く所。

派手《はで》 華やかで人目をひくさま。⇔地味

馬丁《ばてい》 馬の世話をする人。

馬蹄《ばてい》 馬のひづめ。

果《は》てる 終わる。なくなる。死ぬ。

伴天連《バテレン》 室町時代、来日した宣教師。

破天荒《はてんこう》 誰もしたことのないこと。

鳩《はと》 人家の近くにすむ中形の鳥。

波頭《はとう》 なみがしら。

波濤《はとう》 大波。高い波。

波動《はどう》 運動が周期的・連続的に伝わる現象。

覇道《はどう》 武力で国を治めること。⇔王道

罵倒《ばとう》 ひどくののしること。

再従兄弟《はとこ》 またいとこ。

鳩派《はとは》 穏健派。⇔鷹派

波止場《はとば》 埠頭《ふとう》。また、港のこと。

鳩笛《はとぶえ》 素焼きの鳩の形のおもちゃの笛。

鳩麦《はとむぎ》 イネ科の一年草。実は薬用。

鳩胸《はとむね》 鳩の胸のように前に張り出した胸。

鳩目《はとめ》 靴などのひもを通す小穴。

歯止《はど》め 車輪の回転を止める装置。

花《はな》 植物の生殖器官。桜。華やかなもの。

鼻《はな》 呼吸と嗅覚をつかさどる器官。

洟《はな》 鼻汁。鼻水。

端《はな》 はじめ。最初。物の先端。はし。

纏頭《はな》 祝儀。揚げ代。花代。(別)花

花明《はなあ》かり 桜が満開でほのかに明るい。

花嵐《はなあらし》 桜の花びらが盛んに散ること。

鼻息《はないき》 鼻で立てる息。意気込み。

花生《はない》け 花を生ける器。花器。

鼻歌《はなうた》 鼻にかかった低い声で歌う歌。

鼻緒《はなお》 下駄や草履の緒。

花篝《はなかがり》 夜桜に風趣を添えるための篝火。〔春〕

花籠《はなかご》 花を摘み入れる竹かご。

花笠《はながさ》 造花などで飾った笠。

鼻風邪《はなかぜ》 鼻水が出る程度の軽いかぜ。

花形《はながた》 人気のある人物や物事。「—女優」

鼻紙《はながみ》 はなをかむときなどに使う紙。

花屑《はなくず》 散り落ちた桜の花びら。〔春〕

鼻薬《はなぐすり》 少額の賄賂。「—をきかす」

鼻糞《はなくそ》 鼻汁とほこりがまじって固まった物。

花曇《はなぐも》り 桜の咲く頃の薄曇りの空。〔春〕

鼻声《はなごえ》 鼻の詰まった声。甘え声。

花茣蓙《はなござ》 模様を織り出したござ。〔夏〕

花言葉《はなことば》 花ごとに意味をもたせた語。

花暦《はなごよみ》 花の咲く時節を月の順に並べたもの。

花盛《はなざか》り 花の最盛期。物事の盛んな時期。

鼻先《はなさき》 鼻の先端。目の前。すぐ前。

話《はなし》 話すこと。話題。うわさ。相談ごと。

咄《はなし》 落語。(別)噺

咄家《はなしか》 落語家。(別)噺家

放《はな》し飼《が》い 家畜をつながずに飼うこと。

話《はな》し方《かた》 話しぶり。話す方法や技術。

話《はな》し言葉《ことば》 日常会話に用いる言葉。

話《はな》し手《て》 話す人。話し上手。

話半分《はなしはんぶん》 事実は半分、あとは誇張だ。

花菖蒲《はなしょうぶ》 アヤメ科の多年草。〔夏〕

鼻汁《はなじる》 鼻から出る粘液。はな。

鼻白《はなじろ》む 興ざめた顔をする。

放《はな》す つかむのをやめる。自由にする。

離《はな》す 別々にする。間隔を作る。

話《はな》す 言葉で伝える。語り合う。

鼻筋《はなすじ》 眉間《みけん》から鼻の先までの線。

花相撲《はなずもう》 臨時に行われる興行相撲。

話《はな》せる ものわかりがよい。

花園《はなぞの》 種々の草花の植えてある庭園。

花代《はなだい》 芸者・娼妓などに払う料金。

縹色《はなだいろ》 薄い藍色。

鼻高高《はなたかだか》 得意なさま。自慢するさま。

鼻茸《はなたけ》 鼻の穴に生じたはれもの。

花束《はなたば》 花を束ねたもの。ブーケ。

花便《はなだよ》り 桜の開花を知らせるたより。〔春〕

鼻血《はなぢ》 鼻の穴からの出血。

放《はな》つ 自由にする。発する。発射する。

花筒《はなづつ》 花を生ける筒。

花綵《はなづな》 花や葉を綱状に編んだ飾り。

鼻《はな》っ柱《ばしら》 向こう意気や利かん気。

鼻摘《はなつま》み 誰からも嫌われること。

花野《はなの》 秋草の咲き乱れている野。〔秋〕

花鋏《はなばさみ》 花や小枝を切るのに用いる鋏。

花恥《はなは》ずかしい 若く美しい。

甚《はなは》だ たいへん。非常に。

花畑《はなばたけ》 草花が多く咲いている所(畑)。

甚《はなは》だしい 程度がひどく悪い。

華華《はなばな》しい はなやかで人目を引く。

花火《はなび》 火薬を破裂させ光や色を楽しむ。[夏]
花冷《はなび》え 桜が咲く頃の一時的な寒さ。[春]
花弁《はなびら》 花冠の一枚一枚の薄片。かべん。
花房《はなぶさ》 房状に咲いている花。(別)英
花札《はなふだ》 遊びに用いる絵札。花ガルタ。
花吹雪《はなふぶき》 桜の花が乱れ散るさま。[春]
鼻曲《はなま》がり 生殖期の雄の鮭。
花街《はなまち》 花柳街。
花祭《はなまつ》り 四月八日の灌仏会《かんぶつえ》。[春]
花見《はなみ》 桜の花を観賞すること。[春]
花実《はなみ》 花と実。「死んで—が咲くものか」
歯並《はな》み 歯の並び具合。はならび。
花水木《はなみずき》 ミズキ科の落葉高木。[夏]
花道《はなみち》 劇場の舞台に連なる通路。
餞《はなむけ》 旅立つ人に贈る言葉や金品。(別)贐

花婿《はなむこ》 婿となる男性。新郎。
花芽《はなめ》 花になる芽。かが。
鼻眼鏡《はなめがね》 つるのない眼鏡。
華《はな》やか 人目を引いて美しいさま。
花椰菜《はなやさい》 カリフラワーの別名。
花嫁《はなよめ》 嫁となる女性。新婦。
離《はな》れ 離れ座敷。離れ家。
場慣《ばな》れ 何度も経験して慣れていること。
離《はな》れ離《ばな》れ 互いに離れてしまうこと。
離《はな》れる 一緒だった物が分かれる。
放《はな》れる 解かれて自由になる。
離《はな》れ技《わざ》 奇抜で大胆なわざ。
花輪《はなわ》 生花や造花の環状のもの。(別)花環
鼻輪《はなわ》 牛の鼻に通す輪。
馬肉《ばにく》 (食用の)馬の肉。さくら肉。

埴生《はにゅう》 土の上にむしろを敷いた貧しい小屋。
埴輪《はにわ》 古墳の外部に埋めた素焼きの土器。
羽抜《はぬ》け鳥《どり》 羽が抜けた鳥。[夏]
羽《はね》 羽毛。鳥や飛行機の翼。
翅《はね》 昆虫類が飛ぶ時に広げる部分。
羽根《はね》 矢羽根。羽子板でつく物。
発条《ばね》 鋼を巻いてその弾性を利用するもの。
跳《は》ね返《かえ》り 反動。反響。
羽根突《はねつ》き 羽根を突く遊び。[新]
撥《は》ね釣瓶《つるべ》 てこを応用した釣瓶。
羽布団《はねぶとん》 羽毛を入れた軽い布団。[冬]
跳《は》ねる 跳躍する。飛び散る。
撥《は》ねる はじきとばす。除外する。
刎《は》ねる 首を切り落とす。
母《はは》 女おや。物事を生み出すもと。

幅《はば》 横の長さ。余地。開き。差。(別)巾
祖母《ばば》 両親の母親。そぼ。
婆《ばば》 老婆。ばばあ。
馬場《ばば》 乗馬の練習を行う場所。
母親《ははおや》 母である親。女親。⇔父親
母方《ははかた》 母親の方の血筋。⇔父方
憚《はばか》り 遠慮。差しつかえ。便所。
憚《はばか》る つつしむ。幅を利かす。
脛巾《はばき》 歩行時すねに巻きつけた布。
帚木《ははきぎ》 ホウキグサの別名。[夏]
母子草《ははこぐさ》 キク科の草。ゴギョウ。[春]
柞《ははそ》 ブナ科コナラの仲間の植物。[秋]
羽搏《はばた》く 鳥が翼を広げて上下に動かす。
派閥《はばつ》 利害などで結びついた組織内の集団。
阻《はば》む 防ぎとめる。さまたげる。

蔓延《はびこ》る 茂り広がる。のさばる。
破風《はふ》 屋根の切妻にある合掌形の装飾板。
波布《はぶ》 猛毒をもつヘビ。[夏]
省《はぶ》く 省略する。へらす。「手間を—」
羽二重《はぶたえ》 柔らかく光沢のある絹織物。
祝《はふり》 神職の総称。
葬《はぶ》り 死者をほうむること。
羽振《はぶ》り 世間での勢力や人望。
派兵《はへい》 軍隊を派遣すること。「海外—」
侍《はべ》る 貴人のそばにつかえる。
破片《はへん》 こわれたかけら。
葉牡丹《はぼたん》 観賞用のキャベツ。[冬]
端本《はほん》 ある巻の欠けている書物。零本。
浜《はま》 海・湖の水ぎわの平地。浜辺。
浜豌豆《はまえんどう》 マメ科の多年草。[夏]

浜荻《はまおぎ》 浜辺に生えるアシ。
浜万年青《はまおもと》 ハマユウ。[夏]
葉巻《はまき》 葉を巻いたタバコ。葉巻タバコ。
蛤《はまぐり》 海産の二枚貝。食用。[春]
魬《はまち》 ブリの成長過程での呼称。
浜千鳥《はまちどり》 浜辺にいる千鳥。[冬]
玫瑰《はまなす》 バラ科の落葉低木。浜梨。[夏]
浜辺《はまべ》 浜のあたり。浜。海辺。
破魔矢《はまや》 破魔弓につがえる矢。[新]
浜木綿《はまゆう》 ヒガンバナ科の多年草。[夏]
破魔弓《はまゆみ》 正月に飾る魔よけの弓。[新]
嵌《は》まる ぴったり合う。落ち込む。
馬銜《はみ》 くつわの、馬にくわえさせる所。
歯磨《はみが》き 歯を磨くこと。
食《は》み出《だ》す 余って外へ出る。

食《は》む　たべる。知行や給与を受ける。
刃《は》向《む》かう　手向かう。逆らう。
羽虫《はむし》　羽のはえている小さい昆虫。
羽目《はめ》　板張りの壁。困った状況・事態。
羽目板《はめいた》　壁面に平らに張った板。
嵌《は》め込《こ》む　一定の枠にはめて入れ込む。
破滅《はめつ》　やぶれほろびること。「身の—」
場面《ばめん》　その場の様子。舞台・映画の一景。
鱧《はも》　ウナギに似た海魚。食用。［夏］
刃物《はもの》　刃のついた、物を切る道具。
波紋《はもん》　水面にできる波の模様。広がる影響。
破門《はもん》　門下・宗門から除名すること。
鮠《はや》　ウグイなど、細長い川魚の別名。
早《はや》い　時間が短くて済む。時間的に先である。
速《はや》い　要する時間が短い。動きが急だ。

早馬《はやうま》　急使を乗せた馬。
早《はや》生《う》まれ　元日から四月一日の生まれ。
早《はや》合《が》点《てん》　早のみこみ。はやがってん。
早鐘《はやがね》　激しく打ち鳴らす大事を知らせる鐘。
端《は》役《やく》　演劇などで重要でない役。
破《は》約《やく》　約束を破ること。また取り消すこと。
早口《はやくち》　物の言い方が早いこと。
囃《はや》子《し》　能・歌舞伎などの伴奏音楽。
生《は》やす　生えるようにする。
囃《はや》す　調子をとる。囃子を奏する。
早《はや》瀬《せ》　川の、流れのはやい所。
早《はや》立《だ》ち　朝早く旅立つこと。
疾風《はやて》　急激に吹き起こる風。しっぷう。
早《はや》出《で》　通常より早く出勤すること。
早《はや》手《て》回《まわ》し　早目に準備しておく。

隼《はや》人《と》　鹿児島県の男子。「薩摩—」
早《はや》場《ば》米《まい》　収穫の早い地方でできる米。
早《はや》早《ばや》　非常に早く。いそいで。
早《はや》番《ばん》　早い時間に出勤する番。⇕遅番
早《はや》引《び》け　定刻より早く退出すること。
隼《はやぶさ》　中形の猛禽。鷹狩りに使われた。［冬］
早《はや》まる　時期が早くなる。焦って失敗する。
速《はや》まる　速度がはやくなる。
早《はや》道《みち》　近道。手近で便利な方法。
早《はや》耳《みみ》　他人より早く聞きつけること(人)。
流《は》行《や》る　流行する。はびこる。繁盛する。
逸《はや》る　心が勇み立つ。あせる。せく。
早《はや》業《わざ》　すばやくて巧みなわざ。
原《はら》　広く平らな草地。はらっぱ。
腹《はら》　内臓を収める所。気持ち。胆力。

荊《ば》棘《ら》　とげのある低木の総称。いばら。
薔《ば》薇《ら》　バラ科の落葉低木。そうび。［夏］
腹《はら》癒《い》せ　怒り・恨みをはらすこと。
薔《ば》薇《ら》色《いろ》　薄紅。明るい将来を表す色。
払《はら》う　取り除く。支払う。気持ちを向ける。
祓《はら》う　神に祈って罪やけがれを除く。
腹《はら》帯《おび》　腹巻き。岩田帯。馬の腹に締める帯。
同《はら》胞《から》　兄弟姉妹。同じ国の国民。
腹《はら》下《くだ》し　下痢。腹下り。下剤。
腹《はら》黒《ぐろ》い　陰険だ。意地が悪い。
腹《はら》芸《げい》　度胸や経験で物事を処理するやり方。
腹《はら》子《こ》　魚類のたまご。また、その塩漬け。
腹《はら》拵《ごしら》え　事前にまず食事をすること。
晴《は》らす　不快を除いて快くする。「恨みを—」
腹《はら》立《だ》ち　腹をたてること。おこること。

腹《はら》違《ちが》い　父は同じで母が違うこと。異腹。
腹《はら》鼓《つづみ》　満腹で満ち足りた様子。「—を打つ」
腹《はら》積《づ》もり　心中の予定・計画。
腹《はら》時《ど》計《けい》　腹のすき具合で察する時刻。
肋《ばら》肉《にく》　牛・豚の肋骨の部分の肉。三枚肉。
腹《はら》這《ば》う　腹を地につけて寝そべる。
腹《はら》八《はち》分《ぶ》　控え目に食べること。
腹《はら》巻《ま》き　寝冷えを防ぐために腹に巻く物。
散《ばら》撒《ま》く　ばらばらにまき散らす。
孕《はら》む　妊娠する。中に含み持つ。
腹《はら》持《も》ち　消化が遅く腹がすきにくいこと。
婆《バ》羅《ラ》門《モン》　インドの最高階層の司祭。
鮞《はららご》　腹子《はらこ》。［秋］
腸《はらわた》　内臓。こころ。精神。「—が腐る」
葉《は》蘭《らん》　ユリ科の常緑多年草。観葉植物。

波《は》瀾《らん》　物事の起伏・変化。さわぎ。〈別〉波乱
波《は》瀾《らん》万《ばん》丈《じょう》　変化に富み劇的だ。
針《はり》　細くて先のとがったもの。裁縫用具。
鉤《はり》　釣り針。
鍼《はり》　患部に刺して用いる医療具。
張《は》り　ひきしまった状態。はりあい。
梁《はり》　柱の上に渡して屋根を支える横木。
玻《は》璃《り》　水晶。ガラス。
罵《ば》詈《り》　ののしりの言葉。
巴《パ》里《リ》　フランスの首都。
張《は》り合《あ》い　張り合うこと。努力の甲斐。
針《はり》槐《えんじゅ》　マメ科の高木。ニセアカシア。［夏］
針《はり》金《がね》　金属を細長く糸状に伸ばしたもの。
張《は》り紙《がみ》　注意や宣伝のために掲示した紙。
馬《ば》力《りき》　仕事量の単位。活力。体力。

張《は》り切《き》る　元気に満ちている。
針供養《はりくよう》　折れた縫い針の供養。〔春〕
針子《はりこ》　雇われて裁縫をする娘。
張《は》り子《こ》　紙を張り重ねた細工物。
罵詈讒謗《ばりざんぼう》　ひどく悪口を言う。
針仕事《はりしごと》　縫い物。裁縫。
鉤素《はりす》　釣り糸のうち、釣り針に直接結ぶ糸。
罵詈雑言《ばりぞうごん》　ひどい罵りの言葉。
磔《はりつけ》　柱にしばりつけ槍で突き殺す刑罰。
針鼠《はりねずみ》　からだに針状の毛をもつ小獣。
針箱《はりばこ》　裁縫道具を入れる箱。
針山《はりやま》　針刺し。針立て。
波力《はりょく》　波浪のおこすエネルギー。
張《は》る　広がる。引きしまる。平手でたたく。
貼《は》る　糊などでつける。

春嵐《はるあらし》　春先に吹く強い南風。春荒れ。
春一番《はるいちばん》　その春最初の強い南風。〔春〕
遥《はる》か　非常に隔たっているさま。段違い。
春風《はるかぜ》　春に吹く穏やかな風。〔春〕
春着《はるぎ》　正月の晴れ着。春に着る衣服。〔新〕
春先《はるさき》　春のはじめ。早春。
春作《はるさく》　春に作る農作物。
春雨《はるさめ》　春に降る小雨。透明な糸状の食品。
春告鳥《はるつげどり》　ウグイスの別名。〔春〕
春隣《はるどなり》　春が間近であること。〔冬〕
春場所《はるばしょ》　大相撲の三月場所。〔春〕
遥遥《はるばる》　道のりが非常に遠いさま。
春巻《はるま》き　小麦粉の皮で具を包み揚げた物。
春休《はるやす》み　学校の春季の休暇。〔春〕
晴《は》れ　空が晴れること。はれがましいこと。

馬齢《ばれい》　自分の年齢の謙称。「―を重ねる」
馬鈴薯《ばれいしょ》　ジャガイモの別名。〔秋〕
晴《は》れ着《ぎ》　改まった場で着る服。
晴《は》れ姿《すがた》　晴れがましい場所に出た姿。
破裂《はれつ》　勢いよく破れ裂けること。決裂。
晴《は》れ間《ま》　雨や雪が一時的にやんでいる間。
腫《は》れ物《もの》　できもの。おでき。
晴《は》れる　晴れになる。さわやかになる。
腫《は》れる　炎症などで皮膚がふくれる。
馬楝《ばれん》　版木にのせた紙をこする用具。
破廉恥《はれんち》　恥知らずなさま。
波浪《はろう》　なみ。「―注意報」
布哇《ハワイ》　アメリカ合衆国の州。
刃渡《はわた》り　刃物の刃の長さ。
判《はん》　印章。はんこ。判型。「B5―」

版《はん》　印刷用の版木や組み版。印刷回数。
班《はん》　集団をいくつかに分けた小単位。
範《はん》　手本。模範。「―を垂れる」
藩《はん》　江戸時代、大名の支配した領地。
晩《ばん》　夕暮れ。夕方。よる。晩飯。
番《ばん》　順番。当番。見張り。
盤《ばん》　碁盤や将棋盤。レコード盤。
鷭《ばん》　クイナ科の水鳥。全身黒色。〔夏〕
万《ばん》　どうしても。万が一にも。
麺麭《パン》　小麦粉を発酵させて焼いた食品。
犯意《はんい》　罪を犯そうとする意思。
叛意《はんい》　謀反をおこそうとする気持ち。
範囲《はんい》　ある限られた区域。「勢力―」
反意語《はんいご》　対義語《たいぎご》。
反映《はんえい》　反射してうつる。影響が現れる。

繁栄《はんえい》　さかえること。
半襟《はんえり》　襦袢の襟の上に重ねてかける襟。
半音《はんおん》　全音の半分の音程。
反歌《はんか》　長歌のあとに添える短歌。
頒価《はんか》　会員などに物品を頒布する際の価格。
繁華《はんか》　人が多くにぎやかなさま。
版画《はんが》　木版・石版などを用いて刷った絵。
挽歌《ばんか》　人の死を悼む詩歌。
晩夏《ばんか》　夏の終わり。陰暦六月の別名。〔夏〕
半壊《はんかい》　半分ほどこわれること。
挽回《ばんかい》　失ったものをとりかえすこと。
番外《ばんがい》　一定の番組・番数以外のもの。
半返《はんがえ》し　贈られた金品の半額程度を返す。
反核《はんかく》　核軍備に反対すること。「―運動」
晩学《ばんがく》　年をとってから学問を始めること。

番傘《ばんがさ》　油紙を貼った、日常用の丈夫な和傘。
晩方《ばんがた》　日の暮れるころ。夕方。
半可通《はんかつう》　知ったふりをすること(人)。
洪牙利《ハンガリー》　ヨーロッパ中部の国。
反間《はんかん》　敵の仲間割れをはかること。
反感《はんかん》　相手に逆らう気持ち。「―をかう」
繁閑《はんかん》　忙しいことと暇なこと。「―の差」
繁簡《はんかん》　繁雑と簡略。「―よろしきを得る」
半眼《はんがん》　目を半ば開いていること。その目。
判官《はんがん》　⇩ほうがん(判官)
万感《ばんかん》　いろいろな思い。「―胸に迫る」
反間苦肉《はんかんくにく》　敵をだまし仲間割れさせるために、自らの身を苦しめること。
叛旗《はんき》　謀反人の旗。「―を翻す」〔別〕反旗
半旗《はんき》　少し下げて掲げた弔意を表す旗。

は

版木《はんぎ》 刷るために文字や絵画を彫った板。
万機《ばんき》 政治上の多くの大事な事柄。
晩期《ばんき》 ある時代の末期。晩年の時期。
反逆《はんぎゃく》 権力や権威に逆らうこと。[別]叛逆
半休《はんきゅう》 仕事を半日休むこと。
半球《はんきゅう》 球の半分。地球を二分した片一方。
盤踞《ばんきょ》 根を張り動かない。一帯に勢力を張る。
反共《はんきょう》 共産主義に反対すること。
反響《はんきょう》 音が反射すること。人々の反応。
半狂乱《はんきょうらん》 狂ったようにとり乱すこと。
半玉《はんぎょく》 一人前でない芸者。見習い芸者。
板金《ばんきん》 金属の板を加工すること。[別]鈑金
輓近《ばんきん》 近ごろ。近年。
万愚節《ばんぐせつ》 エープリルフール。[春]
番組《ばんぐみ》 放送や演劇の演目やその順番。

番狂《ばんくる》わせ 予想外の結果になること。
反軍《はんぐん》 軍国主義や戦争に反対すること。
半径《はんけい》 円の中心と円周上の一点を結ぶ線分。
判型《はんけい》 本の大きさ。その規格。
反撃《はんげき》 追ってくる敵を反対に攻撃すること。
半夏生《はんげしょう》 夏至から一一日目。[夏]
判決《はんけつ》 裁判所が法律に基き判断を下すこと。
半月《はんげつ》 半円形の月。弦月。一か月の半分。
半月板《はんげつばん》 膝関節中央にある軟骨組織。
版権《はんけん》 出版権。
半減《はんげん》 半分に減ること。
番犬《ばんけん》 家の番をさせるために飼う犬。
判子《はんこ》 印。印鑑。判。
反語《はんご》 反対の内容を導く強調表現。
万古《ばんこ》 遠い昔。大昔から現在まで。

反抗《はんこう》 さからうこと。
反攻《はんこう》 守勢から攻勢に転じて攻めること。
犯行《はんこう》 犯罪となる行為。
飯盒《はんごう》 携帯用の炊飯具。「—炊爨《すいさん》」
蛮行《ばんこう》 理性をふみはずした野蛮な行為。
番号《ばんごう》 順番を表す数字や符号。
万国《ばんこく》 世界中の国。「国際」「世界」の意。
万斛《ばんこく》 非常に多い分量。「—の涙」
反骨《はんこつ》 権力などに屈しない気概。[別]叛骨
万骨《ばんこつ》 多くの死。「一将功成りて—枯る」
万古《ばんこ》不易《ふえき》 永遠に変わらない。
半殺《はんごろ》し 死ぬほど痛めつけること。
瘢痕《はんこん》 外傷や潰瘍の治ったあとの傷あと。
晩婚《ばんこん》 年をとってからの結婚。⇔早婚
反魂香《はんごんこう》 たくと死者の姿が現れる香。

盤根錯節《ばんこんさくせつ》 処理の困難な事柄。
煩瑣《はんさ》 こまごまとしてわずらわしいさま。
犯罪《はんざい》 罪を犯すこと。犯した罪。「完全—」
万歳《ばんざい》 祝福の時に唱える語。お手上げ。
半裂《はんざき》 オオサンショウウオの別名。
万策《ばんさく》 あらゆる手段・方法。「—尽きる」
煩雑《はんざつ》 こみいっていてわずらわしいさま。
繁雑《はんざつ》 事が多く複雑なこと。
反作用《はんさよう》 作用に対するはねかえす力。
晩餐《ばんさん》 夕食。あらたまった夕食。「—会」
半紙《はんし》 習字などに使う和紙。
藩士《はんし》 その藩の武士。「長州—」
判事《はんじ》 裁判官の官名の一。
万死《ばんし》 九死。何度も死ぬこと。
万事《ばんじ》 すべてのこと。「—休す」

版下《はんした》 木版用の下書き。製版用の原稿。
半死半生《はんしはんしょう》 瀕死の状態。
判《はん》じ物《もの》 隠した意味を当てさせるなぞ。
反射《はんしゃ》 光線がものに当たってはね返ること。
晩酌《ばんしゃく》 家庭で夕食の時に飲む酒。
磐石《ばんじゃく》 大きな岩。非常に堅固なこと。
藩主《はんしゅ》 藩の領主。大名。
半寿《はんじゅ》 八一歳。また、その祝い。
晩秋《ばんしゅう》 秋の末頃。陰暦九月の別名。[秋]
半熟《はんじゅく》 半煮えのゆで卵。十分熟していない。
晩熟《ばんじゅく》 遅れて成熟すること。おくて。
搬出《はんしゅつ》 運び出すこと。⇔搬入
晩春《ばんしゅん》 春の末頃。陰暦三月の別名。[春]
板書《ばんしょ》 黒板に字を書くこと。
反証《はんしょう》 証拠をあげて否定すること。

反照《はんしょう》 光が照りかえすこと。夕ばえ。
半焼《はんしょう》 火事で建物の半分が焼けること。
半鐘《はんしょう》 火災などを知らせる小形の釣り鐘。
繁盛《はんじょう》 にぎわい栄えること。[別]繁昌
万象《ばんしょう》 あらゆる事物や現象。「森羅—」
万障《ばんしょう》 いろいろの障害。
晩鐘《ばんしょう》 夕方につく鐘の音。入相の鐘。
万丈《ばんじょう》 非常に高いこと。意気が盛んなこと。
万乗《ばんじょう》 天子。また、天子の位。
繁殖《はんしょく》 さかんにふえる。ふえはびこる。
繁縟《はんじょく》 「繁文縟礼《はんぶんじょくれい》」の略。
伴食《ばんしょく》 相伴。実力・実権の伴わないこと。
半身《はんしん》 体の左右の半分。体の上下の半分。
阪神《はんしん》 大阪と神戸。
万人《ばんじん》 すべての人。ばんにん。

蛮人《ばんじん》 野蛮人。

半信半疑《はんしんはんぎ》 信じ切れないさま。

半身不随《はんしんふずい》 右(左)半身が麻痺。

汎神論《はんしんろん》 万物に神が宿るという説。

半睡《はんすい》 半ば眠っていること。

反芻《はんすう》 繰り返し考えて、よく味わうこと。

反《はん》する 反対である。違反する。

叛《はん》する 謀反をおこす。そむく。

反省《はんせい》 自分の言動を振り返って考えること。

半生《はんせい》 一生の半分。人生の半分。

万世《ばんせい》 永く続く世。万代。

晩生《ばんせい》 農作物が遅く成熟すること。おくて。

晩成《ばんせい》 遅くできあがる。遅く成功する。

蛮声《ばんせい》 野蛮な大声。

半醒半睡《はんせいはんすい》 夢うつつの状態。

版籍《はんせき》 領土と戸籍。領地とその人民。

半切《はんせつ》 半分に切ること。(別)半截

晩節《ばんせつ》 晩年の節操。

反戦《はんせん》 戦争に反対すること。「―運動」

帆船《はんせん》 帆を張り、風の力で走る船。

判然《はんぜん》 はっきりしているさま。

万全《ばんぜん》 すべてに完全で手落ちのないこと。

半仙戯《はんせんぎ》 ぶらんこ。春

反訴《はんそ》 民事訴訟で被告が原告を訴えること。

帆走《はんそう》 船が帆に風を受けて走ること。

搬送《はんそう》 はこび送ること。運搬。

伴走《ばんそう》 走る競技者に付き一緒に走ること。

伴奏《ばんそう》 楽曲の主要な旋律をひきたてる演奏。

晩霜《ばんそう》 晩春におりる霜。おそじも。春

絆創膏《ばんそうこう》 傷口にはる医療品。

反則《はんそく》 規則・ルールに違反すること。

反側《はんそく》 寝返りをうつこと。「輾転《てんてん》―」

反俗《はんぞく》 俗世間に従おうとしないこと。

半袖《はんそで》 肘《ひじ》のあたりまである長さの袖。

煩多《はんた》 物事が多くてわずらわしいさま。

繁多《はんた》 用事が多くて忙しいさま。

半田《はんだ》 金属の接合に用いる錫と鉛の合金。

万朶《ばんだ》 花のついた多くの枝。「―の桜」

反対《はんたい》 逆の関係。同意しないこと。

万代《ばんだい》 万世。永久。永遠。

番台《ばんだい》 風呂屋の入り口の見張り台。

反対語《はんたいご》 対義語《たいぎご》。

反体制《はんたいせい》 時の政治体制に反対する。

万代不易《ばんだいふえき》 永遠に変わらない。

半濁音《はんだくおん》 パ行の音。パピプペポの称。

判断《はんだん》 物事を理解して考えを決めること。

万端《ばんたん》 物事についての、あらゆる事柄。

番地《ばんち》 町・村などの土地を区分した番号。

半知半解《はんちはんかい》 知識や理解が中途はんぱでものの役に立たないこと。

番茶《ばんちゃ》 品質の上等でない緑茶。「―も出花」

範疇《はんちゅう》 同じ性質のものが属する範囲。

番長《ばんちょう》 非行少年少女のリーダー。

番付《ばんづけ》 力士の名を地位の順に示した表。

番手《ばんて》 糸の太さを表す単位。

判定《はんてい》 判断して決めること。

反転《はんてん》 ひっくりかえす。方向を変える。

半天《はんてん》 空の中ほど。なかぞら。中天。

半纏《はんてん》 羽織に似た胸紐のない上着。

斑点《はんてん》 まばらな点。しみ。

飯店《はんてん》 中国料理店。中国ではホテルの意。

半途《はんと》 仕事・学業のなかば。中途。

版図《はんと》 〔戸籍と地図の意〕一国の領土。

叛徒《はんと》 むほんをする人たち。逆徒。

反騰《はんとう》 下がった相場が急に上がる。⇔反落

半島《はんとう》 海に突き出している大規模な陸地。

反動《はんどう》 作用の向きと反対の方向に生じる力。

晩冬《ばんとう》 冬の末頃。陰暦一二月の別名。

晩稲《ばんとう》 遅くみのる稲。おくて。

番頭《ばんとう》 商店で、使用人の頭《かしら》。

坂東《ばんどう》 関東地方。東国。東《あずま》。

半時《はんとき》 一時《いっとき》の半分。現在の約一時間。

判読《はんどく》 推察・判断しながら読むこと。

繙読《はんどく》 書物をひもとくこと。

万難《ばんなん》 多くの困難。「―を排する」

反日《はんにち》 日本や日本人を排斥すること。

般若《はんにゃ》 鬼女の能面。般若面。

般若湯《はんにゃとう》 僧侶の隠語で、酒。

搬入《はんにゅう》 運び込むこと。⇔搬出

犯人《はんにん》 犯罪を犯した人。犯罪者。

万人《ばんにん》 多くの人。すべての人。ばんじん。

番人《ばんにん》 番をする人。見張り。

半人前《はんにんまえ》 一人前の役をしないこと。

晩年《ばんねん》 年をとった時期。老年。

反応《はんのう》 手ごたえ。刺激に応じて生じる変化。

万能《ばんのう》 全てに効果がある。全てに巧みなこと。

半農半漁《はんのうはんぎょ》 農業と漁業の兼業。

榛《はん》の木《き》 カバノキ科の落葉高木。

飯場《はんば》 工事現場などに設けた宿泊所。

半端《はんぱ》 そろっていない。端数。半人前。

は

輓馬《ばんば》　車や橇《そり》を引かせる馬。

販売《はんばい》　商品を売ること。

反駁《はんばく》　相手の主張・批判に論じ返すこと。

半白《はんぱく》　白髪まじりの髪。

藩閥《はんばつ》　勢力のある藩の出身者が作った派閥。

反発《はんぱつ》　はねかえすこと。たてつくこと。

半半《はんはん》　半分ずつ。五分五分。

万万《ばんばん》　十分に。よくよく。万一にも。

万般《ばんぱん》　いろいろの方面。百般。

反比例《はんぴれい》　他の量の逆数に比例する。

頒布《はんぷ》　広く分け配ること。

蛮風《ばんぷう》　野蛮な風俗・風習。

反復《はんぷく》　何度も繰り返すこと。(別)反覆

万物《ばんぶつ》　宇宙に存在するありとあらゆるもの。

繁文縟礼《はんぶんじょくれい》　規則や礼儀などが、わずらわしくめんどうなこと。繁縟。

番兵《ばんぺい》　番をする兵士。

判別《はんべつ》　見分けること。区別すること。

半平《はんぺん》　すりつぶした魚肉を蒸し固めた食品。

繁忙《はんぼう》　非常に忙しいこと。

万邦《ばんぽう》　あらゆる国。万国。

版本《はんぽん》　版木で印刷した本。

飯米《はんまい》　食用にする米。

半身《はんみ》　相手に体を斜めに向けた姿勢。

斑猫《はんみょう》　ハンミョウ科の昆虫。道教え。[夏]

万民《ばんみん》　すべての人民。多くの民。

判明《はんめい》　はっきりと明らかになること。

反面《はんめん》　反対の面。別の面で。一方。

半面《はんめん》　顔の半分。物事の一方の面。

盤面《ばんめん》　碁・将棋の盤の表面。また、局面。

反面教師《はんめんきょうし》　好ましくない例として、反省の材料やいましめる教訓になる者。

繁茂《はんも》　草木が勢いよく生い茂ること。

反目《はんもく》　仲が悪いこと。にらみあうこと。

版元《はんもと》　図書などの出版元。出版社。

反問《はんもん》　質問してきた相手に問い返すこと。

斑紋《はんもん》　まだら模様。

煩悶《はんもん》　考え悩むこと。もだえ苦しむこと。

半夜《はんや》　よなか。夜半。一夜の半分。

反訳《はんやく》　翻訳。速記などを言葉に戻す。

万有《ばんゆう》　宇宙に存在するすべてのもの。

蛮勇《ばんゆう》　向こう見ずの勇気。

汎用《はんよう》　広く種々の用途に使うこと。

繁用《はんよう》　用事が多くて忙しいこと。

半裸《はんら》　半分はだかであること。

万来《ばんらい》　多くの人がくること。「千客―」

万雷《ばんらい》　大きく鳴りひびく音。「―の拍手」

反落《はんらく》　上がった相場が急に下がる。⇔反騰

反乱《はんらん》　国や支配者にそむいて乱を起こす。

氾濫《はんらん》　洪水になること。広がり出回ること。

万里《ばんり》　非常に遠い距離。「―の長城」

伴侶《はんりょ》　一緒に連れ立つ者。つれあい。

晩涼《ばんりょう》　夏の夕方の涼しさ。[夏]

万緑《ばんりょく》　見渡す限り緑色であること。[夏]

凡例《はんれい》　本の初めに使い方などを記したもの。

判例《はんれい》　判決の実例。

範例《はんれい》　模範となる例。

販路《はんろ》　商品を売りさばく方面。売り先。

反論《はんろん》　相手の言うことに反対すること。

汎論《はんろん》　全体にわたって論じること。

ひ

日《ひ》　太陽。日光。ひるま。一日。一昼夜。

火《ひ》　熱を発して燃えている状態。火事。

灯《ひ》　ともしび。あかり。

杼《ひ》　織機で、横糸を通す舟形の物。(別)梭

樋《ひ》　水を送る長い管。とい。

比《ひ》　同類。たぐい。比率。

妃《ひ》　きさき。「皇太子―」

碑《ひ》　石碑。

美《び》　美しいこと。りっぱなこと。⇔醜

悲哀《ひあい》　悲しくあわれなこと。「人生の―」

干上《ひあ》がる　乾き切る。生計が立たない。

日脚《ひあし》　昼間の長さ。(別)日足

火脚《ひあし》　火の燃え広がる速さ。(別)火足

火遊《ひあそ》び　火をもて遊ぶ。行きずりの情事。

日当《ひあ》たり　日光の当たり具合。

火炙《ひあぶ》り　火で焼き殺す刑罰。火刑。

非違《ひい》　法にそむくこと。

微意《びい》　ほんのわずかの気持ち。

贔屓《ひいき》　特に目をかけ援助すること(人)。

肥育《ひいく》　家畜をふとらせること。

美意識《びいしき》　美を感受する意識。

延《ひ》いては　そのために。さらに進んで。

秀《ひい》でる　優れる。ぬきんでる。

柊《ひいらぎ》　モクセイ科の常緑小高木。

麦酒《ビール》　麦芽が原料のアルコール飲料。[夏]

緋色《ひいろ》　深紅色。スカーレット。

眉宇《びう》　まゆのあたり。まゆ。

微雨《びう》　細かい雨。小雨。

氷魚《ひうお》 鮎の稚魚。体は半透明。[冬]
火《ひ》打《う》ち 石と鉄を打ち合わせて火を出す。
非《ひ》運《うん》 運の悪いこと。不運。(別)否運
飛《ひ》雲《うん》 風に飛ぶ雲。「―模様」
悲《ひ》運《うん》 悲しい運命。不幸せな運命。
稗《ひえ》 イネ科の一年草。食用・飼料用。[秋]
裨《ひ》益《えき》 役立つこと。助けとなること。
冷《ひ》え性《しょう》 手足や腰が冷えやすいたち。
飛《ひ》越《えつ》 馬術などで、障害物をとびこすこと。
冷《ひ》える 冷たくなる。熱意がなくなる。
飛《ひ》燕《えん》 空を飛ぶつばめ。
鼻《び》炎《えん》 鼻の粘膜の炎症。
氷《ひ》魚《お》 ⇩ひうお(氷魚)
秘《ひ》奥《おう》 奥深くはかりしれないこと。
檜《ひ》扇《おうぎ》 ヒノキの薄板を骨とする扇。[夏]

火《ひ》桶《おけ》 木製の丸火鉢。[冬]
緋《ひ》縅《おどし》 緋色の革や糸でつづった鎧のおどし。
鼻《び》音《おん》 鼻にかかる音。[m][n][ŋ]など。
微《び》温的《おんてき》 てぬるいさま。「―な処置」
皮《ひ》下《か》 皮膚の下層。
悲《ひ》歌《か》 悲しい歌。悲しみ歌うこと。
彼《ひ》我《が》 相手と自分。「―の力量の差」
美《び》化《か》 美しくすること。「過去を―する」
被《ひ》害《がい》 害を受けること。⇔加害
光一《ぴかいち》 最もすぐれているもの。
控《ひか》え 備えておくもの。写し。「―の書類」
控《ひか》え目《め》 度を越さないようにすること。
日《ひ》帰《がえ》り その日のうちに行って帰ること。
控《ひか》える 待機する。自制する。メモする。
膕《ひかがみ》 膝の後ろのくぼみ。

檜《ひ》垣《がき》 ヒノキの薄板を編んだ垣。
比《ひ》較《かく》 比べあわせること。
皮《ひ》革《かく》 生皮となめし革。かわ。
美《び》学《がく》 美の本質を研究する学問。美意識。
日《ひ》陰《かげ》 日光の当たらない場所。⇔ひなた
日《ひ》影《かげ》 日の光。日光。日ざし。
日《ひ》掛《が》け 毎日お金を積み立てること。
日陰者《ひかげもの》 公然と社会に出られない人。
僻事《ひがごと》 事実や道理に合わないこと。
日《ひ》傘《がさ》 日よけ用の傘。パラソル。[夏]
干《ひ》菓《が》子《し》 乾いた菓子。⇔生菓子
落籍《ひか》す 身請けする。
日《ひ》数《かず》 日にちの数。日をかさねること。
干《ひ》潟《がた》 潮が引いたときに現れる砂地。[春]
日《ひ》雷《がみなり》 晴天に鳴る雷。[夏]

僻《ひが》む 物事をゆがんだ心で受けとる。
僻《ひが》目《め》 見まちがい。思い違い。また、偏見。
日《ひ》柄《がら》 暦の上で、日の吉凶。
日《ひ》雀《がら》 シジュウカラ科の小鳥。[秋]
飛《ひ》花《か》落葉《らくよう》 はかない世の譬え。
干《ひ》涸《から》びる かわききる。
光《ひかり》 明るく照らすもの。威光。
光蘚《ひかりごけ》 洞穴などに生える緑色に光るコケ。
光通信《ひかりつうしん》 光を搬送波に利用する通信。
光《ひか》る 光を放つ。特に目立つ。
引《ひ》かれ者《もの》 獄や刑場へ引かれて行く者。
日《ひ》替《が》わり 毎日変わること。
悲《ひ》観《かん》 希望を失って物事を暗く考えること。
避《ひ》寒《かん》 暖かい土地で寒さを避けること。[冬]
彼《ひ》岸《がん》 春分・秋分の日の前後七日間。[春]

悲《ひ》願《がん》 どうしてもかなえたい願い。
美《び》観《かん》 風景などの美しい眺め。
彼《ひ》岸花《がんばな》 ヒガンバナ科の多年草。[秋]
悲《ひ》喜《き》 悲しみと喜び。「―こもごも」
美《び》技《ぎ》 見事な技。ファインプレー。
率《ひき》いる 引き連れて行く。行動を指揮する。
引《ひ》き受《う》ける 承知する。保証する。
碾《ひ》き臼《うす》 二個の円い石を重ねた臼。
引《ひ》き写《うつ》し 文章などを丸写しにする。
蟾蜍《ひきがえる》 大形のカエル。背に疣《いぼ》がある。[夏]
引《ひ》き菓《が》子《し》 引き出物とする菓子。
弾《ひ》き語《がた》り 楽器を弾きながら語ること。
引《ひ》き金《がね》 銃の発射装置の一部。指で引く。
引《ひ》き際《ぎわ》 引退・辞職しようとする間際。
悲《ひ》喜劇《きげき》 悲劇と喜劇の性格を持つ劇。

引《ひ》き算《ざん》 ある数から他の数を引く計算。
引《ひ》き潮《しお》 潮が引いて海面が低くなること。
被《ひ》疑者《ぎしゃ》 容疑者。
引《ひ》き摺《ず》る 床や地面をすって動く。
引《ひ》き出《だ》し たんすや机の箱状の入れ物。
引《ひ》き立《た》つ 見栄えがする。盛んになる。
碾《ひ》き茶《ちゃ》 抹茶《まっちゃ》。(別)挽き茶
引《ひ》き付《つ》け 子供の発作性の痙攣《けいれん》。
引《ひ》き続《つづ》き すぐ続けて。ずっと続いて。
引《ひ》き攣《つ》る こわばる。皮膚が縮れる。
引《ひ》き出物《でもの》 招待客に贈る土産物。
引《ひ》き戸《ど》 左右に引き開ける戸。
引《ひ》き時《どき》 身を引くべき時。
挽《ひ》き肉《にく》 細かくひいた肉。ミンチ。
轢《ひ》き逃《に》げ 車で人をひいて逃げ去る。

引《ひ》き抜《ぬ》き　人材を自分に所属させる。
引《ひ》き払《はら》う　片付けて退去する。
引《ひ》き幕《まく》　横に開閉する幕。
引目《ひきめ》鉤鼻《かぎばな》　大和絵の技法。
飛脚《ひきゃく》　手紙などを遠方に運んだ人。
飛球《ひきゅう》　野球で、打者が打ちあげたボール。
美挙《びきょ》　立派なおこない。
比況《ひきょう》　比べ合わせること。比べたとえること。
卑怯《ひきょう》　心の卑劣なさま。
秘境《ひきょう》　人跡まれな人に知られていない地域。
悲況《ひきょう》　悲観的な状況。悲しい有り様。
悲境《ひきょう》　悲しい境遇。
罷業《ひぎょう》　仕事をしないこと。ストライキ。
引《ひ》き分《わ》け　勝ち負けなく終わること。
碾《ひ》き割《わ》り　臼で碾いて粗く砕いた大麦。

卑近《ひきん》　手近なさま。俗なさま。「—な例」
卑金属《ひきんぞく》　さびやすい金属。⇔貴金属
引《ひ》く　引っ張る。抜いて取る。へらす。
退《ひ》く　しりぞく。退却する。㊓引く
挽《ひ》く　木などを切る。肉を細かくする。
碾《ひ》く　ひき臼で穀物などを細かくする。
弾《ひ》く　弦楽器やピアノを鳴らす。
惹《ひ》く　相手の関心をひきつける。㊓引く
轢《ひ》く　人や物を車輪で踏みつけて通過する。
魚籠《びく》　釣った魚を入れる籠《かご》。
比丘《びく》　出家した二〇歳以上の男子。僧。
微苦笑《びくしょう》　微笑と苦笑の混じった笑い。
卑屈《ひくつ》　心が卑しくて気力がないさま。
引《ひ》く手《て》　誘いかける人。「—あまた」
比丘尼《びくに》　二〇歳以上の尼僧。尼。

羆《ひぐま》　大形のクマ。北海道にすむ。
蜩《ひぐらし》　セミの一種。カナカナ。㊋　㊓茅蜩
日暮《ひぐ》れ　夕暮れ。夕方。
微醺《びくん》　ほろ酔い。微酔。「—を帯びる」
引《ひ》け　退出すること。劣ること。
髭《ひげ》　顔に生える毛。㊓鬚・髯
卑下《ひげ》　へりくだること。卑しむこと。
秘計《ひけい》　秘密の計略。
美形《びけい》　美しい顔だち。美人。
悲劇《ひげき》　悲しい結末の劇。悲しい出来事。
引《ひ》け際《ぎわ》　一日の仕事が終わる間際。
火消《ひけ》し　火を消すこと。昔の消防夫。
否決《ひけつ》　議案を承認しないと決議すること。
秘訣《ひけつ》　人の知らないよい方法。
髭面《ひげづら》　ひげの多く生えた顔。

引《ひ》け時《どき》　退出する時刻。㊓退け時
引《ひ》け目《め》　肩身の狭い思い。欠点。
比肩《ひけん》　匹敵する。「—するものがない」
披見《ひけん》　文書を開いて見ること。
卑見《ひけん》　自分の意見の謙譲語。㊓鄙見
被験者《ひけんしゃ》　実験や検査の対象となる人。
籤《ひご》　竹を細く削ったもの。竹ひご。
庇護《ひご》　かばい守ること。
卑語《ひご》　下品な言葉。スラング。
飛語《ひご》　根拠のないうわさ。「流言—」㊓蜚語
肥後《ひご》　旧国名。熊本県。
緋鯉《ひごい》　コイの変種。体が赤黄色のもの。
披講《ひこう》　詩歌の会で詩歌を読みあげること。
肥厚《ひこう》　ある部分がはれて厚くなること。
非行《ひこう》　社会のきまりにそむくおこない。

飛行《ひこう》　空を飛ぶこと。
非業《ひごう》　前世の因縁によらない。「—の死」
尾行《びこう》　人のあとをこっそりつけること。
備考《びこう》　参考として付記すること。
備荒《びこう》　凶作・災害などに対する準備。
微光《びこう》　かすかな光。
微行《びこう》　貴人が身分を隠して出歩くこと。
鼻孔《びこう》　鼻の穴。
鼻腔《びこう》　鼻の内部。びくう。
非公開《ひこうかい》　一般の人に見せないこと。
飛行機《ひこうき》　翼を備えた空を飛ぶ乗り物。
非公式《ひこうしき》　公式でないこと。
非合法《ひごうほう》　合法でないこと。
非合理《ひごうり》　道理や論理に合わないこと。
被告《ひこく》　裁判で、訴えられた者。⇔原告

非国民《ひこくみん》　国民の義務・本分に背く者。
尾骨《びこつ》　脊柱の下端の骨。尾骶骨《びていこつ》。
日毎《ひごと》　毎日。日々。
肥後《ひご》の守《かみ》　折り畳み式の小刀。
蘖《ひこばえ》　切り株や根元から出た若芽。㊎
彦星《ひこぼし》　牽牛《けんぎゅう》星。㊋
曽孫《ひこまご》　ひまご。ひこ。
日頃《ひごろ》　ふだん。へいぜい。近ごろ。
膝《ひざ》　ももとすねをつなぐ関節の前面。
非才《ひさい》　自分の才能の謙称。㊓菲才
被災《ひさい》　災難や災害を受けること。罹災《りさい》。
微細《びさい》　非常に細かいこと。
微罪《びざい》　ごく軽い罪。
膝送《ひざおく》り　膝をずらして順に席を詰める。
柃《ひさかき》　ツバキ科の常緑低木。

膝頭《ひざがしら》 膝の前面。膝小僧。
久方《ひさかた》振《ぶ》り ひさしぶり。
日《ひ》盛《ざか》り 日中の一番暑い時分。[夏]
秘策《ひさく》 秘密の計略。
鬻《ひさ》ぐ 売る。商う。「春を―」
膝栗毛《ひざくりげ》 徒歩で旅行すること。
提《ひさげ》 口とつるのついた酒を注ぐ器。
瓢《ひさご》 ヒョウタンなどの実。[秋] (別)瓢
庇《ひさし》 軒に差し出た小屋根。(別)廂
日《ひ》差《ざ》し 日光がさすこと。日あし。
久《ひさ》しい 長い時日がたつ。
久《ひさ》し振《ぶ》り 長い時間が経過したこと。
膝詰《ひざづ》め 膝と膝を寄せ合う。「―談判」
久久《ひさびさ》 ひさしぶり。「―の外出」
膝枕《ひざまくら》 人の膝を枕にして寝ること。

跪《ひざまず》く 両膝を地につけてかがむ。
氷雨《ひさめ》 雹《ひょう》。あられ。[夏]
膝元《ひざもと》 膝のすぐそば。手もと。
砒酸《ひさん》 砒素の酸化物。有毒。
飛散《ひさん》 飛び散ること。
悲惨《ひさん》 悲しく痛ましいこと。(別)悲酸
菱《ひし》 ヒシ科の一年生水草。種子は食用。
皮脂《ひし》 皮脂腺から分泌する脂肪性物質。
秘史《ひし》 世に隠された歴史。
肘《ひじ》 腕の中間にある関節の外側の部分。
秘事《ひじ》 秘密の事柄。
微志《びし》 わずかな志。自分の志の謙譲語。
美辞《びじ》 美しい言葉。巧みな言葉。「―麗句」
醢《ひしお》 肉類の塩づけ。しおから。
醤《ひしお》 なめ味噌の一。

干潮《ひしお》 引き潮。かんちょう。
肘掛《ひじか》け 肘をよりかからせる所。
菱形《ひしがた》 菱の実の形。四辺が等しい四辺形。
鹿尾菜《ひじき》 [春] 褐藻類の海藻。
拉《ひし》ぐ 押しつぶす。くじく。「鬼をも―」
鯷鰯《ひしこいわし》 カタクチイワシの別名。
飛耳長目《ひじちょうもく》 観察の鋭いこと。
皮質《ひしつ》 腎臓・脳などの表層の部分。
美質《びしつ》 生まれつきの優れた性質と容姿。
微視的《びしてき》 全体よりも細部に注目する。
肘鉄《ひじてつ》 肘で人を突く。はねつける。肘鉄砲。
犇《ひし》と しっかりと。ひしひしと。
犇犇《ひしひし》 強く身にせまるさま。
肘枕《ひじまくら》 肘を曲げて枕代わりにすること。
犇《ひし》めく 大勢の人で混雑して押し合う。

菱餅《ひしもち》 菱形の餅。雛《ひな》祭りに供える。[春]
飛車《ひしゃ》 将棋の駒の一。縦横に自由に動ける。
柄杓《ひしゃく》 水などをくむ柄のついた道具。
微弱《びじゃく》 かすかで弱いこと。「―な電波」
拉《ひしゃ》げる 押しつぶされていびつになる。
被写体《ひしゃたい》 写真にとられる人や物。
毘沙門天《びしゃもんてん》 仏法を守る神。
匕首《ひしゅ》 あいくち。懐剣の類。
美酒《びしゅ》 おいしい酒。
悲愁《ひしゅう》 悲しみうれえること。
比重《ひじゅう》 物質の質量と同体積の水の質量の比。
美醜《びしゅう》 美しいことと醜いこと。
秘術《ひじゅつ》 隠しておいた術。
美術《びじゅつ》 美を表現する芸術。絵画・彫刻など。
批准《ひじゅん》 条約を国家として承認すること。

秘書《ひしょ》 要職にある人の下で事務を扱う人。
避暑《ひしょ》 涼しい土地で暑さを避けること。[夏]
美女《びじょ》 容姿の美しい女。
卑小《ひしょう》 とるに足りないこと。
飛翔《ひしょう》 鳥などが空を飛ぶこと。
悲傷《ひしょう》 悲しみいたむこと。
費消《ひしょう》 使いはたすこと。
非常《ひじょう》 ふだんと違う状態。程度が甚だしい。
非情《ひじょう》 情けを持たないこと。
美称《びしょう》 ほめていう呼び方。
微小《びしょう》 非常に小さいこと。「―な生物」
微少《びしょう》 非常に少ないこと。「―な金額」
微笑《びしょう》 ほほえむこと。ほほえみ。
尾錠《びじょう》 ベルトを締める金具。バックル。
非常勤《ひじょうきん》 日時を限って勤務すること。

非常口《ひじょうぐち》 緊急脱出用の出入り口。
非常識《ひじょうしき》 常識に外れていること。
美食《びしょく》 ぜいたくな食事。⇔粗食
聖《ひじり》 徳の高い人。聖人。高僧。
美辞麗句《びじれいく》 美しく飾った文句。
微震《びしん》 ごく弱いゆれの地震。
美人《びじん》 美しい女性。美女。
氷頭《ひず》 鮭の頭部の軟骨。「―なます」
翡翠《ひすい》 青緑色の宝玉。カワセミ。
微酔《びすい》 ほろ酔い。
歪《ひず》む 形がいびつになる。ゆがむ。
比《ひ》する 比べる。
秘《ひ》する かくす。秘密にする。「名を―」
批正《ひせい》 批評して訂正すること。
美声《びせい》 美しい声。綺麗な声。

尾生《びせい》の信《しん》 融通のきかないこと。
微生物《びせいぶつ》 極めて小さな生物。
秘跡《ひせき》 キリスト教の重要な儀式。(別)秘蹟
飛雪《ひせつ》 風に吹き飛ばされながら降る雪。
日銭《ひぜに》 毎日収入として入る金。
火《ひ》攻《ぜ》め 火をつけて攻めること。
卑賤《ひせん》 身分や地位が低いこと。
皮癬《ひぜん》 疥癬《かいせん》。
肥前《ひぜん》 旧国名。佐賀県と長崎県の一部。
美髯《びぜん》 美しいほおひげ。
備前《びぜん》 旧国名。岡山県南東部。
被選挙権《ひせんきょけん》 立候補できる資格。
砒素《ひそ》 元素。記号As 化合物は有毒。
鼻祖《びそ》 始祖。元祖。
皮相《ひそう》 うわべ。うわべだけで判断すること。

悲壮《ひそう》 悲しくも勇ましいさま。
悲愴《ひそう》 悲しく痛ましいこと。「―感」
秘蔵《ひぞう》 大切にしまっていること。
脾臓《ひぞう》 内臓の一。リンパ球を作る。
微増《びぞう》 ほんの少し増えること。
皮相浅薄《ひそうせんぱく》 知識や思慮が浅い。
被造物《ひぞうぶつ》 神に造られたもの。
密《ひそ》か 人に知られないでするさま。(別)私か
卑俗《ひぞく》 卑しく下品であること。
卑属《ひぞく》 子と同列以下の親族。子・孫など。
匪賊《ひぞく》 集団で盗みを働く盗賊。
美俗《びぞく》 よい風俗。
秘蔵《ひぞ》っ子《こ》 非常に大切な子や弟子。
顰《ひそ》み 眉をひそめること。「―にならう」
潜《ひそ》む 隠れている。「陰に―」

顰《ひそ》める 眉の辺りにしわをよせる。
密《ひそ》やか 静か。ひそか。
乾《ひ》反《ぞ》る 乾いてそりかえる。
襞《ひだ》 衣服などの折りたたんである折り目。
飛騨《ひだ》 旧国名。岐阜県北部。飛州。
額《ひたい》 髪の生え際から眉までの部分。
肥大《ひだい》 肥えて大きいこと。
媚態《びたい》 こびる態度。なまめかしい態度。
鐚一文《びたいちもん》 ごくわずかなお金。
直《ひた》押《お》し ひたすら押すこと。「―に押す」
直《ひた》隠《かく》し ひたすら隠すこと。「―に隠す」
鶲《ひたき》 ヒタキ科の小鳥の総称。〔冬〕
鼻濁音《びだくおん》 鼻音化したガ行音。
浸《ひた》す 液体につける。ぬらす。
只管《ひたすら》 ただそればかり。一途に。

直垂《ひたたれ》 中世は武士の平服、近世は礼服。
常陸《ひたち》 旧国名。茨城県北東部。常州。
肥《ひ》立《だ》ち 日を追って回復すること。
火種《ひだね》 火をおこす元になる火。争いの原因。
頓《ひたぶる》 ひたすら。いちずに。「―に悲しい」
日《ひ》溜《だ》まり 日あたりのよい暖かい所。
直《ひた》向《む》き いちずに熱中するさま。
干鱈《ひだら》 〔春〕 鱈の干物。干し鱈。
左団扇《ひだりうちわ》 安楽に暮らすこと。
左《ひだり》利《き》き 左手の方がよく使える。酒好き。
左褄《ひだりづま》 芸者。「―を取る」
左前《ひだりまえ》 死に装束の着方。経営が苦しくなる。
左《ひだり》巻《ま》き 頭の働きがおかしいこと(人)。
浸《ひた》る 水につかる。ある状態に入りきる。
饑《ひだる》い ひもじい。空腹で元気がない。

火達磨《ひだるま》 全身火に覆われた状態。
悲嘆《ひたん》 悲しみなげくこと。(別)悲歎
被弾《ひだん》 弾丸に当たること。
美談《びだん》 立派で感心な話。
美男子《びだんし》 容姿の美しい男。びなんし。
備蓄《びちく》 万一に備え、蓄えておくこと。
微衷《びちゅう》 自分の気持ちの意の謙譲語。
飛鳥《ひちょう》 空を飛ぶ鳥。
篳篥《ひちりき》 雅楽で用いる縦笛。
緋縮緬《ひぢりめん》 緋色に染めた縮緬。
櫃《ひつ》 蓋のある大形の箱。飯を入れておく器。
筆圧《ひつあつ》 文字を書くとき筆先などに加わる力。
悲痛《ひつう》 悲しくつらそうなさま。
筆禍《ひっか》 発表した文章のために受ける災い。
筆記《ひっき》 書き記すこと。書き記したもの。

柩《ひつぎ》 遺体を入れる箱。棺。
畢竟《ひっきょう》 つまり。しょせん。結局。
吃驚《びっくり》 驚くさま。「―仰天」
引《ひ》っ括《くる》める ひとつにまとめる。
火《ひ》付《つ》け 放火。また、放火犯人。
日《ひ》付《づけ》 文書に書く年月日。
必携《ひっけい》 必ず持たなければならないもの。
必見《ひっけん》 必ず見ておくべきこと(もの)。
筆硯《ひっけん》 筆と硯《すずり》。文筆家の仕事。
筆耕《ひっこう》 書写や清書の仕事。
引《ひ》っ越《こ》し 住む場所を移すこと。転居。
必殺《ひっさつ》 必ず殺すこと。必ず負かすこと。
筆算《ひっさん》 紙に書いて計算すること。
必死《ひっし》 死ぬ覚悟でおこなう。全力を尽くす。
必至《ひっし》 必ずそうなること。「勝利は―だ」

筆紙《ひっし》　筆と紙。「—に尽くしがたい」
未《ひつじ》　十二支の第八番目。
羊《ひつじ》　ヤギに似たウシ科の中形の家畜。
穭《ひつじ》　刈株から再び生えでる青い稲。秋
未草《ひつじぐさ》　スイレンの別名。夏
羊雲《ひつじぐも》　羊の群れのように見える高積雲。
坤《ひつじさる》　未と申の間の方角。南西。
筆写《ひっしゃ》　書き写すこと。
筆者《ひっしゃ》　文章や書画の作者。
必修《ひっしゅう》　必ず履修しなければならないこと。
必需品《ひつじゅひん》　常に必要な品物。「生活—」
筆順《ひつじゅん》　漢字の点や線を書く順序。
必勝《ひっしょう》　必ず勝つこと。
必定《ひつじょう》　必ずそうなること。「勝利は—だ」
筆触《ひっしょく》　筆遣いで生ずる色調などの感じ。

必須《ひっす》　必ずなくてはならないこと。
畢生《ひっせい》　一生涯。終世。「—の事業」
筆勢《ひっせい》　筆の勢い。筆力。
筆跡《ひっせき》　書かれた字。字の書きぶり。
筆舌《ひつぜつ》　文章と言葉。「—に尽くしがたい」
筆洗《ひっせん》　筆の穂先を洗う器。
必然《ひつぜん》　必ずそうなること。⇔偶然
逼塞《ひっそく》　落ちぶれ身を隠して暮らすこと。
筆談《ひつだん》　用件を字で書いて伝え合うこと。
筆致《ひっち》　筆のおもむき。文章の書きぶり。
必着《ひっちゃく》　手紙などが期限までに必ず届くこと。
必中《ひっちゅう》　必ず目標にあたること。
筆誅《ひっちゅう》　罪悪や過失を書き立てて責めること。
備中《びっちゅう》　旧国名。岡山県西部。
匹敵《ひってき》　対等であること。肩を並べること。

筆頭《ひっとう》　名前を連ねた時の最初の人。
必読《ひつどく》　必ず読まなくてはならないこと。
逼迫《ひっぱく》　事がさし迫ること。経済的に苦しい。
必罰《ひつばつ》　罪のある者を必ず罰すること。
引《ひ》っ張《ぱ》り凧《だこ》　大勢がほしがる。
匹夫《ひっぷ》　身分の低い男。道理に暗い平凡な男。
筆法《ひっぽう》　筆の運び方。書き方。物事のやり方。
筆鋒《ひっぽう》　筆の穂先。字や文章の勢い。
筆墨《ひつぼく》　筆と墨。また、筆で書いたもの。
蹄《ひづめ》　ウマ・ウシなどの足の爪。
筆名《ひつめい》　ペンネーム。
必用《ひつよう》　必ず用いなければならないこと。
必要《ひつよう》　なくてはならないこと。
必要悪《ひつようあく》　時には必要とされる悪い事。
筆力《ひつりょく》　筆の勢い。文章を書く能力。

筆録《ひつろく》　文字で記録すること。その記録。
比定《ひてい》　類似の物と比較して推定すること。
否定《ひてい》　打ち消すこと。
尾骶骨《びていこつ》　⇩尾骨《びこつ》
美的《びてき》　美に関するさま。美しいさま。
日照《ひで》り　長い間雨が降らない。夏　別旱
秘伝《ひでん》　隠してたやすく人に伝えない奥義。
美点《びてん》　優れている点。長所。⇔欠点
美田《びでん》　地味の肥えた田地。良田。
妃殿下《ひでんか》　皇族の妃を敬っていう語。
一味《ひとあじ》　味の一段階。「—ちがう作品」
人当《ひとあ》たり　人とつきあう態度。
一安心《ひとあんしん》　ひとまず安心すること。
酷《ひど》い　残酷だ。むごい。非常に悪い。
一息《ひといき》　ひと呼吸。一気。ひと休み。

人熱《ひといき》れ　人の熱気でむんむんすること。
非道《ひどう》　道理や人情にはずれること。
尾灯《びとう》　車や列車の後尾につける標識灯。
微動《びどう》　かすかに動くこと。「—だにしない」
人受《ひとう》け　他人が持つ印象・感じ。
一重《ひとえ》　重なっていないこと。
単《ひとえ》　裏をつけない和服。夏　⇔袷《あわせ》
偏《ひとえ》に　ひたすら。一途に。
人怖《ひとお》じ　見なれない人を怖がること。
一思《ひとおも》いに　いっそのこと。思い切って。
人垣《ひとがき》　人が垣根のように立ち並ぶこと。
人影《ひとかげ》　人の姿。人の影。
一廉《ひとかど》　すぐれていること。「—の人物」
人柄《ひとがら》　人の性質や品格。性質がよいこと。
一絡《ひとから》げ　ひとまとめにして束ねること。

人聞《ひとぎ》き　世間への聞こえ。
人嫌《ひとぎら》い　人に会うことをきらうこと。
一際《ひときわ》　さらに。いっそう。「—美しい」
秘匿《ひとく》　こっそり隠すこと。隠匿。
美徳《びとく》　りっぱな徳。よいおこない。
一齣《ひとくさり》　話・謡い物などの一区切り。
一癖《ひとくせ》　油断ならない変わった性格。
人気《ひとけ》　人のいる様子。
人恋《ひとこい》しい　誰かに会いたい気分である。
人心地《ひとごこち》　生き返ったような気持ち。
他人事《ひとごと》　自分に無関係の事。別人事
人込《ひとご》み　人で込み合うこと。その場所。
一頃《ひところ》　かつてのある時期。
人殺《ひとごろ》し　人を殺すこと。殺した者。
一差《ひとさ》し　将棋や舞などの一回。

人里《ひとざと》　人の集まり住んでいる所。
人様《ひとさま》　他人の敬称。
人攫《ひとさら》い　子供をだまして連れ去る者。
人騒《ひとさわ》がせ　人を驚かし騒がせること。
等《ひと》しい　同じである。よく似ている。
一入《ひとしお》　いっそう。ひときわ。
一頻《ひとしき》り　しばらくの間。一時盛んなさま。
人質《ひとじち》　脅迫の手段として拘束された人。
等《ひと》し並《な》み　普通と同じ。「—に扱う」
人知《ひとし》れず　人にわからないように。
人好《ひとず》き　人に好かれること。
一筋《ひとすじ》　それだけに専心すること。「仕事—」
一筋縄《ひとすじなわ》　普通の手段。
人擦《ひとず》れ　世慣れてずる賢いこと。
人集《ひとだか》り　人が大勢集まっていること。

人助《ひとだす》け　困っている人を助けること。
人頼《ひとだの》み　人をあてにすること。
一度《ひとたび》　いちど。一回。いったん。
人魂《ひとだま》　夜、空中を飛ぶ青白い火の玉。
一溜《ひとた》まり　しばらくもちこたえること。
人使《ひとづか》い　人を使うこと。その使い方。
人伝《ひとづて》　人を通じて伝わること。「—に聞く」
一粒種《ひとつぶだね》　ただ一人の子供。
人妻《ひとづま》　結婚している女性。他人の妻。
一撮《ひとつま》み　指でつまむ量。わずかの量。
人手《ひとで》　他人の力。他人の所有。働く人。
人出《ひとで》　多くの人が出て集まること。
海星《ひとで》　海底にすむ棘皮《きょくひ》動物。
人《ひと》で無《な》し　人情や恩義の分からない人。
一通《ひととお》り　全体にざっと。世間並み。

人通《ひとどお》り　人の通行。
一時《ひととき》　しばらくの間。以前のある時。
一年《ひととせ》　いちねん。以前の、ある年。
人《ひと》となり　生まれつき。天性。(別)為人
人懐《ひとなつ》こい　人にすぐうちとける。
人並《ひとな》み　世間並み。「何とか—に育つ」
人波《ひとなみ》　大勢が押し合って動いている状態。
人柱《ひとばしら》　あることの犠牲となった人。
人肌《ひとはだ》　人の肌。人の肌ぐらいの温度。
人払《ひとばら》い　関係のない人を遠ざけること。
一枚《ひとひら》　薄く平らなものいちまい。(別)一片
人前《ひとまえ》　人の見ている所。体裁。
人任《ひとまか》せ　自分でせずに他人に任せること。
一幕《ひとまく》　演劇の一区切り。出来事の一場面。
一先《ひとま》ず　とにかく。一応。

人真似《ひとまね》　他人のまねをすること。
瞳《ひとみ》　目の中央の黒い部分。目。(別)眸
人身御供《ひとみごくう》　犠牲となる人。
人見知《ひとみし》り　他人に親しまない。
一昔《ひとむかし》　昔と感じられるほどの過去。
一目《ひとめ》　ちょっと見ること。一望。
人目《ひとめ》　世人の見る目。「—をはばかる」
人文字《ひともじ》　多くの人が並んで作る文字。
火点《ひとも》し頃《ごろ》　夕方。
獄《ひとや》　牢屋。牢獄。
一節切《ひとよぎり》　一つの節のある尺八。
一人《ひとり》　一個の人。いちにん。
独《ひと》り　自分だけ。独身。ただ単に。
日取《ひど》り　事を行う日を定めること。
独《ひと》り歩《ある》き　自立する。勝手に動き出す。

独《ひと》り合点《がてん》　自分はわかったつもり。
独《ひと》り言《ごと》　相手もなく、ものを言うこと。
一人静《ひとりしずか》　センリョウ科の多年草。[春]
独《ひと》り占《じ》め　自分だけのものにすること。
独《ひと》り相撲《ずもう》　ひとりで勢い込む。
独《ひと》り立《だ》ち　独力で世に立つこと。
独《ひと》りでに　自然に。おのずから。
独《ひと》り舞台《ぶたい》　ひとりだけが活躍する。
独《ひと》り者《もの》　結婚していない者。独身者。
独《ひと》り善《よ》がり　独善的で排他的。
鄙《ひな》　いなか。「—にはまれな美人」
雛《ひな》　卵からかえって間もない鳥。雛人形。
雛霰《ひなあられ》　雛祭りに供えるあられ。[春]
日中《ひなか》　昼間。にっちゅう。
日永《ひなが》　春になって、昼間の長いこと。[春]

雛形《ひながた》　模型。様式。見本。
雛菊《ひなぎく》　キク科の多年草。デージー。[春]
雛罌粟《ひなげし》　ケシ科の草。ポピー。[夏]
日向《ひなた》　日の当たる所。⇔日陰
雛壇《ひなだん》　雛人形を飾る壇。[春]
雛鳥《ひなどり》　鳥のひな。ニワトリのひな。
雛人形《ひなにんぎょう》　雛祭りに飾る人形。
鄙《ひな》びる　田舎らしい感じがする。
雛祭《ひなまつ》り　三月三日の女児の節句。[春]
火縄《ひなわ》　硝石をしみこませた紐。点火用。
非難《ひなん》　欠点や過失をとがめること。(別)批難
避難《ひなん》　災難をさけて他の場所へ移ること。
美男《びなん》　容姿の美しい男性。美男子。
美男葛《びなんかずら》　サネカズラの別名。[秋]
皮肉《ひにく》　意地の悪い遠まわしの非難。

髀《ひ》肉《にく》の嘆《たん》 自分の能力を発揮する機会がないまま空しく時を過ごす嘆き。
泌《ひ》尿《にょう》器《き》 尿を生成・排出する器官。
否《ひ》認《にん》 ある事実を認めないこと。
避《ひ》妊《にん》 妊娠しないようにすること。
非《ひ》人《にん》情《じょう》 思いやりなく冷たいこと。
陳《ひね》生《しょう》姜《が》 種として植えた生姜の根茎。
比《ひ》熱《ねつ》 物質の単位質量に対する熱容量。
微《び》熱《ねつ》 平熱より少し高い程度の体温。
終日《ひねもす》 朝から晩まで。一日中。
捻《ひね》る 指先でねじる。曲げる。工夫する。
陳《ひ》ねる 年を経る。古びる。大人びている。
日《ひ》の入《い》り 日が西に沈むこと。
丙《ひのえ》 十干の第三。
丙午《ひのえうま》 干支の第四三番目。
檜《ひのき》 ヒノキ科の常緑針葉高木。日本特産。
檜《ひのき》舞《ぶ》台《たい》 腕前を示す晴れの場所。
火《ひ》の車《くるま》 家計が非常に苦しいこと。
火《ひ》の気《け》 火の暖かみ。火だね。
火《ひ》の粉《こ》 炎から飛び散る小さな火。
日《ひ》の下開山《したかいさん》 天下無双の者。
火《ひ》の手《て》 燃え上がる炎。「―が上がる」
日《ひ》の出《で》 日がのぼること。その時刻。
丁《ひのと》 十干の第四。
日《ひ》延《の》べ 期日を遅らせる。期間を長くする。
日《ひ》の丸《まる》 太陽をかたどる赤い丸。日章旗。
火《ひ》の見《み》櫓《やぐら》 火事を見張る高い櫓。
日《ひ》の目《め》 日の光。「―を見る」
日《ひ》の本《もと》 日本の異名。
火《ひ》の元《もと》 火の気のある所。
檜《ひ》葉《ば》 ヒノキの葉。アスナロの別名。
非《ひ》売《ばい》品《ひん》 一般の人には売らない品。
飛《ひ》瀑《ばく》 高い所から落ちる滝。
被《ひ》曝《ばく》 放射能にさらされること。
被《ひ》爆《ばく》 (原水爆の)爆撃をうけること。
火《ひ》箸《ばし》 火を扱う金属製の箸。
火《ひ》柱《ばしら》 柱のように見える炎。
火《ひ》鉢《ばち》 灰の中に炭火をいけた暖房器具。図
火《ひ》花《ばな》 飛び散って花のように見える火の粉。
脾《ひ》腹《ばら》 横腹。わきばら。
雲雀《ひばり》 ヒバリ科の小鳥。春 別告天子
批《ひ》判《はん》 否定的な評価・判断をすること。
非《ひ》番《ばん》 当番でないこと(人)。
狒《ひ》狒《ひ》 大形のサル。アフリカに分布。
霏《ひ》霏《ひ》 雪や細雨が降りしきるさま。
皹《ひび》 皮膚にできる細いさけ目。図 別皸
罅《ひび》 陶器・壁などの表面にできる割れ目。
篊《ひび》 ノリなどの養殖で海に立てる竹など。
微《び》微《び》 わずかなさま。かすかなさま。
響《ひび》く 音が広がり聞こえていく。影響する。
美《び》美《び》しい 華やかで美しい。「―装い」
批《ひ》評《ひょう》 物の善悪・価値などを評価すること。
備《び》品《ひん》 備えつけてある品物。
皮《ひ》膚《ふ》 動物の体表面をおおう組織。はだ。
被《ひ》布《ふ》 羽織に似た衽の深い丸襟の外衣。図
日《ひ》歩《ぶ》 元金一〇〇円に対する一日の利息。
美《び》風《ふう》 よい風俗・風習。
微《び》風《ふう》 わずかな風。そよかぜ。
被《ひ》服《ふく》 衣服。着物。
被《ひ》覆《ふく》 おおいかぶせること。
火《ひ》脹《ぶく》れ やけどで皮膚がふくれること。
火《ひ》蓋《ぶた》 火縄銃の火皿を覆う蓋。「―を切る」
秘《ひ》仏《ぶつ》 大切にして一般には公開しない仏像。
悲《ひ》憤《ふん》 (政治や世相を)悲しみ憤ること。
碑《ひ》文《ぶん》 石碑に彫ってある文章。
美《び》文《ぶん》 美しい語句で飾りたてた文章。
微《び》分《ぶん》 ある関数の導関数を求めること。
悲《ひ》憤《ふん》慷慨《こうがい》 世情や自分の運命に対し悲しみいきどおって嘆くこと。
疲《ひ》弊《へい》 疲れ弱ること。「国力が―する」
秘《ひ》宝《ほう》 大切にしまってある宝物。
秘《ひ》法《ほう》 秘密の方法。真言宗で秘密の祈禱。
悲《ひ》報《ほう》 悲しい知らせ。
誹《ひ》謗《ぼう》 悪口を言うこと。中傷。
弥《び》縫《ほう》 一時的にとり繕うこと。「―策」
美《び》貌《ぼう》 美しい顔。
備《び》忘《ぼう》 忘れたときの用意。「―録」
干《ひ》乾《ぼ》し 食物がなくて飢えること。
日《ひ》干《ぼ》し 日光に当てて乾かす。別日乾し
非《ひ》凡《ぼん》 並みでなく優れているさま。⇔平凡
暇《ひま》 あいている時間。休み。用事がない。
皮《ひ》膜《まく》 皮膚と粘膜。皮のような膜。
被《ひ》膜《まく》 おおい包んでいる膜。
曽《ひ》孫《まご》 孫の子。ひこまご。
日《ひ》増《ま》しに 日ごとにます。
蓖《ひ》麻《ま》子《し》油《ゆ》 トウゴマの種の油。
暇人《ひまじん》 ひまのある人。別閑人
飛《ひ》沫《まつ》 細かく飛び散る水滴。しぶき。
暇《ひま》潰《つぶ》し 暇な時間を過ごす手段。
暇《ひま》取《ど》る 時間がかかる。手間取る。

向日葵《ひまわり》 キク科の大形の一年草。夏
肥満《ひまん》 肥えふとること。
瀰漫《びまん》 (風潮などが)一面に広がること。
美味《びみ》 味がよいこと。おいしい物。
日短《ひみじか》 冬の昼間の短いこと。冬
秘密《ひみつ》 隠して人に知らせないこと(事柄)。
美妙《びみょう》 言うに言われないほど美しいさま。
微妙《びみょう》 細かく複雑で、言い表せない。
氷室《ひむろ》 天然の氷を貯蔵する小屋や穴。夏
姫《ひめ》 貴人の娘。女子の美称。
非命《ひめい》 災難・事故による死。
悲鳴《ひめい》 驚きや恐ろしさにあげる叫び声。
碑銘《ひめい》 石碑に刻んだ文章。
美名《びめい》 よい評判。体裁のいい口実。
姫皮《ひめかわ》 タケノコの先端の薄く柔らかい皮。

日捲《ひめく》**り** 毎日、一枚ずつ破り取る暦。
秘《ひ》**め事**《ごと》 秘密の事柄。
姫小松《ひめこまつ》 ゴヨウマツ。小さい松。
姫女苑《ひめじょおん》 キク科の越年草。夏
姫始《ひめはじ》**め** 新年に初めて男女が交わること。
姫鱒《ひめます》 湖水で育ったベニザケ。食用。
姫百合《ひめゆり》 ユリ科の多年草。夏
秘《ひ》**める** 隠して人に知られないようにする。
罷免《ひめん》 公務員をその意に反してやめさせる。
紐《ひも》 糸より太く、綱より細いもの。情夫。
紐革饂飩《ひもかわうどん》 きしめん。
費目《ひもく》 費用を分類した名。
眉目秀麗《びもくしゅうれい》 容貌が端正なこと。
日持《ひも》**ち** 食物が変質しにくいこと。
火持《ひも》**ち** 火が消えないでいること。

紐付《ひもつ》**き** 情夫のある女。条件・制約付き。
火元《ひもと》 出火した所。火を使う場所。
繙《ひもと》**く** 本を開いて読む。
干物《ひもの》 魚介類を干した食品。別乾物
神籬《ひもろぎ》 神事の際の依り代とする榊《さかき》。
冷《ひ》**や** 冷たい水。燗《かん》をしていない酒。
火矢《ひや》 火を仕掛けて放つ矢。別火箭
冷《ひ》**や汗**《あせ》 恥じ、恐れた時に出る冷たい汗。
冷《ひ》**やかす** 人をからかう。買う気がない。
飛躍《ひやく》 進歩・発展する。順序を飛び越える。
秘薬《ひやく》 作り方を秘密にした薬。妙薬。
秘鑰《ひやく》 秘密を解明するかぎ。
媚薬《びやく》 性欲を起こさせる薬。惚《ほ》れ薬。
白衣《びゃくえ》 ⇩はくい(白衣)
百害《ひゃくがい》 多くの害。「—あって一利なし」

白毫《びゃくごう》 仏の眉間にある光明を放つ白い毛。
百日紅《ひゃくじつこう》 サルスベリの漢名。夏
百尺竿頭《ひゃくしゃくかんとう》 到達すべき最高点。
百獣《ひゃくじゅう》 たくさんのけもの。
百出《ひゃくしゅつ》 いろいろ現れること。「議論—」
百姓《ひゃくしょう》 農業に従事する人。農民。
百戦錬磨《ひゃくせんれんま》 多くの戦いできたえられていること。経験を積んでいること。
百態《ひゃくたい》 いろいろの状態。
白檀《びゃくだん》 インド産の常緑高木。香木とされる。
百日咳《ひゃくにちぜき》 幼児の急性伝染病の一。
百日草《ひゃくにちそう》 キク科の一年草。夏
百人力《ひゃくにんりき》 百人分の力。心強いこと。
百八十度《ひゃくはちじゅうど》 正反対の方向。
百八煩悩《ひゃくはちぼんのう》 数多い悩み・迷い。

百聞《ひゃくぶん》 何度も聞くこと。
百分率《ひゃくぶんりつ》 パーセントで表した割合。
百万言《ひゃくまんげん》 たくさんの言葉。
百万遍《ひゃくまんべん》 念仏を百万回唱える仏事。
百面相《ひゃくめんそう》 顔つきを変えて見せる演芸。
白夜《びゃくや》 ⇩はくや(白夜)
百薬《ひゃくやく》**の長**《ちょう》 酒をほめていう語。
百葉箱《ひゃくようばこ》 戸外に置く気象観測用の箱。
白蓮《びゃくれん》 白いハスの花。
日焼《ひや》**け** 直射日光で皮膚が黒くなる。夏
冷《ひ》**や酒**《ざけ》 燗《かん》をしない酒。冷や。夏
風信子《ヒヤシンス》 ユリ科の多年草。春
冷《ひ》**やす** つめたくする。
百科《ひゃっか》 あらゆる科目・分野。
百花斉放《ひゃっかせいほう》 多様な芸術の開花。

百家争鳴《ひゃっかそうめい》 それぞれの立場から学者が自由に意見を発表し、論争すること。
百貨店《ひゃっかてん》 大規模な総合小売り店。
百花繚乱《ひゃっかりょうらん》 花が咲き乱れる。
百鬼夜行《ひゃっきやこう》 妖怪・悪人の横行。
百計《ひゃっけい》 さまざまなはかりごと。
白虎《びゃっこ》 四神の一。虎で表され、西に配する。
百発百中《ひゃっぱつひゃくちゅう》 全て命中すること。
百般《ひゃっぱん》 いろいろ。各方面。「武芸—」
百方《ひゃっぽう》 あらゆる方法。いろいろの方角。
日雇《ひやと》**い** 一日ずつの契約で雇うこと。
冷《ひ》**や麦**《むぎ》 細打ちにしたうどん。夏
冷《ひ》**や飯**《めし》 冷たくなった飯。
冷《ひ》**や奴**《やっこ》 冷やした豆腐を食べる料理。夏
莧《ひゆ》 ヒユ科の一年草。若葉は食用。夏

比《ひ》喩《ゆ》 なぞらえて表現する方法。たとえ。

日向《ひゅうが》 旧国名。ほぼ宮崎県。日州。

謬見《びゅうけん》 あやまった考え。

謬論《びゅうろん》 あやまった議論。

費《ひ》用《よう》 何かをするために必要なお金。

表《ひょう》 事柄を分類して縦横に配列したもの。

豹《ひょう》 熱帯にすむネコ科の猛獣。

票《ひょう》 ふだ。選挙や採決に投票する紙片。

評《ひょう》 批評。評判。「人物—」

雹《ひょう》 夏、雷などに伴って降る氷塊。[夏]

美《び》容《よう》 容貌や容姿を美しくすること。

微《び》恙《よう》 少しからだのすぐれないこと。

秒《びょう》 時間・角度・経緯度の単位。

廟《びょう》 祖先の霊をまつる所。

鋲《びょう》 頭部の大きい釘。画鋲。

飄逸《ひょういつ》 世間を気にせず、のんきなさま。

表《ひょう》意《い》文《も》字《じ》 意味を表す文字。

病因《びょういん》 病気の原因。

病院《びょういん》 病人の診察・治療に当たる医療機関。

表《ひょう》音《おん》文《も》字《じ》 音だけを表す文字。

氷菓《ひょうか》 氷菓子。[夏]

評価《ひょうか》 人・物事の価値を判定すること。

氷河《ひょうが》 万年雪が氷塊となり流れ下るもの。

病臥《びょうが》 病気のために寝ること。

描画《びょうが》 絵をかくこと。

氷海《ひょうかい》 一面に凍った海。

氷塊《ひょうかい》 氷のかたまり。

氷解《ひょうかい》 疑いや誤解がすっかりなくなること。

病害《びょうがい》 農作物の病気による被害。

剽悍《ひょうかん》 すばやくて、たけだけしいこと。

表記《ひょうき》 おもて書き。文字で書き表す。

標記《ひょうき》 標題として書くこと。その標題。

評議《ひょうぎ》 集まって相談すること。「—員」

病気《びょうき》 体の具合が悪くなること。

剽軽《ひょうきん》 気軽でこっけいなさま。

病菌《びょうきん》 病原菌。

表具《ひょうぐ》 表装。「—師」

病苦《びょうく》 病気の苦しみ。

病軀《びょうく》 病気にかかっている身体。

表敬《ひょうけい》 敬意を表すこと。

氷結《ひょうけつ》 水が凝結すること。凍りつくこと。

表決《ひょうけつ》 議案に対して可否の意思を表すこと。

票決《ひょうけつ》 投票で決定すること。

評決《ひょうけつ》 評議して決めること。議決。

病欠《びょうけつ》 病気による欠席。

剽《ひょう》げる おどける。ふざける。

氷原《ひょうげん》 氷で覆われた原野。

表現《ひょうげん》 考えや気持ちを言葉などで表すこと。

評言《ひょうげん》 批評の言葉。評語。

病原《びょうげん》 病気を起こす原因。(別)病源

病原菌《びょうげんきん》 病気の原因となる細菌。

評語《ひょうご》 批評の言葉。

標語《ひょうご》 主義・主張を簡潔に表した語句。

病後《びょうご》 病気のあと。やみあがり。

標高《ひょうこう》 海面からの垂直の高さ。海抜。

病根《びょうこん》 病気の原因。悪い習慣のもと。

表札《ひょうさつ》 門などに掲げる居住者の名札。

氷山《ひょうざん》 氷河の端が落ちて海に浮かぶ大氷塊。

拍子《ひょうし》 楽曲のリズムの基になる小節の拍数。

表紙《ひょうし》 本などの表裏に付けた紙などの覆い。

表示《ひょうじ》 はっきりと示す。表の形で示す。

標示《ひょうじ》 目じるしとして示すこと。

病死《びょうし》 病気で死ぬこと。

標識《ひょうしき》 目じるしにするもの。「道路—」

病識《びょうしき》 自分は病気であると自覚すること。

拍《ひょう》子《し》抜《ぬ》け 張り合いが抜ける。

被《ひ》用《よう》者《しゃ》 雇われた人。(別)被傭者

評者《ひょうしゃ》 批評をする人。

病舎《びょうしゃ》 病室のある建物。病棟。

描写《びょうしゃ》 似せてかく。芸術活動として表す。

評釈《ひょうしゃく》 文章や詩歌を解釈し批評すること。

病弱《びょうじゃく》 からだが弱く、病気がちなこと。

表出《ひょうしゅつ》 内部のものを表し出すこと。

描出《びょうしゅつ》 絵画・文章などにえがき出すこと。

標準《ひょうじゅん》 基準となるもの。平均的であること。

標準《ひょうじゅん》語《ご》 一国の標準とされる言葉。

氷晶《ひょうしょう》 大気中でできる微小な氷の結晶。

表象《ひょうしょう》 象徴。心像。観念。

表彰《ひょうしょう》 善行や功績をほめること。

標章《ひょうしょう》 団体のしるしとする記章。

氷上《ひょうじょう》 こおりの上。「—競技」

表情《ひょうじょう》 感情が顔に表れたもの。

評定《ひょうじょう》 評議してきめること。

病床《びょうしょう》 病人の寝床。(別)病牀

病症《びょうしょう》 病気の性質。

病状《びょうじょう》 病気のようす。

秒針《びょうしん》 時計の秒を示す針。

病身《びょうしん》 病気がちなからだ。

表《ひょう》する 言葉や形にあらわす。示す。

評《ひょう》する 批評する。

病勢《びょうせい》 病気のいきおい。病状。
氷雪《ひょうせつ》 氷と雪。
剽窃《ひょうせつ》 他人の文章などの無断使用。盗作。
飄然《ひょうぜん》 ふらりとやって来て立ち去るさま。
瘭疽《ひょうそ》 手足の指先に起こる化膿性炎症。
表装《ひょうそう》 書画を掛軸や屏風に仕立てること。
表層《ひょうそう》 表面の層。「―なだれ」⇔深層
病巣《びょうそう》 病気におかされている部分。
平仄《ひょうそく》 漢詩作法上、平字・仄字の配列法。
秒速《びょうそく》 一秒間に進む距離で示した速度。
表題《ひょうだい》 作品・講義・演説などの題目。別標題
氷炭《ひょうたん》 氷と炭。相反するもの。
瓢箪《ひょうたん》 ウリ科のつる性一年草。その実。秋
瓢箪鯰《ひょうたんなまず》 とらえどころのないさま。
漂着《ひょうちゃく》 岸に漂い着くこと。

氷柱《ひょうちゅう》 夏、室内に置く角柱形の氷。つらら。
標柱《ひょうちゅう》 目じるしの柱。
病虫害《びょうちゅうがい》 病気や害虫による被害。
表徴《ひょうちょう》 外部に表れたしるし。象徴。
漂鳥《ひょうちょう》 季節ごとに国内を移動する鳥類。
評定《ひょうてい》 そのものの評価を定めること。
標的《ひょうてき》 的《まと》。目じるし。
病的《びょうてき》 常態を失って健全でないさま。
氷点《ひょうてん》 水が凍りはじめる温度。摂氏零度。
評点《ひょうてん》 評価してつけた点数。
票田《ひょうでん》 選挙で、票の多くとれる地盤。
評伝《ひょうでん》 評論を伴う伝記。
表土《ひょうど》 耕作に適した土壌の最上層の部分。
病棟《びょうとう》 病院で、病室のある建物。
平等《びょうどう》 差別なくみな同じであること。

廟堂《びょうどう》 みたまや。廟。
病毒《びょうどく》 病気の原因になる毒。
病人《びょうにん》 病気にかかっている人。
氷嚢《ひょうのう》 氷を入れ、患部に当てて冷やす袋。
描破《びょうは》 十分に描くこと。
表白《ひょうはく》 自分の考えをあらわし述べること。
漂白《ひょうはく》 さらしたりして白くすること。
漂泊《ひょうはく》 さすらい歩くこと。流れただようこと。
評判《ひょうばん》 うわさ。世評。有名なこと。
表皮《ひょうひ》 動植物体の表面をおおう細胞層。
飄飄《ひょうひょう》 世間離れしていて、とらえ所がない。
縹渺《ひょうびょう》 かすかではっきりしないさま。
渺渺《びょうびょう》 広々して果てしないさま。
屏風《びょうぶ》 室内の仕切りや装飾とする家具。図
病弊《びょうへい》 物事の内部に隠れている弊害。

氷壁《ひょうへき》 氷に覆われた岩壁。
病癖《びょうへき》 病的な悪い癖。
豹変《ひょうへん》 態度や意見などが急に変わること。
病変《びょうへん》 病気によって起こる身体の変化。
標榜《ひょうぼう》 主義・主張を掲げ表すこと。
渺茫《びょうぼう》 広く限りないさま。
病没《びょうぼつ》 病死。
標本《ひょうほん》 動植物などの実物見本。
病魔《びょうま》 病気を悪魔にたとえた語。
表明《ひょうめい》 意見を明らかに示すこと。
表面《ひょうめん》 一番外側の面。外見。うわべ。
病余《びょうよ》 病気が治ったすぐあと。「―の身」
票読《ひょうよ》**み** 得票数を事前に見積もること。
秒読《びょうよ》**み** 秒単位で時間を数えること。
表裏《ひょうり》 表と裏。うわべと実際。

病理《びょうり》 病気に関する理論。病気の原理。
表裏一体《ひょうりいったい》 切り離せない関係。
漂流《ひょうりゅう》 船などが海をただよい流れること。
秤量《ひょうりょう》 はかりで重さをはかること。
憑霊《ひょうれい》 霊魂がのりうつること。憑依。
病歴《びょうれき》 今までにかかった病気の経歴。
兵糧《ひょうろう》 軍隊の食糧。「―米」
表六玉《ひょうろくだま》 間の抜けた人。軽薄な人。
評論《ひょうろん》 批評し論じること。「―家」
肥沃《ひよく》 土地がよく肥えているさま。
尾翼《びよく》 飛行機の後部にとりつけた翼。
鼻翼《びよく》 鼻の左右のふくらんだ部分。こばな。
比翼塚《ひよくづか》 相愛の男女を葬った墓。
比翼連理《ひよくれんり》 仲むつまじい夫婦。
日除《ひよ》**け** 日差しをさえぎる覆い。夏

火除《ひよ》**け** 火事の延焼を防ぐこと。「―地」
雛《ひよこ》 鳥、特にニワトリのひな。未熟な人。
鵯《ひよどり》 ヒヨドリ科の鳥。盛んに鳴く。秋
顋門《ひよめき》 乳児の頭頂部の脈と共に動く部分。
日和《ひより》 空模様。天気。晴天。
日和見《ひよりみ》 形勢を見て有利な方につく。
平《ひら》 平らなこと。役職をもたない人。
平謝《ひらあやま》**り** ひたすら謝ること。
飛来《ひらい》 飛んで来ること。
避雷針《ひらいしん》 落雷を地中へ逃がす金属棒。
平泳《ひらおよ》**ぎ** 泳ぎ方の一。ブレスト。
平織《ひらお》**り** 縦・横糸を交差させる織り方。
平仮名《ひらがな》 漢字の草書体に発する仮名。
開《ひら》**き戸**《ど》 前後に開閉する戸。
平絹《ひらぎぬ》 平織りの絹布。

拓《ひら》く　開拓する。
開《ひら》く　あく。花が咲く。差が広がる。催す。
啓《ひら》く　物事を明らかにする。「蒙を—」
平城《ひらじろ》　平地に築かれた城。
平《ひら》たい　たいら。よくわかる。
平幕《ひらまく》　相撲で、役力士でない幕内力士。
平政《ひらまさ》　ブリによく似たアジ科の海魚。食用。
平目《ひらめ》　海底にすむ平たい魚。食用。(別)鮃
閃《ひらめ》く　一瞬光る。ふと思いつく。翻る。
平屋《ひらや》　一階建ての家。(別)平家
糜爛《びらん》　ただれること。
非理《ひり》　道理にはずれること。非道。
非力《ひりき》　力がないこと。ひりょく。
比率《ひりつ》　ある数量の他の数量に対する割合。
微粒子《びりゅうし》　非常に小さい粒。微粒。
肥料《ひりょう》　作物の生育を助ける栄養分。こやし。
微量《びりょう》　ごくわずかの量。
鼻梁《びりょう》　はなすじ。はなばしら。
飛竜頭《ひりょうず》　がんもどき。
微力《びりょく》　わずかの力。自分の力量の謙称。
昼《ひる》　ひるま。日中。正午。昼食。
蛭《ひる》　池や水田にすむ吸血環形動物。[夏]
蒜《ひる》　ノビル・ニンニク・ネギなどの古名。
放《ひ》る　からだの外に強く出す。「屁を—」
干《ひ》る　乾く。潮が引いて海底が現れる。
昼行灯《ひるあんどん》　ぼんやりしている人。
比類《ひるい》　くらべるもの。同等のもの。
翻《ひるがえ》す　裏返す。ひらめかせる。急に変える。
昼顔《ひるがお》　ヒルガオ科の多年草。[夏]
昼餉《ひるげ》　ひるめし。昼食。
昼下《ひるさ》がり　正午をやや過ぎた頃。
昼寝《ひるね》　昼間に寝ること。午睡。[夏]
昼間《ひるま》　朝から夕方まで。昼。
緬甸《ビルマ》　アジアの国ミャンマーの旧称。
怯《ひる》む　気おくれする。気力がくじけ弱る。
蛭蓆《ひるむしろ》　ヒルムシロ科の水草。[夏]
昼休《ひるやす》み　昼食後の休憩時間。
領巾《ひれ》　昔、貴婦人が肩にかけた薄い布。
鰭《ひれ》　魚の体の外に突き出ている運動器官。
比例《ひれい》　同じ割合で増減する関係。
非礼《ひれい》　礼儀にはずれること。無礼。
美麗《びれい》　美しいこと。「—建築」
披瀝《ひれき》　隠さずに打ち明けること。
鰭酒《ひれざけ》　フグなどの鰭を焼き浸した燗酒。[冬]
卑劣《ひれつ》　品性や行いが卑しく劣っていること。
平伏《ひれふ》す　座ったまま体を平たくし伏す。
悲恋《ひれん》　悲しい結果に終わる恋。
尋《ひろ》　両手を左右にのばした長さ。
広《ひろ》い　面積が大きい。幅が長い。
披露《ひろう》　広く人々に知らせること。「結婚—」
疲労《ひろう》　つかれること。
拾《ひろ》う　落ちているものを取り上げる。
檳榔《びろう》　ヤシ科の常緑高木。シュロに似る。
尾籠《びろう》　きたないさま。「—な話」
疲労困憊《ひろうこんぱい》　つかれはてること。
天鵞絨《ビロード》　毛ばだてた滑らかな織物。
広《ひろ》がる　広くなる。範囲が大きくなる。
秘録《ひろく》　秘密の記録。
美禄《びろく》　よい俸禄・給与。酒のこと。
微禄《びろく》　少ない俸禄・給与。
広袖《ひろそで》　和服で袖口の下を縫い合わせない袖。
広場《ひろば》　市街地の中の広い公共の場所。
広広《ひろびろ》　いかにも広いようす。
広間《ひろま》　広い部屋。
鶸《ひわ》　アトリ科の数種の鳥の総称。[秋]
秘話《ひわ》　人々に知られていない話。
悲話《ひわ》　悲しい物語。哀話。
枇杷《びわ》　バラ科の果樹。果実は黄色。[夏]
琵琶《びわ》　弦楽器。胴はしゃもじ形。
卑猥《ひわい》　下品でみだらなさま。「—な話」
檜皮《ひわだ》　ヒノキの皮。ひはだ。「—葺き」
日割《ひわ》り　一日単位で給料や利息を決める。
品《ひん》　品格。品位。がら。姿。
便《びん》　運ぶ手段。ついで。機会。
瓶《びん》　液体などを入れる陶・ガラスの容器。
鬢《びん》　頭の左右側面の髪。
品位《ひんい》　人にそなわる気品。鉱石の金属の割合。
品格《ひんかく》　品位。気品。
紅型《びんがた》　沖縄で発達した色彩が豊かな型染め。
敏活《びんかつ》　才能がすばやく働くこと。
貧寒《ひんかん》　貧しくてさむざむしいこと。
敏感《びんかん》　わずかな変化をも感ずる。⇔鈍感
賓客《ひんきゃく》　客人。ひんかく。
貧窮《ひんきゅう》　貧しくて生活に困ること。
貧苦《ひんく》　貧乏の苦しみ。
貧血《ひんけつ》　血液中の赤血球が減少した状態。
備後《びんご》　旧国名。広島県東部。
品行《ひんこう》　おこない。身持ち。行状。
品行方正《ひんこうほうせい》　行いが正しいこと。
貧困《ひんこん》　貧しくて生活が苦しいこと。

憫察《びんさつ》 他人が自分を察することの尊敬語。

品詞《ひんし》 単語の文法上の性質による種別。

瀕死《ひんし》 死にかかっていること。「—の重傷」

品質《ひんしつ》 品物の性質。「—管理」

貧者《ひんじゃ》 まずしい人。

貧弱《ひんじゃく》 弱々しいこと。見劣りすること。

品種《ひんしゅ》 同じ作物や家畜の細かい種類分け。

顰蹙《ひんしゅく》 顔をしかめて不快の念を表すこと。

頻出《ひんしゅつ》 繰り返し何度もあらわれること。

敏捷《びんしょう》 動作がすばしこいこと。

憫笑《びんしょう》 あわれんで笑うこと。「—を買う」

便乗《びんじょう》 ついでに乗る。うまく利用する。

便追《びんずい》 セキレイ科の小鳥。

貧《ひん》**する** 貧乏になる。

瀕《ひん》**する** 近づく。差し迫る。「危機に—」

賓頭盧《びんずる》 十六羅漢の一。なでぼとけ。

品性《ひんせい》 性格。人柄。品位。

稟性《ひんせい》 生まれつきの性質。

擯斥《ひんせき》 しりぞけること。排斥。

貧賤《ひんせん》 貧しく身分が低いこと。

便船《びんせん》 ちょうど都合よく出る船。

便箋《びんせん》 手紙用の紙。

貧相《ひんそう》 貧乏そうな顔つきや身なり。

敏速《びんそく》 すばやいこと。「—な行動」

貧打《ひんだ》 野球で、貧弱な打撃。

瓶詰《びんづ》**め** 瓶に詰めること。詰めたもの。

頻度《ひんど》 繰り返して起こる度数。

頻尿《ひんにょう》 排尿の回数が多い状態。

牝馬《ひんば》 めすの馬。⇔牡馬《ぼば》

頻発《ひんぱつ》 同じような事がしきりに起こること。

頻繁《ひんぱん》 繰り返し起きるさま。

品評《ひんぴょう》 優劣を批評すること。品定め。

頻頻《ひんぴん》 同じような事が何度も起こるさま。

貧富《ひんぷ》 貧しいことと富むこと。「—の差」

繽紛《ひんぷん》 花などが乱れ散るさま。

貧乏《びんぼう》 財産や収入が少なく貧しいこと。

貧乏神《びんぼうがみ》 貧乏をもたらす神。

貧乏籤《びんぼうくじ》 損な役まわり。

貧民《ひんみん》 貧乏な人々。「—窟」

品目《ひんもく》 品物の種類。品物の目録。「輸出—」

便覧《びんらん》 事柄の全体を簡潔にまとめた手引書。

紊乱《びんらん》 乱れること。乱すこと。「風俗—」

檳榔樹《びんろうじゅ》 ヤシ科の熱帯産常緑高木。

敏腕《びんわん》 物事をすばやく的確に処理する腕前。

ふ

斑《ふ》 まだら。斑点。「—入り」

府《ふ》 地方公共団体の一。役所。

歩《ふ》 将棋の駒の一。歩兵《ふひょう》。

負《ふ》 マイナス。「—の要因」⇔正

腑《ふ》 はらわた。内臓。「胃の—」

賦《ふ》 漢文の韻文体の一。詩歌。

麩《ふ》 小麦粉の蛋白質を練り固めた食品。

譜《ふ》 楽譜。棋譜《きふ》。系譜。系図。

分《ぶ》 優劣の度合。利益の程度。

歩《ぶ》 尺貫法の面積の単位。歩合。

部《ぶ》 分けた一つ。組織上の一区分。

歩合《ぶあい》 ある数量に対する割合。手数料。

無愛想《ぶあいそう》 愛想がないこと。

分厚《ぶあつ》**い** かなり厚みがある。(別)部厚い

不安《ふあん》 心配で落ち着かないこと。

不案内《ふあんない》 様子や事情がわからない。

不意《ふい》 思いがけないこと。

布衣《ふい》 官位のない人。庶民。「—の交わり」

部位《ぶい》 その部分が占める位置。

呎《フィート》 ヤードポンド法の長さの単位。

不意打《ふいう》**ち** 不意に攻撃すること。

扶育《ふいく》 かわいがって育てること。

傅育《ふいく》 かしずいて育てること。

鞴《ふいご》 金属精錬に用いる火をおこす送風器。

吹聴《ふいちょう》 言いふらすこと。

不一《ふいつ》 手紙の末尾に用いる語。(別)不乙

比律賓《フィリピン》 東南アジアの国。

訃音《ふいん》 死亡の知らせ。訃報。

無音《ぶいん》 無沙汰。

芬蘭《フィンランド》 北ヨーロッパの国。

封《ふう》 とじること。とじた部分。

風合《ふうあ》**い** 織物の手触りや色合い。

風圧《ふうあつ》 風が物体に加える圧力。

風位《ふうい》 風向《ふうこう》。

封印《ふういん》 封じ目に印を押して開封を禁じる。

風韻《ふういん》 風趣。趣《おもむき》。

風雨《ふうう》 風と雨。風を伴った雨。

風雲《ふううん》 風と雲。不穏な情勢。「—急を告ぐ」

風雲児《ふううんじ》 変動期に活躍する英雄。

諷詠《ふうえい》 詩歌を作ること。

風化《ふうか》 岩石が風雨にさらされて土砂になる。

風雅《ふうが》 みやびな趣や味わいのあること。

風害《ふうがい》 大風による被害。

風格《ふうかく》 気品のある人柄。趣。

風《ふう》変《が》わり 様子が普通と違うさま。

封緘《ふうかん》 封をすること。封。

風紀《ふうき》 風俗上の規律。

富貴《ふうき》 金持ちで身分が高いこと。

風狂《ふうきょう》 風雅にひたりきること。狂人。

封《ふう》切《き》り 新作映画の初めての上映。

風琴《ふうきん》 オルガン。アコーディオン。手風琴。

風景《ふうけい》 ながめ。景色。光景。

風月《ふうげつ》 自然の風物。「花鳥—」

風光《ふうこう》 自然の景色。

風向《ふうこう》 風の吹いてくる方向。かざむき。

風光《ふうこう》明媚《めいび》 美しい自然の眺め。

封鎖《ふうさ》 出入りできないようにとざすこと。

風采《ふうさい》 身なりや態度から受ける印象。

封殺《ふうさつ》 相手の言動を封じること。

風餐《ふうさん》露宿《ろしゅく》 野宿すること。

夫子《ふうし》 先生や賢者などの敬称。

風刺《ふうし》 他のことにことよせて非難すること。

風姿《ふうし》 すがたかたち。身なり。

封《ふう》じ手《て》 武術などで、禁じられた手。

風車《ふうしゃ》 風で回る羽根車の力を利用する装置。

風趣《ふうしゅ》 おもむき。

風習《ふうしゅう》 ならわし。しきたり。

風樹《ふうじゅ》の嘆《たん》 孝養を尽くそうと思っても既に親はなく、孝行が果たせない嘆き。

封書《ふうしょ》 封をした郵便物。

風食《ふうしょく》 風による浸食作用。[別]風蝕

封《ふう》じる 封をする。活動できないようにする。

風信《ふうしん》 風の様子。かざむき。風のたより。

風疹《ふうしん》 子供に多い急性伝染病。三日ばしか。

風塵《ふうじん》 風に舞い上がる塵。世俗の煩わしさ。

風信《ふうしん》子《し》 ヒヤシンスの異名。[春]

風水《ふうすい》害《がい》 大風・大水による災害。

風声《ふうせい》鶴唳《かくれい》 おじけづいた人が、わずかなことにも恐れおののくたとえ。

風雪《ふうせつ》 風と雪。人生の苦難のたとえ。

風説《ふうせつ》 世間のうわさ。風評。

風船《ふうせん》 紙袋などをふくらませた玩具。[春]

風前《ふうぜん》の灯《ともしび》 滅亡寸前の状態。

風葬《ふうそう》 遺体を風雨にさらす葬法。

風霜《ふうそう》 風と霜。世間のきびしさ。

風速《ふうそく》 風の吹く速さ。

風俗《ふうぞく》 その社会の生活のしきたり。風紀。

風袋《ふうたい》 品物が入っている容器や包み紙。

風致《ふうち》 景観の美しさ。風趣。「—地区」

風潮《ふうちょう》 世間一般の傾向。時流。

風体《ふうてい》 身なり。外見。

瘋癲《ふうてん》 精神異常。定職もなく定住しない人。

風土《ふうど》 その土地の自然の状態。

封筒《ふうとう》 書簡・書類を入れる袋。

風洞《ふうどう》 風を発生させる研究実験用の装置。

封入《ふうにゅう》 封じ込めること。

風波《ふうは》 風と波。争い。もめごと。

風媒《ふうばい》花《か》 風が受粉の仲立ちをする花。

風馬《ふうば》牛《ぎゅう》 自分とは無関係なこと。

風靡《ふうび》 人をなびき従わせること。

風評《ふうひょう》 世間のうわさ。

夫婦《ふうふ》 結婚している一組の男女。めおと。

風物《ふうぶつ》 風景。その土地・季節に特有な事物。

風聞《ふうぶん》 それとなく伝わってくる、うわさ。

風防《ふうぼう》 かざよけ。「—ガラス」

風貌《ふうぼう》 風采と容貌。かおかたち。

風味《ふうみ》 食べ物の味わい。

風紋《ふうもん》 風が吹いて砂の上にできる模様。

諷諭《ふうゆ》 遠回しにさとすこと。

風来《ふうらい》坊《ぼう》 きまぐれに現れ去る人。

風蘭《ふうらん》 ラン科の多年草。[夏]

風流《ふうりゅう》 みやびな味わいのあること。

風流《ふうりゅう》韻事《いんじ》 風雅な遊び。

風力《ふうりょく》 風の強さ。風のもつ力。

風鈴《ふうりん》 風にゆれて鳴る釣り鐘形の鈴。[夏]

風浪《ふうろう》 風と波。風波。

不《ふ》運《うん》 運が悪いこと。

武《ぶ》運《うん》 戦いの勝敗の運。「—長久」

笛《ふえ》 管に穴をあけた吹奏楽器。

鰾《ふえ》 魚の、うきぶくろ。

不《ふ》易《えき》 時代を超えて変わらないこと。

斧《ふ》鉞《えつ》 おのとまさかり。「—を加える」

不《ふ》得《え》手《て》 得意でないこと。⇕得手

増《ふ》える 数量が多くなる。

殖《ふ》える 財産が多くなる。繁殖する。

不《ふ》縁《えん》 離縁。縁組がまとまらないこと。

敷《ふ》衍《えん》 言葉をつけ加えて詳しく説明する。

醜《ぶ》男《おとこ》 顔かたちのみにくい男。

不《ふ》穏《おん》 穏やかでないこと。

醜《ぶ》女《おんな》 顔かたちのみにくい女。

鱶《ふか》 大形のサメ類の俗称。

不《ふ》可《か》 いけないこと。不合格。

付《ふ》加《か》 つけ加えること。

負《ふ》荷《か》 受け取ったエネルギーを消費する量。
孵《ふ》化《か》 卵がかえること。「人工—」
賦《ふ》課《か》 税金などを割り当てて負担させること。
部《ぶ》下《か》 ある人の下で指示を受けて働く人。
不《ふ》快《かい》 快くないこと。病気。
付《ふ》会《かい》 こじつけること。「牽強—」
部《ぶ》会《かい》 部門ごとの会合。
不《ふ》快《かい》指《し》数《すう》 蒸し暑さの度合。
腑《ふ》甲《が》斐《い》無《な》い だらしがない。
深《ふか》入《い》り 深く関係すること。
深《ふか》追《お》い 度を越えて追うこと。
不《ふ》可《か》解《かい》 理解できないこと。
付《ふ》加《か》価《か》値《ち》 生産で生じる価値。
不《ふ》可《か》逆《ぎゃく》 逆戻りできないこと。
不《ふ》覚《かく》 意識のないこと。油断による失敗。

俯《ふ》角《かく》 水平面と下を見る視線がなす角。
富《ふ》岳《がく》 富士山。「—百景」(別)富嶽
舞《ぶ》楽《がく》 舞を伴う雅楽。
不《ふ》可《か》欠《けつ》 なくてはならないこと。
不《ふ》可《か》抗《こう》力《りょく》 人力で防げない力。
深《ふか》酒《ざけ》 度を越して酒を飲むこと。
不《ふ》可《か》視《し》 肉眼では見えないこと。
不《ふ》可《か》思《し》議《ぎ》 不思議なこと。
不《ふ》可《か》侵《しん》 侵略を許さないこと。
吹《ふ》かす 煙草の煙を吐く。高速回転させる。
更《ふ》かす 夜遅くまで起きている。
蒸《ふ》かす 食物を蒸気で加熱する。
深《ふか》爪《づめ》 爪を深く切りすぎること。
深《ふか》手《で》 ひどい負傷。重傷。(別)深傷
深《ふか》情《なさ》け 異性への度を越した情愛。

不《ふ》可《か》能《のう》 することができないこと。
不《ふ》可《か》避《ひ》 避けられないこと。
不《ふ》可《か》分《ぶん》 分けることができないこと。
深《ふか》間《ま》 深い所。ふかみ。
深《ふか》み 水の深い所。奥が深い感じ。
深《ふか》緑《みどり》 濃い緑色。
俯《ふ》瞰《かん》 高い所から見下ろすこと。
武《ぶ》官《かん》 軍事に携わる官吏。⇔文官
不《ふ》感《かん》症《しょう》 性感を感じない女性の症状。
蕗《ふき》 キク科の多年草。食用。[夏]
不《ふ》帰《き》 二度と帰らないこと。
不《ふ》羈《き》 自由を束縛されないこと。「—磊落」
付《ふ》記《き》 付け加えて書くこと。(別)附記
不《ふ》義《ぎ》 正義や道徳にそむくこと。密通。
付《ふ》議《ぎ》 会議にかけること。(別)附議

武《ぶ》器《き》 戦いのための道具。
吹《ふ》き替《か》え せりふを自国語で吹き込む。
葺《ふ》き替《か》え 屋根の瓦や茅を替える。[春]
不《ふ》機《き》嫌《げん》 機嫌が悪いさま。
吹《ふ》き曝《さら》し 風が直接当たること。
吹《ふ》き荒《すさ》ぶ 風が吹き荒れる。
不《ふ》規《き》則《そく》 規則正しくないさま。
不《ふ》吉《きつ》 縁起が悪いこと。
吹《ふ》き出《で》物《もの》 小さなできもの。
吹《ふ》き流《なが》し 風になびかせる筒状の布。
蕗《ふき》の薹《とう》 蕗の若い花茎。食用。[春]
吹《ふ》き回《まわ》し 風向きの具合。
不《ぶ》気《き》味《み》 気味の悪いさま。(別)無気味
吹《ふ》き矢《や》 矢を筒に入れ吹いて飛ばすもの。
不《ふ》休《きゅう》 休まないこと。「不眠—」

不《ふ》朽《きゅう》 滅びず長く後世に残ること。
不《ふ》急《きゅう》 急ぐ必要のないこと。「不要—」
普《ふ》及《きゅう》 広く行き渡ること。
腐《ふ》朽《きゅう》 木材や金属が腐ること。
不《ふ》況《きょう》 景気が悪いこと。⇔好況
不《ふ》興《きょう》 機嫌をそこなうこと。「—をかう」
布《ふ》教《きょう》 宗教を広めること。
俯《ふ》仰《ぎょう》 うつむくこととあおむくこと。
不《ぶ》器《き》用《よう》 手先の技術がへたなこと。
奉《ぶ》行《ぎょう》 武家時代の職名。
不《ふ》行《ぎょう》跡《せき》 品行や身持ちが悪いこと。
不《ふ》協《きょう》和《わ》音《おん》 調和しない音。
部《ぶ》局《きょく》 官庁や会社の局・部・課など。
舞《ぶ》曲《きょく》 舞踊のための音楽。
不《ふ》義《ぎ》理《り》 義理を欠くこと。

不《ぶ》器《き》量《りょう》 容貌がよくないこと。
付《ふ》近《きん》 その辺り。近所。
布《ふ》巾《きん》 食器などを拭く布。
不《ふ》謹《きん》慎《しん》 つつしみのないこと。
服《ふく》 着る物。衣服。洋服。
副《ふく》 主となるもののひかえ。
福《ふく》 しあわせ。幸福。
吹《ふ》く 風が起こる。息を強く出す。
噴《ふ》く 内部から外へ勢いよく出す。
拭《ふ》く 汚れなどをこすって取り去る。
葺《ふ》く 板・瓦などで屋根をおおう。
河《ふ》豚《ぐ》 フグ科の海魚の総称。[冬]
不《ふ》具《ぐ》 体の一部に障害のあること。
武《ぶ》具《ぐ》 戦いに使う道具。
腹《ふく》案《あん》 心の中に持っている考えや計画。

馥郁《ふくいく》 よいにおいのするさま。
幅員《ふくいん》 道路・橋・船などのはば。
復員《ふくいん》 軍人の任務を解かれ帰郷すること。
福音《ふくいん》 喜ばしい知らせ。イエスによる救い。
不遇《ふぐう》 運が悪く世に認められないこと。
服役《ふくえき》 懲役や兵役に服すること。
復縁《ふくえん》 離婚した夫婦などがもとに戻ること。
伏臥《ふくが》 うつぶせに寝ること。⇔仰臥
復学《ふくがく》 再びもとの学校に戻ること。
副官《ふくかん》 司令官や隊長に直属している士官。
複眼《ふくがん》 多数の小さな目が集まってできた目。
副業《ふくぎょう》 本業のかたわらにする仕事。
復元《ふくげん》 もとの状態や位置に戻すこと。
腹腔《ふくこう》 ⇒ふっこう(腹腔)
複合《ふくごう》 いくつかの物が集まって一つになる。

複合語《ふくごうご》 二つ以上の語が結合した語。
袱紗《ふくさ》 絹の小さな方形の布。
副菜《ふくさい》 主菜にそえて出すもの。
伏在《ふくざい》 隠れひそんでいること。
服罪《ふくざい》 刑に服すること。
複雑《ふくざつ》 物事がこみ入っていること。⇔単純
副作用《ふくさよう》 薬が引き起こす悪い反応。
副産物《ふくさんぶつ》 生産過程で得られる別の物。
副詞《ふくし》 品詞の一。主に用言を修飾する。
福祉《ふくし》 人々の幸福。「―事業」
服地《ふくじ》 洋服にする布地。
複式《ふくしき》 二つ以上からなる形式。「―火山」
腹式《ふくしき》呼《こ》吸《きゅう》 深く呼吸する方法。
副次的《ふくじてき》 二次的。「―問題」
複写《ふくしゃ》 同じものを二枚以上写しとること。

輻射《ふくしゃ》 ⇒放射
復習《ふくしゅう》 おさらい。⇔予習
復讐《ふくしゅう》 仕返しをすること。かたきを討つこと。
服従《ふくじゅう》 人の命令に従うこと。
福寿草《ふくじゅそう》 キンポウゲ科の多年草。[新]
副賞《ふくしょう》 正式の賞に添えておくられるもの。
復唱《ふくしょう》 確認のため繰り返して言うこと。
服飾《ふくしょく》 衣服とその飾り。
副食《ふくしょく》 主食に添えて食べる物。おかず。
復職《ふくしょく》 もとの職に戻ること。
副審《ふくしん》 主審を助ける審判員。
腹心《ふくしん》 深く信頼する人。「―の部下」
副腎《ふくじん》 腎臓の上にある内分泌器官。
腹水《ふくすい》 腹腔内に液体がたまる症状。
複数《ふくすう》 二つ以上の数。

福助《ふくすけ》 頭の大きい縁起物の人形。
復姓《ふくせい》 もとの姓に戻ること。
複製《ふくせい》 元の物と同じように作った物。
復籍《ふくせき》 もとの戸籍や学籍に戻ること。
伏線《ふくせん》 後の展開のため予め示しておく事柄。
複線《ふくせん》 上りと下りを並行して敷いた線路。
服装《ふくそう》 身につけた衣服。身なり。
副葬《ふくそう》 遺品を遺骸に添えて埋葬すること。
福相《ふくそう》 福々しい人相。
輻湊《ふくそう》 物事が一か所に集まること。(別)輻輳
腹蔵《ふくぞう》 心中に秘めること。「―なく言う」
服属《ふくぞく》 つき従うこと。
不倶戴天《ふぐたいてん》 相手を恨み、憎む。
福茶《ふくちゃ》 黒豆・昆布などを入れた茶。[新]
復調《ふくちょう》 体調がもとに戻ること。

不屈《ふくつ》 苦難に屈しないこと。
腹痛《ふくつう》 腹の痛み。
覆轍《ふくてつ》 失敗の前例。「―を踏む」
福徳《ふくとく》 幸福と財産。「―円満」
服毒《ふくどく》 毒をのむこと。「―自殺」
副読本《ふくどくほん》 教科書の補助的学習書。
副都心《ふくとしん》 都心に次ぐ中心的地域。
福《ふく》の神《かみ》 福をもたらす神。
復配《ふくはい》 株式の配当を復活すること。
腹背《ふくはい》 腹と背。前後。「―の敵」
福引《ふくび》き くじで賞品を与えること。[新]
腹部《ふくぶ》 腹の部分。物の中ほどの部分。
福福《ふくぶく》しい 顔がふっくらと丸い。
複複線《ふくふくせん》 複線を二組敷いた線路。
福袋《ふくぶくろ》 正月、様々な物を入れて売る袋。

瓠《ふくべ》 ヒョウタン。[秋] (別)瓢
伏兵《ふくへい》 敵を待ちぶせしている軍勢。
腹壁《ふくへき》 腹腔の内面の壁。
副木《ふくぼく》 骨折部に当てがう添え木。
副本《ふくほん》 原本のひかえ。
腹膜《ふくまく》 腹壁や内臓の表面を覆う薄い膜。
伏魔殿《ふくまでん》 陰謀や悪事を企む所。
福豆《ふくまめ》 節分にまく豆。
福耳《ふくみみ》 福相とされる耳たぶの大きい耳。
含《ふく》み笑《わら》い 口をとじた抑えた笑い。
服務《ふくむ》 業務に服すること。
含《ふく》む 口に入れる。内部に持つ。
復命《ふくめい》 命令を果たした旨を報告すること。
覆面《ふくめん》 顔を覆い隠すこと。匿名で行うこと。
服喪《ふくも》 喪に服すること。

服用《ふくよう》　薬をのむこと。

服膺《ふくよう》　心にとどめて忘れないこと。

複葉《ふくよう》　小葉が集まって一枚の葉を成すもの。

膨《ふく》**よか**　ふっくらしているさま。

脹《ふく》**ら脛**《はぎ》　すねの後方のふくらんだ部分。

膨《ふく》**らむ**　ふくれて大きくなる。(別)脹らむ

福利《ふくり》　幸福と利益。「―厚生」

複利《ふくり》　利子を元金に加える利息計算法。

伏流《ふくりゅう》　地上の流水がある区間地下を流れる。

袋《ふくろ》　口が一つの紙や布製の入れ物。

復路《ふくろ》　かえりのみち。⇔往路

梟《ふくろう》　フクロウ科の鳥。夜活動する。[図]

袋帯《ふくろおび》　袋織りにした、芯のない女帯。

福禄寿《ふくろくじゅ》　七福神の一。長い頭を持つ。

袋小路《ふくろこうじ》　行きどまりの小路。

袋叩《ふくろだた》**き**　大勢で取り囲んで殴ること。

袋物《ふくろもの》　袋状の携帯用入れ物の総称。

腹話術《ふくわじゅつ》　唇を動かさずに話す術。

福笑《ふくわら》**い**　正月の遊びの一。[新]

夫君《ふくん》　相手の夫を敬っていう語。

父君《ふくん》　相手の父親を敬っていう語。

武勲《ぶくん》　戦場での手柄。武功。

雲脂《ふけ》　頭皮からはがれる鱗状のもの。

武家《ぶけ》　武士の家柄。武門。

不敬《ふけい》　皇室や社寺に対して敬意を欠くこと。

父兄《ふけい》　児童・生徒の保護者。

父系《ふけい》　父方の系統。⇔母系

婦警《ふけい》　婦人警察官の略称。

武芸《ぶげい》　武術。「―者」

不景気《ふけいき》　景気が悪い。活気がない。

不経済《ふけいざい》　むだが多いこと。

不潔《ふけつ》　衛生的でないこと。道徳的でないこと。

耽《ふけ》**る**　一つのことに熱中する。

老《ふ》**ける**　老人くさくなる。

更《ふ》**ける**　夜が深まる。季節が深くなる。

蒸《ふ》**ける**　蒸されて十分に熱が通る。

父権《ふけん》　民法旧規定で、家長としての権利。

不言《ふげん》　物を言わないこと。「―実行」

付言《ふげん》　付け加えて言うこと。(別)附言

誣言《ふげん》　故意に事実をいつわって言うこと。

分限《ぶげん》　⇨ぶんげん(分限)

不見識《ふけんしき》　見識に欠けること。

不健全《ふけんぜん》　心身に悪い影響があるさま。

畚《ふご》　もっこ。

不孝《ふこう》　子として親に尽くさないこと。

不幸《ふこう》　ふしあわせ。身内の者の死。

符号《ふごう》　ある事柄や意味を表す印。

符合《ふごう》　互いによく合致すること。

富豪《ふごう》　大金持ち。

不公平《ふこうへい》　扱いにかたよりがあること。

布告《ふこく》　広く一般に知らせること。

誣告《ぶこく》　わざと事実を偽って告げること。

不心得《ふこころえ》　心がけがよくないこと。

無骨《ぶこつ》　洗練されていないこと。(別)武骨

房《ふさ》　花や実が群がり垂れているもの。

総《ふさ》　糸などを束ね、先端を散らしたもの。

趺坐《ふざ》　足を組んですわること。「結跏―」

夫妻《ふさい》　夫と妻。夫婦。

付載《ふさい》　本文に付け加えて載せること。

負債《ふさい》　債務。借金。

不在《ふざい》　その場にいないこと。

不細工《ぶさいく》　不器用。器量がよくない。

不作《ふさく》　農作物のできが悪いこと。⇔豊作

塞《ふさ》**ぐ**　物で閉ざす。さえぎる。

鬱《ふさ》**ぐ**　気分が晴れない。めいる。

無沙汰《ぶさた》　訪問や音信をしないこと。

無作法《ぶさほう》　礼儀作法にはずれること。

無様《ぶざま》　見苦しいこと。みっともないこと。

相応《ふさわ》**しい**　つり合っている。

節《ふし》　植物の茎の区切り。歌の旋律。

父子《ふし》　父と子。

五倍子《ふし》　ヌルデにできる虫こぶ。[秋]

藤《ふじ》　マメ科のつる性落葉低木。[春]

不二《ふじ》　二つとないこと。手紙の結語の一。

不時《ふじ》　思いがけない時。「―の来客」

武士《ぶし》　さむらい。

無事《ぶじ》　事故や変事がないこと。

節穴《ふしあな》　板の節が抜けてできた穴。

不思議《ふしぎ》　普通では考えられないこと。

節榑立《ふしくれだ》**つ**　手がごつごつしている。

不自然《ふしぜん》　わざとらしいこと。

藤棚《ふじだな》　藤のつるをはわせた棚。[春]

不時着《ふじちゃく》　非常時の航空機の緊急着陸。

不死鳥《ふしちょう》　エジプト神話の霊鳥。

不悉《ふしつ》　手紙の末尾に記す語。

不日《ふじつ》　近日中に。ほどなく。

不実《ふじつ》　誠実でないこと。

不躾《ぶしつけ》　無遠慮で失礼なこと。

臥《ふ》**し所**《ど》　寝床。寝所。

藤袴《ふじばかま》　キク科の多年草。秋の七草の一。[秋]

富士額《ふじびたい》 富士山の形の額。美人の額。
節節《ふしぶし》 あちこちの関節。いくつかの点。
不始末《ふしまつ》 後始末の悪いこと。不品行。
不死身《ふじみ》 どんな困難にもくじけない。
伏《ふ》し目《め》 うつむいて目を下に向けること。
節目《ふしめ》 区切りとなる時点。「人生の—」
富者《ふしゃ》 金持ち。財産家。
不惜身命《ふしゃくしんみょう》 一途に仏道に励む。
浮腫《ふしゅ》 むくみ。
部首《ぶしゅ》 漢字分類の目安となる偏・冠など。
俘囚《ふしゅう》 とりこ。捕虜。
腐臭《ふしゅう》 物の腐ったにおい。
不自由《ふじゆう》 思いどおりにならないこと。
不祝儀《ぶしゅうぎ》 めでたくないこと。葬式。
仏手柑《ぶしゅかん》 ミカン科の常緑低木。[秋]

武術《ぶじゅつ》 武道の技術。剣術・弓術・馬術など。
不首尾《ふしゅび》 よい結果がえられないこと。
不純《ふじゅん》 純粋でないこと。
不順《ふじゅん》 順調でないこと。「天候—」
扶助《ふじょ》 力を添えて助けること。
婦女《ふじょ》 おんな。婦人。女性。
部署《ぶしょ》 各自が受け持つ場所や役目。
不肖《ふしょう》 親に似ず愚かなこと。自分の謙称。
不詳《ふしょう》 詳しくわからないこと。「年齢—」
負傷《ふしょう》 けがをすること。「—者」
不定《ふじょう》 一定しないこと。「老少—」
不浄《ふじょう》 けがれていること。
浮上《ふじょう》 水の中から浮かび上がること。
不精《ぶしょう》 めんどうくさがること。(別)無精
武将《ぶしょう》 武士の大将。武道にすぐれた将軍。

不祥事《ふしょうじ》 好ましくない出来事。
不承不承《ふしょうぶしょう》 いやいやながら。
夫唱婦随《ふしょうふずい》 よく和合した夫婦。
不条理《ふじょうり》 物事の筋道が立たないこと。
扶植《ふしょく》 勢力や思想をうえつけること。
腐食《ふしょく》 物が腐って形がくずれること。
腐植《ふしょく》 土中の有機物の分解でできた物質。
侮辱《ぶじょく》 ばかにして、ひどい扱いをすること。
婦女子《ふじょし》 女性や子供。婦人。
不信《ふしん》 信用できないこと。「—感」
不振《ふしん》 勢いが振るわないこと。
不審《ふしん》 疑わしいこと。「挙動—」
普請《ふしん》 建築や土木の工事。
腐心《ふしん》 あれこれと心をくだくこと。
不尽《ふじん》 手紙の末尾に添える語。

夫人《ふじん》 他人の妻の敬称。
婦人《ふじん》 成人した女性。女性。
布陣《ふじん》 戦いの態勢を整えること。その態勢。
武人《ぶじん》 武士。軍人。
不信任《ふしんにん》 信任しないこと。「—案」
不寝番《ふしんばん》 一晩中寝ずに見張ること。
付《ふ》す そえる。まかせる。ゆだねる。
伏《ふ》す 腹ばいになる。ひそむ。
臥《ふ》す 病気などで寝る。
付図《ふず》 本文に添えた図や地図。
付子《ぶす》 トリカブトの根から採る猛毒。ぶし。
不随《ふずい》 体が思い通りに動かないこと。
付随《ふずい》 主な物事につき従っていること。
不粋《ぶすい》 人情や風流を解さないこと。(別)無粋
負数《ふすう》 ○より小さい数。⇔正数

部数《ぶすう》 出版物の発行数。
燻《ふす》べる いぶす。いぶして黒くする。
麩《ふすま》 小麦を粉にひいた後の皮くず。
衾《ふすま》 身体の上にかける寝具。[図]
襖《ふすま》 木の骨組みに布や紙を張った建具。
撫《ぶ》する なでる。いたわる。
布施《ふせ》 僧にほどこす金や物。「お—」
不正《ふせい》 正しくないこと。
父性《ふせい》 父親としてもつ性質。⇔母性
斧正《ふせい》 添削してもらうこと。「—を乞う」
風情《ふぜい》 趣のある雰囲気。ありさま。
無勢《ぶぜい》 人数が少ないこと。「多勢に—」
不世出《ふせいしゅつ》 きわめて優れていること。
不整脈《ふせいみゃく》 脈拍が規則的でない状態。
布石《ふせき》 序盤の碁石の配置。将来に備えた準備。

防《ふせ》ぐ くいとめる。
伏《ふ》せ字《じ》 さし障りのある部分を表す符号。
付設《ふせつ》 付属させて設けること。
浮説《ふせつ》 根拠のないうわさ。「—紛紛」
符節《ふせつ》 割り符。「—を合わせたよう」
敷設《ふせつ》 決められた所に設備を設置すること。
不摂生《ふせっせい》 健康に気をつけないこと。
不戦《ふせん》 戦わないこと。「—条約」
付箋《ふせん》 目印として貼り付ける紙片。
不全《ふぜん》 完全でないこと。不良。「発育—」
不善《ふぜん》 道にはずれたよくないこと。
豊前《ぶぜん》 旧国名。福岡県東部と大分県北部。
憮然《ぶぜん》 失望や不満のため言葉もないさま。
父祖《ふそ》 父と祖父。また、先祖。
扶桑《ふそう》 日本の異名。扶桑国。

武装《ぶそう》 戦うため装備すること。
不相応《ふそうおう》 ふさわしくないこと。
不足《ふそく》 足りないこと。満足でないこと。
不測《ふそく》 予測できないこと。「—の事態」
付則《ふそく》 本則に付け加えた規則。(別)附則
付属《ふぞく》 主となるものに属すること。(別)附属
部族《ぶぞく》 共通の言語や文化をもつ地域集団。
不即不離《ふそくふり》 つかずはなれず。
不遜《ふそん》 思いあがっているさま。
蓋《ふた》 入れ物などの口をふさぐもの。
札《ふだ》 文字や絵を書いた木や紙の小片。
豚《ぶた》 イノシシを家畜化したもの。食肉用。
蓋明《ふたあ》け 物事の開始。
付帯《ふたい》 主となるものに伴うこと。(別)附帯
譜代《ふだい》 代々、同じ主家に仕えてきたこと。

部隊《ぶたい》 軍隊の中の一集団。
舞台《ぶたい》 演技をするための一段高くした台。
不退転《ふたいてん》 固く決心して屈しないこと。
二重《ふたえ》 二つ重なっていること。
二親《ふたおや》 父親と母親。両親。
付託《ふたく》 他に頼み、任せること。
負託《ふたく》 責任をもたせ、任せること。
豚草《ぶたくさ》 大形のキク科の一年草。
双子《ふたご》 一度の出産で生まれた二人の子。
二心《ふたごころ》 裏切りの心。「—を抱く」
札差《ふださし》 江戸時代の一種の金融商人。
札所《ふだしょ》 参拝者が札を受ける霊場。
豚汁《ぶたじる》 豚肉入りの味噌汁。とんじる。
再《ふた》び かさねて。もう一度。
布達《ふたつ》 広く人々に知らせること。

札付《ふだつ》き 悪いことで定評があること。
二《ふた》つ返事《へんじ》 快く承知すること。
二手《ふたて》 二つの方向。「—に分かれる」
札止《ふだど》め 満員のため入場券の発売中止。
二七日《ふたなのか》 人の死後一四日目。
二葉《ふたば》 発芽した時の二枚の葉。(春) (別)双葉
豚箱《ぶたばこ》 留置場のこと。
二股《ふたまた》 先が二つに分かれていること。
二目《ふため》 もう一度見ること。
不為《ふため》 ためにならないこと。
補陀落《ふだらく》 観音が住むという山。
二人静《ふたりしずか》 センリョウ科の多年草。(春)
負担《ふたん》 義務や責任を引き受けること。重荷。
不断《ふだん》 絶えず続けること。決断力がないこと。
普段《ふだん》 いつも。日ごろ。「—着」(別)不断

武断《ぶだん》 武力で政治を行うこと。⇔文治
淵《ふち》 川の深くよどんだ所。苦境。
縁《ふち》 まわり。へり。枠。
不治《ふち》 治らないこと。「—の病」
付置《ふち》 付属させて設置すること。(別)附置
布置《ふち》 物を適当な位置におくこと。配置。
扶持《ふち》 武士の給与。「—米」「食い—」
斑《ぶち》 種々の色がまじっていること。
縁取《ふちど》り 縁に飾りなどをつけること。
付着《ふちゃく》 他の物にくっつくこと。(別)附着
普茶料理《ふちゃりょうり》 中国風の精進料理。
不忠《ふちゅう》 忠義でないこと。
不注意《ふちゅうい》 注意が足りないこと。
不調《ふちょう》 調子がよくない。成り立たないこと。
符丁《ふちょう》 仲間だけに通じる言葉や印。(別)符牒

不調法《ぶちょうほう》 行き届かないこと。
浮沈《ふちん》 浮き沈み。栄えることと衰えること。
打《ぶ》つ たたく。演説する。「一席—」
不通《ふつう》 通じないこと。「音信—」
普通《ふつう》 ごくありふれていること。たいてい。
仏縁《ぶつえん》 仏の導き。
物価《ぶっか》 物の値段。
仏画《ぶつが》 仏教に関する絵画。
伏角《ふっかく》 磁石の針と水平面とのなす角。
仏閣《ぶっかく》 寺の建物。寺院。「神社—」
復活《ふっかつ》 生きかえる。もとの状態になる。
二日酔《ふつかよ》い 翌日まで残る酔い。
復刊《ふっかん》 再び刊行すること。
復帰《ふっき》 もとの地位・状態に戻ること。
文月《ふづき》 陰暦七月の異名。ふみづき。(秋)

物議《ぶつぎ》 世間の議論。「—をかもす」
復仇《ふっきゅう》 かたき討ち。「—を遂げる」
復旧《ふっきゅう》 もとの状態にもどすこと。「—工事」
払暁《ふつぎょう》 夜明け方。明け方。
仏教《ぶっきょう》 釈迦がインドで開いた宗教。
腹筋《ふっきん》 腹部の筋肉。
仏具《ぶつぐ》 仏事に使う器具。
文机《ふづくえ》 座って使う小振りの机。
復権《ふっけん》 権利や資格を回復すること。
物件《ぶっけん》 物品。品物。
物権《ぶっけん》 物を直接支配する権利。
復古《ふっこ》 昔の状態や体制に戻ること。
物故《ぶっこ》 人が死ぬこと。「—者」
復興《ふっこう》 衰えたものが再び盛んになること。
腹腔《ふっこう》 内臓を含む腹部の空所。

不都合《ふつごう》 都合が悪い。けしからぬ。
復刻《ふっこく》 原本そのままに複製し出版すること。
仏座《ぶつざ》 仏像を置く台。蓮台。
物産《ぶっさん》 その土地の産物。「—展」
仏師《ぶっし》 仏像を造る職人。
物資《ぶっし》 生活や生産に必要な物。
仏寺《ぶつじ》 仏教の寺院。寺。
仏事《ぶつじ》 仏教の儀式。法事。法会。
仏式《ぶっしき》 仏教による儀式のやり方。
物質《ぶっしつ》 存在が確かめられるもの。もの。
仏舎利《ぶっしゃり》 釈迦の遺骨。舎利。
仏性《ぶっしょう》 仏となれる性質。
物証《ぶっしょう》 物的証拠。物による証拠。
物情《ぶつじょう》 世間のありさま。人々の心。
仏生会《ぶっしょうえ》 灌仏会。〔春〕

払拭《ふっしょく》 すっかり取り除くこと。
物色《ぶっしょく》 適当な人や物を探し求めること。
仏心《ぶっしん》 仏の慈悲深い心。
物心《ぶっしん》 物質と精神。「—両面の支え」
物性《ぶっせい》 その物質に固有の性質。
怫然《ふつぜん》 むっとするさま。怒るさま。
仏前《ぶつぜん》 仏の前。仏壇の前。
弗素《ふっそ》 元素の一。記号F
仏葬《ぶっそう》 仏式による葬儀。
物騒《ぶっそう》 穏やかでなく危険なさま。
仏像《ぶつぞう》 彫刻や絵画で表した仏の姿。
仏足石《ぶっそくせき》 釈迦の足跡を刻んだ石。
仏陀《ぶっだ》 釈迦の尊称。ほとけ。
物体《ぶったい》 具体的な形をとって存在するもの。
仏壇《ぶつだん》 位牌や仏像などを安置する壇や厨子。

仏頂面《ぶっちょうづら》 不機嫌な顔つき。
不束《ふつつか》 気がきかず行き届かないさま。
払底《ふってい》 物がすっかりなくなること。
物的《ぶってき》 物質的。「—な証拠」
沸点《ふってん》 液体が沸騰し始める温度。沸騰点。
仏典《ぶってん》 仏教の経典。仏書。
仏殿《ぶつでん》 仏像を安置した建物。
仏徒《ぶっと》 仏教徒。
沸騰《ふっとう》 煮え立つこと。盛んになること。
仏堂《ぶつどう》 仏像を安置した堂。仏殿。
仏道《ぶつどう》 仏の教え。
物納《ぶつのう》 租税などを物で納めること。
仏罰《ぶつばつ》 仏から受ける罰。ぶつばち。
物品《ぶっぴん》 物。品物。
物物交換《ぶつぶつこうかん》 物と物の直接交換。

仏法《ぶっぽう》 仏の説いた教え。
仏法僧《ぶっぽうそう》 コノハズクの異名。〔夏〕
仏間《ぶつま》 仏壇のある部屋。
仏滅《ぶつめつ》 六曜の一。全てに凶であるとする日。
仏門《ぶつもん》 仏の説いた道。仏道。
物欲《ぶつよく》 物や金に対する欲望・執着。
物理学《ぶつりがく》 自然科学の一分野。
物流《ぶつりゅう》 生産者から消費者までの商品の流れ。
物量《ぶつりょう》 物の分量。物の多さ。「—作戦」
筆《ふで》 字や絵をかく用具。文や絵をかくこと。
不定《ふてい》 一定しないこと。「住所—」
不貞《ふてい》 貞節を守らないこと。
不逞《ふてい》 無法な振る舞いをすること。
不定愁訴《ふていしゅうそ》 漠とした体の不調。
筆入《ふでい》**れ** 筆記用具を入れる箱や筒。

不適《ふてき》 適さないこと。不適当。「適—」
不敵《ふてき》 大胆で物事を恐れないこと。
不出来《ふでき》 できが悪いこと。
不適当《ふてきとう》 適当でないこと。
不手際《ふてぎわ》 やり方や結果が悪いこと。
不貞腐《ふてくさ》**れる** 反抗的になる。
不貞寝《ふてね》 ふてくされて寝ること。
筆箱《ふでばこ》 筆記用具を入れる容器。筆入れ。
筆不精《ふでぶしょう》 書くのを面倒がること(人)。
太太《ふてぶて》**しい** いかにも図太い。
筆《ふで》**まめ** 書くのを面倒がらないこと(人)。
不図《ふと》 思いがけないさま。不意に。
太《ふと》**い** 直径や幅が大きい。動じない。
太藺《ふとい》 カヤツリグサ科の多年草。〔夏〕
不当《ふとう》 正当でないこと。⇔正当

埠頭《ふとう》 港で、船をつける設備。波止場。
不同《ふどう》 整っていないこと。「順—」
不動《ふどう》 動かないこと。ゆるがないこと。
浮動《ふどう》 一定せずにゆれ動くこと。「—票」
舞踏《ぶとう》 舞い踊ること。ダンス。
武道《ぶどう》 武芸に関する道。武士道。
葡萄《ぶどう》 ブドウ科の低木。果物の一。〔秋〕
不倒翁《ふとうおう》 おきあがりこぼし。
不凍港《ふとうこう》 一年中海面が凍らない港。
不動産《ふどうさん》 土地と家屋などの財産。
葡萄酒《ぶどうしゅ》 葡萄の果汁を発酵させた酒。
不導体《ふどうたい》 熱や電気を伝えにくい物体。
葡萄糖《ぶどうとう》 葡萄や蜂蜜に含まれる糖。
不撓不屈《ふとうふくつ》 困難にくじけない。
不動明王《ふどうみょうおう》 五大明王の主尊。

不透明《ふとうめい》　透明でない。見通せない。

風土記《ふどき》　その地方の地誌や文化誌。

不徳《ふとく》　徳の足りないこと。不道徳。

不特定《ふとくてい》　特に決まっていないこと。

不得要領《ふとくようりょう》　要領を得ないこと。

懐《ふところ》　衣服と胸の間。所持金。心の中。

懐刀《ふところがたな》　懐に入れる守り刀。腹心の部下。

懐《ふところ》勘定《かんじょう》　心の中で見積もること。

懐《ふところ》具合《ぐあい》　所持金の程度。

懐《ふところ》手《で》　両手を懐に入れていること。冬

太《ふと》っ腹《ぱら》　度量が大きいさま。

不届《ふとど》き　けしからぬさま。

太箸《ふとばし》　雑煮を食べる太い祝い箸。新

太股《ふともも》　足のつけ根に近い太い股の部分。

太《ふと》り肉《じし》　太って肉づきがよいこと。

太《ふと》る　体に肉がつく。別肥る

布団《ふとん》　綿を入れた寝具や敷物。冬　別蒲団

鮒《ふな》　コイ科の淡水魚。食用。

橅《ぶな》　ブナ科の落葉高木。実はどんぐり。

船脚《ふなあし》　船の進む速さ。喫水。

船遊《ふなあそ》び　船に乗って楽しむこと。夏

舟歌《ふなうた》　舟を漕ぎながら船頭が歌う唄。

不仲《ふなか》　仲のよくないこと。

船路《ふなじ》　船の通うみち。船の旅。

船底《ふなぞこ》　船の底。船の底のように湾曲した形。

船大工《ふなだいく》　和船を造る大工。

船旅《ふなたび》　船に乗ってする旅行。

船霊《ふなだま》　船中にまつる船の守護神。

船出《ふなで》　船が港を出ること。出航。出帆。

船荷《ふなに》　船に積んで運ぶ荷物。

船主《ふなぬし》　船の所有者。せんしゅ。

船乗《ふなの》り　船の乗組員。船員。

船橋《ふなばし》　船を並べ板を渡して橋としたもの。

舷《ふなばた》　船のへり。船べり。別船端

船便《ふなびん》　船で荷物を送ること。

船虫《ふなむし》　海辺の岩場に群れる節足動物。夏

船宿《ふなやど》　釣り船や船遊びの船を仕立てる家。

船酔《ふなよ》い　船の揺れで気分が悪くなること。

不慣《ふな》れ　なれていないこと。別不馴れ

無難《ぶなん》　特によくもないが、悪くもないこと。

不如意《ふにょい》　暮らしが苦しいこと。

不妊《ふにん》　妊娠しないこと。「—症」

赴任《ふにん》　任地へ赴くこと。「単身—」

無人《ぶにん》　人手が足りないこと。

腑抜《ふぬ》け　意気地なし。腰抜け。

船《ふね》　水上を行き来する乗り物。別舟

槽《ふね》　水を入れる箱形の容器。

不燃《ふねん》　燃えないこと。燃えにくいこと。

不能《ふのう》　できないこと。無能。陰萎。

富農《ふのう》　富裕な農家。

布海苔《ふのり》　紅藻類の海藻。糊にする。夏

不敗《ふはい》　負けたことのないこと。

腐敗《ふはい》　くさること。堕落すること。

不買《ふばい》　買わないこと。「—運動」

布帛《ふはく》　木綿の布と絹の布。織物。

浮薄《ふはく》　言動が軽々しいこと。「軽佻—」

文箱《ふばこ》　書状などを入れておく箱。

不発《ふはつ》　爆発しないこと。計画がだめになる。

不抜《ふばつ》　意志が固くて揺るがない。「堅忍—」

武張《ぶば》る　勇ましそうに振る舞う。

不備《ふび》　十分に整っていないこと。

武備《ぶび》　戦争の準備。軍備。

分引《ぶび》き　割引。

不評《ふひょう》　評判が悪いこと。「—を買う」

浮標《ふひょう》　海面に浮かべる標識。ブイ。

不平等《ふびょうどう》　平等でないこと。

不憫《ふびん》　かわいそうなこと。別不愍

部品《ぶひん》　機械などを組み立てている部分品。

吹雪《ふぶき》　強い風と共に激しく降る雪。冬

不服《ふふく》　納得できないこと。認められないこと。

部分《ぶぶん》　全体を分けたものの一つ。

舞文曲筆《ぶぶんきょくひつ》　ことさらに文辞をもてあそび、事実を曲げて書くこと。

不文律《ふぶんりつ》　文章化されていない法律。

不平《ふへい》　不満足であること。

侮蔑《ぶべつ》　相手をばかにすること。

不変《ふへん》　変わらないこと。「—の法則」

不偏《ふへん》　かたよらないこと。

普遍《ふへん》　すべてに共通していること。

不便《ふべん》　便利でないこと。

不偏《へんぷ》不党《ふとう》　公平・中立な立場。

不法《ふほう》　法律に違反していること。

訃報《ふほう》　死亡の知らせ。悲報。

不犯《ふぼん》　異性を犯さないという戒律を守る。

不本意《ふほんい》　本当の希望と異なること。

踏《ふ》まえる　しっかり踏む。根拠とする。

不満《ふまん》　満足できないこと。

文《ふみ》　手紙。

書《ふみ》　書物。

踏《ふ》み石《いし》　履物を脱ぐ所に置く石。飛び石。

ふ

踏《ふ》み絵《え》 キリスト教徒に踏ませた絵。[春]

踏切《ふみきり》 道路が鉄道線路と交差する所。

踏《ふ》み台《だい》 高い所の物を取るときに使う台。

文月《ふみづき》 陰暦七月の異名。ふづき。[秋]

踏《ふ》み躙《にじ》る 踏んでつぶす。心を傷つける。

不《ふ》眠《みん》 眠らないこと。眠れないこと。

踏《ふ》む 足で押さえる。推測する。

履《ふ》む ある過程を経る。経験する。(別)踏む

不《ふ》向《む》き 適さないさま。「―な仕事」

不《ふ》明《めい》 明らかでないこと。見識がないこと。

武《ぶ》名《めい》 武人としての名声。

不《ふ》名《めい》誉《よ》 名誉が傷つくこと。

不《ふ》滅《めつ》 永久に滅びないこと。

譜《ふ》面《めん》 楽譜を書き記したもの。

不《ふ》面目《めんぼく》 面目を失うこと。

不《ふ》毛《もう》 作物が育たない。意味がない。

麓《ふもと》 山のすその部分。山麓。

不《ふ》問《もん》 問いたださないこと。「―に付す」

武《ぶ》門《もん》 武士の家筋。

部《ぶ》門《もん》 全体を区分けしたそれぞれ。

不《ふ》夜《や》城《じょう》 夜も活気のある場所。

増《ふ》やす 数量を多くする。

殖《ふ》やす 財産を多くする。繁殖させる。

蚋《ぶゆ》 ブユ科の吸血小昆虫。ブヨ。[夏]

浮《ふ》遊《ゆう》 浮かんでただようこと。

富《ふ》裕《ゆう》 財産があって生活が豊かなこと。

武《ぶ》勇《ゆう》 武術にすぐれ勇ましいこと。

不《ふ》愉《ゆ》快《かい》 愉快でないこと。

冬《ふゆ》構《がま》え 冬の風雪や寒さを防ぐ用意。[冬]

冬《ふゆ》枯《が》れ 冬に草木が枯れること。[冬]

不《ふ》行《ゆ》き届《とど》き 注意が十分でない。

冬《ふゆ》籠《ごも》り 冬の間、家や巣に籠ること。[冬]

冬《ふゆ》ざれ 草木が枯れて寂しい冬の景色。[冬]

冬《ふゆ》将軍《しょうぐん》 寒気の厳しい冬の異称。[冬]

冬《ふゆ》隣《どなり》 冬の近い晩秋のたたずまい。[秋]

冬《ふゆ》日《び》 冬の日光。最低気温が零度未満の日。

冬《ふゆ》物《もの》 冬に用いる衣服など。

冬《ふゆ》休《やす》み 学校の冬期休暇。[冬]

冬《ふゆ》山《やま》 冬枯れの山。冬に登山する山。[冬]

付《ふ》与《よ》 与えること。「権利を―する」

賦《ふ》与《よ》 生まれつき与えられていること。

蚋《ぶよ》 ブユ。[夏]

不《ふ》用《よう》 使わないこと。役に立たないこと。

不《ふ》要《よう》 必要がないこと。「―不急」

扶《ふ》養《よう》 世話をして養うこと。「―家族」

芙《ふ》蓉《よう》 アオイ科の落葉低木。[秋]

浮《ふ》揚《よう》 浮かびあがること。「―力」

舞《ぶ》踊《よう》 踊り。舞い。「日本―」

不《ふ》用《よう》意《い》 用心が足りないこと。

不《ふ》養《よう》生《じょう》 健康に留意しないこと。

不《ぶ》用《よう》心《じん》 用心が悪いこと。(別)無用心

腐《ふ》葉《よう》土《ど》 落ち葉が腐ってできた土。

無《ぶ》頼《らい》 定職につかず無法な行いをする人。

部《ぶ》落《らく》 民家がひとかたまりになっている所。

伯《ブ》剌《ラ》西《ジ》爾《ル》 南アメリカの国。

不《ふ》埒《らち》 道理にはずれ、ふとどきなこと。

孵《ふ》卵《らん》 卵をかえすこと。

腐《ふ》乱《らん》 腐りただれること。(別)腐爛

鞦韆《ぶらんこ》 乗って前後にゆらす遊具。[春]

仏《フ》蘭《ラン》西《ス》 ヨーロッパ西部の国。

不《ふ》利《り》 条件や形勢が悪いこと。

鰤《ぶり》 スズキ目の海魚。出世魚。食用。[冬]

振《ふ》り翳《かざ》す 頭上に振り上げる。

振《ふ》り仮《が》名《な》 読み方を示す仮名。

振《ふ》り子《こ》 周期的な振動を繰り返す仕掛け。

振《ふ》り込《こ》む 口座に金銭を払い込む。

降《ふ》り頻《しき》る 盛んに降る。「雨が―」

振《ふり》袖《そで》 袖の長い未婚女性用の晴れ着。

振《ふ》り出《だ》し 双六の出発点。物事の初め。

振《ふ》り付《つ》け 舞踊の所作を演者に教える。

武《ぶ》略《りゃく》 戦術。戦略。

不《ふ》立文《りゅうもん》字《じ》 悟りは心から心に伝わるもので、言葉で表せるものではない。

不《ふ》慮《りょ》 思いがけないこと。不意。

俘《ふ》虜《りょ》 捕虜。

不《ふ》良《りょう》 質や状態がよくない。品行の悪い者。

不《ふ》猟《りょう》 狩猟で獲物が少ないこと。

不《ふ》漁《りょう》 漁で漁獲が少ないこと。

無《ぶ》聊《りょう》 たいくつなこと。「―をかこつ」

浮《ふ》力《りょく》 流体が中にある物を押し上げる力。

武《ぶ》力《りょく》 軍事力。「―衝突」

不《ふ》倫《りん》 道徳に反する男女関係。

振《ふ》る ゆり動かす。まき散らす。拒絶する。

降《ふ》る 雨などが空から落ちてくる。

篩《ふるい》 粒の大小によってより分ける道具。

部《ぶ》類《るい》 種類による区別。

振《ふ》るう 振り動かす。勢いが盛んになる。

揮《ふる》う 能力を発揮する。(別)振るう

奮《ふる》う 気力を充実させる。

震《ふる》う ふるえる。

篩《ふる》う　ふるいにかけてより分ける。

震《ふる》える　こまかくゆれ動く。

古顔《ふるがお》　古くからいる人。古株。

古株《ふるかぶ》　古くからいる人。古顔。

勃牙利《ブルガリア》　ヨーロッパ南東部の国。

古《ふる》着《ぎ》　着古した衣服。

古傷《ふるきず》　昔受けた傷。昔のいやな体験。

古狐《ふるぎつね》　老獪でずるがしこい人。

古暦《ふるごよみ》　年末の残り少なくなった暦。〔冬〕

古里《ふるさと》　生まれ育った土地。故郷。(別)故郷

古《ふる》巣《す》　古い巣。前に勤めたりしていた所。

古狸《ふるだぬき》　老獪でずるがしこい者。

奮《ふる》って　進んで。「—御応募下さい」

古兵《ふるつわもの》　経験が豊富な武人。経験を積んだ人。

古《ふる》手《て》　古着。長年その仕事をしている人。

古《ふる》馴《な》染《じ》み　昔からの知人。

古本《ふるほん》　読みふるした本。昔、刊行された本。

振《ふ》る舞《ま》い　動作。もてなし。「—酒」

触《ふ》れ　広く人々に告げ知らせること(もの)。

不例《ふれい》　貴人のご病気。不予。

無礼《ぶれい》　礼儀を欠くこと。

無《ぶ》礼講《れいこう》　上下の区別なく楽しむ宴会。

狂《ふ》れる　気がくるう。

振《ふ》れる　ゆれ動く。正しい方向からずれる。

触《ふ》れる　さわる。感じる。差し障る。

風呂《ふろ》　入浴するための設備。

風炉《ふろ》　茶の湯で、湯を沸かす炉。〔夏〕

不老《ふろう》　年をとらないこと。「—長寿」

不労《ふろう》　働かないこと。「—所得」

浮浪《ふろう》　定まった職や家がなくさまようこと。

付録《ふろく》　本文に付け添えたもの。おまけ。

風呂敷《ふろしき》　物を包む正方形の布。

風呂吹《ふろふ》き　大根をゆでた料理。〔冬〕

不和《ふわ》　仲が悪いこと。不仲。

不惑《ふわく》　四〇歳の異名。

腑《ふ》分《わ》け　解剖。

不渡《ふわた》り　支払い日に支払えないこと。

付和雷同《ふわらいどう》　確固とした自分の考えがないため、すぐ他人の意見に同調すること。

分《ふん》　時間の単位。角度の単位。

糞《ふん》　くそ。

分《ぶん》　割り当て。身の程。程度。

文《ぶん》　言語表現の単位。文章。

文案《ぶんあん》　文章の下書き。草案。

文意《ぶんい》　文章の意味や内容。

雰囲気《ふんいき》　その場の独特の感じ。

文運《ぶんうん》　学問・芸術が盛んな状態。

噴煙《ふんえん》　勢いよく噴き出す煙。

分煙《ぶんえん》　タバコを吸う場所や時間を限ること。

噴火《ふんか》　火山がマグマなどを噴き出すこと。

分化《ぶんか》　細かく分かれること。

分科《ぶんか》　専門別に科目を分けること。「—会」

文化《ぶんか》　精神的活動から生み出されたもの。

文科《ぶんか》　人文科学・社会科学の分野。文学部。

文雅《ぶんが》　詩や歌に関する風流の道。

憤慨《ふんがい》　心から怒ること。「—に堪えない」

分会《ぶんかい》　地域・専門ごとに小分けした会。

分解《ぶんかい》　部分に分けること。

文学《ぶんがく》　ことばによって表現される芸術。

分割《ぶんかつ》　いくつかに分けること。「—払い」

分轄《ぶんかつ》　分けて管轄すること。

文官《ぶんかん》　軍事以外の仕事をする官吏。

噴気《ふんき》　ガスや蒸気をふきだすこと。「—孔」

奮起《ふんき》　心をふるいおこすこと。

紛議《ふんぎ》　議論がもつれること。

分岐《ぶんき》　道などが二つ以上に分かれること。

紛糾《ふんきゅう》　もつれ乱れること。

文教《ぶんきょう》　文化・教育に関すること。

分業《ぶんぎょう》　仕事を分けて受け持つこと。

踏《ふ》ん切《ぎ》り　思い切って決めること。

文具《ぶんぐ》　文房具。

分家《ぶんけ》　本家から分かれた家。⇕本家

刎頸《ふんけい》　首を斬ること。「—の交わり」

文系《ぶんけい》　文科の系統。⇕理系

文芸《ぶんげい》　文学。学問と芸術。「—欄」

文芸復興《ぶんげいふっこう》　ルネサンスの訳語。

憤激《ふんげき》　激しく怒ること。

分遣《ぶんけん》　本隊から分けて派遣すること。

分権《ぶんけん》　権力・権限を分散すること。

文献《ぶんけん》　研究や調査の資料となる記録や書物。

分限《ぶんげん》　身分。身の程。金持ち。ぶげん。

文言《ぶんげん》　手紙や文章の中の言葉。もんごん。

文庫《ぶんこ》　書庫。手文箱。廉価な小型本。

文語《ぶんご》　書き言葉。古典に使われた言葉。

豊後《ぶんご》　旧国名。大分県の中部・南部。

吻合《ふんごう》　ぴったり一致すること。

分光《ぶんこう》　光をスペクトルに分けること。

分校《ぶんこう》　本校から分離して設けられた学校。

文豪《ぶんごう》　偉大な文学者。大作家。

分骨《ぶんこつ》　死者の骨を分けて納めること。

粉骨砕身《ふんこつさいしん》　力の限り努力する。

粉砕《ふんさい》　粉々に砕くこと。完全に負かすこと。

文才《ぶんさい》　文筆の才能。

分際《ぶんざい》　身の程。身分。

分冊《ぶんさつ》　一つの書物を何冊かに分けること。

分散《ぶんさん》　いくつかに分けること。

憤死《ふんし》　憤慨して死ぬこと。

分子《ぶんし》　物質の性質をもつ最小単位粒子。

文士《ぶんし》　文筆を職業とする人。作家。

文事《ぶんじ》　学問や芸術に関する事柄。⇔武事

紛失《ふんしつ》　まぎれてなくなること。

分室《ぶんしつ》　本部・本社から分けて設置した組織。

噴射《ふんしゃ》　圧力で勢いよく噴き出すこと。

文弱《ぶんじゃく》　文事にふけって弱弱しいこと。

文集《ぶんしゅう》　詩や文章を集めた書物。

分宿《ぶんしゅく》　一団の人が分かれて宿をとること。

噴出《ふんしゅつ》　ふき出ること。ふき出すこと。

焚書《ふんしょ》　書物を焼きすてること。

文書《ぶんしょ》　文字で書き記したもの。書類。

紛擾《ふんじょう》　もめごと。紛争。

分掌《ぶんしょう》　仕事を手分けして受け持つこと。

文章《ぶんしょう》　まとまった考えを表した文の集まり。

分乗《ぶんじょう》　何台かの乗り物に分かれて乗ること。

分譲《ぶんじょう》　いくつかに区分けして売ること。

粉飾《ふんしょく》　うわべを飾ること。「―決算」

分針《ふんしん》　時計の、分を表す針。長針。

粉塵《ふんじん》　石炭や金属が砕けたごく細かなちり。

奮迅《ふんじん》　ふるい立つこと。「獅子―」

分身《ぶんしん》　一つの身体から分かれ出たもの。

文人《ぶんじん》　詩文・書画などに親しむ人。

噴水《ふんすい》　水を噴き出させる装置。[夏]

分水《ぶんすい》　水路を造って河川から水を分ける。

分水嶺《ぶんすいれい》　雨水を異る水系に分かつ峰。

分数《ぶんすう》　a/b の形で表した二つの整数の比。

扮《ふん》**する**　演劇で、登場人物の姿をする。

分析《ぶんせき》　複雑なものを要素に分けて調べる。

文責《ぶんせき》　書いた文章についての責任。

分節《ぶんせつ》　一続きのものを区切ること。

文節《ぶんせつ》　文を区切ったときの最小の単位。

噴泉《ふんせん》　勢いよく噴き上げる泉や温泉。

奮戦《ふんせん》　力いっぱい戦うこと。

憤然《ふんぜん》　ひどく怒るさま。

奮然《ふんぜん》　ふるい立つさま。

扮装《ふんそう》　役者が役柄に合わせて装うこと。

紛争《ふんそう》　争うこと。もめごと。「国際―」

文藻《ぶんそう》　詩文を作る才能。文才。

分相応《ぶんそうおう》　身分などにふさわしいこと。

粉黛《ふんたい》　白粉とまゆずみ。化粧。

文体《ぶんたい》　文章の形式。文章表現の特徴。

分担《ぶんたん》　分けて受け持つこと。

文旦《ぶんたん》　ザボンの別名。

分団《ぶんだん》　本部から分けて設けられた集団。

分断《ぶんだん》　いくつかに断ち切ること。

文壇《ぶんだん》　文学者たちの社会。

文治《ぶんち》　武力によらず法律で世を治めること。

聞知《ぶんち》　聞いて知っていること。

文鳥《ぶんちょう》　スズメ大の小鳥。飼い鳥。

文鎮《ぶんちん》　紙が動かないようにのせる文具。

文通《ぶんつう》　手紙をやりとりすること。

文典《ぶんてん》　文法書。

憤怒《ふんど》　ひどく怒ること。ふんぬ。(別)忿怒

奮闘《ふんとう》　力の限り戦うこと。「孤軍―」

分銅《ふんどう》　はかりで測るとき基準とする重り。

分度器《ぶんどき》　角度をはかるための道具。

褌《ふんどし》　男子がまたをおおい隠す細長い布。

分捕《ぶんど》**る**　強引に他人から奪い取る。

粉乳《ふんにゅう》　粉ミルク。ドライミルク。

糞尿《ふんにょう》　大小便。屎尿《しにょう》。

憤怒《ふんぬ》　⇒ふんど(憤怒)

分納《ぶんのう》　何回かに分けて納めること。

分派《ぶんぱ》　主流から分かれ出た流派。

分売《ぶんばい》　一まとまりのものを分けて売ること。

分配《ぶんぱい》　分けて配ること。配分。

奮発《ふんぱつ》　思い切って金銭をたくさん出すこと。

踏《ふ》**ん張**《ば》**る**　足を開いて踏み支える。

噴飯物《ふんぱんもの》　失笑を買うような事柄。

分泌《ぶんぴつ》　細胞が消化液・乳汁などを排出する。

分筆《ぶんぴつ》　一区画の土地を分割すること。

文筆《ぶんぴつ》　文章を書くこと。「―業」

文武《ぶんぶ》　学問と武芸。「―両道」

分布《ぶんぷ》　一定の範囲内に存在すること。

文物《ぶんぶつ》　文化の生産物。芸術・宗教など。

芬芬《ふんぷん》　強くにおうさま。

紛紛《ふんぷん》　入り乱れるさま。「諸説―」

分別《ふんべつ》　筋道立てて判断する能力。

分別《ぶんべつ》　種類ごとに分けること。

糞便《ふんべん》　大便。くそ。

分娩《ぶんべん》　子を産むこと。出産。

墳墓《ふんぼ》　墓所。はか。「―の地」

分母《ぶんぼ》　分数で、横線の下にある数。⇔分子

ふ

分封《ぶんぽう》　領地を分け与えること。

文法《ぶんぽう》　文を作るときの法則。

文房具《ぶんぼうぐ》　書き物に使う道具。

粉末《ふんまつ》　こな。こ。

憤懣《ふんまん》　腹が立ちもだえること。(別)忿懣

文脈《ぶんみゃく》　文章や文の続きぐあい。

文民《ぶんみん》　軍人以外の一般の人民。

噴霧器《ふんむき》　液体を霧状に散布する器具。

分明《ぶんめい》　区別などが明らかなこと。

文名《ぶんめい》　文筆家としての名声。

文明《ぶんめい》　精神的・物質的に豊かになった社会。

文面《ぶんめん》　文章や手紙に読みとれる内容。

噴門《ふんもん》　食道に続く、胃の入り口。

分野《ぶんや》　範囲。領域。「専門―」

分有《ぶんゆう》　一つのものを分けて所有すること。

分与《ぶんよ》　分け与えること。「財産―」

文楽《ぶんらく》　義太夫に合わせて行う人形浄瑠璃。

紊乱《ぶんらん》　⇩びんらん(紊乱)

分離《ぶんり》　分けはなすこと。

分立《ぶんりつ》　分かれて独立すること。「三権―」

分流《ぶんりゅう》　本流から分かれた流れ。分派。

分量《ぶんりょう》　重さ・割合・数などの量。

分類《ぶんるい》　種類などによって分けること。

奮励《ふんれい》　元気を出してがんばること。

文例《ぶんれい》　文や文章の実例。

分裂《ぶんれつ》　一つのものがいくつかに分かれること。

へ

屁《へ》　おなら。価値のないもの。

丙《へい》　十干の第三。ひのえ。

兵《へい》　兵士。兵卒。戦争。武器。

塀《へい》　家・敷地の境界に設ける囲い。かき。

弊《へい》　悪い習慣。悪いこと。「積年の―」

平安《へいあん》　何事もなく穏やかなこと。

平易《へいい》　問題や表現がやさしいこと。

弊衣破帽《へいいはぼう》　ぼろ服と破れ帽子。

兵員《へいいん》　兵士の数。また、兵士。

兵営《へいえい》　兵隊が居住する施設・建物。

兵役《へいえき》　一定期間軍務につくこと。

米塩《べいえん》　米と塩。「―の資(＝生計費)」

平穏無事《へいおんぶじ》　何事もなく穏やか。

平価《へいか》　通貨の対外価値を示す基準値。

兵戈《へいか》　武器。戦争。いくさ。

兵火《へいか》　戦火。戦争。

兵家《へいか》　軍人。兵法家。

陛下《へいか》　天皇・皇后・皇太后などの敬称。

米価《べいか》　米の値段。

閉会《へいかい》　会議が終わること。

弊害《へいがい》　害となる悪いこと。

平滑《へいかつ》　平らで滑らかなこと。

併願《へいがん》　複数の学校に受験の願書を出すこと。

平気《へいき》　物事に動揺せず落ち着いていること。

兵器《へいき》　敵への攻撃に用いる器材。武器。

併記《へいき》　二つ以上の事柄を並べて記すこと。

平均《へいきん》　等しくならすこと。中間的な値。

平均台《へいきんだい》　女子体操競技の用具。

閉経《へいけい》　女性の更年期での月経停止。「―期」

睥睨《へいげい》　にらみつけて相手を威圧すること。

平家蟹《へいけがに》　カニの一。瀬戸内海に多い。

平原《へいげん》　どこまでも広々と続く野原。

米語《べいご》　アメリカで話されている英語。

平行《へいこう》　二直線が無限に交わらないこと。

平衡《へいこう》　釣り合いがとれ、安定していること。

並行《へいこう》　並んで行く。同時に行う。(別)併行

閉口《へいこう》　弱り切ること。

併合《へいごう》　いくつかのものを一つにすること。

平行棒《へいこうぼう》　男子体操競技の用具。

米穀《べいこく》　米。また、穀類一般。

米国《べいこく》　アメリカ合衆国の略称。

貝独楽《べいごま》　巻貝の形の鉄のこま。

閉鎖《へいさ》　出入り口を閉ざす。施設を閉じる。

併載《へいさい》　ある記事に関連記事を一緒に載せる。

米作《べいさく》　米の栽培。稲作。

併殺《へいさつ》　ダブルプレー。「―打」

兵士《へいし》　戦闘員。兵卒。

閉止《へいし》　機能がとまること。「月経―」

斃死《へいし》　行き倒れて死ぬこと。

平時《へいじ》　ふだん。平常。平和な時。⇔戦時

瓶子《へいじ》　酒を入れて注ぐのに用いる器。

平日《へいじつ》　土日・祝日以外の日。

兵舎《へいしゃ》　兵隊の起居する建物。

弊社《へいしゃ》　自分の会社の謙称。

米寿《べいじゅ》　八八歳。また、その祝い。

弊習《へいしゅう》　悪い風習・習慣。

平準《へいじゅん》　不均衡をなくすこと。「―化」

兵書《へいしょ》　兵法の書。

平叙《へいじょ》　事実をありのままに述べること。

並称《へいしょう》　並び称されること。(別)併称

平常《へいじょう》　いつもと変わらないこと。ふだん。

閉場《へいじょう》　会場を閉じること。⇔開場

平常心《へいじょうしん》 ふだんの平静な心。
米食《べいしょく》 主食として米を食うこと。
平信《へいしん》 無事のたより。手紙の脇付の一。
平身低頭《へいしんていとう》 ひたすら謝ること。
平水《へいすい》 河川のふだんの水量。「―量」
聘《へい》する 礼を尽くして人を招く。
平静《へいせい》 静かに落ち着いていること。
平成《へいせい》 昭和に続く現在の年号。
平生《へいぜい》 ふだん。つねひごろ。
併設《へいせつ》 主な施設にあわせて設置すること。
平然《へいぜん》 落ち着きはらっているさま。
平素《へいそ》 つねひごろ。ふだん。
屛息《へいそく》 息を殺してじっとしていること。
閉塞《へいそく》 閉じふさぐこと。
平俗《へいぞく》 平凡で俗なこと。

兵卒《へいそつ》 最下級の軍人。兵士。兵。
併存《へいそん》 ものが同時に存在すること。
兵隊《へいたい》 兵卒。兵。軍隊。組織の一員。
兵隊勘定《へいたいかんじょう》 割り勘。
平坦《へいたん》 土地が起伏がなく平らなこと。
平淡《へいたん》 さっぱりとしていること。
兵站《へいたん》 戦場で後方の任務にあたる機関。
兵端《へいたん》 戦いの口火。「―をひらく」
平談俗語《へいだんぞくご》 日常使う普通の語。
平地《へいち》 平らな土地。ひらち。
併置《へいち》 同じ所に二つ以上のものを設置する。
兵長《へいちょう》 旧軍隊の階級の一。上等兵の上。
平定《へいてい》 反乱などを武力で鎮めること。
閉廷《へいてい》 公判廷を閉じること。⇔開廷
閉店《へいてん》 一日の商売を終える。店じまい。

併読《へいどく》 二種類以上の新聞や雑誌を購読する。
併吞《へいどん》 他国を自国に合わせ従えること。
併任《へいにん》 二つ以上の任務につかせること。
平熱《へいねつ》 健康なときの体温。
平年《へいねん》 閏《うる》年以外の年。収穫高が普通の年。
兵馬《へいば》 軍隊。軍備。戦争。
幣帛《へいはく》 神前に供える物。ぬさ。
米麦《べいばく》 米と麦。また穀物。
併発《へいはつ》 病気が他の病気を引き起こすこと。
平版《へいはん》 版面が平らな印刷版の総称。
平板《へいばん》 平たい板。単調なさま。
米飯《べいはん》 米の飯。
兵備《へいび》 戦争の準備。軍備。
弊風《へいふう》 よくない風習。悪習。
平伏《へいふく》 ひれふすこと。

平服《へいふく》 普段着る服装。
平米《へいべい》 平方メートルのこと。
平平凡凡《へいへいぼんぼん》 平凡を強めた表現。
平方《へいほう》 同数を二回掛け合わせること。二乗。
兵法《へいほう》 戦いの仕方。兵学。武術。武芸。
平凡《へいぼん》 特徴のない、ありふれたさま。
閉幕《へいまく》 芝居の終了。物事の終結。
平脈《へいみゃく》 健康なときの平常の脈拍。
平民《へいみん》 普通の庶民。昔の身分の区別の一。
平明《へいめい》 表現がわかりやすいこと。
平面《へいめん》 平らな面。平らな表面。
閉門《へいもん》 門をしめること。⇔開門
平野《へいや》 低くて平らに広がる土地。
平癒《へいゆ》 病気が治ること。全快。
併用《へいよう》 二つ以上のものをあわせ用いること。

兵乱《へいらん》 戦争で世の中が乱れること。戦乱。
弊履《へいり》 破れたぞうり。「―の如く捨てる」
並立《へいりつ》 二つ以上のものが並び立つこと。
兵略《へいりゃく》 戦のはかりごと。軍略。
兵力《へいりょく》 兵員や兵器など軍の戦力。戦闘力。
並列《へいれつ》 並びつらなること。電池のつなぎ方。
平和《へいわ》 戦争のない状態。穏やかなさま。
頁《ページ》 本などの紙の一面。それを数える語。
冪《べき》 累乗。「―級数」 (別)巾
折《へ》ぎ板《いた》 杉や檜の材を薄くはいだ板。
辟易《へきえき》 困り切ること。閉口。
僻遠《へきえん》 政治や文化の中心から遠く離れた所。
壁画《へきが》 壁面などに描いた絵画。
碧眼《へきがん》 西洋人の青い目。西洋人。
碧玉《へきぎょく》 青または緑の玉。装飾用の石英。

碧空《へきくう》 青空。
僻見《へきけん》 かたよった見方・見解。偏見。
碧水《へきすい》 青く澄んだ水。
僻陬《へきすう》 へんぴな土地。片田舎。
僻説《へきせつ》 かたよった意見。
僻村《へきそん》 片田舎の村。
僻地《へきち》 片田舎。辺地。
劈頭《へきとう》 物事の初め。最初。「開会―」
壁面《へきめん》 壁の面。
霹靂《へきれき》 急に激しく鳴る雷。「青天の―」
僻論《へきろん》 かたよった考え。曲論。
剝《へ》ぐ 薄く削り取る。そぐ。はぐ。(別)折ぐ
屁《へ》糞葛《くそかずら》 アカネ科のつる性植物。[夏]
兵《へ》児《こ》帯《おび》 子供や男性のしごき帯。
凹《へこ》む 表面がくぼむ。くじける。損をする。

舳《へ》先《さき》 船の先端。船首。みよし。⇕とも

圧《へ》し折《お》る 押し曲げて折る。

減《へ》す へらす。

剝《へず》る 削り取る。減らす。

臍《へそ》 腹部の中央にあるくぼみ。ほぞ。

臍《へそ》繰《く》り 内緒で貯えた金。

臍《へそ》の緒《お》 胎児が胎盤から栄養をとる管。

臍《へそ》曲《ま》がり ひねくれていて素直でない。

下《へ》手《た》 技術などがうまくないこと。⇕上手

蔕《へた》 茄子・柿などの実についている萼。

厴《へた》 巻き貝の殻の口にあるふた。

隔《へだ》て 仕切り。ちがい。わけへだて。

隔《へだ》てる 間を仕切る。遠ざける。

糸《へ》瓜《ちま》 つる性一年草。その果実。[秋]

別《べつ》 違い。区別。違うさま。

別誂《べつあつら》え 特別に注文して作ること。

別院《べついん》 寺の支院として建てられた寺院。

別格《べっかく》 特別の扱いをすること。

別館《べっかん》 本館とは別に建てた建物。

別記《べっき》 別に書き添える事柄。

別儀《べつぎ》 ほかのこと。特別の理由・事情。

別居《べっきょ》 親子・夫婦などが別に住むこと。

別口《べつくち》 別の種類・方面。別の取引。

別掲《べっけい》 別に掲載・掲示すること。

別件《べっけん》 別の用件。別の事件。「―逮捕」

瞥見《べっけん》 ざっと見ること。一瞥。

別言《べつげん》 ほかの言葉での言い換え。換言。

別個《べっこ》 別々であること。別に分けること。

別項《べっこう》 別の条項。別の項目。

鼈甲《べっこう》 タイマイの甲羅を加工した装飾品。

別懇《べっこん》 特に親しいさま。

別冊《べっさつ》 書物に別に付く冊子。臨時増刊号。

別紙《べっし》 別の用紙。また、別の文書。

蔑視《べっし》 軽蔑して見ること。

別事《べつじ》 別の事。ほかの事。通常と違うこと。

別辞《べつじ》 別れのあいさつ。

別室《べっしつ》 別の部屋。特別に設けた部屋。

別《べっ》して 特別に。とりわけ。ことに。

別墅《べっしょ》 別荘。別宅。

別称《べっしょう》 本名とは別の呼び名。別名。

蔑称《べっしょう》 人や物を軽蔑した呼び名。

別条《べつじょう》 普通とは違う事柄。「―なく暮らす」

別状《べつじょう》 普通ではない状態。「命に―はない」

別人《べつじん》 当人ではなく、別の人。

別製《べっせい》 特別に作ったもの。特別製。

別世界《べっせかい》 常とは全く違う環境。

別席《べっせき》 別に設けた座席。別室。

別荘《べっそう》 避寒・避暑・余暇利用に建てた家。

別宅《べったく》 本宅以外に設けた邸宅。別邸。

別建《べつだ》て 別の基準で取り扱うこと。

別段《べつだん》 特に。とりわけ。別に。

別珍《ベッチン》 綿のビロード。

竈《へっつい》 かまど。

別邸《べってい》 別宅。

別天地《べってんち》 世俗とかけはなれた理想境。

別途《べっと》 別の方法。別の方面。「―支給」

別動隊《べつどうたい》 本隊とは別の行動隊。

別《べつ》に これといって。特に。

別納《べつのう》 別の方法または別の時期に納める。

別杯《べっぱい》 別れに酌み交わす杯。(別)別盃

別表《べっぴょう》 本文に添えた表。

屁《へ》っ放《ぴ》り腰《ごし》 および腰。

別便《べつびん》 本便とは別の郵便物。別の輸送手段。

別嬪《べっぴん》 美しい女性。美人。

別封《べっぷう》 別々に封をする。別に添えた封書。

別別《べつべつ》 それぞれ別であること。

別報《べっぽう》 別の知らせ。

別間《べつま》 別の部屋。別室。

別棟《べつむね》 同じ敷地内で、棟が別であること。

別名《べつめい》 本名以外の名。異名。

別命《べつめい》 別の命令。特別の命令。

別物《べつもの》 別の物。特別に扱うべき物や人。

別様《べつよう》 様式などが他と異なること。

諂《へつら》う 人にこびて歓心を買う。おもねる。

別離《べつり》 別れること。別れ。

別枠《べつわく》 特別に設定された基準。「―の予算」

反《へ》吐《ど》 胃に収めたものを口から吐くこと。

越南《ベトナム》 東南アジアの国。

埴《へ》猪《なちょ》口《こ》 未熟で相手にならない者。

紅《べに》 紅花から採った赤い色素。口紅。

紅鮭《べにざけ》 サケの一種。産卵期には紅色。食用。

紅花《べにばな》 キク科の越年草。花から紅を採る。

屁《へ》の河童《かっぱ》 何でもないこと。

蛇《へび》 鱗のある細縄状の爬虫類の総称。[夏]

蛇苺《へびいちご》 バラ科の多年草。[夏]

経《へ》回《めぐ》る めぐり歩く。

部《へ》屋《や》 建物の内部を壁で仕切った空間。

篦《へら》 竹を細長く平らに削った道具。

減《へ》らず口《ぐち》 負け惜しみで言う憎まれ口。

篦鮒《へらぶな》 フナの一種。ゲンゴロウブナ。

篦棒《べらぼう》 人をののしる語。程度が激しいこと。
縁《へり》 ふち。きわ。畳などの両端の布。
遜《へりくだ》る 謙遜する。(別)謙る
屁理屈《へりくつ》 無理にこじつけた理屈。
減《へ》る 少なくなる。腹がすく。
経《へ》る 経由する。経過する。時がたつ。
秘露《ペルー》 南アメリカの国。
白耳義《ベルギー》 ヨーロッパ西部の国。
波斯《ペルシャ》 イランの旧称。
伯林《ベルリン》 ドイツの首都。
辺《へん》 あたり。まわり。近く。程度。
変《へん》 かわっている。政変などの出来事。
偏《へん》 漢字の左側の構成部分。⇔旁《つくり》
編《へん》 編集。書物を部分けした一部分。
弁《べん》 花びら。弁膜。バルブ。(別)瓣

便《べん》 都合。便利。交通手段。大小便。
偏愛《へんあい》 かたよった愛情。
変圧《へんあつ》 圧力を変えること。電圧を変えること。
変異《へんい》 異変。同種生物の形質の相違。
変移《へんい》 移り変わること。
偏倚《へんい》 一方にかたよること。
便意《べんい》 大便がしたくなる感覚。
片雲《へんうん》 ちぎれ雲。
片影《へんえい》 ちらりと見たほんの一部の姿。
便益《べんえき》 便利で利益があること。
返歌《へんか》 人から贈られた歌に答える歌。
変化《へんか》 状態・性質が変わること。
弁解《べんかい》 言いわけをすること。
変革《へんかく》 制度や政治などを変えること。改革。
扁額《へんがく》 室内などに掛ける横に長い額。

勉学《べんがく》 学問に励むこと。
弁柄《ベンガラ》 赤色顔料の一。べにがら。
返還《へんかん》 もとの持ち主に返すこと。
変換《へんかん》 別のものに変えること。変わること。
便器《べんき》 大小便をする器。
便宜《べんぎ》 都合のよいこと。特別のはからい。
返却《へんきゃく》 借りた物を返すこと。
辺境《へんきょう》 中央から遠く離れた土地。国境地帯。
偏狭《へんきょう》 度量が狭く、片意地なこと。狭量。
勉強《べんきょう》 学問や技芸を学ぶこと。学習。
編曲《へんきょく》 演奏形式を改変する。アレンジ。
返金《へんきん》 受け取った金を返すこと。
偏屈《へんくつ》 性質や考え方がかたよっていること。
変化《へんげ》 化け物。人の姿をとって現れた神仏。
変形《へんけい》 形や状態を変えること。変わった形。

弁慶《べんけい》 源義経の忠臣の僧。強い者のたとえ。
弁慶草《べんけいそう》 ベンケイソウ科の草。(秋)
偏見《へんけん》 かたよった見方・考え方。
変幻自在《へんげんじざい》 思うままに変化したり現れたり消えたりすること。
片言隻語《へんげんせきご》 ちょっとした一言。
弁護《べんご》 申し開きして人の立場を守ること。
変更《へんこう》 変えあらためること。
偏光《へんこう》 光波の振動の方向が偏っている光。
偏向《へんこう》 考え方が一方にかたよっていること。
偏差《へんさ》 標準からずれていること。
便座《べんざ》 洋風便器で、腰掛けるための部分。
返済《へんさい》 借りた金や物を返すこと。
偏在《へんざい》 一部分にかたよって存在すること。
遍在《へんざい》 広く行き渡って存在すること。

弁才《べんさい》 弁舌の才能。
弁済《べんさい》 借用していた金品を全部返すこと。
弁才天《べんざいてん》 七福神の一人。弁天。
偏差値《へんさち》 平均との隔たりを示す数値。
編纂《へんさん》 集めた材料を取捨選択し書物にする。
変死《へんし》 普通でない死に方。他殺など。
返事《へんじ》 質問や呼びかけへの答えとその言葉。
変事《へんじ》 異常な出来事。異変。
弁士《べんし》 講演者。演説者。無声映画の説明人。
変質《へんしつ》 性質が変わること。異常な性質や性格。
偏執《へんしつ》 ⇩へんしゅう(偏執)
変種《へんしゅ》 同種類中の少し変わっているもの。
偏執《へんしゅう》 偏屈で他の意見を入れない。
編修《へんしゅう》 資料をもとに書物をまとめあげる。
編集《へんしゅう》 新聞や書物をまとめ上げること。

返書《へんしょ》 返事の手紙。返信。
便所《べんじょ》 トイレ。手洗い。はばかり。
返照《へんしょう》 夕日が照り返すこと。
返上《へんじょう》 与えられたものを返すこと。
弁証《べんしょう》 ある事柄を論じて証明すること。
弁償《べんしょう》 人に与えた損害をつぐなうこと。
変色《へんしょく》 色が変わること。
偏食《へんしょく》 食べ物に好き嫌いがあること。
返信《へんしん》 返事の手紙・通信。返書。
変心《へんしん》 気持ちが変わること。心変わり。
変身《へんしん》 姿を変えること。変えた姿。
変人《へんじん》 性格が一風変わっている人。
辺陬《へんすう》 都会から離れた土地。片田舎。
変数《へんすう》 数式で、条件によって値が変わる数。
偏頭痛《へんずつう》 頭の片側に起こる頭痛。

編成《へんせい》 集めて統一あるものにすること。
編制《へんせい》 軍隊・団体などを組織すること。
変声期《へんせいき》 声変わりの時期。
偏西風《へんせいふう》 上空を西から東へ吹く風。
変節《へんせつ》 従来の主義・主張などを変えること。
弁舌《べんぜつ》 ものを言うこと。また、話し振り。
変遷《へんせん》 時間の経過とともに移り変わること。
返送《へんそう》 送り返すこと。
変装《へんそう》 顔や服装を変え別人に見せること。
変造《へんぞう》 通貨や文書を加工し内容を変える。
変奏曲《へんそうきょく》 主題を変化させた楽曲。
変則《へんそく》 通常の規則や規定に合わないこと。
変速《へんそく》 速度を変えること。
変態《へんたい》 形や状態の変化。異常な形の性欲。
編隊《へんたい》 飛行機が隊形を組むこと。

鞭撻《べんたつ》 〔むち打つ意〕強く励ますこと。
辺地《へんち》 へんぴな土地。僻地。
篇帙《へんちつ》 書物を保護するための覆い。書物。
編著《へんちょ》 その人が編集しかつ著述した書物。
変調《へんちょう》 調子を変えること。体調が狂うこと。
偏重《へんちょう》 特定の面だけを重んじること。
変通《へんつう》 自由自在に対応してゆくこと。
便通《べんつう》 大便が出ること。通じ。
変哲《へんてつ》 普通とは異なること。
変転《へんてん》 物事が移り変わること。
弁天《べんてん》 弁才天。美人。「—娘」
変電所《へんでんしょ》 電圧調整を行う施設。
返答《へんとう》 問いかけなどに答えること。返事。
変動《へんどう》 変化し動くこと。
弁当《べんとう》 外出先で食べるための食事。

扁桃腺《へんとうせん》 のどの奥にあるリンパ組織。
編入《へんにゅう》 団体などに途中から組み入れること。
編年体《へんねんたい》 年代順の歴史記述。
返納《へんのう》 もとの場所や持ち主に返しおさめる。
偏頗《へんぱ》 かたよっていて不公平なこと。
返杯《へんぱい》 杯を飲み干し相手に差し返すこと。
弁駁《べんばく》 他の説を批判し自説を主張すること。
辺鄙《へんぴ》 都会から遠く離れ不便なこと。
便秘《べんぴ》 大便が出ないこと。
返品《へんぴん》 一度仕入れた品物を返すこと。
辺幅《へんぷく》 外見。うわべ。みなり。
変物《へんぶつ》 へんくつな人。変わり者。㊙偏物
扁平《へんぺい》 平べったいこと。
扁平足《へんぺいそく》 土踏まずが浅い足。
弁別《べんべつ》 違いを区別すること。識別。

片片《へんぺん》 薄っぺらでとるにたりないさま。
便便《べんべん》 無為に過ごすさま。腹が出ているさま。
変貌《へんぼう》 姿や様子が著しく変わること。
返報《へんぽう》 好意にむくいること。仕返し。
便法《べんぽう》 便利な方法。便宜的な手段。
翩翻《へんぽん》 旗などが風にひるがえるさま。
弁膜《べんまく》 心臓・静脈などの内部にある膜。
変味《へんみ》 (日がたって)味が変わること。
弁務官《べんむかん》 保護国などへ派遣した官吏。
変名《へんめい》 本名を隠し別の名を使うこと。
弁明《べんめい》 説明し理解を求める。言い開き。
鞭毛《べんもう》 細胞や細菌の毛のような運動器官。
変容《へんよう》 外観や姿が変わること。
便覧《べんらん》 ⇩びんらん(便覧)
便利《べんり》 都合のよいこと。使い勝手のよさ。

弁理士《べんりし》 特許などの手続きの代理者。
片鱗《へんりん》 ごくわずかな部分。「大器の—」
返礼《へんれい》 他人の好意などへのお礼やお返し。
返戻《へんれい》 もとに返すこと。返却。「—金」
勉励《べんれい》 学業などにひたすらはげむこと。
遍歴《へんれき》 各地を巡り歩く。経験を積むこと。
遍路《へんろ》 四国八十八か所の霊場への巡礼。春
弁論《べんろん》 人々の前で自己の意見を述べること。

ほ

帆《ほ》 帆柱にはり風を受けて船を進める布。
穂《ほ》 花や実が茎の先に群がり付いたもの。
暮靄《ぼあい》 夕もや。
保安《ほあん》 社会の秩序や安寧を守ること。
補遺《ほい》 もれ落ちた事柄を補うこと(もの)。

保育《ほいく》 乳幼児を保護し育てること。
哺育《ほいく》 動物の親が子供を育てること。
捕逸《ほいつ》 捕手が投球を取り損なうこと。
母音《ぼいん》 声が口中でさえぎられずに出る音。
拇印《ぼいん》 指先に朱肉や墨をつけて押す代用印。
方《ほう》 方角。方向。方面。部門。
法《ほう》 法律。法則。仕方。方法。
苞《ほう》 芽などを包んで保護する小形の葉。
報《ほう》 通知。しらせ。
坊《ぼう》 僧侶の住居。僧侶。
某《ぼう》 なにがし。ある人。あるもの。
棒《ぼう》 細長い木・金属・竹など。
暴悪《ぼうあく》 乱暴で非道なこと。
防圧《ぼうあつ》 防ぎ留めること。防止。
暴圧《ぼうあつ》 力で押さえつけること。

法案《ほうあん》　法律の案文。法律の草案。
方位《ほうい》　東西南北を基準とした方角。
包囲《ほうい》　とり囲むこと。「―網」
暴威《ぼうい》　荒々しい勢い。
法医学《ほういがく》　犯罪解明に要する応用医学。
放逸《ほういつ》　勝手気ままで節度がないこと。
法印《ほういん》　僧の最高位。
暴飲《ぼういん》　酒をむやみに飲むこと。
法会《ほうえ》　説法を行う集会。法事。
放映《ほうえい》　テレビで放送すること。
防衛《ぼうえい》　防ぎ守ること。「正当―」
防疫《ぼうえき》　伝染病の発生・侵入をふせぐこと。
貿易《ぼうえき》　外国との商業取引。
法悦《ほうえつ》　仏法を聞いて心に起こる喜び。
砲煙《ほうえん》　大砲を発射したときに出る煙。

豊艶《ほうえん》　ふくよかであでやかなこと。
望遠鏡《ぼうえんきょう》　遠方を拡大して見る装置。
法王《ほうおう》　⇨教皇《きょうこう》
法皇《ほうおう》　出家した上皇。太上法皇。
訪欧《ほうおう》　ヨーロッパを訪問すること。
鳳凰《ほうおう》　中国で、想像上のめでたい鳥。
茅屋《ぼうおく》　かやぶきの家。みすぼらしい家。
芳恩《ほうおん》　人から受けた恩の尊敬語。御恩。
報恩《ほうおん》　恩に報いること。⇔忘恩
忘恩《ぼうおん》　恩を忘れること。⇔報恩
防音《ぼうおん》　室外の騒音や室内の反響を防ぐ。
邦貨《ほうか》　自国の貨幣。⇔外貨
放火《ほうか》　わざと火をつけて火事を起こすこと。
放歌《ほうか》　大声で歌うこと。「―高吟」
法科《ほうか》　法律に関する学科。法学部の通称。

法貨《ほうか》　法律により通用力を与えられた貨幣。
砲火《ほうか》　大砲を発射した時に出る火。砲弾。
烽火《ほうか》　のろし。
邦画《ほうが》　日本の絵画。日本の映画。⇔洋画
奉加《ほうが》　神仏に財物を奉納すること。寄進。
奉賀《ほうが》　お祝い申し上げること。「―新年」
萌芽《ほうが》　芽ばえ。物事が新しく起こるきざし。
防火《ぼうか》　火災を防ぐこと。「―林」
忘我《ぼうが》　われを忘れて夢中になること。
抱懐《ほうかい》　ある考えなどを心にいだくこと。
崩壊《ほうかい》　くずれこわれること。(別)崩潰
法外《ほうがい》　程度が過ぎるさま。「―な要求」
妨害《ぼうがい》　妨げること。じゃま。「交通―」
望外《ぼうがい》　願っていた以上であること。
法界悋気《ほうかいりんき》　自分と関係のない他人のことや、他人の恋をねたむこと。

方角《ほうがく》　東西南北に基づく方位。方向。見当。
邦楽《ほうがく》　日本古来の音楽。和楽。
法学《ほうがく》　法に関する学問。法律学。
放課後《ほうかご》　一日の課業の終わったあと。
包括《ほうかつ》　一つにまとめること。「―的」
芳翰《ほうかん》　手紙の尊敬語。貴翰。芳書。
奉還《ほうかん》　お上にお返しすること。「大政―」
砲艦《ほうかん》　沿岸・河川を防備する小形の軍艦。
幇間《ほうかん》　宴席でとりもちをする男。太鼓持ち。
包含《ほうがん》　そのものの内部に含み持つこと。
判官《ほうがん》　検非違使の尉。源義経の称。
芳顔《ほうがん》　美しい顔。尊顔。
砲丸《ほうがん》　大砲のたま。砲弾。砲丸投げの球。
防寒《ぼうかん》　寒さを防ぐこと。⇔防暑

傍観《ぼうかん》　関わりを持たず、そばで見ている。
暴漢《ぼうかん》　乱暴をする男。
方眼紙《ほうがんし》　縦横の直交線を引いた紙。
判官贔屓《ほうがんびいき》　弱い者への同情。
箒《ほうき》　塵やごみを掃く道具。(別)帚
芳紀《ほうき》　年頃の女性の年齢。
宝器《ほうき》　貴い器物。大切な宝。
放棄《ほうき》　投げ捨てること。(別)抛棄
法規《ほうき》　法令の規定。規則。「関連―」
蜂起《ほうき》　大勢が一斉に起こす反乱などの行動。
伯耆《ほうき》　旧国名。鳥取県西部。伯州。
謀議《ぼうぎ》　犯罪計画などの相談。
箒草《ほうきぐさ》　アカザ科の一年草。箒にする。[夏]
箒星《ほうきぼし》　彗星《すいせい》。
忘却《ぼうきゃく》　すっかり忘れ去ってしまうこと。

暴虐《ぼうぎゃく》　乱暴でむごたらしいこと。
俸給《ほうきゅう》　給料。サラリー。
崩御《ほうぎょ》　天皇や皇后などが死去すること。
暴挙《ぼうきょ》　乱暴な行為。
防御《ぼうぎょ》　防ぎ守ること。
豊凶《ほうきょう》　豊作と凶作。豊年と凶年。
豊胸《ほうきょう》　女性のふくよかな胸。豊乳。
豊頰《ほうきょう》　ふっくらとした頰《ほお》。美人のこと。
防共《ぼうきょう》　共産主義勢力の侵略を防ぐこと。
望郷《ぼうきょう》　故郷をなつかしく思うこと。
宝玉《ほうぎょく》　宝石。
砲金《ほうきん》　青銅の一種。錫を含む。機械部品用。
放吟《ほうぎん》　遠慮なく大声で詩歌を吟ずること。
防具《ぼうぐ》　武術などでけがの防止につける道具。
防空《ぼうくう》　空襲を防ぐこと。「―壕《ごう》」

傍訓《ぼうくん》 振り仮名。ルビ。
暴君《ぼうくん》 横暴で残酷な君主。自分勝手な人。
方形《ほうけい》 四角。四角形。
包茎《ほうけい》 亀頭が包皮で包まれている陰茎。
奉迎《ほうげい》 貴人をお迎えすること。
傍系《ぼうけい》 直系から枝分かれした系統。⇔直系
謀計《ぼうけい》 はかりごと。謀略。
砲撃《ほうげき》 大砲で攻撃すること。
惚《ほう》ける ぼける。夢中になる。
奉献《ほうけん》 さし上げたてまつること。
宝剣《ほうけん》 宝物の剣。
封建《ほうけん》 土地を分け与え治めさせること。
方言《ほうげん》 ある地方でだけ用いられる言語。
放言《ほうげん》 思うままを言う。無責任な発言。
法眼《ほうげん》 法印の次の僧位。

冒険《ぼうけん》 あえて危険をおかすこと。
剖検《ぼうけん》 解剖による検査。
望見《ぼうけん》 遠くから見ること。
暴言《ぼうげん》 乱暴で無礼な言葉。
封建的《ほうけんてき》 上下関係を重んじるさま。
宝庫《ほうこ》 宝のくら。貴重な物が満ちている所。
法語《ほうご》 仏教の教義をやさしく述べた文章。
防護《ぼうご》 防ぎ守ること。
方向《ほうこう》 方角。見当。進路。方針。
彷徨《ほうこう》 あてもなくさまよい歩くこと。
芳香《ほうこう》 よい香り。
咆哮《ほうこう》 獣などがほえること。咆号。
奉公《ほうこう》 その家に住み込んで、仕えること。
放校《ほうこう》 学生・生徒をやめさせること。
法号《ほうごう》 僧に師が与える称号。法名。戒名。

縫合《ほうごう》 外科手術などで縫い合わせること。
膀胱《ぼうこう》 尿を一時蓄えておく袋状の内臓。
暴行《ぼうこう》 他人に暴力を加えること。強姦。
報告《ほうこく》 つげ知らせること。その文書。
報国《ほうこく》 国恩に報いること。「一死—」
亡国《ぼうこく》 国を滅ぼすこと。滅んだ国。
暴《ぼう》虎《こ》馮《ひょう》河《が》 向こう見ずな行い。
方今《ほうこん》 ちょうど今。現今。現在。
防災《ぼうさい》 災害を防ぐこと。「—対策」
方策《ほうさく》 対処する手段や方法。
豊作《ほうさく》 農作物のできがよいこと。⇔凶作
忙殺《ぼうさつ》 非常に忙しいこと。
謀殺《ぼうさつ》 計画的に人を殺すこと。
奉賛《ほうさん》 つつしんで賛助すること。「—会」
放散《ほうさん》 広がり散らばること。

硼酸《ほうさん》 洗眼液などに用いる硼素化合物。
芳志《ほうし》 相手の心遣いに対する尊敬語。芳意。
奉仕《ほうし》 社会や人々のために尽くすこと。
奉祀《ほうし》 神仏・祖先などを謹んでまつること。
放恣《ほうし》 気ままで、だらしないこと。
法師《ほうし》 僧。僧侶。
胞子《ほうし》 花の開かない植物の生殖細胞。芽胞。
法事《ほうじ》 死者の追善供養のための仏事。法要。
捧持《ほうじ》 ささげ持つこと。
褒辞《ほうじ》 ほめことば。褒詞。賛辞。
防止《ぼうし》 防ぎ止めること。「事故—」
眸子《ぼうし》 ひとみ。瞳孔。
帽子《ぼうし》 頭にかぶり、身なりを整えるもの。
房事《ぼうじ》 夫婦の営み。性交。
方式《ほうしき》 定まったやり方・形式。

法式《ほうしき》 儀式・儀礼などの決まった作法。
焙《ほう》じ茶《ちゃ》 下級煎茶を焙じた茶。
忘失《ぼうしつ》 忘れ去ること。忘れてなくすこと。
防湿《ぼうしつ》 湿気を防ぐこと。「—剤」
放射《ほうしゃ》 一点から四方八方に放出すること。
報謝《ほうしゃ》 他人の恩に報いること。
茅舎《ぼうしゃ》 かやぶきの家。茅屋。
傍若《ぼうじゃく》無《ぶ》人《じん》 無遠慮に振る舞う。
放射能《ほうしゃのう》 放射線を放出する性質。
法主《ほうしゅ》 一宗派の長。ほっす。
砲手《ほうしゅ》 大砲を発射する役目の兵士。
宝珠《ほうじゅ》 上がとがり炎の形をした玉。
芒種《ぼうしゅ》 二十四節気の一。六月五日ごろ。[夏]
傍受《ぼうじゅ》 通信内容を第三者が受信すること。
報酬《ほうしゅう》 労働や物の使用に対する謝礼の金品。

放縦《ほうじゅう》 気ままでだらしないさま。
防臭《ぼうしゅう》 悪臭の発生を防ぐこと。「—剤」
奉祝《ほうしゅく》 つつしんで祝うこと。奉賀。
豊熟《ほうじゅく》 穀物がよくみのること。豊作。
防縮《ぼうしゅく》 布地が縮むのを防ぐこと。「—加工」
放出《ほうしゅつ》 一度に出すこと。物を提供すること。
方術《ほうじゅつ》 仙人の不思議な術。神仙術。
芳醇《ほうじゅん》 (酒の)香りが高く味がよいこと。
豊潤《ほうじゅん》 豊かでみずみずしいこと。
芳書《ほうしょ》 手紙の尊敬語。芳翰。貴翰。
奉書《ほうしょ》 コウゾの繊維で作った上等な和紙。
幇助《ほうじょ》 犯罪行為を手助けすること。
防暑《ぼうしょ》 暑さを防ぐこと。⇔防寒
報奨《ほうしょう》 勤労や努力に報い奨励すること。
報賞《ほうしょう》 功績に対し賞品・賞金を与えること。

報償《ほうしょう》 損害をつぐなうこと。「—金」
褒章《ほうしょう》 功績のある人に国が授ける記章。
褒賞《ほうしょう》 ほめて金品を与えること。「—金」
方丈《ほうじょう》 一丈四方。寺の住職の居室。
芳情《ほうじょう》 相手の心づかいを敬っていう語。
法帖《ほうじょう》 古人の筆跡を石ずりにした折り本。
豊穣《ほうじょう》 作物が豊かにみのること。豊作。
豊饒《ほうじょう》 地味が肥え作物がよくみのること。
傍証《ぼうしょう》 ある事実の間接的な証拠。
放生会《ほうじょうえ》 生き物を放す儀式。[秋]
奉職《ほうしょく》 学校・官庁に勤めること。
宝飾《ほうしょく》 宝石や貴金属で作ったかざり。
飽食《ほうしょく》 飽きるほど十分食べること。
防食《ぼうしょく》 金属の腐食を防ぐこと。(別)防蝕
紡織《ぼうしょく》 紡績と機織り。「—機」

望蜀《ぼうしょく》 ある望みを遂げ次の物を望むこと。
暴食《ぼうしょく》 むやみに食べること。「暴飲—」
焙《ほう》じる 火であぶって湿気をとる。
方針《ほうしん》 目指して進むべき方向。目的。
芳信《ほうしん》 手紙の尊敬語。貴翰。貴信。
放心《ほうしん》 何かに心を奪われぼんやりすること。
疱疹《ほうしん》 皮膚に小さな水疱が多数できる病気。
邦人《ほうじん》 日本人。
法人《ほうじん》 法律上の権利義務の主体となる団体。
防塵《ぼうじん》 塵やほこりが入るのを防ぐこと。
法親王《ほうしんのう》 出家後、親王となった皇子。
坊主《ぼうず》 寺の住職。僧侶の俗称。剃髪した頭。
放水《ほうすい》 ホースやダムから水を放出すること。
防水《ぼうすい》 水の浸透を防ぐこと。
紡錘《ぼうすい》 糸を紡ぐ道具。つむ。

紡錘形《ぼうすいけい》 両端が細く中央が太い形。
奉《ほう》ずる ささげ持つ。承る。
封《ほう》ずる 領地を与えて領主にする。
崩《ほう》ずる 貴人が死ぬ。崩御する。
報《ほう》ずる 知らせる。報いる。報じる。
方寸《ほうすん》 一寸四方。ごく狭い範囲。心の中。
方正《ほうせい》 心や行いが正しいこと。「品行—」
法制《ほうせい》 法律の制度。法律で定められた制度。
砲声《ほうせい》 大砲を撃つ音。
鳳声《ほうせい》 相手の伝言・書信を敬っていう語。
縫製《ほうせい》 ミシンで縫って作ること。
暴政《ぼうせい》 暴虐な政治。
宝石《ほうせき》 産出量が少なく、硬質で美しい鉱物。
紡績《ぼうせき》 糸をつむぐこと。
包摂《ほうせつ》 ある概念を大きな概念が包みこむ。

砲戦《ほうせん》 大砲を撃ち合う戦い。砲撃戦。
防戦《ぼうせん》 防ぎ戦うこと。
傍線《ぼうせん》 字のわきに引いた線。サイドライン。
呆然《ぼうぜん》 あっけにとられる。気抜けしたさま。
茫然《ぼうぜん》 呆然《ぼうぜん》。とりとめのないさま。
鳳仙花《ほうせんか》 ツリフネソウ科の草。[秋]
茫然自失《ぼうぜんじしつ》 あっけにとられて我を忘れて、どうしていいのかわからなくなる。
硼素《ほうそ》 元素の一。記号B
包装《ほうそう》 荷造り。上包みをかけること。
放送《ほうそう》 テレビなどで番組を送り出すこと。
法曹《ほうそう》 法律事務に従事する人。
疱瘡《ほうそう》 天然痘の別名。
包蔵《ほうぞう》 中に包み納めること。中に隠すこと。
宝蔵《ほうぞう》 宝物を納める蔵。

暴走《ぼうそう》 乱暴に走る。無人車が走り出すこと。
法則《ほうそく》 決まり。一定条件下で成り立つ関係。
滂沱《ぼうだ》 涙がとめどなく流れるさま。
包帯《ほうたい》 傷口などの保護のために巻く布。
奉戴《ほうたい》 つつしんでいただくこと。
砲台《ほうだい》 大砲を据えた構築物。
放題《ほうだい》 するがままにさせておくこと。
膨大《ぼうだい》 量や内容が非常に多いさま。
棒立《ぼうだ》ち 何もできずに立ちつくすこと。
棒鱈《ぼうだら》 三枚におろした身を干した鱈。[春]
放胆《ほうたん》 非常に大胆なさま。
放談《ほうだん》 思うままに語ること。
法談《ほうだん》 仏法の教義を説いた話。
砲弾《ほうだん》 大砲などの弾丸。
放置《ほうち》 ほうっておくこと。置きっぱなし。

法治《ほうち》 法律に基づいて政治を行うこと。
報知《ほうち》 知らせること。報告。
放逐《ほうちく》 追い出すこと。追放。
逢着《ほうちゃく》 出くわすこと。遭遇。
庖厨《ほうちゅう》 台所。くりや。
忙中《ぼうちゅう》 忙しいさなか。「—閑あり」
房中《ぼうちゅう》 部屋の中。室内。房内。閨房の中。
傍注《ぼうちゅう》 本文のわきにつけた注。
包丁《ほうちょう》 料理用の刃物。(別)庖丁
放鳥《ほうちょう》 功徳のため捕らえておいた鳥を放す。
防諜《ぼうちょう》 スパイの侵入・活動を防ぐこと。
傍聴《ぼうちょう》 公判などを発言権なしでそばで聞く。
膨張《ぼうちょう》 ふくれて大きくなること。⇔収縮
奉勅《ほうちょく》 勅命を承ること。奉詔。
奉呈《ほうてい》 つつしんで差し上げること。

法廷《ほうてい》 裁判所の裁判を行う所。
法定《ほうてい》 法律で定めること。「—金利」
捧呈《ほうてい》 物をささげ持って差し上げること。
鵬程《ほうてい》 遠い道程。「—万里」
方程式《ほうていしき》 特定の値で成り立つ等式。
放擲《ほうてき》 投げうつこと。放っておくこと。
法的《ほうてき》 法律の立場に立つさま。
奉奠《ほうてん》 神前に謹んで供えること。「玉串—」
宝典《ほうてん》 大切な書物。便利な書物。
法典《ほうてん》 おきて。刑法・民法などの成文法。
放電《ほうでん》 電極間に高電圧の電流が流れること。
傍点《ぼうてん》 文字のわきに打った点。
方途《ほうと》 方法。手段。てだて。
邦土《ほうど》 国土。日本の国土。
封土《ほうど》 祭壇用の盛り土。大名の領地。

暴徒《ぼうと》 徒党を組み暴動を起こす人々。
奉答《ほうとう》 謹んで答えること。「—文」
宝刀《ほうとう》 宝物の刀剣。「伝家の—」
宝塔《ほうとう》 宝で飾った塔。寺の塔。多宝塔。
放蕩《ほうとう》 酒色におぼれ身持ちが悪いこと。
法灯《ほうとう》 闇を照らす仏の教え。灯明。
法統《ほうとう》 仏法の伝統。
砲塔《ほうとう》 軍艦などで、大砲や砲手を守る設備。
報道《ほうどう》 広く一般に出来事を知らせること。
冒頭《ぼうとう》 文章・談話のはじめの部分。
暴投《ぼうとう》 投手が捕手の捕れない球を投げる。
暴騰《ぼうとう》 物価・株価の急激で大幅な上昇。
暴動《ぼうどう》 集団による秩序攪乱的な騒ぎ。
蓬頭垢面《ほうとうこうめん》 外見に無頓着。
放蕩無頼《ほうとうぶらい》 放蕩で無法なさま。

報徳《ほうとく》 受けた恩徳に報いること。報恩。
捧読《ほうどく》 ささげ持って読むこと。
冒瀆《ぼうとく》 尊く神聖なものをけがすこと。
法難《ほうなん》 仏教を広めるために受ける迫害。
訪日《ほうにち》 外国人が日本を訪れること。
放尿《ほうにょう》 小便をすること。
放任《ほうにん》 干渉せず好きなようにさせること。
放熱《ほうねつ》 熱を放散すること。
放念《ほうねん》 気にかけないこと。放心。
豊年《ほうねん》 豊作の年。秋「—満作」⇔凶年
忘年会《ぼうねんかい》 一年の苦労忘れの宴会。冬
奉納《ほうのう》 神仏に供物などを供えること。
澎湃《ほうはい》 水が逆巻くさま。勢いが盛んなさま。
朋輩《ほうばい》 職場などを同じくする仲間。同僚。
傍白《ぼうはく》 演劇で相手役には聞こえないせりふ。

ほ

茫漠《ぼうばく》 とりとめがない。捉えどころがない。
暴発《ぼうはつ》 不注意から弾丸が不意に発射される。
防波堤《ぼうはてい》 港を外海の波から防ぐ突堤。
防犯《ぼうはん》 犯罪を防ぐこと。「—カメラ」
放屁《ほうひ》 屁をひること。
褒美《ほうび》 ほめて与える金品。
防備《ぼうび》 外敵や災害を防ぎ守ること。
棒《ぼう》**引**《び》**き** 棒線を引く。借金などの帳消し。
抱負《ほうふ》 心に抱く計画や決意。
豊富《ほうふ》 豊かなこと。たくさんあること。
防風《ぼうふう》 風を防ぐこと。「—林」
暴風《ぼうふう》 激しい風。あらし。「—圏」
暴風雨《ぼうふうう》 激しい風を伴った雨。
法服《ほうふく》 裁判官が法廷で着る制服。
報復《ほうふく》 仕返しをすること。

抱腹絶倒《ほうふくぜっとう》 大笑いすること。
防腐剤《ぼうふざい》 物が腐るのを防ぐ薬剤。
髣髴《ほうふつ》 ありありと思い浮かぶさま。別彷彿
放物線《ほうぶつせん》 投げ上げた物が描く曲線。
孑孑《ぼうふら》 蚊の幼虫。ぼうふり。夏
邦文《ほうぶん》 日本の文字・文章。和文。
法文《ほうぶん》 法令の文章。法科と文科。
奉幣《ほうへい》 神前に幣帛を奉ること。
砲兵《ほうへい》 大砲を使用する陸軍の兵。
防壁《ぼうへき》 防ぐための壁・とりで。
褒貶《ほうへん》 ほめることとけなすこと。
方便《ほうべん》 仏が衆生を救う手段。便宜上の手段。
這《ほ》**う這**《ほ》**う** あわてふためいて逃げだす。
方法《ほうほう》 やり方。しかた。
方方《ほうぼう》 あちこち。「—探す」

鋒鋩《ほうぼう》 刃物のきっさき。鋭く激しい気性。
魴鮄《ほうぼう》 海底にすむ魚。食用。
茫茫《ぼうぼう》 広くはるかなさま。伸び放題なさま。
放牧《ほうぼく》 牛・馬・羊などの放し飼い。
泡沫《ほうまつ》 泡。はかないもの。「—候補」
放漫《ほうまん》 ほったらかしで、しまりがないさま。
豊満《ほうまん》 女性の肉付きのよいさま。
飽満《ほうまん》 飽きるまで食べること。飽食。
暴慢《ぼうまん》 乱暴でごうまんなこと。
膨満《ぼうまん》 膨れあがること。「—感」
法名《ほうみょう》 仏門に入った人に授ける名前。戒名。
暴民《ぼうみん》 暴動を起こした人民。
葬《ほうむ》**る** 埋葬する。こっそり処理する。
芳名《ほうめい》 名誉ある名。相手の名前の尊敬語。
亡命《ぼうめい》 思想的政治的理由から外国に逃れる。

方面《ほうめん》 ある方向に当たる地域。分野・領域。
放免《ほうめん》 捕らえていた者を自由にすること。
法網《ほうもう》 法律を網にたとえた語。法の網。
宝物《ほうもつ》 たからもの。
法門《ほうもん》 仏の教え。仏門。
砲門《ほうもん》 大砲の発射口。砲口。
訪問《ほうもん》 人を訪ねること。
邦訳《ほうやく》 外国語を日本語に訳すこと。和訳。
朋友《ほうゆう》 仲のよい友達。友人。
包容《ほうよう》 包み込む。他人を広く受け入れる。
抱擁《ほうよう》 愛情を込めて抱きしめること。
法要《ほうよう》 法事。法会。「—を営む」
亡羊《ぼうよう》 逃げて見失った羊。「—の嘆」
望洋《ぼうよう》 遠くを眺めるさま。
茫洋《ぼうよう》 広々として見極めのつかないさま。

豊沃《ほうよく》 土地が豊かでよく肥えていること。
棒読《ぼうよ》み 一本調子に読むこと。
蓬萊《ほうらい》 中国で伝説の仙境。不老不死の地。
法楽《ほうらく》 読経・詩歌などで神仏を楽しませる。
崩落《ほうらく》 くずれ落ちること。相場の急落。
暴落《ぼうらく》 物価などが急激に大幅に下がること。
放埒《ほうらつ》 勝手気ままに振舞うさま。放蕩。
暴利《ぼうり》 不当に大きな利益。
法力《ほうりき》 仏法の威力。
法律《ほうりつ》 法。おきて。政府が公布する国法。
方略《ほうりゃく》 計略。はかりごと。
謀略《ぼうりゃく》 人や敵をあざむくための計略。策略。
放流《ほうりゅう》 水などを流すこと。魚を川や海に放す。
豊漁《ほうりょう》 漁で獲物が多いこと。大漁。
暴力《ぼうりょく》 乱暴な力。乱暴をはたらくこと。

法輪《ほうりん》 仏の教え。仏教。
放《ほう》る 物を投げる。投げ捨てる。(別)抛る
堡塁《ほうるい》 敵の攻撃・侵入を防ぐとりで。
法令《ほうれい》 法律と命令。
法例《ほうれい》 法律の適用に関する規定。
豊麗《ほうれい》 ゆたかで美しいこと。
亡霊《ぼうれい》 死者の霊。幽霊。
放列《ほうれつ》 大砲を横に並べた布陣。並んだ隊形。
鳳輦《ほうれん》 天皇の乗り物の総称。
菠薐草《ほうれんそう》 アカザ科の野菜。〔春〕
放浪《ほうろう》 あてもなくさまよい歩くこと。
琺瑯《ほうろう》 陶器に焼き付けるガラス質の釉薬。
望楼《ぼうろう》 遠くを見るためのやぐら。物見台。
俸禄《ほうろく》 俸と禄。扶持。
焙烙《ほうろく》 素焼きの浅い土鍋。ほうらく。

法論《ほうろん》 仏法上の議論。宗論。
暴論《ぼうろん》 乱暴な議論。
法話《ほうわ》 仏法に関する話。法談。
飽和《ほうわ》 含み得る最大限度まで満ちること。
吠《ほ》え面《づら》 泣き顔。泣き面。「—をかく」
吠《ほ》える けものが大声で鳴く。
墓園《ぼえん》 霊園。墓地。
頬《ほお》 顔のわきの柔らかな部分。ほほ。
頬被《ほおかぶ》り 布で顔をおおうこと。〔冬〕
蓬《ほお》ける けば立つ。ほつれる。
頬白《ほおじろ》 よくさえずるスズメに似た小鳥。〔春〕
酸漿《ほおずき》 庭に植えるナス科の多年草。〔秋〕
頬擦《ほおず》り 頬を人の頬にすりつけること。
頬杖《ほおづえ》 手で頬を支えること。
朴《ほお》の木《き》 モクレン科の落葉高木。

朴歯《ほおば》 ホオノキで作った、下駄の歯。
頬張《ほおば》る 口いっぱいに食物を入れる。
頬紅《ほおべに》 頬に付ける紅。
頬骨《ほおぼね》 頬の上部に少し高く突き出た骨。
波蘭《ポーランド》 ヨーロッパ東部の国。
保温《ほおん》 温度を温かく保つこと。「—装置」
外《ほか》 よそ。それ以外。(別)他
簿価《ぼか》 帳簿上の価額。
捕獲《ほかく》 生き物や敵国の船を捕らえること。
火影《ほかげ》 灯火の光。あかり。
帆影《ほかげ》 遠くに見える帆の姿。
帆《ほ》掛《か》け船《ぶね》 帆を張って走る船。
放《ほか》す 捨てる。ほったらかす。
暈《ぼか》す ぼやかす。表現をあいまいにする。
朗《ほが》らか 性格が明るいさま。快活。

保管《ほかん》 金品を預り、管理すること。
補完《ほかん》 不十分な点を補って完全にすること。
母艦《ぼかん》 飛行機などの移動基地となる軍艦。
簿記《ぼき》 金銭出納や取引状態の整理方法。
捕球《ほきゅう》 野球で、球を取ること。
補給《ほきゅう》 足りない分を補うこと。
補強《ほきょう》 弱い所を補って強くすること。
募金《ぼきん》 寄付金などを集めること。
保菌者《ほきんしゃ》 病原体を持つ非発病者。
僕《ぼく》 男が自分をさしていう語。
北緯《ほくい》 赤道より北の緯度。⇔南緯
北欧《ほくおう》 ヨーロッパ北部。
牧牛《ぼくぎゅう》 放し飼いにした牛。
北限《ほくげん》 北の方の限界。「自生椿の—」
撲殺《ぼくさつ》 なぐり殺すこと。

牧師《ぼくし》　プロテスタント教会の教職。
朴実《ぼくじつ》　飾りけがなく実直なこと。
卜者《ぼくしゃ》　占いをする人。易者。
牧舎《ぼくしゃ》　牧場で、牛・馬などを入れる小屋。
墨守《ぼくしゅ》　旧習や自説をがんこに守ること。
墨汁《ぼくじゅう》　墨をすった黒い汁。
墨書《ぼくしょ》　墨で書くこと。
北上《ほくじょう》　北の方へ進むこと。⇔南下
牧場《ぼくじょう》　牛や馬などを放牧する場所。まきば。
北辰《ほくしん》　北極星。
牧神《ぼくしん》　森や牧畜を司る半獣半人の神。
牧人《ぼくじん》　牧場で牛や羊を世話する人。牧者。
解《ほぐ》す　ばらばらにする。かきまぜる。
卜《ぼく》する　占う。占って決める。
牧《ぼく》する　(牛や馬などを)飼う。養う。

卜筮《ぼくぜい》　占い。
木石《ぼくせき》　木と石。人情の機微の分からない者。
墨跡《ぼくせき》　墨で書いた文字。筆跡。
卜占《ぼくせん》　占い。占卜。
牧草《ぼくそう》　家畜の飼料にする草。
北叟笑《ほくそえ》む　ひとりひそかに笑う。
木鐸《ぼくたく》　人々を啓発し教え導く者。
火口《ほくち》　燧《ひう》ちの火を移し取るもの。
牧畜《ぼくちく》　家畜を飼育繁殖させること。
北狄《ほくてき》　古代中国で、北方の異民族の蔑称。
木刀《ぼくとう》　木製の刀。きだち。
牧童《ぼくどう》　牛馬の番をする少年。カウボーイ。
北斗七星《ほくとしちせい》　大熊座の七個の星。
朴訥《ぼくとつ》　飾りけがなく口数が少ないこと。
朴念仁《ぼくねんじん》　無口で無愛想な人。

北米《ほくべい》　北アメリカ。「—大陸」
撲滅《ぼくめつ》　完全に滅ぼすこと。
北面《ほくめん》　北に面する。臣下として仕える。
牧野《ぼくや》　放牧のための野原。
北洋《ほくよう》　北の海。オホーツク海などの海域。
牧羊《ぼくよう》　羊を飼うこと。「—犬」
北陸《ほくりく》　北陸地方。
黒子《ほくろ》　皮膚にある、黒い小さな点。
木瓜《ぼけ》　庭木用のバラ科の落葉低木。
惚《ぼ》け　ぼけること。ぼけている人。(別)呆け
捕鯨《ほげい》　鯨をとること。[冬]「—船」
母系《ぼけい》　母方の系統・血筋。⇔父系
母型《ぼけい》　活字の字面の鋳型。
帆桁《ほげた》　帆を張るための、帆柱の横木。
補欠《ほけつ》　不足の人員を補うこと。ひかえ。

墓穴《ぼけつ》　はかあな。「—を掘る」
惚《ぼ》け茄子《なす》　ぼんやりした人。
惚《ぼ》ける　鈍る。もうろくする。
暈《ぼ》ける　色や形がぼやける。
保健《ほけん》　健康を保つこと。「—薬」
保険《ほけん》　不慮の事故に対する損害保証制度。
母権《ぼけん》　母親としての権利。⇔父権
矛《ほこ》　両刃の剣に長い柄をつけた武器。
反故《ほご》　使っていらなくなった紙。(別)反古
保護《ほご》　危険などが及ばないように守ること。
補語《ほご》　述語の意味を補う語。
母語《ぼご》　生まれ地で自然に身につけた言語。
歩行《ほこう》　あるいてゆくこと。
補講《ほこう》　正規のほかに補充して行う講義。
母校《ぼこう》　学び卒業した学校。出身校。

母港《ぼこう》　その船が本拠地としている港。
母国《ぼこく》　生まれ育った国。祖国。故国。
矛先《ほこさき》　矛のきっさき。攻撃の方向。
祠《ほこら》　神をまつる小さいやしろ。
埃《ほこり》　軽くて細かなごみ。ちり。
誇《ほこ》る　得意になる。名誉とする。
綻《ほころ》びる　縫い目が開く。蕾が少し開く。
補佐《ほさ》　傍らでその人の仕事を助けること。
募債《ぼさい》　債券を募集すること。
穂先《ほさき》　稲などの穂の先。とがった物の先。
捕殺《ほさつ》　つかまえて殺すこと。
補殺《ほさつ》　野手が打球を塁へ送球し刺殺する。
菩薩《ぼさつ》　仏陀の次の位。発心し修行に励む人。
墓参《ぼさん》　はかまいり。[秋]
星《ほし》　恒星・惑星などすべての天体の称。

保持《ほじ》　保ちつづけること。「記録—者」
母子《ぼし》　母と子。「—手帳」
拇指《ぼし》　おやゆび。(別)母指
墓誌《ぼし》　墓石などに死者の業績を記した文。
星明《ほしあ》かり　星の光による明るさ。
欲《ほ》しい　手に入れたい。そう望む。
縦《ほしいまま》　物事を思いどおり行うこと。(別)恣
星占《ほしうらな》い　星の運行や位置で占うこと。
干《ほ》し柿《がき》　干して甘くした渋柿。[秋]
星影《ほしかげ》　星の光。
干《ほ》し草《くさ》　干して乾かした牧草。[夏]
星屑《ほしくず》　無数の小さな星。
穿《ほじく》る　穴の中をつつき回す。あばき出す。
星空《ほしぞら》　星がたくさん輝いている夜空。
星月夜《ほしづきよ》　[秋] 星が明るい夜。

星祭《ほしまつ》り 七夕。[秋]
星回《ほしまわ》り 人の運命を司る星の巡り合わせ。
干《ほ》し物《もの》 日に干して乾かすもの。洗濯物。
保釈《ほしゃく》 被告人を判決前に釈放すること。
保守《ほしゅ》 伝統を尊重し改革に反対すること。
捕手《ほしゅ》 投手が投げる球を受ける選手。
補修《ほしゅう》 こわれた部分をつくろうこと。
補習《ほしゅう》 授業を補うための学習。
補充《ほじゅう》 足りない分を補うこと。
募集《ぼしゅう》 つのって人や物を集めること。
暮秋《ぼしゅう》 秋の終わり頃。暮れの秋。[秋]
暮春《ぼしゅん》 春の終わり頃。暮れの春。[春]
補助《ほじょ》 不足を補い助けること(もの)。
墓所《ぼしょ》 はかば。墓地。
歩哨《ほしょう》 見張りにつく兵士。哨兵。

保証《ほしょう》 責任をもってうけあうこと。
保障《ほしょう》 安全や権利が侵されないように守る。
補償《ほしょう》 損害を補い償うこと。
捕縄《ほじょう》 犯人をしばるのに用いるなわ。
暮鐘《ぼしょう》 夕暮れに鳴らす鐘。晩鐘。
慕情《ぼじょう》 恋い慕う気持ち。
捕食《ほしょく》 生物が他の生物を捕らえて食べる。
暮色《ぼしょく》 夕暮れどきの薄暗い色。夕方の景色。
保身《ほしん》 自分の地位などの安全をはかること。
干《ほ》す かわかす。水などをさらいとる。
補正《ほせい》 補い正すこと。「―予算」
母性《ぼせい》 女性の母親としての本能や性質。
補説《ほせつ》 補って説明すること。その説明。
保線《ほせん》 鉄道線路の安全を保つこと。
保全《ほぜん》 保護して安全にすること。

母川《ぼせん》 海へ下る魚が生まれ育った河川。
枘《ほぞ》 つぎあわせる木材の一方にある突起。
蔕《ほぞ》 果実のへた。
臍《ほぞ》 へそ。「―を固める」
舗装《ほそう》 道路の表面を固めること。[別]鋪装
細腕《ほそうで》 細い腕。女のか弱い力。
細面《ほそおもて》 ほっそりした顔。
歩測《ほそく》 歩数によって距離を測ること。
捕捉《ほそく》 とらえること。
補足《ほそく》 不足を補うこと。「―説明」
補則《ほそく》 法令の規定を補うための規則。
細引《ほそび》き 細めの麻縄。
細細《ほそぼそ》 非常に細い。なんとか続いている。
細身《ほそみ》 ほっそりとしていること(もの)。
保存《ほぞん》 状態を維持し残しておくこと。

榾《ほた》 まきに使う木の切れ端。ほだ。[冬]
母体《ぼたい》 母親の体。わかれ出た物のもと。
母胎《ぼたい》 母の胎内。母体。
菩提《ぼだい》 悟りの境地。死後の冥福のこと。
菩提樹《ぼだいじゅ》 シナノキ科の落葉高木。
絆《ほだ》される 情にひかされる。
帆立貝《ほたてがい》 海産の二枚貝。食用。
牡丹餅《ぼたもち》 餡をまぶした餅。おはぎ。
蛍《ほたる》 青白い光を出す水辺にすむ昆虫。[夏]
蛍烏賊《ほたるいか》 光を発するイカ。食用。[春]
牡丹《ぼたん》 キンポウゲ科の落葉小低木。[夏]
釦《ボタン》 衣服の合わせ目を留める留め具。
牡丹鍋《ぼたんなべ》 イノシシの肉の鍋料理。[冬]
牡丹雪《ぼたんゆき》 大きな塊で降る雪。[冬]
墓地《ぼち》 お墓のある場所。はかば。

補注《ほちゅう》 補ってつけ加えた注釈。
歩調《ほちょう》 歩く時の調子。あしなみ。
補聴器《ほちょうき》 難聴の人の聴力を補う器具。
牧歌《ぼっか》 牧童が歌う歌。田園をうたう詩歌。
没我《ぼつが》 熱中して我を忘れる境地。
北海道《ほっかいどう》 本州の北にある大きな島。
墨客《ぼっかく》 書画を巧みにかく人。「文人―」
発願《ほつがん》 神仏に願を立てること。
発起《ほっき》 思いたって始めること。発心。
発議《ほつぎ》 会議で意見を出すこと。
勃起《ぼっき》 陰茎が膨張し硬化すること。
没却《ぼっきゃく》 捨て去って無視すること。
北極《ほっきょく》 地軸の北端にある点。
北極星《ほっきょくせい》 小熊座のアルファ星。
発句《ほっく》 連歌などで最初の五・七・五の句。

木履《ぽっくり》 底をくり抜いた少女用の塗り下駄。
鮄《ほっけ》 寒海で捕れるアイナメ科の魚。[春]
木剣《ぼっけん》 木製の剣。木刀。
没後《ぼつご》 死んだあと。死後。
勃興《ぼっこう》 にわかに盛んになること。
没交渉《ぼっこうしょう》 無関係であること。
北国《ほっこく》 北方の土地。きたぐに。
墨痕《ぼっこん》 筆で書いた墨のあと。
発作《ほっさ》 突発的に起こる病気の症状。
没収《ぼっしゅう》 強制的に取り上げること。
没書《ぼっしょ》 不採用の投稿原稿。没。
発心《ほっしん》 思い立つこと。菩提心を起こすこと。
発疹《ほっしん》 ⇩はっしん(発疹)
払子《ほっす》 僧が塵払いなどに用いる法具。
欲《ほっ》する ほしいと思う。望む。

没《ぼっ》する 沈んで見えなくなる。人が死ぬ。
没前《ぼつぜん》 死ぬ前。生前。
勃然《ぼつぜん》 急に起こるさま。むっと怒るさま。
発足《ほっそく》 団体・組織などが活動を始めること。
法体《ほったい》 出家の姿。僧体。
発端《ほったん》 物事のはじまり。
没頭《ぼっとう》 一つの事に熱中すること。没入。
没入《ぼつにゅう》 没頭。
没年《ぼつねん》 死んだ時のその人の年齢。死んだ年。
勃発《ぼっぱつ》 急に事件などが起こること。
勃勃《ぼつぼつ》 盛んに起こるさま。「雄心―」
没落《ぼつらく》 栄えていたものが落ちぶれること。
解《ほつ》れる とけてゆるむ。ほどける。
補訂《ほてい》 不足を補い誤りを訂正する。「―版」
補綴《ほてい》 破れをおぎないつくろうこと。

布袋《ほてい》 七福神の一人。袋を背負っている。
火照《ほて》る 顔や体があつくなる。
補塡《ほてん》 不足をおぎなってうめること。
程《ほど》 程度。限度。具合。時分。
歩度《ほど》 歩く速さや歩幅。
程合《ほどあ》い ちょうどよい程度。
歩道《ほどう》 人が歩くように設けられた道。
補導《ほどう》 誤った方向へ行かないようみちびく。
舗道《ほどう》 舗装した道路。(別)鋪道
母堂《ぼどう》 他人の母を敬っていう語。
解《ほど》く 結び目や縫い目をときはなす。とく。
仏《ほとけ》 悟りを開いた人。仏陀。釈迦。死者。
仏心《ほとけごころ》 慈悲深い心。
仏《ほとけ》の座《ざ》 タビラコの別名。春の七草の一。
施《ほどこ》す 恵み与える。何かを行う。

程遠《ほどとお》い 相当の隔たりがある。
時鳥《ほととぎす》 鶯の巣に産卵。[夏] (別)杜鵑・不如帰
迸《ほとばし》る 勢いよく飛び散る。
潤《ほと》びる 水分を含んでふやける。
熱《ほとぼ》り 余熱。感情のなごり。世間の関心。
程好《ほどよ》い ちょうどよい。具合がいい。
辺《ほとり》 そば。あたり。(別)畔
殆《ほとん》ど 大部分。だいたい。もう少しで。
穂波《ほなみ》 稲などの穂が風にゆらぐさま。
哺乳《ほにゅう》 乳を飲ませて子を育てること。
母乳《ぼにゅう》 母親の乳房からでる乳。
骨《ほね》 脊椎動物の体を支える硬い組織。
骨惜《ほねお》しみ 苦労をいやがること。
骨折《ほねお》り 精を出してはたらくこと。
骨組《ほねぐ》み 骨格。物の構造。

骨接《ほねつ》ぎ 骨折・脱臼の治療。
骨《ほね》っ節《ぷし》 骨の関節。気骨。気概。
骨抜《ほねぬ》き 骨を抜き去る。気骨をなくす。
骨太《ほねぶと》 骨格が頑丈なこと。
骨身《ほねみ》 骨と肉。全身。「―にしみる」
骨休《ほねやす》め 休息。休憩。
炎《ほのお》 燃える火の先端。心中の激しい感情。
仄《ほの》か かすか。わずか。
仄暗《ほのぐら》い うすぐらい。
仄仄《ほのぼの》 ほのかに明るい。あたたかみがある。
仄《ほの》めかす 遠回しに知らせる。
仄《ほの》めく かすかに見える。「灯が―」
牡馬《ぼば》 おすの馬。⇔牝馬《ひんば》
捕縛《ほばく》 つかまえてしばること。
帆柱《ほばしら》 帆を張るための柱。マスト。

歩幅《ほはば》 歩くときの一歩の幅。
母斑《ぼはん》 あざ・ほくろなど皮膚組織の異常。
墓碑《ぼひ》 死者の氏名・戒名などを刻んだ墓石。
補筆《ほひつ》 足りない所を書き加えること。加筆。
輔弼《ほひつ》 天子の政治を補佐すること。(別)補弼
墓標《ぼひょう》 墓の印に建てる石や木の柱。
保父《ほふ》 幼児を保育する資格を持つ男性。
歩武《ほぶ》 あしどり。あゆみ。「―堂々」
匍匐《ほふく》 腹ばいになること。「―前進」
屠《ほふ》る 相手を破る。鳥獣の体をさく。殺す。
歩兵《ほへい》 徒歩で戦闘を行う兵隊。
募兵《ぼへい》 兵士を募り集めること。
頬《ほほ》 ⇩ほお(頬)
保母《ほぼ》 幼児を保育する資格を持つ女性。
略《ほぼ》 だいたい。おおかた。

微笑《ほほえ》む わずかに笑う。微笑する。
誉《ほま》れ ほめられて光栄なこと。名誉。
炎《ほむら》 ほのお。心中に燃える激情。(別)焰
褒《ほ》める たたえる。称賛する。(別)誉める
海鞘《ほや》 海産の原索動物。食用。
火屋《ほや》 ランプの火を包むガラス製の筒。
小火《ぼや》 小さな火事。
暮夜《ぼや》 夜。夜分。
保有《ほゆう》 持っていること。
保養《ほよう》 心身を休めて活力を養うこと。
洞《ほら》 ほらあな。洞窟。
法螺《ほら》 法螺貝。大げさに言うこと。
鯔《ぼら》 河口などにすむボラ科の魚。出世魚。
洞穴《ほらあな》 中がうつろな穴。洞窟。
法螺貝《ほらがい》 大形の巻き貝。吹き鳴らす物。

洞ヶ峠《ほらがとうげ》 日和見。「―を決めこむ」

法螺吹き《ほらふき》 大げさなことを言う人。

堀《ほり》 地面を掘って水を通した所。掘割。

捕吏《ほり》 罪人をとらえる役人。

彫り物《ほりもの》 彫刻したもの。入れ墨。

保留《ほりゅう》 その場で決定しないで先にのばす。

蒲柳《ほりゅう》 ひよわな体質。「―の質」

捕虜《ほりょ》 敵に捕らえられた者。とりこ。

掘割《ほりわり》 地面を掘って造った水路。堀。

彫る《ほる》 きざむ。彫刻する。入れ墨をする。

掘る《ほる》 土を削って地面に穴をあける。

葡萄牙《ポルトガル》 ヨーロッパ南西端の国。

惚れ惚れ《ほれぼれ》 心を奪われてうっとりする。

惚れる《ほれる》 恋慕する。心をひかれる。

幌《ほろ》 雨風を避けるため車に付ける覆い。

母衣《ほろ》 防具として鎧の背につけた袋状の布。

襤褸《ぼろ》 使い古した布。着古して破れた衣服。

歩廊《ほろう》 煉瓦などで仕上げた廊下。回廊。

襤褸糞《ぼろくそ》 さんざんに罵ること。

幌馬車《ほろばしゃ》 幌をかけた馬車。

滅びる《ほろびる》 絶えてなくなる。滅亡する。

本《ほん》 書物。脚本。台本。当の。この。

盆《ぼん》 盂蘭盆《うらぼん》。食器などを載せる器。

翻案《ほんあん》 原作を基に別の作品に改作すること。

本位《ほんい》 考えや行動の基本。「自分―」

本意《ほんい》 本当の気持ち。もとからの考え。

翻意《ほんい》 気持ちを変えること。

本因坊《ほんいんぼう》 囲碁のタイトルの名。

本営《ほんえい》 総大将のいる軍営。本陣。

盆踊り《ぼんおどり》 お盆に皆でおどる踊り。[秋]

本懐《ほんかい》 抱いていた望み。「―をとげる」

本格《ほんかく》 正しい格式・形式。「―的」

本願《ほんがん》 本来の願い。仏の衆生救済の誓願。

椪柑《ポンかん》 ミカン科の小高木。果実は食用。

本気《ほんき》 真剣な気持ち。まじめな気持ち。

本紀《ほんぎ》 紀伝体の歴史書で、帝王の記録。

本義《ほんぎ》 本来の意味。根本の意義。

本決まり《ほんぎまり》 正式に決定すること。

本給《ほんきゅう》 手当などを加えない基本となる給与。

本拠《ほんきょ》 生活や仕事の中心となる場所。

本業《ほんぎょう》 主とする職業。本職。⇔副業

凡愚《ぼんぐ》 平凡で、愚かなこと。ごく普通の人。

本宮《ほんぐう》 もとから祭神がそこにある神社。

盆暗《ぼんくら》 ぼんやりしていること(人)。

盆暮れ《ぼんくれ》 お盆のころと年末のころ。

本家《ほんけ》 分かれ出たもとの家。⇔分家

凡下《ぼんげ》 平凡なこと(人)。凡夫。凡人。

盆景《ぼんけい》 盆や盆栽に自然の風景を表したもの。

本卦還り《ほんけがえり》 干支が一巡する。還暦。

本絹《ほんけん》 ⇩正絹《しょうけん》

本源《ほんげん》 おおもと。根源。

梵語《ぼんご》 古代インドの文章語。

翻刻《ほんこく》 原本通り新たに刊行すること。

本国《ほんごく》 その人の国籍のある国や生まれた国。

本腰《ほんごし》 本気で物事をしようとする気構え。

凡骨《ぼんこつ》 平凡な器量の人。凡人。

香港《ホンコン》 中国の特別行政区。

本妻《ほんさい》 正式の妻。正妻。正室。

凡才《ぼんさい》 平凡な才能。凡人。

盆栽《ぼんさい》 観賞用に育てた鉢植えの草木。

梵妻《ぼんさい》 僧の妻。大黒。

凡作《ぼんさく》 平凡でつまらない作品。

本山《ほんざん》 一宗一派の中心となる寺。

本旨《ほんし》 本来の趣旨。真の目的。

本地《ほんじ》 仏・菩薩の本来の姿。「―垂迹」

本字《ほんじ》 漢字。略字に対し、正体の漢字。

翻字《ほんじ》 ある文字の文を別の文字の文に直す。

梵字《ぼんじ》 梵語の文字。

本式《ほんしき》 本来のやり方。正式。

本質《ほんしつ》 その物の本来の性質や要素。

本日《ほんじつ》 きょう。この日。

凡失《ぼんしつ》 野球などで、つまらない失策。

本社《ほんしゃ》 会社の本部となる事業所。

凡手《ぼんしゅ》 平凡な腕前。

本州《ほんしゅう》 日本列島の中心となる最大の島。

奔出《ほんしゅつ》 勢いよくほとばしり出ること。

本性《ほんしょう》 本来の性質。

梵鐘《ぼんしょう》 寺院の鐘楼の釣り鐘。

本心《ほんしん》 本当の気持ち。本来の正しい心。

本陣《ほんじん》 本営。江戸時代、大名が泊まる旅館。

凡人《ぼんじん》 普通の人。平凡人。

本筋《ほんすじ》 中心となる筋道。本来ふむべき筋道。

本姓《ほんせい》 もとの姓。本当の姓。ほんみょう。

本籍《ほんせき》 その人の戸籍のある場所。

盆石《ぼんせき》 盆の上に石を配し自然を模したもの。

本船《ほんせん》 主となる船。親船。

本線《ほんせん》 走行用の車線。鉄道の幹線。

本然《ほんぜん》 本来そうであること。ほんねん。

本膳《ほんぜん》 正式の日本料理。本膳料理。

翻然《ほんぜん》 ひるがえるさま。急に改心するさま。

本訴《ほんそ》　一連の民事訴訟での、最初の訴訟。
本葬《ほんそう》　正式の葬儀。
奔走《ほんそう》　かけまわって努力すること。
本草《ほんぞう》　植物。特に、漢方で薬用植物。
本則《ほんそく》　法令・規則などの本体。原則。
凡俗《ぼんぞく》　ありふれた人。凡人。俗人。
本尊《ほんぞん》　その寺の信仰の中心となる仏像。
凡打《ぼんだ》　野球で、ヒットにならない打撃。
本体《ほんたい》　本当の姿や形。機械などの中心部分。
凡退《ぼんたい》　打者が出塁も犠打もできず退くこと。
本宅《ほんたく》　別宅に対し、ふだん住んでいる家。
本立《ほんた》て　本を立てて並べる道具。
本棚《ほんだな》　書物をのせておく棚。書棚。書架。
馬尾藻《ほんだわら》　褐藻類。鏡餅の飾り用。[新]
文旦《ぼんたん》　ザボンの別名。

盆地《ぼんち》　山地や高地に囲まれた盆状の土地。
本朝《ほんちょう》　わが国の朝廷。日本。
本調《ほんちょう》子《し》　本来の調子が出ること。
本店《ほんてん》　事業の中心となる店。⇔支店
本殿《ほんでん》　神社で神体を安置してある社殿。
梵天《ぼんてん》　仏法を護持する神。梵天王。
本当《ほんと》　ほんとう(本当)。
本土《ほんど》　本国。主となる国土。本州。
本当《ほんとう》　うそでないこと。真実。実に。全く。
本島《ほんとう》　中心になる島。「沖縄―」
奔騰《ほんとう》　相場・物価などが急に上がること。
本堂《ほんどう》　本尊を安置してある建物。
本道《ほんどう》　主となる道。本街道。正しい道。
本人《ほんにん》　その人自身。当人。
本音《ほんね》　本心から出た言葉。

本年《ほんねん》　今年。
本能《ほんのう》　生まれつき備わっている性質や能力。
煩悩《ぼんのう》　苦しみを生みだす肉体や心の欲望。
盆《ぼん》の窪《くぼ》　うなじの中央のくぼんだ所。
本場《ほんば》　主な産地。本式に行われている場所。
奔馬《ほんば》　勢いよく走る馬。
本場《ほんば》所《しょ》　正式の大相撲の興行。
本番《ほんばん》　映画やテレビで、正式の撮影・放送。
凡百《ぼんぴゃく》　もろもろ。かずかず。
本部《ほんぶ》　組織の中心となる部局。
凡夫《ぼんぷ》　凡人。煩悩に支配されて生きる人間。
本復《ほんぷく》　病気がすっかり治ること。全快。
本節《ほんぶし》　カツオの背肉で作った上等の鰹節。
本降《ほんぶ》り　本格的に雨が降ること。
本分《ほんぶん》　その人が本来すべきつとめ・義務。

本文《ほんぶん》　⇨ほんもん(本文)
本舗《ほんぽ》　おおもとの店。総本店。
本邦《ほんぽう》　我が国。日本。「―初公開」
本俸《ほんぽう》　諸手当を除いた本給。
奔放《ほんぽう》　束縛されず思うままに振る舞うこと。
雪洞《ぼんぼり》　小さい行灯《あんどん》、または手燭。
本末《ほんまつ》転倒《てんとう》　物事の本来の順序や重要度をまったく逆にとり違えること。
本丸《ほんまる》　城の中心となる一区画。
本名《ほんみょう》　本当の名。実名。ほんめい。
本務《ほんむ》　主として従う任務。
本命《ほんめい》　優勝候補。最有力と予想される人。
奔命《ほんめい》　いそがしく活動すること。
本望《ほんもう》　本来の望み。望みを達した満足感。
本元《ほんもと》　本当の元。おおもと。「本家―」

本物《ほんもの》　本当の物。本格的であること。
本文《ほんもん》　書物で、主となる部分。
本屋《ほんや》　本を売る店。
翻訳《ほんやく》　ある言語を他の言語に移し表現する。
凡庸《ぼんよう》　平凡で取り柄がないこと。
本読《ほんよ》み　読書家。台本のよみあわせ。
本来《ほんらい》　もともと。元来。そうあるべきこと。
本流《ほんりゅう》　川の根幹となる流れ。主流。⇔支流
奔流《ほんりゅう》　激しい勢いの流れ。
凡慮《ぼんりょ》　凡人の考え。
本領《ほんりょう》　本来の力。もともとの特質。
本塁《ほんるい》　捕手の直前にある塁。ホームベース。
翻弄《ほんろう》　思いのままにもてあそぶこと。
本論《ほんろん》　議論や論文の主要な部分。
本割《ほんわり》　大相撲で、正規の取組。

ま

真《ま》　まこと。本当。「―に受ける」
間《ま》　あいだ。部屋。ころあい。
間合《まあ》い　間隔。頃あい。
麻雀《マージャン》　中国起源の室内遊戯。
舞《まい》　音楽にのり身体を動かすこと。
舞扇《まいおうぎ》　舞のときに用いる扇。
玫瑰《まいかい》　ハマナスの変種。中国に産する美石。
枚挙《まいきょ》　一つ一つ数えあげること。
舞子《まいこ》　宴席で舞を舞う少女。(別)舞妓
迷子《まいご》　連れにはぐれた子。道に迷った子。
埋骨《まいこつ》　遺骨を墓に埋めること。
舞《ま》い込《こ》む　予期しないものが入り込む。
邁進《まいしん》　ひたすら進むこと。

売僧《まいす》 堕落した僧。
埋設《まいせつ》 地下に埋めて設備すること。
埋葬《まいそう》 遺骨を土中に葬ること。
埋蔵《まいぞう》 地下にうずまっていること。
舞茸《まいたけ》 広葉樹の根元にはえるきのこ。食用。
真《ま》一《いち》文《もん》字《じ》 まっすぐなこと。
毎《まい》度《ど》 いつも。そのたびごと。
賂《まいない》 賄賂《わいろ》。
舞姫《まいひめ》 バレー・舞を舞う女。
埋没《まいぼつ》 埋もれて見えなくなること。
舞舞螺《まいまいつぶり》 カタツムリの異名。
舞《ま》い戻《もど》る 元いたところへ戻る。
参《まい》る 参上する。降参する。参拝する。
哩《マイル》 ヤードポンド法の長さの単位。
眩《ま》う 目がまわる。目がくらむ。

舞《ま》う 舞をする。くるくる回る。飛ぶ。
前祝《まえいわ》い 事の成功を見越し前もって祝う。
前売《まえう》り チケットなどを当日前に売る。
前置《まえお》き 本題に入る前に述べる言葉。
前屈《まえかが》み 体を前にかがめること。
前書《まえが》き 本文の前に書き添えること。
前掛《まえか》け 汚れの防止に、前にかける布。
前貸《まえが》し 支払い日以前に貸すこと。
前頭《まえがしら》 力士の位の一。小結の下。
前髪《まえがみ》 額の近くに生えている頭髪。
前借《まえが》り 支払い日以前に借りること。
前金《まえきん》 前もって払う金。
前景気《まえげいき》 事が始まる前の景気。
前口上《まえこうじょう》 本題に入る前に述べる言葉。
前屈《まえこご》み まえかがみ。

前倒《まえだお》し 計画などの繰り上げ執行。
前歯《まえば》 口の前面に生えている歯。
前払《まえばら》い 代金などを前もって払うこと。
前評判《まえひょうばん》 ある事が行われる前の評判。
前触《まえぶ》れ 予告。前兆。
前褌《まえみつ》 力士のまわしの体の前に当たる部分。
前向《まえむ》き 正面に向くこと。積極的なこと。
前以《まえもっ》て 事に先立って。あらかじめ。
前厄《まえやく》 厄年の前の年。⇔後厄
前渡《まえわた》し 金品を期日以前に渡すこと。
魔王《まおう》 悪魔の王。仏教で、天魔の王。
間男《まおとこ》 人妻が他の男と密通すること。
魔界《まかい》 悪魔のすむ世界。魔境。
磨崖仏《まがいぶつ》 岩壁に彫刻した仏像。
紛《まが》い物《もの》 にせもの。模造品。

紛《まが》う 似ていて間違える。入り混じる。
真顔《まがお》 まじめな表情。
籬《まがき》 竹・柴などを粗く編んで作った垣。
任《まか》せる ゆだねる。そのものの自由にさせる。
勾玉《まがたま》 瑪瑙・翡翠を用いた古代の装身具。
賄《まかな》う やりくりする。食事の用意をする。
摩訶不思議《まかふしぎ》 どう考えても理解できない。何とも不思議だ。
禍禍《まがまが》しい 不吉なことが起こりそうだ。
真鴨《まがも》 大形のカモ。冬鳥として渡来。
間借《まが》り 他人の家の部屋を借りること。
罷《まか》り出《で》る 退出する。人前に出る。
罷《まか》り通《とお》る 堂々と通用する。
罷《まか》り成《な》らぬ 決して許さない。
曲《ま》がり形《なり》 不完全なこと。「—にも」

罷《まか》り間違《まちが》う 万一間違う。
曲《ま》がる まっすぐでなくなる。ねじける。
牧《まき》 まきば。牧場。
巻《まき》 書物の一区分。「虎の—」
薪《まき》 燃料にする木や枝。たきぎ。
真《ま》木《き》 スギやヒノキの総称。
槙《まき》 マキ科の常緑高木。イヌマキ。
巻《ま》き網《あみ》 魚群を包囲しながら捕る漁網。
撒《ま》き餌《え》 魚や鳥を集めるためまく餌。
蒔《まき》絵《え》 金粉・銀粉などを付着させた漆工芸。
巻《ま》き貝《がい》 螺旋状の殻をもつ貝。
巻《ま》き返《かえ》し 勢いを盛り返して攻める。
巻《まき》狩《が》り 獣を取り巻き追い捕らえる狩り。
薪雑把《まきざっぽう》 薪にする木切れ。薪。
巻《ま》き舌《じた》 舌の先を巻くようにした発音。

巻《ま》き尺《じゃく》 テープ状のものさし。
巻《ま》き鮨《ずし》 海苔で巻いた鮨。
巻《ま》き添《ぞ》え 災難に巻き込まれること。
牧《まき》場《ば》 牛や馬などを放し飼いにしておく所。
巻《ま》き物《もの》 書画を横に長く表装したもの。
紛《まぎ》れ込《こ》む まぎれて入り込む。
紛《まぎ》れる まじって区別しにくくなる。
間《ま》際《ぎわ》 事が行われようとする直前。
薪《まき》割《わ》り 丸太などを割って薪を作る。
幕《まく》 しきりなどにする、広く長い布。
膜《まく》 物の表面をおおう薄い皮。
巻《ま》く くるくると丸く動かす。取り囲む。
蒔《ま》く 種を土に散らし植える。
撒《ま》く 一面に散らす。はぐらかす。
幕間《まくあい》 幕が下りている間。芝居の休憩時間。

幕《まく》開《あ》き　幕が開いて芝居が始まること。
幕内《まくうち》　相撲で前頭以上の力士。幕の内。
幕《まく》切《ぎ》れ　芝居で、一幕が終わること。
秣《まぐさ》　牛馬の飼料にする草。かいば。
幕下《まくした》　相撲で、十両のすぐ下の力士。
真《ま》葛原《くずはら》　クズの生えている原。〔秋〕
間《ま》口《ぐち》　土地・家屋の正面の幅。⇔奥行き
魔《ま》窟《くつ》　悪魔が住む所。私娼窟。
枕《まくら》　寝るとき頭の下にあてるもの。
枕《まくら》絵《え》　春画。
枕上《まくらがみ》　枕のあたり。枕元。
枕《まくら》木《ぎ》　鉄道のレールの下に敷く角材。
枕詞《まくらことば》　和歌で特定の語句に冠する修飾語。
枕探《まくらさが》し　睡眠中の旅客を狙う盗人。
枕元《まくらもと》　寝ている人の枕のそば。(別)枕許

捲《まく》る　巻き上げる。はがす。めくる。
紛《まぎ》れ　思いがけないこと。偶然。
鮪《まぐろ》　サバ科の大形の回遊魚。食用。〔冬〕
馬《ま》鍬《ぐわ》　牛馬にひかせ田畑をかきならす農具。
真《ま》桑《くわ》瓜《うり》　つる性一年草。実は甘い。〔夏〕
髷《まげ》　束ねてまとめた髪。
負《ま》け犬《いぬ》　けんかに負けて逃げる犬。
負《ま》け惜《お》しみ　強がりを言うこと。
負《ま》けじ魂《だましい》　負けまいと奮い立つ気概。
曲《ま》げて　是が非でも。しいて。
曲《ま》げ物《もの》　薄い板を曲げて作る容器。
髷物《まげもの》　時代物の小説や映画。
負《ま》ける　争って敗れる。値段を安くする。
曲《ま》げる　曲がった状態にする。信念にそむく。
負《ま》けん気《き》　負けまいとする気持ち。

孫《まご》　自分の子供の子供。
馬《ま》子《ご》　馬で荷を運ぶことを業とする人。
孫《まご》請《う》け　下請け会社の下請け。
孫《まご》子《こ》　孫と子。子孫。「—の代まで」
真《ま》心《ごころ》　いつわりのない誠の心。
孫《まご》弟《で》子《し》　弟子の弟子。
誠《まこと》　真実。まごころ。誠意。(別)真・実
孫《まご》の手《て》　背中などを掻くための棒。
孫《まご》引《び》き　他書の引用文を引用する。
真《ま》菰《こも》　イネ科の多年草。葉はむしろ用。〔夏〕
鉞《まさかり》　大形の斧《おの》。
柾《まさき》　ニシキギ科の低木。生け垣にする。
弄《まさぐ》る　手先でさぐる。もてあそぶ。
真《ま》砂《さご》　砂や小さい石。いさご。
摩《ま》擦《さつ》　こすれ合うこと。感情のこじれ。

正《まさ》に　確かに。間違いなく。
当《まさ》に　当然であるさま。
方《まさ》に　あたかも。ちょうど。
将《まさ》に　ちょうどその時。今しも。
柾《まさ》目《め》　板の木目が平行なもの。⇔板目
正夢《まさゆめ》　夢で見た通りになる夢。⇔逆夢《さかゆめ》
勝《まさ》る　他と比べてすぐれている。(別)優る
真《ま》四《し》角《かく》　正方形。
間《ま》仕《じ》切《き》り　部屋の間の仕切り。
況《ま》して　なおさら。いうまでもなく。
呪《まじな》う　神仏などの力が得られるように祈る。
在《まし》ます　「いる」の尊敬語。「天に—神」
真《ま》面《じ》目《め》　本気。真剣。誠実なこと。
間《ま》尺《しゃく》　建築物の寸法。損得計算。割。
魔《ま》手《しゅ》　悪魔の手。人に害悪を与えるもの。

魔《ま》術《じゅつ》　不思議な術。大がかりな手品。
魔《ま》女《じょ》　女の魔法使い。
魔《ま》性《しょう》　人の心を迷わすような性質。
猿《ましら》　サル。
混《ま》じる　異質なものが中に加わる。(別)交じる
瞬《まじろ》ぎ　まばたき。「—もしない」
交《まじ》わり　交際。つきあい。
麻《ま》疹《しん》　⇨はしか(麻疹)
魔《ま》神《じん》　わざわいをもたらす神。
升《ます》　液体や穀物の量をはかる容器。
枡《ます》　四角に区切られた見物席。枡席。
鱒《ます》　サケ科のサクラマスなどの通称。〔春〕
増《ま》す　ふえる。ふやす。強まる。強める。
先《ま》ず　最初に。とりあえず。ほとんど。
麻《ま》酔《すい》　薬により一時知覚を麻痺させること。

不《ま》味《ず》い　味が悪い。⇔うまい
拙《まず》い　技術がへただ。つたない。
貧《まず》しい　貧乏である。十分にない。
枡《ます》席《せき》　芝居や相撲で、四角に区切った客席。
益《ます》益《ます》　以前にまして。いっそう。
先《ま》ず先《ま》ず　一応。まあまあ。
升《ます》目《め》　升ではかった量。四角い区切り。
益《ます》荒《ら》男《お》　強く雄々しい男。(別)丈夫
摩《ま》する　こする。接する。近づく。
混《ま》ぜる　異質のものを一緒にする。(別)交ぜる
磨《ま》損《そん》　摩擦によってすり減ること。
股《また》　両足のつけ根の部分。(別)胯
叉《また》　二つ以上に分かれる所。「木の—」
又《また》　その上に。この次。「—の日」
復《また》　再び。「—来る」(別)又

亦《また》　同様に。「火も―涼し」[別]又
未《ま》だ　いまだに。さらに。むしろ。
真鯛《まだい》　スズキ目の海魚。食用、祝儀用。
間代《まだい》　部屋の借り賃。部屋代。
又貸《またが》し　借りたものを他の者に貸す。
跨《また》がる　股を開いて乗る。かかわる。
未《ま》だき　早い時期。「朝―」
又聞《またぎ》き　直接でなく人を介して聞く。
跨《また》ぐ　両足を開げて越える。
股座《またぐら》　両股の間。また。
真竹《まだけ》　竹の一種。材は建築用。筍は食用。
股下《またした》　ズボンなどの、股から下。その長さ。
股擦《またず》れ　太股の内側がすれあうこと。
又候《またぞろ》　またしても。またもや。
瞬《まただ》く　まばたく。光や星がちらちらする。

木天蓼《またたび》　つる性低木。猫の好物。[夏]
股旅《またたび》　博徒などが諸国を渡り歩くこと。
斑《まだら》　種々の色がまじっていること。
間怠《まだる》っこい　動作などがのろい。
町《まち》　人家が多く集まっている所。
街《まち》　商店が立ち並ぶ、にぎやかな通り。
襠《まち》　衣服や袋物に幅・厚みを加える布。
待合《まちあい》　芸者などを呼んで遊興する所。
待合室《まちあいしつ》　順番や到着を待つ部屋。
町医者《まちいしゃ》　個人の開業医。
間近《まぢか》　距離や時間がすぐ近くであること。
間違《まちが》い　あやまり。過失。
街角《まちかど》　街路の曲がりかど。街の中。街頭。
町工場《まちこうば》　町中の小さな工場。
町中《まちなか》　町の中のにぎやかな所。

町並《まちな》み　町の家が立ち並ぶ様子。
待《ま》ち針《ばり》　布をとめたりするのに使う針。
待《ま》ち人《びと》　来るのを待たれる人。
待《ま》ち伏《ぶ》せ　隠れて相手を待つこと。
待《ま》ち惚《ぼう》け　待ったあげく相手が来ない。
区区《まちまち》　それぞれに異なること。
町家《まちや》　町なかにある家。
松《まつ》　マツ科の常緑針葉樹の総称。
末《まつ》　すえ。終わり。「年度―」
待《ま》つ　人や時機が来るまで時を過ごす。
俟《ま》つ　期待する。何かに望みを託する。
末裔《まつえい》　子孫。後裔。
真《ま》っ赤《か》　非常に赤い。まぎれもない。
松毬《まつかさ》　松の実。まつぼっくり。
松飾《まつかざ》り　門松。[新]

松風《まつかぜ》　松の枝葉を吹き抜ける風。
末期《まっき》　終わりの時期。末の時期。
松食虫《まつくいむし》　松を食害する昆虫の総称。
真《ま》っ暗《くら》　全く暗くて何も見えないこと。
真《ま》っ黒《くろ》　全く黒い。ひどく黒い。
睫《まつげ》　まぶたの毛。[別]睫毛
末期《まつご》　一生の終わりのとき。臨終。
抹香《まっこう》　焼香に用いるシキミの葉の粉末。
真《ま》っ向《こう》　真正面。まとも。
抹香鯨《まっこうくじら》　暖海にすむクジラの一種。
末座《まつざ》　一番下の順位の人がすわる席。末席。
真《ま》っ青《さお》　全く青いさま。
真《ま》っ盛《さか》り　最も盛んな時。「夏の―」
真《ま》っ先《さき》　一番はじめ。最初。
抹殺《まっさつ》　完全に消し去ること。

末子《まっし》　末っ子。ばっし。
末寺《まつじ》　本山・本寺の支配下にある寺。
驀地《まっしぐら》　激しい勢いでつき進むさま。
末社《まっしゃ》　本社に付属する神社。
抹消《まっしょう》　ある字句を消して無効にすること。
末梢的《まっしょうてき》　とるに足りないさま。
真《ま》っ白《しろ》　全く白いこと。
真《ま》っ直《す》ぐ　曲がっていない。正直。
末世《まっせ》　仏法のすたれた世の中。乱れた世。
末席《まっせき》　一番下位の人の座席。
末節《まっせつ》　重要でないささいな部分。「枝葉―」
全《まった》い　完全である。
末代《まつだい》　後の世。後世。
全《まった》く　完全に。すっかり。本当に。全然。
松茸《まつたけ》　アカマツ林に生える食用きのこ。[秋]

末端《まったん》　物のはし。中枢から最も遠い部分。
燐寸《マッチ》　発火用具の一。
抹茶《まっちゃ》　ひいて粉にした茶。ひき茶。
真《ま》っ当《とう》　まともなさま。まじめ。
全《まっと》うする　最後まで成し遂げる。
松《まつ》の内《うち》　正月の松飾りのある間。[新]
松葉蟹《まつばがに》　海産のカニ。食用。[冬]
真《ま》っ裸《ぱだか》　全くの裸。全裸。[夏]
松葉杖《まつばづえ》　足の不自由な人が用いる杖。
松原《まつばら》　松の多く生えている所。
末尾《まつび》　終わり。すえ。
末筆《まっぴつ》　手紙で最後に書くあいさつの言葉。
真《ま》っ平《ぴら》　ひたすら。絶対にいやだ。
末文《まつぶん》　手紙の最後に添える簡単な結びの文。
末法《まっぽう》　仏教で、仏法が衰える時代。

松毬《まつぼっくり》　松かさ。
松虫《まつむし》　秋によく鳴く昆虫の一。秋
松脂《まつやに》　松などから分泌される樹脂。
末葉《まつよう》　ある時代の終わりの頃。子孫。末裔。
祭《まつ》り　神や祖先をまつる行事。祭礼。夏
茉莉花《まつりか》　ジャスミンの一種。夏
政《まつりごと》　〔祭り事の意〕政治。
末流《まつりゅう》　子孫。流派の末。
祭《まつ》る　儀式を行い神霊をあがめる。別祀る
末路《まつろ》　一生の終わり。物事の衰えた末。
纏《まつわ》る　巻きつく。からむ。関係する。
馬刀貝《まてがい》　海産の二枚貝。食用。春
摩天楼《まてんろう》　天に届くほど高いビル。
的《まと》　矢や鉄砲などの標的。対象。
窓《まど》　部屋の壁などに設けられた開口部。

纏《まとい》　町火消しが用いた組のしるし。
団居《まどい》　集まって楽しむ。集まって丸く座る。
纏《まと》う　身につける。着る。
惑《まど》う　途方にくれる。心を奪われる。
間遠《まどお》　間があくこと。
円《まど》か　まるいさま。穏やかなさま。
窓際《まどぎわ》　窓のそば。閑職にあること。
窓口《まどぐち》　応対する所。外部との応対係。
的外《まとはず》れ　大事な点からそれていること。
纏《まと》まる　整理されて一つになる。
真面《まとも》　真正面。まじめ。
間取《まど》り　家の部屋の配置。
微睡《まどろ》む　少しの間うとうとと眠る。
惑《まど》わす　人の心をまよわせる。
俎板《まないた》　包丁で物を切るとき下に敷く板。

目交《まなか》い　目の前。
真魚《まな》鰹《がつお》　菱形をした海魚。食用。
眼《まなこ》　目。目玉。
目差《まなざ》し　物を見る目つき。
眦《まなじり》　目じり。「—を決する」別眥
真鶴《まなづる》　ツルの一種。天然記念物。冬
愛弟子《まなでし》　目をかけて教えている弟子。
学《まな》び舎《や》　学校。校舎。
愛娘《まなむすめ》　かわいがっている娘。
随《まにま》に　成り行きに従うさま。「波の—」
真人間《まにんげん》　まともな人間。
免《まぬが》れる　うまくのがれる。
間抜《まぬ》け　することにぬかりがあること。
真似《まね》　まねること。行為。ふるまい。
招《まね》き猫《ねこ》　人を招く姿をした猫の置物。

招《まね》く　合図し近くへ来させる。招待する。
真似事《まねごと》　まねて何かをすること。
真似《まね》る　他のものに似せてする。
目《ま》の当《あ》たり　自分の目の前。
間延《まの》び　間があきすぎ、しまりがない。
瞬《まばた》き　まぶたを開け閉じすること。
眩《まばゆ》い　光が強くて、目をあけていられない。
疎《まば》ら　すき間が多いさま。密でないさま。
麻痺《まひ》　神経の障害などで感覚がなくなる。
間引《まび》く　密生した作物を適当に抜く。
目庇《まびさし》　兜や帽子などのひさし。別眉庇
間夫《まぶ》　情夫。間男。遊女の情人。
目深《まぶか》　帽子などを深くかぶるさま。
眩《まぶ》しい　光が強くて見ていられない。
塗《まぶ》す　粉などを一面に塗り付ける。

瞼《まぶた》　目の表面をおおう薄い皮膚。
目縁《まぶち》　目のふち。まぶた。
真帆《まほ》　追風を受けて十分に張った帆。
魔法《まほう》　不思議なことを行う術。マジック。
幻《まぼろし》　ないものがあるように見えるもの。
儘《まま》　成り行きにまかせる。思いのとおり。
間間《まま》　ときどき。時として。
継子《ままこ》　血のつながりのない子。
飯事《ままごと》　食事など家庭生活をまねる遊び。
継父《ままちち》　血縁関係のない父。けいふ。
継母《ままはは》　血縁関係のない母。けいぼ。
見《まみ》える　お目にかかる。対面する。
真水《まみず》　塩分のまじらない水。淡水。
塗《まみ》れる　塗りたくったように汚れる。
真向《まむ》かい　ちょうど正面。

蝮《まむし》　水辺に近い草地にすむ毒蛇。夏
豆《まめ》　大豆・小豆《あずき》・隠元などの総称。
肉刺《まめ》　手足の皮膚にできる水ぶくれ。
忠実《まめ》　よく働くさま。健康なさま。
豆粕《まめかす》　大豆から油をしぼったあとの粕。
豆炭《まめたん》　無煙炭と木炭の粉を丸く固めた燃料。
摩滅《まめつ》　すりへること。別磨滅
豆鉄砲《まめでっぽう》　豆を弾丸にして撃つ玩具。
豆撒《まめま》き　節分の夜、豆をまく行事。冬
豆名月《まめめいげつ》　陰暦九月一三夜の月。秋
摩耗《まもう》　すり減ること。別磨耗
魔物《まもの》　魔性のもの。人をまどわすもの。
守《まも》り刀《がたな》　護身用の短刀。
守《まも》り神《がみ》　災いから守ってくれる神。
守《まも》り本尊《ほんぞん》　身の守りに信仰する仏。

守《まも》る　防ぐ。防御する。きめたことに従う。
麻薬《まやく》　麻酔作用をもつ薬物。
眉《まゆ》　目の上に弓形に生えている毛。
繭《まゆ》　幼虫を保護する殻。特に蚕の繭。〔夏〕
眉毛《まゆげ》　眉。眉に生えている毛。
眉尻《まゆじり》　眉の、こめかみに近い方の端。
眉墨《まゆずみ》　眉をかく化粧品。〔別〕黛
繭玉《まゆだま》　枝に繭形の餅をつけた飾り物。〔新〕
眉唾物《まゆつばもの》　真偽の疑わしいもの。
眉根《まゆね》　眉の、鼻に近い方の端。
檀《まゆみ》　ニシキギ科の落葉小高木。
迷《まよ》う　方向をまちがう。決断できない。
魔除《まよ》け　魔物をさけるためのお守り。
真夜中《まよなか》　夜のすっかり更けた時。
魔羅《まら》　仏道修行をさまたげるもの。陰茎。

毬《まり》　遊びに用いる球状のもの。〔別〕鞠
毬藻《まりも》　阿寒湖などに自生する淡水藻。
魔力《まりょく》　人を迷わすあやしい力。
丸《まる》　まるい形。まるい物。記号の丸い形。
丸洗《まるあら》い　和服をそのままの形で洗うこと。
丸《まる》い　球の形である。おだやかだ。
円《まる》い　円の形である。
丸写《まるうつ》し　人の文章をそのまま写すこと。
丸帯《まるおび》　女物の幅の広い帯。礼装用。
丸抱《まるがか》え　費用を全額負担してやること。
丸齧《まるかじ》り　切らずに、そのままかじること。
丸木舟《まるきぶね》　一本の木をくりぬいた舟。
丸首《まるくび》　襟ぐりを丸くくりぬいた洋服。
丸腰《まるごし》　刀剣などの武器を帯びていないこと。
丸損《まるぞん》　費用や労力がすべてむだになること。

丸太《まるた》　皮をはいだだけの木材。
丸潰《まるつぶ》れ　すっかりつぶれる。「面目―」
丸裸《まるはだか》　体に何もつけていない。無一物。
丸秘《まるひ》　秘密にすべき物事。「―書類」
丸坊主《まるぼうず》　頭髪を剃った頭。坊主頭。
丸干《まるぼ》し　魚などを姿のまま干すこと。
丸髷《まるまげ》　楕円形の髷を結う既婚女性の髪型。
丸丸《まるまる》　全部。よく太っているさま。
丸見《まるみ》え　すっかり見えること。
丸《まる》める　丸くする。頭髪を剃る。
丸儲《まるもう》け　元手をかけず収入を得ること。
丸焼《まるや》け　火事で全部焼けること。全焼。
稀《まれ》　めったにないこと。珍しいさま。
麻呂《まろ》　昔、公家などが自分をさした語。
客人《まろうど》　客。客人。

円《まろ》やか　まるいさま。よい口あたり。
回《まわ》し　力士の褌《ふんどし》。
回《まわ》し者《もの》　敵方が送り込んだ者。スパイ。
真綿《まわた》　くず繭を薄く伸ばし乾燥したもの。
回《まわ》り　回転すること。「頭の―が早い」
周《まわ》り　周囲。近辺。
回《まわ》り合《あ》わせ　めぐりあわせ。
回《まわ》り灯籠《どうろう》　走馬灯。〔秋〕
回《まわ》り道《みち》　道を遠回りして行くこと。
回《まわ》り持《も》ち　順番に受け持つこと。
満《まん》　みちること。年齢や期間がちょうど。
万一《まんいち》　可能性が少ないこと。
満員《まんいん》　定員に達する。人でいっぱいになる。
満悦《まんえつ》　満ち足りて喜ぶこと。「御―」
蔓延《まんえん》　はびこり広がること。

漫画《まんが》　滑稽みや風刺を表す絵。
満開《まんかい》　花がすっかり咲くこと。
満額《まんがく》　目標・要求の金額に達すること。
満干《まんかん》　潮のみちひ。干満。
満願《まんがん》　願かけの日数が満ちること。
満艦飾《まんかんしょく》　派手に飾り立てること。
満期《まんき》　一定の期限に達すること。
満喫《まんきつ》　十分に味わい楽しむこと。
万金《まんきん》　多額の金銭。
万鈞《まんきん》　非常に重いこと。「―の重み」
万華鏡《まんげきょう》　三角柱の鏡のおもちゃ。
満月《まんげつ》　まん丸に輝く月。十五夜の月。〔秋〕
漫言《まんげん》　思いつきで言う言葉。
満腔《まんこう》　体じゅう。体全体。「―の感謝」
満座《まんざ》　その場にいる者すべて。

満載《まんさい》　人や荷物をいっぱいのせること。
万歳《まんざい》　家々を回り、新年を祝って舞う。〔新〕
漫才《まんざい》　二人で滑稽なやりとりをする演芸。
満作《まんさく》　穀物がよくみのること。金縷梅。
満更《まんざら》　必ずしも。「―悪くない」
満山《まんざん》　山全体。寺全体。
卍《まんじ》　仏教で、仏に表れるめでたい相。
卍巴《まんじともえ》　互いに追う形で入り乱れるさま。
饅頭《まんじゅう》　練った生地で餡《あん》を包んだ菓子。
曼珠沙華《まんじゅしゃげ》　ヒガンバナ。〔秋〕
満場《まんじょう》　その会場にいる人全部。「―一致」
満身《まんしん》　体じゅう。全身。「―の力」
慢心《まんしん》　おごり高ぶること。
満身創痍《まんしんそうい》　全身傷だらけ。
満水《まんすい》　水がいっぱいにたまること。

ま

慢性《まんせい》 病気が長引く性質であること。

満席《まんせき》 劇場や乗り物の座席が全部ふさがる。

漫然《まんぜん》 とりとめのないさま。

満足《まんぞく》 不足がないこと。十分であること。

曼荼羅《まんだら》 仏の悟りや教えを示した絵。

漫談《まんだん》 とりとめのない話。演芸で軽妙な話芸。

瞞着《まんちゃく》 だますこと。

満潮《まんちょう》 潮が満ち海面が最も高い状態。

満天《まんてん》 空一面。「—の星」

満点《まんてん》 規定の最高点に達すること。

満天下《まんてんか》 天下全体。国中。世界中。

万灯《まんどう》 多くの灯。長い柄の行灯《あんどん》。[秋]

政所《まんどころ》 鎌倉・室町幕府の政務をとった所。

真《ま》**ん中**《なか》 ちょうど中心。

万人《まんにん》 多くの人。ばんにん。

万年《まんねん》 長い年月。変化のない状態。

万年茸《まんねんたけ》 大きなきのこ。霊芝《れいし》。

万年床《まんねんどこ》 敷きっぱなしの寝床。

万年筆《まんねんひつ》 携帯用ペン。

万年雪《まんねんゆき》 一年中消えない雪。

満年齢《まんねんれい》 誕生日で一歳増える年齢。

満杯《まんぱい》 容器などが一杯になること。

満帆《まんぱん》 船の帆が風をいっぱいに受けること。

万引《まんび》**き** 店の商品をこっそり盗むこと。

漫筆《まんぴつ》 気の向くままに書いた文章。

満票《まんぴょう》 投票数の全部。

満腹《まんぷく》 腹がいっぱいになること。

満遍《まんべん》**無**《な》**く** 全体にわたって。

漫歩《まんぽ》 あてもなくぶらぶらと歩くこと。

幔幕《まんまく》 式場などに使う横に長い幕。

真《ま》**ん丸**《まる》 完全に丸いこと。

満満《まんまん》 いっぱいに満ちているさま。

満面《まんめん》 顔じゅう。顔全体。

満目《まんもく》 見渡すかぎり。

満目蕭条《まんもくしょうじょう》 見渡すかぎり草木が枯れ果てて、ものさびしいさま。

漫遊《まんゆう》 気の向くまま各地を巡り歩くこと。

万力《まんりき》 物を挟んで締めつけ固定する工具。

万両《まんりょう》 ヤブコウジ科の常緑小低木。[冬]

満了《まんりょう》 決められた期間が終わること。

満塁《まんるい》 野球で全部の塁に走者がいること。

み

巳《み》 十二支の第六。

身《み》 体。自分自身。魚などの肉。立場。

実《み》 種子。果実。汁に入れる具。中身。

箕《み》 穀物をあおって、殻やごみを除く具。

見合《みあ》**い** 結婚の意志をもつ男女が会う。

見誤《みあやま》**る** 見て、別のものだと思う。

木乃伊《ミイラ》 腐敗せず原形を保つ死体。

実《み》**入**《い》**り** 穀物の実が熟すこと。収入。

見《み》**入**《い》**る** じっと見る。注視する。

魅《み》**入**《い》**る** 魔物などが人にとりつく。

身《み》**請**《う》**け** 芸妓などを請け出すこと。

見失《みうしな》**う** 見えていたものが見えなくなる。

身内《みうち》 体じゅう。家族や近縁者。

身《み》**売**《う》**り** 借金のかたに奉公すること。

見《み》**栄**《え》 実際よりよく見せようとすること。

見《み》**得**《え》 歌舞伎で、見せ場でポーズをとる。

御《み》**影**《えい》**供**《く》 空海の忌日に行う法会。[春]

澪《みお》 船が航行する水路。航跡。[別]水脈

澪標《みおつくし》 船の航路を示すために立てた杭。

見劣《みおと》**り** 他のものより劣って見えること。

見覚《みおぼ》**え** 以前見た記憶があること。

身重《みおも》 妊娠していること。

未開《みかい》 文明が未発達である。未開拓の状態。

見返《みかえ》**し** 本の表紙の裏とその相対する面。

見返《みかえ》**す** 見直す。仕返しに見せつける。

見返《みかえ》**り** 保証・担保としてさし出すこと。

身《み》**欠**《が》**き鰊**《にしん》 頭と尾を取り干した鰊。

見限《みかぎ》**る** 見込みがないと判断する。

味覚《みかく》 舌が感じる味の感覚。

磨《みが》**く** こすってつやを出す。上達させる。

未確認《みかくにん》 真偽が確認されていない。

見掛《みか》**け** 外から見て受ける感じ。外見。

御影石《みかげいし》 石材としての花崗岩。

見掛《みか》**け倒**《だお》**し** 外見に実質が劣る。

見方《みかた》 見る方法。考え方。見解。

味方《みかた》 自分と利害を共にする方。加勢する。

三日月《みかづき》 陰暦三日の細い月。[秋]

身《み》**勝手**《がって》 自分の思うままにふるまう。

見兼《みか》**ねる** 黙って見ていられない。

帝《みかど》 天皇。

身構《みがま》**え** 攻撃や防御の姿勢。

身柄《みがら》 その人のからだ。

身軽《みがる》 動きが軽快である。気楽なこと。

三河《みかわ》 旧国名。愛知県中部・東部。

身《み》**代**《が》**わり** 他人に代わってすること。

未刊《みかん》 まだ刊行されていないこと。⇔既刊

未完《みかん》 まだ完成・完了していないこと。

蜜柑《みかん》 ミカン科の柑橘類の総称。[秋]

未完成《みかんせい》 まだ完成していないこと。

幹《みき》 木の中央の太い部分。重要な部分。

神酒《みき》 神に供える酒。

見聞《みき》き 見たり聞いたりすること。

右利《みぎき》き 右手の方がよく使えること。

砌《みぎり》 そのとき。おり。「幼少の―」

見切《みき》る 見込みがないと見きわめる。

身綺麗《みぎれい》 こざっぱりしているさま。

汀《みぎわ》 陸地の水と接するところ。(別)渚

見極《みきわ》める 真偽や本質を見定める。

見下《みくだ》す 自分より劣ったものとして見る。

三行半《みくだりはん》 夫から妻に対する離縁状。

見縊《みくび》る 軽く見て、あなどる。

見苦《みぐる》しい みっともない。不体裁だ。

身包《みぐる》み 身につけているもの全部。

三毛《みけ》 猫の、白・黒・茶色のまじった毛色。

未決《みけつ》 まだ決まっていないこと。

未見《みけん》 まだ見ていないこと。

眉間《みけん》 眉と眉の間。

巫女《みこ》 神に奉仕する未婚の女性。

御子《みこ》 天皇の子。神の子としてのキリスト。

見巧者《みごうしゃ》 芝居などの見方の上手な人。

見越《みこ》し 物越しに見えること。「―の松」

神輿《みこし》 祭りで神体を乗せてかつぐ輿。[夏]

身拵《みごしら》え ふさわしい服装を整えること。

見越《みこ》す 将来を予測する。「先を―」

見応《みごた》え 見るだけの値打ちがある。

尊《みこと》 神や貴人の尊称。(別)命

見事《みごと》 すばらしいさま。立派なさま。

詔《みことのり》 天皇のお言葉。(別)勅

見込《みこ》み 予想。見当をつけること。

妊《みごも》る 妊娠する。はらむ。(別)孕る

見頃《みごろ》 見るのにちょうどよい時期。

身頃《みごろ》 衣服の、体の前部と背部を包む部分。

見殺《みごろ》し 人の苦しみを放置すること。

未婚《みこん》 まだ結婚していないこと。

弥撒《ミサ》 カトリック教の聖餐式。

未済《みさい》 物事が未処理なこと。未返済。

操《みさお》 志を守って変えないこと。貞操。

見境《みさかい》 正しい判断。分別。

岬《みさき》 海に突き出た陸地の先端。

見下《みさ》げる 相手を軽蔑して見る。

鶚《みさご》 タカの一。海岸にすみ魚を捕らえる。

陵《みささぎ》 天皇や皇后の墓所。

見定《みさだ》める はっきりするまでよく見る。

短夜《みじかよ》 夏の、すぐに明ける夜。[夏]

身支度《みじたく》 目的にあった服装に整える。

身仕舞《みじま》い 身なりを整えること。

惨《みじ》め あわれなさま。情けないさま。

未収《みしゅう》 まだ収集・収納していないこと。

未熟《みじゅく》 熟していない。経験不足である。

実生《みしょう》 種子から発芽した植物。

未詳《みしょう》 まだわかっていないこと。

見知《みし》る 知りあいである。

身《み》じろぎ 体を動かすこと。

微塵《みじん》 ちりやほこり。ごく小さなもの。

微塵子《みじんこ》 沼や田にすむ微小節足動物。

微塵粉《みじんこ》 蒸して干したもち米の粉。

御簾《みす》 神前などにかける簾《すだれ》。

水垢《みずあか》 水中の不純物が固まったもの。

水揚《みずあ》げ 船荷を陸に揚げること。漁獲高。

水中《みずあた》り 生水にあたって起こす下痢。[夏]

水浴《みずあ》び 水を浴びること。水泳。

水飴《みずあめ》 澱粉質を糖化した粘液状の飴。

未遂《みすい》 計画だけで成し遂げなかったこと。

水入《みずい》らず 他人を交えないこと。

見据《みす》える じっと見る。見定める。

鳩尾《みずおち》 ⇩みぞおち(鳩尾)

水貝《みずがい》 アワビの刺し身。[夏]

水鏡《みずかがみ》 水に姿を映して見ること。

水搔《みずか》き 水鳥などの指の間にある膜。

水掛《みずか》け論《ろん》 際限なく続く議論。

水嵩《みずかさ》 河川などの水の量。

水菓《みずが》子《し》 果物のこと。

見透《みす》かす 人の心などを見抜く。

自《みずか》ら 自分自身。自分自身で。

身過《みす》ぎ 生計。くらし。「―世過ぎ」

水木《みずき》 ミズキ科の落葉高木。

水着《みずぎ》 水泳用の衣服。[夏]

水際《みずぎわ》 海など陸地が水と接するあたり。

水際立《みずぎわだ》つ 鮮やかで人目を引く。

水茎《みずくき》 筆。また、筆跡。「―の跡」

水草《みずくさ》 水中に生える草。

水臭《みずくさ》い よそよそしい。他人行儀だ。

水薬《みずぐすり》 ⇩すいやく(水薬)

水気《みずけ》 物に含まれている水分。

水煙《みずけむり》 煙のように見える水しぶき。

水子《みずこ》 流産または堕胎した胎児。

水苔《みずごけ》 湿地に生えるコケ。園芸で用いる。

み

見過《みす》ごす　見おとす。放置する。
水翻《みずこぼし》　建水《けんすい》。
水垢離《みずごり》　水を浴びて心身を清める。
水栽培《みずさいばい》　⇩水耕
水杯《みずさかずき》　別れに杯で水を飲み交わすこと。
水先案内《みずさきあんない》　水路の案内。
水差《みずさ》し　他の容器に水を注ぎ入れる器。
水仕事《みずしごと》　炊事など水を使う仕事。
水飛沫《みずしぶき》　勢いよくとび散る水。
水商売《みずしょうばい》　料理屋・バーなどの職業。
見《み》ず知《し》らず　全く知らないこと。
水澄《みずす》まし　水面を泳ぐ小形の昆虫。[夏]
水攻《みずぜ》め　水を用いた城の攻略法。
水田《みずた》　すいでん。
水炊《みずた》き　鶏肉や野菜の鍋料理。

水玉《みずたま》　葉の上の露など、丸くなった水滴。
水溜《みずた》まり　雨水などがたまっている所。
水《みず》っ洟《ぱな》　水のように薄い鼻汁。[冬]
水鉄砲《みずでっぽう》　筒から水を飛ばす玩具。[夏]
見捨《みす》てる　見はなす。見限る。
不見転《みずてん》　金次第で身を任す芸者。
水時計《みずどけい》　滴る水の量で時を計る装置。
水鳥《みずとり》　水辺にすむ鳥。[冬]
水菜《みずな》　アブラナ科の野菜。漬物用。京菜。[春]
水《みず》の泡《あわ》　水面に浮かぶ泡。すぐ消えるもの。
壬《みずのえ》　十干の第九。
癸《みずのと》　十干の第一〇。
水呑《みずの》み百姓《びゃくしょう》　貧しい農民。
水捌《みずは》け　雨水などの流れ具合。
水芭蕉《みずばしょう》　サトイモ科の多年草。[夏]

水腹《みずばら》　水を飲んで空腹をしのぐこと。
水引《みずひき》　進物などの包みにかける紙ひも。
水浸《みずびた》し　水にすっかりつかること。
水脹《みずぶく》れ　水分を含んでふくれること。
水辺《みずべ》　海・川・湖などの水のほとり。
瑞穂《みずほ》　みずみずしい稲の穂。「—の国」
水疱瘡《みずぼうそう》　⇩水痘《すいとう》
見窄《みすぼ》らしい　外見が貧弱だ。
水枕《みずまくら》　中に水や氷を入れるゴム製の枕。
水増《みずま》し　実際以上に多く見せかけること。
見《み》す見《み》す　目の前で見ていながら。
瑞瑞《みずみず》しい　生気があって新鮮だ。
水虫《みずむし》　白癬菌による手足の皮膚病。[夏]
水物《みずもの》　飲み物や果物。予測のつけ難いもの。
水屋《みずや》　社寺のみたらし。茶室に設けた勝手。

角髪《みずら》　上代の男子の髪の結い方の一。
魅《み》する　人の心をひきつける。
水割《みずわ》り　洋酒などを水で薄めること。
未成年《みせいねん》　二〇歳未満の若者。
見《み》せ掛《か》け　外見。うわべ。みてくれ。
見《み》せ金《がね》　信用させるために見せる現金。
店構《みせがま》え　店の造り・外観。
店先《みせさき》　店の出入り口あたり。店頭。
店仕舞《みせじま》い　閉店。廃業。
見《み》せしめ　他の戒めとして加える制裁。
身銭《みぜに》　自分のお金。「—を切る」
見《み》せ場《ば》　観客に特に見せたい場面。
店番《みせばん》　客の応対のために店にいること。
店開《みせびら》き　店を新規に開業すること。
見世物《みせもの》　料金をとって見せる興行。

未然《みぜん》　まだ、そうなっていないこと。
味噌《みそ》　蒸した大豆を発酵させた調味料。
溝《みぞ》　水を流す細長いくぼみ。感情の隔り。
未曽有《みぞう》　今まで一度もなかったこと。
鳩尾《みぞおち》　胸骨の下、胸の中央にあるくぼみ。
晦日《みそか》　毎月の最後の日。
密《みそか》　ひそか。秘密。「—ごと」
禊《みそぎ》　水を浴びて罪や穢れを清めること。
溝五位《みぞごい》　コウノトリ目の鳥。
見損《みそこ》なう　あやまった評価をする。
鷦鷯《みそさざい》　スズメ目の小鳥。声が美しい。[冬]
三十路《みそじ》　三〇歳。[別]三十
味噌汁《みそしる》　味噌で味をつけた汁。
味噌擂《みそす》り　へつらうこと(人)。
溝蕎麦《みぞそば》　タデ科の一年草。[秋]

味噌《みそ》っ滓《かす》　年少の子供。おみそ。
味噌《みそ》っ歯《ぱ》　黒っぽく欠けた歯。
禊萩《みそはぎ》　ミソハギ科の多年草。溝萩《みぞはぎ》。[秋]
三十一文字《みそひともじ》　短歌。和歌。
見初《みそ》める　一目で恋心を抱く。
身空《みそら》　身の上。置かれている境遇。
霙《みぞれ》　解けて半ば雨となった雪。[冬]
身丈《みたけ》　身長。着物の丈。
見出《みだ》し　新聞などで記事内容を示す標題。
身嗜《みだしな》み　身なりなどを整えること。
満《み》たす　いっぱいにする。満足させる。
乱《みだ》す　乱れるようにする。
見立《みた》て　見て選ぶこと。診断。
御霊《みたま》　死者の霊魂に対する敬称。
御霊屋《みたまや》　⇩おたまや(御霊屋)

淫《みだ》ら 性的につつしみのないさま。
御《み》手《たら》洗《し》 神社の手を洗い清める所。
妄《みだ》りに 正当な理由もなく。勝手に。
道《みち》 人や車が通る所。生き方。「人の—」
未《み》知《ち》 まだ知られていないこと。⇕既知
道《みち》案内《あんない》 道筋を教えること。
身《み》近《ぢか》 身辺にあること。日常的なこと。
見《み》違《ちが》える 見て、他のものだと思う。
満《み》ち欠《か》け 月の形の変化。
道《みち》草《くさ》 途中で他の事に時間を費やすこと。
満《み》ち潮《しお》 潮が満ちてくること。⇕引き潮
道《みち》標《しるべ》 道端に立て行き先や距離を示す標識。
未《み》知《ち》数《すう》 方程式の値のわからない数。
道《みち》筋《すじ》 たどって行く道。ものの道理。
道《みち》連《づ》れ 一緒に行く人。

道《みち》ならぬ 道にはずれた。「—恋」
道《みち》形《なり》 道のとおり。「—に行く」
陸《みち》奥《のく》 福島・宮城・岩手・青森の古称。
道《みち》の辺《べ》 みちばた。路傍。
道《みち》程《のり》 目的地までの距離。どうてい。
道《みち》端《ばた》 道のほとり。路傍。
満《み》ち干《ひ》 潮の満ちひき。
導《みちび》く 案内をする。指導する。手引きする。
道《みち》道《みち》 道を行きながら。道すがら。
未《み》着《ちゃく》 まだ届かないこと。
道《みち》行《ゆ》き 旅の途中の光景を描く文。
褌《みつ》 相撲で、まわし。「前—」
密《みつ》 すき間がない。ひそかにするさま。
蜜《みつ》 植物の分泌する甘い液。糖蜜。
密《みつ》画《が》 細部まで精密に描いた絵。細密画。

密《みっ》会《かい》 (男女が)ひそかに会うこと。
三《みっ》日《か》天下《てんか》 わずかの間の政権。
三《みっ》日《か》坊主《ぼうず》 飽きっぽい人。
密《みつ》議《ぎ》 内密の相談。
貢《みつ》ぎ物《もの》 支配者に献上する金品。
密《みっ》教《きょう》 大日如来に帰依する教法。⇕顕教
貢《みつ》ぐ 献上する。金品を与える。
身《み》繕《づくろ》い 身なりを整えること。
見《み》繕《つくろ》う 適当に品物を選んで整える。
見《み》付《つけ》 城の外側の門で、番兵が見張る所。
蜜《みつ》月《げつ》 結婚したばかりの時期。ハネムーン。
密《みっ》行《こう》 ひそかに行くこと。微行。
密《みっ》航《こう》 規則を破って国外へ渡航すること。
密《みっ》告《こく》 不正などをひそかに告発すること。
密《みっ》使《し》 秘密につかわされる使者。

密《みつ》事《じ》 秘密の事柄。
密《みっ》室《しつ》 閉め切られていて、出入り不能な部屋。
密《みっ》集《しゅう》 すきまなく集まること。
密《みつ》出国《しゅっこく》 不法な手段で国外に出る。
密《みっ》書《しょ》 秘密の手紙や書類。
密《みっ》生《せい》 すきまなく生えること。
密《みっ》接《せつ》 関係が非常に深いこと。
密《みっ》葬《そう》 身内の者だけでする葬式。
密《みつ》造《ぞう》 不法にひそかに造ること。
密《みつ》談《だん》 内密の相談。
密《みっ》着《ちゃく》 離れずにくっつく。写真のべた焼き。
密《みっ》通《つう》 他人の妻または夫とのひそかな情交。
密《みっ》偵《てい》 ひそかに相手方の秘密を探る人。
密《みつ》度《ど》 つまっている度合。「人口—」
三《み》つ巴《どもえ》 三者が入り乱れて争うこと。

密《みつ》入国《にゅうこく》 不法な手段で国内に入る。
三《み》つ葉《ば》 セリ科の野菜。[春]
密《みつ》売《ばい》 法を犯して物をひそかに売ること。
蜜《みつ》蜂《ばち》 蜂蜜をとるために飼うハチ。[春]
密《みっ》封《ぷう》 厳重に封をすること。
密《みっ》閉《ぺい》 すき間なく閉じること。
密《みつ》貿易《ぼうえき》 法を犯しひそかに行う貿易。
三《み》つ叉《また》 三つに分かれていること。
三《みつ》椏《また》 ジンチョウゲ科の落葉低木。
蜜《みつ》豆《まめ》 寒天・豌豆に蜜をかけた食品。[夏]
見《み》積《つ》もり 前もって計算すること。
密《みつ》約《やく》 秘密の約束。
密《みつ》輸《ゆ》 法を犯して品物を輸出入すること。
密《みつ》猟《りょう》 法を犯してひそかに猟をすること。
密《みつ》漁《りょう》 法を犯してひそかに漁をすること。

密《みつ》林《りん》 樹木が密生した森林。ジャングル。
蜜《みつ》蠟《ろう》 蜜蜂の巣から採取した蠟。
未《み》定《てい》 まだ決まらないこと。⇕既定
幣《みてぐら》 神に奉るものの総称。ぬさ。
見《み》て呉《く》れ 外見。見かけ。
未《み》到《とう》 まだ誰もそこに達していないこと。
未《み》踏《とう》 まだ誰も足を踏み入れていないこと。
味《み》到《とう》 内容などを十分に味わうこと。
御《み》堂《どう》 仏像を安置した堂。
見《み》咎《とが》める 見て、あやしいと思う。
味《み》得《とく》 十分味わい理解すること。
味《み》読《どく》 内容を味わいながら読むこと。
見《み》所《どころ》 見る価値のある所。人のすぐれた所。
見《み》届《とど》ける 最後まで見極める。
認《みと》め印《いん》 実印でない、ふだん使う判。

認《みと》める 見て気付く。承認する。
緑《みどり》 若葉の色。緑の木や草。夏
嬰児《みどりご》 生まれて間もない子。えいじ。
見《み》取《と》り図《ず》 形や配置を描いた略図。
見《み》取《と》る 見て内容を理解する。
看《み》取《と》る 看病する。臨終を見守る。
見《み》とれる 心を奪われて見入る。
皆《みな》 すべての人や物。みんな。
見《み》直《なお》す もう一度見る。評価し直す。
水上《みなかみ》 川の上流。川上。
漲《みなぎ》る 水や気力が一杯に満ちる。
身《み》投《な》げ 海などに飛び込んで死ぬこと。
皆殺《みなごろ》し 残らず殺すこと。
孤児《みなしご》 両親のいない子。
見《み》做《な》す 見てそう判断する。

水底《みなそこ》 水の底。
水《み》無《な》月《づき》 陰暦六月の異名。夏
港《みなと》 船舶が停泊する所。別湊
三《み》七《なぬ》日《か》 人の死後二一日目。
南風《みなみかぜ》 南から吹く風。
南半球《みなみはんきゅう》 地球の赤道より南の半分。
水《みな》面《も》 水面《すいめん》。みのも。
源《みなもと》 川の水の流れ出るもと。物事の起源。
見《み》習《なら》い 見習うこと。実習中の者。
身《み》形《なり》 衣服を身につけた姿。服装。
見《み》難《にく》い よく見えない。見づらい。
醜《みにく》い 顔かたちが悪い。精神がいやしい。
見《み》抜《ぬ》く 本質を見通す。見すかす。
峰《みね》 山の頂上。刀剣・刃物の背。別嶺
峰《みね》打《う》ち 刀の背で打つこと。

蓑《みの》 カヤやスゲで編んだ雨具。別簑
美《み》濃《の》 旧国名。岐阜県の中部・南部。濃州。
未《み》納《のう》 まだ納めていないこと。
身《み》の上《うえ》 人の一身の境遇。人の運命。
見《み》逃《のが》す 見てとがめずにおく。
美《み》濃《の》紙《がみ》 楮《こうぞ》ですいた丈夫な和紙。
蓑亀《みのがめ》 甲羅に蓑状に藻がついた亀。
身《み》の毛《け》 体毛。「―がよだつ」
身《み》の代金《しろきん》 人質を返す代償の金。
身《み》の丈《たけ》 身長。背丈。
身《み》の程《ほど》 身分。分際。
身《み》の回《まわ》り 日常必要な物。身辺の雑事。
蓑虫《みのむし》 蓑に似た巣を作るミノガの幼虫。秋
実《みの》る 実がなる。熟す。成果が得られる。
見《み》場《ば》 外からの見掛け。外観。「―が悪い」

見《み》栄《ば》え 引き立って見えること。
見《み》計《はか》らう 見て適当なものを定める。
見《み》放《はな》す 相手にするのをやめる。
未《み》払《はら》い まだ支払っていないこと。
見《み》晴《は》らし 遠くまで見渡せること。
見《み》張《は》り 警戒にあたること(人)。
瞠《みは》る 目を開いてみる。別見張る
見《み》張《は》る あたりを注意して番をする。
見《み》晴《は》るかす 見わたす。
身《み》贔屓《びいき》 縁のある者をひいきする。
見《み》開《ひら》き 開いた本の左右二ページ。
身《み》振《ぶ》り 気持ちを伝えるからだの動き。
身《み》震《ぶる》い 感動などで身体がふるえること。
身《み》分《ぶん》 社会的地位。境遇。
未《み》亡人《ぼうじん》 夫に死別した女性。

見《み》惚《ほ》れる うっとり見とれる。
見《み》本《ほん》 商品などの一例。標本。
見《み》舞《ま》う 相手の身を案じてたずねる。
見《み》紛《まが》う 見まちがえる。
身《み》罷《まか》る 「死去する」の意の丁寧語。
美作《みまさか》 旧国名。岡山県北東部。作州。
見《み》守《まも》る 気をつけて見る。注意して見る。
見《み》回《まわ》す ぐるりとあたりを見る。
見《み》回《まわ》る 警戒などのために見て回る。
未《み》満《まん》 ある数に達しないこと。
耳新《みみあたら》しい 初耳である。
耳《みみ》打《う》ち 耳に口を寄せ小声で伝えること。
耳学問《みみがくもん》 聞きかじっただけの知識。
耳飾《みみかざ》り 耳につける装飾品。
耳聡《みみざと》い 物音を聞きつけるのが早い。

耳障《みみざわ》り 聞いて不快に感じるさま。
蚯蚓《みみず》 細長い円筒形の地中にすむ動物。夏
木菟《みみずく》 飾り羽をもつフクロウ科の鳥。冬
蚯蚓脹《みみずば》れ 皮膚の細長い赤いはれ。
耳朶《みみたぶ》 耳の下部の肉の厚い柔らかい部分。
耳垂《みみだ》れ 耳の穴からうみが出る病気。
耳鳴《みみな》り 耳の中が鳴るように感じる状態。
耳元《みみもと》 耳のすぐ近く。
耳寄《みみよ》り 聞きたいと思うさま。「―な話」
見《み》目《め》 (女性の)容貌。「―うるわしい」
未明《みめい》 夜のあけきらない時分。
見《み》目《め》形《かたち》 かおだちと姿。容姿。
身《み》悶《もだ》え 苦しんで身体をよじること。
身《み》持《も》ち 品行。「―が悪い」
身《み》元《もと》 その人の生まれや育ち。身の上。

見物《みもの》 見るだけの価値のあるもの。
宮《みや》 神社。宮殿。宮号を賜った皇族。
脈《みゃく》 脈拍。筋になって続いているもの。
脈打《みゃくう》**つ** 脈が打つ。内部で息づく。
脈動《みゃくどう》 脈のように絶えず動いていること。
脈拍《みゃくはく》 心臓の動きに応じて動脈が振動する。
脈脈《みゃくみゃく》 絶えず続いているさま。
脈絡《みゃくらく》 一貫した筋道。
宮家《みやけ》 宮号を持つ皇族の家。
土産《みやげ》 旅先で求める産物。訪問先への贈り物。
土産話《みやげばなし》 旅行中見聞した物事の話。
都《みやこ》 皇居・政府のある所。都会。
都落《みやこお》**ち** 都を去って地方へ行くこと。
都鳥《みやこどり》 中形の水鳥。ユリカモメの異称。冬
都忘《みやこわす》**れ** ミヤマヨメナの栽培品種。春

宮大工《みやだいく》 社寺建築を専門とする大工。
宮仕《みやづか》**え** 宮中に仕える。会社に勤める。
雅《みや》**び** 上品で優美なさま。
雅《みや》**びやか** 上品で優美なさま。
見破《みやぶ》**る** 隠し事を見ぬく。
深山《みやま》 山。奥山。
宮参《みやまい》**り** 神社に参詣すること。
見遣《みや》**る** 遠くの方を見る。その方を見る。
深雪《みゆき》 雪の美称。深く積もった雪。冬
行幸《みゆき》 天皇の外出。別御幸
御代《みよ》 天皇の治世を敬っていう語。
見様《みよう》 見る方法。見方。「―見まね」
妙《みょう》 たいへん優れていること。奇妙なこと。
妙案《みょうあん》 非常によい思いつき。
茗荷《みょうが》 食用とするショウガ科の多年草。

冥加《みょうが》 気づかずに受けている神仏の加護。
妙技《みょうぎ》 鮮やかなわざ。優れたわざ。
妙計《みょうけい》 すぐれた計略。
名号《みょうごう》 阿弥陀仏の名。南無阿弥陀仏の六字。
明後日《みょうごにち》 明日の次の日。あさって。
名字《みょうじ》 その家の名。姓。別苗字
妙手《みょうしゅ》 すぐれたわざの持ち主。名手。
妙趣《みょうしゅ》 すぐれたおもむき。
明星《みょうじょう》 金星。「明けの―」
明神《みょうじん》 神の尊称。「大―」
名跡《みょうせき》 あとを継ぐべき家名や称号。
名代《みょうだい》 代理。代理の人。
妙諦《みょうてい》 すぐれた真理。みょうたい。
夫婦《みょうと》 夫婦《ふうふ》。めおと。
明礬《みょうばん》 硫酸アルミニウムの化合物。

妙味《みょうみ》 すぐれたあじわい。
妙薬《みょうやく》 不思議なほどよく効く薬。
名利《みょうり》 名誉と利益。めいり。
冥利《みょうり》 知らずに受けている神仏の恩恵。
妙齢《みょうれい》 女性の、若い年頃。
舳《みよし》 船首。へさき。⇔とも
身寄《みよ》**り** 身を寄せる親類縁者。
未来《みらい》 これから先の時。将来。仏教で来世。
未来永劫《みらいえいごう》 これから先ずっと。
瓱《ミリグラム》 一グラムの一〇〇〇分の一。
粍《ミリメートル》 一メートルの一〇〇〇分の一。
未了《みりょう》 まだ終らないこと。「審議―」
魅了《みりょう》 人の心を引きつけ、夢中にさせること。
魅力《みりょく》 人を引きつける力。
味醂《みりん》 甘みのある酒。調味料とする。

海松《みる》 濃緑色の海藻。食用。夏
見《み》**る** 物の形や色を目で感じる。判断する。
診《み》**る** 診察する。
海松貝《みるがい》 海産の二枚貝。すしだね。
未練《みれん》 あきらめ切れないこと。
弥勒《みろく》 遠い将来現れ、人人を救う菩薩。
魅惑《みわく》 人の心をひきつけ、迷わせること。
見分《みわ》**ける** よく見て区別する。
見忘《みわす》**れる** 前に見たことを忘れる。
見渡《みわた》**す** 広く遠くまで見る。
民意《みんい》 国民の意思・意向。
民営《みんえい》 民間の経営。
民家《みんか》 普通の人の住む家。
民間《みんかん》 一般社会。公の機関に属さないこと。
民業《みんぎょう》 民間の事業。⇔官業

民具《みんぐ》 民衆が昔から生産に使ってきた道具。
民芸《みんげい》 民衆の生活の中から生まれた芸術品。
民権《みんけん》 国民が政治に参加する権利。
民事《みんじ》 民法や商法などの対象となる事柄。
民主《みんしゅ》 国の主権が国民にあること。
民需《みんじゅ》 民間の需要。⇔官需・軍需
民衆《みんしゅう》 一般の人々。大衆。
民宿《みんしゅく》 営業として旅行者を宿泊させる民家。
民情《みんじょう》 国民の生活状態や心情。
民心《みんしん》 国民の考えや気持ち。
民生《みんせい》 国民の生活。国民の生計。
民政《みんせい》 文官による政治。⇔軍政
民俗《みんぞく》 民間の風習・風俗。
民族《みんぞく》 言語・文化・歴史を共有する集団。
民度《みんど》 国や地域の、経済力や文化の程度。

皆《みんな》　「みな」の強調形。
民兵《みんぺい》　民間人で編制する軍隊。
民法《みんぽう》　私的な権利・義務を規定した法律。
民有《みんゆう》　民間人の所有。「―地」
民謡《みんよう》　庶民生活から生まれ、伝えられた唄。
民力《みんりょく》　国民の経済的な力。
民話《みんわ》　民間に生まれ伝承されてきた説話。

む

無《む》　ないこと。存在しないこと。
無為《むい》　何もしないでぶらぶらしていること。
無意識《むいしき》　意識せずにすること。
無一物《むいちぶつ》　何一つ持っていないこと。
無一文《むいちもん》　金を全然もっていないこと。
無為徒食《むいとしょく》　徒らに日を過ごすこと。
無意味《むいみ》　意味・価値がないこと。
無為無策《むいむさく》　計画・対策がない。
無益《むえき》　利益がないこと。役に立たないこと。
無援《むえん》　他からの助けがないこと。
無縁《むえん》　無関係。死者に縁者のいないこと。
無我《むが》　われを忘れること。私心がないこと。
向《む》かい　向かいあっていること(もの)。
無害《むがい》　害がないこと。⇔有害
向《む》かい風《かぜ》　前の方から吹いてくる風。
向《む》かう　顔をその方へ回す。でかける。近づく。
迎《むか》え酒《ざけ》　二日酔いを払うために飲む酒。
迎《むか》え火《び》　祖霊を迎えるためたく火。[秋]
迎《むか》える　来る人を待つ。その時期になる。
無学《むがく》　学問・知識のないこと。
零余子《むかご》　ヤマノイモなどの珠芽。[秋]
昔《むかし》　ずっと以前。遠い過去。
昔気質《むかしかたぎ》　伝統的方法を重んじる気質。
昔馴染《むかしなじ》み　古い知人。旧友。
昔話《むかしばなし》　子どもに語る伝承されてきた話。
向《む》かっ腹《ぱら》　わけもなく立腹すること。
百足《むかで》　多数の脚をもつ細長い節足動物。[夏]
無我夢中《むがむちゅう》　我を忘れ熱中する。
無官《むかん》　官職についていないこと。
無冠《むかん》　立派な肩書きや位階のないこと。
無感《むかん》　体に感じないこと。「―地震」
無関係《むかんけい》　かかわりのないこと。
無関心《むかんしん》　興味を示さないこと。
無期《むき》　期限の定めがないこと。⇔有期
麦《むぎ》　イネ科の大麦・小麦などの総称。[夏]
向《む》き合《あ》う　互いに相対する。
麦焦《むぎこ》がし　大麦を炒った粉。[夏]
無傷《むきず》　きずがない。失点などがない。
剝《む》き出《だ》し　あらわにすること。
麦茶《むぎちゃ》　大麦を殻のまま炒って煎じた茶。[夏]
無機的《むきてき》　人間みや温かみのないさま。
無軌道《むきどう》　常軌を逸していること。
麦笛《むぎぶえ》　麦の茎で作って鳴らす笛。[夏]
麦踏《むぎふ》み　春先に麦の芽を踏むこと。[春]
剝《む》き身《み》　貝殻を取り去った貝の肉。
無記名《むきめい》　氏名を書かないこと。
麦飯《むぎめし》　米に大麦を混ぜて炊いた飯。[夏]
無休《むきゅう》　休まないこと。休業しないこと。
無給《むきゅう》　給料が支払われないこと。⇔有給
無窮《むきゅう》　永遠。無限。
無気力《むきりょく》　積極的にやる気がないこと。
麦藁《むぎわら》　麦の穂を取り除いた茎。[夏]
無菌《むきん》　細菌のいないこと。「―室」
無垢《むく》　汚れのないこと。純粋なこと。
向《む》く　顔をその方に回す。その方向に進む。
剝《む》く　外側のおおいを取り去る。
報《むく》い　行為の結果として身に受けるもの。
尨犬《むくいぬ》　むく毛の犬。
報《むく》いる　受けた物事にこたえる。
木槿《むくげ》　アオイ科の落葉低木。[秋]
尨毛《むくげ》　(獣の)ふさふさと長く垂れた毛。
無口《むくち》　口数の少ないこと。寡黙。
椋鳥《むくどり》　中形の野鳥。やかましく鳴く。[秋]
椋《むく》の木《き》　ニレ科の落葉高木。ムク。
浮腫《むく》む　水腫などのため体がはれ膨れる。
葎《むぐら》　ヤエムグラなどの雑草の総称。
骸《むくろ》　死んだ人のからだ。死骸。
無患子《むくろじ》　ムクロジ科の落葉高木。[秋]
無碍《むげ》　障害がないこと。「融通―」[別]無礙
無形《むけい》　形のないこと(もの)。⇔有形
無芸《むげい》　何の芸も身につけていないこと。
無芸大食《むげいたいしょく》　食う事だけ一人前。
無欠《むけつ》　欠けたところのないこと。「完全―」
無血《むけつ》　血を流さないこと。「―革命」
無下《むげ》に　一概に。すげなく。
無限《むげん》　限りがないこと。⇔有限
夢幻《むげん》　夢と幻。はかないもの。
夢幻泡影《むげんほうよう》　人生のはかなさ。
婿《むこ》　娘の夫。結婚相手の男。[別]聟
無辜《むこ》　罪のないこと。「―の民《たみ》」
惨《むご》い　あまりにも悲惨だ。あまりにもひどい。

婿入《むこい》り 男が結婚して妻の家の籍に入る。
向《む》こう 向かい合った正面。あちら。
無効《むこう》 効力・効果のないこと。⇔有効
向《む》こう傷《きず》 眉間や額に受けた傷。
向《む》こう見《み》ず 無鉄砲。
婿取《むこと》り 娘に婿を迎えること。
婿養子《むこようし》 養子縁組で婿となった人。
無根《むこん》 根拠のないこと。「事実—」
無言《むごん》 物を言わないこと。
無罪《むざい》 罪がない。裁判で犯罪の不成立。
無策《むさく》 対策が何もないこと。
無作為《むさくい》 偶然に任せること。
鼯鼠《むささび》 リス科の小獣。滑空する。
武蔵《むさし》 旧国名。ほぼ東京都と埼玉県。武州。
無札《むさつ》 乗車券などを持っていないこと。

無差別《むさべつ》 差別をつけないこと。
貪《むさぼ》る 満足することなく欲しがる。
無産《むさん》 財産のないこと。⇔有産
霧散《むさん》 跡形もなく消えること。
無残《むざん》 残酷なこと。
虫《むし》 昆虫などの小動物。一事に熱中する人。
無私《むし》 自分の利益をはからないこと。
無視《むし》 その価値や存在を認めないこと。
無地《むじ》 布や紙が一色で模様がないこと。
蒸《む》し暑《あつ》い 湿度が高くて暑い。
無自覚《むじかく》 責任や義務を自覚しない。
虫籠《むしかご》 虫を入れる籠。秋
虫食《むしく》い 虫が食うこと。その跡。
虫下《むしくだ》し 体内の寄生虫の駆虫薬。
虫螻《むしけら》 虫を卑しめていう語。人にも使う。

虫酸《むしず》 むかついた時、口に逆流する胃液。
無実《むじつ》 事実がないこと。実質のないこと。
狢《むじな》 アナグマ・タヌキの異名。冬 別貉
虫《むし》の息《いき》 今にも死にそうな状態。
虫歯《むしば》 組織が侵されて欠けた歯。
蝕《むしば》む 虫食いになる。少しずつ侵される。
無慈悲《むじひ》 哀れみの心のないこと。
虫封《むしふう》じ 疳の虫をしずめるまじない。
蒸《む》し風呂《ぶろ》 湯気で蒸す風呂。
虫干《むしぼ》し 本や衣類を日や風にあてる。夏
虫眼鏡《むしめがね》 凸レンズを用いた拡大鏡。
武者《むしゃ》 武士。特に、鎧兜を着けた武士。
無邪気《むじゃき》 邪心がない。あどけない。
武者震《むしゃぶる》い 勇み立つあまり震える。
無臭《むしゅう》 においのないこと。

無住《むじゅう》 寺に住職がいないこと。
無重力《むじゅうりょく》 重力の作用がない状態。
無宿《むしゅく》 住む家がないこと(人)。
無主物《むしゅぶつ》 所有者のない物。
無趣味《むしゅみ》 趣味のないこと。無風流。
矛盾《むじゅん》 つじつまが合わないこと。
矛盾撞着《むじゅんどうちゃく》 矛盾を強めた語。
無償《むしょう》 報酬がないこと。無料であること。
霧消《むしょう》 あとかたもなく消えること。
無上《むじょう》 この上ないこと。
無常《むじょう》 すべては移り行き不変のものはない。
無情《むじょう》 同情心のないこと。
無条件《むじょうけん》 一切の条件をつけないこと。
無常迅速《むじょうじんそく》 人の世の移り変わりがきわめて速いこと。人の死がすぐに来ること。

無色《むしょく》 色のないこと。中正・中立である。
無職《むしょく》 決まった職業をもたないこと。
虫除《むしよ》け 虫の害を防ぐこと(もの)。
無所属《むしょぞく》 党派や政党に属していない。
毟《むし》る つかんで引き抜く。つまみとる。
筵《むしろ》 わらなどで編んだ敷物。別蓆
寧《むし》ろ どちらかといえば。かえって。
無心《むしん》 雑念のないこと。金品をねだること。
無人《むじん》 人がいないこと。人が住んでいない。
無尽《むじん》 物が尽きないこと。
無神経《むしんけい》 感じ方がにぶいこと。
無尽蔵《むじんぞう》 いくらとっても尽きない。
無神論《むしんろん》 神の存在を認めない考え方。
産《む》す 生じる。生える。「苔—」 別生す
蒸《む》す ふかす。蒸し暑く感じる。

無数《むすう》 非常に多いこと。
難《むずか》しい わかりにくい。容易でない。
息子《むすこ》 男の子供。⇔娘
結《むす》ぶ つなぐ。ゆわえる。関係をつける。
掬《むす》ぶ 水を両手ですくう。掬《きく》する。
娘《むすめ》 女の子供。若い未婚の女性。
娘心《むすめごころ》 娘らしい純情な心。
娘盛《むすめざか》り 娘として一番美しい年頃。
無声《むせい》 声や音のないこと。
無性《むせい》 雌雄の区別のないこと。「—生殖」
夢精《むせい》 睡眠中に射精する現象。
無税《むぜい》 税金のかからないこと。
無制限《むせいげん》 制限のないこと。
無生物《むせいぶつ》 生命をもたないもの。
無精卵《むせいらん》 受精していない卵。

無責任《むせきにん》　責任感に欠けること。
無節操《むせっそう》　節操がないこと。
噎《むせ》ぶ　むせる。むせび泣く。別咽ぶ
噎《む》せる　息がつまりそうになる。
無銭《むせん》　金を持たない。お金を使わない。
無線《むせん》　電線を引かないこと。
無双《むそう》　比べるものがないほど優れている。
夢想《むそう》　夢のようなことを思い描くこと。
無造作《むぞうさ》　たやすいこと。気軽である。
六十路《むそじ》　六〇。六〇歳。別六十
無駄《むだ》　かいのないこと。役に立たないこと。
無駄足《むだあし》　行ったかいがないこと。
無体《むたい》　無理なこと。無法。「無理—」
無題《むだい》　題のないこと。題詠でないこと。
無駄金《むだがね》　使った効果のない金。

無駄口《むだぐち》　意味のないおしゃべり。
無駄遣《むだづか》い　無益に消費すること。
無駄話《むだばなし》　役に立たないおしゃべり。
無駄骨《むだぼね》　役に立たない骨折り。
無駄飯《むだめし》　仕事もしないで食う飯。
無断《むだん》　許しを得ずなにかをすること。
鞭《むち》　牛馬や人を叩く棒や革紐。別笞
無知《むち》　知識がないこと。愚かなこと。
無恥《むち》　恥を知らないこと。「厚顔—」
無秩序《むちつじょ》　きまりなどが乱れるさま。
無知蒙昧《むちもうまい》　無知で道理に暗い。
夢中《むちゅう》　熱中して、われを忘れること。
無賃《むちん》　料金を払わないこと。「—乗車」
鯥《むつ》　スズキ目の海魚。歯が鋭い。食用。
陸奥《むつ》　旧国名。青森県と岩手県の一部。

難《むつか》しい　むずかしい。
襁褓《むつき》　おむつ。おしめ。
睦月《むつき》　陰暦一月の異名。春
睦言《むつごと》　床の中で男女の交わす語らい。
鯥五郎《むつごろう》　ハゼの一種。食用。春
睦《むつ》まじい　親密で仲がよい。
睦《むつ》む　むつまじくする。
無定見《むていけん》　一貫した考えがないこと。
無抵抗《むていこう》　抵抗しないこと。
無手勝流《むてかつりゅう》　戦わずに勝つこと。
無敵《むてき》　敵対する者がないほど強いこと。
霧笛《むてき》　濃霧のとき、船や灯台で鳴らす汽笛。
無鉄砲《むてっぽう》　結果を考えずむちゃなさま。
無電《むでん》　電波によって遠隔地と行う通信。
無灯《むとう》　灯火をつけていないこと。

無道《むどう》　道理にはずれていること。
無毒《むどく》　毒がないこと。⇔有毒
無届《むとど》け　前もって届け出ていないこと。
無頓着《むとんちゃく》　物事を気にかけないこと。
胸板《むないた》　人の胸部。
鞅《むながい》　馬の胸から鞍にかける紐。別胸繋
棟木《むなぎ》　屋根の棟に用いる木材。
胸糞《むなくそ》　「胸」の強め。「—が悪い」
胸倉《むなぐら》　着物の左右の襟の重なるあたり。
胸苦《むなぐる》しい　圧迫され息苦しい。
胸先《むなさき》　胸のあたり。「—三寸」
胸騒《むなさわ》ぎ　心配で胸がどきどきすること。
胸算用《むなざんよう》　心の中で計算すること。
空《むな》しい　中身がない。空虚だ。はかない。
胸突《むなつ》き八丁《はっちょう》　一番困難な所。

胸積《むなづ》もり　胸算用。
胸元《むなもと》　胸のあたり。
無二《むに》　二つとないこと。「—の親友」
無二《むに》無三《むさん》　ひたすらなこと。
旨《むね》　主旨。最も大切なこと。別宗
胸《むね》　体の前面で、首と腹との間の部分。
棟《むね》　屋根の面が交わった最も高い所。
棟上《むねあ》げ　建築で棟木を上げる。「—式」
胸三寸《むねさんずん》　胸の中。「—におさめる」
胸焼《むねや》け　食道内が焼けるように感じる。
無念《むねん》　悔しいこと。雑念がないこと。
無念無想《むねんむそう》　無我の境地。
無能《むのう》　能力や才能のないこと。⇔有能
無配《むはい》　株式などの配当がないこと。
無比《むひ》　比べるものがないほど優れている。

夢寐《むび》　眠っている間。
無筆《むひつ》　読み書きができないこと。無学。
無謬《むびゅう》　誤りのないこと。
霧氷《むひょう》　樹枝についた霧が凍ったもの。冬
無表情《むひょうじょう》　感情が顔に表れないこと。
無病息災《むびょうそくさい》　達者で元気なこと。
無風《むふう》　風がないこと。波乱のないこと。
無分別《むふんべつ》　分別のないこと。
郁子《むべ》　アケビ科のつる性低木。秋
宜《むべ》なる哉《かな》　いかにも、もっとも。
無辺《むへん》　広くて果てしがないこと。
無法《むほう》　法や道理にはずれていること。
無謀《むぼう》　考えが浅いこと。思慮がないこと。
無防備《むぼうび》　災害などに準備がないこと。
謀反《むほん》　君主などにさからって兵を起こす。

夢《む》魔《ま》 夢に現れて人を脅かすという悪魔。

無《む》味《み》 味がない。おもしろみがない。

無《む》味《み》乾《かん》燥《そう》 味もそっけもない。

無《む》明《みょう》 煩悩にとらわれて真理が見えない。

無《む》明《みょう》長《ちょう》夜《や》 衆生が煩悩に迷っていることを長い夜の闇にたとえた語。

無《む》名《めい》 世間に名が知れていないこと。

無《む》銘《めい》 刀剣などに銘がないこと。

無《む》闇《やみ》 深く考えずにするさま。度をこす。

無《む》闇《やみ》矢《や》鱈《たら》 無闇を強めた語。

夢《む》遊《ゆう》病《びょう》 睡眠中に行動してしまう病。

無《む》用《よう》 用のないこと。必要がないこと。

無《む》欲《よく》 欲がないこと。

無《む》欲《よく》恬《てん》淡《たん》 無欲で執着しない。

村《むら》 いなかで、人が集まり住んでいる所。

斑《むら》 一様でない。一定していない。

群《むら》がる 一か所に秩序なく集まる。

斑《むら》気《き》 気分の変わりやすいこと。

叢《むら》雲《くも》 ひとかたまりの雲。

紫《むらさき》 赤と青の中間の色。根を染料とする草。

紫《むらさき》式《しき》部《ぶ》 クマツヅラ科の低木。[秋]

村《むら》里《ざと》 いなかの、人家の集まった所。

村《むら》雨《さめ》 ひとしきり降ってすぐやむ雨。

群《むら》雀《すずめ》 群れをなしているすずめ。

群《むら》千《ち》鳥《どり》 群れている千鳥。[图]

村《むら》八《はち》分《ぶ》 仲間外れにすること。

無《む》理《り》 筋の通らないこと。困難であること。

無《む》理《り》解《かい》 理解のないこと。

無《む》理《り》算《さん》段《だん》 無理して工面する。

無《む》理《り》強《じ》い 強制すること。

無《む》理《り》難《なん》題《だい》 無理な言いがかり。

無《む》理《り》無《む》体《たい》 むりに行うこと。

無《む》理《り》矢《や》理《り》 強引にするさま。

無《む》慮《りょ》 およそ。おおかた。「—数千」

無《む》料《りょう》 料金のいらないこと。⇕有料

無《む》量《りょう》 はかり知れないこと。「感—」

無《む》力《りょく》 勢力・能力・体力などのないこと。

無《む》類《るい》 比べるものがないこと。

群《む》れ あつまり。むらがり。仲間。

群《む》れる 多くのものが寄り集まる。

室《むろ》 外気を遮断して物を保存する所。

室《むろ》鯵《あじ》 やや大形のアジ。干物にする。

室《むろ》咲《ざ》き 温室で咲かせた花。[图]

無《む》論《ろん》 言うまでもなく。もちろん。

め

め

目《め》 物を見るはたらきをする器官。

芽《め》 植物の葉・花・枝に成長する部分。

目《め》明《あ》かし 岡っ引き。

目《め》新《あたら》しい 初めて見るような感じだ。

目《め》当《あ》て 目標。めじるし。目的。

姪《めい》 兄弟姉妹のむすめ。⇕甥《お》

命《めい》 いのち。命令。言いつけ。

明《めい》 見抜く力。「先見の—」

銘《めい》 製作物に刻んだ、来歴・作者名など。

名《めい》案《あん》 すばらしい思いつき。

明《めい》暗《あん》 明るいことと暗いこと。

名《めい》医《い》 すぐれた医者。

命《めい》運《うん》 運命。運。「—が尽きる」

冥《めい》王《おう》星《せい》 太陽系の第九惑星。

名《めい》花《か》 美しい花。美女のたとえ。

名《めい》家《か》 すぐれた家柄。名人。

銘《めい》菓《か》 特別の名をもつ上等の菓子。

名《めい》画《が》 すぐれた絵画。すぐれた映画。

明《めい》快《かい》 筋道が通っていて、わかりやすいこと。

明《めい》解《かい》 はっきりした、よくわかる解釈。

冥《めい》界《かい》 死後の世界。

明《めい》確《かく》 明らかで確かなこと。

銘《めい》柄《がら》 商品の商標。取引する株などの名称。

名《めい》鑑《かん》 同類の人や物の名を集めた名簿。

名《めい》器《き》 すぐれていて有名な器物・楽器。

明《めい》記《き》 はっきりと書きしるすこと。

銘《めい》記《き》 深く心にきざみこんで忘れないこと。

名《めい》妓《ぎ》 芸がすぐれた芸者。有名な芸者。

名《めい》義《ぎ》 書類などで、表向きの名。

迷《めい》宮《きゅう》 入ると出口がわからなくなる建物。

明《めい》鏡《きょう》止《し》水《すい》 澄みきった心境。

名《めい》曲《きょく》 すぐれた曲。有名な曲。

鳴《めい》禽《きん》 美しい声で鳴く鳥。

名《めい》吟《ぎん》 すぐれた詩歌・俳句。

名《めい》句《く》 すぐれた俳句。気のきいた文句。

名《めい》君《くん》 すぐれた君主。

明《めい》君《くん》 賢明な君主。⇕暗君

名《めい》月《げつ》 陰暦八月一五、九月一三夜の月。[秋]

明《めい》月《げつ》 美しく輝く丸い月。[秋]

名《めい》言《げん》 本質をうまく表現した短い言葉。

明《めい》言《げん》 はっきり言うこと。

名《めい》工《こう》 すぐれた職人。

明《めい》細《さい》 細かいこと。詳しいこと。「—書」

迷彩《めいさい》　周囲の色にまぎれる彩色を施すこと。

名作《めいさく》　すぐれた作品。有名な製作物。

名刹《めいさつ》　有名な寺。由緒ある寺。

明察《めいさつ》　優れた推察。相手の推察の尊敬語。

名産《めいさん》　その土地の有名な産物。

名山《めいざん》　姿が美しく名高い山。

名士《めいし》　世間に名を知られている人。

名刺《めいし》　氏名・職業・肩書きなどを記した札。

名詞《めいし》　品詞の一。事物の名を表す語。

名辞《めいじ》　哲学で、概念を言語で表示したもの。

明示《めいじ》　はっきり示すこと。

明治《めいじ》　年号の一。慶応の後、大正の前。

名実《めいじつ》　名前と実体。評判と実際。

名手《めいしゅ》　腕前のすぐれた人。名人。

盟主《めいしゅ》　同盟の中心となる人や国。

銘酒《めいしゅ》　特別の名のある上等な酒。

名所《めいしょ》　景色や古跡などで有名な地。

名匠《めいしょう》　技芸などにすぐれた人。

名将《めいしょう》　すぐれた武将。名高い将軍。

名称《めいしょう》　名前。よびな。

名勝《めいしょう》　景色のすぐれた土地。

名状《めいじょう》　言葉で表現すること。「―しがたい」

明色《めいしょく》　明るい感じの色。⇔暗色

命《めい》じる　言いつける。任命する。

迷信《めいしん》　科学的根拠のない信仰や言い伝え。

名人《めいじん》　技芸の特にすぐれた人。

名数《めいすう》　数のついた言葉。「七福神」など。

命数《めいすう》　寿命。「―が尽きる」

瞑《めい》する　目を閉じる。死ぬ。

名声《めいせい》　世間での高い評判。

明晰《めいせき》　筋道が通って、はっきりわかるさま。

銘仙《めいせん》　丈夫な平織りの絹織物。

名僧《めいそう》　知徳のすぐれた僧。高僧。

迷走《めいそう》　不規則な進路をとること。

瞑想《めいそう》　目を閉じて、深く考えること。

明窓浄《めいそうじょう》机《き》　明るく清潔な書斎。

命題《めいだい》　論理的判断を言葉で表現したもの。

明断《めいだん》　はっきりと決断すること。

明知《めいち》　すぐれた知恵。(別)明智

銘茶《めいちゃ》　特別の名のある良質の茶。

命中《めいちゅう》　的にあたること。

名著《めいちょ》　すぐれた著作。有名な著書。

明澄《めいちょう》　曇りなく澄んでいること。

迷鳥《めいちょう》　経路をはずれて、迷い込んだ渡り鳥。

目一杯《めいっぱい》　限度一杯であること。

酩酊《めいてい》　ひどく酒に酔うこと。

明哲《めいてつ》　知恵があり道理に通じていること。

明度《めいど》　色の明るさ暗さの度合。

冥土《めいど》　死者の霊が行くという所。黄泉《よみ》。

名刀《めいとう》　すぐれた刀。名高い刀。

銘刀《めいとう》　特別の名のある刀。

名湯《めいとう》　すぐれた効力をもつ温泉。

名答《めいとう》　適切で正しい答え。

明答《めいとう》　はっきりとした答え。

鳴動《めいどう》　音を立てて揺れ動くこと。「大山―」

命日《めいにち》　その人の死んだ日に当たる日。忌日。

名馬《めいば》　すぐれた馬。よい馬。

明白《めいはく》　明らかなこと。疑う余地のないこと。

明媚《めいび》　景色が美しいこと。「風光―」

名筆《めいひつ》　書画にすぐれた人やその作品。

名品《めいひん》　すぐれた作品・品物。

明敏《めいびん》　頭の働きが鋭いこと。「―な頭脳」

冥府《めいふ》　死後の世界。冥土。

冥福《めいふく》　死後の幸福。「御―を祈る」

名物《めいぶつ》　その土地の有名な産物。評判のもの。

名分《めいぶん》　身分に応じて守るべききまり。

名文《めいぶん》　すぐれた文章。有名な文章。

名聞《めいぶん》　世間の名声や評判。

明文《めいぶん》　文章として書き表された条文。

名簿《めいぼ》　姓名や住所を記した帳簿。

名宝《めいほう》　名高い宝。

盟邦《めいほう》　同盟を結んだ国。

名望《めいぼう》　名声も人望もあること。

明眸《めいぼう》　澄んだ美しいひとみ。

明眸皓《めいぼうこう》歯《し》　美人の形容。

名木《めいぼく》　由緒がある名高い木。優れた香木。

銘木《めいぼく》　床柱などに用いる良質の木材。

命脈《めいみゃく》　いのち。生命。「―を保つ」

迷夢《めいむ》　夢のような心の迷い。

命名《めいめい》　名前をつけること。

銘銘《めいめい》　一人一人。おのおの。

明明白白《めいめいはくはく》　非常に明白なさま。

明滅《めいめつ》　明かりがついたり消えたりする。

迷妄《めいもう》　無知から誤りを真実と思い込むこと。

名目《めいもく》　形式だけの名。表向きの理由。

瞑目《めいもく》　目を閉じること。安らかに死ぬこと。

名門《めいもん》　立派な家柄。伝統のある有名な学校。

名訳《めいやく》　すぐれた翻訳。

名優《めいゆう》　すぐれた俳優。

盟友《めいゆう》　かたい約束を交わした友。

名誉《めいよ》　優れていると認められること。
名利《めいり》　名誉と利益。みょうり。
名流《めいりゅう》　名高い人たち。
明瞭《めいりょう》　はっきりして明らかなさま。
滅《め》入《い》る　気分が沈む。「気が—」
命令《めいれい》　下位の者に意志表示すること。
迷路《めいろ》　入り組んでいて迷いやすい道。
明朗《めいろう》　明るく朗らかなこと。不正がない。
名論《めいろん》　優れた意見。
迷惑《めいわく》　困ること。当惑すること。
目《め》上《うえ》　年齢・身分などが自分より高いこと。
目《め》打《う》ち　紙などに穴をあける錐の一種。
目《め》移《うつ》り　つぎつぎと興味が移ること。
米《メートル》　メートル法の長さの基本単位。
夫婦《めおと》　妻と夫。ふうふ。みょうと。

目《め》顔《がお》　目つき。「—で知らせる」
目《め》隠《かく》し　目をおおって見えなくすること。
妾《めかけ》　妻のほかに、養っている女性。
目《め》頭《がしら》　目の、鼻に近い方の端。⇔目尻
目《め》方《かた》　物の重さ。重量。
目《め》角《かど》　目じり。「—を立てる」
眼鏡《めがね》　視力を補うために、目に当てる器具。
女《め》神《がみ》　女性の神。
目《め》利《き》き　骨董などの鑑定に優れた人。
墨西哥《メキシコ》　北アメリカ南部の国。
目《め》腐《くさ》れ金《がね》　はしたがね。
目《め》くじら　目の端。「—を立てる」
目《め》薬《ぐすり》　目にさす薬。
目《め》糞《くそ》　めやに。
目《め》配《くば》せ　目で合図をすること。

目《め》配《くば》り　あちこちを注意して見ること。
芽《め》ぐむ　草木が芽を出す。兆す。
恵《めぐ》む　哀れに思い金品を与える。
捲《めく》る　上からはがすようにして裏返す。
巡《めぐ》る　ぐるぐる回る。あちらこちらと移る。
目《め》眩《くるめ》く　目がくらむ。
目《め》溢《こぼ》し　わざと見逃すこと。
目《め》先《さき》　目の前。さしあたり。先の見通し。
目《め》刺《ざ》し　イワシなどを連ねた干物。[春]
目《め》指《ざ》す　目標に向かって進む。
目《め》敏《ざと》い　すぐに見つける。
目《め》覚《ざ》ましい　驚くほど立派だ。
目《め》覚《ざ》める　眠りから覚める。
目《め》障《ざわ》り　見て不愉快に感じること。
飯《めし》　米を炊いたもの。食事。

目《め》地《じ》　タイルなどを貼る時の継ぎ目。
召《め》し上《あ》がる　飲む・食うの敬語。
召《め》し上《あ》げる　没収する。
召人《めしうど》　歌会始めの撰者。
目《め》下《した》　年齢・身分などが自分より低いこと。
召《め》し使《つか》い　雇われて雑用をする者。
飯櫃《めしびつ》　炊いた飯を入れておく木製の器。
雌《め》蕊《しべ》　雄蕊から花粉を受け種子を作る器官。
目《め》尻《じり》　目の、耳に近い方の端。⇔目頭
目《め》印《じるし》　目につくようにつけるしるし。
目《め》白《じろ》　スズメ目の小鳥。目の縁が白い。[秋]
目《め》白《じろ》押《お》し　大勢がすき間なく並ぶ。
雌《めす》　動物のうち、子や卵を産む方。
召《め》す　「呼び寄せる・招く」などの尊敬語。
馬《め》頭《ず》　頭は馬、体は人の形をした地獄の鬼。

珍《めずら》しい　めったにない。普通とは違っている。
目《め》線《せん》　映画などで演技者の目の方向。
目《め》高《だか》　わが国では最小の淡水魚。[夏]
雌《め》竹《だけ》　タケの一種。筆・笛などに用いる。
目《め》立《た》て　鋸・やすりの歯を鋭くすること。
目《め》玉《だま》　目の玉。その形のもの。
目《め》違《ちが》い　見損い。
目《め》付《つ》き　物を見るときの目のようす。
鍍金《めっき》　金属の表面を金・銀などの膜で覆う。
滅却《めっきゃく》　消し滅ぼすこと。「心頭—」
滅菌《めっきん》　熱・薬品などで細菌を死滅させる。
目《め》付《つけ》　江戸時代、旗本・御家人の監視役。
目《め》っけ物《もの》　思いがけない幸運。
滅私《めっし》　私心を捨てること。
滅失《めっしつ》　ほろびてなくなること。

滅私奉公《めっしほうこう》　私心を捨てて、国や社会など公のために尽くすこと。
滅《めっ》する　ほろびる。なくす。消す。
滅相《めっそう》　とんでもないさま。「—もない」
滅多《めった》　深く考えないさま。むやみ。やたら。
滅多《めった》打《う》ち　むやみに打つこと。
滅多《めった》矢鱈《やたら》　むちゃくちゃ。
目《め》潰《つぶ》し　投げつけて、目をくらますこと。
滅亡《めつぼう》　ほろびること。
滅法《めっぽう》　程度がはなはだしいさま。
馬《め》手《て》　右手。⇔弓手《ゆんで》
愛《め》でる　大切にする。愛好する。
目《め》処《ど》　目あて。見当。「—が付く」
針《め》孔《ど》　針のあな。
目《め》通《どお》り　貴人にお目にかかること。

筮《めどぎ》　占いに使う道具。筮竹《ぜいちく》。
娶《めと》る　妻として迎える。
目抜《めぬ》き　特に目立つ所。「—通り」
目抜《めぬけ》　赤色のカサゴの総称。
瑪瑙《めのう》　印形や細工物にする模様のある鉱物。
目《め》の敵《かたき》　何かにつけて敵視すること。
目《め》の子《こ》　目でみて大まかに計算すること。
芽生《めば》え　芽が出ること。
目端《めはし》　状況を見計らう機転。「—が利く」
目八分《めはちぶん》　目の高さよりやや低く持つ。
目鼻《めはな》　目と鼻。顔立ち。
雌花《めばな》　雌しべだけの花。⇔雄花《おばな》
目鼻立《めはなだ》ち　顔立ち。器量。
目張《めば》り　すき間に紙を張ること。
眼張《めばる》　カサゴ目の海魚。目が大きい。食用。

芽吹《めぶ》く　草木の芽が出始める。
目分量《めぶんりょう》　目ではかった大体の分量。
目減《めべ》り　目方が当初よりも減ること。
目星《めぼし》　見当。「—をつける」
眩暈《めまい》　外界や体が揺れるように感じること。
雌松《めまつ》　アカマツの別名。⇔雄松
女女《めめ》しい　男性がいくじがない。
目元《めもと》　目のあたり。目。「涼しい—」
目盛《めも》り　計量器の数値を示すしるし。
目安《めやす》　おおよその見当。目あて。
目脂《めやに》　目から出る分泌物がかたまった物。
減《め》り張《は》り　音の高低。抑揚。
面《めん》　顔。仮面。平らな広がり。
綿《めん》　木綿《もめん》。
麺《めん》　そば・うどん・ラーメンなどの総称。

免疫《めんえき》　病原菌への抗体を持つ現象。
綿花《めんか》　ワタの種子を包む繊維。
面会《めんかい》　人に会うこと。
免官《めんかん》　官職をやめさせること。
面詰《めんきつ》　相手を面と向かって責めること。
免許《めんきょ》　官公庁が許すこと。
免許皆伝《めんきょかいでん》　師匠が弟子に奥義を残らず教え、修得したとみなすこと。
面食《めんく》い　顔だちのよい人を好むこと。
面食《めんく》らう　意外なことにあわてる。
面子《めんこ》　ボール紙に絵を描いた子供の玩具。
免罪《めんざい》　罪をゆるすこと。
綿糸《めんし》　もめん糸。
面識《めんしき》　互いに顔を見知っていること。
綿実油《めんじつゆ》　ワタの種子を絞った油。

面従腹背《めんじゅうふくはい》　うわべは従順そうだが、内心では反抗していること。
免除《めんじょ》　義務・責任などから免ずること。
免状《めんじょう》　免許の証明書。免許状。卒業証書。
免職《めんしょく》　職をやめさせること。
免《めん》じる　免除する。やめさせる。特に許す。
免震《めんしん》　地震時の振動が伝わるのを軽減する。
面《めん》する　向く。直面する。
免税《めんぜい》　税を免除すること。「—店」
免責《めんせき》　法律上の責任を免れること。
面責《めんせき》　面と向かって責めること。
面積《めんせき》　平面・曲面の広さ。
面接《めんせつ》　能力などを知るために直接人に会う。
面前《めんぜん》　目の前。人の前。
面相《めんそう》　顔つき。人相。

明太子《メンタイこ》　たらこの唐辛子漬け。
面談《めんだん》　直接会って話すこと。
面疔《めんちょう》　顔にできる悪性のはれもの。
面子《メンツ》　体面。「相手の—を立てる」
面体《めんてい》　顔かたち。顔つき。
面倒《めんどう》　わずらわしいさま。世話。
面通《めんとお》し　容疑者の顔を見せ確認すること。
雌鳥《めんどり》　めすの鳥。めすの鶏。
面罵《めんば》　面と向かってののしること。
綿布《めんぷ》　綿織物。
面壁九年《めんぺきくねん》　粘り強く取り組む。
面貌《めんぼう》　顔つき。面相。
綿棒《めんぼう》　先端に綿をつけた細い棒。
麺棒《めんぼう》　こねた粉の生地をのばす棒。
面目《めんぼく》　⇩めんもく(面目)

綿密《めんみつ》　細かく注意が行き届いていること。
面面《めんめん》　めいめい。一人一人。各自。
綿綿《めんめん》　長くつづいているさま。
面目《めんもく》　世間に対する体面や名誉。
面目一新《めんもくいっしん》　評価が改善される。
面目躍如《めんもくやくじょ》　世間の評価通り。
面妖《めんよう》　不思議なこと。あやしいこと。
綿羊《めんよう》　毛をとるために飼育するヒツジ。
麺類《めんるい》　うどん・そばの類。

も

喪《も》　近親者の死後一定期間、慎み過ごす。
藻《も》　水中に生育する植物。
毛《もう》　尺貫法の長さ・重さの単位。
盲愛《もうあい》　むやみにかわいがること。溺愛。

猛悪《もうあく》 たけだけしくて悪いこと。

猛威《もうい》 すさまじい威力。「—をふるう」

孟夏《もうか》 夏の初め。陰暦四月。

猛火《もうか》 激しく燃える火。

儲《もう》かる 利益があがる。得をする。

毛管《もうかん》 細い管。毛細管。

濛気《もうき》 立ち込める霧やもや。

猛禽《もうきん》 性質が荒く肉食性の大形の鳥。

儲《もう》け物《もの》 思いがけず手に入れた利益。

設《もう》ける 準備する。設置する。

儲《もう》ける 利益を得る。子供を得る。

猛犬《もうけん》 獰猛《どうもう》な犬。

妄言《もうげん》 出まかせの言葉。ぼうげん。

妄語《もうご》 仏教で、うそをつくこと。

猛攻《もうこう》 激しい攻撃。

毛根《もうこん》 毛髪や体毛の、皮膚の中にある部分。

毛細血管《もうさいけっかん》 極めて細い血管。

申《もう》し子《ご》 ある特殊な環境の産物。

申《もう》し開《ひら》き 弁解。弁明。

申《もう》し分《ぶん》 欠点や非難すべき点。

亡者《もうじゃ》 死んだ人。欲にとりつかれた人。

妄執《もうしゅう》 物事に執着する迷いの心。

孟秋《もうしゅう》 秋の初め。陰暦七月。

猛襲《もうしゅう》 激しい襲撃。

盲従《もうじゅう》 自分で判断せずに言われるまま従う。

猛獣《もうじゅう》 獰猛《どうもう》な肉食獣。

孟春《もうしゅん》 春の初め。陰暦一月。

猛暑《もうしょ》 激しい暑さ。

猛将《もうしょう》 勇猛な武将。

申《もう》し訳《わけ》 言いわけ。弁明。弁解。

妄信《もうしん》 よく考えないでむやみに信じること。

盲進《もうしん》 むやみに進むこと。

猛進《もうしん》 激しい勢いで進むこと。

盲人《もうじん》 目の見えない人。

申《もう》す 「言う」の意の謙譲語・丁寧語。

猛省《もうせい》 強く反省すること。

妄説《もうせつ》 根拠のない説。ぼうせつ。

毛氈《もうせん》 フェルト状の敷物。

猛然《もうぜん》 勢いの激しいさま。

妄想《もうそう》 想像を事実と思い込むこと。

孟宗竹《もうそうちく》 中国原産のタケ。筍は食用。

盲腸《もうちょう》 小腸と大腸の接続部分。

猛鳥《もうちょう》 猛禽《もうきん》。

猛追《もうつい》 激しい勢いで追うこと。

詣《もう》でる 寺や神社にお参りする。参拝する。

盲点《もうてん》 人の気がつかない点。

孟冬《もうとう》 冬の初め。陰暦一〇月。

毛頭《もうとう》 少しも。決して。

妄動《もうどう》 考えもなく行動すること。

盲導犬《もうどうけん》 盲人を導く訓練を受けた犬。

猛毒《もうどく》 激しい毒。

妄念《もうねん》 妄執。

毛髪《もうはつ》 かみの毛。頭髪。

毛筆《もうひつ》 穂を獣毛で作ったふで。

妄評《もうひょう》 でたらめな批評。

毛布《もうふ》 羊毛などで織った布。寝具用。[冬]

猛勉《もうべん》 猛烈に勉強すること。

孟母三遷《もうぼさんせん》 子供の教育には、ふさわしい環境が必要であるということ。

蒙昧《もうまい》 知識が乏しく物の道理が分からない。

網膜《もうまく》 眼球の内壁をおおう膜。

濛濛《もうもう》 煙・湯気などが立ちこめるさま。

盲目《もうもく》 目が見えないこと。

網羅《もうら》 残らずすべて集めること。

魍魎《もうりょう》 山川木石の精。「魑魅《ちみ》—」

猛烈《もうれつ》 勢いや程度が激しいこと。

朦朧《もうろう》 かすんではっきりしないさま。

耄碌《もうろく》 年をとって体力や思考力が鈍ること。

萌葱《もえぎ》 黄色みを帯びた緑色。(別)萌黄

燃《も》え止《さ》し 燃えきらないで残ったもの。

萌《も》える 芽が出る。きざす。

燃《も》える 火がついて炎が上がる。

踠《もが》く 苦しんで手足を動かす。あせる。

虎落笛《もがりぶえ》 冬の強い北風が出す音。[冬]

模擬《もぎ》 本物をまねてすること。「—国会」

没義道《もぎどう》 人の道にはずれること。

捥《もぎ》る ねじり切る。ちぎり切る。

捥《も》ぐ ねじって切り離す。もぎる。

木魚《もくぎょ》 読経の時にたたく木製の魚形の仏具。

木偶《もくぐう》 木製の人形。でく。

目撃《もくげき》 その場にいて実際に見ること。

黙劇《もくげき》 パントマイム。無言劇。

艾《もぐさ》 灸に用いる干したヨモギの葉。[春]

木材《もくざい》 建築・木工などの材料とする木。

木酢《もくさく》 木材を乾留した液体。防腐剤とする。

黙殺《もくさつ》 黙って取り合わないこと。

目算《もくさん》 おおよその見当。もくろみ。

黙止《もくし》 黙って捨てておく。干渉しない。

黙示《もくし》 暗黙のうちに意思を伝えること。

黙視《もくし》 黙って見ていること。

目次《もくじ》　書物の題目をページと共に示すもの。
木質《もくしつ》　木の性質。幹の内部の堅い部分。
黙従《もくじゅう》　だまって従うこと。
目睫《もくしょう》　目とまつげ。「―の間《かん》」
藻屑《もくず》　海藻の切れ端。
目《もく》**する**　判断する。みなす。
黙《もく》**する**　口を閉ざす。
木星《もくせい》　太陽系の第五惑星。
木犀《もくせい》　モクセイ科の常緑小高木。[秋]
木精《もくせい》　木の精。木霊《こだま》。メチルアルコール。
木製《もくせい》　木で作ってあること。
目前《もくぜん》　目の前。ごく近い将来。
黙然《もくぜん》　黙っているさま。もくねん。
目送《もくそう》　去って行く人を目で見送ること。
黙想《もくそう》　黙って思いにふけること。

木造《もくぞう》　木でつくってあること。
木像《もくぞう》　木で作った像。
目測《もくそく》　目でおおよそを測ること。
黙諾《もくだく》　無言のうちに承諾していること。
木炭《もくたん》　木を蒸し焼きにして作った燃料。炭。
木彫《もくちょう》　木に彫ること。
目的《もくてき》　行動により実現したいと思う事柄。
目途《もくと》　めあて。めど。
黙禱《もくとう》　声に出さず心中で祈ること。
黙読《もくどく》　声を出さないで読むこと。⇕音読
黙認《もくにん》　暗黙のうちに認めること。
木螺子《もくねじ》　螺旋の切ってある釘。
黙然《もくねん》　⇩もくぜん(黙然)
木馬《もくば》　馬の形に作った木製の遊具。
木版《もくはん》　木の板に彫った印刷用の版。

黙秘《もくひ》　取り調べに対し、黙っていること。
目標《もくひょう》　なしとげようと決めためあて。
木本《もくほん》　植物学で、木のこと。⇕草本
木目《もくめ》　木の切り口に見られる年輪などの線。
黙黙《もくもく》　黙って何かをするさま。
黙約《もくやく》　両者が了解し合っている約束。黙契。
沐浴《もくよく》　身体を洗い清めること。
土竜《もぐら》　土の中にすむ小獣。農作物を害する。
潜《もぐ》**る**　水中に深く入る。体を隠す。
目礼《もくれい》　目つきで会釈すること。
黙礼《もくれい》　黙ったままお辞儀をすること。
木蓮《もくれん》　モクレン科の落葉低木。[春]
木蠟《もくろう》　ハゼノキの果皮からとる脂肪。
目録《もくろく》　題目や品目を書き並べたもの。
目論見《もくろみ》　くわだて。計画。

模型《もけい》　実物をかたどって作ったもの。
模糊《もこ》　ぼんやりしているさま。「曖昧―」
裳層《もこし》　仏堂や塔などの軒下にある庇状の物。
猛者《もさ》　勇ましい人。強い人。
模作《もさく》　他人の作品をまねて作ること(もの)。
模索《もさく》　手探りで方法などを探し求めること。
若《も》**し**　そう仮定すると。かりに。もしも。
文字《もじ》　言葉や音声を書き表す記号。
藻塩草《もしおぐさ》　塩をとるために焼いた海藻。
模式図《もしきず》　事物の構造を単純化した図。
若《も》**しくは**　あるいは。または。
文字通《もじどお》**り**　文面通りであること。
模写《もしゃ》　まねて写すこと。
喪主《もしゅ》　葬儀を営む当主。
喪章《もしょう》　喪中であることを表す黒い布。

捩《もじ》**る**　有名な句や歌に似せて言い換える。
燃《も》**す**　燃やす。
百舌《もず》　モズ科の鳥。[秋]「―の速贄」(別)鵙
海雲《もずく》　海藻の一種。食用。[春](別)水雲
莫斯綸《モスクワ》　ロシア連邦の首都。
裳裾《もすそ》　(女性の)衣服のすそ。
毛斯科《モスリン》　薄く柔らかい毛織物。
模《も》**する**　まねる。似せる。
模造《もぞう》　他の物に似せてつくること。
悶《もだ》**える**　苦しくて身をよじる。悩み苦しむ。
擡《もた》**げる**　持ち上げる。起こす。現す。
齎《もたら》**す**　持って来る。
凭《もた》**れる**　よりかかる。食物が胃にたまる。
餅《もち》　蒸したもち米を臼でついた食品。[冬]
糯《もち》　粘り気があり餅に適する穀類。⇕粳

黐《もち》　とりもち。モチノキの別名。
持《も》**ち味**《あじ》　もとから備わっている味・趣。
用《もち》**いる**　持って働かす。使う。採用する。
餅菓子《もちがし》　餅を材料にした和菓子。
持《も》**ち株**《かぶ》　所有している株。
持《も》**ち切**《き》**り**　その状態が継続すること。
餅草《もちぐさ》　ヨモギの別名。[春]
持《も》**ち腐**《ぐさ》**れ**　活用されずにいること。
持《も》**ち崩**《くず》**す**　品行を悪くする。「身を―」
持《も》**ち越**《こ》**す**　次の機会に送る。
持《も》**ち駒**《ごま》　手駒。自由に使える人や物。
糯米《もちごめ》　粘り気の強い、餅や赤飯用の米。
餅搗《もちつ》**き**　餅をつくこと。[冬]
望月《もちづき》　陰暦一五日の月。満月。[秋]
持《も》**ち直**《なお》**す**　再び元の状態になる。

持《も》ち逃《に》げ 他人の金品を持って逃げる。
持《も》ち主《ぬし》 その物を所有する人。
黐《もち》の木《き》 モチノキ科の常緑高木。
持《も》ち場《ば》 受け持ちの場所。担当部署。
餅肌《もちはだ》 白くてなめらかな肌。
餅花《もちばな》 木の枝に餅を多数付けた飾り物。[新]
持《も》ち分《ぶん》 各人が所有または負担する部分。
持《も》ち前《まえ》 もともと備わっている性質。
持《も》ち回《まわ》り 役割の順送り。
持《も》ち物《もの》 所有物。所持品。
喪中《もちゅう》 喪に服している期間。
勿論《もちろん》 言うまでもなく。
持《も》つ 手にとる。身につける。所有する。
目下《もっか》 現在のところ。ただ今。
黙過《もっか》 黙って見のがすこと。

木簡《もっかん》 古代、文字を記した細長い木の札。
黙許《もっきょ》 黙って見逃すこと。
木琴《もっきん》 木片を音階順に並べ桴で打つ楽器。
勿怪《もっけ》 意外。「—の幸い」(別)物怪
黙契《もっけい》 暗黙のうちに承知しあうこと。
畚《もっこ》 土石を運ぶ、縄で網状に編んだもの。
木工《もっこう》 木材の加工。大工。
沐猴《もっこう》 猿。「—にして冠す」
黙考《もっこう》 黙ってじっと考えること。
木斛《もっこく》 庭木にするツバキ科の常緑高木。
勿体《もったい》 重々しいさま。物々しいさま。
勿体《もったい》無《な》い 惜しい。恐れ多い。
以《もっ》て このような理由・手段で。
尤《もっと》も 納得できるさま。ただし。
最《もっと》も この上なく。最高に。

尤《もっと》もらしい 成る程と思える。
専《もっぱ》ら そのことだけであるさま。
没薬《もつやく》 カンラン科の低木の樹脂。健胃剤。
縺《もつ》れる からみ合って解けなくなる。
弄《もてあそ》ぶ 手に持って遊ぶ。好き勝手に扱う。
持《も》て余《あま》す 扱い方や処置に困る。
持《も》て成《な》す 待遇する。歓待する。
持《も》て囃《はや》す 盛んにほめる。
持《も》てる 人気がある。もてはやされる。
下《もと》 物のした。物の周辺。影響の及ぶ所。
元《もと》 起源。原因。以前。
本《もと》 根本《ねもと》。⇔末
基《もと》 基礎。土台。
素《もと》 原料。(別)元
基《もとい》 基礎。土台。

元請《もとう》け 直接仕事を引き受ける業者。
元売《もとう》り 卸売業者に売ること。
擬《もど》き それに似ているもの。「梅—」
元金《もときん》 資本金。あずけいれた最初の金。
本肥《もとごえ》 種まきや移植前に施す肥料。(別)基肥
元締《もとじ》め 全体をしめくくる役。
戻《もど》す もとの場所や状態に返す。吐く。
元帳《もとちょう》 会計の勘定科目ごとに分けた帳簿。
基《もと》づく それを根拠とする。
元手《もとで》 事業を始める元になるもの。資金。
髻《もとどり》 髪の毛を頭の上で束ねた部分。
本生《もとな》り 幹やつるのもとに実がなること。
元値《もとね》 仕入れ値段。原価。
求《もと》める ほしいと思う。要求する。買う。
元元《もともと》 最初から。元の状態と変わらない。

元結《もとゆい》 髻《もとどり》を束ねる紐や糸。
固《もと》より はじめから。言うまでもなく。
悖《もと》る 道理にそむく。反する。
戻《もど》る もとの場所や状態にかえる。
最中《もなか》 中央。さいちゅう。和菓子の一。
蛻《もぬけ》 蟬・蛇などが脱皮すること。
物言《ものい》い 言葉遣い。判定への異議。
物忌《ものい》み 一定期間慎み不浄をさけること。
物入《ものい》り 費用がかかること。
物憂《ものう》い 心が晴れない。気がふさぐ。
物置《ものおき》 雑多な物を入れて置く小屋。
物怖《ものお》じ 消極的で、ものを恐れること。
物惜《ものお》しみ 物を手離すことをいやがる。
物音《ものおと》 何かの音。
物覚《ものおぼ》え 理解力。記憶力。

物思《ものおも》い あれこれと考え、悩むこと。
物書《ものか》き 職業として文章を書く人。
物陰《ものかげ》 物の陰になって見えない所。
物堅《ものがた》い 実直である。義理堅い。
物語《ものがたり》 筋のある話。散文で書かれた文学。
物悲《ものがな》しい 何となく悲しい。
物臭《ものぐさ》 面倒くさがること。
物乞《ものご》い 物を恵んでくれとせがむこと。
物心《ものごころ》 世の中の世態・人情のわかる心。
物腰《ものごし》 人に応対するときの態度や言葉遣い。
物事《ものごと》 物と事。また、すべての事。
物差《ものさ》し 長さを測る道具。判断基準。
物寂《ものさび》しい なんとなく寂しい。
物静《ものしず》か 人柄や態度が穏やかなさま。
物知《ものし》り 広く物事を知っていること。

物好《ものず》き　風変わりなことを好むさま。
物凄《ものすご》い　非常に恐ろしい。はなはだしい。
物種《ものだね》　もとになるもの。「命あっての—」
物足《ものた》りない　何となく不満足だ。
物取《ものと》り　泥棒。盗人。
物《もの》の哀《あわ》れ　しみじみとした情趣。
物《もの》の怪《け》　祟りをする死霊・生き霊。
武士《もののふ》　武士。武人。
物日《ものび》　祝い事や祭りなどのある、特別の日。
物干《ものほ》し　洗濯物を干す器具・場所。
物真似《ものまね》　人や動物の声や動作のまね。
物見《ものみ》　見物。遠くや外を見るための設備。
物見高《ものみだか》い　好奇心が強い。
物持《ものも》ち　金持ち。財産家。
物物《ものもの》しい　いかめしい。厳重である。

物貰《ものもら》い　乞食。瞼にできるはれ物。
物柔《ものやわ》らか　穏やか。しとやか。
物分《ものわ》かり　理解。のみこみ。
物別《ものわか》れ　意見の一致しないまま別れる。
物忘《ものわす》れ　物事を忘れること。
物笑《ものわら》い　人から笑われること。
最早《もはや》　今となっては。すでに。もう。
模範《もはん》　見習うべきもの。手本。
喪服《もふく》　葬儀などに着る黒の礼服。
模倣《もほう》　まねること。似せること。
模本《もほん》　原本を模写した本。習字などの手本。
籾《もみ》　脱穀していない米。もみがら。[秋]
紅《もみ》　紅色の薄い絹布。裏地用。(別)紅絹
樅《もみ》　マツ科の常緑針葉高木。
籾殻《もみがら》　米を包んでいる外皮。もみ。

揉《も》みくちゃ　ひどくもまれる。
揉《も》み消《け》す　もんで消す。防ぎ止める。
籾米《もみごめ》　籾殻のついた米。
紅葉《もみじ》　晩秋の色づいた葉。カエデ類。[秋]
紅葉葵《もみじあおい》　アオイ科の多年草。[秋]
紅葉狩《もみじが》り　紅葉を見て歩く。[秋]
揉《も》み手《で》　両手をすり合わせること。
揉《も》む　両手に挟みすり合わせる。押し合う。
揉《も》め事《ごと》　争いごと。いざこざ。
揉《も》める　紛糾する。心が乱れる。
木綿《もめん》　ワタの種子からとった繊維。
腿《もも》　足の、ひざより上の部分。(別)股
桃《もも》　バラ科の落葉小高木。果樹。[秋]
桃色《ももいろ》　淡紅色。ピンク。
股立《ももだち》　袴の左右のあきを縫い止めた所。

桃太郎《ももたろう》　昔話の一。その主人公の名。
百歳《ももとせ》　一〇〇年。長い年月。
桃《もも》の節句《せっく》　ひな祭り。[春]
股引《ももひき》　ズボンの下にはく長い下着。[冬]
桃割《ももわ》れ　若い娘の日本髪の髪形。
鼯鼠《ももんが》　リス科の獣。飛膜をもち滑空する。
靄《もや》　空気中に立ち込める小さい水滴。
舫《もや》い船《ぶね》　つなぎとめた船。
舫《もや》う　船と船とをつなぎ合わせる。
萌《も》やし　豆類を発芽させた食品。
燃《も》やす　燃えるようにする。燃す。
靄《もや》る　靄がかかる。
模様《もよう》　織物などを飾る絵や図形。様子。
催《もよお》し　大勢を集めてする行事。
最寄《もよ》り　最も近い所。「—の駅」

貰《もら》い泣《な》き　つられて一緒に泣くこと。
貰《もら》い火《び》　類焼。
貰《もら》い物《もの》　人からもらった物。
貰《もら》う　人が与える物を受ける。
漏《も》らす　こぼす。こっそり知らせる。
守《も》り　子供の世話をすること。おもり。
森《もり》　多くの樹木が茂る所。
銛《もり》　突き刺して魚をとる漁具。
盛《も》り沢山《だくさん》　量や内容が非常に多い。
盛《も》り花《ばな》　籠や水盤に盛って飾った花。
盛《も》る　器に一杯に入れる。高く積む。
漏《も》れ無《な》く　例外なく。
漏《も》れる　すきまから出る。ひそかに知れる。
脆《もろ》い　こわれやすい。こらえる力が乏しい。
諸子《もろこ》　コイ科の小形の淡水魚。食用。[春]

唐土《もろこし》　中国の古称。唐《から》。(別)唐
蜀黍《もろこし》　トウモロコシに似た一年草。[秋]
双差《もろざ》し　両手を相手の脇に差し込むこと。
諸手《もろて》　左右の手。両手。(別)双手
諸共《もろとも》　いっしょ。ともども。
諸刃《もろは》　両側に刃のついた刃物。両刃。
諸肌《もろはだ》　上半身の肌。「—を脱ぐ」
諸人《もろびと》　多くの人。
醪《もろみ》　まだ漉していない酒・醤油。(別)諸味
諸諸《もろもろ》　多くのもの。すべてのもの。
文《もん》　模様。昔の通貨の単位。
門《もん》　建物の出入り口。学問などの系統。
紋《もん》　模様。図柄。家紋。
門衛《もんえい》　門を守る人。門番。
紋織《もんお》り　模様を浮かして織った織物。

門《もん》下《か》 その師から教えを受ける人。
門《もん》外《がい》漢《かん》 そのことを専門としない人。
門《もん》外《がい》不《ふ》出《しゅつ》 秘蔵して出さない。
門《もん》構《がま》え 門の造り。
紋《もん》切《き》り型《がた》 きまりきった様式。
文《もん》句《く》 文章の語句。苦情。言い分。
門《もん》限《げん》 夜、門を閉める刻限。
門《もん》戸《こ》 出入り口。一家。一流派。
文《もん》言《ごん》 文章の中の語句。
門《もん》札《さつ》 門に掲げる表札。門標。
門《もん》歯《し》 前歯《まえば》。
悶《もん》死《し》 もだえ苦しんで死ぬこと。
文《もん》字《じ》 ⇩もじ(文字)
門《もん》主《しゅ》 門跡《もんぜき》寺院の住職。
文《もん》殊《じゅ》 知恵をつかさどる菩薩。文殊菩薩。

文《もん》書《じょ》 書類。ぶんしょ。
紋《もん》章《しょう》 家や団体などのしるしに用いる図柄。
問《もん》診《しん》 医師が診断の参考に尋ねること。
門《もん》人《じん》 門下の人。
問《もん》責《せき》 問い詰め、責めること。
門《もん》跡《ぜき》 祖師の法統を伝える寺。
悶《もん》絶《ぜつ》 もだえ苦しんで気絶すること。
門《もん》前《ぜん》 門の前。
門《もん》前《ぜん》雀《じゃく》羅《ら》 閑散として寂しい。
門《もん》前《ぜん》払《ばら》い 人を会わずに帰すこと。
問《もん》題《だい》 学習のための問い。解決を要する事柄。
門《もん》地《ち》 家柄。家格。
悶《もん》着《ちゃく》 もめごと。いさかい。
門《もん》柱《ちゅう》 門に立てる柱。
紋《もん》付《つき》 家紋を付けた礼装用の和服。紋服。

門《もん》弟《てい》 弟子。門人。
門《もん》徒《と》 その宗教の信者。門人。門弟。
門《もん》灯《とう》 門にとりつけた灯火。
問《もん》答《どう》 質問と返答。そのやりとり。
紋《もん》所《どころ》 家紋。定紋。
文《もん》無《な》し お金が全くないこと。
門《もん》閥《ばつ》 家柄。門地。
門《もん》番《ばん》 門の番人。門衛。
門《もん》扉《ぴ》 門のとびら。
門《もん》標《ぴょう》 門札。表札。
紋《もん》服《ぷく》 家紋をつけた衣服。紋付。
匁《もんめ》 尺貫法の重さの単位。
文《もん》盲《もう》 文字が読めないこと。
悶《もん》悶《もん》 もだえ悩み苦しむこと。
文《もん》様《よう》 模様。(別)紋様

や

矢《や》 弓につがえて飛ばす武具。(別)箭
野《や》 の。野原。民間。「—に下る」
碼《ヤード》 ヤードポンド法の長さの単位。
灸《やいと》 灸《きゅう》。
刃《やいば》 刀の刃《は》。刀剣類の総称。
夜《や》陰《いん》 夜の暗闇。「—に乗ずる」
八《や》重《え》 数多く重なっていること。
夜《や》営《えい》 夜、野外に陣営を設けること。
野《や》営《えい》 野外に陣営を設けること。キャンプ。
八《や》重《え》歯《ば》 重なるように生える歯。
八《や》重《え》葎《むぐら》 アカネ科の一、二年草。
野《や》猿《えん》 野生の猿。
八《や》百《お》長《ちょう》 なれあいの勝負。

矢《や》面《おもて》 抗議や非難を直接受ける立場。
八《や》百《お》屋《や》 野菜を売る店。
八《や》百《お》万《よろず》 非常に多い。「—の神々」
徐《やお》ら ゆったりと動作を始めるさま。
夜《や》会《かい》 夜催される洋風の社交の会。
野《や》外《がい》 建物の外。屋外。
夜《や》学《がく》 夜間に授業をする学校。(秋)
矢《や》絣《がすり》 矢羽根の柄を織り出した絣。
屋《や》形《かた》 貴人の住居。その邸宅の主人。
屋《や》形《かた》船《ぶね》 川遊びなどに使う和船。
軈《やが》て 間もなく。そのうちに。ついには。
喧《やかま》しい 音が大き過ぎる。口うるさい。
族《やから》 一門。一族。
輩《やから》 連中。奴等。「不逞《ふてい》の—」
夜《や》間《かん》 夜の間。夜。⇔昼間

薬《や》罐《かん》 アルマイトなどで作った湯沸かし。
夜《や》気《き》 夜の空気。夜の気配。
山《や》羊《ぎ》 ウシ科の中形の家畜。
焼《や》き芋《いも》 焼いたサツマイモ。[図]
焼《や》き入《い》れ 鉄鋼の硬度を高める熱処理。
焼《や》き印《いん》 焼き跡を付ける金属製の印。
焼《や》き討《う》ち 敵の城などを火攻めにする。
焼《や》き鏝《ごて》 布や紙のしわを伸ばす熱した鏝。
焼《や》き魚《ざかな》 焼いた魚。
焼《や》き塩《しお》 素焼きの壺などでいった塩。
焼《や》き蕎《そ》麦《ば》 中華麺をいためた料理。
焼《や》き付《つ》け 印画紙に陽画を作る処理。
焼《や》き鳥《とり》 鳥肉を串に刺して焼いた料理。
焼《や》き直《なお》し 既成の作品をなぞった物。
焼《や》き肉《にく》 牛・豚などの肉を焼いたもの。

焼《や》き場《ば》 火葬場。

焼《や》き畑《はた》 草木を焼いて耕地とすること。

焼《や》き豚《ぶた》 豚肉の蒸し焼き。チャーシュー。

焼《や》き増《ま》し 写真で、追加の焼き付け。

焼《や》き飯《めし》 飯をいためた料理。チャーハン。

焼《や》き餅《もち》 焼いた餅。嫉妬。「—を焼く」

焼《や》き物《もの》 陶磁器・土器などの総称。

野《や》球《きゅう》 九人ずつの二チームが行う球技。

野《や》牛《ぎゅう》 大形の野生のウシ。バイソン。

夜《や》業《ぎょう》 夜間に仕事をすること。夜なべ。秋

冶《や》金《きん》 鉱石から金属を分離・精製する技術。

夜《や》勤《きん》 夜の勤務。⇔日勤

野《や》禽《きん》 野生の鳥類。野鳥。

厄《やく》 わざわい。災難。厄年。

役《やく》 割り当てられた仕事。役目。配役。

約《やく》 およそ。ほぼ。

訳《やく》 訳すこと。翻訳。

葯《やく》 雄しべの先にある花粉を作る器官。

薬《やく》 くすり。麻薬。

焼《や》く 火で物を燃す。火であぶる。

妬《や》く 嫉妬する。

夜《や》具《ぐ》 寝具。

役《やく》員《いん》 会社・団体の責任者。係の人。

薬《やく》液《えき》 液体の薬。

厄《やく》落《お》とし 厄難を払い除くこと。冬

薬《やく》害《がい》 薬剤の副作用などによる害。

薬《やく》学《がく》 薬の開発・作用などを研究する学問。

役《やく》柄《がら》 役目の性質。登場人物の種別や性格。

役《やく》儀《ぎ》 役目。つとめ。

約《やく》言《げん》 要点をかいつまんで言うこと。

訳《やく》語《ご》 原文を翻訳したときの言葉。

薬《やく》剤《ざい》 調合された医薬品。

扼《やく》殺《さつ》 手で首を締めて殺すこと。

薬《やく》殺《さつ》 毒薬を用いて殺すこと。

訳《やく》詞《し》 翻訳した歌詞。

訳《やく》詩《し》 翻訳した詩。

薬《やく》師《し》 病気や災難を除くという如来。

薬《やく》餌《じ》 薬と食べ物。「—に親しむ」

役《やく》者《しゃ》 俳優。駆け引きなどが巧みな人。

訳《やく》者《しゃ》 翻訳をした人。翻訳者。

薬《やく》種《しゅ》 漢方薬の原料や材料。「—店」

薬《やく》酒《しゅ》 漢方薬などを入れた酒。薬用酒。

訳《やく》出《しゅつ》 翻訳すること。

訳《やく》述《じゅつ》 翻訳して文章にすること。

役《やく》所《しょ》 国や公共団体の事務を扱う所。

訳《やく》書《しょ》 翻訳した書物。

躍《やく》如《じょ》 生き生きと感じられるさま。

約《やく》定《じょう》 約束して決めること。

役《やく》職《しょく》 会社や団体の重要な職務。管理職。

薬《やく》疹《しん》 薬の副作用による発疹。

躍《やく》進《しん》 勢いよく進歩・発展すること。

約《やく》す 約束する。簡単にする。

訳《やく》す 翻訳する。解釈して文章にする。

約《やく》数《すう》 ある数や式を割り切る数や式。

扼《やく》する 締めつける。要所を占める。

薬《やく》石《せき》 種々の薬や治療法。「—効なく」

約《やく》説《せつ》 要約して説明すること。

薬《やく》草《そう》 薬用にする草。薬用植物。

約《やく》束《そく》 当事者の間のとりきめ。きまり。

益《やく》体《たい》 役に立つこと。「—もない」

薬《やく》代《だい》 薬の代金。治療費。

約《やく》諾《だく》 約束して引き受けること。

役《やく》立《だ》つ 役に立つ。

訳《やく》注《ちゅう》 翻訳とその註釈。翻訳と註釈。

役《やく》付《づ》き 役職についていること。

約《やく》手《て》 「約束手形」の略。

薬《やく》湯《とう》 薬を入れた風呂。煎《せん》じ薬。

躍《やく》動《どう》 生き生きと動くこと。「—感」

役《やく》得《とく》 役目上得る特別の利益。

訳《やく》読《どく》 翻訳して読むこと。

薬《やく》毒《どく》 薬に含まれている有害成分。

役《やく》所《どころ》 その人にふさわしい役割。

厄《やく》年《どし》 災難に遭うことが多いという年齢。

厄《やく》難《なん》 災い。災難。

役《やく》人《にん》 官職についている人。公務員。

役《やく》場《ば》 町や村の事務をとる所。

厄《やく》払《はら》い 神仏に祈り災いを落とす。冬

厄《やく》日《び》 陰陽道で災難に遭いやすい日。秋

疫《やく》病《びょう》 伝染性の熱病。えきびょう。

薬《やく》品《ひん》 くすり。薬品。

役《やく》不《ぶ》足《そく》 役目が力量にそぐわない。

薬《やく》物《ぶつ》 くすり。薬品。「—依存」

約《やく》分《ぶん》 分数を最大公約数で割り簡単にする。

訳《やく》文《ぶん》 翻訳した文章。

薬《やく》舗《ほ》 くすりや。

薬《やく》方《ほう》 薬を調剤する方法。

訳《やく》本《ほん》 翻訳した本。

役《やく》回《まわ》り 割り当てられた役目。

薬《やく》味《み》 風味を増すため添える野菜や香辛料。

役《やく》向《む》き 役柄。役目の性質。

役目《やくめ》 役としてなすべきつとめ。役割。
薬用《やくよう》 薬として用いること。「—植物」
厄除《やくよ》け 災厄を払いのけること。
櫓《やぐら》 見張りのための高い建物。
櫓太鼓《やぐらだいこ》 相撲場の櫓の上で打つ太鼓。
薬理《やくり》 薬品によって起こる生理的変化。
矢車《やぐるま》 矢羽根を放射状につけた風車。夏
矢車菊《やぐるまぎく》 キク科の一年草。夏
薬籠《やくろう》 薬箱。「自家—中の物」
役割《やくわり》 割り当てられた役目。
扼腕《やくわん》 腕をにぎりしめること。「切歯—」
自棄《やけ》 投げやりになること。すてばち。
焼《や》け跡《あと》 火事で焼けた跡。
夜景《やけい》 夜の景色。
夜警《やけい》 夜、警備をすること(人)。

焼《や》け石《いし》 火で熱せられた石。「—に水」
自棄糞《やけくそ》 「やけ」を強めた言い方。
自棄酒《やけざけ》 やけになって飲む酒。
火傷《やけど》 火などに触れて皮膚がただれること。
焼《や》け野《の》 野焼きをした野原。春
焼《や》け棒杭《ぼっくい》 燃えさしの杭。
焼《や》け山《やま》 早春、山焼きをしている山。春
野犬《やけん》 のら犬。
薬研《やげん》 薬種を粉末にする舟形の器具。
水蠆《やご》 トンボの幼虫。
夜光《やこう》 暗い所で光ること。
夜行《やこう》 夜、活動すること。夜行列車。
屋号《やごう》 商店の称号。歌舞伎俳優の家の称号。
野合《やごう》 正式な結婚手続きを経ない男女関係。
夜光虫《やこうちゅう》 原生動物。波間で発光する。

野狐禅《やこぜん》 悟り切ったつもりの人。
野菜《やさい》 食用に畑で栽培する植物。青物。
優男《やさおとこ》 心根のやさしい男。姿・形の優美な男。
家捜《やさが》し 家じゅうをさがすこと。
優形《やさがた》 姿がすらりとして上品なこと。
矢先《やさき》 ちょうどその時。
易《やさ》しい 容易だ。わかりやすい。
優《やさ》しい 思いやりがある。優美だ。
野冊《やさつ》 採集した植物をはさむ二枚の板。
香具師《やし》 縁日などに露店を出す人。
野史《やし》 民間人が著した歴史書。外史。
椰子《やし》 ヤシ科の常緑高木。特にココヤシ。
野次《やじ》 他人の言動をひやかしあざけること。
野次馬《やじうま》 面白半分に騒ぎ立てる人。
屋敷《やしき》 家の敷地。りっぱな家。邸宅。

弥次喜多《やじきた》 おどけ者の二人組。
養《やしな》う 生活の世話をする。力を蓄える。
夜叉《やしゃ》 鬼人。毘沙門天の従者。
玄孫《やしゃご》 孫の孫。ひまごの子。
野手《やしゅ》 野球で、内野手と外野手の総称。
野趣《やしゅ》 自然のままの、素朴な味わい。
夜襲《やしゅう》 夜、敵を攻めること。
野獣《やじゅう》 野生のけだもの。
夜色《やしょく》 夜の景色。夜の気配。
夜食《やしょく》 夜おそくとる軽い食事。秋
鏃《やじり》 矢の先の物に突き刺さる部分。
矢印《やじるし》 矢の形のしるし。
社《やしろ》 社殿。神社。
野心《やしん》 分不相応な、大きな望み。
野人《やじん》 田舎の人。粗野な人。民間人。

簎《やす》 魚を刺して捕らえる鉄製の漁具。
安上《やすあ》がり 安い費用ですむこと。
安《やす》い 値段が低い。安価だ。
易《やす》い 容易だ。やさしい。
安売《やすう》り 安く売ること。
弥助《やすけ》 握りずし。
馬陸《やすで》 ムカデに似た虫。
安手《やすで》 値段の安いこと。安っぽいこと。
安値《やすね》 安い値段。取引で、最も安い値段。
安普請《やすぶしん》 安い費用で家を建てること。
休《やす》む 休息する。一時やめる。欠席する。
安物《やすもの》 値段が安く、質のよくない物。
易易《やすやす》 簡単に。たやすく。
安宿《やすやど》 宿泊料の安い粗末な宿屋。
安《やす》らか 心の穏やかなさま。

鑢《やすり》 工作物の面を平らにしたりする工具。
野生《やせい》 動植物が山野に自然に生育すること。
野性《やせい》 本能のままの粗野な性質。
痩《や》せ腕《うで》 細い腕。生活力に乏しい腕前。
痩《や》せ我慢《がまん》 平気をよそおうこと。
痩《や》せ地《ち》 作物が育ちにくい土地。
痩《や》せる 体重が減る。土の養分が少なくなる。
夜戦《やせん》 夜間の戦闘。
野戦《やせん》 山野での戦闘。
夜前《やぜん》 昨晩。ゆうべ。「—の雨」
耶蘇《やそ》 キリスト。キリスト教(徒)。
野草《やそう》 山野に生える草。
夜想曲《やそうきょく》 抒情的な小曲。
八十路《やそじ》 八〇。八〇歳。別八十
屋台《やたい》 移動できる店。祭礼の山車。

屋《や》台《たい》骨《ぼね》 屋台・家屋や一家の骨組み。

矢《や》立《た》て 矢を入れる武具。携帯用の筆記具。

八《や》咫《た》の鏡《かがみ》 三種の神器の一。

矢《や》弾《だま》 矢と鉄砲のたま。(別)矢玉

矢《や》鱈《たら》 筋の通らないさま。甚しいさま。

八《や》千《ち》草《ぐさ》 多くの草。

八衢《やちまた》 道が多くの方向に分かれる所。

八《や》千《ち》代《よ》 永い年代。「千代に―に」

野《や》猪《ちょ》 いのしし。

野《や》鳥《ちょう》 野生の鳥。

夜《や》直《ちょく》 夜の当直。宿直。

家《や》賃《ちん》 家や部屋の借り賃。

奴《やつ》 人をぞんざいに言う語。あいつ。

八《や》つ当《あ》たり 当たり散らすこと。

薬《やっ》価《か》 薬の値段。

薬《やっ》禍《か》 薬の副作用による災難。

厄《やっ》介《かい》 手数がかかり面倒なさま。世話。

訳《やっ》解《かい》 訳して、解釈すること。

八《や》つ頭《がしら》 サトイモの栽培品種。[秋]

僕《やつがれ》 自分の謙譲語。

約《やっ》款《かん》 条約・契約などのそれぞれの条項。

躍《やっ》起《き》 あせってむきになること。

矢《や》継《つ》ぎ早《ばや》 続けざまに行うこと。

薬《やっ》莢《きょう》 発射用の火薬を詰めた小さな筒。

薬《やっ》局《きょく》 薬剤師がいる薬屋。薬剤を調合する所。

奴《やっこ》 下僕。武家の中間《ちゅうげん》。俠客。

薬《やっ》効《こう》 薬のききめ。

八《や》つ裂《ざ》き ずたずたに裂くこと。

窶《やつ》す みすぼらしく変装する。思い悩む。

八《やつ》手《で》 ウコギ科の常緑低木。

鋏《やっとこ》 鉄・板金などを挟みもつ工具。

八《やつ》目《め》鰻《うなぎ》 ウナギに似た魚。食用。

窶《やつ》れる やせおとろえる。みすぼらしくなる。

宿《やど》 すみか。宿屋。

雇《やと》い人《にん》 使用人。

野《や》党《とう》 政権を担当していない政党。⇔与党

野《や》盗《とう》 山賊。追いはぎ。

雇《やと》う 金を払って人や乗り物を使う。

宿《やど》替《が》え 住む家をかえること。転居。

宿《やど》借《か》り ヤドカリ科の甲殻類。[春]

宿《やど》す 妊娠する。表面にとどめる。

宿《やど》帳《ちょう》 宿屋の宿泊者の名簿。

宿《やど》賃《ちん》 宿屋の宿泊料。

宿《やど》無《な》し 住む家のないこと(人)。

宿《やど》主《ぬし》 ⇩しゅくしゅ(宿主)

宿《やど》屋《や》 旅行者を泊める家。旅館。

寄生木《やどりぎ》 他の木に寄生する常緑低木。

宿《やど》る 旅先で泊まる。一時的にとどまる。

宿《やど》六《ろく》 自分の夫を軽んじていう語。

宿《やど》割《わ》り 団体客などの宿を割り振ること。

梁《やな》 簀《す》を張って川魚をとる仕掛け。[夏]

柳《やな》川《がわ》 ドジョウを卵でとじた料理。[夏]

柳《やなぎ》 ヤナギ属の木の総称。[春]

柳《やなぎ》行《ごう》李《り》 柳の枝で編んだ行李。

柳《やなぎ》腰《ごし》 女性の細くてしなやかな腰つき。

柳《やなぎ》樽《だる》 柄樽《えだる》。

柳《やなぎ》刃《ば》 刺身包丁の一種。

柳《やなぎ》鮠《はえ》 ハヤ・モロコなどの異名。[春]

家《や》並《な》み 家の並び具合。

脂《やに》 樹脂。タバコの粘液。

脂《やに》下《さ》がる 得意げに、にやにやする。

夜《や》尿《にょう》症《しょう》 睡眠中に尿を漏らす状態。

家《や》主《ぬし》 貸し家の持ち主。おおや。

屋《や》根《ね》 建物の上部につけた覆い。

屋《や》根《ね》裏《うら》 天井と屋根の間の空間。

野《や》梅《ばい》 野に咲く梅。[春]

矢《や》筈《はず》 矢の一端の、弓の弦にかける部分。

矢《や》羽《ば》根《ね》 矢に付ける羽根。

夜《や》半《はん》 夜中。よわ。

野《や》蛮《ばん》 文明が開けていない。粗野なこと。

野《や》卑《ひ》 下品で卑しいこと。(別)野鄙

藪《やぶ》 草や笹などが生い茂っている所。

藪《やぶ》医《い》者《しゃ》 下手な医者。やぶ。

藪《やぶ》入《い》り 正月と盆の奉公人の帰郷。[新]

藪《やぶ》鶯《うぐいす》 藪にいる鶯。

藪《やぶ》蚊《か》 蚊の一種。草藪などにすむ。

破《やぶ》く ひきさく。

藪《やぶ》柑《こう》子《じ》 ヤブコウジ科の小低木。[冬]

吝《やぶさ》か おしむさま。

藪《やぶ》雨《さめ》 ウグイス科の鳥。日本最小。

流《や》鏑《ぶさ》馬《め》 馬上から的を射る行事。

藪《やぶ》椿《つばき》 山地や海岸に自生するツバキ。[春]

藪《やぶ》睨《にら》み 斜視。見当はずれなこと。

藪《やぶ》の中《なか》 真実がわからないこと。

藪《やぶ》蛇《へび》 よけいなことをして災いを受ける。

破《やぶ》れる 裂ける。こわれる。だめになる。

敗《やぶ》れる 勝負に負ける。

夜《や》分《ぶん》 夜。夜間。

野《や》暮《ぼ》 気がきかない。洗練されていない。

野《や》望《ぼう》 身分不相応な大それた望み。

野暮用《やぼよう》 つまらない用事。
山間《やまあい》 山と山の間。「―の村」
山荒《やまあらし》 硬い長毛をもつ中形の獣。
山歩《やまある》**き** 山を歩き楽しむこと。
病《やまい》 病気。
山犬《やまいぬ》 ニホンオオカミの別名。
山芋《やまいも》 やまのいも(山の芋)。
山姥《やまうば》 深山に住むという女の怪物。
山奥《やまおく》 山の奥深い所。
山男《やまおとこ》 山で働く男。登山好きな男。
山颪《やまおろし》 山から吹き下ろす風。
山家《やまが》 山里にある家。「―育ち」
山峡《やまかい》 山と山とに挟まれた所。山あい。
赤棟蛇《やまかがし》 ヘビの一種。有毒。
山《やま》**掛**《か》**け** とろろをかけた料理。

山笠《やまがさ》 祭礼などに被る飾りのついた笠。夏
山賤《やまがつ》 猟師やきこりなど山中で暮らす人。
山雀《やまがら》 シジュウカラ科の小鳥。秋
山狩《やまが》**り** 山で狩猟をする。山中を捜索する。
山勘《やまかん》 勘に頼って見当をつけること。
山鯨《やまくじら》 イノシシの肉。冬
山崩《やまくず》**れ** 山の斜面が崩れ落ちること。
山国《やまぐに》 山の多い国・地方。
山気《やまけ》 投機を好む気持ち。やまっけ。
山籠《やまごも》**り** 山寺にこもって修行すること。
山小屋《やまごや》 登山者のため建てた小屋。
山桜《やまざくら》 山中に咲く桜。桜の一品種。春
山里《やまざと》 山間の人里。山村。
山猿《やまざる》 山の中にすむ猿。田舎者。
山師《やまし》 鉱脈の発見などをする人。詐欺師。

山路《やまじ》 山の中のみち。山道。
疚《やま》**しい** 良心がとがめる。うしろめたい。
山城《やましろ》 旧国名。京都府の南東部。城州。
山城《やまじろ》 山頂や山腹に築いた城。
山裾《やますそ》 山のふもと。
山《やま》**津**《つ》**波**《なみ》 山崩れによる土石流。
山《やま》**積**《づ》**み** 高く積み上げる。たくさんたまる。
山《やま》**手**《て》 山に近い方。山の手。
山寺《やまでら》 山の中にある寺。
大和《やまと》 旧国名。奈良県全域。日本国の別名。
大和《やまと》**魂**《だましい》 日本民族固有の精神。
大和《やまと》**撫子**《なでしこ》 日本女性の美称。
山鳥《やまどり》 キジ科の中形の鳥。雄は尾が長い。
山《やま》**並**《な》**み** 連なった山々。さんみゃく。
山形《やまなり》 なだらかに中央部が高くなった形。

山《やま》**鳴**《な》**り** 山が鳴り響くこと。山の地鳴り。
山猫《やまねこ》 野生種のネコの総称。
山《やま》**の芋**《いも》 ヤマノイモ科のつる性多年草。
山《やま》**の神**《かみ》 山を支配する神。口うるさい妻。
山《やま》**の幸**《さち》 山でとれる鳥獣・木の実など。
山《やま》**の手**《て》 山の方。高台の地区。
山《やま》**の端**《は》 山の稜線。
山場《やまば》 物事の頂点。最も重要な場面。
山肌《やまはだ》 山の地肌。
山鳩《やまばと》 山にすむ野生のハト。キジバトなど。
山火《やまび》 山焼きの火。春
山彦《やまびこ》 こだま。
山襞《やまひだ》 谷と尾根が入り組んで作るひだ。
山開《やまびら》**き** その年初めて登山を許す。夏
山吹《やまぶき》 バラ科の落葉低木。春

山藤《やまふじ》 マメ科のつる性落葉低木。野藤。春
山伏《やまぶし》 修験道の行者。
山懐《やまふところ》 山々に囲まれた所。
山法師《やまぼうし》 ミズキ科の落葉高木。夏
山鉾《やまぼこ》 飾り台にほこなどを立てた山車。夏
山程《やまほど》 たくさんあること。
山繭《やままゆ》 ガの一種。良質の絹糸がとれる。春
山女《やまめ》 サクラマスの陸封型。食用。夏
山《やま》**盛**《も》**り** 山のように盛り上げること。
山《やま》**焼**《や》**き** 早春、山の枯れ草を焼く。春
山《やま》**百**《ゆ》**合**《り》 ユリ科の多年草。夏
山《やま》**分**《わ》**け** おおざっぱに皆で分けること。
闇《やみ》 光が全くないこと。希望がないこと。
闇市《やみいち》 闇取引の品物を扱う市場。
闇《やみ》**討**《う》**ち** 暗闇にまぎれて人を襲うこと。

闇雲《やみくも》 先の見通しの全くないさま。
闇路《やみじ》 暗い夜道。分別がつかない状態。
病《や》**み付**《つ》**き** 熱中してやめられなくなる。
闇取引《やみとりひき》 不正に取引すること。
闇屋《やみや》 闇取引を商売とする人。
闇《やみ》**夜**《よ》 月の出ていない暗い夜。
止《や》**む** 今まで続いていたことが終わる。
病《や》**む** 病気になる。あれこれ悩む。
已《や》**む無**《な》**く** 仕方なく。「―中止する」
止《や》**める** 終わりにする。中止する。
辞《や》**める** 辞職・辞任する。別罷める
夜盲症《やもうしょう》 暗いと視力が低下する症状。
寡婦《やもめ》 夫を失った女。未亡人。別寡
鰥夫《やもめ》 妻を失った男。男やもめ。別鰥
守宮《やもり》 ヤモリ科の爬虫類。夏

や

稍《やや》 いくらか。少し。しばらく。
動《やや》**もすれば** ともすれば。
揶《や》**揄**《ゆ》 からかうこと。
弥生《やよい》 陰暦三月の異名。〔春〕
矢《や》**来**《らい》 竹や丸太を粗く組んだ、仮の囲い。
夜《や》**来**《らい》 前夜から続くこと。「—の雨」
遣《や》**らせ** なれあいで事を行わせること。
槍《やり》 長い柄の先に剣状の刃を付けた武器。
遣《や》**り合**《あ》**う** 互いに争う。
槍《やり》**烏賊**《いか》 イカの一種。食用。
遣《や》**り口**《くち》 しかた。やりかた。手口。
遣《や》**り繰**《く》**り** 工夫して都合をつけること。
槍玉《やりだま》 槍で刺すこと。「—に上げる」
遣《や》**りっ放**《ぱな》**し** 後始末しないこと。
遣《や》**り手**《て》 行う人。仕事のよく出来る人。

遣《や》**り戸**《ど》 引き戸。
遣《や》**り取**《と》**り** 物や言葉の交換。
槍投《やりな》**げ** 槍を投げて飛距離を競う競技。
遣《や》**り場**《ば》 もってゆく場所。「目の—に困る」
槍衾《やりぶすま》 大勢がすき間なく槍を並べて構える。
遣《や》**り水**《みず》 植え込みなどに水をかけること。
夜《や》**涼**《りょう》 夏の夜の涼気。〔夏〕
遣《や》**る** 向かわせる。人に送る。与える。
遣《や》**る方**《かた》 思いを晴らす方法。「—ない」
遣《や》**る気**《き》 やろうとする積極的な気持ち。
敗荷《やれはす》 葉の破れたハス。〔秋〕〔別〕破れ蓮
野《や》**郎**《ろう》 男をののしっていう語。「この—」
夜《や》**郎**《ろう》**自**《じ》**大**《だい》 自分の力量もわきまえずに、仲間の中で威張ること。
夜《や》**話**《わ》 夜にする話。よばなし。

柔《やわ》 弱々しいさま。こわれやすいさま。
柔肌《やわはだ》 女性の柔らかなはだ。
柔《やわ》**ら** 柔道。柔術。
柔《やわ》**らかい** かたくない。穏やかなさま。
和《やわ》**らぐ** 穏やかになる。薄らぐ。
已《や》**んぬる哉**《かな》 万事休す。
蜻蜓《やんま》 大形のトンボの総称。〔秋〕

ゆ

湯《ゆ》 水を熱くしたもの。風呂。温泉。
湯《ゆ》**垢**《あか》 鉄瓶・湯船などの内側につく水垢。
湯《ゆ》**上**《あ》**がり** 風呂から出たばかりの時。
湯《ゆ》**中**《あた》**り** 過度の温泉浴による倦怠感など。
湯《ゆ》**浴**《あ》**み** 入浴。
唯《ゆい》**一**《いつ》 ただ一つだけであること。

唯一《ゆいいつ》**無**《む》**二**《に》 唯一を強めた表現。
唯《ゆい》**我**《が》**独尊**《どくそん》 この世の中に自分より偉い者はないとうぬぼれること。
遺《ゆい》**言**《ごん》 死後のために言い残す言葉。
由《ゆい》**緒**《しょ》 物事の起源と来歴。「—正しい」
唯《ゆい》**心**《しん》 精神だけを実在とする考え方。
結《ゆい》**納**《のう》 婚約の印に金品を取り交わすこと。
唯《ゆい》**物**《ぶつ》 物質だけを実在とする考え方。
木《ゆ》**綿**《う》 楮《こうぞ》の繊維を糸状にしたもの。
有《ゆう》 あること。存在すること。⇕無
勇《ゆう》 勇ましいこと。「匹夫の—」
雄《ゆう》 優れていること（人）。「一方の—」
結《ゆ》**う** 結ぶ。髪を束ねる。「髪を—」
友《ゆう》**愛**《あい》 友人としての情愛。
有《ゆう》**為**《い》 才能があり役立つこと。「—の青年」

有《ゆう》**意**《い》 意味があること。意思があること。
優《ゆう》**位**《い》 他より位置や立場が優っていること。
有《ゆう》**意**《い》**義**《ぎ》 意味や価値があること。
誘《ゆう》**引**《いん》 誘い入れること。
誘《ゆう》**因**《いん》 ある作用をひき起こす原因。
憂《ゆう》**鬱**《うつ》 気持ちがふさぐこと。
遊《ゆう》**泳**《えい》 泳ぐこと。「—禁止」
有《ゆう》**益**《えき》 利益のあること。ためになること。
優《ゆう》**越**《えつ》 他より優れていること。
幽《ゆう》**艶**《えん》 奥ゆかしくて美しいこと。
幽《ゆう》**遠**《えん》 俗界から遠く離れていること。
優《ゆう》**艶**《えん》 上品で美しいこと。〔別〕優婉
遊園《ゆうえん》**地**《ち》 遊ぶ施設を整えた公園。
勇往《ゆうおう》**邁進**《まいしん》 ひたすら突き進む。
優《ゆう》**雅**《が》 奥ゆかしい趣があること。

幽《ゆう》**界**《かい》 死後の世界。あの世。
誘《ゆう》**拐**《かい》 人をだましてかどわかすこと。
融《ゆう》**解**《かい》 熱によって固体が液体になること。
有《ゆう》**害**《がい》 害があること。⇕無害
夕《ゆう》**顔**《がお》 ウリ科のつる性一年草。〔夏〕
遊《ゆう》**郭**《かく》 遊女屋が集まっている地域。
遊《ゆう》**学**《がく》 他の土地に行って勉強すること。
誘《ゆう》**蛾**《が》**灯**《とう》 虫を誘い駆除する灯火。〔夏〕
夕《ゆう》**刊**《かん》 夕方に発行する新聞。⇕朝刊
有《ゆう》**閑**《かん》 財産があり暇をもてあましている。
勇《ゆう》**敢**《かん》 勇気があって危険を恐れないこと。
憂《ゆう》**患**《かん》 ひどく心配して悩むこと。
遊《ゆう》**閑**《かん》**地**《ち》 利用していない土地。
有《ゆう》**期**《き》 期間が定まっていること。⇕無期
有《ゆう》**機**《き》 生活機能を備えていること。

勇気《ゆうき》 勇ましい心。恐れず立ち向かう心。
幽鬼《ゆうき》 亡霊。幽霊。
友誼《ゆうぎ》 友人としての親しいつき合い。
遊技《ゆうぎ》 娯楽としての遊び。
遊戯《ゆうぎ》 遊びたわむれること。
有機《ゆうき》**的**《てき》 全体として統一のあるさま。
遊客《ゆうきゃく》 遊覧に来る人。遊郭で遊ぶ人。
有給《ゆうきゅう》 給料が支払われること。⇔無給
悠久《ゆうきゅう》 年月が長く久しいこと。「—の大義」
遊休《ゆうきゅう》 活用されずに放置されていること。
遊侠《ゆうきょう》 侠客。
遊興《ゆうきょう》 料理屋などで飲食して遊ぶこと。
有業《ゆうぎょう》 職業をもっていること。「—人口」
優遇《ゆうぐう》 手厚くもてなすこと。
夕暮《ゆうぐ》**れ** 日暮れ。たそがれ。

友軍《ゆうぐん》 味方の軍隊。
遊軍《ゆうぐん》 必要に応じて出動する軍隊・人。
夕餉《ゆうげ》 夕飯。夕食。
有形《ゆうけい》 形のあること(もの)。⇔無形
雄勁《ゆうけい》 力強いこと。書画の筆勢の強いこと。
遊芸《ゆうげい》 茶の湯・舞踊などの芸事。
遊撃《ゆうげき》 臨機に敵を攻撃すること。
郵券《ゆうけん》 郵便切手。
勇健《ゆうけん》 勇ましくて元気なこと。
有限《ゆうげん》 限りがあること。⇔無限
幽玄《ゆうげん》 奥深く、微妙な趣のあること。
有権《ゆうけん》**者**《しゃ》 選挙権を持つ人。
友好《ゆうこう》 友達としての仲のよいつきあい。
有効《ゆうこう》 効力・効能があること。⇔無効
融合《ゆうごう》 とけあって一つになること。

夕刻《ゆうこく》 日暮れ頃の時刻。夕方。
幽谷《ゆうこく》 山奥の谷。「深山—」
憂国《ゆうこく》 国の現状や将来を心配すること。
雄渾《ゆうこん》 力強く勢いがあること。「—な文章」
有罪《ゆうざい》 裁判で犯罪の事実が認められること。
有産《ゆうさん》 財産があること。⇔無産
有史《ゆうし》 文献による記録があること。
有志《ゆうし》 一緒にやろうという気持ちのある人。
勇士《ゆうし》 勇ましい武人。勇者。
勇姿《ゆうし》 勇ましい姿。
雄姿《ゆうし》 雄々しい姿。
遊子《ゆうし》 旅にある人。旅人。
遊糸《ゆうし》 陽炎《かげろう》。糸遊《いとゆう》。
融資《ゆうし》 資金を融通すること。
有事《ゆうじ》 戦争や大事件が起こること。

有識《ゆうしき》**者**《しゃ》 深い知識や見識がある人。
勇者《ゆうしゃ》 勇気のある人。勇士。
有終《ゆうしゅう》 最後までなしとげること。「—の美」
幽囚《ゆうしゅう》 牢にとじこめられること(人)。
幽愁《ゆうしゅう》 深い物思い。
憂愁《ゆうしゅう》 うれい悲しむこと。
優秀《ゆうしゅう》 特に優れていること。
優柔《ゆうじゅう》 ぐずぐずと煮えきらないこと。
優柔《ゆうじゅう》**不断**《ふだん》 決断力に乏しい。
湧出《ゆうしゅつ》 地中からわき出ること。
優駿《ゆうしゅん》 優れた競走馬。
宥恕《ゆうじょ》 寛大な心で許すこと。
遊女《ゆうじょ》 遊郭で、客の相手をする女性。
有償《ゆうしょう》 代価を払うこと。⇔無償
勇将《ゆうしょう》 強くて勇ましい大将。

優勝《ゆうしょう》 試合などで第一位となること。
友情《ゆうじょう》 友愛の情。友人に対する真心。
優勝《ゆうしょう》**劣敗**《れっぱい》 優れたものが生き残り、劣ったものがやぶれ滅びること。
憂色《ゆうしょく》 心配そうな顔色・様子。
友人《ゆうじん》 友だち。
有人《ゆうじん》 人が乗っていること。「—飛行」
幽邃《ゆうすい》 人里離れて静かなこと。
湧水《ゆうすい》 わき水。
雄蕊《ゆうずい》 おしべ(雄蕊)。
有数《ゆうすう》 数えられるほど優れていること。
融通《ゆうずう》 互いに貸し借りすること。臨機応変。
融通《ゆうずう》**無礙**《むげ》 妨げがなく自由。
夕涼《ゆうすず》**み** 夏の夕、戸外や縁側で涼む。夏
夕星《ゆうずつ》 宵の明星。

有《ゆう》**する** 持っている。所有する。
遊星《ゆうせい》 ⇨惑星
優生《ゆうせい》 優良な遺伝子を子孫に伝えること。
優性《ゆうせい》 両親の遺伝形質のうち子に現れる方。
優勢《ゆうせい》 相手より勢いが勝っていること。
遊説《ゆうぜい》 各地を回って主義や主張を説くこと。
融雪《ゆうせつ》 雪どけ。とけた雪。
有線《ゆうせん》 通信に電線を使うこと。⇔無線
勇戦《ゆうせん》 勇ましく戦うこと。
遊船《ゆうせん》 船遊びの船。夏
優先《ゆうせん》 他のものより先の順位にすること。
友禅《ゆうぜん》 絹布に花鳥・山水を染め出したもの。
悠然《ゆうぜん》 ゆったりと落ち着いているさま。
勇壮《ゆうそう》 勇ましく雄々しいさま。
郵送《ゆうそう》 郵便で送ること。

有職《ゆうそく》 朝廷や公家の制度や礼に関する知識。

遊惰《ゆうだ》 なまけて遊ぶこと。

勇退《ゆうたい》 後進のために自ら官職を退くこと。

郵袋《ゆうたい》 郵便物を入れて輸送する袋。

優待《ゆうたい》 特別に大切に扱うこと。「―割引」

雄大《ゆうだい》 規模が大きく堂々としているさま。

夕立《ゆうだち》 夏の午後、急に降るにわか雨。[夏]

勇断《ゆうだん》 勇気のある決断。「―を待つ」

有段者《ゆうだんしゃ》 武道などの段位を持つ人。

誘致《ゆうち》 誘って、よび寄せること。

悠長《ゆうちょう》 のんびりしているさま。

夕月夜《ゆうづきよ》 月がでている夕暮れ。[秋]

融点《ゆうてん》 固体が液体となるときの温度。

雄図《ゆうと》 雄大な規模の計画。「―につく」

遊蕩《ゆうとう》 遊興にふけること。

優等《ゆうとう》 成績が特に優れていること。⇔劣等

誘導《ゆうどう》 目的の方向に導くこと。

有徳《ゆうとく》 徳をそなえていること。「―の僧」

有毒《ゆうどく》 毒性があること。⇔無毒

夕《ゆう》凪《な》ぎ 夕方、無風状態になること。[夏]

優《ゆう》に 十分に余裕のあるさま。

有能《ゆうのう》 能力・才能のあること。

有配《ゆうはい》 株式などの配当があること。⇔無配

夕《ゆう》映《ば》え 夕日を受けて輝くこと。

誘爆《ゆうばく》 ある爆発が他の爆発をひき起こす。

誘発《ゆうはつ》 それをきっかけに他の事が起こる。

夕日《ゆうひ》 夕方の太陽。⇔朝日 (別)夕陽

雄飛《ゆうひ》 新天地で盛んに活躍すること。

優美《ゆうび》 上品で美しいこと。

郵便《ゆうびん》 信書・小包などを配達する制度。

裕福《ゆうふく》 財産があり、生活が豊かなこと。

尤物《ゆうぶつ》 優れたもの。美人。

夕《ゆう》べ 夕方。催し物が行われる夜。

昨夜《ゆうべ》 昨日の夜。

幽閉《ゆうへい》 人をある場所にとじ込めること。

雄弁《ゆうべん》 堂々として説得力のある弁舌。

友邦《ゆうほう》 親しい関係にある国。

雄峰《ゆうほう》 雄大な高山。

有望《ゆうぼう》 将来の見込みがあること。

遊牧《ゆうぼく》 牧草を求めて移動し牧畜を行うこと。

遊歩道《ゆうほどう》 車が通らない散歩道。

夕間暮《ゆうまぐ》れ 夕方のうす暗い頃。

遊民《ゆうみん》 定業につかないで暮らす人。

有名《ゆうめい》 名が広く知られていること。⇔無名

勇名《ゆうめい》 勇気があるという評判。

幽明《ゆうめい》 あの世とこの世。

幽冥《ゆうめい》 冥土。あの世。

有名無実《ゆうめいむじつ》 実質が伴わない。

勇猛《ゆうもう》 勇気があって強いさま。

夕靄《ゆうもや》 夕方にたちこめる靄。

勇躍《ゆうやく》 勇んで心がふるいたつこと。

釉薬《ゆうやく》 釉《うわぐすり》。

夕《ゆう》焼《や》け 日没時、空が赤く染まる。[夏]

夕闇《ゆうやみ》 日が暮れて暗くなること。

遊冶郎《ゆうやろう》 放蕩者。道楽者。

悠悠《ゆうゆう》 落ち着いている。余裕のあるさま。

悠悠閑閑《ゆうゆうかんかん》 のんきなさま。

悠悠自適《ゆうゆうじてき》 心静かに暮らす。

有余《ゆうよ》 その数より多いこと。「三年―」

猶予《ゆうよ》 ためらうこと。期日を延ばすこと。

有用《ゆうよう》 役に立つこと。⇔無用

悠揚《ゆうよう》 落ち着いていること。「―迫らず」

遊弋《ゆうよく》 艦船が海上を動きながら警備する。

遊覧《ゆうらん》 見物して回ること。

有利《ゆうり》 利益があること。都合がいいこと。

遊里《ゆうり》 遊郭。花柳街。

遊離《ゆうり》 離れて孤立すること。

憂慮《ゆうりょ》 悪い状態を予想して心配すること。

有料《ゆうりょう》 料金がいること。⇔無料

優良《ゆうりょう》 水準より優れていること。

有力《ゆうりょく》 勢力・効力をもつこと。

幽霊《ゆうれい》 死者がこの世に姿を現したもの。

優劣《ゆうれつ》 優れていることと劣っていること。

宥和《ゆうわ》 広い心で受け入れ仲よくすること。

融和《ゆうわ》 うちとけて仲よくすること。

誘惑《ゆうわく》 相手の心を迷わせ誘い込むこと。

故《ゆえ》 理由。事情。

輸液《ゆえき》 水分や栄養分を点滴で投与すること。

愉悦《ゆえつ》 喜び楽しむこと。

所以《ゆえん》 わけ。理由。いわれ。

由縁《ゆえん》 事の由来。ゆかり。

油煙《ゆえん》 油や樹脂を燃やした時に出る黒い粉。

床《ゆか》 建物内部の板を敷きつめた所。

愉快《ゆかい》 楽しくて気持ちのよいこと。

愉快犯《ゆかいはん》 人が騒ぐのを楽しむ犯罪。

湯掻《ゆが》く 野菜などを短時間熱湯に浸す。

弓懸《ゆがけ》 弓を射る時にはめる革の手袋。

床《ゆか》しい 上品で心引かれる。なつかしい。

浴衣《ゆかた》 夏に着る木綿のひとえ。[夏]

歪《ゆが》む 曲がりたわむ。素直でなくなる。

縁《ゆかり》　つながり。関係。

湯灌《ゆかん》　納棺の前に死者を湯でふき清める。

裄《ゆき》　着物の背縫いから袖口までの長さ。

雪明《ゆきあ》**かり**　積もった雪で明るい。[冬]

雪起《ゆきお》**こし**　雪が降る前に鳴る雷。[冬]

雪折《ゆきお》**れ**　雪の重みで枝が折れること。[冬]

雪下《ゆきお》**ろし**　屋根の雪を落とすこと。[冬]

雪女《ゆきおんな》　雪の降る夜、現れる雪の精。[冬]

行《ゆ》**き交**《か》**う**　ある者は行き、ある者は来る。

行《ゆ》**き掛**《が》**かり**　物事の進む勢い。

雪搔《ゆきか》**き**　雪をかいて除くこと。[冬]

行《ゆ》**き掛**《が》**け**　行く途中。「—の駄賃」

雪合戦《ゆきがっせん》　雪をぶつけ合う遊び。[冬]

行《ゆ》**き来**《き》　往来。交際。

雪沓《ゆきぐつ》　雪の上を歩く、わら製の長靴。[冬]

雪国《ゆきぐに》　雪が多く降る地方。

雪解《ゆきげ》　雪がとけること。ゆきどけ。[春]

雪景色《ゆきげしき》　雪の降り積もった景色。

雪化粧《ゆきげしょう》　雪があたり一面白く変える。

雪煙《ゆきけむり》　雪が煙のように舞い上がること。[冬]

雪質《ゆきしつ》　雪の性質・状態。せきしつ。

雪風巻《ゆきしまき》　ふぶき。[冬]

雪代《ゆきしろ》　雪どけの水。[春]

行《ゆ》**きずり**　道ですれちがう。かりそめ。

雪空《ゆきぞら》　雪が降りそうな空模様。[冬]

行《ゆ》**き倒**《だお》**れ**　路上で倒れて死ぬこと。

雪達磨《ゆきだるま》　雪で作った達磨の像。[冬]

行《ゆ》**き違**《ちが》**い**　すれちがい。かみ合わない。

雪椿《ゆきつばき》　ツバキ科の常緑低木。野生種。

雪解《ゆきど》**け**　積もった雪がとけること。[春]

行《ゆ》**き届**《とど》**く**　細かい所まで注意が及ぶ。

行《ゆ》**き悩**《なや》**む**　先へ進めずに苦労する。

雪《ゆき》**の下**《した》　ユキノシタ科の常緑多年草。[夏]

行平《ゆきひら》　陶器製の平たいなべ。

雪見《ゆきみ》　雪景色を観賞すること。[冬]

雪目《ゆきめ》　雪に反射した光による目の炎症。[冬]

雪模様《ゆきもよう》　雪が降り出しそうな様子。

雪焼《ゆきや》**け**　雪の反射光で日焼けする。[冬]

雪柳《ゆきやなぎ》　バラ科の落葉低木。コゴメバナ。[春]

雪山《ゆきやま》　雪が積もった山。

遊行《ゆぎょう》　僧が修行のため諸国を巡り歩くこと。

行《ゆ》**く**　他の場所に移動する。いく。

逝《ゆ》**く**　死ぬ。

行方《ゆくえ》　行った先。将来。前途。

行《ゆ》**く先**《さき》　行こうとする目あての所。将来。

行《ゆ》**く末**《すえ》　将来のなりゆき。前途。

行《ゆ》**く手**《て》　進んで行く先の方。

行《ゆ》**く年**《とし》　過ぎて行く年。[冬]「—来る年」

行《ゆ》**く春**《はる》　過ぎ去ろうとしている春。[春]

行《ゆ》**く行**《ゆ》**く**　将来。やがて。行きながら。

湯気《ゆげ》　湯などから立ちのぼる水蒸気。

輸血《ゆけつ》　他人の血液を患者の静脈に注入する。

湯煙《ゆけむり》　温泉や風呂から立ちのぼる湯気。

湯零《ゆこぼ》**し**　飲み残したお茶を捨てる器。

油彩《ゆさい》　油絵の具で色を塗ること。

湯冷《ゆざ》**まし**　煮立てた湯をさましたもの。

湯冷《ゆざ》**め**　入浴して、体が冷えること。[冬]

遊山《ゆさん》　野山へ遊びに行くこと。「物見—」

油紙《ゆし》　あぶらがみ。

油脂《ゆし》　あぶら。また、油と脂肪。

諭旨《ゆし》　理由を言い聞かせること。「—免職」

輸出《ゆしゅつ》　産物や製品を他国へ売ること。

輸出入《ゆしゅつにゅう》　輸出と輸入。

柚《ゆず》　ミカン科の常緑小高木。[秋]

濯《ゆす》**ぐ**　水の中でゆり動かして汚れを落とす。

柚湯《ゆずゆ》　冬至にユズを入れてわかす風呂。[冬]

梅桃《ゆすらうめ》　バラ科の落葉低木。実は食用。[夏]

強請《ゆすり》　他人をおどして金品を出させること。

譲葉《ゆずりは》　トウダイグサ科の常緑高木。[新]

揺《ゆ》**する**　ゆれるようにする。「枝を—」

譲《ゆず》**る**　譲渡する。譲歩する。売る。

油井《ゆせい》　石油をくみ上げる井戸。

油性《ゆせい》　油の性質。⇔水性

湯煎《ゆせん》　容器ごと湯に入れて加熱すること。

輸送《ゆそう》　乗り物で運ぶこと。

豊《ゆた》**か**　十分で満足である。おおらかなさま。

委《ゆだ》**ねる**　すっかり任せる。「身を—」

湯玉《ゆだま》　湯が沸騰した時にわき上がる泡。

油単《ゆたん》　簞笥《たんす》などを覆う布や油紙。

油断《ゆだん》　気を許すこと。

油断大敵《ゆだんたいてき》　油断は失敗の大元。

湯湯婆《ゆたんぽ》　湯を入れて体を温める容器。

癒着《ゆちゃく》　皮膚や膜が炎症でくっつく。

湯漬《ゆづ》**け**　飯に湯をかけて食べるもの。

弓弦《ゆづる》　弓の弦。

油滴《ゆてき》　油のしずく。

茹《ゆ》**でる**　熱湯で煮る。「玉子を—」

油田《ゆでん》　石油が出る地域。

湯桶《ゆとう》　湯を入れる桶形の器。

湯豆腐《ゆどうふ》　豆腐のなべ料理。[冬]

湯桶読《ゆとうよ》み　上を訓、下を音で読む。
湯通《ゆどお》し　料理の材料を熱湯にくぐらせる。
湯殿《ゆどの》　風呂場。浴室。
湯女《ゆな》　近世、湯屋にいた遊女。
輸入《ゆにゅう》　産物や製品を他国から買うこと。
輸尿管《ゆにょうかん》　腎臓から膀胱に尿を送る管。
湯《ゆ》の花《はな》　温泉に沈殿する鉱物質。温泉華。
湯呑《ゆの》み　湯茶を飲む茶碗。
湯葉《ゆば》　煮た豆乳の膜をすくい上げた食品。
尿《ゆばり》　小便。いばり。
指折《ゆびお》り　特に優れていること。屈指。
湯引《ゆび》き　魚・肉を熱湯にくぐらせること。
指切《ゆびき》り　約束の印に小指をからませる。
指相撲《ゆびずもう》　親指をおさえ合う遊び。
指人形《ゆびにんぎょう》　手にはめて操作する人形。

指貫《ゆびぬき》　中指にはめて針の頭を押す環。
指輪《ゆびわ》　飾りとして指にはめる輪。
湯船《ゆぶね》　入浴用の大きな容器。(別)湯槽
湯水《ゆみず》　湯と水。「―のように使う」
弓形《ゆみなり》　ゆみがた。「体を―にそらす」
弓張《ゆみは》り月《づき》　弓形の月。弦月。(秋)
弓矢《ゆみや》　弓と矢。武器。
夢《ゆめ》　睡眠中の仮の体験。願い。理想。
努《ゆめ》　禁止を表す。決して。「―疑うな」
夢現《ゆめうつつ》　夢か現実か。「―のうち」
夢占《ゆめうらな》い　夢の吉凶を占うこと。
夢心地《ゆめごこち》　うっとりした気持ち。
夢路《ゆめじ》　夢。「―をたどる」
夢《ゆめ》にも　少しも。「―知らなかった」
夢枕《ゆめまくら》　夢を見ている枕もと。「―に立つ」

夢幻《ゆめまぼろし》　夢と幻。はかないことのたとえ。
夢見《ゆめみ》　夢を見ること。その夢。
夢見心地《ゆめみごこち》　夢心地。
夢物語《ゆめものがたり》　夢のようなはかない話。
努努《ゆめゆめ》　決して。「―疑うことなかれ」
湯文字《ゆもじ》　婦人の腰巻。湯巻。
湯元《ゆもと》　温泉のわき出るもと。(別)湯本
湯屋《ゆや》　風呂屋。銭湯。
由由《ゆゆ》しい　事が容易ならない。
由来《ゆらい》　由緒。来歴。いわれ。
愉楽《ゆらく》　たのしみ。
揺《ゆ》らぐ　全体がゆれ動く。ぐらつく。
百合《ゆり》　ユリ科の多年草。種類が多い。(夏)
揺《ゆ》り籠《かご》　赤ん坊を入れてゆり動かす籠。
百合鷗《ゆりかもめ》　カモメの一種。冬鳥。

緩《ゆる》い　締め方が弱い。厳しくない。
忽《ゆるが》せ　なおざり。「―にする」
揺《ゆ》るぎ無《な》い　安定している。
許《ゆる》す　聞き入れる。免じる。(別)赦す
緩《ゆる》む　ゆるい状態になる。穏やかになる。
緩《ゆる》りと　楽に。ゆっくりと。「ご―と」
揺《ゆ》れる　左右・上下などに動く。
結《ゆ》わえる　結ぶ。「からだを―」
湯沸《ゆわ》かし　湯をわかす器具。
弓手《ゆんで》　弓を持つ方の手。左手。⇔馬手《めて》

よ

世《よ》　世間。俗世間。時世。
代《よ》　時代。「昭和の―」(別)世
夜《よ》　よる。

予《よ》　われ。わたくし。(別)余
夜明《よあ》かし　徹夜。
夜明《よあ》け　夜が明ける頃。
夜遊《よあそ》び　夜、遊び歩くこと。
宵《よい》　夜になって間もない頃。
良《よ》い　すぐれている。適している。(別)好い
善《よ》い　人の道にかなっている。
宵越《よいご》し　一晩越すこと。
酔《よ》い覚《ざ》め　酒の酔いがさめること。
宵《よい》っ張《ぱ》り　夜ふかしをすること。
宵《よい》の口《くち》　夜になってすぐのころ。
宵《よい》の明星《みょうじょう》　西の空に輝く金星。
宵待《よいま》ち草《ぐさ》　マツヨイグサの異名。
宵祭《よいまつ》り　祭日の前夜の祭り。宵宮。(夏)
宵宮《よいみや》　宵祭り。夜宮《よみや》。(夏)

宵闇《よいやみ》　宵に月が出ずに暗いこと。夕闇。(秋)
余韻《よいん》　後に残る音の響き。後に残る味わい。
余韻嫋嫋《よいんじょうじょう》　余韻・余情が続く。
用《よう》　する必要のあること。使い道。
俑《よう》　古代中国の、副葬品の人形。
要《よう》　大切な点。必要。
陽《よう》　表から見える部分。「陰に―に」
様《よう》　方式。方法。ありさま。「悲しみ―」
癰《よう》　悪性のできもの。
酔《よ》う　酒がまわる。感動してうっとりする。
用意《ようい》　前もって備えること。
容易《ようい》　たやすいこと。簡単なこと。
養育《よういく》　やしなってそだてること。
用意周到《よういしゅうとう》　手落ちがない。
要因《よういん》　主な原因。必要な因子。

要員《よういん》 必要な人員。
揺曳《ようえい》 ゆれてなびくこと。
葉腋《ようえき》 葉の付け根の部分。
溶液《ようえき》 他の物質が溶けこんでいる液体。
妖艶《ようえん》 美しくなまめかしいこと。
拗音《ようおん》 ヤユヨワを小さく書き添えて表す音。
養家《ようか》 養子先の家。
洋画《ようが》 西洋画。欧米で製作された映画。
陽画《ようが》 明暗や色調が実物と同じ画像。ポジ。
妖怪《ようかい》 化け物。「—変化」
容喙《ようかい》 横からさし出口をすること。
溶解《ようかい》 物質が液体にとけること。
熔解《ようかい》 金属が熱で溶けて液状になること。
要害《ようがい》 攻撃しにくい険しい所。とりで。
洋学《ようがく》 蘭学・英学など、西洋の学問。

洋楽《ようがく》 西洋の音楽。
洋傘《ようがさ》 こうもりがさ。
洋菓《ようが》子《し》 西洋風の菓子。⇕和菓子
羊羹《ようかん》 餡《あん》を練って固めた和菓子。
洋館《ようかん》 西洋風建築の家。
溶岩《ようがん》 マグマが地表に噴出したもの。
妖気《ようき》 あやしい気配。「—が漂う」
容器《ようき》 物を入れるもの。うつわ。
陽気《ようき》 時候。明るく快活なさま。
容疑《ようぎ》 罪を犯した疑い。
容儀《ようぎ》 礼儀正しい姿や態度。
洋弓《ようきゅう》 西洋式の弓。アーチェリー。
要求《ようきゅう》 強く求めること。
幼魚《ようぎょ》 稚魚がやや成長した魚。
養魚《ようぎょ》 魚を飼って繁殖させること。

窯業《ようぎょう》 陶磁器・ガラスなどを製造する工業。
陽極《ようきょく》 電位の高い方の電極。⇕陰極
謡曲《ようきょく》 能の詞章。うたい。
洋銀《ようぎん》 銅・ニッケル・亜鉛の合金。
用具《ようぐ》 そのことをするのに使う道具。
幼君《ようくん》 おさない主君。
養鶏《ようけい》 ニワトリを飼育すること。
要撃《ようげき》 敵を待ちぶせて攻撃すること。
邀撃《ようげき》 敵を迎え撃つこと。
要訣《ようけつ》 物事の一番大切なところ。
溶血《ようけつ》 赤血球が破壊されること。
用件《ようけん》 用事の内容。
要件《ようけん》 大切な用事。必要な条件。
用言《ようげん》 自立語で活用のあるもの。動詞など。
揚言《ようげん》 声を張り上げ公然と言うこと。

用語《ようご》 特定の人や分野で使うことば。
養護《ようご》 守り世話をすること。
擁護《ようご》 かばいまもること。「人権—」
妖光《ようこう》 あやしい光。
洋行《ようこう》 欧米へ留学・旅行すること。
要港《ようこう》 産業上・軍事上主要な港。
要項《ようこう》 必要な事項。それを書いたもの。
要綱《ようこう》 根本的な事柄。それをまとめたもの。
陽光《ようこう》 太陽の光。日光。
溶鉱《ようこう》炉《ろ》 鉱石を溶かし鉱物をとる炉。
洋菜《ようさい》 セロリ・パセリなど西洋種の野菜。
洋裁《ようさい》 洋服の裁縫。⇕和裁
要塞《ようさい》 防衛を目的とした軍事施設。
用材《ようざい》 建築などに用いる材木。
溶剤《ようざい》 物質を溶かすのに用いる液体。

養蚕《ようさん》 繭をとる目的で蚕《かいこ》を飼うこと。
用紙《ようし》 そのことに使う紙。「答案—」
洋紙《ようし》 パルプを原料とする紙。
要旨《ようし》 話や文章の大事な筋。
容姿《ようし》 顔だちやすがた。「—端麗」
陽子《ようし》 原子核を構成する素粒子の一。
養子《ようし》 養子縁組によって子となった人。
幼児《ようじ》 学齢に達していないおさない子供。
幼時《ようじ》 おさないとき。
用字《ようじ》 使用する文字。文字の使い方。
用事《ようじ》 しなければならない事柄。
楊枝《ようじ》 歯を掃除するための短い木の棒。
洋式《ようしき》 西洋流の方法・様式。
様式《ようしき》 ある種のものに共通した一定の形式。
洋室《ようしつ》 西洋風の部屋。洋間。⇕和室

溶質《ようしつ》 溶液中にとけ込んでいる物質。
用捨《ようしゃ》 必要なものと不要なものを取捨する。
容赦《ようしゃ》 許すこと。手加減すること。㊀用捨
幼弱《ようじゃく》 おさなくてかよわいこと。
洋酒《ようしゅ》 ウイスキーなど西洋の酒。
洋種《ようしゅ》 西洋の系統に属する種。
榕樹《ようじゅ》 クワ科の高木。ガジュマル。
妖術《ようじゅつ》 人をまどわす不思議な術。
陽春《ようしゅん》 うららかな春。陰暦一月の異名。
洋書《ようしょ》 西洋で出版された本。
要所《ようしょ》 重要な点また所。「交通の—」
幼女《ようじょ》 おさない女の子。
養女《ようじょ》 養子である女子。
幼少《ようしょう》 おさないこと。
要衝《ようしょう》 交通・軍事上、大切な場所。

洋上《ようじょう》 海洋の上。海上。
養生《ようじょう》 健康に注意すること。保養。
洋食《ようしょく》 西洋風の食事。⇔和食
要職《ようしょく》 職務上の重要な地位。「―につく」
容色《ようしょく》 美しいみめかたち。
養殖《ようしょく》 魚・貝などを、育てふやすこと。
養親《ようしん》 養子縁組によって親となった人。
用心《ようじん》 万一に備えて気をつけること。
要人《ようじん》 国家などの重要な地位にある人。
用心棒《ようじんぼう》 護衛のために身辺におく人。
様子《ようす》 ありさま。そぶり。わけ。事情。
要図《ようず》 大要を記した略図。
用水《ようすい》 飲料・灌漑・工業などに使う水。
羊水《ようすい》 羊膜の中を満たし胎児を保護する液。
揚水《ようすい》 水を高い所にあげること。

要《よう》**する** 必要とする。「時間を―」
擁《よう》**する** 所有する。もりたてる。
夭逝《ようせい》 若くして死ぬこと。
幼生《ようせい》 形が成体と異なる動物の子。
妖精《ようせい》 西洋の伝説に出てくる精霊。
要請《ようせい》 願い求めること。
陽性《ようせい》 陽気な性質。検査の反応が現れる。
養成《ようせい》 養って一人前に育てること。
容積《ようせき》 容器に入る液体の量。
夭折《ようせつ》 若くして死ぬこと。
要説《ようせつ》 主要な点を説明すること。
溶接《ようせつ》 金属を溶かして継ぎ合わせること。
用船《ようせん》 ある目的のために使う船。
傭船《ようせん》 運送用に船を雇い入れること。
用箋《ようせん》 手紙などを書くのに使う紙。便箋。

沃素《ようそ》 ハロゲン元素の一。記号I ヨード。
要素《ようそ》 物事を成り立たせている成分。
洋装《ようそう》 西洋風の服装。西洋式の装丁。
様相《ようそう》 ありさま。様子。姿。
要諦《ようたい》 ⇨ようてい(要諦)
様態《ようたい》 物事のありよう。様相。
容体《ようだい》 病気の具合。病状。(別)容態
用足《ようた》**し** 用事をすませる。大小便をする。
用達《ようたし》 役所などに品物を納めること。
用談《ようだん》 仕事などの話し合い。
要談《ようだん》 重要な話し合い。
夜《よ》**討**《う》**ち** 夜、不意に敵を襲うこと。
幼稚《ようち》 幼いこと。未熟なさま。
用地《ようち》 ある事に使うための土地。
要地《ようち》 重要な地点・地域。

幼稚園《ようちえん》 幼児を預かり教育する施設。
幼虫《ようちゅう》 成虫に変態する前の昆虫。
羊腸《ようちょう》 羊の腸。つづらおりの山道。
腰椎《ようつい》 背骨のうち、腰部にある五個の椎骨。
腰痛《ようつう》 腰の痛み。
要諦《ようてい》 物事の肝心なところ。ようたい。
要点《ようてん》 物事の重要な点。
陽転《ようてん》 陰性から陽性に変わること。
用途《ようと》 使いみち。
用土《ようど》 植物の栽培用に調合した土。
用度《ようど》 会社・官庁で、事務用品などの供給。
羊頭狗肉《ようとうくにく》 看板に偽りあり。
洋綴《ようと》**じ** 西洋式の本の綴じ方。
杳《よう》**として** はっきりわからないさま。
養豚《ようとん》 豚を飼育すること。

用人《ようにん》 大名・旗本に仕え、家政を扱った人。
容認《ようにん》 許し認めること。
幼年《ようねん》 幼い年頃。
遥拝《ようはい》 遠くからおがむこと。
溶媒《ようばい》 他の物質を溶かしている液体。
洋髪《ようはつ》 西洋式の髪の形。
曜日《ようび》 曜のつく、一週間のそれぞれの日。
妖美《ようび》 人の心を惑わす、あやしい美しさ。
羊皮紙《ようひし》 羊の皮で作った紙。
用筆《ようひつ》 文字や絵をかく筆。筆づかい。
用品《ようひん》 必要な品物。
洋品《ようひん》 シャツ・靴下など西洋風の品物。
妖婦《ようふ》 男を惑わす魅力をもつ女性。
養父《ようふ》 養子先の父親。
洋舞《ようぶ》 西洋舞踊。ダンス・バレエなど。

洋風《ようふう》 西洋風。⇔和風
洋服《ようふく》 西洋風の衣服。⇔和服
養分《ようぶん》 栄養となる成分。
用兵《ようへい》 戦いの際の兵の動かし方。
葉柄《ようへい》 葉が茎や枝に付く柄の部分。
傭兵《ようへい》 金銭で雇われる兵。
用便《ようべん》 大便・小便をすること。
養母《ようぼ》 養子先の母親。
用法《ようほう》 物の使い方。使用方法。
陽報《ようほう》 はっきりあらわれるよい報い。
養蜂《ようほう》 蜜をとるため蜜蜂を飼うこと。
要望《ようぼう》 こうしてほしいとのぞむこと。
容貌《ようぼう》 顔かたち。かおだち。
容貌魁偉《ようぼうかいい》 容貌・体格が立派。
洋間《ようま》 西洋風の造りの部屋。

羊膜《ようまく》 胎児を包んでいる薄い膜。
葉脈《ようみゃく》 養分・水分の通路となる葉のすじ。
幼名《ようみょう》 幼いときの名前。ようめい。
用務《ようむ》 なすべき仕事。つとめ。
要務《ようむ》 重要な職務・任務。
用向《ようむ》き 用事・用件の内容。
用命《ようめい》 用事を言いつけること。
羊毛《ようもう》 羊の毛。毛糸・毛織物の原料。
要目《ようもく》 重要な項目。
要約《ようやく》 重要な点を短くまとめること。
漸《ようや》く やっと。かろうじて。なんとか。
溶融《ようゆう》 融解。
要用《ようよう》 当面、必要な用件。重要な用件。
洋洋《ようよう》 (水などが)満ちあふれているさま。
揚揚《ようよう》 得意げなようす。「意気—」

瓔珞《ようらく》 宝石などを連ねた仏像などの飾り。
洋蘭《ようらん》 西洋種の観賞用ラン科植物の総称。
要覧《ようらん》 要点をまとめた文書や冊子。
揺籃《ようらん》 ゆりかご。物事の初期の段階。
揚陸《ようりく》 貨物を船から陸にあげること。
擁立《ようりつ》 支持して位につかせること。
要略《ようりゃく》 要点を簡単にまとめること。
用量《ようりょう》 薬剤の一回または一日の分量。
要領《ようりょう》 要点。物事を上手に処理するこつ。
容量《ようりょう》 器物に入れられる分量。
揚力《ようりょく》 飛行機の翼に働く垂直な上向きの力。
葉緑素《ようりょくそ》 植物の細胞中の緑色の色素。
用例《ようれい》 実際に用いられている例。
陽暦《ようれき》 太陽暦。
要路《ようろ》 重要な道路。重要な地位。「—の人」

養老《ようろう》 老人をいたわること。
余蘊《ようん》 余分の貯え。残る所。「—なく」
余映《よえい》 余光。
予価《よか》 予定の価格。
予科《よか》 本科に進む予備の課程。
余花《よか》 初夏、咲き残っている桜。[夏]
余暇《よか》 仕事を離れた自由な時間。
予感《よかん》 前もってなんとなく感じること。
余寒《よかん》 [春] 立春後に残る寒さ。
予期《よき》 前もって期待・覚悟すること。
夜着《よぎ》 寝るとき掛ける夜具。かいまき。[冬]
余技《よぎ》 趣味として身につけた技能。
夜汽車《よぎしゃ》 夜間走る汽車。夜行列車。
余儀無《よぎな》い やむをえない。
余興《よきょう》 宴会などで興を添えるために行う芸。

夜霧《よぎり》 [秋] 夜、立ち込める霧。
過《よぎ》る さっと通り過ぎる。「心に不安が—」
預金《よきん》 金を銀行などにあずけること。
欲《よく》 ほしいと思う気持ち。欲望。
翼《よく》 つばさ。はね。
抑圧《よくあつ》 欲求などを無理におさえつけること。
抑鬱症《よくうつしょう》 ⇨鬱病
欲気《よくけ》 必要以上にほしがる気持ち。
翼賛《よくさん》 協力してたすけること。「大政—」
抑止《よくし》 抑えとどめること。
浴室《よくしつ》 風呂場。湯殿。
翌日《よくじつ》 その次の日。あくる日。
浴場《よくじょう》 大きな風呂場。また、風呂屋。
欲情《よくじょう》 性欲。情欲。欲心。
欲心《よくしん》 欲しいと思う心。欲念。

浴《よく》する 入浴する。こうむる。「恩恵に—」
抑制《よくせい》 おさえとどめること。
浴槽《よくそう》 風呂桶。ゆぶね。
沃地《よくち》 肥えた土地。地味が豊かな土地。
欲得《よくとく》 利益をむさぼる心。「—ずく」
欲張《よくば》る 度をこえてほしがる。
欲深《よくふか》 欲が深いこと。
欲望《よくぼう》 得たい、実現したいと思う心。
欲目《よくめ》 ひいきめ。
沃野《よくや》 地味の肥えた平野。
抑揚《よくよう》 音声の調子に強弱・高低をつける。
浴用《よくよう》 入浴用。「—石鹸」
翼翼《よくよく》 ひどく慎重なさま。「小心—」
抑留《よくりゅう》 強制的にそこにとどめておくこと。
余計《よけい》 余ること。余分。いっそう。

余慶《よけい》 善行の報いとして得る幸運。
避《よ》ける さける。害から防ぐ。
与件《よけん》 前もって与えられた条件。
予見《よけん》 起こる前に見通して知ること。
予言《よげん》 未来のことを推測して言うこと。
預言《よげん》 神の言葉を人々に伝えること。
横《よこ》 左右または水平の方向。物の側面。
予後《よご》 病気の経過についての見通し。
横合《よこあ》い 横の方。関係のない立場。
横穴《よこあな》 山腹などに横に掘られた穴。
横糸《よこいと》 織物の幅の方向に通っている糸。
予行《よこう》 本番に備えて本式に練習すること。
余光《よこう》 日没後に残る光。先人のおかげ。
余香《よこう》 あとに残るよい香り。
横顔《よこがお》 横から見た顔。人のある一面。

横紙破《よこがみやぶ》り　無理を通そうとする。
横《よこ》切《ぎ》る　横の方向に渡る。横断する。
与《よ》国《こく》　同盟国。
予《よ》告《こく》　前もって告げること。
横車《よこぐるま》　無理なこと。「―を押す」
横様《よこざま》　横の方向。横向き。「―に倒れる」
邪《よこし》ま　道にはずれ、正しくないさま。
寄《よ》越《こ》す　こちらへ送ってくる。
汚《よご》す　きたなくする。
横《よこ》滑《すべ》り　横にすべること。
横《よこ》座《ずわ》り　足を横に出し座ること。
横《よこ》倒《だお》し　横に倒れること。
横《よこ》たわる　寝て横になる。存在する。
横《よこ》町《ちょう》　表通りから横に入った町筋。(別)横丁
横《よこ》付《づ》け　車や船を直接その場につける。

横《よこ》綱《づな》　最高位の力士。
横《よこ》跳《と》び　横の方にとぶこと。よこっとび。
横《よこ》取《ど》り　横合いから無理に奪い取ること。
横《よこ》流《なが》し　物資を不正に転売すること。
横《よこ》殴《なぐ》り　雨が横の方から強く降ること。
横《よこ》這《ば》い　横にはう。価格の変動が少ない。
横《よこ》腹《ばら》　脇腹。物の横の部分。
横《よこ》笛《ぶえ》　横に持って吹く笛。
横《よこ》降《ぶ》り　強風で雨や雪が横から降ること。
横《よこ》道《みち》　本筋から外れたところ。
横《よこ》目《め》　目玉だけ動かして横を見ること。
横《よこ》文《も》字《じ》　横に綴る文字。西洋の言葉。
横《よこ》槍《やり》　余計な口出しをする。「―を入れる」
横《よこ》恋《れん》慕《ぼ》　他人の恋人などに恋をする。
余《よ》罪《ざい》　判明している以外の罪。

夜《よ》桜《ざくら》　[春] 夜に見る桜の花。
夜《よ》寒《さむ》　[秋] 晩秋の夜の寒さ。
予《よ》算《さん》　あらかじめ予定した費用。
由《よし》　理由。わけ。手段。方法。
葦《よし》　植物のアシ。[秋] (別)蘆・葭
縦《よし》　たとえ。よしんば。「―事実としても」
余《よ》事《じ》　本筋でない事柄。余暇にする仕事。
善《よ》し悪《あ》し　良いか悪いか。
葦《よし》切《きり》　葦原にすむ小鳥。行々子《ぎょうぎょうし》。[夏]
四《よ》次《じ》元《げん》　三次元に時間を加えたもの。
葦《よし》五《ご》位《い》　サギの一種。葦原にすむ。
葦《よし》簀《ず》　葦の茎で編んだすだれ。[夏] (別)葭簀
余《よ》日《じつ》　残された日数。別の日。他日。
由《よし》無《な》い　理由がない。つまらない。
攀《よ》じ上《のぼ》る　物にすがりついてのぼる。

誼《よし》み　親しい交わり。ゆかり。縁。(別)好み
予《よ》習《しゅう》　教えを受ける前に勉強しておくこと。
余《よ》剰《じょう》　あまり。のこり。
余《よ》情《じょう》　あとまで心に残る情趣。
四《よ》畳《じょう》半《はん》　待合などの、小部屋。
捩《よじ》る　ねじる。ひねる。「腹の皮を―」
攀《よ》じる　すがりつくようにして登る。
予《よ》診《しん》　診察の前に病歴や症状を聞くこと。
予《よ》審《しん》　旧法で、公判前に裁判官が行う審理。
余《よ》震《しん》　大地震のあとに続いて起きる小地震。
余《よ》人《じん》　ほかの人。別の人。
余《よ》燼《じん》　燃え残っている火。
縦《よし》んば　たとえ。かりに。
止《よ》す　やめる。
縁《よすが》　たより。てがかり。「故人をしのぶ―」

世《よ》過《す》ぎ　世渡り。暮らし。「身過ぎ―」
寄《よ》席《せ》　落語・漫才などを演ずる演芸場。
余《よ》生《せい》　老後の人生。
余《よ》勢《せい》　物事をなし終えたあとの勢い。
寄《よ》せ植《う》え　植物を一か所に植えること。
寄《よ》せ書《が》き　数人が一枚の紙に書くこと。
寄《よ》せ手《て》　攻め寄せて来る軍勢。
寄《よ》せ鍋《なべ》　具を煮ながら食べる鍋料理。[冬]
寄《よ》せる　近づく。近づける。心を傾ける。
予《よ》洗《せん》　あらかじめ水でさっと洗うこと。
予《よ》選《せん》　本大会の出場者を決める選考。
余《よ》喘《ぜん》　今にも絶えそうな息。「―を保つ」
余《よ》所《そ》　別の場所。他人の家。(別)他所
予《よ》想《そう》　成り行きや結果を推測すること。
装《よそ》う　飯や汁を器に盛る。よそおう。

装《よそお》う　身なりを整える。見せかける。
予《よ》測《そく》　将来の事態をおしはかること。
余《よ》所《そ》事《ごと》　自分に関係のない事。
四《よ》十《そ》路《じ》　四〇。四〇歳。(別)四十
余《よ》所《そ》見《み》　目を別の物に向けること。
余《よ》所《そ》目《め》　他人の見る目。
余《よ》所《そ》者《もの》　よその土地から来た者。
余《よ》所《そ》行《ゆ》き　外出着。改まった言動。
与《よ》太《た》　怠け者。でたらめ。
夜《よ》鷹《たか》　ヨタカ科の中形の夜行性の鳥。
余《よ》沢《たく》　先人の残した恩恵。
預《よ》託《たく》　預けて任せること。
与《よ》奪《だつ》　与えることと奪うこと。
弥《よ》立《だ》つ　寒さや恐怖で身の毛が立つ。
与《よ》太《た》話《ばなし》　でたらめな話。ばか話。

与太者《よたもの》 ならず者。不良。

涎《よだれ》 口から流れ出る唾液《だえき》。

与太郎《よたろう》 おろか者。ばか者。あほう。

予断《よだん》 前もって判断すること。

余談《よだん》 本筋をはずれた別の話。

予知《よち》 前もって知ること。

余地《よち》 あいている所。残された部分。

予兆《よちょう》 前ぶれ。きざし。

翼下《よっか》 支配下。保護下。傘下。

四《よ》つ角《かど》 道が十字に交わっている所。

世継《よつ》ぎ 家督を相続する人。(別)世嗣

欲求《よっきゅう》 ほしがり求めること。

四《よ》つ辻《つじ》 四つ角。

因《よ》って それ故に。従って。

酔《よ》っ払《ぱら》い 酒に酔った人。

四《よ》つ目垣《めがき》 竹を格子状に組んだ垣。

夜露《よつゆ》 夜おりる露。[秋]

予定《よてい》 前もって決めること。その事柄。

余滴《よてき》 筆先などに残るしずく。

淀《よど》 水の流れがよどんでいる所。

与党《よとう》 政権を担当している党。⇔野党

夜盗虫《よとうむし》 ヨトウガの幼虫。根切り虫。

夜通《よどお》し 一晩中ずっと。

夜伽《よとぎ》 女が男の求めで共寝すること。

余得《よとく》 余分の利益。余分のもうけ。

余徳《よとく》 死後になお残る恩恵。

澱《よど》む 流れないでたまる。物事がとどこおる。

世直《よなお》し 悪い世の中を改めること。

夜長《よなが》 夜が長いこと。「秋の—」[秋]

夜泣《よな》き 赤ん坊が夜中に泣くこと。

夜《よ》なべ 夜、仕事をすること。[秋]

夜《よ》な夜《よ》な 毎夜。夜ごと。

夜《よ》逃《に》げ 夜ひそかに他の土地へ逃げる。

米《よね》 こめ。

予熱《よねつ》 あらかじめ加熱すること。

余熱《よねつ》 さめきらないで残っている熱。

余念《よねん》 ほかの考え。「—がない」

世《よ》の中《なか》 人々が生活している所。時代。

余波《よは》 風がやんでも立つ波。影響。あおり。

夜《よ》這《ば》い 夜、女の家へ忍んで行くこと。

余白《よはく》 字や絵の書いてない紙の白い部分。

呼《よ》ばわる 大声で叫ぶ。

夜番《よばん》 夜回り。[冬]

予備《よび》 前もって準備しておくこと。

呼《よ》び子《こ》 人を呼ぶ合図に吹く笛。呼ぶ子。

予備校《よびこう》 受験の指導をする学校。

呼《よ》び声《ごえ》 呼ぶ声。評判。うわさ。

呼《よ》び捨《す》て 敬称をつけないで名を呼ぶ。

呼《よ》び出《だ》し 力士の名を呼び上げる人。

呼《よ》び名《な》 ふだん呼ぶ名。通称。

呼《よ》び水《みず》 ポンプの水を導くために注ぐ水。

呼《よ》び物《もの》 興行などで、人気を集める物。

余病《よびょう》 ある病気に伴って起こる別の病気。

呼《よ》び鈴《りん》 鳴らして人を呼ぶ鈴やベル。

夜《よ》更《ふ》かし 夜遅くまで寝ずにいること。

夜《よ》更《ふ》け 夜がふけたころ。深夜。

余分《よぶん》 余り。必要以上の量。

余聞《よぶん》 こぼれ話。

余弊《よへい》 まだ残る弊害。

予報《よほう》 予測して知らせること。「天気—」

予防《よぼう》 病気や災害を前もって防ぐこと。

輿望《よぼう》 世間の期待。衆望。「—を担って」

余程《よほど》 かなり。相当。思いきって。

世迷言《よまいごと》 甲斐のない繰り言。

夜《よ》回《まわ》り 夜、警戒して巡回すること。[冬]

黄泉《よみ》 死者の魂が行くという所。あの世。

蘇《よみがえ》る 生き返る。再び勢いを回復する。

読《よ》み方《かた》 読む方法。読んで理解する方法。

読《よ》み切《き》り 一回で完結する短編物。

黄泉路《よみじ》 あの世へ行く道。黄泉。

嘉《よみ》する よしとする。ほめる。

夜店《よみせ》 夜、道ばたに物を並べて売る店。[夏]

夜道《よみち》 夜の道。

読《よ》み物《もの》 読むための書物。

夜宮《よみや》 祭りの日の前夜。宵宮。[夏]

読《よ》む 文字の音を唱える。意味を理解する。

詠《よ》む 和歌や俳句を作る。

嫁《よめ》 息子の妻。結婚の相手の女性。

夜目《よめ》 夜の暗さの中で物を見ること。

余命《よめい》 残りの命。「—いくばくもない」

嫁《よめ》入《い》り 嫁に行くこと。

嫁《よめ》が君《きみ》 ネズミの異名。[新]

嫁御《よめご》 嫁を敬っていう語。

嫁取《よめと》り 嫁を迎えること。

嫁菜《よめな》 キク科の多年草。若葉は食用。[春]

蓬《よもぎ》 キク科の多年草。餅草。[春] (別)艾

終夜《よもすがら》 夜どおし。

四方山《よもやま》 さまざまなこと。「—話」

予約《よやく》 前もって約束しておくこと。

余裕《よゆう》 余りのあること。ゆとり。

余《よ》裕《ゆう》綽《しゃく》綽《しゃく》　悠然としている。
代《よ》代《よ》　代を重ねること。だいだい。(別)世世
寄《よ》り合《あ》い　会合。雑多なものの集まり。
与《よ》力《りき》　奉行などの下で同心を指揮した職。
選《よ》り好《ごの》み　好きなものだけを選ぶこと。
依《よ》り代《しろ》　神霊が宿る樹木など。
寄《よ》り添《そ》う　すぐ近くへ寄る。
拠《よ》り所《どころ》　たよりとする所。根拠。
選《よ》り取《ど》り　自由に選び取ること。
選《よ》り抜《ぬ》き　優れたものを選び出す。
憑坐《よりまし》　神霊が乗り移る人や人形。
寄《よ》り道《みち》　途中で他の所に寄ること。
余《よ》力《りょく》　何かしたあと、まだ残っている力。
因《よ》る　そこに原因がある。それに頼る。
拠《よ》る　根拠とする。

寄《よ》る　近付く。一か所に集まる。立ち寄る。
選《よ》る　選び出す。(別)択る
縒《よ》る　ねじって合わせる。(別)撚る
夜顔《よるがお》　ヒルガオ科の一年草。夏の夕、開花。
夜昼《よるひる》　夜と昼。夜も昼も。
寄《よ》る辺《べ》　身を寄せる所。「―ない身」
予《よ》鈴《れい》　始まりを告げるベル。
鎧《よろい》　戦いの時に身に着ける防具。
余《よ》禄《ろく》　予定外の収入。
余《よ》録《ろく》　主要な記録以外の記録。余話。
喜《よろこ》ぶ　うれしいと思う。ありがたいと思う。
宜《よろ》しい　「よい」の意の改まった言い方。
万《よろず》　数が非常に多いこと。すべて。万事。
万《よろず》屋《や》　雑多な物を売る店。何でも屋。
世《よ》論《ろん》　世間の人の考え。せろん。(別)輿論

夜《よ》半《わ》　よなか。
余《よ》話《わ》　こぼれ話。余聞。
齢《よわい》　年齢。とし。「―を重ねる」
弱《よわ》気《き》　気力に欠け、消極的であること。
弱《よわ》腰《ごし》　弱気な態度。⇔強腰
世《よ》渡《わた》り　社会の中で生きていくこと。
弱《よわ》音《ね》　弱気な言葉。「―を吐く」
弱《よわ》み　弱いところ。弱点。「―をつく」
弱《よわ》虫《むし》　すぐ弱音をはく人。意気地なし。
弱《よわ》り目《め》　弱った時。「―に祟《たた》り目」
拠《よ》ん所《どころ》無《な》い　やむをえない。

ら

羅《ら》　薄い絹織物。
拉麺《ラーメン》　中華そば。

来《らい》意《い》　訪問してきた理由。
雷《らい》雨《う》　雷鳴・電光を伴い激しく降る雨。〔夏〕
雷《らい》雲《うん》　雷雨を発生する雲。多くは積乱雲。〔夏〕
来《らい》演《えん》　そこに来て演劇・演奏などすること。
来《らい》往《おう》　往来。ゆきき。
来《らい》駕《が》　来訪の尊敬語。
来《らい》会《かい》　会に集まること。
雷《らい》管《かん》　火薬類の起爆装置。
来《らい》客《きゃく》　訪ねて来る客。
雷《らい》魚《ぎょ》　タイワンドジョウ科の淡水魚。
雷《らい》撃《げき》　魚雷で攻撃すること。
来《らい》月《げつ》　今月の次の月。
来《らい》航《こう》　外国から航海して来ること。
来《らい》寇《こう》　外国から攻めて来ること。
来《らい》迎《ごう》　臨終の時に仏が迎えに来ること。

礼《らい》賛《さん》　ほめたたえること。
来《らい》社《しゃ》　会社に訪ねて来ること。
来《らい》週《しゅう》　この次の週。
来《らい》集《しゅう》　集まって来ること。
来《らい》襲《しゅう》　襲って来ること。
来《らい》春《しゅん》　来年の春。
来《らい》場《じょう》　その場所に来ること。
来《らい》信《しん》　人から来た手紙。
雷《らい》神《じん》　雷を起こすといわれる神。〔夏〕
頼《らい》信《しん》紙《し》　電報の電文を書く用紙。
来《らい》世《せ》　仏教で、死後の世界。後世《ごせ》。
来《らい》宅《たく》　人が自分の家に来ること。
来《らい》談《だん》　人が来て話をすること。
来《らい》朝《ちょう》　外国人が日本に来ること。
来《らい》聴《ちょう》　聴きに来ること。

雷《らい》鳥《ちょう》　キジ目の鳥。特別天然記念物。〔夏〕
来《らい》店《てん》　店に来ること。
来《らい》電《でん》　電報が来ること。その電報。
雷《らい》電《でん》　かみなりといなずま。
雷《らい》同《どう》　簡単に他に同意すること。「付和―」
来《らい》日《にち》　外国人が日本に来ること。
来《らい》年《ねん》　今年の次の年。
礼《らい》拝《はい》　仏をおがむこと。
癩《らい》病《びょう》　ハンセン病。
来《らい》賓《ひん》　会などに招待された客。
来《らい》訪《ほう》　人がたずねて来ること。
来《らい》報《ほう》　人が来て知らせること。その知らせ。
雷《らい》名《めい》　世間に広く知られている名声。
雷《らい》鳴《めい》　かみなりの音。〔夏〕
磊《らい》落《らく》　性質が快活で度量の広いさま。

来臨《らいりん》 その会に来ることの尊敬語。
来歴《らいれき》 物事が経て来た筋道。
羅宇《ラオ》 キセルの竹の管。ラウ。
老酒《ラオチュー》 中国で作られる醸造酒の総称。
裸眼《らがん》 めがねを使わないときの目。
楽《らく》 安らかなこと。たやすいこと。
烙印《らくいん》 焼いてしるしをつける印。
落胤《らくいん》 落とし子。
楽隠居《らくいんきょ》 安楽に隠居すること。
楽園《らくえん》 悩みや苦しみのない安楽な場所。
洛外《らくがい》 京都の市外。⇔洛中
落書《らくが》**き** いたずら書き。
落雁《らくがん》 みじん粉などに砂糖を加えた干菓子。
落伍《らくご》 仲間について行けなくなること。
落語《らくご》 滑稽な話に落ちをつける話芸。

落差《らくさ》 二つの水面の差。
落札《らくさつ》 入札によって権利を手に入れること。
落日《らくじつ》 沈もうとしている太陽。
落手《らくしゅ》 手紙などを受け取ること。
落首《らくしゅ》 匿名で書かれた狂歌。
落書《らくしょ》 時勢を批判した匿名の文書。
落掌《らくしょう》 手紙などを受け取ること。落手。
楽勝《らくしょう》 簡単に勝つこと。⇔辛勝
落城《らくじょう》 城が攻め落とされること。
落飾《らくしょく》 貴人が剃髪して仏門に入ること。
落成《らくせい》 建造物ができあがること。
落石《らくせき》 山の上から石が落ちること。
落選《らくせん》 選挙に落ちること。選にもれること。
駱駝《らくだ》 背中にこぶのある大形の草食獣。
落第《らくだい》 試験にうからないこと。〔春〕 ⇔及第

落胆《らくたん》 がっかりすること。
落着《らくちゃく》 きまりがつくこと。おちつくこと。
洛中《らくちゅう》 京都の市中。⇔洛外
落丁《らくちょう》 本のページが抜けていること。
楽天的《らくてんてき》 物事を楽観的に考えるさま。
楽土《らくど》 楽園。
酪農《らくのう》 牛や羊から採乳する農業。
落馬《らくば》 乗っていた馬から落ちること。
落魄《らくはく》 おちぶれること。
落莫《らくばく》 ものさびしいさま。
落盤《らくばん》 坑内の天井の岩が崩れ落ちること。
楽日《らくび》 興行の最後の日。千秋楽の日。
落命《らくめい》 災難などで命を落とすこと。
楽焼《らくや》**き** 手でこねて、低温で焼く陶器。
落葉《らくよう》 木の葉が枯れて落ちること。

落陽《らくよう》 入り日。落日。
落葉樹《らくようじゅ》 秋に葉が落ちる樹木。
落葉松《らくようしょう》 カラマツの別名。
落雷《らくらい》 雷が落ちること。〔夏〕
楽楽《らくらく》 気軽なさま。非常にやさしいさま。
落涙《らくるい》 涙を流すこと。
羅紗《ラシャ》 起毛させた厚地の毛織物。
裸出《らしゅつ》 むきだしになること。
裸身《らしん》 はだかのからだ。裸体。
羅針盤《らしんばん》 磁石を用いた方位測定器。
羅刹《らせつ》 人を食う鬼。「悪鬼—」
螺旋《らせん》 渦巻き状に巻いていること。
裸像《らぞう》 絵などに表現された裸の人体。
裸体《らたい》 はだかのからだ。
埒《らち》 馬場のまわりの柵。範囲。限界。

拉致《らち》 むりやりに連れて行くこと。
埒外《らちがい》 一定の範囲の外。⇔埒内
埒内《らちない》 一定の範囲の内。⇔埒外
落下《らっか》 空中や高い所から落ちること。
落花《らっか》 花が散ること。落ちた花。〔春〕
落果《らっか》 果実が収穫前に木から落ちること。
落下傘《らっかさん》 パラシュート。
落花生《らっかせい》 マメ科の作物。南京豆。〔秋〕
落花流水《らっかりゅうすい》 男女の思い合う心。
落花狼藉《らっかろうぜき》 物が散乱している。
落款《らっかん》 書画に作者が署名し押印すること。
楽観《らっかん》 物事がうまく運ぶと思うこと。
落球《らっきゅう》 一度捕ったボールを落とすこと。
辣韮《らっきょう》 ユリ科の多年草。鱗茎は漬物用。〔夏〕
落慶《らっけい》 社寺の建物の落成した喜びの祝い。

ら

猟虎《ラッコ》 イタチ科の獣。北太平洋近海にすむ。
喇叭《らっぱ》 金管楽器の総称。
喇叭飲《らっぱの》**み** びんに口をつけ飲む。
辣腕《らつわん》 すごい腕前。ものすごい実行力。
螺鈿《らでん》 貝殻の薄片を漆器にはめこんだ装飾。
騾馬《らば》 雌ウマと雄ロバとの雑種。労役用。
裸婦《らふ》 (絵画・彫刻などで)はだかの女性。
羅列《られつ》 秩序なく並べ立てること。
乱《らん》 乱れること。内乱。
蘭《らん》 ラン科植物の総称。〔秋〕
欄《らん》 書類などで、枠で囲まれた部分。
乱雲《らんうん》 乱層雲。乱れ飛ぶ黒い雲。
卵黄《らんおう》 卵の黄身の部分。
欄外《らんがい》 書類などで、囲った枠の外。
濫獲《らんかく》 魚や鳥獣をむやみにとること。

蘭学《らんがく》 オランダ語による西洋の学問の研究。

欄干《らんかん》 廊下や橋などのふちの横木。

乱行《らんぎょう》 みだれたふしだらな行い。

乱切《らんぎ》り 料理で形をそろえずに切ること。

乱《らん》気《き》流《りゅう》 気流の強い乱れ。

乱杭《らんぐい》 不ぞろいに打ち込んだ杭。

乱掘《らんくつ》 鉱床などをむやみに掘ること。

乱高《らんこう》下《げ》 相場が激しく上下すること。

濫作《らんさく》 やたらに多く作ること。(別)乱作

乱雑《らんざつ》 散らかっているさま。

乱視《らんし》 物が歪んで見える状態。

卵子《らんし》 雌の生殖細胞。⇔精子

乱射《らんしゃ》 ねらいを定めずにやたらにうつこと。

蘭麝《らんじゃ》 蘭と麝香の香り。よい香り。

爛熟《らんじゅく》 物事が成熟しきること。

濫觴《らんしょう》 物事の始まり。みなもと。起源。

乱心《らんしん》 気が狂うこと。

乱臣《らんしん》 反乱を企てた臣下。

乱臣《らんしん》賊子《ぞくし》 不忠不孝の者。

乱世《らんせい》 乱れた世。戦乱の世。らんせ。

卵生《らんせい》 卵の形で生まれてくること。

乱戦《らんせん》 敵味方が入り乱れて戦うこと。

卵巣《らんそう》 卵子を作る雌の生殖器。⇔精巣

濫造《らんぞう》 やたらにつくること。(別)乱造

乱層雲《らんそううん》 灰色の厚い雲。雨雲。

乱打《らんだ》 はげしく打つこと。

懶惰《らんだ》 なまけて仕事をしないこと。

卵胎生《らんたいせい》 母体内で孵化して生まれる。

乱痴《らんち》気《き》 狂気じみている。「—騒ぎ」

乱丁《らんちょう》 本のページの順序が狂っていること。

乱調《らんちょう》 調子の乱れること。乱れた調子。

乱闘《らんとう》 入り乱れてたたかうこと。

濫読《らんどく》 手当たり次第に読むこと。(別)乱読

乱取《らんど》り 柔道で自由に技をかけ合う稽古。

乱入《らんにゅう》 大勢が勝手に押し入ること。

乱売《らんばい》 むやみに安く売ること。投げ売り。

卵白《らんぱく》 卵の白身。

濫伐《らんばつ》 山林の木をむやみに伐ること。

濫発《らんぱつ》 紙幣などをむやみに発行すること。

濫費《らんぴ》 金銭をむやみに使うこと。(別)乱費

乱筆《らんぴつ》 乱れた字。自分の字の謙称。

乱舞《らんぶ》 踊り狂うこと。

洋灯《ランプ》 照明器具の一。

乱文《らんぶん》 乱れた文章。自分の文章の謙称。

乱暴《らんぼう》 荒々しいおこない。荒っぽいこと。

欄間《らんま》 天井と鴨居との間の飾り板。

爛漫《らんまん》 花が咲き乱れる。輝き現れる。

乱脈《らんみゃく》 筋道が乱れていること。

濫用《らんよう》 むやみに用いること。(別)乱用

爛爛《らんらん》 目がぎらぎらと輝くさま。

濫立《らんりつ》 雑然と立ち並ぶこと。(別)乱立

襤褸《らんる》 破れた衣服。ぼろ。

り

利《り》 有利。都合がよいこと。利益。利子。

里《り》 距離の単位。

理《り》 原理。法則。道理。「—の当然」

利益《りえき》 ためになること。もうけ。

梨園《りえん》 演劇界。特に、歌舞伎の社会。

離縁《りえん》 夫婦や養子の縁を切ること。

理科《りか》 自然界のことを学ぶ教科。

理会《りかい》 物事の深い道理を悟ること。

理解《りかい》 意味を知ること。気持ちを察する。

利害《りがい》 利益と損害。得と損。

利害得失《りがいとくしつ》 利益と損害。

理学《りがく》 自然科学。また、物理学。

罹患《りかん》 病気にかかること。罹病。

離間《りかん》 お互いの仲をさくこと。「—策」

力《りき》 ちから。力量。「十人—」

利器《りき》 鋭い刃物。便利な機器。「文明の—」

力泳《りきえい》 力いっぱい泳ぐこと。

力学《りきがく》 運動と力の関係を研究する科学。

力感《りきかん》 力にあふれている感じ。

力作《りきさく》 心を打ち込んだ作品。

力士《りきし》 相撲取り。

力説《りきせつ》 力をこめて主張すること。

力戦奮闘《りきせんふんとう》 力を尽くして戦う。

力走《りきそう》 力いっぱい走ること。

力点《りきてん》 てこで力を加える所。重点。

力投《りきとう》 野球で、投手が懸命に投げること。

力闘《りきとう》 力のかぎり戦うこと。

力《りき》む 体に力をこめる。気負う。いばる。

離宮《りきゅう》 王宮とは別に建てられた宮殿。

利休鼠《りきゅうねずみ》 緑色がかった鼠色。

離京《りきょう》 都を離れること。

離郷《りきょう》 故郷を離れること。

力量《りきりょう》 なしとげる能力の程度。腕前。

陸《りく》 地表の水におおわれない部分。

陸揚《りくあ》げ 船の荷物を陸に運びあげること。

利食《りぐ》い 株の転売で利益を得ること。

陸運《りくうん》 貨物・旅客の陸上の運送。
陸軍《りくぐん》 陸上の戦闘にあたる軍隊。
六書《りくしょ》 漢字の成り立ちによる六種の別。
陸上《りくじょう》 陸地の上。陸上競技。
陸生《りくせい》 動植物が陸地に生じること。
陸戦《りくせん》 陸上の戦闘。
陸前《りくぜん》 旧国名。ほぼ宮城県と岩手県の一部。
陸送《りくそう》 陸上の輸送。
陸続《りくぞく》 ひっきりなしに続くこと。
陸地《りくち》 陸。陸である土地。
陸中《りくちゅう》 旧国名。ほぼ岩手県と秋田県の一部。
理屈《りくつ》 物事の道理。こじつけの理由。
陸稲《りくとう》 おかぼ。⇔水稲
陸封《りくふう》 海魚が産卵した湖や川にすみつく。
陸風《りくふう》 夜間、陸から海へ吹く風。⇔海風

陸屋根《りくやね》 勾配のゆるい平らな屋根。
陸離《りくり》 光が入り乱れて輝くさま。「光彩—」
戮力《りくりょく》 力を合わせること。
陸路《りくろ》 陸上のみち。陸上を通行すること。
理系《りけい》 理科の系統。⇔文系
利剣《りけん》 鋭利な剣。
利権《りけん》 利益を専有する権利。
俚諺《りげん》 俗間のことわざ。
利己《りこ》 自分一人の利益だけを求めること。
利口《りこう》 頭がよいこと。要領がよいこと。
履行《りこう》 実行すること。
離合《りごう》 離れることと合うこと。「—集散」
離婚《りこん》 夫婦が結婚を解消すること。
罹災《りさい》 災害をこうむること。被災。
理財《りざい》 財産を有利に運用すること。

利鞘《りざや》 売買の差額によって得る利益。
離散《りさん》 離れ離れになること。
利子《りし》 元金に対して払う一定割合の金銭。
理事《りじ》 法人や団体を代表する役の人。
履修《りしゅう》 一定の学科・課程を習い修めること。
利潤《りじゅん》 利益。もうけ。
離床《りしょう》 寝床を離れること。起床。
利殖《りしょく》 運用益を出して、財産をふやすこと。
離職《りしょく》 職から離れること。失業。
栗鼠《りす》 森林にすむリス科の小獣。
利水《りすい》 水はけをよくすること。水利。
理数《りすう》 理科と数学。
利《り》する 利益があるようにする。利用する。
理性《りせい》 論理的に判断する能力。
理想《りそう》 追い求める最も望ましい状態・姿。

理想郷《りそうきょう》 理想的な世界。ユートピア。
利息《りそく》 利子。
離村《りそん》 生まれ育った村を離れること。
利他《りた》 他人の幸福を第一に考えること。
利達《りたつ》 立身出世。栄達。
離脱《りだつ》 抜け出すこと。離れること。
理知《りち》 物事の道理を判断し理解する能力。
律義《りちぎ》 義理堅くまじめなこと。(別)律儀
率《りつ》 割合。歩合。「百分—」
立案《りつあん》 計画を立てること。
立花《りっか》 生花を様式に従い瓶にさした立て花。
立夏《りっか》 二十四節気の一。五月六日頃。[夏]
立願《りつがん》 神仏に願をかけること。
立脚《りっきゃく》 立場やよりどころを定めること。
陸橋《りっきょう》 鉄道・道路などの上に渡した橋。

立件《りっけん》 裁判を受理できる要件が整うこと。
立憲《りっけん》 憲法を制定すること。「—政治」
立言《りつげん》 意見を述べ立てること。
力行《りっこう》 努力して行うこと。
立候補《りっこうほ》 候補者として立つこと。
立国《りっこく》 建国。国を盛んにすること。
律師《りっし》 高徳の僧。僧正・僧都に次ぐ位。
律詩《りっし》 漢詩の一体。八句から成る定型詩。
立志伝《りっしでん》 努力して成功した人の伝記。
立秋《りっしゅう》 二十四節気の一。八月七日頃。[秋]
立春《りっしゅん》 二十四節気の一。二月四日頃。[春]
立証《りっしょう》 証拠立てること。
立食《りっしょく》 洋風宴会で立ったまま食べる様式。
立身《りっしん》 社会での高い地位につくこと。
立身出世《りっしんしゅっせ》 高い官職や地位につき、社会的に認められ有名になること。

立錐《りっすい》 錐を立てること。「—の余地もない」
律《りっ》する 定める。ある基準によって処置する。
慄然《りつぜん》 恐れふるえるさま。
立像《りつぞう》 立っている姿の像。
立体《りったい》 空間的な広がりを持つ物体。
立太子《りったいし》 正式に皇太子を定めること。
立地《りっち》 使用目的に適した土地を定めること。
立冬《りっとう》 二十四節気の一。一一月八日頃。[冬]
律動《りつどう》 規則正しく繰り返される運動。
立派《りっぱ》 優れてみごとなさま。
立腹《りっぷく》 腹を立てること。怒ること。
立方《りっぽう》 三乗。体積の単位を表す語。
立法《りっぽう》 法律を制定すること。
理詰《りづ》め 理屈によって押し詰めること。

律令《りつりょう》 奈良・平安時代の法律。

立礼《りつれい》 立って行う敬礼。

立論《りつろん》 論理を組み立てること。

里程《りてい》 道のり。「—標」

利敵《りてき》 敵を有利にすること。「—行為」

利点《りてん》 有利な点。すぐれたところ。

離党《りとう》 所属政党を離れること。

離島《りとう》 本土から離れた島。島を去ること。

利得《りとく》 利益を得ること。もうけ。

離日《りにち》 外国人が日本を去ること。⇕来日

離乳《りにゅう》 乳児が乳から普通の食べ物に移る。

離任《りにん》 任務・任地を離れること。⇕着任

理念《りねん》 あることの根底をなす考え方。

離農《りのう》 農業をやめること。

利発《りはつ》 子供が賢いこと。

理髪《りはつ》 男性の頭髪を刈り整えること。

利幅《りはば》 利益の大きさ。

利払《りばら》い 利息を支払うこと。

離反《りはん》 離れそむくこと。㊐離叛

理非《りひ》 道理に合うことと合わないこと。

理非《りひ》曲直《きょくちょく》 道理に合うことと合わないこと。間違ったことと正しいこと。

罹病《りびょう》 病気にかかること。

理不《りふ》尽《じん》 道理が通らないこと。

離別《りべつ》 人と別れること。離婚。

利便《りべん》 便利なこと。都合の良いこと。便宜。

理法《りほう》 道理にかなった法則。

利回《りまわ》り 元金に対する利息の割合。

裏面《りめん》 裏がわ。外部に現れない部分。

利益《りやく》 神仏が与える利福。御利益。

略《りゃく》 はぶくこと。省略。

略画《りゃくが》 輪郭だけの簡単な絵。

略儀《りゃくぎ》 簡略なやり方。略式。「—ながら」

略言《りゃくげん》 簡単に言うこと。

略語《りゃくご》 もとの語の一部分を略した語。

略号《りゃくごう》 簡単に表現するための記号。

略字《りゃくじ》 漢字の一部を省いた簡略な字体。

略式《りゃくしき》 一部を省略した方式・作法。

略取《りゃくしゅ》 奪い取ること。むりやり連れ去る。

略述《りゃくじゅつ》 あらましを簡単に述べること。

略称《りゃくしょう》 名前の一部を略した呼び名。

略《りゃく》す 簡単にする。

略図《りゃくず》 必要な部分だけを簡略に描いた図。

略説《りゃくせつ》 簡略に述べること。

略装《りゃくそう》 略式の服装。⇕正装

略奪《りゃくだつ》 無理やりに奪いとること。㊐掠奪

略筆《りゃくひつ》 要点だけを省略して書くこと。略字。

略服《りゃくふく》 略式の服装。

略歴《りゃくれき》 簡略な経歴。

略解《りゃっかい》 主な箇所だけを解釈・説明すること。

略記《りゃっき》 要点だけを簡略に書くこと。

理由《りゆう》 事のすじみち。わけ。口実。

流《りゅう》 ながれること。血筋。系統。

竜《りゅう》 蛇を神格化した想像上の動物。

柳暗《りゅうあん》花明《かめい》 美しい春の景色。

留意《りゅうい》 心にとめること。

流域《りゅういき》 川の流れゆく地域。

溜飲《りゅういん》 胃から出る酸い液。「—が下がる」

隆運《りゅううん》 さかんになる運命。

柳営《りゅうえい》 将軍の陣営。将軍。将軍家。

竜王《りゅうおう》 竜神。将棋で、成った飛車。

流会《りゅうかい》 会が成立するに至らないこと。

留学《りゅうがく》 外国などに在留して勉強すること。

流感《りゅうかん》 流行性感冒。インフルエンザ。

竜眼《りゅうがん》 ムクロジ科の果樹。

竜顔《りゅうがん》 天子の顔。

隆起《りゅうき》 もりあがること。⇕沈降

流儀《りゅうぎ》 その流派やその人のやり方。

琉球《りゅうきゅう》 沖縄の別名。

琉金《りゅうきん》 金魚の品種の一。尾びれが発達。

竜宮《りゅうぐう》 竜神や乙姫が住むという海底の宮殿。

流血《りゅうけつ》 戦いなどで血が流れること。

流言《りゅうげん》 根拠のないうわさ。

流言《りゅうげん》蜚語《ひご》 根も葉もないこと。

竜虎《りゅうこ》 力の伯仲した二人の英雄・豪傑。

流行《りゅうこう》 一時的に世間に広まること。

柳巷《りゅうこう》花街《かがい》 遊里・色町のこと。

竜骨《りゅうこつ》 船の船底の中心を貫く構造材。

硫酸《りゅうさん》 無色・強酸性の不揮発性の液体。

流産《りゅうざん》 胎児が死んで分娩されること。

流竄《りゅうざん》 島流し。流刑。

粒子《りゅうし》 物質を構成する微細な粒。

流失《りゅうしつ》 洪水などで流されてなくなること。

流出《りゅうしゅつ》 流れ出ること。あふれ出ること。

柳絮《りゅうじょ》 綿毛をもつ柳の種子が散るさま。㊮

隆昌《りゅうしょう》 盛んなこと。隆盛。

竜神《りゅうじん》 水・雨を支配する竜の姿をした神。

竜頭《りゅうず》 時計の、ぜんまいを巻くつまみ。

流水《りゅうすい》 流れる水。

流星《りゅうせい》 発光しながら流れて消える星。㊎

隆盛《りゅうせい》　勢いの盛んなこと。
流説《りゅうせつ》　根拠のないうわさ。るせつ。
竜舌蘭《りゅうぜつらん》　大形の多年草。メキシコ原産。
流線型《りゅうせんけい》　流体中で抵抗が少ない型。
流祖《りゅうそ》　その流派を始めた人。
流速《りゅうそく》　流体の速度。
流体《りゅうたい》　液体と気体との総称。
流弾《りゅうだん》　ながれだま。
留置《りゅうち》　被疑者などをとどめておくこと。
流暢《りゅうちょう》　言葉がなめらかでつかえないさま。
留鳥《りゅうちょう》　一年中、同じ地域で生活する鳥。
流通《りゅうつう》　流れ通ること。広く通用すること。
流灯《りゅうとう》　灯籠流し。〔秋〕
流動《りゅうどう》　状態・状況がいろいろ変化すること。
流動食《りゅうどうしょく》　消化のよい液状の食物。

竜頭《りゅうとう》蛇尾《だび》　初めは勢いが盛んであるが、終わりになると振るわないこと。
竜吐《りゅうど》水《すい》　手押しポンプ式の消火用具。
流入《りゅうにゅう》　流れ込むこと。流し込むこと。
留任《りゅうにん》　引き続き現在の任務にとどまること。
留年《りゅうねん》　進級・卒業しないで留まること。
竜脳《りゅうのう》　樟脳に似た無色透明の結晶。
流派《りゅうは》　流儀の相違によるそれぞれの派。
柳眉《りゅうび》　細く美しい美人のまゆ。
流氷《りゅうひょう》　海上を漂流する割れた氷。〔春〕
立米《りゅうべい》　立方メートル。
留別《りゅうべつ》　去る人が残る人に別れを告げること。
留保《りゅうほ》　判断や処置を一時とどめておくこと。
流木《りゅうぼく》　川や海に漂う材木。川を流し下す材木。
流民《りゅうみん》　故郷や自国を離れてさすらう人。

流用《りゅうよう》　一定の目的以外の用途に使うこと。
流離《りゅうり》　故郷を離れて他郷をさまようこと。
隆隆《りゅうりゅう》　勢いが盛んなさま。
粒粒辛《りゅうりゅうしん》苦《く》　努力を重ねること。
流量《りゅうりょう》　流れる水や電流の量。
嚠喨《りゅうりょう》　楽器などの音がさえわたって響く。
流麗《りゅうれい》　文章や音楽がよどみなく美しいこと。
流連荒亡《りゅうれんこうぼう》　遊楽にふける。
流露《りゅうろ》　心中の思いが自然に外に現れ出る。
利用《りよう》　役立てて使うこと。
里謡《りよう》　地方でうたい伝えられる歌。俗謡。
理容《りよう》　髪や顔をきちんと整えること。
両《りょう》　対のもの、二つ。近世の通貨単位。
良《りょう》　よいこと。よいもの。
涼《りょう》　涼しいこと。「—をとる」

猟《りょう》　狩猟。かり。
漁《りょう》　魚をとること。
陵《りょう》　天子の墓。みささぎ。
量《りょう》　重さや容積。分量・数量。
寮《りょう》　学生・社員などの宿舎。
良案《りょうあん》　よい考え。名案。
諒闇《りょうあん》　天子が父母の喪に服する期間。
領域《りょういき》　領有する区域。関係する範囲。
両院《りょういん》　衆議院と参議院。上院と下院。
良縁《りょうえん》　よい縁。よい縁談。
遼遠《りょうえん》　はるかに遠いさま。「前途—」
良貨《りょうか》　品位のよい貨幣。⇔悪貨
寮歌《りょうか》　学生寮の歌。
凌駕《りょうが》　他を越えて上に出ること。
了解《りょうかい》　わかること。納得すること。(別)諒解

領海《りょうかい》　沿岸国の主権の及ぶ水域。⇔公海
両替《りょうがえ》　貨幣を別種の貨幣と替えること。
涼感《りょうかん》　涼しそうな感じ。
猟官《りょうかん》　官職に就こうと運動すること。
量感《りょうかん》　重み・厚みのある感じ。
涼気《りょうき》　涼しい空気。涼しさ。
猟奇《りょうき》　怪奇で異常な物事を求めること。
猟期《りょうき》　狩猟の許されている期間。
漁期《りょうき》　漁の許されている期間。
両極端《りょうきょくたん》　非常に隔たりが大きいこと。
料金《りょうきん》　使用・利用・奉仕に支払う金。
猟具《りょうぐ》　狩猟に使う道具。
領空《りょうくう》　国家の主権の及ぶ空域。
良家《りょうけ》　身分・家柄のよい家。
量刑《りょうけい》　裁判所が刑の程度を決めること。

料簡《りょうけん》　考え。判断。「—違い」(別)了見
猟犬《りょうけん》　狩猟に用いる犬。〔冬〕
燎原《りょうげん》　火が激しい勢いで野原を焼くこと。
両虎《りょうこ》　優劣のつけがたい二人の勇者。
良工《りょうこう》　すぐれた職人。
良好《りょうこう》　よいこと。このましいこと。
領国《りょうごく》　領有する国。
良妻《りょうさい》　よい妻。⇔悪妻
良妻賢母《りょうさいけんぼ》　夫にとってはよい妻であり、子にとっては賢い母である女性。
良策《りょうさく》　すぐれたよいはかりごと。
了察《りょうさつ》　相手の立場を思いやること。(別)諒察
両三《りょうさん》　二つ三つ。「—度に及ぶ」
量産《りょうさん》　同じ製品を多量に作ること。
梁山泊《りょうざんぱく》　豪傑や野心家の集まる所。

料紙《りょうし》 書くのに用いる紙。用紙。
猟師《りょうし》 狩猟を職業とする人。かりゅうど。
漁師《りょうし》 漁を職業とする人。
量子《りょうし》 物理量の最小単位。
両次《りょうじ》 二度。二回。「—の世界大戦」
聊爾《りょうじ》 ぶしつけなこと。失礼。
領事《りょうじ》 自国と自国民の保護を行う海外機関。
療治《りょうじ》 治療。「荒—」
良識《りょうしき》 社会人としての健全な判断力。
良質《りょうしつ》 品質がすぐれていること。⇕悪質
領主《りょうしゅ》 領地の持ち主。
涼秋《りょうしゅう》 陰暦九月の異名。
領収《りょうしゅう》 金などを受け収めること。「—書」
領袖《りょうしゅう》 かしら立つ人。集団の長。
猟銃《りょうじゅう》 狩猟に使う銃。

良書《りょうしょ》 有益な本。
諒恕《りょうじょ》 事情を思いやって許すこと。
了承《りょうしょう》 事情を理解して、よしとすること。
料峭《りょうしょう》 春風が肌に寒く感じられるさま。
糧食《りょうしょく》 貯えた食料。
陵辱《りょうじょく》 人をはずかしめる。女性を犯す。
両親《りょうしん》 父と母。
良心《りょうしん》 自分の行いの善悪を判断する心。
良人《りょうじん》 妻から夫をさして言う称。夫。
猟人《りょうじん》 狩猟をする人。かりうど。
領水《りょうすい》 領土内の水域。
領《りょう》する 領有する。支配する。
両性《りょうせい》 男性と女性。二つの異なった性質。
良性《りょうせい》 たちのよいこと。⇕悪性
寮生《りょうせい》 その寮で生活する学生・生徒。

両生類《りょうせいるい》 水陸の両方にすみうる動物。
稜線《りょうせん》 山の尾根がつくる線。
僚船《りょうせん》 仲間の船。
瞭然《りょうぜん》 明らかなさま。「一目—」
良俗《りょうぞく》 よい風俗・習慣。「公序—」
両端《りょうたん》 ある物の両方のはし。
両断《りょうだん》 まっぷたつに切ること。「一刀—」
了知《りょうち》 さとり知ること。
料地《りょうち》 ある目的のために使う土地。
領地《りょうち》 領有している土地。領土。
料亭《りょうてい》 高級な日本料理店。
量的《りょうてき》 数量に関するさま。⇕質的
両天秤《りょうてんびん》 ふたまたをかけること。
領土《りょうど》 国家の主権を行使できる土地。
両刀《りょうとう》 大小の刀。刀と脇差。「—遣い」

両頭《りょうとう》 二人の支配者。「—政治」
糧道《りょうどう》 兵糧を運ぶ道。「—を断つ」
良導体《りょうどうたい》 熱・電気をよく伝える物質。
両得《りょうとく》 二つの利益。「一挙—」
両隣《りょうどなり》 自分の左右両方の隣。
領内《りょうない》 領地のうち。
両刃《りょうば》 両側に刃がついていること。もろは。
猟場《りょうば》 狩猟する所。
量販《りょうはん》 安く大量に販売すること。「—店」
良否《りょうひ》 物事のよしあし。
両開《りょうびら》き 観音開き。
良風《りょうふう》 善良な風俗。「—美俗」
涼風《りょうふう》 すずしい風。夏
領分《りょうぶん》 勢力の及ぶ範囲。なわばり。
陵墓《りょうぼ》 天皇や皇族の墓。

寮母《りょうぼ》 寮生の世話をする女性。
両方《りょうほう》 二つの方面。双方。⇕片方
療法《りょうほう》 治療の方法。「食餌—」
糧米《りょうまい》 食糧にする米。
糧秣《りょうまつ》 軍隊で、兵隊と馬の食糧。
涼味《りょうみ》 涼しい感じ。
良民《りょうみん》 一般の善良な国民。
量目《りょうめ》 物の目方。
良夜《りょうや》 月の明るい美しい夜。秋
良薬《りょうやく》 よくきく薬。「—は口に苦し」
両雄《りょうゆう》 二人の英雄。「—並び立たず」
良友《りょうゆう》 交わってためになる友達。⇕悪友
僚友《りょうゆう》 同じ職場の仲間。同僚。
領有《りょうゆう》 自分のものや領地としてもつこと。
両用《りょうよう》 両方に使えること。「水陸—」

両様《りょうよう》 二つの仕方。ふた通り。
療養《りょうよう》 病気を治療し、体を休めること。
綾羅《りょうら》錦繍《きんしゅう》 美しい衣服。
繚乱《りょうらん》 花が咲き乱れるさま。「百花—」
料理《りょうり》 食べ物を作ること。調理。
両立《りょうりつ》 両方とも成り立つこと。
両両《りょうりょう》 双方。二つながら。「—相俟《ま》って」
喨喨《りょうりょう》 笛の音などがさえわたって響くさま。
稜稜《りょうりょう》 角立っているさま。きびしいさま。
寥寥《りょうりょう》 数が少なくさびしいさま。
両輪《りょうりん》 両方の車輪。
慮外《りょがい》 思いがけないこと。不作法。
旅客《りょかく》 飛行機・列車・船などに乗る客。
旅館《りょかん》 旅行者を泊めることを業とする施設。
利欲《りよく》 利益を得ようとする気持ち。

緑陰《りょくいん》　青葉の茂ったこかげ。夏
緑雨《りょくう》　新緑の頃に降る雨。
緑樹《りょくじゅ》　青葉の茂った木。
緑地《りょくち》　草や木が多く茂っている土地。
緑茶《りょくちゃ》　茶の若芽を蒸し乾燥したもの。
緑豆《りょくとう》　マメ科の一年草。はるさめの原料。
緑内障《りょくないしょう》　眼圧が高くなる病気。
緑肥《りょくひ》　青いままの草を肥料とすること。
緑風《りょくふう》　青葉の頃の心地よい風。
緑便《りょくべん》　乳児の消化不良のときの緑色の便。
緑野《りょくや》　草木の青々と茂った野原。
旅券《りょけん》　外国旅行者の身分証明書。
旅行《りょこう》　旅に出ること。旅。
旅愁《りょしゅう》　旅に出て感じるものさびしさ。
虜囚《りょしゅう》　捕虜。

旅宿《りょしゅく》　旅先でとまること。その宿。
旅情《りょじょう》　旅に出て感じるしみじみとした思い。
旅装《りょそう》　旅行の服装。
旅団《りょだん》　陸軍の編制単位の一。連隊の上。
緑化《りょっか》　樹木を植えて緑豊かにすること。
旅亭《りょてい》　やどや。はたごや。
旅程《りょてい》　旅行の道のり。旅行の日程。
旅費《りょひ》　旅行の費用。
膂力《りょりょく》　筋肉の力。腕力。
離陸《りりく》　航空機などが飛び立つこと。
凜凜《りり》しい　きりりとして勇ましい。
利率《りりつ》　利息の元金に対する割合。
履歴《りれき》　学業・職業などの経歴。
理路《りろ》　物事や話の筋道。
理路整然《りろせいぜん》　筋道がよく整う。

理論《りろん》　原理・原則により筋道を立てた考え。
厘《りん》　長さ・貨幣の単位の一。
燐《りん》　元素の一。記号P
霖雨《りんう》　降り続く雨。ながあめ。
輪禍《りんか》　電車・自動車などによる災難。
燐火《りんか》　墓地・湿地などで燃える青白い火。
隣家《りんか》　となりの家。
臨海《りんかい》　海に面すること。海べにあること。
臨界《りんかい》　ある状態から別の状態に変化する境。
輪郭《りんかく》　物の外形をつくる線。物の概略。
林学《りんがく》　森林・林業を研究する学問。
林間《りんかん》　林の中。「―学校」
輪姦《りんかん》　男が何人かで一人の女を犯すこと。
悋気《りんき》　嫉妬。やきもち。
臨機《りんき》　その場に応じること。

稟議《りんぎ》　案を関係者に回して承認を求める。
臨機応変《りんきおうへん》　その場その時の状況に応じて、適切な処理をとること。
林業《りんぎょう》　森林を育て、利用する産業。
鱗茎《りんけい》　地下茎の一種。ユリ・タマネギなど。
臨月《りんげつ》　出産する予定の月。
臨検《りんけん》　その場で検査すること。
綸言《りんげん》　天子のことば。「―汗の如し」
凜乎《りんこ》　りりしく勇ましいさま。
林檎《りんご》　バラ科の果樹。秋
輪講《りんこう》　数人が分担して順に講義する。
燐光《りんこう》　黄燐の発する青白い光。
臨幸《りんこう》　天皇がその場所にのぞむこと。
隣国《りんごく》　隣の国。
輪作《りんさく》　同じ土地に違う作物を順に栽培する。

林産《りんさん》　山林から産出すること。
燐酸《りんさん》　燐の酸化物が水にとけてできるもの。
臨時《りんじ》　予定外であること。一時的であること。
綸旨《りんじ》　勅命を受けて蔵人が書いた文書。
臨写《りんしゃ》　手本・原本どおりに写すこと。
臨終《りんじゅう》　死にぎわ。末期。
臨書《りんしょ》　手本にならって字を書くこと。
輪唱《りんしょう》　同じ旋律を間隔をとって歌う合唱。
臨床《りんしょう》　患者の病床にのぞみ診療すること。
臨場《りんじょう》　その場に行くこと。臨席。
吝嗇《りんしょく》　過度にけちなこと。
隣人《りんじん》　隣近所の人。
綸子《りんず》　地紋を織り出した絹織物。
林政《りんせい》　森林に関する行政。
隣席《りんせき》　となりの座席。

臨席《りんせき》　その席にのぞむこと。
隣接《りんせつ》　隣り合っていること。
林泉《りんせん》　木立や泉水のある庭園。
臨戦《りんせん》　戦争にのぞむこと。
凜然《りんぜん》　寒さの厳しいさま。勇ましいさま。
輪転機《りんてんき》　高速で回転する大量印刷機。
林道《りんどう》　林業のための森や林の中の道。
竜胆《りんどう》　リンドウ科の多年草。根は薬用。秋
輪読《りんどく》　一冊の本を数人で順に読み解釈する。
輪廻《りんね》　死後、生死を繰り返すこと。
淋巴《リンパ》　リンパ管を流れ細菌の侵入を防ぐ液。
輪番《りんばん》　多数の人が順番にすること。
淋病《りんびょう》　淋菌による性病。
輪舞《りんぶ》　大勢が輪になって踊ること。
鱗粉《りんぷん》　チョウやガのはねにある鱗状の粉。

臨模《りんぼ》 臨写と模写。りんも。

臨本《りんぽん》 習字・図画の手本。

厘毛《りんもう》 ごくわずかなこと。いささか。

林野《りんや》 森林と原野。

淪落《りんらく》 おちぶれて身をもちくずすこと。

倫理《りんり》 人倫のみち。

淋漓《りんり》 ぽたぽたとしたたり落ちるさま。

林立《りんりつ》 林のようにものがたくさん並び立つ。

凜凜《りんりん》 寒さが身にしみる。勇ましいさま。

凜冽《りんれつ》 寒気の厳しいさま。

る

塁《るい》 とりで。野球で、ベース。

類《るい》 似ている。同類。「—は友を呼ぶ」

類縁《るいえん》 親類。形状や特質が似ているもの。

累加《るいか》 次々に加えること。

類火《るいか》 類焼。もらい火。

類義語《るいぎご》 意味の似た語。類語。

類句《るいく》 内容や表現が似かよった俳句や川柳。

累計《るいけい》 小計の合計。累算。

類型《るいけい》 共通する性質・型。ありふれている。

累減《るいげん》 次第に減ってゆくこと。

類語《るいご》 類義語。

累算《るいさん》 累計。

類纂《るいさん》 同種類のものを編纂すること。

誄詞《るいし》 死者を悼み功業をたたえる言葉。誄。

累次《るいじ》 重なり続くこと。「—の戦争」

類字《るいじ》 形の似かよった文字。

類似《るいじ》 よく似ていること。「—商品」

累日《るいじつ》 連日。積日。

類聚《るいじゅ》 同種類のものを集めること。

類従《るいじゅう》 同種類のものを分類・編纂すること。

類書《るいしょ》 同種類の書物。

類焼《るいしょう》 よそから出た火事で焼けること。

累乗《るいじょう》 同じ数を次々に掛け合わせること。

累進《るいしん》 上がる割合が次第に増える。

塁審《るいしん》 一・二・三塁近くにいる審判員。

類人猿《るいじんえん》 最もヒトに近いサル類。

類推《るいすい》 既知の物事から他の物事を推し量る。

類する《るい》 同類である。似通う。

累積《るいせき》 次第に積み重なること。

涙腺《るいせん》 涙を分泌する器官。

累増《るいぞう》 次第に増すこと。

累代《るいだい》 代を重ねること。代々。

類題《るいだい》 似た種類の問題。

累年《るいねん》 年を重ねること。連年。

累犯《るいはん》 犯罪を重ねること。

類比《るいひ》 比較。類推。

類別《るいべつ》 種類別に分けること。分類。

累卵《るいらん》 不安定で危険なことのたとえ。

累累《るいるい》 重なり合うさま。「死屍《しし》—」

類例《るいれい》 似かよった例。「他に—を見ない」

留《ルーブル》 ロシアの通貨単位。

羅馬尼亜《ルーマニア》 ヨーロッパの一国。

流刑《るけい》 流罪《るざい》。

縷紅草《るこうそう》 ヒルガオ科の一年草。〔夏〕

鏤刻《るこく》 金属・木に文字を彫り刻むこと。

鏤骨《るこつ》 骨を刻むほど苦心すること。

流罪《るざい》 罪人を辺地や島に送る刑。流刑。

屢次《るじ》 たびたび。しばしば。

縷述《るじゅつ》 詳細に述べること。縷説。

留守《るす》 留守番。外出して家にいないこと。

留守番《るすばん》 留守の家を守ること(人)。

流説《るせつ》 世間に伝わっている説。流言。

縷説《るせつ》 縷述。

呂宋《ルソン》 フィリピン最大の島。

流謫《るたく》 罪により、辺地へ流されること。

坩堝《るつぼ》 金属を溶かす容器。熱狂している状態。

流転《るてん》 絶えず移り変わること。輪廻。

流人《るにん》 流罪に処せられた人。

流布《るふ》 世間に知れわたること。

流民《るみん》 ⇩りゅうみん(流民)

瑠璃《るり》 光沢のある青い宝石。ガラスの古称。

瑠璃鳥《るりちょう》 オオルリ・コルリの別名。

縷縷《るる》 こまごまと述べるさま。

縷縷綿綿《るるめんめん》 話が長く続く。

流浪《るろう》 定住の地がなくさすらうこと。

れ

令《れい》 命令。法令。

礼《れい》 礼儀。お辞儀。感謝の気持ち。

例《れい》 実例。しきたり。いつも同じ。

零《れい》 記数法で空位を表す。ゼロ。

霊《れい》 たましい。死者の霊魂。

霊安室《れいあんしつ》 遺体を一時安置する部屋。

霊位《れいい》 死者の霊が宿るとされる位牌。

霊域《れいいき》 神仏のいる神聖な地域。

冷雨《れいう》 つめたい雨。

霊園《れいえん》 共同墓地。

冷夏《れいか》 平年に比べ気温の低い夏。

冷菓《れいか》　凍らせて作った菓子。氷菓。
零下《れいか》　温度が摂氏零度以下であること。
例会《れいかい》　定期的に開く会合。
例解《れいかい》　例をあげて解釈すること。
霊界《れいかい》　精神の世界。死後の世界。
冷害《れいがい》　夏季の低温による農作物の被害。
例外《れいがい》　通例の原則にあてはまらないこと。
冷汗《れいかん》　ひやあせ。「—三斗」
冷寒《れいかん》　冷たく寒いこと。
霊感《れいかん》　心に霊的なものを感じとる能力。
冷感症《れいかんしょう》　⇩不感症
冷気《れいき》　ひんやりとした外気。
霊気《れいき》　神秘的で霊妙な気配。
礼儀《れいぎ》　人として守るべき作法。
冷却《れいきゃく》　熱くなったものを冷やすこと。

霊柩車《れいきゅうしゃ》　柩《ひつぎ》を運ぶ車。
礼金《れいきん》　謝礼のお金。
麗句《れいく》　飾り立てた言葉。「美辞—」
礼遇《れいぐう》　礼をつくし、丁重にもてなすこと。
冷遇《れいぐう》　人を冷淡に扱うこと。
冷燻《れいくん》　低い温度で燻製にする方法。
令兄《れいけい》　他人の兄の敬称。
令閨《れいけい》　他人の妻の敬称。令夫人。令室。
冷血《れいけつ》　愛情や思いやりに欠けていること。
例月《れいげつ》　いつもの月。毎月。月ごと。
例言《れいげん》　書物の凡例。例を挙げて言うこと。
霊験《れいげん》　祈願に対し神仏があたえる効験。
冷厳《れいげん》　冷静でおごそか。動かしがたいさま。
励行《れいこう》　決めたことをきちんと実行すること。
冷酷《れいこく》　思いやりがなく、むごいこと。

霊魂《れいこん》　たましい。
冷菜《れいさい》　前菜として出されるつめたい料理。
例祭《れいさい》　例年決まった日に行う神社の祭り。
零細《れいさい》　きわめて規模が小さいこと。
霊山《れいざん》　信仰の対象とされる山。霊峰。
令姉《れいし》　他人の姉の敬称。
令嗣《れいし》　他人の家の跡取りの敬称。
茘枝《れいし》　ムクロジ科の果樹。ライチー。秋
霊芝《れいし》　万年茸《まんねんたけ》。
麗姿《れいし》　うるわしい姿。
例示《れいじ》　例として示すこと。
零時《れいじ》　午前零時と午後零時の称。
礼式《れいしき》　礼儀を表す作法。
令室《れいしつ》　他人の妻の敬称。令夫人。令閨。
麗質《れいしつ》　もって生まれた美しさ。

礼者《れいじゃ》　年賀に回る人。新
冷酒《れいしゅ》　ひや酒。冷用酒。夏
隷従《れいじゅう》　部下として仕え従うこと。
令書《れいしょ》　官庁の命令文書。「徴税—」
隷書《れいしょ》　漢字の書体の一。
冷床《れいしょう》　自然のままの温度の苗床。⇔温床
冷笑《れいしょう》　人をさげすみ笑うこと。
例証《れいしょう》　例を引いて物事を証明すること。
令状《れいじょう》　命令の意を記した書状。
令嬢《れいじょう》　他人の娘の敬称。良家の娘。⇔令息
礼状《れいじょう》　礼を述べた書状。
霊場《れいじょう》　神仏がいる神聖な土地。霊地。
令色《れいしょく》　こびへつらう顔つき。「巧言—」
冷色《れいしょく》　寒色。⇔温色
伶人《れいじん》　雅楽を奏する人。楽人。

麗人《れいじん》　みめうるわしい女。「男装の—」
冷水《れいすい》　つめたい水。
霊水《れいすい》　不思議な効力をもつ水。
冷製《れいせい》　調理後冷たくして供する料理。
冷静《れいせい》　客観的で落ち着いていること。
礼節《れいせつ》　礼儀と節度。
冷泉《れいせん》　冷たい泉。摂氏二五度以下の鉱泉。
冷戦《れいせん》　武力を用いない対立。
霊泉《れいせん》　不思議なききめのある泉や温泉。
霊前《れいぜん》　まつられた神や死者の霊の前。
冷然《れいぜん》　ひややかで思いやりのないさま。
礼装《れいそう》　礼服を着用すること。
冷蔵庫《れいぞうこ》　飲食物を低温で保存する箱。
令息《れいそく》　他人の息子の敬称。⇔令嬢
隷属《れいぞく》　他に支配されてつき従うこと。

令孫《れいそん》　他人の孫の敬称。
例題《れいだい》　理解や練習のため例として出す問題。
令達《れいたつ》　命令を伝えること。
冷淡《れいたん》　関心や興味がない。思いやる心がない。
冷暖房《れいだんぼう》　冷房と暖房。
霊地《れいち》　霊場。
霊長《れいちょう》　不思議な力をもつ他にすぐれたもの。
霊鳥《れいちょう》　不思議な力をもつ鳥。
霊長類《れいちょうるい》　ヒトとサルの総称。
令弟《れいてい》　他人の弟の敬称。
霊的《れいてき》　霊魂・精神にかかわるさま。
冷徹《れいてつ》　冷静によく本質を見通すさま。
零点《れいてん》　得点がないこと。ゼロ。
霊殿《れいでん》　霊廟《れいびょう》。
零度《れいど》　度数を測る起点となる度。

冷凍《れいとう》 食品などを凍らせること。
霊堂《れいどう》 神仏をまつった堂。霊をまつる堂。
冷肉《れいにく》 加熱調理したあと冷やした肉。
霊肉《れいにく》 霊魂と肉体。
例年《れいねん》 いつもの年。
冷罵《れいば》 冷ややかにあざけること。
礼拝《れいはい》 キリスト教などで、神を拝むこと。
零敗《れいはい》 得点なしで試合に負けること。
冷媒《れいばい》 冷却を助ける媒体。アンモニアなど。
霊媒《れいばい》 死者の霊と生きている人との媒介者。
麗筆《れいひつ》 みごとな文字や詩文。
冷評《れいひょう》 冷淡な批評。
霊廟《れいびょう》 先祖や貴人の霊をまつった建物。
冷風《れいふう》 冷たいひんやりした風。
礼服《れいふく》 儀式や行事の際に着る衣服。

令夫人《れいふじん》 貴人の妻や他人の妻の敬称。
例文《れいぶん》 例として挙げる文。
礼法《れいほう》 礼儀作法。
礼砲《れいほう》 軍隊で、敬意を表すために撃つ空砲。
霊峰《れいほう》 信仰の対象となる山。霊山。
冷房《れいぼう》 室内の温度を下げて涼しくする。[夏]
零墨《れいぼく》 古人の墨跡の断片。「断簡—」
霊木《れいぼく》 神霊が宿るとされる木。神木。
零本《れいほん》 一部分のみ伝わる書物。端本《はほん》。
令妹《れいまい》 他人の妹の敬称。
霊妙《れいみょう》 不思議なほどすぐれていること。
黎民《れいみん》 人民。庶民。
令名《れいめい》 よい評判。名声。
黎明《れいめい》 夜明け。新しい時代の始まり。
礼物《れいもつ》 お礼として贈る品物。

霊薬《れいやく》 不思議な効き目のある薬。妙薬。
羚羊《れいよう》 ウシ科の獣でシカに似た種類の総称。
麗容《れいよう》 うるわしい姿・形。
冷用酒《れいようしゅ》 冷やして飲む日本酒。
零落《れいらく》 おちぶれること。すたれること。
怜悧《れいり》 賢いこと。利口なこと。
冷涼《れいりょう》 ひややかで涼しいこと。
霊力《れいりょく》 神秘的な力。
麗麗《れいれい》しい ことさら派手にするさま。
玲瓏《れいろう》 澄んでひびくさま。
例話《れいわ》 実例としてあげる話。
轢殺《れきさつ》 車輪でひき殺すこと。
歴史《れきし》 過去からの変化のありさま。
轢死《れきし》 車輪にひかれて死ぬこと。
暦日《れきじつ》 月日。年月。こよみ。

暦数《れきすう》 天体の運行を測って暦を作る方法。
暦世《れきせい》 歴代。代々。
瀝青炭《れきせいたん》 最も一般的な石炭。黒炭。
歴戦《れきせん》 戦闘の経験が豊かであること。
歴然《れきぜん》 はっきりしていて疑いのないさま。
歴代《れきだい》 始まってから現在まで。代々。
轢断《れきだん》 列車が身体をひいて切断すること。
歴朝《れきちょう》 代々の王朝。
歴程《れきてい》 経めぐってきた道筋。
礫土《れきど》 小石がたくさんまじった土。
歴任《れきにん》 次々に役職に任命されたこと。
暦年《れきねん》 暦の上での一年。
歴年《れきねん》 年をへること。長い年月。
暦年齢《れきねんれい》 暦で数えた年齢。
暦法《れきほう》 天体の運行で暦を決める方法。

歴訪《れきほう》 各地を次々と訪れてまわること。
歴遊《れきゆう》 各地をめぐり歩くこと。遊歴。
歴歴《れきれき》 地位の高い人々。明白なさま。
列《れつ》 順に並んだもの。行列。仲間。
劣悪《れつあく》 品質がひどく劣っているさま。
劣位《れつい》 他より劣っている地位。⇔優位
劣化《れっか》 品質や性能が低下すること。
烈火《れっか》 はげしく燃える火。「—の如く怒る」
列記《れっき》 並べて書くこと。
歴《れっき》とした 確かなさま。明白なさま。
列挙《れっきょ》 一つ一つ並べ立てること。
列強《れっきょう》 勢力の強い国々。
列侯《れっこう》 多くの大名。諸侯。
列国《れっこく》 多くの国々。諸国。
列座《れつざ》 席につらなること。列席。

烈士《れっし》 信義が固く、果敢に行動する人。
烈日《れつじつ》 激しく照りつける太陽。「秋霜—」
列車《れっしゃ》 編成された鉄道車両のつらなり。
烈女《れつじょ》 節操が固く気性の激しい女性。烈婦。
裂傷《れっしょう》 皮膚などが裂けてできた傷。
劣情《れつじょう》 卑しい心情。性的な欲望。
烈震《れっしん》 従来、震度六に当たるとされた地震。
列《れっ》する 連なる。仲間にはいる。
列世《れっせい》 歴代。
列聖《れっせい》 カトリックで聖人の位に列すること。
劣性《れっせい》 次の世代で発現しない遺伝形質。
劣勢《れっせい》 相手より勢いがないこと。
列席《れっせき》 関係者として出席すること。列座。
列伝《れつでん》 多くの人の伝記をつらね記したもの。
列島《れっとう》 列をなして連なっている多数の島々。

劣等《れっとう》 他のものと比べて劣っていること。
劣敗《れっぱい》 劣っているものが淘汰されること。
裂帛《れっぱく》 鋭い掛け声や女性の悲鳴をいう。
烈婦《れっぷ》 烈女。
烈風《れっぷう》 吹きすさぶはげしい風。
烈烈《れつれつ》 はげしいさま。勢いが盛んなさま。
檸檬《レモン》 ミカン科の常緑低木。その果実。
恋愛《れんあい》 男女が互いに恋い慕うこと。
廉価《れんか》 安い値段。安価。
連歌《れんが》 上句と下句を交互に詠み連ねる文芸。
煉瓦《れんが》 粘土に砂を加え焼いたもの。建築用。
連関《れんかん》 つながりがあること。関連。
連記《れんき》 並べて書きしるすこと。⇔単記
連木《れんぎ》 すりこぎ。「―で腹を切る」
連休《れんきゅう》 休日が続くこと。その休日。

連翹《れんぎょう》 モクセイ科の落葉低木。[春]
連句《れんく》 俳諧の連歌、すなわち俳諧のこと。
蓮華《れんげ》 ハスの花。陶製の匙《さじ》。蓮華草。
連係《れんけい》 互いにつながりをもつこと。(別)連繋
連携《れんけい》 互いに連絡をとりつつ協力し合う。
蓮華草《れんげそう》 ゲンゲの別名。[春]
連結《れんけつ》 一つにつらね合わせること。
廉潔《れんけつ》 心が清く、行いが正しいこと。
連呼《れんこ》 同じ言葉を繰り返し大声で言うこと。
連語《れんご》 二つ以上の単語が結びついたもの。
連行《れんこう》 つれていくこと。
連衡《れんこう》 ⇨合従《がっしょう》連衡
連合《れんごう》 結びついて一つの組織体を作ること。
蓮根《れんこん》 ハスの地下茎。食用。はす。
連鎖《れんさ》 鎖のようにつながること。

連座《れんざ》 他人の犯罪に関与すること。
連載《れんさい》 新聞や雑誌に続き物として載せる。
連作《れんさく》 同じ土地に同じ作物を栽培すること。
連山《れんざん》 並び連なる山々。連峰。
連枝《れんし》 貴人の兄弟姉妹。
連子《れんじ》 細い材を等間隔で並べた格子。
連雀《れんじゃく》 レンジャク科の鳥の総称。[秋]
連取《れんしゅ》 競技で、続けて点を取ること。
連珠《れんじゅ》 五目並べのルールを競技化した遊戯。
練習《れんしゅう》 何度も繰り返して習うこと。
練熟《れんじゅく》 ねれて巧みなこと。熟練。
連署《れんしょ》 同一書面に複数の者が署名すること。
連勝《れんしょう》 続けて勝つこと。⇔連敗
恋情《れんじょう》 恋したうこころ。恋ごころ。
錬成《れんせい》 心身をきたえること。(別)練成

連接《れんせつ》 つらなりつづくこと。つなぐこと。
連戦《れんせん》 何度も続けて戦うこと。「―連勝」
連想《れんそう》 関連する事柄を思い浮かべること。
連続《れんぞく》 長くつらなり続くこと。
連打《れんだ》 続けて打つこと。
連体《れんたい》 体言にかかること。
連帯《れんたい》 複数の者が互いに結びつらなること。
連隊《れんたい》 軍隊の編制単位の一。大隊の上。
蓮台《れんだい》 仏像の蓮の花の形の台座。
輦台《れんだい》 人を乗せて川を渡す台状の乗り物。
練達《れんたつ》 熟練して上達すること。
練炭《れんたん》 石炭や木炭の粉末を固めた燃料。[冬]
連弾《れんだん》 一台のピアノを二人でひくこと。
廉恥《れんち》 清廉で、恥を知る心があること。
恋着《れんちゃく》 深く恋慕すること。

連中《れんちゅう》 仲間。つれ。
廉直《れんちょく》 心が清くまっすぐなこと。
連動《れんどう》 動きに応じて他の部分も動くこと。
練乳《れんにゅう》 牛乳を濃縮したもの。
連破《れんぱ》 続けざまに相手を破ること。
連覇《れんぱ》 続けて優勝すること。
廉売《れんばい》 安売りすること。
連敗《れんぱい》 続けて負けること。⇔連勝
連発《れんぱつ》 続けて発生・発射すること。
連判《れんぱん》 連署して印を押すこと。「―状」
憐憫《れんびん》 かわいそうに思うこと。(別)憐愍
練武《れんぶ》 武術をねりきたえること。
練兵《れんぺい》 兵士を訓練すること。調練。
恋慕《れんぼ》 恋いしたうこと。
連邦《れんぽう》 複数の州や国家が結合した国家。

連峰《れんぽう》 連なり続く峰々。連山。「穂高―」
錬磨《れんま》 心身をきびしくねりみがくこと。
連名《れんめい》 複数の名前を並べて記すこと。
連盟《れんめい》 共同して提携することをちかう。
連綿《れんめん》 長くひき続いて絶えないさま。
連用《れんよう》 同じものを続けて使うこと。
連絡《れんらく》 知らせること。つながっていること。
連立《れんりつ》 複数のものが並び立つこと。
恋恋《れんれん》 未練を断ち切れないでいるさま。

ろ

炉《ろ》 いろり。暖炉。[冬]
絽《ろ》 目をすかして織った夏用の絹織物。
櫓《ろ》 和船をこぐための木製の道具。(別)艪
艫《ろ》 船首。へさき。船尾。とも。

露悪《ろあく》　自分の欠点などをわざとさらけだす。
労《ろう》　努力。苦労。「斡旋の—をとる」
牢《ろう》　牢獄。ろうや。
楼《ろう》　高くつくった建物。高殿《たかどの》。
蠟《ろう》　動植物から採る油脂に似た物質。
聾唖《ろうあ》　耳が聞こえず、発音が不自由な状態。
朗詠《ろうえい》　詩歌を節をつけてうたうこと。
漏洩《ろうえい》　秘密がもれること。「機密—」
労役《ろうえき》　課せられた肉体労働。
狼煙《ろうえん》　のろし。狼火。(別)狼烟
老翁《ろうおう》　年老いた男性。
老媼《ろうおう》　年老いた女性。
老鶯《ろうおう》　夏に鳴いているウグイス。[夏]
陋屋《ろうおく》　みすぼらしくてせまい家。
老化《ろうか》　年をとるにつれて機能が衰えること。

廊下《ろうか》　家屋内の細長い通路。
老獪《ろうかい》　世なれていて悪がしこいこと。
労咳《ろうがい》　漢方で、肺結核。
楼閣《ろうかく》　高くて立派な建物。高殿《たかどの》。
琅玕《ろうかん》　暗緑色で半透明の宝石。竹の美称。
老眼《ろうがん》　年をとって近くが見えにくい状態。
牢記《ろうき》　固く心にとどめおくこと。
老朽《ろうきゅう》　古くなって、役に立たないこと。
籠球《ろうきゅう》　バスケットボール。
籠居《ろうきょ》　家に閉じこもっていること。
老境《ろうきょう》　老人の境地。老年。
浪曲《ろうきょく》　浪花節《なにわぶし》のこと。
朗吟《ろうぎん》　声高く詩歌を吟ずること。
老軀《ろうく》　年をとって衰えた体。老体。
労苦《ろうく》　心身を苦しめること。骨折り。

老兄《ろうけい》　年老いた兄。年上の友人を言う敬語。
蠟纈染《ろうけつぞ》め　蠟染め。
臘月《ろうげつ》　陰暦十二月の異名。
陋見《ろうけん》　狭い料簡。自分の見解の謙称。
牢乎《ろうこ》　しっかりとして動かないさま。
牢固《ろうこ》　しっかりしていて丈夫なさま。堅固。
老後《ろうご》　年とってのち。
老公《ろうこう》　年老いた貴人の敬称。「水戸—」
老巧《ろうこう》　経験を積んで、物事に老練なこと。
陋巷《ろうこう》　狭くてきたないまち。
漏刻《ろうこく》　水時計。水時計の目盛り。
鏤刻《ろうこく》　⇩るこく(鏤刻)
牢獄《ろうごく》　牢屋。ひとや。
老骨《ろうこつ》　老いさらばえた体。
老妻《ろうさい》　年老いた妻。

労災《ろうさい》　「労働災害」の略。労働上の災害。
労作《ろうさく》　骨おって作った作品。力作。
老残《ろうざん》　年老いて生きながらえること。
労使《ろうし》　労働者と使用者。「—協議会」
労資《ろうし》　労働者と資本家。「—協調」
牢死《ろうし》　牢屋の中で死ぬこと。獄死。
浪士《ろうし》　主家を離れた武士。浪人。
老弱《ろうじゃく》　老人と子供。年老いて体が弱い。
老樹《ろうじゅ》　古木。老木。
老醜《ろうしゅう》　年老いてみにくいこと。
陋習《ろうしゅう》　悪い習慣。悪弊。
老中《ろうじゅう》　江戸幕府で、幕政を総理する職。
老熟《ろうじゅく》　経験を積んで、熟達していること。
漏出《ろうしゅつ》　中からもれて出ること。
老女《ろうじょ》　老年の婦人。

老少《ろうしょう》　年老いた者と若い者。老若。
朗唱《ろうしょう》　高らかに歌うこと。朗誦。
朗誦《ろうしょう》　声高く読むこと。朗読。
老嬢《ろうじょう》　年をとった未婚の女性。
楼上《ろうじょう》　楼閣の上。
籠城《ろうじょう》　敵に囲まれ城にたてこもること。
老少《ろうしょう》不《ふ》定《じょう》　人の死期は定まりないもので、だれが先に死ぬかわからない。
老身《ろうしん》　年老いた体。老体。
老人《ろうじん》　年老いた人。年寄り。
老衰《ろうすい》　年老いて心身が衰えること。
漏水《ろうすい》　水が漏れること。漏れた水。
労《ろう》する　ほねおる。働かせる。
弄《ろう》する　もてあそぶ。「策を—」
聾《ろう》する　耳が聞こえなくなる。

老生《ろうせい》　老いた男性が自分をいう謙称。
老成《ろうせい》　おとなびること。円熟すること。
蠟石《ろうせき》　蠟のような緻密な鉱物。滑石など。
狼藉《ろうぜき》　乱暴なふるまい。乱雑なさま。
労組《ろうそ》　「労働組合」の略。
蠟燭《ろうそく》　蠟を固めた円柱状の灯具。
蠟染《ろうぞ》め　染めない部分に蠟を引く染め方。
老体《ろうたい》　年をとった体。老人。
老台《ろうだい》　手紙文で、年長の男性に対する敬称。
楼台《ろうだい》　高い建物。
老大《ろうたい》家《か》　経験を積んだその道の長老。
﨟長《ろうた》ける　美しく上品である。
壟断《ろうだん》　利益を独占すること。
労賃《ろうちん》　労働に対して支払われる賃金。
漏電《ろうでん》　絶縁不良で、電気がもれ流れること。

漏斗《ろうと》 ⇩じょうご(漏斗)
郎党《ろうとう》 中世、武家の家来。(別)郎等
労働《ろうどう》 利益や賃金を得るために働くこと。
朗読《ろうどく》 詩や文章を声を出して読むこと。
老若《ろうにゃく》 老人と若者。ろうじゃく。
老若《ろうにゃく》男女《なんにょ》 あらゆる人々。
浪人《ろうにん》 浪士。受験に失敗し学籍のない人。
蠟《ろう》人形《にんぎょう》 蠟製の人形。
老年《ろうねん》 年をとり心身が衰えてくる年代。
老婆《ろうば》 年をとった女性。老女。
老廃《ろうはい》 古くなって役に立たないこと。
老輩《ろうはい》 年とった人々。老人たち。
狼狽《ろうばい》 あわて、うろたえること。「周章—」
臘梅《ろうばい》 ロウバイ科の落葉低木。[冬]
老婆《ろうば》心《しん》 必要以上の親切心・心遣い。

臘八《ろうはち》会《え》 一二月八日の成道会。[冬]
浪費《ろうひ》 金品や労力などをむだに使うこと。
老病《ろうびょう》 老衰から起こる病気。
老父《ろうふ》 年老いた父親。
老兵《ろうへい》 年をとった兵。戦いに熟達した兵。
老舗《ろうほ》 由緒ある商店。しにせ。(別)老鋪
老母《ろうぼ》 年老いた母親。
朗報《ろうほう》 うれしい知らせ。よい知らせ。
老木《ろうぼく》 年を経た木。古木。
老僕《ろうぼく》 年老いた下男。
浪漫《ろうまん》 ロマンチシズム。
労務《ろうむ》 労働に関する事務。「—管理」
老耄《ろうもう》 おいぼれること。おいぼれた人。
楼門《ろうもん》 寺社などの二階造りの門。
牢屋《ろうや》 囚人を入れておく所。牢獄。牢。

老爺《ろうや》 老年の男性。
牢破《ろうやぶ》り 囚人が牢を抜け出すこと。
老雄《ろうゆう》 年老いた英雄。
老幼《ろうよう》 老人と子供。
老来《ろうらい》 老年になってこのかた。
籠絡《ろうらく》 うまく言いくるめること。
労力《ろうりょく》 働くこと。骨折り。労働力。
老齢《ろうれい》 年老いていること。老年。高齢。
陋劣《ろうれつ》 卑しく劣っていること。
老練《ろうれん》 経験を積み、なれて巧みなこと。
浪浪《ろうろう》 さまよい歩くさま。「—の身の上」
朗朗《ろうろう》 声が高く澄んでいるさま。
朧朧《ろうろう》 おぼろにかすむさま。
露営《ろえい》 野外に陣営を張ること。野営。
老頭児《ロートル》 年寄り。老人。

羅馬《ローマ》 イタリアの首都。
濾過《ろか》 液体をこして混り物をのぞくこと。
鹵獲《ろかく》 敵の軍用品などを奪い取ること。
路肩《ろかた》 道路のへり。ろけん。
露岩《ろがん》 地上に露出している岩石。
路銀《ろぎん》 旅行の費用。旅費。
禄《ろく》 仕官する者の給与。俸禄。
録音《ろくおん》 音声を記録すること。
録画《ろくが》 画像を記録すること。
六十《ろくじゅう》余《よ》州《しゅう》 日本全国の意。
緑青《ろくしょう》 銅の表面にできる緑色のさび。
禄高《ろくだか》 俸禄の額。
碌《ろく》でなし 役に立たない者。
碌《ろく》に 十分に。満足に。
六分《ろくぶん》儀《ぎ》 天体の高度を測る器械。

肋木《ろくぼく》 横木を多数取り付けた体操用具。
肋膜《ろくまく》 肺の表面と胸壁の内部をおおう膜。
陸屋《ろくや》根《ね》 ⇩りくやね(陸屋根)
轆轤《ろくろ》 陶器成形用の回転する旋盤。
碌碌《ろくろく》 十分に。ちゃんと。ろくに。
轆轤《ろくろ》首《くび》 長い首を持つ化け物。
露見《ろけん》 秘密や悪事がばれること。(別)露顕
露光《ろこう》 感光体に光を当てること。露出。
露骨《ろこつ》 隠さずありのままであるさま。
露座《ろざ》 屋根のない所にすわる。「—の大仏」
羅府《ロサンゼルス》 カリフォルニア州の州都。
濾紙《ろし》 液体の濾過に用いる紙。濾過紙。
路地《ろじ》 家と家との間の狭い通路。「—裏」
露地《ろじ》 おおいのない地面。茶室に付属する庭。
露西亜《ロシア》 世界最大面積の国。

露出《ろしゅつ》 あらわに出すこと。露光。
路床《ろしょう》 道路の地盤。路盤。
路上《ろじょう》 道の上。道の途中。
路線《ろせん》 交通線。基本的な方針。
露台《ろだい》 屋根のない台。バルコニー。[夏]
六感《ろっかん》 第六感。
肋間《ろっかん》 あばら骨の間。
肋骨《ろっこつ》 胸部を形成する左右一二対の骨。
六根《ろっこん》 眼・耳・鼻・舌・身・意の総称。
六根《ろっこん》清浄《しょうじょう》 六根から生ずる欲望・迷いを断ち切って清らかになること。
六腑《ろっぷ》 漢方で、六つの内臓。「五臓—」
六法《ろっぽう》 憲法・民法など代表的な六種の法律。
路程《ろてい》 みちのり。行程。
露呈《ろてい》 あらわになること。むきだし。

蘆荻《ろてき》 アシとオギ。水辺の草の代表。
露天《ろてん》 屋根のないところ。野天。
露店《ろてん》 道端に商品を並べて売る店。
露点《ろてん》 水蒸気が冷えて水滴となる温度。
路頭《ろとう》 道のほとり。「—に迷う」
魯鈍《ろどん》 愚かで、鈍いこと。愚鈍。
驢馬《ろば》 ウマに似た家畜。耳が長い。労役用。
炉端《ろばた》 炉のまわり。いろりばた。
路盤《ろばん》 路床。
櫓拍子《ろびょうし》 櫓をあやつる拍子。
炉開き《ろびらき》 炉を使い始めること。冬
炉塞ぎ《ろふさぎ》 風炉を使い始めること。春
露仏《ろぶつ》 雨ざらしの仏像。ぬれぼとけ。
炉辺《ろへん》 炉のそば。ろばた。
鹵簿《ろぼ》 行幸・行啓の行列。

路傍《ろぼう》 路辺。みちばた。
露命《ろめい》 露のようにはかない命。
路面《ろめん》 道路の表面。道路の上。「—電車」
呂律《ろれつ》 ものを言う調子。「—が回らない」
論《ろん》 意見。見解。議論。
論外《ろんがい》 議論をする価値がないこと。問題外。
論議《ろんぎ》 たがいに意見を述べ合うこと。
論客《ろんきゃく》 論議を好む人。議論が巧みな人。
論及《ろんきゅう》 その事柄にまで議論が及ぶこと。
論究《ろんきゅう》 深く考えきわめて、論じること。
論拠《ろんきょ》 議論のよりどころ。
論語《ろんご》 孔子とその弟子たちの言行録。
論考《ろんこう》 議論して考察すること。(別)論攷
論功行賞《ろんこうこうしょう》 手柄の程度を論じ定め、それに応じた賞を与えること。

論告《ろんこく》 検察官が被告の罪を論じ述べること。
論纂《ろんさん》 論文を集めた本。
論旨《ろんし》 議論の主旨。
論者《ろんしゃ》 議論をしている人。ろんじゃ。
論集《ろんしゅう》 論文を集めたもの。論叢。
論述《ろんじゅつ》 論じ述べること。
論証《ろんしょう》 筋道を追って証明すること。
論《ろん》**じる** 筋道を立てて議論する。説明する。
論陣《ろんじん》 論の組み立て方。「—を張る」
論説《ろんせつ》 筋道立てて主張すること。その文章。
論戦《ろんせん》 互いに議論を戦わせること。論争。
論争《ろんそう》 互いに意見を主張して論じあうこと。
論断《ろんだん》 議論して判断を下すこと。
論壇《ろんだん》 評論家の社会。言論界。
論著《ろんちょ》 学術論文を本にしたもの。

論調《ろんちょう》 議論・評論の組み立て方や傾向。
論敵《ろんてき》 反対の意見を持つ相手。
論点《ろんてん》 議論や論争の要点。
倫敦《ロンドン》 イギリスの首都。
論難《ろんなん》 議論をして非難すること。
論破《ろんぱ》 議論をして相手の意見を破ること。
論駁《ろんばく》 相手の意見を非難すること。
論評《ろんぴょう》 意見を述べ、批評すること。
論文《ろんぶん》 事について自分の意見を述べる文章。
論法《ろんぽう》 議論や論理の進め方。
論理《ろんり》 議論や思考を進める道筋。考え方。

わ

輪《わ》 細長いものを曲げて円くした形。
和《わ》 仲よくすること。足し算の値。

倭《わ》 古代中国で、日本をさした語。
歪曲《わいきょく》 故意に内容をゆがめまげること。
猥雑《わいざつ》 乱雑で下品なさま。
矮小《わいしょう》 背が低いこと。規模が小さいこと。
猥褻《わいせつ》 みだらなこと。
猥談《わいだん》 みだらな話。
猥本《わいほん》 猥褻な本。エロ本。
賄賂《わいろ》 職権を利用して受け取る不正な報酬。
和音《わおん》 高さの異なる二つ以上の音の合成音。
和歌《わか》 日本に古くからある定型の詩。短歌。
若鮎《わかあゆ》 若くて勢いのよい鮎。春
若井《わかい》 若水をくむ井戸。
和解《わかい》 仲直りすること。
若《わか》**い** 年齢があまり大きくない。未熟だ。
我《わ》**が意**《い》 自分の考え。「—を得たり」

若《わか》**い衆**《しゅ》 若い人たち。若者。
若《わか》**い燕**《つばめ》 女性がもつ年下の愛人。
若隠居《わかいんきょ》 まだ若いのに隠居すること。
若君《わかぎみ》 年の若い主君。主君の息子。
和学《わがく》 国学。
和楽《わがく》 日本古来の音楽。邦楽。
若草《わかくさ》 春、芽を出したばかりの草。春
我《わ》**が国**《くに》 自分の国。日本。
若気《わかげ》 若い人の、血気にはやりがちな傾向。
若狭《わかさ》 旧国名。福井県西部。若州。
公魚《わかさぎ》 小形の淡水魚。食用。春
若様《わかさま》 高貴な人の子弟の敬称。
和菓子《わがし》 日本風の菓子。⇔洋菓子
若衆《わかしゅ》 近世、元服前の前髪のある少年。
若造《わかぞう》 年の若い未熟者。

若竹《わかたけ》 その年に生え出た竹。今年竹。[夏]

若旦那《わかだんな》 商店や大家の若主人。

分《わ》**かつ** 分けて離す。見分ける。

頒《わか》**つ** 分けて配る。分配する。

若作《わかづく》**り** 年齢より若く装うこと。

若手《わかて》 集団の中で、若く働き盛りの人。

若年寄《わかどしより》 江戸幕府で老中に次ぐ要職。

若菜《わかな》 早春に生える、食用となる野草。[新]

綰《わが》**ねる** 曲げて輪にする。

若葉《わかば》 生え出て間もない葉。[夏]

我《わ》**が輩**《はい》 男子の自称。尊大な言い方。

若松《わかまつ》 樹齢の若い松。正月に飾る松。[春]

我《わ》**が儘**《まま》 自分勝手にふるまうさま。

我《わ》**が身**《み》 自分自身。「明日は―」

若水《わかみず》 元日の早朝に汲む水。[新]

若緑《わかみどり》 松の若葉の鮮やかな緑色。[春]

若宮《わかみや》 幼少の皇子。また、皇族の子。

若向《わかむ》**き** 若い人に似合うこと。

若武者《わかむしゃ》 年の若い武士。

若紫《わかむらさき》 薄い紫色。

若布《わかめ》 海藻の一種。食用。[春] (別)和布

若芽《わかめ》 出て間もない草木の芽。新芽。

若者《わかもの》 年の若い人。青年。わこうど。

我《わ》**が物顔**《ものがお》 勝手に振舞うさま。

若《わか》**やぐ** 若々しく見える。若返る。

分《わ》**かる** 理解できる。明らかになる。

別《わか》**れ霜**《じも》 春の終わり頃に降りる霜。[春]

分《わ》**かれる** 幾つかになる。違いが生じる。

別《わか》**れる** 一緒にいた人と離れる。

別《わか》**れ別**《わか》**れ** 一緒だった者が別々になる。

若若《わかわか》**しい** いかにも若い感じがする。

和姦《わかん》 男女合意の上の姦通。

和漢《わかん》 日本と中国。和文と漢文。

腋《わき》 腕の付け根の下。かたわら。

和議《わぎ》 仲直りの相談。

和気藹藹《わきあいあい》 その場になごやかで楽しそうな気分が満ちているさま。

腋臭《わきが》 腋の下の汗腺から悪臭を放つ症状。

沸《わ》**き返**《かえ》**る** 沸騰する。熱狂して騒ぐ。

脇差《わきざし》 腰に差す小さな刀。大小二刀の小刀。

脇机《わきづくえ》 横におく補助机。

脇付《わきづけ》 あて名に書き添えて敬意を表す語。

脇腹《わきばら》 横腹。妾腹。

弁《わきま》**える** 道理を心得る。正しく判断する。

脇見《わきみ》 よそみ。「―運転」

脇道《わきみち》 横道。枝道。本筋から外れた方向。

脇目《わきめ》 よそみ。わきみ。「―も振らず」

脇役《わきやく》 演劇などで、主役を助ける役。

和牛《わぎゅう》 古くから日本にいる小形の黒牛。

輪切《わぎ》**り** 切り口が円形になるように切る。

和金《わきん》 最も一般的な金魚。体形はフナに似る。

枠《わく》 まわりを囲むもの。ふち。制約。

沸《わ》**く** 水が湯になる。興奮する。

湧《わ》**く** 地中から噴き出す。生じる。発生する。

枠組《わくぐ》**み** 物事の大よその組み立て。

惑星《わくせい》 太陽の周囲を公転している天体。

惑溺《わくでき》 夢中になって、分別を失うこと。

病葉《わくらば》 病気で変色・萎縮した葉。[夏]

惑乱《わくらん》 心がまどい乱れること。

和訓《わくん》 漢字・漢語を訓読みすること。

訳《わけ》 物事の意味・内容。理由。事情。

訳有《わけあ》**り** 特別の事情があること。

和敬《わけい》 おだやかで、慎み深いこと。

話芸《わげい》 話術による芸能。落語・講談など。

分葱《わけぎ》 ネギの変種。ネギより小さい。[春]

訳知《わけし》**り** 世情の機微に通じていること。

訳無《わけな》**い** 簡単だ。容易だ。

別《わ》**け隔**《へだ》**て** 人によって違う扱いをする。

分《わ》**け前**《まえ》 分けて各人に与えられる分。

分《わ》**け目**《め》 分けたところ。重要な境目。

綰物《わげもの》 曲《ま》げ物。

和子《わこ》 貴人の男の子供の敬称。

和語《わご》 日本固有の言葉。やまとことば。

倭寇《わこう》 室町期の日本の海賊。

和合《わごう》 親しみ仲よくすること。「夫婦―」

若人《わこうど》 若い人。若者。

和光同塵《わこうどうじん》 自分のすぐれた才能を隠して、俗世間に交わること。

倭国《わこく》 日本国。(別)和国

和事《わごと》 歌舞伎で、恋愛の場面。

和琴《わごん》 雅楽で用いる六弦の小型の琴。

和魂漢才《わこんかんさい》 日本本来の精神と中国伝来の学問をあわせもつこと。

和魂洋才《わこんようさい》 日本人本来の精神をもって、西洋の文明を受け入れること。

技《わざ》 技術。対戦相手にかける攻撃動作。

業《わざ》 行為。仕事。「至難の―」

和裁《わさい》 和服の裁縫。⇔洋裁

業師《わざし》 巧みな技を使う人。策略に長じた人。

態《わざ》**と** 意図的に。故意に。「―とぼける」

山葵《わさび》 アブラナ科の多年草。香辛料。[春]

業物《わざもの》 名工の鍛えた切れ味のいい刀。

災《わざわ》い 災難。不幸。「口は—の元」

態態《わざわざ》 そのことのため特別に。あえて。

和算《わさん》 日本で発達した数学。

和讃《わさん》 日本語の韻文で仏をたたえた歌。

和三盆《わさんぼん》 上等の白砂糖。

鷲《わし》 タカ科の大形の猛禽。[冬]

儂《わし》 年輩の男性が自分をさす語。

和紙《わし》 日本の伝統的な製法による紙。

和字《わじ》 仮名。国字。

和式《わしき》 日本風の様式。日本式。和風。

和室《わしつ》 畳を敷いた日本風の部屋。日本間。

鷲摑《わしづか》み 物を荒々しくつかみ取ること。

鷲鼻《わしばな》 先が下向きにとがった鼻。

話者《わしゃ》 話をする人。話し手。

話術《わじゅつ》 人をひきつける話の仕方・技術。

和書《わしょ》 日本語の書物。和綴じの本。和本。

和尚《わじょう》 高徳の僧。(別)和上

和食《わしょく》 日本風の食事。日本料理。

和親《わしん》 国と国とが仲よくすること。

倭人《わじん》 中国人などによる日本人の古称。

僅《わず》か きわめて少ないこと。

患《わずら》う 病気になる。「胸を—」

煩《わずら》う 悩む。心配する。

煩《わずら》わしい 面倒だ。煩雑だ。

和《わ》する 仲よくする。調子を合わせる。

忘《わす》れ霜《じも》 別れ霜。[春]

勿忘草《わすれなぐさ》 ムラサキ科の多年草。[春]

忘《わす》れ物《もの》 物を置き忘れること。その品物。

早生《わせ》 同種の農作物よりも成熟の早いもの。

早稲《わせ》 早く実って収穫できる稲の品種。[秋]

和声《わせい》 和音を連ねたもの。その連ね方。

和製《わせい》 日本で作られたこと(もの)。

早稲田《わせだ》 わせの稲の田。わさだ。[秋]

和船《わせん》 日本の在来の形式の木造船。

和戦《わせん》 和睦と戦争と。和睦すること。

和装《わそう》 日本風の服装。和綴じの装丁。

腸《わた》 動物の内臓。はらわた。

綿《わた》 アオイ科の一年草。白い繊維。[秋]

話題《わだい》 話の材料。話の種。

綿入《わたい》れ 綿を入れた防寒用の着物。[冬]

綿打《わたう》ち 綿を打って柔らかくすること。

綿菓子《わたがし》 ざらめ糖を綿状にした菓子。

蟠《わだかま》り 心の中のしこり。

私《わたくし》 個人的なこと。自分自身をさす語。

私事《わたくしごと》 個人的な事情・都合。

私《わたくし》する 公のものを私物化する。

綿雲《わたぐも》 綿のような白い雲。積雲。

綿毛《わたげ》 綿のようにやわらかい毛。

綿子《わたこ》 真綿の綿入れ。[冬]

渡《わた》し 舟で人や物を対岸に運ぶこと(所)。

私《わたし》 「わたくし」のややくだけた言い方。

渡《わた》し舟《ぶね》 人や荷物を対岸まで運ぶ舟。

渡《わた》す 対岸へ送る。手から手へ物を移す。

綿菅《わたすげ》 カヤツリグサ科の多年草。

轍《わだち》 車輪のあと。

海神《わたつみ》 海の神。海。海原。

綿帽子《わたぼうし》 真綿で作ったかぶり物。[冬]

綿雪《わたゆき》 綿をちぎったような大きな雪。[冬]

渡《わた》り合《あ》う 相手になって戦う。

渡《わた》り鳥《どり》 季節により移動する鳥。[秋]

亘《わた》る ある期間引き続く。ある範囲に及ぶ。

渡《わた》る 向こう側へ行く。暮らしてゆく。

割賦《わっぷ》 ⇩かっぷ(割賦)

話頭《わとう》 話題。「—を転じる」

和綴《わと》じ 日本風の冊子の綴じ方。

罠《わな》 動物を捕る仕掛け。計略。謀略。

輪奈《わな》 糸や紐を輪のように丸くしたもの。

輪投《わな》げ 立てた棒に輪を投げ入れる遊び。

戦慄《わなな》く 恐怖などで体が小刻みに震える。

鰐《わに》 ワニ目の爬虫類の総称。

鰐口《わにぐち》 神社や仏堂の正面につるす大きな鈴。

侘《わ》び 静かで落ち着いた味わい。閑寂。

詫《わ》び わびること。謝罪。「—を入れる」

侘《わび》しい 心細くさびしい。ものさびしい。

詫《わ》び状《じょう》 謝罪の手紙。

侘助《わびすけ》 ツバキの一種。花は小振り。[冬]

侘《わ》び茶《ちゃ》 侘びを重んじる茶の湯。

侘《わ》びる あぐねる。「待ちー」

詫《わ》びる あやまる。謝罪する。「不在を—」

和風《わふう》 日本風であること。「—建築」

和服《わふく》 日本風の衣服。着物。

和文《わぶん》 日本語で書かれた文章。邦文。

和平《わへい》 戦争が終わり平和になること。

話柄《わへい》 話す事柄。話題。

話法《わほう》 話し方。話術。

和睦《わぼく》 争いをやめて仲直りすること。

和本《わほん》 和紙に刷り、和綴じにした本。

和名《わめい》 動植物の日本での呼び名。わみょう。

喚く《わめく》 大声で叫ぶ。どなる。「泣き—」

和訳《わやく》 日本語に翻訳すること。

和様《わよう》 日本古来の様式。日本風。和風。

和洋折衷《わようせっちゅう》 日本風と西洋風の様式をほどよく取り合わせること。

藁《わら》 稲・麦の茎を干した物。

笑《わら》い種《ぐさ》 物笑いの種。おわらいぐさ。

笑《わら》い話《ばなし》 滑稽な話。ばかげた話。

笑《わら》い物《もの》 笑われる対象。物笑いの種。

笑《わら》う うれしさなどで顔を柔らげ声を出す。

嗤《わら》う あざける。嘲笑する。(別)笑う

藁紙《わらがみ》 藁などを原料とする粗悪な紙。

藁沓《わらぐつ》 雪国で履く、藁製のくつ。[冬]

稚鰤《わらさ》 (関東地方で)ブリの未成魚。

草鞋《わらじ》 藁で編んだ、ぞうりに似た履物。

藁稭《わらしべ》 稲の穂の芯《しん》。わらすべ。

草鞋虫《わらじむし》 小さい節足動物。

藁苞《わらづと》 藁を束ね物を包むもの。「—の納豆」

藁灰《わらばい》 藁を燃してできる灰。

藁半紙《わらばんし》 藁の繊維で作る粗末な半紙。

蕨《わらび》 常緑性シダ植物。新芽は食用。[春]

藁葺《わらぶ》き 屋根を藁でふくこと。その屋根。

童《わらべ》 子供。わらんべ。

童歌《わらべうた》 昔から子供たちに歌われてきた歌。

童《わらわ》 小さな子供。童児。

妾《わらわ》 昔、武家の女性の自称。

割《わり》 割合。物事の度合。「—を食う」

割合《わりあい》 比率。割。思いのほか。

割《わ》り当《あ》て 分配された役や量。

割《わ》り印《いん》 二枚の書類にまたがって押す印。

割《わ》り勘《かん》 費用を人数で均等に分担する。

割《わ》り切《き》る 迷わずあっさり結論を出す。

破子《わりご》 中に仕切りのある白木の弁当箱。

割《わ》り込《こ》む 無理に中に入り込む。

割《わ》り算《ざん》 ある数を他の数で割る計算。

割《わ》り下《した》 醤油に味醂や出し汁を加えた物。

割高《わりだか》 品質・分量の割に値段が高いこと。

割《わ》り出《だ》す 算出する。結論を出す。

割《わ》り注《ちゅう》 割り書きにした注。

割《わ》り付《つ》け 印刷で、レイアウト。

理無《わりな》い 理屈では説明できない。

割《わり》に 思いのほか。わりあい。

割《わ》り箸《ばし》 二つに割って使う白木の箸。

割《わ》り判《はん》 割り印。

割引《わりびき》 何割か安くすること。手形割引。

割符《わりふ》 印を押した木札を二つに割ったもの。

割《わ》り振《ふ》る 割り当てる。「仕事を—」

割《わ》り前《まえ》 各人に割り当てた額。

割《わ》り増《ま》し 基準の額に何割か加えた額。

割《わ》り戻《もど》し 代金の一部を返すこと。

割安《わりやす》 品質・分量の割に値段が安いこと。

悪《わる》 悪い人。悪者。悪党。

割《わ》る こわす。分ける。除する。薄める。

悪《わる》足《あ》掻《が》き むだな抵抗を試みる。

悪《わる》い 劣る。状態がよくない。正しくない。

悪賢《わるがしこ》い 悪いことによく頭が働く。

悪気《わるぎ》 相手に対する悪意。「—のない人」

悪口《わるくち》 人を悪く言うこと。あっこう。

悪《わる》擦《ず》れ 世慣れていて悪賢いこと。

悪巧《わるだく》み 悪いたくらみ。

悪知恵《わるぢえ》 悪い事をたくらむ知恵。

悪《わる》乗《の》り 調子に乗って度が過ぎること。

悪《わる》びれる 気おくれしておどおどする。

悪《わる》ふざけ 度を越してふざけること。

悪者《わるもの》 悪いことをする人。悪人。

悪酔《わるよ》い 酒に酔って気分が悪くなる。

我《われ》 自分。自分をさす語。わたし。

我《われ》勝《が》ちに 互いに先を争うさま。

割《わ》れ鐘《がね》 ひびの入った鐘。太くて濁った声。

我先《われさき》に 先を争うさま。我れ勝ちに。

我乍《われなが》ら 自分のことではあるが。

割《わ》れ鍋《なべ》 ひびの入った鍋。「—に綴じ蓋」

吾亦紅《われもこう》 バラ科の多年草。[秋]

割《わ》れ物《もの》 割れやすい物。割れた物。

我我《われわれ》 わたくしたち。われら。

椀《わん》 半球形の木製の食器。

湾《わん》 海が陸地に入り込んだ所。入り江。

湾岸《わんがん》 湾沿いの海岸。「—道路」

湾曲《わんきょく》 弓形に曲がること。

腕章《わんしょう》 腕に巻いて目印とする記章。

椀種《わんだね》 吸い物や汁物の実。

餛飩《ワンタン》 中国料理の点心の一。

湾頭《わんとう》 湾のほとり。

湾内《わんない》 湾のなか。湾の内側。

湾入《わんにゅう》 海が弓形に陸地に入り込むこと。

腕白《わんぱく》 子供がいたずらで手に負えないこと。

腕力《わんりょく》 腕の力。暴力的な力。

現代仮名遣い

- 昭和六一年七月一日内閣告示第一号。この告示により内閣告示「現代かなづかい」(昭和二一年一一月一六日付)は廃止された。
- 旧「現代かなづかい」は「大体、現代語音にもとづいて、現代語をかなで書き表す場合の準則を示したもの」であるが、新「現代仮名遣い」の性格は「**前書き1・2**」以下のとおりである。ただし、両者の内容はほとんど変わらない。
- 旧「現代かなづかい」のきまりは、仮名の表四表・細則三三項目・備考一〇項目などで示されている。新「現代仮名遣い」は、原則五項目(第1)・特例六項目(第2)・付記一項目などで示されている。
- 平成二二年一一月三〇日内閣告示第二号の「常用漢字表」改定に伴い、同日、内閣告示第四号によって一部改正された。
- 原文は横書き。

(三省堂編修所注)

前書き

1　この仮名遣いは、語を現代語の音韻に従って書き表すことを原則とし、一方、表記の慣習を尊重して一定の特例を設けるものである。

2　この仮名遣いは、法令、公用文書、新聞、雑誌、放送など、一般の社会生活において、現代の国語を書き表すための仮名遣いのよりどころを示すものである。

3　この仮名遣いは、科学、技術、芸術その他の各種専門分野や個々人の表記にまで及ぼそうとするものではない。

4　この仮名遣いは、主として現代文のうち口語体のものに適用する。原文の仮名遣いによる必要のあるもの、固有名詞などでこれによりがたいものは除く。

5　この仮名遣いは、擬声・擬態的描写や嘆声、特殊な方言音、外来語・外来音などの書き表し方を対象とするものではない。

6　この仮名遣いは、「ホオ・ホホ(頬)」「テキカク・テッカク(的確)」のような発音にゆれのある語について、その発音をどちらかに決めようとするものではない。

7　この仮名遣いは、点字、ローマ字などを用いて国語を書き表す場合のきまりとは必ずしも対応するものではない。

8　歴史的仮名遣いは、明治以降、「現代かなづかい」(昭和二一年内閣告示第三三号)の行われる以前には、社会一般の基準として行われていたものであり、今日においても、歴史的仮名遣いで書かれた文献などを読む機会は多い。歴史的仮名遣いが、我が国の歴史や文化に深いかかわりをもつものとして、尊重されるべきことは言うまでもない。また、この仮名遣いにも歴史的仮名遣いを受け継いでいるところがあり、この仮名遣いの理解を深める上で、歴史的仮名遣いを知ることは有用である。付表において、この仮名遣いと歴史的仮名遣いとの対照を示すのはそのためである。

本文

凡例

1　原則に基づくきまりを第1に示し、表記の慣習による特例を第2に示した。

2　例は、おおむね平仮名書きとし、適宜、括弧内に漢字を示した。常用漢字表に掲げられていない漢字及び音訓には、それぞれ*印及び△印をつけた。

第1　語を書き表すのに、現代語の音韻に従って、次の仮名を用いる。
ただし、傍線(原文は下線)を施した仮名は、第2に示す場合にだけ用いるものである。

1 直音

あ い う え お　が ぎ ぐ げ ご
か き く け こ　ざ じ ず ぜ ぞ
さ し す せ そ　だ ぢ づ で ど
た ち つ て と　ば び ぶ べ ぼ
な に ぬ ね の　ぱ ぴ ぷ ぺ ぽ
は ひ ふ へ ほ
ま み む め も
や 　 ゆ 　 よ
ら り る れ ろ
わ 　 　 　 を

例 あさひ(朝日) きく(菊) さくら(桜) ついやす(費) にわ(庭) ふで(筆) もみじ(紅葉) ゆずる(譲) れきし(歴史) わかば(若葉) えきか(液化) せいがくか(声楽家) さんぽ(散歩)

2 拗《よう》音

きゃ きゅ きょ　ぎゃ ぎゅ ぎょ
しゃ しゅ しょ　じゃ じゅ じょ
ちゃ ちゅ ちょ　ぢゃ ぢゅ ぢょ
にゃ にゅ にょ
ひゃ ひゅ ひょ　びゃ びゅ びょ
　　　　　　　　ぴゃ ぴゅ ぴょ
みゃ みゅ みょ
りゃ りゅ りょ

例 しゃかい(社会) しゅくじ(祝辞) かいじょ(解除) りゃくが(略画)

〔注意〕拗音に用いる「や、ゆ、よ」は、なるべく小書きにする。

3 撥《はつ》音 ん

例 まなんで(学) みなさん しんねん(新年) しゅんぶん(春分)

4 促音 っ

例 はしって(走) かっき(活気) がっこう(学校) せっけん(石*鹸)

〔注意〕促音に用いる「つ」は、なるべく小書きにする。

5 長音

(1) ア列の長音
ア列の仮名に「あ」を添える。
例 おかあさん おばあさん

(2) イ列の長音
イ列の仮名に「い」を添える。
例 にいさん おじいさん

(3) ウ列の長音
ウ列の仮名に「う」を添える。
例 おさむうございます(寒) くうき(空気) ふうふ(夫婦) うれしゅう存じます きゅうり ぼくじゅう(墨汁) ちゅうもん(注文)

(4) エ列の長音
エ列の仮名に「え」を添える。
例 ねえさん ええ(応答の語)

(5) オ列の長音
オ列の仮名に「う」を添える。
例 おとうさん とうだい(灯台)
わこうど(若人) おうむ
かおう(買) あそぼう(遊) おはよう(早)
おうぎ(扇) ほうる(放) とう(塔)
よいでしょう はっぴょう(発表)
きょう(今日) ちょうちょう(*蝶々)

第2 特定の語については、表記の慣習を尊重して、次のように書く。

1 助詞の「を」は、「を」と書く。

例　本を読む　岩をも通す　失礼をばいたしました
やむをえない　いわんや…をや　よせばよいものを
てにをは

2　助詞の「は」は、「は」と書く。

例　今日は日曜です　山では雪が降りました
あるいは　または　もしくは
いずれは　さては　ついては　ではさようなら　とはいえ
惜しむらくは　恐らくは　願わくは
これはこれは　こんにちは　こんばんは
悪天候もものかは

〔注意〕次のようなものは、この例にあたらないものとする。
いまわの際　すわ一大事
雨も降るわ風も吹くわ　来るわ来るわ　きれいだわ

3　助詞の「へ」は、「へ」と書く。

例　故郷へ帰る　…さんへ　母への便り　駅へは数分

4　動詞の「いう（言）」は、「いう」と書く。

例　ものをいう（言）　いうまでもない　昔々あったという
どういうふうに　人というもの　こういうわけ

5　次のような語は、「ぢ」「づ」を用いて書く。

(1)　同音の連呼によって生じた「ぢ」「づ」

例　ちぢみ（縮）　ちぢむ　ちぢれる　ちぢこまる
つづみ（鼓）　つづら　つづく（続）　つづめる（△約）　つづる（*綴）

〔注意〕「いちじく」「いちじるしい」は、この例にあたらない。

(2)　二語の連合によって生じた「ぢ」「づ」

例　はなぢ（鼻血）　そえぢ（添乳）　もらいぢち　そこぢから（底力）
ひぢりめん
いれぢえ（入知恵）　ちゃのみぢゃわん
まぢか（間近）　こぢんまり
ちかぢか（近々）　ちりぢり
みかづき（三日月）　たけづつ（竹筒）　たづな（手綱）　ともづな
にいづま（新妻）　けづめ　ひづめ　ひげづら
おこづかい（小遣）　あいそづかし　わしづかみ　こころづくし（心尽）　てづくり（手作）　こづつみ（小包）　ことづて　はこづめ（箱詰）　はたらきづめ　みちづれ（道連）
かたづく　こづく（小突）　どくづく　もとづく　うらづける　ゆきづまる　ねばりづよい
つねづね（常々）　つくづく　つれづれ

なお、次のような語については、現代語の意識では一般に二語に分解しにくいもの等として、それぞれ「じ」「ず」を用いて書くことを本則とし、「せかいぢゅう」「いなづま」のように「ぢ」「づ」を用いて書くこともできるものとする。

例　せかいじゅう（世界中）
いなずま（稲妻）　かたず（固唾）　きずな（*絆）　さかずき（杯）
ときわず　ほおずき　みみずく
うなずく　おとずれる（訪）　かしずく　つまずく　ぬかずく　ひざまずく
あせみずく　くんずほぐれつ　さしずめ　でずっぱり　なかんずく
うでずく　くろずくめ　ひとりずつ
ゆうずう（融通）

〔注意〕次のような語の中の「じ」「ず」は、漢字の音読みでもともと濁っているものであって、上記(1)、(2)のいずれにもあたらず、「じ」「ず」を用いて書く。

例　じめん（地面）　ぬのじ（布地）
ずが（図画）　りゃくず（略図）

6 次のような語は、オ列の仮名に「お」を添えて書く。

例 おおかみ　おおせ(仰)　おおやけ(公)　こおり(氷・△郡)
こおろぎ　ほお(頰・△朴)　ほおずき　ほのお(炎)　とお(十)
いきどおる(憤)　おおう(覆)　こおる(凍)　しおおせる　とおる(通)　とどこおる(滞)　もよおす(催)
いとおしい　おおい(多)　おおきい(大)　とおい(遠)
おおむね　おおよそ

これらは、歴史的仮名遣いでオ列の仮名に「ほ」又は「を」が続くものであって、オ列の長音として発音されるか、オ・オ、コ・オのように発音されるかにかかわらず、オ列の仮名に「お」を添えて書くものである。

付記

次のような語は、エ列の長音として発音されるか、エイ、ケイなどのように発音されるかにかかわらず、エ列の仮名に「い」を添えて書く。

例 かれい　せい(背)
かせいで(稼)　まねいて(招)　春めいて
へい(塀)　めい(銘)　れい(例)
えいが(映画)　とけい(時計)　ていねい(丁寧)

付表

凡例

1 現代語の音韻を目印として、この仮名遣いと歴史的仮名遣いとの主要な仮名の使い方を対照させ、例を示した。
2 音韻を表すのには、片仮名及び長音符号「ー」を用いた。
3 例は、おおむね漢字書きとし、仮名の部分は歴史的仮名遣いによった。常用漢字表に掲げられていない漢字及び音訓には、それぞれ＊印及び△印をつけ、括弧内に仮名を示した。
4 ジの音韻の項には、便宜、拗音の例を併せ挙げた。

現代語の音韻	この仮名遣いで用いる仮名	歴史的仮名遣いで用いる仮名	例
イ	い	い	石　報いる　赤い　意図　愛
		ゐ	井戸　居る　参る　胃　権威
		ひ	貝　合図　費やす　思ひ出　恋しさ
ウ	う	う	歌　馬　浮かぶ　雷雨　機運
		ふ	買ふ　吸ふ　争ふ　危ふい
エ	え	え	柄　枝　心得　見える　栄誉
		ゑ	声　植ゑる　絵　円　知恵
		へ	家　前　考へる　帰る　救へ
	へ	へ	西へ進む
オ	お	お	奥　大人　起きる　お話　雑音
		を	男　十日　踊る　青い　悪寒
		ほ	顔　氷　滞る　直す　大きい
		ふ	仰ぐ　倒れる
	を	を	花を見る
カ	か	か	蚊　紙　静か　家庭　休暇
		くわ	火事　歓迎　結果　生活　愉快
ガ	が	が	石垣　学問　岩石　生涯　発芽
		ぐわ	画家　外国　丸薬　正月　念願
ジ	じ	じ	初め　こじあける　字　自慢　術語
		ぢ	味　恥ぢる　地面　女性　正直
	ぢ	ぢ	縮む　鼻血　底力　近々　入れ知恵
ズ	ず	ず	鈴　物好き　知らずに　人数　洪水
		づ	水　珍しい　一つづつ　図画　大豆
	づ	づ	鼓　続く　三日月　塩漬け　常々
ワ	わ	わ	輪　泡　声色　弱い　和紙
		は	川　回る　思はず　柔らか　＊琵＊琶(びは)

	は	は	我は海の子　又は
ユー	ゆう	ゆう	勇気　英雄　金融
		ゆふ	夕方
		いう	遊戯　郵便　勧誘　所有
		いふ	都*邑(といふ)
	いう	いふ	言ふ
オー	おう	おう	負うて　応答　欧米
		あう	桜花　奥義　中央
		あふ	扇　押収　凹凸
		わう	弱う　王子　往来　卵黄
		はう	買はう　舞はう　怖うございます
コー	こう	こう	功績　拘束　公平　気候　振興
		こふ	*劫(こふ)
		かう	咲かう　赤う　かうして　講義　健康
		かふ	甲乙　太*閤(たいかふ)
		くわう	光線　広大　恐慌　破天荒
ゴー	ごう	ごう	皇后
		ごふ	業　永*劫(えいごふ)
		がう	急がう　長う　強引　豪傑　番号
		がふ	合同
		ぐわう	*轟音(ぐわうおん)
ソー	そう	そう	僧　総員　競走　吹奏　放送
		さう	話さう　浅う　さうして　草案　体操
		さふ	挿話
ゾー	ぞう	ぞう	増加　憎悪　贈与
		ざう	象　蔵書　製造　内臓　仏像
		ざふ	雑煮
トー	とう	とう	弟　統一　冬至　暴投　北東
		たう	峠　勝たう　痛う　刀剣　砂糖
		たふ	塔　答弁　出納

ドー	どう	どう	どうして　銅　童話　運動　空洞
		だう	堂　道路　*葡*萄(ぶだう)
		だふ	問答
ノー	のう	のう	能　農家　濃紺
		のふ	昨日
		なう	死なう　危なうございます　脳　苦悩
		なふ	納入
ホー	ほう	ほう	奉祝　俸給　豊年　霊峰
		ほふ	法会
		はう	葬る　包囲　芳香　解放
		はふ	はふり投げる　はふはふの体　法律
ボー	ぼう	ぼう	某　貿易　解剖　無謀
		ぼふ	正法
		ばう	遊ばう　飛ばう　紡績　希望　堤防
		ばふ	貧乏
ポー	ぽう	ぽう	本俸　連峰
		ぽふ	説法
		ぱう	鉄砲　奔放　立方
		ぱふ	立法
モー	もう	もう	もう一つ　啓*蒙(けいもう)
		まう	申す　休まう　甘う　猛獣　本望
ヨー	よう	よう	見よう　ようございます　用　容易　中庸
		やう	八日　早う　様子　洋々　太陽
		えう	幼年　要領　童謡　日曜
		えふ	紅葉
ロー	ろう	ろう	楼　漏電　披露
		ろふ	かげろふ　ふくろふ
		らう	祈らう　暗う　廊下　労働　明朗
		らふ	候文　*蠟*燭(らふそく)
キュー	きゅう	きゆう	弓術　宮殿　貧窮

		きう	休養　丘陵　永久　要求
		きふ	及第　急務　給与　階級
ギュー	ぎゅう	ぎう	牛乳
シュー	しゅう	しゆう	宗教　衆知　終了
		しう	よろしう　周囲　収入　晩秋
		しふ	執着　習得　襲名　全集
ジュー	じゅう	じゆう	充実　従順　臨終　猟銃
		じう	柔軟　野獣
		じふ	十月　渋滞　墨汁
		ぢゆう	住居　重役　世界中
チュー	ちゅう	ちゆう	中学　衷心　注文　昆虫
		ちう	抽出　鋳造　宇宙　白昼
ニュー	にゅう	にゆう	乳酸
		にう	柔和
		にふ	*埴△生(はにふ)　入学
ヒュー	ひゅう	ひう	△日△向(ひうが)
ビュー	びゅう	びう	誤*謬(ごびう)
リュー	りゅう	りゆう	竜　隆盛
		りう	留意　流行　川柳
		りふ	粒子　建立
キョー	きょう	きよう	共通　恐怖　興味　吉凶
		きやう	兄弟　鏡台　経文　故郷　熱狂
		けう	教育　矯正　絶叫　鉄橋
		けふ	今日　脅威　協会　海峡
ギョー	ぎょう	ぎよう	凝集
		ぎやう	仰天　修行　人形
		げう	今暁
		げふ	業務
ショー	しょう	しよう	昇格　承諾　勝利　自称　訴訟
		しやう	詳細　正直　商売　負傷　文章

		せう	見せう　小説　消息　少年　微笑
		せふ	交渉
ジョー	じょう	じよう	冗談　乗馬　過剰
		じやう	成就　上手　状態　感情　古城
		ぜう	*饒舌(ぜうぜつ)
		ぢやう	定石　丈夫　市場　令嬢
		でう	箇条
		でふ	一*帖(いちでふ)　六畳
	ぢょう	ぢやう	盆△提△灯(ぼんぢやうちん)
		でう	一本調子
チョー	ちょう	ちよう	徴収　清澄　尊重
		ちやう	腸　町会　聴取　長短　手帳
		てう	調子　朝食　弔電　前兆　野鳥
		てふ	*蝶(てふ)
ニョー	にょう	によう	女房
		ねう	尿
ヒョー	ひょう	ひよう	氷山
		ひやう	拍子　評判　兵糧
		へう	表裏　土俵　投票
ビョー	びょう	びやう	病気　平等
		べう	秒読み　描写
ピョー	ぴょう	ぴよう	結氷　信*憑性(しんぴようせい)
		ぴやう	論評
		ぺう	一票　本表
ミョー	みょう	みやう	名代　明日　寿命
		めう	妙技
リョー	りょう	りよう	丘陵
		りやう	領土　両方　善良　納涼　分量
		れう	寮　料理　官僚　終了
		れふ	漁猟

【国語辞典】

目次

2016年8月10日　初 版 発 行
2021年6月10日　第2版発行

大きな字で読む常用辞典　国語・カタカナ語　第二版

二〇二一年　六　月　一〇日　　第一刷発行

編　者――三省堂編修所
発行者――株式会社三省堂　　代表者――瀧本多加志
印刷者――三省堂印刷株式会社
発行所――株式会社三省堂
〒一〇一－八三七一
東京都千代田区神田三崎町二丁目二十二番十四号
電話＝編集（〇三）三二三〇－九四一一
　　　営業（〇三）三二三〇－九四一二
https://www.sanseido.co.jp/

〔2版大字常用国語カタカナ語・八八〇頁〕
落丁本・乱丁本はお取替えいたします
ISBN978－4－385－13867－1

カタカナ語辞典

目次

この辞典は、登録商標・商号・商品名等の収録に関し、慎重を期し一部の語に「商標名」と記しましたが、調査漏れや表示について不備があるかもしれません。しかし、本辞典では、商標名の掲示の有無ならびに見出し語の表記について、当該見出し語の商標・商号・商品名としての法的権利関係について、何らかの判断を示したり、法的影響を与えるような意図はまったくないことを、あらかじめお断り申し上げます。

まえがき

私たちの生きる現代においては、新しい知識や出来事の多くがカタカナで表記される言葉として現れます。日本語の歴史の中では、長らく漢字による漢語がその役割を担ってきましたが、今やその役割をカタカナ語も大いに担っていると言っても過言ではないでしょう。また、それだけカタカナ語の果たす役割が日本語の中において大きくなっているということでもあります。グローバル化の拡大が言われて久しくなりますが、カタカナ語は外国語、特に英語として流通する情報や知識を、上手に日本語に取り込むための便利なツールとも言えます。平成が幕を閉じ、令和の時代が始まりましたが、この傾向はますます進むことと思われます。日々、上手にカタカナ語と付き合っていくために、本書がささやかな手助けになれば幸いです。

三省堂編修所

凡　例

本書は、小社刊『見やすいカタカナ新語辞典 第３版』(2019年９月刊)をもとに、日々手軽に使える辞書として再編集したものです。ハンディーなサイズに収めることを企図し、語の収録にあたっては、あまりにも自明で分かり切っている日常的なカタカナ語については割愛いたしました。また同様に、人名や地名等の固有名詞や動植物名などについても、一部の例外を除いては採録対象からはずし、ニュースなどでよく見聞きされる近年の新しいカタカナ語を中心に、外来語ではないがよくカタカナで表記されるいくつかの若者言葉、また近年の傾向として、アルファベットや算用数字で直接表記される語が増えてきていますが、それらについても取り上げ、総計１万1000語超の語を収めました。

1. 配列は五十音順です。長音記号「ー」は直前の仮名が含む母音に対応する仮名と同じ扱いとしました。例えば、「エール」は「エエル」と同じとして、「エウロパ」の後に配置しました。
2. 清音・濁音・半濁音の順に配列しました。例えば、「ハッチ」「バッチ」「パッチ」の順に並びます。

3. 読みが同じものは、原綴のアルファベット順としました。例えば、「バス」は、バス【bass】、バス【bath】、バス【bus】の順に並びます。
4. アルファベットおよび数字などではじまる語は、「ワ・ヲ」の後に「A ～ Z」「数字など」としてまとめました。
5. 見出し語の語形は、原則として平成３年内閣告示「外来語の表記」にしたがいましたが、一部、それ以外の慣用表記が一般的と思われる場合はそちらを採用したものもあります。
6. 外来語の元のつづりを【　】に入れて示しました。また、その原語名をつづりの前に入れましたが、英語および固有名詞の場合は省略しました。和製語の場合は、「和」として示しました。なお、中国語、朝鮮語の場合は解説文末尾に注記としてその旨を記しました。
7. 国立国語研究所「外来語」委員会による『「外来語」言い換え提案』(2006年[平成18年]) に掲出されている語については、その言い換え語を 案 を付して解説文末尾に示しました。
8. その他の記号など

⇨ …… 矢印の先に示した語の方で解説したことを示します。

→ …… 関連がある語を参照するという意味で示しました。

▷ …… その語の成り立ちや由来、また補足説明。

ア

アーカイバー【archiver】データ-ファイルの管理保存のためのコンピューター-ソフトウエア。特に、大きなファイルを圧縮するためのソフトウエア。

アーカイブ【archive】①大規模な記録や資料のコレクション。②デジタル化されたデータを圧縮する技術や方法。▷古文書、公文書館の意。[案]保存記録／記録保存館

アーガイル【argyle】2色以上の菱形の格子の上に斜め格子を重ねた(編物の)柄。アーガイル-チェック。▷スコットランドの地名から。

アーキテクチャー【architecture】①建築。建築学。建築様式。②構造。構成。組織。③コンピューターを機能面から見たときの構成方式。

アーキテクト【architect】建築家。建築士。設計者。計画立案者。製作者。

アーク【arc】アーク放電の際、両極間に発生する光の弧。

アーケード【arcade】①連続したアーチを列柱で支える構造物。また、列柱に囲まれ、アーチ形の天井をもった空間。②商店街などの通路上部に、屋根をつけた施設。

アーケード ゲーム【arcade game】ゲーム-センターなどに設置されているゲーム機の総称。テレビ-ゲーム・ピンボール・クレーン-ゲーム・メダル-ゲームなど。業務用ゲーム。

アース【earth】電気機器と地面とを銅線などの導体でつなぐこと。また、その導体。機器の電位が異常に上昇することを防いだり、雑音を低減したりする。接地。▷地球・大地の意。

アーチ【arch】①弓形に積み上げた石や煉瓦《れんが》などによって上部の荷重を支える構造。窓・門・橋桁《はしげた》などにみられる。②祝賀会・運動会などで仮設される門。③円弧。弓形。④野球で、ホーム-ラン。

アーチェリー【archery】①西洋式の弓術。また、それに用いる弓。洋弓。②洋弓を用いるスポーツ。標的をねらい射って、得点を争う。ターゲット競技やフィールド競技などの種目がある。

アーティキュレーション【articulation】①発音の明瞭度。歯切れ。②音楽の演奏において、各音の切り方、あるいは次の音との続け方のこと。レガート・テヌート・スタッカートなど。

アーティクル【article】①新聞や雑誌の記事・論説。②法令や契約の条項。

アーティスティック【artistic】芸術的なさま。優雅なさま。趣のあること。

アーティスティック スイミング【artistic swimming】音楽に合わせて水中でさまざまな演技を行い、その美しさや技術を競う競技。旧称、シンクロナイズド-スイミング(シンクロ)。2017年より国際水泳連盟(FINA)が現名称に変更。

アーティスト【artist】芸術家。特に、美術家・音楽家をいうことが多い。▷アーチストとも。

アーティチョーク【artichoke】キク科の多年草。地中海沿岸原産。夏、アザミに似た大きな紫色の頭花をつける。若い花の花托《かたく》と萼《がく》の肉質部を食用にする。

アーティフィシャル【artificial】人工的であるさま。人為的。不自然。→ナチュラル①

アート【art】①芸術。美術。②「アート紙」の略。光沢機にかけて滑らかで緻密な紙面にした洋紙。再現性がよく、写真版印刷などに広く用いる。

アート ディレクター【art director】①映画・演劇などで、衣装・舞台装置・照明などを指導する人。美術監督。②広告製作で、デザイン・コピーなどを総合的に企画・決定し、製作する人。

アーバン【urban】都市の。都会の。都会風の。

アーバン リゾート【urban resort】都市近郊に位置しながら自然環境を巧みにとりいれたリゾート。

アービトラージ【arbitrage】 市場間の価格差を利用して利益をあげる経済行為。その結果として両市場の価格差は縮小する。裁定取引。

アーミー【army】軍隊。特に、陸軍。

アーミー ナイフ【army knife】 小刀のほかに、はさみ・栓抜き・缶切り・ワイン-オープナーなどの機能を持つ部品を組み込んで、一つにまとめた折り畳み式ナイフ。

アーミー ルック【army look】 軍隊・軍服風の服装やスタイル。ミリタリー-ルックともいう。

アーム【arm】腕。また、本体から腕状に出ている部分。

アーム カバー【arm cover】手首あたりから腕全体を覆う筒状の衣類。

アーム バンド【armband】 ①ワイシャツやブラウスの袖《そで》をたくし上げるための、装飾性のあるバンド。腕バンド。また、腕章。②情報機器を携帯するために腕につける、ホルダー付きのバンド。

アーム レスリング 【arm wrestling】 腕相撲《うでずもう》。

アーメン【amen】キリスト教徒が祈禱《きとう》・賛美歌・信条告白の終わりに唱える言葉。アメン。▷ヘブライ語で、まことに、たしかに、の意。

アーモンド【almond】バラ科の落葉高木。 果実は平たく、果肉が薄い。仁《じん》に苦みのあるものは薬用、ないものは食用にする。アマンド。アメンドー。巴旦杏《はたんきょう》。▷「扁桃」とも書く。

アーリー【early】早い。初期の。

アーリー アダプター【early adopter】イノベーター理論の用語。新たに現れた革新的商品やサービスなどを比較的早い段階で採用・受容する人々。イノベーター理論の5つの顧客層のうち、イノベーター(革新的採用者)の次に受容する人々。早期採用者。初期採用者。初期少数採用者。

アーリー アメリカン【Early American】アメリカの英領植民地時代・開拓時代の建築や家具などの様式。

アーリー マジョリティー 【early majority】イノベーター理論の用語。新たに現れた革新的商品やサービスなどを比較的追随的に採用・受容する人々。イノベーター理論の5つの顧客層のうち、アーリー-アダプター(初期採用者)の次に受容する人々。前期追随者。初期多数採用者。

アーリオ オーリオ 【イタリアaglio olio】ニンニクをオリーブ-オイルに入れ、弱火で加熱して香りと風味を移したもの。パスタなどに用いられる。▷アーリオはニンニク、オーリオは油の意。

アール 【フランスare】メートル法の面積の単位。1アールは100m^2。 約30.25坪。約1畝《せ》。記号a

アール グレイ【Earl Gray】 ベルガモット油で風味づけをした紅茶の商品名。独特の香りがあり、アイス-ティーなどにされる。

アール デコ 【フランスart déco】 1910年代から30年代にかけて、パリを中心に西欧で栄えた装飾様式。1925年様式ともいう。▷arts décoratifsの略。装飾美術の意。

アール ヌーボー 【フランスart nouveau】19世紀末から20世紀初頭、ヨーロッパ各国の建築・工芸・絵画などの諸芸術に流行した様式。モチーフを主に植物の形態に借り、曲線・曲面を用いて装飾的・図案的に表現した点に特徴がある。▷新芸術の意。

アール ブリュット 【フランスart brut】 理性が関与しない芸術作品の意。幼児や精神障害者が自分自身のためにつくった表現物の総称。原生芸術。▷フランスの芸術家デュビュッフェ(Jean Dubuffet [1901～1985])の用語。→サバン症候群

アイ【eye】目。また、目の形をしたもの。目の機能をもつもの。他の語と複合して用いられる。

アイアール【IR】 (information retrieval)ある目的のために収集・蓄積した膨大な情報を体系的に整理し、必要に応じて希望する情報を迅速にとり出すこと、あるいはその方法。情報検索。

アイアン【iron】 ①鉄。②ゴルフで、

ボールをたたくヘッドの部分が金属製のクラブ。→ウッド

アイオーエス〔iOS〕アップル社が提供する、スマート-デバイス用の基本ソフト。商標名。

アイギス〔ギリシャaigis〕ギリシャ神話の神ゼウスとアテナの持ち物の一つ。アテナのそれは、肩から羽織られる小さい肩掛けもしくは胸当てに似、普通多数の蛇の房で縁取られ、うろこ状の地の中央にゴルゴンの首をもつ。

アイコン〔icon〕コンピューターに与えるコマンドを記号や図形で画面上に表示したもの。

アイ コンタクト〔eye contact〕①相手の目を見たり、視線を交わすこと。意思や態度などを相手の目を見ることによって伝達しようとすること。②サッカーで、連携した動きを行うために、選手どうしが目と目を合わせて意思の疎通を図ること。

アイサイト〔eyesight〕視力。視覚。視界。視野。

アイ シャドー〔eye shadow〕目元に陰影をつけるために、まぶたに塗る化粧品。

アイシング〔icing〕①粉砂糖・バター・卵白などを泡立て、菓子類の表面にかぶせるもの。糖衣。②着氷。③アイス-ホッケーで、レッド-ラインの手前から打ったパックが直接相手のゴール-ラインを越えること。アイシング-ザ-パック。④筋肉を氷で冷やすこと。

アイス ダンス〔ice dance〕フィギュア-スケートの一部門。男女一組で、音楽に合わせて氷上を踊るように滑走し技術や芸術性を競う。

アイスバーン〔ドイツ Eisbahn〕雪面が凍結して氷のようになった場所。特に、凍結により摩擦係数が小さくなった路面。

アイスバイン〔ドイツ Eisbein〕ドイツ料理の一。塩漬けにした豚の脚を煮込んだもの。

アイス プラント〔ice plant〕ハマミズナ科の多肉植物。葉の表面についている氷の粒のような細胞に塩分が含まれる。食用に栽培する。▷葉の表面が凍ったようにみえることから。

アイス ブルー〔ice blue〕氷のような淡い青色。

アイス モールド〔ice mold〕氷を成形するための型。製氷皿や丸氷を作るための型など。

アイゼン 登山靴の底につける、とがった爪をもつ滑りどめの金具。クランポン。▷シュタイクアイゼン(ドイツ Steigeisen)の略。

アイソスタシー〔isostasy〕地殻が、密度のより大きいマントルの上に浮かんでいる状態にある、という現象のこと。海水に浮かぶ氷山のように、高い山の地殻は地下深くまで厚く、海底の地殻は薄くなっている。

アイソタイプ〔isotype〕①(International System of Typographic Picture Education)視覚言語。絵文字言語。地図・統計図表・標識などに用いられる図形や記号。②同種の個体中に共通に存在し、構造が異なる抗原。

アイソトープ〔isotope〕同一の元素に属し(すなわち、原子番号が等しく)、質量数が異なる原子。同位体。同位元素。

アイソトニック〔isotonic〕等張。等張性。

アイソメトリックス〔isometrics〕重い物を動かそうとするときのように、関節などの角度を一定にしたまま筋肉を一定時間緊張させて筋力を高めるトレーニング法。

アイソレーション〔isolation〕分離。隔離。孤立。

アイディア〔idea〕①思いつき。着想。アイデア。②哲学で、観念。理念。→イデア

アイティー〔IT〕⇨IT

アイディー カード〔ID card〕⇨IDカード

アイテム〔item〕①商品の品目。ファッションで、服の種類。②ゲームの中で利用する武器や道具。▷事項、項目の意。

アイデンティティー【identity】①物がそれ自身に対し同じであって、一個の物として存在すること。自己同一性。同一性。個性。②人間学・心理学で、人が時や場面を越えて一個の人格として存在し、自己を自己として確信する自我の統一をもっていること。自我同一性。主体性。同一性。③コンピューターで、一致。識別。案独自性／自己認識

アイデンティフィケーション【identification】同定。身元確認。同一化。

アイドリング【idling】機械・自動車などのエンジンに、負荷をかけず低速で空転させること。暖機運転。

アイドリング ストップ【和idling＋stop】一時的な停車時にも自動車のエンジンを停止させること。案停車時エンジン停止

アイドル【idle】名詞に付いて、「活動していない」「遊んでいる」などの意を表す。

アイドル【idol】①偶像。崇拝される人や物。②人気者。

アイドル タイム【idle time】①無作業時間。遊休時間。稼働していない時間。②流通のなかでの、物資の待機時間。

アイパッド【iPad】アップル社が開発・製造するタブレット端末。2010年発売開始。商標名。

アイ バンク【eye bank】角膜の移植を仲介する機関。眼球提供者の登録、眼球の摘出・保存などを行う。角膜銀行。

アイビー【ivy】①蔦《つた》類の総称。②ウコギ科の常緑つる性木本。ヨーロッパ原産。庭園などに栽培され、斑《ふ》入りなど変種が多い。

アイフォーン【iPhone】アップル社が開発・製造するスマートフォン。2007年発売開始。商標名。

アイブロー【eyebrow】①まゆ。まゆ毛。②アイブロー-ペンシルの略。鉛筆状のまゆ墨。▷アイブラウとも。

アイボリー【ivory】①象牙《ぞうげ》。②象牙色。アイボリー-ホワイト。③光沢のある淡いクリーム色の厚手の洋紙。

アイボリー ホワイト【ivory white】色の名。アイボリーに同じ。

アイ マスク【eye mask】飛行機の機内などで、明るさを避けて、眠るために使う目かくし。

アイ ライナー【eyeliner】アイ-ラインを入れるための化粧品。

アイラッシュ カーラー【eyelash curler】まつげを上向きにカールさせる道具。ビューラー(商標名)。

アイランド【island】島。

アイリス【iris】①アヤメ科アヤメ属の植物の総称。また、園芸種のアヤメ属。②カメラのレンズの絞り。虹彩《こうさい》絞り。③虹彩。眼球の角膜と水晶体の間にある輪状の薄い膜。

アイリッシュ【Irish】「アイルランドの(人)」の意。

アイロニー【irony】①皮肉。あてこすり。また、皮肉を含んだ表現。風刺。②実際とは反対のことを言って、暗に本当の気持ちを表現した言い方。反語。③哲学用語。知者を自認する相手を問いつめ、無知の自覚を促す、ソクラテス的問答法の一性格。

アイロン【iron】①熱・水分・圧力の効果によって、衣服などのしわを伸ばし、形を整える器具。②髪にウエーブを出すための調髪用のこて。▷鉄の意。

アウェー【away】サッカーなどで、相手チームの本拠地。→ホーム(home)④

アウストラロピテクス【ラテン Australopithecus】アフリカで発見された化石人類の属。猿人に含まれる。約400万年前から約150万年前頃まで生息していたと考えられている。頭蓋容量は原生類人猿くらいで、直立歩行した。オーストラロピテクス。▷南の猿の意。

アウスレーゼ【ドイツ Auslese】完熟の精選したブドウで造るドイツ産ワイン。

アウター【outer】①「外部の」「外側の」の意。②アウター-ウエアの略。上着類の総称。→インナー

アウト【out】①他の外来語の上に付いて、外側・外部などの意を表す。→イン(in)① ②テニス・卓球などで、規定線の外側。また、球がその側に出ること。→イン(in)② ③野球で、打者または走者が攻撃の資格を失うこと。→セーフ② ④ゴルフで、1ラウンド18ホールのコースの前半の9ホール。 →イン(in)③

アウトカム【outcome】結果。成果。特に、行政による事業を評価する際に、どれだけ目的を果たしたかを表すときに用いられる。

アウトサイダー【outsider】①社会の既成の枠組みからはずれて、独自の思想をもって行動する人。局外者。異邦人。②生産協定・賃金協定などに参加していない同業者。→インサイダー

アウトサイド【outside】①外側。外面。②外部。③野球で、本塁上の、打者から遠い方の側。→インサイド

アウトソーシング【outsourcing】①業務を外注すること。②海外で部品を安く調達すること。国際調達。海外部品調達。▷アウトソース・アウトタスキングとも。案外部委託

アウトドア【outdoor】戸外。野外。→インドア

アウトバーン【ドイツ Autobahn】ドイツの高速自動車専用道路。ヒトラーが第二次大戦に備え、建設を始めた。原則として速度制限はなく、無料。

アウトバウンド【outbound】①航空機・船舶で、外国に向かう便。②インターネットで、自社のウェブ-サイトに潜在的な顧客を誘導すること。③コールーセンターの業務で、発信のこと。▷中から外に出る意。→インバウンド

アウトプット【output】①内部に入っているものを外に出すこと。特に、コンピューターのデータを外部に取り出すこと。出力。②産出。産出量。→インプット

アウトライン【outline】①物の外側の線。輪郭。②あらまし。あらすじ。大要。

アウトリーチ【outreach】①学習したいという意欲をもっていない人たちに学習の機会を与え、学習に対する要求や行動を誘発しようとする活動。②芸術に接する機会や関心がない人々に対し、芸術への興味と関心をもたせるために芸術家・企画者側から働きかけるさまざまな活動。▷広げる・伸びる意。

アウトリガー【outrigger】①カヌーなどで、舷側《げんそく》から張り出した腕木。先端に浮き木を付ける。②はしご車・クレーン車などの安定脚。

アウトレージ【outrage】①(侮辱や非道に対する)激怒。憤怒。②(法や秩序などの)暴力的な侵害。乱暴。暴力。

アウトレット【outlet】①出口。放出口。②メーカーや卸業者が、在庫品などを処分するため、倉庫や直営店で価格を下げて販売すること。また、そのように販売される商品。

アウトロー【outlaw】法律を無視する人。無法者。無頼漢。

アウフヘーベン【ドイツ Aufheben】ヘーゲル弁証法の根本概念。あるものをそのものとしては否定するが、契機として保存し、より高い段階で生かすこと。矛盾する諸要素を、対立と闘争の過程を通じて発展的に統一すること。揚棄《ようき》。止揚《しよう》。

アウラ【ラテン aura】物体から発する微妙な雰囲気。オーラ。

アオ ザイ【ベトナム ao dai】ベトナムの女性の着る伝統衣装。裾から腰までの深いスリットのある上衣とズボンを組み合わせたもの。

アカウンタビリティー【accountability】①責任。責務。②社会の了解や合意を得るために活動・業務の内容について対外的に説明する責任のこと。説明責任。案説明責任

アカウント【account】①勘定。計算。②勘定口座。③OSやネットワークを通してコンピューターを利用するための固有のIDナンバーやその権利。ユーザーの識別や、個別の情報の管理のために用いられる。④広告代理店の顧

客。広告主。

アカシア【ラテン Acacia】①マメ科アカシア属の植物の総称。葉は羽状複葉。初夏、黄色のまるい頭花を総状につける。②ハリエンジュ(ニセアカシア)の俗称。アカシアとは属が異なる。日本では多くこれを「アカシア」という。

アカデミア【ラテン academia】①学園。学究生活。②紀元前387年頃、プラトンがアテネの郊外に建てた学園。アカデメイア。

アカデミー【academy】①西洋諸国で、一国の知性の粋を集めて作った指導的団体。②大学・研究所など、学問・学芸の中心となる団体・機関の総称。▷プラトンが創設したアカデミアに由来する。

アカデミズム【academism】①学問研究や芸術の創作において、純粋に真理や美を追究する態度。②伝統的・保守的な立場を固持しようとする学風。官学風の学問的態度。

アカデミック【academic】①学問の上で正統的で堅実なさま。学術的。学究的。②純粋で手がたいが、やや古くさいさま。実際的でないという意を含めて用いることもある。

アカデミック ハラスメント【和 academic harassment】教育・研究機関における、権力を利用した嫌がらせ。セクシャル-ハラスメントを伴う場合もある。アカハラ。

アカハラ ⇨アカデミック-ハラスメント

アガペー【ギリシャ agapē】①キリスト教における愛。②キリスト教会で、礼拝のあと信徒が共同でする食事。愛餐《あいさん》。

ア カペラ【イタリア a cappella】①器楽の伴奏のない合唱曲や重唱曲の様式。無伴奏体。②伴奏なしで歌うこと。▷「礼拝堂風に」の意。

アガリクス【agaricus】担子菌類ハラタケ科のきのこ。健康食品として煎《せん》じて飲まれる。

アクア【ラテン aqua】水。他の外来語と複合して用いられる。

アクアチント【aquatint】腐食銅版画法の一。微妙な濃淡(深浅)をもった水彩画風の効果が得られる。エッチングを併用することが多い。

アクア パッツァ【イタリア acqua pazza】イタリア料理(ナポリ料理)の一。白身魚をトマトやニンニクなどとともに水や白ワインで煮込んだもの。

アクア ビクス【和 aqua＋aerobics】水中で行うエアロビクス。アクアサイズ。

アクアマリン【aquamarine】緑柱石のうち、藍緑《あいりょく》色透明のもの。

アクアリウム【aquarium】①水族館。②水生動物の飼育槽。養魚池。

アクエリアス【ラテン Aquarius】水瓶《みずがめ》座。

アクシデント【accident】事故。災難。不慮の出来事。

アクション【action】①動作。行動。②俳優の演技。特に格闘などの荒々しい演技。

アクション カム【action cam】アウトドアやスポーツなどの撮影に用いる、小形カメラ。アクション-カメラ。

アクション プログラム【action program】行動計画。アクション-プラン。案実行計画

アクセサリー【accessory】①身につける装飾品。装身具。②機械などの付属品。

アクセシビリティー【accessibility】利便性。交通手段への到達容易度。ある地点や施設への到達容易度。案利用しやすさ

アクセス【access】①情報システムや情報媒体に対して接触・接続を行うこと。②コンピューターで、記憶装置や周辺機器に、データの書き込みまたは読み出しをすること。③ある場所へ行く経路。目的地までの交通手段。また、交通の利便性。案接続／交通手段／参入

アクセス ログ【access log】ウェブ-サーバーへのアクセスに関する記録。

アクセラレーター【accelerator】加速器。▷アクセレレーターとも。

アクセル ①アクセラレーター(accelerator)の略。加速器。②アクセラレーター-ペダル(accelerator pedal)の略。

自動車の加速操作に用いるペダル。

アクセント【accent】①一つ一つの語について社会慣習的に決まっている、相対的な高低や強弱の配置。②話し方の調子。語調。③音楽で、特に強く拍を打つ部分。強調される音。④デザインなどで、全体をひきしめるため、特に強調したり目立たせたりする部分や物。⑤強調する点。重点。

アクター【actor】俳優。特に、男の俳優。→アクトレス

アクチュアリー【actuary】保険数理人。生命保険会社や損害保険会社で保険金の算定や年金の掛け金の算定を行う者。

アクチュアル【actual】現実的であるさま。時局性をもっているさま。

アクチュエーター【actuator】油圧や電動モーターによって、エネルギーを並進または回転運動に変換する駆動装置。

アクティビティー【activity】①活動。行動。②(旅行先での)遊び。

アクティブ【active】①元気で、活気のあるさま。よく動き回るさま。活動的。活発。②自ら進んで他に働きかけるさま。能動的。積極的。③動詞の文法形式で、能動態。→パッシブ

アクティブ ラーニング【active learning】講師による一方的な講義ではなく、学習者の能動的な参加を取り入れた教授法。

アクティベーション【activation】⇨プロダクト-アクティベーション

アクト【act】①行為。②劇の一幕。

アクトレス【actress】女の俳優。女優。→アクター

アクネ【acne】にきび。

アクメ【フランス acmé】性交時の快感の絶頂。オルガスムス。

アグリー【ugly】醜いさま。不快なさま。

アグリー 俗に、同意や了解のこと。▷アグリーメント(agreement)の略。

アグリーメント【agreement】合意。協定。契約。

アグリカルチャー【agriculture】農業。

アグリゲーション【aggregation】まとまり。集団。集合体。

アグリビジネス【agribusiness】農業生産とそれに関連する資材供給や加工分野における企業活動。また、農業関連企業や農業関連産業総体をもいう。

アクリル【ドイツ Acryl】「アクリル樹脂」「アクリル繊維」などの略。

アクリル アミド【acrylamide】硫酸を触媒とするアクリルニトリルの水和で得られる無色の結晶。重合体を接着剤や塗料などに用いる。高濃度に暴露した場合、神経障害をきたすなどの毒性を有する。

アクリル樹脂 アクリル酸およびその誘導体の重合によってつくられた合成樹脂。透明度が高く、軽くて丈夫で、酸・アルカリに比較的安全であるが表面にきずがつきやすく、アセトンなどの有機溶剤に溶けやすい。有機ガラス・歯科材料・接着剤・塗料に利用される。

アクリル繊維 アクリロニトリルを主成分とする合成高分子からなる合成繊維の総称。羊毛に似た感触をもつ。衣類に広く利用される。

アグレッシブ【aggressive】①攻撃的。②積極的。

アグレマン【フランス agrément】外交使節の任命に際し、前もって得ておく相手国の同意。

アクロ【acro】フリースタイル-スキー競技の一。決められたコースで音楽に合わせて滑り、得点を競う。→エアリアル

アクロバット【acrobat】①軽業《かるわざ》。曲芸。また、それをする人。軽業師。②柔軟な身のこなしで踊る曲芸的な踊り。アクロバチック-ダンス。

アゲンスト【against】①反対して。逆らって。②ゴルフなどで、向かい風のこと。

アコースティック【acoustic】電子装置を用いない楽器。生の音での演奏。

アコースティック ギター【acoustic guitar】電気的増幅をしないギ

ター。エレキ-ギターに対していう。

アコーディオン【accordion】蛇腹式のふいごを備えたリード楽器。両手で蛇腹《じやばら》をのびちぢみさせ、鍵盤《けんばん》またはボタンを押して旋律や和音を演奏する。

アコギ 俗に、アコースティック-ギターの略称。

アサイー【ポルトガル açaí】ヤシ科の高木。アマゾン流域に分布。果実を飲料などにする。アサイ。

アサイン【assign】割り当てること。割り振ること。

アサインメント【assignment】割り当て。任務。研究課題。宿題。

アサシン【Assassin】イスラム教イスマーイール派中のニザール派に対するヨーロッパでの称。暗殺活動で知られ、この語は「暗殺者」を意味する普通名詞となった。

アサルト【assault】暴力。暴行。襲撃。

アサルト ライフル【assault rifle】攻撃用ライフル。特に、自動小銃をいう。

アザレア【azalea】ツツジの園芸種。中国原産で、西欧で改良されたもの。大形の花をつけ、色も多種。

アサンブラージュ【フランス assemblage】⇨アッサンブラージュ

アジ アジテーションの略。

アジール【ドイツ Asyl】世俗的な統治の及ばない、慣習的・法的に配慮された一定の領域。避難所。中世ヨーロッパにおける教会や自治都市など。サンクチュアリ。聖域。

アジェンダ【agenda】①実施すべき計画。行動計画。特に、国際的な取り組みについての行動計画。②議事日程。議題。[案]検討課題

アシスタント【assistant】補助的な役目をする人。助手。

アシスト【assist】①人の仕事を手伝うこと。②サッカー・アイス-ホッケーなどで、得点に直接つながるパスを送ること。また、それを行った選手。

アシッド【acid】①酸。酸っぱいもの。②厳しい批評。辛辣《しんらつ》な言葉。③LSD(幻覚剤)の俗称。

アジテーション【agitation】そそのかすこと。扇動。

アジテーター【agitator】大衆を扇動する人。扇動者。

アジト 宣伝や扇動のための秘密の集会所。扇動指令部。また、非合法運動家のかくれが。▷agitating pointから。

アシメトリー【asymmetry】非対称。左右非対称の形状。▷アシンメトリーとも。→シンメトリー

アジャスター【adjuster; adjustor】調節装置。調節器。

アジャスタブル【adjustable】調節可能。

アジャスト【adjust】調整すること。調節すること。

アジる 俗に、自分の考えに同調するよう過激な言葉でそそのかす。扇動する。▷アジテーションの略のアジを動詞化した語。

アシンメトリー【asymmetry】⇨アシメトリー

アスキー ⇨ASCII

アスキー アート【ASCII art】コンピューター上で、等幅フォントの文字を組み合わせて描くイラストレーション。AA。

アスキー コード【ASCII code】⇨ASCII

アスター【ラテン Aster】①シオンやミヤコワスレ・ノコンギクなどキク科のシオン属の総称。②キク科の一年草。中国原産。夏、淡紅色・青紫色・白色などの大きな頭花をつける。切り花や花壇用に栽培される。

アスタリスク【asterisk】主に欧文の印刷組版で使われる約物。「*」。参照や注などを示すのに用いる。また、積の演算記号としても用いられる。アステリスク。

アスパラガス【ラテン Asparagus】ユリ科の多年草。欧州原産。高さ約1.5メートル。葉は退化し、緑色の枝が葉のように広がる(偽葉)。初夏に薄黄色

の小花を開く。若い茎を食用とする。アスパラ。オランダキジカクシ。マツバウド。観賞用は別種。

アスパルテーム【aspartame】アスパラギン酸とフェニルアラニンとを結合してつくった合成甘味料。砂糖の200倍の甘さがある。

アスピリン【ドイツ Aspirin】解熱・鎮痛・抗炎症薬である、アセチルサリチル酸。もと商標名。

アスファルト【asphalt】複雑な炭化水素を主成分とする黒色の固体または半固体物質。道路舗装・防水・保温・電気絶縁などの材料として利用される。

アスペクト【aspect】①外見。形勢。局面。見地。②文法用語で、相《そう》。

アスペクト レシオ【aspect ratio】縦横の比率。テレビや映画の画面の縦横、飛行機の翼の面積と長さの比率など。アスペクト比。

アスベスト【オランダ asbest】蛇紋石《じゃもんせき》や角閃石《かくせんせき》が繊維状になっているもの。熱・電気の不良導体で、防火・保温、電気の絶縁などに用いられた。中皮腫・肺癌《がん》の原因となるため、使用が規制されている。石綿《いしわた》。

アスペルガー症候群 発達障害の一。対人関係・社会性の障害や常同行動が見られ、自閉症に近いが、著しい言語発達の遅れがないことが特徴。▷オーストリアの精神医学者アスペルガー(Hans Asperger [1906～1980])が報告したことから。

アスペルギルス【ラテン Aspergillus】麹黴《こうじかび》。

アスリート【athlete】運動選手。特に、陸上競技の選手。

アスレジャー【athleisure】スポーツウエアを、日常着とするファッションのこと。アスリージャー。▷アスレチック(運動の)とレジャー(余暇)の合成。

アスレチック【athletic】「運動の」「運動競技の」の意。

アセアン ⇨ASEAN

アセクシュアル【asexual】男女の性別のないさま。また、そのようなファッション-スタイルのこと。

アセスメント【assessment】①評価。査定。開発が環境に及ぼす影響の程度や範囲について、事前に予測・評価することなどにいう。②事前評価。ソーシャル-ワークにおける、クライアントに関する情報収集をいう語。▷略してアセスとも。㊟影響評価

アセチルコリン【acetylcholine】動植物中に含まれる塩基性物質。動物では、神経の興奮伝達物質として働く。

アセチレン【acetylene】可燃性の無色の気体。照明・溶接・切断に利用する。合成樹脂・合成繊維・合成ゴムなど多くの有機化合物を合成する化学工業原料として重要。エチン。

アセット【asset】資産。財産。特に、流動資産や個人の金融資産をいう。

アセット マネージメント【asset management】資産管理。

アセテート【acetate】酢酸エステルおよび酢酸の塩の総称。また、アセテート繊維をいうこともある。

アセテート繊維 酢酸セルロースからつくられる半合成繊維。光沢・感触は絹に似ていて、服地・洋傘地などに幅広く用いられる。アセテート人絹。アセテート-レーヨン。酢酸絹糸。

アセトアミノフェン【acetaminophen】非ピリン系の解熱鎮痛薬。小児の解熱によく用いられる。

アセトアルデヒド【acetaldehyde】特異な刺激臭をもつ無色の液体。有機化学工業の原料、合成染料・プラスチック・合成ゴムなどの中間原料として重要。エタナール。

アセトン【acetone】特異なにおいのある無色の液体。揮発性が大きく引火しやすい。有機溶媒に用いるほか、各種有機合成原料として用いられる。

アセロラ【acerola】キントラノオ科の低木。西インド諸島周辺に分布。サクランボに似た果実は食用で、ビタミンCを多量に含み、ジュース・ジャムなどに加工される。

アセンブラー【assembler】 コンピューターで、アセンブリー言語(機械語を記号化してプログラムしやすくした言語)で記述されたソース-プログラムをオブジェクト-プログラムに変換するためのプログラム。

アセンブリー【assembly】①集会。②機械の組み立て作業や組み立て部品。

アソート【assort】詰め合わせ。盛り合わせ。

アソシエーション【association】①連盟。連合。協会。②心理学で、連想。連合。

アソシエート【associate】結合すること。連結すること。

アダージョ【イタリアadagio】音楽の速度標語の一。ゆるやかに演奏せよの意。ラルゴとアンダンテの中間の速さ。また、その速さで演奏する曲や楽章。アダジオ。

アタック【attack】①運動競技で、攻撃すること。②登山で、登頂をねらうこと。また、難しい岩場やルートに挑戦すること。③一般に、難事にいどむこと。④器楽・声楽で、音の出し始め。

アタッシェ【フランスattaché】大公使館員として派遣される専門職員。駐在武官をいうことが多かったが、近年は科学・軍事・文化など各担当官の総称となる。

アタッシェ ケース【attaché case】書類などを携帯するための角型の手さげかばん。アタッシュ-ケース。

アタッチメント【attachment】①機械・器具などの付属品。②特定の人物に対する心理的な結びつき。愛着。

アダプター【adapter】機械・器具を多目的に使用するための付属品。または、それを取り付けるための補助具。

アダプティブ クルーズ コントロール【adaptive cruise control】自動車において、前走車との車間距離を維持できるよう走行速度を自動で制御する機能。アクティブ-クルーズ-コントロール。ACC。→クルーズ-コントロール

アダプト【adapt】①脚色。翻案。②外界への適合。順応。

アダルト【adult】①大人。大人用。②成人。成人用。特に、性を扱ったものであることを表す場合が多い。③大人らしく落ち着いたさま。

アダルト チルドレン【adult children】両親の愛情に乏しい幼年期を過ごしたために、家庭に対して不信感を持ったまま成長した大人。また母親の保護下にあることでしか安心感を得られないような共依存関係に頼ったままで、大人になりきれない大人をいう。AC。

アダルト ビデオ【和adult＋video】成人向けビデオ映画。AV(エー-ブイ)。

アチーブ アチーブメントの略。

アチーブメント【achievement】①達成。学習成績。②アチーブメント-テストの略。生徒が教科学習によって得た結果を測定する試験。学力テスト。アチーブ。AT。

アッサンブラージュ【フランスassemblage】①組み合わせ。調合。寄せ集め。②既製品や廃品を寄せ集めた美術作品。③ワインをブレンドすること。特に、シャンパンの製造過程で、瓶詰めの前に各種の原酒をブレンドすること。▷アサンブラージュ、アセンブリッジとも。

アッシュ【ash】欧州・北米産のトネリコ。家具・バット・スキーなどに用いる。

アッシュトレー【ashtray】灰皿。▷アシュトレイとも。

アット【atto-】単位に冠して、10^{-18}すなわち100京《けい》分の1の意を表す語。記号a ▷アトとも。

アット ホーム【at home】くつろいださま。家庭的。

アット マーク【at mark; @】①単価…で。…につき。②コンピューターで用いられる情報交換符号の一。電子メールのアドレスでは、ユーザー名とドメイン名を区切る符号として用いられる。▷英語の前置詞atから。

アット ランダム【at random】⇨アト-ランダム

アッパー【upper】他の外来語の上に付いて「上層の」の意。

アッパー チューン【和 upper＋tune】ノリが良く、盛り上がる楽曲。

アップ【up】①上がること。上げること。→ダウン① ②映画・テレビなどで、クローズ-アップ、クランク-アップの略。③うしろ髪を高くかき上げて、頭頂部でまとめた女性の髪形。④ゴルフのマッチ-プレーで、ホール数で勝っていること。⑤他の外来語の上に付いて、上がること、上げること、または、仕上がる、仕上げるなどの意。

アップグレード【upgrade】①等級を上げること。②パソコンのハードウエア・ソフトウエアの性能を、向上させること。

アップサイクル【upcycle】不用品や廃物を再利用して、以前よりも付加価値の高い商品を作り出すこと。古着を再利用して、高品質のバッグを作る場合など。→リサイクル

アップ ダウン【和up＋down】高くなったり低くなったりすること。また、上がったり下がったりすること。起伏。アップ-アンド-ダウン。

アップ ツー デート【up-to-date】最新の。現代的な。今日的な。

アップデート【update】コンピューターで、ファイルに記録されているデータを新しい内容に変えること。

アップ テンポ【up-tempo】楽曲の速度が速く軽快なさま。

アップライト ピアノ【upright piano】弦を垂直に張ったピアノ。主に家庭用。竪形《たてがた》ピアノ。

アップリケ【フランスappliqué】切り抜いた小布や革などを布地の上に縫いつけたり、貼りつけたりする手芸。また、そうしてつくったもの。アプリケ。

アップライジング【uprising】反乱。暴動。

アップリンク【uplink】地上から通信衛星や宇宙船に情報などを送信すること。また、その通信回路。

アップル【Apple】パソコン、スマートフォンの開発・販売などを手がける大手IT企業。1976年設立。

アップローダー【uploader】アップロードを行うソフトウエアの総称。

アップロード【upload】インターネットなどで、自分の端末からデータをホスト-コンピューターへ転送すること。→ダウンロード

アディオス【スペインadiós】さようなら。

アディクション【addiction】麻薬などを常用すること。酒におぼれること。

アディクト【addict】①薬物常用者・乱用者。②何かをとても好む人。偏愛する人。

アディショナル【additional】追加の。

アディショナル タイム【additional time】サッカーのロス-タイム②。

アテスト【attest】①ゴルフで、パートナーのスコア-カードを確認すること。②アチーブメント-テストの略。→アチーブメント

アデュー【フランスadieu】(長期の)別れの挨拶の言葉。さようなら。ごきげんよう。さらば。

アテンション【attention】注意。注目。

アデンダム【addendum】補遺。付録。

アテンダント【attendant】案内係。接客係。→キャビン-アテンダント

アテンド【attend】①人の世話をすること。接待すること。②介護をすること。

アド アドレスの略。住所。居所。

アド【ad】広告。▷アドバタイズメント(advertisement)の略。

アド イン ソフト【add-in software】特定のアプリケーション-ソフトに機能を付加するプログラム。アドオン-ソフト。

アド オン【add on】コンピューター、ステレオなど電気製品の付属装置。付加機器。付属物。

アドバイザー【adviser】助言者。忠告者。顧問。

アドバイザリー ボード【advisory

board】諮問委員会。特に、社外の有識者らによって構成される経営諮問委員会。

アドバイス【advice】助言すること。勧告。忠告。

アドバタイズメント【advertisement】広告。アド。

アド バルーン【和ad＋balloon】広告用の字幕などをつり下げて空にあげる気球。広告気球。アド-バルン。▷明治末頃、日本で考案された。

アドバンス【advance】①進むこと。前進。進歩。②前払い金。前渡し金。③前納金。前借り金。

アドバンスト【advanced】①進んだ。進歩した。先取りの。②高等な。上級の。③(コンピューターなどで)拡張型の。高度な。

アドバンテージ【advantage】①有利。利点。利益。得。②テニス・卓球で、ジュースになってから1ポイント先行すること。③ラグビー・サッカーなどで、反則行為があっても、それを罰しない方が反則を受けた側に有利になると審判が認めて、プレーを続行させること。アドバンテージ-ルール。

アドヒアランス【adherence】患者が積極的に治療方針の決定に参加し、その決定に従って治療を受けること。▷執着の意。患者の治療への積極的な参加を促し、治療成功をめざす。→コンプライアンス②

アトピー【atopy】体質的な皮膚の過敏症。

アトピー性皮膚炎　アトピー体質の人にいろいろな刺激が加わって生じる湿疹。かゆみが強い。

アドベンチャー【adventure】冒険。

アドボ【スペイン adobo】豚や鶏の肉を酢に漬けて下味を付け、炒め煮にしたもの。フィリピンの家庭料理。▷アドボはスペイン語で漬ける意。

アドボカシー【advocacy】主張。弁護。特に、権利擁護の主張。

アド ホック【ラテン ad hoc】特にこのための。特別に。この問題に限る。

アトマイザー【atomizer】噴霧器。香水吹き(スプレー付きの香水容器)など。

アトミック【atomic】原子の、原子力の、の意。

アドミッション【admission】①(入場・入会・入学・入国などの)許可。②入場料。

アドミッション オフィス【admissions office】大学で、選抜も含めた入学業務全般を担当する専門部局。AO。→AO入試

アドミッション ポリシー【admissions policy】大学などが入学希望者に対して提示する募集方針。学生受け入れ方針。入学者受け入れ方針。

アドミニストレーション【administration】統治。行政。管理。

アドミニストレーター【administrator】管理者。行政官。→システム-アドミニストレーター

アドミン【admin】アドミニストレーター・アドミニストレーションの略。

アトム【atom】①ギリシャ思想における「原子」。②近代自然科学における「原子」。▷ギリシャ語atomos(分割できないもの、の意)に由来。

アトモスフィア【atmosphere】①大気。空気。②雰囲気《ふんいき》。気分。

アトラクション【attraction】①主となる催し物に添えて行う、客を集めるための出し物。余興。②人をひきつける力。

アトラクティブ【attractive】人の心をひきつけるさま。魅力的。

アトラス【Atlās】①ギリシャ神話の巨人神。ティタン神族の一人。オリンポスの神々との戦いに敗れ、罰として世界の西の果てで天空を支える役を課せられた。②(atlas)世界地図帳。▷メルカトル以来、地図帳の巻頭にアトラスの絵を描いたことから。

アト ランダム【at random】任意に選び出すさま。無作為にするさま。手当たり次第。アット-ランダム。

アトリウム【ラテン atrium】建物の内部に設けた中庭風の広場。総合設計制

度のもとで公開空地とされる。▷古代ローマの住宅建築から。

アトリエ【フランス atelier】①画家・彫刻家などの仕事部屋。画室。工房。スタジオ。②師匠とその弟子たちからなる芸術家の集団。③写真を撮影する部屋。スタジオ。

アトリビュート【attribute】①属性。特性。②神像・人物像などの特徴や持物《じもつ》。また、神や人物を表すときの表徴。

アド リブ【ad lib】①ジャズで、演奏者が即興的に行う演奏。インプロビゼーション。②演劇・放送で、出演者が台本にない台詞《せりふ》や演技を即興ではさむこと。

アドレス【address】①住所。宛て名。②ゴルフで、クラブをかまえて打つ姿勢をとること。③コンピューターで、メモリー(記憶装置)中の位置を識別するための数字。番地。

アドレセンス【adolescence】子供から大人への移行期。

アドレナリン【adrenaline】副腎髄質から分泌されるホルモン。血糖量を高めたり、心臓の働きを強めて血圧を上げ、気管を拡張させる。強心薬・止血薬・喘息《ぜんそく》鎮静薬として利用。エピネフリン。→ノルアドレナリン

アナ アナウンサーの略。

アナーキー【anarchy】①政府が機能しないで、社会秩序が混乱した状態。無政府状態。②社会の秩序や権威から自由なさま。

アナーキスト【anarchist】無政府主義者。アナキスト。

アナーキズム【anarchism】無政府主義。アナキズム。

アナウンサー【announcer】テレビやラジオ放送で、ニュースを報じたり、番組の司会や実況を行うことを職とする人。また、競技場・劇場・駅などの告知係。アナ。

アナウンス【announce】①マイクを通じて情報や連絡事項などを放送すること。②公式に発表すること。

アナグラム【anagram】言葉を綴《つづ》りかえて、元とは別の意味にすること。また、その遊び。

アナクロ アナクロニズム(anachronism)の略。その時代の一般的な流れに逆行していること。時代錯誤。

アナザー【another】「別の」「もう一つの」の意。

アナフィラキシー【ドイツ Anaphylaxie】抗原抗体反応の一。ある抗原で免疫を得た生体が、同じ抗原の再投与に対してショック症状などの過敏な反応を示すこと。

アナライザー【analyzer】①分析・解析をするための装置。②放送番組に対する視聴者の好みや反応を調査分析する記録装置。③教育機器の一種。生徒に反応ボタンを操作させ、正答率などを分析する装置。

アナリシス【analysis】分解。分析。解析。

アナリスト【analyst】事象を分析し判断する専門家。精神分析医や証券アナリストなど。㊟分析家

アナル【anal】肛門。アヌス。

アナル セックス【anal sex】肛門《こうもん》性交。

アナログ【analog】①物質・システムなどの状態を連続的に変化する物理量によって表現すること。②直感や感覚的なものに重きをおき、より人間的であるさま。また、時代遅れであるさま。→デジタル

アナログ メディア【analog media】情報をアナログ方式で扱う媒体の総称。レコード盤、アナログ放送など。

アナロジー【analogy】①似ている点をもとにして他の事を推し量ること。②論理学で、両者の類似性に基づいて、ある特殊の事物から他の特殊の事物へと推理を及ぼすこと。類比推理。類推。

アニオン【anion】陰イオン。

アニサキス【ラテン Anisakis】回虫目アニサキス属の線虫の総称。成虫は体長5～20センチメートルで、イルカなどクジラ類の胃に寄生する。幼虫は第一中間宿主のオキアミ類を経て第二中間

宿主の魚類やイカに寄生し、体長2センチメートルほどに育つ。魚類の生食に伴い人間の体内に入ると胃や腸壁に侵入して時に激痛や嘔吐《おうと》などを起こす。

アニソン ⇨アニメ-ソング

アニバーサリー【anniversary】記念日。記念祭。

アニマ【ラテン anima】①ユングの用語。男性の心にある無意識的な女性的傾向。→アニムス ②霊魂。

アニマル【animal】動物。

アニマル セラピー【animal assisted therapy】動物との交流によって、心理的・生理的・社会的効果をもたらす療法。AAT。

アニミズム【animism】事物には霊魂(アニマ)など霊的なものが遍在し、諸現象はその働きによるとする世界観。精霊崇拝。

アニムス【ラテン animus】ユングの用語。女性の心にある無意識的な男性的傾向。→アニマ①

アニメ アニメーションの略。

アニメーション【animation】動作や形が少しずつ異なる多くの絵や人形を一齣《ひとこま》ずつ撮影し、映写した時に画像が連続して動いて見えるようにするもの。ビデオ-レコーダーによるものやコンピューター-グラフィックスを応用するものもある。

アニメーター【animator】アニメーションの絵を描く人。また、アニメーションの製作者。

アニメ ソング【和 animation＋song】アニメーション作品の主題歌・挿入歌・イメージ-ソングの総称。アニソン。

アニュアル【annual】年鑑。年報。

アニュアル レポート【annual report】企業の財務内容を盛り込んだ、年次事業報告書。

アヌス【ラテン anus】肛門《こうもん》。

アネクドート【anecdote】①逸話。奇談。②(ロシア anekdot)特にロシアで、鋭い風刺や体制批判を含んだ政治的な一口噺《ひとくちばなし》。

アネックス【annex】①付録。②別館。

アノテーション【annotation】文章の意味や語句について加えられる説明。注釈。注解。

アノニマス【anonymous】作者不詳の。匿名の。

アノマリー【anomaly】株式市場などでの経験則。理論では説明できないが経験的には説明できる市場変動の法則。▷原義は例外・変則などの意。

アノミー【フランス anomie】個人や集団相互の関係を規制していた社会的規範が弛緩《しかん》または崩壊したときに生ずる混沌《こんとん》状態。デュルケームが概念化した語。

アノレクシア【anorexia】食物をとることを拒否する症状。拒食症。

アパート 一棟の建物の内部を仕切り、それぞれ独立した住居として貸すもの。共同住宅。▷アパートメント-ハウス(apartment house)の略。

アバウト【about】おおまかな。大ざっぱな。▷英語の「おおよそ」「大体」などの意からの転用。

アパシー【apathy】①本能や情感に乱されない無感動な心の状態。②政治的無関心。③勉学や仕事などへの意欲が乏しく、無気力な状態。無気力症。▷「パトスが無いこと」の意。

アバター【avatar】①分身。②インターネット上で、つくったオリジナルのキャラクター。自分の分身として、ネットワーク-ゲームなどで利用する。▷元はヒンドゥー神話で、この世に現れた神の化身の意。

アパタイト【apatite】リン酸カルシウム(フッ素・塩素などを含む)を主成分とする鉱物。骨や歯の主要構成物。褐色・緑色・灰色、多くは半透明。人工的にも合成され、人工骨・歯の材料とし、また感ガス・感湿センサーとして用いる。燐灰石《りんかいせき》。

アパッチ【Apache】①アメリカ合衆国のアリゾナ・ニューメキシコなどの州に居住するネーティブ-アメリカンの一民族。最後まで国家支配に抵抗。②

WWWサーバーを構築するためのソフトウエアの一。オープン-ソフトウエア運動の中で多くの改良(a patch)が加えられてきたことからの称。③アメリカ軍の攻撃ヘリコプターの名称。

アパルトヘイト【アフリカーンス apartheid】 南アフリカ共和国がかつてとっていた人種差別政策。▷隔離の意。

アパルトマン【フランス appartement】 アパート。

アパレル【apparel】 服装。衣類。衣服。衣料。特に、既製服。▷服装の意。

アバン ギャルド【フランス avant-garde】 ①第一次大戦前後にヨーロッパに起こった芸術上の革新運動。主に抽象主義とシュールレアリスムをさす。前衛派。②前衛芸術。▷軍隊用語で、前衛部隊の意。

アバン ゲール【フランス avant-guerre】 ①第一次大戦前の芸術上の思潮。自然主義・現実主義・印象主義など。戦前派。②第二次大戦前に成人し、その思想・生活態度を身につけている人。戦前派。▷戦前の意。

アバンチュール【フランス aventure】 危険な恋愛。恋の火遊び。▷冒険の意。

アヒ【ハワイ ahi】 鮪《まぐろ》。

アピアランス【appearance】 ①出現。出演。出廷。②外観。形勢。

アヒージョ【スペイン ajillo】 タパスの一。魚介や野菜などを、にんにく入りのオリーブ油で煮込むスペインの小皿料理。→タパス

アピール【appeal】 ①人々に訴えかけること。②訴えかける力。魅力。③運動競技で、選手が審判の判定に不服を申し立てること。▷アッピールとも。

アピール ポイント【appeal point】 魅力的な点。特別に強調したい特長。

アビタシオン【フランス habitation】 アパート・団地などの名称に用いられる語。▷住む・住居の意。

アビューズ【abuse】 ①(権力・薬物などの)乱用、悪用。②誤用。③虐待。

アビリティー【ability】 能力。技量。才能。

アファーマティブ アクション【affirmative action】 ⇨ポジティブ-アクション

アフィリエート【affiliate】 加入すること。提携すること。

アフィリエート プログラム【affiliate program】 インターネット上のバナー広告からアクセスしてきたユーザーが買物をした場合、その金額に応じて掲載者に報酬が支払われるシステム。アソシエート-プログラム。

アブー【アラビア Abū】 アラビア語で「〜の父」の意。例えば、アブー=バクルはバクルの父。

アフォーダブル【affordable】 値段が手頃な。「—な価格」

アフォーダンス【affordance】 環境の意味や価値は認識主体によって加工されるのでなく、環境からの刺激情報のうちにすでに提供され、固有の形をとっているという思想。▷知覚心理学者J. ギブソンの理論。

アフォリズム【aphorism】 簡潔な表現で人生・社会などの機微をうまく言い表した言葉や文。金言。警句。箴言《しんげん》。

アフガン【Afghan; afghan】 ①「アフガニスタンの」「アフガニスタン人(語)」の意。②毛糸で編んだ、柔らかい毛布・肩掛けなど。③アフガニスタンの略称。

アフガン編み 手編みの一種。先がかぎになった棒針を用いる、かぎ針編みと棒針編みの混合された編み方。

アブサン【フランス absinthe】 リキュール酒の一種。ニガヨモギを主成分とした、アルコール分70%前後の緑色の洋酒。アプサン。アブサント。

アブストラクト【abstract】 ①文献などの、要約・抜粋。②抽象的なさま。→コンクリート

アフタ【aphtha】 口腔粘膜に生ずる小さい有痛性の白斑状糜爛《びらん》。原因不明の再発性のものが多い。

アフター【after】 他の外来語に付いて「あとの」「のちの」などの意を表す。

アフターケア【aftercare】 ①患者の健康管理を行いつつ、社会復帰をする

ためのプログラム。②アフター-サービスに同じ。

アフター コロナ【和after＋corona】新型コロナウイルス感染症(COVID-19)の流行が収まった後の社会・生活の状態。

アフター サービス【和after＋service】売った商品の修理や手入れについて、売り手が消費者に一定期間奉仕すること。

アフター ファイブ【和after＋five】①仕事を終えた後のプライベートな時間。▷一般に午後5時が終業であることから。②夜の集まりのための服装。夜のフォーマル-ウエア。アフター-シックス。アフター-ダーク。

アブダクション【abduction】①仮説的推論。②誘拐。

アブノーマル【abnormal】正常な状態ではないさま。病的。変態的。→ノーマル

アプライ【apply】適用すること。申し込むこと。

アプライアンス【appliance】パソコン以外で、インターネットへの接続が可能な機器の総称。携帯電話・ゲーム機・情報家電など。インターネット-アプライアンス。▷装置の意。

アプリ アプリケーション-ソフトウエアの略。特に、スマートフォンやタブレット用のものをいう。→アプリケーション-ソフトウエア

ア プリオリ【ラテン a priori】生得的に与えられていること。先立つものとして与えられていること。▷「より先のものから」「先天的」の意。→ア-ポステリオリ

アプリケーション【application】①適用。応用。②申し込み。申請。③⇨アプリケーション-ソフトウエア

アプリケーション サービス プロバイダー【application service provider】サーバーに導入したアプリケーション-ソフトを、ネットワークを介してユーザーに利用させるサービス事業者。アプリケーション-ホスティング。ASP。

アプリケーション ソフトウエア【application software】ワープロ-ソフト・表計算ソフトなどのように、特定の仕事をするためにつくられたソフトウエア。アプリケーション-ソフト。アプリケーション-プログラム(AP)。

アプリケーター【applicator】塗布や装着のために用いる器具。

アプリコット【apricot】杏《あんず》。

アプレ ゲール【フランスaprès-guerre】①第一次大戦後フランスやアメリカなどで興った風俗革命・新芸術運動。②戦後派。日本で、第二次大戦後、野間宏・中村真一郎などが旧世代の文学者と自らを区別するために用いた。アプレ。▷戦後の意。

アフ レコ【和after＋recording】映画・テレビで、画面だけを撮影し、あとから台詞《せりふ》や音などを録音すること。ポスト-スコアリング。

アフロ【Afro】①アフロ-ヘアの略。パーマをかけてちりちりに縮らせ、丸く刈りそろえた髪形。②他の外来語に付いて、「アフリカ(人)の」の意を表す。

アプローチ【approach】①ある目的のために人に近づくこと。親しくなろうとすること。②学問・研究などの、対象に接近すること。また、接近のしかた。研究法。③道路・門から建物・玄関口までの通路。④ゴルフで、グリーン上のホールをめがけて打つ寄せ打ち。アプローチ-ショット。⑤スキーのジャンプ競技や陸上競技の走り幅跳びで、スタートから踏み切るまでの間。⑥登山で、目的の山の山域に至るまでの行程。

アベイラビリティー【availability】コンピューターで、システムの性能の度合い、または稼働率のこと。可用性。

アベイラブル【available】利用できること。入手可能なこと。

アペタイザー【appetizer】食欲をそそるための、食前酒や軽い前菜など。アピタイザー。

アベック【フランスavec】男と女が二人連れであること。二人連れの男女。▷「…とともに」の意。

アヘッド【ahead】球技などで、得点の上で先行していること。リード。

アベニュー【avenue】大通り。並木道。街路。

アペリティフ【フランス apéritif】食欲をそそるため食前に軽く飲む酒。食前酒。

アベレージ【average】①平均。標準。②野球で、打率。

アペロ【フランス apéro】アペリティフ(食前酒)の略。

アベンジャー【avenger】仇《かたき》を討つ人。

アペンディックス【appendix】付録。追加。補遺。

アペンド【append】コンピューターで、作成済みのファイルにデータを追加すること。→インサート③

アポイント アポイントメント(appointment)の略。面会・会合の約束。アポ。

アボート【abort】コンピューター-プログラムの実行中に、故障やエラーなどによりデータ処理を中断すること。

アボカド【avocado】クスノキ科の常緑高木。中米原産。果実は黒緑色または緑色の洋梨形または楕円形で、中に大きな種子が1個ある。果肉は黄緑色のチーズ状で、脂肪・タンパク質を含み、生食される。ワニナシ。▷アボガドとするのは正しくない。

アボガドロ定数 炭素12の12グラム中に含まれる炭素原子の数。1モルの物質中に存在するその物質の構成粒子(原子・分子・イオン)の個数に等しい。$6.02214076 \times 10^{23} \mathrm{mol}^{-1}$ 記号 N_A または L　▷イタリアの物理学者・化学者アボガドロ(A. Avogadro)にちなむ。

アポカリプス【apocalypse】①天啓。黙示。②(the Apocalypse)新約聖書のヨハネ黙示録。

アホ毛 ①まとまった髪から飛び出ている短い毛。②アニメのキャラクターなどで、触覚のように立っている髪の毛の房。

ア ポステリオリ【ラテン a posteriori】生得的ではなく、経験・学習によって得られること。認識・概念などが経験を根拠にして成り立っていること。▷「より後のものから」「後天的」の意。→アープリオリ

アポストロフィ【apostrophe】ローマ字表記で、文字の右肩に付けられる「'」の記号。英語では縮約形や所有格であることなどを表す。

アポ電 身内を装って電話をかけ「電話番号が変わった」などと嘘《うそ》を言って番号登録をさせ、後日同じ電話番号から電話をかけて金を騙《だま》し取る詐欺《さぎ》手法。トラブルに巻き込まれたなどの理由をつけて金を振り込ませる。アポ電詐欺。▷アポはアポイントメント(約束・面会)の略。

アポトーシス【apoptosis】細胞が自己のもつプログラムにより、計画的に脱落死する現象。オタマジャクシの尾の変態などにみられる。壊死《えし》とは区別される。

アポリア【ギリシャ aporia】問題を解こうとする過程で、出合う難関。難問。哲学では、同じ問いに対して二つの合理的に成り立つ、相反する答えに直面すること。論理的難点。▷「道がないこと」の意。

アボリジニ【Aborigine】オーストラリア大陸の先住民の総称。▷ヨーロッパ人による通称。アボリジニー・アボリジンとも。

アマゾン【Amazon】ネット通販・ウェブ-サービス・電子書籍・動画配信などを手がける大手IT企業。1994年設立。

アマチュア【amateur】芸術・学問・スポーツなどを、職業ではなく、趣味や余技として行う人。素人。愛好家。アマ。→プロフェッショナル

アマチュアリズム【amateurism】主にスポーツの世界で、営利を考えず、純粋にスポーツを楽しもうとする考え方。アマチュア精神。

アマルガム【amalgam】①水銀と他の金属との合金の総称。スズや銀のアマルガムは歯科治療に用いる。▷白金・鉄・ニッケル・コバルト・マンガンなどはアマルガムにならない。②転じて、異なったものが融合したようすをたとえてい

う。

アマレット【イタリアamaretto】イタリアのミラノ周辺でつくるリキュール。アーモンドに似た香味を有する。

アミ【フランスami; amie】親しい友人。また、愛人。

アミーゴ【スペインamigo】友達。友人。仲間。

アミド【amido】①アンモニアの水素原子を、アシル基で置換してできた化合物の総称。酸アミド。②アンモニアまたはアミンの水素原子を金属原子で置換してできた化合物の総称。金属アミド。

アミノ【amino】①1価の基-NH_2の名称。②アミノ基に関連していることを表す語。

アミノ酸【amino acid】塩基性のアミノ基と酸性のカルボキシル基とをもつ有機化合物の総称。タンパク質の構成単位で、タンパク質を加水分解して得る。グリシン・アスパラギン・グルタミン酸・リシンなどが代表的なもの。

アミューズ【amuse】楽しませること。面白がらせること。

アミューズメント【amusement】娯楽。遊戯。[案]娯楽

アミューズメント パーク【amusement park】遊園地。→テーマ-パーク

アミューズメント ホテル【和amusement＋hotel】⇨ブティック-ホテル

アミュレット【amulet】お守りとする装飾品。

アミラーゼ【ドイツAmylase】デンプンやグリコーゲンを加水分解してマルトース(麦芽糖)やグルコース(ブドウ糖)を生成する酵素の総称。植物・動物・微生物に広く存在し、動物では消化酵素として重要。

アミロイド【amyloid】アミロイドーシスで種々の器官に沈着する物質。類デンプン質。類デンプン体。

アミロース【amylose】アミロペクチンとともにデンプンの構成成分。数百個のブドウ糖が鎖状につながったもので、普通のデンプン中に20～30％含まれている。ヨウ素デンプン反応により濃青色を呈する。

アミロペクチン【amylopectin】アミロースとともにデンプンの構成成分。普通70～80％含まれている。千数百個のブドウ糖分子が枝分かれしながらつながったもので、ヨウ素デンプン反応では赤紫色に呈色する。

アミン【amine】アンモニアの水素原子をアルキル基などの炭化水素基で置換した形の化合物の総称。炭素数の少ない鎖状のアミンは生物体が腐敗する際に生じ、その悪臭の原因となる。化学合成上重要な物質。

アムール【フランスamour】愛。愛情。恋愛。

アムネスティ インターナショナル【Amnesty International】政治権力による人権侵害から人々を守るための民間の国際的人権擁護団体。「良心の囚人」の釈放、死刑・拷問の廃止、難民の保護などを目的とする。1961年創立。国際事務局はロンドン。AI。▷アムネスティは、恩赦、特赦の意。

アメーバ【ドイツAmöbe】原生動物肉質綱、根足虫類の一群。体は1個の細胞からなり、分裂してふえる。大きさは0.02～0.6mm。一定の形をもたず、葉状の仮足を出して運動する。淡水・海水・土壌中にすむが、寄生するものもある。アミーバ。

アメシスト【amethyst】紫水晶。▷アメジストとも。

アメショー アメリカン-ショートヘア(ネコの一品種)の略。

アメダス ⇨AMeDAS

アメトラ アメリカン-トラディショナル(ファッションの一分野)の略。

アメニティー【amenity】①快適さ。喜ばしさ。②都市計画がめざす居住環境の快適性。総合的な住み心地の良さ。③生活を快適にする施設・設備。文化施設。④ホテルなどの設備や調度の総称。また、客室内の備品の総称。[案]快適環境／快適さ

アメラジアン【Amerasian】アメリカ

人とアジア人を両親にもつ子ども。▷AmericanとAsianから。

アメリカーノ〔Americano〕エスプレッソに湯を加えてつくるコーヒー。

アメリカナイズ〔Americanize〕アメリカ化すること。

アメリカン〔American〕「アメリカの」「アメリカ人の」「アメリカ式の」の意。

アメリカン ドッグ〔和American＋dog〕串に刺したソーセージに甘味の衣を付けて、油で揚げた食べ物。

アメリカン トラディショナル〔American traditional〕アメリカ東部の名門校の学生に多く見られる服装。アイビー-ルックやプレッピー-ルックなど。アメリカン-トラッド。

アメリカン ドリーム〔American dream〕民主主義・自由・平等といった、アメリカ建国以来の理想。また、それを体現するアメリカの文化・社会。転じて、経済的・社会的な成功。

アモーレ〔イタリアamore〕①愛。恋。②愛する人。

アモルファス〔amorphous〕固体を構成する原子または分子・イオンが、結晶のような規則正しい配列をせずに集合している状態。また、そのような物質。非晶質。

アラート〔alert〕警告文。警告音。

アラーム〔alarm〕①警報装置。②目覚まし時計。

アライ〔ally〕同盟国。連合国。同盟者。協力者。

アライアンス〔alliance〕①同盟。連合。提携。②企業連合。特に、航空産業での国際的な企業連合をいう。

アライメント〔alignment〕①一列に並べること。②機械装置のさまざまな部品を調節すること。

ア ラ カルト〔フランスà la carte〕メニューから好みの物を選んで注文する料理。一品料理。▷献立表によって、の意。→ターブル-ドート

アラカン 還暦を迎える60歳前後の年頃。また、その人。アラ還。▷アラウンド還暦の略。→アラサー・アラフィー・アラフォー

アラサー 30歳前後の年頃。また、その人。▷around 30(アラウンド-サーティー)の略。→アラカン・アラフィー・アラフォー

アラザン〔フランスargent〕砂糖とデンプンを混ぜて粒状にし、食用銀粉を付着させたもの。洋菓子の装飾に用いる。

アラビアータ〔イタリアarrabbiata〕赤唐辛子をきかせたトマト-ソース。▷arrabbiato(怒った、ぴりっとした)から。

アラビア数字 現在使用している算用数字。0·1·2·3…など。インドで考案され、アラビア人がヨーロッパに伝えたのでこの名がある。

アラブ〔Arab〕①アラブ人。②ウマの品種名。アラビア半島原産の乗用馬。サラブレッドより小柄でスピードではサラブレッドに劣るが、耐久力に富む。アラビア馬。③アングロ-アラブ(Anglo-Arab)の略。ウマの品種名。フランスでアラブとサラブレッドを交配して作り出したウマ。性質がおとなしく、乗馬用として優れる。

アラフィー 50歳前後の年頃。また、その人。アラフィフとも。▷around 50(アラウンド-フィフティー)の略。→アラカン・アラサー・アラフォー

アラフォー 40歳前後の年頃。また、その人。▷around 40(アラウンド-フォーティー)の略。→アラカン・アラサー・アラフィー

アラベスク〔フランスarabesque〕①イスラム美術の装飾文様。植物の蔓《つる》・葉・花の図案化、星形の展開など、対称性に富む文様。②①を思わせるような装飾的かつ技巧的な器楽曲。③バレエで、片足で立ち、他の足を90度以上に開いて上げ、手を前後に伸ばすか両手を前に差し出したポーズ。

ア ラ モード〔フランスà la mode〕最新流行。また、その型。▷流行に沿って、の意。

アリア〔イタリアaria〕①オペラなどの劇音楽や宗教声楽曲で歌われる器楽伴奏つきの旋律的な独唱歌。詠唱。②演奏会用に作曲された抒情的な小歌曲や器楽曲。

アリアドネの糸 難問解決の手引き・方法。▷ミノタウロスを退治したテセウスにクレタ王ミノスの娘アリアドネ(Ariadnē)が糸玉を与えて迷宮を通り抜けさせたというギリシャ神話から。

アリーナ【arena】①古代ローマの円形劇場内の闘技場。一般には周囲に観客席のある競技場・演技場のこと。アレナ。②①の競技場部分に特設された観客席。

アリバイ【alibi】犯罪などの事件が発生した時、被疑者がその事件の起こった現場にいなかったという証明。現場《げんじょう》不在証明。不在証明。▷もとラテン語で「他の所に」の意。

アリラン 朝鮮の民謡。各地にあるが、いずれもアリランで始まり、哀愁に満ちた3拍子の曲。

アルカイダ【al-Qaeda】中東を拠点とする、イスラム過激派の国際ネットワーク。ウサマ=ビン=ラディンが1990年頃に創設。米国同時多発テロ事件(2001年)などを起こした。▷拠点・基地の意。

アルカイック【フランスarchaïque】古拙な。古風な。アーケイック。▷美術発展の初期の段階、特に紀元前7世紀半ばから紀元前5世紀初めにかけてのギリシャ美術についていう。

アルカイック スマイル【archaic smile】古拙の微笑。ギリシャの初期の彫刻に特有の表情。唇の両端がやや上向きになり、微笑を浮かべたようにみえる。中国の六朝《りくちょう》時代や日本の飛鳥《あすか》時代の仏像にみられる同じ表情をもさす。アーケイック-スマイル。

アルカディア【Arkadia】ギリシャ南部、ペロポネソス半島中央部の山がちな地域。高山や峡谷で他の地域から隔絶され、古くから牧歌的理想郷の代名詞とされた。

アルカリ【オランダalkali】水に溶ける塩基の総称。特に、水酸化ナトリウム・水酸化カリウムなどのアルカリ金属・アルカリ土類金属の水酸化物。▷もとアラビア語で「灰」の意。

アルカリ性 アルカリの示す性質。酸と作用して塩を生じ、赤色リトマス試験紙を青変する。塩基性。

アルカロイド【alkaloid】植物体に含まれる窒素を含む塩基性の有機化合物。多くは酸と結合して塩になっている。毒性や特殊な生理・薬理作用をもつものが多い。タバコのニコチンや茶のカフェイン、ケシのモルヒネなど。植物塩基。

アルカン【alkane】鎖式飽和炭化水素の総称。一般式C_nH_{2n+2}　nが1から4のものは常温で気体、5から15は液体、それ以上は固体。石油に多く含まれ、分留によって得られる。化学的に安定。メタン・エタン・プロパン・ブタンなど。パラフィン炭化水素。メタン系炭化水素。鎖状飽和炭化水素。

アルコーブ【alcove】室内の壁面につくられたくぼみ。または、外側に張り出してつくられた付属的な小部屋。彫刻などの美術品を置くのに用いる。

アルコール【オランダalcohol】①鎖式・脂環式炭化水素の水素原子をヒドロキシル(水酸)基で置き換えた化合物の総称。メタノール、エタノールがその代表的な例。無色、揮発しやすい液体で燃えやすく、有機物をよく溶かす。燃料・溶媒とするほか酒類や医薬の製造などに用いる。②(エタノールが主成分であることから)酒類のこと。

アルコール ハラスメント【和alcohol+harassment】飲酒の強要や酔ってからむ行為など、飲酒にまつわるさまざまないやがらせ行為の総称。アルハラ。

アルコール フリー【alcohol-free】飲食物・化粧品などで、アルコールが含まれていないこと。

アルゴリズム【algorithm】①計算や問題を解決するための手順・方式。②コンピューターのプログラムに適用可能な手続きや手順。▷もとは算用数字を用いた筆算のこと。アラビアの数学者アル=フワリズミの名にちなむ。

アルゴリズム取引 株式の売買において、株価や出来高などに応じ、コンピューター-システムが自動的に注文する

取引。→アルゴリズム

アルゴン【argon】希ガス元素の一。元素記号Ar　原子番号18。原子量39.95。無色・無臭の気体。空気中に約0.934％存在する。白熱電灯・蛍光灯などの充塡《じゅうてん》ガスに用いる。

アルタイル【Altair】鷲《わし》座のアルファ星。明るさ0.8等。地球からの距離17光年。夏の宵、天の川を隔てベガ(織女星)と対し、七夕にまつられる。中国名は牽牛《けんぎゅう》。彦星。

アルチザン【フランス artisan】①職人。②技術は優れているが、創造的精神の乏しい人。職人的芸術家。▷アルティザンとも。

アルツハイマー病 主として高齢期に発症し、記憶障害や見当識障害、パーソナリティー障害、失行症などが徐々に進行し、日常生活に支障を来すようになり、末期には全身が衰弱する。脳の広範な萎縮《いしゅく》が認められ、大脳皮質に老人斑などの変性が見られる。原因は不明。▷ドイツのアルツハイマー(A. Alzheimer [1864～1915])が報告。

アルティメット【ultimate】①究極の。最後の。②フライング-ディスクを使用する、アメリカン-フットボールに似た競技。アメリカで考案。

アルデヒド【aldehyde】分子内にアルデヒド基をもつ化合物の総称。メチル基のついたアセトアルデヒドを単にアルデヒドということもある。酸化されてカルボン酸になる。還元性が強い。

アル デンテ【イタリア al dente】少し歯ごたえの残るゆで加減のこと。主としてパスタの場合にいう。

アルト【イタリア alto】①低い音域の女声。また、その音域の声部や歌手。②多く管楽器で、アルトの音域の楽器。アルト-サクソフォーンなど。また、特にフランスでビオラの別名。▷「高い」の意。テノールより高いところから。

アルトコイン【altcoin】ビットコイン以外の暗号資産の総称。▷alternative coin(代替コイン)の略。

アルバイター【ドイツ Arbeiter】臨時雇いの労働者。アルバイト。バイト。→フリーター

アルバイト【ドイツ Arbeit】①学業や本業のかたわらに賃仕事をすること。内職。また、それをする人。バイト。②学問上の業績。③アルバイターに同じ。▷仕事・業績の意。

アルパカ【alpaca】①偶蹄目ラクダ科の家畜。主に毛を利用するために南アメリカのアンデス地方で飼育される。②①の毛の繊維から製した糸・織物など。光沢と弾力がある。

アルバトロス【albatross】①アホウドリ。②ゴルフで、そのホールの基準打数(パー)より3打少ない打数でホール-アウトすること。ダブル-イーグル。

アルバム【album】①写真・切手などを貼って保存するための帳面。②ブック型のレコード入れ。③いくつかの曲を集めてつくったレコードやCD。

アルハラ ⇨アルコール-ハラスメント

アルヒ【モンゴル arkhi】モンゴルの蒸留酒。

アルピニスト【alpinist】登山家。特に、専門的な技術を身につけて登山を行う人。

アルビノ【albino】動物で、先天的にメラニン色素が欠乏あるいは欠如している個体。白子《しらこ》。アルビーノ。

アルファ【alpha; A・α】①ギリシャ語アルファベットの第1字。②最初。はじめ。→オメガ ③野球で、最終回裏の攻撃が終了せずに後攻チームの勝利が決した時、未了の部分があることを表す符号。もとはαで、現在はXで表す。公式用語ではない。④基本となる数量に付け加える若干の量。

アルファ ブロガー【alpha blogger】読者が数多く訪れ、影響力をもつブログの、執筆・運営者のこと。

アルファベット【alphabet】一定の順序に並べられた、西欧語の文字の総称。普通はローマ字をいう。▷ギリシャ文字の初めの2字α(アルファ)とβ(ベータ)とを合わせてよんだことから。

アルファルファ【alfalfa】マメ科の多年草。西アジア原産。栄養に富む良質の飼料作物。芽生えたばかりのも

のをサラダなどにして食用とする。

アルブミン【albumin】動植物の細胞・体液などに含まれる一群の可溶性タンパク質の総称。単純タンパク質の一つ。水溶液を加熱すると変性して凝固する。卵の白身や血清・乳汁などに含まれる。卵白アルブミン・血清アルブミンなど。

アルペジオ【イタリア arpeggio】分散和音の一種。一個の和音に属する各音を、連続的に速く奏すること。琵音。アルペッジョ。▷ハープを弾く、の意から。

アルペン【ドイツ Alpen】①アルプス。②(アルプス地方で発達したことから)スキー競技で、滑降・回転・大回転・スーパー大回転の4種目および、その複合競技。斜面を滑りおりる速さを競う。

アルマイト【和 Alumite】アルミニウムの表面を、電解法などによって酸化させて酸化物の膜を作り、腐食しにくくしたものの商標名。台所用品をはじめ多くの製品に利用される。

アルマゲドン【Armageddon】⇨ハルマゲドン

アルマナック【almanac】①ヨーロッパの伝統的な生活暦。日の出や日没時刻・月相・聖人祝日・祝祭などのほか、重要な歴史的事件や俚諺《りげん》も記載されている。②年鑑。イヤーブック。

アルマニャック【フランス armagnac】フランス南西部の旧アルマニャック地方で造られるブランデー。一般にコニャックに比べると辛口。

アルミ アルミニウムの略。

アルミナ【alumina】アルミニウムの精錬原料。白い粉末で、水に不溶の両性酸化物。研磨材・耐火材料としても使われる。天然には鋼玉やルビー・サファイア・金剛砂として産する。酸化アルミニウム。

アルミニウム【aluminium; aluminum】ホウ素族元素の一。元素記号 Al 原子番号 13。原子量 26.98。比重2.70(20℃)。銀白色の軟らかくて軽い固体金属。加工しやすい上に、軽くて耐食性があるため、建築・化学・家庭用製品などに広く用いる。酸に弱い。

アレイ【array】整列。配列。

アレクサンドライト【alexandrite】金緑石の一。太陽光下で暗緑色、電灯光下で暗赤色を呈する宝石。アレクサンドル石。アレキサンドライト。

アレグロ【イタリア allegro】音楽の速度標語の一。「速い速度で、軽快に(演奏せよ)」の意。また、その速さで演奏する曲や楽章。

アレゴリー【allegory】ある物事を比喩《ひゆ》を用いて一つの話にまとめ風刺・教訓などを暗示的に表す文芸の技法。諷喩《ふうゆ》。寓喩《ぐうゆ》。

アレルギー【ドイツ Allergie】①ある種の物質の摂取または接触により生体内に抗体がつくられ、同じ物質の再摂取または再接触により抗原抗体反応が起きて病的症状が現れる状態。②ある物事を頭から拒否する心理的反応。

アレルゲン【allergen】アレルギー反応のうち、IgE抗体が関与するものの原因になる抗原性物質。花粉・塵《ちり》や動物の毛など吸入性のもの、魚肉・鶏卵・牛乳など食物性のもの、金属・ゴムなど接触性のものなどさまざまある。

アレンジ【arrange】①並べること。整え、配列すること。②てはずを整えること。手配すること。③編曲すること。脚色すること。

アロイ【alloy】合金《ごうきん》。

アロエ【オランダ aloë】ユリ科アロエ属の多肉植物の総称。アフリカ原産。葉は剣状で、多く縁にとげがあり、互生または根生し、健胃・緩下・傷薬とする。観賞用・薬用に栽培。医者いらず。

アローワンス【allowance】①手当・引当金。許可。②価格設定において、価格割引をとらないで実質的に値引と同じ効果の提供を制度化すること。下取り、リベート、小売業者の販売促進活動に対する資金援助など。

アロケーション【allocation】割り当て。配分。

アロハ【ハワイ aloha】「こんにちは」「さようなら」の意の挨拶《あいさつ》言葉。

アロマ【aroma】香気。芳香。

アロマテラピー【aromatherapy】芳香性の物質を外用する治療・健康法。アロマセラピー。

アロワナ【arowana】オステオグロッスム目の淡水魚。観賞用の熱帯魚。南アメリカ大陸のアマゾン川流域などに分布。また、体形の似たレッドアロワナ・グリーンアロワナは東南アジアに分布。

アワー【hour】時間。時間帯。

アワード【award】賞。賞品。アウォード。

アンインストール【uninstall】インストールされているソフトウエアを削除すること。→インストール

アンカー【anchor】①錨《いかり》。②リレーの最終走者・泳者。③綱引きで最後尾の人。④雑誌などで、取材記事を最終的にまとめあげる人。また、ニュース番組などの総合司会者。アンカーパーソン。アンカーマン。

アンガー マネージメント【anger management】自分自身に生じた怒りの感情をうまく制御すること。またそのための学習や訓練。

アンガージュマン【フランスengagement】フランス実存主義の用語。状況に自らかかわることにより、歴史を意味づける自由な主体として生きること。▷関与・拘束の意。

アングラ ⇨アンダーグラウンド②

アングラー【angler】釣り人。釣り師。

アンクル【uncle】おじ。おじさん。

アンクル パンツ【ankle pants】くるぶし丈のパンツ(ズボン)。

アングル【angle】①角度。②カメラアングルの略。撮影するときのカメラの角度。③物の見方。観点。④かど。すみ。

アンクレット【anklet】①足首につける飾り。②足首までの短いソックス。

アングロ【Anglo】イングランドの、英国(人)の、の意を表す接頭語。

アングロ サクソン【Anglo-Saxon】①5世紀頃よりドイツ北西部から移動、グレートブリテン島に定住したゲルマン民族の一派。現在のイギリス国民の多数を占める。②イギリス国民およびイギリス系の人々やその子孫。

アンケート【フランスenquête】①関係者や有名人に一定の質問形式で意見を問うこと。②街頭などで行う一定の質問形式による意見調査。▷調査・質問の意。

アンコー【暗刻】麻雀用語。手のうちで同一牌《パイ》が3つそろったもの。アンコ。▷中国語。

アンコール【encore】①音楽会で予定の演奏を終了したあと、客が演奏者に追加の演奏を望むこと。また、その追加の演奏。②再上演。再放送。再上映。▷もう一度の意。もとはフランス語。

アンゴラ【angora】アンゴラウサギ・アンゴラヤギの毛。▷アンカラの旧称から。→モヘア

アンサー【answer】答え。返事。

アンサー ソング【answer song】既存の歌に対して、返答や反応、また、その後の展開として作られた歌。

アンサンブル【フランスensemble】①合奏。合唱。重奏。重唱。②演奏団体。③合奏や演技の調和の具合。④組み合わせて着ることを意図してつくられた一そろいの服。⑤長着と羽織を同じ布地で仕立てた和服。

アンシャン レジーム【フランスancien régime】革命以前の制度や社会。特に、フランス革命前の身分制度と封建特権のからみあった社会体制。旧制度。▷古い制度の意。

アンジュレーション【undulation】①起伏。うねり。②ゴルフ場のコース内の地面の起伏。

アンセム【anthem】イギリス国教会で用いられる礼拝用合唱曲。

アンゼリカ【ラテンAngelica】セリ科の多年草。ヨーロッパのアルプス地方に自生。

アンソロジー【anthology】一定の主題・形式などによる、作品の選集。また、抜粋集。佳句集。詞華集。

アンダー【under】①写真で、露出または現像が不十分なため、画像が淡い

こと。②他の外来語の上に付いて、「下」の意を表す。→オーバー

アンダーグラウンド【underground】①地下の。秘密の。②商業性を無視した前衛芸術ないし実験芸術の風潮。また、その芸術。アングラ。

アンダークラス【underclass】下層階級。

アンダー コントロール【under control】抑制・制御されていること。

アンダー バー【under bar; _ 】下線符号。コンピューターで用いられる情報交換符号の一。アンダー-スコア。

アンダー バスト【under bust】乳房のふくらみの下を水平に1周した寸法。また、その位置。

アンダーライン【underline】心覚えや注意をひくため、横書きの文章の必要な箇所の下に引く線。

アンタイド【untied】ほどけた。解放された。自由になった。

アンタッチャブル【untouchable】①手をつけてはいけないこと。②インドのカースト制度のもとで、バルナ(四種姓)の外に置かれた最下層身分の人々の称。

アンタレス【Antares】蠍座《さそりざ》のアルファ星。明るさ1.0等。地球からの距離は500光年。夏の宵、南天の地平線近くに見える赤い星。代表的赤色巨星。豊年星。中国名、大火・火。▷火星に対抗するもの、の意。

アンダンテ【イタリア andante】音楽の速度標語の一。モデラートとアダージョとの中間の速度。歩くくらいの速度。また、その速さで演奏する曲や楽章。

アンチ【anti】名詞に付いて、「反対の」「…でない」「…に対する」などの意を表す。アンティ。

アンチ エージング【anti-aging】老化を防止すること。医療・美容・整形などでいう。抗老化。

アンチグレア【anti-glare】⇨ノン-グレア

アンチテーゼ【ドイツ Antithese】①ある理論・主張を否定するために提出される反対の理論・主張。②弁証法で、定立の命題を否定する命題。反定立《はんていりつ》。

アンチノミー【ドイツ Antinomie】哲学で、二つの相矛盾する命題である定立とその反定立が等しい合理的根拠をもって主張されること。二律背反。

アンチヒーロー【antihero】小説・ドラマなどで、一般的なヒーローの資質に欠ける主人公。英雄的でない主人公。

アンチモン【ドイツ Antimon】(ラテン stibium)窒素族元素の一。元素記号Sb　原子番号51。原子量121.8。銀白色の固体金属で有毒。電気的には金属と非金属との中間の性質をもち、蓄電池用極板・軸受用合金・半導体材料などに用いる。アンチモニー。

アンチョビー【anchovy】地中海沿岸などでとれるカタクチイワシに似た小魚。また、これを塩水に漬け、さらにオリーブ油に漬けた食品。

アン ツー カー【フランス en-tout-cas】特殊な粘土を高熱で焼いたレンガ色の土。多孔性で水はけがよい。また、それを使用した陸上競技場・テニス-コート。▷「すべての場合に」の意。

アンティーク【フランス antique】古い物品。特に骨董《こっとう》品・古美術品・年代物の家具や装飾品など。

アンティパスト【イタリア antipasto】イタリア料理で、スープやパスタの前に出る軽い料理。前菜。

アンテナ【antenna】①電波を放射したり、電波をとらえたりする装置。空中線。②(比喩的に)必要な情報をとらえる手段となるもの。

アンテナ ショップ【antenna shop】①新商品を試験的に売り出す小売店舗。パイロット-ショップ。②地方自治体が特産品を販売するために東京などに構える店舗。

アンド【and】「および」「そして」「…と」の意。

アントシアン【anthocyan】植物の花・葉・果実などに含まれる赤・青・

紫などを呈する色素群の総称。

アントニム〔antonym〕反義語。対義語。→シノニム

アントルメ〔フランス entremets〕西洋料理で、食事の最後に出される甘い菓子や果物。

アントレ〔フランス entrée〕西洋料理で、魚料理の次に出す料理。主として鳥獣の肉を使ったもの。また、オードブルをいうこともある。▷入り口の意。

アントレプレナー〔entrepreneur〕起業家。▷アントレプリナー・アントルプルヌールとも。

アンドロイド〔android〕SFなどに登場するロボットや人工生命体のうち、外見のほか、思考や行動なども人間同様であるものの称。→ヒューマノイド

アンドロイド〔Android〕グーグル社が提供する、スマート-デバイス用の基本ソフト。商標名。

アンニュイ〔フランス ennui〕①退屈。倦怠《けんたい》感。②19世紀末のヨーロッパ文学にみられる憂鬱《ゆううつ》な感じ。③ものうげなさま。けだるいさま。憂鬱なさま。

アンノウン〔unknown〕知られていないさま。未知の。

アンバー〔amber〕琥珀《こはく》。琥珀色。

アンバー〔umber〕褐色の天然鉱物顔料。絵の具・塗料などの原料となる。

アンパイア〔umpire〕野球などの競技の審判員。

アンバサダー〔ambassador〕大使。使節。

アンバランス〔unbalance〕釣り合いがとれていないこと。調和がとれていないこと。また、そのさま。不均衡。

アンビエント〔ambient〕周囲の。大気の。環境の。

アンビエント ミュージック〔ambient music〕環境音楽。▷1970年代末にブライアン=イーノによって始められた。

アンビシャス〔ambitious〕大志をいだいているさま。野心的。意欲的。

アンビバレンス〔ambivalence〕同一の対象に対して、愛と憎しみのような相反する感情や態度が同時に存在すること。両価性。両面価値。

アンビバレント〔ambivalent〕相反する感情や意見が同時にあるさま。また、相反する二つの特徴や状態が共存しているさま。

アンビリーバブル〔unbelievable〕信じられない。信じがたい。驚くべき。

アンプ アンプリファイアの略。

アンフィニ〔フランス infini〕無限。

アンフェア〔unfair〕不公平なさま。

アンフェタミン〔amphetamine〕覚醒剤の一。連用すると中毒性の疾患症状が現れ、不安や妄想を伴い、幻覚・錯乱症状を呈する。覚醒アミン。

アンプラグド〔unplugged〕電気楽器を用いない演奏。▷プラグを必要としない、の意。

アンプリファイア〔amplifier〕増幅器《ぞうふくき》。アンプ。

アンプル〔フランス ampoule〕注射用の薬液などを密封するガラス容器。

アンブレラ〔umbrella〕傘。洋傘。

アンペア〔ampere〕SIの基本単位の一。また、電流のMKSA単位。大きさは電気素量を正確に$1.6021766341 \times 10^{-19}$C《クーロン》と定めることによって設定され、電気素量と秒の定義から導き出される。記号A ▷2018年11月改定され、2019年5月から導入された。

アンモナイト〔ammonite〕軟体動物頭足類の化石動物。古生代のデボン紀に出現し、中生代の白亜紀まで繁栄した。現生のオウムガイに近縁で、種類が多い。アンモン貝。菊石。▷エジプトの太陽神アモンの角笛の意。

アンモニア〔ammonia〕鼻をつく強いにおいをもつ無色の気体。水に溶けやすく、塩基性を示す。また液化しやすい。硝酸・肥料(硫安など)・尿素樹脂など合成化学工業の原料に用いる。液体アンモニアは冷凍・製氷用冷媒に利用される。

アンラーニング〔unlearning〕学んだことを忘れること。過去の成功体験

や知識、習慣を捨てること。

アンラッキー【unlucky】不運であるさま。

アンロック【unlock】解錠。解除。

イ

イーグル【eagle】①鷲《わし》。②ゴルフで、そのホールの基準打数(パー)より2打少ない打数でホール-アウトすること。

イー コマース【e-commerce】⇨e-コマース

イーサネット【Ethernet】LANの規格の一。最も一般的に使われている。

イージー【easy】安易なさま。気楽なさま。

イージー オーダー【和 easy＋order】洋服の仕立てで、型を見本から選び客の寸法に合わせて仮縫いなしに仕立てる方法。イージー-メード。パターン-オーダー。

イージー ミス【和easy＋miss】安易な失敗。つまらない失敗。凡ミス。

イージー リスニング【easy listening】気楽にきくことのできる軽音楽。

イージス アショア【Aegis Ashore】他国から発射された弾道ミサイルを、地上から発射する迎撃ミサイルで打ち落とす防衛システム。

イージス艦 高性能の防空巡洋艦。強力なレーダー・コンピューターとミサイルを組み合わせ、同時に多数の目標に対処できる。エイジス艦。▷イージス(Aegis)はギリシャ神話で主神ゼウスと女神アテナの持ち物の一つであるアイギスのこと。

イースター【Easter】復活祭。▷ゲルマンの春の女神の名に由来。

イースター エッグ【Easter egg】①復活祭(イースター)の卵。卵を美しく彩色し、贈り物とする。②俗に、ソフトウエアの隠し機能のこと。

イースタン【eastern】「東方の」「東部の」の意。

イースト【yeast】酵母。酵母菌。

イー スポーツ【e-sports】⇨eスポーツ

イーゼル【easel】カンバスや画板を立てかける台。画架。

イート イン【eat-in】飲食店における商品提供方法の一。物販部分と客席部分とを併用する営業方法で、ファースト-フード店に多くみられる。

イーブン【even】スポーツ競技で、同点引き分けのこと。

イールド【yield】産出。収益。利回り。

イールド カーブ【yield curve】同種類の債券の償還までの残存期間を横軸にとり、それに対応した利回りを縦軸にとったときに描かれる曲線のこと。利回り曲線。

イエス【yes】①肯定や承諾の語。はい。②賛成であること。→ノー

イエロー【yellow】①黄色。黄。②黄色人種の蔑称。

イエロー カード【yellow card】①サッカーなどで、悪質な反則やスポーツマンらしからぬ行為をした選手に審判が示す黄色のカード。②世界保健機関が制定した予防接種証明書。イエロー-ブック。▷表紙が黄色であることから。

イエロー ジャーナリズム【yellow journalism】扇情的な記事を売り物にする新聞。イエロー-ペーパー。

イオ【Īō】①ギリシャ神話で、ゼウスの妃ヘラの女神官。ゼウスの愛を受けた。②木星の第1衛星。1610年、ガリレイが発見。半径1821km。活動中の火山がある。

イオン【ドイツ Ion】電気を帯びた原子や原子団。ファラデーが命名。▷ギリシャ語で「行く」の意。

イグニッション【ignition】(内燃機関の)点火装置。

イグノーベル賞 人々を笑わせて考えさせる研究に対して贈られる賞。ノーベル賞のパロディー。1991年創設。▷賞名(Ig Nobel Prize)は、Nobelとignoble(あさましい)の洒落《しゃれ》。

イクボス 子育て中の部下を理解・支援する上司。育ボス。▷育児とボス(上司)を合わせた語。

イクメン 子育てに積極的に取り組む

男性。育メン。▷育児とメン(men＝男)を合わせた語。

イクラ【ロシア ikra】サケやマスの卵を塩蔵した食品。▷魚の卵の意。

イケメン (主に若者言葉で)容姿がすぐれている男性。▷「いけてる(=かっこいい)」の略に「面」あるいは「men」をつけたものといわれる。

イコール【equal】①等しいこと。同じであること。また、そのさま。②数学で、等号「=」のこと。

イコノグラフィー【フランス iconographie】①肖像学。肖像の像主を判定する学問。②図像学。

イコノロジー【フランス iconologie】図像解釈学。

イコライザー【equalizer】音声信号などの全体的な周波数特性を加工・調節するための電気回路。

イコン【ドイツ Ikon】ギリシャ正教会やロシア正教会などの東方教会で礼拝の対象とした聖画像。図像。アイコン。

イジェクト【eject】装置からディスクなどを取り出すこと。

イシュー【issue】①発行。発行物。発行部数。②論点。争点。

イズム【ism】主義。説。

イスラム銀行 イスラムの教義やイスラム法(シャリーア)に基づいて運営される銀行。

イスラム金融 イスラムの教義やイスラム法(シャリーア)に基づいて成り立つ金融体系。利潤は正当な報酬と認めるが、利子は不当利得と見なし、これを認めないとする。

イスラム原理主義【Islamic fundamentalism】イスラム世界の西欧化・世俗化を否定し、原点に帰ってイスラム法の適用された国家・社会を築こうとする思想運動。イスラム復興主義。

イスラム国 ⇨IS

イソ【iso】有機化合物の異性体を区別するために用いる語。▷「同一の」の意のギリシャ語から。

イソ ⇨ISO

イソフラボン【isoflavon】ダイズなどマメ科の植物などに含まれる物質。化学構造が女性ホルモンのエストロゲンと似ているため、穏やかなエストロゲン様作用を示す。

イタリアン【Italian】他の外来語の上に付いて、「イタリアの」「イタリア風の」の意を表す。

イタリアン パセリ【Italian parsley】パセリの一品種。葉に縮れがなく、香りが強い。

イタリック【italic】欧文書体の一。文字の縦の線がやや右方に傾斜したもの。注意すべき語句や他国語・出版物名・学名・船名などを示すのに用いられる。イタリック体。

イップス【yips】特にスポーツなどの集中すべき局面において、極度に緊張すること。また、そのために震えや硬直を起こすこと。

イデア【ギリシャ idea】プラトン哲学の中心概念。個々の事物をそのものたらしめている根拠である真の実在。近世では人間の意識内容としての観念(アイディア)、また理念などの意義をもつに至る。▷見られたもの、知られたもの、姿、形の意。

イディオム【idiom】慣用句。成句。熟語。

イデー【ドイツ Idee】物事のあるべき状態についての基本的な考え。哲学では、理性の働きとして得られる最高概念。理念。

イデオローグ【フランス idéologue】①観念学者。②イデオロギーの担い手。特定の、政治的・社会的な観念の提唱者・理論家。

イデオロギー【ドイツ Ideologie】①社会集団や社会的立場(国家・階級・党派・性別など)において思想・行動や生活の仕方を根底的に制約している観念・信条の体系。歴史的・社会的立場を反映した思想・意識の体系。観念形態。②一般に、特定の政治的立場に基づく考え。

イド【ラテン id】フロイトの精神分析の用語。リビドーとよばれる無意識的な心的エネルギーの源泉。快を求め不快を避ける快楽原則に従う。エス。

イトカワ【ITOKAWA】地球軌道と火星軌道の間の楕円軌道を1.5年周期で回る小惑星。▷名前は日本のロケット開発の先駆者である糸川英夫にちなむ。

イニシアチブ【initiative】①率先して発言したり行動したりして、他を導くこと。主導権。②有権者が法令の制定や改廃について提案すること。国民発案。直接発議。▷イニシャティブとも。㊟主導／発議

イニシエーション【initiation】特定の集団に成員として加入する際に行われる儀礼。加入儀礼。

イニシャライズ【initialize】ディスクやメモリー中の既存のデータを消去し、新たに書き込める状態にすること。初期化。

イニシャル【initial】①名前などをローマ字や欧文で書いた場合の最初の文字。頭《かしら》文字。②最初のさま。当初の。▷イニシアルとも。

イニシャル コスト【initial cost】製品開発から製造開始までにかかる費用。初期費用。初期投資。→ランニング-コスト

イニング【inning】野球で、両チームが攻撃と守備とを一度ずつ行う区分。インニング。回。

イヌイット【Innuit; Inuit】北アラスカからカナダ・グリーンランドの極北地帯に住む人々。▷カナダでは、エスキモーの公式名称であるが、アラスカではイヌイットもユッピックも居住するため、エスキモーの総称が用いられる。

イネーブル【enable】有効にすること。可能にすること。

イノセント【innocent】罪のないようす。汚れを知らないさま。無邪気なさま。無辜《むこ》。無垢《むく》。純潔。

イノベーション【innovation】①技術革新。新機軸。②経済学者シュンペーターの用語で、経済成長の原動力となる革新。㊟技術革新

イノベーター【innovator】革新者。新しい動向のつくり手。

イノベーティブ【innovative】革新的な。

イブ【eve】祭りの前夜。特にクリスマスの前夜。前夜祭。

イブニング【evening】①夕方。晩。②イブニング-ドレスの略。

イブニング ドレス【evening dress】夜会用の衣服。特に、胸や背を大きくくった床丈のドレス。夜会服。

イベリコ豚 ブタの一品種。スペインのイベリコ(Iberico)地方で、どんぐりなどを飼料として飼育された黒豚。肉質が良く、栄養価も高いことから珍重される。

イベント【event】①行事。催し。②スポーツで、競技種目。試合。▷エベントとも。

イマージュ【フランス image】⇨イメージ①

イマージョン プログラム【immersion program】ある言語を習得する際に、言語学習用の授業を受けるだけでなく、その言語を用いて行う他教科の授業も受ける学習法。没入法。▷イマージョンは「浸ること」の意。

イマジネーション【imagination】想像。想像力。空想。

イミグレーション【immigration】①移住。移民。②出入国管理。

イミテーション【imitation】①模造品。偽物。②模倣すること。まね。

イメージ【image】①心の中に思い浮かべる姿や情景。心象。形象。イマージュ。②心の中に思い描くこと。③心理学で、目の前にない対象を直観的・具体的に思い描いた像。

イメージ アップ【和 image＋up】見かけを洗練して、与える印象をよくすること。

イメージ キャラクター【和 image＋character】特定の企業や商品のイメージの向上のためにその広告に起用される人物。

イメチェン イメージ-チェンジの略。外観・服装・化粧などをすっかりかえて、全くちがった印象を与えること。

イモビライザー【immobilizer】自動車の盗難防止装置の一。エンジン-

キーをシリンダーに挿入した際、両者の電子的な照合を行い、合致しないとエンジンを始動させない仕組み。エンジン-イモビライザー。▷「動けないようにする装置」の意。

イヤー パッド【ear pad】ヘッドホンの耳あて。イヤーパッド。

イヤピース【earpiece】①帽子などについた防寒用や防護用の耳おおい。またはイヤホンの耳に装着する部分。②カナル式のヘッドホンで耳の穴に当たる部分。→カナル式

イヤホン【earphone】電気信号を音響信号に変換し、耳に差し込んで一人だけに聞こえるようにする小型の装置。

イヤリング【earring】耳につけるアクセサリー。耳飾り。

イラストレーション【illustration】挿絵。図解。図・絵などによる解説。イラスト。

イラストレーター【illustrator】挿絵画家。図案家。

イリーガル【illegal】法律に違反していること。不法。違法。非合法。→リーガル②

イリジウム【iridium】白金族元素の一。元素記号Ir　原子番号77。原子量192.2。各種化学反応の触媒。白金との合金は硬度が高く電極・電気接点・万年筆のペン先などに利用する。密度22.61は全元素中最大。

イリュージョン【illusion】①幻影。幻想。錯覚。幻覚。②二次元の画面に感じる、遠近感・立体感などの三次元的な錯覚。③大掛かりで幻想的なマジック-ショー。

イル【ill】病気で。気分が悪い。

イルミネーション【illumination】たくさんの電灯をともした飾り。電光飾。電飾。

イレイザー【eraser】消すもの。消しゴム。黒板ふき。

イレギュラー【irregular】不規則なこと。変則的なこと。また、そのさま。→レギュラー①

イレブン【eleven】サッカーの1チームを構成し、競技に参加するメンバー。また、サッカー-チームのこと。▷11人でプレーするところから。

イン【in】①内側・内部などの意。②テニス・卓球などで、規定線の内側。また、球がその側にはいること。③ゴルフで、1ラウンド18ホールのコースの後半の9ホール。→アウト①②④

イン【inn】（小さな）ホテル。

インカ【Inca】15、16世紀頃、南アメリカのアンデス地方を支配した帝国およびその皇帝・部族の総称。

インカム【income】収入。所得。

インカム ゲイン【和 income＋gain】利子・配当による収益。キャピタル-ゲインに対していう。

インカレ インター-カレッジの略。

インキ【オランダ inkt】⇨インク

インキュベーション【incubation】①抱卵。孵化《ふか》。培養。養育。②ベンチャー-ビジネスの起業に際して援助を行うこと。㊟起業支援

インキュベーター【incubator】①孵卵《ふらん》器。保育器。②ベンチャー-ビジネスの援助を行う組織・出資者。

インク【ink】筆記用または印刷用の、色のついた液体。インキ。▷江戸中期オランダ人により伝来。古くはインキ。

インク ジェット【ink-jet】プリンターの印刷方式の一。液状のインク粒子を飛ばして用紙に点を描き、その集まりで文字や図形を印刷する。

イングリッシュ ブレックファスト【English breakfast】卵料理とベーコン、トーストからなる朝食。

インクリメンタル サーチ【incremental search】データ検索の際、すべての数字や文字が入力されてから検索を始めるのではなく、1字入力されるごとに検索が進む方式。

インクリメント【increment】プログラミングで、繰り返し処理などの際に数値を一定の大きさで増加させること。▷増加の意。→デクリメント

インクルーシブ教育 障害の有無にかかわらずすべての子どもを受け入れる教育。あらゆる立場の子どもが、同じ学校や学級に通い、必要に応じた教

育支援を受けられること。インクルージョン教育。▷インクルーシブ(inclusive)は包括的の意。

インコタームズ ⇨Incoterms

インゴット【ingot】製錬後、鋳型に流し込んで固化させた金属塊。圧延・鍛造などにより製品化する。鋳塊《ちゅうかい》。鋼塊。

インサート【insert】①挿入すること。差し込むこと。②映画で、一連の画面の間に手紙・新聞などのカットを大写しで入れること。挿入画面。③コンピューターで、データ-ファイルの途中に別のデータを挿入すること。→アペンド・オーバーライト

インサイダー【insider】①ある集団や組織の内部にいる人。②同業の協定や組合に参加している人。③内部の事情に詳しい人。内幕に通じている人。消息通。事情通。㊎内部関係者 →アウトサイダー

インサイダー取引 証券会社の者や発行会社の役員・大株主など、内部情報を有する者が、それを利用して行う不公正な証券取引。内部者取引。

インサイド【inside】①内側。内面。内部。②野球で、本塁上の、打者に近い方の側。→アウトサイド

インジェクション【injection】注入。注射。噴射。

インジケーター【indicator】①温度・速度・圧力などを指示する計器。指示器。②水素イオンの濃度を判定する試薬。指示薬。③野球の球審が、ボール-カウントを記録するために持つ小型の計数器。④内燃機関・空気圧縮器などで、ピストンとシリンダー内部の圧力の変化との関係を図示する機器。

インジゴ【indigo】藍《あい》の色素成分で、青色柱状の結晶。建染め染料の一種。インディゴ。

インシデント【incident】出来事。事件。異変。

インシュアランス【insurance】保険。保険金。

インシュリン【insulin】脊椎動物の膵臓《すいぞう》のランゲルハンス島から分泌されるホルモン。組織におけるブドウ糖の取り込み・消費を高め、肝臓でのブドウ糖からグリコーゲンへの転換を促進することによって血糖値を低下させるはたらきがあるので、糖尿病の治療に用いられる。インスリン。

インスタグラム【Instagram】フェイスブック社が提供する写真共有アプリケーション。通称、インスタ。2010年提供開始。

インスタ映(ば)え 多くの人の興味関心を集めるほど見栄えが良く魅力的な様子であること。▷インスタグラムで注目を集めることから。

インスタレーション【installation】現代芸術において、従来の彫刻や絵画というジャンルに組み込むことができない作品とその環境を、総体として観客に呈示する芸術的空間のこと。▷原義は、取り付け・据え付けの意。

インスタント【instant】①すぐにでき、手軽であること。また、そのさま。②他の語の上に付いて複合語をつくり、即席の、手軽な、の意を表す。

インスタント カメラ【instant camera】撮影後、短時間で印画ができるカメラ。フィルム・印画紙・現像処理薬が一体となった専用フィルムを用いる。

インスタント メッセージ【instant message】インターネットに接続している個人どうしが、リアルタイムに交換するメッセージ。あるいはそれを実現するソフトウエア。

インスティテュート【institute】研究所。学術協会。

インストア【instore】(デパートやスーパーなどの)店内にあること。

インストゥルメンタル【和 instrumental】歌の入らない楽器のみの演奏や、そのような楽曲のこと。インスト。▷原義は「楽器の」という意味の副詞。

インストール【install】装置を設置して使える状態にすること。特に、購入したソフトウエアをユーザーのコンピューター-システムで使えるようにハードウエアやソフトウエアを設定すること。▷取り

付ける意。
インストラクション〔instruction〕命令。指令。
インストラクター〔instructor〕教師。指導員。専任講師。技術などを指導する人。
インスパイアー〔inspire〕思想・感情を吹き込むこと。鼓吹。
インスピレーション〔inspiration〕直観的なひらめきや、瞬間的に思い浮かんだ着想。霊感。
インスペクション〔inspection〕検査。視察。査察。
インスペクター〔inspector〕検査者。監督者。監視員。
インスリン〔insulin〕⇨インシュリン
インセスト〔incest〕近親相姦。
インセンス〔incense〕焚《た》いてその匂いを賞するもの。沈香《じんこう》・伽羅《きゃら》・白檀《びゃくだん》・麝香《じゃこう》など。香《こう》。
インセンティブ〔incentive〕①目標を達成するための刺激。誘因。②企業が販売目標を達成した代理店や、営業ノルマを達成した社員などに支給する報奨金。[案]意欲刺激
インソムニア〔ラテン insomnia〕十分に眠れない状態が続くこと。不眠症。
インター ①インターナショナルの略。②インターチェンジの略。
インターカレッジ 大学間の対抗試合。インカレ。▷intercollegiate gameから。
インターコース〔intercourse〕交際。交流。性交。
インターセプト〔intercept〕球技で、相手側のパスを中間で妨害し、ボールを奪うこと。カット。
インターチェンジ〔interchange〕①複数の道路を相互に連絡するための連結路(ランプ)を備えた立体交差部分。IC。▷高速道路どうしの場合はジャンクションともいう。②一般に、高速道路の出入り口の称。▷都市高速道路の出入り口はランプともいう。③交換する。入れ替わる。
インターナショナル〔international〕①国際間の。国際的。②社会主義運動の国際的組織。③革命歌。もと、ソ連の国歌。インター。
インターネット〔Internet〕地球規模のネットワーク。通信回線を介して、世界各地の個人や組織のコンピューターがつながっている。単にネットともいう。
インターネット カフェ〔Internet café〕店内でインターネットを利用できる喫茶店。サイバーカフェ。
インターネット バンキング〔Internet banking〕銀行口座の残高照会や振り込みなどのサービスを、インターネットを通じて受けられるシステム。
インターネット プロトコル〔Internet protocol〕⇨IP
インターネット プロバイダー〔Internet provider〕インターネットへの接続サービスを提供する団体。インターネット-サービス-プロバイダー(ISP)。
インターハイ 全国高等学校総合体育大会のこと。高校総体。▷インターカレッジにならった和製語。
インターバル〔interval〕間隔。合間。また、休憩時間。
インターフェア〔interfere〕スポーツで、競技中に相手選手のプレーを故意に妨害すること。
インターフェース〔interface〕①コンピューター本体と各種周辺装置やコンピューターどうしを接続する回路や装置。②人間がコンピューターなどの装置を円滑に使用できるようにするための操作手順。▷インターフェイス、インタフェイスとも。
インターフェロン〔interferon〕ウイルス感染細胞で生産される分子量数万のタンパク質。ウイルスの増殖を抑制し、また抗腫瘍《こうしゅよう》作用もあり、ウイルス感染症・悪性腫瘍などの治療に応用される。ウイルス抑制因子。IF。IFN。
インタープリター〔interpreter〕①通訳者。説明者。②コンピューターで、高水準プログラム言語で記述されたソース-プログラムを直接解釈して実行するためのプログラム。

インターベンション〔intervention〕①介入。調停。②為替介入。③主に心臓・血管などの病気に対する治療法の一。カテーテルとよばれる細いチューブを、皮膚に開けた直径数mmの穴から血管に挿入し、治療を行う。PTCA(経皮的冠動脈内腔拡張術)など。

インターポール〔Interpol〕(International Criminal Police Organization)国際刑事警察機構の通称。

インターホン〔interphone〕同一施設内で用いられる有線通話装置。内部電話。

インターン〔intern〕①教育実習生。会社や官公庁で職業体験をする実習生。②理容師・美容師・医師になろうとする人が、修学後、国家試験の受験資格を得るために課せられる実習訓練。また、その実習生。医師については1968年(昭和43)廃止。

インターンシップ〔internship〕学生が企業で短期間業務を体験すること。実習訓練。就業体験。[案]就業体験

インダクション〔induction〕誘導。感応。

インダクタンス〔inductance〕ある回路を貫く磁束とその磁束を生じさせている電流との比。MKSA単位はヘンリー(記号H)。誘導係数。

インダストリアル〔industrial〕工業的・産業的の意。

インダストリー〔industry〕産業。工業。

インタビュアー〔interviewer〕インタビューをする人。

インタビュー〔interview〕新聞・雑誌や放送の記者などが取材のために人に会って話をきくこと。

インタラクション〔interaction〕相互作用。

インタラクティブ〔interactive〕①相互に作用するさま。②情報の送り手と受け手が相互に情報をやりとりできる状態。対話型。[案]双方向的

インタレスト〔interest〕①興味。関心。②利害関係。

インタレスト カバレッジ レシオ〔interest coverage ratio〕営業利益と受取利息および配当金の合計を支払利息で除したもの。企業の金利負担能力をみる指標。ICR。

インタンジブル〔intangible〕①実体がないさま。②人材や技術、特許、ブランドなどの無形資産。▷無形の、実体のないなどの意。→タンジブル

インチ〔inch〕ヤード-ポンド法の長さの単位。1フィートの12分の1。2.54cm。

インディア ペーパー〔India paper〕辞書・聖書などの印刷に用いる、しなやかで丈夫な薄い西洋紙。主として麻類を原料とする。イギリスで最初につくられた。インディア紙。

インディアン サマー〔Indian summer〕①アメリカで、晩秋から初冬のころ、通常より暖かく穏やかな日和《ひより》の続く現象。小春日和。②(比喩《ひゆ》的に)晩年の穏やかで落ち着いた生活の続く一時期。

インディーズ〔indies〕映画やCD製作などで、大手の製作会社に所属しないで、独自に製作・販売を行うプロダクションや会社。また、それにかかわる作家・音楽家。▷インディペンデントから生じた語。

インディオ〔スペイン indio〕中部アメリカ・南アメリカの先住民の総称。

インディカ米　インド型の粒が長い米。炊いても粘りが出ず、硬め。→ジャポニカ米

インディゴ〔indigo〕⇨インジゴ

インディビデュアル〔individual〕「個人の」「個々の」「独特の」の意。外来語と複合して用いる。インディビジュアルとも。

インティファーダ〔Intifadah〕ヨルダン川西岸地区およびガザ地区での、イスラエルの占領に対するパレスチナ住民の抗議運動。▷アラビア語で住民蜂起《ほうき》の意。

インディペンデント〔independent〕①「独立の」「無所属の」の意。②業界を支配している大資本に対し、

独立した小資本の会社。インディー。

インティマシー〔intimacy〕①親密さ。親交。②(何かに)精通していること。あることに対する詳しい知識。

インティメート〔intimate〕親しいさま。

インテーク〔intake〕援助を求めて相談機関・施設を訪れた者に、ソーシャル-ワーカーなどが面接し、問題をききとること。ケースワークの最初の段階。▷受け入れの意。

インテグリティ〔integrity〕完全な状態。統一(性)。

インテグレーション〔integration〕①統合。集大成。②障害者を隔離せず共に学び、生活していこうとする理念。→ノーマライゼーション ③さまざまな教科や教材を一貫して組織化すること。④数学で、積分法。⑤農業分野などで、契約栽培や飼育が、大資本の系列などに組み込まれて生産・加工・販売の一貫した体系の中で行われること。

インテグレーター〔integrator〕⇨システム-インテグレーター

インテグレート〔integrate〕統合すること。完成すること。→ノーマライゼーション

インデックス〔index〕①索引。見出し。②指数。株価などの変動を表すため基準時を100として表す数値。③情報処理で、目的の情報を探すために手がかりとなる文字または記号。

インデックス ファンド〔index fund〕東証株価指数や日経平均株価などの平均株価指数を構成する銘柄を組み入れ、そのファンドの基準価格が指数と同じ運用成果をあげるようにした証券投資信託。

インテリ インテリゲンチャの略。→インテリゲンチャ

インテリア〔interior〕建築物・部屋の内部空間。室内装飾。室内調度品。

インテリア コーディネーター〔和 interior＋coordinator〕インテリア全般の専門家として提案や助言を行う人。

インテリゲンチャ〔ロシア intelligentsiya〕知識階級。知識階層。インテリ。▷インテリゲンチアとも。19世紀ロシアで、政治的・社会的責任を自覚した知識人をいった語。

インテリジェンス〔intelligence〕①知能。知性。理知。知恵。②情報収集活動。諜報。

インテリジェント〔intelligent〕①高い知能をもっていること。知性があること。②データ処理能力をもっていること。③空調・照明などの装置が、中央のコンピューター-システムで集中管理されていること。

インテリジェント ビル〔intelligent building〕高度な情報・通信機器の設置とその十分な利用を目的に設計・施工されたビル。スマート-ビル。

インテルサット ⇨INTELSAT

インテレクチュアル〔intellectual〕知的であるさま。理知的。

インテンシブ〔intensive〕徹底的。集中的。

インデント〔indent〕字下げ。

インドア〔indoor〕室内。屋内。→アウトドア

イントネーション〔intonation〕話し言葉で、話の内容や話し手の感情の動きによって現れる声の上がり下がり。文音調。抑揚。語調。

イントラネット〔intranet〕インターネットの技術を利用した、組織内の情報通信網。▷イントラは内部の意。

イントロ イントロダクションの略。

イントロダクション〔introduction〕①序説。序論。②音楽の序奏。導入部。イントロ。③映画の初めに登場人物や背景などを紹介する、物語の導入部。④核兵器の配置や貯蔵のための持ち込み。

インナー〔inner〕①「内部の」「内側の」の意。②下着。インナー-ウエア。→アウター

インナー マッスル〔inner muscle〕表層筋の内部の骨に近いところにある筋肉。表層筋に比べて小さく、筋力も

弱いが、関節を固定・保護する役割をもち、回旋系の動きに重要。深層筋。

インバーター【inverter】①論理回路において、入力と反対符号の出力を生成する演算要素、または回路。②直流の電力を電圧・電流・周波数の一定した、あるいは可変の交流電力に変換する装置。逆変換器。→コンバーター①

インバウンド【inbound】①航空機・船舶で、本国に向かう便。帰国便。②インターネットで、自社のウェブサイトを訪れたユーザーに関心をもたせ、購買意欲に結び付けること。③コールセンターの業務で、着信(受信)のこと。④外国人の訪日旅行。▷外から中に入る意。→アウトバウンド

インパクト【impact】①バットやクラブに球が当たる瞬間。②強い影響や印象。案衝撃

インパネ 自動車などで、運転席に設けた計器盤。多く、計器や操作スイッチを並べた前面のパッド入りパネル全体をさす。▷instrument panelから。

インバランス【imbalance】不均衡。不釣り合い。

インパルス【impulse】①生物学で、神経繊維を伝わる活動電位。②物理学で、力が作用した時間と、その力との積。力積《りきせき》。③ごく短時間だけ続く、大きな電圧または電流。落雷のときの電流がその例。衝撃電流。

インピーダンス【impedance】交流回路で、電流の流れにくさを表す量。一般にZの記号で表される複素量で、実部を抵抗、虚部をリアクタンスという。単位はオーム(記号Ω)を用いる。

インビジブル【invisible】目に見えないさま。不可視的な。

インビテーショナル【invitational】招待者限定の競技会。

インビテーション【invitation】招待。

インファント【infant】①乳児。幼児。②未成年者。

インフィニティ【infinity】無限。無限大。

インフィニティ プール【Infinity pool】水面の周囲が、外の風景(海面や空など)に溶け込んで見える構造のプール。

インフィル【infill】集合住宅の建物で、基本構造(スケルトン)以外の各戸の間取り・内装・設備など。

インフェルノ【inferno】地獄。インヘルノ。

インフォーマル【informal】非公式なさま。略式であること。

インフォーマント【informant】(言語・民俗調査などの)資料・情報提供者。

インフォームド コンセント【informed consent】医師が治療の目的や内容について患者に十分に説明し、患者の同意を得ること。案納得診療／説明と同意

インフォデミック【infodemic】(特に感染症の拡大時などに)大量かつ急速に流布する情報。俗説やデマなどの偽情報も含まれるため、本当に必要な信頼できる情報の取得が困難になる。▷インフォメーションとエピデミックの造語。世界保健機関(WHO)が2020年に使用。

インフォマティクス【informatics】情報科学。

インフォメーション【information】①情報。報道。知らせ。②受付。案内所。

インプット【input】①外部にあるものを内部に取りこむこと。②投入。投入量。→アウトプット

インフラ インフラストラクチャーの略。案社会基盤

インフラストラクチャー【infrastructure】経済活動や社会生活の基盤を形成する構造物。ダム・道路・港湾・発電所・通信施設などの産業基盤、および学校・病院・公園などの公共の福祉にかかわる施設が該当する。インフラ。

インプラント【implant】欠損あるいは外傷を受けた部位に埋め込むために、人工的に作製した器官・組織の代替

物。または、それを埋め込むこと。人工関節・義歯・腱・血管など。

インプリメント【implement】①備品。②要求などを満たすこと。必要な手段や道具を与えること。

インプリンティング【imprinting】鳥類や哺乳類の生後ごく早い時期に起こる特殊な学習。その時期に身近に目にした動く物体を親として追従する現象。刻印づけ。刷り込み。

インフルエンザ【influenza】風邪の一種。病原体はウイルス。流行性感冒。流感。

インフルエンサー【influencer】影響力を及ぼす人や事物。世間に大きな影響力をもつ人など。

インフレ インフレーションの略。

イン プレー【in play】スポーツで、競技が進行中であること。

インフレーション【inflation】一般的な物価水準が継続的に上昇し、貨幣価値が下落すること。インフレ。→デフレーション

インフレータブル【inflatable】空気注入式の。

インプレッション【impression】印象。

インフレ ヘッジ【inflationary hedge】株式・土地・宝石など、一般的な物価上昇率を上回って価格が上昇すると見込まれる資産に資金を投じ、インフレによる貨幣価値の下落から財産を守ること。

インプロビゼーション【improvisation】即興演奏。

インベスター【investor】投資家。株式や社債の保有者。

インベスター リレーションズ【investor relations】資金調達などのために、企業が投資家に向けて行う広報活動。財務広報。IR。

インベストメント【investment】投資。出資。

インベストメント バンク【investment bank】証券引き受けや企業買収(M&A)業務を行う金融業者。投資銀行ともよばれるが、リテールなどの通常の銀行業務は行わない。

インペリアル【imperial】①帝国の。皇帝の。②皇帝ひげ。先のとがったあごひげ。

インベント【invent】発明すること。考案すること。

インベントリー【inventory】①在庫。在庫目録。②パソコンのハードウエア・ソフトウエアの構成情報管理機能。

インポ インポテンツの略。

インボイス【invoice】①送り状。特に貿易において、荷送人が発送貨物の品名・数量・価格・代金の支払い方法、その他売買・船積み・保険に関する事項などを記して、荷受人に送付する明細書。貨物通関手続に必要になる。②売上金額や税額が明記された伝票。

インポート【import】輸入すること。また、輸入した品。→エクスポート

インポテンツ【ドイツ Impotenz】男性の性的不能。疾患・精神的障害などによって陰茎が勃起《ぼっき》せず、性交ができない状態。インポ。陰萎《いんい》。→ED

インマルサット ⇨INMARSAT

イン ライン スケート【in-line skates】車輪が縦1列についているローラー-スケート。

インレー【inlay】①歯冠修復のため虫歯の空洞にセメント・アマルガムなどを空洞に合う形に作って詰めること。また、その詰めるもの。②コンパクト-ディスクを入れるケースに入っている、はめ込み式の裏ジャケット。

イン ロック【和in + lock】自動車の車内に鍵を残したまま車外に出てドアを施錠したため、鍵を取り出せなくなってしまうこと。

ウ

ウイーク【weak】「弱い」の意。

ウイーク【week】週。1週。週間。

ウイークエンド【weekend】週末。

ウイークデー【weekday】1週間のうち日曜日以外の日。土曜日を含めない場合もある。週日。平日。

ウイーク ポイント【weak point】弱点。弱み。

ウイークリー【weekly】1週間に1度発行される新聞・雑誌。週刊紙。週刊誌。

ウィキ【Wiki】ウェブ-ブラウザーを利用して、ウェブ-サイト上の文書を編集できるようにするシステム。共同作業により文書を構築するためのもの。▷ハワイ語で「速い」の意。文書の更新が迅速であることから

ウィキペディア【Wikipedia】ウィキメディア財団が運営するインターネット上の百科事典。2001年運営開始。

ウィキリークス【Wikileaks】匿名の情報提供に基づいて、政府機関や企業などの機密情報を公開するウェブ-サイト。オーストラリアのジャーナリスト、アサンジ(Julian Assange)が2006年に設立。WL。

ウィザード【wizard】①魔法使い。魔術師。②コンピューターのハードウエアやソフトウエアについて知り尽くした達人。

ウイスキー【whisky】大麦・ライ麦・トウモロコシなどを麦芽の酵素で糖化し、これに酵母を加えて発酵させたのち、蒸留してつくる洋酒。樫《かし》や楢《なら》の樽《たる》に詰めて熟成させる。

ウイズ コロナ【和with＋corona】新型コロナウイルス感染症(COVID-19)の感染が完全に収まらない状況で社会生活を送る状態をいう語。

ウィスパリング【whispering】通訳を必要とする人の横に寄り添って、ささやくように小声で行う通訳。

ウイッグ【wig】鬘《かつら》。

ウイッチクラフト【witchcraft】魔法。魔術。

ウイット【wit】その場に応じて気の利いたことを当意即妙に言う才知。機知。とんち。

ウイナー【winner】競技やコンテストなどで勝利を収めた者。勝者。受賞者。入選者。

ウイニング【winning】勝利。

ウィル【will】意志。意欲。

ウイルス【ラテン Virus】①最も簡単な微生物の一種。核酸としてDNAかRNAのいずれかをもち、タンパク質の外殻で包まれている。ウィルス。ビールス。バイラス。②⇨コンピューター-ウイルス

ウイン【win】勝つこと。優勝すること。

ウィン ウィン【win-win】交渉などで、双方にとって好都合なこと。

ウインカー【winker】自動車の、点滅式の方向指示灯。ターン-シグナル-ランプ。フラッシャー。

ウインク【wink】片目をつぶって合図すること。

ウイング【wing】①鳥・飛行機などのつばさ。②ラグビーなどで、各列の左右両端の定位置。サッカーでは、主にタッチラインに近い外側のエリアから攻撃する両サイドの選手。

ウインター【winter】冬。

ウインチ【winch】水平においた円筒状の巻き胴に取りつけた鋼索またはチェーンを巻き取って、重い物を引き寄せたりつり上げたりする機械。

ウインド【wind】風。

ウィンドウ【window】⇨ウインドー③

ウィンドウズ【Windows】アメリカのマイクロソフト社が開発したパソコン用OS(オペレーティング-システム)の名称。商標名。

ウインドー【window】①窓。②ショー-ウインドーの略。陳列窓。③コンピューターのディスプレー画面上で情報の表示されている領域。

ウインドー ショッピング【window-shopping】ショー-ウインドーに飾られている商品を見て歩いて楽しむこと。

ウインドサーフィン【windsurfing】サーフ-ボードの上に帆を張り、風を利用して一人で水上を帆走するスポーツ。ウインド-セーリング。ボード-セーリング。

ウインド プルーフ【windproof】防風。「—-ジャケット」

ウインドブレーカー【windbreaker】風を防ぐためのスポーツ用ジャン

パー。もと商標名。
ウインナ【ドイツ Wiener】①ウィーンの。ウィーン風の。②ウインナ-コーヒーの略。泡立てた生クリームをたっぷりと浮かせたコーヒー。③ウインナ-ソーセージの略。挽《ひ》き肉を羊または山羊《やぎ》の小腸に詰めた小形のソーセージ。
ウースター ソース【Worcester sauce】野菜や香辛料を煮込んでつくった西洋料理の調味料。ウスター-ソース。▷イギリスのウースターシャー州でつくり始めたことから。
ウーファー【woofer】低音域再生用スピーカー。
ウーマン【woman】成人した女性。婦人。
ウーマンリブ【Women's Lib】女性の自由と自立をめざす運動。女性解放運動。
ウール【wool】羊毛。また、羊毛で織った織物。
ウエア【wear】着るもの。服。
ウエアハウス【warehouse】倉庫。上屋《うわや》。
ウエアラブル【wearable】身体に装着できること。
ウエアラブル カメラ【wearable camera】身体などに装着して用いる小形のビデオ-カメラ。
ウエアラブル コンピューター【wearable computer】身体に着用できる小型コンピューター。
ウエーター【waiter】レストラン・喫茶店などの男性の給仕人。▷ウエイターとも。
ウエーダー【wader】防水性のある素材で作られた、ズボンと靴のつながった衣服。渓流釣りや磯釣りなどで使用する。胴長。▷水の中を歩く者の意。
ウエート【weight】①重さ。重量。体重。②重要視して、力を入れている点。力点。重点。重要度。▷ウエイトとも。
ウエート トレーニング【weight training】バーベル・鉄亜鈴・マシンなどを使って、筋肉の増強や筋力の強化を図るトレーニング。
ウエーブ【wave】①波。②髪の毛が波打っていること。また、その波形。③電波・音波などの波。④観客の次々に立ち上がっては座るという動作で観客席に波が打ち寄せているように見せるパフォーマンス。
ウエザー【weather】天候。天気。
ウエザー プルーフ【weather-proof】風雨への耐性があること。
ウエス 機械類の掃除などに使う布。▷wasteから。「ぼろ布」の意。
ウエスタン【western】①西部劇。②アメリカ西部地方の木こり・カウボーイの歌・民謡などの地方色豊かな音楽の総称。▷西の、の意。特に、アメリカ西部地方をさす。
ウエスト【waist】①人体や洋服で、胴の一番細くくびれた所。また、その周囲の寸法。②ウエストライン。ウエストを1周する線。また、ワンピースで、身頃《みごろ》とスカートをつなぐ線。
ウエスト【west】西。西方。
ウエストナイル熱 ウエスト-ナイル-ウイルスによる感染症。主に蚊(イエカなど)によって媒介される。頭痛や発熱などの風邪に似た症状が現れる。高齢者などでは脳炎や髄膜炎を起こす場合もある。西ナイル熱。
ウエッジ【wedge】ゴルフ-クラブのアイアンの中で、9番アイアンよりも角度(ロフト)が大きいクラブ。ピッチング-ウエッジとサンド-ウエッジがある。▷「くさび形」の意。
ウエット【wet】①湿っているさま。濡れているさま。②情にもろいさま。→ドライ①②
ウエット スーツ【wet suit】潜水服の一。水をとおすが生地の中の気泡の保温力で体温の低下を防ぐ。
ウエディング【wedding】結婚式。
ウェビナー【webinar】インターネットのウェブ上でオンラインで行う講習会。ライブ配信やオン-デマンド配信などの形式で実施する。▷ウェブとセミナーを合わせた造語。オンライン-セミナー・ウェブ-セミナーとも。
ウェブ【web】①網。網目。②⇨ワー

ルド-ワイド-ウェブ

ウェブ サービス【web service】ネットワーク経由でアプリケーションの機能を連携させていく技術や仕組みのこと。

ウェブ サイト【web site】インターネット上で展開されている、情報の集合体としてのウェブ-ページ。サイト。

ウェブ ショップ【web shop】⇨オンライン-ショップ

ウェブ ブラウザー【web browser】ウェブ-ページを表示するための閲覧用ソフトウエア。単にブラウザーとよぶ場合が多い。

ウェブ ページ【web page】インターネットのWWWシステムで提供される情報画面の個々のページ。ホーム-ページ。

ウエポン【weapon】武器。兵器。

ウエルカム ドリンク【welcome drink】ホテルにチェックインした時や、パーティーが始まる前などに、来客に振る舞われる飲み物のこと。

ウエルカム ボード【welcome board】結婚式や披露宴などの会場入口に設けた、来客を迎えるための案内板。ウェルカム-ボード。

ウエル ダン【well-done】ビーフ-ステーキの焼き方で、内部まで十分熱を通すこと。→ミディアム⑤・レア

ウエルネス【wellness】健康を維持・増進させようとする生活活動。▷健康、好調の意。

ウエルフェア【welfare】①幸福。繁栄。②福祉事業。福祉援助。

ウオー【war】戦争。戦い。

ウオーキング【walking】①歩くこと。②有酸素運動(エアロビクス)の一。大股で速く歩くことにより、通常の歩行よりも高いカロリーを消費できる。

ウオーク【walk】①歩くこと。歩行。②社交ダンスの歩き方。常に音楽とリズムに合わせてスムーズに歩くこと。

ウオークイン クローゼット【walk-in closet】主に衣服の収納を目的とした小部屋。納戸《なんど》。▷人が立ったまま入れる押し入れの意。

ウオーター サーバー【和water＋server】職場や家庭に置く給水機。多く、取り替え用のボトルに詰められた水を冷やしたり温めたりして供する。

ウオーター スライダー【和water＋slider】プールに向かって降りるように設計された滑り台。

ウオータープルーフ【waterproof】(時計などの)防水性。耐水性。

ウオーターフロント【waterfront】都市の、海や川に面した地区。臨海部。▷「水辺」の意。

ウォーターマーク【watermark】①透かし。②電子情報の著作権保護のために用いられる技術。音声や画像データの中に情報を埋め込み、データの所有者を識別する。電子透かし。

ウオーニング【warning】警告。注意。

ウオーミング アップ【warming-up】①スポーツで、軽い準備運動。②転じて、物事を本格的に始める前にする軽いならし。▷ウオーム-アップとも。→クーリング-ダウン

ウオーム【warm】暖かいさま。

ウオーム ビズ【和WARM BIZ】環境省が提唱した、秋冬のビジネス用軽装の愛称。

ウォシュレット 温水洗浄便座の商標名。

ウオツカ【ロシア vodka】ロシアの代表的な酒。大麦・ライ麦・小麦・トウモロコシなどに麦芽を加えて糖化・発酵させ蒸留したのち、白樺《しらかば》の木炭で脱臭・濾過《ろか》してつくる。▷ウォッカ・ウォツカ・ウオトカとも。

ウオッチ【watch】①携帯用の時計。懐中時計。②艦船などの見張り番。当直。ワッチ。

ウオッチャー【watcher】①観測者。②動向を注視する人。研究者。

ウォレット【wallet】①財布。札入れ。ワレット。②転じて、電子商取引で電子マネーの出し入れを行うアプリケーション-ソフト。

ウォン 大韓民国・朝鮮民主主義人民共和国の通貨単位。1ウォンは大

韓民国では100チョン、朝鮮民主主義人民共和国では100ジュン。▷朝鮮語。

ウスター ソース【Worcester sauce】 ⇨ウースター-ソース

ウッド【wood】 ①木。木材。②ボールをたたく部分が木製のゴルフ-クラブ。近年は、チタンをはじめとする金属性のものが多く用いられている。→アイアン②

ウムラウト【ドイツ Umlaut】 ゲルマン語、主としてドイツ語で、母音a・o・uが後続のiまたはeに引かれてそれに近づいた音に変わること。また、その音。この音を文字の上で示す記号もいう。ä・ö・üのように二つ並んだ小点で示す。変母音。変音符。

ウラノス【Ūranos】 ギリシャ神話で、世界をはじめて支配した神。大地の神ガイアの夫。二人からティタン神族が生まれた。末子クロノスによって大鎌で陽物を切り落とされ、天地の支配権を奪われる。▷天の意。

ウラン【ドイツ Uran】 (uranium)アクチノイド元素の一。元素記号U　原子番号92。原子量238.0。天然にはピッチブレンド(瀝青《れきせい》ウラン鉱)・カルノー石などの鉱物に含まれる。同位体のウラン235と233(人工放射性核種の一)は連鎖的核分裂反応をするので核燃料となる。ウラン238も中性子を捕獲して核燃料のプルトニウム239となる。ウラニウム。

ウルトラ【ultra】 他の語の上に付いて複合語をつくり、「極端な」「過度の」「超」などの意を表す。

ウルトラソニック【ultrasonic】 超音波の。

ウルトラマリン【ultramarine】 群青《ぐんじょう》。群青色。

ウルフ【wolf】 狼《おおかみ》。

ウレタン【urethane】 ①カルバミン酸のエステルおよびその誘導体の総称。狭義には、カルバミン酸エチルをさす。白色粉末で催眠薬として用いられる。②ポリウレタンのこと。

ウレタン フォーム【urethane foam】 ポリウレタンを原料とする多孔性の合成ゴム。断熱材・吸音材とするほか、寝具などに使う。

エ

エア【air】 ①空気。大気。空中。②(工業などで)圧縮空気。▷エヤーとも。

エア カーゴ【air cargo】 空輸される貨物。

エア カーテン【air curtain】 建物の出入り口の上方から空気を壁状に吹き下ろし、内外の空気の交流を遮断する装置。エア-ドア。

エア ガン【air gun】 気圧を用いて弾を発射する玩具銃の総称。

エア ギター【air guitar】 俗に、ギターを弾く真似をすること。また、そのようにして真似される架空のギターのこと。空気ギター。

エア クリーナー【air cleaner】 ①空気清浄器。②エンジン類に取り込む空気をきれいにする浄化装置。

エアコン エア-コンディショナーの略。室内の空気の清浄度・温度・湿度などを調節する装置。

エア サーキュレーター【air circulator】 空気循環器。直進性の高い風を発生する扇風機。単にサーキュレーターとも。

エアゾール【aerosol】 ①⇨エアロゾル ②缶などの容器に液化ガスとともに封入した薬品などを、ガスの圧力で霧状に吹き出させて使用する方式。また、そのもの。スプレー。

エア タオル【和air+towel】 ぬれた手を差し出すと自動的に温風が出る乾燥装置。ハンド-ドライヤー。

エア チェック【air-check】 放送番組を受信して録音・録画すること。

エア バッグ【air bag】 自動車の乗員保護装置の一。衝突などで車体が一定値以上の衝撃を感知すると、空気袋が膨らみ乗員を受け止め、衝撃を緩和する。

エア フォース ワン【Air Force One】 アメリカの大統領が搭乗する空軍機。

エア ブラシ【airbrush】圧縮空気を用いて、絵の具を霧状にして吹き付け、濃淡の調子を表す器具。また、そのようにして描く方法。エアーブラッシュ。

エア ブレーキ【air brake】圧縮空気を利用したブレーキ。汽車・電車・大型自動車などに用いる。空気制動機。空気ブレーキ。

エア ポケット【air pocket】下降気流のため、飛行中の航空機が急激に揚力を失い降下する空域。山岳地帯の上空にあらわれやすい。

エアライン【airline】①定期航空路。②航空会社。

エアリアル【aerial】フリースタイルースキー競技の一。特設のジャンプ台から空中に飛び出し、空中演技(宙返りなど)・高さ・飛距離を競う。

エア レース【air racing】飛行機を操縦して、速さなどを競う競技。

エアロ【aero】「空気の」「空中の」「航空の」などの意味を表す接頭語。

エアロゾル【aerosol】分散系の一。気体中に直径10^{-7}～10^{-5}cmほどの液体または固体の微粒子が分散しているもの。分散している物質が液体のときは霧、固体のときは煙であるが、この区別は厳密なものではない。煙霧質。エアゾール。→コロイド

エアロビクス【aerobics】体内に酸素を多量に取り入れて、心臓や肺の機能を高める運動。有酸素運動。また特に、音楽に合わせて踊るように体を動かす運動。エアロビック。エアロビ。

エイジ【age】⇨エージ

エイジング【aging】⇨エージング

エイズ【AIDS】(acquired immunodeficiency syndrome)後天性免疫不全症候群。HIVの感染によって起こる疾患。免疫機構が破壊され、通常なら発病しない細菌やウイルスでも発病してしまう。

エイド【aid】援助。助力。救援。

エイド【Aid】難民救済などのために、ロックーコンサートなどを開催し寄付を集めること。

エイリアス【alias】別名。

エイリアン【alien】①外国人。異国人。②SFで、宇宙人。異星人。

エウロパ【Europa】⇨ユーロパ

エーカー【acre】ヤードーポンド法の面積の単位。10平方チェーンすなわち4840平方ヤード。約40.469アール。

エージ【age】①年齢。②時代。▷他の語の下に付けて用いる。「エイジ」とも。

エージェンシー【agency】広告代理店。▷代理業、代理店の意。

エージェント【agent】①代理人。代行人。代理店。代理業者。②スポーツ選手の契約交渉や、選手が競技に集中できるような環境づくりを仕事とする者。代理人。③諜報部員。スパイ。秘密情報員。工作員。

エージ シュート【和 age＋shoot】ゴルフで、自分の年齢以下のスコアで18ホールを終了すること。

エージング【aging】①加齢。②熟成。▷エイジングとも。

エース【ace】①トランプのA(1)の符号のカード。同じしるしのカードの中で一番強い力をもつ。ポイント。②野球で、主戦投手。③仲間の中で一番優れている人。第一人者。④テニス・卓球・バレーボールなどで、サーブまたはショットによる得点。

エーテル【オランダ ether】①2個のアルキル基が酸素原子によってつながれた構造をもつ有機化合物の総称。一般に中性で芳香のある液体。②かつて、光の波を伝える媒質として仮想されていた物質。19世紀末、マイケルソンーモーリーの実験によって否定された。

エーデルワイス【ドイツ Edelweiss】アルプスなどの高山に自生するキク科の多年草。西洋薄雪草。

エートス【ギリシャ ēthos】①性格・習性など、個人の持続的な特質。エトス。②社会集団・民族などを特徴づける気風・慣習。習俗。③芸術作品に含まれる道徳的・理性的な特性。気品。

エープリル フール【April fool】①4月1日の午前中は、軽いいたずらでうそをついたり、人をかついだりしてもとが

められないという風習。万愚節。②①の日にかつがれた人。四月馬鹿。

エール【ale】イギリス産のビールの一種。ペール-エール・ビター-エールなどがある。

エール【yell】学生スポーツの試合で、選手を励ますときの叫び声。声援。

エキサイティング【exciting】見ている人を興奮させるさま。熱狂させるさま。

エキサイト【excite】興奮すること。熱狂すること。

エキシビション【exhibition】①展示。公開。陳列。模範演技。②エキシビション-ゲームの略。▷エキジビションとも。

エキシビション ゲーム【exhibition game】公開模範試合。公式記録としない競技。▷エキジビション-ゲームとも。

エキス ①薬効のある植物・動物などの有効成分を抽出したもの。②本質。エッセンス。▷エキストラクト(オランダ extract)の略。

エキストラ【extra】①映画・演劇などで、群衆シーンなどに、臨時に雇われる出演者。②特別なこと。臨時のもの。特別。

エキストラ バージン【extra virgin】⇨エクストラ-バージン

エキストラ ベッド【extra bed】(ホテルなどの)追加用の簡易ベッド。

エキスパート【expert】ある仕事に精通・熟練した人。専門家。熟練者。

エキスパート システム【expert system】特定分野の専門的な知識・問題解決の方法を体系化し、コンピューターに推論を行わせるシステム。医療診断やLSIの設計などに用いられる。専門家システム。

エキスポ【expo; Expo】博覧会。見本市。万国博覧会。エクスポ。▷expositionの略。

エキセントリック【eccentric】性格や行動が、普通ではないさま。ひどく風変わりなさま。

エキゾチック【exotic】外国の雰囲気・情緒のあるさま。

エクイティー【equity】①不偏。衡平。②イギリスにおいて、コモン-ローの欠陥を、衡平を基準として具体的に補おうとしたものが固定化・判例法化した法規範。衡平法。③株主の持ち分。転じて、自己資本。

エクイティー ファイナンス【equity finance】新株発行を伴う資金調達のこと。公募による時価発行増資・転換社債(CB)や新株引受権付社債(ワラント債、WB)の発行などがある。

エグザイル【exile】追放・流刑・亡命・放浪。また、そのような状態にある者。

エクササイズ【exercise】訓練。演習。練習。練習問題。

エクササイズ ボール【exercise ball】⇨バランス-ボール

エグジット【exit】出口。→エントランス①

エクスキューズ【excuse】弁解。口実。

エクスクラメーション【exclamation】①絶叫。感嘆。②間投詞。感嘆詞。感嘆文。

エクスクラメーション マーク【exclamation mark】感嘆符。「！」

エクスクルーシブ【exclusive】排他的な。閉鎖的な。独占的な。専用の。

エクスターナル【external】外部の。外の。

エクスタシー【ecstasy】①恍惚《こうこつ》。忘我。法悦。②神と合一した神秘的境地。奪魂。法悦。エクスタシス。③⇨MDMA ▷原義は、魂が自分の身体の外に出る意。

エクスチェンジ【exchange】①交換。他国通貨との両替《りょうがえ》。②為替《かわせ》。他国通貨との為替相場。(通貨の)交換比率。③両替屋。取引所。交換所。

エクステ エクステンションの略。

エクステリア【exterior】建物の外回り、屋外構造物や植栽の総称。外

構。

エクステンション【extension】①伸張。延長。拡張。②つけ毛。エクステ。

エクストラ【extra】余分な。特別な。臨時の。

エクストラ バージン【extra virgin】オリーブの熟果からとったオリーブ-オイルの中で、酸度が1%以下の上質なもの。エクストラ-バージンオイル。

エクスビバイト【exbibyte】コンピューターの情報量を示す単位。1024(=2の10乗)ペビバイトで、2の60乗バイトにあたる。記号EiB ▷exa binary byteから。

エクスプレス【express】急行。急行列車。急行便。

エクスプレッション【expression】①表現。表情。言い回し。②曲想。

エクスペリエンス【experience】経験。体験。

エクスペリメンタル【experimental】実験的な、の意。「—-ミュージック」

エクスペリメント【experiment】実験。実際の試み。

エクスペンシブ【expensive】高価なさま。費用のかかるさま。

エクスペンス【expense】費用。出費。支出。損失。

エクスポージャー【exposure】損失が起こりうる投資。リスクの大きい投資。▷原義は、風雨などにさらされる意。

エクスポート【export】①輸出すること。また、輸出した品。②コンピューターで、データの書き出し。→インポート

エグゼクティブ【executive】企業で運営・管理などにあたる上級管理職。企業の幹部。

エグゼクティブ サーチ【executive search】ヘッド-ハンティング(優秀な人材の探索や引き抜き)のこと。

エクセレンス【excellence】優越。優秀。美点。長所。

エクセレント【excellent】すぐれているさま。優良。

エクセレント カンパニー【excellent company】優良企業。

エグゾースト ノイズ【exhaust noise】排気の際に生じる音。排気音。

エクソシスト【exorcist】人に取り憑いた悪魔を払う儀式を行う司祭。悪魔払い師。払魔師《ふつまし》。

エクソダス【exodus】①集団での国外脱出。大量出国。②(Exodus)旧約聖書「出エジプト記」にあるイスラエル民族のエジプト脱出をいう。

エクトプラズム【ectoplasm】心霊学で、霊媒の体孔から出るといわれる流動性の物質。

エクモ【ECMO】⇨ECMO

エクリチュール【フランス écriture】書くこと。広義では、線・文字・図を書くこと、狭義では書かれたもの(特に文字言語)をさす。フランスの哲学者デリダにより、西欧の音声(ロゴス)中心主義を批判するのに用いられた語。

エクリプス【eclipse】食(蝕)《しょく》。日食や月食など。

エクレア【フランス éclair】細長くつくったシュークリームの上面にチョコレートを塗った洋菓子。エクレール。

エコ【eco】他の語の上に付いて「環境の」「生態の」「生態学の」の意味を表す。

エゴ【ラテン ego】①自我。自分。自己。②エゴイズムの略。

エゴイスティック【egoistic】利己的であるさま。自分本位であるさま。自分勝手。

エゴイスト【egoist】自分の事しか考えない人。利己主義者。

エゴイズム【egoism】自分の利益だけ重んじる考え。自分本位の考え方。利己主義。

エコー【echo】①こだま。やまびこ。反響。②こだまと同じ現象をつくり出す音響装置。また、それによってつくられた人工的な残響。③レーダーや音響測深機などにおける反射波。④「超音波診断」の俗称。▷ギリシャ神話のニンフの名前から。

エコー チェンバー【echo chamber】①放送で、エコー効果を出すために特に設けられた部屋。反響室。また、エコー効果をつくり出す電子機器。②インターネットのSNSで、主義主張や好みの似通った人どうしで交流したり、それらの人々の意見ばかりを見続けることで、自分たちの意見が多数であり、正しいことであると思うようになる現象。

エコール【フランスécole】①学校。②学派。芸術上の流派。画派。

エコ カー【和eco+car】二酸化炭素の排出を抑えるなど、環境に配慮した自動車の総称。低燃費車・ハイブリッド-カー・燃料電池車・電気自動車など。

エゴ サーチ【ego search】インターネットの検索サイトで、自分の名前やハンドル-ネームなどを検索すること。エゴ-サーフィン。エゴサ。

エゴ サーフィン【ego surfing】⇨エゴ-サーチ

エコツーリズム【ecotourism】生態系や自然保護に配慮し、旅を通じて環境に対する理解を深めようという考え方。また、そのような旅のしかた。

エコデザイン【ecodesign】①エコロジーや環境問題を考慮に入れたデザイン。②環境配慮設計。

エコ ドライブ【和eco+drive】環境に配慮した運転方法。アイドリングをしない、急な発進・加速・減速をしない、無駄な荷物を積まないなど。消費燃料を節約し、二酸化炭素の排出削減をめざす。

エコノミー【economy】①経済。理財。②節約。

エコノミー クラス【economy class】普通料金の席。

エコノミークラス症候群 飛行機の座席に、長時間、同じ姿勢で座り続けることによって発生する、深部静脈血栓症(俗に旅行者血栓症)のこと。ECS。

エコノミー サイズ【economy size】①普通のものより小さいこと。費用や手間が少なくてすむ大きさ。②普通のものより大きくて、割安に感じる大きさ。徳用サイズ。

エコノミスト【economist】経済問題の専門家。

エコ バッグ【和eco+bag】⇨マイ-バッグ

エコビジネス【ecobusiness】環境に関する事業。公害防止装置の開発、環境アセスメントの実施、省エネルギーやリサイクルの推進、快適な都市環境の創造、情報や教育などのソフトウエア提供などがある。エコロジー-ビジネス。

エコビレッジ【ecovillage】持続可能な居住地づくりをめざすコミュニティー。環境負荷の少ない建築や住環境・自然エネルギーの利用・有機農法による食料生産・地域通貨やマイクロクレジットなどによる地域経済などの実践を柱とする。→マイクロクレジット

エコ ファー【eco fur】フェイク-ファー(人工毛皮)のこと。

エコ ファンド【eco-fund】投資対象企業の環境問題への取り組みを評価基準の一つとして、銘柄選定を行う投資信託の総称。環境ファンド。

エコプロダクト【eco-product】環境配慮設計を行なった製品。環境配慮製品。環境適合製品。エコデザイン-プロダクト。エコデザイン製品。

エコ包装 環境保護に配慮した包装。包装材として、発泡スチロールの代わりに段ボールを用いる場合など。

エコマーク【ecomark】財団法人日本環境協会が、環境保全を考慮していると認定した各種商品に付けられるマーク。

エコロジー【ecology】①生態系の構造と機能を明らかにする学問。生態学。②人間と自然環境・物質循環・社会状況などとの相互関係を考える科学。社会生態学。人間生態学。③生態環境。自然環境。エコ。

エコロジカル フットプリント【ecological footprint】人間活動の環境負荷を表す指標の一。人間一人(または国など)が活動するのに必要な環境負荷の程度を、資源生産や廃棄物

浄化に必要な土地面積で表す。▷環境に残された足跡の意。

エシカル【ethical】経済活動の場面で、環境・社会貢献などに配慮する様子。▷本来は、道徳の、倫理的なななどの意。

エシカル ファッション【ethical fashion】環境・社会貢献などに配慮したファッション。

エシャロット【フランス échalote】①ユリ科の多年草。葉はネギに似る。鱗茎はラッキョウ形で、薬味にする。葉も食用。②ラッキョウを土寄せして育て、軟化させたもの。生で食する。

エシュロン【echelon】アメリカ、イギリスなどが運用しているといわれる通信傍受システム。

エス エフ【SF】⇨サイエンス-フィクション

エス エム【SM】⇨SM

エスカルゴ【フランス escargot】食用カタツムリ。フランス料理で珍重される。

エスカレーション【escalation】段階的な拡大・激化。

エスカレーター【escalator】動力で人や荷物を上下に運ぶ階段状の昇降装置。

エスカレート【escalate】物事の規模や程度が段階をおって拡大・激化すること。

エスキス【フランス esquisse】下絵。スケッチ。見取り図。

エスキモー【Eskimo】ベーリング海峡沿岸からグリーンランド東岸に至る極北地帯に住む黄色人種。主として狩猟・漁労で生活する。夏は分散し、冬は集団で氷の家(イグルー)などに住む。▷自らは「人間」を意味するイヌイット・ユピックなどと称する。「生肉を食べる人」の意。

エスクロー【escrow】①一定の条件が満たされるまで、取り引きする物品や代金を第三者に預けておくこと。第三者預託。②販売者と購入者の間のトラブルを回避するため、代金と品物の交換を第三者が仲介すること。インターネットによる個人取引などで利用される。

エスケープ【escape】逃げる。抜け出す。

エスコート【escort】保護すること。つきそっていくこと。また、その人。

エスコート キッズ【escort kids】サッカーの試合で、出場選手とともに入場する子どもたち。フェアプレーキッズ。

エスタブリッシュメント【establishment】既成の秩序・権威・体制。支配体制。権力や支配力をもつ階級・組織。

エステ　エステティックの略。

エステート【estate】①地所。私有地。(封建)領地。②財産権。不動産権。

エステティシャン【フランス esthéticien】①美学者。②全身美容を施す美容師。

エステティック【aesthetic】美顔、痩身《そうしん》、無駄毛の脱毛などを行う全身美容。エステティーク。エステ。

エステル【ester】酸とアルコールとから水がとれてできる化合物の総称。普通、カルボン酸のエステルをさす。比較的分子量の小さいエステルは、芳香をもつものが多く、人工果実香料の原料となる。脂肪酸とグリセリンとのエステル(グリセリド)は、油脂として動植物に広く存在する。

エステ ローラー　肌の上で転がすローラー式の美容器具。

エストラゴン【フランス estragon】キク科の植物。西アジア・東ヨーロッパの原産。芳香をもち、葉を香辛料として、野鳥や獣肉の臭い消し、エスカルゴ料理などに用いる。タラゴン。

エストロゲン【estrogen】発情ホルモンの作用をもつ物質の総称。

エスニシティー【ethnicity】共通の出自・慣習・言語・地域・宗教・身体特徴などによって個人が特定の集団に帰属していること。

エスニック【ethnic】民族的であること。また、そのようなさま。異国風。

エスニック グループ【ethnic

group】エスニシティーによって結ばれた人々の集団。多民族国家において同じ帰属意識をもつ人々の集団をいう。

エスノセントリズム【ethnocentrism】自民族中心主義。自己の属する集団のもつ価値観を中心にして、異なった人々の集団の行動や価値観を評価しようとする見方や態度。中華思想。自文化至上主義。

エスパー【和esper】超能力者。▷ESPをもつ者の意。

エスパニョール【スペインespañol】スペインの。スペイン人。スペイン語。スペイン風。

エスプーマ【スペインespuma】クリームやソースなどの食材に気体を混入して泡状に加工する調理法。▷泡の意。

エスプリ【フランスesprit】①こころ。精神。②気がきいていること。機転。機知。

エスプレッソ【イタリアespresso】コーヒーをいれる器具の一。強く焙煎《ばいせん》したコーヒー粉に蒸気圧で一気に熱湯を通すもの。また、この器具でいれた濃厚なコーヒー。

エスペラント【Esperanto】1887年ポーランド人ザメンホフによりつくられた国際補助語。▷エスペラント語で「希望ある人」の意。

エタニティ【eternity】永久。永遠。永劫《えいごう》。

エタノール【ドイツÄthanol】酒の主成分で、無色、特有の芳香をもつ揮発性・可燃性液体。エチルアルコールは慣用名。

エチケット【フランスétiquette】礼儀作法。

エチケット袋 嘔吐《おうと》物を入れるための袋。乗り物酔いした際に用いる。

エチュード【フランスétude】①声楽や楽器演奏の練習のためにつくられた楽曲。練習曲。②絵や彫刻などで、習作・試作。▷勉強・練習の意。→タブロー①

エチルアルコール【ドイツÄthylalkohol】⇨エタノール

エチレン【ethylene】アルケン(エチレン系炭化水素)のうち最も簡単な物質。無色で、かすかに甘いにおいのある可燃性気体。反応性に富み、ポリエチレンなど種々の有機化学製品の原料となる。また、植物ホルモンの一種で、果実を成熟させたり、落葉を促進したりする働きがある。エテン。

エッグプラント【eggplant】茄子《なす》。

エッジ【edge】①はし。ふち。へり。②スキー板の滑走面の両側の下角。また、そこに付ける金属板。③スケート靴の滑走面の両側の角。④めりはり。シャープさ。⑤きれがよいこと。はっきりしていること。

エッセー【英essayフランスessai】①随筆。エッセイ。②ある特定の問題について論じた文。小論。論説。

エッセンシャル【essential】①本来の性質にかかわりのあるさま。本質的。②絶対に必要なさま。欠くことのできないさま。必須。③植物などのエキスを含むさま。

エッセンシャル オイル【essential oil】植物の花・葉・果実などから得られる芳香のある揮発性の油。テルペン系化合物・芳香族化合物などよりなる。

エッセンシャル ドラッグ【essential drug】その国の保険医療に最低限必要な医薬品。世界保健機関がモデルとなるリストを提唱し、それを参考に各国の医療事情に応じて選定される。

エッセンシャル ワーカー【essential worker】医療・介護・流通をはじめ、交通機関や治安維持、公共サービスなど、社会生活やインフラを維持するために必要不可欠な労働に従事する労働者。

エッセンス【essence】①物事の重要な部分。本質。真髄。精髄。②芳香性植物から抽出した香りの成分をアルコールなどに溶かしたもの。香料に用いる。

エッチング【etching】①銅板の表面に針などで書画を描いて加工し、印刷用の凹《おう》版を作る技法。また、その版による印刷物。腐食銅版画。②ICやLSIの製造工程で、写真技術により基盤に回路を写し、不要な部分を除

去する工程。

エディション【edition】①出版。刊行。②(出版物の)版。

エディター【editor】①編集者。編集人。②映画フィルムを整理・編集する技術者。また、その時に使われる機械。編集機。③コンピューターで、ソース-プログラムや文章などのファイルを修正・編集するためのソフトウエア。

エディトリアル【editorial】①社説、論説。②編集の、編集者の。

エディプス【Oedipus】⇨オイディプス

エディプス コンプレックス【Oedipus complex】精神分析の用語。子供が無意識のうちに、異性の親に愛着をもち、同性の親に敵意や罰せられることへの不安を感じる傾向。フロイトにより提唱され、多くは男子と母親の場合をさす。▷オイディプス王が父を殺して母を妻としたギリシャ神話にちなむ。→エレクトラ-コンプレックス

エデュケーション【education】教育。

エデュテイメント【edutainment】ゲーム的な要素を取り入れて、楽しく学べるように内容が工夫されたソフトウエア。▷education(教育)とentertainment(娯楽)から。

エデン【Eden】旧約聖書創世記で、人類の祖アダムとイブのために神が設けた園。二人は神の命令に背き、ここから追放された。エデンの園。楽園。パラダイス。▷ヘブライ語で「喜び」の意。

エトス【ギリシャ ēthos】⇨エートス

エト セトラ【ラテン et cetera】以下に列挙すべき語を省略する場合に用いる。…等々。…など。その他いろいろ。▷etc.・&c. とも書く。

エドテック【EdTech】教育分野に応用した情報通信技術。またはその技術を用いたビジネスやサービス。▷education(教育)とtechnology(技術)の合成

エトランゼ【フランス étranger】外国からの旅行者。異邦人。よそ者。エトランジェ。

エトワール【フランス étoile】花形スター。人気者。▷星の意。

エナジー【energy】⇨エネルギー

エナジー ドリンク【energy drink】機能性飲料の一。カフェイン、炭酸などを含み、気分を爽快にする。

エナメル【enamel】①顔料を含む塗料の総称。光沢があり、木工品や皮革製品をはじめ機械・車両などの外部塗装に用いる。②琺瑯《ほうろう》。

エヌ ジー【NG】⇨NG

エネルギー【ドイツ Energie】①力。力を出すもと。精力。活動力。②物理量の一。物体や物体系がもっている仕事をする能力の総称。力学的エネルギー(運動エネルギー・位置エネルギー)、熱エネルギー、電磁場のエネルギー、質量エネルギーが代表的なもの。③動力資源。

エネルギッシュ【ドイツ energisch】活力にあふれているさま。精力的。

エバー【ever】外来語の名詞の上に付いて、「常に」「持続性のある」の意を表す。

エバーグリーン【evergreen】常緑樹。転じて、名作・名画・名曲など、不朽の作品。

エバーラスティング【everlasting】永久・不朽であるさま。

エバンジェリスト【evangelist】①キリスト教で、福音の伝道者。②ある製品に関する熱狂的な信奉者。また、自社製品の啓発活動を担当する者。

エピキュリアン【epicurean】享楽主義者。快楽主義者。▷本来はエピクロス派の哲学者の意。エピクロスの教説を後世、誤解したことによる語。

エピグラフ【epigraph】①碑文。碑銘。②本の巻頭に記す題詞。題辞。

エピグラム【epigram】ある思想を端的に鋭く表した風刺的な短詩。警句。格言詩。寸鉄詩。

エピゴーネン【ドイツ Epigonen】先行する顕著な思想や文学・芸術などの追随をし、まねをしているだけの人。独創性のない模倣者・追随者を軽蔑《けいべつ》していう語。亜流。

エピステーメー【ギリシャepistēmē】①プラトン・アリストテレスが、単なる感覚的知覚や日常的意見であるドクサ(＝憶見)に対立させて、確かな理性的認識をさして呼んだ語。②フーコーの用語。各時代に固有のものの考え方の枠組み。思考の台座。▷哲学用語。

エピセンター【epicenter】感染拡大の中心となっている場所。▷震央・爆心地の意。

エピソード【episode】①挿話。②逸話。③楽曲の主要部分と主要部分との間の自由な挿入部分。挿句。間奏。

エピタフ【epitaph】墓碑銘。碑文。

エピック【epic】叙事詩。英雄詩。史詩。→リリック①

エピデミック【epidemic】感染症が一定の地域を超えて流行すること。→エンデミック・パンデミック

エビデンス【evidence】証拠。根拠。証言。

エビデンス ベースド メディシン【evidence-based medicine】⇨EBM

エピローグ【epilogue】劇・小説・詩歌・音楽などで、全体をしめくくる言葉・終わりの部分。終章。→プロローグ

エフェクター【effector】①酵素が触媒として働く能力に影響を与える物質。モジュレーター。②電気・電子楽器に接続し、音を変化させる装置・機器の総称。

エフェクト【effect】①効果。効力。効き目。②演劇・映画で、音響効果。

エフォート【effort】努力。骨折り。

エプロン【apron】①洋風の前掛け。②飛行場で、格納庫の前の広場。また、乗客の乗降などのために飛行機を止める広場。③劇場の舞台で、客席に向かって張り出している部分。エプロン-ステージ。

エベレスト【Everest】ヒマラヤ山脈、ネパールと中国のチベット自治区との国境に位置する世界の最高峰。海抜8848メートル。1953年イギリス登山隊のテンジンとヒラリーが初登頂。チベット語名チョモランマ。ネパール語名サガルマタ。▷イギリス人の測量家ジョージ=エベレスト[1790～1866]にちなむ命名。

エポキシ樹脂【epoxy resin】分子の末端に反応しやすいエポキシ基をもつ樹脂状の化合物、およびその化合物と硬化剤とを重合させて生じる熱硬化性合成樹脂の総称。接着剤のほか、耐薬品性、防食性が高いので塗料、電気絶縁材などにも用いる。

エポック【epoch】①ある特色に彩られた、一つの時代。②新しい時代。新段階。

エポック メーキング【epoch-making】ある分野に新しい時代を開くほどであるさま。画期的。

エボナイト【ebonite】生ゴムに硫黄を30％以上加えて加熱して得る黒色の固体。硬質ゴム。硬化ゴム。

エホバ【Jehovah】旧約聖書の神聖で口にすべからざる神名YHWHの伝統的な読み方。ヤハウェ。

エボラ出血熱 ウイルス性出血熱。症状が進行すると吐血・鼻出血など全身にわたって出血傾向を呈し、致命率は70％以上に達する。▷エボラ(Ebola)は患者の住んでいた村の川の名。スーダンとコンゴ(旧ザイール)の国境付近から広まった。

エボリューション【evolution】進化。

エマージェンシー【emergency】非常事態。緊急事態。

エマージング【emerging】急速に出現すること。

エマルション【emulsion】液体中に他の液体が微粒となって分散・浮遊しているもの。エマルジョン。乳濁液。

エミッション【emission】放出。排出。→ゼロ-エミッション

エミュレーション【emulation】コンピューターで、他機種のプログラムを、エミュレーターを介して自分のコンピューターで実行すること。

エミュレーター【emulator】あるコン

ピューターが他のコンピューターの機能を模倣するための装置やプログラム。異種コンピューターで同一のソフトウエアの実行を可能にしたり、プロセッサーやOSの互換性を保つ。▷見習うもの、まねるものの意。

エメラルド〔emerald〕緑柱石のうち、翠緑《すいりょく》色透明のもの。磨いて宝石にする。緑玉。翠玉。翠緑玉。

エモーショナル〔emotional〕情緒的。感動的。

エモい（主に若者言葉で）心に響く。感動的である。▷感動を意味するエモーション（emotion）から。

エモーション〔emotion〕感動。情緒。感情。情動。

エラー〔error〕①やり損なうこと。失策。②誤差。③野球で、野手の捕球や送球の失敗により、アウトにできるはずの走者を生かすこと。また、その失敗。失策。

エラストマー〔elastomer〕常温で非常に弾性に富む高分子化合物の総称。ゴム、合成ゴムなど。

エリア〔area〕地域。区域。

エリア マップ〔area map〕地域別地図。

エリア マネージメント〔area management〕地域の特色や価値を維持・向上させるため、住民・事業主・地権者等が自主的にさまざまな取り組みを企画・運営すること。

エリート〔フランスélite〕ある社会や集団の中で、そのすぐれた素質・能力および社会的属性を生かして指導的地位についている少数の人。選ばれた者。選良。

エリザベス カラー〔Elizabethan collar〕犬や猫が傷口や手術痕《あと》などを舐《な》めないよう、その首もとに装着する半円錐状の保護具。▷エリザベス朝時代の襞襟《ひだえり》に似ていることから。

エリザベス塔〔Elizabeth Tower〕イギリス国会議事堂のビッグ-ベンのある時計塔の愛称。エリザベス-タワー。▷エリザベス二世の即位60年を記念して2012年に従来の「時計塔」から改称。→ビッグ-ベン

エリスリトール〔erythritol〕アルコールの一。海藻やキノコに多く含まれる。カロリーの少ない甘味料として、清涼飲料水などに用いられる。

エリスロポエチン〔erythropoietin〕赤血球の産生を促進する糖タンパク質。遺伝子工学的手段によって合成され、慢性腎不全の治療や輸血代替品として用いられる。EPO。▷持久力を高めるなどの効果があり、ドーピング問題で注目を集めている。

エリンギ茸〔イタリアeryngi〕担子菌類ハラタケ目のキノコ。食用。人工栽培される。

エルゴノミクス〔ergonomics〕人間の身体的・精神的機能や性質を研究し、それに適した機械や環境を設計し、開発する学問や考え方。▷アーゴノミクスとも。

エルゴメーター〔ergometer〕実際に運動をしているのと同じ負荷をかけて、使用者の体力トレーニングや体力測定を行う器具。自転車のペダル踏み装置など。作業計。

エルダー〔elder〕高齢者、年長者のこと。▷定年退職者の再雇用制度をエルダー制度、高齢者向け市場をエルダー-マーケットなどとよぶ。

エル ニーニョ〔スペインEl Niño〕ペルー沖でクリスマス頃から海水温が上昇する現象。また、数年に一度、東太平洋海域の海面水温が平年にくらべて高くなる現象。不漁や異常気象をもたらす。▷幼子（キリスト）、男の子の意。→ラ-ニーニャ

エルフ〔elf〕小妖精。チュートン（古代ゲルマン民族の）神話に出てくる魔力をもった小人のこと。

エルボー〔elbow〕①肘《ひじ》。また、衣服の肘の部分。②煙突・鉄管などの、L字形のもの。また、その部分。

エルボー バンプ〔elbow bump〕互いにひじを軽くぶつけ合う挨拶。感染を避けるために握手の代わりとして行う。ひじタッチ。

エルム〔elm〕ニレ科ニレ属の総称。いずれも落葉高木。一般には、ハルニ

レをさす。

エレガント【elegant】優雅なさま。上品なさま。

エレキ ①電気。▷オランダ語のエレキテルから。②エレキ-ギターの略。

エレキ ギター エレクトリック-ギターの俗称。

エレクト【erect】直立すること。勃起《ぼっき》。

エレクトーン【和Electone】日本で開発・製造された電子オルガンの商標名。

エレクトラ【Ēlektrā】ギリシャ神話・伝説中の女性。ミュケナイ王アガメムノンの娘。トロイア戦争から凱旋《がいせん》した父を謀殺した母クリュタイムネストラとその情人アイギストスを、弟のオレステスと力を合わせて殺し父の敵《かたき》を討った。

エレクトラ コンプレックス【Electra complex】精神分析の用語。エディプス-コンプレックスのうち、女子が無意識のうちに父親に愛着をもち、母親に反感を示す傾向をいう語。▷ギリシャ神話、アガメムノンの娘エレクトラにちなむ。→エディプス-コンプレックス

エレクトリック【electric】「電気の」「電気で動く」の意。

エレクトリック ギター【electric guitar】スチール弦の振動を電気信号に変え、アンプで増幅してスピーカーから発音するギター。エレキ-ギター。

エレクトロ【electro】「電気の」「電子の」などの意。

エレクトロニクス【electronics】電子工学。

エレクトロニック【electronic】電子工学を応用した、の意。

エレクトロン【electron】①電子。②マグネシウムを主成分とし、アルミニウムと亜鉛を含む軽合金。自動車などの機械部品に使用。

エレクトロン ボルト【electron volt】電子ボルト。イオン・素粒子などのエネルギーを表す単位。記号eV 電気素量をもつ粒子が真空中で1Vの電位差で加速されたとき得るエネルギー。1電子ボルトは1.60×10^{-19}ジュールに等しい。

エレジー【elegy】悲しみを歌った楽曲・歌曲・詩歌。

エレベーター【elevator】人または貨物を収容する箱(ケージ)を、動力で垂直に昇降・運搬する装置。昇降機。

エレメンタリー【elementary】基本の。初歩の。初等の。

エレメント【element】①要素。成分。②化学元素。③素子。

エロ エロチック・エロチシズムの略。

エロい 俗に、性的にいやらしい。▷エロの形容詞化。

エロイカ ベートーベンの交響曲第3番の通称。1804年完成。▷イタリア Sinfonia eroica(エロイカは「英雄の」の意)。

エロキューション【elocution】演説・朗読や俳優の台詞《せりふ》などで、その効果を高めるための発声技術。話術。雄弁術。発声法。朗読法。台詞回し。

エロス【Erōs】①ギリシャ神話の愛の神。ローマ神話のキューピッドと同一視される。②愛。智など自分に欠けたものを得たいと求める衝動として、プラトンによって用いられた語。→アガペー① ③性的な愛。④フロイトの用語。性本能・自己保存本能を含む生の本能をさす。→タナトス②

エロチカ【erotica】性愛を描いた文学・絵画類の総称。

エロチシズム【eroticism】①愛欲的・性欲的であること。好色的。色情的。②芸術作品で、性的なものをテーマにしていること。官能的であること。

エロチック【erotic】性的な欲望・感情を刺激するさま。肉感的。▷エロティックとも。

エンカウンター【encounter】出会い。心と心のふれあい。本音の交流。

エンクロージャー【enclosure】①囲い込むこと。②機器類を入れる箱。筐体《きょうたい》。③同封物。

エンゲージ【engage】婚約。

エンゲージメント【engagement】取り決め。約束。婚約。

エンゲージ リング 婚約指輪。▷engagement ringから。

エンゲル係数 生計費中に占める飲食費の割合を示す係数。一般に所得水準が高くなるに従って低下するとされる。▷ドイツの統計学者Ernst Engelから。

エンコード【encode】 情報を暗号化・記号化すること。→デコード

エンサイクロペディア【encyclopaedia】百科事典。百科全書。

エンジェル【angel】①天使。天人。エンゼル。②企業家に資金提供や経営指導などの支援を行う個人投資家のこと。

エンジニア【engineer】 機械・電気・土木などの技術者。技師。

エンジニアリング【engineering】科学技術を応用して物品を生産する技術。また、それを研究する学問。工学。工学技術。

エンジョイ【enjoy】楽しむこと。享受すること。

エンジン【engine】①種々のエネルギーを機械的力または運動に変換する機械または装置。機関。発動機。②特に、内燃機関。③コンピューターで実質的にデータ処理を実行する機構。

エンスト 自動車などの、エンジンが不意に止まってしまうこと。▷エンジン-ストップ(ストール)の略。

エンターテイナー【entertainer】人に娯楽を提供する人。特に、芸能人。▷エンターテーナーとも。

エンターテイメント【entertainment】人を楽しませるもの。楽しむためのもの。娯楽。▷エンターテーメント、エンターテインメントとも。

エンタープライズ【enterprise】①事業。企業。大仕事。企て。企画。②新しい試みに取り組もうとする心。進取の気性。冒険心。③(Enterprise)アメリカの原子力空母の名称。

エンタシス【entasis】円柱につけられた微妙なふくらみ。建物に視覚的な安定感を与えるためのもの。ギリシャ・ローマ・ルネサンス建築の外部の柱に用いた。日本では、法隆寺金堂の柱などにみられる。胴張り。

エンタメ エンターテイメントの略。

エンタルピー【enthalpy】熱力学で用いる物理量の一。圧力と体積との積に内部エネルギーを加えた量。熱関数。

エンティティー【entity】①(客観的な)存在。実物。②オブジェクト指向プログラミングで、オブジェクトを定義する際に対象とするもの。実体。→オブジェクト指向

エンディング【ending】終わり。終わりの部分。終末。

エンディング ノート【和ending＋note】自分の終末期や死後について、その方針などを書き留めておくノート。

エンデミック【endemic】感染症が一定の地域に、ある割合で繰り返し発生すること。→エピデミック・パンデミック

エンド【end】①終わり。おしまい。②端。先端。

エンドース【endorse】 ①裏書き。保証。②正規運賃で購入した航空券を同一路線の他社便に振り替えること。▷証明のために航空券に裏書きされることから。

エンド クレジット【end credit】⇨スタッフ-ロール

エンド ツー エンド【end to end】端から端まで。E2Eとも。

エンド ユーザー【end user】末端の利用者。一般使用者。コンピューターで、自分ではプログラムを組まず、アプリケーション-プログラムだけを利用するユーザーをさす。

エントランス【entrance】①入り口。玄関。②入ること。

エントランス フィー【entrance fee】参加費。入場料。入会金。入学金。

エントリー【entry】競技会・大会などに登録すること。また、登録名簿。

エントリー シート【entry sheet】就職を希望する者が、志望する企業に提出する書類。ES。

エントリー モデル【entry model】初心者向けのパソコン。

エンドルフィン【endorphin】哺乳類の脳および脳下垂体中に含まれるペプチド。モルヒネと同じ鎮痛作用を示す。

エンドレス【endless】果てしなく続くさま。終わりがないさま。

エンド ロール【end roll】映画やテレビなどで、映像作品の最後に出演者・制作者・協力者などの氏名を流れるように示す字幕。スタッフ-ロール。エンディング-ロール。

エントロピー【entropy】①系の乱雑さ・無秩序さ・不規則さの度合を表す量。物質や熱の出入りのない系ではエントロピーは決して減少せず、不可逆変化をするときには、常に増大する。19世紀中頃、ドイツの物理学者クラウジウスが熱力学的量の一つとして導入した。②情報理論で、情報の不確かさの度合を表す量。

エンバーミング【embalming】薬品などを用いて防腐・保存のための処置を施すこと。特に遺体に対していう。

エンパイア【empire】帝国。帝権。

エンパシー【empathy】共感。

エンパワーメント【empowerment】①権限を与えること。能力をつけさせること。②力をもたないものが、変革の主体となる力をつけること。特に、女性が力をつけ、連帯して行動することによって自分たちの置かれた不利な状況を変えていけるようになること。③権限の委譲。企業において従業員の能力を伸ばすためや、開発援助において被援助国の自立を促進するために行われる。案能力開化／権限付与

エンハンス【enhance】拡大すること。拡張すること。

エンプティー【empty】空っぽであること。中身のないこと。空虚なこと。

エンブレム【emblem】①象徴。象徴的文様。寓意《ぐうい》画。②紋章。記章。特に、ブレザーの胸につける校章など。ワッペン。

エンプロイ【employ】雇用すること。

エンプロイアビリティー【employability】労働者がもつ、雇用されるにふさわしい能力のこと。流動化する雇用状況の中で、労働者の能力を自律性の観点からとらえた語。▷雇用可能性の意。

エンペラー【emperor】皇帝。

エンベロープ【envelope】封筒。

エンボス【emboss】紙・布・皮革などに凹凸模様をつけること。

エンリッチ【enrich】食品にビタミンなどを加えて栄養価を高めること。また、その食品。強化食。▷豊かにする意。

エンロールメント【enrollment】登録。入学。加入。

オ

オアシス【oasis】①砂漠の中で、水がわき、樹木の生えている場所。②いこいの場。

オイスター【oyster】牡蠣《かき》。

オイスター ソース【oyster sauce】牡蠣《かき》の煮汁を加熱濃縮した調味料。主に広東料理で用いる。牡蠣油。蠔油《ハオユー》。

オイディプス【Oidipūs】ギリシャ神話中の人物。テーベ王ライオスとイオカステとの子。男の子ならば父を殺し母を妻とするという神託により、生まれてすぐ捨てられる。成長後、父とは知らずにライオスを殺し、スフィンクスの謎を解いてテーベ王となり、母イオカステを妻とする。のち、真実を知って苦悩し、両目をえぐり、娘アンティゴネに導かれつつ諸国を流浪したという。エディプス。

オイマヨ オイスター-ソースとマヨネーズを混ぜたソース。

オイル【oil】①油。食用・燃料用・潤滑用など広く「あぶら」の意で用いられる。②特に、石油。③油絵。油絵の具。

オイル シェール【oil shale】炭素・水素・窒素・硫黄などの高分子からなる油母《ゆぼ》とよばれる複雑な有機化合物を含む黒褐色の緻密な頁岩《けつがん》。砕いて乾留し、石油を得ることができる。石

油頁岩。油母頁岩。含油頁岩。油頁岩。

オイル ヒーター【oil heater】①石油ストーブ。②(oil-filled heater)ラジエーター内部に密封したオイルを電気で暖めて循環させ、その放熱を利用する暖房機。

オウン ゴール【own goal】サッカーなどで、誤って自陣ゴールにボールを入れて相手に与えた点。自殺点。OG。

オーカー【ochre】黄土《おうど》。また、黄土色。→オークル

オーガズム【orgasm】⇨オルガスムス

オーガナイザー【organizer】①団体を組織した人。組織者。設立者。②催し物を主催した人。主催者。案まとめ役

オーガナイズ【organize】組織すること。編成すること。設立すること。

オーガニゼーション【organization】組織。構成。機構。

オーガニック【organic】有機栽培。また、有機栽培された農産物。▷有機の意。

オーガニック コットン【organic cotton】化学肥料や農薬を使わない農地で栽培され、化学処理をせずにつくられた綿。ベビー服や肌着、タオルなどに使われる。有機栽培綿。

オーガンジー【organdie】平織りで、薄く透けた生地の織物。ウエディングードレスなどに使われる。

オーク【oak】カシワ・カシ・ナラなど、ブナ科の大木になる樹木の総称。

オークション【auction】競《せ》り売り。競売。

オークス【Oaks】①イギリス、ロンドン南郊のエプソムで毎年行われるサラブレッド4歳牝馬《ひんば》のクラシック-レース。②中央競馬の「優駿《ゆうしゅん》牝馬競走」の通称。

オークル【フランス ocre】①酸化鉄の粉末。粘土に混ぜてくすんだ黄色の顔料・塗料などにする。オーカー。黄土《おうど》。②黄土色。

オーケストラ【orchestra】①管楽器・弦楽器・打楽器など多くの楽器で合奏する音楽。管弦楽。②管弦楽を演奏する楽団。管弦楽団。

オーケストラ ピット【orchestra pit】舞台と客席の間に設けられたオーケストラ用の演奏場所。オーケストラーボックス。

オーサー【author】著者。作者。

オーサリング【authoring】①著すこと。生み出すこと。②マルチメディア作品の製作過程における、一連の編集作業のこと。

オージー【Aussie】オーストラリア人。オーストラリアの。オーシーとも。

オージー【OG】(和old＋girl)女性の卒業生。

オージー【orgy】乱痴気騒ぎ。無秩序な祝宴。▷古代ギリシャのディオニュソス祭やローマのバッカス祭などの騒ぎのこと。

オーシャン【ocean】大洋。大海。

オーシャン ビュー【ocean view】(建物や部屋が)海に面していること。(窓から)海が眺められること。

オーセンティック【authentic】本物であるさま。正真正銘。正統派。

オーソドックス【orthodox】一般に正統的と認められているさま。伝統的に承認されているさま。

オーソライズ【authorize】正当と認めること。公認すること。権威づけること。

オーソリティー【authority】①ある分野での第一人者。権威者。②権威。

オーダー【order】①順序。②注文。特注。

オーダー メード【和order＋made】注文によってつくること。また、そのつくられたもの。特に、注文服をいう。あつらえ。→レディーーメード①

オータム【autumn】秋。

オーディエンス【audience】聴衆。観客。聴取者。

オーディオ【audio】音響・音声に関すること。また、音響再生装置。

オーディオ ビジュアル【audio-vi-

sual】映像機器と音響機器。また、それらを組み合わせたシステム。AV。

オーディオ ブック 【audiobook; audio book】朗読・ドラマ・対談・インタビュー・講演などの録音を製品化した音声データ、CD・カセット-テープなど。

オーディション 【audition】 ①歌手・俳優などを選出するための実技テスト。②試しに視聴すること。

オーディット 【audit】 ①コンピューター-システムで、システムの性能の度合や信頼性などを検査すること。②病院の看護などで、看護記録などからその看護内容の妥当性・適切性を当人や同僚、専門家が評価すること。▷監査の意。

オーディトリアム 【auditorium】講堂・公会堂・劇場・音楽堂・映画館など、大勢の聴衆の入れる大ホールの総称。

オーディナリー 【ordinary】平凡なさま。日常的なさま。

オーディン 【Odin】 古代チュートン族(ゲルマン民族)の神。北欧神話の最高神。元来は嵐の神。のち軍神・農耕神・死者の神とされた。オディーン。ウォータン。

オー デ コロン 【フランスeau de Cologne】さわやかな香りのアルコール性化粧水。▷コローニュ(ドイツのケルン)の水の意。

オート 【auto】 ①自動車。▷「オートモビル(automobile)」の略。②他の語に付いて、「自動車の」「自動の」の意を表す。

オート 【oat】 燕麦《えんばく》。オート麦。

オート キャンプ 【和auto＋camping】自分で自動車を運転し、その車で寝泊まりしながら各地を移動する旅行。

オート クチュール 【フランスhaute couture】高級衣装店。また、その店でつくられる高級注文服のこと。

オートクレーブ 【autoclave】高温・高圧下で化学反応をおこさせるための耐熱耐圧密閉容器。肉厚の鋼鉄やステンレス鋼などでつくる。殺菌・料理・実験などに用いる。高圧反応釜。耐圧釜。

オート チャージ 【和auto＋charge】電子マネーの残高が一定額を下回った場合、クレジット-カード決済により、自動的に一定額を補塡《ほてん》すること。また、そのサービス。自動入金。

オー ド トワレ 【フランスeau de toilette】香水の一。アルコール・香料とも香水とオー-デ-コロンの中間の濃度のもの。オー-ド-トワレット。

オート バイ 【和auto＋bicycle】 小型エンジンを備えた二輪車。

オート バス 【和auto ＋ bath】湯張り・足し湯・追い焚《だき》・温度調整などを自動で行う機能を持つ浴室。

オートファジー 【autophagy】細胞や組織が、自己のもつ酵素によって分解されること。自己分解。自己消化。

オート フィード 【auto feed】自動給紙。

オート フォーカス 【auto-focus】被写体にレンズを向けると自動的に焦点が合う機構。また、それを備えたカメラ。AF。

オート ブラン 【oat bran】 オート麦の麩《ふすま》。食物繊維に富み食用とする。

オー ドブル 【フランスhors-d'oeuvre】 西洋料理で、スープの前に出る軽い料理。前菜。オール-ドーブル。

オートポイエーシス 【autopoiesis】チリの生理学者マッラーナとバレラによって提唱された、生命システムを特徴づける概念。システムの構成要素を再生産するメカニズムをさす。自己生産。

オートマチック 【automatic】 ①操作が自動的に行われる装置や機械。また、機械が自動的に操作されるさま。②オートマチック-トランスミッションの略。自動変速装置。

オートマトン 【automaton】自動的に情報処理を行う機械、あるいはその抽象的な機能に着目した数学的モデル。自動機械。

オートミール 【oatmeal】 ①燕麦《えんばく》をひき割りにした食品。水・牛乳などで

かゆのように煮て食べる。②ツイードの織柄の一種。割麦柄。

オートメーション【automation】各種の機械装置を組み合わせて自動的に作業を行う仕組み。自動化方式。自動制御。

オート ロック【和auto＋lock】①ドアを閉めると自動的に鍵《かぎ》がかかる錠《じょう》。自動施錠。②マンションのセキュリティー-システムの一。共同玄関は施錠式の自動ドアでの開閉となり、来訪者は居住者の確認なしに入館することができない。▷オート-ロック-システムの略。

オーナー【owner】所有者。持ち主。

オーナー シェフ【和 英owner＋フランスchef】レストラン経営者も兼ねている料理長。

オーナー シップ【ownership】①所有。所有者の資格。所有権。②主体性。[案]所有権／主体性

オーナス【onus】重荷。

オーナメント【ornament】①飾り。装飾。②装身具。腕輪。首飾り。

オーバー【over】①オーバーコートの略。②数量や程度がある限度を超えること。③写真の、露出または現像が過度であること。④他の外来語の上に付いて、「上に着る」「上を越す」などの意を表す。⑤表現や態度がおおげさであるさま。→アンダー

オーバーオール【overall】①汚れを防ぐ目的で衣服の上に着るもの。②胸当て付きのズボン。仕事着・遊び着用。サロペット。③全体的・総合的であること。

オーバーキル【overkill】①過剰な殺傷力をもつ兵器による攻撃。核兵器による殺戮《さつりく》。②景気引締政策の行き過ぎ。例えば、インフレ抑制のために歳出を大幅に減らし、金利を引き上げ過ぎたりすると、景気の悪化や失業の増大を招く。

オーバーステイ【overstay】超過滞在。特に、ビザの在留期限を越えた不法な長期滞在。

オーパーツ【OOPARTS】製造されたと思われる年代にはなかったはずの技術や知識をもとに作られている出土品や遺物。▷Out of Place Artifactsの略語。

オーバードーズ【overdose】薬の適量を超過した大量摂取。▷麻薬や向精神薬などの大量摂取で使われることも多い。

オーバー ドクター【和over＋doctor】大学院博士課程を修了したが就職できないでいる状態。また、その人。

オーバードライブ【overdrive】①自動車の変速装置で、エンジン側の軸回転数に対する車輪側の軸回転数の比が1を超すギア。減速比が1以下となる。速度を下げずにエンジンの回転数を下げることができる。オーバー-トップ。OD。②(日本での用法)ゴルフで、先にティー-ショットした人よりも遠くまで、球を打って飛ばすこと。▷英語ではアウトドライブ(outdrive)。

オーバーハング【overhang】岩壁の傾斜が、頭上に庇《ひさし》のようにおおいかぶさっている部分。

オーバーヒート【overheat】(エンジンなどが)過熱すること。

オーバーブッキング【overbooking】旅客機・ホテルなどで、解約を見越して定員以上の予約をとること。

オーバーフロー【overflow】①液体があふれ出ること。②洗面台・貯水槽・プールなどで、あふれる水を排水するための流し口。③コンピューターで、計算処理の結果がCPUなどの取り扱い範囲を超えること。

オーバーヘッド【overhead】①コンピューターで、利用しているプログラムの作業に直接は関係のない処理のこと。ハードウエア制御やプログラム管理などに要する処理。②間接費。オーバー-ヘッド-コスト。▷頭上の、一般の、などの意。

オーバーホール【overhaul】一定の使用期間を経た機械・エンジンなどを分解して検査・修理すること。

オーバーライト【overwrite】上書き。

オーバーラップ【overlap】①映

画・テレビの技巧の一。ある画面の上に他の画面が重なって浮かび出し、次第に鮮明になるにつれて、もとの画面が消えるもの。二重写し。②意識の中に二つの物事が重なり合って生じること。③サッカーで、後方の選手がボールをキープしている味方選手を追い越して前線に走り上がること。主にディフェンダーの攻撃参加時に見られる動き。

オーバーラン【overrun】①勢いあまって、止まるべき地点を走り抜けてしまうこと。②機械を許容限度を超えて稼動させること。

オーバーロード【overload】過負荷《かふか》。

オーバーワーク【overwork】過度の労働。働き過ぎ。

オーバル【oval】卵形。長円形。楕円。

オービー【OB】(old boy)在校生に対してその学校の卒業生をいう語。特に、男性の卒業生をいう。

オービー【OB】(out-of-bounds)ゴルフで、コースの区域外のこと。また、そこにボールを打ち出してしまうこと。

オービス【ORBIS】速度違反を犯した自動車を発見し、違反速度と運転者・ナンバープレートの写真を自動的に記録する装置の俗称。

オーファン【orphan】孤児。みなしご。

オープニング【opening】開始。開会。開店。

オーブン【oven】天火《てんぴ》。

オープン【open】①開くこと。開店。開業。開場。②他の語に付いて、「屋外」「制限されていない」「公式でない」などの意。③かくしだてがなく、あけっぴろげであるさま。

オープン エンド【open-end】終わりが決められていないこと。中途で変更が可能であること。オープン-エンディッド。

オープン カー【open car】屋根のない、あるいは屋根が折り畳み式や格納できる機構を備えた自動車。

オープン価格 小売店が自由に設定した販売価格。

オープン カフェ【open cafe】街路に面した開放的な喫茶店やレストラン。

オープン キッチン【和 open＋kitchen】①レストランなどで、客席から見えるようにつくられている調理場。②台所と食堂とが一緒になっている部屋。ダイニング-キッチン。

オープン キャンパス【open campus】入学希望者を対象として、大学などが行う説明会や学校見学会。

オープンコースウェア【opencourseware】大学などの高等教育機関が、一般向けにインターネットを通じて講義内容(動画や資料など)を無償公開する取り組み。OCW。→MOOCs

オープン ジョー【open jaw】往復または周回旅行で、往復路で発着地が異なる航空路の取り方。

オープン ショルダー【open shoulder】肩の部分について肌の露出を多くした、婦人服のデザイン。→オフ-ショルダー

オープン スカイ【open sky】航空路線の自由化。航空自由化。

オープン スクール【open school】子どもの能力や適性に応じて個別に教育計画を立て、開放された空間で自主的な学習を進める教育形態。あるいは、そうした教育を行う学校。

オープン ソース【open source】コンピューター-プログラムのソース-コードの利用において、複製・修正・再配布などが自由に認められていること。

オープン チケット【open ticket】搭乗便の予約をしていない航空券。

オープン テラス【open terrace】建物の外側に広く張り出したテラスのこと。

オープン ルーム【和open＋room】①住宅の販売に際して、該当物件の内部を見学するために設けられた部屋。②不特定の人が随意に入ることができる部屋・場所。

オーベルジュ【フランスauberge】高級イメージを強調した、宿泊施設つきのレス

トラン。

オーボエ【イタリア oboe】リードが2枚の木管楽器。木製で、音域は変ロ音を基音として2オクターブ半にわたり、音色は繊細・典雅な趣をもつ。オーボー。

オーム【ohm】電気抵抗のSI単位。導体の2点間の電位差が1Vでその間に流れる電流が1Aである時、その2点間の電気抵抗を1オームとする。記号Ω

オーラ【aura】人や物が発する、視覚ではとらえられない一種の雰囲気。▷アウラの英語読み。→アウラ

オーライ「よろしい」「さしつかえない」の意を表す語。▷all rightから。

オーラス 麻雀で、1ゲームの中における最終局の勝負。▷all lastから。

オーラル【oral】「口頭の」「口述の」「口の」などの意。

オーラル ケア【oral care】虫歯や歯周病の予防のために、歯や口の中を清潔に保つ手入れをすること。口腔《こうくう》衛生。

オーラル セックス【oral sex】性器への口唇での愛撫《あいぶ》。

オール 若者言葉で、徹夜。▷オール-ナイト(all night)の略。

オール【all】「全部(の)」「すべて(の)」「全…」などの意。

オール【oar】ボートをこぐのに使う櫂《かい》。

オール イン ワン【all-in-one】①複数の必要なものを、ひとつに収めたもの。②ブラジャーとガードル、またはコルセットがひと続きになった下着。ボディー-スーツ。③本体部分とディスプレーが一体化したパソコン。

オール オア ナッシング【all-or-nothing】すべてか、さもなくば無か。全部か無か。

オール シーズン【all season】すべての季節にわたっていること。季節を問わないこと。一年中。

オールディーズ【oldies】昔はやった流行歌やポピュラー-ソングの名曲。

オールド【old】「年とった」「古い」「年を経た」などの意。

オールド ファッション【old-fashioned】(様式・スタイルなどが)流行おくれ。時代おくれ。

オールマイティー【almighty】①トランプで、いちばん強い札。切り札。普通、スペードのエースをさす。②なんでも完全にできること。また、その人。全能。

オール ラウンド【all-round】多くの方面のことを巧みにこなすさま。万能。

オーレ【スペイン olé】スポーツ選手や演技者、演奏者などに送る声援の言葉。いいぞ。がんばれ。

オーロラ【aurora】主として両極地方の超高層大気中にみられる発光現象。カーテン状・放射状・コロナ状などの形をとり、赤・緑・黄・青・ピンクなどの美しい色彩を呈する。極光。

オカルト【occult】神秘的なこと。超自然的なこと。

オキシダント【oxidant】酸化力の強い物質の総称。特に、汚染大気中のオゾン・二酸化窒素、各種の有機過酸化物などの酸化性物質。光化学スモッグの主な原因とされている。

オキシドール【oxydol】約3%の過酸化水素を含む無色透明の水溶液。日本薬局方名。傷の消毒・洗浄、口内および喉《のど》の消毒・洗浄、毛髪の脱色などに用いる。

オクターブ【フランス octave】①全音階上の任意の音から数えて8番目にあたる音。第1番目と同じ音名・階名でよばれる。②①の両音のへだたり、すなわち完全8度の音程をさす。物理的には、完全8度をなす2音のうち、高い方は低い方に対して2倍の周波数をもつ。

オクタン【octane】アルカンの一。22種類の異性体が存在し、いずれも常温で無色の液体。イソオクタンは、アンチノック性(ノッキングの起こりにくさ)の高い燃料として知られる。

オクタン価 ガソリンのアンチノック性を表す数値。

オクテット【octet】①八重唱、あるいは八重奏。また、その編成で演奏する曲。八重奏曲。②八重奏団。八重唱団。

オクトーバーフェスト 【ドイツ Oktoberfest】 ①ドイツのミュンヘンで毎年開催されるビール祭り。原則10月の第1日曜日を最終日とする16日間開催する。②①を模して開催するビール祭り。▷10月の祭りの意。

オクラ 【okra】 アオイ科の一年草。アフリカ原産か。果実は角《つの》状で、若いものを食用とする。

オシャンティー 若者言葉で、お洒落なこと。▷お洒落《しゃれ》をもじった表現。

オシログラフ 【oscillograph】 機械的振動や電流・電圧などの時間的変化を観測・記録する装置。

オシロスコープ 【oscilloscope】 ブラウン管を用いたオシログラフ。時間的変化の早い繰り返し現象の観測に適する。

オスカー 【Oscar】 アカデミー賞の受賞者に贈られる彫像の名。また、アカデミー賞の別名。

オストミー 【ostomy】 人工肛門・人工膀胱《ぼうこう》。また、そのための手術。

オストメイト 【ostomate】 人工肛門保有者。また、人工膀胱《ぼうこう》保有者。

オストリッチ 【ostrich】 ダチョウ。特に、ダチョウの革《かわ》。オーストリッチ。

オスプレイ 【Osprey】 ティルトローター機V-22の愛称。米海軍用の輸送機などとして運用。▷ospreyはミサゴ(タカ目ミサゴ科の猛鳥)の意。

オセロ 【Othello】 盤上に、表裏が黒白に塗り分けられた円形の駒を交互に置き、相手の駒をはさんで自分の色の駒とすることを繰り返して、駒の色の数により勝敗を争うゲーム。商標名。

オゾン 【ozone】 酸素の同素体。酸化力が強く殺菌・消毒・漂白などに利用される。

オゾン層 オゾン濃度の高い大気の層。地上10〜50kmのあたり。太陽からの紫外線を吸収する。

オゾン ホール 【ozone hole】 成層圏のオゾン層に形成される、オゾン濃度が穴の空いたように激減した部分。人体や生態系への影響が問題となっている。

オタク 俗に、特定の分野・物事を好み、関連品または関連情報の収集を積極的に行う人。特に、アニメーション・ビデオゲーム・アイドルなどの愛好者。

オタサー おたくが集まるサークル。

オダリスク 【フランス odalisque】 オスマン帝国のスルタンの後宮の女奴隷。西欧のオリエンタリズム(東方趣味)の中で特に美術の題材として好まれた。

オックス 【ox】 牛。雄牛。去勢牛。

オッズ 【odds】 競馬・競輪などの概算配当率。賭《か》け金に対する倍率で示される。また、予想配当のこと。

オッド アイ 【odd eye】 左右の眼(虹彩)の色が異なること。また、その眼。猫に多く見られる。

オットマン 【ottoman】 ①畝《うね》織物の一。絹・綿・毛などで織り、横畝が大きく、厚みがある。主に婦人服地。②背もたれのない長椅子。③足のせ台。

オデュッセイア 【Odysseia】 ホメロスの作と伝えられる長編叙事詩。トロイ戦争から凱旋《がいせん》の帰途難破し、10年の漂流生活ののち帰国したオデュッセウスの物語。オデッセー。

オナー 【honor】 ゴルフで、各ホールのティーで最初にプレーする権利をもつ人。前ホールで打数の最も少ない人がオナーとなる。▷栄誉の意。

オナニー 【ドイツ Onanie】 自慰。手淫。マスターベーション。▷旧約聖書創世記の中の人物オナンの名による。

オニオン 【onion】 玉ねぎ。

オニックス 【onyx】 ①縞瑪瑙《しまめのう》。オニキス。②化学的沈殿による縞状模様を呈する半透明な石灰岩。

オノマトペ 【フランス onomatopée】 擬音語・擬声語・擬態語を包括的にいう語。

オパール 【opal】 真珠のような光沢をもつ、半透明の鉱物。光の具合で異なる色を生ずるのが特色。主成分はケイ酸。蛋白《たんぱく》石。

オピオイド 【opioid】 麻薬性鎮痛薬。

オピニオン 【opinion】 意見や考え。特に、一般の人の社会的な問題に対

する意見。

オピニオン リーダー 【opinion leader】世論や集団の意志形成に大きな影響力をもっている人。案 世論形成者

オフ 【off】①スイッチが切られていること。また、機械が停止中であること。→オン① ②時期がはずれていること。③球技などで、ゲーム開始の意。④値引き。

オファー 【offer】申し入れ。申し込み。

オフィサー 【officer】①海技免状を有する高級船員。船舶職員。②士官。将校。

オフィシャル 【official】公式的。公認の。

オフィシャル サイト 【official site】有名人や企業が自ら開設・運営しているウェブ-サイト。公式サイト。

オフィス 【office】①会社・官庁などで、主に事務的な仕事をするところ。事務所。②官庁。役所。

オフィス アワー 【office hours】①業務・勤務・営業などを行っている時間。②大学で、教員が学生の質問や相談を受けるために待機している時間。

オフィス オートメーション 【office automation】会社の事務部門における能率向上のために行われる自動化。特に、パソコンなどの導入により、書類の作成・保存・検索・送付などの事務を合理化することをいう。OA。

オフィス ソフト 【office software】業務活動を支援する、ワープロ・表計算・データベースなどの複数のアプリケーション-ソフトウエアを、一つにまとめたシステム。また、そのようなパッケージ製品。オフィス-スイート。

オフィス ラブ 【和office＋love】社内恋愛。

オフェンス 【offense】スポーツで、攻撃。また、攻撃する側。→ディフェンス

オフ会 ⇨オフライン-ミーティング

オフ グリッド 【off (the) grid】送電網(グリッド)から独立している状態。またはその状態による電力の自給自足。

オブザーバー 【observer】①会議などで、特別に出席することを許された人。発言はできるが、議決権や発議権をもたない出席者。陪席者。②視察や監視を行う役割の人。▷観察者の意。案 陪席者／監視員

オフ サイト 【off-site】特定の場所や施設から離れていること。

オフサイド 【offside】サッカー・ラグビーなどの反則の一。各競技のルールに定められた侵入禁止地域にプレーヤーが入ったり、プレー禁止地域でプレーしたりすること。

オフサイト センター 【和offsite＋center】原子力関連施設で事故が発生した際に利用される活動拠点。原子力災害対策特別措置法に基づく。緊急事態応急対策拠点施設。案 原子力防災センター

オフ シーズン 【off-season】シーズン外。季節外れ。シーズン-オフ。

オブジェ 【フランス objet】日用の既成品・自然物などを、そのまま独立した作品として提示するもの。▷物体の意。

オブジェクション 【objection】異議。反対。

オブジェクト 【object】①英文法で、目的語。②対象。客観。→サブジェクト ③オブジェクト指向プログラミングにおいて、内部構造をもつデータ。→クラス④・オブジェクト指向

オブジェクト指向 (object-oriented)プログラミング手法の一。データをそれぞれの性質に応じた動作をも含むオブジェクトとして定義し、プログラムの設計と実現とを行う。従来の手続きを中心としたプログラミングに比べ、大規模なプログラムの開発が容易になるといわれる。

オブシディアン 【obsidian】黒曜石。

オフショア 【offshore】「海外での」「域外の」の意。

オプショナル 【optional】「任意の」「選択自由の」の意。

オフショル オフ-ショルダーの略。

オフ ショルダー 肩から胸背にかけての肌を多く露出したデザイン。イブニン

グ-ドレスなどに見られる。▷ off-shoulder necklineから。

オプション〔option〕①選択権。自由選択。②契約の締結や手付金の支払いによって生じる、将来、物件を取引できる権利。③各種機器で、標準仕様のほかに、購入者が随意に選択して取り付けられる装備・部品。オプショナル-パーツ。④コンピューターで、コマンドの働きを変更するためにコマンドに付加する文字列。

オプション取引（option transaction）選択権付取引。商品・株式・債券・通貨などを一定期日に特定の価格で売買する権利を、当事者間で対価（プレミアム）を介在させて約する取引。

オブストラクション〔obstruction〕サッカー・ホッケーなどで、妨害行為のこと。野球では走塁妨害をいう。

オフセット〔offset〕①平版印刷の一。版面の画線に付けたインクをゴム-ブランケット面に転写し、それから被印刷体に印刷する間接印刷法の総称。平版印刷全体をいう場合もある。②増幅回路などで、基準とする電圧・電流などの値と実現値との間に生じたり、また意図的に設定したりする定常的な偏差。

オフ タイム〔和off＋time〕勤務時間外。また、休日。休暇。余暇。

オプチカル〔optical〕①視覚の。目の。②光学の。▷オプティカルとも。

オプチミスト〔optimist〕楽天家。楽観論者。オプティミスト。→ペシミスト

オプチミズム〔optimism〕楽天主義。楽観論。オプティミズム。→ペシミズム①

オプトエレクトロニクス〔optoelectronics〕エレクトロニクスの一分野で、光と電気との関連を扱う学問。光通信・光ディスクなどの技術の基礎研究を行う。光電子工学。フォトニクス。

オフピーク〔off-peak〕最盛期から外れた時期や時間。閑散期。

オフビート〔offbeat〕小節内の弱拍にアクセントを置くこと。4分の4拍子の場合、通常1拍と3拍にアクセントを置くが、これを2拍、4拍に置く。アフタービート。

オフ ホワイト〔off-white〕わずかに灰色や黄色を帯びた白。純白でない白。オフ白。

オブラート〔オランダ oblaat〕デンプンと寒天でつくった、半透明の薄い膜。粉薬などを包んで飲む。

オフライン〔offline〕コンピューターで、端末の入出力装置などが中央装置に接続されていない状態。また、そのようなシステム。→オンライン①

オフライン ミーティング〔和offline＋meeting〕ネットワーク上のコミュニティーのメンバー（同じ掲示板に集まる人など）が、実際に顔を合わせる集まりのこと。この場で初めて顔を合わせる場合も多い。オフミ。オフ会。

オブリガート〔イタリア obbligato〕①17～18世紀の楽譜で、省くことのできない声部、あるいは楽器を指定したもの。②古典派以後の音楽で、主旋律と競うように奏される独立した旋律的伴奏。助奏。▷義務づけられたの意。

オブリゲーション〔obligation〕①義務。責任。②債務。

オフ リミット〔off-limits〕立ち入り禁止。

オフレコ 記者会見やインタビューで語られた内容の一部を、公表したり記録したりしないこと。▷ off-the-recordから。

オフ ロード〔off-road〕舗装されていない道。また、公道でない脇道。

オペ ①手術。オペラチオン（ドイツ Operation）の略。②オペレーションの略。

オペック ⇨OPEC

オペラ〔イタリア opera〕歌唱を中心とする舞台劇。17世紀初めにイタリアにおこり、ヨーロッパで発達した。歌劇。

オペラ グラス〔opera glasses〕観劇などに使う小型の双眼鏡。

オペラ ハウス〔opera house〕歌劇場。

オベリスク〔obelisk〕①古代エジプトの太陽の神を象徴する石柱。方尖《ほうせん》柱。②①の形をした記念碑。▷ギリシャ語で、焼き串の意。

オペレーショナル リスク〔operational risk〕銀行などの金融機関が抱える、日常業務の中で生じうるさまざまなリスクのこと。

オペレーション〔operation〕①手術。②中央銀行が行う、証券売買による市場操作。売りオペレーションと買いオペレーションがある。公開市場操作。オペ。③軍事上の行動。軍事作戦。④機械の操作や運転。⑤事業の運営。操業。案公開市場操作／作戦行動

オペレーター〔operator〕①(機械を)操作・運転する人。計算機類の操作者、無線通信士・電話交換手など。②(船主に対して)みずから船舶を運航する海運業者。運航業者。③DNA上で遺伝情報の転写を調節する部位。オペレーター遺伝子。作動遺伝子。

オペレーティング〔operating〕①経営に関する。運営に関する。②手術の。手術用の。

オペレーティング システム〔operating system〕コンピューターで、プログラムの実行を制御するためのソフトウエア。基本ソフト。OS。

オペレーティング リース〔operating lease〕ファイナンス-リース以外の短期間のリースの総称。→ファイナンス-リース

オペレッタ〔イタリア operetta〕せりふと踊りを含む陽気で風刺的なオペラ。軽歌劇。喜歌劇。

オペロン〔operon〕遺伝子の形質発現に関するDNA上の機能単位。

オポチュニスト〔opportunist〕御都合主義者。日和見《ひよりみ》主義者。

オポチュニズム〔opportunism〕便宜主義。御都合主義。日和見《ひよりみ》主義。機会主義。

オマージュ〔フランス hommage〕①尊敬の気持ちを表したもの。敬意。②ほめたたえるもの。賛辞。崇拝のしるし。

オミット〔omit〕①除外すること。②スポーツで、反則などにより失格すること。

オム〔フランス homme〕①男性。人間。②ファッションで男性用。

オムニアム〔omnium〕自転車競技のトラック競技種目の一。2日間で5種あるいは6種目のレースをこなし総合順位を競う個人競技。オムニウム。

オムニバス〔omnibus〕①映画・演劇・ドラマなどで、数編の独立した話を並べて一つの作品に構成したもの。②乗り合い馬車。乗り合い自動車。バス。③いくつかの物を一つにまとめたもの。ひとまとめにしたもの。

オム ライス〔和フランス omelette＋英 rice〕油でいためケチャップなどで味つけした飯を薄い卵焼きで包んだ日本独特の料理。

オムレツ〔フランス omelette〕溶きほぐした卵に塩・こしょうを加え、木の葉形に焼いた料理(プレーン-オムレツ)。

オメガ〔omega; Ω・ω〕①ギリシャ語アルファベットの第24字、すなわち最後の文字。②最後のもの。最終のもの。→アルファ ③電気抵抗オームを表す記号(Ω)。

オモニ 母。母親。▷朝鮮語。

オラクル〔oracle〕神のおつげ。神託。

オラシオン〔スペイン oración〕祈り。

オラトリオ〔イタリア oratorio〕一般に宗教的内容をもつ長い物語を、独唱・合唱・管弦楽のために劇風に構成した作品。ヘンデルの「メサイア」、ハイドンの「天地創造」などが有名。聖譚曲《せいたんきょく》。▷祈禱所の意。

オリーブ〔フランス olive〕モクセイ科の常緑小高木。地中海地方原産。果実は楕円形の核果で、未熟なものを塩漬けにして食用とし、熟果からはオリーブ油をとる。枝葉は平和の象徴とされる。

オリエンタリズム〔orientalism〕①東洋の言語・文学などの研究。オリエント学。東洋学。②東方趣味。異国趣味。

オリエンタル【oriental】東方の。東洋の。東洋風の。

オリエンテーション【orientation】①方位。方位測定。指標。②学校・会社などの組織で、新入者がそこでの生活・活動に早く適応できるようにはからうこと。

オリエンテーリング【orienteering】自然の山野で、地図上に指定されたいくつかの地点(ポスト)を地図と磁石を用いて発見・通過し、できるだけ短時間でゴールまで到達することを競う競技。OL。▷19世紀にスウェーデンで発祥。略称のOLはドイツ語のOrientierungs laufが語源。

オリエント【Orient】①世界最古の文明が形成された西アジアとエジプトの総称。古代東方。②東洋。東方諸国。

オリゴ糖【oligosaccharide】糖類のうち、構成単糖類の分子数が2個ないし10個ぐらいのものの総称。二糖類のスクロース(ショ糖)やマルトース(麦芽糖)など。オリゴ糖類。寡糖類。少糖類。

オリジナリティー【originality】独創性。創意。

オリジナル【original】①原型となるもとのもの。原作。原物。②独自に創作したもの。③独創的なさま。

オリジン【origin】起源。根源。出所。

オリンピアン【Olympian】オリンピック選手。オリンピック競技大会に出場した人。

オリンピック【Olympic】①古代ギリシャのオリンピア祭での競技大会。古代オリンピック。②国際オリンピック委員会(IOC)が主催する競技大会。近代オリンピック。フランス人クーベルタン男爵の提唱に始まる国際競技大会。古代オリンピックにならって4年に1回開かれる。第1回は1896年ギリシャのアテネで開かれた。1924年以降、冬季オリンピックも行われる。オリンピアード。五輪大会。③国際的な競技会の通称。

オルカ【orca】鯱《しゃち》。

オルガスムス【ドイツ Orgasmus】性行為における快感の絶頂感。オーガズム。

オルグ 労働運動や大衆運動の組織者。また、その活動をすること。▷オルガナイザー(organizer)から。

オルゴール【オランダ orgel】手回しやぜんまい仕掛けで自動的に楽曲を奏する器具。

オルタナティブ【alternative】①一つを選ぶこと。二者択一。②代わりとなるもの。代替物。代案。③既存のものに取ってかわる新しいもの。④伝統や型を破って登場する文化現象。1990年代の若者文化やロック音楽など。▷オルターナティブとも。

オルト【alt.】オルタナティブの略。

オルト【ortho】①ベンゼン環上の隣り合った位置にあることを示す語。また、二つの置換基を隣り合った位置にもつ異性体を表す接頭語。記号o ②オキソ酸のうち、最も水和度の高いものを表す接頭語。

オレガノ【スペイン orégano】シソ科の多年草。地中海沿岸原産。葉はイタリア料理には欠かせない香辛料となる。

オレンジ【orange】①みかん・夏みかん・ネーブルなどの総称。柑橘《かんきつ》類。②柑橘類のうち、スイート-オレンジの類の称。③黄色と赤色の中間の色。だいだい色。オレンジ色。

オレンジ ピール【orange peel】オレンジの皮。砂糖漬けにして菓子に使ったり、乾燥させてポプリに使ったりする。

オワコン ネット利用者が使う俗語で、終わったコンテンツのこと。旬が過ぎたり、人気がなくなったものに対していう。終わコン。

オワハラ 企業が就職活動中の学生に対して、他社での就職活動を行わないように仕向ける嫌がらせ。就職活動の終了を内定決定の条件とする場合などがある。就活オワハラ。▷「就活終われハラスメント」の略。

オン【on】①スイッチが入っていること。また、機械が作動中であること。→オフ

① ②ゴルフで、ボールがグリーンにのること。

オン エア 〔on the air〕 放送すること。また、放送中。

オングストローム 〔angstrom〕 長さの補助単位。100億分の1m。記号Å

オン コール 〔on call〕 勤務体制ではないが、緊急の際に出動できるよう待機していること。▷呼び出しに応じて、の意。

オンコロジー 〔oncology〕 腫瘍《しゅよう》学。

オン サイト サービス 〔on-site service〕 メーカーや販売店の修理者が現地に出張して行う修理サービス。

オン ザ ジョブ トレーニング 〔on-the-job training〕 業務に必要な知識や技術を習得させる研修。現任訓練。OJT。

オン ザ ロック (on the rocks)氷の塊の上にウイスキーなどの酒を注いだ飲み物。

オンス 〔ounce〕 ヤード-ポンド法の単位。①重さの単位。常用オンス(記号oz.av.)。1ポンドの16分の1で約28.35g。または、薬量オンス(記号oz.ap.)およびトロイ-オンス(記号oz.t.)。1ポンドの12分の1で約31.10g。②液量オンス。体積の単位。アメリカでは1パイントの16分の1、約29.57mL。イギリスでは1パイントの20分の1、約28.42mL。記号fl.oz。

オン タイム 〔on time〕 時間通りであること。定刻。

オン デマンド 〔on demand〕 利用者の注文に応じて、商品やサービスを提供すること。▷要求に応じての意。案注文対応

オンドル 朝鮮半島や中国東北部の家屋で用いられている床下暖房装置。▷朝鮮語。

オントロジー 〔ontology〕 知識工学の用語。エキスパート-システムを構築する際に用いられる知識表現の語彙《ごい》または基本となる概念の体系。

オン パレード 〔on parade〕 ①(俳優などの)勢ぞろい。総出演。②(比喩《ひゆ》的に)事柄や物がずらりと並ぶこと。

オンブズ パーソン 〔スウェーデン ombudsman＋英person〕 国民の行政機関に対する苦情処理や、行政活動の監視・告発などを行うことを職務とする者。行政監察委員。▷「代理人」の意。

オンブズマン 〔スウェーデン ombudsman〕 ⇨オンブズ-パーソン

オンプレミス 〔on-premise〕 ①情報サービスを、自社内のハードウエアとソフトウエアによって運用する方式。自社運用型。②製造から販売までを1か所で行う店舗。自家製のベーカリーなど。▷原義は「構内の」などの意。

オンライン 〔online〕 ①端末装置やコンピューターなどが通信回線やネットワークにつながっている状態。直結。→オフライン ②(on the line)球技で、ボールの落ちた地点が区画線上であること。オン-ザ-ライン。

オンライン会議 インターネットを介して互いに離れた場所から参加して行う会議。リモート会議。

オンライン サポート 〔online support〕 インターネットを通じて行うユーザー-サポート。また、その窓口。 →サポート②

オンライン授業 教師がインターネットを介して離れた場所の学生・生徒に対して行う授業。

オンライン ショップ 〔online shop〕 インターネット上で通信販売のサービスを提供するウェブ-サイト。また、そのサービス。

オンライン診療 インターネットを介して離れた場所にいる患者に行う診療。

オンリー ワン 〔only one〕 ①たった一つの。たった一人の。②最高のもの。最高の人。③特別注文の服。

オンワード 〔onward〕 前進的なさま。

カ

カー 〔car〕 車両。自動車、特に乗用

車。

カーキ色 (ヒンディー khākī)黄色に茶色の混じった色。枯草色。▷カーキは「土ぼこり」の意。

カーゴ 【cargo】①積み荷。貨物。②カーゴ-プレーン(貨物機)、カーゴ-シップ(貨物船)の略。

ガーゴイル 【gargoyle】 ゴシック建築の屋根にある、怪物をかたどった雨水の落とし口。

カーゴ パンツ 【cargo pants】 太股《ふともも》または膝《ひざ》の部分に、ひだ付きのポケット(カーゴ-ポケット)が付いたパンツのこと。▷貨物船(cargo ship)の乗組員がはいていたことが由来。

カーサ 【スペイン casa】 家。住居。住宅。▷集合住宅の名称などに使われる。

カー シェアリング 【car sharing】 複数の人が一台の自動車を共同で使用すること。都市に拠点を設置し、その会員が必要に応じて自動車を借りるといった形式で行われる。▷1990年代後半頃からヨーロッパ各国で普及。

カースト 【caste】 ①インド古来の身分・階層(バルナ)のこと。②インドの社会集団(ジャーティ)のこと。③転じて、他の地域・社会にみられる、類似した身分階層制度をもいう。▷カストとも。

ガーゼ 【ドイツ Gaze】 良質の綿糸で目をあらく織った柔らかい布。脱脂し、消毒したものを包帯など医療に用い、また、肌着・ハンカチーフなどにする。

カーソル 【cursor】 コンピューターなどのディスプレー画面上で、入力位置や、入力待ちであることを表示する下線や記号。

ガーター 【garter】 靴下どめ。靴下つり。

ガーター 【gutter】 ①ボウリングで、レーンの両側にある溝。②①にボールが落ちること。得点は零点になる。▷「ガター」とも。

カー チェイス 【car chase】 自動車どうしの追跡。また、映画でそのような場面。

ガーディアン 【guardian】 保護者。守護者。

カーディガン 【cardigan】 毛糸編みまたはニットでつくる、襟のない前あきの上着。▷考案者の名前から。

ガーデニング 【gardening】 園芸。庭いじり。▷洋風、特にイギリス式のものにいう。

カーテン 【curtain】 ①光・音などをさえぎったり、部屋を仕切ったりするために、窓や室内につるす布。②交流・交渉などをさえぎるもののたとえ。③劇場で舞台と客席との間を隔てる布。

ガーデン 【garden】 庭園。遊園。楽園。花園。

カーテン コール 【curtain call】 演劇・オペラなどで、終幕が下りたあと、観客が拍手喝采して出演者を幕の前に呼び出すこと。

カート 【cart】 ①手押し車。ショッピング-カートなど。②小型の自動車。ゴルフ場の電動カートなど。

カート 【kart】 小型のレーシング-カー。鉄パイプ製などのフレームに小型エンジンを積んだもの。▷商標名のゴーカート(go-kart)が語源で、手押し車などのカート(cart)と区別する。

カード 【card】 ①四角に切った小さい厚紙。通信用の二つ折りのものもいう。②トランプ。また、その札。③試合の組み合わせ。「好—」④クレジット-カード・キャッシュ-カードなどの略。

ガード 道路の上にかけた鉄道橋。陸橋。また、市街地の鉄道高架橋。「—下」▷girder(桁《けた》)から。

ガード 【guard】 ①守ること。保護すること。防護。②アメリカン-フットボールで、スクラムを組んだ時にセンターの両側にいる選手。③バスケット-ボールで、守備をしている選手。④ボクシング・フェンシングなどで、防御。 ⑤ガード-レールの略。

カートゥーン 【cartoon】 漫画。特に、風刺漫画。

カード リーダー 【card reader】 カードに磁気で記録されている情報や、内蔵されているICチップの電子情報などを読み取る装置。

カートリッジ 【cartridge】 ①レコード

-プレーヤーのアームの先にとりつけ、溝をなぞった針の動きを電気信号に変換する部品。②万年筆の軸に容器ごととりつける交換用インク。③テープ・フィルムなどを、ケースごと機器に装着するためにケースに入れたもの。④弾薬筒。⑤薬包。

ガードル【girdle】女性の下着の一。腹部から腰部へかけての体型を整えるために用いるもの。伸縮性のある素材でつくる。

カートン【carton】①蠟《ろう》をひいた厚紙でつくった箱。②巻きタバコの箱を10あるいは20箱入れた箱。また、それを数える語。③物流の分野で輸送用紙器のこと。多くの場合、段ボール箱でできた外箱のことをさす。

カー ナビ カー-ナビゲーション-システムの略。

カー ナビゲーション システム【car navigation system】走行中の自動車の現在位置・進行方向などの情報を人工衛星・地磁気計・走行距離計などを利用して測定し、運転席の画面に表示して運転者に知らせる装置。ナビゲーション-システム。カー-ナビ。

ガーニッシュ【garnish】①西洋料理の付け合わせ。ガルニチュール。②自動車の装飾品。「サイド-—」「リア-—」

カーニバル【carnival】①謝肉祭。②にぎやかなお祭りさわぎを伴う催し。

ガーネット【garnet】石榴石《ざくろいし》。宝石として、また、研磨材に利用。

カーバイド【carbide】炭素と金属元素との化合物のこと。炭化カルシウム。炭化石灰。

カービング【carving】①彫ること。切ること。②彫り物。また、木彫りで室内装飾品をつくること。

カーフ【calf】皮革製品の材料としての小牛。また、その皮。

カーブ【curve】①円弧を描くように曲がること。また、その曲がっている部分。曲線。②野球で、打者の手元で曲がりながら落ちる投球。

カーフ スキン【calfskin】子牛のなめし革。皮質がよく、コート・ハンドバッグ・靴などに用いられる。

カーペット【carpet】絨緞《じゅうたん》。敷物。

ガーベラ【ラテン Gerbera】キク科の多年草。南アフリカ原産。葉は根生し、タンポポに似るが大きく、裏面に毛がある。初夏に頭状花を1個つける。

カーペンター【carpenter】大工。

カーポート【carport】屋根と柱だけの簡便な車庫。

カーボン【carbon】①炭素。②電極に使う炭素棒。

カーボン オフセット【carbon offset】自ら排出した二酸化炭素を何らかの方法で相殺すること。旅客機の搭乗者が飛行中に排出した二酸化炭素を相殺するために、航空会社が用意したオフセット事業(植林事業やバイオ燃料の開発事業など)に、排出相応分の金額を寄付するなど。▷オフセットは埋め合わせの意。

カーボン ナノチューブ【carbon nanotube】層状構造の炭素が筒状になった分子。新素材として注目される。▷1991年(平成3)、飯島澄男が発見。

カーボン フットプリント【carbon footprint】個人活動や商品のライフ-サイクル全般(原材料調達から廃棄まで)で排出された温室効果ガスを二酸化炭素排出量に換算したもの。▷炭素の足跡の意。

カーマ【サンスクリット Kāma】インド神話で、愛欲・恋愛の神。古くリグ-ベーダでは、宇宙創造の原動力とされた。

カーマイン【carmine】①塩基性色素の一種。エンジムシの雌から採取・精製される粉末状の赤色色素。染料・分析試薬として、また生体の核・染色体の染色に用いられる。コチニール。カーミン。カルミン。②わずかに紫がかった赤色。

ガーリー【girly】少女らしい状態や、女性がひかれるもの全般を俗にいう語。

カーリー ヘア【curly hair】髪形の一。全体をカール(巻き毛)で構成する。

ガーリック【garlic】ニンニク。

ガーリック バター【garlic butter】すりおろしたニンニクを混ぜ込んだバター。ガリバタ。

カーリング【curling】氷上スポーツの一。4人一組みの2チームで、円盤状の重い石を滑走させ先にある円の中に入れて得点を争う競技。石のスピードや方向を調節するため、進路をほうき(ブルーム)で掃く。

カール【curl】髪の毛に巻きぐせをつけること。また、巻きぐせのついた髪の毛。巻き毛。

ガール【girl】少女。女の子。娘。若い女性。→ボーイ

ガールズ トーク【girls' talk】女の子どうしのおしゃべり。

ガールズ バー【和girls＋bar】カウンター内にいる女性従業員との会話を楽しめるショットバー。キャバクラとバーの中間的業態。2006年(平成18)前後から登場した形態。

カイ【chi; X・χ】⇨キー(chi)

ガイ【guy】男。やつ。▷アメリカの俗語から。

ガイア【Gaia】①ギリシャ神話で、大地の女神。カオス(混沌《こんとん》)から生まれて、ウラノス(天空)を生んだ。その子ウラノスとの間に12柱のティタン神などの子をもうけた。ゲーともよばれる。ローマ神話ではテルス。②巨大な生態系としての、地球をいう語。

ガイガー カウンター【Geiger counter】⇨ガイガー-ミュラー計数管

ガイガー ミュラー計数管（Geiger-Müller counter）放射線検出器の一。金属円筒にアルゴン・アルコールなどのガスを入れ、その中心に張った金属線(陽極)と円筒(陰極)との間に1000ボルト前後の電圧をかけておくと、粒子が入射するたびに封入ガスがイオン化され放電がおこる。この放電を計測して放射線を検出する。1928年ドイツのガイガーとミュラーが考案。ガイガー-カウンター。

カイザー【ドイツ Kaiser】ドイツ皇帝の称号。日本では、特にウィルヘルム2世をさすことが多い。カイゼル。▷古代ローマのカエサルに由来。

ガイダンス【guidance】①指導。特に、ある事柄について初心者に与える入門的指導。②生活・学習のあらゆる面にわたり、生徒が自己の能力や個性を最大限に発揮しうるように与える援助。

カイト【kite】洋凧《ようだこ》。

ガイド【guide】①案内すること。また、その人。②旅行者を通訳を兼ねて案内する人。③手引き。④指針。目印《めじるし》。⑤釣りで、道糸を通すためにリールに取り付ける丸い輪形の用具。

ガイドブック【guidebook】①案内書。手引書。②参考書。

ガイドライン【guideline】①罫《けい》線。②政府や団体が指導方針として掲げる大まかな指針。㊟指針

カイロプラクティック【chiropractic】19世紀末にアメリカで創始された神経機能障害に対する治療法。脊椎《せきつい》の歪《ゆが》みを整え、神経機能を正常化させ、組織や器官の異常を治す。

カイン【kine】地震による揺れの強さを地動の速度振幅で表す単位。1カインは1cm/秒。

ガウス【gauss】磁束密度のCGS電磁単位およびガウス単位。1cm^{2}当たり1マクスウェルの磁束が貫くときの磁束密度の大きさを1ガウスという。記号G ▷ドイツの数学者・物理学者ガウスの名にちなむ。→テスラ

カウチ【couch】休息用の長いす。寝いす。ソファー。

ガウチョ パンツ【gaucho pants】南米のカウボーイの衣服に似た、すそ幅の広い女性用の七分丈ズボン。

カウボーイ【cowboy】アメリカ合衆国西部の牛飼い牧童。

カウル【cowl】航空機やオートバイのエンジンをおおう流線形のカバー。空気抵抗を減らす。カウリング。

ガウン【gown】①ベルトなどを締めない、羽織って着る長い外衣。大学教授・法官・聖職者などが儀式・行事に用いる。②(日本で)くつろぐ時や湯上がりに羽織るゆったりした衣服。

カウンシル【council】評議会。審議会。会議。

カウンセラー【counselor】臨床心理学などを修め、個人の各種の悩みや心理的問題について相談に応じ、解決のための援助・助言をする専門家。

カウンセリング【counseling】専門的な手続きに基づく相談。個人のもつ悩みや不安などの問題について話し合い、解決のために援助・助言を与えること。

カウンター【counter】①逆の。反対の。①スポーツで、相手の攻撃の力を利用して、逆に攻撃すること。②フィギュア-スケートで、ターンする時、それまでとは逆方向に弧を描くこと。

カウンター【counter】①帳場。勘定台。②計算器。計数器。③酒場などで、客席と調理場とを仕切り、客が飲食をする細長い台。

カウンターカルチャー【counter-culture】ある社会に支配的にみられる文化に対し、その社会の一部の人々を担い手として、支配的な文化に敵対するような文化。→サブカルチャー

カウンター キッチン【和counter＋kitchen】食事室の方を向きながら食事の支度や後片付けができるように流し台やガスコンロが配列されている台所。対面式キッチン。

カウンターテナー【countertenor】女声のアルトにあたる声部を歌う男性歌手。ファルセットで歌う。

カウンターパート【counterpart】対の片方。片われ。対照物。案対応相手

カウント【count】①数を数えること。②スポーツで、得点や時間を数えること。また、その数値。③野球で、ボール-カウントのこと。

カウントダウン【countdown】数を大きい方から小さい方へ順に数えること。特に、秒読みのこと。

カオス【ギリシャ khaos】①混沌《こんとん》。混乱。②ギリシャ神話の宇宙開闢《かいびゃく》説における万物発生以前の秩序なき状態。また、同時にすべての事物を生みだすことのできる根源。ケイオス。→コスモス③初期条件・境界条件を定めると以後の運動が決まるような簡単な系であっても、初期条件のわずかな差で大きく違った結果を生ずるような現象。気象現象・乱流や生態系の変動などにみられる。

カオリン【kaolin】カオリナイトを主成分鉱物として含む粘土。陶磁器・耐火材の原料、化粧品の製造原料などに用いられる。高嶺土。高陵土。白陶土。

カカオ【cacao】アオギリ科の常緑高木。熱帯アメリカ原産。果実はウリ状果で、厚い果肉の中に球状の種子を50～100個含む。種子をココア・チョコレートの原料とする。ココアの木。

カクタス【cactus】①サボテン科植物を総称した英語名。②ダリアなどの花型の一。カクタス咲き。

カクテキ 大根のキムチ漬け。カクトゥギ。▷朝鮮語。

カクテル【cocktail】①ジン・ウオツカなどアルコール度の高い蒸留酒をベースとし、リキュール・シロップ・果汁・香料などを混合してつくった飲み物。コクテール。②いろいろなものが混じり合ったもの。③オードブルの一種。エビ・カニなどをカクテル-ソースであえ、グラスに盛ったもの。コクテール。

カクテル ドレス【cocktail dress】夕方の集まりやカクテル-パーティーにふさわしいドレス。イブニング-ドレスより略式で、普通丈のものが多い。

カクテル パーティー【cocktail party】カクテルと軽食を卓上に出して行う立食形式のパーティー。

ガジェット【gadget】①こまごまとした日用品。小さな装飾品や道具。小物。小道具。小間物。②携帯できる小型の電子機器類。③コンピューターのデスクトップに置いておき、ちょっとした用途に使う小さなソフトウエア。

カシス【フランス cassis】①ユキノシタ科の落葉低木。果実は黒く熟して酸味が強く、ジャム・ゼリーなどに加工する。クロスグリ。②リキュールの一。つぶした①

の実を漬けたアルコールに砂糖を加え、濾過《ろか》してつくる。

カジノ【イタリア casino】①ルーレット・ダイス・カード遊びなどの賭博《とばく》専門の娯楽場。賭博場。モンテカルロやラスベガスが有名。②音楽・ダンスなどを楽しむ娯楽場。▷小さい家の意。

カシミヤ【cashmere】カシミヤ糸を使用した織物。柔軟で保温性に富む。カシミヤ織物。▷カシミアとも。

カシャーサ【ポルトガル cachaça】ブラジルの蒸留酒。砂糖黍《さとうきび》の絞り汁を発酵・蒸留して造る。アルコール分38～54％。カシャッサ。ピンガ。

カジュアル【casual】(服装などが)堅苦しくないさま。くつろいでいるさま。「—-ウエア」→フォーマル

カジュアルコピー【casual copy】軽い気持ちで行われる、商用ソフトウエアや音楽ソフトなどの不正コピー行為。

ガス【オランダ gas】①広く気体一般をさす。②燃料として使われる気体。都市ガス・プロパン-ガスなど。③海・山などに出る濃い霧。④特に毒性の気体。⑤おなら。屁。⑥ガソリンのこと。

カスク【フランス casque】①頭だけを覆うヘルメット。②自転車競技者が着用する革製のヘルメット。

カスクルート【フランス casse-croûte】バゲットなどを使ったフランス風のサンドイッチ。カスクート。▷フランス語で「軽食」の意。

ガス クロマトグラフィー【gas chromatography】試料の成分ガスを分離し、定性と定量を行う化学分析法。ガス-クロ。

カスケード【cascade】①滝。②段々になっているもの。段階的に連なっているもの。

カスタード【custard】牛乳・卵・砂糖を混ぜ、香料を加えてクリーム状にしたもの。

ガス タービン【gas turbine】圧縮空気と燃料を混合して燃焼させ、発生した高温・高圧のガスで駆動するタービン。

カスタマー【customer】商品を購入した人。製品やサービスを利用している人。顧客。得意先。カストマー。

カスタマイズ【customize】①特別注文でつくること。注文に応じてつくり替えること。②利用者が使いやすいように自分で変更すること。③一人のためだけにデザインされたり、手を加えられたりした衣服。

カスタム【custom】①習慣。慣習。②関税。また、税関。③特別仕様。あつらえ。

カスタム メード【custom made】⇨オーダー-メード 案 特注生産

カステラ【ポルトガル castella】鶏卵と砂糖、小麦粉を合わせて焼いた菓子。室町末期にポルトガル人が長崎に伝えたという。カステーラ。カステイラ。▷カスティリャ王国の名から。

カストラート【イタリア castrato】少年の声を保持するために変声期以前に去勢した男性歌手。16～18世紀のイタリアで盛行。

ガストロノミー【gastronomy】美食学。

ガス抜き ①炭坑などで発生し始めたガスを除去すること。②イースト発酵によってパン生地の中にたまった空気を抜くこと。③集団・組織内部の不満が極限に達する前に、それを発散させて、破局を回避する手だてを講ずることをたとえていう。

ガスパチョ【スペイン gazpacho】スペインの冷たい野菜スープ。

カゼイン【ドイツ Kasein】乳に多く含まれるリンタンパク質の一種。チーズの原料。乾酪素。酪素。

カセット【cassette】①中身が封入してある小さな容器やケース。そのまま機器に装着できる。②カセット-テープの略。

カセット テープ【cassette tape】①カセットに収めた録音用磁気テープ。②コンパクト-カセット(録音用磁気テープを収めたカセット)のこと。

ガゼット【gazette】定期刊行物。官報。学内報。

ガソリン【gasoline】比較的低沸点

(30～200℃)の炭化水素の混合物。ガソリン-エンジンの燃料などに使われる。

ガソリン スタンド【和gasoline＋stand】自動車にガソリンを給油し販売する店。スタンド。

カタコンベ【オランダcatacombe】古代キリスト教徒の地下基地。カタコンブ。

カタストロフィ【catastrophe】①自然界および人間社会の大変動。変革。②劇や小説の悲劇的な結末。破局。▷カタストロフ・キャタストロフィとも。

カタパルト【catapult】航空母艦などの甲板上から航空機を飛びたたせるための装置。射出機。

カタル【オランダcatarre】粘膜細胞に炎症が起きて、多量の粘液を分泌する状態。風邪のときに鼻水が止まらないといった状態をいう。

カタルシス【ギリシャkatharsis】①悲劇がもっている、観る人の感情を浄化するという効果。アリストテレスの用語。②精神分析で、抑圧された感情や体験を言葉や行動として外部に表出して、心の緊張を解消すること。③(一般に)心の中に解消されないで残っていたある気持ちが、何かをきっかけにして一気に取り除かれること。▷浄化・排泄《はいせつ》の意。

カタログ【catalog(ue)】①商品や展覧会の作品の目録・説明書。②営業案内。

ガチ 主に若者言葉で、本気。真剣。また、本当に。▷がちんこ(相撲用語で真剣勝負の意)から。

ガチャ ①ガチャポンのこと。②転じて、ソーシャル-ゲームの中でアイテムやカードを購入するシステムの一形式。数種類の中から何があたるかわからないもの。→ガチャポン

ガチャポン 玩具《がんぐ》入りカプセルの手動式販売機。ガチャガチャ・ガシャポンとも。▷ガチャポン・ガシャポンは商標名。

カチューシャ 髪飾りの一。弧の形で、前方から両耳までの髪をおさえるヘアーバンド。▷大正時代に女優の松井須磨子が演じた、トルストイの小説「復活」の女主人公の名から。

ガチンコ (相撲界で)真剣勝負。また、真剣勝負の稽古《けいこ》をすること。転じて、真剣に取り組むこと。本気で行うこと。がちんこ。ガチ。

カツ カツレツの略。

ガツ (料理用の)牛の第1胃。豚の胃についてもいう。▷英語のgutに由来する。

カッター【cutter】①ヨットの一種。1本マストで船首の長い小帆船。②艦船に搭載する大型のボート。8～12人がオールで漕《こ》ぎ、帆走もできる。③物を切る刃物。工作用刃物や裁断器など。

カッターシャツ ワイシャツで、襟とカフスがとりはずしのできないもの。▷もと商標名。

ガッツ【guts】根性。やる気。

カッテージ チーズ【cottage cheese】軟質のナチュラル-チーズの一種。脱脂乳を乳酸発酵させてつくり、熟成させない。サラダなどに使用。

カット【cut】①切ること。また、一部を取り除くこと。②野球で、他の野手への送球を途中で捕球すること。③球技で、相手チームがパスしたボールを途中で奪うこと。④卓球やテニスで、ラケットを斜めにして切るように球を打ち、逆回転を与えること。カッティング。⑤映画・テレビなどの撮影で、1台のカメラが写し始めてから写し終わるまでの一つの場面。ショット。⑥印刷物に入れる小さな挿絵。

ガット【GATT】⇨GATT

ガット【gut】羊・豚などの腸からつくった細い紐《ひも》・糸。ラケットの網や楽器の弦などに用いる。腸線。

カット アウト【cut-out】ラグビー・サッカー・ハンドボールなどで、タッチラインの方へ急に進路を変えて走ること。

カット イン【cut-in】①映画・テレビで、あるショットに別のショットを挿入すること。②ラグビー・サッカー・ハンドボールなどで、タッチ-ライン沿いから急に内側に進路を変えて走ること。③バスケットボール・ホッケーなどで、相手の防御陣の間に切り込むこと。

カット オフ【cut off】①切断。分離。②野球で、走者の進塁を防ぐために内野手が外野手の送球を途中で捕球すること。

ガット ギター【gut guitar】クラシック-ギターのようにガットを用いた弦を張って演奏するギター。

カット グラス【cut glass】彫刻や切り込み細工をしたガラスやガラス器。切子《きりこ》ガラス。

カット ソー【和cut＋sew】編み機で編んだニットを、型紙に合わせて裁断し、縫製した衣類の総称。ポロシャツやスエット-スーツなどに多い。カット-アンド-ソー、カット-アンド-ソーンともいう。

カットバック【cutback】①映画で、二つ以上の場面を、長さを変えながら交互に見せて緊張感を高めたりする編集技法。②サッカーで、相手を避けて後方に進路を変えること。③アメリカン-フットボールで、ボールをもった選手の走り方の一つ。オープン方向に走っていた選手が突然方向を変えてラインの内側に走り込むもの。▷「切り返し」「繰り返し」の意。

カツ煮 カツ丼の具を単品の料理とするもの。

カッパ【ポルトガル capa】雨の時に着る防水性の上着。雨ガッパ。

カッパ【kappa; Κ・κ】ギリシャ語アルファベットの第10字。

カップ【cup】①取っ手の付いた西洋風のうつわ。②ふたのない丸い洋風のうつわ。足のついた杯形のものもいう。③料理で、材料の量をはかるための取っ手のついたうつわ。普通200mL。計量カップ。④賞杯。優勝杯。→トロフィー ⑤ブラジャーの乳房をおおう椀《わん》形の部分。⑥ゴルフで、ホールの別名。

カップ酒 コップ状のガラス容器に入れて販売される日本酒。

カップリング【coupling】①一般に、二つのものの間に相互作用をもたせて結びつけること。②動力を一方の軸から他方の軸へ伝えること。また、そのための装置。軸継ぎ手。③芳香族ジアゾニウム化合物と他の芳香族化合物とが反応してアゾ化合物ができる反応。ジアゾ-カップリング。④二つ以上の生化学的反応について、一つの反応の生成物が他の反応の基質になっていること。共役。

カップル【couple】ふたりの組み合わせ。夫婦。恋人同士。

カツレツ【cutlet】西洋料理の一。牛・豚肉などの切り身に小麦粉・とき卵・パン粉をつけて油で揚げたもの。カツ。

カテーテル【オランダ katheter】体腔《たいこう》または胃・腸・膀胱《ぼうこう》などにたまった液体の排出や、薬品などの注入に用いる管。

カテキン【catechin】植物界に広く分布し、特に緑茶の渋味成分として存在する物質。抗菌作用がある。

カテゴライズ【categorize】分類すること。カテゴリーに分けること。

カテゴリー【ドイツ Kategorie; 英category】①同じ性質のものが属する部類。部門。領域。範疇《はんちゅう》。ジャンル。②哲学で、実在や思惟の根本形式。概念のうちで最も一般的・基本的な概念。

カテドラル【フランス cathédrale】ローマ-カトリック教会の司教区で、司教座の置かれている聖堂。大聖堂。

ガトー【フランス gâteau】菓子。洋菓子。ケーキ。

カドミウム【cadmium】12族(亜鉛族)元素の一。元素記号Cd　原子番号48。原子量112.4。半導体の製造や鍍金《めっき》などに用いる。また、中性子を吸収するので原子炉の制御材として使用。カドミウム塩・カドミウム蒸気は有毒で、イタイイタイ病の主因とされる。

カトラリー【cutlery】食卓用のナイフ・フォークなどの金物類。刃物の総称。

カトリック【オランダ katholiek】カトリック教会。また、その信仰、信徒。カソリック。

カナッペ【フランス canapé】小さく薄く切ったパンを焼いたり揚げたりして、その上に肉・魚・チーズ・ペースト・キャビア

などをのせた食べ物。オードブルに用いる。

カナル式 ヘッドホンのうち、耳の穴にさし込んで用いる方式。遮音性が高い。カナル型イヤホン。▷カナルは外耳道(ear canal)のこと。

カニバリズム【cannibalism】人肉を食べること。狭義には、その社会の中で宗教的儀礼として認められた食人の慣習をいう。人肉嗜食《ししょく》。食人。

カニバリゼーション【cannibalization】①共食い。人食い。②同じ会社の商品やサービスが、売り上げや市場を奪い合うこと。▷カニバライゼーションとも。

カヌー【canoe】①丸木船。また、骨組みをつくり、毛皮や樹皮を張った小舟。②①を模した、競技用の小舟。

カヌレ【フランス cannelé de Bordeaux】フランスのボルドー地方の修道院でつくられた伝統的な焼き菓子。

カネロニ【イタリア cannelloni】①パスタ料理の一。ホウレンソウとひき肉を板状のパスタで筒形に巻き、ソースをかけてオーブンで焼いたもの。カネローネ。②大形で筒状のパスタ。

カノープス【ラテン Canopus】竜骨《りゅうこつ》座のアルファ星。明るさは－0.7等で、シリウスに次ぐ。地球からの距離310光年。晩冬の宵、南に低く見える。

カノン【canon】①古代ギリシャの建築・彫刻において、全体と部分あるいは各部分相互の比率。②対位法による多声音楽の作曲技法、またその楽曲。主題となる旋律を奏する先行声部を、後続声部が一定の関係を厳格に保ちながら模倣し追行する。追復曲。③キリスト教で、信仰や行為についての規則。また、信仰教義の正しい基準としての聖書の正典。規範。基準。キャノン。

カノン砲 口径の割に砲身が長く、弾丸の発射速度が速く、平射弾道をなす大砲。軍艦や戦車の主砲、高射砲など。加農砲。キャノン。▷オランダ kanon から。

カバ【スペイン cava】スペイン産スパークリングワインのなかで特に、シャンパンと同様の瓶内二次発酵方式で醸造されたもの。

カバー【cover】①物を覆うこと。また、覆うもの。②欠けたところや足りないところ、また損失などを補うこと。③為替総合持高を、直物市場・先物市場・スワップ取引などを通じて、売持ちでも買持ちでもない状態(スクエア)にすること。相場変動のリスクを避けるために行う。④カバー-バージョンの略。ヒットした楽曲を、別の人による歌唱や演奏で録音したもの。

カバディ【ヒンディー kabaddi】インド発祥のスポーツ競技。1チーム7人で、攻撃側は一人が相手陣地へ入り、「カバディ、カバディ…」と連呼しながら息の続く間に守備側の選手にタッチして自陣に戻れば得点になる。守備側はそれをタックルなどで妨害する。

ガバナンス【governance】①統治。支配。管理。②統治するための機構。管理するための方法。案統治

ガバメント【government】①政治。②政府。

カバレッジ【coverage】あることが及ぶ範囲。あることが適用される範囲。保護や保障の及ぶ範囲、放送局のサービス-エリア、広告の訴求範囲などに用いる。

カピバラ【capybara】カピバラ科の哺乳類。頭胴長130センチメートルほどで、世界最大の齧歯《げっし》類。パナマからアルゼンチン東部に分布。

カフェ【フランス café】①コーヒー店。喫茶店。②(大正・昭和初期の語)女給のいる洋風の酒場。キャフェ。▷カフェーとも。

カフェイン【ドイツ Kaffein】アルカロイドの一。コーヒー豆・カカオの実・茶の葉などの中に含まれる。苦味のある無色の結晶。興奮剤・利尿剤などとして用いる。茶素。テイン。

カフェ オレ【フランス café au lait】コーヒーに、ほぼ等量の温めた牛乳を入れた飲み物。

カフェ テラス【和フランス café＋フランス ter-

rasse】喫茶店などで、店から歩道や庭などの戸外に張り出して椅子・テーブルを並べたところ。

カフェテリア【cafeteria】客が好みの料理を自分で食卓に運んで食べる形式の料理店。キャフェテリア。

カフェ バー【和フランス café＋bar】喫茶店・バーなどを兼ねた、しゃれた室内装飾の店。

カフェ マキアート【イタリア caffè macchiato】少量のミルク-フォームを加えたエスプレッソ。エスプレッソ-マキアート。▷マキアートは「染みのついた」の意。

カフェ モカ【cafe mocha】エスプレッソ、チョコレート-シロップ、スチームド-ミルクを混ぜ合わせた飲み物。多くの場合、仕上げにホイップ-クリームなどを加える。▷コーヒーのモカに似た芳醇《ほうじゅん》さを持つことから。

カフェラッテ【イタリア caffellatte】温めたミルクを入れたエスプレッソ-コーヒー。カフェラテ。

カプサイシン【capsaicin】トウガラシの果皮に含まれる辛味成分。

カフス【cuffs】洋服の袖口に付けられたバンド状の布。

カフスボタン【和 英cuffs＋ポルトガル botão】ワイシャツなどのカフスをとめる実用と装飾を兼ねたボタン。

カプセル【ドイツ Kapsel】①ゼラチン製の小さな円筒状の容器。粉薬や油状の液剤を封入してのみやすくするのに用いる。②密閉した容器。

カプセル ホテル【和capsule＋hotel】ベッド上で起臥できるだけの大きさのカプセル状の小室を並べた簡易ホテル。

カプチーノ【イタリア cappuccino】強く煎《い》ったコーヒー豆を用いるイタリア風コーヒー。多くはホイップ-クリームを浮かべ、シナモンで香りをつける。

カプラー【coupler】連結装置。異なった二つの回路の結合器。

ガブリエル【Gabriel】後期ユダヤ教・キリスト教・イスラム教における大天使。新約聖書では聖母マリアにイエスの受胎を告げたとされる。

カブリオレ【フランス cabriolet】折り畳み式の幌《ほろ》や格納できる屋根を備えたオープン-カー。→コンバーティブル・ロードスター

カポエラ【ポルトガル capoeira】ブラジルの格闘技の一。リズム演奏にのせ、二人一組みで踊るようにして足技を繰り出す。カポエイラ。

カマンベール【フランス camembert】ナチュラル-チーズの一種。独特の白カビを生やして熟成させる。

カミーノ【スペイン camino】道。道のり。

カミング アウト【coming out】①出てくること。現れること。②自分が、社会一般に誤解や偏見を受けている(同性愛者などの)少数派の立場であることを公表すること。アウト。カム-アウト。

カム【cam】主に、回転運動を往復運動・揺動運動などに変換する機械構造。板カム・円筒カム・円錐カムなど。

ガム【gum】チューイン-ガムの略。口中でかんで味わう菓子。

カムイ 神。▷アイヌ語。

ガム シロップ【gum syrup】乳化剤としてアラビア-ゴムを加えて煮溶かしたシロップ。

カムフラージュ【フランス camouflage】①敵の目をくらますために、色を塗ったり、物をとりつけたりして発見されにくくすること。偽装。迷彩。②本当のことを悟られないように人目をごまかすこと。▷カモフラージュとも。

ガムラン【マレー gamelan】インドネシアのジャワやバリの伝統音楽。舞踊劇や影絵芝居の伴奏に用いられる。

カメオ【cameo】①瑪瑙《めのう》・貝殻などを素材とした浮き彫り。②映画で、主要キャスト以外の脇役なども有名俳優で固めること。また転じて、作品中に有名俳優などのゲストが少しだけ出演すること。カメオ出演。▷①と同様、「浮き出ていない部分も作品として重要である」ことから。

カメラ【camera】①物体の像を記録する装置の総称。写真を撮影する写

真機や映画・テレビ・ビデオの撮影機など。キャメラ。②カメラマンの略。

カメラマン【cameraman】①写真家。また、写真撮影担当者。②映画・テレビの撮影技師。

カメラ目線 カメラに向ける視線。

カメリア【ラテン Camellia】ツバキ。また、ツバキ科ツバキ属の植物。

カモフラージュ【フランス camouflage】⇨カムフラージュ

カモミール【chamomile】カミツレ。また、カミツレ花。

カヤック【kayak】①イヌイットやネーティブ-アメリカンなどが使う、海豹《あざらし》の皮を張ってつくった小舟。②競技用カヌーの一。両端に水搔《みずか》き(ブレード)のある櫂《かい》(パドル)を使う。▷日本では、腰から下を船体に収められる形状のものをカヤックとよび、そうでない形状のものをカヌーとよぶ傾向がある。

ガラ【フランス gala】祭典。祝祭。ガーラ。

カラー【collar】①洋服の襟。②詰め襟の内側につける、とりはずしのできる細長い布やセルロイド。

カラー【color】①色彩。色。②白黒だけではなく、色彩がついていること。→モノクローム ③絵の具。④ある集団や地域などに特有の気風・傾向。また、その特色。⑤カラー-フィルム・カラー-テレビなどの略。

カラー コーディネーター【color coordinator】色彩や配色をアドバイスする専門家。カラー-コンサルタント。

カラード【colored】①有色人種。②南アフリカ共和国の住民のうち、アジア系移民、およびオランダ移民とアフリカ人との混血によって生まれた人々の総称。もともと現地に住んでいたアフリカ人は含めない。白人による人種差別を受けてきた。

カラー ボール【colored ball】①色のついた球。色付きのゴルフ-ボールなど。▷和製用法。②防犯目的で用いる、特殊塗料入りの球。逃走者などに投げつけて当たると球内部の塗料が対象に付着する。

カラーリング【coloring】色をつけること。着色。彩色。

ガラケー ガラパゴス携帯の略。→ガラパゴス

ガラ コンサート【gala concert】特別公演。祝賀音楽会。

ガラス【オランダ glas】①高温で溶融状態にあったものが急速に冷却されて、結晶化せずに固化したもの。また、その状態。無定形状態の一つで、立体的な網目状構造をとる。②ケイ酸塩ガラスのこと。ケイ砂・炭酸ソーダ・炭酸石灰などを高温で溶融し冷却してつくる。透明・硬質で、もろい。種々の器具・建材などに用いる。

ガラス トップ【glass top】表面または上部がガラス素材でできていること。特に、ガスこんろやクッキング-ヒーターなど。グラス-トップ。

ガラスの天井 ⇨グラス-シーリング

カラット【carat; karat】①宝石の質量を表す単位。200mgに当たる。記号K,ct ②金の純度を表す単位。純金を24カラットとする。記号K,kt

ガラナ【guarana】ムクロジ科のつる性低木。南アメリカ原産。種子はコーヒーの3倍のカフェインを含み、興奮性の飲料や強壮薬とする。

ガラパゴス 孤立した環境で独自に発達した物事。また、そのさま。▷ガラパゴス諸島(Galápagos)に由来。

ガラパゴス携帯 日本市場向けに開発・販売される日本製のフィーチャー-フォンの俗称。おサイフケータイなど国内独自の機能をもつためガラパゴス化の象徴とされる。ガラケー。

カラビナ【ドイツ Karabiner】岩登り用具の一。岩壁に打ち込んだハーケンとザイルを連絡する鋼鉄製の輪。

カラフェ【フランス carafe】食事の際などに水やワインなどを入れて卓上に置く水差し。

カラフル【colorful】色数の多いさま。多彩。

カラム【column】①コンピューターの表形式のデータなどで、縦の列のこと。→ロー ②柱状の管や器官。

ガラム マサラ【garam masala】

チョウジ・カルダモン・シナモンなどを原料とした混合香辛料。インド料理に広く用いられる。▷ヒンディー語。ガラムは辛い、マサラは混ぜたものの意。

カラメル【フランスcaramel】 ショ糖・ブドウ糖などの糖類を加熱して得る黒褐色の粘度の高い物質。食品の着色剤・風味料として用いる。

カラン【オランダkraan】 水道の蛇口《じゃぐち》。

カリ【オランダkali】 ①カリウムの略。②炭酸カリウム、または水酸化カリウムの俗称。③化合物の名に用いて、カリウム塩の意を表す。

カリウム【ドイツKalium】 (potassium)1族元素(アルカリ金属)の一。元素記号K　原子番号19。原子量39.10。ケイ酸塩として長石・雲母など岩石の成分となって地殻中に広く分布。また、イオンとして動植物の生理に重要な役割をもつ。単体は銀白色の軟らかい金属。水と激しく反応し、水素を発生して水酸化カリウムになる。ポタシウム。

カリオカ【ポルトガルcarioca】 ⇨キャリオカ

カリカチュア【caricature】 戯画。風刺画。カリカチュール。

カリカチュアライズ【和caricature＋ize】 戯画化・風刺化すること。

カリキュラム【curriculum】 学校の教育目標を達成するために、児童・生徒の発達段階や学習能力に応じて、順序だてて編成した教育内容の計画。教育課程。

カリグラフィー【calligraphy】 ①文字を美しく書く術。能書法。書道。②絵画における書道的表現。現代抽象絵画で書道の筆勢や漢字の形体を応用した手法。

カリスマ【ドイツCharisma】 ①超自然的・超人間的・非日常的な資質や能力。預言者・英雄などにみられる。②転じて、一般大衆を魅了するような資質や技能をもった人気者。

カリナリー【culinary】 台所の。料理の。「―-スクール」

ガリバー【Gulliver】 ①スウィフトの小説「ガリバー旅行記」の主人公の名。②(ガリバー①が小人国で、巨人として扱われたことから)他のものとくらべてとび抜けて大きいたとえ。

カリフ【caliph】 ムハンマドの死後、全イスラム教徒を統率した、宗教上・政治上の最高権威者。13世紀に廃絶。ハリファ。▷元来アラビア語で後継者の意。

カリプソ【calypso】 西インド諸島のトリニダード島で黒人の間に起こった民族音楽。4分の2、2分の2拍子のはずむようなリズムをもつ。

カリフラワー【cauliflower】 キャベツの一変種。結球せず、直立した茎の頂上に白いつぼみが球状に密集する。これをゆでて食べる。ハナキャベツ。ハナヤサイ。

カリヨン【フランスcarillon】 多数の鐘を音律に従って配列し、鍵盤《けんばん》や機械仕掛けにより打ち鳴らす楽器。中世ヨーロッパで流行した。組鐘。カリオン。カリロン。カンパネッタ。ベル。

ガル【gal】 加速度のCGS単位。1ガルは1cm/s^{2}の速度変化を表す。主として、地震波の加速度を表すのに用いられる。記号Gal ▷ガリレイ(G.Galilei)の名にちなむ。

カルーア【スペインKahlúa】 コーヒー-リキュールの一。コーヒーとサトウキビのスピリッツ(蒸留酒)などで造る。商標名。

カルーセル【carousel】 メリー-ゴー-ラウンド(回転木馬)。

カルキ【オランダkalk】 クロルカルキの略。さらし粉の俗称。▷石灰の意。

カルシウム【calcium】 2族元素(アルカリ土類金属)の一。元素記号Ca　原子番号20。原子量40.08。銀白色の柔らかい金属で、酸素・塩素と激しく化合する。合金成分、高真空用ゲッター、金属の脱酸剤などに用いる。動物の骨・歯の主要成分。イオンは多くの生命現象で重要な調節機能に関与している。

カルスト地形 石灰岩地域に特徴的な地形。石灰岩が雨水に溶食されてカレンフェルト(墓石状地形)・ドリーネ・鍾乳洞などを形づくる。日本では秋吉

台などに見られる。 ▷カルスト(ドイツ Karst)は、スロベニア共和国、ディナル-アルプス山脈北部の地方名から。

カルソン 【フランス caleçon】 ⇨スパッツ①

カルダモン 【cardamon】 ショウガ科の大形多年草。インド原産。ショウノウに似た芳香とほろ苦味がある。香辛料・健胃薬などにする。

カルチャー 【culture】 教養。文化。

カルチャー ショック 【culture shock】 自己の行動や考え方の枠組みを与える文化とは異なった文化に接した時に受ける精神的な衝撃。

カルチャー センター 【和 culture+center】 新聞社などが開講する、社会人を対象とした教養講座。学芸・趣味など多岐にわたる。

カルチョ 【イタリア càlcio】 サッカー。

カルテ 【ドイツ Karte】 医師が患者ごとに作成する診療記簿。診療録。診察簿。

カルティエ 【フランス quartier】 球形の材料を縦に四つ割りにする切り方。レモン・トマト・カブなどに用いられる。

カルテット 【イタリア quartetto】 四重奏。四重唱。また、その楽曲・楽団。▷「クアルテット」「クワルテット」とも。

カルデラ 【caldera】 火口周辺の崩壊・陥没によってできた大規模な円形または馬蹄形の窪地《くぼち》。日本では阿蘇山のものが有名。▷スペイン語で釜の意。

カルテル 【ドイツ Kartell】 寡占状態にある同一業種の企業が価格・生産量・販路などについて結ぶ協定。各企業の独立性が保たれている点でトラストと異なる。独占禁止法で原則として禁止されている。企業連合。→トラスト・コンツェルン

カルト 【cult】 既成の社会から正統的とは見なされない宗教的集団。転じて、趣味などで愛好者による熱狂的な支持をいう。▷宗教的な崇拝の意。

カルネアデスの板 古代ギリシャの哲学者カルネアデスが示した問題。難破で海に投げ出された人が、一人しか摑《つか》めない板を奪い取り自分の命を救う行為について正当性を問う。カルネアデスの舟板。

カルパッチョ 【イタリア carpaccio】 生の牛肉を薄く削ぎ切りにし、オリーブ油などをかけたイタリア料理。魚を用いる場合もある。▷イタリアのルネサンス期の画家 Vittore Carpaccio の名から。

カルバドス 【フランス calvados】 リンゴ酒を蒸留したブランデー。▷フランス、ノルマンディー地方の地名から。

カルビ ばら肉のこと。▷朝鮮語。

カルボナーラ 【イタリア spaghetti alla carbonara】 炭焼き風スパゲッティ。ベーコン・卵・チーズ・黒胡椒などを混ぜて作るスパゲッティ。▷黒胡椒が炭の粒のように見えることからいう。

カルマ 【サンスクリット karma】 ①身体・言語・心による人間の働き・行為。現在の事態は必ずそれを生む行為を過去にもっているとする思想による。羯磨《かつま》。業《ごう》。②人が担っている運命や制約。主に悪運をいう。

カレイドスコープ 【kaleidoscope】 万華鏡《まんげきょう》。

カレー 【curry】 ①淡黄色粉末の、非常に辛みのある香辛料。30～40種の香辛料を配合してつくる。インドが主産地で、熱帯諸国で盛んに用いる。カレー粉。 ②①を用いてつくった料理。特に、カレー-ライスのソース。③カレー-ライスの略。

ガレージ 【garage】 自動車の車庫。ギャレージ。→カーポート

ガレージ セール 【garage sale】 不要になった家具などを、自宅のガレージに並べて売ること。アメリカで盛んになった。

カレッジ 【college】 ①(学生生活を送る場としての)大学。②アメリカで、大学院課程のない大学。単科大学。→ユニバーシティー ③イギリスの大学の学寮。これが集まるとユニバーシティーとなる。

ガレット 【フランス galette】 ①フランスで、平たい円形の焼き菓子の総称。②アメリカやカナダなどで、発酵した生地を用いない平たい円形の即席パンやパンケー

キ。
ガレリア【イタリアgallerìa】高い位置にガラスなどの屋根をもつ歩行者空間。アーケード。
カレンシー【currency】通貨。
カレンダー【calendar】暦《こよみ》。七曜表。
カレント【current】①現在の、流行の、通例の、などの意。②コンピューターで、その時点で参照されているファイル装置。カレント-ディレクトリー・カレント-ドライブなど。
カロテノイド【carotenoid】動植物界に広く分布し、黄橙・赤・赤紫色を示す色素の総称。カロテン・キサントフィルなどがある。ニンジン・トマト・カキなどに含まれる。カロチノイド。
カロテン【carotene】カロテノイドのうちの炭化水素の総称。動物の体内でビタミンAに変わり、視覚・光合成などで重要な機能を果たす。ニンジンやトウガラシに多量に含まれる。カロチン。
カロリー【フランスcalorie】熱量の単位。記号cal　1カロリーは4.18605ジュール。水1gを1気圧のもとで、14.5℃から15.5℃に上げるのに必要な熱量4.1855ジュールとする定義もある。栄養学では1kcalを単位に用いる。
ガロン【gallon】液体の体積の単位。イギリス-ガロンは、約4.546L。アメリカ-ガロンは、約3.785L。日本では、後者を使用。
カン【オランダkan; 英can】①金属、特にブリキ製の入れ物。②助数詞。缶にはいった物を数えるのに用いる。▷漢字(缶・罐)は当て字。
ガン【gun】①鉄砲。銃。②噴霧器。
カンガルー ケア【kangaroo care】母親が新生児を衣服の中で抱き、素肌を触れ合わせる育児手法。
ガングロ（多く、若い女性が）顔面を化粧や日焼けで黒くさせていること。また、その人。
カンジダ症（ラテン　candida）酵母菌の一種のカンジダ菌の感染によっておこる炎症性の病気。モニリア症。
カンタータ【イタリアcantata】17～18世紀のバロック時代に発展した声楽曲の一形式。独唱・重唱・合唱と器楽伴奏よりなる。交声曲。
カンツォーネ【イタリアcanzone】①イタリア民謡の総称。日本では、ナポリ地方の流行歌をいう。②14～18世紀イタリアの抒情詩。また、これに基づく歌曲および器楽曲。カンツォーナ。
カンテラ【オランダkandelaar】携帯用の灯油ランプ。
カンデラ【candela】光度の単位。SI基本単位の一。記号cd　周波数540×10^{12}Hzの単色光源の放射強度が683分の1W毎ステラジアンである方向の光度。
カント【cunt】女性の性器。
ガント チャート【Gantt chart】アメリカのガント（H.L.Gantt　[1861～1919]）による管理図表。時間を区切った図表に計画を示し、各計画に対応する時間の実績を逐次記入する。ある時点における計画と実績が一目で把握できる。
カントリー【country】「田園(の)」「郊外(の)」「国(の)」などの意。
ガントリー【gantry】①門型の構造物。多く、移動可能なものをいう。「—-クレーン」②宇宙ロケットの移動式発射台。
カントリー ライフ【country life】田舎暮らし。田園での生活。
カンニング【cunning】試験のとき、隠しもった本・メモや他人の答案を見るなどの不正行為をすること。▷「ずるい」の意。
カンパ 活動や援助などのために、資金を広く集めること。また、呼びかけに応じて金を出すこと。また、その金。▷カンパニア（ロシア　kampaniya）の略。
カンバス【canvas】①油絵をかく布。麻布などの上に塗料を塗ったもの。画布《がふ》。キャンバス。②⇨キャンバス
カンバセーション【conversation】会話。対話。
カンパニー【company】会社。商社。商会。略号Co。
カンパリ【イタリアcampari】イタリアのビ

ターズの一。ルビーのような赤色で、カクテルなどに用いられる。

カンピロバクター【ラテン Campylobacter】グラム陰性菌の一。螺旋《らせん》型をなす。敗血症・髄膜炎・急性腸炎などをおこす。▷キャンピロバクターとも。

カンプ 広告のプレゼンテーションなどで、制作意図を正確に知らせるため、仕上がりに近く描かれた絵や図。▷comprehensive layoutの略。

カンファレンス【conference】⇨コンファレンス

カンフー【功夫】中国拳法。コンフー。▷中国語。

カンフル【オランダ kamfer】①昇華性の結晶。防虫剤・局所刺激薬など用途は広くかつては強心剤としても用いられた。②活性を失った物事に対し、即効的回復効果を期待して行う事柄。カンフル注射。

カンマ【comma】⇨コンマ

ガンマ【gamma; Γ・γ】①ギリシャ語アルファベットの第3字。②質量の単位。1ガンマは100万分の1g。マイクログラム。③有機化合物において、基本となるものから3番目の炭素原子の位置を示す記号。④金属・合金の相の区別を表す記号の一。⑤写真感光材料の階調度を示す数値。値が大きいほど画調は硬くなる。▷ガンマーとも。

キ

ギア【gear】①歯車。また、歯車を組み合わせた装置。ギヤ。②装備。用具。道具一式。

キー【chi; Χ・χ】ギリシャ語アルファベットの第22字。▷カイとも。

キー【key】①鍵《かぎ》。②解決の手がかり。③物事の重要な部分。基準となるもの。中心となるもの。④ピアノ・オルガンなどで、音を出す操作のために指で押さえる所。鍵盤《けんばん》。⑤長音階もしくは短音階の出発音(音階第1音)をある一定の音高に定めたもの。調。⑥コンピューターのキーボードや計算機で、入力のために指で押さえる所。

ギー【ghee】インドの主要な食用油。水牛などの乳からつくるバターを溶かして漉《こ》したもの。

ギーク【geek】奇人。変人。コンピューターやインターネットなどの知識は豊富だが、社会性に欠けるような人を俗にいう。

キーストローク【keystroke】①キーボードで、キーを押す前の状態から、押し下げた状態までの深さのこと。②キーボードを打鍵する動作のこと。

キーノート【keynote】①音楽で、ある調の中心となる主音。主調音。②文学作品などの中心思想。基調。

キーパー【keeper】ゴールキーパーの略。

キー パーソン【key person】物事の動向を左右する重要な人物。キー-マン。

キープ【keep】①確保すること。保持すること。②サッカー・バスケットボールなどで、ボールを相手側に渡さず保持すること。ラグビーでは、味方のものになったボールをスクラムの中に保持すること。

キー ポイント【和key＋point】問題・事件などの解決・処理に際しての重要な点。主眼点。要点。

キーボード【keyboard】①楽器の鍵盤《けんばん》。②鍵盤楽器の総称。日本では多く電子鍵盤楽器をさす。③コンピューターの入力に用いるタイプライター状の鍵盤。

キー ホルダー【和 key＋holder】鍵《かぎ》をまとめてたばねておくための道具。

キーマ カレー【keema curry】ひき肉のカレー。

キーマン【keyman】⇨キー-パーソン

キール【keel】船の竜骨。

キール【フランス kir】食前酒の一。辛口の白ワインにカシス②を混ぜたもの。

キーレス エントリー【keyless entry】鍵を使わず、音波や電波を用いてドアを施錠したり解錠するもの。

キー ワード【key word】①文章の理解や問題解決の手がかりとなる語。

②情報検索で、データを引き出すときの索引となる語または記号。索引語。

キウイ【kiwi】ダチョウ目キウイ科の3種の鳥の総称。ニュージーランド特産。ニワトリ大で脚は太く短い。翼は退化し、尾もない。キーウィ。

キウイ フルーツ【kiwi fruit】マタタビ科のつる性落葉果樹。中国南部原産。果皮は褐色で全面に毛があり、鳥のキウイに見たててこの名がある。果肉は緑色で生食のほか、ジャムなどにする。

キオスク【kiosk】①トルコやイランなどのイスラム式庭園に多くみられる四阿《あずまや》。②公園の売店のような簡易建造物。日本では駅構内の売店の名称として使われている。キヨスク。

ギガ【giga】単位に冠して10^9(10億)を表す語。記号G ▷スマホなどのデータ通信で、使用限度量の残りの通信量の意で使われることがある。

ギグ【gig】(小会場での)演奏会やパフォーマンス。

ギグ エコノミー【gig economy】正規の職員ではなく、臨時雇いとしての単発の仕事で成り立つ経済活動。また、そのような働き方。多く、インターネットを介して発注される。オンライン配車サービスでの、登録者に都度割り振られる運転業務など。

ギグ ワーカー【gig worker】主としてインターネットを介して発注される、単発の仕事に都度従事する人。

キシリトール【xylitol】5炭糖の糖アルコールの一。虫歯の原因菌が酸を代謝するのを抑制するため、予防のために食品・菓子などに用いられる。

キス【kiss】①接吻《せっぷん》。口づけ。キッス。②ビリヤードで、一度触れた玉と玉とが再び触れ合うこと。キッス。

キセノン【xenon】18族元素(希ガス)の一。元素記号Xe　原子番号54。原子量131.3。無色・無臭の気体。大気中に微量存在する。希ガスのうちで最初に化合物がつくられた。キセノン-ランプに利用される。クセノン。

キセル【カンボジア khsier】①刻みタバコを吸う道具。②(①が途中は竹だが両端が金属(金《かね》)であるところから)鉄道の乗車区間のうち、乗降駅付近だけの乗車券や定期券を持ち、途中をただ乗りすること。

ギター【guitar】撥弦《はつげん》楽器の一。普通、裏表平らなひょうたん形の共鳴箱に棹《さお》をつけ6本の弦を張る。左手の指で弦を押さえて音程を調え、指先・爪・ピックなどで弦をはじいて演奏する。

キチネット【kitchenette】簡易台所。小さなキッチン。

キチン【chitin】窒素を含む多糖類の一種。甲殻類・昆虫類などの節足動物の外骨格や細菌・菌類の細胞壁に含まれる。化学構造がセルロースに似る。生体への適合性に優れ、人工皮膚・縫合糸など医療用に用いられる。

キック【kick】けること。

キックオフ【kickoff】サッカー・ラグビーなどで、球をけって試合を開始、または再開すること。

キックオフ ミーティング【kickoff meeting】ビジネスで新しいプロジェクトを始めるとき、そのメンバーなどが集まって行う会合。

キックバック【kickback】不当な、あるいは反社会的な形の手数料や礼金など。袖の下や賄賂《わいろ》をいう。

キッシュ【フランス quiche】溶き卵に生クリームまたは牛乳を混ぜたものをパイ生地に流し込んで焼いたもの。中に、チーズやハム、野菜などを入れることもある。▷キシュとも。

キッズ【kids】子ども。

キッチュ【ドイツ Kitsch】①まがいもの。俗悪なもの。②本来の目的とは違う用途で使うこと。また、そのもの。

キッチン【kitchen】台所。調理場。キチン。

キッチンウエア【kitchenware】台所用品。

キッチン タオル【kitchen towel】台所で使う手拭いや布巾。また、厚手のキッチン-ペーパー。

キッチン ドリンカー【kitchen drinker】主婦の飲酒常習者を俗にいう語。

キッティング【kitting】 部品などを使用可能な状態まで組み立てること。

キット【kit】 ①模型などを組み立てる材料一組み。②特定の目的のための道具一式。

キッド【kid】 ①子山羊《こやぎ》。また、子山羊のなめし革。キッドスキン。②(ひとりの)子ども。若者。ちびっこ。

キトサン【chitosan】 キチンをアルカリ処理して得られる高分子。重金属吸着剤、酸性物質の除去剤、食品・医療用材料などに用いられる。

ギネス【Guinness】 スタウト-ビールの商品名。また、それを製造する会社名。→スタウト

ギネス ブック【Guinness Book】 さまざまな世界一の記録を集めた本。1956年に出版、以後毎年発行。ギネス世界記録。▷ギネスはアイルランドのビール会社。

キネティック【kinetic】 運動の。運動に関する。動的な。

キネマ【kinema】 キネマトグラフの略。映画。シネマ。

キビバイト【kibibyte】 コンピューターの情報量を示す単位。1024(=2の10乗)バイト。記号KiB ▷kilo binary byteから。

ギビバイト【gibibyte】 コンピューターの情報量を示す単位。1024(=2の10乗)メビバイトで、2の30乗バイトにあたる。記号GiB ▷giga binary byteから。

ギブ アップ【give up】 降参すること。あきらめること。

ギブ アンド テーク【give-and-take】 相手に利益を与え、自分もまた利益を得ること。

ギプス【ドイツ Gips】 骨折や靭帯《じんたい》損傷などの場合に患部を固定し、保護するため、包帯を石膏《せっこう》で固めたもの。ギブス。

ギフト【gift】 贈り物。

キマイラ【ギリシャ Khimaira】 ⇨キメラ

ギミック【gimmick】 ①からくり。仕掛け。細工。トリック。②合成や照明による、映像上の特殊効果。③奇をてらった演奏。

キムチ 朝鮮の漬物の総称。白菜・大根などを塩漬けにし、さらに魚介の干物・唐辛子・ニンニクなどを混ぜて漬け込んだもの。▷朝鮮語。

ギムナジウム【ドイツ Gymnasium】 ドイツの中等教育機関。修業年限9年で、大学準備教育を目的とする。

ギムレット【gimlet】 カクテルの一種。ジンまたはウオツカとライム果汁を混ぜてつくる。

キメラ【英 Chimera; ギリシャ Khimaira】 ①ギリシャ神話で、ライオンの頭・ヤギの胴・ヘビの尾をもち口から火を吐く怪獣。キマイラ。②生物の一個体内に同種あるいは異種の別個体の組織が隣り合って存在する現象。また、その個体。

ギヤ【gear】 ⇨ギア

ギャグ【gag】 観客を笑わせるために筋と関係なく挿入される即興風な台詞《せりふ》や動作。

ギャザー【gather】 洋裁で、布地を縫い縮めて寄せたひだ。▷寄せ集める意。

ギャザリング【gathering】 ①集まり。集会。集めること。収集。収集物。②腫《は》れ。腫れ物。③衣服のひだ。ギャザー。

キャスク【cask】 使用ずみ核燃料の輸送容器。▷caskは樽《たる》の意。

キャスケット【フランス casquette】 大きめのクラウン(帽子の山の部分)に、短い前びさしが付いている帽子の総称。ハンチング-キャップ(鳥打ち帽)など。カスケット。

キャスター【caster】 ①家具・ピアノなどの脚につける、方向の自在に変わる小さな車輪。脚輪。②テレビで、解説を交えた報道番組などを主宰する出演者。③塩・胡椒《こしょう》・辛子《からし》などを入れて食卓に置く容器。薬味入れ。カスター。

キャスティング【casting】 ①演劇や映画などで、役を割りふること。また、配役。②投げ釣り。▷キャスチングとも。

キャスティング ボート【casting

vote】二つの大きな勢力がほぼ等しい場合、大勢を決める力をもっている第3の勢力。

キャスト【cast】映画や演劇などで、出演者に割りふられた役割。配役。

キャセロール【フランスcasserole】西洋料理用の蓋《ふた》つきの厚手鍋。ココット。

キャタピラー【caterpillar】鋼板を帯状につなぎ、前後の車輪を取り巻くように取り付けた装置。戦車・ブルドーザーなどに用いる。無限軌道。カタピラー。商標名。▷芋虫の意。

キャッサバ【cassava】トウダイグサ科の落葉低木。熱帯諸国で広く栽培される。地下にサツマイモに似た太い根があり、これからタピオカとよぶ食用のデンプンをとる。イモノキ。

キャッシュ【cache】⇨キャッシュ-メモリー

キャッシュ【cash】①現金。お金。②現金払い。即金。③資金。また、金融。

キャッシュ アウト【cash out】①キャッシュ-フローにおける支出。→キャッシュ-フロー ②ギャンブルにおける払い戻し。特に、ゲームで用いるチップを現金に換金すること。③小売店の店頭などにおいて、デビット-カードを用いて預金を引き出せるサービス。レジで支払い金額より高い金額を申告し、釣り銭の形で預金を引き出す。→デビット-カード

キャッシュ オン デリバリー【cash on delivery】現金着払い。代金引換払い。コレクト-オン-デリバリー。COD。

キャッシュ カード【cash card】銀行などの、現金自動預け入れ支払い機に用いるプラスチック製磁気カード。端末機に挿入し、一定の操作を行うと、預金の出し入れができる。

キャッシュ ディスペンサー【cash dispenser】⇨CD

キャッシュ バック【cash back】買い物の代金の一部が払い戻されること。以後の購入時に値引きされたり、購入証明の送付により返金を受けられるものなどがある。

キャッシュ フロー【cash flow】①現金の収入と支出。②投資に必要な資金とそれから得られる収益。

キャッシュ メモリー【cache memory】コンピューターの記憶装置の一。処理を高速化するために、何度も使われるプログラムやデータを一時的に保持する機能をもつ。▷キャッシュは、隠し場所・貯蔵所の意。

キャッシュレス【cashless】銀行口座への振り込みやクレジット-カードによる支払いなどのように、現金のやりとりなしで決済がなされること。

キャッシング【cashing】CDやATMなどを利用して、借金をすることをいう語。▷日本での用法。

キャッスル【castle】城。

キャッチ【catch】①とらえること。つかまえること。②球技でボールをとらえること。捕球。③手やオールで水をとらえること。

キャッチ アップ【catch up】追いつくこと。特に、発展途上国が先進国に追いつこうと努力すること。[案]追い上げ

キャッチ アンド リリース【catch and release】釣り上げた魚をその場で逃がしてやること。

キャッチ コピー【和catch＋copy】消費者の心を強くとらえる効果をねらった印象的な宣伝文句。

キャッチ セールス【和 catch＋sales】街頭などで通行人に声をかけ、言葉巧みに商品を売りつけたり、契約させたりする販売方法。キャッチ商法。

キャッチフレーズ【catchphrase】宣伝・広告などで、人の心をとらえるように工夫された印象の強い文句。うたい文句。

キャッチ ホン【和 catch＋phone】割り込み電話サービス。通話中に電話がかかってきたとき、前の通話者を待たせて後の人と話すことができる。商標名。

キャッチャー【catcher】捕手。

キャッツ アイ【cat's-eye】①猫目石《ねこめいし》。②道路上の交差点や中央線

付近に埋め込まれた鋲《びょう》。夜間、ヘッド-ライトを受けて発光する。

キャップ グループなどの長。▷captainから。

キャップ ⇨CAP

キャップ【cap】①縁なしの帽子。野球帽・スキー帽など。②万年筆・鉛筆などにかぶせる鞘《さや》。③瓶の蓋《ふた》。

ギャップ【gap】①すき間。間隙《かんげき》。②考え方や意見などの隔たり、また食い違い。

ギャップ イヤー【gap year】大学への入学が決まっている学生が、社会的な見聞を広めるために一定期間(通常1年程度)、入学を遅らせること。また、その期間。イギリスで1990年代から普及した制度で、利用する学生はこの間を旅行やボランティア、職業体験などで過ごす。▷ギャップは隙間《すきま》などの意。

キャディー【caddie】ゴルフで、プレーの間、プレーヤーのクラブを持ち運び、助言などの援助をする人。

キャディー バッグ【caddie bag】ゴルフのクラブを入れて持ち運ぶためのバッグ。キャリー-バッグ。ゴルフ-バッグ。

キャド ⇨CAD

キャニスター【canister】紅茶・コーヒーなどを入れる蓋《ふた》つきの容器。

キャノピー【canopy】①建物の入り口の上などにある天蓋《てんがい》形の庇《ひさし》。②航空機の操縦席をおおう風防。

キャノン【cannon】⇨カノン砲

キャノン【canon】⇨カノン

キャパ キャパシティーの略。

ギャバ ギャバジンの略。背広・コートなどの服地とする織物。

ギャバ【GABA】(gamma-aminobutyric acid)抑制的にはたらく神経伝達物質の一。アミノ酸の一種で、生体内ではグルタミン酸から合成される。茶葉や発芽玄米の胚芽中に蓄積する。γ-アミノ酪酸。

キャバクラ【和フランスcabaret+club】女性店員が、男性客の席について接客する飲食店。1980年代に登場した業態。

キャパシティー【capacity】①能力。受容力。うつわ。②容量。容積。▷略してキャパとも。

キャバレー【フランスcabaret】①舞台で演じられる寸劇や歌などを楽しんだり、ダンスに興じたりできる酒場。②第二次大戦後に生じた、ホステスのサービスで飲食をする酒場。

キャビア【caviar】チョウザメの卵を塩漬けにした食品。イラン・カスピ海沿岸などに産する。高価で珍味。カビア。

キャピタル【capital】①頭文字。大文字。②首府。首都。③事業を行うための資金や資産。資本。資本金。④西洋建築で、円柱や角柱などの頭部。彫刻などが施される。柱頭《ちゅうとう》。

キャピタル ゲイン【capital gain】不動産や有価証券などの値上がりによる利益。特に、株式の値上がりによる利益をいう。案 資産益 →インカム-ゲイン

キャビネ【フランスcabinet】乾板・シート-フィルム・印画紙の大きさ。横12cm、縦16.5cmを標準とする。カビネ。キャビネ-サイズ。キャビネ版。

キャビネット【cabinet】①箱。特に、テレビ・ラジオ・ステレオなどの外箱。②飾り棚。③書類・備品などを収納する戸棚。④内閣。

キャビン【cabin】①船室。②飛行機の客室。

キャビン アテンダント【cabin attendant】旅客機の客室乗務員。フライト-アテンダントとも。CA。

キャブ【cab】①タクシー。②機関車・トラックなどの運転室・運転席。

キャプション【caption】①新聞・雑誌などで、見出し。また、写真・挿絵などにつける説明文。②映画の字幕。

キャプチャー【capture】①捕らえること。捕まえること。捕獲。獲得。②コンピューターにデータを取り込むこと。また、ディスプレー上に表示されている画像データを、ファイルとして保存すること。

キャプテン【captain】①スポーツのチームの主将。②船長。艦長。③機

長。

キャブレター〔carburetor〕ガソリン機関に供給する燃料と空気の混合気をつくる装置。燃料の霧化・気化、空気との混合および燃料・空気の計量を行い、最適の空気と燃料の比を設定する。気化器。

ギヤマン〔オランダdiamant〕①江戸時代、ダイヤモンドのこと。②ガラス、またはガラス製品の古風な呼び名。▷ガラスを切るのにダイヤモンドを用いたところから。

キャミソール〔camisole〕婦人用の袖なし下着。肩からひもでつる腰丈までの短いもの。ペチコートと組み合わせて用いる。カミソール。

キャミソール ドレス〔camisole dress〕キャミソールを長くしたような、肩紐《ひも》で吊るタイプのドレス。スリップ-ドレス。キャミソール-ワンピースとも。

キャム ⇨CAM

キャメル〔camel〕①ラクダ。また、ラクダの毛から製する繊維。②ラクダ色。

キャラ キャラクターの略。

ギャラクシー〔galaxy〕銀河。

キャラクター〔character〕①性格。人格。持ち味。②小説・漫画・映画・演劇などの登場人物。③文字。記号。▷若者言葉では、略してキャラとも。

キャラバン〔caravan〕①砂漠を隊を組んで行く商人の集団。隊商。②ある目的のために、隊を組んで遠征したり各地を回ること。また、その集団。③商品の販売・宣伝のため、各地を回ること。④キャラバン-シューズの略。底に厚い合成ゴムを貼った、防水ズックの編み上げ靴。山歩き・ハイキング用。

キャラ変(へん) その人の性格やイメージが変わることを俗にいう語。キャラ変え。キャラ-チェン。

キャラメル〔caramel〕牛乳・バター・水飴《みずあめ》・小麦粉などにバニラなどの香料を加えて煮固めた飴菓子。→カラメル

キャラメル マキアート〔caramel macchiato〕仕上げにキャラメル-シロップを加えたカフェ-マキアート。あるいはカプチーノ。

ギャラリー〔gallery〕①回廊。長廊下。②美術品を陳列するための部屋。画廊《がろう》。③ゴルフ・テニスなどの観客席、また観客。④教会・劇場などのホールで、壁から突き出た席。

ギャラン〔フランスgalant〕色男。女たらし。しゃれ者。

ギャランティー〔guarantee〕出演料。契約金。ギャラ。▷保証金の意。

キャリア〔career〕①経歴。経験。②職業。特に、専門的な知識や技術を要する職業。③日本の中央省庁で、国家公務員試験I種に合格している職員。

キャリア〔carrier〕①電気通信事業者。輸送業者。航空会社。→コモン-キャリア ②保菌者。③担体《たんたい》。④搬送波《はんそうは》。⑤自動車の屋根に取り付ける、スキー道具などを運ぶための荷台。また、自転車やオートバイの荷台。▷運ぶ者の意。キャリアーとも。

キャリア教育 勤労観および職業観を育てる教育。主体的に進路を選択する能力・態度を育て、職業生活との円滑な接続を図る。

キャリア センター〔carrier center〕大学などで求人情報や業界動向の収集・提供などの就職支援をする部門・施設。

キャリア ハイ〔career-high〕スポーツ選手の自己最高記録。

キャリア パス〔career path〕労働者の能力や適性の観点から見た職歴。また、それを形成するための職種。

キャリー〔carry〕①運ぶこと。②ゴルフで、飛距離。

キャリー オーバー〔carry over〕①宝くじなどで、賞金を次回に持ち越すこと。②食品や化粧品などで、原材料に含まれる添加物が加工品に持ち越されて残ること。表示の義務がない。▷繰り越す意。

キャリー バッグ〔carrier bag〕①持ち運ぶための鞄《かばん》の総称。②格納できる引き手とキャスターのついたスーツ-ケース。キャリー-ケース。③⇨キャディー

-バッグ

キャリオカ【ポルトガル carioca】①(Carioca)リオ-デ-ジャネイロ生まれの人。②サンバに似たブラジルの舞曲およびダンス。▷カリオカとも。

キャリセン キャリア-センターの略。→キャリア-センター

キャリブレーション【calibration】①計器の目盛りを正しく調整すること。②規格や基準に整合するよう電子回路を調整すること。また、それに使用する基準媒体。スキャナー・ディスプレー・プリンターの色調整などにいう。

ギャル【gal】①若い女。女の子。②独自のファッションやライフスタイルを志向する若い女性たち。

ギャルソン【フランス garçon】ホテル・レストランなどの給仕。ボーイ。ガルソン。▷男の子の意。

ギャレー【galley】船内あるいは機内の調理室。ガレー。

キャロット【carrot】ニンジン。

キャロット ラペ【フランス carottes râpées】千切りにした人参《にんじん》のサラダ。

ギャロップ【gallop】乗馬で、馬の最も速い駆け方。4本の足が一度に地面を離れるように速く走ること。

ギャロップ【galop】19世紀初期にヨーロッパでおこった速い4分の2拍子の旋回舞曲。ガロップ。

キャロル【carol】クリスマスまたは復活祭の祝歌。カロル。

キャンギャル 広告・宣伝活動のために、コマーシャルやイベントなどに出演する女性のこと。キャンペーン-ガール。イメージ-ガール。▷キャンペーン-ギャルの略。

ギャング【gang】犯罪者のグループ。特にアメリカの組織的な暴力的犯罪者の集団。ギャングスター。

キャンサー【cancer】癌《がん》。

キャンセル【cancel】売買契約を取り消すこと。また、一般的に、予約の取り消し。

キャンティ【イタリア chianti】イタリアのトスカーナ地方で産出する赤ワイン。

キャンドル【candle】蠟燭《ろうそく》。

キャンパー【camper】①キャンプする人。野営する人。②キャンピング-カー。

キャンバス【canvas】①綿・麻などの太い糸で密に織った厚地の織物の総称。帆布・テント・画布・手芸用基布などに使用される。カンバス。②野球の、一・二・三塁のベース。

キャンパス【campus】①大学などの構内。また、校庭。②大学。

キャンプ【camp】①山・高原・海岸などにテントを張り、野営すること。②兵営。③スポーツ練習のための合宿。④収容所。抑留所。

ギャンブル【gamble】賭《か》け事。博打《ばくち》。投機。

キャンペーン【campaign】大衆に対する、一定の目的をもった各種の組織的な運動や働きかけ。

キュイジーヌ【フランス cuisine】料理。→ヌーベル-キュイジーヌ

キュー【cue】ビリヤードで、玉を突くのに用いる棒。

キュー【cue; Q】放送などで、演出者が俳優や他のスタッフなどに示す合図。きっかけ。

キュー【queue】列。特に、順番を待つ人の列。

キューアール コード ⇨QRコード

キューカンバー【cucumber】胡瓜《きゅうり》。

キューティクル【cuticle】①⇨クチクラ ②つめの甘皮。

キュート【cute】若い女性の、活発でかわいらしいさま。

キューピー【Kewpie】キューピッドを戯画化した人形。頭の先がとがり目が大きい、裸体の人形。商標名。

キュービズム【cubism】20世紀初め、ピカソ・ブラックによってフランスに興った芸術運動。キュビスム。立体派。

キュービック【cubic】「立方体の」「三次の」の意。

キューピッド【Cupid】ローマ神話の恋の神クピドの英語名。愛欲の意。ウェヌスの子。翼をもつ幼児で、その黄金の矢で射られた者は恋にとらわれ、鉛

の矢で射られた者は憎悪するという。→エロス

キューブ【cube】 立方体。

キューポラ【cupola】 最も一般的な鋳鉄用溶解炉。外側は鋼板で円筒形につくり、内側を耐火煉瓦《れんが》で裏張りしてある。溶銑《ようせん》炉。キュポラ。

キュビスム【フランス cubisme】 ⇨キュービズム

キュラソー【フランス curaçao】 リキュール酒の一種。西インド諸島のキュラソー島特産のオレンジの皮を味つけに用いる。酒精分30〜40%。

キュリー【curie】 放射能の壊変強度を表す単位。1秒間あたりの原子の崩壊数が3.7×10^{10}である場合の放射能を1キュリーという。ラジウム1gの放射能はほぼ1キュリーである。記号Ci ▷キュリー夫妻にちなむ。

キュレーション【curation】 何らかのテーマや価値観などに基づいて、事物を選択・分類・提示し共有すること。

キュレーター【curator】 美術館で、作品収集や展覧会企画という中枢的な仕事に従事する専門職員。

キュロット【フランス culotte】 ①ひざ丈のズボン。②キュロット-スカート。女性用の、ズボンのように股の分かれたスカート。

キュン死に (主に若者言葉で)死にそうなぐらい胸がときめくこと。

キヨスク【ドイツ Kiosk】 ⇨キオスク

キラー【killer】 特に強い力や魅力を発揮するもの。「—-コンテンツ」▷殺人者の意。

キラー細胞 他の細胞や異物を攻撃する細胞。細胞性免疫におけるキラーT細胞や腫瘍細胞を溶解させるナチュラル-キラーなど。

キリ 最後のもの。最低のもの。「ピンから—まで」→ピン

キリシタン【ポルトガル Christão】 室町後期にザビエルらによって日本に伝えられたローマ-カトリック系のキリスト教。また、その信徒。江戸幕府によって信仰・布教を厳禁される。

キリスト【ポルトガル Christo】 救世主。イエスの敬称。クリスト。

キリル文字(Cyrillic alphabet)ギリシャ人宣教師キュリロス(ロシア名キリル)とその兄メトディオスが作ったグラゴール文字をもとに、九世紀末頃作られた文字。現在のロシア文字はこれを多少改訂したもの。スラブ文字。

キル【kill】 殺すこと。枯らすこと。弱めること。

キルシュ【ドイツ Kirsch】 サクランボウでつくったブランデーの一。キルシュワッサー。

キルティング【quilting】 表布と裏布の間に綿などの芯《しん》を入れて、刺し縫いにし、模様を浮き出させる手芸の技法。また、そのようにして縫ったもの。

キルト【kilt】 スコットランドで男子が着用する格子縞《じま》のひだスカート風の民族衣装。

キルト【quilt】 キルティングした羽毛布団。

ギルド【guild】 ①中世ヨーロッパの都市に行われた商工業者の特権的同業者組合。②同業組合。協会。

キレ芸 テレビのバラエティー番組などで、キレる(怒ったり見境がなくなる)様子を見せることで笑わせる芸。

キレる 突然怒ったり、見境がなくなることを、俗にいう語。▷動詞「切れる」から。

キロ【フランス kilo】 ①単位に冠して1000倍の意を表す語。記号k ②「キログラム」「キロメートル」などの略。

キログラム【フランス kilogramme; 英 kilogram】 メートル法・SI(国際単位系)の質量の基本単位。大きさはプランク定数の値を正確に$6.6260607015 \times 10^{-34}$と定めることにより設定され、プランク定数とメートル・秒の定義から導き出される。摂氏4度の水1立方デシメートルとほぼ同じ質量。記号kg ▷かつては、国際キログラム原器の質量をもって1キログラムとされたが、2018年11月新定義に改定され、2019年5月から導入された。

ギロチン【guillotine】 2本の柱の間につるした刃を落として首を切る死刑執行具。断首台。断頭台。ギヨチン。

▷フランス革命の際、使用を提案した医師ギヨタン(J. I. Guillotin)の名による。

キロバイト【kilobyte】コンピューターの情報量を示す単位。1024(2^{10})バイトにあたる。記号KB →バイト

キロメートル【フランスkilomètre】長さの単位。1000m。記号km

キロワット【kilowatt】仕事率・電力の単位。1000W。記号kW

ギンガム【gingham】先染め糸と晒糸《さらしいと》を組み合わせて格子縞《こうしじま》を表した平織り綿布。さらりとして薄く、色落ちしない。夏の婦人服・子供服などに用いる。

キンキー【kinky】①縮れていること。ねじれたさま。②突飛なさま。異様な様子。

キング【king】①王。国王。王様。②トランプで、王様の札。③チェスで、王の駒《こま》。④他の外来語に付いて、最上・最高の者、並はずれて大きいこと、などの意を表す。

キング サーモン【king salmon】サケ目の海魚。全長2mに達し、サケ・マス類では最大。和名マスノスケ。

キングダム【kingdom】①王国。②学問・芸術などの、領域・分野。

キングメーカー【kingmaker】(総理大臣などの)要職の人選を左右する実力者。

ク

グアッシュ【フランスgouache】⇨グワッシュ

グアニン【guanine】プリン塩基の一。核酸を構成する成分の一つで、DNAの二重螺旋《らせん》の中ではシトシンと水素結合して塩基対をつくっている。略号G

グアバ【guava】フトモモ科の常緑小高木。熱帯アメリカ原産。果実は卵形で、生食する。

クアハウス【ドイツ Kurhaus】温泉を利用した保養と健康づくりのための施設。▷保養・治療の家の意。

クアルテット【イタリアquartetto】⇨カルテット

クイア【queer】同性愛者などを含むセクシャル-マイノリティーの総称。▷奇妙な、風変りな、などの意。

クイーン【queen】①女王。王妃。皇后。②トランプで、女王の札。③チェスで、女王の駒《こま》。④ある集団の花形である女性。

クイーン サイズ【和queen＋size】婦人服で特別大きいサイズ。キング-サイズに倣った語。

クイズ【quiz】問題を出して相手に解答させる遊び。また、その問題。

クイック【quick】①すばやい、はやい、の意。②クイックステップ。社交ダンスの一で、4分の4拍子の軽快で速いステップのもの。

クイニ アマン【kouign amann】フランスのブルターニュ地方の伝統的な焼き菓子。パン生地にバターと砂糖を折り込んだ発酵菓子。クイニー-アマン。

クインテット【イタリアquintetto】五重奏。五重唱。また、その演奏曲や演奏団。

グー①いい。すばらしい。②「よし」という意の掛け声。▷goodから。

グーグル【Google】世界的に使われる検索エンジン。グーグル社が運営する。1998年サービス開始。

グーズベリー【gooseberry】ユキノシタ科の落葉小低木。スグリに似る。果樹として栽培。液果は酸味があり、生食するほか、ジャムにする。セイヨウスグリ。

グー タッチ二人が互いの握りこぶし(じゃんけんのぐうの状態)を突き合わせるしぐさ。

クー デター【フランスcoup d'État】既存の政治体制を構成する一部の勢力が、権力の全面的掌握または権力の拡大のために、非合法的に武力を行使すること。

クーペ【フランスcoupé】ツー-ドアで、セダンよりやや屋根が小さく、前席主体のスポーティーな乗用自動車。▷箱型の馬車の意。→セダン

クーポン 【フランスcoupon】 ①使用目的の違う何枚かの切符を1冊にとじて、切り取り式にしたもの。乗車券・指定券・宿泊券・観覧券などをとじ合わせたものなど。クーポン券。②各種の切り取り式証券類。債券の利札や回数券・景品券・配給券など。

クーラー 【cooler】 ①冷房装置。冷房器。冷却器。②携帯用の保冷箱。飲み物や釣った魚などを入れる。

クーラント 【coolant】 (機械などの)冷却液。

クーリエ 【courier】 急使。特使。特に、外交文書や外交行嚢《こうのう》を運ぶ使者。伝書使。

クーリング 【cooling】 冷却の。冷却用の。

クーリング オフ 【cooling-off period】 割賦販売や訪問販売で、購入の申し込み・契約をした消費者に、一定期間内ならば違約金を支払うことなく契約の解除、申し込みの撤回を認める制度。

クーリング ダウン 【cooling down】 激しい運動をしたあとで、心臓循環器系や筋肉の興奮をしずめ、平静に戻すために行う軽い運動。クール-ダウン。→ウオーミング-アップ

クール 【cool】 ①(温度や色などが)冷たいさま。涼しいさま。②冷静であるさま。物事に感情が動かされないさま。③かっこいいさま。素敵。

クール 【フランスcours】 放送で、連続番組の一区切りの単位。13週(3か月)が1クール。

クール 【ドイツ Kur】 医療で、特定の治療の効果あるいは副作用を見るために定めた期間。▷治療の意。

クール ジャパン 【和 COOL＋Japan】 漫画・アニメ・ファッションなど、日本独自の文化が海外で高く評価されている現象。また、そうした文化。

クール スポット 【和 cool＋spot】 夏の午後に涼しく過ごせる場所。森林・公園やプール、博物館や役所など。

クール ダウン 【cool down】 ⇨クーリング-ダウン

クール ビズ 【和COOL BIZ】 環境省が提唱する、夏のビジネス用軽装の愛称。ネクタイなし上着なしのスタイルなど。 ▷ビズはビジネス(business)の略。

クーロン 【coulomb】 電気量のSI単位。1Aの電流が1秒間に運ぶ電気量。記号C ▷C. A. クーロンの名にちなむ。

クエーサー 【quasar】 非常に遠方にあって、銀河の中心核が爆発しているものと考えられている天体。準星。恒星状天体。

クエスチョン 【question】 疑問。質問。

クエスチョン マーク 【question mark】 疑問文のあとなどに付ける符号。「?」疑問符。

クエリー 【query】 データベースの検索で、指定された条件を満たす情報を取り出すために行われる処理の要求。問い合わせともいう。▷質問の意。

クオーク 【quark】 ハドロンに属する素粒子を構成する基本粒子。2/3・eの正電荷をもつu・c・t、1/3・eの負電荷をもつd・s・bがあり、それぞれが3種の「色(カラー)」とよばれる自由度をもつ。

クォーター 【quarter】 ①競技で、試合時間の4分の1。②長さの単位。4分の1ヤードまたは4分の1マイル。③体積の単位。主に穀物に用いる商業用単位。8.26ブッシェル、約290.95L。④質量または重さの単位。イギリスでは28ポンド、約12.7kg。アメリカでは4分の1トン。

クォーターバック 【quarterback】 アメリカン-フットボールで、攻撃側のバックスの一。作戦を決め、ゲームの展開を図る攻撃の要。

クォーターファイナル 【quarterfinal】 準々決勝。

クオータ制 雇用や議員選出などの際に、人員構成に性別、人種などによる偏りが生じないように、一定の比率を定めて行う制度。割り当て制。

クオータリー 【quarterly】 年に4回刊行する定期刊行物。季刊。

クオーツ【quartz】①石英。また、その大きな結晶(水晶)。②小型の水晶発振器を組み込んだ高精度の時計の称。電池によって作動する。

クォーテーション【quotation】引用。引用文。

クォーテーション マーク【quotation mark】引用符。コーテーション-マーク。

クォート【quart】ヤード-ポンド法で、液体の体積の単位。4分の1ガロン。コート。

クオリティー【quality】品質。性質。

クオリティー オブ ライフ【quality of life】人々の生活を物質的な面から量的にのみとらえるのではなく、精神的な豊かさや満足度も含めて、質的にとらえる考え方。生活の質。生命の質。人生の質。QOL。

ググる 俗に、検索エンジンのGoogle(グーグル)で情報を検索すること。

クスクス【フランス couscous】北アフリカの料理。砕いた小麦を蒸し、野菜や肉の煮込みとともに食べる。

クチクラ【ラテン cuticula】生物の体表の細胞(表皮細胞・上皮細胞)から分泌してできたかたい層の総称。体の保護・水分蒸散防止などに役立つ。角皮《かくひ》。キューティクル。

クチュリエ【フランス couturier】高級婦人服店の男性デザイナー。▷女性デザイナーはクチュリエール(couturière)という。

クッキー【cookie】洋菓子の一。小麦粉に砂糖・バター・香料などを入れてねり、天火で焼いたもの。

クッキー【Cookie】インターネットのWWWサーバーが利用者を管理・識別するための文字列情報、または管理する仕組み。

グッ ジョブ【good job】いい仕事(だ)。上出来(だ)。グッド-ジョブ。

クッション【cushion】①羽毛・綿などをつめた座布団。②椅子・座席などの弾力性。③衝撃的な力を柔らげる役目をするもの。④球突き台の縁の、球の当たる所。

グッズ【goods】商品。品物。

グッド【good】良い。優れている。

グッドウィル【goodwill】①善意。親切。②営業活動から生まれる、無形の経済的財産。暖簾《のれん》。

グッド ラック【good luck】別れの挨拶《あいさつ》語。ごきげんよう。幸運を祈る。頑張って！

グッド ルーザー【good loser】良き敗者。潔く負けを認める人、勝者を祝福する人など。▷スポーツなどでいう。

クッパ 薬味や具をのせた飯の上に、牛肉を煮込んだ熱い汁をかけて食べる朝鮮料理。▷朝鮮語。

グミ【ドイツ Gummi】ガムのような歯ごたえのある飴《あめ》。▷「グミ」はゴムの意。

クミン【cumin】セリ科の一年草。種子には辛みと苦みと芳香があり、香辛料、また健胃・駆風薬とする。

クラーク【clerk】①書記。事務員。②店員。

クライアント【client】①専門家に仕事を依頼した人。特に、広告代理店に依頼した広告主など。②問題を抱えてカウンセリングに訪れた人。来談者。③援助やサービスを受ける人。④コンピューター-ネットワーク上でサービスを受ける側にあるシステム。[案]顧客

クライエント【client】⇨クライアント

クライシス【crisis】①危機。②経済上の危機。恐慌。

グライダー【glider】エンジン・プロペラをもたずに滑空する航空機。滑空機。

クライテリア【criteria】①判断や評価を下すとき、その拠り所となる尺度や基準。判定基準。②特徴。

クライマックス【climax】①緊張や興奮が最も高まった状態。最も盛り上がった場面。最高潮。②植物の群落遷移の最終段階。極相。

クライミング ウオール【climbing wall】フリー-クライミングで用いる人工壁。要所にホールド(突起)が設けられており、それを手掛かりや足掛かりにして登攀《とうはん》する。

クライム【crime】犯罪。法律上の罪。

グラインダー【grinder】円板形の砥石《といし》を回転させて、工作物の表面を研磨したり、削ったりする工作機械。

グラインド【grind】①回転。②(ダンスなどで)腰を回転させること。

クラウド【cloud】①雲。②煙・ほこりなど雲状のもの。③「クラウド-コンピューティング」「クラウド-サービス」などの略。

クラウド【crowd】群衆。人ごみ。大衆。

クラウド コンピューティング【cloud computing】インターネット上に存在するサーバーを利用してデータ処理する形態。▷ネットワークをクラウド(雲の意)に見立てた考え方。

クラウド サービス【cloud service】クラウド-コンピューティングを利用して提供されるサービスの総称。→クラウド-コンピューティング

クラウド ファンディング【crowd funding】不特定多数の支援者・賛同者から資金を集めること。

クラウン【clown】道化。道化役者。

クラウン【crown】①冠。王冠。②帽子の山の部分。

グラウンド【ground】運動場。競技場。野球場。グランド。▷地面・地の意。

グラウンド ゼロ【ground zero】ゼロ地点。爆撃地点。核爆発の直下地点。爆心地。

グラウンド ホステス【和ground＋hostess】空港の接客業務を行う地上女性係員。グランド-ホステス。

クラクション【klaxon】自動車の警笛。警音器。▷製造会社の名クラクソンの訛り。もと商標名。

グラサージュ【フランスglaçage】チョコレートやソースなどを流しかけて、菓子の表面をコーティングすること。

クラシカル【classical】古典にみられるようなさま。古典的。

クラシック【classic】①古代ギリシャ・ローマのすぐれた美術・文学などの作品。古典。②クラシック音楽。古典派音楽。③古典的で、いつの時代でも高い評価を受けるようなすぐれた模範的作品。また、その傾向。④やや古めかしく、落ち着いた感じのするさま。古雅であるさま。⑤スポーツなどの伝統的なレースや大会。

クラス【class】①学級。級。組。②等級。階級。層。③種類。部類。④オブジェクト指向プログラミングにおいて、オブジェクトの構造を記述するための抽象データ型。

グラス【glass】①ガラス製のコップ。②レンズ・コップなどガラス製品の意。

グラス【grass】草。芝。草地。多く複合語として用いる。

グラス シーリング【glass ceiling】ガラスの天井。職場などで、目に見えない形で存在する人種差別や性差別。

クラスター【cluster】①数えられる程度の複数の原子・分子が集まってできる集合体。②都市計画で、道路や各種建築物を互いに関連させて配置し、一つにまとめた区域。③コンピューターのディスク装置の記憶領域の単位。④集団。特に、感染の発生した患者集団。▷同じものの群れの意。

クラスター爆弾 本体に多数の小型爆弾を内蔵し、目標上空でそれらを広範囲にばらまいて、一定区画を面的に攻撃する爆弾。集束爆弾。

クラスター分析 多変量解析の手法の一。データをある基準に基づいて集団に分けて解析する。

クラスタリング【clustering】複数のコンピューターを統合し、一つのサーバーシステムとして扱うための技術。処理能力の向上や、リスクの分散を目的とする。

グラス ファイバー【glass fiber】ガラスを引き伸ばしてきわめて細くした人造繊維。耐熱性・耐食性・耐湿性が高い。断熱材・防音材・絶縁材・光通信用材などに用いる。ガラス繊維。

グラスホッパー【grasshopper】(昆虫の)バッタ。

グラス ホルダー【glass holder】①

取っ手付きのコップ受け。金属製やプラスチック製など。②ワイン-グラスを逆さに吊り下げて保管するための器具。

クラスメート【classmate】 級友。同級生。

グラス ワイン【和glass+wine】飲食店でグラス1杯単位で提供するワイン。

グラタン【フランスgratin】魚介類・肉・パスタ・野菜などにホワイト-ソースを合わせ、パン粉・粉チーズなどをかけて焼き皿に入れ、天火で表面に焦げ目がつく程度に焼いた料理。

クラッカー【cracker】①塩味をつけた薄い堅焼きのビスケット。②円錐状で、先端についているひもを引くと破裂し、中から紙テープなどが飛び出す紙製の玩具。③コンピューター-システムに侵入し、データやプログラムを改変させるなどの犯罪行為を行う人。→ハッカー

クラック【crack】①壁・天井・岩壁などにできる、割れ目・裂け目。②コカインを精製した麻薬。

クラッシュ【crash】①ぶつかること。衝突すること。②コンピューターの故障。

グラッセ【フランスglacé】①シロップで煮た菓子。②バターを加えて煮つめ、つやを出した料理。

クラッチ【clutch】①原動軸と従動軸との間で、動力の伝達を断続する装置。連動器。②起重機のつめ。

グラッパ【イタリアgrappa】イタリアのブランデー。ブドウの搾りかすを発酵させ、蒸留してつくる。

グラデーション【gradation】階調。ぼかし。濃淡法。

グラニテ【フランスgranité】果汁ベースのシロップを凍らせてつくる氷菓。

グラニュー糖【granulated sugar】精製糖の一。ざらめ糖のうち結晶の最も細かいもの。

クラバー【clubber】クラブで遊ぶ人。クラブのメンバー。

グラビア【gravure】①グラビア印刷。写真製版による凹版印刷の一。写真や美術画の複製などへの印刷に用いられる。②グラビア印刷で印刷されたもの。③グラビア-ページ。グラビア印刷による書籍・雑誌の口絵。

クラブ【club】①同好会。また、学校の課外活動での集まり。②社交や遊戯・スポーツを目的とした会員組織による集まり。また、その集会所。③団体が集会・社交用に設けた建物や部屋。④会員制を建て前とするバーや娯楽場。⑤トランプのカードの種類の一。黒い三つ葉のクローバーの模様のあるもの。⑥ゴルフで、球を打つための棒状の用具。先端が木製のものと金属製のものがある。⑦音楽やダンスを楽しむ若者向けの飲食店。

クラブ【crab】蟹《かに》。

グラフ【graph】①関連する二つまたは二つ以上のものの数量や関数関係などを図形で表したもの。②写真や絵を主にした雑誌。

グラブ【glove】 ⇨グローブ

グラファイト【graphite】 黒鉛《こくえん》。炭素の同素体の一。金属光沢のある黒色不透明の六角板状結晶。電極・るつぼ・原子炉の中性子減速剤などに用いる。また、減摩剤・鉛筆の芯《しん》にも用いる。

グラフィック【graphic】 写真・絵画図版などを多く用いて、視覚に訴える面の強いさま。また、そのような印刷物。

グラフィックス【graphics】①製図法。製図学。②コンピューターのディスプレー画面に表示される図形や図表。

グラフィック デザイン【graphic design】印刷によって大量に複製されるデザイン。特に、商業デザイン。広告・ポスターなど。

グラフィティー【graffiti】落書き。いたずら書き。

クラブ サンドイッチ【club sandwich】パンを3枚重ねる大きなサンドイッチ。鶏肉・ハム・レタスなどをはさむ。クラブハウス-サンドイッチ、クラブハウス-サンドとも。

クラブ チーム【crab team】地域社会の同好の士が集まってクラブを結成し、そこで編成されたチーム。

クラフト【craft】手づくりの工芸品。また、手づくりの感じをもたせた手工業による製品。

クラフト【kraft】クラフト-パルプなどから製する丈夫な褐色の紙。封筒などに用いる。クラフト紙。

クラフト ビール【craft beer】小規模な醸造所が作るビール。手工芸品(クラフト)に例えて言う語。クラフト-ビア。

クラフト封筒 クラフト紙で作った封筒。

クラフトマン【craftsman】工芸家。職人。

クラブハウス【clubhouse】クラブ②の会員の集会所。また、その建物。ゴルフ-クラブの建物など。

クラブハウス サンド【clubhouse sandwich】⇨クラブ-サンドイッチ

グラベル【gravel】未舗装路。おもに自動車・自転車の分野でいう。「━-ラリー」▷砂利、砂利道の意〕

グラマー【glamor】若い女性が肉感的で、性的魅力のあるさま。また、そのような女性。

グラマー【grammar】文法。文法書。文典。

グラマラス【glamorous】女性の体が豊満で、肉感的な魅力に富んでいるさま。

クラミジア【ラテン Chlamydia】クラミジア目の微生物。人工培地で培養できず生きた細胞内でのみ増殖、濾過《ろか》性でインターフェロン感受性があるなどウイルスに似た性質を示すが、リケッチアや細菌に似た性質ももつ。オウム病・鼠径《そけい》リンパ肉芽腫症・トラコーマなどの病原体がある。

クラム【clam】ハマグリの類。→クラム-チャウダー

グラム【glam】ラメ・サテン・スパンコールなどの光る素材を用いたファッション。グリッター-ルック。▷1970年代に流行したロック音楽スタイル、グラム-ロックの派手なステージ衣装から。

グラム【フランス gramme; 英 gram】質量の単位。キログラムの1000分の1。記号g　CGS単位系の質量の基本単位。

クラム チャウダー【clam chowder】ハマグリとベーコン・野菜などを煮込んだスープ。

グラム ロック【glam-rock】1970年代前半に流行した、派手なファッションと退廃的な雰囲気をもつロック音楽のスタイル。

クラレット【claret】フランスのボルドー地方産の赤ワイン。また、その赤紫色。

クラン【clan】祖先を同じくするという認識のもとに構成される血縁集団。氏族《しぞく》。

クランク【crank】①クランク機構。往復運動を回転運動に、また回転運動を往復運動に変換するもの。②クランク機構に用いる鉤《かぎ》の手に曲がった回転軸。③②の形をしたもの。

クランク アップ【crank up】映画やテレビ-ドラマの撮影が完了したこと。

クランク イン【crank in】映画やテレビ-ドラマの撮影を開始すること。

グラン クリュ【フランス grand cru】フランス産のワインの格付けの一。特級。特級畑。また、特級畑のブドウを原料としたワインをさす。

クランケ【ドイツ Kranke】患者。

グランジ【grunge】①アメリカのシアトルから始まったロック音楽のジャンル。歪んだギター音による荒々しい演奏と内面的な歌詞で、1990年代に流行した。②色あせたり破れたりした古着風の服。また、それを重ね着するファッション。▷粗末な、うす汚い意。

クランチ【crunch】①嚙《か》んだとき砕けるような歯触りが特徴の洋菓子。②不足。停滞。危機。

グラント【grant】(国の)交付金。補助金。

グランド【grand】「大きな」「壮大な」などの意。

グランド【ground】⇨グラウンド

グランド スラム【grand slam】①スポーツで、年間の主要な試合のすべてに優勝すること。②(grand-slam ho-

mer)野球で、満塁ホーム-ラン。③トランプのブリッジで、13組全部をとること。

グランド デザイン【grand design】大規模な事業などの、全体にわたる壮大な計画・構想。案全体構想

グランド フィナーレ【grand finale】ショー・祭典などの最も盛り上がる最後の部分。

グランピング【glamping】キャンプのようなアウトドア体験を、手間を掛けずに楽しめる宿泊サービス。▷「魅力的な」を意味するグラマラス(glamorous)とキャンピング(camping)の合成。

クランプ【clamp】①機具などを他の物に固定するための、ねじのついたコの字形の金具。②棒状の物を締めつけて固定するための、湾曲した帯状の金具。③外科手術の用具。鉗搾子《かんさくし》。

グラン プリ【フランスgrand prix】大賞。各種のコンクール・競技などで最高位の賞。

クランベリー【cranberry】ツツジ科の小果樹。北アメリカ原産。果実は大豆大で、美しい赤色。ソースやゼリー・パイなどに用いる。

クリア【clear】①明らかなさま。澄みきったさま。②競技などで、障害や課題をのりこえること。③(計算機などで)数値や指示が与えられていない状態にすること。④サッカーで、味方のゴール近くに迫ったボールを大きく蹴り出すこと。▷クリヤーとも。

クリア カット【clear-cut】輪郭のはっきりした。明らかな。明確な。明快な。

クリア ケース【clear case】書類などを入れる携帯用のプラスチック-ケース。

クリア ファイル【和clear + file】透明または半透明のプラスチック製の紙鋏《ばさみ》。

クリアランス【clearance】①取り払うこと。片付けること。また、在庫などを一掃すること。②出港・入港・管制などの手続き。通関手続き。③清算。決済。手形交換。④(腎臓や肝臓などの)浄化率。

クリアランス セール【clearance sale】在庫一掃の大売り出し。

クリアリング【clearing】①清掃。除去。②清算。手形交換。

クリーク【cleek】ゴルフ-クラブのウッドの5番。

クリーク【creek】①入江。②小川。また、排水や灌漑《かんがい》・交通などのために掘られた小運河。

グリース【grease】粘度の高い潤滑剤。機械の軸受けなどに用いる。グリス。

クリーチャー【creature】生き物。特に創作上の生き物。

グリーティング【greeting】あいさつ。あいさつの言葉。

グリーティング カード【greeting card】クリスマスや誕生日に言葉を添え書きして贈るカード。

グリード【greed】強欲。

クリーナー【cleaner】①電気掃除機。②汚れ落とし。③エアー-クリーナーの略。

クリーニング【cleaning】①洗濯。多く、ドライ-クリーニングをいう。②洗浄。浄化。

クリープ【creep】はう。ゆっくり動く。忍び寄る。

グリーフ ケア【grief care】家族などの近親者・大切な人を亡くした人に対する心のケア。▷グリーフは悲嘆の意。

クリーミー【creamy】クリーム状であるさま。また、クリームが多いさま。

クリーム【cream】①牛乳からとれる脂肪質。黄白色の乳液状で、バター・アイスクリームなどの原料とし、調理にも用いる。②卵・牛乳・砂糖などでつくった、淡黄色のねっとりとした食品。カスタード-クリームなど。③アイスクリームの略。④肌や髪の手入れに用いる基礎化粧品。▷クレームとも。

クリーム ブリュレ【フランスcrème brûlée】洋菓子の一。砂糖をかけたカスタードの表面に直火で焼き色をつけたもの。クレーム-ブリュレ。▷焦げたクリームの意。

クリーン【clean】①きれいな。清潔な。②みごとなさま。③為替《かわせ》相場が市場介入の影響を受けていないさま。

グリーン【green】①緑色。②緑地。草の生えた土地。③ゴルフ場で、パッティングのために、特に整備してある区域。

クリーン アップ【clean up】 ⇨クリーンナップ

クリーン エネルギー【和 英clean＋ドイツ Energie】化石燃料の燃焼や原子力などと違って、廃棄物によって環境を汚染することのないエネルギー。太陽熱・地熱・風力・波力など。

グリーン カーテン【和green＋curtain】つる性植物で外壁を覆って、遮光・断熱・景観美化などの効果を得る手法。またその覆い。緑のカーテン。

グリーン カード【green card】①アメリカ政府が外国人に対して発行する労働許可証。また、広く永住権をいう。▷許可証が緑色をしていたことから。②サッカーで、フェア-プレーを称えるために審判が示す緑色のカード。該当選手に贈呈する場合もある。

グリーン経済 環境と調和した経済。

グリーン購入 環境への負荷が少ない製品・サービスを優先的に購入すること。

クリーンナップ【cleanup】①取り除くこと。一掃すること。②クリーンナップ-トリオの略。野球で、走者を一掃できるような長打力をもつ三人組の打者。普通、3・4・5番の打者をいう。

グリーン ニューディール【green new deal】環境分野への重点投資により経済再生を図ろうとする考え方。またこれに基づく政策。

グリーン ピース【green peas】 ⇨グリン-ピース

グリーンピース【Greenpeace】科学調査と非暴力直接行動を特徴とする世界的規模の環境保護団体。本部アムステルダム。1971年設立。多くの国に支部をもつ。

グリーン ボンド【green bond】地球温暖化対策や環境保護などのプロジェクトに必要となる資金を調達するために発行される債券。

クリーン ルーム【clean room】①極めて高度な防塵《ぼうじん》設備を施した部屋。半導体の製造工場などでいう。②通常よりも化学物質の濃度を抑えた部屋。

グリエ【フランス griller; grillé】肉や魚・野菜などを金網にのせて焼くこと。また、その料理。

クリエーション【creation】創造。創作。

クリエーター【creator】①造物主。神。②創始者。創設者。③創造的な仕事に携わる人の総称。デザイナー・カメラマンなど。④広告制作者。▷クリエイターとも。

クリエーティビティー【creativity】①創造性。独創力。②広告制作。

クリエーティブ【creative】①創造的なさま。独創的。②広告制作。また、広告制作者。▷クリエイティブとも。

クリエーティブ コモンズ【Creative Commons】著作権を保持しながら、非営利目的での使用などを事前に許諾していることを表示し、柔軟な著作権ルールを実現しようとする考え方。CC。→オープン-ソース

クリケット【cricket】イギリスで盛んな打球技。

グリコーゲン【ドイツ Glykogen】動物の肝臓・筋肉などに含まれる多糖類の一。容易にブドウ糖にかわり、動物のエネルギー源として重要な役割を果たす。

クリシェ【フランス cliché】決まり文句。常套《じょうとう》句。

グリシン【glycine】最も簡単なα-アミノ酸。白色の結晶で水に溶けやすい。多くの動物性タンパク質、特にゼラチン・エラスチンなどに多量に含まれる。略号Gly　グリココル。

グリス【grease】 ⇨グリース

クリスタル【crystal】①水晶。②クリスタル-ガラスの略。屈折率・透明度が高く、輝きに富むガラス。③結晶。

クリスチャン【Christian】キリスト教の信者。キリスト教徒。

クリスピー【crispy】食べ物の食感がぱりぱりしていること。砕けやすいこと。
クリスプ【crisp】クリスピーに同じ。
クリスマス【Christmas】キリストの降誕を祝う祭り。12月25日に行われる。キリスト降誕祭。
グリセリン【glycerin】油脂の加水分解によって、脂肪酸とともに得られる無色透明で甘みと粘り気のある液体。医薬品・爆薬・化粧料・潤滑剤など広く用いられる。グリセロール。
クリック【click】①カチッという音。②コンピューターで、マウスなどのポインティング-デバイスを使って画面上のカーソルを希望するアイコンなどに移動し、ボタンを押してすぐ離す操作。③(音声学で)吸着音。
グリッシーニ【イタリアgrissini】イタリアの細長くて堅い棒状のパン。
グリッド【grid】①格子。②建築物の柱の配置などに利用する等間隔に直交する基準線。
グリッド コンピューティング【grid computing】ネットワーク上に存在する複数のコンピューターを連携させ、分散処理を行うことで、個々のユーザーが必要とするだけの処理能力や記憶容量を利用できるようにすること。コンピューター-グリッド。
クリッピング【clipping】新聞・雑誌の記事の切り抜き。
クリップ【clip】①書類を挟んでとめる金具。②ペンなどのキャップについている留め金。③針金製の紙どめ。ゼム-クリップ。④ヘア-ピンの一。ピン-カールなどに用いる、幅の広いもの。
グリップ【grip】バット・ラケット・ハンドルやゴルフ-クラブなどの、握る部分。また、その握り方。
クリップ アート【clip art】イラストや写真などの画像データを集めたもの。
クリップボード【clipboard】パソコンなどで、データを一時的に保存しておくための機能。アプリケーション間のデータ移動などに用いる。▷書類をとめておく筆記板の意。
クリティカル【critical】①検討を加え、評価するさま。批判的な。批評的な。②きわめて危ない状態であるさま。危機に瀕しているさま。重大な。危機的な。
クリティカル シンキング【critical thinking】批判的分析を伴った客観的な思考方法。批判的思考とも。
クリティカル パス【critical path】①計画を進める上で最も時間がかかり困難な部分。危機経路。②治療や看護の手順を標準化し、診療の効率化や均質化、コスト削減を図るための診療計画。
クリティック【critic】批評家。評論家。
クリトリス【clitoris】陰核。
クリニカル パス【clinical path】⇨クリティカル-パス ▷臨床の経路の意。
クリニック【clinic】①診療所。②臨床講義。
グリフィン【griffin】⇨グリフォン
グリフォン【griffon】①ベルギー産の小形犬。②オリエント文化圏にみられる幻獣。ギリシャ神話では一般にワシの頭とライオンの胴体をもち有翼。聖書ではエデンの園の門番。グリフィン。グリュプス。
クリヤー【clear】⇨クリア
グリュイエール【フランスgruyère】フランス国境に近いスイスのグリュイエール村が原産の硬質チーズ。チーズ-フォンデューに用いられる。グリエール-チーズ。
グリュプス【Gryps】⇨グリフォン
グリル【grill】①肉や魚を焼く焼き網。また、それで作った料理。②(grill room)ホテルなどの洋風軽食堂。
グリル【grille】自動車の前部につける飾り格子。
クリンチ【clinch】ボクシングで、形勢不利なとき、相手のパンチを防ぐため組みつくこと。
グリン ピース【green peas】完熟しないうちにとった青いエンドウの実。料理用に加工する。グリーン-ピース。
グル【guru】①ヒンズー教で、導師。教師。②転じて、コンピューターに関し

高い技術をもち、他のプログラマーなどの指導的立場にある人。

クルー【crew】①船の乗組員。②ボート競技で、チームを組んで同じボートを漕《こ》ぐ選手たち。③航空機の乗員。操縦士・機関士・航空士・パーサーなどのチーム。④取材チーム。⑤ブレークダンスなどで、同じチームの仲間。

グルー ガン【glue gun】熱で溶かした樹脂を接着剤として吐出する工具。ホットｰガン。

クルーザー【cruiser】①巡洋艦。②寝室などの居住設備をもち、外洋を航海できるヨットやモーターボート。

クルージング【cruising】①大型のヨット・モーターボート・帆船などによる周航。②自動車での長距離ドライブ。

クルーズ【cruise】客船による観光旅行。周遊船旅行。

クルーズ コレクション【cruise collection】秋冬と春夏の二大ファッションｰシーズンの合い間に開かれる、寒い時期に南国や避暑地へのクルーズ(観光旅行)で着用するためのファッション発表会。クルーズｰライン。

クルーズ コントロール【cruise control】自動車の速度を一定に保つ機能。オートｰクルーズ。

グルーピー【groupie】芸能人に熱狂的につきまとう女の子。

グルーピング【grouping】組み分けすること。

グルーブ【groove】音楽に乗った状態。その曲のリズムや雰囲気などが気持ち良く感じる状態。▷「レコード盤の溝」の意。

グループ【group】集まり。集団。仲間。

グループ ホーム【group home】①保護者のいない児童や障害者などが援助を受けながら共同生活を営む施設。②介護の必要な高齢者が共同生活をおくるための、個室と共用スペースを備えた小規模施設。グループｰリビング。

グループ ワーク【group work】個人や集団が抱える問題に効果的に対処するため、グループ活動を通じて援助する社会福祉実践の一方法。ソーシャルｰグループｰワーク。→ケースワーク

グルーミー【gloomy】陰気なさま。憂鬱《ゆううつ》なさま。

グルーミング【grooming】①髪やひげ、また全身を手入れし、清潔に保つこと。②動物の毛繕《けづくろ》い。

グルカゴン【glucagon】脊椎動物の膵臓《すいぞう》にあるランゲルハンス島から分泌されるホルモン。血糖量を増加させる作用がある。グリカゴン。

グルコース【glucose】炭素数6個の単糖類。デンプン・グリコーゲンの加水分解により得られる。動植物のエネルギー代謝の中心に位置する重要な物質。葡萄《ぶどう》糖。

クルセーダー【crusader】①十字軍の戦士。②社会改革運動家。

グルタミン酸【glutamic acid】α-アミノ酸の一種。タンパク質の構成成分として広く分布する。他のアミノ酸の合成・分解に重要な役割を果たす。略号Glu

グルテン【ドイツ Gluten】小麦粉などに含まれる各種のタンパク質の混合物で、灰褐色の粘り気のある物質。グルタミン酸を多量に含む。麩《ふ》の原料。

グルテン フリー【gluten free】食品にグルテンが入っていないこと。また、そのような食品のみを食べること。▷アレルギー対策などとして行う。→グルテン

クルトン【フランス croûton】賽《さい》の目に切ったパンを油で揚げるか、バターで焼いたもの。スープに浮かせる。

グルニエ【フランス grenier】屋根裏部屋。

グルマン【フランス gourmand】健啖《けんたん》家。大食漢。

グルメ【フランス gourmet】食通。美食家。

グレア液晶 表面に光沢のある液晶画面。鮮やかな画面を楽しめる。光沢液晶。▷グレア(glare)はまぶしい光の意。

グレイ【gray; grey】⇨グレー

グレイン【grain】穀物。▷グレーンとも。

クレー【clay】①粘土。②クレー射撃

で、標的として飛ばす皿状のもの。クレー-ピジョン。③テニスのクレー-コート。表面を粘土または赤土でおおったテニス-コート。

グレー【gray; grey】灰色。鼠《ねずみ》色。

クレー アニメーション【clay animation】粘土による造形を少しずつ変化させて、撮影・制作したアニメーション。

グレース【grace】優雅。優美。上品。気品。

グレー スケール【gray scale】明度の異なる灰色を、白から黒まで数段階に塗り分けたもの。テレビや写真の露出調整などに用いる。

グレース ピリオド【grace period】①保険料やローンなどの支払い猶予期間。②発明の公表から特許を出願するまでに認められる猶予期間。

グレー ゾーン【gray zone】どっちつかずのあいまいな領域。判断が分かれるもの。中間領域。

クレーター【crater】惑星・衛星などの表面にみられる噴火口状の地形。

グレート【great】①偉大な。偉い。②大きな。巨大な。広大な。③素晴らしい。すてきな。

グレード【grade】階級。等級。

グレード アップ【和 grade＋up】等級・品質を上げること。格上げ。

クレードル【cradle】電子機器を、卓上に設置するための台。機器を設置した状態で、充電やデータの転送などが可能。クレイドル。▷揺りかご、受け台などの意。

グレービー【gravy】肉を煮たり焼いたりする時に出る汁。煮つめてソースに使用。ジュー。

クレープ【フランスcrêpe; 英crepe】①強撚糸《きょうねんし》を使って縮緬《ちりめん》のように布全体に細かい皺《しぼ》を出した織物。②小麦粉に牛乳・卵などを加えて溶き、鉄板上で薄く焼いた菓子。ジャムなどをくるんで食べる。

グレープ【grape】ブドウ。

グレープフルーツ【grapefruit】ミカン科の常緑小高木。ザボンに近縁。果実はナツミカンほどで、ブドウのように房状に実る。果肉は軟らかく多汁。

クレープリー【フランスcrêperie】クレープの専門店。クレプリ。

クレーマー【claimer】苦情を申し立てる人。特に、本来の苦情の領域を超えて、あら探しのような苦情を企業に寄せたり、執拗に抗議を繰り返したりする人をさしていう。▷主張者、申請者などの意。

クレーム【claim】①商取引で契約当事者から出される損害賠償の請求を伴った苦情。②(一般に)苦情。注文。

クレーム【フランスcrème】①クリーム。②濃厚で甘口のリキュール。

クレーム ブリュレ【フランスcrème brûlée】⇨クリーム-ブリュレ

クレーン【crane】重量物を動力でつり上げ、上下・左右・前後に移動させる機械。起重機。

グレーン【grain】ヤード-ポンド法の質量または重さの単位。1ポンドの7000分の1。薬量グレーンは薬量ポンドの5760分の1。ともに約0.0648gにあたる。ゲレン。記号gr ▷穀物の意。

クレーン ゲーム【crane game】ゲーム-センターなどに置いてあるゲーム機の一。クレーンで景品をつかみ取るゲーム。

クレオール【creole】①(Creole)新大陸で生まれたスペイン系の人々。②宗主国と植民地などの二つの言語が混成した言語。母語とする話者をもつ点で、ピジンと区別される。③アメリカのルイジアナ州ニューオーリンズを発祥とするスペイン系の料理。▷クリオール・クリオーリョとも。

クレカ クレジット-カードの略。

クレジット【credit】①商取引や金銭の貸借において、客に対する信用。商品やサービスを購入する際に、販売業者や金融機関が消費者に供与する。②月賦などの信用販売。③国際金融で、借款。④書物・記事など明記される、著作権者や写真提供者などの名。⑤スタッフ・キャストの名前を

記した映画・テレビの字幕。クレジット-タイトル。▷信用の意。また、会計用語で貸方の意。

クレジット カード【credit card】信用販売に用いられるカード。提示をすれば直接に現金を支払うことなく買い物や飲食ができる。

クレズマー【klezmer】東欧で発展したユダヤ音楽。バイオリンとクラリネットの演奏が特徴。クレッツマー。

クレセント【crescent】引き違い窓などの、半月形の締め金具。鍵の役割をする。

クレソン【フランスcresson】アブラナ科の多年草。ヨーロッパ原産。帰化して水辺の湿地に自生。また野菜として栽培される。

クレッシェンド【イタリアcrescendo】音楽の強弱記号の一。次第に強くの意を示す。cresc. と略す。▷クレシェンドとも。

クレド【ラテンCredo】①ミサの式文の一。信仰宣言。②企業経営において、経営者や従業員が意思決定や行動の拠り所にする基本指針。

グレナディン シロップ【grenadine syrup】ザクロの果汁から作られる鮮紅色のシロップ。カクテルやシャーベットなどに用いる。▷ザクロの意のラテン語granatumから。

クレバー【clever】賢いさま。利口な。

クレバス【crevasse】氷河や雪渓の深い割れ目。シュルント。

クレパス 顔料をワックスなどで練り、柔らかく固めた棒状の画材。クレヨンとパステルの中間的なもので、盛り上げ・重ね塗り・混色が容易。商標名。▷クレヨンとパステルの合成。

クレマ【イタリアcrema】エスプレッソの表面にできる細かい泡。▷イタリア語でクリームの意。

クレヨン【フランスcrayon】パラフィンに顔料をまぜ、蠟《ろう》などで固めて棒状にした絵の具。クレオン。→コンテ(conté)

クレリック シャツ【cleric shirt】襟と袖口に白無地の生地を用いた色物や柄物《がらもの》のシャツ。

クレンジング【cleansing】①きれいにすること。特に、化粧を落とすこと。②クレンジング-クリームの略。化粧を落とすために使う油性クリーム。③エスニック-クレンジング。多数派が少数派の社会集団や民族を追放、場合によっては虐殺すること。民族浄化。

クレンリネス【cleanliness】清潔さを維持すること。

グロ グロテスクの略。

グロい 俗に、異様で気味が悪い。グロテスクな。▷グロテスクから。

クロイツフェルトヤコブ病 脳に異常型プリオンが蓄積することにより、脳の機能が障害される疾患。50～70歳代に多く発症し、性格の変化や失見当識などの症状から、急速に認知症症状が進行する。神経系の運動障害(震え・痙攣《けいれん》・麻痺《まひ》)なども伴い1年以内に死に至るケースが多い。CJD。▷ドイツのクロイツフェルト(H. G. Creutzfeldt)とヤコブ(A. M. Jakob)が報告。

グローカル【和glocal】国境を越えた地球規模の視野と草の根の地域の視点でさまざまな問題を捉えていこうとする考え方。グローカリズム。▷グローバル(global)とローカル(local)からの造語。

クロークルーム【cloakroom】ホテル・劇場などで、客のコートや携帯品を預かる所。クローク。

クローザー【closer】野球で、勝っている状況で最後に登板する投手。アメリカでの呼称。▷日本では、抑え、ストッパーなどとよばれている。→セットアップ

グローサリー【grocery】食料雑貨店。また、食料雑貨類。

クロージング【closing】①閉じること。閉めること。しめくくり。結び。終結。②閉鎖。閉幕。閉店。③締め切り。決算。④取引所の大引け。

クローズ【close】閉じること。閉めること。閉店。終了。

グロース【gross】⇨グロス

グロース【growth】成長。発展。

クローズ アップ【close-up】①映

画撮影で、被写体を画面に大うつしにすること。大うつし。②対象となる事柄を大きくとり上げること。▷英語読みはクロース-アップ。

クローズド【closed】「閉じた」「閉じられた」の意。→オープン

クローゼット【closet】①⇨クロゼット ②秘密にすること。特に自分のセクシュアリティーを秘密にする場合に多く用いられる。

クローバー【clover】マメ科の多年草、シロツメクサの別名。倒卵形の小葉3個から成る複葉を互生。夏、白の蝶形花をつける。

グローバリズム【globalism】国際社会における相互依存関係の緊密化や通信手段の発達による情報伝達の加速化などにより、世界を国家や地域の単位からではなく、それらを連関した一つのシステムとしてとらえる考え方。

グローバリゼーション【globalization】世界的規模に広がること。政治・経済・文化などが国境を越えて地球規模で拡大することをいう。グローバル化。[案]地球規模化

グローバル【global】世界的な規模であるさま。国境を越えて、地球全体にかかわるさま。[案]地球規模

グローバル採用 日本企業の採用活動において、外国人も募集・採用の対象にすること。

グローバル スタンダード【global standard】①金融システムや経営システムなどにおいて、国際的に共通しているとされる理念やルールのこと。②工業製品などの国際標準規格。▷世界標準の意。

クローブ【clove】丁字《ちょうじ》の蕾《つぼみ》を干した香辛料。肉料理やシチューなどに用いられる。

グローブ【globe】①球体。②電球をすっぽり包みこむ電球傘。

グローブ【glove】①手袋。特にスポーツで用いるものについていう。②野球で、捕手・一塁手以外の選手が用いる、5本指の革製の捕球用手袋。グラブ。③ボクシングで用いる革製の手袋。ウエートにより重量の差が設けてある。

グロー放電 真空放電の一。低圧の気体を封入したガラス管内における発光を伴う放電。ネオン管・蛍光灯《けいこうとう》・水銀灯・キセノンランプなどはこれを利用したもの。

クローム【chrome】⇨クロム

グロー ランプ【glow lamp】蛍光灯についている点灯用の放電管。グロー-スターター。点灯管。

グローリー【glory】山頂で、人の影が前面の霧の壁に映り、影の回りに光の輪が現れる現象。御光。後光。

クロール【ドイツ Chlor】塩素。クロル。

クロール【crawl】泳法の一。ばた足で水をけり、両手で交互に水をかいて進む。最も速い泳法。

クローン【clone】①1個の細胞あるいは個体から無性生殖によって増えた細胞群あるいは個体群。全く同一の遺伝子をもつ。クロン。②本物そっくりにまねた複製品。

クローン病 消化管、特に回腸の末端から盲腸にかけて好発する原因不明の慢性肉芽腫性腸炎。特定疾患の一。▷アメリカの医師クローン(B.B.Crohn)が1903年に報告。

クロコダイル【crocodile】ワニ目クロコダイル科に属する爬虫類《はちゅうるい》の総称。ナイルワニ・イリエワニ・アメリカワニなど。

クロス【cross】①交差すること。横切ること。②十字架。③サッカーで、タッチライン付近からゴール前に送るパス。

グロス【gloss】光沢があること。つやがあること。また、つや出し用の化粧品。

グロス【gross】①12ダース(144個)を一組みとして数える際の単位。②売り上げの総額。収入の総額。③正味(ネット、net)ではなく、容器や包みなどをふくめた重さ。④ゴルフで、ハンディキャップを差し引く前のスコアの総計。▷グロースとも。

クロスオーバー【crossover】ロック・ジャズ・ソウル・ラテンなど異なった

ジャンルの音楽の要素を混合すること。また、その音楽。▷交差の意。

クロス カントリー【cross-country】野原・丘・森などを横断して走る長距離競走。

クロスメディア【cross-media】さまざまなメディアを戦略的に組み合わせること。→メディア-ミックス

クロス レビュー【和cross ＋ review】雑誌などで、批評対象と批評者をもれなく組み合わせて、各々の組み合わせによる批評や評価を列挙する記事。

クロゼット【closet】①衣類などを収納する戸棚。②トイレット-ルーム。▷クローゼットとも。

クロッキー【フランスcroquis】対象を短時間でおおまかに写しとること。また、その絵。略画。速写。

グロッキー ①疲れ切ってふらふらなさま。②ボクシングで、強く打たれてふらふらになること。▷グロッギー(groggy)から。

クロック【clock】①時計。②コンピューターで、デジタル回路の同期をとるための周期的信号。

クロック マダム【フランスcroque-madame】クロック-ムッシューに、半熟の目玉焼きなどをのせた、温かいサンドイッチ。

クロック ムッシュー【フランスcroque-monsieur】ハムとチーズをパンで挟んで表面を焼いた、温かいサンドイッチ。クロック。▷カリカリと音がする(croque)ことから。

グロッサリー【glossary】ある特定の作家や著作などの用語集。また、それを辞書風にしたもの。

グロット【grotto】洞窟。洞穴。岩屋。

グロテスク【フランスgrotesque】①異様で気味の悪いさま。不快になるほど異常なさま。グロ。②装飾文様の一。怪異な人物や生物などを曲線模様にからませた文様。

クロニクル【chronicle】記録。年代記。編年史。

クロノグラフ【chronograph】①ごく短い時間間隔を、精密に記録する装置。②ストップウオッチの機能もある携帯時計。

クロノメーター【chronometer】①天文観測・経緯度観測・航海などに用いる、精度の高い携帯用の時計。時辰儀。経線儀。②国際的に公認された機関の検定に合格した高精度の時計に与えられる名称。

クロマ キー【chroma key】テレビで用いられる画面合成技法。色合いの差によってある被写体だけを抜き出し、別の画面にはめこむもの。

クロマチック【chromatic】「半音の」「半音階の」の意。

クロマトグラフィー【chromatography】混合物の分析法の一。試料混合物の各成分の吸着性や分配係数の差に基づく移動速度の差を利用してそれぞれを分離する方法。分離・精製・同定・定量に用いられる。→ガス-クロマトグラフィー

クロマニヨン人 1868年、フランス南西部のクロマニヨン(Cro-Magnon)岩陰遺跡で発見された化石人骨。同類の人骨はその後ヨーロッパ各地で発掘された。身長は高く、約1.8メートル。年代は約4万~1万年前と推定される。新人に属し、後期旧石器文化をもつ。

クロム【ドイツ Chrom】6族(クロム族)に属する遷移元素の一。元素記号Cr 原子番号24。原子量52.00。銀白色で光沢ある硬い金属。強磁性。耐食性が強く、めっき用・合金材料として用いられる。クローム。

グロリア【ラテン gloria】①キリスト教で、「栄光あれ」の意。②通常のミサに用いられる祈禱《きとう》文の第2段。歓喜を表す。また、多声ミサ曲の第2楽章。③経《たて》糸を絹、緯《よこ》糸を梳毛《そもう》で斜文織りにした薄地の織物。傘地や婦人服地に用いる。

クロレラ【chlorella】緑藻類クロレラ目の淡水藻。飼料・飲食品・化粧品などに混入するほか、汚水浄化に利用。

クロロフィル【chlorophyll】 葉緑体に含まれる緑色色素。光合成で中心的役割を果たす。葉緑素。

クロロフルオロカーボン【chlorofluorocarbon】 ⇨CFC

クロロホルム【chloroform】 無色揮発性で甘いような特有のにおいのある液体。有機化合物の溶剤、フロンの原料。以前は外科手術の吸入用麻酔剤として使われた。トリハロメタンの主成分。

クロワッサン【フランスcroissant】 バターをたっぷり使った軽い三日月形パン。三日月パン。

グワカモレ【スペインguacamole】 ⇨ワカモレ

グワッシュ【フランスgouache】 不透明水彩絵の具の一。また、それを用いた絵画や画法。ガッシュ。グァッシュ。

クンニ 舌や唇でする女性性器への愛撫《あいぶ》。▷クンニリングス(cunnilingus)から。

ケ

ケア【care】 ①世話・保護・介護・看護など、医療的・心理的援助を含むサービス。②心づかい。配慮。③注意。手入れ。管理。[案] 手当て／介護

ケア ハウス【和care＋house】 軽費老人ホームの一。入浴・食事などのサービスが提供されるもの。

ケア プラン【care plan】 介護保険制度で要介護認定を受けた場合、どのようなサービスを組み合わせて受けるかの計画。介護サービス計画。

ケア マネージメント【care management】 ①保健・医療・福祉の専門家や機関が、相互に協力し合い、総合的な福祉サービスを施すこと。ケース-マネージメント。②介護保険制度下で、個々人の要求に対応し、各種サービスを調整して適切で効果的なケアを提供すること。

ケア マネジャー【care manager】 介護保険制度で、要介護認定の訪問調査やケア-プラン作りなどを行う専門職。介護支援専門員。

ケアラー【carer】 家族など身近な人の介護・看病・世話などを無償で行う人。▷報酬を得て介護するケア-ワーカー等は含まない。

ケアレス ミス【careless mistake】 注意していれば防げたはずの間違い・失敗。

ケア ワーカー【和care＋worker】 高齢者や障害者など日常生活の援助を必要とする者に、衣服の着脱・入浴・食事などの介助を行う職業。

ゲイ【gay】 同性愛の人。特に、男の同性愛者。

ケイジャン【Cajun; Cajan】 ①アメリカ、ルイジアナ州南部のフランス系住民。②同地方の郷土料理。

ケイパー【caper】 フウチョウソウ科の落葉低木。つぼみはピクルスにすると独特の風味がある。ケッパー。

ゲイン【gain】 ①利益。利得。収益。②電子回路の増幅度。

ケインジアン【Keynesian】 ケインズ学派の経済学者。

ケインズ経済学 ケインズ(J. M. Keynes)が打ち立てた経済学。政府による有効需要の管理の重要性を説く。

ケーキ【cake】 洋風の生菓子の総称。特に、スポンジ-ケーキを台にして、クリームや果物を加えた菓子。

ケージ【cage】 ①鳥かご。おり。②エレベーターの、人や荷物をのせる箱状の室。③ハンマー投げ・円盤投げの投擲《とうてき》者やバッティング練習の打者のまわりにめぐらせた危険防止のための金網。

ゲージ【gauge】 ①鉄道線路の内側の距離。軌間。②機械工作物の寸法や形状を測定する際に基準となるもの。また、測定のための計器。③編み物で、一定の寸法内にある編み目の目数・段数。④電磁気学において、電磁ポテンシャルの値に対する規準の与え方。ゲージ関数。

ケース【case】 ①物を入れる容器・入れ物。②展示用のガラス張りの箱。③

事例。場合。

ケース スタディー【case study】 一つの社会的単位(個人・家族・集団・町など)を事例として取り上げ、その生活過程を詳細に記述し、そこから一般法則を見いだしていく研究法。事例研究法。ケース-メソッド。[案] 事例研究

ケース バイ ケース 【case-by-casc】 個々の事情に即した、適切な対応をすること。

ケースワーカー【caseworker】 ケースワークに従事する専門職。

ケースワーク【casework】 何らかの社会的援助なしには、精神的・身体的・社会的な生活上の問題を解決できない個人や家族に対して、個別的にその問題解決を援助する社会福祉実践の一方法。ソーシャル-ケースワーク。→グループ-ワーク

ケーソン【caisson】 水中あるいは軟弱な地盤や地下水などの多い所の土木工事で用いるコンクリート製の箱。圧縮空気を送り、中で掘削などの作業をする。潜函《せんかん》。

ケータイ 携帯電話の俗称。▷1990年代後半の若者言葉が一般化した。

ケータリング 【catering】 ①パーティー会場などに出張し、そこで料理をつくって提供すること。②家庭に料理を配達すること。また、その料理。

ゲート【gate】 ①門。出入り口。関門。搭乗口。②競馬で、馬を入れて一斉に発馬させるために用いる前後に扉のついた仕切り。スターティング-ゲート。③電界効果トランジスタの電極の一。ソースとドレーンの間に流れる電流を制御する。④入力信号を切断したり接続する回路。コンピューターなどでは、アンド(and)やオア(or)のような基本演算を行う電子回路。ゲート回路。

ゲートウェイ【gateway】 ⇨ゲートウエー

ゲートウエー【gateway】 ①(通行を制御可能な)出入り口。②異なる通信ネットワークを接続する役割を持つ装置やソフトウエア。

ゲート ボール【和gate＋ball】 スティックでボールを打ち3個のゲートを順に通過させ、最後に中央のゴール-ポールに当てて上がりとする競技。日本で考案された。

ゲートル【フランス guêtres】 ズボンの裾《すそ》を押さえて、足首から膝《ひざ》まで覆うもの。多く軍服用。

ケーパビリティー【capability】 能力。才能。可能性。将来性。

ケービング【caving】 未踏査の洞窟《どうくつ》や鍾乳洞を探検すること。スポーツとしての洞窟探検。▷ケイビングとも。

ケープ【cape】 肩から背・腕を覆う釣り鐘形の外衣。

ケーブル【cable】 ①針金や麻をより合わせてつくった、太くて丈夫な綱。②多数の電線をそれぞれ絶縁して束ね、外被をかぶせたもの。③海底電線。④海上で用いる慣習的な長さの単位。1ケーブルは200～240ヤード。

ゲーブル【gable】 住宅建築などで、切妻《きりづま》のこと。

ケーブル テレビ【cable television】 アンテナを用いずに、映像を同軸ケーブル・光ファイバー-ケーブルを用いて伝送する有線のテレビ。回線は電話・インターネットにも用いられる。有線テレビ。CATV。▷CATVは、元来community antenna television(共同体アンテナ-テレビ)の略で、難視聴地域解消のために導入された。

ゲーマー【gamer】 ゲームをする人。またはゲームで遊ぶことを趣味にする人。主にビデオ-ゲームの分野でいう。

ゲーム【game】 ①(勝ち負けをあらそう)遊び。遊技。②(スポーツの)試合。競技。また、その回数。③テニス・卓球などのセットを構成する単位。④ゲーム-セットの略。試合終了。

ゲーム メーカー 【game maker】 サッカーなどで、状況を的確につかみ、攻守の組み立てを行う中心的選手。

ケール【kale】 アブラナ科の一、二年草。キャベツの類だが結球せず茎が立ち、葉は長楕円形・円形で茎の上部に密生する。料理の飾りに用い、また、し

ぼった青汁を飲用する。飼料にも用いる。

ゲシュタポ【ドイツ Gestapo】1933年に組織されたナチス-ドイツの秘密国家警察。

ゲシュタルト【ドイツ Gestalt】哲学・心理学で、一つの図形やメロディーのように、個々の要素の総和以上のまとまった意味と構造をもち、変化・変換を通じて維持される形姿。形態。

ゲスい 俗に、品性が下劣な様子。▷下衆《げす》の形容詞化。

ゲスト【guest】①客。招待客。→ホスト・ホステス ②臨時の出演者。→レギュラー ③ホスト-コンピューターに一時的な接続を許可された端末。

ゲストハウス【guesthouse】訪問者のための宿泊施設。▷元来は高級下宿をいう語。

ケ セラ セラ【スペイン Que será será】「なるようになるさ」の意。アメリカ映画の主題歌の名から広まる。

ゲゼルシャフト【ドイツ Gesellschaft】社会類型の一。人間がある目的達成のため作為的に形成した集団。近代の株式会社をその典型とする。利益社会。→ゲマインシャフト

ケチャ【インドネシア kechak】インドネシア、バリ島の民俗芸能。円陣を組んだ男性の、忘我状態に至る単純な身振り・発声に合わせて、ラーマーヤナなどを題材とする舞踊芸を行うもの。

ケチャップ【ketchup】野菜などを煮て裏ごししたものに、調味料・香辛料を加えて煮つめたソース。普通、トマトを主原料にしたものをさす。

ゲッ ツー【get two】⇨ダブル-プレー

ゲット【get】①競技で、得点すること。②若者言葉で、手に入れること、獲得すること。ゲッツ。

ゲットー【ghetto】①ヨーロッパの都市で、ユダヤ人が強制的に居住を指定された区域。②第二次大戦中、ナチス-ドイツが設けたユダヤ人強制収容所。③特定の人種や社会集団の居住する区域。

ケッヘル番号（ドイツ Köchelverzeichnis）オーストリアの音楽研究家ケッヘル(Ludwig von Köchel [1800～1877])が、モーツァルトの全作品に年代順に付けた通し番号。略号はK.またはK.V.　ケッヒェル番号。

ケトル【kettle】やかん。湯わかし。

ケナフ【kenaf】アオイ科の一年草。茎の繊維で網や布を作るために栽培される。

ゲネプロ 演劇・オペラ・舞踊などで、初日の前日に本番と全く同じ手順で行う総稽古《けいこ》。▷ドイツ Generalprobeから。

ゲノム【ドイツ Genom】配偶子に含まれる染色体あるいは遺伝子の全体。

ゲバ ゲバルトの略。

ケバブ【トルコ kebab】中東で、焼き肉料理の総称。→シシ-カバブ

ゲバルト【ドイツ Gewalt】主に学生運動で、権力に対する実力闘争をいう。ゲバ。

ゲマインシャフト【ドイツ Gemeinschaft】社会類型の一。家族・村落・都市など、人間に本来備わる本質意思によって結合した有機的統一体としての社会。共同体。協同体。共同社会。→ゲゼルシャフト

ケミカル【chemical】「化学的」「化学的に製した」の意。

ケミカル ウォッシュ【和 chemical ＋ wash】ジーンズなどのデニム製品を、化学薬品で洗い脱色すること。

ケミカル シューズ【chemical shoes】合成皮革製の靴。女性用のパンプスなどが多い。

ケミストリー【chemistry】化学。

ゲラ ①活字組版を収める箱状のもの。②校正用に刷ったもの。校正刷り。ゲラ刷り。▷galleyから。

ケラチン【keratin】毛髪・爪・ひづめ・角・羽毛などの主成分となっている硬タンパク質の総称。水に溶けにくく安定している。角質。

ゲリマンダー【gerrymander】自党に有利になるように選挙区の区割りをすること。▷1812年アメリカのマサチュー

セッツ州知事E. ゲリーが自党に有利になるようにつくった選挙区の形が、伝説上の怪物サラマンダー(火蛇)に似ていることを反対派が風刺したのに始まる。

ゲリラ【guerrilla】敵の後方や敵中を奇襲して混乱させる小部隊。遊撃隊。▷スペイン語で、小戦争の意。

ゲリラ豪雨　都市で局地的に短時間だけ降る集中豪雨。▷発生の予測が難しいことからゲリラとよばれる。

ゲリラ ライブ【和guerrilla＋live】ミュージシャンが告知なしで突然行うライブ演奏。

ゲル【ドイツ Gel】ゾルが流動性を失って固化した状態。コロイド粒子が互いにつながりあって立体網目状構造をとり、その空間を水などの液体が満たしている状態。固化した寒天やゼラチン、シリカゲルなど。弾性のある一様なゲルを一般にゼリーという。ジェル。→ゾル

ゲル【gher】　⇨パオ

ゲル インク【gel ink】半固形のゲル状にしたインク。ボールペンなどに利用される。ゲル-インキ。

ケルト【Celt】インド-ヨーロッパ語族に属する民族。紀元前ヨーロッパに広く分布したが、ゲルマン・ローマの発展により衰退。

ゲルニカ【スペイン Guernica】ピカソの代表的な絵画作品。スペイン内乱の際、スペイン北部バスク地方の小さな町ゲルニカに対するナチスの無差別爆撃に抗議して描かれた。

ケルビン【kelvin】SI(国際単位系)の熱力学温度(絶対温度)の基本単位。ボルツマン定数の値を正確に1.380649×10^{-23}と定めることによって設定され、ボルツマン定数と秒・メートル・キログラムの定義から導き出される。記号K　▷2018年11月改定され、2019年5月から導入された。イギリスの物理学者W. T. ケルビンにちなむ。

ゲルマニウム【ドイツ Germanium】14族(炭素族)元素の一。元素記号Ge　原子番号32。原子量72.61。ケイ素と並ぶ典型的な半導体で、トランジスタやダイオードなどに利用される。

ゲルマン【ドイツ Germane】ゲルマン語派に属する民族。バルト海沿岸を原住地とし、民族大移動期には各地で王国を建設した。

ケルン【cairn】山頂や登山路に石を積みあげて、記念や道標とするもの。

ゲレンデ【ドイツ Gelände】スキーができるように整備した場所。▷土地の意。

ケロイド【ドイツ Keloid】火傷や切り傷のあとなどにできる瘢痕《はんこん》組織が過剰に増殖し隆起したもの。

ケロシン【kerosene】灯油。ロケット燃料などにこの名で使われる。

ケンネル【kennel】①犬小屋。②犬を売買する店。

コ

コア【core】①物の中心部。核。②地球の核。③コイルなどの鉄心。④鋳物の中子《なかご》。⑤原子炉の炉心。⑥建物で、共用施設をまとめて設置した所。→コア-システム [案]中核

コア コンピタンス【core competence】企業が競合他社に対して圧倒的に優位にある事業分野や、他社にはない独自の技術やノウハウを集積している中核となる部門。コア-コンピテンス。

コア ターゲット【和core ＋ target】売り込みの中心的対象とする消費者区分。「都市生活者を—とするサービス」

コア タイム【core time】フレックス-タイム制で、必ず就労していなければならない時間帯。

ゴア テックス【Gore-Tex】透湿防水性素材の一。むれない防水加工が得られる。商標名。▷アメリカの化学者W. L. Goreの発明。

コアラ【koala】有袋類の一種。子グマに似た姿をしている。樹上生活をし、ユーカリの葉だけを食べる。オーストラリア東部に分布。コモリグマ。

コアントロー【フランス Cointreau】キュラソーの一種。食後酒のほか、健胃薬としても用いられる。商標名。

コイル【coil】①線を円形または円筒形に巻いたもの。②導線を①のように巻いたもの。

コイン【coin】硬貨。

コイン トス【coin toss】サッカー・ラグビーなどで、先攻・後攻を硬貨の表裏で決めるために、硬貨を親指ではじき上げること。

コイン ランドリー【coin laundry】硬貨を入れると作動する自動洗濯機や乾燥機を置き、客が洗濯できるようにした店。

コエンザイム キュー テン【Coenzyme Q10】生体内のエネルギー生産にかかわる補酵素の一。抗酸化作用があり心筋代謝改善薬、栄養補助食品として用いられる。ビタミンと同じような働きをすることからビタミンQともいわれる。CoQ10《コーキューテン》。ユビキノン。

コエンドロ【ポルトガル coentro】セリ科の一年草。夏、白色の小花をつける。若葉は食用、果実は香辛料などにする。コリアンダー。香菜《こうさい》。シャンツァイ。パクチー。

ゴー アラウンド【go around】航空機が着陸進入の際、悪天候や高度不良あるいは管制塔からの指示などによりいったん着陸を断念し、再上昇してから着陸をやりなおすこと。着陸復行。

ゴーイング コンサーン【going concern】企業会計上の前提条件の一。企業活動は無期限に続くと仮定されること。継続企業の前提。

コーカソイド【Caucasoid】白色《はくしょく》人種。

コークス【ドイツ Koks】石炭を高温で乾留して揮発分を除いた灰黒色・多孔質の固体。発熱量が大きく、燃料として重要。

ゴーグル【goggle】目の部分をすっぽりおおう大形の眼鏡。

コージェネレーション【cogeneration】1種類のエネルギー源から複数のエネルギーを取り出すこと。特に、発電の際に生じる熱エネルギーを再度発電に利用すること。廃熱発電。熱電併給。熱併給発電。▷コジェネレーションとも。案熱電併給

ゴージャス【gorgeous】きらびやかで、ぜいたくなさま。豪華。豪奢。

コース【course】①進んで行く時にたどる一定の道筋や順序。進路。②スポーツの競技を行う、区分けされた進路。③その中から選択するように設定された枠組や過程。④物事が進行する道筋。⑤西洋料理で、一組になった料理。

コースター【coaster】①遊園地にある、起伏のあるレールの上を疾走する乗り物。②コースター-ブレーキの略。自転車の後輪車軸に取り付け、ペダルを逆に回すと作動する。③コップや杯の下に敷くもの。④食卓上で、洋酒などを載せておく盆。

コースト【coast】沿岸。海岸。

ゴースト【ghost】①幽霊。②テレビの画像に建物などの反射電波の影響でできる二重像や乱像。ゴースト-イメージ。③逆光で写真撮影した時、レンズの縁などに光が反射したためにできる光の輪。④回折格子の格子間隔が不規則なために、回折スペクトルの両側に重複してできるスペクトル像。

ゴースト タウン【ghost town】住む人がいなくなって荒れ果てた街。幽霊都市。

ゴースト ライター【ghost writer】著者になりかわって文章や作品を執筆する人。

コーダ【coda】(children of deaf adults)聴覚障害者である親のもとに生まれ育った耳の聞こえる子ども・人。

コーダ【イタリア coda】一つの楽曲や楽章、または楽曲中の大きな段落の終わりに終結の効果を強めるためにつけ加える部分。結尾部の終結部。

ゴーダ【Gouda】オランダ、ゴーダ地方原産のチーズ。硬質で風味にくせがない。

コーチ【coach】①運動競技の技術を指導すること。また、それをする人。コーチャー。②コーチングを行う専門家。→コーチング

コーチング【coaching】①コーチをす

ること。技術を指導すること。②目標を達成するために必要な能力や行動をコミュニケーションによって引き出す、ビジネスマン向けの能力開発法。

コーデ コーディネートの略。女性誌で多くみられる表現。

コーディガン コートのように身丈が長いカーディガンのこと。▷コートとカーディガンから

コーディネーター 【coordinator】①物事が円滑に行われるように、全体の調整や進行を担当する人。②全体の統一性を考え、衣服や装身具の組み合わせの助言や決定をする人。ファッション-コーディネーター。

コーディネート 【coordinate】①物事を調整し、まとめること。②衣服や装身具などで、色・材質・形などを調和させて組み合わせること。

コーティング 【coating】表面を薄い膜で覆うこと。

コーディング 【coding】①一連の情報を適切な符号系を定めて符号に変換すること。符号化。②コンピューター、一定のプログラム言語を用いて、プログラムを作成すること。

コーテーション 【quotation】⇨クォーテーション

コーデュロイ 【corduroy】縦方向に毛羽のある畝《うね》を表した織物。摩擦に強いので洋服地・足袋地にする。コール天。▷語源は王の綱、の意のフランス語。

コート 【coat】①寒さや雨などを防ぐため、またおしゃれのために、外出の時に衣服の上から着るもの。②スーツの上着。

コート 【court】球技を行う長方形に仕切られた競技場。

コード 【chord】①(弦楽器の)弦《げん》。②和音《わおん》。

コード 【code】①規則。規定。②電信符号。記号。暗号。③符号体系。特に、コンピューターのデータや命令の表現規則。

コード 【cord】①ひも。細引き。②細い銅線の束に、ゴム・ビニールなどの絶縁被覆を施した電線。

ゴート 【goat】①ヤギ。②山羊座。

コードシェア 【codeshare】提携航空会社どうしが路線ネットワークを活用しあい、座席や販売などを提携して運航すること。共同運航。路線提携。

コードバン 【cordovan】スペインのコルドバ産のヤギ皮で製した、つやのあるなめし革。また、これに似せた、馬の背・尻からとったなめし革。靴・ベルトなどを作る。

コードレス 【cordless】コード不要の。コードなしの。

コーナー 【corner】①囲まれた区域の角の部分。リング・コート・部屋などの隅《すみ》。②コースのカーブしている部分。③ある目的のために設けられた一区画や一部分。

コーパス 【corpus】言語資料体。個別言語・一作家のテキストや発話を大規模または網羅的に集めたもの。

コープ (cooperative society) 消費生活協同組合。

コーポ コーポラスの略。

コーポラス 集合住宅。多く鉄筋建ての分譲アパートをいう。コーポ。▷和製語。corporate＋houseからか。

コーポラティブ 【cooperative】①協力的な。協調的な。協同の。②協同組合。

コーポラティブ ハウス 【和cooperative＋house】同一敷地に共同で住むことを希望するものが組合をつくり、住宅の設計から管理までを運営する集合住宅。協同組合住宅。

コーポレーション 【corporation】会社。法人。略語corp。→カンパニー

コーポレート 【corporate】企業の、団体の、の意。

コーポレート アイデンティティー 【corporate identity】⇨CI

コーポレート ガバナンス 【corporate governance】会社の不正行為の防止あるいは適正な事業活動の維持・確保を実現すること。企業統治。

コーポレート ガバナンス コード 【corporate governance code】企

業がコーポレート-ガバナンスを徹底するために遵守すべき行動規範。法的拘束力はないが、コンプライ-オア-エクスプレーンと呼ばれる説明責任がある。

コーム【comb】櫛《くし》。

ゴーヤ ウリ科のつる性一年草ツルレイシ(苦瓜)の沖縄での呼称。ゴーヤー。

コーラ【ラテン Cola】①熱帯アフリカ原産のアオギリ科の常緑高木。その種子はカフェイン・テオブロミン・コラニンを含有する。コラ。コーラノキ。②①の種子を主材料とする炭酸清涼飲料の総称。

コーラス【chorus】①多人数が声を合わせて歌曲を歌うこと。合唱。また、その歌曲。合唱曲。女声・男声・混声の区別がある。②①の合唱団体。合唱団。③ジャズなどの楽曲で主題を提示している部分。序奏部分とは区別され、繰り返し演奏される。

コーラル【coral】①珊瑚《さんご》。②わずかに黄みのまじった明るい赤色。

コーラン【Koran】イスラム教の聖典。ムハンマドが唯一神アッラーから受けた啓示を集録したもの。

コーリャン【高粱】中国北部で栽培されるモロコシの一種。食料・飼料、またコーリャン酒の原料とする。カオリャン。こうりょう。▷中国語。

コール【call】①呼び出し。電話や電信で呼び出すこと。②宣告すること。大声で告げること。③請求すること。要求すること。④きわめて短期間にやりとりされること。

コール【coal】石炭。

ゴール【goal】①競走・競泳などで、着順の決まる一番最後の地点。決勝点。フィニッシュ。②サッカー・バスケットボール・ラグビーなどで、ボールを入れ得点すること。また、その得点となる一定の枠内。③最終的な目標点。

コール アンド レスポンス【call and response】音楽演奏における、楽器・歌・声などを用いた掛け合いのこと。▷喚起と応答の意。

コール オプション【call option】オプション取引において一定の期間内に契約価格で買い付けられる権利。→オプション取引・プット-オプション

コール資金 金融機関や証券会社の間で貸借される、きわめて短期の大口資金。コール資金が取引される短期金融市場をコール市場という。

コールスロー【coleslaw】細かく切ったキャベツをドレッシングであえたサラダ。

コール センター【call center】電話とコンピューターの機能を統合し、商品の受注処理や問い合わせ対応などさまざまな電話関連サービスを行う設備または施設。

コール タール【coal tar】石炭を高温乾留して得られる油状液体。石炭ガスやコークス製造の副成物。

ゴールデン【golden】金の、金色の、価値が最高の、の意。

ゴールデン アワー【和 golden＋hour】放送番組の視聴率が最も高い時間帯。普通、夜の7時から9時頃。

ゴールデン タイム【和 golden＋time】テレビ視聴率測定における時間区分の一。午後7時から午後10時までをさす。→プライム-タイム

コールド【cold】寒い、冷たい、の意。→ホット

ゴールド【gold】金。黄金。金色。

コールド ケース【cold case】未解決事件。

コールド チェーン【cold chain】冷凍・冷蔵によって低温を保ちつつ、生鮮食料品を生産者から消費者まで一貫して流通させるしくみ。低温流通体系。

コールド ブリュー コーヒー【cold brewed coffee】水出しコーヒー。

ゴールド ラッシュ【gold rush】①新しく金が発見された土地へ採掘者が殺到すること。アメリカの金採掘ブームをいう。②金の投機に人々が殺到すること。

コールバック【callback】呼び戻すこと。折り返し電話をかけること。

コール マネー【call money】コール資金を借り手の側からいう場合の名

称。

コール レート【call rate】 コール資金の貸借に用いられる金利。→コール資金

コーン【cone】 ①円錐。②アイスクリームを入れる円錐形のウエハースの容器。③スピーカーに用いる円錐形の振動板。④道路や工事現場で使われる、円錐形の標識。セーフティー-コーン。

コーン【corn】 トウモロコシ。

コーンスターチ【cornstarch】 トウモロコシからつくったデンプンの粉末。食品・繊維・紙類の糊料《こりょう》として利用する。

コーン ビーフ【corned beef】 ⇨コン-ビーフ

コーンロウ【cornrow】 細かくて固い三つ編みをたくさんつくり、毛先にビーズを通した髪型。細かい編み目がトウモロコシに似ていることからついた名。

コカイン【cocaine】 コカノキの葉から抽出したアルカロイド。習慣性が強く慢性中毒を起こすので、麻薬取締法の対象になっている。

ゴキ ゴキブリの略。

コギト【ラテン cogito】 人間の思考作用をさす。デカルトが絶対に確実な第一原理として以来、近代哲学の中心問題となる。▷「私は思考する」の意。

コギャル 流行の派手な服装や化粧をした中高生ぐらいの少女。▷「高校生ギャル」からとも「小ギャル」からともいわれる。

コキュ【フランス cocu】 妻を寝取られた男。コキュー。

コグニティブ【cognitive】 認知・認識・認知科学に関連するさま。「—-コンピューティング」

コケティッシュ【coquettish】 なまめかしく色っぽいさま。男の気をそそるさま。

ココア【cocoa】 カカオ豆を炒《い》って皮などを除き、すりつぶしたものからカカオ-バターを除いて粉にしたもの。また、これを湯で溶き砂糖などを加えた飲料。

ココット【フランス cocotte】 ①厚手鍋。→キャセロール ②卵料理に用いる一人用の小型容器のこと。また、それに盛った料理。

ココナッツ【coconut】 ココヤシの実。ココナット。ココナツ。

コサージュ【corsage】 婦人が襟元に飾りとしてつける小さな花や花飾り。コサージ。

ゴシック【Gothic】 ①「ゴシック式」に同じ。②和文書体の一。全体に同じ太さの線でできているもの。ゴチック。ゴジック。ゴチ。▷ゴート(人)的、の意。

ゴシック式 ヨーロッパ中世の美術様式。ロマネスクに次いで12世紀中頃北フランスにおこり、各国に広まった。

ゴシック ロリータ 【和 Gothic＋Lolita】 ⇨ゴスロリ

ゴシップ【gossip】 世間に伝えられる興味本位のうわさ話。

コスチューム【costume】 ①(髪形・アクセサリーなども含めた)時代・地方・民族などに特有の服装。身なり。②舞台衣装。また、仮装用の衣装。③(ひとそろいになった)婦人服。ドレス。衣装。

コスト【cost】 ①商品を生産するために必要な費用。原価。生産費。出費。②物の値段。

コスト カット【cost-cut】 費用を削減すること。

コスト ダウン【和cost＋down】 単位当たりの生産費を引き下げること。

コスト パフォーマンス【cost performance】 ①要した費用(コスト)と、そこから得られた成果(パフォーマンス)との対比。性能対価格比。②転じて、支出した費用に対して得られた満足度の割合。

コスパ コスト-パフォーマンスの略。支出した費用に対して得られた満足度の割合。

コスプレ アニメーション・マンガ・ゲームなどのキャラクターや、さまざまな職業の扮装をして楽しむこと。▷コスチューム-プレイの略。

コスプレイヤー コスプレをする人。コスプレを趣味にする人。レイヤー。

ゴスペル【gospel】 ①神の国と救い

に関する福音。②新約聖書の初めの4つの福音書の総称。③黒人霊歌とジャズの要素とが入った伝道用賛美歌。ゴスペル-ソング。

コスミック【cosmic】宇宙の。宇宙的な。神秘的な。コズミック。

コスメ コスメティック(cosmetic)の略。化粧品。

コスモス【ギリシャ kosmos】秩序ある世界。宇宙。→カオス

コスモポリタン【cosmopolitan】①コスモポリタニズムを信奉する人。世界主義者。②一つの国や民族にとらわれず、全世界を自国として考え、生活する人。世界市民。国際人。③世界国家の成員としてとらえた個人のこと。世界公民。

ゴスロリ 少女ファッションの一。退廃的・悪魔的・耽美的(ゴシック的)で、かつ少女的(ロリータ的)なファッション。ゴシック-ロリータ。▷ゴシックとロリータから。

コチュジャン 朝鮮料理独特のトウガラシみそ。コチジャン。▷朝鮮語。

コック【cock】パイプの先端や途中につけて、液体や気体の流量を調節したり止めたりする装置。活栓。

コック【オランダ kok】料理をつくることを仕事とする人。料理人。クック。

コックピット【cockpit】①航空機の操縦室。②レーシング-カーやスポーツ-カーの運転席。③小さな船の操舵室。▷コクピットとも。

コックローチ【cockroach】ゴキブリ。

ゴッド【god; God】神。特に、キリスト教の神。

コットン【cotton】綿。木綿。また、綿布。綿製品。

コットン キャンディー【cotton candy】綿菓子。綿飴。

コッパー【copper】銅。▷カパーとも。

コップ【cop】警官。おまわり。

コップ【オランダ kop】飲料を飲むのに用いる、円筒形の容器。

コッペパン 紡錘《ぼうすい》形で中高にふくらんだパン。コッペ。▷コッペは、「切った」の意のフランス語coupéとも、「山形」の意のドイツ語Koppeとも。

コッヘル【ドイツ Kocher】①鍋・皿・やかんなどが組になっている携帯用の炊事道具。②手術用の止血鉗子《かんし》。

コテージ【cottage】山小屋。また、山小屋風の建物。

コニャック【フランス cognac】フランス西部コニャック地方産のブランデー。

コネ コネクションの略。

コネクション【connection】①手づるとして利用する縁故関係。コネ。②連絡。関係。つながり。③麻薬の密売組織。

コネクター【connector】電線と、電線あるいは電気装置とを接続するもの。

コネクテッド カー【connected car】常時ネットに接続し、情報通信端末としての機能も持つ自動車。

コノテーション【conotation】①言外の意味。含意。②内包。共示。潜在的意味。→デノテーション

コパイロット【copilot】副操縦士。

コバルト【cobalt】①9族(鉄族)に属する遷移元素の一。元素記号Co 原子番号27。原子量58.93。灰白色の金属。展性・延性があり強磁性を示す。高速度鋼などの合金製造のほか、酸化物はガラス・陶磁器などの顔料に利用される。②コバルト-ブルーに同じ。③人工放射性同位体のうちで、特に、コバルト60のこと。

コバルト ブルー【cobalt blue】青色顔料の一。酸化コバルトと酸化アルミニウムを混合・加熱してつくる。また、その顔料の緑色を帯びた濃い青色をいう。コバルト。コバルト色。

コピー【copy】①複写。複製。写し。②本物に似せたもの。③広告のキャッチフレーズや説明文案。

コピー アンド ペースト【copy and paste】コンピューターのデータ編集で、文字・図形などのデータの一部を複写し、他の部分へ貼り付ける編集作業。略してコピペとも。

コピー ガード【copy guard】ソフトウエアの著作権を守るため、複製ができ

ないようにしておく仕掛け。

コピーキャット【copycat】 模倣犯。また、模倣者を揶揄《やゆ》していう語。

コピーライター【copywriter】 広告文案を書くことを職業とする人。

コピーライト【copyright】 著作権。©と略記。

コヒーレント【coherent】 ①論理学などで、整合性・論理的一貫性などの意を表す語。②波動などが、互いに干渉し合う性質をもつことを表す語。干渉可能な。

コピー ワンス【copy once】 デジタル-テレビ放送などで、番組を一回しか録画できないコピー制御方式。

コピペ コピー-アンド-ペーストの略。

ゴブラン織り フランスのゴブラン織物工場で作られるつづれ織り。種々の色糸を用いて人物・風景などを表した精巧な織物。壁掛けとする。また、これを模した織物もいう。▷創製者(Jean Gobelin)の名にちなむ。

ゴブレット【goblet】 脚付きのグラス。

コペルニシウム【copernicium】 典型元素の一。元素記号Cn 原子番号112。原子量288。1996年2月、ドイツにおいて亜鉛と鉛から合成された。銀白色の液体金属と推定される。▷命名は天文学者コペルニクスにちなむ。

コマーシャル【commercial】 ①民間放送のラジオ・テレビで、番組の前後や途中に放送される広告・宣伝。CM。②他の外来語に付いて、「商業に関する」「宣伝のための」の意を表す。

コマーシャル ペーパー【commercial paper】 ⇨CP

コマンド【command】 ①命令。指令。②コンピューターに特定の機能の実行を指示する命令。また、その命令を表す記号。装置を遠隔制御するための信号をもいう。

コマンド【commando】 突撃隊員。奇襲隊員。また、ゲリラ隊員をいうこともある。コマンドー。

コミカライズ【和comic+(novel)ize】 漫画以外の原作や原案(映画やドラマなど)をもとにして漫画作品を制作すること。漫画化、コミック化とも。→ノベライズ

コミカル【comical】 滑稽《こっけい》なさま。おどけた感じを与えるさま。

コミケ マンガやアニメーションなどに関する同人誌の、大規模な即売会。▷コミック-マーケット(comic market)の略。コミケットとも。

コミック【comic】 ①漫画。劇画。②滑稽《こっけい》なさま。喜劇的。コミカル。

コミック バンド【和comic+band】 音楽で、観客を笑わせる演芸的要素を取り入れたバンド。

コミッショナー【commissioner】 プロ野球・プロボクシングなどの協会で、裁断権をもつ最高権威者。

コミッション【commission】 ①物事を他人にまかせること。自分の代わりにやってもらうこと。委託。委任。②委託された業務に対する手数料。③ある権限を委託された専門の委員会。④手続きや準備を代行する組織。

コミッティー【committee】 委員会。

コミット【commit】 ①関係すること。参加すること。かかわり合うこと。②任せること。委任すること。委託すること。案かかわる/確約する

コミットメント【commitment】 ①かかわり合い。肩入れ。②委託。委任。③公約。責任。案関与/確約

コミューター【commuter】 短・中距離路線で用いられる20〜30人乗りの小型旅客機。また、それを用いた近距離の航空輸送。

コミューター航空(commuter airline)地方都市間などの短距離を数十人乗りの小型航空機により定期的に運航する航空輸送サービス。

コミューン【フランスcommune】 ①中世ヨーロッパで、領主・国王から住民による自治を許されていた都市。②フランス・イタリアなどで、市町村にあたる地方行政の最小区画。▷コンミューンとも。誓約団体の意。

コミュニケーション【communication】人間が互いに意思・感情・思考を伝達し合うこと。言語・文字その他視覚・聴覚に訴える身振り・表情・声などの手段によって行う。

コミュニケート【communicate】伝えること。伝達。

コミュニスト【communist】共産主義者。

コミュニズム【communism】共産主義。

コミュニティー【community】①人々が共同体意識をもって共同生活を営む一定の地域、およびその人々の集団。地域社会。共同体。②転じて、インターネット上で、共通の関心をもちメッセージのやりとりを行う人々の集まり。案 地域社会／共同体 →アソシエーション

コミュニティー エフエム【和community＋FM】市町村など、一部の地域を対象としたFM放送。地域の情報を、微弱な電波を利用して放送する。コミュニティ放送局。ミニFM。

コミュニティー サイクル【community cycle】地域内に複数の貸借拠点をもつ公共貸し自転車。

コミュニティー センター【community center】地域社会の結合の中心的役割を果たす施設。集会所・公民館・学校・図書館・勤労福祉会館などの類。

コミュニティー ゾーン【和 community ＋ zone】歩行者の安全を確保するために、自動車の速度規制や歩道の拡張、車道に段差をつけるなどの対策を施した地区。

コミュニティー バス【community bus】地域の需要に合わせて運行される路線バス。地方公共団体が運行することが多い。

ゴム【オランダgom】①天然ゴム・合成ゴムなど、特有な弾性(ゴム弾性)をもつ物質の総称。弾性ゴム。ラバー。②植物体から分泌される粘着性の高分子多糖類。アラビアゴム・トラガカントゴムなど。アイスクリームの添加物や糊《のり》・インクなどに用いられる。

ゴム ボート【和オランダgom＋英 boat】ゴム製の船体に空気を入れて用いる小舟。

コムタン 牛の肉や内臓を煮込んで作るスープ。朝鮮料理の一。▷朝鮮語

コメット【comet】彗星《すいせい》。

コメディー【comedy】喜劇。

コメンタール【ドイツ Kommentar】⇨コンメンタール

コメンタリー【commentary】注釈。解説。注解書。コンメンタール。

コメンテーター【commentator】解説者。評論する人。

コメント【comment】問題・事件などについての意見や見解を述べること。論評。解説。説明。

コモディティー【commodity】生活必需品。日用品。商品。

コモディティー化【commodification; commoditization】特別な価値をもっていた商品やサービスが、日用品化すること。価格の低下や供給量の増加などにより生じる。→コモディティー

コモン【common】①共同の。共有の。共通の。②公共の。一般の。③ありふれた。普通の。よくある。

コモンウェルス【Commonwealth】イギリス連邦。

コモン センス【common sense】常識。良識。

コモン ロー【common law】①イギリスで、通常裁判所により判例の形で集積された法体系。②大陸法と区別される英米法の法体系。

コラーゲン【collagen】硬タンパク質の一。動物の結合組織の細胞間物質の主成分。繊維状で水に溶けにくい。腱《けん》・皮・骨に含まれている。膠《にかわ》の原料。

コラージュ【フランスcollage】新聞・布片・針金など絵の具以外のものをさまざまに組み合わせて画面に貼りつけ、特殊な効果を出す現代絵画の一技法。▷糊《のり》付けの意。

ゴラッソ【スペインgolazo】サッカーで、素晴らしいゴール。

コラボ コラボレーションの略。→コラボレーション

コラボレーション 【collaboration】 共同で行う作業や制作。特に、複数企業による共同開発や共同研究、芸術家たちによる共同制作や共演などをいう。コラボ。㊟共同制作

コラボレート 【collaborate】 共同で行うこと。ともに働くこと。協力すること。

コラム 【column】 ①新聞や雑誌で、短い評論や解説記事を載せる欄。また、そこに載せる文章。囲み記事。②古代ギリシャ・ローマ建築に用いられた石の円柱。③⇨カラム

コラムニスト 【columnist】 コラム①に執筆する記者や社外の寄稿者。

コリアンダー 【coriander】 ⇨コエンドロ

コリーダ 【スペイン corrida】 闘牛。

コリジョン ルール 【collision rule】 野球で、本塁における危険なクロス-プレーを回避するためのルール。衝突ルール。▷コリジョンは衝突の意。日本のプロ野球では2016年(平成28)に導入。

コリドー 【corridor】 回廊。離れている二つの国の間または内陸国と海との間を結ぶ細長い地域のこと。

コル 【フランス col】 峠。山の鞍部《あんぶ》。

コルク 【オランダ kurk】 樹木の、コルク形成層の外側につくり出されるコルク組織を切りとって加工したもの。栓・保温材・防音材・救命具などに利用。キルク。

ゴルゴンゾーラ 【イタリア Gorgonzola】 イタリア、ミラノ北東のゴルゴンゾラ地方のブルー-チーズ。ゴルゴンゾラ。

コルセット 【corset】 ①胸の下から腰までを締めつけて細く見せるための婦人用下着。②整形外科で、患部の支持・固定・矯正などの目的で体幹部につけるかたい装具。→ギプス

コルドン ブルー 【フランス cordon-bleu】 一流の料理人。名コック。▷ブルボン王朝の「青綬章」が原義。

ゴルフ 【golf】 杖《つえ》状の用具(クラブ)でボールを打って、通常18か所のグリーン上の穴(ホール)にボールを入れて順に回る球技。

コルレス コレスポンデンス(correspondence)の略。

ゴレイロ 【ポルトガル goleiro】 フットサルのゴールキーパー。→フットサル

コレオグラフィー 【choreography】 舞踊などの振り付け。振付法。舞踏技法。

コレクション 【collection】 ①美術品・骨董《こっとう》品・切手などを趣味として集めること。また、集められたもの。収集。②高級衣装店やデザイナーが、そのシーズン用に発表する作品。また、その発表会。

コレクター 【collector】 収集家。

コレクティブ 【collective】 ①集められた。集合的な。②集団の。共同の。③集団。集合体。共同体。

コレクティブ ハウス 【和collective＋house】 共用空間を設け、食事・育児などを共にすることを可能にした集合住宅。

コレクト 【collect】 ①集めること。収集。②代金引き替え。

コレクト コール 【collect call】 電話で、料金受信人払いの通話。

コレステロール 【cholesterol】 生体内に広く分布する脂肪に似た物質。細胞膜の構成成分であり、胆汁・ステロイド-ホルモン・ビタミンDの前駆体としても重要。また、老化に伴って血管壁に沈着し動脈硬化症と深く関係する。コレステリン。

コレスポンデンス 【correspondence】 ①一致。対応。②通信。文通。③外国為替《かわせ》銀行が外国の銀行と為替取引決済のために結ぶ取引契約。また、国内の銀行同士が結ぶ為替業務の相互代行契約。コルレス契約(correspondent arrangement)。

コレラ 【オランダ cholera】 経口的に感染したコレラ菌による消化器系の感染症。

ゴロ 野球で、地面をころがるか、バウンドしていく打球。グラウンダー。▷grounderからか。

コロイド 【colloid】 物質が0.1～

0.001 μm程度の微粒子(コロイド粒子)となって液体・固体・気体の中に分散している状態。膠《にかわ》・デンプン・寒天・卵白・マヨネーズ・煙などの類。

コロキュアル【colloquial】(文語に対して)口語の。日常会話の。

コロケーション【collocation】①文や句における、二つ以上の単語の慣用的なつながり方。縁語関係。連語関係。②⇨ハウジング②

コロシアム【Colosseum】イタリアのローマにある古代の円形闘技場。西暦80年頃に完成。コロッセウム。コロセウム。

コロナ【corona】①太陽大気の最外層。皆既日食の時、太陽の周りに真珠色の淡光として見える。②太陽や月の周りにできる視半径2～3度の小さな光の輪。空気中の水滴によって光が回折して生じる。光冠。③送電線相互、送電線と大地間などに生じるコロナ放電に伴って発せられる光。

コロナ ウイルス【corona virus】コロナウイルス科に属する一本鎖RNAウイルス。哺乳類・鳥類にさまざまな疾患を引き起こす。▷ウイルス粒子の表面に長い突起があり、太陽のコロナのように見えることから。

コロニアリズム【colonialism】植民地主義。

コロニアル【colonial】①植民地風であること。また、そのさま。②特に17～19世紀、植民地時代のアメリカの建築様式。コロニアル-スタイル。

コロニー【colony】①植民地。集団居住地。②群体。集落。集団。

コロポックル アイヌの伝説で、アイヌよりも以前から北海道に住んでいたとする小人。コロボックル。▷アイヌ語。蕗《ふき》の下の人の意。

コロン【colon】欧文の句読点の一。「:」。説明・引用の前などに用いられる。重点。二重点。

コロン【フランスCologne】オー-デ-コロンの略。

コワーキング【coworking】さまざまな業種・業態の人々が作業スペースや打ち合わせスペースを共有するワークスタイル。▷働くの意のworkingに共同を意味する接頭辞co-をつけた語。「――スペース」

コンキリエ【イタリアconchiglie】貝殻形をした小形のパスタ。シェル。

コンク【conc.】濃縮した、の意。▷concentratedの略。

コンクール【フランスconcours】競技会。競演会。コンテスト。▷競争の意。

コンクラーベ【ラテン conclave】枢機卿《すうききょう》の互選による教皇選挙会議。また、それが行われる部屋。

コングラチュレーション【congratulation】おめでとう。

コンクリート【concrete】①セメントに砂と砂利などの骨材と水を適当な割合で混ぜ、こねたもの。また、これを固めたもの。コンクリ。②具体的なさま。→アブストラクト

コングレス【congress】代表者・委員などによる正式の会議。

コングロマリット【conglomerate】業種の異なる企業間の合併や買収によって成立した、多業種にまたがる巨大企業。複合企業。

コンコース【concourse】公園などの中央広場。駅・空港などの中央ホールや大通路。

コンサート【concert】音楽会。演奏会。

コンサートマスター【concertmaster】管弦楽団の第1バイオリンの首席奏者。楽団の指導的役割を果たし、時には指揮者の代わりも務める。

コンサート ミストレス【concertmistress】女性のコンサートマスター。コンミスとも。

コンサイス【concise】簡潔な。簡明な。

コンサバティブ【conservative】保守的なさま。また、そのような人や党派。コンサバ。→プログレッシブ

コンサル コンサルティング・コンサルタントの略。

コンサルタント【consultant】ある分野についての経験や知識をもち、顧

客の相談にのって、指導や助言を行う専門家。特に、企業の経営・管理術などについて、指導や助言をする専門家。相談役。

コンサルティング【consulting】専門的な事柄の相談に応じること。

コンシード【concede】相手の勝ちを認めること。ゴルフ、カーリングなどで言う。

コンシェルジュ【フランスconcierge】①(特にフランスで)アパートなどの管理人。②ホテルの接客係で、客の要望に応じて観光の手配、観劇券の購入、交通の案内などを行う者。③転じて、特定の分野や地域情報などを紹介・案内する人。▷コンシェルジェとも。

コンシャス【conscious】意識のある。自覚している。意識的な。自覚した。

コンシューマー【consumer】消費者。購買者。

コンスタント【constant】①いつもかわらないさま。一定であるさま。②数学・物理学で、不変数。常数。定数。

コンステレーション【constellation】星座。

コンストラクション【construction】①構造。組み立て。構成。②建設。建造。

コンセプト【concept】①概念。考え。②意図。構想。テーマ。［案］基本概念

コンセンサス【consensus】意見の一致。合意。共感。［案］合意

コンセント【和concentric＋plug】電気の配線器具の一。電気器具のコードを配線に接続するため、壁などに設けるプラグの差し込み口。

コンセントレーション【concentration】集中。専念。

コンソーシアム【consortium】①組合。連合。②大規模開発事業の推進や大量の資金需要に対応するため、国際的に銀行や企業が参加して形成する借款団や融資団。［案］共同事業体

コンソール【console】①コンピューターのサーバーに直接取り付けられた制御用のモニターとキーボード。②テレビや音響機器などで、足の付いている形のもの。▷制御装置の意。

コンソメ【フランスconsommé】澄んだスープ。

コンダクター【conductor】①オーケストラなどの指揮者。②ツアー-コンダクターの略。

コンダクタンス【conductance】回路における電流の流れやすさのこと。すなわち、電気抵抗の逆数。記号G 単位ジーメンス(記号S)、またはモー(記号℧)。

コンタクト【contact】①相手と連絡・交渉をもつこと。接触。交際。②コンタクト-レンズの略。

コンタクト レンズ【contact lens】涙の表面張力を利用して角膜に密着させ、目の屈折異常を矯正する薄いレンズ。素材により、ソフト-コンタクト-レンズとハード-コンタクト-レンズに大別される。コンタクト。

コンタミネーション【contamination】①汚染。汚染物質。②意味・形態の似た二つの語・句または文が混ぜ合わされて、新しい語・句や文ができること。「とらえる」と「つかまえる」とから「とらまえる」ができる類。混成。混交。

コンチェルト【イタリアconcerto】協奏曲。コンツェルト。

コンチネンタル【continental】ヨーロッパ大陸風の、の意。

コンツェルン【ドイツKonzern】独占的金融資本や持ち株会社の支配下に、多数の各種分野の企業が従属して形成される独占形態。企業連携。→カルテル・トラスト

コンテ ①映画で、撮影台本。②ラジオの放送台本。▷コンティニュイティの略。

コンテ【フランスconté】鉛筆と木炭の中間の柔らかさで、濃淡も容易に出せるクレヨンの一種。

コンディショナー【conditioner】①調節装置。②整髪剤。

コンディション【condition】状態。

条件。体調。

コンティニュイティ 【continuity】 連続。継続。

コンティニュアス 【continuous】 (時間・空間などが)続いていること。途切れのないこと。

コンティニュー 【continue】 ①続ける。続く。②ビデオ-ゲームにおいて、一度終了したゲームを、終了した時点から続けて始めること。

コンテキスト 【context】 ①文章などの前後の関係。文脈。②事件や出来事にかかわる事情・背後関係。▷コンテクストとも。

コンテスト 【contest】 作品の出来ばえや技術・容姿などを競う催し。競技会。コンクール。

コンテナ 【container】 ①貨物輸送用の金属製の容器。②植物を栽培するための容器。鉢やプランターなど。

コンデンサー 【condenser】 ①向かい合わせにした二つの電極の間を真空にするか、間に空気やプラスチック-フィルムなどの誘電体をはさんで、大きな静電容量をもたせた装置。キャパシター。②光学器械の集光レンズまたは集光鏡。

コンデンス 【condense】 凝縮すること。濃縮すること。

コンテンツ 【contents】 ①中身。内容。②情報の内容。動画・音声・テキストなどの情報の内容をいう。③書籍の目次。[案]情報内容

コンテンツ マネージメント システム 【content management system】 ⇨CMS

コンテンポラリー 【contemporary】 ①現代的であるさま。②同時代に属しているさま。

コンテンポラリー ダンス 【contemporary dance】 バレエ・モダン-ダンス・ジャズ-ダンスなどの影響を受けながら、それらに分類されない新しいダンス。

コント 【フランスconte】 ①短編小説。特に、風刺やひねりの利いた軽妙な短い物語。②風刺に富んだ軽妙な寸劇。

コントゥアリング 【contouring】 明暗を強調することによって、顔の立体感を引き立たせる化粧法。「—-メーク」

コンドーム 【フランスcondom】 性交の際に避妊あるいは性病予防のために、陰茎にかぶせる薄いゴム製の袋。スキン。サック。

コンドミニアム 【condominium】 ①分譲マンション。②分譲ホテル。区分所有ホテル。③キッチンや洗濯機など生活用具が備え付けられた宿泊施設。▷共同所有の意。

ゴンドラ 【gondola】 ①イタリアのベネチアで、交通・遊覧に用いる平底の細長い手こぎの舟。②高い所からつり下げた乗り物。飛行船・気球のかご、ロープウェーの客室など。

コントラクター 【contractor】 ①契約者。契約人。②工事などの請負人、請負業者。

コントラクト 【contract】 契約。

コントラスト 【contrast】 ①対比。対照。②絵画やテレビ・写真などの画像の、明暗の差や色彩の対比。

コントラバス 【ドイツ Kontrabass】 西洋の擦弦楽器の一。最低音部を奏する。ダブル-バス。ダブル-ベース。バス。ベース。

コンドル 【condor】 ①タカ目コンドル科の鳥の総称。南北アメリカにのみ分布。②南米アンデスの高山に生息する、①の一種。

コントローラー 【controller】 ①制御装置。制御器。②航空管制官。③企業経営の管理者、または管理機関。

コントロール 【control】 制御すること。統制すること。管理。

コンパ 学生などが、会費を出しあって飲食し、親睦を深める会合。懇親会。▷コンパニーの略。

コンバージョン 【conversion】 ①変えること。変わること。変換。転換。②回心。

コンバーター 【converter】 ①交流の電気を直流に変える装置、および交流の周波数を変える機器の総称。ま

た、通信で、高周波信号をそれより低い中間周波数に変換する装置をいう。変換器。→インバーター ②情報の形態を変換する装置、またはソフトウエア。

コンバーティブル 【convertible】 ①折り畳み式の幌《ほろ》や屋根の付いた自動車。コンバーチブル。→オープン-カー・カブリオレ・ロードスター ②形を変えて着ることのできる襟やカフス。▷形を変えることができる、の意。

コンバート 【convert】 変換すること。転向すること。

コンパートメント 【compartment】 仕切られた一区画。特に、列車や飲食店の仕切られた客室。コンパート。

コンパイル 【compile】 コンピューターで、ソース-プログラムをオブジェクト-プログラムに変換すること。▷編集する意。

コンバイン 【combine】 ①結合する。混合する。②1台で、刈り取り・脱穀・選別の機能を兼ね備えた大型の農機具。

コンパクト 【compact】 ①小型で中身が充実しているさま。無駄を省いて小さくまとめてあるさま。簡潔な。②白粉《おしろい》とパフを納めた鏡付きの携帯用化粧用具。

コンパクト ディスク 【compact disk】 ⇨CD

コンパクト フラッシュ 【Compact Flash】 フラッシュ-メモリーを利用した、音楽・画像などのデータの記録媒体の一。デジタル-カメラやICレコーダーの記録媒体に使われる。商標名。CF。CFカード。

コンパス 【オランダ kompas】 ①製図器の一。2本の脚から成り、円を描いたり、線分の長さを移すのに用いる。②羅針儀。羅針盤。③俗に、人の歩幅。また、脚の長さ。

コンパチビリティー 【compatibility】 ①他のもの、特に他の機械部品などと取り換え可能であること。②コンピューターのプログラムを変更することなく他のコンピューターで実行できること。▷互換性の意。

コンパチブル 【compatible】 互換性(コンパチビリティー)のあるさま。また、互換性のあるもの。コンパチ。

コンバット 【combat】 戦い。戦闘。

コンパニー 【company】 ①会社。商会。カンパニー。②仲間。交友。

コンパニオン 【companion】 ①仲間。連れ。②催し物などで、案内や接待に当たる女性。③手引き書。

コンビ コンビネーションの略。何かをするに当たっての二人の組み合わせ。また、その二人。

コン ビーフ 【corned beef】 牛肉の塊を煮て、細かくほぐし、調味してから牛脂とともに缶詰にしたもの。コーンド-ビーフ。コーン-ビーフ。

コンピタンス 【competence】 (課題を解決するための)能力や技術。▷コンピテンスとも。→コア-コンピタンス

コンピテンシー 【competency】 優秀な業績をあげるための特性。業績の優秀な者の行動パターンから抽出され、人事評価の具体的な基準として利用される。▷能力・資格・適性の意。コンピタンシーとも。

コンビナート 【ロシア kombinat】 生産工程の密接に関連する近接の工場を物理的に結合し、生産の効率化を図るために集団化したもの。石油化学コンビナートなど。

コンビニ コンビニエンス-ストアの略。

コンビニエンス 【convenience】 便利。好都合。

コンビニエンス ストア 【convenience store】 早朝から深夜まで、あるいは無休で日常生活に必要な品を中心に扱う小型のスーパー-ストア。コンビニ。CS。CVS。

コンビネーション 【combination】 ①組み合わせ。取り合わせ。配合。②上下ひとつづきの下着。③異なる素材や色を組み合わせた洋服・靴・バッグなど。コンビ。④スポーツで、選手が連係して行う動き。

コンビネーション サラダ 【combination salad】 多種類の野菜を使ったサラダ。または、野菜に肉・魚介・卵などを組み合わせたサラダ。

コンピューター【computer】電子回路を用い、与えられた方法・手順に従って、データの貯蔵・検索・加工などを高速度で行う装置。科学計算・事務管理・自動制御から言語や画像の情報処理に至るまで広範囲に用いられている。

コンピューター ウイルス【computer virus】他のコンピューターのプログラムの中に潜り込んで、データを破壊したり消去したりするプログラム。▷ネットワークや記憶媒体を通じて他のコンピューターに伝染することから。→ワーム

コンピューター グラフィックス【computer graphics】コンピューターによる図形処理。コンピューターで、データから図形表示へ、あるいは図形表示からデータへ変換する処理のこと。CAD・アニメーション作成などに利用される。CG。

コンピューター ゲーム【computer game】コンピューターで行うゲームの総称。家庭用ゲーム機で行うゲームや、パソコンで行うPCゲームなど。→ビデオ-ゲーム・PCゲーム

コンピューター フォレンジック【computer forensic】ハイテク犯罪が発生したときに、その法的証拠をつかむためにデジタル情報を保全・分析する活動や手法。デジタル-フォレンジック。▷フォレンジックは「法医学の」「科学捜査の」などの意。

コンピレーション【compilation】特定の編集方針に基づいて複数の楽曲を一つにまとめたCDやレコード。一人の音楽家の代表的な楽曲をまとめたり、あるジャンルの楽曲をまとめたりする。コンピレーション-アルバム。▷編集・編集物の意。

コンプ コンプリートの略。

コンファレンス【conference】①会議。協議会。②アメリカン-フットボールなどで、リーグの下位区分。▷カンファレンスとも。案会議

コンフィ【フランスconfit】①砂糖・蒸留酒・酢などに漬けた果物や野菜。②ガチョウ・カモ・ブタなどの肉を脂肪に漬けたもの。

コンフィギュレーション【configuration】配置。構成。

コンフィデンシャル【confidential】機密。裏情報。▷内密の、の意。

コンフェクショナリー【confectionery】①菓子。特に、砂糖菓子。②菓子屋。菓子製造業。

コンフェッション【confession】告白。告解。

コンフェデレーション【confederation】連合。連邦。国家連合。

コンフォータブル【comfortable】くつろでいる。心地よい。落ち着いている。

コンフォート【comfort】①慰め。慰安。②快適さ。気楽。安楽。

コンフュージョン【confusion】混乱。混雑。

コンプライアンス【compliance】①法令遵守。②服薬遵守。処方された薬剤を指示に従って服用すること。▷命令に従う意。案法令遵守

コンプライ オア エクスプレーン【comply or explain】指針などを遵守するか、遵守しない場合はその理由を説明すること。

コンプリート【complete】①すべての部分が完全にそろっていること。最初から最後まで完結していること。目標や目的を完全に達成していること。②俗に、コレクションを完成させることや、ゲームを完全に終了させること。コンプリ。コンプ。

コンフリクト【conflict】葛藤《かつとう》。

コンプリヘンシブ【comprehensive】包括的。総合的。

コンプリメント【compliment】褒め言葉。賛辞。称賛。

コンプレックス【complex】①劣等感。②精神分析の用語。強い感情やこだわりをもつ内容で、ふだんは意識下に抑圧されているもの。エディプス-コンプレックス・劣等コンプレックスなど。

コンプレッサー【compressor】空気圧縮機。圧縮装置。

コンプレッション バッグ【com-

pression bag〕寝袋などのかさばる荷物を圧縮して収納できる、アウトドア用の袋。

コンペ ①(ゴルフの)競技会。②建築設計の競技。競技設計。▷コンペティションの略。

コンベアー〔conveyor〕 ⇨コンベヤー

コンペティション〔competition〕競争。競技。競技会。コンペ。

コンペティター〔competitor〕競合する者。競争相手。

コンベヤー〔conveyor〕材料や貨物を載せて連続的に移動・運搬する装置。

コンベンショナル〔conventional〕①月並な。ありきたりな。②合意によるさま。契約によるさま。

コンベンション〔convention〕①古くから伝わっている習慣や風俗。因習。習俗。②人が多く集まる会。大会。集会。③大きな会議。国際的な会議。

コンベンション ホール〔convention hall〕国際会議など、大規模な会議や見本市を開催できる設備を備えた施設。コンベンション-センター。

コンボ〔combo〕小編成のジャズのバンド。

コンポ ⇨コンポーネント

コンボイ〔convoy〕①護衛。護送。②護衛艦。護送船団。③大型トラックやトレーラーの集団。

コンポーザー〔composer〕作曲者。

コンポート〔compote〕①砂糖漬けや砂糖煮にした果物。②果物や菓子を盛る、足付きの皿。また、それに似た形の花器。

コンポーネント〔component〕①構成要素。構成部品。②ステレオで、チューナー・アンプ・プレーヤー・スピーカーなどが、それぞれ独立した機器で、自由に選んで組み合わせることのできるもの。コンポ。

コンポジション〔composition〕①写真・絵画・図案などの構図。小説などの構成。②作文。特に、英作文。③作曲。作曲されたもの。音楽作品。

コンポジット〔composite〕複合。混成。合成。

コンポスト〔compost〕①都市ごみや下水汚泥などを発酵腐熟させた肥料。②園芸用培養土。配合土。③たい肥を作るための容器。コンポスター。▷堆肥の意。案たい肥／生ゴミたい肥化装置

コンマ〔comma〕①欧文など横書きの文の句点の一。数字の桁の区切りにも用いる。「,」の符号。カンマ。②小数点。

コンマス コンサートマスターの略。

コンメンタール〔ドイツ Kommentar〕注釈。論評。注釈書。

サ

サー〔Sir〕①英語で、男性に対する丁寧な呼び掛けの語。②イギリスで、準男爵またはナイトのクリスチャン-ネーム(洗礼名)につける尊敬語。卿。

サーガ〔saga〕 ⇨サガ

サーカス〔circus〕動物を使ったり、曲芸・軽業を行なったりする見世物。曲馬団。

サーカディアン リズム〔circadian rhythm〕生物にみられる、生理活動や行動のほぼ1日周期の変動。概日リズム。

サーキット〔circuit〕①電気回路。②自動車競走用の環状道路。③演劇・映画で、興行系統。④回転。循環。⑤スポーツの巡回試合・競技会。

サーキット ブレーカー〔circuit breaker〕①回路遮断器。②先物相場の急激な変動が株式相場の混乱に拍車をかけるのを防止するために、先物取引を一時中断する措置のこと。

サーキュラー〔circular〕円形に裁断したもの。

サーキュレーター〔circulator〕①空気やガスの循環器。②⇨エアー-サーキュレーター

サークル〔circle〕①円。円周。②社会的な問題や文化・芸術・スポーツなどに関心をもつ人々の私的な集まり。

同好会。③②のうち、特に大学生の同好会。

サークル レンズ【circle lens】黒や茶色で縁に色をつけたコンタクト-レンズ。瞳を実際より大きく見せるために用いる。

ザーサイ【搾菜】中国、四川省特産の漬物。カラシナの変種の根茎を香辛料・塩などで長期間漬け込んだもの。ザーツァイ。▷中国語。

サージ【serge】梳毛糸《そもうし》の綾《あや》織り服地。学生服などにする。

サージ【surge】①電流・電圧の急激な変動。②爆発によって噴出されるもの。

サージカル【surgical】外科の。外科的処置の。手術(用)の。

サーズ ⇨SARS

サーチ【search】①調べること。調査。②データの検索。

サーチ エンジン【search engine】インターネットの中から目的に応じた情報(主にウェブ-ページ)を検索する機能。また、そのためのサーバーやサービス。検索エンジン。検索サービス。

サーチャージ【surcharge】①一定の額にさらに加えて徴収する金銭。追加料金。割増料。②法外な利益や不当な価格。

サーチライト【searchlight】探照灯。

サーディン【sardine】①鰯《いわし》。②鰯のオリーブ油漬け。オイル-サーディン。

サード【third】①3番目。第3位。②野球で、三塁。また、三塁手。③自動車の変速装置の第3速。

サード ウェーブ コーヒー【third wave coffee】コーヒー文化の「第三の波」。コーヒー豆の産地・個性や焙煎方法などを重視するもの。米国で発祥した概念。▷第一は大量生産によるコーヒー、第二はシアトル系コーヒー。

サード パーティー【third party】①第三者。②他企業が構築したビジネス-モデルに、第三者的に参加する企業のこと。コンピューター市場における周辺機器のメーカーやソフト制作会社など。

サーバー【server】①バレーボール・テニス・卓球などで、サーブをする人。②料理を皿に取り分けるために用いる大形のフォークとスプーン。③料理などをのせる盆。④コンピューター-ネットワーク上で、他のコンピューターにファイルやデータを提供するコンピューター。また、そのプログラム。→クライアント

サーバント【servant】召し使い。使用人。従僕。

サービス【service】①相手のために気を配って尽くすこと。②品物を売るとき、値引きをしたり景品をつけたりして、客の便宜を図ること。③サーブ①に同じ。④サーブ②に同じ。④物質的財貨を生産する労働以外の労働。具体的には運輸・通信・教育などにかかわる労働で、第三次産業に属する。用役。役務。

サービス エリア【service area】①特定のラジオやテレビの受信可能区域。カバレッジ。②サーブを打つための決められた区域。③高速道路で、給油・食事・手洗いなどの設備のある休憩所。

サービス残業 労働者が会社に残業申請をしないで行う時間外労働。時間外手当がつかない。

サービス ステーション【service station】①自動車の給油所。②商品に関する相談やアフター-サービスをする出張所。

サービス トーク【和service＋talk】俗に、聞き手にとって耳触りのいい発言や会話。

サービスマン【serviceman】機械や機器の修理員。

サービス ルーム【和service＋room】①ホテルなどでクリーニングなどの注文を受ける部屋。②マンションなどの間取りのうち、窓の大きさが足りないなど、建築基準法の基準を満たさないために居室として扱われない空間。間取り図ではSで表記する。フリー-ルーム。スペア-ルーム。

サーフ【surf】①波。②サーフィン。

サーブ【serve】①バレーボール・テニスなどで、プレーを始めるとき、最初に球を打ち出すこと。また、その打球。②給仕。▷サービスとも。

サーフィン【surfing】サーフ-ボードの上に立ち、巧みにバランスをとりながら波のうねりに乗って楽しむスポーツ。

サーフェス【surface】①表面。面。平面。表層。地表。水面。②見かけ。外見。第一印象。③陸上輸送と水上輸送。空中輸送・地下輸送に対していう。④テニスで、コートの表面。⑤フィン-スイミング競技の一。身体の一部を常に水面から出した状態で一定区間を泳ぎ、その速さを競う。

サープラス【surplus】軍の放出品。▷余り・余剰の意。

サーベイ【survey】調べること。測ること。確かめること。調査。探査。測量。測定。

サーベイヤー【surveyor】検査官。鑑定人。測量技師。

サーベイランス【surveillance】警戒。監視。監査。▷サーベランスとも。㊟調査監視

サーベル【オランダ sabel】西洋風の長い刀。洋剣。洋刀。サーブル。

サーボ機構 自動制御の一。制御の対象の状態を測定し、基準値と比較して、自動的に修正制御する機構。サーボ。

サーマル【thermal】熱や温度に関すること。熱や火力によること。→プル-サーマル

ザーメン【ドイツ Samen】精液。

サーモグラフィー【thermography】体の表面の温度を測定・画像化し、診断に用いる方法。

サーモスタット【thermostat】自動的に熱源を制御する温度調節装置。

サーモン【salmon】鮭《さけ》。

サーロイン【sirloin】牛肉のうち、背の中央からももの間の部位のもの。

サイエンス【science】科学。学問。特に、自然科学。

サイエンス フィクション【science fiction】空想科学小説。ジュール=ベルヌ・H. G. ウェルズなどを草分けとする。SF。

サイキック【psychic】超能力者。また、超能力的な事柄。

サイクリング【cycling】自転車で道路を走るスポーツ。また、自転車での遠乗り。

サイクル【cycle】①周期。循環過程。②振動数または周波数の単位の慣用呼称。→ヘルツ ③自転車。

サイクル ヒット【cycle hits】野球で、一人の選手が1試合に単打・二塁打・三塁打・本塁打のすべてを打つこと。

サイクロトロン【cyclotron】加速器の一種。原子核の人工破壊・放射性同位体の製造などに利用。イオンを磁場の作用で回転させながら電場で加速して高エネルギーの粒子線をつくり出す装置。1930年代頃から核反応実験のために用いられた。

サイクロン【cyclone】①インド洋・ベンガル湾・アラビア海に発生する強い熱帯低気圧。台風と同じ性質をもつ。②気象用語で、低気圧のこと。③流体を旋回させ、その遠心力を利用して粉塵を分離する装置。

サイケ サイケデリックの略。▷昭和40年代に流行した語。

サイケデリック【psychedelic】LSDなどの幻覚剤によって起こる幻覚や心理的恍惚《こうこつ》状態に似たさま。サイケ。

サイコ【psycho】①「精神」「心理」「霊魂」などの意。②精神病患者。神経症患者。

サイコアナリシス【psychoanalysis】精神分析。精神分析学。

サイコキネシス【psychokinesis】念力で物を動かす能力。念動力。テレキネシス。PK。

サイコセラピー【psychotherapy】心理療法。精神療法。

サイコパス【psychopath】俗に、精神病質の者をいう語。

サイズ【size】衣料品や器具類の大きさ。寸法。

サイズ【size】 インクのにじみを防ぐため、紙の表面に塗布するか、または原料中に加える物質。膠《にかわ》・ロジン・水ガラス・カゼインなど。

サイダー【cider】 炭酸水に香料・砂糖などを加えた清涼飲料。▷本来は、リンゴ酒の意。

サイディング【siding】 建物の外壁に使用する、耐水・耐天候性に富む板。下見板。

サイト 手形などの決済期限。▷at sight(一覧で、提示あり次第、の意)から。

サイト【site】 インターネット上で、ホーム-ページやデータが置かれているサーバーのこと。▷「敷地」「用地」の意。

サイド【side】 ①片方の側《がわ》。側面。わき。②(ラグビー・テニスなどスポーツで)敵・味方それぞれの陣地。③(相対するもののうちの)一方の側。④「副次的」「補助的」などの意を表す。

サイド オーダー【side order】 飲食店で、コース料理に加えて追加注文すること。また、その料理。

サイトカイン【cytokine】 細胞から放出されて、免疫作用・抗腫瘍《しゅよう》作用・抗ウイルス作用・細胞増殖や分化の調節作用を示すタンパク質の総称。インターロイキン、インターフェロンなど。

サイトカイン ストーム【cytokine storm】 サイトカインの異常な放出による生体の免疫の過剰反応状態。臓器不全などを起こし死にいたる場合がある。

サイド ビジネス【和 side＋business】 副業。内職。サイド-ワーク。

サイドボード【sideboard】 ①食器棚。②列車の横についている行き先標示板。

サイネージ【signage】 広告・公共などの目的で表示する、文字・記号・図形・標識・看板など。→デジタル-サイネージ

サイバー【cyber】 コンピューター-ネットワークに関する、の意。▷電脳とも訳される。

サイバースペース【cyberspace】 コンピューター-ネットワークなどの電子メディアの中に成立する仮想空間。

サイバー パトロール【cyber patrol】 各都道府県警がインターネット上で行う巡回活動。ネット上の有害情報や違法行為を発見し、取り締まるために行う。

サイバーパンク【cyberpunk】 ハイテク化が極度に進行した未来社会を描くサイエンス-フィクション。▷cybernetics(サイバネティックス)とpunk(パンク)から。

サイバー マンデー【Cyber Monday】 アメリカで、感謝祭(11月の第4木曜日)後の初めての月曜日。感謝祭翌日(ブラック-フライデー)に実際の小売店で売上が急増するのに続き、通販サイトでも売上が急増する傾向がある。

サイ ハイ【thigh-high】 腿《もも》まであること。タイ-ハイ。→ニー-ハイ

サイバネティックス【cybernetics】 アメリカの数学者ウィーナーによって創始された学問。生物および機械における制御・通信・情報処理の問題・理論。サイバネチックス。

サイボーグ【cyborg】 生物に、生物本来の器官同様、特に意識しないでも機能が調節・制御される機械装置を移植した結合体。▷cybernetic organismから。

サイホン【siphon】 ①圧力差を利用して、液体をその液面より高い所へいったん導いて低い所に移す曲がった管。また、その装置。②コーヒー沸かし器の一種。フラスコの上にコーヒーを入れる漏斗《ろうと》形のガラス管を取り付けたもの。③家庭などで炭酸水を作る器具。▷サイフォンとも。

サイマル【simul】 ①同時にすること。②同時通訳。▷日本での用法。

サイマルキャスト【simulcast】 同じ番組をデジタル放送とアナログ放送など、複数のメディアやチャンネルで同時に放送すること。サイマル放送。

ザイル【ドイツ Seil】 登山用の綱。ロープ。

サイレン【siren】穴の開いた円板を回転させて音を出す装置。また、その音。時報・警報・信号などに用いる。号笛。

サイレント【silent】①無言。静寂。無音。②無声映画。→トーキー

サイレント マジョリティー【silent majority】公の場で意思表示をすることのない大衆の多数派。物言わぬ大衆。

サイレント モード【silent mode】携帯電話の着信音も振動も発生しないようにした状態。また、その機能。

サイロ【silo】①作物や牧草を詰めるための貯蔵庫。②穀類・セメント・肥料・石炭などをばら荷の状態で貯蔵する倉庫。③ミサイル発射装置を格納するための地下設備。

サイン【sign】①合図。暗号。また、合図すること。②署名すること。

サイン アウト【sign out】情報システムの利用者が、利用しているシステムの接続を絶つための手続きを行うこと。また、そのようにして接続を絶つこと。

サイン アップ【sign up】雇用や加入の際に、署名によって契約すること。契約署名。

サイン イン【sign in】情報システムの利用者が、認証を受けるための情報を入力すること。また、その入力を経て情報システムを利用可能な状態にすること。▷到着時の署名の意。

サイン オン【sign on】署名すること。登録すること。特に、オンライン上でユーザーIDとパスワードを入力すること。

サイン ボード【sign board】看板。

サインポール【和sign＋pole】理髪店の看板に用いる赤・白・青のらせん模様の棒のこと。有平《アルヘイ》棒。

ザウアークラウト【ドイツ Sauerkraut】ドイツの漬物の一種。塩漬けキャベツを発酵させて酸味をもたせたもの。サワークラウト。シュークルート。

サウスポー【southpaw】①野球で、左腕投手。②ボクシングなどのスポーツで、左利きの選手。

サウダージ【ポルトガル saudade】昔のことをなつかしく思いだす気持ち。郷愁。ノスタルジー。

サウナ【フィンランド sauna】フィンランド風の蒸し風呂《ぶろ》。

サウナー 俗に、サウナの愛好家。

サウンド【sound】音。音響。

サウンド エフェクト【sound effects】効果音。音響効果。擬音。SE。

サウンドスケープ【soundscape】ある地域固有の音や創造された音によって演出される音の環境。音環境。

サウンド トラック【sound track】映画フィルムの録音帯。音声を記録した、フィルムの縁の部分。また、そこに録音された音楽。サントラ。

サガ【Saga】古ノルド語による古代・中世の北欧散文物語の総称。主に13世紀以降、アイスランドで成立。サーガ。▷アイスランド語で、物語の意。

サクセス【success】成功。

サクリファイス【sacrifice】犠牲。供犠《くぎ》。

サザン【southern】南の、の意。

サザン クロス【Southern Cross】南十字星。

サジェスチョン【suggestion】暗示。示唆《しさ》。サゼッション。

サジェスト【suggest】暗示すること。示唆《しさ》すること。

サステナビリティ【sustainability】持続可能性。生物資源(特に森林や水産資源)の長期的に維持可能な利用条件を満たすこと。サステイナビリティ。

サステナブル【sustainable】持続可能であるようす。維持が可能であること。サステイナブル。

サスペンション【suspension】①自動車などで、車輪と車体をつなぎ、路面からの衝撃や振動が車室に伝わるのを防ぐ装置。懸架装置。②固体の微粒子が液体中に分散している混合物。泥水や墨汁・印刷インキなど。懸濁液。

サスペンス【suspense】不安感。は

らはらする感情。

サスペンダー【suspender】①ズボンつり。②靴下どめ。ガーター。

サターン【Saturn】①古代ローマの農耕神。ギリシャのクロノスと同一視される。サトゥルヌスの英語名。②土星。

サタン【Satan】悪魔。魔王。聖書には、神に反抗して天国を追われた悪魔(もとは天使)として登場。

サッカー（seersucker）縦縞の平織りの木綿地。縞の部分を縮ませて皺《しわ》を出す。主として夏服用。シアサッカー。

サッカー【soccer】11人でチームを構成し、ゴールキーパー以外は手を使えず、ボールを手以外の足から頭までを使って扱い相手のゴールに入れてその点数を争う競技。

サッカリン【saccharin】人工甘味料の一。甘味はショ糖の約500倍。食品添加物に指定されており、使用に制限がある。

サック【sack】①こわれやすいものや、危険なものを安全に保護・保存するための袋・さや。②コンドーム。

ザック【ドイツ Sack】背負い袋。リュックサック。

サックス【sax】木管楽器の一。1枚リードの歌口をもつJ字形の管で金属製。アルト・テナーなど音域により数種ある。ジャズに好んで用いられる。サキソホン。サクソフォーン。

サッシ【sash】金属製の窓枠。サッシュ。

サッシュ【sash】①柔らかい布の飾り帯。②「サッシ」に同じ。

ザッピング【zapping】テレビを視聴する際、リモコンを使って頻繁にチャンネルを変えること。

ザディコ【zydeco】米国ルイジアナ南部で盛んなケイジャンに、カリブ系の音楽やリズム-アンド-ブルースの要素が加わったダンス音楽。

サディスティック【sadistic】サディズムの傾向があるさま。→マゾヒスティック

サディスト【sadist】サディズムの傾向にある人。サド。→マゾヒスト

サティスファクション【satisfaction】満足。

サディズム【sadism】相手に肉体的・精神的苦痛を与えることで、性的満足を得る異常性欲。サド。▷フランスの作家サドの名にちなむ。→マゾヒズム

サテライト【satellite】①衛星。人工衛星。②他のものに付属していること。また、離れた場所にある機関や施設。出先機関。出張所。③二軍チーム。

サテライト オフィス【和 satellite＋office】本社と情報通信ネットワークで結ばれた都市周辺部の衛星的な小規模オフィス。

サテライト スタジオ【satellite studio】本局から離れた街頭などに設けられたガラス張りの小スタジオ。サテライト。

サテン【オランダ satijn; 英 satin】繻子《しゅす》。たて糸とよこ糸の交わる点を少なくし、布面にたて糸あるいはよこ糸のみが現れるようにした織物。

サド サディスト・サディズムの略。

サドル【saddle】自転車・オートバイなどの、腰をのせる台。▷鞍《くら》の意。

サドン デス【sudden death】①突然死ぬこと。突然死。②スポーツの試合の延長戦などで、一方が勝ち越した時点で試合を終了する方式。

サナトリウム【sanatorium】療養所。慢性病、特に結核患者の療養を目的とする施設。

サニタイザー【sanitizer】殺菌剤。消毒剤。消毒薬。清浄剤。

サニタリー【sanitary】①「衛生的な」の意。②浴室・トイレ・洗面所など水まわりに関すること。

サバイバル【survival】生き延びること。また、そのための技術。

サバイバル シート【和 survival＋sheet】⇨レスキュー-シート

サバティカル イヤー【sabbatical year】一定期間ごとに大学などの教員に与えられる、研究のための長期休暇。サバティカル-リーブ。サバティカル。

サバト【ポルトガル sábado】①キリシタン用

語で、安息日。日曜日。②ユダヤ教で、安息日。金曜日の日没から土曜日の日没まで。③土曜日の夜に開かれるとされていた魔女集会。ヨーロッパでの俗信。

サバラン【フランスsavarin】ラム酒などを入れたシロップに浸して、酒の味をつけたケーキ。▷美食家ブリヤ=サバランの名から。

サバン症候群 知的障害者や自閉症患者などのごく一部が、特定分野に限って常人をはるかに超える能力を発揮する現象。▷サバン(savant)はフランス語で賢人の意。→アール-ブリュット

サバンナ【savanna】熱帯・亜熱帯地方にみられる乾性の草原。明瞭な乾季と雨季がある。アフリカのスーダン地方・南アメリカのリャノスやカンポなどがこれに属する。サバナ。

サブ【sub】①補欠。補充員。②「補助的」「次位の」などの意を表す。

サファイア【sapphire】鋼玉の一。青く透き通っており、良質のものは宝石とする。9月の誕生石。

サファリ【safari】狩猟を目的とした遠征。▷スワヒリ語で「旅行」の意から。

サフィックス【suffix】接尾辞。語・式・名称などの末尾に添えたもの。→プリフィックス

サブカルチャー【subculture】ある社会に支配的にみられる文化に対し、その社会の一部の人々を担い手とする独特な文化。例えば、若者文化・都市文化など。副次文化。下位文化。サブカル。

サブコン 請負業者から専門工事を請け負う工事業者。下請業者。▷サブコントラクター(subcontractor)から。→ゼネコン

サブジェクト【subject】①主題。話題。項目。事項。②英文法で、主語。主格。③主観。主体。→オブジェクト

サブスクリプション【subscription】製品やサービスの一定期間の利用に対して代金を支払う方式。

サブスタンス【substance】①実体。本体。②物質。③実質。内容。

サブセット【subset】ある全体的なものの一部。▷部分集合の意。→フルセット

サブフォー【sub-four hour】マラソン(フル-マラソン)を4時間以内で完走すること。

サブプライム【subprime】①上部に次ぐ位。②マーケティングなどで、信用リスクの大きい消費者。一般に中低所得者をいう。→プライム

サブマリン【submarine】①潜水艦。②野球で、アンダー-スローのこと。また、その投手。

サブミクロン【submicron】1mmの1000分の1であるミクロン以下であること。

サブミット【submit】コンピューターで、情報を送信したり処理を依頼したりすること。ウェブ-ページの所定記入欄に文字を入力して送信ボタンを押す場合など。▷提出・投稿などの意。

サブラージュ【フランスsabrage】シャンパンの開け方の一。瓶の口を専用の剣(シャンパン-サーベル)で切って開ける。祝宴などで行う演出。

サプライ【supply】①必要に応じて、物を与えること。供給。支給。補給。②市場に物を出すこと。供給。③供給量。→デマンド

サプライズ【surprise】驚き。仰天。

サプライ チェーン【supply chain】製造業において、原材料調達・生産管理・物流・販売までを、一つの連続したシステムとして捉えたときの名称。

サプライヤー【supplier】物品の供給者。商品を供給する人や企業、原料を輸出する業者や国などをいう。供給者。→バイヤー

サフラン【オランダsaffraan】アヤメ科の多年草。南ヨーロッパ・小アジア原産。観賞用・薬用植物として栽培。花柱を乾燥し、鎮静・止血・通経薬とするほか、菓子や料理の黄色染料にする。▷本来サフランの名は薬用に用いたときの名。

サプリ サプリメントの略。

サブリース【sublease】①転貸。②不動産所有者からビルを一括して借り受け、第三者に転貸するシステム。

サブリミナル【subliminal】映像や音声に、通常の視覚・聴覚では捉《とら》えられない速度・音量によるメッセージを隠し、それを繰り返し流すことにより、視聴者の潜在意識に働きかけること。

サプリメント【supplement】日常生活で不足しやすい栄養成分の補給や特別の保健の用途に適する食品のうち、錠剤・カプセルなどのもの。栄養補助食品。▷補遺、付録の意。[案]栄養補助食品

サブレー【フランス sablé】小麦粉・バター・卵黄・砂糖を混ぜてこね、型抜きして焼いた菓子。さくさくした歯ざわりがする。▷砂の意。

サプレス【suppress】活動をやめさせること。行動をおさえつけること。抑圧。抑制。

サボ サボタージュの略。

サポーター【supporter】①関節や急所の保護に用いるゴム布製のバンドや下着。②支持者。支援者。③ある特定チームを熱烈に応援する人。ファン。

サポート【support】①支えること。支援すること。また、その支援。②メーカーが使用者に対して行う情報提供や保守のサービス。

サポカー 安全運転サポート車(事故防止のための先進安全技術を備えた自動車)の愛称。一般向けのサポカー(自動ブレーキを搭載)と、高齢者向けのサポカーS(加速抑制装置などを追加搭載)がある。▷セーフティ-サポート-カーの略。

サボタージュ【フランス sabotage】①労働者による争議行為の一。仕事には従事しているが、意図的に仕事の能率を低下させること。怠業。サボ。②一般的に、怠けること。

サボテン サボテン科の多肉植物の総称。南北アメリカ大陸などの乾燥地に多い。カクタス。シャボテン。

サポニン【saponin】多くの植物に含まれる環状構造をもつ配糖体の一類。水に溶けると泡立つ。去痰《きょたん》作用・溶血作用、また魚を麻痺させる作用などがある。

サボる 怠ける。▷「サボ」を動詞化したもの。

ザボン【ポルトガル zamboa】ミカン科の常緑小高木。マレーシア原産。四国・九州で果樹として栽植する。ボンタン。文旦《ぶんたん》。

サマー【summer】夏。

サマー タイム【summer time】夏の一定期間、日照時間を有効に使うため、時計を標準時より1時間進める制度。

サマリー【summary】内容や要点を簡潔にまとめたもの。概要。要約。大要。[案]要約

サミット【summit】①主要先進国首脳会議。主要国首脳会議。参加国は英・米・日・仏・独・伊・カナダ・ロシアなど。②各団体・組織の責任者たちによる会議。▷山頂の意。

サム【sum】合計。総額。

サム【thumb】親指。拇指《ぼし》。

サムゲタン【参鶏湯】ひな鶏の腹にもち米・ナツメ・朝鮮人参を詰めて水炊きにする朝鮮料理。▷朝鮮語。

サムシング【something】何か。ある物。ある事。

サムターン【thumbturn】ドアの内側に取り付けられている、施錠・解錠用つまみ。[案]内鍵《うちかぎ》つまみ

サムネイル【thumbnail】①広告や誌面のイメージを簡単に視覚化したもの。カンプの一つ手前の段階。②コンピューターで、画像や文書ファイルのデータのイメージを小さく表示したもの。▷親指の爪の意。

サム リング【thumb ring】親指にはめる指輪。

サモサ【samosa】香辛料を入れて炒めたひき肉や野菜を、小麦粉を練って薄くのばした皮に包み、三角形の形に整えて油で揚げたインドのスナック。

サライ【serai】宿舎。隊商宿。

サラウンド【surround】オーディオな

どで、前方からだけでなく、左右や後方からも音が聞こえるような状態。また、そのようにする仕組み。立体音響。▷「取り巻く」の意。

サラダ【salad】生野菜をドレッシングやマヨネーズであえたものを基本に、果物、ゆで卵、ハムなどの具を加えた料理。

サラブレッド【thoroughbred】①ウマの一品種。英国の在来種にアラブ種を交配して競走用に作られたもの。時速60km以上の速さで走ることができる。サラ。②血統のよい人。

サラマンダー【salamander】①伝説上の動物。火の中にすむトカゲ。②サンショウウオ。

サラミ【salami】牛と豚の肉に豚脂を混ぜ、食塩・ニンニクを強くきかせ、乾燥させたソーセージ。保存がきく。

サラリー【salary】月給。給料。俸給。

サラリー マン【salaried man】給料生活者。俸給生活者。勤め人。月給取り。

サリチル酸（salicylic acid）昇華性のある無色針状結晶の有機物質。化学式C_6H_4(OH)COOH　医薬・防腐剤に用いるほか、各種アゾ染料の中間原料となる。

サリドマイド【thalidomide】1958年に旧西ドイツで開発された睡眠薬の一種。妊娠初期に服用すると胎児にアザラシ肢症などの障害が生じることが判明し、61年製剤・使用が禁止された。

サリン【Sarin】神経中毒剤の一。無色・無臭の液体。生体に吸収されると神経麻痺《まひ》を起こし、嘔吐《おうと》・痙攣《けいれん》・縮瞳《しゅくどう》などの症状を示す。▷Sarinは、4人の開発者の頭文字から。

サルーン【saloon】①ホテルなどの大広間、飛行機の客室、船舶の談話室・食堂など。サロン。②酒場。③自動車の型の一。セダンのこと。

サルコペニア【sarcopenia】加齢に伴う筋肉の量や筋力の減少。また、それによる身体能力の低下。→フレイル

サルサ【スペイン salsa】①アメリカのポピュラー音楽。キューバの民族音楽を起源とし、ジャズなどの影響を受けて発展。1960年代から70年代にかけて盛行。②料理のソースの一種。トマトを主体とし、酸味と辛味が強い。

サルベージ【salvage】①沈没船の引き揚げ作業。②海難船舶の救助作業。

サルモネラ【ラテン salmonella】腸内細菌の一属。グラム陰性の桿菌《かんきん》で、チフス菌・パラチフス菌、食中毒の原因菌などきわめて多数の菌が含まれる。サルモネラ菌。

サレ【フランス salé】塩分を含んでいる。塩からい。

サロン【フランス salon】①客間。応接室。②(フランスで)上流婦人がその邸で催す社交的な集まり。③(ホテル・客船などの)談話室。大広間。サルーン。④酒場。⑤現存作家による公式の美術展覧会。▷ルーブル宮のサロンでフランス-アカデミーの展覧会が開かれたことから。

サワー【sour】①カクテルの一種。ウイスキー・ジンなどにレモン・ライムなどのジュースを入れて酸味をもたせたもの。②乳酸などを用いた酸味のある飲み物。▷酸っぱい、の意。

サワー クリーム【sour cream】牛乳からとったクリームを乳酸菌で発酵させた食品。やや酸味がある。料理に用いる。

サン【sun】太陽。他の語と複合して用いられる。

サンクション【sanction】社会的規範からはずれた行為に対して加えられる懲罰的な振舞い。社会的制裁。

サンクス【thanks】感謝。感謝の気持ち。謝意。お礼。

サンクチュアリ【sanctuary】①鳥獣の保護区・禁猟区。②中世ヨーロッパで、法律の力の及ばなかった寺院・教会など。③敵の攻撃を受けない安全地帯。また、ゲリラの安全な隠れ場所。▷サンクチュアリーとも。聖域・聖所の意。

サングラス【sunglasses】直射日光

や紫外線から目を保護するためにかける、レンズに色のついた眼鏡。
サングリア【スペイン sangría】赤ワインにレモン・オレンジなどの果汁を混ぜてつくる、スペインの代表的な飲み物。
サンシャイン【sunshine】日光。日差し。
サンスクリット【Sanskrit】インド-ヨーロッパ語族のインド語派に属する古代語。長く文章語・公用語として文法的に固定化されたまま文学・宗教・学術・法令などに用いられた。梵語《ぼんご》。▷完成された語の意。
サン セリフ【sans serif】欧文活字の書体の一種。セリフ(ひげ飾り)のない書体で、日本ではゴシック体と呼ばれる。→セリフ
サンダー【thunder】雷。雷鳴。
サンダル【sandal】足をおおい包まず、底や台をひもやバンドで足にとめる履物の総称。
サンチュ チシャの一種。韓国風の焼き肉を包んで食べる。
サンデー【sundae】アイス-クリームに、果物やクリームを添えたもの。アイスクリーム-サンデー。クリーム-サンデー。
サンデー【Sunday】日曜日。
サンド サンドイッチの略。
サンド【sand】砂。
サンドイッチ【sandwich】①薄く切った二枚のパンの間に肉・野菜・卵などを挟んだ食べ物。▷イギリスのサンドイッチ伯爵の始めたものという。②両側から挟まれること。また、挟むことの形容。
サンドバッグ【sandbag】砂を入れた長円筒の袋。ボクシングなどで打撃練習用に使う。
サンドペーパー【sandpaper】紙やすり。
サントラ サウンド-トラックの略。
サンバ【ポルトガル samba】ブラジルの民族舞曲。2拍子系で急速なテンポと特有のリズム-アクセントをもつ。
サンバーン【sunburn】肌に炎症を起こすような日焼け。
サン バイザー【sun visor】①自動車で、直射日光をさけるための遮光板。②帽子のひさし部分だけでできていて、頭にかぶる日よけ。
サンプラー【sampler】外部から入力した音を録音・再生する楽器の総称。自然音に音階をつけて演奏するなどの使用方法がある。
サンプリング【sampling】①調査を行いたい母集団(全資料)の中から、直接、調査の対象となる標本を抜き出すこと。標本抽出。抽出法。②自然音、楽器音などの現実音をデジタル方式で録音し、それを音楽制作や音響効果などに音源として利用する手法。
サンプル【sample】見本。標本。
サンボ【ロシア sambo】ロシアの民族格闘技。柔道とレスリングを合わせたようなルールをもつ。
サンマーメン 醬油または塩のスープに細麺を入れ、あん掛けのもやし炒《いた》め(またはもやし主体の野菜炒め)をたっぷりのせたラーメン。サンマー麺。生馬麺。生碼麺。三馬麺。
サンライズ【sunrise】日の出。
サンルーフ【sunroof】開閉できる天窓付きの屋根。
サンルーム【sunroom】屋根・壁面などをガラス張りにして、日光が多く入るように設計した部屋。

シ

シアー【sheer】(織物などが)透き通るように薄いさま。
シアター【theater】劇場。映画館。
シアトル系コーヒー アメリカのワシントン州シアトルを発祥地とするコーヒー-チェーン店のコーヒーをいう語。エスプレッソなどイタリア風のコーヒーが多い。
シアン【オランダ cyaan】①無色で刺激臭のある猛毒の気体。ジシアン。青素。②絵の具・印刷インクなどの三原色の一。青緑色。シアン-ブルー。
シー【sea】海。海洋。
シーク【seek】探すこと。求めること。探し出すこと。また、見つけ出そうとすること。

シークァーサー 沖縄原産のミカン科の常緑低木または小高木。果実は酸味と香りが強く、ジュースやゼリーの材料として用いる。ヒラミレモン。シイクワシャー。

シークエンス【sequence】⇨シーケンス

シークレット【secret】秘密。機密。

シークレット サービス【Secret Service】大統領など国家要人の特別護衛などを任務とするアメリカ合衆国の機関。

シーケンサー【sequencer】①自動演奏をするための装置やソフトウエア。②DNAの塩基配列やタンパク質のアミノ酸配列を読み取る装置。

シーケンシャル【sequential】連続して起こること。逐次。順次。→ランダム

シーケンス【sequence】①映画で、いくつかのシーンによって構成される挿話。②カリキュラム編成に際して選択された、教育内容の学年的配列または学習の順序。→スコープ ③トランプで、数の連続した同種の3枚以上のカード。④自動制御で、あらかじめ定められた動作の順序。⑤DNAの塩基配列。タンパク質のアミノ酸配列。▷シークエンスとも。「連続」の意。

シーザー サラダ【Caesar salad】レタスなどの生野菜に、パルメザン・ニンニク・卵・クルトン・アンチョビなどを混ぜてつくるサラダ。▷メキシコのレストラン名からついた名といわれる。

シージャック【seajack】船舶を乗っ取ること。

シース【sheath】①筆記具を入れる革やビニール製のケース。②電線・ケーブルなどの線心を保護するカバー。▷鞘《さや》の意。

シーズ【seeds】企業が新たに開発することによって、消費者に提供される技術・材料・サービス。▷日本での用法。案種 →ニーズ

シーズナブル【seasonable】季節にふさわしいこと。

シーズナル【seasonal】季節の。季節ごとの。季節だけの。

シーズニング【seasoning】①調味料。②(紙・木材などの)乾燥。

シー スルー【see-through】肌が透けて見えること。また、透ける布地を使って、肌を見せるファッション。

シーズン【season】①季節。②ある物事をするのによい時期。また、盛んに行われる時期。

シーズン パス【season pass】一定期間について有効となる入場券。

シーソー【seesaw】長い板の中央に支点を置き、板の両端に人が乗って互いに上がったり下がったりして遊ぶ遊具。また、その遊び。

シータ【theta; Θ・θ】ギリシャ語アルファベットの第7字。▷テータとも。

シー チキン【和sea＋chicken】マグロなどの魚肉をサラダ油に漬けた缶詰。商標名。▷鶏肉のように低カロリー・高タンパクで脂肪が少ないことから。

シーチング【sheeting】敷布用に織られた平織の広幅綿布。洋裁で仮縫いや立体裁断にも用いる。

シーツ【sheet】寝具用の敷布。

シート【seat】①座席。席。②野球で、選手の守備位置。

シート【sheet】①1枚の紙や薄板。特に、切り離していない郵便切手。②雨よけや日よけなどに使う防水したビニールや布。③岩床《がんしょう》。

シード【seed】トーナメント式の試合で、強い選手・チームどうしが最初に対戦しないように組み合わせること。

シート ベルト【seat belt】航空機・自動車などの座席に付いているベルト。安全ベルト。

シート マップ【seat map】座席表。

シードル【フランスcidre】りんご酒。▷サイダーと同源。

ジーニアス【genius】天才。

ジーニスト【和jeanist】ジーンズを愛用する人。また、ジーンズの似合う人。

ジーパン【和jeans＋pants】ジーンズでつくった、丈夫な作業用ズボン。もと、アメリカの労働着。

ジープ【jeep】四輪駆動の小型自動

車。アメリカで軍用に開発された。馬力が強く荒れ地の走行に適する。商標名。

シー フード【seafood】魚介類・海藻など水産食品の総称。

シームレス【seamless】①縫い目のないこと。継ぎ目のないこと。②滞りのないこと。途切れのないこと。

ジー メン【G-men】（Government men）アメリカ連邦捜査局（FBI）に属する捜査官の通称。日本では、麻薬摘発などの特殊任務に当たる捜査官や組織・団体の不正摘発に当たる捜査官の通称にいう。

ジーメンス【siemens】電流のコンダクタンスのSI単位。電気抵抗の単位オームの逆数をいう。記号S　モー。▷ドイツの電気技術者の名にちなむ。

シーモス ⇨CMOS

シーラカンス【coelacanth】シーラカンス目の海魚。古生代に出現し、白亜紀に絶滅したと考えられていたが、1938年、南アフリカ東海岸で発見。生きた化石といわれる。コモロ諸島周辺に多い。

シーリング【ceiling】①天井。天井の板。②公的に定められている賃金・価格・数量などの最高限度。③予算編成における概算要求枠。特に、財務省に対する各省庁の概算要求について、閣議で申し合わせた要求限度額。概算要求基準。

シーリング材(ざい)【sealing compound】水密性や気密性を得るために、目地に充填《じゅうてん》する材料。

シール【seal】①アザラシ。②スキーで登山する際、滑り止めに使うもの。アザラシの皮やナイロンなどでつくる。

シール【seal】封印。また、そのために使う用紙。装飾その他に用いる、絵や文字などが描いてある紙やプラスチックの小片をもいう。

シールド【shield】①ある空間を外部の力の場から遮断《しゃだん》したり、内部の力の場を外部と遮断したりすること。②シールド工法で使われる鋼鉄製の円筒。▷盾《たて》の意。

シー レーン【sea lane】一国の通商上・戦略上、重要な価値を有し、有事に際して確保すべき海上交通路。

シーン【scene】①映画・演劇や小説などの一場面。②情景。光景。

ジーン【gene】遺伝子のこと。

ジーンズ【jeans】細綾織りの丈夫な綿布。また、その布地で仕立てたズボン（ジーパン）。▷フランス drap de Gênes（ジェノバの布）から。

シェア【share】①分かつこと。共有すること。②特定期間内における、当該業界の総売り上げに対する特定の会社の製品の売り上げの比率。市場占拠率。マーケット-シェア。市場占有率。案 占有率／分かち合う／分け合う

シェアード サービス【shared service】　企業の間接業務（総務・経理・人事・法務など）を受託するサービス。間接業務にかかる費用を削減する目的などで利用される。▷シェアードは「共用の・共有の」の意。

シェアウエア【shareware】　ネットワークなどを通して自由に配布されるPDS（パブリック-ドメイン-ソフトウエア）の中で、著作者に一定の使用料を支払う必要のあるもの。

シェア オフィス【shared office】複数の利用者が共有できる事務所。また、その提供サービス。

シェア サイクル【和share ＋ cycle】1台の自転車を複数の利用者で共有するサービス。バイク-シェアリング。サイクル-シェアリング。→コミュニティー-サイクル

シェアリング【sharing】分かつこと。共有すること。シェア。

シェアリング エコノミー【sharing economy】人・物・金などのリソース（資源）を交換・共有する経済システム。自動車を共有するカー-シェアリングのように、ソーシャル-メディアを利用して必要なリソースを必要な時だけ利用できるビジネスについていう。共有経済。共有型経済。

シェイプ【shape】形。形状。外形。

格好。姿。体つき。

シェイプ アップ〔shape-up〕美容や健康増進のために、運動や減量をして体形を整えること。

シェーカー〔shaker〕カクテルをつくるために、酒や氷などを入れて振る容器。

シェーク〔shake〕①振り動かすこと。②カクテルを作るために、シェーカーを振って中の酒・リキュール・氷などを混ぜること。③ミルク-セーキ。

シェード〔shade〕①日よけ。電車の窓の日よけの布や、店舗の折りたたみ式の廂《ひさし》など。②電灯や電気スタンドのかさ。

シェーバー〔shaver〕かみそり。特に、電気ひげそり器。

シェーマ〔ドイツ Schema〕①形式。図式。図解。②心理学で、外界の認知や行動の際の一定の様式。枠組み。

シェール ガス〔shale gas〕天然ガスの一種。油やガスのもととなる有機物に富んだ剝離《はくり》性の泥質岩(シェール;頁《けつ》岩)の中に貯留される。

シエスタ〔スペイン siesta〕(昼食後の)昼寝。

ジェスチャー〔gesture〕①身振り。手振り。しぐさ。また、身振り・手振りで、ある事柄を表現すること。②見せかけの態度。おもわせぶり。▷ジェスチュア・ゼスチャーとも。

ジェット スキー〔jet ski〕エンジンとハンドルの付いた舟形の台に乗って水上を滑走するオートバイ。商標名。

ジェット バス〔jet bath〕浴槽にお湯を噴出する方式の風呂。また、噴出させる装置。吸水口から取り込んだお湯を、浴槽に循環させる。マッサージ効果があるとされる。

ジェネラリスト〔generalist〕広範な分野の知識・技術・経験をもつ人。ゼネラリスト。→スペシャリスト

ジェネラル〔general〕⇨ゼネラル

ジェネリック〔generic〕①ある集団に共通であること。②商標登録の適用を受けないこと。③一般名。総称。

ジェネリック薬(やく) 新薬の特許期間終了後に製造・販売される、化学的には同じ成分の医薬品。後発医薬品。

ジェネレーション〔generation〕世代。また、同世代の人々。▷ゼネレーションとも。

ジェネレーション ギャップ〔generation gap〕世代の違いから生じる、価値観の相違。世代間のずれ。

ジェネレーター〔generator〕発電機。

ジェノサイド〔genocide〕集団殺害。集団殺戮《さつりく》。

シェフ〔フランス chef〕コック長。

ジェラート〔イタリア gelato〕イタリア風のアイス-クリーム、シャーベット。

ジェラシー〔jealousy〕嫉妬《しっと》。やきもち。

シェリー〔sherry〕スペインのアンダルシア地方で産する白ワイン。独特の芳香があり、アルコール度は普通のワインより高い。セリー。

シェル〔shell〕①貝殻。②競漕用ボートの一種。外板に薄い一枚板を張ったもので、軽量で高速。③オペレーティング-システムのプログラムの一部で、ユーザーからの入力と出力に関する動作を受け持つ部分。

ジェル〔gel〕①ゼリー状の整髪料や石鹸《せっけん》。②⇨ゲル

シェルター〔shelter〕①防空壕《ごう》。特に、核攻撃から逃れるための地下施設。②危機的な状況から身を守るための一時的な避難所。

シェルパ〔Sherpa〕①ネパール東部の高地に住む、チベット系の民族。ヒマラヤ登山隊の道案内に従事する者が多い。②首脳会議で事前準備および首脳の補佐を担当する各国の高官。

ジェンダー〔gender〕①文法上の性。インド-ヨーロッパ語において、名詞・代名詞・形容詞などにみられる、男性・中性・女性などの文法上の区別。②生物上の雌雄を示すセックスに対し、歴史的・文化的・社会的に形成される男女の差異。また、その差異に対する知識。

ジェンダー アイデンティティー

【gender identity】 自分自身が自覚・認識している性別のこと。心の中の性。性自認。

ジェンダー バイアス 【gender bias】 性的偏見。ジェンダーに基づく偏見。

ジェンダー フリー 【和 gender＋free】 従来の固定的な性別による役割分担にとらわれず、男女が平等に、自らの能力を生かして自由に行動・生活できること。

ジェントルマン 【gentleman】 教養のある立派な男性。紳士。▷ゼントルマンとも。→レディー

シオニズム 【英Zionism;ロシア sionizm】 19世紀末、ユダヤ人迫害の高まりの中で、ヨーロッパに起きたユダヤ人の国家建設運動。1948年のイスラエル建国をもって目的は一応の実現をみたが、新たなパレスチナ問題を生み出すことになった。

ジオパーク 【Geopark】 科学的に見て貴重な地質遺産(地層・地形など)をもち、考古学や生態学、歴史文化的にも重要な価値がある一定の地域を保存する自然公園。観察路の整備やガイド付きツアーの実施などを通じて科学・環境教育に利用していこうとするもの。2004年からユネスコが認定・支援を開始し、世界ジオパーク-ネットワーク(本部パリ)が発足。

ジオメトリー 【geometry】 幾何学。

ジオラマ 【フランス diorama】 撮影や展示などに用いる立体模型。ディオラマ。

シガー 【cigar】 葉巻タバコ。

シカト 無視することを俗にいう語。▷「鹿《しか》の十《とお》」で、花札の10月の絵柄の鹿が横を向いているからという。

ジカ熱 (Zika feaver; Zika virus infection)ジカウイルスによる感染症。蚊により媒介され、アフリカ・中南米・アジア太平洋地域の熱帯に多い。軽度の発熱、頭痛・関節痛・筋肉痛などの症状が見られるが、症状が出ない場合もある。妊娠中の感染により、胎児の小頭症との関連が疑われている。ジカウイルス感染症。

シガレット 【cigarette】 紙巻きタバコ。

ジグ 【jig】 ①機械工作の際、刃物や工具を加工物の正しい位置に導くために用いる補助工具。②ルアーの一。小魚に似せた金属製のもの。

ジグザグ 【zigzag】 直線が左右に何回も折れ曲がっている形。また、そのようなさま。Z字形。稲妻形。

ジグソー 【jigsaw】 切り抜きはめ絵。厚紙、または薄い板に絵や写真を印刷し、これを不規則に切り離して、その断片を合わせて元の絵に復元する遊び。ジグソー-パズル。▷ジグソーは糸のこぎりの意。

シグナル 【signal】 ①合図。信号。②信号機。

シグネチャー 【signature】 ①署名。サイン。②薬の容器に書かれている用法注意。▷シグニチャーとも。

シグマ 【sigma; Σ・σ・ς】 ①ギリシャ語アルファベットの第18字。②数学で、同種の数値の総和を表す記号。総和記号(Σ)。

シケイン 【chicane】 自動車レースで、強制的に減速させるためにコースの上に設置される人工障害物。

ジゴロ 【フランス gigolo】 女にたかって生活する男。ひも。

シザース 【scissors】 ①はさみ。②両脚を前後、あるいは左右に開閉する運動。

シシ カバブ 【トルコ şiş kebab】 トルコ料理の一。羊肉を串《くし》に刺して焼いたもの。シシケバブ。シャシリック。

ジス ⇨JIS

シスオペ ①効率よく、使いやすいシステムを実現するための、ホスト-コンピューターの管理者。②コンピューター-ネットワークで、電子会議室の運営者のこと。▷システム-オペレーターの略。

シスター 【sister】 ①姉または妹。姉妹。②ローマ-カトリック教会で、修道女。③女学生間の同性愛の相手。シス。エス。

システマチック 【systematic】 組織的・体系的であるさま。

システム〔system〕①個々の要素が有機的に組み合わされた、まとまりをもつ全体。体系。系。②全体を統一する仕組み。また、その方式や制度。③コンピューターで、組み合わされて機能しているハードウエアやソフトウエアの全体。

システム アドミニストレーター〔system administrator〕コンピューターを利用する側の立場からの情報化を推進・実施する専門家として、経済産業省が認定する資格。シス-アド。

システム インテグレーション〔system integration〕利用目的に合わせて、多種多様のハードウエア・ソフトウエア・メディア・通信ネットワークなどのなかから最適のものを選択し、組み合わせて、コンピューター-システムを構築すること。SI。

システム インテグレーター〔system integrator〕ユーザーの用途に合わせて、システム-インテグレーション(コンピューター-システムの構築)を行うことを業務とする企業。インテグレーター。SI。SIer(エスアイアー)。→システム-インテグレーション

システム エンジニア〔systems engineer〕コンピューター-システムの分析と設計に携わる人。情報処理技術者。SE。

システム エンジニアリング〔systems engineering〕複雑な人工的システムの最適化をはかるための手順・方法・考え方を体系的に扱う工学の一分野。その応用は生産工程の管理、情報処理システム、経営管理や宇宙開発など広範な領域に及ぶ。SE。システム工学。

システム キッチン〔和 system＋kitchen〕広さや使い勝手に応じ、収納具、調理・洗浄設備、作業台などを組み合わせて一体化した台所。

システム手帳 使用者が、使用目的に合わせて、スケジュール表・住所録などの差し替え用紙を選びセットして用いる手帳。

システム フォント〔system font〕コンピューターで、メニューやダイアログ-ボックスなど、システムの基本部分に使用されるフォント。

システム ボード〔system board〕⇨マザー-ボード

ジステンパー〔distemper〕犬、特に幼犬がかかる急性の熱性感染症。病原体はウイルス。

ジストマ〔ラテン Distoma〕扁形動物吸虫綱の一群の総称。肺臓ジストマ・肝臓ジストマなどがある。二口虫。▷口吸盤と腹吸盤を両方とも口だと思って、di(二個)stoma(口)と呼んだもの。

シズル〔sizzle〕①ステーキなどの肉や揚げたての食べ物が、ジュージューと音をたてていること。また、その音。②転じて、食欲や購買意欲を刺激するもの。

シソーラス〔thesaurus〕①語句を意味によって分類・配列した語彙集。類義語集をいう場合もある。②情報検索において、キー-ワードの示す範囲、キー-ワードと関連語の類似・対立・包含関係などを記述したリスト。

シチズン〔citizen〕市民。民間人。

シチュー〔stew〕肉・ジャガイモ・タマネギなどをいため、スープで長く煮込んだ洋風の煮込み料理。

シチュエーション〔situation〕①状態。事態。状況。局面。場合。場面。②境遇。また、特に小説・劇・映画などで、登場人物のおかれている境遇。

シック〔フランス chic〕上品で落ち着いているさま。

シックス センス〔sixth sense〕第六感。

シックスナイン〔sixty-nine〕男女が体を逆方向に向け合って口で行う性行為。シックスティー-ナイン。▷69の形から。

シックス パック〔six pack〕割れた腹筋についていう。鍛えられた腹筋が6つの部分に割れて見えるさま。

シックハウス症候群〔sick-house syndrome〕建材・塗料・家具などから発生するホルムアルデヒドなどのVOC(揮発性有機化学物質)による室内空気汚染によって引き起こされる病気や

症状。→ホルムアルデヒド

シッター【sitter】子供やペットの世話をする人。「ベビー -―」「ペット -―」

シッティング ルーム【sitting room】居間。茶の間。

ジッパー【zipper】ファスナーに同じ。もと商標名。

シップ【ship】①洋式帆船の形式の一。3本マスト以上で、すべて横帆を張り、最後尾のマストにガフセールを加えたもの。②船。

ジップ ⇨ZIPコード

シティー【city】①都市。都会。市。②(City)ロンドンの中心地区。テムズ川の北岸に位置。イギリスの商業金融の中心地。

シティー ホテル【和city＋hotel】都心部や駅周辺にあるホテル。各種宴会や展示会などを行う施設やレストランを備える。

シトシン【cytosine】ピリミジン塩基の一。核酸を構成する成分の一つで、DNAの二重螺旋《らせん》の中ではグアニンと水素結合して塩基対をつくっている。略号C

シトラス【citrus】柑橘《かんきつ》類。

シトロン【フランスcitron】①ミカン科の常緑低木。インド原産。果肉は酸味が強く苦みがある。果実を砂糖漬けや飲料とし、果皮や葉からは香油をとる。②レモン汁・香料・砂糖などの入った清涼飲料。

シナジー【synergy】①共同作用。相乗作用。②経営戦略で、販売・設備・技術などの機能を重層的に活用することにより、利益が相乗的に生みだされるという効果。シナジー効果。

シナプス【synapse】ニューロンとニューロンとの接続部。また、その接続関係。伝達される興奮の増幅や抑制を行う。

シナモン【cinnamon】①セイロン-ニッケイ。クスノキ科の常緑高木。セイロン島原産。古来、香味料を採取する木として知られる。②セイロン-ニッケイの樹皮を乾燥して得る香味料。甘い香りと刺激的な味をもつ。

シナリオ【scenario】映画・テレビの脚本。

シニア【senior】年長者。上級生。シニヤ。→ジュニア

シニカル【cynical】冷笑的であるさま。皮肉であるさま。シニック。

ジニ係数 所得や資産の分布の不平等度を表す指標の一。係数は0と1の間の値で示され、完全に平等なとき最小値0をとり、不平等度が大きいほど1に近づく。イタリアの統計学者ジニ(C. Gini [1884～1965])が考案。

シニシズム【cynicism】①キニク学派の主張。無所有と精神の独立を目指し、世俗的慣習を否定した。犬儒主義。②社会風習や道徳・理念などに対して懐疑的で冷笑するような態度をとる傾向。冷笑主義。▷シニスムとも。

シニック【cynic】シニカルに同じ。

シニフィアン【フランスsignifiant】ソシュールの用語。言語記号の音声面。能記。

シニフィエ【フランスsignifié】ソシュールの用語。言語記号の意味内容。所記。

シニヨン【フランスchignon】女性の、洋風に結い上げた髪の髷《まげ》。ドーナツ-シニヨン・エスカルゴ-シニヨンなど。

シネコン ⇨シネマ-コンプレックス

シネマ【フランスcinéma】映画。キネマ。▷シネマトグラフの略。

シネマ コンプレックス【cinema complex】入場券売り場や映写室、売店などを共有する複数の映画館が集合している施設。複合型映画館。シネ-プレックス。シネマ-マルチプレックス。シネコン。

シネマテーク【フランスcinémathèque】⇨フィルム-ライブラリー

シノニム【synonym】語形は異なるが、ほぼ同じ意味をもつ語。同義語。→アントニム

シノプシス【synopsis】要約。梗概《こうがい》。演劇や映画の粗筋。

シノワ【フランスchinois】西洋料理で使う漉《こ》し器の一。逆円錐形をしており、スープ・ソースなどを漉す。

シノワズリー【フランスchinoiserie】 絵画・工芸品・服装などにおいて中国風の題材・表現を好む傾向。17世紀後半から19世紀前半にかけてヨーロッパで流行した。

シバ【サンスクリットŚiva】 ヒンズー教の三主神の一。破壊と創造の神。仏教に入って大自在天となった。

ジハード【アラビアjihād】 イスラム教徒が信仰を迫害されたり、布教を妨害された場合に、武力に訴える行為。聖戦。

シビア【severe】 要求・条件が過酷であるさま。また、批評・言動などが容赦なく、手厳しいさま。シビヤー。

ジビエ【フランスgibier】 狩猟の対象となり、食用とする野生の鳥獣。またはその肉。ウズラ・ノウサギなど。

シビック【civic】 ①都市の。市の。②市民の。公民の。

シビリアン【civilian】 ①(軍人に対して)一般市民。民間人。②(武官に対して)文官。文民。③軍隊の中での非戦闘員。軍属。

シビリアン コントロール【civilian control】 政府の文民の指揮のもとに職業軍人である軍隊の最高指揮官が置かれなければならないという近代国家の原則。軍隊の政治への介入から民主政治を守るために唱えられる。文民統制。

シビリゼーション【civilization】 文明。

シビル【civil】 市民であること。民間にかかわるさま。

シフォン【フランスchiffon】 経《たて》緯《よこ》ともに同じ太さの片撚《かたよ》り生糸を用いた平織物。薄く柔らかい。ベール・イブニング-ドレス・リボンなどに用いる。絹モスリン。

シフォン ケーキ【chiffon cake】 卵白を硬く泡立てて加えることにより、ふわっと膨らませたスポンジ-ケーキ。

ジプシー【gypsy】 ①ヨーロッパに散在する少数民族ロマの他称。エジプトから来たとする誤解から生まれた呼び方。→ロマ ②(ロマが移動生活を送っていたことから)各地・各界を転々とする者。

ジフテリア【diphtheria】 ジフテリア菌の飛沫伝染による感染症。幼児・学童が多くかかる。発熱とともにのどが痛み、顎下リンパが腫《は》れて呼吸困難を起こす。後遺症として神経麻痺や心臓・腎臓の障害を起こすことがある。▷「実布垤里亜」とも書く。

シフト【shift】 ①位置を変えること。②状態や体制を移行すること。③野球で、野手が通常の守備位置とは異なる守備態勢をとること。㊇移行

シミュレーション【simulation】 ①物理的あるいは抽象的なシステムをモデルで表現し、そのモデルを使って実験を行うこと。②サッカーで、反則を受けた振りをして、審判を欺こうとする行為。㊇模擬実験

シミュレーター【simulator】 シミュレーションを行うための装置。航空機の地上操縦訓練装置などがこれにあたる。

シム ⇨SIMM

ジム【gym】 ①トレーニングのための屋内施設。②プロ-ボクシングの選手を養成し、試合の交渉や選手の世話などをする組織。▷gymnasiumの略から。

ジム ボール【gym ball】 ⇨バランス-ボール

シャー【shah】 ペルシャの帝王の称号。▷元来ペルシャ語で、支配者・王の意。

ジャー【jar】 飲み物・御飯などをいれる保温容器。広口の魔法瓶。

ジャーキー【jerky】 干し肉。乾燥肉。

シャーク【shark】 鮫《さめ》。

ジャーゴン【jargon】 専門語。職業用語。訳のわからない言葉。

シャーシー【chassis】 ①自動車・電車などの車台。②ラジオ・テレビなどのセットを取り付ける、鉄・アルミニウムなどの台。▷シャーシ・シャシーとも。

ジャージー【jersey】 ①柔らかく伸縮性のある厚手のメリヤス地の布。洋服地に広く用いる。②ラグビー・サッカーなどの選手のユニホーム。③イギリスの

ジャージー島原産の乳牛。乳は脂肪が多くバター用としてすぐれている。▷①②はジャージとも。

シャーデンフロイデ 【ドイツ Schadenfreude】 他人の不幸を喜ぶ気持ち。

ジャーナリスティック 【journalistic】 ①ジャーナリストとしての特質を備えているさま。時流に敏感なさま。②ジャーナリズムが好んで取り上げそうな特質を備えているさま。

ジャーナリスト 【journalist】 新聞・雑誌などの編集者・記者などの総称。

ジャーナリズム 【journalism】 新聞・雑誌・テレビ・ラジオなど時事的な問題の報道・解説を行う組織や人の総体。また、それを通じて行われる活動。

ジャーナル 【journal】 ①新聞・雑誌などの定期刊行物。②日刊新聞。③軸が軸受けに包まれる部分。

ジャーニー 【journey】 旅。小旅行。

シャープ 【sharp】 ①音楽で、変化記号の一。幹音を半音高める記号。嬰《えい》記号。「♯」で表す。 →フラット ②シャープ-ペンシルの略。③頭の働きの鋭いさま。判断力のあるさま。鋭敏。④映像・輪郭などがはっきりしているさま。鮮明。

シャープ ペンシル 【和 sharp＋pencil】 ばね仕掛けにより芯《しん》を押し出して使う筆記具。シャーペン。

シャーベット 【sherbet】 果汁に砂糖液を加え、かきまぜながら凍らせた菓子。氷菓子。

シャーペン シャープ-ペンシルの略。

シャーマニズム 【shamanism】 シャーマンが超自然的存在との直接的交流により、卜占《ぼくせん》・予言・病気治療、祭儀などを行う宗教現象。世界的に広く行われる。

シャーマン 【shaman】 神仏や霊的存在と直接的に交わる能力をもった、呪術・宗教的職能者。

ジャーマン 【German】 「ドイツの」「ドイツ人(語・風)」の意。

シャーレ 【ドイツ Schale】 小形のふたつきガラス皿。生物・医学などで検査物などを入れたり、微生物や動植物の組織を培養するのに用いる。ペトリ皿。▷皿の意。

シャイ 【shy】 内気で恥ずかしがりであるさま。

ジャイアント 【giant】 巨人。巨大なもの。

ジャイアント キリング 【giant-killing】 大物食い。特に、スポーツの試合で下位の者が上位の者に勝つこと。

ジャイカ 【JICA】 (Japan International Cooperation Agency)国際協力機構。外務省所管の独立行政法人の一。開発途上地域等の経済および社会の発展に寄与し、国際協力の促進に資することを目的としている。

ジャイロ ジャイロコンパス・ジャイロスコープなどの略。

ジャイロコンパス 【gyrocompass】 羅針盤の一。ジャイロスコープの原理を応用したもの。高速で回転する独楽《こま》の軸が、地球の自転の力に感応して、常に南北を指すようにした装置。鉄の影響を受けて誤差を生じやすい磁気コンパスの代わりに、船舶などで用いる。転輪羅針儀。回転羅針盤。

ジャイロスコープ 【gyroscope】 上下対称な独楽《こま》の軸を、輪形の支台で支え、さらにその輪をその輪に直角な輪で支え、かつまた二つの輪に直角な輪で支えたもの。独楽が回転すると、その軸は、外力を加えない限り一定の方向を指し、支台を動かしても変わらない。羅針盤や船の安定装置に応用される。回転儀。

シャウト 【shout】 叫ぶこと。また、叫ぶように歌うこと。

ジャカード 【jacquard】 ジャカード機で織った紋織物。

シャギー 【shaggy】 ①毛足の長い毛織物。②髪の先をわざと不揃いにする切り方。

ジャクージ 【Jacuzzi】 噴流式の風呂。数か所の吹き出し口から気泡を発生させる。商標名。▷ジャグジーとも。

ジャグラー 【juggler】 大道芸人。特に玉など物を投げて器用に扱う人。

ジャグリング【juggling】①曲芸。特に、玉・輪・ナイフなどを空中に投げる曲芸。②詐欺。

ジャケ買い ⇨ジャケット買い

ジャケット【jacket】①洋服の上着の総称。普通はズボンやスカートと対をなさない丈の短いものをいう。ジャケツ。②レコード・書籍などの外側の覆い。カバー。

ジャケット買い ジャケットから受ける印象を動機に(音楽を試聴することなく)レコードやCDなどを購入すること。ジャケ買い。

シャシー【chassis】⇨シャーシー

ジャズ【jazz】20世紀初頭アメリカのニュー-オーリーンズに発祥したポピュラー音楽。アメリカ黒人の民俗音楽とヨーロッパ音楽の融合によって成立。躍動的なオフ-ビートのリズム、即興的演奏などを基本的特徴とする。

ジャスダック ⇨JASDAQ市場

ジャズ ダンス【jazz dance】ジャズなどの躍動的なリズムに合わせて踊るダンス。ミュージカルのステージ-ダンスをヒントにして考案。

ジャスティス【justice】正義。公正。

ジャスティファイ【justify】正当化すること。

ジャスト【just】時間や金額などが切りのいい数値であること。ちょうど。きっかり。

ジャスト ミート【和 just＋meet】球の中心をとらえてうまく打つこと。

ジャズ ロック【jazz rock】ジャズとロックの要素が融合した音楽ジャンル。

ジャスミン【jasmine】①モクセイ科オウバイ属の植物の総称。熱帯・亜熱帯に分布。花は香気が高い。観賞用に植え、また花から香油をとる。オウバイ・ソケイ・キソケイ・マツリカなど。②①の花からとった香油の名。

ジャスラック ⇨JASRAC

シャツ【shirt】①上半身に着る洋風の下着。②中衣として着る襟とカフスのついた衣服。

シャツ イン【和 shirt＋in】俗に、シャツをズボンの中に入れるスタイル。

ジャッキ【jack】人力で操作し、重量物を持ち上げる器具。ねじ・歯車・水圧・油圧などを利用する。

ジャッキ アップ【jack up】ジャッキで何かを持ち上げること。

ジャック【jack】①トランプの絵札の一。兵士の姿を描いたもの。②電気器具のさしこみ口。

ジャック オランタン【Jack-o'-Lantern】南瓜《かぼちゃ》で作る提灯《ちようちん》。ハロウィーンに作り用いる。ジャック-オー-ランタン、ジャック-ランタン、ジャッコ-ランタンなどとも。▷ランタン持ちの男の意。→ハロウィーン

ジャックナイフ【jackknife】畳み込み式の大形ナイフ。海軍ナイフ。

ジャッジ【judge】判定。判定すること。また、判定する人。

ジャッジメント【judgment】審判。判断。判決。

シャッター【shutter】①フィルムなどの感光材料に光を当てるために一定時間だけ開くカメラの露光装置。②薄い小幅の金属製の板を簾《すだれ》状につないで、巻きこめるようにした戸。

シャッター通り 俗に、集客力を失った都市中心部の商店街のこと。シャッター商店街。▷シャッターをおろしたままの空き店舗が多いことから。

シャットアウト【shutout】①しめだすこと。②スポーツで、相手に1点も与えずに勝つこと。完封。

シャッフル【shuffle】①トランプのカードを切り混ぜること。②無作為に位置や順序を入れ替えること。

シャッポ【フランス chapeau】①帽子。シャポー。②(転じて)団体の首脳。かしら。

シャトー【フランス château】①城。宮殿。②大邸宅。③西洋料理で、野菜の切り方の一。ニンジン・ジャガイモなどを長さ5cmほどの卵形または櫛《くし》形に切り、面取りをしたもの。④フランスのボルドー地方で、ワインの醸造場や貯蔵庫を備えた広大な葡萄園。

シャドー【shadow】影《かげ》。陰影。

シャドーイング【shadowing】①外

国語を練習する方法の一。外国語によるスピーチを聴きながら、ほぼ同時進行でそれを復唱する。リスニングと発音の練習になるほか、発話のスピードやリズムに慣れることができる。②コンピューター-グラフィックスで、物体の陰影部分を描くこと。▷シャドウイングとも。

シャトーブリアン 〔フランス chateaubriand〕 牛ヒレ肉の最良のところを焼いたもの。作家のシャトーブリアンのコックがつくり出したという。

シャトル 〔shuttle〕 ①シャトルコックの略。バドミントン競技で打ち合う羽根球。②特定の経路を定期的に往復する交通機関。シャトル便の略。③スペース-シャトルの略。④織機の杼《ひ》。

シャトル外交 ①二国間の首脳による定期的な相互訪問。②国際紛争などにおいて、第三国の仲介者が当事者国間を往復して調停にあたること。▷シャトルは往復する意。

ジャバ ⇨Java

ジャパニーズ 〔Japanese〕 日本人。日本語。また、日本式の意。

ジャパニメーション 〔Japanimation〕 日本製のアニメーション作品。特に、欧米で人気を博している日本製アニメーション作品のことをさす。

ジャパネスク 〔Japanesque〕 日本調の。日本式の。

ジャブ 〔jab〕 ボクシングで、前方に構えた手で軽く小刻みに打つ攻撃法。

シャフト 〔shaft〕 ①動力を伝達するための回転軸。②ゴルフ-クラブの柄の部分。③炭坑のたて坑。

シャブリ 〔フランス chablis〕 フランス、ブルゴーニュ地方の町シャブリで産出する辛口の白ワイン。

シャベル 〔shovel〕 土砂をすくったりまぜたり、また、穴を掘ったりするために使う、長い柄が付いて先端がさじ形の道具。ショベル。→スコップ

ジャポニカ米 日本型の、粒が短い米。炊くと粘りがある。→インディカ米

ジャポニスム 〔フランス japonisme〕 19世紀後半のヨーロッパ美術にみられる日本趣味。フランスの印象派やイギリスのラファエル前派などに顕著。→シノワズリー

シャボン 〔ポルトガル sabão〕 石鹸《せっけん》。

ジャミング 〔jamming〕 宣伝放送などの妨害のために発する電波。大型飛行機の爆音のような音がする。

ジャム 〔jam〕 ①果物に砂糖を加えて加熱し、濃縮した食品。②プリンターなどで、用紙が内部で詰まり動かなくなる状態。③ジャム-セッションの略。▷詰まる、込み合うの意。

ジャム セッション 〔jam session〕 ジャズ演奏家が、くつろいだ気分で自由に集団即興演奏や競演をする形態、またはその集まり。ジャム。

シャム双生児 身体の一部で結合している一卵性双生児。二重体。

ジャムる ①混雑する。プリンターが紙詰まりを起こす場合や、通信回線が混雑する場合など。②ミュージシャンが即興で競演すること。ジャム-セッションを行うこと。▷jam(混雑)が動詞化した俗語。

シャモ ニワトリの一品種。闘鶏用に飼育されるが、食肉用としてもすぐれている。天然記念物。▷江戸時代、シャムから渡来したことからいう。

シャルキュトリー 〔フランス charcuterie〕 食肉加工品(主に豚肉によるもの)の総称。またその製造業や販売店。ハム・ベーコン・ソーセージ・パテ・テリーヌ・リエットなど。

シャローム 〔shalom〕 ユダヤ人が挨拶に用いる語。こんにちは。▷ヘブライ語で、平和の意。

ジャロジー 〔jalousie〕 細長のガラスを縦、あるいは横に羽目板状に重ねて並べ、その角度を調節することで採光・通風を行う窓。ジャルジー。

シャワー 〔shower〕 水や湯を雨のように出して浴びる装置。また、そこから出る水や湯。

シャワー トイレ 〔和 shower+toilet〕 温水洗浄便座の商標名。

シャン 〔ドイツ schön〕 美しいこと。また、美しい女性。▷昭和初期に流行した学生語。

ジャンキー〔junkie〕麻薬常用者。転じて、何かに病み付きになっている人。

シャンク〔shank〕ゴルフで、クラブ-フェースの付け根で球を打つミス-ショット。

ジャンク〔junk〕①値打ちのないもの。役に立たないもの。がらくた。特に、自動車・電気製品などの廃品。くず。②麻薬。

ジャンクション〔junction〕①結合。接合。連結。②複数の高速道路を相互に連絡するための立体交差部分。→インターチェンジ

ジャンク フード〔junk food〕カロリーは高いが栄養価の乏しい、スナック菓子類やファースト-フードなどの食品。

ジャンク ボンド〔junk bond〕証券格付機関による信用度が低いが、利回りが高い債券。ジャンク債。

ジャンク メール〔junk mail〕⇨スパム-メール

シャングリ ラ〔Shangri-la〕理想郷。▷ヒルトン(J.Hilton)の小説「失われた地平線」中、仏教徒のユートピアであるシャンバラをモデルにして描かれたユートピア。

ジャングル〔jungle〕①樹木、つる植物、下草などが密生する熱帯地方の森林。②1990年代にイギリスのクラブから始まった音楽。サンプリングによる速いテンポのドラムと重低音のベースによるダンス-ミュージック。

シャンソン〔フランスchanson〕フランスの歌曲。▷本来フランス語による歌曲の総称であるが、日本では一般にフランスの現代大衆歌曲をさしていう。

シャンツァイ〔香菜〕⇨コエンドロ ▷中国語。

シャンディー ガフ〔shandy gaff〕ビールとジンジャー-エールを混ぜた飲み物。

シャンデリア〔chandelier〕ガラスや金属などで華やかに装飾した室内灯。普通、天井からつり下げる。

シャント〔shunt〕電気回路の分流器。

ジャンパー〔jumper〕①ウエスト丈・長袖《ながそで》で、裾《すそ》・袖口をぴったりさせたジャケット。▷ジャンバーとも。→ブルゾン ②陸上やスキーのジャンプ競技の選手。

シャンパーニュ〔フランスChampagne〕①フランス、パリ盆地の東部地方。ブドウ栽培とシャンパンの生産で名高い。②(champagne)シャンパンの正称。→シャンパン

ジャンバラヤ〔jambalaya〕クレオール料理の代表的な米料理。主な具はベーコンとトマト。スペイン料理のパエーリャがアメリカ南部でアレンジされたもの。

シャンパン〔フランスchampagne〕フランスのシャンパーニュ地方特産の瓶内二次発酵方式によるスパークリング-ワイン。シャンペン。

シャンパン ゴールド〔champagne gold〕シャンパンのように淡い金色。

シャンパン サーベル〔フランスchampagne sabre〕シャンパンを開けるための剣。サブラージュの際に用いる。シャンパン-サーブル。

シャンパン ファイト〔champagne fight〕喜びを分かち合うためにシャンパンを掛け合うこと。スポーツ大会の優勝者やチームが、表彰式や祝勝会で行うことが多い。

ジャンピング〔jumping〕紅茶をいれたときに、葉がポット中の湯の対流によって上下にゆっくり回転すること。

ジャンプ〔jump〕①とぶこと。とびこすこと。跳躍。②スキー競技の一。人工のジャンプ台を使って飛型と飛距離を競う。ジャンプ競技。③陸上競技で、走り幅跳び・三段跳び・走り高跳び・棒高跳びの総称。ジャンプ競技。④コンピューターで、リンクをたどって画面が切り換わること。⑤物価や相場が急に上がること。

シャンプー〔shampoo〕洗髪剤。また、洗髪すること。

シャンペン〔フランスchampagne〕⇨シャンパン

ジャンボ〔jumbo〕①巨大であること。大柄であること。②いくつもの削岩機を台車に取り付けた坑道掘削装置。

③写真を自動的に一定のサイズに引き伸ばし、焼き付ける装置。 ④大型ジェット旅客機。特に、ボーイング747の愛称。

ジャンボリー 【jamboree】 ボーイ-スカウトの大集会。キャンピング・競技・作業などの催しを行う。

ジャンル 【フランスgenre】 部門。種類。特に芸術作品を様式・内容によって区分する場合にいう。

ジュ 【フランスjus】 肉・野菜・果実の搾《しぼ》り汁の総称。または、肉から出る肉汁のこと。

ジュークボックス 【jukebox】 レコードの自動演奏装置で、硬貨を入れ、曲目のボタンを押すと、自動的に再生されるもの。

シュー クリーム 【フランスchou à la crème】 小麦粉を卵で練り、天火で焼いて内側を空洞にした皮の中に、クリームを詰めた洋菓子。

ジューサー 【juicer】 野菜や果物などを自動的に磨り潰し、漉《こ》してジュースをつくる電気器具。

ジューシー 【juicy】 果汁分や水分が多いさま。

シューズ 【shoes】 靴。

ジュース 【deuce】 テニス・卓球・バレーボールなどの試合で、あと一つ点をとれば1セットの勝負がきまるときに同点となること。以後、どちらかが続けて得点するまで試合は続けられる。デュース。

ジュース 【juice】 果物や野菜をしぼった汁。また、それに似せて加工した飲料の総称。

シューター 【shooter】 ①射撃手。▷和製用法。②球技でシュートする選手。③シューティング-ゲームを愛好する人。→シューティング-ゲーム

シューティング ゲーム 【shooting game】 標的を打ち落とすゲームの総称。多くの場合コンピューター-ゲームをさす。プレーヤーが操作するキャラクターから弾を発射して、標的を打ち落とすもの。 ▷シューティングは射撃・発射の意。

シュート 【shoot】 ①野球で、投手の投球が投手の方から見て、右投手なら右へ曲がること。また、その球。▷日本だけの用語。②バスケットボール・サッカー・ホッケーなどで、ゴールをねらって、球を投げたり蹴《け》ったり打ったりすること。③木の幹や根元から長くのび出る枝。

ジュート 【jute】 綱麻《つなそ》、また綱麻の繊維。粗くて弱い。穀物を入れる袋・包装布などに用いる。黄麻。印度麻。

シュー フィッター 【shoe fitter】 足に合う靴を選ぶ専門家。

シュール ①シュールレアリスム(超現実主義)の略。②奇妙で理解できないこと。不条理。奇抜。難解。

ジュール 【joule】 仕事・熱量・エネルギーのSI単位。1ニュートンの力が働いて、その力の方向に1m動かすときの仕事。1ジュールは0.24カロリーに等しい。記号J ▷物理学者ジュールの名にちなむ。

シュールストレミング 【スウェーデンsurströmming】 缶詰で発酵させたニシンの塩漬け。また、その缶詰。主に北部スウェーデンで食される。世界一臭い缶詰といわれる。シュールストロミング。

シュールレアリスム 【フランスsurréalisme】 理性の支配をしりぞけ、夢や幻想など非合理な潜在意識の世界を表現することによって、人間の全的解放をめざす20世紀の芸術運動。超現実主義。

ジューン 【June】 6月。

ジューン ブライド 【June bride】 6月の花嫁の意。6月は家庭の守護神ジュノーの月であることから、西洋では6月に結婚した女性は幸福になれるとされる。

ジュエリー 【jewelry】 宝石・貴金属類。

ジュエル 【jewel】 宝石。

シュガー スポット 【sugar spot】 成熟したバナナに現れる茶色や黒色の斑点。斑点が現れた時が食べ頃とされる。

シュシュ 【フランスchouchou】 髪飾りの一。布を筒状に縫い合わせてゴムを通し、輪にしたもの。束ねた髪に通すなど

して使う。

ジュニア【junior】①年下の人。年少者。→シニア ②下級。下級生。③大学の専門課程に対して教養課程をいう。④英・米の人名で、父と息子が同名である場合、姓名のあとにつけて息子であることを表す語。また、一般的に息子のこと。

ジュニパー【juniper】ヒノキ科の常緑針葉低木。また、その果実より得られるエッセンシャル-オイル。ジンの香りづけにも利用される。ジュニパー-ベリー。

シュノーケル【ドイツ Schnorchel】①潜水艦が水中航行中に海面に出す給排気用装置。②潜水具の一。J字形の管の一方を口にくわえ、他方を水面に出し水中で呼吸する。③排煙装置を備えた消防車。シュノーケル車。▷スノーケルとも。

ジュピター【Jupiter】ローマの三主神の一。元来天空の神で気象現象をつかさどる。また正義・徳・戦勝の神で法の守護者。ギリシャ神話のゼウスと同一視される。ジュピテル。▷ユピテルの英語読み。

ジュビリー【jubilee】①25周年・50周年などの記念祭。②喜び。歓喜。

シュプール【ドイツ Spur】スキーの滑降によって雪面にできた跡。▷「足跡・航跡」の意。

ジュブナイル【juvenile】①少年・少女。年少者。②少年・少女むけの本。児童図書。

シュプレヒコール【ドイツ Sprechchor】①詩の朗読や踊りなどを組み合わせた合唱劇。また、舞台で一団の人々が一つの台詞《せりふ》を朗誦する表現形式。②デモ・集会などでスローガンを全員で一斉に叫ぶ示威行為。

シュミレーション ⇨シミュレーション ▷シミュレーションの誤り。

シュラスコ【スペイン churrasco】大きな肉の塊を、焼き串に刺して直火で焼く料理。ラテン-アメリカで広く行われる。チュラスコ。

ジュラルミン【duralumin】アルミニウムに銅・マグネシウム・マンガン・ケイ素などを混ぜた合金。軽量で強度が大きいため、飛行機・建築などの材料にする。

シュリンク【shrink】①ちぢむこと。萎縮《いしゅく》すること。②シュリンク-ラップの略。

シュリンク ラップ【shrink wrap】熱によって収縮するプラスチック-フィルム。また、これを使って包装する方式。

シュリンプ【shrimp】シバエビなど小形の、えび。

シュレッダー【shredder】紙を細かく切りきざむ機械。機密書類の処分などに使う。

ジョイ【joy】喜び。

ジョイ スティック【joy stick】コンピューターの入力装置の一。スティック(棒)を上下左右に倒して、カーソルの位置を任意に移動させる。ゲームの操作などに使われる。

ジョイン【join】①つなぐこと。結合すること。連結すること。②加わること。参加すること。加入すること。

ジョイント【joint】①継ぎ手。②連携すること。連結すること。合同すること。

ジョイント ベンチャー【joint venture】資金力・技術力・労働力の調達などからみて、一企業では請け負うことのできない大規模な工事・事業を複数の企業が協力して請け負うこと。共同企業体。JV。

ジョイント マット【和 joint ＋ mat】正方形のパーツをジグソー-パズルの要領でつなぎ合わせることができる敷物。パズル-マット。

ショー【show】①視覚的な要素を重んじた舞台芸術。②展示会。展覧会。③映画・演劇などの興行。

ジョー【jaw】あご。

ジョーカー【joker】①道化者。②トランプ-カードで、どのマークにも属さない番外の札。道化師の絵が描いてあることが多い。切り札・代札などに用いる。ばば。

ジョーク【joke】冗談。しゃれ。

ショーケース【showcase】商店など

で品物を並べて見せるための棚。陳列棚。

ショータイム 【showtime】 ショーの開始時間。

ショーツ 【shorts】 ①股下の短い、ぴったりした女性用下着。②膝《ひざ》上丈のズボン。ショート-パンツ。

ショート 【short】 ①短いこと。多く他の外来語に付いて短いという意を表す。→ロング ②電気回路の2点間を直結したり、きわめて小さい抵抗でつなぐこと。また、絶縁不良などのため抵抗の小さい回路ができること。電気器具の破損や出火の原因になることがある。ショート-サーキット。③ショートストップの略。

ショート カット 【short cut】 ①女性の髪形の一。短く切った髪形。②近道。③コンピューターのソフトウエアで、手順にそって行う一連の長い操作手順を、短縮して行えるようにする機能。

ショートケーキ 【shortcake】 スポンジケーキを台にして、生クリームを使い、果物などをあしらった洋菓子。

ショートショート 短篇小説よりもさらに短く、意外なアイディアに満ちた小説。▷short short storyの略。

ショート ステイ 【和short＋stay】 市町村による在宅福祉サービスの一。在宅介護を受けている高齢者や障害者を、介護者の休養などの理由で福祉施設などが短期間預かる制度。介護保険でも利用できる。▷短期入所または短期療養の意。

ショートニング 【shortening】 精製した動植物油脂のみでつくった、バター状のもの。パン・菓子などの製造に用いる。

ショー ビジネス 【show business】 芸能の興行。

ショーマン シップ 【showmanship】 観客を楽しませようとする芸人の心意気。サービス精神。

ショール 【shawl】 婦人用の肩かけ。普通、長方形のものをいう。

ショールーム 【showroom】 商品の陳列室。展示室。

ジョガー 【jogger】 ジョギングを楽しむ人。

ジョギング 【jogging】 ゆっくり走ること。

ショコラ 【フランスchocolat】 チョコレート。

ショコラティエ 【フランスchocolatier】 チョコレートの製造業者・専門店・職人など。チョコラティエ。

ジョッキ ビール用の、取っ手のついた大型のコップ。ふた付きのものもある。▷jugから。

ジョッキー 【jockey】 競馬の騎手。

ショック 【shock】 ①物理的な打撃や衝撃。②予想外のことに出あったときの心の動揺。③末梢《まっしょう》の血液循環不全をきたし、急激に血圧低下・意識混濁・感覚鈍麻などが起こった状態。

ショック アブソーバー 【shock absorber】 自動車や火砲などの機械的・電気的な衝撃を緩和する装置。衝撃吸収器。緩衝器。→ダンパー

ショック プルーフ 【shockproof】 衝撃への耐性があること。

ショット 【shot】 ①テニスやゴルフで球を打つこと。また、その球。②映画の撮影でカメラが回り始めてから止まるまで連続撮影された一連の画像。③射撃。④ウイスキーなど、強い酒のひとくち。

ショットガン 【shotgun】 散弾を発射する銃。鳥や小動物の狩猟、およびクレー射撃に用いる。散弾銃。

ショット バー 【和shot＋bar】 ウイスキーなどを軽く一杯飲むためのバー。

ジョッパーズ 【jodhpurs】 乗馬ズボンの一。股《もも》の部分がゆったりふくらみ、膝《ひざ》下から足首までぴったりしたズボン。ジョドパーズ。▷インド北西部の地名ジョドプル(Jodhpur)から。

ショッピング 【shopping】 買い物をすること。

ショッピング センター 【shopping center】 小売店の集中した区域や建物。SC。

ショッピング モール 【shopping mall】 遊歩道や広場などのある大規

模な商店街。車両の乗り入れが禁じられている。

ショップ【shop】店。商店。多く他の語について複合語をつくる。

ジョブ【job】①仕事。作業。②コンピューターの仕事の単位。一連のプログラムの流れで一つのまとまった業務。

ジョブ カフェ【和 英job＋フランスcafé】若年者を対象に、職業紹介のほか適正診断・職業訓練・職場体験など、就職に向けての支援を一括して行う事業および機関。都道府県が主体となり、官民が協力して運営する。

ジョブ コーチ【job coach】精神障害者や知的障害者の雇用支援を行い、職場への適応を援助する者。

ショベル【shovel】①シャベル。特に大型のシャベル。②パワー-ショベルの略。長い柄のついた大きなシャベルを動力によって動かし、土を削り取る土木機械。地面より高い部分の掘削に適する。

ショルダー【shoulder】①肩。多く他の外来語につけて用いる。②洋服の肩の部分。

ショルダー バッグ【shoulder bag】肩に掛けて持つ鞄《かばん》。

シラバス【syllabus】1年または1学期間の、講義の計画と内容を解説したもの。講義概要。

シラブル【syllable】音節。

シリアス【serious】①まじめなさま。厳粛なさま。②事件・問題などが重大で深刻なさま。

シリアル【cereal】穀類を加工して、そのまま、あるいは簡単な調理で食べられるようにしたもの。オートミール・コーンフレークスなど。セリアル。

シリアル【serial】①連続していること。順を追っていること。②電気で、直列。→パラレル

シリアル キラー【serial killer】連続殺人者。

シリアル ナンバー【serial number】通し番号。シリアル番号。キー-コード。プロダクトID。

シリアル バー【cereal bar】シリアルを棒状に固め、手軽に食べられるようにしたもの。

シリーズ【series】①スポーツで、特別の組み合わせによる一続きの試合。②一貫した意図のもとに企画された、新聞・雑誌の連載読み物やテレビ・ラジオの番組、映画の製作・上映など。③一定の形態や傾向に基づいて逐次刊行される書物など。

シリウス【ラテン Sirius】大犬座のアルファ星。全天第1の輝星。2月から3月の宵に南の空に現れる。鋭く輝くところから、西洋では犬の目にたとえられ、中国でも天狼《てんろう》星と称せられる。

シリカ【silica】二酸化ケイ素の別名。共有結合による巨大分子をつくっており、沸点・融点ともきわめて高い固体。天然には石英・水晶・ケイ砂などとして存在する。ガラスや陶磁器などの原料として重要。無水ケイ酸。シリカ。

シリカ ゲル【silica gel】ケイ酸のゲルで、半透明の白色の固体。吸着力が強く、乾燥剤などに用いる。

シリコーン【silicone】シロキサン結合(-Si-O-)を骨格とし、ケイ素原子にアルキル基などが結合した構造をもつ高分子有機ケイ素化合物の総称。耐熱性・耐薬品性・電気絶縁性が高く、水をよくはじく。

シリコーン ゴム（silicone rubber）シリコーンの一。ゴム状弾性を示す固体。熱安定性がよく、高温あるいは低温用の弾性体に用いるほか、耐熱性・耐薬品性パッキングに用いる。

シリコーン スチーマー【silicone steamer】シリコーン-ゴム製の容器。密閉性に優れ、電子レンジで加熱することで蒸し料理などの調理ができる。シリコン-スチーマー →シリコーン-ゴム

シリコン【silicon】ケイ素。半導体素子として用いられる。

シリコン バレー【Silicon Valley】アメリカ合衆国、カリフォルニア州サンフランシスコ湾南岸のサンノゼ周辺一帯の通称。半導体関連企業が多数立地するのでいう。

シリンジ【syringe】液体の注入・吸

引等に用いる器具。注射器、洗浄器、浣腸《かんちょう》器、スポイトなど。

シリンジ ポンプ【syringe pump】医薬品等を充填《じゅうてん》した注射器(シリンジ)から、一定時間で一定量の薬剤を注入できる機器。薬剤を正確な分量だけ注入する際に利用される。輸液ポンプに比べて精度が高く、流量の微量管理が可能。→シリンジ

シリンダー【cylinder】①円筒。円柱。また、そのような形状のもの。②蒸気機関・内燃機関などの主要部分の一。中空の円筒状をなし、その内部でピストンを蒸気圧やガス圧によって往復運動させる。気筒。

シリンダー錠 円筒内に設けた数本のピン(ピン-タンブラー)の下端を鍵《かぎ》でそろえて開閉するしくみの錠。

シルエット【フランスsilhouette】①輪郭の中を真っ黒に塗りつぶした画像。影絵。②影絵のような輪郭だけの黒い実景。

シルキー【silky】絹のような。すべすべした。

シルク【silk】蚕がつくる繭から取った繊維およびそれを用いた製品の総称。生糸。絹。絹布。

シルクスクリーン印刷（silk-screen printing）⇨スクリーン印刷

シルク ハット【silk hat】礼装用の円筒形の高い帽子。黒の絹張り。トップ-ハット。

シルク ロード【Silk Road】中央アジアを横断する古代の東西交易路の総称。中国から地中海沿岸に達する、物資・文化・民族などの東西移動の最も重要な幹線。絹の道。

シルト【silt】砂と粘土との中間の粒径をもつ砕屑《さいせつ》物。

ジルバ 社交ダンスの一。スイング-ジャズに合わせて、向かい合った男女が速いテンポで陽気に踊るもの。ジタバグ。▷jitterbugの転。

シルバー【silver】①銀。②銀色。③他の語に付いて、高年齢である意を表す。

シルバー ウイーク【和silver+week】9月の大型連休。SW。

シルバー カート【和silver + cart】⇨シルバー-カー

シルバー カー【和silver + car】高齢者の歩行を補助する手押し車。買い物などを入れる収納スペースや、休憩用の座面などを備える。シルバー-カート。

シルバー シート【和silver+seat】高齢者や体の不自由な人が優先的に座ることのできる、電車・バスなどの席。

シルバー ヘア【silver hair】⇨グレー-ヘア

ジレンマ【dilemma】自分の思い通りにしたい二つの事柄のうち、一方を思い通りにすると他の一方が必然的に不都合な結果になるという苦しい立場。板ばさみ。ディレンマとも。

シロガネーゼ 俗に、東京都港区白金《しろかね》界隈《かいわい》を拠点に活動するお洒落《しゃれ》な主婦のこと。▷女性誌による造語。

シロッコ【sirocco】サハラ砂漠に発し、アフリカ北岸から地中海周辺に吹く熱風。

シロップ【オランダsiroop】①果物の汁に砂糖を加えたもの。果物の香りのする香料などを加えた濃厚な砂糖液もいう。シラップ。②ホット-ケーキなどにかける、水あめ状の風味ある液体。③濃厚な砂糖液。

ジン【gin】蒸留酒の一。ライ麦・トウモロコシを発酵させ、杜松《ねず》の実の香味をつけて蒸留したもの。

シンカー【sinker】野球で、打者の近くで急に沈むような投球。球の回転は少なく、小さくストンと落ちる。

シンガー【singer】声楽家。歌手。歌い手。

シンギュラリティー【singularity】①特異日。②科学技術が発達し、現在の理論や通念が通用しなくなる時点。特に、人工知能が人間の能力を超える時点。

シンク【sink】台所・調理場の、流し。

ジンクス【jinx】因縁のように思う事

柄。縁起。本来は縁起の悪い物事をいう。

シンク タンク【think tank】さまざまな領域の専門家を集めた研究機関。社会開発や政策決定などの問題や経営戦略などについて、調査・分析を行い、問題解決や将来予測などの提言をする。[案]政策研究機関

シングル【single】①ボタンが1列の洋服。ズボンの裾の折り返しのないものにもいう。②ゴルフで、ハンディが一桁《ひとけた》であること。③シングルスの略。テニス・卓球・バドミントンなどで、一人対一人の試合。④シングル-ベッドの略。また、(ホテルなどで)一人用の客室。⑤ウイスキーの量の単位。小グラス1杯分。約30mL。⑥シングル-ヒットの略。⑦シングル盤の略。⑧独身者。シングルズ。▷ダブルに対して、一つ・一人などの意。

ジングル【jingle】①調子よく響くことばや音。②放送で、番組とコマーシャルの間に流す短い曲。

シングル サインオン【single sign-on】1回のユーザー認証で、アクセスが許可されているすべてのアプリケーション・サービスを利用することができるシステム。SSO。▷署名1回の意。

シングル盤 A・B面に各1曲のみ録音されているレコード。また、ある単独の楽曲を主としたレコードやCD。

ジングル ベル【Jingle Bells】アメリカ民謡。橇遊《そりあそ》びの歌であるが、クリスマスのころ盛んに歌われる。

シングル マザー【single mother】未婚の母。また、離婚・夫との死別などにより、一人で子供を養育している母親。シングル-ママ。

シングル モルト ウイスキー【single malt whisky】他のモルトを混ぜていないウイスキー。一つの蒸留所でつくられたモルト-ウイスキー。

シンクロ【synchro】①⇨シンクロナイズ ②⇨シンクロナイズド-スイミング

シンクロトロン【synchrotron】加速器の一種。磁場の強さを増すとともに、高周波電場の周波数を変化させて、粒子の軌道半径を一定に保ちながら加速する。サイクロトロンでは到達することのできない高エネルギーまで電子または陽子を加速できる。

シンクロナイズ【synchronize】①映画・テレビなどで、画面と音(台詞《せりふ》・音楽・効果音など)とを一致させること。②写真機のシャッターの開閉と、フラッシュやストロボの発光する時間を一致させること。▷時間的に一致させる意。シンクロとも。

シンクロナイズド スイミング【synchronized swimming】アーティスティック-スイミングの旧称。

シンクロニシティー【synchronicity】心に思い浮かぶ事象と現実の出来事が一致すること。共時性。

シンコペーション【syncopation】強拍と弱拍の通常の位置関係を変え、音楽のリズムに緊張感を生み出す手法。移勢法。切分法。切分音。

シンジケート【syndicate】①企業の独占形態の一。カルテルの発達したもので、競争関係にある企業が競争を緩和するために共同の中央機関を設け、生産割り当てや共同購入・販売などを行うようにした企業組合。②有価証券の引き受け団体。国債などについて、引き受け額を分担するため結成される。③売春・暴力などの、大がかりな犯罪組織。

ジンジャー【ginger】①ショウガ。また、干しショウガの粉。②ショウガ科の多年草。インド・マレー原産。観賞用に栽培。全形はショウガに似る。秋に白または黄色で香りのよい花をつける。

ジンジャー エール【ginger ale】炭酸を含む清涼飲料水。アルコール分は含まない。ジンジャー・レモンなど種々の香料を入れ、カラメルで着色したもの。ジンジャー-エール。

シンセサイザー【synthesizer】電子楽器の一。発振回路で得た音を電子回路で加工し、さまざまな音色を生成する。多くは鍵盤《けんばん》楽器状。シンセ。

シンタックス【syntax】①統語論。統辞論。構文論。②コンピューターの

プログラム言語における字句間の関係。構文。

ジンテーゼ 【ドイツ Synthese】 弁証法において、互いに矛盾する、定立の「正」と反定立の「反」の、契機を統一すること。合《ごう》。総合。

シンデレラ 【Cinderella】 ①ヨーロッパ民話の主人公の少女名。②(①から)急に名声や幸運を得た人や、そのことをたとえていう語。「—-ガール」「—-ガール」「—-ストーリー」 ▷灰にまみれた娘の意。

シンドローム 【syndrome】 ある特定の疾患もしくは病的変化を基盤として出現する一群の身体・精神症状。原因の異なる疾患が同一の症候群を現すことがある。症候群。

シンナー 【thinner】 塗料の原液を薄めて粘度を下げ、塗りやすくするために用いる有機溶媒。狭義にはラッカー用シンナーのこと。

シンパ 同調者。特に、特定の運動に共鳴して、陰で精神的・物質的な支持援助をする人。 ▷シンパサイザー(sympathizer)の略。

シンパシー 【sympathy】 同情。同感。共鳴。

シンフォニー 【symphony】 交響曲。

シンフォニック 【symphonic】 交響曲を感じさせる、交響曲のような、の意。「—な編曲」

シンプル 【simple】 ①単純なさま。簡単なさま。②飾りけのないさま。素朴。

シンポジウム 【symposium】 一つの問題について、数人の人が意見を発表し、それについて聴衆の質問に答える形で行われる討論会。公開討論会。▷「共に飲む」意のギリシャ語から。略してシンポとも。

シンボリック 【symbolic】 象徴的なさま。

シンボル 【symbol】 ①象徴。②任意につくられた、意味をもつ記号。

シンメトリー 【symmetry】 ①左右の大きさ・形・色などの釣り合いがとれていること。対称。均斉。②ファッションにおいて、左右対称の形状。→アシメトリー

シンメトリック 【symmetric】 左右が対称であるさま。

ス

スイーツ 【sweets】 甘いもの。特に、食後の甘いもの。デザート。

スイート 【suite】 ①ホテルで、居間と寝室の続いた部屋。スイート-ルーム。②音楽で、組曲のこと。③ワープロや表計算などの複数のアプリケーション-ソフトを一つのパッケージにまとめたもの。

スイート 【sweet】 ①甘いこと。②(洋酒などの)あまくち。→ドライ ③心地よいさま。甘美なさま。

スイート スポット 【sweet spot】 ボールを打ったときに最も有効な打球を生む、ラケットやクラブ-ヘッドの中心点。

スイーパー 【sweeper】 サッカーで、ディフェンダーのうち、マークする特定の相手をもたず、ゴールキーパーの直前に位置する選手。リベロと同じポジションだが、攻撃にはほとんど参加せず、ディフェンスのカバーを中心にプレーする。→リベロ

スイカ ⇨Suica

スイッチ 【switch】 ①電流を通したり止めたり、また、切り替えたりする装置。②鉄道線路の切り替え装置。転轍《てんてつ》器。ポイント。③位置・方向・やり方などを切り替えること。④カードによる決済を可能にする、金融機関と小売り店間のオン-ライン-システムのこと。

スイッチング 【switching】 切りかえること。乗りかえること。買いかえること。

スイミング 【swimming】 水泳。泳ぐこと。

スイング 【swing】 ①バットやクラブなどを振ること。②ボクシングで、腕を大きく振り、相手を横なぐりに打つこと。③ジャズに特有な、自然に体が揺れ動き出すようなリズム感。特に、1930年代に流行したスイング-ジャズの演奏スタイル。▷スウィングとも。

スイング トレード【swing trade】数日から1週間程度の短期間で保有する株を売買すること。→デイ-トレード

スウェット【sweat】「汗」「汗取り」の意。▷スエットとも。

スウェット シャツ【sweat shirt】⇨トレーナー③ ▷スエットとも。

スウェット スーツ【sweat suit】トレーニング-ウエアに同じ。

スー女(じょ) 俗に、相撲ファンの女性。

スーツ【suit】同一の布地でつくったひとそろいの服。男性の背広上下、女性の上着とスカートのひとそろいなど。

スーツケース【suitcase】(洋服などを入れて運ぶ)旅行用のかばん。

スーパー【super】①とびぬけている、特にすぐれている、などの意を表す。②スーパーマーケットの略。③スーパーインポーズの略。

スーパー イングリッシュ ランゲージ ハイスクール【和Super English Language High School】⇨SELH

スーパーインポーズ【superimpose】画面に重ねて合成した文字や図。映画やテレビの画面に挿入した、会話・ナレーションの翻訳・説明の字幕など。スーパー。

スーパー コンピューター【supercomputer】並列処理機能などの採用により、膨大な量の演算を超高速で行うコンピューター。

スーパー サイエンス ハイスクール【和Super Science High School】⇨SSH

スーパー スプレッダー【superspreader】感染症の感染者のうち、周囲への感染力が極めて強い特定の患者。2002年末頃からアジア地域でサーズ(SARS)が流行した際、感染拡大の原因として存在が指摘された。

スーパー セル【supercell】巨大な積乱雲。通常の積乱雲よりも寿命が長く、竜巻などの原因となる。

スーパー堤防 堤防の上部の幅を50メートルから100メートルと広くとって、水があふれたときの安全性を高めるとともに水辺を有効に利用できる高規格の堤防。

スーパーバイザー【supervisor】①管理者。監督者。②システムの動作を制御するためのソフトウエア。一般にオペレーティング-システムをいう。③福祉事務所において、カウンセラーやソーシャル-ワーカーなどの現業員の指導・監督を行う者。

スーパー ハイスクール【和super high school】学習指導要領の範囲を超えて特定の教科を重点的に教育する高校。理数系に重点をおくスーパー-サイエンス-ハイスクール(SSH)と英語に重点をおくスーパー-イングリッシュ-ランゲージ-ハイスクール(SELH)がある。→SSH・SELH

スーパー ボウル【Super Bowl】全米フットボール-リーグ(NFL)の王座決定戦。ナショナル-コンファレンス(NFC)とアメリカン-コンファレンス(AFC)の優勝チームがレギュラー-シーズン終了後に対戦する。

スーパー ボール【Super Ball】よく弾むゴム製の小さいボール。商標名。

スーパーマーケット【supermarket】主に食料品などの日用品を扱い、セルフ-サービス、大量仕入れによる廉価販売を原則とする店。多くは広い売り場面積をもつ。スーパー。

スーパームーン【supermoon】月と地球が最も接近した際に、満月もしくは新月であること。また、そのときの月。

スーパーモデル【supermodel】世界的なコレクションなどで活躍する一流ファッション-モデル。

スープ【soup】西洋料理の汁物。コンソメ・ポタージュなどがある。

スープ カレー【和soup+curry】大きな具の入ったスープ状のカレー。札幌の名物として知られる。スープとして、またはスプーンにすくったご飯をくぐらせて食べる。スープ-カリー。

スープ ジャー【和soup+jar】スープなどを保温・携帯できる広口の魔法瓶。

スーブニール【フランスsouvenir】①記

念品。また、記念。思い出。②土産物。▷スーベニール・スーベニアとも。

スーベニア【souvenir】 ⇨スーブニール

スーペリア【superior】 優秀な。上位の。上質の。

ズーム【zoom】 ①映画・テレビで、ズーム-レンズを用いて被写体の像を拡大したり縮小したりすること。②ズーム-レンズの略。レンズ系の一部を動かすことによって、焦点距離(倍率)を連続的に変えることができる撮影用・映写用レンズ。

ズーム アウト【zoom out】 映画などで、ズーム-レンズを使用して連続的に離れていく映像を得ること。

ズーム イン【zoom in】 映画などで、カメラの位置は固定したままズーム-レンズによって連続的に接近する映像を得ること。

スエード【フランスsuède】 小山羊《やぎ》・小牛などの裏皮をけばだたせたなめし革。柔らかで靴・手袋などに用いる。

スエット【sweat】 ⇨スウェット

スカ【ska】 1960年前後にジャマイカで生まれた音楽。アメリカのリズム-アンド-ブルースの影響を受けたもので、レゲエの土台となった。ブルース-ビート。

スカーチョ スカートのようなシルエットである、ガウチョ-パンツのこと。▷スカートとガウチョ-パンツの合成

スカート【skirt】 ①主に婦人服で、ウエストから下半身をおおう筒状の衣服。長さ・形などに変化が多く、独立したものと身頃から続いたものがある。②車両などの下部をおおう、保護や装飾用のおおい。

スカーフ【scarf】 首に巻いたり、頭をおおったり、肩に掛けたりするのに用いる薄い方形の布。

スカーレット【scarlet】 鮮やかな赤色。深紅色。緋色《ひいろ》。

スカイ【sky】 空。天。

スカイスクレーパー【skyscraper】 超高層ビル。摩天楼《まてんろう》。

スカイダイビング【skydiving】 飛行中の航空機から飛び降り、パラシュートを用いて空中を降下するスポーツ。

スカイ ブルー【sky blue】 空色。淡青。

スカイライン【skyline】 ①地平線。②山や建物などの、空を背景とした輪郭線。③高山地帯を周遊する観光用のドライブウエー。

スカウティング【scouting】 ①スカウトすること。②スポーツで、相手チームの選手や戦略などの情報を試合前に収集・分析し、研究すること。③ボーイ-スカウト・ガール-スカウトでの活動。▷scoutは、人材発掘、偵察の意。

スカウト【scout】 ①斥候《せっこう》。偵察兵。②有能な人材を探し出し、誘って引き入れること。また、それを仕事とする人。③ボーイ-スカウト・ガール-スカウトの略。

スカッシュ【squash】 ①果実のしぼり汁に炭酸水を加え、砂糖などで味つけした飲み物。②四方壁に囲まれたコートで、二人のプレーヤーが床や壁にバウンドしたボールをラケットで打ちあうスポーツ。19世紀にイギリスで考案。

スカトロジー【scatology】 汚物をめぐる話。糞尿譚《ふんにょうたん》。世界各地の神話や文学作品にみられる。スカトロ。

スカベンジャー【scavenger】 ①掃除人。廃品回収業者。②腐食動物。動物の死骸《しがい》や排泄《はいせつ》物を食する動物。③体内の活性化酸素を分解する作用のある物質。ビタミンC、ベータ-カロテン、ポリフェノールなど。抗酸化物質。

スカラー【scalar】 速度のような大きさと向きをもつ量に対して、温度のように大きさだけをもつ量。ベクトルに対して、普通の数。

スカラシップ【scholarship】 奨学金。また、奨学金を受ける資格。

スカラップ【scallop】 ①ほたて貝またはその形に似た鍋《なべ》に入れた西洋料理。スカロップ。②襟・裾《すそ》などの波形の縁。

スカラベ【フランスscarabée】 ①タマオシコガネ(フンコロガシ)とよばれる一群の黄金虫《こがねむし》の称。古代エジプトでは太陽神ケペリを表し、生成・創造・再生の

シンボルとして神聖視され、彫刻・印章・護符・装身具などにその意匠が彫られた。②古代エジプトの甲虫形の護符。スカラブ。

スカル【scull】一人が左右にオールを1本ずつ持って漕《こ》ぐ軽いボート。また、そのボート競技。シングル(一人乗り)とダブル(二人乗り)がある。スカール。

スカルプ【scalp】頭皮のこと。

スカルプ ケア【scalp care】育毛を促進するために、頭皮にマッサージなどを施すこと。

スカルプチャー【sculpture】彫刻。

スカンジウム【scandium】3族(希土類)元素の一。元素記号Sc　原子番号21。原子量44.96。銀白色の金属。タングステン製錬の副産物として得られる。

スカンツ スカートのようなシルエットであるワイド-パンツ。2016年(平成28)ごろ流行。▷スカートとワイド-パンツの合成。

スキー【ski】①雪の上を滑ったり歩いたりするため、両方のくつにつける2本の細長い板。②①をつけて雪の上を滑ること。また、そのスポーツ。

スキーマ【schema】①図式。図表。また、大要。概要。②データベースで、論理構造や物理構造を定めた仕様。③新しい経験をする際に用いられる、過去の経験に基づいてつくられた心理的な枠組みや認知的な構えの総称。

スキーマー【skimmer】偽造カードを作成するため、磁気カードを不正に読み取る装置。→スキミング

スキーム【scheme】①計画。枠組み。②案。特に、公的な政策案など。[案]計画

スキゾ【schizo】①スキゾフレニア(schizophrenia)の略。統合失調症。②ドゥルーズとガタリが提示した概念。常に制度や秩序から逃れ出てゆく、非定住的・分裂的傾向。消費を中心とする脱近代社会のモデル。

スキット【skit】語学教育などで用いられる、寸劇。

スキッド【skid】自動車の横すべり。

スキッパー【skipper】①小型船の船長。艇長。②小型のヨットで、舵をとる人。

スキップ【skip】かわるがわる片足で軽くとびはねながら行くこと。

スキニー【skinny】体にぴったり張りつくような形状やデザインのファッション。▷骨と皮ばかりの、痩《や》せこけたなどの意。

スキニー パンツ【skinny pants】脚にぴったりフィットするような細身のパンツ。

スキミング【skimming】①大まかな内容をつかむために文章などにさっと目を通すこと。②磁気データを盗み取り、クレジット-カードなどを偽造する犯罪の手口。→スキーマー ▷skimはすくい取るの意。

スキム ミルク【skim milk】脱脂乳。

スキャット【scat】ジャズ-ボーカルで、「ルルル…」「ダバダバ…」など、意味のない音でメロディーを即興的に歌うこと。

スキャナー【scanner】①⇨CT ②コンピューターの入力装置の一。絵や写真の画像を取り込んだり、文字やバーコードを読み取ったりする装置。イメージ-スキャナー。

スキャニング【scanning】①必要な情報を文章から探し出す技術。②スキャナーを使ってデータをコンピューターなどに取り込むこと。

スキャン【scan】細かく調べること。走査。

スキャンダル【scandal】名誉を汚すような不祥事。金銭や異性などに関係した、よくないうわさ。醜聞。

スキャンティー【scanty】きわめて小さいパンティー。▷日本での用法。

スキューバ【scuba】(self-contained underwater breathing apparatus)自給気式潜水装置。圧搾空気をつめたボンベを背負い、圧力自動調節器を通してマウスピースから呼吸するもの。アクアラングは、商標名。

スキル【skill】訓練や経験などによって身につけた技能。ある人が有している

力量や技術。熟練。腕前。案技能

スキル アップ【skill up】技能や能力を向上させること。もっている技術を磨くこと。

スキン【skin】①皮膚。肌。②コンドームのこと。③皮。皮革。④ソフトウエアの画面表示のデザイン。また、そのデザインを変更する仕組み。

スキン ケア【skin care】肌の手入れ。また、肌を保護する化粧品。

スキン シップ【和skin＋ship】(親と子、教師と児童などの)肌と肌との触れ合いによる心の交流。

スキン ダイビング【skin diving】簡単な装備をつけて水中に潜るスポーツ。シュノーケル・ゴム製潜水衣・足ひれなどをつける。▷素潜《すもぐ》りの意。

スキン ヘッド【skinhead】(現代の若者などの)頭髪をすべて剃《そ》り落としたり、極端に短く刈りこんだ頭。また、その人。

スクイーズ【squeeze】しぼること。しぼり取ること。しぼり出すこと。

スクイズ【squeeze】スクイズ-プレーの略。野球で、三塁走者と打者とが示し合わせ、投球と同時に走者が走り、打者がバントして走者を生還させる攻撃法。

スクーター【scooter】①足をそろえて腰掛ける形で乗る、小型のオートバイ。②子どもの遊び用の乗り物。車輪を備えた細長い板にハンドルをつけたもの。片足を板に乗せ、一方の足で地面をけって走らせる。

スクープ【scoop】報道記者が、他の記者の知らぬうちに重大ニュースをさぐり出して報道すること。また、その記事。特種《とくだね》。▷スコップですくいとる意。

スクーリング【schooling】通信教育における一定期間の面接指導。案登校授業

スクール【school】①教育を行う機関や施設。技能や知識を授ける会や団体。学校。教習所。養成所。②学派。流派。

スクール カースト【和school＋caste】学校生徒の人間関係に見られる人気の階級・序列構造。人気の高い順からいくつかの階層グループが生まれる。下位グループほど不利益(いじめなど)を被りやすい。▷インドの身分制度であるカーストから。もとはネット利用者の俗語。

スクール カウンセラー【school counselor】学校で児童・生徒の生活上の問題や悩みの相談に応じるとともに、教師や保護者に対して指導・助言を行う者。

スクール ソーシャル ワーカー【school social worker】いじめや不登校、虐待などの問題解決のために学校に配置される専門家。学校の状況だけでなく、家庭、地域など、子どもにかかわるすべての背景や状況を視野に入れて判断し、問題の解決をめざす。

スクエア【square】①四角形。方形。②四つ辻の方形広場。③地積の単位。100平方フィート。④直角を描いたり、検査するときに用いる定規。一辺は厚く、他辺は薄い。金属製と木製がある。スコヤ。⑤几帳面《きちょうめん》なさま。堅苦しいさま。⑥貸借のないさま。特に、外国為替《かわせ》の買い為替と売り為替の各合計額が同額になることをいう。

スクエア ダンス【square dance】フォーク-ダンスの一種。8人が二人ずつ組になり、相手を順々に替えつつ、四辺形を描いて踊るダンス。

スクショ　スクリーンショットの略。

スクバ　若者言葉で、スクール-バッグ(学校鞄)の略。特に、革製の鞄ではない学校指定のボストン-バッグをさす。

スクラッチ【scratch】①ひっかくこと。②ゴルフやボウリングで、ハンデをつけないでプレーすること。また、ハンデ0のこと。③野球で、まぐれ当たり。④音楽で、ターン-テーブルを手で動かしノイズを出す演奏方法。ヒップ-ホップなどで多用される。⑤映画フィルムなどに付いたすり傷。⑥自転車競技のトラック競技種目の一。参加競技者のカテゴリーに応じて定められた距離(5～20km)を走り、完走時の着順を競う。

スクラッチ カード【scratch card】

コインなどでひっかくと削り落とすことができる蠟《ろう》状の物質で、籤《くじ》の結果や賞品内容などを示す部分を覆い隠す加工を施したカード。

スクラッチビルド【scratch building】模型を制作する際、既存のキットを組み立てるのではなく、自作した部品を組み立てること。

スクラップ【scrap】①新聞・雑誌などの記事の切り抜き。②鉄などの金属の切り屑《くず》。鉄屑。屑鉄。

スクラップ アンド ビルド【scrap and build】(工場設備や組織などで)採算や効率の悪い部門を整理し、新たな部門を設けること。

スクラバー【scrubber】洗浄機。廃棄物焼却炉のガス洗浄搭。

スクラブ【scrub】①ごしごしこすること。②毛穴の汚れを落とすための細かな粒子の入っている洗顔剤。

スクラム【scram】原発の緊急炉心停止系のこと。原子炉自体の異常や地震などのときに、制御棒を急速に挿入し、核分裂の連鎖反応を停止させる。

スクラム【scrum】①ラグビーで、両軍の選手が肩を組んで押し合い、足もとに投げ入れられたボールを奪い合うこと。ラック・モールが膠着《こうちゃく》した場合や、軽い反則後のプレー再開のときに行われる。②大勢の人々が肩や腕を組み合って、がっちりと固まること。

スクランブル【scramble】①緊急発進。防空識別圏内に敵機または国籍不明機が侵入した場合に迎撃戦闘機が最短時間で離陸する行動。②アメリカン-フットボールで、パスが投げられないと判断したときに、自らボールを持って走ること。③オートバイ-レースの一種。凹凸の激しい砂地や草地のコースで行うもの。スクランブル-レース。④放送を特定の受信者しか受信できないように、電波信号を変調させること。

スクランブル エッグ【scrambled eggs】卵にミルクなどを加え、バターでいり上げた料理。洋風いり卵。

スクランブル交差点 交差点内に入るすべての方向の車両を一時停止させ、歩行者がどの方向にも自由に横断できるようにした交差点。

スクリーニング【screening】①必要な資格を有しているかを調べること。適格審査。②健康な人も含めた集団から、目的とする疾患に関する発症者や発症が予測される人を選別すること。案ふるい分け

スクリーン【screen】①映画の映写幕。②映画。また、映画界。③写真製版で、原画の濃淡を網点で表現するために用いるガラスまたはフィルムの網目のある幕。④テレビ・レーダーなどの映像面。⑤印刷で、原画や写真原稿などを製版するとき、原稿の濃淡を網点の大小に変えて再現するために用いる網目のついたフィルム。⑥視野をさえぎるためのもの。ついたて。

スクリーン印刷(screen printing)孔版印刷の一。木または金属の枠に張った絹・ナイロンなどを版材とし、画線部は細かい織り目を通してインクを定着させる印刷法。版画・標識・インテリア-デザインなど幅広く応用されている。初め、スクリーンに絹を用いたところから、シルク-スクリーンともいう。シルクスクリーン印刷。

スクリーンショット【screenshot】パソコンやスマートフォンなどの表示画面を記録した画像。スクリーン-キャプチャー。

スクリーン セーバー【screen saver】コンピューターのディスプレーに同じ画像を長時間表示させたままにしておくと起こる焼き付きを防ぐためのソフトウエア。一定時間操作しないと自動的に表示を消したり不規則に動く画像を表示し、キーボードやマウスに触れると元の状態に戻す機能をもつ。

スクリーン ロック【screen lock】パソコンやスマートフォンで、通常の操作画面を隠したうえで、ロック解除以外の操作を受け付けない状態にすること。画面ロック。

スクリプト【script】①手書き文字に似せた欧文活字の書体。儀礼的な印

刷物やカタログなどに用いられる。②映画・放送の台本。③映画の撮影現場で各場面の様子や内容を記録する係(スクリプター)によって記された記録。④コンピューターに対する一連の命令などを記述したもの。コンパイルを必要とするプログラミング言語によるものに対し、より簡易な言語で記述されたものをいう。

スクリュー【screw】①船の螺旋《らせん》推進器。回転軸端についている金属羽根が螺旋面をなし、その回転によって船を前進させる。プロペラ。②ねじ。また螺旋状のもの。

スクリュー ドライバー【screw-driver】①ねじまわし。ドライバー。②カクテルの名。ウオツカにオレンジ-ジュースをまぜたもの。

スクレーパー【scraper】①土木工事に用いる掘削機の一。削土のほか、削った土の運搬にも用いる。②石器の一。掻《か》き取ったり削り取ったりする道具。③パンなどの生地を混ぜたり、かき集めたりするのに用いるへら状の器具。スケッパー。

スクロール【scroll】コンピューターのディスプレー画面で、一画面で表示しきれないとき、巻物を巻くように表示内容を上下・左右に動かすこと。

スクワット【squat】①上半身を伸ばしたまま行う膝《ひざ》の屈伸運動。②パワー-リフティング種目の一。しゃがんだ姿勢でバーベルを両肩にかつぎ、そのまま立ち上がる競技。▷しゃがむ意。

スケート【skate】①氷上を滑るための用具。底に金属製のブレード(板)をとりつけた靴。アイス-スケート。②①を用いてするスポーツ。

スケート ボード【skateboard】約70センチメートルの縦長の厚板の底の前後に2つのローラーをつけたもの。また、その上に乗って平地や斜面を滑走するスポーツ。サーフ-ローラー。スケボー。

スケープゴート【scapegoat】①古代ユダヤで、人の罪を負って荒野に放たれたヤギ。贖罪《しょくざい》のヤギ。②他人の罪を負わされ身代わりとなる者。いけにえ。

スケーラビリティー【scalability】大規模化してもコストなどが規模に比例して増えないこと。コンピューターの分野では、システムが有する拡張性のことをいい、システムへの要求の変化に応じたり、それに伴って自らの性能を柔軟に変化させるようすをさす。

スケーラブル【scalable】大規模化してもコストなどが規模に比例して増えないさま。

スケーリング【scaling】歯根表面の歯垢《しこう》・歯石などを除去し、表面を滑らかにすること。

スケール【scale】①物事の規模。また、人の度量・見識の大きさ。②物の長さや角度を測る目盛りをつけた器具。地図や図面の縮尺目盛り。③はかり(の皿)。④音階。

スケール アウト【scale out】情報システムにおいて、サーバーの数を増やすことでシステム全体の性能を向上させること。水平スケール。→スケールアップ

スケールアップ【scaleup】①規模が大きくなること。→スケールダウン②情報システムにおいて、既存サーバーの機能を強化すること(性能の良いサーバーへの交換など)によってシステム全体の性能を向上させること。垂直スケール。→スケール-アウト

スケールダウン【scaledown】①縮尺すること。②規模を縮小すること。→スケールアップ

スケール メリット【和scale＋merit】規模を大きくすることで得られる利益。㊥規模効果

スケジュール【schedule】日程。予定。また、日程表。予定表。

スケッチ【sketch】①眼前の風景やものなどを大まかな絵にかくこと。また、その絵。②風景・情景などを作為をまじえずに小文にすること。また、その小文。③描写的な小曲。

スケルトン【skeleton】①骨格。(船・建物の)骨組み。②ガス-ストーブなどの、網の目のような燃焼板。③プログラムを作成する場合に使用するひな

型。④中身が見えるような半透明の状態。また、そのような素材を使用した製品。⑤そり競技の一。鉄製の刃のような滑走部と板状の車台のみで構成されたそりを用いる。頭を前方にしてうつ伏せに乗り、重心移動により操作する。

スコア【score】①スポーツやゲームの得点。②音楽の総譜《そうふ》。合奏(唱)や重奏(唱)、管弦楽などのすべての声部の譜表をまとめて書いたもの。

スコア ボード【scoreboard】競技場の、得点・選手名などの表示板。スコア-ボールド。

スコア メイク【和score ＋ make】ゴルフで、良いスコアを出すこと。

スコアラー【scorer】スポーツで、試合の経過や得点を記録する係。記録員。

スコアリング システム【scoring system】採点や評点の仕組み。スポーツ競技の得点計算法や、クレジット-カード会社が融資希望者を審査するために用いる評点システムなど。

スコート【skort】①テニス用のショート-スカート。②女子学生が運動のときに着る、キュロット式の丈の短いプリーツ-スカート。商標名。

スコーピオン【scorpion】蠍《さそり》。

スコープ【scope】①(視野・見識・作用などの)範囲。領域。②光学器械の名の一部として、「見る道具」の意を添える。③カリキュラムを編成する際、あらかじめ設定される教育内容の範囲。また、それを決定する基準や観点。→シーケンス

スコール【デンマーク skål】乾杯。

スコール【squall】熱帯地方で、強風を伴って襲う激しいにわか雨。

スコーン【scone】①小麦粉やオートミールなどでつくった生地を丸く焼いた、小型のパンケーキ。②小麦粉・卵・バター・牛乳・ベーキング-パウダーなどを混ぜて焼いた小型のパン状の焼き菓子。バター・ジャムなどとともに供される。

スコッチ【Scotch】①スコットランドの・スコットランド風の、の意。②スコッチ-ウイスキー。

スコットランド ヤード【Scotland Yard】ロンドン警視庁の別称。▷もと本部の建物がスコットランド-ヤード(ロンドン中心街の通りの名)に所在したことから。

スコップ【オランダschop】主に土砂をすくうために使う道具。ふつうシャベルよりも小型のものをいう。

スコポラミン【scopolamine】多くのナス科植物に含まれるアルカロイドの一種。副交感神経抑制薬。鎮痙《ちんけい》・乗り物酔いの予防などに用いられる。

スコラ【ラテン schola】学校。

スコラ哲学 西欧中世の教会・修道院の学校(スコラ)の学者・教師たちによって担われた学問。教父から継承したキリスト教思想と、アリストテレスを中心とする哲学とをどのように調和的にあるいは区別して理解するかを中心課題とした。

スコンク【skunk】勝負で、1点もとれずに負けること。零敗。スカンク。

スター【star】①星。②人気のある俳優・運動選手など。花形。③高エネルギーの素粒子が原子核と衝突したとき、四方にハドロンが放出される現象。

スターター【starter】①競技で、出発の合図をする人。②スタートする人。競技を始める人。③自動車などのエンジン始動装置。▷始める人やもの、の意。

スターダスト【stardust】星屑《ほしくず》。小さな星々。

スターダム【stardom】人気スターの地位。

スターチ【starch】澱粉《でんぷん》。

スターティング メンバー【和starting＋member】試合開始時の出場選手。先発メンバー。スターメン。

スタート ⇨START

スタート【start】出発。出発点。

スタート アップ【start-up】①コンピューターで、システムやプログラムを起動すること。②起業。新設したばかりの企業。

スタート ページ【start page】ウェ

ブ-ブラウザーを起動した際に、最初に表示されるウェブ-ページ。またはその用途のために公開されているウェブ-ページ。

スターマイン【starmine】多数の花火を、絶え間なく連続して打ち上げる仕掛け花火。

スタイ　乳児・幼児用のよだれかけ。

スタイラス【stylus】携帯情報端末などで使われるペン型の入力装置。スタイラス-ペンとも。

スタイリスト【stylist】①服装などに気を配る人。おしゃれな人。②芸術上の様式主義者。形式主義者。③独自な文体を意識的に用いる作家。④俳優やモデルの髪形・衣服などについて助言・指導する職業。また、その人。

スタイリッシュ【stylish】しゃれているさま。流行を意識しているさま。

スタイリング【styling】（デザインの）様式・型。また、ある様式に整えること。

スタイル【style】①体つき。姿。風采《ふうさい》。②服装や髪形。③製品の型。デザイン。④表現上の様式。表現形式や表現手法。⑤個人・階層・社会に特有な行動の仕方や考え方。

スタイル シート【style sheet】コンピューターのアプリケーション-ソフトにおいて、レイアウトを統一できるように、文字の大きさやフォントなどの書式を登録しておく書類。→CSS

スタウト【stout】強いホップの香りと濃い味を持つ濃色ビール。焦がした麦芽を用いて造られる。アルコール分もやや強い。

スタグネーション【stagnation】経済の停滞。不景気。

スタグフレーション【stagflation】経済活動が停滞しているにもかかわらず、インフレが進む現象。▷stagnation（停滞）とinflationの合成。

スタジアム【stadium】観客席のある競技場。野球場・陸上競技場など。

スタジアム グルメ【和stadium＋gourmet】競技場内で販売される料理。

スタジアム ジャンパー【和stadium＋jumper】身頃と袖の色が異なり、胸や背にワッペンやロゴがついたジャンパー。野球選手がウオーミング-アップのときに着ていたことから流行。

スタジオ【studio】①芸術家・工芸家などの仕事場。工房。アトリエ。②写真館。写真の撮影場。③映画の撮影所。④放送局の放送室。⑤（レコード・テープなどの）録音室。

スタ ジャン　スタジアム-ジャンパーの略。

スタッカート【イタリアstaccato】音楽で、1音符ずつ切り離して歯切れよく演奏すること、また歌うこと。また、それを示す符号。

スタッカブル【stackable】積み重ねが可能であること。

スタッキング【stacking】積み重ねること。積み重ねが可能であること。

スタック【stack】①コンピューターで処理中のデータを一時的に退避させること。また、そのための記憶領域。②コピー機で複数の紙を複写する際に、原稿1枚ごとにまとめて印刷する機能。▷「積み重ねる」の意。

スタック【stuck】動かなくなること。動けなくなること。

スタッズ【studs】⇨スタッド

スタッツ【stats】スポーツで、選手のプレー内容に関する統計数値。特に、フットボールなどでいう。▷統計の意のスタティスティックス（statistics）から。

スタッド【stud】①鋲《びょう》。スパイク-タイヤに打ち込んである鋲。②飾り鋲。飾りボタン。

スタッドレス タイヤ【studless tyre】滑り止め用の鋲《びょう》を使わず、トレッド面のゴムの成分や溝の形状を積雪路や凍結路に適合させたタイヤ。スパイク-タイヤの鋲が、路面を削って粉塵公害を引き起こすことから、代わりに使われる。

スタッフ【staff】①ある仕事について、それぞれの部門を担当している人々。また、その人々の陣容。顔ぶれ。②劇・映画などで、出演者を除いて、制作に携わる人々。③企業組織で、

製作・販売に直接携わらず、その企画・助言・補佐を行う間接的部門。→ライン

スタッフ【stuff】①西洋料理で詰め物。ファルシール。②材料。原料。

スタッフィング【stuffing】①詰めること。また、詰め物。②雑誌や新聞などの埋め草。

スタッフ ロール【staff roll】映画やテレビ番組、コンピューター-ゲームなどの終了時に画面に流れる製作関係者の名称一覧。クレジット-ロール。エンド-クレジット。

スタディー【study】勉強。研究。

スタティック【static】静止した状態にあるさま。静的。→ダイナミック

スタビライザー【stabilizer】①船舶の動揺を軽減する装置。②飛行機の揺れを減少させ姿勢を安定させる装置。安定板。垂直尾翼・水平尾翼など。③自動車のローリングを抑えて安定をはかる装置。ロール-スタビライザー・アンチ-ロール-バーをさす。④(火薬などの)安定剤。▷安定させるもの、の意。

スタビリティー【stability】①安定性。すわり。②船舶や飛行機の復原力。

スタミナ【stamina】持久力。体力。精力。

スタリオン【stallion】種馬《たねうま》。

スタン ガン【stun gun】護身用の高圧電流銃。

スタンス【stance】①姿勢。態度。構え。②物事に対するときの心構え。態度。③野球やゴルフで、打者が構えたときの両足の幅。案 立場

スタンダード【standard】①標準。基準。標準的であるさま。②ジャズ・ポピュラー音楽などで、いつの時代にも根強い人気をもつ曲目。スタンダード-ナンバー。

スタンツ【stunts】①組み体操。また、チアリーディングなどで組んで行う演技。②パーティーやキャンプファイヤーなどでグループごとに披露する寸劇などの出し物。

スタンディング【standing】立っていること。立ち見。

スタンディング オベーション【standing ovation】立ち上がってする拍手喝采《かっさい》。

スタンディング デスク【standing desk】立った状態で利用する机。

スタント【stunt】①離れ業。②撮影などで、危険な場面での代役をつとめること。

スタンド【stand】①競技場の周囲に高く設けられた観覧席。②「電気スタンド」の略。机上や床に置いて用いる電灯台。③物を立てたりのせたりするための台。④立ったままで飲食できるようになっている店。⑤街路や駅などの売り場。

スタンド アップ パドル ボード【stand up paddleboard】大きめのサーフ-ボードに立った状態で乗り、パドルでバランスを取りながら水面を滑走するスポーツ。スタンド-アップ-パドル-サーフィン。SUP。

スタンド アロン【stand-alone】他の機器と接続せずに独立して、単独で使用できる機器。OA機器をさすことが多い。→オンライン

スタンド カラー【stand-up collar】首にそって立つ、折返しのない襟。立ち襟。スタンディング-カラー。

スタンドパイプ【standpipe】火災消火の際に用いる金属製パイプ。消火栓・排水栓に差し込んでホースを接続する。

スタンドプレー ①スポーツなどで、観客の拍手を受けようとして行う派手なプレー。②自分の存在を目立たせようとして意識的に行う行為。▷grandstand playから。

スタンバイ【standby】①指示があれば直ちに行動できる態勢をとること。待機。②航海・航空用語で、(出港・出発などの)用意、準備。③放送用語で、準備、準備完了。あるいは、事故のときのために用意しておく、予備番組や出演者。

スタンプ【stamp】①印《いん》。特に、大きめのゴム印。印章。②郵便物などに

おす消印。

スタンプ ラリー【和stamp＋rally】一定の経路を巡って各ポイントに置いてあるスタンプを集めるゲーム。

スチーム【steam】①蒸気。②蒸気による暖房装置。

スチーム クリーナー【steam cleaner】高温の蒸気を噴射して、汚れを落とす機器。スチーム掃除機。スチーム洗浄機。

スチームド ミルク【steamed milk】蒸気で温めた牛乳。カプチーノなどに用いる。スチーム-ミルク。

スチール【steal】①盗む。盗み取る。②野球で、盗塁。

スチール【steel】鋼鉄。はがね。

スチール【still】①静止画像、また、写真。②映画の宣伝用などに使う写真。スチル。

スチール カメラ【still camera】ビデオや映画用のムービーカメラに対して、特に写真撮影用のカメラ。

スチール ギター【steel guitar】水平な盤面に6弦をもち、指板上に金属の棒を滑らせて演奏する電気ギター。多くハワイアン・ウエスタン音楽に用いられる。ハワイアン-ギター。

スチール ドラム【steel drum】トリニダードで考案された、ドラム缶から作る打楽器。

スチュワーデス【stewardess】女性のキャビン-アテンダントの旧称。

スチュワード【steward】①料理番。司厨《しちゅう》員。給仕。②男性のキャビン-アテンダントの旧称。

スチュワードシップ コード【stewardship code】機関投資家が責任ある株主行動を行うために遵守すべき行動規範。英国で2010年に公表。日本では2014年(平成26)に金融庁が制定。法的拘束力はないが、コンプライ-オア-エクスプレーンと呼ばれる説明責任がある。▷スチュワードは財産管理人の意

スチレン【styrene】無色で芳香のある引火性液体。工業的にはエチルベンゼンの脱水素反応により大量に合成され、ポリスチレンや合成ゴムの原料となる。スチロール。

スツール【stool】背もたれのない腰掛け。

ズッキーニ【イタリア zucchini】カボチャの一種。北米南部・メキシコ原産。果実は形がキュウリに似ており、果皮は緑色または黄色。若い果実をフライや炒《い》ため物などにする。

ズック【オランダ doek】①麻・木綿の繊維を太く縒《よ》った糸で織った布地。帆布・テント・靴などに用いられる。②①でつくった運動靴。

スッチー 俗に、スチュワーデスのこと。

ステア【stair】階段。また、段。

ステア【steer】舵《かじ》をとること。操縦すること。進路を定めること。

ステア バイ ワイヤ【steer-by-wire】自動車において、ハンドル(ステアリング-ホイール)からタイヤへの指示を、機械ではなく電気信号によって伝える方式。SBW。

ステアリング【steering】①ステアリング-システムの略。自動車の方向変換装置。②ステアリング-ホイールの略。自動車などのハンドル。

ステイ【stay】滞在すること。泊まること。

スティープ【steep】傾斜が急なさま。険しいさま。

スティグマ【stigma】個人に非常な不名誉や屈辱を引き起こすもの。アメリカの社会学者ゴフマンが用いた。▷ギリシャ語で、奴隷や犯罪者の身体に刻印された徴《しるし》の意。

スティッキー【sticky】付箋《ふせん》の俗称。紙製のものの他、パソコンの画面上で実現したものなどをいう。

スティック【stick】①棒状のもの。②ホッケーなどで、球を打つための先端の曲がった棒。打棒。

ステイ ホーム【和stay＋home】災害などに際して、外出を控え、家にとどまること。

スティミュラス【stimulus】刺激。刺激剤。

ステイヤー【stayer】①長距離走

者。②競馬で、長距離のレースを得意とする馬。長距離馬。

ステイン【stain】木材や合板の着色仕上げ剤。染料や顔料をアルコールや油に溶いたもので、木目を美しく仕上げるのに用いる。

スティンガー【stinger】①とげや針をもつ動植物。あるいはそのとげや針。ヘビの毒牙。②カクテルの一。ブランデーにミント-リキュールを加えたもの。③(Stinger)アメリカ陸軍の歩兵携行式の小型地対空ミサイル。日本の陸上自衛隊も採用。スティンガー-ミサイル。

ステー【stay】①船舶で、マストを支える索。支索。維持索。②建築で、支柱。③工業関係で、強度の不足する部分の補強材。

ステーキ【steak】厚めに切った肉を焼いた料理。特に、ビーフ-ステーキのこと。

ステークス【stakes】競馬で、馬主が出した特別の出馬登録料を付加賞金とするレース。特別賞金レース。

ステークホルダー【stakeholder】企業に対して利害関係をもつ人。株主・社員・顧客のほか、地域社会までをも含めていう場合が多い。

ステージ【stage】①舞台。演壇。②段階。

ステーショナリー【stationery】文房具。

ステーション【station】①駅。停車場。②ある業務を集中的に取り扱う所。③詰め所。

ステーション ワゴン【station wagon】貨物兼用の乗用車。後部座席は折り畳み式で、後面が荷物の出し入れに便利なように開閉できる。ワゴン。

ステータス【status】①社会的地位や身分。また、社会的地位の高さ。②状態。③ホテルやレストランで、予約の状況。

ステート【state】①国家。②(アメリカ合衆国・オーストラリアなどの)州。

ステートメント【statement】①政治や外交について公式に発表される意見。声明。声明書。②コンピューターのプログラム言語で記述された文。コンピューターに動作を指示する。

ステープラー【stapler】⇨ホチキス

ステープル【staple】電気コードなどを取り付けるのに使うU字形の釘《くぎ》。

ステッカー【sticker】貼り札。多く、広告やスローガンなどを印刷してあるものをいう。

ステッチ【stitch】①縫い目。針目。また、縫い方・刺し方の技法。②飾りミシン。

ステッパー【stepper】集積回路の製造で、回路パターンを比例縮小して基板上に露光転写する装置。→リソグラフィー

ステップ【step】①列車・バスなどの乗降口の踏み段。②足の運び。足どり。歩調。特にダンスでいう。③三段跳びの、二段目の跳躍。④スポーツで、足を踏み出すこと。⑤登山で、氷壁などを登降するとき、アイゼンやピッケルで刻む足場。⑥物事をおしすすめる際のひとつの段階。⑦コンピューターの高級言語における命令の最小単位。

ステップ【steppe】①ウクライナからカザフスタンにかけての草原。肥沃《ひよく》な栗色土または黒色土が発達し、小麦・牧羊地帯をなす。②内陸部の半乾燥地帯にある、短い草だけが生えている草原。

ステップ アップ【step up】①上達。進歩。上昇。昇進。②債券で、償還までに利率が段階的に引き上げられること。また、住宅ローンなどで年間返済額が途中で段階的に引き上げられること。

ステップファーザー【stepfather】継父。

ステップファミリー【stepfamily】血縁でない親子関係を含んだ家族。

ステップマザー【stepmother】継母。

ステディー【steady】①現在方向のまま進め、という船の号令。宜候《ようそろ》。②デート相手として互いが固定している間柄。

ステディカム【Steadicam】カメラ-

スタビライザーの商標名。→カメラ-スタビライザー

ステビア【ラテン Stevia】キク科の多年草。パラグアイ原産。葉にはステビオサイドという甘味成分を含む。アマハステビア。

ステマ　ステルス-マーケティングの略。→ステルス-マーケティング

ステルス【stealth】航空機・ミサイルなどに電波吸収材としてフェライトを塗ったりするなどして、レーダーによる早期発見を困難にさせること。▷隠密の意。

ステルス マーケティング【stealth marketing】仕掛け人の存在や意図を、消費者に悟られないような手法によって行う宣伝活動。一般人を装った担当者が、街角でさりげなく商品を持ち歩くような手法など。ステマ。

ステレオ【stereo】録音・再生のための二つ以上の独立したアンプ・スピーカーを用い、立体感・臨場感を得られるようにした音響方式や音響装置。3D。→モノラル

ステレオタイプ【stereotype】①原版からとった紙型に、溶融した鉛などを流し込んでつくった複製版。鉛版。ステロ版。ステロ。②ものの見方・態度や文章などが型にはまって固定的であること。紋切り型。▷ステロタイプとも。[案]紋切り型

ステロイド【steroid】炭素6原子からなる環状構造3個と炭素5原子からなる環状構造1個とを含む構造を基本骨格にもつ一群の有機化合物の総称。誘導体には各種のホルモンとしてのはたらきをはじめ、さまざまな生理作用・薬理作用をもつものが多い。動植物体に広く分布するほか、天然にないものも多数人工合成されている。

ステロタイプ【stereotype】⇨ステレオタイプ

ステンシル【stencil】謄写印刷・捺染《なっせん》印刷などで用いる一種の型紙。文字や模様の部分を切り抜き、インクが通過するようにしたもの。

ステンド グラス【stained glass】色ガラスを組み合わせて、いろいろな模様・画像などを描き出したガラス板。ゴシック様式の特徴の一つで、10世紀以後教会の窓などに用いられてきた。▷着色ガラスの意。

ステンレス【stainless】ステンレス鋼の略。▷錆《さ》びない、の意。

スト　ストライキの略。→ストライキ

ストア【ギリシャ stoa】ギリシャ建築で、列柱のある細長い建物。柱の前方は広場に面し、遊歩場・集会場に用いられた。柱廊。

ストア【store】店。商店。

ストイシズム【stoicism】①ストア学派の学説。②ストア学派風の克己禁欲主義。厳格主義。

ストイック【stoic】禁欲的に厳しく身を持するさま。▷ストア哲学の信奉者の意から。

ストーカー【stalker】特定の相手に対し、つきまといや待ち伏せなどの行為を繰り返す人。特定の人を執拗《しつよう》に付け回して交際を強要する人。▷隠れて忍び寄る意。

ストーブ【stove】石炭・石油・ガスなどを燃やしたり、電熱を利用した室内用暖房器具。

ストーマ【stoma】人工肛門《こうもん》。人工膀胱《ぼうこう》にともなう尿の排泄《はいせつ》口。▷ラテン語で「穴」の意。

ストーム【storm】①嵐。暴風雨。②集団でどんちゃん騒ぎをすること。

ストーム プルーフ【storm-proof】激しい風や雨への耐性があること。

ストーリー【story】①物語。②小説・映画・演劇などの筋。筋書き。物語全体の概要。

ストーリーテラー【storyteller】筋の面白さで読者をひきこむ作家。

ストーリーライン【storyline】物語の展開や構成。

ストール【stall】①飛行機の失速。②自動車などで、急加速したときなどに、エンジンが停止する現象。

ストール【STOL】(short take-off and landing airplane)上昇性能を良くし、500m以下の短い滑走路で離

着陸できるようにした飛行機。エストール。

ストール【stole】①婦人用の細長い肩掛け。毛皮・絹・レースなどで作り、防寒・装飾に用いる。②主にカトリックの聖職者が使用する、細長い帯状の肩掛け。ストラ。

ストーン【stone】石。

ストーン ウオッシュ【stone-washed】ジーンズや皮革を砕石と共にもみ洗いして、古着の味わいをもたせる加工法。

ストッキング【stocking】長い靴下。特に、婦人用の薄い長靴下。

ストック【stock】①物を蓄えること。また、蓄えた物。在庫品。②株券。③ある時点に存在する財の総量。マクロ経済学では貨幣供給量・外貨準備高など、ミクロ経済学では資本金・負債残高など。→フロー ④住宅政策などの観点から、既存の住宅のこと。⑤スープなどに使う、肉・骨などの煮出し汁。⑥アブラナ科の多年草、アラセイトウの別名。観賞用に栽培。

ストック【ドイツ Stock】スキーで用いる杖《つえ》。

ストック オプション【stock option】あらかじめ決めた価格で自社株式を購入する権利。また、それを定めた制度。会社に貢献した特定の個人や機関に、報酬として会社が認める。

ストックホルダー【stockholder】株主。シェアホールダー。

ストックホルム症候群(Stockholm syndrome)長期にわたる監禁状態の中で、人質が犯人に対する好意的感情を抱く現象。▷1973年にストックホルムで発生した人質立てこもり事件から。

ストックヤード【stockyard】資源ごみなど、リサイクルに供するものを一時保管しておく場所。㊟一時保管所

ストッパー【stopper】①機械などを静止させる装置。②物を静止させておく器具。③続いていることを止める人。④球技などで、相手の攻撃を止める選手。特に野球で、勝ち試合の最後に投げる救援投手。

ストップ【stop】①とまること。とめること。やめること。②「とまれ」の信号。③オルガンなどの音栓。

ストップオーバー【stopover】①旅行の途中で立ち寄ること。また、その立ち寄り先。②途中下車。③途中降機。航空機を利用する旅客が自分の意思で経由地に24時間以上滞在すること。

ストマック【stomach】胃。

ストライカー【striker】サッカーなどで、強いシュート力をもち高得点をあげる選手。

ストライキ【strike】①労働者が団結して業務を停止する行為。②学生・生徒が、団結して授業や試験を受けないこと。▷略してストとも。

ストライク【strike】①野球で、投球のうち、ストライク-ゾーンを通過したもの、打者が空振りやファウルしたものをいう。→ボール ②ボウリングで、第1投で全部のピンを倒すこと。

ストライク ゾーン【strike zone】①野球で、本塁上の空間のうち、打者が自然な打撃姿勢をとったときの、腋《わき》の下から膝頭《ひざがしら》の上部までの範囲。②(主に若者言葉で)異性に対する好みの範囲のこと。

ストライド【stride】歩幅。また、歩幅の大きいこと。

ストライプ【stripe】縞《しま》。縞模様。

ストラクチャー【structure】①構造。組織。体系。②建造物。構築物。

ストラップ【strap】①(携帯電話などの)吊《つ》りひも。②衣類の肩ひも。

ストラテジー【strategy】ある目的を達成するために、総合的に進められる計画や運用方法。戦略。

ストランド【strand】(ロープや鋼索の)子縄。より糸。

ストリーキング【streaking】(意図的に)全裸になって街の中を走り回ること。

ストリート【street】街路。通り。市街。

ストリート カルチャー【street culture】街中で自然発生した表現やパフォーマンスを発祥とする文化の総称。ストリート-ファッション・ヒップ-ホップ・Xスポーツなど。

ストリート ダンス【street dance】アメリカの街路で発生した踊り。ブレーク-ダンスなど。

ストリート チルドレン【street children】（戦災・自然災害・貧困・家庭崩壊などで）住む家がなく、路上で物売りや物乞いなどをしながら生きている子供たち。

ストリート バスケット【streed basket】ひとつのバスケット-リングを使ってゴールを争うバスケット-ボール。3人対3人などで試合をすることから、スリー-オン-スリー（three on three）とも呼ばれる。

ストリート ファイト【street fight】街路上などでの喧嘩。賭けで行う喧嘩など。

ストリート ファッション【street fashion】街の中の若者たちのファッション。自然発生的に形成されたもの。ストリート-カジュアル。ストリート-スタイル。

ストリート ミュージシャン【street musician】路上で演奏活動を行うミュージシャン。

ストリート ライブ【street live】路上で、不特定の人に対して演奏活動を行うこと。路上ライブ。

ストリーミング【streaming】通信回線で送受信される音声や動画のデータを受信と同時に再生する技術。

ストリーム【stream】①小川。せせらぎ。②人や物の流れ。③時流。時勢。趨勢《すうせい》。傾向。

ストリップ【strip】①人前で着物をぬぐこと。裸になること。②ストリップ-ショーの略。③金属の薄板。

ストリング【string】①糸。緒《お》。②弦楽器の弦。③ビリヤードで、得点。④アーチェリーの弓の弦。⑤記号列。一続きの文字・数値。

ストリングス【strings】①オーケストラの弦楽器部。②弦楽器を主体とした演奏。また、その奏者。

ストレージ【storage】デジタル情報を記録・保存するハード-ディスクや光磁気ディスク-ドライブなどの記憶装置の総称。ストーリッジ。

ストレージ サービス【storage service】インターネットを介して各種デジタル-データの保管を代行するサービス。オンライン-ストレージ-サービス。

ストレート【straight】①まっすぐなこと。一直線なこと。②行動や表現が率直なこと。③ボクシングで、手をまっすぐに伸ばして相手を打つこと。④野球で、直球。⑤途中で他のものをさしはさまないこと。⑥生《き》のままであること。混ぜものをしないこと。⑦トランプのポーカーの役の一。5枚の札の数が連続しているもの。

ストレート パーマ（straight permanent wave）頭髪をまっすぐに伸ばすためのパーマ。

ストレート プレー【straight play】一般的な舞台演劇。台詞劇《せりふげき》をミュージカルから区別するのに用いる。

ストレーナー【strainer】調理の際、濾《こ》すために用いる道具。濾し器。

ストレス【stress】①精神緊張・心労・苦痛・寒冷・感染などごく普通にみられる刺激（ストレッサー）が原因で引き起こされる生体機能の変化。一般には、精神的・肉体的に負担となる刺激や状況をいう。②強弱アクセントで、強めの部分。強勢。③物体に加えられる圧力。④外的圧力に対する弾性体内部の反発力。

ストレス チェック【和stress＋check】①ストレス（心理的負担）の度合いなどを検査・診断すること。②労働者を対象として、医師・保健師などがストレスの検査を行う制度。労働安全衛生法に基づき、従業員50名以上の事業所が1年以内ごとに1回実施する義務がある。2015年（平成27）12月、制度開始。

ストレス テスト【stress test】①金融機関に対する審査。経済情勢が悪

化した場合の損失を査定し、自己資本の不足額を試算する。健全性審査。②原子力発電所に対する検査。地震や津波などの災害が原発の設備や機能に与える影響をシミュレーションで調べる。安全評価。耐性検査。

ストレスフル【stressful】緊張・ストレスが大きいこと。

ストレッチ【stretch】①伸縮性に富む布・素材。②競技場・競馬場などの直線コース。③ストレッチングに同じ。

ストレッチャー【stretcher】患者を寝かせたまま運ぶ車輪のついたベッド。担送車。

ストレッチング【stretching】腱《けん》・筋肉・関節を伸ばす体操。ストレッチ。ストレッチ体操。

ストレプトマイシン【streptomycin】放線菌の一種ストレプトマイセス属から分離された抗生物質。結核・淋疾《りんしつ》・肺炎球菌感染症・細菌性赤痢《せきり》などの多くの細菌性疾患に有効。副作用として難聴などがみられる。ストマイ。

ストレリチア【ラテン Strelitzia】バショウ科の多年草。数種あるが、日本では多くゴクラクチョウカが温室栽培される。花茎の先端に羽を広げた鳥のような橙黄色の花をつける。

ストレングス【strength】力。勢い。強さ。

ストレンジャー【stranger】見知らぬ人。外国人。異邦人。エトランゼ。

ストロー【straw】①麦わら。②液体を飲むための、麦わらやビニールなどでつくった細長い管。

ストローク【stroke】①手やオールなどで水をかくこと。②クラブやラケットでボールを打つこと。③往復機関で、シリンダー内をピストンが一端から他端まで動く距離。行程。

ストロー ハット【straw hat】麦わら帽子。かんかん帽。

ストロベリー【strawberry】イチゴ。特に、オランダイチゴのこと。

ストロボ【strobo】①写真用光源の一。②ストロボスコープの略。回転体の回転速度や回転中の運動の様子、また振動の周波数を測定する装置。▷もと商標名。

ストロング【strong】①強いさま。強力なさま。②コーヒーなどの味が濃いさま。→マイルド

スナイパー【sniper】①狙撃手。②俗に、オークションの終了直前に現れて、落札する人。

スナック【snack】①(通常の食事以外に食べる)簡単な食事。軽食。②気軽に食べることのできる菓子の総称。ポテト-チップ・ポップコーンなど。スナック菓子。③スナック-バーの略。軽い食事もとれるバー。

スナップ【snap】①衣服のあきをとめる、凸形と凹形で一組みの留め具。ホック。②スナップショットの略。③スポーツなどで、動作の瞬間にはたらかせる手首の力。

スナップショット【snapshot】①人物などの瞬間的な動作をすばやく写すこと。早撮り写真。スナップ。スナップ写真。②コンピューターの開発中・運用中のシステムにおいて、ある瞬間のソース-コードやデータの様子などを抜き出したもの。

スニーカー【sneaker】底がゴムでできた、布あるいは革製の運動靴。

スヌーズ【snooze】目覚し時計で、一度警報音を止めても、一定時間ごとに警報音が繰り返し鳴る機能。二度寝を防ぐために用いる。▷原義はうたた寝の意。

スヌード【snood】①後頭部から項《うなじ》にかかる髪をまとめて束ねるネットでできた筒状の帽子。▷もとはスコットランドの未婚女性が頭に巻いたヘア-バンドのこと。②筒状の襟巻き。ネック-ウォーマー。

スノーシュー【snowshoes】雪の上を歩くレジャー用の履き物。かんじきのようなもの。新雪の上でも、足を沈めることなく歩行可能。

スノーボード【snowboard】雪の斜面を滑り降りるための細長い板。また、それを使って行う競技。速さを競う種

目、ジャンプ・ターンの巧みさを競う種目などがある。スノボ。

スノーモービル 【snowmobile】 オートバイの前輪をスキー、後輪をキャタピラーに変えたような小型雪上車。

スノー ラフティング 【snow rafting】 雪上版のラフティング。人を載せたゴムボートをスノーモービルで牽引する。

スノッブ 【snob】 教養のある人間のように振る舞おうとする俗物。えせ紳士。

スノビズム 【snobbism】 教養人を気どる俗物根性。紳士気どり。

スノボ スノーボードの略。

スパ 【spa】 温泉。鉱泉。

スパーク 【spark】 放電などによって火花が出ること。また、その火花。

スパークリング 【sparkling】 発泡性。

スパークリング ワイン 【sparkling wine】 液中に炭酸ガスを含むワイン。白ワインに糖分を加え再発酵させ、発生した炭酸ガスをワインに保有させて密封する。シャンパンがその代表。人工的に炭酸ガスを吹き込んでつくる方法もある。

スパート 【spurt】 競走・競泳・競漕《きょうそう》などで、全速力を出すこと。

スパイ 【spy】 ひそかに相手の陣営に入り込み、相手方の機密情報を探り出すこと。また、それをする者。間諜《かんちょう》。密偵。

スパイ ウエア 【spyware】 利用者のプライバシー情報を制作者に送信するソフトウエア。何らかのフリーウエアと共にインストールされることが多い。利用者のウェブ参照履歴を送信するものなどがある。▷制作者によってプライバシー-ポリシーが明確に示されている点などから、ウイルスなどと区別される。

スパイク 【spike】 ①靴底やタイヤに、滑り止めのためにつける金具。また、そのような金具のついたもの。②バレーボールで、味方がトスした球をジャンプして相手側コートに強く打ち込むこと。

スパイシー 【spicy】 料理の味つけに香辛料がきいているさま。

スパイス 【spice】 香辛料。香味料。胡椒《こしょう》・辛子《からし》など。

スパイダー 【spider】 蜘蛛《くも》。

スパイラル 【spiral】 ①螺旋《らせん》。螺旋形。②フィギュア-スケートで、氷面を螺旋を描くように滑ること。③数学で、平面上の螺線。④物価・企業収益・賃金などが、循環するように変動すること。

スパゲッティ 【イタリア spaghetti】 イタリアの、細くて長く、管状でない麺《めん》。マカロニとともにパスタを代表するもの。▷スパゲティとも。

スパコン スーパー-コンピューターの略。

スパッツ 【spats】 ①伸縮性のある素材でつくった、脚にぴったりつく長いパンツ。カルソン。②靴の上からつけて足首の上まで覆うカバー。19世紀末頃流行。

スパナ 【spanner】 ボルトおよびナットの締め付け、取り外しに用いる工具。板スパナ・両口スパナ・自在スパナなど。レンチ。

スパニッシュ 【Spanish】 スペインの、スペイン風、の意で、他の外来語の上に付いて複合語をつくる。

スパム 【spam】 ①豚肉をソーセージのように加工して缶詰にした食品。ポーク-ランチョン-ミート。商標名。②⇨スパム-メール

スパム フィルター 【spam filter】 電子メールにおいて、スパム-メールを受信しないよう選別する仕組みのこと。

スパム メール 【spam mail】 俗に迷惑な電子メールの総称。不特定多数に向けて、一方的に送付される広告メールなど。単にスパムともいう。ジャンク-メール。▷スパム①から。

スパルタ 【Sparta】 古代ギリシャの都市国家。ドーリア人がペロポネソス半島南部に建設。軍国主義的政治体制、勤倹・尚武の厳しい教育を行なった。

スパルタ教育 (ギリシャ時代のスパルタで行われたような)厳しい教育。

スパルタン 【Spartan】 鍛え上げられている様子。質実剛健であるさま。簡素なさま。▷古代ギリシャの都市国家

スパルタから。

スパン【span】①梁《はり》・小屋組み・アーチ・橋などの、支点間の距離。梁間《りょうかん》。支間。径間。わたり。②飛行機の、翼端から翼端までの長さ。翼幅。③時間的な間隔。期間。

スパンキング【spanking】尻叩き。

スパングル【spangle】金属・プラスチック製の薄いボタン状の小片。光を反射して輝く。ドレスなどに縫いつけて装飾とする。スパンコール。

スパンコール【spangle】⇨スパングル

スピーカー【speaker】①ラジオ・テレビ・拡声器などで、電気信号を音にかえる装置。ラウド-スピーカー。②話す人。話し手。シンポジウムにおける話題提供者など。

スピーチ【speech】会合・パーティーなどに集まった人の前でする話。

スピーチ セラピスト【speech therapist】言語障害児・言語障害者の診断・治療を行う専門職。言語聴覚士。ST。

スピーディー【speedy】てきぱきと手早くものごとを進めていくさま。敏速なさま。

スピード【speed】①速さ。速度。速力。②アンフェタミンの俗称。興奮剤・覚醒剤の一種。

スピードスター【speedster】高速である物や人。スポーツにおける俊足の選手など。

スピカ【Spica】乙女座のアルファ星。春の宵、南の空に見える。

スピッツ【ドイツ Spitz】①口吻《こうふん》と立ち耳の先端がとがった北方系犬種の総称。シベリアン-ハスキー・サモエドなど。②イヌの一品種。日本原産。サモエドを小形化し改良したもの。シュピッツ。日本スピッツ。▷先のとがったの意。

スピナー【spinner】ルアーの一。胴体に回転する金属片がついた擬餌鉤《ぎじばり》。回転の動きとその音で魚を誘う。

スピナッチ【spinach】菠薐草《ほうれんそう》。

スピリチュアル【spiritual】①18世紀後半から19世紀末にアメリカ合衆国で生まれた宗教的民謡。伝統的な詩編歌や賛美歌と区別するための呼称で、白人のホワイト-スピリチュアルズと黒人のブラック-スピリチュアルズ(黒人霊歌)に区別される。②占いなど、超自然的・神秘的な行為・活動。「—に傾倒する」③「精神の」「霊的な」の意。精神世界。

スピリット【spirit】①精神。魂。②強い酒。ジン・ウオツカなど。▷スピリッツとも。

スピルリナ【ラテン spirulina】アフリカや中南米に生息する藍藻類の一。メキシコなどで食用とされてきた。高栄養で消化吸収率の良い栄養補助食品として利用される。

スピロヘータ【ドイツ Spirochäte】①螺旋《らせん》状で活発な回転運動を行う一群の微生物の総称。ヒトに感染して、回帰熱・ワイル病・梅毒・黄疸《おうだん》出血症などを起こす。②梅毒の病原体であるトレポネマ-パリズム(旧学名スピロヘータ-パリダ)の通称。

スピン【spin】①回転。転回。旋回。②フィギュア-スケートで、一点に片足立ちし体を回転させること。③飛行機のきりもみ降下。④量子力学的な粒子または系が、軌道運動による角運動量とは別に、固有にもっている角運動量。

スピン アウト【spin-out】①自動車レースで、自動車が回転してコースの外に飛び出すこと。②⇨スピン-オフ

スピン オフ【spin-off】①個人またはグループで、既成の組織を飛び出し独立組織をつくること。スピン-アウト。②会社の一部門を分離独立させ、別会社として経営させること。分社化。スピン-アウト。③特定の分野で開発された新技術を他の分野へ応用すること。④映画やドラマなどの外伝(メイン-ストーリーから漏れたエピソード)の意。「—-ドラマ」「—-ムービー」

スピンドル【spindle】軸。一般に、回転する短い軸をいう。

スフ ステープル-ファイバーの略。

スフィンクス【Sphinx】①エジプト・アッシリアなどにおける神殿・王宮・墳

墓などを守護する人頭獅子《しし》身の巨大な石像。ギリシャ神話では女性化され、翼をもつ姿に変化。②ネコの一品種。アメリカ原産。全くの無毛。大きな耳と、アーモンド形の目が特徴。

スプーン【spoon】①洋風の匙《さじ》。②ゴルフ-クラブのうち、ウッドの3番。③ルアーの一。匙形の金属板がついた擬餌鉤《ぎじばり》。水中でゆらゆらと動き魚を誘う。→ルアー

スプマンテ【イタリアspumante】イタリアのスパークリング-ワイン。

スプライト【sprite】①妖精。小妖精。小鬼。また、妖精のような人。②コンピューター-グラフィックスで、背景になる画像と、別の画像や図形パターンを合成して、一つの画面として表示する方法。

スプラウト【sprouts】食用とする植物の新芽の総称。もやし・豆苗《トーミョウ》・ブロッコリー・マスタードの新芽など。ビタミンやミネラルが豊富。▷植物の芽、新芽の意。

スプラッシュ【splash】①ボートをこぐとき、水しぶきを飛ばすこと。②飛び込み競技で、選手が入水するときに上がる水しぶき。

スプラッシュ スクリーン【splash screen】ソフトウエアの起動時に表示される画面。起動画面。スプラッシュ画面。▷スプラッシュは「派手な見せかけ」の意。

スプラッター ムービー【splatter movie】血がたくさんとび散る残酷描写の多い映画。

スプリッター【splitter】電話用の音声信号と、通信用のデジタル信号を分配・混合する機器。データ伝送技術であるADSLやSDSLで、電話線における両信号の共存を可能にする。POTS(ポッツ)スプリッターとも。▷分波器とも。

スプリット【split】①分割する。②ボウリングで、第1投目で残したピンが2本以上あるとき、それらの位置が離れ離れになっていること。第2投でスペアがとりにくい。

スプリット タイム【split time】マラソンなどの長距離走で、一定の距離ごとに要した時間。

スプリング【spring】①春。②スプリング-コートの略。春や秋に着る薄手の外套《がいとう》。間《あい》オーバー。トップ-コート。③ばね。

スプリンクラー【sprinkler】①畑や庭園の作物や草花などへの灌水《かんすい》のための散水装置。②消火用の自動散水装置。一定の熱で栓があき、自動的に散水する。

スプリンター【sprinter】①短距離競技の選手。②競馬で、1000～1400mのレースを得意とする馬。短距離馬。

スプリント【sprint】①陸上・水泳・スケートなどの短距離レース。また、短い距離の疾走ないし力泳。②自転車競技のトラック競技種目の一。トラックを2周または3周して着順を競うもの。距離はおよそ1000mで、最後の200mで一気にスパートする。

スプルース【spruce】マツ科の常緑高木。トウヒ属。北米から輸入される主要な木材の一。建築材・器具材・楽器材などに用いる。ベイトウヒ。

スフレ【フランスsoufflé】フランス菓子の一。くだものやチーズなどの裏漉《うらご》しに卵白を合わせてふんわり焼いたもの。熱いうちに食べる。

スプレー【spray】水や液状の薬品・塗料などに圧力をかけ、霧状に噴出させて吹きつけること。また、その装置。

スプレッド【spread】①広がること。広がり。②パンやクラッカーに塗る、調味した軟らかいバター状のもの。③値幅。差額。上乗せ金利。利鞘《りざや》。

スプレッドシート【spreadsheet】パソコン・オフコン用のアプリケーション-プログラムの一。行と列からなる表の形式をしており、財務管理・販売管理などに広く利用できる。表計算ソフト。▷集計用紙の意。

スペア【spare】①予備。予備の品。スペヤ。②ボウリングで、第1投で倒しそこねて残ったピンを第2投で全部倒す

こと。

スペアミント〔spearmint〕シソ科の多年草。菓子・料理の香料とする。ミドリハッカ。オランダハッカ。

スペアリブ〔spareribs〕豚の骨付き肋肉《あばらにく》。煮込みやローストにする。

スペア ルーム〔和 spare＋room〕⇨サービス-ルーム②

スペース〔space〕①空間。②場所。平面。③新聞・雑誌などの紙面。④文字と文字の間の空白の部分。⑤宇宙空間。

スペース シャトル〔space shuttle〕有人宇宙連絡船。アメリカ航空宇宙局(NASA)が開発。地球と宇宙空間を貨物や人を運んで往復飛行した。1981年初飛行。2011年最終飛行。

スペース デブリ〔space debris〕地球軌道上の宇宙空間に放置されている、運用が終了した人工衛星や、分離したロケットの破片など。デブリ。宇宙ごみ。宇宙デブリ。▷デブリは破片の意。

スペード〔spade〕トランプのカードの種類の一。黒い♠形の絵柄のもので、剣を図案化したもの。

スペキュレーション〔speculation〕①相場の変動によって利益を得るための売買。投機。②トランプで、スペードのエース。

スペクタクル〔spectacle〕①壮大な光景。②映画や演劇などの豪華・壮大な見せ場。また、そういう見せ場のある作品。

スペクトラム〔spectrum〕分光すること。

スペクトル〔フランス spectre〕①可視光線その他の電磁波を分光器によって波長順に分解したもの。②ある複雑な量を単純な成分に分け、ある特定の量の大小によって分布を示したもの。

スペシャリスト〔specialist〕特定分野について深い知識やすぐれた技術をもった人。専門家。→ジェネラリスト

スペシャリティー〔speciality〕①特性。特質。特色。②専門。専攻。本業。本職。③名産。名物。特産品。特製品。

スペシャル〔special〕特別。特殊。他の外来語と複合して用いる。

スペック〔spec〕仕様。仕様書。規模・構造・性能などをまとめた表。▷specificationの略。

スペリング〔spelling〕欧米語の字のつづり。また、そのつづり字法。スペル。

スペルチェック〔spellcheck〕欧文の綴《つづ》りに誤りがないかを確認すること。

スペルマ〔ラテン sperma〕精子。精液。

スポイト〔オランダ spuit〕インク・薬液などの液体を吸い上げて他の物へ移すときに使う、一端にゴム袋などのついたガラスなどの細管。

スポイラー〔spoiler〕①航空機の主翼上面の可動板。揚力を減少し抗力を増加させる。②自動車に取り付けられ、車体に沿って流れる空気を調節し、車体が浮き上がるのを抑えるもの。

スポイル〔spoil〕①本来もっている良い性質を損なうこと。物事をすっかり台無しにすること。②(子どもや犬などを)甘やかしてだめにすること。

スポーク〔spoke〕車輪の部分の名。軸受けから放射状に延びてリム(枠)に連なり、車輪を支えている綱線。輻《や》。

スポークスマン〔spokesman〕政府や団体などの意見を発表する役割の人。代弁者。スポークスパーソン。

スポーツ〔sport〕余暇活動・競技・体力づくりのために行う身体運動。陸上競技・水泳・各種球技・スキー・スケート・登山などの総称。

スポーツ ギア〔sports gear〕スポーツ用具の総称。

スポーツ振興くじ スポーツ振興の財源を得るために行われる、サッカーくじのこと。プロ-サッカー、Jリーグの試合結果を予想し投票する。

スポーツ チャンバラ〔和sports＋chambara〕簡単な防具を着用し、空気を入れた棒状の道具で打突して勝負を争う競技。体のどこを打っても一本となる。日本で考案。

スポーツ ドリンク〔sports drink〕運動時の水分補給に適するように浸

透圧を体液に近づけた飲料水。

スポーツの日 国民の祝日の一。10月第2月曜日。スポーツを楽しみ、他者を尊重する精神を培うとともに、健康で活力ある社会の実現を願う日。▷1966年(昭和41)に「体育の日」として制定。当初はオリンピック東京大会の開会式の日にちなみ10月10日に定められたが、2000年(平成12)より10月第2月曜日。20年(令和2)、現名称に変更。

スポーツ バッグ【sports bag】スポーツ用品を持ち運ぶための大形の鞄《かばん》。

スポーツ ブラ【sports bra】スポーツ時の着用に適した構造のブラジャー。スポブラ。

スポーツマンシップ【sportsmanship】スポーツマンの備えているべき精神。

スポーツ ミックス【sports mix】ファッションで、スポーツ系のアイテムを取り入れたコーディネート。

スポーティー【sporty】服装などが、軽快で活動的であるさま。

スポ根(こん) 漫画・アニメ・ドラマなどで、スポーツ選手の主人公が強靭な精神力と努力によって成功をおさめる物語をさす。▷「スポーツ根性もの」の略。

スポチャン スポーツ-チャンバラの略。

スポット【spot】①点。しみ。よごれ。②場所。地点。③ビリヤードで、目印として小さな黒点のついた白球。または、球を置くために台上に付けられた小黒点。④飛行場で、乗客が乗降したり、貨物を積み下ろしする地点。駐機場。⑤スポット広告の略。ラジオ・テレビで、番組の間に流される短いコマーシャル。スポットCM。⑥スポットライトの略。舞台の1点だけを特に明るく照らす照明。転じて、ある一つの事に話題を集めること。⑦スポット価格の略。長期契約ではなく、1回ごとの契約で取引される場合に成立する市場価格。特に、原油価格の場合にいう。

スポット エアコン【和spot ＋ air ＋ conditioner】室内機と室外機の機能が一体化した空調設備。室外機の設置が難しい場所、閉め切っていない場所などでも使用できる。

ズボン 両足を別々に包む形で下半身にはくもの。スラックス・パンタロンなどの総称。

スポンサー【sponsor】①(資金面の)後援者。②ラジオ・テレビで、商業放送の広告主。番組提供者。

スポンジ【sponge】①海綿を繊維状の骨格だけとしたもの。多孔性で吸水性に富む。②①を模してつくられたゴム・合成樹脂製品。

スポンジ ケーキ【sponge cake】小麦粉・砂糖・卵を主材料としてスポンジ状に焼いた西洋風の菓子。

スマート【smart】①からだつきがほっそりしていて格好がよいさま。②手際がよく、しゃれているさま。洗練されているさま。③賢いさま。利口なさま。

スマート ウオッチ【smart watch】腕時計のように手首に装着するウエアラブル-コンピューター。

スマート エントリー【smart entry】スマート-キーを認識して、解錠や施錠などを自動で行うこと。またその仕組み。

スマート グリッド【smart grid】電力の需給をITによって効率的に制御する送電網。次世代送電網。

スマート キー【smart key】スマート-エントリー用の小型無線装置を内蔵した鍵。

スマート コミュニティー【smart community】再生エネルギーの活用、交通システムなどのインフラ整備、IT制御などを中心とした持続可能な都市。スマート-シティー。環境配慮型都市。→スマート-グリッド

スマート シティー【smart city】⇨スマート-コミュニティー

スマート スピーカー【smart speaker】音声での対話によって操作を受け付ける情報家電。AIを活用し、インターネットでの情報検索、家電製品の制御、商品の注文など、人間のアシスタントとして役立つ機能をもつ。AIスピーカー。

スマート タグ【smart tag】無くしたら困るものに取り付けておき、持ち主との距離が離れたときに通知する機能を持つ小型の電子機器。紛失防止タグ。忘れ物防止タグ。

スマート デバイス【smart device】スマートフォンやタブレット端末の総称。→スマートフォン・タブレット端末

スマートフォン【smartphone】パソコンに準じる機能をもつ携帯電話端末。高度なカスタマイズが可能。スマートホン。

スマート メーター【smart meter】高度な機能をもつ電子式の電力量計。短時間ごとのデータ蓄積やその送信などが可能。利用傾向の分析、多様な料金制度などへの応用が可能となる。

スマイリー【smiley】電子メールなどで、記号を組み合わせて筆者の感情を表現するマーク。笑顔を表す(^__^)や(^o^)など。顔文字。

スマイル【smile】微笑。ほほえみ。

スマック【smack】棒状に固めたアイスクリームに薄くチョコレートをかけたもの。▷風味の意。

スマッシュ【smash】テニス・卓球などで、球を相手のコートに急角度に強く打ち込むこと。

スマッシュ ヒット【smash hit】映画や音楽などで、大当たり。大ヒット。

スマホ 俗に、スマートフォンの略。スマフォ。スマフォン。スマホン。→スマートフォン

スムージー【smoothie】ヨーグルトや牛乳・豆乳に野菜や果物などを加え、ミキサーにかけた飲み物。▷スムーズな口当たりから。

スムーズ【smooth】①物事が滞らずに、すらすらとなめらかに進むさま。円滑。なめらか。②硬式テニスのラケットで、飾り糸の編み目のこぶが平滑な方の面。トスの際、ラケットの表裏をこれで見分ける。▷「スムース」とも。→ラフ(rough)

スメハラ ⇨スメル-ハラスメント

スメル【smell】におい。

スメル ハラスメント【和smell＋harassment】俗に、体臭・口臭・香水・柔軟剤などの匂いによって周囲に不快感を与えること。スメハラ。

スモア【s'more】焼いたマシュマロとチョコレートを、全粒粉のクラッカーで挟んだお菓子。アメリカなどで、キャンプファイアの時に楽しむお菓子の定番される。▷「もう少し(欲しい)」を意味するsome moreを省略した語。

スモーカー【smoker】喫煙者。愛煙家。

スモーク【smoke】①煙。②演出のために、ドライアイスなどを使って出す煙。③(smoked)燻製《くんせい》にすること。

スモーク チップ【smoke chip】燻煙材として用いる、木材の細片。単にチップとも。

スモール【small】小さい。小さな。

スモール スタート【small start】新しい取り組みを小規模から始めること。取り組みが軌道に乗った場合は、順次、規模を拡大する。

スモールワールド現象【small world phenomenon】知り合いを芋づる式にたどると、数人程度で世界中の誰にでも行き着くとする仮説。アメリカの心理学者ミルグラム(Stanley Milgram)が1967年に検証(スモール-ワールド実験)を行なったことから知られるようになったという。

スモック【smock】①ゆったりした上っ張り。画家・婦人・子どもなどが用いる。②布地を縫い縮めてひだを寄せた上をかがって模様を表し、ひだを固定する技法。スモッキング。

スモッグ【smog】大都市や工業地帯にしばしば発生する塵埃《じんあい》や煤煙《ばいえん》の粒子が凝結《ぎょうけつ》核となった霧。また、自然の霧とは関係なく、大気汚染の濃度の高い場合にも用いられる。どちらも住民の健康に害を及ぼす。▷smoke(煙)とfog(霧)とから合成された語。

スライサー【slicer】パン・チーズなどを薄く切る道具。

スライス【slice】①薄く切ること。薄く切ったもの。②ゴルフで、打球が右打

ちの場合右に、左打ちの場合左に曲がりながら飛ぶこと。→フック ③テニス・卓球で、ボールに逆回転を与える打ち方。

スライダー【slider】野球で、打者の近くで、投手の投げた腕と逆の方へ滑るように水平に曲がる球。

スライド【slide】①滑ること。滑らせること。②ある数量の変化に応じて他の数量を変化させること。③事態の変化に応じて予定の順序を変えずにそのままずらすこと。④映写機にかけて拡大投影する透明陽画。また、その陽画を投影すること。また、その機器。幻灯。⑤スライド-ガラスの略。顕微鏡などの光学機器で、観察する材料を載せるガラス板。⑥ギターなどの弦楽器において、開放以外の弦を鳴らした後、押さえている指をそのまま指板上をすべらせることで音程を変化させる奏法。

スライム【slime】①粘着物。ねばねばしたもの。②鉱石・石炭などの微粒子が水と混合して軟泥状になったもの。

スラグ【slag】金属製錬の際、溶融した金属から分離して浮かび上がるかす。道路の路盤材、セメントの原料などにする。

スラッガー【slugger】野球で、強打者のこと。

スラックス【slacks】ズボン。一般に、上衣と対でないものをいう。

スラックライン【slackline】支点2か所の間に伸縮性のあるベルトを張り、綱渡りの要領で乗りこなすスポーツ。スラックライニング。▷スラックは緩いの意。

スラッジ【sludge】①工場廃水や下水処理に伴って出る泥状物。汚泥。へどろ。②タンク内の油分・さびなどの沈殿物。

スラッシュ【slash】①言葉の切れ目や、「または」の意などを示すために入れる斜線。「/」の類。また、コンピューターで用いられる斜線符号。フォルダーやディレクトリーの区切り記号などに用いられる。スラッシュ-マーク。→バック-スラッシュ ②洋裁で、服に入れたあき。両端の閉じたあきをいうことが多い。

スラッシュ【slush】①(油脂類の)残り物。廃物。②廃油。

スラッシュ メタル【slash metal】早いリフによるスピード感を特徴とするヘビー-メタルのスタイル。

スラップスケート【slapskate】競技用スケート靴の一。刃(ブレード)のかかと部分が靴底と離れたりくっついたりする仕組みによって刃の接地時間が長いため、力の伝達に無駄がない。クラップスケート。▷国際スケート連盟では、1997年に呼称をスラップスケートに統一。

スラップスティック【slapstick】どたばた喜劇。スラップスティック-コメディー。▷道化が相手役を打つ棒の称から。

スラブ【slab】①登山で、なめらかな一枚岩のような岩盤。②石・コンクリートなどの厚板。特にコンクリートの床板。③製鋼の圧延工程の中間製品の一。厚板状の鋼片。鋼板・帯鋼の加工用素材。

スラブ【Slav】スラブ語派に属する民族。ヨーロッパの東部から中部にかけて居住する。

スラム【slum】近代都市において、貧しい人々が集まって住んでいる区域。貧民街。

スラム ダンク【slam dunk】バスケットボールで(強烈な)ダンク-シュート。→ダンク-シュート

スラング【slang】特定の社会や仲間うちの間だけで通じる卑俗な語。卑語。俗語。

スランプ【slump】①気力や体調が一時的に衰え気味で、仕事の能率や成績が落ちる状態。②不景気。不況。③生コンクリートの軟度を表す数値。

スリー クッション【three cushion】ビリヤード競技の一。手玉《てだま》を撞《つ》き、二つの的玉《まとだま》に当てる技を競う。

スリーディー映画 ⇨3D映画

スリーディー プリント【3Dプリント】⇨3Dプリント

スリー ピース バンド【three piece

band】3人編成の音楽バンド。特にロック音楽でいう。

スリーブ【sleeve】①袖。②各種の配管や配線を通すために設けた、径のひとまわり大きい管。鞘管《さやかん》。

スリープ【sleep】睡眠。眠ること。

スリット【slit】①細長いすき間。②上衣やスカートの裾《すそ》に入れるあき。活動を楽にし、装飾も兼ねる。③光や電子の流れを絞る細いすき間。細隙《さいげき》。

スリット パンツ【slit pants】裾から切り込みを入れたパンツ(スボン)。

スリッパ【slipper】足の先を滑り込ませて履く、留め金やひものついていない洋室内の履物。

スリップ【slip】①滑ること。特に、自動車や自転車のタイヤが路面を滑ること。②女性の洋装用の下着。すべりのよい素材でつくり、肩ひもでつって胸から腰をおおうもの。③伝票。また、特に売り上げ・補充注文伝票とする、書籍にはさむ細長い紙片。

スリップオーバー【slipover】頭からかぶって着る洋服。スリップ-オン。

スリップストリーム【slipstream】高速走行中の車両背後に気流の働きで生じる気圧の低い領域。空気抵抗が小さくなるため、追随車はより小さなパワーで走行できる。

スリム【slim】ほっそりしたさま。細いさま。

スリラー【thriller】小説・映画・演劇などで、読者や観客を恐怖でどきどきさせたり、ぞっとさせたりする要素に満ちた作品。

スリリング【thrilling】恐怖や興奮でぞくぞくするさま。スリルがあるさま。

スリル【thrill】恐怖や興奮でぞくぞくしたり、はらはらしたりするような緊張感。戦慄《せんりつ》。

スルー【through】俗に、やり過ごすこと。気にしないこと。無視すること。

スルー パス【through pass】サッカーなどで、相手ディフェンダーの間をすり抜けるように送るパス。

スルタン【アラビアsulṭān】イスラム圏で、カリフから特定地域における非宗教的な権力を委任された支配者、または特定地域の自立君主。サルタン。

スレート【slate】①粘板岩の薄板。石盤・屋根葺《ふ》き材料とする。②セメントに石綿などを混ぜて①を模してつくった板状のもの。屋根・天井・内装・外装に用いる。③①のような暗い灰色。

スレーブ【slave】①奴隷。②他のコンピューターによって制御されている装置をさす。制御する側をマスターとよぶ。▷スレイブとも。

スレッド【thread】①基本ソフト(OS)が一つのアプリケーション-ソフトウエアの処理(プロセス)を複数に分割して処理できる場合の、最小の処理単位。②インターネット上のメーリング-リストや掲示板などにおいて、特定のテーマに関連した一連の発言のこと。▷議論や物語における筋の意。

スレンダー【slender】ほっそりとしたようす。すらりとしたさま。

スロー【slow】遅いさま。ゆっくりしているさま。

スロー【throw】投げること。特に、球を投げること。多く他の外来語とともに用いる。

スロー イン【throw-in】サッカー・バスケットボールなどで、フィールドやコートの外からボールを投げ入れること。

スローイング【throwing】スポーツで、球などを投げること。また、投げ方。

スローガン【slogan】団体や運動の主張や目標を強く印象づけるために、効果的に要約した文章。標語。

ズロース【drawers】股下《またした》が比較的長く、ゆったりした形の女性用下着。

スロープ【slope】傾斜。勾配《こうばい》。坂。

スロープ スタイル【slope style】フリースタイル-スキー競技およびスノーボード競技における種目の一。障害物の上を滑ったり、ジャンプ台で技を披露したりしながら斜面を滑走するもの。審判員による採点で順位を決める。

スロー フード【slow food】食生活を見直そうという提言。また、そのための運動。ファースト-フードが健康や味

覚に及ぼす影響について考え、食文化や暮らし方を問い直していこうとするもの。1980年代にイタリアで始まった運動が世界的に広まった。

スローモー 動作がのろいこと。反応が遅いこと。また、そのさま。▷スローモーションの略。

スロー モーション【slow motion】①高速度で撮影したフィルムを通常の速度で映写したときの画面に見られる、実際より遅い動き。また、そのように映した映像。②スローモーに同じ。

スロー ライフ【和slow＋life】スピードや効率を重視した現代社会とは対照的に、ゆったりと、マイ-ペースで人生を楽しもうというライフスタイル。

スロット【slot】①硬貨投入口。②枠。時間枠、発着枠など。

スロット マシン【slot machine】コインを入れてレバーを引き、回転する複数の絵柄を合わせ、その結果によってコインが戻ったり戻らなかったりする自動賭博《とばく》機械。

スロットル【throttle】①絞り。②流体の流路がせばまった部分。③絞り弁。通路の断面積を変化させ、そこを通る流体の量を加減する方式の弁。スロットル-バルブ。

スワイプ【swipe】タッチ-パネルを用いたインターフェースで、一本または複数の指を置いてから、特定の方向に滑らせていく入力操作。ロック画面の解除や、ページの切り替えなどに用いる。

スワッピング【swapping】⇨スワップ

スワッグ【swag】葉・花・実などのついた枝を束ねて、それを壁にかける飾り物。多くの場合、束ねた部分を上にして飾る。

スワップ【swap】①交換すること。②コンピューターで扱っている情報の一部を一時的に他の記憶装置に転送し、再び必要になったときに戻す操作。③スワップ取引の略。④夫婦交換。スワッピング。

スワップ取引 ①外国為替取引で、直物為替の売りまたは買いと、先物為替の買いまたは売りを同時に同額で行うこと。為替予約期間の延長、為替持高調整などの理由で行われる。スワップ。チェンジ-オーバー。②一定期間、現在価値が等価のキャッシュ-フローを交換する取引。金利スワップ・通貨スワップ・コモディティー-スワップ・エクイティー-スワップなどの種類がある。→キャッシュ-フロー

スワップ ミート【swap meet】不用品交換会。フリー-マーケット。

スワロー【swallow】燕。

スワン【swan】白鳥。

スンナ【アラビアSunnah】イスラム教で、預言者ムハンマドが生前に実践していた慣行。一般のイスラム教徒が従うべき規範とされる。コーランに次ぐ第2の法源で、預言者の言行録(ハディース)の研究から確定される。▷慣習の意。

セ

セイボリー【savory】香辛料の一。シソ科の植物で、肉料理・サラダ・スープなどに用いる。

ゼウス【Zeus】ギリシャ神話の最高神。天空神。オリンポス十二神の一で神族の長。クロノスとレアの子。父クロノスたちのティタン神族を征服した後、世界の統治を兄弟ポセイドン、ハデスとくじで分割し、天界の統治権を得て、世界の覇者となる。正義と法により人間社会の秩序を守る。妻はヘラ。多くの神々や人間の女とも交わり、アテネ・アポロン・アルテミス・ヘルメスなどを生んだ。ローマ神話のユピテル(ジュピター)と同一視される。

セージ【sage】シソ科の多年草。地中海地方原産。香辛料のほか、薬用にする。

セーター【sweater】毛糸などで編んだ上着。普通、頭からかぶって着るものをいう。スエーター。

セービング【saving】①救助。節約。貯蓄。②ラグビーやサッカーで、身を投げ出してボールを止めること。

セーフ【safe】①安全な。無事な。

信頼できる。②野球で、走者が得ようとしていた塁を占有する権利を有すること。→アウト ③テニス・卓球などで、球がぎりぎりで規定線内に入ったことを判定する語。イン。

セーブ【save】①過剰にならないようにおさえること。抑制。②プロ野球で、リードしている時に救援し、最後まで投げきって勝利に貢献した投手に与えられる記録。→ホールド ③コンピューターで、主記憶装置にあるプログラムやデータなどを補助記憶装置に移すこと。→ロード

セーフガード【safeguard】WTO(国際貿易機関)協定やGATT(ガット)の特例に基づく緊急輸入制限。特定品の輸入が急増して自国の生産者に重大な損害を与えるおそれのある場合に認められる。[案]緊急輸入制限

セーフティー【safety】安全。他の外来語と複合して用いられる。

セーフティー ネット【safety net】①(サーカスなどで)高所から落下した人間を救うための網。安全ネット。②ある制度や秩序が破綻《はたん》した際に、安全を保証するもの。一部での不具合や破綻がシステムや社会全体に波及するのを防ぐ安全装置。社会保険・年金・雇用保険などを含むが、多くは1990年代以降の金融危機・雇用不安・規制緩和に関連して用いられる。[案]安全網

セーブル【sable】黒貂《くろてん》。また、その毛皮。

セーラー【sailor】①船乗り。船員。水兵。②「セーラー服」の略。

セーリング【sailing】①帆走。帆走法。②航海。航法。

セール【sail】帆《ほ》。

セール【sale】売り出し。多く一定の趣旨を掲げて一定期間行われるものをいう。

セールス【sales】①販売。特に、外交販売。②「セールスマン」の略。外交販売員。

セールス エンジニア【sales engineer】専門技術的知識を要する製品の販売活動に従事する技術者。

セールス プロモーション【sales promotion】展示会・店頭での実演や見本配布などを通じて、消費者の購買欲を刺激し、販売業者を助ける活動。販売促進。販促。SP。

セールス ポイント【和 sales＋point】商品を売りこむ際、客に強調すべきその商品の特徴や利点。

ゼオライト【zeolite】①沸石《ふつせき》のこと。②ケイ酸質イオン交換体の総称。硬水の軟化や分子ふるい(モレキュラーシーブ)に用いる。合成ゼオライト。

セオリー【theory】①理論。学説。仮説。②持論。私見。

セカンダリー【secondary】二次的。第二。補助的なこと。

セカンド【second】①第2。2番目の。他の外来語と複合して用いる。②野球で、二塁。または、二塁手。③自動車の変速装置の第2速。セカンド-ギア。→セコンド

セカンド オピニオン【second opinion】第2の意見。特に、医師の診断や治療法が適切かどうかを判断するために、患者やその家族が求める別の医師による意見。[案]第二診断

セカンド キャリア【second career】①定年退職した人や、出産・育児などにより退職した人の再就職。▷二つ目の職業の意。②引退したプロ-スポーツ選手の再就職。

セカンド ソース【second source】あるメーカーが開発した機器と同じ性能をもつ別のメーカーの機器で、開発企業の許諾を得ているもの。

セカンド バッグ【和second＋bag】補助的に用いる小型の鞄。提げ手がなく抱えて持つ。

セカンド ハンド【secondhand】古物。中古品。セコンド-ハンド。セコハン。

セカンド ボール【和second＋ball】サッカーで、どちらのチームも主導権をにぎっていないボール。

セキュア【secure】①安全であること。確実であるさま。②盗聴や傍受の行われる危険性がないこと。

セキュリティー【security】①安全。防犯。安全保障。②(有価)証券。③コンピューターを利用する上での安全性。コンピューター-セキュリティー。案 安全

セキュリティー カメラ【security camera】防犯カメラ。

セキュリティー ホール【security hole】コンピューター-システムなどで、本来の手順を踏まずにアクセスが可能になるような保護設計上の欠陥。

セキュリティー ポリシー【security policy】(情報システムなどで)安全確保のための詳細な指針。

セクシー【sexy】性的な魅力のあるさま。また、性的な感じの強いさま。

セクシズム【sexism】性別を理由に人を差別する制度、あるいはその制度を維持するような実践。性差別主義。性差別。

セクシャル【sexual】性・性欲にかかわるさま。性的な魅力のあるさま。性的。セクシュアル。

セクシャル ハラスメント【sexual harassment】労働や教育などの場において、他者を性的対象物におとしめるような行為を為すこと。性的いやがらせ。セクハラ。

セクシャル マイノリティー【sexual minority】セクシュアリティーにおける少数派の総称。性的指向における少数派、性同一性障害者の人など。

セクシュアリティー【sexuality】性別や性的特質、また性行為や性的欲求に関すること。

セクシュアル【sexual】セクシャルに同じ。

セクショナリズム【sectionalism】ひとつの組織の中で、自分の属する部局や党派の立場に固執し、他と協調しない傾向。縄張り意識。セクト主義。

セクション【section】①部分。仕切り。②(文章などの)節。項。③会社などの部課。④建築で、断面図のこと。

セクステット【sextet】六重奏。六重奏曲。六重唱。六重唱曲。また、六重奏団。六重唱団。

セクター【sector】①扇形。②区切られたある範囲の土地。地域。地区。区域。③物事のある範囲。一部分。④コンピューターで、情報を記録するための媒体上の区切り。案 部門

セクト【sect】①主に左翼運動で、主張を同じくするものの集団。党派。②宗派。分派的宗教集団。制度的教会(チャーチ)の対概念。

セクハラ セクシャル-ハラスメントの略。

セグメンテーション【segmentation】市場を分類し、その性格にあった商品の製造・販売活動をすること。

セグメント【segment】①部分。区分。分節。階層。②企業の会計情報などを開示する際に、事業の種類、事業所の所在地、営業の対象となる地域などによって行われる区分。③マーケティングなどで、購入者の年齢・性別・職業などによって区分された階層。

セクレタリー【secretary】秘書。書記。

セコ【スペイン seco】スペイン産のワインで辛口のもの。▷乾いたの意。

セコハン 中古品。お古。▷セコンド-ハンド(secondhand)の略。

セコンド【second】ボクシングなどの試合で、選手の介抱や作戦指示に当たる介添え人。

セサミ【sesame】植物のゴマ。

セサミン【sesamin】胡麻《ごま》に含まれる微量成分の一。生活習慣病や老化の予防に効果があると考えられている。

セシウム【cesium】1族(アルカリ金属元素)の一。元素記号Cs 原子番号55。原子量132.9。融点は28.45℃。光電管の製造に用いる。

セ シ ボン【フランス C'est si bon.】とてもすてき。

ゼスチャー【gesture】⇨ジェスチャー

ゼスター【zester】柑橘類の皮をすりおろす調理器具。

セゾン【フランス saison】季節。シーズン。

ゼタ【zetta】単位に冠して、10^{21}を表

す語。単位Z。ゼッタとも。

セダン【sedan】自動車の型式の一。4〜6人乗りで、座席は前向きに2列。乗用車の中で最も一般的なもの。箱型自動車。サルーン。リムジン。→クーペ

セック【フランスsec】①一般的に、ワインの辛口のもの。ドライ。②スパークリング-ワインの中辛口のもの。シャンパンでは醸造過程での許容加糖量が、1Lあたり17〜35gのもの。▷乾いたの意。

セックス【sex】①生物上の男女・雌雄の別。性。→ジェンダー ②性交すること。③性器。

セックス フレンド（和sex＋friend）性的関係で結ばれた友人。セックスをするための友人。

セックスレス【sexless】病気や暴力といった特殊事情が存在しないカップルの間で、性交などの性的関係がほとんどない状態。

ゼッケン【ドイツDecken】競技に参加する者が胸や背につける番号を書いた布。また、その番号。

セッション【session】①集団で行う活動がなされる期間。また、その集団。②複数の演奏家によるジャズ演奏。③ホーム-ページにアクセスした際、1回のアクセスで行われる一連のやりとり。

セッティング【setting】①(適切な位置に)装置などを配置すること。②物事を配置したり設けたりすること。

セット【set】①道具などの一揃《ひとそろ》い。②映画撮影時、演技の舞台とするためにつくる建造物。③テニス・卓球・バレーボールなどで、1試合を構成する基本単位。④組み立てたり備えつけたりすること。用意・準備などをしておくこと。⑤髪形を整えること。洋髪についていう。

セットアッパー【和setup＋er】⇨セットアップ

セット アップ【set up】①組み立てること。利用できるように準備すること。②設立すること。③ボウリングで、ピンを定位置に立てること。

セットアップ【setup】野球で、7、8回に登板し抑え投手につなぐ中継ぎ投手のこと。セットアッパーとも。▷アメリカではセットアップ-マン(setup man)。→クローザー

セット スコア【set score】テニスや卓球などで、双方の競技者がそれぞれ勝ち取ったセット数。

セット トップ ボックス【set-top box】ケーブル-テレビのケーブルと受像機を接続する装置。STB。▷テレビ-セットの上に置いたことから。

セットバック【setback】建築物の外壁を敷地境界線から後退させて建てること。また、建築物の上部を段状に後退させること。案壁面後退

セット メニュー【set menu】あらかじめ飲食物を組み合わせて提供される、一揃いの料理。

セット リスト【set list】コンサートでの演奏曲順の一覧。セトリ。

セツルメント【settlement】貧しい地区の住民の生活向上のために助力する社会事業。また、その施設。隣保事業。

セデーション【sedation】鎮静。また、鎮静剤を投与すること。

セニョーラ【スペインseñora】奥様。夫人。

セニョール【スペインseñor】だんな様。ご主人。

セニョリータ【スペインseñorita】お嬢さん。令嬢。

ゼネコン 土木一式工事を請け負う土木総合工事業者と、建築一式工事を請け負う建築総合工事業者の総称。総合業者。総合建設業者。総合工事業者。▷general contractorの略。contractorは(工事)請負契約者の意。→サブコン

ゼネスト ゼネラル-ストライキの略。→ゼネラル-ストライキ

ゼネラリスト【generalist】⇨ジェネラリスト

ゼネラル【general】①将軍。総督。ジェネラル。②「一般の」「総体的な」の意。

ゼネラル ストライキ【general

strike】全産業あるいは一産業の労働者による全国的規模のストライキ。また、一地域の各産業が一斉に行う大規模なストライキもいう。ゼネスト。

ゼノフォビア【xenophobia】外国人嫌い。外国人恐怖症。

セパ タクロー【マレー sepak takraw】バレーボールとサッカーを組み合わせたような球技。1チーム3人。ネットをはさんで対陣し、手・腕を使わず3回以内のタッチでボールを相手側に返す。

セパレート【separate】①分離する。分ける。②一組みの装置で構成要素を自由に組み合わせて使えるようにしたもの。

セピア【sepia】①イカ・タコの墨からつくる、黒茶色の絵の具。②黒茶色。

セプテンバー【September】9月。

ゼプト【zepto】単位に冠して、10^{-21}を表す語。記号z

ゼブラ【zebra】シマウマ。

セフレ セックス-フレンドの略。SF。

セブン【seven】①7。7つ。②ラグビーで、フォワード7人で組むスクラム。

セブン サミット【seven summits】七大陸の最高峰(の登頂に成功すること)。ヨーロッパのエルブルース、アフリカのキリマンジャロ、アジアのエベレスト(チョモランマ)、北米のマッキンリー(デナリ)、南米のアコンカグア、南極のビンソン-マシフ、オセアニアのコジウスコまたはカルステンツ-ピラミッドをさす。

セブンズ【sevens】フォワード3人・バックス4人の1チーム7人で行うラグビー。7人制ラグビー。セブン-ア-サイド。

セマンティック ウェブ【semantic web】インターネット上のデータに属性を示す情報(メタデータ)を付加し、データの意味を含めた検索を可能にしたシステム。▷セマンティックは「意味に関する」の意。→メタデータ

セミ【semi】「なかば」「半」「準」などの意。

ゼミ ゼミナールの略。

セミコロン【semicolon】欧文の句読点の一種。「;」

セミコンダクター【semiconductor】半導体。

セミダブル【和semi＋double】ダブルベッドに準ずる二人用の寝台。幅が1000～1200mmのもの。

セミナー【seminar】⇨ゼミナール

ゼミナール【ドイツ Seminar】①大学で、小人数の学生が集まり、教師の指導の下に自ら研究し、発表・討論を行う形式の授業。演習。ゼミ。②小人数を対象とし、討議などをまじえた講習会。▷セミナーとも。

セミプロ ①技芸などが本職に準ずるもの。半玄人。②スポーツで、職業選手に準じた身分・待遇などを受けている選手。▷semiprofessionalから。

セミロング【和semi-＋long】ロングよりやや短めの長さ。特に、肩にかかるぐらいの髪の長さをいう。

セメスター【semester】学校における学期制のこと。また、その学期のこと。狭義には、二学期制とその学期をさす。

セメント【cement】①土木建築用の結合剤やコンクリート・モルタルの主原料とする無機質の粉末。セメン。②広く接着剤をいう。

セモリナ【semolina】デュラム小麦を粗挽きにし、胚乳部分を粗く砕いて、ふすまをのぞいたもの。

セラー【cellar】①地下室。②酒などを貯蔵しておく蔵《くら》。

ゼラチン【gelatin】酸やアルカリで処理した獣皮・獣骨を煮て得られる抽出液を濃縮、乾燥したもの。湯に溶かして冷やすとゼリー状になる。食品原料・薬用カプセル・培地・写真乳剤などに用いる。ゲラチン。

セラピー【therapy】治療。治療法。

セラピスト【therapist】社会復帰のための療法を専門に行う人。療法士。治療士。

セラミック【ceramic】セラミックスにかかわること。セラミックスを用いていること。陶器の。陶製の。

セラミド【ceramide】肌の角質細胞間に存在する脂質。美容などで、肌に弾力、張り、保湿力を与えるといわれて

いる。

ゼリー【jelly】①ゼラチンまたは寒天などで固めた食品。②果汁に砂糖を加えて煮詰めペクチンを固めたもの。ジェリー。

セリエ アー【イタリアSerie A】イタリアで、サッカーやバレーボールなどのプロ-スポーツの最上位リーグ。下位リーグにセリエBなどを持つ。

セリフ【serif】欧文活字で、HやLなどの線の端にある小さな横線やひげのような飾り。→サン-セリフ

セリング【selling】有価証券募集や売り出しを不特定多数に対して行う業務。

セル【cell】①細胞。②コンピューターの表計算ソフトの集計の単位。縦横の罫線で区切られた枡目《ますめ》になる。

セル サイド【sell side】商品・サービスを売る側。特に金融市場では、証券会社を指す。「--アナリスト」

セルフ【self】①「自分自身で」「自動的に」の意。②客体としてとらえられた自分自身。

セルフィー【selfie】自分で自分の写真を撮ること。また、その写真。自撮り。

セルフ ケア【self-care】(健康について)自分で自分自身の面倒を見ること。自己療法。→セルフ-メディケーション

セルフ サービス【self-service】店で、業務の一部を客が負担するやり方。

セルフ ネグレクト【self-neglect】高齢者の生活能力・意欲が低下し、生活上必要な行為をせず、自己の心身の安全や健康が脅かされる状態。食事をしない、食べ物やごみを放置する、他者とのかかわりや医療を拒むなど。放置すると事故や孤独死に至る危険がある。自己放任。

セルフ メディケーション【self-medication】自己治療。狭義には、患者が自分自身で病状の診断を行い、売薬を用いて治療を行うことをさす。→セルフ-ケア

セルフ レジ【和self＋register】小売店において、買い物客が自分自身で精算処理を行う方式のレジ。無人レジ。

セルライト【フランスcellulite】皮下脂肪の塊。また、その塊を原因とする肌の凹凸。血流から遊離した脂肪細胞に老廃物がたまり塊が形成される。セリュライト。

セルリアン【cerulean】空色の。青空色の。紺碧の。

セルリアン ブルー【cerulean blue】鮮烈な青色。やや緑がかった明るい青色。

セルロイド【celluloid】硝酸セルロース約75％に樟脳《しょうのう》約25％を加え練ってつくったプラスチック。玩具《がんぐ》・文房具・フィルム・眼鏡枠などに広く利用されたが、引火しやすいため他の合成樹脂にとって代わられた。

セルロース【cellulose】植物細胞の細胞壁・植物繊維の主成分をなす多糖類。レーヨン・セロファンなどの原料となる。繊維素。セルローズ。

セレクション【selection】選択。選抜。

セレクト【select】よりわけること。選別。

セレクト給食 ⇨リザーブ給食

セレクト ショップ【和select＋shop】一定の嗜好《しこう》をもった顧客に合わせて、一つのメーカーやブランドに固定せず、衣類、家具、小物、雑貨などの商品をそろえる店舗。

セレソン【ポルトガルseleção】代表。選抜。特に、サッカーのブラジル代表チームをさす。

セレナード【serenade】①夜、恋人の部屋の窓の下で歌ったり、弾いたりする甘く美しい曲。②18世紀に発達した器楽形式の一。小夜曲。夜曲。セレナーデ。

セレブ 有名人。名士。また、流行やファッションをリードしたり、華やかな話題を提供するモデル・デザイナー・俳優など。 ▷セレブリティー(celebrity)の略。

セレモニー【ceremony】儀式。式典。

セレン【ドイツ Selen】16族(酸素族)元素の一。元素記号Se　原子番号34。原子量78.96。常温で固体。金属セレン(灰色)、結晶セレン(赤色)、無定形セレン(黒色)などの同素体がある。金属セレンは光電管・光電池材料などに利用。セレニウム。

セレンディピティー【serendipity】思いがけないものを発見する能力。

ゼロ【zero】①ある数に加えても、ある数から引いても、もとの数を変えないような数。正でも負でもない数。記号0　零《れい》。②試合で、得点のないこと。無得点。③全くないこと。

ゼロエネルギー住宅　⇨ZEH

ゼロ エミッション【zero emission】リサイクルを徹底することにより、最終的に廃棄物をゼロにしようとする考え方。▷エミッションは放出、排出の意。案 排出ゼロ

ゼロ サム【zero-sum】ある社会やシステム全体の利益と損失の総和はゼロであり、一方が利益を得れば必ず他方が損失を出すということ。

ゼロ サム ゲーム　【zero-sum game】ゲームの理論で、参加者それぞれの選択する行動が何であれ、各参加者の得失点の総和がゼロになるゲーム。零和ゲーム。

ゼロ スピンドル　【和 zero＋spindle】ノート-パソコンなどの情報機器に、駆動機構をもつ装置(光学ドライブやハード-ディスクなど)が装備されていない状態。

ゼロゼロ物件　賃貸住宅で、契約の際に敷金と礼金が必要ない(双方ともゼロ円である)物件のこと。

セロテープ【和 Cellotape】セロハン-テープの商標名。

セロトニン【serotonin】インドールアミンの一。体内でトリプトファンから合成される。腸管などの平滑筋の収縮や中枢神経細胞の興奮伝達に働く。5-ヒドロキシトリプタミン。

ゼロトレランス方式　アメリカの学校教育における生徒指導方式の一。学校内の規律を厳格に守らせる指導法。毅然《きぜん》とした対応方式。

ゼロ年代　西暦2000年から2009年までの10年間。80年代(1980年から1989年まで)などに倣っていう。

セロハン【cellophane】木材パルプから得たビスコースを狭い隙間《すきま》から酸性液中に押し出して薄い膜状に固めたもの。包装に用いる。▷「セロファン」とも。

ゼロベース【zero-base】物事を始める際に、白紙の状態にすること。

センサー【sensor】音・光・温度・圧力・流量など、計測の対象となる物理量を検知し、処理しやすい信号に変換する素子。また、その装置。

センサス【census】公的機関などにより行われる大規模な調査。案 全数調査／大規模調査

センシティブ【sensitive】①感じやすいさま。鋭敏。②微妙なさま。

センシング【sensing】センサーによる観測。「—技術」「リモート-—」

センシング デバイス【sensing device】センサー。

センス【sense】物事の微妙な感じや機微を感じとる能力・判断力。感覚。

センセーショナル　【sensational】人々の関心を強くひくようなさま。扇情的。

センセーション【sensation】世の中をあっといわせる事柄や事件。

センター【center】①中央。中心。また、中心となる機関・施設・場所。多く他の語と複合して用いられる。②球技で、中央のポジション、またそこを占める選手。③(center field(fielder)の略)野球で、中堅、または中堅手。

センタリング【centering】①中央に置くこと。②サッカーなどで、サイドライン近くからゴール前にボールを送ること。→クロス

センチ　センチメンタルの略。

センチ【フランス centi】①メートル法の単位に冠して100分の1の意を表す語。記号c　②センチメートルの略。

センチメートル【フランス centimètre】長さの単位。1mの100分の1。記号

cm

センチメンタリズム【sentimentalism】感傷主義。

センチメンタル【sentimental】感傷的。

センチメント【sentiment】感情。情緒。感傷。

センチュリー【century】世紀。100年。

センテンス【sentence】文。あるまとまった内容を表現し、言い切りとなるもの。

セント【cent】アメリカ・カナダ・オーストラリアなどの補助通貨単位。1ドルの100分の1。

セント【Saint】キリスト教で、聖人・聖者。聖。サント。セイント。略号St.S。

センド バック【send back】コンピューターなどの故障の際に、製品などをメーカーに送り、修理後、返送してもらうサービス。

セントラル【central】①「中心の」「中央の」の意。②日本のプロ野球リーグの一。セントラル-リーグの略。

セントラル キッチン【central kitchen】レストランのチェーン店や病院・学校などの集団給食用の集中調理施設。

ソ

ソイ【soy】①大豆。②ソイ-ソースの略。

ソイ ソース【soy sauce】醤油《しょうゆ》。

ソウル【soul】①精神。魂。②ソウル-ミュージックの略。

ソウル フード【soul food】①アメリカ南部の郷土料理。②日常の食生活で欠かすことのできない地域固有の食材や料理のこと。日本人にとっての味噌汁など。

ソウル ミュージック【soul music】ゴスペル音楽とリズム-アンド-ブルースが融合した音楽。強いリズム感をもつ。

ソーイング【sewing】縫うこと。裁縫。

ソーキ 沖縄地方で、豚の軟骨付きあばら肉。また、それを煮込んだもの。▷あばら骨の意。

ソーサー【saucer】コーヒー-カップなどの受け皿。

ソーシャル【social】「社会的」「社交的」の意を表す。▷ソシャル・ソシアルとも。

ソーシャル インクルージョン【social inclusion】孤立する人々を援護し、公的扶助や職業訓練、就労機会の提供などを通じて社会的なつながりの中に内包し、共に地域社会の構成員として支えあうこと。

ソーシャル エンジニアリング【social engineering】社会問題の解決や社会システムの制御を工学的方法を用いて行おうとする学問。社会工学。

ソーシャル サポート【social support】社会的支援。

ソーシャル スキル【social skill】対人関係における、挨拶・依頼・交渉・自己主張などの技能。社会的スキル。

ソーシャル ダンス【social dance】社交ダンス。

ソーシャル ディスタンシング【social distancing】感染症の感染拡大を防ぐため、人どうしで物理的な距離を確保すること。

ソーシャル ディスタンス【social distance】個人間あるいは集団間の距離。▷「社会的距離」の意。物理的な距離および心理的な親近感の両方に使われる。ソーシャル-ディスタンシングの意でも用いられる。

ソーシャル ネットワーキング サービス【social networking service】インターネット上でのコミュニティーのサービス。参加者はプロフィールや趣味を公開し、日記の掲載、情報交換などを行う。ソーシャル-ネットワーク-サービス。SNS。

ソーシャル ビジネス【social business】環境問題や貧困・福祉など、社会的・地域的課題の解決をビジネスとして成立させながら追求しようとする

事業。SB。

ソーシャル マーケティング【social marketing】環境保全、地域社会への貢献など、企業がその社会的責任を果たすことを重視し、顧客のみでなくすべての生活者を考慮するというマーケティングの考え方。

ソーシャル メディア【social media】インターネットにおいて、個人を主体にした情報発信や情報交換を可能にするメディアの総称。SNS(ソーシャル-ネットワーキング-サービス)、ブログ、ソーシャル-ブックマーク、口コミサイトなど。

ソーシャル レンディング【social lending】ネットを通じ、お金の貸し手と借り手を個人どうしで結びつけるサービス。または、そのような融資。P2P金融。

ソーシャル ログイン【social login】ソーシャル-ネットワーキング-サービス(SNS)のアカウントを利用して、そのSNSと連携している別サービスにログインすること。別サービスに新規登録する場合に比べて、情報登録の手間が省けるなどの利点がある。

ソーシャル ワーカー【social worker】専門的職業としてソーシャル-ワークに従事する者の総称。社会福祉士。

ソーシャル ワーク【social work】貧困・疾病その他の社会的な問題の解決を援助するための社会福祉の実践的活動。ケースワーク・グループ-ワーク・コミュニティー-オーガニゼーションなどの専門的社会事業。

ソース【sauce】①西洋料理で用いる液体調味料。ベシャメル-ソース・トマト-ソース・ドレッシング-ソースなど。②⇨ウースター-ソース

ソース【source】①情報などの出所。情報源。②⇨ソース-プログラム ③電界効果トランジスタの3電極の一。電子流が流れ出す電極。→ゲート・ドレーン

ソース プログラム【source program】コンピューターで、プログラム言語で記述されたプログラム。ソース。ソース-コード。

ソーセージ【sausage】腸詰め。

ソーダ【オランダsoda】①炭酸ナトリウムの俗称。また、水酸化ナトリウムや炭酸水素ナトリウムなども含めていう。②水に無機塩類と炭酸ガスを混和させた飲み物。種々のシロップを加えたものもある。炭酸水。ソーダ水。

ソート【sort】五十音順・アルファベット順・数の大小など一定の基準によって並べ換えること。ソーティング。▷分類の意。

ソード【sword】①剣。刀。②武力。兵力。軍事力。

ゾーニング【zoning】空間を用途別に分けて配置すること。▷区分する意。

ソープ【soap】①石鹼。シャボン。②ソープ-ランドの略。

ソープ ランド【和soap＋land】個室式の特殊浴場。女性によるマッサージなどの入浴サービスを伴う。

ソーホー ⇨SOHO

ソーラー【solar】太陽の熱や光を利用していること。

ソーラー システム【solar system】①太陽系。②太陽熱を利用して、冷暖房や給湯、発電などを行う設備・装置。

ソール【sole】靴・ゴルフ-クラブなどの底。

ソールド アウト【sold out】売り切れ。

ゾーン【zone】地帯。区域。範囲。主に他の外来語と複合して用いる。

ソケット【socket】①電球などの電子管を、ねじ込んだり差し込んだりして、電気を導くための器具。②ゴルフ-クラブのクラブ-ヘッドがシャフトとつながる部分。また、そこへ球があたるミス-ショット。③IPアドレスとポート番号からなるネットワーク上のアドレス。

ソサエティー【society】①社会。社交界。②会。協会。団体。

ソシアル【social】⇨ソーシャル

ソックス【SO_x】⇨SO_x

ソックス【socks】足首くらいまでの短い靴下。

ソテー【フランスsauté】少量の油でいため

焼きにする調理法。また、その料理。

ソドミー【sodomy】獣姦《じゅうかん》や同性愛・少年愛などのこと。▷創世記に出てくる町ソドムから。

ソナー【sonar】(sound navigation (and)ranging)水中の物体を、音波を利用して探知する機器。

ソナタ【イタリアsonata】器楽曲の形式および曲種の一。16〜17世紀に出現し、バロック-ソナタから古典派ソナタへと発展した。奏鳴曲。

ソナチネ【イタリアsonatine】第1楽章を簡略なソナタ形式とした器楽曲で、全体が短い2、3の楽章から構成されたもの。ピアノ教材として多く書かれている。小奏鳴曲。▷小さなソナタの意。

ソニック【sonic】音の。音波の。音速の。

ソネット【sonnet】14行からなる定型抒情詩。近世、イタリアに始まり、ルネサンス期にドイツ・フランス・イギリスに広まった。14行詩。小曲。

ソバージュ【フランスsauvage】髪形の一。毛先のほうから弱く細かいパーマをかけてウエーブをつけたもの。▷野性の意。

ソファー【sofa】背もたれがあり、クッションのきいた長椅子。

ソフィア【ギリシャsophia】知恵。英知。

ソフィスティケート【sophisticate】趣味や態度などを洗練すること。

ソフィスト【sophist】紀元前5世紀頃、アテネを中心として弁論術や政治・法律などの教養を教えた職業的教育家たち。論争修辞に走ったと評されるところから、現代では詭弁《きべん》家という意味に転用されている。▷ギリシャ語で知者・賢者の意。

ソフト【soft】①やわらかいさま。おだやかなさま。→ハード ②⇨ソフトウエア

ソフトウエア【software】①コンピューター-システムに関係するプログラム。ソフト。②映像・音楽・マルチメディアなどの作品。③特にハードウエアに対して、知識、思考による産物を集積したもの。→ハードウエア

ソフトウエア キーボード【software keyboard】コンピューターや情報端末の画面にキーボードの画像を表示して、タッチ入力やマウス入力などにより文字入力を行う仕組み。また、そのキーボード表示のこと。オンスクリーン-キーボード。

ソフト シェル クラブ【soft shell crab】脱皮直後の蟹《かに》。素揚げなどの方法で、殻ごと食べられる。

ソフト食(しょく) 高齢者が食べやすく食欲もわくように、食材と調理法を工夫した食事。高齢者ソフト食。

ソフト テニス【soft tennis】ゴム製の軟球を使用するテニス。軟式庭球。軟式テニス。

ソフト ドリンク【soft drink】アルコール分を含まない飲料。清涼飲料水の類。

ソフトボール【softball】野球のボールよりもやや大形の軟らかいボール。また、それを用いてする野球に似たスポーツ。ソフト。

ソフト ランディング【soft landing】過熱状態の景気を、急激な景気後退を招くことなく、安定成長に移行させる経済政策。また、産業構造の転換等を円滑に進めることにもいう。▷(宇宙船などの)軟着陸の意。案 軟着陸

ソプラノ【イタリアsoprano】①女声の最高声域。また、その声域をもつ歌手。男児の声にもいう。②同族楽器の中で最高の音域を受け持つもの。

ソブリン【sovereign】①主権者。元首。君主。②独立国。主権国。

ソムリエ【フランスsommelier】ワインに関する専門的知識をもち、ワインを選ぶ手助けをする給仕人。

ソムリエ ナイフ【和フランスsommelier＋knife】ワイン用の栓抜きとキャップのシールをはがすナイフが一体になったもの。

ソラニン【solanine】ナス科植物に含まれるアルカロイド配糖体。ジャガイモの新芽に多く含まれる。苦みがあり有毒。

ソリスト【フランスsoliste】①独唱者。独

奏者。②バレエのソロを踊る踊り手。第1舞踏手。

ソリチュード【solitude】孤独。

ソリッド【solid】①かたいこと。堅実なこと。②固体状であること。

ソリッド ステート ディスク【solid state disk】⇨SSD

ソリッド ステート ドライブ【solid state drive】⇨SSD

ソリューション【solution】①問題を解決すること。解決法。②溶解。溶体。溶液。[案]問題解決

ゾル【ドイツ Sol】コロイド粒子が液体の中に分散し、全体が流動性を示すもの。卵白・牛乳などがその例。コロイド溶液。また、コロイド粒子が気体中に分散したものをエーロゾルといい、広義にはこれも含める。→ゲル

ソルジャー【soldier】軍人・戦士。特に、陸軍の下士官や兵士をいう。

ソルティ ドッグ【salty dog】ウオツカにグレープフルーツ-ジュースを加えたカクテル。グラスの縁に塩をつけたスノー-スタイルで供す。

ソルト【SALT】(Strategic Arms Limitation Talks(Treaty))戦略兵器制限交渉、またその条約。㋐(ソルトI)米ソにより1972年に締結された条約。戦略ミサイルの数量制限を中心とする。㋑(ソルトII)米ソにより1979年に調印された条約。同年のソ連のアフガニスタン侵攻により未発効のまま失効。

ソルト【salt】塩。食塩。

ソルフェージュ【フランス solfège】音楽の基礎教育のうち視唱力・読譜力・聴音能力などを養う教育課程の名称。本来は、楽譜を母音またはドレミの音節で歌う声楽訓練。

ソルベ【フランス sorbet】リキュール・シャンパンなどを加えて、やわらかくつくった氷菓。

ソルベンシー マージン【solvency margin】保険会社の支払い余力を示す指標。

ソルロンタン 朝鮮料理のスープ料理の一。牛の肉や内蔵や骨を長時間煮込んで作る。→コムタン ▷朝鮮語。

ソレイユ【フランス soleil】①太陽。②ヒマワリ。

ソロ【イタリア solo】①歌唱・楽器演奏・舞踊などを一人で行うこと。②協奏曲において、トゥッティ(総奏)に対する独奏部分。③ソロ-ホーマーの略。野球で、塁上に走者がいないときのホーム-ラン。

ソロ キャンプ【和 solo+camp】一人で行うキャンプ。

ソワレ【フランス soirée】①夜会。②夜会服。③夜間興行。

ゾンデ【ドイツ Sonde】①体腔・臓器・組織などの中に挿入し診断・治療に用いる細い管状の器具。消息子。②ラジオ-ゾンデの略。気球に小型の自動観測器をとりつけた上層気象観測装置。

ゾンビ【zombie】①ブードゥー教でいう蛇体の神。②怪奇映画に登場する無言・無意志で歩き回る死体。

タ

ターキー【turkey】①七面鳥。②ボウリングで、ストライクを3回続けること。

ダーク【dark】暗いこと、黒ずんでいること。また、そのさま。→ライト

ダーク ウェブ【dark web】匿名化機能を持つウェブ-ブラウザーでしかアクセスできないウェブ-サービスの総称。▷反社会的内容を含む闇サイトの運用など、犯罪に利用され問題化している。

ダークネス【darkness】暗闇。

ダーク ホース【dark horse】①その能力がよくわからない競走馬。伏兵。穴馬。②競技や選挙などで、番狂わせを演じそうな選手や候補者。

ダーク マター【dark matter】銀河系や銀河の間に大量に存在すると考えられているが、光や電波・X線などではまったく見ることのできない物質。暗黒物質。

ターゲット【target】①標的。まと。②光線または粒子線を当てる物質や電極。

ターゲティング【targeting】ユー

ザーが事前に登録した情報やユーザーの行動分析に基づき、嗜好《しこう》や興味に合わせた広告を配信すること。より効果的な広告宣伝が可能。

ターコイズ【turquoise】トルコ石。

ターコイズ ブルー【turquoise blue】明るい緑がかった青色。

ダージリン【Darjeeling】インド北東部、ヒマラヤ山脈の南麓にある保養都市ダージリンで産する紅茶の銘柄。香りが高いのが特徴で高級品とされる。

ダース【dozen】品物12個を一組みとする数量の単位。

タータン チェック【和 tartan＋check】赤・緑・黄・黒などの格子縞の模様・織物。タータン。

ダーツ【darts】①洋裁で、布を体形に合わせて立体化させるため、体の凹凸に沿ってとった錐形のつまみ。②円形の標的に投げ矢(ダート)を当てて得点を競うゲーム。ダーツ競技。

ダーティー【dirty】①(道徳的に)きたないさま。よごれているさま。②為替《かわせ》相場が市場介入の影響を受けているさま。

ダート【dart】ダーツに用いる小形の投げ矢。

ダート【dirt】ダート-コースの略。土と砂とをまぜ合わせ、水はけをよくした競馬場の走路。▷泥《どろ》の意。

タートル【turtle】海亀。

タートル ネック【turtleneck】首に沿って筒状に伸びた襟。折り返して着る。とっくり襟。

ターニング ポイント【turning point】転換点。分岐点。

ターバン【turban】インド人やイスラム教徒の男性が頭に巻く布。

ダービー【Derby】①イギリス、ロンドン南郊のエプソムで毎年行われるサラブレッド4歳馬のクラシック-レース。②中央競馬「東京優駿《ゆうしゅん》競走」の通称である「日本ダービー」の略。③プロ野球などで、投手や打者の成績の首位争い。

タービン【turbine】流体を動翼に吹き付け、それによって軸を回転させて動力を得る原動機。

ターフ【turf】芝。芝生。

ターブル ドート【フランス table d'hôte】西洋料理の定食。→アーラーカルト

ターボ【turbo】ターボチャージャー(turbocharger)の略。排ガスを利用してタービンを回し、混合気を強制的にシリンダー内に送り込んで圧力を高める、エンジンの補助装置。

ターミナル【terminal】①終点であること。末端であること。末期であること。②鉄道やバスの多くの路線が集中して、発着が行われる所。③ターミナル-ビルの略。④電池や電気器具などの、端子《たんし》。⑤コンピューターで、入出力を行う端末装置。

ターミナル ケア【terminal care】治癒の可能性のない末期患者に対する身体的・心理的・社会的・宗教的側面を包括したケア。終末ケア。→クオリティー-オブ-ライフ

ターミネーター【terminator】①終結させるもの。絶滅させるもの。②終端に挿入する部品。

ターミノロジー【terminology】術語。専門用語。ある分野の術語の体系的な集合体。

ターム【term】①術語。専門用語。②期間。期限。

ターメリック【turmeric】ウコン(鬱金)の根茎を乾燥して粉末にした黄色の香辛料。カレー粉の主原料。

ダーリン【darling】最愛の人。愛するあなた。恋人・夫婦の間でいう。

タール【tar】有機物を熱分解して得る粘性のある褐色または黒色の油状液体。コール-タール・木タール・石油タールなど。

ターン【turn】①まわること。回転すること。②進路を変えて、まがること。③来た方に戻ること。折り返すこと。④音楽で、装飾音の一。主要音の上の音に始まり、主要音の下の音を経て、主要音にかえる。回音。

ターンオーバー【turnover】①反転。②スポーツで、ボールの所持権が相手に移ること。③両面を焼いた目玉焼

き。④皮膚の表皮組織の新陳代謝のこと。

ターン オフ【turn off】オンからオフの状態に切り替わること。

ターン オン【turn on】オフからオンの状態に切り替わること。

タイ【tie】①ネクタイ。②試合や競技で、得点・記録などが等しいこと。③楽譜で、高さの同じ二つの音符を弧で結んだもの。一続きに演奏される。

ダイア ⇨ダイヤ

ダイアグラム【diagram】⇨ダイヤグラム

タイ アップ【tie up】手をつないで力を合わせること。提携すること。

ダイアモンド【diamond】⇨ダイヤモンド

ダイアリー【diary】日記。日記帳。

ダイアル【dial】⇨ダイヤル

ダイアローグ【dialogue】対話。特に、劇や小説中の人物の言葉のやりとり。また、対話劇。→モノローグ

ダイアログ ボックス【dialogue box】コンピューターのプログラムがユーザーからの入力、あるいは指示をうながす場合に表示する箱状の画面。

ダイ イン【die-in】核兵器の開発・配備などに抗議して、集会の参加者が犠牲者に擬して大地に横たわる示威行動。

ダイエット【diet】健康や美容のために、食事の量や種類を制限すること。

ダイオード【diode】2端子の半導体素子。整流・検波・発光などに用いる。pn接合ダイオード・MOSダイオードなどがある。→LED

ダイオキシン【dioxin】ポリクロロジベンゾジオキシン(PCDD)の俗称、また特にその中で最も毒性の強い2・3・7・8-テトラクロロジベンゾパラジオキシン(TCDD)のこと。除草剤2・4・5-Tなどの製造の際の副産物として生成する。皮膚・内臓障害を起こし、催奇形性・発癌《はつがん》性があるものが少なくない。ジオキシン。PC。

タイガ【ロシア taiga】ユーラシア大陸・北アメリカ大陸の北部(亜寒帯)に発達する針葉樹林。▷シベリア地方の針葉樹林の意。

タイガー【tiger】虎。

ダイ カスト【die casting】溶かした金属を、圧力をかけて金属製の鋳型に注入する鋳造法。ダイ-キャスト。

ダイキリ【daiquiri】カクテルの一。ラム酒にライム-ジュース、砂糖少量を加えてつくる。

ダイジェスト【digest】ある文章や出来事などの内容を要約すること。また、要約された出版物や放送番組など。

ダイス【dice】①さいころ。また、さいころを使ってする勝負事。②料理で、さいのめ。

ダイス【dies】①雌《め》ねじの一部を刃とした、雄《お》ねじを切る工具。雄ねじ切り。②針金など線材の外径を仕上げるのに用いる金型。

タイ ダイ【tie-dye】絞り染めのこと。また、絞り染めした生地や衣服。

タイタン【Titan】①ギリシャ神話で、オリンポスの神々以前に天地を支配していた巨人族の神。天空神ウラノスと大地神ガイアの子供たち。ゼウスと戦って敗れ、タルタロスに幽閉された。▷ティタンの英語名。②土星の第7衛星。土星の衛星中最大で大気をもつ。

タイツ【tights】腰から足先までをぴったり包む長靴下風の衣服。一般に、やや厚手の編み地のものをいう。

タイト【tight】①衣服などが、身体にぴったりしているさま。②堅く結んであるさま。きつく縛ってあるさま。③隙間なく、ぎっしり詰まっているさま。スケジュールなどにいう。④管理や統制が厳しいさま。

タイド グラフ【tide graph】各地の潮汐の予報数値をグラフ化したもの。

タイトル【title】①表題。見出し。②映画やテレビの字幕。③選手権。④最高記録保持者や、最優秀者に贈られる称号や地位。

タイトル バック【和 title＋back】映画やテレビの題名・配役・制作スタッフなどの文字の背景として映る画面。

タイトル ロール【title role】映画・演劇で、「ハムレット」「リア王」などのように、主人公の名が題名となっている作品の主役。主題役。題名役。

タイトロープ【tightrope】①綱渡り用の綱。②危ない橋を渡ること。

ダイナマイト【dynamite】ニトログリセリンを基材とした爆破薬。1866年ノーベルがニトログリセリンをケイ藻土に吸収させてつくったのが最初。

ダイナミクス【dynamics】①力学。動力学。②原動力。ダイナミックス。

ダイナミズム【dynamism】内に秘めたエネルギー。力強さ。活力。

ダイナミック【dynamic】力強く、生き生きとしているさま。躍動的。力動的。→スタティック

ダイナミック レンジ【dynamic range】増幅回路などで、扱うことのできる最も大きな信号と最も小さな信号との大きさの比。

ダイナモ【dynamo】発電機。

ダイニング【dining】①食事。②ダイニング-ルームの略。食事をする部屋。

ダイニング キッチン【和dining＋kitchen】台所と食堂とが一緒になった部屋、またその間取り。DK。

ダイニング ルーム【dining room】食事をする部屋。食堂。

ダイバー【diver】①潜水夫。②水泳の飛び込み種目の選手。③レジャーとして潜水をする人。④スカイ-ダイビングをする人。

ダイバーシティー【diversity】多様な人材を活用すること。▷多様性の意。

タイ ハイ【thigh high】⇨サイ-ハイ

ダイビング【diving】①水に飛び込むこと。また、水泳の飛び込み競技。②飛び込むこと。宙に身を躍らせること。③飛行機の急降下。④潜水。

タイプ【type】①型。型式。②人間をその性格によって分類した場合に、ある共通性で特徴づけられる性格。類型。③タイプライターの略。また、タイプライターや文字入力用のキーボードを打つこと。

ダイブ【dive】①(頭から)飛び込むこと。突っ込むこと。②水中にもぐること。ダイビング。③飛行機の急降下。

タイフーン【typhoon】台風。

タイプ ミス【和type＋miss】キーボード使用時における文字の打ち間違い。ミス-タイプ。

タイ ブレーク【tie break】試合が長引くのを防ぐための方法。テニスやソフトボール、バレーボール、野球などで導入されている。ソフトボールではタイブレーカーともいう。

タイポ【typo】印刷物における誤植。またはタイプ-ミスや誤変換。▷typographic errorの略。

タイポグラフィー【typography】①活版による印刷術。②デザインにおいて、活字の書体や、字配りなどの構成および表現。

タイマー【timer】①時間記録係。計時員。②ストップウオッチのこと。③任意の時間に自動的に電源を入れたり切ったりする装置。タイム-スイッチ。④カメラのセルフ-タイマー。

タイミング【timing】物事をする時期。ころ合い。

タイム【thyme】シソ科の小低木。南ヨーロッパ原産。料理の香味料や咳《せき》止めの薬として利用される。

タイム【time】①時。時刻。時間。②競走・競泳など時間を競う競技で、所定の過程を終了するのに要した時間。③スポーツ競技で、競技を一時中断すること。また、その命令。

タイム【TIME】アメリカのニュース週刊誌。

タイム アウト【time-out】スポーツで、競技休止時間。作戦協議・選手交代・反則処理などのための、短い中断時間。

タイム アップ【和time＋up】規定の時間が切れること。時間切れ。

タイム シフト【time-shift】①時間をずらすこと。②⇨タイムシフト視聴

タイムシフト視聴　①テレビ番組などを、放送時間ではなく自分の好きな時間に視聴すること。▷リアルタイム視聴

に対していう語。②放送中のテレビ番組をハード-ディスクに記憶させながら、同時に視聴すること。

タイム スタンプ【time stamp】コンピューターで、ファイルなどに記録されているデータの作成日時。

タイム スリップ【和 time+slip】SF小説などで、通常の時間の流れから逸脱し、過去や未来の世界に移動すること。

タイム セール【和time+sale】スーパーマーケットや百貨店などで、時間を限定して行う特売。タイム-サービス。

タイム ゾーン【time zone】標準時が同じ地域の全体。時間帯。標準時間帯。

タイムテーブル【timetable】時間表。予定表。

タイム トライアル【time trial】①ゴールするまでの所要時間で順位を決めるレース。②自転車競技のトラック競技種目の一。1000mまたは500mの距離を各選手が一人ずつ走り、その完走時間で順位を競う。

タイム パラドックス【time paradox】SF小説などで過去に移動した人が、過去の出来事に介入することで生じる矛盾の総称。

タイム ピース【time piece】時計。

タイム ライン【time line; timeline】①年表。スケジュール表。時刻表。②災害時におけるリスクを評価し、事前に用意した時系列の行動計画。③SNS(ソーシャル-ネットワーキング-サービス)などにおける情報の時系列表示。TL。

タイム ラグ【time lag】ある現象の反応がすぐに起こらず、遅れて起こる際の時間のずれ。[案]時間差

タイムラプス【time-lapse】長時間にわたり一定間隔で撮り続けた静止画を連続して表示する手法。時間が急速に進み、その間の変化が動画のように見られるようにしたもの。

タイムリー【timely】①物事がちょうどよい折に行われるさま。時機にかなっているさま。②タイムリー-ヒット(適時打)の略。

タイム リミット【time limit】時間の限度。時間切れ。時限。

タイヤ【tire】自動車・自転車などの車輪の外周をおおうゴム製の輪。普通、内側のチューブを含めていう。タイア。

ダイヤ ダイヤグラムの略。ダイア。

ダイヤ ①ダイヤモンドの略。②トランプのカードの種類の一。ダイヤモンドを図案化した赤色の菱《ひし》形の絵柄のもの。▷ダイアとも。

ダイヤグラム【diagram】一定の線路の列車運転状況を表した図表。ダイヤ。ダイアグラム。

ダイヤモンド【diamond】①炭素からなる鉱物。純粋なものは無色透明、ときに黄・赤・青・緑色など。美しい光沢をもち、宝石として珍重される。硬度は天然に存在する物質中で最大。金剛石。ダイヤ。②野球で、内野のこと。③ビリヤードで競技台の外枠にはめ込まれている印。▷ダイアモンドとも。

ダイヤモンド ダスト【diamond dust】細氷。空気中の水蒸気が細かい氷の結晶となって大気中を落下、または浮遊する現象。寒冷地で気温がきわめて低いときに見られる。

ダイヤモンド富士 富士山の山頂に日の出あるいは日没時の太陽が重なってみえる状態。→パール富士

ダイヤル【dial】①ダイヤル式電話器で、数字の書いてある円形の文字盤。また、それを回して電話をすること。②ラジオ・テレビの周波数を示してある目盛り盤。また、それを動かすつまみ。▷ダイアルとも。

ダイヤル アップ【dial-up】電話回線を利用すること。特に、データ通信に電話回線を使用すること。

ダイヤル イン【和dial+in】多数の電話をもつ事業所などで、外部から直接個々の電話を呼び出せる方式。直通電話。

ダイリューション【dilution】①希釈。②株式増資などによって起きる、1株あたりの配当・資産の減少。希薄

化。

タイル【tile】床や壁などに張りつける陶磁器製やプラスチック製などの薄板。装飾をかねて仕上げに用いる。

タイル カーペット【和tile + carpet】正方形のパーツをタイルの要領で敷き詰める方式の絨毯《じゅうたん》。カーペット-タイル。

ダイレクト【direct】直接的なさま。途中に何も介さないさま。

ダイレクトOTC薬 医療用医薬品として承認されているが使用実績のない新有効成分を含む一般用医薬品。▷OTC(over the counter)薬は、一般用医薬品の意。

ダイレクト メール【direct mail】個人あてに直接郵送する宣伝広告。あて名広告。DM。

ダイン【dyne】力の大きさのCGS単位。1gの質量を持つ物体に$1cm/s^2$の加速度を生じさせる力の大きさを1ダインとする。記号dyn →ニュートン

ダウ ⇨ダウ平均

ダウ【dhow】帆船の一。1本マストで三角帆。モンスーンを利用し、インド洋を航海する。

ダウジング【dowsing】占い棒や振り子、L字の針金などを用いて、目的の物を探り当てたり予測する技術。水脈・鉱脈の探索や、占いなどに用いられる。

ダウト【doubt】①疑い。②トランプのゲームの一。手札を裏側にして番号順に出してゆき、手札を早くなくした者が勝者となるもの。番号が疑わしいと思った時ダウトと声をかけ、偽札であったら出した者が、偽札でない場合はダウトをかけた者が場札をとる。

ダウ平均 アメリカのダウ=ジョーンズ(Dow Jones)社の開発した平均株価。修正平均株価の代表的なもの。ダウ式平均株価。

タウリン【taurine】アミノ酸の一。シスチンの生体内酸化によりつくられる。各種の胆汁酸と結合して胆汁中に排泄される。

タウン【town】町。都会。

ダウン【down】①下げること。また、下がること。→アップ ②倒れること。③それ以上続けられなくなること。稼動しなくなること。④アメリカン-フットボールのゲームの単位。攻撃権を得たチームが第1～第4までのダウンを行う。

ダウン【down】羽毛。綿毛。

ダウンサイジング【downsizing】①機器などを、従来のものより小型にすること。②企業など団体や組織が、人員やコストを削減すること。

ダウン症候群 染色体異常症の一。多くは21染色体の過剰による。一般に精神発達や発育が障害され、先天性の心疾患を伴うこともある。▷1866年ダウン(J. Langdon Down [1826～1896])が報告。

ダウンタウン【downtown】下町。商業地域。

ダウンバースト【downburst】積乱雲などの中で発達する下降気流が地表に衝突して四方に発散する、爆発的な吹き出し風。

ダウンヒル アシスト コントロール【downhill assist control】自動車で急な坂道をおりる際、自動的に走行速度を抑制する機能。DAC。

ダウンフォース【downforce】下向きの力。特に、自動車が高速で走る場合、車体上部を流れる気流と床下を流れる気流によって生じる揚力を抑えるため、スポイラーなどで得るもの。

ダウン プルーフ【down proof】ダウン-ジャケットなどで、羽毛が外に出にくいよう加工されていること。「一加工」

タウン ミーティング【town meeting】政治家と市民による対話集会。

ダウンロード【download】インターネットなどで、ホスト-コンピューターに置かれているデータを自分の端末に転送すること。→アップロード

タオ【tao】中国の道教や老荘思想で、宇宙の根本原理としての道。

タオル【towel】①織物の片面または両面に輪奈《わな》を織り出した厚手の綿織物。タオル地。②①の布地でつくった手ぬぐい。

タオル ケット【和towel＋blanket】厚手のタオル地で作った毛布風の寝具。

ダガー【dagger】①短剣。②欧文の符号活字の一。「†」のこと。参照や注などを示すのに用いる。短剣符。剣印。

ダ カーポ【イタリアda capo】音楽で、曲の初めに戻り、もう一度繰り返して演奏することを指示する演奏記号。略号D.C.。▷「はじめから」の意。

タキシード【tuxedo】男子の夜間用略礼服。燕尾《えんび》服の代用として用いる。ディナー-コート。タクシード。

タギング【tagging】札を付けること。特に、万引き防止などのために、レジを通過しないと警報を発するタグを付けること。

タグ【tag】①付け札。標識。荷符。②商品に付けてある札。商品名・価格・種類・製造会社などが記されている。③コンピューターで、データの一部に構造や内容を識別するために付けられる目印。

タクシー【taxi】客の求めに応じて、目的地まで客を運び、距離・時間に応じて料金を取る営業用自動車。

タクティックス【tactics】戦術。策略。かけひき。

タクト【ドイツTaktstock】音楽の指揮。また、指揮棒。

ダクト【duct】冷暖房や換気などのために空気を送る管。送風管。風道。

タグボート【tugboat】引き船。

タグ マッチ【tag match】プロレスで、複数の選手が組になって行う試合。タッグ-マッチ。

タグ ライン【tag line】①演劇などで、結び文句。②企業の広告などで用いるキャッチ-フレーズ。ロゴ-マークに隣接して記すことが多い。

タコグラフ【tachograph】時計・速度計・走行距離計を組み合わせ自記装置を備えたもの。自動車に取り付けて運行記録とする。記録式回転速度計。

タコス【スペインtacos】メキシコ料理の一。トウモロコシ粉で焼いたクレープ状の皮に、炒《いた》めた挽《ひ》き肉やチーズ・レタスなどをはさみ、香辛料をきかせたトマト-ソースで食べるもの。

タコメーター【tachometer】エンジンなどの、単位時間における回転数を表示する計器。回転速度計。

タコ ライス【和taco＋rice】沖縄料理の一。飯にタコス風の具を載せたもの。

タジン【tagine】モロッコやチュニジアなどの北アフリカの鍋料理。肉や野菜を蒸し煮にするもの。また、その料理に使う、浅い胴体と円錐《えんすい》形の蓋《ふた》からなる鍋。蒸気を逃がさないため、少量の水で煮込み料理が可能。

タスク【task】①課せられた仕事。課題。②コンピューターで処理される作業の最小単位。[案]作業課題 →ジョブ

タスク フォース【task force】①機動部隊。②⇨プロジェクト-チーム [案]特別作業班

タスク ライト【task light】机上で用いる作業用照明。

ダスター【duster】①ほこりよけの薄地のコート。ダスター-コートの略。②ほこりやごみを払うもの。はたき・ぞうきんなど。③ダスト-シュートに同じ。

ダスト【dust】①ちり。ほこり。ごみ。②ちりのように細かいもの。

ダスト シュート【和dust＋chute】高層建築の各階にごみの投入口を設け、下へ落ちてきたものを収集する設備。ダスター。

ダダ【フランスdada】ダダイスムの略。

ダダイスム【フランスdadaïsme】第一次大戦中から戦後にかけて国際的に展開された芸術革命運動。理性を優位におく既成のあらゆる価値観を否定し、芸術の自由な発想と表現をめざした。反合理主義・反道徳の態度を特色とする。ダダイズム。ダダ。

ダッカルビ 韓国の鉄鍋料理の一。肉と野菜とコチュジャンなどを合わせて炒める。タッカルビ。▷朝鮮語で、鶏のカルビの意。

タック【TAC】一定の海域における漁種別の年間漁獲量の上限。海洋生

物資源保存のために定める。漁獲可能量。

タック【tuck】 洋裁で、装飾または身体に合わせるために、布地をつまんで折ったもの。

タッグ【tag】 ①プロレスのタッグ-マッチで、チーム内の選手が交替する際に互いに手を打ち合わせる合図。②⇨タグ

ダック【duck】 あひる(家鴨)。カモ目カモ科の水鳥。マガモを改良した飼い鳥。首が長く、泳ぎが巧み。

タックス【tax】 税金。租税。

ダックスフント【ドイツ Dachshund】 イヌの一品種。ドイツ原産。胴長で脚が短い。▷アナグマの猟犬の意。

タックス ヘイブン【tax haven】 外国企業に対して税制上の優遇措置を与えている国または地域。租税回避地。

タッグ マッチ【tag match】 ⇨タグ-マッチ

タックル【tackle】 ①相手に飛びかかって組み付くこと。②ラグビー・アメリカン-フットボールなどで、ボールを持っている相手チームの選手に組みついて前進をはばむこと。③釣り道具。

ダッシュ【dash】 ①全力で走ること。突進すること。②句と句との間に入れ、接続することを示す「―」の符号。ダーシ。③数字・文字などの右肩につける符号。「A′」「1′」のように用いる。

ダッシュ食 ⇨DASH食

ダッシュボード【dashboard】 自動車の運転席とエンジン室の間の仕切り板。速度計などの計器を取り付ける所。

タッチ【touch】 ①触れること。さわること。②絵画などの筆づかい。ピアノ・オルガンなどの音を出す時の指づかい。③ある物事に関与すること。かかわること。④文章などの筆致。表現の仕方。⑤スクラム・タックルなどの接触プレーがない6人制ラグビー。ボールを持つ敵選手にタッチして攻撃を防ぐ。タッチ-ラグビー。

ダッチ【Dutch】「オランダの」の意。

タッチ アップ【和 touch＋up】 野球で、打者がフライを打ち上げた時、次塁へ進もうとする走者が、元の塁に足をつけていること。走者は野手が捕球する前に走り出してはならない。

ダッチ オーブン【Dutch oven】 ふた付きの鋳鉄製の鍋《なべ》。焼く、蒸す、炒める、煮るなど多用途に使用できる。アウトドアで使われることが多いが、家庭用もある。

タッチ タイピング【touch-typing】 キーボードのキーを見ずにタイプすること。ブラインド-タッチ。

タッチパッド【touchpad】 コンピューターの入力装置の一。板状で四角いセンサーを指でなぞってマウス-カーソルの移動などを指示したり、併設のボタンを押してクリックなどの動作を指示する。トラック-パッド。スライド-パッド。→ポインティング-デバイス

タッチ パネル【touch panel】 コンピューターの入力装置の一。シートパネルに電気的なボタンとしての機能をもたせ、指や専用のペンで画面に触れることで操作する。

タッチ フォーカス【touch focus】 デジカメやスマートフォンで、モニター画面に表示されている被写体に触ることで焦点を合わせる機能。また、そのようにして焦点を合わせること。

ダッチ ロール【Dutch roll】 飛行機が横揺れと横すべりを繰り返しながら左右に蛇行《だこう》すること。8の字蛇行飛行。

ダッチ ワイフ【Dutch wife】 ①竹夫人《ちくふじん》。だきかご。②性的な目的で使用するための、女性の形を模した人形。

ダット ⇨DAT

タッパーウェア【Tupperware】 合成樹脂製の食品密閉容器。商標名。タッパー。

タップ【tap】 ①雌《め》ねじを切る工具。雌ねじ切り。②鍛造作業に用いる工具。上下一対の金型で、叩《たた》いて丸棒・角棒などの延ばし作業に用いる。③トランスやコイルなどで、必要に応じて

中間に設ける引き出し接続点。

タップ【tap】①床を踏み鳴らすこと。また、タップ-ダンスのこと。②軽くたたくこと。軽く当てること。

ダッフル コート【duffle coat】フード付きのスポーティーな短めの丈のコート。

タトゥー【tattoo】入れ墨。刺青。

タナトス【ギリシャ Thanatos】①ギリシャ神話で、「死」を擬人化した神。②フロイトの用語。攻撃、自己破壊に向かう死の本能をさす。→エロス

タパス【スペイン tapas】酒のつまみ。

タバスコ【スペイン Tabasco】赤唐辛子《とうがらし》でつくったソース状香辛料。ピザ・スパゲッティなどに用いる。商標名。

タピオカ【tapioca】キャッサバの根からとったデンプン。食用とする。

タピオカ ミルク ティー【和 tapioca ＋ milk ＋ tea】タピオカでできた小粒(タピオカ-パール)が多数入っているミルク-ティー。太めのストローで、小粒ごと飲む。台湾で発祥。タピオカ-ティー。バブル-ティー。

タピストリー【tapestry】⇨タペストリー

ダビング【dubbing】①映画・放送などで、台詞《せりふ》や音楽など別々に録音したものをミックスし1本のサウンドとする作業。②すでに録音・録画されている記録媒体から、新たな記録媒体に再録音・再録画をすること。

ダビング 10【和 dubbing＋10】デジタル放送の録画について、9回分のコピーと10回目のムーブ(複製元のデータは消去)を認めるコピー制御方式。▷コピー-ワンスを緩和する目的で導入したもの。→コピー-ワンス

タフ【tough】頑強で、少しくらいのことには参らないさま。

タブ【tab】①タイプライターやコンピューターのソフトウエアで、事前に設定した位置まで用紙やカーソルを移動する機能。また、そのためのキー。②コンピューターのGUI画面における表示部品の一。帳簿やカードのへりに付ける見出し用のつまみを模して、切り替え可能な画面の種類(表題)を一覧表示したもの。→GUI ③衣服の肩や袖口《そでぐち》につける布飾り。④帽子の耳おおい。▷tabulatorの略。

タブ【tub】桶《おけ》。ふろ桶。

ダブ【dub】ジャマイカから始まった音楽スタイルの一つ。既製の録音曲を使って加工したり、効果を加えたりするもの。

タブー【taboo】①聖・俗、浄・不浄、正常・異常を区別し、両者の接近・接触を回避・禁止し、それを犯した場合には超自然的制裁を受けるとする観念・慣習の総称。禁忌。②言及したり行ったりしてはいけないこと。▷ポリネシア語で、明確にしるしをつける意。

タフネス【toughness】タフなこと。頑強なこと。

タブリエ【フランス tablier】エプロン。前掛け。

ダブる①文字や情景が二重になる。重なる。②同じことを二度する。二重に行う。▷ダブル(double)を動詞化した語。

ダブル【double】①ダブル-ブレストの略。洋服の上衣・外套《がいとう》などの前身頃が広く、ボタンが2列になっているもの。②ダブル-カフスの略。折り返して二重になっているカフス。③(ホテルなどで)ダブル-ベッドを入れた二人用の客室。④ダブル幅の略。洋服地で、シングル幅の2倍の幅。約142センチメートル。⑤ボウリングで、ストライクを連続して2回出すこと。⑥ウイスキーの量の単位。約60mL。▷シングルに対して「二つ」「二重」「2倍」などの意。

ダブル インカム【double income】夫婦の共働きにより、1世帯に二つの収入があること。→DINKS

ダブル クリック【double click】コンピューターで、マウスのボタンを素早く2回押す操作。

ダブル ケア【和 double ＋ care】子育てと親の介護を同時に担うこと。

ダブルス【doubles】テニス・卓球・バドミントンなどで、二人で一チームを作り対戦する試合。複試合。

ダブル スープ【和double ＋ soup】異なる二種のスープのブレンド。動物系スープ(豚骨や鶏がらなど)と魚介系スープ(鰹節や昆布など)のブレンドなど。W《ダブル》スープ。

ダブル スクール【和 double＋school】同時に複数の学校で勉強すること。▷大学生が、資格を取ることなどを目的に専門学校に通うなど。

ダブル スコア【double score】スポーツやゲームで、一方の得点が他方の2倍であること。また、その得点。

ダブル スタンダード【double standard】対象によって適用する基準を変えること。二重基準。二重標準。

ダブル ダッチ【double Dutch】縄跳び競技の一。二人の回し手が2本の長いロープを同時に回し、跳び手がそれを飛ぶ。

ダブル デッカー【double-decker】2階付きのバス・船。

ダブル バインド【double bind】同時に相矛盾する二つの次元のメッセージを受け取った者が、その矛盾を指摘することができず、しかも応答しなければならないような状態。ベートソンが提唱。▷二重拘束の意。

ダブル ブッキング【double-booking】①座席やホテルの部屋など、キャンセルを見越して二重に予約を受け付けること。→オーバーブッキング ②先約があったのに、それと重なる別の約束をしてしまうこと。

ダブル プレー【double play】野球で、守備側の選手が、連続した動作で二人の走者、または打者と一人の走者をアウトにすること。ゲッ-ツー。併殺。重殺。

ダブル ベース【double bass】⇨コントラバス

ダブルヘッダー【doubleheader】野球で、同じ2チームが同じ日に同じ球場で2回続けて試合をすること。

ダブル ミーニング【double meaning】言葉や文章に込められる、2重の意味。

ダブル ワーク【double work】同じ人が持つ二つの仕事のこと。本業と副業を持っている状態など。

タブレット【tablet】①錠剤。②鉄道の単線区間で、一定区間に2列車が同時に入るのを防ぎ、列車運行の安全を保つため、駅長から運転士に交付される通行票。通票。③平面板とペンから構成されるコンピューターの入力装置。板面をペンでなぞり、コマンドの選択や図形の入力をする。ペン-タブレット。④1枚ずつはぎ取って使える便箋《びんせん》帳やメモ帳。⑤⇨タブレット端末

タブレット端末 薄い板状のコンピューターの総称。多くはタッチ-パネル式入力で、無線ネットに接続する。タブレット。

タブロイド【tabloid】「タブロイド判」の略。普通の新聞紙1ページの半分の大きさの新聞・雑誌。

タブロー【フランスtableau】①習作に対して完成した作品。→エチュード ②壁画や彫刻に対して、カンバスや板に描《か》かれ、額縁に納められ持ち運び可能な絵。

タペストリー【tapestry】色とりどりの糸で風景・人物像などを織り出したつづれ織り。あるいは、その壁掛け。タピストリー。タピスリー。

ダボ ダブル-ボギー(double bogey)の略。ゴルフで、そのホールの基準打数(パー)より2打多い打数でホール-アウトすること。

ダミー【dummy】①替え玉。身代わり。②模造品。③マネキン。人形。④ラグビーで、パスするとみせて、逆をついてすり抜けるプレー。⑤ダミー会社。企業が、税金逃れのためや、自社名を隠して営業したい場合に、別名で設立する実体のない会社。替え玉会社。

タミフル【Tamiflu】抗ウイルス薬の商標名。A型およびB型のインフルエンザ-ウイルスの増殖を抑制する。一般名、リン酸オセルタミビル。

ダム【dam】治水・利水・砂防などのために、河川・渓流などを堰《せ》き止める構造物。

タムレ【タヒチ tamle】タヒチの民族音

楽。また、民族舞踊。打楽器と掛け声によるリズムにのせて、女性が手や腰を激しく振るもの。タヒチアン-ダンス。

ダメージ【damage】損害。痛手。

タラソテラピー【thalassotherapy】海水・海藻・海泥などの海洋資源を、病気治療・健康増進・美容に利用する方法。海洋療法。

タラップ【オランダtrap】船や飛行機の、乗降用の梯子《はしご》。

タラモ サラダ【ギリシャtaramosalata】タラコとゆでたジャガイモを和え、オリーブ油・レモン汁などで調味したギリシャ料理の一。

タランチュラ【tarantula】クモ目オオツチグモ科に属するクモの総称。毒をもつものが多い。

タリバン【Talibaan】アフガニスタンのイスラム原理主義組織。イスラム国家建設を求めて武力闘争を開始、アフガニスタン北東部を除く地域を制圧。2001年の9.11同時多発テロ事件後、アメリカの武力攻撃を受け、政権は崩壊した。

タリフ【tariff】①関税。また、関税率を示した表。②料金表。運賃表。

タルク【talc】①滑石《かっせき》。②滑石の粉末にホウ酸末・香料などを加えた化粧用の打ち粉。タルカム-パウダー。

タルタル ステーキ【tartar steak】細かく刻んだ牛肉に、タマネギ・ピクルス・ケイパーなどの薬味を加えて混ぜ合わせ、塩・胡椒・オリーブ油などで調味した料理。

タルタル ソース【tartar sauce】ソースの一。ピクルス・タマネギ・パセリ・ゆで卵などを刻んで、マヨネーズと混ぜ合わせたもの。

タルト【オランダtaart】南蛮《なんばん》菓子の一。柚子餡《ゆずあん》をカステラで巻いた生菓子。

タルト【フランスtarte】パイ生地またはビスケット生地を型に入れて焼き、クリームや果物をのせた菓子。

ダルメシアン【Dalmatian】イヌの一品種。クロアチアのダルマチア地方原産。鳥猟犬・番犬として用いる。ダルマシアン。

タレント【talent】①才能・技量。②テレビ・ラジオなどに出演する芸能人。

タロット【tarot】22枚の寓意《ぐうい》札と56枚の数位札からなる一組み78枚のカード。占いに用いる。タロー。

タワー【tower】塔。

タン【湯】①湯菜(スープ料理)のこと。②中国料理でだし(スープ)のこと。▷中国語。

タン【tan】タンニンでなめした獣皮のような、鈍い黄赤色。

タン【tongue】舌。特に料理に用いる牛・豚の舌のこと。

タンカー【tanker】油などの液体を運搬するために船腹にタンクを備えた船。油送船。油槽船。

タンキニ【tankini】胸部にタンク-トップを、下半身にビキニを着用するスタイルの女性用水着。セパレーツの一種。▷1990年代後半から呼ばれ始めた。

タンク【tank】①液体や気体を入れる容器。水槽・油槽・ガス槽など。②戦車。

ダンク シュート【和dunk+shoot】バスケットボールで、ボールをバスケットの真上から強くたたき込むこと。

タングステン【tungsten】(ドイツWolfram)6族(クロム族)に属する遷移元素の一。元素記号W　原子番号74。原子量183.8。フィラメント・電極、また合金材料として用いる。ウォルフラム。

タンク トップ【tank top】ランニング-シャツ形のニットの上衣。▷ワンピース形の水着(タンク-スーツ)の上半身、の意。

タングラム【tangram】正方形の板を7つの異なる形に切り分け、それを組み合わせる中国のパズル。

タンク ローリー【和tank+lorry】主としてガソリン・液化ガスなどを運ぶ、タンクを備えたトラック。タンク車。

ダンケ【ドイツ danke】ありがとう。

タンゴ【tango】4分の2拍子、または8分の4拍子のダンス曲。また、それに合わせて踊る社交ダンス。▷19世紀

末に民俗音楽から生まれたアルゼンチン-タンゴは、20世紀初頭ヨーロッパに紹介され、洗練されて、コンチネンタル-タンゴとして世界中に広まった。

タンジブル【tangible】①手で触れられるなど、実体があるさま。②現金、金融資産、売掛債権、商品・原材料の在庫、土地、建物、設備などの有形資産。→インタンジブル

ダンジョン【dungeon】①地下牢。土牢。②ロール-プレーイング-ゲームやビデオ-ゲームに登場する迷路状の構造物。

ダンス【dance】踊り。舞踊。舞踏。

ダンス ミュージック【dance music】踊るための楽曲や音楽ジャンルの総称。

タンタル【ドイツ Tantal】5族(バナジウム族)に属する遷移元素の一。元素記号Ta　原子番号73。原子量180.9。工業用耐酸材料・電子管材料などに用いられる。

ダンディー【dandy】男性の服装や態度が洗練されていること。また、そのさま。

ダンディズム【dandyism】粋や洗練を好み、それを態度や服装に誇示してみせる性向。

タンデム【tandem】①縦並びに馬をつなげた2頭立ての馬車。②⇨タンデム自転車。③自転車競技のトラック競技種目の一。二人乗りの自転車でトラックを3～6周し、ゴールへの着順を競う。④大統領と首相など、二人が共に政権を運営する体制。双頭体制。二頭体制。

タンデム自転車 縦方向に複数人分のペダルとサドルを連ねた自転車。通常二人用だが、3人以上乗車できるものもある。タンデム車。

ダンデライオン【dandelion】西洋タンポポ。

タンドリー チキン【tandoori chicken】インド料理の一。ヨーグルトと香辛料に漬け込んだ鶏肉を、壺《つぼ》形の竈《かまど》(タンドリー)で焼いたもの。

タンニン【tannin】茶など、多くの植物の木部・樹皮・種子・葉などから抽出される、加水分解によって水溶性多価フェノール酸を生じる混合物の総称。黄色または淡褐色。

タンニング【tanning】日焼け。また、日焼けさせること。

ダンパー【damper】①緩衝器。②煙の排出量、空気の流量を調節するための装置。③ピアノ・チェンバロで、弦の振動を抑える装置。

ダンピング【dumping】公正な競争を妨げるような不当に低い価格で販売すること。特に、外国市場で国内価格よりも安く販売すること。投げ売り。[案]不当廉売

ダンプ【dump】①ダンプ-カーの略。荷台を動力によって傾斜させ、土砂などの積み荷をおろせるようにしたトラック。②コンピューターの記憶装置の内容を、プリンターやディスプレー装置などに出力すること。

タンブラー【tumbler】①平底の大コップ。②回転式衣類乾燥機。

ダンベル【dumbbell】亜鈴《あれい》。

タンポン【ドイツ Tampon】円筒状あるいは球状にした綿やガーゼ。止血や分泌物の吸収に用いる。

タンメン【湯麺】いためた野菜をのせ、塩味のスープをかけた中華そば。▷中国語。本来は汁そばのこと。

チ

チア シード【chia seed】シソ科の植物であるチアの種子。食用。

チアノーゼ【ドイツ Zyanose】血液中に酸素が減少し、二酸化炭素が増加したため、皮膚や粘膜が青紫色を帯びること。呼吸困難や心臓の障害で起こる。

チアリーダー【cheerleader】女子応援団員。そろいの服装で音楽に合わせて踊ったり、ポンポンを振ったりする。

チーク【teak】クマツヅラ科の落葉大高木。熱帯アジアに分布。材は暗褐色で堅く、虫害に強く伸縮率が小さいので、船舶・建築・家具などの用材と

して重用される。

チーク ダンス 【和cheek＋dance】 お互いに頬をすり寄せて踊るダンス。チーク。

チーズ 【cheese】 動物の乳のタンパク質を酵素を加えて分離、凝固させ、発酵させた食品。

チーズ タッカルビ 溶かしたチーズを絡ませて食べるタッカルビ。チーズ-ダッカルビとも。▷日本で 2018 年(平成30)ごろに流行。

チーズ ドッグ 【cheese dog】 韓国式のアメリカン-ドッグ。ソーセージの代わりにチーズが入っている。ハットグ。

チーズ フォンデュ 【cheese fondue】 ⇨フォンデュ①

チート シート 【cheat sheet; cheatsheet】 ①カンニング-ペーパー。②参照すべき物事を簡潔にまとめた一覧表。

チート デイ 【cheat day】 ダイエットの期間中に意図的に設ける、たくさん食べて良い日。

チーフ 【chief】 集団で作業する場合などの中心になる者。また、上位の者。主任。

チープ 【cheap】 値段の安いさま。安っぽいさま。

チーム 【team】 ①共同で仕事をする人々の集まり。団。②競技で戦い合う、それぞれの組。

チーム ケア 【team care】 医療と福祉などの専門職が連携して行う介護。

チーム ティーチング 【team teaching】 複数の教師が指導計画の作成、授業の実施、教育評価などに協力してあたること。TT。

チーム パシュート 【team pursuit】 自転車競技のトラック種目やスピード-スケートで行われる競技種目。2 チームがトラックの正反対の位置から同時にスタートし、規定距離を走りきる順を競う。相手チームを追い抜くとその時点で勝ち。団体追い抜き。団体パシュート。チーム-パーシュート。▷パーシュートは追跡・追撃の意。

チームワーク 【teamwork】 チームの人々の統制のとれた共同動作。また、そのための団結力。

チーユ 【鶏油】 鶏の脂身でつくる油。中華料理で常用する。チー油。チーヨウ。▷中国語。

チェア 【chair】 椅子。

チェア スキー 【和chair＋ski】 1 枚のスキー板の上に椅子を取り付けた雪上滑走具。

チェアマン 【chairman】 ①議長。司会者。チェアパーソンとも。②Jリーグの最高責任者。Jリーグを代表し、業務を統括管理する。

チェイサー 【chaser】 ①追っ手。追跡者。②強い酒を飲む時に添える水・炭酸水・ビールなど。▷チェーサーとも。

チェーン 【chain】 ①鎖《くさり》。②積雪時、スリップを防ぐ目的で自動車のタイヤに巻きつける金属の鎖。③自転車やオートバイなどで、動力を駆動輪に伝えるための鎖の輪。④同一資本のもとにある、ホテル・小売店・映画館などの系列。⑤ヤード-ポンド法の長さの単位。22ヤード(約20.12m)をいう。

チェーン オペレーション 【chain operation】 チェーン-ストアの経営手法の一。チェーン全体の商品仕入れや販売戦略などを本部が一括して管理し、各店舗は販売・営業のみを行う手法。ストア-オペレーション。

チェーン ストア 【chain store】 同一資本のもとに組織された同一業種の複数の小売店。連鎖店。

チェーン ソー 【chain saw】 携帯できる動力鋸《のこぎり》の一種。刃を持ったチェーンを小型エンジンで回転させて樹木などを切る機械。

チェーン メール 【chain mail】 ネット上で、次々と転送を重ねていくメール。→スパム-メール

チェキ (若者言葉で)見てみろ。注目しろ。ほら。▷check it upまたはcheck it outから。

チェス 【chess】 ゲームの一。西洋将棋。

チェスト 【chest】 ①胸。胸部。胸郭。→バスト ②貴重品などを入れる、

ふた付きの大きな箱。また、整理だんす。

チェダー【Cheddar】ナチュラル-チーズの一。硬質で、おだやかな酸味がある。イギリス、サマーセット州チェダー村の原産。

チェッカー フラッグ【checkered flag】自動車レースで、スタートやゴールなどの合図に振る市松模様の旗。チェッカー。

チェック【check】①小切手。②市松模様。格子縞。チェッカー。③点検すること。照合すること。また、それが済んだという印。「レ」など。④チェスで、王手。また、その宣言。

チェックアウト【checkout】ホテルなどの宿泊施設を、料金を精算して引き払うこと。

チェックイン【checkin】①ホテルなど宿泊施設に手続きして入室すること。②旅客が行う、飛行機の搭乗手続き。

チェック ディジット【check digit】コンピューターで、数字のエラーを検出するために付加的につけられる末尾の数字。

チェックメート【checkmate】チェスで、王手詰め。また、その宣言。チェック。メート。

チェリー【cherry】①桜の実。さくらんぼ。桜桃《おうとう》。西洋実桜《みざくら》。②アメリカの俗語で、童貞・処女。初心者。

チェロ【cello】バイオリンに似た形の、大形の擦弦《さつげん》楽器。弦は4弦。奏者は椅子《いす》に座り、楽器を床に立てて演奏する。セロ。

チェンジ【change】①変えること。変わること。取り替えること。②野球やアメリカン-フットボールで、攻守が入れ替わること。③釣り銭。小銭。

チェンジ アップ【change-up】野球で、投球法の一。球速や球質に変化をつけて打者のタイミングをはずす投げ方。特に、速い球のあとに同じ投球フォームで投げるゆるい球。チェンジ-オブ-ペース。

チェンバー【chamber】室。会議室。

チェンバロ【イタリア cembalo】鍵盤のあるピアノ型の撥弦楽器。弦を弾いて音を出す。ハープシコード。

チキン【chicken】①鶏肉。②臆病者。腰抜け。▷鶏のひなの意。

チキン南蛮　揚げた鶏肉の南蛮漬けにタルタル-ソースをかけた料理。

チキン ハート【chicken heart】臆病な気持ち。弱気。また、臆病者。意気地なし。

チキン レース【chicken race】2台の自動車を反対方向から走らせ、正面衝突寸前で先にハンドルを切ったほうが負けになるゲーム。チキン-ゲーム。

チゲ　朝鮮料理の鍋物。豆腐や魚介を具にしたものが多い。▷朝鮮語。

チケット【ticket】切符。乗車券・入場券・食券などをいう。▷札《ふだ》の意。

チケットレス【ticketless】チケットが必要ないこと。紙以外の方法で、チケットと同等の効力を与える方式。

チコリー【chicory】キク科の多年草。地中で軟白させた若い葉や芽をサラダなどに用いる。しばしばエンダイブと混同される。キクニガナ。チコリ。

チター【ドイツ Zither】南ドイツ・オーストリアの民族楽器。撥弦楽器で、平たい箱型の共鳴胴の上に弦を張り、親指にはめた義甲と、他の指で演奏する。ツィター。ジター。

チタン【ドイツ Titan】4族(チタン族)に属する遷移元素の一。元素記号Ti　原子番号22。原子量47.88。タービン翼や飛行機の機体の材料などに利用される。工業材料として重要。チタニウム。

チヂミ　朝鮮風お好み焼き。小麦粉や卵でつくった生地に、野菜や魚介類などを加えて薄く焼き、チョジャン(辛口酢味噌)をつけて食べる。パジョン。▷朝鮮語。

チック　①コスメチックの略(cosmetic)。化粧品。②名詞に付いて、それに似ているさまを表す語。

チック【tic】顔面・頸《けい》部・肩などの筋が不随意的に急激かつ律動的に収縮を反復する症状。

チップ【chip】①賭け札。②野菜な

どを薄く輪切りにしたもの。また、それを油で揚げたもの。③木材を細かく切ったもの。パルプの原料となる。④集積回路の、電気回路部分を納めるケース。また、ケースに納めた集積回路。

チップ【tip】①サービス業の従業員に客が与える、料金以外の金。祝儀。心づけ。②ファウル-チップ(foul tip)の略。野球で、打者のバットをかすり、直接捕手に捕らえられた球。③ボール-ペンの先。

チップス【tips】⇨ティップス

チノ パン【和chino＋pants】チノクロスでつくられたパンツ。チノ-パンツ。▷chinoは「中国の」の意。中国から輸入した生地を用いたことから。

チバニアン【Chibanian】更新世を4分した場合の3番目の地質時代で、約77万4000年前から約12万9000年前までの地質時代の正式名称。前代との境界時期に地球最後の地磁気逆転現象が起きた。2020年(令和2)、国際地質科学連合(IUGS)により認定。▷千葉県市原市で地層が発見されたことにちなむ名称で「千葉時代」の意。

チマ 朝鮮の女性の民族服。巻きスカート。上着のチョゴリと組み合わせて着る。▷朝鮮語。

チムニー【chimney】①煙突。②(登山で)岩壁に縦に走っている、体を入れられる程度の割れ目。③海底で熱水を吹き出している煙突状の地形。

チャージ【charge】①充電すること。②自動車などに燃料を入れること。③料金。④電荷。荷電。⑤ラグビーで、相手方のキックを阻止するため、ボールに向かって体を投げかけること。

チャージャー【charger】充電をするための装置。充電器。

チャーシュー【叉焼】中国料理で、焼き豚。▷中国語。

チャーター【charter】船・飛行機・バスなどを借り切ること。

チャート【chart】①海図。②図表。グラフ。③株価や出来高を図示したもの。

チャート【chert】石英の微粒から成る緻密で硬い堆積岩。耐火材原料として用いる。角岩。

チャート イン【和chart＋in】曲がヒットして、ヒット-チャートに入ること。

チャーハン【炒飯】中国料理の一。米飯に肉や野菜・卵などをまぜて油でいため味をつけた飯料理。▷中国語。

チャーミング【charming】かわいらしくて魅力あるさま。魅惑的。

チャーム【charm】人をひきつけること。また、魅力。多く他の語と複合して用いる。

チャーム ポイント【和 charm＋point】(姿・服装などで)魅力となるところ。

チャイ【ヒンディー chai】茶のこと。日本では、砂糖を加えるスパイス入りのミルク-ティーをさすことが多い。

チャイナ【China】①中国。また、中国風の。②(china)陶磁器。

チャイナ シンドローム【China Syndrome】事故による原子炉の炉心溶融。アメリカの原発で事故が起きると、溶融物が地球の反対側の中国まで達するという想像から。

チャイム【chime】①打楽器の一。音階に合わせて組み合わせた一組みの鐘。②扉や置き時計に仕掛ける、①に似た音を出す装置。

チャイルド【child】子ども。

チャイルド アビューズ【child abuse】児童や幼児などに対する虐待行為の総称。小児虐待。

チャイルド シート【child seat】子供用のベルト付きの座席。自動車が衝突した際に、乗っている幼児の安全を守る。

チャウダー【chowder】西洋料理の一。魚介類と野菜などを煮込んだ実だくさんのスープ。

チャウ チャウ【chow chow】イヌの一品種。中国原産。スピッツ系で、舌が青黒色。愛玩犬。

チャオ【イタリア ciao】親しい者どうしの挨拶《あいさつ》の言葉。

チャオ【炒】中国料理で、炒《いた》め煮の

こと。▷中国語。

チャクラ【サンスクリット cakra】ヨーガの身体観で、会陰《えいん》部から頭頂部までの各所に存在する、エネルギーの集結部。▷輪の意。

チャコール【charcoal】①木炭。活性炭。②木炭色。

チャック ファスナーの商標名。

チャック【chuck】①ハンド-ドリル・電気ドリルなどで、ドリルをくわえて固定する部分。②旋盤に、加工する材料あるいは刃物(チャック-リーマーなど)を取り付ける装置。

チャット【chat】コンピューター-ネットワークで、相手とリアル-タイムにメッセージをやりとりすること。また、そのようなシステムの総称。▷おしゃべりの意。

チャツネ【ヒンディー catṇī】インド料理で用いる薬味。マンゴーなどを酢・砂糖・香辛料で煮つめたもの。

チャネリング【channeling】霊界と交信すること。

チャネル【channel】⇨チャンネル

チャプター【chapter】(書物・論文などの)章。主要題目。

チャペル【chapel】キリスト教の礼拝堂。

チャラい 若者言葉で、ちゃらちゃらした様子のこと。

チャリ 自転車をいう俗語。ちゃりんこ。

チャリティー【charity】収益を社会事業や救済運動に寄付する目的で行う、各種の事業や催し。慈善。

チャリティー オークション【charity auction】チャリティーを目的として実施する競売。チャリ-オク。

チャレンジ【challenge】①挑戦。②スポーツ競技で、審判にビデオによる確認を求めること。

チャレンジング【challenging】困難なことに立ち向かうさま。積極的に挑むさま。

チャンク【chunk】大きな塊。(ある程度の量が)まとまったもの。特に、意味をもったことばのまとまり。

チャンス【chance】機会。好機。

チャンネル【channel】①伝送のための周波数帯。②テレビジョンの、①を選択するためのボタンやつまみ。③一つの機器の中で、独立して作動する回路のそれぞれの系統。④航路となる水路。水道。海峡。⑤情報を得たり、意思を伝達したりする道筋。つて。▷チャネルとも。

チャンピオン【champion】①選手権保持者。優勝者。②ある方面の第一人者。代表者。

チャンプルー 沖縄料理の一。豆腐と各種の具材を炒《いた》めた代表的家庭料理。▷混ぜる意。

チュアブル【chewable】①嚙《か》み砕けること。②チュアブル錠(口腔内崩壊錠)のこと。口に含むとすぐに崩壊し、唾液《だえき》と共に体内に吸収される錠剤。

チューター【tutor】個人指導の教師。研究会などの助言者。

チュートリアル【tutorial】①個別指導の。家庭教師の。②技術的な使用説明書や補助教材。

チューナー【tuner】①受信機で、選局や同調操作を行う部分。②オーディオ-アンプ・ビデオ-モニターなどにつなぐ、同調回路から復調回路までをそなえた受信機。

チューニング【tuning】①ラジオ・テレビ放送などで、特定の放送局を選択すること。②楽器の音程を正確に合わせること。音合わせをすること。

チューブ【tube】①管。くだ。②薄い金属板やビニール製の管状容器。③空気を圧入してタイヤの中に入れるゴム製でドーナツ状のもの。

チューン ナップ【tune-up】①機械を良好に作動するように仕上げること。②普通の乗用車を高性能車に改造すること。

チュチュ【フランス tutu】バレリーナがつけるスカート。

チュニック【tunic】①古代ローマ人が着用したゆるやかな衣服。②腰から膝の上辺りまでの丈の衣服。③軍服の上着。

チョイス【choice】選ぶこと。選択。

チョーカー【choker】首にぴったりと

した首飾り。また、高い立ち襟や襟巻き。▷窒息させるものの意。

チョーク【chalk】①白墨《はくぼく》。②白亜。白墨の原料にした。③ビリヤードで、すべり止めの粉。

チョーク【chock】①航空機や自動車などの車輪止め。②ドアを開けたままにするとき、下部に嚙ませる木片。▷チョックとも。

チョーク【choke】①(格闘技などで)窒息させること。②自動車の気化器の空気絞り弁。気化器でガソリンの混合比を高めるのに用いる。

チョゴリ 朝鮮の民族服の上衣。男女とも同形。脚部に男はパジ、女はチマを着ける。▷朝鮮語。→チマ

チョコレート【chocolate】①カカオ豆を炒《い》って、すりつぶしたものに砂糖・カカオ-バター・粉乳などを加え、練って固めた菓子。②「ココア」に同じ。

チョッキ 袖なしでウエスト丈の胴着。ベスト。▷英語jacketからという。

チョッパー【chopper】①周囲を簡単に打ち欠いた片刃の石器。②肉や野菜などを、ひき肉やみじん切りにする器具。ミンサー。③直流電圧や電流を電力用半導体素子を用いて高頻度で断続することにより、電圧・電流の平均値を制御する装置。地下鉄車両などに広く用いられる。

チョップ【chop】①厚く切った、あばら骨つきの豚・羊の肉。また、それを焼いた料理。チャップ。②プロ-レスで、手を刀のように使って相手を打つこと。

チョモランマ【Chomolungma】⇨エベレスト

チョリソー【スペインchorizo】スペインの、辛味の強いセミドライ-ソーセージ。

チョンガー 独身の男子。独り者。▷朝鮮語。

チリ コン カーン【chili con carne】メキシコやアメリカ南部の、チリ-パウダーをきかせた豆の煮込み料理。チリ-コン-カルネ。

チリ ソース【chili sauce】唐辛子その他の香料でトマトを煮て作る辛いソース。

チルダ【tilde; ~】波線符号。

チルト【tilt】①傾けること。②三脚に固定されたカメラを上下に動かすこと。▷ティルトとも。

チルド【chilled】0℃前後の凍結しない程度の温度で冷蔵されていること。

チルト ハンドル【和tilt＋handle】自動車のハンドルで、角度を調節できるもの。

チワワ【Chihuahua】イヌの一品種。メキシコ原産。イヌの品種としては最小。

チン【chin】下あご。あごさき。

チンザノ【イタリアCinzano】イタリア産ベルモットの代表的な銘柄。また、その酒造メーカー。商標名。

チンする 電子レンジを用いて調理すること。

チンチラ【chinchilla】①チンチラ科の齧歯《げっし》類。尾はふさ状で体形はリスに似るが、目と耳は大きく、四肢は短い。草食性。毛皮は最高級品の一つ。南アメリカのアンデスの高山地帯に分布。毛糸ネズミ。②ペルシャ(ネコの品種)のうち、主に白い被毛の先に薄黒く色が付いた品種。▷①と同じような被毛をもつことから。

ツ

ツアー【tour】①周遊旅行。団体旅行。②小旅行。遠出。③巡業。

ツアー コンダクター【和tour＋conductor】団体旅行などの添乗員。ツアー-ガイド。コンダクター。

ツイート【Tweet】ツイッターを利用した1回分のコメント。またはそのコメントを書き込むこと。▷さえずり声の意。→ツイッター・リツイート

ツイード【tweed】太い紡毛糸を使って平織りまたは綾織りにした、ざっくりした感じの織物。

ツイスト【twist】①ひねること。ねじること。②ロックン-ロールのリズムにあわせて腰をひねって踊るダンス。③カヤックで、腰を入れ、上体のひねりを利用した漕《こ》ぎ方。

ツイッター【Twitter】ツイッター社が提供するソーシャル-ネットワーキング-サービス。1回140字以内のコメントを書き込んで発信できる。商標名。▷さえずる(さえずり)の意。

ツイル【twill】綾織り。斜文織り。また、その織物。

ツイン【twin】①ふたご。②対《つい》になったもの。③ツイン-ルームの略。

ツイン ルーム【twin room】ベッドが2台備え付けてある部屋。二人用の部屋。

ツー サイド アップ【和two + side + up】女性の髪型の一。髪の一部を頭頂部付近で左右ふたつにまとめ、それらの毛先を垂らしたもの。

ツー ショット【two-shot】①画面に二人の人を入れて写すこと。②男女二人だけの場面。

ツー トップ【two top】サッカーで、最前線に二人のフォワードを置くフォーメーション。

ツーバイフォー工法（two-by-four)北アメリカなどで行われている木造住宅の工法の一。柱を用いず、2×4インチの断面を標準とする規格材を組んで作ったパネル状の壁と床で支える工法。枠組み壁工法。

ツー フィンガー【two finger】ウイスキーの分量で、グラスの底から指幅2本分の高さまで注いだ分。

ツーリスト【tourist】①観光客。旅行者。②ツーリスト-ビューローの略。

ツーリング【touring】①観光旅行。周遊旅行。②自動車・バイク・カヌーなどで、遠出をすること。遠乗り。▷各地を回って帰る意。

ツール【tool】道具。用具。工具。[案]道具

ツール ド フランス【フランス Tour de France】フランスを1周する自転車のプロ選手によるロード-レース。毎年初夏に開催。

ツールボックス【toolbox】道具箱。工具箱。

ツナ【tuna】マグロ。マグロの缶詰。

ツナマヨ ツナにマヨネーズを和えたもの。

ツベルクリン【ドイツ Tuberkulin】結核感染の有無を診断するために用いる注射液。

ツリー【tree】木。樹木。

ツンデレ 普段はツンツンしているのに、ある状況ではデレデレになるような性格や様子。

ツンドラ【ロシア tundra】タイガの北に位置し、夏の間だけ永久凍土層の表面が融解して、わずかに蘚苔《せんたい》類・地衣類などが生育する荒原。ロシア連邦の北極海沿岸地方・カナダ北部・アラスカ地方にわたる。凍原。寒草原。

テ

テアトル【フランス théâtre】劇場。テアトロ。

テアニン【theanine】緑茶の旨味成分の一。抹茶に多く含まれる。γ-エチルアミノ-L-グルタミン酸。

デイ【day】ある催しの行われる日、または、昼間、日中の意。

ティア【tier】項目。層。段。

ディアスポラ【ギリシャ Diaspora】パレスチナ以外の地に住むユダヤ人、またその社会をいう語。転じて、原住地を離れた移住者。▷離散の意。

ティアドロップ【teardrop】①一滴の涙。涙のしずく。②しずくの形をしたもの。

ディアボロ【英・フランス diabolo】鼓の形の独楽《こま》。中央のくびれた部分にひもをかけて操る。空中ごま。

ティアラ【tiara】①宝石をちりばめた冠形の女性用髪飾り。②ローマ教皇の三重冠。

ティー【tea】茶。紅茶。

ティー【tee】台座。球を置く台。

ディーゼル エンジン【diesel engine】内燃機関の一。シリンダー内の高圧高温に圧縮された空気中に、燃料として重油または軽油を噴射して爆発させるもの。大型機関に適し、船舶・鉄道車両・大型自動車・工業機械などに広く使われている。ディーゼル機関。

ディーセント【decent】礼儀正しいこと。良識があること。人並みであること。ディセント。

ティーチング アシスタント【teaching assistant】大学において、授業(実験や演習など)の補助を行う仕事。また、その人。教育・研究能力の向上を目的として大学院の学生に従事させる。TA。

ディーバ【diva】オペラのプリマ-ドンナ。実力と人気を兼ね備えた女性歌手。歌姫。

ティー バッグ【tea bag】紅茶などの葉を1杯分ずつ濾紙《ろし》の袋に入れたもの。熱湯に浸して煎《せん》じ出す。

ディープ【deep】「深い」「濃い」「奥深い」の意。

ディープ ラーニング【deep learning】多層化したニューラル-ネットワークを用いる機械学習のこと。深層学習。

ディーラー【dealer】①販売業者。メーカーの特約小売業者。②自己の負担で証券や為替《かわせ》の売買を行う業者。③カード(トランプ)の札を配る人。親。

ディーリング【dealing】金融機関が自己の負担で為替《かわせ》や証券の取引を行うこと。

ディール【deal】①取引。②トランプで札を配ること。

ティーン【teen】ティーンエージャー(teenager)の略。十代の少年少女。

ディキシーランド ジャズ【Dixieland jazz】⇨デキシーランド-ジャズ

デイ キャンプ【day camp】日帰りで行う野外活動や合宿のこと。

テイク【take】①手に取る。②映画・音楽などで、1回分の撮影・録音。

テイクアウト【takeout】ファースト-フード店などから食べ物を持って出ること。持ち帰り。

テイク オーバー【take-over】企業買収。乗っ取り。

テイクオフ【takeoff】①離陸。②発展途上国が発展の停滞状態から自立成長の可能な状態になること。

ディクショナリー【dictionary】辞書。辞典。字引き。

ディクテーション【dictation】読み上げた外国語を書き取ること。また、その試験。▷口述・書き取りの意。

ディグリー【degree】①資格。学位。②等級。③温度などの、度。▷デグリーとも。

デイ ケア【day care】在宅介護を受けている高齢者や障害者を、昼間のみデイ-ケア-センターなどの福祉施設に預かり、リハビリテーションや日常生活などの世話を行うこと。

ディケード【decade】10年間。

デイ サービス【和 day+service】在宅介護を受けている高齢者や障害者に対して行う、入浴・食事・介護などのサービス。案日帰り介護

ディジタル【digital】⇨デジタル①

ディシプリン【discipline】①訓練。修練。②学科。学問分野。

ディスインフレーション【disinflation】景気循環の過程で、インフレーションを脱したが、デフレーションではない状態。ディスインフレ。

ディスカウント【discount】割引。値引き。

ディスカウント ショップ【discount shop】経費の低減などにより安売りを行う小売店。

ディスカッション【discussion】討論。討議。

ディスカバー【discover】見つけること。発見。

ディスク【英 disk; disc フランス disque】①円盤。円板。②レコード。音盤。また、コンパクト-ディスクやDVDディスクなど。③「磁気ディスク」の略。コンピューターの記憶媒体の一。→ハード-ディスク

ディスクール【フランス discours】ことばによる表現。談話。言説。

ディスク ジョッキー【disk jockey】⇨DJ

ディスクレーマー【disclaimer】免責事項。免責条項。

ディスクロージャー【disclosure】

企業や行政機関が現状や活動に関する情報を公開すること。

ディスコ【disco】 ロック-ミュージックなどを流しダンスを楽しませる店。ディスコテーク。▷フランス discothèqueの略。

ディスコグラフィ【discography】 作曲家別・演奏家別・ジャンル別などの諸データを載録した目録。

ディス コミュニケーション【和 dis- ＋ communication】 互いに意思を伝えていないこと。意思が伝わっていないこと。

ディスタンス【distance】 距離。間隔。

ディスティネーション【destination】 ①行き先。到着地。特に、旅行の最終目的地。②目的。最終目標。③通信で、受信者。

テイスティング【tasting】 ワインなどの鑑定をすること。試飲。試食。味見。テースティング。

テイスト【taste】 ①食物の味。味わい。②好み。趣味。▷テーストとも。

ディストリビューション【distribution】 ①配分。配給。配達。配布。分配。②流通。販売。

ディストリビューター【distributor】 ①販売代理店。卸売業者。②配電器。分電器。

ディスパッチ【dispatch】 ①急いで送ったり、派遣したりすること。急送。急派。②手早く片づけること。迅速に処理すること。

ディスパッチャー【dispatcher】 (航空機の)運航管理者。

ディスプレー【display】 ①展示。陳列。②コンピューターからの出力の表示。また、画像を表示する機械装置。③動物が他の個体に対して行う儀式化された行動様式。体の色彩や特定の部分を強調して示す姿勢や動作をすること。誇示。

ディスペンサー【dispenser】 ①自動販売機。②キャッシュ-ディスペンサーの略。→CD ③紙コップや紙タオル・液体石鹼・飲料などを一定量ずつ取り出すための装置・器具。

ディスポーザー【disposer】 台所で出る生《なま》ごみを細かく砕いて下水道に流す機械。

ディスポーザブル【disposable】 使い捨ての、使い捨てできる、の意を表す。「―-シート」「―-タオル」

ディスラプター【disruptor】 混乱させる人やもの。破壊者。特に市場を混乱させるほど革新的なビジネスを行う企業や経営者。

ディスる 見下す。けなす。罵倒する。disる。▷disrespect(敬意を欠く、軽蔑《けいべつ》するなどの意)の略とされる。

ディスレクシア【dyslexia】 失読。文字や文章の音読や理解が不能となる状態。多くは失語症や視覚失認に伴って現れる。読字障害。失読症。

ティッカー【ticker】 ①アメリカの株式市場で各企業や上場商品に付けられる銘柄コード。アルファベット数文字で表す。ティッカー-シンボル。②文字が流れたり、点滅したりする電子掲示板。

ティッシュ【tissue】 ①生体の組織。②絹などの、薄い織物。③ティッシュ-ペーパーの略。ティシュー。

ディップ【dip】 ①クラッカーや生野菜などにつけて食べるためのクリーム状のソース。②頭髪につけて固め、形を整えるためのゼリー状整髪料。

ティップス【tips】 (専門家による)助言。役立つ情報。注意。秘訣。▷チップスとも。

ディテール【detail】 全体に対する細かい部分。全体から見ると末梢的な部分。細部。デテール。

デイ トレーダー【day trader】 デイ-トレードを行う個人投資家。

デイ トレード【day trade】 1日のうちに売買を完了させて利鞘《りざや》を得るような、株式の取引手法。デイ-トレーディング。

ディナー【dinner】 (西洋料理の)正式な食事。正餐《せいさん》。多く晩餐の意で用いる。

ディバイス【device】 ⇨デバイス

ディバイド【divide】 ⇨デバイド

デイ パック【day pack】 ハイキング

などに用いる小型の荷負い袋。

ティピカル【typical】典型的なさま。代表的。

ディビジョン【division】①分割すること。②部門。

ディファレンシャル【differential】①差。格差。②差額。料金差。③差別的料金・関税。④微分。

ディフィニション【definition】定義《ていぎ》。

ディフェンス【defense】防御。防衛。特に、スポーツで、守り。守備や防御を行う選手。→オフェンス

ディフェンダー【defender】サッカーで、ゴールキーパーの前に位置して、主に守備を行う選手。DF。バックス。

ディフューザー【diffuser】拡散器。

ディプロマ【diploma】卒業証書。(学位・資格などの)免状。

ディベート【debate】特定のテーマについて、肯定・否定の二組みに分かれて行う討論。

ティペット【tippet】毛皮・フェイクファーなどの襟巻き、あるいは取り外し可能な襟。または、ケープなど。▷肩掛けの意。

ディベロッパー【developer】①大規模な土地開発業者。②現像液。▷デベロッパーとも。

ディマンド【demand】⇨デマンド

ディメンション【dimension】次元《じげん》。

デイ ユース【和day＋use】ホテルの料金制度の一。昼間の客室利用。デイ-ユース-プラン。

ティラノサウルス【ラテン Tyrannosaurus】竜盤目に属する恐竜の一種。白亜紀に出現し、草食性の恐竜を食用にしていたと考えられている。タイラノザウルス。チラノサウルス。暴君竜。Tレックス。

ティラミス【イタリア tiramisu】イタリアのケーキの一種。生クリームを加えたクリーム-チーズと、コーヒーやリキュールをしみこませたスポンジ-ケーキを重ねたもの。

デイリー【daily】⇨デーリー

ディル【dill】セリ科の一年草。インド・アフリカ原産。茎葉と種子は香辛料としてピクルスや魚料理に用いる。イノンド。ジラ。

ディレー【delay】遅らせること。延期すること。

ディレクション【direction】①方向。方角。方位。②指示。指揮。命令。指導。③監督。管理。

ディレクター【director】①映画の監督。また、演劇の演出者。②放送番組の演出担当者。③楽団などの指揮者。

ディレクターズカット版(director's cut)映画などで、公開時には削除された部分や新映像などを加えて、再編集した作品。完全版、特別版などともいう。

ディレクトリー【directory】①コンピューターの記憶媒体で、その媒体上にあるすべてのファイルの名前・記録場所などの情報を階層的に記録している部分。②①のうち記録されている各情報。ファイルを収めた各階層。フォルダー。

ディレッタント【dilettante】学問や芸術を趣味として愛好する人。好事家《こうずか》。

ディンクス ⇨DINKS

ディンプル【dimple】①えくぼ。くぼみ。②ゴルフ-ボールの表面に施された小さなくぼみ。

ディンプル キー【dimple key】表面部にいくつかの円錐状のくぼみが施された鍵《かぎ》。防犯性に優れるとされる。

デー ケア ⇨デイ-ケア

テースティング【tasting】⇨テイスティング

テースト【taste】⇨テイスト

テーゼ【ドイツ These】①定立《ていりつ》。何事かを肯定的に主張すること。また、そうした判断・命題。②政治運動などで、運動の基本的な方向・形態などを定めた方針ないし方針書。綱領《こうりょう》。

データ【data】①資料・情報・事実。②コンピューターの処理の対象となる事

実。状態・条件などを表す数値・文字・記号。

データ ウエアハウス【data warehouse】企業戦略の立案などの目的で、未加工の膨大なデータを一元的に管理し、有用な情報を選択・分析するシステム。DWH。

データ サイエンティスト【data scientist】ビッグ-データの分析を行う専門家。→ビッグ-データ

データ センター【data center】通信事業者などがユーザーのサーバーなどの機器を預かり管理するサービス。インターネット-データ-センター。IDC。→ハウジング・ホスティング

データ プロセッシング【data processing】コンピューターによるデータ処理。情報処理。

データベース【database】コンピューターで、相互に関連するデータを整理・統合し、検索しやすくしたファイル。

データ マイニング【data mining】大量に蓄積されたデータの中から、ある傾向や相関関係などの情報を見つけ出すこと。▷マイニングは発掘の意。

データ ロガー【data logger】センサーで計測したデータを蓄積する装置。

デート【date】①日付。②男女が前もって時間や場所を打ち合わせて、会うこと。

テーパー【taper】円錐状に先細りになっていること。また、その先細りの勾配《こうばい》。

テーパリング【tapering】量的緩和の縮小。

テーピング【taping】(運動選手などが事故防止や治療のために)関節・筋肉・靱帯《じんたい》などにテープを巻くこと。

テープ【tape】①薄くて細長い帯状のものの総称。②競走で、決勝線上に張るひも。③見送りや祝福の際に投げる紙製の長くて帯状のもの。

テーブル【table】①机。卓。食卓。②表。一覧表。

テーブルウエア【tableware】食卓用の食器具類。皿・グラス・ナイフ・スプーン・フォークなど。

テーブル ゲーム【table game】トランプ-ゲームやボード-ゲームなど、卓上で行うゲームの総称。→ボード-ゲーム

テーブル タップ【table tap】長いコードのついた移動用のコンセント。

テーブル チャージ【和 table＋charge】レストランなどで、飲食代とは別に支払う料金。席料。テーブル料。▷英語ではカバー-チャージ(cover charge)。

テーブル ワイン【table wine】食事とともに飲まれる手軽なワイン。

テープ レコーダー【tape recorder】磁気録音機の一。磁気テープを磁化させて録音する。テレコ。

テーマ【ドイツ Thema】創作や議論の根本的意図・題目・中心課題など。主題。

テーマ パーク【theme park】特定のテーマに基づき、施設・イベント・景観などが総合的に構成され演出されたレジャー-ランド。

デーモン【demon】①悪魔。鬼神。悪霊。②ギリシャ思想において、神と人との中間者で、個人の運命を導く神霊的な存在。ダイモン。

テーラー【tailor】紳士服を注文で仕立てる洋服屋。

テーラード【tailored】⇨テーラー-メード

テーラー メード【tailor-made】特別にあつらえること。注文して仕立てること。また、婦人服が紳士服のように仕立ててあること。あるいは、その服。

デーリー【daily】毎日の。日刊の。デイリー。

テール【tail】①尾。しっぽ。②航空機・自動車などの後尾。③食用にする牛・豚などの尾の部分。

デオドラント【deodorant】におい消し。防臭剤。

デカ【フランス déca】単位に冠して10倍の意を表す語。記号da・D

デカール【decare】面積の単位。10a。デカアール。

デカダン【フランス décadent】退廃的なさま。また、そういう人。

デカダンス【フランスdécadence】①虚無的・退廃的な傾向や生活態度。②既成の価値・道徳に反する美を追い求めた芸術の傾向。退廃派。

デカップリング【decoupling】切り離し。分離。

デカンタ【decanter】卓上用のガラス製酒瓶。ディキャンタ。

テキーラ【スペインtequila】リュウゼツランの一種の茎の汁を発酵させて蒸留した酒。メキシコ産。

デキシーランド ジャズ【Dixieland jazz】19世紀末から20世紀初めのニューオーリンズで生まれた最も初期のジャズ。デキシー。ディキシー。トラディショナル-ジャズ。

テキスタイル【textile】織物。布地。

テキスト【text】①教科書。テキスト-ブック。②原文。原典。本文。

テキスト ファイル【text file】コンピューターの、文字データのみを記録したデータ-ファイル。

テキスト ベース【text-based】文字による入出力や処理を基本とする、コンピューターの使用方法。

テキスト マイニング【text mining】未加工の文書情報群に含まれているある傾向や相関関係などを発見すること。またはその技術のこと。→データ-マイニング

デキストリン【dextrin】デンプンを酵素・酸などで分解して得られる種々の中間生成物の総称。糊剤《こざい》・乳化剤・酒造原料として用いる。糊精。

テクスチャー【texture】①織物の織り方。生地。②物の手ざわり・感触。③コンピューター上で画面を合成する際、背景に利用する画像。

テクスト【text】テキストに同じ。

テクニカル【technical】①専門の分野にかかわるさま。専門的。学術上の。②技術に関係のあるさま。技術的。

テクニカル ターム【technical term】術語。専門用語。

テクニカル ライティング【technical writing】文章技術。また、その技術をもって、文章を書くこと。

テクニシャン【technician】高度の技巧を使う人。技巧派。

テクニック【technic】技術。技巧。テクニーク。

テクノ【techno】①「科学技術の」「技術の」の意。②テクノ-ポップの略。

テクノクラート【technocrat】政治経済や科学技術について高度の専門的知識をもつ行政官・管理者。技術官僚。テクノクラット。

テクノ ストレス【techno-stress】職場に高度な情報機器が普及したことによって引き起こされるさまざまなストレス。

テクノ ポップ【techno-pop】アナログ-シンセサイザーの音色とシーケンサーによる反復を多用した無機的なフレーズを特徴とするポピュラー音楽。

テクノポリス【technopolis】①高度技術社会。②先端技術産業を中心とし地方経済の振興をめざす高度技術集積都市。

テクノロジー【technology】科学技術。また、科学技術を利用する方法の体系をいう。

デクリメント【decrement】プログラミングで、繰り返し処理などの際に数値を定まった大きさで減少させること。→インクリメント

デコ デコレーションの略。

デコイ【decoy】狩猟で、おとりに使う鳥の模型。

デコード【decode】暗号化・記号化された情報を元に戻すこと。コンピューターではバイナリー-データを通常の信号に戻すことをさす。→エンコード

デコトラ ⇨デコレーション-トラック

デコパージュ【フランスdécoupage】木・ガラスなどに切り抜いた絵を張り付け、上からニスを塗る装飾技法。またはその作品。デクパージュ。

デコ弁(べん) 食材の色・形を工夫し、装飾的な盛りつけをした手作り弁当。デコレーション弁当。

デコラティブ【decorative】飾りの多いさま。装飾的。

デコレーション【decoration】 装飾。飾り。

デコレーション トラック【和decoration＋truck】 電飾、イラストレーションなどによって、派手な内外装を施したトラックの総称。デコトラ。アート-トラック。

テコンドー 朝鮮の伝統的な格技。テクウォンド。▷朝鮮語。

デザート【dessert】 洋食で食事のあとに供する果物やアイス-クリーム・コーヒーなど。デセール。

デザイナー【designer】 デザインを工夫する職業。また、それを職業とする人。服飾デザイナー・工業デザイナー・グラフィック-デザイナーなど。

デザイナーズ マンション【designer's mansion】 建築家の設計による、個性を重視したデザイン性の高いマンション。

デザイナー ベビー【designer baby】 人為的に形質(性別・知能・性格など)を選択または付与させて誕生させた子供のこと。特に、遺伝子操作による場合をさす。デザイナー-チャイルド。

デザイン【design】 意匠。設計。図案。

テザリング【tethering】 スマートフォンなどを外部モデムとして利用すること。また、その機能。▷原義はつなぎ止める意。→スマートフォン

デシ【フランスdéci】 単位に冠して10分の1の意を表す語。記号d

デジカメ ⇨デジタル-カメラ

デシジョン【decision】 ①決定。決着。解決。 ②決心。決意。決断。③判決。④ボクシングの判定勝ち。また、スポーツの試合の最終スコア。

デジタル【digital】 ①物質・システムなどの状態を、離散的な数字・文字などの信号によって表現する方式。ディジタル。②コンピューターによる処理のように、物事を効率良く、割り切って行うさま。→アナログ

デジタル アーカイブ【digital archive】 ⇨アーカイブ

デジタル オーディオ プレーヤー【digital audio player】 デジタル形式で記録された音楽を再生する装置。デジタル音楽プレーヤー。

デジタル カメラ【digital camera】 画像をデジタル情報として記録するカメラ。デジカメ。

デジタル サイネージ【digital signage】 情報通信技術を用いてターゲットに適したコンテンツを適宜表示する広告用ディスプレー。電子看板。電子ポスター。デジタル掲示板。▷サイネージは看板などの意。

デジタル デバイド【digital divide】 情報をもつ者ともたない者との格差のこと。デジタル-ディバイド。デジタル格差。▷アメリカ商務省が1999年に発表した報告書での造語。[案]情報格差

デジタル ネーティブ【digital native】 パソコン・インターネット・携帯電話などのデジタル技術に、生まれ育った時から慣れ親しんだ世代。

デジタル フォト フレーム【digital photo frame】 デジタル-カメラで撮影した画像を表示する液晶ディスプレー。デジタル写真立て。

デジタル フォレンジック【digital forensic】 ⇨コンピューター-フォレンジック

デジタル放送 デジタル方式を用いる放送(テレビやラジオ)の総称。

デジタル マーケティング【digital marketing】 デジタル技術を活用して行うマーケティング活動。

デジタル万引き 書店の店頭で、カメラ付き携帯電話を用いて、未購入の雑誌や書籍の内容を撮影する行為。

デシベル【decibel】 ①音圧または音の強さのレベルの単位。記号dB ②電力(エネルギー流)の減衰または利得を表す単位。記号dB

デジャ ビュ【フランスdéjà vu】 既視感。

デ ジューレ スタンダード【de jure standard】 ISOなど公的機関が定める標準。公的標準。デ-ジュアリ-スタンダード。 ▷デ-ジューレは「道理上の、法律上の」の意。→デ-ファクト-スタンダード

デシリットル【フランスdécilitre】メートル法の容積の単位。1デシリットルは1リットルの10分の1。記号dL

デス【death】死。

デスク【desk】①机。特に、事務机。②新聞社などで、取材・編集を指揮する人。

デスクトップ【desktop】①机上用。②コンピューターで、ディスプレーの全体を占める基本画面のこと。デスクトップ画面。

デスクトップ パソコン 机上などに据え置いて用いるパーソナル-コンピューター。デスクトップPC。デスクトップ。

デスクトップ パブリッシング【desktop publishing】⇨DTP

デスク ワーク【desk work】机に向かってする仕事。また、事務職。

テスター【tester】抵抗値、直流の電圧・電流、交流の電圧がスイッチの切り換えによって計測できる計器。回路計。ラジオ-テスター。

デスティニー【destiny】運命。必然。

デスティネーション【destination】①目的地。行き先。②通信の受け手。受信者。③コンピューターで、データの転送先。④目的。最終目標。

テスト【test】①試すこと。試験すること。検査。審査。②特に、学力を知るための試験。③放送・演劇などで、本番の前に行う練習。下稽古《げいこ》。

テストステロン【testosterone】雄性ホルモンのうち、最も強い作用をもつ物質。第二次性徴の発現、タンパク質同化などの作用をもつ。また、筋肉の増加作用がある。

デス マスク【death mask】石膏などで型取りしてつくった死者の顔面の像。死面。

デス メタル【death metal】ヘビー-メタルの一種。絶叫に近いボーカルのスタイルが特徴。

テスラ【tesla】磁束密度のSI単位。$1m^2$あたり1ウェーバの磁束が貫くときの磁束密度の大きさを1テスラとする。10000ガウス。記号T

デセール【フランスdessert】①デザートのこと。②干菓子の一。デセル。

デタージェント【detergent】洗剤。洗浄剤。

デタント【フランスdétente】国際関係における対立や緊張が減少していく状態。緊張緩和。▷「緩和」の意。

デッキ【deck】①(洋船の)甲板。②車両の出入り口の床、また出入り口。③テープ-デッキの略。④陸《ろく》屋根。特に、桟橋・空港の送迎用の場所。

テック 自動車・オートバイの練習場。転じて、乗り物中心の遊園地。▷technicalから。

テックス メックス【Tex-Mex】テキサスのメキシコ系アメリカ人による音楽。

デッサン【フランスdessin】木炭・コンテ・鉛筆などで描いた単色の線画。素描。

デッド【dead】①球技で、競技が一時中止の状態にあること。ボール-デッド。②ゴルフで、ホールに近接した位置でボールが止まってしまうこと。また、落下地点にボールが静止すること。③部屋・ホールなどの残響が極めて少ないさま。▷死んだ、の意。

デッド エンド【dead end】①行き止まり。袋小路。②物事が行きづまった状態。

デッド コピー【dead copy】完璧な模造品。

デッド ストック【dead stock】(資産価値のない)売れ残り品。不良在庫。

デッド スペース【dead space】有効に使えないむだな空間・場所。

デッド ヒート【dead heat】激しいせりあい。接戦。

デッドライン【deadline】①侵してはならない限界。死線。②最終期限。締め切り。

デッドロック【deadlock】①交渉などの行きづまり。停頓《ていとん》。②(lock=錠《じょう》をrock=岩とまちがえたところから)暗礁《あんしょう》。

デトックス【detox】解毒。体にたまった有害物質を取り除くこと。

テトラ【ギリシャtetra】ギリシャ語で、4の

意。
テトラポッド【tetrapod】4本足のコンクリート塊。海岸や河口などで、波による浸食を防ぐために設置する。商標名。
テトリス【Tetris】コンピューター-ゲームの一。落下するピースを回転・移動させて積み上げ、横一列に正方形を並べると列を消せる。商標名。
テトロドトキシン【tetrodotoxin】フグ毒の成分。微量でも呼吸筋や感覚の麻痺《まひ》を引き起こす。
テナー【tenor】⇨テノール
テナント【tenant】貸しビルなどの借り手。店子《たなこ》。
デニール【denier】糸の太さを表す単位。長さ450mで、重さが0.05gのものを1デニールとする。略号d
テニス【tennis】球技の一。ネットを境にして相対し、ラケットを用いて所定の区画内にボールを打ち合って得点を競う競技。庭球。
デニッシュ【Danish】①「デンマークの」「デンマーク人(語)の」「デンマーク式の」の意。②菓子パンの一種。油脂の多いパイ状の生地に干しブドウや果物の細片を詰めたもの。デニッシュ-ペストリー。
デニム【denim】綾織りまたは繻子《しゅす》織りにした先染めの厚地綿織物。作業服・遊び着などに用いられる。
テノール【ドイツ Tenor】①高い音域の男声。また、その音域の声部や歌手。テナー。②多く管楽器で、①に相当する音域の楽器の呼称。テナー。
デノテーション【denotation】①裏の意味ではない、文字どおりの直接的な意味。②外示。言語記号の顕在的で最大公約数的な意味。→コノテーション
デノミ デノミネーションの略。
デノミネーション【denomination】貨幣の呼称単位の変更。特に、インフレによって商品などの金額表示が膨大となった時に、従来の貨幣の呼称単位を新しい単位に切り下げること。デノミ。▷日本での独自用法。原義は、呼称単位。
デパート 百貨店。▷デパートメント-ストアの略。
デパートメント【department】①部。局。課。部門。②大学の学部・学科。③アメリカやイギリスの省。④活動分野。担当部門。専門分野。
デバイス【device】①電子回路を構成する基本的な素子。トランジスタ・IC・LSIなど。②コンピューターで、特定の機能を果たす装置や機器。ハード-ディスク・プリンター・マウスなどの周辺装置。▷ディバイスとも。
デバイス ドライバー【device driver】⇨ドライバー④
デバイド【divide】分けること。分裂させること。分割。区分。▷ディバイドとも。→デジタル-デバイド
デバッグ【debug】コンピューターで、プログラム上の誤り(バグ)を発見して訂正すること。虫取り。→バグ
デビット カード【debit card】買い物の代金が、買い物をした時点で預金口座から引き落とされるカード。▷デビットは会計用語で借方の意。
テビバイト【tebibyte】コンピューターの情報量を示す単位。1024(=2の10乗)ギビバイトで、2の40乗バイトにあたる。記号TiB ▷tera binary byteから。
デビュー【フランス début】芸能界・スポーツ界・社交界、また、文壇・画壇などに初めて登場すること。初舞台。初登場。
デビル【devil】悪魔。
テフ【TEX】文書整形プログラムの一。クヌース(Donald Ervin Knuth [1938～])が開発。テック。
デフ 二つ以上の運動の差または和を一つの運動にして出力する歯車装置。差動歯車装置。▷ディファレンシャル-ギア(differential gear)の略。
デフ【deaf】聾者《ろうしゃ》。
デ ファクト【ラテン de facto】あらかじめ定められていたのではなく、結果としてそのようになっていること。事実上。
デ ファクト スタンダード【de fac-

to standard】さまざまな規格のうち、多くの人が実際に使うことによって、結果的に標準規格として通用するようになること。また、その規格。業界標準。→デ-ジューレ-スタンダード

デフォルト【default】①債務不履行。債務者が契約上の給付義務を果たさない状態。発展途上国の累積債務返済危機にもいう。②コンピューター-システムで、ユーザーが特に指定しない場合に設定されている標準の動作条件。[案]債務不履行／初期設定

デフォルメ【フランス déformer】①美術において対象を変形させて表現すること。変形。歪曲《わいきょく》。デフォルマシオン。②誇張して表現すること。物事をゆがめて伝えること。

デフ ラグビー【deaf rugby】聴覚障害者のラグビー。基本的なルールは通常のラグビーに準拠するが、手話やサインで意思伝達を行うなどの違いがある。

デブリ【debris】地球軌道上の宇宙空間に放置されている、運用が終了した人工衛星や、分離したロケットの破片など。宇宙ごみ。スペース-デブリ。▷破片の意。

デフレ デフレーションの略。

デフレーション【deflation】貨幣および信用供給の収縮によって生じる一般的物価水準の下落のこと。デフレ。→インフレーション

デフレーター【deflator】物価指数の一。価格変動による影響を取り除くための指数。価格修正因子。

デフレ スパイラル【deflationary spiral】物価の下落が企業収益・生産の縮小を引き起こし、それが景気をさらに後退させるという悪循環に陥ること。

デプレッション【depression】①下落。沈下。②不景気。不況。③ふさぎ。抑鬱《よくうつ》。

テフロン【Teflon】フッ素樹脂の一つであるポリテトラフルオロエチレンの商標名。

デベロッパー【developer】⇨ディベロッパー

デポ【フランス dépôt】①物を保管したり貯蔵したりするところ。倉庫。保管所。貯蔵所。デポー。②商品を配送する際に拠点となる所。③(登山・スキーなどで)荷物の一部を登路の途中に置いておくこと。また、その地点。

デポジット【deposit】預かり保証金。[案]預かり金

デマ ①政治的効果をねらって、意図的に流される虚偽の情報。悪宣伝。②根拠・確証のないうわさ話。▷デマゴギーの略。

デマゴーグ【ドイツ Demagog】扇動政治家。

デマゴギー【ドイツ Demagogie】⇨デマ

デマンド【demand】需要。要求。▷ディマンドとも。→サプライ

デミグラス ソース【demiglace sauce】肉・野菜を煮込み、ブラウン-ソース、フォンなどを加えて煮つめた茶色のソース。シチューなどに用いる。ドミグラス-ソース。

デミタス【demitasse】小形のコーヒー-カップ。

デメリット【demerit】不利益。欠点。短所。→メリット

デモ デモンストレーションの略。示威運動。また、特に、デモ行進のこと。

デモーニッシュ【ドイツ dämonisch】悪魔にとりつかれたようなさま。鬼神にとりつかれたようなさま。

デモクラシー【democracy】民主主義。民主政体。

デモグラフィック【demographic】人口動態上の。人口統計上の。

デモンストレーション【demonstration】①実例で説明すること。実演。②スポーツ大会などで、正式種目以外に行われる競技。公開演技。③威力・勢力・技能などをことさらに示すこと。④政治的意思表示の一つとして行われる大衆的示威行動。デモ。

デュアル【dual】二つ。二重。両面。他の外来語とともに複合語をつくる。

デュアル ユース【dual-use】二通り

の。軍民両用の。

デューティー【duty】①義務。本分。②職務。職責。③税金。関税。

デューティー フリー【duty-fee】関税のかからないこと。免税。

デュー デリジェンス【due diligence】投資用不動産の取引、企業買収などで行われる資産の適正評価。▷デュー-ディリジェンスとも。

デュープ【dupe】①撮影した写真フィルムを複製すること。また、複製されたフィルム。②コンピューター-ゲーム(主にネットワーク-ゲーム)で、アイテム(武器などの装備品)などを不正に複製すること。▷複製などを意味するduplicateの略。

デュー プロセス【due process of law】何人も法の定める適正な手続きによらなければ、生命・自由または財産を奪われないとする原則。アメリカ合衆国憲法の修正条項に規定され、日本国憲法第31条はその趣旨を取り入れている。適正手続。適法手続。

デュエット【duet】①二人の歌い手による重唱。二重唱。②二つの楽器による重奏。二重奏。③二人の踊り手による舞踏。

デュエル【duel】決闘。

デュオ【イタリア duo】二重唱、または二重奏のこと。

デュプリケート【duplicate】複写。複製。デュープ。

デュプレックス【duplex】二つの部分からなるさま。二重になっているさま。

デュラム小麦(こむぎ)(durum wheat)スパゲッティやマカロニの原料に用いる硬質小麦。

テラ【tera】単位に冠して、10^{12}すなわち1兆を表す語。記号T

テラ【ラテン terra】土。大地。

テラコッタ【イタリア terracotta】良質の粘土を焼いてつくった素焼きの塑像や器。▷焼いた土の意。

デラシネ【フランス déraciné】故郷を喪失した人。▷根なし草の意。

テラス【英terrace;フランス terrasse】①段々になっている台地。段丘。②建物から床と同じ高さで庭や街路に向けて張り出した部分。露台。③登山で、岩壁の途中などの、狭い棚状の場所。④体育館の床の上に張り出した通路または観覧席。

テラス ハウス【和terrace+house】各戸が専用の庭をもった連続住宅。

デラックス【deluxe】豪華なさま。ぜいたくなさま。ドルックス。

テラピア【ラテン Tilapia】スズキ目カワスズメ科の淡水魚の総称。アフリカ東部の原産。ティラピア。

テラリウム【terrarium】①陸生の小動物を飼育する容器。②園芸で、ガラス器やガラス瓶などの中で、小形の植物を栽培する方法。

デリ ①デリカテッセンの略。②デリバリーの略。

テリア【terrier】獣猟用の一群の犬種の総称。ワイヤーヘアード・エアデール・スコッチなど品種が多い。テリヤ。

デリート【delete】コンピューターの操作などで、文字や言葉などを削除・抹消すること。▷ディリートとも。

テリーヌ【フランス terrine】冷製の前菜の一。魚・鶏などの肉をペースト状にして調味し、器に入れてオーブンで焼いた料理。

デリカシー【delicacy】感覚・感情などのこまやかさ。繊細さ。微妙さ。

デリカテッセン【ドイツ Delikatessen】ハム・サラダなどの調理済みの西洋風惣菜《そうざい》。また、それを売る店。デリカ。デリ。

デリケート【delicate】①感受性が強いさま。繊細なさま。②細かい点に重大な意味のあるさま。微妙であるさま。

デリシャス【delicious】①味がよい。おいしい。②(Delicious)リンゴの栽培品種の一。

テリトリー【territory】①勢力圏。なわばり。②領土。領地。③動物の個体・集団などが捕食・生殖などのため、他の個体や集団の侵入を許さない占有区域。縄張り。

デリバティブ(derivative financial

instruments）債券・株式など本来の金融商品から派生した金融商品。金融派生商品。

デリバリー【delivery】①配達。配送。②客からの注文を受けて、料理などの商品を短時間で届ける商売。[案]配達

デリミター【delimiter】コンピューターで、データの区切りを示す文字・符号。

デルタ【delta; Δ・δ】①ギリシャ語アルファベットの第4字。②変数あるいは関数の変量を表す記号。③三角州。▷大文字と形状が似ているところから。

テルミン【ロシア termenvox】電子楽器の一。アンテナの近くで手を動かして電磁場を干渉し、音量と音程を微分的にコントロールする。1920年、ロシアの物理学者テルミン(Lev S.Termen)が発明。

テレ【tele-】「遠い」「遠距離の」、「テレビの」「電信の」「コンピューター-ネットワークの」などの意を表す。

テレクラ 女性との会話を希望する男性のために、電話を取り次ぐサービス。▷テレホン-クラブの略。

テレコ ⇨テープ-レコーダー

テレコミューティング【telecommuting】ネットワークを利用して、職場から離れた場所で勤務する形態の総称。テレワーク。リモート-ワーク。→SOHO

テレコム【telecom】電話・テレビ・ラジオなど有線または無線の通信方式を用いて情報を送受すること。電気通信。テレコミュニケーション。

テレパシー【telepathy】超心理学の用語。視覚や聴覚など通常の感覚的手段によることなく、直接、自分の意志や感情を伝えたり、相手のそれを感知したりする能力。精神感応。思念伝達。遠感。霊的交感。

テレビ テレビジョンの略。

テレビ ゲーム【和 television＋game】コンピューター-ゲームのうち、表示にテレビを用いるものの総称。TVゲーム。ビデオ-ゲーム。→コンピューター-ゲーム

テレビジョン【television】画像を電気信号に変換して送信し、受信側で受像管上に画像として再現するもの。また、その受信装置。テレビジョン-セット。テレビ。TV。

テレビン油 テレビンチナを水蒸気蒸留して得られる精油。ワニス・ペンキ・油絵の具などの溶剤、合成ショウノウの原料などに用いる。▷テレピン油とも。

テレポート【teleport】①衛星通信の地上局などを核にして開発され、高度に情報化された地域。②自分自身や物体を念力で移動させること。テレポーテーション。

テレワーク【telework】⇨テレコミューティング

テロ テロル・テロリズムの略。

テロップ【telop】(television opaque projector)テレビ放送で、字幕などをテレビ-カメラを通さないで直接送信する装置。また、その装置による字幕や絵。

テロメア【telomere】染色体の両端に見られる、一定の塩基配列の反復構造。染色体が無秩序に融合するのを防いでいると考えられる。細胞分裂にともない、次第に短くなる。

テロリスト【terrorist】テロルに訴えて自分の政治目的を実現させようとする者。

テロリズム【terrorism】一定の政治目的を実現するために暗殺・暴行などの手段を行使することを認める主義、およびそれに基づく暴力の行使。テロ。

テロル【ドイツ Terror】あらゆる暴力的手段を行使し、またその脅威に訴えることによって、政治的に対立するものを威嚇《いかく》すること。テロ。▷恐怖の意。

テロワール【フランス terroir】①農産地。②郷土、地方、国。③特にワインの生産地における自然環境。気候・土壌・地勢などの総合的な地域性。

テン【ten】10。とお。

デン【den】①野生動物のねぐら。巣穴。②隠遁所。隠れ家。③こぢんまりした私室。多くマンションなどで、書斎

や趣味の部屋などに適した小部屋をさす。DEN。

テン ガロン ハット 【ten-gallon hat】 アメリカのカウボーイなどがかぶる山がきわめて高く、つばの広い帽子。カウボーイ-ハット。▷水が10ガロンも入るということから。

テン キー 【和ten＋key】 電卓・コンピューターで、0から9までの数字を入力するキー。

デング熱 (ドイツ Denguefieber)デング熱ウイルスによる感染症。蚊により媒介され、熱帯・亜熱帯地方に多い。発熱、激しい頭痛・関節痛・筋肉痛、結膜充血、紅疹が見られる。

デンジャラス 【dangerous】 危険なさま。物騒なさま。

テンション 【tension】 ①緊張。不安。②物理学で、張力《ちようりよく》。③(主に若者言葉で)気分の盛り上がりのこと。

テンセル 【Tencel】 パルプを原料とするセルロース繊維。イギリスで開発。廃棄後、土の中で分解される。

テンダー 【tender】 提供。申し込み。入札。

テンダー 【tender】 柔らかいさま。傷つきやすいさま。

デンタル 【dental】 「歯の」「歯科の」の意。

デンタル フロス 【dental floss】 歯間の汚物や歯垢《しこう》を除去するために用いる、ナイロンなどの加工糸。フロス。

テント 【tent】 雨・風・日光などを防ぐために用いる、厚い布製の幕。天幕。

デンドロビウム 【ラテン Dendrobium】 ラン科デンドロビウム属の多年草の総称。熱帯地方に広く分布し、種類が非常に多い。日本原産のセッコクなどもこの一種。

テンパイ 【聴牌】 麻雀で、あと一つ必要な牌《パイ》がくればあがることのできる状態。▷中国語。

テンパリング 【tempering】 チョコレートを溶かして固める際、仕上がりを均質にするために行う温度調整作業。

テンパる ①麻雀で、聴牌《テンパイ》の状態になる。②転じて、目一杯の状態になる。▷聴牌の動詞化。

テンプ 【temp】 ①テンポラリーの略。②一時雇い。テンポラリー-ワーカー。

テンプル 【temple】 神殿。寺院。聖堂。

テンプル 【temple】 こめかみ。眼鏡のつる。

テンプレ 雛型《ひながた》。定型。▷テンプレートの略。

テンプレート 【template】 ①プラスチック板に文字・図形などの外形をくりぬいた製図用具。②コンピューターのキーボード上に置いて使う、各キーの機能を示したシート。③コンピューターのアプリケーション-ソフトに付いているサンプル-データ集。特に、表計算ソフトのコラムやフィールドの割り当てを示す枠組み。フォーム集。④歯列矯正用の型板。

テンペスト 【tempest】 ①暴風雨。大あらし。②(TEMPEST)コンピューターから漏出する電磁波などからその情報を盗み見る技術。▷アメリカの国家安全保障局(NSA)でのコード-ネームといわれる。

テンペラ 【tempera】 卵黄や蜂蜜・膠《にかわ》などを混ぜた不透明な絵の具。また、それで描いた絵。

テンポ 【イタリア tempo】 ①進み具合の速さ。②音楽で、その楽曲に指定された速度。

テンポラリー 【temporary】 一時の。当座の。

テンメンジャン 【甜麺醬】 小麦粉からつくる中国の甘味噌。▷中国語。

ト

ドア 【door】 (入り口・戸口などの)戸。扉。

ドア ツー ドア 【door-to-door】 ①ある戸口から別の戸口へ。②次々に戸別訪問すること。

トイレ トイレット(toilet)・トイレット-ルーム(toilet room)の略。便所。

トイレタリー 【toiletry】 化粧品・化粧用具の総称。

ドー【dough】小麦粉に水を加えて練った生地のこと。パン生地、うどん生地など。

トーイック ⇨TOEIC

トーキー【talkie】音声を伴った映画。発声映画。→サイレント②

トーキング ドラム【talking drums】鼓《つづみ》に似たアフリカの打楽器。真ん中がくびれた胴の両端に皮が張ってあり、両端の皮をつないでいる複数のひもを締めることで音程が変えられる。

トーク【talk】(気楽な)話をすること。おしゃべりをすること。

トーク【toque】つばのない婦人帽。

トーク セッション【和 talk＋session】⇨トーク-ライブ

トーク ライブ【和talk＋live】対談や座談会などを主軸とするイベント。トーク-イベント。トーク-セッション。

トークン【token】①(ゲーム機や自動入場機などで使う)代用硬貨。②象徴。しるし。

ドーズ【dose】①1回分の薬の服用量。1服。②放射線などの被放射量。③シャンペン製造の際に添加する、ある量の砂糖。

トースト【toast】パンを薄く切り、両面を軽く焼くこと。また、そのパン。

トータル【total】①合計すること。総計。②全体にかかわるさま。全体的。

トーチ【torch】たいまつ。

トーチー【豆豉】蒸した大豆を発酵させ、干したもの。中国料理で調味料として使う。▷中国語。

トーチカ【ロシア tochka】機関銃・火砲などを備えた堅固な防御陣地。特火点。▷点の意。

トーテム【totem】ある集団と特別の関係をもつと信じられている特定の動植物や自然現象。

トーテム ポール【totem pole】トーテムを象徴する図案を描いたり、彫刻したりした柱。ネーティブ-アメリカンの間で見られる。

トート バッグ【tote bag】キャンバス地でできた、厚みのある手提げ袋。▷トートは「運ぶ」の意。

トートロジー【tautology】①同語反復。②論理学で、変項の値のいかんにかかわらず、常に真であるような論理式。恒真式。恒真命題。

ドーナツ【doughnut】小麦粉に砂糖・バター・卵などをまぜてこね、丸く輪にして油で揚げた菓子。ドーナッツ。

トーナメント【tournament】1試合ごとに敗者を除き、勝者同士を戦わせ、最後に勝ち残った一人または1チームを優勝とする競技方法。→リーグ戦

ドーパミン【dopamine】カテコールアミンの一。生体内で、アドレナリン・ノルアドレナリンの前駆体。脳の神経細胞の興奮の伝達に重要な働きをする。

ドーハ ラウンド (Doha Development Round)正称、ドーハ開発アジェンダ。2001年11月にカタールのドーハで発足が取り決められたWTO閣僚会議による新しい多角的貿易交渉。2005年1月の交渉期限を設けていたが、度重なる交渉の結果、いずれも決裂に終わっている。ドーハ開発ラウンド。DDA。 →WTO(世界貿易機関)・GATT(ガット)

ドーピング【doping】①スポーツ選手が運動能力を高めるため、禁じられた薬物を用いること。②結晶やガラスなどの性質を制御するために、不純物を添加すること。

ドープ【dope】①麻薬・マリファナなどの俗称。②格好良い。素晴らしい。

トーフル ⇨TOEFL

ドーミトリー【dormitory】学生寮。寄宿舎。

ドーム【dome】半球形をなした屋根あるいは天井。円《まる》屋根。丸天井。円蓋。

ドーリー【dolly】人形のようにかわいいこと。ドリー。▷人形の意。

トール【tall】高い。高さがある。

トール【Thor】北欧神話の雷電の神。

トール【toll】使用料。通行料金。

ドール【doll】人形。

トーン【tone】①音の調子。音調。

②色調。

トーン ダウン【tone down】今までの勢いや調子が落ちること。また、落とすこと。

ドギー バッグ【doggie bag】(レストランで)食べ残した料理を持ち帰るための袋。ドッギー-バッグ。▷ドギーは子犬の意。

ドキュメンタリー【documentary】虚構によらず事実の記録に基づく作品。記録映画・記録文学など。

ドキュメンテーション【documentation】①文書・証拠書類・資料などを提示すること。文献情報活動。②記録などを体系的に整理し、文書化すること。

ドキュメント【document】記録。文書。文献。仕様書。説明書。

ドクター【doctor】①博士。②医者。ドクトル。③ドクター-コースの略。大学院の博士課程。

ドクター ヘリ【和doctor＋helicopter】医師が搭乗して、患者を治療しながら輸送するヘリコプター。

ドクトリン【doctrine】①教義。②政治・外交における基本原則。[案]原則

ドグマ【dogma】①宗教上の教義・教理。②(否定的に)独断的な説。教条。

トグル【toggle】①同じ操作をするたびに、二つの状態が交互に現れる機構。②浮子《うき》形の棒状ボタン。ダッフル-コートの打ち合わせの留め具に用いる。▷トッグルとも。

ドス ①短刀。あいくち。②凄味《すごみ》。▷和語「脅す」の略か。

トタン 「トタン板」の略。亜鉛をめっきした薄い鋼板。屋根ふき材・外装材などに用いる。亜鉛鉄板。▷ポルトガル語 tutanaga(銅・亜鉛・ニッケルの合金)からともいわれるが未詳。

トッカータ【イタリアtoccata】17〜18世紀にかけて全盛となった、自由な形式の鍵盤《けんばん》楽曲。

ドッキング【docking】宇宙空間で、宇宙船どうしが結合すること。転じて、離れていた二つのものがくっついて一つになること。▷入渠《にゆうきよ》・ドック入りの意。

ドック【dock】①船の建造や修理などのために築造された設備。船渠《せんきよ》。②「人間ドック」の略。生活習慣病の早期発見と心・肝・腎・肺などのはたらきの検査を目的とする精密な健康診断。

ドッグ【dog】犬。

ドッグ イヤ【dog-ear】本のページの隅が折れた状態。また、ページの隅を折ること。ドッグ-イア。▷犬の耳と形状が似ていることから。

ドッグ イヤー【dog year】情報技術分野における革新の速さを表した語。犬は人より寿命が短く、犬の1年は人の7年に相当することから、通常、何年もかかって起こる変化が短時日のうちに起きることをいう。

ドッグ ラン【dog run】犬専用の広い運動場。ドッグ-パーク。

ドッジ【dodge】①すばやく避けること。たくみに身をかわすこと。②ラグビーやホッケーなどで、相手をかわしながら前に進むこと。

ドッジ ボール【dodge ball】球技の一。二組みに分かれてコートに入り、一つの大形のボールを投げあい、ボールをより多く相手に当てた方を勝ちとする。ドッチ-ボール。デッド-ボール。

ドット【dot】①点。ポイント。②布地などの水玉模様。③音楽で、音符のあとに付けて2分の1だけ音を長くすることを示す符点。④ディスプレーやプリンターで、文字や図形を表す基本単位となる点のこと。

ドット コム【.com; dot com】インターネットのドメイン名のうち、主にアメリカ企業を表すための記号。あるいはインターネット関連企業の総称。

トッピング【topping】料理や食品の上にのせたり飾りにかけるもの。また、それを行うこと。

トップ【top】①首位。1番目。また、最上級。最上部。②組織などの最高部に位置する者。最高幹部。首脳。③新聞のページで1番目につく、最上

段の右にあたる所。④トップ-ギアの略。エンジンの変速機が、最高速度になるギア。

トップ シークレット【top secret】最高機密。

トップス【tops】①上半身に着る衣服。シャツ、ブラウス、セーター、ジャケットなど。②装飾を施したボタン。

トップ スピン【top spin】球技で、打球に与えられる前進回転。順回転。

トップ セールス【和top＋sales】企業の社長などが、率先して宣伝販売活動を行うこと。

トップ ダウン【top-down】企業経営などで、上層部による意思決定が上位から下位へ伝達され、社員をそれに従わせる管理方式。→ボトム-アップ

トップ マネージメント【top management】企業の最高意思決定機関。また、それによる経営管理。

ドップラー効果 音波などの波源と観測者との一方または双方が媒質に対して運動しているとき、観測者が測定する波動の振動数が静止の場合と異なる現象。オーストリアの物理学者ドップラーが発見。波源と観測者が近づけば振動数は高く、遠ざかれば低くなる。

トップ ランカー【top ranker】スポーツなどで、ランキング(成績に基づく順位)の最上位にいる人。

トップ ランナー【和top＋runner】①リレー競走の第1走者。②陸上競技で、一流のランナー。一流走者。③転じて、ある時代や分野の最先端で活躍する人。

トップレス【topless】①女性の水着などで、上半身を露出したもの。②女性が上半身裸の状態。

ドッペルゲンガー【ドイツ Doppelgänger】自分自身の姿を自分で見る幻覚の一種。自己像幻視。

トト【toto】スポーツ振興くじの愛称。指定試合(Jリーグ13試合)のそれぞれについて、試合結果(ホーム-チームの勝ち・負け・引き分け)を予想し、一口100円で投票する。▷イタリア語で払戻所などの意。

トトカルチョ【イタリア totocàlcio】プロサッカーの試合などを対象とした賭博《とばく》の一種。公認している国もある。

トドラー【toddler】幼児。よちよち歩きの子ども。ファッション分野などで、世代区分の語として用いられる。▷2～4歳ぐらいの幼児をさすことが多い。

トナー【toner】静電複写で、像を紙上に再現するための粉。転写ドラム上の静電画像に吸着し、紙に熱転写されて像となる。

ドナー【donor】①寄贈者。②臓器・骨髄移植で、臓器・骨髄の提供者。→レシピエント ③国際援助において資金を提供する側の国。④半導体の本体に余分な電子を与える不純物。シリコン・ゲルマニウムに対するリン・ヒ素など。電子供与体。[案]臓器提供者／資金提供国

ドナー カード【donor card】死後の臓器・骨髄提供の意思を表示したカード。

トニック【tonic】①強壮剤。滋養剤。また、整髪剤。②音階の第1音。主音。キーノート。トニカ。③トニック-ウオーターの略。香味をつけた無色の炭酸飲料。

トパーズ【topaz】フッ素とアルミニウムを含むケイ酸塩鉱物。黄色のものを宝石として珍重する。黄玉《おうぎょく》。

トピアリー【topiary】幾何学模様や動物の形などに刈り込んだ樹木。また、その技法。

トピック【topic】話題。論題。▷複数形で、トピックスとも。

トピックス ⇨TOPIX

トピックス【topics】話題。論題。▷トピック(topic)の複数形。

トポス【ギリシャ topos】場。場所。

トポロジー【topology】①位相。極限や連続の概念が定義できるように、集合に導入される数学的構造。②位相幾何学。長さ・大きさなどの量的関係を無視し、図形相互の位置、つながり方などを、連続的に変形させて、その図形の不変な性質を見つけたり、またそのような変形のもとでどれほど異なる図

形があるかを研究する幾何学。広義には位相の概念を他の方面の数学に拡張した位相数学をいう。

トマホーク【Tomahawk】アメリカ海軍の中距離巡航ミサイル。命中精度がきわめて高い。

ドミグラス ソース【demiglace sauce】⇨デミグラス-ソース

ドミナント【dominant】①最も優勢なもの。支配的なもの。②長・短音階で、主音の5度上の音。属音。

ドミノ【domino】西洋カルタの一種。象牙・木・プラスチック製などの長方形の小札の表面の左右に、無印(0)と1から6までのしるしを二つ彫りつけたもの。同じ目を並べ合わせて、早く手札を並べ終わった者が勝つ。

トム ヤム【タイtom yam】酸味と辛味とが混ざり合った、タイ料理の代表的スープ。

トム ヤム クン【タイtom yam kung】タイ料理の代表的スープであるトム-ヤムのうち、エビを具にしたもの。

ドメイン【domain】①領地。領域。②ネットワーク上のコンピューターをグループ化して個々の識別を行うための概念。③企業などの組織が事業展開する際の活動領域などをいう。④

ドメイン名 インターネットに接続されているコンピューターを階層構造のドメインに分別した際に用いられる名称。国別コード(日本はjp)、組織の種別コード(大学はac、政府関係はgo、企業はcoなど)、ホスト名から構成される。

ドメスティック【domestic】①家庭内のこと。家族の中のこと。②国内のこと。自国のこと。

ドメスティック バイオレンス【domestic violence】配偶者や恋人などから受ける、さまざまな暴力行為。DV。

トライ【try】①試みること。試しにやってみること。②ラグビーで、相手のインゴールにボールをつけること。

ドライ【dry】①乾いて水気のないさま。→ウエット ②合理的で情に流されないさま。→ウエット ③洋酒が辛口《からくち》であること。→スイート

ドライ アイ【dry eye】涙液が減少し、目が乾燥すること。目の痛み・かゆみ・充血などの症状を呈し、視力の低下をもたらすこともある。

ドライ アイス【dry ice】固体の二酸化炭素。空気中で昇華し、工業用・家庭用の冷却剤として広く使われる。

トライアウト【tryout】①スポーツ選手や俳優などを選考する際の適性・実力試験。入団テスト。②試演。試験興行。

トライアスロン【triathlon】スイム(水泳)・バイク(自転車)・ラン(ランニング)の3種目を順に行い、所要時間を争う競技。標準的なルールの場合、スイム1.5km、バイク40km、ラン10kmで行われる。鉄人レース。

トライアル【trial】①試しにやってみること。②スポーツで、競技者に許される何回かの試技のこと。予選をいうこともある。③オートバイ-レースの競技種目の一。障害を組み入れた複数のセクションを通過し運転技術の優劣を競うもの。

トライアングル【triangle】①三角形。②打楽器の一。鋼鉄棒を三角形に曲げて糸でつるし、金属棒で打って鳴らす。

トライ アンド エラー【和try＋and＋error】試行錯誤。▷トライアル-アンド-エラーの誤り。

ドライ エリア【dry area】地下室の外壁に沿って設けられる採光や換気などのための空堀《からぼり》。

ドライ カレー【和dry＋curry】みじん切りの野菜とそぼろ肉をカレー粉で味をつけて飯に添えたもの。また、カレー粉で味つけをした洋風いためごはん。

ドライ クリーニング【dry cleaning】水を用いず、有機溶剤を用いて汚れを落とす洗濯法。乾式洗濯。乾燥洗濯。クリーニング。

ドライバー【driver】①運転手。運転者。②ねじまわし。③ゴルフ-クラブで、ウッドの1番。最も飛距離を出すこ

とができる。→ウッド ④コンピューターが周辺機器を利用するためのソフトウエア。デバイス-ドライバー。

ドライ バッグ【dry bag】アウトドア用の防水袋。ドライ-サック。

トライバル【tribal】部族的なデザインを取り入れたファッション。

ドライブ【drive】①自動車を運転すること。また、自動車に乗って郊外・観光地などに遊びに行くこと。②スポーツで、打った球が強い順回転をすること。また、そのような打球。③コンピューターで、ディスク状記録媒体の駆動装置。

ドライブ イン【drive-in】①自動車で乗り入れることができる劇場・銀行・食堂などの施設。②道路沿いにあって大きな駐車場を備え、主に自動車に乗ってくる人たちを対象として営業する軽飲食・休憩用の店。

ドライブ スルー【drive-through】自動車に乗ったまま買い物などができる方式。また、その店。

ドライ フラワー【dried flower】咲いている草花を乾燥させたもの。装飾・観賞用。

ドライ フルーツ【dried fruit】貯蔵などのために、乾燥させた果物。

ドライブ レコーダー【和drive+recorder】自動車に搭載する走行データ記録装置の一。

トライポフォビア【trypophobia】小さな穴の集まりを見た時に恐怖や嫌悪を感じること。

ドライ マウス【dry mouth】口腔《こうくう》乾燥症。唾液の分泌の減少により口腔内が乾くこと。

ドライ マティーニ【dry martini】カクテルの一。ジンの割合が多い辛口のマティーニ。

ドライヤー【drier】①乾燥器。特に、ヘア-ドライヤー。②乾燥剤。

トラウマ【ドイツ Trauma】個人にとって心理的に大きな打撃を与え、その影響が長く残るような体験。精神的外傷。心的外傷。㊟心の傷

ドラキュラ【Dracula】アイルランドの作家ブラム=ストーカー(Bram Stoker[1847〜1912])の怪奇小説「吸血鬼ドラキュラ」(1897年)の主人公。ルーマニアのトランシルバニアの古城に住む伯爵で、昼は棺《かん》の中で眠り、夜になると起き出して人の血を吸うという設定。ドラキュラ伯爵。

トラクター【tractor】工業・農業などで、トレーラーや農耕機械類を引くために強力なエンジンを備えた作業用自動車。

トラス【truss】各部材の接合点をピンで連結し、三角形の集合形式に組み立てた構造。湾曲力に強く、橋や屋根組みに用いられる。結構。→ラーメン

ドラスティック【drastic】徹底的で激烈なさま。

トラスト【trust】①信頼。信用。②同一業種の企業が資本的に結合した独占形態。自由競争による生産過剰・価格低落を避け、市場独占による超過利潤の獲得を目的として形成される。カルテルよりも結合の程度が高く、加入企業は独立性をほとんど失う。→カルテル・コンツェルン ③信託。④⇨ナショナル-トラスト

トラッキング【tracking】①郵便物や荷物につけられた固有の番号を元に、現在の所在地などの状況を確認すること。②電波や光によって人工衛星を追跡し、位置や軌道を観測すること。③カメラを台車に据えて、移動しながら映像を撮ること。④ビデオの再生画像のちらつきなどを調整すること。

トラッキング現象 火災を誘発する現象の一。コンセントとプラグの間の埃《ほこり》に湿気が加わることで微電流が流れ、部品の絶縁部分が炭化・発熱・発火する。

トラック【track】①陸上競技場などの競走路。②「トラック競技」の略。陸上競技のうち、競走路を使用する競技。競走・障害物競走・リレーなど。③ディスクや録音・録画テープなどで、データの読み書きや信号の記録される帯状の部分。

トラック【truck】貨物運搬用の自動車。貨物自動車。

トラッグ【trug】柳や栗の薄い木の板を編んでつくった浅い楕円形のかご。ガーデニングで、花や草などを運ぶために用いる。

ドラッグ【drag】①ひきずる。引っ張る。②コンピューターで、マウスのボタンを押したまま、画面上のカーソルをある点から別の点まで移動させたのちボタンを離す操作。

ドラッグ【drug】①薬品。薬物。②麻薬。

ドラッグ アンド ドロップ【drag and drop】パソコンのマウスの操作法の一。アイコンを別のアイコンの上に重ねることで、処理内容を指示する方法。

ドラッグ クイーン【drag queen】女性の性的特徴を強調するような、派手な服を着用する人。▷裾《すそ》を引きずるほど派手な衣装を着ることから。

トラックスーツ【tracksuit】ジャージー(運動着)。

ドラッグストア【drugstore】大衆薬のほか、化粧品・日用雑貨などを売る店。

トラック パッド【track pad】⇨タッチパッド

トラック レコード【track record】過去の実績・成績などを記録したもの。投資における運用実績、不動産における運営実績など。

トラッシュ【trash】くず。ごみ。かす。

トラッド【trad】伝統的であるさま。特に、流行に左右されない服装などにいう。▷traditionalの略。

トラットリア【イタリア trattoria】気楽に入れる大衆向きの小さなイタリア-レストラン。

トラップ【trap】①罠《わな》。②排水管からの汚臭の逆流を防ぐための装置。管の一部をU字・S字などに曲げて、水をためておくもの。③蒸気暖房で、配管の凝結水を排出するための装置。④射撃の標的として粘土製の皿を発射する装置。クレー放出機。

トラディショナル【traditional】伝統に忠実であるさま。昔からの習慣を守るさま。伝統的。

トラディション【tradition】①言い伝え。伝説。②伝統。しきたり。

トラバース【traverse】登山やスキーで、山の斜面を横断すること。

トラバーユ【フランス travail】①仕事。労働。②(主に女性が)転職すること。

トラヒック【traffic】⇨トラフィック②

トラフ【trough】①海底の細長い谷。急な斜面と平らな底をもち、海溝よりは幅が広く浅い。②低気圧の中心から伸びた気圧の谷。

トラフィック【traffic】①交通。運輸。②通信網を通過する情報の流れ。トラヒック。

ドラフト【draft】①プロ野球で、新人選手採用の交渉権を、全球団で構成する選択会議で決めること。過当競争を避けるための方法。②空気の流れ。通風。また、排気。③下書き。下図。

ドラフト ビール【draft beer】醸造したままで、加熱殺菌をしないビール。生ビール。▷樽出しのビールの意。

トラブル【trouble】①いざこざ。紛争。悶着《もんちゃく》。②故障。

トラブルシューティング【trouble-shooting】問題を解決すること。故障した機械を修理すること。

トラブル フリー【trouble-free】故障がない。手間いらず。円滑な。

トラブルメーカー【troublemaker】ごたごたをよく起こす人。もめごとの原因となる人。

トラベル【travel】旅。旅行。

ドラマ【drama】①劇。特に、放送用に制作されたもの。②戯曲。脚本。③対立する人間どうしの間に生ずる葛藤《かっとう》や事件。劇的な出来事。

ドラマチック【dramatic】劇のようなさま。劇的。

ドラマツルギー【ドイツ Dramaturgie】演劇・戯曲に関する理論。演劇論。作劇法。

ドラム【drum】①洋楽で使う太鼓類の総称。タンブール。②円筒形をした機械部品。③ドーム屋根を受ける円筒

状の壁体。④石柱を構成する円筒形の部材。

ドラムン ベース 〔drum'n bass〕 ロック-ミュージックのジャンルの一。ジャングルが他のジャンルの要素を取り込んで発展したもの。→ジャングル

ドラレコ ドライブ-レコーダーの略。→ドライブ-レコーダー

トランキライザー 〔tranquilizer〕 正常な精神機能への影響がなく、緊張状態を緩和し、不安状態を消失させる薬の総称。抗精神病薬(メジャー-トランキライザー)と抗不安薬(マイナー-トランキライザー)に大別される。精神安定剤。

トランク 〔trunk〕 ①旅行用の、大型で長方形の鞄《かばん》。②(乗用車の)荷物室。荷物入れ。トランク-ルーム。

トランクス 〔trunks〕 ①水泳・ボクシングなどで用いる、男子用の短いパンツ。②①と同形の男子用下着。

トランク ルーム 〔和 trunk＋room〕 ①乗用車の荷物室。トランク。②家財保管庫。さしあたって使用しない家財・家具などを保管する倉庫。

トランザクション 〔transaction〕 ①業務上の処理。取り扱い。②交流。取引。③オン-ライン-システムなどで、端末装置から入力される意味をもったデータや処理の要求。

トランシーバー 〔transceiver〕 送受信機が一つに組み込まれている無線機。

トランジスタ 〔transistor〕 半導体結晶内の伝導電子や正孔《せいこう》(ホール)による電気伝導を利用して、増幅などを行う電子素子。ケイ素・ゲルマニウムなどを用い、3つ以上の電極がある。▷トランジスターとも。

トランジット 〔transit〕 ①通過。②目的国へ行く途中で、他国の空港に立ち寄ること。また、その乗客。空港の外へは出られない。③トランジット-ビザの略。航空機の乗り換えなどのため、空港の外で宿泊する際などに発行される短時日の査証。通過査証。

トランス 変圧器。電磁誘導を利用して交流電圧を昇降させる装置。▷transformerの略。

トランス 〔trance〕 ①催眠やヒステリーなどの場合にみられる、常態とは異なった精神状態。②電子楽器を使った無機的なダンス-ミュージックのうち、サイケデリック(幻覚的)なサウンドをもつもの。→サイケデリック

トランスジェンダー 〔transgender〕 自分の身体上の性別に違和を覚え、逆の性で社会生活を行う人。TG。

トランス脂肪酸 (trans fatty acid / trans fat)トランス型の不飽和脂肪酸。通常シス型である不飽和脂肪酸から飽和脂肪酸(融点が高く酸化されにくいため商品価値が高い)を得るため水素を添加すると、副産物として生成される。多量摂取は心臓病などのリスクを高めるとも指摘されている。トランス-ファット。トランス型脂肪酸。

トランスセクシャル 〔transsexual〕 トランス-ジェンダーのうち、特に強く自己の身体上の性に対して不快感を持ち、外科的手術による解消を望む人。TS。▷トランスセクシュアルとも。

トランスファー 〔transfer〕 ①移行。移転。転移。②乗り継ぎ。乗り換え。③海外旅行などで、到着空港や駅などに出迎えてもらい、乗り継ぎ案内やホテルまでの送迎をしてもらうサービスやそのためのスタッフ。

トランスフォーメーション 〔transformation〕 ①変形。変革。変換。転換。②形質転換。

トランスベスタイト 〔transvestite〕 異性の服を着ること、またはそうする人。狭義には、生物的・社会的な性転換を伴わない外面的な異性装や異性装者をさす。TV。→トランスジェンダー・トランスセクシャル

トランスポーター 〔transporter〕 運送する人。また、運送する機器や装置。

トランスミッション 〔transmission〕 ①動力伝導装置。変速機。②トランスミッション-ギアの略。歯車式の変速装置。特に、自動車などの変速装置。

トランスミッター【transmitter】送信機。送話器。

トランスレーション【translation】翻訳。

トランプ【trump】①カードを用いて行う西洋の遊戯。クラブ・ダイヤ・ハート・スペード各13枚とジョーカーからなり、いろいろな遊び方がある。②①に用いるカードのこと。▷切り札の意。

トランポリン【trampoline】①運動用具の一。カンバス地の布を四角の枠にばねで張り、上で跳びはねて宙返りなどの技を行う。また、その運動。商標名。②①を競技化したもの。二人一組みで協調性を競うシンクロナイズド-トランポリン、跳馬の要領で演技するダブル-ミニ-トランポリンなど。

トリ 寄席などで最後に出演する人。▷「取り」から。

トリ【tri】ギリシャ語で、3の意。

ドリア【フランス doria】バター-ライスまたはピラフにホワイト-ソースをかけて天火で焼いた料理。

トリアージ【フランス triage】災害や事故などで同時発生した大量の負傷者を治療する際、負傷者に治療の優先順位を設定する作業。▷選別・分類の意。

ドリアン【durian】パンヤ科の常緑高木。マレー半島・スマトラ原産。果肉はクリーム状で、濃厚な甘味と酸味少々と独特の香りがあり美味で、「果物の王」といわれる。

ドリー【dolly】①移動撮影のとき、映画やテレビのカメラを乗せる台車。移動車。②⇨ドーリー

トリートメント【treatment】手入れ。治療。特に、髪の手入れ。ヘア-トリートメント。

ドリーム【dream】夢。空想。夢想。

トリエンナーレ【イタリア triennale】3年目ごとに開かれる展覧会。イタリアのミラノで開かれる国際美術展が有名。▷3年ごとに、の意。→ビエンナーレ

トリオ【イタリア trio】①3人が一組みになっていること。三人組。②三重奏。三重唱。また、三声部で書かれた楽曲。

トリガー【trigger】①銃の引き金。②銃の引き金の方式を用いた、フィルムの巻き上げ装置。③一連の出来事のきっかけとなるもの。ある現象の牽引《けんいん》役となるもの。

トリクル ダウン【trickle-down】富裕層が更に豊かになることで経済活動が活性化され、貧困層にも自然に富が浸透し、利益が再分配されるという考え方。▷滴り落ちるの意。

トリコモナス【ラテン Trichomonas】原生動物鞭毛《べんもう》虫綱に属する寄生原虫の一種。多くの動物およびヒトの粘膜に寄生し、膣《ちつ》トリコモナス症などをひき起こす。

トリコロール【フランス tricolore】フランスの国旗。三色旗。▷(青・白・赤の)3色の、の意。

トリッキー【tricky】①奇をてらったさま。巧妙なさま。②油断のならないさま。ずるくて、まどわすようなさま。

トリック【trick】人をだますはかりごと。ごまかし。詭計《きけい》。策略。

トリック オア トリート【trick or treat】ハロウィーンの夜、仮装した子どもたちが近所の家を一軒一軒訪ね歩きお菓子などをねだる行事。また、その決まり文句。▷お菓子をくれないと悪戯するぞの意。→ハロウィーン

トリックスター【trickster】①詐欺師。ぺてん師。手品師。②神話や民話に登場し、人間に知恵や道具をもたらす一方、社会の秩序をかき乱すいたずら者。道化などとともに、文化を活性化させたり、社会関係を再確認させたりする役割を果たす。

トリップ【trip】①短期間の旅行。②麻薬などによる幻覚状態。

ドリップ【drip】①コーヒーの入れ方の一。ネルや濾紙《ろし》でコーヒーを漉《こ》し出すもの。②食品の内部から流出する液汁のこと。その食品本来の風味やうまみを含む。

トリップメーター【tripmeter】自動車の走行距離計の一。任意にゼロに戻せる。

トリトン【triton】陽子1個と中性子2個からなる原子核。三重水素の原子核。記号T,t　天然にはきわめて微量しか存在しない。

トリトン【Triton】海王星の第1衛星。1846年発見。一般の大衛星と異なり、母惑星の自転の方向と逆の方向に公転している。

トリニティー【Trinity】①三位《さんみ》一体。②(trinity)三つで一組みになっているもの。三幅対。

トリハロメタン【trihalomethane】水道水の塩素消毒などによって生じる一群の有機ハロゲン化合物。分子中に塩素あるいは臭素もしくはその両者の原子をあわせて3個含む。代表的なものであるクロロホルムには発癌《はつがん》性の報告がある。THM。

トリビア【trivia】▷俗語。くだらないこと。瑣末《さまつ》なこと。雑学的な事柄や知識。

トリビアル【trivial】①瑣末《さまつ》なさま。末梢的なさま。②数学・論理学で、証明するまでもなく自明であること。

トリビュート【tribute】賞賛・感謝などのあかしとしてささげるもの。賛辞。贈り物。

ドリフト【drift】①流れ。漂流。②レーシング-カーなどで、後輪を横すべりさせてカーブを切ること。③多くの粒子がでたらめな運動をしながら、外力の作用を受けて移動する現象。電気伝導・熱伝導など。

トリプトファン【tryptophan】必須アミノ酸の一。種々のタンパク質中に少量ずつ存在し、発育・成長・体重保持などに必須。生体内で重要な代謝経路があり、生理学上重要。

トリプル【triple】3つ。3倍。3重。多く他の外来語と複合して用いる。

トリプル3(スリー)【和triple＋three】プロ野球で、打者が1シーズン中に打率3割以上、本塁打30本以上、盗塁の成功30回以上を達成すること。

ドリブル【dribble】①ラグビーやサッカーで、ボールを小さく蹴りながら進むこと。②ハンドボールやバスケットボールで、手でボールをつきながら進むこと。③ホッケーやアイス-ホッケーで、スティックで球やパックをあしらいながら進むこと。④水球で、ボールを頭の前に置き、顔をあげて泳ぎながらボールを前進させること。⑤バレーボールで、一人の選手がボールに続けて二度以上触れる反則。⑥卓球・バドミントンで、ボールまたはシャトルコックを続けて二度打つこと。

トリマー【trimmer】犬などの毛を刈り込んで形を整えるのを職業とする人。ペットの美容師。グルーマー。

トリミング【trimming】①写真の原版を引き伸ばすとき、周囲の不要な部分を省いて画面を整えること。②服飾で、縁飾り。縁どり。③犬などの毛を刈り込んで形を整えること。

トリム【trim】①刈り込み。手入れ。→トリミング ②浮かんでいる船の釣り合い。空中での航空機の姿勢。

トリュフ【フランスtruffe】①子嚢菌《しのうきん》類セイヨウショウロ目のきのこ。径3～10cmの塊状で、地下に育つ。独特の芳香があり、フランス料理で珍重される。西洋松露。トリフ。②①に似た形のチョコレート菓子。

ドリル【drill】①機械加工で穴あけに用いる錐《きり》。②①を取り付けて回転させ穴をあける工具。③技術や知識の反復学習。また、その問題集。

ドリンク【drink】飲みもの。飲料。

ドリンク バー【和drink＋bar】ファミリー-レストランなどで、一定の料金を支払うことにより、ソフト-ドリンクがセルフ-サービスで飲み放題になること。また、そのような飲み物が置いてあるコーナー。

ドル【dollar】①アメリカ・カナダ・オーストラリア・ホンコン・シンガポールなどにおける貨幣単位。普通、アメリカ-ドルのことをいう。ダラー。記号＄ ②金銭。おかね。

トルエン【toluene】芳香族炭化水素の一。特異臭のある無色の液体。石油の分解・改質や石炭のタール軽油などの分留で得られる。溶媒として広く使われるほか、合成化学工業での重要原料。トルオール。メチル-ベンゼ

ン。

トルク【torque】回転軸のまわりの、力のモーメント。棒をよじる力や、原動機の回転による駆動力を示すのに用いる語。ねじりモーメント。

トルコ石 青または青緑色の鉱物。宝石や飾り石にする。12月の誕生石。トルコ玉。ターコイズ。

トルソ【イタリアtorso】手・足・頭部を欠くかあるいは省略した胴体だけの彫像。トルソー。▷人体の胴の意。

ドルチェ【イタリアdólce】①音楽の発想標語の一。「柔和に」「甘美に」「優しく」の意。②イタリア料理で菓子・ケーキのこと。フル-コースでのデザートについてもいう。③イタリア産のワインで甘口のもの。▷甘いの意。

トルティーヤ【スペインtortilla】①スペイン風オムレツ。②メキシコ料理で、トウモロコシ粉を水でとき、薄焼きにしたもの。肉や野菜を包んで食べる。トルティリャ。→タコス

トルネード【tornado】①北アメリカの、主として中南部にみられる大規模な竜巻。②アフリカ西海岸で3、4月と10月に発生する、旋風を伴った大雷雨。

ドルフィン【dolphin】イルカ。

ドルメン【dolmen】新石器時代の巨石記念物の一。数個の支石の上に一枚の大きな板石をのせたテーブル形の構造をもつ墳墓遺構。世界的に分布するが、特に西ヨーロッパに多い。

トレイ【tray】浅い、皿状の盆。トレー。

トレイル【trail】⇨トレール

トレーサー【tracer】①ある元素や化合物の、生物体内などでの行動を追跡するために用いられる物質。放射性同位体を人工的に含ませた化合物が用いられることが多い。追跡子。標識。②トレースをする人。写図者。

トレーサビリティー【traceability】①ある測定結果が必要な精度を満たすために、その測定機器の校正手段が、国際標準や国家標準などに対する連続した比較校正の流れの中に位置づけられていること。②食品の安全性を確保するために、栽培・飼育から加工、製造、流通などの過程を明確にすること。また、そのための仕組み。▷追跡可能性の意。㊟履歴管理

トレース【trace】①人や動物の跡をたどること。追跡。②登山で、踏み跡のこと。また、それをたどること。③フィギュア-スケートで、図形の滑り跡。④食品の生産履歴などの情報を調べること。→トレーサビリティー ⑤設計図や原図などの上に半透明の紙を敷いて、その形を写すこと。敷き写し。⑥コンピューターで、プログラムの誤りを見つけ出すために、各段階の動きをたどること。

トレーダー【trader】顧客のために証券を売買する株式証券業者。また、自己勘定で証券を売買する業者をいう。

トレーディング カード【trading card】収集や交換を行うことを主な目的とするカード。トレカ。

トレード【trade】①取引。貿易。商売。②プロ野球のチーム間に行われる選手の移籍・交換。

トレード オフ【trade-off】複数の条件を同時にみたすことのできないような関係をいう語。

トレードマーク【trademark】①登録した会社が専用する標識。登録商標。商標。②ある人を特徴づけているもの。

トレーナー【trainer】①練習の指導者。②犬や馬の訓練者。調教師。③(日本での用法)競技者などが着る練習着。部屋着や普段着としても使われる。スウェット-シャツ。

トレーニング【training】訓練。練習。鍛練。

トレーニング ウエア【和training＋wear】スポーツ練習用の衣服。

トレーニング シューズ【training shoes】スポーツ用、特に練習用の靴。

ドレープ【drape】垂らした布の、柔らかい流れるようなひだ。

トレーラー【trailer】①動力をもたず、他の牽引《けんいん》車に引かれて荷物や旅

客を運ぶ車。②映画の予告編。③フィルムを巻いた際の保護用リーダー。

トレール 【trail】 オートバイで、山道・林道や原野などを走ること。▷山道の意。トレイルとも。

トレール バイク 【trail bike】 山道や原野などを走るためのオートバイ。

トレール ランニング 【trail running】 野山を走ること。また、その競技。トレール-ラン。トレイル-ラン。▷トレール(trail)は「踏み分け道・山道」などの意。

ドレーン 【drain】 ①排水管。下水溝。②電界効果トランジスタの3電極の一。ゲートに電圧を加えるとソースとドレーンの間の電流通路幅が変化し、ドレーンへの出力電流が制御される。→ゲート・ソース(source)③

トレカ ⇨トレーディング-カード

トレジャー 宝物。財宝。

トレジャー ハント 【treasure hunt】 宝探し。トレジャー-ハンティングとも。

ドレス 【dress】 ①洋服・服装の総称。特に、婦人の洋服。②ワンピース形式の優雅な婦人服。

ドレス コード 【dress code】 ある場所の雰囲気を壊さないように求められる、ある一定の服装の基準。

トレッキング 【trekking】 高山の山麓《さんろく》を徒歩で旅行すること。山歩き。

ドレッサー 【dresser】 ①(日本独自の用法)着こなしの上手な人。②鏡の付いた化粧だんす。

ドレッシング 【dressing】 ①衣服を身につけること。身仕舞いをすること。②西洋料理、特にサラダなどにかけるソースのこと。③企業で、決算を粉飾すること。

トレッド 【tread】 ①車両で、左右の車輪の中心間距離。輪距。→ホイールベース ②タイヤの接地面に刻まれた溝。

ドレッド ヘア 【和dread＋hair】 髪形で、ドレッドロックス(dreadlocks)のこと。髪の毛を長く伸ばし、縮らせて束ねた髪形。レゲエのミュージシャンなどによくみられる。

トレッドミル 【treadmill】 ①室内ランニング装置。ベルトの踏み台の上を走る。②踏み車。

ドレナージ 【drainage】 閉じられた腔にたまった滲出《しんしゅつ》液・膿《うみ》・血液などを排出すること。排液法。

トレハロース 【trehalose】 二糖類の一つでブドウ糖の二量体。キノコ類などに含まれる。

トレ ビアン 【フランス très bien】 とてもよい。▷ほめる時の言葉。

トレモロ 【イタリア trèmolo】 同じ音や異なった2音を小刻みに反復しながら持続する演奏法。震音。▷震えるの意。

トレランス 【tolerance】 ①寛容。②公差。許容誤差。

トレリス 【trelis】 鉢を吊るしたり、つる性植物をはわせたりするための格子状の垣。

トレンカ スティラップ-タイツのこと。タイツの爪先と踵《かかと》の部分をなくし、土踏まずに引っかけるためのループを残した形のもの。▷スティラップは鐙《あぶみ》の意。

トレンチ 【trench】 ①塹壕《ざんごう》。②考古学で、発掘溝のこと。③トレンチ-コートの略。

トレンチ コート 【trench coat】 打ち合わせがダブルで、共布の大きな肩当てがつき、ベルトを締めて着る活動的なコート。▷第一次大戦のとき、英国兵が塹壕内で着たことからの名。

トレンディ 【trendy】 流行の先端をいくさま。最新流行。トレンディー。

トレンディ ドラマ 【和trendy＋drama】 主にバブル経済期に流行した恋愛ドラマ。▷当時最先端とされた社会風俗や流行などを盛り込んだ。

トレンド 【trend】 傾向。趨勢《すうせい》。風潮。また、流行。はやり。経済変動の長期的動向、ファッションや風俗の動向などにいう。案傾向

トロ トロッコの略。

トロ マグロの腹側の肉で、特に脂肪の多い部分。

トロイア 【Troia】 トルコ、小アジア北西部のダーダネルス海峡に臨むヒサリクの丘に位置する古代都市遺跡。ホメ

ロスの詩「イリアス」の中のトロイ戦争の舞台。1871年シュリーマンが発掘。トロイ。トロヤ。別称イリオン。

トロイカ【ロシア troika】①ロシアの3頭立ての馬そり。または馬車。②三者で運営すること。

トロイの木馬【Trojan horse】①外見とは異なる物が送り込まれ災いを招くたとえ。②コンピューターの不正プログラムの一様式。基本的には独立したプログラムで、ネットワークを介して侵入したターゲットに仕掛けられる。▷トロイ戦争でギリシャ軍がトロイ軍を欺《あざむ》き攻略した故事から。

ドロー【draw】①スポーツの試合の組み合わせを決めるための抽選。また、そうしてできた組み合わせ。②ボクシングなどの試合で、引き分け。③線画。製図。ドローイング。④ゴルフで、真っすぐに飛んでいたボールが、右打ちの場合左に、左打ちの場合右に少し曲がりながら落下していく球すじのこと。ドロー-ボールの略。

ドローイング【drawing】①(単色の)線画。製図。ドロー。②試合の組み合わせなどを決める抽選。

トローチ【troche】口の中で徐々に溶解させて、口腔・咽頭《いんとう》の殺菌・消炎などを目的とする錠剤。

トローリング【trolling】船を走らせながら後方に餌《えさ》か擬餌鉤《ぎじばり》を付けた釣り糸を流して、カジキ・マグロなど大型の魚をねらう釣り。引き釣り。

トロール【trawl】底引き網の一種。左右に袖網を付けた三角形の袋網を、網口を広げながら機船で引くもの。トロール網。

トロール【Troll】北欧伝説で、山や森に住む妖怪妖精。さまざまな種族があり、ムーミンもトロールの仲間として創造された。

ドローン【drone】①無人航空機。→UAV ②小型の無人ヘリコプター。▷雄のミツバチの意。

トロッコ レールの上を走らせる土木工事用の手押し車。また、軽便鉄道の上を土砂などを載せて運搬する車。トロ。

トロッコ問題【trolley problem】少数を犠牲にして多数を助ける行為の是非を問う思考実験。暴走トロッコの前方線路上に動けない5名がおり、待避可能な支線にも動けない1名がいる。この時トロッコをどう誘導するのかを倫理的に問う

ドロップ【drop】①砂糖に香料を加え、色などをつけていろいろの形に固めた飴《あめ》。ドロップス。②物が下に落ちること。③抜け落ちること。脱落すること。④ゴルフで、池などに落ちたボールを拾い上げ、規則にしたがって置き直すこと。⑤コンピューターで、データ-ファイルのアイコンを移動し、アプリケーション-プログラムのアイコンの上に重ねて、ファイルを開くこと。

ドロップアウト【dropout】①(社会から)脱落すること。また、学校を中途退学すること。②ラグビーで、防御側が自陣の22mラインの後方からドロップキックを行なって競技を再開すること。

ドロップキック【dropkick】①ラグビーなどで、ボールを地面に落としはね返ってくる瞬間にけるけり方。②飛び蹴《げ》り。

トロピカル【tropical】①熱帯の。熱帯的な。②さらりとした夏向きの薄地梳毛《そもう》織物。

トロピカル フルーツ【tropical fruit】熱帯産の果物。マンゴー・パパイア・パイナップルなど。

トロフィー【trophy】入賞や受賞を記念して贈られる杯。

トロリー【trolley】トロリーバス(trolleybus)の略。道路の上の架線から電力の供給を受け、路面を走る車両。無軌条電車。

トロンプルイユ【フランス trompe-l'oeil】だまし絵。精密な描写で、実物そっくりに見せかける。現代絵画ではスーパー-リアリズムに見られる。▷目をあざむく意から。

トワイライト【twilight】うすあかり。たそがれ。

トワレ【フランス toilette】⇨オー-ド-トワレ

トン【ton】①質量の単位。記号tで書き表す。㋐メートル法で、1000kg。仏トン。メートル-トン。㋑イギリスで、2240ポンド(約1016kg)。英トン。ロング-トン。㋒アメリカで、2000ポンド(約907kg)。米トン。ショート-トン。㋓船の質量を排水量で表すのに用いるもの。軍艦に用いる。単位は英トンか仏トン。排水トン。㋔船の質量を表すもの。貨物船に用いる。単位は英トン。重量トン。重トン。②体積の単位。㋐商船の全体積をいう。船舶の積量を表すもの。㋑船の貨物積載量の体積。40立方フィート(約1.13m^3)。容積トン。㋒商船で、貨物や旅客のためのみに使われる船内の容積。総トンから、運航に必要な部分の容積を除いたもの。トン税や手数料計算などの基準になる。100立方フィート。純トン。登簿トン。

ドン【スペイン don】①スペインなどで、男性の名前の前につける敬称。→セニョール ②首領。親分。実力者。

ドンキー【donkey】驢馬《ろば》。

トング【tongs】物を挟む道具。

ドンタク ①日曜日。②休日。③5月3日・4日に福岡市で行われる年中行事、博多ドンタクのこと。▷オランダ zondag(日曜日)から。

ドント方式 比例代表選挙における当選人の決定方式の一。政党の得票数を、1から順に整数で割ってゆき、その商の大きい順に政党に議席を与える。▷考案者ベルギーの法学者ドント(Victor d'Hondt)の名にちなむ。

トンネル【tunnel】①山・川・海底・建物などの下を掘り貫いて、鉄道・道路・水路などを通すため地下に設けた穴。隧道《ずいどう》。②野球で、野手が球を股《また》の間を通して後方にのがすこと。

ドンファン【スペイン Don Juan】①スペインの伝説上の人物。放蕩無頼の色事師として文学作品に取り上げられる。英語・フランス語名ドン=ジュアン。イタリア語名ドン=ジョバンニ。②①から転じて、色事師。好色漢。女たらし。

ドンマイ スポーツなどで、仲間が失敗をしたときなどに励ます語。▷don't mindから。心配するな、気にするなの意。

ナ

ナーサリー【nursery】①保育所。託児所。②子供部屋。

ナース【nurse】①看護婦。看護師。②乳母。

ナース コール【和nurse+call】入院患者が、必要なときに看護師を呼ぶための装置。

ナーセリー【nursery】種苗園。

ナーバス【nervous】神経質なさま。神経が過敏なさま。

ナイーブ【naive】純真なさま。また、物事に感じやすいさま。素朴。

ナイス【nice】「すてきな」「うまい」「みごとな」などの意。▷感動詞的にも用いる。

ナイト【knight】①中世ヨーロッパの騎士。②イギリスの爵位の一。国家に功労のあった者に一代限りで授け、サー(Sir)の称号を許す。勲功爵。③女性を大切にする男性。④チェスの駒の一。将棋の桂馬のように飛び、八方に動ける。

ナイト【night】他の外来語の上または下に付いて、「夜」「夜間」の意を表す。

ナイトキャップ【nightcap】①寝ている間に髪の乱れるのを防ぐためにかぶる帽子。②寝酒。

ナイト ズー【night zoo】動物園で、夜に開催するイベントのこと。

ナイフ【knife】①物を切ったり削ったりするのに使う、洋式の小刀。②洋食用の小刀。

ナイロン【nylon】アジピン酸とヘキサメチレンジアミンの縮合重合により得られる合成繊維。また、それと類似の構造をもつ一群のポリアミド系合成高分子の総称。商標名。

ナイン【nine】①9。ここのつ。②1チームが9人であることから、野球チームのメンバー。

ナウ【now】現代的で新しいさま。

ナウい 「ナウ(now)」を形容詞化した語。ナウな様子である。

ナゲット【nugget】①金塊。②一口大の鶏・魚肉などに衣をつけて揚げたもの。③オーストラリアの政府が発行する地金型金貨。

ナサ ⇨NASA

ナシ ゴレン【マレー nasi goreng】マレー風の焼き飯。目玉焼き・海老煎餅《せんべい》などが添えられる。

ナショナリスト【nationalist】国家主義者。民族主義者。国粋主義者。

ナショナリズム【nationalism】一つの文化的共同体(国家・民族など)が、自己の統一・発展、他からの独立をめざす思想または運動。国家・民族の置かれている歴史的位置の多様性を反映して、国家主義・民族主義・国民主義などと訳される。

ナショナル【national】「国立の」「国家の」「国民の」などの意。

ナショナル センター【和national＋center】労働組合の全国中央組織。

ナショナル チーム【national team】国を代表して編成した選手団。

ナショナル チェーン【national chain】全国展開をしているチェーン-ストア。

ナショナル トラスト【National Trust】自然や歴史的建造物の保存を目的に、それらを寄贈・買い取りなどによって入手して、保全・管理するイギリスの民間団体。1895年設立。また、広く同様の組織や同様の形式による運動をもいう。

ナショナル トレーニング センター【National Training Center】世界水準にある国内スポーツ競技者が、国際競争力を強化するために利用できるトレーニング施設。ナショナルトレセン。

ナショナル ブランド【national brand】有名メーカーのよく知れわたった商標、また商品。NB。→プライベート-ブランド

ナスダック ⇨NASDAQ

ナタ デ ココ【スペイン nata de coco】ココナッツの汁を発酵させてつくる寒天状の食べ物。フィリピン原産。独特の歯ごたえがあり、シロップなどをかけて食べる。

ナチス【ドイツ Nazis】第一次大戦後、ヒトラーを党首としてドイツに擡頭《たいとう》したファシズム政党。1919年結成。33年政権を掌握、第二次大戦を起こしたが敗れ、45年崩壊。ナチ。

ナチズム【Nazism】ナチスの主義および政策。反民主主義・反自由主義・全体主義・アーリア人種の優越などを内容とする。

ナチュラリスト【naturalist】①自然主義を奉ずる人。自然主義者。②動植物などの自然を愛好する人。また、その研究をする人。自然愛好家。

ナチュラル【natural】①自然なさま。天然のさま。→アーティフィシャル ②楽譜で、嬰《えい》記号(シャープ)や変記号(フラット)などの、変化記号を取り消す記号。本位記号。

ナチュラル キラー細胞 ⇨NK細胞

ナチュラル チーズ【和natural＋cheese】乳のタンパク質を酵素と乳酸菌で固め熟成させたチーズ。→プロセス-チーズ

ナチュラル ハイ【和natural＋high】酒やドラッグなどを用いずに、自然に気分が高揚したり、幻覚を見たりすること。

ナックル【knuckle】①指の関節。②ナックル-ボールの略。野球で、中の3本の指を曲げて親指と小指とで球を挟み、曲げた指の関節で突き出すようにして投げる変化球。球は回転せずにゆるく進んでいき、打者の近くで不規則に落ちる。

ナッジ【nudge】人々が望ましい行動を自発的に取るよう後押しすること。強制や報酬などに頼らない、心理学的な工夫に基づく誘導をいう。行動経済学者のセイラー(R. Thaler[1945～])と法学者のサンスティー(C. Sunstein[1954～])が提唱。▷軽く促す、後

押しするなどの意。

ナッシング【nothing】①何もないこと。②野球で、ボール球のカウントがゼロであること。

ナッツ【nuts】クルミ・アーモンド・ピーナッツなど、堅い殻をもち、食用とされる果実の総称。ナット。

ナット【nut】①ビス・ボルトと組み合わせて締め付けに用いるもの。②ナッツに同じ。

ナツメグ【nutmeg】ニクズクの種子の仁。また、それからつくる香辛料。主に肉料理に使用する。ナッツメッグ。ナツメッグ。

ナトー　⇨NATO

ナトリウム【ドイツ Natrium】1族元素(アルカリ金属)の一。元素記号Na 原子番号11。原子量22.99。軟らかい銀白色の金属。地球上に広く多量に存在し、海水中にイオンとして約1％含まれる。イオンは生体の重要な構成分で、体液の浸透圧の維持、筋収縮や神経の興奮伝達など動物の生理に重要な役割を果たす。ソディウム。

ナノ【nano】単位に冠して、10^{-9}すなわち10億分の1の意を表す語。記号n

ナノ カーボン【nano carbon】ナノメートル単位の分子構造を持つ炭素素材の総称。軽量である、強度がある、導電性や熱伝導性が高いなどの特徴を持つ。

ナノテクノロジー【nanotechnology】ナノ(10億分の1)メートルの精度を扱う技術の総称。マイクロ-マシンなどの加工・計測技術だけでなく、新素材の開発などをも含めていう。[案]超微細技術

ナノマシン【nanomachine】ナノ(10億分の1)メートル-レベルの大きさで、一定の機能をもった機械・器官。あるいは、タンパク質・脂質・DNAなどの生体分子を組み合わせて、一定の機能をもたせた機械。

ナノ マテリアル【nano material; nanomaterial】ナノ(10億分の1)メートルの精度で配列や構造を制御した材料。

ナビ　ナビゲーターの略。また、ナビゲーションの略。→ナビゲーター・ナビゲーション

ナビゲーション【navigation】①航海術。航空術。②経路誘導。自動車ラリーでナビゲーターが速度・走行位置・進路の状況等を知らせること。

ナビゲーション システム【navigation system】⇨カー-ナビゲーション-システム

ナビゲーター【navigator】①航法士。航海士。②自動車のラリーで、速度や方向を指示する同乗者。

ナプキン【napkin】①食事のとき、衣服の汚れを防ぐために膝《ひざ》や胸にかける布や紙。②生理用品の一種。▷ナフキンとも。

ナフサ【naphtha】原油の蒸留によって得られる、ガソリンなどを含む低沸点の部分。原油の重質部分を分解して得る低沸点炭化水素の混合油。自動車や航空機の燃料として、また、溶剤や石油化学製品の原料として利用される。ナフタ。

ナフタ　⇨NAFTA

ナフタレン【naphthalene】芳香族炭化水素の一。コール-タールの留分(200～250℃)中に多く存在する。光沢ある無色または白色の鱗片《りんぺん》状結晶。特異臭があり、常温で昇華する。合成化学工業の重要な原料のほか防虫剤に用いる。ナフタリン。

ナポリタン【フランス napolitain】炒《いた》めたスパゲッティにトマト-ソースの一種のナポリタン-ソースをからめ、パルメザン-チーズをふりかけた料理。▷「ナポリ風」の意。

ナムル　朝鮮料理の一。大豆もやし・ゼンマイ・ホウレンソウなどのあえもの。▷朝鮮語。

ナラタージュ【narratage】映画で、画面外の声に合わせて物語が展開していく技法。多く回想場面に用いられる。▷narration(ナレーション)とmontage(モンタージュ)から。

ナルコレプシー【narcolepsy】突然激しい眠気を催し、眠ってしまう発作を

主な症状とする病気。居眠り病。睡眠発作病。

ナルシシズム【narcissism】①自分の容姿に陶酔し、自分自身を性愛の対象としようとする傾向。自己愛。ギリシャ神話のナルキッソスにちなむ精神分析用語。②うぬぼれ。自己陶酔。

ナルシス【フランスNarcisse】 ギリシャ神話に見える美少年。泉に映る自分の姿に恋い焦がれるが、その思いが満たされずにやつれ果て、ついに水仙になったという。▷ナルキッソスのフランス語読み。

ナルシスト【narcissist】自己陶酔型の人。うぬぼれや。ナルシシスト。

ナルシズム【narcissism】 ⇨ナルシシズム

ナレーション【narration】 ①話し方。話法。話術。②映画やテレビで、登場人物の心理状態や、情景・筋などの説明。語り。

ナレーター【narrator】 映画・テレビ・ラジオなどの語り手。

ナレッジ【knowledge】知っていること。知識。

ナレッジ マネージメント【knowledge management】社員が業務で得た個別の知識やノウハウを、企業全体で一元的に管理して共有し、問題解決や新商品開発に役立てようとする経営手法。KM。

ナロー【narrow】幅の狭いさま。

ナン【nahn】インドの発酵パン。平たく洋ナシの形をしている。

ナンセンス【nonsense】意味のないこと。ばかばかしいこと。また、そのさま。ノンセンス。

ナンバー【number】 ①数。数字。②番号。③定期刊行物などの号数。④音楽での曲目。⑤陸上競技選手が胸や背につける番号。1994年(平成6)日本陸上競技連盟が「ゼッケン」から変更。

ナンバー スクール【和number+school】設置順に数を冠せられた一高から八高までの旧制高等学校。

ナンバリング 番号印字器。押すと、設定した回数ごとに自動的に数字が進むようになっている。 ▷ numbering machineの略。

ナンプラー【namplaa】タイ料理で使われる魚醤《ぎよしよう》。

ニ

ニア ミス【near miss】航空機どうしが空中で接触しそうなほどに接近すること。異常接近。

ニアリー イコール【nearly equal】ほぼ等しいこと。

ニー【knee】膝《ひざ》。膝がしら。他の外来語と複合して用いる。

ニーズ ⇨NIES

ニーズ【needs】必要。要求。

ニー ソックス【knee-socks】膝《ひざ》下までの靴下。ハイ-ソックス。

ニート【neat】きちんとしたようす。飾り気がなくさっぱりしたようす。

ニート【NEET】(not in employment, education or training)職業にも学業にも職業訓練にも就いてない若者。

ニードル【needle】①針。針で縫うこと。②登山用語で、針のようにとがった岩峰。

ニー ハイ【knee-high】膝の高さまであること。→サイ-ハイ

ニーハオ【你好】こんにちは。▷中国語。

ニカブ【アラビアniqāb】イスラム教徒の女性が着用する、目の部分だけをあけて全身をすっぽりとおおう布。→ブルカ

ニグロ【Negro】黒色人種。黒人。ネグロ。

ニコチン【nicotine】タバコの葉に含まれるアルカロイドの一種。無色の油状液体。中枢神経・末梢神経を興奮させ、血管を収縮させて血圧を高める。有毒。

ニス ワニスの略。

ニッカーボッカーズ【nickerbockers】ゆったりした形で、裾をしぼった、膝《ひざ》下丈のズボン。ニッカーボッカー。ニッカーズ。

ニックネーム【nickname】本名とは

別にその人を親しんで呼ぶ名。愛称。

ニッケル【nickel】10族(鉄族)に属する遷移元素の一。元素記号Ni 原子番号28。原子量58.69。銀白色の強磁性固体金属。比重8.90(25℃)。針ニッケル鉱・ケイニッケル鉱・ヒニッケル鉱などが主鉱石。合金成分・触媒として用途が広い。

ニッチ【niche】①西洋建築で、壁面を半円または方形にくぼめた部分。壁龕《へきがん》。②隙間《すきま》。③他社が進出していない市場の隙間。特定市場分野。④トンネル・橋などの脇に設けられた退避用の場所。⑤生態的地位。個々の生物種が、生態系の中で占める位置または役割。

ニット【knit】編んだもの。編み物。また、その衣類。

ニッパー【nipper】主として銅線の切断、電線の被覆をむくのに用いる電気用工具。

ニップル【nipple】①乳頭。哺乳瓶の乳首。②ねじのついた継ぎ管。

ニトロ【nitro】ニトログリセリンの略。

ニトログリセリン【nitroglycerin】グリセリンの硝酸エステル。グリセリンを水を含まない混酸と反応させてつくる無色の油状液体。きわめて爆発しやすく、ダイナマイト・無煙火薬の原料となる。また、冠状動脈に直接作用して拡張させるので狭心症・心筋梗塞《こうそく》に舌下《ぜっか》錠として用いる。三硝酸グリセリン。

ニヒリスト【nihilist】①ニヒルな考え方をする人。虚無主義者。②19世紀後半のロシアにおける、一群の過激な唯物論者・革命家・無政府主義者・テロリストたち。また、その結社や党派。

ニヒリズム【nihilism】真理・価値・超越的なものの実在やその既成の様態をことごとく否定する思想的立場。虚無主義。

ニヒル【ラテン nihil】虚無。また、虚無的なさま。

ニホニウム【nihonium】超アクチノイド元素の一。元素記号Nh原子番号113。2004年、アメリシウムをカルシウム-イオンで、またビスマスを亜鉛イオンで衝撃して得られた放射性の人工元素。

ニュアンス【nuance】(表現・感情・色彩などの)微妙な意味合いや色合い。また、そのわずかな差異。

ニュー【new】「新しい」「今までと違った」の意。

ニュー【nu; N・ν】ギリシャ語アルファベットの第13字。

ニュー イヤー【new year; New Year】新しい年。新年。正月。

ニュー エイジ【New Age】西洋の価値観や文化を否定し、異質なものとの融和や全体論的なアプローチを重視する思潮。特に、宗教・医学・哲学・占星術などさまざまな分野で東洋的なものを取り入れようとする動きに代表される。

ニュー エコノミー【new economy】①景気循環が消滅し、インフレの起きない経済成長が続くとする、1990年代アメリカで唱えられた説。規制緩和、情報通信技術の進歩、資本装備率の増加による在庫の減少や、柔軟な労働市場がもたらすとする。②株式市場などで従来型の企業(オールド-エコノミー)に対し、インターネット関連企業を中心とする経済。

ニューカマー【newcomer】新しくやってきた人。新しく加わった人。新参者。

ニュース【news】①珍しい出来事や新しい出来事。また、その知らせ。②新聞・ラジオ・テレビなどにより報道される事件や出来事。また、それを伝える番組や記事。

ニュースキャスター【newscaster】解説や論評を加えながら、ニュースを報道する人。キャスター。

ニュー スクール【new school】新しいこと。またはそのようなスタイル。ヒップ-ホップ文化における90年代以降のスタイルなど。

ニュース サイト【news site】ニュース情報を提供するウェブ-サイト。

ニュース ソース【news source】情

報源。

ニュース バリュー【news value】 ニュースとして報道する価値。報道価値。

ニュース リリース【news release】 官公庁・企業などが報道機関に対して行う情報発表または発表資料の印刷物。→プレス-リリース

ニュー セラミックス【new ceramics】 ⇨ファイン-セラミックス

ニュー ディール【New Deal】 アメリカ大統領F.ルーズベルトが大恐慌克服のため採用した一連の革新的政策。テネシー渓谷開発法・農業調整法・全国産業復興法などを立法化、連邦政府の権限を拡大し積極的な救済政策をとった。▷新規まき直しの意。

ニュートラル【neutral】 ①対立する二つのいずれにも属さないこと。また、そのさま。中立。中間。②自動車のギアなどで、エンジンの動力が車輪に伝達されない状態。

ニュートリノ【neutrino】 素粒子の一。記号ν 電荷0、スピン1/2で質量はほとんどゼロ。レプトンに属し、弱い相互作用において、それぞれ電子、ミュー粒子、タウ粒子と対になって作用する。中性微子。

ニュートロン【neutron】 素粒子の一。記号n 電荷をもたず、スピン1/2、質量は陽子の質量より0.1％ほど大きく、平均寿命889秒でベータ崩壊する。バリオンに属し、陽子とともに原子核を構成して、核子と呼ばれる。中性子。

ニュートン【newton】 力の大きさのSI単位。1kgの質量をもつ物体に1m/s^{2}の加速度を生じさせる力の大きさを1ニュートンとする。ダインの10万倍。記号N ▷I.ニュートンにちなむ。

ニュー ノーマル【new normal】 感染症流行などの災害に際して、新たな事態に対応するように変容を促される生活様式。新しい生活様式。新常態。

ニュー ハーフ【和new＋half】 女装した男性や、女性に性転換した元男性の俗称。

ニューマチック【pneumatic】 「空気の」「圧搾空気を利用した」などの意。

ニュー メディア【new media】 新聞・ラジオ・テレビなどの既存のメディアに対し、通信・情報・電子技術によって生み出された新しいメディアや情報伝達システムの総称。インターネット・携帯電話などがある。

ニューラル ネットワーク【neural network】 人間の脳の神経細胞をモデルとして構想されている情報処理システム。分散処理・並列処理・学習機能・自己組織化などを特徴としている。

ニューロ【neuro】 「神経の」「神経組織の」の意。

ニューロン【neuron】 神経単位。神経細胞体・樹状突起・軸索からなり、刺激を受容・伝達する機能をもつ。神経元。神経細胞。ノイロン。→シナプス

ニョク マム【ベトナムnuoc mam】 ベトナムやカンボジアの料理に使われる魚醤《ぎょしょう》。

ニョッキ【イタリアgnocchi】 小麦粉、または小麦粉にジャガイモ・カボチャなどを加えてつくる団子状のパスタ。

ニルバーナ【サンスクリット nirvāṇa】 ①涅槃《ねはん》。②死ぬこと。また、死。入寂《にゅうじゃく》。入滅。一般に釈迦《しゃか》の死をいう。

ニンフ【nymph】 ①ギリシャ神話に登場する、樹木・山野・川・泉などの精。ギリシャ語名ニュンフェ。②清純で愛らしい女性。③不完全変態をする昆虫の幼虫。

ヌ

ヌード【nude】 絵画・彫刻・写真などにおける裸体像。また、裸体。はだか。

ヌードル【noodle】 ①小麦粉などで作った帯状の洋風麺。②麺類。

ヌーブラ【NuBra】 胸に直接貼り付けて用いる、シリコン製のブラジャー。商標名。▷nude(ヌード)とbrassiere(ブラジャー)から。

ヌーベル キュイジーヌ【フランスnou-

velle cuisine】 新傾向のフランス料理。日本料理の影響を受け、素材の持ち味を重視、あっさりした味わいと盛り付けの工夫を特徴とする。▷新しい料理の意。

ヌーベル バーグ 【フランスnouvelle vague】 1958年頃からフランスに興った新しい映画の傾向。▷新しい波の意。

ヌーボー 【フランスnouveau】 ①当年産のワイン。②20世紀初頭、フランスで流行した新しい美術様式。ヌーボー式。→アール-ヌーボー ▷新しいの意。

ヌガー 【フランスnougat】 キャンデーの一。水あめ・砂糖を煮つめ、泡立てた卵白などを混ぜ込んだ、白くやわらかなもの。ナッツなどを入れる。

ヌクレオチド 【nucleotide】 ヌクレオシドの糖の水酸基にリン酸がエステル結合したもの。核酸の構成単位。

ヌバック 【nubuck】 表面加工で起毛し、スエードやビロード地のような質感をもたせた革素材。

ネ

ネアンデルタール人 【Neanderthal】 1856年ドイツのネアンデルタールで最初に発見された化石人類。頭蓋容積はホモサピエンスを上回り、かなり進んだ旧石器を使用し、埋葬の風習を有したとされる。旧人。ネアンデルタレンシス。

ネイチャー 【nature】 ⇨ネーチャー

ネイティブ 【native】 ⇨ネーティブ

ネイル 【nail】 ⇨ネール

ネーション 【nation】 国家。国民。民族。

ネーチャー 【nature】 自然。天然。本性。▷ネイチャーとも。

ネーティブ 【native】 ①その土地生まれの。②その言語を母語とする話者。ネーティブ-スピーカー。 ▷ネイティブとも。

ネーティブ アメリカン 【Native American】 アメリカ大陸の先住民。

ネービー 【navy】 海軍。

ネーブル 【navel】 ネーブル-オレンジの略。ブラジル原産。果実は球形ないし楕円形で頂点がへそ形に盛り上がっている。

ネーミング 【naming】 名前をつけること。命名。

ネーミング ライツ 【naming rights】 スポンサーの企業名・ブランド名などを、スタジアムなどの施設の名称にする権利。また、そのような広告手法。命名権。

ネーム 【name】 ①名。名称。氏名。②ネームプレートの略。③書籍・新聞などで、図版に添えた説明。

ネーム バリュー 【和name＋value】 名前のもつ価値・効果。知名度。

ネール 【nail】 つめ。ネイル。

ネール アート 【nail art】 爪に絵を描いたり、宝石をつけたりして飾ること。ネール-ファッション。

ネール サロン 【nail salon】 ネール-ケアやネール-アートをする美容院。

ネール リング 【nail ring】 爪の部分にはめる指輪。チップ-リング。

ネオ 【neo】 他の外来語の上について、「新しい」「新」の意を表す。

ネオ アコ 【和neo ＋ acoustic】 ポピュラー音楽のジャンルの一。1980年代、パンク-ロックを経過したあとに登場した、生楽器を取り入れた音楽の総称。ネオ-アコースティック。

ネオコン 【neocon】 新保守主義派の意。 ネオ-コンサバティブ（neo-conservative; neoconservative）。

ネオジム 【ドイツ Neodym】 ランタノイドの一。元素記号Nd　原子番号60。原子量144.2。レーザーに用いられるほか、酸化物はブラウン管ガラスに添加してテレビ画面のコントラストを上げるのに用いる。ネオジウム。

ネオ ダダ 【neo dada】 1950年代アメリカ美術の前衛的な動向。R. ラウシェンバーグやJ. ジョーンズなど。

ネオテニー 【neoteny】 動物が幼生形のままで生殖巣が成熟して繁殖する現象。幼形成熟。

ネオ ナチ 【Neo-Nazi】 （第二次大

戦後の)新ナチ主義(Neo-Nazism)の信奉者。新ナチ主義者。

ネオニコチノイド【neonicotinoid】ニコチンに似た構造・作用を持つ殺虫剤の総称。ミツバチ減少との関わりが指摘され、使用を規制する動きがある。

ネオプレン【Neoprene】クロロプレンを主体とする合成ゴムの商標名。

ネオ リベラリズム【neo-liberalism】新自由主義。資本主義下の自由競争秩序を重んじる立場および考え方。

ネオ レアリズモ【イタリア neorealismo】①第二次大戦直後のイタリアで顕著にあらわれた文芸思潮。多くレジスタンスや労働争議を主題とする。②第二次大戦後のイタリア映画における現実描写法と、その作品群に対する呼称。新現実主義。

ネオン【neon】①18族元素(希ガス)の一。元素記号Ne　原子番号10。原子量20.18。単原子分子気体で大気中に微量に含まれる。ガイスラー管で放電して橙赤色に光るので、放電管・ネオン・ランプとして利用される。②ネオン-サインの略。

ネオン サイン【neon sign】ネオン管を利用した広告・装飾・標示など。ネオン。

ネガ ネガティブ①の略。→ポジ

ネガティブ【negative】①撮影したフィルムまたは乾板を現像したときにできる画像。また、そのフィルム。ネガ。陰画。②電気の陰極。③否定的であるさま。消極的なさま。悲観的なさま。→ポジティブ

ネガティブ オプション【negative option】販売業者が一方的に商品を送付し、送付を受けた者が一定期間内に返送を行わなければ商品を購入したとみなして代金を請求する販売方法。

ネガティブ キャンペーン【negative campaign】相手の政策上の欠点や人格上の問題点を批判して信頼を失わせる選挙戦術。また、広告で他社商品の短所を強調する宣伝方法。

ネクサス【nexus】①結合。結びつき。つながり。②主語と述語の関係となっている語と語の結合。意味上の主語・述語の関係も含む。英文法学者イェスペルセンの用語。

ネクスト【next】次の。今度の。多く他の外来語に付いて複合語をつくる。

ネクター【nectar】①ギリシャ神話で、神々の飲み物。神酒。飲む者は不老不死になるという。ネクタル。霊酒。②果肉飲料。

ネクタイ【necktie】ワイシャツなどの首まわりに巻いて結び、飾りとする細い帯状の布。タイ。

ネグリジェ【フランス négligé】ワン-ピース型の女性用の寝巻。また、化粧着。

ネグる 無視する。おろそかにする。▷「ネグレクト」を省略した「ネグ」の動詞化。

ネグレクト【neglect】①無視すること。放置すること。怠ること。②養育者による、子供に対する不適切な保護や養育。衣食住を十分に世話しない場合や、精神的・医療的なケアを十分に行わない場合など。育児放棄。養育放棄。㊘育児放棄／無視

ネクロフィリア【necrophilia】死体を姦淫《かんいん》すること。異常性欲の一種。屍姦《しかん》。

ネクロフォビア【necrophobia】極度に死を恐れるような病的状態。

ネゴ ネゴシエーションの略。

ネゴシエーション【negotiation】契約や協定を結ぶ際の、条件に関する話し合い。交渉。折衝。

ネゴシエーター【negotiator】交渉者。交渉担当者。

ネスト【nest】①巣。②居心地がよく、安心できる場所。隠れ家。ねぐら。③入れ子構造。

ネタ ①もとになるもの。材料。原料。②証拠。また、証拠の品。③手品などの仕掛け。▷「たね(種)」の倒語から。

ネチケット【netiquette】コンピューター-ネットワークを利用するときのエチケット。▷network(ネットワーク)とetiquette(エチケット)から。

ネッキング【necking】唇・のど・耳などへのキスのように、首から上にする愛のふれあい。

ネック【neck】①首。襟。②物事の障害となっている事柄。隘路《あいろ》。③洋服の襟ぐり線。ネック-ライン。▷bottleneckから。

ネックレス【necklace】首飾り。

ネット【net】①余分な部分を除いた、実際に意味のある部分。経費などを差し引いた純益、風袋《ふうたい》を差し引いた正味《しょうみ》の重量など。正味。②⇨ネット-スコア

ネット【net】①網。網状のもの。②バレー・テニス・卓球などで、コートの中央に張る網。③女性が髪の乱れを防ぐため頭にかぶる網。ヘア-ネット。④⇨ネットワーク ⑤インターネットの略。

ネット オークション【net auction】インターネット上での商品の競売。オン-ライン-オークションとも。→エスクロー

ネット家電 コンピューター-ネットワークに接続して利用できる家庭用電器製品。通信機能によって、外部との情報の交換や、遠隔地からの操作ができる。

ネット カフェ【和net+café】⇨インターネット-カフェ

ネット ゲーム【net game】⇨ネットワーク-ゲーム

ネット サーフィン【net surfing】インターネットで興味の赴くままに情報を検索すること。次々に ウェブ-サイトを見て回ることを波乗りにたとえていう。

ネット ショップ【net shop】⇨オンライン-ショップ

ネット スコア【net score】ゴルフのストローク-プレーで、自己の総打数(グロス)から、ハンディキャップを引いたスコア。ネット。

ネット スラング【net slang】⇨インターネット-スラング

ネット バンキング【net banking】⇨インターネット-バンキング

ネットフリックス【Netflix】定額制動画配信を手がける大手IT企業。またその配信サービス名。1997年設立。

ネット プリント【和net+print】⇨オンライン-プリント

ネットワーキング【networking】①ネットワークにより互いに結びつくこと。②環境問題・消費者問題・社会福祉などの市民運動団体が、運動を進めるために、相互に結びつくこと。

ネットワーク【network】①全国的な放送局の組織。放送網。ネット。②⇨コンピューター-ネットワーク ③人や組織の、ある広がりをもったつながり。人脈。「彼は独自の—を持っている」

ネットワーク ゲーム【network game】ネットワーク上でプレーするゲームの総称。オンライン-ゲーム。

ネットワーク ビジネス【network business】①インターネットなどのネットワーク上で展開される経済行為。または、それらの支援業務。ネット-ビジネス。②商品を購入することで組織に加入し、その者がさらに商品を販売するとマージンなどが支払われる販売方法。特定商取引法ではマルチ商法と同一と見なされ、連鎖販売取引として規制されている。

ネトウヨ インターネットのブログやSNSなどで偏見や差別を含む右翼的な言説を行う人々を俗にいう語。▷「ネット右翼」の略。

ネトゲ ネットワーク-ゲームの略。

ネプチューン【Neptune】①ローマ神話の海神ネプトゥヌス(Neptunus)の英語読み。ギリシャ神話の海・泉の神ポセイドンと同一視される。②海王星。

ネフローゼ【ドイツ Nephrose】腎臓の糸球体の病変により、血液中のタンパクが尿中に多量に排出されて減少し、著しいむくみがみられる症状。腎炎など腎臓の病気のほか、糖尿病などの代謝異常などによって起こる。

ネポティズム【nepotism】身内びいき。縁故採用。

ネル フランネルの略。

ノ

ノイズ【noise】①騒音。雑音。②

情報理論などで、信号の性質・内容に影響を与えるおそれのあるデータの乱れ。③まぎれ込んだ無関係なデータ。

ノイズ リダクション 【noise reduction】 信号のSN比を向上させる技術。ドルビー方式が有名。

ノイローゼ 【ドイツ Neurose】 心因によって起こる精神障害。強い不安や強迫観念・抑鬱《よくうつ》・ヒステリーなど種々の症状のため自分自身が苦しむ。精神神経症。神経症。

ノウ ハウ 【know-how】 ①製品の開発や製造などに必要な技術・知識。技術情報。②ものごとのやり方に関する知識。実際的な知識。▷ノー-ハウとも。

ノエル 【フランス Noël】 クリスマス。

ノー 【no】 ①ないこと、禁止されていること、不要であることなどの意。②否定や拒否を表す語。いいえ。いや。否。→イエス

ノー サイド 【no side】 ラグビーで、試合終了のこと。

ノー スリーブ 【和 no+sleeve】 袖のないこと。袖のない洋服。スリーブレス。ノースリ。

ノー タッチ 【和 no+touch】 ①触れていないこと。②ある事柄に関与していないこと。

ノー チャージ 【和 no + charge】 飲食店でテーブル-チャージ(飲食代とは別に支払う料金)がないこと。▷英語でno chargeは無料の意。

ノーティス 【notice】 ①通達。告知。警告。②掲示。掲示板。はり紙。③注目。観察。④論評。評価。

ノート 【note】 ①書き留めること。また、書き留めたもの。②ノート-ブックの略。帳面。③注釈。注。④音符。譜。

ノード 【node】 ①つなぎ目。結び目。②節点。交点。集合点。③通信ネットワークの中継点。物流の中継点。

ノートパッド 【notepad】 ①はぎ取り式のメモ帳。②コンピューターで、簡単なメモを入力できるソフトウエア。

ノー プラン 【和 no+plan】 俗に、計画がないこと。見切り発車であったり、思い付くままであること。

ノーブル 【noble】 高貴なさま。上品なさま。

ノーブレス オブリージュ 【フランス noblesse oblige】 高い地位や身分に伴う義務。ヨーロッパ社会で、貴族など高い身分の者にはそれに相応した重い責任・義務があるとする考え方。

ノー プロブレム 【no problem】 問題ないこと。さしつかえないこと。大丈夫。

ノーベル賞 ノーベルの遺言と遺産によって1896年に設定された賞。毎年、物理学・化学・医学および生理学・文学・世界平和・経済学にすぐれた業績をあげた人に賞金・メダルなどが贈られる。

ノーマライゼーション 【normalization】 障害者に、すべての人がもつ通常の生活を送る権利を可能な限り保障することを目標に社会福祉をすすめること。ノーマリゼーション。▷常態化の意。案 等生化／等しく生きる社会の実現

ノーマル 【normal】 正常なさま。普通なさま。標準的なさま。→アブノーマル

ノームコア 【normcore】 ファッションで、普通の服を普通に着こなそうとする姿勢。また、そのような着こなし。▷ノーマルとハード-コアから「究極の普通」の意。

ノー メーク 【和 no+make-up】 化粧をしていないこと。素顔。

ノギス 【ドイツ Nonius】 主尺と主尺上を移動する副尺(バーニヤ)とからなる物差し。主尺と副尺にある嘴《はし》で物を挟み、または物の内側に当てて厚さ・長さを測る。

ノクターン 【nocturne】 夜想曲。

ノスタルジー 【フランス nostalgie】 郷愁。望郷心。ノスタルジア。

ノスタルジック 【nostalgic】 懐旧の念を起こさせるさま。郷愁にふけること。

ノズル 【nozzle】 気体や液体を噴き出させるための筒状の装置。噴射管。嘴子《さいし》。

ノッキング【knocking】ガソリン-エンジンなど内燃機関で起こる、燃料・空気の混合気の異常燃焼。金属性の打撃音を発する。ノック。

ノック【knock】①部屋へ入る前に入室の許しを求めてドアをたたくこと。②野球で、守備練習のために野手にボールを打ってやること。③ノッキングに同じ。

ノックアウト【knockout】①ボクシングで、相手を再び立ち上がれないようにたたきのめすこと。KO。②完全に相手をやっつけてしまうこと。③野球で、相手投手を打ちこんで降板させること。

ノックス【NO_x】⇨NO_x

ノックダウン【knockdown】①ボクシングで、パンチを受けた選手が試合を続行できない状態になること。②組み立て式の意。部品に分割して運搬し、現場で組み立てる方式の製品。

ノッチ【notch】①刻み目。階級。格付けの段階などにいう。②V字形・U字形などの切り込み。溝。③抵抗器の抵抗値を切り換える接点。また、その装置。

ノット【knot】船舶・海流などの速さの単位。1時間に1海里(1852m)進む速度をいう。記号はkn・kt

ノネナール【nonenal】皮脂に含まれる脂肪酸である9-ヘキサデセン酸が酸化分解されて生じる不飽和アルデヒド。中高年者特有の体臭の原因となる物質。

ノバ【nova】数日間に数千倍ないし数万倍に光度を増し、その後ゆるやかに減光してもとの明るさにもどる星。新星。

ノブ【knob】ドアなどの丸い取っ手。握り。ノッブ。

ノベライズ【novelize】映画・演劇・テレビ-ドラマ・マンガ・テレビ-ゲームなどを小説形式にすること。

ノベル【novel】長編小説。特に、写実的な長編小説。

ノベルティー【novelty】広告・宣伝のため、社名や自社の商品名を記して配布する記念品。ノベルティ。

ノマド ワーカー【nomad worker】特定のオフィスを持たず、PCやスマートフォンを利用し、カフェやレンタル-オフィスなど自分の好きな場所で仕事をする人。▷ノマドは遊牧民の意。→スマートフォン

ノミナル【nominal】名目上だけであるさま。公称上であるさま。

ノミニー【nominee】推薦・任命・指名された人。

ノミネート【nominate】候補として推薦すること。指名すること。

ノルアドレナリン【noradrenaline】カテコールアミンの一。交感神経末端・中枢神経系などに広く分布し、興奮を伝達する化学伝達物質。アドレナリンの前駆物質。昇圧薬として用いられる。ノルエピネフリン。→アドレナリン

ノルディック【Nordic】①北ヨーロッパの。北欧風。②ノルディック種目の略。スキー競技のうち、距離・ジャンプ・複合の3種目。

ノルディック ウオーキング【Nordic walking】両手にストックを持って歩行する運動。発祥地はフィンランドで、北欧で盛ん。ポール-ウオーキング。

ノルマ【ロシア norma】①個人や工場に割り当てられた、基準的生産責任量。②各自に課せられた仕事などの量。

ノルマル【ドイツ Normal】①化学で、規定濃度を表す単位。記号N ②鎖式化合物のうち、枝分かれのある異性体と区別するために、一本鎖の形の化合物の名称につける接頭語。現在の正式な命名法では使わない。

ノルム【フランス norme】法則。規範。標準。

ノロウイルス【ラテン Norovirus】食中毒や胃腸炎の原因ウイルス。

ノワール【フランス noir】黒い。暗い。

ノン【non】それがないことを表したり、打ち消しの意を添えたりするのに用いられる語。

ノン【フランス non】いいえ。いや。否。ノー。

ノンアルコール飲料 ①アルコール分を含まない飲料。いわゆるソフト-ドリンク。▷ノン-アルコール-ドリンクとも。②

アルコール分を含まないか、わずかに含む(1％未満である)アルコール風飲料。ビール風飲料(ビールテースト飲料)など。

ノン キャリア【和non＋career】日本の中央官庁で、国家公務員I種試験合格者でない公務員の俗称。

ノン グレア【non-glare】 ディスプレー画面の表面に光が反射して見えにくくなることを防止する加工。アンチ-グレア。

ノン ステップ バス 【non-step bus】乗降を容易にするために、床面を低くしてあるバス。ノー-ステップ-バス。案無段差バス

ノン ストップ【nonstop】乗り物が途中で止まらずにまっすぐ目的地まで行くこと。

ノンバーバル コミュニケーション【nonverbal communication】非言語コミュニケーション。言葉や文字によらないで表情・動作・姿勢・音調・接触などによって行われるコミュニケーション。NVC。

ノンバンク【nonbank】法律で定められた銀行などの金融機関以外で、貸金業務を営む金融関連会社の総称。預金の預け入れや決済機能をもたない。いわゆるサラ金、商工ローン、カード会社、リース会社などをいう。

ノンフィクション【nonfiction】虚構によらず事実に基づく伝記・記録文学などの散文作品、または、記録映画など。

ノンブル【フランスnombre】 印刷物で、ページ数を示す数字をいう語。

ノンポリ 政治問題に対して無関心であること。また、そういう人。▷nonpolitical の略。

ノンリニア編集【non-linear editing】ビデオ映像の編集で、コンピューターを利用した編集手法のこと。従来的な編集手法(リニア編集)に比べ、編集箇所の指定や、削除・追加・複製・並べ替えなどの作業が容易となった。

ハ

バー【bar】①棒。棒状のもの。②横棒。高跳び・棒高跳びに用いる横木やサッカー・ホッケーのゴール上端の横木。③バレエの練習で体を支えるための手すり。④重量挙げで、バーベルの棒。⑤カウンターのある洋風の酒場。

パー【par】①価値が同じであること。同価。同等。②ゴルフで、各ホールに定められた基準打数。

パーカ【parka】フードつきのゆったりしたジャケット。パルカ。

パーカッション【percussion】 ドラム・シンバル・カスタネットなど、打楽器の総称。

パーキング アシスト【parking assist】自動車が運転者に対して、車庫入れや縦列駐車を行うための操作を支援するシステム。パーク-アシスト。駐車支援システム。

パーキング エリア【parking area】駐車場。

パーキンソン病【Parkinson's disease】脳の代謝異常により脳底の錐体《すいたい》外路系の神経核に障害が起こり、手足が絶えずふるえ、筋の緊張が高まり運動障害を伴う疾患。

バーク【bark】 洋式帆船の形式の一。3本マスト以上で、最後尾のマストに縦帆を取り付け、それより前の方のマストにはすべて横帆を取り付けるもの。

パーク【park】①公園。②駐車すること。パーキング。

パーク アンド ライド【park and ride】出発地からは自動車を利用し、途中で電車やバスなどに乗り換えて目的地まで移動する方式。地方都市などの都心部渋滞対策として導入されている。

バーゲニング【bargaining】交渉。取引。

ハーケン【ドイツ Haken】登山で、岩場や氷壁を登るとき、岩や氷に打ち込んで確保の支点や手掛かりとする金属製の釘。頭部の穴にカラビナをかけ、これ

にザイルを通す。ピトン。

バーゲン【bargain】①取引の交渉をすること。→バーゲニング ②バーゲン-セールの略。商品の安売り。見切り品の売り出し。

ハーケンクロイツ【ドイツ Hakenkreuz】かぎ十字。さかさまんじ。ナチスが党章に採用した紋章。

バー コード【bar code】太さや間隔の異なる棒を並べ合わせて表示する符号。各種商品に印刷または貼付《ちょうふ》され、ポス(POS)システムのような商品管理に広く利用されている。

パーコレーター【percolator】濾過《ろか》器のついたコーヒー沸かし。

パーサー【purser】船や飛行機の客室乗務員の長。

バーサス【versus】対《たい》。…に対する。vs.またはv.と略す。

バージ【barge】平底の荷船。艀《はしけ》。

パージ【purge】追放。特に、公職から追放すること。→レッド-パージ

パーシャル【partial】①一部だけのさま。全体でないさま。部分的な。②パーシャル-フリージングの略。食品中に氷の結晶ができ始める－3℃付近の温度で冷蔵すること。氷温冷蔵。

バージョン【version】コンピューターのプログラムなどの版《はん》。

バージョン アップ【和 version＋up】プログラムなどを改訂すること。

バージン【virgin】処女。生娘《きむすめ》。

バージン パルプ【和 virgin＋pulp】古紙を含まない、新たに木材から作られたパルプ。

バース【berth】①(岸壁・埠頭《ふとう》などの)船の停泊水域。船の接岸できる埠頭数を数える単位にも用いる。錨地《びょうち》。②船・列車の寝台。③バス・タクシーの発着場。

バース【verse】①(散文のプローズに対して)韻文。詩。②詩の1行。また、詩の節・連。

パース【perspective】建築で、透視図のこと。

パース【purse】さいふ。金入れ。

バース コントロール【birth control】産児制限。受胎調節。バスコン。

バースデー【birthday】誕生日。

バースト【burst】①走行中に、自動車のタイヤが急激に破裂するように破れること。②宇宙線の観測で、電離箱中に一時に大量のイオンが発生する現象。③天体からX線やγ線が短時間に大量に放射される現象。

パースペクティブ【perspective】①遠近法。透視画法。②遠景。眺望。③予想。見通し。視野。

パーセプション【perception】知覚。理解。認識。

パーセンテージ【percentage】パーセントで表された割合。百分率。百分比。

パーセント【percent】100分の幾つであるかを表す語。100分の1を1パーセントという。記号%　百分率。

パーソナライズ【personalize】個々の要望に合わせること。パーソナライゼーション。

パーソナリティー【personality】①個性。人格。②個人個人に特徴的な、まとまりと統一性をもった行動様式、あるいはそれを支えている心の特性。③(アメリカで、担当者の個性的魅力を利用した番組を称したことから)特定番組を担当するタレント。

パーソナリティー障害　人格の偏りや異常によって自分自身や周囲に困難を生じるような障害。統合失調症や脳疾患などによる人格の変化は含めない。人格障害。

パーソナル【personal】①一個人に関するさま。個人的であるさま。②他の外来語の上に付いて複合語をつくり、個人用であること、小さくて手軽であることの意を表す。

パーソナル コンピューター【personal computer】事務所や家庭などで、個人の利用を目的としたコンピューター。パソコン。PC。

パーソン【person】人。人間。男女を区別せずに表現するために用いられる語。

バーター【barter】物々交換。

パーチェス【purchase】　買うこと。買い入れること。

バーチャル【virtual】①「仮想の」「インターネット上の」の意を表す。②現実ではなく、コンピューター技術によって生成されたようなさま。仮想的なさま。▷バーチュアルとも。案仮想

バーチャル ユーチューバー【virtual YouTuber】動画配信サイトのユーチューブで、生身の人間に代わって投稿コンテンツの主役を務めるコンピューター-グラフィックスのキャラクター。Vtuber《ブイチューバー》。

バーチャル リアリティー【virtual reality】　コンピューター技術や電子ネットワークによってつくられる仮想的な環境から受ける、さまざまな感覚の疑似的体験。仮想現実。VR。

バーツ【baht】タイの通貨単位。記号B・Bt

パーツ【parts】機械・器具などの部品。部分品。

バーディー【birdie】　ゴルフで、そのホールの基準打数(パー)より一つ少ない打数でホール-アウトすること。

パーティー【party】①社交的な集まり・会合。②仲間。一行。特に登山で、行動をともにするグループ。③党派。政党。

バーティカル【vertical】①垂直なさま。直立したさま。②垂直な面や線。垂直な位置。

パーティクル【particle】　①微量。少量。微細。極小。②素粒子。

パーティクル ボード　【particle board】木材の小片に合成樹脂接着剤を塗り、加熱圧縮して成形した板。チップ-ボード。

パーティション【partition】　①分割。区画。②部屋や講堂など空間を仕切る、取りはずしが可能な壁。間仕切り。③コンピューターで、1台の記憶装置を論理的に複数の小部分に分割したもの。それぞれが独立したディスクのように取り扱えるようになる。

バーテンダー【bartender】バーで酒類の調合などをする人。バーテン。

ハート【heart】①心臓。②心。また、思いやりの感情。③トランプのカードの種類の一。心臓の形を赤でかたどったもの。

ハード【hard】①厳しいさま。激しいさま。②固い。堅牢な。→ソフト ③⇨ハードウエア

バード【bird】鳥。小鳥。多く他の外来語と複合して用いる。

パート【part】①部分。全体の一部。また、小説などの章・編。②役割。職分。受け持ち部分。③音楽で声部。また、各楽器の担当部分。④パート-タイム・パート-タイマーの略。

ハードウエア【hardware】コンピューター-システムを構成する装置・機器。→ソフトウエア

バード ウオッチング【bird watching】自然の中のあるがままの野鳥の姿を観察し、楽しむこと。探鳥。

ハードカバー【hardcover】表紙の芯に厚いボール紙を使った、硬表紙の本。

ハード コア【hard-core】露骨な性表現の映画・雑誌。ハード-コア-ポルノ。

ハードコア テクノ【hardcore techno】テクノ(ダンス-ミュージック)の一。電子的で歪《ひず》んだリズムを特徴とする。

ハードコア パンク　【hardcore punk】ロック音楽の一。パンク-ロックから派生して、さらに表現を過激にしたもの。▷ハードコアは、筋金入りであること、頑固であることの意。

ハード コピー【hard copy】　コンピューターやワープロで、ディスプレー上に表示されたものを印刷出力したもの。

バード ストライク【bird strike】鳥が何らかの人工物に衝突する事故。主に飛行機に衝突する事故をさす。

パート タイマー【part-timer】パート-タイムで働く人。短時間労働者。パート。

パート タイム【part time】その職場で、正規の労働時間として定められている時間より、1日・1週・1か月あたりの

労働時間が短いこと。短時間労働。パート。→フル-タイム

バードック【burdock】牛蒡《ごぼう》。

ハード ディスク【hard disk】コンピューターの外部記憶装置として用いる磁気ディスク。また、その読み書き装置(ハード-ディスク-ドライブ)も含めた総体。HD。

パートナー【partner】①ダンス・競技などの、二人で一組みとなるときの相手。②仕事などを共同でするときの相手。相棒。③配偶者。

パートナーシップ【partnership】友好的な協力関係。[案]協力関係

パートナーシップ法 パートナーとしての登録をすることで、同性のカップルにも法的な婚姻と同等または同等に近い利益と保護を認める法律。

ハード フォーク【hard fork】仮想通貨の分裂。ある仮想通貨のブロックチェーンが互換性のない2系統に分かれ、それぞれ別の仮想通貨になること。

ハート プラス マーク【和heart+plus+mark】バッジなどを身につけて、身体の内部に障害があることを周囲に知らせ、公共の場での配慮を求めるマーク。

ハートフル【heartful】心のこもったさま。温かい気持ちがあふれているさま。

ハートブレイク【heartbreak】悲嘆。断腸の思い。失意。傷心。失恋。▷ハートブレークとも。

ハード ボイルド【hard-boiled】①第一次大戦後アメリカ文学に現れた創作態度。現実の冷酷・非情な事柄を、情緒表現をおさえた簡潔な文体で描写する。②感情をおさえた行動的な主人公の登場する探偵小説の一ジャンル。▷(卵の)固ゆでの意から転じて、冷酷な、非情なの意。

ハート レート【heart rate】心拍数。

ハードル【hurdle】①障害。障害物。困難。②陸上競技のハードル競走で用いる枠《わく》型の障害物。

ハード ロック【hard rock】電気楽器・機器の進歩に伴って生まれた大音量のロック。1960年代後半に発生した音楽スタイルで、ブルースを基調とした演奏スタイルと歪んだギター-サウンドを特徴とする。

バーナー【burner】ガスあるいは気化させた液体燃料などを空気と混合して燃焼させ高温を得る装置。

バーニャ カウダ【イタリアbagna cauda】オリーブ油・ニンニク・アンチョビなどで作る温かいソースに、野菜などをつけて食べる料理。

ハーネス【harness】①盲導犬やペットの犬の胴につける、ひものついた革具。胴輪。牛や馬などが荷車やそりなどを引くときにつけるものもいう。②登山・ダイビング・トローリングやヨットの帆走時などに着用する、特殊な用具のついた衣類。

ハーバー【harbor】港。船着き場。

ハーバリウム【herbarium】透明な容器に防腐用の液体を満たし、乾燥させた草花を漬けたインテリア雑貨。

ハーフ【half】①2分の1。半分。②ハーフバックの略。③サッカーやラグビーなどの試合の前半、または後半。④混血の人。

ハーブ【herb】薬草。香草。また特に、芳香が強く、料理に用いられるローズマリー・セージ・タイム・オレガノなどの香草。

パーフェクト【perfect】すべてが完璧《かんぺき》であるさま。完全。

ハーフタイム【halftime】サッカー・ラグビー・ホッケーなどで、試合の前半終了から後半開始までの間。休憩時間がとられる。

ハーブ ティー【herb tea】乾燥したものや生のハーブを湯で煮出し、茶のようにした飲料。

ハーフ パイプ【half pipe】スノーボードやスケートボードの競技種目の一。半円筒状の専用コースの斜面を利用してジャンプや回転などの技を競う。また、そのための専用コース。

ハーフバック【halfback】サッカー・ラグビー・ホッケーなどで、バックスのうち、フォワードのすぐ後ろに位置する選手。サッカーではミッドフィールダーとも。中

衛。ハーフ。

パープル〔purple〕紫。赤みがかった紫色。

パー プレー〔和par+play〕ゴルフで、ホールまたはコースの規定打数でプレーを終了すること。

バーベキュー〔barbecue〕(野外で)肉や野菜などを串《くし》に刺して直火《じかび》で焼きながら食べる料理。▷丸焼きの意から。

ハーベスト〔harvest〕①農作物などの収穫。取り入れ。②収穫期。刈り入れ時。③収穫高。収穫量。④結果。報酬。

バーベル〔barbell〕鉄棒の両端に鉄の円板のおもりをつけたもの。重量挙げやウエート-トレーニングなどに用いる。

バーボン〔bourbon〕トウモロコシを主原料としたアメリカ産のウイスキー。▷ケンタッキー州バーボンで作られたことから。

パーマ パーマネント-ウエーブの略。

パーマネント〔permanent〕①永久であるさま。不変であること。常設であること。②パーマネント-ウエーブの略。熱や薬品などで頭髪をカールさせたり波打たせたりすること。パーマ。

バーミキュライト〔vermiculite〕黒雲母が風化して水分を含んだ鉱物。焼成して耐熱材・防音材などに用いる。蛭石《ひるいし》。

パーミッション〔permission〕①許可。承認。同意。許諾。②コンピューターで、利用者ごとのファイルやディレクトリーの利用権の設定。③企業が顧客から個人情報の提供を受ける場合に得る同意などをいう。▷パーミションとも。

バーミリオン〔vermilion〕硫化水銀を主成分とする朱色の顔料。また、その色。

パー ミル〔per mill〕1000分の幾つであるかを表す語。1000分の1を1パーミルという。記号‰ プロミル。千分率。

パーム〔palm〕①手のひら。掌。②ヤシ科の植物の総称。

ハーモニー〔harmony〕①音楽で、和声《わせい》。②和音。特によく協和する音。③調和。

ハーモニカ〔harmonica〕小型のリード楽器。口にくわえ息を吐いたり吸ったりして演奏する。ハモニカ。

パーラー〔parlor〕①洋菓子・果物・アイス-クリームなどを主にした軽食堂。②洋風の客室。

パーリー ピーポー〔party people〕俗に、クラブなどでの遊びが好きな人々。また、そういう場所にいるような、集まって盛り上がることが好きな人々のこと。パリピ。パーティー-ピーポー。

バール〔bar〕てこ・釘抜きなどに用いる棒状の金属工具。

バール〔イタリアbar〕気軽にワインを飲んだり、軽食をとることのできる店。▷喫茶店・バーの意。

バール〔bar〕圧力の単位。1バールは$1m^2$あたりに10万ニュートンの力が働くときの圧力。1バールは10万パスカル、1気圧は1013.25ミリバール。記号bar。→パスカル

パール〔pearl〕真珠。

パール富士 富士山の山頂に満月が重なってみえる状態。→ダイヤモンド富士

バーレスク〔burlesque〕踊り・寸劇・曲芸などを組み合わせた大衆演芸の一。大衆向きの音楽滑稽劇・道化芝居など。

ハーレム〔harem〕①イスラム社会で、女性専用の居間。血族以外の男の出入りを厳禁した。②オスマン帝国の王室の後宮。③転じて、一人の男性が愛欲の対象として多くの女性を侍《はべ》らせたところをいう。▷ハレムとも。出入り禁断の場所の意。

バーレル〔barrel〕体積の単位。イギリスでは36ガロン。アメリカでは31.5ガロン、ただし石油の場合は42ガロン(約159L)。バレル。▷樽《たる》の意。

ハイ〔high〕①高さが高い意を表す。②高価な、高級な、上流の、などの意を表す。③気分が高揚した状態。

パイ〔牌〕麻雀用の駒。普通、竹に

象牙《ぞうげ》・骨材などをはりつけたものが使われる。全部で136個。▷中国語。

パイ【pi; Π・π】①ギリシャ語アルファベットの第16字。②数学記号。㋐円周率を表す記号(π)。㋑相乗積を表す記号(Π)。

パイ【pie】①小麦粉とバターを合わせてこね、薄くのばして重ねた皮にジャムや肉などを入れて、天火で焼いた菓子あるいは料理。②分けあうべき収益や経費などの総額。

バイアグラ【Viagra】勃起障害(ED)治療薬の商品名。医師の診断処方が必要。一般名はクエン酸シルデナフィル製剤。

バイアス【bias】①偏向。偏見。②一般に、ある動作の動作基準点を偏らせるために加える何らかの作用。例えば、トランジスタでベースに加えておく電圧など。③布目に対して、斜めに裁つこと。バイヤス。

バイアスロン【biathlon】クロス-カントリー-スキーとライフル射撃の複合競技。スキーの所要時間と射撃の的中数を総合した得点を競う。冬季オリンピックの一種目。

ハイエナ【hyena】食肉目ハイエナ科の哺乳類の総称。死肉をあさるが、大形動物を襲うこともある。夜行性。アフリカからインドに分布。

ハイ エンド【high-end】同種の製品の中で、価格や品質が最高のもの。→ロー-エンド

バイオ【bio】①生命・生物などの意を表す。②⇨バイオテクノロジー

バイオエシックス【bioethics】生命科学の進歩によって出生と死への人為的介入が可能になった結果生じた、新しい倫理的諸問題に対処する応用倫理学の一分野。人工授精・妊娠中絶・脳死ならびに臓器移植などの問題について論じる。生命倫理。

バイオ エタノール【bio-ethanol】植物を原料とするエチルアルコール。輸送用燃料などに用いられる。バイオマス-エタノール。

バイオガス【biogas】生物反応(微生物発酵や酵素などの利用)によって生成する燃料用ガスの総称。メタン・水素など。

ハイオク　ハイ-オクタン-ガソリン(high-octane gasoline)の略。アンチノック性を高めるため、オクタン価を高くしたガソリン。プレミアム-ガソリン。

バイオグラフィー【biography】伝記。伝記文学。

バイオケミカル【biochemical】生化学の。生化学的な。

バイオス【BIOS】(basic input/output system)パソコンの基本的なハードウエアを制御するプログラム。ROMに書き込まれ、ハードウエアに実装されている。

バイオセンサー【biosensor】生体または生体内分子が特定の分子と特異的に反応することを利用した検出素子。酵素センサー・微生物センサーなど。

バイオテクノロジー【biotechnology】生物を工学的見地から研究し、応用する技術。近年は特に、遺伝子組み換え・細胞融合などの技術を利用して品種改良を行い、医薬品・食糧などの生産や環境の浄化などに応用する技術をさす。生物工学。バイオ。㊟生命工学

バイオテロ【bioterrorism】生物兵器によるテロ行為。細菌やウイルスなどの病原体を大量散布し、人体や環境に対して重度で長期的な被害を与える。

パイオニア【pioneer】ある分野の開拓者。先駆者。

バイオニクス【bionics】生物のもつすぐれた機能、たとえば情報処理・認識・運動、エネルギー変換・貯蔵などを工学に応用する学問。生物工学。生体工学。

バイオ燃料　石油代替燃料のうち、植物などの生物から作った燃料の総称。→バイオ-エタノール

バイオハザード【biohazard】実験室や病院内から細菌・ウイルスなどの微生物が外部へ漏出することによってひき

起こされる災害・障害。

バイオマス プラスチック 【biomass plastics】 植物などの再生可能な有機資源でつくるプラスチック。

バイオマス 【biomass】 ①ある時点にある空間内に存在する生物の量。重量またはエネルギー量で表す。生物量。生物体量。②エネルギー源または化学・工業原料として利用される生物体。また、生物体をそのように利用すること。案生物由来資源

バイオマス エネルギー 【biomass energy】 サトウキビやサツマイモのアルコール発酵によって得られるエタノール、海草や糞尿《ふんにょう》の発酵によって得られるメタンなど、生物体によるエネルギー。また、そのエネルギーを利用すること。

バイオメカニクス 【biomechanics】 人間の運動を、力学の研究手法を利用して研究する学問分野。

バイオメトリックス 【biometrics】 人間の肉体の特徴を読み取り、登録してあるものと照合するシステム。指紋・声紋・網膜の血管パターンなどにより識別する。防犯システムなどに応用される。生体認証。▷バイオメトリクスとも。

バイオリズム 【biorhythm】 ①あらゆる生物機能でみられる時間的周期性。狭義には、外部環境の周期に近い変動現象をさす。体内時計と外界の同調因子(明暗や気温など)によって調整されるものと考えられている。概日リズムや概年リズムなど。生体リズム。②人間の知性・感情・身体の変化の周期性。運命判断の手法として用いられる。

バイオレット 【violet】 ①すみれ。②ニオイスミレの別名。③すみれ色。紫色。④リキュールの一。紫色の甘い酒。カクテル用。

バイオレンス 【violence】 暴力。乱暴。

バイカー 【biker】 バイク(オートバイ)に乗る人。

ハイカラ ①目新しく、しゃれていること。西洋風なこと。また、そのさま。そのような人をもいう。②⇨ハイ-カラー

ハイ カラー 【high collar】 たけの高い襟《えり》。ハイカラ。

バイ カラー 【bi-color】 2色。2色づかい。

ハイキング 【hiking】 山野・海辺などを自然を楽しみながら歩くこと。ハイク。

バイキング 【Viking】 ①8世紀から11世紀にかけて、スカンディナビアやデンマークから、海路ヨーロッパ各地に進出したノルマン人の別名。②「バイキング料理」の略。多種類の料理を食卓に並べ、客が自分で好みのものを皿に取り分けて好きなだけ食べる形式の料理。日本で命名したもの。

バイク 【bike】 ①モーターバイクの略。②自転車。

バイザー 【visor】 日よけ帽子。また、ヘルメットなどの目《ま》びさし。

ハイジニック 【hygienic】 衛生的な。▷ハイジェニック、ハイジーニックとも。

ハイジャック 【hijack】 (脅迫・暴行その他の方法で)航行中の航空機を占拠し、その航行を支配すること。スカイジャック。

バイス 【vice】 「副」「次席」の意。

バイス 【vise】 万力《まんりき》。

バイス プレジデント 【vice-president】 副大統領。副会長。副社長。副総裁。

バイセクシャル 【bisexual】 雌雄両性をそなえていること。また、両性愛者。バイセクシュアル。

ハイソ 上流社会のような感じのするさま。▷ハイ-ソサエティーの略。

ハイ ソサエティー 【high society】 上流社会。また、上流階級の人々が集まる社交界。

パイソン 【python】 ニシキヘビ。▷ギリシャ神話で、アポロンに退治された大蛇ピュトンにちなむ。

ハイ ダイナミック レンジ 【high dynamic range】 ⇨HDR

ハイ タッチ 【high touch】 喜びや親しみを共にするために、互いに手を上げて高い位置で打ち合わせること。

バイタリティー【vitality】 活力。生活力。生命力。

バイタル【vital】 活気のあるさま。活力に満ちたさま。

ハイツ【heights】 高台にある集合住宅地。住宅団地や集合住宅の名称の一部に用いられる。▷高地・丘陵の意。

ハイ テク【high-tech】 高度な科学技術で、時代の先端にあって関連分野に影響を及ぼすような技術の総称。先端技術。▷ハイ-テクノロジーの略。

ハイ デッカー【和 high＋decker】 観光バスの一種。一般のバスより座席が高い位置にあり、眺めがよい。

ハイ テンション【和 high＋tension】 緊張したり、興奮したりして、気持が高ぶっていること。

ハイト【height】 ①高さ。高度。海抜。また、身長。②高い所。高地。丘。高台。③頂点。極致。絶頂。

ハイド【hide】 ①隠すこと。秘密にすること。②隠れること。潜むこと。③隠れる場所。特に、野鳥などを観察するための隠れ場所。

バイト アルバイトの略。→アルバイト

バイト 旋盤・平削盤などに用いる切削用の刃物。▷bit(刃)あるいはbite(切り込む)から出た語か。

バイト【byte】 情報量を示す単位。普通、1バイトは8ビット。→ビット

バイト テロ【和ドイツ Arbeit ＋ 英 terrorism】 アルバイト店員が店内で悪ふざけを行い、その様子を収めた写真や動画をインターネットで公開すること。店舗の評判が落ちるなどの悪影響をテロに例えた語。

ハイドレート【hydrate】 水和物。分子またはイオンに水分子が結合したもの。→メタン-ハイドレート

ハイドロ【hydro】「水の」「水素の」などの意。

ハイドロプレーン【hydroplane】 水上飛行機。水上滑走艇。

バイナリー【binary】 二つの要素からなるもの。2進数。

バイナリー ファイル【binary file】 2進数値で構成されるファイル。機械語のプログラムなど、テキスト-ファイル以外のファイルの総称。

バイナル【vinyl】 ①ビニールの。ビニール製の。②ビニール製のレコード盤。アナログ-レコード。ビニール。

バイノーラル【binaural】 両耳性《りょうじせい》。両耳の。両耳用の。

ハイパー【hyper】 ①度を越した、極度の、などの意を表す。普通「スーパー」よりも高い程度を意味する。②コンピューターの上で、テキストなどの情報が同一線上にあるのではなく、多重に結びつけられているさま。

ハイパーテキスト【hypertext】 コンピューター上の文書の一部から、関連した他の文書を検索・参照したり、その文書へ移動したりできる仕組み・考え方。直線的でないダイナミックな表現が可能。→ハイパー-リンク

ハイパー リンク【hyper link】 従来の枠組みを離れた新たな概念の展開を求めて、一見関連性のない複数の情報の間に自由な相互関係を与えること。また、特にインターネット上においては、異なる構造をもつ多様な情報を相互に結び付けること。および、それによってできた相互関係。

バイパス【bypass】 ①交通の渋滞を緩和するため、混雑した市街地を迂回《うかい》して設けられた道路。迂回道路。②主要な管から分かれ、再び主管に戻る側管。

ハイバネーション【hibernation】 ノート型パソコンなどで、メイン-メモリーの内容を外部記憶装置に移すことで消費する電力を減らす機能。▷冬眠の意。

パイパン【白板】 麻雀《マージャン》で、何も書いてない白い牌《パイ》。はく。しろ。▷中国語。

ハイ ビーム【high beam】 自動車のヘッドライトが投射できる光のうち、地面と水平方向に発する光のこと。→ロー-ビーム

ハイビジョン (high-definition television)日本で開発された、高精

細度テレビジョンの愛称。

ハイ ピッチ 【和high＋pitch】 進行がはやいこと。

ハイプ 【hype】 ①過大に誇張すること。だますこと。②刺激的なこと。格好良いこと。

バイブ 【vibes】 ①雰囲気。感じ。②⇨ビブラフォン

パイプ 【pipe】 ①空気・ガス・液体などを通し、他に導くための管。鉄管・鉛管・土管・ゴム管・ビニール管などがある。②刻みタバコを詰めて喫煙する洋式の用具。③紙巻きタバコの喫煙に用いる筒状の吸い口。④①から転じて、二者の間の橋渡しをする人や組織。

ハイ ファイ 【hi-fi】 オーディオ機器で、再生される音が原音に忠実であること。▷high fidelity(高忠実度)の略。

バイブス 【vibes】 言葉がなくとも感じられる、気持ちや雰囲気や高揚感のこと。▷元々は音楽(主にジャズ、ヒップ-ホップ、レゲエ)の用語。

パイプライン 【pipeline】 石油・天然ガスなどを目的地まで輸送するため、地下・地上に埋設・固定した管路。

ハイブラウ 【highbrow】 ⇨ハイブロー

ハイブリッド 【hybrid】 ①雑種。②異なった要素が混ざり合っていること。異なったものが組み合わされていること。混合。混成。[案]複合型

ハイブリッド カー 【hybrid car】 複数の動力源を用いて走行する自動車。排ガス規制地域を電気で、規制緩和地域をガソリン-エンジンで走る自動車など。

バイブル 【Bible】 ①キリスト教の聖典。聖書のこと。②(比喩《ひゆ》的に)それぞれの分野で最も権威があるとされる書物。

バイブレーション 【vibration】 ①震動。振動。②声楽で、声を細かくふるわせて出すこと。

バイプレーヤー 【和 byplay＋er】 演劇などで、脇役《わきやく》。

ハイブロー 【highbrow】 ①学問・教養のある人。知識人。また、知的で高級なさま。②学問・教養を鼻にかける人。▷ハイブラウとも。

ハイフン 【hyphen; -】 英文などで、2語を連結して1語相当の語としたり、1語が2行にまたがって書かれたりするときに用いる符号。

ハイボール 【highball】 ウイスキーなどを炭酸水で薄め、氷を浮かべた飲み物。

ハイヤー 【hire】 営業所などに待機し、客の求めに応じて派遣する貸し切り乗用車。▷貸借の意。

バイヤー 【buyer】 買い手。特に、買い入れのため外国から来た貿易業者。また、デパートやスーパーなどの仕入れ係。→サプライヤー

ハイライト 【highlight】 ①絵画や写真で、特に明るい部分や白く見える部分。②演劇・映画・スポーツ・ニュースなどで、最も興味をそそる場面やできごと。

バイラテラリズム 【bilateralism】 政治・経済分野の国際問題において、二国間だけでこれを解決しようとする考え方。二国間(交渉)主義。→ユニラテラリズム・マルチラテラリズム

バイラテラル 【bilateral】 両側の。双方の。二国間の。

バイラル 【viral】 ネット上の口コミで、話題が急速に拡散するさま。▷「ウイルスの」の意。ウイルス感染が広がるさまにたとえる。

バイラル マーケティング 【viral marketing】 バイラルを利用して、商品やサービスの宣伝を行う手法。オンライン-ショッピングで「この商品を友達に勧める」という選択肢を用意して、電子メールによる情報の伝搬を促すような手法など。

ハイ リスク ハイ リターン 【high-risk, high-return】 損失の危険性が高い反面、収益性も高いこと。

バイリンガル 【bilingual】 ①状況に応じて二つの言語を自由に使う能力があること。また、その人。②2か国語で表現されていること。

パイル 【pile】 ①織物の地組織から

突き出て布の表面をおおっている輪奈《わな》や毛羽《けば》。②原子炉。③土木・建築の基礎工事に地中に打ち込む杭《くい》。

パイレーツ 【pirates】 ①海賊。②著作権や特許権を侵害する者。

ハイレグ (high-leg cut)女性の水着やレオタードで、脚のつけ根の部分を深くカットして脚を長く見せるもの。

パイロット 【pilot】 ①航空機の操縦士。②水先人《みずさきにん》。一定の水先区で、船舶に乗り込み船舶を安全に導く業務を行う資格を有する者。③ガス用の口火。④パイロット-ランプの略。

パイロット ショップ 【和 pilot＋shop】 ⇨アンテナ-ショップ

パイロット ランプ 【pilot lamp】 装置の運転状況などを示す表示灯。

パイロン 【pylon】 ①古代エジプトの、神殿の入り口にある塔状の門。ピュロン。ピロン。②飛行機のエンジンなどを吊《つ》る支柱。③⇨コーン④

バインダー 【binder】 ①用紙・書類などを綴《と》じ込むための文房具。綴じ込み用表紙。②接合剤。③麦などを刈り取って自動的に束ねる機械。

バインド 【bind】 ①縛ること。束ねること。括《くく》ること。②装丁すること。製本すること。③束縛すること。拘束すること。

パイント グラス 【pint glass】 1パイント(8分1ガロン)程度の容量を持つコップ。主にビール用。

ハウジング 【housing】 ①家屋。住宅。また、土地・住宅・家具・インテリアなどを含む、総合的な住宅の供給。また、それに関連する産業の総称。②インターネットなどで、通信事業者がユーザーのサーバーを預かり管理を代行すること。コロケーション。 →データ-センター・ホスティング ③機械や装置の機構などをおおう箱の部分。

ハウス 【house】 ①家。住宅。建物。②⇨ビニール-ハウス ③会社。商社。④⇨ハウス-ミュージック

ハウス キーパー 【house keeper】 ①雇われて家事をする人。家政婦。②住宅や事務所の管理人。③ホテルの客室管理の総責任者。

ハウスキーピング 【housekeeping】 家事。家計。家政。

ハウス ダスト 【house dust】 家の中の塵《ちり》や埃《ほこり》。ダニの死骸や糞などを含み、アレルギー性疾患の原因の一つとされる。

ハウス マヌカン 【和 英house＋フランス mannequin】 自社製品を着用して販売に当たるブティックの女性店員。

ハウス ミュージック 【house music】 既成の音源からフレーズを引用してコラージュしたり、打ち込みとミックスしたりすることで作品を作り上げることを特徴とするディスコ-ダンス用の音楽スタイル。ハウス。

ハウス ワイン 【house wine】 レストランなどで、その店の指定銘柄のワイン。

パウダー 【powder】 粉。粉末。粉末状のもの。

パウダー スノー 【powder snow】 気温の低いときに降る細かな雪。また、水分の少ない粉状の積雪。スキーに好適の雪質。粉雪。

パウダー ルーム 【powder room】 洗面所。化粧室。

ハウダニット 【howdunit】 犯罪を扱った推理小説で、最後まで犯行手法がわからないようにしてあるもの。▷How done it ? の略で「どうやったのか」の意。

パウダリー 【powdery】 粉末状であること。

パウチ 【pouch】 ①⇨ポーチ ②紙や布を保護するために、プラスチックなどの透明フィルムで覆うこと。ラミネート。③加工食品をアルミや合成樹脂などの袋で密封すること。また、その食品。レトルト-パウチ。

バウチャー 【voucher】 ①証拠書類。領収書。②引換券。ホテルの宿泊券。食事券。③教育や福祉などの公的なサービスを提供する国や自治体が、それを必要とする人に事前に発行する利用券。

ハウ ツー 【how-to】 実用的な方法や技術。▷「どのように…すべきか」とい

う意。

バウト〔bout〕格闘技の一試合。一勝負。一番。

バウハウス〔Bauhaus〕1919年建築家グロピウスを中心としてワイマールに設立されたドイツの国立総合造形学校。工業技術と芸術の統合をめざした教育と研究が行われ、現代建築・デザインに大きな影響を与えた。33年ナチスの圧迫により閉鎖。

ハウリング〔howling〕スピーカーから出た音を、マイクが再び取り込むことによって雑音が生じる現象。▷遠吠えの意。

バウンサー〔bouncer〕乳児に用いるベビー-チェア。ベビー-バウンサー。

バウンド〔bound〕（球などが物に当たって）はねること。はずむこと。

パウンド〔pound〕ポンドに同じ。

パウンド ケーキ〔pound cake〕バター・砂糖・小麦粉・卵を混ぜ合わせて焼いたカステラ風の菓子。

パエリア〔スペイン paella〕米と肉や魚介類・野菜を、オリーブ油とサフランを加えて煮込んだスペイン料理。パエーリャ。

パオ〔包〕モンゴル人など遊牧民が住む、移動生活に便利な饅頭《まんじゅう》形の組み立て式の家。ゲル。▷中国語。

パオズ〔包子〕点心の一。肉や餡《あん》などを入れた饅頭《まんじゅう》。ポーズ。▷中国語。

バガボンド〔vagabond〕放浪者。さすらいびと。

バカラ〔フランス baccara〕トランプを使った賭博《とばく》の一。手札の合計数の末尾が9または9に近いほうを勝ちとする。

バカルディ〔Bacardi〕①カクテルの一。ラム酒にライム-ジュース・シロップを加えてつくる。②ラム酒の商標名。

バカロレア〔フランス baccalauréat〕フランスで、中等教育の終了時の国家試験。合格者に大学入学資格が与えられる。

バカンス〔フランス vacances〕休暇。特に、夏・クリスマスなどの連続した休暇。バケーション。

バギー〔buggy〕①折りたたみ式の小型のうば車。ベビー-バギー。②砂地を走行するためのレジャー用自動車。タイヤが太い。サンド-バギー。③小型の運搬車。特に、ガーデニングに使われる一輪の手押し車のこと。ガーデン-バギー。

バギナ〔ラテン vagina〕膣《ちつ》。ワギナ。

バキューム〔vacuum〕真空。

ハグ〔hug〕抱きしめること。

バグ〔bug〕コンピューターのプログラムにおける誤りの箇所。▷原義は虫の意。→デバッグ

パグ〔pug〕イヌの一品種。中国原産。額のしわが特徴的。

パクス法（フランス Pacte civile de solidarité）事実婚や同性どうしのカップルにも法的な婚姻と同様の税制優遇措置や社会保障給付の権利などを一定条件のもとに認める法律。1999年、フランスで成立。民事連帯契約法。パックス法。

パクチー コエンドロのこと。▷タイ語。→コエンドロ

バクテリア〔bacteria〕細菌。▷バクテリヤとも。

バクテリオファージ〔bacteriophage〕細菌に感染して菌体を溶かして増殖するウイルスの総称。ファージ。細菌ウイルス。▷バクテリアを食う意。

バグる 俗に、コンピューターのソフトウエアが動作不良を起こすこと。→バグ

バゲージ〔baggage〕手荷物。小荷物。

バケーション〔vacation〕（長期間の）休暇。バカンス。

バケツ〔bucket〕上部のあいている円筒形の容器。持ち運ぶための鉉《つる》がついている。

バケット〔bucket〕①バケツに同じ。②鉱石・土砂などを入れて運ぶ容器。各種の運送機に取り付けられる。

バゲット〔フランス baguette〕棒状のフランスーパン。

パケット〔packet〕データ通信で、データを一定の単位に分割し、それぞれに伝送・交換に必要な情報を付したもの。▷小包の意。

バザー〔bazaar〕①慈善事業・社会事業などの資金を得るために品物を持

ち寄って売る催し。慈善市。②バザール①に同じ。

ハザード【hazard】①危険。危機。障害。また、それを生じさせるもの。②ゴルフで、バンカー・池・川など、コース中の障害地域の総称。③ハザード-ランプの略。自動車の緊急警告灯。

ハザード マップ【hazard map】地震・台風・火山噴火などにより発生が予想される被害について、その種類・場所・危険度などを地図に表したもの。災害予測地図。案災害予測地図／防災地図

バザール【フランスbazar】①イスラム圏の街頭市場。バザー。スーク。②商店の大売り出し。また、その特設会場。

ハサップ ⇨HACCP

バサロ キック【Vassallo kick】背泳のスタートの際に、潜水した状態で両手を前方に伸ばし、足はドルフィン-キックを裏返しにした形のキックをする泳法。▷バサロは考案者の名。

バジェット【budget】予算。予算案。

バジェット ホテル【budget hotel】低価格帯のホテル。

パシフィック【pacific】平和なさま。穏やかなさま。

パシフィック【Pacific】①太平洋の。太平洋沿岸の。②日本のプロ野球リーグの一。パシフィック-リーグの略。

パジャマ【pajamas】ゆったりした上着とズボンからなる寝巻。

パシュート【pursuit】①追跡。追求。②チーム-パーシュートの略。→チーム-パシュート

バジリコ【イタリアbasilico】シソ科の一年草。全草に芳香と辛みがあり、香辛料や芳香剤とする。バジル。

バス【bass】①最低音域の男声。②楽曲の中の最低声部。③コントラバスの略。④同族楽器の中で最も低い音域を受け持つもの。

バス【bath】洋風の浴槽・浴室。

バス【bus】大勢の人を乗せることのできる大型自動車。乗り合い自動車。

バズ【buzz】①蜂《はち》や機械などが発する、唸るような低い音。②⇨バズ-セッション

パス【pass】①審査・試験などに合格すること。関門を通過すること。②入場・通行・利用などの際に必要な券。通行証。定期券・入場券など。③球技で、味方の選手に送球すること。④辞退すること。参加しないこと。特に、自分の順番を飛ばして次の人に回すこと。

バスーン【bassoon】⇨ファゴット

ハスカップ 北海道とシベリアの一部に生育するスイカズラ科の落葉性の低木。果実は水分が多く青みがかった黒色となり、甘酸っぱく美味。アイヌ民族が「不老長寿の実」として珍重してきたものでビタミン類が多く、カルシウム、鉄分などが豊富。

パスカル【pascal】圧力のSI単位。1パスカルは$1m^2$に1ニュートンの力が働くときの圧力。記号Pa →バール

ハスキー【husky】声がかすれているさま。

バスケット【basket】①籠《かご》。②バスケットボールのゴールとして用いる、底のない網。また、バスケットボール。③ツイードの一。バスケットの編み目状の織り柄。

バスケットボール【basketball】5人ずつからなる2チームで一つのボールを取り合って、相手方の陣内にあるゴールに投げ入れて得た得点数を争う競技。

パスコード【passcode】情報システムの認証に用いる数字群。正しい利用者を認証する場合や、正しい機器の組み合わせを認証する場合などに用いる。→パスワード

バズ セッション【buzz session】討論形式の一。少人数のグループに分かれて話し合った結果を持ち寄って、全員で討論する方法。バズ。▷バズは、がやがや話す意。

パスタ【イタリアpasta】小麦粉をこねてつくる、イタリアの麺類の総称。スパゲッティ・マカロニ・ラビオリ・カネロニなど。

バスター【bastard】野球で、打者がバントの構えから強打すること。▷日本

での用法。

バスタブ【bathtub】 洋風の浴槽。湯舟。

パスティーシュ【フランスpastiche】 音楽・美術・文学で、先行作品の主題やスタイルを模倣・剽窃《ひょうせつ》・混成などの手法によって改変してできた作品。パスティシュ。→パロディー

パステル【pastel】 粉末顔料を白粘土《しろねんど》に混ぜ、アラビア-ゴムなどで棒状に練り固めた固形絵の具。

パステル カラー【pastel color】 柔らかい感じの中間色。

バスト【bust】 ①胸。特に女性の胸。②胸囲。③胸像。半身像。

パストラミ【pastrami】 牛の赤身肉を塩漬けして粒胡椒《こしょう》をまぶし、燻煙《くんえん》したもの。前菜やサンドイッチなどに用いる。

パストラル【pastoral】 ①牧歌的な気分の声楽曲あるいは器楽曲。パストラーレ。②田園の情景を中心とした音楽劇。③羊飼い・農夫を主人公に、田園の情景を描いた詩。田園詩。牧歌。

ハズバンド【husband】 夫。良人。亭主。ハズ。

パスポート【passport】 旅券。

バズ マーケティング【buzz marketing】 口コミによって噂話(バズ)を誘発する宣伝活動。人気のあるブログで商品を紹介してもらう手法など。

バズる 特定の言葉や、特定の話題への言及が突如として増える。▷buzzの動詞化。

パズル【puzzle】 図形・絵・文字配列を使って出される問題を解く遊び。判じ物。謎《なぞ》。難問。

バス レーン【bus lane】 路線バス用の車線。特に、ラッシュ時の渋滞緩和のために設けられる。専用と優先の二種がある。

バスローブ【bathrobe】 湯上がりに着る部屋着。タオル地のものが多い。

パスワード【password】 複数の人があるシステムを利用する場合、機密保護などのためにシステムに登録し利用者の確認に用いる符号。キャッシュ-カードの暗証番号など。合い言葉。

ハセップ ⇨HACCP

パセティック【pathetic】 哀れをさそうさま。悲愴《ひそう》であるさま。悲劇的。

バセドー病 甲状腺の機能亢進によって起こる疾患。眼球突出・頻脈・甲状腺腫を特徴とする。また体重減少、自律神経系の異常興奮、手指のふるえなどを伴う。女性に多い。グレーブス病。

パセリ【parsley】 セリ科の二年草。地中海沿岸地方原産。特有の香りと味があり、香味野菜として用いる。

パソコン ⇨パーソナル-コンピューター

パソコン通信 インターネットが普及する以前に行われた通信サービス。パーソナル-コンピューターどうしが電話回線などを経由してホスト-コンピューターに接続し、情報を交換する通信サービス。パソ通。

バター【butter】 牛乳から分離した脂肪分を練り固めた食品。

パターナリズム【paternalism】 雇用関係など社会的な関係において成立している、父と子の間のような保護・支配の関係。

パターン【pattern】 ①型。模型。類型。②模様。図案。③洋裁の型紙。

バタ臭い 西洋風な感じがする。また、西洋かぶれしている。▷バタはバターの意。

パタニティー ハラスメント【和paternity＋harassment】 男性が育児による休業や時短勤務を申し出る際に、職場において発生するいじめや嫌がらせなど。パタハラ。▷パタニティーは父性の意。→マタニティー-ハラスメント

パタハラ ⇨パタニティー-ハラスメント

バタフライ【butterfly】 ①蝶《ちょう》。②泳法の一。両腕で同時に水をかき、足はドルフィン-キックを用いる。平泳ぎから独立した泳法。蝶の飛ぶ形に似ることからいう。③ヌード-ダンサーの恥部をおおう蝶形の小さな布片。

バタフライ ナイフ【butterfly

knife】 携帯時には刃の部分が折り込まれ、使用時には柄を左右に開き刃を出す方式のナイフ。

パタンナー 【和pattern＋er】 デザイン画をもとにして型紙をおこす人。パターン-メーカー。

バチェラー 【bachelor】 ①学士。英米で大学を卒業した者に与える称号。②独身の男。

バチェラー パーティー 【bachelor party】 結婚を直前に控えた男性のために、同性の友人たちが催す遊び。スタッグ-パーティー。

バチェロレッテ 【bachelorette】 若い独身女性。

バチェロレッテ パーティー 【bachelorette party】 結婚を直前に控えた女性のために、同性の友人たちが催す遊び。

バチスタ手術 【Batista operation】 心臓手術の方法の一。正称、左室縮小形成術。移植でしか助からないとされる拡張型心筋症の患者の心臓を切り縮め、心機能を改善する。▷ブラジルの外科医バチスタ(Randas J. Batista [1947～　])が考案。

パチスロ 俗に、パチンコ店に設置されているスロット-マシンのこと。得たコインを景品と交換する。

ハツ 【heart】 (料理用の)牛・豚・鶏などの心臓。

バツ ①誤り・不可などの意や、伏せ字を表すのに用いる「×」のしるし。②転じて、離婚経験のあることを俗にいう語。

ハッカー 【hacker】 コンピューターに熱中、習熟している人。→クラッカー

バッカス 【Bacchus】 ギリシャ神話の酒と豊穣の神。ディオニュソス。

パッキング 【packing】 ①荷造り。包装。②破損を防ぐために荷物のすき間に詰めるもの。パッキン。③管の継ぎ目などにあてて、気体や液体のこぼれるのを防ぐもの。パッキン。④ラグビーで、スクラムやラックのとき、味方どうしがしっかりと組み合うこと。

バック 【back】 ①背。背面。後ろ。→フロント ②背景。③後援。後援者。④後退すること。⑤戻すこと。⑥⇨バックス ⑦背泳。バックストロークの略。⑧バックハンドの略。

バッグ 【bag】 袋。かばん。

パック 【pack】 ①包むこと。詰めること。また、包んだもの。詰めたもの。②複数の物事をひとまとめにすること。また、まとめられたもの。③美容法の一。皮膚を人工の被膜でおおって外気を遮断すること。

パック 【puck】 アイス-ホッケーで、他球技のボールに相当する小円盤。

バックアップ 【backup】 ①球技などで、守備者の後ろに回って補助すること。カバー。②支持して、もりたてること。③コンピューターで、誤操作などによるデータ-ファイルなどの破壊や誤った更新に備えコピーをつくっておくこと。㊮支援／控え

バッグ イン バッグ 【bag in bag】 大きなバッグの中に、細々したものや用途別に分けたものを入れる小さなバッグのこと。ポーチなど。セット-イン-バッグとも。

バック ウオーター 【backwater】 下流の水流の状態によって、上流の水位が影響を受けること。また、その水位。背水。

バックエンド 【backend】 ①先端に対し、後部。②コンピューター処理の出力側。→フロントエンド ③核燃料サイクルで、使用済み核燃料の再処理。

バック オーダー 【back order】 注文されたものの在庫がないため未納になっている注文。繰り越し注文。

バック オフィス 【back office】 企業などで、営業や生産部門また経営中枢に対し、事務処理部門。㊮事務管理部門

バックグラウンド 【background】 ①背景。遠景。②事情。環境。③コンピューターの画面で、文字や図形が表示されていない背景部分。

バック シャン 【和　英back＋ドイツschön】 後ろ姿の美しい女性。特に、後ろ姿だけが美しい女性を俗にいう語。

バックス 【backs】 ラグビー・サッカー・

ホッケーなどで、自軍の後方に位置する選手。後衛《こうえい》。→フォワード

パックス【ラテン pax】ある支配の下での平和。また、力の均衡により武力抗争がない状態。パクス。▷「平和」の意。

パックス【Pax】ローマ神話の平和の女神。ギリシャ神話のエイレネに同一視される。

バックスキン【buckskin】①鹿のもみ革。また、それに似せて仕上げた小羊の革。②①に似せた毛織物。

バック ステージ ツアー【和 backstage＋tour】劇場や音楽ホールなどの施設が、通常は非公開である場所を一般客に公開するサービス。係員などによる説明とともに施設内を巡る。→バックヤード-ツアー

バック ストリート【backstreet】裏通り。路地裏。

バック スラッシュ【back slash】逆斜線。また、コンピューターで用いられる逆斜線符号。▷ASCII文字のバック-スラッシュは、JISローマ字での円記号(¥)に相当する。→スラッシュ

バックドア【backdoor】裏口。裏門。転じて、不正侵入のための経路。

バック ナンバー【back number】①定期刊行物の、既刊号。②自動車の後ろに掲げる登録番号。③運動選手などが背中につける番号。背番号。

バックパッカー【backpacker】バックパッキングの旅行をする人。特に、若者に多くみられる。

バックパッキング【backpacking】食糧や寝袋を背負って山野を旅行すること。▷バックパックは軽合金フレームでつくった背負《しょ》い子にリュックサックを取り付けたもの。

バッグ ハンガー【bag hanger】手持ちのバッグをテーブルにぶら下げるために用いる携帯用器具。飲食店などでの食事の際に、テーブルの端にひっかけて用いる。バッグ-フック。

バックビルディング現象（back building）積乱雲が風上で繰り返し発生し、複数並ぶことで線状の降水帯をつくり出すこと。集中豪雨の原因のひとつとされる。▷積乱雲が並ぶさまをビルの林立にたとえていう。

バッグ フック【bag hook】⇨バッグ-ハンガー

バックボーン【backbone】①背骨。②人の生き方・信条などを貫いてゆるがないもの。しん。③複数のネットワークを高速で結ぶ幹線。バックボーン-ネットワーク。

バック マージン【和 back＋margin】メーカー・問屋が販売した商品の価格の一部を、その販売先に返却すること。

バックヤード【backyard】裏庭。

バックヤード ツアー【和 backyard＋tour】動物園・博物館・競技場などの施設が、通常は非公開である場所を一般客に公開するサービス。係員などによる説明とともに施設内を巡る。

バックラッシュ【backlash】①特定の社会現象に対する反対運動。フェミニズムに対する女性差別の主張など。②歯車がかみ合うときのすき間。▷逆回転、反動の意。

バックリンク【backlink】ウェブ-ページにおいて、他のページから該当ページに貼られているリンクのこと。被リンク。

バックル【buckle】ベルト・靴などの締め金。とめ金。実用と装飾を兼ねたものが多い。

パッケージ【package】①包装すること。荷造り。包装。また、商品包装用の箱。②商品としてひとまとまりにセットしたもの。③コンピューターで、特定の業務用にあらかじめ作成されたプログラム群をいう語。

パッケージ ソフト【package software】特定の業務・業種で汎用的に利用できるようにあらかじめ作成され、市販されているソフトウエア。

バッジ【badge】徽章《きしょう》。記章。

パッシブ【passive】①受け身であるさま。他からの動作や作用を受けるさま。消極的。受動的。②動詞の文法形式で、受動態。受け身。→アクティブ

ハッシュ【hash】①肉や野菜を細か

く切って、炒《いた》めたり煮込んだりした料理。②コンピューターで、不要なデータ。ごみ。

ハッシュ 【hush】 ①静かにさせること。黙らせること。また、その時に言うことば。静かに。しっ。②醜聞などを揉み消すこと。口止めすること。

ハッシュ タグ 【hash tag】 ツイッターにおいて、特定の話題であることを示すためにコメントに追記する目印(# で始まる文字列)のこと。▷ハッシュは#(番号記号)のこと。→ツイッター

ハッシュド ビーフ 【hashed beef】 牛肉の細切りとタマネギを炒《いた》め、ドミグラス-ソースなどで煮込んだ料理。

ハッシュ マーク 【hash mark】 数字の先頭に付けて、番号であることを表す記号。「#」で表す。井桁《いげた》。番号記号。

パッション 【passion】 ①情熱。激情。②キリストの受難。また、それを主題にした受難曲。

パッション フルーツ 【passion fruit】 果実を食用にするトケイソウの一種。果肉は橙黄色で甘酸っぱく香りがよい。

バッシング 【bashing】 激しく非難・攻撃すること。

パッシング 【passing】 自動車で、ライトを点滅させて前走車や対向車に合図を送ること。

ハッスル 【hustle】 はりきること。十分な意欲・闘志をもって活動すること。

パッセージ 【passage】 音楽で、独立した楽想をなさず、楽曲の中で旋律音の間を経過的につなぐ急速な音の一群。経過句。経過楽句。

パッセンジャー 【passenger】 旅客。乗客。

ハッチ 【hatch】 ①船の甲板の上げ蓋《ぶた》のついた昇降口。②台所と食堂の間などの間仕切りに、両側から受け渡しするために設けた窓。また、出入りのための小さな潜り口。

バッチ 「バッジ(badge)」の訛《なま》り。

バッチ 【batch】 ①束。かたまり。群れ。②コンピューターで、一括して処理されるデータ。

パッチ ももひき。▷朝鮮語からという。

パッチ 【patch】 ①継ぎ当てにする布。当て布。継ぎ布。②小布。小片。③コンピューターで、問題のあるプログラムの一部だけを修正すること。ソフトウエアを最新の版に改める際、その一部分だけを置き換えること。また、その置き換えに用いる差分データのこと。

バッチ処理 【batch processing】 コンピューター-システムで、一括処理。→リアル-タイム処理

パッチ テスト 【patch test】 アレルギー性疾患の原因物質を調べる検査。原因と推定される物質を体皮に貼って反応を調べる。

ハッチバック 【hatchback】 ファーストバック形式の乗用車のうち、後背部に船のハッチのようなはね上げ式のドアが付いているもの。リフト-バック。

バッチ ファイル 【batch file】 コンピューターで、あらかじめ一連の手順を登録しておき、自動的に実行させるためのファイル。

パッチワーク 【patchwork】 さまざまな布の小片をはぎ合わせて1枚の布とする手芸。

バッティング 【batting】 野球で、打者が投手の投げた球を打つこと。打撃。

バッティング 【butting】 ①ボクシングで、頭などを相手にぶつけること。反則。②(日本での用法)時間や日程がぶつかること。物事が重複すること。

バッテラ 【ポルトガル bateira】 ①ボート。大きな船に搭載する短艇。②(形が①に似ることから)サバの押し鮨《ずし》。

バッテリー 【battery】 ①電池。②野球で、投手と捕手。③軍隊の太鼓連打による合図。④ギターで、弦を打つ奏法。⑤打楽器群。または大太鼓・小太鼓の組み合わせ。

ハット 【hat】 ふち(ブリム)のある帽子。

バット 【bat】 野球で、球を打つときに用いる棒。

バット 【vat】 浅い、底の平らな、四角形の容器。料理や写真の現像などに

用いる。

パット〔putt〕 ゴルフで、グリーン上の球をホールに向けて打つこと。

パッド〔pad〕 ①当てもの。詰めもの。②1枚ずつはぎ取って使う帳面。

ハットグ ▷朝鮮語。⇨チーズ-ドッグ

ハット トリック〔hat trick〕 サッカー・アイス-ホッケーで、一人の選手が1試合に3点以上得点すること。

ハッピー〔happy〕 幸福であるさま。しあわせ。

ハッピー アワー〔happy hour〕 飲食店で、平日の夕方頃に設定される酒などの割引サービスの時間帯。

ハッピー マンデー〔和 happy＋Monday〕 国民の祝日の一部を月曜日に移し、土曜日・日曜日と合わせ3連休にする制度。

バップ〔bop〕 ⇨ビバップ

バッファー〔buffer〕 ①緩衝装置。②緩衝液。③スケジュールなどにおけるゆとり。余裕。予備。▷バッファとも。

パテ〔フランス pâté〕 パイの一種。細かくした鳥獣肉や魚介を詰めて焼いたもの。冷やして薄切りにし前菜とする。

パテ〔putty〕 充填《じゅうてん》材。ガラスの枠どめ、すき間、割れ目、鉄管の継ぎ目などに塗布する。

バディ〔buddy〕 仲間。相棒。

パティオ〔スペイン patio〕 スペイン建築の中庭のこと。

パティシエ〔フランス pâtissier〕 デザートの菓子を専門につくる職人。菓子職人。製菓職人。

パティシエール〔フランス pâtissière〕 女性のパティシエ。→パティシエ

パティスリー〔フランス pâtisserie〕 ケーキ・パイ・ビスケットなど、小麦粉でつくる菓子の総称。

ハデス〔Hādēs〕 ①ギリシャ神話で、冥府の王。見えない者、の意。クロノスとレアの子。ゼウスの兄。ハイデス。②死の国。冥界。

パテント〔patent〕 特許。特許権。記号pat。

パテント トロール〔patent troll〕 特許権を保有しているものの、それに基づいた商品やサービスは提供せず、特許に抵触した大企業からライセンス料や損害賠償金などを得る中小企業などの俗称。特許ゴロ。▷特許怪物の意。

パトス〔ギリシャ pathos〕 感情・感動・情熱など。▷受動の意。

パドック〔paddock〕 ①競馬場などで、レース前に出走馬を引き回して見せる場所。下見所。②自動車レース場で、出場する自動車を整備点検する場所。

バドミントン〔badminton〕 球技の一。ネットをはさんで、ラケットで羽毛球(シャトルコック)を打ち合うスポーツ。▷バトミントンとも。

バトラー〔butler〕 召し使いの頭《かしら》。執事。

パトリオット〔Patriot〕 アメリカ陸軍の地対空ミサイル。高度にコンピューター化されたシステムが特徴。ペトリオット。▷愛国者の意。

パトリオティズム〔patriotism〕 愛国主義。

バトル〔battle〕 (一定地域内の)戦い。戦闘。

パドル〔paddle〕 カヌーをこぐ櫂《かい》。

バトルシップ〔battleship〕 戦艦。

バトル ロイヤル〔battle royal〕 プロ-レスで、10〜15人のレスラーがリング上に集まり、最後の一人になるまで闘う試合形式。バトル-ロワイヤル。

パトロール〔patrol〕 巡回すること。巡視して回ること。

パトロン〔patron〕 ①芸術家や芸人、または特定の団体などを経済的に援助する人。後援者。②水商売の女性に金を出して援助する人。

ハトロン紙 片面つや出しのクラフト紙。封筒・包装紙などに用いる。

バトン〔baton〕 ①リレー競技で、走者が持って走り、次の走者に手渡す筒状の棒。②パレードや応援のときに、振ったり回したりする細い棒。

バナー〔banner〕 ①旗。幟《のぼり》。横断幕。②⇨バナー広告

バナー広告 インターネットのホームページに表示される帯状の広告。

バナキュラー【vernaculer】①(建築・工芸などの)民俗趣味。民芸調。お国柄。②お国ことば。地方訛り。自国語。

ハニー【honey】①蜂蜜《はちみつ》。②(呼びかけとして)いとしい人。

バニー ガール【bunny girl】クラブやキャバレーなどで、うさぎをかたどった衣装をつけて、接客をする女性。

パニーニ【イタリアpanini】イタリア風の温かいサンドイッチ。

ハニカム【honeycomb】①蜂《はち》の巣。②ハニカム構造のこと。薄い2枚の板の間に蜂の巣を輪切りにしたような多孔材をはさんだもの。自動車や航空機の構造部材として使われる。

パニクる 突発的な出来事に頭の中が混乱する。パニック状態に陥る。▷名詞パニックを動詞化した語。

パニック【panic】①強い恐怖・不安・驚きなどにより陥る混乱状態。②恐慌。経済恐慌。

パニック障害 突発的な動悸《どうき》やめまいなどの発作に繰り返し襲われる障害。不安神経症の一。恐慌性障害。パニック-ディスオーダー。

パニック ルーム【panic room】緊急時に立てこもり身を守る避難部屋。

バニティー【vanity】虚栄。虚飾。うぬぼれ。

バニティー ケース【vanity case】女性が化粧品などを入れて携帯するケース。バニティー-バッグ。

バニラ【vanilla】①ラン科のつる性常緑多年草。果実を食品の香料とするため熱帯各地で栽培。また、果実から採った香料。②バニラ-エッセンスで香りをつけたアイス-クリーム。

ハネムーン【honeymoon】①新婚の月。蜜月。②新婚旅行。蜜月旅行。

パネラー【和panel+-er】①⇨パネリスト ②クイズ番組の解答者。▷panelは、出場者の一団の意。

パネリスト【panelist】パネル-ディスカッションの問題提起者・討論者。パネラー。

パネル【panel】①鏡板。羽目板。②建築用の、規格の寸法・仕様で製造された板。③絵を描くための板。また、その板に描いた画。パネル画。④展示のために写真・ポスターなどを貼る板。また、貼ったもの。⑤配電盤。⑥スカートなどの上に重ねて垂らす装飾布。また、たての切り替え線ではめ込んだ別布。⑦陪審員。陪審員名簿。⑧登録名簿。⑨紛争処理小委員会。WTOの国際紛争処理機関の一。討論者団の意。

パネル ディスカッション【panel discussion】討論会の一形式。ある問題について異なる意見をもつ代表者数人が、座談会形式で聴衆の面前で討議し、のちに聴衆が質問などを通じて討論に加わるもの。

パノプティコン【panopticon】イギリスの思想家ベンサムが考案した円形の刑務所施設。一望監視施設。

パノラマ【panorama】①遠景を曲面に描き、その前に立体的な模型を配置して、実景を見るかのように都市や戦闘の場面などを表した装置。②全景。展望。

パパ【papa】①おとうさん。→ママ ②愛人のパトロンである男性を呼ぶ語。③カトリック教会で、ローマ教皇の愛称。

パパイヤ【ラテン Papaya】パパイア科の常緑の草本状小高木。雌果実は黄熟し、果肉は厚く甘みがある。パパイア。パパヤ。

ハバネロ【habanero】メキシコ原産の唐辛子。世界一辛い香辛料といわれている。

パパラッチ【イタリアpaparazzi】ゴシップ写真を撮影するために有名人を追い回すカメラマン。

ババロア【フランスbavarois】ゼリー状の冷菓の一種。

パピヨン【フランスpapillon】①蝶《ちょう》。②イヌの一品種。フランス・ベルギー原産。耳が蝶のように見えることからこの名がある。被毛は美しい絹糸状。

パビリオン【pavilion】①博覧会の

展示用に一時的に建てた建物。②別棟。はなれ。③庭園のあずまや。園亭。

パピルス【ラテン Papyrus】①カミガヤツリの別名。②①の茎を裂いて縦横に重ねてつくった、一種の紙。古代エジプトなどで使われた。

ハブ【hub】①車輪の部分で、スポーク(輻《や》)の中心部である軸受に連接し、軸受とともに中を車軸が貫くところ。②中心となるところ。中枢。拠点。③スター型のネットワークで、いくつかの装置を接続するために用いられる中継装置。集線装置。

パフ【puff】白粉《おしろい》を顔などにつけるための化粧用具。

パブ【pub】(イギリスの)大衆酒場。洋風の居酒屋。▷public houseの略。

バブーシュ【フランスbabouche】中近東の室内履き。民俗靴の一種。

バブーシュカ【ロシア babushuka】ロシアの農婦に見られる、三角形あるいは三角に折ったスカーフ。

パフェ【フランスparfait】アイス-クリームに、生クリーム・果物・チョコレートなどを添えた冷菓。パルフェ。

パフォーマー【performer】音楽・演劇・舞踏などの舞台芸術を演ずる人。

パフォーマンス【performance】①実行。遂行。②演奏。演技。③現代芸術で、身体を使って表現する行為。④コンピューターで、処理を実行する能力。性能。

ハブ空港 幹線航空路が集中するとともに、地域の航空路の中継点となる空港。

ハプニング【happening】①思いがけない出来事。偶発的な事件。②意表をついた出来事がもたらす表現効果を積極的に追求する芸術活動。

パフューム【perfume】①香水。香料。②芳香。

パプリカ【paprika】①ピーマンの一種。肉厚で甘味が強い。オランダ-パプリカ。カラー-ピーマン。②香辛料の一。鮮やかな赤色で、料理の彩りに用いる。

パブリシティー【publicity】製品・事業などに関する情報を積極的に提供し、マス-メディアを通して報道として伝達されるよう働きかける広報活動。▷公開、広告の意。

パブリック【public】公にかかわるさま。公のものであるさま。公共。→プライベート

パブリック アクセプタンス【public acceptance】地域住民の容認。原子力発電所建設など、重大な事柄につき、事前に周辺関係住民の合意を得ること。また、そのために行う広報活動。PA。

パブリック コメント【public comment】行政機関が原案を公表し、国民の意見を求め、それを考慮して決定すること。ノーティス-アンド-コメント。PC。案意見公募

パブリック スクール【public school】①イギリスで、中世以来の伝統をもつ私立中等学校。②アメリカの公立学校。

パブリック ドメイン【public domain】特許権や著作権が消滅して、誰でも自由に利用できる状態にあること。共有財産。PD。

パブリック ビューイング【public viewing】一般公開。

パブリック リレーションズ【public relations】⇨PR

バブル【bubble】①あわ。あぶく。②泡のように消えやすく、はかないもの。不確実なもの。③泡沫的な投機現象。

パペット【puppet】指人形。操り人形。

ハマース【Hamas】パレスチナのイスラエル占領地のスンナ派イスラム原理主義組織。▷ハマスとも。

ハミング【humming】口を閉じ、声を鼻に抜いてメロディーを歌うこと。

ハム【ham】豚肉を硝石などをとかした食塩水に漬け込み、薫製にした食品。

ハム【ham】アマチュア無線家のこと。

ハム【hum】交流電源の振動が、テレビやラジオの音声にまじって聞こえる

「ブーン」という雑音。

ハムスター【hamster】①ネズミの一種。モルモットに似るが短い尾がある。生物学・医学の実験用や愛玩用として広く飼育。②①を含むキヌゲネズミ亜科の齧歯《げっし》類の総称。

ハムストリング【hamstring】太股《ふともも》の後ろ側の筋肉の総称。

ハモる 俗に、合唱などで、ハーモニーを生み出す。▷ハモはハーモニーの略。

ハヤシライス 牛肉の薄切りとタマネギなどの野菜をいため、ブラウン-ソースで煮込んで、飯の上にかけた洋風の料理。▷hashed beef with riceからか。

パラ アスリート【para athlete】パラ-スポーツの選手。

バラード【フランスballade】①普通、3つのスタンザから成り、各スタンザの最後の行と結句とは同一のリフレーンで終わる抒情詩。中世のフランスやイギリスの詩型。バラッド。譚詩《たんし》。②素朴な言葉で伝説・民話をうたう物語詩。バラッド。譚歌。③物語詩的な内容や雰囲気をもつ歌曲または器楽曲。譚詩曲。④(ballad)ポピュラー音楽で、愛などをテーマとする感傷的な歌。

ハラール【アラビアḤalāl】イスラム法において合法的と判断される行為。転じて、イスラム教徒が食べてもよいとされる食品。ハラル食品。

バラエティー【variety】①種々さまざまであること。変化のあること。②バラエティー-ショーの略。③視聴者を楽しませるためのさまざまな要素を盛り込んだテレビの娯楽番組。

バラエティー ショー【variety show】歌・踊り・コントなどを取り合わせた演芸の形式。バラエティー。

バラクーダ【barracuda】カマス類のこと。また、特にオニカマスのこと。

パラグライダー【paraglider】四角形あるいはブーメラン形のパラシュートで滑空するスポーツ。スロープ-ソアリング。

パラグラフ【paragraph】文章の一区切り。段落。節。

パラサイト【parasite】①寄生生物。寄生虫。②寄生すること。

パラサイト シングル【和parasite＋single】親と同居する独身者。住居や家事を親に依存して生活する。

パラジウム【palladium】10族(白金族)に属する遷移元素の一。元素記号Pd　原子番号46。原子量160.4。合金・触媒、陶器の黒色顔料などに用いる。

ハラショー【ロシアkhorosho】①よろしい。承知した。②すばらしい。結構。

バラス バラスト③の略。

バラスト【ballast】①船の安定をよくするために船底に積む鉄塊・砂利などや、二重底内のタンクに注入する水・油など。②潜水艦の浮上・潜水や気球の昇降のために積み込む水や砂袋などの錘《おもり》。③道路・鉄道線路にしく小石・砂礫《されき》。バラス。

パラ スポーツ【para sports】障害者が競技するスポーツ。

ハラスメント【harassment】嫌がらせ。→セクシャル-ハラスメント

パラソル【フランスparasol】婦人の日よけ用の洋傘。日傘。

パラダイス【paradise】①エデンの園。②天国。楽園。③(転じて)悩みや苦しみのない幸福な世界・境地。

パラダイム【paradigm】①ある一時代の人々のものの見方・考え方を根本的に規定している概念的枠組み。②語形変化の型を代表的語例で示した一覧表。用言の活用表、格変化表など。▷元、アメリカの科学史家クーンが科学理論の歴史的発展を分析するために導入した方法概念。

パラダイム シフト【paradigm shift】①科学者集団に共有されているパラダイムが、ある時点で革命的・非連続的に変化すること。②思考や概念、規範や価値観が、枠組みごと移り変わること。

バラック【barrack】①間に合わせに建てる、粗末な家屋。仮小屋。②軍隊が宿営するための細長い兵舎。営舎。

バラッド【ballad】⇨バラード

パラドックス【paradox】①通常の

把握に反する形で、事の真相を表そうとする言説。②論理学で、相互に矛盾《むじゅん》する命題がともに帰結し得ること。また、その命題。逆説。

パラノイア【ドイツ Paranoia】 妄想が内的原因から発生し、体系的に発展する病気。

パラパラ ユーロ-ビートなどのリズムに合わせ、集団で同じ振りを行うダンス。

パラフィン【paraffin】 ①石油から分離される蠟状《ろうじょう》の白色半透明の固体。蠟燭《ろうそく》の原料、軟膏《なんこう》や化粧品の基剤とする。石蠟。②アルカンの総称。③パラフィン紙。グラシン紙・模造紙などに①を浸み込ませた防水性の紙。

パラフレーズ【paraphrase】 ①意訳。②編曲。改編曲。

パラボラ【parabola】 ①放物線。②パラボラ-アンテナの略。電波の反射面に放物面を用いたお椀《わん》型の指向性アンテナ。

パラメーター【parameter】 ①プログラムの動作を決定する数値や文字などのこと。②プログラム中で呼びだされる関数に与えられる引数。③二つ以上の変数間の関数関係を間接的に表示する、補助の変数をいう。媒介変数。助変数。④母集団の特性を表す値。母数。

バラモン ①(サンスクリット brāhmaṇa)インドのバルナ(四種姓)の最上位の身分で、司祭者。祭式と教育を独占する特権階級。ブラーマン。→カースト ②バラモン教。また、その僧侶。▷「婆羅門」とも書く。

バラライカ【ロシア balalaika】 ウクライナの民俗撥弦楽器。三角形の共鳴胴をもち三本の弦を指先ではじいて演奏する。

パラリーガル【paralegal】 弁護士の指示・監督の下、法律業務を補佐する者。リーガル-アシスタント。

パラリンピック【Paralympics】 障害者の国際スポーツ大会。4年に1度オリンピック開催地で開かれる。

パラレル【parallel】 ①平行なこと。二つの物事の状態・変化・傾向などが相似の関係にあること。→シリアル ②電気で、並列。→シリアル ③スキーを平行にそろえたまま滑る技術。

パラレル ワールド【parallel world】 四次元宇宙に、我々の世界とともに存在しているとされる異世界。多次元宇宙。

バランサー【balancer】 均衡を保つ装置や人など。

バランス【balance】 つりあい。均衡。

バランス シート【balance sheet】 ①財務諸表の一。貸借対照表。②(比喩《ひゆ》的に)損得のつりあい。

バランス ボール【balance ball】 空気が入っており、全身を乗せられる程度の強度や弾力性をもつボール。バランス感覚の養成、トレーニング、フィットネス、リハビリテーション等に用いる。フィットネス-ボール。ヨガ-ボール。エクササイズ-ボール。ジム-ボール。ボディ-ボール。

バリ【burr】 工作物の加工過程で、はみ出た余分な材料。

バリア【barrier】 障壁。障害。防壁。▷「バリアー」「バリヤー」とも。

バリア フリー【barrier free】 高齢者や障害者が社会生活を送るうえで、障壁となるものを取り除くこと。当初は、道路や建物の段差や仕切りをなくすことをいったが、現在では、社会制度、人々の意識、情報の提供などに生じるさまざまなバリアをふくめて、それらを取り除くことをいう。▷「障壁のない」の意。案障壁なし

バリアント【variant】 ①変形。別形。②原稿などの本文の異同。異文。

バリウム【barium】 ①2族元素(アルカリ土類金属)の一。元素記号Ba 原子番号56。原子量137.3。軸受け合金の成分などに用いる。バリウム-イオンは無色で有毒。②X線造影剤の硫酸バリウムの俗称。

バリエーション【variation】 ①変化。変動。②変形。変種。③変奏。変奏曲。

バリケード【barricade】 市街戦などの際、敵の攻撃を防ぐため土嚢《どのう》・木

材などで道路や建物を封鎖して築く臨時の防壁。

ハリケーン【hurricane】 大西洋西部・カリブ海・メキシコ湾や、北太平洋東部に発生する強い熱帯低気圧。

パリジェンヌ【フランスparisienne】 パリで生まれ育った女性。

バリスタ【イタリアbarista】 イタリアのバール(喫茶店)におけるバーテンダーや給仕人のこと。狭義にはエスプレッソを抽出する職人。

パリティー【parity】 ①等しいこと。等価であること。均衡。平衡。②2進法によって表された数に現れる1が偶数個であるか奇数個であるか、ということ。偶奇性。反転性。③転換社債を株式に転換したらどれくらいの価値になるかを示す尺度。現在の株価をその転換価格で割った百分比。

パリテ法 フランスで、議員選挙の各党立候補者の男女比率を同数にすることを義務づけた、選挙法の中の規定。候補者男女同数法。 ▷パリテ(parité)はフランス語で同等、平等の意

バリトン【baritone】 ①男声の中位の高さ、すなわちテノールとバスとの中間の音域。また、その音域を受け持つ歌手。②バリトンの音域の音を出す管楽器。また、特にバリトン-サックスの略。

パリピ ⇨パーリー-ピーポー

バリヤー【barrier】 ⇨バリア

バリュー【value】 ①(相対的な)価値。値打ち。②価格、値段。評価額。③品質の割に、価格が低いこと。また、価格の割に品質が高いこと。お値打ち。

バリュー チェーン マネージメント【value chain manegement】 多国籍企業などが開発から資材調達・製造・販売に至る業務の全過程を、世界全体で最も効率的に行う経営手法。価値連鎖経営。VCM。

パル【pal】 友達。仲間。

バルーン【balloon】 気球。風船。

バルカン【Vulcan】 ローマ神話の古い火の神。のち、ギリシャ神話のヘパイストスと同一視された。ムルキベル(火よけの神)とも称される。ウルカヌス(Vulcanus)。

バルキー【bulky】 ①かさばった。分厚い。②太い糸でざっくりと編まれたもの。

バルク【bulk】 ①船などに、荷造りをしないでそのまま積み込んだ、鉱石や穀物などの荷物。ばら荷。ばら積み貨物。②紛状や粒状のものが、一塊りになっていること。③大量に扱うこと。④商品を大量に安値で売買すること。

パルクール【フランスparkour】 自分の体のみを用いて、素早い移動・跳躍・登攀《とうはん》などを行うパフォーマンス。PK。

パルコ【イタリアparco】 広場。公園。

バルコニー【balcony】 ①建物の外面に張り出した、屋根のない平らな所。露台。バルコン。②劇場の2階席。

バルサミコ酢 白ブドウの液を発酵・熟成させて作る、イタリアの伝統的な酢。

ハルシオン【Halcion】 睡眠導入剤の商品名。

パルス【pulse】 非常に短い時間の間だけ変化する電流や電波。

パルチザン【フランスpartisan】 戦時に、武装した一般人民によって組織された非正規の戦闘集団。別動隊。

パルティータ【イタリアpartita】 17～18世紀の楽曲の形式。変奏の意から組曲をさすようになった。

パルテノン【ギリシャParthenōn】 ギリシャのアテネのアクロポリスに建つ、古代アテネの主神アテナ=パルテノスの神殿。紀元前5世紀に造られ、ドリス式建築の代表例。

バルネラビリティー【vulnerability】 ①傷つけられやすいこと。脆弱《ぜいじゃく》性。②心理学で、攻撃を受けやすいこと。攻撃誘発性。

バルブ【bulb】 ①球根。②電球。特に、閃光《せんこう》電球。③カメラのシャッター目盛りの一。記号B シャッター-ボタンを押している間中、シャッターは開き続ける。

バルブ【valve】 ①弁。気体や液体の流れの方向を調節する装置。②真

空管のこと。

パルプ【pulp】 木材などの植物体を機械的・化学的に処理してほぐし、セルロース繊維を水に懸濁した状態や厚紙状にしたもの。紙・レーヨンやアセテートなどの原料とする。

パルフェ【フランスparfait】 ①生クリームをベースにつくった軽いアイス-クリーム。②⇨パフェ

ハルマゲドン【ギリシャHarmagedōn】 ①新約聖書ヨハネ黙示録で、世界の終末に起こる善と悪との勢力の最後の決戦の場所。アルマゲドン。②転じて、世界の終わり。

パルム ドール【フランスPalme d'Or】 カンヌ国際映画祭で、コンペティション部門の最優秀作品に贈られる賞。▷金色のシュロ(パーム)の意。シュロの葉は勝利の象徴。

パルメザン【Parmesan】 ナチュラル-チーズの一。イタリアのパルマ地方原産の硬質チーズ。パルミジャーノ。

ハルモニ 祖母。おばあさん。▷朝鮮語。

バレー ⇨バレーボール

バレエ【フランスballet】 踊りや身振りで感情を表現する、歌詞を伴わない舞踊劇。

ハレーション【halation】 写真で、強い光が当たった部分の周囲が白くぼやけて写る現象。

パレード【parade】 祝賀や催し物の時などに、行列を整えて行進すること。また、その行進。

バレーボール【volleyball】 球技の一。2チームがネットを境に左右に分かれ、ボールを手で相手コートに打ち込み、得点を争う。バレー。

パレス【palace】 ①宮殿。王宮。御殿。②娯楽などのための大きな建築物の名に用いられる語。

バレッタ【フランスbarrette】 金具のついた髪留め。バレット。

パレット【palette】 油絵や水彩画を描く時、絵の具を混ぜ合わせて色を作るために用いる板。調色板。

パレット【pallet】 フォークリフトで荷物を移動するときに使う荷台。

バレル【barrel】 ⇨バーレル

ハレルヤ【hallelujah】 キリスト教で、神をほめたたえ、感謝を表す語。アレルヤ。▷ヘブライ語で「主をほめたたえよ」の意。

バレンタイン デー (Saint Valentine's Day)聖人バレンタインの祝日。2月14日。古代ローマの異教の祭りと結びついて、(日本では女から男へ)愛の告白や贈り物をする習慣がある。セント-バレンタイン-デー。

ハロウィーン【Halloween】 万聖節《ばんせいせつ》(11月1日)の前夜祭。秋の収穫を祝い悪霊を追い出すための祭り。ハロウィン。ハローイン。

ハロー【halo】 ①太陽・月の周囲にできる光の輪。②聖画像の頭部の背後に描かれる光輪。光背。③写真で、強い光を発している被写体を写した時、その周辺にできる白いぼやけた輪。④銀河系本体の周辺のほぼ球状な部分。球状星団が分布している。

ハロー【hello】 呼びかけ、または挨拶《あいさつ》の語。

ハロー ワーク 【和 Hello＋Work】 公共職業安定所のニック-ネーム。

ハロゲン【halogen】 周期表17族のうちフッ素・塩素・臭素・ヨウ素・アスタチンの5元素の総称。最も典型的な非金属元素で、一価の陰イオンになりやすい。生物体には必須の元素であるが、多量では有害。

バロック【フランスbaroque】 16世紀末から18世紀中頃にかけて、ヨーロッパ全土に盛行した芸術様式。ルネッサンス様式の均整と調和に対する破格であり、感覚的効果をねらう動的な表現を特徴とする。

パロディー【parody】 既成の著名な作品などの特色を残したまま、全く違った内容を表現して、風刺・滑稽《こっけい》を感じさせるように作り変えた作品。

バロメーター【barometer】 ①気圧計。晴雨計。②物事の状態を推測する目安となるもの。指針。指標。

ハロン【furlong】 競馬で使う距離の

単位。1ハロンは8分の1マイルで、約201.168m。日本では200m。

ハロン〔halon〕化合物中に臭素を含むフロン。消火剤として用いられたが、オゾン層破壊物資として使用が禁じられた。

バロン〔baron〕男爵。

バロン ドール〔フランスBallon d'or〕ヨーロッパでプレーするサッカー選手のうち、年間を通して最も優れた活躍をした選手に贈られる賞。欧州年間最優秀サッカー選手。▷黄金のボールの意。

パワー〔power〕①力。腕力。また、馬力。②権力。また、軍事力。③集団の力。④動力。工率。⑤数学で、冪《べき》。

パワー ステアリング〔power steering〕(自動車の)操舵《そうだ》倍力装置。ハンドル操作にかかる力を軽減するもの。パワステ。

パワー スポット〔power spot〕心身を活性化させたり、心が癒されたりするとされる場所。パワスポ。スピリチュアル-スポット。

パワード スーツ〔powered suit〕人体に装着し筋力を補助する装置。パワー-アシスト-スーツ。

パワー ハラスメント〔和power＋harassment〕職場内の人間関係において発生する、いじめや嫌がらせ。パワハラ。

パワー ユーザー〔power user〕パソコンのシステムやソフトウエアの操作方法などに精通しているユーザーのこと。

パワー ランチ〔power lunch〕商談や打ち合わせをしながらとる昼食。ビジネス-ランチ。

パワー ワード〔和power ＋ word〕非常に強い印象をもたらす言葉。

ハワイアン ブルー〔Hawaiian blue〕ハワイの海を連想させるような明るい青色。

パワステ ⇨パワー-ステアリング

パワハラ ⇨パワー-ハラスメント

パワフル〔powerful〕力強いさま。強力なさま。

バン〔van〕箱形の貨物自動車。

パン〔pan〕映画・テレビで、カメラの位置を固定したまま、左右に動かしながら撮影すること。

パン〔pan〕底が平らで浅く、取っ手の付いている鍋。平鍋。

パン〔ポルトガルpão〕小麦粉を主な原料とし、水でこね、イーストを加えて発酵させてから焼きあげた食品。

バンアレン帯 地球大気の高層に存在する高エネルギー荷電粒子の分布密度が高い帯状の領域。放射線帯。

ハンガー〔hanger〕洋服かけ。えもんかけ。

バンカー〔banker〕銀行家。

バンカー〔bunker〕ゴルフ場のコース内に障害物として設けられた砂地のくぼみ。

ハンガー ストライキ〔hunger strike〕抗議の意思を示したり、要求を通すために行う、食事を断つ示威行動。ハンスト。

ハンカチ 正方形で小形の手ふき。ハンカチーフ(handkerchief)の略。ハンケチ。

バンガロー〔bungalow〕①小さい木造平屋建ての住宅。正面に広縁がある。②キャンプ場に設けられた簡易な小屋。

バンキング〔banking〕銀行業。銀行業務。→ホールセール-バンキング・リテール-バンキング

ハング〔hang〕①つるすこと。掛けること。②絞首刑にすること。③ハング-アップの略。

バンク〔bank〕①土手。堤防。②大陸棚上の、水深の浅い部分。③飛行機が旋回や合図のために機体を傾けること。④自転車競技場などの走路の傾斜部分。

バンク〔bank〕銀行。

パンク〔puncture〕①自動車・自転車などのタイヤやチューブが破れ、空気が抜けること。②内部がふくらみすぎて破裂すること。③本来の能力を超えたためにその機能が失われること。

パンク〔punk〕1970年代中頃、体制化したロック音楽の批判として、ロン

ドンにはじまった音楽。また、髪を原色に染めたりする奇抜なファッションなどもいう。

ハング アップ【hang up】コンピューターなどが、操作不能な状態で異常停止すること。ロック-アップ。

パンクス【punks】パンク文化(音楽ジャンルであるパンクを中心とした文化)を体現する人々。

パンクチュアル【punctual】時間に正確なさま。

ハングリー【hungry】空腹であること。飢えていること。また、そのさま。物事を強く求める精神的な飢えについてもいう。

バングル【bangle】留め金のない、輪になった腕輪。

パンケーキ【pancake】①小麦粉に牛乳・卵などを加えて、薄く平らに焼いた菓子。②固形おしろいの商標名。

バンケット【banquet】晩餐《ばんさん》会。宴会。パーティー。

バンコマイシン【vancomycin】抗生物質の一。ブドウ球菌などのグラム陽性菌に有効。MRSA感染症の治療に用いられる。

パンサー【panther】豹《ひょう》。または、ピューマ。

ハンサム【handsome】男子の顔だちのよいさま。美男。

パンジー【pansy】①スミレ科の越年草。多数の園芸品種があり、3色から成るものが多い。花壇・切り花用。三色菫《さんしきすみれ》。②深い青紫色。

バンジー ジャンプ（bungee jumping）ゴム製の命綱を足に固定し、橋やジャンプ台の上から地面や水面近くまで飛び降りる遊び。

ハンシク 韓国風の食事。韓国料理。韓食《かんしょく》。▷朝鮮語。

バンズ【buns】小さな丸いパン。

ハンスト ハンガー-ストライキの略。

パンスト パンティー-ストッキングの略。腰までおおう、タイツ型のストッキング。

ハンズ フリー【hands-free】手に何も持っていない状態のこと。また、手を使わなくてもよい状態。

パンセ【フランスpensée】考え。思考。思想。

ハンセン病【Hansen's disease】癩菌《らいきん》によって起こる慢性感染症。感染力は弱い。かつては不治の病とされたが、治療薬の出現により治療可能となった。日本では新患者の発生はほとんどない。レプラ。▷癩菌を発見したノルウェーのハンセン[1841～1912]の名にちなむ。

パンダ【panda】①ジャイアント-パンダとレッサー-パンダの2種をさす。熊猫。②特に、ジャイアント-パンダのこと。

ハンター【hunter】①狩りをする人。狩猟家。②ほしい物を、あさり求める人。

パンタグラフ【pantagraph】①電車・電気機関車の屋根についている、伸縮自在の集電装置。②一定の倍率で図形を写すのに用いる、製図器具。写図器。パントグラフ。

バンダナ【bandanna】絞り染めまたは更紗《サラサ》染めのインドの大型のハンカチーフ。スカーフ代わりに用いる。

バンダリズム【vandalism】文化・文化財を破壊すること。蛮行。▷455年にローマに侵攻したバンダル族の略奪行為から。

パンタロン【フランスpantalon】長ズボン。日本では特に、裾《すそ》広がりのものをいう。

パンチ【punch】①切符やカードに穴をあけること。また、そのための鋏《はさみ》や装置。②ボクシングで相手を打つこと。げんこつで突くようになぐること。③人を圧倒したり、刺激したりするような力強さ。

パンチ【punch】ポンチに同じ。

パンチ ドランカー【和 punch-drunk＋er】ボクシングで、パンチを受けた後遺症で脳に障害を生じたボクサー。

パンチ パーマ【和punch＋permanent】短い頭髪にパーマをかけ、毛髪を小単位で螺旋《らせん》状にまとめた髪形。

ハンチング【hunting cap】鳥打ち帽。

パンチング【punching】①こぶしで

たたくこと。②サッカーのゴール-キーパーなどが、こぶしでたたいたり、突いたりしてボールをはじき返すこと。フィスティング。

パンツ【pants】①ズボンのこと。②下半身にはく短い肌着。

ハンデ ハンディキャップの略。

ハンディー【handy】持ち運びのしやすいさま。携帯用。

パンティー【pantie; panty】股下《またした》のほとんどない女性用の肌着。ショーツ。

ハンディキャップ【handicap】①不利な条件。また、それによって生じる不利益。②競技や勝負事などで、優劣を平均するために、強い者に加える負担。▷ハンデとも。

ハンティング【hunting】狩り。狩猟。

バンデージ【bandage】ボクシングで、こぶしと手首を保護するために巻く包帯。

パンデミック【pandemic】病気が世界の複数の地域で同時に大流行すること。感染爆発。一定の地域から周辺地域へ大きな広がりをみせるエピデミック(epidemic)に対していう

ハンド【hand】①「手」「手動の」「手で」などの意を表す。②ハンドリング①の略。③ラグビーの反則。スクラムまたはラックの中にあるボールを手で扱うこと。④ビリヤードの一試合。

バント【bunt】野球で、バットを振らずに軽くボールに当て、内野にゆるく転がすこと。→スクイズ

バンド【band】①ひも。帯。②洋装で、腰に締める革や布の帯。ベルト。③二つの周波数の間に挟まれた、連続した周波数の範囲。また、無線周波数を区分したもの。周波数帯。

バンド【band】①演奏者の一団。楽隊。楽団。②採集狩猟民社会にみられる生活集団。▷集団の意。

ハンドアウト【handout】記者会見などで事前に配布される報道用の資料。

ハンド スピナー【hand spinner】掌《てのひら》に収まる大きさのプロペラ状の玩具。指で錘を弾くと回転が続く仕組み。フィジェット-スピナー。フィンガー-スピナー。

バンドネオン【スペイン bandoneón】アコーディオンと同種の小型のリード楽器。ボタン式鍵盤を用いる。

ハンドブック【handbook】①小型の本。②手引き書。案内書。便覧。

ハンドベル【handbell】手で鳴らすことができる小型のベル(振鈴)。またそれを用いた楽器。音階の異なるベルを用意しておき、大人数で順序よく振って演奏する。

ハンドヘルド【handheld】携帯用の。

ハンドボール【handball】7人一組みで、ドリブルまたはパスで前進し、相手チームのゴールに投げ入れ、得点を競い合う球技。

パントマイム【pantomime】台詞《せりふ》を用いず、身振りや表情だけで演ずる劇。無言劇。黙劇。ミーム。

ハンド ミキサー【和 hand＋mixer】手持ち式のミキサー。鍋やボウルに入れてある具材を、そのまま潰したり混ぜたりすることができる。

パンドラ【Pandōrā】ギリシャ神話中の人類最初の女性。プロメテウスが天上の火を盗んで人間に与えたのを怒って、ゼウスが復讐のためにヘファイストスに粘土《ねんど》で造らせた。

パンドラの箱 ゼウスがすべての悪と災いを封じこめて、人間界に行くパンドラに持たせた箱。パンドラが好奇心からこれを開いたため、あらゆる罪悪・災禍が抜け出て、人類は不幸にみまわれるようになり、希望だけが箱の底に残ったという。

パントリー【pantry】食料品貯蔵室。食器室。配膳室。

ハンドリング【handling】①サッカーで、ゴールキーパー以外の選手が手や腕で故意にボールに触れる反則行為。ハンド。②ラグビーで、キャッチングやパスの際のボールさばき。③取り扱い。運用。④ハンドル操作。

バンドリング【bundling】⇨バンドル

ハンドル【handle】①機械や器具を操作・運転する際、手で握って扱う部分。特に、自動車や自転車のかじ取りのためのもの。②ドアなどの、手で握る部分。取っ手。柄。ノブ。③⇨ハンドル-ネーム

バンドル【bundle】別々の商品を組み合わせ、一式にして販売すること。特に、パソコンにソフトウエアを組み合わせて販売する場合など。バンドリング。▷束・包みなどの意。

ハンドル ネーム【和 handle＋name】インターネットなどで用いる、本名以外の名前。HN。▷ハンドルは通称・あだ名などの意。

ハンドレール【handrail】手摺《す》り。

パンナ コッタ【イタリア panna cotta】生クリームに牛乳・砂糖・香料などを加え、ゼラチンで固めた菓子。

バンパー【bumper】急激な機械的衝撃を緩和するための装置。車両・銃砲など各種機械装置に組み込まれる。ダンパー。緩衝装置。

ハンバーガー【hamburger】ハンバーグと野菜などをはさんだパン。

ハンバーグ【hamburg】ひき肉にパン粉・卵・玉ねぎなどを加えてこね、小判形に丸めて焼いたもの。ハンバーグ-ステーキ。▷ドイツの都市ハンブルクの英語読みから。

バンパイア【vampire】①吸血鬼。②チスイコウモリの異名。

バンバンジー【棒棒鶏】中国料理の一。鶏肉をゆでて細く裂き、胡麻《ごま》味噌《みそ》のたれであえたもの。▷中国語。

パンピー 俗に一般人のこと。▷「一般ピープル」の略。

ハンプ【hump】①貨車操車場で、仕訳線の手前に設けた小丘。貨車をこの小丘に押しあげ、反対側の下り勾配《こうばい》を貨車が惰力《だりょく》で走行する間に、行き先別に仕分ける。②自動車のスピードを抑制するために、駐車場や建物の構内などの路上を横切るように置かれた、こぶ状の段差。

バンプ【vamp】男を惑わす女。妖婦。▷バンパイア(吸血鬼)の略。→ファム-ファタル

パンフ パンフレットの略。

バンブー【bamboo】竹。

パンプキン【pumpkin】かぼちゃ。

パンプス【pumps】甲の部分が広くあいた、締め紐《ひも》や留め金のない婦人靴。

パンフレット【pamphlet】仮綴じの薄い冊子。パンフ。

ハンマー【hammer】①物を打ちたたくための、鉄製の大形の槌《つち》。鉄槌《てっつい》。②ピアノなど鍵盤《けんばん》楽器で、弦を打って音を出させる小槌。③銃砲の撃鉄。④ハンマー投げに使う器具。金属製の球に鋼鉄線をつけ、末端に取っ手をつけたもの。

ハンマー プライス【hammer price】競売で、落札価格。

ハン リュウ ▷朝鮮語。日本における韓国大衆文化の流行現象。韓流《かんりゅう》。

ヒ

ビア【beer】ビール。▷ビヤとも。

ピア【peer】同じ地位にある者。同僚。仲間。

ビア ガーデン【beer garden】⇨ビヤ-ガーデン

ピア カウンセリング【peer counseling】同じ立場にある仲間どうしによって行われるカウンセリング。

ピアス 身体の一部に穴をあけて付ける装身具。▷ピアス(pierce)は刺し通す意。

ピア ツー ピア【peer-to-peer】⇨P2P

ピアニカ【Pianica】吹鳴楽器の一。鍵盤ハーモニカ。商標名。

ピアノ【イタリア piano】①音楽の強弱記号の一。「弱く」「やわらかく」を指示する。記号p →フォルテ ②鍵盤楽器の一。鍵に連動するハンマーで金属弦を打って音を出す。ピアノ-フォルテの略。

ヒアリング【hearing】①(言語教育で)聞き取り。②公聴会。聴聞会。▷ヒヤリングとも。

ヒアルロン酸 [hyaluronic acid] 多糖類の一。タンパク質と結合して動物結合組織中の基質の重要な構成成分をなし、特に関節液・眼球ガラス体・皮膚・臍帯《さいたい》に多くみられる。組織の保護および構造の維持、摩擦を和らげ、細菌の侵入を防ぐなどの機能を果たす。

ピア レビュー [peer review] 同じ専門領域をもつ仲間の中で、業績評価を行うこと。

ピーアール [PR] (public relations) ①事業内容や施策などを一般に広く知らせること。②売りこみ。宣伝。

ビーカー [beaker] 円筒形で注ぎ口のあるガラス製容器。化学実験に多く使う。

ピーカン 直射日光の当たる快晴の状態。ぴいかん。▷屋外撮影現場の俗語から。

ピーク [peak] ①山の頂上。山頂。峰《みね》。②最高潮。

ピーク アウト [peak out] (業績や株価などが)頂点を過ぎること。落ち目。

ピーク カット [和peak + cut] 電力需要における最大時の需要を抑制すること。

ピーク シフト [和peak + shift] 最大時の需要を他の時間帯に分散させること。おもに電力需要についていう。

ビークル [vehicle] ①乗り物。特に、自動車。②輸送手段。輸送機関。③伝達手段。媒体。特に、媒体の銘柄。

ビーグル [beagle] イヌの一品種。イギリス原産。長く垂れた耳をもつ。ウサギ猟に用いられていた。

ピー コート [pea coat] 厚手ウールの、ダブル前、腰丈のコート。元来は船員などが着る防寒用コート。ピー-ジャケット。

ピーコック [peacock] 孔雀《くじゃく》。

ビーコン [beacon] ①航路や航空路などの標識や標識灯。②ラジオ-ビーコンの略。無線標識。

ビーズ [beads] 球形・管形などの小さな、色とりどりのガラス玉。

ピース [peace] 平和。

ピース [piece] 一切れ。小片。セットになったもののうちのひとつ。

ビースト [beast] 動物。けだもの。野獣。

ヒーター [heater] ①熱を発生させる装置。発熱器。放熱器。電熱器。②暖房装置。暖房器具。

ピータン [皮蛋] アヒルの卵を木灰・泥・塩に漬けたもの。黄身は濃緑褐色、白身は半透明褐色。▷中国語。

ビーチ [beach] 浜辺。海辺。なぎさ。

ピーチ [peach] ①桃《もも》。②桃の果実のようなごく薄い黄赤色。

ビーチコーミング [beachcombing] 海岸に打ち上げられた漂着物を観察・収集すること。

ビーチ バレー [beach volleyball] 砂浜で行うバレーボール。通常は2人制。ルールは6人制とほぼ同じ。少し重いボールを使用。

ヒート [heat] 熱。熱気。多く他の外来語に付いて用いられる。

ビート [beat] ①水泳で、足で水を打つ動作。クロール泳法のばた足など。②音楽で、拍。拍子。特にジャズ・ポップスで、強調されている拍子。③干渉のために生ずる音波のうなり。

ビート [beet] アカザ科の一、二年草。地中海沿岸地方原産。根に糖分が多く、一般には砂糖原料用に育種されたサトウダイコンをさす。

ピート [peat] 泥炭《でいたん》。

ヒート アイランド [heat island] 都市部を中心にした高温域。周辺地域よりも高温の空気が都市域をドーム状におおう。都市化に伴う地表面の人工的改変、大量のエネルギー消費などで熱がたまることがその成因。熱の島。▷気温分布図に等値線が島の形を描くことから。[案]都市高温化

ヒート ガン [heat gun] 熱風を出す工具。乾燥、加工などに用いる。ヒーティング-ガン。ホット-ガン。

ヒート ショック [heat shock] ①急

激な温度変化が身体に及ぼす影響。血圧の急変動や脈拍が速くなるなど。②食品などの温度変化による品質変化。

ピート モス【peat moss】ミズゴケが堆積してできた泥炭。透水性・保水性がよく、園芸用資材として利用。

ビートル【beetle】①カブト虫。②ドイツのフォルクスワーゲン社製の車種の一つの俗称。

ビードロ【ポルトガル vidro】①ガラスの古称。②首の長いフラスコ状の玩具。吹くと底部が凹んで、ポピンポピンと音がする。

ピートロ 豚の頬《ほお》から肩にかけての肉。豚《とん》トロ。

ビーナス【Venus】①ローマ神話の菜園の女神ウェヌスの英語名。のちギリシャ神話の美と愛の女神アフロディテと同一視された。②金星《きんせい》。

ビーバップ【bebop】⇨ビバップ

ビーフ ジャーキー【beef jerky】牛の乾燥肉。

ビーフ ストロガノフ【beef stroganoff】ロシア料理の一。牛肉をサワー-クリームのソースで煮込んだ料理。

ピープル【people】人々。人民。国民。

ビーフン【米粉】粳《うるち》米の粉でつくった中国の麺《めん》の一種。▷中国語。

ビーム【beam】①建造物の梁《はり》。②光や電子の流れの束、または電波の束。

ヒーメン【ドイツ Hymen】処女膜《しょじょまく》。

ピーラー【peeler】野菜やくだものの皮むき器。

ヒーリング【healing】心身に働きかけて生命力・自己治癒力を引き出し、治癒・回復を促す活動。癒し。

ヒール【heel】①靴のかかと。②卑劣な奴。悪役。

ビール【オランダ bier】麦芽を原料としてつくる苦みのあるアルコール飲料。ビア。

ピール【peel】①皮をむくこと。②果物、特に柑橘《かんきつ》類の皮。

ビールス【ドイツ Virus】⇨ウイルス

ヒール スリッパ【heel slipper】踵《かかと》のついたスリッパ。

ビールテースト飲料 アルコール分をほとんど含まない(1%に満たない)ビール風飲料。

ヒーロー【hero】①英雄。勇士。②はなばなしい活躍をした人。③小説・演劇などで、男の主人公。→ヒロイン

ビーンズ【beans】豆類のこと。

ピエゾ素子 (piezoelectric element)圧電素子。圧電効果を利用して電気を取り出したり、電圧をかけることで一定の周波数の振動を取り出す部品。

ピエタ【イタリア Pietà】画題の一。キリストの遺体を膝に抱いて悲しむ聖母マリアの図像。嘆きの聖母像。▷哀れみ・敬虔の意。

ヒエラルキー【ドイツ Hierarchie】ピラミッド形に上下に序列化された位階制の秩序あるいは組織。階層制。階統制。教階制。▷ヒエラルヒーとも。

ピエロ【フランス pierrot】①サーカスなどで、道化役者。②フランスのパントマイムに登場する代表的役柄。③おどけたしぐさで人を笑わせる人。また、もの笑いの種になるだけの人。

ヒエログリフ【hieroglyph】①古代エジプト文字の書体の一。人・鳥・獣などを絵として表した象形文字。聖刻文字。②古代エジプト文字の総称。1822年フランスのシャンポリオンによって解読された。

ビエンナーレ【イタリア biennale】1年おきに開催する美術展覧会。▷2年ごとの意。→トリエンナーレ

ビオトープ【biotope】野生の動物や植物が共生できるように造成・復元された生息空間。公園の造成・河川の整備などに取り入れられるようになった。㊫生物生息空間

ビオラ【イタリア viola】バイオリン属のアルト楽器。バイオリンよりやや大形のもの。室内楽・管弦楽の内声部を受け持つ。

ピカタ【イタリア piccata】薄切りの肉を小麦粉と卵の衣で包み、油で焼いたイタリア料理。

ピカレスク小説【picaresque novel】悪漢小説。悪者小説。▷スペイン

picaro(ならずもの・悪漢)に由来。

ビギナー【beginner】初心者。

ビギナーズ ラック【beginner's luck】賭《か》け事などで、初心者が往々にして得る幸運。

ピクセル【pixel】画像を構成する最小の単位要素。画素。

ピクチャー【picture】絵。絵画。

ピクトグラフ【pictograph】①絵文字。象形文字。②絵を用いた統計図表。▷ピクトグラムとも。

ビクトリー【victory】勝利。

ピクニック【picnic】野山などに出かけて遊ぶこと。遠足。

ピグマリオン【Pygmaliōn】ギリシャ伝説で、彫刻が巧みなキプロス島の王。自作の象牙の乙女像に恋したので、アフロディテがこれに生命を与えて妻にさせたという。

ピクルス【pickles】西洋風の漬物。野菜・果実を酢や香辛料などを合わせた汁に漬けたもの。ピックルス。

ピケ ピケットの略。

ピケ【フランスpiqué】畝《うね》を織り出した織物。ピケ織り。

ピケット【picket】労働争議の際、事業所の入り口などに見張りを立てること。また、その見張り人。ピケッティング。ピケ。

ピコ【pico】単位に冠して10^{-12}すなわち1兆分の1の意を表す語。記号p

ピコ【フランスpicot】編み物で縁飾りとして編む玉状の飾り。ピコット。

ビザ【visa】その外国旅行者が正当な理由と資格で旅行するものであることを証明する旅券の裏書き。入国査証。査証。

ピザ【イタリアpizza】小麦粉を練って広げた生地の上に、サラミ・チーズ・トマトなどをのせて焼いた食品。ピッツァ。ピザ-パイ。

ビジー【busy】忙しいさま。多忙なさま。

ビシソワーズ【フランスvichyssoise】ジャガイモを用いた冷製クリーム-スープ。

ビジター【visitor】①訪問者。②会員制の施設で、会員の同行あるいは紹介で、臨時に料金を払って施設を利用する人。③スポーツで、その試合の行われる場所を本拠地としないチーム。ビジティング-チーム。

ビジット【visit】①訪問。滞在。②訪れること。滞在すること。

ビジネス【business】①仕事。職務。②業務。実務。③営利活動。事業。④個人的な感情をまじえない、金もうけの手段としての仕事。

ビジネス クラス【business class】旅客機の席で、ファースト-クラスとエコノミー-クラスの中間のクラス。エグゼクティブ-クラス。

ビジネス スクール【business school】①簿記など、商業事務を教える学校。②アメリカの大学で、経営学専攻の大学院。

ビジネス トーク【business talk】①仕事のための会話。商談など。②転じて、感情などを交えずに、割り切って進める会話についてもいう。

ビジネス パーソン【business person】ビジネスマンである男女の総称。ビジネス-パースン、ビジネス-ピープルとも。

ビジネス プロセス リエンジニアリング【business process reengineering】⇨リエンジニアリング

ビジネスマン【businessman】①実業に携わる人。実業家。商売人。②会社員。特に、事務系の仕事をする社員。

ビジネス モデル【business model】利益を生み出す仕組み。

ビジネスモデル特許 電子商取引の仕組みなど、経済行為の方法に関する特許。ビジネス方法特許。

ビジネスライク【businesslike】仕事とわりきって能率的にするさま。事務的。職業的。

ヒジャーブ【アラビアhijāb】イスラム教地域で女性がかぶるスカーフ、頭巾《ずきん》。ヒジャブ。ヘジャブ。

ビジュアル【visual】①視覚に訴えるさま。視覚的。②見た目がよいさま。

ビショップ【bishop】①キリスト教会

の聖職位の一。司教。主教。監督。②チェスのこまの種類の一。将棋の角行に当たる。

ビジョン【vision】①将来のあるべき姿を描いたもの。将来の見通し。未来像。未来図。構想。②幻想。幻影。まぼろし。③視覚。視力。視野。④見えるもの。光景。ありさま。㊟展望

ピジン【pidgin】通商のために発達した、英語と中国語などの混成語(ピジン-イングリッシュ)。また、世界各地で生まれた同様の混成語。→クレオール

ヒス ヒステリーの略。

ビス ⇨BIS

ビス【フランスvis】小ねじ。特に、金属接合などにナットと組み合わせて用いる小形のねじ。

ビスケット【biscuit】小麦粉に牛乳・卵・砂糖・バターなどを加えて一定の形に焼いた菓子。

ビスコース【viscose】セルロースと水酸化ナトリウムとの反応生成物(アルカリセルロース)に二硫化炭素を反応させて得たセルロースキサントゲン酸ナトリウムを、水あるいは薄い水酸化ナトリウム水溶液に溶かした粘度の高い黄赤色のコロイド溶液。レーヨンやセロファンの製造原料。

ビスタ【vista】①見通しのある場所。特に、両側に山や並木などがある狭長な見通し。②眺め。見晴らし。展望。

ピスタチオ【イタリアpistàcchio】ウルシ科の落葉樹。種子の殻は白色でかたく、中にある緑色または黄色の実を食用にする。

ヒスタミン【histamine】動物の組織内に広く存在する化学物質。けがや薬により活性型となり、血管拡張を起こし(発赤)、不随意筋を収縮する。かゆみや痛みの原因となるともいわれる。過剰に活性化されるとアレルギー疾患の原因となる。

ビスチェ【フランスbustier】肩ひものないブラジャー。また、同型の上着。ビュスチェ。ビュスチエ。

ヒステリー【ドイツ Hysterie】①神経症の一。精神的な原因で、運動麻痺《まひ》・失声・痙攣《けいれん》などの身体症状や健忘・痴呆などの精神症状を示すもの。②精神的な原因で一時的に生じる病的興奮状態の通称。ヒス。③虚栄心が強く、感情が変わりやすく暗示にかかりやすい性格。

ヒステリック【hysteric】ヒステリーのようなさま。

ピスト【フランスpiste】①飛行機の滑走路。②フェンシングの試合を行う演台。③(スポーツの)競技場。トラック。馬場。ゲレンデ(スキーの滑降コース)。④ブレーキや変速装置のない、固定ギアの自転車。多く、競輪やトラック競技などで使用される。ピスト-バイク。ピスト-レーサー。トラック-レーサー。トラック-バイク。

ヒストリー【history】歴史。

ピストル【pistol】拳銃《けんじゅう》。短銃。

ビストロ【フランスbistro】小さなフランス料理店。

ピストン【piston】①蒸気機関・内燃機関などのシリンダー内を往復運動する、円柱形または円盤状の部品。②金管楽器の管長を調節し、音高を変えるための装置。

ヒスパニック【Hispanic】アメリカ合衆国で、スペイン語を母語とするラテン-アメリカ系住民。

ビスフェノールエー【bisphenol A】ベンゼン環2個からなる化合物。エポキシ樹脂やポリカーボネートなどの原料として広く利用されてきた。BPA。

ビスマス【bismuth】15族(窒素族)元素の一。元素記号Bi　原子番号83。原子量209.0。融点が低く、易融合金の材料にする。

ビター【bitter】苦いさま。苦味の利いたさま。

ビターズ【bitters】強い苦みと芳香をもつリキュール。カクテルなどの香味づけに使う。ビタース。ビター。

ビタミン【ドイツ Vitamin】栄養素の一。生物の正常な発育と栄養を保つ上で、微量で重要な作用をする有機化合物の総称。不足すると特有の欠乏症状が現れる。

ピチカート【イタリア pizzicato】 ⇨ピッチカート

ピッキング【picking】 ①物流において、物品を保管場所から取り出したり、配送先ごとに仕分けたりする作業。②弦楽器で、弦をピックで弾く演奏法。→ピック ③針金状の専用工具を使って、不法にドアを開錠すること。また、その手法で行う窃盗。

ビッグ【big】 「大きい」「重要な」「大規模な」などの意。

ピック【pick】 ①つるはし。②ピッケルのつるはし状の部分。③ギターなどの弦をはじくための爪《つめ》。義甲。義爪《ぎそう》。

ピックアップ【pickup】 ①拾い上げること。選び出すこと。②レコード-プレーヤーで、レコードの溝から音声を再生する装置。③ラグビーの反則の一。スクラムやラックの中のボールを手で拾い上げること。④セダンに似た前席を備え、ボディー外板を運転台と一体に作られた小型無蓋《むがい》トラック。⑤エレキ-ギターなどの電気楽器に取り付けられている音を拾い増幅する装置。

ビッグ エア【big air】 Xスポーツで、巨大な坂を滑走してジャンプ台から飛び出し、空中で繰り出す技の出来を争う種目。BMX・スケートボード・スノーボード・スリースタイル-スキーなどで行われる。

ビッグ クラブ【和 big＋club】 サッカーで、世界有数の名門クラブ-チームをいう語。

ヒッグス粒子【Higgs boson】 標準理論が成り立つ場合に、全ての素粒子に質量を与える素粒子。ヒッグス-ボソン。

ビッグ データ【big data】 インターネット上に存在する膨大なデータ(特に非構造化データ)を迅速に収集・分析することで、ビジネスや学術などに有用な知見を得ようとする考え方。また、その分析対象となる膨大なデータ。

ビッグ バン【big bang】 ①宇宙の初めに起こり、現在の膨張宇宙に至ったと説く、大爆発のこと。②日本の金融市場の活性化を目的とする、金融分野の規制緩和、完全自由化を中心とした大規模な改革の俗称。

ビッグ バンド【big band】 多人数で編成した大型のジャズの楽団。

ビッグ ベン【Big Ben】 イギリス国会議事堂の時計塔にある巨大な時鐘。▷初代の時鐘設置委員長ベンジャミン=ホール(Benjamin Hall)の愛称から。

ビッグ マウス【big mouth】 大口をたたくこと。また、大口をたたく人。

ピッケル【ドイツ Pickel】 登山用具の一。鋼鉄製の鋭いつるはし状の金具のついた杖。アイス-アックス。

ヒッコリー【hickory】 クルミ科の落葉高木。種子はナッツとして食用。材を器具の柄などに使う。

ピッコロ【イタリア pìccolo】 木管楽器の一。音はフルートより1オクターブ高く、音色は鋭く透明。▷小さいの意。

ピッチ【pitch】 ①同じことを続けて行う場合や一定の間隔で繰り返して行う場合の速度や回数。はやさ。②球を投げること。ピッチング。③音の高さ。音高。高低。④プロペラ・スクリューやねじなどが1回転したときに進む距離。⑤歯車の歯と歯の間の長さ。⑥登山で、休憩から休憩までの区間。また、岩登りで、一つの確保点から次の確保点までの間。⑦サッカー・ホッケーなどの競技場で、ラインで囲まれた競技を行う場所。フィールド。

ピッチ【pitch】 コール-タール・原油などの蒸留残渣《ざんさ》。黒っぽい粘着性のある物質。防水・屋根材料、電極材、電気絶縁材、炭素繊維の原料、道路舗装などに用いる。タール-ピッチ。

ピッチカート【イタリア pizzicato】 バイオリンなどの弦楽器で、弓を使わず指で弦をはじく奏法。ピチカート。

ヒッチ ハイク【hitchhike】 通りすがりの自動車に便乗させてもらいながら目的地まで行く無銭旅行。

ピッチャー【pitcher】 投手。

ピッチャー【pitcher】 (取っ手のついた)水差し。

ピッツァ【イタリア pizza】 ⇨ピザ

ヒット【hit】①野球で、打者が守備側の失策や野選によらず、塁に出ることができる打球。ベース-ヒット。安打。②(映画やレコードなど)発表したものが多くの人の支持を受けること。③ボクシングで、パンチが命中すること。④釣りで、魚が餌《えさ》に食いつくこと。当たり。⑤アーチェリーで、標的に命中すること。

ビット【bit】①二進法で用いられる数字の0または1。②情報量を示す単位。真・偽を表現するための最小の単位。→バイト ▷binary digitの略。

ピット【pit】①穴、凹みの意。②陸上競技の跳躍種目で、競技者が着地する砂場またはマット。③自動車レース場の、タイヤ交換や給油などをする整備所。④ボウリングで、倒れたピンが落ち込むレーン後方の穴。

ビットコイン【bitcoin】インターネット上で利用できる仮想通貨の一。ブロックチェーン(分散型公開台帳)技術を用いることで、利用者間の直接取引を可能にする。

ヒット チューン【hit tune】ヒット曲。ヒット-ナンバー。

ピット マスター【pit master】バーベキューの調理人。

ビット マップ【bit map】情報を、メモリー上のビットのパターンとして表現する手法。画像表示などに利用される。

ヒッピー【hippie】既成の価値観にしばられた社会生活を否定した青年集団。1960年代後半、アメリカの若者の間に生まれ、世界中に流行した。

ヒップ【hip】尻《しり》。腰まわり。また、その寸法。

ヒップ ホップ【hip-hop】1980年代、ニューヨークに住む黒人の若者たちによってつくられた音楽やダンスなどのサブカルチャーのスタイル。DJ・ラップ・ブレーク-ダンス・グラフィティ-アートなどから成り立つ。

ビデ【フランスbidet】女性用局部洗浄器。

ビデオ【video】①映像。②ビデオテープ-レコーダー・ビデオ-カセットなどの略。

ビデオ オン デマンド【video on demand】視聴者の要求に応じて番組が視聴できる仕組み。

ビデオ クリップ【video clip】新曲などを売り出すために製作された宣伝用ビデオ。

ビデオ ゲーム【video game】家庭用ゲーム機で行うゲーム。

ビデオ ジャーナリスト【video journalist】小型のビデオ-カメラを用いて、取材・撮影・編集などを一人で行う記者。映像記者。VJ。

ビデオ判定 スポーツ競技で審判による判定が難しい場合、録画した映像を利用して判定を行う方式。→チャレンジ

ヒト ゲノム【human genome】ヒトの全遺伝情報のこと。約30億塩基対のDNAからなる。

ビニール【vinyl】ビニル樹脂・ビニル繊維などでつくった製品の総称。

ビニール ハウス【和vinyl＋house】ビニールで覆った温室。野菜・花の促成栽培に用いる。

ピニオン【pinion】①ラック②にかみ合う小歯車。②歯数の異なる二つのかみ合う歯車のうち小さい方の称。

ビニル【vinyl】①ビニールに同じ。②「ビニル樹脂」「ビニル繊維」の略。

ビネガー【vinegar】林檎《りんご》酒・ワイン・蒸留アルコールなどでつくった西洋酢。

ビネグレット ソース【vinaigrette sauce】酢・油・塩・胡椒《こしょう》を合わせたドレッシング。ビネグレット-ソース。フレンチ-ドレッシング。

ピノノワール【フランスPinot Noir】ブドウの一品種。フランスのブルゴーニュ地方で多く栽培され、赤ワインの原料にされる。

ビバ【イタリアviva】万歳。

ビバーク【フランスbivouac】登山で、露営すること。野宿。

ビハインド【behind】球技などで、リードされていること。→アヘッド

ビバップ【bebop】1940年代に起こったジャズの新たな流れ。アド-リブを重んじ高い音楽性を持つ。バップ。

ビバレッジ【beverage】（水以外の）飲料。ベバレッジ。

ビビッド【vivid】生き生きしているさま。鮮やかなさま。

ビビンバ 米飯の上に野菜の和え物を中心とした種々の具をのせて食べる朝鮮料理。ピビンパプ。ビビンパ。▷朝鮮語。

ビブ【bib】①よだれ掛け。胸当て。②⇨ビブス

ビブス【bibs】スポーツ競技などで、人物やチームを識別できるよう、選手が着用する布。チーム別に色分けして番号を記したベスト（胴着）やランニング-シャツ状のものなどがある。ビブ。▷bibの原義はよだれ掛け、胸当ての意。

ビブラート【イタリア vibrato】歌唱や楽器演奏で、音の高さをわずかに連続的に上下させ、震えるような音色を出すこと。

ビブラフォン【vibraphone】打楽器の一。鉄琴の一種で、各音板につけた金属性の共鳴筒中の円板をモーターで回転させ、音にビブラートをつけるもの。ビブラフォーン。バイブラフォーン。バイブ。

ビブリオ【ラテン Vibrio】グラム陰性桿菌《かんきん》の一群。一端に1本の鞭毛《べんもう》がある。水中に多く存在。コレラ菌・腸炎ビブリオなど。

ビブリオグラフィー【bibliography】①書誌学。②参考文献目録。

ヒブ ワクチン【Hib vaccine】乳幼児が罹患する細菌性髄膜炎の原因菌に対する、不活化ワクチン。Hibワクチン。

ピペット【pipette】分析用化学実験器具の一。一定体積の液体を正確に採取するために用いる。

ピボット【pivot】①先が円錐状に細くなり、丸みをおびている軸。時計などに使われる。②片足を軸にし、他方の足を動かして体を回転させること。③ゴルフで、バック-スイングのとき、脊柱を軸として腰から上を右へひねること。④ボートのオールの握りと幹との中間にある、オール受けと接触する部分。

ビヤ ガーデン【beer garden】庭園やビルの屋上など、屋外でビールを飲ませる店。

ヒヤリハット 俗に、大事故に繋《つな》がりかねないミスの総称。直前・直後に回避したミスや、幸い被害が小さかったミスなどをさす。▷ヒヤリとしたり、ハットしたりすることから。

ヒヤリング【hearing】⇨ヒアリング

ピュア【pure】①まじりけがなく純粋なこと。また、そのさま。②清純なこと。高潔なこと。また、そのさま。▷ピュアーとも。

ビュー【view】眺め。眺望。

ビューアー【viewer】①スライドを見るための簡単な拡大装置。透視鏡。②映画フィルムを拡大して見る小型の映画編集用装置。③コンピューターで、データやファイルの表示・閲覧専用のソフトウエア

ヒューズ【fuse】電気回路にとりつけて、過大な電流が流れると、発生する熱で溶け、回路を遮断する、薄い板状あるいは細い線状の可溶合金。安全器などに用いる。▷フューズとも。

ビューティー【beauty】①美。②美人。

ビューティフル【beautiful】①美しいさま。きれいな。②すばらしいさま。みごと。

ヒューマニスト【humanist】①人道主義者。②人文主義者。

ヒューマニズム【humanism】人間中心、人間尊重を基調とする思想態度。人文主義。人道主義。

ヒューマノイド【humanoid】SFなどで、人間のような外形をした生命体やロボットのこと。人間型。→アンドロイド

ヒューマン【human】人間らしいさま。人間的。

ヒューマン エラー【human error】人間が犯す誤りや失敗。機械やシステムの事故の原因が、人間のミスによる場合をいう。人的エラー。

ヒューマン キャピタル【human capital】人的資本。労働者が有する

生産に有用な能力を、物的資本と同等に扱っていう語。

ヒューマン ライト 【human rights】 人権。

ヒューマン リソース 【human resources】 すぐれた研究員や熟練した労働者がもつ能力の経済的価値を、ほかの物的資源と同じように生産資源の一つとみなしていう語。人的資源《じんてきしげん》。

ビューラー 【Beaura】 アイラッシュ-カーラーのこと。商標名。→アイラッシュ-カーラー

ピューリタン 【Puritan】 ①16世紀後半、イギリス国教会の宗教改革をさらに徹底させようとした国教会内の一派およびその流れをくむプロテスタント各派の総称。清教徒。②極度に潔癖で、真面目な人。

ピューレ 【フランス purée】 果実や野菜をすり潰《つぶ》し、裏ごしした汁を煮詰めた食品。トマト-ピューレなど。

ビューロー 【bureau】 ①事務所。営業所。案内所。②官庁などの、局・部・課。③引き出しつきの事務机。

ビューロクラシー 【bureaucracy】 官僚政治。官僚制。

ヒュッテ 【ドイツ Hütte】 登山者やスキーヤーなどのための山小屋。

ビュッフェ 【フランス buffet】 ①駅や列車内の、簡易食堂。②パーティーなどで、立ったまま飲食する形式。

ピュリッツァー賞 毎年、報道・文学・音楽の各部門ですぐれた社会的功績をあげた作品に与えられる賞。ピューリッツァー賞。

ビラ 【villa】 都市郊外や山中に建つ住宅。別荘。

ピラティス 【pilates】 筋力トレーニングとストレッチを組み合わせた運動法。

ピラフ 【フランス pilaf】 米をスープで炊いた洋風ご飯。

ピラミッド 【pyramid】 石または煉瓦《れんが》を積んでつくった四角錐の建造物。エジプト・スーダン・エチオピア・メキシコなどでつくられた。

ピリオド 【period】 ①欧文など横書きの文につける終止符、「.」の符号。②運動競技などで、全体の時間の中での、あるまとまった一区切り。

ビリオネア 【billionaire】 億万長者。

ビリオン 【billion】 10億。

ビリケン 【Billiken】 頭がとがり眉《まゆ》がつりあがったキャラクター。▷1908年、アメリカの女流美術家が夢にみた神の姿をモデルにつくった。

ビリジアン 【viridian】 酸化クロムを主成分とした青緑色の顔料。また、その色。

ビリヤード 【billiards】 撞球《どうきゅう》。玉突き。

ヒル 【hill】 丘。

ビル ビルディングの略。

ビル 【bill】 ①かきつけ。勘定書。②手形。

ピル 【pill】 ①丸薬。錠剤。②経口避妊薬の俗称。

ヒル サイズ 【hill size】 スキーのジャンプ競技で、踏切台の先端地点から、安全に着地できる地点までの距離。HS。

ピルスナー 【pilsner】 下面発酵法で作られる淡色のビール。ピルゼン-ビール。

ビルダー 【builder】 建築業者。建設業者。施工業者。

ビルディング 【building】 鉄筋コンクリート造りの高層建築物。ビル。

ビルド 【build】 ①組み立てること。建てること。築くこと。②カクテルをつくるとき、シェーカーなどを使わないで、材料を順に直接グラスに入れる方法。

ビルト イン 【built-in】 ①(機械やシステムなどの中に)内蔵されていること。②(家具などの)作りつけ。

ビルドゥングス ロマン 【ドイツ Bildungsroman】 教養小説。主人公のさまざまな体験による自己形成の過程を描いた小説。ドイツ文学の伝統の一。発展小説。

ビルボード 【Billboard】 アメリカの音楽業界誌。レコードの販売枚数によるヒット-チャートなどを掲載する。

ヒレ 【フランス filet】 ①牛や豚の、背骨の内

側の左右にある脂の少ない上等の肉。ヒレ肉。テンダーロイン。フィレ。②魚を3枚におろした片身。

ビレッジ［village］村。

ヒロイズム［heroism］英雄を崇拝し、英雄的行為を賛美する考え方。英雄主義。

ヒロイック［heroic］勇ましいさま。英雄的。

ヒロイン［heroine］小説・戯曲などの、あるいは実際の事件の女主人公。→ヒーロー

ピロー［pillow］枕。

ビロード［ポルトガル veludo］表面が毛羽・輪奈《わな》でおおわれた、滑らかな感触のパイル織物。ベルベット。

ピロー トーク［pillow talk］寝物語。睦言《むつごと》。

ピロシキ［ロシア pirozhki］ロシア風の肉饅頭《まんじゅう》。

ピロティ［フランス pilotis］建物の2階以上に室を設け、1階は柱を残して吹きさらしにしておく建築様式。

ヒロポン［和Philopon］覚醒剤、塩酸メタンフェタミンの商標名。

ピロリ菌［ラテン Helicobacter pylori］グラム陰性の桿菌《かんきん》。ヒトの胃粘膜に見られる。胃潰瘍《かいよう》、十二指腸潰瘍、慢性胃炎、胃癌《がん》との関連が指摘されている。ヘリコバクター-ピロリ。

ピン ①カルタ・さいの目などの1の数。②第1番。最上等のもの。→キリ ③(1割をはねる意から)上前《うわまえ》。▷ポルトガル語pinta(点の意)からか。

ピン［pin］①物を差しとめる針。②髪をはさみとめる小さな金具。③針で衣服などに留め付ける装身具。ネクタイ-ピン・ブローチなど。④機械で、ある部分を固定するために穴に差し通す細い棒。⑤ボウリングで、ボールの標的とする徳利《とっくり》形の標的。⑥ゴルフで、ホールに立てる旗竿《はたざお》。

ピンイン［拼音］中国語をローマ字で表音化したもの。▷中国語。

ピンガ［ポルトガル pinga］⇨カシャーサ

ピンキー リング［pinkie ring］小指にはめる指輪。▷ピンキーは小指の意。

ピンク［pink］①淡紅色。②(日本での用法)色事や性的なものに関すること。色っぽいこと。

ビンゴ［bingo］数字の付されている球や札を任意に一つずつ取り、その数字と手元のカードに描かれたます目の数字を一致させ、いち早く縦・横または斜めのます目がつながることを競うゲーム。

ヒンジ［hinge］上下左右には動かないが、回転は自由であるような材と材の接点または支点の状態。また、そのための機構。ちょうつがい。

ピンズ［pins］⇨ピン-バッジ

ピンストライプ［pinstripe］ごく細い線の縞模様。特に服地で、無地に極細の縦縞模様のもの。

ピンチ［pinch］さしせまった事態。危機。窮地。

ピンチ アウト［pinch out］タッチ-パネルを用いたインターフェースで、パネルに2本の指を置きながら、指先どうしの幅を拡げていく入力操作。表示画面の拡大などに用いる。ストレッチとも。

ピンチ イン［pinch in］タッチ-パネルを用いたインターフェースで、パネルに2本の指を置きながら、操作対象を摘《つ》まむように、指先どうしの幅を縮めていく入力操作。表示画面の縮小などに用いる。ピンチとも。

ビンテージ［vintage］①特定の地域あるいは特定の年のワイン。②醸造年入りの極上のワイン。ビンテージ-ワイン。③希少性があり、時間の経過とともに価値の高まった製品。

ヒント［hint］問題を解決したり、物事を理解するための手がかりとなるもの。暗示。示唆。

ピント ①カメラのレンズの焦点。フォーカス。②物事の要点。的《まと》。▷オランダ brandpuntから。

ピンナップ［pinup］ピンで留めて壁に飾る写真。

ピン バッジ［pin badge］服や帽子、バッグなどにつける、裏に針(ピン)が突き出ているバッジ。ピンズ。

ピンピンコロリ 健やかに長寿を全う

することまた、それを目的に、高齢者に向けて、健康増進や体力づくりなどを啓発する運動のこと。ぴんぴんと健康に生きてころりと死ぬことから。PPK。

ピンポイント〔pinpoint〕①限定された狭い地点。②正確な位置制御。▷「針の先」の意。

ピンホール〔pinhole〕針でついたほどの小さな穴。

ピンポン〔ping-pong〕卓球。

フ

ファー〔fur〕毛皮。また、その製品。

ファー〔fore〕ゴルフで、打球の方向にいる人へ警告するときの掛け声。フォア。

プアー〔poor〕貧しいさま。貧弱なさま。

ファースト〔fast〕早いさま。

ファースト〔first〕①第1。1番目。また、第一級。②野球で、一塁。また、一塁手。

ファースト クラス〔first class〕航空機・客船などで、設備・サービスの最もよい席。

ファースト ネーム〔first name〕(姓に対する)名。

ファースト バイト〔first bite〕①結婚披露宴で、新郎新婦がケーキに入刀した後、互いにそのケーキを食べさせ合うこと。フィーディングとも。②釣りで、最初の「あたり」のこと。▷バイトは「ひとくち」「ひとかじり」「ひとかみ」などの意。

ファースト フード〔fast food〕注文してすぐに供される食品。ハンバーガー・ホット-ドッグ・牛丼など。ファスト-フード。

ファースト レディー〔first lady〕①大統領夫人。首相夫人。②ある分野で、指導的地位にある女性。

ファーマシー〔pharmacy〕薬局。薬屋。

ファーム〔farm〕①農場。②プロ野球などの二軍。ファーム-チームの略。

ファームウエア〔firmware〕ハードウエアに組み込まれたソフトウエア。

ファーム バンキング〔firm banking〕企業と銀行をオンライン化し、金融業務や企業情報の提供などを行うシステム。FB。

ファイ〔phi; Φ・φ〕⇨フィー(phi)

ファイア〔fire〕火。炎。多く外来語と複合して用いられる。ファイヤー。

ファイア ウォール〔fire wall〕①防火壁。②ネットワークへの、外部からの不正な侵入からコンピューターを守るための防御システム。③銀行・証券会社・生損保会社が他の業務に相互参入するにあたって、本来の業務における影響力を行使しての不公平取引や顧客情報の流用を防ぐための制限や規制。業務隔壁。

ファイター〔fighter〕①闘士。戦士。また、闘志のある人。②ボクシングで、果敢に相手に接近して攻撃をしかける選手。③戦闘機。

ファイト〔fight〕①戦い。試合。②敢闘精神。闘志。③スポーツで、「頑張れ」「しっかりやれ」などの意で用いる掛け声。

ファイナリスト〔finalist〕決勝戦に出場する資格を得た者や最終審査に残った者。

ファイナル〔final〕①最終の、最後の、の意。②スポーツで、最後の勝負。決勝戦。

ファイナンシャル〔financial〕財政・財務・金融などにかかわるさま。フィナンシャル。

ファイナンシャル プランナー〔financial planner〕個人の資産運用や生活設計に基づく資金計画などの指導・助言を行う専門家。FP。

ファイナンス〔finance〕①事業などを行うために必要な金。財源。資金。②事業や活動を行う資金の調達や管理。財政。財務。③資金を供給すること。金融。融資。

ファイナンス リース〔finance lease〕リース会社が使用者に購入した物件を賃貸し、その期間中に、リース料として、物件の取得費用や金利、手

数料などの総額を回収する形態。

ファイバー【fiber】①繊維。糸状のもの。②植物の繊維や細胞壁などを構成する多糖類で、ヒトでは消化できないか、消化の困難な物質。食物繊維。DF。ダイエタリー-ファイバー。③代用皮革の一種。木綿や化学パルプからつくる。バルカン-ファイバー。

ファイバースコープ【fiberscope】内視鏡検査に用いる器具。ガラス繊維を多数束ねて像を導き出す。

ファイヤー【fire】⇨ファイア

ファイリング【filing】書類・新聞などを分類・整理して綴じ込むこと。

ファイル【file】①書類挟《ばさ》み。紙挟み。ホルダー。②書類・新聞・雑誌などを綴じ込んで保存すること。また、綴じ込んだもの。③コンピューターで、整理されたデータやプログラムの集まり。

ファイル ボックス【file box】書類を格納するための箱。

ファイン【fine】①みごとな。すばらしい。②精密な。微細な。

ファイン アート【fine art】芸術的な意図のもとに制作される美術。

ファイン セラミックス【fine ceramics】セラミックスのうち、耐熱性・耐薬品性・絶縁性・半導体性その他特定の機能を著しく向上させたもの。精密機械・半導体・医療用具などの材料として開発された。ニュー-セラミックス。

ファインダー【finder】カメラののぞき窓部分。

ファイン プレー【fine play】スポーツで、すばらしい技。美技。妙技。

ファウル【foul】①競技で、規則違反。②野球で、ファウル-ラインの外側にそれた打球。邪球。ファウル-ボールの略。→フェア

ファウンデーション【foundation】⇨ファンデーション

ファウンドリー【foundry】主に半導体業界で、自社では設計せずに顧客からの設計データに基づいて製品を造る会社。受託生産会社。ファンドリー。→ファブ-レス

ファクシミリ【facsimile】写真・文書などの画像を画素に分解し、通信回線を用いて伝送する方法。また、そのための装置。ファックス(fax)。

ファクター【factor】①ある物事や状態が生じるもとになったもの。要素。要因。因子。②数学で、因数。

ファクタリング【factoring】企業の売掛債権を買い取り、自己の危険負担で債権の管理・回収を行う金融業務。

ファクト【fact】事実。実際。

ファクト シート【fact sheet】データ表。事実を示した印刷物。概況報告書。

ファクト チェック【fact check】事実確認。文書や発言の中に述べられた事柄が事実であるかどうかを確認すること。

ファクトリー【factory】工場。製造所。

ファゴット【イタリア fagotto】木管楽器の一。管弦楽で中低音部を担当する重要な楽器。音域は約3オクターブ半にわたる。バスーン。

ファサード【フランス façade】建物の正面。また、建物の外観を構成する主要な立面をもいう。

ファジー【fuzzy】あいまいなさま。ぼんやりした様子。

ファシスト【fascist】①ファシズムを信奉する人。②イタリアのファシスト党の党員。ファシスタ。

ファシズム【fascism】第一次大戦後に現れた全体主義的・排外的政治理念、またその政治体制。ファッショ。

ファシリティ【facility】①容易なこと。たやすいこと。②便宜。便益。③便宜を図るための設備や施設。

ファシリティ マネージメント【facility management】効率的な活動を行えるように、建築物の設備・人員組織などを総合的に管理すること。

ファシリテーション【facilitation】グループによる活動が円滑に行われるように支援すること。▷容易にすること・助長などの意。

ファシリテーター【facilitator】ファシリテーションを行う人。

ファスティング【fasting】断食。絶食。

ファスト【fast】速い。素早い。ファースト。

ファスト トラック【fast track】通常よりも迅速な処理を進める道筋。医薬品の優先審査制度など。

ファスト ファッション【fast fashion】最先端の流行をいち早く取り入れ、それを安く提供する衣料販売チェーンの業態。また、そのようなファッション。ファースト-ファッション。

ファスナー【fastener】左右1列に布にとめつけた細かい金属あるいはプラスチックの歯を、かみ合わせたり離したりして開閉するもの。チャック。ジッパー。

ファセット【facet】①宝石などの切子面。②物事の局面。

ファック【fuck】性交することを俗にいう語。

ファックス【fax】ファクシミリにより伝送すること。また、伝送されたもの。

ファッショ【イタリア fàscio】①イタリアのファシスト党。②転じて、ファシズム的な傾向をもつ団体・人物・運動などをさしていう語。▷束・団結の意。

ファッション【fashion】流行。はやり。服装。

ファッション ホテル【和 fashion＋hotel】⇨ブティック-ホテル

ファナティック【fanatic】①狂信者。②狂信的なさま。熱狂的なさま。

ファニー【funny】①おかしなさま。滑稽《こっけい》なさま。面白い。②奇妙なさま。不思議なさま。怪しい。

ファビコン【favicon】ウェブ-ページ用のアイコン。多くのウェブ-ブラウザーにおいてアドレス(URL)の隣りに表示される。▷favorite iconの略。

ファブリック【fabric】織物。編物。布地。繊維製品。

ファブ レス【和 fabrication＋less】工場をもたない製造業。付加価値の高い開発・設計だけを行い、製造は外部に委託するメーカーなどをいう。→ファウンドリー

ファミリア【familiar】①親しいさま。うちとけたさま。家族的。②よく知られているさま。普通であるさま。

ファミリー【family】①家族。一家。②族。群。

ファミリー ホーム【和 family＋home】改正児童福祉法にもとづいて創設される、虐待などの理由から親元で暮らせない子どもを家庭的な環境下で養育する制度。一定の条件を備えた養育者の住居で、5、6名程度の子どもが共に生活を送る。2009年(平成21)4月施行。小規模住居型児童養育事業。

ファミリー ユース【family use】(個人用ではなく)家族用。

ファミリー レストラン【和 family＋restaurant】家族連れで気楽に利用できるレストラン。ファミレス。

ファミレス ファミリー-レストランの略。

ファム【フランス femme】服飾品・化粧品などのうち女性用のもの。▷女・女性の意。

ファム ファタル【フランス femme fatale】男性を破滅に導く女性。妖婦《ようふ》。バンプ。▷宿命の女性、の意。

ファラオ【Pharaoh】古代エジプト王の称号。旧約聖書ではパロ。

ファランジ リング【和 phalange＋ring】手の指の第1関節と第2関節の間にはめる指輪。ファランクス-リング。ミディ-リング。▷ファランジは指骨《しこつ》の意。

ファルス【フランス farce】笑劇。こっけいなどたばた劇。ファース。

ファルス【ラテン phallus】陰茎。男根。

ファルセット【イタリア falsetto】男性歌手が頭声《とうせい》よりもさらに高い声域で歌う技法。また、その声域。仮声《かせい》。裏声。

ファン【fan】芸能・スポーツなどの熱心な愛好者。

ファン【fan】扇風機。送風機。換気扇。

ファンキー【funky】黒人独特のノリのあるさま。

ファンク【funk】ジェームズ=ブラウンが1960年代半ばに完成させたソウルミュージックのスタイル。単純なコード進行とはねるビートの感覚が前面に押し出されたサウンドを特徴とする。

ファンクション【function】①ある物事に備わっている働き。機能。②数学で、関数(函数)。

ファンシー【fancy】①想像。空想。②趣味的な意匠をこらしてあるさま。奇をてらっているさま。

ファンタジア【イタリア fantasìa】⇨ファンタジー

ファンタジー【fantasy】①空想。幻想。夢。②幻想曲。③幻想的・夢幻的な文学作品。

ファンタジスタ【イタリア fantasista】卓越した技術をもち、思いもよらないプレーで観客を魅了するサッカー選手。▷多才な芸人・アド-リブの上手な芸人の意。

ファンタジック【和 fantasy+ic】ファンタスティック。

ファンタスティック【fantastic】①幻想的・空想的なさま。また、風変わりなさま。②すばらしいさま。

ファンダメンタリズム【fundamentalism】①根本となるきまりに忠実であろうとする考え方や運動。②1920年代にアメリカのプロテスタント教会内で、教義の近代主義的解釈に反対して起こった運動。ファンダメンタリスム。▷根本主義。

ファンダメンタル【fundamental】基本的であるさま。根本的であるさま。

ファンダンゴ【スペイン fandango】スペインのアンダルシア地方の舞踊およびその舞曲。3拍子または6拍子の速い舞踏で、2人で踊る野性的なもの。

ファンデーション【foundation】①体形を整えるための女性用下着類。②下地用の化粧品。③油彩画の下地として塗る白色絵の具、またそれによる下塗り。▷ファウンデーションとも。基礎の意。

ファンド【fund】①基金。資金。②公債。国債。③投資信託。また、投資信託によって運用される資金。

ファントム【phantom】幽霊。幻。

ファンド ラップ【fund wrap】ラップ口座のうち、投資対象が投資信託(ファンド)であるもの。→ラップ口座

ファンドリー【foundry】⇨ファウンドリー

ファンファーレ【ドイツ Fanfare】儀式や祭典の合図に用いられる3和音の音だけを使ったトランペットの信号。また、それを模した楽曲。

ブイ【buoy】①港湾などで、水面に浮かべておく目印。浮標。②浮き袋。

フィアンセ【フランス(男性) fiancé (女性) fiancée】結婚を約束した相手。婚約者。いいなずけ。

フィー【fee】料金。手数料。

フィー【phi; Φ・φ】ギリシャ語アルファベットの第21字。▷ファイとも。

フィーダー【feeder】①プリンターに、用紙を供給する機構。②発電所または変電所から配電幹線に至る配電線路。給電線。③アンテナと送信機・受信機を接続して高周波電力を伝送する線路。

フィーチャー【feature】①特に目立つところ。特徴。②新聞・雑誌・放送などの特集企画。特別企画映画。③軽音楽で、特別の演奏家や楽器を参加させること。④顔の造作。目鼻立ち。顔つき。▷フィーチュアとも。

フィーチャー フォン【feature phone】通話、電子メール、ウェブ閲覧、デジカメなどの機能をもつ携帯電話端末。通話機能に特化した携帯電話(ベーシック-フォン)とスマートフォンの中間にあたる。▷日本ではガラパゴス携帯(ガラケー)という俗称でよばれることも多い。

フィーチャリング【featuring】⇨フィーチャー

フィート【feet】ヤード-ポンド法の長さの単位。1フィートは12インチ(30.48cm)で、3分の1ヤードに相当。▷フート(foot)の複数。

フィードバック【feedback】①出力に応じて入力を変化させること。増幅

器や自動制御などの電気回路に多く使われる。帰還。②心理学・教育学で、結果を参考にして行動や反応を修正し、より適切なものにしていく仕組み。③結果を原因に反映させて自動的に調節していくこと。

フィード リーダー【feed reader】⇨RSSフィード

フィーバー【fever】熱狂すること。熱中。

フィーリング【feeling】①漠然《ばくぜん》と、また直感的に抱く感情。気分。感じ。②物事に対する感じ方。感覚。

フィールド【field】①野原。野外。②陸上競技場。特にそのトラックの内側にある区域。③野球場の内野と外野。また、サッカー・ラグビーなどの競技場。④専門家の活動範囲。特に、学者や研究者の専門分野。⑤物理学で、場。特に、磁場のこと。⑥コンピューターで、レコードを構成する単位。

フィールド サービス【field service】現場に出向いて作業を行うサービス。工事・点検・修理・配送など。

フィールド シート【和field＋seat】野球場でファウル-グラウンドにせり出している観客席。

フィールド スコープ【和field ＋ scope】遠方の地上物を拡大して見るための望遠鏡。野鳥観察などに用いる。スポッティング-スコープ。

フィールドワーク【fieldwork】研究室外で行う調査・研究。実地研究。野外調査。フィールド-スタディ。

フィギュア【figure】①形。図形。②フィギュア-スケートの略。音楽に合わせて滑走演技を行い、その技術や美しさを競うもの。③人や動物・アニメーションのキャラクターなどをかたどった人形。フィギュア-モデルの略。

フィクサー【fixer】事件の調停やもみ消しをして報酬を得る黒幕的人物。

フィクショナル【fictional】虚構であること。

フィクション【fiction】①想像によって作り上げられた事柄。虚構。②作者の想像力によって作り出された物語。小説。作り話。→ノンフィクション

フィジカル【physical】①物理的なさま。物理学的。②肉体的なさま。身体的。

フィジカル ディスタンシング【physical distancing】感染症の感染拡大を防ぐため、人どうしで物理的な距離を確保すること。▷「社会的」「心理的」という意味で誤解の可能性のあるソーシャル-ディスタンス・ソーシャル-ディスタンシングに対して、「物理的な距離」を明確にするために使われるようになった。

フィジシャン【physician】医者。医師。

フィスカル ポリシー【fiscal policy】政府支出額を弾力的に増減することによって、景気の調整・完全雇用・安定成長などの経済目標の達成をめざす政策。広義には財政の機能を利用した政府の政策全般をさす。財政政策。

フィックス【fix】①固定すること。据えること。備え付けること。②カメラを固定して、映像を撮ること。③日時・価格・場所などを決定すること。▷フィクスとも。

フィッシング【phishing】有名企業などを装い、ネット上で不正に個人情報を入手する詐欺手法。フィッシング詐欺。

フィッティング【fitting】①衣服の、試着。仮縫い。寸法合わせ。②取り付け。据え付け。

フィット【fit】適合すること。似合うこと。

フィットネス【fitness】①健康な生活を営むために必要とされる能力。②健康維持のために行う運動。

フィットネス ボール【fitness ball】⇨バランス-ボール

フィトンチッド【ロシア fitontsid】樹木から放散されて周囲の微生物などを殺すはたらきをもつ物質。森林浴の効用の源とされる。

フィナーレ【イタリア finale】①演劇・祭

典・催事などの最後の場面。大団円。②音楽で、最終楽章。終曲。また、オペラの最終場面。

フィナンシャル【financial】 ⇨ファイナンシャル

フィニッシュ【finish】①終わり。結末。②スポーツで、最後の動作。特に、体操競技で最後の着地につながる技。

フィブリノーゲン【fibrinogen】血漿《けっしょう》中に含まれる糖タンパク質の一種。血液を凝固させる因子の一つで、肝細胞でつくられる。繊維素原。

ブイヤベース【フランス bouillabaisse】地中海地方の料理。魚介類をニンニク・タマネギ・トマト・オリーブ油などと煮込んだスープ。

フィヨルド【ノルウェー fjord】陸地深くはいり込んだ狭い湾。氷食谷の沈降したもの。ノルウェー・チリ・アラスカなどの海岸にみられる。峡湾。峡江。

ブイヨン【フランス bouillon】①西洋料理で用いるだし。牛脛《すね》肉・牛骨・鶏がら香味野菜などを長時間煮たもの。②細菌の培養に用いる肉汁の培地。

フィラメント【filament】①連続した長い繊維。②白熱電球などの発熱・発光部分。

フィランソロピー【philanthropy】企業などによる社会貢献活動。▷慈善の意。

フィル【和 phil】フィルハーモニー(ドイツ語 Philharmonie、音楽を愛好する意)の略。交響楽団の名に用いられる語。

フィルター【filter】①濾過《ろか》器。濾過装置。②スペクトルのある範囲だけを取り出す装置。③電気回路などで、特定の周波数範囲を通過させたり阻止したりする装置や回路。④紙巻きタバコの吸い口に取り付け、ニコチンや、やにを吸着させるもの。⑤特定の条件に合う光のみを透過・吸収・屈折・拡散させるもの。写真撮影などに用いる。⑥指定されたデータを抜き出す小規模なプログラムや、アプリケーションに組み込まれた機能。

フィルター バブル【filter bubble】インターネット上の諸サービスが、個々のユーザーの閲覧履歴などの分析をもとにカスタマイズしたコンテンツやサービスを提供し続けることで、ユーザーが自分の好む情報にのみ取り巻かれた状態に陥る現象。

フィルタリング【filtering】選別し、不要なものを取り除くこと。フィルターをかけること。[案]選別

フィルタリング サービス【filtering service】インターネット上の情報のうち、暴力や犯罪など特定のテーマへのアクセスを選択的に制限するサービス。選別サービス。

フィルム【film】①薄い膜状のもの。②感光乳剤を透明な支持体に塗布したもの。③②に写し出された映像。特に、映画・スライドなど。▷フイルムとも。

フィルム コミッション【film commission】映画のロケーション撮影の際に発生する業務を撮影者に代理して行う機関。撮影場所を使用するための申請、地元住民との調整、宿泊施設・警備会社・エキストラの手配などを行う。

フィルム スキャナー【film scanner】写真のネガ-フィルムやポジ-フィルムから画像を読み取るイメージ-スキャナー。

フィルム ノワール【フランス film noir】フランス映画のうち、暗黒街を舞台に人生の裏面を自然主義的な手法で冷酷に描いた第二次大戦後の一連の作品。暗黒映画。

フィルム ライブラリー【film library】映画図書館。各国・各時代の映画を収集・保存し、研究・鑑賞用に上映する施設。シネマテーク。

フィルモグラフィー【filmography】映画関係の文献。監督や俳優などに関する作品リスト、テーマ別の作品目録や解説など。

フィレ【フランス filet】 ⇨ヒレ

フィロソフィー【philosophy】 哲学。

フィン【fin】①潜水用の足ひれ。②サーフボードの下面にある、ひれ状の方

向安定板。

フィンガー【finger】①指。また、指状のもの。②飛行場の送迎デッキ。

フィンガリング【fingering】楽器を演奏する際の指の運び。運指。

フィンテック【FinTech】金融分野に応用した情報通信技術。また、その技術を用いたビジネスやサービス。▷finance(金融)とtechnology(技術)の合成。

ブーイング【booing】音楽会やスポーツで、観客が声を発して不満の意を表すこと。

フーガ【イタリア fuga】主題とその模倣(応答)が交互に現れる、対位法による多声音楽の形式。遁走曲。追復曲。

ブーケ【フランス bouquet】花束。

ブーケ ガルニ【フランス bouquet garni】数種類の香草を束ねたもの。煮込み料理やスープ-ストックの風味づけに用いる。

ブーケ トス【bouquet toss】結婚式で、新婦が持参していたブーケを後ろ向きに投げ上げる演出。未婚女性がこれを受け取ると、次の花嫁になるといわれている。

ブース【booth】間仕切りをした小さな空間。

ブースター【booster】①補助推進装置。②電気の昇圧器。また、無線機の送受信用の増幅器。③油圧や水圧を高める装置。④大型シンクロトロンの入射器として用いる小型シンクロトロン。⑤化粧水や美容液などの導入液。▷押し上げるものの意。

フーダニット【whodunit】犯罪を扱った小説や映画で、最後まで犯人がわからないようにしてあるもの。▷Who done it? の略で「やったのは誰か」の意。

ブーツ【boots】くるぶしより上まである深い靴。長靴。

ブーツ カット【boots cut】スラックスやジーンズの型の一種。太腿《もも》から膝《ひざ》にかけて細めで、膝から裾《すそ》にかけて少し広がったもの。

ブーツ サンダル【boot sandal】ブーツ型のサンダル。丈が長く、足の一部が露出するデザインの靴。ブーサン。

フーディー【hoodie; hoody】パーカに同じ。

フード【food】食べ物。食品。

フード【hood】①ゆったりした頭巾風のかぶりもの。②機械や器具のおおい。レンズ-フード。③煙や臭気などを排出するために、ガス台の上に取り付けた天蓋《てんがい》形の装置。

ブート【boot】コンピューターのプログラムを自動的にロードすること。

ブート キャンプ【boot camp】アメリカ軍で行われる新兵のための訓練。また、それを行う訓練所。

フード コート【food court】ショッピング-センターやアミューズメント施設で、軽飲食店を集めた区画のこと。

フード ドライブ【food drive】家庭で余った食料品を学校や職場などに集約して、これをフード-バンクや慈善団体などに寄付する活動。食料品は、ホームレス・被災者・高齢者・貧困者・養護施設などの支援に役立てる。▷この場合のドライブは活動の意。→フード-バンク

ブートニア【boutonniere】襟のボタン穴にさす花飾り。結婚式では新郎が胸元にさす。ブトニエール。

フード バレー【Food Valley】オランダ、ヘルダーラント州ワーヘニンゲン市周辺の通称。食品・農業・バイオ技術に関連する研究機関や企業などが集積している。

フード バンク【food bank】寄付を受けた食料品を貯蔵して、食糧を必要としている人や団体に供与するボランティア活動。集めた食料品はホームレス・被災者・高齢者・貧困者・養護施設などに提供する。食糧銀行。

フード ファイター【和food＋fighter】早食いや大食いを競技として行う人のこと。

フード プロセッサー【food processor】料理の下ごしらえに使う電動の調理器具。

プードル【poodle】イヌの一品種。ヨーロッパ原産。毛が長く、独特な形

に刈り込む。愛玩用。

プードル【フランスpoudre】粉おしろい。パウダー。

ブートレグ【bootleg】海賊盤。海賊版。

フード ロス【food loss】食品ロス。▷食べられるのに廃棄される食品。加工・流通・消費の各段階で発生する。

ブービー【booby】ゴルフやボウリングで、最下位から２番目。▷本来は最下位の意。

ブーム【boom】①ある事が爆発的に流行すること。急激に盛んになること。②にわかな需要で価格が上がること。にわか景気。

ブーメラン【boomerang】オーストラリア先住民が狩猟・儀礼に用いた木製の投具。獲物に当たらない時は曲線を描いて戻ってくる。

ブーランジェリー【フランスboulangerie】パン屋。ブランジュリー。

プーリー【puli】イヌの一品種。ハンガリー原産。縄を垂らしたような被毛が特徴。

プーリー【pulley】①滑車。②ベルト車。調べ車。

フーリガン【hooligan】ならずもの。特にヨーロッパで、サッカー場で騒ぎを起こす熱狂的なファンをいう。

フール【fool】①馬鹿。愚か者。②中世ヨーロッパの宮廷道化師。

プール【pool】①水泳をするために設けた水槽。スイミング-プール。水泳場。②たまり場。置き場。③ためること。蓄えること。④共同の利益のために協定を結んだ、同種企業間の連合体。

プール【pool】ビリヤード台。

プール バー【和pool＋bar】ビリヤード台のあるバー。

フールプルーフ【foolproof】操作ミスや故障が発生したときに災害が起こらないように設計されていること。誰にでも安全に扱えること。

フェ　朝鮮料理で刺身のこと。フェー。▷朝鮮語。

フェア【fair】市。見本市。展示即売会。

フェア【fair】①公明正大なさま。公平なさま。公正。→アンフェア ②野球で、フェア-グラウンドに打ち返された打球。フェア-ボールの略。→ファウル

フェア トレード【fair trade】発展途上国の生産物を、その生産者の生活を支援するために、利潤を加えた適正な価格で、生産者から直接購入すること。オルタナティブ-トレード。

フェア プレー【fair play】競技・勝負に際して要求される、正しく立派な振る舞い。転じて、公明正大な行動や態度。

フェア プレー キッズ【和fair＋play＋kids】⇨エスコート-キッズ

フェア ユース【fair use】利用目的や著作物の性格等から、その利用が公正であると判断される場合、著作権者の許諾がなくても著作権侵害にならないとする考え方。▷公正な使用の意。

フェアリー【fairy】仙女。妖精。

フェアリー テール【fairy tale】おとぎ話。童話。

フェイク【fake】①模造品。にせもの。②アメリカン-フットボールで、攻撃側の選手が相手をだますためにしかける行為。③メロディーをある程度の装飾的な変化をつけて演奏すること。▷フェークとも書く。いかさまの意。

フェイク ドキュメンタリー【fake documentary】⇨モキュメンタリー

フェイク ニュース【fake news】虚偽のニュース。主にインターネットで発信・拡散される、虚偽の内容を含む記事についていう。

フェイク ファー【fake fur】合成繊維を素材とする人工毛皮。

フェイク フラワー【fake flower】造花。

フェイク レイヤード【fake layered】重ね着をしているように見えるデザインの衣料。襟の内側に小さな生地を縫い付けることで、下に別の服を重ね着しているように見せる場合など。→レイヤード-ルック

フェイス【face】⇨フェース

フェイスブック【Facebook】フェイ

スブック社が提供するソーシャル-ネットワーキング-サービス。2004年にサービス開始。商標名。FB。→ソーシャル-ネットワーキング-サービス

フェイル【fail】①失敗すること。しくじること。②不足すること。欠けていること。

フェイル セーフ【fail-safe】あるシステムが、起こりうる障害に対して安全な方向に動作すること。また、それを実現する設計。

フェイント【feint】スポーツで、相手をまどわすための動作。▷見せかけの意。

フェーク【fake】⇨フェイク

フェース【face】①顔。容貌。「ニュー――」「ポーカー-――」②額面。券面。③登山で、広がりのある急な岩場をいう。岩壁。④ゴルフのクラブ-ヘッドの、打球面。▷フェイスとも。

フェーズ【phase】①物事のありさま。相。様相。②局面。段階。③位相。

フェース ガード【face-guard】感染症のウイルス対策用具の一。息による飛沫の直接の拡散および特に目を中心とする顔面への飛沫の付着を遮るために頭部から顔の前面につける透明の板。フェース-シールド。

フェース シールド【face-shield】⇨フェース-ガード

フェータル【fatal】①運命的なさま。宿命的。②致命的なさま。

フェード【fade】①色褪《あ》せること。薄らぐこと。②しおれること。衰えること。③ゴルフで、まっすぐだった球筋が、落下しながら少し曲がること。右打ちの場合右に、左打ちの場合左に曲がるものにいう。フェード-ボール。

フェード アウト【fade-out】①映像や音が次第に消えていくこと。溶暗。→フェード-イン ②周囲の人が気づかないうちに、その場からいなくなること。

フェード イン【fade-in】画面が次第に明るくなり映像が現れてくること。音が次第に大きくなり、聞こえてくること。溶明。→フェード-アウト

フェーバリット【favorite】①お気に入り。大好きなもの。②人気者。寵児。③優勝候補。本命。

フェーン【ドイツ Föhn】山から吹きおろす乾いた熱風。▷元来アルプス山中の局地風の名。

フェザー【feather】鳥の羽。羽毛。

フェスタ【イタリア festa】祭り。祝祭。祭日。

フェスティバル【festival】祭り。祭典。

フェチ ⇨フェティシズム

フェティシズム【fetishism】①呪物《じゅぶつ》崇拝。物神《ぶっしん》崇拝。②異性の身体・衣類・所持品などの事物に対し、異常に執着・愛好する態度。

フェデラル【federal】①連邦政府の。連合の。②アメリカ合衆国国家の。

フェトチーネ【イタリア fettuccine】帯状に切った手打ちパスタ。フェトゥッチーネ。

フェニックス【phoenix】①エジプト神話にでてくる霊鳥。不死鳥。②ヤシ科の常緑木本。葉は大形の羽状で、茎頂に集まってつく。

フェニルアラニン【phenylalanine】芳香族アミノ酸の一種。ヒトの必須アミノ酸の一。多くのタンパク質中に2～5％ほど含まれる。

フェノール【phenol】①特異な臭《にお》いのある、無色または白色の、針状結晶または結晶性のかたまり。防腐剤・消毒殺菌剤とするほか合成樹脂や染料・爆薬などの原料。石炭酸。②芳香族化合物で、ベンゼン環に結合した水素原子がヒドロキシル基で置換されたものの総称。

フェノメノン【phenomenon】現象。兆候。

フェミニズム【feminism】男女同権を実現し、女性の地位の向上と性差別の払拭《ふっしょく》を主張する論。

フェミニン【feminine】女性らしいさま。フェミナン。→マスキュリン

フェムト【femto】単位に冠して10^{-15}、すなわち1000兆分の1の意を表す語。記号f

フェライト【ferrite】①一般に酸化

鉄(III)を一成分とする複合酸化物およびその誘導体。磁鉄鉱など。高周波用変圧器・ピック-アップ・テープ-レコーダーの磁気ヘッドなどに用いられる。②純粋な鉄(α鉄)およびこれに他の元素を微量に含む固溶体。

フェラチオ【fellatio】唇や舌でする男性性器の愛撫《あいぶ》。フェラ。尺八。

フェリーボート【ferryboat】旅客や貨物を自動車ごと運搬する連絡船。

フェルト【felt】羊毛などの毛を縮絨《しゅくじゅう》させて固めたもの。帽子・敷物・履物などの材料に用いる。フエルト。

フェルト ペン【felt pen】フェルトを芯軸《しんじく》とする筆記用具。

フェルマータ【イタリア fermata】延長記号。延音記号。音符や休止符を長く持続する。

フェルミ【fermi】素粒子論・原子核理論で用いられる長さの単位。10^{-15}m。SI単位系ではない。

フェレット【ferret】イタチの一種。ヨーロッパケナガイタチを家畜化したもの。

フェロー【fellow】①仲間。同輩。②(英米の大学や企業などで)特別研究員。

フェロモン【pheromone】動物の体内で生産され体外へ分泌放出して同種個体間に特有な行動や生理作用を引き起こす有機化合物。

フェンシング【fencing】西洋流の剣術。サーブル・エペ・フルーレの3種がある。

フェンス【fence】①柵《さく》。垣根。②野球のグラウンドなどのまわりを囲む塀。

フェンダー【fender】①自動車・自転車の車輪をおおうように付けた泥よけ。②列車などの前部に付ける緩衝装置。③船体の舷側や岸壁に設けてある緩衝物。防舷材。

フェンネル【fennel】香辛料の一。茴香《ういきょう》の種子を乾燥させたもの。フェネル。

フォア【four】①4。4つ。フォー。②ボート競技で、4人こぎの競漕用ボート。また、そのレース。フォア-オール。

フォア グラ【フランス foie gras】ガチョウの肥大した肝臓。主にフランス料理に用いる。

フォー【ベトナム pho】ベトナムの麺《めん》料理。具やスープに牛肉を使うフォー-ボーや、鶏肉を使うフォー-ガーなど。

フォーエバー【forever】①永遠に。永久に。②絶えず。ずっと。

フォーカス【focus】焦点。ピント。

フォーキャスト【forecast】①気象の予報。②予測すること。予想すること。

フォーク【folk】①民俗。民衆。庶民。②民謡調のポピュラー-ソング。フォーク-ソングの略。

フォーク【fork】①洋食で、食べ物を刺したりのせたりして口にはこぶ食器。肉刺し。②①に似た大形の農具。堆肥や牧草などを扱う。③フォーク-ボールの略。野球の変化球で、打者の近くで急に落ちるもの。

フォークリフト【forklift】車体前部に突き出た2本のフォーク状の腕で、荷物の積み降ろしや運搬をする車。

フォーク リング【和 fork ＋ ring】輪の一部が開いた形状の指輪。

フォークロア【folklore】①民間伝承。民俗学。②民族衣装をモチーフにしたファッション。

フォース【force】①力。勢い。②軍。軍隊。

フォーチュン【fortune】①運命。運勢。②富。財産。

フォード システム【Ford system】アメリカのフォード自動車会社が採用した生産合理化方式。コンベヤー-システムの導入などにより、合理的経営を確立した。

フォーマット【format】①形式。書式。②コンピューターで、データやその記録媒体に設定される一定の形式。また、記憶媒体の初期化。③ラジオ・テレビ番組などの構成・形式。

フォーマル【formal】公式的であるさま。形式的。儀礼的。

フォーミュラ【formula】方式。公式。

フォーム【foam】泡。泡状のもの。

フォーム【form】①動きの型。姿勢。②事物の形式。形態。フォルム。③コンピューターで作成する書類の書式情報。データを書き入れるだけで体裁が整った書類を作成できる。

フォーメーション【formation】①形づくること。形成。②球技で、選手の配置。

フォーラム【forum】①古代ローマの都市中央にあった広場。転じて、集会所のこと。②⇨フォーラム-ディスカッション

フォーラム ディスカッション【forum discussion】集団的公開討議。フォーラム。

フォーリン【foreign】外国の。他地域の。

フォール【fall】レスリングで、相手の両肩を約1秒間マットに押さえつけること。この瞬間に勝敗が決まる。プロ-レスでは3カウント。

フォールト【fault】①テニス・バレーボール・卓球などで、サーブの失敗。ミス。②バドミントンなどで、反則。▷フォルトとも。過失・欠点の意。

フォールト トレランス【fault tolerance】あるシステムについて、起こりうる障害に対する耐性。

フォカッチャ【イタリアfocàccia】イタリアのパンの一種。生地にオリーブ油を練り込み、薄く焼いたもの。

フォッサ マグナ【ラテンFossa Magna】本州の中央部を南北に縦断する独特の構造発達史を持つ地帯。火山帯が通る。▷「大きな裂け目」の意。

フォト【photo】①フォトグラフの略。②「光の」「写真の」「映画の」などの意。

フォト アルバム【photo album】⇨フォト-ブック

フォトグラフ【photograph】写真。

フォトジェニック【photogenic】人の顔などで、写真うつりのよいさま。

フォト ブック【photo book】①写真集。②写真帳。③手持ちの写真データを組み合わせて写真集を作成するサービス。また、そのように作成した写真集。▷フォト-アルバムとも。

フォト フレーム【photo frame】写真立て。写真を入れる額。

フォトン【photon】光量子。光子。

フォリオ【folio】二つ折り判。全紙を二つ折りにして4ページ分とした大きさ。また、その印刷物。

フォルクローレ【スペインfolklore】民謡。民俗音楽。特に南米の民俗音楽。

フォルダー【folder】①書類挟み。紙挟み。ホルダー。②コンピューターで、書類を保存するためのディレクトリー。

フォルダブル【foldable】折りたたみが可能であるさま。

フォルテ【イタリアforte】音楽の強弱記号の一。「強く」を指示する。記号f→ピアノ

フォルト【fault】⇨フォールト

フォルム【フランスforme; ドイツForm】⇨フォーム(form)②

フォレスト【forest】森。山林。森林地帯。

フォロー【follow】①追跡すること。②おぎない助けること。③ツイッターで、特定の人のツイートを自分のホーム画面に表示されるようにすること。

フォロワー【follower】ツイッターで、ある人のツイートをフォローしている人。→ツイッター・ツイート・フォロー

フォワード【forward】①ラグビー・サッカーなどで、前陣。FW。→バックス②先渡し。先渡し取引。

フォン【フランスfond】フランス料理で、ソースや煮込みの下地に使うだし汁。

フォン【phon】⇨ホン

フォンデュ【フランスfondue】①スイス料理の一。チーズを火にかけて溶かし、パン切れにからませて食べる鍋料理。チーズ-フォンデュ。②フランス、ブルゴーニュ地方の鍋料理。牛肉などを卓上で油で揚げながら食べる。フォンデュ-ブルギニョンヌ。

フォント【font】①同一書体で、同一の大きさの活字のひとそろい。②コンピューターが表示、または印刷に使う文字の形を収めたデータ。③②により表示

された文字。

フォン ド ボー 【フランスfond de veau】 子牛の骨・すじなどでつくるフォン。

ブギウギ 【boogie-woogie】 ブルースから派生したジャズ音楽の一形式。

フコイダン 【fucoidan】 硫酸多糖類の一。海藻のぬめり成分。

ブザー 【buzzer】 電磁石を利用し、鉄片を振動させて音を出す装置。警報や呼び鈴に用いる。

プサイ ⇨psi

フタル酸 【phthalic acid】 オルト位に2個のカルボキシル基をもつ芳香族カルボン酸。ポリエステル樹脂や種々の染料・医薬品などの合成原料に用いる。

ブタン 【butane】 炭素数4個のアルカン。化学式C_4H_{10}　天然ガスや石油分解ガスに多量に含まれる。液化しやすく、液化石油ガス(LPG)として燃料などに用いる。

プチ 【フランスpetit】 「小さな」「かわいい」「ちょっとした」などの意。

プチプラ ⇨プチ-プライス

プチ プライス 【和フランスpetit＋ 英price】 安価・低価格。プチプラ。プリティー-プライス。プリプラ。

プチブル 小市民。小ブルジョア。▷プチ-ブルジョアの略。

ブッキッシュ 【bookish】 ①(書物の上のことだけで)実際的でないさま。机上の。②堅苦しいさま。▷ブキッシュとも。

ブッキング 【booking】 ①帳簿に記入すること。②航空券・ホテルなどの予約。

フック 【hook】 ①鉤《かぎ》。また、鉤形のもの。ホック。②ボクシングで、ひじを曲げてわきから打つこと。③ゴルフで、打球が右打ちの場合左に、左打ちの場合右に曲がりながら飛ぶこと。→スライス ④釣り針。⑤サーフィンの波頭。

ブック 【book】 ①本。書籍。②帳面・帳簿。

ブック ポスト 【和book ＋ post】 図書館が設置する図書返却用のポスト。

ブックマーク 【bookmark】 ①しおり。②インターネットのブラウザーで、頻繁にアクセスするウェブ-ページを登録すること。

ブックメーカー 【bookmaker】 ①安易に多くの本を出す人。②競馬の私設馬券屋。のみ屋。イギリスなどでは公認の馬券取扱業者をいう。

ブックレット 【booklet】 小冊子。パンフレット。

ブッシュ 【ドイツ Busch; 英bush】 やぶ。茂み。叢林《そうりん》。

プッシュ 【push】 ①押すこと。押し出すこと。②推し進めること。推進。

プッシュ ホン 【和 push＋phone】 押しボタン式電話機の愛称。

ブッダ 【サンスクリット Buddha】 ①釈迦《しゃか》の尊称。ぶつだ。②真理を悟った者。覚者。仏。ぶつだ。▷目覚めた人の意。

フッター 【footer】 書類の下部に印刷される、ページ番号などの定型の文字列。

フット 【foot】 ①足。特に、くるぶしから下の部分。②ヨットの帆・スパーなどの下辺。③ページの脚部。

フットウエア 【footwear】 履物。靴・スリッパ・靴下・ストッキングなど。

プット オプション 【put option】 オプション取引において一定期間内に契約価格で売る権利。→コール-オプション

フットサル 【エスペラントFutsal】 通常のサッカーより小さな競技場で行う5人制のサッカー。

フットボーラー 【footballer】 フットボールの選手。

フットボール 【football】 ①サッカー・ラグビー・アメリカン-フットボールなどの総称。②特に、サッカーのこと。

フット レスト 【foot rest】 足のせ台。椅子に座って、足を置くための台。

フットワーク 【footwork】 ①スポーツで、足の運び。足さばき。②行動。立ち働き。

ブッフェ 【buffet】 ⇨ビュッフェ

ブティック 【フランスboutique】 ある主張や独自性をもって商品を販売する服飾小売店。▷ブチックとも。

ブティック ホテル【和 フランスboutique＋英hotel】 ラブ-ホテルの別称。シティー-ホテル風の内外装、娯楽性の高い設備や施設などが特徴。▷原義はヨーロッパにおける小型ホテル。

プディング【pudding】 米・小麦粉・肉などに牛乳・卵・果物や調味料を加えて煮たり蒸したりして固めた、柔らかい食品の総称。日本ではカスタード-プディングが一般的。プリン。

ブトニエール【boutonniere】 ⇨ブートニア

ブブゼラ【vuvuzela】 南アフリカの応援用管楽器。サッカーの地元サポーターが応援に用いる。

フューエル【fuel】 燃料。フュエル。

フュージョン【fusion】 ①融合。②複数のジャンルの音楽が融合した音楽。

フューチャー【future】 ①未来。将来。②先物取引。

フューネラル【funeral】 葬式。告別式。

フラ【ハワイ hula】 ハワイの民族舞踊。フラ-ダンス。→タムレ

ブラ【bra】 ブラジャー。

プラーク【plaque】 歯垢《しこう》。デンタル-プラーク。

フライ【fly】 野球で、打者が打ち上げた球。飛球。

フライ【fly】 ①ハエ。アオバエ。②擬餌鉤《ぎじばり》の一。水生昆虫に似せたもの。フライ-フィッシング用の毛ばり。③テントの垂れ布。

フライ【fry】 魚・肉・野菜などの揚げ物。

プライウッド【plywood】 合板。ベニヤ板。

プライオリティー【priority】 優先していること。優先順位。優先権。優先事項。案優先順位

フライス【フランスfraise】 金属用の切削工具の一。円筒形で、外周または外周と端面に刃をつけたもの。回転させて切削する。

プライス【price】 値段。価格。相場。

プライズ【prize】 賞。賞品。

プライス カード【price card】 値札。

フライス盤 工作機械の一。フライスを定位置で回転させ、工作物を取り付けたテーブルを動かして切削する。ミリング-マシン。ミーリング盤。

プライス リーダー【price leader】 ある製品の市場価格を決定する力をもつ有力企業。

ブライダル【bridal】 婚礼。結婚式。

ブライダル チェック【和bridal＋check】 おもに結婚・出産を控えた男女が、出産を望める状態であるかどうかを調べる検診。

ブライダル リング【bridal ring】 婚約指輪(エンゲージ-リング)と結婚指輪(マリッジ-リング)の総称。

フライト【flight】 ①飛ぶこと。飛行。また、飛行機の定期飛行。②スキーで、ジャンプ。また、空中飛型。

ブライト【ドイツ breit】 スキーの板を平行に開くこと。

プライド【pride】 誇り。自尊心。自負心。

フライト アテンダント【flight attendant】 ⇨キャビン-アテンダント

ブライトネス【brightness】 明るさ。ディスプレーの明るさなど。

フライト バッグ【flight bag】 航空機のパイロットが、運航マニュアルなどを機内に持ち込むために使用する鞄。

プライバシー【privacy】 私事。私生活。また、秘密。

プライバシー ポリシー【privacy policy】 インターネット上で、サービスの提供者が明らかにする、サービスを受ける者の個人情報に対する取り扱い方針。

プライベート【private】 ①個人にかかわるさま。私的。②非公開の。→パブリック

プライベート バンキング【private banking】 金融機関の業務の一。個人資産家を対象として、金融情報の提供や資産運用などを行い、総合的に財産を管理するサービス。

プライベート ブラウジング【private browsing】ウェブ-ブラウザーで、利用履歴を残さない閲覧。またはその機能。→ウェブ-ブラウザー

プライベート ブランド【private brand】メーカーではなくスーパーや百貨店などの販売業者が、自ら企画開発した低価格商品につける独自の商標。商業者商標。PB。

プライマリー【primary】①最初の。初歩の。初級の。②初心者が離着陸の練習をするためのグライダー。初級滑空機。

プライマリー ケア【primary care】最初に施される治療。患者が最初に利用する身近な地域の医師との信頼関係に基づく総合的な診断処置および指導。PC。

プライマリー バランス【primary balance】財政における、公債金収入以外の租税などの収入と、公債費を除く歳出との収支。

プライマリー ヘルス ケア【primary health care】1978年にWHOが提唱した健康に関する考え方。従来のプライマリー-ケアに加えて、健康診断・予防接種などの保健サービスを含む総合的なもの。PHC。

プライミーバル【primeval】太古の。原始の。

プライム【prime】①最も重要であること。最も上等であること。最上部。極上。②マーケティングなどで、信用リスクの小さい消費者。一般に高所得者をいう。

プライム タイム【prime time】テレビ視聴率測定における時間区分の一。午後7時から午後11時まで。→ゴールデン-タイム

プライム レート【prime rate】優良企業に適用される最優遇貸出金利。

フライヤー【flier】①空を飛ぶ鳥や昆虫。②飛行機。③飛行士。パイロット。空軍兵士。④広告の散らし。ビラ。⑤弾み車。フライホイール。

フライング【flying】①飛ぶこと。飛行。②フライング-スタートの略。陸上競技・競泳などで、合図の号砲が鳴る前にスタートすること。

フライング ディスク【flying disk】投げたり受けたりして遊ぶプラスチック製の円盤。また、それを用いて行う競技の総称。→アルティメット・フリスビー

ブラインド【blind】①盲目の。②おおい隠すもの。③日除《よ》け、目隠しのために窓などに設けるおおい。よろい戸。

ブラインド サッカー【blind soccer】視覚障害者が参加してプレーするサッカー。▷視覚障害者サッカーとも。

ブラインド タッチ【和 blind＋touch】⇨タッチ-タイピング

ブラウザー【browser】①コンピューターのデータやプログラムを大まかに見るために、画面上に文字や画像として表示するためのプログラム。②⇨ウェブ-ブラウザー

ブラウジング【browsing】情報を閲覧すること。ウェブ-ブラウザーでウェブ-サイトを閲覧する場合など。ブラウズ。→ブラウザー・ウェブ-ブラウザー

ブラウス【blouse】上半身をおおう、ゆったりした衣服。表着としても中着としても用いられる。

ブラウズ【browse】⇨ブラウジング(browsing)

ブラウニー【brownie】溶かしたチョコレートとバターを入れた生地を焼き上げた洋菓子。

ブラウン【brown】茶色。褐色。

ブラウン管 電気信号を光の像に変換する電子管。テレビジョン・レーダー・オシロスコープなどに用いられる。CRT。

ブラウン ソース【brown sauce】小麦粉をバターできつね色になるまでいためて、フォンでのばした茶色のソース。デミグラス-ソースなどの基となる。

プラカード【placard】主張・要求・標語・校名・国名などを書いて掲げる板。デモ・入場行進などに使う。

フラグ【flag】⇨フラッグ

プラグ【plug】①コードの先端に取り付ける、配線に接続するための差し込み器具。②イグニッション-プラグの略。

エンジンの点火プラグ。③ルアーの一。小魚の形に似せたものを付けた釣り針。→ルアー

プラグ アンド プレイ【plug and play】パソコンに接続するだけで、複雑な設定をしなくても周辺機器などをすぐに使えるようにする機能。PnP。

プラグ イン【plug-in】アプリケーション-ソフトウエアに新しい機能を付け加えること。またそのためのソフトウエア。

フラクタル【fractal】部分が全体と相似(自己相似)となるような図形。1960年代に数学者マンデルブローにより新しい幾何学の概念として導入された。

プラクティカル【practical】①実際の役に立つさま。実用的。②実地から割り出したさま。実践的。

プラクティス【practice】①何度も繰り返し行う練習。訓練。けいこ。②実際に行うこと。実行。実践。

プラグマティズム【pragmatism】①19世紀後半以降、アメリカを中心に展開された反形而上学的な哲学思想。②実際的な考え方。実用主義。

プラグマティック【pragmatic】実用的。実利的。

フラグメント【fragment】破片。断片。断簡。

ブラケット【bracket】①壁や柱から水平に突き出て、梁《はり》・床・棚などを支える三角形状の補強材。持ち送り。②壁などの鉛直面に取り付ける照明器具。③印刷の約物の一。文字や句を囲む括弧《かっこ》。[ ]【 】などの類。

プラザ【plaza】広場。市場。

ブラザー【brother】兄弟。

ブラシ【brush】①ごみを払ったり物を塗ったりする道具。はけ。ブラッシュ。②絵筆。画筆。③発電機・電動機で、整流子などに接触して、電流を取り出し、あるいは、供給するもの。

プラシーボ【placebo】偽薬《ぎやく》。プラセボ。

フラジール【fragile】⇨フラジャイル

ブラジャー【brassiere】女性用下着の一。乳房を包み、胸の形を整えるためのもの。ブラ。

フラジャイル【fragile】こわれやすい。きずつきやすい。もろい。

ブラス【brass】①真鍮《しんちゅう》。黄銅。②金管楽器。真鍮楽器。

プラス【plus】①加えること。足すこと。②加えることを示す記号。また、正数の符号「+」。③ためになること。有利になること。④利益。黒字。⑤陽電気。また、その符号「+」。⑥陽性。→マイナス

フラスコ【ポルトガル frasco】①ガラス製の首の長い徳利。フラソコ。②化学の実験器具の一。ガラスでつくった首の長い下がふくらんだ瓶。

プラスター【plaster】①石膏《せっこう》・漆喰《しっくい》・土などを水で練り合わせた塗装材。②膏薬。

プラスチック【plastic】可塑性があり、加熱により軟化し、任意の形に成型できる有機高分子物質の総称。数多くの種類があり、日用品・機械部品・建築材料などに広く用いられる。

フラストレーション【frustration】欲求がなんらかの障害によって阻止されている状態。また、その結果生じる不快な緊張や不安。要求阻止。欲求不満。

ブラス バンド【brass band】金管楽器を中心にして、太鼓などを加えた小楽団。吹奏楽団。

プラズマ【plasma】①自由に運動する正負の荷電粒子が混在して、全体として電気的中性となっている物質の状態。②血液の液状成分。血清とフィブリノーゲンからなる。血漿《けっしょう》。

プラズマ テレビ【plasma television】PDP(プラズマ-ディスプレー-パネル)を表示装置として用いたテレビ受像機。PDPテレビ。

プラセンタ【placenta】胎盤。また、その抽出物。

プラタナス【ラテン Platanus】スズカケノキ科スズカケノキ属の属名。街路樹などとされる。

フラ ダンス【和hula+dance】⇨フラ

プラチナ【スペイン platina】 白金《はっきん》。10族(白金族)に属する遷移元素の一。元素記号Pt　原子番号78。原子量195.1。比重21.4(20℃)。酸化還元触媒として用いられる。また抵抗温度計・坩堝《るつぼ》・電気炉・電極・装飾用貴金属として用いられる。

プラチナ バンド【和 スペイン platina＋英 band】 有用性が高いとされる周波数帯域を貴金属にたとえていう語。障害物があっても跳ね返るなどして進むために電波が遠くまで届きやすく、一度に伝送できる情報量が多い。プラチナ周波数帯。▷700MHzから900MHzの周波数帯を中心とする極超短波帯域。

フラッグ【flag】 ①旗。②コンピューターで、実行中のプログラムの状態についての情報を示す変数やレジスター。▷フラグとも。

ブラック【black】 ①黒。黒色。②ミルクも砂糖も入れないコーヒー。③黒人。④「不正な」「闇の」などの意。

ブラックアウト【blackout】 ①停電。灯火管制。特に、大規模停電。②一時的な記憶・意識の喪失。③場面の暗転。④報道管制。放送中止。

ブラック企業 従業員に対し劣悪な条件での労働を強要したり、暴力や人権侵害などの違法な対応を行う企業。ブラック会社。

フラッグシップ【flagship】 ①艦隊の司令官が乗って、艦隊の指揮をとる軍艦。旗艦。②最も重要なもの。企業やグループが最も力を入れている商品・店など。フラッグシップ-ショップ。旗艦店。

ブラックジャック【blackjack】 トランプ遊びの一。集めた手札の数の合計が21に最も近い者を勝ちとするもの。トゥエンティー-ワン。にじゅういち。どぼん。

フラックス シード【flax seed】 亜麻の種子。食用。亜麻仁《あまに》。

ブラック スワン【black swan】 ①コクチョウ。②予測不能な出来事。

ブラック バス【black bass】 スズキ目の淡水魚。北アメリカ南東部の原産。全国に移植され、在来種に深刻な影響を与える。

ブラック フライデー【Black Friday】 アメリカで、感謝祭(11月の第4木曜日)の翌日。クリスマス-シーズンを控えた年間最大の商戦が繰り広げられる。▷この日の売り上げによって黒字に転じる小売店が多いことから。

ブラック ホール【black hole】 物質も光も外部へ脱出できないような強い重力場をもつ天体。

ブラック ボックス【black box】 ①内部構造は問題にせずに、その機能、あるいは、それに対する入力と出力の関係だけが考察の対象とされるような過程、あるいは、その装置。②使い方だけわかっていて、動作原理のわからない装置のこと。③航空機内で、飛行に関するデータを記録するフライト-レコーダーを納める耐熱・耐震性の堅牢な箱。

ブラック マンデー【Black Monday】 1987年10月19日月曜日に起きたニューヨーク株式市場の大暴落。世界的な株価の暴落を招いた。暗黒の月曜日。

ブラック ユーモア【black humor】 笑ったあとで背筋が寒くなるような残酷さや不気味さを含んだユーモア。

ブラック ライト【black light】 近紫外線を主に放射するように設計された蛍光ランプ。

ブラック ライブズ マター【Black Lives Matter】 ⇨BLM

ブラックリスト【blacklist】 注意・監視を要する人物の氏名や住所などを記した表。黒表《こくひょう》。ブラックブック。

フラッシュ【flash】 ①閃光《せんこう》。フラッシュライト。②映画・テレビで、瞬間的に現れる場面。

フラッシュ【flush】 トランプのポーカーにおける役の一。同じ種類の札が5枚そろうこと。→ポーカー

ブラッシュ【brush】 ⇨ブラシ

ブラッシュアップ【brushup】 ①ブラシをかけて磨き上げること。②一段とすぐれたものにすること。

フラッシュ カード【flash card;

flashcard】学習教材で、単語や数字、絵を書いたカード。

フラッシュバック【flashback】①過去の出来事や情景がはっきりと思い出されること。②映画・テレビなどの編集技法で、ごく短いショットを複数つなぐこと。③麻薬経験者に起こる幻覚の再現。

ブラッシュ ボール【和 brush＋ball】野球で、打者をのけ反らせる目的で投手が行う胸元への投球。

フラッシュ マーケティング【flash marketing】インターネット上の販売サービスで、販売や割引などの実施期間に制限を設けて、消費者の購買意欲を高める手法。▷この場合のフラッシュは瞬間・短時間の意。

フラッシュ メモリー【flash memory】電源を切っても内容が保存される不揮発性の半導体メモリーの一種。

ブラッスリー【フランス brasserie】カフェとレストランを合わせたような大型の店。ブラスリー。

フラット【flat】①音楽で、ある音を半音低めることを示す変化記号。変記号。「♭」で表す。→シャープ ②端数がないこと。③共同住宅で、各住戸が同一階内で完結している形式。④平らであるさま。変化がなく、平板であるさま。

ブラッド【blood】①血。血液。②血すじ。血統。家柄。

プラットフォーマー【platformer】①ビジネスにおいて、他社も利用可能な基本的な仕組みを提供する企業。②インターネット上でさまざまなサービスとその基盤となる環境を構築・提供するIT企業。③②のうち、特に巨大な規模の企業。

フラットベッド スキャナー【flatbed scanner】原稿を平たいガラス台に固定して、撮像素子を移動させる形式のイメージ-スキャナー。→スキャナー

プラットホーム【platform】①駅で、線路に沿って適当な高さに築いた構築物。ホーム。②アプリケーション-ソフトを稼働させるための基本ソフト、またはハードウエア環境。③自動車生産で、異なった車種の間で共通に用いる車台。▷立つための台、壇の意。プラットフォームとも。

フラップ【flap】①飛行機の主翼後縁にある小翼。高揚力装置。下げ翼。②ポケット口の上に垂れ下がった蓋。雨蓋《あまぶた》。

フラッペ【フランス frappé】かき氷にシロップまたはリキュールを注いだ飲み物。また、かき氷にシロップをかけ、果物・クリームなどを盛った冷菓。

プラトー【plateau】技能の学習で、進歩が一時的に止まり横ばいになった状態。▷高原・台地の意。

プラトニック【Platonic】純粋に精神的なさま。

プラトニック ラブ【Platonic love】肉欲を伴わない、精神的な愛。

プラナリア【ラテン Planaria】三岐腸目のプラナリア科(淡水生三岐腸亜目)に属する扁形動物の総称。体は扁平で、口は腹面中央にある。再生の実験によく使われる。

プラネタリウム【planetarium】恒星の配置や太陽・月・惑星の運動など、天球面の諸現象を室内のドームに映写機で映して、天体の運行を模型的に見せる装置。天象儀。

プラネット【planet】惑星。遊星。

フラノ ⇨フランネル

ブラフ【bluff】はったり。こけおどし。

フラフープ【Hula-Hoop】遊具の商標名。プラスチックのチューブを直径1メートルくらいの輪にしたもの。輪の中に体を入れて腰を振って回し、腰の周りに回転させる。

フラペチーノ【Frappucino】コーヒーとミルクを氷とともに撹拌《かくはん》したコーヒー飲料。商標名。▷フランス frappé とイタリア cappuccino から。

ブラボー【フランス bravo】歓喜・称賛・喝采《かっさい》などの意を表すかけ声。うまいぞ。すてきだ。

フラボノイド【flavonoid】植物に含まれる植物色素の総称。毛細血管を強化する作用がある。

プラム【plum】①スモモ。バラ科の落葉高木。果実は甘酸っぱく、生食するほか、ジャム・果実酒・乾果などにする。②干しブドウ。

フラメンコ【スペインflamenco】スペイン南部アンダルシア地方で、ロマによって伝えられている芸能。歌・舞踊・ギター伴奏が一体となったもの。

フラワー【flower】花。

フラワー アレンジメント【flower arrangement】①「生け花」の英語訳。②主に欧米で発達した、花を飾るための様式。生け花よりも飾り方の自由度が高い。

フラン【フランスflan】タルト生地にカスタード-クリームを入れて焼いたパイ。

フラン【フランスfranc】スイスの通貨単位。フランス・ベルギーなどの旧通貨単位。1フランは100サンチーム。記号F

ブラン【bran】小麦の粗い皮。麩《ふすま》。

プラン【plan】①計画。はかりごと。案。②図面。見取り図。平面図。

フランク【frank】率直なさま。遠慮のないさま。

ブランク【blank】空白。余白。空白期。

プランク定数 量子論を特徴づける基本定数。記号 h　$h=6.62607015\times10^{-34}$ ジュール・秒。量子化によって得られる物理量は h を含んでおり、量子力学によって扱われる。h が無視できる系に対しては古典力学を適用することができる。作用量子。▷ドイツの物理学者プランク(M. Planck)にちなむ。

プランクトン【plankton】水中や水面に浮遊して水の動きのままに生活している水生生物。ケイ藻などの植物プランクトンとミジンコのような動物プランクトンとがあり、大きさはミクロン単位のものからクラゲ大まである。魚などの餌《えさ》として重要。また、赤潮をおこす原因ともなる。浮遊生物。

ブランケット【blanket】①毛布。ケット。②ガラス繊維・岩綿・獣毛などを毛布状に成形した柔軟な多孔質建築材料。吸音材・断熱材に用いる。

ブランケット【フランスblanquette】子牛や子羊、鶏肉のホワイト-ソース煮込み。

フランジ【flange】①軸や管などの端に鍔《つば》状に張り出した継ぎ手部分。②鉄道用の車輪の一方の側に張り出した輪縁《わぶち》。脱輪を防ぐ。

フランス パン【和 英France＋ポルトガルpão】全体が堅く、中の気泡の大きい、塩味のパン。

プランター【planter】草花などの栽培容器の一。プラスチック製で、形は長方形のものが多い。

プランタン【フランスprintemps】春。

ブランチ【branch】①枝。また、枝分かれしたもの。②部門。分科。③支部。支店。支局。

ブランチ【brunch】昼食を兼ねた遅い朝食。▷breakfastとlunchの合成。

フランチャイズ【franchise】①プロ野球で、球団が特定の都市や地域を本拠地にして、その地域における野球上の利益を保護される権利。また、その本拠地。②親企業(フランチャイザー)が加盟店(フランチャイジー)に与える、一定地域内での営業販売権。▷特権・免許の意。

フランチャイズ チェーン【franchise chain】本部からフランチャイズを与えられた加盟店の組織。本部が加盟店を直営店と同様に管理する。FC。

ブランディング【branding】①家畜などの体に、焼いた金属を押し付けて模様をいれること。焼き印。②経営・販売上の戦略として、ブランドの構築や管理を行うこと。

ブランデー【brandy】果実からつくった蒸留酒の総称。普通はワインを蒸留したもの。アルコール含量40%以上。コニャックなど。

プランテーション【plantation】先住民や移民の安い労働力を使って商品作物(綿花・タバコ・ゴム・コーヒー・紅茶など)を栽培する大規模農園。

ブランド【brand】①自己の商品を他の商品と区別するために、自己の商

品に使用する名称や標章。銘柄。商標。②特に優れた品質や評価をもつ商品・企業などの名称や標章。

プラント【plant】①植物。草木。また、それを植えること。②生産設備一式。大型機械など。

ブランド マーケティング【brand marketing】企業・商品・サービスなどのブランドを確立することによって、消費者に対する訴求を行うこと。

プランナー【planner】企画をたてる人。立案者。

ブラン ニュー【brand-new】「新品の」「真新しい」「おろしたての」などの意。

プランニング【planning】計画を立てること。立案。企画。▷プラニングとも。

フランネル【flannel】両面を起毛した柔らかな平織り、または綾織りの紡毛織物。フラノ。ネル。

フランベ【フランス flambé】肉料理やデザートにリキュール類をかけて火をつけ、アルコール分をとばして香りをつけること。

フランボワーズ【フランス framboise】キイチゴ。特にラズベリー。

ブラン マンジェ【フランス blanc-manger】菓子の一。アーモンドで香り付けした牛乳に甘く味付けし、ゼラチンまたはコーンスターチで固めた冷菓。ブラ-マンジェ。

プリ アンプ（preamplifier）オーディオ装置の一。弱い信号を増幅し、コントロールしてメーン-アンプに送りこむために用いられる増幅器。

フリー【free】①自由であること。束縛されないこと。また、そのさま。②どこにも所属していないこと。③無料。④フリー-ランスの略。⑤そのものを「含まない」「使用しない」、そのものが「存在しない」「なくてよい」などの意。

ブリー【フランス Brie】フランス北東部のブリー地方原産の軟質チーズ。

フリー アドレス【free address】①オフィスなどで、社員ごとに固定した机をもたない方式。ホテリング。ホット-デスキング。②フリー-メールで取得したメール-アドレスのこと。

フリー アルバイター【和 英free＋ドイツ Arbeiter】⇨フリーター

フリーウエア【freeware】無料で利用できるソフトウエア。フリー-ソフトウエア。

フリー エージェント【free agent】スポーツで、どのチームとも自由に契約を結ぶことができる選手。自由契約選手。

フリー キック【free kick】サッカー・ラグビーなどで、相手側に妨害されずに、セットしたボールに行えるキック。

フリーク【freak】①普通とは違う形のもの。異形のもの。奇形。怪物。②ある物事が大好きな人。熱狂的なファン。マニア。

フリークエント【frequent】たびたびあるさま。頻発するさま。

フリー ゲージ トレーン【free gage train】軌道の幅が異なる線路を走行するための軌間変換装置をもつ列車。軌間可変列車。

フリーザー【freezer】冷凍機。冷却器。

フリージア【freesia】アヤメ科の秋植え球根植物。南アフリカ原産。鉢植え・切り花とする。

フリージャズ【free jazz】即興演奏を重視した前衛的なジャズ-スタイルの総称。

フリージング【freezing】食品を冷凍すること。

フリース【fleece】①羊毛。また、羊毛に似たもの。②柔らかく、起毛した布地のこと。特に、ポリエステル製の素材と、それで作られた製品を指す。保温性・吸湿性に優れる。

フリーズ【freeze】①凍ること。固まること。②作動しなくなること。反応しなくなること。

プリーズ【please】人に物をすすめたり、頼みごとをする時などに言う語。どうぞ。

プリースト【priest】キリスト教の聖職者。特に、司祭や牧師。

フリーズ ドライ【freeze-drying】

物を凍らせて、真空中に置き水分を昇華させて除く乾燥法。凍結乾燥。

フリーソフトウェア財団【Free Software Foundation】オープン-ソースによるソフトウエア環境の普及を進める非営利団体。GNUプロジェクトなど。FSF。

フリーター【和 英free+ドイツ Arbeiter】定職に就かず、アルバイトで生計を立てる人。フリー-アルバイター。

ブリーダー【breeder】家畜や植物などの交配・育種・生産などを行う人。

フリー タイム【和free+time】個人が自由に行動できる時間。自由時間。

フリー ダイヤル【和 free+dial】NTTの電話料金サービスの一。通話料金を受信者が支払う方式の電話。0120で始まる電話番号。

フリーダム【freedom】自由。

ブリーチ【bleach】脱色すること。漂白。

プリーツ【pleats】ひだ。

フリート【fleet】ヨットやサーフィンなどのマリン-スポーツの愛好者の団体。▷艦隊・船団の意。

フリー トーキング【和 free+talking】自由討論。自由な話し合い。フリー-トーク。フリー-ディスカッション。

フリーハンド【freehand】定規・コンパスなどを用いずに、自在に描くこと。

ブリーフ【briefs】男性用の腰部をぴったり包む股下の短い下ばき。

ブリーフィング【briefing】報道機関などに対し当事者が行う簡潔な状況説明。また、企画の事前説明。

ブリーフケース【briefcase】書類などを入れる薄い角型の革鞄《かばん》。

フリー ペーパー【free paper】無料配布の新聞。

フリー マーケット【flea market】公園などで、不用品の売買・交換を行う市。▷蚤《のみ》の市。古物市。

フリーミアム【freemium】基本サービスを無料で、付加的なサービスを有料で提供するビジネス-モデル。▷free(無料)とpremium(割増金)の合成。

フリーメーソン【Freemason】18世紀初めイギリスで結成された、博愛・自由・平等の実現をめざす世界的規模の団体。

フリー メール【和free+mail】無料で電子メール-アカウントを取得できるサービス。

フリー ライダー【free rider】他人が費用負担したものを、対価を払わずに利用するだけの人。▷ただ乗りする人の意。

フリー ラジカル【free radical】⇨ラジカル

フリー ランス【free-lance】一定の会社・組織に属していない自由契約のジャーナリストや俳優など。フリー。フリー-ランサー。案自由契約

フリー ルーム【和free+room】⇨サービス-ルーム②

プリインストール【preinstall】OS(基本ソフト)やアプリケーション-ソフトウエアがあらかじめ組み込まれていること。

プリオン【prion】タンパク質の一。脳などに存在する。異常型プリオンは、クロイツフェルト-ヤコブ病、スクレイピー、牛海綿状脳症などの病原体とされる。

フリカッセ【フランス fricassée】フランス料理の一。鶏・子牛などの淡白な材料を軽くいためてから煮込み、ホワイト-ソースで仕上げたもの。

ブリキ【オランダ blik】スズをめっきした薄い鉄板。建材や缶の材料とする。

フリクション【friction】摩擦。軋轢《あつれき》。不和。

プリクラ 自分の顔写真の入ったシールを作成できる遊戯機器の通称。また、その写真シール。

プリクラッシュ ブレーキ【pre-crash brake】自動車の追突あるいは衝突による被害を軽減させるための装置。衝突被害軽減ブレーキ。追突軽減ブレーキ。

フリゲート【frigate】対潜・対空・船団護衛などに用いる小型軍艦。

ブリザード【blizzard】極地方で発

生する、猛吹雪を伴う強風。

プリザーブ【preserve】①守ること。保護すること。②保存すること。また、保存食品。缶詰。瓶詰。③果物の砂糖煮。ジャム。④禁猟地。禁漁区。

プリザーブド フラワー【preserved flower】薬品を用いて、保存用に加工した草花。プリザービング-フラワー。

フリスビー【Frisbee】プラスチック製の円盤形をした遊戯具の商標名。

プリズム【prism】ガラスなどでできた多面体で、光を分散・屈折・全反射・複屈折させる光学部品。

プリセプター【preceptor】新人に一対一でつき指導にあたる先輩。

フリッカー【flicker】揺らぐ光。点滅。ちらつき。

プリツカー建築賞【Pritzker Architectural Prize】ハイアット財団が優れた建築家に対して毎年贈る賞。プリツカー賞。

フリック【flick】タッチ-パネルを用いたインターフェースで、指をある一点に置いてから、特定の方向にはじく入力操作。画面のスクロールや文字入力などに用いる。▷はじくことの意。

ブリック【brick】①煉瓦。煉瓦状の塊。②玩具の積み木。ブロック。

ブリックス【BRICS】(Brazil, Russia, India, China, South Africa)経済成長が著しい、ブラジル、ロシア、インド、中国、南アフリカ共和国の5か国。

ブリッジ【bridge】①橋。橋梁。②船の前部の甲板にある望楼。船橋。③トランプ遊びのコントラクト-ブリッジ。または、セブン-ブリッジ。④抜けた歯の両隣の歯を支えとして、橋をかけるように入れた義歯。橋義歯。架工歯《かこうし》。⑤眼鏡の、鼻にかかる部分。⑥あおむけのまま頭と足あるいは手と足を使って橋状になって体を支える体勢。⑦抵抗・静電容量・インダクタンスなどの測定に用いる電気回路。

フリッター【fritter】泡立てた卵白を加えた軽い衣で魚肉・野菜などを揚げた料理。ベニエ。

フリップ【flip chart】テレビ放送などで、図解によって視聴者の理解を助けるために用いる大型のカード。

プリティー【pretty】かわいいさま。

ブリティッシュ【British】「イギリスの」「イギリス人の」「イギリス式の」の意。

プリ フィクス【フランスprix fixe】フランス料理店において、比較的安価に提供されるコース-メニュー。プリ-フィクス-メニュー。▷定価の意。

プリフィックス【prefix】接頭辞。語・式・名称などの先頭に添えたもの。→サフィックス

プリペイド【prepaid】「支払い済の」「代金前払い式の」の意。

プリペイド カード【prepaid card】代金を前払いして購入し、自動販売機などで使うカード。PC。

フリマ フリー-マーケットの略。→フリー-マーケット

プリマ【イタリアprima】①第一の。首位の。主たる。②プリマ-ドンナの略。③プリマ-バレリーナの略。

プリマ ドンナ【イタリアprima donna】歌劇団の中で第1位の女性歌手。主役をつとめる女性歌手。

プリマ バレリーナ【イタリアprima ballerina】主役のバレリーナ。また、バレエ団の女性第1舞踊手。

プリミティブ【primitive】①原始的。②素朴なさま。幼稚なさま。

プリメイン アンプ【和pre+main+amplifier】音響用の増幅器の一。電気信号を増幅するプリアンプと、スピーカーを鳴らすメインアンプが一体となったもの。インテグレーテッド-アンプ。

ブリリアント【brilliant】①輝くさま。華麗なさま。また、才気のあるさま。②ダイヤモンドの研磨の一法。通常58面体にしたもの。ブリリアント-カット。

フリル【frill】①細い布の片側をギャザーまたはひだにして、他の側を波打たせたもの。②余分なもの。転じて、航空会社などの過剰なサービスをいう。

プリン プディングの転。一般にはカスタード-プディングをいう。

プリン【purine】複素環式化合物の

一。無色の針状結晶。生体内には、その誘導体として存在する。

ブリンク【blink】①まばたきをすること。②明滅すること。ちらちら光ること。またたくこと。③コンピューターで、ディスプレー上の文字やカーソルの表示などを明滅させること。

フリンジ【fringe】①周辺。外縁。②毛糸やひもを束ねた房飾り。

プリンシパル【principal】①主な。重要な。②校長。主役。本人。③元金。

プリンシプル【principle】①原則。原理。②主義。

フリンジ ベネフィット【fringe benefit】賃金以外の付加給付。

プリンス【prince】王子。皇子。皇太子。

プリンセス【princess】王女。皇女。王子・皇太子の妃。

プリンター【printer】①印刷機。焼き付け機。②コンピューターの出力装置の一。データを用紙に印刷するもの。

プリン体 プリン誘導体のうちの一群の塩基性化合物。プリン塩基。

プリント【print】①印刷すること。印刷物。②写真で焼き付けをすること。また、焼き付けをしたもの。③捺染《なっせん》すること。

プリント アウト【print out】コンピューターのデータをプリンターで印刷すること。また、その印刷物。

フル【full】いっぱいであるさま。十分であるさま。最大限。

ブル ①ブルドッグの略。犬の一品種。顔の下半分がしゃくれて上を向いた特異な外見だが、性質は温順。②ブルドーザーの略。③ブルジョア・ブルジョアジーの略。

ブル【bull】①雄牛。②(株式の)強気筋。→ベア

プル【pull】①引くこと。引っ張ること。②野球やゴルフで、引っ張って打つこと。③水泳のストロークで、水をとらえてから腕をかくこと。

ブルー【blue】①青色。②憂鬱《ゆううつ》なさま。

ブルー アイド ソウル【blue-eyed soul】白人アーティストによるリズム-アンド-ブルースやソウル-ミュージックのこと。ホワイト-ソウル。

ブルー オーシャン【blue ocean】競合が少ない未開拓の市場。⇨レッド-オーシャン ▷青い海の意。

ブルー カラー【blue-collar】生産現場で作業に携わる労働者。▷作業服の色から。→ホワイト-カラー

ブルーギル【bluegill】スズキ目の淡水魚。雄の鰓《えら》の後端が青黒く見える。北アメリカ原産で、近年、湖沼に移入された。釣りの対象魚。

ブルー シート【和blue＋sheet】合成樹脂製の青いシート。

ブルース【blues】4分の4拍子の哀愁を帯びた歌曲。アメリカ黒人に歌われた哀歌。▷ブルーズとも。

ブルー チーズ【blue cheese】半硬質のナチュラル-チーズの一。アオカビによって熟成したもの。

ブルー チップ【blue chip】優良株。

フルーツ【fruit】くだもの。

フルーティー【fruity】果物の風味がいっぱいに感じられるさま。

ブルートゥース【Bluetooth】複数のデジタル機器を無線で接続し、音声通信やデータ通信を行う技術の共通仕様。

ブルー ノート【blue note】①長音階の3度(ミ)と5度(ソ)と7度(シ)の音を半音下げた音。ブルース・ジャズに特徴的な音。②アメリカのジャズ-レコードのレーベル名。

プルーフ【proof】①証明。証拠。②酒類のアルコール含有量を示す単位の一。③印刷で、本刷り前に校正をするための刷り物。

ブルベ【フランスbrevet】長距離コースを制限時間内に走りきることを目指す自転車イベント。▷認定の意。

ブルーベリー【blueberry】ツツジ科のスノキ属の低木の一群で、果樹として栽培されるものの総称。北アメリカ原産。甘酸っぱく、ジャムやジュースにす

る。

ブルーム【bloom】①製鋼の圧延工程の中間製品の一。大型の鋼片。角形の断面をもつ。②果物や野菜などの表面に表れる白い粉状の物質。果粉。蠟粉《ろうふん》。

プルーム【plume】①羽毛。②羽根飾り。③水煙。水柱。④地球内部のマントルに存在する、深部から表層部への上昇流。→ホット-スポット ⑤立ち上る雲。特に、放射能を含んだものをいう。

ブルー ムーン【blue moon】①青く見える月。②一つの季節の中で見ることのできる4回の満月のうち、3回目の満月。また、暦月の中で2回目の満月。③転じて、極めてまれなこと。

ブルー ライト【blue light】可視光線の中で、380～195ナノメートルの青色光。

フルール【フランスfleur】花。

ブルー レイ ディスク【Blu-ray Disc】光ディスク規格の一。青紫色レーザーを用いるもの。BD。

プルーン【prune】西洋スモモの一種。また、その果実を乾燥した食品。鉄分に富む。プルン。

フルHD(エッチディー) ハイ-ビジョン映像を十分に楽しめる画面解像度(横1920ピクセル、縦1080ピクセル以上)をもつ状態。フル-ハイ-ビジョン。フル-スペック-ハイ-ビジョン。フル-スペックHD。▷HDはhigh-definitionの略で、高解像度の意。

プルオーバー【pullover】頭からかぶって着る形の洋服。特に、セーター。

フルオロカーボン【fluorocarbon】炭化水素の水素原子をすべてフッ素原子で置換した化合物の総称。プラスチックや潤滑油などに利用される。

ブルカ【アラビアburqu‘; 英burka】目の部分だけをあけて頭からすっぽり全身をおおう外衣。イスラム教徒の婦人が外出時に着用する。

ブルキニ【burqini; burkini】顔と手足の先を除く体全体を覆う、密着しない水着。ムスリムの女性が戒律を守るものとして着用する。▷ブルカとビキニの合成。→ブルカ

ブルゴーニュ【Bourgogne】①フランス、パリの南東方、ソーヌ川流域を占める地域。葡萄《ぶどう》栽培が盛ん。ブルゴーニュ-ワインで知られる。中心都市ディジョン。英語名バーガンディー。②①で産するワイン。

プルコギ 朝鮮風味付け焼肉。▷朝鮮語。

フルコミット【和full + commit】全力で関わること。→コミット

プル サーマル【和plutonium＋thermal＋use】ウランとプルトニウムの混合酸化物燃料を用いること。高速増殖炉が実用化するまでの過渡的なものとされる。

ブルジョア【フランスbourgeois】①中世ヨーロッパにおいて貴族・聖職者と農民・労働者との中間の階級に位置した商工業者。市民。②近代社会における有産者。マルクス主義で資本家や資本家階級に属する人をいう。→プロレタリア ③富裕者。金持ち。

ブルジョアジー【フランスbourgeoisie】ブルジョア階級。市民階級。有産階級。資本家階級。→プロレタリアート

フル スクラッチ【和full＋scratch】既存の部品をまったく利用せずに、模型やシステムなどを作り上げること。

フル セット【full set】要求される機能や道具、内容などが不足なくそろっている状態。→サブセット

ブルゾン【フランスblouson】ふくらませた身頃の裾《すそ》をしぼった、ウエスト丈または腰丈のジャケット。ジャンパー。

フル タイム【full time】①所定の時間のすべて。②正規の勤務時間を完全に勤務すること。→パート-タイム

プル ダウン メニュー【pull-down menu】コンピューターで、メニュー-バーの項目を選んだときに、項目の下に表示されるコマンド一覧メニュー。ドロップ-ダウン-メニュー。

プル タブ【pull-tab】プル-トップ式の缶詰のふたの、指を掛けて引き開けるためのつまみ。

ブルドーザー【bulldozer】土木機械の一。トラクターの前面に排土板を取り付けたもの。土の運搬・排土・削土・地ならしなどを行う。

プル トップ【pull-top】缶詰で、つまみ(プル-タブ)を引き起こして開ける方式の蓋《ふた》。缶切りを必要としない。

プルトニウム【plutonium】アクチノイドの一。元素記号Pu　原子番号94。超ウラン元素の一で、同位体はすべて放射性。プルトニウム239は、原子炉中でウラン238の中性子照射によって多量に得られ、核燃料として利用される。放射能毒性が大きい。

プルニエ【フランスprenier】フランス風の魚料理。また、フランス風の魚料理専門のレストラン。

フル ネーム【full name】略さない名。特に、苗字と名の全部。

ブルネット【brunet(te)】褐色の髪。また、髪・目・皮膚などが褐色の人。特に、女性にいう。

フルバック【fullback】サッカー・ラグビー・ホッケーなどで、攻撃陣形の最後尾に位置する選手。

フルフィルメント【fulfillment】商品の注文から出荷までに関わる一連の処理。

フル フラット シート【和full ＋ flat ＋ seat】自動車や航空機で、背もたれを倒すなどの操作をするとベッドのような状態になる座席。

ブル ペン【bull pen】野球場の一角に設けた投手の練習場。▷雄牛の囲いの意。

フルボディ（full bodied)力強くて風味があること。こくがあること。また、そのようなワイン。

ブルマー【bloomer(s)】①股下が長く、裾《すそ》にゴムを入れてしぼった、女性・子ども用の下着。②①と同形で、丈が短く、多くのひだを畳んだ、女子用の運動着。▷ブルーマーとも。

フル マラソン（full-length marathon)42.195キロメートルを走るマラソン。ハーフ-マラソンなどに対していう。

プレ【pre】「…以前」「…に先行する」などの意。プリ。

フレア【flare】①洋裁で、裾《すそ》が朝顔形に開くこと。また、その部分。②光学器械で映像が白くぼやけたり円や弧状の白い斑点が現れる現象。ゴースト。③太陽彩層の小部分が、数秒から数時間の間、閃光《せんこう》を発する現象。地球大気上層および地磁気に影響を与える。太陽面爆発。

フレア スカート【flared skirt】すそが広がって波打っているような形のスカート。フレアー-スカート。

プレイ【play】⇨プレー

プレイアブル【playable】ビデオ-ゲームなどで、操作が可能な状態。

ブレイキン【breaking】ブレーク-ダンスのスポーツ競技名。

ブレイク【break】⇨ブレーク

ブレイクスルー【breakthrough】⇨ブレークスルー

フレイル 高齢期に運動処理能力・認知機能・栄養状態などの低下でストレスに対する脆弱性が増し、生活機能障害・要介護状態・死亡などに陥りやすい状態。フレール。→サルコペニア

プレー【play】①遊ぶこと。娯楽。②競技。試合。また、その一つ一つの動き。③劇。戯曲。脚本。また、上演。④演技。演奏。⑤試合を開始すること。プレー-ボールの略。▷プレイとも。

プレー オフ【play-off】引き分けや同点のときなどの、再試合・延長戦。同点者・同率者間の優勝決定戦。また、通常のリーグ戦終了後に行われる、上位チームによる優勝決定戦。

ブレーカー【breaker】定められた以上の電流が流れると回路を自動的に遮断する装置。電流制限器。サーキット-ブレーカー。

ブレーキ【brake】①機械の運動を停止または減速させる装置の総称。制動機。②物事の進行を抑制するもの。順調な進行を妨げるもの。歯止め。

フレーク【flake】①薄片。また、薄片にして加工した食品。②石器をつくるために原石から剝がされた小片。剝片《はくへん》。

ブレーク【break】 ①ボクシングで、クリンチした両者にレフェリーが離れることを命じる語。②テニスで、相手のサービス・ゲームを破ること。③休憩。④急に流行したり、人気が出ること。▷ブレイクとも。

ブレーク コア【breakcore】 ダンス-ミュージックの一。細分化した音素材を、複雑かつ高速のリズムとして再構築するもの。→ブレークビーツ

ブレークスルー【breakthrough】 ①行き詰まりの状態を打開すること。②科学技術などが飛躍的に進歩すること。③難関や障害を突破すること。▷ブレイクスルーとも。案突破

ブレークダウン【breakdown】 ①機械などが故障したり破損したりすること。②心身が衰弱すること。③交渉が決裂すること。

ブレーク ダンス【break dance】 ヘッド-スピンなどのアクロバット的動作が特徴のストリート-ダンス。ブレイキン。

ブレークビーツ【breakbeats】 ①音楽で、楽曲の途中に現れる、リズムだけの部分のこと。②①をサンプリングしてつくるリズム-フレーズ。③②の手法を多用した、ダンス-ミュージックのジャンル。▷ブレークビートとも。

フレーズ【phrase】 ①句。成句。②モチーフ(動機)の発展によりつくられる旋律の自然な区分。楽句。

ブレース【brace】 中括弧。{ } の形のもの。

プレース【place】 ①場所。住所。②置く。配置する。③ゴルフで、急斜面でドロップできないときに、ルールに従って手で球を地面に置くこと。

ブレード【blade】 ①刃物の刃。②ボートのオールの水をかく平たい部分。③アイス-スケートの靴に付ける金属の刃。④スクリュー・プロペラなどの羽根。⑤ピッケルの、刃のついている部分。⑥石刃《せきじん》。

プレート【plate】 ①板金。金属板。②皿。③野球で、㋐投手が投球すべき位置に置いてある板。投手板。㋑本塁。ホーム-プレート。④写真の感光板。⑤真空管の陽極。⑥地球表層を形づくる、厚さ 100km 内外の岩盤。現在の地球表面は、大小十数個のプレートでモザイク状に敷き詰められている。

フレーバー【flavor】 風味。香り。おもむき。

フレーミング【flaming】 かっとなること。炎上。

フレーム【frame】 ①物の周囲を囲むもの。枠。縁。額縁。②建造物・機械などの、骨組み・枠組み。③映画・テレビ・写真で、撮影される範囲の枠取り。また、フィルムの一こま、映画・テレビの画面など。④ディスプレーが描き出す画像の一こま。⑤苗を育てるために土を温かくした苗床。温床。⑥ボウリングで、1 ゲームを構成する各回。⑦自転車・自動車などの車体枠。⑧テニス・バドミントンなどのラケットの枠。⑨人工知能の分野における、知識表現に関するフレーム理論で、知識の枠組み。

フレーム ライト【flame light】 炎があがっているように見える照明器具。

フレーム リレー【frame relay】 データ通信で、情報をフレームとよばれる可変単位にまとめ、伝送する方式。従来のパケット交換よりも、より高速で大容量の通信が可能。

フレームワーク【framework】 ①骨組み。骨格。枠組み。②体制。組織。構造。③問題について考えるときの枠組み。案枠組み

プレーヤー【player】 ①競技をする人。競技者。②演奏者。③レコード盤やCDなどの音響再生装置。

プレー ヤード【play yard】 乳児用の遊び場。小型のベッドなどのスペースを、ネットなどの柵で囲ったもの。▷遊び場の意。

プレーリー【prairie】 北アメリカ大陸、ミシシッピ川以西、アメリカからカナダに広がる大草原。農畜産物の大産地。

プレーリー ドッグ【prairiedog】 リス科の哺乳類。プレーリーに分布し、穴を掘って家族群で集団生活をする。

鳴き声が犬に似るところからの名。

ブレーン 【brain】 ①頭脳。②⇨ブレーン-トラスト

プレーン 【plain】 ①複雑でないさま。わかりやすいさま。平凡。②飾らないさま。③味つけをしないで、あっさりしたさま。

ブレーンストーミング 【brainstorming】 参加者が自由に多くの意見を出しあうことによって、独創的なアイディアを引き出す集団思考法。

プレーン テキスト 【plain text】 ①暗号における平文《ひらぶん》。②コンピューターで、文字コードのみで構成されたテキスト-データ。→テキスト-ファイル

ブレーン トラスト 【brain trust】 ①政府・政治家などの顧問として、専門分野の助言をする学識経験者。知能顧問団。②私的な顧問や相談相手。ブレーン。

プレカット 【precut】 ①木材の継手・仕口などを、自動工作機械で加工すること。②調理の手間を省くためにあらかじめ野菜などを切っておくこと。

フレキシビリティー 【flexibility】 柔軟性。融通性。

フレキシブル 【flexible】 ①柔軟性のあるさま。②順応性があるさま。③制度や組織が融通のきくさま。

フレキシブル コンテナ バッグ 【flexible container bag】 土砂や石炭、飼料などを梱包・輸送するための袋状の包材。フレコン-バッグ。フレコン。

ブレグジット 【Brexit】 イギリスのEUからの離脱。▷Britain(イギリス)とexit(退出)とを組み合わせた造語。

フレグランス 【fragrance】 ①心地よい香り。芳香。②芳香性化粧品の総称。

ブレザー 【blazer】 スポーティーな背広型のジャケット。ブレザー-コート。

プレジデント 【president】 大統領。また、学長・総長・総裁・会長・社長など。

プレジャー 【pleasure】 喜び。楽しさ。

プレジャー ボート 【pleasure boat】 個人がレジャー用として使う、モーター-ボート、ヨットなどの船舶。

ブレス 【breath】 ①息。呼気。②息つぎ。

プレス 【press】 ①押すこと。押しつけること。②洗濯した衣服のしわをのばして仕上げること。③金型を押して、板金に穴をあけたり曲げたりする機械。④印刷すること。また、印刷物。⑤新聞社などの報道機関。また、その記者。⑥バーベルを押し上げること。⑦アタッシェ-ド-プレス(フランス語 attachéde press)の略。アパレル-メーカーの広報・販促担当者。

フレスコ 【イタリア fresco】 下地の漆喰が乾ききらないうちに水溶性顔料で描く技法、また、そのようにして描いた壁画。

プレスティージ 【prestige】 社会的な高い価値づけ・評判。社会的な威信。声望。名声。▷プレステージとも。

ブレスト 【breast】 ①胸。胸部。乳房。また、乳。母乳。②ブレスト-ストロークの略で、平泳ぎのこと。

プレスト 【イタリア presto】 音楽の速度標語の一。「きわめて速く」の意を指示するもの。

プレス リリース 【press release】 報道関係者に向けてする発表。また、そのために配布する印刷物。ニュース-リリース。

ブレスレット 【bracelet】 腕輪。

プレゼン プレゼンテーションの略。

プレゼンス 【presence】 国外における軍事的・経済的影響力。▷存在の意。案存在感

プレゼンテーション 【presentation】 ①提示。説明。表現。②自分の考えを目に見える形で示すこと。プレゼン。案発表

プレゼント 【present】 贈り物をすること。また、贈り物。

プレタポルテ 【フランス prêt-à-porter】 有名デザイナーによる高級既製服。

フレックス 【flex】 ①曲げること。曲がること。②⇨フレキシブル

フレックスタイム 【flextime】 自由

な時間に出・退社し、所定の時間数を勤務する制度。コア-タイムを設ける場合もある。1987年(昭和62)の労働基準法改正で法制化された。自由勤務時間制。変動労働時間制。㊇自由勤務時間制

ブレックファスト【breakfast】朝食。

プレッシャー【pressure】圧力。精神的重圧。

フレッシュ【fresh】①新鮮。清新。さわやか。②コーヒー・紅茶用のミルク。主に関西での表現。

フレッシュマン【freshman】新人。新入生や新入社員など。

プレッツェル【pretzel】小麦粉、水、塩、イースト菌でつくった生地を、棒状やひらがなの「め」のような形にして焼いた食べ物。

フレット【fret】弦楽器の指板に付いている、弦を押さえる場所を示す線状の突起。

フレットレス【fretless】弦楽器でフレットがないこと。「—-ベース」

ブレッド【bread】パン。特に、食パン。

プレハブ【prefab】あらかじめ工場で部品の加工・組み立てをしておき、現場では取り付けのみを行う建築構法。▷prefabricated houseの略。

プレパラート【ドイツ Präparat】生体や鉱物の資料をスライド-ガラスにのせ、カバー-ガラスでおおって封じた顕微鏡標本。

プレパレーション【preparation】①準備。用意。予習。②病気の子どもに対するインフォームド-コンセント。→CLS

プレビュー【preview】①映画・演劇の一般公開に先立つ試写・試演。②コンピューターで、文書などの印刷の前に、仕上がりイメージを画面上で確かめること。また、その機能。

プレミア ⇨プレミアム

プレミアム【premium】①景品。おまけ。賞品。賞金。報奨金。②株式や外国為替などに生じる割り増し価格。打歩《うちぶ》。③正規の料金に上乗せされる金額。④他の物より価値があること。高級。上等。高価。⑤保険料。掛け金。▷プレミアとも。

プレミアム フライデー【Premium Friday】毎月最終金曜日、午後3時をめどに仕事を終えることを推奨するキャンペーン。▷経済産業省、日本経済団体連合会などが主導して2017年(平成29)2月に開始。

プレミア リーグ【Premier League】▷プレミアは、最上位の意。イングランドのプロ-サッカーの最上位リーグ。

プレリュード【prelude】前奏曲。序曲。

フレンチ【French】「フランスの」「フランス人の」「フランス風」の意。

フレンチ トースト【French toast】卵を溶きまぜた牛乳に食パンを浸してバター焼きにしたもの。

フレンド【friend】友。友達。

ブレンド【blend】数種のものを混ぜ合わせること。また、混ぜ合わせたもの。

フレンドリー【friendly】親切なさま。好意的。

プロ ①プロフェッショナルの略。②プロダクションの略。③プログラムの略。④プロレタリアまたはプロレタリアートの略。⑤プロパガンダの略。

フロア【floor】①床。②ショーやダンスをする場所。また、デパートなどの売り場。③(講壇・ステージに対して)聴衆席。議場。④(ビルの)階。

プロアクティブ【proactive】先回りで行動すること。

ブロイラー【broiler】①肉をあぶる器具。②食肉用に飼育された若鶏の総称。

フロー【flow】①流れ。②ある一定期間に産出・支出された財の総量。→ストック

ブロー【blow】①吹くこと。吹きつけること。②吹奏楽器を吹くこと。吹奏。③ボクシングで、強打。④ボウリングで、スプリットの外側にボールを外すこと。

ブローカー【broker】①仲買人。仲

介業者。②証券委託売買業者。

ブロークン【broken】①こわれた。故障した。②文法にはずれていてでたらめなさま。変則。破格。

ブローシャー【brochure】企業・団体などの業務内容や企画などを知らせるパンフレット。

フローズン【frozen】①「凍った」「冷凍の」の意。②(資金・物価などが)凍結されること。

ブローチ【broach】切削用工具の一種。金属・プラスチックの表面や穴の内面を加工するのに用いる。矢。

ブローチ【brooch】洋服の、胸・襟などに付けるアクセサリーの一種。

フロー チャート【flow chart】仕事の流れや処理の手順を図式化したもの。流れ図。フロー-シート。

フロート【float】①浮き。浮標。②水上飛行機の足部についている浮き舟。浮舟《ふしゅう》。③アイス-クリームを浮かせた冷たい飲み物の総称。④変動為替相場制のこと。

ブロードキャスト【broadcast】①放送をすること。放送。②ネットワークで、接続されているすべての端末に対し相手を特定せずにデータを送ること。

ブロードバンド【broadband】データ伝送の分野において、広帯域のこと。近年は、単に高速度で大容量のデータ伝送をいうことが多い。ネットワーク上の高度なサービスを実現する。

プローブ【probe】①探査。②探り針。特に、電子測定器で、電極。探針。③生化学で、ある物質の存在を確認するための手掛かりに用いる物質。

フローラ【ラテン flora】①特定の地域に生育する植物の全種類。植物相。②体の特定の器官に生育する細菌の全種類。細菌叢《さいきんそう》。常在細菌叢。

フローラル【floral】花のようなさま。花の香りがするさま。

フローリング【flooring】木質系の床仕上げ用板材の総称。

ブロガー【blogger】ブログを開設する人。ブロッガー。→ブログ

ブロカント【フランス brocante】古物。古物商。古物店。

プロキシ【proxy】代理。代理人。

プロキシ ファイト【proxy fight】株主総会に先立ち、株主から多数の委任状を競って集めること。委任状争奪戦。プロクシー-ファイト。

プロキュアメント【procurement】調達。必要とする商品・サービス・資金などを、希望する条件(コスト・納期・品質など)を満たしながら入手すること。

ブログ【blog】日記形式で書き込むインターネットのサイトやホーム-ページ。▷ウェブ(web)とログ(log)との造語ウェブログ(weblog)の略。

プログラマー【programmer】コンピューターのプログラムを作成する人。

プログラミング【programming】コンピューターのプログラムを作成すること。

プログラム【program】①物事の予定。計画。②映画・演劇・コンサートなどの演目や曲目、あらすじや解説などを書いた表や小冊子。③コンピューターに、情報処理を行うための動作手順を指定するもの。

プログレス【progress】進歩。前進。向上。進取。

プログレッシブ【progressive】進歩的。また、進歩主義者。プログレ。→コンサバティブ

プログレッシブ ロック【progressive rock】1960年代後半イギリスで起こった、クラシックやジャズの要素を感じさせるサウンドが特徴のロック。

プロシージャ【procedure】①物事を行う手順。順序。手続き。方法。②法律上の正式な手続き。③プログラムで、呼び出されて計算や処理を行うなど特定の機能をもった部分。

プロジェクション【projection】放射。投影。映写。

プロジェクション マッピング【projection mapping】プロジェクターを用いて建物などに映像を投影する技術。

プロジェクター【projector】①映

写機。②投光機。③計画立案者。

プロジェクト【project】新しいものを考え出し、実用化するための研究や事業。

プロジェクト チーム【project team】企業活動などで、特別な目的のために編成されたチーム。タスク-フォース。

プロジェクト マネージメント【project management】計画の立案、スケジュールの作成、コストの見積もり、進行管理などを行うこと。

プロジェクト マネージャー【project manager】プロジェクトを計画通り完遂できるよう全体を管理する人。

プロシュート【イタリア prosciutto】イタリア産の生ハム。

プロシューマー【prosumer】自分の満足度を高めるために、自ら製品を生産する消費者。▷producer(生産者)とconsumer(消費者)から。

フロス【floss】⇨デンタル-フロス

フロスト【frost】霜。氷結。また、冷蔵庫の中などの、霜。

プロスペクト【prospect】よい見通し。利益が上がる見込み。よい予測。期待。展望。

プロセス【process】①物事を進める手順。②物事が変化するときの経過。物事が進む過程。③食品の保存のためなどに行う加工処理。

プロセス チーズ【process cheese】2種以上のナチュラル-チーズを加熱溶解して香辛料などを加え、練り固めたもの。

プロセッサー【processor】コンピューターにおいて、命令を解読・実行する装置。→CPU

プロダクション【production】①つくりだすこと。制作。生産。②映画やテレビ番組、出版物などの制作会社。プロ。③芸能人その他の人材を集めて、興行や事業を行う組織。プロ。

プロダクティブ【productive】生産力のあるさま。肥沃《ひよく》なさま。

プロダクト【product】製品。生産品。製造物。特に、工業製品。

プロダクト アウト【product-out】企業が生産・販売活動をする際に、消費者のニーズは無視し、生産者側の都合を優先するという考え方。→マーケット-イン

プロダクト アクティベーション【product activation】商用ソフトウエアで、インターネットなどを通じてライセンス認証を行い、使用可能な状態にする仕組み。不正コピー防止技術の一。アクティベーション。

ブロッキング【blocking】①進路をふさぐこと、妨害すること。②バスケットボール・ハンドボールなどで、球を持っていない相手の動きを妨害するため体を接触させること。反則の一。③ボクシングで、相手の攻撃を肩・ひじ・腕などで受け止めること。

フロック【fluke】①玉つきなどで、まぐれあたり。②思いがけずうまくいくこと。まぐれで成功すること。

フロック【frock】フロック-コート(frock coat)の略。男性の昼間用礼服。

ブロック【フランス・英bloc】政治・経済上の利益のために結びついている国・団体など。

ブロック【block】①㋐かたまり。㋑コンクリート-ブロックのこと。②市街地の一区域。③鉄道の一閉塞区間。④滑車。⑤木版の版木。⑥バレーボールで、前衛の選手が手をのばして相手のスパイクをくい止めること。⑦おもちゃの積み木。⑧妨害すること。障害。遮断すること。

ブロックチェーン【blockchain】台帳情報をネット上で分散的に公開・管理して、自律的な監査により真正性を確保する技術。

ブロッコリー【broccoli】キャベツの一変種。カリフラワーに似るが、食べる部分が緑色の野菜。

プロット【plot】物語・小説・戯曲・映画などの筋立て。構想。

フロッピー【floppy】ディスク材料としてプラスチックなどを用いたコンピューター用磁気ディスク。ディスケット。▷フロッピー-ディスクの略。

プロップ〔prop〕①支柱。支え。②映画や劇の小道具。③ラグビーでフォワードがスクラムを組んだとき、第1列の両はしにいる選手。

プロテイン〔protein〕タンパク質。

プロテーゼ〔ドイツ Protese〕身体の欠損した部分を補う人工物。義歯や義肢、人工関節など。

プロテクター〔protector〕スポーツで、からだにつける防具の総称。▷保護者・保護物の意。

プロテクト〔protect〕①守る。保護する。②コンピューターのソフトウエアに、コピー防止、消去防止のために施す処理。

プロテスタンティズム〔Protestantism〕キリスト教で、16世紀の宗教改革の中心的思想。新教。

プロテスタント〔Protestant〕プロテスタンティズムを奉ずる人。

プロテスト〔protest〕抗議。異議。異議申し立て。

プロテスト ソング〔protest song〕政治的なメッセージを前面に打ち出した楽曲の総称。1960年代前半のフォーク-ソングに多く見られる。

プロデューサー〔producer〕映画・演劇・放送などで、制作責任者。

プロデュース〔produce〕演劇・映画・放送・音楽などの作品を企画しつくること。製作。

プロトコル〔protocol〕①外交などの国際儀礼。②外交などにおける議定書。③実験・治療などの手順。④データ通信を行うための規約。通信規約。▷プロトコールとも。

プロトタイピング〔prototyping〕ソフトウエア開発方法の一。大まかなプログラムを作り、それにユーザーの要求を反映させながら完成させていくもの。試作開発。

プロトタイプ〔prototype〕①試作品。②最低限必要な物だけを備えた型の製品。③そのものや種類の特徴・本質を、最もよく表しているもの。▷原型・見本の意。案 原型

プロトン〔proton〕陽子。

プロパー〔proper〕①本来であること。特有、固有であること。正規であること。②その分野・方面に対して、専門にかかわっていること。また、その人。生え抜きであること。

プロバイオティクス〔probiotics〕腸内環境を改善し、整腸作用や免疫調節作用などをもたらす、生きた微生物。また、これを含む食品。生菌剤。▷治療のために用いられる抗生物質(antibiotic)に対比していう語。

プロバイダー〔provider〕⇨インターネット-プロバイダー

プロパガンダ〔ロシア propaganda〕(政治的意図をもつ)宣伝。プロ。

プロパティー〔property〕①資産。財産。②特質。属性。③小道具。④コンピューターで、さまざまな対象の属性に関する情報。

プロ パテント〔pro-patent〕特許の保護範囲の拡大など、知的財産権の保護を強化すること。

プロパン〔propane〕無色・無臭の可燃性ガス。家庭用や自動車用などの燃料となる。プロパン-ガス。

プロビジョン〔provision〕供給。用意。準備。対策。

プロピレン〔propylene〕無色可燃性の気体で、重要な有機合成化学原料。プロペン。メチルエチレン。

プロフ ネット上で手軽に開設できる自己紹介ページ。またそのサービス。主に携帯電話で利用する。プロフィール-サイト。自己紹介サイト。▷プロフィール(profile)の略。

プロファイリング〔profiling〕過去の犯罪のデータベースを基に、犯人の動機や行動パターンを推理し、犯人像を割り出す方法。

プロファイル〔profile〕①ある物事について、情報を集約すること。また、集約したもの。②コンピューターの基本ソフトで、さまざまな設定情報を集約したもの。

プロフィール〔profile〕①横側から見た時の顔の輪郭。横顔。②人物評。③人や物などの特徴。▷プロフィルと

も。

プロフィール サイト〔profile site〕 ⇨プロフ

プロフィット〔profit〕 もうけ。利益。利潤。利得。収益。

プロフェッサー〔professor〕 (大学の)教授。

プロフェッショナル〔professional〕 それを職業として行うさま。専門的。また、その人。専門家。→アマチュア

プロブレム〔problem〕 問題。難問。

プロペラ〔propeller〕 回転力を推進力に変える飛行機の装置。

プロポーザル〔proposal〕 提案。申し込み。

プロポーショナル フォント〔proportional font〕 コンピューターで、文字ごとに異なった幅を持つフォント。アルファベットなどを美しく表示できる。

プロポーション〔proportion〕 ①釣り合い。調和。均整。②割合。比例。

プロポーズ〔propose〕 申し込むこと。特に、結婚の申し込みをすること。

プロ ボノ〔ラテン pro bono〕 自らの職能を利用して、無償または低額によって行う公共的活動。

プロポリス〔propolis〕 ミツバチが、集めた樹液と唾液を混合して膠《にかわ》状にしたもの。抗菌作用がある。

フロマージュ〔フランス fromage〕 チーズ。

ブロマイド〔bromide〕 スターなどの葉書大の肖像写真。

プロマネ プロジェクト-マネージャーの略。

ブロマンス〔bromance〕 性愛は伴わないが強い絆で結ばれている、男性どうしの関係。▷ブラザー(brother)とロマンス(romance)から。

プロミス〔promise〕 約束。誓約。契約。

プロミネンス〔prominence〕 ①太陽の紅炎《こうえん》。②文中のある語句を強調するために、特に強く発音すること。卓立。

プロム〔prom〕 アメリカの大学や高校で、学年末や卒業記念に行うダンス-パーティー。

プロムナード〔フランス promenade〕 ①散策。②散歩道。遊歩道。

プロモーション〔promotion〕 販売などを促進するための活動。

プロモーション ビデオ〔和 promotion＋video〕 ⇨ビデオ-クリップ

プロモーター〔promoter〕 ①発起人。主催者。②興行主。③調節遺伝子の一種。プロモーター遺伝子。

プロモート〔promote〕 ①事業や計画を推進、促進すること。②興行を企画、主催すること。

プロ ユース〔和 pro ＋ use〕 道具や装置などが、専門家の使用にも耐える品質や性能であること。プロフェッショナル-ユース。

プロ レス〔professional wrestling〕 興行として行われるショー的要素の濃いレスリング。プロ-レスリング。

プロレタリア〔ドイツ Proletarier〕 資本主義社会における賃金労働者。また、その階級。無産者。→ブルジョア

プロレタリアート〔ドイツ Proletariat〕 プロレタリア階級。労働者階級。無産階級。→ブルジョアジー

プロローグ〔prologue〕 ①演劇や音楽などで、その主題や進行を暗示する内容をもった前置きの短い部分。②物事の始まり。発端。→エピローグ

フロン〔flon〕 クロロフルオロカーボン(CFC)、フルオロカーボンの日本での慣用名。オゾン層を破壊する特定フロンが問題となっている。

ブロンズ〔bronze〕 銅とスズとの合金。青銅。また、青銅製のもの。

フロンティア〔frontier〕 ①国境地方。辺境。②アメリカ合衆国の西部開拓において最前線となった辺境地帯。転じて、広い可能性を秘めた開拓の対象となる領域の意に用いられる。[案]新分野

フロント〔front〕 ①正面。→バック ②ホテルの受付。帳場。③戦線。前線。④プロ-スポーツで、チームの経営や管理にあたる首脳陣・事務局。

ブロンド〔blond〕 西洋人の毛髪などの金茶色のもの。金髪。

フロントエンド【front-end】①後部に対し、先端。②コンピューター処理の入力側。→バックエンド

フロント ガラス【和　英front＋オランダglas】自動車の運転席の前面にある風防ガラス。

フロント マン【front man】①ホテルのフロントを務める男性。②マンション管理会社がマンションに派遣する管理組合担当者。③バンド(楽団)で、演奏時に中心的な役割を担うメンバー。

プロンプター【prompter】演技中の俳優に台詞《せりふ》を教える役目の人。

プロンプト【prompt】コンピューターで、入力が可能な状態であることと、入力位置とをディスプレー上で示す表示。

へ

ヘア【hair】①毛。髪の毛。②特に、陰毛。▷「ヘアー」「ヘヤ」とも。

ベア　⇨ベース-アップ

ベア【bare】むきだしのさま。裸のようす。

ベア【bear】①熊。②(株取引で)弱気筋。→ブル

ペア【pair】①二つまたは二人で一組みになっているもの。②スポーツで、二人で組んだ1チーム。③一対のオールを備えた二人漕ぎのボート。④トランプで、同じ数の札の2枚ぞろい。

ペア【pear】西洋梨。洋梨。ペアー。ペヤ。

ヘアダイ【hairdye】化学薬品を用いて頭髪を脱色しながら染めること。また、その染毛剤。

ヘアピン【hairpin】①髪の毛を整えるために髪の毛をはさんでとめるピン。②鋭く折れ曲がっている道路のカーブ。ヘアピン-カーブ。

ベアリング【bearing】軸受《じくう》け。

ペアレンタル コントロール【parental control】パソコンなどの情報機器で、親が子どもの利用環境を管理すること。またはその機能。

ベイ【bay】湾。入り江。

ペイ【pay】①報酬。賃金。給料。②支払うこと。③採算がとれること。引き合うこと。元が取れること。

ペイオフ【payoff】預金の全額保障を行わない制度。金融機関が破綻した場合、預金保険機構が一定額だけを払い戻す。

ヘイズ【haze】もや、かすみ、煙霧のこと。

ペイズリー【paisley】⇨ペーズリー

ヘイト【hate】憎悪。反感。嫌悪。

ヘイト クライム【hate crime】憎悪に基づく犯罪。とりわけ人種・民族・宗教・セクシュアリティーなどに対する偏見や差別に基づくものをさす。憎悪犯罪。

ヘイト スピーチ【hate speech】憎悪に基づく言論。とりわけ人種・民族・宗教・セクシュアリティーなどに対する偏見や差別に基づくものをさす。

ペイ パー ビュー【pay-per-view】ケーブル-テレビや衛星放送などで、視聴した番組単位で料金を課すこと。また、そのサービス。PPV。

ペイメント【payment】支払い。納入。弁済。

ペイロード【payload】①乗客・貨物などの有料荷重。②航空機やミサイルの有効搭載量、搭載物。③ロケットの打ち上げの性能を示す指標の一。所定の高度に打ち上げることのできる人工衛星の重量。④人件費。

ペイン【pain】痛み。苦しみ。

ペイン クリニック【pain clinic】神経痛・癌《がん》末期の痛みなど治りにくい痛みの軽減を目的とする診療部門。

ペイント【paint】①塗料。②塗料を塗ること。

ベーカリー【bakery】パン・ケーキなどをつくって売る店。

ベーキング パウダー【baking powder】ふくらし粉。

ベークド【baked】「食べ物を焼いた」の意。ベイクド。

ベークライト【Bakelite】フェノールとホルムアルデヒドからつくるフェノール樹脂の商標名。

ベーグル【bagel】生地をゆでてから

焼いたドーナツ形のパン。

ベーコン【bacon】豚・鯨などのばら肉を塩漬けにしたあと薫製にした食品。

ページ【page】本・ノートなどの紙の一面。また、その順序を示す数字。ノンブル。

ページェント【pageant】①野外劇。②祝祭日などに行われる仮装行列や、大規模なショーの類。

ベーシス【basis】基礎。基準。基盤。

ベーシスト【bassist】ベースの奏者。

ベーシック【basic】基礎となるさま。基本的。

ベーシック【BASIC】(Beginner's All-Purpose Symbolic Instruction Code)プログラム言語の一。パーソナル-コンピューター用に開発され、プログラミングが簡単。

ベーシック インカム【basic income】政府が全国民に対して定期的かつ無条件に、最低限の生活を送るのに必要な現金を個人単位に支給する制度。BI。

ベージュ【フランス beige】明るい灰黄色。らくだ色。ベージ。

ベース【base】①野球で、塁。②基準。基礎。土台。③根拠地。基地。特に軍事基地。④トランジスタの電極の一。コレクターとエミッターの間に設けられた領域をいい、一般にベースとエミッターの間に信号電流を流す。

ベース【bass】①ダブル-ベースの略。→コントラバス ②男声の最低音域。バス。

ペース【pace】①歩いたり、走ったり、泳いだりする時の速度。②進み具合。テンポ。

ベース アップ【和 base＋up】賃金ベースの引き上げ。ベア。

ペースト【paste】①糊《のり》。②はんだ付けの効果をあげるために用いる糊状の助剤。③肉や野菜などを煮てすりつぶし、練った食品。パテ。④コンピューターなどで、任意のデータを別の位置に貼り込むこと。

ペースメーカー【pacemaker】①中距離以上の競走や自転車競技などで、先頭を走って基準となるペースをつくる選手。②心臓に電気刺激を周期的に与えて収縮させ、心拍を正常に保つ装置。

ベースライン【baseline】①基準線。②野球で、塁と塁とを結ぶ線。

ペーズリー【paisley】先端が細く曲がった勾玉《まがたま》形の植物文様。

ベース ロード【base load】最小限の稼働量。また、物資や設備の必要最小限度。ベース負荷。

ベーゼ【フランス baiser】接吻《せっぷん》。キス。

ヘーゼル【hazel】カバノキ科の落葉小高木。地中海沿岸地方原産。球形の堅果(ヘーゼルナッツ)を食用とする。西洋榛《せいようはしばみ》。

ペーソス【pathos】物悲しさ。哀愁。「一あふれる映画」

ベータ【beta; Β・β】ギリシャ語アルファベットの第2字。

ベーダ【サンスクリット veda】古代インドのバラモン教の根本聖典。インド最古の文献。▷「知識」の意。

ベーチェット病　口内炎・陰部潰瘍・皮膚症状・葡萄《ぶどう》膜炎の4つの症状を主症状とする慢性の炎症性疾患。原因不明。

ペーハー【ドイツ pH】溶液の水素イオン濃度を表す指数。水素イオン濃度指数。

ペーパー【paper】①紙。特に洋紙。②貼り紙。レッテル。③サンドペーパーのこと。④新聞。⑤論文。⑥書類上だけで、実体が伴っていないこと。

ペーパー ウエート【paper weight】文鎮。

ペーパー カンパニー【和 paper＋company】登記だけしてあって実体のない会社。

ペーパー ジャム【paper jam】紙詰まり。

ペーパー タオル【paper towel】紙製のタオル。

ペーパーバック【paperback】仮製本で、紙の表紙をつけただけの簡略な装丁の本。

ペーブメント【pavement】道路の舗装。また、舗装した道路。ペーブ。

ベール【veil】①顔の前に垂らす薄い布。②物をおおって見えなくしているもの。

ペール【pail】バケツ。円筒型容器。

ベガ【Vega】琴座のアルファ星。中国名を織女といい、天の川を隔ててアルタイル(牽牛《けんぎゅう》)と対し、七夕にまつられる。

ヘキサ【hexa】ギリシャ語で、6の意。ヘキサゴンは六角形。

ヘキサゴン【hexagon】六角形。

ベクター【vector】⇨ベクトル

ヘクタール【フランス hectare】土地の面積の単位。1万m^2。記号ha ▷1アールの100倍の意。

ペクチン【pectin】細胞間の結合物質であるペクチン質の主成分として、植物体に広く含まれている多糖類。ジャム・マーマレード・ゼリーの製造、微生物培地・胃腸薬などに用いる。

ヘクト【hecto】単位に冠して100倍の意を表す語。記号h

ヘクトパスカル【hectopascal】圧力のSI単位パスカルの100倍に相当する呼称。1ヘクトパスカルは1ミリバールに等しい。記号hPa

ベクトル【ドイツ Vektor; 英vector】速度・力のように、大きさと向きを有する量。ベクトル量。平面または空間においては有向線分で表される。→スカラー

ベクレル【becquerel】放射能の壊変強度を表すSI単位。1ベクレルは、放射性核種が1秒間に1つの割合で崩壊する放射能。1キュリーは3.7×10^{10}ベクレル。記号Bq

ヘゲモニー【ドイツ Hegemonie】指導的な立場。主導権。

ベジタブル【vegetable】野菜。青物。

ベジタリアン【vegetarian】菜食主義者。

ペシミスティック【pessimistic】厭世《えんせい》的。悲観的。

ペシミスト【pessimist】悲観論者。厭世《えんせい》家。→オプチミスト

ペシミズム【pessimism】①悲観主義。厭世《えんせい》主義。厭世観。→オプチミズム　②世界(人生・歴史)は不合理・無意味であり、それを変えることはできないとみなす態度。

ヘジャブ【アラビア hijāb】⇨ヒジャーブ

ペスカトーレ【イタリア pescatóre】漁師風の。イタリア料理で、魚介類を使った料理の名称に用いられる。

ベスト【best】①最も優れたもの。一番よいもの。最上。②最善。全力。

ベスト【vest】①チョッキ。胴着。②「ベスト判」の略。写真フィルムで、縦横の長さが、41mm×63.5mmのもの。

ペスト【ドイツ Pest】ペスト菌の感染によって起こる感染症。症状が激しく死亡率が高い。黒死病。

ベスト セラー【best-seller】ある期間に一番よく売れた本。

ベスト プラクティス【best practice】課題の克服や問題解決のためのすぐれた実践例。優良事例。▷企業の経営を改革する際の事例として用いられることが多い。

ベスト ポジション【best position】最適な位置。

ペストリー【pastry】油脂の多いパイ状の生地を使った菓子パン。

ベゼル【bezel】時計のガラス、情報機器のディスプレーなどの枠。

ベゼルレス【bezel-less】スマートフォンなどで、ディスプレーの枠が極めて細いこと。

ペソ【スペイン peso】①中南米諸国・フィリピンなどの通貨単位。②昔のスペインの貨幣。

ペタ【peta】単位に冠して10^{15}(1000兆)を表す語。記号P。

ベター【better】(比較して)よりよいさま。最善とはいえないが、比較的よいさま。

ベター ハーフ【better half】よき配偶者。妻。

ペタル【petal】花弁。はなびら。

ペタンク【フランス pétanque】金属製のボールを投げて、木製の目標球との距離を競うゲーム。フランスで盛ん。

ペダンチズム【pedantism】学者ぶること。衒学《げんがく》趣味。ペダントリー。

ペダンチック【pedantic】学者ぶるさま。衒学《げんがく》的。

ペダントリー【pedantry】ペダンチズムに同じ。

ペチコート【petticoat】スカートの形を整えるために着けるスカート形の下着。ペティコート。

ペッグ【peg】釘。掛け釘。境界をしめす杭。ペグ。

ヘッジ【hedge】商品・株式・外国為替の取引で、買い方の値下がり損や売り方の値上がり損を防ぐため、逆の空売り・空買いをする保険的な操作。つなぎ売買。保険つなぎ。掛けつなぎ。ヘッジング。リスク-ヘッジ。▷垣根の意。

ヘッジ ファンド【hedge fund】株式・債券・為替など多様な変動商品を投資対象として、高収益を目的に、空売りや空買いなどをしながら投機的に運用されるファンド。

ヘッダー【header】印刷物のページ上部の日付・文書名・小見出しなどを記した部分。

ヘッディング【heading】①サッカーで、ボールを前額部で止めたり打ったりすること。②ボクシングで、頭で相手を突くこと。反則となる。→バッティング③(新聞・文書などの)見出し。標題。▷「ヘディング」とも。

ペッティング【petting】性的に刺激し合うこと。愛撫。

ヘット【オランダvet】料理用の牛のあぶら。牛脂。

ヘッド【head】①頭。また、頭の働き。②物の頭部。③かしらに立つ人。キャップ。④野球のバットの先端。ゴルフ-クラブのボールを打つ部分。

ベッド【bed】①寝台。ねどこ。②機械類を置く台。③裁縫ミシンの縫い床。④苗床。

ペット「トランペット」の略。

ペット ⇨PET

ペット【pet】愛玩動物。

ヘッドクォーター【headquarters】司令部。本部。

ヘッドセット【headset】頭部に装着して使用する、携帯用の機器・装置などの総称。ヘッド-ホンやヘッドホン-ステレオなど。

ベッド タウン【和bed＋town】大都市周辺の住宅地域。

ヘッドバンギング【headbanging】演奏に合わせて頭を前後に激しく振る動作。ヘドバン。

ヘッドハンティング【headhunting】他の会社などから優秀な人材を引き抜くこと。

ペット ボトル【PET bottle】⇨PETボトル

ヘッドホン【headphone】頭にかけて使用する、両耳をおおう形のレシーバー。▷ヘッドホーンとも。

ヘッドライン【headline】新聞・雑誌などの見出し。

ヘッドランド【headland】人工岬。海岸の侵食を防ぐために設置される、多くはTの字形の構造物。

ヘッドレスト【headrest】自動車の座席の背もたれの上にあり、衝突による衝撃から頭部を保護する枕。

ペット ロス【pet loss】愛玩動物との別れが原因で飼い主に生じる心理的な打撃。

ペディキュア【pedicure】足の爪《つめ》の化粧。→マニキュア

ペティ ナイフ【和フランスpetit＋英knife】野菜の皮むきや面とりなどに用いる小型の包丁。ペテ-ナイフ。

ヘディング【heading】⇨ヘッディング

ペデストリアン【pedestrian】歩行者。徒歩で旅行する人。

ペデストリアン デッキ【pedestrian deck】自動車道路と立体的に分離した歩行者専用通路。

ベテラン【veteran】ある事柄について豊富な経験をもち、優れた技術を示す人。

ヘテロ【hetero】異種・異型・異性などの意。→ホモ

ヘドバン ⇨ヘッドバンギング

ペドフィリア【pedophilia】小児性愛。

ペナルティー【penalty】①罰則。②罰金。

ペナント【pennant】①細長い三角旗。学校・団体などのマーク。②優勝旗。優勝。

ペニシリン【penicillin】青かびの一種から発見された抗生物質。肺炎・淋疾《りんしつ》など多くの細菌性疾患に優れた効果を示す。

ペニス【ラテン penis】陰茎。男根。

ベニヤ【veneer】木材の薄板。単板。

ベネフィット【benefit】①利益。恩恵。②使用することで得られる利便性や満足感。③慈善のための催し。

ペパーミント【peppermint】①シソ科の多年草。乾燥した葉からメントールや薄荷《はっか》油を採る。芳香があり、菓子・化粧品などの香料とし、薬用ともする。②薄荷油・丁子《ちょうじ》油・シロップを入れた甘味のあるリキュール。普通、緑色。

ペパロニ【pepperoni】牛肉と豚肉を合わせてつくる香辛料の利いたドライ-ソーセージ。ペパローニ。

ヘビー【heavy】①重い。②はげしいこと。きびしいこと。③馬力をかけること。努力すること。④量・程度が普通以上であること。

ベビー【baby】①赤ん坊。ベイビー。②「赤ん坊用の」「ごく小型の」などの意。

ベビー オイル【baby oil】肌の乾燥を防ぐための油。

ベビーシッター【baby-sitter】親の留守などに頼まれて一時的に乳幼児の子守りをする人。

ベビー シャワー【baby shower】出産を控えた女性を迎えて、お祝い品を贈呈するパーティー。

ベビー スリング【baby sling】乳幼児を抱くための専用の布。スリング。

ヘビーデューティー【heavy-duty】酷使に耐えるさま。耐久性のあること。

ベビー ブーマー【baby boomer】ベビー-ブームのときに生まれた人たち。また、その世代。団塊《だんかい》の世代。

ベビー ブーム【baby boom】出生率が急激に上昇すること。

ヘビー メタル【heavy metal】電気的に極度にゆがめた金属的なサウンドを特徴とするハード-ロック。また、それらのグループに特徴的なファッション。ヘビ-メタ。

ヘビー ローテーション【heavy rotation】①ラジオ放送で、短期間に同じ楽曲を何度も放送すること。パワー-プレー。②短期間に同じ行為を繰り返すこと。気に入った服を何度も着用することなど。

ペビバイト【pebibyte】コンピューターの情報量を示す単位。1024(=2の10乗)テビバイトで、2の50乗バイトにあたる。記号PiB ▷peta binary byteから。

ペプシン【pepsin】タンパク質分解酵素の一。

ペプチド【peptide】2個以上のアミノ酸がペプチド結合によって縮合してできた化合物の総称。

ヘブライ【ギリシャ Hebraios】イスラエル民族、またその言語や文化のこと。ヘブル。

ヘブン【heaven】天。天国。

ペペロンチーノ【イタリア peperoncino】イタリアのパスタ料理の一。ニンニク・唐辛子《とうがらし》・オリーブ-オイルで作る。

ヘム【hem】衣服や布地のへり。縁《ふち》。特にスカートなどの裾《すそ》の折り上げ。

ヘム【heme】ヘモグロビンの色素部分などに相当する物質。

ヘモグロビン【hemoglobin】脊椎動物の赤血球に含まれる鉄を含む色素(ヘム)とタンパク質(グロビン)とからなる複合タンパク質。血中での酸素運搬の役割をもつ。血色素。血紅素。

ベランダ【veranda】建物から張り出した縁。普通、庇《ひさし》のあるものをいう。

ベリー【berry】イチゴ・ラズベリー・ブラックベリーなど、多肉質の小果類の総称。

ベリー ダンス【belly dance】北ア

フリカや西アジア地方の、腹をくねらせ、腰をすばやく振る女性の踊り。▷ベリーは腹・胴体の意。

ベリー レッド【berry red】 ベリー(苺など)のような深い赤色。

ヘリウム【helium】 18族元素(希ガス)の一。元素記号He　原子番号2。原子量4.003。超低温用の冷媒・気球用ガスなどに用いる。

ヘリカル【helical】 螺旋《らせん》状であること。螺旋の。

ヘリコプター【helicopter】 機体の上に大型のプロペラ状の回転翼をもち、それによって垂直の上昇・降下や前進後退・空中停止などが可能な航空機。ヘリ。

ヘリコプター マネー【helicopter money】 デフレ対策の一つとして、政府が減税を行い、その財源として発行される国債を中央銀行が買い入れる政策。▷お金を空からばらまくような政策であることから。

ベリタス【ラテン veritas】 真理。本質。

ベリファイ【verify】 コンピューターで、記憶装置にデータが正しく書き込まれたかどうかを確認すること。

ベリフィケーション【verification】 真正であるかどうかの検証・確認。

ヘリポート【heliport】 ヘリコプターの発着場。

ベリリウム【beryllium】 金属元素の一。2族に属するが、普通アルカリ土類金属には入れない。元素記号Be　原子番号4。原子量9.012。軽合金の材料や原子炉の減速材などに用いる。有毒で、皮膚・肺などを侵す。

ヘリンボーン【herringbone】 ①魚の骨を図案化した模様。②杉綾《すぎあや》。③スキーの先を開いて登る方法。▷「ヘリングボーン」とも。ニシンの骨の意。

ヘル【hell】 地獄。

ヘル【ドイツ Herr】 ドイツ語で、男性の姓または官職名の前につける敬称。

ベル【bell】 ①電磁作用を利用して音を発生させる装置。②手で作動するりん。③(教会などの)鐘。④オーケストラで用いる打楽器。長い金属管を音調に従って数本つり下げたもの。チューブーベル。チャイム。グロッケン。

ベル【フランス belle】 美人。麗人。美しい。

ベルーガ【beluga】 ①シロイルカ。②黒海・カスピ海に棲息《せいそく》するチョウザメ。またはそのキャビア。

ベル エポック【フランス belle　époque】 古き良き時代。▷フランスでは20世紀初頭の平和で豊かな、芸術の栄えた時代をさす。

ベルガモット【bergamot】 ミカン科の常緑低木。オー-デ-コロンや石鹸の香料とする。

ベルカント【イタリア bel canto】 18世紀のイタリアで成立した歌唱技法。艶《つや》のある声色と響きの美しさが特徴。▷美しい歌の意。

ベルギー ワッフル【和 オランダ België＋英waffle】 洋菓子の一。小麦粉・卵・牛乳・砂糖などを混ぜて格子状の型で挟んで焼いたもの。ワッフル。

ヘルシー【healthy】 健康に関するさま。健康的であるさま。

ヘルス【health】 健康。

ヘルス ケア【health care】 健康管理。

ペルソナ【ラテン persona】 ①キリスト教の三位一体論で、父と子と聖霊という3つの位格。②人。人格。人物。③美術で、人体・人体像のこと。④仮面。

ヘルツ【hertz】 振動数(周波数)のSI単位。1秒間に1周期の振動数を1ヘルツとする。記号Hz

ベルト【belt】 ①腰に締める洋服用の帯。バンド。②帯状の広がりをもつ場所・地帯。③2個の車輪にかけ渡し、一方の車から他方の車へ動力を伝える帯。

ヘルニア【ラテン hernia】 臓器の一部が本来あるべき腔《くう》から逸脱した状態。

ヘルパー【helper】 手伝い。助手。

ヘルプ【help】 ①救助。援助。手伝い。②ソフトウエアの使用中にその機能や操作方法の説明を画面に表示する機能。

ヘルプ デスク【help desk】 企業に

おいて、社内外からの問い合わせ・苦情などに対応する窓口(部署)のこと。

ヘルペス 〔herpes〕 小水疱《すいほう》・小膿疱《のうほう》が群がってできた状態。疱疹《ほうしん》。

ベルベット 〔velvet〕 ビロード。

ベルボーイ 〔bellboy〕 ホテルのボーイ。主に玄関から客室まで、利用客の荷物運搬などの接待をする男性。

ベル ボトム 〔bell-bottoms〕 膝《ひざ》から下が釣り鐘状に広がったズボンやパンタロン。ベルボトム-パンツ。

ヘルメット 〔helmet〕 ①頭を衝撃から守るための金属またはプラスチック製の帽子。②熱暑を避けるための帽子。コルクで形を作り、布を張ったもの。トーピー。

ベルモット 〔フランス vermouth〕 さわやかな苦みのあるリキュール。白ワインにニガヨモギ・ニッケイなどの成分を浸み出させたもの。食前酒やカクテルに用いる。

ペレストロイカ 〔ロシア perestroika〕 旧ソ連のゴルバチョフ政権で進められた改革の総称。▷建て直しの意。

ペレット 〔pellet〕 ①小錠剤。皮下や筋肉内に埋めこむ円柱状の圧縮錠剤。②原子炉の燃料棒に密封するために、酸化ウランあるいは酸化プルトニウムの粉末を成形し、焼き固めたもの。③廃棄物を、再利用のため粉末にしたうえで粒状に固めたもの。

ヘレニズム 〔Hellenism〕 ①ギリシャ的な思想や文化に由来する精神。②アレクサンドロスの東方遠征以後、ギリシャとオリエントが影響し合うことにより生じた歴史的現象。ギリシャ文化が普及し、東方的な専制国家が成立。紀元前4～前1世紀頃をいう。

ベロア 〔フランス velours〕 毛足の長いビロードに似た織物。コートなどに用いる。

ヘロイン 〔ドイツ Heroin〕 モルヒネからつくる陶酔作用・依存性のきわめて強い麻薬。ジアセチル-モルヒネ。

ベロ毒素 (Vero toxin) 腸管出血性大腸菌が菌体外に産生するタンパク質性毒素。激しい腹痛・下痢・血便などをひき起こす。ベロトキシン。

ペン 〔pen〕 ①インク・墨などをつけて字・絵などをかく先の尖《とが》った筆記用具。②万年筆・ボール-ペンなど、筆記具の総称。③文章を書くこと。文筆活動。

ベンガラ 〔オランダ Bengala〕 ①赤色顔料の一。酸化鉄(III)を主成分とし、着色力・耐久性が強い。塗料やガラス・金属板の研磨剤などに用いる。②①のような暗く黄がかった赤色。

ペンキ 〔オランダ pek〕 表面の保護や着色のために塗る油性の塗料。

ペンション 〔pension〕 民宿の家族的雰囲気とホテルの機能性を兼ね備えた宿泊施設。

ベンジン 〔benzine〕 石油の分留成分のうち、沸点がほぼ30～150℃のもの。ガソリンの一部をなす。引火しやすい。燃料・溶剤・しみ抜きに用いる。石油ベンジン。

ベンゼン 〔benzene〕 最も基本的な芳香族炭化水素。芳香のある無色揮発性の液体で、医薬・染料・香料・爆薬などの合成原料となる。蒸気を吸入すると有害。ベンゾール。

ペンタ 〔penta〕 ギリシャ語で、5の意。

ベンダー 〔vendor; vender〕 ①自動販売機。ベンディング-マシン。②売る人。売り手。売り主。また、販売店。販売会社。

ペンタグラム 〔pentagram〕 星形の正多角形。正五角形に内接する。五芒星。

ペンタゴン 〔Pentagon〕 アメリカ国防総省の通称。建物が正五角形であることからいう。

ペンダント 〔pendant〕 ①鎖やひもで吊るして首につける飾り。また、耳輪の垂れ飾り。②天井から吊り下げる照明器具。コード-ペンダント。

ペンダント ライト 〔pendant light〕 天井から紐《ひも》でつり下げるタイプの照明器具。

ベンチ 〔bench〕 ①(駅・公園などにある)長椅子。②競技場・野球場に設けられる、選手・監督・コーチなどの控え席。転じて、監督・コーチ陣。③波食棚のこと。

ペンチ 鋏《はさみ》とやっとこを兼ねた工具。▷pinchersから。

ベンチ プレス【bench press】 パワー-リフティングの種目の一。台にあお向けになった姿勢で、両手でバーベルを胸から真上に押し上げる競技。

ベンチマーク【benchmark】 ①測量で、高低の基準となる水準点。計測指標。②一般に、ものごとの基準となるもの。コンピューターの性能を調べる際の評価基準などにいう。③投資信託の運用実績を判断する基準となるもの。

ベンチャー【venture】 ①冒険。②⇨ベンチャー-ビジネス [案]新興企業

ベンチャー企業 ⇨ベンチャー-ビジネス

ベンチャー キャピタル【venture capital】 有望なベンチャー-ビジネスに対して、株式の取得などによって資本を提供する企業。また、提供される資本。VC。

ベンチャー ビジネス【和venture＋business】 新技術や高度な知識を軸に、創造的・革新的な経営を展開する小企業。ベンチャー。

ベンチレーター【ventilator】 換気装置。通風機。換気扇。また、人工呼吸器のこと。

ベンツ【vent】 ジャケットやコートの背中心または両脇の裾《すそ》にあるあき。馬乗り。

ペンディング【pending】 留保すること。未決定の。

ベント【vent】 ①排気口。通気口。②排出すること。排気すること。

ベントナイト【bentonite】 凝灰岩などが風化してできた粘土。水を加えると膨潤する。鋳型の材料、土木掘削工法の泥水、軟膏《なんこう》類の基剤などに用いる。

ペントハウス【penthouse】 ①階段室・空調室・機械室など、屋上に突き出た建築物。塔屋《とうや》。②ビルの最上階に設けたテラス付きの住宅。

ペンネ【イタリアpenne】 太く短い管状で、端がペン先のように斜めに切ってあるパスタ。

ペン ネーム【pen name】 文章を書くときに用いる本名以外の名前。筆名。

ヘンプ【hemp】 大麻《たいま》。麻《あさ》。また、麻紐《あさひも》でつくるアクセサリー。

ペン ポーチ【pen pouch】 袋(ポーチ)型の筆箱。ペンポ。

ペン ライト【penlight】 万年筆形の小型懐中電灯。

ヘンリー【henry】 インダクタンスのSI単位。1秒に1Aの割合で一様に変化する電流が流れる時に、1Vの起電力を生ずる回路のインダクタンスを1ヘンリーとする。記号H

ホ

ボア【boa】 ①有鱗目ボア科のヘビの総称。②毛皮や羽毛の、長い筒状の襟巻。③毛足の長い、アクリルなどのニット地。

ポアソン【フランスpoisson】 フランス料理で、魚料理のこと。

ホイール【wheel】 車輪。円輪。

ホイールベース【wheelbase】 車軸間の距離。主として自動車の前輪の軸と後輪の軸との間の距離にいう。軸距。→トレッド

ボイコット【boycott】 ①組織的もしくは集団的にある商品を買わないこと。また、取引を拒絶すること。不買同盟。②特定の人物を共同で排斥したり、集まりなどへの参加を共同で拒否すること。

ボイジャー【Voyager】 アメリカの無人惑星探査機。1977年打ち上げ。

ボイス【voice】 ①声。音声。②文法で、態《たい》。能動態・受動態などの文の種類。

ボイス チェンジャー【voice changer】 音声信号処理により、声の音色を加工する装置(ハードウエアやソフトウエア)のこと。

ボイス パーカッション【和voice＋percussion】 人間の声だけで打楽器音を作り出し演奏すること。ボイパ。

ホイスト【hoist】軽い物を上げ下げしたり運搬したりする軽便な起重機。

ポイズン【poison】毒。有毒物。毒薬。

ホイッスル【whistle】①汽船などの警笛。②競技で、審判などが合図のために鳴らす笛。

ホイップ【whip】卵やクリームを強くかき回して泡立たせること。

ボイラー【boiler】①給湯用の湯沸かし釜。②水を加熱して蒸気を発生させる装置。汽缶。

ホイル【foil】薄い金属箔《はく》。特に、料理用のアルミ箔。

ボイル【boil】ゆでること。また、ゆでたもの。

ボイル【voile】 強撚糸《きょうねんし》で粗く織った薄地の布。夏服やシャツに使用。

ボイルド【boiled】「ゆでた」「煮た」の意。

ポインター【pointer】①イヌの一品種。被毛は短く、白地に斑点がある。猟犬。②黒板やスクリーンなどを指し示すために使う棒や機器。③コンピューターでマウスの指す位置を示すカーソル。

ポインティング デバイス【pointing device】コンピューターの入力装置の中で、座標や画面上の位置、また、その動きなどの情報の入力に用いられるもの。マウス・スタイラス-ペンなど。

ポイント【point】 ①点。地点。箇所。②要点。重要な箇所。③得点。点数。④転轍機《てんてつき》。⑤小数点。コンマ。⑥指数を表す単位。パーセントを意味する。⑦トランプの1点札。エース。 ⑧活字・込め物などの大きさを表す単位。1ポイントは一辺が0.3514mm。

ポイント サービス【和point＋service】支払った対価に応じて点数を与え、その累積点数によって景品と交換したり値引きしたりする仕組み。マイレージ-サービスなど。

ボウリング【bowling】ボールを転がし、前方の床上に正三角形に並べられた徳利形の10本のピンを倒す競技。ボーリング。

ボウル【bowl】料理に使う深い鉢。ボール。

ポエジー【poesy】①詩。詩歌。ポエトリー。②詩情。③作詩法。詩学。ポエトリー。

ポエトリー【poetry】詩。作詩法。詩学。ポエジー。

ポエトリー リーディング【poetry reading】詩を朗読する芸術表現。

ポエム【poem】(個々の)詩。韻文の作品。

ボー【baud】データ伝送における変調速度の単位。1秒間に1要素送る速度を1ボーという。

ボー【bow】①蝶《ちょう》結び。また、蝶結びにしたリボン。ボウ。②ボー-タイの略。蝶ネクタイ。③弓。

ボーイ【boy】①少年。男の子。→ガール ②給仕。男の給仕人。ウエーター。

ボーイズ ラブ【和boys＋love】女性読者のために創作された、男性同性愛を題材にした漫画や小説などの俗称。BL。

ボーイッシュ【boyish】(女性の服装や髪形が)少年のようであるさま。少年風。

ポーカー【poker】トランプ遊びの一。各自配られた5枚の札を基に役を作り、その役の強さを競うもの。

ポーカー フェース【poker face】心の動きを隠してつくった無表情な顔つき。とぼけ顔。

ボーカル【vocal】声楽。歌唱。

ボーカロイド【VOCALOID】①コンピューターでの歌声合成技術。また、それを応用した製品。商標名。②①の製品に特に設定されたキャラクターをさす語。ボカロ。

ボー ガン【bow gun】石弓の一種。銃のように引き金を引いて発射させる弓。クロスボー。▷ボウガンとも。

ボーキサイト【bauxite】アルミニウムの鉱石。水酸化アルミニウムを主成分とする灰色ないし赤褐色粘土状の鉱物。

ホーク【fork】 ⇨フォーク(fork)

ボーク【balk】①野球で、走者が塁にいる時の、投手の投球上の反則行為。②陸上競技のフィールド種目で、試技の失敗。③バドミントンの反則の一。サーブを行うとき、ラケットの振りを途中で止めるなどして相手を惑わそうとするもの。④ボウリングで、投球の際、ボールが手から離れないうちに投球線を越えてしまうこと。やり直しができる。

ポーク【pork】豚肉。

ボージョレ【Beaujolais】フランス南東部、ソーヌ川下流の西岸地方。ワインの産地として有名。また、そこで産するワイン。▷ボジョレーとも。

ポーション【portion】部分。取り分。料理で、一人前。

ホース【オランダhoos】ゴムやビニールなどでつくった、液体や気体を送るための管。蛇管。

ポーズ【pause】①一時停止。休止。区切り。②音楽で、休止符のこと。

ポーズ【pose】①意識してとる姿勢。姿態。すがた。②気取った態度。また、見せかけ。

ボーダー【boarder】ボードを利用するスポーツをする人。→ボード

ボーダー【border】①ふち。へり。②境目。境界。

ポーター【porter】駅やホテルで客の荷物の運搬を仕事とする人。

ボーダー ライン【border line】境界線。また、どちらとも決めにくいすれすれの所。

ボーダーレス【borderless】境界が薄れた状態。また、そのさま。特に経済活動・情報通信・メディア・環境問題など、国家の枠にとどまらない多様な事象や活動についていう。案無境界／脱境界

ポータビリティー【portability】①持ち運びに適していること。持ち運びできること。②ソフトウエアなどが、別なシステムにも移植可能であること。③電話などの通信サービスの利用者が、契約していた事業者を変更しても、使用番号を変更せずに使えるようにする制度。番号ポータビリティー。

ポータブル【portable】手軽に持ち運びできる大きさ、重さであること。また、そのもの。携帯用。

ポータブル メディア プレーヤー【portable media player】ハード-ディスクなどに蓄積された音楽や画像、動画などのデータを再生・表示する小型の携帯用機器。PMP。携帯メディア-プレーヤー。

ポータル サイト【portal site】インターネットを利用する際、まず最初に閲覧されるような、利便性の高いウェブ-サイト。

ポーチ【porch】洋風建築で建物の本体から張り出して設けられた、屋根のついた玄関。車寄せ。

ポーチ【pouch】(女性用の)小物を入れる小さな袋。

ポーチド エッグ【poached egg】沸騰した湯に卵を割り入れ煮たもの。落とし卵。

ボーテ【フランスbeauté】美。美人。

ボート【boat】オールで漕いで進む小舟。短艇。

ボート【vote】賛否の表示。投票。議決権。

ボード【board】①板。合板・メラミン樹脂板など。②基板。→マザー-ボード　③スケートボード・スノーボード・ボディー-ボードなどに用いる板状の用具のこと。④委員会。役員会。取締役会。

ポート【port】①港。②パソコンなどで、周辺機器を接続するための端子。③船の左舷《さげん》。また、とりかじ。

ボードウオーク【boardwalk】海岸・森林・湿原などにつくられる、板敷きの道。

ボード ゲーム【board game】チェスやオセロなど、盤上の駒《こま》を動かして勝敗を競うゲームの総称。

ボードビリアン【vaudevillian】寄席演芸人。また、軽演劇俳優。

ポートフォリオ【portfolio】①携帯用書類入れ。②写真家やデザイナーなどが自分の作品をまとめたもの。③経済主体(企業・個人)が所有する各種の金融資産の組み合わせ。④収益性の

異なる方向をもつ商品を組み合わせることで、リスクを分散させる投資手法。ポートフォリオ-セレクション。案資産構成／作品集

ボート マッチ【vote match】質問に従い支持政策を答えることで、自分と考え方が近い政党・立候補者を調べることができるシステム。選挙の際、投票の参考とする。

ボード メンバー【board members】取締役会の構成員。

ポートレート【portrait】①肖像画。②肖像写真。③ある人物を描き出した簡単な文章。

ポートレート モード【portrait mode】印刷用紙や画面表示で、縦長の向きで用いるモード(形式)のこと。→ランドスケープ-モード

ポート ワイン【port wine】発酵途中でブランデーを加えて、アルコール度を高めた甘味のあるワイン。

ボーナス【bonus】①正規の給与以外に特別に与えられる賞与金。賞与。特別手当。期末手当。一時金。②株式の特別配当金。

ホープ【hope】①希望。のぞみ。②将来を期待されている者。有望な新人。

ホーミー【khoomii; khoomij】モンゴルの民族音楽における倍音唱法(複数の音を一人で同時に出す唱法)。フーミー。→ホーメイ

ホーミング【homing】①ミサイルが、目標の発する熱や電波・音響などを探知して、自動的に目標を捕捉追跡すること。自動追尾。②帰巣性《きそうせい》。

ホーム プラットホームの略。

ホーム【home】①家庭。家。②故郷。本国。祖国。③児童保護施設・老人福祉施設・療養所など、家庭的な収容施設。④スポーツで、そのチームの本拠地。⑤野球で、本塁。→アウェー

ホーム アプライアンス【home appliance】家庭で利用する装置や器具の総称。家電製品やキッチン用品など。

ホームカミング デー【homecoming day】学校が、卒業生や教職員OBなどを招待して歓待するイベント。

ホーム画面 スマートフォンやタブレット端末で、操作の基本となる画面のこと。ホーム-スクリーン。→GUI

ホーム シアター【home theater】家庭で、スクリーンなどの大画面での映画鑑賞や高音質での音楽鑑賞をするための映像・音響機器システム。

ホームシック【homesick】自分の家庭や故郷などから遠く離れている者がそれらを異常なほど恋しがる病的状態。郷愁。懐郷病。

ホームステイ【homestay】外国の家庭に寄留し、広く生活体験をすること。

ホーム センター【和 home＋center】日曜大工用品・園芸用品など、生活素材を幅広く取りそろえた店舗。

ホームタウン【hometown】①郷里。生まれ故郷。②活動の根拠地。

ホーム ドア【和 platform＋door】駅のプラットホームと線路の境目に設けられた壁やフェンスなどの仕切り。プラットホーム-ドア。可動柵。可動式ホーム柵。

ホーム ドクター【和 home＋doctor】家族のかかりつけの医者。かかりつけ医。家庭医。

ホーム バンキング【home banking】コンピューター-システムにより銀行と家庭を直結する金融サービス。HB。

ホーム ベーカリー【和 home＋bakery】家でパンを焼くこと。また、そのための家電機器。

ホーム ページ【home page】インターネットのWWWサーバーに接続して最初に見える画面。また、WWWサーバーが提供する画面の総称。

ホーム ヘルパー【和 home＋helper】在宅で福祉の援助を必要とする高齢者や障害者のもとに派遣されて家事・介護を行う者。

ホーム ポジション【home position】タッチ-タイピングで、指が常に置かれるキーボード上の位置。

ホーム ユース【home-use】 家庭用。

ホーム ラン【home run】 野球で、本塁打。ホーマー。

ホームレス【homeless】 失業などによって住む家を失い、路上や公園などに寝泊まりせざるをえない人。

ホーメイ【khoomei】 ロシア連邦トゥバ共和国の民族音楽における倍音唱法(複数の音を一人で同時に出す唱法)。フーメイ。→ホーミー

ホーリー【holly】 セイヨウヒイラギの別名。

ホーリー【holy】 神聖な。神々しい。

ボーリング【boring】 ①穴をあけること。②地質調査や地下資源の採取などのために、地中深くに細い穴をほること。

ボーリング【bowling】 ⇨ボウリング

ホール【hall】 ①大広間。②会館。集会所。③飲食店などの客席のある部分。

ホール【hole】 ①孔。穴。②ゴルフで球を入れる穴。カップ。

ホール【whole】 全体の。まるごと。完全な。健康な。

ボール 「ボール紙」の略。▷boardの転。

ボール【ball】 舞踏会。ダンス-パーティー。

ボール【ball】 ①球形のもの。球状のもの。②ゴム・革・プラスチックなどでつくった丸いもの。まり。球。③野球で、打者に対する投球のうち、ストライク-ゾーンを通過せず、なおかつ打者がバットを振らなかったもの。→ストライク

ボール【bowl】 ⇨ボウル

ポール【pole】 ①細長い棒。さお。②市街電車などの屋根にあって、電線から電気をとるさお。③測量に用いる測桿《そっかん》。 ④長さの単位。5.5ヤード(5.0292m)。測量で用いる。⑤面積の単位。30.25平方ヤード(25.29m^2)。

ボール紙 藁《わら》を原料とする厚い紙。

ホールセール【wholesale】 卸。卸売。

ホールセール バンキング【wholesale banking】 大企業や機関投資家、政府・公共団体など、大口の顧客を対象とする銀行業務。卸売金融とも。→リテール-バンキング

ホールディング【holding】 ①保持すること。保有すること。②スポーツで、不正な手段によって相手の動きを封じたり、ボールを保持したりする反則。

ホールディング カンパニー【holding company】 持ち株会社。他社の株式を、その事業活動を支配する目的で保有する会社。

ホールド【hold】 ①手でつかむこと。押さえること。②登山で、岩登りの際の手がかり。③社交ダンスで、男女が組み合って踊りの姿勢をとること。④レスリングで、押さえ込み。フォール直前の状態も含まれる。⑤プロ野球で、勝利に貢献した中継ぎ投手に与えられる記録。→セーブ

ボールド【board】 黒板。ボード。

ボールド【bold】 欧文書体の一。立体で、ローマンよりも肉太である。ボールド体。

ボールパーク【ballpark】 アメリカで、野球場のこと。

ボール ハウス【ball house】 多数のボールを入れたうえで、子どもが中に入って遊べる室内用テント。ボール-テント。

ボール盤 板などにきりで穴をあける工作具。

ボール ペン【ball pen】 ペン先のかわりに、回転する小さな鋼球をはめこみ、そこからインクをしみ出させて書くペン。

ポール ポジション【pole position】 自動車レースのスタートで、最前列の一番内側の位置。もっとも有利なポジションで、予選で一位になったドライバーに与えられる。

ボールルーム【ballroom】 舞踏会場。

ホーン【horn】 ①角笛。②自動車の警笛。クラクション。

ホーン【phon】 ⇨ホン

ボーン【bone】 骨。

ボカロ ⇨ボーカロイド②

ポキ【ハワイ poki】マグロの赤身のぶつ切りにタマネギ・胡麻ごま・海藻などを加え、醤油や胡麻油などで和えるハワイ料理。マグロの代わりに、タコやサケも用いる。ポケ。

ボギー【bogey】ゴルフで、そのホールの基準打数(パー)より1打多くホール-アウトすること。2打数多いものはダブル-ボギーという。

ボキャブラリー【vocabulary】語彙《ごい》。

ボクササイズ【boxercise】運動やフィットネスの一環として、ボクシングの練習方法を取り入れた健康法。エアロボクシングとも。

ボクシング【boxing】両手にグローブをはめ、互いに相手のベルト以上の上体を打ち合い、判定やノックアウトで勝敗を決する競技。

ポケット【pocket】①衣服に縫いつけてある物入れの袋。②ビリヤードの玉受け。③ボウリングの1、3ピン、または1、2ピンの間。④中、長距離の陸上競技で、まわりを他の選手に囲まれて思うように走路がとれない状態。

ポケット ベル【和pocket＋bell】ポケットに入る小型の携帯用無線通信装置の商標名。1980年代に広く使われた。ポケベル。

ポケベル ⇨ポケット-ベル

ボサ ノバ【ポルトガル bossa nova】サンバにジャズの要素を加え都会的に洗練させた音楽。1950年代末、ブラジルに興った。

ポジ ポジティブ①の略。陽画。→ネガ

ポシェット【フランス pochette】長い吊り紐のついた小さなバッグ。肩からななめにさげる。

ポジショニング【positioning】①球技などで、選手が自分の位置を定めること。位置取り。②全体や他との関係で、位置を定めること。

ポジション【position】①位置。場所。②職務上の地位。③スポーツで、選手が配置される場所。④外国為替取引、債券・株式取引、資金貸借の金融取引などでの債権と債務との差額のこと。持高。

ポジション トレード【position trade】数週間から数か月の短期間に株を保有し、売買によって利益を得る手法。▷数種類の保有銘柄(ポジション)を適宜組み替えていく投資手法であることから。→デイ-トレード・スイング-トレード

ポジティブ【positive】①写真の陽画。明暗や色調が、被写体と同じ画像・画面。ポジ。②電気の陽極。③積極的なさま。④肯定的なさま。[案]積極的 →ネガティブ

ポジティブ アクション【positive action】少数民族や女性、障害者に対する社会的差別を是正するために、雇用や高等教育などにおいて、それらの人々を積極的に登用・選抜すること。積極的差別撤廃措置。アファーマティブ-アクション。

ポジティブ シンキング【positive thinking】物事をできるだけ肯定的、前向きに捉《とら》える思考方法。ポジティブ思考。

ボジョレー ヌーボー【フランス Beaujolais Nouveau】フランスのボジョレー地区の当年産のガメイ種の赤ワインの新酒。毎年11月の第3木曜日が解禁日。

ボス【boss】①親分。親方。顔役。②組織・派閥・党などの長をさす俗な言い方。

ポス ⇨POS

ポスター【poster】広報や宣伝のために掲示する貼り紙。

ホスティング【hosting】インターネットなどで、通信事業者のサーバーの一部領域をユーザーに貸し出し、ユーザー独自のウェブ-サーバーとして運用するサービス。レンタル-サーバー。コンテンツ-ホスティング。→ハウジング・データ-センター

ポスティング システム【posting system】アメリカの大リーグ球団が、移籍を希望する日本のプロ野球選手との独占交渉権を獲得するために行う入札制度。

ホステス〔hostess〕①パーティーなどで、主催者側の女主人。接待役の女性。②バーやナイトクラブで、客の接待をする女性。

ホスト〔host〕①パーティーなどで、主催者側の男主人。②女性のためのクラブで、接客を行う男性。③ショー形式のテレビ・ラジオ番組で、男性の司会者。④多民族社会・多文化社会における、多数派。ホスト-トライブ。⑤⇨ホスト-コンピューター

ポスト〔post〕①郵便物を投函する箱。②家庭などの郵便受け。③地位。部署。役職。④証券取引所の立会場内の株式売買を行うカウンター。

ポスト〔post〕「それ以後」「その次」の意。

ポスドク 博士号は取得したが、正規の研究職または教育職についていない者。▷post-doctoral resarcher(fellow)から。

ホスト クラブ〔和host+club〕男性従業員が女性客をもてなす酒場。

ホスト コンピューター〔host computer〕オン-ラインで接続されている2台以上のコンピューターのうち、大容量をもち主演算・制御を受け持つ上位コンピューター。ホスト。

ポストスクリプト〔PostScript〕ページ記述言語の一。デスクトップ-パブリッシングに使われるページ-プリンター用の標準的なページ記述言語。

ポストハーベスト〔postharvest〕収穫後の農産物の品質を保持するための処理。温度や湿度やガスの調節、農薬の使用、放射線照射、マイクロ波照射などがある。

ホスト マザー〔host mother〕①ホームステイの学生を受け入れる家庭の母親。②借り腹。妻の卵子と夫の精子による受精卵を第三者の子宮に入れて、出産してもらうこと。

ポスト マン〔postman〕郵便の配達人・集配人。

ポストモダン〔postmodern〕主体・進歩主義・人間解放などといった啓蒙の理念に支えられた近代主義の原理を批判し、脱近代をめざす立場・傾向。

ホスピス〔hospice〕死期の近い患者に対して、身体的苦痛や死への恐怖をやわらげるための医療的・精神的・社会的援助を行う施設。

ホスピタリティー〔hospitality〕丁重なもてなし。また、もてなす心。

ホスピタル〔hospital〕病院。

ポタージュ〔フランスpotage〕どろっとした濃厚なスープ。→コンソメ

ボタニカル〔botanical〕植物の。植物学の。

ボタニカル アート〔botanical art〕植物細密画。

ボタニカル プリント〔botanical print〕植物の模様。自然の花や草木の様子をモチーフとしたもの。

ボタン〔ポルトガル botão〕①衣服を打ち合わせてとめるもの。②指で押して装置を操作する突起した部分。スイッチ-ボタン。

ボタン ダウン〔button-down〕襟先をボタンで身頃にとめるようにした襟。ボタンダウン-カラー。

ホチキス コの字形の針を紙に打ち込んでとじあわせる道具の商標名。ステープラー。ホッチキス。

ポチる 通信販売サイトにおいて何かを購入すること。ブラウザー上で購入ボタンをポチっと押す(マウスをクリックする)ことから。

ホック〔hook〕衣服の留め具。㋐鉤《かぎ》と受け金が一組みになったもの。鉤ホック。㋑スナップ。

ボックス〔box〕①箱。また、箱状に仕切った一区画や箱形状の建物。②線で区切った区画。③ダンスで、基本的なステップの一。四角形の形に足をはこぶもの。

ボックス シート〔box seat〕①劇場・競技場などのボックスの中の座席。桟敷席。ボックス席。②電車などで、2人ずつ向かい合って座る4人席。

ホッチキス ⇨ホチキス

ホット〔hot〕①熱いもの。熱くしたもの。→コールド ②事件などが、最新であるさま。③激しいさま。また、熱狂的

なさま。

ボット【bot】①ユーザーによる逐次操作を必要としない、自律プログラム(エージェント)の総称。②インターネット上でウイルスなどを通じて不正に仕込まれ、外部からの命令に従い悪質な動作を行うことを目的としたプログラムの総称。▷ロボット(robot)から。

ポット【pot】①紅茶やミルクなどを入れて出す、つぎ口のついた壺《つぼ》形の容器。②魔法瓶《びん》。

ホット ガン【hot gun】①ヒート-ガン。②グルー-ガン。

ポッドキャスト【podcast】ネット上で公開される音声データを、パソコンや携帯プレーヤーへ自動的に蓄積させるサービス。ポッドキャスティング。

ホット スナック【和hot ＋ snack】コンビニエンス-ストアなどで、温めた状態で販売されている軽食。揚げ物、中華饅頭など。

ホット スポット【hot spot】①地球内部からマントル上部の高温の物質が絶えず上昇してくる地点。②紛争地帯。③流行の店や最新の施設など、注目されている場所。④コンピューターのディスプレー上でマウスによって指定される位置あるいは領域のこと。⑤無線によるネットワーク接続ができる公共の場所や施設。また、そのようなサービス。商標名。⑥放射能漏れ事故の後、局地的に高い放射能が観測された場所。

ホット ドッグ【hot dog】細長いパンに切れ目を入れ、温めたソーセージをはさんだもの。

ホット フラッシュ【hot flash; hot flush】更年期障害の症状の一。急なのぼせやほてり、発汗、脈拍の増加など。自律神経の不調による。

ホット マネー【hot money】国際金融市場を動き回る短期資金。

ホット ヨガ【hot yoga】高温多湿の部屋で行うヨガ。ビクラム-ヨガ。

ホット ライン【hot line】①非常の際に2か国の首脳が直接話し合えるように設置された直通の通信線。②緊急非常用の直通電話。

ホッパー【hopper】石炭・砂利などの貯蔵槽。底開式のじょうご型の口から落下させて取り出すもの。

ホッピー【Hoppy】麦芽やホップなどを原料にした、ビール風の清涼飲料水。一般に、焼酎を割るために用いられる。商標名。

ホップ【hop】①跳ぶこと。跳ねること。②三段跳びで第1段目の跳躍。③投げた球などが途中で浮き上がること。

ホップ【オランダhop】クワ科のつる性多年草。黄粉状の腺体(ホップ腺)に苦みと芳香があり、ビールに用いる。

ポップ ⇨POP

ポップ【pop】①ポップスのこと。また、ポップス風、ポップス調であるさま。②軽妙で洒落ているさま。③広く大衆に受け入れられやすいさま。

ポップ アート【pop art】1960年代にアメリカを中心として広まった前衛芸術。

ポップ アップ【pop-up】①絵本などにある、開くと絵が飛びだす仕掛け。②できあがったものが中から飛びだす仕掛け。③コンピューターで、画面の最前面に現れる表示部分の総称。

ポップ カルチャー【pop culture】大衆文化。

ポップス【pops】ポピュラー-ソング・ポピュラー-ミュージックのこと。

ポップス【POPs】残留性有機汚染物質。急性・慢性毒性を有する有機物。ダイオキシン・PCB・DDTなど。

ボディー【body】①からだ。特に胴の部分。②自動車の車体、航空機の機体、船舶の船体などの称。③服飾で、人台《じんだい》のこと。④ボクシングで、腹部のこと。

ボディー ボード【body board】サーフ-ボードを小型にしたようなウレタン製の板。腹ばいになって波に乗り楽しむ。

ボディー ランゲージ【body language】身振りや手まねで相手に意思を伝えること。また、その方法。身体言語。身振り言語。

ボディコン 女性特有の身体の線を強調した衣服。▷ボディー-コンシャス(body conscious身体を意識する、の意)の略。

ポテサラ ポテト-サラダの略。ゆでたじゃが芋を使ったサラダ。

ポテチ ポテト-チップの略。

ポテト チップ 【potato chip】 薄く切ったジャガイモを空揚げにして塩味をつけたもの。

ホテル 【hotel】 西洋式の設備を備えた宿泊施設。洋風の旅館。

ポテンシャル 【potential】 可能性としてもっている能力。潜在的な力。㊇潜在能力

ポトフ 【フランスpot-au-feu】 フランスの家庭料理。塊の肉とニンジン・キャベツなどの野菜を塩味で煮こんだもの。ポトフー。

ボトム 【bottom】 ①底。下部。②衣服のすそ。③ズボンやスカートなど、下半身に着用する衣服の総称。

ボトム アップ 【bottom up】 下位から上位への発議で意思決定がなされる管理方式。→トップ-ダウン

ボトム ライン 【bottom line】 ①収益・損失の最終結果。②結果。総決算。成果。③ぎりぎりの値段。最低線。▷決算書の最終行の意。

ボトル 【bottle】 ①瓶《びん》。特に、洋酒の瓶。②ボトル-キープした酒瓶。

ボトルネック 【bottleneck】 全体の円滑な進行・発展の妨げとなるような要素。隘路《あいろ》。障害。ネック。▷瓶の首の意。㊇支障

ポニー 【pony】 体の小さい種類の馬。

ポニーテール 【ponytail】 女性の髪形の一。髪を後頭部で一つにまとめて、毛先をポニーのしっぽのように垂らしたもの。

ホバークラフト 【Hovercraft】 機体の下面から圧縮空気を吹きつけて、地上および水上すれすれの高さを走る乗り物の商標名。エア-カー。エアクッション-カー。

ホバリング 【hovering】 ヘリコプターが、空中で停止している状態。

ホビー 【hobby】 趣味。道楽。

ポピー 【poppy】 けし。ひなげし。

ポピュラー 【popular】 ①大衆的。民衆的。②ポピュラー-ソングの略。大衆歌謡。ポップス。③ポピュラー-ミュージックの略。ロック・ラテンなど大衆的な音楽。

ポピュラリティ 【popularity】 世に広く知られていること。大衆性。人気。

ポピュリズム 【populism】 ①政治指導者が情緒的支持を基盤として、民族主義的政策を進める政治運動。民衆主義。人民主義。②大衆迎合主義。政治指導者が大衆の一面的な欲望に迎合し、大衆を操作することによって権力を維持しようとするあり方。

ポピュレーション 【population】 ①人口。②個体群。

ボビン 【bobbin】 ①コイルを巻く、絶縁物でつくった筒。②ミシンの下糸を巻く糸巻。③紡織用具の一。整理用の糸巻。

ボブ 【bob】 襟首の所で切りそろえた女性の髪形。ボッブ。

ボブスレー 【bobsleigh】 前後に滑走部があり、ハンドルとブレーキを備えた鋼鉄製の橇《そり》。

ポプリ 【フランスpot-pourri】 香りのよい花・葉・樹皮・香料などを取り合わせて瓶《びん》や壺《つぼ》などに入れたもの。

ボヘミアン 【Bohemian】 ①ジプシーとよばれてきた少数民族ロマのこと。②芸術などを志して自由気ままに生活する人。③ボヘミア地方の民俗的なファッション。④第二次大戦前のパリやベルリンの芸術家などにみられる独特のファッション。⑤①のイメージや、その民族衣装の要素を取り入れたファッション。

ボマー ジャケット 【bomber jacket】 爆撃機の乗務員が着ていたジャケット。ボンバー-ジャケット。→ボンバー

ホメオスタシス 【homeostasis】 生体がさまざまな環境の変化に対応して、内部状態を一定に保って生存を維持する現象。また、その状態。恒常性。

ホメオパシー〔homeopathy〕代替医療の一。疾病に似た症状を起こす物質を低濃度に希釈したものを治療薬として用いる。同種療法。類似療法。▷有効性およびメカニズムは科学的に証明されていない。

ホモ〔ギリシャ homo〕①同種・同型・均質・同性などの意。→ヘテロ ②⇨ホモセクシャル

ホモ〔ラテン Homo〕霊長目(サル目)ヒト科ヒト属の学名。▷人間の意。

ホモ エレクトゥス〔ラテン Homo erectus〕約180万年前から約5万年前頃まで生息していた化石人類。原人。前期旧石器文化を伴う。ジャワ原人・北京原人など。▷直立人の意。

ホモ サピエンス〔ラテン Homo sapiens〕①動物分類上、現生人類の属する種の学名。ヒト。②他の動物に比して、人間の本質は理性的な思考を行うことにあるとする人間観。知性人。▷知恵ある人の意。

ホモセクシャル〔homosexual〕同性愛者。狭義には男性の同性愛者。→バイセクシャル・レズビアン

ホラー〔horror〕恐怖。

ボラード〔bollard〕船が岸壁に停泊するときに、もやい綱を取るため陸上に備え付ける低い鉄柱。係船柱。双係柱。

ボラティリティ〔volatility〕為替相場などで、予想変動率。

ポラリス〔Polaris〕北極星。

ボランタリー〔voluntary〕自発的なさま。任意であるさま。

ボランタリー チェーン〔voluntary chain〕チェーン-ストアに対し、独立した複数の小売り店が仕入れ・広告・配送などを共同で展開し、経営効率の向上を図ろうとするもの。任意連鎖店。

ボランチ〔ポルトガル volante〕サッカーで、中盤に位置し比較的自由に動いて、相手の攻撃を早期に潰し、味方の攻撃の起点となる働きをする選手。

ボランツーリズム〔voluntourism〕ボランティアを兼ねた観光活動。ボランティア-ツーリズム。

ボランティア〔volunteer〕自発的にある事業に参加する人。特に、社会事業活動に無報酬で参加する人。篤志奉仕家。

ボランティア ツーリズム〔volunteer tourism〕⇨ボランツーリズム

ポリ ポリエチレンの略。→ポリエチレン

ポリ ポリスの略。警官を軽蔑していう語。

ポリ〔poly〕「重合体」の意で他の語の上に付いて、化合物名などに用いられる。▷ギリシャ語で、「多い」意。

ポリアミド〔polyamide〕アミド結合により高重合体となっている高分子化合物の総称。合成繊維・機械部品・電気部品として用いられる。

ポリープ〔polyp〕外皮・粘膜・漿膜《しようまく》などから発生する、限局性隆起性腫瘤《しゆりゆう》。ポリプ。

ポリウレタン〔polyurethane〕ウレタン結合により高重合体となっている高分子化合物の総称。塗料や接着剤、繊維などに利用する。

ポリエステル〔polyester〕多価カルボン酸と多価アルコールとの縮合重合によって得られる高分子化合物の総称。合成繊維やフィルム材、機械・電気部品として利用される。

ポリエチレン〔polyethylene〕エチレンの付加重合により得られる高分子化合物の総称。絶縁材料・容器・パッキングなどに用いられる。

ポリオ〔polio〕ポリオ-ウイルスによる感染症。ウイルスは脊髄を侵し、手足の麻痺《まひ》が起こる。俗に小児麻痺という。急性灰白髄炎《かいはくずいえん》。

ポリカーボネート〔polycarbonate〕炭酸と二価アルコールまたは二価フェノールの縮合重合体とみなせるポリエステルの総称。レンズ・コンパクト-ディスクをはじめ、機械部品・電気部品として用いられる。PC。

ポリゴン〔polygon〕①多角形。②コンピューター-グラフィックスなどで、立体物をデータ化するために表面を分解して描く時に用いる多角形。

ポリシー〔policy〕①物事を行うとき

の原則。方針。②政治上の方針。政策。

ポリス〔police〕 警察。また、警官。巡査。

ポリス〔ギリシャ polis〕 古代ギリシャの都市国家。

ポリスチレン〔polystyrene〕 スチレンの付加重合により得られる高分子化合物。種々に成型しプラスチック製品として、また、泡状にしたものは発泡スチロールとよばれ、断熱材・包装材として広く用いられる。スチロール樹脂。

ホリスティック〔holistic〕 全体にかかわるさま。

ホリゾント〔ドイツ Horizont〕 舞台後方の壁。投光・投影して空などの背景を表現する。

ポリティカル〔political〕 政治にかかわるさま。政治的なさま。政治の。

ポリティカル コレクトネス〔political correctness〕 ⇨PC

ポリティックス〔politics〕 政治。政治学。政策。行政。

ホリデー〔holiday〕 休日。

ポリフェノール〔polyphenol〕 複数の水酸基が結合した芳香族化合物の総称。アントシアニン、カテキン、タンニン、ルチンなど。活性化酸素を分解する抗酸化作用があるとされている。

ポリプロピレン〔polypropylene〕 プロピレンの付加重合により得られる高分子化合物。フィルムや成型製品として、また溶融紡糸して繊維製品として用いる。PP。

ポリマー〔polymer〕 二つ以上の単量体が重合してできた化合物。いくつの単量体が重合するかによって二量体・三量体…という。重合体。

ボリューム〔volume〕 ①量。量感。②音量。③(書物の)巻。冊。④コンピューターで、補助記憶媒体の領域。→パーティション

ポリリズム〔polyrhythm〕 音楽で、異なる複数のリズムを、別々のパートで同時進行させる手法。また、それにより作られるリズム。

ポルカ〔polka〕 特徴的なリズムをもつ急速な2拍子の舞踊。また、その舞曲。

ボルサリーノ〔イタリア Borsalino〕 縁の広い柔らかな男性用フェルト帽。

ボルシェビキ〔ロシア Bol'sheviki〕 ロシア社会民主労働党の左派。1918年ロシア共産党と改称。ボリシェビキ。▷多数派の意。

ボルシチ〔ロシア borshch〕 ロシア料理で、肉・野菜などを長時間煮込み、ビーツ(赤かぶ)を入れて仕上げたスープ。サワー-クリームを加えて食べる。

ホルスタイン〔ドイツ Holstein〕 ウシの一品種。オランダ原産の代表的乳牛。ホルスタイン-フリージアン。

ホルダー〔holder〕 ①物を支えたり挟んだりして固定するもの。②保持者。

ポルターガイスト〔ドイツ Poltergeist〕 家の中で大きな物音がしたり、家具が動いたりする現象。また、それを引き起こすとされる霊。騒霊《そうれい》。

ホルターネック〔halterneck〕 婦人服で、前身頃から続いた布または紐《ひも》を首にかけたような形のもの。肩や背は露出している。ホールターネック。

ボルダリング〔bouldering〕 フリー-クライミングの一。岩や壁を、ロープを用いずに自由に登るもの。

ポルチーニ茸(たけ) (イタリア Porcini)イタリア産のキノコの一。歯ごたえと独特の香りがある。パスタやリゾットなどの料理に用いる。

ボルツマン定数 普遍定数の一。気体定数をアボガドロ定数で割った値に等しく 1.30649 × 10^{-23}J/K　記号 k 熱運動のエネルギーと温度を結びつける役割を果たす。▷オーストリアの物理学者ボルツマン(L. Boltzmann)にちなむ。

ボルテ ⇨VoLTE

ボルテージ〔voltage〕 ①電圧。②気持ちの高ぶり具合。興奮度。

ボルト〔bolt〕 ①雄ねじを切った金属の丸棒に頭をつけたもの。②戸や窓が開かないようにかける留め具。

ボルト〔volt〕 電位差(電圧)・起電力のSI単位。1Aの電流が2点間で1Wの電力を消費するとき、その2点間

の電位差を1ボルトとする。記号V ▷物理学者ボルタの名にちなむ。

ボルドー【Bordeaux】①フランス南西部、大西洋に注ぐガロンヌ川下流の西岸にある河港都市。ワイン・ブランデーの輸出港として知られる。②①で産するワイン。

ポルノ【porno】⇨ポルノグラフィー

ポルノグラフィー【pornography】性的な行為を露骨に表現した文学・映画・書画・写真など。ポルノ。

ホルマリン【formalin】ホルムアルデヒドの35～38％水溶液。消毒・防腐剤、写真フィルムや乾板製造などに広く用いられる。フォルマリン。

ホルムアルデヒド【formaldehyde】最も簡単なアルデヒド。ベークライトや尿素樹脂など合成樹脂の原料。フォルムアルデヒド。→シックハウス症候群

ホルモン【ドイツ Hormon】体内の特定の組織または器官で生産され、直接体液中に分泌されて運ばれ、特定の組織や器官の活動をきわめて微量で調節する生理的物質の総称。

ホルモン 豚・牛などの臓物。もつ。

ホルン【horn】①角笛。②金管楽器の一。丸巻きの管形で、開口部は朝顔形。フレンチ-ホルン。ホーン。

ボレロ【スペイン bolero】①18世紀の末から広まったスペインの舞踊、またその舞曲。②前を打ち合わせない、ウエストより短い丈の上着。

ポレンタ【イタリア polenta】乾燥させて挽《ひ》き割りにしたトウモロコシを煮込み、とろみを出したもの。

ポロ【polo】馬に乗り、マレット(先がT字型になっている杖)でボールを打って相手のゴールに入れる競技。

ホロー【hollow】①中身のないこと。②へこませること。③くぼみ。へこみ。穴。

ホログラフィー【holography】物体で回折を受けた光波(信号波)と別の一様な光波(参照波)とを干渉させて生じた干渉縞を記録し、それに別の光波を当てることによって信号波を再生し、物体の立体像を復元する方法。また、その光学技術の総称。

ホログラム【hologram】ホログラフィーを応用し、レーザー-ビームを使って立体画像をプリントしたもの。光線をあてると、立体画像が再現される。

ホロコースト【holocaust】大虐殺。特に、ナチスによるユダヤ人の大量殺戮《さつりく》。

ポロ シャツ【polo shirt】襟のついたかぶり型半袖スポーツ-シャツ。

ホロスコープ【horoscope】西洋の占星術。また、それに用いられる黄道十二宮の図。

ポロネーズ【フランス polonaise】①ゆるやかな4分の3拍子のポーランドの舞踏。また、舞踏曲。②料理などで、ポーランド風の意。

ホロン【holon】部分として全体の構成に関与すると同時に、それぞれが一つの全体的・自律的まとまりをもつような単位。

ホワイエ【フランス foyer】劇場・ホテルなどの休憩所。ロビー。

ホワイダニット【whydunit】犯罪を扱った推理小説で、最後まで犯行動機がわからないようにしてあるもの。▷Why done it ? の略で「なぜやったのか」の意。

ホワイト【white】①白。白色。②白色の絵の具。③白色人種。白人。

ホワイトアウト【whiteout】①極地の雪原で、一面の雪の乱反射のために天地の区別や方向・距離などの感覚が失われる現象。②猛吹雪のために視界が極度に低下すること。

ホワイト カラー【white-collar】事務労働者。サラリー-マン。→ブルー-カラー

ホワイト カラー エグゼンプション【white collar exemption】裁量性の高いホワイト-カラー労働者について、労働時間規制を除外する制度。ホワイト-カラー-イグゼンプション。

ホワイト ソウル【white soul】⇨ブルー-アイド-ソウル

ホワイト デー【和 white+day】バレンタイン-デーのお返しに贈り物をする日。3月14日。

ホワイトニング【whitening】メラニン色素の生成を抑制し、しみ・そばかすのない、美しい白い肌にすること。美白。

ホワイト ノイズ【white noise】①あらゆる可聴覚周波数帯域の周波数成分が含まれているノイズ。白色雑音。②騒音を消すために流す音。

ホワイト ハッカー【white hacker】善良なハッカー。悪意のハッカーに対していう。ホワイト-ハット-ハッカー。

ホワイト ボード【white board】専用マーカーで字や絵を書き示すのに用いる白い板。

ホワイト リカー【和white＋liquor】連続式蒸留機で製造した焼酎《しょうちゅう》。甲類焼酎。

ポワレ【フランスpoêler】フランス料理で、オーブンで肉を蒸し焼きにする調理法。また、その料理。

ホン【phon】音の大きさを表す単位。その音と同じ大きさに聞こえる1000Hzの純音の音圧をデシベルで表したもの。フォン。ホーン。

ボン【フランスbon】よい。すてき。うまい。

ポン【碰】麻雀で、他家から刻子《コーツ》の完成に必要な牌《パイ》が捨てられたとき、その牌をもらうこと。▷中国語。

ホンキー トンク【honky-tonk】調子外れで奔放なピアノの演奏スタイル。▷安酒場・安キャバレーの意。

ボンゴレ【イタリアvòngole】ボンゴラ(セイヨウアサリ)を使ったイタリア料理。

ボンジュール【フランスbonjour】朝から夕方までの挨拶《あいさつ》の言葉。こんにちは。おはよう。

ポンス【オランダpons】①橙《だいだい》を搾《しぼ》った汁。ポン酢。②ポンチに同じ。

ポンチ【punch】①工作物の表面に目印の点を付ける工具。センターポンチ。②鍛造工具で、穴を開けたり拡げたりするのに用いる、テーパーの付いた鋼の棒。③「ポンチ絵」に同じ。

ポンチ【punch】ブランデーに果物の汁や砂糖などを加えた飲み物。パンチ。ポンス。

ポンチ絵 風刺を込めた滑稽な絵。漫画。ポンチ。パンチ。

ポンチョ【スペインponcho】中南米の男女の用いる外衣。

ポンツーン【pontoon】浮かせて用いる箱形の構造物。台船・浮《う》き桟橋など。

ボンデージ【bondage】身体を束縛するラバーやシリコーンで作った着衣。

ボンド【bond】①電車の線路の継ぎ目を電気的につなぐ電線。②債券。保証証券。

ボンド【Bond】強力な接着剤。商標名。

ポンド【オランダpond】①ヤード-ポンド法の質量の単位。記号lb(s) ㋐常用ポンド。1ポンドは16オンスで、約453.59g。パウンド。㋑薬量ポンドおよびトロイ-ポンド。薬剤や貴金属・宝石を量る単位。1ポンドは12オンスで、約373.24g。パウンド。②イギリスの通貨単位。1ポンドは100ペンス。記号£またはL ③エジプト・シリア・レバノンなどの貨幣単位。

ボンネット【bonnet】①後頭部にかぶり、額を出すようにした婦人・子どもの帽子。②自動車の前部の、エンジンを収容する部分のカバー。

ボンバー【bomber】爆撃機。ボマー。

ボンバー ジャケット【bomber jacket】⇨ボマー-ジャケット

ボンビー 俗に、貧乏のこと。お金がないこと。▷ビンボー(貧乏)から。

ポンピング ブレーキ【和pumping＋break】自動車の運転で、ブレーキを軽く何度か踏んで減速すること。

ポンプ【オランダpomp】圧力の作用で、液体や気体を吸い上げたり送ったりする機械。

ホンブルグ【homburg】つばが反り上がり、頂部の中央がへこんだフェルト製の中折れ帽子。▷ドイツの地名から。

ボンボン【フランスbonbon】果汁やブランデー・ウイスキーなどを包みこんだキャンデー。

ボンレス ハム【boneless ham】豚の腿肉《ももにく》から骨を抜き取って作ったハム。

マ

マーカー【marker】①しるしをつける人。また、そのための道具。②しるしをつけるための筆記具。③標識。④得点記録係。

マーガリン【margarine】植物油・植物硬化油を主成分とする、バターに似た食品。人造バター。

マーキュリー【Mercury】①ローマ神話の商人の神であるメルクリウスの英語名。ギリシャ神話のヘルメスと同一視される。②水星。

マーキング【marking】①印をつけること。標識をつけること。②動物が尿などの分泌物を利用し、縄張りを示す行動。

マーク【mark】①しるし。記号。標章。②トレードマークの略。③ある人・物などに特に目をつけて注意すること。④記録をつくること。⑤目印を置くこと。印をつけること。

マーク【MARC】(machine readable cataloging)出版物の書誌情報を、コンピューターで情報処理できるようにしたデータベース。

マークアップ【markup】①利幅。利ざや。②原稿の問題箇所などに、書き込みをすること。

マークアップ言語(markup language)コンピューターで、文書の中にマークをつけて、文書の構造や修飾情報などを記述するための言語。SGML・HTML・XMLなど。

マークシート方式 選択肢の中から該当する項目を選び、解答用紙のマークを塗りつぶして答える方式。

マーケター【marketer】①市場で売買する人。②マーケティングの担当者。マーケッター。

マーケット【market】①市場《いちば》。②商品の売り先。市場《しじょう》。

マーケット イン【market-in】企業が生産・販売活動をする際に、消費者のニーズを満たす製品であることを最優先する考え方。→プロダクト-アウト

マーケット プレース【marketplace】インターネット上で商品やサービスの売り手と買い手を結びつける取引所のこと。またはそのサービス。オンライン-マーケットプレース。

マーケティング【marketing】消費者の求めている商品・サービスを調査し、生産者から消費者への流通を円滑化する活動。[案]市場戦略

マーケティング リサーチ【marketing research】消費者の動向や市場の分析など、企業が製品の開発や販売に関して行う調査。市場調査。マーケット-リサーチ。MR。

マージ【merge】複数のファイルを併合して、一つのファイルをつくること。併合。

マージナル【marginal】周辺にあるさま。

マージナル マン【marginal man】互いに異質な二つの社会・文化集団の境界に位置し、その両方の影響を受けながら、いずれにも完全に帰属できない人間のこと。境界人。周辺人。

マーシャル アーツ【martial arts】格闘技。武術。

マージン【margin】①売買差益。利ざや。②販売や委託に対する手数料。③取引で、証拠金。④本などでページの余白。欄外。

マーズ【MERS】⇨MERS

マーチ【march】行進曲。

マーチ【March】3月。

マーチャンダイジング【merchandising】消費者の欲求を満たすような商品を、適切な数量・価格で市場に提供する企業活動。商品化計画。MD。

マーチャント【merchant】商人。

マーチング【marching】楽団が行進しながら行う演奏。

マート【mart】市場。商業中心地。

マーブル【marble】大理石。

マーベリック【maverick】どの派にも所属しない政治家や芸術家などのこと。一匹狼。異端者。▷子牛に焼き印を押さなかったアメリカの牧場主の名

に由来。

マーマレード【marmalade】 オレンジ・夏みかんなどを用いたジャムのうち、果皮の薄片の含まれているもの。ママレード。

マーマン【merman】 男の人魚。

マーメード【mermaid】 人魚。マーメイド。

マール【フランス marc】 ブドウの搾《しぼ》り滓《かす》を発酵・蒸留してつくったブランデー。

マイカ【mica】 雲母《うんも》。

マイク マイクロホン(microphone)の略。音声を電気信号にかえる装置。

マイグレーション【migration】 移動。移住。移行。

マイクロ【micro】 ①微小な、小さいの意。ミクロ。②単位に冠して、10^{-6}すなわち100万分の1の意を表す語。ミクロ。記号μ

マイクロクレジット【microcredit】 低所得者や貧困層などに対して、NGOや国際機関などが少額の融資を行うこと。

マイクロコントローラー【microcontroller】 電子機器の制御を行うための集積回路。MCU。μC。

マイクロ波 慣用的な電波区分で、波長1m～0.1mm(周波数300MHz～3THz)の電波。マイクロ-ウエーブ。

マイクロビーズ【microbeads】 洗顔料・歯磨き粉・研磨剤などに用いる、微小なプラスチック粒子。→マイクロプラスチック

マイクロフィルム【microfilm】 印刷物・図面・写真などを資料として保存するため、縮小撮影したフィルム。

マイクロプラスチック【microplastics】 微細なプラスチック。海洋に流入し、波や紫外線等によって劣化し、砕けたもの。深刻な環境汚染の原因。

マイクロプロセッサー【microprocessor】 コンピューターの中央処理装置(CPU)をLSIチップに収めたもの。MPU。

マイクロマシン【micromachine】 超小型の機械。一般に、10立方ミリメートル以下の大きさのものをいう。

マイクロメートル【micrometer】 長さの単位。100万分の1m、すなわち1000分の1mm。ミクロン。

マイコプラズマ【mycoplasma】 マイコプラズマ目に属する微生物群。ウイルスと細菌との中間に位置するものと考えられる。動物に肺炎・関節炎、植物に萎黄《いおう》病・天狗巣病などを起こす。

マイスター【ドイツ Meister】 ①巨匠。大家。②(徒弟制度上の)親方。師匠。

マイセン【Meissen】 ドイツ南東部、エルベ川に臨む都市。陶磁器製造で名高い。

マイナー【minor】 ①規模や重要度が小さいさま。②あまり知られていないさま。有名ではないさま。③マイナー-リーグの略。アメリカのプロ野球で、メジャー-リーグの下位の連盟の総称。④短調。短音階。短旋法。→メジャー(major)

マイナー チェンジ【minor change】 (自動車などの)商品のデザインや性能の、部分的で小規模な変更。

マイナス【minus】 ①減ずること。引くこと。②減ずることを示す記号。また、負数の符号。「－」③ためにならないこと。不利益になること。④欠損。赤字。⑤陰電気。また、その符号。「－」⑥陰性。→プラス

マイナス イオン【和minus＋ion】 空気中に存在するイオンのうち、マイナスに帯電したもの。

マイナス シーリング【和minus＋ceiling】 予算編成において、各省庁からの概算要求枠を対前年度比でマイナスにし、歳出予算の総額を抑える方式。

マイ ナンバー【和my＋number】 社会保障・税などを管理するため、国民一人一人に割り当てられる12桁の「個人番号」の通称。

マイニング【mining】 ①採掘。採鉱。②仮想通貨システムに計算資源を提供し、その報酬として仮想通貨(暗号資産)を得ること。

マイノリティー【minority】 少数。

少数派。→マジョリティー

マイ バッグ【和my＋bag】自分用のバッグ。特に、レジ袋を使わないために買い物に持参するかばんや袋。

マイ ブーム【和my＋boom】世間の流行とは無関係な、自分だけの流行。現在の個人的な好み。

マイ ペース【和my＋pace】自分に適した速度で、物事を進めること。

マイ ボトル【和my＋bottle】①酒場に客が預けてあるボトル(酒瓶)。②PETボトルに対して、水筒。

マイム【mime】パントマイムの略。

マイル【mile】ヤード-ポンド法における長さの単位。距離にのみ用いられる。1マイルは1760ヤードで、約1609.344m。記号milまたはmi

マイルストーン【milestone】①里程標。②歴史や人生における画期的な出来事。大事件。

マイルド【mild】(飲食物などの味が)やわらかいさま。口あたりのよいさま。刺激の少ないさま。

マイレージ【mileage】航空会社の多利用搭乗客向けプログラム。搭乗距離に応じてたまるポイントで様々なサービスが受けられる。FFP。マイレージ-サービス。

マインド【mind】心。精神。性向。

マインド コントロール【和mind＋control】①自らの心理状態を制御・調整すること。②他人の心理状態や態度を支配すること。

マインドセット【mindset】ある人や集団の中で確立している思考様式、態度、価値観などのこと。

マインドフルネス【mindfulness】欧米発祥の瞑想法。

マインド マップ【mind map】断片的な概念を放射的・連想的に図示し、思考の流れやその全体像を明らかにする記録法。

マウス【mouse】①実験動物化されたハツカネズミ。②コンピューターの入力装置の一。小形の箱状で、机上でスライドさせると、それに伴って画面のカーソルが移動する。

マウス【mouth】口。

マウス ガード【mouth-guard】①⇨マウス-ピース②⇨マウス-シールド

マウス シールド【mouth-shield】感染症のウイルス対策用具の一。息による飛沫の直接の拡散を防ぐために口の前につける透明の板。マウス-ガード。

マウス パッド【mouse pad】マウス②の下に置くパッドやシート。

マウスピース【mouthpiece】①管楽器などの口にあてる部分。②ボクシングなどで、競技者が舌をかまないように口に入れるゴム製用具。マウスガード。

マウンティング【mounting】①サルがほかのサルの尻に乗り、交尾の姿勢をとること。動物社会における順序確認の行為。馬乗り行為。②人間関係の中で、自分の優位性を誇示することを俗にいう語。

マウンテン パーカ【mountain parka】登山用のパーカ。マウンパ。

マウンテン バイク【mountain bike】オフ-ロードを走るための自転車。MTB(商標名)。ATB。

マウント【mount】①絵や写真をはる台紙。また、スライドをはさむ枠。②レンズ交換カメラのレンズの台座。

マウンド【mound】①野球で、投手が投球するときに立つ、盛り土をした場所。②ゴルフで、バンカーやグリーンの周りの小さな丘・土手。

マエストロ【イタリアmaestro】ある分野で、特にすぐれている人。巨匠。大家。達人。▷特に、芸術の分野で用いられる。

マガジン【magazine】①雑誌。②生フィルムを巻き取り、収納するための容器。③連発銃の弾倉。

マカロニ【イタリアmacaroni】小麦粉を練って短い管状、あるいは貝殻などの形にしたパスタ。

マカロニ ウエスタン【和macaroni＋western】イタリアで制作された西部劇。

マカロン【フランスmacaron】泡立てた卵白にアーモンド・砂糖・小麦粉を加えて

小球形に焼いた菓子。マコロン。

マキシ〔maxi〕①マキシマムの略。②洋装で、くるぶし丈や床丈。

マキシマム〔maximum〕①最大。最高。最大限。最高度。マクシマム。②数学で、最大値。極大値。→ミニマム

マキシム〔maxim〕格言。金言。

マキャベリズム〔Machiavellism〕①どんな手段や非道徳的行為であっても、結果として国家の利益を増進させるなら許されるとする考え方。イタリアの政治思想家マキャベリの思想。②目的のためには手段を選ばないやり方。

マグ〔mug〕筒形で、取っ手が付いた大型のカップ。

マクスウェル〔maxwell〕磁束のCGS電磁単位またはガウス単位。1億分の1ウェーバ。記号Mx ▷イギリスの物理学者マクスウェルにちなむ。

マグナム〔magnum〕①マグナム弾薬筒。火薬の装塡量が多くて強力。マグナム弾。商標名。②①を使用した大型拳銃。③1.5L入りの大型びん。

マグニチュード〔magnitude〕地震の規模を表す尺度。また、その数値。記号M

マグネシア〔magnesia〕酸化マグネシウムの慣用名。

マグネシウム〔magnesium〕金属元素の一。2族に属するが、普通、アルカリ土類に入れない。元素記号Mg 原子番号12。原子量24.31。生物体にとって必須の微量元素。ゲッター・還元剤のほか、軽合金の材料として用いられる。

マグネタイト〔magnetite〕磁鉄鉱《じてっこう》。

マグネット〔magnet〕磁石。磁力。

マグ ボトル〔mug bottle〕筒型で飲み口《のみくち》が広い水筒。

マグマ〔magma〕地下に生ずる高温・溶融状態の造岩物質。岩漿《がんしょう》。

マクロ〔macro〕①巨大であること。また、巨視的であること。→ミクロ ②コンピューターで、複数の命令群を一つの命令で代行するように定義したもの。㊟巨視的

マクロ経済学 失業率・インフレなど経済全体に関わる問題を分析する経済学。巨視的経済学。→ミクロ経済学

マクロビオティック〔macrobiotics〕自然食中心の食生活に基づく長寿法の一種。マクロビオティックス。

マクロファージ〔macrophagc〕動物の組織内に分布する大形のアメーバ状細胞。侵入した細菌などの異物を捕らえて消化するとともに、免疫情報をリンパ球に伝える。大食細胞。貪食《どんしょく》細胞。

マザー〔mother〕①母。母親。②女子修道院長。

マザー グース〔Mother Goose〕イギリス古来の伝承童謡集の通称。

マザー コンプレックス〔和mother＋complex〕母親に対する過度な愛着や執着をいう語。マザコン。

マザーズ〔Mothers〕(Market of the high-growth and emerging stocks)1999年(平成11)、東京証券取引所で新設された市場。新たな技術・発想に基づく事業を行い高い成長可能性を秘めた企業の上場をめざす。

マザー ボード〔mother board〕コンピューターの主機能を担う部品が装着された基板。システム-ボード、メイン-ボードとも。

マザコン マザー-コンプレックスの略。

マサラ〔ヒンディー masala〕⇨ガラム-マサラ

マシーン〔machine〕⇨マシン

マジック〔magic〕①魔法。奇術。手品。②不思議な力がある意。③マジック-ナンバーの略。④マジック-インキ(商標名)の略。油性のフェルト-ペン。

マジック テープ〔和Magic Tape〕面ファスナーの商標名。

マジック ナンバー〔magic number〕スポーツのリーグ戦で下位のチームが残り試合に全勝した場合に、第1位のチームが優勝するために必要な勝ち

試合の数。

マジック ミラー 【和magic＋mirror】 明るい側から暗い側は透視できないが、その逆は可能な鏡。半透明鏡。ハーフ-ミラー。マジック-ガラス。

マシニング センター 【machining center】 複合NC工作機械の一。NCの指令により、多種・多数の工具の自動交換装置を備え、多様な加工を全自動で行う。MC。

マジパン 【marzipan】 粉末のアーモンド・砂糖・卵白をこねてペースト状にしたもの。洋菓子の装飾に用いる。

マシュマロ 【marshmallow】 ゼラチン・卵白・砂糖などをまぜてつくった、弾力のあるふっくらとした洋菓子。マシマロ。

マジョリティー 【majority】 多数。多数派。過半数。→マイノリティー

マシン 【machine】 ①機械。②競走用自動車。▷マシーンとも。

マシンガン 【machine-gun】 機関銃。

マス ⇨マスターベーション

マス 【mass】 ①集団、多数、大衆の意。②絵画・彫刻などで、一つのかたまりとして知覚される部分。マッス。

マスカット 【muscat】 ブドウの一品種。粒は大形で黄緑色に熟し、香りが高く甘味が強い。

マスカラ 【mascara】 まつ毛を濃く、長く見せるためにつける化粧品。

マスカルポーネ 【イタリアmascarpone】 イタリアのロンバルディア州特産のクリーム-チーズ。

マスカレード 【masquerade】 仮面舞踏会。仮装舞踏会。

マスキュリン 【masculine】 男性らしいさま。マスキュラン。→フェミニン

マスキング 【masking】 塗装の際、色を塗らない部分を保護するために、粘着テープなどを貼ること。

マスク 【mask】 ①面。仮面。②寒気やほこり、感染などを防ぐために、口・鼻をおおうもの。③顔面の保護のためにつける面。防具。④防毒マスク。⑤顔。容貌。

マス ゲーム 【和mass＋game】 多人数が一団となって行う体操やダンス。集団体操。

マスコット 【mascot】 幸運をもたらすものとして、身近に置いて愛玩する小動物や人形など。

マスコミ ①マス-コミュニケーションの略。②転じて、マス-メディア。

マス コミュニケーション 【mass communication】 マス-メディアを通じて、大量の情報を伝達すること。また、そのマス-メディア。大衆伝達。マス-コミ。

マス スタート 【mass start】 スピード-スケートやクロス-カントリー-スキーなどの競技で、全選手が一斉にスタートする形式。またその種目。

マスター 【master】 ①主任。長。②酒場・喫茶店などの店主。③大学院で修士課程を修了した者。修士。④会得すること。十分に理解すること。

マスター キー 【master key】 管理する建物の、どの錠も開けられる合い鍵。親鍵。

マスターズ 【Masters】 ①アメリカのオーガスタで開催される世界的ゴルフ競技会。マスターズ-トーナメント。②中高年のための国際スポーツ大会。世界マスターズ大会。③中高年のための競技会。

マスタード 【mustard】 西洋芥子菜《からしな》から作る調理用の芥子。洋芥子。

マスターピース 【masterpiece】 傑作。大作。マスターワーク。

マスター プラン 【master plan】 全体の基本となる計画または設計。㊫基本計画

マスターベーション 【masturbation】 ①手淫《しゅいん》。自慰。オナニー。マス。②(比喩的に)自己満足をうるための行為。

マスト 【mast】 舟の帆柱。

マスト 【must】 必要なことやもの。

マスト アイテム 【must item】 手に入れておきたいもの。必須のもの。

マスト バイ 【must-buy】 絶対に買うべき商品。お薦め。

マスプロ マス-プロダクション(mass production)の略。大量生産。量産。

マス メディア【mass media】マス-コミュニケーションの媒体。新聞・雑誌・ラジオ・テレビなど。

マゼンタ【magenta】絵の具・印刷インクなどの3原色の一。赤紫。フクシン。

マゾ マゾヒスト・マゾヒズムの略。

マゾヒスティック【masochistic】マゾヒズムの傾向にあるさま。→サディスティック

マゾヒスト【masochist】マゾヒズムの傾向にある人。マゾ。→サディスト

マゾヒズム【masochism】肉体的・精神的苦痛を受けることにより性的満足を得る異常性欲。マゾ。▷作家ザッヘル=マゾッホの名にちなむ。→サディズム

マター【matter】①物質。成分。要素。②事柄。事態。問題。

マターナル【maternal】母親の。

マタドール【スペイン matador】闘牛で、剣で牛に最後のとどめを刺す主役の闘牛士。

マタニティー【maternity】①「妊婦の」「出産の」の意。②マタニティー-ドレスの略。妊娠中に着る、身体をゆったり包むようなドレス。

マタニティー ハラスメント【和 maternity＋harassment】職場において発生する、妊娠・出産に伴ういじめや嫌がらせ、解雇・雇い止めなど。マタハラ。→パタニティー-ハラスメント

マタニティー ブルー【maternity blue】妊娠中や出産直後の母親にみられる抑鬱《よくうつ》や精神的に不安定な状態。

マタニティー マーク【和 maternity＋mark】自身が妊婦であることを周囲に知らせ、公共の場での配慮(座席確保や禁煙など)を求めるマーク。

マタハラ ⇨マタニティー-ハラスメント

マダム【英 madam; フランス madame】①女主人。②既婚の女性。奥さん。夫人。

マチエール【フランス matière】①材料。材質。②素材・材質によってつくり出される美術的効果。材質効果。

マチネー【フランス matinée】演劇・音楽会などの、昼間興行。▷「午前中」の意。

マチュア【mature】①熟していること。②成長していること。発達していること。

マッキントッシュ【Macintosh】アップル社が1984年に販売を開始したパソコン-シリーズの名称。マウス操作によるGUIやウィンドウ表示などを備えて注目を集めた。マック。

マッキントッシュ【mackintosh】ゴム引きの防水布でつくったレーンコート。

マッキントッシュ【McIntosh】リンゴの品種の一。カナダのオンタリオ州原産。

マック【Mac】パソコン、マッキントッシュの愛称。

マックス【max】マキシマムに同じ。

マッコリ 米・粟《あわ》などを原料としてつくった朝鮮の濁り酒。▷マッカリとも。朝鮮語。

マッサージ【massage】手または器具で、体をもんだりさすったりたたいたりして行う治療法。

マッシュ【mash】野菜をゆでてすりつぶし、裏ごししたもの。

マッシュアップ【mashup】①ポピュラー音楽で、リミックスの手法。マッシュアップス。②インターネットで、複数のウェブ-サービスなどを結びつけ、統合的なウェブ-アプリケーションを作り上げる手法。

マッシュ ポテト【mashed potatoes】ゆでたジャガイモをすりつぶして裏ごしし、塩・バター・牛乳などで味つけしたもの。

マッシュルーム【mushroom】担子菌類ハラタケ目の食用きのこ。作《つく》り茸《たけ》。

マッスル【muscle】筋肉。

マッチ【match】①勝負。試合。②調和がとれていること。ぴったり合っていること。

マッチポンプ 自分で起こしたもめごと

を鎮めてやると関係者にもちかけて、報酬を得ること。▷自分でマッチを擦って火をつけておいて消火ポンプで消す意。

マッチ メーク【match make】試合を組むこと。

マッチョ【スペイン macho】男っぽいさま。また、男らしい男。たくましい男。

マッチング【matching】①調和をとること。②対照させること。③出会わせること。

マット【mat】敷物。

マット【mat; matte】①つや消し。②色・つやなどが、鈍く光らないさま。

マッド【mad】①気が狂っていること。②かんかんに怒っていること。

マッド【mud】①泥。泥土。②価値のないもの。つまらないもの。

マットレス【mattress】敷き布団の下やベッドに敷く、フォーム-ラバーなどのはいった厚い敷物。

マッハ数 流速と、その流体中を伝わる音速との比。飛行機やミサイルなどの速度を表すのに用いる。マッハ1は秒速約340m。記号Mまたはmach

マッピング【mapping】①ある情報を一対一に別の情報に対応させること。②数学で、写像のこと。

マップ【map】地図。

マティーニ【martini】カクテルの一。ジンとベルモットを主体とし、オリーブの実を添える。マルティーニ。マーティニ。

マディソン【madison】自転車競技のトラック競技種目の一。二人一組みで行うポイント-レース。

マテリアリティー【materiality】ある企業の事業活動が有している、CSR(企業の社会的責任)の観点から見たときの重要課題。

マテリアル【material】①材料。原料。②生地。素材。③物質的。物質本位。

マトック【mattock】鶴嘴《つるはし》に似た形の道具。一方が鍬《くわ》、一方が斧《おの》になっている。

マドモアゼル【フランス mademoiselle】お嬢さん。娘さん。また、未婚女性の名に冠する敬称。

マドラー【muddler】カクテルなどの飲み物をかきまわす棒。

マドリガル【madrigal】①イタリアのマドリガーレ、およびその影響のもとにエリザベス朝のイギリスその他の国で成立した歌曲の総称。②①のうち、特にイギリスで成立した、歌詞が英語の歌曲。

マトリックス【matrix】①母体。基盤。②母型。鋳型。③数学で、行列。

マトリョーシカ【ロシア matryoshka】ロシアの民芸品。中をくりぬいて胴の所で上下に分けられるようになった、大きさの異なる木製人形を、何重にも入れ子にしたもの。

マドレーヌ【フランス madeleine】卵・バター・小麦粉・砂糖を混ぜ、香料を加えて貝殻型に入れて焼いたケーキ。

マドロス【オランダ matroos】水夫。船員。船乗り。

マトン【mutton】食用の、羊の肉。特に、成長した羊の肉。→ラム(lamb)

マドンナ【イタリア Madonna】①聖母マリアの称号。また、聖母子像。②あこがれの対象となる、美しい女性。

マナ【mana】超自然的な力・霊力・呪力などの観念。メラネシア起源の語。

マナー【manner】行儀。作法。礼儀。

マナー ハウス【manor house】①イギリスの領主の邸宅。②①を観光用の宿泊施設に改築したもの。

マナー モード【和manner＋mode】携帯電話で、着信の際、音を使用せず振動などによって通知するもの。

マニア【mania】特定の分野・物事を好み、精通している人。

マニアック【maniac】一つの事に異常に熱中しているさま。

マニエリスム【フランス maniérisme】ルネサンスからバロックへの移行期に生まれた、極度に技巧的・作為的で、時に不自然なまでの誇張や非現実性に至る美術様式。マニリズモ。

マニキュア【manicure】手の爪《つめ》の手入れや化粧。

マニッシュ【mannish】男っぽいさま。

マニピュレーター 【manipulator】 人間の手に近い動作をし、人間に代わって、工作その他の作業をする装置。マジック-ハンド。

マニフェスト 【manifesto】 ①宣言。声明書。檄文《げきぶん》。②マルクス・エンゲルスにより起草され、1848年に発表された共産党宣言。③選挙の際に、政党や立候補者が発表する公約集。政策の目標数値、実施期限、財源などを明示する。

マニュアル 【manual】 ①手引き書。取扱(操作)説明書。手順書。②自動車で、変速装置が手動のもの。マニュアル車。

マニュファクチャー 【manufacture】 工場制手工業。

マヌカン 【フランスmannequin】 ⇨マネキン②

マネー 【money】 かね。金銭。

マネー ゲーム 【和money+game】 最大限の利益を得ることを目的とした投機的な投資や資金の運用。

マネー サプライ 【money supply】 市場に流通している通貨の量。金融機関以外の民間部門が保有する現金通貨・要求払い預金・定期性預金などの残高。通貨供給量。

マネージ 【manage】 管理すること。経営すること。処理すること。

マネージド サービス 【managed service】 サーバーの運用・保守・障害対応などを、一括して請け負うサービス。

マネージメント 【management】 ①管理。経営。特に、人・費用・時間などを効率的に用い、企業を維持・発展させるために、管理・経営を行うこと。②管理者。経営者。▷マネジメントとも。[案]経営管理

マネージャー 【manager】 ①ホテルや飲食店の支配人。管理人。②スケジュールの調整や外部との交渉を行う人。③スポーツ-チームなどで、雑務を担当する人。▷マネジャーとも。

マネー プラン 【money plan】 生活設計に基づいた家計の計画。

マネー ロンダリング 【money laundering】 犯罪や不正取引などで得た資金の出所や受益者をわからなくすること。資金洗浄。グリーンウオッシュ。

マネキン 【mannequin】 ①商品を着せて展示・陳列する等身大の人形。マネキン人形。②商品を身に着けたり使ってみせたりしながら宣伝・販売をする女性。マヌカン。

マネジメント 【management】 ⇨マネージメント

マネタイズ 【monetize】 収益に繋《つな》げること。

マネタリー ベース 【monetary base】 日本銀行が供給する通貨。市中に出回っている流通現金と日銀当座預金の合計。→マネー-サプライ

マハラジャ 【サンスクリット mahārāja】 インドの藩王国の王の称号。▷大王の意。

マヒマヒ 【ハワイ mahi-mahi】 鱪《しいら》。

マフィア 【Mafia】 ①イタリアで強い勢力をもつとされる大規模な犯罪組織。②イタリア系移民を中心とするアメリカの犯罪組織。コーザ-ノストラ。

マフィン 【muffin】 ベーキング-パウダーを使ってふくらませた小さな丸いパン。

マフラー 【muffler】 ①毛糸・布などの、細長い襟巻き。②消音器。サイレンサー。

マホガニー 【mahogany】 センダン科の常緑大高木。熱帯各地で栽植。木目が美しく緻密《ちみつ》で堅い。家具材や建築の内装仕上げ材とされる。

ママ 【mama; mamma】 ①母。おかあさん。②(バーなどの)女主人。マダム。

ママチャリ 俗に、生活用途に特化した仕様の自転車のこと。▷「ママが乗るちゃりんこ」の意。

ママン 【フランスmaman】 お母さん。ママ。

マヨネーズ 【フランスmayonnaise】 卵黄に油・酢・塩などを加えてかきまぜた、クリーム状のソース。

マヨラー 俗に、マヨネーズが好きな人。

マラカイト 【malachite】 塩基性炭酸銅からなる鉱物。単斜晶系に属し、

孔雀の羽のような緑色の絹糸状の光沢がある。飾り石となる。岩緑青と称し、顔料として古くから用いられた。孔雀石《くじゃくせき》。

マラカス【スペイン maracas】ラテン-アメリカ音楽のリズム楽器。振って音を出す。

マラソン【marathon】公路を走る長距離競走。正式距離は42.195km。転じて、長い距離を走ることや、長い時間をかけて行うこと。

マラリア【malaria】熱帯・亜熱帯に多いマラリア原虫感染症。ハマダラカが媒介。周期的な発熱発作が特徴。

マリアージュ【フランス mariage】①結婚。結婚式。結婚生活。②組み合わせ。色・香り・味わいなどの配合。特に、料理とワインの組み合わせや相性のよさ。

マリー【marry】①結婚する。②同一通貨建ての手持ちの売り為替と買い為替を抱き合わせて、持ち高を相殺すること。

マリーシア【ポルトガル malicia】サッカーで、試合を有利に進めるために必要とされる、許容範囲内のずる賢さ。

マリーナ【marina】ヨットやモーターボートを係留するための基地。

マリオネット【フランス marionnette】糸で操る人形。また、その人形を用いる劇。

マリオン【mullion】建物の開口部を支える垂直の材。

マリッジ【marriage】結婚。

マリッジ ブルー【和 marriage＋blue】結婚直前の人にみられる抑鬱《よくうつ》や情緒不安定な状態のこと。ウエディング-ブルー。エンゲージ-ブルー。

マリネ【フランス mariné】魚・肉・野菜などを香味野菜や香辛料・酢・油などを合わせた液に漬け込んだ料理。

マリファナ【スペイン marijuana】大麻《たいま》。マリワナ。

マリン【marine】「海の」「海上の」の意。マリーン。

マル ウエア【malware】悪意のもとに開発・利用されるソフトウエアの総称。コンピューター-ウイルス、ワーム、スパイ-ウエアなど。▷malicious software(悪意あるソフトウエア)の略。

マルガリータ【Margarita】テキーラ-ベースのカクテルの一。リキュールとライムまたはレモンのジュースを加える。

マルク【Mark】ドイツの旧通貨単位。1マルクは100ペニヒ。マルッカ。

マルシェ【フランス marché】市場。市。見本市。

マルス【Mars】①ローマ神話の戦の神。ユピテルとクイリヌスとともにローマ三主神を構成する神。ローマの始祖ロムルスの父といわれる。ギリシャ神話のアレスと同一視される。②火星。▷英語名マース。

マルチ【mulch】栽培する作物の根の周りを覆うビニールやわら。乾燥や湿気を防ぐ。

マルチ【multi】①「多数の」「多量の」「複数の」などの意。②⇨マルチ商法

マルチコア【multicore】複数のプロセッサー-コアを単一パッケージ内に搭載したマイクロプロセッサー。

マルチコプター【multicopter】3つ以上の回転翼(ローター)を設けた回転翼機。空撮・娯楽などに用いる。マルチローター。

マルチ商法 加入者が他の者を次々と組織に加入させることにより、販売組織を拡大させていく販売方法。特定商取引法により規制される。連鎖販売取引。

マルチタスク【multitask】一台のコンピューターで、複数の処理を同時に実行すること。

マルチタップ【multitap】ひとつの差し込み口に対して複数のプラグを接続できる器具の総称。電源タップなど。

マルチ トラック【multi-track】多重録音。また、それの可能な録音テープ。

マルチ プラットフォーム【multi-platform】同じ仕様であるソフトウエアが、異なるプラットフォームでも動作すること。クロス-プラットフォーム。

マルチプル【multiple】多様であること。多彩なこと。多重。複合。

マルチ マテリアル【multi-material】ひとつの部材に複数の材料を用いること。

マルチメディア【multimedia】デジタル化された映像・音声・文字データなどを組み合わせた総合的なメディア。[案]複合媒体

マルチ モーダル【multi-modal】効率的な輸送体系の確立と、良好な交通環境の創造を目指した、道路・航空・海運・水運・鉄道など複数の交通機関の連携交通施策。

マルチラテラリズム【multilateralism】政治・経済分野の国際問題において、多国間で懸案を調整・処理しようとする考え方。多国間主義。多角的交渉主義。→ユニラテラリズム・バイラテラリズム

マレット【mullet】全体は短髪であるが、襟足だけを長く伸ばした髪形。▷ボラ(魚)の意。

マロニエ【フランス marronnier】トチノキ科の落葉高木。欧米では街路樹とする。ウマグリ。セイヨウトチノキ。

マロン【フランス marron】栗。

マロン グラッセ【フランス marrons glacés】栗の砂糖漬け。ゆでた栗を砂糖液に漬けたのち表面の糖液を洗い乾燥させたもの。

マン【man】人。男。多く、名詞の下に付いて複合語をつくり、それを職業とする人、それにかかわりのある人、その集団の一員などの意を表す。

マンガン【満貫・満款】麻雀で、1回の上がりの点数が多くなりすぎないように特定の点数で決めた限度。▷中国語。

マンガン【ドイツ Mangan】7族(マンガン族)に属する遷移元素の一。元素記号 Mn　原子番号 25。原子量 54.94。動植物にとって不可欠の微量元素。マンガン鋼などの合金の材料、乾電池・化学薬品に用いる。

マングース【mongoose】①食肉目ジャコウネコ科のうち、約30種を示す総称。ネコイタチ。②①のうち、特にインド産の汎存種をさす。毒蛇駆除の目的で沖縄本島や奄美大島などに移入され、生態系に影響を与える。

マングローブ【mangrove】熱帯・亜熱帯の河口周辺に生育する樹林。多くは呼吸根・支柱根をもつ。

マンゴー【mango】ウルシ科の常緑高木。果肉は多汁で甘酸っぱく、独特の香りがある。

マンゴスチン【mangosteen】オトギリソウ科の常緑高木。果肉は香りがよく、甘味と水分に富む。果物の女王といわれる。

マンション【mansion】中・高層の集合住宅。比較的規模の大きい集合住宅。

マンスプレイニング【mansplaining】男性が女性や年少者に対して、見下した態度で説明すること。▷man(男性)とexplain(説明する)からの造語。

マンスリー【monthly】月1回の定期刊行物。月刊。

マンタ【manta】エイ目の海魚オニイトマキエイのこと。

マンダリン【mandarin】①中国、清朝の高級官吏。②中国の公用・標準語。官話《かんわ》。③中国原産で、ヨーロッパで栽培されるミカンの類。

マン ツー マン【man-to-man】一人の人に一人の人が対応すること。一対一。

マント【フランス manteau】衣服の上から羽織る外套《がいとう》。マンテル。

マントー【饅頭】粉を練って蒸した丸いパン。また、粉を練った生地で餡《あん》を包み、蒸した菓子。マントウ。▷中国語。

マントラ【サンスクリット mantra】密教で、仏・菩薩の誓いや教え・功徳などを秘めているとする呪文的な語句。真言。

マンドリン【mandolin】撥弦楽器の一。複弦を利したトレモロ奏法の多用が特色。

マントル【mantle】①ガス灯などの炎をおおう器具。白熱套《とう》。ガス-マントル。②地殻の下限(モホロビチッチ不連続面)から深さ約 2900km までの部分。

マントルピース 〔mantelpiece〕 暖炉の焚《た》き口を囲む装飾枠。

マンナン 〔mannan〕 マンノースを主な構成成分とする多糖類の総称。植物や酵母の細胞壁を形成する。

マンネリ マンネリズムの略。

マンネリズム 〔mannerism〕 思考・行動・表現などが型にはまり、新鮮さや独創性がなくなること。マンネリ。

マンパワー 〔manpower〕 人間の労働力。人的資源。[案]人的資源

マンボ 〔スペイン mambo〕 ラテン-アメリカ音楽の一。ルンバを基にした4分の2拍子のダンス曲。また、そのリズムやダンス。

マンホール 〔manhole〕 下水道・暗渠《あんきょ》などで、路面から人が出入りできるように設けて蓋《ふた》をした穴。

マンホール トイレ 〔和manhole+toilet〕 災害時に下水直結のマンホールの真上に設置する非常用の簡易トイレ。

マン マーク 〔man-mark〕 球技で、相手選手ひとりにつき味方選手ひとりが、付き切りで守備にあたる手法。

マンモグラフィー 〔mammography〕 乳房レントゲン撮影法。触診ではわからない微少な乳癌《にゅうがん》の発見に有用。

マンモス 〔mammoth〕 ①長鼻目ゾウ科マンモス属の化石獣の総称。②形や規模が巨大なものの形容。

ミ

ミーティング 〔meeting〕 打ち合わせ。会合。集会。

ミート 〔meat〕 牛・豚などの肉。精肉。

ミート 〔meet〕 野球で、ボールにバットをうまく当てること。

ミード 〔mead〕 蜂蜜《はちみつ》酒。

ミート アップ 〔meet up〕 ネット上で日時や参加者などを決め、実際に集まる会合や交流会のこと。オフ会。

ミート ローフ 〔meat loaf〕 牛または豚肉に粉乳・穀類の粉・野菜・ゼラチンなどを加えて調味し、型に入れてオーブンで焼くか、蒸し上げた食品。

ミーハー 世の中の流行などに熱中しやすい人たち。▷「みいちゃんはあちゃん」の略。

ミーム 〔meme〕 個々の文化の情報をもち、模倣を通じてヒトの脳から脳へ伝達される仮想の遺伝子。

ミイラ 〔ポルトガル mirra〕 腐敗せずに乾燥し、原形を残している死体。

ミール 〔meal〕 食事。食事どき。

ミール 〔meal〕 穀物の実などをひき割って粗い粉にしたもの。

ミール クーポン 〔meal coupon〕 食券。

ミールワーム 〔mealworm〕 ⇨ミルワーム

ミオシン 〔myosin〕 筋原繊維を構成する主要なタンパク質の一。複雑な繊維構造を形成してATPを加水分解する酵素活性をもち、その際生ずるエネルギーでアクチン上を滑るように筋収縮を起こす。

ミカエル 〔Michael〕 ユダヤ教・キリスト教などにおける大天使の一。サタンと論戦し、神の威勢を示した。

ミキサー 〔mixer〕 ①果実・野菜などを細かく砕く家庭電気器具。ブレンダー。②セメント・砂・砂利・水などを混ぜ合わせてコンクリートなどをつくる機械。③放送などで、複数の音声や映像を混合したり調整したりする装置。また、それを操作する技師。ミクサー。

ミキシング 〔mixing〕 放送や録音で、複数の音声・映像を混合して効果的になるよう調整すること。

ミクスチャー 〔mixture〕 混合。混合物。ミクスチュア。

ミクスト メディア 〔mixed media〕 さまざまな素材を混合して絵画やオブジェを制作する現代アートの手法。混合素材。

ミクロ 〔micro〕 ①非常に小さいこと。微小。また、微視的であること。→マクロ ②⇨マイクロ

ミクロ経済学 家計・企業など個々の経済主体の行動およびそれらが相互に

調節される市場機構の働きを分析する経済学。価格の作用を重視し、資源配分と所得分配を細かく分析する。微視的経済学。→マクロ経済学

ミクロン〔フランス micron〕長さの単位。1mmの1000分の1。現在は、μm《マイクロメートル》を用いる。記号μ

ミサ〔ラテン missa〕①ローマ-カトリック教会で行う典礼。②ミサ曲。ミサ通常式文を作曲したもの。

ミサイル〔missile〕飛翔《ひしょう》爆弾。多くは誘導装置により、自動的に目標に向かう。誘導弾。

ミサンガ〔ポルトガル miçanga〕カラフルな刺繍《ししゅう》糸やビーズでつくった、手首・足首に巻きつけるひも状の輪。プロミス-リング。

ミサンドリー〔misandry〕男嫌い。→ミソジニー

ミシュラン ガイド〔Michelin Guide〕（フランス le Guide Michelin）ミシュラン社が出している旅行案内などのガイドブック。

ミシン ①布・革などを縫い合わせたり、刺繍《ししゅう》をしたりするための機械。②紙の切り取り線などにつける細かい穴の列。

ミス〔Miss〕①未婚の女性の姓や名の上に付ける敬称。②未婚の女性。③代表的な美人として選ばれた未婚女性。コンテストなどでの優勝者。

ミス〔miss〕失敗すること。やりそこなうこと。

ミス〔myth〕神話。作り話。

ミズ〔Ms.〕既婚・未婚を問わない女性の敬称。

ミスコン 未婚女性が容姿・特技・教養などを競う催し。▷ミス-コンテストの略称。

ミスター〔Mister; Mr.〕①男性の姓名につける敬称。②代表的な男性。名詞に冠して用いる。

ミスティック〔mystic〕①神秘的。②神秘主義的。

ミステリアス〔mysterious〕不思議なさま。謎を秘めたさま。神秘的。

ミステリー〔mystery〕①神秘的なこと。不可思議。なぞ。②怪奇・幻想小説を含む、広い意味での推理小説。

ミステリー サークル〔mystery circle〕畑や野原の稲や小麦などが、円形や幾何学模様に倒される現象。また、その模様。クロップ-サークル。コーン-サークル。

ミスト〔mist〕①霧。かすみ。もや。②スプレーで霧状にして用いる整髪料。

ミスト サウナ〔和　英mist＋フィンランド sauna〕温水をノズル(噴射管)で噴霧する方式のサウナ。

ミストレス〔mistress〕①主婦。女主人。②情婦。

ミスマッチ〔mismatch〕適合しないこと。不釣り合い。不似合い。案不釣り合い

ミスリード〔mislead〕①誤った方向に人を導くこと。②新聞・雑誌などで、見出しと記事の内容が著しく異なっていること。

ミセス〔Mrs.〕①既婚の女性の姓につける敬称。②既婚の女性。奥様。夫人。▷Mistressの略。

ミゼット〔midget〕超小型であること。

ミゼラブル〔フランス misérable〕哀れなようす。悲惨なさま。

ミソジニー〔misogyny〕女嫌い。→ミサンドリー

ミッキー〔mickey〕コンピューターのマウスの感度を示す単位。

ミックス〔mix〕①まぜあわせること。また、まぜあわせたもの。②種類・性質の異なるものを組み合わせて一つのものとすること。③テニス・卓球・バドミントンなどで、男女のペア。

ミックス フライ〔和mix＋fry〕複数種の揚げ物を盛り合わせた料理。

ミッション〔mission〕①任務。使命。②代表団。使節団。③キリスト教の宣教。伝道。また、そのために設けられた団体。④ミッション-スクールの略。⑤トランスミッションの略。変速装置。案使節団／使命

ミッション クリティカル〔mis-

sion-critical〕 間断なくサービスを提供するコンピューター-システムなどにおいて、高い信頼性や障害に対する耐性が求められること。

ミッション スクール 〔mission school〕 キリスト教団体が宣教を目的として設立したキリスト教主義の学校。ミッション。

ミッシング 〔missing〕 あるべきところにないこと。見つからないこと。欠けていること。

ミッシング リンク 〔missing link〕 進化において、生物の系統を鎖の環に見立て、その欠けた部分に想定される未発見の化石生物。

ミッド センチュリー 〔mid-century〕 1950年代前後にアメリカや北欧などで工業製品として大量生産された家具類やそのデザインのこと。

ミッドナイト 〔midnight〕 真夜中。深夜。

ミディ ⇨MIDI

ミディアム 〔medium〕 ①媒体。媒介物。②顔料を溶かす媒剤。メディウム。③霊媒。④程度や大きさが中間のもの。⑤ビーフ-ステーキの焼き方で、レアとウエル-ダンの中間のもの。

ミティゲーション 〔mitigation〕 開発を行う場合、環境への影響を最小限に抑えるために、代替となる処置を行うこと。

ミディ リング 〔midi ring〕 ⇨ファランジ-リング

ミトコンドリア 〔mitochondria〕 真核細胞内にあって、主に呼吸に関与する、棒状または粒状の細胞小器官。

ミドル 〔middle〕 ①中間。中級。②ボートの中央部にいる漕ぎ手。③中年。ミドル-エージ。

ミドルウエア 〔middleware〕 OSとアプリケーション-ソフトウエアの間に位置するソフトウエアの総称。

ミドル ネーム 〔middle name〕 欧米の人名で、ファースト-ネームとファミリー-ネームの間にある名。

ミトン 〔mitten〕 親指を別にして、残りの指が一つに入る手袋。

ミニ 〔mini〕 ①名詞、特に他の外来語に付いて、「小さい」「小形の」「小規模の」などの意を表す。②ミニスカートの略。膝上丈のスカート。

ミニアチュール 〔miniature〕 ⇨ミニチュア③

ミニ コミ 〔和 mini＋communication〕 少数者に対して情報を伝達すること。また、その伝達媒体。マス-コミに対していう。

ミニ シアター 〔和 mini＋theater〕 座席数が300以下の小規模映画館。

ミニチュア 〔miniature〕 ①小さいもの。小型のもの。②小型の模型。③小さな油彩画。細密画。微細画。ミニアチュール。

ミニパト 主に軽自動車を用いたパトロール-カー。

ミニマム 〔minimum〕 ①最小。最小限。最低限。②数学で、極小。極小値。→マキシマム

ミニマリスト 〔minimalist〕 ①ミニマリズムの建築家・美術家・音楽家など。→ミニマリズム ②身の回りの物を最小限にして暮らすことを信条とする人。

ミニマリズム 〔minimalism〕 建築・美術・音楽の分野で1960年代に現れた簡素な形式。装飾的要素を最小限に切り詰めたシンプルなフォルムや、小さな単位の反復を手法とする。

ミニマル 〔minimal〕 最小限であるさま。最低限であるさま。→ミニマリズム

ミニマル ライフ 〔和 minimal ＋ life〕 必要最小限のものしか持たない生活。→ミニマリスト

ミネストローネ 〔イタリア minestrone〕 イタリア料理の、実だくさんのスープ。トマト・ニンジン・タマネギなど多種の野菜のほか、米・パスタなどを加える。

ミネラル 〔mineral〕 ①鉱物。無機物。②栄養素の一。

ミネラル ウオーター 〔mineral water〕 ①無機塩類を多く含む水。②ミネラル分を調整した飲料水。

ミノ (料理用の)牛の第1胃。ガツ。

ミミガー 沖縄地方で、豚の耳皮の呼称。ゆでて酢味噌やピーナッツ-ソースな

どで食べる。

ミミック 【mimic】 ①動作・姿態・顔かたちなどに思想・感情を表現する技術。表情術。身振り。②物まね。

ミメーシス 【ギリシャ mimēsis】 ①(芸術における)模倣。模写。②隠蔽的擬態《いんぺいてきぎたい》。動物の擬態の一。無生物体や、捕食者の関心をひかないような他の動植物に似る場合をいう。▷ミメシスとも。

ミモザ 【mimosa】 ①マメ科の落葉高木、ギンヨウアカシアの通称。②マメ科オジギソウ属の学名。草本が多く、熱帯に産する。オジギソウなど。

ミモレット 【フランス mimolette】 硬質のナチュラル-チーズの一。オレンジ色の色素を使い、ダニを使って熟成させる。

ミュー 【mu; M・μ】 ①ギリシャ語アルファベットの第12字。②長さの単位。ミクロンを表す記号(μ)。③ミュー粒子の記号(μ)。④マイクロ(micro)の略号(μ)。

ミュージアム 【museum】 博物館。美術館。

ミュージカル 【musical】 ①第一次大戦後アメリカで独自の発達をとげた、音楽・舞踊・演劇を巧みに融合させた総合舞台芸術。ミュージカル-コメディー。②「音楽の」「音楽的な」などの意。

ミュージシャン 【musician】 (ポップス・ジャズの)音楽家。特に、演奏家。

ミュージシャンズ ミュージシャン 【musician's musician】 音楽家から高い評価を受けている音楽家。

ミュージック 【music】 音楽。

ミュージック コンクレート 【フランス musique concrète】 自然の音や人工の騒音を採取し、加工・構成して芸術作品として仕上げたもの。具体音楽。

ミューズ 【Muse】 ギリシャ神話で詩歌・音楽・学問・芸術などあらゆる知的活動を司る女神ムーサの英語名。

ミュータント 【mutant】 突然変異体。

ミュート 【mute】 弦楽器・金管楽器などで、音の振動を抑制したり音色を変化させたりするための器具。弱音器。

ミュール 【mule】 ①騾馬《らば》。②クロンプトンが発明した紡績機。

ミュール 【フランス mule】 かかとや甲を覆わない形状の靴。特に外出用の婦人靴をさす。▷原義は室内履きの意。

ミラー 【mirror】 鏡。

ミラー カーテン 【和mirror＋curtain】 部屋の中が外から見えにくいカーテン。布地を光沢加工することで光を反射する。

ミラージュ 【mirage】 蜃気楼《しんきろう》。幻影。

ミラーリング 【mirroring】 コンピューター内のデータを同時に別の記憶装置に書き込み、ハード-ディスクを二重化すること。ハード-ディスク障害によるデータ破壊を防ぐために用いる。

ミラクル 【miracle】 不思議なこと。驚くべきこと。奇跡。

ミリ 【フランス milli】 ①単位に冠して1000分の1の意を表す語。②ミリメートルの略。

ミリオネア 【millionaire】 百万長者。大金持ち。

ミリオン 【million】 100万。

ミリオン セラー 【million seller】 100万部(枚)以上売れた本またはレコード・コンパクト-ディスクなど。

ミリグラム 【フランス milligramme】 質量の単位の一。1グラムの1000分の1。記号mg

ミリタリー 【military】 「軍人の」「軍隊の」の意。

ミリバール 【millibar】 圧力の単位。1バールの1000分の1。1ヘクトパスカルに等しい。現在はヘクトパスカルを用いる。記号mb・mbar →バール

ミリリットル 【フランス millilitre】 体積の単位。1リットルの1000分の1。1cm^3に等しい。記号mL

ミル 【mil】 ヤード-ポンド法の長さの単位。1インチの1000分の1。

ミルキー 【milky】 「乳のような」「乳白色の」の意。

ミルキー ウエー 【Milky Way】 銀河。天の川。

ミルク【milk】①乳牛からしぼった乳。牛乳。②コンデンス-ミルクの略。牛乳を濃縮したもの。練乳。

ミルク フォーマー【milk foamer】牛乳の泡立て器。

ミルク フォーム【milk foam】蒸気で泡立てた牛乳。カプチーノなどに用いる。フォーム-ミルク。フォームド-ミルク。

ミルフィーユ【フランスmillefeuille】薄いパイを何層も重ねたパイ菓子。カスタード-クリームなどをはさむ。▷「千枚の葉」の意。

ミルワーム【mealworm】生き餌として販売する幼虫の総称。ミールワーム。

ミレニアム【millennium】①キリストが再臨して1000年間支配するという王国。千年王国。②1000年。1000年間。③1000年の区切りである西暦2000年。

ミレニアル世代 アメリカで、主に1980年代から90年代に生まれ、生まれ育った時から情報通信機器やサービスに慣れ親しんだ世代。ミレニアルズ。▷ミレニアルは「千年紀の」の意。

ミンク【mink】イタチ科の哺乳《ほにゅう》類、毛皮が柔らかく美しいので珍重され、捕獲・育種・繁殖されている。

ミングル【mingle】血縁関係や婚姻関係のない友人や知人関係にあって、住戸を共用して共同生活を営む人々、またはその住まい方。

ミンス【mince】(肉などを)細かく切り刻むこと。

ミンチ【mince】⇨メンチ

ミント【mint】薄荷《はっか》。

ム

ムース【moose】ヘラジカ。

ムース【フランスmousse】①泡立てた卵白や生クリームを加えて作る、ふんわりした料理や菓子。②泡状の化粧品。

ムーディー【moody】ムードのあるさま。▷英語では、不機嫌な意。

ムーディーズ【Moody's】アメリカの代表的な投資顧問会社、ムーディーズ-インベスターズ-サービス(Moody's Investors Service、Inc.)のこと。投資家向けに国や銀行・企業を対象とする財務格付けや発行債券の格付けを行う。

ムード【mood】①雰囲気。気分。情緒。風潮。②インド-ヨーロッパ語で、表現内容に対する話し手の心的態度を表す動詞の語形変化。直説法・命令法・接続法(仮定法)などに分かれる。

ムートン【フランスmouton】羊の毛皮。シープ-スキン。

ムービー【movie】映画。

ムーブ【move】動かすこと。移動させること。

ムーブメント【movement】①政治的・社会的な運動。②絵画・彫刻などで、動き。流動感。躍動感。ムーブマン。③音楽で、楽章。章。ムーブマン。

ムーラン ルージュ【Moulin Rouge】①パリにあるレビュー劇場。大きな赤い風車を屋根に飾りつけてある。②東京、新宿にあった軽演劇の劇団・劇場。▷フランス語で「赤い風車」の意。

ムーン【moon】月《つき》。

ムーンショット【moonshot】挑戦的で壮大な目標。▷月へのロケット発射の意。

ムーンストーン【moonstone】長石の一種。6月の誕生石。月長石《げっちょうせき》。

ムーン フェイズ【moon phase】①月の満ち欠け。月相《げっそう》。②機械式時計で文字盤に月相を表示する仕組み。またその表示。

ムエタイ【タイmuaythai】タイの格闘技。グローブを付け、パンチやキックなどによって相手を倒す。キック-ボクシングの原型。タイ式ボクシング。

ムコ多糖 アミノ糖を含む多糖類の総称。ヒアルロン酸・コンドロイチン硫酸など。ムコ多糖類。

ムスク【musk】ジャコウジカの雄の麝

香腺《じゃこうせん》分泌物を乾燥したもの。香料とするほか、漢方で強心・鎮痙《ちんけい》・解毒薬などに用いられる。

ムスリム【アラビアMuslim】 イスラム教徒。モスレム。

ムチン【mucin】粘素。粘液素。胃液や唾液などに含まれる粘液性の物質の総称。

ムック【mook】視覚的な雑誌と文字中心の書籍の中間であるような本。▷magazineとbookから。

ムッシュー【フランスmonsieur】①男性の姓名の前に付けて敬意を表す語。ミスター。②目上の男性や親しい男性に呼びかけるときに用いる語。

ムニエル【フランスmeunière】 魚に小麦粉をまぶしてバターで焼いた料理。ムニエール。

メ

メアド 俗に、メール-アドレスの略。

メイカー【maker】 ⇨メーカー

メイキング【making】 ⇨メーキング

メイク【make】 ⇨メーク

メイズ【maze】迷路。

メイド【maid】 ⇨メード

メイン【main】 ⇨メーン

メーカー【maker】①製造業者。特に、有名・大手の製造会社。②つくり出す人の意。「トラブル—」▷メイカーとも。

メーキング【making】①製作過程。また、それを記録したもの。②「つくること」「整えること」の意で、他の語に付いて複合語をつくる。

メーク【make】メークアップの略。化粧の意。メーキャップ。メイク。

メーザー【maser】(microwave amplification by stimulated emission of radiation)誘導放出を利用してマイクロ波を増幅する装置。雑音がきわめて小さい増幅器として原子時計・宇宙通信・電波望遠鏡などに利用。

メーター【meter】①メートル①に同じ。②自動式の計(量)器。電気・水道・ガスなどの自動計量器やタクシーの料金計など。

メーデー【Mayday】無線電話の国際救難信号。▷フランス語(Venez) m'aider「助けて」から。

メー デー【May Day】①5月1日、国際的に行われる労働者の祭典。メイ-デー。②欧州文化圏に伝統的な春の訪れを祝う祭。5月祭。

メード【maid】①女中。お手伝いさん。②ホテルの客室係の女性。▷メイドとも。

メード カフェ【和 英maid＋フランスcafé】メード姿の女性店員による給仕を呼び物にする喫茶店。

メートル【フランスmètre】①メートル法・SIの長さの基本単位。光が真空中を、1秒の2億9979万2458分の1の時間に進む長さを1メートルとする。記号m ②メーター②に同じ。

メープル【maple】カエデ。モミジ。

メープル シロップ【maple syrup】サトウカエデの樹液を煮つめた濃厚な糖蜜。食卓用・製菓用。

メーラー【mailer】電子メールを送受信したり、管理するためのアプリケーション-ソフトウエア。メール-ソフト。

メーリング リスト【mailing list】特定のグループに属する人々に対し、電子メールを同時に送信する仕組み。ML。

メール【mail】①郵便。郵便物。②コンピューター通信ネットワーク上で、個人間で、文字情報・プログラム・データなどを転送する手段。E-mail。電子メール。

メール【フランスmer】海。

メール アドレス【mail address】電子メールを送受信するための宛て先。メアド。メルアド。

メール フォーム【mail form】ウェブ-サイトで、閲覧者がテキスト-ボックスなどに書き込んだ情報を、運営者あてに電子メールで送信するための仕組み。

メールボックス【mailbox】 電子メールのメッセージを格納するため、そのネットワーク上のコンピューター内に設け

たファイル。

メール ボム 【mail bomb】 嫌がらせを目的として、特定の個人や組織に大量の電子メールを送りつけること。→スパム-メール

メール マガジン 【和mail＋magazine】 電子メールで配信される雑誌的な読み物。メルマガ。

メーン 【main】 ①主要なことがら。中心。②主要な、主な、の意。▷メインとも。

メーン バンク 【和main＋bank】 複数の取引銀行の中で、最大の取引関係をもつ銀行のこと。主力銀行。

メーン フレーム 【main frame】 大型コンピューターの、周辺装置・端末装置を除いた本体部分。

メカ メカニズムの略。

メガ 【mega】 ①単位に冠してその10^6すなわち100万倍の意を表す語。記号M ②非常に規模の大きいこと。巨大。▷「大きい」意のギリシャ語から。

メガ ソーラー 【和 mega-＋solar】 大規模な太陽光発電施設。

メガ トレンド 【mega-trend】 大きな時代の趨勢《すうせい》。時代の最先端を強調していう言葉。

メカトロニクス 機械工学と電子工学を統合した学問分野。▷メカニクスとエレクトロニクスの合成。

メカニカル 【mechanical】 動きなどが機械のようであるさま。機械に関するさま。機械的。メカニック。

メカニズム 【mechanism】 ①機械の装置。仕掛け。メカ。②物事の仕組み。組織。機構。

メカニック 【mechanic】 ①機械工。特に、自動車整備工。②メカニカルに同じ。

メガバイト 【megabyte】 情報量の単位。100万バイト。→バイト

メガバンク 【megabank】 持ち株会社方式などを用い銀行・証券・保険など幅広い金融業務を行う巨大総合金融会社。

メガ ファーマ 巨大製薬会社。▷メガ-ファーマシーの略。

メガ フロート 【mega-float】 面積が十数haを超える大規模な浮遊式の海洋構造物。

メガロポリス 【megalopolis】 ①紀元前370年頃に勃興した、古代ギリシャの都市。②大都市圏が連接して人口が集中し、経済・社会・文化・情報などの機能が相互に一体化した巨大な都市圏。▷メガポリスとも。

メガロマニア 【megalomania】 誇大妄想。またその人。

メサイア 【Messiah】 ①メシアに同じ。②ヘンデル作曲のオラトリオ。「ハレルヤ-コーラス」が有名。

メザニン 【mezzanine】 ①アメリカなどの劇場で、中二階桟敷の最も前の部分。イギリスの劇場で、舞台下。②中二階。

メシア 【Messiah】 ①旧約聖書で出現を待望された救世主。②キリスト教で救世主としてのイエスに用いる敬称。メサイア。

メジアン 【median】 資料のすべてをその値の大きさの順に並べたとき、中央にくる数値。中位数。中央値。メディアン。

メジャー 【major】 ①大きなこと。一流であること。また、そのさま。→マイナー ②よく知られているさま。有名であるさま。③長調。長音階。長旋法。→マイナー ④(the Majors)国際的な市場支配力を有する巨大会社。特に、国際石油資本や巨大多国籍穀物商社をいう。メジャーズ。⑤メジャー-リーグの略。

メジャー 【measure】 ①定量。計量。②ものさし。巻き尺。③基準。尺度。

メジャー リーグ 【major league】 アメリカのプロ野球で、最上位の連盟。大リーグ。ビッグ-リーグ。

メス 【オランダmes】 手術や解剖に用いる鋭利な小刀。

メセナ 【フランスmécénat】 企業が文化・芸術活動に対し後援・資金支援を行うこと。

メソッド 【method】 ①方法。方式。②オブジェクト指向プログラミングにおい

て、オブジェクトに対する操作を定義した手続き。▷メソードとも。

メゾネット【maisonette】①各住戸が複数階にまたがる形式の共同住宅。②ホテルの客室タイプの一。上下2層の部屋が螺旋《らせん》階段などでつながっている客室。

メゾン【フランス maison】 家。住居。住宅。▷集合住宅の名称などに用いられる。

メタ【meta】「間に」「超えて」「高次の」などの意。

メタ アナリシス【meta-analysis】独立した複数の研究で得られたデータを収集・統合して、統計的な解析を行うこと。臨床研究などで行われる。メタ分析。メタ解析。

メタデータ【metadata】 データの意味について記述したデータ。→メタ

メタノール【ドイツ Methanol】最も簡単なアルコール。可燃性液体で有毒。燃料・溶剤・有機合成の原料として用いる。メチルアルコール。カビノール。

メタファー【metaphor】隠喩《いんゆ》。

メタフィジカル【metaphysical】形而上学的なさま。形而上の。

メタボ ①⇨メタボリック-シンドローム ②俗に、太っていること。

メタボリック シンドローム【metabolic syndrome】肥満・高血糖・高中性脂肪血症・高コレステロール血症・高血圧の危険因子が重なった状態。メタボリック症候群。メタボ。▷代謝症候群の意。

メタモルフォーゼ【ドイツ Metamorphose】変身。変形。

メタリック【metallic】金属的であるさま。金属的な光沢があるさま。金属でできているさま。

メタル【metal】金属。多く他の語に付いて、複合語をつくる。

メダル【medal】金属製の記章。多くは円形で浮き彫りなどの細工を施す。賞牌・記念として贈られる。

メタン【英 methane; ドイツ Methan】最も簡単な飽和炭化水素で天然ガスの主成分。点火すると青い炎を出して燃える。沼や湿地土中で有機物の腐敗・発酵によっても発生。メタン-ガス。

メタン ハイドレート【methane hydrate】天然ガスの主成分であるメタンが低温高圧下で水に溶け込み、シャーベット状になったもの。天然ガス資源として有望視されている。

メタンフェタミン【methamphetamine】覚醒剤の一。疲労感の減少、多幸感が得られる。商標名ヒロポン。

メチエ【フランス métier】 ①職業。②技能。また、画家・文筆家などのもつ専門的な表現技巧・方法・流儀。

メチオニン【methionine】ヒトの必須アミノ酸の一。硫黄を含む。タンパク質の構成成分。栄養剤、肝臓疾患や中毒症の治療薬。

メチル【ドイツ Methyl】①最も簡単なアルキル基。メチル基。②メチルアルコールの略。

メチルアルコール【ドイツ Methylalkohol】 ⇨メタノール

メチル水銀 有機水銀化合物の一。一般には塩化メチル水銀をいう。無色揮発性の液体。水俣病の原因物質で、強い神経毒性を示す。

メッカ【Mecca】①サウジアラビアの中西部、ヘジャズ地方の宗教都市。ムハンマドの出生地。イスラム教第一の聖地。マッカ。②転じて、ある分野の中心地や発祥地。また、あこがれの地。

メッシュ【フランス mèche】毛髪の一部を染めること。▷原義は「髪の房」。

メッシュ【mesh】 ①網目。網目織り。②篩《ふるい》の目の大きさを表す単位。また、粒体および粉体の粒の大きさを表す語。

メッセ【ドイツ Messe】見本市。▷大規模な展示場・会議場の名称などに用いられる。

メッセージ【message】①伝言。ことづて。②伝えたいこと。訴えたいこと。③アメリカ大統領が議会に送る教書。④言語や記号によって伝えられる情報内容。⑤オブジェクト指向プログラミングやアクター-モデルにおいて、オブジェク

ト等のエンティティー(実体)との通信に用いられる指示。

メッセンジャー [messenger] 依頼を受けて品物・伝言を送り届ける者。使い。

メディア [media] ①手段。方法。媒体。特に、新聞・テレビ・ラジオなどの情報媒体。②情報を保存する外部記憶装置の媒体。磁気ディスクなど。③情報を頒布する手段。

メディア スクラム [media scrum] 社会的関心の高い事件などに対する報道機関の取材行動によって引き起こされる被害のこと。報道被害。集団的過熱取材。

メディア ミックス [media mix] 効果をより高めるために、出版・放送など複数のメディアを組み合わせて広告活動を行うこと。

メディア リテラシー [media literacy] メディアを利用する技術や、メディアが伝える内容を分析する能力のこと。

メディエーション [mediation] 調停。仲介。

メディエーター [mediator] 仲介者。

メディカル [medical] 「医療の」「医学の」「医療用の」などの意。

メディカル チェック [medical checkup] 運動時における不慮の事故を防止するために行われる医学的診断のこと。案医学的検査

メディカル ツーリズム [medical tourism] 他国に出向いて、最先端の医療を安価に受けることができる旅行企画。医療観光。医療ツーリズム。

メディケア [Medicare] アメリカ・カナダの65歳以上の高齢者や身体障害者などに対する政府の医療保険制度。

メディシン [medicine] ①薬剤。薬。②医学。医療。▷メディスンとも。

メディテーション [meditation] 瞑想。黙想。

メテオ [meteor] 隕石《いんせき》。流星。

メドック [Médoc] フランス南西部、ジロンド川の西岸地方。赤ワインの産地。また、そこで産するワイン。

メトリック [ドイツ Metrik] ①詩の韻律について研究する学問。②音楽の拍節を示す方法。拍節法。

メドレー [medley] ①いくつかの曲をつないで続けて演奏すること。また、その曲。②メドレー-リレーの略。陸上競技で、4人の走者が異なる距離を走るリレー。また、競泳で、4人の泳者が背泳・平泳ぎ・バタフライ・自由形の順序で泳ぐリレー競泳。

メトロ [フランス métro] (パリの)地下鉄。

メトロノーム [ドイツ Metronom] 音楽のテンポを示す器具。

メトロポリス [metropolis] ①首府。首都。②大都市。巨大都市。

メトロポリタン [metropolitan] ①大都市の。首都の。②都会人。

メニエール病 悪心・嘔吐・めまい・耳鳴り・難聴が発作的に起き反復する慢性の内耳疾患。内耳の血行障害や自律神経障害などにより起こる。メニエール症候群。

メニュー [フランス menu] ①献立表。②コンピューターがディスプレー装置の画面上に表示する操作手順の一覧表。

メニュー バー [menu bar] コンピューターのメニューを並べたエリア。

メヌエット [ドイツ Menuett] 4分の3拍子の優雅な舞曲。ミニュエット。

メビバイト [mebibyte] コンピューターの情報量を示す単位。1024(=2の10乗)キビバイトで、1048576(=2の20乗)バイトにあたる。記号MiB ▷mega binary byteから。

メモ [memo] 手控え。覚え書き。▷メモランダム(memorandum)の略。

メモラビリア [memorabilia] 記憶すべき出来事・事柄・品物のこと。特に、スポーツや音楽などの分野で、コレクションの対象となるような記念品。

メモランダム [memorandum] 覚え書き。備忘録。メモ。

メモリアル [memorial] 故人や出来事を記念するもの。

メモリー [memory] ①記憶。思い出。記念。②コンピューターの記憶装

置。

メモリー カード【memory card】半導体メモリーのチップをカード状のケースに収めたもの。

メラトニン【melatonin】脳の松果体から分泌されるホルモン。成熟を抑制する。松果体内・血中・尿中の濃度は、夜高く、昼低い概日リズムを示す。▷睡眠のリズムを調節していると考えられている。

メラニン【melanin】種々の動物の組織内にある褐色ないし黒色の色素。一般にフェノール化合物、特にチロシンから黒色素胞およびメラノサイトの中で生合成され、その量により毛髪や皮膚および目の網膜の色が決まる。

メラノーマ【melanoma】メラノサイトから生じる悪性腫瘍《しゅよう》。足の裏や爪《つめ》の下、顔などに好発し、ほくろのようなものが急に大きくなる。転移が早く、皮膚癌《がん》にくらべ予後が悪い。悪性黒色腫。

メラミン【melamine】尿素とアンモニアを加熱して得られる無色柱状結晶。昇華性がある。メラミン樹脂の原料。

メランコリア【melancholia】⇨メランコリー

メランコリー【melancholy】憂鬱《ゆううつ》症。また、憂鬱。メランコリア。

メランコリック【melancholic】憂鬱《ゆううつ》なさま。

メリー【merry】陽気なさま。快活なさま。

メリケン ①アメリカ。アメリカ合衆国。②アメリカ人。③げんこつでなぐること。げんこつ。▷アメリカン(American)の転。

メリット【merit】①功績。手柄。②ある物事を行なって生じる利益。得るもの。→デメリット

メリヤス【スペイン medias; ポルトガル meias】1本の糸で、平面または筒状に編んだ布地。伸縮性に富む。▷靴下の意。

メルアド メール-アドレスの略。→メール-アドレス

メルクマール【ドイツ Merkmal】一定の内容を表す印となるもの。目印。記号。指標。

メルコスール ⇨Mercosur

メルシー【フランス merci】ありがとう。

メルティング ポット【melting pot】るつぼ。多数の民族・文化が溶けあって新しい社会を形成しているアメリカ社会をたとえていう語。

メルト【melt】溶けること。また、溶かすこと。

メルトダウン【meltdown】冷却材の流出などにより炉心が高温になって核燃料が溶ける現象。原子炉事故で最も危険。炉心溶融。

メル友(とも)「メール友達」の略。電子メールを媒介とした友人関係。

メルトン【melton】紡毛糸を平織りまたは綾織りにしたのち、縮絨《しゅくじゅう》して毛羽でおおった織物。コート・ジャケットなどに用いる。

メルヘン【ドイツ Märchen】おとぎばなし。童話。

メルマガ メール-マガジンの略。→メール-マガジン

メレンゲ【フランス meringue】卵白を固く泡立てて、砂糖を加えたもの。洋菓子の飾りなどに用いる。

メロー【mellow】なめらかで甘美なさま。豊潤なさま。▷メロウとも。

メロス【ギリシャ melos】歌。旋律。

メロディー【melody】旋律。音楽の節《ふし》。

メロドラマ【melodrama】恋愛をテーマとした、感傷的・通俗的なドラマ。

メンション【mention】ツイッターやラインなどで、読んでもらいたい相手のアカウント名が記入してある書き込み。▷言及の意。

メンス【ドイツ Menstruation】月経《げっけい》。

メンズ【men's】他の語に付いて、男性用の、男の、の意の複合語をつくる。

メンソール【menthol】⇨メントール

メンター【mentor】良き指導者。優れた助言者。恩師。▷「オデュッセイア」の登場人物(Mentor)の名から。

メンタリティー【mentality】心のあり方。精神のもち方。心性。精神性。

メンタル【mental】精神に関するさま。心理的。

メンタル ヘルス【mental health】精神衛生。精神の健康促進をはかったり、精神障害の予防や治療をはかったりする活動および研究。案心の健康

メンチ【mince】細かく刻んだ肉。ひき肉。ミンチ。

メンツ【面子】①体面。②麻雀《マージャン》で、3つで一揃いとなるパイの組み合わせ。③(麻雀の)メンバー。▷中国語。

メンテ ⇨メンテナンス

メンテナンス【maintenance】維持。整備。保守。管理。

メントール【ドイツ Menthol】テルペン系のアルコールの一。香料、医薬などに用いる。メンソール。

メンバー【member】①団体の構成員。会員。②顔ぶれ。

メンバーシップ【membership】団体の構成員であること。また、その地位・資格。

モ

モア【moa】ダチョウ目モア科の鳥の総称。絶滅した走鳥類。恐鳥。

モアイ【moai】南太平洋、イースター島にある巨大な石像遺跡。

モアレ【フランス moiré】①見る方向により木目の模様の表れる織物。また、その加工。②細かな点や線を重ね合わせたときに新たに生じる斑紋《はんもん》。多色印刷などで起こる。

モイスチャー【moisture】湿気。しめりけ。水分。

モーグル スキー【mogul skiing】フリースタイル-スキーの一種目。凹凸の多い急斜面を滑り降り、途中にある台からジャンプし空中演技を行うもの。

モーゲージ【mortgage】抵当。抵当権。モアゲージ。

モーション【motion】動き。動作。

モーション キャプチャー【motion capture】人間や他の動物の体にセンサーを取りつけ、動きをコンピューターに取り込むための技術。MC。

モーター【motor】①電気エネルギーを回転などの機械エネルギーに変える装置。電動機。②原動機。発動機。③自動車。

モーターバイク【motorbike】小型のガソリン-エンジンを取り付けた自転車。原動機付き自転車。モーターサイクル。バイク。

モーター プール【motor pool】(営業用の)駐車場。▷主に関西でいう。

モータウン サウンド【Motown Sound】デトロイトのモータウン-レコード社が世界的に流行させたポップな黒人音楽。

モータリゼーション【motorization】自動車が生活必需品として普及する現象。自動車の大衆化。案車社会化

モーダル シフト【modal shift】交通・輸送手段を変えること。

モーテル【motel】①自動車旅行者用の簡易ホテル。②(特に日本で)自動車で乗りつける構造の連れ込み旅館。

モード【mode】①(ファッションの)流行。②様式。形式。方法。③旋法。調。音階。④統計資料で、最頻値。並数《なみすう》。

モーニング【morning】①朝。②モーニング-コートの略。③モーニング-サービスの略。

モーニング コート【morning coat】男性の礼服の一。元来は昼の略礼服。後部が垂れた黒の上衣と共布のチョッキにたて縞のズボンからなる。

モーニング コール【morning call】朝の指定された時刻に人を起こすために電話をかけること。また、その電話。

モーニング サービス【和 morning ＋service】喫茶店などで朝の時間帯に、飲み物に軽食などを加えて割安に供する特定のメニュー。

モービル【mobile】⇨モビール

モーフィング【morphing】コンピューター-グラフィックスで、ある物体が別の物体に変形してゆくさまを表す一連の効果・手法。

モーメント【moment】①非常に短

い時間。瞬間。②きっかけ。要因。契機。③ある点または軸のまわりに運動を引き起こす能力のこと。また、定点に関するある量の効果を示すために、定点からその量までの距離をその量に掛けたもの。▷モメントとも。

モーラ〔ラテン mora〕①ラテン語で、等時間のリズムを捉える単位。モラ。②日本語などにおける音韻論上の単位。日本語では、仮名1文字が1モーラになる。拍。

モール〔mall〕①並木やベンチなどのある遊歩道。②⇨ショッピング-モール

モール〔maul〕ラグビーで、ボールを持ったプレーヤーの周りに両チームのプレーヤーが集まり、立ったまま体を密着させている状態。

モール〔ポルトガル mogol〕①緞子《どんす》に似た浮き織りの織物。モール織り。②金・銀あるいは色糸をからませた飾り撚《よ》りの糸。モール糸。③針金に色糸・ビニールなどを撚りつけたもの。クリスマスの飾りや手芸などに用いる。

モールディング〔molding〕建物や家具につけられる帯状の装飾。繰形《くりかた》。

モカ〔Mocha〕イエメンおよびエチオピアで産するコーヒー豆の銘柄。芳醇な香りと酸味が特徴。

モカシン〔moccasin〕1枚の革で底から側面・爪先を包み、甲部分にU字型の革をあてて革紐でつないだ靴。

モキュメンタリー〔mockumentary〕架空の事実を取り扱いながら、ドキュメンタリーの手法を用いることで、さも事実であるかのように表現した映像作品。また、その手法。モックメンタリー。フェイク-ドキュメンタリー。

モザイク〔mosaic〕①貝殻・ガラス・石などの小断片を並べて模様を表した飾り。②映像の解像度を落とし、粗いブロックの集まりに置き換えたもの。被写体の詳細を隠す場合などに用いる。

モジュール〔module〕①(工業製品などで)組み換えを容易にする規格化された構成単位。②建造物などを作る際の基準とする寸法。また、その寸法の集合。③歯車の歯の大きさを表す値。④ソフトウエアやハードウエアを構成する部分のうち、独立性が高く、追加や交換が容易にできるように設計された部品。▷尺度の意。

モジュラー〔modular〕基準寸法にしたがってつくられていること。→モジュール

モジュラー ジャック〔modular jack〕電話機やモデムなどのコードを電話回線に接続するコネクター。

モス モスリンの略。

モス〔moss〕苔《こけ》。

モスキート〔mosquito〕蚊。

モスク〔mosque〕イスラム教の礼拝所。ミナレットという塔を備える。

モス グリーン〔moss green〕苔《こけ》のようなくすんだ黄緑色。

モスリン〔フランス mousseline〕薄く柔らかい平織りの梳毛《そもう》織物。メリンス。モス。唐縮緬《とうちりめん》。

モダニズム〔modernism〕①現代の流行・感覚に合わせようとする傾向。新しがり。現代風。②一般に芸術分野で、伝統主義に対立して現代的な感覚で表現しようとする傾向。現代主義。近代主義。③特に、大正末期から昭和初期にかけての、新感覚派・新興芸術派など一連の文学・芸術運動の総称。

モダリティ〔modality〕①文によって表された客体的な事態に対する話し手の判断や認識。またはそれを表すための文法的範疇《はんちゅう》。日本語では「だろう」「かもしれない」、英語ではmay, can, mustなどによって表される。②外交などでの手続き。また貿易交渉などで、各国に共通に適用される取り決め。

モダン〔modern〕現代的であるさま。近代的であるさま。モダーン。

モダン ジャズ〔modern jazz〕1940年代に起こったバップ以降現代に至るまでに現れたジャズの総称。

モチーフ〔フランス motif〕①小説・音楽・絵画などの中心的な題材。②音楽で、ある表現性をもつ旋律の断片、または音型。③模様の構成単位。▷モティー

フとも。

モチベーション【motivation】①行動へ駆り立て、目標へ向かわせるような内的過程。動機付け。②物事を行うための動機や意欲となるもの。[案]動機付け

モック アップ【mock-up】 実物と同じ大きさにつくった模型。原寸模型。

モッズ【Mods】1960年代前半のイギリスで、イタリア風のファッションや、アメリカの黒人音楽を愛好した若者たちの呼称。▷ modernの短縮形。

モッツァレラ【イタリア mozzarella】 イタリア中南部でつくられる軟質のフレッシューチーズ。

モットー【motto】ふだん行動するうえで、心がけている事柄。また、それを表した言葉。標語。

モップ【mop】長い柄の先に雑巾をつけた掃除道具。

モディファイ【modify】 一部を変更すること。

モディフィケーション【modification】①変化をつけること。②部分的な変更・修正。

モデム【modem】コンピューターの信号と電話回線などの信号を相互に変換する装置。

モデラート【イタリア moderato】 楽曲の速度標語の一。中ぐらいの速さ。

モデリング【modeling】①設計案に基づき模型を製作すること。②塑像や絵画に立体感を現すこと。③他人の行動を観察することによって、その行動様式を学習すること。観察学習。

モデル【model】①自動車や機械などの型式《かたしき》。②模型。③商品や事柄の標準となるもの。模範。手本。見本。④画家・彫刻家・写真家などが、製作のとき対象として使う人物。⑤小説・戯曲などに描かれる人物の素材になった実在の人。⑥ファッション-モデルの略。ファッション-ショーなどで、衣装を着て見せることを職業とする人。⑦問題とする事象(対象や諸関係)を模倣し、類比・単純化したもの。また、事象の構造を抽象して論理的に形式化したもの。模型。

モデレーター【moderator】①調停者。仲裁者。②原子炉において核反応により放出される中性子の速度を落とし、燃料に吸収されやすくするために用いるものをいう。水(軽水)・重水・炭素(グラファイト)など。減速材。

モトクロス【motocross】山林や原野に設定された悪路・急坂を走り、タイムを競うオートバイ-レース。

モニター【monitor】①放送・新聞の内容や商品の性能などについて意見や感想を述べる人。②放送する映像や音声の状態を監視すること。また、そのための装置。③機械などの作動状態を監視すること。また、それを行う人や装置。④コンピューターに接続される表示装置。

モニタリング【monitoring】①状態を監視すること。②状態を把握するために観測や測定を行うこと。③製品・サービスについての感想や評価を調べること。[案]継続監視

モニタリング ポスト【monitoring post】原子力発電所の放射能漏れを監視するために、大気中の放射線量を常時測定する装置。

モニュメント【monument】①ある事件・人物などの記念として建てられる建造物。記念碑・記念像など。②一時期を画するような作品や業績。

モノ【mono】 ギリシャ語で、単一の意。

モノカルチャー【monoculture】①一種の作物だけを栽培する農業。②単一または少数の一次産品に依存する経済構造。

モノキニ【monokini】後ろから見るとビキニに見えるような、女性用水着。ビキニのトップスとボトムが、身体の前方で繋がった形状。

モノグラム【monogram】氏名の頭文字など二つ以上の文字を組み合わせて図案化したもの。商標・マーク・作品の署名などに用いる。組み字。

モノクロ モノクロームの略。

モノクローム【monochrome】①1

色だけで描かれた絵画。単色画。単彩画。②画面が黒と白の写真や映画。→カラー

モノコック【monocoque】自動車などで、車体とフレームが一体構造であること。単体構造。

モノトーン【monotone】①単調。一本調子。②1色の濃淡・明暗だけで表現すること。

モノポリー【monopoly】①独占。専売。②独占権。専売権。③経済活動を模倣したボード-ゲーム。

モノマー【monomer】重合体を構成する基本単位物質。ポリエチレンにおけるエチレンなど。単量体。

モノマニア【monomania】一つのことに異常な執着をもち、常軌を逸した行動をする人。偏執狂《へんしゅうきょう》。偏狂。

モノラル【monaural】音を単一系統で録音、または再生する方式。モノーラル。→ステレオ

モノリシック【monolithic】一体化していること。

モノレール【monorail】軌道が1本の鉄道。単軌鉄道。

モノローグ【monologue】①劇や小説で、独白《どくはく》。②登場人物が一人だけの芝居。→ダイアローグ

モバイラー【和mobile＋-er】モバイル-コンピューティングをする人。

モバイル【mobile】①可動性の。移動式の。②⇨モバイル-コンピューティング ③⇨モビール

モバイル コンピューティング【mobile computing】携帯型のコンピューターと携帯電話等を組み合わせ、場所を限定せずにネットワークにアクセスすること。また、その環境。

モバイル バッテリー【mobile battery】充電池を内蔵する小型電源。モバイル電源。

モバイル バンキング【mobile banking】銀行のサービスを、携帯情報端末を通じて受けられるシステム。

モバイル ワーク【mobile work】情報通信技術によって実現する、場所・時間に縛られない働き方。

モビール【mobile】①何個かの金属板などを針金でつるし、各部分がバランスを保ちつつ微妙に動くように構成した芸術作品や室内装飾。②「動くもの」の意。▷モービルとも。

モヒカン刈り 頭部中央の前から後ろへ一直線に髪を残し、両脇を剃り落とす髪形。▷モヒカン(Mohican)はネーティブ-アメリカンの一族。

モビリティ【mobility】(場所・階層・職業などの)可動性。移動性。案移動性

モブ【mob】群衆。暴徒。モッブとも。

モヘア【mohair】アンゴラヤギの毛。また、それでつくった毛織物。

モメンタム【momentum】①勢い。方向性。試合の流れや、株価の変動など。②物体の質量と速度の積で表される運動量。

モラール【morale】やる気。士気。勤労意欲。作業意欲。

モラトリアム【moratorium】①非常時に、法令により金銭債務の支払いを一定期間猶予すること。支払い猶予。②知的・肉体的には一人前に達していながら、なお社会人としての義務と責任の遂行を猶予されている期間。また、そういう心理状態にとどまっている期間。猶予期間。③実行・実施の猶予または停止。多く、核実験や原子力発電所設置についていう。一時的停止。案猶予

モラハラ ⇨モラル-ハラスメント

モラリスト【英moralist;フランスmoraliste】①道徳的な人。真面目な人。道徳家。②16～18世紀のフランスで、人間性と道徳に関する思索を随想風に書き記した一群の人々。モンテーニュ・パスカルなど。③②の伝統を受け継ぎ、人間観察と心理分析に重きをおく作家。

モラル【moral】道徳。倫理。人生・社会に対する精神的態度。

モラル ハザード【moral hazard】①保険加入者が果たすべき注意を怠ったり、故意に事故を起こしたりするような危険。道徳的危険。②金融機

関や預金者、企業が節度を失った利益追求に走るような責任感や倫理性の欠けた状態。倫理の欠如。[案]倫理崩壊

モラル ハラスメント【moral harassment】言葉や態度による、精神的な嫌がらせ・暴力・虐待。モラハラ。

モリブデン【ドイツ Molybdän】6族(クロム族)に属する遷移元素の一。元素記号Mo　原子番号42。原子量95.94。植物の窒素同化に必要であるほか、いくつかの酸化還元酵素の触媒作用に必要であるなど、生体にとって重要。耐熱材料や鋼に加えて特殊鋼製造に用いる。

モル【ドイツ Mol】①SI(国際単位系)の物質量の基本単位。6.02214076×10^{23}の要素粒子量。アボガドロ定数により導き出される。単位mol　②モル濃度。溶液の濃度の表示法の一。溶液1L中に溶けている溶質の物質量(モル)で表す。単位はmol/L　▷①は2018年11月改定され、2019年5月から導入された。

モルタル【mortar】①セメントまたは石灰に砂を混ぜて水で練ったもの。②電子商取引で、実際の店舗のこと。

モルト【malt】①麦芽。②麦芽を原料とするウイスキーの原酒。

モルヒネ【オランダ morfine】阿片に含まれるアルカロイドで麻薬の一。鎮痛・鎮静薬として種々の原因による疼痛《とうつう》に有効。習慣性が著しく、法律により使用が制限されている。モルフィン。モヒ。

モルモット【オランダ marmot】①テンジクネズミの異名。②実験台として他人に利用される人。▷①が実験動物として多く用いられることから。

モロヘイヤ【アラビア mulūkhiyya】中東、アフリカ原産の野菜。葉はゆでると独特の粘りを生ずる。ビタミン・カルシウムなどのミネラル類を多く含む。

モンキー【monkey】①猿。②モンキー-レンチの略。ボルトやナットの大きさに合わせて口幅を調節できるレンチ。モンキー-スパナ。

モンゴロイド【Mongoloid】黄色《おうしょく》人種。

モンスーン【monsoon】①アラビア海(インド洋北西部)にみられる半年交代で吹く風。②夏季の南西風がもたらす、南アジア・東南アジアの雨季。また、その雨。③季節風。

モンスター【monster】怪物。化け物。

モンスター ペアレント【和monster＋parent】学校の教師に対して、理不尽な要求や苦情を突きつける親のこと。モンスター親。モンペ。

モンスター ペイシェント【和monster＋patient】医療機関や医療従事者に対して、理不尽な要求や苦情を突きつけたり、暴力をふるうような患者またはその家族など。

モンタージュ【フランス montage】①映像の組み合わせ方により意味を表現すること。また、その技法。②写真を合成すること。または合成された写真。合成写真。

ヤ

ヤーコン【yacon】アンデス地方原産のキク科の根菜。根茎は食用。フラクト-オリゴ糖を豊富に含む。

ヤード【yard】ヤード-ポンド法の長さの単位。1ヤードは3フィート。91.44cm。記号yd　ヤール。

ヤード【yard】①庭。裏庭。②仕事場。置き場。(自動車などの)解体場。

ヤッケ【ドイツ Jacke】フードつきの防風・防水・防寒用の上着。ウインドヤッケ。

ヤハウェ【Yahweh】旧約聖書の神の名。ヤーウェ。エホバ。

ヤンキー【Yankee】①アメリカ人。②不良少年少女。ツッパリ。

ヤング【young】①若いこと。また、若者。②「若い」の意で複合語をつくる。

ヤング レディース【和young＋ladies】①若い女性のこと。②特に、若い女性を対象にしたレディース-コミック。→レディース-コミック

ヤンママ 若い母親のこと。特に、若くして結婚・出産・育児を経験している元不良(ヤンキー)の女性をさすことが多い。

ユ

ユーカリ 〔ラテン Eucalyptus〕 フトモモ科の常緑高木。葉はコアラの食糧となり、ユーカリ油をとる。 材は建築・土木・船舶材などに用いる。

ユークリッド幾何学 古代ギリシャの数学者ユークリッド(Euclid)の「ストイケイア(幾何学原本)」の体系に基づく幾何学。

ユーザー 〔user〕 (メーカーに対して)商品を買う人。商品を使う人。使用者。

ユーザー アカウント 〔user account〕 コンピューター-ネットワークのセキュリティーの確保などを目的としたユーザーの識別情報。

ユーザー インターフェース 〔user interface〕 コンピューターとそれを使う人間の間にあって、人間の指示をコンピューターに伝えたり、コンピューターからの出力結果を人間に伝えるためのソフトウエアやハードウエアの総称。ユーザ-インターフェース。

ユーザー エクスペリエンス 〔user experience〕 製品やサービスの全体的な利用体験。ユーザー体験。UX。

ユーザー車検 専門業者に依頼せず、ユーザー自らが点検・整備して受ける車検。

ユーザビリティ 〔usability〕 有用性。使いやすさ。

ユーザンス 〔usance〕 ①支払い期限。また、支払い期限があること。②期限付き手形の手形満期日までの期間。③一定期間、支払いが猶予されること。

ユース 〔youth〕 若者。青年。

ユース オリンピック 〔Youth Olympic Games〕 ⇨ユース五輪

ユース五輪 〔Youth Olympic Games〕 国際オリンピック委員会(IOC)が主催する、14歳から18歳を対象とする国際スポーツ競技大会。4年に1度開催する。ユース-オリンピック。

ユース ホステル 〔youth hostel〕 青少年の健全な旅行の拠点として設けられた、安価で健康的な宿泊施設。ユース。YH。

ユーチューバー 〔YouTuber〕 動画共有サイトのユーチューブで、独自制作の動画を公開する人。また、それにより広告収入を得ることを生業とする人。→ユーチューブ

ユーチューブ 〔YouTube〕 ユーチューブ社が提供するインターネット上の動画共有サービス。商標名。

ユーティリティー 〔utility〕 ①有用性。②データ処理やコンピューターの運用を支援する、単独で使用可能なプログラム。ユーティリティー-プログラム。

ユーティリティー ルーム 〔utility room〕 住宅で、洗濯・アイロンがけなどの家事作業を行うための諸設備を設けた部屋。また、病院の汚物処理作業室など。

ユートピア 〔Utopia〕 ①T. モアの主著。1516年刊。架空の国ユートピアの見聞記の体裁をとり、共産主義・男女平等、また宗教上の寛容を説く。②(utopia)転じて、理想郷。空想上の理想的社会。▷どこにもない場所の意の造語。

ユーモア 〔humor〕 思わず微笑させるような、上品で機知に富んだしゃれ。ヒューモア。ヒューマー。フモール。

ユーモラス 〔humorous〕 ユーモアのあるさま。おかしみのあるさま。

ユーロ 〔Euro〕 ①ヨーロッパ、ヨーロッパ連合(EU)の意。②ヨーロッパ連合(EU)の通貨統合に際し、1999年から導入された単一通貨。

ユーロパ 〔Europa〕 1610年、ガリレイが発見した木星の四大衛星中で最小のもの。半径1565キロメートル。表面は氷の厚い層でおおわれている。エウロパ。

ユーロ ビート 〔Euro beat〕 1970年

代後半のディスコブーム以降の、ヨーロッパで制作されたダンスミュージックの総称。

ユッケ 朝鮮料理の一。牛の赤身の生肉をたたき、調味料であえたもの。ユッケェ。▷朝鮮語。

ユナイテッド【united】 連合すること。団結。提携。

ユニーク【英・フランスunique】 めったにないさま。独特なさま。

ユニオン【union】 ①結合。同盟。連合。②労働組合。

ユニオン ジャック【Union Jack】 イギリス(連合王国)の国旗。

ユニオン ショップ【union shop】 労働者は雇用されてから一定期間内に特定の労働組合に加入することを要し、組合員たる資格を失ったときは使用者から解雇される制度。また、その制度をとる事業所。

ユニコード【unicode】 世界中の文字表現に対応できることを目指すコンピューター用の統一文字コードの名称。

ユニコーン【unicorn】 一角獣《いっかくじゅう》。ウニコール。

ユニコーン企業 未上場だが、企業価値が10億ドル以上あると評価されるベンチャー企業。

ユニセックス【unisex】 男女の区別がないこと。特に、服装についていう。

ユニセフ【UNICEF】 (United Nations Children's Fund)第二次大戦の犠牲になった児童の救済を目的として、1946年に国際連合国際児童緊急基金の名で設立された国際連合の機関。53年に国際連合児童基金と改称したが、略称はそのまま。主に発展途上国の児童に対する援助を行う。

ユニゾン【unison】 ①同じ高さの音。広義には、1オクターブ異なる音もさす。②同じ高さの2音が形成する音程。1度。同度。③斉唱。斉奏。

ユニックス ⇨UNIX

ユニット【unit】 ①(全体を形づくる)単位。単元。②規格化された部品。③個人の組み合わせによる集団。

ユニット ケア【unit care】 介護施設において、少人数用の生活単位(ユニット)ごとに介護する方式。

ユニット バス【和unit＋bath】 洗い場・洗面台・浴槽・電気設備などを一体化し工場生産したもの。

ユニバーサル【universal】 ①宇宙に関連するさま。世界にわたるさま。②すべてのものに共通しているさま。普遍的。一般的。汎用。万人用。

ユニバーサル サービス【和universal＋service】 すべての人のために提供されるサービス。特に、地域・所得などにかかわらず、均質に受けられるサービスなどをいう。㊮全国一律サービス

ユニバーサル ツーリズム【universal tourism】 障害の有無や年齢などに関係なく、すべての人が安心して楽しめるような旅行活動。

ユニバーサル デザイン【universal design】 障害者・高齢者・健常者の区別なしに、すべての人が使いやすいように製品・建物・環境などをデザインすること。また、そのようなデザイン。㊮万人向け設計

ユニバーサル ファッション【和universal＋fashion】 年齢・サイズ・体型・障害に関係なく着用できる衣服のこと。

ユニバーシアード【Universiade】 国際大学スポーツ連盟の主催する国際学生競技大会。1年おきに開催される。夏季、冬季大会がある。

ユニバーシティー【university】 多くの学部をもつ総合大学。→カレッジ

ユニバース【universe】 宇宙。世界。森羅万象。

ユニホーム【uniform】 ①制服。②スポーツ用のそろいの服。③軍服。

ユニラテラリズム【unilateralism】 政治・経済分野の国際問題において、ある当事国が独断専行的な立場を採る考え方。単独主義。一方主義。一国主義。自国中心主義。→マルチラテラリズム・バイラテラリズム

ユネスコ【UNESCO】 (United Nations Educational,Scientific and

Cultural Organization)国際連合教育科学文化機関。教育・科学・文化を通じて国際協力を促進し、世界の平和と安全に貢献することを目的とする、国際連合の機関。1946年発足、日本は51年(昭和26)加盟。

ユビキタス【ubiquitous】いつでも、どこにでもあること。▷インターネットなどの情報ネットワークに、空間や時間を問わずアクセスができる環境にあること。

ユリイカ【ギリシャ heurēka】アルキメデスが金の純度を量る方法を発見した時に叫んだといわれる言葉。ヘウレーカ。▷「発見した」の意。

ユレダス【UrEDAS】(Urgent Earthquake Detection and Alarm System)早期地震検知警報システム。

ヨ

ヨウ素(iodine)17族元素(ハロゲン)の一。元素記号I　原子番号53、原子量126.9。蒸気は紫色で有毒。デンプンと反応して青紫色を呈する(ヨウ素デンプン反応)。脊椎動物の甲状腺ホルモン中に含まれ、栄養学上欠くことのできない元素。ヨードチンキ・ルゴール液、その他の医薬品の原料。沃素。ヨード。

ヨーキー【Yorkie】ヨークシャー-テリア。

ヨーク【yoke】洋服の身頃《みごろ》やスカートの上部に入れた切り替え布。

ヨーグルト【ドイツ Yoghurt】牛乳・山羊乳などに乳酸菌を加えて発酵させ、タンパク質を固めたクリーム状の食品。

ヨード【ドイツ Jod】ヨウ素。

ヨーロッパ議会　ヨーロッパ連合(EU)の議会。加盟国住民の直接選挙により選出される議員により構成。欧州議会。

ヨガ【サンスクリット yoga】古代インドで広く行われた宗教的実践法。現代では心身の健康法としても応用されている。ヨーガ。

ヨクト【yocto】単位に冠して、10^{-24}を表す語。記号y

ヨタ【yotta】単位に冠して、10^{24}を表す語。単位Y。ヨッタとも。

ヨット【yacht】①帆あるいは機関で動く快走小型船。機関を備えたものには数千トンの大型船もある。②特に、オリンピックのヨット競技に用いる小型帆船。

ラ

ラー【Ra】古代エジプトの主神・太陽神。

ラーゲ【ドイツ Lage】性交時の男女の体位。

ラージ【large】大きいこと。

ラード【lard】豚の脂肪組織から精製した半固体の油。料理などに用いる。

ラーニング【learning】①学問。知識。学識。②学習。習得。

ラーメン【ドイツ Rahmen】外力を受けても変化しない剛接合《ごうせつごう》によって組みたてられた骨組み。

ライ【lie】①ゴルフで、落下した球の位置や状態。②ゴルフで、クラブのヘッドとシャフトの角度。

ライ【rai】西ヨーロッパの影響を受けたアルジェリアの音楽。

ライオンズ クラブ【Lions Club】アメリカの実業家が中心となって結成した国際的民間社会奉仕団体。

ライジング【rising】上がること。昇ること。上昇。

ライス【rice】米の飯。ごはん。

ライス シャワー【rice shower】結婚式で、新郎新婦に参列者が米をまいて祝福する風習。

ライス バーガー【rice burger】バンズ型に握り固めた米飯を用いるハンバーガー。

ライス ペーパー【rice paper】①薄紙の一種。紙巻きタバコの用紙などに用いる。②ベトナム料理に用いる、米の粉で作った薄いシート状の食品。

ライセンサー【licenser】許諾を与える者。実施許諾者。

ライセンシー【licensee】許諾を受

ける者。実施権者。

ライセンス【license】①許可。免許。また、それを証明する文書。②他企業のもつ商標や製造技術の特許権の使用許可。

ライター【writer】文章を書くことを業とする人。作家。著述家。

ライダー【rider】(オートバイなどの)乗り手。

ライチー【litchi】ムクロジ科の常緑高木。果肉は白色半透明、多汁で甘い。リーチー。荔枝《れいし》。

ライティング【lighting】①照明。採光。配光。②舞台や映画・写真の撮影のために行う照明。

ライティング【writing】文章を書くこと。作文。

ライト【light】①光。光線。②照明。③明るい、淡いの意。→ダーク ④軽い、手軽なの意。⑤飲食物が、低カロリー・低脂肪・低コレステロールであることを表す。

ライト【right】①右。右側。②(right field(fielder)の略)野球で、右翼。または、右翼手。③保守的な立場。右派。→レフト

ライト アップ【light up】照明で明るく照らし出すこと。

ライドシェア【rideshare】自動車に相乗りすること。

ライト ノベル【和light＋novel】気軽に読める小説の総称。ラノベ。ライノベ。

ライト ミール【light meal】軽食。

ライナー【liner】①野球で、地面にふれないで直線的に飛ぶ打球。②定期船。③取りはずしができるコートの裏布。④(日本での用法)快速列車。

ライナー ノート【liner note】音楽鑑賞の参考にするための解説文。

ライニング【lining】①腐食・摩耗などを防ぐために用途に適した材料を張り付けること。裏張り。裏付け。②コートなどに、裏を付けること。

ライバル【rival】相手の力量を認め合った競争相手。好敵手。

ライフ【life】①命。生命。②一生。生涯。③生活。④救命のための。

ライブ【live】①(ラジオやテレビの)生放送。②生演奏。

ライフ イベント【和life＋event】ライフ-プランを考えるにあたって想定される結婚・退職など、人生の大きな出来事。

ライフガード【lifeguard】職業として水難救助を行う者。

ライブ カメラ【和live＋camera】インターネット上でライブ映像(画像)を公開するため定点に置かれるカメラ。

ライブ キッチン【live kitchen】レストランなどで、調理の様子を客の目の前で見せる演出。

ライブ コマース【live commerce】生放送の動画配信で紹介される商品を、その場で購入できる形式の電子商取引。

ライフ サイエンス【life science】生命現象を生物学を中心に学際的に研究しようとする学問。生命科学。

ライフ サイクル【life cycle】①前の世代がつくる生殖細胞から出発して、次の世代の生殖細胞までを結んだ生活史の表現法。生活環。②誕生から死にいたる人の一生。人生の周期。生活周期。③商品が市場に登場してから他の商品に駆逐されるまでの過程。商品の寿命。[案]生涯過程

ライフ ジャケット【life jacket】救命胴衣《どうい》。ライフ-ベスト。

ライフスタイル【lifestyle】個人や集団の、生き方。単なる生活様式を超えてその人のアイデンティティーを示す際に用いられる。

ライフ ステージ【life stage】人の一生を少年期・青年期・壮年期・老年期などと分けた、それぞれの段階。

ライフセーバー【lifesaver】水難事故を防止したり、水難が発生した際に人命を救助する人の総称。人命救助員。水難救助員。

ライフセービング【lifesaving】①水難事故を防止する活動や、水難が発生した際に人命を救助する活動などの総称。②①の訓練行為を競技化し

たもの。

ライブ ハウス 【和 live＋house】 ジャズやロックの生演奏を聴かせる店。ライブ-スポット。

ライブ ビューイング 【和 live＋viewing】 コンサートや演劇などの公演の様子を、映画館などで上映すること。また、そのような興行。→パブリック-ビューイング

ライフ プラン 【和 life＋plan】 就職・結婚・出産・退職などのその人にとって大きな出来事を節目にした人生設計。

ライフライン 【lifeline】 生活・生命を維持するための水道・電気・ガス・通信などの施設。㊟生活線

ライブラリー 【library】 ①図書館・図書室。②蔵書。③叢書につける名。④プログラミングに使用するさまざまなモジュールを収めたファイル。⑤各種のソフトウエアやデータを収めたパッケージ-ソフトウエア。または、オン-ライン-サービスやBBSのエリア。㊟図書館

ライフル 【rifle】 ①銃砲の筒内に刻んだ螺旋《らせん》状の溝。②「ライフル銃」の略。銃身の内側に螺旋《らせん》状の条溝を刻み込んだ銃。

ライフ ログ 【lifelog】 生活や行動をデジタル-データとして記録すること。

ライフログ バンド 【和 lifelog ＋ band】 ⇨ライフログ-リストバンド

ライフログ リストバンド 【和 lifelog ＋ wristband】 腕輪型の活動量計。ライフログ-バンドとも。

ライフワーク 【lifework】 一生をかけた仕事・作品など。

ライム 【lime】 ミカン科の常緑低木または小高木。熱帯地方で栽培。果実はレモンに似るがやや小さい。果肉は緑色で多汁、酸味と香気に富み、料理に添えたり、ジュース・ライム-オイル・クエン酸の原料とする。

ライム 【rhyme】 韻。脚韻。押韻。

ライ麦 (rye)イネ科の越年草。耐寒性があり、やせ地によく育つ。実は緑褐色または紫色で、製粉して黒パンをつくる。

ライラック 【lilac】 ①モクセイ科の落葉低木または小高木。観賞用に植える。フランス語名リラ。②①の花のような薄い紫色。

ライン 【line】 ①線。②列。行列。③水準。レベル。④系列。系統。⑤航路や経路。コース。⑥経営組織で、局・部・課・係などのような上下の管理系列。権限系列。⑦生産・販売など企業目的を果たす上で直接的な活動を担当する部門。→スタッフ ⑧一貫した流れ作業による生産・組み立ての工程。

ライン 【LINE】 ライン社が提供する、インスタント-メッセンジャーのサービス。2011年(平成23)にサービス開始。商標名。

ラインアップ 【lineup】 ①野球で、打順。バッティング-オーダー。②陣容。顔ぶれ。③番組などの内容。プログラム。▷ラインナップとも。

ラウド ロック 【和 loud ＋ rock】 ポピュラー音楽で、おもにヘビー-メタルの流れを組みつつ、多様な音楽的要素を取り入れたジャンル。

ラウンジ 【lounge】 ①休憩室。社交室。②空港内の搭乗待合室。

ラウンチ 【launch】 ⇨ローンチ

ラウンド 【round】 ①ボクシングで競技の各回。1ラウンドは3分間。②ゴルフで、コースの各ホールを一巡すること。1ラウンドは18ホール。③他の外来語の上に付いて丸い意を示す。④関税などに関する一括交渉。

ラガー 【rugger】 ①ラグビー。②(日本での用法)ラグビーの選手。

ラガード 【laggard】 イノベーター理論の用語。革新的商品やサービスを最後になって受容するか、最後まで受容しない人。採用遅滞者。→アーリー-アダプター・アーリー-マジョリティー・レイト-マジョリティー

ラガー ビール 【lager beer】 瓶詰め・缶詰めにして加熱殺菌したビール。

ラギッド 【rugged】 無骨で頑丈なデザインや仕上がりを楽しむファッション。

ラグ 【lag】 時間的なずれ。タイム-ラ

グ。

ラグ【rug】イギリス原産の厚手の毛織物。敷物やひざ掛けに用いる。

ラグー【フランス ragoût】フランス料理で、煮込みのこと。

ラグーン【lagoon】砂州または沿岸州によって海と切り離されてできた湖や沼。潟湖《せきこ》。潟《かた》。

ラグジュアリー【luxury】豪華なさま。ぜいたくなさま。

ラグタイム【ragtime】1880年代にアメリカのミズーリ州を中心におこったピアノ音楽。

ラクト アイス【和 lacto＋ice】アイスークリーム類のうち、乳固形分3.0％以上を含むもの。

ラクトフェリン【lactoferin】主に哺乳類の乳汁中に存在する鉄結合性の糖タンパク質。

ラグビー【rugby】フットボールの一種。両チーム15人で、楕円形のボールを手で持ち運んだり足で蹴《け》ったりして、相手のゴールに持ち込み得点する。ラグビー-フットボール。ラガー。

ラグラン【raglan】襟ぐりから袖下に切り替えが入り肩から続いた、ラグランースリーブのコート。

ラクロス【lacrosse】球技の一。10人でチームを構成し、先端にネットのついたスティックを使い、ボールを相手ゴールに入れる競技。

ラケット【racket】テニス・バドミントン・卓球などで、球を打つ道具。

ラザニア【イタリア lasagna】幅広で扁平のパスタ。また、それと各種ソースを重ね天火で焼いたイタリア料理。ラザーニャ。

ラジアル【radial】①放射状をしているさま。②ラジアル-タイヤの略。タイヤの接地面と側面を構成する繊維層が、回転方向に対して直角に並んでいる構造のもの。

ラジアン【radian】角度の単位。半径の長さに等しい弧に対する中心角の大きさを1ラジアンとし、約57度17分44.8秒。180度はπラジアンにあたる。弧度。記号rad

ラジウム【radium】2族元素(アルカリ土類金属)の一。元素記号Ra　原子番号88。同位体はすべて放射性で質量数223、224、226、228の4種類が天然に存在する。放射線源として用いられた。

ラジエーター【radiator】①蒸気などを利用した暖房装置。放熱器。②自動車エンジンの冷却装置。

ラジオ【radio】①放送局が行う無線電波による放送。また、その受信装置。②他の語に付いて「放射」の意を表す。

ラジオアイソトープ【radioisotope】放射能をもつ同位体。放射性核種を原子核として含む同位体。放射性同位体。

ラジカル【radical】①過激なさま。極端なさま。度を越しているさま。②急進的。③根源的であるさま。④不対電子をもつ原子団・原子または分子。一般に、化学反応性が大きく、不安定。種々の化学反応の中間体として現れる。フリー-ラジカル。

ラシャ【ポルトガル raxa】紡毛を原料とし、起毛させた厚地の毛織物。

ラジャー【roger】了解。

ラス【lath】漆喰《しっくい》・モルタル塗りなどの下地とする小幅な板。

ラスク【rusk】パンなどを薄く切り、粉砂糖を塗って焼いた洋菓子。

ラスター【luster】①光沢。つや。また、光沢剤。②つや出しの布。

ラスト【last】最終。おしまい。最後。おわり。

ラスト スパート【last spurt】競走・競泳などで、ゴールに近づいたとき、全力を出して速度を増すこと。転じて、最後のがんばり。

ラスト チャンス【last chance】最後の機会。最後に与えられた機会。

ラスト ネーム【last name】姓。名字。サー-ネーム。ファミリー-ネーム。

ラスト ボス【和 last＋boss】①コンピューター-ゲームで、最後の関門として登場する敵キャラクター。②最後に登場する大物。▷ラスボスとも。

ラスト ラン【和 last＋run】①スポー

ツなどで、選手が引退に伴い最後に走る競争のこと。引退レース。②公共交通機関で、車両や路線の運行終了に伴う最後の運行のこと。さよなら運転。サヨナラ運転。お別れ運転。さよなら運行。

ラスト リゾート［last resort］金融不安が広まった際に、パニックを防止するために資金融資を行う中央銀行のこと。レンダー-オブ-ラスト-リゾート。▷最後の手段の意。

ラスト ワン マイル［last one mile］①通信サービスの利用者である家庭や事務所の加入者と、最寄りの電話局を結ぶ回線。②物流で、商品が製造されてから消費者の元に届く道筋のうち、小売店から消費者の手元までの部分。

ラスパイレス指数 国家公務員の給与水準を100として地方公務員のそれと比較したときの指数。総合物価指数算定方式を公務員の給与水準の比較に用いたもの。

ラズベリー［raspberry］バラ科の落葉低木。キイチゴの一群。果実は生食のほかジャム・ゼリーなどとし、また香料をとる。

ラスボス ⇨ラスト-ボス

ラスワン 最後の一つ。▷ラスト-ワンの略。

ラダー［rudder］舵《かじ》。方向舵《だ》。

ラタトゥイユ［フランス ratatouille］ナス・トマト・ズッキーニなど何種類かの野菜を煮込んで作る南フランス料理。

ラタン［rattan］籐《とう》。籐製品。

ラチェット［ratchet］鋸《のこぎり》歯状の歯をもった歯車。逆転止めの爪《つめ》と組み合わせて、一方向だけに回転するようにつくられている。爪車《つめぐるま》。

ラッカー［lacquer］ニトロセルロース・樹脂・顔料などを揮発性溶剤に溶かした塗料。ピロキシリン-ラッカー。

ラッキー［lucky］①運のよいこと。また、そのさま。②よかった、やった、の意。

ラック［rack］①棚。また、掛けたり載せたりして物を納めておくもの。②歯車と同様な歯をもったまっすぐな棒。小歯車(ピニオン)とかみ合わせて、直線運動と回転運動との変換に用いる。歯竿《はざお》。

ラック［ruck］ラグビーで、地上にあるボールの周りに両チームの選手が集まり、立ったまま体を密着させてボールを奪い合っている状態。ルース-スクラム。

ラッシー［lassi］インドのバターミルク。ギー(食用油)をつくる際の副産品。飲料にしたり、調味料などに利用される。

ラッシュ［rush］①殺到すること。物事が一時に集中して起こること。②突進すること。③ラッシュ-アワーの略。④編集作業の完了していない映画のポジ-フィルム。ラッシュ-プリント。

ラッシュ アワー［rush hour］通勤者・通学者などで乗り物が混雑する時間帯。ラッシュ。

ラッシュ ガード［rash guard］日焼けやけがを防ぐため、また、防寒のために着用する袖のある水着。▷ラッシュは発疹の意。

ラッセル［russel］①「ラッセル車」の略。線路上の雪を排除する車両。②登山で、深い雪をはらいのけ、道を開きつつ進むこと。

ラッチ［latch］ドア・門などのかけがね。留めがね。

ラッテ［イタリア latte］牛乳入りのエスプレッソのこと。カフェ-ラッテ。

ラット［rat］実験動物化されたドブネズミ。マウスより大きいものをいう。ダイコクネズミ。ラッテ。

ラッパー［rapper］ラップ音楽を演奏する人。特にその中で、早口の語りを担当する人。

ラッピング［wrapping］包み紙やリボンを使ってプレゼントなどを美しく包装すること。

ラッピング広告 バスや電車、旅客機の車体や機体を広告面にする手法。

ラップ［lap］①競走路の1周。また、競泳でプールの1往復。②ラップ-タイムの略。③精密に仕上げた面をもつ研磨用工具。

ラップ［rap］ダンス-ビートに合わせてリズミカルに早口の語りを乗せていくスタイルの音楽。また、その早口の語り。

ラップ-ミュージック。

ラップ【wrap】①包むこと。包装すること。②食品包装用の薄い透明なフィルム。③ボタンなどを用いない、体に巻いて着るコート。ラップ-コート。④小麦粉やトウモロコシの粉でつくった生地を薄く焼き上げ、肉や魚介、野菜など多彩な具材を包んだ食べ物。 →トルティーヤ②

ラップ口座 証券会社の個人向け資産管理サービス口座。

ラップ タイム【lap time】中・長距離の陸上競技・スピード-スケート・競泳などで、一定距離ごとに計測した所要時間。途中計時。途中記録。

ラップトップ【laptop】ひざの上。転じて、パソコン・ワープロなどで、小型・軽量で携帯が容易なものをいう。

ラップ バトル【rap battle】ヒップ-ホップで、MCどうしが即興のラップによって互いを攻撃しあう勝負。MCバトル。フリースタイル-バトル。

ラティーノ【latino】ラテン-アメリカ系の人々。

ラディカル【radical】⇨ラジカル

ラティス【lattice】園芸用の四つ目垣。ラティス-フェンス。ラチス。

ラディッシュ【radish】ハツカダイコン。赤かぶ。

ラテックス【latex】①ゴム植物の樹皮を傷つけた際に分泌する乳白色の液体。生ゴムの原料。また、粘着剤などに用いる。②合成ゴム製造の際、乳化重合によって得られる反応生成物。これから各種用途のゴムを製造する。

ラテン【Latin】ラテン系の、ラテン民族の、などの意。

ラドン【radon】18族元素(希ガス)の一。元素記号Rn 原子番号86。同位体はすべて放射性で、質量数222、220、219の3種類が天然に存在する。

ラナイ【lanai】ハワイで、家屋のベランダ。また、ベランダ付きの部屋。

ラ ニーニャ【スペイン La Niña】東太平洋赤道海域で海面水温が著しく低下する現象。▷女の子の意。→エル-ニーニョ

ラバ【イタリア lava】溶岩《ようがん》。

ラバー【lover】恋人。愛人。

ラバー【rubber】①ゴム。②消しゴム。

ラバー カップ【和 rubber＋cup】便器や風呂などの排水部の詰まりを除去する掃除道具。棒の先に半球状のゴム製カップを付けたもの。通水カップ。▷スッポン、カッポン、キュポキュポ、キュッポンなどとも。

ラビ【rabbi】ユダヤ教の聖職者。律法に精通した霊的指導者の称。

ラビオリ【イタリア ravioli】小麦粉を練って薄くのばした生地の間に、挽き肉と野菜のみじん切りを入れて包んだパスタ。

ラピス ラズリ【lapis lazuli】ナトリウムのアルミノケイ酸塩で、少量の硫黄・塩素などを含む。立方晶系。古来から珍重され、アフガニスタン産が有名。瑠璃《るり》。青金石。ラズライト。

ラビット【rabbit】①うさぎ。②陸上競技のうち、長距離種目でのペース-メーカーの俗称。

ラビリンス【labyrinth】①ギリシャ神話で、怪物ミノタウロスがクレタ島の王ミノスによって閉じこめられた迷宮。ラビュリントス。②迷路の紋様。③生け垣などでつくった庭園中の迷路。

ラフ【rough】①手ざわりがざらざらしているさま。②荒っぽいさま。乱暴なさま。③大まかなさま。無造作なさま。くだけたさま。④ゴルフ-コースで、フェアウエー以外の手入れをしていない草地。→スムーズ

ラブ【love】①愛。愛情。②恋。恋愛。③情事。④テニスなどで、無得点のこと。

ラファエル【Raphael】旧約聖書における大天使の一。旅人の守護者。

ラプソディー【rhapsody】19世紀にヨーロッパで数多く作曲された自由で幻想的な楽曲。狂詩曲。

ラフティング【rafting】大型のゴム-ボートに乗り、パドルで操船しながら急流を下るレクリエーション-スポーツ。▷いかだ流しの意。

ラブ ホテル 【和love+hotel】 洋風の連れ込み宿。

ラブラブ 互いに愛し合っている様子。仲むつまじい様子。

ラ フランス 【フランスLa France】 西洋梨の一品種。果肉が密で果汁も多く、芳香に富む。

ラフレシア 【ラテンRafflesia】 ラフレシア科の無葉緑植物。東南アジアのジャングルに生える。花は世界最大。

ラベラー 【labeler】 ⇨ラベル-ライター

ラベル 【label】 広告や標識のためにはる小さな紙片。レッテル。レーベル。

ラペル ピン 【lapel pin】 背広やジャケットの襟につけるピン。▷ラペルは背広などの下襟。

ラベル プリンター 【label printer】 ラベル印刷専用のプリンター。ラベラー。

ラベル ライター 【label writer】 文字などを入力して、そのまま専用のシールなどに印刷できる機器。

ラベンダー 【lavender】 ①シソ科の半木本性植物。花からラベンダー油をとり香料とする。②①の花のような、くすんだ青みがかった紫色。

ラボ ①ラボラトリーの略。②外国語の学習・習得のために応答・録音装置を設置した教室。また、その設備。語学実験室。LL。ランゲージ-ラボラトリー。

ラポール 【フランスrapport】 互いに親しい感情が通い合う状態。打ちとけて話ができる関係。

ラボラトリー 【laboratory】 実験室。研究室。写真の現像所。ラボ。

ラマ 【チベットbla-ma】 チベット仏教の僧侶。ラマ僧。本来は高僧の尊称。

ラマ 【llama】 ラクダ科の一種。頸《くび》は細長く、耳も長く、尾は短い。家畜化され南米アンデスの高地で荷物の運搬に使われている。リャマ。

ラマーズ法 精神予防性の無痛分娩法の一。呼吸とリラックスの訓練を反復して行うとともに夫が分娩に積極的に立ち会うことで疼痛を和らげるもの。

ラマダーン 【アラビアRamaḍān】 イスラム暦(太陰暦)の第9月。イスラム教徒の断食が行われる。ラマダン。

ラミネート 【laminate】 アルミ箔・紙・フィルムなどの薄い材料を貼り合わせて層をつくること。

ラム ⇨RAM

ラム 【lamb】 ①子羊。子羊の肉。②子羊からとった上質の羊毛。

ラム 【ram】 ①雄の羊。牡羊《おひつじ》。②軍艦の艦首に付けてある衝角。③水圧機などで、圧力を受ける方の大きな円柱。④形削り盤などの、刃物を取り付けて往復運動をする部分。

ラム 【rhm】 (roentgen per hour at one meter)放射線源の強さを表す単位。空気中1mの距離で1時間に1レントゲンの線量を与えるような線源の強さを1ラムとする。

ラム 【rum】 糖蜜を発酵させてつくる蒸留酒。西インド諸島の特産。ラム酒。

ラムサール条約 水鳥の生息地として重要な湿地及び湿地に生息する動植物の保護を目的とした条約。

ラム酒 ⇨ラム(rum)

ラムダ 【lambda; Λ・λ】 ギリシャ語アルファベットの第11字。

ラムネ 清涼飲料水の一。玉を栓にして瓶に詰める。

ラメ 【フランスlamé】 金糸・銀糸あるいは金属糸を用いて模様を織り出した織物。

ララバイ 【lullaby】 子守り歌。

ラリー 【rally】 ①バレーボール・テニス・卓球などで、ボールの打ち合いが続くこと。②自動車競技の一種。指定されたスピード・時間で決められたルートを走り、減点方式で順位を決める。

ラルゴ 【イタリアlargo】 音楽の速度標語の一。「非常にゆっくりとした速度で」の意。

ラワン 【タガログlauan】 フタバガキ科の常緑の巨木。俗にラワン材とよばれる木材をとる樹種の総称。

ラン 【LAN】 ⇨LAN

ラン 【run】 ①走る。②コンピューターで、一つのプログラムまたは処理を実行すること。③映画・演劇などの興行。

④野球で、得点。

ランカー【ranker】スポーツなどで、ランキングの上位にいる人。

ランキング【ranking】成績・記録による順位。

ランク【rank】順位づけること。また、その順位。

ラング【フランスlangue】言語学者ソシュールの用語。ある社会に採用され、その成員の共有財産となっている言語活動の規則・手段の体系的目録としての言語をいう。

ランゲージ【language】ことば。言語。

ランゲルハンス島　膵臓《すいぞう》全体に島状をなして散在する内分泌細胞の集まり。インシュリン・グルカゴンなどを分泌。膵島。

ランジェリー【フランスlingerie】装飾性の高い女性用下着。

ランタイム【runtime】コンピューターで、プログラムが実行されている時。実行時。

ランダム【random】①無作為にすること。任意にすること。また、そのさま。②ランダム-サンプリングの略。特別な意志をもたないで、母集団から標本を抽出すること。任意抽出法。→シーケンシャル

ランダム アクセス【random access】コンピューターの記憶装置へのデータの入出力を、アドレスの順序に従わず無作為に行う方式。

ランタン【lantern】手さげの角形のランプ。角灯。

ランタン【ドイツ Lanthan】ランタノイドの一。元素記号La　原子番号57。原子量138.9。発火合金ミッシュ-メタルや高温超伝導体の成分に用いられる。

ランチ【launch】港湾内で連絡・交通に使用する小型の機動艇。

ランチ【lunch】①昼の食事。昼食。②簡単な西洋風の定食。

ランチ【ranch】牧場。大農場。また、観光牧場。

ランチ ジャー【和lunch＋jar】保温機能を持つ弁当箱。フード-ポット。フード-ジャー。

ランチャー【launcher】①ロケットなどの発射装置。②コンピューターの画面上で、アプリケーション-ソフトウエアを簡単に起動するためのソフトウエア。

ランチョン【luncheon】格式ばった昼食。

ランチョン マット【和luncheon＋mat】食卓で一人前ずつの食器を載せるための敷物。

ランディング【landing】①飛行機の着陸。②スキーのジャンプ競技や体操競技などで、着地。

ランデブー【フランスrendez-vous】①人とおちあうこと。あいびき。②宇宙空間で宇宙船どうしが意図的に会合すること。

ランド【land】①国。土地。②遊園地や娯楽施設。

ランドスケープ【landscape】景観。

ランドスケープ モード【landscape mode】印刷用紙や画面表示についての用語で、横長の向きで用いるモード(形式)のこと。→ポートレート-モード

ランドセル　小学生が学用品を入れて背中に背負うかばん。▷オランダ ransel(背嚢《はいのう》)の訛《なま》り。

ランドマーク【landmark】山や高層建築物など、ある特定地域の景観を特徴づける目印。

ランドリー【laundry】クリーニング店。

ランナー【runner】①走る人。走者。②野球で、出塁した攻撃側の選手。走者。③蔓《つる》になって地上を這《は》い、節から根や茎を出して繁殖する茎。

ランナーズ ハイ【runner's high】ランニングの途中で、苦しさが消え、爽快な気分になる現象。

ランニング【running】①走ること。②ランニング-シャツの略。襟を深くくったそでなしのシャツ。③ヨットで、追い風を受けて帆走すること。④企業などを運営すること。

ランニング ウオッチ【running watch】ランニングやジョギングの際に

役立つ機能を持つ腕時計。

ランニング コスト【running cost】企業が経営を維持していくのに必要な費用。運転資金。

ランバー【lumber】木材。材木。

ランプ【オランダ英lamp】①石油を燃料とし灯心に火をつけ、ほやをかぶせて用いる灯火。洋灯。②電灯など、灯火の総称。

ランプ【ramp】①高速道路のインターチェンジで、一般道路と高速道路とを接続する傾斜道。ランプ-ウエー。②都市高速道路の出入り口。

ランプ【rump】牛肉の部位でしり肉のこと。

ランブータン【rambutan】ムクロジ科の常緑高木。果肉は白く、肉質多汁で甘酸っぱい。

リ

リア【rear】「後ろの」の意を表す。

リアール【rial】イランの通貨単位。1リアールは100ディナール。記号RI　リアル。

リアクション【reaction】①反応。②反作用。反動。③反響。反発。抵抗。

リアクター【reactor】①原子炉あるいは核融合炉。②その中で化学反応を起こさせる装置。反応炉。

リアクタンス【reactance】コイルやコンデンサーに交流を流したときに、電流の位相を変化させる抵抗部分。インピーダンスを複素表示したときの虚数部分。単位はオーム(記号Ω)。

リアクティブ【reactive】反応を起こすこと。また、受動的なこと。

リア充 現実(リアル)の生活が充実している様子を俗にいう語。またその人。

リアス式海岸【rias coast】出入りの複雑な海岸線を示し、入江や湾に富む海岸。呼称はスペイン北西部ガリシア地方のリア(ria入江)の多い海岸にちなむ。

リアライズ【realize】①現実化すること。実現すること。②実感すること。

リアリスティック【realistic】①現実的であるさま。現実主義的。実際的。②真に迫っているさま。

リアリスト【realist】①現実を重んじる人。実際家。②写実主義者。写実派。③実在論者。

リアリズム【realism】①現実主義。②写実主義。

リアリティー【reality】現実み。現実性。レアリテ。

リアル【real】現実のこと。また、現実的。写実的。

リアル【rial】⇨リアール

リアル ショップ【real shop】実店舗。▷オンライン-ショップ(ネット-ショップ)に対して。

リアル タイム【real time】即時。同時。実時間。[案]即時

リアルタイムOS【real-time operating system】素早い応答が必要なコンピューター-システムで利用される基本ソフト。おもに組み込みシステム(家電や自動車など)で用いられる。RTOS。

リアルタイム視聴 テレビ番組などを放送時間に視聴すること。録画などによる視聴に対していう。→タイムシフト視聴

リアルタイム処理【real-time processing】データ処理方式の一。データが発生したとき、そのたびごとに処理を行う方式。実時間処理。→バッチ処理

リアル ファー【real fur】天然毛皮。フェイク-ファーに対して言う。

リーガル【legal】①法律にかかわること。法律に定められていること。法的。法定。②法にかなっていること。法的に正当なこと。適法。合法。

リーガル マインド【legal mind】法律の適用に際して必要とされる、柔軟で的確な判断力や処理能力。

リーキ【leek】ユリ科の二年草。軟白したものを食用とする。ポロネギ。ポワロー。セイヨウネギ。

リーク【leak】①(水などが)漏れること。②秘密や情報を意図的に漏らすこ

と。機密漏洩《ろうえい》。

リーグ【league】競技団体などの、連盟・同盟。

リーグ戦 競技に参加したチームや個人が、すべての相手と対戦する試合方式。総当たり戦。→トーナメント

リーシュ【leash】（動物、サーフボードなどが）離れないよう繋いでおく紐。「—コード」

リージョナリズム【regionalism】地方や地域の主体性を重んじようとする考え方。地域主義。地方主義。

リージョナル【regional】「地域の」「地方の」などの意。

リージョン【region】地方。地域。地帯。地区。

リース【lease】料金を取って、物を貸すこと。土地や建物、大型の機械や設備などを、比較的長期にわたって貸すことをいう。賃貸し。→レンタル

リース【wreathe】花・葉・枝などを組み合わせて輪にし、壁やドアなどに掛ける飾り。花輪。花冠。

リーズナブル【reasonable】①合理的であるさま。納得できるさま。②値段が妥当であるさま。価格がてごろなさま。

リースバック【leaseback】①所有する資産をリース会社に売却した後、元の所有者が資産を借りるような売買の方式。セール-アンド-リースバック。②OA機器のリース終了品などを修理・再生した商品。

リーゼント【regent】男の髪形の一。前髪を高く盛り上げて、両横を後方になでつけたもの。リーゼント-スタイル。

リーダー【leader】①指導者。統率者。指揮者。②印刷で、点線。破線。③新聞・雑誌などの社説、論説。④フィルムや録音テープなどの先端の部分。

リーダー【reader】教科書。読本。

リーダーシップ【leadership】①指導者・統率者としての地位・任務。②指導者としての能力・資質。統率力。指導力。

リーチ【立直】麻雀で、門前の手牌を聴牌《テンパイ》した時にかけることのできる宣言。▷中国語。

リーチ【reach】①ボクシングで、手の長さ。②テニスで、ネット-プレーの際の守備範囲。

リーディング【leading】先頭または首位である意。

リーディング【reading】読むこと。読み方。朗読。

リーディング カンパニー【leading company】業界を主導する企業。

リート【ドイツ Lied】ドイツの芸術歌曲。詩とピアノ伴奏が一体となって、深い情感を表現する。リード。▷歌の意。

リート【REIT】（real estate investment trust）不動産投資信託。不動産やその抵当証券を投資対象とする投資信託。

リード【lead】①先導すること。②競技や勝負事で、相手を引き離して優位に立つこと。また、引き離した量・得点など。③野球で、走者が盗塁・走塁に備えて塁を離れること。④社交ダンスで、男性が手足や身体の動きで、女性を次のステップに導くこと。⑤新聞や雑誌で、前書き。前文。⑥電気の引き込み線。導線。リード線。⑦犬などの引き綱。⑧ねじを1回転したときに進む距離。

リード【ドイツ Lied】⇨リート

リード【reed】気鳴楽器の発音源となる舌状の小薄片。簧《した》。

リード オフ マン【lead-off man】①野球で、1番打者。②その分野で、先頭に立って全体を引っ張っていく人。

リード タイム【lead time】製品の発注から納品までの期間。製品の企画から生産までの期間。調達期間。手配期間。㊇事前所要時間

リード ディフューザー【reed diffuser】芳香剤入りの瓶に、香りを拡散させるための棒を挿した器具。

リーニエンシー制度（leniency program）談合やカルテルに関与する企業のうち、不正発覚前の段階で当局へ自主申告した最初の企業に対して、制裁金や刑事告発を免除する制度。課徴金減免制度。リーニエンシー

-プログラム。
リーフ【leaf】植物の葉。
リーフ【reef】暗礁。砂洲《さす》。
リーブ【leave】①去ること。出発すること。②残していくこと。置いていくこと。そのままにしておくこと。③許し。許可。④休暇。休暇の期間。
リーファー【reefer】冷蔵庫。冷蔵車。
リーフレット【leaflet】宣伝・案内などのための、1枚刷りの印刷物。折りたたんで冊子にしたものもある。案ちらし
リーマー【reamer】鋼材などにあけた穴の内面を滑らかにし、精密に仕上げるための工具。リーマ。
リーマン 俗に、サラリー-マンの略称。
リーマン ショック【和 Lehman＋shock】2008年9月15日、アメリカ証券業界第4位のリーマン-ブラザーズが経営破綻したこと。これに端を発し、世界的な金融危機が引き起こった。
リール【reel】①糸・ひも・電線、映画用のフィルムや磁気テープなどをまきとるための枠《わく》。巻き軸。また、そのひと巻き。②スコットランドの民俗舞踊。また、その曲。4拍子でテンポが速く活発。③釣り具の一。糸巻き(スプール)に釣り糸を巻きつけておいて、必要に応じて糸の出し入れをする装置。
リーン【lean】①やせていること。脂肪のないこと。②引き締まっていること。特に企業などが不必要なコストを削って、より効率的であることを表す。③貧弱なこと。乏しいこと。
リーン バーン【lean burn】理論空燃比より薄いガスを安定して燃焼させること。排出ガス低減と低燃費を実現できる。希薄燃焼。
リウマチ 骨・関節・筋肉などの運動器の疼痛《とうつう》とこわばりを主徴とする疾患の総称。リューマチ。リウマチス。ロイマチス。
リエゾン【フランス liaison】①語末に綴り字だけで通常は発音されない子音をもつ単語に、語頭に母音をもつ単語が強い結びつきで連続するとき、その語末子音と次の語頭母音が結合し1音節として発音される現象。フランス語に顕著。連音。②ソースやスープにとろみをつけるためのもの。小麦粉・ブール-マニエ・生クリームなど。③連絡。連絡係。
リエゾン オフィス【和 liaison＋office】大学などが、産官や地域との連携のために設置する事務所や窓口。
リエット【フランス rillettes】豚肉やガチョウの肉をラードで煮込み、容器に入れて固めた保存食。
リエンジニアリング【reengineering】アメリカで企業経営の抜本的な立て直し策として生まれた考え方。業務の流れ(ビジネス-プロセス)や組織構造を抜本的に再構築することに重点をおく。
リカー【liquor】蒸留酒。
リカバー【recover】回復すること。取り戻すこと。
リカバリー【recovery】①失ったものを取り戻すこと。②ミスをカバーすること。③障害を起こしたコンピューターを元の状態に修復すること。④回収すること。⑤(石油・天然ガスなどの)採取。
リガメント【ligament】靭帯《じんたい》。
リカレント【recurrent】再発するさま。繰り返されるさま。周期的に起こるさま。
リカレント教育 一度社会に出た者が、学校やそれに準ずる教育・訓練機関に戻ることが可能な教育システム。
リキッド【liquid】①液体。②ヘア-リキッドの略。液体整髪料の総称。
リキャップ【recap】①注射器から外した蓋を、注射器の廃棄前に再び装着すること。②⇨リキャップ缶
リキャップ缶 開け閉めできる蓋のついた飲料用の缶。
リキュール【フランス liqueur】混成酒の一。アルコールまたはブランデーに砂糖・植物香料などを加えてつくったもの。
リクエスト【request】希望すること。要求すること。
リグニン【lignin】木材・竹・藁《わら》など木化した植物体中に存在する芳香族高分子化合物。セルロースなどと結合して存在し、細胞間を接着・固化す

る。

リクリエーション【recreation】⇨レクリエーション

リクルート【recruit】新人募集・人材募集。転じて、学生などの就職活動。

リケジョ 理系の学問や職種を選択した女性。▷「理系女子」の略。→リケダン

リケダン 理系の学問や職種を選択した男性。▷「理系男子」の略。→リケジョ

リケッチア【ラテン Rickettsia】グラム陰性菌と似た構造をもつリケッチア科の細菌。通常は球状または桿《かん》状で、細菌より小さくウイルスより大きい。発疹チフス・紅斑病・ツツガムシ病・Q熱など。

リコーダー【recorder】木製の縦笛。ブロック-フレーテ。レコーダー。

リコール【recall】①公職にある者を有権者の意思により解職すること。また、それを要求すること。②製品に欠陥があるとき、生産者が公表して製品を回収・修理すること。

リコピン【lycopene】カロテノイドの一。トマトに多く含まれる赤い色素。高い抗酸化作用を有する。

リコメンデーション【recommendation】推薦《すいせん》。推奨。

リコメンド【recommend】勧めること。推薦《すいせん》すること。▷レコメンドとも。

リコンファーム【reconfirm】航空機の座席などの予約を搭乗日時の近くに再確認すること。

リサージェンス【resurgence】再起。再生。復活。

リサーチ【research】調査すること。

リザーブ【reserve】①予約すること。②準備。予備。

リザーブ給食 献立の一部について、数種類の料理から一つを選べる給食。

リサイクル【recycle】資源の節約や環境汚染の防止のために、不用品や廃物を再生して利用すること。

リサイクル ショップ【recycle shop】不用品や中古品の売買をする店。

リサイクル センター【和recycling＋center】地方自治体が設置する、リサイクルの拠点施設。不要品情報の掲示板、リサイクル品(家具・自転車など)の販売所、学習施設なども設置されている。リサイクル-プラザ。

リサイタル【recital】独唱会。独奏会。

リザベーション【reservation】①予約。予約席。②留保。条件。ただし書き。

リジェクト【reject】①拒絶すること。②捨てること。除くこと。③身体が拒絶反応を起こすこと。

リショアリング【reshoring】海外へ移管・委託した業務を再度自国に戻すこと。

リシン【lysine】塩基性アミノ酸の一。ヒトの必須アミノ酸の一つで、ほとんどすべてのタンパク質の構成成分となる。アルブミン・ゼラチン・カゼインなどに多く含まれる。リジン。

リシン【ricin】トウゴマの種子に含まれる糖タンパク質の一種。猛毒。生の種子を多量に食べると死ぬ。リチン。

リス【ドイツ Riss】登山で、岩の狭い割れ目。

リスカ ⇨リスト-カット

リスキー【risky】危険があるさま。冒険的なさま。

リスク【risk】①予測できない危険。②保険で、損害を受ける可能性。

リスク アセット【risk asset】⇨リスク資産

リスク オフ【和risk＋off】投資リスクを下げること。株安や景気後退時などに株式などのリスクの高い投資を避け、相対的に安全と思われる資産に資金を移すこと。→リスク-オン

リスク オン【和risk＋on】株式などのリスクの高い投資に資金を移し、投資リスクを上げること。損失額が大きくなる恐れはあるが、リターンの見込みが大きくなる。→リスク-オフ

リスク資産 価格が変動する可能性をもつ資産。市場変動によって時価が変

動する株式、投資信託や外貨預金など。高い収益が望める代わり、元本割れなどのリスクも伴う。リスク-アセット。危険資産。

リスク ファクター〔risk factor〕ある疾患の原因あるいは指標となる因子。脳卒中に対する高血圧、冠動脈硬化に対する高血圧・糖尿病・肥満など。危険因子。

リスク ヘッジ〔risk hedge〕⇨ヘッジ

リスケジューリング〔rescheduling〕債務者が債務返済時期を当初の契約より遅らせること。

リスケジュール〔reschedule〕①債務返済の繰り延べ。→リスケジューリング ②日程や予定の変更・立て直し。▷リスケとも。

リスタート〔restart〕⇨リブート

リスト〔list〕一覧表。目録。名簿。表。

リスト〔wrist〕(スポーツなどで)手首。

リストア〔restore〕①もとに戻すこと。復旧させること。回復させること。②コンピューターで、別メディアに保存していたデータをもとに戻すこと。

リスト アップ〔和list+up〕数多くの中から条件に合うものを選び出すこと。また、それを一覧表にすること。

リスト カット〔wrist cut〕自殺を目的に、また自傷行為として、手首を切ること。手首切り。リスカ。

リストバンド〔wristband〕手首につける汗止めのバンド。

リストラ 企業が人員を削減すること。従業員を解雇すること。▷元来はリストラクチャリングの略。

リストラクチャリング〔restructuring〕①企業が不採算部門を切り捨てたり、新規事業に乗り出すなど、事業構造の転換を目指すこと。企業再構築。リストラ。②債務者が当初の契約どおりに債務を返済することが困難になったとき、より返済期間の長い債務に切り換えること。→リスケジューリング

リストランテ〔イタリアristorante〕イタリア料理のレストラン。

リストレット〔wristlet〕①腕飾り。②腕を通せるストラップが付くポーチ。

リスナー〔listener〕聞き手。特に、ラジオ番組の聴取者。

リスニング〔listening〕①外国語の聞き取り。②音楽を観賞すること。

リスペクト〔respect〕尊敬。また、敬意を表すること。

リスボン条約 正称、欧州連合条約および欧州共同体設立条約を改正するリスボン条約。ヨーロッパ連合(EU)の枠組みを定めた基本条約を改正する新基本条約の略称。2007年12月調印。09年12月発効。→EU

リズム〔rhythm〕①周期的に反復・循環する動き。律動。②運動・音楽・文章などの進行の調子。③詩の韻律。④音楽の最も根源的な要素で、音の時間的進行の構造。

リズム アンド ブルース〔rhythm and blues〕第二次大戦後のアメリカ黒人の間に興ったポピュラー音楽。ロック-ミュージックの母体となった。R&B。

リセール〔resale〕転売。

リセッション〔recession〕一時的な景気の後退。不況までにはいたらないような、景気の浅い谷間。

リセット〔reset〕(機械装置などを)再び始動の状態に戻すこと。セットしなおすこと。

リセラー〔reseller〕商品やサービスを仕入れ、一般の販売店や消費者に再び販売する業者。

リソース〔resource〕①資源。財源。資産。②コンピューターで、利用できるハードウエアやソフトウエアのこと。資源。

リゾート〔resort〕避暑・避寒・保養のための場所。

リゾーム〔フランスrhizome〕無数の網の目状態で広がる植物の根のイメージを借りて、現代の思想と文化の状態を特徴づけるフランスの思想家ドゥルーズとガタリの用語。▷根茎の意。

リソグラフィー〔lithography〕①石版印刷。石版画。リトグラフ。リソグラフ。リトグラフィー。②半導体製造の際、基板表面に光を照射し微細な

回路パターンを転写する技術の総称。

リゾット【イタリアrisotto】イタリア料理の一。油で炒《いた》めた米をスープで炊いたもの。

リターナブル【returnable】（紙容器・瓶などが）リサイクルのために返却・回収ができること。案 回収再使用 → ワン-ウエー

リターン【return】①戻ること。戻すこと。復帰すること。②利益。報酬。③テニスや卓球で、球を打ち返すこと。返球。

リターン マッチ【return match】①プロ-ボクシングなどで、選手権を奪われた者が、新しい選手権保持者への最初の挑戦者となって戦う選手権試合。②一度敗れた者が、雪辱を期して再度行う戦い。

リタイア【retire】①引退すること。退職すること。②途中で退場・棄権すること。

リダイヤル【redial】ダイヤルした電話番号を、もう一度ダイヤルすること。リダイアル。

リダイレクト【redirect】ウェブ-ブラウザーで、閲覧したウェブ-ページが自動的に別のページに転送されること。

リダクション【reduction】①減少。縮小。②補正。修正。③還元。

リダンダンシー【redundancy】①冗長性。余計な部分が付加されていること。また、それにより機能の安定化が図られていること。余剰性。②冗長度。情報理論で、信号や文字列に、情報として余分な部分がどの程度含まれるかを表す量。

リチウム【lithium】1族元素（アルカリ金属）の一。元素記号Li　原子番号3。原子量6.941。比重0.534で金属中で最も軽い。原子炉の制御棒、合金などに用いる。

リチウムイオン電池　両極間のリチウムイオンの移動により放電する電池。軽量で電気容量が大きい。

リチウム電池　陰極にリチウムを用いた乾電池。自己放電が少なく、長期間使用できる。

リチウムポリマー電池　電解質の一方または両方に、ゲル状の高分子固体電解質を利用した電池。軽量で液漏れしない。リチウムポリマー二次電池。ポリマー電池。

リツイート【Retweet】ツイッターにおいて、他者のコメント（ツイート）を引用して再投稿すること。RT。

リッター【liter】⇨リットル

リッチ【rich】富んでいるさま。金持ちであるさま。豊かな。

リッチ マン【rich man】裕福な人。

リットル【フランスlitre】　体積の単位。1000cm^3の呼称。記号L,l（かつてはl、ℓが用いられた）　リッター。

リッパー【ripper】①ミシンの縫い目をほどくときに用いる道具。②切り裂き魔。③リッピングを行うためのアプリケーション-ソフトウエア。CDリッパー。リッピング-ツール。リッピング-ソフト。

リッピング【ripping】CDに記録されている音声を、データとして取り出すこと。

リップ【lip】くちびる。

リップ サービス【lip service】口先だけで調子のいいことを言うこと。その場だけのお世辞を言うこと。

リップ シンク【lip sync; lip-synch】声の音声と口の動きを同期させること。▷シンクはシンクロナイゼーション（synchronization＝同期）の略。

リップ スティック【lipstick】棒状の口紅。棒紅。

リップ ブラシ【lip brush】口紅を塗るための筆。

リップ ライン【lip line】唇に口紅を塗る際の輪郭部分。

リップル【ripple】苛性《かせい》ソーダで処理して波形の凹凸を表した布地。夏向きの服地にする。▷さざ波の意。

リディム【riddim】レゲエやその派生ジャンルにおけるトラック（ボーカル以外の音楽部分）。▷rhythm（リズム）の転訛《てんか》。

リテール【retail】①小売り。小売店。②個人や中小企業を対象にした小口の取引。

リテール パッケージ【retail package】小売のために商品を収めた箱や容器。

リテール バンキング【retail banking】中小企業・個人向けの銀行業務のこと。→ホールセール-バンキング

リデュース【reduce】①削減すること。縮小すること。②資源の有効利用や環境保護のために、廃棄物の発生を抑制すること。 案ごみ発生抑制 →3R・4R

リテラシー【literacy】読み書きをする能力。また、ある分野に関する知識や、それを活用する能力。案読み書き能力／活用能力 →メディア-リテラシー

リテラル【literal】コンピューターのプログラムの中で使用される数値や文字、文字列などの定数のこと。書かれたままの値で用いられる。

リテンション【retention】①保有。保持。保留。維持。②差し押さえ。③保有されているもの。また、保有する力。④分配や配当などをしないで、自分が保有すること。また、そのもの。

リトグラフ【lithograph】⇨リソグラフィー

リトマス【litmus】リトマスゴケ・サルオガセなどの地衣類から得られる紫色の色素。酸により赤色に、アルカリにより青色に変化するので、分析用指示薬として用いられる。

リトミック【フランスrythmique】スイスの音楽教育家ダルクローズが創案した音楽教育法。リズムを身体の運動によって把握させようとするもの。律動法。

リトリビューション【retribution】報い。報復。天罰。

リトル【little】「小さい」の意。

リトル プレス【和little ＋ press】少部数の雑誌。主に自主制作・独自流通による雑誌をいう。

リナックス ⇨Linux

リニア【linear】①「直線の」「直線的な」「線状の」などの意。②リニア-モーター-カーの略。

リニア編集【linear editing】ビデオ映像の編集で、テープからテープへのダビングを基本とする編集手法のこと。→ノン-リニア編集

リニア モーター【linear motor】可動部が直線運動をする電動機。

リニア モーター カー【linear motor car】リニア-モーターで動かす車両。磁気で車体を浮かせて走るため、摩擦が小さく、高速走行が可能。

リニューアル【renewal】①新しくすること。新しいものに変えること。一新。②店舗などを改装・改修すること。案刷新

リネーム【rename】コンピューターで、ディレクトリー(フォルダー)やファイルの名前を変更すること。

リネン【linen】①亜麻の繊維を原料とする糸・織物。夏物衣料などに広く用いられる。②テーブル-クロス・シーツ・タオルなど。▷リンネルとも。

リネン サプライ【linen supply】シーツ・タオルなどのリネン製品の貸出サービス。 定期的な回収・洗濯・修繕・補充などを行う。

リノベーション【renovation】①刷新。改革。②修理。改造。修復。③既存の建物を大規模に改装し、建築物に新しい価値を加えること。

リノリウム【linoleum】亜麻仁《あまに》油などの乾性油を酸化させたコロイド状物質に、樹脂・おがくず・コルク粉などを練り合わせ、麻布に塗抹《とまつ》し乾燥させたもの。耐水性・弾性に富み、床張り・壁張り・版画材料に用いる。

リバー【river】川。河川。

リハーサル【rehearsal】①放送・映画・演劇・演奏などの下げいこ。予行演習。②心理学で、記憶する情報を頭の中で繰り返し思い浮かべること。

リバーサル【reversal】①反転。逆転。逆戻り。②リバーサル-フィルムのこと。

リバーサル フィルム【reversal film】反転現像によって、直接ポジ画像を得ることを目的としてつくられたフィルム。スライド・小型映画・テレビ用などがある。反転フィルム。リバーサル。

リバーシブル【reversible】表裏ともに使える布や衣服。

リバース【reverse】反転すること。逆にすること。

リバース エンジニアリング【reverse engineering】競合する他社が開発した新製品を分解・解析し、その原理・製造技術などの情報を獲得して自社製品に応用すること。分解工学。RE。

リバース モーゲージ【reverse mortgage】居住中の持ち家を担保に資金を貸し出し、生活費や福祉サービス費にあてる制度。▷資産担保年金、住宅担保年金、逆抵当融資、逆住宅ローンなどともよばれる。

リパーゼ【lipase】脂肪酸エステルを脂肪酸とグリセリンとに加水分解する反応の触媒となる酵素。動物の膵液《すいえき》・腸壁・肝臓などや植物種子・カビ類・細菌などに見いだされている。

リバイアサン【Leviathan】①政治思想書。ホッブズ著。1651年刊。自然法に従った社会契約により、絶対的権力をもつ国家(リバイアサン)を設定すべきだと説く。②旧約聖書のヨブ記などにしるされた水にすむ巨大な幻獣。悪の象徴とされる。

リバイス【revise】修正。訂正。改正。改訂。

リバイバル【revival】①再上映・再上演。②再評価。▷再生・復興・復活の意。

リバウンド【rebound】①はね返ること。②ダイエットをした後に、体重が増加すること。③薬剤の投与を中止した後に、病状の悪化がみられること。[案]揺り戻し

リバタリアニズム【libertarianism】現代の国家論・正義論の一つ。リベラリズムが福祉国家による所得再分配に走ったことを批判し、個人の自由を徹底するために私有財産権や市場機構を擁護する立場。完全自由主義。自由至上主義。

リパッケージ【repackage】販売済みの商品について、見た目や中身を変更したうえで再発売すること。

リバティー【liberty】自由。解放。

リハビリ リハビリテーションの略。

リハビリテーション【rehabilitation】事故・疾病の後遺症などに対し、能力を回復させるために行う訓練・療法。社会復帰。リハビリ。

リバランス【rebalance】①バランスの再調整。②分散投資において、投資家があらかじめ設定した資産配分を相場変動後も維持できるよう、適宜、資産の再配分(売却や買い増し)を行うこと。

リピーター【repeater】買い物・食事・宿泊・旅行などで、同じ店やホテルや観光地を何度も利用したり訪れたりする人のこと。

リピート【repeat】繰り返すこと。繰り返し。反復。レピート。

リピート買い 気に入った商品を再び購入すること。リピ買い。

リビジョニスト【revisionist】それまで正統とされてきた学説や見解に異議を唱える人。特に、従来の歴史観に修正をせまる論者などをいう。修正主義者。

リビジョン【revision】見直し。訂正。修正。

リビドー【ラテン libido】フロイトの用語。性的衝動の基になるエネルギー。また、ユングでは、あらゆる行動の根底にある心的エネルギーを広くいう語。▷欲望の意。

リビング【living】①「生活の」「生きている」の意。②リビング-ルームの略。

リビング シアター【和living ＋ theater】リビング-ルームに設けるホーム-シアター。

リビング デッド【living dead】生ける屍《しかばね》。ゾンビ。

リビング ルーム【living room】居間。茶の間。特に、洋風の居間。リビング。

リフ【riff】ポピュラー音楽で、短い反復フレーズ。また、ブルースのテーマ部。

リブ【lib】①(liberationの略)解放。②(woman's libの略)女性解放運

動。→ウーマンリブ

リブ【rib】①肋骨《ろっこつ》。②板の変形防止のために平面に直角にとりつける補強材。③柱から柱へアーチ状にかけ渡して、屋根の荷重を柱へ伝える部材。④⇨リブ-ロース

リファイナンス【refinance】資金の再調達。資金の借り換え。

リファイン【refine】洗練すること。純化すること。

リファビッシュ【refurbish】メーカーが初期不良品やリース返却品などの製品を回収・整備して、これを明示した上で再販売する手法。リハビッシュ。リファービッシュ。▷磨き直す意。

リファレンス【reference】①参考。参照。②照会。問い合わせ。▷レファレンスとも。

リフィル【refill】詰めかえ・差しかえ用の品。替え芯《しん》や替え用紙など。レフィル。

リブート【reboot】パソコンを再起動させること。リスタート。

リフォーム【reform】作り直すこと。洋服などの仕立て直し。また、建物の改築。

リフター【lifter】①持ち上げるための道具や機器。②重量挙げの選手。▷ウエート-リフター(weight lifter)の略。

リフティング【lifting】①サッカーで、ボールを地面に触れぬ様、手以外の部分を使って打ち上げ続けること。②老化してたるんだ皮膚に張りを与えること。▷上げる意。

リフト【lift】①エレベーター・起重機など、ものを持ち上げる機械・装置の総称。揚重機。②スキー場などで、低地から高地に人を運ぶ設備。③バレエや、フィギュア-スケートのペア競技で、男性が女性の体を高く持ち上げる動作。

リフト アップ【lift up】持ち上げること。

リフューズ【refuse】拒絶すること。→4R

リプライ【reply】返事をすること。応答すること。返信すること。

リブランディング【rebranding】ブランドの再構築や再定義。

リフレ ⇨リフレーション

リプレー【replay】①再び行うこと。再演。②(録画・録音の)再生。

リフレーション【reflation】①景気循環の過程で、デフレーションを脱したがインフレーションに至らない状態。→ディスインフレーション ②景気を回復させるために行われる通貨膨張政策。統制インフレーション。▷略して、リフレとも。

リプレース【replace】①置き換えること。取り替えること。②元の位置に戻すこと。ゴルフで、拾い上げたボールをもとの位置に置くことなどをいう。

リプレースメント【replacement】交換。入れ替え。またその品など。

リフレーン【refrain】詩・音楽などで、同じ句や曲節を繰り返すこと。また、その部分。特に、一節の終わりの部分の繰り返し。畳句。ルフラン。

リフレクション【reflection】①反射。反映。② 内省。熟考。

リフレクソロジー【reflexology】足の裏・掌《てのひら》・耳にある反射区とよばれる点を刺激し、それぞれの反射区とつながっていると考えられる内臓や内分泌腺の活性化を促す療法。反射療法。

リフレクター【reflector】反射鏡。反射板。レフレクター。

リフレッシュ【refresh】元気を回復させること。気分を一新すること。

リフレッシュメント【refreshment】軽めの飲食物。

リフレッシュ レート【refresh rate】更新の頻度。ディスプレーにおける画面の書き換え頻度や、メモリー(DRAM)における再書き込みの頻度をいう。通常ヘルツを単位とする。

リブ ロース【rib roast】牛肉のうち、左右の肩から背の中央の部位のもの。肉質は軟らかく、ステーキなどにする。リブ。

リプロダクション【reproduction】①複製。模写。複写。翻刻。②再生産。③生殖。繁殖。

リプロダクティブ ライツ【repro-

ductive rights】妊娠中絶・受胎調節など性と生殖に関する女性の自己決定権。国家・男性・医師・宗教などの規制や社会的圧力を受けることなく、女性が選択できる権利。女性の再生産の権利。

リプロダクト【和re-＋product】意匠権の切れたデザインを用いて、生産する製品。リプロダクト家具(製品・商品)。ジェネリック-プロダクト。

リペアマン【repairman】修理工。

リベート【rebate】①支払い代金の一部を手数料・謝礼などの名目で、支払者に戻すこと。また、その金。割り戻し。歩戻し。②一定の行為に対する報奨として、受け取る金銭。手数料。

リベット【rivet】金属板や鋼材などをつなぎ合わせるために打つ鋲《びょう》。

リベラリスト【liberalist】自由主義者。

リベラリズム【liberalism】自由主義。

リベラル【liberal】①自由を重んじるさま。②自由主義に基づくさま。また、そのような立場。③穏やかに改革を行おうとするさま。また、そのような立場。

リベラル アーツ【liberal arts】①職業や専門に直接結びつかない教養。また、そのための普通教育。②大学における一般教養。教養課程。

リベロ【イタリア libero】①サッカーで、戦術に応じて自由に位置を変更し、守備と攻撃をバランスよく両立するディフェンダーの通称。②バレーボールで、守備専門の選手。ネットよりも高い位置にあるボールに触れることができない。▷「自由な」の意。

リベンジ【revenge】復讐《ふくしゅう》。仕返し。雪辱。

リベンジ ポルノ【revenge porno】離婚や失恋などの腹いせに、元配偶者や元恋人の裸体写真や動画を許可なくインターネット上に公開すること。復讐ポルノ。

リベンジ マッチ【revenge match】一度負けた相手と行う再試合。→リターン-マッチ

リポート【report】レポートに同じ。

リボソーム【ribosome】すべての細胞の細胞質にあってタンパク質合成の場となる小顆粒《かりゅう》。RNAとタンパク質からなる。

リボ払い ⇨リボルビング-ローン

リボルバー【revolver】①連発拳銃《けんじゅう》の一種。弾倉が回転式になっている。レボルバー。②回転するもの。回転装置。

リボルビング【revolving】一定限度まで繰り返し融資を受けられること。

リボルビング ローン【和revolving＋loan】クレジット-カードによる買い物やキャッシング-サービスの月間利用限度枠内で反復利用し、返済は一定の額や率で毎月支払っていく方式。リボ払い。

リボン【ribbon】①洋服・帽子・頭髪の飾りや贈答品の包装に用いる幅の狭い薄地の織物。②プリンターなどに使う、印字用のインクを塗布したテープ。

リマインダー【reminder】何かを思い出させたり、気付かせたりするもの。

リマインド【remind】思い出させること。忘れないようにすること。

リミックス【remix】すでに発表されている楽曲を、ミキシングし直すこと。

リミッター【limiter】自動車で、ある設定速度や回転数を超えると自動的にエンジン出力を抑える装置。▷制限装置の意。

リミット【limit】限界。限度。極限。また、境界。範囲。

リム【rim】①ベルト車のベルトのかかる輪の部分。②自動車・自転車などの、タイヤを保持する輪。

リムーバー【remover】ペンキやマニキュアを落とす溶剤。

リムーバブル【removable】取り外しや除去が可能なこと。

リムジン【limousine】①運転席と客席の間にガラスの仕切りをつけた大型高級車。②空港の旅客を送迎するバス。

リムる ツイッターなどで、フォローを解除すること。▷リムはリムーブ(remove)の略で取り除くの意。

リメーク【remake】作り直すこと。また、作り直されたもの。

リモート【remote】「遠隔」の意。

リモート コントロール【remote control】①遠隔制御。遠隔操作。リモコン。②人をかげから操ること。

リモート サポート【remote support】業者が利用者のパソコンを遠隔操作して設定や修復を行うオンライン-サポート。

リモート センシング【remote sensing】人工衛星や飛行機などに搭載された検知器を用いて、対象物から反射または放射される電磁波を測定・記録して、地表付近の情報を収集する技術。遠隔探査。RS。

リモート デスクトップ【remote desktop】ネットワークに接続した他のコンピューターのデスクトップ環境を、手元のコンピューターで遠隔的に操作する技術。

リモート ハラスメント【remote harassment】リモート-ワークの中で生じるパワー-ハラスメントやセクシャル-ハラスメントなどの嫌がらせやいじめ。リモハラ。

リモート ワーク【remote work】⇨テレコミューティング

リモコン リモート-コントロールの略。また、それに用いる装置。

リモデル【remodel】作り変えること。改造すること。

リモネン【limonene】柑橘類の果皮に存在し、レモンのような香気を有する精油成分。

リモ ハラ リモート-ハラスメントの略。

リヤール【riyal】サウジアラビアの通貨単位。1リヤールは20クルシェおよび100ハララーに等しい。記号SRl リアル。

リヤ カー【和rear+car】自転車や人が引っ張る、ゴムタイヤを付けた荷車。リアカー。

リュウグウ【Ryugu】地球軌道と火星軌道の間の楕円軌道を1.3年周期で回る小惑星。2015年、宇宙航空研究開発機構(JAXA)の公募・選定を経て命名。

リュージュ【フランス luge】舵《かじ》・ブレーキなしの小型の木製そり。冬季オリンピック種目の一つ。トボガン。

リユース【reuse】再使用すること。また、再使用するもの。容器などにいう。案再使用 →3R・4R

リュート【lute】アラビアのウードに由来し、中世から16、7世紀にかけてヨーロッパで広く用いられた撥弦《はつげん》楽器。洋梨形の共鳴胴とフレットをもつ棹《さお》からなり、2本一組みに張られた多数の弦をもつ。

リューベ ①立方メートルのこと。コンクリートの単位などに用いる。②圧縮ガスの容器の単位。常温・常圧にもどしたときのガスの体積で表す。▷立方メートルを「立米《りゅうべい》」とも書くことから。

リュクス【luxe】華美。優雅。高級。贅沢《ぜいたく》。

リュック リュックサックの略。

リュックサック【ドイツ Rucksack】登山などに行くとき、荷物を入れて背負う袋。ルックザック。リュック。ザック。

リユニオン【reunion】再結合。再結成。

リヨネーズ【フランス lyonnaise】フランス料理で、リヨン風の。玉葱《たまねぎ》を使ったものが多い。

リラ【フランス lilas】ライラックの別名。

リラ【lira】トルコの通貨単位。イタリアの旧通貨単位。

リラ【ギリシャ lyra】古代ギリシャなどで用いられた竪琴《たてごと》。

リライタブル【rewritable】書き換えが可能なこと。

リライト【rewrite】(執筆者以外の人が)文章に手を入れて書き直すこと。

リラクセーション【relaxation】休養。息抜き。気晴らし。リラクゼーション。

リラックス【relax】精神や肉体の緊張をほぐすこと。くつろぐこと。

リラックス ウエア【和 relax+

wear】くつろぐ際に着用する衣類。パジャマやガウンなど。

リリース【release】①離すこと。放つこと。解放すること。②投球動作の中で、球を手から離すこと。③釣った魚を水の中に返すこと。④製品などを、新たに発売すること。⑤⇨レリーズ [案]発表

リリース ノート【release note】ソフトウエアの改訂版を公開する際、それと同時に利用者に示す、改訂の概要。

リリーフ【relief】①野球で、救援すること。また、救援投手。リリーバー。②レリーフに同じ。

リリカル【lyrical】抒情的・抒情詩的であるさま。

リリコイ【ハワイ lilikoi】パッションフルーツ。

リリシズム【lyricism】抒情精神。抒情性。

リリック【lyric】①抒情詩。リラに合わせて歌われる詩としてギリシャに発生した。→エピック ②歌詞。

リレー【relay】①受け継いで次々に渡していくこと。中継。②陸上競技・水泳・スキーなどで、定められた距離を数人の選手が分担して、次の選手へと受け継いでいく競技。リレー競走。リレーレース。③継電器。

リレーショナル データベース【relational database】行と列からなる表形式でデータを関連づけて表現するシステム。RDB。

リレーション【relation】かかわりがあること。つながりがあること。関係。関連。

リレーションシップ【relationship】関係。関連。結びつき。つながり。

リロード【reload】ブラウザーに表示済みのウェブページを、再読み込みすること。更新。

リロケーション【relocation】転勤などで留守になる住宅を預かり、企業や個人に斡旋《あっせん》・賃貸を行うサービス。また、その業種。

リワーク【rework】作り直すこと。作業をやり直すこと。

リワード【reward】報酬。褒賞。リウォード。

リンガ フランカ【イタリア lingua franca】異なる母語を持つ人たちが共通に理解できる言語。

リンク【link】①連動すること。連結すること。②運動や力を伝達する装置。③インターネット上の他のウェブページにジャンプするために、行き先のURLをテキスト中に埋め込んだもの。ウェブリンク。④コンピューターで、複数のオブジェクトプログラムを連結して実際に使用できるプログラムにすること。

リンク【rink】スケート場。スケートリンク。

リング【ring】①指輪。②輪《わ》。輪状のもの。③ボクシングやプロレスなどの試合場。④体操競技のつり輪。

リングイネ【イタリア linguine】スパゲッティを押し潰したような、細長く平たいパスタ。リングイーネ。

リンクス【links】(海沿いの)ゴルフ場。

リンクス【lynx】ネコ科の哺乳類。敏捷《びんしょう》で性質が荒く、木登りや泳ぎがうまい。ヨーロッパ・シベリア・朝鮮・サハリンなどに分布。大山猫《おおやまねこ》。

リンケージ【linkage】①国際間の交渉を進める上で、全く別の問題を関連づけ、双方を抱き合わせて交渉すること。②同一染色体上にある二つ以上の非対立遺伝子が、メンデルの独立の法則に従わず、互いに結びついて行動すること。リンケージ。連関。連鎖。

リンス【rinse】①すすぐこと。②石鹸《せっけん》のアルカリ分を中和し、洗った物をしなやかにする薬剤。また、その溶液でよくすすぐこと。特に、洗髪の場合にいう。ヘアリンス。

リンチ【lynch】暴力による私的制裁。私刑。

リンネル【フランス linière】⇨リネン

リンパ【lymph】リンパ管系を流れる無色あるいは淡黄色の透明な液体。組織液がリンパ管に入ったもので、細胞成分としてリンパ球を含む。リンパ液。

リンパ ドレナージュ【lymph drainage】リンパの流れに沿って行う

マッサージ。リンパ-ドレナージ。

ル

ルアー【lure】擬餌鉤《ぎじばり》の一種。餌《えさ》の小魚などに似せた形・色につくったもの。スプーン・スピナー・プラグ・ジグ・ワームなどの種類がある。

ルアウ【ハワイ luau】ハワイ式の宴。

ルイベ 凍った魚、またはその刺身。▷アイヌ語。とける食物の意。

ルー【フランス roux】バターで炒《いた》めた小麦粉を、牛乳やスープなどでのばしてつくったソース。

ルーキー【rookie】スポーツで、新人選手。▷新兵《しんぺい》の意。

ルーク【rook】チェスの駒の一。城をかたどった駒。

ルーザー【loser】敗者。負け犬。→グッド-ルーザー

ルージュ【フランス rouge】口紅。▷赤の意。

ルーズ【loose】しまりがないさま。だらしないさま。▷英語発音はルース。

ルーズ ソックス【和 loose＋socks】ゴムを抜いた白いハイ-ソックス。たるませた状態で着用。

ルーズ リーフ【loose-leaf notebook】1枚ずつ自由に綴じたり取りはずしたりできるノート。

ルーター【router】①高速で回転するカッター-ヘッドで加工材の面取り、切り抜きなどを行う木工機械の総称。②複数のコンピューター-ネットワークを接続し、最適な経路を選択して情報を伝送する装置。

ルーチン【routine】①きまりきった仕事。日々の作業。ルーチン-ワーク。②コンピューターのプログラムの部分をなし、ある機能をもった一連の命令群。③アーティスティック-スイミングで、音楽に合わせて行う演技。▷ルーティーン・ルーティンとも。

ルーチン ワーク【routine work】⇨ルーチン

ルーツ【roots】①根。根元。②物事の根源。起源。③祖先。

ルーツ ミュージック【roots music】ある音楽ジャンルから見て、その起源に相当する音楽ジャンルのこと。

ルーティング【routing】ネットワークで、相手のデバイスにデータを送信するための経路を決定すること。

ルート【root】累乗根あるいはその記号。√で表す。普通、平方根をさすことが多い。

ルート【route】①一定の所へ至る道筋。また、路線。②入手や販売のための経路。手づる。

ルート セールス【route sales】すでに取引のある顧客を、定期的に訪問する営業活動。

ルード ボーイ【rude boy】(ジャマイカやイギリスの)不良少年。

ルーバー【louver】①一定幅の羽板を平行に並べたよろい戸状のもの。②照明調整器具。金属や樹脂の薄い板を格子状に組み、光源近くにはめて光を和らげる。③ヨーロッパ中世の住宅で、採光・排煙のため羽板状の格子を備えた小塔。

ルーピー【loopy】頭のおかしい、いかれた、変わった。

ルーフ【roof】屋根。

ループ【loop】①輪。輪の形をしたもの。②服飾で、布や糸で作った輪。ベルト通し・ボタン穴などに用いる。③コンピューターのプログラムで、何回も繰り返して実行される命令群。④飛行機の宙返り。

ルーフィング【roofing】フェルトの両面にアスファルトを浸透させ、表面に雲母などの粉を付着させた屋根葺《ふ》き下地や防水材。アスファルト-ルーフィング。

ルーフトップ【rooftop】屋上。

ルーブル【ロシア rouble】ソ連、およびその解体後はロシア連邦の通貨単位。1ルーブルは100カペイカ。記号 Rbl. ルーブリ。

ルーフ レール【roof rail】自動車の屋根の左右に取り付ける棒状の器具。荷物を載せて固定するためのもの。

ルーペ【ドイツ Lupe】拡大鏡。虫眼鏡。

ルーム【room】①部屋。②学級。クラス。

ルーム ウエア【和 room＋wear】部屋着。

ルーム サービス【room service】ホテルで、宿泊客の部屋まで飲食物を運ぶこと。

ルーム シェア【room share】他人同士が、共同で一つの部屋を借り、分け合って住むこと。フラットシェア。

ルーム チャージ【room charge】ホテルの宿泊料金。

ルーメン【lumen】光束のSI単位。すべての方向に一様に1カンデラの光度をもっている点光源が、単位立体角(1ステラジアン)に放射する光線束を1ルーメンとする。記号lm

ルーラー【ruler】①定規。物差し。②支配者。統治者。

ルール【rule】規則。きまり。

ルーレット【フランスroulette】①賭博《とばく》道具の一。また、それによる賭博。赤と黒に交互に色分けされた0から36までの数字の目に区分をしるしたすり鉢状の回転盤に球を投げ入れ、どの目や色に止まるかを賭けて争うもの。②柄の先に小さな歯車のついた道具。歯車を回転させて紙・布地などに点線の印をつける。ルレット。

ルクス【フランスlux】照度のSI単位。$1m^2$の面積に1ルーメンの光束が一様に分布しているときの表面の照度を1ルクスとする。記号lx　ルックス。

ルサンチマン【フランスressentiment】強者・支配者に対する怨恨《えんこん》。ニーチェの用語。

ルシフェル【ポルトガル Lucifer】堕天使《だてんし》のこと。

ルチャ リブレ【スペインlucha libre】メキシコ式のプロレス。覆面レスラーが多い。ルチャ。

ルチン【rutin】ソバ・エンジュの新鮮なつぼみなどに含まれる配糖体。毛細血管の透過性を抑制しもろくなるのを防ぐ。出血性の病気の予防薬として用いる。

ルック【look】そのような特徴や雰囲気をもった服装。他の語と複合して用いる。

ルックス【looks】顔かたち。容貌。器量。

ルックス【lux】⇨ルクス

ルックブック【lookbook】ファッションで、デザイナーやブランドなどが新作を紹介するために制作・公開する写真集。

ルッコラ【イタリアrucola】アブラナ科の一年草、キバナスズシロ草。葉にはゴマに似た風味と辛みがあり、サラダに用いられる。また種からは油をとる。ロケットサラダとも。

ルナ【Luna】ローマ神話の月の女神。ときにダイアナと同一視される。ギリシャ神話のセレネに当たる。

ルナティック【lunatic】常軌を逸したさま。

ルネッサンス【フランスRenaissance】14〜16世紀、イタリアから西ヨーロッパに拡大した人間性解放をめざす文化革新運動。文芸復興。▷「再生」の意。古代ギリシャ・ローマ文化の復興をいう。ルネサンスとも。

ルバーブ【rhubarb】軟化栽培した大黄《だいおう》の葉柄。弱い酸味があり、生食やジャムの原料などにする。

ルビ【ruby】①振り仮名用の活字。主に4〜6ポイントの小活字。ルビー。②振り仮名。

ルビー【ruby】①鋼玉《こうぎょく》の一。良質のものは宝石にする。7月の誕生石。紅玉。②5.5ポイントの欧文活字の古称。→ルビ

ルビー レッド【ruby red】ルビーのような、紫がかった赤色。

ルフラン【フランスrefrain】⇨リフレーン

ルポ ルポルタージュの略。

ルポ ライター【和フランスreportage＋英writer】主に社会的事件や事象を、現地や関係者間に取材して記事にまとめあげる人。

ルポルタージュ【フランスreportage】①(新聞・放送などで)現地報告、または報告文。探訪。ルポ。②記録文学。

ルミエール【フランスlumière】光。明か

り。

ルミナリエ〔イタリア luminària〕 イルミネーション。電飾。

ルンバ〔スペイン rumba〕 19世紀初頭、キューバのアフリカ系住民の間からおこった舞曲。また、その踊り。

ルンペン〔ドイツ Lumpen〕浮浪者。

レ

レア〔rare〕。きわめてまれであること。希少なさま。→レア物

レア〔rare〕 ビーフ-ステーキの焼き方で、中を赤身の生の食感を残す程度に焼いたもの。生焼き。→ウエル-ダン・ミディアム

レア メタル〔rare metal〕存在量が少なかったり抽出が困難なため、純粋な金属として得がたい金属。ニッケル・コバルト・クロム・マンガン・チタンなど。希少金属。

レア物(もの) コレクターにとって、とても珍しく価値のある品物。レア-アイテム。

レイ〔ハワイ lei〕首にかける花輪。ハワイで儀礼などに用いた。

レイアウト〔layout〕①空間や平面に目的物の構成要素を配列すること。配列。配置。②印刷物の紙面の割り付け。

レイオフ〔layoff〕①一時解雇。②操業短縮などで人手が余った際に、雇用関係は継続されているが、経営者が従業員を休ませる一時帰休の制度。

レイシスト〔racist〕人種主義者。人種差別主義者。▷レーシストとも。

レイシズム〔racism〕人種差別主義。人種主義。

レイティング〔rating〕 ⇨レーティング

レイテンシー〔latency〕処理の待ち時間。処理の遅延。

レイト〔late〕①遅いさま。遅れているさま。②近ごろのこと。最近のこと。▷レートとも。

レイト ショー〔和 late+show〕 夜の遅い時間帯に行われる映画の上映。

レイト マジョリティー〔late majority〕イノベーター理論の用語。新たに現れた革新的商品やサービスを、世の中の普及状況を見てから採用・受容するような人々。イノベーター理論の5つの顧客層のうち、アーリー-マジョリティ(前期追随者)の次に受容する人々。新しい価値観や様式の受容には懐疑的とされる。後期追随者。後期多数採用者。

レイブ〔rave〕主に屋外で、テクノやハウスなどのダンス-ミュージックを大音量で流すイベント。

レイプ〔rape〕強姦《ごうかん》すること。婦女暴行。

レイヤー コスプレをする人。コスプレを趣味にする人。▷コスプレイヤーから。

レイヤー〔layer〕①層。階層。②コンピューター-グラフィックスで、絵が描かれている、層になった透明のシート。

レイヤード〔layered〕①層になっているさま。段々になっているさま。②レイヤード-カットの略。長さに段差をつけて頭髪をカットする。また、その髪形。

レイヤード ルック〔layered look〕重ね着を強調した服装。

レイン〔rain〕 ⇨レーン

レインボー〔rainbow〕虹《にじ》。

レーキ〔lake〕有機顔料のうち、有機色素を金属と結合させるなどして水に溶けなくしたものの総称。ペイント・プラスチックなどの着色に用いる。レーキ顔料。

レーキ〔rake〕短い鉄の歯を粗い櫛《くし》状に並べた農具。草かきなどに用いる。

レーザー〔laser〕(light amplification by stimulated emission of radiation)振動数が光および光に近い周波数にあるメーザー。光通信・ホログラフィー・臨床医学、あるいは金属の切断などに利用される。→メーザー

レーザー〔razor〕 ⇨レザー

レーザー ビーム〔laser beam〕①レーザーの光線。②野球で、外野手からほぼ水平な軌道で投げられる、本塁あるいは各塁への正確で速い返球。特に補殺、または進塁を断念させるものをいう。▷レーザー光のように真っ直ぐであ

ることから。

レーシック【LASIK】(Laser in situ Keratomileusis)近視などの屈折異常を治すための手術方法の一。レイシック。

レーション【ration】①支給(品)、配給(品)、割り当てのこと。②軍隊の配給食。野戦食。ミリめし。

レース【lace】糸を編んだり撚《よ》ったりして、透かし模様を作って布状にしたもの。

レース【lathe】旋盤。

レース【race】人種。

レース【race】ゴールをめざして争うこと。競走・競漕・競泳・競馬など、スポーツについていうことが多い。

レース クイーン【和race＋queen】自動車レースなどで、スポンサーの宣伝などを行い、レースに華をそえる女性。

レーゾン デートル【フランスraison d'être】ある物が存在することの理由。存在価値。レゾン-デートル。

レーダー【radar】(radio detection and ranging)電波を利用して、目標物の距離・方位を測定する装置。電波探知機。

レーティング【rating】①評価。見積もり。格付け。②債券などの元本償還や利払いの確実性の度合について序列をつけること。債権格付け。③映画・テレビ番組・ゲーム-ソフトなどの内容について、子供の視聴・利用が適当であるかどうかを表示すること。

レート【late】⇨レイト

レート【rate】率。割合。歩合。

レードル【ladle】食卓で、取り分けに用いる杓子《しやくし》。

レーバー【labor】①労働。勤労。仕事。②労働者。労働者階級。③苦心。骨折り。努力。

レーベル【label】①ラベル。②レコードの中央に曲目・演奏者・レコード会社名などを刷り込んである円形の紙。転じて、そのレコードを制作・販売する会社やブランド。

レーム ダック【lame duck】任期終了を間近に控え、政治的影響力を失った大統領や首相を比喩《ひゆ》的にいう語。▷脚に傷をおった鴨の意。

レーヨン【rayon】セルロースを溶解してコロイド溶液にし、これを細孔から凝固液中に引き出して得る再生繊維。人造絹糸。人絹。

レール【rail】①列車の車輪を一定の方向へ回転させるために敷いた鋼鉄製の棒状の道。軌条。軌道。②敷居などに取り付け、引き戸などを滑らかに走らせる鉄棒状のもの。③物事を進めるために、あらかじめ用意される道筋。

レーン【lane】①ボウリングで、球をころがす床。アレー。アレー-ベッド。②自動車道路の車線。③陸上競技や水泳などで、各々の競技者が進むコース。

レーン【rain】雨。▷レインとも。

レーン ウエア【rainwear】雨着。

レーン チェンジ【lane change】車線の変更。

レーン プルーフ【rainproof】防水。

レオタード【leotard】ダンス・体操などの際に着る、体にぴったりした衣服。

レガート【イタリアlegato】音と音の間に切れを感じさせず、滑らかに続けて演奏する方法。また、それを示す符号。

レガーロ【イタリアregalo】贈り物。喜び。

レガシー【legacy】①遺産。②過去の遺物。旧態依然のもの。③企業で長期間使用されてきて、業務上不可欠であるが、古くて使い勝手が悪く維持が困難なコンピューター-システム。

レガッタ【regatta】ボート・ヨットなどの競漕《きようそう》。ボート-レース。

レギュラー【regular】①正規のものであること。→イレギュラー ②レギュラー-メンバーの略。スポーツで、正選手。また、放送番組で、常時出演する者。③レギュラー-ガソリンの略。オクタン価の低い普通のガソリン。無鉛ガソリン。

レギュレーション【regulation】規制。規則。規定。

レギュレーター【regulator】調整器。加減器。

レギンス【leggings】①足の甲、または足先まで覆うように仕立てた幼児の

防寒用ズボン。②伸縮性のある素材で作った、脚にぴったりつく長いパンツ。スパッツ。カルソン。

レギンス パンツ 【和 leggings+pants】 レギンスのような履き心地のパンツ。パギンス。レギパン。→レギンス

レグ 【leg】 (スポーツ競技などにおける)1区間。

レクイエム 【ラテン Requiem】 ①カトリック教会で、死者のためのミサ。②死者の鎮魂を願う入祭文を含めて作曲した、死者のためのミサ曲。鎮魂曲。鎮魂ミサ曲。

レクタンギュラー 【rectangular】 長方形の。

レクタングル 【rectangle】 長方形。矩形《くけい》。

レクチャー 【lecture】 ①講義。講演。講話。②口頭で、詳しく説明すること。

レクチン 【lectin】 細胞膜を構成する糖タンパク質や糖脂質の糖の部分に結合することによって、細胞凝集・細胞分裂の誘発などを起こす物質の総称。タンパク質から成り、植物種子・細菌・動物の体液や組織中に見られる。細胞表面の糖の検索、複合糖質の特異的精製などに利用。

レクリエーション 【recreation】 仕事や勉強などの疲れを癒やし、元気を回復するために行う娯楽。リクリエーション。

レゲエ 【reggae】 1970年代に世界的に広まったジャマイカのポピュラー音楽。

レコーダー 【recorder】 ①記録・録音などをする装置。②リコーダーに同じ。

レコード 【record】 ①競技などの記録。特に、最高記録。②音声を記録した円盤。盤面に刻まれた溝の凹凸によって音を記録する。録音盤。ディスク。③コンピューターで、ファイルを構成する単位。

レコメンド 【recommend】 ⇨リコメンド

レコンキスタ 【スペイン Reconquista】 イスラム教徒に占領されたイベリア半島をキリスト教徒の手に奪回する運動。711年のイスラム侵入後から、1492年のグラナダ開城まで続いた。国土回復戦争。

レザー 【leather】 ①なめし革。②レザー-クロスの略。布の表面に合成樹脂などを塗って型押しし、革の風合いを出したもの。

レザー 【razor】 かみそり。特に、西洋かみそり。

レジ レジスター①②の略。

レシート 【receipt】 領収書。一般に、金銭登録器で印字したものをさす。

レシーバー 【receiver】 ①電話・電信・ラジオなどの受信装置。②電気信号を音声信号に変換する装置で、主として直接耳にあてて聞くものをいう。③テニス・バレーボールなどで、相手の攻撃するボールを受ける人。

レシーブ 【receive】 テニス・バレーボールなどで、相手の攻撃するボールを受けること。また、打ち返すこと。

レジーム 【regime】 ①制度。政治体制。政権。→アンシャン-レジーム ②国際レジーム。通商・金融などの特定問題領域に対して各国が同意した上で行動のルールや紛争の処理方法を定める制度。

レジェンダリー 【legendary】 伝説的な。

レジェンド 【legend】 ①伝説。神話。言い伝え。②伝説的な人物。偉人。③地図などの凡例。記号一覧。

レジオネラ 【Legionella】 グラム陰性の桿菌《かんきん》。自然界の土壌・水、ビルの給湯系・空調の冷却水などに生息する。感染すると発熱や肺炎を発症する。

レジスター 【register】 ①金銭登録器。レジ。②デパート・飲食店などで、客からの支払いを受け、記録し、釣り銭などを渡す場所。また、その係の者。レジ。③コンピューターで、特定の目的に使用される一時的な記憶装置。データの読み書きが高速で、CPU内部に使用される。

レジスタンス 【フランス résistance】 侵略者などに対する抵抗運動。特に、第二

次大戦中ナチス-ドイツ占領下のフランスをはじめとし、ヨーロッパ各地で組織された地下抵抗運動をいう。

レシチン【lecithin】グリセロリン酸を骨格としてもつリン脂質。生体膜の主要構成成分で、動物・植物・酵母・カビ類に広く分布している。食料品や医薬品のマイクロカプセル剤として利用。ホスファチジルコリン。

レジデンシャル【residential】住宅用。居住用。

レジデンス【residence】住宅。邸宅。

レジデント【resident】①居住者。②研修医。

レシピ【recipe】①料理の材料の分量と作り方。②処方箋《しよほうせん》。

レシピエント【recipient】臓器移植や骨髄移植で、臓器や骨髄の受容者。㊇移植患者 →ドナー②

レジャー【leisure】余暇。また、それを使ってする娯楽。

レジャー ホテル【和leisure＋hotel】①ゴルフ場・プール・テニス-コートなどが利用できる、観光地や保養地のホテル。②⇨ブティック-ホテル

レジューム【resume】パソコンの電源を切ったときに、その時点での動作中の状態を保存する機能。▷再開する意。

レジュメ【フランス résumé】①論文の内容などを簡潔にまとめたもの。②講義やゼミナールで参加者に配布する、発表の内容を簡潔に記したもの。③履歴書。職務経歴書。▷要約の意。レジメとも。

レジリエンス【resilience】①回復力。強靱さ。変化などからの復元力。②心理学で、ストレスやトラウマなどの困難を跳ね返し、物事に対して前向きになろうとする力。→バルネラビリティー③物理などで、弾性エネルギー。

レジン【resin】樹脂。

レス インターネット上のコミュニケーションにおいて、相手の発言に返答すること。　▷応答を表すレスポンス(response)から。

レズ【les】レズビアンの略。

レスキュー【rescue】救助。救出。救援。

レスキュー シート【和rescue ＋ sheet】防水・保温・断熱などの機能をもつ薄いシート。災害・遭難などの非常時に防寒具などとして使用できる。サバイバル-シート。防寒シート。防寒保温シート。エマージェンシー-ブランケット。保温ブランケット。

レスト【rest】①休むこと。休憩。休息。②音楽で、休止。休止符。

レスト ハウス【rest house】休憩所。休養のための宿泊所。

レストラン【restaurant】西洋料理店。「食堂」より高級な店という語感で用いられる。レストラント。

レスト ルーム【rest room】①劇場・デパートなどで、休憩室。②便所。

レスパイト サービス【和respite＋service】介護を要する高齢者や障害者を、一時的に預かって家族の負担を軽くする援助サービス。▷レスパイトは息抜きの意。

レズビアン【lesbian】女性の同性愛者。レズ。▷レスビアンとも。女性をたたえた詩で名高い古代ギリシャの女流詩人サッフォーの生地レスボス島から。

レスポンシブ【responsive】すぐに反応すること。敏感。リスポンシブ。

レスポンシブ ウェブ デザイン【responsive web design】ウェブ-デザインの一。単一のファイルで、情報機器の種類や画面サイズなどの多様な表示環境に対応できるようにする設計方法。表示環境に応じて最適な表示を行うもの。レスポンシブ-デザイン。

レスポンシブル【responsible】責任のあるさま。責任を伴うさま。

レスポンシブル ケア【responsible care】化学物質に関連する企業が、開発・製造から消費・廃棄に至るすべての段階において、安全・環境・健康に対する自主的な配慮を行おうとする国際運動。レスポンシブル-ケア活動。RC。

レスポンス【response】①反応。応

答。返事。②操作に対する自動車の加速・制動・操作などの反応。▷リスポンスとも。

レセプショニスト 【receptionist】 受付係。案内係。フロント係。

レセプション 【reception】 ①公式の宴会。歓迎会。招待会。②(ホテルの)フロント。受付。

レセプター 【receptor】 細胞表面あるいは細胞内に存在し、外から細胞に作用する因子と反応して、細胞機能に変化を生じさせる物質。受容体。

レセプタント 【和receptant】 パーティー会場に派遣され、給仕や接客を行う女性。また、そのような職業。▷レセプションとアテンダントから。

レセプト 【ドイツ Rezept】 病院が健康保険などの報酬を公的機関に請求するために提出する明細書。診療報酬明細書。

レター 【letter】 ①手紙。②文字。

レターヘッド 【letterhead】 便箋《びんせん》上部に印刷された会社名やマーク。また、その便箋。

レターボックス 【letterbox】 ①郵便箱。②テレビ画面の縦横比よりも横長で撮影された映像を、上下に黒枠を追加して従来の縦横比を保ったまま表示する方式。

レタッチ 【retouch】 フィルムや絵画、画像データなどに、加筆や補筆をして修正すること。修整。

レタリング 【lettering】 視覚的な効果を考慮してデザインした文字。また、その文字を書くこと。

レチョン 【スペイン lechon】 豚あるいは鶏を丸焼きにしたもの。フィリピン料理。

レッグウエア 【legwear】 脚に着用する衣類。ストッキング、タイツ、レッグ-ウオーマーなど。

レッスン 【lesson】 ①課業。授業。稽古《けいこ》。②学課。教程。

レッツ ⇨LETS

レッテル 【オランダ letter】 ①自己の製品であることを示すために、商品にはりつける小形の札。②ある人や事物に与えられる評価。

レット 【let】 ①テニスで、サーブをやり直すこと。②卓球で、無効にすること。

レッド 【red】 赤。赤色。

レッド オーシャン 【red ocean】 競合が多い既存市場。⇨ブルー-オーシャン ▷赤い海の意。

レッド カード 【red card】 サッカーで、審判を侮辱したり、粗暴で悪質な行為をしたりした選手に退場を命じるときに審判が示す赤色のカード。

レッド ゾーン 【red zone】 エンジンの回転限界を示す領域。回転計のその領域を赤く塗ることからいう。

レッド データ ブック 【red data book】 絶滅のおそれのある野生生物についての資料集。

レッド パージ 【red purge】 1950年(昭和25)GHQの指導により政府・企業が行なった、日本共産党員とその同調者に対する一方的解雇。

レッド ライン 【red line】 ①アイス-ホッケーで、リンクを中央で分ける赤い線。センターライン。②越えてはならない一線。譲れない一線。「―を超える」

レッド リスト 【red list】 絶滅のおそれのある生物種を掲載したリスト。▷レッド-データ-ブックの表紙が危機を表す赤色であることから。→レッド-データ-ブック

レップ 【rep】 筋力トレーニングにおける1回分の動作。またそれを数える助数詞。レップス。▷repetition(繰り返し・反復)の略。

レディー 【lady】 ①淑女。貴婦人。→ジェントルマン ②女の人。婦人。

レディース 【ladies'】 「女性の」「女性用の」の意。

レディース コミック 【和ladies'＋comic】 成人女性を対象とした漫画。恋愛・結婚・仕事などのテーマを扱う。

レディース ライン 【ladies line】 女性向けに提供する商品群。

レディー メード 【ready-made】 ①できあいの品物。既製品。→オーダー-メード ②マルセル=デュシャンの用語。芸術作品として提示された日常的な既製品。

レディネス【readiness】①準備のできている状態。②ある学習に対する特定の準備が整っている状態。準備状態。

レトリーバー【retriever】猟用に改良されたイヌの総称名の一。獲物の回収運搬(レトリーブ)を得意とする。ゴールデン-レトリーバー・ラブラドル-レトリーバーなど。

レトリック【rhetoric】①修辞学。美辞学。②文章表現の技法・技巧。修辞。③実質を伴わない表現上だけの言葉。表現の巧みな言葉。

レトルト【オランダretort】①蒸留・乾留を行う化学実験器具。②加工済み食品をアルミや合成樹脂の袋または容器に入れ、高圧高温で殺菌、密封したもの。レトルト食品。

レトロ【フランスrétro】復古調であること。また、そのさま。懐古趣味。

レトロウイルス【retrovirus】遺伝物質としてRNAをもち、感染細胞(宿主細胞)内で逆転写によってDNAを合成するウイルスの総称。

レトロスペクティブ【retrospective】①振り返ること。回顧的であること。②回顧展。

レトロフィット【retrofit】①旧型のものを改良することによって存続させること。②既存の建築物を補強・改修することで耐震性を向上させること。

レバー【lever】①梃子《てこ》。②梃子を応用した取っ手。

レバー【liver】肝臓。きも。特に、食品となるものについていう。

レパートリー【repertory】①上演種目。上演目録。②その人の得意とする分野・範囲。

レバレッジ【leverage】①借入金によって投資を行い、借入利子よりも高い利潤を得ようとすること。借入資本利用。→LBO ②小さな努力で大きな効果を生むこと。▷挺子《てこ》の働きの意。

レバレッジド リース【leveraged lease】投資家から集めた出資金で物件を購入し、ユーザーに貸し出すリース方式。航空会社の航空機など。

レバント【Levant】地中海東部の沿岸地域。

レビー小体 脳の神経細胞内部にみられる封入体。異常なタンパク質が蓄積されて形成される。パーキンソン病患者では脳幹に、レビー小体型認知症患者では大脳皮質全体にみられる。LB。

レビー小体型認知症 (Dementia with Lewy bodies)変性疾患の一。大脳皮質の神経細胞内にレビー小体が出現することにより発症。進行性の認識機能障害、認知機能の変動、幻視や幻覚、パーキンソン症状の筋肉の収縮などが現れる。レビー小体病。DLB。

レビュアー【reviewer】レビューする人のこと。評論する人、批評する人、校閲する人、論文の審査をする人など。レビューアー。

レビュー【review】①評論。批評。②評論雑誌。③再調査。再検討。④コンピューターのシステム開発で、工程ごとに行う品質の検査。

レビュー【フランスrevue】舞台芸能の一。歌・踊り・コントなどあらゆる舞台芸術・演芸の要素をとりこみ華麗多彩な展開を見せる娯楽性の強いショー形式のもの。

レピュテーション【reputation】評判。名声。また、特に、外部から見た企業の評価。

レファレンス【reference】①参考。参照。②照会。問い合わせ。③推薦状。身元保証書。

レファレンダム【referendum】憲法改正・法律制定などの重要事項について、その可否を直接に有権者の投票により決定すること。国民投票。人民投票。住民投票。

レフェリー【referee】競技の審判員。サッカー・ラグビー・レスリング・ボクシングなどでは主審のこと。レフリー。

レフト【left】①左。左側。②(left field(fielder)の略)野球で、左翼。または左翼手。③急進的な立場。左派。→ライト(right)

レプリカ【replica】 複製品。特に、優勝カップなどの複製品で、長く記念にできるよう、優勝者に贈与されるもの。

レプリケーション【replication】 ①複製。複写。模写。②データベースなどで、追加・変更・削除されたデータのみを複製し、バックアップをとること。

レフレックス【reflex】 反射。リフレックス。

レベニュー【revenue】 ①収入。所得。②歳入。税収。

レベル【level】 ①価値づけや評価をする場合の標準。全体の水準。程度。②水平面。水平線。③測量機械の一。高低差を精密に測量するためのもの。水平に回転する望遠鏡と水準器とを組み合わせたもの。水準儀。

レポ ①レポートの略。②情報提供。連絡。また、それを行う人。

レポーター【reporter】 ①報告者。②連絡係。③テレビなどで、取材をし、その内容を報告する人。▷リポーターとも。

レポート【report】 ①研究・調査の報告書。学術研究報告書。②新聞・雑誌・放送などで、現地からの状況などを報告すること。また、その報告。レポ。▷リポートとも。

レポジトリ【repository】 保管しておくための容器や場所。貯蔵室。収納庫。

レボリューション【revolution】 革命。

レミング【lemming】 ネズミ科の哺乳類ノルウェー-レミングのこと。周期的に大発生し、大群で直線的に移動し、湖や海に入って大量死することがある。フィンランド・スカンディナビア半島に分布。タビネズミ。

レム【rem】 (roentgen equivalent man)放射線の線量当量の旧単位。1レムはSI単位では0.01シーベルトにあたる。放射線防護関係にのみ使用される暫定的単位。記号rem

レム【REM】 ⇨REM睡眠

レモネード【lemonade】 レモンの果汁に砂糖シロップを入れ、冷水または湯で割った飲み物。レモン水。

レモン グラス【lemon grass】 イネ科の多年草。茎・葉から精油をとって香料にするため、熱帯地方で広く栽培する。全体にレモンに似た香りがある。レモン草。

レリーズ【release】 三脚などにのせたカメラのシャッターを遠隔操作するために使う、細い曲折自由な管状の器具。ケーブル-レリーズ。リリース。

レリーフ【relief】 浮き彫り。リリーフ。

レリック【relic】 ①遺物。遺品。②残存種。

レリッシュ【relish】 野菜・果物・漬物などを刻んでつくる薬味。特に、ハンバーガー・ホットドッグ・タルタル-ソースなどに用いる刻んだピクルスのこと。▷薬味の意。

レンジ【range】 ①天火とこんろを備えた料理用かまど。②統計で、変動・影響などの範囲。分布幅。③機械などの、作動するべき範囲や条件。

レンジファインダー 【coupled range finder camera】 レンズのピント合わせ機構に連動した距離計を内蔵し、光学的三角測量の原理を利用してピントを合わせるカメラの方式。

レンジャー【ranger】 ①特殊目標の攻撃・奇襲攻撃や後方攪乱《かくらん》などの特殊訓練を受けた部隊。②森林警備員。また、国立公園・公立公園などの管理人。▷レーンジャーとも。

レンズ【オランダ lens】 ①向かい合った二つの表面が、二つとも曲面、あるいは1つが曲面で他が平面になっている板状の透明体。また、それらを複数個組み合わせたもの。②目の水晶体のこと。③電子線や電磁波を屈折、収束・発散させるための電場と磁場とを配置した装置。

レンタカー【rent-a-car】 貸し自動車。

レンダラー【renderer】 レンダリングを行うためのソフトウエアやハードウエア。レンダリング-エンジン。

レンダリング【rendering】 ①(デザイン・建築関係で)建物や製品の完成

した状態を写実的に表現すること。透視図。②(油脂などを溶かして)精製加工すること。煮沸処理をして肉骨粉を製造すること。

レンタル【rental】料金をとって、短期間貸すこと。賃貸。→リース

レンタル オフィス【和rental＋office】ビジネスに必要・有用な設備が整った貸し事務所。

レンチ【wrench】ナット・ボルトなどをねじってまわすのに用いる工具。スパナ。

レント【イタリアlento】音楽の速度標語の一。「ゆっくりと」の意。

レントゲン【ドイツ Röntgen】①X線またはγ線の照射線量の旧単位。記号R ②「レントゲン線」の略。電磁波のうち、波長が紫外線より短くγ線より長いもので、物質に対する透過力が強い。物質研究・材料試験・医療などに利用する。③「レントゲン写真」の略。X線を物体に照射して透過光を撮影した透過写真。人体内部の異物の発見、疾病の診断などに用いる。X線写真。

ロ

ロイシン【leucine】ヒトの必須《ひっす》アミノ酸の一。各種タンパク質中に含まれ、カゼインなどの酸加水分解物から得る白色結晶。弱い苦みがあり、水・アルコールに溶ける。

ロイズ【Lloyd's】ロンドンにある保険引受人の団体。世界の損害保険市場の中心となる。

ロイター【Reuters】イギリスの通信社。ドイツ人ロイター(Paul Julius von Reuter［1816～1899］)が1851年ロンドンに設立。

ロイヤリティー【loyalty】忠誠。忠実。忠義。ローヤリティー。ロイヤルティー。

ロイヤリティー【royalty】特許権・商標権・著作権などの使用料。ローヤリティー。ロイヤルティー。

ロイヤル【royal】「王の」「王室の」の意。ローヤル。

ロイヤル ウエディング【royal wedding】王室や皇室における結婚。王室婚。ロイヤル婚。

ロイヤル ミルク ティー【royal milk tea】濃くいれた紅茶に温めた牛乳を注いだもの。また、熱い牛乳でいれた紅茶。

ロイン【loin】牛肉のうち、背側の肩からももにかけての部位のもの。

ロウリュ【フィンランドlöyly】サウナで、焼けた石に水をかけて発生させる蒸気のこと。ロウリュウ。

ロー【law】法律。規則。法則。

ロー【low】①自動車の変速機で、第1速度のこと。②低い、安いなどの意。

ロー【row】表形式のデータで、横の行のこと。→カラム

ロー エンド【low-end】低価格であるさま。→ハイ-エンド

ローカライズ【localize】ある国の製品を他国で販売するために、その国の状況にあわせて機能の修正や付加を行うこと。ローカライゼーション。

ローカル【local】①ある土地に特有であること。また、そのさま。②地方の、地方に限られた、ある土地に特有の、などの意。

ロー コスト キャリア【low cost carrier】⇨LCC

ローション【lotion】化粧水・整髪料など液状の化粧品。

ロース 牛・豚などの、肩から背にかけての上等な肉。

ローズ【rose】①薔薇《ばら》。②薔薇色。紫がかった赤、または淡紅色。

ロー スイーツ【和raw ＋ sweets】ロー-フードの手法でつくる生菓子。

ローズウッド【rosewood】マメ科の常緑小高木。唐木の一。床柱や家具に用いる。朱檀《しゅだん》。紫檀《したん》。

ロー スクール【law school】法曹を養成する専門職大学院。

ロースタリー【roastery】コーヒーの焙煎《ばいせん》所。

ロースト【roast】肉などを焼いたり、蒸し焼きにしたりすること。また、その肉。

ローズ ヒップ【rose hip】野バラ

(ドック-ローズ)の実。ジャムやハーブ-ティーなど食用やアロマ-オイルに用いられる。

ローズマリー【rosemary】シソ科の常緑低木。葉は線形。全体に芳香があって香料・薬用とし、花は蜜源となる。

ローター【rotor】①機械部品で、回転するものの総称。②誘導電動機の回転子。③ヘリコプターの回転翼。

ロータス【lotus】①ギリシャ神話の英雄伝説で、万事を忘れさせる甘い果実。これをたしなむ人々の国に上陸した部下たちが、帰国を忘れてこれを食べるのを欲したため、オデュッセウスは泣き叫ぶ彼らを無理に船に連れ戻したという。ロートス。②蓮《はす》。

ロータリー【rotary】①市街の交差点の中央に設けられた、交通整理のための円形地帯。②ロータリー-クラブの略。③「回る」「回転する」「輪状の」などの意。

ロータリー エンジン【rotary engine】回転子(ローター)を用いて直接回転運動を得るエンジン。回転式発動機。RE。

ロータリー クラブ【Rotary Club】国際親善と社会奉仕を目的とする、実業人・専門職業人の国際的な社交団体。

ローディング【loading】①フィルムをカメラの巻き枠に装塡《そうてん》すること。②コンピューターで、外部記憶装置からデータをメモリーに読み込むこと。

ローテーション【rotation】①輪番。持ち回り。②㋐野球で、投手を登板させる順序。㋑6人制バレーボールで、サーブ権を得たチームが、選手の守備位置を時計回りに順次一つずつ変えること。

ローテク【low-tech】単純で初歩的な技術。▷ロー-テクノロジーの略。

ロード【load】①荷重《かじゅう》。②コンピューターで、補助記憶装置にあるプログラムやデータなどを主記憶装置に移すこと。→セーブ

ロード【Lord】①(キリスト教の)神、またキリスト。主。②イギリスの貴族の称号。卿《きょう》。

ロード【road】道。道路。

ロードサイド【roadside】道路沿い。

ロード ショー【road show】一般公開に先立って特定の劇場で行う映画の封切り上映。

ロードスター【roadster】ツー-ドアで、2人乗り、まれに3人乗りで、折りたたみ式の幌《ほろ》を備える自動車。

ロード バランサー【load balancer】コンピューター-ネットワークで、負荷を分散するためにクライアントからの要求を複数のサーバーに割り振る装置。

ロード プライシング【road pricing】交通混雑する都心部などに乗り入れる車に特別に料金を課し、混雑緩和や排出ガス対策を図ろうとする政策。㊟道路課金

ロード マップ【road map】①自動車道路の情報を詳しく記した地図。ドライブ-マップ。②進展の過程を示す計画案。

ロード ムービー【road movie】主人公が作中で旅や放浪をしながら、さまざまな出来事に遭遇したり変化していくさまを描く映画。

ロートル【老頭児】年寄り。老人。ロウトル。▷中国語。

ロード レイジ【road rage】自動車の運転手が、渋滞・追い越し・割り込み・クラクションなどのため激昂すること。またその腹いせに、煽《あお》り運転や暴力などによる仕返しを行うこと。

ロード レース【road race】一般道路で行う競走。自動車・自転車などのレースやマラソン・競歩・駅伝など。

ロード ワーク【roadwork】スポーツのトレーニングで、走り込むこと。

ロー ビーム【low beam】自動車のヘッドライトが投射できる光のうち、斜め下方向に発する光のこと。→ハイ-ビーム

ロー ビジョン【low vision】レンズで矯正しても十分な視力が得られない低視力や、視野に見えない部分が生じる視野欠損など、視覚による日常生活

が不自由になるさまざまな視覚障害のこと。教育や福祉の分野では弱視とよばれる。

ローブ【robe】①上下一続きの、長くてゆったりとした衣服。②女性のワンピース式の衣服。

ロープ【rope】綱。縄。麻・針金などを太くより合わせた綱。

ローファー【Loafer】紐《ひも》の代わりにベルトの付いた、スリッポン式の革靴。商標名。

ロー フード【raw food】有機栽培野菜・果物を中心に生のままや低温加熱したものしか食さないこと。また、そのような食材。

ローミング【roaming】①携帯電話など移動体通信で、契約している事業者のサービス区域外でも、他の事業者のサービスを受けられること。また、そのサービス。②インターネットなどで、プロバイダーが国際間で提携し、互いの利用者に海外でもアクセス-ポイントを利用できるようにすること。また、そのサービス。

ローム【loam】①砂・シルト・粘土が適度に混ざった、粘りすぎず、また粗すぎない土壌。壌土。②関東ローム層など、赤土と俗称される風化した火山灰層。

ローヤリティー【loyalty】⇨ロイヤリティー

ローヤリティー【royalty】⇨ロイヤリティー

ローラー【roller】①円筒形の回転物。ルーラー。ロール。②地ならしに使う機械・道具。ロード-ローラー。③ころ。

ローライズ パンツ【low-rise pants】股上《またがみ》が浅いパンツ。ヒップ-ハンガー。

ローリエ【フランスlaurier】クスノキ科の常緑小高木、月桂樹《げっけいじゅ》の葉を乾燥させた香辛料。ローレル。ベイ-リーフ。

ローリング【rolling】①船などの横揺れ。②回転すること。③波がうねること。

ロール【roll】①巻くこと。また、巻いたもの。②ローラー①に同じ。③板金・鋼板などを曲げる機械。ロール機。④長巻きのままのフィルム。

ロールアップ【roll-up】(カーテン・ブラインドなど)巻き上げ式のもの。

ロールオーバー【rollover】①転倒。転覆事故。②(債務の)借り換え。更改。③越年。④走り高跳びの跳び方の一。からだを横に倒して、バーの上を回転させながら越える跳び方。

ロール サンド【和roll ＋ sandwich】耳を切り落とした食パンに具材をのせ、円筒状に巻いて作るサンドイッチ。

ロール スクリーン【roller screen】棒に布地を巻きつけて収納することによって昇降する日除け。ロール-カーテン。ロール-ブラインド。

ロールバック【rollback】物価・賃金などを以前の水準へ引き下げること。▷巻き返しの意。

ロール プレーイング ゲーム【role-playing game】ゲームの一種。プレーヤーがゲームの世界の中で、ある人物の役割を演じ、目的を達成していくもの。RPG。

ローレライ【Lorelei】ライン川の岩の上から美貌《びぼう》と美声で舟人を誘惑し、舟もろとも沈めるという伝説中の妖女《ようじょ》。

ローレル【laurel】⇨ローリエ

ローン【lawn】芝生。

ローン【lawn】薄地の軽い綿・麻織物。夏物衣料・ハンカチ・カーテンなどとする。▷フランスの原産地ラン(Laon)に由来する称。

ローン【loan】貸した側からは貸付金。借りた側からは借金。

ローンチ【launch】新しい商品やサービスを始めること。ラウンチ。ロンチ。▷進水・発射などの意。

ローン ワード【loan word】借用語。外来語。

ロガー【logger】データを自動的に記録する装置やソフトウエア。

ロカール【locale】⇨ロケール

ロカビリー【rockabilly】ロックン-ロールの草創期のスタイル。アメリカの

山岳地帯などの民謡調歌曲ヒルビリーの影響を受けたもの。

ログ 数学で、ロガリズム(対数)の略。記号logの読み方。

ログ【log】①丸太。丸木。②船の速力や航走距離を測る計器。測程器。③航海日誌。航空日誌。▷logbookの略。④コンピューターの利用状況や通信の記録。

ログ アウト【log out】コンピューターで、システムやネットワークとの接続を切り、使用を終了すること。ログ-オフ。

ログ イン【log in】ID・パスワードの入力など所定の手続きを経て、システムやネットワークに入り、使用を開始すること。ログ-オン。[案]接続開始

ログ ハウス【和log＋house】丸太を組んで造った家屋。ログ-キャビン。

ロケ ロケーションの略。

ロゲイニング【rogaining】山野に多数設置された目印を、地図と磁石を用いて順不同で発見し、制限時間内での得点を競うスポーツ。ロゲイン。

ロケーション【location】①位置。場所。②映画などで、撮影所の外で行う撮影。野外撮影。ロケ。

ロケール【locale】ソフトウエアで、言語・国などにより異なる一連の設定。ロカール。

ロケット【locket】装身具の一。写真などを入れる小さなケース。

ロケット【rocket】機体内の火薬・液体燃料などの爆発によって生ずるガスを噴射して、その反動力で物体を推進させる装置。また、その力を利用した飛行物体。

ロケット スタート【和rocket＋start】開始直後から全力を出すこと。また開始直後から勢いが良いこと。

ロケ ハン【和location＋hunting】撮影に適当な場所を探すこと。

ロケ弁 映画やテレビ番組などのロケーションの際に、用意される弁当のこと。

ロコ【loco; local】ハワイ生まれの人。ハワイの地元の人。▷ハワイ語と英語の混成語(ピジン)から。

ロゴ【logo】⇨ロゴタイプ

ロココ【フランス rococo】18世紀にフランスを中心に広まった装飾様式。軽快・繊細・優美な装飾性が特徴。バロックと新古典主義の中間に位置する。

ロゴス【ギリシャ logos】①言葉。意味。論理。②言葉を通して表された理性的活動。言語・思想・理論など。③宇宙万物の変化流転する間に存在する調和・秩序の根本原理としての理法。

ロゴタイプ【logotype】①二つ以上の活字を組み合わせて1つの活字としたもの。ロゴ。②社名やブランド名の文字を個性的かつ印象をもたれるように、デザインしたもの。ロゴ。

ロゴ マーク【和logo＋mark】企業やブランドのイメージを印象づけるように、ロゴタイプやマークを組み合わせて図案化したもの。

ロコモ ⇨ロコモティブ-シンドローム

ロコ モコ【loco moco】ハワイ料理の一。米飯の上にハンバーグと目玉焼きをのせて、グレービー-ソースをかけたもの。

ロコモティブ シンドローム【和locomotive＋syndrome】加齢に伴う筋肉や骨・関節、神経などの運動器障害が原因で、要介護となる危険性の高い状態。略してロコモとも。運動器症候群。

ロザリオ【ポルトガル rosario】①キリストの生涯を黙想する祈りの方法の一。ロザリオの祈り。②①で用いる数珠《じゅず》様のもの。普通、大珠6・小珠53をつらね、端に小さな十字架を付す。コンタツ。ロザリヨ。

ロシア紅茶 ジャム・ウオツカなどをいれた紅茶。ロシアン-ティー。

ロシアン ティー【和Russian＋tea】⇨ロシア紅茶

ロシアン ルーレット【Russian roulette】リボルバー式の拳銃に一発だけ弾を込め、弾倉を回転させて弾の位置を分からなくしたのち、交互に自分に向けて引き金を引く、死を賭した遊び。

ロジカル【logical】理論にかなってい

るさま。論理的。
ロジカル シンキング〔logical thinking〕論理的思考。
ロジスティックス〔logistics〕①兵站《へいたん》。②原材料の調達から生産・在庫・販売に至る物の流通。▷ロジスティクスとも。
ロジック〔logic〕①論理。議論のすじみち。②論理学。
ロス〔loss〕損失。減損。むだ。
ロス カット〔loss cut〕相場で損を覚悟で見切り売りすること。損切り。
ロスジェネ ロスト-ジェネレーションの略。
ロス タイム ①むだに使った時間。②サッカー・ラグビー・ホッケーなどで、負傷選手の処置などで費やされた時間。競技時間には算入しない。インジュリー-タイム。▷loss of timeから。
ロスト〔lost〕失った状態にあること。失われた。なくした。
ロスト ジェネレーション〔Lost Generation〕①失《うしな》われた世代《せだい》。第一次大戦後、虚無と絶望に陥った、アメリカの青年文学者たち。②氷河期世代。バブル経済崩壊後の不況期に就職活動を経験した世代。およそ1970年代生まれの人をさす。就職氷河期世代。
ロストル〔オランダrooster〕通風をよくし火がよく燃えるように、炉やストーブの下部に設けた鉄の格子。火格子。
ロゼ〔フランスrosé〕薄赤色のワイン。ロゼ-ワイン。バン-ロゼ。
ロゼッタ ストーン〔Rosetta stone〕エジプト文字解読の鍵《かぎ》となった石碑。1799年ナポレオンのエジプト遠征時にナイル川河口のロゼッタで発見された。1822年シャンポリオンが解読。大英博物館蔵。ロゼッタ石。
ロゼット〔rosette〕①短い茎から葉が重なり合って出て、地に接し円座形になったもの。タンポポの葉など。②バラの花をモチーフにした小円盤状の文様。薔薇《ばら》形装飾。③②の文様をもつ装飾器具。
ロタウイルス〔rotavirus〕球状のRNAウイルス。冬季に流行する胃腸炎の原因となる。
ロッカー〔locker〕各人の衣服・持ち物などをしまう戸棚。
ロッカー〔rocker〕ハード-ロックやロックン-ロールのミュージシャン。また、そのファン。
ロック〔lock〕①錠《じょう》。②鍵《かぎ》をかけて開かないようにすること。錠をおろすこと。③停止したまま動かなくなること。また、動かなくすること。
ロック〔rock〕①岩。岩石。②ロックン-ロールに同じ。③電気楽器を使いビートを強調した音楽。1960年代にロックン-ロールから派生。④氷の塊の上にウイスキーなどの酒を注いだ飲み物。オン-ザ-ロック。
ロックアウト〔lockout〕労働争議に際し、使用者側が作業所などを一時閉鎖して労働者の就労を拒否すること。工場閉鎖。作業所閉鎖。
ロックアップ〔lockup〕大株主などが協定を結んで持ち株を売らないようにすること。
ロック イン〔lock-in〕変更ができなくなること。特定のサービスや商品を利用し始めたユーザーが他のものに変更しづらくなることをいう。固定化。束縛。
ロック オン〔lock-on〕レーダー波を照射して、目標物を捕捉すること。レーダー照射。
ロック スクリーン〔lock screen〕スマートフォンやタブレット端末で、携帯時の誤動作を防止するための画面。ロック画面。
ロックスミス〔locksmith〕錠前工。
ロック ダウン〔lockdown〕感染症などの外部への感染拡大を防ぐために、感染地域の都市などを封鎖し、人の移動を制限するとともに、外部との接触を遮断すること。▷原義は「囚人の厳重な監禁」「内部の安全確保のための建物の封鎖」の意。
ロックン ロール〔rock 'n' roll〕1950年代にアメリカから世界中に流行したポピュラー音楽。黒人のリズム-アンド-ブルースをもとに白人のカントリー-

ミュージックの要素を加味したもの。ロック。

ロッジ【lodge】山小屋。また、山小屋風の旅館。

ロット【lot】①生産の単位としての、同一種類の製品のまとまり。②土地の一区画。

ロッド【rod】①棒。②釣りざお。

ロデオ【rodeo】カウボーイの競技会。暴れ馬を鞍《くら》なしで乗りこなしたり、投げ縄で牛を捕らえたりする技を競う。

ロハ ただ。無料。▷「只《ただ》」の字を片仮名の2字(ロハ)に分けた語。

ロハス【LOHAS】⇨LOHAS

ロバスト【robust】頑健なさま。がっしりしたさま。

ロビー【lobby】①ホテルや劇場などで玄関を入ったところにある広間。応接室・休憩室・通路などを兼ねる。②議員が院外者と面会するための、議院内の控え室。

ロビー活動 特定の利益をはかるために議員・官僚・政党などにはたらきかける院外活動。ロビイング。

ロビイスト【lobbyist】ロビー活動の専門家。

ロビン【robin】スズメ目ツグミ科の小鳥。日本のコマドリと同属で形・色ともよく似る。背面は褐色、顔と胸は赤く、腹は白い。森林にすむ。

ロブスター【lobster】①海産のエビ。大きなはさみをもつ。食用。オマール海老。②(料理店などで)①とイセエビ類を含めた呼称。

ロフト【loft】①屋根裏部屋。倉庫などの上階。②ゴルフで、クラブの打球面の傾斜角度。また、球を高く打ち上げること。

ロボ アドバイザー【robo-advisor】資産運用の方法について、コンピューターが助言を行うサービス。ロボアド。

ロボット【robot】①人造人間。人間に類似した動きや形態をもち、複雑な動作や作業をコンピューターにより自動的に行う装置。②他人の指示のままに動く人。傀儡《かいらい》。

ロボット カー【robot car】運転者による操作なしに、目的地まで自動的に走行するような自動車。▷self-driving car, driverless carとも。

ロボトミー【lobotomy】前頭葉白質を切り離して神経経路を切断する手術。現在は行われない。

ロマ【Roma】ヨーロッパを主に、各地に散在している少数民族。ロマーニー語を話し、音楽をはじめ、独自の文化をもつ。▷自称で、人間の意。ジプシーとよばれてきた。

ロマネスク【romanesque】①(Romanesque)11世紀から12世紀にかけてヨーロッパに広まったキリスト教美術様式。②伝奇小説のようであるさま。空想的な。

ロマネスコ【romanesco】カリフラワーの一種。上部のつぼみ(花蕾)が黄緑色の円錐《えんすい》状をしており、ブロッコリーに似た風味をもつ。

ロマン【フランスroman】①ロマンス①に同じ。②小説のように変化に富み、かつ甘美な筋をもった出来事。ロマンス。③小説のように変化に富んだ大冒険や一大事業。▷ローマンとも。

ロマンス【romance】①伝奇的空想的な要素をもつ物語。ロマン。②恋物語。恋愛事件。③放浪楽人の歌った抒情的な歌曲。④形式の自由な甘美な小楽曲。

ロマンス グレー【和 romance＋grey】中年男性の白髪まじりの頭髪。

ロマンス シート【和 romance＋seat】劇場・乗り物などで、二人掛けの座席。

ロマンチシスト【romanticist】①ロマンチシズムを主張する人々。浪漫主義者。②空想家。夢想家。

ロマンチシズム【romanticism】18世紀末から19世紀の初めにかけての文化思潮。ロマン主義。

ロマンチスト ロマンチシストの転。

ロマンチック【romantic】現実離れしていて甘美なさま。ローマン的。

ロム ⇨ROM

ロラン【loran】(long range navigation)航法援助装置の一。また、そ

れを用いた航法。

ロリータ【Lolita】少女。また、あどけない感じのする女の子。▷作家ナボコフの同名の小説から。

ロリータ コンプレックス【和Lolita＋complex】性愛の対象を少女にのみ求める心理。ロリ-コン。

ロリコン ロリータ-コンプレックスの略。また、そのような人。

ロリポップ【lollipop】棒付きキャンデー。

ロン 麻雀で、他の人の捨てた牌《パイ》で上がること。また、そのときの宣言。▷中国語「栄和《ロンホー》」の略。

ロング【long】①長いこと。→ショート ②被写体の全体が入るように、遠くから撮影すること。ロング-ショット。③ゴルフで、ボールを遠くに飛ばすこと。ロング-ショット。

ロング ターム【long term】長期間。

ロング タップ【long tap】タッチ-パネルを用いたインターフェースにおける、長押しのこと。

ロング テール【long tail】小売業などで、主力商品の総売り上げより、ニッチ商品の総売り上げの方が多い状態。ロング-テイル。

ロングトレール【long trail】山道などで構成された長距離歩行用のコース。またそのコースを歩く旅。

ロングライフ食品 常温での流通や保存を可能にして、賞味期限を長くした食品。

ロング ラン【long-run】演劇・映画などの長期間興行。

ロンダリング【laundering】⇨マネー-ロンダリング

ロンド【イタリアrondo】音楽形式の一。反復主題部と挿入部の交替からなる。回旋曲。

ロンパース【rompers】上衣とブルマーを一続きにした子ども服。

ロンパリ 斜視を嘲っていう語。▷一方の目でロンドンを見、他方の目でパリを見ている意。

ロンリー【lonely】孤独であるさま。寂しいさま。

ロンリネス【loneliness】孤独。孤独感。

ワ・ヲ

ワーカー【worker】①労働者。②ソーシャル-ワーカーの略。

ワーカーズ コレクティブ【workers' collective】共同出資した組合員が経営権を所有し、自ら労働に従事して報酬を得る経営事業体。ワーカーズ-コープ。

ワーカホリック【workaholic】仕事中毒。▷ワーク（work仕事）とアルコホリック（alcoholicアルコール中毒）から。

ワーキング グループ【working group】特定の任務や作業のために設けられる集団。作業部会。[案]作業部会

ワーキング プア【working poor】働く貧困層。公的扶助を受けず就業しているが、資産や所得が低いなどの理由から、最低水準の生活から抜け出せずにいる人々。

ワーキング ホリデー【Working Holiday】青少年が海外旅行中、訪問国で労働することを認める制度。

ワーク【work】①仕事。労働。研究。他の外来語と複合して用いる。②ワークブックの略。児童・生徒の補助教材や自習のためにつくられた練習帳。学習帳。

ワークアウト【workout】①トレーニング。練習。②検査。点検。③現場の従業員など全員が参加して、生産性向上や職場改善などの提案をしあうこと。

ワーク キャップ【work cap】前面に庇《ひさし》のついた帽子で、頭を覆う部分が半球ではなく円柱状になっているもの。作業帽。

ワークシート【worksheet】コンピューターの表計算ソフトの作業画面。碁盤の目状に行と列で区切られ、セルとよばれる枡目《ますめ》からなっている。▷集計紙の意。

ワーク シェアリング【work sharing】一人当たりの労働時間を減らすことにより、仕事を多くの人で分かち合うこと。失業者の増加を防ぎ、雇用の水準を維持するために行われる。案仕事の分かち合い

ワークショップ【workshop】①仕事場。作業場。②研究集会。講習会。③舞台芸術などで、組織の枠を超えた参加者による講習や実験的な舞台づくり。案研究集会

ワークステーション【workstation】高解像度のグラフィック機能と通信機能をもつコンピューター。

ワーク スペース【work space】①作業空間。②コンピューターが処理中に一時的にデータを保存するメモリー内の領域。③学校の教室に設けられ、多目的に活用される学習スペース。

ワークフロー【workflow】①作業の流れ。②オフィスの業務に関連する情報の流れをコンピューターで管理すること。

ワークマンシップ【workmanship】(職人の)技術。またその技術でできた作品。

ワーク ライフ バランス【work-life balance】仕事と生活を両立させること。WLB。

ワーケーション【workation】旅行や休暇を楽しみながら、旅先などで仕事も行う働き方。▷work(仕事)とvacation(休暇)からの造語。

ワースト【worst】一番ひどいこと。もっとも悪いこと。最低。

ワーディング【wording】言葉遣い。語法。

ワード【word】単語。語。ことば。

ワード プロセッサー【word processor】文書の入力・編集・レイアウトなどの処理を行う装置やアプリケーション-ソフトウエア。ワープロ。

ワードローブ【wardrobe】洋服だんす。また、個人の衣装全体。

ワープ【warp】瞬間的に移動すること。SFに登場する方法で、空間を折り曲げて一瞬で目的地に行くというもの。

ワープロ ワード-プロセッサーの略。

ワーム【worm】①ミミズなどの虫。②コンピューターで、自分自身を複製して増殖するプログラム。③ルアーの一。ミミズなどに似せた形の軟質プラスチックを付けた擬餌針《ぎじばり》。

ワールド【world】世界。

ワールド カップ【World Cup】各種スポーツ競技の国際選手権大会。また、その優勝杯。W杯。

ワールド ゲームズ【world games】国際ワールド-ゲームズ協会が主催する国際競技大会。ボウリング、スカッシュなどオリンピックの競技種目以外の30数種目の競技を行う。4年に1回夏季オリンピックの翌年に開かれる。第二のオリンピックともよばれる。

ワールド ミュージック【world music】欧米から見た異文化圏、主にアフリカ・東洋・中南米の民族音楽と欧米のロックなどが融合したポピュラー-ミュージック。

ワールド ラグビー【World Rugby】ラグビーの国際競技団体。本部ダブリン。WR。

ワールドワイド【worldwide】世界的な広がりをもつさま。

ワールド ワイド ウェブ【World Wide Web】ネットワーク上の複数の独立した情報をハイパーテキストとして提供するシステム。ダブリュー-スリー。ウエッブ。WWW。

ワイアード【wired】情報交換にコンピューターや情報工学の技術、特にインターネットを利用すること。

ワイシャツ 前開きで、台襟・カフス・前立てのついたシャツ。多く男性が背広などの下に着る。Yシャツ。▷ホワイト-シャツの転。

ワイズ【wise】賢い。分別のある。

ワイド【wide】①幅の広いこと。大型であること。また、そのさま。②ワイド-レンズの略。広角レンズ。

ワイドFM(ワイドエフエム)【和wide＋FM】東京の民放AMラジオ局による、FM補完放送の愛称。

ワイド ショー【和wide＋show】テ

レビの娯楽番組の一形態。さまざまな出来事や話題について紹介するもの。

ワイナリー【winery】ワインの醸造所。

ワイパー【wiper】自動車などの前窓に付けて雨滴をぬぐい取り、視界を確保する装置。

ワイプ【wipe】映画やテレビで、場面を転換する際に画面を片隅から斜めや上下左右にふきとるように消し、同時に次の画面を現してゆく方法。

ワイファイ【Wi-Fi】⇨Wi-Fi

ワイヤレス【wireless】①無線電信。無線電話。②ワイヤレス-マイクロホンの略。小型の送信装置のついたマイクロホン。

ワイルド【wild】①野生であるさま。未開であるさま。②荒々しいさま。野性的。

ワイルド カード【wild card】①トランプで、どのカードの代用にもできるカード。②共通の文字や文字列を一括して指定するための特別な文字。コンピューターで検索する際などに用いる。「*」「?」など。③テニスなどのトーナメント大会で、ランキングなどに関係なく、主催者の裁量で出場できる枠。およびそれを得た選手。④野球やアメリカン-フットボールなどのリーグ戦終了後、優勝チーム以外が勝率の比較などで選手権への出場資格を得ること。

ワイルド ライス【wild rice】北米産のマコモ。黒く細長いコメに似た種子は、西洋料理のつけ合わせに用いる。

ワイン【wine】①葡萄《ぶどう》酒。②果実あるいはそのしぼり汁を発酵させてつくった醸造酒。③洋酒。酒。

ワイン クーラー【wine cooler】①ワインを瓶ごと冷やす容器。②ワインをベースに、リキュール・ジュースなどを加えてつくる、清涼感に満ちたカクテル。

ワイン セラー【wine cellar】ワインの貯蔵庫。適度な温度・湿度を保てるようにしてある。

ワイン ビネガー【wine vinegar】ワインからつくった食酢。

ワカモレ【スペイン guacamole】料理のソースであるサルサの一種。アボカドを主体としたクリーム状のソース。グワカモレ。

ワギナ【ラテン vagina】⇨バギナ

ワクシング【waxing】ワックスをかけること。

ワクチン【ドイツ Vakzin】①感染症の予防のため各種伝染性疾患の病原菌から製した抗原の総称。予防接種剤。②(英 vaccine)コンピューター-ウイルスの活動を検出して、システムの改変を未然に防止するプログラム。アンチ-ウイルス-ソフト。ウイルス-チェッカー。

ワゴン【wagon】①4輪の荷馬車。②手押し車。特に、食器・料理などをのせて運ぶ移動配膳台。③ステーション-ワゴンの略。

ワゴン サービス【和 wagon＋service】ワゴン②に料理をのせて客の前に運び、見せてから取り分けるなどのサービスの仕方。ワゴンの上で調理することもある。

ワゴン セール【和 wagon＋sale】(店頭や店内の一角で)ワゴン②に商品を載せて行う安売り。

ワシントン条約 正称、絶滅のおそれのある野生動植物の種の国際取引に関する条約。1973年ワシントンでの会議で採択、75年発効。CITES(Convention on International Trade in Endangered Species of Wild Fauna and Flora)。

ワスプ ⇨WASP

ワセリン【Vaseline】重油から得る炭化水素の混合物。白色あるいは淡黄色の軟膏状。軟膏・化粧品の基剤、機械類の防錆《ぼうしゅう》剤・減摩剤などに用いる。商標名。

ワックス【wax】蠟《ろう》。特に、床や家具の艶《つや》出し、スキーの滑走面に塗るものなどをいう。

ワックス マン【和 wax ＋ man】スキーやスノーボードにワックスをかけることで選手をサポートする専門家。サービスマン。

ワッシャー【washer】ボルトを締めるとき、ナットの下に敷く金属板。座金

ざが
ね。

ワット【watt】仕事率・電力のSI単位。1秒あたり1ジュールの仕事率。記号W ▷J. ワットにちなむ。

ワッフル【waffle】洋菓子の一。小麦粉・卵・牛乳・砂糖をまぜて格子状などの型に入れて焼き、二つに折って中にジャムなどをはさんだもの。ワップル。

ワッフル コーン【waffle cone】アイス-クリームを入れるコーン(食べられる円錐容器)の一。甘みがあり、硬い食感。

ワッペン【ドイツ Wappen】ヨーロッパの紋章を模した、主として盾形の記章。▷紋章の意。

ワニス【varnish】透明な被膜を形成する塗料。ニス。

ワラビー【wallaby】①小形のカンガルー。②スエードなどの一枚革を左右から包むような形にして、袋縫いで仕上げたショート-ブーツ。商標名。

ワラント債 新株引受権付社債。WB。▷ワラント(warrant)は保証する意。

ワルキューレ【Valkyrie】北欧神話に登場する武装した処女たち。主神オーディンに仕え、戦場で倒れた戦士たちを天上のワルハラ宮に導く。

ワルツ【waltz】3拍子の優美な舞曲。ピアノ曲などの器楽曲。円舞曲。

ワレット【wallet】⇨ウォレット

ワン【one】ひとつ。いち。

ワン【WAN】⇨WAN

ワン ウエー【one-way】①一方通行。片道。②瓶や紙パックなどの容器で、リサイクルのための回収・再利用などが行われないこと。→リターナブル

ワンオーナー車 以前の持ち主が一人だけである中古車のこと。

ワン オフ【one-off】ひとつ限りの。「—-パーツ」

ワンオペ【和one + operation】飲食店で、業務を一人ですべてこなすこと。ワン-オペレーション。

ワン オン【和one + on】ゴルフにおいて、ティー-ショット(第1打)でボールがグリーンに乗ること。

ワン切り 電話の呼び出し音を一回だけ鳴らして切る行為。ワン-コール。

ワンス【once】①一回。一度。②かつて。以前。昔。

ワン ステップ【one step】①一歩。一段階。②(one-step)社交ダンスの一。フォックス-トロットの変型で、よりテンポが速い。

ワン ストップ【one-stop】複数のことを1か所で処理できること。1か所ですべてのものがそろうこと。1か所ですべてが間に合うこと。案一箇所

ワン ストップ サービス【one-stop service】1か所で業種や管轄の異なった複数のサービス利用や手続きが行えたり、多様な商品が購入できること。

ワンセグ 携帯電話などのモバイル機器に向けて送信される地上デジタル-テレビ放送。通常放送で使われない1セグメントを利用して送信する。▷「ワン-セグメント放送」の略。

ワン ソース マルチ ユース【one source multi use】一つの素材を複数のメディアで使い回すこと。

ワンダー【wonder】驚異。不思議。

ワンダーフォーゲル【ドイツ Wandervogel】グループで、親睦・健康のため山野を歩く運動。ワンゲル。

ワンダーランド【wonderland】おとぎの国。不思議の国。

ワン タイム パスワード【one time password】ネットワーク上の認証において、毎回変化する1度限りのパスワード。使い捨てパスワード。OTP。

ワンダフル【wonderful】すばらしいこと。すてきなこと。

ワンタン【雲呑・餛飩】中国料理の点心の一。小麦粉でつくった四角形の薄皮で豚のひき肉を包んだもの。フントゥン。▷中国語。

ワンチャン「もしかしたら」「ひょっとすると」の意。▷ワン-チャンスの略。若者言葉。

ワン チャンス【one chance】1度だけの機会。与えられたたった1回の機会。

ワン ツー コーデ【和one + two + coordination】トップスとボトムスの組み合わせだけで完成するコーディネート。

ワンツー フィニッシュ【one two finish】競技で同じ国や組織に属する出場者が1位と2位を独占すること。

ワンデー レッスン【one day lesson】教程が1日以内で完了する講義。

ワン パターン【和one+pattern】きまりきった型にはまっていて、変化がみられないこと。

ワン ピース【one-piece】上着とスカートが一続きになっている婦人・子ども服。

ワン フィンガー【one finger】ウイスキーの分量で、グラスの底から指の幅1本分。

ワン プライス ショップ【和one+price+shop】すべての商品を均一の価格で販売する小売業者。100円均一の店など。

ワン プレート【one plate】1枚の皿。1枚の皿に複数の料理が載っているもの。

ワン ポイント【one point】①一点。②ひとところ。1か所。要点。③1か所だけに模様や刺繍《ししゅう》などを配したデザイン。

ワン ポイント レッスン【和one+point+lesson】テーマを一点に絞って行う簡単な講義。

ワン ボックス カー【one box car】構造上エンジン-ルーム・キャビン・トランクが一体になった箱型の乗用車。

ワン ボックス タクシー【one box car】⇨ワゴン-タクシー

ワン マン【one-man】①独断で組織などを動かす人。②「ひとりの」「ひとりで」などの意。

ワン メーター【和one+meter】タクシーの初乗り運賃。

ワンルーム マンション【和 one-room+mansion】各戸が一部屋だけの集合住宅。

ワンレングス【one-length cut】女性の髪形の一。たらした髪を同じ長さに切りそろえたもの。ワンレン。

ヲタク オタクの別表記。ヲタとも。

A〜Z

AA【affirmative action】⇨ポジティブ-アクション

AA【Alcoholics Anonymous】アルコール依存症患者の自助グループ。断酒会と異なり、匿名で参加する。

AAA(トリプルエー) 各種の格付けによる最高点。

AAT【animal assisted therapy】⇨アニマル-セラピー

ABM【antiballistic missile】弾道ミサイル迎撃ミサイル。

ABS【antilock-brake system】アンチロック-ブレーキ-システム。自動車で、ブレーキをかけたとき車輪がロックしないよう、ブレーキを自動的にコントロールするシステム。アンチスキッド。

ABS【asset-backed securities】資産担保証券。債権などの資産を証券化したもの。または、そのような証券化商品の総称。

AC【adult children】⇨アダルト-チルドレン

AC【alternating current】交流電流。交番電流。AC 。→DC(直流)

ADAS(エーダス)【advanced driver-assistance systems】安全のため、自動車の運転者に対して運転操作を支援するシステム。先進運転支援システム。

ADB【Asian Development Bank】アジア開発銀行。

ADHD【attention-deficit hyperactivity disorder】注意欠陥多動性障害。注意力散漫と多動を特徴とする症候群。

ADR【alternative dispute resolution】仲裁・裁定・調停・斡旋などによる紛争解決処理。▷裁判外紛争解決手段、代替的紛争解決手段の意。苦情処理委員会や消費生活センターなどを、ADR機関という。

ADSL【asymmetric digital subscriber line】非対称デジタル加入者

線。電話の加入者線を利用した高速データ伝送技術。

AEB【Autonomous Emergency Braking】衝突被害軽減ブレーキ。自動車が障害物に近づいた際、運転者に警告したり、自動的にブレーキをかけたりする機能。エマージェンシー-ブレーキ。プリ-クラッシュ-ブレーキ。

AET【assistant English teacher】英語指導助手。

AFP【affiliated financial planner】日本ファイナンシャル-プランナーズ協会が認定する、ファイナンシャル-プランナーの資格。FP普通資格。

AFTA(アフタ)【ASEAN Free Trade Area】ASEAN自由貿易圏。

AGA【androgenetic alopecia】男性型脱毛症。

AHS【advanced cruise-assist highway systems】道路と車両の間で双方向通信を行い安全走行を支援するシステム。走行支援道路システム。

AI【artificial intelligence】人工知能。

AIスピーカー【和AI ＋ speaker】⇨スマート-スピーカー

AIDS【acquired immunodeficiency syndrome】⇨エイズ

ALS【amyotrophic lateral sclerosis】筋萎縮《いしゅく》性側索硬化症。特定疾患の一。

ALT【assistant language teacher】外国語指導助手。主に会話の指導にあたる外国人補助教員。

AMeDAS(アメダス)【Automated Meteorological Data Acquisition System】気象庁の地域気象観測システム。

AMEX(アメックス)【American Stock Exchange; American Exchange】アメリカン証券取引所。2004年、ナスダックの運営母体であるNASDと合併。

AMF【Asian Monetary Fund】アジア通貨基金。

AML/CFT【anti-money laundering / combating the financing of terrorism】AML(マネー-ロンダリング対策)とCFT(テロ資金供与対策)の総称。

ANZUS(アンザス)【Australia, New Zealand and the United States Treaty】太平洋安全保障条約。アンザス条約。

AO【admissions office】⇨アドミッション-オフィス

AO入試 学業成績や活動記録などの書類、小論文、面接などを通じ、人物本位の選考を総合的に行なう入試方法。

APEC(エーペック)【Asia-Pacific Economic Cooperation Conference】アジア太平洋経済協力会議。

APECビジネストラベルカード【APEC business travel card】APECの一部地域において、商用のビザなし渡航を可能にするカード。

APEX運賃(アペックス)【advanced purchase excursion fare】(国際線)航空運賃の割引制度の一つ。出発の30日前までに往復の航空券を予約購入した場合、運賃を35％割り引く制度。

API【application program interface】アプリケーションの開発を容易にするために、OSなどのプラットホームにあらかじめ備えられたソフトウエア資源。

AR【augmented reality】拡張現実。現実の知覚に仮想の知覚情報を付け加える技術。

ARPANET(アーパネット、アルパネット)【Advanced Research Projects Agency Computer Network】アメリカ国防総省の高等研究計画局(DARPA)が開発した全米規模のコンピューター-ネットワーク。後にインターネットへと発展した。

ART【assisted reproductive technology】補助生殖技術。不妊治療に利用する技術の総称。

ASCII(アスキー)【American Standard Code for Information Interchange】アメリカ規格協会が定めたデータ通信用の符号体系。アスキー-

コード。

ASEAN(アセアン) 【Association of Southeast Asian Nations】 東南アジア諸国連合。

ASEM 【Asia-Europe Meeting】 アジア-ヨーロッパ首脳会議。ASEANを中心とするアジア諸国とEUとの首脳会議。

ASMR 【autonomous sensory meridian response】 ある種の音や映像に、おのずと惹きつけられてしまう感覚。

ASP 【application service provider】 ⇨アプリケーション-サービス-プロバイダー

ATB 【all-terrain bike】 オフ-ロードを走るための自転車。マウンテン-バイク。MTBは商標名。

ATC 【Asia and Pacific Trade Center】 アジア太平洋トレードセンター。

ATM 【automated teller machine】 現金自動預け入れ払い機。

ATP 【adenosine triphosphate】 アデノシンに3分子のリン酸が結合したヌクレオチド。生体内のエネルギーの貯蔵・供給・運搬を仲介している重要物質。

ATS 【automatic train stop】 自動列車停止装置。

AU 【African Union】 アフリカ連合。アフリカ統一機構(OAU)を改組して設立された、アフリカの地域的国際機構。

AUD 豪ドルの通貨コード。

AWD 【all-wheel drive】 全輪駆動。

B級グルメ 大衆向けの飲食店で供される安価な料理の総称。

B反(たん) 染め斑《むら》や織り傷などのため、商品価値が通常品に劣る反物《たんもの》のこと。

Bリーグ(ビーリーグ) 【B. LEAGUE】 ジャパン-プロフェッショナル-バスケットボール-リーグが運営するバスケットボールの男子プロ-リーグ。

BB 【broadband】 ⇨ブロードバンド

BB弾 エアーガンで用いる球状の弾丸。

BBレシオ 【booking-to-billing ratio】 受注対出荷比。

BBS 【bulletin board system】 電子掲示板。

bcc 【blind carbon copy】 電子メールソフト機能の一。メールを特定の第三者に同報するが、そのアドレスは表示しない機能。→cc

BD 【Blu-ray Disc】 ⇨ブルーレイ-ディスク

BDF 【bio diesel fuel】 バイオ-ディーゼル燃料。食用として使用済みの植物油・動物油を精製してつくる燃料。

BF(ビーエフ) 【boyfriend】 ボーイフレンド。

BIOS 【basic input/output system】 ⇨バイオス

BIS(ビス) 【Bank for International Settlements】 第一次大戦後のドイツの賠償を処理するため、1930年スイスのバーゼルに設立された国際銀行。国際決済銀行。

BIS規制 銀行の健全性確保や競争の公平性の確保を目的として、BISが定めた民間銀行の自己資本比率に関する国際的な統一規制。

BLM 【Black Lives Matter】 米国の黒人への差別・暴力に反対するデモから広がった社会運動でのスローガン。また、その社会運動の呼称。

BMI 【body mass index】 ボディー-マス-インデックス。体重(kg)を身長(m)の2乗で割った数。肥満度指数。

BMX(ビメックス) 【bicycle motocross】 バイシクル-モトクロス。オートバイのモトクロス競技を自転車で行う競技。

BOP 【base of the pyramid】 開発途上地域における低所得者層。世界の所得別人口構成をグラフ化した時、ピラミッド型の底辺に来ることから。

BOPビジネス 【BOP business】 企業がBOPを対象に展開するビジネス。新市場の開拓と、社会的課題(貧困など)の解決を同時にめざす。

BOT方式 【build, operate and transfer; building-operation-transfer】 外国企業が自ら資金調達を行なって途上国にプラントを建設し、現地で操業を行い、その収益で投下資本を

回収した後にそのプラントを相手国に引き渡す方式。ビルド-オペレーション-トランスファー。

BPM【beat par minute】音楽で、楽曲の速さ(テンポ)を表す単位。1分間あたりの拍数(四分音符の数)で表す。

BPO【Broadcasting Ethics & Program Improvement Organization】放送倫理番組向上機構。

BPR【business process reengineering】⇨リエンジニアリング

bps【bits per second】ビット毎秒。情報送受信速度の単位。

BRICS(ブリックス) ⇨ブリックス

B/S【balance sheet】⇨バランス-シート

BS【broadcasting satellite】放送衛星。

BSデジタル放送 放送衛星(BS)を使用するデジタル放送。テレビ放送・ラジオ放送・データ放送を行う。

BSE【bovine spongiform encephalopathy】牛海綿状脳症。ウシの感染性疾患の一。狂牛病。

BTO【build to order】受注生産方式。顧客の希望する部品を組み合わせ、その製品を販売する。

B to B【business to business】電子商取引の分野における企業(business)間の取引のこと。B2B。

B to C【business to consumer】電子商取引の分野において、企業(business)と消費者(consumer)の取引のこと。B2C。

BYOD【bring your own device】職場に、従業員が個人所有する情報機器を持ち込んで利用すること。→CYOD

B2B ⇨B to B

B2C ⇨B to C

CA【cabin attendant】⇨キャビン-アテンダント

CAD(キャド)【computer-aided design】コンピューターを利用して機械・電気製品などの設計を行うこと。計算機支援設計。

CAM【computer-aided manufacturing】コンピューターを利用して製品の製造の自動化を図ること。計算機支援製造。

CAP(キャップ)【child assault prevention】子どもにかかわる暴力(いじめ・虐待・誘拐・性的暴力など)を防止するための教育プログラム。

CAPTCHA(キャプチャ)【completely automated public turing test to tell computers and humans apart】情報システムがサービスを提供する際、利用者が「人間かコンピューターか」を自動的に判断するために示す画像。

CASE(ケース) 情報通信技術による接続、自動運転・カー-シェアリング・電気自動車という、自動車の技術革新の領域を表す語。▷Connected, Autonomous, Shared, Electricの頭文字。

CATV【cable television】⇨ケーブル-テレビ

CB【convertible bond】転換社債。一定期間内に一定の条件で発行会社の株式に転換できる権利を付与した社債。

CBO【collateralized bond obligation】社債担保証券。複数の企業の社債を裏づけに発行される証券。

CBT【computer based testing】コンピューターを利用して行う試験の総称。

CBT【computer based training】コンピューターを利用して行う教育や訓練の総称。

cc【carbon copy】電子メールソフト機能の一。メールを特定の第三者に同報する機能。第三者のアドレスも表示される。→bcc

CCD【charge-coupled device】入力された光の明暗に比例した電流を発生する素子。電荷結合素子。

CD【cash dispenser】現金自動支払い機。キャッシュ-ディスペンサー。

CD【compact disc】デジタル信号を記録した円盤(ディスク)。コンパクト-ディスク。

CDO【chief digital officer】最高デジタル責任者。企業マネージメント組

織上での呼称。

CDMA 〔code division multiple access〕 符号分割多元接続。移動体通信の方式の標準の一。

CD-R 〔compact disc recordable〕 データを1回だけ書き込むことのできるCD。

CD-ROM(シーディーロム) 〔compact disk read-only memory〕 CDを、コンピューターの読み出し専用の記憶媒体としたもの。

CD-RW 〔compact disc rewritable〕 データを繰り返し記録・消去することのできるCD。

CEMS 〔Community Energy Management System〕 地域全体を対象とするエネルギー管理システム。

CEO 〔chief executive officer〕 最高経営責任者。

CERN(セルン) 〔フランスConseil européen pour la recherche nucléaire〕 ヨーロッパ合同原子核研究機構。スイスのジュネーブに設立された高エネルギー物理学の研究所。

CF 〔Compact Flash〕 ⇨コンパクト-フラッシュ

CFC 〔chlorofluorocarbon〕 クロロフルオロカーボン。炭化水素の水素原子の少なくとも1個をフッ素原子で置換した化合物の総称。冷蔵庫などの冷媒・消火剤などに用いられてきた。大気中に放出されると紫外線で光分解して塩素ガスを発生し、成層圏でオゾン層を破壊するため使用が規制される。フロン。フレオン。特定フロン。

CFO 〔chief financial officer〕 最高財務責任者。アメリカの企業マネージメント組織上での呼称。

CFRC 〔carbon fiber reinforced concrete〕 炭素繊維強化コンクリート。

CFS 〔chronic fatigue syndrome〕 慢性疲労症候群。

CFT 〔combating the financing of terrorism〕 金融機関におけるテロ資金供与対策。

CG 〔computer graphics〕 コンピューターによる図形処理。CAD・アニメーション作成などに利用されている。コンピューター-グラフィックス。

CGI 〔common gateway interface〕 ネットワークで、ブラウザーから要求されたプログラムをサーバー側で実行し、その実行結果を返す仕組み。

CGPI 〔corporate goods price index〕 企業物価指数。企業間の流通段階における商品の価格から算定した物価指数。国内企業物価指数。

CHF スイス-フランの通貨コード。

CHRO 〔chief human resources officer〕 最高人事責任者。CHO。

CI 〔composite index〕 景気総合指数。DI(景気動向指数)を修正し、景気のスピードや振幅を測定する指数。

CI 〔corporate identity〕 企業のもつ特性を再認識・再構築すること。コーポレート-アイデンティティー。

CIO 〔chief information officer〕 最高情報責任者。

CIS(シス) 〔Commonwealth of Independent States〕 独立国家共同体。

CKO 〔chief knowledge officer〕 企業内でその企業がもつ知識やノウハウを統括管理する担当者。▷知識担当役員、知識執行役員、知識統括役員とも。

CLS 〔child life specialist〕 チャイルド-ライフ-スペシャリスト。入院中の子どもの精神面をケアし、その生活全般を支援する専門家。

CMOS(シーモス) 〔complementary metal oxide semiconductor〕 消費電力が低く、小型化・高集積化に適する半導体回路。相補性金属酸化膜半導体。

CMOSイメージセンサー 〔CMOS image sensor〕 CMOS(シーモス)を利用した撮像素子。デジタル-カメラや携帯端末用のカメラなどに使用される。

CMS 〔content management system〕 ウェブ-サイトの構築および運用、ページ作成等を簡易化するソフトウエア。コンテンツ-マネージメント-システム。

CNC【computerized numerical control】コンピューターによる数値制御。コンピューターを内蔵したNC装置。

CNY 人民元の通貨コード。

COD【cash on delivery】⇨キャッシュ-オン-デリバリー

COO【chief operating officer】最高執行責任者。CEOと共に企業経営の中心的役割を担う。

COP(コップ)【Conference of the Parties】国際条約の中で、その締結国による最高決定機関。特に、気候変動枠組み条約の締結国会議をいうことが多い。

COP21(コップにじゅういち)【21st Session of the Conference of the Parties to the UNFCCC】国連気候変動枠組み条約第21回締結国会議。2015年パリで開催。パリ協定を採択。

COP3(コップスリー)【3rd Session of the Conference of the Parties to the UNFCCC】気候変動枠組み条約第3回締結国会議。1997年京都で開催。京都議定書を採択。

COVID-19【coronavirus disease 2019】2019年に確認され、翌年パンデミックを起こした新型コロナウイルス感染症。世界保健機関(WHO)が命名。

CP【commercial paper】企業や金融機関などが短期資金を調達するために発行する無担保の有価証券。コマーシャル-ペーパー。

CPCR【cardiopulmonary cerebral resuscitation】心肺脳蘇生術。呼吸停止また心停止した患者への救命処置。

CPI【consumer price index】消費者物価指数。

CPO【chief privacy officer】最高プライバシー責任者。顧客に関する個人情報の管理・保護について責任を負う。

CPU【central processing unit】中央処理装置。コンピューターの中枢となる装置。

CR機 カード式のパチンコ台。プリペイド-カードを差し込んで玉を借りる。▷CRはcard readerの略。

CS【communications satellite】通信衛星。

CS【convenience store】⇨コンビニ

CS【customer satisfaction】顧客満足。

CS【和climax+series】プロ野球のクライマックス-シリーズ。

CSデジタル放送 通信衛星(CS)を使用するデジタル放送。

CSEC(シーセック)【Commercial Sexual Exploitation of Children】子どもの性的商業的搾取。児童買春、児童ポルノ、性目的による子どもの人身売買をさす。

CSPI【corporate service price index】企業向けサービス価格指数。日本銀行が四半期ごとに公表。

CSR【corporate social responsibility】企業の社会的責任。

CSS【cascading style sheets】HTMLにおいて、レイアウトに関するタグを定義しスタイル-シートとして組み込むための規格。

CSV【comma-separated value】データベースなどで、各項目のデータをカンマで区切ったテキスト形式のファイル。

CT【computed(computerized) tomography】コンピューター断層撮影装置。CTスキャナー。

CTBT【Comprehensive Test Ban Treaty】包括的核実験禁止条約。

CTO【chief technical officer】最高技術責任者。

CTP【computer to plate】印刷工程で、印刷用のデジタル-データをフィルムに出力せず、刷版(プレート)に直接焼き付ける方式。

CVID【complete, verifiable, and irreversible denuclearization】完全で検証可能かつ不可逆的な非核化。北朝鮮の核開発問題をめぐる6か国協議(日本・米国・中国・ロシア・韓国・北朝鮮)において、米国が示した原則。

CVS【convenience store】 ⇨コンビニ

CWC【Chemical Weapons Convention】 化学兵器禁止条約。正称、化学兵器の開発、生産、貯蔵及び使用の禁止並びに廃棄に関する条約。

CxO 企業経営における最高責任者の総称。CEO(最高経営責任者)、COO(最高執行責任者)、CFO(最高財務責任者)などがある。

CYOD(シーワイオーディー)【choose your own device】 職場が用意した選択肢のなかから、従業員が好みの個人用情報機器を選んで、それを業務に利用すること。→BYOD

DASH食(ダッシュしょく)【dietary approaches to stop hypertension】 高血圧にストップをかけるための食事療法。

DAT(ダット)【digital audio tape】 音声をデジタル信号に変換してPCM録音するカセット-テープの方式。

DC【direct current】 直流。時間的に流れる方向が変わらない電流。また、方向と同時に大きさも変化しない電流。直流電流。

DC年金 確定拠出年金。企業年金制度の一。▷DCはdefined contribution(確定した拠出)。

DCモーター【DC motor】 直流電動機。

DCM【demand chain management】 消費者のニーズに合った最適化を図る経営手法。

DDoS【distributed DoS attacks】 分散サービス拒否攻撃。複数のサーバーに分散したプログラムによって行われるサービス拒否攻撃。→DoS攻撃

DEWKS(デュークス)【dual-employed with kids】 子どもをもって共働きをする夫婦。

DHA【docosahexaenoic acid】 ドコサヘキサエン酸。6個の二重結合をもつ不飽和脂肪酸。イワシ・サバ・ブリなどの魚に多く含まれ、血中コレステロールの低下や脳のはたらきを活発にする作用があるとされる。

DHCP【dynamic host configuration protocol】 TCP/IPを利用する際のIPアドレスの設定などを自動的に行う、ネットワーク設定用プロトコル。

DI【diffusion index】 景気や業況の動きをとらえるための指数。景気動向指数や業況判断指数など。

DIMM(ディム)【dual inline memory modules】 パソコンのメモリー増設用の基板モジュール。メモリー-チップを基板の両面に装着してある。

DINKS(ディンクス)【double income, no kids】 子どものいない共働きの夫婦。

disる ⇨ディスる

DIY【do-it-yourself】 自分でつくること。日曜大工。

DJ【disk jockey】 ①ラジオなどで音楽を選曲・再生しながら語る司会者。②クラブやディスコなどで、音楽を選曲・再生する人。▷ディスク-ジョッキーとも。

DNA【deoxyribonucleic acid】 デオキシリボ核酸。遺伝子の本体。

DnB【drum'n bass】 ⇨ドラムン-ベース

DNS【domain name system】 ネットワーク上で、ドメイン名とIPアドレスの対応を管理する方法やデータベース。

DOA【dead-on-arrival】 デッド-オン-アライバル。来院時心肺停止。患者が心停止の状態で病院に搬送されてくること。

DONET(ドゥーネット)【Dense Ocean-floor Network system for Earthquakes and Tsunamis】 地震・津波観測監視システム。

DoS攻撃【denial of service attacks】 サービス拒否攻撃。コンピューターのネットワーク上で、目的のサーバーの機能を無効化する攻撃。サーバーに対して多大な処理を要求し、機能を低下させる。

dpi【dot per inch】 解像度を表す尺度。1インチの間の点(ドット)の密度により表される。

DRAM(ディーラム)【dynamic random

access memory】半導体記憶素子の一。ダイナミック-ラム。

DRG/PPS【diagnosis related group / prospective payment system】医療費の定額払い方式。各種の疾病を医療資源の必要度から数百程度の診断群に分類して(DRG)、その診断群ごとに標準的な医療費を定めて支払う(PPS)方法。

DSM【Diagnostic and Statistical Manual of Mental Disorders】アメリカ精神医学会が作成する、精神疾患の診断・統計マニュアル。臨床像と特徴的症状から、精神疾患の分類と診断基準を得ることができる。通常、版とともにDMS-IV(第4版)などと表記される。

DSP【digital signal processor】デジタル-シグナル-プロセッサー。基音の信号をデジタル的に処理するプロセッサー。

DSR【debt service ratio】デット-サービス-レシオ。債務返済比率。国家の対外債務支払能力を示す指標。

DSRC【dedicated short range communications】数mの狭い範囲で自動車どうし、また特定施設との間で行われる無線による高速データ通信の技術。ETCに用いられる。狭域通信。

DTM【desktop music】机上で楽曲制作の作業を行うこと。デスクトップ-ミュージック。

DTP【desktop publishing】コンピューターを用いる出版製作。デスクトップ-パブリッシング。

DV【domestic violence】⇨ドメスティック-バイオレンス

DVD【Digital Versatile Disc】DVDフォーラムが制定した、光ディスクにデジタル情報を記録する際の統一規格。デジタル多目的ディスク。

DVI【digital video interactive】デジタル画像の圧縮技術の一。動画・音声をCD-ROMに記録・再生するために用いられる。

DVT【deep vein thrombosis】深部静脈血栓症。深部静脈で血栓が発生する病気。

D2C【direct to consumer】メーカーが自社サイトを通じて、みずから企画・製造した商品を直販するビジネス-モデル。

e-【electronic】名詞の前に付けて、「電子の」「インターネットの」の意を表す。

e-コマース【e-commerce】電子商取引。EC。エレクトロニック-コマース。

eスポーツ【e-sports】コンピューター-ゲームを用いた競技。パソコンや家庭用ゲーム機、スマート-フォンなどのゲーム-ソフトで対戦するもの。エレクトロニック-スポーツ。

e-タグ【和e-tag】RFIDを利用したタグ(荷札)による航空手荷物の管理システム。

e-チケット【e-ticket】出発日や便名などのフライト情報を航空会社のコンピューターに記録し、航空券の代わりとするもの。コンサートなどのチケットにもいう。

E-メール【E-mail】電子メール。

eラーニング【e learning】ネットワークや電子機器を活用した教育や研修。

EBITDA(イービットディーエー、イービットダー)【earnings before interest, taxes, depreciation and amortization】利払い・税引き・償却前利益。税引き前利益に支払い利息と固定資産の減価償却費を加えたもの。企業の収益力を示す指標の一。キャッシュ利益。

EBITDA倍率 EV(企業価値)をEBITDA(利払い・税引き・償却前利益)で除したもの。EVがEBITDAの何倍に相当するかを示し、株式投資の指標となる。

EBM【evidence-based medicine】根拠に基づいた医療。

EBO【employee buy-out】取締役や管理職以外の一般の従業員が株式の過半数を取得し、経営権を獲得すること。エンプロイー-バイ-アウト。

EBPM【evidence based policy making】確かな根拠に基づく政策立案。

EC【electronic commerce】⇨e-コマース

ECB【European Central Bank】ヨーロッパ中央銀行。欧州通貨統合で導入された新通貨ユーロを管理するEUの中央銀行。欧州中央銀行。

ECCS【Emergency Core Cooling System】原子炉の緊急炉心冷却装置。

ECMO(エクモ)【extracorporeal membrane oxygenation】体外式膜型人工肺。重症呼吸不全患者または重症心不全患者に対し、呼吸・循環をサポートするために用いられる対外循環装置。体から血液を抜き出し、人工肺による処理を行い体内に戻す。

ECP【emergency contraceptive pill】緊急避妊薬。

ED【erectile dysfunction】勃起障害。勃起不全。

EDI【electronic data interchange】電子データ交換。コンピューター-ネットワークを用いて、受発注・決済などの業務用文書をやりとりすること。

EDINET(エディネット)【Electronic Disclosure for Investors' Network】電子開示制度による企業情報開示システムの通称。

EDM【electronic dance music】電子楽器を用いたダンス-ミュージックの総称。エレクトロニック-ダンス-ミュージック。

EDP【electronic data processing】コンピューターによるデータ処理。また、その処理部門。

EEZ【exclusive economic zone】排他的経済水域。領海の外側にあり、沿岸から200海里以内の水域。経済水域。

EIA【environmental impact assessment】環境アセスメント。開発が環境に与える影響の程度や範囲またその対策について、事前に予測・評価をすること。環境影響評価。

EiB【exbibyte】コンピューターの情報量を示す単位エクスビバイトを表す記号。

ELISA法(エライザ)【enzyme-linked immunosorbent assay】抗原抗体反応を利用したタンパク質などの物質測定法。固相酵素免疫測定法。

eLTAX(エルタックス) 地方税電子申告・納税システムの愛称。地方税に関する申告・納税および申請・届け出を、インターネットを利用して行う。地方税ポータル-システム。

E-mail(イーメール)【electronic mail】⇨E-メール

EMS【electronics manufacturing service】電子機器の製造請負を専業とする企業。複数の企業から請け負うことで稼働率を上げ、製造ノウハウを蓄積している。エレクトロニクス-マニュファクチャリング-サービス。電子機器製造サービス。

EMS【Energy Management System】IT(情報技術)を活用して、エネルギー消費の効率化を図るシステム。エネルギー-マネージメント-システム。エネルギー管理システム。

EMS【environmental management system】環境管理システム。企業活動などが環境に与える負荷を効果的に軽減するための仕組み。

EMS(エムス)【European Monetary System】ヨーロッパ通貨制度。EUの経済・通貨統合の基礎的制度。

EMS【Express Mail Service】国際スピード郵便。郵便局が扱う海外郵便の一種。

EPA【eicosapentaenoic acid】⇨IPA

EPO【erythropoietin】⇨エリスロポエチン

EPR【Extended Producer Responsibility】拡大製造者責任制度。製造業者がその製品の廃棄やリサイクルにも責任を負うという考え方。

EPROM(イーピーロム)【erasable and programmable ROM】紫外線で一挙に情報を消去し、電気的に再書き込みする方式のROM。

EPWING(イーピーウイング) 日本における、辞書や事典などの電子出版物の

データに関する規約。

ER【emergency room】緊急救命室。重篤な状態にある救急患者の治療を行う医療機関。

ERM【Exchange Rate Mechanism】ヨーロッパ為替相場メカニズム。

ERP【enterprise resource planning】財務や人事・顧客情報など企業の業務をサポートするシステム。統合業務ソフト。

ES【employee satisfaction】従業員満足。CS(顧客満足)の向上のために重要とされる従業員の満足の度合。

ES細胞【embryonic stem cell】受精卵が分化を始める前の段階の胚《はい》である胚盤胞の内部細胞塊から取り出した細胞。生体のさまざまな組織に分化する可能性があるため、再生医学において重要な役割を果たす。胚性幹細胞。万能細胞。

ESG【environmental, social, governance】責任投資原則(PRI)において、機関投資家が投資の意思決定プロセスで考慮の対象としている課題の総称。環境問題への取り組み、社会的公正・貢献、企業統治のこと。「―投資」

ESL【English as a second language】第二言語としての英語。母語が英語でない人々のための英語。

e-Tax(イータックス) 国税電子申告・納税システムの愛称。国税に関する申告、納税および申請・届け出を、インターネットを利用して行うシステム。

ETC【electronic toll collection】電子料金徴収システム。無線通信を用いて有料道路などの料金精算を完全自動化するシステム。ノンストップ自動料金収受システム。

ETF【exchange traded funds】株価指数連動型上場投資信託。特定の株価指数に連動するように運用される投資信託。

EU【European Union】ヨーロッパ連合。93年発足。欧州連合。

EU委員会 ヨーロッパ連合委員会。ヨーロッパ連合の諸機関の一。主に行政的分野を担当する。

EU閣僚理事会 ヨーロッパ連合閣僚理事会。ヨーロッパ連合の諸機関の一。立法や政策の決定を行う。

EUサミット【EU summit】ヨーロッパ連合理事会。ヨーロッパ連合の諸機関の一。加盟国の首脳により構成され、EU閣僚理事会で決定できなかった重要事項などを討議する。

EUR ユーロの通貨コード。

EV【electric vehicle】電気自動車。電池をエネルギー源とする車。EV車とも。

EV【enterprise value】企業価値。事業価値。

EVA【extra vehicular activities】船外活動。宇宙飛行士が宇宙船を出て宇宙空間で行う作業。人工衛星の修理などの作業。

FA【factory automation】コンピューター導入による工場の生産システムの自動化。

FA【flight attendant】⇨フライト-アテンダント

FA【free agent】プロ-スポーツなどで、選手が自由に契約できる権利。フリー-エージェント。

FANG(ファング)【Facebook, Amazon, Netflix, Google】世界的IT企業である、フェイスブック・アマゾン・ネットフリックス・グーグルを総称していう語。主に投資分野で言われる。

FAO(ファオ)【Food and Agriculture Organization of the United Nations】国際連合食糧農業機関。国際連合の専門機関の一。

FAQ【frequently asked question】誰もが疑問に思うために、頻繁に出てくる質問。また、このような質問と回答をまとめた文書。

FB【firm banking】⇨ファーム-バンキング

FBR【fast-breeder reactor】高速増殖炉。

FC【franchise chain】⇨フランチャイズ-チェーン

FCEV【Fuel Cell Electric Vehicle】

燃料電池車。燃料電池を搭載した電気自動車。燃料電池自動車。

FD 【fair disclosure】 フェアー-ディスクロージャー。企業が未公表かつ重要な情報を特定の市場関係者に明かした場合、一般投資家にも速やかに公表しなければならないこと。

Fed 【Federal Reserve Bank】 ⇨FRB

FEMS 【Factory Energy Management System】 工場向けのエネルギー管理システム。

FGM 【female genital mutilation】 成人儀礼の割礼で女性性器の一部を切除すること。

FIA 【フランスFederation internationale de l′automobile】 国際自動車連盟。

FIFA(フィーファ) 【フランスFédération internationale de football association】 国際サッカー連盟。

FINA 【フランスFédération Internationale de Natation Amateur】 国際水泳連盟。国際水連。

FIX窓(フィックスまど) 住宅で、開閉ができない窓(嵌め殺し)のこと。

FLOPS(フロップス) 【floating-point operations per second】 コンピューターの演算性能を示す指標の一。1秒間に実行できる浮動小数点演算の回数を示す。

FM音源 電子楽器などで用いられる音源の一。複数の正弦波を組み合わせることによって、さまざまな種類の波形(音色)を合成できる。▷FMは周波数変調(frequency modulation)の意。

FM補完放送 AMラジオ放送を、FMでも同時に送信すること。難聴対策、災害対策を目的とする。通称、ワイドFM。

FOC 【flag of convenience】 便宜置籍船。船籍を他国に置いている船舶。

FOMC 【Federal Open Market Committee】 連邦公開市場委員会。アメリカの連邦準備制度において、金融政策を議論・決定する機関。

FOREX 【foreign exchange】 外国為替。

FP 【financial planner】 ⇨ファイナンシャル-プランナー

FRB 【Federal Reserve Bank】 連邦準備銀行。アメリカの連邦準備制度により全国12の準備区に1行ずつ設立された銀行。各銀行は連邦準備制度理事会に統括されており、他国の中央銀行と同じ業務を行う。Fed。

FRB 【Federal Reserve Board; Board of Governors of the Federal Reserve System】 連邦準備制度理事会。アメリカの連邦準備制度の中枢機関。

FRP 【fiberglass reinforced plastics】 繊維強化プラスチック。ガラス繊維や炭素繊維などを補強材として埋め込んだ合成樹脂複合材料。

FRS 【Federal Reserve System】 連邦準備制度。アメリカで、1913年の連邦準備法により設けられた中央銀行制度。

FTA 【free trade agreement】 自由貿易協定。

FTP 【file transfer protocol】 ファイル転送プロトコル。

FTTH 【fiber to the home】 通信事業者の基地局から各家庭まで光ファイバーを敷設すること。ファイバー-ツー-ザ-ホーム。

FTZ 【free trade zone】 自由貿易地域。フリー-ゾーン。

FVNO 【fixed virtual network operator】 仮想固定通信事業者。

FX 【foreign exchange on margin】 外国為替証拠金取引。FX。▷ハイリスク-ハイリターンな金融商品。

F1(エフワン) 【Formula One】 国際自動車連盟の規定する単座席のレースのうちで、最高の性能と格式をもつレースの分類。

GAAP 【Generally Accepted Accounting Principles】 アメリカの会計基準。

GABA 【γ-aminobutyric acid】 ⇨

ギャバ

GAFA(ガーファ) 【Google, Amazon, Facebook, Apple】 世界的IT企業である、グーグル・アマゾン・フェイスブック・アップルの総称。

GAO(ガオ) 【General Accounting Office】 アメリカの、会計検査院。

GATT(ガット) 【General Agreement on Tariffs and Trade】 関税および貿易に関する一般協定。1995年から世界貿易機関(WTO)に移行。

GBコード 中国を中心とした地域で用いられている情報交換用符号。

GBP 英ポンドの通貨コード。

GDP 【gross domestic product】 国内総生産。

GDPデフレーター 【GDP deflater】 国内総生産の実質的価値を表す物価指数。インプリシット-デフレーター。

GDPR 【General Data Protection Regulation】 一般データ保護規則。ヨーロッパ連合(EU)の個人情報保護を目的としたルール。

GF(ジーエフ) 【girlfriend】 ガールフレンド。

GI値 【glycemic index】 ある食物が体内で糖に変わるスピードを表す指数。血糖値が上昇しやすいかどうかの目安にする。血糖指数。グリセミック指数。

GiB 【gibibyte】 コンピューターの情報量を示す単位ギビバイトを表す記号。

GID 【gender identity disorder】 性同一性障害。

GIF 【graphics interchange format】 コンピューターの画像ファイル保存形式の一。

GIS 【geographic information system】 地理情報システム。地理的な情報にさまざまなデータを加えて視覚的に表示するシステム。

GLAM(グラム) 【galleries, libraries, archives, museums】 美術館・図書館・公文書館・博物館を総称する語。▷MLA(museums, libraries, archives)とも。

GLT 【goal-line technology】 サッカーで、ボールがゴール-ラインを超えたかどうかの判定を補助する技術。

GM 【general manager】 ゼネラル-マネージャー。総支配人。

GMO 【genetically modified organisms】 遺伝子組み換え作物。

GND 【gross national demand】 国民総需要。

GNP 【gross national product】 国民総生産。

GNSS 【global navigation satellite system】 全地球航法衛星システム。地球上の電波受信者の位置を三次元測位するもの。GPSなどの一般名称。

GNU(グニュー;グヌー) 【GNU's not UNIX】 オープン-ソースによって、UNIX互換のソフトウエア環境を普及させるプロジェクト。

GPA 【grade point average】 学生の成績評価法の一。アメリカで広く採用されている。グレード-ポイント-アベレージ。

GPS 【global positioning system】 全地球無線測位システム。地球上の電波受信者の位置を三次元測位する。

GPU 【graphics processing unit】 コンピューターで、画像表示用の計算を専門に行う処理装置。

GSM 【Global System for Mobile communications】 移動体通信システムの標準規格の一。

GUI 【graphical user interface】 コンピューターのグラフィックス表示とポインティング-デバイスを用いた操作体系。

GWP 【global warming potential】 地球温暖化係数。

G20 【Group of 20】 日米欧の先進国や新興市場国など20の国と地域の蔵相・中央銀行総裁会議。

G7 【Group of 7; Conference of Ministers and Governors of the Group of 7】 先進7か国(アメリカ・イギリス・ドイツ・フランス・日本・カナダ・イタリア)のこと。または、その蔵相・中央銀行総裁会議。

G8 【Group of 8; Conference of

Ministers and Governors of the Group of 8】 G7に、ロシアを加えたもの。

HABITAT(ハビタット) 【habitation】 国際連合人間居住計画。

HACCP(ハセップ) 【hazard analysis and critical control point of evaluation】 危害分析重要管理点方式。食品の衛生管理のシステム。ハサップとも。

HCFC 【hydrochlorofluorocarbons】 ハイドロクロロフルオロカーボン。代替フロンとして用いられる。

HD 【hard disk】 ⇨ハード-ディスク

HDD 【hard disk drive】 ハード-ディスク-ドライブ。ハード-ディスクの読み書き装置のこと。

HDLコレステロール 【high density lipoprotein】 高密度リポタンパク質(HDL)に包まれたコレステロール。善玉コレステロール。

HDMI 【High-Definition Multimedia Interface】 テレビ・録画機・家庭用ゲーム機などを有線接続するための通信規格。

HDR 【high dynamic range】 画像や映像で、ダイナミック-レンジ(扱うことのできる最大信号と最小信号の比)が大きいこと。

HDTV 【high-definition television】 高精細度テレビジョン。高品位テレビ。

HEMS 【home energy management system】 家庭用ホーム-エネルギー-マネージメント-システム。

HFC 【hydrofluorocarbon】 ハイドロフルオロカーボン。代替フロンの一。エアコンなどの冷却材などに用いられる。

HFT 【high frequency trading】 超高速取引。高頻度取引。ミリ秒単位の時間で売買注文を繰り返すアルゴリズム取引。

HIV 【human immunodeficiency virus】 ヒト免疫不全ウイルス。

HLA抗原 【human leukocyte antigen】 ヒト白血球抗原。

HMD 【head mounted display】 ヘッド-マウント-ディスプレー。立体的な映像を提示するための視覚装置。

HN 【和handle＋name】 ⇨ハンドル-ネーム

HP 【home page】 ⇨ホーム-ページ

HPV 【human papilloma virus】 ヒト-パピローマ-ウイルス。パポバウイルス科のウイルス。皮膚や粘膜に感染し、良性の腫瘍《しゅよう》や子宮頸癌《しきゅうけいがん》などを形成する。

HTLV 【human T-cell leukemia virus】 ヒトT細胞白血病ウイルス。

HTML 【hyper text markup language】 ハイパーテキストを記述するための言語。インターネットのホーム-ページを作成するのにも用いられる。

http 【hyper text transfer protocol】 インターネットなどで情報を送受信するために用いるプロトコル。

H_2ブロッカー 【H_2-blocker】 抗ヒスタミン薬の一。胃酸の分泌を抑える。

Iターン 【和I＋turn】 もともと都市部に住んでいた人が、地方に移住し定職に就くこと。

iモード 【i mode】 専用の携帯電話を端末にして、電子メールの送受信や情報の閲覧などを可能にしたサービス。NTTドコモが1999年(平成11)にサービス開始。商標名。

IAAF 【International Amateur Athletic Federation】 国際陸上競技連盟。

IAEA 【International Atomic Energy Agency】 国際原子力機関。

IAS 【International Accounting Standards】 国際会計基準。

IASB 【International Accounting Standards Board】 国際会計基準審議会。

IASC(イアスク) 【International Accounting Standards Committee】 国際会計基準委員会。

IATA(イアタ) 【International Air Transport Association】 国際航空運送協会。

IBRD 【International Bank for Reconstruction and Development】 国際復興開発銀行。国連の専門機

関の一。現在は発展途上国に対する融資が主要業務。通称、世界銀行。

ICカード【IC card】ICを組み込んで情報容量を大きくしたカード。

IC乗車券　鉄道などで用いるICカードを搭載した乗車券。IC カード乗車券。

ICタグ【IC tag】記憶装置と無線通信の機能をもつタグ(付け札)。RFIDタグ。無線タグ。

ICレコーダー【IC recoder】内蔵もしくは外付けのフラッシュ-メモリーを媒体とし、音声を録音・再生する装置。

ICANN(アイキャン)【Internet Corporation for Assigned Names and Numbers】インターネットで使用されるドメイン名・IPアドレス・プロトコルなどの管理を行う非営利公益法人の国際機関。

ICBM【intercontinental ballistic missile】大陸間弾道ミサイル。

ICC【International Chamber of Commerce】国際商業会議所。

ICC【International Criminal Court】国際刑事裁判所。

ICF【International Classification of Functioning, Disability and Health】国際生活機能分類。障害に関する国際的な分類法。

ICJ【International Court of Justice】国際司法裁判所。国連の主要機関の一。

ICOCA(イコカ)【IC Operating Card】JR西日本の出改札システムで用いる、非接触ICカード(定期券・プリペイド-カード)の愛称。

ICR【interest coverage ratio】⇨インタレスト-カバレッジ-レシオ

ICT【information communication technology】情報通信技術。▷IT(情報技術)とほぼ同義。国際的にはICTの方が定着。

ICU【intensive care unit】集中治療室。

ID【identification】①識別。身分証明。同定。一体化。②識別子。コンピューター-ネットワークなどで、ユーザーや機器を識別するための符号。

IDカード【identity card】身分証明書。

IDA【International Development Association】国際開発協会。世界銀行の活動を補完し、第二世界銀行ともいわれる。

iDeCo(イデコ)【individual-type defined contribution pension plan】個人型確定拠出年金の愛称。個人が掛け金を払う確定拠出年金。個人型DC。

IEA【International Energy Agency】国際エネルギー機関。OECDの付属機関。

IEC【International Electrotechnical Commission】国際電気標準会議。電気および電子技術分野の規格の標準化を目的とする国際機関。

IEEE(アイトリプルイー)【Institute of Electrical and Electronics Engineers】アメリカの電気電子技術者協会。標準規格の制定に大きな役割を果たす。

IFRS【International Financial Reporting Standards】国際財務報告基準。

IH【induction heating】誘導加熱。

IH調理器　誘導加熱を利用した電磁加熱式調理器。

ILO【International Labor Organization】国際労働機関。国際連合の専門機関。

IM【instant message; instant messaging; instant messenger】⇨インスタント-メッセージ

IMF【International Monetary Fund】国際通貨基金。国連の専門機関。

IMSO【International Mobile Satellite Organization】国際移動通信衛星機構。1994年国際海事衛星機構(INMARSAT)から改称。

IMT-2000【International Mobile Telecommunications 2000】携帯電話システムの国際標準規格。

Inc.【Incorporated】(アメリカで)株

式会社。企業名の後につける。→Ltd.

Incoterms(インコタームズ) 【International Commercial Terms; International Rules for the Interpretation of Trade Terms】 国際商業会議所が制定した「貿易条件の解釈に関する国際規則」の略称。

INF 【intermediate-range nuclear forces】 中距離核戦力。

INGO 【international non-governmental organization】 非政府間国際組織。

INMARSAT(インマルサット) 【International Maritime Satellite Organization】 国際海事衛星機構。また、同組織の通信衛星名(1994年に同名の民間企業に移管)。→IMSO

INTELSAT(インテルサット) 【International Telecommunication Satellite Organization】 国際電気通信衛星機構。また、同組織の通信衛星名。2001年に私企業となる。

IOC 【International Olympic Committee】 国際オリンピック委員会。

I/O, IO 【input/output】 入出力。また、入出力装置や入出力インターフェース。

iOS ⇨アイオーエス

IoT 【Internet of things】 情報機器以外のさまざまなものに通信機能を付加し、インターネットに接続できるようにすること。モノのインターネット。

IP 【internet protocol】 コンピューター-ネットワークにおける、通信規約(プロトコル)の一。ネットワークに接続する個々のコンピューターにアドレスを割り振り、データ転送における伝送経路の確定方法を定めている。

IP 【internet provider】 ⇨インターネット-プロバイダー

IPアドレス 【internet protocol address】 インターネットに接続した個々のコンピューターに割り振られた、識別のための個別の数字列。

IPA 【icosapentaenoic acid】 イコサペンタエン酸。5個の二重結合をもつ不飽和脂肪酸。エイコサペンタエン酸(EPA)。

iPad ⇨アイパッド

IPCC 【Intergovernmental Panel on Climate Change】 気候変動に関する政府間パネル。

iPhone ⇨アイフォーン

IPO 【initial public offering】 株式公開。

IPP 【independent power producer】 卸電力供給を目的とする独立発電事業者。

iPS細胞(アイピーエスさいぼう) 【induced pluripotent stem cell】 受精卵や卵子を用いず、体細胞に遺伝子を導入することでつくり出した万能細胞。再生医学において重要な役割を果たすと期待されている。誘導多能性幹細胞。新型万能細胞。人工多機能性幹細胞。→ES細胞

IR 【information retrieval】 情報検索。

IR 【integrated resort】 統合型リゾート。

IR 【investor relations】 ⇨インベスター-リレーションズ

IS 【Islamic State】 シリアで支配地域を広げたイスラム教スンナ派の過激派テロ組織。別称、ISIL、ISIS、イスラム国(IS)など。

ISBN 【International Standard Book Number】 国際標準図書番号。

ISDN 【integrated service digital network】 デジタル総合サービス網。

ISO(イソ) 【International Standardization Organization; International Organization for Standardization】 国際標準化機構。

ISO感度 【ISO speed】 ISOが制定する写真感光材料の感度。

ISO 14000 ISOによる、設計・製造から消費・回収・廃棄に至る、製品生涯における企業の環境管理・監査システムを認証するための一連の国際規格。環境JIS。

ISO 9000 ISOによる、設計・製造から検査・アフター-サービスに至る、企業の品質管理システムを認証するための

一連の規格。

ISOC〔Internet Society〕 インターネット管理機構の頂点に立つ非営利組織。インターネット-ソサエティー。

ISP〔internet service provider〕 ⇨インターネット-プロバイダー

ISS〔International Space Station〕 国際宇宙ステーション。

IT〔information technology〕 情報技術。

ITAR(イタル) 〔ロシア Informatsionnoe Telegrafnoe Agentstvo Rossii〕 ロシアの通信社。対外的にはITAR-TASS(イタル-タス)として配給。

ITS〔intelligent transport system〕 高度道路交通システム。

ITTA〔International Tropical Timber Agreement〕 国際熱帯木材協定。

ITU〔International Telecommunication Union〕 国際電気通信連合。国際連合の専門機関。

IWC〔International Whaling Commission〕 国際捕鯨委員会。

IX〔internet exchange〕 インターネット-プロバイダー(ISP)の相互接続を仲介する場。

Jアラート〔J-ALERT〕 緊急事態が生じたとき、瞬時に住民に警報を発するシステム。消防庁が運用。全国瞬時警報システム。

Jストック指数 ⇨J-Stock Index

Jターン〔和J+turn〕 地方出身の都市部の居住者が、出身地に近い中核都市に移住して定職に就くこと。

Jビレッジ〔和J Village〕 福島県双葉郡にあるサッカー専用施設。

Jリーグ〔和J League〕 日本プロ-サッカー-リーグの通称。

JADA〔Japan Anti-Doping Agency〕 日本アンチ-ドーピング機構。

JAEA〔Japan Atomic Energy Agency〕 日本原子力研究開発機構。

JAN〔Japanese article number〕 日本共通商品コード。JISに組み入れられた食品・雑貨商品用バー-コード。

JAPRPO〔Japan Publicity Rights Protection Organization〕 肖像パブリシティ権擁護監視機構。

JAS法〔Japanese Agricultural Standard〕 正称、農林物資の規格化及び品質表示の適正化に関する法律。

JASDAQ(ジャスダック) 〔Japan Association of Securities Dealers Automated Quotations〕 ⇨JASDAQ市場

JASDAQ市場 東京証券取引所が開設する取引所市場のこと。2013年(平成25)東京証券取引所に統合。JQ。

JASDAQ指数 JASDAQ市場の株価指数の一。

JASRAC(ジャスラック) 〔Japanese Society for Rights of Authors, Composers and Publishers〕 日本音楽著作権協会。

Java(ジャバ) プログラム言語の一。

JAXA(ジャクサ) 〔Japan Aerospace Exploration Agency〕 宇宙航空研究開発機構。

JICA(ジャイカ) 〔Japan International Cooperation Agency〕 国際協力機構。外務省所管の独立行政法人の一。

JIS(ジス) 〔Japanese Industrial Standard〕 日本産業規格。▷2019年「日本工業企画」から改称。

JIS漢字 JISで定められた「情報交換用漢字符号」に収載されている漢字。

JISコード〔JIS code〕 JISにより制定された情報交換用符号。

JISマーク〔JIS mark〕 日本産業規格に適合している製品につけられるマーク。

JOC〔Japan Olympic Committee〕 日本オリンピック委員会。

JOM〔Japan offshore market〕 東京オフショア市場。

JP〔Japan Post〕 日本郵政グループ。

JPEG(ジェーペグ) 〔joint photographic expert group〕 静止画像などを圧縮、伸長させる機能を持ったアルゴリズ

ム。

J-POP 日本の若者向けポピュラー音楽のこと。

JPY 日本円の通貨コード。

JSL 【Japanese as a second language】 第二言語としての日本語。母語が日本語でない人々のための日本語。

JST 【Japan Science and Technology Corporation】 科学技術振興機構。独立行政法人の一。

J-Stock Index JASDAQ市場の株価指数の一。Jストック指数。

JV 【joint venture】 大規模な工事を複数の企業が協力して請け負うこと。共同企業体。ジョイント-ベンチャー。

J1(ジェーワン) Jリーグ1部の略称。ディビジョン1。

J2(ジェーツー) Jリーグ2部の略称。ディビジョン2。

KEDO(ケドー) 【Korean peninsula Energy Development Organization】 朝鮮半島エネルギー開発機構。

KiB 【kibibyte】 コンピューターの情報量を示す単位キビバイトを表す記号。

KM 【knowledge management】 ⇨ナレッジ-マネージメント

KY 「空気が読めない(人)」または「空気を読め」の略。

KYC 【know your customer】 顧客確認。

Lアラート 【L-ALERT】 災害情報共有システム。災害の発生時、地方自治体・ライフライン関連事業者が、放送局・新聞社・ネット事業者などに対して必要な情報を迅速に伝達するためのシステム。▷Lはローカルの意。

LAN(ラン) 【local area network】 同一敷地(同一建物)内などの総合的な情報通信ネットワーク。

LBO 【leveraged buyout】 企業買収で、対象となる企業の資産を担保にし、少ない自己資金で買収すること。

LCC 【low cost carrier】 格安航空会社。業務の効率化を図ることで、低価格のサービスを提供する航空会社のこと。ロー-コスト-キャリア。格安エアライン。

LCD 【liquid crystal display】 液晶表示ディスプレー。

LD 【learning disability】 学習障害。

LDLコレステロール 【low density lipoprotein】 低密度リポタンパク質(LDL)に包まれたコレステロール。血中濃度が高いと動脈硬化の発生率が増加することから、悪玉コレステロールともよばれる。→HDLコレステロール

LED 【light-emitting diode】 接合部に電流が流れると光を放射するダイオード。。発光ダイオード。

LETS 【local exchange trading system】 限定地域や共同体だけで利用可能である、相互扶助的な貨幣制度。レッツ。▷地域交換取引制度の意。

LEV 【low emission vehicle】 低公害車。

LGBT 【lesbian, gay, bisexual, transgender】 セクシャル-マイノリティーのこと。レズビアン・ゲイ・バイセクシャル・トランスジェンダーの総称。GLBT。

LGBTs セクシャル-マイノリティーの総称。レズビアン・ゲイ・バイセクシュアル・トランスジェンダーの総称であるLGBTに、それ以外を意味するsを加えた表現。

LGBTQ セクシャル-マイノリティーの総称。レズビアン・ゲイ・バイセクシュアル・トランスジェンダーの総称であるLGBTに、クエスチョニング(性的指向や性自認が定まっていない人)またはクイアを意味するQを加えた表現。

LIBOR(ライボー、リボール) 【London Interbank Offered Rate】 ロンドンのユーロ市場における銀行間の短期金利。国際金融取引の基準となる金利。インターバンク-レート。

Linux(リナックス、ライナックス) UNIXをベースにしたOSの一。フィンランドのリーナス=トーバルズ(Linus Torvalds [1969～　])が中心になって開発。ライセンスはフリー。

LISA(リサ) 【low input sustainable agriculture】 低投入持続型農業。農薬や化学肥料の使用に過度に頼ら

ずに生産性を維持しようとする農業。

LLDC 【least less-developed country】 後発発展途上国。発展途上国の中でも特に発展の遅れている国。最貧国。

LME 【London Metal Exchange】 ロンドン金属取引所。世界最大の非鉄金属取引所。1877年開所。

LNG 【liquefied natural gas】 液化天然ガス。メタンを主成分とする天然ガスを冷却、加圧して液化したもの。

LOHAS(ロハス) 【life styles of health and sustainable】 健康的で持続可能なライフ-スタイルのこと。また、それを志向する市場のこと。

LPG 【liquefied petroleum gas】 液化石油ガス。常温常圧下で気体の低級炭化水素を、冷却、加圧して液化したもの。LPガス。

LSD 【lysergic acid diethylamide】 リセルグ酸ジエチルアミド。麦角《ばっかく》中のアルカロイドから合成的に得られる強力な幻覚誘発剤。

LSI 【large-scale integrated circuit】 高密度集積回路。大規模集積回路。

LTE 【Long Term Evolution】 携帯電話の規格の一。光ファイバーなみの高速データ通信が可能。3.9G。

Ltd. 【Limited】 (イギリスで)株式(有限)会社。企業名の後につける。→Inc.

M & A 【merger and acquisition】 企業の合併・買収。→LBO

MaaS(マース) 【mobility as a service】 サービスとしての移動。情報通信技術を応用することによって自動車や自転車をシェアリングするサービスなど。

MBA 【Master of Business Administration】 アメリカで、経営管理学修士。

MBS 【mortgage-backed securities】 住宅ローン債権を多数集め、これを裏づけに発行される証券。不動産担保証券。モーゲージ担保証券。モーゲージ証券。

MC 【machining center】 ⇨マシニングーセンター

MC 【master of ceremonies】 ①司会者。②コンサートなどで曲と曲との間に入れるトーク。

MCバトル(エムシーバトル) 【和MC ＋ battle】 ⇨ラップ-バトル

MCU 【micro-control unit】 ⇨マイクロコントローラー

MD 【merchandising】 ⇨マーチャンダイジング

MD 【mini disc】 デジタル方式の小型録音再生機用の光磁気ディスク。ミニ-ディスク。

MDA 合成麻薬の一。俗称はラブ-ドラッグなど。▷物質名3.4-methylenedioxyamphetamineの略。

MDGs 【Millennium Development Goals】 国際社会が2015年までに達成すべき、目標数値を伴った開発目標。2000年に国連で採択。ミレニアム開発目標。→SDGs

MDMA 合成麻薬の一。俗称はエクスタシーなど。▷物質名3.4-methylenedioxymethamphetamineの略。

Mercosur(メルコスール) 【スペイン Mercado Común del Sur】 南米南部共同市場。1991年にアルゼンチン・ブラジル・パラグアイ・ウルグアイの4か国が合意した共同市場の計画。

MERS(マーズ) 【Middle East respiratory syndrome】 中東呼吸器症候群。MERSコロナウイルスによる感染症。感染すると重症の肺炎、下痢、腎臓障害などを引き起こす。▷2012年に中東へ渡航歴のある症例で初めて報告された。

MGT 【micro gas turbine】 マイクロ-ガス-タービン。ガス-タービンを用いた出力30～300kWの小型発電器。

MiB 【mebibyte】 コンピューターの情報量を示す単位メビバイトを表す記号。

MIDI(ミディ) 【musical instrument digital interface】 シンセサイザー・シーケンサー・コンピューターなどの演奏情報を相互に伝達するためのデータ転送規格。

MIPS(ミップス) 【million instructions per second】 コンピューターの演算性能を示す指標の一。1秒間に実行できる命令の回数を100万単位で示す。

ML 【mailing list】 ⇨メーリング-リスト

MLD 【minimum lethal dose】 最小致死量。▷MRD(minimum reacting dose)ともいう。

MMC 【money market certificate】 市場金利連動型預金。市場金利に連動して金利が変動する預金。

MMF 【和Money＋Management＋Fund】 短期公社債投資信託の商品名。

MMF 【money market(mutual) fund】 アメリカで金融革命の先駆けとして1974年に証券会社によって発売された短期金融資産投資信託のこと。MMMF。

MOディスク 【magnet-optical disk】 光磁気ディスク。

MOF(モフ) 【Ministry of Finance】 財務省。

MOOCs(ムークス) 【massive open online courses】 大学などの高等教育機関が、インターネット上で運営する公開講座。MOOC(ムーク)。▷大規模公開オンライン講座の意。

MOX燃料 【mixed oxide fuel】 ウランとプルトニウムの混合酸化物の核燃料。高速増殖炉やプルサーマルに使用される。

MPEG(エムペグ) 【moving picture expert group】 リアル-タイムで動画と音声の圧縮・伸長の機能を実現する規格決定のための委員会。また、その規格。

MPU 【microprocessing unit】 ⇨マイクロプロセッサー

MP3 【MPEG-1/Audio Layer-3】 音声データ圧縮の規格の一。圧縮比率が高い。

MR 【marketing research】 ⇨マーケティング-リサーチ

MR 【medical representative】 医薬情報担当者。

MR 【mixed reality】 複合現実。コンピューターの仮想映像と実写の現実映像を融合させた映像で仮想体験を得ること。

MRA 【magnetic resonance angiography】 磁気共鳴血管撮影。核磁気共鳴を利用して血液の流れを画像化する技術。

MRAM(エムラム) 【magnetic random access memory】 磁性体の性質を利用したメモリー素子の一。書き込んだ情報を永久的に記憶できる。磁気ランダム-アクセス-メモリー。マグネティックRAM。磁気抵抗メモリー。

MRF 【money reserve fund】 証券総合口座。証券会社が設定している顧客口座の一。

MRI 【magnetic resonance imaging】 核磁気共鳴映像法。人体の細胞がもつ磁気を核磁気共鳴を利用して検出し、その情報をコンピューターにより画像化する診断法。

MRSA 【methicillin-resistant staphylococcus aureus】 メチシリン耐性黄色ブドウ球菌。抗生物質に対する耐性を獲得した黄色ブドウ球菌。化膿性疾患・肺炎・敗血症などを起こし、院内感染の原因となる。→VRSA

MSCI指数 アメリカのモルガン-スタンレー-キャピタル-インターナショナル(Morgan Stanley Capital International)社が独自に算出し、発表している世界的な株価指数。

MSF 【フランスMédecins sans frontières】 国境なき医師団。

mtDNA 【mitochondrial DNA】 ミトコンドリアDNA。ミトコンドリア内に存在する固有のDNA。

MTR 【multitrack recorder】 マルチトラック-レコーダー。

MVNO 【mobile virtual network operator】 仮想移動体通信事業者。

MoM 【month on month; month over month】 経済指標や企業決算などで前月比。

Nシステム 【N system】 自動車ナンバー自動読み取り装置の通称。▷Nは

ナンバー(number)の意。

NAFTA(ナフタ) 【North American Free Trade Agreement】 北米自由貿易協定。

NASA(ナサ) 【National Aeronautics and Space Administration】 アメリカ航空宇宙局。

NASDA(ナスダ) 【National Space Development Agency of Japan】 宇宙開発事業団。2003年(平成15)JAXAに改組。

NASDAQ(ナスダック) 【National Association of Securities Dealers Automated Quotations】 全米証券業協会(NASD)が開設した店頭銘柄市場。ベンチャー企業やハイテク企業、新興企業が多く上場。

NATO(ナトー) 【North Atlantic Treaty Organization】 北大西洋条約機構。

NB 【national brand】 ⇨ナショナルーブランド

NC 【numerical control】 数値制御。工作機械などを自動的に制御する方式。→CNC

NDA 【non-disclosure agreement】 秘密保持契約。機密保持契約。非公開情報を知りうる者に対して、その情報に関する守秘義務を求める契約のこと。

NDL 【National Diet Library Classification】 国立国会図書館分類表。

NFC 【near field communication】 国際標準規格に承認された無線通信技術の一。近距離通信。

NG 【no good】 ①映画撮影などでの、演技の失敗。②認められないこと。禁止事項。

NGO 【nongovernmental organization】 非政府組織。政府間の協定によらずに創立された、民間の国際協力機構。

NICU 【neonatal intensive care unit】 新生児集中治療室。新生児特定集中治療室。

NIE 【newspaper in education】 新聞を学校教育の教材として利用すること。教育に新聞を。

NIES(ニーズ) 【newly industrializing economies】 発展途上国のうち急速に工業化が進んだ諸国・地域。新興工業経済地域。

NIH 【National Institutes of Health】 アメリカの国立衛生研究所。

NISA(ニーサ) 【Nippon individual savings account】 少額投資非課税制度の愛称。

NK細胞 【natural killer cell】 ナチュラルーキラー細胞。リンパ球の一種。腫瘍《しゅよう》細胞を融解する機能をもつ。

NMD 【national missile defense】 アメリカの国家ミサイル防衛構想。

NNE 【net national expenditure】 国民純支出。GNE(国民総支出)から資本減耗引当てを控除したもの。

NNW 【net national welfare】 国民福祉指標。国民の福祉水準を測る指標。国民純福祉。

NOC 【National Olympic Committee】 国内オリンピック委員会。日本では日本オリンピック委員会(JOC)が相当。

NO_x(ノックス) 【nitrogen oxides】 一酸化窒素(NO)・二酸化窒素(NO_2)など窒素酸化物の総称。

NPO 【nonprofit organization】 政府・自治体や私企業とは独立した存在として、市民・民間の支援のもとで社会的な公益活動を行う組織・団体。特定非営利活動法人。非営利組織。非営利団体。市民活動法人。市民事業体。

NPO法 特定非営利活動促進法のこと。

NPT 【Nuclear Nonproliferation Treaty】 核不拡散条約。核拡散防止条約。

NR 【和no+return】 出先から直接自宅に帰ること。直帰。

NTB 【non-tariff barrier】 非関税障壁。関税以外の方法で行う輸入抑制手段。NTM(non-tariff measures、非関税措置)ともいう。

NZD ニュー-ジーランド-ドルの通貨コード。

OA【office automation】会社の事務部門における能率向上のために行われる自動化。オフィス-オートメーション。

OAPEC(オアペック)【Organization of Arab Petroleum Exporting Countries】アラブ石油輸出国機構。

OC【oral contraceptive】⇨ピル①

OCR【optical character reader】印刷または手書きの文字を、光学的に読み取る装置。光学式文字読み取り装置。

ODA【Official Development Assistance】政府開発援助。

ODM【original design manufacturing】取引先のブランドで販売される製品の設計・生産。

OECD【Organization for Economic Cooperation and Development】経済協力開発機構。

OEL【organic electroluminescence】有機EL。有機材料を用いたEL素子(強い電場を加えて発光する蛍光物質を用いた素子)。

OEM【original equipment manufacturing】取引先の会社の商標名で販売される製品の受注生産。

OJT【on-the-job training】⇨オン-ザ-ジョブ-トレーニング

OPAC【online public access catalog】図書館が提供する、オンライン蔵書目録。

OPEC(オペック)【Organization of Petroleum Exporting Countries】石油輸出国機構。

OPTA(オプタ) サッカーの試合で各選手のボール-タッチに関するプレーを詳細に分析するシステム。

ORBIS ⇨オービス

OS【operating system】⇨オペレーティング-システム

OT【occupational therapist】作業療法士。

OTA【over the air】情報通信分野で、無線を経由して行うデータの送受信。

OTC【over-the-counter】①(株式取引所を経ない)「店頭取引」の意。②大衆薬。処方箋なしで購入できる一般用医薬品。

O-157【Escherichia coli O-157】病原性大腸菌の一。ヒトや動物の腸管内に侵入すると、タンパク質の一種であるベロ毒素を放出し、激しい下痢や腹痛を起こす。

P波【P-wave; primary wave】弾性波のうち、体積変化の状態が伝わる縦波。通常、地震波に用いられる語。→S波

PA【protection grade of UV-A】日焼け止め用化粧品に表示される、日光防止指数の一。

PA【public acceptance】⇨パブリック-アクセプタンス

PB【private brand】⇨プライベート-ブランド

PBO【peace building operations】平和構築活動。経済・医療・教育などの援助を予防的に行う。

PC【personal computer】⇨パーソナル-コンピューター

PC【political correctness】性・民族・宗教などによる差別や偏見、またそれに基づく社会制度・言語表現は、是正すべきとする考え方。政治的妥当性。ポリティカル-コレクトネス。

PC【primary care】⇨プライマリー-ケア

PCゲーム【PC game】コンピューター-ゲームのうち、パーソナル-コンピューター(PC)を用いるものの総称。パソコン-ゲーム。

PCB【polychlorinated biphenyl】ジフェニルに2個以上の塩素が置換した化合物。絶縁油・熱媒体・可塑剤などに広く用いられたが、毒性などのため製造・使用禁止。ポリ塩化ビフェニル。

PCM【pulse code modulation】パルス変調方式の一。歪《ひず》みが少なく、雑音がない。パルス符号変調。

PCM音源 サンプリング音源の一。録音(符号化)の際に、PCM方式を用いるもの。

PCU【Palliative Care Unit】緩和ケア病棟。

PDA【personal digital assistance】携帯情報端末。小型の情報機器。

PDC【Personal Digital Cellular】移動体通信システムの標準規格の一。

PDCAサイクル 行政政策や企業の事業評価にあたって計画から見直しまでを一貫して行い、さらにそれを次の計画・事業にいかそうという考え方。▷plan(立案・計画)、do(実施)、check(検証・評価)、action(改善・見直し)の頭文字。

PDF【portable document format】アメリカのアドビ-システムズが開発したファイル形式の一。異種のパソコン間でのドキュメントの交換を可能にする。

PDP【plasma display panel】板状のガラス管に、ネオンなどの放電ガスを封入したディスプレー装置。プラズマ-ディスプレー-パネル。

PDS【public domain software】一般に公開されているソフトウエア。パブリック-ドメイン-ソフトウエア。

PET(ペット)【polyethylene terephthalate】ポリエチレン-テレフタレート。ポリエステルの一。飲料用の容器や写真フィルム・磁気テープなどに用いられる。

PET【positron emission tomography】陽電子放出撮影法。臓器の生理状態や炭素や酸素などの代謝の様子を調べる方法。

PETボトル(ペット)【PET bottle】ポリエチレン-テレフタレート樹脂からつくられる瓶状の容器。

PEX運賃(ペックス)【Special Excursion Fare】特別回遊運賃。航空会社が個人を対象として適用する往復割引運賃。

PGP【Pretty Good Privacy】電子メールのセキュリティー管理に利用される暗号化プログラム。

PG-12【parental guidance-12】映倫(映画倫理規定管理委員会)の規定の一。12歳未満(小学生以下)の鑑賞には保護者の同伴が望ましいことを示す。

PHC【primary health care】⇨プライマリー-ヘルス-ケア

PHEV【plug-in hybrid electric vehicle】プラグイン-ハイブリッド電気自動車。

PHS【personal handyphone system】微弱な電波を用いるコードレス電話機を屋外でも利用できるようにしたデジタル電話。

PiB【pebibyte】コンピューターの情報量を示す単位ペビバイトを表す記号。

PIM【personal information manager】個人情報管理用のソフトウエア。住所録・スケジュール管理・作業予定などの機能を備える。ピム。

PISA【OECD Programme for International Student Assessment】世界各国の15歳の子どもを対象にOECD(経済協力開発機構)が実施する試験。出題分野は読解力・数学的思考力・科学的思考力。

PKF【Peace-Keeping Forces】国際連合平和維持軍。

PKO【Peace-Keeping Operations】国際連合平和維持活動。

PL【product liability】製造物責任。

PL法 製造物責任法。製造物の欠陥により人の身体、財産等に被害が生じた場合の製造業者等の損害賠償責任について定め、被害者の保護を図ることを目的とする法律。

PLC【power line communication】電力線搬送通信。電力線を使用して行われるデータ通信。電力線通信。電力線インターネット。

PLI【people's life indicators】豊かさ指標。内閣府が発表する新国民生活指標の通称。

PLMD【periodic limb movement disorder】周期性四肢運動障害。睡眠障害の一。睡眠時ミオクローヌス症候群。

PLO【Palestine Liberation Organization】パレスチナ解放機構。

PM【particulate matter】粒子状汚染物質。大気汚染物質のうち、粒子

状のもの。

PM【product manager】プロダクト-マネージャー。新製品の開発と商品化を一貫して行うための、専任担当者。

POD【print on demand; publish on demand】オン-デマンド出版。利用者の注文に応じて出版を行うシステム。

POP(ポップ)【point-of-purchase】購買時点。店頭。

POP(ポップ)【post office protocol】電子メールを格納してあるサーバーから、自分宛のメールをダウンロードするためのプロトコル。

POP広告(ポップ)【point-of-purchase advertising】購買時点広告。ポスターなど商店に掲示される広告。

POPs【persistent organic pollutants】⇨ポップス

POS(ポス)【point-of-sale】販売時に販売活動に関する情報処理を行うこと。販売時点情報管理システム。

POS広告(ポス)【point-of-sale advertising】販売時点広告。POP広告を売り手の側からいう語。

ppb【parts per billion】十億分率。成分比や濃度を表す単位。10億分のいくつにあたるかを示す。

PPC【plain paper copier】普通紙複写機。

PPK ⇨ピンピンコロリ

ppm【parts per million】百万分率。成分比や濃度を表す単位。

PPP【polluter pays principle】汚染者負担原則。

PPS【prospective payment system】⇨DRG/PPS

ppt【parts per trillion】一兆分率。極めて低い濃度などを表す単位。

PPV【pay-per-view】⇨ペイ-パー-ビュー

PR【public relations】①会社や官公庁などが事業内容や施策などを一般に広く知らせること。②売りこみ。宣伝。

PRI【Principles for Responsible Investment】責任投資原則。投資の意思決定プロセスにESGを組み込むことをめざす、機関投資家向けの指針。

P.S. 追伸。二伸。▷postscriptの略。

PSEマーク【和PSE+mark】電気用品安全法に基づき製造・輸入された電気用品に表示されるマーク。▷PSEはProduct Safety of Electrical appliance and materialの略。

psi(プサイ)【pounds per square inch】ヤード-ポンド法の圧力の単位。1平方インチ当たり1ポンドの力が加わるときの圧力。

PT【physical therapist】理学療法士。

PTBT【Partial Test Ban Treaty】部分的核実験禁止条約。

PTSD【posttraumatic stress disorders】心的外傷後ストレス障害。

PV【page view】ページ-ビュー。ウェブ-サイトへのアクセス量を判断する基準の一。一定期間内に、サイト内のウェブ-ページが、アクセスしたユーザーによって表示された回数をさす。

PV【和promotion+video】⇨ビデオ-クリップ

PWA【person with AIDS】エイズと共にある人。エイズ患者、およびその支援者をいう。

PWR【pressurized water reactor】加圧水型原子炉。軽水を減速・冷却材として使う軽水炉の一方式。

P2P(ピーツーピー)【peer-to-peer】ネットワークに接続された複数のコンピューターのうち、任意の1対1が対等な接続状態にあること。ピア-ツー-ピア。

Q熱【Q fever】リケッチア性疾患の一。家畜の熱病。人に感染すると高熱・頭痛など感冒のような症状を呈する。▷Qは疑問(query)の意。発見当時、病原体が不明だったことから。

QC【quality control】品質管理。

QE【quick estimation】国民所得統計速報。内閣府が四半期ごとに発表するGDP(国内総生産)速報。

Qi(チー) 電子機器を非接触で充電するための規格の一。

QOL【quality of life】⇨クオリティー-オブ-ライフ

QoQ【quarter on quarter; quarter

over quarter】経済指標や企業決算などで前四半期比。四半期推移。

QRコード【QR Code】2次元バーコードの方式の一。製造・流通などの分野で使用されている。商標名。▷QRはquick response(素早い反応)から。

R言語【R programming language】統計解析用のプログラム言語。単にRとも。

RAID(レイド)【Redundant Arrays of Inexpensive Disks】複数のディスクを一つに収めた装置。ディスク-アレイ。

RAM(ラム)【random-access memory】ランダム-アクセスが可能な記憶装置。特に、読み出しだけでなく書き込み可能な半導体記憶装置をさす。

R＆D【research and development】研究開発。

R＆Dレシオ【research and development ratio】企業の研究開発への取り組みを示す指標で、通常、売上高に対する研究開発費の比率で見る。

RAS(ラス)【remote access service】電話回線などを利用して外部からネットワークに接続するための遠隔接続機能。

RC【responsible care】⇨レスポンシブル-ケア

RCC【Resolution and Collection Corporation】整理回収機構。

RDB【relational database】⇨リレーショナル-データベース

RE【reverse engineering】⇨リバース-エンジニアリング

REIT(リート)【real estate investment trust】不動産投資信託。不動産やその抵当証券を投資対象とする投資信託。

REM睡眠(レム)【rapid eye movement sleep】睡眠の一型。眠りは深いが脳波は覚醒時のような型を示す状態。速い眼球運動を伴い、夢をみていることが多い。逆説睡眠。パラ睡眠。賦活睡眠。

RFID【radio frequency identification】ICと小型アンテナが組み込まれたタグやカード状の媒体から、電波を介して情報を読み取る非接触型の自動認識技術。

RFIDタグ【RFID tag】⇨ICタグ

RIMPAC(リムパック)【Rim of the Pacific Exercise】環太平洋合同演習。アメリカの第三艦隊とカナダ・オーストラリア・ニュージーランドの海軍で、ほぼ2年に1回行われる軍事演習。

RLS【restless legs syndrome】むずむず脚症候群。睡眠障害の一。

RNA【ribonucleic acid】リボ核酸。リボースを含む核酸。塩基成分は主にアデニン・グアニン・シトシン・ウラシルの4種。

RNAウイルス【RNA virus】遺伝物質として、DNAではなくRNAをもつウイルス。レトロウイルスなど。

ROA【return on asset】総資本利益率。利益を総資本(総資産)で除したもの。総合的な収益性の財務指標。純資産事業利益率。

ROE【return on equity】株主資本利益率。税引利益を株主資本で除したもの。株主資本に対しどれだけ利益をあげているかを示し、企業の収益性の指標となる。自己資本利益率。

ROI【return on investment】投資利益率。投資額と、それが生む利益との比率。投資効率の指標の一。

ROM(ロム)【read-only memory】読み出し専用の半導体記憶装置。

ROMる(ロム)他人の発言を読むだけで自分からは発言しない。

RPG【role-playing game】⇨ロール-プレーイング-ゲーム

RPS【retail price survey】小売物価統計調査。国民生活上重要な商品の価格やサービス料金・家賃について行う調査。

RPS制度【renewables portfolio standard】再生可能エネルギー導入基準制度。

RS【remote sensing】⇨リモート-センシング

RSA暗号【Rivest-Shamir-Adelman】公開鍵暗号方式の一。

RSS【RDF site summary】ウェブ-サイトの概略をメタデータとして記述する、XMLに基づくデータ-フォーマットの一種。サイトの更新通知やニュースのヘッドライン配信などに用いられる。

RSSフィード【RSS feed】インターネット上のウェブ-ページが、RSSフォーマットによって、自身の「見出しや概要」などの情報を外部に提供すること。ブログやRSSリーダーなどがこれらを参照・表示する。▷フィードは供給などの意。

RT【Retweet】⇨リツイート

RTOS【real-time operating system】⇨リアルタイムOS

RV【recreational vehicle】野外のレクリエーションを目的とした車両の総称。レクリエーショナル-ビークル。

RVパーク【RV park】キャンピング-カーの旅行者を対象にしたキャンプ場。駐車スペース・トイレ・水道・電源などを提供する。

R-15【restricted-15】映倫(映画倫理規定管理委員会)の規定の一。15歳以下の鑑賞には成人保護者の同伴が必要なことを示す。

R-18【restricted-18】映倫(映画倫理規定管理委員会)の規定の一。18歳未満の鑑賞が不適切であることを示す。

S波【S-wave; secondary wave】弾性波のうち、ずれの弾性によっておこる横波。波の進行方向に直角の方向に振動する。地震波で用いられる語。

Sマーク【safety mark】生活用品が消費生活用製品安全法による安全基準に合格したことを示すマーク。

SaaS(サース)【software as a service】ソフトウエアのうち、必要とする機能だけをサービスとして利用できるようにする提供方式。

SAL【surface air lifted】国際郵便を一般の航空便より低い優先度で航空輸送するサービス。SAL便。

SALT【Strategic Arms Limitation Talks (Treaty)】⇨ソルト

SAP【special automobile policy】自家用自動車総合保険。

SARS(サーズ)【severe acute respiratory syndrome】重症急性呼吸器症候群。SARSコロナウイルスによる感染症。

SAS【sleep apnea syndrome】睡眠時無呼吸症候群。睡眠障害の一。

SAT【Special Assault Team】警視庁などに置かれる特殊急襲部隊。

SBS【shaken baby syndrome】揺さぶられっ子症候群。乳児を泣きやませようと強く揺さぶったりすることが原因で脳内出血や硬膜下出血などを起こし、失明したり脳障害が残ったりする症状。

SC【school counselor】⇨スクール-カウンセラー

SCM【supply chain management】サプライ-チェーン業務をコンピューターで管理する経営手法。

SD【sustainable development】持続可能な開発。将来の環境や次世代の利益を損なわない範囲内で社会発展をすすめようとする理念。1987年ブルントラント委員会が提唱。サステナブル-ディベロップメント。

SDGs【Sustainable Development Goals】MDGsを引き継いで2015年に国連で採択された、目標数値を伴う開発目標。持続可能な開発目標。

SDI【Strategic Defense Initiative】戦略防衛構想。敵の戦略ミサイルを大気圏や宇宙で破壊する防衛システムの研究構想。

SE【systems engineer】⇨システム-エンジニア

SEK クローナの通貨コード。

SELH【和Super English Language High School】スーパー-イングリッシュ-ランゲージ-ハイスクール。文部科学省が指定・支援する、英語教育を重点的に行う高等学校。SELHi(セルハイ)。

SEO【search engine optimization】ロボット型サーチ-エンジンにおける露出度を高くするために、ウェブ-ページ(ホーム-ページ)の内容を最適化すること。サーチ-エンジン最適化。

SET(セット)【secure electronic trans-

action】インターネット上のクレジット-カードでの決済を安全・確実に行うための統一規格。公開鍵暗号方式を用いる。

SF商法 集団心理を利用して高額な商品を売りつける商法。催眠商法。

SF【science fiction】 ⇨サイエンス-フィクション

SFX【special effects】映像・画像における視覚効果。特殊視覚効果技術。VFX。

SGマーク【safety goods mark】生活用品が法律に基づく一定の安全基準を満たしていることを示すマーク。製品安全協会が認定。

SGML【standard generalized markup language】マークアップ言語の一。ISOで規格化されている。

SI【system integration】 ⇨システム-インテグレーション

SI【フランスSystème international d'unités】国際単位系。

SIDS(シズ)【sudden infant death syndrome】乳幼児突然死症候群。

SIMカード(シム)【subscriber identity module card】携帯電話などの加入者情報や短縮ダイヤルなどの情報を記録したICカード。

SIMフリー(シムフリー)【SIM free】携帯電話の端末で、SIMロックをかけていない状態のこと。どの通信事業者が提供したSIMカードでも利用できる。SIMロック-フリー。

SIMロック(シムロック)【subscriber identity module lock】携帯電話で、他社のSIMカードでは通話ができないよう電話機端末に制限を設定していること。

SIMEX(サイメックス)【Singapore International Monetary Exchange】シンガポール国際金融取引所。

SIMM(シム)【single inline memory module】パソコンのメモリー増設用の基板モジュール。DRAMチップを基板の片面に装着してある。

SIT【special investigation team】警視庁や県警などの刑事部に設置された特殊犯罪の捜査班。特殊犯捜査係。特殊捜査班。

SLA【service level agreement】サービス-レベル-アグリーメント。サービス提供者と利用者との間でサービス内容に関し明示的になされた合意。

SLBM【submarine-launched ballistic missile】潜水艦発射弾道ミサイル。

SLDK リビング-ダイニング-キッチン(LDK)に、サービス-ルーム(建築基準法では居室として扱わない空間)が加わった間取り。

SM【sadism and masochism】サディズムとマゾヒズム。エス-エム。

SMS【short message service】ショート-メッセージ-サービス。携帯電話などで、比較的少ない文字数のメールを送受信できるサービス。

SNG【satellite news gathering】通信衛星利用ニュース収集システム。取材したビデオ-テープや中継現場の映像を、衛星を介して放送局へ送るシステム。

SNS【social networking service】⇨ソーシャル-ネットワーキング-サービス

SOF【Special Operations Forces】アメリカの特殊作戦部隊。

SOGI(ソジ)【sexual orientation, gender identity】性的指向と性自認。性の多様性を認め、表現するための考え方。

SOHO(ソーホー)【small office home office】小規模な事業者や個人事業者のこと。また、事務所などを離れネットワークを利用して仕事をする形態。

SO_x(ソックス)【sulfur oxides】一酸化硫黄(SO)・二酸化硫黄(SO_2)など硫黄酸化物の総称。

SP【sales promotion】⇨セールス-プロモーション

SPA【speciality store retailer of private label apparel】製造小売業。自社ブランドの衣料品を売る直営店のこと。また、そのような事業形態。

SPC【special purpose company】①特別目的会社。②特定目的会社。

SPEEDI(スピーディ) 【System for Prediction of Environmental Emergency Dose Information】緊急時迅速放射能影響予測ネットワーク-システム。

SPF 【specific pathogen free】特別に指定された病原微生物や寄生虫がいないこと。

SPF 【sun protection factor】日焼け止め用化粧品に表示される、日光防止指数の一。UV-B(紫外線B波)を防止する効果を指数化したもの。

SPI 【service price index】サービス価格指数。日銀が四半期ごとに発表。

SPM 【suspended particulate matter】浮遊粒子状物質。粒子状汚染物質のうち、粒子の直径が10 μm以下のもの。

SRAM 【static random access memory】半導体記憶素子の一。データを定期的に書き込む動作が不用。消費電力が少なく高速性を持つのが特徴。

SRI 【socially responsible investing】社会的責任投資。社会への責任を果たそうとする企業を対象とする投資。

SSD 【solid state drive; solid state disk】コンピューターの外部記憶装置として用いる半導体メモリー。ハード-ディスクに比べ衝撃に強く、アクセス時間が短い。ソリッド-ステート-ドライブ。ソリッド-ステート-ディスク。

SSH 【和 Super Science High School】スーパー-サイエンス-ハイスクール。文部科学省が指定・支援する、科学技術・理科・数学の教育を重点的に行う高等学校。

SSL 【secure sockets layer】インターネットで暗号化と認証の機能により安全にデータをやりとりするためのプロトコル。セキュア-ソケット-レイヤー。

STマーク 【safety toy mark】日本玩具協会の安全基準に合格した玩具につけられるマーク。

START(スタート) 【Strategic Arms Reduction Talks (Treaty)】①(START I)1991年米ソによって調印された戦略兵器削減交渉、またその条約。②(START II)米ロにより1993年締結された条約。戦略核弾頭数を3分の1に削減することを定める。

STB 【set-top box】⇨セット-トップ-ボックス

STEM(ステム) 【Science, Technology, Engineering and Mathematics】科学・技術・工学・数学の総称。教育政策などの分野で言う。

Suica(スイカ) 【Super Urban Intelligent Card】JR東日本の出改札システムで用いる、非接触ICカード(定期券・プリペイド-カード)の愛称。

SUP 【stand up paddleboard】⇨スタンド-アップ-パドルボード

SUV 【sports utility vehicle】スポーツタイプ多目的車の総称。

SWAT(スワット) 【Special Weapons and Tactics】アメリカの特殊機動部隊。レーンジャー部隊。

Tマーク 【和 T-mark】家電安全マーク。国の安全基準に合格した家庭電化製品に表示が義務づけられていた。▷2001年(平成13)電気用品安全法改正に伴いPSEマークに移行

Tリーグ(ティーリーグ) 【T. LEAGUE】日本の卓球チームが参加するリーグ。

Tレックス 【T rex】⇨ティラノサウルス

TAC 【total allowable catch】漁獲可能量。

TAC法 海洋生物資源保存管理法。

TCAS(ティーキャス) 【traffic alert and collision avoidance system】航空機衝突防止装置。

TCP/IP 【Transmission Control Protocol/Internet Protocol】コンピューター-ネットワーク用の通信プロトコル。

TDL 【Tokyo Disneyland】東京ディズニーランド。千葉県浦安市、舞浜の埋立地にある日本最大級の民間の遊園地。

TDS 【Tokyo Disneysea】東京ディズニーシー。千葉県浦安市にある、海

をテーマにしたテーマ-パーク。

TEDI【trade electronic data interchange】貿易金融EDI。貿易事務を電子化するシステム。

TEX ⇨テフ

TFT【thin film transistor】薄膜トランジスター。

TG【transgender】⇨トランスジェンダー

TGV【フランスtrain à grande vitesse】フランスの高速鉄道。

TiB【tebibyte】コンピューターの情報量を示す単位テビバイトを表す記号。

TIBOR(タイボー)【Tokyo Interbank Offered Rate】東京オフショア市場における銀行間の為替取引金利。

TIFF(ティフ)【tag image file format】高密度の画像データ-ファイルを保存するための標準フォーマット。

TKG 俗に、卵かけご飯。▷Tamago Kake Gohanの頭文字。

TLD【top level domain】インターネットのドメイン名の中で、右端の文字列のこと。jpなどの国別TLDや、comなど組織の種類を表す一般TLDがある。

TMD【Theater Missile Defense】アメリカの戦域ミサイル防衛構想。在外米軍や友好国を短・中距離弾道ミサイル攻撃から防衛するシステム。

TOB【take-over bid】株式公開買付。テンダー-オファー。

todo(トゥードゥー) やるべき作業。to-doとも。「—リスト」

TOEFL(トーフル)【Test of English as a Foreign Language】英語を母国語としない人々を対象に、アメリカおよびカナダに留学して学業を行える英語の能力があるかどうかを検定する試験。

TOEIC(トーイック)【Test of English for International Communication】英語を母国語としない人々を対象に、英語を使った意思伝達の能力を測定する試験。

TOPIX(トピックス)【Tokyo Stock Price Index】東証株価指数のうち、一部上場全銘柄を対象とした総合指数のこと。日本の代表的株価指数の一。

ToSTNeT(トストネット)【Tokyo Stock Exchange Trading Network system】東京証券取引所が1998年(平成10)導入した、立会外取引システム。

TPMS【Tire Pressure Monitoring System】タイヤ空気圧モニタリング-システム。

TPO 時(time)と場所(place)と場合(occasion)。また、その3つの条件。

TPP【Trans-Pacific Partnership Strategic Economic Agreement】環太平洋パートナーシップ協定。2015年12か国で合意し、翌16年調印。17年アメリカの離脱により再交渉。18年11か国がTPP11協定に署名し、同年発効。環太平洋パートナーシップに関する包括的及び先進的な協定。環太平洋連携協定。環太平洋戦略的経済協定。環太平洋経済連携協定。

TS【transsexual】⇨トランスセクシャル

TSマーク【traffic safety mark】自転車、高速道路の停止表示器、ヘルメットなどが安全基準に達していることを示すマーク。

TSE【Tokyo Stock Exchange】東京証券取引所。1949年(昭和24)証券取引法によって東京に設立された証券取引所。東証。

TSE【transmissible spongiform encephalopathy】脳にスポンジ状の変化を起こす進行性、致死性の神経性疾患。牛海綿状脳症、ヒツジのスクレイピーのほか、人間では変異型クロイツフェルト-ヤコブ病など。伝達性海綿状脳症。

TT【team teaching】⇨チーム-ティーチング

TTL【through-the-lens】レンズを通った光量を測定して、フィルムへの適正露光を決定する方式。一眼レフ-カメラの標準的な測光法。

TV【transvestite】⇨トランスベスタイト

TVゲーム【和TV＋game】 ⇨テレビ-ゲーム

Uカー 中古車。▷used carから。

Uターン【U-turn】U字形に回って、来た方向に引き返すこと。前の状態に戻ること。また、地方出身者が都会から出身地に戻って就職すること。

UAV【unmanned aerial vehicle; unmanned air vehicle】無人航空機。無人機。ドローン。

UCE【unsolicited commercial e-mail】一方的に送りつけられる商業宣伝メール。

UD【universal design】 ⇨ユニバーサル-デザイン

UEFA(ウエファ)【Union of European Football Associations】 欧州サッカー連盟。

ULEV【ultra low emission vehicle】超低公害車。→LEV

UML【Unified Modeling Language】オブジェクト指向のソフトウエア開発において、その設計法を統一し、策定した共通言語。

UN【United Nations】国際連合。

UNCED【United Nations Conference on Environment and Development】地球サミット。国連環境開発会議。1992年ブラジルのリオデジャネイロで開かれた国際会議。各国の政府代表とNGOが環境問題と南北問題を論じ、リオデジャネイロ宣言・気候変動枠組み条約・生物の多様性に関する条約・森林原則宣言・アジェンダ21などが採択された。

UNCTAD(アンクタッド)【United Nations Conference on Trade and Development】 国連貿易開発会議。国連総会の常設機関。

UNDP【United Nations Development Program】国際連合開発計画。経済社会理事会の下部機関の一。発展途上国が国際投資を受けるための事前調査と、開発資金その他の資源の利用に必要な状況の改善を行うことを目的とする。

UNEP(ユネップ)【United Nations Environment Program】国際連合環境計画。国連総会の常設機関の一。人間環境宣言に基づき、国連諸機関の環境に関する諸活動を統括する。

UNFCCC【United Nations Framework Convention on Climate Change】気候変動枠組み条約。二酸化炭素などの温室効果ガスの濃度を増加させないことを最終目的とした条約。地球温暖化防止条約。

UNIDO(ユニド)【United Nations Industrial Development Organization】国際連合工業開発機関。国際連合の専門機関の一。発展途上国の工業化を援助・促進することを目的とする。

UNIVAS(ユニバス)【Japan Association for University Athletics and Sport】大学スポーツ協会の通称。国内の大学スポーツを統括する組織。

UNIX(ユニックス) アメリカのベル研究所で開発された、時分割処理方式でマルチタスク・マルチユーザー用のオペレーティング-システム。商標名。

UNV【United Nations Volunteers】国際連合ボランティア。国連開発計画(UNDP)が管理する国連総会の補助機関。途上国の開発支援のために医療、農業など経済・社会のあらゆる分野の専門家をボランティアとして派遣するもの。

UPS【uninterruptible power supply】無停電電源装置。

URI【uniform resource identifier】インターネット上で、あらゆる種類の資源を統一的方法で識別する書式。統一資源識別子。

URL【uniform resource locator】インターネット上で資源の「位置」を統一的方法で識別する書式。統一資源位置子。

URN【uniform resource name】インターネット上で資源の「名称」を統一的方法で識別する書式。統一資源名。

USB【universal serial bus】パソコンと周辺機器を接続するためのインター

フェース仕様の一。キーボードやマウスなどの接続に用いる。

USD 米ドルの通貨コード。

USJ【Universal Studios Japan】大阪市西部の、映画を題材にしたテーマパーク。ユニバーサル-スタジオ-ジャパン。

UV【ultraviolet; ultraviolet rays】紫外線。

Vリーグ【和V League】日本バレーボール協会が主催する、バレーボールのリーグ戦の通称。▷Vはバレーボール(volleyball)、勝利(victory)の頭文字。

VAR(ブイエーアール)【video assistant referee】サッカーで、映像の活用により審判による判定の補助を行う仕組み。ビデオ判定。

VB【和venture＋business】⇨ベンチャー-ビジネス

VC【venture capital】⇨ベンチャー-キャピタル

VC【voluntary chain】⇨ボランタリー-チェーン

VDT【visual(video) display terminal】コンピューターに接続される画面表示装置とキーボードによる入力装置。

VDT症候群【visual display terminal syndrome】ディスプレー画面を長時間見ながら作業をする人に起きる、眼のつかれ、頭痛、吐き気などの症状。

VFX【visual effects】⇨SFX

VHS【Video Home System】家庭用ビデオテープ-レコーダーの方式の一。商標名。

VI【visual identity】企業や組織などが、自己の特性を外部に打ち出すために用いる視覚的デザイン。ビジュアル-アイデンティティー。

VIP(ビップ)【very important person】最重要人物。政府要人・国賓・皇族など、特別待遇を要する人。

VJ【video jockey】①テレビのビデオ-クリップを放送する番組における司会者・解説者。音楽ビデオ版のDJ。②クラブやディスコなどで、DJが流す音楽と共に映像を流す人。

VOD【video on demand】⇨ビデオ-オン-デマンド

VoLTE(ボルテ)【voice over LTE】携帯電話のデータ通信規格であるLTEを用いて、音声通話を実現する技術。

VPN【virtual private network】仮想私設通信網。公衆回線を使って構築した企業などの通信網。

VR【virtual reality】⇨バーチャル-リアリティー

VRE【vancomycin-resistant enterococcus】バンコマイシン耐性腸球菌。変異により、バンコマイシンなどの抗生物質に対する耐性を獲得した腸球菌。院内感染の原因菌の一。

VRSA【vancomycin-resistant staphylococcus aureus】バンコマイシン耐性黄色ブドウ球菌。院内感染の原因となるMRSAの特効薬であるバンコマイシンに対する耐性を獲得した黄色ブドウ球菌。

WADA【World Anti-Doping Agency】世界アンチ-ドーピング機構。

WAN【wide area network】広域ネットワーク。ワン。

WASP(ワスプ)【White Anglo-Saxon Protestant】アングロ-サクソン系で、かつ新教徒である白人。

WB【bond with warrant attached】⇨ワラント債

WBCSD【World Business Council For Sustainable Development】持続可能な開発のための世界経済人会議。世界各国の企業経営者が参加する。

WBT【web based testing】ホーム-ページ(ウェブ-ページ)を利用して行う試験。

WBT【web based training】ホーム-ページ(ウェブ-ページ)を利用して行う教育や訓練。

WCED【World Commission on Environment and Development】環境と開発に関する世界委員会。「地球の未来を守るために」で「持続可能な開発」の概念を強調した。ブルントラン

ト委員会。

WHO【World Health Organization】世界保健機関。保健衛生問題のための国際協力を目的とする国際連合の専門機関。

Wi-Fi(ワイファイ)【Wireless Fidelity】無線LAN機能を持つ情報機器について、その相互接続性を保証するブランド。商標名。WiFiとも。

WiMAX(ワイマックス)【Worldwide Interoperability for Microwave Access】無線MAN(無線で構築するメトロポリタン-エリア-ネットワーク)向けに開発された高速無線通信の標準規格。

WIPO(ウィポ、ワイポ)【World Intellectual Property Organization】世界知的所有権機関。知的所有権の保護を目的とする国連の専門機関。

WMD【weapons of mass destruction】大量破壊兵器。

WMO【World Meteorological Organization】世界気象機関。世界各国の気象事業を統合した組織で、国連の下部機構の一。

WPI【wholesale price index】卸売物価指数。卸売価格から算定した卸売物価の水準を示す指数。景気の指標とされる。

WSC【World Skills Competition】国際技能競技大会。職業訓練の振興と国際交流・親善を目的に、世界各地から青年技能者が参加して技能水準を競い合う国際大会。通称、技能オリンピック。

WTO【World Trade Organization】世界貿易機関。1995年発足。

WWW【world wide web】ワールド-ワイド-ウェブ。ネットワーク上の複数の独立した情報を変更することなく統合し、ハイパーテキストとして提供するシステム。CERN(セルン)で開発された。ダブリュー-スリー。

WWWコンソーシアム【World Wide Web Consortium】⇨W3C

W3C【World Wide Web Consortium】ワールド-ワイド-ウェブのブラウザーやサーバーに関する技術について標準化を推進する団体。WWWコンソーシアム。

Xスポーツ【extreme sports】過激で挑戦的なスポーツ種目または競技方法の総称。

xEV 電動車の総称。

XML【extensible markup language】文書構造の記述言語の一。文書内のデータに対して、ユーザーが独自の要素名や属性情報、論理構造を定義できる。

XO醤(エックスオージャン) 汎用調味料。主に広東料理で利用される。

YMCA【Young Men's Christian Association】キリスト教青年会。

YoY【year on year; year over year】経済指標や企業決算などで、対前年(同期)比。YOY。yoy。

YTD【year-to-date】暦または会計年度の年始から今日まで。

ZEH(ゼッチ)【net zero energy house】年間の1次エネルギー消費量が、差し引きでおおむねゼロである住宅。

ZEV【zero emission vehicle】排気ガスを出さない自動車。電気自動車や燃料電池車など。ゼロ-エミッション車。

ZIPコード(ジップ)【ZIP code】アメリカの郵便番号制度で、州と配達地、郵便局または郵便区を示す5桁の数字。

Zoom(ズーム) パソコンやスマートフォンなどを通じて、オンラインでミーティングやセミナーを行うシステム。また、それを使うためのソフトウエアやアプリ。商標名。

数字など

1G【1st generation】第1世代携帯電話。アナログ携帯電話の総称。

110度CS 東経110度の軌道にある通信衛星。デジタル-テレビ放送の送信などに利用される。東経110度CS。

2ショット ⇨ツー-ショット

2G【2nd generation】第2世代携帯電話。PDC方式やGSM方式などの

デジタル携帯電話の総称。

2.5G【2.5th generation】第2世代と第3世代の中間に位置する携帯電話のこと。

3密(さんみつ) 感染症の集団感染の原因となることから避けるべきとされる、換気の悪い密閉空間、多数が集まる密集場所、間近で会話や発声をする密接場所、すなわち「密閉・密集・密接」の三つの条件をいう語。

3D映画 立体映画。多くはやや位置をずらして映写した画面を偏光眼鏡を通して見て立体感を得るもの。

3Dプリント【3D print】立体物用の設計データを元にして、実際の立体物を造形すること。3Dプリンティング。

3G【3rd generation】第3世代携帯電話。IMT-2000規格に準拠した、W-CDMA方式やcdma2000方式などのデジタル携帯電話の総称。

3R 循環型社会を実現するために必要な、3つの要素のこと。リデュース(ごみの減量)・リユース(再利用)・リサイクル(再資源化)をさす。3つのR。

3x3(スリーバイスリー) 国際バスケットボール連盟(FIBA)が公式種目としているストリート-バスケット。

4G【4th generation】第4世代移動体通信の総称。また、その規格IMT-Adovancedに対応するデジタル携帯電話の総称。

4Kテレビ 高画質テレビの一。表示パネルの画素数はフルHDの約4倍。

4R(よんアール) 循環型社会を実現するために必要な4つの要素のこと。多くの場合、リデュース(ごみの減量)・リユース(再利用)・リサイクル(再資源化)・リフューズ(ごみになる物の拒絶)をさす。4つのR。

5G【5th generation】第5世代移動体通信の総称。超高速、家電・自動車などを含む多数接続(IoT)、遠隔地操作を可能にする超低遅延の実現をはかる。

5W1H 物事を計画的に進めたり、物事を正確に伝える際に用いられる確認事項。who(誰が)、what(何を)、when(いつ)、where(どこで)、why(どんな目的で)、how(どのように)。→5W2H

5W2H 物事を計画的に進めたり、物事を正確に伝える際に用いられる確認事項。5W1Hに、how much(いくら)の項目を付け加えたもの。→5W1H

5.1チャンネルサラウンド【5.1 channel surround】映画やDVDなどで応用されている音響再生方式の一。スピーカーを前方左、前方右、中央、後方左、後方右の5か所に配置して立体音響を生み出し、さらにウーファー(低音域用スピーカー)を1か所に配置して低音効果を補強する。5.1chサラウンド。

8Kテレビ 高画質テレビの一。表示パネルの画素数はフルHDの約8倍。

α版【α version】ハードウエアやソフトウエアの開発において、開発の初期段階に相当する成果物のこと。αバージョン。

β版【β version】ハードウエアやソフトウエアの開発において、開発の最終段階に相当する成果物のこと。βバージョン。

外来語の表記

- 平成３年６月28日内閣告示第２号。
- 昭和29年３月15日に国語審議会部会報告として「外来語の表記について」が発表されている。しかし，これは内閣告示には至らなかった。
- 国語審議会では，上記の報告をはじめ多くの資料を参考にし，各方面から意見を参照して審議し，平成３年２月７日に文部大臣へ答申した。本告示の内容は，この答申によっている。

（三省堂編修所注）

前　書　き

1　この『外来語の表記』は，法令，公用文書，新聞，雑誌，放送など，一般の社会生活において，現代の国語を書き表すための「外来語の表記」のよりどころを示すものである。

2　この『外来語の表記』は，科学，技術，芸術その他の各種専門分野や個々人の表記にまで及ぼそうとするものではない。

3　この『外来語の表記』は，固有名詞など（例えば，人名，会社名，商品名等）でこれによりがたいものには及ぼさない。

4　この『外来語の表記』は，過去に行われた様々な表記（「付」参照）を否定しようとするものではない。

5　この『外来語の表記』は，「本文」と「付録」から成る。「本文」には「外来語の表記」に用いる仮名と符号の表を掲げ，これに留意事項その１（原則的な事項）と留意事項その２（細則的な事項）を添えた。「付録」には，用例集として，日常よく用いられる外来語を主に，留意事項その２に例示した語や，その他の地名・人名の例などを五十音順に掲げた。

本　　文

「外来語の表記」に用いる仮名と符号の表

1　第１表に示す仮名は，外来語や外国の地名・人名を書き表すのに一般的に用いる仮名とする。

2　第２表に示す仮名は，外来語や外国の地名・人名を原音や原つづりになるべく近く書き表そうとする場合に用いる仮名とする。

3　第１表・第２表に示す仮名では書き表せないような，特別な音の書き表し方については，ここでは取決めを行わず，自由とする。

4　第１表・第２表によって語を書き表す場合には，おおむね留意事項を適用する。

第1表

ア	イ	ウ	エ	オ
カ	キ	ク	ケ	コ
サ	シ	ス	セ	ソ
タ	チ	ツ	テ	ト
ナ	ニ	ヌ	ネ	ノ
ハ	ヒ	フ	ヘ	ホ
マ	ミ	ム	メ	モ
ヤ		ユ		ヨ
ラ	リ	ル	レ	ロ
ワ				
ガ	ギ	グ	ゲ	ゴ
ザ	ジ	ズ	ゼ	ゾ
ダ			デ	ド
バ	ビ	ブ	ベ	ボ
パ	ピ	プ	ペ	ポ
キャ		キュ		キョ
シャ		シュ		ショ
チャ		チュ		チョ
ニャ		ニュ		ニョ
ヒャ		ヒュ		ヒョ
ミャ		ミュ		ミョ
リャ		リュ		リョ
ギャ		ギュ		ギョ
ジャ		ジュ		ジョ
ビャ		ビュ		ビョ
ピャ		ピュ		ピョ
ン(撥《はつ》音)				
ッ(促音)				
ー(長音符号)				

			シェ	
			チェ	
ツァ			ツェ	ツォ
	ティ			
ファ	フィ		フェ	フォ
			ジェ	
	ディ			
		デュ		

第2表

			イェ	
	ウィ		ウェ	ウォ
クァ	クィ		クェ	クォ
	ツィ			
		トゥ		
グァ				
		ドゥ		
ヴァ	ヴィ	ヴ	ヴェ	ヴォ
		テュ		
		フュ		
		ヴュ		

留意事項その1 (原則的な事項)

1　この『外来語の表記』では，外来語や外国の地名・人名を片仮名で書き表す場合のことを扱う。

2　「ハンカチ」と「ハンケチ」，「グローブ」と「グラブ」のように，語形にゆれのあるものについて，その語形をどちらかに決めようとはしていない。

3　語形やその書き表し方については，慣用が定まっているものはそれによる。分野によって異なる慣用が定まっている場合には，それ

ぞれの慣用によって差し支えない。

4　国語化の程度の高い語は，おおむね第1表に示す仮名で書き表すことができる。一方，国語化の程度がそれほど高くない語，ある程度外国語に近く書き表す必要のある語――特に地名・人名の場合――は，第2表に示す仮名を用いて書き表すことができる。

5　第2表に示す仮名を用いる必要がない場合は，第1表に示す仮名の範囲で書き表すことができる。

例　イェ→イエ　　ウォ→ウオ　　トゥ→ツ，ト　　ヴァ→バ

6　特別な音の書き表し方については，取決めを行わず，自由とすることとしたが，その中には，例えば，「スィ」「ズィ」「グィ」「グェ」「グォ」「キェ」「ニェ」「ヒェ」「フョ」「ヴョ」等の仮名が含まれる。

留意事項その2（細則的な事項）

以下の各項に示す語例は，それぞれの仮名の用法の一例として示すものであって，その語をいつもそう書かなければならないことを意味するものではない。語例のうち，地名・人名には，それぞれ(地)，(人)の文字を添えた。

Ⅰ　第1表に示す「シェ」以下の仮名に関するもの

1　「シェ」「ジェ」は，外来音シェ，ジェに対応する仮名である。

〔例〕　シェーカー　シェード　ジェットエンジン　ダイジェスト
シェフィールド(地)　アルジェリア(地)
シェークスピア(人)　ミケランジェロ(人)

注　「セ」「ゼ」と書く慣用のある場合は，それによる。
〔例〕　ミルクセーキ　ゼラチン

2　「チェ」は，外来音チェに対応する仮名である。

〔例〕　チェーン　チェス　チェック　マンチェスター(地)
チェーホフ(人)

3　「ツァ」「ツェ」「ツォ」は，外来音ツァ，ツェ，ツォに対応する仮名である。

〔例〕　コンツェルン　シャンツェ　カンツォーネ
フィレンツェ(地)　モーツァルト(人)　ツェッペリン(人)

4　「ティ」「ディ」は，外来音ティ，ディに対応する仮名である。

〔例〕　ティーパーティー　ボランティア　ディーゼルエンジン
ビルディング
アトランティックシティー(地)　ノルマンディー(地)
ドニゼッティ(人)　ディズニー(人)

注1　「チ」「ジ」と書く慣用のある場合は，それによる。
〔例〕　エチケット　スチーム　プラスチック　スタジアム
スタジオ　ラジオ　チロル(地)　エジソン(人)

注2　「テ」「デ」と書く慣用のある場合は，それによる。
〔例〕　ステッキ　キャンデー　デザイン

5　「ファ」「フィ」「フェ」「フォ」は，外来音ファ，フィ，フェ，フォに対応する仮名である。

〔例〕　ファイル　フィート　フェンシング　フォークダンス
バッファロー(地)　フィリピン(地)　フェアバンクス(地)

カリフォルニア(地)
ファーブル(人)　マンスフィールド(人)　エッフェル(人)
フォスター(人)

注1　「ハ」「ヒ」「ヘ」「ホ」と書く慣用のある場合は，それによる。
〔例〕　セロハン　モルヒネ　プラットホーム　ホルマリン
メガホン

注2　「ファン」「フィルム」「フェルト」等は，「フアン」「フイルム」「フエルト」と書く慣用もある。

6　「デュ」は，外来音デュに対応する仮名である。
〔例〕　デュエット　プロデューサー　デュッセルドルフ(地)
デューイ(人)

注　「ジュ」と書く慣用のある場合は，それによる。
〔例〕　ジュース(deuce)　ジュラルミン

II　第2表に示す仮名に関するもの

第2表に示す仮名は，原音や原つづりになるべく近く書き表そうとする場合に用いる仮名で，これらの仮名を用いる必要がない場合は，一般的に，第1表に示す仮名の範囲で書き表すことができる。

1　「イェ」は，外来音イェに対応する仮名である。
〔例〕　イェルサレム(地)　イェーツ(人)

注　一般的には，「イエ」又は「エ」と書くことができる。
〔例〕　エルサレム(地)　イエーツ(人)

2　「ウィ」「ウェ」「ウォ」は，外来音ウィ，ウェ，ウォに対応する仮名である。
〔例〕　ウィスキー　ウェディングケーキ　ストップウォッチ
ウィーン(地)　スウェーデン(地)　ミルウォーキー(地)
ウィルソン(人)　ウェブスター(人)　ウォルポール(人)

注1　一般的には，「ウイ」「ウエ」「ウオ」と書くことができる。
〔例〕　ウイスキー　ウイット　ウエディングケーキ
ウエハース　ストップウオッチ

注2　「ウ」を省いて書く慣用のある場合は，それによる。
〔例〕　サンドイッチ　スイッチ　スイートピー

注3　地名・人名の場合は，「ウィ」「ウェ」「ウォ」と書く慣用が強い。

3　「クァ」「クィ」「クェ」「クォ」は，外来音クァ，クィ，クェ，クォに対応する仮名である。
〔例〕　クァルテット　クィンテット　クェスチョンマーク
クォータリー

注1　一般的には，「クア」「クイ」「クエ」「クオ」又は「カ」「キ」「ケ」「コ」と書くことができる。
〔例〕　クアルテット　クインテット　クエスチョンマーク
クオータリー
カルテット　レモンスカッシュ　キルティング
イコール

注2　「クァ」は，「クヮ」と書く慣用もある。

4　「グァ」は，外来音グァに対応する仮名である。
〔例〕　グァテマラ(地)　パラグァイ(地)

注1　一般的には,「グア」又は「ガ」と書くことができる。
〔例〕 グアテマラ(地)　パラグアイ(地)　ガテマラ(地)
注2　「グァ」は,「グヮ」と書く慣用もある。

5　「ツィ」は, 外来音ツィに対応する仮名である。
〔例〕 ソルジェニーツィン(人)　ティツィアーノ(人)
注　一般的には,「チ」と書くことができる。
〔例〕 ライプチヒ(地)　ティチアーノ(人)

6　「トゥ」「ドゥ」は, 外来音トゥ, ドゥに対応する仮名である。
〔例〕 トゥールーズ(地)　ハチャトゥリヤン(人)　ヒンドゥー教
注　一般的には,「ツ」「ズ」又は「ト」「ド」と書くことができる。
〔例〕 ツアー(tour)　ツーピース　ツールーズ(地)
ヒンズー教　ハチャトリヤン(人)　ドビュッシー(人)

7　「ヴァ」「ヴィ」「ヴ」「ヴェ」「ヴォ」は, 外来音ヴァ, ヴィ, ヴ, ヴェ, ヴォに対応する仮名である。
〔例〕 ヴァイオリン　ヴィーナス　ヴェール
ヴィクトリア(地)　ヴェルサイユ(地)　ヴォルガ(地)
ヴィヴァルディ(人)　ヴラマンク(人)　ヴォルテール(人)
注　一般的には,「バ」「ビ」「ブ」「ベ」「ボ」と書くことができる。
〔例〕 バイオリン　ビーナス　ベール
ビクトリア(地)　ベルサイユ(地)　ボルガ(地)
ビバルディ(人)　ブラマンク(人)　ボルテール(人)

8　「テュ」は, 外来音テュに対応する仮名である。
〔例〕 テューバ(楽器)　テュニジア(地)
注　一般的には,「チュ」と書くことができる。
〔例〕 コスチューム　スチュワーデス　チューバ　チューブ
チュニジア(地)

9　「フュ」は, 外来音フュに対応する仮名である。
〔例〕 フュージョン　フュン島(地・デンマーク)　ドレフュス(人)
注　一般的には,「ヒュ」と書くことができる。
〔例〕 ヒューズ

10　「ヴュ」は, 外来音ヴュに対応する仮名である。
〔例〕 インタヴュー　レヴュー　ヴュイヤール(人・画家)
注　一般的には,「ビュ」と書くことができる。
〔例〕 インタビュー　レビュー　ビュイヤール(人)

Ⅲ　撥《はつ》音, 促音, 長音その他に関するもの

1　撥音は,「ン」を用いて書く。
〔例〕 コンマ　シャンソン　トランク　メンバー　ランニング
ランプ　ロンドン(地)　レンブラント(人)
注1　撥音を入れない慣用のある場合は, それによる。
〔例〕 イニング(←インニング)
サマータイム(←サンマータイム)
注2　「シンポジウム」を「シムポジウム」と書くような慣用もある。

2　促音は, 小書きの「ッ」を用いて書く。
〔例〕 カップ　シャッター　リュックサック　ロッテルダム(地)
バッハ(人)

注　促音を入れない慣用のある場合は，それによる。

〔例〕　アクセサリー(←アクセッサリー)
フィリピン(地)(←フィリッピン)

3　長音は，原則として長音符号「ー」を用いて書く。

〔例〕　エネルギー　オーバーコート　グループ　ゲーム　ショー
テーブル　パーティー
ウェールズ(地)　ポーランド(地)　ローマ(地)
ゲーテ(人)　ニュートン(人)

注1　長音符号の代わりに母音字を添えて書く慣用もある。

〔例〕　バレエ(舞踊)　ミイラ

注2　「エー」「オー」と書かず，「エイ」「オウ」と書くような慣用のある場合は，それによる。

〔例〕　エイト　ペイント　レイアウト　スペイン(地)
ケインズ(人)　サラダボウル　ボウリング(球技)

注3　英語の語末の-er，-or，-arなどに当たるものは，原則としてア列の長音とし長音符号「ー」を用いて書き表す。ただし，慣用に応じて「ー」を省くことができる。

〔例〕　エレベーター　ギター　コンピューター　マフラー
エレベータ　コンピュータ　スリッパ

4　イ列・エ列の音の次のアの音に当たるものは，原則として「ア」と書く。

〔例〕　グラビア　ピアノ　フェアプレー　アジア(地)　イタリア(地)
ミネアポリス(地)

注1　「ヤ」と書く慣用のある場合は，それによる。

〔例〕　タイヤ　ダイヤモンド　ダイヤル　ベニヤ板

注2　「ギリシャ」「ペルシャ」について「ギリシア」「ペルシア」と書く慣用もある。

5　語末(特に元素名等)の-(i)umに当たるものは，原則として「-(イ)ウム」と書く。

〔例〕　アルミニウム　カルシウム　ナトリウム　ラジウム
サナトリウム　シンポジウム　プラネタリウム

注　「アルミニウム」を「アルミニューム」と書くような慣用もある。

6　英語のつづりのxに当たるものを「クサ」「クシ」「クス」「クソ」と書くか，「キサ」「キシ」「キス」「キソ」と書くかは，慣用に従う。

〔例〕　タクシー　ボクシング　ワックス　オックスフォード(地)
エキストラ　タキシード　ミキサー　テキサス(地)

7　拗《よう》音に用いる「ヤ」「ユ」「ヨ」は小書きにする。また，「ヴァ」「ヴィ」「ヴェ」「ヴォ」や「トゥ」のように組み合せて用いる場合の「ア」「イ」「ウ」「エ」「オ」も，小書きにする。

8　複合した語であることを示すための，つなぎの符号の用い方については，それぞれの分野の慣用に従うものとし，ここでは取決めを行わない。

〔例〕　ケース　バイ　ケース　　ケース・バイ・ケース
ケース-バイ-ケース
マルコ・ポーロ　　マルコ＝ポーロ

付　録

用例集

凡　例　1　ここには，日常よく用いられる外来語を主に，本文の留意事項その2(細則的な事項)の各項に例示した語や，その他の地名・人名の例などを五十音順に掲げた。地名・人名には，それぞれ(地)，(人)の文字を添えた。

2　外来語や外国の地名・人名は，語形やその書き表し方の慣用が一つに定まらず，ゆれのあるものが多い。この用例集においても，ここに示した語形やその書き表し方は，一例であって，これ以外の書き方を否定するものではない。なお，本文の留意事項その2に両様の書き方が例示してある語のうち主なものについては，バイオリン／ヴァイオリンのような形で併せ掲げた。

【ア】

アーケード
アイスクリーム
アイロン
アインシュタイン(人)
アカデミー
アクセサリー
アジア(地)
アスファルト
アトランティックシティー(地)
アナウンサー
アパート
アフリカ(地)
アメリカ(地)
アラビア(地)
アルジェリア(地)
アルバム
アルファベット
アルミニウム
アンケート

【イ】

イエーツ／イェーツ(人)
イェスペルセン(人)
イエナ(地)
イエローストン(地)
イギリス(地)
イコール
イスタンブール(地)
イタリア(地)
イニング
インタビュー／インタヴュー
インド(地)
インドネシア(地)
インフレーション

【ウ】

ウイークデー
ウィーン(地)
ウイスキー／ウィスキー
ウイット
ウィルソン(人)
ウェールズ(地)
ウエスト　waist
ウエディングケーキ／ウェディングケーキ
ウエハース
ウェブスター(人)
ウォルポール(人)
ウラニウム

【エ】

エイト
エキス
エキストラ
エジソン(人)
エジプト(地)
エチケット
エッフェル(人)
エネルギー
エプロン

エルサレム／イェルサレム(地)
エレベーター／エレベータ

【オ】

オーエン(人)
オーストラリア(地)
オートバイ
オーバーコート
オックスフォード(地)
オフィス
オホーツク(地)
オリンピック
オルガン
オレンジ

【カ】

ガーゼ
カーテン
カード
カーブ
カクテル
ガス
ガソリン
カタログ
カット
カップ
カバー
カムチャツカ(地)
カメラ
ガラス
カリフォルニア(地)
カルシウム
カルテット
カレンダー
カロリー
ガンジー(人)
カンツォーネ

【キ】

ギター
キムチ
キャベツ
キャンデー
キャンプ
キュリー(人)
ギリシャ／ギリシア(地)
キリマンジャロ(地)
キルティング

【ク】

グアテマラ／グァテマラ(地)
クイーン
クイズ
クインテット
クーデター
クーポン
クエスチョンマーク
クオータリー／クォータリー
グラビア
クラブ
グランドキャニオン(地)
クリスマスツリー
グリニッジ(地)
グループ
グレゴリウス(人)
クレジット
クレヨン

【ケ】

ケインズ(人)
ゲーテ(人)
ケープタウン(地)
ケーブルカー
ゲーム
ケンタッキー(地)
ケンブリッジ(地)

【コ】

コーヒー
コールタール
コスチューム
コップ
コピー
コペルニクス(人)
コミュニケーション
コロンブス(人)
コンクール
コンクリート
コンツェルン
コンピューター／コンピュータ
コンマ

【サ】

サーカス
サービス
サナトリウム
サハラ(地)
サファイア
サマータイム
サラダボウル
サラブレッド

サンドイッチ
サンパウロ(地)

【シ】

シーボルト(人)
シェーカー
シェークスピア(人)
シェード
ジェットエンジン
シェフィールド(地)
ジェンナー(人)
シドニー(地)
ジブラルタル(地)
ジャカルタ(地)
シャツ
シャッター
シャベル
シャンソン
シャンツェ
シュークリーム
ジュース　juice, deuce
シューベルト(人)
ジュラルミン
ショー
ショパン(人)
シラー(人)
シンフォニー
シンポジウム

【ス】

スイートピー
スイッチ
スイング
スウェーデン(地)
スーツケース
スープ
スカート
スキー
スケート
スケール
スコール
スコップ
スター
スタジアム
スタジオ
スタンダール(人)
スチーム
スチュワーデス
ステージ
ステッキ
ステレオ
ステンドグラス
ステンレス
ストーブ
ストックホルム(地)
ストップウオッチ／ストップウォッチ
スプーン
スペイン(地)
スペース
スポーツ
ズボン
スリッパ

【セ】

セーター
セーラー〔～服〕
セメント
ゼラチン
ゼリー
セルバンテス(人)
セロハン
センター
セントローレンス(地)

【ソ】

ソウル(地)
ソーセージ
ソファー
ソルジェニーツィン(人)

【タ】

ダーウィン(人)
ターナー(人)
ダイジェスト
タイヤ
ダイヤモンド
ダイヤル
タオル
タキシード
タクシー
タヒチ(地)
ダンス

【チ】

チーズ
チーム
チェーホフ(人)
チェーン
チェス

チェック
チケット
チップ
チフス
チャイコフスキー(人)
チューバ／テューバ
チューブ
チューリップ
チュニジア／テュニジア(地)
チョコレート
チロル(地)

【ツ】

ツアー　tour
ツーピース
ツールーズ／トゥールーズ(地)
ツェッペリン(人)
ツンドラ

【テ】

ティー
ディーゼルエンジン
ディズニー(人)
ティチアーノ／ティツィアーノ(人)
ディドロ(人)
テープ
テーブル
デカルト(人)
テキサス(地)
テキスト
デザイン
テスト
テニス
テネシー(地)
デパート
デューイ(人)
デューラー(人)
デュエット
デュッセルドルフ(地)
テレビジョン
テント
テンポ

【ト】

ドア
ドーナツ
ドストエフスキー(人)
ドニゼッティ(人)
ドビュッシー(人)
トマト
ドライブ
ドライヤー
トラック
ドラマ
トランク
トルストイ(人)
ドレス
ドレフュス(人)
トロフィー
トンネル

【ナ】

ナイアガラ(地)
ナイフ
ナイル(地)
ナトリウム
ナポリ(地)

【ニ】

ニーチェ(人)
ニュース
ニュートン(人)
ニューヨーク(地)

【ネ】

ネーブル
ネオンサイン
ネクタイ

【ノ】

ノーベル(人)
ノルウェー(地)
ノルマンディー(地)

【ハ】

パーティー
バイオリン／ヴァイオリン
ハイキング
ハイドン(人)
ハイヤー
バケツ
バス
パスカル(人)
バター
ハチャトリヤン／ハチャトゥリヤン(人)
バッハ(人)
バッファロー(地)
バドミントン
バトン
バニラ

ハノイ(地)
パラグアイ／パラグァイ(地)
パラフィン
パリ(地)
バルブ
バレエ〔舞踊〕
バレーボール
ハンドル

【ヒ】

ピアノ
ビーナス／ヴィーナス
ビール
ビクトリア／ヴィクトリア(地)
ビスケット
ビスマルク(人)
ビゼー(人)
ビタミン
ビニール
ビバルディ／ヴィヴァルディ(人)
ビュイヤール／ヴュイヤール(人)
ヒューズ
ビルディング
ヒンズー教／ヒンドゥー教
ピンセット

【フ】

ファーブル(人)
ファイル
ファッション
ファラデー(人)
ファン
フィート
フィクション
フィラデルフィア(地)
フィリピン(地)
フィルム
フィレンツェ(地)
フィンランド(地)
プール
フェアバンクス(地)
フェアプレー
ブエノスアイレス(地)
フェルト
フェンシング
フォーク
フォークダンス
フォード(人)
フォーム
フォスター(人)
プディング
フュージョン
フュン島(地)
ブラームス(人)
ブラシ
プラスチック
プラットホーム
プラネタリウム
ブラマンク／ヴラマンク(人)
フランクリン(人)
ブレーキ
フロイト(人)
プログラム
プロデューサー

【ヘ】

ヘアピン
ペイント
ベーカリー
ヘーゲル(人)
ベーコン
ページ
ベール／ヴェール
ベストセラー
ペダル
ベニヤ〔～板〕
ベランダ
ペリー(人)
ヘリウム
ヘリコプター
ベルサイユ／ヴェルサイユ(地)
ペルシャ／ペルシア(地)
ヘルシンキ(地)
ヘルメット
ベルリン(地)
ペンギン
ヘンデル(人)

【ホ】

ホイットマン(人)
ボウリング〔球技〕
ホース
ボートレース
ポーランド(地)
ボーリング　boring
ボクシング
ポケット
ポスター

ボストン(地)
ボタン
ボディー
ホテル
ホノルル(地)
ボランティア
ボルガ／ヴォルガ(地)
ボルテール／ヴォルテール(人)
ポルトガル(地)
ホルマリン

【マ】

マージャン
マイクロホン
マカオ(地)
マッターホーン(地)
マドリード(地)
マニラ(地)
マフラー
マラソン
マンション
マンスフィールド(人)
マンチェスター(地)
マンモス

【ミ】

ミイラ
ミキサー
ミケランジェロ(人)
ミシシッピ(地)
ミシン
ミッドウェー(地)
ミネアポリス(地)
ミュンヘン(地)
ミルウォーキー(地)
ミルクセーキ

【メ】

メーカー
メーキャップ
メーデー
メガホン
メッセージ
メロディー
メロン
メンデル(人)
メンデルスゾーン(人)
メンバー

【モ】

モーター
モーツァルト(人)
モスクワ(地)
モデル
モリエール(人)
モルヒネ
モンテーニュ(人)
モントリオール(地)

【ヤ】

ヤスパース(人)

【ユ】

ユーラシア(地)
ユニホーム
ユングフラウ(地)

【ヨ】

ヨーロッパ(地)
ヨット

【ラ】

ライバル
ライプチヒ(地)
ラジウム
ラジオ
ラファエロ(人)
ランニング
ランプ

【リ】

リオデジャネイロ(地)
リズム
リノリウム
リボン
リュックサック
リレー
リンカーン(人)

【ル】

ルーベンス(人)
ルーマニア(地)
ルクス　lux
ルソー(人)

【レ】

レイアウト
レール
レギュラー
レコード
レスリング
レニングラード(地)
レビュー／レヴュー
レフェリー
レベル

レモンスカッシュ
レンズ
レンブラント(人)

【ロ】

ローマ(地)
ロケット
ロシア(地)
ロダン(人)
ロッテルダム(地)
ロマンス
ロマンチック
ロンドン(地)

【ワ】

ワイマール(地)
ワイヤ
ワシントン(地)
ワックス
ワット(人)

付　前書きの4で過去に行われた表記のことについて述べたが，例えば，明治以来の文芸作品等においては，下記のような仮名表記も行われている。

ヰ：スヰフトの「ガリヷー旅行記」　ヱ：ヱルテル
ヲ：ヲルポール　ヷ：ヷイオリン　ヸ：ヸオロン
ヹ：ヹルレエヌ　ヺ：ヺルガ　ヂ：ケンブリッヂ
ヅ：ワーヅワース